GUIDE DES VINS

bettane + desseauve

2020

Auteurs
Michel Bettane et Thierry Desseauve

Direction d'ouvrage
Véronique Raisin

Dégustations
Michel Bettane, Fabrice Beaugrand, Frédéric Blanc, Olivier Borneuf, Alain Chameyrat, Christophe Chiorboli, Thierry Desseauve, Hélène Durand, Denis Hervier, Philippe Jamesse, Birte Jantzen, Guillaume Puzo, Véronique Raisin, Raoul Salama, Marie-Antoinette de Szczypiorski et Julia Wang

Coordination éditoriale
Éditions Flammarion : Florence Lécuyer et Clélia Ozier-Lafontaine

Bettane+Desseauve : Quitterie Allard, Véronique Barbier, Antoine Bouchard, Louis-Victor Charvet, Cécile Cousinet, Lisa Henry, Alice Ianda, Maxime Kaddour, Éric Minet, Murielle Riffault, Pierre Alain Robert, Nicolas de Rouyn, Andrée Virlouvet, SANVIC
assistés par, Adèle Parent, Nina Fernandez, Louise de Pauw.

Conception et gestion base de données
Jean-Paul Viau

Développement informatique et conception du site internet des producteurs
VG InfoService : Vincent Guilbert

Conception graphique de la couverture
Audrey Sednaoui

Conception graphique de l'intérieur
Hicham Abou Raad

Portraits auteurs
Photographie ©Fabrice Leseigneur

Cartographie
Légendes Cartographie

Fabrication
Louisa Hanifi-Morard

Connectez-vous sur :
www.bettanedesseauve.com
www.facebook.com/bettanedesseauve
www.enmagnum.com
ISBN : 978-2-0814-9467-1
N° d'édition : L.01EPMN001123.N001
Dépôt légal : août 2019
editions.flammarion.fr

GUIDE DES VINS

bettane + desseauve

2020

SOMMAIRE

L'ANNÉE DU VIN

NOTRE PALMARES

LE GUIDE PAR RÉGION

LE VIGNOBLE DE FRANCE

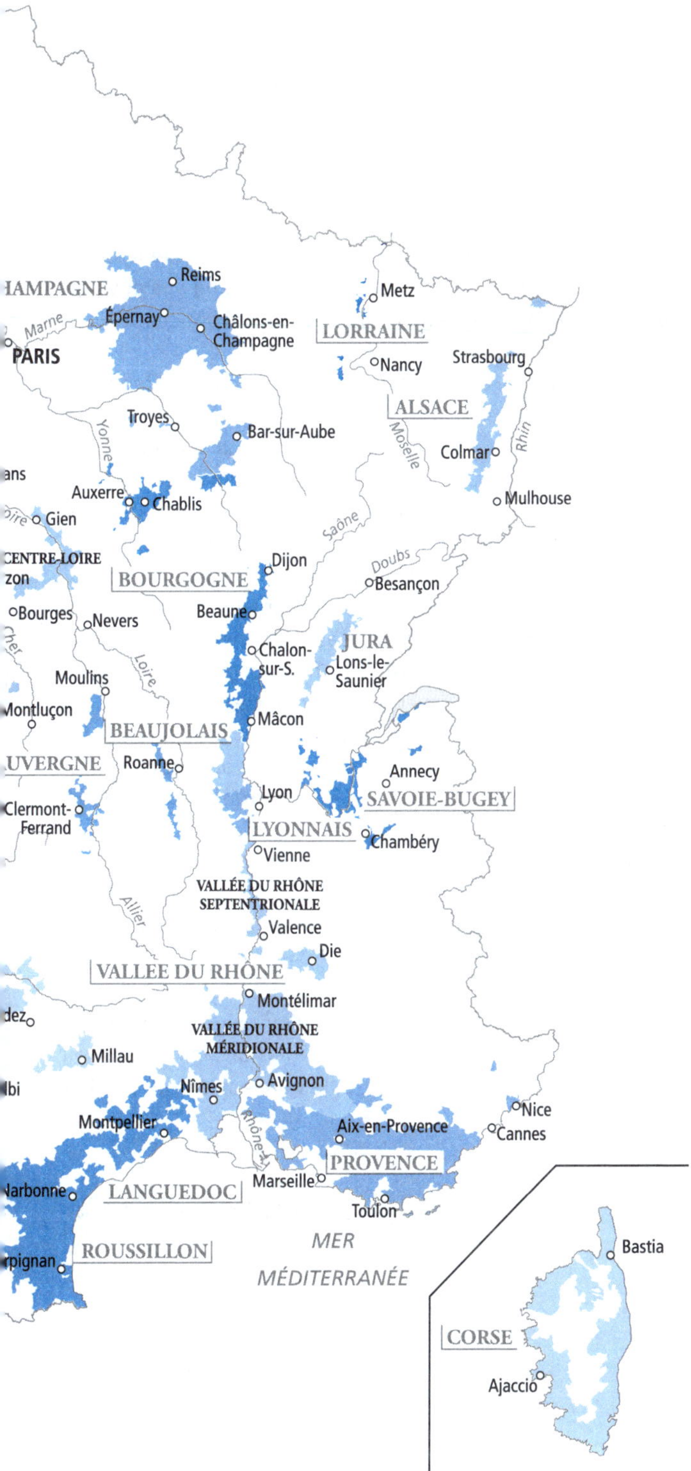
HAMPAGNE
Reims
Épernay
Châlons-en-Champagne
Marne
PARIS
Metz
LORRAINE
Nancy
Strasbourg
ALSACE
Colmar
Rhin
Moselle
Mulhouse
Troyes
Bar-sur-Aube
Yonne
Auxerre
Chablis
Gien
CENTRE-LOIRE
BOURGOGNE
Dijon
Saône
Doubs
Besançon
Bourges
Nevers
Beaune
Chalon-sur-S.
JURA
Lons-le-Saunier
Loire
Moulins
Montluçon
BEAUJOLAIS
Mâcon
UVERGNE
Roanne
Annecy
SAVOIE-BUGEY
Lyon
Clermont-Ferrand
LYONNAIS
Chambéry
Vienne
VALLÉE DU RHÔNE SEPTENTRIONALE
Allier
Valence
Die
VALLEE DU RHÔNE
Montélimar
VALLÉE DU RHÔNE MÉRIDIONALE
Millau
Nîmes
Avignon
Montpellier
Rhône
Aix-en-Provence
Nice
Cannes
PROVENCE
Marseille
LANGUEDOC
Toulon
ROUSSILLON
MER MÉDITERRANÉE
Bastia
CORSE
Ajaccio

ÉDITORIAL

LES MOTS ET LE VIN

Même si le temps nous a semblé passer très vite (et à vous certainement aussi), nous réalisons ce guide depuis un quart de siècle ! En vingt-cinq ans et vingt-trois éditions, force est de constater que beaucoup de choses ont changé tant dans le monde du vin que dans celui de l'édition.

En 1995, une nouvelle hiérarchie se dessinait dans l'univers viticole. Dans tous les crus de France, une petite élite, parfois réduite à un unique producteur, émergeait et définissait une France viticole plus variée, moins dépendante de quelques grandes régions face à d'autres vouées à la médiocrité et, au final, beaucoup plus excitante pour l'amateur curieux qu'autrefois. Depuis, ce mouvement s'est étendu, et nous sommes chaque année frappés de découvrir de nouveaux vignerons de talent, parfois succédant à des parents plus routiniers, parfois faisant très tôt un véritable choix de vie en acquérant quelques hectares de vignes. Parallèlement, le vin s'est mondialisé avec bonheur, et la (petite) sélection de flacons d'ailleurs que nous proposons en fin d'ouvrage en témoigne.

Bien sûr, l'édition a été encore plus bouleversée pendant cette période que le vin. Il y a vingt-cinq ans, internet était réservé à quelques spécialistes, les moteurs de recherches n'existaient pas et encore moins les applications. Aujourd'hui, chercher sur ceux-là une information prend quelques secondes, beaucoup moins assurément que feuilleter un guide comme le nôtre. Celui-ci a donc changé de finalité, et cette édition la prend en compte : même si notre équipe de dégustateurs a noté et commenté pour cette édition plus de 10 000 vins, vous en trouverez l'intégralité sur notre site www.bettanedesseauve.com et sur notre application Le Grand Tasting.

Ici, ils vous livrent en revanche leurs coups de cœur et leurs recommandations avec la synthèse et l'esprit de concision que peut apporter un expert. Enfin, un guide comme le nôtre se doit de revenir au cœur de sa mission : faire découvrir et partager, par les mots et le plaisir de la lecture, le bonheur du vin. C'est ce que nous espérons vous donner ici.

MICHEL BETTANE ET THIERRY DESSEAUVE

Nom du domaine, de la cave ou de la maison : les producteurs sont classés par ordre alphabétique.

Placé sous le nom du domaine, ♣ signifie que cette propriété nous a déclaré être certifiée en bio ou en biodynamie.

Classification du producteur de 0 à 5 étoiles pour l'ensemble de sa production actuelle.

Notre commentaire sur le producteur : sa situation, ses vins et son actualité.

Couleur, nom du vin, de la cuvée et du millésime.et catégorie (moelleux, sec...) du vin. Dates d'apogée de consommation prévisible. Prix indicatif d'une bouteille dans le commerce de détail ou à la propriété. Note b+d du vin sur 20.

Positionné sur un vin, ♣ signifie que le domaine nous a déclaré que ce vin est certifié en bio ou en biodynamie sans que le domaine soit certifié pour l'ensemble de ses cuvées.

NC signifie que le domaine n'a pas encore fixé son prix ou n'a pas souhaité le communiquer.

Coordonnées complètes.

DOMAINE LES BRUYÈRES - DAVID REYNAUD

★★★☆☆ ♣

David Reynaud a sorti le domaine familial de la coopérative en 2003 et l'a depuis converti à la biodynamie, avec certification depuis le millésime 2008. Depuis quelques années, ses cuvées nous ont semblé franchir un palier en termes de pureté de fruit, de caresse de tannin et d'élégance, les boisés sont mieux intégrés et respectent la fraîcheur des vins. Voici la preuve qu'une démarche bio, quand elle soigne aussi les vinifications, est irremplaçable pour exprimer le plus original du terroir. Les 2017 sont réussis et homogènes comme souvent au domaine.

- ■ **Cornas Rebelle 2017** | Sec | 2018>27 | 40,50 € — **15**
- ■ **Crozes-Hermitage Aux Bêtises 2017** | Sec | 2018>26 | 21 € — **14,5**
- ■ **Crozes-Hermitage Georges Reynaud 2017** | Sec | 2018>27 | 18 € — **15**
- ■ **Crozes-Hermitage Les Croix Vieilles Vignes 2017** | Sec | 2018>27 | NC ♣ — **15,5**
- ■ **Saint-Joseph 350 Mètres 2017** | Sec | 2018>27 | 21 € — **15,5**

12 Chemin du Stade, 26600 Beaumont-Monteux • Tél. 04 75 84 74 14 • contact@domainelesbruyeres.fr • www.domainelesbruyeres.fr • Visite : du lundi au vendredi de 9h à 12h et de 14h à 18h, le samedi matin sur rendez-vous.

LES AUTEURS

Michel Bettane et **Thierry Desseauve** forment le tandem français le plus reconnu de la profession, arpentant les vignobles depuis plus de trente ans. A leurs côtés, une équipe d'experts contribuent avec eux à la conception et la réalisation de ce guide et tout au long de l'année, les assurent de leurs découvertes et du suivi des domaines dont ils ont chacun la charge.

D'abord en charge de La Revue du vin de France de 1989 à 2005, Michel et Thierry élaborent dès 1995 le « Classement annuel des meilleurs vins et domaines de France » et créent ainsi la première édition de leur guide annuel des vins de France. En 2005, ils prennent leur indépendance et fondent leur propre société de presse et de notation, Bettane+Desseauve, et prolongent l'édition de ce palmarès dans une formule renouvelée, aujourd'hui connue sous le nom de Grand guide des vins de France. Depuis quinze ans, ce guide conseille amateurs et professionnels dans leur choix des meilleurs vins, évalue et commente la qualité de milliers de domaines, châteaux et maisons. En 2015, l'entreprise franchit une nouvelle étape de son développement en ouvrant sa première filiale à Shanghai, Bettane+Desseauve China.

En 2006, ils créent la première édition du Grand Tasting à Paris, sous la pyramide du Louvre. Ce festival de dégustation des vins est très vite un succès et s'inscrit rapidement sur le long terme, reconduit chaque année ; la prochaine édition se déroulera les 29 et 30 novembre 2019 au Carrousel du Louvre. D'autres Grands Tastings sont nés à Tokyo, Hong Kong et Shanghai, et connaissent le même succès que l'édition française.

Toujours à Paris, ils ont inauguré au Carreau du Temple le « Grand Tasting Pro » réservé aux professionnels : la septième édition se tiendra en mars 2020. Et depuis 2019, un « Grand Tasting de Printemps » est né pour permettre aux amateurs, dans un cadre plus intimiste, d'échanger avec les producteurs et de découvrir les derniers talents révélés par les experts B+D. Retrouvez la prochaine édition en mai 2020, deux jours de dégustation assurés !

Par ailleurs, Bettane+Desseauve continuent de collaborer avec un grand nombre de titres de presse, apportant son expertise et sa connaissance pointue du monde du vin, lors de cahiers spéciaux ou de grands événements. Avec leur équipe d'experts, ils apportent notamment leur point de vue à *Paris Match* et au *Journal du Dimanche*.

En dehors de la France, ils collaborent au *Welt am Sonntag* (Allemagne) et aux périodiques *The World of Fine Wine* (Grande-Bretagne), *Gambero Rosso* (Italie), *Cru* (Hong Kong), *The Wine Review* (Corée du sud), *Wine* et aux sites vinehoo.com et 163.cn ainsi qu'aux réseaux sociaux weibo et wechat (Chine).

Enfin en 2015, ils créent leur propre magazine, *En Magnum*, un regard pertinent sur l'actualité du vin, ses acteurs et sa mécanique, avec des articles de fond et de grands reportages illustrés.

Par ailleurs, les sites internet « bettanedesseauve.com » et « enmagnum.com », désormais disponibles en anglais et en chinois, continuent d'alimenter au quotidien l'actualité du vin.

Enfin, plusieurs grandes entreprises distribuant des vins font appel à leur savoir-faire pour sélectionner et valider tout ou partie des vins proposés à leur clientèle : c'est notamment le cas des magasins Monoprix pour leur label Gourmet, qui fait confiance à B+D depuis de nombreuses années.

L'ÉQUIPE : ILS ONT PARTICIPÉ À CETTE ÉDITION

Fabrice Beaugrand. Aussi agile à manier les bases de données qu'à hiérarchiser les millésimes, Fabrice est notre expert pour les vins du Sud-Ouest. Passionné de vin depuis plus de trente ans, compétiteur dans l'âme, amateur et aujourd'hui professionnel, il a le sens du détail (il est ingénieur), le goût de la découverte (il est bassiste) et de la rencontre (il est patient). Il a également créé le club de dégustation Beaugrand Vins pour faire partager sa passion. Vous le verrez sur tous nos salons, verre et smartphone à la main !

Frédéric Blanc. Ingénieur en informatique, passionné de vins et grand connaisseur du vignoble français, Frédéric s'est exercé très tôt à la dégustation. Tout petit déjà, il était dans la marmite (ou presque). Il a d'ailleurs remporté de nombreux championnats de France de dégustation. Passionné de cinéma et de grands espaces (John Wayne), il a rejoint l'équipe pour explorer le sud de la Vallée du Rhône (l'espace, toujours). Son enthousiasme, sa curiosité et son organisation y font merveille. Alors « bougez pas, les mains sur la table » !

Olivier Borneuf. Consultant et formateur en Champagne, co-fondateur de l'Académie du Vin de Paris, Olivier a démarré sa carrière en Californie et en Australie avant de revenir en France. Grand connaisseur des vins du monde, passionné de littérature et de jazz, Olivier combine une expertise technique poussée à un talent de communicant. Voilà pourquoi il a réalisé la sélection du Beaujolais, de Châteauneuf-du-Pape, d'une partie des vins du monde et de la Champagne qu'il connaît comme sa poche !

Alain Chameyrat. Champion de France de dégustation, Alain est un as en la matière. Son jugement est sûr, fidèle, en somme : incontournable. Connaissant les vignobles français sur le bout des doigts, il est un pro du blind test. En plus de déguster, Alain est aussi Directeur Financier : c'est lui qui tient les cordons de la bourse. Expert multi-vignobles, Alain a suivi une partie du Languedoc et de la Côte de Beaune, et l'intégralité de la Côte de Nuits. Ses conseils sont toujours sûrs : vous pouvez vous y fier.

Christophe Chiorboli. Corse et sommelier, il cumule les atouts. Il se destinait à la médecine avant de se raviser et d'opter pour la restauration. Défenseur des circuits courts, il a tenu un restaurant à Saint-Florent, primé à de nombreuses reprises par la presse internationale. S'il milite pour son île de Beauté, nous n'avons pas hésité à l'exfiltrer pour qu'il passe au peigne fin une partie de la Vallée du Rhône Sud, notamment les Crus. Il poursuit en parallèle une activité de sommelier-conseil indépendant.

Hélène Durand. Oenologue et ingénieur, Hélène est une professionnelle reconnue et l'une de nos fidèles collaboratrices depuis plus de vingt ans. Basée à Bordeaux, elle connaît particulièrement bien la région dont elle a assuré en grande partie les dégustations, notamment l'Entre-deux-Mers, les Graves et Pessac-Léognan, le Médoc, les Côtes de Bourg et de Blaye mais également une grande partie du Languedoc. Elle participe également aux dégustations des bordeaux Primeurs dont elle connaît bien les rouages.

Denis Hervier. Homme de radio et plume du vin, Denis Hervier est un expert au verbe coloré ! D'un optimisme indéfectible, doté d'un sens de la répartie et du calembour de niveau olympique, il ne cesse de courir le vignoble à la recherche de la prochaine pépite et surtout du meilleur accord. Car ce gourmet adepte de la truffe (il a d'ailleurs écrit plusieurs ouvrages sur le sujet et passé de longs séjours dans toutes les régions serties de diamant noir), passe d'un vigneron à l'autre, palais aux aguets et micro en main. En Berrichon que rien n'arrête, il déguste pour le Guide la vallée de la Loire et le Libournais. Ecoutez-le chaque semaine sur France Bleu Berry !

Birte Jantzen. Dégustatrice passionnée comme l'indique sa carte de visite, Birte, native de Hambourg, vit en France depuis de nombreuses années. Elle a rejoint l'équipe pour suivre la Provence, le Roussillon et une partie du Sud-Ouest, des régions passées au peigne fin, qu'elle connaît désormais comme sa poche. Journaliste trilingue, elle anime également des Master Classes en Allemagne, à Paris et à Londres. Toujours en quête de savoir, animée d'une curiosité insatiable, elle a suivi le prestigieux cursus de l'université allemande de Geisenheim, en viticulture-oenologie. N'hésitez pas à lui parler de rosés, de Moselle rhénane ou de dame-jeanne, elle a réponse à tout !

Guillaume Puzo. Le pilier de l'équipe, sans aucun doute, c'est lui ! Présent aux côtés de Michel et Thierry depuis le premier jour, ami fidèle et dégustateur de talent, Guillaume aime le vin, le second degré, et la bonne chère ! Professeur en école de commerce et consultant, il est aussi un homme de presse aguerri qui participe à l'écriture de nos différents supports. Excellent connaisseur du vignoble français, il suit particulièrement pour le Guide la région de Chablis, l'Alsace et la vallée du Rhône Nord. Jamais avare d'un bon conseil, il saura vous trouver le meilleur restaurant dans n'importe quel vignoble !

L'ÉQUIPE : ILS ONT PARTICIPÉ À CETTE ÉDITION

Véronique Raisin. Ne vous fiez pas à son poids plume, cette ceinture noire 1er Dan de taekwondo a l'endurance d'une marathonienne. Responsable de l'expertise Bettane+Desseauve, elle dirige l'équipe des dégustateurs avec enthousiasme, rigueur et aplomb. Professionnelle de la communication avant d'être celle du vin, elle a fait ses classes en suivant Michel Bettane dans ses pérégrinations viticoles. Aujourd'hui aguerrie, la voilà en charge des vignobles du Centre-Loire. Et si vous vous posiez la question : oui, c'est bien son vrai nom.

Raoul Salama. Ingénieur de formation, Raoul Salama est un dégustateur expérimenté, lauréat de plusieurs concours internationaux, qui parcourt le vignoble depuis plus de 30 ans. Rompu aux vins hexagonaux, il connaît également très bien les vignobles étrangers, notamment italien et a rejoint l'équipe Bettane+Desseauve pour déguster les vins du monde. Il est également enseignant à la Faculté d'Œnologie de Bordeaux (ISVV) et à l'Ecole Polytechnique de Paris.

Marie-Antoinette de Szczypiorski. Dégustatrice, guide, réalisatrice de vidéos à ses heures : Marie-Antoinette a plus d'une corde à son arc comme autant de z à son nom. Mais ce qu'elle préfère avant tout, c'est la rencontre humaine, qui en dit souvent long sur la diversité des vins (et vice-versa). Fine connaisseuse de la côte Chalonnaise, de la Côte de Beaune et du Mâconnais qu'elle suit pour le Guide, elle maîtrise aussi parfaitement les vignobles de Nouvelle-Zélande, d'Australie et du Piémont. Si vous passez par Beaune, ses chambres d'hôte en plein coeur de la ville sont le parfait point d'ancrage pour une balade dans le vignoble !

Julia Wang. Agrégée de lettres classiques, doctorante en mythologie grecque, Julia est une passionnée de vins, de cuisine et d'équitation. Et de beaucoup d'autres choses encore mais la liste serait trop longue. Experte « junior », elle a rejoint l'équipe cette année, en charge du Jura et de la Savoie. Sa connaissance assurée du vignoble, son enthousiasme et sa plume aiguisée ont apporté une petite touche de fraîcheur à nos pages ; lisez-les attentivement !

NOTRE ENGAGEMENT

CINQ PRINCIPES ESSENTIELS

Si le Guide Bettane+Desseauve des vins de France s'est imposé dès ses débuts comme une nouvelle référence pour tous les amateurs de bons vins, c'est parce qu'il est le seul guide à appliquer rigoureusement et avec constance les cinq points de sa charte de qualité :

Un guide vraiment écrit par ceux qui ont dégusté les vins

Ce guide n'est pas une réécriture d'une compilation de commentaires anonymes. Nous nous engageons et assumons personnellement les commentaires de chaque vin dégusté.

Des auteurs experts

Pas de jurys composés à la va-vite, pas de « professionnels de la profession » dégustant leurs propres vins, mais deux journalistes dégustateurs consacrés internationalement depuis plus de vingt ans et qui travaillent avec une équipe soudée de douze experts, tous recrutés pour leur compétence reconnue.

50 000 vins dégustés chaque année pour repérer tous les meilleurs et seulement les meilleurs

Le guide est ouvert à tous les producteurs de France et à leurs vins, mais seuls les meilleurs sont sélectionnés : pas de quotas pour représenter toutes les appellations même les plus médiocres, pas de *short list* oubliant les nouveaux-venus de talent, pas de région occultée par manque de temps ou pour de sombres raisons.

Une information complète et claire sur le producteur et ses vins

Tous les producteurs sont classés de 0 à 5 ✪. Les producteurs classés de 1 ✪ à 5 ✪ sont présentés par un texte spécifique. Quel que soit le classement du producteur, tous les vins sont notés et la période idéale de consommation est précisée. Nos coups de cœur sont décrits dans le guide, les autres vins le sont sur notre site web. Prix, coordonnées, détails techniques et conditions de visite sont signalés.

Nous associons nos lecteurs à nos choix

Vous trouverez désormais en tête de chaque région le palmarès de notre challenge Bettane+Desseauve Prix Plaisir. Celui-ci, dont la sixième édition s'est déroulée en mars 2019, a pour ambition de sélectionner les vins offrant le meilleur rapport prix-plaisir dans une catégorie de prix public comprise entre 3 et 15 euros pour les vins tranquilles et entre 12 et 25 euros pour les champagnes. Lors du challenge, c'est vous qui dégustez et vous qui sélectionnez, les experts Bettane+Desseauve validant ensuite avec vous votre choix. Si vous souhaitez participer à la prochaine édition du challenge, n'hésitez pas à nous contacter en adressant un email à Quitterie Allard, qa@bettanedesseauve.com

NOS PRINCIPES DE NOTATION

Ce guide répertorie et classe en six niveaux les meilleurs producteurs de vin de notre pays. Tous les vins sélectionnés sont notés sur une échelle de vingt points.

QUE SIGNIFIE L'ÉCHELLE DE NOTATION DE LA QUALITÉ GLOBALE D'UN PRODUCTEUR ?

Les producteurs cités dans ce guide sont notés sur une échelle de 0 à 5 ★. La réunion de tous les producteurs cités constitue l'élite du vin français, du moins pour ce que nous pouvons en connaître. Chacun d'entre eux propose un ou plusieurs vins dignes d'entrer dans la cave de tout amateur ou professionnel sérieux. Les étoiles ont une valeur universelle, tous vignobles et tous prix de vente confondus. Cela veut dire qu'un producteur de Loire, de Corse ou d'Alsace classé trois-étoiles produit des vins de qualité globalement analogue, en tenant compte bien entendu des différences de climat ou de cépages.

LA NOTATION GÉNÉRALE DU PRODUCTEUR

☆☆☆☆☆ / Indique un domaine ou une maison qui nous a séduit avec un ou plusieurs vins de sa production, sans que nous puissions donner un avis général sur le style de l'ensemble de la gamme. Pour cette raison, nous n'avons pas écrit de texte d'introduction pour ces producteurs.

★☆☆☆☆ / Une étoile signale une production sérieuse, recommandable, conforme à ce qu'on est en droit d'attendre de son ou de ses appellations.

★★☆☆☆ / Deux étoiles signalent une production sérieuse et recommandable, mais un peu plus régulière et homogène que la précédente.

★★★☆☆ / Trois étoiles signalent une production de haute qualité, pouvant servir de référence dans son secteur.

★★★★☆ / Quatre étoiles signalent les producteurs de très haute qualité, ceux qui sont les gloires du vignoble français.

★★★★★ / Cinq étoiles signalent les producteurs exceptionnels, ceux qui représentent le sommet absolu de la qualité en France et dans le monde.

COMMENT AVONS-NOUS ÉTABLI NOTRE ÉCHELLE DE NOTATION ?

Chaque vin recommandé est décrit dans un commentaire de dégustation accompagné de la mention de la meilleure période où le boire et reçoit une note sur 20 échelonnée de demi-point en demi-point. Nous n'avons conservé dans cette édition que les vins méritant une note égale ou supérieure à 13/20, sauf lorsque la célébrité du producteur ou d'une cuvée interdit que nous cachions une note inférieure.

VALEUR DES NOTES

13 à 14,5/20	bon vin, bien fait, représentatif de son origine.
15 à 16/20	très bon vin, hautement représentatif de la qualité de son origine.
16,5 à 18/20	vin de référence dans son appellation et son millésime.
18,5 à 19,5/20	vin de qualité exceptionnelle, digne des plus grandes occasions, mais exigeant une conservation en cave et un niveau de service digne de lui.
20/20	une idée de la perfection le jour où nous l'avons dégusté.

QUELS VINS AVONS-NOUS DÉGUSTÉS ?

Nous avons cherché le plus possible à vous présenter les vins commercialisés à partir de la date de parution de ce guide fin août 2019. Selon les régions, il s'agit essentiellement des millésimes 2015, 2016 et 2017, voire 2018 pour les blancs et rosés et les primeurs de Bordeaux.

À COMBIEN DE VINS AVEZ-VOUS ACCÈS DANS CE GUIDE ?

Plus de 12 000 vins dans ces pages complétés par l'intégralité des vins dégustés consultables sur l'appli Le Grand Tasting. Ce sont les meilleurs vins des meilleurs producteurs de France. 100 % des notes de dégustation publiées dans ce guide proviennent de dégustations réalisées entre novembre 2018 et mai 2019.

L'ensemble de nos dégustations réalisées depuis plusieurs années est consultable gratuitement par tout acheteur de ce guide en s'inscrivant sur notre site internet privé. Vous y trouverez plus de 110 000 vins dégustés et commentés. Tous avec commentaire, note sur 20 et date d'apogée estimée.

LES FOURCHETTES D'APOGÉE

En matière de mauvaises expériences œnophiles, il n'existe qu'une chose qui soit pire que de goûter un vin trop jeune : déguster un vin trop vieux. Aussi, nous mentionnons pour chaque vin présenté dans ce guide une « fourchette d'apogée ». Cela signifie qu'à notre avis, le vin sera à son optimum de consommation entre les deux années mentionnées. Bien évidemment, le vin peut être bon avant ou après ces dates : il s'agit simplement d'un « idéal » de consommation.

À QUOI CORRESPOND LE PRIX CITÉ POUR LES VINS COMMENTÉS ?

Dans la plupart des cas, il s'agit d'un tarif public, départ propriété TTC, qui nous a été communiqué par le producteur. Si vous achetez à la propriété, vous devrez ajouter le plus souvent des frais de port. Quand le vin n'est plus disponible à la propriété, ce tarif correspond à celui auquel le vin sera proposé par un caviste (« cav. »).

Pour les grands crus de Bordeaux, les prix relevés sont ceux du commerce. Ils sont exprimés TTC sauf pour les vins du millésime 2018 vendus en réservation primeurs (« prix primeur HT »). Ces derniers sont généralement achetables en réglant leur montant hors TVA. Cette TVA ainsi que les frais de port seront payables au moment de la livraison. Pour les millésimes anciens disponibles notamment sur notre site, notre partenaire iDealwine nous a transmis le prix moyen relevé dans les transactions aux enchères (« ench. »).

POURQUOI LE PRIX DE CERTAINS VINS N'EST-IL PAS MENTIONNÉ ?

Nous mentionnons un prix NC, non communiqué, soit parce que le producteur n'a pas encore fixé son prix, soit parce qu'il ne le connaît pas et que nous n'avons pas pu établir une cote cohérente, soit parce qu'il se refuse à communiquer celui-ci.

COMMENT DÉGUSTER LES VINS ET RENCONTRER LES VIGNERONS PRÉSENTS DANS CE GUIDE ?

Pour compléter les occasions que vous procurent les visites chez un bon caviste ou dans les vignobles, nous avons souhaité créer un grand rendez-vous qui permette à tous les amateurs (et aussi aux professionnels) de rencontrer les meilleurs producteurs et de déguster leurs vins. C'est ainsi qu'est né le Grand Tasting, notre salon de dégustation dont la quatorzième édition se déroulera les 29 et 30 novembre 2019 au Carrousel du Louvre à Paris.

Vous pourrez y rencontrer un exceptionnel plateau de plus de 400 producteurs français et étrangers, participer à des dégustations d'exception et découvrir d'originales et conviviales animations. La sélection des producteurs se fait sur les notes obtenues au cours de nos dégustations, afin de célébrer le meilleur de la production. Un producteur qui n'aurait pas une bonne note dans ce Guide n'a pas accès au Grand Tasting. Vous trouverez sur notre site privé accessible avec ce guide et sur le site www.grandtasting.com toutes les informations sur cet événement.

APPLI LE GRAND TASTING

Disponible gratuitement sur les stores Apple et Androïd, Le Grand Tasting vous donne accès aux 110 000 vins que nous avons dégustés. A tout moment, pour chaque occasion, où que vous soyez, retrouvez les notes et commentaires de nos experts et choisissez vos vins sereinement. Foires aux vins, Primeurs de Bordeaux, fêtes de fin d'année, saison du rosé... Consultez nos dossiers thématiques et laissez-vous guider. Téléchargez la dernière version et mettez un expert dans votre poche !

QUE SIGNIFIE LE SIGLE ✤ PLACÉ SOUS LE NOM DU DOMAINE OU DEVANT CERTAINS VINS ?

Placé sous le nom du domaine, ✤ signifie que cette propriété nous a déclaré être certifiée en bio ou en biodynamie. Positionné sur un vin, ✤ signifie que le domaine nous a déclaré que ce vin est certifié en bio ou en biodynamie sans que le domaine soit certifié pour l'ensemble de ses cuvées.

LE GRAND TASTING, L'APPLI EXPERTE
METTEZ UN EXPERT DANS VOTRE POCHE !

12 ans d'expertise Bettane+Desseauve, plus de 120 000 vins, 8000 domaines... et désormais des vins du monde sélectionnés par des Masters of Wine : vous allez déguster !

Ne choisissez plus au hasard : consultez les notes et commentaires d'un vin à tout moment et suivez nos recommandations.
Nous vous conseillons toute l'année, pour toutes les occasions : les foires aux vins de septembre, les Bordeaux Primeurs au printemps, les fêtes de fin d'année... et bien sûr dans tous vos moments du quotidien, au restaurant, chez votre caviste, en balade dans le vignoble...

Un expert dans votre poche !

Facile d'utilisation, doté d'une ergonomie simple et agréable, Le Grand Tasting est l'appli indispensable. Laissez-vous guider par les avis des experts Bettane+Desseauve, des spécialistes passionnés qui arpentent le vignoble mondial tout au long de l'année, connaissent les producteurs et comparent pour vous des milliers de vins.
Consultez la fiche individuelle avec le prix, la note Bettane+Desseauve /20, la note domaine /5, et le commentaire de l'expert. Retrouvez aussi nos suggestions d'accords mets et vins. Il ne manque rien ! La recherche avancée permet d'affiner la sélection par prix, couleur, pays, région, appellation, cépage, millésime, occasion de dégustation.
Emportez l'appli Le Grand Tasting partout avec vous. Elle vous sera précieuse tout au long de l'année. A commencer par les foires aux vins de la rentrée, un moment crucial pour constituer sa cave ! Et en passionnés, nos coups de coeur seront là pour vous guider...

Les meilleurs vins à tous les prix !

Notez les vins que vous dégustez et constituez votre propre base de données personnelle. Avec « Ma wishlist », « Mes dégustations » et « Mon profil », personnalisez au mieux l'application et affinez votre sélection comme un pro.
Grâce à l'appli Le Grand Tasting, vous disposez d'un outil pour trouver les meilleurs vins aux meilleurs prix, à deux pas de chez vous ou à l'autre bout de la France.

Des sélections excitantes

Les experts bettane+desseauve vous conseillent pendant tous les moments forts avec des sélections dédiées : foires aux vins, Primeurs de Bordeaux, événements bettane+desseauve, etc. Et bien sûr, au quotidien, au restaurant, au supermarché ou encore lors de vos escapades dans le vignoble. Ne choisissez plus au hasard et laissez-vous guider par l'avis des experts Bettane+Desseauve, des passionnés qui arpentent le vignoble tout au long de l'année, connaissent les producteurs et comparent des dizaines de milliers de vins en toute indépendance.

À télécharger gratuitement
sur Apple Store et Google Play

À la découverte des vins du monde

Découvrez une sélection de vins du monde, notamment avec les sélections des dégustateurs Ned Goodwin et Cathy Van Zyl, tous deux Masters of Wine, diplôme synonyme d'expertise et d'érudition dans le monde du vin.

Des actus pour rester connecté

Et n'oubliez pas de consulte les actualités pour rester informé sur la vie du vignoble : potins, nouveautés, coups de coeur de nos experts, restez connectés !

LE GRAND TASTING, L'APPLI EXPERTE GRATUITE sur iOS et Android.

CONCOURS BETTANE+DESSEAUVE PRIX PLAISIR

Depuis neuf ans, bettane+desseauve organise le « Prix Plaisir », un concours de dégustation où les vins sont sélectionnés par les consommateurs selon des critères rigoureux et incontestables, puis validés par des experts.

Quel que soit son prix ou son origine, un vin doit avant tout donner du plaisir. C'est la garantie apportée par ce label, qui doit inciter à l'achat et même au ré-achat. Véritable engagement du consommateur sur les seuls critères de la satisfaction gustative et du rapport qualité-prix, **c'est en toute confiance que l'on peut suivre cette recommandation**, car le choix des jurys de consommateurs est ensuite validé par les meilleurs experts, tous dégustateurs du Guide Bettane+Desseauve.

18 équipes de quatre personnes réparties en huit sessions de dégustation se sont relayées en mars 2019 pendant deux journées pour goûter les 1800 vins inscrits à ce concours de vins français et étrangers. Les vins ont été dégustés à l'aveugle, par séries de 12 bouteilles. Seuls étaient connus la région, les principaux cépages et la tranche de prix : de 2 à 18 euros pour les vins tranquilles et 30 euros maximum pour les effervescents.

À l'issue de ce premier travail de sélection, une dégustation de contrôle des vins retenus a été effectuée en compagnie des experts de l'équipe Bettane+Desseauve. Seuls 583 vins ont été sélectionnés et médaillés (or, argent, bronze), dont 71 en bio (soit 12 %). **Vous découvrirez ce palmarès dans l'introduction de chaque région de ce guide.**

Agréé par la direction générale de la concurrence, de la consommation et de la répression des fraudes (DGCCRF), ce label s'impose aujourd'hui comme un critère incontournable de sélection pour les vins dont le prix de vente n'excède pas 18 euros (230euros pour les effervescents).

GRAINS NOBLES

Grains Nobles s'adresse à tous ceux qui rêvent d'un espace entièrement consacré au vin pour y vivre pleinement leur passion. Une approche complète et originale du vin qui enchantera tous les amateurs avides d'expériences œnologiques hors du commun.

Le cadre : un espace consacré au vin

Situé dans le cœur historique de Paris, en plein centre du Quartier latin, le nouveau caveau fait perdurer l'esprit qui anime Grains Nobles depuis plus de 25 ans. Tout y est conçu et pensé pour la dégustation, depuis l'espace chaleureux du bar à vin jusqu'à l'ancienne cave en pierre du XIIIe siècle, théâtre de nos soirées et où dorment de magnifiques flacons...
Intimité, fraîcheur, convivialité : un îlot de sérénité qui appelle à la découverte et aux plaisirs de la dégustation.

La philosophie

À Grains Nobles, la connaissance du vin s'acquiert dans l'excellence. L'atmosphère des cours se veut à la fois professionnelle et conviviale.
Le vin, fascinant produit de culture et de patrimoine, mérite d'être considéré comme un sujet d'étude important. L'ambiance conviviale et ludique des soirées de dégustation favorise les rencontres et les échanges qui permettent à tous de partager des expériences et des connaissances toujours enrichissantes.
Depuis toujours, Grains Nobles s'est donné l'ambition d'accueillir et d'accompagner tous les amateurs de vins, du débutant au fin connaisseur. Lors des cours, on peut tout autant découvrir et apprendre que consolider ses connaissances.

Une équipe de grands professionnels

Nos soirées sont animées par des journalistes, grands dégustateurs internationaux (Michel Bettane et d'autres) : leurs connaissances, leur expertise, et le plaisir qu'ils ont de les faire partager, font de chaque soirée de dégustation un évènement unique et merveilleux.
En dégustant à leurs côtés, chacun se donne la chance de mieux comprendre toutes les subtilités du vin et de progresser rapidement pour devenir un amateur éclairé et toujours plus passionné.

Aller plus loin

Il vous est possible de privatiser ce lieu historique à tout point de vue pour organiser dégustations, repas etc.

Grains Nobles - 8 rue Boutebrie, 75005 Paris
Tél. : 01 75 57 89 07, Courriel : ecole@grainsnobles.fr

IDEALWINE.COM

Une plateforme mondiale pour l'achat, la revente et la valorisation de grands crus

Leader français et européen des ventes aux enchères de vins et acteur historique du e-commerce de vin depuis 2000, iDealwine est une plateforme mondiale pour l'achat de vin, la revente de cave et la cotation de grands crus.
Implanté en Europe (Paris, Londres) et en Asie (Hong Kong), iDealwine fait aujourd'hui référence dans l'univers de la distribution de grands crus, permettant aux amateurs de vivre une expérience unique. Ils peuvent ainsi avoir accès à de grands crus ou des bouteilles rares, mais également disposer, en achat direct et à prix fixe, d'une vaste sélection de vins acquis à la source auprès de quelque 500 domaines, doublée d'une offre de millésimes anciens issue des rachats de caves de particuliers.

Si vous souhaitez revendre votre cave

- La cote iDealwine vous offre une estimation **gratuite et confidentielle** de vos vins
- 480 000 amateurs venus de près de 60 pays sont acheteurs de vos vins
- Offre globale : stockage, assurance, expédition à l'acheteur
- Plusieurs formules : vente aux enchères ou rachat ferme de votre cave

En 2019, iDealwine a lancé une nouvelle application, WineDex.io, certifiant l'authentification des bouteilles afin de garantir la provenance et l'origine de tous ses flacons. A chaque bouteille est associée une fiche d'identité numérique unique, infalsifiable, grâce à la technologie RFID. Ce procédé unique vous permet d'acheter en toute sérénité !

LE CLUB du Grand Tasting by iDealwine

En partenariat avec Bettane+Desseauve, Le Club présente chaque mois à ses adhérents une bouteille coup de coeur, un flacon d'exception réalisé par un artisan inspiré, et sélectionné par un expert B+D. Chaque membre du Club peut commander ce vin sur le site iDealwine ; une offre idéale car ces cuvées sont en général difficiles d'accès.
L'inscription est gratuite. Rendez-vous sur : https://www.idealwine.com/fr/devenez_membre/user_registration.jsp?gt=le-club-le-grand-tasting.

Facebook, Twitter, Instagram
#myidealwine

爱迪尔葡萄酒公司
iDealwine
PARIS - LONDON - HONG KONG

www.idealwine.com

FRANCE 190, rue d'Estienne d'Orves | 92700 Colombes | +33 (0)1 56 05 86 10 | info@idealwine.com
EUROPE +44 203 44 55 393 | sales@idealwine.com | ASIA +852 3971 9103 | asia@idealwine.com

LE GRAND TASTING
DE PRINTEMPS
LE BONHEUR EST DANS LE VERRE
Carreau du Temple
15 et 16 mai 2020 - de 11h à 20h et de 11h à 18h
printemps.grandtasting.com
bettane+desseauve

PROMOTIONS À ✪✪✪✪✪

CHÂTEAU CALON-SÉGUR

CHÂTEAU DES RONTETS

CHÂTEAU MONTROSE

CHÂTEAU MONTUS - CHÂTEAU BOUSCASSÉ

DOMAINE CÉCILE TREMBLAY

DOMAINE D'EUGÉNIE

DOMAINE DE CHEVALIER

DOMAINE DENIS MORTET

DOMAINE DU COMTE LIGER-BELAIR

DOMAINE JACQUES PRIEUR

LAURENT-PERRIER

TAITTINGER

LE GRAND TASTING
PARIS
29 et 30 novembre 2019
Carrousel du Louvre
www.grandtasting.com
Nous vous attendons
Un événement
bettane+desseauve

PROMOTIONS À ★★★★☆

CHAMPAGNE HENRIOT
CHAMPAGNE LECLERC-BRIANT
CHAMPAGNE PIERRE PÉTERS
CHÂTEAU COS LABORY
CHÂTEAU D'ISSAN
CHÂTEAU HAUT-MARBUZET
CHÂTEAU LAFON-ROCHET
CHÂTEAU LAGRANGE
CHÂTEAU LES CARMES HAUT-BRION
CHÂTEAU MARQUIS D'ALESME
CHÂTEAU MONBOUSQUET
CHÂTEAU VILLEMAURINE
CLOS THOU
DOMAINE BERNARD MOREAU ET FILS
DOMAINE CHARLES JOGUET
DOMAINE CHARVIN
DOMAINE D'ALZIPRATU
DOMAINE DE LA JANASSE
DOMAINE HUBERT LAMY
DOMAINE JEAN-CLAUDE BESSIN
DOMAINE RICHAUD
DOMAINE THIBAUD BOUDIGNON
MAS AMIEL
MAS CAL DEMOURA
PIERRE-JEAN VILLA
VEUVE FOURNY

FEMME DE L'ANNÉE

MAGGIE HENRIQUEZ, CITIZEN WINE

PRÉSIDENTE DES CHAMPAGNES KRUG ET DE ESTATE & WINES (MH).

portrait par Nicolas de Rouyn

Cloudy Bay, en Nouvelle-Zélande.

CETTE LONGUE VÉNÉZUELIENNE, chic et polyglotte, que tout le monde appelle Maggie, est une très fine connaisseuse des enjeux et des marchés du vin mondial. Après avoir redressé des entreprises en Amérique du sud, elle a été recrutée sur la seule foi de ses succès par le groupe Moët-Hennessy en 2008. Sa mission : remettre la célèbre maison Krug sur les bons rails qu'une gestion hasardeuse lui avait fait quitter. Elle reprend les rênes de la maison rémoise en pleine crise des subprimes et, pendant un an, s'applique à colmater les brèches avant d'enfin pouvoir appliquer les solutions qui ont fait sa gloire, ailleurs, avant. À cette époque (2008-2009), il fallait simplement sauver la maison d'un plongeon inéluctable. Déjà, cette tâche immense est menée à bien. Il est temps, alors, d'innover. « *Je voulais rapprocher une maison perçue comme un peu hautaine d'un public qui s'en éloignait* », dit-elle avec cet accent sud-américain qu'elle cultive avec un rien de coquetterie. Elle invente, ou met en œuvre, des idées faites pour donner plus envie aux amateurs de se mettre du bon côté de Krug. Et elle y parvient. Finalement, il n'aura pas fallu beaucoup d'années pour que Krug renoue avec le succès qui a fait son histoire. Ce qui explique, sans doute, que la direction de Moët Hennessy lui confie la direction de Estates & Wines, la filiale spécialisée dans les vignobles étrangers du groupe. « *Au fond*, dit-elle, *le vrai problème est de me trouver un successeur chez Estates & Wines. Je m'en occupe.* » Il ne viendrait à l'idée de personne de s'inquiéter.

Le Clos du Mesnil de Krug (Le Mesnil-sur-Oger, Champagne).

NOS DOMAINES DE L'ANNÉE

25 SIGNATURES UNIVERSELLES

portraits par Nicolas de Rouyn, Louis-Victor Charvet, Thierry Desseauve, Michel Bettane et Véronique Raisin

Ce sont nos coups de cœur de l'année, les domaines qui nous ont marqués, émus, étonnés. Le choix fut difficile tant le vignoble français regorge de pépites et de belles mécaniques. Néanmoins nous avons voulu parcourir toutes les régions, tous les paradis cachés, les plus grands terroirs comme les plus insolites. Parce que leur qualité, leur régularité, leurs prix sages, leur engagement nous ont conquis. Certaines régions avancent à marche forcée, avec des bataillons complets, nous n'avons pas restreint nos choix à des formules mathématiques. Ce sont ceux que nous aimons et que nous espérons que vous adopterez également. Retrouvez-les dans ces pages et partez à leur découverte !

Domaine La Calmette à Cahors
(voir page 43).

Château Pavie.

2

GÉRARD PERSE, SAINT-EMILION, PROFESSION VIGNERON

Comme beaucoup d'hommes et de femmes ayant eu avant une vie professionnelle à succès avant leur implication dans le monde du vin, Gérard Perse a souvent été décrit comme un entrepreneur de la grande distribution ayant réussi sa reconversion viticole en acquérant des châteaux fameux de la rive droite bordelaise. En fait, la réalité est beaucoup plus simple : Gérard Perse est l'un des plus grands vignerons français des vingt-cinq dernières années. A ce titre, il a donné à ses grands terroirs tous les moyens d'exprimer leur personnalité profonde : l'intensité rigoureuse du plateau calcaire pour Pavie Decesse, l'ampleur et la sève incroyables de la côte solaire pour Pavie ou la volupté onctueuse des sables argileux de Monbousquet. Ce talent n'est pas né d'un don tombé du ciel mais d'une exigence de travail hors norme et du sens de l'observation et de l'expérience qui a toujours été celui du monde paysan. Au-delà des moyens importants investis dans les rachats successifs et surtout dans les rénovations des chais et des vignobles, il a fallu à Gérard Perse une volonté de fer pour replacer à leur véritable place les crus dont il a la charge. Contrairement à ce qui a été parfois écrit à tort sur son travail, Perse n'est pas l'homme d'un style, puissant, charpenté, luxueusement boisé -disons parkérisé pour faire simple - mais bien plutôt un vigneron exprimant avec le plus d'authenticité possible la personnalité et le potentiel de ses terroirs. Pavie, le plus fameux d'entre eux, est l'un des très rares crus du Bordelais s'épanouissant sur une côte sans vis-à-vis et exposée plein sud. Que l'on produise ici des vins riches, solaires et profonds n'est pas un caprice de propriétaire, mais bien l'écoute fidèle et respectueuse d'un grand vigneron.

3

CHAMPAGNE TAITTINGER, AU NOM DES SIENS

En moins de quinze ans, Pierre-Emmanuel Taittinger aura

réussi le pari fou de racheter (avec l'aide du Crédit Agricole de Champagne-Ardennes) la maison fondée par sa famille (et lui appartenant encore six mois plus tôt), mais surtout de lui redonner une âme, ambitieuse et spirituelle. Désormais menée par Pierre-Emmanuel et ses deux enfants Vitalie et Clovis, ainsi que par le très compétent directeur général Damien Le Sueur, Taittinger a atteint aujourd'hui un niveau de qualité sur l'ensemble de sa gamme sans équivalent avec ce qu'il fut autrefois (même si la prestigieuse cuvée Comtes de Champagne est au sommet depuis une bonne trentaine d'années) en maintenant les fondamentaux d'un style aérien, frais et élancé. Se situant en volume dans un niveau intermédiaire entre les marques géantes Moët ou Clicquot et des pépites comme Bollinger, Taittinger s'est frayé un immense chemin : développer sa notoriété sur l'ensemble des marchés du champagne - il est d'ailleurs devenu le champagne officiel de la Coupe du Monde de football - mais aussi s'engager résolument dans une pratique écologique de son grand vignoble de 288 hectares ou poursuivre encore l'affinement du style de ses vins grâce à des caves mieux adaptées et au passage de témoin entre Alexandre Ponnavoy et l'historique Loïc Dupont au titre de chef de cave.

4

AMÉLIE BERTHAUT, CÔTE DE NUITS, UNE TÊTE BIEN FAITE

Ce n'est pas tous les jours qu'un vrai beau talent se découvre en côte de Nuits. La tête de nombreux jeunes viticulteurs enfle dans cette région trop bénie du commerce spéculatif, mais certainement pas celle de la jeune Amélie Berthaut (Domaine Berthaut-Gerbet) qui réunit désormais les deux domaines familiaux, le domaine Berthaut, à Fixin, du côté de son père, et le domaine Gerbet à Vosne-Romanée du côté de son grand-père, de sa mère et de sa tante. Ingénieur agronome et œnologue, formée à Bordeaux, elle n'a pas oublié le savoir-faire familial mais l'a intelligemment modernisé, avec comme but de produire des vins sincères et bien faits. Mais le grand style c'est autre chose, qui demande une vision intérieure et un sens artistique qui n'est pas accordé à tous. Amélie a cette chance, qui n'exclut pas le travail, et qui a dégusté son fixin harvelets 2017, qui égale en puissance, en pureté et presque en caractère les plus élégants grands crus de la côte, sait que cela ne relève pas du hasard. Nous lui souhaitons une longue et heureuse carrière.

Champagne Taittinger.

5

STÉPHANE TISSOT, JURA, LA LOCOMOTIVE FRANC-COMTOISE

Stéphane Tissot est un agitateur de terroirs, sans conteste la locomotive du vignoble jurassien. Ardent défenseur de la région, il a su en révéler toute la richesse à travers de grands vins en sélections parcellaires. Plantations en échalas à haute densité, sélection massale, élevages en amphore, macérations prolongées, vins sans soufre sont autant de cordes que Stéphane Tissot ajoute à son arc. Une cinquantaine d'hectares de vignoble, conduits en biodynamie, forment l'un des domaines les plus passionnants de la région.

6

MICHEL FAUCONNET, CHAMPAGNE LAURENT-PERRIER, L'ANTI-STAR

Chef de caves des champagnes Laurent-Perrier, Delamotte et Salon à Tours-sur-Marne L'homme n'est pas commode et son royaume, les caves sombres de la maison Laurent-Perrier, est bien défendu. On y entre sur autorisation et Michel ne répond pas à toutes les questions. C'est sans doute ce qui le rend attachant. Arrivé dans la maison en 1973, il signera bientôt un demi-siècle au service des vins de Bernard de Nonancourt, l'icônique patron de Laurent-Perrier, disparu en 2010. Dans une logique difficile à prendre en défaut, il enchaîne une gamme sans faute et signe également les blancs de blancs de la maison Delamotte et les rares et coûteux champagnes Salon. Une performance unique en Champagne. Cette année, il a ébloui le monde avec son nouveau blanc de blancs et un nouveau millésime, l'iconique 2008. Pour compléter la panoplie, il a sorti aussi un nouvel assemblage de Grand Siècle en magnum et un autre, ce n'est pas le même assemblage de trois millésimes, en bouteille. À quoi s'ajoute un nouveau Grand Siècle Les Réserves, assemblage des millésimes 1990, 1993 et 1995. Il se murmure sur les coteaux de Champagne que Dominique Demarville, démissionnaire de son poste de chef des caves de Veuve-Clicquot va bientôt remplacer Michel Fauconnet. Impossible, on ne remplace pas Michel Fauconnet. Dominique lui succèdera, ce n'est pas tout-à-fait la même chose.

7

CHÂTEAU LÉOVILLE LAS CASES, SA MAJESTÉ DE SAINT-JULIEN

On l'avait longtemps attendu : les travaux qui s'annoncent titanesques vont débuter et dans deux ou trois ans la propriété phare de Saint-Julien ne sera plus jalouse des cuviers et des chais de ses principaux voisins et concurrents. Il est vrai que ce drôle de château n'a en fait pas

de château et qu'il a fallu la détermination de Jean-Hubert Delon pour restaurer, de façon d'ailleurs fort élégante, la portion de chartreuse qui, dans l'indivision avec Léoville-Poyferré, lui appartient. Jusqu'ici, depuis la révolution accomplie en 1977 par Michel, le père de Jean-Hubert, on travaillait de façon acrobatique, avec d'un côté de la route des châteaux un cuvier et de l'autre côté un chai. Avec des tuyaux qui passent en dessous de la route, comme à Poyferré. Ce qui n'a pas empêché de produire avec une régularité métronomique des grands vins d'un niveau égal (tous les observateurs s'accordent à ce sujet) aux premiers crus classés. Michel Delon avait isolé à l'intérieur du vaste vignoble du cru (près de 100 hectares), la petite moitié donnant à la fois le vin le plus complet et le plus incompatible avec l'autre moitié. Le grand enclos qui salue tous les matins son vis-à-vis de Saint-Lambert, Latour, définit plus que jamais ce qui rend le vin incomparable, avec l'aide de vignes plus que cinquantenaires. Ce que Jean-Hubert Delon a apporté, avec l'aide d'un jeune directeur aussi affable que compétent, Pierre Graffeuille, c'est un assouplissement de la rigueur de l'accueil pour les visiteurs, une rationalisation de la gamme des quatre vins produits, deux premiers vins, le clos du marquis et le Grand Vin, deux vins de jeunes vignes, tout aussi brillants, la Petite Marquise, et le Petit Lion. Le goût d'un administrateur propriétaire est également un facteur irremplaçable ; Michel Delon dans sa volonté de rivaliser avec les premiers recherchait la puissance, Jean-Hubert préfère l'harmonie, la finesse et un caractère plus Saint-Julien que Pauillac. Le réchauffement climatique, ici admirablement anticipé et équilibré lui a permis d'atteindre son idéal, et dans un millésime comme 2018 de produire peut-être le vin le plus accompli des cinquante dernières années.

8

ABBOTTS & DELAUNAY, BOURGOGNE & LANGUEDOC, NÉGOCIANT HAUTE-COUTURE

Cette signature de négoce haute couture brille au sommet du Languedoc. Les bourguignons Laurent et Catherine Delaunay cisèlent en orfèvre une gamme fraîche et gourmande de vins de cépage, d'une précision exemplaire. Ces passionnés des terroirs du sud mettent toute leur énergie à sélectionner au mieux le parcellaire, les vinifications, les assemblages et l'élevage. Après « Les Jamelles », une gamme de vins de cépages crée en 1991, ils ont racheté le domaine La Métairie d'Alon, à Limoux, où ils réalisent des pinots noirs et chardonnays d'exception.

9

CHARLES JOGUET, CHINON, GLOIRE ET HONNEUR DU CABERNET FRANC

Ce domaine de Chinon est emblématique de l'appellation. Charles Joguet en avait hérité des mains de son père en 1957. La famille Genet a repris l'activité et une partie du capital en 1985 avant d'acquérir l'ensemble en 1997. Il s'agit de 33 hectares de beaux terroirs d'où sortent chaque année de 100 000 à 140 000 bouteilles, quand les épisodes de gel ne sont pas trop graves. Anne-Charlotte Genet est claire : «Le problème chez nous, c'est le gel. Pas la canicule.» La maison étiquette sept cuvées de rouge, une de blanc et une de rosé. Chaque cuvée correspond à une parcelle ou, pour les entrées de gamme à l'assemblage de deux ou trois parcelles, «dans une unité de terroir», précise-t-elle. Les prix des cuvées s'échelonnent entre 10 et 40 euros, pour la-dioterie, un vin de garde fantastique. Pour Anne-Charlotte, le chemin est tout droit : «Je cherche la quintessence de l'expression du cabernet franc sur nos terroirs. C'est un objectif sans fin». Autrement plus intéressant que les querelles de clocher qui l'affectent à peine : «Nous ne cherchons qu'à protéger l'image du domaine dans le plus parfait respect de l'appellation.» *Sic transit gloria mundi.*

10

CLAIRE VILLARS, MARGAUX & PAUILLAC, L'EXCELLENCE EN HÉRITAGE

On pourra sourire en rappelant qu'elle est née Merlaut avec une cuillère en argent dans la bouche, mais c'est mal connaître son idéalisme, sa détermination et une vraie vision à long terme de la qualité. Elle hérite de deux crus classés du Médoc en 1855, Châteaux Ferrière et Haut-Bages-Libéral, qui n'étaient pas aux mieux de leur forme et de leur réputation et prend le temps nécessaire pour comprendre ce que l'on peut et doit faire à échelle humaine normale, et pas à coup de millions d'euros déversés en

Stéphane Riffault.

quelques mois par des investisseurs étrangers au monde de l'agriculture. Son mari Gonzague Lurton la devance de quelques années au château Durfort-Vivens dans la conversion périlleuse à la biodynamie mais dès qu'elle sent qu'elle en a les moyens, et cela passe aussi par un renouvellement de son équipe technique, elle fait le nécessaire. On sera surpris par la rapidité des progrès accomplis, en particulier sur son remarquable vignoble de Pauillac, si proche de celui de château Latour, avec dans le difficile millésime 2018 une réactivité exemplaire qui lui permet de produire une récolte convenable en volume et remarquable en qualité.

11

CLAUDE RIFFAULT, SANCERRE, LE MÉTRONOME

Stéphane Riffault ne fait pas d'étincelle mais lorsque l'on pense à Sancerre, il faut absolument le citer. Mesure, attention, réflexion forgent des cuvées de haute volée et de style, reflétant chacune la personnalité de son terroir. Récoltes manuelles, sélections parcellaires, longs pressurages tout en douceur, vinifications et élevages au cordeau en barriques et en foudres : tout ici respire l'excellence. En 2018, deux nouvelles cuvées monoparcellaires ont fait leur apparition, hissant d'un cran encore le niveau de cette adresse exemplaire.

12

COSSE MAISONNEUVE, CAHORS, IL BOULEVERSE LES HIÉRARCHIES

Si Cahors bouleverse les codes du grand vin, Cosse Maisonneuve en est l'illustration la plus spectaculaire. Dépassant les frontières de son appellation, le domaine s'inscrit parmi les meilleurs de France, propulsé par le duo infaillible formé de Mathieu Cosse et Catherine Maisonneuve. Maîtres de leur sujet, ils nous donnent à savourer quelques-uns des vins les plus complets et les plus sincères de Cahors. Magnifiquement élevés, intenses, élégants, ils bousculent les hiérarchies et repositionnent Cahors dans la course aux étoiles.

13

RICHARD FOUQUET, CHAMPAGNE GUIBORAT, JOYAU DE LA CÔTE DES BLANCS

Nous l'avions repéré depuis de nombreuses années et savions qu'il irait loin, là où les terroirs prestigieux où il possède des vignes méritaient d'être conduits (Cramant, Chouilly et Oiry). C'est chose faite aujourd'hui avec la petite gamme remodelée de sa production artisanale au sens noble du terme. Cet enfant de Sarcelles qui n'est revenu à Cramant que pour tenir une promesse faite à sa délicieuse grand-mère est un discret qui compense sa timidité en rêvant avant de faire, comme tous les grands taiseux. La communication, c'est l'affaire de sa femme, Karine, œnologue, tout aussi passionnée mais idéalement complémentaire. Le couple produit désormais quelques blancs de blancs parmi les plus purs, les plus droits, les plus subtilement salins et minéraux de toute la Côte des Blancs, ce qui n'a pas échappé à quelques bons observateurs, sommeliers ou marchands. Pourvu que tout cela dure avec bonheur, pour eux comme pour nous !

14

MONTCALMÈS, TERRASSES DU LARZAC, LA VIE EST UN SONGE

Vingt ans que Frédéric Pourtalié trône au sommet du Larzac. Après la Grange des Pères, Olivier Jullien et Alain Graillot, trois gloires du vignoble hexagonal, ce vigneron d'instinct a tracé son sillon sur ses terres personnelles. Son terrasses-du-larzac est le vin aux tannins les plus fins du Languedoc, un vin de songes. Nous avons effectué plusieurs verticales de cette cuvée qui ne montre aucune faiblesse depuis 2001, une véritable performance.

15

CHÂTEAU LASCOMBES, MARGAUX, RÉVOLUTION DE VELOURS

Arrivé en 2001 dans les pas d'un nouvel actionnaire, le fonds d'investissement Colony Capital, Dominique Befve est toujours à la tête d'un cru appartenant désormais au premier assureur des professionnels de santé, le groupe MACSF. En vingt ans, c'est peu dire qu'il a profondément transformé ce vaste domaine de 112 hectares, dont le classement de second cru classé passait avant son arrivée pour, au mieux, une bizarrerie anachronique. Aujourd'hui, plus personne ne remet ce statut en question : le velouté de très beaux merlots à parfaite maturité, la fraîcheur resplendissante de cabernets racés, un sens accompli de l'élevage, luxueux mais sans ostentation, une progression régulière depuis quinze ans pour parvenir à des sommets comme 2015, 2016 et 2018 ont fait de ce cru l'une des expressions les plus séduisantes de Margaux, une appellation où pourtant les charmeurs ne manquent pas.

16

CHÂTEAU VILLEMAURINE, SAINT-EMILION, LA PERLE CALCAIRE

Situé à l'entrée nord de Saint-Emilion, Villemaurine fut très longtemps l'un des ces nombreux crus classés inconnus, dont les rares dégustations que nous pouvions faire avaient tôt fait de nous convaincre qu'il valait mieux pour le cru de le rester. Et puis en 2007, Justin Onclin rachète la propriété. Flamand de Bordeaux (il y dirigea longtemps l'une des plus importantes maisons de négoce de la Place) Onclin n'est pas vigneron mais connaît parfaitement la géographie viticole bordelaise et le potentiel de ses crus. Sur la rive gauche, il a d'abord acquis une pépite à Moulis, Branas Grand Poujeaux, mais Villemaurine sera son coup de maître. Car son terroir de douze hectares d'un seul tenant est situé sur le plateau calcaire magique qui enserre le nord du village du Saint-Emilion et dont les voisins directs, Fourtet ou Trottevieille, jouissent pareillement. Sur ce socle fondamental, une mince couche de terre argilo-limoneuse pour une partie, plus caillouteuse pour l'autre, constitue un terroir absolument privilégié pour les merlots et cabernet francs. Lorsque Vllemaurine fut mise en vente, tous les spécialistes du secteur savait qu'il s'agissait d'un joyau, et parmi eux nombre d'acquéreurs potentiels. Mais beaucoup furent douchés par un évènement : Villemaurine, cru classé, avait perdu ce titre en 2006. Onclin, lui, relève le gant. Avec bonheur, car Villemaurine retrouvera son rang en 2012. En attendant mieux ? Pourquoi pas. Son environnement immédiat regorge de premiers crus classés et ses performances depuis 2015 sont impressionnantes.

Justin Onclin.

17

JEAN-CLAUDE MAS, LANGUEDOC, CÉSAR DU PUBLIC

C'est un nom qui ne vous dit peut-être rien, c'est pourtant l'une des plus belles réussites du vignoble hexagonal. Jean-Claude Mas est l'un des principaux acteurs du sud de la France, réalisant sous une multitude d'étiquettes des vins modernes, friands, accessibles et gourmands, d'une régularité sans faille. Plébiscités par le public, ils offrent tout ce que l'on attend d'une cuvée de plaisir : la preuve, il vient de glaner 23 médailles au concours Prix-Plaisir sur 47 vins présentés ... Le public ne se trompe jamais !

18

DOMAINE DU CHÂTEAU DE MEURSAULT, MEURSAULT, LA MÉTAMORPHOSE

C'était une institution, c'est devenu une adresse de passion. Le Château de Meursault a pris la mesure de son potentiel et opéré un beau virage, passant la moitié de son vignoble en culture biologique, avec l'objectif de convertir l'ensemble. Ce changement cultural s'accompagne d'investissements de pointe en cave, permettant au domaine de jouer dans la cour des grands et de rivaliser en finesse et en précision avec les caciques de son secteur. La progression est impressionnante en si peu de temps, et on la doit surtout à Olivier Halley, Stéphane Follin-Arbelet et Emmanuel Escutenaire, trio gagnant de cette métamorphose.

Jean-Claude Mas.

19

JEAN GUYON, LE RÉSISTANT DU MÉDOC

Châteaux Rollan de By, Haut-Condissas, Greysac, La Clare et d'autres... Sans appellation prestigieuse, mais avec un sens inné du succès, Jean Guyon a hissé ses quatre étiquettes du Château Rollan-de-By en pleine lumière, engrangeant les succès dans les dégustations à l'aveugle au point de devenir une sorte d'épouvantail de l'exercice, ce que les professionnels appellent un «pirate». C'est peu de dire que Jean Guyon se trouve très bien dans le rôle. Il y a ajouté un rosé qui claque et Château Greysac, un voisin. Ce qui fait de lui et de son formidable appétit de réussite, l'un des tout premiers metteurs en marché du Nord-Médoc, ses vents, ses forêts. Issu du monde brillant des décorateurs d'intérieur, il comprend sans doute plus vite que d'autres ce qui plaît à son public. Lequel le lui rend bien, ses haut-condissas et rollan-de-by sont des block-busters très reconnus. Et lui, Jean Guyon, c'est un garçon spirituel qui énonce clairement ses principes. Tout ceci marche bien.

20

ROMAIN DUVERNAY, VALLÉE DU RHÔNE, CÔTES-DU-RHÔNE 2.0

Ancien courtier, fin connaisseur de la Vallée du Rhône, Romain Duvernay a créé sa société avec l'idée de forger des vins fruités et gourmands, exprimant le caractère rhodanien avec plaisir et finesse. Jean-Marc Pottiez en est aujourd'hui le propriétaire mais il travaille toujours de concert avec Romain Duvernay, créant des partenariats avec des domaines en bio et biodynamie et sélectionnant toujours avec justesse. Le Vaucluse, leur terrain de jeu favori, n'a pas fini de livrer toutes ses pépites... Attendez-vous à entendre parler de cette jeune et belle maison de négoce.

21

DOMAINE OGEREAU, ANJOU, AU SOMMET DE SON ART

Emmanuel Ogereau s'impose comme une grande signature ligérienne avec ses cuvées de grande classe. On est abasourdi par la définition et la précision des vins. Finesse, élégance, tout est bon et progresse. Un incontournable, bientôt au sommet.

22

DOMAINE LA CALMETTE, CAHORS, ALLEZ LES CHAMPIONS !

Maya Salée et Nicolas Fernandez ont gagné en 2017 le concours Vignerons et Terroirs d'Avenir organisé par AdVini. Une consécration pour ce jeune couple qui s'est installé en 2015 dans les causses cadurciens. On ne peut qu'applaudir et encourager les progrès de leurs vins.

23

LA JANASSE, CHÂTEAUNEUF-DU-PAPE, LE GRENACHE À LA BOURGUIGNONNE

Quand on aime Châteauneuf-du-Pape, on apprécie avant tout la finesse et le lyrisme du grenache, qui déploie tout son charme et ses nuances lorsqu'il est mené avec grâce. Peu parviennent à cette maîtrise. Christophe Sabon s'y est attelé avec une réussite jamais démentie et depuis plus de quarante ans, il hisse ses vins au sommet de la hiérarchie castelpapale. Une constance et une affirmation de style qui forcent le respect et nous émeuvent chaque année un peu plus.

24

DOMAINE BRUNO LORENZON, MERCUREY, TOUT EN HAUT DE L'ÉCHELLE !

Viticulture minutieuse, précise, attentive. Vinification adroite, exigeante, réfléchie. Elevages mesurés, ajustés, probants. Bruno Lorenzon voit juste et transcende ses terroirs de Mercurey. Ses sept hectares conduits à haute densité forment un modèle de culture biologique, préservant l'expression du fruit à sa juste valeur. Avec sa soeur Carline, ils forment un tandem efficace, ciselant en orfèvres des blancs purs et minéraux et des rouges de grande chair, ultra raffinés. Cela fait plus de vingt ans que le charme opère, et les derniers millésimes confirment la montée en puissance du domaine, devenu un incontournable de la Côte Chalonnaise.

25

DOMAINE JACQUES PRIEUR, BOURGOGNE, UNE ADRESSE PRÉCIEUSE

Daniel Godefroy à la vigne, Nadine Gublin à la cave, cette adresse précieuse de Bourgogne, propriété de la famille Labruyère, peut s'enorgueillir de posséder à sa tête l'un des duos les plus enviables de la Côte. Le premier veille au vignoble depuis 1997, la seconde est une oenologue réputée et reconnue, célébrant des raisins sains et parfaitement mûrs, et qui aura marqué de son art les deux dernières décennies. Directrice technique du domaine Prieur depuis 2009, elle le hisse aujourd'hui sur la plus haute marche. Exceptionnel !

Domaine Jacques Prieur.

NOS COUPS DE CŒUR INCONDITIONNELS !

Agathe Bursin.

ALSACE

ACHILLÉE, ALSACE, UN TALENT VIENT D'ÉCLORE

C'est une petite pépite comme on les aime. Un accueil sympathique, une belle tenue de vignoble en biodynamie, des vins de style et des prix qui restent sages. Ce n'est pourtant pas une jeune pousse mais une adresse restée dans l'ombre que nous avons débusquée à l'aune de nos dégustations. Jean et Pierre Dietrich sont désormais à la manoeuvre et se sont illustrés par un chai bioclimatique impressionnant. Bon artisan, bons outils : l'avenir devrait être clair.

AGATHE BURSIN, ALSACE, TOUJOURS LE VENT EN POUPE !

Elle trace son chemin, Agathe ! Des débuts triomphants, repérée pour son pinot noir, et depuis la même application, sage et enthousiaste, qui font de cette adresse l'une des plus charmantes de toute l'Alsace. A Westhalten, ce sont seulement 6 hectares mais 38 parcelles, histoire de jouer de chaque terroir comme une symphonie. Pureté de fruit et toucher onctueux en bouche, ici tout est bon, du sylvaner au grand cru Zinnkoepflé. La palme cette année aux blancs 2018, des modèles de réussites. Bravo !

Marc Tempé, Alsace, L'idéaliste

Depuis vingt-cinq ans, Marc Tempé suit son instinct et impose ses convictions. Biodynamiste de la première heure, il mène à bien une vaste gamme ponctuée de repères délicieux pour tout amateur, avec les grands crus Mambourg, Furstentum ou Schoenenbourg. Peu de soufre, une droiture exemplaire, de la finesse et de la profondeur, et surtout une exubérance de parfums envoûtants : ainsi vont les alsaces de Monsieur Tempé et ce la n'est pas pour nous déplaire. Une adresse phare du vignoble, à (re)découvrir de toute urgence

BEAUJOLAIS

DAVID LARGE, BEAUJOLAIS, TROP DE SWAG

Casquette sur la tête, *sneakers* aux pieds, ce jeune vigneron est à l'image de la nouvelle vague du beaujolais : décontractée, indépendante et talentueuse. Les rouges du domaine sont excellents et bien maîtrisés, habillés par des étiquettes originales. Le Beaujolais comme on l'aime.

JULES DESJOURNEYS, BEAUJOLAIS, LE BON APÔTRE

Cette marque est aussi un homme qui s'appelle Fabien Duperray. Ce très fin vinificateur élabore des vins qui enchantent les plus exigeants des dégustateurs. Depuis longtemps, il est l'un des plus actifs des distributeurs de Bourgogne, représentant les plus belles étiquettes du «grand talus» comme dit Aubert de Villaine. Aujourd'hui, il produit avec talent quelques-uns des meilleurs beaujolais et blancs du Mâconnais qui se puissent trouver. Un garçon indispensable.

RÉMY DUFAITRE, BEAUJOLAIS, NOUVELLE VAGUE

Ce jeune vigneron, dans la veine de la nouvelle vague beaujolaise, a profité des conseils de Jean Foillard et Jean-Claude Lapalu – rien qu'eux – avant de trouver son style. Il fait des vins nature en macération carbonique totale. C'est pur, gourmand et réussi. On avait oublié ce qu'était le vrai beaujolais.

GEORGES DUBOEUF, BEAUJOLAIS, RETOUR VERS LE FUTUR

La maison emblématique du Beaujolais a, depuis son origine, été associée à l'évolution et au développement de ce vignoble. Mises en bouteille à la propriété, vins primeurs, émergence des crus, c'est peu dire que Dubœuf a accompagné ces mouvements : la plupart du temps, il les a initiés sinon créés. Mais le Beaujolais n'a cessé d'évoluer et aujourd'hui Duboeuf donne parfois l'impression de rester en marge de ce renouvellement. C'est à ce défi que s'attaque aujourd'hui Franck Duboeuf, en créant par exemple une nouvelle gamme de crus, sobrement présentée et définissant une personnalité simple et nette de chacun. Le Beaujolais se réinvente, Dubœuf aussi.

CHÂTEAU DES JACQUES, BEAUJOLAIS, UNE SIGNATURE INCONTOURNABLE

Bien que géré de manière autonome, que de progrès depuis l'acquisition de ce domaine par le Beaunois Louis Jadot en 1996 ! Avec ses 90 hectares de vignoble, situés dans les meilleurs secteurs du Beaujolais, le château des Jacques est devenu une référence internationalement reconnue. Même si les moulin-à-vents sont toujours la valeur sûre de la propriété, c'est toute la gamme qui profite d'une orientation de style vers plus de finesse. Elle profite aussi de la bonne gestion de Cyril Chirouze, son administrateur, qui poursuit la quête de l'excellence engagée il y a plus de quinze ans. Assurément une grande signature.

Château Lafite.

BORDEAUX

CHÂTEAU LAFITE, PAUILLAC, TRIPLE PASSAGE DE TÉMOINS

Rien n'est figé au royaume des Crus Classés, témoins eux aussi de jeux de chaises musicales subtils. Le Château Lafite n'échappe pas à la règle, car ici comme ailleurs, les ajustements sont importants. Le cru a ainsi amorcé une nouvelle ère sous le signe d'une triple passation de pouvoir. Celle de son directeur technique d'abord, léguée à Éric Kolher, qui s'est occupé de Rieussec à Sauternes et d'Aussières dans le Languedoc, succédant ainsi à Charles Chevallier. Celle de Jean-Guillaume Prats ensuite (ex Cos d'Estournel), qui a succédé à Christophe Salin en tant que Directeur Général des Domaines Barons de Rothschild (DBR) ; celle de Saskia de Rothschild enfin, qui s'inscrit dans les pas de son père Eric et prend la présidence du groupe familial. Et le millésime 2018 consacre avec faste cette triple prise de pouvoir.

Château Laroque, Saint-Emilion, Promesse tenue !
Depuis les hauteurs de son plateau calcaire, le plus grand domaine viticole de Saint-Emilion (61 hectares) profite d'une situation exceptionnelle pour produire un vin solide et structuré. C'est David Suire, fils de vigneron et œnologue (acolyte de Nicolas Thienpont et conseiller de nombreuses propriétés stars du secteur), qui conduit ce cru avec l'ambition d'en faire un grand parmi les grands. Beaucoup de rigueur et d'attention, beaucoup de patience aussi. Le temps écrit les grandes histoires bordelaises. C'est une valeur montante qu'il faut suivre de près. Une belle promesse.

CHÂTEAU MALARTIC-LAGRAVIÈRE, PESSAC-LÉOGNAN, L'ÂGE DE RAISON

20 ans. Le bel âge, dit-on. Dans le cas de la famille Bonnie, c'est juste. Acquise des mains d'un grand groupe champenois qui ne s'en sortait pas très bien, Malartic-Lagravière est une propriété emblématique du vignoble de Pessac-Léognan. Peu à peu, l'excellence est au rendez-vous, une confirmation depuis plusieurs millésimes. Jean-Jacques Bonnie, fils d'Alfred, a endossé les habits de lumière du winemaker à la mode avec autant de sérieux que d'opiniâtreté. En rouge

comme en blanc, les vins sont très bons et très appréciés sur tous les marchés qui garantissent une bonne valorisation du travail entrepris. Il manquait la reconnaissance du milieu bordelais ? C'est chose faite depuis que le domaine a accueilli la Fête de la Fleur en 2017. Pour la reconnaissance internationale, Malartic a reçu début juillet la réunion annuelle du *think-tank* international Fine Minds For Fine Wines. Toutes les cases sont cochées.

CHÂTEAU PATACHE D'AUX, MÉDOC, LE RETOUR D'UNE MARQUE POPULAIRE

On connaissait les vins du château et leur succès de restauration, on savoure désormais cette étiquette qui a renoué avec ses heures de gloire. Son propriétaire Advini a su tracer les grandes lignes de son renouveau et la doter des moyens nécessaires. Avec son caractère entier et médocain, c'est avec plus de précision et sous les conseils avisés des équipes de Stéphane Derenoncourt que Patache d'Aux poursuit sa quête d'excellence.

CHÂTEAU BEAUSÉJOUR DUFFAU-LAGARROSSE, LE SÉDUCTEUR

Qui déguste les dix derniers millésimes de cette propriété de Saint-Emilion mesure son évolution de style et l'étendue de ses progrès. Si ce n'est pas le cru le plus connu, c'est sans doute l'un des plus raffinés, avec ce grain calcaire qui lui donne une personnalité singulière, terriblement séduisante. Suivis depuis 2009 par le duo Thienpont-Derenoncourt, les vins profitent d'une viticulture attentive et de vinifications très abouties. Un sans-faute depuis quelques années.

CHÂTEAU LA DOMINIQUE, SAINT-EMILION, UNE MARCHE PLUS HAUTE

Dans le joli portefeuille de domaines rassemblé par Clément Fayat et, aujourd'hui, géré par son fils Jean-Claude, La Dominique est certainement le plus qualitatif et, magie de la modernité, le plus beau. Il faut dire que le chai érigé par Jean Nouvel est une merveille, une sorte de grand catamaran rouge qui fend la mer de vignes qui l'entoure. À quelque 80 mètres de celui de Cheval Blanc, les deux transforment le morne plateau de Saint-Émilion-Pomerol en parc d'architecture contemporaine pour le plus grand bien de l'appellation. Le vin n'est pas en reste. En progrès constants, sous la férule bienveillante et avisée de Gwendeline Lucas, directrice générale et bon moteur des vignobles Fayat, les deux cuvées du château rencontrent l'enthousiasme de plus en plus marqué des grands dégustateurs. L'arrivée récente de Yann Monties, ex-Haut-Bailly, nouveau maître de chai, est faite pour confirmer cette tendance. La Dominique a tous les atouts en main pour aller encore plus loin.

CHÂTEAU BEAUREGARD, POMEROL, IL REVIENT DANS LA COURSE !

Mettre ensemble la volonté de la famille Moulin et les compétences de la famille Cathiard étaient à l'évidence une bonne idée. En peu de millésimes et beaucoup d'exigence, ce château-beauregard a rejoint le peloton de tête sur le plateau, à quelques centaines de mètres du clocher de Pomerol. Ce faisant, ce vin sort de l'anonymat et entre dans la lumière avec une image flatteuse, celle d'un vin raffiné et élégant qui colle plutôt bien à Augustin Belloy qui, au sein de la famille Moulin, a la charge du développement de cette nouvelle acquisition (cinq ans déjà). 17 hectares de merlot et de cabernet franc, pour l'essentiel, répartis en 35 parcelles tout autour d'une ravissante et discrète chartreuse du XVIIIe siècle parfaitement restaurée. Agriculture biologique, nouveau cuvier, tout a été mis en œuvre pour atteindre l'excellence, plus petit dénominateur commun aujourd'hui à Pomerol.

Château Beauregard.

CHÂTEAU DE BEAU-SITE, GRAVES, DE L'AMBITION

Cette belle chartreuse du XVIIIe siècle accueille depuis l'arrivée d'Evelyne et Patrick Houry un projet d'œnotourisme ambitieux. La propriété signe des vins harmonieux, bien construits aussi bien en blanc qu'en rouge. Une qualité régulière.

CHÂTEAU CARTEAU CÔTES DAUGAY, SAINT-EMILION, LE BON PLAN

La famille Bertrand possède les 16 hectares de cette propriété très bien exposée sur les coteaux de saint-émilion. Super rapport qualité-prix et potentiel de garde sont au rendez-vous. La bonne affaire.

DOMAINE DE CHEVALIER, PESSAC-LÉOGNAN, CONSTANCE ET RÉUSSITE

Quand il se retourne sur un sillage professionnel de trente-cinq vendanges, Olivier Bernard peut être sereinement satisfait de son parcours. Avec sa femme Anne, un soutien très fort, et quelques idées simples bien menées, il a fait du familial Domaine de Chevalier une valeur très sûre de l'appellation. Sous le triple signe de la régularité, de la qualité et du prix, ses vins n'ont jamais eu la moindre difficulté à trouver leur public, millésime après millésime avec une belle constance. Rejoint par ses fils, il a pu se consacrer à de nouvelles acquisitions, le Clos des Lunes notamment, qui font claquer encore plus fort le drapeau de la grande famille Bernard. Une telle réussite s'explique. Il suffit d'aller sur la page d'accueil du site web du domaine et l'on apprend deux choses : «Je vis sur place» et «le téléphone du bureau sonne aussi chez moi». Tout est dit et tout est compris.

BERNARD MAGREZ, PAPE DE BORDEAUX

Châteaux Pape-Clément, La Tour-Carnet, Fombrauge, Clos Haut-Peyraguey, Bordeaux et le reste du monde. Fin stratège des grands vins, l'infatigable Bernard Magrez déborde d'activités diverses qui, toutes, portent son amour de la belle ouvrage à des sommets jamais atteints. Ses quatre crus classés constituent un portefeuille unique et le reste de ses propriétés, une collection sans équivalent d'une quarantaine de

Bernard Magrez.

propriétés. Sa dernière idée forte, La Grande Maison à Bordeaux avec Pierre Gagnaire, qui a remplacé Joël Robuchon, est un autre succès. On pourrait consacrer des pages à établir la liste de ses idées nouvelles, des progrès qu'il fait faire à la viticulture en général, de sa générosité. Dans ces trois domaines notons seulement l'utilisation intensive de drones et de robots dans les vignes, le conservatoire de cinquante cépages «alternatifs» à La Tour-Carnet et le sponsoring d'un orphelinat en Thaïlande. Déjà, c'est énorme.

CHÂTEAU LES ANNEREAUX, LALANDE-DE-POMEROL, C'EST ROYAL !

Moins de vingt euros pour un vin qui fait partie de la cave de l'Élysée. La plus grande partie du vignoble est en appellation Lalande-de-Pomerol. De plus en plus raffiné et frais, concentré et élégant, voilà un flacon qu'on ne doit pas manquer. Voie présidentielle.

CLOS SAINT-JULIEN, SAINT-EMILION, TALENT ENTRE LES MURS

Toute la délicatesse et le travail de Catherine Papon hissent ce domaine parmi les très bons de Saint-Emilion. Les vins n'ont pas cessé de progresser. Mention spéciale aux cabernets menés d'une main de maître.

LES ORMES SORBET, CHÂTEAU FONTIS, MÉDOC, VERS LE SUCCÈS

Confirmation pour cette propriété située sur la croupe la plus élevée du Médoc. Avec beaucoup de talent et de savoir-faire, Hélène Boivert et son fils Vincent conduisent les 20 hectares du domaine vers un succès mérité. Les vins ont un charme certain.

Château Lilian Ladouys.

CHÂTEAU LILIAN LADOUYS, SAINT-ESTÈPHE, L'ASCENSION FULGURANTE

Cette propriété de Saint-Estèphe a longtemps grandi à l'ombre de ses prestigieux voisins. Repris de main de maître par Jacky Lorenzetti, sa première acquisition à Bordeaux, fort d'un terroir épatant, c'est le domaine qui monte le plus vite, ces derniers millésimes. Finement, Lorenzetti a acquis un voisin, le château Clauzet, très beau terroir aussi, pour l'intégrer à Lilian Ladouys. La qualité est là, les volumes aussi, tout est en place pour un succès annoncé.

CHÂTEAU LOUDENNE, MÉDOC FOREVER

Depuis qu'elle est conseillée par Michel Rolland, cette propriété de 130 hectares (depuis 2013 sous pavillon chinois) a considérablement élevé le niveau de ses vins. D'un style classique et médocain (le vignoble est tout proche de Saint-Estèphe), l'amateur tient là une vraie belle adresse avec des vins racés, élégants, à la personnalité affirmée, qui profiteront d'être un peu oubliés en cave. Surtout, elle se démarque par sa régularité et par un super rapport qualité-prix.

CHÂTEAU GOMBAUDE GUILLOT, POMEROL, EN AVANT MARCHE !

Cette propriété modèle est moins connue que ses illustres voisines pomerolaises. Ça ne l'empêche pas de signer un vin superbement élégant. Un style racé et équilibré qui s'appuie sur une viticulture biologique. L'étiquette à découvrir absolument.

CHÂTEAU LA ROUSSELLE, FRONSAC, LUMIÈRE DU FRONSADAIS

Les vieilles vignes de ce petit domaine de trois hectares se perdent dans les collines du Fronsadais. C'est par la profondeur et la richesse de ses vins qu'elle retrouve la lumière des grands bordeaux. Une belle aptitude à la garde et des prix qui ne s'envolent pas.

VIEUX CHÂTEAU SAINT-ANDRÉ, MONTAGNE SAINT-EMILION, LE GRAND D'UN GRAND

La propriété profite du savoir d'un vinificateur mythique. Pas n'importe lequel, puisqu'il s'agit de Jean-Claude Berrouet, l'œnologue qui a veillé le mythique Petrus pendant 44 ans. Voici de beaux montagnes, qui font preuve d'une régularité sans faille.

BOURGOGNE

DOMAINE COCHE-DURY, MEURSAULT, POUR DEMAIN ET AU-DELÀ

Son style « grillé toasté » à nul autre pareil est reconnaissable entre tous. Pourtant si beaucoup s'en inspirent, peu l'approchent. Jean-François Coche-Dury a érigé l'élevage en art, signant une identité de chardonnay unique. Aujourd'hui son fils Raphaël s'inscrit dans ses pas, prolongeant ce style charmeur et unique. Le crémeux, la profondeur et le raffinement des blancs n'a que peu d'égal ; ce sont de purs joyaux de la grande Bourgogne, taillés pour la longue garde, à rebours des codes actuels de l'éphémère.

Domaine Gérard Duplessis, Chablis, Chablis de demain

Ce domaine bien situé au cœur du village est aujourd'hui conduit par le jeune Lilian Duplessis. Il a fait le choix d'une viticulture biologique pour ces huit hectares de vieux chardonnays. Voici un digne représentant de la nouvelle génération chablisienne.

DOMAINE YVES GIROUX ET FILS, POUILLY-FUISSÉ, POLE POSITION

Ancien pilote de course automobile, Sébastien Giroux conduit à toute allure ce domaine familial situé entre Loché et Fuissé. Artisan vigneron reconnu par ses pairs, il a ce souci d'améliorer ce qu'il possède vers plus de perfection. À suivre de très près.

LOUIS LATOUR, BOURGOGNE, 100% MADE IN FRANCE

Louis-Fabrice Latour, à la tête d'une des plus importantes maisons de négoce beaunoises et l'un des propriétaires majeurs des appellations bourguignonnes, singulièrement sur la colline de Corton, considère ses racines avec infiniment de déférence. «Pas de Nouvelle-Zélande ou d'Oregon pour nous. Je crois que nous avons beaucoup à faire au sein de la grande Bourgogne». Le tacle à ses pairs est léger, mais réel. La seule entorse qu'il s'est autorisé, et son père avant lui, c'est l'Ardèche et la Provence. Pas de quoi disserter sur les mérites comparés des business classes. Il est très présent en Beaujolais. «C'est le grand défi de ma génération. Il faut faire quelque chose pour les crus, pour le vieillissement. Il y a en Beaujolais un réservoir colossal d'hectares qualitatifs.» Il s'y colle avec attention depuis quelques années et les résultats arrivent. En attendant, il cajole ses grands crus avec l'affection d'un amoureux.

DOMAINE DUREUIL-JANTHIAL, RULLY, ACCUEIL ET QUALITÉ AU RENDEZ-VOUS

La Bourgogne gracieuse et affable passe nécessairement par ces adresses bienheureuses. Vincent Dureuil-Janhtial cultive l'art de l'accueil et de la disponibilité. Heureux choix que celui de se rendre disponible, pour expliquer son métier, son engagement, et le sens de son travail. Il a fait de Rully un phare pour tout amateur de beaux vins qui peuvent encore prétendre en remplir leur cave. Une bénédiction !

DOMAINE OLIVIER MORIN, CHABLIS, CHITRY C'EST ICI

Chitry est loin d'être le village viticole le plus connu de Bourgogne. Pourtant, c'est dans cette charmante commune aux sols kimméridgiens qu'Olivier Morin s'occupe de 12 hectares de chardonnay, pinot noir et aligoté. Les cuvées de cet ancien DJ méritent qu'on s'y intéresse.

DOMAINE DE LA JOBELINE, POUILLY-FUISSÉ, SANS FAUX-DÉPART

Les jolies collines de Verzé dans le Mâconnais offrent, en plus d'avoir un charme fou, d'excellents terroirs. Pierre Maillet a décidé en 2014 de sortir de la cave coopérative afin de donner à ce domaine un nouvel élan. En progrès et à suivre.

Château de Chamirey.

CHÂTEAU DE CHAMIREY, MERCREY, UNE NOUVELLE PAGE S'OUVRE

Elle voit grand mais en beauté ! La famille Devillard mène de front le plus grand domaine de Mercurey, avec l'objectif, atteint pour moitié, de le convertir en bio dans son intégralité. Une gageure et un tournant pour cette adresse qui renaît et accroche l'exigence des plus grands domaines. En blanc comme en rouge, nous sommes conquis, et l'avenir pourrait bien encore faire bouger les lignes. Une adresse à suivre de près.

DOMAINE ETIENNE SAUZET, PULIGNY-MONTRACHET, BIO ET DYNAMIQUE

Avec une magnifique litanie de grands crus et de premiers crus, ce domaine bénéficie d'un patrimoine de vignes somptueux qu'il exploite avec rigueur et un sens aigu de l'excellence. Pas de place au détail ici ; la biodynamie est à l'honneur, les élevages sont au cordeau et le Montrachet et ses satellites trouvent leurs plus lettres de noblesse. Emilie Boudot et Benoit Riffault ont trouvé la note juste, reprenant à leur compte le raffinement et la précision de style qui avaient établi la réputation du domaine.

DOMAINE BERTAGNA, CÔTE DE NUITS, EVA REH-SIDDLE REINE DE NUITS

Il est discret, mais il avance à pas de géant. Ce domaine aux terroirs prestigieux de côte de Nuits, ainsi qu'un superbe Corton-Charlemagne, ne connaît aucune faiblesse. De la première cuvée de villages à la plus haute marche, tous les vins signent une parfaite carte de réussites ; leur progression sur les derniers millésimes nous a réjouis et encouragés à les récompenser. Eva Reh-Siddle peut être fière du travail accompli.

DOMAINE JEAN-CLAUDE BESSIN, CHABLIS, LA FÊTE À LA MAISON

C'est l'un des domaines les moins connus de Chablis et on peut le regretter. Le soin apporté à la vigne par Jean-Claude Bessin se retrouve dans les vins. De la pureté, de la matière en bouche et de la tension, ces chablis font l'unanimité.

DOMAINE CHEVROT, MARANGES, LA BONNE ADRESSE

C'est une jeunesse intelligente qui prend progressivement la suite de Fernand Chevrot sur ce domaine de 17,5 hectares. Un usage limité du soufre et l'excellent travail des deux frères Pablo et Vincent promettent à ce domaine un avenir radieux. Les amateurs le savent : c'est ici qu'il faut venir s'approvisionner.

SAMUEL BILLAUD, CHABLIS, UN NOM ET UN PRÉNOM

En dix ans, Samuel Billaud s'est forgé un nom et un prénom à Chablis. Avec un très beau patrimoine de vignes, il exploite à son compte une superbe litanie de premiers crus qui trouvent en 2017 une expression supérieure. Nous sommes véritablement conquis par ce style fidèle au terroir, sans boisés intempestifs. La gamme ne connaît aucune faiblesse, il faut s'en emparer de toute urgence d'autant que les quantités restreintes risquent de faire paniquer l'amateur !

FRÉDÉRIC WEBER, BOUCHARD PÈRE ET FILS, CAPITAINE AU LONG COURS

Ce garçon n'est pas un expansif. Pour faire carrière (il est le Maître de chai et le chef de culture), il ne compte pas vraiment sur les trompettes de la renommée. Très conscient de la formidable somme d'atouts que la maison Bouchard Père et Fils comptabilise, il a aussi la grâce de savoir quelle est sa place. « *Dans une maison comme celle-ci, avec trois siècles d'existence, nous ne sommes qu'un court épisode.* » Ce gros travailleur a également la finesse de privilégier l'observation permanente à la théorie, c'est sans doute la première de ses qualités. À laquelle il ajoute un caractère bienveillant qui lui permet de fédérer une équipe importante qui, à la fin, vinifie 90 appellations. Belle performance pour un garçon discret.

Frédéric Weber.

DOMAINE BERTRAND BACHELET, MARANGES, SUITE RÉUSSIE

À Dezize-lès-Maranges, Bertrand a pris la suite de Jean-Louis et le savoir-faire du père s'est enrichi des connaissances du fils. Le domaine de 13 hectares produit des rouges soyeux et quelques blancs très fins. Il est entre de bonnes mains, rigoureuses et créatrices.

DOMAINE BRIGITTE BERTHELEMOT, MONTHÉLIE, DE LA DÉLICATESSE

Voilà un domaine en constante progression, né de la réunion de deux propriétés et de la passion de sa créatrice, Brigitte Berthelemot. La gamme est très recommandable, dans un registre où priment pureté et délicatesse. Une belle signature.

DOMAINE CHOPIN ET FILS, NUITS-SAINT-GEORGES, VIGNOBLE À LA FRANÇAISE

Arnaud et Alban font du vin comme on soigne un jardin, avec beaucoup de précision et de soin. Ils se sont séparés de quatre hectares pour faire encore mieux. Les vins, au charnu exceptionnel et issus de vendanges entières, témoignent de la grande qualité des raisins. De la joie !

DOMAINE ROLAND LAVANTUREUX, CHABLIS, VIVRE ET VIBRER

La passion se transmet de génération en génération. La dernière, David et Arnaud, est arrivée dans ce domaine à partir de 2010. Elle hérite d'une volonté simple, celle de produire de grands chablis, vivants et vibrants, tout en maintenant la plus grande biodiversité possible.

DOMAINE PASCAL RENAUD, POUILLY-FUISSÉ, TOUT UN PROGRAMME

Pouilly-Fuissé compte d'excellents vignerons dans ses rangs. La famille Renaud, désormais rejointe par le fils Guillaume, en fait partie. Elle exploite huit hectares dans le Mâconnais avec une vision saine qui s'appuie sur la lutte contre l'érosion des sols et aucun insecticide.

DOMAINE GUERRIN ET FILS, POUILLY-FUISSÉ, VERGISSON DANS LE VENT

Les nombreux investissements réalisés pour doter ce domaine de très bons outils permettent au jeune Bastien Guerrin de tirer le meilleur de ses 15 hectares. La qualité des vins a nettement progressé. Situé à Vergisson, on tient là un domaine d'avenir.

DOMAINE GONDARD PERRIN, VIRÉ-CLESSÉ, L'EXPLORATEUR

La culture de la vigne réclame de l'audace et de l'expérimentation. C'est dans ce sens que Pierre et Marylène Gondard, aidés de leur fils depuis 2015, explorent leur vignoble de 15 hectares (dont 13 à Viré-Clessé). Le travail sur les parcellaires méritent qu'on s'y intéresse de près.

CHAMPAGNE

CHAMPAGNE POMMERY, CUVÉE LOUISE, LA FINESSE ET LA CONSTANCE

Seulement trois crus : Aÿ, Avize et Cramant. Uniquement du chardonnay et du pinot noir. Toujours la même finesse de bulle, la même constance de style. Depuis 1979 (Louise Rosé est née en 1982), la cuvée icône de Pommery n'a pas bougé d'un iota. Paul-François Vranken l'a rachetée en 2002 et n'a pas touché à ce fleuron champenois, perpétuant sa finesse légendaire, issue du vignoble maison. Resté fidèle à ses fondamentaux, il en a conservé le caractère aérien, frais et délicat, défini par le Prince Alain de Polignac, chef de caves à l'origine de sa création. Tout juste a t-il sacrifié à la tradition en la doublant d'une version nature, non dosée... Le temps passe, Louise demeure !

CHAMPAGNE PIPER HEIDSIECK, BACK TO BASICS

Le renouveau est là ! Christopher Descours, qui a repris la marque en 2011, a réussi son pari. Autrefois boudée des connaisseurs, cette maison a renoué avec son style d'origine et l'affirme avec intelligence et précision. Ce caractère fruité, direct, irrigue toute la gamme, du brut au millésimé, en passant par l'iconique cuvée rare et les superbes sélections baptisées essentiel. On apprécie particulièrement ce style délicat, élancé, un peu plus tonique que dans la maison soeur Charles Heidsieck. On a hâte de découvrir la suite.

CHAMPAGNE ANDRÉ HEUCQ, AU NOM DU PÈRE

André Heucq était la troisième génération à prendre soin de ce vignoble de la vallée de la Marne. Il a donné une vision et

Champagne Pommery.

un style aux cuvées de ce petit domaine que ses enfants, Fanny et Alexandre, ont converti en biodynamie. La signature de champagnes fins et purs, au charme fou.

CHAMPAGNE DEUTZ, LA FINE FLEUR DU PINOT NOIR

Fabrice Rosset a hissé cette Maison, propriété de Louis Roederer, à un sommet. La reprise en main de cette adresse familiale, appréciée des spécialistes, a permis de l'ouvrir et d'y intéresser nombre d'amateurs, séduits par le style raffiné des vins. Fabrice Rosset est l'artisan de sa nouvelle identité, il en a fait une marque chic et brillante, impeccable sur toutes les cuvées,. La création d'amour-de-deutz, une délicieuse cuvée de chardonnay, a scellé sa montée en puissance et son intronisation parmi les grandes maisons de la Côte. Peu de maisons de Champagne peuvent se targuer d'une telle homogénéité au plus haut niveau !

CHAMPAGNE LECLERC BRIANT, L'AVANT-GARDE DISCRÈTE

Lorsque Frédéric Zemmet arrive à la tête de Leclerc Briant en 2012, il ne reste de cette petite maison pionnière de la viticulture biologique en Champagne pratiquement rien d'autre que cette immense et rare promesse du bio. Seul un hectare sur huit demeurait dans le giron de la maison, le reste des vignes ayant été racheté notamment par Louis Roederer. Aujourd'hui Frédéric Zemmet et Hervé Jestin, son chef de cave, homme de conviction (en particulier biodynamique) et de talent, ont reconstitué en un temps record un vignoble maison d'une quinzaine d'hectares complétés par des achats de raisins, le tout bien sûr 100% bio. En termes de vin, le duo a multiplié les expériences, dont l'incroyable cuvée abyss, immergée un an par grand fond au large de la Bretagne sans oublier de définir un style épuré et intense. Appartenant à un couple d'Américains fortunés et amoureux de la région, qui a aussi acquis et restructuré le prestigieux Royal Champagne, splendide hôtel cinq étoiles trônant au milieu des vignes), Leclerc Briant voit son avenir assuré pour aller encore plus loin.

CORSE

FAMILLE ARENA, CORSE, JEU DES 7 FAMILLES

Dans la famille Arena, je demande le père, Antoine, figure de l'île et phare de la viticulture corse. Avec sa femme Marie, il a hissé son domaine parmi les

Frédéric Zemmet.

Jean-François Ganevat.

meilleurs de Corse, travaillant dans une approche naturelle, aujourd'hui certifié en agriculture biologique. Il a aussi passé le virus à ses deux fils, Antoine-Marie et Jean-Baptiste, et leur a légué des terres. Antoine-Marie s'est donc installé sur 6 hectares (Domaine Antoine-Marie Arena), sur le terroir suprême de Carco et des hauts de Carco, tandis que son frère aîné Jean-Baptiste a hérité de la magnifique vigne de Grotte di Sole et une partie de Morta Maïo, sur 6 hectares, qu'il cultive également en agriculture biologique. Le passage de témoins est fait !

JURA

GANEVAT, JURA, SES BLANCS FONT ÉCOLE !

Jean-François Ganevat, dit « Fanfan », cultive un style très personnel dans la combe de Rotalier. Exfiltré de Bourgogne, il élabore de grands blancs secs détaillant en d'innombrables cuvées de terroir toute la richesse de leurs sols. Culture biodynamique, labours à cheval, vieilles vignes, faibles rendements et soufre a minima... Tout ici tend vers le maximum de naturel d'expression, autour de 25 cépages et presqu'autant d'ingéniosité d'élevage entre cuves, barriques, foudres, amphores.

CAVEAU DE BACCHUS, JURA, JURA D'EN HAUT

Vincent Aviet met beaucoup de passion dans son petit domaine de six hectares, bichonné comme autrefois. Le Jura comme on l'aime, hors norme, hors du temps avec des vins parmi les plus fins et les plus réussis du secteur.

DOMAINE JULIEN LABET, JURA, IL A TOUT D'UN GRAND

On ne présente plus cette adresse précieuse du Jura. Depuis quelques millésimes, le domaine Julien Labet n'en finit pas de progresser. C'est encore le cas cette année. Les vins sont d'une grande pureté et témoignent de beaucoup de précision et de rigueur à la vigne et en cave.

DOMAINE PIGNIER, JURA, BIO ET DYNAMIQUE

Sept générations se sont succédé sur ce domaine du Jura déjà planté au XIIIe siècle par les moines chartreux. Le vignoble, qui fait la part belle aux vieux cépages, est en biodynamie certifiée depuis 2002 et livre une gamme aussi cohérente que réussie.

LANGUEDOC

ALAIN CHABANON, LANGUEDOC, UNE ÉTOILE BRILLE

Rien ne destinait Alain Chabanon au métier de la vigne et du vin. Adolescent, il se voyait élever des vaches dans l'Aubrac. Aujourd'hui, c'est un vigneron inspiré qui conduit 17 hectares de vignes en biodynamie. La star du secteur de Montpeyroux est au sommet.

DOMAINE DE LA CENDRILLON, CORBIÈRES, LE PLAFOND DE VERRE

Au royaume des Corbières, ce domaine se distingue par son originalité et sa gamme de vins de cépages. La famille Joyeux le veille avec passion, en culture biologique, réalisant des vins extrêmement délicats, mettant à l'honneur la fraîcheur des terroirs d'altitude. Tout ici est réussi, d'un naturel remarquable, dans les trois couleurs.

DOMAINE LA CHOUETTE DU CHAI, PIC-SAINT-LOUP, DANS LA LUMIÈRE

Si l'équipe de ce vignoble tout neuf a cette ambition joyeuse qui nous fait aimer les vignerons du Languedoc, elle ne manque surtout pas de talent. Voici une belle découverte dans une appellation sous le feu des projecteurs. Elle méritait sa part de lumière.

CHANTE COCOTTE, IGP PAYS D'OC, CHAPEAU L'ARTISTE

Régis Franc passe de ses crayons à ses vignes sans s'emmêler les pinceaux. Le dessinateur se mue en vigneron et s'occupe de ce beau vignoble de l'Aude qu'il a remis dans la bonne direction. Blanc, rouge ou rosé, tout est bon.

Gérard Bertrand.

GÉRARD BERTRAND, LANGUEDOC, LE NOUVEAU ROI DU ROSÉ

Oublié le rosé le plus cher du monde : désormais il existe un rosé plus cher encore que le rosé le plus cher du monde... Au-delà de son prix, cette cuvée s'inscrit dans une ambition réelle. Car en créant le Clos du Temple, petit bijou enserré dans le paysage boisé et vallonné de Saint-Saturnin, dans les spectaculaires contreforts du Causse, Gérard Bertrand a tenté - et réussi - un nouveau pari : celui de créer un rosé hors norme, ressuscitant les rosés de gastronomie. Vignoble cultivé en biodynamie, labour entièrement réalisé à la mule, encépagement spécifiquement dédié, tout converge vers l'excellence.

CHÂTEAU JOUCLARY, CABARDÈS, DOSSARD DU COMBATIF

La Famille Jouclary n'a pas compté ses efforts pour faire de ce domaine l'une des valeurs sûres de Cabardès. Elle exprime parfaitement ses terroirs où confluent climats atlantique et méditerranéen, comme en témoigne l'excellente cuvée

Guillaume. Le top de l'appellation.

MAS LAVAL, TERRASSES-DU-LARZAC, GARRIGUE EN JOIE

Entre le massif de l'Arboussas et les contreforts des Cévennes, ce vignoble de 30 hectares est au cœur de la garrigue. Joël et Christine Laval conduisent ce domaine dans la bonne direction, comme en témoignent la qualité et la régularité des vins.

DOMAINE MIRABEL, LANGUEDOC, DUO GAGNANT

La discrétion a du bon. Elle permet aux frères Feuillade, Samuel et Vincent, d'accorder un soin méticuleux aux 14 hectares de ce vignoble. Talent, terroir d'exception du Pic Saint-Loup, la Méditerranée toute proche : on tient là une combinaison gagnante. À ne pas manquer.

CHÂTEAU SAINTE-EULALIE, MINERVOIS-LA-LIVINIÈRE, GROS POTENTIEL

Le village de La Livinière, cru légitime, ne cesse d'impressionner par la qualité de ses vins. Il le doit avant tout au travail de certains vignerons. Isabel Coustal et son équipe font partie de ceux-là. Cette année, ils confirment tout leur potentiel en signant des vins remarquables.

DOMAINE SARRAT D'EN SOL, CORBIÈRES, TRÈS FRINGANT

Depuis trois millésimes, Nicolas Brassou s'occupe des vignes ancestrales de ce domaine situé aux pieds des châteaux cathares. Les carignans, les grenaches noirs et les syrahs du domaine donnent des vins d'une fraîcheur remarquable.

LOIRE

DOMAINE BRÉGEON, MUSCADET, CRU DE LA LOIRE

Le jeune Fred Lailler, né à Gorges, y est revenu après ses études pour reprendre ce domaine bien connu des amateurs de crus du Muscadet. Son expérience et sa maîtrise ont beaucoup fait progresser les vins vers plus de raffinement. Dans dix ans, on les prendra pour des chablis, ce seront de grands muscadets.

Fred Lailler.

JACKY BLOT, MONTLOUIS-SUR-LOIRE, VOUVRAY, BOURGUEIL, TOUT LUI RÉUSSIT

Il est l'un des vignerons français les plus charismatiques, les plus doués aussi. Présent à Montlouis-sur-Loire, Bourgueil et Vouvray, Jacky Blot joue avec un égal talent de ces différents terroirs, érigeant chacune de ses cuvées en référence de son appellation. Inspirés du modèle bourguignon, ses vins affichent une profondeur et une sensualité folles et offrent ce que la Loire a de meilleur. Sans s'accommoder de sa réussite, ce fin connaisseur des vins français expérimente sans cesse, ouvrant de nouvelles voies de réflexion. Sa cuvée triple-zéro notamment, modèle de bulle ligérienne, se décline avec des temps de vieillissement sur lattes dignes des plus grands champagnes. Les cabernets-francs comme les chenins sont des modèles d'accomplissement qui se détachent de leurs pairs et forment une haute idée du grand vin. Ici la remise en question est constante, l'excellence une vertu quotidienne. Une adresse incontournable, honorant le savoir-faire français.

Jacky Blot.

ALPHONSE MELLOT, SANCERRE, DES ROUGES 2018 ÉPOUSTOUFLANTS !

Sur son domaine de 54 hectares, en biodynamie depuis vingt ans, Alphonse Mellot additionne les points de détail avec une exigence forcenée. Rendements à minima, précision dans chaque geste, contenant adéquate, perfectionnement maladif dans la recherche de la pureté : tout ici est millimétré, avec ce soupçon d'intuition qui fait le génie des grands vins. Les rouges 2018 sont la promesse de grandes bouteilles, explosifs de fruit et d'une finesse de tanins exquise. Les blancs sont à l'unisson, trouvant dans ces terres calcaires une résonance phénoménale.

DOMAINE OGEREAU, ANJOU, AU SOMMET DE SON ART

Emmanuel Ogereau s'impose comme une grande signature ligérienne avec ses cuvées de grande classe. On est abasourdi par la définition et la précision des vins. Finesse, élégance, tout est bon et progresse. Un incontournable, bientôt au sommet.

DOMAINE DE PALLUS, CHINON, OLÉ !

Revenu d'Espagne en 2005 où il s'est formé dans la Ribera del Duero, Bertrand Sourdais a donné un nouveau souffle à cette propriété familiale. Depuis, que de progrès réalisés ! Les parcellaires du domaine sont magnifiques. Une belle découverte qu'il ne faut pas lâcher.

DOMAINE SAINT-JUST, SAUMUR, JUSTE LA CLASSE !

C'est le domaine qui monte à Saumur. Arnaud Lambert sublime les grands terroirs de Brézé en signant des rouges superbes et des blancs absolument magiques. Les cinq cuvées proposées à des prix abordables sont de haut vol et vont vers toujours plus de tension et de finesse. Majeur.

DOMAINE THIBAUD BOUDIGNON, ANJOU, CEINTURE NOIRE DE CHENIN

Si cet ancien judoka s'est fait un nom loin des tatamis, il le doit moins à son ancienne carrière qu'à ses talents de vigneron. Depuis quelques années, Thibault Boudignon magnifie ses chenins, les dotant d'une pureté cristalline hors normes. Autant de maîtrise et de grands vins : une 4e étoile s'imposait.

PROVENCE

DOMAINE CROIX-ROUSSE, PROVENCE, LA BONNE ÉCOLE

De formation hôtelière, Christophe Durdilly a eu plusieurs vies entre les Etats-Unis, l'Angleterre et la France, avant de poser son bagage au pied du massif des Maures. Les dix cépages et les six hectares de son domaine lui permettent de faire des bons vins dans les trois couleurs. Un nom à retenir.

SACHA LICHINE, PROVENCE, LA COUR DES GRANDS

D'aucuns diront que Sacha Lichine est l'homme qui a fait basculer les rosés français dans une autre dimension, celle des grands vins, rares et chers. D'autres parleront de l'ancien propriétaire du château Prieuré-Lichine (Margaux) comme d'un génie du marketing. En tout cas, les vins de son Château d'Esclans ne laissent personne indifférent. Il a fait passer la production de ce domaine de Provence de 140 000 bouteilles à plus de deux millions en dix ans, créé une marque mondialement connue Whispering Angel, et lancé Garrus, longtemps le rosé le plus cher du monde. A l'heure où le rosé affole les compteurs, la Provence a trouvé en la personne de Sacha Lichine l'un des plus brillants ambassadeurs.

DOMAINE SAINT-JOSEPH, PROVENCE, SUPERSONIQUE

Julien Bertaina est un ancien de l'aéronautique. Il a pris des cours du soir en œnologie et troqué son quotidien d'ingénieur pour reprendre ce vignoble de poche (un peu plus de deux hectares) et ses cépages rares. Un parcours atypique et des vins qui gagnent à être connus.

VALLE DU RHONE

DOMAINE DES BOSQUETS, GIGONDAS, BONNE DIRECTION

Julien Bréchet est le jeune vigneron en charge de ce domaine historique de l'appellation Gigondas. Ce perfectionniste et autodidacte produit sur ses terroirs de safres des vins hyper élégants, à la qualité très homogène. C'est l'avenir.

DOMAINE FÉRAUD ET FILS, CHÂTEAUNEUF-DU-PAPE, TEL PÈRE, TEL FILS

Depuis 2012, Yannick Féraud a rejoint son père Eddie. Ce duo de talent s'occupe d'un vignoble planté sur les mêmes safres que ceux de son illustre voisin, Rayas. Ces deux derniers millésimes ont donné des vins complètement dingues, superbes de structure et de profondeur, à oublier un peu en cave. Déjà grand.

DOMAINE PIQUE-BASSE, ROAIX, ROAIX SI PUR

Olivier Tropet se considère comme un artisan vigneron. Les terroirs de Roaix sont les terrains de jeu de son enfance. Un plaisir qui se retrouve dans ses vins d'une grande pureté. La fraîcheur et le croquant de son style en font un ambassadeur idéal de ce terroir peu connu.

DOMAINE LES SIBU, SABLET, SIBU SI DOUÉ

24 ans et déjà tout d'un grand. Loïc Alazard a repris le domaine familial avec de belles ambitions. Sur Sablet comme à Gigondas, les vins affichent une grande fraîcheur. Avec 22 hectares à sa disposition pour exprimer son talent, voilà le début d'une grande histoire.

DOMAINE MARTINELLE, VENTOUX, CHARME DU MONT CHAUVE

Des 11,5 hectares de ce domaine situé aux pieds des Dentelles de Montmirail, Corinna Faravel, la vigneronne, élabore une gamme de vins pleins de charme, puisant dans l'altitude du site leur fraîcheur intense.

CHÂTEAU LA NERTHE, CHÂTEAUNEUF-DU-PAPE, RÉVEIL EN FANFARE

90 hectares. C'est l'imposante surface de cette propriété historique qui en compte un tiers dans le meilleur secteur du plateau de la Crau. Ce qui n'a pas intimidé Ralph Garcin, habitué aux parcelles bourguignonnes de taille plus modeste qu'il a quittées en 2016 pour rejoindre ce grand terroir de l'appellation papale. On pressentait depuis le millésime 2014 que les vins allaient dans la bonne direction. Tout a progressé vers plus de complexité, d'ampleur et de finesse. Ils sont aujourd'hui à la hauteur du terroir. Cette belle endormie s'est réveillée ; elle a aussi retrouvé sa magie.

DOMAINE MONTIRIUS, RHÔNE SUD, UN AFFAIRE DE FAMILLE

Montirius fait tout parfaitement, depuis longtemps. C'est le repaire de la famille Saurel, biodynamiste visionnaire, Christine et Eric, et leurs trois enfants, Justine, Manon et Marius. Un travail en famille, perfectionniste, précis, habité par des convictions profondes et un respect absolu de la nature. Les vins ont du style, reconnaissable à l'aveugle, cette grande précision de tannin et une pureté de fruit exceptionnelle. Que ce soit en appellation vacqueyras, gigondas ou côtes-du-rhône, la gamme très homogène séduit à coup sûr. Voilà un domaine sur la route des très grands.

DOMAINE MICHEL GASSIER, COSTIÈRES-DE-NÎMES, ON DIRAIT LE SUD

Michel Gassier, l'homme du château de Nages (et de sa tenue exemplaire) conduit avec sa

Château La Nerthe

Château La Gardine.

femme Tina ce beau vignoble qui surplombe la Camargue, en appellation costières-de-nîmes. Deux terroirs, l'un au nord constitué de galets roulés, l'autre au sud entre craies et safres. Les vins allient une grande concentration à une fraîcheur exemplaire, résultat d'un travail méticuleux sur l'entretien des sols et sur la conduite de la vigne. Ce paysan-chercheur livre une interprétation toute personnelle de ces terroirs méridionaux, pour le meilleur.

CAVE DE TAIN, RHÔNE NORD, SPECTACULAIRE

C'est le mot qui caractérise le mieux les progrès réalisés par cette cave coopérative de Tain-L'Hermitage, devenue un ambassadeur de premier choix pour les terroirs les plus réputés du Rhône nord. Avec cinq crus couverts (Hermitage, Crozes-Hermitage, Saint-Joseph, Saint-Péray, Cornas), et quelques vignobles en collines rhodaniennes, ce collectif dynamique accorde beaucoup de soin dans son travail à la vigne. Elle signe des blancs frais et dynamiques et une belle gamme de rouges, à des prix toujours abordables. Une référence suprême, illustration du renouveau de la coopération.

CHÂTEAU LA GARDINE, CHÂTEAUNEUF-DU-PAPE, L'IMMUABLE

Il faut voir les 52 hectares de ce domaine d'un seul tenant se jeter dans le Rhône, face à Roquemaure, pour saisir un peu de la magie des lieux. Référence historique de Châteauneuf-du-Pape, cette propriété de la famille Brunel ne cesse depuis quelques années de confirmer son statut de grand maître de l'appellation. C'est avec beaucoup de savoir-faire qu'elle élabore une gamme de haut niveau, tantôt fidèle au style châteauneuf avec des vins très puissants, intenses et à garder, tantôt innovante en créant, par exemple, un modèle de cuvée sans soufre, peur-bleue, aussi réussie qu'irréprochable. En plus du château La Gardine, la famille possède également à Lirac un très beau domaine, le château Saint-Roch, et a repris depuis peu une activité de négoce lui permettant d'exprimer le potentiel des terroirs du Rhône nord. Toujours au top, en toutes circonstances.

PIERRE-JEAN VILLA, CÔTE RÔTIE & CONSORTS, L'ÉMOTION EST À SON COMBLE

Avec 12 hectares, ce vigneron est devenu la coqueluche de tous les grands amateurs. La finesse et la précision de ses cuvées n'ont d'égales que l'élégance de leurs élevages, toujours justes, véritables, intègres. A l'image de ce vigneron généreux et sensible, qui cultive sur ces rives du Rhône les plus vibrantes côtes-rôties qui soient, et les condrieux les plus aboutis. On connaissait son talent, on se régale désormais, après dix millésimes au compteur, de sa tempérance et d'une régularité magistrale.

RHONEA, VALLÉE DU RHÔNE, SACRÉE UNION

Longtemps, la coopération du sud de la vallée du Rhône est apparue comme un géant aux pieds d'argile. Structure dominante de la production viticole dans pratiquement tous les villages ou crus (hormis Châteauneuf-du-Pape) mais incapable de bâtir des marques rivalisant avec celles des grands négociants, ou plus simplement des vins entrant dans la cour des bons vignerons, la coopération vauclusienne ou gardoise restait indéfectiblement morcelée. A pas lents mais sûrs, les deux caves importantes de Vacqueyras et Beaumes-de-Venise ont su se réunir sous la bannière Rhonea et développer une pratique plus moderne et attentive de leur viticulture pour produire des vins fruités, harmonieux et séduisants. Ce travail de fond porte aujourd'hui ses fruits.

Rhonea.

DAUVERGNE ET RANVIER, VALLÉE DU RHÔNE, QUALITÉ GARANTIE AU MEILLEUR PRIX

C'est un incontournable de la Vallée du Rhône, et pas seulement dans le nord. Le duo formé en 2004 est passé maître dans l'art de sélectionner, d'acheter et de vinifier. François Dauvergne et Jean-François Ranvier affichent désormais leurs ambitions et leur réussite dans toute la vallée du Rhône, mais pas seulement. Avec leur fruité mûr et des élevages soignés, les vins captent le meilleur du Rhône, de Bordeaux et du Roussillon. Un terrain de jeu à la hauteur de leur talent, et qui promet à chaque cuvée un plaisir toujours au rendez-vous.

ROUSSILLON

MAS CAL DEMOURA, TERRASSES DU LARZAC, TOUT EST EN PLACE

Cette propriété de Joncquières tutoie les sommets du Languedoc. Intelligence, précision, exigence, tout est en place et ne cesse de progresser. Vincent Goumard est aujourd'hui l'un des vignerons les plus talentueux de la région. L'amateur ne s'y trompe pas, il a raison.

MAS LLOSSANES, ROUSSILLON, UN DIAMANT BRUT

On ne résiste pas à la beauté des paysages sauvages du Roussillon. En tout cas pas ce jeune couple qui s'est installé dans ce domaine récent. Le terroir réputé difficile ne les empêche pas de signer des débuts prometteurs et des vins élégants, en rouge comme en blanc. Un conseil, suivez-les.

OISEAU REBELLE, ROUSSILLON, EN PLEIN VOL

Mélanie et Guido Hube ont quitté l'Allemagne, trouvé des vignes en France et ne font rien comme tout le monde. Résultat : des vins hors normes, originaux et sans sulfites ajoutés. Définition même du rebelle. La gamme ne mettra pas tout le monde d'accord. Tant mieux.

SAVOIE

LOUIS MAGNIN, SAVOIE, LES SURFACES DIMINUENT, LA QUALITÉ DEMEURE

Il est le bon génie d'Arbin, ce coteau abrupt tombant des éboulis calcaires de la Savoyarde. Référence de la Savoie, le domaine a longtemps régné sans partage mais la relève pousse désormais toute la région sous les projecteurs. En gardiens du temple, Louis et Béatrice Magnin poursuivent leur oeuvre, réduisant la voilure pour se concentrer sur leur cœur de vignes. Ce sont 3 hectares de roussette, de vieilles vignes et des parcelles de Brova, qui compose désormais une gamme resserrée, toujours aussi convaincante.

DOMAINE LA COMBE DES GRAND'VIGNES, SAVOIE, FRATRIE DE TALENT

Accrochés aux pentes du vignoble de Chignin, Denis et Didier Berthollier ne ménagent pas leur peine pour forger des cuvées irréprochables, aux élevages au cordeau, aussi bien en rouge qu'en blanc. Une valeur sûre du coteau !

DOMAINE MASSON, SAVOIE, THE KING OF JACQUÈRE

Du caractère, Jean-Claude Masson ne manque pas. C'est à Apremont que le roi de la jacquère a fondé son royaume, sur les ruines du Mont Granier. Cette propriété familiale de neuf hectares produit des apremonts de maîtrise et de garde. Une valeur sûre de la commune.

SUD-OUEST

DOMAINE DE BROUSSE, GAILLAC, PASSION PATRIMOINE

Susanne et Philippe œuvrent quotidiennement dans ce vignoble de 10 hectares situé sur le plateau de Cordais. Des conditions optimales et un savoir-faire certain en font un domaine à découvrir. Le rouge est un modèle, le pétillant un bonbon fruité.

Louis Magnin.

Château Labastide Orliac.

DOMAINE CASTÉRA, JURANÇON, LE VISIONNAIRE

Frank Lihours sait ce qu'il veut. La vision du vin de ce brillant trentenaire lui permet de produire cette année d'excellents vins secs comme liquoreux. Reconnaissance, progression et constance, voilà un domaine à recommander les yeux fermés.

L'ENCLOS DES BRAVES, GAILLAC, TOUT EST BON

Alerte pépite, tout est bon dans ce domaine à l'histoire récente. On sent beaucoup de maîtrise de la part de l'équipe en place pour vinifier les cépages locaux du gaillacois. Les vins sont fruités, accessibles, et donnent beaucoup de joie. Du plaisir pour les braves.

CHÂTEAU FANTOU, CAHORS, EN PLEINE FORME

Cette vieille propriété du Lot est en pleine forme. Sa jeune directrice, Aurélie Aldhuy, a repris le travail de ses parents depuis 2009. Une belle gamme de cahors à petits prix avec pour point d'orgue la superbe cuvée L'Elite.

CHÂTEAU LABASTIDE ORLIAC, BRUHLOIS, A LA HAUTEUR

Le travail des sœurs Orliac est à la hauteur de cette propriété historique du Brulhois, magnifiquement située sur des coteaux bien exposés. Les vins du domaine, servis autrefois sur les tables royales, dévoilent beaucoup de finesse et de personnalité.

DOMAINE LAURENS, MARCILLAC, UNE BELLE HISTOIRE

C'est une belle histoire comme il y en a dans le Sud-Ouest. Partie d'1,5 hectare, la famille a construit, à force de travaux et de détermination, un outil de travail remarquable. Elle dispose aujourd'hui de 22 hectares certifiés HVE. Les vins donnent beaucoup de plaisir.

VIGNOBLES DE PYRENAÏA, JURANÇON, LA BELLE IDÉE

En 2012, Simon Forgue trouve une ancienne carrosserie dans laquelle il installe son chai de production. Sans moyens pour acheter des terres, ce diplômé de Purpan devient négociant et achète des raisins de qualité dans tout le piémont pyrénéen. Une belle idée, des bons vins.

STRATÉUS, MADIRAN, ROULEZ JEUNESSE

Madiran n'a pas toujours bonne presse. Voilà un domaine d'avenir qui peut changer cette tendance injuste. Simon Ribert incarne cette nouvelle génération talentueuse avec son vignoble de trois hectares légués par son grand-père. Voilà un jeune qui bosse bien.

CLOS THOU, JURANÇON, L'HEURE DE GLOIRE

Ce domaine déjà grand (par le talent) a encore grandi pour se hisser parmi les meilleurs de l'appellation Jurançon. Les vins se distinguent par leur style affirmé et charmeur, avec une vraie originalité. L'heure de la consécration.

TIRECUL-LA-GRAVIÈRE, MONBAZILLAC, LE SEUL RIVAL DES GRANDS SAUTERNES

Bruno Bilancini est l'âme de Monbazillac, son interprète le plus fidèle et le plus émouvant. Son terroir de la côte nord, le plus fameux, abrité des vents, concentre le botrytis avec le plus de régularité et d'homogénéité. Son talent personnel, la culture biologique, une maîtrise parfaite des élevages sous bois et un grand sens de la vinification font le reste et livrent des modèles de monbazillacs qui vieillissent à merveille. On entre ici par la porte très étroite des grands liquoreux, à l'instar des plus beaux sauternes !

MAS AMIEL, MAURY, CULTURE DE PRÉCISION

Porte-drapeau de Maury, champion des vins doux naturels, le Mas Amiel fait figure d'exception. Dans cette vallée de l'Agly battue par les vents, imprégnée de schistes et de calcaires, ses 170 hectares permettent l'éclosion de cuvées variées à la régularité exemplaire. Biodynamie, labours à cheval, terroirs de premier ordre forgent ces vins de haute dimension, menés adroitement par Nicolas Raffy, l'âme des lieux depuis 2007. Le domaine réalise également de beaux vins secs rivalisant avec les meilleurs du bassin méditerranéen.

ROC DES ANGES, CÔTES CATALANES, FINESSE ET ÉLÉGANCE AU COEUR DU ROUSSILLON

Marjorie et Stéphane Gallet récoltent les fruits de leur talent. Leur domaine est devenu une adresse prisée du Roussillon, rayonnant bien au-delà de ses frontières. Perfectionnistes, il réalise un travail minutieux de sélections parcellaires qui détaille une gamme exigeante et pointue, livrant, hélas pour nous, peu de bouteilles pour chacune des cuvées. La biodynamie, l'altitude et la fraîcheur sont quelques clefs de leur réussite, autant que leur talent personnel et l'idée du grand vin qu'ils ont su développer et incarner.

LE CÈDRE, CAHORS, L'EXTRA-TERRESTRE

On peut être au sommet et continuer de se remettre en question. C'est ce qu'ont fait à merveille Pascal et Jean-Marc Verhaege. Vigies de Cahors, ils ont su prendre le tournant de la modernité et coller aux attentes actuelles avec des cuvées nature d'une maîtrise exemplaire dont extra-libre est la pièce maîtresse. Le changement de style sur les derniers millésimes est de plus en plus sensible et de plus en plus convaincant ! Les vins ont gagné en précision et en fruité sans perdre de leur forme, en témoigne la cuvée GC, un des sommets de l'appellation.

CAUSSE MARINES, GAILLAC, SANS SOUFRE ET SANS DÉFAUT

Pionniers du renouveau de la région dans les années 1990, Patrice Lescarret et Virginie Maignien livrent une interprétation très personnelle du terroir gaillacois. Leurs cuvées ont fait bouger les lignes, révélant le potentiel de ces terroirs et témoignant de variétés locales oubliées ou toisées. Les vins, d'une maîtrise totale, impressionnent par un naturel de saveur et une élégance sans équivalent ; une facilité d'accès déconcertante qui rend leur découverte absolument indispensable.

CHÂTEAU CHAMBERT, CAHORS, BEAU, BON ET BIO

Cahors est au sommet de sa forme, propulsé par une myriade de vignerons ambitieux et valeureux, comme Philippe Lejeune. Son domaine de 65 hectares, conseillé par les équipes de Stéphane Derenoncourt, est à ce jour le plus grand vignoble de Cahors cultivé en biodynamie. Un changement de style est perceptible à la dégustation des millésimes récents, le fruité naturel du malbec est plus immédiat et mieux conservé sans que les vins ne perdent de leur structure. Une gageure !

CHÂTEAU LAGRÉZETTE, CAHORS, PHARE CADURCIEN

L'ancien et très emblématique président de Cartier, Alain-Dominique Perrin, avance toujours à toute allure. Comme souvent, c'est en cherchant une maison avec piscine qu'il est tombé amoureux de ce merveilleux château Lagrézette, une œuvre architecturale de premier plan édifiée pour l'essentiel au XIIe siècle et dans un état lamentable. Il a mis vingt ans à redresser l'altière forteresse et à redonner vie à ses jardins. Dans le même temps, il entreprend de lui rendre aussi son passé viticole. Comme ADP ne fait jamais les choses à moitié, le

Château Chambert.

Joseph Helfrich.

vignoble compte aujourd'hui 90 hectares en production. Il a été l'artisan et même, pendant un certain temps, la cheville ouvrière du renouveau de l'appellation Cahors. Lui, le prince du French Malbec et le chef d'entreprise à succès a fini par se lasser des arguties incessantes et a laissé à d'autres le soin de piloter le syndicat local. Concentré sur son vignoble, il a engagé Michel Rolland pour donner du sens à la production du château. Très bel attelage et les résultats sont là, tout en haut de l'appellation.

GRANDS CHAIS DE FRANCE, DEVOIR D'UNIVERSALITÉ

Certains moquent ses volumes, nous saluons sa présence aux quatre coins du monde. Le mastodonte Grands Chais de France est une entreprise familiale, manoeuvrée par un homme, le discret et mystérieux Joseph Helfrich, avare de témoignages et distillant ses interventions au compte-goutte. Tout à l'inverse de ses vins dont il inonde la marché, avec un sens du commerce et un flair des tendances imbattables. Rachetant des domaines dans toutes les régions, il les remet en bon ordre de marche et sait distribuer adroitement ses vins partout où le public répond présent, soit, stratégiquement, dans les duty-free, dans les foires aux vin ou dans les TGV. Entrepreneur hors pair,
il a su constituer un empire dans lequel tout amateur pourra puiser des vins bien réalisés, sérieux, dans tous les circuits et à tous les prix.

HORS CATÉGORIE.... ! WINERY PARISIENNE & CHEMINS DES VIGNES

Et si l'Île-de-France devait (re) devenir, changement climatique oblige, le grand vignoble de demain ? Les projets ne manquent pas pour relever ce défi, en voici deux, démontrant chacun à leur façon l'étonnant dynamisme de la région.
En 1997, le caviste Yves Legrand plantait sur le coteau calcaire de sa guinguette Chemin des Vignes, à Issy-les-moulineaux, quelques plants de pinot beurot (pinot gris) et de chardonnay. Cultivé aujourd'hui en permaculture, récolté par les enfants des écoles d'Issy qui en réalisent les étiquettes, ce vin a une sacrée allure, en témoigne une verticale de douze millésimes.
Initiée par trois jeunes gens, dotée d'un financement participatif, la Winery Parisienne est née il y a quatre ans. Si elle propose aujourd'hui des vins qu'elle élabore sous sa signature, issus de partenariats avec des vignerons de toutes régions, elle a surtout planté trois hectares de vignes dans la plaine de Versailles et devrait réaliser son premier millésime en 2020. A suivre !

NOS VINS PRIX-PLAISIR

Le rapport qualité-prix, c'est incontournable. Sans aucun doute le prremier critère d'achat. Notre concours Prix-Plaisir élit chaque année des pépites et des cuvées modèles, imbattables dans leur catégorie de prix. Plébiscitées par un jury de consommateurs, ce sont des valeurs sûres. Faites votre choix !

FABRICE LESEIGNEUR

ALSACE

CHRISTOPHE RIEFLÉ, ALSACE, PINOT NOIR, 2017, ROUGE, 6,50 €
OR (FRANCE)
www.vins-christophe-riefle.com
christopheriefle@aol.com

DOMAINE ROBERT FREUDENREICH, ALSACE, RIESLING PRESTIGE, 2017, BLANC, 7,90 €
OR (FRANCE)
www.robert-freudenreich-et-fils.com
robert.freudenreich@wanadoo.fr

CHRISTOPHE RIEFLÉ, ALSACE, BERGWEINGARTEN GEWURZTRAMINER, 2017, BLANC, 9,00 €
OR (FRANCE)
www.vins-christophe-riefle.com
christopheriefle@aol.com

DOMAINE CHARLES FREY, ALSACE, PINOT NOIR QUINTESSENCE, 2015, ROUGE, 17,00 €
OR ET BIO (FRANCE)
charles-frey.fr
contact@charlesfrey.fr

DOMAINE ERNEST BURN, ALSACE, PINOT GRIS CLOS SAINT IMER VENDANGES TARDIVES, 2015, BLANC
OR (HONG KONG)
www.domaine-burn.fr
francis.burn@hotmail.fr

ALSACE WILLM, ALSACE, RIESLING RÉSERVE, 2018, BLANC, 6,50 €
ARGENT (FRANCE)
www.alsace-willm.com
contact@alsace-willm.com

ALSACE WILLM, ALSACE, GEWURZTRAMINER RÉSERVE, 2017, BLANC, DEMI-SEC, 7,70 €
ARGENT (FRANCE)
www.alsace-willm.com
contact@alsace-willm.com

CAVE DE RIBEAUVILLÉ, ALSACE, PINOT GRIS VIEILLES VIGNES, 2016, BLANC, MOELLEUX, 9,80 €
ARGENT (FRANCE)
www.vins-ribeauville.com
cave@cave-ribeauville.com

LÉON BEYER, ALSACE, SYLVANER, 2018, BLANC, 10,80 €
ARGENT (FRANCE)
www.leonbeyer.fr
contact@leonbeyer.fr

CAMILLE BRAUN, ALSACE, LIPPELSBERG PINOT GRIS, 2016, BLANC, 11,20 €
ARGENT ET BIO (FRANCE)
www.camille-braun.com
cbraun@camille-braun.com

DOMAINE SCHLUMBERGER, ALSACE, MUSCAT LES PRINCES ABBÉS, 2017, BLANC, 13,00 €
ARGENT (FRANCE)
www.domaines-schlumberger.fr
mail@domaines-schlumberger.com

DOMAINE MARTIN SCHAETZEL BY KIRRENBOURG, ALSACE, ROCHE GRANITIQUE RIESLING, 2017, BLANC, 16,80 €
ARGENT (FRANCE)
www.domainekirrenbourg.fr
martin-schaetzel@kirrenbourg.fr

LUCIEN ALBRECHT, ALSACE, CRÉMANT D'ALSACE, NM, BLANC
ARGENT (HONG KONG)
fr.lucien-albrecht.com
e.lejour@wolfberger.com

WOLFBERGER, ALSACE, MUSCAT BELLE SAISON, 2018, BLANC, DEMI-SEC, 6,00 €
BRONZE (FRANCE)
www.wolfberger.com
contact@wolfberger.com

DOMAINE ROBERT KLINGENFUS, ALSACE, PINOT NOIR, 2018, ROSÉ, DEMI-SEC, 6,50 €
BRONZE (FRANCE)
contact@klingenfus.fr

DOMAINE ROBERT FREUDENREICH, ALSACE, PINOT GRIS TENDANCE SEC, 2018, BLANC, 7,90 €
BRONZE (FRANCE)
www.robert-freudenreich-et-fils.com
robert.freudenreich@wanadoo.fr

WOLFBERGER, ALSACE, GEWURZTRAMINER VIEILLES VIGNES, 2018, BLANC, DEMI-SEC, 8,80 €
BRONZE (FRANCE)
www.wolfberger.com
contact@wolfberger.com

DOMAINE ERNEST BURN, ALSACE, RIESLING, 2017, BLANC, DEMI-SEC, 9,00 €
BRONZE (FRANCE)
www.domaine-burn.fr
contact@domaine-burn.fr

DOMAINE ERNEST BURN, ALSACE, PINOT BLANC, 2016, BLANC, DEMI-SEC, 9,00 €
BRONZE (FRANCE)
www.domaine-burn.fr
contact@domaine-burn.fr

DOMAINE ARMAND HURST, ALSACE, AUXERROIS, 2016, BLANC, 9,90 €
BRONZE (FRANCE)
www.vinsdalsaceahurst.com
domaine@armand-hurst.fr

DOMAINE MARTIN SCHAETZEL BY KIRRENBOURG, ALSACE, TRIO, 2016, BLANC, DEMI-SEC, 13,20 €
BRONZE (FRANCE)
www.domainekirrenbourg.fr
martin-schaetzel@kirrenbourg.fr

DOMAINE SCHLUMBERGER, ALSACE, PINOT NOIR LES PRINCES ABBÉS, 2016, ROUGE, 15,50 €
BRONZE (FRANCE)
www.domaines-schlumberger.fr
mail@domaines-schlumberger.com

CHRISTOPHE RIEFLÉ, ALSACE GRAND CRU, STEINERT GEWURZTRAMINER, 2017, BLANC, 14,00 €
BRONZE (FRANCE)
www.vins-christophe-riefle.com
christopheriefle@aol.com

WUNSCH & MANN, CRÉMANT D'ALSACE, MILLÉSIMÉ, 2012, BLANC, NON DOSÉ, 14,00 €
BRONZE ET BIO (FRANCE)
wunsch-mann.fr
info@wunsch-mann.fr

BEAUJOLAIS

CHÂTEAU DU BLUIZARD, BEAUJOLAIS-VILLAGES, DAVID RATIGNIER, 2018, BLANC, 6,50 €
OR (FRANCE)
châteaudubluizard.fr
bluizard@gmail.com

GEORGES DUBŒUF, BROUILLY, CHÂTEAU DE LA PERRIÈRE, 2017, ROUGE, 8,90 €
OR (FRANCE)
www.duboeuf.com
gduboeuf@duboeuf.com

CHÂTEAU DU MOULIN-À-VENT, MOULIN-À-VENT, LES TERRASSES DU CHÂTEAU, 2017, ROUGE, 13,00 €
OR (FRANCE)
www.chateaudumoulinavent.com
info@chateaudumoulinavent.com

CHÂTEAU DU BLUIZARD, BEAUJOLAIS-VILLAGES, JOSÉPHINE, 2018, ROSÉ, 7,00 €
ARGENT (FRANCE)
châteaudubluizard.fr
bluizard@gmail.com

CHÂTEAU DU BLUIZARD, BROUILLY, DOMAINE DES GRANDES TERRES, 2018, ROUGE, 8,00 €
ARGENT (FRANCE)
châteaudubluizard.fr
bluizard@gmail.com

DOMAINE OLIVIER PEZENNEAU, BROUILLY, COMBIATY, 2017, ROUGE, 9,50 €
ARGENT (FRANCE)
www.olivier-pezenneau.com
vins@olivier-pezenneau.com

CHÂTEAU DE PONCIÉ, FLEURIE, LE PRE ROI, 2017, ROUGE, 8,80 €
ARGENT (FRANCE)
www.chateaudeponcie.fr
contact@chateaudeponcie.fr

CHÂTEAU DE PIZAY, MORGON, GRAND CRAS, 2018, ROUGE, 9,50 €
ARGENT ET BIO (FRANCE)
www.vins-chateaupizay.com
chapizay@wanadoo.fr

DOMAINE ANITA (EX-DOMAINE KUHNEL), MOULIN-À-VENT, CŒUR DE VIGNERONNE, 2017, ROUGE, 17,00 €
ARGENT (FRANCE)
www.domaine-anita.com
contact@domaine-anita.com

CHÂTEAU DE CHAMP-RENARD, BEAUJOLAIS-VILLAGES, 1787, 2017, ROUGE, 12,50 €
BRONZE (FRANCE)
www.chateaudechamprenard.com
champrenard@yahoo.fr

PIERRE FERRAUD & FILS, CÔTE DE BROUILLY, DOMAINE ROLLAND, 2017, ROUGE, 14,50 €
BRONZE (FRANCE)
www.ferraud.com
ferraud@ferraud.com

GEORGES DUBŒUF, MORGON, DOMAINE DES VERSAUD LES CHARMES, 2017, ROUGE, 9,23 €
BRONZE (FRANCE)
www.duboeuf.com
gduboeuf@duboeuf.com

BORDEAUX

CHÂTEAU LA BOTTE, BLAYE CÔTES DE BORDEAUX, PRESTIGE THOMAS, 2016, ROUGE, 7,50 €
OR (FRANCE)
www.chateau-labotte.com
blanchard@chateau-la botte.com

CHÂTEAU LE TROS, BORDEAUX, SAUVIGNON, 2018, BLANC, 4,30 €
OR (FRANCE)
chateauletros@orange.fr

CHÂTEAU DE FONTENILLE, BORDEAUX, VIEILLES VIGNES, 2017, BLANC, 16,00 €
OR (FRANCE)
www.chateau-fontenille.com
contact@chateau-fontenille.com

VIGNOBLES DESPAGNE, BORDEAUX, CHÂTEAU MONT-PÉRAT, 2016, BLANC, 18,00 €
OR (FRANCE)
www.despagne.fr
contact@despagne.fr

CHÂTEAU LA TOURBEILLE, BORDEAUX SUPÉRIEUR, LA TOURBEILLE, 2015, ROUGE, 5,75 €
OR (FRANCE)
latourbeille.com
sandifer@latourbeille.com

CHÂTEAU TOUMALIN, CANON-FRONSAC, 2014, ROUGE, 12,00 €
OR (FRANCE)
www.chateautoumalin.com
contact@chateautoumalin.com

KRESSMANN, CASTILLON CÔTES DE BORDEAUX, CHÂTEAU LA PIERRIERE, 2018, ROUGE, 6,80 €
OR (FRANCE)
www.kressmann.com
contact@kressmann.com

CHÂTEAU TURCAUD, ENTRE-DEUX-MERS, 2018, BLANC, 8,00 €
OR (FRANCE)
chateauturcaud.com
chateau-turcaud@wanadoo.fr

CHÂTEAU HAUT-CARLES, FRONSAC, CHÂTEAU DE CARLES, 2016, ROUGE, 17,00 €
OR (FRANCE)
www.hautcarles.com
chateaudecarles@free.fr

VIGNOBLES ROCHET, GRAVES, CHÂTEAU LA ROSE SARRON, 2016, ROUGE, 8,00 €
OR (FRANCE)
www.la-rose-sarron.com
contact@la-rose-sarron.com

CHÂTEAU BRONDELLE, GRAVES, 2016, ROUGE, 14,50 €
OR (FRANCE)
www.chateaubrondelle.com
chateau.brondelle@wanadoo.fr

CHÂTEAU RAUZAN-GASSIES, HAUT-MÉDOC, L'ORME DE RAUZAN-GASSIES, 2015, ROUGE, 15,00 €
OR (FRANCE)
www.domaines-quie.com
rauzangassies@domaines-quie.com

CHÂTEAU CISSAC, HAUT-MÉDOC, 2016, ROUGE, 15,00 €
OR (FRANCE)
www.chateau-cissac.com
marie.vialard@chateau-cissac.com

CHÂTEAU LAROSE-PERGANSON, HAUT-MÉDOC, CHÂTEAU LAROSE-PERGANSON, 2016, ROUGE, 16,50 €
OR (FRANCE)
http://www.chateau-larose-perganson.fr/
info@trintaudon.com

CHÂTEAU HAUT-LAGRANGE, PESSAC-LÉOGNAN, 2015, ROUGE, 17,50 €
OR (FRANCE)
https://www.hautlagrange.com/
contact@hautlagrange.com

CHÂTEAU YON-FIGEAC, SAINT-ÉMILION GRAND CRU, LES ROCHES DE YON FIGEAC, 2016, ROUGE, 15,50 €
OR (FRANCE)
info@vignobles-alainchateau.com

DOMAINE DE CARBONNIEU, SAUTERNES, REFLETS DE CARBONNIEU, 2013, BLANC, LIQUOREUX, 12,00 €
OR (FRANCE)
http://www.domainedecarbonnieu.com/
vignobles.charrier@wanadoo.fr

CHÂTEAU LAFITTE, CADILLAC CÔTES DE BORDEAUX, CHÂTEAU LAFITTE, 2016, ROUGE
OR (HONG KONG)
https://chateau-lafitte.fr/
info@chateaulafitte.fr

DOMAINES ROLLAN DE BY, CHATEAU ROLLAN DE BY, 2014, ROUGE
OR (HONG KONG)
https://www.domaines-rollandeby.com/
kristof.rumebe@rollandeby.com

CHÂTEAU LA MARZELLE, SAINT-ÉMILION GRAND CRU, CHÂTEAU LA MARZELLE, 2016, ROUGE
OR (HONG KONG)
www.chateaulamarzelle.com
sandrine@lamarzelle.com

CHÂTEAU LAGRANGE, SAINT-JULIEN, CHÂTEAU LAGRANGE, 2005, ROUGE
OR (HONG KONG)
www.chateau-lagrange.com
contact@chateau-lagrange.com

CHÂTEAU NOËL LES CHARMES, BLAYE CÔTES DE BORDEAUX, 2017, ROUGE, 7,00 €
ARGENT (FRANCE)
noelcyril@yahoo.fr

CHÂTEAU LA BOTTE, BLAYE CÔTES DE BORDEAUX, RÉSERVE ALEXANDRE, 2016, ROUGE, 12,50 €
ARGENT (FRANCE)
www.chateau-labotte.com
blanchard@chateau-la botte.com

CHÂTEAU PETIT BOYER, BLAYE CÔTES DE BORDEAUX, VIEILLES VIGNES, 2016, ROUGE, 12,50 €
ARGENT (FRANCE)
www.petit-boyer.com
petitboyer@bbox.fr

VIGNOBLES GABRIEL & CO, BORDEAUX, CHÂTEAU HAUT-CORMIER, 2018, ROUGE, 5,00 €
ARGENT (FRANCE)
www.vignoblesgabriel.com
ludivine@vignoblesgabriel.com

DOURTHE, BORDEAUX, DOURTHE N°1, 2017, ROUGE, 9,60 €
ARGENT (FRANCE)
www.dourthe.com
contact@dourthe.com

CHÂTEAU LE TROS, BORDEAUX, PERLES NOIRES, 2016, ROUGE, 11,00 €
ARGENT (FRANCE)
www.chateauletros.fr
chateauletros@orange.fr

CHÂTEAU GUITERONDE, BORDEAUX, GUITERONDE ELEVÉ EN FUT, 2017, BLANC, 13,00 €
ARGENT (FRANCE)
www.chateauguiteronde.com
contact@chateauguiteronde.com

VIGNOBLES GABRIEL & CO, BORDEAUX SUPÉRIEUR, CHÂTEAU MALLARD-LES-ROUSSEAUX, 2018, ROUGE, 5,00 €
ARGENT (FRANCE)
www.vignoblesgabriel.com
ludivine@vignoblesgabriel.com

VIGNOBLES JEAN-CHRISTOPHE ICARD, BORDEAUX SUPÉRIEUR, GRAND CLASSIQUE DU CHÂTEAU DE L'ORANGERIE, 2017, ROUGE, 5,25 €
ARGENT (FRANCE)
www.chateau-orangerie.com
orangerie@chateau-orangerie.com

CHÂTEAU DU LORT, BORDEAUX SUPÉRIEUR, CHÂTEAU DE GOELANE, 2017, ROUGE, 6,00 €
ARGENT (FRANCE)
www.chateau-ferrande.com
contact@chateaux-castel.com

CHÂTEAU LA TUILERIE DU PUY, BORDEAUX SUPÉRIEUR, TRADITION, 2016, ROUGE, 6,50 €
ARGENT (FRANCE)
www.tuileriedupuy.com
vignobles.regaud@wanadoo.fr

CHÂTEAU FLEUR HAUT-GAUSSENS, BORDEAUX SUPÉRIEUR, 2016, ROUGE, 7,70 €
ARGENT (FRANCE)
fleur.haut.gaussens@orange.fr

CHÂTEAU L'ISLE FORT, BORDEAUX SUPÉRIEUR, 2016, ROUGE, 9,60 €
ARGENT (FRANCE)
www.lislefort.com
v.trolet@lislefort.com

CHÂTEAU PENIN, BORDEAUX SUPÉRIEUR, GRANDE SÉLECTION, 2015, ROUGE, 9,80 €
ARGENT (FRANCE)
www.chateaupenin.com
vignoblescarteyron@orange.fr

CHÂTEAU RÉAUT, CADILLAC CÔTES DE BORDEAUX, RÉAUT, 2016, ROUGE, 12,90 €
ARGENT (FRANCE)
https://www.chateau-reaut.com/
contact@chateau-reaut.com

CHÂTEAU CLOS CHAUMONT, CADILLAC CÔTES DE BORDEAUX, UNE PASSION, 2016, ROUGE, 16,00 €
ARGENT (FRANCE)
http://www.closchaumont.com/FR/index.html
chateau-clos-chaumont@wanadoo.fr

CHÂTEAU VRAI CANON BOUCHÉ, CANON-FRONSAC, LE TERTRE DE CANON, 2016, ROUGE, 10,00 €
ARGENT (FRANCE)
www.chateau-vrai-canon-bouche.com
contact@chateauvraicanonbouche.com

CHÂTEAU TOUMALIN, CANON-FRONSAC, 2016, ROUGE, 12,00 €
ARGENT (FRANCE)
www.chateautoumalin.com
contact@chateautoumalin.com

CHÂTEAU PUYBARBE, CÔTES DE BOURG, GAIA, 2016, ROUGE, 7,50 €
ARGENT (FRANCE)
www.chateaupuybarbe.com
contact@chateaupuybarbe.com

CHÂTEAU HOURTOU, CÔTES DE BOURG, 2017, ROUGE, 8,00 €
ARGENT (FRANCE)
www.chateau-ferrande.com
contact@chateaux-castel.com

DOMAINE CLAUDE DELMAS, FRANCS CÔTES DE BORDEAUX, LE PREVOT, 2015, ROUGE, 15,00 €
ARGENT ET BIO (FRANCE)
michel.laffont@wanadoo.fr

CHÂTEAU DE CHANTEGRIVE, GRAVES, CAROLINE, 2017, BLANC, 16,50 €
ARGENT (FRANCE)
www.chantegrive.com
courrier@chateau-chantegrive.com

JEAN-MICHEL CHATELIER, GRAVES DE VAYRES, CHÂTEAU CANTELAUDETTE TRADITION RÉSERVE, 2018, BLANC, 8,00 €
ARGENT (FRANCE)
https://www.vignobles-chatelier.com/
jm.chatelier@orange.fr

CHÂTEAU DE GIRONVILLE, HAUT-MÉDOC, 2016, ROUGE, 14,00 €
ARGENT (FRANCE)
www.chateau-de-gironville.fr
vincent.mulliez@chateau-belle-vue.fr

CHÂTEAU PEYREDON LAGRAVETTE, HAUT-MÉDOC, 2016, ROUGE, 15,00 €
ARGENT (FRANCE)
www.chateau-sainte-marie.com
contact@chateau-sainte-marie.com

CHÂTEAU D'ARCINS, HAUT-MÉDOC, 2017, ROUGE, 15,95 €
ARGENT (FRANCE)
www.cavedarcins.com
contact@cavedarcins.com

CHÂTEAU TOURNEFEUILLE, LALANDE DE POMEROL, ROSALCY, 2014, ROUGE, 13,90 €
ARGENT (FRANCE)
www.chateau-tournefeuille.com
info@chateau-tournefeuille.com

CHÂTEAU FOURCAS-DUPRÉ, LISTRAC-MÉDOC, HAUTES TERRES DE FOURCAS DUPRE, 2014, ROUGE, 11,80 €
ARGENT (FRANCE)
www.fourcasdupre.com
info@fourcasdupre.com

CHÂTEAU TOUR-PRIGNAC, MÉDOC, 2017, ROUGE, 9,50 €
ARGENT (FRANCE)
www.chateaux-castel.com
contact@chateaux-castel.com

CHÂTEAU SIGOGNAC, MÉDOC, 2016, ROUGE, 12,50 €
ARGENT (FRANCE)
www.chateau-sigognac.fr
chateau.sigognac@orange.fr

CHATEAU LIVRAN, MÉDOC, 2016, ROUGE, 13,00 €
ARGENT (FRANCE)
www.chateaulivran.fr
contact@chateaulivran.fr

CHÂTEAU FLEUR LA MOTHE, MÉDOC, 2016, ROUGE, 14,00 €
ARGENT (FRANCE)
www.chateaufleurlamothe.fr
contact@chateaufleurlamothe.fr

CHÂTEAU BRILLETTE, MOULIS, HAUT BRILLETTE, 2016, ROUGE, 10,90 €
ARGENT (FRANCE)
www.chateau-brillette.fr
contact@chateau-brillette.fr

CHÂTEAU LA MOULINE, MOULIS, CHARME, 2016, ROUGE, 18,00 €
ARGENT (FRANCE)
www.chateaulamouline.com
cedric.coubris@chateaulamouline.com

CHÂTEAU SOLEIL, PUISSEGUIN-SAINT-ÉMILION, 2016, ROUGE, 16,67 €
ARGENT (FRANCE)
www.chateausoleil.fr
info@chateausoleil.fr

CHÂTEAU BABY, SAINTE-FOY-BORDEAUX, CHÂTEAU BABY, 2017, ROUGE, 6,25 €
ARGENT (FRANCE)
contact@lamontfinanciere.fr

CHÂTEAU MONTLABERT, SAINT-ÉMILION GRAND CRU, LA CROIX MONTLABERT, 2017, ROUGE, 13,00 €
ARGENT (FRANCE)
www.chateaux-castel.com
contact@chateaux-castel.com

LES RELIGIEUSES DE LARCIS-JAUMAT, SAINT-ÉMILION GRAND CRU, CHÂTEAU LES RELIGIEUSES, 2017, ROUGE, 14,50 €
ARGENT (FRANCE)

CHÂTEAU CANTENAC, SAINT-ÉMILION GRAND CRU, SÉLECTION MADAME, 2016, ROUGE, 16,00 €
ARGENT (FRANCE)
www.chateau-cantenac.fr
contact@chateau-cantenac.fr

MARIE ET SYLVIE COURSELLE, VIN DE FRANCE, LE PETIT COURSELLE LES COPINES, 2018, BLANC, 8,00 €
ARGENT (FRANCE)
www.marieetsylviecourselle.com
contact@marieetsylviecourselle.com

CHATEAU CHAPELLE D'ALIÉNOR, BORDEAUX SUPÉRIEUR, BY LA GAFFELIÈRE, 2016, ROUGE
ARGENT (HONG KONG)
http://www.chateauchapelledalienor.com/
s.benzal@domainesmr.com

CHATEAU LIVRAN, MÉDOC, CHÂTEAU LIVRAN, 2016, ROUGE
ARGENT (HONG KONG)
www.chateaulivran.fr
contact@chateaulivran.fr

CLOS PUY ARNAUD, CASTILLON CÔTES DE BORDEAUX, LES ORMEAUX, 2016, ROUGE
ARGENT (HONG KONG)
www.clospuyarnaud.com
contact.cpa@orange.fr

CHÂTEAU LA MARZELLE, SAINT-ÉMILION GRAND CRU, CHÂTEAU LA MARZELLE, 2012, ROUGE
ARGENT (HONG KONG)
www.chateaulamarzelle.com
sandrine@lamarzelle.com

CHÂTEAU FONROQUE, SAINT-ÉMILION GRAND CRU, CHÂTEAU FONROQUE, 2016, ROUGE
ARGENT (HONG KONG)
www.chateaufonroque.net
perrine@chateaufonroque.com

CHÂTEAU LOUDENNE, BORDEAUX, LOUDENNE LE CHÂTEAU, 2016, BLANC
ARGENT (HONG KONG)
www.chateau-loudenne.com
contact@chateau-loudenne.com

CHÂTEAU PETIT VAL, SAINT-ÉMILION GRAND CRU, CHÂTEAU PETIT VAL, 2014, ROUGE
ARGENT (HONG KONG)
www.chateaupetitval.com
contact@chateaupetitval.fr

VIGNOBLES GABRIEL & CO, BLAYE CÔTES DE BORDEAUX, CHÂTEAU LES AUBIERS, 2018, ROUGE, 5,00 €
BRONZE (FRANCE)
www.vignoblesgabriel.com
ludivine@vignoblesgabriel.com

CHÂTEAU LABROUSSE, BLAYE CÔTES DE BORDEAUX, 2018, ROUGE, 7,00 €
BRONZE (FRANCE)
www.chateau-labrousse.com
magali@corlianges.com

CHÂTEAU PETIT BOYER, BLAYE CÔTES DE BORDEAUX, 2018, BLANC, 7,50 €
BRONZE (FRANCE)
www.petit-boyer.com
petitboyer@bbox.fr

VIGNOBLES JEAN-CHRISTOPHE ICARD, BORDEAUX, GRAND CLASSIQUE DU CHÂTEAU DE L'ORANGERIE, 2018, BLANC, 5,00 €
BRONZE (FRANCE)
www.chateau-orangerie.com

VIGNOBLES GABRIEL & CO, BORDEAUX, CHÂTEAU LES FERMENTAUX, 2018, ROUGE, 5,00 €
BRONZE (FRANCE)
www.vignoblesgabriel.com
ludivine@vignoblesgabriel.com

CHÂTEAU GRAND RENOM, BORDEAUX, 2018, BLANC, 7,00 €
BRONZE (FRANCE)
www.antoinemoueix.com

CHÂTEAU GRAND RENOM, BORDEAUX, 2017, ROUGE, 7,00 €
BRONZE (FRANCE)
www.antoinemoueix.com

CHÂTEAU DE ROUILLAC, BORDEAUX, LE PETIT DADA DE ROUILLAC, 2018, BLANC, 8,50 €
BRONZE (FRANCE)
www.chateauderouillac.com
info@chateauderouillac.com

DOURTHE, BORDEAUX, DOURTHE N°1, 2018, BLANC, 8,60 €
BRONZE (FRANCE)
www.dourthe.com
contact@dourthe.com

VIGNOBLES DESPAGNE, BORDEAUX, CHÂTEAU MONT-PÉRAT, 2015, ROUGE, 18,00 €
BRONZE (FRANCE)
www.despagne.fr
contact@despagne.fr

VIGNOBLES GONFRIER, BORDEAUX CLAIRET, CHÂTEAU DE MARSAN, 2018, ROSÉ, 5,10 €
BRONZE (FRANCE)
www.vignobles-gonfrier.fr
contact@vignobles-gonfrier.fr

CHÂTEAU DE ROUILLAC, BORDEAUX ROSÉ, LE PETIT DADA DE ROUILLAC, 2018, ROSÉ, 8,50 €
BRONZE (FRANCE)
www.chateauderouillac.com
info@chateauderouillac.com

VIGNOBLES GABRIEL & CO, BORDEAUX SUPÉRIEUR, CHÂTEAU HAUT-CORMIER, 2018, ROUGE, 5,00 €
BRONZE (FRANCE)
www.vignoblesgabriel.com
ludivine@vignoblesgabriel.com

CHÂTEAU HAUT-GAUSSENS, BORDEAUX SUPÉRIEUR, 2015, ROUGE, 6,70 €
BRONZE (FRANCE)
www.chateauhautgaussens.fr

CHÂTEAU L'ISLE FORT, BORDEAUX SUPÉRIEUR, 2015, ROUGE, 9,60 €
BRONZE (FRANCE)
www.lislefort.com
v.trolet@lislefort.com

CHÂTEAU DE FONTENILLE, CADILLAC CÔTES DE BORDEAUX, 2016, ROUGE, 12,80 €
BRONZE (FRANCE)
www.chateau-fontenille.com
contact@chateau-fontenille.com

F. THIENPONT, CASTILLON CÔTES DE BORDEAUX, MANOIR DU GRAVOUX, 2015, ROUGE, 9,50 €
BRONZE (FRANCE)
www.francois-thienpont.com
info@terraburdigala.com

CHÂTEAU DU BOUSQUET, CÔTES DE BOURG, 2017, ROUGE, 8,00 €
BRONZE (FRANCE)
www.chateaux-castel.com
contact@chateaux-castel.com

VIGNOBLES DESPAGNE, ENTRE-DEUX-MERS, CHÂTEAU TOUR DE MIRAMBEAU, 2018, BLANC, 8,00 €
BRONZE (FRANCE)
www.despagne.fr
contact@despagne.fr

CHÂTEAU DE LA DAUPHINE, FRONSAC, DELPHIS, 2016, ROUGE, 10,50 €
BRONZE (FRANCE)
www.chateau-dauphine.comcontact@chateau-dauphine.com

CHÂTEAU FERRANDE, GRAVES, CHÂTEAU GUILLON, 2017, ROUGE, 7,00 €
BRONZE (FRANCE)
www.chateaux-castel.com
contact@chateaux-castel.com

CHÂTEAU JOUVENTE, GRAVES, LA SOURCE DE CHÂTEAU JOUVENTE, 2013, ROUGE, 9,40 €
BRONZE (FRANCE)
www.chateau-jouvente.fr
chateaujouvente@wanadoo.fr

CHÂTEAU BRONDELLE, GRAVES, 2017, BLANC, 12,50 €
BRONZE (FRANCE)
www.chateaubrondelle.com
chateau.brondelle@wanadoo.fr

CHÂTEAU D'ARCINS, HAUT-MÉDOC, TOUR DU MAYNE, 2017, ROUGE, 7,00 €
BRONZE (FRANCE)
www.cavedarcins.com
contact@cavedarcins.com

CHÂTEAU D'AURILHAC, HAUT-MÉDOC,, 2013, ROUGE, 8,50 €
BRONZE (FRANCE)
erik-nieuwaal@wanadoo.fr

CHÂTEAU CISSAC, HAUT-MÉDOC, CHÂTEAU DU BREUIL, 2016, ROUGE, 9,30 €
BRONZE (FRANCE)
www.chateau-cissac.com
marie.vialard@chateau-cissac.com

CHÂTEAU LIVERSAN, HAUT-MÉDOC, 2016, ROUGE, 12,50 €
BRONZE (FRANCE)
www.antoinemoueix.com
proprietes@amoueix.fr

CHÂTEAU TOUR DE GRENET, LUSSAC-SAINT-ÉMILION, 2016, ROUGE, 12,00 €
BRONZE (FRANCE)
www.vignobles-brunot.fr

VIGNERONS DE PUISSEGUIN LUSSAC SAINT-EMILION, LUSSAC-SAINT-ÉMILION, TERRES ROUGES, 2017, ROUGE, 14,00 €
BRONZE (FRANCE)
www.puisseguin-lussac.com
p.maroszak@vplse.com

CHÂTEAU HAUT-CONDISSAS ET CHÂTEAU ROLLAN DE BY, MÉDOC, CHÂTEAU GREYSAC, 2015, ROUGE, 15,00 €
BRONZE (FRANCE)
www.domaines-rollandeby.com
infos@rollandeby.com

LES RELIGIEUSES DE LARCIS-JAUMAT, SAINT-ÉMILION GRAND CRU, CHÂTEAU LARCIS JAUMAT, 2017, ROUGE, 12,50 €
BRONZE (FRANCE)

WINGS / FRANÇOIS THIENPONT, LALANDE DE POMEROL, L'ÉTOILE, 2015, ROUGEBRONZE (HONG KONG)
www.francois-thienpont.com
mgrillon@wingswine.com

SF CHÂTEAU LEOVILLE POYFERRÉ, SAINT-JULIEN, CHÂTEAU MOULIN RICHE, 2015, ROUGE
BRONZE (HONG KONG)
www.leoville-poyferre.fr
lp@leoville-poyferre.fr

BOURGOGNE

DOMAINE EDOUARD DELAUNAY, BOURGOGNE CÔTE D'OR, PINOT NOIR, 2017, ROUGE,16,00 €
OR (FRANCE)
edouard-delaunay.com
contact@edouard-delaunay.com

DOMAINE SÉBASTIEN DAMPT, CHABLIS, 2017, BLANC, 12,00 €
OR (FRANCE)
www.sebastien-dampt.com
sebastien@sebastien-dampt.com

CAVES BAILLY LAPIERRE, CRÉMANT DE BOURGOGNE, NOIR & BLANC, NM, BLANC, 8,80 €
OR (FRANCE)
www.bailly-lapierre.fr
home@bailly-lapierre.fr

MAISON LOUIS MAX, MERCUREY, MERCUREY CLOS LA MARCHE, 2017, ROUGEOR (HONG KONG)
www.louismax.com
melanie.audrouhin@louis-max.fr

DOMAINE EDOUARD DELAUNAY, BOURGOGNE, SEPTEMBRE PINOT NOIR, 2017, ROUGE, 10,40 €
ARGENT (FRANCE)
edouard-delaunay.com
contact@edouard-delaunay.com

DOMAINE LAROCHE, BOURGOGNE, CHARDONNAY LAROCHE, 2018, BLANC, 12,50 €
ARGENT (FRANCE)
www.larochewines.com
camille.devergeron@larochewines.com

CHAMPY, BOURGOGNE, CHARDONNAY EDMÉ, 2016, BLANC, 17,00 €
ARGENT (FRANCE)
www.champy.com
visites@maisonchampy.com

VIGNERONS DE BUXY, BOURGOGNE CÔTE CHALONNAISE, MILLEBUIS, 2017, ROUGE, 8,90 €
ARGENT (FRANCE)
www.vigneronsdebuxy.com
accueil@vigneronsdebuxy.fr

MAISON CHANZY, BOUZERON, CLOS DE LA FORTUNE MONOPOLE, 2017, BLANC, 16,30 €
ARGENT (FRANCE)
www.chanzy.com
reception@chanzy.com

DOMAINE LOUIS MOREAU, CHABLIS,, 2017, BLANC, 14,05 €
ARGENT (FRANCE)
www.louismoreau.com
contact@louismoreau.com

DOMAINE JEAN DURUP ET FILS, CHABLIS, L'ÉGLANTIÈRE VIEILLES VIGNES, 2018, BLANC, 14,60 €
ARGENT (FRANCE)
www.durup-chablis.com

CHÂTEAU DE CHASSELAS, CRÉMANT DE BOURGOGNE, NM, BLANC, 9,90 €
ARGENT (FRANCE)
www.chateauchasselas.fr
contact@chateauchasselas.fr

CAVES BAILLY LAPIERRE, CRÉMANT DE BOURGOGNE, VIVE LA JOIE, 2010, BLANC, 14,90 €
ARGENT (FRANCE)
www.bailly-lapierre.fr
home@bailly-lapierre.fr

CAVES BAILLY LAPIERRE, CRÉMANT DE BOURGOGNE, VIVE LA JOIE, 2013, ROSÉ, 14,90 €
ARGENT (FRANCE)
www.bailly-lapierre.fr
home@bailly-lapierre.fr

CHÂTEAU DE MESSEY, MÂCON-CRUZILLE, CLOS DES AVOUERIES, 2017, BLANC, 12,50 €
ARGENT (FRANCE)
www.chateaudemessey.com
chateau@demessey.com

DOMAINE DE LA JOBELINE, MÂCON-VERZÉ, 2017, BLANC, 9,90 €
ARGENT (FRANCE)
www.domainedelajobeline.com
contact@domainedelajobeline.com

COLLOVRAY ET TERRIER, MÂCON-VILLAGES, TRADITION, 2017, BLANC, 9,90 €
ARGENT (FRANCE)
www.collovrayterrier.com
info@collovrayterrier.com

DOMAINE THEULOT-JUILLOT, MERCUREY, CHÂTEAU MIPONT, 2017, ROUGE, 17,80 €
ARGENT (FRANCE)
www.theulotjuillot.eu
contact@theulotjuillot.eu

VIGNERONS DE BUXY, MONTAGNY PREMIER CRU, LES COÈRES MILLEBUIS, 2017, BLANC, 13,50 €
ARGENT (FRANCE)
www.vigneronsdebuxy.com

STÉPHANE BROCARD, PETIT CHABLIS, CLOSERIE DES ALISIERS, 2018, BLANC, 10,00 €
ARGENT (FRANCE)
www.stephane-brocard.com
s.brocard@orange.fr

DOMAINE SANGOUARD-GUYOT, POUILLY-FUISSÉ, ANCESTRAL, 2017, BLANC, 16,00 €
ARGENT (FRANCE)
www.domaine-sangouard-guyot.com
domaine@sangouard-guyot.fr

ANNE-SOPHIE DEBAVELAERE, RULLY, LES CAILLOUX, 2016, BLANC, 6,00 €
ARGENT (FRANCE)
www.rois-mages.com
as.debavelaere@gmail.com

CHANSON PÈRE ET FILS, SAINT-VÉRAN,, 2015, BLANC, 17,20 €
ARGENT (FRANCE)
www.domaine-chanson.com
chanson@domaine-chanson.com

DOMAINE ALAIN JEANNIARD, BOURGOGNE, QUINTESSENCE PINOT NOIR, 2017, ROUGE, 17,00 €
BRONZE (FRANCE)
www.domainealainjeanniard.fr
domaine.ajeanniard@wanadoo.fr

CHAMPY, BOURGOGNE, PINOT NOIR EDMÉ, 2015, ROUGE, 17,00 €
BRONZE (FRANCE)
www.champy.com
visites@maisonchampy.com

CHÂTEAU DE MARSANNAY, BOURGOGNE, BOURGOGNE DU CHÂTEAU, 2017, ROUGE, 18,00 €
BRONZE (FRANCE)
www.chateau-marsannay.com

DOMAINE DU CHÂTEAU DE MEURSAULT, BOURGOGNE, PINOT NOIR, 2016, ROUGE, 18,00 €
BRONZE (FRANCE)
www.chateau-meursault.com
tourisme@chateau-meursault.com

DOMAINE EDMOND CORNU & FILS, BOURGOGNE ALIGOTÉ, 2017, BLANC, 9,80 €
BRONZE (FRANCE)
www.bourgogne-vigne-verre.com
domaine.cornuetfils@orange.fr

DOMAINE JEAN DURUP ET FILS, CHABLIS, L'ÉGLANTIÈRE, 2018, BLANC, 12,20 €
BRONZE (FRANCE)
www.durup-chablis.com
contact@domainesdurup.com

VIGNERONS DE BUXY, GIVRY, CLOS DES CHEVRIS MILLEBUIS, 2016, ROUGE, 12,00 €
BRONZE (FRANCE)
www.vigneronsdebuxy.com
accueil@vigneronsdebuxy.fr

DOMAINE VIOLOT-GUILLEMARD, HAUTES CÔTES DE BEAUNE, LA FOULOTTE, 2017, BLANC, 16,00 €
BRONZE ET BIO (FRANCE)
www.violot-guillemard.fr
contact@violot-guillemard.fr

DOMAINE LOUIS DORRY, MÂCON-MILLY-LAMARTINE, LES COLLONGES, 2016, BLANC, 17,00 €
BRONZE (FRANCE)
louis@louisdorry.com

VIGNERONS DE BUXY, MONTAGNY, CLOS DU CORBEAU MILLEBUIS, 2016, BLANC, 11,40 €
BRONZE (FRANCE)
www.vigneronsdebuxy.com
accueil@vigneronsdebuxy.fr

CHANSON PÈRE ET FILS, PETIT CHABLIS, 2017, BLANC, 17,40 €
BRONZE (FRANCE)
www.domaine-chanson.com
chanson@domaine-chanson.com

CAVES BAILLY LAPIERRE, SAINT-BRIS, 2017, BLANC, 7,00 €
BRONZE (FRANCE)
www.bailly-lapierre.fr
home@bailly-lapierre.fr

STÉPHANE BROCARD, SAINT-VÉRAN, CLOSERIE DES ALISIERS, 2017, BLANC, 12,00 €
BRONZE (FRANCE)
www.stephane-brocard.com
s.brocard@orange.fr

DOMAINE PONSARD-CHEVALIER, SANTENAY, LES DAUMELLES, 2017, BLANC, 16,00 €
BRONZE (FRANCE)
www.domaine-ponsard-chevalier.com
coralie-bernard@orange.fr

AEGERTER, VÉZELAY, 2017, BLANC, 18,00 €
BRONZE (FRANCE)
www.aegerter.fr
infos@aegerter.fr

DOMAINE DU CHÂTEAU DE FLEYS, CHABLIS, CHABLIS CLOS DU CHÂTEAU, 2017, BLANC
BRONZE (HONG KONG)
www.chablis-philippon.com
philippon.beatrice@orange.fr

CHAMPAGNE

CHAMPAGNE LIONEL GIRARD & FILS, CHAMPAGNE, TRADITION, NM, BLANC, 13,50 €
OR (FRANCE)
www.champagnelionelgirard.com

CHAMPAGNE PEHU-GUIARDEL ET FILS, CHAMPAGNE, NM, BLANC, 14,55 €
OR (FRANCE)
www.pehu-guiardel-et-fils.com
pehu-guiardel.etfils@orange.fr

CHAMPAGNE JOLY-CHAMPAGNE, CHAMPAGNE, GOURMANDE, NM, BLANC, 15,20 €
OR (FRANCE)
www.champagne-joly-champagne.com
info@champagne-joly-champagne.com

CHAMPAGNE ALBERT DE MILLY, CHAMPAGNE, PRESTIGE, 2009, BLANC, 15,50 €
OR (FRANCE)
www.demilly.com

CHAMPAGNE H. DAVID HEUCQ, CHAMPAGNE, NM, BLANC, EXTRA-BRUT, 16,20 €
OR (FRANCE)
www.davidheucq.fr
contact@davidheucq.com

VEUVE OLIVIER & FILS, CHAMPAGNE, CARTE D'OR, NM, BLANC, 16,80 €
OR (FRANCE)
www.champagne-veuve-olivier.com
info@champagne-veuve-olivier.com

CHAMPAGNE GRATIOT & CIE, CHAMPAGNE, ALMANACH N°1, NM, BLANC, 16,80 €
OR (FRANCE)
www.champagne-gratiot.com
contact@champagne-gratiot.com

CHAMPAGNE JEAN-BERNARD BOURGEOIS, CHAMPAGNE, PRESTIGE, NM, BLANC, 17,10 €
OR (FRANCE)
www.champagne-jbbourgeois.fr
contact@champagne-jbbourgeois.fr

CHAMPAGNE SÉBASTIEN DAVIAUX, CHAMPAGNE, BLANC DE BLANCS, NM, BLANC, 17,30 €
OR (FRANCE)
champagnedaviaux@gmail.com

CHAMPAGNE GABRIEL-PAGIN FILS, CHAMPAGNE, CARTE D'OR, NM, BLANC, 17,90 €
OR (FRANCE)
www.champagne-gabriel-pagin-fils.com
gabriel.pagin@wanadoo.fr

CHAMPAGNE XAVIER LORIOT, CHAMPAGNE, FRAGMENT DE NOIRS, NM, BLANC, 17,90 €
OR (FRANCE)
www.champagne-xavier-loriot.fr
contact@champagne-xavier-loriot.fr

CHAMPAGNE GUY CHARBAUT, CHAMPAGNE, SÉLECTION, NM, BLANC, 19,80 €
OR (FRANCE)
www.champagne-guy-charbaut.com
contact@champagne-guy-charbaut.com

CHAMPAGNE BAUCHET, CHAMPAGNE, ORIGINE, NM, BLANC, 20,15 €
OR (FRANCE)
www.champagne-bauchet.fr
info@champagne-bauchet.fr

CHAMPAGNE SOPHIE DIDIER, CHAMPAGNE, 47, NM, BLANC, 21,00 €
OR (FRANCE)
CHAMPAGNE-DANGIN@WANADOO.fr

H. BLIN, CHAMPAGNE,, NM, ROSÉ, 22,00 €
OR (FRANCE)
www.champagne-blin.com
contact@champagne-blin.com

CHAMPAGNE SEGUIN, CHAMPAGNE, ANTOINE, 2009, BLANC, 22,00 €
OR (FRANCE)
champagneseguin@aol.com

CHAMPAGNE DE VILLEPIN, CHAMPAGNE, MILLÉSIMÉ, 2013, BLANC, 23,00 €
OR (FRANCE)
champagnedevillepin.fr
contact@champagnedevillepin.fr

CHAMPAGNE XAVIER ALEXANDRE, CHAMPAGNE, GRANDE RÉSERVE, NM, BLANC, 23,00 €
OR (FRANCE)
www.champagne-xavier-alexandre.com
champagne.xavieralexandre@orange.fr

CHAMPAGNE ESTERLIN, CHAMPAGNE, BRUT ÉCLAT, NM, BLANC, 24,00 €
OR (FRANCE)
www.champagne-esterlin.com
contact@champagne-esterlin.fr

CHAMPAGNE LACROIX TRIAULAIRE, CHAMPAGNE, POÉSIE FRUITÉ, 2011, ROSÉ, EXTRA-BRUT, 24,60 €
OR (FRANCE)
www.champagne-lacroix-triaulaire.fr
contact@champagne-lacroix-triaulaire.fr

CHAMPAGNE SANGER, CHAMPAGNE, TERROIR NATAL, NM, BLANC, 26,00 €
OR (FRANCE)
www.sanger.fr
contact@sanger.fr

CHAMPAGNE CH. L'AUCHE, CHAMPAGNE,, NM, ROSÉ, 27,00 €
OR (FRANCE)
www.champagne-de-lauche.com
info@champagne-de-lauche.com

CHAMPAGNE JEAN-LOUIS VERGNON, CHAMPAGNE, GRAND CRU CONVERSATION BLANC DE BLANCS, NM, BLANC, 27,20 €
OR (FRANCE)
www.champagne-jl-vergnon.com
contact@champagne-jl-vergnon.com

COLLARD-PICARD, CHAMPAGNE, PRESTIGE, NM, BLANC, 27,50 €
OR (FRANCE)
www.champagnecollardpicard.fr

CHAMPAGNE BÉATRIX DE GIMBRES, CHAMPAGNE, RÉSERVE, NM, BLANC, 28,00 €
OR (FRANCE)
www.champagne-beatrix-degimbres.com

CHAMPAGNE BEURTON-COUVREUR, CHAMPAGNE,, NM, BLANC, EXTRA-BRUT, 29,64 €
OR (FRANCE)
champagne-beurton@orange.fr

CHAMPAGNE LACROIX TRIAULAIRE, CHAMPAGNE, LIEU-DIT MONT MARVIN, 2011, BLANC, EXTRA-BRUT, 29,80 €
OR (FRANCE)
www.champagne-lacroix-triaulaire.fr
contact@champagne-lacroix-triaulaire.fr

G.H. MUMM, CHAMPAGNE, RSRV 4.5, NM, BLANC
OR (HONG KONG)
www.mumm.com
emma.jullien-prat@pernod-ricard.com

CHAMPAGNE YVON MOUSSY, CHAMPAGNE, ROSÉ VIEILLE VIGNE, NM, ROSÉ
OR (HONG KONG)
www.champagne-yvonmoussy.fr

G.H. MUMM, CHAMPAGNE, RSRV BLANC DE NOIRS, 2009, BLANC
OR (HONG KONG)
www.mumm.com
emma.jullien-prat@pernod-ricard.com

CHAMPAGNE LE MESNIL, CHAMPAGNE, LE MESNIL, NM, BLANC, EXTRA-BRUT, 13,40 €
ARGENT (FRANCE)
www.champagnelemesnil.com
lemesnil@wanadoo.fr

CHAMPAGNE YVON MOUSSY, CHAMPAGNE, VIEILLE VIGNE, NM, ROSÉ, 15,60 €
ARGENT (FRANCE)
www.champagne-yvonmoussy.fr
marylene-moussy@wanadoo.fr

CHAMPAGNE MARIE-LIESSE BOQUET, CHAMPAGNE, VIEILLES VIGNES, NM, BLANC, 16,00 €
ARGENT (FRANCE)
www.champagne-marie-liesse-boquet.com
contact@champagne-marie-liesse-boquet.com

CHAMPAGNE CL. DE LA CHAPELLE, CHAMPAGNE, AUDACE, NM, BLANC, 16,10 €
ARGENT (FRANCE)
www.cldelachapelle.com
infos@cldelachapelle.com

CHAMPAGNE YVON MOUSSY, CHAMPAGNE, PRESTIGE, NM, BLANC, 16,30 €
ARGENT (FRANCE)
www.champagne-yvonmoussy.fr
marylene-moussy@wanadoo.fr

CHAMPAGNE DANIEL PERRIN, CHAMPAGNE, NM, ROSÉ, 16,30 €
ARGENT (FRANCE)
www.champagne-perrin.fr
info@champagne-perrin.fr

CHAMPAGNE LEJEUNE PÈRE ET FILS, CHAMPAGNE, GRANDE RÉSERVE, NM, BLANC, 17,30 €
ARGENT (FRANCE)
champagnelejeunepereetfils.fr
champagne.lejeunepf@orange.fr

CHAMPAGNE LÉGUILLETTE-ROMELOT, CHAMPAGNE, FESTIVAL, NM, BLANC, 17,60 €
ARGENT (FRANCE)
www.champagne-leguillette-romelot.net
info@champagne-leguillette-romelot.com

CHAMPAGNE ROGGE CERESER, CHAMPAGNE, ROSÉ DE SAIGNÉE, NM, ROSÉ, 17,70 €
ARGENT (FRANCE)
www.champagne-rogge-cereser.fr
benjamin@rogge-cereser.fr

CHAMPAGNE LAURENT GABRIEL, CHAMPAGNE, GRAND ROSÉ, NM, ROSÉ, 18,00 €
ARGENT (FRANCE)
www.laurent-gabriel.com
email@laurent-gabriel.com

H. BLIN, CHAMPAGNE, BRUT, NM, BLANC, 18,00 €
ARGENT (FRANCE)
www.champagne-blin.com
contact@champagne-blin.com

CHAMPAGNE GAUDINAT-BOIVIN, CHAMPAGNE, GRANDE RÉSERVE, NM, BLANC, 18,80 €
ARGENT (FRANCE)
www.champagne-gaudinat-boivin.net
ch.gaudinat.boivin@wanadoo.fr

CHAMPAGNE H. DAVID HEUCQ, CHAMPAGNE, MILLÉSIMÉ, 2013, BLANC, 19,00 €
ARGENT (FRANCE)
www.davidheucq.fr

CHAMPAGNE LANCELOT-ROYER, CHAMPAGNE, CHEVALIERS GRANDS CRUS, NM, BLANC, 20,40 €
ARGENT (FRANCE)
champagne.lancelot.royer@cder.fr

CHAMPAGNE XAVIER LECONTE, CHAMPAGNE, L'HÉRITAGE DE XAVIER, NM, BLANC, 20,75 €
ARGENT (FRANCE)
www.champagne-xavier-leconte.com
contact@champagne-xavier-leconte.com

CHAMPAGNE EMMANUEL CHOPIN, CHAMPAGNE, LES CLASSIQUES - CARTE D'OR, NM, BLANC, 21,00 €
ARGENT (FRANCE)
alycia@champagnejulienchopin.com

CHAMPAGNE R. BOURDELOIS, CHAMPAGNE, BLANC DE NOIRS, NM, BLANC, 21,90 €
ARGENT (FRANCE)
www.champagnebourdelois.com
champagnebourdelois@hotmail.fr

CHAMPAGNE HOUSSART, CHAMPAGNE, MILLÉSIMÉ, 2012, BLANC, 22,00 €
ARGENT (FRANCE)
champagnehoussart@hotmail.fr
champagnehoussart@hotmail.fr

COLLARD-PICARD, CHAMPAGNE, SÉLECTION, NM, BLANC, 22,50 €
ARGENT (FRANCE)
www.champagnecollardpicard.fr
collard-picard@wanadoo.fr

CHAMPAGNE XAVIER ALEXANDRE, CHAMPAGNE, AUTHENTIC'A, NM, BLANC, EXTRA-BRUT, 23,00 €
ARGENT (FRANCE)
www.champagne-xavier-alexandre.com
champagne.xavieralexandre@orange.fr

DOM CAUDRON, CHAMPAGNE, PRÉDICTION, NM, BLANC, 23,10 €
ARGENT (FRANCE)
www.domcaudron.com
champagne@domcaudron.fr

CHAMPAGNE GEORGES VESSELLE, CHAMPAGNE, GRAND CRU, NM, ROSÉ, 24,70 €
ARGENT (FRANCE)
www.champagne-vesselle.net
f.mouton@champagne-vesselle.fr

CHAMPAGNE ASPASIE, CHAMPAGNE, CARTE BLANCHE, NM, BLANC, 24,90 €
ARGENT (FRANCE)
www.champagneaspasie.com
contact@champagneaspasie.com

LAMIABLE, CHAMPAGNE, GRAND CRU - EXTRA-BRUT, NM, BLANC, EXTRA-BRUT, 25,00 €
ARGENT (FRANCE)
www.champagnelamiable.com
lamiable@champagnelamiable.fr

CHAMPAGNE PHAL B. DE BEAUFORT, CHAMPAGNE, HARMONIE, 2012, ROSÉ, 25,00 €
ARGENT (FRANCE)
www.champagne-phalb-de-beaufort.fr
contact@phalb-de-beaufort.fr

CHAMPAGNE CL. DE LA CHAPELLE, CHAMPAGNE, EXQUIS, NM, BLANC, 25,50 €
ARGENT (FRANCE)
www.cldelachapelle.com
infos@cldelachapelle.com

LE BRUN DE NEUVILLE, CHAMPAGNE, BLANC DE BLANCS, NM, BLANC, 26,00 €
ARGENT (FRANCE)
www.lebrundeneuville.fr
commercial@lebrundeneuville.fr

LAMIABLE, CHAMPAGNE, GRAND CRU - BRUT, NM, ROSÉ, 26,00 €
ARGENT (FRANCE)
www.champagnelamiable.com
lamiable@champagnelamiable.fr

CHAMPAGNE PIERRE GIMONNET ET FILS, CHAMPAGNE, CUIS PREMIER CRU, NM, BLANC, 26,00 €
ARGENT (FRANCE)
www.champagne-gimonnet.cominfo@
champagne-gimonnet.com

CHAMPAGNE PRESTIGE DES SACRES, CHAMPAGNE, NATURE, NM, BLANC, EXTRA-BRUT, 27,00 €
ARGENT (FRANCE)
www.champagne-prestigedessacres.com
contact@champagne-prestigedessacres.com

LAMIABLE, CHAMPAGNE, GRAND CRU - NON DOSÉ, NM, BLANC, NON DOSÉ, 28,00 €
ARGENT (FRANCE)
www.champagnelamiable.com
lamiable@champagnelamiable.fr

CHAMPAGNE LE GALLAIS, CHAMPAGNE, CUVÉE DU MANOIR, NM, BLANC, 29,00 €
ARGENT (FRANCE)
www.champagnelegallais.com
visit@champagnelegallais.com

CHAMPAGNE DELPHINE, CHAMPAGNE, NM, BLANC, 29,00 €
ARGENT (FRANCE)
delphinejoffroy@gmail.com

CHAMPAGNE CLAUDE MICHEZ - LA VILLESENIÈRE, CHAMPAGNE, HARMONY 212, 2012, BLANC, EXTRA-BRUT, 29,00 €
ARGENT (FRANCE)
www.champagne-michez.com

NICOLAS FEUILLATTE, CHAMPAGNE, CUVÉE SPÉCIALE, NM, ROSÉ, 29,00 €
ARGENT (FRANCE)
www.nicolas-feuillatte.com
services-visites@feuillatte.com

CHAMPAGNE PRESTIGE DES SACRES, CHAMPAGNE, PRESTIGE, NM, ROSÉ, 29,00 €
ARGENT (FRANCE)
www.champagne-prestigedessacres.com
contact@champagne-prestigedessacres.com

CANARD-DUCHÊNE, CHAMPAGNE, BRUT MILLÉSIME, 2012, BLANC, 29,00 €
ARGENT (FRANCE)
www.canard-duchene.fr
info@canard-duchene.fr

CHAMPAGNE SABINE GUILLAUME-GODME, CHAMPAGNE, GRAND CRU TERRE DE VERZENAY, NM, BLANC, EXTRA-BRUT, 29,50 €
ARGENT (FRANCE)
www.champagne-godme-sabine.fr
sca.guillaume@wanadoo.fr

TSARINE, CHAMPAGNE, TSARINE ROSÉ, NM, ROSÉ, 30,00 €
ARGENT (FRANCE)
www.tsarine.com
contact@champagnechanoine.com

CHAMPAGNE PAUL GOERG, CHAMPAGNE, BLANC DE BLANCS, NM, BLANC
ARGENT (HONG KONG)
www.champagne-goerg.com
info@champagne-goerg.com

CHAMPAGNE DE CARLINI JEAN-YVES, CHAMPAGNE, BRUT RÉSERVE GRAND CRU, NM, BLANCARGENT (HONG KONG)
champagne-decarlini.fr
champagne.decarlini@orange.fr

CHAMPAGNE CASTELNAU, CHAMPAGNE, RÉSERVE, NM, BLANC
ARGENT (HONG KONG)
www.champagne-de-castelnau.eu
o.legrand@champagne-castelnau.fr

CHAMPAGNE SAINT-RÉOL, CHAMPAGNE, CHAMPAGNE SAINT-RÉOL BLANC DE NOIRS GRAND CRU, NM, BLANC
ARGENT (HONG KONG)
www.saint-reol.com
champagne@saint-reol.com

CENTRE VINICOLE CHAMPAGNE NICOLAS FEUILLATTE, CHAMPAGNE, RESERVE EXCLUSIVE BRUT, NM, BLANC

ARGENT (HONG KONG)
www.nicolas-feuillatte.com
dorothy@omtis.com

CHAMPAGNE CASTELNAU, CHAMPAGNE, CHAMPAGNE CASTELNAU, NM, BLANC

ARGENT (HONG KONG)
www.champagne-de-castelnau.eu
o.legrand@champagne-castelnau.fr

CHAMPAGNE DROUILLY L.V., CHAMPAGNE, CUVÉE "L", NM, BLANC

ARGENT (HONG KONG)
champagnedlv@wanadoo.fr

CHAMPAGNE BRUNO MICHEL, CHAMPAGNE, ASSEMBLÉE ROSÉ, NM, ROSÉARGENT (HONG KONG)

www.champagnebrunomichel.com
contact@champagnebrunomichel.com

CHAMPAGNE BAUCHET, CHAMPAGNE, SÉDUCTION, NM, BLANC

ARGENT (HONG KONG)
www.champagne-bauchet.fr
info@champagne-bauchet.fr

G.H. MUMM, CHAMPAGNE, RSRV BLANC DE BLANCS, 2012, BLANC

ARGENT (HONG KONG)
www.mumm.com
emma.jullien-prat@pernod-ricard.com

CHAMPAGNE CHRISTIAN BRIARD, CHAMPAGNE, LOUIS BRIARD BY CHRISTIAN BRIARD, 2010, BLANC

ARGENT (HONG KONG)
www.champagnechristianbriard.fr
christian.briard@gmx.com

G.H. MUMM, CHAMPAGNE, RSRV CUVÉE LALOU 2006, 2006, BLANC

ARGENT (HONG KONG)
www.mumm.com
emma.jullien-prat@pernod-ricard.com

CHAMPAGNE CASTELNAU, CHAMPAGNE, BLANC DE BLANCS, 2006, BLANC

ARGENT (HONG KONG)
www.champagne-de-castelnau.eu
o.legrand@champagne-castelnau.fr

CHAMPAGNE GUINAND, CHAMPAGNE, NM, BLANC, 13,90 €

BRONZE (FRANCE)
sguinand@me.com

CHAMPAGNE A. BOATAS, CHAMPAGNE, CUVÉE PARADIS EXTRA-BRUT, 2009, BLANC, 16,00 €

BRONZE (FRANCE)
www.champagne-aboatas.com
aboatas@free.fr

CHAMPAGNE NAUDET & FILS, CHAMPAGNE, 3 CÉPAGES, NM, BLANC, 16,50 €

BRONZE (FRANCE)
www.champagnenaudetetfils.mobi
didier.naudet@orange.fr

BRISMONTIER-HUET, CHAMPAGNE, RÉSERVE, NM, BLANC, 17,40 €

BRONZE (FRANCE)
michel.brismontier@gmail.com

COUVENT FILS, CHAMPAGNE, MILLÉSIMÉ, 2014, BLANC,, 18,00 €

BRONZE (FRANCE)
www.champagne-couvent-fils.com
champagne-couventfils@orange.fr

CHARLES ORBAN, CHAMPAGNE, BLANC DE NOIRS, NM, BLANC, 18,00 €

BRONZE (FRANCE)
www.champagnecharlesorban.com
boutique@decazanove.com

CHAMPAGNE HENIN DELOUVIN, CHAMPAGNE, GRANDE RÉSERVE PREMIER CRU, NM, BLANC, 18,50 €

BRONZE (FRANCE)
www.champagne-henin-delouvin.com
champagne-henin-delouvin@orange.fr

CHAMPAGNE CASTELGER, CHAMPAGNE, BLANC DE BLANCS, NM, BLANC, 18,95 €

BRONZE (FRANCE)
www.castelger.com
castelger@orange.fr

CHAMPAGNE GABRIEL-PAGIN FILS, CHAMPAGNE, GRANDE RÉSERVE PREMIER CRU, NM, BLANC, 19,30 €

BRONZE (FRANCE)
www.champagne-gabriel-pagin-fils.com
gabriel.pagin@wanadoo.fr

CHAMPAGNE THIERRY GRANDIN, CHAMPAGNE, ECLAT NOIR, 2014, BLANC, 20,00 €

BRONZE (FRANCE)
www.champagnethierrygrandin.com
grandin.constant@orange.fr

CHAMPAGNE ROBERT ALLAIT, CHAMPAGNE, JORDAN, 2014, BLANC, 20,90 €

BRONZE (FRANCE)
www.champagne-robert-allait.com
champagne.allait@wanadoo.fr

CHAMPAGNE PATRICK BOIVIN, CHAMPAGNE, NM, ROSÉ, 21,77 €

BRONZE (FRANCE)

CHAMPAGNE MICHEL FAGOT, CHAMPAGNE, NM, ROSÉ, 22,00 €

BRONZE (FRANCE)
fagot.fr
laboutique@fagot.fr

MICHEL ARNOULD ET FILS, CHAMPAGNE, GRANDE CUVÉE DE MICHEL ARNOULD, NM, BLANC, 22,60 €

BRONZE (FRANCE)
info@champagne-michel-arnould.com

CHAMPAGNE CHAVOST, CHAMPAGNE, ESPRIT DE BLANCS, NM, BLANC, 24,00 €

BRONZE (FRANCE)
www.champagne-chavost.com
contact@champagne-chavost.com

CHAMPAGNE BAUCHET, CHAMPAGNE, CONTRASTE BLANC DE NOIRS, NM, BLANC, EXTRA-BRUT, 24,85 €
BRONZE (FRANCE)
www.champagne-bauchet.fr
info@champagne-bauchet.fr

COUVENT FILS, CHAMPAGNE, COEUR DE CUVÉE MEUNIER, NM, BLANC, 25,00 €
BRONZE (FRANCE)
www.champagne-couvent-fils.com
champagne-couventfils@orange.fr

DOM CAUDRON, CHAMPAGNE, EPICURIENNE, NM, BLANC, 26,70 €
BRONZE (FRANCE)
www.domcaudron.com
champagne@domcaudron.fr

VEUVE OLIVIER & FILS, CHAMPAGNE, SECRET BOISÉ, NM, BLANC, 27,00 €
BRONZE (FRANCE)
www.champagne-veuve-olivier.com
info@champagne-veuve-olivier.com

EDOUARD BRUN, CHAMPAGNE, PREMIER CRU BLANC DE BLANCS, NM, BLANC, 28,00 €
BRONZE (FRANCE)
www.champagne-edouard-brun.fr
contact@champagne-edouard-brun.fr

CHAMPAGNE LEGRAS ET HAAS, CHAMPAGNE, INTUITION, NM, BLANC, 28,30 €
BRONZE (FRANCE)
www.legras-et-haas.com
info@legras-et-haas.com

CHAMPAGNE DOMINIQUE CRETE FILS, CHAMPAGNE, AROMANESSENCE, 2011, BLANC, 29,00 €
BRONZE (FRANCE)
www.champagne-dominique-crete.fr
champagne-dominique-crete@orange.fr

NICOLAS FEUILLATTE, CHAMPAGNE, CUVÉE SPÉCIALE BLANC DE BLANCS, NM, BLANC, 29,80 €
BRONZE (FRANCE)
www.nicolas-feuillatte.com
services-visites@feuillatte.com

CHAMPAGNE JACQUART, CHAMPAGNE, SIGNATURE MOSAIC, NM, BLANC, 29,90 €
BRONZE (FRANCE)
www.champagne-jacquart.com
accueil@jad.fr

CHAMPAGNE PATRICE GUAY, CHAMPAGNE, CUVÉE TRADITION, NM, BLANC
BRONZE (HONG KONG)
www.champagnepatriceguay.com
contact@champagnepatriceguay.com

CHAMPAGNE GOSSET, CHAMPAGNE, GRANDE RÉSERVE, NM, BLANC
BRONZE (HONG KONG)
www.champagne-gosset.com
nathalie.dufour@champagne-gosset.com

CHAMPAGNE MOUTARD, CHAMPAGNE, ARBANE 2013, 2013, BLANCBRONZE (HONG KONG)
www.famillemoutard.com
contact@famillemoutard.com

CHAMPAGNE DROUILLY L.V., CHAMPAGNE, OEIL DE PERDRIX, NM, BLANC
BRONZE (HONG KONG)
champagnedlv@wanadoo.fr

CHAMPAGNE SAINT-RÉOL, CHAMPAGNE, CHAMPAGNE SAINT-RÉOL BRUT GRAND CRU, 2008, BLANC
BRONZE (HONG KONG)
www.saint-reol.com
champagne@saint-reol.com

CORSE

TERRA VECCHIA, ILE DE BEAUTÉ, DOMAINE TERRA VECCHIA BIO, 2018, ROSÉ, 4,40 €
OR ET BIO (FRANCE)
www.clospoggiale.fr
jf-renucci@orange.fr

CLOS CAPITORO, AJACCIO, 2018, ROSÉ, 11,40 €
ARGENT (FRANCE)
www.clos-capitoro.com
info@clos-capitoro.com

DOMAINE FIGARELLA & A RONCA, CORSE - CALVI, CLOS ACQUAVIVA, 2016, BLANC, 18,00 €
ARGENT ET BIO (FRANCE)
www.domaine-figarella.com
domainefigarella@wanadoo.fr

TERRA VECCHIA, ILE DE BEAUTÉ, MUSCAT, NM, BLANC, 4,40 €
ARGENT (FRANCE)
www.clospoggiale.fr
jf-renucci@orange.fr

TERRA VECCHIA, ILE DE BEAUTÉ, ROSÉ, 4,40 €
ARGENT (FRANCE)
www.clospoggiale.fr
jf-renucci@orange.fr

TERRA VECCHIA, ILE DE BEAUTÉ (IGP), CUVÉE STELLA, 2018, BLANC
ARGENT (HONG KONG)
www.clospoggiale.fr
jf-renucci@orange.fr

TERRA VECCHIA, CORSE, CLOS POGGIALE ROUGE, 2016, ROUGE
ARGENT (HONG KONG)
www.clospoggiale.fr
jf-renucci@orange.fr

TERRA VECCHIA, CORSE, CLOS POGGIALE, 2018, BLANC, 14,90 €
BRONZE ET BIO (FRANCE)
www.clospoggiale.fr
jf-renucci@orange.fr

TERRA VECCHIA, ILE DE BEAUTÉ (IGP), IGP SCIACCARELLU ROSÉ, NM, ROSÉ
BRONZE (HONG KONG)
www.clospoggiale.fr
jf-renucci@orange.fr

TERRA VECCHIA, ILE DE BEAUTÉ (IGP), CUVÉE STELLA, 2018, ROSÉ
BRONZE (HONG KONG)
www.clospoggiale.fr
jf-renucci@orange.fr

TERRA VECCHIA, ILE DE BEAUTÉ (IGP), IGP VERMENTINU, NM, BLANC
BRONZE (HONG KONG)
www.clospoggiale.fr
jf-renucci@orange.fr

JURA

MAISON DU VIGNERON, CÔTES DU JURA (AOC), ESPRIT 39, NMARGENT (HONG KONG)
www.maisonduvigneron.com
enoel@maisonduvigneron.fr

LANGUEDOC

ALMA CERSIUS, COTEAUX DE BÉZIERS, GARDIAN, 2018, BLANC, 4,95 €
OR (FRANCE)
www.almacersius.com
info@almacersius.com

TERROIRS DU VERTIGE, CUCUGNAN, LA CUVÉE DU CURÉ DE CUCUGNAN, NM, ROUGE, 4,50 €
OR (FRANCE)
terroirsduvertige.fr
terroirsduvertige11@orange.fr

DOMAINE FRANÇOIS LURTON, FITOU, CHÂTEAU DES ERLES ABRIGANS, 2017, ROUGE, 6,00 €
OR (FRANCE)
www.francoislurton.com
francoislurton@francoislurton.com

MONT TAUCH, FITOU, FRUITÉ VELOUTÉ, 2018, ROUGE, 6,10 €
OR (FRANCE)
www.mont-tauch.fr
caveau@mont-tauch.com

LES DOMAINES PAUL MAS, IGP D'OC, CABERNET SAUVIGNON JEAN-CLAUDE MAS LES SOUBERGUES, 2018, ROUGE, 5,60 €
OR (FRANCE)
www.paulmas.com
info@paulmas.com

DOMAINE DE LA PROVENQUIÈRE, IGP D'OC, CUVÉE P MALBEC, PETIT VERDOT, 2018, ROUGE, 6,00 €
OR (FRANCE)
www.provenquiere.com
antoine.robert@provenquiere.com

LES DOMAINES PAUL MAS, IGP D'OC, ARROGANT FROG CABERNET MERLOT BIO, 2018, ROUGE, 6,90 €
OR ET BIO (FRANCE)
www.paulmas.com
info@paulmas.com

CAVE ANNE DE JOYEUSE, IGP D'OC, RHABDODON PRISCUS, 2018, BLANC, 7,10 €
OR (FRANCE)
www.annedejoyeuse.fr
oustal.limoux@cave-adj.com

CHÂTEAU GREZAN, IGP D'OC, LE BASTION, 2018, ROUGE, 7,90 €
OR (FRANCE)
chateaugrezan-famillecrospujol.com
france@cg-fcp.com

DOMAINE DE LA PROVENQUIÈRE, IGP D'OC, LE TÉMÉRAIRE, 2016, BLANC, 9,00 €
OR (FRANCE)
www.provenquiere.com
antoine.robert@provenquiere.com

CALMEL & JOSEPH, IGP D'OC, AMS TRAM GRAM L'EPICURIUS, 2018, ROUGE, 11,00 €
OR (FRANCE)
www.calmel-joseph.com
contact@calmel-joseph.com

GÉRARD BERTRAND, IGP D'OC, DOMAINE DE L'AIGLE PINOT NOIR, 2017, ROUGE, 12,50 €
OR (FRANCE)
www.chateau-hospitalet.com
caveau@gerard-bertrand.com

ABBOTTS ET DELAUNAY, IGP D'OC, DOMAINE DE LA MÉTAIRIE D'ALON, CHARDONNAY LE VILLAGE, 2018, BLANC, 16,90 €
OR ET BIO (FRANCE)
www.badetclement.com
contact@abbottsetdelaunay.com

VIGNERONS DE LA MÉDITERRANÉE, LANGUEDOC, DOMAINE SAINTE-CROIX BY VO, 2018, ROSÉ, 7,50 €
OR (FRANCE)
www.vinadeis.com
lmartinez@vinadeis.com

CHÂTEAU DE LASCAUX, LANGUEDOC, GARRIGUE, 2017, ROUGE, 8,50 €
OR ET BIO (FRANCE)
www.chateau-lascaux.com
info@chateau-lascaux.com

CHÂTEAU SAINT-MARTIN DE LA GARRIGUE, LANGUEDOC, BRONZINELLE, 2018, BLANC, 10,50 €
OR (FRANCE)
www.stmartingarrigue.com
contact@stmartingarrigue.com

DOMAINE LES GRANDES COSTES, LANGUEDOC, MUSARDISES, 2017, ROUGE, 11,00 €
OR (FRANCE)
www.grandes-costes.com
contact@grandes-costes.com

DOMAINE LES GRANDES COSTES, LANGUEDOC, LA SARABANDE, 2015, ROUGE, 14,65 €
OR (FRANCE)
www.grandes-costes.com
contact@grandes-costes.com

CHÂTEAU ROUQUETTE-SUR-MER, LANGUEDOC-LA CLAPE, L'ESPRIT TERROIR, 2016, ROUGE, 9,10 €
OR (FRANCE)
www.chateaurouquette.com
bureau@chateaurouquette.com

CHÂTEAU LANCYRE, LANGUEDOC-PIC SAINT-LOUP, VIEILLES VIGNES, 2017, ROUGE, 14,00 €
OR (FRANCE)
www.chateaudelancyre.com
contact@chateaudelancyre.com

DOMAINE GARRABOU, LIMOUX, FONT VIEILLE, 2017, BLANC, 14,00 €
OR (FRANCE)
frederic.garrabou@hotmail.fr

CHÂTEAU D'AGEL, MINERVOIS, LES BONNES, 2018, ROUGE, 8,50 €
OR (FRANCE)
www.chateaudagel.com
contact@chateaudagel.com

VIGNOBLES LORGERIL, MINERVOIS-LA-LIVINIÈRE, LES HAUTS DE LA BORIE BLANCHE, 2016, ROUGE, 11,50 €
OR (FRANCE)
www.lorgeril.wine
contact@lorgeril.com

VIGNOBLES LORGERIL, CABARDÈS, CHÂTEAU DE PENNAUTIER, 2018, ROSÉ, 7,50 €
ARGENT (FRANCE)
www.lorgeril.wine
contact@lorgeril.com

VIGNOBLES LORGERIL, CABARDÈS, CHÂTEAU DE PENNAUTIER - TERROIRS D'ALTITUDE, 2016, ROUGE, 10,70 €
ARGENT (FRANCE)
www.lorgeril.wine
contact@lorgeril.com

TERRES D'HACHÈNE, CÉVENNES, ZÉNITE, 2017, ROUGE, 8,50 €
ARGENT (FRANCE)
www.terresdhachene.com
horace.pictet@gmail.com

TERROIRS DU VERTIGE, CORBIÈRES, FRAICHEUR, 2018, ROUGE, 6,00 €
ARGENT (FRANCE)
terroirsduvertige.fr
terroirsduvertige11@orange.fr

LES DOMAINES PAUL MAS, CORBIÈRES, CHÂTEAU FERRANDIÈRE JÉRÉMIE LES LAISSES, 2017, ROUGE, 6,95 €
ARGENT (FRANCE)
www.paulmas.com
info@paulmas.com

LES DOMAINES PAUL MAS, CORBIÈRES, CHÂTEAU CAPENDU, 2018, ROUGE, 7,60 €
ARGENT (FRANCE)
www.paulmas.com
info@paulmas.com

CAVE D'EMBRES ET CASTELMAURE, CORBIÈRES, GRANDE CUVÉE, 2016, ROUGE, 12,30 €
ARGENT (FRANCE)
www.castelmaure.com
vins@castelmaure.com

ALMA CERSIUS, COTEAUX DE BÉZIERS, GARDIAN CABERNET-MERLOT, 2018, ROUGE, 4,95 €
ARGENT (FRANCE)
www.almacersius.com
info@almacersius.com

LES COSTIÈRES DE POMEROLS, CÔTES DE THAU, RÉSERVE DE MONROUBY, 2018, BLANC, 4,30 €
ARGENT (FRANCE)
www.cave-pomerols.com
info@cave-pomerols.com

ANTECH, CRÉMANT DE LIMOUX, ÉMOTION, 2017, ROSÉ, 10,95 €
ARGENT (FRANCE)
www.antech-limoux.com
courriers@antech-limoux.com

LES FUSIONELS, FAUGÈRES, NATUR'A, 2017, ROUGE, 8,00 €
ARGENT (FRANCE)
www.arielledemets.com
arielledemets@outlook.fr

VIGNERONS DE LA MÉDITERRANÉE, FITOU, DOMAINE CARPY REFLET DU PHARE, 2017, ROUGE, 9,90 €
ARGENT (FRANCE)
www.vinadeis.com
lmartinez@vinadeis.com

DOMAINE CAUJOLLE-GAZET, HÉRAULT, PETITE COULÉE, 2016, ROUGE, 9,00 €
ARGENT ET BIO (FRANCE)
www.domainecaujollegazet.fr
caujolle@club-internet.fr

DOMAINE DES CONQUÊTES, HÉRAULT, INITIAL, 2017, BLANC, 11,25 €
ARGENT (FRANCE)
www.domainedesconquetes.fr
domainedesconquetes.vin@outlook.fr

DOMAINE DE MÉDEILHAN, IGP D'OC, CHARDONNAY VIOGNIER, 2018, BLANC, 5,50 €
ARGENT (FRANCE)
www.medeilhan.fr
contact@medeilhan.fr

DOMAINE DE MÉDEILHAN, IGP D'OC, SYRAH GRENACHE, 2018, ROSÉ, 5,50 €
ARGENT (FRANCE)
www.medeilhan.fr

LES DOMAINES PAUL MAS, IGP D'OC, RURAL PAR NATURE, 2018, BLANC, 5,90 €
ARGENT (FRANCE)
www.paulmas.com
info@paulmas.com

LES DOMAINES PAUL MAS, IGP D'OC, PAUL MAS ENIGMA, 2018, BLANC, MOELLEUX, 5,95 €
ARGENT (FRANCE)
www.paulmas.com
info@paulmas.com

LES DOMAINES PAUL MAS, IGP D'OC, FERRANDIÈRE MARSELAN, 2018, ROUGE, 6,95 €
ARGENT (FRANCE)
www.paulmas.com
info@paulmas.com

DOMAINE DE LA CLAPIÈRE, IGP D'OC, JARDIN DE JULES, 2018, ROUGE, 7,00 €
ARGENT (FRANCE)
www.chateaux-castel.com
contact@chateaux-castel.com

LES JAMELLES, IGP D'OC, LES JAMELLES - VIOGNIER, 2018, BLANC, 7,25 €
ARGENT (FRANCE)
www.badetclement.com
contact@les-jamelles.com

DOMAINE DE BELLEMARE, IGP D'OC, RIVAGE, 2016, BLANC, 9,00 €
ARGENT (FRANCE)
www.belle-mare.com
contact@belle-mare.com

DOMAINE DE LA PROVENQUIÈRE, IGP D'OC, SIGNATURE, 2018, ROSÉ, 10,00 €
ARGENT (FRANCE)
www.provenquiere.com
antoine.robert@provenquiere.com

LES DOMAINES PAUL MAS, IGP D'OC, MAS DES TANNES RÉSERVE, 2017, BLANC, 10,50 €
ARGENT (FRANCE)
www.paulmas.com
info@paulmas.com

MAS LA CHEVALIÈRE, IGP D'OC, L'ART DES SENS CHARDONNAY RÉSERVE, 2018, BLANC, 11,50 €
ARGENT (FRANCE)
www.larochewines.com
camille.devergeron@larochewines.com

DOMAINE D'AIGUES BELLES, IGP D'OC, LOMBARDE, 2016, ROUGE, 12,15 €
ARGENT (FRANCE)
www.aigues-belles.com
aigues.belles@orange.fr

CASTEL, IGP D'OC, L'ODALET, 2018, ROSÉ, 16,00 €
ARGENT (FRANCE)
www.chateaux-castel.com
Helene.franz@castel-freres.com

FAMILLE FABRE, LANGUEDOC, ORANGERIE DE LUC, 2018, ROUGE, 8,30 €
ARGENT ET BIO (FRANCE)
www.famillefabre.com
info@famille-fabre.com

GÉRARD BERTRAND, LANGUEDOC, OR ET AZUR, 2018, ROSÉ, 9,30 €
ARGENT ET BIO (FRANCE)
www.chateau-hospitalet.com
caveau@gerard-bertrand.com

DOMAINE DE BRUNET, LANGUEDOC, TRADITION, 2016, BLANC, 13,90 €
ARGENT (FRANCE)
www.domainedebrunet.com
contact@domainedebrunet.com

LES DOMAINES PAUL MAS, LANGUEDOC-PÉZENAS, CÔTÉ MAS, 2017, ROUGE, 11,00 €
ARGENT (FRANCE)
www.paulmas.com
info@paulmas.com

CHÂTEAU LANCYRE, LANGUEDOC-PIC SAINT-LOUP, CLOS DES COMBES, 2017, ROUGE, 10,50 €
ARGENT (FRANCE)
www.chateaudelancyre.com
contact@chateaudelancyre.com

COLLOVRAY ET TERRIER, LIMOUX, TERRES AMOUREUSES, 2016, BLANC, 11,00 €
ARGENT (FRANCE)
www.collovrayterrier.com
info@collovrayterrier.com

VIGNERONS DE LA MÉDITERRANÉE, MINERVOIS, CHÂTEAU POUZOLS 1437 BLACK RÉSERVE, 2017, ROUGE, 8,30 €
ARGENT (FRANCE)
www.vinadeis.com
lmartinez@vinadeis.com

VIGNERONS DE LA MÉDITERRANÉE, MINERVOIS, BLACK RÉSERVE CAZELLES VERDIER PIERRES QUI CHANTENT, 2017, ROUGE, 9,90 €
ARGENT (FRANCE)
www.vinadeis.com
lmartinez@vinadeis.com

DOMAINE DE CANTAUSSEL, MINERVOIS, ESTELUM, 2014, ROUGE, 10,30 €
ARGENT ET BIO (FRANCE)
www.cantaussel.fr
jlbohler@pt.lu

GÉRARD BERTRAND, MINERVOIS-LA-LIVINIÈRE, DOMAINE DES GARENNES, 2017, ROUGE, 10,00 €
ARGENT (FRANCE)
www.chateau-hospitalet.com
caveau@gerard-bertrand.com

DOMAINE LES COMBES CACHÉES, MINERVOIS-LA-LIVINIÈRE, LES TROIS ECUS, 2016, ROUGE, 17,50 €
ARGENT (FRANCE)
www.les-combes-cachees.fr
lescombescachees@gmail.com

THE WAY OF WINE, VIN DE FRANCE, PAS VU PAS PRIX, 2018, BLANC, 9,00 €
ARGENT ET BIO (FRANCE)
www.jeffcarrel.com

THE WAY OF WINE, VIN DE FRANCE, VU D'EN HAUT, 2018, ROSÉ, 9,00 €
ARGENT ET BIO (FRANCE)
www.jeffcarrel.com
info@jeffcarrel.com

SPH GÉRARD BERTRAND, IGP PAYS D'OC, CIGALUS, 2018, BLANC
ARGENT (HONG KONG)
www.chateau-hospitalet.com
l.durand@gerard-bertrand.com

SPH GÉRARD BERTRAND, LANGUEDOC-LA CLAPE, CHÂTEAU HOSPITALET GRAND VIN, 2017, ROUGE
ARGENT (HONG KONG)
www.chateau-hospitalet.com
l.durand@gerard-bertrand.com

SARL MAISON WESSMAN, LIMOUX, SAINT CERNIN N°1, 2017, BLANC
ARGENT (HONG KONG)
www.saintcernin-wines.com
concours@maisonwessman-wines.com

LES DOMAINES PAUL MAS, CLAIRETTE DU LANGUEDOC, CUVÉE SECRÈTE, 2018, BLANC, 4,95 €
BRONZE (FRANCE)
www.paulmas.com
info@paulmas.com

TERROIRS DU VERTIGE, CORBIÈRES, FRAICHEUR, 2018, BLANC, 6,00 €
BRONZE (FRANCE)
terroirsduvertige.fr
terroirsduvertige11@orange.fr

VIGNERONS DE LA MÉDITERRANÉE, CORBIÈRES, DOMAINE SERRES MAZARD EXPRESSION GARRIGUE, 2017, ROUGE, 8,50 €
BRONZE (FRANCE)
www.vinadeis.com
lmartinez@vinadeis.com

LES DOMAINES AURIOL, CORBIÈRES, MONTMIJA SIGNATURE, 2018, ROUGE, 11,90 €
BRONZE ET BIO (FRANCE)
www.saint-auriol.com
info@les-domaines-auriol.eu

VIGNERONS DE LA MÉDITERRANÉE, CORBIÈRES-BOUTENAC, DOMAINE LA ROUDEILLE, 2017, ROUGE, 10,05 €
BRONZE (FRANCE)
www.vinadeis.com
lmartinez@vinadeis.com

ALMA CERSIUS, COTEAUX DE BÉZIERS, IN VINO EROTICO, 2018, BLANC, 6,10 €
BRONZE (FRANCE)
www.almacersius.com
info@almacersius.com

CAVES DU SIEUR D'ARQUES, CRÉMANT DE LIMOUX, NM, BLANC, 10,10 €
BRONZE (FRANCE)
www.sieurdarques.com
vpc@sieurdarques.com

LES DOMAINES PAUL MAS, CRÉMANT DE LIMOUX, PRIMA PERLA, NM, BLANC, 11,00 €
BRONZE (FRANCE)
www.paulmas.com
info@paulmas.com

CHÂTEAU GREZAN, FAUGÈRES,, 2017, ROUGE, 9,90 €
BRONZE (FRANCE)
chateaugrezan-famillecrospujol.com
france@cg-fcp.com

DOMAINE BERTRAND-BERGÉ, FITOU, ANCESTRALE, 2016, ROUGE, 15,50 €
BRONZE ET BIO (FRANCE)
www.bertrand-berge.com
bertrand-berge@wanadoo.fr

CHÂTEAU CASTIGNO, HÉRAULT, TERRA CASTA, 2014, ROUGE, 9,00 €
BRONZE ET BIO (FRANCE)
www.villagecastigno.com
charlotte@chateaucastigno.com

LES DOMAINES PAUL MAS, IGP D'OC, CÔTÉ MAS BLANC MÉDITERRANÉE, 2018, BLANC, 4,95 €
BRONZE (FRANCE)
www.paulmas.com
info@paulmas.com

LES DOMAINES PAUL MAS, IGP D'OC, DOMAINE ASTRUC CHARDONNAY, 2018, BLANC, 5,70 €
BRONZE (FRANCE)
www.paulmas.com
info@paulmas.com

LES DOMAINES PAUL MAS, IGP D'OC, VIOGNIER LE PIOCH JEAN-CLAUDE MAS, 2018, BLANC, 5,90 €
BRONZE (FRANCE)
www.paulmas.com
info@paulmas.com

LES DOMAINES PAUL MAS, IGP D'OC, PAUL MAS 1892, 2018, BLANC, 6,10 €
BRONZE (FRANCE)
www.paulmas.com
info@paulmas.com

LES DOMAINES PAUL MAS, IGP D'OC, PAUL MAS 1892, 2017, ROUGE, 6,10 €
BRONZE (FRANCE)
www.paulmas.com
info@paulmas.com

LES DOMAINES PAUL MAS, IGP D'OC, ARROGANT FROG, 2018, ROSÉ, 6,50 €
BRONZE (FRANCE)
www.paulmas.com
info@paulmas.com

LES DOMAINES PAUL MAS, IGP D'OC, PAUL MAS RÉSERVE SYRAH – VIOGNIER, 2017, ROUGE, 6,95 €
BRONZE (FRANCE)
www.paulmas.com
info@paulmas.com

LES JAMELLES, IGP D'OC, CHARDONNAY, 2018, BLANC, 7,25 €
BRONZE (FRANCE)
www.badetclement.com
contact@les-jamelles.com

LES JAMELLES, IGP D'OC, MOURVÈDRE CÉPAGE RARE, 2017, ROUGE, 7,25 €
BRONZE (FRANCE)
www.badetclement.com
contact@les-jamelles.com

DOMAINE CAZES, IGP D'OC, CAP AU SUD, 2018, ROUGE, 8,00 €
BRONZE ET BIO (FRANCE)
www.cazes-rivesaltes.com
info@cazes.com

WINENOT, IGP D'OC, ENFANT TERRIBLE, 2018, BLANC, 8,00 €
BRONZE (FRANCE)
www.aegerter.fr
sophie@aegerter.fr

CHÂTEAU GREZAN, IGP D'OC, CHARDONNAY, 2018, BLANC, 9,90 €
BRONZE (FRANCE)
chateaugrezan-famillecrospujol.com
france@cg-fcp.com

CASTEL, IGP D'OC, L'ODALET, 2018, ROUGE, 16,00 €
BRONZE (FRANCE)
www.chateaux-castel.com
Helene.franz@castel-freres.com

GÉRARD BERTRAND, LANGUEDOC, OR ET AZUR, 2018, ROUGE, 9,99 €
BRONZE ET BIO (FRANCE)
www.chateau-hospitalet.com
caveau@gerard-bertrand.com

CHÂTEAU ROUQUETTE-SUR-MER, LANGUEDOC-LA CLAPE, AMARANTE, 2016, ROUGE, 10,90 €
BRONZE (FRANCE)
www.chateaurouquette.com
bureau@chateaurouquette.com

DOMAINE SAINT-CELS, SAINT-CHINIAN, MILLE ETOILES, 2016, ROUGE, 15,00 €
BRONZE (FRANCE)
www.saintcels.fr
marie.rouanet@saintcels.fr

SPH GÉRARD BERTRAND, TERRASSES DU LARZAC, CHÂTEAU LA SAUVAGEONNE GRAND VIN, 2017, ROUGE
BRONZE (HONG KONG)
www.chateau-hospitalet.com
l.durand@gerard-bertrand.com

BERNARD MAGREZ, LANGUEDOC, SI MON PÈRE SAVAIT, 2017, BLANC
BRONZE (HONG KONG)
www.bernard-magrez.com
chateau@pape-clement.com

PROVENCE

DOMAINE DE FRÉGATE, BANDOL, 2015, ROUGE, 15,00 €
OR (FRANCE)
www.domainedefregate.com
domainedefregate@orange.fr

CLOS REAL, CÔTES DE PROVENCE, RÉAL, 2017, ROUGE, 9,50 €
OR (FRANCE)
www.closreal.fr
contact@closreal.fr

CHÂTEAU NESTUBY, CÔTES DE PROVENCE, SOURCE OR, 2016, ROUGE, 14,00 €
OR (FRANCE)
www.nestuby.fr
contact@nestuby.com

ESTANDON COOPÉRATIVE EN PROVENCE, CÔTES DE PROVENCE SAINTE-VICTOIRE, ESTANDON LA VIGNE & LA ROCHE, 2018, ROSÉ,,€
OR (FRANCE)
www.estandon.fr
info@estandon-vignerons.fr
CAVES D'ESCLANS, CÔTES DE PROVENCE, ROCK ANGEL, 2018, ROSÉOR (HONG KONG)
cavesdesclans.fr
rreado@chateaudesclans.com

CHÂTEAU DE ROUSSET, ALPES-DE-HAUTE-PROVENCE, VERMENTINO, 2018, BLANC, 7,80 €
ARGENT ET BIO (FRANCE)
www.chateau-rousset.com
chateaurousset@gmail.com

DOMAINE DE FRÉGATE, BANDOL, ROSÉ, 14,00 €
ARGENT (FRANCE)
www.domainedefregate.com
domainedefregate@orange.fr

CHÂTEAU VIGNELAURE, COTEAUX D'AIX-EN-PROVENCE, LA SOURCE DE VIGNELAURE, 2018, BLANC, 12,00 €
ARGENT ET BIO (FRANCE)
www.vignelaure.com
info@vignelaure.com

CHÂTEAU PARADIS, COTEAUX D'AIX-EN-PROVENCE, 2016, ROUGE, 12,50 €
ARGENT (FRANCE)
www.chateauparadis.com
communication@chateauparadis.com

ESTANDON COOPÉRATIVE EN PROVENCE, COTEAUX VAROIS EN PROVENCE, ESTANDON LUMIÈRE, 2018, ROSÉ, 7,00 €
ARGENT (FRANCE)
www.estandon.fr
info@estandon-vignerons.fr

ESTANDON COOPÉRATIVE EN PROVENCE, CÔTES DE PROVENCE, ESTANDON DEPUIS 1947, 2018, ROSÉ, 7,00 €
ARGENT (FRANCE)
www.estandon.fr
info@estandon-vignerons.fr

CHÂTEAU CAVALIER, CÔTES DE PROVENCE, CASCADEL, 2018, ROSÉ, 9,00 €
ARGENT (FRANCE)
www.chateau-cavalier.com
contact@chateaux-castel.com

CHÂTEAU HENRI BONNAUD, CÔTES DE PROVENCE, TERRE PROMISE, 2018, ROSÉ,,0,00 €
ARGENT ET BIO (FRANCE)
www.chateau-henri-bonnaud.fr
contact@chateau-henri-bonnaud.fr

DOMAINE DU CARRUBIER, CÔTES DE PROVENCE, CLARA, 2018, ROSÉ, 11,50 €
ARGENT (FRANCE)
www.carrubier.fr
contact@carrubier.fr

DOMAINE DU CARRUBIER, CÔTES DE PROVENCE, CHÂTEAU DU CARRUBIER, 2018, BLANC, 12,50 €
ARGENT (FRANCE)
www.carrubier.fr
contact@carrubier.fr

DOMAINE DU CARRUBIER, CÔTES DE PROVENCE, CHÂTEAU DU CARRUBIER, 2017, ROUGE, 13,00 €
ARGENT (FRANCE)
www.carrubier.fr
contact@carrubier.fr

CHÂTEAU CARPE DIEM, CÔTES DE PROVENCE,, 2018, BLANC, 14,00 €
ARGENT ET BIO (FRANCE)
www.chateaucarpediem.com
contact@chateaucarpediem.com

CHÂTEAU NESTUBY, CÔTES DE PROVENCE, EAU DE VIN, 2018, ROSÉ, 14,00 €
ARGENT (FRANCE)
www.nestuby.fr
contact@nestuby.com

CHÂTEAU DE SAINT-MARTIN, CÔTES DE PROVENCE, GRANDE RÉSERVE, 2018, BLANC, 17,90 €
ARGENT (FRANCE)
www.chateaudesaintmartin.com
adv@maisonedmederohanchabot.com

CHÂTEAU MAÏME, CÔTES DE PROVENCE, ORIGINE, 2018, ROSÉ, 18,00 €
ARGENT (FRANCE)
www.chateau-maime.com
vins@chateau-maime.com

DOMAINE DE LAUZIÈRES, LES BAUX-DE-PROVENCE, EQUINOXE, 2014, ROUGE, 14,00 €
ARGENT ET BIO (FRANCE)
www.domainedelauzieres.com
contact@domainedelauzieres.com

DOMAINE DE LAUZIÈRES, LES BAUX-DE-PROVENCE, EQUINOXE, 2018, ROSÉ, 14,00 €
ARGENT ET BIO (FRANCE)
www.domainedelauzieres.com
contact@domainedelauzieres.com

CHÂTEAU MAÏME, CÔTES DE PROVENCE, MAÏME, 2018, ROSÉ
ARGENT (HONG KONG)
www.chateau-maime.com
ppellerano@maimecellar.com

CHÂTEAU LA COSTE, COTEAUX D'AIX-EN-PROVENCE, GRAND VIN, 2018, ROSÉ
ARGENT (HONG KONG)
www.chateau-la-coste.com
contact@chateau-la-coste.com

CHÂTEAU DE ROUSSET, ALPES-DE-HAUTE-PROVENCE, ROSÉ FRUITÉ, 2018, ROSÉ, 7,80 €
BRONZE ET BIO (FRANCE)
www.chateau-rousset.com
chateaurousset@gmail.com

CHÂTEAU DE ROUSSET, ALPES-DE-HAUTE-PROVENCE, LES BAMBINES, 2018, ROSÉ, 10,80 €
BRONZE ET BIO (FRANCE)
www.chateau-rousset.com

MAS DE LA DAME, ALPILLES, LA GOURMANDE, 2018, ROSÉ, 8,10 €
BRONZE ET BIO (FRANCE)
www.masdeladame.com
masdeladame@masdeladame.com

DOMAINE DU VIGNARET, COTEAUX VAROIS EN PROVENCE, 2018, ROSÉ, 8,00 €
BRONZE (FRANCE)
domaine.du.vignaret@orange.fr

CHÂTEAU DES BORMETTES, CÔTES DE PROVENCE, L'ARGENTIÈRE, 2018, ROSÉ,, 100 €
BRONZE (FRANCE)
www.chateaudesbormettes.com
bormettes@gmail.com

DOMAINE GAVOTY, CÔTES DE PROVENCE, GRAND CLASSIQUE, 2018, BLANC, 11,30 €
BRONZE (FRANCE)
www.gavoty.com
domaine@gavoty.com

DOMAINE DES DIABLES, CÔTES DE PROVENCE, MIP CLASSIC, 2018, ROSÉ, 11,50 €
BRONZE (FRANCE)
www.mip-provence.com
guillaume@mip-provence.com

WINENOT, CÔTES DE PROVENCE, JOLIES FILLES PRESTIGE, 2018, ROSÉ, 13,00 €
BRONZE (FRANCE)
www.aegerter.fr
sophie@aegerter.fr

CHÂTEAU VAUDOIS, CÔTES DE PROVENCE,, 2018, ROSÉ, 15,00 €
BRONZE (FRANCE)
www.chateauvaudois.com
chateauvaudois@delliresort.com

CHÂTEAU DE SAINT-MARTIN, CÔTES DE PROVENCE, GRANDE RÉSERVE, 2018, ROSÉ, 16,90 €
BRONZE (FRANCE)
www.chateaudesaintmartin.com
adv@maisonedmederohanchabot.com

RHONÉA, MÉDITERRANÉE, ROSEMARY, 2018, ROSÉ, 5,60 €
BRONZE (FRANCE)
www.rhonea.fr
contact@rhonea.fr

DOMAINE DES PEYRE, MÉDITERRANÉE, APOSTROPHE, 2018, BLANC, 14,00 €
BRONZE (FRANCE)
www.domainedespeyre.com
boutique@domainedespeyre.com

WINERIE PARISIENNE, VIN DE FRANCE, 2018, ROSÉ, 10,00 €
BRONZE (FRANCE)
www.winerieparisienne.fr
mathilde@winerieparisienne.fr

LA VENISE PROVENÇALE, VIN DE FRANCE, NOUVELLE RÉCOLTE, 2018, BLANC, 13,90 €
BRONZE (FRANCE)
www.laveniseprovencale.fr
direction@laveniseprovencale.fr

LES TERRES DE SAINT-HILAIRE, COTEAUX VAROIS EN PROVENCE (AOC), MAS DE LA MAROTTE, 2018, ROSÉ
BRONZE (HONG KONG)
www.terresdesainthilaire.com
jpmanzoni@tdsh.fr

CAVES D'ESCLANS, CÔTES DE PROVENCE, WHISPERING ANGEL, 2018, ROSÉ
BRONZE (HONG KONG)
cavesdesclans.fr
rreado@chateaudesclans.com

CHÂTEAU LA COSTE, COTEAUX D'AIX-EN-PROVENCE, CHÂTEAU, 2018, ROSÉ
BRONZE (HONG KONG)
www.chateau-la-coste.com
contact@chateau-la-coste.com

DOMAINE RICHEAUME, MÉDITERRANÉE (IGP), CUVÉE COLUMELLE, 2016, ROUGE
BRONZE (HONG KONG)
www.domaine-richeaume.com
office@domaine-richeaume.com

ROUSSILLON

LA CAVE DE L'ABBÉ ROUS, BANYULS GRAND CRU, BAILLAURY, 2007, ROUGE, DOUX, 13,44 €
OR (FRANCE)
www.abberous.com
contact@abberous.com

MAS BAUX, CÔTES CATALANES, ROUGE À LÈVRES, 2018, ROSÉ, 11,00 €
OR ET BIO (FRANCE)
www.mas-baux.com
contact@mas-baux.com

LES DOMAINES PAUL MAS, CÔTES DU ROUSSILLON, CHÂTEAU LAURIGA CUVÉE BASTIEN, 2017, ROUGE,, 11, €
OR (FRANCE)
www.paulmas.com
info@paulmas.com

GÉRARD BERTRAND, CÔTES DU ROUSSILLON - LES ASPRES, RÉSERVE, 2017, ROUGE, 6,00 €
OR (FRANCE)
www.chateau-hospitalet.com
caveau@gerard-bertrand.com

VIGNERONS DE LA MÉDITERRANÉE, CÔTES DU ROUSSILLON - LES ASPRES, BLACK RÉSERVE CHÂTEAU PASSA ASPIRATIONS CATALANES, 2017, ROUGE, 8,50 €
OR (FRANCE)
www.vinadeis.com
lmartinez@vinadeis.com

VIGNERONS DE LA MÉDITERRANÉE, CÔTES DU ROUSSILLON - LES ASPRES, CHÂTEAU PASSA MON REPÈRE, 2017, ROUGE, 8,50 €
OR (FRANCE)
www.vinadeis.com
lmartinez@vinadeis.com

LES VIGNERONS DES CÔTES D'AGLY, CÔTES DU ROUSSILLON-VILLAGES, CHÂTEAU MONTNER PREMIUM, 2016, ROUGE, 10,00 €
OR (FRANCE)
agly.fr
commercial@agly.fr

LES VIGNERONS DES CÔTES D'AGLY, MAURY, EXPRESSION, 2016, ROUGE, 9,60 €
OR (FRANCE)
agly.fr
commercial@agly.fr

LA CAVE DE L'ABBÉ ROUS, COLLIOURE, CORNET & CIE, 2016, ROUGE, 15,84 €
ARGENT (FRANCE)
www.abberous.com
contact@abberous.com

LES DOMAINES PAUL MAS, CÔTES CATALANES, DOMAINE LAURIGA CABERNET MERLOT, 2018, ROUGE, 5,80 €
ARGENT (FRANCE)
www.paulmas.com
info@paulmas.com

MAISON LAFAGE, CÔTES DU ROUSSILLON, CENTENAIRE, 2018, BLANC, 12,90 €
ARGENT (FRANCE)
www.domaine-lafage.com
lharaca@domaine-lafage.com

MAISON LAFAGE, CÔTES DU ROUSSILLON, GRANDE CUVÉE, 2018, ROSÉ, 16,00 €
ARGENT (FRANCE)
www.domaine-lafage.com
lharaca@domaine-lafage.com

VIGNERONS CATALANS EN ROUSSILLON, CÔTES DU ROUSSILLON-VILLAGES, ELEVATION, 2017, ROUGE,, 8,00
ARGENT (FRANCE)
www.vigneronscatalans.com
contact@vigneronscatalans.com

LES VIGNERONS DES CÔTES D'AGLY, CÔTES DU ROUSSILLON-VILLAGES, MONT D'ESTAGEL, 2015, ROUGE, 14,80 €
ARGENT (FRANCE)
agly.fr
commercial@agly.fr

CHÂTEAU DE PÉNA, MUSCAT DE RIVESALTES, REGARDS DE FEMMES N°6, 2018, BLANC, DOUX, 10,00 €
ARGENT (FRANCE)
www.chateaudepena.com
chateau-de-pena@orange.fr

BERNARD MAGREZ, CÔTES DU ROUSSILLON (AOC), SI MON PÈRE SAVAIT, 2017, ROUGE
ARGENT (HONG KONG)
www.bernard-magrez.com
chateau@pape-clement.com

TERRES DES TEMPLIERS, COLLIOURE, SAINT-MICHEL, 2016, ROUGE, 11,83 €
BRONZE (FRANCE)
www.terresdestempliers.fr
info@templers.com

MAS BAUX, CÔTES CATALANES, LE BAUX BLOND, 2018, BLANC, 11,00 €
BRONZE ET BIO (FRANCE)
www.mas-baux.com
contact@mas-baux.com

LES VIGNERONS DE TAUTAVEL VINGRAU, CÔTES DU ROUSSILLON VILLAGES - TAUTAVEL, SILEX, 2016, ROUGE, 15,00 €
BRONZE (FRANCE)
www.tauvavelvingrau.com
contact@tautavelvingrau.com

CALMEL & JOSEPH, CÔTES DU ROUSSILLON-VILLAGES, CARAMANY, 2016, ROUGE, 17,00 €
BRONZE (FRANCE)
www.calmel-joseph.com
contact@calmel-joseph.com

BERNARD MAGREZ, CÔTES DU ROUSSILLON, PASSION D'UNE VIE, 2016, ROUGE
BRONZE (HONG KONG)
www.bernard-magrez.com
chateau@pape-clement.com

SAVOIE

LE CELLIER LINGOT MARTIN, BUGEY-CERDON, MÉTHODE ANCESTRALE CUVÉE SÉLECTIONNÉE, 2018, ROSÉ, DEMI-SEC, 8,25 €
ARGENT (FRANCE)
www.lingot-martin.fr
lingot-martin@orange.fr

SUD OUEST

DOMAINE LES GRAVALOUS, CAHORS, TRADITION, 2015, ROUGE, 6,00 €
OR (FRANCE)
www.domainedesgravalous.fr
gravalous@wanadoo.fr

CHÂTEAU LA CAMINADE, CAHORS, 2018, ROUGE,, 8,00 €
OR (FRANCE)
www.chateau-caminade.com
resses@wanadoo.fr

LES VIGNOBLES SAINT-DIDIER, CAHORS, MISSION DE CENAC, 2017, ROUGE, 8,50 €
OR (FRANCE)
vignobles-saintdidier-parnac.com

CHÂTEAU NOZIÈRES, CAHORS, L'ÉLÉGANCE, 2016, ROUGE, 15,50 €
OR (FRANCE)
www.chateaunozieres.com
chateaunozieres@orange.fr

RIGAL ET FILS, COMTÉ TOLOSAN, CEPIA MALBEC, 2018, ROUGE, 4,00 €
OR (FRANCE)
www.rigal.fr
marketing@rigal.fr

LIONEL OSMIN & CIE, COMTÉ TOLOSAN, NÉGRETTE CONSERVATOIRE, 2018, ROSÉ, 7,50 €
OR (FRANCE)
www.osmin.fr
sudouest@osmin.fr

DOMAINE LES REMPARTS, CÔTES DE GASCOGNE, SUR UN R GASCON, 2018, ROSÉ, 5,00 €
OR (FRANCE)
www.domainelesremparts.com
commercial.lesremparts@gmail.com

DOMAINE D'UBY, CÔTES DE GASCOGNE, DOMUS BY UBY, 2018, ROSÉ, 5,30 €
OR (FRANCE)
www.domaine-uby.com
contact@domaine-uby.com

DOMAINE DE PELLEHAUT, CÔTES DE GASCOGNE, ÉTÉ GASCON, 2018, BLANC, 6,85 €
OR (FRANCE)
www.pellehaut.com
contact@pellehaut.com

DOMAINE LIONEL OSMIN & CIE, FRONTON, LE POUVOIR DES FLEURS, 2016, ROUGE, 11,00 €
OR (FRANCE)
www.osmin.fr
sudouest@osmin.fr

LA CAVE D'IROULÉGUY, IROULEGUY, KATTALINGORI, 2017, ROUGE, 12,90 €
OR ET BIO (FRANCE)
www.cave-irouleguy.com
contact@cave-irouleguy.com

CHATEAU DE CUQUERON, JURANÇON, CUVÉE 1, 2014, BLANC, MOELLEUX, 16,40 €
OR (FRANCE)
www.chateaudecuqueron.com
chateaudecuqueron@sfr.fr

CAVE DES VIGNERONS DU VALLON, MARCILLAC, DOMAINE DE LADRECHT, 2018, ROUGE, 8,30 €
OR (FRANCE)
www.vigneronsduvallon.com
valady@groupe-unicor.com

PRODUCTEURS PLAIMONT, SAINT-MONT, ROSÉ D'ENFER, 2018, ROSÉ, 8,30 €
OR (FRANCE)
www.plaimont.com
communications@plaimont.fr

CHÂTEAU GAUDOU, VIN DE FRANCE, EXCEPTION, 2018, BLANC, 6,00 €
OR (FRANCE)
www.chateaudegaudou.com
info@chateaudegaudou.com

BERNARD MAGREZ GRANDS VIGNOBLES, BERGERAC, PREMIÈRE, 2016, ROUGE, 6,50 €
ARGENT (FRANCE)
www.bernard-magrez.com
chateau@pape-clement.com

CHÂTEAU VARI, BERGERAC, 2016, ROUGE, 7,50 €
ARGENT ET BIO (FRANCE)
www.chateau-vari.com
contact@chateau-vari.com

LES 3 LODGES, CAHORS, LE CLOS, 2018, ROUGE, 7,90 €
ARGENT (FRANCE)
www.vignobles-laur.fr
ludoviclaur@vignobles-laur.fr

CHÂTEAU DE PANISSEAU, CÔTES DE BERGERAC, CHÂTEAU DE PANISSEAU, 2015, ROUGE, 17,00 €
ARGENT (FRANCE)
www.chateaudepanisseau.com
service.commercial@panisseau.com

DOMAINE FRANÇOIS LURTON, CÔTES DE GASCOGNE, TERRES FUMÉES, 2018, BLANC, 2,85
ARGENT (FRANCE)
www.francoislurton.com
francoislurton@francoislurton.com

RIGAL ET FILS, CÔTES DE GASCOGNE, LUMERA SAUVIGNON, 2018, BLANC, 5,50 €
ARGENT (FRANCE)
www.rigal.fr
marketing@rigal.fr

VILLA DRIA, CÔTES DE GASCOGNE, JARDIN SECRET, 2018, BLANC, MOELLEUX, 6,50 €
ARGENT (FRANCE)
www.villadria.com
contact@villadria.com

DOMAINE HAUT-MARIN, CÔTES DE GASCOGNE, FOSSILES, 2018, BLANC, 6,50 €
ARGENT (FRANCE)
www.fjp-vins.fr
contact@domainedemenard.com

DOMAINE DU TARIQUET, CÔTES DE GASCOGNE, DERNIÈRES GRIVES, 2017, BLANC, DOUX, 15,00 €
ARGENT (FRANCE)
www.tariquet.com
contact@tariquet.com

CHÂTEAU CLAMENS, FRONTON, 2018, ROSÉ, 8,90 €
ARGENT (FRANCE)
www.chateauclamens-fronton.com
chateauclamens@orange.fr

DOMAINE DU CINQUAU, JURANÇON, MILADY, 2018, BLANC, MOELLEUX, 10,00 €
ARGENT (FRANCE)
www.cinquau.fr
info@cinquau.fr

DOMAINE DU CINQUAU, JURANÇON SEC, 2018, BLANC, 10,00 €
ARGENT (FRANCE)
www.cinquau.fr
info@cinquau.fr

DOMAINE LIONEL OSMIN & CIE, MADIRAN, GLOIRE DE VIRGILE - DOMAINE BERTHOUMIEU, 2015, ROUGE, 15,90 €
ARGENT (FRANCE)
www.osmin.fr
sudouest@osmin.fr

CAVE DES VIGNERONS DU VALLON, MARCILLAC, LES CRESTES, 2018, ROUGE, 8,30 €
ARGENT (FRANCE)
www.vigneronsduvallon.com
valady@groupe-unicor.com

DOMAINE LIONEL OSMIN & CIE, VIN DE FRANCE, L'HOMME CANON, 2018, ROUGE, 12,50 €
ARGENT (FRANCE)
www.osmin.fr
sudouest@osmin.fr

CHÂTEAU LABASTIDE ORLIAC, BRULHOIS, ROYAL HERITAGE, 2015, ROUGE
ARGENT (HONG KONG)
www.labastide-orliac.com
chateau.orliac@wanadoo.fr

DOMAINE LIONEL OSMIN & CIE, BUZET, CARTE DE BELLEYME, 2017, ROUGE, 9,50 €
BRONZE (FRANCE)
www.osmin.fr
sudouest@osmin.fr

CHÂTEAU LA CAMINADE, CAHORS, MISSION LA CAMINADE, 2018, ROUGE, 6,00 €
BRONZE (FRANCE)
www.chateau-caminade.com
resses@wanadoo.fr

CHÂTEAU PINERAIE, CAHORS, 2016, ROUGE, 9,00 €
BRONZE (FRANCE)
www.chateaupineraie.com
info@chateaupineraie.com

CHÂTEAU DU CÈDRE, CAHORS, 2015, ROUGE, 14,80 €
BRONZE ET BIO (FRANCE)
www.chateauducedre.com
chateauducedre@wanadoo.fr

DOMAINE DU TARIQUET, CÔTES DE GASCOGNE, ROSÉ DE PRESSÉE, 2018, ROSÉ, 5,50 €
BRONZE (FRANCE)
www.tariquet.com
contact@tariquet.com

DOMAINE DU TARIQUET, CÔTES DE GASCOGNE, SAUVIGNON BLANC, 2018, BLANC, 7,00 €
BRONZE (FRANCE)
www.tariquet.com
contact@tariquet.com

DOMAINE DU TARIQUET, CÔTES DE GASCOGNE, CHENIN-CHARDONNAY, 2018, BLANC, 7,00 €
BRONZE (FRANCE)
www.tariquet.com
contact@tariquet.com

LE CLUB DES MARQUES, CÔTES DE GASCOGNE, AUBAINES DE GOUPIL, 2018, BLANC, 7,00 €
BRONZE (FRANCE)
www.armagnac-cdm.fr
v.barthe@armagnac-cdm.fr

PRODUCTEURS PLAIMONT, CÔTES DE GASCOGNE, MOONSENG, 2018, ROUGE, 7,10 €
BRONZE (FRANCE)
www.plaimont.com
communications@plaimont.fr

LE CLUB DES MARQUES, CÔTES DE GASCOGNE, ELLES D'EXCEPTION SAUVIGNON, 2018, BLANC, 7,50 €
BRONZE (FRANCE)
www.armagnac-cdm.fr
v.barthe@armagnac-cdm.fr

CHÂTEAU LAUR, CÔTES DU LOT, PARADOXE DE MALBEC, NM, BLANC, 7,00 €
BRONZE (FRANCE)
www.vignobles-laur.fr
ludoviclaur@vignobles-laur.fr

LES 3 LODGES, CÔTES DU LOT, LE CLOS VIOGNIER, 2018, BLANC, 7,90 €
BRONZE (FRANCE)
www.vignobles-laur.fr
ludoviclaur@vignobles-laur.fr

DOMAINE SAINT-LANNES, GASCOGNE, LES PEYRADES, 2018, ROUGE, 5,60 €
BRONZE (FRANCE)
www.saint-lannes.fr
contact@saint-lannes.fr

DOMAINE LIONEL OSMIN & CIE, MARCILLAC, FER DE SOIF, 2016, ROUGE, 11,00 €
BRONZE (FRANCE)
www.osmin.fr
sudouest@osmin.fr

PRODUCTEURS PLAIMONT, SAINT-MONT, LES VIGNES RETROUVÉES, 2017, BLANC, 9,15 €
BRONZE (FRANCE)
www.plaimont.com
communications@plaimont.fr

VALLEE DE LA LOIRE

DOMAINE FRÉDÉRIC MABILEAU, BOURGUEIL, RACINES, 2015, ROUGE, 16,00 €
OR ET BIO (FRANCE)
www.fredericmabileau.com
contact@fredericmabileau.com

DOMAINE DE LA COMMANDERIE, CHINON, RENAISSANCE, 2017, ROUGE, 9,00 €
OR (FRANCE)
www.domaine-de-la-commanderie.fr
philippepain@commanderie37.fr

DOMAINE CLOTHILDE PAIN, CHINON, SECRET D'ALCÔVE, 2017, ROUGE, 11,50
OR (FRANCE)
www.clo-chinon.com
clothilde_pain@yahoo.fr

CAVES DE POUILLY-SUR-LOIRE, POUILLY-FUMÉ, TONELUM, 2017, BLANC, 13,90 €
OR (FRANCE)
www.cavespouillysurloire.com
commercial-cpl@orange.fr

DOMAINE FRÉDÉRIC MABILEAU, SAINT-NICOLAS-DE-BOURGUEIL, LES COUTURES, 2015, ROUGE, 17,00 €
OR ET BIO (FRANCE)
www.fredericmabileau.com
contact@fredericmabileau.com

CHÂTEAU DE CHAINTRES, SAUMUR, LES HIRONDELLES, 2018, ROSÉ, 7,95 €
OR ET BIO (FRANCE)
www.chaintres.fr
info@chaintres.fr

DOMAINE DES GRANDES ESPÉRANCES, TOURAINE, LA JAVA, 2017, BLANC, 7,00 €
OR (FRANCE)
www.grandes-esperances.fr
domainedesgrandesesperances@gmail.com

ESCHER & THOMAS, VOUVRAY MOUSSEUX, 2015, BLANC, 12€
OR (FRANCE)
www.escher-thomas.com
info@escher-thomas.com

CHÂTEAU DE LA MULONNIÈRE, ANJOU, M DE MULONNIÈRE, 2017, ROUGE, 7,50 €
ARGENT (FRANCE)
www.chateaudelamulonniere.com
chateaudelamulonniere@sagetlaperriere.com

CHÂTEAU DE FESLES, ANJOU, LA CHAPELLE, 2016, BLANC, 12,00 €
ARGENT (FRANCE)
www.sauvion.fr
sauvion@sauvion.fr

DOMAINE AGNÈS ET XAVIER AMIRAULT, ANJOU, LES QUARTERONS, 2017, BLANC, 13,60 €
ARGENT ET BIO (FRANCE)
www.domaineamirault.com
contact@domaineamirault.com

DOMAINE BEAULIEU, BOURGUEIL, ALLÉGORIA, 2017, ROUGE, 8,50 €
ARGENT (FRANCE)
www.chateaudebeaulieu.fr
contact@sebastienfricker.com

CHÂTEAU DE MONTGUERET, CABERNET D'ANJOU, 2018, ROSÉ, 6,2€
ARGENT (FRANCE)
jchailloux@lgcf.fr

DOMAINE DOZON - ERIC SANTIER, CHINON, LE PETIT CHEMIN, 2018, ROUGE, 8,40 €
ARGENT (FRANCE)
www.domaine-dozon.fr
domainedozon@gmail.com

DOMAINE DE LA COMMANDERIE, CHINON, TRADITION, 2017, ROUGE, 11,00 €
ARGENT (FRANCE)
www.domaine-de-la-commanderie.fr
philippepain@commanderie37.fr

CHÂTEAU DU CLÉRAY, MUSCADET SÈVRE-ET-MAINE SUR LIE, 2018, BLANC, 6,90 €
ARGENT (FRANCE)
www.sauvion.fr
sauvion@sauvion.fr

FAMILLE LIEUBEAU, MUSCADET SÈVRE-ET-MAINE, CONFLUENT, 2018, BLANC, 8,90 €
ARGENT ET BIO (FRANCE)
www.lieubeau.com
vincent@lieubeau.com

DOMAINE FOURNIER PÈRE ET FILS, POUILLY-FUMÉ, LES DEUX CAILLOUX, 2018, BLANC, 12,00 €
ARGENT (FRANCE)
www.fournier-pere-fils.com
claude@fournier-pere-fils.fr

DOMAINE SERGE DAGUENEAU ET FILLES, POUILLY-FUMÉ, TRADITION, 2018, BLANC, 15,00 €
ARGENT (FRANCE)
www.s-dagueneau-filles.fr
sergedagueneaufilles@wanadoo.fr

DOMAINE JEAN-MICHEL SORBE, QUINCY, LES ROUESSES, 2018, BLANC, 11,40 €
ARGENT (FRANCE)
www.josephmellot.com
annelauraaulon@gmail.com

DOMAINE FRÉDÉRIC MABILEAU, SAINT-NICOLAS-DE-BOURGUEIL, LES ROUILLÈRES, 2017, ROUGE, 12,00 €
ARGENT ET BIO (FRANCE)
www.fredericmabileau.com
contact@fredericmabileau.com

DOMAINE DU NOZAY, SANCERRE, LE PARADIS, 2018, BLANC, 15,00 €
ARGENT ET BIO (FRANCE)
www.domaine-du-nozay.com
nozays@aol.com

DOMAINE DU NOZAY, SANCERRE, CHÂTEAU DU NOZAY, 2017, BLANC, 18,00 €
ARGENT ET BIO (FRANCE)
www.domaine-du-nozay.com
nozays@aol.com

DOMAINE FRÉDÉRIC MABILEAU, SAUMUR, CHENIN DU PUY, 2015, BLANC, 18,00 €
ARGENT ET BIO (FRANCE)
www.fredericmabileau.com
contact@fredericmabileau.com

DOMAINE DES MATINES, SAUMUR PUY-NOTRE-DAME, VIEILLES VIGNES, 2017, ROUGE, 8,50 €
ARGENT (FRANCE)

DOMAINE DES CHAMPS FLEURIS, SAUMUR-CHAMPIGNY, LES TUFOLIES, 2018, ROUGE, 7,00 €
ARGENT (FRANCE)
www.champs-fleuris.com
retiveau.denis@orange.fr

CHÂTEAU DE CHAINTRES, SAUMUR-CHAMPIGNY, LES SABLES, 2017, ROUGE, 8,70 €
ARGENT ET BIO (FRANCE)
www.chaintres.fr
info@chaintres.fr

DOMAINE JOËL DELAUNAY, TOURAINE CHENONCEAUX, LA VOÛTE, 2017, BLANC,,,50 €
ARGENT (FRANCE)
www.joeldelaunay.com
marie@joeldelaunay.com

DOMAINE DE L'ERMITAGE, VIN DE FRANCE, ENFANT REBELLE, 2018, BLANC, 7,20 €
ARGENT (FRANCE)
www.domaine-ermitage.com
domaine-ermitage@wanadoo.fr

DOMAINE DE BELLIVIÈRE, VIN DE FRANCE, LES ARCHES DE BELLIVIERE RAISINS MIGRATEURS, 2017, ROUGE, 12,00 €
ARGENT ET BIO (FRANCE)
www.belliviere.com
info@belliviere.com

DOMAINE BEAULIEU, BOURGUEIL, ANAPHORA, 2017, ROUGE, 7,00 €
BRONZE (FRANCE)
www.chateaudebeaulieu.fr
contact@sebastienfricker.com

CHÂTEAU DE CHAMPTELOUP, CABERNET D'ANJOU, 2018, ROSÉ, 4,35 €
BRONZE (FRANCE)
www.gcfplanet.com

DOMAINE ARMAND DAVID, CRÉMANT DE LOIRE, PRESTIGE D'ARMAND, NM, BLANC, 10,90 €
BRONZE (FRANCE)
www.armanddavid.com
francois@armand-david.com

DOMAINE LACHETEAU, HAUT-POITOU, SAUVION, 2018, BLANC, 8,50 €
BRONZE (FRANCE)
www.gcfplanet.com
contact@lacheteau.fr

CAVE BRISSEZ SENNEDOT, MENETOU-SALON, BERNARD, 2018, BLANC, 8,20 €
BRONZE (FRANCE)

DOMAINE DE L'ERMITAGE, MENETOU-SALON, 2018, BLANC, 11,40 €
BRONZE (FRANCE)
www.domaine-ermitage.com
domaine-ermitage@wanadoo.fr

DOMAINE JOSEPH MELLOT, MENETOU-SALON, DOMAINE DE JESMET, 2018, BLANC, 13,00 €
BRONZE (FRANCE)
www.josephmellot.com
josephmellot@josephmellot.com

DOMAINE JEAN-MICHEL SORBE, REUILLY, LES ROUESSES, 2018, ROSÉ, 10,55 €
BRONZE (FRANCE)
www.josephmellot.com
annelauraaulon@gmail.com

DOMAINE DU NOZAY, SANCERRE, LES TERRES BLANCHES, 2018, BLANC, 15,00 €
BRONZE ET BIO (FRANCE)
www.domaine-du-nozay.com
nozays@aol.com

CHÂTEAU DE CHAINTRES, SAUMUR, LES GENÊTS, 2018, BLANC, 8,70 €
BRONZE ET BIO (FRANCE)
www.chaintres.fr
info@chaintres.fr

CHÂTEAU DE CHAINTRES, SAUMUR-CHAMPIGNY, VIEILLES VIGNES, 2017, ROUGE, 10,70 €
BRONZE ET BIO (FRANCE)
www.chaintres.fr
info@chaintres.fr

MAISON BOUGRIER, TOURNE, LES CAVES DE LA TOURANGELLE, 2018, BLANC, 4,70 €
BRONZE (FRANCE)
famille-bougrier.fr
nicolas.bougrier@bougrier.fr

CHÂTEAU DU CLÉRAY, VIN DE FRANCE, SAUVIGNON, 2018, BLANC, 6,20 €
BRONZE (FRANCE)
www.sauvion.fr
sauvion@sauvion.fr

VALLEE DU RHONE

VIGNERONS ARDÉCHOIS, ARDÈCHE, BUIS D'APS PINOT NOIR, 2017, ROUGE, 6,80 €
OR (FRANCE)
www.vignerons-ardechois.com
uvica@uvica.com

VIGNERONS ARDÉCHOIS, ARDÈCHE, GRÈS DU TRIAS VIOGNIER, 2018, BLANC, 8,10 €
OR (FRANCE)
www.vignerons-ardechois.com
uvica@uvica.com

VIGNERONS ARDÉCHOIS, ARDÈCHE, AMANDIER, 2017, BLANC, 8,30 €
OR (FRANCE)
www.vignerons-ardechois.com
uvica@uvica.com

CAVE DE TAIN, COLLINES RHODANIENNES, PREMIÈRE NOTE, 2018, BLANC, 5,10 €
OR (FRANCE)
www.cavedetain.com
contact@cavedetain.com

DOMAINE PIERRE FINON, COLLINES RHODANIENNES, VIOGNIER, 2017, BLANC, 13,50 €
OR (FRANCE)
www.domaine-finon.fr
domaine.finon@gmail.com

DOMAINE NOTRE-DAME DE COUSIGNAC, CÔTES DU RHÔNE, SAINT-ANDRÉOL, 2018, ROUGE, 12,00 €
OR ET BIO (FRANCE)
www.ogier.fr
boutique@ogier.fr

DOMAINE DES MARAVILHAS, CÔTES DU RHÔNE-VILLAGES LAUDUN, MAESTRAL, 2015, ROUGE, 12,50 €
OR ET BIO (FRANCE)
www.domainedesmaravilhas.com
info@domainedesmaravilhas.com

CELLIER DES DAUPHINS, CÔTES DU RHÔNE-VILLAGES PLAN DE DIEU, LES GRÈS BLEUS, 2018, ROUGE, 8,50 €
OR (FRANCE)
www.uvcdr.com
j.facila@cellier-des-dauphins.com

DOMAINE DE CABASSE, CÔTES DU RHÔNE-VILLAGES SÉGURET, GARNACHO, 2017, ROUGE, 12,50 €
OR (FRANCE)
www.cabasse.fr
info@cabasse.fr

CELLIER DES CHARTREUX, GARD, JE DONNE MA LANGUE AU CHAT, 2018, BLANC, 5,00 €
OR (FRANCE)
www.cellierdeschartreux.fr
l.niro@cellierdeschartreux.fr

CHÂTEAU SAINT-ROCH, LIRAC, TRADITION, 2017, ROUGE, 12,15 €
OR (FRANCE)
www.chateau-saint-roch.com
brunel@chateau-saint-roch.com

CHÂTEAU SAINT-ROCH, LIRAC, CONFIDENTIELLE, 2017, ROUGE, 16,70 €
OR (FRANCE)
www.chateau-saint-roch.com
brunel@chateau-saint-roch.com

DOMAINE DES MARAVILHAS, LIRAC, PIERRE DE JOSETTE, 2016, ROUGE, 16,90 €
OR ET BIO (FRANCE)
www.domainedesmaravilhas.com
info@domainedesmaravilhas.com

DOMAINE AMÉDÉE, LUBERON, AIGUEBRUN PONT DE LA COQUILLE, 2018, ROSÉ, 3,90 €
OR (FRANCE)
www.marrenon.com
sabrina.fillod@marrenon.com

DOMAINE AMÉDÉE, LUBERON, LES HAUTES SENTES, 2016, ROUGE, 5,50 €
OR (FRANCE)
www.marrenon.com
sabrina.fillod@marrenon.com

CASTEL, LUBERON, LES BARRABANS, 2018, BLANC, 18,00 €
OR (FRANCE)
www.chateaux-castel.com
Helene.franz@castel-freres.com

CAVE DE TAIN, SAINT-JOSEPH, GRAND CLASSIQUE, 2017, ROUGE, 15,80 €
OR (FRANCE)
www.cavedetain.com
contact@cavedetain.com

CHÂTEAU D'AQUÉRIA, TAVEL, 2018, ROSÉ, 12,00 €
OR (FRANCE)
www.aqueria.com
contact@aqueria.com

PIERRE AMADIEU, VACQUEYRAS, LA GRANGELIÈRE, 2017, ROUGE, 12,00 €
OR (FRANCE)
www.pierre-amadieu.com
contact@pierre-amadieu.com

RHONÉA, VENTOUX, L'AMICALE DE LA PÉDALE, 2018, ROSÉ, 5,50 €
OR (FRANCE)
www.rhonea.fr
contact@rhonea.fr

RHONÉA, VENTOUX, L'AMICALE DE LA PÉDALE, 2018, ROUGE, 5,50 €
OR (FRANCE)
www.rhonea.fr
contact@rhonea.fr

GRANDES SERRES, VENTOUX, LULLABY, 2017, ROUGE, 7,90 €
OR (FRANCE)
www.grandesserres.com
samuel.montgermont@m-p.fr

RHONÉA, VIN DE FRANCE, LIBERTÉ FRATERNITÉ, 2018, ROSÉ, 5,40 €
OR (FRANCE)
www.rhonea.fr
contact@rhonea.fr

FAMILLE PERRIN, VINSOBRES, LES CORNUDS, 2017, ROUGE, 10,00 €
OR (FRANCE)
www.perrin.com
sgriozel@familleperrin.com

ARNOUX ET FILS, VACQUEYRAS, 1717, 2015, ROUGE
OR (HONG KONG)
www.arnoux-vins.com
export@arnoux.wine

BERNARD MAGREZ, CÔTES DU RHÔNE, MON CÔTE DU RHÔNE, 2017, ROUGE
OR (HONG KONG)
www.bernard-magrez.com
chateau@pape-clement.com

VIGNERONS ARDÉCHOIS, ARDÈCHE, BASALTE DU COIRON SYRAH, 2017, ROSÉ, 6,70 €
ARGENT (FRANCE)
www.vignerons-ardechois.com
uvica@uvica.com

ROMAIN DUVERNAY NEWRHÔNE MILLÉSIMES, BEAUMES DE VENISE, ROMAIN DUVERNAY, 2017, ROUGE, 8,40 €
ARGENT (FRANCE)
www.newrhone.eu
newrhone@newrhone.eu

FAMILLE PERRIN, CAIRANNE, PEYRE BLANCHE, 2017, ROUGE, 9,90 €
ARGENT (FRANCE)
www.perrin.com
sgriozel@familleperrin.com

DOMAINE DES AMADIEU, CAIRANNE, GARRIGUES, 2017, ROUGE, 12,00 €
ARGENT ET BIO (FRANCE)
www.domainedesamadieu.com
contact@domainedesamadieu.com

CAVE MONGE-GRANON, CHÂTILLON-EN-DIOIS, ALIGOTÉ, NM, BLANC, 7,90 €
ARGENT ET BIO (FRANCE)
www.clairette-mongegranon.com
contact@clairette-mongegranon.com

CAVE DE CLAIRMONT, COLLINES RHODANIENNES, CONFIDENCE, 2017, BLANC, 6,90 €
ARGENT (FRANCE)
www.cavedeclairmont.com
contact@cavedeclairmont.com

CAVE DE TAIN, COLLINES RHODANIENNES, DOMAINE DES GARDES, 2018, ROUGE, 7,20 €
ARGENT ET BIO (FRANCE)
www.cavedetain.com
contact@cavedetain.com

BOISSET LA FAMILLE DES GRANDS VINS BONPAS, CÔTES DU RHÔNE, RÉSERVE DE BONPAS, 2018, ROUGE, 5,45 €
ARGENT (FRANCE)
www.boisset.fr
info@bonpas.fr

CELLIER DES DAUPHINS, CÔTES DU RHÔNE, RÉSERVE, 2018, ROSÉ, 5,50 €
ARGENT (FRANCE)
www.uvcdr.com
j.facila@cellier-des-dauphins.com

FAMILLE PERRIN, CÔTES DU RHÔNE, GRAND PREBOIS, 2018, BLANC, 6,10 €
ARGENT (FRANCE)
www.perrin.com
sgriozel@familleperrin.com

GRANDES SERRES, CÔTES DU RHÔNE, LES PORTES DU CASTELAS, 2018, ROSÉ, 6,90 €
ARGENT (FRANCE)
www.grandesserres.com
samuel.montgermont@m-p.fr

DOMAINE DE LA CITADELLE, CÔTES DU RHÔNE, L'ESPRIT DE LA CITADELLE, 2017, ROUGE, 8,00 €
ARGENT ET BIO (FRANCE)
www.domaine-citadelle.com
contact@domaine-citadelle.com

CLOS DU CAVEAU, CÔTES DU RHÔNE, LES BATELIERS, 2018, ROUGE, 8,95 €
ARGENT (FRANCE)
www.closdecaveau.com
domaine@closdecaveau.com

LES VIGNERONS DES QUATRE CHEMINS, CÔTES DU RHÔNE, BONNIE, 2017, BLANC, 9,00 €
ARGENT (FRANCE)
www.vins-laudun-4-chemins.fr
boutique@vignerons4chemins.com

DOMAINE CORINNE DEPEYRE, CÔTES DU RHÔNE, TERRES DE CABASSOLE, 2017, ROUGE, 10,00 €
ARGENT ET BIO (FRANCE)
www.corinnedepeyre.fr
info@corinnedepeyre.fr

DOMAINE LA CÉLESTIÈRE, CÔTES DU RHÔNE, LA CÉLESTIÈRE, 2017, ROUGE, 12,10 €
ARGENT ET BIO (FRANCE)
www.lacelestiere.fr
info@lacelestiere.fr

VIGNOBLES ART MAS, CÔTES DU RHÔNE, CLASSIC, 2016, ROUGE, 13,50 €
ARGENT (FRANCE)
www.artmas.fr
artmas.lieudevie@gmail.com

DOMAINE GRAND-PÈRE JULES, CÔTES DU RHÔNE, L'INCLASSABLE, 2018, ROUGE, 15,00 €
ARGENT ET BIO (FRANCE)
www.famille-xh.fr
xavier.henry2@wanadoo.fr

COOPÉRATIVE DU NYONSAIS, CÔTES DU RHÔNE-VILLAGES, QUINTESSENCE, 2017, ROUGE, 8,25 €
ARGENT ET BIO (FRANCE)
www.vignolis.fr
vignolis@vignolis.fr

LES VIGNERONS DES QUATRE CHEMINS, CÔTES DU RHÔNE-VILLAGES LAUDUN, SOLS & SENS, 2017, BLANC, 6,90 €
ARGENT (FRANCE)
www.vins-laudun-4-chemins.fr
boutique@vignerons4chemins.com

CHÂTEAU SAINT-ESTÈVE D'UCHAUX, CÔTES DU RHÔNE-VILLAGES MASSIF D'UCHAUX, SAINT ESTEVE NATURE, 2017, ROUGE, 11,00 €
ARGENT (FRANCE)
www.vins-saint-esteve.com
chateau.st.esteve@wanadoo.fr

ROMAIN DUVERNAY NEWRHÔNE MILLÉSIMES, CÔTES DU RHÔNE-VILLAGES PLAN DE DIEU, ROMAIN DUVERNAY, 2017, ROUGE, 6,80 €
ARGENT (FRANCE)
www.newrhone.eu
newrhone@newrhone.eu

BOISSET LA FAMILLE DES GRANDS VINS BONPAS, CÔTES DU RHÔNE-VILLAGES PLAN DE DIEU, DAMES DE BONPAS, 2017, ROUGE, 6,95 €
ARGENT (FRANCE)
www.boisset.fr
info@bonpas.fr

DOMAINE DE CABASSE, CÔTES DU RHÔNE-VILLAGES SABLET, LES DEUX ANGES, 2018, ROUGE, 9,90 €
ARGENT (FRANCE)
www.cabasse.fr
info@cabasse.fr

BOISSET LA FAMILLE DES GRANDS VINS BONPAS, CÔTES DU RHÔNE-VILLAGES SIGNARGUES, HOMMAGE DE BONPAS, 2018, ROUGE, 6,45 €
ARGENT (FRANCE)
www.boisset.fr
info@bonpas.fr

DOMAINE DE COSTE CHAUDE, CÔTES DU RHÔNE-VILLAGES VISAN, MADRIGAL, 2016, ROUGE, 10,50 €
ARGENT ET BIO (FRANCE)
domaine-coste-chaude.com
info@domaine-coste-chaude.com

DOMAINE DE COSTE CHAUDE, CÔTES DU RHÔNE-VILLAGES VISAN, TRILOGY, 2016, BLANC, 16,00 €
ARGENT ET BIO (FRANCE)
domaine-coste-chaude.com
info@domaine-coste-chaude.com

LES COTEAUX CÉVENOLS, DUCHÉ D'UZÈS, LE DUCHÉ, 2018, ROSÉ, 5,80 €
ARGENT (FRANCE)
www.durfort.eu
secretariat@coteaux-cevenols.fr

DOMAINE DES ROSIER, GRIGNAN-LES-ADHÉMAR, PAUL, 2017, ROUGE, 8,50 €
ARGENT (FRANCE)
www.domainedesrosier.com
contact.domaine.rosier@gmail.com

DOMAINE BEAUMONT, LIRAC, CUVÉE DE DAVID, 2015, ROUGE, 18,00 €
ARGENT (FRANCE)
www.domainebeaumont.fr
domainebeaumont@orange.fr

DOMAINE DE CREMONE, RASTEAU, PREMIER VIOLON, 2015, ROUGE, 17,00 €
ARGENT (FRANCE)
www.domainedecremone.fr
domainedecremone@gmail.com

DOMAINE LES DAVIDS, VAUCLUSE, TERRE DE TREIMARS, 2015, ROUGE, 16,80 €
ARGENT ET BIO (FRANCE)
www.lesdavids.fr
kevin@lesdavids.fr

FSP, VENTOUX, MARQUIS DE SADE, 2016, ROUGE, 4,00 €
ARGENT (FRANCE)
fsp-winemerchant.com
contact@fsp-wine.com

RHONÉA, VENTOUX, BIG COQ, 2018, ROSÉ, 6,10 €
ARGENT (FRANCE)
www.rhonea.fr
contact@rhonea.fr

CHÂTEAU DE NAGES, VIN DE FRANCE, LIBERTY NAGES, NM, ROUGE, 7,90 €
ARGENT ET BIO (FRANCE)
www.chateaudenages.com
info@chateaudenages.com

CHÂTEAU DE NAGES, VIN DE FRANCE, LIBERTY NAGES, NM, BLANC, 7,90 €
ARGENT ET BIO (FRANCE)
www.chateaudenages.com
info@chateaudenages.com

COOPÉRATIVE DU NYONSAIS, VINSOBRES, 2016, ROUGE, 9,00 €
ARGENT (FRANCE)
www.vignolis.fr
vignolis@vignolis.fr

DOMAINE SERRE BESSON, VINSOBRES, SERRE BESSON, 2016, ROUGE, 15,00 €
ARGENT (FRANCE)
serre-besson.com
contact@serre-besson.com

CHÂTEAU MONTPLAISIR, VINSOBRES, EXPRESSIONS, 2017, ROUGE
ARGENT (HONG KONG)
www.chateau-montplaisir.com
benoit@chateaumontplaisir.com

VIGNERONS ARDÉCHOIS, ARDÈCHE, SARRASINE SAUVIGNON BLANC, 2017, BLANC, 6,50 €
BRONZE (FRANCE)
www.vignerons-ardechois.com
uvica@uvica.com

CAVE DE TAIN, COLLINES RHODANIENNES, PREMIÈRE NOTE, 2018, BLANC, 8,50 €
BRONZE (FRANCE)
www.cavedetain.com
contact@cavedetain.com

CLOS DES CENTENAIRES, COSTIÈRES DE NÎMES, LES CENTENAIRES, 2018, BLANC, 8,90 €
BRONZE (FRANCE)
www.clos-des-centenaires.comluc@
clos-des-centenaires.com

CLOS DES CENTENAIRES, COSTIÈRES DE NÎMES, LES CENTENAIRES, 2018, ROSÉ, 8,90 €
BRONZE (FRANCE)
www.clos-des-centenaires.comluc@
clos-des-centenaires.com

FSP, CÔTES DU RHÔNE, MARQUIS DE SADE, 2016, ROUGE, 4,00 €
BRONZE (FRANCE)
fsp-winemerchant.com

GRANDES SERRES, CÔTES DU RHÔNE, LES PORTES DU CASTELAS, 2017, BLANC, 7,80 €
BRONZE (FRANCE)
www.grandesserres.com
samuel.montgermont@m-p.fr

MAISON OGIER, CÔTES DU RHÔNE, ARTÉSIS, 2018, BLANC, 8,00 €
BRONZE (FRANCE)
www.ogier.fr
boutique@ogier.fr

DOMAINE ROUGE GARANCE, CÔTES DU RHÔNE, FEUILLE DE GARANCE, 2018, ROUGE, 9,00 €
BRONZE ET BIO (FRANCE)
www.rougegarance.com
contact@rougegarance.com

DOMAINE NOTRE-DAME DE COUSIGNAC, CÔTES DU RHÔNE, 2018, ROUGE, 10,00 €
BRONZE ET BIO (FRANCE)
www.ogier.fr
boutique@ogier.fr

LA RÉGENCE, CROZES-HERMITAGE, LES PENDS, 2017, BLANC, 14,80 €
BRONZE (FRANCE)
www.cave-chevalier.com
contact@cave-chevalier.com

DOMAINE DES ROSIER, GRIGNAN-LES-ADHÉMAR, ROUGE PLAISIR, 2018, ROUGE, 5,55 €
BRONZE (FRANCE)
www.domainedesrosier.com
contact.domaine.rosier@gmail.com

DOMAINE DES ROSIER, GRIGNAN-LES-ADHÉMAR, BERGÈRE DES VIOGNIERS, 2017, BLANC, 9,50 €
BRONZE (FRANCE)
www.domainedesrosier.com
contact.domaine.rosier@gmail.com

DOMAINE DE MONTINE, GRIGNAN-LES-ADHÉMAR, ÉMOTION, 2017, ROUGE, 10,00 €
BRONZE (FRANCE)
www.domaine-de-montine.com

CHÂTEAU SAINT-ROCH, LIRAC, PALMES, 2017, ROUGE, 16,70 €
BRONZE (FRANCE)
www.chateau-saint-roch.com
brunel@chateau-saint-roch.com

VIGNOBLES AURETO, LUBERON, PETIT MIRACLE, 2016, ROUGE, 14,00 €
BRONZE (FRANCE)
www.aureto.fr
info@aureto.fr

CASTEL, LUBERON, LES BARRABANS, 2018, ROUGE, 18,00 €
BRONZE (FRANCE)
www.chateaux-castel.com
Helene.franz@castel-freres.com

DOMAINE ROLAND GRANGIER, SAINT-JOSEPH, CÔTE GRANITS, 2017, ROUGE, 15,00 €
BRONZE (FRANCE)
www.domainegrangier.fr
domaine.grangier@orange fr

CAVE DE TAIN, SAINT-PERAY, BLANC DE BLANCS, NM, BLANC, 13,70 €
BRONZE (FRANCE)
www.cavedetain.com
contact@cavedetain.com

DOMAINE DAMES DE LUNE, VACQUEYRAS, 2017, ROUGE, 17,00 €
BRONZE (FRANCE)
domainedamesdelune@orange.fr

CHÂTEAU MONTPLAISIR, VINSOBRES, HAUTS-GALETS, 2016, ROUGE
BRONZE (HONG KONG)
www.chateau-montplaisir.com
benoit@chateaumontplaisir.com

AFRIQUE DU SUD

KWV, WESTERN CAPE, CATHEDRAL CELLAR CHARDONNAY, 2018, ROUGE
OR (HONG KONG)
www.kwv.co.za
pienaarf@kwv.co.za

KWV, WESTERN CAPE, ROODEBERG, 2017, ROUGE
BRONZE (HONG KONG)
www.kwv.co.za
pienaarf@kwv.co.za

ALLEMAGNE

DR. LOOSEN/GEBR. LOOSEN, MOSEL, DR. L OFF-DRY, 2017, BLANC, DEMI-SEC, 13 €
OR (FRANCE)
drloosen.com
info@drloosen.de

ARGENTINE

DOMAINE BOUSQUET, MENDOZA, EVA MALBEC BIO, 2017, ROUGE, 11,89 €
OR ET BIO (FRANCE)
www.domainebousquet.com
info@domainebousquet.com

BERNARD MAGREZ GRANDS VIGNOBLES, MENDOZA, BIENVENIDA, 2018, ROUGE, 12 €
BRONZE (FRANCE)
www.bernard-magrez.com
chateau@pape-clement.com

KAIKEN, MENDOZA, ULTRA MALBEC, 2017, ROUGE
BRONZE (HONG KONG)
kaikenwines.com

BODEGA MONTEVIEJO, PETITE FLEUR MALBEC, 2016, ROUGE
BRONZE (HONG KONG)
www.monteviejo.com.ar
mdepercenaire@montviel.com

AUSTRALIE

KAESLER, BAROSSA VALLEY, OLD VINE SHIRAZ, 2016, ROUGE
OR (HONG KONG)
kaesler.com.au

CURLY FLAT,, CHARDONNAY, 2016, BLANC
BRONZE (HONG KONG)
www.curlyflat.com

CLAIRAULT, MARGARET RIVER, ESTATE CABERNET SAUVIGNON, 2013, ROUGE
BRONZE (HONG KONG)
www.clairaultstreickerwines.com.au

CHILI

MONTES, COLCHAGUA VALLEY, ALPHA SPECIAL CUVEE CABERNET SAUVIGNON, 2015, ROUGE
ARGENT (HONG KONG)
www.monteswines.com

BERNARD MAGREZ GRANDS VIGNOBLES, MAIPO ALTO, LEYENDA, 2017, ROUGE, 7 €
BRONZE (FRANCE)
www.bernard-magrez.com
chateau@pape-clement.com

CONO SUR, CASABLANCA, 20 BARRELS LIMITED EDITION PINOT NOIR, 2017, ROUGE
BRONZE (HONG KONG)
www.conosur.com

CHINE

XIGE ESTATE, NINGXIA EASTERN HELAN MOUNTAINS, JADE DOVE SINGLE VINEYARD CHARDONNAY, 2017, BLANC
BRONZE (HONG KONG)
christelle@xige-estate.com

ESPAGNE

BERNARD MAGREZ GRANDS VIGNOBLES, RIOJA, MARQUES DE ORO, 2017, ROUGE, 5,95 €
OR (FRANCE)
www.bernard-magrez.com
chateau@pape-clement.com

VILLA CONCHI, CAVA, VILLA CONCHI BRUT SELECCION, NM, BLANCARGENT (HONG KONG)
araex.com/bodega/villa-conchi-en
M.marques@araex.com

PROCEO'S WINES, PUNTA DE LAS OLAS CRIANZA 2015, NM, ROUGE
ARGENT (HONG KONG)
www.proceoswines.com
dnavarro@proceoswines.com

ROLLAND & GALARRETA, RIBERA DEL DUERO, ROLLAND GALARRETA RIBERA DEL DUERO, 2016, ROUGEARGENT (HONG KONG)
araex.com/bodega/rg-rolland-galarreta-en
M.marques@araex.com

BODEGA PAGO DE CIRSUS, PAGO DE CIRSUS BARREL FERMENTED CHARDONNAY, 2017, BLANC
BRONZE (HONG KONG)
www.pagodecirsus.com
M.marques@araex.com

HONGRIE

DISZNÓKŐ, TOKAJ, TOKAJI LATE HARVEST, 2016, BLANC, LIQUOREUX, 15,5 €
OR (FRANCE)

HTTP://DISZNOKO.HU/FR/
disznoko@disznoko.hu

SAUSKA, TOKAJ, TOKAJI ASZÚ 6 PUTTONYOS, 2013, BLANC
OR (HONG KONG)
www.sauska.hu
clsauska@optoline.net

DISZNÓKŐ, TOKAJ, TOKAJI DRY FURMINT, 2017, BLANC, 11,8 €
ARGENT (FRANCE)
http://disznoko.hu/fr/
disznoko@disznoko.hu

SAUSKA, CABERNET FRANC MAKAR, 2013, ROUGE
ARGENT (HONG KONG)
www.sauska.hu
clsauska@optoline.net

BOCK BORASZAT, BOCK N'ROLL, 2015, ROUGE
ARGENT (HONG KONG)
bock.hu

ITALIE

AGRIVERDE, TERRE DI CHIETI PECORINO, NATUM, 2018, BLANC, 12,00 €
OR ET BIO (FRANCE)
www.agriverde.it

PLANETA, SICILIA, LA SEGRETA ROSSO, NM, ROUGE, 12,00 €
ARGENT (FRANCE)
planeta.it/en/
planeta@planeta.it

LIBAN

CHATEAU HERITAGE, FAMILY RESERVE, 2012, ROUGE
ARGENT (HONG KONG)
www.chateauheritage.com
wtouma@chateauheritage.com

NOUVELLE ZELANDE

DOG POINT, MARLBOROUGH, CHARDONNAY, 2015, BLANC
BRONZE (HONG KONG)
www.dogpoint.co.nz

PORTUGAL

BERNARD MAGREZ GRANDS VIGNOBLES, DOURO, LEYENDA, 2015, ROUGE, 6,95 €
OR (FRANCE)
www.bernard-magrez.com
chateau@pape-clement.com

BERNARD MAGREZ, DOURO, ARIELA, 2015, ROUGE
OR (HONG KONG)
www.bernard-magrez.com
chateau@pape-clement.com

QUINTA DO PESSEGUEIRO, DOURO, ALUZÉ, 2014, ROUGE, 14 €
ARGENT (FRANCE)
www.quintadopessegueiro.com
quintadopessegueiro@zannier.com

HERDADE DO FREIXO, ALENTEJANO, FREIXO RESERVE WHITE, 2017, BLANC
ARGENT (HONG KONG)
www.herdadedofreixo.pt
freixo@herdadedofreixo.pt

HERDADE DO FREIXO, ALENTEJANO, HERDADE DO FREIXO HERDADE DO FREIXO, 2015, ROUGE
ARGENT (HONG KONG)
www.herdadedofreixo.pt
freixo@herdadedofreixo.pt

ALSACE

Tous les vins dégustés n'ont pu être cités dans ce guide.
Retrouvez près de 100 000 vins notés et commentés sur
L'APPLI LE GRAND TASTING ET SUR **WWW.BETTANEDESSEAUVE.COM**

LE VIGNOBLE D'ALSACE

LE VIGNOBLE

› Appuyé sur les Vosges, le vignoble d'Alsace regarde le levant. C'est une bande étroite qui couvre près de 15 500 hectares sur plus de 170 kilomètres, entre Marlenheim au nord et Thann au sud. Planté sur les contreforts du massif vosgien, le vignoble se répartit entre 200 et 400 mètres d'altitude, ce qui fait un heureux contrepoint à un climat de type semi-continental, chaud et sec. Rappelons qu'il s'agit là d'une des pluviométries les plus faibles de France.

› Le vignoble alsacien est planté sur une variété de sols très large : calcaires, granits, argiles, schistes, grès, roches volcaniques, etc. Une telle diversité donne des vins aux caractères très peu semblables, d'une parcelle à l'autre.

CE QU'IL FAUT SAVOIR

› L'Alsace a bâti sa gloire essentiellement sur les vins blancs. Comme partout, le pire côtoie le meilleur. Le pire, en Alsace, étant des vins produits à hauts rendements et affichant une sucrosité sans intérêt. En revanche, l'élite de la région rivalise avec les meilleurs vins blancs du monde. Grâce à des cépages originaux, que l'on retrouve de l'autre côté du Rhin, mais pas dans les autres vignobles français (sauf le muscat), les vins blancs développent des arômes et des saveurs uniques, tant en sec qu'en liquoreux. En rosé et rouge, le pinot noir donne des vins légers et friands.

› Autre atout, la relative simplicité pour le consommateur, avec seulement trois appellations d'origine : Alsace (depuis 1962), Alsace Grand Cru (1975) et Crémant d'Alsace (1976). Pour les deux premières, dans la grande majorité des cas, les vins sont issus d'un seul cépage, dont le nom figure généralement sur l'étiquette. Il est possible de faire des vins d'assemblage. Un edelzwicker (littéralement « assemblage noble ») est un assemblage de plusieurs cépages alsaciens, sans contrainte de proportion ou de vinification. Un gentil est également un vin d'assemblage, mais ses règles d'élaboration sont plus strictes. Il doit contenir un minimum de 50 % de cépages nobles (riesling, gewurztraminer, pinot gris ou muscat) et chaque cépage doit être vinifié séparément.

VIGNOBLES D'ALSACE

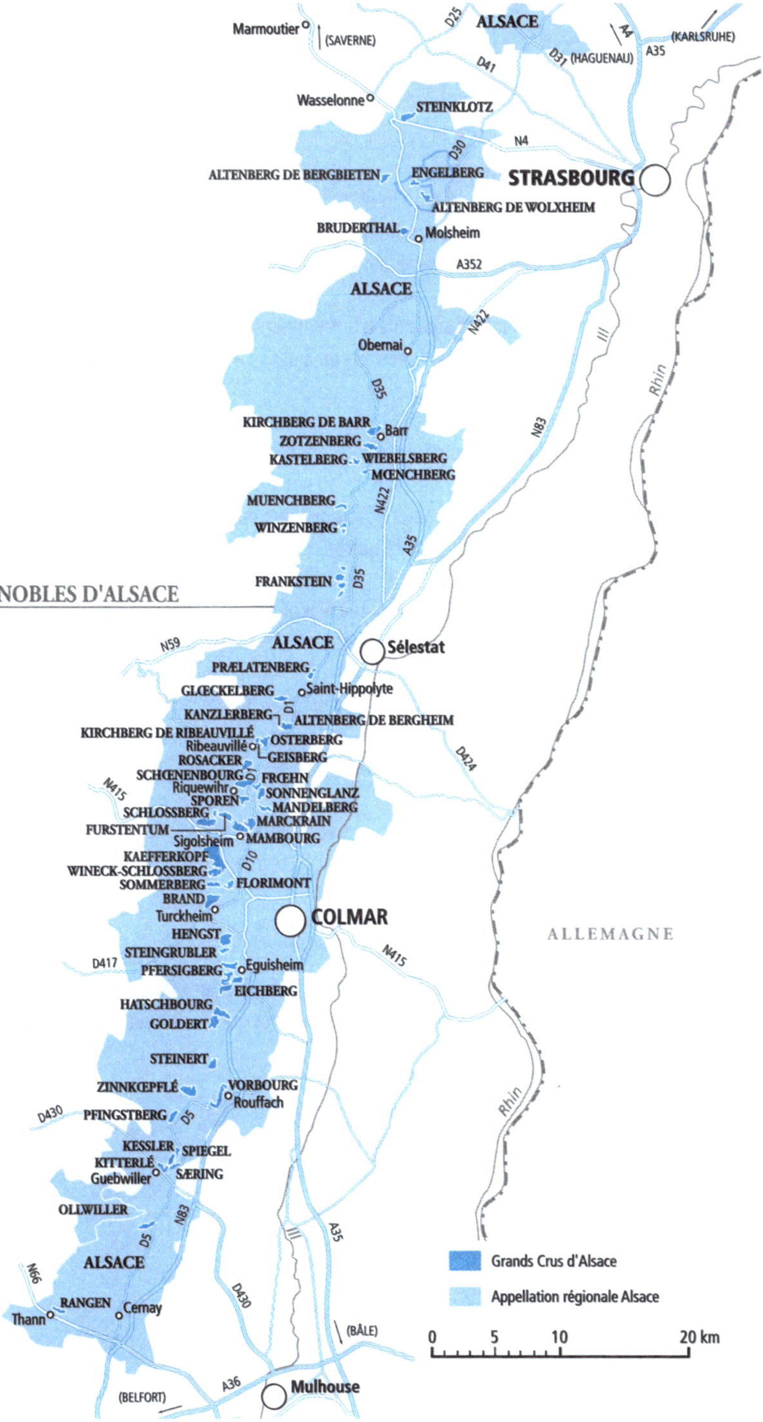

LES SEPT CÉPAGES PRINCIPAUX

› **Le riesling** donne des vins racés, purs et élancés. Le nez offre des notes de fleurs blanches, de citronnelle, d'agrumes, de pêche et de poire, de tilleul. Au fil du temps, il évolue vers des arômes plus minéraux, de silex et de pierre à fusil. En bouche, il se montre fin et structuré, de bonne acidité et parfois minéral, sa longueur peut être magistrale. Les grands rieslings peuvent se garder plusieurs décennies.

› **Le gewurztraminer** aurait remplacé son cousin le traminer (qui signifie « épicé ») au cours du XIXe siècle. Vigoureux et précoce, ce plant aux grains rosés lorsqu'il arrive à maturité donne des vins blancs charpentés, aux arômes d'une très grande intensité.

› **Le pinot gris** ne peut plus être appelé tokay, cette mention étant exclusivement réservée aux vins de Hongrie. Très complexe, le nez évoque des odeurs de sous-bois, champignon, une pointe miellée, fruits secs, abricot, un registre repris en bouche et développé surtout lorsque le vin contient un peu de sucres résiduels. Il se termine souvent par une pointe fumée.

› **Le sylvaner** donne un vin aromatique, sur les fleurs blanches, les agrumes, avec une pointe citronnée. Frais et désaltérant, son expression simple n'est pas dénuée de charme.

› **Le pinot noir** donne, comme en Bourgogne, un vin à la teinte légère, aussi séduisant à l'œil qu'en bouche. Il peut aussi être vinifié en rosé. Les fruits rouges, croquants et friands à souhait (cerise, framboise, groseille), dominent son profil aromatique.

› **Le muscat** se décline sous plusieurs formes : muscat blanc à petits grains (également appelé muscat d'Alsace), et muscat Ottonel. Ils se reconnaissent à leur forte intensité aromatique. Leurs arômes sont plus ou moins élégants selon le talent du vinificateur.

› **Le pinot blanc** allie fraîcheur, structure et souplesse. Aussi appelé auxerrois, pinot auxerrois ou klevner qu'on ne confondra pas avec le klevener de Heiligenstein, ce dernier étant une variété de savagnin rose. Discrètement fruité, avec des arômes de pêche, de pomme et quelques nuances florales, il développe en bouche une pointe épicée.

ACHILLÉE

Ce tout jeune domaine vient de bâtir une cuverie fort originale dans le bas de Scherwiller, à l'aide de murs en paille recouverts de chaux. Les certifications bio et biodynamie sont acquises depuis longtemps, et les premiers vins soumis à nos dégustations fort encourageants. L'accueil au caveau y est fort agréable, l'occasion également de savourer un très curieux quetsches-alors, d'une grande richesse de saveurs. Une aventure à suivre.

- **Alsace 2017** | Sec | 2018>24 | 10 € — 14,5
- **Alsace gewurztraminer Sec 2016** | Sec | 2018>25 | 14 € — 14,5
- **Alsace Hahnenberg riesling 2016** | Sec | 2018>25 | 17 € — 15,5
- **Alsace pinot noir Libre 2018** | Sec | 2018>21 | NC — 14
- **Alsace riesling 2017** | Sec | 2018>24 | 12 € — 14,5
- **Alsace Schieferberg riesling 2016** | Sec | 2018>25 | 25 € — 16
- **Crémant d'Alsace Zéro Dosage Eff. 2016** | Extra-brut | 2018>23 | 13 € — 15,5
- **Crémant d'Alsace Zéro Dosage Blanc de Noirs Eff. 2016** | Extra-brut | 2018>22 | 17 € — 14

50, rue de Dambach, 67750 Scherwiller • Tél. 03 88 82 20 13 • contact@achillee.alsace • www.achillee.alsace • Visite : fermé le lundi. Du mardi au jeudi de 10h à 19h. Le vendredi et le samedi de 10h à 21h. le dimanche de 10h à 17h

JEAN-BAPTISTE ADAM

Jean-Baptiste Adam est aujourd'hui l'une des références vigneronnes majeures dans le village d'Ammerschwihr, fameux pour son grand cru Kaefferkopf, le dernier à avoir été anobli en Alsace, c'était en 2007. Le vignoble couvre 21 hectares, avec près de 100 parcelles, mais l'essentiel des volumes vient d'un négoce en achat de raisins. Les vignes du domaine sont labellisées en agriculture biologique ou en biodynamie. Régulièrement, les résiduels qui traînent dans certaines cuvées perturbent les équilibres à la dégustation.

- **Alsace grand cru Kaefferkopf Le Grand K - Vieilles Vignes 2017** | Sec | 2023>32 | 21 € — 14,5
- **Alsace grand cru Kaefferkopf riesling Vieilles Vignes 2017** | Sec | 2018>27 | 19,50 € — 14,5
- **Alsace riesling Les Natures 2017** | Sec | 2018>25 | 9,80 € — 14

5, rue de l'Aigle, 68770 Ammerschwihr • Tél. 03 89 78 23 21 • jbadam@jb-adam.fr • www.jb-adam.fr • Visite : tous les jours de 9h à 12h et de 14h à 18h.

DOMAINE AGAPÉ

Vincent Sipp est le frère de Jacques, du domaine Sipp-Mack d'Hunawihr, et a créé son propre domaine en 2007, en s'installant sur Riquewihr. Les terroirs se situent sur Riquewihr, Hunawihr et Ribeauvillé, et Vincent essaie de les vinifier aussi secs que possible. La gamme se répartit en trois niveaux : expression, pour les vins de cépage, les grands crus, et hélios pour les cuvées en surmaturation. Tous les vins offrent le même profil franc et immédiatement accessible.

- **Alsace grand cru Rosacker riesling 2018** | Sec | 2018>28 | NC — 15
- **Alsace grand cru Rosacker riesling 2017** | Sec | 2018>27 | NC — 16
- **Alsace grand cru Schoenenbourg riesling 2018** | Sec | 2018>28 | NC — 15,5
- **Alsace gewurztraminer Expression 2016** | Demi-sec | 2018>26 | NC — 14,5
- **Alsace gewurztraminer Hélios Vendanges Tardives 2017** | Moelleux | 2018>24 | NC — 14,5
- **Alsace pinot gris Expression 2017** | Sec | 2018>24 | NC — 14
- **Alsace pinot gris Hélios Sélection de Grains Nobles 2017** | Liquoreux | 2018>25 | NC — 15
- **Alsace pinot noir «B» 2017** | Sec | 2018>26 | NC — 15,5
- **Alsace riesling Expression 2017** | Sec | 2018>24 | NC — 14
- **Alsace riesling Hélios Vendanges Tardives 2017** | Moelleux | 2018>24 | NC — 14

10, rue des Tuileries, 68340 Riquewihr • Tél. 03 89 47 94 23 • domaine@alsace-agape.fr • www.alsace-agape.fr • Visite : Du lundi au samedi de 9h à 18h.

DOMAINE ANSEN

Daniel Ansen reprend le domaine familial en 2010, après avoir voyagé notamment aux États-Unis et en Australie. Les progrès récents sont encourageants, confirmés par les millésimes 2016 et 2017.

- **Alsace Ostenberg-Ritzmann gewurztraminer Vendanges Tardives 2017** | Doux | 2018>27 | 31 € — 14,5
- **Crémant d'Alsace Struch auxerrois Eff. 2015** | Brut | 2018>24 | 12,10 € — 14,5

2, place du Docteur Nessmann, 67310 Westhoffen • Tél. 06 52 60 99 90 • daniel@ansen.fr • www.ansen.fr • Visite : tous les jours uniquement sur rendez-vous.

DOMAINE FRÉDÉRIC ARBOGAST

Ce domaine de Westhoffen nous a bluffés cette année avec son riesling du Geierstein. Le reste de la gamme présentée affichait soit trop de résiduel, soit manquait de fraîcheur.

- **Alsace Geierstein riesling 2017** | Sec | 2018>27 | 10 € — 15

3 place de l'Église, 67310 Westhoffen • Tél. 03 88 50 30 51 ou 06 45 58 94 95 • frederic@vignoble-arbogast.fr • www.vignoble-arbogast.fr • Visite : Du lundi au samedi, de 9h à 12h et de 14h à 18h.

ARTHUR METZ

Cette maison est la tête de pont alsacienne du groupe Grands Chais de France, l'un des géants du vin en France. Tous les niveaux de qualité sont ici présents, y compris des cuvées de terroir plus qu'honorables.

- **Alsace grand cru Engelberg riesling 2017** | Sec | 2018>24 | NC — 15
- **Alsace grand cru Steinklotz riesling 2017** | Sec | 2018>24 | NC — 14,5

102, rue du Général de Gaulle, 67520 Marlenheim • Tél. 03 88 59 28 60 • contact@arthurmetz.fr • www.arthurmetz.fr • Visite : Lundi de 10h à 12h30 et de 14h à 18h. Du mardi au vendredi de 10h à 12h30 et de 14h à 18h30 selon la saison. Le samedi de 10h à 12h30 et de 14h à 18h. Dimanche ouvert en juin, juillet, août et décembre de 10h à 12h30 et de 14h à 18h.

DOMAINE BARMÈS-BUECHER

Maxime Barmès et sa sœur Sophie sont maintenant en charge du domaine, avec leur mère Geneviève toujours présente. Un vignoble de presque19 hectares, cultivé depuis plus d'une décennie selon les préceptes de la biodynamie et avec des pratiques de plus en plus poussées (moutons et ruches dans certaines vignes, plantations d'arbres...). Au fil des millésimes, les vins semblent gagner en tension et en esprit sec, ce dont nous ne pouvons que nous réjouir. Les grandes réussites au domaine sont sans hésitation les pinots noirs et les rieslings, année après année. Le domaine vient justement de mettre sur le marché un pinot noir vieilles-vignes 2009, issu du grand cru Hengst mais qui ne peut pas encore le revendiquer, un vin qui à l'époque avait été vinifié par François Barmès, deux ans avant son tragique accident.

- **Alsace grand cru Hengst riesling 2017** | Sec | 2018>37 | 28 € — 17,5
- **Alsace grand cru Steingrubler riesling 2017** | Sec | 2018>37 | 26 € — 16,5
- **Alsace Clos Sand riesling 2017** | Sec | 2018>27 | 21,50 € — 15,5
- **Alsace pinot noir Vieilles Vignes 2017** | Sec | 2018>32 | 30 € — 17
- **Alsace pinot noir Vieilles Vignes 2009** | Sec | 2018>29 | 50 € — 16,5
- **Alsace Rosenberg pinot gris 2017** | Demi-sec | 2018>27 | 19 € — 15,5
- **Alsace Rosenberg riesling 2017** | Sec | 2018>32 | 17,50 € — 16,5
- **Crémant d'Alsace Brut Nature Zéro Dosage Eff. 2017** | Extra-brut | 2018>23 | 15 € — 14

30, rue Sainte-Gertrude, 68920 Wettolsheim • Tél. 03 89 80 62 92 • info@barmes-buecher.com • www.barmes-buecher.com • Visite : du lundi au samedi de 9h à 12h et de 14h à 18h, sur rendez-vous uniquement.

DOMAINE LAURENT BARTH

Laurent Barth s'est installé en 1999, mais n'a vraiment commencé à vinifier et se convertir au bio qu'avec le millésime 2004. Ce vigneron attachant a beaucoup voyagé dans le monde entier avant de mettre en valeur le grand cru Marckrain, peut-être est-ce cette richesse des rencontres qui donne autant de saveur et d'authenticité à ses vins. Tous les cépages réussissent assez bien ici, mais les pinots noirs particulièrement, avec une élégance moelleuse très régulière. La petitesse des rendements ces dernières années et le mildiou en 2016 n'entament pas les convictions de ce vigneron sincère. Si certains vins ne goûtent pas aussi secs qu'on pourrait le souhaiter, tous racontent une histoire. Nous regrettons que le domaine ait oublié de nous présenter ses vins cette année.

3, rue du Maréchal-de-Lattre, 68630 Bennwihr • Tél. 03 89 47 96 06 • laurent.barth@wanadoo.fr • Visite : Du lundi au vendredi sur rendez-vous. Le samedi de 9h à 19h.

BAUMANN-ZIRGEL

Benjamin et son épouse Valérie ont rejoint le domaine familial en 2001, situé à Mittelwihr, où ils exploitent notamment quatre grands crus, le Sporen, le Schoenenbourg, le Mandelberg et le Schlossberg. Les progrès se confirment sur les derniers millésimes, même si le riesling semble le cépage vinifié le plus sec au domaine.

- Alsace grand cru Schoenenbourg riesling 2017 | Sec | 2023>27 | 18 € — 15
- Alsace gewurztraminer 2017 | Demi-sec | 2018>26 | 10 € — 13,5
- Alsace riesling 2017 | Sec | 2018>27 | 8 € — 15
- Alsace Streng riesling 2017 | Sec | 2018>23 | 10,50 € — 13

5, rue du Vignoble, 68630 Mittelwihr • Tél. 03 89 47 90 40 • baumann-zirgel@wanadoo.fr • www.baumann-zirgel.com • Visite : Du lundi au samedi de 9h à 12h et de 14h à 18h, le dimanche sur rendez-vous.

DOMAINE CHARLES BAUR

Arnaud Baur est un jeune vigneron talentueux qui dispose de jolies vignes sur le secteur d'Eguisheim. Il partage la même philosophie que son père Armand, toujours sur l'exploitation, à savoir qu'ils visent la production de vins les plus secs possible. Un domaine d'autant plus à suivre que les prix sont très sages ! Les quelques sucres résiduels observés en 2015 s'intègrent plutôt bien, ce jeune talent confirme les espoirs que l'on a placés en lui ! Quelques vins du millésime 2016 nous ont bluffés à l'aveugle lors de nos dégustations syndicales, les 2017 poursuivent dans la bonne direction.

- Alsace grand cru Brand pinot gris 2017 | Sec | 2022>27 | 15,50 € — 15
- Alsace grand cru Brand riesling 2017 | Doux | 2018>27 | 15,50 € — 15,5
- Alsace grand cru Eichberg riesling 2017 | Sec | 2018>27 | 15,50 € — 15
- Alsace Fronenberg gewurztraminer 2017 | Sec | 2018>27 | 11,30 € — 14,5
- Alsace muscat 2017 | Sec | 2018>25 | 8,80 € — 15
- Alsace pinot noir Rouge d'Alsace 2017 | Sec | 2021>27 | 18,50 € — 15,5
- Alsace sylvaner 2017 | Sec | 2018>24 | 6,80 € — 14
- Vin de France Chard' Egiushiemis 2017 | Sec | 2018>25 | 11 € — 14,5

29, Grand-Rue, 68420 Eguisheim • Tél. 03 89 41 32 49 • cave@vinscharlesbaur.fr • www.vinscharlesbaur.fr • Visite : du lundi au samedi de 9h à 12h et de 13h30 à 18h30, le dimanche matin de 9h à 12h.

PIERRE ET FRÉDÉRIC BECHT

Ce domaine avait disparu de nos radars, il a bien fait de nous envoyer quelques échantillons cette année. Le terroir du Stierkopf permet de belles expressions du pinot noir et du riesling.

- Alsace Stierkopf pinot noir cuvée Frédéric 2017 | Sec | 2018>25 | 10,80 € — 14,5
- Alsace Stierkopf riesling 2017 | Sec | 2018>24 | 6,90 € — 14

26, faubourg des Vosges, 67120 Dorlisheim • Tél. 03 88 38 18 22 • info@domaine-becht.com • www.domaine-becht.com • Visite : Du lundi au samedi de 8h30 à 11h et de 14h à 18h. Le dimanche et les jours fériés de 10h à 12h et de 16h à 18h.

DOMAINE JEAN, JEAN-PHILIPPE ET JEAN-FRANÇOIS BECKER

Important négoce établi à Zellenberg, proposant notamment de belles références en grands crus Froehn et Sonnenglanz. De nombreux vins affichent cependant un résiduel prononcé, ce qui exige une garde supplémentaire en cave.

- Alsace grand cru Mandelberg riesling 2017 | Sec | 2018>24 | 18 € — 14,5
- Alsace grand cru Sonnenglanz gewurztraminer 2017 | Doux | 2018>27 | 18,50 € — 14,5

4, route d'Ostheim, Zellenberg BP24 - B.P. 24, 68340 Riquewihr • Tél. 03 89 47 90 16 • vinsbecker@orange.fr • www.vinsbecker.com • Visite : Du lundi au vendredi de 8h à 12h et de 14h à 18h. De pâque à décembre, le week-end de 10h à 12h et de 14h à 18h, de préférence sur rendez-vous.

DOMAINE JEAN-MARC BERNHARD

Frédéric Bernhard va fêter sa vingtième vendange cette année, à la tête de ses 11 hectares cultivés en bio, dont un tiers de grands crus, tous autour de Katzenthal. La gamme est cohérente et c'est tout naturellement que ce domaine a retrouvé récemment sa place dans notre sélection. Il a les terroirs pour.

- Alsace grand cru Kaefferkopf pinot gris 2017 | Demi-sec | 2018>27 | 15 € — 14,5

- **Alsace grand cru Schlossberg riesling 2017** | Sec | 2018>32 | 23 € — 16

21, Grand-Rue, 68230 Katzenthal • Tél. 03 89 27 05 34 • vins@jeanmarcbernhard.fr • www.jeanmarcbernhard.fr • Visite : sur rendez-vous uniquement.

DOMAINE ÉMILE BEYER

Au début du siècle dernier, la famille Beyer s'est scindée en deux, mais les deux maisons éponymes sont aujourd'hui encore situées à Eguisheim. La branche Émile se concentre principalement sur les vignes du domaine, uniquement situé sur les terroirs d'Eguisheim, notamment les grands cru Eichberg et Pfersigberg. La viticulture est aujourd'hui bio certifiée, et le clos Lucas Beyer se veut la vitrine de cette nouvelle voie. Christian et Valérie Beyer veulent désormais s'orienter vers la biodynamie (certification prévue pour 2019), nous en mesurerons les évolutions dans les millésimes à venir. Les rieslings sont souvent les cuvées les plus réussies au domaine, ce sont eux qui ont le plus gagné en verticalité et en tension ces derniers millésimes, les gewurzts affichent encore un résiduel marqué comme souvent en Alsace.

- **Alsace grand cru Eichberg riesling 2017** | Sec | 2018>32 | 30 € — 16
- **Alsace grand cru Pfersigberg riesling 2017** | Sec | 2018>32 | 30 € — 16
- **Alsace Eguisheim pinot gris 2017** | Demi-sec | 2018>27 | 14,50 € — 15
- **Alsace Eguisheim pinot noir 2017** | Sec | 2018>27 | 14,50 € — 14,5
- **Alsace Eguisheim riesling 2017** | Sec | 2018>25 | 14,50 € — 14
- **Alsace Hohrain pinot gris 2017** | Demi-sec | 2018>32 | 22 € — 15,5
- **Alsace Saint-Jacques riesling 2017** | Sec | 2018>27 | 22 € — 15

7, place du Château Saint-Léon, 68420 Eguisheim • Tél. 03 89 41 40 45 • info@emile-beyer.fr • www.emile-beyer.fr • Visite : Du lundi au samedi de 9h à 12h et de 13h30 à 18h et le dimanche sur rendez-vous.

LÉON BEYER

Voici sans doute la moins connue des belles maisons de négoce alsaciennes, et pourtant Léon Beyer jouit d'une réputation ancienne dans la belle restauration. La maison dispose d'un parcellaire dans les grands crus Eichberg et Pfersigberg, mais jusqu'à il y a peu elle ne les revendiquait pas, mettant l'accent sur ses marques propres, notamment les cuvées des comtes-d'eguisheim, déclinées en riesling, pinot gris, gewurzt et pinot noir, ou bien, tout en haut de la gamme, la R-de-beyer en riesling. Les vins sont généralement commercialisés après une longue attente en cave. Les 2017 sont au plus haut niveau espéré, quand bien même ils ne seront pas commercialisés avant 5 ou 6 ans, voire plus. Ah ! Un autre point fort de la maison : les magnifiques vendanges tardives et sélections de grains nobles, dont de vieux millésimes encore disponibles.

- **Alsace grand cru Eichberg gewurztraminer Comtes d'Eguisheim 2017** | Sec | 2022>37 | 35 € — 18
- **Alsace grand cru Eichberg riesling R de Beyer 2017** | Sec | 2022>37 | 35 € — 18
- **Alsace grand cru Pfersigberg gewurztraminer Comtes d'Eguisheim 2017** | Sec | 2022>37 | 35 € — 18
- **Alsace grand cru Pfersigberg gewurztraminer Vendanges Tardives 2017** | Doux | 2025>37 | 39 € — 17
- **Alsace grand cru Pfersigberg riesling Comtes d'Eguisheim 2017** | Sec | 2024>37 | 35 € — 17,5
- **Alsace grand cru Pfersigberg riesling Les Écaillers 2017** | Sec | 2018>32 | 21,80 € — 16
- **Alsace gewurztraminer 2017** | Sec | 2018>25 | 16,80 € — 14
- **Alsace gewurztraminer Vendanges Tardives 2017** | Moelleux | 2018>27 | 39 € — 16
- **Alsace pinot gris Réserve 2017** | Sec | 2018>27 | 19,50 € — 16
- **Alsace pinot noir Comtes d'Eguisheim 2017** | Sec | 2022>32 | 33 € — 17
- **Alsace pinot noir Réserve Les Étourneaux 2015** | Sec | 2018>30 | 19 € — 15,5
- **Alsace sylvaner 2018** | Sec | 2018>24 | 10,80 € — 14

2, rue de la Première-Armée, 68420 Eguisheim • Tél. 03 89 21 62 30 • contact@leonbeyer.fr • www.leonbeyer.fr • Visite : tous les jours de 10h à 12h et de 14h à 18h, fermé le mardi et en janvier et en février.

DOMAINE PAUL BLANCK

Chez les Blanck, on travaille en famille : Frédéric s'occupe de la cave et son cousin Philippe de la communication et de la vente. Le patrimoine de vignes est très important, d'où la très large gamme. Nous avons longtemps salué le domaine pour sa régularité depuis les cuvées de fruit jusqu'aux plus belles expressions de terroir ou de botrytis, mais il nous semble que depuis quelques millésimes on ne retrouve plus la même homogénéité dans l'ensemble de la gamme. Nous espérons le retrouver en pleine forme dans les années qui viennent.

- **Alsace grand cru Furstentum gewurztraminer Vieilles Vignes 2017** | Sec | 2018>26 | 23 € — 15
- **Alsace grand cru Furstentum pinot gris 2017** | Demi-sec | 2018>27 | 21 € — 14,5
- **Alsace grand cru Furstentum riesling 2017** | Sec | 2018>27 | 24 € — 15
- **Alsace grand cru Schlossberg riesling 2017** | Sec | 2018>27 | 24 € — 15
- **Alsace Altenbourg gewurztraminer 2016** | Doux | 2018>26 | 18 € — 13

32, Grand-Rue, 68240 Kientzheim • Tél. 03 89 78 23 56 • info@blanck.com • www.blanck.com • Visite : du lundi au samedi de 10h à 12h et de 14h à 18h. Fermé le dimanche et les jours fériés. Sur rendez-vous pour les groupes et de mi-novembre à mi-avril.

DOMAINE RENÉ BOEHLER

★☆☆☆☆

René Boehler exploite ses vignes autour de Molsheim, certaines sur le grand cru Bruderthal.

- **Alsace grand cru Bruderthal riesling 2017** | Sec | 2023>27 | 15 € — 14
- **Alsace Leimen sylvaner 2017** | Sec | 2018>27 | 7 € — 14,5

4, place de la Liberté, 67120 Molsheim • Tél. 03 88 38 53 16 • rene.boehler@orange.fr • www.domaine-boehler.com • Visite : du lundi au samedi de 8h à 12h et de 13h à 18h, de préférence sur rendez-vous.

DOMAINE LÉON BOESCH

★★☆☆☆ ♣

Matthieu Boesch a maintenant bien en main ce domaine de 14,5 hectares. Le vignoble, situé à moins de 3 kilomètres de la cuverie, sur les terroirs gréseux et calcaires autour de Soultzmatt, est cultivé en biodynamie, ce qui se ressent par l'intensité souvent florale ainsi que la pureté des parfums qu'expriment la plupart des cuvées. L'objectif de vinifier des vins totalement secs est régulièrement atteint, même si l'exercice s'avère parfois délicat sur les pinots gris et les gewurzts, notamment en 2015. Cette volonté de récolter des raisins moins chargés en sucre se traduit par une gamme très digeste, on s'en réjouit.

- **Alsace Breitenberg riesling 2017** | Sec | 2021>27 | 16,70 € — 14,5
- **Alsace Clos Zwingel pinot gris 2017** | Sec | 2018>25 | 16,20 € — 13
- **Alsace gewurztraminer Les Fous 2017** | Sec | 2018>27 | 13,50 € — 14
- **Alsace riesling Les Grande Lignes 2017** | Sec | 2018>27 | 10,70 € — 16

6, rue Saint-Blaise, 68250 Westhalten • Tél. 03 89 47 01 83 • boesch@domaine-boesch.fr • www.domaineboesch.fr • Visite : du lundi au samedi de 10h à 12h et de 14h30 à 18h30 (17h30 le samedi), de préférence sur rendez-vous.

DOMAINE BOTT-GEYL

★★★☆☆ ♣

Jean-Christophe Bott exploite un vaste parcellaire qui couvre plusieurs types de sols et grands crus, ce qui lui permet de proposer une gamme large, commercialisée avec quelques années de décalage. Les entrées de gamme, sous le nom les-éléments, goûtent sec et s'apprécient jeunes, quand les cuvées de terroir offrent un peu plus de résiduel mais qui par expérience s'estompe bien dans le temps, d'autant que le domaine joue le jeu en les faisant vieillir lui-même. Ici les vins ont un toucher de bouche propre, avec une épaisseur qui donne l'impression de mâcher la peau du raisin. Hélas comme cela lui arrive parfois, le domaine n'a pas songé à nous présenter ses vins pour nos dégustations à l'aveugle cette année.

1, rue du Petit-Château, 68980 Beblenheim • Tél. 03 89 47 90 04 • info@bott-geyl.com • www.bott-geyl.fr • Visite : du lundi au vendredi de 8h30 à 11h30 et de 14h à 17h30, le samedi à partir de 9h. Sur rendez-vous pour les groupes.

DOMAINE ALBERT BOXLER

★★★★★

Depuis son arrivée au domaine familial voilà près de 20 millésimes, Jean Boxler a lentement fait évoluer les réglages pour aujourd'hui vinifier à égalité avec l'élite de l'Alsace. Les vignes sont splendidement situées, sur le Sommerberg tout d'abord, où Jean dispose d'un important parcellaire, sur le Brand ensuite, deux terroirs qui brillent en riesling, le grand cépage au domaine. La viticulture est exigeante et soignée, les élevages adaptés aux vins et aux millésimes, ici aucune fausse note, quel que soit le cépage, même les plus modestes sylvaner ou pinot blanc (mais ce dernier est issu du Brand). Superbe réussite des 2016, avec des vins un peu moins en densité que 2015 mais qui vieilliront à la perfection. 2017 a permis aux sylvaners, aux pinots blancs, aux muscats, et bien entendu aux rieslings de se distinguer au sein de la gamme. Le choix est vaste, même si peu de vins sont disponibles au domaine.

- **Alsace grand cru Brand gewurztraminer 2017** | Doux | 2018>32 | NC 16
- **Alsace grand cru Brand muscat 2017** | Sec | 2025>32 | NC 16
- **Alsace grand cru Brand pinot gris 2017** | Demi-sec | 2018>32 | NC 16
- **Alsace grand cru Brand riesling 2017** | Sec | 2022>37 | NC 17
- **Alsace grand cru Brand riesling «K» 2017** | Sec | 2024>37 | NC 19,5
- **Alsace grand cru Sommerberg riesling 2017** | Sec | 2024>37 | NC 18
- **Alsace grand cru Sommerberg riesling «D» 2017** | Sec | 2024>37 | NC 19
- **Alsace grand cru Sommerberg riesling «E» 2017** | Sec | 2024>37 | NC 18,5
- **Alsace grand cru Sommerberg riesling Jeunes Vignes 2017** | Sec | 2018>27 | NC 16
- **Alsace Heimbourg pinot gris Sélection de Grains Nobles 2017** | Liquoreux | 2024>34 | NC 17,5
- **Alsace Pfoeller gewurztraminer Vendanges Tardives 2017** | Doux | 2018>37 | NC 17,5
- **Alsace pinot blanc Réserve 2017** | Sec | 2018>27 | NC 16

78, rue des Trois-Épis, 68230 Niedermorschwihr • Tél. 03 89 27 11 32 • domaine@albertboxler.fr • Visite : Du lundi au samedi de 10h à 12h et de 14h à 17h, sur rendez-vous.

CAMILLE BRAUN

Ce domaine de 15 hectares situé sur Orschwihr se signale depuis maintenant plusieurs années dans nos dégustations. L'agriculture biologique et des fermentations poussées donnent des vins profonds et de belle définition de saveur. La gamme est très large comme souvent en Alsace, elle gagnerait sans doute à plus de simplification.

- **Alsace grand cru Kaefferkopf riesling 2017** | Sec | 2018>27 | 17,20 € 15,5
- **Alsace grand cru Pfingstberg pinot gris 2017** | Doux | 2021>27 | 17,20 € 15,5
- **Alsace grand cru Pfingstberg riesling 2017** | Sec | 2018>27 | 17,20 € 15,5
- **Alsace B' de Braun cuvée de la Chapelle 2017** | Sec | 2018>24 | 10,10 € 13,5
- **Alsace Buchrod 2017** | Sec | 2018>32 | 19,20 € 15,5
- **Alsace Luft riesling 2017** | Sec | 2018>27 | 11,40 € 15
- **Alsace pinot noir B' de Braun cuvée Camille 2017** | Sec | 2018>27 | 11,70 € 14,5

16, Grand'Rue, 68500 Orschwihr • Tél. 03 89 76 95 20 • cbraun@camille-braun.com • www.camille-braun.com • Visite : Du lundi au vendredi, de 9h à 12h et de 13h30 à 18h30 et le samedi de 9h à 12h et de 13h30 à 17h30.

DOMAINE PAUL BUECHER

Depuis 2002, Jérôme Buecher a en charge les 30 hectares du domaine familial, dont quelques parcelles sur les grands crus Brand, Hengst et Sommerberg. Depuis le millésime 2015, nous notons une progression des vins du domaine dans la juste direction, mieux équilibrés, avec chaque année plusieurs cuvées qui se distinguent lors de nos dégustations.

- **Alsace grand cru Brand pinot gris 2017** | Demi-sec | 2022>27 | 16,20 € 15,5
- **Alsace grand cru Brand riesling 2017** | Sec | 2018>32 | 16,20 € 16
- **Alsace muscat Vendanges Tardives 2017** | Sec | 2018>27 | 22 € 15

15, rue Sainte-Gertrude, 68920 Wettolsheim • Tél. 03 89 80 64 73 • vins@paul-buecher.com • www.paul-buecher.com • Visite : Du lundi au samedi de 8h à 12h et de 14h à 17h30.

DOMAINE ERNEST BURN

Francis Burn a le privilège d'exploiter le clos Saint-Imer, une superbe exposition solaire sur le grand cru Goldert, qui permet notamment la production de muscats doux exceptionnels. Les vins sont conservés longtemps en foudre avant leur mise en bouteille, c'est là une condition nécessaires pour gommer leur résiduel souvent très marqué. Nécessaire ne veut pas dire suffisante, mais le goût du maître des lieux est attiré par les vins à la saveur sucrée, c'est ainsi. Il ne faut pas hésiter à garder les vins 10 voire 15 ans, c'est le temps qu'il faut pour qu'ils gomment leur richesse. Si vous n'êtes pas patients, vous serez déçus. Quelques vieux millésimes ici sont absolument splendides ! Notre visite cette année nous a rappelé tout le bien que nous pensions de cet attachant vigneron.

- **Alsace grand cru Goldert Clos Saint-Imer La Chapelle gewurztraminer 2017** | Doux | 2024>32 | 19 € 15
- **Alsace grand cru Goldert Clos Saint-Imer La Chapelle muscat 2017** | Sec | 2027>37 | 19 € 16
- **Alsace grand cru Goldert Clos Saint-Imer**

La Chapelle pinot gris 2017 | Doux | 2027>37 | 19 € — 16,5
Alsace grand cru Goldert Clos Saint-Imer La Chapelle riesling 2017 | Demi-sec | 2027>37 | 19 € — 16,5
Alsace grand cru Goldert Clos Saint-Imer pinot gris Vendanges Tardives 2015 | Moelleux | 2018>30 | 20 € — 16
Alsace pinot noir 2017 | Sec | 2018>25 | 15 € — 15
Alsace riesling 2017 | Demi-sec | 2018>27 | 9 € — 15,5

8, rue Basse, 68420 Gueberschwihr • Tél. 03 89 49 20 68 • contact@domaine-burn.fr • www.domaine-burn.fr • Visite : Du lundi au samedi de 8h30 à 12h et de 13h30 à 18h30, le dimanche matin sur rendez-vous et l'après-midi ouvert de 15h à 18h.

DOMAINE AGATHE BURSIN

Sur le domaine familial de Westhalten, maintenant porté à 6,10 hectares, Agathe pratique une viticulture des plus soignées sur ses 38 parcelles, ce qui lui permet d'isoler chaque nuance de terroir dans ses vins. Les vinifications se font en levures indigènes, avec des élevages en cuve inox de 6 à 8 mois pour préserver le fruité du raisin. Une promesse tenue en bouteille, avec parfois de petits résiduels qui se promènent en bouche mais qui sont régulièrement de bonne éducation à table. Toutes les cuvées affichent la même pureté de fruit et un toucher onctueux en bouche, et peu de cépages sont ici à la traîne. Réussite magistrale avec les blancs 2018 dégustés cette année, des tenues de bouche à citer en exemple.

Alsace grand cru Zinnkœpflé gewurztraminer Sélection de Grains Nobles 2017 | Liquoreux | 2018>32 | 45 € — 17
Alsace grand cru Zinnkoepflé gewurztraminer Vendanges Tardives 2017 | Moelleux | 2018>32 | 28 € — 17
Alsace grand cru Zinnkoepflé pinot gris 2018 | Demi-sec | 2022>33 | 22 € — 17,5
Alsace grand cru Zinnkoepflé riesling 2018 | Sec | 2023>38 | 22 € — 17
Alsace grand cru Zinnkoepflé riesling Vendanges Tardives 2017 | Moelleux | 2018>32 | 33 € — 16,5
Alsace Bollenberg riesling 2018 | Sec | 2018>28 | 12 € — 15,5
Alsace Dirstelberg gewurztraminer 2018 | Sec | 2018>28 | 12 € — 17
Alsace Dirstelberg riesling 2018 | Sec | 2018>33 | 12 € — 16,5
Alsace L'As de B 2018 | Demi-sec | 2023>28 | 9 € — 15
Alsace Lutzeltal sylvaner 2018 | Sec | 2018>28 | 9 € — 16,5
Alsace pinot blanc Parad'Aux 2018 | Sec | 2023>28 | 9 € — 15,5
Alsace Strangenberg pinot noir 2017 | Sec | 2018>32 | 22 € — 17

11, rue de Soultzmatt, 68250 Westhalten • Tél. 03 89 47 04 15 • agathe.bursin@wanadoo.fr • Visite : sur rendez-vous uniquement.

JOSEPH CATTIN

Grosse structure exploitant un vignoble de plus de 60 hectares, la qualité de la gamme est encore disparate mais nous avons distingué plusieurs grands crus lors de notre dégustation à l'aveugle cette année.

Alsace grand cru Eichberg riesling 2017 | Sec | 2018>27 | NC — 15
Alsace grand cru Pfingstberg riesling 2017 | Sec | 2018>27 | 22 € — 14
Alsace grand cru Vorbourg pinot gris 2017 | Doux | 2018>27 | 22 € — 14
Alsace Bollenberg gewurztraminer 2017 | Demi-sec | 2018>26 | 11,90 € — 13,5

19, rue Roger-Frémeaux, 68420 Voegtlinshoffen • Tél. 03 89 49 30 21 • contact@cattin.fr • www.cattin.fr • Visite : tous les jours de 10h à 19h.

DOMAINE MARCEL DEISS

Artisan de la complantation, Jean-Michel Deiss propose une interprétation du couple sol/cépages (au pluriel !), c'est-à-dire du terroir, qui à défaut de faire l'unanimité ne laisse personne indifférent. Son grand mérite a été de faire bouger les lignes en Alsace, aujourd'hui son fils Mathieu reprend le flambeau. Vinificateur doué, Mathieu a fait progresser les vins du domaine en sensations tactiles, surtout les rouges, ne cherchant pas à extraire par la force une expression que le terroir ne peut pas donner. En 2017, le vin du Mambourg a même eu le privilège d'être vinifié en sec, pour un résultat impressionnant. En marge du domaine Deiss et ses 32 hectares, à la gamme de vins et à la politique commerciale bien établies, Mathieu Deiss développe aussi le Vignoble du Rêveur, près de 7 hectares sur d'autres terroirs, où il peut se livrer à toutes sortes d'expérimentations (vins oranges, sans soufre, macérations de blancs, etc.). Les vins ici présentés sont ceux du domaine Deiss.

Alsace 2017 | Sec | 2018>27 | 15 € — 16
Alsace 2017 | Sec | 2018>27 | 17 € — 15,5
Alsace grand cru Altenberg de Bergheim 2017 | Moelleux | 2024>37 | 63 € — 18,5
Alsace grand cru Mambourg 2017 | Sec | 2024>37 | 65 € — 19
Alsace grand cru Schoenenbourg 2017 | Moelleux | 2024>37 | 65 € — 19
Alsace Berckem 2017 | Sec | 2018>27 | 21 € — 16,5
Alsace Burg 2017 | Doux | 2023>32 | 36 € — 17

- **Alsace Burlenberg 2016** | Sec | 2018>31 | 40 € — 16
- **Alsace Grasberg 2017** | Demi-sec | 2022>32 | 35 € — 17,5
- **Alsace Gruenspiel 2017** | Sec | 2018>27 | 36 € — 15
- **Alsace Gruenspiel 2017** | Sec | 2023>32 | 31 € — 17
- **Alsace Huebuhl 2017** | Liquoreux | 2024>32 | 31 € — 18
- **Alsace Rotenberg 2017** | Demi-sec | 2018>32 | 32 € — 17,5
- **Alsace Schoffweg 2017** | Sec | 2022>32 | 35 € — 17,5

15, route du Vin, 68750 Bergheim • Tél. 03 89 73 63 37 • marceldeiss@marceldeiss.fr • www.marceldeiss.com • Visite : du lundi au vendredi de 8h à 12h et de 14h à 18h. Le samedi de 10h à 12h et de 14h à 18h. De janvier à mars, fermé le samedi.

DOMAINE MICHEL DIETRICH

Domaine établi à Dambach-la Ville, exploitant notamment le grand cru Frankstein. Régulièrement depuis quelques millésimes, plusieurs vins se placent au cours de nos dégustations à l'aveugle.

- **Alsace grand cru Frankstein riesling 2017** | Sec | 2018>32 | 15 € — 16
- **Alsace pinot noir 2017** | Sec | 2018>22 | 8 € — 13

3, rue des Ours, 67650 Dambach-la-ville • Tél. 06 37 74 29 20 • dietrich.michel@wanadoo.fr famille@vins-dietrich.com • www.vins-dietrich.com • Visite : du lundi au samedi de 9 à 12h et de 13h à 19h.

DOMAINE DIRLER-CADÉ

Domaine emblématique de Bergholtz depuis maintenant deux générations, dont les 18 hectares aujourd'hui en biodynamie sont issus de l'union de Jean Dirler et Ludivine Cadé. Dans la très vaste gamme, peu de vins goûtent secs mais les beaux terroirs du Saering, du Kitterlé, du Kessler et surtout du Spiegel ont le potentiel de garde pour que les sucres se fondent ; il faut néanmoins s'armer de patience, une à deux décennies parfois. En début de gamme, les sylvaners sont régulièrement de grandes réussites. Le domaine n'a présenté que ses rieslings en 2017, un joli tir groupé mais sur une partie restreinte de la gamme.

- **Alsace grand cru Kessler riesling 2017** | Sec | 2018>32 | 26 € — 17,5
- **Alsace grand cru Kitterlé riesling 2017** | Sec | 2018>32 | 23 € — 16,5
- **Alsace grand cru Særing riesling 2017** | Sec | 2018>32 | 26 € — 17
- **Alsace grand cru Spiegel riesling 2017** | Demi-sec | 2018>32 | 26 € — 16,5
- **Alsace riesling 2017** | Sec | 2018>27 | 13 € — 14,5

13, rue d'Issenheim, 68500 Bergholtz • Tél. 03 89 76 91 00 • dirler.cade@orange.fr • www.dirler-cade.com • Visite : du lundi au samedi de 8h30 à 11h45 et de 13h30 à 18h, fermeture à 17h le samedi.

DOPFF AU MOULIN

Les Dopff sont une famille emblématique de Riquewihr, où ils sont arrivés en 1574, même si aujourd'hui ne subsiste réellement sur place que la branche Dopff au Moulin. Étienne-Arnaud Dopff, la treizième génération, veille aujourd'hui à la destinée de cette maison qui fut un précurseur des vins mousseux en Alsace au début du XXe siècle. L'arrivée d'un nouveau chef de culture se fait sentir avec le millésime 2014, des progrès qui se confirment depuis même s'il reste encore quelques points à améliorer.

- **Alsace grand cru Brand gewurztraminer 2017** | Demi-sec | 2018>32 | 26,95 € — 15,5
- **Alsace grand cru Schoenenbourg riesling 2017** | Sec | 2018>27 | 19,20 € — 16,5
- **Alsace grand cru Sporen gewurztraminer 2017** | Doux | 2018>27 | 20,50 € — 14
- **Alsace riesling de nos domaines 2017** | Sec | 2018>23 | 13,95 € — 13

Au Moulin, 68340 Riquewihr • Tél. 03 89 49 09 69 • domaines@dopff-au-moulin.fr • www.dopff-au-moulin.fr • Visite : tous les jours de 10h à 18h30.

DOPFF ET IRION

Vieille maison de Riquewihr, rachetée en 1998 par la cave de Pfaffenheim. De nombreux vins dans la gamme manquent encore d'intérêt pour l'amateur, le riesling du grand cru Schoenenbourg reste régulièrement une valeur sûre.

- **Alsace grand cru Schoenenbourg riesling 2017** | Sec | 2018>24 | 18 € — 14,5

1, cour du Château, 68340 Riquewihr • Tél. 03 89 47 92 51 • contact@dopff-irion.com • www.dopff-irion.com • Visite : tous les jours de 10h à 12h30 et de 13h30 à 18h, fermé le 25/12 et le 01/01.

DOMAINE EBLIN-FUCHS

Ce domaine avait perdu l'habitude de nous présenter ses vins et il a été avisé de le faire cette année avec de très réussis 2016 et 2017. Le vignoble s'étend sur 11,50 hectares et, du fruit de mariages successifs, couvre la plupart des beaux terroirs proches de Zellenberg. La biodynamie est ici pratiquée depuis le début des années 2000, et même quand quelques sucres traînent à l'issue des fermentations, la salinité amène l'équilibre.

- **Alsace grand cru Rosacker riesling 2017** | Sec | 2021>27 | 19 € **15**
- **Alsace grand cru Sonnenglanz pinot gris 2017** | Doux | 2023>32 | 22 € **15,5**
- **Alsace Rouge de Zellenberg cuvée Moréote 2016** | Sec | 2018>24 | 20 € **14,5**
- **Alsace sylvaner 2017** | Sec | 2018>24 | 8 € **13,5**
- **Alsace Zellenberg riesling 2017** | Sec | 2018>27 | 11 € **14,5**

19, route du Vin, 68340 Zellenberg • Tél. 03 89 47 91 14 • alsace@eblin-fuchs.com • www.eblin-fuchs.com • Visite : Du lundi au samedi de 8h à 12h et de 14h à 18h, le dimanche matin sur rendez-vous.

DOMAINE FERNAND ENGEL

Xavier Baril a bien pris la mesure du domaine de sa belle-famille, 60 hectares en production et certifiés bio sur les terroirs autour d'Orschwihr et de Bergheim essentiellement. Le caveau imposant bâti au bord de la route devrait inciter les gens de passage à venir découvrir ces vins fort bien vinifiés.

- **Alsace grand cru Altenberg de Bergheim gewurztraminer 2017** | Doux | 2018>32 | 19,50 € **14,5**
- **Alsace Nature 2018** | Sec | 2018>20 | 13 € **13**
- **Alsace Schofweg pinot gris Vendanges Tardives 2017** | Doux | 2018>27 | 35 € **15**
- **Alsace sylvaner Renaissance 2017** | Sec | 2020>26 | 14 € **14,5**

1, route du Vin, 68590 Rorschwihr • Tél. 03 89 73 77 27 • info@fernand-engel.fr • www.fernand-engel.fr • Visite : du lundi au samedi de 8h à 11h30 et de 13h30 à 18h

DOMAINE ROBERT FALLER ET FILS

Ce domaine est à Ribeauvillé et ne doit pas être confondu avec le fameux domaine Faller (Weinbach) de Kaysersberg. Dommage qu'il n'ait présenté qu'une courte sélection cette année, tous les vins présentés ont été retenus.

- **Alsace grand cru Geisberg riesling 2017** | Sec | 2018>27 | 25 € **16**
- **Alsace grand cru Kirchberg de Ribeauvillé gewurztraminer 2017** | Sec | 2018>26 | 25 € **15**
- **Alsace Trottacker riesling Vieilles Vignes 2017** | Sec | 2018>27 | 12 € **14**

36, Grand'Rue, 68150 Ribeauvillé • Tél. 03 89 73 60 47 • sarlfaller@orange.fr • Visite : du lundi au vendredi de 9h à 18h, le samedi de 9h à 12h et de 14h à 18h.

DOMAINE RENÉ FLECK ET FILLE

Ce petit domaine de 8,5 hectares exploite près de 4 hectares en grand cru. Les vins progressent dans la bonne direction et même si parfois un résiduel encore appuyé demeure, les finales retrouvent la tension et l'équilibre.

- **Alsace grand cru Zinnkoepflé muscat 2017** | Demi-sec | 2018>32 | 13,15 € **15**
- **Alsace grand cru Zinnkoepflé pinot gris 2017** | Demi-sec | 2018>27 | 12,75 € **14,5**

27, rue d'Orschwihr, 68570 Soultzmatt • Tél. 03 89 47 01 20 • renefleck@orange.fr • www.renefleck.com • Visite : Du lundi au samedi, de 8h30 à 12h et de 13h30 à 18h, le dimanche sur rendez-vous.

DOMAINE FREY-SOHLER

Important domaine de 29 hectares, aujourd'hui exploité par Damien et Nicolas Sohler, et installé à Scherwiller au pied du majestueux château de l'Ortenbourg.

- **Alsace gewurztraminer Sélection de Grains Nobles 2017** | Liquoreux | 2018>27 | 42,50 € **15**

72, rue de l'Ortenbourg, 67750 Scherwiller • Tél. 03 88 92 10 13 • contact@frey-sohler.fr • www.frey-sohler.fr • Visite : du lundi au samedi de 8h à 12h et de 13h à 19h (samedi 18h)

DOMAINE MARCEL FREYBURGER

Petit domaine d'Ammerschwihr, qui exploite notamment le dernier-né des grands crus d'Alsace, le Kaefferkopf. Christophe Freyburger souhaite aller vers des vins plus secs par le passé, mais il reste encore du chemin à parcourir, les 2017 semblaient mieux équilibrés que les millésimes précédents.

- **Alsace grand cru Kaefferkopf 2017** | Doux | 2025>32 | 16 € — 15,5
- **Alsace grand cru Kaefferkopf riesling 2017** | Sec | 2018>27 | 15 € — 15,5
- **Alsace pinot gris E Le Gastronome 2017** | Sec | 2018>27 | 9,50 € — 14,5
- **Alsace riesling C Vieilles Vignes 2017** | Sec | 2018>26 | 12 € — 13,5

13, Grand'Rue, 68770 Ammerschwihr • Tél. 03 89 78 25 72 • info@freyburger.fr • www.freyburger.fr • Visite : du lundi au vendredi de 8h30 à 12h et de 13h30 à 18h, le samedi de 9h à 12h et de 13h30 à 17h30. Le dimanche et les jours fériés fermés.

DOMAINE HENRY FUCHS

Les Fuchs sont vignerons sur Ribeauvillé depuis 4 générations désormais puisque Paul a rejoint en 2006 ses parents Cathy et Henry, et depuis deux ans sa sœur Julie est revenue sur l'exploitation. Le domaine est certifié en agriculture biologique depuis 2011, et les vins expriment toute la pureté et l'élégance des terroirs salins de Ribeauvillé, autour desquels se situent les 11 hectares de vignes. La dégustation des 2017 nous a emballés par leurs finales expressives. Les rieslings sont les cuvées les plus abouties.

- **Alsace 2017** | Sec | 2018>23 | 7,40 € — 13,5
- **Alsace grand cru Kirchberg de Ribeauvillé pinot gris 2017** | Demi-sec | 2022>32 | 22 € — 16
- **Alsace grand cru Kirchberg de Ribeauvillé riesling 2017** | Sec | 2018>32 | 23 € — 17
- **Alsace Hagel riesling 2016** | Sec | 2018>26 | 18,50 € — 16
- **Alsace pinot gris Sélection de Grains Nobles 2016** | Liquoreux | 2018>26 | 50 € — 17
- **Alsace pinot noir Rouge comme Renard 2017** | Sec | 2018>32 | 23 € — 16,5
- **Alsace Ribeauvillé riesling 2017** | Sec | 2018>32 | 13,70 € — 15,5
- **Alsace riesling Tradition 2017** | Sec | 2018>27 | 9,90 € — 15,5
- **Alsace sylvaner Vieilles Vignes 2017** | Sec | 2018>27 | 9,50 € — 16

8, rue du 3 Décembre , 68150 Ribeauvillé • Tél. 03 89 73 61 70 • contact@henryfuchs.fr • www.henryfuchs.fr • Visite : sur rendez-vous. Fermé dimanche et jours fériés. 06 84 95 32 69 ou 07 89 06 29 27

DOMAINE PAUL GASCHY

Hervé Gaschy a repris le domaine familial en 2000. Les presque 9 hectares de vignes sont réparties autour du domaine, notamment les grands crus Hengst, Eichberg et Pfersigberg. La viticulture est bio certifiée, les vins offrent de la tenue grâce à une belle acidité mais toutes les cuvées ne goûtent pas sec. Les 2017 présentés cette année nous ont déçu par rapport aux millésimes précédents.

- **Alsace grand cru Eichberg pinot gris 2017** | Demi-sec | 2024>27 | 26 € — 13
- **Alsace grand cru Eichberg riesling 2017** | Sec | 2018>24 | 26 € — 14,5
- **Alsace riesling 2017** | Sec | 2018>24 | 8,50 € — 13

16, Grand'Rue, 68420 Eguisheim • Tél. 03 89 41 67 34 • contact@paulgaschy.com • www.paulgaschy.com • Visite : Du lundi au samedi de 9h à 12h et de 14h à 18h.

JEAN GEILER

Sous cette marque sont commercialisés les vins de la cave d'Ingersheim, exploitant les terroirs du secteur de Colmar. Même si comme toujours dans une si vaste gamme quelques cuvées se distinguent (les vendanges tardives en 2017), trop de vins manquent cruellement de définition et surtout d'intérêt.

- **Alsace gewurztraminer Vendanges Tardives 2017** | Liquoreux | 2018>26 | 16,90 € — 15
- **Alsace pinot gris Vendanges Tardives 2017** | Moelleux | 2018>27 | 16,30 € — 15
- **Crémant d'Alsace cuvée 1926 Eff. NM** | Extra-brut | 2018>23 | 10,50 € — 14

45, rue de la République, 68040 Ingersheim • Tél. 03 89 27 90 27 • vin@geiler.fr • www.geiler.fr • Visite : du lundi au samedi de 9h à 12h et de 14h à 18h, le dimanche ouverture à 10h; fermeture le 25 et le 26 décembre, le 1er janvier.

DOMAINE ARMAND GILG

Domaine familial mettant entre autres en valeur le sylvaner sur le grand cru Zotzenberg.

- **Alsace grand cru Mœnchberg riesling 2017** | Sec | 2018>27 | 12,50 € — 15,5

Alsace grand cru Zotzenberg pinot gris 2017 | Demi-sec | 2018>27 | 13,50 € — 15

2, rue Rotland, 67140 Mittelbergheim • Tél. 03 88 08 92 76 • info@domaine-gilg.com • www.domaine-gilg.com • Visite . Du lundi au vendredi de 8h à 12h et de 13h30 à 18h, le samedi de 8h à 12h et de 13h30 à 17h, le dimanche et les jours fériés de 9h à 11h30.

DOMAINE PAUL GINGLINGER

Michel Ginglinger propose l'une des plus belles gammes sur les terroirs calcaires d'Eguisheim, avec en point d'orgue des cuvées de l'Eichberg et du Pfersigberg sublimes. La conversion bio est officiellement entamée, elle sera accordée avec la vendange 2017 mais les vignes sont bien tenues depuis longtemps. La vinification en parcellaire se retrouve dans les différentes cuvées, toujours très précises dans leur délimitation de terroir. Le domaine excelle aussi dans les crémants, un souvenir des premiers pas de Michel dans la Champagne voisine. Malheureusement le domaine ne nous a pas présenté d'échantillons cette année.

8, place Charles-de-Gaulle, 68420 Eguisheim • Tél. 03 89 41 44 25 • info@paul-ginglinger.fr • www.paul-ginglinger.fr • Visite : Du lundi au samedi de 8h à 12h et de 14h à 18h. Le dimanche matin de 9h à 12h. Fermé de septembre à juin le matin.

DOMAINE PIERRE-HENRI GINGLINGER

Vieux domaine d'Eguisheim, aujourd'hui Mathieu, la douzième génération, est aux commandes, les vignes sont converties en bio depuis 2001 et le vignoble s'est agrandi en 2011 pour atteindre aujourd'hui 15 hectares, dont les grands crus Pfersigberg et Ollwiller. Les 2017 offraient un meilleur équilibre que dans les millésime précédents, à l'exception des vins du grand cru Ollwiller (eux dans le millésime 2015), la reprise en mains du cru s'avérant décidément compliquée.

Alsace grand cru Eichberg riesling 2017 | Sec | 2018>27 | 18,80 € — 14,5

Alsace grand cru Pfersigberg gewurztraminer 2017 | Doux | 2018>32 | 18,20 € — 16

Alsace Ambre 2017 | Demi-sec | 2018>24 | 15 € — 13,5

Alsace pinot noir Rubis 2017 | Sec | 2018>24 | 25 € — 13,5

Crémant d'Alsace Le Pont G par Mathieu Ginglinger Eff. NM | Extra-brut | 2018>24 | 39,50 € — 15

33, Grand'Rue, 68420 Eguisheim • Tél. 03 89 41 32 55 • contact@vins-ginglinger.fr • www.vins-ginglinger.com • Visite : Tous les jours de 9h30 à 12h et de 13h30 à 18h30.

DOMAINE RÉMY GRESSER

Ancien président du CIVA, Rémy Gresser est aujourd'hui revenu sur son domaine d'Andlau, où il aime vanter la diversité des différents sols du secteur, entre schistes, grès, calcaires ou marnes. Les vins jeunes affichent souvent un résiduel certain, mais une moyenne garde de 4 à 5 ans en cave permet à la salinité des terroirs de le gommer, en faisant alors de grandes bouteilles de gastronomie. Mais il faut parfois s'armer d'un peu de patience ! Le domaine commercialise de vieux millésimes pour les plus pressés.

Alsace grand cru Kastelberg riesling 2017 | Sec | 2022>32 | 30 € — 16,5

Alsace grand cru Mœnchberg gewurztraminer 2017 | Demi-sec | 2018>27 | 25 € — 15

Alsace Brandhof pinot gris 2017 | Doux | 2018>25 | 10,50 € — 13,5

Alsace Kritt gewurztraminer 2017 | Sec | 2018>25 | 10,50 € — 13

2, rue de l'École, 67140 Andlau • Tél. 03 88 08 95 88 • domaine@gresser.fr • www.gresser.fr • Visite : du lundi au samedi de 10h à 12h et de 14h à 17h30 ; fermé les dimanches et jours fériés.

DOMAINE JOSEPH GRUSS ET FILS

La famille Gruss exploite 15 hectares de vignes sur les quatre communes d'Eguisheim, Wettolsheim, Herrlisheim et Rouffach. La gamme est encore perfectible en termes d'homogénéité mais nous avons vraiment adoré le riesling eichberg et le pinot gris casse-noisette en 2017. Un domaine à suivre.

Alsace grand cru Eichberg riesling 2017 | Sec | 2018>32 | 15 € — 16,5

Alsace grand cru Vorbourg pinot gris 2017 | Sec | 2018>27 | 15 € — 14

Alsace pinot gris Casse-Noisette 2017 | Sec | 2018>27 | 11,90 € 15,5

25, Grand'Rue, 68420 Eguisheim • Tél. 03 89 41 28 78 • domainegruss@hotmail.com • Visite : du lundi au samedi de 8h à 12h et de 13h30 à 18h30, le dimanche de 9h à 12h.

DOMAINE HENRI GSELL

Ne manquez pas le très réussi muscat de l'Eichberg en 2017, le reste de la gamme affiche hélas un résiduel très prononcé.

Alsace grand cru Eichberg muscat 2017 | Sec | 2018>27 | 15,90 € 15,5

22, rue du Rempart Sud, 68420 Eguisheim • Tél. 03 89 41 96 40 ou 06 08 62 97 71 • gsell.henri@orange.fr • Visite : du lundi au samedi de 10h à 12h et de 14h30 à 18h30, de préférence sur rendez-vous.

DOMAINE JEAN-MARIE HAAG

Ce domaine de 7 hectares exploite l'essentiel de son vignoble sur les coteaux du grand cru Zinnkoepflé et à proximité. Sans surprise, les gewurztraminers sont donc à l'honneur au domaine, mais en 2015 les pinots noirs sont également de la fête. Les 2016 sont réussis, notamment en gewurzt et en riesling. Joli tir groupé en 2017, à l'exception du gewurzt sur le grand cru, trop marqué par son résiduel.

Alsace grand cru Zinnkoepflé gewurztraminer 2017 | Sec | 2018>27 | 18,90 € 13
Alsace grand cru Zinnkoepflé pinot gris 2017 | Doux | 2022>32 | 16,30 € 16
Alsace grand cru Zinnkoepflé riesling 2017 | Sec | 2018>27 | 16,30 € 16
Alsace Clos Baumhauer pinot noir 2017 | Sec | 2018>26 | 23,90 € 14,5
Alsace Vallée Noble riesling 2017 | Sec | 2018>27 | 12,90 € 14,5

17, rue des Chèvres, 68570 Soultzmatt • Tél. 03 89 47 02 38 • info@domaine-haag.fr • www.domaine-haag.fr • Visite : du lundi au vendredi de 9h à 12h et de 14h à 18h30 et le samedi fermeture à 18h (de préférence sur rendez-vous). Le dimanche et jours fériés sur rendez-vous.

DOMAINE HAEGI

Daniel et son épouse Sylvie dirigent ce domaine de Mittelbergheim, bien implanté notamment sur le grand cru Zotzenberg. Le vignoble est en agriculture biologique. Les vins du Zotzenberg sont régulièrement les plus réussis, dès lors qu'ils n'affichent pas un résiduel trop marqué.

Alsace grand cru Zotzenberg riesling 2017 | Sec | 2018>27 | NC 15,5
Crémant d'Alsace chardonnay Émotion Eff. NM | Brut | 2018>22 | NC 14

33, rue de la Montagne, 67140 Mittelbergheim • Tél. 03 88 08 95 80 • info@haegi.fr • www.haegi.fr • Visite : du lundi au samedi de 9h à 12h et de 13h à 18h. Le dimanche sur rendez-vous.

FAMILLE HAULLER - CAVE DU TONNELIER

C'est l'histoire d'une famille de tonneliers devenus vignerons. Le vignoble exploité s'étend sur 27 hectares, depuis Dambach-la-Ville jusqu'à Soultzmatt.

Alsace grand cru Frankstein riesling 2017 | Sec | 2018>27 | 13 € 15,5
Alsace gewurztraminer Vendanges Tardives 2017 | Moelleux | 2018>27 | 28,80 € 14,5
Alsace pinot noir Barriques 2017 | Sec | 2018>25 | 13,70 € 14
Alsace riesling Vendanges Tardives 2017 | Doux | 2018>25 | 28,30 € 14

92, rue du Maréchal-Foch, 67650 Dambach-la-Ville • Tél. 03 88 92 40 00 • claude@famillehauller.com OU ludovic@famillehauller.com • www.famillehauller.com • Visite : sur rendez-vous.

DOMAINE LÉON HEITZMANN

Un domaine que nous avons découvert à l'occasion de nos dégustations à l'aveugle cette année : cinq vins retenus sur les cinq présentés. Les vignes sont cultivées en biodynamie, ce qui explique les tensions affirmées dans les vins, avec des équilibres toniques.

Alsace grand cru Kaefferkopf riesling 2017 | Sec | 2018>27 | 16 € 15
Alsace grand cru Schlossberg riesling 2017 | Sec | 2018>27 | 16 € 16,5
Alsace gewurztraminer Vendanges Tardives 2017 | Moelleux | 2018>24 | 25 € 14

- **Alsace pinot noir cuvée Anne-Marie 2017** | Sec | 2018>27 | 16 € — 14,5

2, Grand-Rue, 68770 Ammerschwihr • Tél. 03 89 47 10 64 • contact@domaine-heitzmann.com • www.leon-heitzmann.com • Visite : du lundi au samedi de 9h à 12h et de 13h à 18h.

DOMAINE HERING

Vieux village viticole, Barr ne compte plus aujourd'hui que 6 domaines viticoles, au pied du grand cru Kirchberg (de Barrr). Jean-Daniel Hering y exploite le clos Gaensbroennel, ainsi qu'un autre clos situé lui au cœur du village, le clos de la Folie Marco. Les terroirs du secteur conviennent mieux au riesling, au pinot noir et au gewurztraminer qu'au pinot gris. Les vins gagnent en expression au bout de quelques mois de bouteille, mais sans être pour autant des cuvées de garde.

- **Alsace grand cru Kirchberg de Barr Clos Gaensbroennel Vendanges Tardives 2015** | Moelleux | 2018>30 | 28 € — 16
- **Alsace grand cru Kirchberg de Barr gewurztraminer 2018** | Doux | 2022>30 | NC — 15
- **Alsace grand cru Kirchberg de Barr riesling 2017** | Sec | 2018>32 | 16,30 € — 16,5
- **Alsace Krug riesling 2018** | Sec | 2018>25 | NC — 14
- **Alsace muscat Les Authentiques 2018** | Sec | 2018>22 | NC — 13
- **Alsace pinot noir cuvée du Chat Noir 2017** | Sec | 2018>27 | 18,50 € — 14,5
- **Alsace riesling Les Authentiques 2018** | Sec | 2018>28 | NC — 14,5
- **Alsace Rosenegert 2017** | Sec | 2018>27 | 13,30 € — 15,5
- **Alsace sylvaner Clos de la Folie Marco 2017** | Sec | 2018>27 | 7,90 € — 15

6, rue du Docteur-Sultzer, 67140 Barr • Tél. 03 88 08 90 07 • jdhering@wanadoo.fr • www.vins-hering.com • Visite : La boutique est ouverte du lundi au samedi de 9h à 12h et de 13h30 à 18h30, le samedi fermeture à 18h. Le dimanche matin sur rendez-vous. Visites de cave sur rendez-vous.

DOMAINE ÉMILE HERZOG

Un domaine que nous découvrons cette année et que nous retenons pour son pinot gris du Brand.

- **Alsace grand cru Brand pinot gris 2017** | Sec | 2018>27 | NC — 15

28, rue du Florimont, 68230 Turckheim • Tél. 03 89 27 08 79 • e.herzog@laposte.net • www.vins-emile-herzog.com • Visite : sur rendez-vous.

DOMAINE HEYWANG

Petit domaine de 7 hectares dont les spécialités restent les vins issus du grand cru Kirchberg de Barr. Très réussi riesling sur ce terroir en 2017.

- **Alsace grand cru Kirchberg de Barr riesling 2017** | Sec | 2018>27 | 14,20 € — 15

7, rue Principale, 67140 Heiligenstein • Tél. 03 88 08 91 41 • contact@heywang-vins.fr • www.heywang-vins.fr • Visite : du lundi au samedi de 10h à 12h et de 14h à 19h sauf le samedi fermeture à 18h

FAMILLE HUGEL

La grande maison de Riquewihr est peut-être la dernière d'Alsace à ne pas étiqueter ses cuvées comme grand cru, même si les cuvées grossi-laüe en sont généralement issus, du moins en blanc. Un pas a été franchi avec le lancement avec le 2007 de la cuvée Schoelhammer, un riesling qui revendique son parcellaire sur le grand cru Schoenenbourg. Le reste de la gamme se décline toujours en classic (les entrées de gamme) et estate (le niveau intermédiaire), dans un style aussi sec que possible qui souligne la pureté des parfums et l'équilibre en bouche, même si les somptueuses sélections de grains nobles, notamment les extrêmes cuvées S, restent la spécialité incontestée de la maison, sans doute sans équivalent en Alsace quand la noblesse du botrytis est au rendez-vous.

- **Alsace gewurztraminer Classic 2017** | Sec | 2018>24 | NC — 15
- **Alsace gewurztraminer Estate 2015** | Sec | 2018>30 | 18,40 € — 16
- **Alsace gewurztraminer Grossi Laüe 2013** | Sec | 2018>28 | NC — 17
- **Alsace gewurztraminer Sélection de Grains Nobles 2011** | Liquoreux | 2013>26 | NC — 18
- **Alsace pinot gris Estate 2016** | Sec | 2018>31 | NC — 16
- **Alsace pinot gris Grossi Laüe 2013** | Sec | 2018>28 | NC — 15,5
- **Alsace pinot noir Grossi Laüe 2013** | Sec | 2018>28 | 40,80 € — 16
- **Alsace riesling Classic 2017** | Sec | 2018>24 | 14,40 € — 14
- **Alsace riesling Estate 2015** | Sec | 2018>30 | 21,60 € — 16,5
- **Alsace riesling Grossi Laüe 2013** | Sec | 2018>23 | 43,20 € — 15,5
- **Alsace riesling Sélection de Grains Nobles 2014** | Liquoreux | 2018>34 | NC — 18,5
- **Alsace riesling Vendanges Tardives 2013** | Moelleux | 2018>28 | NC — 16,5

- **Alsace Schoelhammer riesling 2011** | Sec | 2018>26 | 128 € 17,5

3, rue de la Première-Armée - B.P. 32, 68340 Riquewihr • Tél. 03 89 47 92 15 ou 03 89 86 68 62 • info@hugel.com • www.hugel.fr • Visite : tous les jours de 9h à 12h et de 13h à 18h de mars à décembre, sinon sur rendez-vous à tasting@famillehugel.com.

DOMAINE ARMAND HURST

Ce domaine historique de Turckheim a pris un nouveau virage qualitatif depuis l'arrivée de Marc Rinaldi dans le capital en 2016. Vu le patrimoine de vignes et en particulier le parcellaire sur le grand cru Brand, un tel changement était bienvenu ! Depuis deux millésimes plusieurs cuvées se distinguent lors de nos dégustations à l'aveugle, cette année les 2017.

- **Alsace grand cru Brand riesling Vieilles Vignes 2017** | Sec | 2018>32 | 20 € 16
- **Alsace Boland de Turckheim riesling 2017** | Sec | 2018>27 | 18,90 € 14,5
- **Alsace pinot noir Coeur de Dragon 2017** | Sec | 2018>25 | 20,90 € 14,5

8, rue de la Chapelle, 68230 Turckheim • Tél. 03 89 27 40 22 • domaine@armand-hurst.fr • www.armand-hurst.fr • Visite : Du lundi au vendredi, de 9h à 12h et de 13h30 à 18h, le samedi de 9h à 12h et de 14h à 18h.

JOSMEYER

Jean Meyer n'est plus, mais ses deux filles Isabelle et Céline maintiennent le cap, elles étaient déjà aux manettes depuis de nombreuses années. Le domaine dispose de vignes splendidement situées, entre autres sur les grands crus Brand ou Hengst, d'où est issue la très pure cuvée samain, une cuvée de garde dès lors qu'elle est produite. La biodynamie est ici en place depuis longtemps, ce qui donne des vins d'une grande pureté cristalline, qui ne cessent de gagner en densité et en intensité avec le temps. Comme chaque année, nous avons complété notre dégustation des vins du millésimes par d'autres cuvées plus abouties, et qui évoluent à la perfection. Suite au gel tardif d'avril 2017, la vendange cette année-là fut la plus petite jamais rentrée au domaine, 29 hl/ha, si bien que toutes les cuvées n'ont pu être produites, notamment en entrées de gamme. Les deux rieslings du Hengst sont de toute beauté, est-ce une surprise ?

- **Alsace grand cru Brand riesling 2017** | Sec | 2018>32 | 39,50 € 17
- **Alsace grand cru Hengst riesling 2017** | Sec | 2018>32 | 39,50 € 17
- **Alsace grand cru Hengst riesling Samain 2017** | Sec | 2018>37 | NC 18
- **Alsace gewurztraminer Les Folastries 2017** | Sec | 2018>27 | NC 15,5
- **Alsace pinot auxerrois H Vieilles Vignes 2017** | Sec | 2018>27 | 22,90 € 16,5
- **Alsace pinot gris Le Fromenteau 2017** | Sec | 2018>24 | NC 14
- **Alsace pinot gris Un Certain Regard 2017** | Sec | 2018>24 | 23,90 € 14,5
- **Alsace riesling Le Dragon 2017** | Sec | 2018>24 | 22,90 € 14,5
- **Alsace riesling Les Pierrets 2017** | Sec | 2018>27 | 25,10 € 15
- **Alsace sylvaner Peau Rouge 2018** | Sec | 2018>24 | 12,40 € 14

76, rue Clémenceau, 68920 Wintzenheim • Tél. 03 89 27 91 90 • domaine@josmeyer.com • www.josmeyer.com • Visite : du lundi au samedi matin de 9h à 12h et de 14h à 18h. Fermé les dimanches et jours fériés.

DOMAINE ANDRÉ KIENTZLER

André à la retraite, Thierry Kientzler et son frère Éric s'occupent maintenant de ce beau domaine sur le ban de Ribeauvillé, avec des vignes sur les meilleurs terroirs (Kirchberg, Geisberg, Osterbeg). La viticulture est conventionnelle mais rigoureuse, la vinification précise, et tous les vins restituent la salinité si particulière propre au secteur. Ici le muscat (du Kirchberg) et les différents rieslings sont les grandes spécialités, tout comme l'étonnant auxerrois (du Kirchberg lui aussi, baptisé... K). Très bons 2017, sur l'ensemble de la gamme.

- **Alsace grand cru Geisberg pinot gris 2017** | Demi-sec | 2022>37 | 34 € 17
- **Alsace grand cru Geisberg riesling 2017** | Sec | 2018>37 | 34 € 18
- **Alsace grand cru Geisberg riesling 2016** | Sec | 2018>26 | 37 € 16,5
- **Alsace grand cru Kirchberg de Ribeauvillé muscat 2017** | Sec | 2018>26 | 22 € 15,5
- **Alsace grand cru Kirchberg de Ribeauvillé riesling 2017** | Sec | 2018>37 | 30 € 17
- **Alsace grand cru Osterberg pinot gris 2017** | Demi-sec | 2024>32 | 25 € 15
- **Alsace grand cru Osterberg riesling 2017** | Sec | 2018>32 | 25 € 15
- **Alsace auxerrois K 2017** | Demi-sec | 2025>37 | 18 € 16
- **Alsace chasselas 2017** | Sec | 2018>25 | 7 € 14
- **Alsace Hagueneau gewurztraminer 2017** | Demi-sec | 2018>32 | 18 € 15,5
- **Alsace muscat 2017** | Sec | 2018>25 | 11 € 15
- **Alsace pinot gris Réserve Particulière 2017** | Demi-sec | 2023>32 | 18 € 14,5
- **Alsace Ribeauvillé riesling 2017** | Sec | 2018>32 | 16 € 16

- Alsace riesling 2017 | Sec | 2018>27 | 11 € 15
- Crémant d'Alsace Eff. 2016 | Non dosé | 2018>26 | 18 € 15,5

50, route de Bergheim, 68150 Ribeauvillé • Tél. 03 89 73 67 10 • domaine@vinskientzler.com • www.vinskientzler.com • Visite : du lundi au samedi sur rendez-vous.

MAISON KLIPFEL

Cette maison de négoce historique a récemment été rachetée par le groupe Grands Chais de France. Derrière une production de volume, les cuvées louis-klipfel et les grands crus proviennent des vignes du domaine, propriétaire de douze hectares sur le Kirchberg de Barr, dont plus de trois dans le légendaire clos Zisser.

- Alsace grand cru Kirchberg de Barr gewurztraminer Clos Zisser - Domaine André Lorentz 2017 | Doux | 2022>27 | 19 € 15
- Alsace pinot gris Domaine André Lorentz 2017 | Sec | 2018>24 | 11,50 € 13

10, rue des Jardins , 67140 Barr • Tél. 03 88 58 59 00 • info@klipfel.com • www.klipfel.com • Visite : tous les jours de 10h à 12h et de 14h à 18h, fermé en janvier à avril les dimanches.

CLÉMENT KLUR

Depuis le millésime 2017, les vins étiquetés Clément Klur sont élaborés par Léon et Laurence Heitzmann, producteurs dans la commune voisine d'Ammerschwihr.

- Alsace grand cru Wineck-Schlossberg riesling 2017 | Sec | 2018>27 | 18 € 16

2, Grand Rue, 68770 Ammerschwihr • Tél. 03 89 47 10 64 • contact@vins-klur.com • www.vinsklur.com • Visite : du lundi au samedi de 9h à 12h et de 13h à 18h.

DOMAINE JEAN-CLAUDE KOEHLER ET FILS

Domaine de 7 hectares sur Westhalten et alentours, hélas la tentation du sucre résiduel est encore présente dans trop de cuvées à notre goût.

- Alsace riesling cuvée Particulière 2015 | Sec | 2018>26 | 6,20 € 15,5

7, rue de Soultzmatt, 68250 Westhalten • Tél. 03 89 47 01 23 ou 06 74 72 00 13 • contact@vins-koehler.fr • www.vins-koehler.fr • Visite : sur rendez-vous.

DOMAINE KREYDENWEISS

Après 30 ans à vinifier en Alsace, Marc Kreydenweiss a eu envie d'un nouveau challenge en Costières-de-Nîmes, et depuis 2007 c'est son fils Antoine qui est aux commandes sur ce beau domaine porté par la diversité des terroirs d'Andlau. Le domaine est certifié en biodynamie depuis un quart de siècle, ce qui donne à toutes ses cuvées de la profondeur et une évidente lecture de sol. Le style des vins est orienté vers le sec, mais attention aux terroirs très salins d'Andlau, notamment les grands crus Kastelberg et Wiebelsberg, qui sont de vrais vins de temps et donc de patience, pas toujours évidents jeunes. Gamme d'une rare homogénéité de style, belle réussite sur les 2016. Malheureusement aucun 2017 ne nous a été présenté cette année, et nous n'avons pu visiter le domaine.

12, rue Deharbe, 67140 Andlau • Tél. 03 88 08 95 83 • marc@kreydenweiss.com • www.kreydenweiss.com • Visite : sur rendez-vous.

DOMAINE PAUL KUBLER

Jeune vigneron ayant déjà bien voyagé au cours de sa formation, Philippe Kubler a choisi de restreindre le nombre de cuvées du domaine familial à son retour, un choix un peu à contre-courant dans la région mais payant car sa gamme présente une grande lisibilité : K désigne les entrées de gamme, à côté des vins de terroir, et la cuvée kintet est un assemblage de cépages. Des vins aussi secs que possible, bâtis pour la table. Très bons 2017 présentés cette année.

- Alsace grand cru Zinnkoepflé gewurztraminer 2017 | Doux | 2018>32 | NC 16,5
- Alsace Breitenberg riesling 2017 | Sec | 2018>24 | NC 14
- Alsace pinot gris K 2017 | Sec | 2018>25 | NC 13,5
- Alsace sylvaner Z 2017 | Sec | 2018>27 | NC 15,5

- **Alsace Weingarten pinot noir 2017** | Sec | 2018>27 | NC — 15

103, rue de la Vallée, 68570 Soultzmatt • Tél. 03 89 47 00 75 • contact@paulkubler.com • www.paulkubler.com • Visite : lundi, mardi, jeudi, vendredi et samedi de 10h à 18h30, de préférence sur rendez-vous au 07 88 14 08 19.

DOMAINE KUEHN

Ce domaine d'Ammerschwihr a entre autres particularités celle d'avoir préservé ses caves du XVIIe siècle, quand tout le village a été détruit à la fin de la Seconde Guerre mondiale.

- **Alsace grand cru Hengst gewurztraminer 2017** | Sec | 2018>27 | NC — 14,5
- **Alsace grand cru Kaefferkopf 2017** | Sec | 2022>27 | 14,35 € — 13
- **Alsace riesling Baron de Schielé 2017** | Sec | 2018>23 | 6,75 € — 12,5
- **Alsace riesling Vendanges Tardives 2017** | Doux | 2018>25 | epuisé — 14,5

3, Grand'Rue, 68770 Ammerschwihr • Tél. 03 89 78 23 16 • vin@kuehn.fr • www.kuehn.fr • Visite : du lundi au vendredi de 14h à 18h30 et le week-end de 10h à 12h et de 14h à 18h.

KUENTZ-BAS

Cette vieille maison de négoce a été reprise par Jean-Baptiste Adam en 2004, qui en a alors confié la direction technique à Samuel Tottoli. Le style des vins évolue vers plus sec que par le passé, même si quelques améliorations sont encore souhaitables. Samuel Tottoli a depuis rejoint le projet Kirrenbourg (voir la fiche dédiée dans le guide), les 2017 sont les premiers vins de la nouvelle direction technique.

- **Alsace grand cru Eichberg riesling Trois Châteaux 2017** | Sec | 2018>25 | 21,90 € — 14
- **Alsace grand cru Geisberg riesling 2017** | Sec | 2018>32 | 21,90 € — 16,5
- **Alsace grand cru Pfersigberg gewurztraminer Trois Châteaux 2017** | Demi-sec | 2018>27 | 21,90 € — 15,5
- **Alsace grand cru Pfersigberg riesling Trois Châteaux 2017** | Sec | 2018>27 | 21,90 € — 15

14, route des Vins, 68420 Husseren-les-Châteaux • Tél. 03 89 49 30 24 • info@kuentz-bas.fr • www.kuentz-bas.fr • Visite : du lundi au vendredi de 10h à 12h et de 13h30 à 17h30. Ouvert le samedi de Pâques à la Toussaint de 10h à 12h et de 13h30 à 18h.

DOMAINE LEIPP-LEININGER

Domaine situé à Barr, au pied du mont Sainte-Odile les vignes sont cultivées en agriculture biologique Tous les 2017 présentés cette année se sont distingués à l'aveugle ! Entrée dans le guide !

- **Alsace Côtes de Barr sylvaner 2017** | Sec | 2018>24 | 6,50 € — 15
- **Alsace Degis riesling 2017** | Sec | 2018>27 | 10 € — 14,5
- **Alsace pinot noir 2017** | Sec | 2018>24 | 17 € — 13,5
- **Alsace riesling 2017** | Sec | 2018>27 | 8 € — 15
- **Alsace riesling Vendanges Tardives 2017** | Doux | 2018>27 | 23 € — 15,5

11, rue du Dr Sultzer, 67140 Barr • Tél. 03 88 08 95 98 • info@leipp-leininger.com • www.leipp-leininger.com • Visite : Du Lundi au Vendredi de 08h à 12h et de 13h15 à 18h30. Samedi de 08h30 à 12h et de 13h15 à 18h. Dimanche de 10h à 12h

DOMAINE LOBERGER

Ce domaine fut créé en 1984 à l'initiative de Jean-Jacques Loberger. Les 8 hectares de vignes sont cultivées selon les préceptes de la biodynamie. Nous avons découvert les vins du domaine cette année lors de nos dégustation à l'aveugle : un tir groupé pour les cinq échantillons présentés, et surtout un style de vins secs que nous apprécions tant pour leurs usages gastronomiques. Entrée dans le guide méritée !

- **Alsace grand cru Kitterlé riesling 2017** | Sec | 2018>32 | 18 € — 15
- **Alsace grand cru Spiegel riesling 2017** | Sec | 2021>27 | 18 € — 14,5
- **Alsace pinot gris Vieilles Vignes 2017** | Sec | 2018>27 | 12 € — 15,5
- **Alsace riesling Vieilles Vignes 2017** | Sec | 2018>27 | 12 € — 14

10, rue de Bergholtz-Zell, 68500 Bergholtz • Tél. 03 89 76 88 03 • contact@loberger.fr • www.loberger.fr • Visite : du lundi au vendredi de 9h à 12h et de 13h30 à 18h

DOMAINE LOEW

Tout au nord de l'Alsace viticole, dans un secteur où la plupart des vignerons livrent soit au négoce soit à la coopération, Étienne Loew se bat avec courage pour faire connaître les terroirs méconnus de Westhalten. Des vinifications soignées et de longs élevages (essentiellement en cuve inox) donnent des vins purs et précis, les rieslings sont bien secs. Le domaine s'étend désormais sur 12 hectares, grâce à une acquisition sur le grand cru Engelberg. Beau tir groupé des 2017, un millésime qui convient bien au style du domaine.

- **Alsace grand cru Altenberg de Bergbieten riesling 2017** | Sec | 2018>32 | 24 € — 17
- **Alsace grand cru Altenberg de Bergbieten riesling 2015** | Sec | 2018>30 | 24 € — 16,5
- **Alsace grand cru Engelberg pinot gris 2017** | Sec | 2018>27 | 24 € — 16,5
- **Alsace Suessenberg riesling 2017** | Sec | 2018>27 | 14,40 € — 15
- **Alsace sylvaner Vérité 2017** | Sec | 2018>24 | 11,80 € — 15

28, rue Birris, 67310 Westhoffen • Tél. 03 88 50 59 19 • domaine.loew@orange.fr • www.domaineloew.fr • Visite : Du lundi au vendredi sur rendez-vous, le samedi de 10h à 12h et de 14h à 17h ; fermé le dimanche et jours fériés.

GUSTAVE LORENTZ

Cette maison de Bergheim réalise l'essentiel de son activité en achats de raisins sur le secteur mais possède néanmoins un petit vignoble bien situé, notamment sur l'Altenberg et le Kanzlerberg. Elle est ainsi le principal propriétaire sur l'Altenberg de Bergheim, avec 13 hectares sur un total de 35 pour le grand cru. Ce n'est pas une surprise compte tenu du secteur, le riesling est ici le grand cépage. Les nouvelles installations techniques permettent enfin de rationaliser tout le cycle de production et de vieillissement des vins en bouteille. Les vins étant commercialisés avec un décalage de millésimes, nous présentons donc plusieurs cuvées en parallèle.

- **Alsace grand cru Altenberg de Bergheim riesling 2014** | Sec | 2018>24 | 25,10 € — 15
- **Alsace grand cru Altenberg de Bergheim riesling Sélection de Grains Nobles 2015** | Moelleux | 2030>40 | 88,95 € — 15,5
- **Alsace grand cru Kanzlerberg pinot gris 2011** | Demi-sec | 2018>26 | 25,10 € — 16,5
- **Alsace grand cru Kanzlerberg riesling 2015** | Sec | 2024>30 | 25,10 € — 16,5
- **Alsace Burg riesling 2016** | Sec | 2018>31 | 14,05 € — 15,5
- **Alsace pinot gris Évidence 2016** | Sec | 2018>26 | 12,45 € — 14,5
- **Alsace pinot noir Évidence 2016** | Sec | 2018>24 | 12,65 € — 14,5
- **Alsace pinot noir La Limite 2015** | Sec | 2017>30 | 35 € — 16
- **Alsace riesling Évidence 2016** | Sec | 2021>26 | 11,95 € — 14
- **Alsace Schofweg pinot gris 2015** | Demi-sec | 2022>30 | 14,20 € — 15,5

91, rue des Vignerons, 68750 Bergheim • Tél. 03 89 73 22 22 • info@gustavelorentz.com • www.gustavelorentz.com • Visite : D'avril à novembre, du lundi au samedi de 10h à 12h et de 14h à 18h30. Le reste de l'année, fermeture le lundi matin et les autres jours de la semaine fermeture à 18h.

DOMAINE MADER

Jérôme Mader exploite les différents terroirs du secteur d'Hunawihr, dont le grand cru Rosacker. Le Muhlforst réussit généralement au pinot noir, au gewurzt et au riesling, ce dernier cépage étant aussi à son aise sur le Rosacker. Longtemps les pinots gris décevaient par leur résiduel marqué et leur manque d'identité, mais depuis 2014 un splendide pinot gris du Schlossberg a vu le jour, vinifié en fût, et il confirme en 2015.

- **Alsace grand cru Rosacker riesling 2017** | Sec | 2018>27 | 24 € — 15,5
- **Alsace grand cru Schlossberg pinot gris 2017** | Sec | 2021>32 | 21 € — 15,5
- **Alsace Haguenau riesling 2017** | Sec | 2018>24 | 14 € — 13
- **Alsace Muhlforst riesling 2017** | Sec | 2018>24 | 15 € — 12,5

13, Grand-Rue, 68150 Hunawihr • Tél. 03 89 73 80 32 • vins.mader@laposte.net • www.vin-mader.com • Visite : Ouvert de 10h à 12h et de 14h à 18h du lundi au samedi mais de préférence sur rendez-vous.

DOMAINE ALBERT MANN

La famille Barthelmé est l'une des figures de proue des grands vins d'Alsace. Leurs rieslings font référence, en schlossberg comme en furstentum, les gewurztraminers sont souvent remarquables, enfin les pinots noirs sont parmi les plus accomplis de la région, les deux grands crus Pfersigberg et Hengst (donnant naissance aux subtilement nommées cuvées P et cuvée H) rivalisant régulièrement avec les meilleurs spécialistes côte-d'oriens de la catégorie. Et quand le millésime permet la production de grands liquoreux, on touche au sublime par la pureté et l'onctuosité des tries. Maurice (59 ans) désormais un peu en retrait, son frère Jacky (55 ans) toujours présent, la génération suivante (Pauline et Antoine) déjà en place, les choses avancent naturellement au domaine.

- **Alsace grand cru Furstentum gewurztraminer Sélection de Grains Nobles 2017** | Liquoreux | 2021>32 | NC — 17
- **Alsace grand cru Furstentum gewurztraminer Vieilles Vignes 2017** | Demi-sec | 2023>32 | 35 € — 16
- **Alsace grand cru Furstentum riesling 2017** | Sec | 2023>32 | 50 € — 16
- **Alsace grand cru Hengst pinot gris 2017** | Sec | 2024>32 | 35 € — 16
- **Alsace grand cru Schlossberg riesling 2017** | Sec | 2018>32 | 50 € — 16
- **Alsace Altenbourg gewurztraminer Vendanges Tardives 2017** | Moelleux | 2018>32 | 45 € — 16,5
- **Alsace Altenbourg riesling Vendanges Tardives 2017** | Doux | 2018>32 | 45 € — 16
- **Alsace pinot noir Clos de la Faille 2017** | Sec | 2018>32 | 37 € — 16,5
- **Alsace pinot noir Grand H 2017** | Sec | 2022>37 | 50 € — 17,5
- **Alsace pinot noir Grand P 2017** | Sec | 2022>37 | 50 € — 17,5
- **Alsace pinot noir Les Saintes-Claires 2017** | Sec | 2022>37 | 60 € — 17,5
- **Alsace riesling l'Amplitude 2017** | Doux | 2018>27 | 100 € — 15,5
- **Alsace Rosenberg riesling 2017** | Demi-sec | 2024>32 | 28 € — 15

13, rue du Château, 68920 Wettolsheim • Tél. 03 89 80 62 00 • vins@albertmann.com • www.albertmann.com • Visite : Du lundi au samedi sur rendez-vous de 9h à 12h et de 14h à 18h.

JEAN-LOUIS ET FABIENNE MANN

Ce domaine cultive en bio son large parcellaire sur le ban d'Eguisheim et alentours. Conséquence de la volonté de récolter un raisin très mûr et de pousser haut les fermentations, plusieurs cuvées cette année manquaient de fraîcheur lors de notre grande dégustation à l'aveugle.

- **Alsace grand cru Pfersigberg riesling 2016** | Sec | 2018>25 | 30,30 € — 15
- **Alsace sylvaner Le Mouton Bleu 2017** | Sec | 2018>22 | 12,30 € — 13

11, Rue du Traminer, 68420 Eguisheim • Tél. 03 89 24 26 47 • contact@vins-mann.com • www.vins-mann.com • Visite : du lundi au samedi de 9h à 18h, le dimanche sur rendez-vous.

DOMAINE DU MANOIR

Ce domaine s'étend sur le coteau du Letzenberg, aux portes de Colmar. Les vins affichent souvent un résiduel marqué, qui à notre sens nuit à l'équilibre des vins, mais à la dégustation des 2017, le pinot noir est imposé en puissance. il faut dire que ce terroir très solaire lui convient bien.

- **Alsace Clos du Letzenberg pinot gris cuvée Victoria 2017** | Demi-sec | 2018>27 | 11,50 € — 15
- **Alsace Clos du Letzenberg pinot noir élevé en barriques 2017** | Sec | 2018>27 | env. 14 € — 16

56, rue de la Promenade, 68040 Ingersheim • Tél. 03 89 27 23 69 • domainedumanoir@gmail.com • www.domainedumanoir.fr • Visite : Du lundi au vendredi de 10h à 12h et de 14h à 18h. Le week-end sur rendez-vous.

DOMAINE JEAN-PAUL MAULER

Domaine fondé en 1935, aujourd'hui c'est Julien et Aurélie Mauler, la troisième génération, qui est en charge du domaine. Les résiduels sont marqués dans les grands crus mais avec la salinité des terroirs les vins finissent par s'équilibrer.

- **Alsace grand cru Mandelberg gewurztraminer 2017** | Doux | 2023>32 | 13,50 € — 15,5
- **Alsace grand cru Mandelberg pinot gris 2017** | Doux | 2018>27 | 13,50 € — 15

3, place des Cigognes, 68630 Mittelwihr • Tél. 03 89 47 93 23 • vins.jpmauler@orange.fr • www.vins-mauler.fr • Visite : sur rendez-vous.

DOMAINE GÉRARD METZ

Domaine bas-rhinois chez qui nous avons distingué plusieurs cuvées cette année, et qui semble progresser dans la juste direction.

- **Alsace grand cru Muenchberg riesling 2017** | Sec | 2018>27 | 16 € — 15,5

40, route du Vin, 67140 Itterswiller • Tél. 03 88 57 80 25 ou 06 07 54 33 74 • info@vinsgerardmetz.net • www.vinsgerardmetz.net • Visite : tous les jours de 10h à 12h et de 16h à 19h.

DOMAINE HUBERT METZ

Vieux domaine établi depuis près de trois siècles dans le village de Blienschwiller.

- **Alsace Breitstein gewurztraminer 2017** | Sec | 2018>27 | 12,50 € — 14
- **Alsace muscat Réserve de la Dîme 2017** | Sec | 2018>24 | 8,80 € — 13,5
- **Alsace pinot blanc Pierre de Lune Vieilles Vignes 2017** | Sec | 2018>25 | 13,20 € — 14
- **Alsace pinot noir Barriques 2017** | Sec | 2018>22 | 16,80 € — 13

3, rue du Winzenberg, 67650 Blienschwiller • Tél. 03 88 92 64 94 • contact@hubertmetz.com • www.hubertmetz.com • Visite : Du lundi au samedi de 9h à 18h de préférence sur rendez-vous.

DOMAINE MEYER-FONNÉ

Félix Meyer produit un nombre assez important de cuvées pour ses 14 hectares de vignes mais son important parcellaire est très étalé, avec pas moins de cinq grands crus. La viticulture était soignée depuis longtemps, elle est officiellement en conversion bio (label attendu pour la vendange 2020). La réussite est large : rieslings, pinots gris (sur certains terroirs), gewurztraminers, pinots noirs, VT et SGN... Le millésime 2017 a permis au domaine de réaliser tous ses rêves ou presque, puisque pas moins de 30 cuvées ont été produites... La récolte 2019 annonce quelques changements au niveau du parcellaire, nous aurons l'occasion d'en reparler.

- **Alsace grand cru Furstentum gewurztraminer 2017** | Sec | 2018>32 | 25 € — 17
- **Alsace grand cru Kaefferkopf pinot gris 2017** | Demi-sec | 2018>32 | 18,40 € — 16,5
- **Alsace grand cru Kaefferkopf riesling 2017** | Sec | 2018>27 | 28 € — 16
- **Alsace grand cru Schoenenbourg riesling 2017** | Sec | 2018>37 | 28 € — 17
- **Alsace grand cru Wineck-Schlossberg gewurztraminer 2017** | Demi-sec | 2018>32 | 17,90 € — 16
- **Alsace grand cru Wineck-Schlossberg riesling 2017** | Sec | 2018>32 | 20,50 € — 15,5
- **Alsace Altenbourg pinot noir 2017** | Sec | 2018>27 | 23,50 € — 16
- **Alsace Dorfbourg pinot gris 2017** | Sec | 2018>27 | 15,50 € — 15,5
- **Alsace Hinterburg de Katzenthal pinot gris Vendanges Tardives 2015** | Moelleux | 2018>30 | 19,50 € — 16,5
- **Alsace Pfœller riesling 2017** | Sec | 2022>27 | 19,50 € — 15
- **Alsace pinot gris Réserve Particulière 2017** | Sec | 2018>25 | 11 € — 15
- **Alsace pinot noir Gallus 2017** | Sec | 2018>27 | 15,50 € — 15

24, Grand-Rue, 68230 Katzenthal • Tél. 03 89 27 16 50 • felix@meyer-fonne.com • www.meyer-fonne.com • Visite : du lundi au samedi de 8h à 12h et de 14h à 17h30.

DOMAINE MITTNACHT-KLACK

Après une longue absence dans nos pages, ce domaine de belle réputation de Riquewihr avait fait son retour lors de l'édition passée du guide. Les 2017 présentés cette année nous ont laissé sur notre faim.

- **Alsace grand cru Schoenenbourg riesling 2017** | Moelleux | 2018>24 | 17 € — 14
- **Alsace muscat Emma 2017** | Sec | 2018>23 | 11 € — 13,5

8, rue des Tuileries, 68340 Riquewihr • Tél. 03 89 47 92 54 • contact@mittnacht.fr • www.mittnacht.fr • Visite : Du lundi au vendredi de 8h30 à 11h45 et de 13h45 à 18h de préférence sur rendez-vous. Sur rendez-vous le samedi matin et de 14h à 18h l'après-midi.

DOMAINE FRÉDÉRIC MOCHEL

Tout au nord de l'Alsace, dans un secteur où l'essentiel des viticulteurs sont soit livreurs de raisin soit coopérateurs, Guillaume Mochel exploite l'un des rares domaines à vendre sa production en bouteille. Sur les pentes de l'Altenberg de Bergbieten (ne pas confondre avec Bergheim), la salinité du sol avec ses cristaux de gypse réussit notamment au riesling et au muscat. Le domaine n'a pas soumis ses échantillons à nos dégustations syndicales cette année.

56, rue Principale, 67310 Traenheim • Tél. 03 88 50 38 67 • info@mochel.alsace • www.mochel.alsace • Visite : Du lundi au vendredi de 8h à 12h et de 13h à 18h. Le week-end sur rendez-vous.

DOMAINE MOLTES ANTOINE ET FILS

La nouvelle génération Moltès, Stéphane et Mickaël, à la tête de l'exploitation depuis 1995, a depuis converti le vignoble à l'agriculture biologique. Sans surprise, cela a donné plus de verticalité et de tension aux vins, qui désormais se distinguent lors de nos dégustations annuelles. Une nouvelle aventure qui ne fait que commencer, pour ce domaine fondé en 1930 par Antoine Moltès.

- **Alsace grand cru Zinnkoepflé riesling 2017** | Sec | 2023>27 | 17,50 € — 16
- **Alsace riesling Terre d'Apollon 2017** | Sec | 2018>27 | 11,10 € — 14
- **Alsace Sonnenglaenzlé 2017** | Sec | 2018>27 | 15,60 € — 14,5
- **Alsace Steinstuck pinot gris 2017** | Sec | 2018>27 | 17,50 € — 15,5

8, rue du Fossé, 68250 Pfaffenheim • Tél. 03 89 49 60 85 • domaine@vin-moltes.com • www.vin-moltes.com • Visite : du lundi au samedi de 8h30 à 12h et de 13h30 à 18h.

CHARLES MULLER

Ce domaine avait oublié de nous présenter des échantillons depuis plusieurs années. Il a bien fait car ses deux vins du millésime 2017 soumis à notre dégustation ont été retenus !

- **Alsace Steinacker riesling 2017** | Sec | 2018>27 | 8 € — 14,5
- **Alsace Traenheim pinot noir 2017** | Sec | 2018>27 | 11 € — 15

89c, route du vin, 67310 Traenheim • Tél. 03 88 50 38 04 • info@alsacemuller.fr • www.alsacemuller.fr • Visite : Sur rendez-vous.

MURÉ - DOMAINE DU CLOS SAINT-LANDELIN

La famille Muré exploite en monopole le clos Saint-Landelin, l'extrémité principalement sud du grand cru Vorbourg, et qui à ce titre aurait certainement mérité une appellation spécifique. Sur ce terroir argilo-calcaire très solaire, à peu près tous les cépages réussissent, d'ailleurs le pinot noir est actuellement à l'étude pour pouvoir à terme revendiquer la mention grand cru. Hormis le pinot noir, les rieslings, pinots gris, gewurzts, muscats et même sylvaners sont à la fête, avec plus ou moins de sucre résiduel suivant les cuvées et les millésimes.

- **Alsace grand cru Vorbourg Clos Saint-Landelin gewurztraminer 2016** | Demi-sec | 2018>31 | 25,40 € — 16,5
- **Alsace grand cru Vorbourg Clos Saint-Landelin muscat Vendanges Tardives 2014** | Moelleux | 2018>29 | 46,20 € — 17
- **Alsace grand cru Vorbourg Clos Saint-Landelin riesling 2016** | Sec | 2018>31 | 29,40 € — 17
- **Alsace grand cru Vorbourg Clos Saint-Landelin riesling Sélection de Grains Nobles 2015** | Liquoreux | 2017>30 | 73,50 € — 18,5
- **Alsace grand cru Zinnkoepflé riesling 2017** | Sec | 2018>32 | 43,10 € — 16,5
- **Alsace Clos Saint-Landelin pinot noir 2017** | Sec | 2018>37 | 49,90 € — 17,5
- **Alsace pinot noir V 2017** | Sec | 2018>32 | 35,70 € — 16
- **Alsace Steinstuck sylvaner 2017** | Sec | 2018>27 | 16,20 € — 16
- **Vin de France syrah 2017** | Sec | 2018>24 | 30,50 € — 14,5

RD 83 - sortie soultzmatt westhalten, 68250 Rouffach • Tél. 03 89 78 58 00 • domaine@mure.com • www.mure.com • Visite : du lundi au vendredi de 8h à 18h30. Le samedi de 10h à 13h et de 14h à 18h.

DOMAINE GÉRARD NEUMEYER

Cette propriété avait progressivement décliné dans notre hiérarchie et nous l'avions quelque peu perdue de vue. L'arrivée du jeune Jérôme Neumeyer, qui succède à son père Gérard, apporte un souffle nouveau à ce domaine parmi les plus connus et les plus anciens de ce secteur nord de l'Alsace, à Molsheim, dans la ville même où Ettore Bugatti fonda sa marque automobile. Ici, le grand cru c'est le Bruderthal, mais les lieux-dits Stierkopf, Steinweg et Schaefferstein ne manquent pas non plus de caractère. Depuis 2014 et l'arrivée de Jérôme, les sucres résiduels ont fortement baissé ce qui amène un meilleur équilibre dans les vins. Nous nous en réjouissons, et restons persuadés que ce n'est que le début de l'aventure... Hélas en 2017, seul le riesling du grand cru a retenu notre attention.

- **Alsace grand cru Bruderthal riesling 2017** | Sec | 2018>27 | 19,40 € — 16

29, rue Ettore Bugatti, 67120 Molsheim • Tél. 03 88 38 12 45 • contact@neumeyer.fr • www.neumeyer.fr • Visite : Du lundi au samedi de 9h à 12h et de 14h à 18h.

DOMAINE OSTERTAG

André Ostertag est l'un des vignerons les plus attachants de la région. Biodynamiste convaincu, en perpétuel questionnement quant à ses pratiques viticoles, il cultive avec un soin extrême ses belles parcelles sur le Fronholz et le grand cru Muenchberg. La gamme régale du début à la fin, le domaine étant l'un des tout meilleurs spécialistes du pinot gris, qu'il réussit comme peu en Alsace, notamment la splendide cuvée de muenchberg A360P, dont le curieux nom vient de la parcelle au cadastre... Arthur, le fils d'André, est revenu au domaine en 2016, et a vinifié les 2017 avec son père avant d'être seul aux commandes dès 2018, André devant prendre un peu de recul. La nouvelle gamme les-jardins remplace désormais les précédents gammes barriques et cuvée-d'epfig, elle concerne tous les cépages.

- **Alsace grand cru Muenchberg pinot gris cuvée A360P 2017** | Sec | 2018>32 | 58 € — **18,5**
- **Alsace grand cru Muenchberg riesling 2017** | Sec | 2023>37 | 45 € — **18**
- **Alsace Fronholz gewurztraminer Vendanges Tardives 2017** | Moelleux | 2018>27 | 50 € — **17,5**
- **Alsace Fronholz muscat Vendanges Tardives 2017** | Doux | 2018>27 | 45 € — **16**
- **Alsace Fronholz pinot gris 2017** | Sec | 2018>27 | 32 € — **17**
- **Alsace Fronholz pinot noir 2017** | Sec | 2018>32 | 42 € — **16,5**
- **Alsace gewurztraminer Les Jardins Vendanges Tardives 2017** | Moelleux | 2018>27 | 38 € — **16**
- **Alsace pinot blanc Les Jardins 2017** | Sec | 2018>27 | 16 € — **16**
- **Alsace pinot gris Les Jardins 2017** | Sec | 2018>27 | 22 € — **16,5**
- **Alsace riesling Les Jardins 2017** | Sec | 2018>27 | 18 € — **15,5**
- **Alsace sylvaner Vieilles Vignes 2017** | Sec | 2018>27 | 17 € — **15,5**
- **Alsace Zellberg pinot gris 2017** | Sec | 2018>32 | 33 € — **17,5**

87, rue Finkwiller, 67680 Epfig • Tél. 03 88 85 51 34 • info@domaine-ostertag.fr • www.domaine-ostertag.fr • Visite : sur rendez-vous du lundi au vendredi.

MAISON PETTERMANN

Installée à Dambach, cette maison met à l'honneur des terroirs granitiques où les rieslings sont souvent à l'honneur. Didier Petermann cumule ses responsabilités familiales avec la présidence du CIVA, l'interprofession des vins d'Alsace.

- **Alsace riesling Depuis 1928 2017** | Sec | 2018>27 | 15,50 € — **15,5**

9, rue de Dieffenthal, 67650 Dambach-la-Ville • Tél. 03 88 92 42 01 • contact@maison-pettermann.fr • www.maison-pettermann.fr • Visite : du lundi au vendredi de 8h à 12h et de 13h30 à 17h, le samedi sur rendez-vous.

LA CAVE DES VIGNERONS DE PFAFFENHEIM

La cave de Pfaffenheim se met désormais en avant sous l'identité Pfaff. Longtemps pionnière de la qualité pour les gros faiseurs de la région dans les années 1980 et 90, elle avait progressivement baissé de standing avec le nouveau millénaire. Depuis plusieurs millésimes, nos dégustations à l'aveugle saluent d'heureux progrès, notamment sur les grands crus dont elle est dotée par ses apporteurs.

- **Alsace grand cru Zinnkoepflé riesling 2017** | Sec | 2018>27 | 14,50 € — **14,5**
- **Alsace riesling cuvée Jupiter 2017** | Sec | 2018>24 | 9,50 € — **14**
- **Alsace riesling Tradition 2017** | Sec | 2018>26 | 7,50 € — **14,5**

5, rue du Chai - B.P. 33, 68250 Pfaffenheim • Tél. 03 89 78 08 08 • cave@pfaffenheim.com • www.pfaffenheim.com • Visite : Du lundi au samedi de 9h à 12h et de 14h à 18h et les dimanches et jours fériés de 10h à 12h et de 14h à 18h.

DOMAINE PFISTER

Au nord du Bas-Rhin, l'Engelberg fait partie des rares grands crus alsaciens détachés des collines sous-vosgiennes, c'est sur ces pentes que Mélanie Pfister donne le meilleur de ce domaine qu'elle mène d'une maîtresse main. Ici la question des sucres traînant dans les vins est un hors-sujet, Mélanie et son père avant elle ayant toujours élaboré des vins secs, « bone dry » comme disent les Anglo-Saxons. Le riesling de l'Engelberg est une constante réussite au domaine, tout comme les crémants. Le domaine ne nous a soumis qu'une courte gamme cette année, nous n'avons donc pu tout goûter.

- **Alsace grand cru Engelberg riesling 2016** | Sec | 2018>26 | 24 € — **16,5**
- **Alsace riesling Tradition 2017** | Sec | 2018>25 | 14 € — **14,5**
- **Crémant d'Alsace Blanc de Blancs Eff. NM** | Brut | 2018>22 | 14,50 € — **14**

53, rue Principale, 67310 Dahlenheim • Tél. 03 88 50 66 32 • vins@domaine-pfister.com • www.domaine-pfister.com • Visite : sur rendez-vous.

EDMOND RENTZ

Vaste domaine exploitant plus de 100 parcelles de vignes, couvrant 27 hectares sur les communes entourant Zellenberg. Longtemps les vins nous ont paru manquer de définition, la dégustation des 2017 présentés cette année nous a fait changer d'avis.

- **Alsace grand cru Schoenenbourg riesling 2017** | Sec | 2023>27 | 13,60 € — 15,5
- **Alsace grand cru Sonnenglanz gewurztraminer 2017** | Demi-sec | 2023>27 | 15,70 € — 15
- **Alsace grand cru Sonnenglanz riesling 2017** | Sec | 2018>24 | 14,60 € — 14

7, route du Vin, 68340 Zellenberg • Tél. 03 89 47 90 17 • info@edmondrentz.com • www.edmondrentz.com • Visite : Du lundi au vendredi de 8h à 12h et de 13h30 à 18h, le samedi à partir de 10h et le dimanche de 10h à 12h.

CAVE DE RIBEAUVILLÉ

Petite par la taille, Ribeauvillé demeure année après année la meilleure cave coop de toute l'Alsace, échappant à la course au gigantisme et aux regroupements qui occupe la plupart de ses concurrentes. Grâce à l'œnologue Évelyne Bléger-Cognacq, la large gamme propose de nombreux vins fort recommandables, d'autant que plus de 90 % des volumes produits sont notés dans les pages de notre guide. Le savoir-faire de la cave s'exprime tout particulièrement sur les pinots noirs, sans doute les progrès les plus visibles ces dernières années, et bien entendu les différents rieslings grand cru, grâce à différentes expressions en Osterberg, Kirchberg, Rosacker, Altenberg et Schoenenbourg. Les pinots gris et les gewurztraminers sont souvent marqués par un résiduel prononcé, mais les crémants ne manquent pas d'intérêt, après tout ils représentent 25 % des volumes !

- **Alsace grand cru Altenberg de Bergheim riesling 2017** | Sec | 2018>27 | 20,70 € — 16,5
- **Alsace grand cru Glœckelberg pinot gris 2015** | Demi-sec | 2024>30 | 18,20 € — 14,5
- **Alsace grand cru Kirchberg de Ribeauvillé riesling 2017** | Sec | 2018>32 | 20,70 € — 17
- **Alsace Bergheim gewurztraminer 2017** | Demi-sec | 2018>25 | 13,60 € — 15
- **Alsace Clos du Zahnacker 2015** | Sec | 2028>35 | 30,20 € — 15
- **Alsace gewurztraminer Vendanges Tardives 2015** | Moelleux | 2018>25 | 20,20 € — 15
- **Alsace Kugelberg pinot noir 2017** | Sec | 2018>25 | 22,20 € — 15,5
- **Alsace riesling Vieilles Vignes 2017** | Sec | 2018>25 | 9,35 € — 15
- **Alsace Rodern pinot noir Réserve 2017** | Sec | 2018>27 | 18,20 € — 16
- **Alsace sylvaner Vieilles Vignes 2017** | Sec | 2018>25 | 8 € — 14,5
- **Crémant d'Alsace La Grande Cuvée Eff. NM** | Brut | 2018>24 | 18,70 € — 15
- **Crémant d'Alsace Un, Dos, Tres Eff. NM** | Brut | 2018>23 | 13,50 € — 14

2, route de Colmar, 68150 Ribeauvillé • Tél. 03 89 73 61 80 • cave@cave-ribeauville.com • www.vins-ribeauville.com • Visite : Du lundi au vendredi de 8h à 12h et de 14h à 18h. Le week-end de 9h30 à 12h30 et de 14h30 à 18h30. Ouvert les jours fériés, sauf Noël et jour de l'an.

DOMAINE RIEFLÉ - SEPPI LANDMANN

Les Rieflé, Jean-Claude et ses fils Thomas et Paul, ont bien agrandi leur vignoble lorsqu'ils ont repris les parcelles de Seppi Landmann, désormais leurs vignes vont de Pfaffenheim jusqu'à Soultzmatt, au fond de la vallée Noble. La viticulture est des plus soignées, avec une réflexion poussée sur la conservation des sols, et cela se ressent à la dégustation des vins depuis quelques millésimes. D'autant que Jean-Claude Rieflé est revenu de ses essais de vins nature, qui nous avaient plus qu'intrigués il y a quelques années de cela. Leurs vins de terroir expriment une salinité toute gastronomique.

- **Alsace grand cru Steinert pinot gris 2017** | Doux | 2018>27 | 20 € — 15,5
- **Alsace grand cru Steinert riesling 2017** | Sec | 2018>27 | 20 € — 16
- **Alsace grand cru Zinnkoepflé 2017** | Sec | 2024>32 | 20 € — 16,5
- **Alsace L'Étoffe - Ad Quadratum 2017** | Sec | 2018>26 | 14,50 € — 15
- **Alsace Steinstuck riesling 2017** | Sec | 2018>27 | 21 € — 15,5
- **Alsace Strangenberg pinot noir 2017** | Sec | 2018>27 | 25 € — 15

7, rue du Drotfeld - B.P. 43, 68250 Pfaffenheim • Tél. 03 89 78 52 21 • riefle@riefle.com • www.riefle.com • Visite : du lundi au vendredi de 9h à 12h et de 14h à 18h. Le samedi de 10h à 18h.

CAVE DU ROI DAGOBERT

Grosse structure coopérative bas-rhinoise, aujourd'hui liée à la cave de Turckheim, dans le Haut-

Rhin. Comme souvent la vaste gamme abrite quelques cuvées fort honorables.

- **Alsace grand cru Altenberg de Bergbieten pinot gris 2017** | Sec | 2022>27 | 12,75 € — 15
- **Alsace gewurztraminer Vendanges Tardives 2017** | Moelleux | 2018>27 | 23,15 € — 15
- **Alsace pinot gris Vendanges Tardives 2017** | Moelleux | 2018>27 | 23,15 € — 15,5

1, Route de Scharrachbergheim, 67310 Traenheim • Tél. 03 88 50 69 00 • dagobert@cave-dagobert.com • www.cave-dagobert.com • Visite : De janvier à mars de 9h à 12h30 et de 14h à 18h, tous les jours. D'avril à décembre du lundi au samedi de 9h à 19h et le dimanche et les jours fériés de 9h à 12h30 et de 14h à 19h.

DOMAINE ROLLY-GASSMANN

★★★☆☆

Un domaine à part en Alsace, où rien ne goûte comme ailleurs. Fier de ses terroirs si particuliers de Rorschwihr et des alentours, Pierre Gassmann passe des heures à les expliquer et à faire déguster des cuvées par dizaines... Les sols argilo-calcaires du secteur botrytisent chaque année, et Pierre Gassmann part régulièrement en vendange quand les confrères ont fini les leurs. Ici, les vins ont un résiduel énorme mais le maître des lieux assume, et ne vend ses flacons qu'arrivés à maturité, parfois au bout de 10 ou 15 ans ! Il faut faire l'effort de comprendre ses vins, et ensuite vous comprendrez pourquoi ils ont toute leur place à table. Hélas nous n'avons pu rendre visite au domaine cette année et observer de visu la spectaculaire nouvelle cuverie, et celui-ci ne nous a pas présenté d'échantillons non plus.

2, rue de l'Église, 68590 Rorschwihr • Tél. 03 89 73 63 28 • rollygassmann@wanadoo.fr • Visite : du lundi au samedi de 9h30 à 12h et de 13h30 à 18h. Ouvert 2ème et 4ème dimanche du mois de 10h à 12h et de 14h à 18h.

DOMAINE ÉRIC ROMINGER

★★☆☆☆ ♣

Claudine a repris les rênes du domaine suite à la disparition de son mari Éric en 2014. Grâce au soutien de l'équipe à la vigne et en cave, mais aussi de la solidarité vigneronne, le style des vins n'a pas changé et nous nous en réjouissons. Les 2016 ont un caractère plus tranchant et incisif que les 2015, quelques 2017 n'étaient pas au niveau habituel du domaine cette année.

- **Alsace grand cru Zinnkoepflé riesling 2017** | Sec | 2018>24 | 18 € — 14,5
- **Alsace sylvaner 2017** | Sec | 2018>27 | 7,50 € — 15

16, rue Saint-Blaise, 68250 Westhalten • Tél. 03 89 47 68 60 • vins-rominger.eric@orange.fr • www.domaineromingerfr • Visite : du lundi au samedi de 9h à 12h et de 13h30 à 18h, le dimanche sur rendez-vous.

DOMAINE ROBERT ROTH

★☆☆☆☆

Après une première expérience chez Zind-Humbrecht, Victor Roth s'installe au domaine familial en 2017 pour son premier millésime complet. Un projet intéressant car il s'agit du dernier vigneron indépendant de Soultz, à l'extrémité sud du vignoble alsacien. Ici le grand cru est l'Ollwiller mais bien ancré dans ses convictions, Victor préfère miser sur ses terroirs du Mittelbourg, du Orschwillerbourg et du Hornstein, à ses yeux plus qualitatifs. Une première visite au domaine qui en amènera d'autres, car voilà un jeune talent à suivre...

- **Alsace Mittelbourg gewurztraminer 2017** | Demi-sec | 2018>27 | 14 € — 15
- **Alsace Mittelbourg riesling 2017** | Sec | 2018>27 | NC — 15,5
- **Alsace Mont Saint-Georges 2017** | Sec | 2023>27 | NC — 14,5
- **Alsace pinot gris Les Terres de Grès 2017** | Sec | 2018>27 | 7,50 € — 14,5
- **Alsace sylvaner Les Terres de Grès 2017** | Sec | 2018>27 | NC — 15

38 A, route de Jungholtz, 68360 Soultz • Tél. 03 89 76 80 45 • domaine-robertroth@orange.fr • www.vinsroth.fr • Visite : du lundi au samedi de 9h à 12h et de 14h à 19h, samedi fermeture à 18h.

RUHLMANN-SCHUTZ

☆☆☆☆☆

Situé à Dambach-la-ville depuis 1688, les vignobles Ruhlmann-Schutz comptent aujourd'hui 40 hectares de vignes en Alsace, mais aussi 30 hectares supplémentaires en Corbières.

- **Alsace grand cru Frankstein muscat 2017** | Sec | 2018>27 | 13 € — 15
- **Alsace grand cru Frankstein riesling 2017** | Sec | 2018>27 | 12 € — 14,5
- **Alsace grand cru Muenchberg riesling 2017** | Sec | 2023>27 | 12 € — 14,5

34 Rue du Maréchal Foch, 67650 Dambach-La-Ville • Tél. 03 88 92 41 86 • vins@ruhlmann-schutz.fr • www.ruhlmann-schutz.fr • Visite : du lundi au samedi de 9h à 12 et de 14h à 18h.

DOMAINE SAINT-RÉMY

Situé à Wettolsheim, le domaine est labellisé bio depuis 2010. Quelques belles cuvées ponctuent la gamme, malheureusement de nombreuses cuvées ne sont pas exemptes de sucres résiduels. Les 2017 dégustés semblent progresser dans la bonne direction.

- **Alsace grand cru Brand pinot gris 2017** | Demi-sec | 2022>27 | 15,30 € 14,5
- **Alsace grand cru Hengst riesling 2017** | Sec | 2018>27 | 16,80 € 17
- **Alsace pinot noir cuvée H 2017** | Sec | 2018>25 | 22,10 € 14

34, route d'eguisheim, 68920 Wettolsheim • Tél. 03 89 80 60 57 • vins@domainesaintremy.com • www.domaine-saint-remy.com • Visite : du lundi au samedi de 9h à 12h et de 13h30 à 18h30, le samedi de 9h à 12h et de 14h à 18h.

JULIEN SCHAAL

En parallèle d'une aventure de négoce en Afrique du Sud, Julien Schaal a créé en 2011 sa structure alsacienne, une aventure fort originale puisqu'il s'agit exclusivement d'un négoce fondé sur l'achat de raisins en grands crus. Actuellement, neuf grands crus sont à la carte, soit à peu près tous les types de sols de la région, et on ne propose que du riesling si l'on excepte un gewurzt sur l'Osterberg et un assemblage sur l'Altenberg de Bergheim. A l'aveugle, la dégustation de ses 2017 nous a bluffés. Chapeau !

- **Alsace grand cru Kastelberg riesling 2017** | Sec | 2018>27 | 18 € 15
- **Alsace grand cru Rangen riesling 2017** | Sec | 2018>32 | 28 € 16
- **Alsace grand cru Rosacker riesling 2017** | Sec | 2018>32 | 20 € 17
- **Alsace grand cru Schoenenbourg riesling 2017** | Sec | 2018>27 | 18 € 17
- **Alsace grand cru Sommerberg riesling 2017** | Sec | 2018>27 | 18 € 15

35, route du vin, 68590 Saint-Hippolyte • Tél. 06 10 89 72 14 • julien@vins-schaal.com • www.julienschaal.com • Visite : Vente par correspondance. Visites et dégustations sur rendez-vous.

DOMAINE SCHAEFFER-WOERLY

Petit domaine bas-rhinois, exploitant notamment 50 ares du grand cru Frankstein. Le riesling issu de ce terroir nous a plus en 2017.

- **Alsace grand cru Frankstein riesling 2017** | Sec | 2018>27 | 14 € 15
- **Alsace pinot noir Rouge d'Alsace 2017** | Sec | 2018>24 | 8,50 € 13,5

3, place du Marché, 67650 Dambach-la-Ville • Tél. 03 88 92 40 81 • schaeffer-woerly@wanadoo.fr • www.schaeffer-woerly.fr • Visite : du lundi au samedi de 9h à 18h

DOMAINE MARTIN SCHAETZEL BY KIRRENBOURG

Entrepreneur fortuné, Marc Rinaldi a décidé sur le tard de se lancer dans la production de crus d'Alsace, afin de mettre en valeur les grands terroirs de la région, trop mal valorisés à ses yeux. C'est le point de départ du projet Kirrenbourg, qui pour l'anecdote est un lieu-dit du grand cru Schlossberg. Après avoir racheté le domaine Martin Schaetzel, il a fait bâtir une cuverie flambant neuve pour permettre à ses projets de se concrétiser sous verre. Les 2016 dégustés l'an dernier montraient une progression dans le bon sens, mais il reste du chemin, et le domaine a choisi de représenter ses 2016 cette année encore donc nous n'avons pu juger les progrès accomplis sur un millésime encore plus récent.

- **Alsace grand cru Schlossberg gewurztraminer 2016** | Doux | 2021>26 | 35 € 13,5
- **Alsace grand cru Schlossberg riesling 2016** | Sec | 2022>27 | 36 € 16
- **Alsace pinot noir Granit 2017** | Sec | 2018>24 | 17,80 € 14
- **Alsace pinot noir Premier 2016** | Sec | 2018>26 | 36 € 16

15 C route du vin, 68240 Kientzheim • Tél. 03 89 47 11 39 • com@kirrenbourg.fr • www.domainekirrenbourg.fr • Visite : sur rendez-vous uniquement.

DOMAINE JOSEPH SCHARSCH

Nicolas Scharsch exploite avec application ses 12 hectares de vignes aujourd'hui converties en bio, avec pour grand cru le méconnu Altenberg de Wolxheim. Plusieurs cuvées décevaient en 2016, nous n'avons pas retrouvé le style habituel du domaine, et malheureusement la trop courte sélection présentée sur les 2017 ne nous a pas fait changer d'avis.

- **Alsace pinot gris Clos Saint-Materne 2017** | Sec | 2018>24 | 12,20 € — 12,5
- **Alsace Wolxheim riesling 2017** | Sec | 2018>27 | 9,40 € — 15

12 rue de l'église, 67120 Wolxheim • Tél. 03 88 38 30 61 • cave@domaine-scharsch.com • www.domaine-scharsch.com • Visite : Le caveau est ouvert du lundi au vendredi de 9H à 19H et le samedi de 9H à 18H

DOMAINE SCHEIDEKER ET FILS

★☆☆☆☆

Ce domaine est né en 1990 de la fusion de plusieurs entités viticoles. La dizaine d'hectares de vignes s'étend sur cinq communes autour de Mittelwihr. L'arrivée de Laurent, le fils, depuis le millésime 2014 semble avoir donné une nouvelle impulsion au domaine, que nous observons dans nos dégustations à l'aveugle.

- **Alsace grand cru Frœhn muscat 2017** | Demi-sec | 2018>25 | 13,90 € — 14,5
- **Alsace grand cru Sporen riesling 2017** | Sec | 2018>32 | 15,50 € — 16
- **Alsace Bouxreben riesling 2017** | Sec | 2018>24 | 10,90 € — 13
- **Alsace pinot noir 2017** | Sec | 2018>25 | 14,50 € — 14,5

13, rue des Merles, 68630 Mittelwihr • Tél. 03 89 49 01 29 • contact@scheidecker-fils.com • www.scheidecker-fils.com • Visite : du lundi au samedi de 9h à 12h et de 13h30 à 18h30, le dimanche sur rendez-vous.

SCHIEFERKOPF

★★☆☆☆

La biodynamie met toujours quelques années à produire ses effets, tant dans l'enracinement que dans la vie des sols et Michel Chapoutier le sait bien, lui qui a acheté ce domaine en 2009 avec quelques amis amateurs de grands vins. Situé dans le nord de l'Alsace, sur une veine de schiste bleue, le domaine prend peu à peu ses marques. Le parcellaire proposé sur les rieslings (Burg, Buehl et Fels) commence à faire ressortir les subtiles nuances de son sol.

- **Alsace Berg riesling 2017** | Sec | 2018>27 | NC — 14,5
- **Alsace Buehl riesling 2017** | Sec | 2018>27 | NC — 14,5
- **Alsace Fels riesling 2017** | Sec | 2018>27 | NC — 14,5
- **Alsace riesling Via Saint-Jacques 2017** | Sec | 2018>24 | NC — 14

18, avenue du docteur Paul Durand, 26600 Tain l'Hermitage • Tél. 04 75 08 92 61 • caveau@chapoutier.com • www.chapoutier.com

DOMAINE SCHLUMBERGER

★★★☆☆

Domaine majeur du secteur de Guebwiller et plus grosse exploitation privée de la région avec désormais 130 hectares dont la moitié sur les quatre grands crus locaux (Kessler, Kitterlé, Spiegel, Saering), Schlumberger partage sa gamme entre les grands crus et les cuvées princes-abbés. Le sérieux de Séverine Beydon-Schlumberger fait qu'en 2016, un millésime trop généreux à son goût pour les rendements, les rieslings des grands crus Kessler et Kitterlé ne seront pas produits mais déclassés dans la cuvée des prince-abbés. Idem pour une bonne partie du Saering. Nous n'avons goûté que quelques cuvées en 2017.

- **Alsace grand cru Kessler gewurztraminer 2017** | Doux | 2023>32 | 27,90 € — 16
- **Alsace grand cru Kitterlé riesling 2017** | Sec | 2018>32 | 27,60 € — 16,5
- **Alsace pinot gris Les Princes Abbés 2017** | Demi-sec | 2018>23 | 14,95 € — 13
- **Alsace riesling Les Princes Abbés 2017** | Sec | 2018>24 | 13,50 € — 13,5

100, rue Théodore-Deck - B.P. 10, 68500 Guebwiller • Tél. 03 89 74 27 00 • info@domaines-schlumberger.com • www.domaines-schlumberger.com • Visite : du lundi au samedi de 10h à 12h30 et de 13h30 à 18h. Fermé le dimanche et les jours fériés.

DOMAINE FRANÇOIS SCHMITT

★★☆☆☆ ♣

Frédéric Schmitt progresse dans le bon sens depuis quelques années déjà, et avec lui la qualité des vins de son domaine. La certification bio est acquise avec le millésime 2016, et la démarche vers la biodynamie vient d'être enclenchée. Les reproches quant aux sucres résiduels qui traînaient dans certaines cuvées se font plus rares grâce à une salinité accrue dans les vins. La troisième étoile se rapproche ! Retrouvez sur notre site une verticale de sa cuvée de pinot noir cœur-de-bollenberg.

- **Alsace grand cru Pfingstberg riesling 2017** | Sec | 2018>32 | 16 € — 17
- **Alsace grand cru Pfingstberg riesling cuvée Paradis 2017** | Sec | 2024>32 | 20 € — 17
- **Alsace Bollenberg pinot gris 2017** | Demi-sec | 2018>27 | 9 € — 15,5
- **Alsace Bollenberg riesling 2017** | Sec | 2018>27 | 9 € — 16
- **Alsace Bollenberg sylvaner 2017** | Sec | 2018>25 | 50 € — 14,5
- **Alsace Luft gewurztraminer Vendanges Tardives 2017** | Moelleux | 2018>32 | 27 € — 16,5
- **Alsace pinot blanc Croix du Sud 2017** | Sec | 2018>27 | 12 € — 15,5
- **Alsace pinot gris Le Maréchal 2017** | Sec | 2018>32 | 16 € — 16,5
- **Alsace pinot noir 2017** | Sec | 2018>24 | 6,50 € — 15
- **Alsace pinot noir Cœur de Bollenberg 2017** | Sec | 2018>27 | 25 € — 16
- **Alsace riesling 2017** | Sec | 2018>25 | 6 € — 14,5
- **Crémant d'Alsace Blanc de Noirs Eff. 2015** | Brut | 2018>23 | 12 € — 14,5

19, rue de Soultzmatt, 68500 Orschwihr • Tél. 03 89 76 08 45 • info@francoisschmitt.fr • www.francoisschmitt.fr • Visite : Du lundi au samedi de 8h à 12h et de 13h30 à 19h. Le dimanche sur rendez-vous de 9h à 12h.

DOMAINE FRITZ-SCHMITT

Fidèle à son implantation communale, ce domaine s'est fait une spécialité du rouge d'Ottrott. Cette année nous en avons découvert d'autres facettes, nous suivrons ces progrès.

- **Alsace Ottrott pinot noir S 2017** | Sec | 2018>27 | 25 € — 15
- **Alsace riesling Vieilles Vignes 2017** | Sec | 2018>27 | 9 € — 14,5

1, rue des Châteaux, 67530 Ottrott • Tél. 03 88 95 98 06 • fritzschmitt@wanadoo.fr • www.fritzschmitt.com • Visite : tous les jours de 9h à 12h et de 13h à 18h.

DOMAINE JEAN-PAUL SCHMITT

La commune de Scherwiller souffre d'un déficit de notoriété par rapport à ses voisines haut ou bas-rhinoises, la faute à l'absence de grand cru reconnu comme tel sur son sol. Pourtant, le Rittersberg, qui s'étend au pied du château de l'Ortenbourg, donne des vins d'une grande identité dès lors qu'on comprend ce qu'est un grand terroir de granite. Jean-Paul Schmitt exploite toutes ses vignes sur ce secteur, et produit une gamme d'une pureté exemplaire, tant en riesling, muscat que pinot gris. Une dégustation au domaine est un rare moment de professionnalisme dans la manière d'accueillir ! Seule la hiérarchisation de la gamme, entre réserve-personnelle et grande-réserve, est parfois un peu confuse.

- **Alsace Rittersberg pinot noir Grande Réserve 2017** | Sec | 2018>24 | 45 € — 14,5
- **Alsace Rittersberg riesling Classique 2017** | Sec | 2018>24 | 13 € — 14
- **Alsace Rittersberg riesling Réserve Personnelle 2017** | Sec | 2018>25 | 24 € — 14,5

Hühnelmühle, 67750 Scherwiller • Tél. 03 88 82 34 74 • vins-schmitt@orange.fr • www.vins-schmitt.com • Visite : du lundi au vendredi de 9h à 19h. Le samedi de 14h à 19h.

DOMAINE ROLAND SCHMITT

Vignoble familial situé dans le Bas-Rhin, Anne-Marie Schmitt et ses deux fils Julien et Bruno mettent en valeur le grand cru Altenberg de Bergbieten, à la minéralité saline si particulière, parfois violente dans ses parfums, et qui souvent exige une bonne aération. Le domaine avait oublié de nous présenter ses grands crus en 2015, sur les 2016 il a bien fait de les soumettre à notre dégustation. Les 2017 s'en sortent très bien.

- **Alsace grand cru Altenberg de Bergbieten pinot gris 2017** | Demi-sec | 2021>27 | 14 € — 15,5
- **Alsace grand cru Altenberg de Bergbieten riesling 2017** | Sec | 2018>27 | 14,50 € — 15,5
- **Alsace Argentoratum 2017** | Sec | 2018>24 | 11 € — 13,5
- **Alsace Glintzberg riesling 2017** | Sec | 2018>24 | 8,20 € — 14,5
- **Alsace sylvaner Grand A du Petit Léon 2017** | Sec | 2018>23 | 7,80 € — 14,5

35, rue des Vosges, 67310 Bergbieten • Tél. 03 88 38 20 72 • cave@roland-schmitt.fr • www.roland-schmitt.fr • Visite : du lundi au samedi de 9h à 11h30 et de 13h30 à 18h. Dimanche et jours fériés sur rendez-vous.

DOMAINE THIERRY SCHNEIDER

Thierry Schneider a longtemps travaillé au domaine Kientzler, avant de développer le domaine familial à partir de 2005. Son souhait de vinifier sec est réel, les vins ont une belle acidité. Les 2014 montraient le véritable style du domaine, mais depuis tous les millésimes n'offrent pas le même visage, il faut piocher dans la gamme.

- **Alsace pinot noir élevé en barriques 2017** | Sec | 2010>25 | 16,50 € 14,5
- **Alsace riesling S 2017** | Sec | 2018>26 | 9 € 13,5

93, rue du 3 Décembre, 68150 Ribeauvillé • Tél. 03 89 73 68 25 • vins-schneider@orange.fr • www.schneider-ribeauville.com • Visite : de préférence sur rendez-vous.

MAISON ALBERT SCHOECH

Une gamme inégale où l'on peut dénicher des vins très intéressants, notamment en grands crus.

- **Alsace grand cru Brand riesling 2017** | Sec | 2018>27 | 13,05 € 14,5
- **Alsace grand cru Hengst gewurztraminer 2017** | Demi-sec | 2018>27 | 13,85 € 14,5
- **Alsace grand cru Wineck-Schlossberg riesling 2017** | Sec | 2018>27 | 12,25 € 15

Place du Vieux-Marché, 68770 Ammerschwihr • Tél. 03 89 78 23 17 • vin@schoech.fr • www.schoech.fr • Visite : du lundi au vendredi de 14h à 18h, le samedi de 9h à 12h et de 14h à 18h, le dimanche de 10h à 12h et de 14h à 18h.

DOMAINE MAURICE SCHOECH ET FILS

Jean-Léon et Sébastien Schoech exploitent plus d'un tiers de grands crus sur leur domaine de 18 hectares, principalement les terroirs autour d'Ammerschwihr, Kaefferkopf en tête mais aussi Mambourg, Schlossberg et Furstentum, sans oublier le Rangen tout au sud de l'Alsace, ce qui confère au domaine un privilège rare. La vigne sur le Rangen, justement, est une complantation sous le nom de cuvée harmonie, tout comme une jeune parcelle sur le Kaefferkopf, ce qui permet à la gamme de ponctuellement s'affranchir du couple cépage/sol. Le domaine est actuellement en conversion bio.

- **Alsace grand cru Kaefferkopf riesling 2017** | Sec | 2018>27 | 20 € 14,5
- **Alsace Harmonie R 2015** | Sec | 2018>24 | 30 € 14
- **Alsace pinot gris cuvée Justin 2017** | Sec | 2018>26 | 14 € 13,5
- **Alsace riesling 2017** | Sec | 2018>26 | 8,50 € 14
- **Crémant d'Alsace Bulles de Granite Eff. 2016** | Extra-brut | 2018>23 | 10,50 € 13,5

4, route de Kientzheim, 68770 Ammerschwihr • Tél. 03 89 78 25 78 • domaine.schoech@free.fr • www.domaineschoech.com • Visite . Ouvert le dimanche et jours fériés sur rendez-vous et du lundi au vendredi de 9h à 12h et de 14h à 18h.

DOMAINE HENRI SCHOENHEITZ

Suite à une erreur l'année passée, ce domaine avait injustement été rétrogradé dans notre palmarès. Ici on travaille en famille : Henri, son épouse Dominique et leur fils Adrien, revenu avec les vendanges 2014. Sur la route de Munster, les coteaux granitiques de Wihr-au-Val sont en limite de culture de la vigne, un secteur qu'Henri Schoenheitz connaît dans ses moindres variations de pentes. Passionné d'histoire, il faut l'écouter raconter les grands événements de la région tout en savourant les belles expressions de ses terroirs du Herrenreben, du Holder et du Linsenberg. Le pinot noir est régulièrement l'une des réussites dans ce secteur parmi les plus élevés d'Alsace, à plus de 500 mètres d'altitude.

- **Alsace Herrenreben riesling 2016** | Sec | 2018>26 | NC 15,5
- **Alsace Herrenreben riesling Vendanges Tardives 2015** | Doux | 2018>25 | NC 15
- **Alsace Holder gewurztraminer 2016** | Doux | 2018>26 | NC 15
- **Alsace Linsenberg pinot noir 2016** | Sec | 2018>26 | NC 15,5
- **Alsace Val Saint-Grégoire pinot gris 2015** | Demi-sec | 2018>24 | NC 15
- **Crémant d'Alsace Eff. NM** | Brut | 2014>22 | NC 14,5
- **Crémant d'Alsace Mémoire de Granit Eff. NM** | Extra-brut | 2018>22 | NC 15

1, rue de Walbach, 68230 Wihr-au-Val • Tél. 03 89 71 03 96 • cave@vins-schoenheitz.fr • www.vins-schoenheitz.fr • Visite : Ouvert du lundi au samedi de 9h à 12h et de 14h à 19h, fermeture à 18h en période de vendanges ; dimanches et jours fériés sur rendez-vous.

DOMAINE SCHOFFIT

Schoffit est l'un des derniers domaines encore installés dans Colmar. Titillés sans doute par les résultats des autres bons vignerons de la région, Bernard Schoffit et son fils Alexandre ont officiellement lancé la conversion bio. Dans les vins de la Harth, le style Schoffit se reconnaît entre mille, toujours frais, digeste et avec une belle acidité sans mordant. Sur le Rangen, le style tâtonnait depuis quelques années pour définir un nouveau profil de pinot gris : il semblerait qu'une solution se précise, avec deux cuvées S (pour « sec ») et R (pour « riche »). Malheureusement nous n'avons pu déguster aucun vin pour la réalisation de ce guide.

66-68, Nonnenholzweg, 68000 Colmar • Tél. 03 89 24 41 14 • domaine.schoffit@free.fr • Visite : Du lundi au vendredi de 8h30 à 11h30 et de 14h à 17h, sur rendez-vous. Le samedi de 8h30 à 11h30 et de 14h à 16h.

DOMAINE FERNAND SELTZ

Petit domaine familial installé au cœur du vieux village de Mittelbergheim. Le vignoble est labellisé bio depuis 2010, ce qui permet de bien exprimer toute la salinité des sols du secteur. Si le Zotzenberg convient bien à plusieurs cépages, pinot gris, riesling et donc sylvaner sont souvent à la fête. De façon surprenante le domaine n'a envoyé que deux cuvées cette année, mais le sylvaner du grand cru était bien au rendez-vous.

- **Alsace grand cru Zotzenberg sylvaner 2017** | Sec | 2018>32 | 17,50 € **15,5**

42, rue Principale, 67140 Mittelbergheim • Tél. 03 88 08 93 92 • seltz.michel@wanadoo.fr • Visite : sur rendez-vous.

DOMAINE ÉTIENNE SIMONIS

Petit domaine de 7 hectares, cultivés en biodynamie, avec notamment quelques parcelles sur les grands crus Marckrain et Kaefferkopf. Le résiduel n'a pas encore disparu de toutes les cuvées mais les rieslings 2017 présentés cette année offraient un profil sec bienvenu.

- **Alsace grand cru Kaefferkopf riesling 2017** | Sec | 2018>27 | 15,80 € **14,5**
- **Alsace pinot gris Clos des Chats 2017** | Sec | 2018>25 | 15,60 € **13,5**
- **Alsace riesling 2017** | Sec | 2018>27 | 8 € **14,5**
- **Alsace riesling Clos des Chats 2017** | Sec | 2018>24 | 13,90 € **12,5**
- **Alsace riesling Les Moulins 2017** | Sec | 2018>26 | 10,70 € **15**

2, rue des Moulins, 68770 Ammerschwihr • Tél. 03 89 47 30 79 • simonis.etienne@gmail.com • www.vins-simonis.fr • Visite : du lundi au samedi de 9h à 12h et de 13h30 à 18h.

JEAN SIPP

Autre domaine Sipp sur Ribeauvillé, 24 hectares travaillés désormais par Jean-Guillaume Sipp, avec l'ambition affichée de revenir au premier plan parmi les producteurs du secteur. Les derniers millésimes sont encourageants.

- **Alsace grand cru Altenberg de Bergheim riesling 2017** | Sec | 2018>27 | 23 € **15**
- **Alsace Haguenau riesling 2017** | Sec | 2018>25 | NC **13**
- **Alsace pinot noir Osmose 2017** | Sec | 2018>26 | 33 € **15,5**

60, rue de la Fraternité, 68150 Ribeauvillé • Tél. 03 89 73 60 02 • domaine@jean-sipp.com • www.jean-sipp.com • Visite : Du lundi au vendredi de 8h à 11h45 et de 14h à 18h, le samedi de 9h30 à 12h et de 14h à 18h et le dimanche de 10h à 12h. Fermé les dimanches de janvier à avril, les 25 et 26 décembre et le 1er janvier.

LOUIS SIPP

Étienne Sipp dirige cet important domaine de 40 hectares situé sur les coteaux entourant Ribeauvillé, avec entre autres les grands crus Kirchberg et Osterberg. Les grandes bouteilles ici sont bien évidemment les rieslings, les terroirs du ban de Ribeauvillé conviennent merveilleusement au cépage, notamment en 2013, 2014 ou 2017, des vins qui vieillissent parfaitement sur plusieurs décennies comme le domaine peut le montrer en ouvrant de vieux flacons des années 1970, sachant qu'à l'époque la viticulture était loin de respecter les canons bio actuels (le domaine est aujourd'hui certifié). En entrée de gamme, les vins expriment bien le caractère salin tel que devraient prochainement l'exiger les appellations communales à naître.

- **Alsace grand cru Kirchberg de Ribeauvillé riesling 2017** | Sec | 2020>32 | 30 € **17**
- **Alsace grand cru Osterberg gewurztraminer 2017** | Demi-sec | 2023>27 | 25 € **15**
- **Alsace grand cru Osterberg riesling 2017** | Sec | 2022>32 | 25 € **16,5**
- **Alsace Grossberg pinot noir 2015** | Sec | 2018>30 | 25 € **16**
- **Alsace Rotenberg gewurztraminer 2017** | Demi-sec | 2018>27 | 16,50 € **15,5**

5, Grand-Rue, 68150 Ribeauvillé • Tél. 03 89 73 60 01 • louis@sipp.com • www.sipp.com • Visite : Du lundi au samedi de 8h à 12h et de 14h à 18h, le dimanche de 10h30 à 12h et de 14h30 à 18h (sur rendez-vous de préférence). En janvier et en février sur rendez-vous le dimanche.

DOMAINE SIPP-MACK

Encore un Sipp sur le secteur de Ribeauvillé-Riquewihr, celui-ci c'est Sipp-Mack, qui exploite en grands crus des parcelles sur le Rosacker et l'Osterberg. Jacques Sipp et sa fille Carolyn cultivent en bio certifié depuis 2013 leurs 24 hectares de vignoble. La majorité des vins goûtent secs, ou presque dans le cas des pinots gris. Le domaine produit également de bons crémants. Notre passage au domaine cette année nous a permis d'éprouver la bonne tenue des vins dans le temps.

- **Alsace grand cru Osterberg riesling 2016** | Sec | 2022>31 | 17,80 € 15,5
- **Alsace grand cru Rosacker pinot gris 2016** | Demi-sec | 2023>31 | 19,80 € 15
- **Alsace grand cru Rosacker riesling 2017** | Sec | 2018>32 | 19,80 € 17
- **Alsace gewurztraminer Tradition 2016** | Demi-sec | 2018>24 | 9,90 € 15
- **Alsace gewurztraminer Vendanges Tardives 2015** | Doux | 2018>25 | 29,70 € 17
- **Alsace gewurztraminer Vieilles Vignes 2016** | Doux | 2018>26 | 12,90 € 15
- **Alsace pinot gris Vendanges Tardives 2015** | Moelleux | 2018>25 | 29,70 € 16,5
- **Alsace pinot noir Vieilles Vigne 2017** | Sec | 2018>25 | 12,90 € 14,5
- **Alsace riesling Vieilles Vignes 2016** | Sec | 2018>26 | 12,90 € 15

1, rue des Vosges, 68150 Hunawihr • Tél. 03 89 73 61 88 • contact@sippmack.com • www.sippmack.com • Visite : du lundi au samedi de 9h à 12h et de 14h à 18h.

PHILIPPE SOHLER

Petit domaine de 10 hectares situé à Nothalten, et entre autre vigneron sur le grand cru Muenchberg. Le riesling 2017 sur ce terroir est splendide, le reste de la gamme nous a paru moins convainquant.

- **Alsace grand cru Muenchberg riesling 2017** | Sec | 2021>32 | 17,50 € 17
- **Alsace Heissenberg riesling 2017** | Sec | 2018>27 | 11,50 € 13,5
- **Alsace sylvaner 2017** | Sec | 2018>27 | 7,50 € 15

80 A, route des Vins, 67680 Nothalten • Tél. 03 88 92 49 89 • contact@sohler.fr • www.sohler.fr • Visite : du lundi au samedi sur rendez-vous.

DOMAINE PAUL SPANNAGEL

Autre domaine Spannagel, toujours sur Katzenthal, Yves et Claudine Spannagel viennent d'être rejoints par leur fils Jérôme.

- **Alsace grand cru Wineck-Schlossberg riesling 2017** | Demi-sec | 2018>27 | NC 16,5

1, Grand-Rue, 68230 Katzenthal • Tél. 03 89 27 01 70 • paul.spannagel@gmail.com • www.paulspannagel.fr • Visite : du lundi au dimanche matin, de 9h à 12h et de 13h30 à 18h. Le dimanche après-midi sur rendez-vous.

DOMAINE VINCENT SPANNAGEL

Petit domaine essentiellement implanté sur le ban de Katzenthal, exploitant les grands crus Schlossberg et Wineck-Schlossberg. Depuis 2009, date de son installation au domaine familial, Vincent Spannagel impose progressivement un style de vins plus secs que par le passé. Certes il reste encore un peu de travail, en revanche les prix sont parmi les plus bas de notre sélection, voilà donc une adresse où une petite visite s'impose.

- **Alsace grand cru Schlossberg pinot gris 2017** | Sec | 2022>32 | 13,50 € 15,5
- **Alsace grand cru Wineck-Schlossberg gewurztraminer 2017** | Doux | 2023>32 | 14 € 15,5
- **Alsace riesling Vendanges Tardives 2017** | Moelleux | 2018>25 | 26 € 14,5

82, rue du Vignoble, 68230 Katzenthal • Tél. 03 89 27 52 13 • domainespannagel@gmail.com • Visite : Du lundi au samedi de 8h à 12h et de 13h à 18h.

DOMAINE STEINER

Encore un domaine que nous découvrons à l'occasion des dégustations du guide cette année. Même si le grand cru Hatschbourg est sur le ban d'Herrlisheim, nous avons sans réserve préféré les cuvées issues des plus lointains Schoenenbourg et Sporen, qui eux n'affichaient pas un inutile résiduel et soulignaient leur identité.

- **Alsace grand cru Schoenenbourg riesling 2017** | Sec | 2018>27 | 15,60 € 15
- **Alsace grand cru Sporen pinot gris 2017** | Demi-sec | 2022>27 | 16,20 € 15

13, route du Vin, 68420 Herrlisheim • Tél. 03 89 49 30 70 • steiner.vins@wanadoo.fr • www.vins-steiner.com • Visite : du lundi au samedi de 9h30 à 12h et de 14h à 18h, sinon sur rendez-vous.

DOMAINE STENTZ-BUECHER

Stéphane et sa sœur Céline Stentz-Buecher ont pris la suite de leurs parents, à la tête des 13 hectares certifiés AB. Le style des vins se veut sec, même si plusieurs cuvées affichent un léger résiduel. Les pinots noirs sont régulièrement réussis au domaine.

- **Alsace grand cru Steingrubler riesling 2017** | Sec | 2018>27 | 21 € 15,5
- **Alsace Rosenberg gewurztraminer 2017** | Demi-sec | 2018>27 | 12 € 14
- **Alsace Rosenberg pinot gris 2017** | Sec | 2018>27 | 11 € 14,5

21, rue Kleb, 68920 Wettolsheim • Tél. 03 89 80 68 09 • cave@stentz-buecher.com • www.stentz-buecher.com • Visite : Du lundi au vendredi de 9h30 à 12h et de 14h30 à 18h30, le samedi de 9h30 à 17h30. Le dimanche et jours fériés sur rendez-vous.

DOMAINE STOEFFLER

L'un des domaines les plus réputés du village de Barr, qui pratique une viticulture bio labellisée. La gamme est soignée même si encore trop de sucre résiduel ne vient ternir l'équilibre gastronomique de certaines cuvées. Les prix demandés restent très raisonnables.

- **Alsace grand cru Kirchberg de Barr pinot gris 2017** | Sec | 2018>27 | 16,80 € 15
- **Alsace grand cru Kirchberg de Barr riesling 2017** | Sec | 2018>27 | 16,80 € 15,5
- **Alsace gewurztraminer cuvée des Hospices de Strasbourg 2013** | Demi-sec | 2018>23 | 13 € 15
- **Alsace Kronenbourg riesling 2016** | Sec | 2018>26 | 10,80 € 14,5
- **Alsace Muhlforst riesling 2017** | Sec | 2018>27 | 10,80 € 14
- **Alsace pinot noir XXC 2017** | Sec | 2018>32 | 9,80 € 15,5
- **Alsace Rotenberg pinot noir 2017** | Sec | 2018>25 | 12,80 € 14,5
- **Alsace Salzhof pinot gris 2017** | Sec | 2018>27 | 11,80 € 15
- **Alsace Salzhof pinot noir 2017** | Sec | 2018>27 | 13,20 € 15
- **Crémant d'Alsace Blanc de Blancs Eff. NM** | Extra-brut | 2018>24 | 8,80 € 15

1, rue des Lièvres, 67140 Barr • Tél. 03 88 08 52 50 • info@vins-stoeffler.com • www.vins-stoeffler.com • Visite : Du lundi au samedi, de 10h à 12h et de 13h30 à 18h fermé les dimanches et jours fériés.

DOMAINE MARC TEMPÉ

Idéaliste, Marc Tempé l'est assurément, et chaque millésime lui donne l'occasion d'aller jusqu'au bout de ses convictions, généralement avec succès. Ses vignes conduites en biodynamie lui donnent de tout petits rendements qu'il n'hésite pas à élever plusieurs années (parfois 4 ou 5 ans), souvent avec très peu voire pas de soufre. Dans le verre, on reconnaît son style par la richesse des bouches et la splendeur parfois exubérante des parfums de fruits et de fleurs très mûrs, et quand le botrytis s'en mêle, les cuvées de grains nobles touchent au sublime. Ses pinots noirs sont également des modèles, pas de couleur mais de finesse et de profondeur. Des millésimes de moindre acidité comme 2011 et avant lui 2009 lui conviennent particulièrement. Malgré les terribles attaques de mildiou, les 2016 goûtaient superbement, toutes les cuvées affichaient une acidité et une verticalité exemplaires.

- **Alsace grand cru Furstentum gewurztraminer 2016** | Doux | 2018>36 | 37 € 18,5
- **Alsace grand cru Mambourg gewurztraminer 2016** | Doux | 2022>36 | 46,20 € 18
- **Alsace grand cru Mambourg riesling 2016** | Sec | 2018>36 | 46,20 € 18,5
- **Alsace grand cru Schoenenbourg riesling 2016** | Sec | 2018>36 | 37 € 16,5
- **Alsace Alliance 2016** | Sec | 2018>26 | 12 € 15,5
- **Alsace Graffenreben riesling 2016** | Sec | 2018>36 | 33 € 17,5
- **Alsace pinot gris Sélection de Grains Nobles 2015** | Liquoreux | 2018>35 | 46,20 € 17
- **Alsace Rimelsberg 2016** | Doux | 2018>36 | 33 € 19
- **Alsace Rodelsberg 2016** | Demi-sec | 2018>36 | 27,80 € 18
- **Alsace Saint-Hippolyte riesling 2015** | Sec | 2025>35 | 19,95 € 17
- **Alsace Zellenberg pinot noir 2016** | Sec | 2018>26 | 32 € 15,5
- **Alsace Zellenberg riesling 2016** | Sec | 2018>31 | 19,95 € 16,5

24, rue du Schlossberg, 68340 Zellenberg • Tél. 03 89 47 85 22 • marctempe@wanadoo.fr • www.marctempe.fr • Visite : Uniquement sur rendez-vous.

DOMAINE TRAPET ALSACE

On ne présente plus Jean-Louis Trapet, fameux vigneron de Gevrey-Chambertin. Son épouse Andrée étant alsacienne, elle-même issue d'une famille vigneronne, c'est tout naturellement qu'ils décidèrent en 2002 de mener en parallèle leur passion dans deux régions distinctes mais heureusement assez proches géographiquement, avec les mêmes convictions biodynamistes. Le domaine couvre aujourd'hui 12 hectares, dont 10 de plantés, et leurs deux enfants Pierre et Louis s'aguerrissent sur l'exploitation. Les vins affichent une élégance et une finesse uniques, les acidités ne sont jamais mordantes, et les éventuels résiduels se fondent dans l'équilibre et la matière. Il faut dire que les cuvées de grands terroirs font deux années d'élevage avant leur mise. Ce sont des vins de temps et c'est ainsi qu'il faut les appréhender. D'ailleurs, Andrée et Jean-Louis ne viennent-ils pas de restaurer une chapelle datant de 1441 en plein cœur de Riquewihr ?

- **Alsace grand cru Schlossberg riesling 2016** | Demi-sec | 2018>31 | NC 16,5
- **Alsace grand cru Schoenenbourg riesling 2016** | Sec | 2018>36 | NC 17
- **Alsace grand cru Sonnenglanz gewurztraminer 2016** | Doux | 2018>36 | NC 17
- **Alsace grand cru Sonnenglanz pinot gris 2016** | Moelleux | 2018>31 | NC 16,5
- **Alsace grand cru Sporen gewurztraminer 2016** | Moelleux | 2022>36 | NC 17
- **Alsace A Minima 2017** | Sec | 2018>25 | NC 14,5
- **Alsace pinot noir Chapelle 1441 2016** | Sec | 2018>26 | NC 14,5
- **Alsace Riquewihr gewurztraminer 2016** | Doux | 2018>26 | NC 15,5
- **Alsace Riquewihr riesling 2016** | Sec | 2018>31 | NC 16

53 route de Beaune, 21220 Gevrey-Chambertin • Tél. 03 80 34 30 40 • message@trapet.fr • www.trapet.fr • Visite : uniquement sur rendez-vous.

DOMAINE TRIMBACH

La grande maison de Ribeauvillé a bâti son image et sa réussite commerciale autour du riesling, qui représente la moitié de ses volumes. Des rieslings parfaitement secs et incisifs, gastronomiques à souhait car la maison a depuis longtemps assis son rayonnement international sur toutes les tables étoilées du monde. Les raisins proviennent soit d'achats, soit des vignes en propriété, situées sur les terroirs de Ribeauvillé et des alentours, qui donnent cette salinité si particulière aux vins. En riesling, frédéric-émile et le clos-sainte-hune sont régulièrement des sommets, leur alter ego en gewurzt est la cuvée seigneur-de-ribeaupierre. Grande évolution : après des décennies à avoir refusé toute mention de grand cru sur les étiquettes (le clos sainte-hune est un rosacker mais non étiqueté comme tel !), la maison commercialise enfin un grand cru geisberg, à partir des vignes du couvent de Ribeauvillé récemment reprises en exploitation. Ici les millésimes sont toujours proposés en décalage, les 2016 évolueront bien, sans doute moins loin que les grandioses 2015, mais les 2017 proposeront aussi quelques cuvées de référence.

- **Alsace grand cru Geisberg riesling Vignoble du Couvent de Ribeauvillé 2017** | Sec | 2021>37 | NC 17,5
- **Alsace grand cru Mandelberg riesling 2017** | Sec | 2021>32 | NC 16,5
- **Alsace grand cru Schlossberg riesling 2017** | Sec | 2021>37 | NC 18
- **Alsace gewurztraminer Réserve 2017** | Demi-sec | 2018>27 | NC 15,5
- **Alsace gewurztraminer Seigneurs de Ribeaupierre 2017** | Sec | 2021>37 | NC 17
- **Alsace gewurztraminer Sélection de Grains Nobles 2017** | Liquoreux | 2018>32 | NC 17
- **Alsace pinot gris Réserve Personnelle 2017** | Sec | 2021>27 | NC 15,5
- **Alsace pinot noir Réserve 2017** | Sec | 2018>25 | 15,95 € 15
- **Alsace pinot noir Réserve Cuve 7 2017** | Sec | 2018>32 | NC 16
- **Alsace riesling Clos Sainte-Hune 2017** | Sec | 2023>37 | NC 18
- **Alsace riesling cuvée Frédéric-Émile 2017** | Sec | 2021>37 | NC 18,5
- **Alsace riesling Réserve 2017** | Sec | 2018>27 | 18,0 € 15
- **Alsace riesling Sélection Vieilles Vignes 2017** | Sec | 2018>32 | NC 16

15, route de Bergheim, 68150 Ribeauvillé • Tél. 03 89 73 60 30 • contact@trimbach.fr • www.trimbach.fr • Visite : Du lundi au vendredi de 8h à 12h et de 13h30 à 17h15. Le samedi sur rendez-vous.

LA CAVE DU VIEIL ARMAND

Tout au sud de l'Alsace, cette cave coopérative a pour particularité d'exploiter l'un des rares châteaux viticoles de la région, le château Ollwiller, qui a donné son nom au grand cru.

- **Alsace grand cru Ollwiller 2017** | Sec | 2018>24 | 10,50 € 14
- **Alsace grand cru Ollwiller gewurztraminer 2017** | Doux | 2018>27 | 11,80 € 14

- **Alsace grand cru Ollwiller riesling Château Ollwiller - Vieilles Vignes 2017** | Sec | 2018>25 | 14,95 € — 14
- **Alsace pinot gris Tradition 2017** | Sec | 2018>24 | 6,90 € — 13
- **Alsace pinot noir Château Ollwiller 2012** | Sec | 2018>24 | 9,50 € — 14,5

1, route de Cernay, 68360 Soultz-Wuenheim • Tél. 03 89 76 73 75 • servicecommercial@cavevieilarmand.com • www.cavevieilarmand.com • Visite : 9h à 12h 14h à 18h30 du lundi au samedi.

GUY WACH - DOMAINE DES MARRONNIERS

★☆☆☆☆

Guy Wach et son fils Pierre exploitent les terroirs autour d'Andlau, notamment les grands crus Kastelberg, Moenchberg et Wiebelsberg, où la minéralité des sols permet de retrouver une fine salinité dans le verre. Beaucoup de cuvées affichent régulièrement un résiduel prononcé, les rieslings sont souvent mieux équilibrés. Depuis quelques millésimes il nous semble que le style des vins évolue dans le bon sens, avec moins de sucre.

- **Alsace grand cru Mœnchberg riesling 2017** | Sec | 2018>27 | 17 € — 15
- **Alsace grand cru Wiebelsberg riesling 2017** | Sec | 2023>32 | 17 € — 15,5

5, rue de la Commanderie, 67140 Andlau • Tél. 03 88 08 93 20 • info@guy-wach.fr • www.guy-wach.fr • Visite : du lundi au samedi de 8h à 12h et de 14h à 19h. Le dimanche sur rendez-vous.

DOMAINE ALFRED WANTZ

★☆☆☆☆

Famille vigneronne depuis 4 siècles, les Wantz sont établis à Mittelbergheim, qui compte sur son ban le seul grand cru à revendiquer le sylvaner, le Zotzenberg. Nos bonnes impressions depuis trois ans déjà lors de nos dégustations à l'aveugle se confirment cette année encore.

- **Alsace grand cru Zotzenberg gewurztraminer Hospices de Strasbourg 2017** | Demi-sec | 2018>27 | NC — 15,5
- **Alsace grand cru Zotzenberg riesling 2017** | Sec | 2018>27 | 13,50 € — 16
- **Alsace grand cru Zotzenberg sylvaner 2017** | Sec | 2022>27 | 13 € — 12,5

61, rue de la Montagne, 67140 Mittelbergheim • Tél. 03 88 08 91 43 • contact@alfredwantz.com • www.alfredwantz.com • Visite : Du lundi au samedi de 10h à 12h et de 14h à 18h. Dimanche sur rendez-vous

WEINBACH - DOMAINE FALLER

★★★★★ ♣

La famille Faller s'est désormais recomposée autour de Cathy et de ses deux fils, Eddy pour la partie commerciale et Théo pour la partie technique. Ensemble ils veillent à la destinée de ce domaine emblématique de la viticulture alsacienne et même mondiale, autrefois exploité par les capucins. Weinbach a bâti son succès depuis plus de quatre décennies sur un formidable patrimoine de sols, les terroirs du secteur de Kaysersberg-Kientzheim. Le plus emblématique est le granite du grand cru Schlossberg, qui donne au riesling l'une de ses interprétations les plus pures. À quelques dizaines de mètres, les sols plus calcaires et argilo-calcaires de l'Altenbourg et du grand cru Furstentum font briller le gewurztraminer et ses parfums épicés, parfois avec la complicité d'un botrytis qui décuple la gourmandise du vin. Enfin, tout autour du vieux couvent, le clos des Capucins profite à tous les cépages, un terroir assez précoce grâce à son sol sablo-limoneux sur graviers. La toute petite récolte 2017 contraindra le domaine à rapidement basculer sur 2018, hélas, mais ne manquez pas les dernières bouteilles !

- **Alsace grand cru Furstentum gewurztraminer 2017** | Doux | 2017>32 | 45 € — 17
- **Alsace grand cru Mambourg gewurztraminer Vendanges Tardives 2017** | Liquoreux | 2018>32 | 85 € — 17,5
- **Alsace grand cru Schlossberg riesling 2017** | Sec | 2021>37 | 44 € — 17,5
- **Alsace grand cru Schlossberg riesling cuvée Sainte-Catherine 2017** | Sec | 2024>37 | 52 € — 18
- **Alsace grand cru Schlossberg riesling cuvée Sainte-Catherine l'Inédit 2017** | Demi-sec | 2025>37 | 58 € — 17,5
- **Alsace grand cru Schlossberg riesling Sélection de Grains Nobles 2017** | Liquoreux | 2018>32 | 420 € — 18
- **Alsace Altenbourg pinot gris 2017** | Demi-sec | 2024>37 | 35 € — 17,5
- **Alsace gewurztraminer cuvée Laurence 2017** | Doux | 2018>27 | 24 € — 16
- **Alsace muscat Réserve 2017** | Sec | 2018>25 | 23,50 € — 15,5
- **Alsace pinot blanc Réserve 2017** | Sec | 2017>27 | 14 € — 16
- **Alsace pinot gris cuvée Laurence 2017** | Doux | 2024>32 | 32 € — 16
- **Alsace pinot gris cuvée Sainte-Catherine 2017** | Demi-sec | 2017>32 | 30 € — 16,5
- **Alsace pinot noir S 2017** | Sec | 2018>27 | 45 € — 15,5
- **Alsace riesling cuvée Colette 2017** | Sec | 2017>27 | 31,50 € — 16

25, route du vin Clos des Capucins - 25, route du Vin, 68240 Kaysersberg • Tél. 03 89 47 13 21 • contact@domaineweinbach.com • www.domaineweinbach.com • Visite : du lundi au samedi de 9h à 11h30 et de 14h à 17h30, fermé les jours fériés et le dimanche.

ALSACE WILLM

Appartenant au groupe Wolfberger, la maison historique de Barr exploite quelques belles parcelles sur le grand cru Kirchberg de Barr, en particulier au sein du Clos Gaensbronnel.

Alsace grand cru Kirchberg de Barr riesling 2017 | Sec | 2018>27 | 12,10 € — 16

6, Grand'Rue, 68420 Eguisheim • Tél. 03 89 41 24 31 • contact@alsace-willm.com • www.alsace-willm.com • Visite : Le lundi de 14h à 18h30 et du mardi au dimanche de 10h à 18h30. Les 24 et 31 décembre de 10h à 16h. Fermé le 1er janvier, le vendredi Saint, à la Toussaint et les 25 et 26 décembre.

WOLFBERGER

La cave coopérative d'Eguisheim exploite aujourd'hui près de 10 % du vignoble alsacien, avec une gamme forcément vaste, en raison tant de la multitude de ses apporteurs que des nombreuses possibilités qu'offre la diversité des vins dans la région. Régulièrement, l'amateur peut y dénicher des cuvées fort bien réalisées. Wolfberger est aussi un gros producteur de crémants, ceux-ci s'en sortent régulièrement avec les honneurs.

Alsace grand cru Frankstein riesling 2017 | Sec | 2018>27 | NC — 15,5
Alsace grand cru Muenchberg riesling 2017 | Sec | 2018>32 | NC — 16
Alsace pinot noir La Louve 2017 | Sec | 2018>24 | NC — 13

6, Grand'Rue, 68420 Eguisheim • Tél. 03 89 22 20 20 • contact@wolfberger.com • www.wolfberger.com • Visite : Tous les jours de 8h à 12h et 14h à 18h ; les samedis et dimanches à partir de 10h.

ZIEGLER-MAULER ET FILS

Philippe Ziegler est aux commandes du petit domaine familial, avec quelques belles parcelles sur la discrète commune de Mittelwihr, mais aussi sur le Kaefferkopf et le grand cru Schlossberg.

Alsace grand cru Mandelberg pinot gris Les Amandiers 2017 | Demi-sec | 2018>32 | 12,30 € — 15,5
Alsace pinot blanc 2017 | Sec | 2021>26 | 5,90 € — 14

2, rue des Merles, 68630 Mittelwihr • Tél. 03 89 47 90 37 • vins.zieglermauler@orange.fr • Visite : Du lundi au samedi de 9h à 12h et de 14h à 17h30. Dimanches matins et jours fériés sur rendez-vous.

DOMAINE ZINCK

Philippe Zinck a bien dynamisé le domaine familial situé sur les terroirs d'Eguisheim et de Gueberschwihr (les raisins du Rangen sont en achat). S'il s'est d'abord fait remarquer avec un système d'étiquetage très original pour la région, et qui connaît son petit succès à l'export, c'est aujourd'hui par des vins plus secs que par le passé qu'il s'est signalé dans nos dégustations. La gamme baptisée portraits est construite sur le fruit, avec une homogénéité entre les cépages mais cela reste une entrée de gamme. La gamme terroirs offre une identité plus marquée et elle attirera l'attention de l'amateur. Les grands crus eichberg, pfersigberg et goldert sont de loin les plus forts en caractère. Une conversion à la biodynamie est en cours, normalement effective avec le millésime 2020.

Alsace grand cru Eichberg riesling 2016 | Sec | 2018>26 | 23 € — 16
Alsace grand cru Goldert gewurztraminer 2012 | Demi-sec | 2019>27 | 23 € — 16
Alsace grand cru Pfersigberg riesling 2016 | Sec | 2019>26 | 23 € — 16
Alsace muscat Terroir 2017 | Sec | 2018>24 | 12,50 € — 14,5
Alsace pinot gris Terroir 2016 | Demi-sec | 2018>24 | 15 € — 15
Alsace pinot noir Terroir 2017 | Sec | 2018>27 | 23 € — 15,5
Alsace riesling Terroir 2016 | Sec | 2018>26 | 15 € — 15
Alsace sylvaner Terroir 2016 | Sec | 2018>26 | 12 € — 15,5
Crémant d'Alsace Eff. NM | Brut | 2016>24 | 12 € — 15

18, rue des Trois-Châteaux, 68420 Eguisheim • Tél. 03 89 41 19 11 • info@zinck.fr • www.zinck.fr • Visite : du lundi au vendredi de 9h à 12h et de 14h à 18h. Le samedi de 10h à 12h et de 14h à 18h.

DOMAINE ZIND-HUMBRECHT

Ce domaine incarne depuis plusieurs décennies une idée de l'absolu en matière de grand vin de terroir. Léonard Humbrecht avait eu l'esprit visionnaire en acquérant des parcelles superbement situées, sur le Rangen, le clos Windsbuhl, le clos Jebsal, le Brand ou le Hengst, son fils Olivier en magnifie l'expression du sous-sol avec une intensité et une puissance incroyables. Le style du domaine a connu une inflexion avec le passage à la biodynamie, à la fin des années 1990, les vins étant aujourd'hui plus tendus et plus droits encore que par le passé, même s'ils ont conservé leur richesse et leur densité. Des entrées de gamme jusqu'aux cuvées de herrenweg, les vins s'expriment assez rapidement. En revanche, dès que l'on pénètre dans le cercle des grands terroirs, une garde en bouteille s'impose généralement, le temps que les vins expriment au mieux leur équilibre haut entre minéralité et concentration. Malgré le gel d'avril, catastrophique notamment dans le secteur de Turckheim entourant la cave, les 2017 affichent une qualité répondant aux attentes.

- **Alsace grand cru Brand riesling 2017** | Sec | 2018>37 | 79 € — 18
- **Alsace grand cru Goldert muscat 2017** | Sec | 2018>27 | 42 € — 17
- **Alsace grand cru Hengst gewurztraminer 2017** | Moelleux | 2018>37 | 69 € — 18
- **Alsace grand cru Rangen Clos Saint-Urbain gewurztraminer 2017** | Moelleux | 2018>27 | 100 € — 18,5
- **Alsace grand cru Rangen Clos Saint-Urbain pinot gris 2017** | Sec | 2018>37 | 100 € — 19
- **Alsace grand cru Rangen Clos Saint-Urbain riesling 2017** | Sec | 2018>37 | 100 € — 18
- **Alsace Clos Häuserer riesling 2017** | Sec | 2018>32 | 49,50 € — 16,5
- **Alsace Clos Jebsal pinot gris Sélection de Grains Nobles 2017** | Liquoreux | 2018>37 | 99 € — 19
- **Alsace Clos Windsbuhl gewurztraminer 2017** | Doux | 2018>37 | 69 € — 17
- **Alsace Clos Windsbuhl pinot gris 2017** | Demi-sec | 2018>32 | 69 € — 17
- **Alsace Clos Windsbuhl riesling 2017** | Sec | 2018>37 | 69 € — 18
- **Alsace Heimbourg pinot noir 2017** | Sec | 2018>27 | 40 € — 16,5
- **Alsace pinot gris Roche Calcaire 2017** | Sec | 2018>27 | 24 € — 16
- **Alsace Rotenberg pinot gris 2017** | Sec | 2018>27 | 46 € — 16,5
- **Vin de Table Zind 2017** | Sec | 2018>27 | 25 € — 16

4, route de Colmar, 68230 Turckheim • Tél. 03 89 27 02 05 • contact@zind-humbrecht.fr • www.zindhumbrecht.fr • Visite : du lundi au vendredi sur rendez-vous.

DOMAINE VALENTIN ZUSSLIN

Leur père Jean-Marie, hélas disparu, avait eu l'intelligence et le bon sens de leur confier très tôt les rênes du domaine, déjà à son époque la viticulture était bio, mais force est de constater que Jean-Paul et Marie, frère et sœur ont franchi plusieurs paliers ces dernières années. Grâce à une biodynamie intelligente et appliquée, par exemple en déposant des nichoirs dans les vignes pour faire revenir les oiseaux, sympathiques insecticides naturels, dans ce espace de monoculture qu'est le vignoble, ils redonnent vie à des sols d'où jaillissent de beaux raisins. Une vinification minimaliste permet ensuite de respecter l'identité propre à chaque terroir. À chaque millésime les cuvées gagnent en vibration, les pinots noirs du Bollenberg bien sûr mais aussi les vins du grand cru Pfingstberg et du clos Liebenberg (un monopole), sans oublier les crémants que nous préférons toujours dans leur version non dosée.

- **Alsace grand cru Pfingstberg riesling 2016** | Sec | 2018>36 | 51,50 € — 18
- **Alsace Bollenberg pinot gris 2016** | Sec | 2018>26 | 21,50 € — 16
- **Alsace Clos Liebenberg riesling Monopole 2016** | Sec | 2018>31 | 31,50 € — 17,5
- **Alsace Luft pinot noir 2016** | Sec | 2018>31 | 77,50 € — 17
- **Alsace Neuberg pinot noir 2016** | Sec | 2018>31 | 67,50 € — 16,5
- **Alsace Neuberg riesling 2015** | Sec | 2018>30 | 29,50 € — 16,5
- **Alsace pinot noir Ophrys 2017** | Sec | 2018>24 | 24,50 € — 16
- **Crémant d'Alsace Bollenberg Brut Zéro sans soufre Eff. 2014** | Extra-brut | 2018>24 | 34,50 € — 16
- **Crémant d'Alsace Brut Zéro sans soufre Eff. 2016** | Extra-brut | 2018>25 | 17,50 € — 17
- **Crémant d'Alsace Rosé pinot noir Brut Zéro sans soufre Eff. 2014** | Extra-brut | 2017>25 | 21,50 € — 16

57, Grand-Rue, 68500 Orschwihr • Tél. 03 89 76 82 84 • contact@zusslin.com • www.zusslin.com • Visite : de préférence sur rendez-vous du lundi au vendredi, de 8h30 à 11h30 et de 13h30 à 18h et le samedi matin.

Mes commentaires

BEAUJOLAIS

Tous les vins dégustés n'ont pu être cités dans ce guide.
Retrouvez près de 100 000 vins notés et commentés sur
L'APPLI LE GRAND TASTING ET SUR **WWW.BETTANEDESSEAUVE.COM**

LE VIGNOBLE

› Partie intégrante de la Grande Bourgogne, le Beaujolais en forme la pointe sud. C'est un très beau vignoble accroché à des coteaux bien exposés sud et sud-est. Le genre d'endroit d'où l'on voit le Mont Blanc par temps clair. De Saint-Amour à la banlieue lyonnaise, il couvre 22 000 hectares et s'étend sur une cinquantaine de kilomètres. Incarné par un seul cépage rouge, le gamay (et, dans une moindre mesure, le chardonnay pour une petite production de vin blanc), le Beaujolais regroupe trois grandes familles : les beaujolais, les beaujolais-villages et les crus.

› La réputation de la région a longtemps reposé sur le beaujolais-nouveau, un vin primeur commercialisé au mois de novembre, soit deux mois après la vendange. Fruité et très souple en bouche en raison d'un processus d'élaboration spécifique (la macération carbonique), ce vin de consommation courante ne doit pas faire oublier tous les grands vins que la région produit aussi.

› Les crus du Beaujolais produisent les vins les plus prestigieux. Concentrés au nord de la région, ils sont au nombre de dix. Brouilly, côte-de-brouilly, chénas, chiroubles, fleurie, juliénas, morgon, moulin-à-vent, régnié et saint-amour. Les sols de sables garantiques, très pauvres, contraignent la vigne à descendre profondément pour aller puiser l'expression de son origine. Chaque cru affiche une personnalité différente : fruitée et élégante pour le brouilly, un peu plus concentrée pour le côte-de-brouilly, fruitée avec de la mâche pour un morgon, veloutée pour le moulin-à-vent, concentrée pour les chénas, corsée et relevée pour les juliénas, florale et parfumée pour un fleurie, texture fine et délicate pour le chiroubles, etc.

› L'appellation Beaujolais est scindée en deux : une étroite bande le long de la Saône, contiguë aux crus avec des terroirs proches, et une autre tout au sud, constituée de sols variés de grès, calcaire blanc et pierre dorée. Les vins sont colorés, simples, plus vifs dans les zones d'altitude et aux arômes de raisin fraîchement pressé.

› L'appellation beaujolais-villages s'étire sur 30 kilomètres, par petites zones très localisées. En raison de cet éclatement géographique, les vins revêtent des caractères différents, en fonction des sols sur lesquels ils sont produits. Ceux des plaines alluviales sableuses sont fruités, souples et légers tandis que ceux issus de coteaux sont plus puissants, plus complexes aussi et au fruité plus intense.

CE QU'IL FAUT SAVOIR

› Le Beaujolais est le seul vignoble, avec la Champagne, où la vendange manuelle est obligatoire.

› Qu'est-ce que la macération carbonique ? Cette méthode couramment employée dans le Beaujolais, notamment pour le beaujolais-nouveau, consiste à vinifier en grappes entières, non éraflées et non foulées. La cuve est saturée de dioxyde de carbone et provoque une fermentation intracellulaire libérant beaucoup d'arômes et peu de tannins. Les cuvées ainsi vinifiées sont très fruitées, à la texture souple et sans ambition de garde.

VIGNOBLES DU BEAUJOLAIS

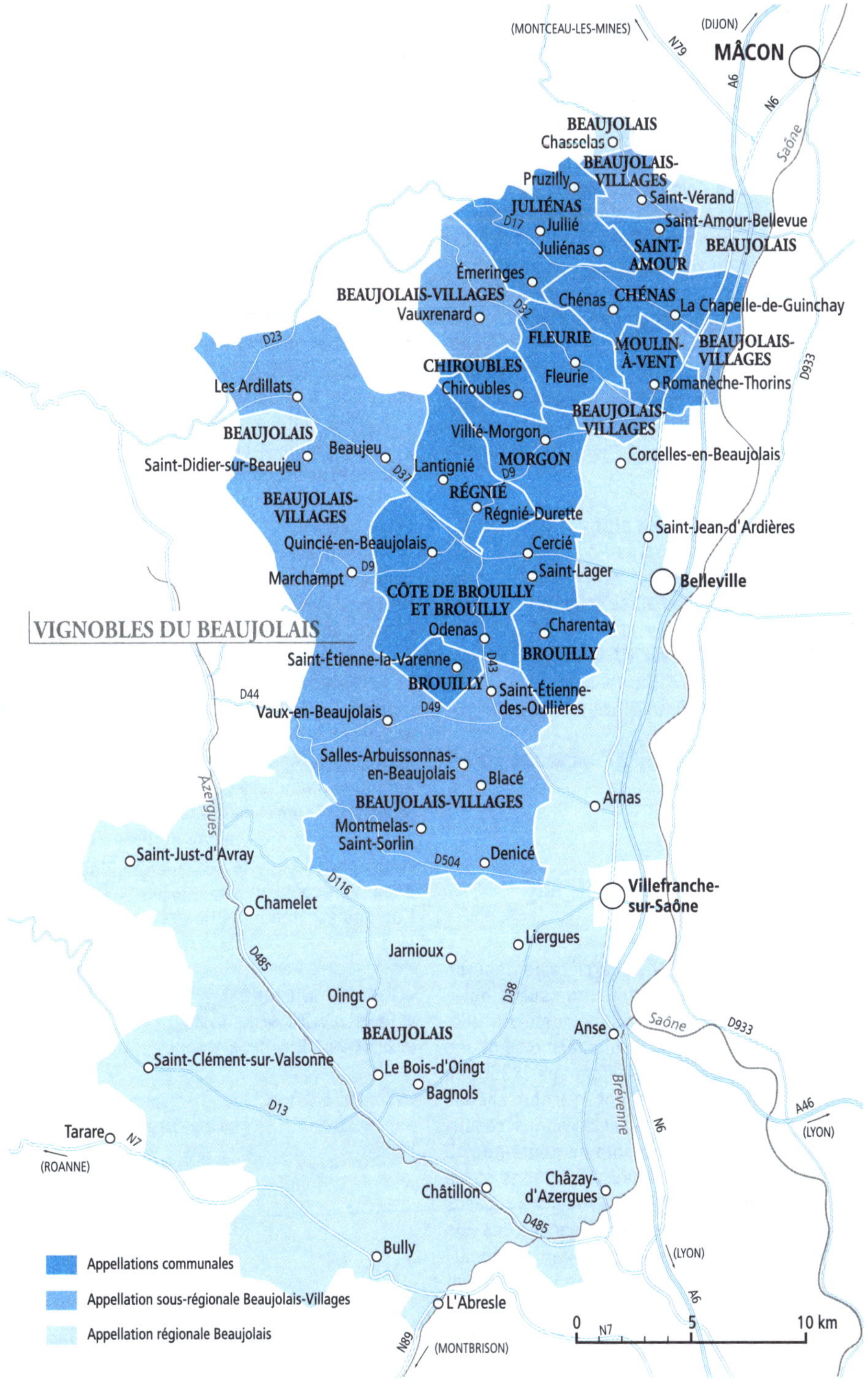

DOMAINE ANITA (EX-DOMAINE KUHNEL)

★★☆☆☆

Bressane d'origine, Anita Khunel, après une brillante carrière de cycliste sur route (elle a participé au Championnat du Monde en Slovénie en 1996 !) décide de revenir sur la propriété familiale cette même année. Elle y apprend le métier de la vigne et du vin avant de créer, en 2015, sa propre structure viticole : le domaine Anita. Aujourd'hui, le domaine regroupe six appellations, Moulin-à-Vent, Chénas, Morgon, Fleurie, Beaujolais et Beaujolais-villages. Coutumière d'un style en structure, Anita Kuhnel gagne chaque année en précision et en équilibre. 2017 est une belle réussite. Nous ne sommes plus très loin de la troisième étoile !

- **Chénas Les Brureaux 2017** | Sec | 2018>23 | 11 € — 15,5
- **Chénas Premium 2017** | Sec | 2018>28 | 15 € — 16,5
- **Fleurie Les Moriers 2017** | Sec | 2018>23 | 15 € — 15
- **Morgon cuvée Château Gaillard 2017** | Sec | 2018>23 | 11 € — 14,5
- **Morgon Prestige 2017** | Sec | 2018>28 | 15 € — 16,5
- **Moulin-à-Vent Cœur de Vigneronne 2017** | Sec | 2018>26 | 17 € — 16,5
- **Moulin-à-Vent Reine de Nuit 2017** | Sec | 2018>26 | 15 € — 16
- **Moulin-à-Vent Très Vieilles Vignes 2017** | Sec | 2018>30 | 12 € — 16

Les Caves, 69840 Chénas • Tél. 06 83 38 60 22 • contact@domaine-anita.com • www.domaine-anita.com • Visite : sur rendez-vous.

DOMAINE PASCAL AUFRANC

★★☆☆☆

Pascal Aufranc a débuté sa carrière de vigneron avec 1,6 hectare seulement, situé sur la butte pentue d'En-Rémont, à 350 mètres d'altitude. C'est ici qu'il rénove une vieille ferme au milieu de vignes plantées dans les années 1930. Ces dernières entourées de chênes (le nom chénas vient de ces bois plantés avant les vignes) constituent aujourd'hui le vignoble du domaine : 10 hectares, dont 7 à Juliénas, 2 à Chénas et 1 à Fleurie. Cet écrin de verdure à l'abri des regards mais d'où l'on voit tout donne naissance à des vins à la matière riche et épicée parfaitement équilibrée par leurs origines granitiques. Les 2016 sont réussis, en particulier la cuvée phare du domaine, probus. L'amateur préfèrera en 2017 les crus chénas et fleurie.

- **Chénas Vignes de 1939 2017** | Sec | 2018>24 | 11,50 € — 15,5
- **Juliénas Les Cerisiers 2017** | Sec | 2018>24 | 11,50 € — 14
- **Juliénas Probus 2016** | Sec | 2018>28 | 15 € — 15,5

En Remont, 69840 Chénas • Tél. 04 74 04 47 95 ou 06 85 05 59 37 • pascal.aufranc@orange.fr • www.pascal-aufranc.com • Visite : Sur rendez-vous.

CHÂTEAU DES BACHELARDS

★★☆☆☆ ♣

Ancienne propriété viticole des moines de Cluny le château des Bachelards s'étend sur 12 hectares dont 6 hectares à Fleurie, d'un seul tenant autour du château ; le reste se répartissant sur les crus Moulin-à-Vent et Saint-Amour. Il est la propriété de la comtesse Alexandra de Vazeilles qui, après une carrière dans le conseil d'entreprise, rachète la propriété en 2014. Fait notable le vignoble est certifié bio depuis 2007 et c'est la comtesse de Vazeilles qui le mène vers la certification en biodynamie en 2015 puis, en 2017, vers l'obtention du label Fermes d'Avenir. Alexandra de Vazeilles a une personnalité bien trempée l'esprit entrepreneurial et une volonté de fer, ce qui dénote parfois avec l'esprit vigneron, secret et peu enclin au changement. Il suffit de déguster quelques cuvées du domaine pour saisir la personnalité singulière de ce domaine en vue. Les jeunes 2016 sont remarquables par leur structure et leur précision. L'usage du bois n'est pas un tabou chez la comtesse, mais la signature de beaux vins construits pour la garde. N'est-ce pas l'un des attributs que l'on réserve aux grands vins ?

- **Fleurie 2016** | Sec | 2018>28 | 30 € — 15
- **Fleurie Le clos 2016** | Sec | 2022>32 | 120 € — 16
- **Saint-Amour 2016** | Sec | 2018>26 | 30 € — 15

Les Bachelards, 69820 Fleurie • Tél. 04 74 69 83 34 • contact@bachelards.com • www.bachelards.com • Visite : L'hiver uniquement sur rendez-vous. Ouvert L'été de 10h à 19h.

DOMAINE DE LA BÊCHE

Olivier Depardon, issu de la septième génération, est désormais épaulé par Alexis, son fils, sur trois hectares de Morgon. L'ensemble de la gamme affiche un niveau de qualité très prometteur sur le millésime 2016.

- **Morgon Charmes 2016** | Sec | 2018>26 | 9 € — 14
- **Morgon Vieilles vignes 2016** | Sec | 2018>25 | 6 € — 14,5
- **Régnié 2016** | Sec | 2018>22 | 5 € — 14

412, route de Mulins, 69910 Villié-Morgon • Tél. 04 74 69 15 89 • depardon.olivier.morgon@wanadoo.fr • www.domainedelabeche.com • Visite : Sur rendez-vous.

CHÂTEAU DE BELLEVUE

Ce château, propriété de Jean Loron, est le fleuron de la maison avec des cuvées en fleurie, morgon et moulin-à-vent à fort potentiel. Les rénovations de la cuverie sont à la hauteur des ambitions. 2018, chez Loron, n'est pas un millésime anodin. Il marque l'arrivée de Tristan Larsen dont le parcours riche d'expériences variées sera une source d'inspiration indiscutable pour la propriété. 2018 semble donner le ton d'une première inflexion dans le style. Nous avons détecté une forme de lâcher-prise dans les expressions qui donne ce supplément d'âme au domaine. Nous prenons le pari qu'il ne s'agit pas simplement d'un effet millésime.

- **Fleurie Montgenas 2018** | Sec | 2018>22 | 12 € — 14
- **Morgon Le Clos 2018** | Sec | 2018>26 | 20 € — 16
- **Morgon Les Charmes 2018** | Sec | 2018>22 | 13 € — 15

Lieu-dit Bellevue, 69910 Villie-Morgon • Tél. 04 74 66 98 88 • contact@chateau-bellevue.fr • www.chateau-bellevue.fr • Visite : Sur rendez-vous.

FRÉDÉRIC BERNE

Frédéric Berne cultive 3 hectares de Beaujolais-Villages, 64 ares de Morgon et 60 ares de Chiroubles. Au-delà du rôle médiatique qui l'occupe pour l'élection au statut de cru du village Lantignié, Frédéric Berne trouve le temps de travailler à l'affinage de ses vins. 2017 n'a pas manqué le rendez-vous. Les vins sont délicieux, dans un style puissant caractéristique du domaine mais avec, sur ce millésime, une précision supplémentaire. La finesse est le point de convergence de tous les vignerons aspirant à l'excellence !

- **Beaujolais-Villages Lantignié 2017** | Sec | 2018>23 | 11 € — 14,5
- **Beaujolais-Villages Lantignié Harmonie 2017** | Sec | 2018>27 | 24 € — 15,5
- **Beaujolais-Villages Lantignié Les Vergers 2017** | Sec | 2018>26 | 15 € — 15,5
- **Chiroubles Les Terrasses 2017** | Sec | 2018>26 | 15 € — 16,5
- **Morgon Corcelettes 2017** | Sec | 2018>34 | 15 € — 17

150 chemin des Vergers, 69430 Lantignié • Tél. 06 83 46 05 06 • ferdericberne69@hotmail.fr • www.fredericberne.com • Visite : tous les jours sur rendez-vous

VIGNOBLES BODILLARD

Ce domaine établi sur Villié-Morgon propose une gamme assez large mais les morgons y sont de loin les plus intéressants. La cuvée l'auguste, vinifiée par Renaud Bodillard, est une franche réussite.

- **Morgon L'Auguste 2015** | Sec | 2017>27 | 28 € — 15

Vermont, 69910 Villié-Morgon • Tél. 04 74 69 13 10 • vins@vignoblesbodillard.com • www.vignoblesbodillard.com • Visite : Ouvert tous les jours sur rendez-vous.

CHÂTEAU BONNET

Pierre-Yves Perrachon, accompagné depuis peu de sa fille Charlotte, s'occupe de ce domaine implanté dans le secteur nord des crus du Beaujolais, spécialisé notamment en chénas et en saint-amour. Les vignes sont certifiées en terra vitis et les vinifications sont conduites avec précision, non sans l'aide de Charlotte, œnologue de formation. Toujours est-il que le chénas 2017 a tout simplement jailli de nos dégustations ! Nous sommes ravis de voir ce domaine à ce niveau.

- **Chénas 2017** | Sec | 2018>24 | 9 € — 15,5
- **Saint-Amour Côte de Besset 2017** | Sec | 2018>23 | 10,20 € — 13,5

les paquelets, 71570 Chapelle-de-Guinchay • Tél. 03 85 36 70 41 • pierre-yves@chateau-bonnet.fr • www.chateau-bonnet.fr • Visite : Du lundi au vendredi, de 9h à 12h et de 14h à 18h. Le week-end sur rendez-vous.

DOMAINE DANIEL BOULAND

★★★☆☆

Daniel Bouland compte parmi les grands vignerons du Beaujolais. Il possède plusieurs lieux-dits réputés sur Morgon, le Douby, la Côte-du-Py et les Delys, mais également quelques parcelles bien placées en Chiroubles et Côte-de-Brouilly, pour une surface totale de 7 hectares, la plupart plantés sur des coteaux escarpés sableux et granitiques. Le travail y est pénible mais cela n'effraie pas Daniel Bouland qui est un habitué de la pente : quand il n'est pas aux vignes sécateur à la main, il est à la montagne les pieds sur les skis ! Côté vin, ses cuvées sont des exemples de complexité et de densité, issues de vieilles vignes en gobelet, pour certaines centenaires. Leur culture est un véritable sacerdoce auquel Daniel Bouland se plie volontiers tant il sait combien leur conduite est clef pour une vendange de qualité. 2018 en est la preuve patente. Les vins sont d'une concentration remarquable et trouvent le supplément d'âme qui peut parfois manquer sur ce millésime. Un domaine trois étoiles et demi...

- **Chiroubles 2018** | Sec | 2018>28 | 10 € — 16
- **Côte de Brouilly 2017** | Sec | 2018>28 | 10 € — 15,5
- **Morgon Bellevue 2018** | Sec | 2018>22 | 10 € — 16,5
- **Morgon Corcelette 2018** | Sec | 2018>26 | 10 € — 16
- **Morgon Corcelette Vieilles Vignes foudre n°4 2018** | Sec | 2018>26 | 11 € — 16,5
- **Morgon Corcelette Vieilles Vignes foudre n°7 2018** | Sec | 2018>28 | 11 € — 17
- **Morgon Vieilles Vignes Delys 2018** | Sec | 2018>32 | 11 € — 18

Lieu-dit Corcelette, 69910 Villié-Morgon • Tél. 06 81 30 89 12 • bouland.daniel@free.fr • www.daniel-bouland.com • Visite : sur rendez-vous.

DOMAINE ALEXANDRE BURGAUD

★☆☆☆☆

Installé en 2013 sur les terres familiales, Alexandre Burgaud cultive 5 hectares sur le terroir de Lantignié, en passe de devenir peut-être un cru du Beaujolais. Fort d'un vignoble relativement âgé (certaines vignes sont plus que centenaires), Alexandre produit deux cuvées dont la cuvée pur-cent, issue des plus vieilles vignes du domaine. Son nom vous est peut-être familier : Alexandre est le filleul de Jean-Marc Burgaud. Pas d'échantillons présentés cette année, nous reproduisons les commentaires de l'année dernière.

- **Beaujolais-Villages 2016** | Sec | 2018>25 | 8 € — 14
- **Beaujolais-Villages Pur Cent 2015** | Sec | 2018>28 | 12 € — 15

1, Lieu-dit Les Vierres, 69430 Lantignié • Tél. 06 67 27 50 76 • alexandre.burgaud@live.f • www.alexandreburgaud.fr • Visite : sur rendez-vous du lundi au samedi.

DOMAINE JEAN-MARC BURGAUD

★★★☆☆

Après l'obtention de son diplôme en viticulture et œnologie, Jean-Marc Burgaud s'installe en 1989 sur la Côte de Py, à Morgon. Aujourd'hui il possède 17 hectares sur quatre appellations, Beaujolais-Villages rouge et blanc, Régnié et Morgon, ce dernier représentant 11,80 hectares. Jean-Marc Burgaud est un vigneron discret, mais il suffit de prononcer son nom dans le vignoble et l'on comprend vite que sa réputation le précède. Les amateurs le connaissent pour son excellent beaujolais-villages qui surpasse régulièrement nombre de crus. Il est aussi connu pour son excellente gamme parcellaire de morgon, de charmes, en passant par grand-cras, jusqu'à côte-de-py. En 2018, c'est grand-cras qui nous a surpris, avec sa texture fine et une gourmandise inhabituelle. De manière générale, le style a gagné en gourmandise grâce à des macérations plus courtes, sans sacrifier les structures fermes qui ont fait la réputation du domaine. Ce domaine solide, à la réputation établie, continue de progresser. Bravo !

- **Beaujolais-Villages Les Vignes de Thulon 2017** | Sec | 2018>25 | 9 € — 14,5
- **Morgon Charmes 2018** | Sec | 2018>33 | 13 € — 16
- **Morgon Charmes 2017** | Sec | 2023>38 | 13 € — 16

- **Morgon Côte de Py 2018** | Sec | 2018>33 | 16 € — 17,5
- **Morgon Grand Cras 2018** | Sec | 2018>33 | 13 € — 17,5
- **Morgon Grand Cras 2017** | Sec | 2023>38 | 13 € — 17
- **Régnié Vallières 2018** | Sec | 2018>26 | 10 € — 14

Morgon, 69910 Villié-Morgon • Tél. 04 74 69 16 10 ou 06.14.76.54.76 • jeanmarcburgaud@libertysurf.fr • www.jean-marc-burgaud.com • Visite : sur rendez-vous.

CHÂTEAU DE LA CHAIZE

★★☆☆☆

Nous l'avions annoncé dans l'édition précédente, le château de la Chaize, jusqu'alors propriété de la marquise de Roussy de Sales, a été racheté par Christophe Gruy et son groupe Maïa. Fort d'un vignoble de 250 hectares, dont 99 de Brouilly, le château de la Chaize est l'une des plus belles propriétés du Beaujolais que le nouveau propriétaire ambitionne de convertir en bio. En parallèle, de nombreux travaux de rénovation ont été engagés, en particulier dans le chai, dont le charme désuet et l'organisation demeurait un frein à la production de grands vins. Les premiers vins de l'ère Maïa ne sont pas encore nés, mais nous tenons d'ores et déjà à saluer cet investissement colossal, visionnaire et courageux dans une région qui a tout le potentiel pour rayonner. Si les 2017 manquent encore de fond et de personnalité, les 2018 font un grand pas en avant. Brûlhier est gourmand et généreux et combiliaty dans cette droiture granitique affiche déjà une certaine élégance. Malheureusement pour nous, la-chaize était bouchonné !

- **Brouilly Combiliaty 2018** | Sec | 2018>26 | 19 € — 14
- **Brouilly La Chaize 2017** | Sec | 2017>23 | 20 € — 13,5
- **Côte de Brouilly Brulhier 2018** | Sec | 2018>23 | 22 € — 13,5

La Chaize, 69460 Odenas • Tél. 04 74 03 41 05 • contact@chateaudelachaize.fr • www.chateaudelachaize.fr

DOMAINE CHARDIGNY

★☆☆☆☆

Ce jeune domaine de 20 hectares en conversion bio (elle sera effective en 2018) produit des vins généreux et précis. Les trois frères, Pierre-Maxime au commerce, Victor, œnologue de formation chargé des vinifications, et Jean-Baptiste en charge du domaine Leflaive en Bourgogne sont tous, à leur façon, impliqués dans le domaine Chardigny. Les vignes sont cultivées avec beaucoup de bon sens et les vinifications sont d'une parfaite maîtrise, avec un minimum d'intervention. Le saint-amour à-la-folie est une véritable gourmandise qui confirme en 2017.

- **Saint-Amour À la Folie 2017** | Sec | 2018>26 | 14 € — 15

Le Creux du Vy, 71570 Leynes • Tél. 03 45 87 34 82 ou 06 26 37 81 24 •

info@domaine-chardigny.com • www.domaine-chardigny.com • Visite : Tous les jours sur rendez-vous.

DOMAINE J.-G. CHASSELAY

★☆☆☆☆ ♣

Fabien Chasselay et sa sœur Claire ont repris le domaine familial en 2008, dans le sud du Beaujolais, dans le magnifique secteur des Pierres Dorées. La viticulture était déjà certifiée bio, et lorsqu'ils créent cette année-là une structure de négoce, en marge du domaine, pour commercialiser des crus du nord de la région, celle-ci se fait aussi à partir d'achat de raisins certifiés bio. Les 2016 sont très réussis chez les Chasselay, en particulier le chénas et le côte-de-brouilly.

- **Beaujolais La Platière 2016** | Sec | 2018>22 | NC — 14
- **Beaujolais Les Grands Éparcieux 2016** | Sec | 2018>22 | NC — 13
- **Chénas La Carrière 2016** | Sec | 2018>26 | NC — 15
- **Côte de Brouilly l'Héronde 2016** | Sec | 2018>24 | NC — 15

123, chemin de la Roche, 69380 Châtillon d'Azergues • Tél. 06.83.88.55.45 • fabien@domaine-chasselay.com • www.domaine-chasselay.com • Visite : Uniquement sur rendez-vous.

DOMAINE CHERMETTE

★★★☆☆

Martine et Pierre-Marie Chermette cèdent progressivement la place à leur fils Jean-Étienne Chermette, qui n'a pas traîné pour insuffler quelques changements d'importance. En particulier le nom du domaine : domaines Chermette en lieu et place de domaine du Vissoux. Ceci étant dit, l'essentiel est toujours là : 31 hectares en Beaujolais rouge, 5,5 hectares en Beaujolais blanc, 16,50 hectares en crus sur Fleurie, Brouilly et Moulin-à-Vent. Le domaine, réputé pour la gourmandise et la rondeur de ses vins, semble avoir pris sur les derniers millésimes un style plus strict, peut-être plus orienté vers la garde. Il n'en reste pas moins que la qualité est toujours là avec une mention spéciale pour les-garants et les-trois-roches en 2016.

- **Beaujolais Cœur de Vendanges 2016** | Sec | 2018>26 | 11 € — 14,5
- **Beaujolais Les Griottes 2016** | Sec | 2018>22 | 7,90 € — 13,5
- **Beaujolais Origine Vieilles Vignes 2017** | Sec | 2018>24 | 9 € — 14,5
- **Brouilly Pierreux 2016** | Sec | 2018>22 | 12,90 € — 14,5
- **Fleurie Les Garants 2016** | Sec | 2018>25 | 14,50 € — 15,5
- **Fleurie Poncié 2016** | Sec | 2018>26 | 12,90 € — 15
- **Moulin-à-Vent Les Trois Roches 2016** | Sec | 2018>26 | 14,50 € — 15,5

775, route de Vissoux, 69620 Saint-Vérand • Tél. 04 74 71 79 42 • info@chermette.fr • www.chermette.fr • Visite : sur rendez-vous. Fermé le dimanche.

DOMAINE CHIGNARD

★★★☆☆

En 1998, Cédric Chignard, quatrième génération, rejoint son père Michel sur le domaine familial. Après un passage par l'Alsace et l'Australie, Cédric Chignard prend la responsabilité du domaine en 2006. Conscient des enjeux de son époque, Cédric Chignard fait évoluer le domaine avec beaucoup de sagesse, conscient que l'essentiel est déjà là depuis longtemps. Le vignoble familial s'étale sur 7 hectares, principalement situé sur les Moriers, célèbre lieu-dit du cru Fleurie (qui pourrait s'apparenter aux murgers en Bourgogne). Très attentifs à l'âge du vignoble, Cédric Chignard et son père veillent au renouvellement mesuré des vignes qui affichent une moyenne d'âge respectable de 60 années. Les vins du domaine ne sont jamais expressifs dans leur jeunesse mais ont la réputation de vieillir admirablement. Après quelques années, ils développent des nez parfumés et une texture au velours irrésistible. Fort de ce constat, les Chignard organisent la mise en marché en fonction de la maturité des vins. Ainsi le 2014, réputé précoce, sortira avant le 2013, et le superbe 2009 est encore disponible à la vente ! Les 2016 et 2015 sont également sur le marché. Le premier au charme immédiat permettra d'attendre le deuxième à la structure imposante.

- **Beaujolais-Villages 2016** | Sec | 2018>23 | 12 € — 14,5
- **Beaujolais-Villages 2015** | Sec | 2018>25 | 12 € — 15
- **Fleurie Cuvée le Cochonnier 2015** | Sec | 2018>37 | 23 € — 17,5
- **Fleurie Les Dix Coupées 2015** | Sec | 2018>30 | 23 € — 17
- **Fleurie Les Moriers 2016** | Sec | 2018>25 | 16 € — 16
- **Fleurie Les Moriers 2015** | Sec | 2018>32 | 16 € — 16,5
- **Juliénas Beauvernay 2015** | Sec | 2018>30 | 15 € — 15,5

Le Point-du-Jour, 69820 Fleurie • Tél. 04 74 04 11 87 • domaine.chignard@wanadoo.f • www.domaine-chignard.fr • Visite : du lundi au samedi de 8h à 12h et de 14h à 18h d préférence sur rendez-vous.

DOMAINE RAPHAËL CHOPIN

★★★☆☆

Après des études et une expérience de « winemaker » en Australie, Raphaël Chopin rentre en Beaujolais en 2009 pour ressusciter les terres de son arrière-grand-père. Le vignoble compte aujourd'hui 5 hectares, particulièrement bien situés, en Beaujolais-Villages, Régnié et Morgon. Les jeunes vignes (1989) y côtoient les plus vieilles (1905). Véritable compositeur-styliste Raphaël Chopin joue avec les températures pour obtenir un fruit tout en rondeur et s'est très vite distingué par un style fin et élégant. Les 2016 sont de véritables gourmandises, qui permettront d'attendre les 2015 mais aussi les structurés 2017.

- **Morgon Les Charmes 2016** | Sec | 2018>28 | 12,50 € — 15,5
- **Régnié Caprice 2016** | Sec | 2018>28 | 16 € — 15
- **Régnié La Ronze 2017** | Sec | 2018>23 | 12,50 € — 14

La Savoye, 69430 Lantignié • Tél. 06 22 08 59 09 • domaine.raphael.chopin@gmail.com • www.domaine-raphael-chopin.fr • Visite : Ouvert tous les jours sur rendez-vous.

DOMAINE CLOTAIRE MICHAL

☆☆☆☆☆

Après cinq années à Cornas chez Thierry Allemand et un passage à Saint-Joseph, Clotaire Michal s'installe à Saint-Étienne-la-Varenne en appellation Beaujolais-Villages et Côte de Brouilly. Les beaujolais-villages sont d'une concentration remarquable et possèdent une profondeur aromatique qui compense quelques notes sauvages en fin de bouche. Un style qui ne laisse pas indifférent.

- **Beaujolais-Villages La Napoléon 2017** | Sec | 2018>23 | NC — 14,5
- **Beaujolais-Villages Vignes Centenaires 2017** | Sec | 2018>26 | NC — 15

Lieu-dit Le Pouzet, 69460 Saint-Etienne-la-Varenne • Tél. 04 74 66 44 67

DOMAINE DAVID-BEAUPÈRE

Le domaine familial était en métayage jusqu'à ce que Louis-Clément David le reprenne. Depuis sa première vinification en 2008, le domaine a été converti en agriculture biologique. Passionné par le finage de Juliénas, Louis-Clément David n'hésite pas à investir non seulement dans le matériel végétal mais également dans de nouveaux terroirs à l'instar de Vayolette qui a donné naissance à une nouvelle cuvée en 2014. De sensibilité « nature », les vins ont évolué en style, préférant une approche plus digeste, moins en structure. Nous ne sommes pas restés insensibles !

- **Juliénas La Bottière 2017** | Sec | 2018>23 | 20 € — 14,5
- **Juliénas Vayolette 2017** | Sec | 2018>24 | 25 € — 15

La Bottière, 69840 Juliénas • Tél. 06 20 37 51 19 • domaine.david.beaupere@gmail.com • www.davidbeaupere.fr • Visite : sur rendez-vous.

DOMAINE JULES DESJOURNEYS

Le domaine Jules Desjourneys est la propriété de Fabien Duperray. En 2007, ce dernier achète 9 hectares de vieilles vignes situées sur les finages de Chénas, Moulin-à-Vent et Fleurie. Les parcelles ne sont pas choisies au hasard. Ce fin connaisseur de la Bourgogne sait parfaitement où il met les pieds. En 2009, le vignoble est certifié en bio. 10 ans plus tard, les vins sont au sommet de l'appellation non sans difficulté car le poids de l'histoire pèse lourd quand il s'agit de vendre des grands vins estampillés « Beaujolais ». N'en déplaise à l'intéressé qui continue son œuvre et livre ces dernières années des crus du Beaujolais de haute volée et, depuis 2014, des blancs du Mâconnais à faire rougir les plus grandes appellations de la Côte de Beaune. Le dernier millésime en bouteille, 2016, est superbe chez Desjourneys. Les beaujolais ont des nez parfumés, des textures soyeuses, des finales suaves, des tannins ciselés. Tout y est. Côté blanc, c'est la rupture stylistique. On fait la genèse du chardonnay ! C'est la quête originelle ! Les expressions sont dans une pureté retrouvée, les bouches cristallines et les origines dans leur plus simple apparat. Que l'amateur ne s'y trompe pas : ce travail d'épuration est peut-être le plus difficile à exécuter, il est ici admirablement exécuté. Tout simplement superbe.

- **Beaujolais-Villages 2016** | Sec | 2018>24 | 18 € — 15
- **Chénas Le Jugement Dernier 2016** | Sec | 2018>24 | 36 € — 16
- **Fleurie 2016** | Sec | 2018>28 | 50 € — 18
- **Mâcon-Fuissé 2016** | Sec | 2018>24 | 21 € — 15,5
- **Mâcon-Verzé 2016** | Sec | 2018>22 | 21 € — 15,5
- **Morgon 2016** | Sec | 2018>28 | 36 € — 17
- **Moulin-à-Vent Le Styx 2016** | Sec | 2018>28 | 60 € — 17,5
- **Pouilly-Fuissé 2016** | Sec | 2018>28 | 36 € — 17
- **Pouilly-Fuissé Les Vignes de la Côte 2016** | Sec | 2018>28 | 50 € — 17
- **Pouilly-Fuissé Vignes Blanches 2016** | Sec | 2018>34 | 50 € — 18
- **Pouilly-Loché 2016** | Sec | 2018>24 | NC — 16
- **Pouilly-Vinzelles Les Longeays 2016** | Sec | 2018>32 | NC — 17,5

75, rue Jean-Thorin - Pontanevaux, 71570 La-Chapelle-de-Guinchay • Tél. 03 85 33 85 88 • contact@julesdesjourneys.fr • www.julesdesjourneys.fr

DOMAINE LOUIS-CLAUDE DESVIGNES

C'est le domaine emblématique du Beaujolais, tant par son histoire (la voûte d'entrée du domaine a donné son nom à la rue où elle se trouve !) que par sa réputation (il est impossible de trouver un vigneron critique à l'égard du domaine !), le domaine Louis-Claude Desvignes brille sur Morgon en particulier et sur le Beaujolais en général. Le vignoble s'étend sur 13 hectares, dont 5 situés sur la Côte de Py. Aujourd'hui c'est la 8e génération qui est à la tête du domaine, Claude-Emmanuelle et son frère Louis-Benoît. Reconnus pour leur rigueur et leur souci du détail, ils sont les dignes successeurs d'une tradition d'excellence. Chez les Desvignes, les vieux comme les jeunes millésimes sont délicieux ! C'est donc avec une modeste ambition que les vins progressent dans le raffinement et la précision, dans un style qui oscille selon les millésimes entre la côte-rôtie et la côte-de-nuits ! Les derniers millésimes sont dans cette lignée, entre finesse et gourmandise, mais toujours élégants. La classe.

- **Morgon Corcelette 2018** | Sec | 2018>23 | 14 € — 15
- **Morgon Côte de Py 2018** | Sec | 2018>28 | 22 € — 16,5
- **Morgon Côte de Py Javernières 2018** | Sec | 2018>30 | 20 € — 17
- **Morgon Javernières Les Impénitents 2018** | Sec | 2018>42 | 36 € — 17,5
- **Morgon La Voûte Saint-Vincent 2018** | Sec | 2018>23 | 13 € — 14,5
- **Morgon Montpelain 2018** | Sec | 2018>23 | 15 € — 16

135, rue de la Voûte, 69910 Villié-Morgon • Tél. 04 74 04 23 35 • louis.desvignes@orange.fr • www.louis-claude-desvignes.com • Visite : du lundi au samedi sur rendez-vous.

DOMAINE RÉMI DUFAITRE

Rémi Dufaitre fait partie des talents incontestables du Beaujolais, qu'une génération plus âgée de vignerons, à l'instar de Jean Foillard, a su prendre sous son aile et aidé à se développer. C'est en 2003 qu'il s'installe à Saint-Étienne-des-Oullières en rachetant le domaine de Botheland. En 2008, il engage son vignoble en bio. Son premier millésime 2010 est sans hésitation sans soufre. Il faut dire que Rémi Dufaitre est un vigneron total ! Et si l'on peut rester insensible au discours on ne peut le rester, et c'est bienvenu, devant ses vins. Adepte de la vinification sans intrants, certifié bio, Rémi Dufaitre coche toutes les cases du vin tendance. Ce qui nous ferait presque oublier la minutie avec laquelle chaque vin est conçu. D'une remarquable précision, ce vigneron excelle dans un style pur, au fruité mûr et gourmand, sans perdre en fraîcheur ni finesse. On se régale, tout simplement.

- **Beaujolais-Villages Prémisse 2018** | Sec | 2018>24 | 15 € — 14
- **Brouilly 2017** | Sec | 2018>22 | 20 € — 15

540 Route de Botheland, 69460 Saint-Étienne-des-Oullières • Tél. 04 74 03 55 69 OU 0633588631 • botheland@wanadoo.fr • Visite : Ouvert tous les jours uniquement sur rendez-vous.

CHÂTEAU DE L'ÉCLAIR

C'est en 1891 que Victor Vermorel s'installa à Liergues, en rachetant le château et son vignoble. Il le rebaptisa château de l'Éclair, en référence à son invention, un pulvérisateur à dos appelé Éclair. En 1928, l'ensemble de la propriété passe dans les mains de l'Union générale de la mutualité du Rhône. Devenu un centre d'accueil pour colonies de vacances, son régisseur M. Antoine Clément continue cependant de vinifier des beaujolais. Il faut attendre 1980 pour voir La Sicarex Beaujolais se porter acquéreur de ce patrimoine exceptionnel. Cet organisme redonne au château ses fonctions initiales en modernisant les installations et en y installant le nouveau pôle technique du Beaujolais. Parmi toutes les expérimentations menées au sein de la structure, une gamme commerciale baptisée château-de-l'éclair est disponible à la vente. Parmi les millésimes dégustés, les 2015 étaient tout simplement délicieux. Sur 2016 et 2017 présentés cette année, le beaujolais semble s'inscrire comme la cuvée référence du domaine.

- **Beaujolais 2017** | Sec | 2018>23 | 7 € — 13,5
- **Beaujolais 2017** | Sec | 2018>22 | 8,50 € — 13,5
- **Beaujolais 2016** | Sec | 2018>22 | 8,50 € — 13,5
- **Beaujolais 2015** | Sec | 2018>23 | 7,50 € — 14
- **Beaujolais La Réserve 2017** | Sec | 2018>22 | 7 € — 13,5
- **Chénas Le Bucher 2015** | Sec | 2017>30 | 11 € — 15

905, rue du chateau de l'éclair, 69400 Porte des Pierres Dorées • Tél. 04 74 68 76 27 • vins@chateaudeleclair.com • www.chateaudeleclair.com • Visite : Sur rendez-vous.

DOMAINE DE FA

Antoine et Maxime Graillot ont quitté, un temps, Crozes-Hermitage pour reprendre en 2013 5 ha de coteaux granitique, dans les hauteurs de Saint-Amour, qu'ils conduisent en biodynamie, suivis de 3 hectares au nord de Fleurie, sur le lieu-dit Roche Guillon. Ce dernier en 2017, malgré quelques notes sauvages, se distingue dans nos dégustations.

- **Fleurie Roche Guillon 2017** | Sec | 2018>23 | 20 € — 14

Domaine Alain Graillot, 105 Chemin des Chêne Verts , 2660 Pont de L'Isère • Tél. 04 75 84 67 52 • contact@domainegrailot.com

DOMAINE MAURICE GAY

★☆☆☆☆

Maurice est un vigneron connu depuis longtemps pour ses vins francs et structurés. Implanté sur les beaux terroirs de l'appellation, Rochelle, Rochegrès et les Blancs (autrement appelé le Bief) il décline sa production en deux cuvées seulement : vieilles vignes et cuvée prestige. Fort d'un vignoble relativement âgé, 60 ans en moyenne, il développe un style de garde qui, dans sa jeunesse, peut paraître austère aux amateurs de vins expressifs.

- **Moulin-à-Vent 2015** | Sec | 2018>28 | env. 11,50 € — 15,5
- **Moulin-à-Vent Vieilles vignes Prestige 2016** | Sec | 2018>25 | 12 € — 15

Les Blancs, 69840 Chénas • Tél. 06 08 66 55 40 • gaymaurice@orange.fr • Visite : sur rendez-vous.

GEORGES DUBŒUF

★☆☆☆☆

On ne présente plus le plus célèbre ambassadeur du beaujolais sur de nombreux marchés de par le monde, suite au travail ininterrompu de Georges Duboeuf depuis plus de 50 ans, bien épaulé aujourd'hui par son fils Franck. Les volumes sont considérables tout comme le nombre de références, qui d'ailleurs dépassent les frontières de la région, et font preuve d'une régularité de métronome. Les cuvées ici présentées sont celles qui ont retenu notre attention.

- **Brouilly Domaine de Lafayette 2017** | Sec | 2018>22 | 9,50 € — 13,5
- **Morgon Côte de Py Domaine de Javernière 2017** | Sec | 2018>22 | 10,07 € — 13,5

208 rue de Lancié, 71570 Romanèche-Thorins • Tél. 03 85 35 34 20 • gduboeuf@duboeuf.com • www.duboeuf.com • Visite : tous les jours, de 10h à 19h, espace oenoparc et boutique «le hameau Duboeuf»

DOMAINE DE LA GRAND'COUR

★★☆☆☆ ♣

Jean-Louis Dutraive est un personnage emblématique du Beaujolais tant par sa générosité (les témoignages de vignerons ne sont pas rares) que par la finesse de ses vins, souvent sur le fil (mais n'est-ce pas à cet endroit précis que naît l'émotion ?). L'ensemble de la gamme est recommandable dans cette veine délicate et raffinée. Même si l'on flirte parfois avec quelques notes sauvages, le charme opère et nous en sommes les premiers séduits. Les vins présentés ici ont été dégustés en barrique.

- **Fleurie Chapelle des Bois 2018** | Sec | 2018>24 | 19,50 € — 16,5
- **Fleurie Clos de la Grand'Cour 2018** | Sec | 2018>26 | 19,50 € — 16,5

La Grand'Cour, 69820 Fleurie • Tél. 04.74.69.81.16 • contact@familledutraive.fr • www.domainedelagrandcour.fr

HENRY FESSY

★☆☆☆☆

La famille Fessy a laissé la place à la nouvelle équipe mise en place par Laurent Chevalier, depuis le rachat par la maison Louis Latour en 2008. S'appuyant sur un vignoble de 70 hectares, présent dans neuf des dix crus (seul Chiroubles est en apport de vendange), le style maison se précise un peu mieux chaque année, avec une volonté affirmée de recourir aux vinifications traditionnelles. La maison n'a pas présenté d'échantillons cette année.

644, route de Bel-Air, 69220 Saint-Jean-d'Ardières • Tél. 04 74 66 00 16 • contact@henryfessy.com • www.henryfessy.com • Visite : du lundi au jeudi de 8h à 12h et de 14h à 17h. Le vendredi de 8h à 12h.

DOMAINE DE L'IRIS

★☆☆☆☆

Le domaine de l'Iris est géré par le frère d'Éric Janin, Thierry, dont le travail à la vigne n'a d'égal que celui de son frère ! En cave, les vins affichent des concentrations hors norme, sans tomber dans l'extravagant. Le moulin-à-vent 2017 se distingue par sa structure et son fruité généreux. La cuvée l'iris, aux origines nobles (Rochelle et Rochegrés) est encore trop marquée par l'élevage pour donner son plein potentiel.

- **Moulin-à-Vent 2018** | Sec | 2018>24 | NC — 14
- **Moulin-à-Vent 2017** | Sec | 2018>26 | NC — 15
- **Moulin-à-Vent L'Iris 2018** | Sec | 2018>24 | 9,50 € — 15

■ **Moulin-à-Vent L'Iris 2017** | Sec | 2018>28 | 13 € **15,5**

Le Moulin à Vent, 71570 Romanèche-Thorins • Tél. 06 15 66 45 49 • iris.fan@orange.fr • Visite : sur rendez-vous.

CHÂTEAU DES JACQUES

★★★★☆

Le domaine, propriété du Beaunois Louis Jadot mais géré de façon autonome, a bien grandi depuis son acquisition en 1996. Aujourd'hui, le vignoble s'étend sur 90 hectares, essentiellement sur Moulin-à-Vent dont il est l'un des grands spécialistes, non sans raison puisqu'il possède des parcelles dans les meilleurs secteurs comme Rochegrès, la Roche, Carquelins et depuis peu la Rochelle. Cyril Chirouze, digne successeur de Guillaume de Castelnau, poursuit l'œuvre d'excellence engagée il y a plus de quinze années. 2017 consacre les nouvelles installations du domaine. La diversité des contenants est à l'image de la construction esthétique que recherche Cyril Chirouze. Rien ne doit dominer, tout doit servir l'expression de l'origine. Le millésime 2017, c'est aussi une magnifique victoire sur les grêles incessantes qui ont bombardé le vignoble. Les quantités sont ridicules ; absurdes si l'on regarde les moyens déployés, parfaitement justifiées si l'on considère la qualité. 2017 est un modèle de pureté, d'équilibre et de finesse. Encore fallait-il avoir le courage et l'abnégation de tenir le cap jusqu'au bout. Attention, il n'y en aura pas pour tout le monde !

■ **Beaujolais Clos de Loyse 2017** | Sec | 2018>21 | 11,50 € **13,5**
■ **Bourgogne Clos de Loyse 2017** | Sec | 2018>22 | 13,60 € **14**
■ **Fleurie 2017** | Sec | 2018>26 | 16,80 € **16**
■ **Morgon 2017** | Sec | 2018>21 | 13,60 € **15**
■ **Morgon Côte du Py 2017** | Sec | 2018>34 | 24 € **18,5**
■ **Moulin-à-Vent 2017** | Sec | 2018>28 | 16,80 € **16,5**
■ **Moulin-à-Vent Clos de Rochegrès 2017** | Sec | 2018>32 | 24 € **18**
■ **Moulin-à-Vent Clos des Thorins 2017** | Sec | 2018>28 | 24 € **17,5**
■ **Moulin-à-Vent Clos du Grand Carquelin 2017** | Sec | 2018>28 | 24 € **17,5**
■ **Moulin-à-Vent La Roche 2017** | Sec | 2018>28 | 24 € **17**

Les Jacques , 71570 Romanèche-Thorins • Tél. 03 85 35 21 64 • chateau-des-jacques@wanadoo.fr • www.chateau-des-jacques.fr • Visite : Sur rendez-vous.

DOMAINE GUÉNAEL JAMBON

★☆☆☆☆

Guenael Jambon s'installe à Morgon en 2001, après des études de viti-œno en Bourgogne. Il reprend en 2004 le domaine des Roches du Py, puis en 2007 au grand-cras et enfin en 2012 à Morgon. Adepte du parcellaire et du non-interventionnisme, Guenael Jambon n'en reste pas moins exigeant en termes de vinification. Ses vins sont précis, tant dans leur expression que dans leur élevage. Tous les vins ici présentés sont dans un style dense, structuré sans jamais tomber dans une démonstration de force. Une gamme recommandable.

■ **Morgon Côte de Py 2017** | Sec | 2018>28 | 10 € **15,5**
■ **Morgon Dame de la Côte 2016** | Sec | 2018>28 | 12 € **15**

La côte du Py 597, Route de la Chaponne, 69910 Villié-Morgon • Tél. 06 03 49 73 0[illegible] • guenael-jambon@wanadoo.fr • www.domanejambon.com • Visite : Uniquement sur rendez-vous.

DOMAINE PAUL ET ÉRIC JANIN

★★★★☆

Depuis 1937 le domaine Paul Janin et fils produit des moulin-à-vent et des beaujolais-villages rouges et blancs. Eric Janin, l'actuel propriétaire, représente la quatrième génération. Il hérite d'une succession d'investissements qui font aujourd'hui le succès du domaine. En 1937, son grand-père achète le fameux lieu-dit le Tremblay, et son père, en 1967, acquiert ce qui constitue aujourd'hui la cuvée phare du domaine : les vignes centenaires des greneriers. Éric Janin est aussi père de la jeune Perrine, qui suit des études d'œnologie, et poursuit à son tour les investissements nécessaires à la pérennisation de l'exploitation. Cela passe en particulier par des sélections massales pour renouveler progressivement son parc de vieilles vignes. Les années difficiles s'accumulent pour le cru et Éric Janin n'a pas échappé à la violence des grêles qui ont dévasté le vignoble ces trois dernières années. Afin de préserver ce qui a construit la réputation du domaine, des achats en négoce complètent désormais la gamme. D'un standing plus classique, ces vins sont de bonne facture. Quant aux stars du domaine, ils pèchent par leurs faibles quantités mais ne déçoivent pas en qualité.

En 2018, vignes-du-tremblay et greneriers sont de magnifiques réussites.

- **Beaujolais-Villages Piémonts 2018** | Sec | 2018>26 | 10,50 € 15,5
- **Beaujolais-Villages Piémonts 2017** | Sec | 2018>28 | 10 € 15,5
- **Brouilly 2018** | Sec | 2018>23 | 14 € 14
- **Brouilly 2017** | Sec | 2018>22 | 14 € 14
- **Chénas 2018** | Sec | 2018>24 | 15 € 15
- **Chénas 2017** | Sec | 2020>28 | 15 € 15
- **Moulin-à-Vent Héritage du Tremblay 2018** | Sec | 2022>32 | 21 € 17
- **Moulin-à-Vent Héritage du Tremblay 2017** | Sec | 2022>40 | 21 € 17,5
- **Moulin-à-Vent Les Greneriers 2018** | Sec | 2018>32 | NC 18
- **Moulin-à-Vent Les Vignes du Tremblay 2018** | Sec | 2018>28 | NC 17
- **Moulin-à-Vent Les Vignes du Tremblay 2017** | Sec | 2022>32 | 16 € 16,5

La Chanillière, 71570 Romanèche-Thorins • Tél. 03 85 35 52 80 • contact@domaine-paul-janin.fr • www.domaine-paul-janin.fr • Visite : sur rendez-vous.

CHÂTEAU DE JAVERNAND

★☆☆☆☆

Le château de Javernand, c'est une aventure familiale débutée en 1917 par l'arrière-grand-père des vignerons actuels, les cousins Pierre Prost et Arthur Fourneau. La majorité des vignes se situe sur Chiroubles, avec 10 hectares sur des coteaux granitiques entre 350 et 450 mètres d'altitude. Typiques du cru, les vins ne sont pas bâtis sur de grosses structures mais plutôt sur le fil, jouant la carte de l'harmonie au détriment de la puissance. 2017 est un modèle du genre, en particulier sur la cuvée vieilles-vignes.

- **Chiroubles Vieilles Vignes 2017** | Sec | 2018>23 | 11,50 € 14

421, Impasse de Javernand, 69115 Chiroubles • Tél. 09 63 29 82 13 • chateau@javernand.com • www.javernand.com • Visite : sur rendez-vous.

DOMAINE LABRUYÈRE

★★☆☆☆

Le domaine Labruyère compte parmi les plus anciens de l'appellation Moulin-à-Vent. En 1850, Jean-Marie Labruyère, ouvrier-vigneron, s'installe aux Thorins, hameau de Romanèche-Thorins. Depuis lors, différentes générations se succèdent à la tête des 10 hectares du domaine. Durant cette période, l'unique clos de l'appellation, le clos du Moulin-à-Vent est acquis par la famille. En 2008, Édouard Labruyère prend la responsabilité du domaine avec pour objectif d'hisser celui-ci parmi les références de l'appellation. Sous la compétence de l'œnologue Nadine Gublin (également en charge du domaine Jacques Prieur et des champagnes JM Labruyère) le domaine prend une dimension supérieure sur les derniers millésimes. Les vins parfois austères à l'ouverture démontrent une profondeur et une complexité à la hauteur des ambitions affichées il y a une dizaine d'années. Le clos-du-moulin-à-vent tient son rang, une superbe réussite en 2017.

- **Moulin-à-Vent Champ de Cour 2017** | Sec | 2018>26 | 19,60 € 15
- **Moulin-à-Vent Cœur de Terroirs 2017** | Sec | 2018>24 | 15,10 € 14,5
- **Moulin-à-Vent Le Carquelin 2017** | Sec | 2018>28 | 25,40 € 15,5
- **Moulin-à-Vent Le Clos du Moulin-à-Vent Monopole 2017** | Sec | 2018>28 | 35,90 € 16,5

310, rue des Thorins Moulin à Vent, 71570 Romanèche-Thorins • Tél. 03 85 20 38 18 • info@labruyere.wine • www.domaine-labruyere.com • Visite : sur rendez-vous.

DOMAINE LAFARGE-VIAL

★★☆☆☆

Créé en 2014 (premier millésime) par la célèbre famille Lafarge de Volnay, ce domaine, malgré les péripéties climatiques récentes, a produit de bons 2016, dans un style délicat et fin, qui n'est pas sans rappeler leurs origines. Basé sur le lieu-dit Bel Air en appellation Fleurie, produisant l'appellation éponyme et Chiroubles, le jeune domaine est en conversion biologique depuis deux ans. À retenir le beau clos-vernay en 2016 et 2017.

- **Fleurie Clos Vernay 2017** | Sec | 2018>26 | 24 € 15
- **Fleurie Clos Vernay 2016** | Sec | 2018>26 | 24 € 15

Bel Air, 69820 Fleurie • Tél. 04 74 60 48 32 • contact@lafargevial.com

DOMAINE MARCEL LAPIERRE

★★☆☆☆ ♣

Mathieu Lapierre, désormais rejoint par sa sœur Camille, continue l'œuvre bâtie par son père Marcel, trop tôt disparu. C'était en 1981, sous l'impulsion de Jules Chauvet, chercheur émérite, que Marcel Lapierre décide de vinifier sans soufre ni levures de culture, et de cultiver ses vignes en biodynamie. Depuis sa disparition, Mathieu Lapierre poursuit avec la même passion l'œuvre du père, non sans succès. Ancien chef cuisinier, Mathieu Lapierre est animé par la précision et la rigueur. Le sans-soufre n'est pas une quête absolue et ne doit se faire que lorsque les conditions sont requises. 2017 se présente avec un dilemme, celui de choisir entre la cuvée nature et celle sulfitée, chacun possédant des qualités que l'autre n'a pas ! Un affaire de goût que seul l'amateur pourra trancher, tant les deux philosophies nous semblent pertinentes.

- **Morgon Nature 2017** | Sec | 2018>22 | 18,80 € — **14,5**
- **Morgon Sulfité 2017** | Sec | 2018>26 | 18,80 € — **14**

Rue Rabelais, 69910 Villié-Morgon • Tél. 04 74 04 23 89 • informations@marcel-lapierre.com • www.marcel-lapierre.com • Visite : du lundi au vendredi, sur rendez-vous, de 8h à 12h et de 13h30 à 17h.

DOMAINE YOHAN LARDY

Lucien Lardy exploitait ses 20 hectares de vignes en compagnie de son fils. Aujourd'hui Yohan possède sa propre structure et vinifie un certain nombre de crus dont Moulin-à-Vent, où une parcelle datant de 1903 est isolé pour constituer la cuvée éponyme. Le millésime 2014 a retenu notre attention, dans un style plus franc que la cuvée michelons sur le même cru.

- **Moulin-à-Vent Vieilles vignes de 1903 2014** | Sec | 2018>22 | 23 € — **15**

162 Route de la mairie, 71570 Romanèche-Thorins • Tél. 06 29 53 74 86 • yohan.lardy@hotmail.fr • www.yohan-lardy.com

DOMAINE DAVID LARGE

David Large est arrière-petit-fils de vigneron. Engagé très jeune aux côtés de son père, sur une vingtaine d'hectares, il tente l'expérience du négoce, sans succès. Endetté, encore jeune, il part dans le Rhône, chez un certain Chapoutier pour travailler et se former. Il découvre entre temps la biodynamie, et revient aux côtés de son papa pour cultiver 1 hectare en bio. L'affaire vivote, il doit retourner chez Chapoutier, avant de revenir finalement en Beaujolais ! Nous sommes en 2017, David Large sort son « premier » millésime de l'exploitation située à Montmelas en Beaujolais-Villages. Aujourd'hui, ce sont 5 hectares en production et une carte de négoce. Pour comprendre la philosophie du vigneron, rien ne vaut un bon coup d'œil sur son site web éponyme. Encore mieux : participer à l'une de ses soirées « vins et rap français ». Côté vins, les noms des cuvées, évocateurs pour la génération 1980, doivent être dépassées pour s'intéresser au contenu, plus sérieux. Du Beaujolais nouveau au superbe grands-terriers, tout est recommandable. Un vigneron à découvrir absolument !

- **Beaujolais-Villages Les Grands Terriers 2017** | Sec | 2018>28 | 17 € — **15,5**
- **Côte de Brouilly Heart Breaker 2017** | Sec | 2018>26 | 15 € — **15**
- **Vin de France Nelson 2018** | Sec | 2018>24 | 11 € — **14**

Le Clerjon, 69640 Montmelas-Saint-Sorlin • Tél. 04 74 67 30 95 • contact@davidlarge.fr • www.davidlarge.fr • Visite : sur rendez-vous.

MAISON LE NID

La très dynamique et sympathique famille Lardet, Delphine, Jocelin, Stéphane et leur père, confirme nos espérances avec des vins plus aboutis sur les derniers millésimes (les barriques ont vieilli...). Plus précis, sans perdre pour autant leur puissance, les crus s'affirment avec autorité. Le domaine n'a pas échappé malheureusement aux affres du climat qui ont touché le cru. Les quantités sont faibles mais hautement qualitatives. Que l'amateur se précipite en attendant les 2018 qui étaient encore en élevage lors de notre visite.

- **Moulin-à-Vent Rochegrès 2017** | Sec | 2022>32 | 22,20 € — **17**
- **Moulin-à-Vent Rochegrès 2016** | Sec | 2017>37 | 22,20 € — **16**
- **Moulin-à-Vent Tradition 2017** | Sec | 2017>25 | 15,60 € — **16**

Le Moulin-à-Vent, 71570 Romanèche-Thorins • Tél. 06 89 96 45 19 • contact@lenid.fr • www.lenid.fr • Visite : du lundi au vendredi, de 8h à 12h et de 14h à 18h. Uniquement sur rendez-vous.

DOMAINE LES CAPRÉOLES

C'est au détour d'une balade que Cédric Lecareux et son épouse Catherine découvrent leur future propriété sur la commune de Régnié-Durette. Le domaine de Capréoles (vrilles de la vigne en vieux français) voit le jour en juillet 2014 avec 3 hectares de vignes attenantes ; une surface complétée par 2 hectares deux années plus tard. Les Lecareux ne sont pas des jeunes premiers. Cédric, œnologue et ingénieur de formation, était auparavant responsable des vignobles Gérard Bertrand, qu'il a intégralement converti en biodynamie avant d'engager son propre domaine en 2017. Cette décision repose de fait sur une longue expérience mais aussi sur une prise de conscience de ce qui sera tôt ou tard l'héritage de ses enfants. 2017 est une belle réussite chez les Lecareux. Des beaujolais-villages au cru régnié, tout est recommandable, avec, nous semble-t-il, des élevages plus raffinés. Coup de cœur pour diaclase 2017, remarquable de concentration et d'équilibre. Une troisième étoile qui sonne comme une évidence pour ce joli domaine.

Beaujolais-Villages Cossinelle 2018 | Sec | 2018>20 | 7,60 €	14,5
Régnié Chamodère 2017 | Sec | 2018>23 | 10,50 €	15
Régnié Diaclase 2017 | Sec | 2018>28 | 13,70 €	17
Régnié Sous la Croix 2017 | Sec | 2018>33 | 18,50 €	16

La Plaigne, 69430 Régnié-Durette • Tél. 04 74 65 57 83 • contact@capreoles.com • www.capreoles.com • Visite : tous les jours sur rendez-vous

DOMAINE LES ROCHES BLEUES

Installés sur le village d'Odenas, Christiane et Dominique Lacondemine cultivent sur huit hectares les appellations Brouilly et Côte de Brouilly. Ce sont les roches du sous-sol qui ont donné le nom au domaine. Deuxième de France pour sa dureté, la roche bleue est à l'origine de la grande finesse des vins. Les côte-de-brouilly nous ont à nouveau séduits en 2017. Nous sommes ravis de revoir ce beau domaine à son meilleur niveau.

Brouilly Les Mignonnes de Pierreux 2017 | Sec | 2018>22 | 9 €	14
Côte de Brouilly Soleil de Brulhié 2017 | Sec | 2018>28 | 10 €	16

961 route du mont brouilly , 69460 Odenas • Tél. 04 74 03 43 11 • domainelesrochesbleues@outlook.com • www.domainelesrochesbleues.com • Visite : du lundi au samedi de 8h à 19h et le dimanche sur rendez-vous.

DOMAINE THIBAULT LIGER-BELAIR

Propriétaire des plus beaux crus de la côte d'Or, Thibault Liger-Belair, passionné et passionnant, s'est engagé depuis 2009 dans la production de moulin-à-vent. Un retour aux sources puisque notre vigneron a fait une partie de ses études à Belleville en Beaujolais. Dès ses premiers achats de vignes, en 2008, il s'engage en biodynamie et organise sa production selon la logique bourguignonne du parcellaire. Surpris de voir ses voisins pratiquer l'assemblage, il décide de construire sa gamme en fonction des sols. Les 2016 sont réussis, malgré les ravages de la grêle qui ont privé le vigneron de 70 % de sa récolte. Les vins ont gagné en pureté sur 2015. La-roche et les vignes-centenaires sont absolument remarquables de profondeur et de structure. Un vrai style, bourguignon dans la démarche, mais très moulin-à-vent dans la bouteille. Le Beaujolais peut être fier de compter un tel ambassadeur dans ses rangs.

Moulin-à-Vent Champ de Cour 2016 | Sec | 2020>26 | 20,40 €	15,5
Moulin-à-Vent La Roche 2016 | Sec | 2020>28 | 22 €	16
Moulin-à-Vent Vieilles Vignes 2016 | Sec | 2018>26 | 16,50 €	14,5
Moulin-à-Vent Vignes Centenaires 2016 | Sec | 2020>28 | 86 €	16,5

Lieu-dit Maison Neuve, 69840 Chénas • Tél. 03 80 61 51 16 • contact@thibaultligerbelair.com • www.thibaultligerbelair.com

DOMAINE LONGÈRE

Jean-Luc Longère est un vigneron minutieux et un grand dégustateur. Il produit des vins francs, d'un excellent rapport qualité-prix. L'ensemble de la gamme est fiable, avec cette année, une préférence sur le blanc - un classique chez les Longère ! - la cuvée classique. La cuvée jarre qui nous avait séduits l'année dernière, superbe de pureté et de suavité, encore et toujours en beaujolais-villages.

Beaujolais-Villages En Verchères 2017 | Sec | 2018>22 | 10 €	14

- **Beaujolais-Villages Jarre 2017** | Sec | 2018>23 | 18 € — 14,5
- **Beaujolais-Villages Le Vin des Roches 2017** | Sec | 2018>23 | 9 € — 14

Le Duchamp, 69460 Le Perréon • Tél. 04 74 03 27 63 ou 06 70 93 15 46 • contact@domaine-longere.com • www.domaine-longere.com • Visite : Ouvert du lundi au samedi, de préférence sur rendez-vous.

MAISON JEAN LORON

★☆☆☆☆

Installée entre la Roche de Solutré en Mâconnais et le Moulin à-Vent en Beaujolais, la maison Jean Loron est l'un des plus anciens et plus grands propriétaires viticoles du sud de la Bourgogne. Ses origines sont vigneronnes et remontent à 1711. À cette époque, Jean Loron est l'un des rares à s'engager dans la monoculture de la vigne. Dès lors les générations se succèdent avec cette même ambition de développer le commerce. Au début du XXe siècle, la maison Jean Loron signe un partenariat avec le caviste Nicolas, puis en 1945 c'est au tour de la maison Louis Jadot. En 1978, Xavier Barbet, 8e génération de Loron, prend la direction de la maison pour la céder en 2016 à Philippe Bardet, dont la compétence n'a d'égal que sa passion pour le vin en général et le beaujolais en particulier. Négociant avant tout, la maison Jean Loron est aussi propriétaire de nombreux domaines dont le réputé château de Bellevue à Morgon, le château de Fleurie, le domaine des Billards à Saint-Amour et bien d'autres encore. L'ensemble de la production est solidement construit. La signature Jean Loron est aujourd'hui un gage de qualité pour quiconque découvrirait pour la première fois un vin de la maison. Le Beaujolais cherchait un leader en qualité et en quantité. Voici un candidat sérieux !

- **Brouilly Château de la Pierre 2017** | Sec | 2018>22 | 11 € — 13,5
- **Saint-Amour Domaine des Billards 2017** | Sec | 2018>23 | 12,50 € — 13

Pontaneveaux hameau, 71570 La Chapelle de Guinchay • Tél. 03 85 36 81 20 • vinloron@loron.fr • www.loron.fr • Visite : du lundi au vendredi de 9h à 12h et de 13h30 à 17h.

DOMAINE DE LA MADONE

★★☆☆☆

Implanté depuis 5 générations sur le plus célèbre cru la Madone à Fleurie, la famille Després produit une gamme très homogène de fleuries élégants et équilibrés. Arnaud, le fils de Jean-Pierre Després a créé le domaine du Niagara en 2005. Il devrait cette année récupérer le domaine familial et assurer désormais la gestion de l'ensemble. Une lourde tâche sur un cru célèbre mais difficile. Les derniers millésimes sont fidèles à la réputation du domaine et la large gamme de vins offre un choix sans risque à prix raisonnable.

- **Fleurie cuvée 1889 2013** | Sec | 2023>33 | 27 € — 16
- **Fleurie cuvée Spéciale Vieilles Vignes 2016** | Sec | 2018>28 | 13 € — 15
- **Fleurie Domaine du Niagara 2016** | Sec | 2018>25 | 10 € — 14,5
- **Fleurie Grille Midi Vieilles Vignes 2015** | Sec | 2018>30 | 11 € — 15,5
- **Fleurie Notre Dame de la Pétoche 2015** | Sec | 2018>33 | 14,50 € — 16
- **Fleurie Tradition 2016** | Sec | 2018>23 | 9,50 € — 14

La Madone, 69820 Fleurie • Tél. 04 74 69 81 51 • domainedelamadone@wanadoo.fr • www.domaine-de-la-madone.com • Visite : du lundi au samedi de 10h à 12h et de 13h30 à 18h. Le dimanche sur rendez-vous. Auberge (restauration) sur le domaine dégustations et accords mets-vins sur réservation.

DOMAINE DES MARRANS

★★☆☆☆

La famille Mélinand est installée sur Fleurie mais le domaine de 20 hectares couvre 6 appellations, dont les crus Fleurie (le plus important), Chiroubles et Juliénas, et depuis l'arrivée de Mathieu, le fils, une vigne en Morgon. 2015 nous avait séduits, dans un autre style 2016 affinait le style. 2017 confirme le profil en dentelle, longiligne, sans dilution, que nous saluons. On regrettera seulement sur certaine cuvées quelques nez un brin séthéré. Dans l'ensemble, un domaine fortement recommandable, au style raffiné.

- **Beaujolais 2017** | Sec | 2018>22 | 8 € — 13,5
- **Beaujolais-Villages Lancié 2017** | Sec | 2018>21 | 9 € — 14
- **Chiroubles Aux côtes 2017** | Sec | 2022>24 | 13,50 € — 15,5
- **Fleurie Champagne 2017** | Sec | 2018>24 | 15,50 € — 16
- **Fleurie Clos du Pavillon 2015** | Sec | 2018>24 | 18 € — 17
- **Fleurie Latitude 46.17 2017** | Sec | 2018>24 | 12,50 € — 15
- **Juliénas 2017** | Sec | 2018>22 | 13,50 € — 15,5

69820 Fleurie • Tél. 04 74 04 13 21 • domainedesmarrans@wanadoo.fr • www.domainedesmarrans.com • Visite : tous les jours de préférence sur rendez-vous.

DOMAINE LAURENT MARTRAY

Laurent Martray est vigneron à Odenas, sur le finage de Brouilly depuis 1987. Il possède 9 hectares sur Brouilly, dont un sur la commune de Saint-Etienne-la-Varenne. C'est sur les coteaux granitiques de Combiaty faisant face à l'est et au sud-est que sont produites deux cuvées emblématiques du domaine : vieilles-vignes et corentin. Depuis 2016, une troisième cuvée complète la gamme de brouilly : la Folie, d'un style plus raffiné. Également propriétaire d'une parcelle en Côte de Brouilly, qui touche les vignes de château Thivin, Laurent Martray produit un excellent côte-de-brouilly les-feuillées, à la race incontestable. Le millésime 2016 est remarquable chez Martray. Un constat qui se confirme en 2017 avec quatre cuvées de très bonne facture, à la qualité homogène. Laurent Martray possède un talent indéniable qui s'affirme avec force ces dernières années. Brouilly cherchait un leader d'appellation, il semblerait qu'elle en ait trouvé un !

- **Brouilly Combiaty 2017** | Sec | 2018>23 | 14 € — 15
- **Brouilly Corentin 2016** | Sec | 2018>26 | 18 € — 15
- **Brouilly La Folie 2016** | Sec | 2018>26 | 16 € — 16
- **Côte de Brouilly Les Feuillées 2017** | Sec | 2018>24 | 16 € — 16,5

Combiaty, 69460 Odenas • Tél. 06 14 42 04 74 • martray.laurent@akeonet.com • www.domainelaurentmartray.com • Visite : Sur rendez-vous au 06 14 42 04 74.

DOMAINE MEE GODARD

Après de solides études d'œnologie et un détour par l'Oregon, Mee Godard, encouragée par ses parents et son époux, cherche à s'installer en Beaujolais et tombe sur un départ à la retraite : 5 hectares en Morgon, sur les plus beaux lieux-dits, Corcelettes, Grand Cras et Côte de Py ! C'était en 2013. Depuis son installation, bon an, mal an, Mee Godard avance, progresse et construit. Un hectare de Moulin-à-Vent par-ci, un nouveau bâtiment par-là, et des vins qui ne cessent de s'affiner. Le style Godard, c'est des vins très purs, jamais stériles, aériens mais structurés, qui transpirent leur origine. Rajoutons à cela une gourmandise qui pouvait manquer sur ses premiers millésimes et qui se trouve être la clef de voûte des superbes 2017. Tout est bon chez Godard, dommage qu'il y en ait si peu !

- **Morgon Corcelette 2017** | Sec | 2018>28 | 18 € — 16
- **Morgon Côte de Py 2017** | Sec | 2018>33 | 21,50 € — 17,5
- **Morgon Grand Cras 2017** | Sec | 2018>36 | 19,50 € — 17
- **Moulin-à-Vent Les Michelons 2017** | Sec | 2018>28 | 22,50 € — 16

921, route de Morgon, 69910 Villié-Morgon • Tél. 06 66 47 00 64 • domaine.meegodard@yahoo.fr • www.meegodard.com • Visite : Sur rendez-vous.

CLOS DE MEZ

Marie-Élodie progresse année après année sans déroger à ses idéaux. Une contrainte qu'elle assume malgré les faibles récoltes des derniers millésimes, sur les appellations du nord. Le style a gagné en précision et les fins de bouche sont plus suaves. Marie-Élodie n'a fait aucune concession, ce n'est pas son genre ! Mais elle a probablement allégé le trait, cherché moins de matière au profit d'un équilibre plus immédiat et plus raffiné. Toujours est-il que la vendange entière démontre avec brio son originalité, et les vins, en particulier sur les derniers millésimes, ont une vraie personnalité.

- **Fleurie La Dot 2016** | Sec | 2018>26 | 22 € — 15
- **Fleurie Mademoiselle M 2017** | Sec | 2018>22 | NC — 14

Les Raclets , 69820 Fleurie • Tél. 06 03 35 71 89 • contact@closdemez.com • www.closdemez.com • Visite : sur rendez-vous.

DOMAINE DE MILHOMME

Le domaine de Milhomme remonte XVIe siècle. Aujourd'hui géré par Manuel Perrin, il se situe sur les coteaux escarpés au dessus du vieux bourg touristique de Ternand. C'est sur ces coteaux parfaitement exposés que deux cuvées ont retenu notre attention. La première, tout en fruit, est juteuse à souhait. La deuxième, issue de vieilles vignes de 130 ans, fera rougir de jalousie plus d'un cru. Dans un style de garde, c'est une véritable réussite.

- **Beaujolais Le Murier 2017** | Sec | 2018>22 | 7,50 € — 14
- **Beaujolais Vigne centenaire 2017** | Sec | 2018>22 | 8,90 € — 14,5

Au Milhomme, 69620 Ternand • Tél. 04 74 71 33 13 • donmilhommeorange.fr • Visite : Uniquement sur rendez-vous. 10h-19h

DOMAINE DE LA MILLERANCHE

Jérôme Corsin et Sylvain Roussot sont à la tête du domaine de la Milleranche, suite au regroupement de deux familles, sur 13 hectares. Sur les appellations Beaujolais-Villages et Juliénas, ce domaine produit des vins francs, aromatiques et de bonne tenue. 2017 confirme la montée en puissance de ce domaine

- **Juliénas 2017** | Sec | 2018>23 | 8 € — 14

283, rue de l'Eglise, 69840 Jullié • Tél. 06 81 27 31 55 • milleranche.corsin@wanadoo.fr • www.milleranche.fr • Visite : Sur rendez-vous

MOMMESSIN

Mommessin est la tête de pont beaujolaise du groupe Boisset. Dans la très vaste gamme, la collection baptisée les-grandes-mises correspond à des vins soignés et rigoureusement sélectionnés, bénéficiant souvent d'un élevage boisé prononcé mais élégant, le tout à des tirages limités (quelques milliers de bouteilles tout de même). L'amateur aurait tort de passer à côté. Sur le millésime 2017, les-grandes-mises se distinguent encore une fois.

- **Juliénas Grandes Mises 2017** | Sec | 2018>21 | 12,95 € — 13
- **Morgon Côte de Py Grandes Mises 2017** | Sec | 2018>22 | 13,50 € — 13

403 route de Saint-Vincent, 69430 Quincié-en-Beaujolais • Tél. 04 74 69 09 30 • information@mommessin.fr • www.boisset.fr • Visite : du lundi au vendredi sur rendez-vous de 8h30 à 12h et de 14h à 16h30

CHÂTEAU DU MOULIN-À-VENT

Jean-Jacques Parinet rachète le château en 2009. Dès lors, commence une rénovation ambitieuse et cohérente du vignoble et de la cave. 70 000 pieds sont plantés et le chai de vinification judicieusement organisé. Les progrès sont fulgurants ; en moins de dix ans, la production s'est hissée au niveau des références de l'appellation, non sans l'aide de toute une équipe composée d'Édouard Parinet, de leur maître de chai Brice Lafon et de leur responsable de la communication Morgane Chambriard. Château du Moulin à Vent est aujourd'hui un acteur de poids pour l'appellation mais aussi pour la région qui malgré un capital sympathie incontestable, a fortement besoin de ce type d'entreprise, créatrice de valeur et d'image. N'en déplaise à Dame Nature, celle-ci a vu les choses autrement en réduisant à néant (ou presque) la vendange 2017 pourtant annoncée magnifique. Nous produisons donc ici les notes du millésime 2016 mis en bouteille au moment de notre visite. Le fruit y est irrésistible, les textures caressantes, presque sensuelles et les structures très imprégnées de leur lieu d'origine. Les Parinet sont au rendez-vous et confirme leur statut.

- **Moulin-à-Vent Champ de Cour 2016** | Sec | 2020>28 | 29 € — 16,5
- **Moulin-à-Vent Château du Moulin-à-Vent 2016** | Sec | 2018>26 | 19,60 € — 16
- **Moulin-à-Vent Couvent des Thorins 2016** | Sec | 2018>26 | 14,20 € — 14,5
- **Moulin-à-Vent Croix des Vérillats 2016** | Sec | 2018>24 | 27 € — 16,5
- **Moulin-à-Vent La Rochelle 2016** | Sec | 2018>28 | 33 € — 17

4, rue des Thorins, 71570 Romanèche-Thorins • Tél. 03 85 35 50 68 • info@chateaudumoulinavent.com • www.chateaudumoulinavent.com • Visite : du lundi au samedi de 10h à 12h30 puis de 14h30 à 18h30

DOMAINE DES NUGUES

Gilles Gelin fait partie de cette jeune génération de vignerons du Beaujolais qui vinifie un beau volume de vins à la qualité irréprochable. Sur le millésime 2016, nous avons identifié une inflexion dans le style des vins, plus en délicatesse, avec une précision aromatique plus aboutie. Ce style se confirme en 2017. Les vins sont de demi-corps, à l'équilibre juste. C'est fiable et on prend du plaisir. Que demander de plus ?

- **Beaujolais-Villages 2017** | Sec | 2018>21 | 12 € — 13
- **Beaujolais-Villages 2017** | Sec | 2018>21 | 8,50 € — 14
- **Beaujolais-Villages Quintessence du gamay 2014** | Sec | 2018>22 | 15,50 € — 15,5
- **Beaujolais-Villages sans soufre 2018** | Sec | 2018>21 | 9,50 € — 13,5
- **Fleurie 2017** | Sec | 2018>21 | 14,50 € — 14,5

- **Fleurie 2016** | Sec | 2018>24 | 14,50 € — 15
- **Morgon 2017** | Sec | 2018>21 | 14,50 € — 15
- **Moulin-à-Vent 2017** | Sec | 2018>21 | 15,50 € — 15,5

40, rue de la Serve, Les Pasquiers, 69220 Lancié • Tél. 04 74 04 14 00 • gilles@domainedesnugues.fr • www.domainedesnugues.com • Visite : du lundi au samedi de 8h à 12h et de 13h30 à 18h30 sur rendez-vous de préférence.

DOMAINE PAULINE PASSOT

Ancienne sommelière du restaurateur lyonnais Pierre Orsi et épouse de Mathieu Mélinand du domaine des Marrans, Pauline Passot a préféré se balader en Irlande et en Nouvelle-Zélande avant de retrouver les terres de son grand-père. Installée sur le cru Chiroubles Grille-Midi, elle dessine avec style et délicatesse une lecture juste de la cuvée éponyme, non sans un clin d'œil à son aïeul qui défendait l'idée d'un vin de plaisir immédiat. Sur le point d'être certifié bio, on ne peut que se réjouir de voir ce cru magnifique accueillir une nouvelle vigneronne prête à défendre une vision d'avenir pour les vins du Beaujolais.

- **Chiroubles Grille Midi 2017** | Sec | 2018>23 | 8,40 € — 15

237 Route Douby, 69820 Fleurie • Tél. 04.74.69.16.19 • remy@domaine-passot.com • www.domaine-passot.com • Visite : Ouvert du lundi au dimanche de 8h à 19h.

DOMAINE ROMUALD PETIT

Romuald Petit est revenu sur ses terres en 2005 pour créer son exploitation de 6 hectares. Le domaine est constitué aujourd'hui de 12 hectares de vignes, dont 8 hectares sur le village de Saint-Vérand et 4 hectares sur les schistes et granites de Morgon. Enherbement et travail des sols sont ici la norme. Les gamays sont vinifiés en grappe entière. Les morgons se sont bien présentés en 2016, avec un profil de dégustation plus immédiat qu'en 2015. Les 2017 présentaient un caractère sauvage au moment de la dégustation, à l'exception du chiroubles qui s'affiche en modèle de finesse.

- **Chiroubles 2017** | Sec | 2018>25 | 10 € — 16
- **Morgon Pur Sang 2017** | Sec | 2018>23 | 14 € — 14

Les Dîmes, 71570 Saint-Véran • Tél. 06 61 14 94 99 • petitromuald@yahoo.fr • www.romualdpetit.fr • Visite : du lundi au samedi de 8h à 19h.

DOMAINE DE LA PIROLETTE

Grégory Barbet, fils de l'ancien directeur de la maison Jean Loron, réalise son premier millésime en 2013. Fort de 15 hectares parfaitement situés autour de la propriété, Grégory a très tôt compris la nécessité de composer avec l'hétérogénéité du cru plus connu pour son nom évocateur que pour ces parcelles jusqu'ici confidentielles. Si sa cuvée village se positionne dans un style fiable et structuré, ses cuvées parcellaires, Poulette et Carjot, sont en devenir. En effet, si l'usage du bois s'est amélioré, c'est l'assemblage avec des œufs en béton qui a véritablement apporté un équilibre plus subtil dans les boisés, qui trouve sa justesse en 2018. Dans une appellation où les références faisaient défaut, voici un jeune domaine à suivre tant par la qualité montante des vins que par la passion contagieuse qui habite ce jeune vigneron.

- **Saint-Amour Carjot 2018** | Sec | 2018>22 | 20 € — 16,5
- **Saint-Amour Carjot 2017** | Sec | 2018>26 | 20 € — 16
- **Saint-Amour Poulette 2018** | Sec | 2018>26 | 20 € — 16
- **Saint-Amour Poulette 2017** | Sec | 2018>28 | 20 € — 16
- **Saint-Amour Poulette 2016** | Sec | 2018>26 | 20 € — 15
- **Saint-Amour Village 2018** | Sec | 2018>25 | 15 € — 14,5
- **Saint-Amour Village 2017** | Sec | 2018>24 | 15 € — 15
- **Saint-Amour Village 2016** | Sec | 2017>22 | 15 € — 14

Le Bourg, 71570 Saint-Amour Bellevue • Tél. 06 47 47 59 86 • contact@domainedelapirolette.fr • www.domainedelapirolette.com • Visite : Uniquement sur rendez-vous. Du lundi au samedi de 9h à 19h.

DOMAINE PIRON

Le plus vieil ancêtre connu de Dominique Piron, Étienne Bailly, est né vers 1590 à Morgon ! Autant dire que le morgon coule dans ses veines ! Figure de proue du Beaujolais en général et de Morgon en particulier, Dominique Piron, rejoint depuis par Julien Révillon son associé, développe une gamme large et solide de crus du beaujolais. Sur plus de 100 hectares, 7 crus sont représentés, avec une majorité logique de morgons sur grand-cras et côte-du-py. À l'heure des micro-cuvées, il nous semble bon de rappeler combien il est difficile de produire des bons vins en quantité. C'est exactement ce à quoi s'attache Dominique Piron avec l'aide de son associé et son chef de culture Thibaud Lemaître. 2017 est un modèle du genre. Dans un style épuré, aux nez expressifs, tout en conservant la signature stylistique de l'origine, les vins du domaine sont tous sans exception réussis. Voilà un bel ambassadeur du Beaujolais.

- **Beaujolais-Villages 2017** | Sec | 2018>23 | 8,5 € — 14,5
- **Beaujolais Domaine de la Chanaise 2017** | Sec | 2018>22 | 10 € — 14
- **Brouilly 2017** | Sec | 2018>24 | 11 € — 15
- **Chénas Quartz 2017** | Sec | 2018>28 | 16 € — 16
- **Chiroubles 2017** | Sec | 2018>24 | 11 € — 15
- **Morgon Côte de Py 2017** | Sec | 2018>25 | 18 € — 16,5
- **Morgon Côte de Py Les Pierres 2017** | Sec | 2018>32 | 38 € — 17
- **Morgon Domaine de la Chanaise 2017** | Sec | 2018>26 | 11,50 € — 15,5
- **Morgon Grands Cras 2017** | Sec | 2018>26 | 14 € — 16

Morgon, 69910 Villié-Morgon • Tél. 04 74 69 10 20 • piron@domaines-piron.fr • www.domaines-piron.fr • Visite : du lundi au vendredi de 8h à 12h et de 14h à 17h et le samedi sur rendez-vous.

DOMAINE JEAN-PAUL RIVIÈRE

Installé sur 25 hectares, dont 7 au château de Saint-Trys, le domaine produit une large gamme de vins, du beaujolais jusqu'au bourgogne blanc, en passant par chiroubles, chénas et moulin-à-vent. Depuis 2013, après avoir suivi des études d'œnologie dans l'excellente université de Changins, Alexandre Rivière a rejoint ses parents. Engagé dans la trop méconnue certification Terra Vitis depuis 2019, ce domaine revient sur le devant de la scène avec une belle surprise sur le beaujolais saint-trys en 2017. Nous avons hâte de découvrir la suite !

- **Beaujolais Saint Trys 2017** | Sec | 2018>22 | 6,70 € — 14

520, chemin des Grands Taillis, 69480 Lachassagne • Tél. 06 81 43 88 82 ou 04 74 67 00 67 • domainejpriviere@orange.fr • www.domainejpriviere.com • Visite : Tous les jours sur rendez-vous.

CLOS DE LA ROILETTE

Domaine bien situé, avec notamment sept hectares sur le fameux secteur de la Roilette, là où Fleurie regarde le moulin-à-vent, Alain Coudert n'a pas été épargné par les grêles, comme malheureusement la plupart des vignerons de l'appellation. Les vins qui y sont produits ont toujours beaucoup de finesse et de velouté. Longs à s'ouvrir, souvent austères, ils donnent le ton en bouche avec beaucoup d'élégance. Les 2016 confirment leur style plus léger mais très élégant. Avis aux amateurs de vins fins, les vins de la Roilette ne sont pas des vins de nez, tout est en bouche et dans le toucher. La patience sera récompensée, car la délicatesse de ces vins cache merveilleusement leur grand potentiel de garde. Les rares mais délicieux 2017 confirme la tendance.

- **Brouilly Domaine Coudert 2016** | Sec | 2018>23 | NC — 14,5
- **Fleurie 2017** | Sec | 2018>33 | NC — 15,5
- **Fleurie cuvée Tardive 2016** | Sec | 2020>30 | NC — 15
- **Fleurie Griffe du Marquis 2016** | Sec | 2018>28 | NC — 15,5

SCEA Coudert, 69820 Fleurie • Tél. 04 74 69 84 37 • clos-de-la-roilette@wanadoo.fr • www.laroilette.com • Visite : du lundi au samedi de 8h à 12h et de 14h30 à 18h30. Fermé le dimanche.

DOMAINE RICHARD ROTTIERS

Richard Rottiers a été l'une des victimes les plus touchées par les grêles incessantes des derniers millésimes. Proche de la rupture, il a réussi à trouver un second souffle dans des cuvées de négoce de bonne facture. Les 2018 finissaient leur élevage en barriques au moment de notre visite. La qualité est superbe et devrait donner un peu de répit à notre cher vigneron. En attendant les 2017, actuellement à la vente, sont consistants, structurés et, malgré des quantités modeste, à des prix raisonnables.

- **Beaujolais-Villages La Sambinerie 2017** | Sec | 2018>26 | 8 € | ♣ — 15,5
- **Brouilly 2017** | Sec | 2018>23 | 12 € — 15,5
- **Moulin-à-Vent 2017** | Sec | 2018>24 | 14 € | ♣ — 16
- **Moulin-à-Vent Foudres 2017** | Sec | 2018>23 | 13 € — 15

La Sambinerie, 71570 Romanèche-Thorins • Tél. 03 85 35 22 36 • contact@domainerichardrottiers.com • www.domainerichardrottiers.com • Visite : sur rendez-vous.

DOMAINE DES TERRES BRUNES - ALAIN CHAMBARD

★★☆☆☆

Alain Chambard est un de ses vignerons que l'on découvre toujours trop tard. Investi récemment dans la mise en bouteille, nous découvrons sa production avec beaucoup d'enthousiasme. Le style privilégie la finesse et l'élégance sur juliénas, fleurie et le trop rare chénas. Les 2017 sont réussis en particulier à Fleurie, les 2018 dégustés sur cuve probablement supérieurs particulièrement Chénas

- **Chénas 2017** | Sec | 2018>24 | 7,50 € — 15
- **Fleurie 2017** | Sec | 2018>26 | 8,50 € — 15,5

Les Pins, 69840 Émeringes • Tél. 06 72 64 11 79 • chambardalain@live.fr • www.domaine-des-terresbrunes.com • Visite : Sur rendez-vous.

DOMAINE DES TERRES DORÉES

★★★☆☆

Installé dans le petit village de Charnay, Jean-Paul Brun est réputé dans tout le vignoble pour ses magnifiques blancs, qui nous feraient presque oublier ses délicieux beaujolais, à l'instar du buissy, dont le bouquet devrait être une référence pour tous les producteurs de beaujolais. Exploitant 48 hectares sur 6 crus différents, Jean-Paul Brun démontre chaque année qu'il est un grand vinificateur et ce depuis presque 30 ans ! Dans un style bourguignon, où le gamay pinote (ou si vous préférez le pinot qui « gamayte ») il cisèle les nez et affine les bouches avec délicatesse, parfois en fût, sans jamais rechercher la puissance. Le millésime 2017, plus consistant que 2016, est une réussite chez Jean-Paul Brun, en particulier des blancs lumineux et un buissy-l'ancien toujours exceptionnel.

- **Beaujolais chardonnay Classic 2017** | Sec | 2018>22 | 11,50 € — 14
- **Beaujolais chardonnay vinification bourguignonne 2017** | Sec | 2018>23 | 16,50 € — 15
- **Beaujolais l'Ancien 2017** | Sec | 2018>23 | 11 € — 14
- **Beaujolais l'Ancien Le Buissy 2017** | Sec | 2018>26 | 14,50 € — 15,5
- **Bourgogne pinot noir 2017** | Sec | 2018>22 | 15 € — 14,5
- **Brouilly Pisse-Vieille 2017** | Sec | 2018>23 | 15,50 € — 14
- **Côte de Brouilly 2017** | Sec | 2018>26 | 13,50 € — 14,5
- **Fleurie 2017** | Sec | 2018>23 | 16,50 € — 15,5
- **Fleurie Grille-Midi 2017** | Sec | 2018>28 | 21,50 € — 16,5
- **Morgon 2017** | Sec | 2018>28 | NC — 15
- **Morgon Javernières 2017** | Sec | 2018>24 | NC — 16
- **Saint-Amour 2017** | Sec | 2018>23 | NC — 14,5
- **Vin de France roussanne 2017** | Sec | 2018>23 | NC — 15

565 route d'Alix, 69380 Charnay-en-Beaujolais • Tél. 04 78 47 93 45 • contact@terresdorees.fr • Visite : sur rendez-vous.

CHÂTEAU THIVIN

★★★★☆

Sous l'impulsion de Claude-Édouard, aidé de la sagesse paternelle, le château Thivin engage depuis peu une rénovation du vignoble avec une réflexion sur le travail des sols. En conversion bio, le palissage sur les parcelles les plus pentues, à l'instar de la Chapelle, est désormais la règle. La gamme est large chez les Thivin et mérite d'être découpée au moins en trois parties. Les blancs et les rouges sur le fruit, les côte-de-brouilly de 7-vignes à griottes-de-brulhié et enfin le trio magnifique godefroy, chapelle, zaccharie grâce auquel le domaine a acquis sa réputation d'excellence. Les 2017 sont superbes d'équilibre, de fraîcheur et comptent parmi les grandes réussites du domaine.

- **Beaujolais-Villages Marguerite 2017** | Sec | 2018>23 | 13,50 € | ♣ — 14
- **Beaujolais Clos de Rochebonne 2017** | Sec | 2017>24 | 14,50 € | ♣ — 15
- **Brouilly Reverdon 2017** | Sec | 2018>24 | 12 € — 15
- **Côte de Brouilly Godefroy 2017** | Sec | 2018>28 | 18,50 € — 17,5
- **Côte de Brouilly La Chapelle 2017** | Sec | 2017>27 | 18,50 € — 17,5
- **Côte de Brouilly Le Clos Bertrand 2017** | Sec | 2018>26 | 16,50 € — 15
- **Côte de Brouilly Les Griottes de Bruilhié 2017** | Sec | 2018>28 | 16,50 € — 16
- **Côte de Brouilly Les Sept Vignes 2017** | Sec | 2018>23 | 13 € — 14
- **Côte de Brouilly Zaccharie 2017** | Sec | 2018>38 | 29 € — 18

630 route du Mont Brouilly, 69460 Odenas • Tél. 04 74 03 47 53 • geoffray@chateau-thivin.com • www.chateau-thivin.com • Visite : du lundi au samedi de 9h à 12h et de 14h à 19h.

MAISON TRÉNEL

★★☆☆☆

Cette discrète maison de négoce installée entre Beaujolais et Mâconnais propose une gamme juste de ces deux régions. Les achats sont bien suivis, et procurent régulièrement de gourmandes satisfactions. Elle vient d'être rachetée par la maison Chapoutier, ce qui devrait dans l'avenir lui donner plus d'ambition. Nicolas Dietrich, le directeur technique de la maison, devrait également apporter la signature esthétique indispensable à ce type de structure ; la cuvée juliénas le-capitant 2015 en est un signe encourageant. Côte-du-py et saint-amour ont également retenu notre attention.

- **Morgon Côte du Py 2017** | Sec | 2018>21 | 12,75 € — 13,5
- **Pouilly-Vinzelles 2016** | Sec | 2020>23 | NC — 16
- **Saint-Amour 2017** | Sec | 2017>21 | 12,95 € — 13,5
- **Saint-Véran 2017** | Sec | 2019>22 | NC — 14
- **Saint-Véran Terres Noires 2017** | Sec | 2020>22 | NC — 15

33, chemin du Buéry, 71850 Charnay-lès-Mâcon • Tél. 03 85 34 48 20 • contact@trenel.com • www.trenel.fr • Visite : du lundi au vendredi de 8h à 18h et le week-end sur rendez-vous.

CHÂTEAU DE VAURENARD

★☆☆☆☆

Ce domaine familial depuis 1672 compte 25 hectares et est la propriété de Ghislain de Longevialle. Sa production se compose de deux cuvées seulement, toutes les deux sous l'appellation oubliée beaujolais-supérieur. La première, la cuvée baron-de-richemont, est élevée deux ans en foudre de 5000 litres, et la deuxième, quintessence, pas moins de six ans. Ghislain de Longevialle est l'un des rares vignerons du Beaujolais, sinon le seul, à commercialiser des vieux millésimes. Le plus jeune millésime à la vente : 2013. Et l'on descend jusque dans les 1990, toujours à la vente ! Pour le vérifier il suffit de se rendre au château de Vaurenard où mourut le baron de Richemont qui se prétendait Louis XVII, fils de Louis XVI et de Marie-Antoinette. Une visite qui ne laissera personne indifférent !

- **Beaujolais Supérieur Cuvée Baron de Richemont 2013** | Sec | 2018>21 | 7,15 € — 13,5
- **Beaujolais Supérieur Cuvée Baron de Richemont 2011** | Sec | 2018>23 | 8,20 € — 14
- **Beaujolais Supérieur Quintessence 2009** | Sec | 2018>20 | 11,55 € — 13,5
- **Beaujolais Supérieur Quintessence 2005** | Sec | 2018>26 | épuisé — 14

Château de Vaurenard, 69400 Gleizé • Tél. 04 74 68 21 65 ou 06 11 14 26 88 • ghislain.de.longevialle@chateaudevaurenard.com • www.chateaudevaurenard.com • Visite : Uniquement sur rendez-vous.

VILLA PONCIAGO

★★☆☆☆

Le château de Poncié (Ponciago en latin) est la propriété de la famille Henriot (Champagne Henriot, Bouchard Père et Fils, William Fèvre). Sur une surface de 45 hectares, le très sympathique et compétent Joseph Bouchard poursuit le travail de rénovation du vignoble, entrepris dès son arrivée, en 2009. Si les 2016 se présentaient dans un style souple et immédiat, les 2017 affirment un caractère totalement différent. Ambitieux, précis, respectueux de leur origine, ils tranchent nettement avec le style effacé du précédent millésime. Le travail accompli par Joseph Bouchard est d'autant plus remarquable qu'il est seul à la tête du domaine ! Un grand bravo.

- **Fleurie Château de Poncié - La Salomine 2017** | Sec | 2018>24 | 16 € — 14,5
- **Fleurie Château de Poncié - Le Pré Roi 2017** | Sec | 2018>21 | 13 € — 14
- **Fleurie Les Moriers Château de Poncié 2017** | Sec | 2018>21 | 23 € — 15

Château de poncié, 69820 Fleurie • Tél. 04 37 55 34 75 • contact@villaponciago.fr • www.villaponciago.fr • Visite : Mai / Juin / Septembre & Octobre : du mardi au samedi de 10h à 12h et de 14h à 16h. Juillet & Août : du mardi au samedi de 10h à 16h. Tous les mercredis et vendredis à 11h, visite gratuite de 45 minutes.

Mes commentaires

BORDEAUX

Tous les vins dégustés n'ont pu être cités dans ce guide.
Retrouvez plus de 120 000 vins notés et commentés sur
L'APPLI LE GRAND TASTING ET SUR WWW.BETTANEDESSEAUVE.COM

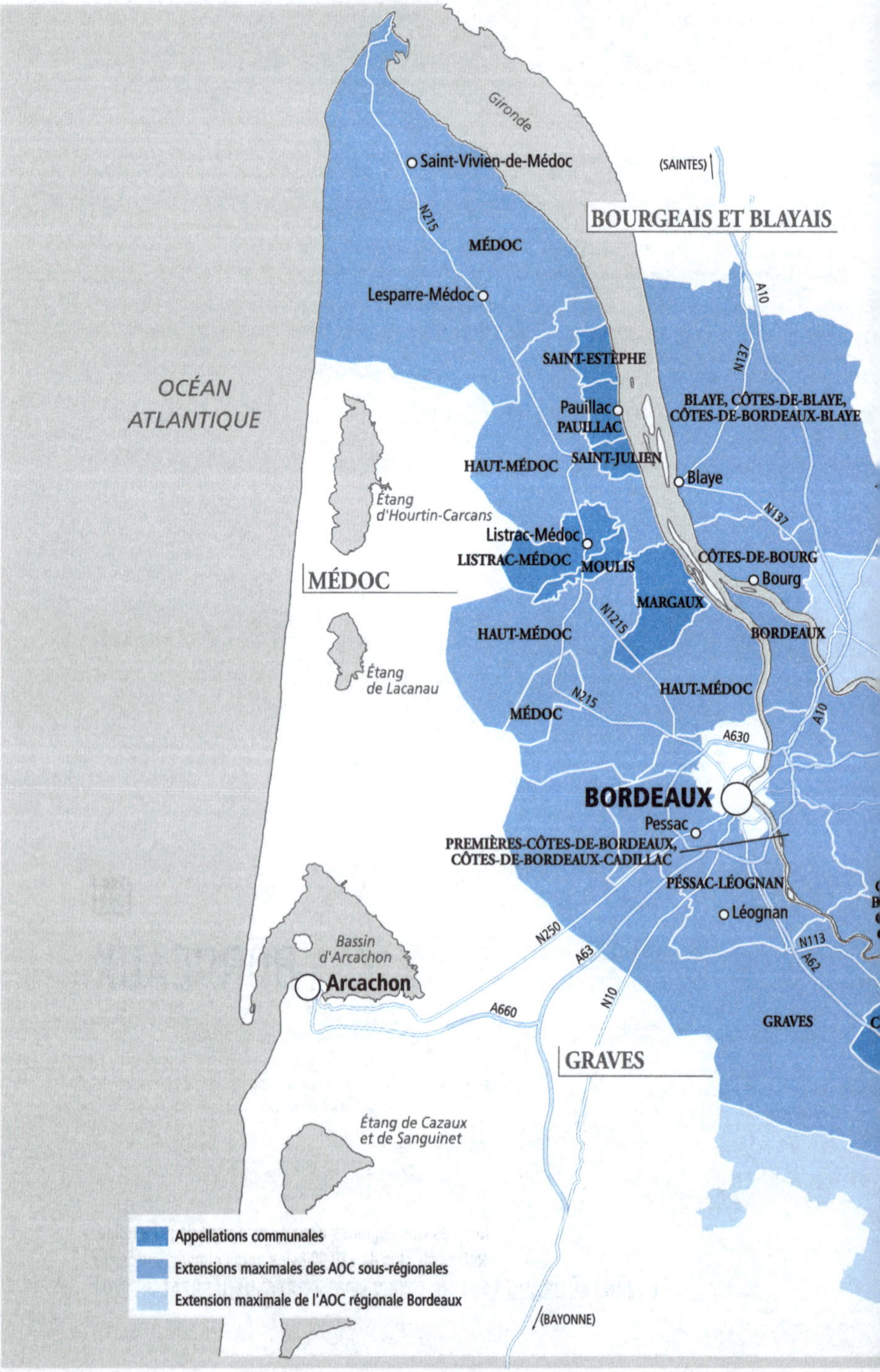
Gironde
Saint-Vivien-de-Médoc
(SAINTES)
BOURGEAIS ET BLAYAIS
N215
MÉDOC
Lesparre-Médoc
A10
N137
SAINT-ESTÈPHE
OCÉAN
ATLANTIQUE
Pauillac
PAUILLAC
BLAYE, CÔTES-DE-BLAYE,
CÔTES-DE-BORDEAUX-BLAYE
HAUT-MÉDOC
SAINT-JULIEN
Blaye
Étang
d'Hourtin-Carcans
N137
Listrac-Médoc
LISTRAC-MÉDOC
MOULIS
CÔTES-DE-BOURG
Bourg
MÉDOC
MARGAUX
N1215
HAUT-MÉDOC
BORDEAUX
Étang
de Lacanau
HAUT-MÉDOC
N215
MÉDOC
A10
A630
BORDEAUX
Pessac
PREMIÈRES-CÔTES-DE-BORDEAUX,
CÔTES-DE-BORDEAUX-CADILLAC
PÉSSAC-LÉOGNAN
Léognan
N250
Bassin
d'Arcachon
A63
N113
A62
Arcachon
N10
A660
GRAVES
GRAVES
Étang de Cazaux
et de Sanguinet
Appellations communales
Extensions maximales des AOC sous-régionales
Extension maximale de l'AOC régionale Bordeaux
(BAYONNE)

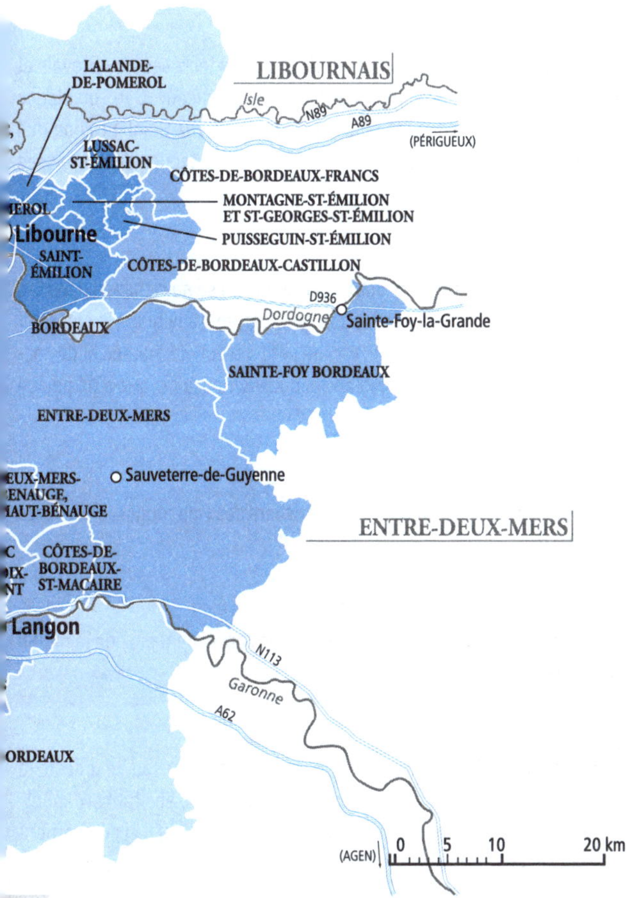
LIBOURNAIS
LALANDE-DE-POMEROL
Isle
N89
A89
(PÉRIGUEUX)
LUSSAC-ST-ÉMILION
CÔTES-DE-BORDEAUX-FRANCS
MONTAGNE-ST-ÉMILION ET ST-GEORGES-ST-ÉMILION
PUISSEGUIN-ST-ÉMILION
Libourne
SAINT-ÉMILION
CÔTES-DE-BORDEAUX-CASTILLON
D936
Dordogne
Sainte-Foy-la-Grande
BORDEAUX
SAINTE-FOY BORDEAUX
ENTRE-DEUX-MERS
Sauveterre-de-Guyenne
ENTRE-DEUX-MERS
CÔTES-DE-BORDEAUX-ST-MACAIRE
Langon
N113
Garonne
A62
(AGEN)
0 5 10 20 km

LE VIGNOBLE DU BORDELAIS

LE VIGNOBLE

› Avec plus de 100 000 hectares de vignes en production, Bordeaux est un vignoble majuscule. On distingue trois grandes zones : la rive gauche de la Garonne avec le Médoc, le Haut-Médoc, les Graves et le Sauternais, la rive droite de la Dordogne avec le Libournais (Saint-Émilion et Pomerol) et les Côtes de Bordeaux, et une vaste zone intermédiaire, entre Garonne et Dordogne, l'Entre-Deux-Mers.

› Bordeaux devient célèbre pour la qualité de ses terroirs à partir du XVIIIe siècle, lorsque le commerce avec l'Angleterre s'intensifie. Les vins sont alors très recherchés par la gentry londonienne. À cette époque apparaissent les premières bouteilles bouchées et scellées qui remplacent peu à peu les tonneaux et facilitent les échanges. Le XIXe siècle marque l'âge d'or du vignoble et l'apogée du commerce d'exportation, notamment vers l'Angleterre et les États-Unis. La crise du phylloxéra vers la fin du XIXe sonne le glas de cette prospérité. Aujourd'hui, grâce au développement des échanges internationaux et aux progrès techniques accomplis, les vins de Bordeaux sont devenus une référence mondiale.

LES TERROIRS

› Au nord-ouest du vignoble, dominant la Garonne et l'estuaire de la Gironde, les terrasses du Blayais et des Côtes de Bourg sont principalement assises sur des sols argilo-calcaires et siliceux. Ceux du Médoc sont plutôt sableux et graveleux. Le Libournais distingue les sols argilo-calcaires de Saint-Émilion des terroirs plus sableux de Pomerol et Fronsac. La région des Graves et du Sauternais occupe des terrasses composées de sables et de graviers sur un sous-sol calcaire.

LES CÉPAGES

› Région d'assemblage, que les Anglo-Saxons traduisent par *blend*, Bordeaux puise sa richesse dans les différents cépages qui composent ses terroirs. Pour les rouges, ce sont le cabernet-sauvignon, le cabernet franc et le merlot. Dans une moindre mesure, on trouve aussi un peu de petit-verdot, de malbec et de carménère. Pour les blancs, il s'agit essentiellement du sauvignon blanc et du sémillon, ainsi que d'un peu de muscadelle, de colombard et d'ugni blanc.

LES APPELLATIONS

Le vignoble de Bordeaux compte une soixantaine d'appellations, qui concernent des vins rouges, des blancs secs, des liquoreux, des rosés.

› Bordeaux et Bordeaux supérieur

Ces deux appellations sont produites sur différentes zones de la région. Elles concernent plus de la moitié du vin produit dans la région, en blanc, rosé et rouge.

› Le Médoc

C'est une étroite bande de terre entre l'océan au nord et l'agglomération bordelaise au sud, le long de la Gironde. Deux grandes parties : le Médoc au nord et le Haut-Médoc au sud, lui-même abritant six appellations communales (Saint-Estèphe, Pauillac, Saint-Julien, Margaux, Listrac et Moulis). Un classement des châteaux a été effectué en 1855, qui concerne une soixantaine de crus prestigieux et qui fait toujours référence. A ce classement s'ajoutent ceux des crus bourgeois et des crus artisans.

› Les Graves

De Bordeaux à Langon, voilà les Graves. Elle débute au nord par l'appellation Pessac-Léognan qui concentre les crus les plus prestigieux du secteur, en rouge comme en blanc.

› Les Côtes de Bordeaux

2008 voit l'apparition de la nouvelle appellation Côtes de Bordeaux qui regroupe tous les vins de côtes, donc en coteau, exceptées les Côtes de Bourg. Ces Blaye-Côtes de Bordeaux, Castillon-Côtes de Bordeaux, Cadillac-Côtes de Bordeaux, Francs-Côtes de Bordeaux et Sainte-Foy Côtes de Bordeaux représentent un sixième de la production bordelaise pour 14 000 hectares.

› Le Libournais, Saint-Émilion et Pomerol

Sur la rive droite de la Dordogne, le village de Saint-Émilion et son proche voisin Pomerol forment une zone très recherchée pour ses rouges. Ils sont élaborés à partir du cépage merlot. Le cépage d'appoint est le cabernet franc. Les appellations satellites (Montagne, Puisseguin, Saint-Georges et Lussac toutes dotées du suffixe Saint-Émilion), moins connues, permettent aujourd'hui de réaliser de très bons vins. À proximité, citons Fronsac et Canon-Fronsac, appellations en plein essor qualitatif.

› Le Sauternais

Au cœur des Graves coule un petit ruisseau, le Ciron. Son humidité maintient les brumes matinales favorables au développement du champignon botrytis cinerea, la pourriture noble qui flétrit les raisins et les concentre en sucre. C'est ainsi que naissent les grands liquoreux à Sauternes et à Barsac.

› L'Entre-deux-Mers

Vaste zone entre Garonne et Dordogne qui ne produit que des vins blancs à base de sauvignon, sémillon et muscadelle.

CE QU'IL FAUT SAVOIR

› On produit aussi des rosés dans la région de Bordeaux, certains sont appelés « clairets ». D'une couleur soutenue tirant sur le rouge, c'est un vin d'assemblage. Au Moyen-Âge, la région exportait son vin vers la Grande-Bretagne. Les Britanniques, très amateurs, le nommèrent *french claret*, bientôt francisé en clairet.

LE VIGNOBLE DE L'ENTRE-DEUX-MERS ET DES CÔTES DE BORDEAUX

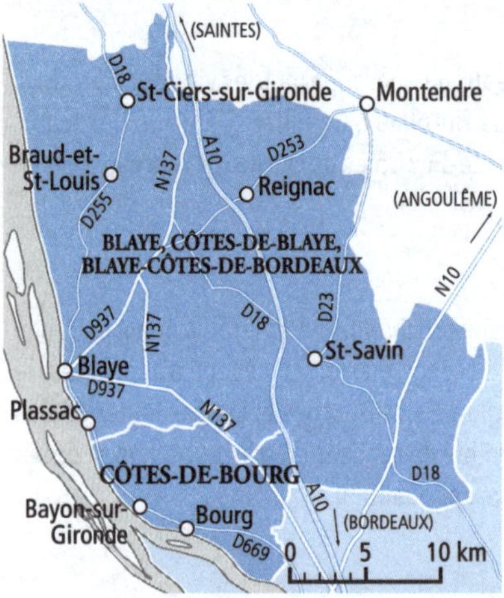

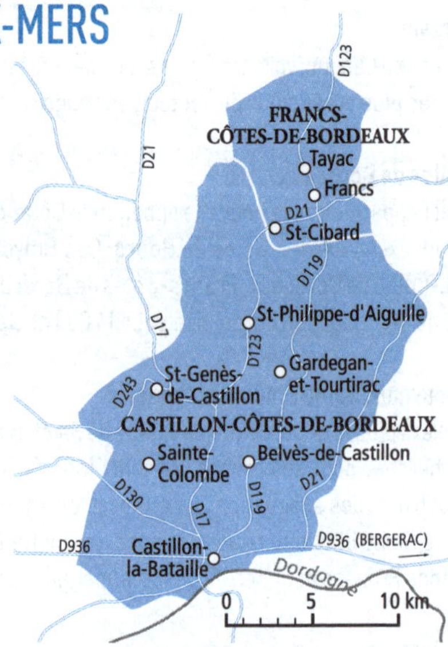

DOMAINE DE L'A

★★★☆☆

« Définir une philosophie de production adaptée au lieu permet d'obtenir des raisins aptes à faire des vins identitaires et singuliers, des vins qui racontent une histoire. Les hommes passent mais les sols restent... » aime à rappeler Stéphane Derenoncourt, l'un des consultants les plus prisés du Bordelais. Avec sa femme Christine, ils possèdent cette propriété des Côtes de Castillon d'une dizaine d'hectares. Ils y mettent en application leurs grands préceptes qui privilégient le fruit, l'élégance aromatique, le soyeux de texture et la fraîcheur, tout en pratiquant une agriculture raisonnée. Les vins évoluent parfaitement et ce sont de bons rapports qualité-prix.

- **Castillon Côtes de Bordeaux 2018** | Sec | > | NC — 16
- **Castillon Côtes de Bordeaux 2016** | Sec | 2021>32 | NC — 16,5

1, Lieu-dit Fillol, 33350 Sainte-Colombe • Tél. 05 57 24 60 29 • contact@domainedela.com • www.domainedela.com • Visite : Sur rendez-vous.

CHÂTEAU AD FRANCOS

★☆☆☆☆

Distributeurs de mobilier et de luminaires contemporains, Viviane et André Vossen ont eu le coup de foudre pour ce château en ruine implanté au cœur du village de Francs, en Gironde. Partageant leur temps entre la Belgique et la France, ils ont entrepris une restauration minutieuse du château Ad Francos En 2008, le couple belge a décidé de réhabiliter le chai, acquis 7 hectares de vignes (1 hectare de blanc s'y est ajouté depuis) et démarré l'élaboration de grands vins de Bordeaux. Situées sur l'appellation Francs Côtes de Bordeaux, les vignes sont exposées plein sud et à flanc de coteau. La conception des vins a été confiée à Michel Rolland, œnologue star de Bordeaux.

- **Francs Côtes de Bordeaux 2017** | Sec | 2019>23 | 29 € — 14,5
- **Francs Côtes de Bordeaux Ad Aeternam 2018** | Sec | > | 36,40 € — 14
- **Francs Côtes de Bordeaux Ad Aeternam 2016** | Sec | 2020>26 | 78 € — 15

Le Bourg, 33570 Francs • Tél. 04 75 76 36 82 • adfrancos@chateau-adfrancos.com • www.chateau-adfrancos.com • Visite : tous les jours.

AD VITAM AETERNAM

★☆☆☆☆

Né en 2005 d'une association entre deux amis passionnés, Xavier Péneau et Xavier Buffo, ce domaine de poupée vinifie une seule cuvée à partir d'un fermage d'une parcelle de 1,5 hectare sur la commune de la Rivière, en plein vignoble du Fronsadais, auquel s'ajoute le demi-hectare acquis en 2013. Un encépagement largement majoritaire en merlot (90 %) complété par du cabernet franc, qui réagit parfaitement au beau terroir argilo-calcaire. La vigne est travaillée comme un véritable jardin, soigneusement, en respectant les principes de l'agriculture raisonnée. Les vins, d'une régularité sans faille, offrent une maturité harmonieuse avec toujours de belles structures et une texture très soyeuse. C'est une valeur sûre de la région.

- **Bordeaux 2017** | Sec | 2019>25 | 20 € — 14,5
- **Bordeaux 2016** | Sec | 2019>24 | 20 € — 15,5

36, rue des Gauthiers, 33500 Les Billaux • Tél. 05 57 74 66 36 • vin.advitam@orange.fr • www.vin-advitam.fr • Visite : sur rendez-vous.

CHÂTEAU D'AIGUILHE

★★★☆☆

Stephan von Neipperg (Canon La Gaffelière, La Mondotte), possède sur Aiguilhe un vignoble historique d'une cinquantaine d'hectares situé sur le plateau. Il bénéficie d'un drainage naturel et d'un excellent ensoleillement grâce à une exposition globale au sud. Ce terroir de calcaires à astéries présente les mêmes sols que les grands crus classés de Saint-Émilion. Magicien des vinifications, le comte vigneron reste toujours d'une grande intransigeance et il produit un vin assez vigoureux mais toujours profond et onctueux ; les derniers millésimes sont des valeurs sûres, faisant preuve d'une grande régularité. La qualité surpasse beaucoup de saint-émilion grand cru, avec une gamme de prix encore raisonnable.

- **Bordeaux Le Blanc d'Aiguilhe 2018** | Sec | > | NC — 15,5
- **Castillon Côtes de Bordeaux 2018** | Sec | > | NC — 15,5
- **Castillon Côtes de Bordeaux 2016** | Sec | 2020>30 | NC — 15,5

33350 Saint-Philippe-d'Aiguilhe • Tél. 05 57 40 60 10 • info@neipperg.com • www.neipperg.com

CHÂTEAU ALCÉE

Nicolas Thienpont, l'un des grands consultants de la rive droite (Pavie-Macquin, Larcis-Ducasse, Beauséjour-Duffau) achète, en 2011, 3 hectares de Côtes de Castillon, situés en sommet du plateau calcaire où le rocher affleure sous les argiles rouges. En 2014, le parcellaire est porté à 6,5 hectares avec de nouvelles parcelles placées à une encablure de Saint-Philippe d'Aiguille, sur un plateau calcaire alternant argiles compactes et abords très superficiels. La courbe du vin s'arrondit, la texture se densifie et joue désormais dans la cour des grands de l'appellation, avec un bon rapport qualité-prix entre 16 et 17 euros.

- **Castillon Côtes de Bordeaux 2018** | Sec | > | 8,50 € — **15,5**
- **Castillon Côtes de Bordeaux 2016** | Sec | 2019>29 | 18 € — **16**

1, Lauriol, 33570 Saint-Cibard • Tél. 05 57 56 07 47 • secretariat@puygueraud.com • www.nicolas-thienpont.com • Visite : du lundi au vendredi de 9h à 17h.

CHÂTEAU AMPÉLIA

François Despagne, propriétaire du grand cru classé Grand Corbin Despagne à Saint-Émilion et diplômé d'ampélologie, a toujours été convaincu du fort potentiel qualitatif du terroir de Castillon. Il y fait l'acquisition du château Ampélia en 1999. Plantée à 95 % de merlot sur une mince couche argilo-calcaire reposant sur un socle calcaire, cette propriété de moins de 5 hectares s'est vite imposée dans l'appellation. Les vins sont d'une grande franchise de constitution.

- **Castillon Côtes de Bordeaux 2018** | Sec | > | 9 € — **14,5**
- **Castillon Côtes de Bordeaux 2016** | Sec | 2020>26 | 16 € — **14,5**

3 Barraillot, 33330 Saint-Emilion • Tél. 06 09 08 77 08 • f-despagne@grand-corbin-despagne.com • www.grand-corbin-despagne.com/ampelia • Visite : Sur rendez-vous.

VIGNOBLES BAYLE-CARREAU

Le château Pardaillan fait partie du grand ensemble des vignobles Carreau. En appellation Blaye nous avons été complètement séduits par le BC de Bayle Carreau, particulièrement flatteur, profond et harmonieux dans le millésime 2016.

- **Blaye Côtes de Bordeaux Château Pardaillan 2016** | Sec | 2019>23 | 7,10 € — **14**
- **Blaye BC de Bayle Carreau 2016** | Sec | 2019>28 | 18,50 € — **16**

Vignobles Bayle Carreau - Château Barbé, 33390 Cars • Tél. 05 57 64 32 43 • contact@bayle-carreau.com • Visite : tous les jours.

CHÂTEAU BEL-AIR LA ROYÈRE

En 1992, les Charentais d'origine Corinne et Xavier Loriaud sont devenus vignerons grâce à un véritable coup de foudre pour cette ancienne propriété de Blaye. Ayant accompli des efforts gigantesques pour remonter le vignoble, ils produisent aujourd'hui un vin racé au plus haut niveau de son appellation, qui conserve en outre une typicité certaine grâce à une part non négligeable du cépage local malbec (appelé côt à Cahors) dans les assemblages. Depuis une quinzaine d'années, Corinne dirige une équipe exclusivement féminine. Les vins tant en blanc qu'en rouge sont puissants, très raffinés du point de vue aromatique et toujours très énergiques et équilibrés par une grande fraîcheur.

- **Blaye 2016** | Sec | 2019>24 | 25,50 € — **14,5**
- **Blaye Côtes de Bordeaux L'Esprit de Bel-Air La Royère 2016** | Sec | 2019>23 | 16 € — **14**

1, Les Ricards, 33390 Cars • Tél. 05 57 42 91 34 ou 06 89 90 20 04 • chateau.belair.la.royere@wanadoo.fr • www.bel-air-la-royere.com • Visite : de préférence sur rendez-vous, visite sur rendez-vous.

CHÂTEAU DE BELCIER

Construit à la fin du XVIIIe siècle, le château de Belcier coiffe un vignoble de 52 hectares sur des sols argilo-calcaires et argilo-limoneux. Il possède comme ingénieur-conseil le célèbre Georges Pauli, homme d'expérience qui s'illustra sur Saint-Julien. Les vins sont bien constitués, avec une cuvée domaine franche et dynamique et une cuvée le-pin-de-belcier plus complexe.

- **Castillon Côtes de Bordeaux 2016** | Sec | 2020>30 | 10,50 € — **15**

- Castillon Côtes de Bordeaux Le Pin de Belcier 2016 | Sec | 2020>37 | 24,50 € — 15,5

Les Salles de Castillon, 33350 Castillon • Tél. 05 57 56 40 40 • gironde-et-gascogne@wanadoo.fr • www.gironderamagebelcier.com • Visite : du lundi au jeudi de 9h à 12h et de 14h à 17h30, le vendredi de 9h à 11.

CHÂTEAU BIAC

★☆☆☆☆

Le couple libanais Tony et Youmna Asseily a réveillé ce domaine de 600 ans, surplombant la Garonne, de son sommeil de Belle-au-Bois-Dormant, sous la houlette de l'emblématique œnologue Patrick Léon, l'ancien directeur technique de Mouton-Rothschild, et à la suite de nombreux investissements dans la vigne et dans le chai. L'assemblage peut varier d'un millésime à l'autre, la philosophie étant de faire un vin qui reflète véritablement l'impact du millésime sur le terroir de Biac. Le cadillac possède une vraie élégance.

- Cadillac Côtes de Bordeaux 2016 | Sec | 2019>27 | NC — 15,5
- Cadillac Côtes de Bordeaux B de Biac 2016 | Sec | 2019>31 | NC — 15
- Cadillac Côtes de Bordeaux Secret de Biac 2015 | Liquoreux | 2019>26 | NC — 15

Les vignobles du Biac - 19, route de la Ruasse - B.P. 35, 33550 Langoiran • Tél. 05 56 67 61 54 • info@chateaubiac.com • www.chateaubiac.com • Visite : sur rendez-vous.

CHÂTEAU BOIS PERTUIS

★☆☆☆☆

Après avoir longtemps fait partie des propriétés de Bernard Magrez, Bois Pertuis a été repris par un autre grand acteur du vin en France, les Grands Chais de France. La propriété est sérieusement menée. Dans sa catégorie, c'est une vraie valeur sûre.

- Bordeaux 2017 | Sec | 2019>23 | 8 € — 14

Crus et Domaines de France - Route de Balizac - Route de Balizac, 33720 Landiras • Tél. 05 57 98 07 20 • info@crusetdomainesdefrance.com • www.cdf-chateaux.com

CHÂTEAU BONNANGE

★★☆☆☆

Repris par un entrepreneur chinois imaginatif et impliqué, Château Bonnange est une propriété de référence en Blayais. Elle propose aujourd'hui à côté de ses cuvées classiques des vins de cépages de sauvignon, merlot, cabernet et malbec et les 2018 dégustés en échantillon laissent entrevoir une vision extrêmement novatrice et ambitieuse. A suivre !

- Blaye Côtes de Bordeaux 2016 | Sec | 2019>24 | 17 € — 14
- Blaye Côtes de Bordeaux Le Clos de Bonnange 2016 | Sec | 2019>26 | 36 € — 15

10, chemin des Roberts , 33390 Saint-Martin-Lacaussade • Tél. 05 57 43 30 01 • contact@chateaubonnange.fr • www.chateaubonnange.fr • Visite : sur rendez-vous.

BORIE MANOUX

★☆☆☆☆

Maison bordelaise historique, Borie Manoux appartient à la famille Castéja, propriétaire de nombreux crus classés (Trottevieille, Lynch-Moussas, Batailley, etc.). Autour du classique Beau-Rivage, elle a composé une gamme de vins de marques axés sur la souplesse et le fruit. Un style accessible et souple, avec quelques jolies réussites.

- Bordeaux Château du Pin 2017 | Sec | 2019>22 | env. 8 € — 14,5
- Bordeaux Horizon de Lynch 2016 | Sec | 2020>25 | env. 7 € — 14
- Graves La Valinière 2017 | Sec | 2019>25 | env. 8,50 € — 14
- Graves La Valinière 2017 | Sec | 2019>25 | env. 8,50 € — 15
- Médoc Château Bégadan | Sec | 2019>23 | env. 10,50 € — 14
- Pessac-Léognan Pique Caillou La Réserve 2016 | Sec | 2019>26 | env. 14 € — 15
- Saint-Julien La Parcelle 1506 2015 | Sec | 2020>28 | env. 22 € — 16,5

86, cours Balguerie Stuttenberg, 33000 Bordeaux • Tél. 05 56 00 00 70 • bordeaux@borie-manoux.fr • www.borie-manoux.com

CHÂTEAU BRANDE BERGÈRE

★★☆☆☆

Passionné de vins, Denis Dalibot exploite au nord de Saint-Émilion, sur un tertre silico-graveleux à fond d'argile, l'un des meilleurs domaines en Bordeaux

Supérieur. Une dégustation appliquée des derniers millésimes nous a séduits. La cuvée domaine est souple et la cuvée o-byrne offre une profondeur bien marquée par ses cabernets.

Bordeaux Supérieur cuvée O Byrne Vieilles Vignes 2016 | Sec | 2019>25 | 14,60 € — **15**

Lieu-dit Brande Bergère, 33230 Les Eglisottes • Tél. 05 57 49 51 52 ou 06 82 02 10 01 • infoRose@debergere.com • www.brandebergere.com • Visite : tous les jours de 8h à 12h, fermé les jours fériés.

CHÂTEAU BRULESÉCAILLE

★☆☆☆☆

On ne présente plus Jacques Rodet, ce vigneron discret qui, depuis 1974, est à la tête d'une propriété familiale où il vinifie avec son épouse Martine des côtes-de-bourg sans concession, authentiques et d'une sincérité désarmante. La recherche de l'équilibre éloigne les vins des modes excessives et en font des compagnons incontournables de la table, à des prix défiant toute concurrence. On adore. Le rouge et blanc sont toujours très aromatiques et élégants.

Côtes de Bourg 2016 | Sec | 2019>27 | 12 € — **15**
Côtes de Bourg Château Brulesecaille 2017 | Sec | 2019>21 | 9,50 € — **13**

29, route des Châteaux, 33710 Tauriac • Tél. 05 57 68 40 31 • cht.brulesecaille@orange.fr • www.brulesecaille.com • Visite : Du lundi au vendredi de 9h à 12h et de 14h à 18h. Le samedi sur rendez-vous.

CHÂTEAU CANTINOT

★☆☆☆☆

Cette propriété, située sur le plateau du Blayais, au nord-ouest de Blaye, a été rachetée par Florence et Yann Bouscasse en 2002. Issus tous deux du monde de la mer, ils rappellent aujourd'hui ces attaches familiales par un emblème, la roue de Mulhouse, que l'on retrouve sur les différentes étiquettes. Cantinot fait aujourd'hui partie de ces nouveaux vins du Blayais qui ont remplacé avec bonheur la rusticité tannique par un fruité souple, très digeste, sapide et fin, en particulier sur la cuvée classique du château, plus aboutie à notre sens que les ambitieuses tours-de-cantinot ou orbite.

Blaye Côtes de Bordeaux 2016 | Sec | 2019>25 | 18 € — **14,5**

1 Lieu-dit Cantinot, 33390 Cars • Tél. 05 57 64 31 70 • chateau.cantinot@wanadoo.fr • www.chateau-cantinot.com • Visite : du lundi au samedi de 9h à 12h et de 14h à 19h.

CHÂTEAU CASTEL LA ROSE

★☆☆☆☆

Le château Castel La Rose, ce sont 27 hectares gérés par 3 femmes : la mère, la tante et la fille. Cette dernière, Amélie Vongis, malgré sa formation d'avocate, a choisi comme une évidence la vigne et le retour à la terre qui l'a vue naître, et pour ce faire a racheté en 2016 les parts de son oncle. Aussitôt arrivée elle insuffle un vent nouveau, s'adjoint les services de l'œnologue-conseil Stéphane Toutoundji, spécialiste du Libournais, et la propriété prend alors un virage, avec pour effet immédiat de donner des vins plus élégants et plus fruités qu'auparavant. Amélie va tenter le bio sur 2 ou 3 parcelles pour voir comment réagit la vigne, mais applique déjà une viticulture très raisonnée et respectueuse de l'environnement. Les vins sont élégants, avec une belle chair et de la tension.

Côtes de Bourg Cuvée Rosissime 2016 | Sec | 2019>26 | 10,50 € — **15,5**
Côtes de Bourg Cuvée Sélection 2016 | Sec | 2019>25 | 8,90 € — **15**

33710 Villeneuve • Tél. 05 57 64 86 61 • contact@castel-la-rose.com • www.castel-la-rose.com • Visite : du lundi au vendredi de 9h à 12h et de 14h à 18h, le week-end sur rendez-vous

CORDIER

★☆☆☆☆ ♣

Après différentes péripéties, le Cordier version InVivo Wines, son nouveau propriétaire, lui-même filiale d'un géant de la coopération agricole française, affine sa définition. Sous cette marque légendaire, Cordier propose une gamme de vins français, pas uniquement bordelais, produits et composés avec la claire volonté de montrer chacun la forte personnalité du terroir qu'ils représentent.

Bordeaux 2016 | Sec | 2019>21 | NC — **14**
Saint-Émilion grand cru 2017 | Sec | 2019>25 | NC — **14**
Saint-Julien 2017 | Sec | 2020>25 | NC — **15**

109, rue Achard - La Croix Bacalan B.P. 154, 33042 Bordeaux • Tél. 05 56 11 29 00 • contact@cordier-wines.fr • www.cordier-wines.com

CHÂTEAU DU CROS

Tenu par la famille Boyer depuis quatre générations, château du Cros produit des loupiacs de très bonne facture à prix doux, au potentiel de vieillissement certain. C'est désormais Catherine Boyer qui, sous le regard aiguisé de son inépuisable papa, assure les vinifications avec rigueur et talent. Les derniers millésimes sont un bon investissement à petit prix.

- **Graves Mayne du Cros 2016** | Sec | 2019>24 | 16,10 € — 14
- **Loupiac 2017** | Moelleux | 2019>28 | 15,50 € — 15

94, route de Saint-Macaire, 33410 Loupiac • Tél. 05 56 62 99 31 • info@chateauducros.com • www.chateauducros.com • Visite : Du lundi au vendredi de 8h à 12h et de 14h à 18h, fermeture à 17h30 le vendredi. Le week-end sur rendez-vous. Visite et dégustation le weekend sur rendez-vous.

CHÂTEAU DEGAS

Une belle histoire de famille, une centaine d'hectares gérés avec passion par Marie-José Degas, octogénaire alerte, et ses deux petites-filles, Diane et Eugénie, qui ont changé de voie pour se consacrer pleinement à l'exploitation familiale. Plusieurs étiquettes, les trois couleurs, mais un dénominateur commun, élégance et buvabilité.

- **Bordeaux clairet 2018** | Sec | 2019>20 | 5,50 € — 14,5
- **Bordeaux Supérieur 2017** | Sec | 2019>24 | 7,40 € — 14,5
- **Bordeaux Château La Commanderie de Gombeau 2017** | Sec | 2019>23 | 4,70 € — 14
- **Bordeaux Château Moulin de la Souloire 2017** | Sec | 2019>24 | 5,50 € — 13,5

38, Route de Créon, 33750 Saint-Germain-du-Puch • Tél. 05 57 24 02 44 • contact@vignoblesdegas.fr • www.vignoblesdegas.fr • Visite : Ouvert du lundi au vendredi de 9h à 12h et de 14h à 18h. Le samedi de 10h à 12h30

VIGNOBLES DESPAGNE

La famille Despagne dispose de cinq propriétés et de 300 hectares de vignes, plantées des cépages traditionnels bordelais. Le sérieux, l'inventivité et la compétence des Despagne font que tous leurs vins, et notamment ceux de leurs propriétés phare, Tour de Mirambeau et Rauzan Despagne, pourraient servir de modèle à bien des bordeaux : toujours flatteurs mais jamais loin du classicisme bordelais. Ici les vins sont toujours très harmonieux.

- **Bordeaux rosé Château Rauzan Despagne Réserve 2018** | Sec | 2019>20 | 8 € — 14
- **Bordeaux Château Rauzan Despagne Réserve 2018** | Sec | 2019>22 | 8 € — 14,5
- **Bordeaux Château Tour de Mirambeau Réserve 2018** | Sec | 2019>22 | 8 € — 14
- **Bordeaux Château Tour de Mirambeau Réserve 2017** | Sec | 2019>23 | 8 € — 14

Le Touyre, 33420 Naujan-et-Postiac • Tél. 05 57 84 55 08 • contact@despagne.fr • www.despagne.fr • Visite : du lundi au vendredi de 8h30 à 12h et de 13h30 à 16h30.

DOURTHE

À travers ses cuvées phare qui portent haut les couleurs du Bordelais ou les châteaux qu'elle amène au sommet de leur appellation, Dourthe est une maison à la signature sûre. Sa cuvée phare, déclinée dans les trois couleurs, est le dourthe-n°1, véritable archétype du bon bordeaux. Elle possède également plusieurs propriétés importantes, comme Pey La Tour, dans l'Entre-Deux-Mers, La Garde, en Pessac-Léognan, et le cru classé du Haut-Médoc, Belgrave. Reprise par le Champenois Alain Thiénot, elle n'a en rien modifié de sa philosophie d'action.

- **Bordeaux rosé La Grande Cuvée 2018** | Sec | 2019>20 | 6,90 € — 14
- **Bordeaux Supérieur Château Pey La Tour - Réserve du Château 2016** | Sec | 2019>24 | 12 € — 15,5
- **Bordeaux Château de Ricaud 2018** | Sec | 2019>21 | 6,90 € — 14,5
- **Bordeaux Château Pey La Tour 2018** | Sec | > | 5,50 € — 14,5
- **Bordeaux Dourthe La Grande Cuvée 2017** | Sec | 2019>23 | 7,50 € — 14,5
- **Bordeaux Dourthe N°1 2018** | Sec | 2017> | 8,60 €
- **Bordeaux Dourthe N°1 2018** | Sec | 2019>20 | 7,90 € — 14,5
- **Bordeaux Dourthe N°1 2017** | Sec | 2019>24 | 9,50 € — 15

- **Bordeaux La Grande Cuvée 2018** | Sec | 2019>21 | 6,90 € — 14,5
- **Graves Terroirs d'Exception Croix des Bouquets 2017** | Sec | 2019>24 | 9,90 € — 15
- **Graves Terroirs d'Exception Hautes Gravières 2016** | Sec | 2019>25 | 9,90 € — 15,5
- **Médoc Dourthe Terroirs d'Exception Terrasse de la Jalle 2016** | Sec | 2020>29 | 10,90 € — 15

35, rue de Bordeaux, 33290 Parempuyre • Tél. 05 56 35 53 00 • contact@dourthe.com • www.dourthe.com • Visite : sur rendez-vous.

CHÂTEAU DUBRAUD

★☆☆☆☆

En 1998, Céline et Alain Vidal achètent le château Dubraud, situé au cœur du vignoble de Blaye sur un magnifique terroir argilo-calcaire, qui contribue à donner de la puissance aux rouges, et silico-argileux, qui convient mieux aux blancs. Le château de Trousse correspond au rassemblement de plusieurs parcelles voisines du château Dubraud. Il ne dépare pas.

- **Blaye Côtes de Bordeaux 2015** | Sec | 2019>25 | 9,50 € — 14,5
- **Blaye Grand Vin 2016** | Sec | 2019>24 | 21 € — 14,5

17 lieu dit Dubraud, 33920 Saint-Christoly-de-Blaye • Tél. 05 57 42 45 30 • celine@chateaudubraud.com • www.chateaudubraud.com • Visite : sur rendez vous de préférence

VIGNOBLES DUCOURT

★☆☆☆☆

Ce bel ensemble de 380 hectares est l'un des plus grands de l'appellation Bordeaux. Il regroupe le château Larroque, situé au sud de Langon sur un beau terroir argilo-graveleux, à l'encépagement classique (45 % de cabernet-sauvignon, 30 % de merlot et 25 % de cabernet franc), le château de Beauregard-Ducourt, situé au sud de Targon, dont l'encépagement s'équilibre entre merlot et cabernet-sauvignon, mais aussi les châteaux La Rose du Pin et d'Haurets. Les vins sont de qualité régulière et d'un grand classicisme. Des rouges puissants, des blancs très aromatiques, énergiques et rafraîchissants, de délicieux rosés. Une vraie belle gamme de caractère.

- **Bordeaux rosé Château Larroque 2018** | Sec | 2019>20 | 5,50 € — 14
- **Bordeaux Château d'Haurets 2018** | Sec | 2019>22 | 6,90 € — 14
- **Bordeaux Château Larroque 2018** | Sec | 2019>21 | 5,50 € — 14
- **Entre-Deux-Mers Château de Beauregard-Ducourt 2018** | Sec | 2019>21 | 5,90 € — 14
- **Entre-Deux-Mers Château La Rose du Pin 2018** | Sec | 2019>21 | 6,90 € — 14

Lieu dit le Hourc, 33760 Ladaux • Tél. 05 57 34 54 00 • ducourt@ducourt.com • www.ducourt.com • Visite : Sur rendez-vous.

CHÂTEAU FLEUR HAUT-GAUSSENS

★☆☆☆☆

Depuis une demi-décennie, ce cru de l'Entre-Deux-Mers séduit par ses vins généreux, au fruité expressif bien associé à un boisé toasté.

- **Bordeaux Supérieur 2018** | Sec | 2019>25 | 7,70 € — 14,5
- **Bordeaux Supérieur Grand Vin 2018** | Sec | 2019>25 | 27 € — 14,5

11, Les Gaussens, 33240 Vérac • Tél. 05 57 84 48 01 • fleurhautgaussens@orange.fr • www.chateau-fleurhautgaussens.com • Visite : Sur rendez-vous.

CHÂTEAU FOUGAS

★★☆☆☆ ♣

Château Fougas a été fondé au XVIIIe siècle et acquis en 1976 par Jean-Yves Bechet, fils d'une famille de négociants bordelais, qui en a fait une figure de pointe en matière de biodynamie. Autour du château se répartissent 17 hectares d'un seul tenant, avec deux ruisseaux qui servent au drainage naturel à chaque extrémité de la propriété. Depuis 1983, Jean-Yves Bechet, qui n'est jamais à court d'idées, a renoué avec la coutume ancestrale pratiquée par les négociants bordelais, et propose à ses clients de leur louer les pieds de vignes et d'acheter la récolte sur cep. Les vins sont d'une généreuse constitution avec un niveau qualitatif qui correspond au grand potentiel de son terroir et à une culture de la vigne particulièrement attentionnée. Harmonie et authenticité sont ici de mise.

- **Côtes de Bourg Maldoror 2016** | Sec | 2019>23 | 14,90 € — 14

33710 Lansac • Tél. 05 57 68 42 15 • jybechet@fougas.com • www.fougas.com • Visite : du lundi au vendredi de 8h à 12h et de 14h à 18h.

CHÂTEAU DE FRANCS

Dominant le paysage, le château de Francs est une merveille architecturale du Moyen-Âge, ceint d'un beau vignoble aujourd'hui totalement restauré. Ce domaine compte 37 hectares de vignes sur un terroir argilo-calcaire proche de ce que l'on trouve sur le plateau de Saint-Émilion. En 1986, Hubert de Boüard, copropriétaire du château Angélus, et Dominique Hébrard, ex-copropriétaire du château Cheval Blanc, décident d'investir dans cette région. Entourés d'une équipe dynamique et soudés depuis plus de 25 ans, les deux amis d'enfance confectionnent des vins fins et élégants, connus et reconnus pour leurs qualités et leurs prix très abordables. La cuvée domaine offre un charme immédiat et les cerisiers, plus séveux, méritent une garde d'au moins cinq ans.

- **Francs Côtes de Bordeaux L'Infini 2016** | Sec | 2021>30 | 30 € — **16**
- **Francs Côtes de Bordeaux Les Cerisiers 2016** | Sec | 2019>25 | 11,50 € — **15,5**

Le bourg, 33570 Francs • Tél. 05 57 40 65 91 • contact@chateau-de-francs.com • www.chateau-de-francs.com • Visite : du lundi au vendredi de 8h30 à 17h, sur rendez-vous.

CHÂTEAU GÉNIBON

Christine et Jean Samuel Eynard sont la cinquième génération à la tête de cette exploitation familiale de 28 hectares qui n'a cessé de croître et de s'améliorer. Le merlot est majoritaire, 60 %, complété à parts égales de malbec, cabernets franc et sauvignon. Les vins sont généreusement fruités, énergiques et équilibrés, à noter la cuvée améthyste qui bénéficie d'un élevage en fût de chêne, particulièrement charmeuse et pleine de potentiel. La gamme est réussie et cohérente.

- **Côtes de Bourg Cuvée Améthyste 2016** | Sec | 2019>25 | 10 € — **15,5**
- **Côtes de Bourg Cuvée Blanchereau 2016** | Sec | 2019>24 | 6 € — **15**

33710 Bourg • Tél. 05 57 68 25 34 ou 07 77 72 23 86 • genibon@orange.fr • www.genibon.fr • Visite : sur rendez vous uniquement

CHÂTEAU GIGAULT

Propriétés de Christophe Reboul-Salze, brillant négociant bordelais de la société The Wine Merchant qu'il vient tout juste de revendre, les châteaux Gigault et Les Grands Maréchaux comptent aujourd'hui parmi les vins les plus racés et les mieux définis du nord de la Gironde. On produit ici trois marques aux styles très différents, gigault, vin gourmand, les-maréchaux, expression riche et mûre, et la cuvée viva, particulièrement harmonieuse qui concentre tout le savoir-faire du domaine. Le château belle-colline est tout à fait dans la lignée, équilibré et raffiné.

- **Blaye Côtes de Bordeaux Château Belle Coline 2016** | Sec | 2019>23 | 14,95 € — **14,5**
- **Blaye Côtes de Bordeaux cuvée Viva 2016** | Sec | 2019>26 | 13,50 € — **15,5**

33390 Mazion • Tél. 05 57 32 62 59 • chateau.gigault@gmail.com • www.vignobles-rs.com • Visite : sur rendez-vous de préférence.

VIGNOBLES GONFRIER

C'est en 1962 que Paul Gonfrier, contraint de quitter l'Algérie, s'installe à Lestiac-sur-Garonne. Il achète le château de Marsan, à l'époque en ruine, et s'acharne avec toute sa famille à remettre en culture les 80 hectares quasiment en jachère : 30 hectares pour la vigne, 50 hectares de pommiers. Paul Gonfrier s'éteint en 2014, aujourd'hui ses enfants, neveux et petits-enfants ont pris le relai et vinifient plus de 900 hectares de leurs différentes propriétés ! Les vins de l'ensemble des châteaux ont un dénominateur commun, vinification et élevage parfaitement maîtrisés, équilibre juste, belles saveurs, fruit et fraîcheur privilégiés et rapport qualité-prix imbattable.

- **Bordeaux Supérieur Château Le Gardera 2017** | Sec | 2019>25 | 6,90 € | ♣ — **14**
- **Bordeaux Château Lagarère 2017** | Sec | 2019>24 | 4,90 € — **14,5**
- **Bordeaux Château Le Gardera Le Ruisseau 2018** | Sec | 2019>22 | 6,90 € | ♣ — **14**

Château de Marsan, 33550 Lestiac-sur-Garonne • Tél. 05 56 72 14 38 • contact@vignobles-gonfrier.fr • www.vignobles-gonfrier.fr • Visite : du mardi au samedi de 9h30 à 12h30 et de 14h à 18h, sur rendez-vous le lundi.

CHÂTEAU GRAND JEAN

Le château Grand Jean fait partie des vignobles Dulon, trois châteaux et 130 hectares au cœur de l'Entre-Deux-Mers. Un terroir argilo-calcaire, un encépagement classique également réparti entre merlot et cabernet, un élevage soigné en fût de chêne font de ce château une des valeurs sûres de l'appellation. Des vins classiques, équilibrés, d'un bon rapport qualité-prix, l'assurance de ne pas se tromper !

- **Bordeaux 2018** | Sec | 2019>22 | 6,80 € — 14
- **Bordeaux 2017** | Sec | 2019>23 | 6,80 € — 14
- **Bordeaux Supérieur 2017** | Sec | 2019>24 | 7,80 € — 14,5
- **Entre-Deux-Mers 2018** | Sec | 2019>21 | 6,80 € — 14

33760 Soulignac • Tél. 05 56 23 69 16 • sophiedulon@vignobles-dulon.com • www.vignobles-dulon.com • Visite : sur rendez-vous.

CHÂTEAU GRAND MAISON

Trois grandes figures des côtes de Bourg ont ici associé leurs talents : Hervé Romat, œnologue-consultant, Jean Mallet, issu d'une lignée de viticulteurs et l'œnologue François Tailliez. Après l'acquisition de la propriété il y a une quinzaine d'années, située sur l'un des meilleurs terroirs des côtes de Bourg, ils ont développé la réputation du cru. Les vendanges sont manuelles et les vins reflètent l'élégance des raisins de sols argilo-calcaires. Avec leur style de plus en plus affirmé, leur vin ne dépare pas dans le peloton de tête de cette appellation.

- **Côtes de Bourg Cuvée Sélection 2016** | Sec | 2019>23 | 8,95 € — 14,5
- **Côtes de Bourg Grand Vin 2016** | Sec | 2019>27 | 15,50 € — 16

Valades, 33710 Bourg • Tél. 05 57 64 24 04 • cht.grandmaison-bourg@wanadoo.fr • www.grandmaison-bourg.com • Visite : Sur rendez-vous uniquement.

CHÂTEAU GRAND-VILLAGE

Les Guinaudeau ont leur jardin sur Pomerol avec le cultissime château Lafleur ; sur Mouillac, à côté de Fronsac, ils bichonnent leur vignoble de Grand Village où ils produisent l'un des meilleurs bordeaux rouges. Sur Fronsac, depuis 2009, ils produisent le G qui, au fil des millésimes, doit constituer un absolu cultural et culturel. 2016, en blanc comme en rouge, est ici un modèle d'équilibre et de précision. À Grand Village, les « petits » millésimes n'existent pas !

- **Bordeaux 2018** | Sec | > | NC — 15
- **Bordeaux 2018** | Sec | > | NC — 15
- **Bordeaux 2016** | Sec | 2019>23 | NC — 15
- **Bordeaux Supérieur 2016** | Sec | 2019>34 | NC — 16
- **Bordeaux Supérieur Acte 8 de Grand Village 2018** | Sec | > | NC — 16,5
- **Bordeaux Supérieur Acte 8 de Grand Village 2016** | Sec | 2021>30 | NC — 16,5
- **Bordeaux Les Champs Libres 2016** | Sec | 2019>26 | NC — 17

33240 Mouillac • Tél. 05 57 84 44 03 • scea.guinaudeau@orange.fr

CHÂTEAU GROS MOULIN

Ce domaine est dans la même famille depuis 1757, soit 11 générations, c'est un record ! Parti d'un hectare, le vignoble en compte aujourd'hui 30. Une belle exposition, dominant la Garonne en amont de Bourg, un terroir argilo-calcaire, un encépagement réparti entre 55 % de merlot, 25 % de cabernet-sauvignon, le reste entre malbec et cabernet franc, une viticulture raisonnée forment les fondements de la propriété. Depuis 2010, c'est Rémi Eymas, toujours aidé par son père Jacques, qui a repris les rênes. Plusieurs cuvées sont réalisées, toutes de caractère, solides, profondes, savoureuses, énergiques, avec une mention spéciale à la cuvée per-vitam-ad-vitam, qui est excellente. Le demi-hectare de sauvignon produit un délicieux blanc, les-lys-du-moulin, (en référence au moulin historique du domaine), aromatique et nerveux. Belle découverte que ce domaine que nous suivons de près et qui confirme millésime après millésime tout le bien que l'on en pensait !

- **Côtes de Bourg 2016** | Sec | 2019>24 | 7,40 € — 15
- **Côtes de Bourg Héritage 1757 2016** | Sec | 2022>30 | 20 € — 14
- **Côtes de Bourg Les Lys du Moulin 2017** | Sec | 2019>21 | 6 € — 14
- **Côtes de Bourg Per Vitem Ad Vitam 2016** | Sec | 2019>27 | 14 € — 16,5

7 Gros Moulin, 33710 Bourg • Tél. 05 57 68 41 56 • chateau.gros.moulin@wanadoo.fr • www.chateaugrosmoulin.com • Visite : sur rendez vous de préférence

CHÂTEAU HAUT-COULON

★★☆☆☆

Accroché à un très beau coteau argilo-calcaire très bien drainé, le vignoble de Haut-Coulon s'appuie sur une majorité de merlot planté sur les secteurs les plus argileux, complété par du cabernet-sauvignon et du petit verdot Tannin profond et bien enrobé, avec une réelle profondeur, voilà un cru émergeant de première saveur.

- **Cadillac Côtes de Bordeaux 2018** | Sec | > | NC — 14,5
- **Cadillac Côtes de Bordeaux 2016** | Sec | 2019>24 | NC — 15
- **Cadillac Côtes de Bordeaux 2016** | Sec | 2019>25 | NC — 15

Castel - 24, rue Georges Guynemer, 33290 Blanquefort • Tél. 05 56 95 54 00 • contact@chateaux-castel.com • www.chateaux-castel.com

CHÂTEAU HAUT-GRELOT

★☆☆☆☆

Voici un joli vignoble d'une soixantaine d'hectares, comptant environ deux tiers en rouge, le reste en blanc, un encépagement mixte et classique, deux terroirs principaux, sablo-graveleux sur les coteaux bordant l'estuaire de la Gironde et sablo-argilo-limoneux sur les coteaux plus reculés dans les terres. Le résultat est très intéressant : des rouges puissants, fruités, élégamment boisés, frais et harmonieux, des blancs superbement fruités, purs, vifs, avec un côté plus opulent dû à son élevage en fût pour la cuvée sélection. Le rapport qualité-prix est quasiment imbattable !

- **Blaye Côtes de Bordeaux As de Grelot 2016** | Sec | 2019>25 | 13,70 € — 14,5
- **Blaye Côtes de Bordeaux Coteau de Methez 2016** | Sec | 2019>25 | 8,10 € — 15,5
- **Blaye Côtes de Bordeaux Sélection 2017** | Sec | 2019>21 | 6,75 € — 14

28, les Grelots, 33820 Saint-Ciers-sur-Gironde • Tél. 05 57 32 65 98 • jbonneau@wanadoo.fr • www.chateau-haut-grelot.com • Visite : Sur rendez-vous.

CHÂTEAU HAUT-GUIRAUD

★★☆☆☆

Propriété familiale de 30 hectares dominant l'estuaire de la Gironde, qu'exploite avec passion Christophe Bonnet en cinquième génération depuis 1875, le château Haut-Guiraud est l'un des leaders incontestés de l'appellation. Péché-du-roy est une jolie cuvée moderne et énergique qui a fait la réputation du cru et qui doit son nom à Louis XIV, alors jeune roi, qui se régala des pêches de Haut-Guiraud lors de son séjour dans le Bourgeais. La cuvée de base est toujours équilibrée et très facile à boire.

- **Côtes de Bourg 2016** | Sec | 2019>23 | 7,20 € — 13,5
- **Côtes de Bourg cuvée Péché du Roy 2016** | Sec | 2019>26 | 14,20 € — 14,5

EARL Bonnet & Fils, 33710 Saint-Ciers-de-Canesse • Tél. 05 57 64 91 39 • bonnetchristophe@wanadoo.fr • www.chateauhautguiraud.com • Visite : Du lundi au vendredi, de 8h à 12h et de 14h à 17h. Le week-end sur rendez-vous.

CHÂTEAU HAUT-MACÔ

★☆☆☆☆

Cela fait bientôt 45 ans que Jean et Bernard Mallet ont pris en charge cette belle propriété de 49 hectares, aux mains de la famille depuis trois générations. Aujourd'hui les enfants de Bernard, Anne et Hugues, tiennent vaillamment les rênes et produisent des vins élégants, aromatiques, privilégiant fruit et fraîcheur, avec d'admirables rapports qualité-prix, y compris pour la cuvée Jean-Bernard.

- **Côtes de Bourg 2016** | Sec | 2019>23 | 5,80 € — 14,5
- **Côtes de Bourg cuvée Jean-Bernard 2016** | Sec | 2019>26 | 5,80 € — 15

61, rue des Gombauds, 33710 Tauriac • Tél. 05 57 68 81 26 • hautmaco@wanadoo.fr • www.hautmaco.com • Visite : Du lundi au samedi de 8h à 12h et de 14h à 18h.

CHÂTEAU HOSTENS-PICANT

★★☆☆☆

Nadine et Yves Picant font depuis 1986 des merveilles sur ce vignoble de 40 hectares en plein cœur de l'appellation Sainte-Foy-Bordeaux. Hostens-Picant s'impose comme l'un des meilleurs vins du secteur. Les vins bénéficient des conseils précieux de Stéphane Derenoncourt, l'un des meilleurs consultants du Bordelais. À côté de la cuvée rouge classique, en souplesse expressive, lucullus se montre charnu et épicé. Le blanc se partage entre sémillon, sauvignon et muscadelle qui composent l'assemblage de l'une des cuvées les plus ambitieuses et réussies du Bordelais : les-demoiselles.

À la fois onctueux et dynamique, ce vin pour la garde est taillé pour la gastronomie.

- **Sainte-Foy-Bordeaux 2018** | Sec | > | 16,70 € — 15
- **Sainte-Foy-Bordeaux 2016** | Sec | 2020>26 | 25 € — 15
- **Sainte-Foy-Bordeaux cuvée des Demoiselles 2016** | Sec | 2019>25 | 23 € — 15,5
- **Sainte-Foy-Bordeaux Lucullus 2018** | Sec | > | 25 € — 15
- **Sainte-Foy-Bordeaux Lucullus 2016** | Sec | 2020>27 | 35 € — 15,5

Lieu-dit Grangeneuve Nord, 33220 Les Lèves-et-Thoumeyragues • Tél. 05 57 46 38 11 • chateauhp@gmail.com • www.chateauhostens-picant.fr • Visite : Sur rendez-vous.

CHÂTEAU JEAN FAUX

Voici l'une des propriétés les plus anciennes de la région, pleine de charme et qui, en 2002 a séduit Chrystel et Pascal Collotte. D'à peine plus d'un hectare de vigne au moment de l'achat, nous voilà maintenant à 12 hectares de rouges et 2 hectares de blanc. Le terroir superbe (argilo-calcaire sur coteaux très bien exposés) et le travail cousu-main du couple, qui s'est adjoint les conseils avisés de Stéphane Derenoncourt, font que ce vin ne cesse de progresser et de nous étonner. Le grand vin et son second, la dame-de-jean-faux, sont tous deux richement fruités, profonds et équilibrés, avec un petit supplément de densité pour le premier et de charme pour le second.

- **Bordeaux Supérieur Les Sources 2017** | Sec | 2019>25 | 15,20 € — 14,5
- **Bordeaux Supérieur Sainte-Radegonde 2017** | Sec | 2019>24 | 20,50 € — 14

33350 Sainte Radegonde • Tél. 05 57 40 03 85 ou 06 89 36 96 81 • jf@chateaujeanfaux.com • www.chateaujeanfaux.com • Visite : Sur rendez-vous.

CHÂTEAU JOANIN-BÉCOT

Juliette Bécot offre sur les derniers millésimes un bain de jouvence à cette propriété, dans le meilleur secteur des Côtes de Castillon. Sa passion a contribué à propulser le cru dans le peloton de tête des vins de l'appellation. Fruité et équilibré, le vin se montre à la fois intense et élégant. Les dégustations du 2016 sont en retrait par rapport aux espoirs entrevus après la mise en bouteille.

- **Castillon Côtes de Bordeaux 2018** | Sec | > | 25 € — 15,5
- **Castillon Côtes de Bordeaux 2016** | Sec | 2019>26 | 28 € — 14,5

Lieu-dit Joanin, 33350 Saint-Philippe-d'Aiguilhe • Tél. 05 57 74 46 87 • contact@beausejour-becot.com • www.beausejour-becot.com • Visite : Sur rendez-vousdu lundi au vendredi de 9 :30 à 13 :00 et de 14 :00 à 17 :30 et le samedi de début Avril à la fin du mois d'octobre.

CHÂTEAU LA FRANCE

Acquis en 2009 par la famille Mottet, ce domaine viticole de 90 hectares, dont l'origine remonte à la fin du Second Empire, se distingue non seulement par sa sculpture monumentale, « Le Coq », qui surplombe le vignoble et inspire le nom de la cuvée phare de la propriété, gallus, mais également par la régularité de ses vins. Les vins sont classiques et équilibrés, avec une bonne cohérence dans la gamme. Les rouges laissent toujours exprimer un beau fruit, la cuvée gallus est toujours plus dense, les rosés et blancs, puissants, fruités et rafraîchissants offrent un bon rapport qualité-prix.

- **Bordeaux 2018** | Sec | 2019>21 | 6,50 € — 13,5

33750 Beychac-et-Caillau • Tél. 05 57 55 24 10 • contact@chateaulafrance.com • www.chateaulafrance.com • Visite : Du lundi au vendredi, de 9h à 12h et de 14h à 17h30. Fermé les jours fériés.

CHÂTEAU LA FREYNELLE

C'est une propriété de 80 hectares, située au cœur de l'Entre-Deux-Mers, avec 55 hectares de rouge et 25 hectares de blanc, avec un encépagement classique, 70 % merlot, 30 % cabernet-sauvignon pour les rouges, 50 % de sauvignon, le reste se répartissant entre sémillon et muscadelle pour les blancs. Ici on pratique une agriculture raisonnée. Véronique Barthe, viticultrice passionnée et talentueuse, a pris la succession de son père en 1992. Depuis les vins n'ont cessé de progresser et c'est maintenant devenu une valeur sûre de l'appellation. Des vins délicats, fruités, élégants, équilibrés, privilégiant la fraîcheur, et ce dans les trois couleurs.

- **Bordeaux 2018** | Sec | 2019>22 | 6,50 € — 14
- **Bordeaux clairet 2018** | Sec | 2019>21 | 6,50 € — 15
- **Bordeaux rosé 2018** | Sec | 2019>20 | 6,50 € — 15

Peyrefus, 33420 Daignac • Tél. 05 57 84 55 90 • veronique@vbarthe.com • www.vbarthe.com • Visite : sur rendez-vous de préférence. Fermé le week-end

CHÂTEAU LA MOTHE DU BARRY

★☆☆☆☆

Très proche de Saint-Émilion, au bord de la Dordogne, cette propriété propose plusieurs cuvées en rouge, ainsi qu'un clairet et un blanc. Joël Duffau s'est installé en 1985 au château La Mothe du Barry après avoir séjourné dans maints vignobles français et étrangers (Rioja et Californie). Œnologue de formation et naturellement talentueux, il s'attache à faire des vins fruités, charmeurs et rapidement plaisants à boire. Avec son épouse Sandrine, ils possèdent également une autre propriété de qualité équivalente, le château Les Arromans. Le couple s'est même lancé dans l'œnotourisme en aménageant d'agréables chambres d'hôtes au château. Le domaine a été récemment converti au bio et semble chercher encore ses marques. À suivre.

- **Bordeaux rosé Château Les Arromans 2018** | Sec | 2019>20 | 6 € | ✤ — 14
- **Bordeaux Supérieur Design 2017** | Sec | 2019>23 | 8,50 € | ✤ — 14
- **Bordeaux Château Les Arromans Prestige 2017** | Sec | 2019>24 | 8 € | ✤ — 13,5
- **Entre-Deux-Mers 2018** | Sec | 2019>21 | 6 € — 14,5
- **Entre-Deux-Mers Château Les Arromans 2018** | Sec | 2019>21 | 6 € — 14,5

Les Arromans, 33420 Moulon • Tél. 05 57 74 93 98 • joel.duffau@aliceadsl.fr • www.vignoblesjoelduffau.fr • Visite : Du lundi au vendredi, de 8h30 à 12h et de 13h30 à 17h et le week-end sur rendez-vous. D'avril à octobre ouvert sans rendez-vous le week-end.

CHÂTEAU LA RAME

★☆☆☆☆

La Rame, propriété familiale, est dirigée depuis 2010 par Angélique et Grégoire Armand, la cinquième génération. Elle figure parmi les crus les plus anciens et les plus réputés de l'appellation et fut considérée au début du XXe siècle comme un premier cru classé par le négoce bordelais. Ses vignes, avec leur terroir calcaire riche en huîtres fossilisées, produisent encore aujourd'hui des vins liquoreux de très bonne constitution, de qualité très régulière et à prix doux. Une aubaine à découvrir !

- **Sainte-Croix-du-Mont 2017** | Liquoreux | 2019>27 | 17 € — 15

La Rame, 33410 Sainte-Croix-du-Mont • Tél. 05 56 62 01 50 • dgm@wanadoo.fr • www.chateaularame.com • Visite : Du lundi au vendredi de 8h30 à 12h et de 13h30 à 17h30. Le week-end sur rendez-vous.

CHÂTEAU LA RAZ CAMAN

★☆☆☆☆

Le vignoble se situe sur les terroirs argilo-calcaires et pierreux du nord de l'appellation. La production est vinifiée dans un esprit classique, en recherchant la pleine maturité du raisin et en visant les textures charmeuses et fruitées.

- **Blaye Côtes de Bordeaux 2017** | Sec | 2019>22 | 4,90 € — 14,5
- **Blaye Côtes de Bordeaux 2016** | Sec | 2019>24 | 8,50 € — 14,5
- **Blaye Côtes de Bordeaux Château Mélignan 2016** | Sec | 2019>24 | 13,50 € — 14,5

33390 Anglade • Tél. 05 57 64 41 82 • raphael.pommeraud@larazcaman.com • www.larazcaman.com • Visite : du lundi au vendredi de 9h00 à 12h00 et de 14h00 à 18h00.

CHÂTEAU LA TUILIÈRE

☆☆☆☆☆

Une énarque et un matheux aux carrières déjà bien remplies sont-ils un tandem idéal pour faire du vin ? C'est ce que vont démontrer Claire Dorland-Clauzel (ENA, Trésor, Axa, Michelin) et son mari Thierry Dumont (Ingénieur Arts et Métiers, British Télécom, ministère, etc...) sur les 13,5 hectares du château La Tuilière qu'ils viennent d'acquérir sur un coup de cœur. Un changement de cap, un projet de vie ! « C'est un rare bonheur de maîtriser tout le processus du cep à la bouteille et ce rythme agricole nous convient parfaitement ; finalement nos gênes agricoles ont pris le dessus ! » se réjouit Claire. Rigueur et enthousiasme, voilà qui devrait aider à porter encore plus haut ce vin élégant et énergique, déjà doté d'une bonne réputation.

- **Côtes de Bourg Château Clos du Merle 2016** | Sec | 2019>24 | 7,95 € — 14,5
- **Côtes de Bourg Cuvée Tradition 2016** | Sec | 2019>25 | 9,95 € — 15

33710 Saint-Ciers-de-Canesse • Tél. 05 57 64 80 90 • contact@vignes-secretes.com • www.vignes-secretes.com • Visite : sur rendez vous.

CHÂTEAU LABADIE

Jérôme Bibey s'occupe avec passion de Labadie et Pontet Barrail, tous deux situés à Bégadan, qui produisent des vins de caractère, solides, puissants et richement fruités.

- **Médoc 2016** | Sec | 2019>27 | 11 € — 15
- **Médoc Château Pontet Barrail 2016** | Sec | 2019>23 | 11 € — 14,5

1, route de Chassereau, 33340 Bedagan • Tél. 05 56 41 55 58 • chateau.labadie@wanadoo.fr • www.chateau-labadie.com • Visite : du lundi au vendredi de 9h à 12h et de 14h à 17h30

CHÂTEAU LAFONT-FOURCAT

Situé dans la région de Pujols, ce domaine de 8 hectares progresse de millésime en millésime, sous l'impulsion de Paul-Marie Morillon qui en fit l'acquisition dès 1993. Conseiller pour les châteaux Ausone, La Mondotte et Yquem, cet homme discret produit des rouges de charme, avec un tannin juteux subtil et frais au profil consensuel, reflets d'une viticulture exemplaire. C'est une des priorités sur le Bordelais pour son excellent rapport qualité-prix.

- **Bordeaux Supérieur 2016** | Sec | 2019>25 | NC — 15
- **Bordeaux Supérieur À nos amours 2016** | Sec | 2019>29 | NC — 16

33350 Pujols • Tél. 05 57 40 52 09

CHÂTEAU LAMOTHE-VINCENT

Les 90 hectares du domaine s'étirent sur les vignobles des côtes de Bordeaux (Castelviel) et du Haut-Benauge (Montignac, siège de la propriété). Deux terroirs complémentaires dont Christophe et Fabien Vincent savent obtenir le meilleur. Pouvait-on en attendre moins d'une famille qui porte le nom du saint-patron des vignerons ? Quels que soient les vins de la gamme, le dénominateur commun est la richesse en fruit et en tannins, ceux-ci n'étant jamais rudes. Des vins puissants, flatteurs et de bonne garde. Blancs et rosés sont très expressifs, charnus, friands et rafraîchissants. On n'est jamais déçu par les vins de ce domaine.

- **Bordeaux 2017** | Sec | 2019>23 | 6 € — 13,5
- **Bordeaux Supérieur cuvée Héritage 2017** | Sec | 2019>24 | 9 € — 15,5
- **Bordeaux sauvignon blanc Intense 2018** | Sec | 2019>22 | 7,20 € — 14
- **Bordeaux Tradition 2018** | Sec | 2019>22 | 5,80 € — 14

Chemin Laurenceau, 33760 Montignac • Tél. 05 56 23 97 72 • info@lamothe-vincent.com • www.lamothe-vincent.com • Visite : du lundi au vendredi de 9h à 12h et de 14h à 16h.

CHÂTEAU LANDEREAU

La famille Baylet est propriétaire des vignes de Landereau depuis 1959, année de son départ d'Algérie, en 1980 y fut ajouté le château de l'Hoste Blanc. Le relief de Landereau est très vallonné et certains coteaux ont dû être aménagés en banquettes, ce qui est plutôt rare dans le Bordelais. Les quatre appellations, Bordeaux Supérieur, Entre-Deux-Mers, Bordeaux Rosé et Bordeaux Clairet représentent en moyenne 400 000 bouteilles d'une qualité qui ne cesse de nous étonner. C'est l'archétype du bon bordeaux d'excellent rapport qualité-prix comme on aimerait en voir plus souvent.

- **Bordeaux clairet 2018** | Sec | 2019>20 | 6,30 € — 15
- **Bordeaux Supérieur cuvée Prestige 2017** | Sec | 2019>24 | 13,20 € — 15
- **Entre-Deux-Mers 2018** | Sec | 2019>21 | 7 € — 14
- **Entre-Deux-Mers Château de l'Hoste Blanc Vieilles vignes 2017** | Sec | 2019>21 | 9,70 € — 14

RD 671 - B.P. 43, 33670 Sadirac • Tél. 05 56 30 64 28 • vignoblesbaylet@free.fr • www.vignoblesbaylet.fr • Visite : Du lundi au vendredi de 8h30 à 12h et de 13h30 à 17h30. Le samedi de 10h à 12h et de 14h à 17h.

CHÂTEAU LATOUR CAMBLANES

Depuis son rachat en 1982, le vignoble a triplé sa superficie et compte aujourd'hui 32 hectares où prospèrent 75 % de merlot et 25 % de cabernet-sauvignon. Il se compose de jolis coteaux argilo-calcaires superbement orientés, avec un drainage naturel du meilleur effet. Vin distingué, avec du charme et de la profondeur.

- **Cadillac Côtes de Bordeaux 2016** | Sec | 2019>25 | NC — 14

360 Camblanes-et-Meynac • Tél. 05 56 95 54 00 • contact@chateaux-castel.
m • www.chateau-castel.com

CHÂTEAU LAUDUC

ette belle propriété familiale d'une centaine d'hec-
ares, située sur les coteaux les plus élevés de la
ommune de Tresses, est menée de main de maître
ar Régis et Hervé Grandeau. C'est une valeur plus que
ûre de l'appellation, et ce dans les trois couleurs. Les
ns sont très expressifs, axés sur le fruit et dotés d'une
elle fraîcheur. On n'est jamais déçus.

Bordeaux clairet Classic 2018 | Sec | 2019>21 | 6,50 € — 15
Bordeaux rosé cuvée Classic 2018 | Sec | 2019>20 | 6,50 € — 14
Bordeaux Supérieur Tradition 2017 | Sec | 2019>24 | 7,50 € — 14
Bordeaux Classic 2018 | Sec | 2019>23 | 6,50 € — 14
Bordeaux cuvée Classic 2017 | Sec | 2019>23 | 6,50 € — 14

avenue de Lauduc, 33370 Tresses • Tél. 05 57 34 43 56 • contact@lauduc.fr •
ww.lauduc.fr • Visite : Du mardi au samedi, de 10h à 12h30 et de 14h à 18h30.

CHÂTEAU LE GRAND VERDUS

ette propriété appartenant à la famille Le Grix de la
alle depuis plus de 200 ans est située aux portes de
ordeaux. La confrontation des générations, Antoine,
ui avait rejoint son père en 1975 après un petit tour
hez Mondavi, et maintenant ses enfants Thomas et
douard, permet de constamment tirer la qualité des
ins vers le haut. L'expérience des uns est dynamisée
ar la fougue des autres, le tout avec une implication
otale. Résultat : des vins superbes et ce dans les trois
ouleurs. Ce sont des vins pas tape-à-l'œil, jouant sur
e fruit, la fraîcheur et la texture raffinée, plus élégants
ue puissants. L'autre propriété, le château La Lou-
ière, rentre dans le même moule.

Bordeaux 2018 | Sec | 2019>22 | 6,90 € — 14
Bordeaux rosé 2018 | Sec | 2019>20 | 6,90 € — 15
Bordeaux Supérieur Génération 2017 | Sec | 2019>24 | 12 € — 14
Bordeaux Supérieur Grande Réserve 2017 | Sec | 2019>25 | 22 € — 14

3670 Sadirac • Tél. 05 56 30 50 90 • chateau@legrandverdus.com •
ww.chateaulegrandverdus.com • Visite : Du lundi au vendredi de 9h à 12h30 et de
4h à 17h.

CHÂTEAU LE PIN BEAUSOLEIL

Ce vignoble de poupée (5,8 hectares) a été acquis en 2004 par un couple de passionnés, Ingrid et Michael Hallek, éminent professeur spécialisé en cancérologie et formé à Bordeaux durant ses études de médecine. Les vins, d'une remarquable régularité, conseillés par Stéphane Derenoncourt, sont généralement puissants, raffinés, pleins de personnalité et de bonne garde. Une adresse de toute confiance pratiquant des prix défiant toute concurrence : à découvrir sans attendre !

Bordeaux Supérieur 2018 | Sec | > | 16,50 € — 14,5
Bordeaux Supérieur Le Petit Soleil 2016 | Sec | 2019>23 | 8 € — 15

Le Pin, 33420 Saint-Vincent-de-Pertignas • Tél. 05 57 84 02 56 • lepin.beausoleil@wanadoo.fr • www.lepinbeausoleil.com • Visite : Sur rendez-vous du lundi au vendredi de 9h à 17h au 06 13 14 05 62.

CHÂTEAU LE REY

Propriété de 12 hectares en appellation Castillon Côtes de Bordeaux, le château Le Rey a été vendu, début 2016 par la famille Le Roy à un trio d'investisseurs. Ces trois partenaires sont Peter Kwok, citoyen de Hong Kong possédant six propriétés sur la rive droite (les vignobles K.), Jean-Christophe Meyrou, Bordelais dirigeant depuis deux ans les Vignobles K, et Philippe Lambrecht, Belge possédant l'importateur Wijnhandel De Brabandere (Wielsbeke, Flandre) et la Bodega Mas Alta (Priorat, Catalogne). Les vins allient densité et souplesse.

Castillon Côtes de Bordeaux Les Argileuses 2016 | Sec | 2019>23 | 15 € — 13,5
Castillon Côtes de Bordeaux Les Rocheuses 2016 | Sec | 2020>30 | 24 € — 14,5

33350 Sainte-Colombe • Tél. 05 57 24 77 15 • contact@vignoblesk.com • www.vignoblesk.com • Visite : tous les jours sur rendez-vous.

MAISON LE STAR

Guillaume Brochard, industriel du luxe, a acquis en 2016 deux importantes maisons de négoce bordelaises et une demi-douzaine de châteaux dans les appellations Bordeaux et Bordeaux supérieur. Il a choisi de ne proposer que des vins de milieu de gamme au très bon rapport qualité-prix. L'un de ses châteaux phare est le château Guillaume Blanc, du nom du consul de Sainte-Foy-la-Grande en 1562, comptant 65 hectares en production, en Bordeaux blancs et rouges. Le château Picon est l'un des autres châteaux. Une maison à suivre de très près !

- **Bordeaux Supérieur Château Gandoy Perrinat 1281 2017** | Sec | 2019>24 | env. 7,50 € **14,5**
- **Bordeaux Supérieur Château Guillaume Blanc La Réserve 2017** | Sec | 2019>24 | env. 10,50 € **14**
- **Bordeaux Supérieur Château Picon 1070 2017** | Sec | 2019>24 | env. 8 € **14**
- **Bordeaux Château Gandoy Perrinat 1281 2018** | Sec | 2019>21 | env. 7 € **14**
- **Bordeaux Château Grandefont 1255 2017** | Sec | 2019>24 | env. 6,50 € **14**

ZAE de l'Arbalestrier, 33220 Pineuilh • Tél. 05 57 41 91 50 • ecastano@maisonlestar.fr • www.maisonlestar-lacave.com • Visite : du mardi au samedi de 9h à 12h et de 14h à 18h30.

CHÂTEAU LES JONQUEYRES

★★☆☆☆ ♣

En 1977, Pascal Montaut a repris le vignoble familial situé à Saint-Paul, au nord-est de Blaye. Le sol très argileux convient parfaitement à un encépagement largement dominé par le merlot. Depuis plus de trente ans, c'est l'une des propriétés de référence de l'appellation, avec un travail très respectueux de l'environnement (pas de désherbants chimiques, pas d'insecticides) et une utilisation systématique des levures indigènes pour les vinifications. La qualité des vins est d'une régularité exemplaire : arômes très purs, beaucoup de saveurs et de jus, de la fraîcheur et surtout une très grande élégance. La cuvée phare de la propriété, à-l'enfer, est géniale, mais nous ne l'avons pas dégustée cette année, dommage !

- **Blaye Côtes de Bordeaux 2016** | Sec | 2019>28 | 18,50 € **15,5**
- **Blaye Côtes de Bordeaux If des Jonqueyres 2015** | Sec | 2019>23 | 9 € **13,5**

7 Courgeau, 33390 Saint-Paul • Tél. 05 57 42 34 88 • pascal@chateaulesjonqueyres.com • www.chateaulesjonqueyres.com • Visite : Sur rendez-vous.

CLOS LUNELLES

★★☆☆☆

Acquis en 2001 par Gérard Perse, l'homme de Pavie, ce castillon bénéficie des gros efforts effectués dans la vigne, ils sont maintenant récompensés. Type de vin mûr, épicé, extrait, très soigné. Il lui faudra un peu de temps en cave pour se fondre.

- **Castillon Côtes de Bordeaux 2016** | Sec | 2019>26 | NC **16**

33330 Saint-Émilion • Tél. 05 57 55 43 43 • contact@vignoblesperse.com • www.vignoblesperse.com

MICHEL LYNCH

★☆☆☆☆

C'est pour rendre hommage au chevalier Lynch, qui consacra sa vie à l'amélioration de la qualité des vins de sa propriété de Lynch-Bages, que l'actuel propriétaire, la famille Cazes, a donné son nom à sa gamme de vins de marque, dont l'ambition est de refléter la diversité et la richesse des terroirs bordelais.

- **Bordeaux 2018** | Sec | 2019>22 | 7,50 - 10 € **14,5**
- **Bordeaux 2017** | Sec | 2019>23 | 7,50 - 10 € **14**

Route Bordeaux-Pauillac, 33460 Macau • Tél. 05 57 88 60 04 • contact@jmcazes.com • www.jmcazes.com

CHÂTEAU MAGDELEINE BOUHOU

★★☆☆☆

Muriel Revaire, qui dirige cette propriété de 20 hectares sur la commune de Cars, a demandé à Stéphane Derenoncourt de l'aider à décliner un magdeleine-bouhou au féminin. La spécialité historique du domaine est le cépage malbec, souvent rustique sur de nombreux terroirs du Bordelais, à qui la vigneronne parvient à donner toutes ses lettres de noblesse.

- **Blaye Côtes de Bordeaux Grand vin 2016** | Sec | 2019>25 | 13,50 € **14**
- **Blaye Côtes de Bordeaux La Boha 2016** | Sec | 2019>22 | 8,50 € **13,5**

4, Bouhou, 33390 Cars • Tél. 05 57 42 19 13 • info@magdeleine-bouhou.com • www.magdeleine-bouhou.com • Visite : du lundi au vendredi de 9h à 17h, le week-end sur rendez-vous.

CHÂTEAU MALROMÉ

★☆☆☆☆

alromé a été la demeure familiale de Toulouse-autrec, qui s'est éteint au château en 1901. C'est un eau domaine exploité depuis au moins cinq siècles, 2 hectares dont 40 plantés en vigne sur des coteaux rgilo-graveleux. La propriété produit, à partir de aisins sélectionnés sur les meilleures parcelles, ne grande cuvée comtesse-adèle, du nom de la ère du peintre qui administra le domaine jusqu'en 930.

Bordeaux Esprit de Malromé 2018 | Sec | 2019>23 | 10 € — 14

490 Saint-André-du-Bois • Tél. 05 56 76 25 42 • contact@malrome.com • ww.malrome.com • Visite : De juin à septembre, du mercredi au dimanche de 11h 2h30 et de 13h30 à 18h. Avril, mai et octobre, du vendredi au dimanche de 11h à h30 et de 13h30 à 17h. Novembre et décembre, le week-end de 13h30 à 17h.

CRU DE LA MAQUELINE

★☆☆☆☆

ru installé sur les palus de Macau, la Maqueline roduit un vin original, juteux et séduisant, avec un fruit xpressif et délicat.

Bordeaux 2017 | Sec | 2019>23 | NC — 14

astel - 24, rue Georges Guynemer, 33290 Blanquefort • Tél. 05 56 95 54 00 • ontact@chateaux-castel.com • www.chateaux-castel.com

CHÂTEAU DE MARSAN

★☆☆☆☆

Le château de Marsan est la propriété phare de la famille Gonfrier, achetée en 1962, ce fut la première d'une ongue série. Quinze hectares à dominante merlot roduisent des vins puissants et généreux, d'une régularité sans faille que nous saluons !

Bordeaux 2018 | Sec | 2019>23 | 5,40 € — 13,5
Bordeaux clairet 2018 | Sec | 2019>20 | 5,40 € — 13
Bordeaux rosé 2018 | Sec | 2019>20 | 5,30 € — 14
Bordeaux Supérieur 2017 | Sec | 2019>25 | 5,50 € — 15

3550 Lestiac-sur-Garonne • Tél. 05 56 72 14 38 • contact@vignobles-gonfrier.fr • www.vignobles-gonfrier.fr • Visite : du mardi au samedi de 9h30 à 12h30 et de 14h à 18h, sur rendez-vous le lundi.

CHÂTEAU MARSAU

★★☆☆☆

Jean-Marie Chadronnier fut longtemps à la tête de la maison Dourthe-Kressmann avant de s'offrir château Marsau, qui est devenu l'un des crus vedette des petites appellations de la rive droite bordelaise. Il doit ce succès à un style extrêmement séducteur, mis au point par son propriétaire. Les derniers millésimes sont de franches réussites et constituent de bons rapports qualité-prix.

Francs Côtes de Bordeaux 2016 | Sec | 2019>29 | 18 € — 15

Bernarderie, 33570 Francs • Tél. 06 62 84 28 36 • chateau.marsau@gmail.com • www.chateau-marsau.com • Visite : Sur rendez-vous.

CHÂTEAU MARTINAT

★☆☆☆☆

Passionné et perfectionniste, Stéphane Donze s'est imposé un dur travail pour atteindre une production très au-dessus du niveau habituel de la viticulture de la région. Après avoir acheté le domaine, lui et sa femme Lucie ont pendant quinze ans étudié et observé au plus près la configuration de leurs parcelles. Un travail de fond pour atteindre, toujours à la limite du risque, la parfaite maturité et une grande précision dans leurs vins. La cuvée épicuréa provient des argiles blanches et reflète les matières riches qui ont besoin de temps pour se fondre harmonieusement en bouteille. Une cuvée que l'on peut garder sans hésitation. Une toute nouvelle cuvée à base de malbec a vu le jour : une réussite !

Côtes de Bourg 2016 | Sec | 2019>26 | 11 € — 14
Côtes de Bourg Cuvée Malbec 2016 | Sec | 2019>23 | 14 € — 14,5
Côtes de Bourg Epicuréa 2016 | Sec | 2019>31 | 18 € — 15

Château Martinat, 33710 Lansac • Tél. 05 57 68 34 98 • s.donze@chateau-martinat.com • www.chateau-martinat.com • Visite : du lundi au vendredi, sur rendez-vous le week-end.

CHÂTEAU MARZIN

Ce cru sérieux de Blaye a intelligemment modernisé sa gamme en mettant en valeur le fruit et le charnu et en en privilégiant l'immédiate sapidité. Bon rosé de type clairet, excellent malbec de la cuvée l'âne.

- **Blaye Côtes de Bordeaux 2018** | Sec | 2019>20 | 8 € — 13
- **Blaye Côtes de Bordeaux l'Âne** | Sec | 2019>21 | 15 € — 14
- **Vin de France Little Donkey 2018** | Sec | 2019>20 | 5,60 € — 14

1, Aux Vignes, 33620 Cézac • Tél. 05 57 68 65 26 OU 06.10.44.11.24 • chateaumarzin@gmail.com • www.chateaumarzin.com • Visite : Sur rendez-vous.

CHÂTEAU MONCONSEIL-GAZIN

Cette très ancienne propriété, dont les bâtiments datent du XVIe siècle, fut acquise en 1894 par la famille actuellement propriétaire. Depuis, cinq générations ont travaillé pour développer le cru. Situées sur la commune de Plassac, les vignes en coteaux de ce château s'appuient sur un sous-sol argilo-calcaire typique de l'appellation. Le vin produit, équilibré et harmonieux, représente certainement l'une des illustrations les plus séduisantes du potentiel des côtes de Blaye. Le château Ricaud, appartenant aussi à la famille Baudet, ne dépare pas.

- **Blaye Côtes de Bordeaux 2016** | Sec | 2019>24 | 8,40 € — 14,5
- **Blaye Côtes de Bordeaux Château de Ricaud 2016** | Sec | 2019>22 | 7,90 € — 13
- **Blaye Château Ricaud Cuvée Quartet 2016** | Sec | 2019>30 | 13,80 € — 16,5
- **Blaye Grande Réserve 2016** | Sec | 2019>26 | 14,30 € — 15

15, route de Compostelle, 33390 Plassac • Tél. 05 57 42 16 63 • chateau@monconseilgazin.com • www.monconseilgazin.com • Visite : de préférence sur rendez-vous.

DOMAINE MONDÉSIR-GAZIN

C'est en 1990 que Marc Pasquet, photographe, et son épouse Laurence s'installent à Plassac. Avec beaucoup de volonté et d'exigence, ils ont parfaitement su exploiter le potentiel de ce vignoble, situé sur des coteaux argilo-calcaires. Toutes les cultures sont réalisées sans désherbants chimiques ni insecticides ou traitements anti-pourriture, et trois hectares sont plantés à forte densité (7 400 pieds, une rareté sur cette rive). Marc Pasquet réalise aussi, sur moins de deux hectares, un savoureux côtes-de-bourg. Vins charmeurs sur l'expression du fruit noir, avec un beau velouté de tannin. Ils ne cessent de progresser. La cuvée bardon, en blaye, est magnifique !

- **Blaye Côtes de Bordeaux 2016** | Sec | 2019>24 | 10 € — 13,5
- **Blaye Mondesir-Gazin 2016** | Sec | 2019>26 | 15 € — 14,5
- **Blaye Côtes de Bordeaux Bardon 2016** | Sec | 2019>24 | 19 € — 15

77, route de l'Estuaire, 33390 Plassac • Tél. 05 57 42 29 80 ou 06 23 74 79 69 • mondesirgazin@gmail.com • www.mondesir-gazin.com • Visite : Sur rendez-vous.

CHÂTEAU DU MONT

Depuis plusieurs années de dégustation, les vins d'Hervé Chouvac se trouvent dans le peloton des liquoreux non classés. Le vigneron talentueux fait la démonstration qu'allier le respect du terroir et le raisin bien mûr à une œnologie moderne parfaitement maîtrisée n'est pas une entreprise impossible. D'excellents sainte-croix-du-mont et sauternes à des prix imbattables, ainsi que des blancs secs, très droits et purs, à base de sauvignon. Le graves rouge ne dépare pas dans la gamme et offre toujours un bon potentiel de garde.

- **Graves cuvée Gabriel 2015** | Sec | 2019>26 | 14 € — 15

Lieu-dit Pascaud, 33410 Sainte-Croix-du-Mont • Tél. 06 89 96 54 73 • chateau-du-mont@wanadoo.fr • www.chateau-du-mont.com • Visite : Du lundi au vendredi de 8h à 12h et de 14h à 18h sur rendez-vous de préférence et le samedi de 14h à 18h.

CHÂTEAU DE MONTEBERIOT

Marie-Hélène Léonard et Gilles Marsaudon, un ancien décorateur, se sont implantés sur les terres bourquaises en 2002. Pendant plusieurs millésimes, ces nouveaux vignerons ont cherché leur style dans l'extraction, dorénavant le chemin semble tracé vers une vinification appuyée sur le fruit et le raffinement. Tous leurs efforts et leur argent sont consacrés à l'amélioration de la vigne et des installations techniques. Les vestissements sont lourds mais le résultat est là. La uvée la-part-des-fées mais également villa-jeanne, ntrée de gamme mais tout de même élevée en bar-que, sont au top du charme, du raffinement et de équilibre. Une propriété à suivre de près.

Côtes de Bourg La Part des Fées 2016 | Sec | 2019>25 | 15 € 15

Maine, 33710 Mombrier • Tél. 06 07 50 98 18 • contact@monteberiot.com • vw.monteberiot.com • Visite : De 10h à 12h et de 14h30 à 18h, sur rendez-vous de éférence.

CHÂTEAU MONTFOLLET

es 67 hectares de vignes de cette propriété familiale urplombent l'estuaire de la Gironde, juste en face des lus prestigieux crus de Margaux. Soucieux de révéler potentiel de ces magnifiques terroirs tout en respec-ant l'environnement, Dominique Raimond met en euvre tous les moyens de culture et de vinification pour arvenir à la production d'un grand vin du Blayais. Les lancs sont généralement très aromatiques, avec une elle tension et un juste équilibre sur la fraîcheur. Le ôtes-de-bourg cuvée altus est toujours au top, tout omme le grand vin en blaye-côtes-de-bordeaux. Une ropriété phare dans les deux appellations. Montfollet ait partie de l'association Châteaux Solidaires qui egroupe dix vignerons du Blayais, qui conservent leur dentité propre tout en partageant dans un esprit coo-ératif chais et outils de travail. Le château Haut-Prieur, ait partie de cette association, il est superbe dans le nillésime 2016.

Blaye Côtes de Bordeaux Château Haut Prieur 2016 | Sec | 2019>26 | 8 € 16
Blaye Côtes de Bordeaux Cuvée Pégase 2016 | Sec | 2019>25 | 20 € 15
Blaye Côtes de Bordeaux Le Valentin 2016 | Sec | 2019>25 | 10 € 15
Côtes de Bourg Altus 2016 | Sec | 2020>30 | 9,50 € 15,5

hâteaux Solidaires, 33390 Cars • Tél. 05 57 42 13 15 • d.raimond@chateaux-solidaires.com • www.chateaux-solidaires.com • Visite : Du lundi au vendredi de 9h à 12h et de 14h à 18h.

CHÂTEAU MONTLANDRIE

Denis Durantou, l'homme de l'Église Clinet sur Pome-rol, a acheté ce domaine de 12 hectares sur argilo-calcaire en 2009. Arrachant pour replanter entre 18 et 20 % du vignoble qui domine la Dordogne, ce vigneron visionnaire se signale dès les premiers millésimes en produisant un vin charnu et équilibré, qui sort à moins de 30 euros. Un excellent rapport qualité-prix !

Castillon Côtes de Bordeaux 2018 | Sec | > | NC 16,5
Castillon Côtes de Bordeaux 2016 | Sec | 2020>30 | NC 16,5

10, rue Catusseau, 33500 Pomerol • Tél. 05 57 25 96 59 • denis@durantou.com • www.denis-durantou.com

MOUTON CADET

Astucieusement créé en 1930 par le Baron Philippe de Rothschild, mouton-cadet a vu au fil des ans sa renom-mée augmenter, pour devenir une référence de l'appel-lation Bordeaux au niveau mondial. Elargie à plusieurs appellations du Bordelais, la gamme fait aujourd'hui l'objet d'une refonte significative de son processus d'élaboration en s'appuyant notamment sur des appro-visionnements issus de parcelles sélectionnées chez des vignerons partenaires.

Médoc Réserve 2016 | Sec | 2019>27 | env. 17,50 € 15

33250 Pauillac • Tél. 05 56 73 20 20 • www.moutoncadet.com

CHÂTEAU NODOZ

Voici une très belle propriété appartenant à la famille Magdeleine depuis 1930, comptant une vingtaine d'hec-tares admirablement situés sur un coteau graveleux bien exposé, à cheval sur les communes de Lansac et de Tauriac. Depuis quelques années s'est ajoutée la dizaine d'hectares du château Galau. 60 % de merlot, 40 % de cabernet-sauvignon de vieilles vignes, une vini-fication soignée et un élevage en barrique composent des vins savoureux, charmeurs et pour autant d'un grand classicisme. Une adresse incontournable de l'appellation.

Côtes de Bourg 2016 | Sec | 2019>27 | 10,50 € 16,5

18, chemin de Nodoz, 33710 Tauriac • Tél. 05 57 68 41 03 • chateau.nodoz@wanadoo.fr • www.chateau-nodoz.com • Visite : Du lundi au vendredi de 9h à 12h et de 14h à 18h.

CHÂTEAU PABUS

Propriétaire depuis 2012, grand amateur et collectionneur de vins d'exception, Robert S. Dow est un Américain qui se passionne pour ce coin de Gironde où il produit des vins de belle étoffe sur 6,47 hectares de sols limoneux, sablonneux et argileux, à partir de merlot et de malbec. Les derniers millésimes offrent une bouche voluptueuse, s'adossant à une riche trame tannique,

- **Bordeaux Supérieur 2018** | Sec | > | NC — 14,5
- **Bordeaux Supérieur 2016** | Sec | 2019>25 | NC — 15,5

Route de Menusey, 33670 Sadirac • Tél. 03 24 95 18 38 86 • kriscouvent@chateaupabus.com • www.chateaupabus.com • Visite : ouvert tous les jours.

CHÂTEAU DE PARENCHÈRE

Acheté en 1958 par Raphaël Gazaniol, originaire du Maroc, le domaine compte actuellement 180 hectares, dont 70 sont plantés en vignes sur les parcelles les mieux exposées. Ainsi, 32 parcelles différentes sont vinifiées séparément et sont retenues soit pour le vin de base, déjà de haute qualité, soit pour la fameuse cuvée raphaël, démonstration éclatante qu'une simple appellation Bordeaux peut donner des vins magnifiques ou encore la cuvée esprit, produite uniquement lorsque le millésime s'y prête, à base principalement de cabernet élevé 14 mois en barrique neuve. La production est complétée par du bordeaux blanc et du bordeaux clairet. Voici des vins de caractère, équilibrés et charmeurs, composant une gamme cohérente et d'une régularité à toute épreuve.

- **Bordeaux clairet 2018** | Sec | 2019>20 | 6,60 € — 15
- **Bordeaux Supérieur 2017** | Sec | 2019>24 | 7,20 € — 14,5
- **Bordeaux Supérieur cuvée Raphaël 2017** | Sec | 2019>24 | 11,20 € — 15

B.P. 57, 33220 Ligueux • Tél. 05 57 46 04 17 • info@parenchere.com • www.parenchere.com • Visite : Du lundi au jeudi, de 8h à 12h et de 14h à 18h. Le vendredi fermeture à 16h.

CHÂTEAU PENIN

Patrick Carteyron est l'un des leaders de la gigantesque appellation Bordeaux. Il a fait de son château Penin une référence dans différentes appellations, couleurs et cuvées. L'exploitation familiale est passée de 13 hectares, en 1854, à 40 hectares aujourd'hui. La production des rouges, et tout particulièrement des belles cuvées les-cailloux et grande-sélection, s'effectue sur un terroir caillouteux du Quaternaire, le plus noble de l'exploitation. Les terroirs sableux et argileux, plus communs, sont réservés à l'élaboration des délicieux rosés et clairets. Années après années, le clairet reste « la » référence de cette appellation. On trouve ici une large gamme de vins à tous les prix, tous axés sur le fruit, la qualité des tannins et la fraîcheur, avec un blanc et un rosé charmeurs et généreux, et le fameux clairet, on l'a dit, au fruit toujours éclatant, qui fait la réputation du domaine. En rouge, les vins sont richement fruités et flatteurs, et notamment une cuvée grande-sélection toujours énergique.

- **Bordeaux clairet 2018** | Sec | 2019>20 | 7 € — 13
- **Bordeaux rosé 2018** | Sec | 2019>20 | 6,80 € — 14,5
- **Bordeaux Supérieur Les Cailloux 2017** | Sec | 2019>24 | 14 € — 15
- **Bordeaux cabernet franc 2017** | Sec | 2019>23 | 8 € — 14
- **Bordeaux Natur 2017** | Sec | 2019>23 | 8,50 € — 13

39, impasse Couponne, 33420 Génissac • Tél. 05 57 24 46 98 • vignoblescarteyron@orange.fr • www.chateaupenin.com • Visite : Du lundi au vendredi de 9h à 12h et de 14h à 18h et le samedi sur rendez-vous. Fermé les dimanches et jours fériés.

CHÂTEAU PETIT BOYER

Disposant d'un terroir mêlant le calcaire pur, les croupes de calcaire et de terre (appelées gruppes dans la région) et les lentilles d'argile, le château Petit Boyer possède une situation très caractéristique du Blayais. L'ensemble de la gamme est réussi, avec des rouges concentrés fortement marqués par l'élevage mais sachant garder fraîcheur et énergie, et des blancs harmonieux et immédiatement savoureux.

- **Blaye Côtes de Bordeaux Cuvée Paloma Les Confidentiels 2016** | Sec | 2020>27 | 20 € — 14,5
- **Blaye Côtes de Bordeaux Mary du Château Petit Boyer - Gamme les Confidentiels 2017** | Sec | 2019>24 | 15 € — 15,5

Blaye Côtes de Bordeaux Vieilles Vignes 2016 | Sec | 2019>24 | 12,50 € — 14,5

Les Bonnets, 33390 Cars • Tél. 05 57 42 19 40 • petitboyer@bbox.fr • www.petit-boyer.com • Visite : du lundi au vendredi de 9h30 à 12h et de 14h à 17h30, samedi sur rendez-vous

CHÂTEAU PIERRAIL

★☆☆☆☆

Ce grand domaine est chargé d'histoire. Situé sur les coteaux de la vallée de la Fonchotte, le château abrita en 1832 la duchesse de Berry, veuve du duc de Berry, héritier du trône. La famille Demonchaux reprit le domaine en 1971 et, grâce à un travail acharné, lui rendit tout son éclat. Depuis quelques millésimes, les vins rouges, blancs et rosés du château Pierrail ne cessent de progresser. Les rouges sont souvent exubérants et flatteurs, leur potentiel de garde est indéniable, les blancs classiques mais non dénués de personnalité.

Bordeaux Prestige 2017 | Sec | 2019>22 | épuisé — 14

Le Pierrail, 33220 Margueron • Tél. 05 57 41 21 75 • alice.pierrail@orange.fr • www.chateau-pierrail.fr • Visite : sur rendez-vous uniquement.

CHÂTEAU PRÉ LA LANDE

★☆☆☆☆

Le château Pré la Lande est exposé sur les versants d'un coteau situé à 120 mètres d'altitude. Les pentes naturelles assurent un bon drainage, et la proximité de la Dordogne une certaine douceur climatique. C'est ici, sur 14 hectares, après avoir passé de nombreuses années en tant que négociant que Michel Baucé décide de réaliser et de commercialiser son propre vin dès 2004, avec son associé Jean-Luc Butez. Le mode de culture se veut biodynamique et les vins sont garantis végans. Les crus produits se révèlent expressifs, francs et d'une parfaite fraîcheur.

Côtes de Bordeaux Diane 2016 | Sec | 2019>25 | 14,90 € — 15
Côtes de Bordeaux Les Fontenelles 2017 | Sec | 2019>21 | 12,90 € — 13,5
Côtes de Bordeaux Terra Cotta 2016 | Sec | 2019>21 | 13,90 € — 14,5

2, La Rayre, 33220 Pineuilh • Tél. 06 74 24 93 79 • michel@prelalande.com • www.prelalande.com • Visite : du lundi au vendredi de 8h à 12h et de 14h à 18h.

CLOS PUY ARNAUD

★★★☆☆ ♣

Thierry Valette a toujours eu le goût du vin ; son arrière-grand-père était propriétaire des châteaux Pavie et Troplong-Mondot, deux des plus prestigieux crus classés de Saint-Émilion. En 2000, il a repris cette propriété de 13 hectares à Belvès-de-Castillon (20 kilomètres à l'est de Libourne), choisissant l'exigence de la biodynamie. La gamme s'affirme par sa régularité et sa cohérence : la cuvée pervenche, de moyenne garde, se boit dans les 5 ans sur la jovialité de son fruit. Les-ormeaux libèrent un jus tout en délicatesse, doublé d'un fruité exemplaire dans son équilibre gourmand. Velouté dans sa texture, majoritairement merlot, le grand vin se montre très raffiné dans son allonge tannique, avec un fruité bien exprimé et une finale stylée de grande fraicheur.

Côtes de Castillon 2018 | Sec | > | NC — 15
Castillon Côtes de Bordeaux Grand Vin 2016 | Sec | 2019>29 | NC — 15,5

7, Puy Arnaud, 33350 Belvès-de-Castillon • Tél. 05 57 47 90 33 • contact.cpa@orange.fr • www.clospuyarnaud.com • Visite : Sur rendez-vous.

CHÂTEAU PUYBARBE

★☆☆☆☆

Situé sur la commune de Mombrier, en plein cœur de l'appellation surnommée « la petite Suisse girondine », Puybarbe est un point culminant au panorama unique, bénéficiant d'un parfait drainage naturel. La vigne a plus de 30 ans, avec deux tiers de merlot et un tiers de cabernet-sauvignon. Depuis 2017, cette propriété de 35 hectares appartenant à la famille Orlandi est certifiée Haute Valeur Environnementale. Les vins sont puissants, charnus, profondément fruités, avec des tannins serrés plus ou moins aimables selon le millésime, et toujours de la vivacité en finale. Ils sont construits pour bien vieillir. La cuvée gaïa, qui ne voit pas le bois, est délicieuse, gourmande et d'une grande accessibilité.

Côtes de Bourg 2016 | Sec | 2019>26 | 15 € — 15
Côtes de Bourg Astral 2016 | Sec | 2019>25 | 9 € — 14,5
Côtes de Bourg Cuvée Gaïa 2016 | Sec | 2019>23 | 7,50 € — 14,5

6 Puybarbe, 33710 Mombrier • Tél. 09 67 64 52 49 • contact@chateaupuybarbe.com • www.chateaupuybarbe.com • Visite : du lundi au vendredi de préférence sur rendez-vous.

CHÂTEAU PUYGUÉRAUD

Sous la houlette du talentueux Nicolas Thienpont (Beauséjour-Duffau, Pavie-Macquin et Larcis-Ducasse), Puyguéraud est devenu l'un des crus emblématiques des Côtes de Francs, avec des blancs de caractère loin des stéréotypes bordelais, où l'on joue sur l'aromatique et l'onctuosité. Les rouges possèdent aussi une fraîcheur digne d'éloges, grâce à la part inhabituelle de cabernet franc et de malbec qui assurent une réelle complexité au cru et une évolution dans le temps parfaite. Pour une quinzaine d'euros, voici un excellent rapport qualité-prix.

- **Francs Côtes de Bordeaux 2018** | Sec | > | NC — **15,5**
- **Francs Côtes de Bordeaux 2018** | Sec | > | NC — **15**
- **Francs Côtes de Bordeaux 2016** | Sec | 2021>31 | NC — **15**
- **Francs Côtes de Bordeaux Château La Prade 2016** | Sec | 2020>26 | Epuisé € — **14**
- **Francs Côtes de Bordeaux Les Charmes Godard 2016** | Sec | 2019>25 | 13,50 € — **15**
- **Francs Côtes de Bordeaux Puygueraud 2016** | Sec | 2019>26 | 12 € — **15,5**

Château Puygueraud, Lieu Dit Puygueyraud, 33570 Saint-Cibard • Tél. 05 57 56 07 47 • secretariat@puygueraud.com • www.puygueraud.com • Visite : Sur rendez-vous du lundi au vendredi de 9h à 12h et de 14h à 17h. Fermé le week-end.

CHÂTEAU RÉAUT

La propriété qui appartenait au groupe Roederer a été rachetée sous la houlette de Yannick Evenou, l'ex-vice-président des vignobles Fayat, par un groupe de plus 450 actionnaires. Un côtes-de-bordeaux charnu et équilibré aux tannins veloutés et tendres. Classique. Un nouveau chai destiné à mieux vinifier le parcellaire est maintenant en fonction depuis les vendanges 2018, il devrait permettre d'affiner encore le style.

- **Cadillac Côtes de Bordeaux 2016** | Sec | 2019>26 | 12,90 € — **14,5**
- **Côtes de Bordeaux 2018** | Sec | > | 10,98 € — **14**

1, Fontuch, 33410 Rions • Tél. 05 56 62 66 54 • contact@chateau-reaut.com • www.chateau-reaut.com • Visite : 8h30 à 17h30 du lundi au vendredi. Sur rendez vous de préférence.

CHÂTEAU REYNON

Le château Reynon, sur le coteau de Beguey, à côté du village de Cadillac, appartient à la famille de Denis Dubourdieu (le pape de l'œnologie, un des hommes les plus respectés de tout Bordeaux, décédé en 2016). Grâce aux efforts culturaux et techniques, château Reynon est aujourd'hui l'un des crus les plus renommés des Côtes de Bordeaux, avec des rouges et des blancs dans un style racé et élancé, qui séduisent par leur droiture et leur fraîcheur. On suivra le blanc et le rouge dès leur commercialisation ; en règle générale, c'est toujours bon, à des prix abordables.

- **Cadillac 2016** | Sec | 2019>24 | 9,50 € — **14,5**
- **Cadillac Côtes de Bordeaux 2016** | Sec | 2019>31 | 13 € — **15**

21, route de Cardan, 33410 Beguey • Tél. 05 56 62 96 51 • contact@denisdubourdieu.fr • www.denisdubourdieu.fr • Visite : du lundi au vendredi de 8h30 à 12h30 et de 13h30 à 17h, le week-end sur rendez-vous.

CHÂTEAU ROC

La propriété vient d'être rachetée par la famille Florisoone qui possède également le château Godeau sur Saint-Émilion. Ce domaine, situé sur le plateau de Belvès-de-Castillon sur un très beau terroir argilo-calcaire, produit des vins certifiés bios, au fruité gourmand et juteux d'une réelle complexité.

- **Castillon Côtes de Bordeaux 2016** | Sec | 2019>27 | 16 € — **15**

5, Lieu-dit Les Landes, 33350 Sainte-Colombe • Tél. 05 57 40 07 31 • vignoblesprissette@orange.fr • www.vignoblesprissette.com • Visite : sur rendez-vous uniquement.

ROC DE CAMBES

Ce côtes-de-bourg signé par François Mitjavile est situé sur un tertre argilo-calcaire exposé plein sud. Le brillant propriétaire de Tertre-Rotebœuf (à Saint-Émilion) l'a développé avec la même exigence méticuleuse pour en faire un grand vin. Avec un terroir voisin mais bien différent, plus alluvionnaire, cambes n'est pas un econd vin mais une autre expression, plus souple et eloutée, du talent de François Mitjavile et de sa fille ina. Les deux vins possèdent leur propre personna-té dans les derniers millésimes, et celle-ci se révèle riginale et brillante, loin du bordeaux policé et conve-u !

- **Côtes de Bourg 2018** | Sec | > | NC — 17
- **Côtes de Bourg 2017** | Sec | 2022>34 | 53 € — 17
- **Côtes de Bourg 2016** | Sec | 2019>39 | 76 € — 17

3 Le Roc

33710 Bourg • Tél. 05 57 74 42 11 • contact@roc-de-cambes.com • ww.roc-de-cambes.com • Visite : Pas de vente à la propriétés mais visites sur ndez-vous.

CHÂTEAU ROQUEFORT

★☆☆☆☆

e château Roquefort est un beau domaine de plus de 00 hectares, acheté en 1976 par Jean Bellanger, an-ien industriel dans le textile. Aujourd'hui, c'est son fils rédéric qui est aux commandes. Les vins, très har-nonieux, ont la régularité d'un métronome. Ils sont harmeurs, expressifs, équilibrés, et ce dans les trois ouleurs, avec à la clef un rapport qualité-prix imbat-able.

- **Bordeaux 2018** | Sec | 2019>22 | 7 € — 14
- **Bordeaux 2017** | Sec | 2019>24 | 7,50 € — 13,5
- **Bordeaux rosé 2018** | Sec | 2019>20 | 7 € — 13,5
- **Bordeaux Roquefortissime 2018** | Sec | 2019>22 | 9,50 € — 14
- **Entre-Deux-Mers 2018** | Sec | 2019>21 | 8 € — 14,5

ieu-dit Roquefort, 33760 Lugasson • Tél. 05 56 23 97 48 • mscl@chateau-roquefort.com ou j@chateau-roquefort.com • www.chateau-roquefort.com • Visite : Du lundi au vendredi de h à 12h30 et de 14h à 17h30.

CHÂTEAU ROQUES MAURIAC

★★☆☆☆

Ce vaste vignoble fait partie des propriétés d'Hélène Levieux, fille du créateur des magasins Leclerc, ré-cemment disparue. Suivis aujourd'hui par son fils Vincent et son épouse Sylvie, les vins ont beaucoup gagné en rondeur et en qualité de fruit dans les derniers millésimes, et ce dans toutes les cuvées réalisées. La cuvée hélène est toujours agréable, classique, bien constituée et équilibrée, la cuvée damnation, un cran au-dessus, puissante, est faite pour la garde.

- **Bordeaux rosé Château Labatut Cuvée Prestige 2018** | Sec | 2019>20 | 5,30 € — 13,5
- **Bordeaux Supérieur Château Labatut Prestige 2017** | Sec | 2019>24 | 5,30 € — 13,5
- **Bordeaux Supérieur cuvée Hélène 2017** | Sec | 2019>24 | 6,50 € — 14,5

Lagnet, 33350 Doulezon • Tél. 05 57 40 51 84 • contact@les3chateaux.com • www.levieux-vignerons.com • Visite : Du lundi au vendredi de 9h à 12h et de 14h à 17h.

CHÂTEAU SAINTE-MARIE

★★☆☆☆

À quelques kilomètres de l'abbaye de la Sauve-Majeure, l'une des plus anciennes de France, le château Sainte-Marie appartient depuis les années 1950 à la famille Dupuch (c'est Stéphane qui est aux commandes depuis 1997), qui s'attache tout particulièrement à défendre et à mettre en valeur la typicité du terroir de l'Entre-Deux-Mers. La cuvée vieilles-vignes, issue de vignes dépassant les 100 ans, est une valeur sûre de la propriété et Sainte-Marie en est une de l'appellation ! Les vieilles vignes permettent d'obtenir des vins charmeurs, aux arômes complexes et aux tannins fondus. L'entre-deux-mers, très raffiné et plein de personnalité, est toujours doté d'une vivacité exquise pour ce genre de vin. Une propriété modèle et incontournable de cette appellation qui mérite d'être reconnue.

- **Bordeaux Supérieur Vieilles Vignes 2018** | Sec | > | 7,60 € — 14,5
- **Bordeaux Supérieur Vieilles Vignes 2016** | Sec | 2019>24 | 7,60 € — 15
- **Entre-Deux-Mers 2018** | Sec | 2019>21 | NC — 15
- **Entre-Deux-Mers Madlys 2017** | Sec | 2019>22 | 9,10 € — 15,5
- **Entre-Deux-Mers Vieilles Vignes 2018** | Sec | > | 7 € — 14,5

51, route de Bordeaux, 33760 Targon • Tél. 05 56 23 64 30 • contact@chateau-sainte-marie.com • www.chateau-sainte-marie.com • Visite : du lundi au vendredi de 9h à 12h et de 14h à 18h, le week-end sur rendez-vous.

CHÂTEAU DE SEGUIN

★☆☆☆☆

Le château de Seguin s'étend sur 173 hectares dont 95 de vignes. Il existait déjà en 780 lorsque le comte de

Seguin était l'administrateur de Charlemagne. Le terroir de Seguin est constitué d'une véritable mosaïque de sols : des coteaux argilo-calcaires, au sous-sol fortement pierreux, des terres argileuses, favorables au merlot, des sols sableux et limoneux qui conviennent bien au cabernet. Une petite partie de l'exploitation est consacrée aux blancs. Le nombre impressionnant de bâtiments abrite facilement les nombreuses cuves permettant de sélectionner les parcelles et les différents cépages avant l'assemblage. Les quatre chais peuvent contenir jusqu'à 1200 barriques. Les vins sont puissants, très fruités, flatteurs, bien élevés et privilégient toujours fraîcheur et équilibre. Leur régularité mérite d'être signalée.

- **Bordeaux Supérieur Prestige 2017** | Sec | 2019>24 | 9,90 € — 14,5

33360 Lignan-de-Bordeaux • Tél. 05 57 97 19 81 • contact@bewine-bordeaux.com • www.bewine-bordeaux.com

CHÂTEAU THIEULEY

★☆☆☆☆

Situé à la Sauve-Majeure, au cœur de l'Entre-Deux-Mers, ce domaine est depuis longtemps un grand classique du bon bordeaux à prix accessible, et ce dans les trois couleurs. La famille Courselle, qui veille sur le château et ses vinifications avec talent et expertise, a su créer l'archétype de la bonne adresse. Sylvie et Marie Courselle, les filles de Francis, ont hérité de la passion familiale. Toutes les deux ingénieures et œnologues, ont désormais repris en main les destinées de Thieuley. Rouge, blanc et clairet sont toujours bien construits, savoureux, gourmands et équilibrés. Il ne faut pas rater la cuvée francis-courselle, particulièrement élégante.

- **Bordeaux 2017** | Sec | 2019>24 | 8,30 € — 14
- **Bordeaux rosé 2018** | Sec | 2019>20 | 7,50 € — 14

560 route de grimard, 33670 La Sauve • Tél. 05 56 23 00 01 • contact@thieuley.com • www.thieuley.com • Visite : Du lundi au vendredi de 8h30 à 12h et de 13h30 à 17h30. Samedi sur rendez-vous.

CHÂTEAU DES TOURTES

★☆☆☆☆

L'affaire familiale créée en 1967 par Philippe et Lise Raguenot s'étend sur 67 hectares au nord-est de Blaye. Aujourd'hui, leurs deux filles Emmanuelle et Marie-Pierre, accompagnées de leur maris, proposent une gamme de vins équilibrés et d'une qualité très régulière. Ce sont des blayes d'un excellent niveau où l'élevage est toujours en retrait, dans un style frais, digeste et gourmand, avec un supplément d'étoffe pour l'excellente cuvée l'attribut, en appellation Blaye. La gamme de bordeaux, dans les trois couleurs, est elle aussi très qualitative.

- **Blaye Côtes de Bordeaux cuvée Prestige 2016** | Sec | 2019>26 | 11 € — 14,5
- **Blaye L'Attribut des Tourtes 2016** | Sec | 2019>25 | 13,50 € — 14,5

65, Rue Léonce Planteur, 33820 Saint-Caprais-de-Blaye • Tél. 05 57 32 65 15 • contact@vignoblesraguenot.fr • www.vignoblesraguenot.fr • Visite : Du lundi au samedi de 8h30 à 12h30 et de 13h30 à 17h30.

CHÂTEAU TURCAUD

★★☆☆☆

En 2009, Maurice Robert, à la tête du château Turcaud pendant plus de 30 ans, a passé le flambeau à sa fille Isabelle et à son gendre Stéphane Le May. La propriété, idéalement située au pied de l'abbaye de la Sauve-Majeure, au cœur de l'Entre-Deux-Mers, a vu son vignoble s'étendre progressivement de 7 hectares à 50 maintenant, moitié-moitié entre les vignes blanches et rouges. La passion et l'exigence qualitative qui animaient Maurice Robert ont été intégralement transmises aux jeunes générations. Le fil conducteur des vins de la propriété est l'élégance des arômes et de la texture, l'équilibre et l'harmonie sont ici de mise.

- **Bordeaux clairet 2018** | Sec | 2019>20 | 6 € — 15
- **Bordeaux rosé 2018** | Sec | 2019>20 | 6 € — 14,5
- **Bordeaux Supérieur cuvée Majeure 2017** | Sec | 2019>25 | 10 € — 15,5
- **Bordeaux cuvée Majeure 2017** | Sec | 2019>22 | 10 € — 14,5
- **Entre-Deux-Mers 2018** | Sec | 2019>21 | 7 € — 15,5

1033, route de Bonneau, 33670 La Sauve • Tél. 05 56 23 04 41 • chateau-turcaud@wanadoo.fr • www.chateauturcaud.com • Visite : De 9h à 12h30 et de 14h30 à 18h du lundi au vendredi. Le samedi de 10h à 12h30 et de 14h30 à 17h30.

VIGNERONS DE TUTIAC

a cave des Hauts de Gironde, au cœur de l'appellation laye, fut regroupée avec ses consœurs de la région ous l'entité Tutiac. Elle produit une large palette de ins bien représentatifs de l'appellation, en réelle rogression, de qualité fort agréable et constante, tant n rouge qu'en blanc, conjuguant prix doux et grande acilité d'approche. Bravo.

- **Blaye Côtes de Bordeaux Au Pin Origine 2016** | Sec | 2019>25 | 12,95 € **15**
- **Blaye Côtes de Bordeaux L'Excellence de Tutiac 2017** | Sec | 2019>22 | 7,40 € **15**
- **Blaye Côtes de Bordeaux L'Un dans l'Autre 2016** | Sec | 2019>25 | 24,90 € **15,5**

Carfouche, 33860 Marcillac • Tél. 05 57 32 48 33 • contact@tutiac.com • ww.tutiac.com • Visite : Du lundi au samedi, de 9h à 12h30 et de 14h à 18h30.

UNIVITIS

e grand groupe coopératif Univitis a fait du château ergnes Beaulieu, rebaptisée Wild Selection VB, une ropriété pilote pour créer les bordeaux blancs, rouges t rosés de demain. Le résultat est aussi original que rillant et l'expérience est à suivre de près.

- **Bordeaux Château les Vergnes Beaulieu VB20 sauvignon 2018** | Sec | 2019>20 | 14 € **14**
- **Bordeaux Château les Vergnes Beaulieu Wild Selection Cabernet Franc 2018** | Sec | 2019>23 | 14 € **14,5**
- **Bordeaux Château les Vergnes Beaulieu Wild Selection Malbec 2018** | Sec | 2018>22 | 14 € **14,5**
- **Bordeaux Sensationnelle 2018** | Sec | 2019>20 | 19,80 € **14**
- **Bordeaux Wild Selection VB 32 sémillon 2018** | Sec | 2019>20 | 14 € **13**

erroirs vins et découvertes - Lieu-dit Les Lèves, 33220 Les Lèves et Thoumeyragues • Tél. 05 57 56 02 02 • boutique@univitis.fr • www.boutique.univitis.fr • Visite : du nardi au samedi de 9h30 à 12h30 et de 14h30 à 18h30

CHÂTEAU VEYRY

'œnologue Christian Veyry a créé par étapes successives cette petite propriété sur un terroir argilo-calcaire bien exposé et tourné vers la Dordogne. Il y produit chaque année 20 000 bouteilles longuement élevées en barriques de chêne, neuves entre 30 et 50 %. 2016 est un vin aux arômes charmeurs qui nécessitera quelques années de patience pour donner toute sa mesure.

- **Castillon Côtes de Bordeaux 2018** | Sec | > | 12,50 € **14**
- **Castillon Côtes de Bordeaux 2016** | Sec | 2020>27 | 19 € **14**

Paupin, 33330 Saint-Laurent-des-Combes • Tél. 06 07 28 53 80 • veyry@orange.fr • Visite : Sur rendez-vous.

LE VIGNOBLE DES GRAVES ET DU SAUTERNAIS

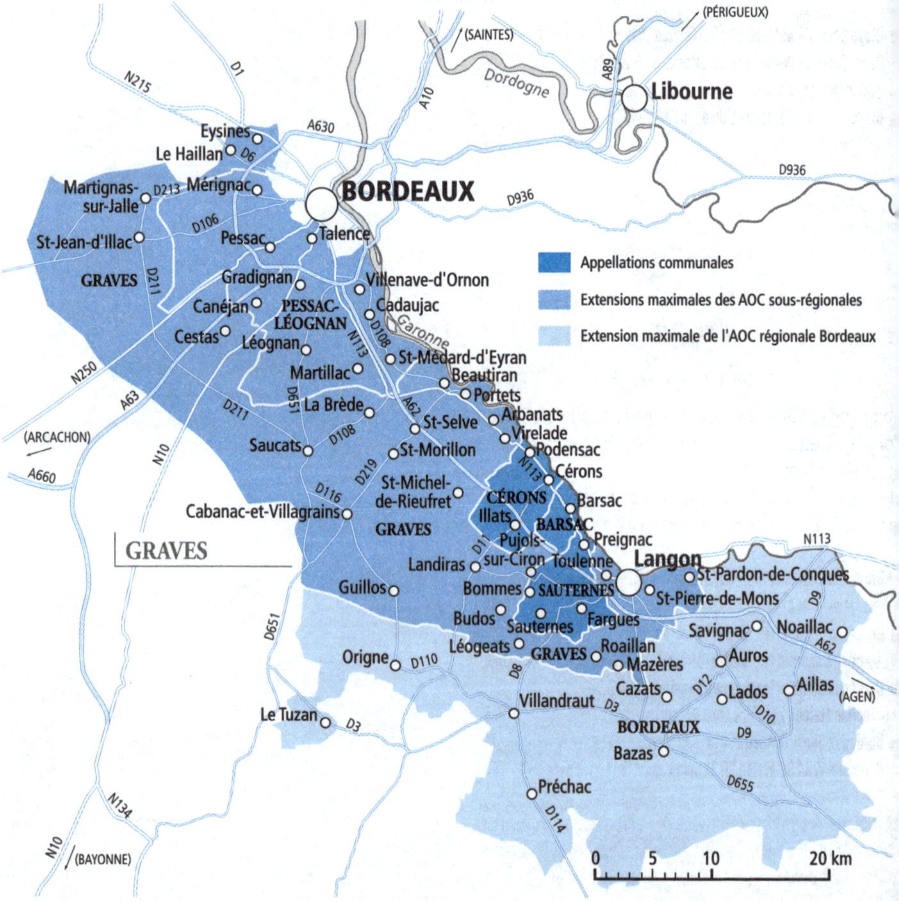

CHÂTEAU D'ARCHE

★★★☆☆

e cru dispose d'un vignoble très bien situé, jouxtant les hâteaux Lamothe et Filhot, sur la meilleure partie de la ommune de Sauternes. Un petit hôtel de charme y a été onstruit par ses propriétaires, de façon à faire progreser le tourisme viticole en Sauternais. Le vin est sérieuement élaboré, progressant d'une année sur l'autre pour ejoindre la qualité qu'on attend d'un vrai cru classé.

Sauternes 2016 | Liquoreux | 2024>36 | NC — 16,5
Sauternes 2015 | Liquoreux | 2023>35 | NC — 16,5
Sauternes 2011 | Liquoreux | 2020>26 | 28 € — 16,5

210 Sauternes • Tél. 05 56 76 66 55 • chateaudarche@wanadoo.fr • vw.chateaudarche-sauternes.com • Visite : sur rendez-vous de préférence du ndi au vendredi de 9h à 12h et de 14h à 17h. Le week-end sur rendez-vous uniqueent.

CHÂTEAU BASTOR-LAMONTAGNE

★☆☆☆☆

astor-Lamontagne produit un sauternes agréable, noins riche que les plus grands crus de la commune, qui ue sur le registre de l'équilibre du fruit et du rapport ualité-prix. Repris par le groupe Grands Chais de rance, la propriété est aujourd'hui menée en agriculture iologique.

Sauternes 2017 | Liquoreux | 2019>25 | 30 € — 14,5
Sauternes 2016 | Liquoreux | 2020>27 | 30 € — 14

omaine de Lamontagne, 33210 Preignac • Tél. 05 56 63 27 66 • ontact.cellarmony@orange.fr • Visite : Du lundi au jeudi de 9h à 12h30 et de 14h à 7h. Le vendredi jusqu'à 16h30.

CHÂTEAU BOUSCAUT

★★★☆☆

Cette propriété classée de Cadaujac possède un terroir lifférent de ses voisines, avec des sols plus calcaires, et l'une certaine façon mieux adaptés aux cépages blancs. Sophie Cogombles et son très sympathique mari réussissent d'ailleurs très bien leur vin blanc, séveux, complexe, présentant une belle synergie entre sauvignon et sémillon. Les rouges n'ont cessé de progresser depuis quelques millésimes, ils ont maintenant largement rattrapé le peloton de tête de l'appellation.

Pessac-Léognan 2018 | Sec | 36 € — 15
Pessac-Léognan 2018 | Sec | 33 € — 17
Pessac-Léognan 2017 | Sec | 2020>28 | 42,50 € — 17,5
Pessac-Léognan 2016 | Sec | 2020>35 | 42,50 € — 17
Pessac-Léognan Les Chênes de Bouscaut 2016 | Sec | 2019>23 | 23,50 € — 14,5

1477, avenue Toulouse, 33140 Cadaujac • Tél. 05 57 83 12 20 • cb@chateau-bouscaut.com • www.chateau-bouscaut.com • Visite : du mardi au vendredi de 9H à 12H et de 13H30 à 17H30, le samedi de 10H à 13H et de 14H à 18H

CHÂTEAU BRONDELLE

★☆☆☆☆

Cette propriété aux dimensions humaines appartient depuis longtemps à la famille Belloc, descendante directe des Sauvage, pionniers du vignoble sauternais. C'est une valeur sûre de l'appellation, les vins sont réguliers, classiques, on est rarement déçu tant en blanc qu'en rouge. Généralement les rouges sont charmeurs et plutôt puissants, bien tramés et se gardent bien. Les blancs, très élégants, jouent sur la pureté aromatique et sur la fraîcheur en bouche. La deuxième propriété de la famille, le château d'Aix, en appellation Pessac-Léognan, produit des vins classiques et harmonieux. Le blanc, à forte proportion de sauvignon, est toujours très réussi.

Graves 2018 | Sec | 10,65 € — 13,5
Graves 2018 | Sec | NC — 13,5
Graves 2017 | Sec | 2019>21 | 12,10 € — 15
Graves 2016 | Sec | 2019>24 | 13,90 € — 14
Pessac-Léognan Château d'Alix 2018 | Sec | NC — 14,5
Pessac-Léognan Château d'Alix 2018 | Sec | 15,80 € — 15

Vignobles Belloc, 33210 Langon • Tél. 05 56 62 38 14 • chateau.brondelle@wanadoo.fr • www.chateaubrondelle.com • Visite : du lundi au vendredi, de 9h à 12h et de 14h à 17h30. Le week-end sur rendez-vous.

CHÂTEAU BROUSTET

★★☆☆☆

Ce cru a longtemps appartenu à la famille Fournier qui possédait aussi Canon à Saint-Émilion. Acheté par la maison Ginestet, il ne cherche pas à rivaliser avec les ténors de Barsac mais à faire un vin plus adapté au public d'aujourd'hui, un peu plus léger et moins liquoreux, mais joliment fruité. On attend plus d'un cru classé.

- **Barsac 2016** | Liquoreux | 2022>28 | NC — 16

33720 Barsac • Tél. 05 47 74 78 01 • broustet@vignoblesdeterroirs.com • Visite : Sur rendez-vous.

CHÂTEAU BROWN

★★☆☆☆

Cette propriété, qui doit son nom à un négociant écossais, et qui est passée par le pire comme le meilleur, a parfaitement été reprise en main par la famille Mau en 2005, en association avec les Hollandais Dirkzwager. Depuis, Jean-Christophe Mau y consacre beaucoup d'énergie, avec passion, conseillé par Stéphane Derenoncourt pour les rouges et Philippe Dulong pour les blancs. Les vins produits sont très justes, sur le fruit, harmonieux et équilibrés. Les blancs sont irréprochables, précis et purs. Les rouges, de très bon niveau maintenant, possèdent un caractère léognan bien affirmé. Une réelle progression et une régularité catapultent la propriété dans le peloton de tête de l'appellation.

- **Pessac-Léognan 2018** | Sec | 26,90 € — 14
- **Pessac-Léognan 2018** | Sec | NC — 14,5
- **Pessac-Léognan 2017** | Sec | 2019>25 | 30 € — 15
- **Pessac-Léognan 2016** | Sec | 2019>26 | 31 € — 15,5

Allée John-Lewis-Brown, 33850 Léognan • Tél. 05 56 87 08 10 • contact@chateau-brown.com • www.chateau-brown.com • Visite : du lundi au vendredi de 8h à 12h et de 13h30 à 16h30.

CHÂTEAU CAILLOU

★★★☆☆

Ce second cru classé, situé au cœur de la partie haute du village, juste à côté de Climens, est la propriété de la famille Ballan-Bravo. Dans l'ombre de ses illustres voisins, à l'instar de Climens, ce château continue de produire des vins équilibrés et de très bonne composition. Les élevages longs rendent les vins peut-être moins démonstratifs, mais la parfaite évolution de ces derniers fait de château-caillou un excellent barsac à prix doux.

- **Sauternes 2018** | Liquoreux | 15,90 € — 15,5
- **Sauternes 2015** | Liquoreux | 2025>40 | 38 € — 17,5
- **Sauternes 2013** | Liquoreux | 2023>38 | 36 € — 17,5
- **Sauternes 2010** | Liquoreux | 2020>40 | 39 € — 17,5

9, Caillou, 33720 Barsac • Tél. 05 56 27 16 38 • contact@chateaucaillou.com • www.chateaucaillou.com • Visite : Du lundi au vendredi de 9h à 12h et de 14h à 17h30. Le week-end sur rendez-vous.

CHÂTEAU CARBONNIEUX

★★★☆☆

Appartenant depuis 1956 à l'attachante famille Perrin, ce grand classique de l'appellation Pessac-Léognan séduit tant par son volume de production, surtout en blanc, que par la régularité et la typicité de son style. Les blancs très pâles sont frais, nerveux, supérieurement fins mais gagnent depuis 2009 en richesse de constitution. Les rouges ont énormément gagné en puissance et en densité et rivalisent avec les meilleurs.

- **Pessac-Léognan 2018** | Sec | 25,20 € — 16
- **Pessac-Léognan 2018** | Sec | 29,40 € — 16,5
- **Pessac-Léognan 2017** | Sec | 2019>25 | 30 € — 17,5
- **Pessac-Léognan 2016** | Sec | 2020>32 | 35 € — 17
- **Pessac-Léognan La Croix de Carbonnieux 2016** | Sec | 2019>23 | 18 € — 14

33850 Léognan • Tél. 05 57 96 56 20 • info@chateau-carbonnieux.fr • www.carbonnieux.com • Visite : du lundi au vendredi, de 8h30 à 12h et de 13h30 à 17h.

CHÂTEAU DE CASTRES

★☆☆☆☆

La famille Rodriguès Lalande est ambitieuse et passionnée, et construit pas à pas un véritable petit empire dans cette belle région des Graves et Pessac-Léognan. L'aventure commence en 1996, lorsque José Rodriguès, fils d'un viticulteur originaire du Douro et son épouse ont le coup de cœur pour le château de Castres, y décelant au-delà de la magnifique chartreuse un terroir plus qu'intéressant. Elle se poursuit en 2004 par l'achat de Roche Lalande, en Pessac-Léognan, où ils réalisent d'importants travaux de rénovation des chais, puis Beau-Site et Pont Saint-Martin.

- **Graves 2017** | Sec | 2019>21 | 15 € — 14,5
- **Graves 2016** | Sec | 2019>26 | 16 € — 16
- **Graves Château de Beau Site 2017** | Sec | 2019>22 | 12 € — 16,5
- **Graves Château de Beau Site 2016** | Sec | 2019>30 | 12 € — 15,5

640 Castres sur Gironde • Tél. 05 56 67 51 51 • contact@chateaudecastres.fr • ww.chateaudecastres.fr • Visite : Tous les jours de l'année de 9h à 18h30.

CHÂTEAU DE CÉRONS

★★☆☆☆

n ne présente plus la famille Perromat, qui est implan-ée de longue date dans le Sauternais. Xavier a longtemps ravaillé aux côtés de son père avant de reprendre en 2012 a direction du château de Cérons, cette ancienne rési-ence des marquis de Calvimont, sur l'appellation du nême nom qui ne compte plus que 55 hectares. Il est paulé par Caroline, responsable durant plusieurs an-ées du pôle réception au château Haut-Bailly. En tan-em, ils ont décidé de redorer cet écrin unique.

Cérons 2018 | Liquoreux | 15,50 €	16
Graves 2018 | Sec | 10,50 €	15,5
Graves 2018 | Sec | 8,50 €	16
Graves 2017 | Sec | 2019>23 | 12 €	15

3720 Cérons • Tél. 05 56 27 01 13 • perromat@chateaudecerons.com • www.chateaudecerons.com • Visite : D'avril à octobre du lundi au samedi de 9h à 12h t de 13h30 à 18h. Le reste de l'année, du lundi au vendredi.

CHÂTEAU DE CHANTEGRIVE

★★☆☆☆

Longtemps considérée comme l'une des propriétés phare de l'appellation, cette très grande propriété du sud des Graves appartient à la famille Levêque, par ailleurs courtiers réputés du Bordelais. Elle est désormais suivie par Hubert de Boüard (château Angélus) qui y produit un vin très typique en rouge comme en blanc, destiné au plus vif succès. Les vins tant en rouge qu'en blanc sont très expressifs, finement aromatiques, plutôt raffinés et bien équilibrés. La cuvée caroline, cuvée phare du domaine, est riche tout en ne manquant pas d'élégance.

Graves 2018 | Sec | 11,80 €	15
Graves 2016 | Sec | 2019>25 | 16 €	15
Graves Caroline 2018 | Sec | 14,40 €	13,5
Graves Caroline 2017 | Sec | 2019>22 | 16 €	15

Route de Saint-Michel-de-Rieufret - 44, Cour George , 33720 Podensac • Tél. 05 56 27 17 38 • courrier@chateau-chantegrive.com • www.chantegrive.com • Visite : du lundi au vendredi de 9h à 12h30 et de 13h30 à 17h. Le samedi sur rendez-vous.

DOMAINE DE CHEVALIER

★★★★★

Voici une propriété estimée de tous, dotée d'un superbe vignoble d'un seul tenant autour du château, parmi les mieux cultivés du Bordelais. Olivier Bernard est un infatigable ambassadeur des vins de Bordeaux dans le monde. Il est aussi l'un de ceux qui connaissent le plus intimement la valeur de leur produit, grâce à des dégustations quotidiennes en compagnie des innombrables visiteurs du domaine, pionnier dans l'accueil du public. Les blancs sont les plus racés de la commune, les rouges des modèles de classicisme bordelais dans leurs proportions et leur saveur. Les derniers rouges sont très impressionnants par leur supplément de corps et de complexité. Belles nuances, tension et énergie pour l'esprit-de-chevalier blanc, qui est le parfait reflet du grand vin. Les 2016, 2017 et 2018, rouges et blancs, sont simplement au sommet, le domaine mérite amplement d'accéder au classement 5 étoiles.

Pessac-Léognan 2018 | Sec | NC	18
Pessac-Léognan 2018 | Sec | 61,60 €	18
Pessac-Léognan 2017 | Sec | 2020>30 | 78,40 €	19
Pessac-Léognan 2016 | Sec | 2020>36 | 85 €	19
Pessac-Léognan L'Esprit de Chevalier 2018 | Sec | 19,40 €	16,5
Pessac-Léognan L'Esprit de Chevalier 2016 | Sec | 2019>25 | 26 €	16,5

102, chemin de Mignoy, 33850 Léognan • Tél. 05 56 64 16 16 • olivierbernard@domainedechevalier.com • www.domainedechevalier.com • Visite : sur rendez-vous.

CHÂTEAU CLIMENS

★★★★★ ♣

Le cru n'a pas eu de chance dans les tout derniers millésimes, contraint à des rendements très faibles mais heureusement les grandes années précédentes sont toujours disponibles à la propriété et offrent toute la magie d'un terroir qui peut parfois surpasser yquem en finesse pure et subtilité aromatique, grâce à son sous-sol calcaire. On aimerait que la propriété étudie l'élaboration d'un grand vin sec qui serait parfaitement en accord avec elle ! Le second vin cyprès est souvent le plus complet de sa catégorie et montre pour un prix vraiment raisonnable presque toute l'ampleur et la noblesse du grand vin.

Barsac 2018 | Liquoreux | NC	16,5

Barsac Les Cyprès de Climens 2014 | Liquoreux | 2022>28 | 30 € — 17

33720 Barsac • Tél. 05 56 27 15 33 • contact@chateau-climens.fr • www.chateau-climens.fr • Visite : visite et caveau de vente sur rendez-vous du lundi au vendredi, et l'été le samedi matin.

CHÂTEAU COUHINS

Ce cru, à ne pas le confondre avec Couhins-Lurton, appartient à l'INRA, qui pendant longtemps et malgré son classement ne faisait pas grand-chose pour le faire connaître. Ce n'est désormais plus le cas et une équipe technique très compétente le met progressivement au niveau de ses pairs. Seul le blanc est classé, il est très minéral et proportionnellement plus racé que le rouge, mais ce dernier progresse avec l'âge des vignes.

Pessac-Léognan 2018 | Sec | 21 € — 15
Pessac-Léognan 2018 | Sec | 18,75 € — 14,5
Pessac-Léognan 2017 | Sec | 2019>24 | env. 30 € — 17
Pessac-Léognan 2016 | Sec | 2019>28 | env. 25 € — 16
Pessac-Léognan La Dame de Couhins 2016 | Sec | 2019>23 | env. 20 € — 14,5

Chemin de la Gravette - B.P. 81, 33140 Villenave-d'Ornon • Tél. 05 56 30 77 61 • couhins@bordeaux.inra.fr • www.chateau-couhins.fr • Visite : du lundi au vendredi 9h à 12h et de 14h à 18h.

CHÂTEAU COUHINS-LURTON

Le cru a été restructuré et le château brillamment rénové par André Lurton, récemment disparu, qui en a fait avec La Louvière sa propriété phare dans les Graves. Couhins produit un vin blanc d'une remarquable finesse, très typé sauvignon mais prenant au vieillissement les notes épicées et minérales typiques du terroir. Avec des vignes plus jeunes, le rouge prend peu à peu de la dimension. Il est flatteur et tout aussi minéral que le blanc.

Pessac-Léognan 2018 | Sec | 17 € — 15
Pessac-Léognan 2018 | Sec | 17 € — 15,5
Pessac-Léognan 2017 | Sec | 2019>25 | 27,30 € — 16,5
Pessac-Léognan 2016 | Sec | 2019>26 | 31,20 € — 15,5

Château Bonnet, 33420 Grézillac • Tél. 05 57 25 58 58 • andrelurton@andrelurton.com unidom@andrelurton.com • www.andrelurton.com • Visite : sur rendez-vous.

CHÂTEAU COUTET

Coutet, à prononcer « Coutette » à la gasconne, est l'autre très grand terroir de Barsac, un rien (deux ou trois mètres) plus bas que Climens, avec plus de proportion de fer dans le sol calcaire. L'alsacien Philippe Bally l'administre avec une discipline jamais dénuée d'humour et maintient la propriété d'une petite quarantaine d'hectares au plus haut niveau dans la qualité du vin comme dans l'entretien du château et des bâtiments. Depuis 2010, un vin sec confidentiel mais étonnant, opalie, montre la voie de ce qu'on souhaite dans le type pour l'appellation et quand on peut, on doit absolument faire fête à la somptueuse cuvée madame, apothéose du barsac !

Barsac 2018 | Liquoreux | 35,50 € — 15,5
Barsac 2016 | Liquoreux | 2024>46 | NC — 18
Bordeaux Opalie 2018 | Sec | NC — 17

33720 Barsac • Tél. 05 56 27 15 46 • info@chateaucoutet.com • www.chateaucoutet.com • Visite : du lundi au vendredi de 9h à 12h et de 14h à 18h Fermé le dimanche et les jours fériés.

CHÂTEAU CRABITEY

Ce cru est l'un des plus soignés du secteur de Portets, et certainement celui qui donne les vins les plus équilibrés. Nous sommes ici au cœur du classicisme du goût bordelais. Pas tape-à-l'œil et bien équilibrés, les vins de Crabitey sont très réguliers quel que soit le millésime, ici on est rarement déçus. Les rouges sont bien fruités, avec de petites touches minérales et florales, leur structure est élégante, sans excès, et ils vieillissent plutôt bien. Les blancs sont très aromatiques et généralement généreux, avec la petite pointe de vivacité qui équilibre l'ensemble.

Graves 2018 | Sec | env. 13 € — 15
Graves 2018 | Sec | env. 13,50 € — 14
Graves 2016 | Sec | 2019>24 | 14 € — 14,5

63, route du Courneau, 33640 Portets • Tél. 05 56 67 18 64 • contact@debutler.fr • www.chateau-crabitey.com • Visite : Du lundi au vendredi, de 8h30 à 12h et de 13h30 à 17h ou sur rendez-vous.

CHÂTEAU DOISY-DAËNE

ean-Jacques et Fabrice Dubourdieu dirigent de façon nagistrale leur grand cru familial, dans l'esprit initié par eur père Denis, trop tôt disparu : autant dire qu'ici, la cience agronomique et œnologique la plus pointue est ux prises avec les caprices de la nature, pour le meilleur. Jne toute petite production (3 000 bouteilles) d'un vin très iquoreux est produite sous la marque l'extravagant-de-loisy-daëne lorsque la récolte s'y prête. Ce vin peut at-eindre des sommets de qualité extraordinaires. La nême équipe vinifie deux crus non classés remar-quables, château-cantegril et château-de-carles. Les neilleurs lots de Carles intègrent désormais Doisy. Le hâteau vient d'acquérir les vignes (arrachées) et les âtiments du cru voisin Doisy-Dubroca, où certainement e vin sera élaboré dans des conditions encore plus précises et confortables. Le blanc sec de la propriété est rès aromatique mais ne rivalise pas en profondeur de caractère avec les vins plus complets produits à Sau-ternes.

Barsac 2018 | Liquoreux | 28 € — 15,5
Barsac 2016 | Liquoreux | 2024>46 | 44,15 € — 18
Barsac 2015 | Liquoreux | 2025>45 | 44,15 € — 18

5, Gravas, 33720 Barsac • Tél. 05 56 62 96 51 • contact@denisdubourdieu.fr • www.denisdubourdieu.fr • Visite : sur rendez-vous.

CHÂTEAU DOISY-VÉDRINES

Cette propriété voisine de Doisy-Daëne, dirigée par Olivier Castéja, partage le même type de sol calcaire, typique du Haut-Barsac, et produit en grand vin un liquoreux classique, bien rôti, généreux, qui plaira à tous. il a gagné en finesse pure et protection contre l'oxydation depuis quelques années. Les prix sont sages.

Barsac 2016 | Liquoreux | 2024>41 | 30-35 € — 17
Barsac 2015 | Liquoreux | 2025>45 | 30-35 € — 18
Barsac 2013 | Liquoreux | 2023>43 | 30-35 € — 17,5

33720 Barsac • Tél. 05 56 27 15 13 • doisy-vedrines@orange.fr

CHÂTEAU D'ECK

Le château d'Eck, tout comme le château Haut-Bacalan, est dans le giron de la famille Gonet depuis quelques années. Une qualité plutôt régulière même si l'absence d'avarice pour l'élevage en barrique neuve conduit pour certains millésimes à des vins perdant de leur buvabilité et de leur élégance. Ce n'est pas le cas pour le 2016, tout à fait élégant.

Pessac-Léognan 2018 | Sec | 12,90 € — 14
Pessac-Léognan 2018 | Sec | 12,90 € — 14
Pessac-Léognan 2016 | Sec | 2019>24 | 16,75 € — 15

Impasse des pins, 33140 Cadaujac • Tél. 05 57 24 51 23 • info@gonet.fr • www.gonet.fr • Visite : Du lundi au vendredi de 8h30 à 12h30 et de 13h30 à 17h30

CHÂTEAU FERRAN

C'est un joli domaine d'une vingtaine d'hectares jouxtant les crus classés de Pessac-Léognan, qui produit des vins de qualité impeccable et régulière. Le blanc, bon mix entre sauvignon et sémillon, se distingue toujours par sa densité et sa fraîcheur. Le rouge est depuis quelques millésimes en constante progression, avec beaucoup de style, très typé pessac-léognan. Son prix le rend hautement recommandable. Une valeur sûre à des tarifs imbattables.

Pessac-Léognan 2018 | Sec | 11,25 € — 15
Pessac-Léognan 2018 | Sec | 16 € — 14,5
Pessac-Léognan 2017 | Sec | 2019>24 | 16 € — 15
Pessac-Léognan 2016 | Sec | 2019>26 | 17 € — 15,5

Route de lartigue, 33650 Martillac • Tél. 09 77 64 23 11 • ferran@chateauferran.com • www.chateauferran.com • Visite : sur rendez-vous uniquement.

CHÂTEAU FERRANDE

Cette propriété classique des Graves appartient au groupe Castel, qui a réalisé d'importants investissements pour refaire les chais. Le terroir, majoritairement de graves profondes, a le potentiel pour produire ici de très bons vins, en rouge comme en blanc.

- **Graves 2018** | Sec | NC — 14
- **Graves 2018** | Sec | NC — 14
- **Graves 2017** | Sec | 2019>21 | NC — 14,5
- **Graves 2016** | Sec | 2020>26 | NC — 15

Châteaux et Domaines Castel - 21-24, rue Georges Guynemer, 33290 Blanquefort • Tél. 05 56 95 54 00 • contact@chateaux-castel.com • www.chateau-ferrande.com

CHÂTEAU DE FIEUZAL

Ce cru fut longtemps célèbre d'abord par son vin blanc, un des plus complets de Léognan, puis également son rouge, à son meilleur l'une des plus brillantes illustrations du caractère des pessac-léognan. Après une longue traversée du désert, le millésime 2010 marque enfin le retour au meilleur niveau de fieuzal blanc. Les nouveaux chais, ultra performants, avec de nombreuses petites cuves de contenances diverses, en béton, en inox ou en bois, permettent désormais à Stephen Carrier, le directeur de Fieuzal, de faire de la haute-couture. Le sort climatique s'acharne sur cette belle propriété, grêle en 2016, gel en 2017, ce qui explique l'absence de notation pour les blancs 2016 et 2017.

- **Pessac-Léognan 2018** | Sec | 24,50 € — 16
- **Pessac-Léognan 2018** | Sec | 32 € — 16
- **Pessac-Léognan 2016** | Sec | 2030>30 | 47 € — 16,5
- **Pessac-Léognan L'Abeille de Fieuzal 2016** | Sec | 2019>24 | 20 € — 13,5

124, avenue de Mont-de-Marsan, 33850 Léognan • Tél. 05 56 64 77 86 • infochato@fieuzal.com • www.fieuzal.com • Visite : du lundi au vendredi, de 9H à 17H

CHÂTEAU FILHOT

Ce grand vignoble a longtemps produit des vins ingrats dans leur jeunesse, mais une nouvelle génération de Vaucelles nous rappelle sa filiation avec les Lur-Saluces et sa volonté de produire des sauternes de style, riches mais sans lourdeur, à partir d'une vendange parfaitement conduite. Les 2013 et 2015 illustrent le renouveau de style de la propriété, surtout dû à un élevage moins réducteur. Mais il faut encore plus d'ambition pour rendre au terroir toute sa force.

- **Sauternes 2016** | Liquoreux | 2024>36 | 25 € — 14
- **Sauternes 2015** | Liquoreux | 2025>45 | 25 € — 17
- **Sauternes 2011** | Liquoreux | 2019>27 | 25 € — 17

33210 Sauternes • Tél. 05 56 76 61 09 • filhot@filhot.com • www.filhot.com • Visite : du lundi au vendredi de 9h à 12h et de 14h à 17h. Le week-end sur rendez-vous.

CLOS FLORIDÈNE

Cette marque, qui associe les prénoms de Florence et Denis Dubourdieu, a bénéficié du savoir-faire et du faire-savoir du célèbre œnologue bordelais qui nous a malheureusement quittés en 2016. Les blancs, qui expriment davantage la minéralité étonnante d'un terroir calcaire que les arômes variétaux des cépages locaux, sont incomparables. Une petite quantité de rouge, très soignée et rejoignant maintenant la perfection du blanc, est également produite.

- **Graves 2018** | Sec | 14,70 € — 16
- **Graves 2018** | Sec | 12,60 € — 15
- **Graves 2017** | Sec | 2019>25 | 21 € — 16
- **Graves 2016** | Sec | 2019>29 | 20 € — 16,5

Château Doisy-Daëne, 15 gravas - 21, route de Cardan, 33720 Barsac • Tél. 05 56 62 96 51 • contact@denisdubourdieu.fr • www.denisdubourdieu.fr • Visite : sur rendez-vous du lundi au samedi.

CHÂTEAU DE FRANCE

Avec son beau vignoble proche de Fieuzal et très soigneusement cultivé, le château de France produit des vins bien équilibrés et sérieusement constitués. Depuis le retour d'Arnaud Thomassin sur la propriété, le style du vin a incontestablement progressé, et la régularité est de mise. Les rouges sont plutôt volumineux, aromatiques et de garde, et les blancs, un cran au-dessus, jouent sur la complexité de fruit, la maturité et l'équilibre sur la fraîcheur. C'est devenu un incontournable de l'appellation et les vins conservent un prix encore relativement accessible.

- **Pessac-Léognan 2018** | Sec | 16 € — 15
- **Pessac-Léognan 2018** | Sec | 15,30 € — 14,5
- **Pessac-Léognan 2017** | Sec | 2019>24 | 25,60 € — 14,5

Pessac-Léognan 2016 | Sec | 2019>25 | 25,60 € — 15

, avenue de Mont-de-Marsan, 33850 Léognan • Tél. 05 56 64 75 39 • ntact@chateau-de-france.com • www.chateau-de-france.com • Visite : du lundi jeudi de 9h à 12h et de 13h à 17h et le vendredi jusqu'à 12h.

CHÂTEAU GAZIN ROCQUENCOURT

★★☆☆☆

ette propriété appartient depuis 2006, comme Malartic-agravière, à la famille Bonnie, qui l'exploite séparément u cru classé. Avec 22 hectares au cœur du vignoble de éognan, dont 19 en rouge, elle possède un beau poten-el qui s'exprime bien depuis déjà quelques millésimes. e style tend à privilégier la fraîcheur et la souplesse, on sans charme. C'est devenu un incontournable de appellation.

Pessac-Léognan 2018 | Sec | 15 € — 14,5
Pessac-Léognan 2018 | Sec | 15 € — 14,5
Pessac-Léognan 2017 | Sec | 2019>24 | 25 € — 15

9 chemin de Gazin, 33850 Léognan • Tél. 05 56 64 75 08 • alartic-lagraviere@malartic-lagraviere.com • www.malartic-lagraviere.com

CHÂTEAU GILETTE

★★★★★

Château Gilette est dans la famille Médeville depuis le XVIIIe siècle. René Médeville, le grand-père de Julie Go-net-Médeville, actuelle gérante du château, développe dans les années 1930 un vin unique, liquoreux, vieilli entre 15 et 20 années en cuve béton. Dès lors, le processus est épété, uniquement les années exceptionnelles. Seul le nectar – crème-de-tête - est conservé pour le grand vin le reste étant vendu en vrac. Au vignoble, 4,5 hectares alimentent Gilette, dont une parcelle qui a donné le nom au château. Le 1997 est le dernier millésime sur le mar-ché, et compte parmi les grandes réussites du château. Ce vin d'excellence n'a jamais failli depuis que nous dé-gustons le domaine, résistant aux modes, Château Gilette n'a cessé d'incarner l'excellence des grands sauternes aux côtés de ses illustres voisins classés.

Sauternes Crème de Tête 2018 | Liquoreux | NC — 17
Sauternes Crème de Tête 1997 | Liquoreux | 2018>47 | 166 € — 19

4, rue du Port, 33210 Preignac • Tél. 05 56 76 28 44 • contact@gonet-medeville.com • www.gonet-medeville.com • Visite : Du lundi au jeudi de 9h30 à 12h et de 14h à 17h. Le vendredi de 9h à 12h et de 14h à 15h.

DOMAINE DE GRANDMAISON

★☆☆☆☆

Dans les années 1970, Jean Bouquier décide de reconstituer le vignoble familial. Il a depuis été rejoint par son fils François et son neveu Rémi Lartigue. Grandmaison est un vrai joli domaine de Pessac-Léognan à taille humaine. 15 hectares de rouge et 4 hectares de blanc, avec un encépagement on ne peut plus classique pour l'appellation, 70 % de merlot et 30 % de cabernet pour le rouge, 70 % de sauvignon et le reste en sémillon et sauvignon gris pour le blanc. Des vins authentiques et de qualité régulière.

Pessac-Léognan 2018 | Sec | 14 TTC € — 14
Pessac-Léognan 2018 | Sec | 8,75 € — 13,5
Pessac-Léognan 2017 | Sec | 2019>22 | épuisé — 13,5
Pessac-Léognan 2016 | Sec | 2019>25 | 14 € — 15,5

182, avenue de la Duragne, 33850 Léognan • Tél. 05 56 64 75 37 • courrier@domaine-de-grandmaison.fr • www.domaine-de-grandmaison.fr • Visite : de 9h à 12h et de 14h à 18h30 du lundi au vendredi et le samedi de 9h à 12h et de 14h30 à 18h.

CHÂTEAU GUIRAUD

★★★★☆

Le château est la propriété de quatre associés : Robert Peugeot, Xavier Planty (qui dirige le domaine), Stephan von Neipperg et Olivier Bernard. Certifié en viticulture biologique depuis 2011, disposant d'un conservatoire des cépages blancs d'Aquitaine absolument unique (175 souches de sauvignon et de sémillon), Guiraud montre la voie d'une agriculture respectueuse en Sauternais. On y vendange avec précision des raisins parfaitement botrytisés, pour produire deux types de liquoreux. Le grand vin, tout en finesse et d'évolution assez rapide en bouteille et petit-guiraud, moins riche volontairement mais apte à briller à l'apéritif, comme on le vérifie dans le restaurant-brasserie fort élégant que la propriété vient d'ouvrir. Le bordeaux sec G séduit moins, net mais trop simple pour le terroir.

- **Sauternes 2016** | Liquoreux | 2024>36 | 55 € — 17,5
- **Sauternes 2015** | Liquoreux | 2025>35 | 55 € — 18
- **Sauternes 2011** | Liquoreux | 2020>31 | 164 € — 18

- B.P. 133210 Sauternes • Tél. 05 56 76 61 01 • accueil@chateauguiraud.com • www.chateauguiraud.com • Visite : tous les jours de 10h à 19h.

CHÂTEAU HAUT-BACALAN

★☆☆☆☆

Tout comme ceux du château d'Eck, autre propriété de la famille Gonet, les vins du château Haut-Bacalan avaient tendance à être dominés par un élevage en barrique excessif et disproportionné. Le 2016, bien que montrant un boisé non évanescent, reste très harmonieux. Une nouvelle orientation qui lui réussit fort bien. Le château-haut-brana est une cuvée haut de gamme réalisée sur un demi-hectare, 50 % merlot, 50 % cabernet, avec un élevage en barriques neuves pendant 36 mois.

- **Pessac-Léognan 2018** | Sec | 27,50 € — 14
- **Pessac-Léognan 2016** | Sec | 2020>34 | 32 € — 15
- **Pessac-Léognan Château Haut-Brana 2016** | Sec | 2019>26 | NC — 15,5

56, rue du Domaine de Bacalan, 33600 Pessac • Tél. 05 57 24 51 23 • info@gonet.fr • www.gonet.fr • Visite : à la propriété, du lundi au vendredi, de 9h à 12h et de 13h30 à 17h30

CHÂTEAU HAUT-BAILLY

★★★★☆

Haut-Bailly est incontestablement l'un des pessac-léognan les plus attachants et racés de cette belle appellation, repris par la famille Wilmers en 1998. Le vignoble de 30 hectares, qui n'a pas bougé en superficie depuis le XIXe siècle, a la chance d'être âgé (certains pieds atteignent 120 ans !), impeccablement tenu par une équipe technique très performante, conduite par Gabriel Vialard, et administré avec passion par Véronique Sanders, petite-fille de l'ancien propriétaire du château. Les vins sont infiniment raffinés et équilibrés. Le fruit est précis, le tannin noble, la fraîcheur toujours maîtrisée et l'équilibre irréprochable. Les tout derniers millésimes, et notamment le 2016, sont d'anthologie. Le second vin, la-parde (qui changera de nom à partir du millésime 2018, devenant le N°2 de Haut-Bailly), est d'une régularité sans faille, très élégant, c'est l'un des tout meilleurs de l'appellation. L'autre propriété, le château Le Pape, bénéfici des mêmes techniques tout en gardant sa propre identité.

- **Pessac-Léognan 2018** | Sec | 98 € — 17,5
- **Pessac-Léognan 2016** | Sec | 2021>36 | 120-130 € — 19
- **Pessac-Léognan Château Le Pape 2018** | Sec | 21 € — 15
- **Pessac-Léognan Haut-Bailly II 2018** | Sec | 28 € — 14,5
- **Pessac-Léognan La Parde Haut-Bailly 2016** | Sec | 2019>25 | 30-40 € — 15,5

103, avenue de Cadaujac, 33850 Léognan • Tél. 05 56 64 75 11 • mail@haut-bailly.co • www.haut-bailly.com • Visite : du lundi au vendredi sur rendez-vous.

CHÂTEAU HAUT-BERGEY

★★☆☆☆

Haut-Bergey est l'un de ces crus non classés de Léogna à qui l'on a donné les moyens de faire jeu égal avec le classés. Depuis 1991, Sylviane Garcin-Cathiard et so mari Gaston, avec l'aide successive de Michel Rolland Jean-Luc Thunevin et Alain Raynaud, l'avait peu à pe transformé en propriété pilote. Aujourd'hui c'est leur fil Paul qui en a pris les rênes. Dynamique et ambitieux, convertit progressivement le vignoble en biodynamie crée de nouvelles cuvées dans l'air du temps, sans pou autant perdre l'esprit du premier vin. Désormais, le blan dépasse d'une courte tête en personnalité le rouge qu lui, a besoin de quelques années pour s'assouplir. À Haut-Bergey se rajoute le château Branon, 6,5 hectares plantés à parts égales entre merlot et cabernet-sauvignor qui produisent un pessac-léognan particulièremen charmeur. Les rouges sont généralement bien construits et équilibrés ; souvent massifs par le passé, ils devaien être attendus quelques années avant de se présenter au mieux, les derniers millésimes montrent un réel virage vers plus d'élégance.

- **Pessac-Léognan 2018** | Sec | 20 € — 14
- **Pessac-Léognan 2018** | Sec | 15,20 € — 14,5
- **Pessac-Léognan 2016** | Sec | 2019>28 | 25 € — 15
- **Pessac-Léognan Cuvée Paul 2016** | Sec | 2019>23 | 21 € — 15

69, cours Gambetta, 33850 Léognan • Tél. 05 56 64 05 22 • info@haut-bergey.fr • www.haut-bergey.fr • Visite : du lundi au vendredi, de 9h à 12h et de 14h à 17h sur rendez-vous.

CHÂTEAU HAUT-BRION

Ce cru magistral, enchâssé dans la ville, brille toujours par sa générosité de texture, liée à une bonne proportion de merlot (40 % ou souvent plus) et à la haute maturité d'un raisin qui mûrit précocement dans ce microclimat urbain. S'y ajoutent des notes fumées originales, nées du terroir et de certains clones de vignes propres au château, plus ou moins marquées d'un millésime sur l'autre. On y travaille impeccablement, sous l'impulsion intelligente de Jean-Philippe Delmas et le regard constant du prince Robert de Luxembourg, profondément attaché à cette propriété que sa famille a acquise en 1935 (Clarence Dillon). Le blanc, très rare, équilibre sauvignon et sémillon dans un assemblage d'une autorité et d'un cachet insurpassés à Bordeaux. Le second vin, clarence, témoigne lui aussi de la noblesse de son grand terroir.

- **Pessac-Léognan 2018** | Sec | NC — 19
- **Pessac-Léognan 2018** | Sec | NC — 17
- **Pessac-Léognan 2016** | Sec | 2028>46 | 659 € — 19
- **Pessac-Léognan 2016** | Sec | 2023>31 | 937 € — 18,5
- **Pessac-Léognan Clarence 2016** | Sec | 2026>36 | 156 € — 17

135, avenue Jean Jaurès, 33608 Pessac • Tél. 05 56 00 29 30 • accueil@domaineclarencedillon.com • www.haut-brion.com • Visite : Visite sur rendez-vous uniquement, du lundi au jeudi de 9h à 17h30, le vendredi de 9h à 12h30.

CLOS HAUT-PEYRAGUEY

Le terroir exceptionnel de ce cru de 17 hectares explique l'ampleur et la race des millésimes récents, tous soignés et conformes à ce qu'on attend d'eux. Naturellement, Bernard Magrez (châteaux Pape-Clément, Fombrauge) fait ici œuvre de mécène pour aller jusqu'au bout du potentiel de ce petit bijou qu'il a racheté en 2012. Progressivement, les boisés sont plus rapidement intégrés et sauf accident le vin se rapproche de plus en plus en éclat et complexité d'yquem.

- **Sauternes 2016** | Liquoreux | NC — 18
- **Sauternes 2014** | Liquoreux | 2024>34 | 40 € — 17
- **Sauternes 2013** | Liquoreux | 2023>33 | 43 € — 18
- **Sauternes 2011** | Liquoreux | 2021>36 | 45 € — 18,5

Clos Haut Peyraguey, 33210 Bommes-Sauternes • Tél. 05 56 76 61 53 • closhautpeyraguey@pape-clement.com • www.bernard-magrez.com • Visite : Ouvert du lundi au vendredi de 10h à 12h et de 14h à 17h30. Le samedi de 10h30 à 12h30 puis 14h30 à 17h30

CHÂTEAU HAUT-PLANTADE

Le château Haut-Plantade est une belle exploitation familiale d'une superficie de 10,5 hectares, dont 8,5 hectares en production, située au cœur de l'appellation Pessac-Léognan. Les rouges sont également répartis entre cabernet et merlot, et l'hectare et demi de blanc suit de la même façon une répartition par moitié entre sémillon et sauvignon. Les vins sont puissants, équilibrés et nerveux.

- **Pessac-Léognan 2018** | Sec | 17 € — 15
- **Pessac-Léognan 2018** | Sec | 17 € — 15
- **Pessac-Léognan 2017** | Sec | 2019>24 | 21 € — 15,5
- **Pessac-Léognan 2016** | Sec | 2019>23 | 20,50 € — 14

Chemin de Bergey, 33850 Léognan • Tél. 06 03 01 15 34 • hautplantade@wanadoo.fr • www.hautplantade.com • Visite : Sur rendez-vous de préférence.

CHÂTEAU HAUT-REYS

Cette jolie propriété a été reprise peu avant 2000 par la famille Gabin. Des travaux de restructuration ont été entrepris et depuis, ce cru ne cesse de progresser et, avec sa gamme variée, fait maintenant partie des valeurs sûres. Des vins énergiques, équilibrés, avec une mention particulière pour la cuvée paumarel, 100 % merlot et élevée en fût neuf.

- **Graves Château Haut-Reys Vieilles Vignes 2017** | Sec | 2019>21 | 10 € — 14
- **Graves Paumarel 2016** | Sec | 2019>24 | 15 € — 14,5

18, allée Perrucade, 33650 La Brède • Tél. 05 56 20 38 29 • gabin.earl@orange.fr • www.haut-reys.com • Visite : du lundi au samedi, de 10h à 12h30 et de 14h30 à 19h.

CHÂTEAU HAUT-VIGNEAU

Située sur la commune de Martillac, cette propriété constituait autrefois une partie du domaine du Baron de

Montesquieu. Elle appartient aujourd'hui à Éric Perrin, par ailleurs propriétaire de château Carbonnieux. Un bel ensemble de 20 hectares, avec un encépagement classique (60 % cabernet-sauvignon et 40 % merlot), un terroir de graves garonnaises profondes. La propriété est conseillée par Christophe Olivier, formé à l'école Dubourdieu. Les vins sont élégants, bien typés et de qualité régulière. Une valeur sûre.

Pessac-Léognan 2018 | Sec | 12,50 € — 15
Pessac-Léognan 2016 | Sec | 2019>25 | 20 € — 15

20, rue Jules Guesde, 33850 Léognan • Tél. 05 57 96 56 20 • info@chateau-carbonnieux.fr • www.haut-vigneau.com • Visite : Du lundi au vendredi, de 8h30 à 12h et de 13h30 à 17h

CHÂTEAU JOUVENTE

Originaires de Paris et amoureux du vin, David Gutmann et ses fils désiraient bâtir une entreprise familiale fondée sur la terre, la vie et la valorisation d'un produit noble. En 2016, le coup de cœur pour le château Jouvente fut immédiat. Depuis, David et son plus jeune fils Benjamin apprennent, au contact d'Olivier Bernadet en place depuis 1995 et qui continue d'assurer viticulture et vinification, épaulé par l'œnologue Philippe Dulong. Ils possèdent 9 hectares de vignes, dont 2 en blanc, conduits dans le plus grand respect environnemental.

Graves 2017 | Sec | 2019>22 | 15,50 € — 15,5

33720 Illats • Tél. 05 56 62 49 69 • chateaujouvente@wanadoo.fr • www.chateau-jouvente.fr • Visite : sur rendez vous de préférence, ou du lundi au vendredi de 10h à 13h et 14h à 18h

CHÂTEAU LA GARDE

Propriété d'une cinquantaine d'hectares très bien située, sur des graves bien drainées, et objet de beaucoup d'attentions de la part de son propriétaire, la maison Dourthe qui l'a acquise en 1990, La Garde réussit aussi bien en blanc qu'en rouge. Ici les vins sont classiques et ne cessent de progresser, avec des rouges harmonieux, un fruit évident et une minéralité marquée tant en blanc qu'en rouge, et la fraîcheur toujours au rendez-vous. Vous ne commettrez jamais une faute de goût en achetant une bouteille et vous ne serez jamais déçus.

Pessac-Léognan 2018 | Sec | NC — 17
Pessac-Léognan 2017 | Sec | 2019>25 | env. 30 € — 16
Pessac-Léognan 2016 | Sec | 2020>26 | NC — 15,5

1, chemin de la Tour, 33650 Martillac • Tél. 05 56 35 53 00 • contact@dourthe.com • www.dourthe.com • Visite : sur rendez-vous.

CHÂTEAU LA LOUVIÈRE

André Lurton, récemment disparu, avait acquis La Louvière en 1965, et n'avait eu de cesse de l'embellir et de l'améliorer. Ce majestueux château, encadré par Carbonnieux et Haut-Bailly, est l'un des plus efficaces ambassadeurs de Pessac-Léognan dans le monde. Les vins, rouges et blancs, sont puissants et d'une régularité sans faille, ils vieillissent superbement. Les blancs sont très typés sauvignon, racés et d'une fraîcheur exquise. Ils font partie des incontournables de l'appellation. Le rouge est maintenant à la hauteur du blanc, avec un style puissant et vigoureux mais non dénué d'élégance.

Pessac-Léognan 2018 | Sec | 16 € — 14,5
Pessac-Léognan 2018 | Sec | 16 € — 15
Pessac-Léognan 2017 | Sec | 2019>25 | 23 € — 16
Pessac-Léognan 2016 | Sec | 2019>26 | 31 € — 15,5

149, avenue Cadaujac, 33850 Léognan • Tél. 05 56 64 75 87 • lalouviere@andrelurton.com • www.andrelurton.com • Visite : du lundi au jeudi de 9h à 13h et de 14h à 18h, le vendredi de 14h à 17h. Ouvert le samedi du 15 juin au 15 septembre.

CHÂTEAU LA MISSION HAUT-BRION

En attendant les nouvelles installations comme pour son grand jumeau Haut-Brion, Mission continue à nous régaler avec son grand vin velouté et complexe à souhait, grande expression du merlot sur graves profondes (souvent plus de 50 % de l'assemblage) et d'un exceptionnel cabernet-sauvignon qu'on rêve un jour de déguster pur ! Le blanc à dominante de sémillon n'a toujours pas d'égal à Bordeaux en noblesse aromatique et complexité.

Pessac-Léognan 2018 | Sec | NC — 18
Pessac-Léognan 2018 | Sec | NC — 16,5
Pessac-Léognan 2016 | Sec | 2028>41 | 503 € — 18,5

Pessac-Léognan 2008 | Sec | 2017>25 | 251 € 18
Pessac-Léognan La Chapelle 2018 | Sec | NC 16

7, rue Peybouquey, 33608 Pessac • Tél. 05 56 00 29 30 • info@haut-brion.com • www.mission-haut-brion.com ; www.domaineclarencedillon.com ; www.haut-brion.com
Visite : Visite sur rendez-vous uniquement, du lundi au jeudi de 9h à 17h30,

e vendredi de 9h à 12h30.

CHÂTEAU LA TOUR BLANCHE

★★★★☆

Le château appartient à l'État depuis 1909 et abrite un lycée professionnel agricole et viticole qui porte le même nom. L'école de viticulture de la république soigne ainsi son bijou le plus précieux et son équipe technique renouvelée a encore affiné les vinifications, avec des vins qui permettent de comprendre pourquoi en 1855 le cru vient en tête de liste des premiers crus classés. Si vous en avez l'occasion, demandez à déguster la confidentielle cuvée de muscadelle, au parfum étrange et magnifique.

Sauternes 2018 | Liquoreux | 23 € 16
Sauternes 2017 | Liquoreux | 2027>47 | NC 18
Sauternes 2015 | Liquoreux | 2025>45 | épuisé 18,5
Sauternes 2013 | Liquoreux | 2023>43 | 44 € 18
Sauternes 2009 | Liquoreux | 2021>31 | 59 € 18

Tour-Blanche, 33210 Bommes • Tél. 05 57 98 02 73 • tour-blanche@tour-blanche.com • www.tour-blanche.com • Visite : du lundi au vendredi de 10h à 12h30 et de 14h à 18h30. Ouvert le samedi de 10h à 12h30 et de 14h à 18h30 de juin à octobre

CHÂTEAU LAFAURIE-PEYRAGUEY

★★★★☆

Silvio Denz permet à la propriété d'affiner encore la qualité de son vin et de remplir dignement son rôle d'ambassadeur des grands sauternes, dans un style que son terroir rend assez proche d'Yquem, associant somptuosité de texture et raffinement aromatique dans le fruité. Mais il a su prolonger ses efforts de façon bénéfique pour l'ensemble de l'appellation par l'ouverture d'un hôtel de luxe et d'un restaurant gastronomique de très haut niveau, dédié à la gloire du sauternes, en associant dans sa promotion et de façon fort généreuse tous les crus voisins.

Sauternes 2016 | Liquoreux | 2024>46 | env. 55 € 18
Sauternes 2014 | Liquoreux | 2022>39 | env. 55 € 17,5
Sauternes 2013 | Liquoreux | 2023>43 | env. 55 € 18,5

33210 Bommes • Tél. 05 56 76 60 54 • info@vignobles-silvio-denz.com • www.chateau-lafaurie-peyraguey.com • Visite : visite et dégustation sur rendez-vous du lundi au vendredi.

CHÂTEAU LAMOTHE-GUIGNARD

★★★☆☆

Situé entre château d'Arche et Lamothe, ce vignoble produit des sauternes équilibrés et francs. L'amateur y trouve son compte, la liqueur est digne des sauternes de bonne réputation, sans atteindre la complexité ni la concentration des grands de l'appellation. Fidèles aux ambitions des propriétaires, les derniers millésimes sont commercialisés à des prix plus que convenables.

Sauternes 2016 | Liquoreux | 2024>31 | 23 € 16
Sauternes 2011 | Liquoreux | 2020>26 | 24 € 15,5

33210 Sauternes • Tél. 05 56 76 60 28 • chateau.lamothe.guignard@orange.fr • www.chateau-lamothe-guignard.fr • Visite : Du lundi au vendredi de 8h à 12h et de 14h à 18h. Le week-end et les jours fériés sur rendez-vous.

CHÂTEAU LARRIVET HAUT-BRION

★★☆☆☆

Au cœur de Léognan, cette belle propriété de 75 hectares a été rachetée en 1987 par Philippe Gervoson, également à la tête de l'entreprise Andros. Elle élabore des vins de style moderne, avec des rouges vineux et flatteurs, tandis que le blanc a beaucoup gagné en étoffe et en précision. L'arrivée de Bruno Lemoine en tant que directeur général en 2007, vinificateur du fameux Montrose 1990 (entre autres), permet au cru d'affirmer encore plus de personnalité. Les rouges sont incontestablement charmeurs mais non dénués d'élégance, et ont un grand potentiel de garde. Les blancs, un peu de la même veine, sont très exubérants du point de vue aromatique, puissants et dotés d'une incroyable personnalité. Une valeur on ne peut plus sûre de l'appellation.

Pessac-Léognan 2018 | Sec | NC 16
Pessac-Léognan 2018 | Sec | NC 16
Pessac-Léognan 2017 | Sec | 2019>25 | 48 € 15

Pessac-Léognan 2016 | Sec | 2019>28 | NC — 15,5

84, avenue de Cadaujac, 33850 Léognan • Tél. 05 56 64 75 51 • larrivethautbrion@wanadoo.fr • www.larrivethautbrion.fr • Visite : du lundi au samedi de 10h à 13h et de 14h à 17h ; en saison jusqu'à 18h.

CHÂTEAU LASSALLE

Propriété d'une quinzaine d'hectares à la Brède, qui produit des vins bien constitués, avec un supplément de densité pour la cuvée quintessence, extrêmement réussie en 2016. Le blanc, toujours raffiné, confirme la règle avec le millésime 2017.

Graves 2017 | Sec | 2019>21 | 10 € — 14,5
Graves 2016 | Sec | 2019>24 | 12 € — 14,5
Graves Quintessence 2016 | Sec | 2021>28 | 20 € — 15,5

2, allée Lassalle, 33650 La Brède • Tél. 05 56 78 49 65 • contact@chateaulassalle.com • www.chateaulassalle.com • Visite : de 9h à 12h et de 14h à 18h. Le week-end sur rendez-vous.

CHÂTEAU LATOUR-MARTILLAC

Ce cru classé est un modèle de propriété familiale, avec un attachement quasi filial de tous les enfants Kressmann à leur patrimoine, et une gestion très saine de bon père de famille. Ce n'est qu'à quinze ou vingt ans d'âge qu'un bon millésime révèle ici la plénitude de l'expression de son origine, même si à partir du millésime 2009 le rouge a beaucoup gagné en finesse de tannin et en élégance de texture. Les vins sont classiques, l'accent étant mis sur le fruit, la qualité des tannins et la fraîcheur. Sous la houlette de la très douée et rigoureuse Valérie Vialard, les blancs sont irréprochables, précis, aromatiques et d'une vivacité parfaite. Le nouveau chai bientôt opérationnel devrait permettre de progresser encore.

Pessac-Léognan 2017 | Sec | 2019>26 | 30 € — 17,5
Pessac-Léognan 2016 | Sec | 2020>34 | 45 € — 17
Pessac-Léognan Lagrave-Martillac 2016 | Sec | 2019>23 | 21 € — 15

8, chemin la Tour, 33650 Martillac • Tél. 05 57 97 71 11 • chateau@latourmartillac.com • www.latourmartillac.com • Visite : du lundi au samedi de 10h à 18h, visites sur rendez-vous uniquement.

LE GRAND ENCLOS DU CHÂTEAU DE CÉRONS

Le Grand Enclos du Château de Cérons appartient depuis 2000 à Giorgio Cavanna, également propriétaire d'un des plus beaux domaines du Chianti Classico, le Castello di Ama. Avec l'aide de son équipe technique et les conseils de Bertrand Léon, le fils de l'ancien directeur technique de Mouton-Rothschild, il vinifie un vin délicat et raffiné.

Graves 2018 | Sec | 12,90 € — 14
Graves 2018 | Sec | 12,08 € — 14
Graves 2017 | Sec | 2019>21 | 23,50 € — 13,5
Graves 2016 | Sec | 2019>26 | 27 € — 16,5

33720 Cérons • Tél. 05 56 27 01 53 • grand.enclos.cerons@wanadoo.fr ou lea.grandenclos@orange.fr • www.le-grand-enclos.com • Visite : Sur rendez-vous

CHÂTEAU LE THIL COMTE CLARY

En 2012, Florence et Daniel Cathiard ont acquis les 12 hectares du Thil Comte Clary, mitoyens de leur cru classé Smith Haut-Lafitte : trois hectares de blanc, à parts égales entre sauvignon et sémillon, pratiquement neuf hectares de rouge, à très forte proportion de merlot. Cette propriété bénéficie aujourd'hui de l'expertise de l'équipe de Smith. Les vins sont raffinés, charmeurs et parfaitement équilibrés.

Pessac-Léognan 2018 | Sec | 20,30 € — 14,5
Pessac-Léognan 2016 | Sec | 2019>25 | 23,50 € — 15,5

35, chemin le Thil, 33850 Léognan • Tél. 05 57 83 11 22 • smith-haut-lafitte@smith-haut-lafitte.com • www.smith-haut-lafitte.com • Visite : sur rendez-vous.

CHÂTEAU LÉOGNAN

Au XVIIe siècle, le domaine appartenait aux moines de Saint-Jean. En 1989, Olivier Bernard (domaine de Chevalier) créa de toutes pièces les 6 hectares de vignes. En 2007, Philippe et Chantal Miécaze, passionnés de vins, quittèrent leur entreprise d'imagerie médicale pour acquérir cette propriété et transformèrent le château en chambres d'hôtes. Leur restaurant Le Manège, édifié à l'emplacement des anciennes écuries et du manège du château, en plein milieu des vignes, est devenu une adresse très courue. Les vins sont soignés, flatteurs et vigoureux.

- Pessac-Léognan 2018 | Sec | 21,50 € 14,5
- Pessac-Léognan 2016 | Sec | 2019>29 | 29,50 € 15

8, chemin du Barp, 33850 Léognan • Tél. 05 56 64 14 96 • contact@chateauleognan.fr • www.visitechateaubordeaux.fr • Visite : hiver: du lundi au samedi de 10h à 12h et de 14h à 17h. été: du lundi au dimanche de 9h à 13h et de 14h à 18h.

CHÂTEAU LES CARMES HAUT-BRION

★★★★☆

Petit cru voisin de Haut-Brion, et lui aussi sauvé de l'urbanisation de Pessac, Les Carmes Haut-Brion produit un vin très harmonieux et subtil, où le cabernet franc en particulier apporte son incomparable finesse. La propriété a été achetée en décembre 2010 par Patrice Pichet, à la tête du groupe immobilier Patrimoniale Foncière Pichet. 2016 a été le premier millésime vinifié dans le magnifique et très audacieux chai conçu par Philippe Starck et Luc Arsène-Henry. Patrice Pichet, qui a confié la direction du domaine au talentueux et perfectionniste Guillaume Pouthier, est bien parti pour porter la propriété au niveau des meilleures.

- Pessac-Léognan 2018 | Sec | 79,90 € 18
- Pessac-Léognan 2016 | Sec | 2022>35 | NC 18,5
- Pessac-Léognan Le C des Carmes Haut-Brion 2018 | Sec | NC 15

20, rue des Carmes, 33000 Bordeaux • Tél. 05 56 93 23 40 • contact@les-carmes-haut-brion.com • www.les-carmes-haut-brion.com • Visite : Du lundi au samedi de 9h30 à 12H30 et de 14H à 18H.

CHÂTEAU LESPAULT-MARTILLAC

★☆☆☆☆

Cette jolie petite propriété de 8 hectares de belles graves sur la commune de Martillac appartient à la famille Bernard, par ailleurs propriétaire de l'excellent domaine de Chevalier. On retrouve la patte d'Olivier Bernard dans ces vins particulièrement élégants. Le rouge affiche toujours une légère supériorité par rapport au blanc.

- Pessac-Léognan 2017 | Sec | 2019>25 | 18,50 € 15
- Pessac-Léognan 2016 | Sec | 2019>32 | 27,50 € 16,5

1, route de la Solitude, 33650 Martillac • Tél. 05 56 72 74 74 • olivierbernard@domainedelasolitude.com • www.lespault-martillac.com

CHÂTEAU LUCHEY-HALDE

★☆☆☆☆

Château Luchey-Halde, c'est une renaissance ! Il fut totalement recréé en 1999 par Bordeaux Sciences Agro (école d'ingénieurs agronomes) qui racheta le terrain au ministère des armées afin de recréer, 80 ans après, un domaine sur ce terroir qui fut l'un des plus réputés de la commune de Mérignac, au cœur de la métropole bordelaise. Le vignoble s'étend sur 23 hectares, 19 de rouge (55 % cabernet-sauvignon 35 % merlot 5 % cabernet-franc et petit verdot) et 4 de blanc (37 % sauvignon blanc, 18 % sauvignon gris et 45 % sémillon). Une étude pédologique très précise a permis la mise en adéquation implacable des cépages avec les différents types de sols. Le chai de vinification est ultra perfectionné et permet de respecter au mieux le raisin récolté. L'élevage se fait en fût de chêne, avec une proportion raisonnable de bois neuf. Pierre Darriet, directeur du domaine était déjà présent en 2000 lors de la plantation des premières vignes. Les progrès réalisés sont notables.

- Pessac-Léognan 2018 | Sec | env. 19 € 14,5
- Pessac-Léognan 2018 | Sec | env. 19 € 15
- Pessac-Léognan 2017 | Sec | 2019>23 | 24 € 15,5
- Pessac-Léognan 2016 | Sec | 2019>27 | 24 € 16

17, avenue du Maréchal-Joffre, 33700 Mérignac • Tél. 05 56 45 97 19 • info@luchey-halde.com • www.luchey-halde.com • Visite : Du lundi au vendredi de 9h à 12h et de 14h à 18h.

CHÂTEAU MAGNEAU

★☆☆☆☆

Belle régularité et prix raisonnables : des vins savoureux, non dénués de potentiel pour les rouges, riches et puissants pour les blancs, notamment pour la cuvée julien.

- Graves 2017 | Sec | 2019>22 | 8,80 € 14,5
- Graves 2016 | Sec | 2019>24 | 15 € 15

12, chemin Maxime-Ardurats, 33650 La Brède • Tél. 05 56 20 20 57 • ardurats@chateau-magneau.com • www.chateau-magneau.com • Visite : tous les jours de 9h à 12h et de 14h à 18h et le week-end sur rendez-vous

CHÂTEAU MALARTIC-LAGRAVIÈRE

★★★★☆

Les Bonnie ont rénové les installations techniques de la propriété de manière magistrale, remis en état et agrandi le vignoble et surtout métamorphosé les vins. Le vignoble compte 53 hectares, dont 7 hectares de blancs, certifiés en agriculture raisonnée. Le second vin, autrefois appelé sillage-de-malartic, est devenu la-réserve-de-malartic en 2006. Les rouges, sévèrement sélectionnés, possèdent une force et une droiture de constitution étonnantes, qui ne déparent pas leur finesse native. Les blancs récents sont aussi remarquables : ils ont gagné en volume de bouche et en onctuosité, ils sont racés, nerveux, équilibrés. La réserve-de-malartic, se révèle être le vrai petit frère du grand vin.

- **Pessac-Léognan 2018** | Sec | 44,80 € — 15,5
- **Pessac-Léognan 2018** | Sec | 40,60 € — 17
- **Pessac-Léognan 2017** | Sec | 2019>27 | 57 € — 17,5
- **Pessac-Léognan 2016** | Sec | 2020>35 | 57,60 € — 18
- **Pessac-Léognan La Réserve de Malartic 2016** | Sec | 2019>24 | 21 € — 15,5

43, avenue de Mont-de-Marsan, 33850 Léognan • Tél. 05 56 64 75 08 • malartic-lagraviere@malartic-lagraviere.com • www.malartic-lagraviere.com • Visite : du lundi au vendredi de 9h à 18h. Ouvert le samedi de juin à septembre

CHÂTEAU DE MALLE

★★★☆☆

Le château et ses terrasses à l'italienne sont parmi les plus beaux et les plus visités du sud de Bordeaux et on retrouve dans le vin, quand il est réussi et il l'est souvent depuis dix ans, toute la séduction des lieux, avec un fruit généreux et vite ouvert, ce qui devrait en faire un vin d'apéritif noble très recherché. Un blanc sec issu d'un terroir proche, en appellation Graves, est également doté d'une grande finesse. Autres propriétés de la famille, les châteaux Pessan et Cardaillan, en appellation Graves, produisent des vins rouges de caractère.

- **Graves Château de Cardaillan 2016** | Sec | 2019>24 | 10 € — 14
- **Graves Château Pessan 2016** | Sec | 2019>24 | 12 € — 15
- **Sauternes 2016** | Liquoreux | 2024>36 | 27 € — 17
- **Sauternes 2015** | Liquoreux | 2023>35 | 27 € — 17,5

33210 Preignac • Tél. 05 56 62 36 86 • accueil@chateau-de-malle.fr • www.chateau-de-malle.fr • Visite : du lundi au vendredi de 9h à 12h et de 14h à 17h.

CLOS MARSALETTE

★★☆☆☆

Ce petit cru de 6 hectares, mené par Stephan von Neipperg, propriétaire du château Canon La Gaffelière, s'impose année après année comme une valeur sûre des vins de Pessac-Léognan. Le rouge représente 5,5 hectares, avec un encépagement majoritaire en cabernet Les vins sont charmeurs, dans un style exubérant mais très équilibré, racés et pleins de personnalité. Le blanc de la propriété, anecdotique en volume, est particulièrement agréable. Les deux sont d'une grande régularité et font partie des incontournables de l'appellation.

- **Pessac-Léognan 2018** | Sec | NC — 15
- **Pessac-Léognan 2018** | Sec | NC — 15
- **Pessac-Léognan 2017** | Sec | 2019>24 | NC — 14,5
- **Pessac-Léognan 2016** | Sec | 2020>31 | NC — 15,5

33650 Martillac • Tél. 05 57 24 71 33 • info@neipperg.com • www.neipperg.com

CHÂTEAU DE MYRAT

★★★☆☆

Élisabeth de Pontac et sa sœur Slanie continuent dignement l'œuvre de leur père sur ce terroir de qualité, cru classé de Sauternes. Les raisins sont rentrés avec soin, très riches et rôtis et le vin a beaucoup gagné depuis cinq ans en puissance et en longueur de bouche. Il vieillit certes un peu plus vite que climens ou coutet mais permet de les attendre dans les meilleures conditions, à des prix très raisonnables.

- **Sauternes 2016** | Liquoreux | 2020>28 | 30 € — 16
- **Sauternes 2015** | Liquoreux | 2023>30 | 30 € — 17
- **Sauternes 2011** | Liquoreux | 2021>26 | 32 € — 16,5

33720 Barsac • Tél. 05 56 27 09 06 • myrat@chateaudemyrat.fr • www.chateaudemyrat.fr • Visite : sur rendez-vous.

CHÂTEAU NAIRAC

★★★☆☆

Le cru classé appartient à Nicole Tari et ses enfants : il a souvent produit des vins très riches, bien marqués par un botrytis généreux. Le 2014 ne fera pas partie de cette atégorie mais certainement l'excellent 2011. Le château 'a pas présenté ses derniers millésimes.

Barsac 2011 | Liquoreux | 2019>26 | 45 € — 17

720 Barsac • Tél. 06 83 03 22 16 ou 06 78 07 51 04 • chateau.nairac@wanadoo.fr Visite : Sur rendez-vous.

CHÂTEAU OLIVIER

★★★☆☆

Cette magnifique propriété aux portes de Bordeaux a su onserver, outre son vignoble de 55 hectares, une large art de forêts et de prairies. Au début des années 2000, a famille Bethmann fait d'importants travaux et confie a gestion du domaine à Laurent Lebrun. Sa rigueur et on analyse fine du terroir ont fait faire un grand bond ualitatif aux vins. Le vin blanc, qui contient traditionnelement une bonne proportion de sémillon, est devenu omplexe et élégant, avec une personnalité bien affirmée, e 2017 nous a bluffés. Les rouges, bien mieux vinifiés, xpriment avec plus de précision leur excellent terroir, ls sont expressifs et énergiques.

- **Pessac-Léognan 2018** | Sec | 24,48 € — 16
- **Pessac-Léognan 2018** | Sec | 25,92 € — 15,5
- **Pessac-Léognan 2017** | Sec | 2020>29 | 34 € — 18
- **Pessac-Léognan 2016** | Sec | 2019>34 | 35 € — 17,5
- **Pessac-Léognan Le Dauphin d'Olivier 2016** | Sec | 2019>24 | 16 € — 15

75, avenue de Bordeaux, 33850 Léognan • Tél. 05 56 64 73 31 • nail@chateau-olivier.com • www.chateau-olivier.com • Visite : sur rendez-vous.

CHÂTEAU PAPE CLÉMENT

★★★★☆

Propriété historique majeure avant d'être le vin d'un homme, pape-clément est à son meilleur depuis 1985, époque de la reprise par Bernard Magrez. Avec une constance et une volonté de fer, cet homme étonnant a affiné le processus d'élaboration en soignant les détails à toutes les étapes sans jamais perdre de vue l'objectif de tout propriétaire de grand cru classé : le sommet. Il y a dans les vins du château Pape-Clément une constance qu'on ne retrouve pas partout : pape-clément est avant tout un cru qui donne une définition claire de son terroir. Le caractère truffé et précis du grain, la texture et le soyeux de la chair, c'est l'essence même d'un grand pessac. Le rouge, incroyablement complexe, privilégie expression aromatique, précision du grain et fraîcheur. Le blanc, avec son fumé et sa minéralité inimitables, atteint souvent des sommets. Les seconds vins sont le reflet quasi parfait du grand vin, avec évidemment un accès plus immédiat.

- **Pessac-Léognan 2018** | Sec | NC — 17
- **Pessac-Léognan 2018** | Sec | NC — 18
- **Pessac-Léognan 2017** | Sec | 2020>29 | NC — 18,5
- **Pessac-Léognan 2016** | Sec | 2022>36 | 140 € — 18,5
- **Pessac-Léognan Clémentin 2016** | Sec | 2019>25 | 39 € — 16

216, avenue du Docteur-Nancel-Pénard, 33600 Pessac • Tél. 05 57 26 43 04 • chateau@pape-clement.com • www.pape-clement.com • Visite : du lundi au samedi de 11h à 19h30 et le dimanche de 9h à 12h.

CHÂTEAU PICQUE CAILLOU

★★☆☆☆

Picque-Caillou est l'une des dernières propriétés situées au cœur de l'agglomération bordelaise : 21 hectares d'un beau terroir caillouteux, comme son nom l'indique. En 2006, Paulin Calvet reprend en mains la destinée de ce vignoble familial. Fort de son expérience acquise au sein de la maison Moueix, il s'attache à redorer le blason de ce beau vignoble, soutenu en ça par le regretté Denis Dubourdieu et maintenant par l'équipe de ce dernier. On peut dire que depuis quelques millésimes il y réussit car les vins sont en constante progression. Ici on privilégie l'élégance, la pureté de fruit, l'expression du terroir et l'équilibre. Le domaine mérite une deuxième étoile.

- **Pessac-Léognan 2018** | Sec | 16,30 € — 14,5
- **Pessac-Léognan 2018** | Sec | NC — 15
- **Pessac-Léognan 2017** | Sec | 2019>25 | 22 € — 16
- **Pessac-Léognan 2016** | Sec | 2019>27 | 26 € — 16

93, avenue Pierre Mendès France, 33700 Mérignac • Tél. 05 56 47 37 98 • contact@picque-caillou.com • www.picque-caillou.com • Visite : du lundi au vendredi de 9h à 12h et de 14h à 17h et le samedi sur rendez vous

CHÂTEAU DES PLACES

Une belle propriété de 20 hectares située au cœur des Graves, à Arbanats, qui appartient à la famille Reynaud depuis le début du siècle dernier. Aujourd'hui ce sont les frères Philippe et Fabrice Reynaud qui travaillent en parfaite harmonie, le premier à la vigne, le second aux chais et à la commercialisation. Ensemble, pour se démarquer de leur père, ils ont créé une cuvée 100 % barriques neuves, agora, très réussie ! Un quart de la surface du vignoble a été converti en bio dès 2018. Preuve que les choses bougent !

Graves Cuvée Agora 2017 | Sec | 2019>21 | 16 € — 14,5
Graves Cuvée Agora 2016 | Sec | 2019>25 | 17,50 € — 15

46, avenue Maurice-La-Chatre, 33640 Arbanats • Tél. 05 56 67 20 13 • contact@vignobles-reynaud.fr • www.vignobles-reynaud.fr • Visite : Du lundi au vendredi de 9h à 12h et de 14h à 17h30. Le week-end sur rendez-vous uniquement.

CHÂTEAU PONT DE BRION

Voilà une propriété qui appartient à la même famille depuis les années trente et qui est passée de quelques ceps plantés à 22 hectares. En 2015, Charlotte Molinari, la cinquième génération, a repris les rênes des 22 hectares en donnant priorité au travail dans la vigne pour obtenir de beaux raisins. Rouge ou blanc, on ne se trompera pas.

Graves 2017 | Sec | 2019>22 | 12,50 € — 15
Graves 2016 | Sec | 2019>25 | 13,50 € — 15

Ludeman, 33210 Langon • Tél. 05 56 63 09 52 • vignoblesmolinari@chateaupontdebrion.com • www.chateaupontdebrion.com • Visite : du lundi au vendredi, de 10h à 12h et de 14h à 18h

CHÂTEAU PONTAC-MONPLAISIR

Petite propriété sauvée de l'urbanisation, Pontac-Monplaisir revit des jours bien meilleurs et offre à des prix raisonnables un rouge souple et subtil, mais surtout un blanc doté de beaucoup de personnalité. Une vraie bonne adresse.

Pessac-Léognan 2016 | Sec | 2019>30 | 16 € — 16

20, rue Maurice-Utrillo, 33140 Villenave-d'Ornon • Tél. 06 09 28 80 88 contact@pontac-monplaisir.fr • www.pontac-monplaisir.fr • Visite : du lundi a samedi sur rendez-vous.

CHÂTEAU DE PORTETS

Le château de Portets est bâti sur le site d'une ancienne forteresse. En 1808 Napoléon y fit une halte avec Joséphine, empêché par la marée et les vents contraires de rejoindre Bordeaux. L'histoire ne dit pas s'il apprécia les vins rouges et blancs du domaine ! En 1956, le château et ses trente hectares sont repris par la famille Théron contrainte de quitter l'Algérie. Ici les vins, tant en rouge qu'en blanc, sont d'une régularité sans faille et expriment à merveille toute la typicité que l'on attend de l'appellation Graves.

Graves 2018 | Sec | 9,33 € — 14,5
Graves 2017 | Sec | 2019>22 | 9,50 € — 14
Graves 2016 | Sec | 2019>25 | 14 € — 15,5

33640 Portets • Tél. 05 56 67 12 30 • contact@chateaudeportets.fr • www.chateaudeportets.com • Visite : du lundi au samedi de 10h à 18h, sur rendez-vous de préférence.

CHÂTEAU RAHOUL

La famille Thiénot, importante opératrice en Champagne, s'installe de plus en plus à Bordeaux. Avant de reprendre Dourthe, elle avait commencé par quelques propriétés peu connues, où elle applique une politique de qualité, comme Rahoul, à Portets. Les vins sont en constante progression. Leurs caractéristiques : élégance, consistance, complexité aromatique, jolis tannins, équilibre sur la fraîcheur pour les rouges, exubérance, richesse fruitée, pureté et vivacité pour les blancs.

Graves 2018 | Sec | NC — 14
Graves 2017 | Sec | 2019>23 | 22 € — 15
Graves 2016 | Sec | 2019>27 | env. 19 € — 15,5

4, route du Courneau, 33640 Portets • Tél. 05 57 97 73 33 • chateau-rahoul@thienot.com • www.chateau-rahoul.com • Visite : sur rendez-vous.

CHÂTEAU DE RAYNE VIGNEAU

★★★★☆

erek Smith est un Franco-Américain qui a fait fortune ans les activités de vente par correspondance. Cet moureux sincère des grands sauternes se montre un nécène intelligent et accompli dans la rénovation de ce remier cru classé, au terroir magnifique mais qui nanque encore de notoriété. Et comme il ne compte pas erdre trop d'argent il innove en matière de marketing et e vente, tout en affinant la qualité du vin qui progresse chaque nouveau millésime et trouve de nouveaux débouchés.

- **Sauternes 2016** | Liquoreux | 2022>46 | 44 € — 18
- **Sauternes 2015** | Liquoreux | 2027>45 | 44 € — 17
- **Sauternes 2013** | Liquoreux | 2021>43 | 42 € — 17,5

, Le Vigneau , 33210 Bommes • Tél. 05 56 76 64 05 • chateau@raynevigneau.fr • ww.raynevigneau.fr • Visite : tous les jours de 10h à 18h

CHÂTEAU DE RESPIDE

★☆☆☆☆

Le château de Respide est l'un des plus vieux châteaux viticoles des Graves. Il est cité dans l'édition du Féret vers 1840. Le domaine fut la propriété du chef de la police de Paris sous Louis XIV, puis appartint à la tante du peintre Toulouse-Lautrec, il est aujourd'hui propriété de la famille Bonnet. La cuvée callipyge, avec sa forte proportion de petit verdot est superbe et la cuvée l'inattendu, bénéficiant d'une vinification intégrale en fûts de 600 litres, est tout à fait réussie. Ces vins, grâce à leur très bon rapport qualité-prix, font de cette propriété un incontournable de l'appellation.

- **Graves Callipyge 2017** | Sec | 2019>22 | 12 € — 14,5
- **Graves Callipyge 2016** | Sec | 2019>26 | 13 € — 16,5
- **Graves L'Inattendu 2016** | Sec | 2019>23 | 18 € — 14,5

Le Pavillon de Boyre, 33210 Roaillan • Tél. 05 56 63 24 24 • vignobles-bonnet@wanadoo.fr • www.chateau-de-respide.com • Visite : du lundi au vendredi, de 9h à 12h et de 14h à 17h. Sur rendez-vous le week-end.

CHÂTEAU RIEUSSEC

★★★★☆

Rieussec, un des joyaux des domaines Rothschild, souffre parfois injustement de la politique commerciale de sa distribution, qui fait oublier la noblesse de son terroir contigu à Yquem et le perfectionnisme de sa production. Le vin impressionne par sa puissance et sa richesse sans manquer de fraîcheur, grâce à une maîtrise technique exemplaire de mise en bouteille. Le vieillissement remarquable des 1988, 1989 et 1990 devrait faire taire toute critique. Le second vin carmes ne fait pas dans la démagogie et présente toute la richesse qu'on attend sur ce type de sol, avec un développement plus rapide en bouteille.

- **Sauternes 2018** | Liquoreux | NC — 15
- **Sauternes 2016** | Liquoreux | 2024>46 | NC — 18,5
- **Sauternes 2015** | Liquoreux | 2025>45 | NC — 18,5
- **Sauternes 2013** | Liquoreux | 2021>40 | NC — 18

34, route de Villandreau, 33210 Fargues-de-Langon • Tél. 01 53 89 78 00 • rieussec@lafite.com • www.lafite.com • Visite : sur rendez-vous.

CHÂTEAU ROCHE-LALANDE

☆☆☆☆☆

- **Pessac-Léognan 2018** | Sec | 22 TTC € — 14
- **Pessac-Léognan 2018** | Sec | 23 TTC € — 14
- **Pessac-Léognan 2017** | Sec | 2019>25 | 24 € — 14,5
- **Pessac-Léognan 2016** | Sec | 2019>29 | 25 € — 15,5
- **Pessac-Léognan Château Pont Saint Martin 2017** | Sec | 2019>24 | 20 € — 14
- **Pessac-Léognan Château Pont Saint-Martin 2016** | Sec | 2019>27 | 20 € — 15,5

Château de Castres - Route de Pommarède, 33640 Castres-Gironde • Tél. 05 56 67 51 51 • contact@chateaudecastres.fr • www.domaines-rodrigues-lalande.fr • Visite : De 9h à 12h et de 13h30 à 19h.

CHÂTEAU DE ROCHEMORIN

★★☆☆☆

Ancienne propriété du baron de Montesquieu Rochemorin fut rachetée par André Lurton dans les années 1970, qui en fit le beau domaine incontournable qu'il est à l'heure actuelle. Le blanc, 100 % sauvignon, n'est pas caricatural, le rouge à dominante merlot est d'une rare élégance.

- **Pessac-Léognan 2018** | Sec | 8,63 € — 14,5
- **Pessac-Léognan 2017** | Sec | 2019>25 | 12,15 € — 15,5
- **Pessac-Léognan 2016** | Sec | 2019>25 | 17,40 € — 15

Chemin de Carosse, 33650 Martillac • Tél. 05 57 25 58 58 • andrelurton@andrelurton.com • www.andrelurton.com • Visite : du lundi au vendredi de 9h à 18h et le samedi de juin à septembre.

CHÂTEAU ROMER DU HAYOT

★★☆☆☆

Une résurrection ! Dans les derniers millésimes, une véritable révolution qualitative a transformé un cru médiocre par rapport à son classement et son terroir en un sauternes riche, très ouvert et fruité, visiblement fait à nouveau avec une vendange impeccablement rôtie. Un futur rapport qualité-prix imbattable qui devrait intéresser la curiosité des restaurateurs.

- **Sauternes 2016** | Liquoreux | 25 € — 16
- **Sauternes 2015** | Liquoreux | 2023>30 | 25 € — 17,5

Château Andoyse, 33720 Barsac • Tél. 05 56 27 15 37 • contact@vignobles-du-hayot.com • www.vignobles-du-hayot.com • Visite : du lundi au vendredi de 9h à 12h et de 14h à 17h.

CHÂTEAU DE ROUILLAC

★★★☆☆

Depuis 2010, date de son achat coup de cœur, Laurent Cisneros n'a eu de cesse de porter au plus haut ce magnifique domaine haussmannien. C'est chose faite, le grand tournant aura été pris avec le millésime 2017 qui sort complètement du lot. Pour le rouge s'entend puisque le blanc était déjà remarquable depuis plusieurs millésimes. À ses vins de Rouillac, Laurent Cisneros, entrepreneur insatiable, ajoute désormais une gamme de bordeaux dans les trois couleurs, portant le nom du petit-dada-de-rouillac, en achetant la matière première chez un viticulteur soigneusement sélectionné. Son objectif : créer une collection de vins gourmands et fruités, axée sur le plaisir.

- **Pessac-Léognan 2018** | Sec | 21 € — 15
- **Pessac-Léognan 2018** | Sec | 21 € — 15
- **Pessac-Léognan 2017** | Sec | 2019>25 | épuisé — 16,5
- **Pessac-Léognan 2016** | Sec | 2019>29 | 29 € — 15,5

12, chemin du 20-août-1949, 33610 Canéjan • Tél. 05 57 12 84 63 • info@chateaud-rouillac.com • www.chateauderouillac.com • Visite : du lundi au vendredi de 9h à 12h et de 14h à 18h

CHÂTEAU SAINT-ROBERT

★☆☆☆☆

Bien situé dans le sud des Graves, cette propriété fut longtemps dans le giron du Crédit Foncier avant d'être aujourd'hui régie par les Grands Chais de France. Elle produit des vins intéressants dans les deux couleurs.

- **Graves Poncet-Deville 2018** | Sec | 14 € — 14
- **Graves Poncet-Deville 2018** | Sec | 2020>24 | 12 € — 15
- **Graves Poncet-Deville 2018** | Sec | 2019>25 | 14 € — 14

SCEA vignobles de Bastor & Saint-Robert, 33210 Preignac • Tél. 05 56 63 27 66 • commercial.cellarmony@orange.fr • www.chateau-saint-robert.com • Visite : Du lundi au jeudi de 9h à 12h30 et de 14h à 17h30. Le vendredi jusqu'à 16h30.

CHÂTEAU SEGUIN

★★☆☆☆

Reconstitué par Jean Darriet, ingénieur géomètre, et son épouse, ce domaine de 35 hectares produit uniquement des vins rouges complexes et harmonieux, d'une qualité très régulière. L'arrivée comme associé de Moïse Ohana a encore accentué le dynamisme de la propriété, qui devient progressivement une figure incontournable de son appellation. On y trouve des vins séveux et flatteurs, avec souvent une richesse et une maturité de fruit superbes.

- **Pessac-Léognan 2018** | Sec | 16,50 € — 14
- **Pessac-Léognan 2016** | Sec | 2019>26 | 25 € — 15

Chemin de la House, 33610 Canéjan • Tél. 05 56 75 02 43 • contact@chateauseguin.com • www.chateauseguin.com • Visite : du lundi au vendredi de 8h à 12h et de 13h à 16h. Le week-end sur rendez-vous.

CHÂTEAU SIGALAS-RABAUD

★★★★☆

Voisin direct de Lafaurie-Peyraguey, Sigalas-Rabaud est un petit vignoble de 14 hectares d'un seul tenant (le plus petit cru classé de Sauternes !), idéalement exposé, capable de donner un vin très liquoreux mais d'une finesse transcendante. La pourriture du raisin, en raison de sa précocité, s'y développe de façon particulièrement noble, comme l'ont prouvé les grands millésimes des vingt dernières années. Laure Compeyrot de Lambert a la ferme intention de l'orienter vers une viticulture encore propre, et commence à élaborer des secs de caractère mais qui doivent encore progresser.

Sauternes 2018 | Liquoreux | 28,75 €	16
Sauternes 2016 | Liquoreux | 2024>41 | 39 €	18,5
Sauternes 2015 | Liquoreux | 2025>45 | 39 €	18
Sauternes 2014 | Liquoreux | 2022>34 | 39 €	17
Sauternes 2013 | Liquoreux | 2021>33 | 39 €	18

33210 Bommes • Tél. 05 57 31 07 45 • chateausigalasrabaud@gmail.com • www.chateau-sigalas-rabaud.com • Visite : tous les jours de début mai jusqu'à fin septembre, sinon du lundi au vendredi de 10h à17h.

CHÂTEAU SMITH HAUT-LAFITTE

★★★★☆

Propriété phare de Martillac par la qualité de ses installations et son ouverture au tourisme viticole avec le superbe établissement des Sources de Caudalie (hôtel-spa 5 étoiles et restaurant deux macarons Michelin, La Grand'Vigne), Smith Haut-Lafitte est aussi un vignoble pionnier dans sa catégorie pour sa philosophie de viticulture, que Daniel Cathiard qualifie de bio-précision, l'objectif étant l'alliance du meilleur de la nature au meilleur de la science. Florence et Daniel Cathiard, qui ont acquis la propriété en 1991, peuvent être fiers du travail accompli sur les 78 hectares de vignoble. Les vins sont racés, exprimant parfaitement leur terroir et débordent d'énergie. Hauts-de-smith et le-petit-haut-de-smith bénéficient des mêmes attentions que le grand vin et ça se voit !

Pessac-Léognan 2018 | Sec | 116 €	17,5
Pessac-Léognan 2018 | Sec | 111 €	17,5
Pessac-Léognan 2017 | Sec | 2019>28 | 115 €	17,5
Pessac-Léognan 2016 | Sec | 2020>38 | 110 €	18,5
Pessac-Léognan Château Cantelys 2017 | Sec | 2019>23 | 18 €	14,5
Pessac-Léognan Château Cantelys 2016 | Sec | 2019>24 | 16 €	14,5
Pessac-Léognan Le Petit Haut Lafitte 2018 | Sec | 26-29 €	15
Pessac-Léognan Le Petit Haut Lafitte 2016 | Sec | 2019>25 | 29,50 €	16,5
Pessac-Léognan Le Petit Haut-Lafitte 2018 | Sec | 28-31 €	14,5
Pessac-Léognan Le Petit Haut-Lafitte 2017 | Sec | 2019>24 | 31 €	16,5
Pessac-Léognan Les Hauts de Smith 2018 | Sec | 24,40 €	14,5
Pessac-Léognan Les Hauts de Smith 2018 | Sec | 27,70 €	14
Pessac-Léognan Les Hauts de Smith 2017 | Sec | 2019>24 | 27,40 €	15
Pessac-Léognan Les Hauts de Smith 2016 | Sec | 2019>24 | 24 €	14,5

33650 Martillac • Tél. 05 57 83 11 22 • smith-haut-lafitte@smith-haut-lafitte.com ou visites@smith-haut-lafitte.com • www.smith-haut-lafitte.com • Visite : du lundi au samedi de 10h à 19h, le dimanche et les jours fériés de 10h à 18h.

DOMAINE DE LA SOLITUDE

★★☆☆☆

C'est en 1970 que les sœurs de la Communauté de la Sainte-Famille décidèrent de valoriser leur capital viticole en faisant appel à des intervenants extérieurs. Depuis 1993, sous la houlette d'Olivier Bernard (domaine de Chevalier) qui a pris les terres du domaine en fermage pour quarante ans, un long travail de rénovation a été entrepris. Aujourd'hui le domaine a rejoint en bonne place le concert des pessac-léognan. Les vins, tant en rouge qu'en blanc, sont toujours très expressifs, avec une intensité aromatique jamais prise en défaut ; ils sont puissants, avec un bon potentiel de garde pour les rouges, mais aussi élégants, frais et équilibrés. Des vins de caractère qui ne passent pas inaperçus.

Pessac-Léognan 2018 | Sec | 18,90 €	14,5
Pessac-Léognan 2017 | Sec | 2019>24 | NC	15,5
Pessac-Léognan 2016 | Sec | 2019>24 | 20,16 €	15

10, route de la Solitude , 33650 Martillac • Tél. 05 56 72 74 74 • olivierbernard@domainedelasolitude.com • www.domainedelasolitude.com • Visite : du lundi au samedi de 8h30 à 12h30 et le samedi après-midi sur rendez-vous.

CHÂTEAU SUAU

★★☆☆☆

La famille Bernard, de domaine de Chevalier, qui produit aussi en Sauternais un important volume de vins secs de caractère sous la marque clos-des-lunes, a repris l'exploitation de ce cru classé qui avait sombré dans la médiocrité puis disparu des dégustations. Le terroir est excellent et les derniers millésimes commencent, de façon encore un peu timide, à lui rendre justice.

Barsac 2016 | Liquoreux | 2022>32 | 17,50 € — **16,5**

33720 Barsac • Tél. 05 56 64 16 16 • olivierbernard@domainedechevalier.com

CHÂTEAU SUDUIRAUT

★★★★★

La propriété produit désormais les très grands vins que son terroir autorise, avec une parfaite régularité et une déclinaison complexe mais parfaitement réfléchie de grand et seconds vins et de deux secs remarquables. Difficile de choisir parmi les seconds vins moelleux entre lion, un peu plus moderne et exubérant, et castelnau plus classique, car les deux sont réalisés sans concession, avec un joli rôti du raisin. En sec, S a un peu plus de densité que le simple sec. Il n'y a guère qu'Yquem pour faire encore un tout petit peu mieux, surtout en matière d'élevage.

Bordeaux S de Suduiraut Vieilles Vignes 2018 | Sec | NC — **16**
Bordeaux S de Suduiraut Vieilles Vignes 2017 | Sec | 2022>27 | 26 € — **17**
Sauternes 2018 | Liquoreux | env. 46,20 € — **15**
Sauternes 2016 | Liquoreux | 2026>46 | env. 68 € — **17,5**
Sauternes 2015 | Liquoreux | 2025>45 | 72 € — **19**
Sauternes Castelnau de Suduiraut 2016 | Liquoreux | 2020>28 | env. 25 € — **16,5**

33210 Preignac • Tél. 05 56 63 61 92 • contact@suduiraut.com • www.suduiraut.com • Visite : Du lundi au samedi de 10h à 12h et de 14h à 18h, sur rendez-vous uniquement.

CHÂTEAU TOUR DE CALENS

☆☆☆☆☆

C'est depuis une trentaine d'années l'une des propriétés de la famille Doublet, parmi celles qu'elle possède dans l'Entre-Deux-Mers et le Libournais. Une dizaine d'hectares de graves profondes sur lesquelles sont implantés de vieux cabernet-sauvignon à hauteur de 75 % et des merlots pour les rouges, sémillons et sauvignons pour les blancs. Un élevage soigné en barriques neuves pour moitié contribue à donner de la plénitude aux vins produits. Les prix plus que doux constitueront une motivation supplémentaire pour s'intéresser à ce joli cru.

Graves 2016 | Sec | 2019>27 | 12 € — **15,5**

Famille Doublet - Château Vignol, 33640 Beautiran • Tél. 05 57 24 12 93 • info@famille-doublet.fr • www.famille-doublet.fr • Visite : du lundi au vendredi d préférence sur rendez-vous.

VIEUX CHÂTEAU GAUBERT

★★☆☆☆

Dominique Haverlan est depuis plus de trente ans l'un des producteurs de référence de l'appellation Graves. Il a repris en main le château La Brède à la récolte 2011. Défi relevé, les vins sont superbes. De style puissant, les rouges sont très réguliers, la maturité de fruit et de tannins est de rigueur, l'élevage en barrique soigné et rarement excessif ; ils sont bâtis pour bien vieillir mais ne sont pas dénués de charme dans leur prime jeunesse. Les blancs sont racés, denses et vigoureux, jamais en défaut de fraîcheur.

Graves 2017 | Sec | 2019>22 | 12,50 € — **15**
Graves 2016 | Sec | 2019>25 | 16 € — **15**
Graves Château La Brède 2017 | Sec | 2019>21 | 22 € — **13,5**
Graves Château La Brède 2016 | Sec | 2019>24 | 30 € — **15**

35, rue du 8-mai-1945, 33640 Portets • Tél. 05 56 67 18 63 • dominique.haverlan@libertysurf.fr • www.vignobles-haverlan.com • Visite : du lundi au vendredi, de 9h à 12h et de 14h à 17h, de préférence sur rendez-vous.

CHÂTEAU VILLA BEL-AIR

★★☆☆☆

Un parc, une pièce d'eau avec ses sculptures et une jolie chartreuse : le stéréotype de la villa italienne. Repris par la famille Ballande en 2017, avec le soutien technique de Stéphane Derenoncourt, le domaine produit des rouges et des blancs d'excellente réputation. Le fil conducteur des vins de la propriété est sans conteste l'équilibre et l'élégance. Ils sont d'une régularité sans faille et d'un classicisme à toute épreuve ; incontournables dans l'appellation, on peut les acheter les yeux fermés. Les rouges sont, d'un point de vue aromatique, très complexes, leur texture est flatteuse, avec un grain de tannin fin, une fin de bouche très équilibrée et harmonieuse. Les blancs sont très puissants aromatiquement, avec beaucoup de présence, de fraîcheur et d'énergie.

Graves 2016 | Sec | 2019>24 | 20-25 € — **15**

186 route de Castres, 33650 Saint-Morillon • Tél. 07 89 74 21 48 • urclic.ballandc@villabelair.com •

CHÂTEAU D'YQUEM

★★★★★

Yquem jouit d'un statut unique dans la production bordelaise, qui le place pratiquement hors de tout jugement critique. La centaine d'hectares exploités se répartissent entre sémillon et sauvignon, sur des croupes graveleuses avec un sous-sol plus argileux. Le cru ne connaît pas de petits, voire de millésimes moyens, car il ne supporte aucun compromis. Il a d'ailleurs renoncé à produire le 2012, la qualité n'ayant pas été jugée assez élevée pour le cru. Le groupe LVMH l'a repris en 1999 avec à sa tête Pierre Lurton, arrivé en 2004. L'arrivée du sauvignon dans les assemblages, la souplesse d'adaptation de l'élevage à la nature du millésime, et évidemment un savoir-faire agronomique unique font de chaque millésime une fête encore plus précise et équilibrée que dans les décennies précédentes, satisfaisant aussi bien nos sens que notre intelligence.

Sauternes 2015 | Liquoreux | 2025>60 | 350 € — **19,5**
Sauternes 2014 | Liquoreux | 2024>55 | 350 € — **18**
Sauternes 2013 | Liquoreux | 2023>50 | 350 € — **19**

33210 Sauternes • Tél. 05 57 98 07 07 • info@yquem.fr • www.yquem.fr • Visite : la semaine de 8h30 à 12h30, puis de 13h30 à 18h30, et le week end de 9h à 12h30, 13h30 à 19h

LE VIGNOBLE DU MÉDOC

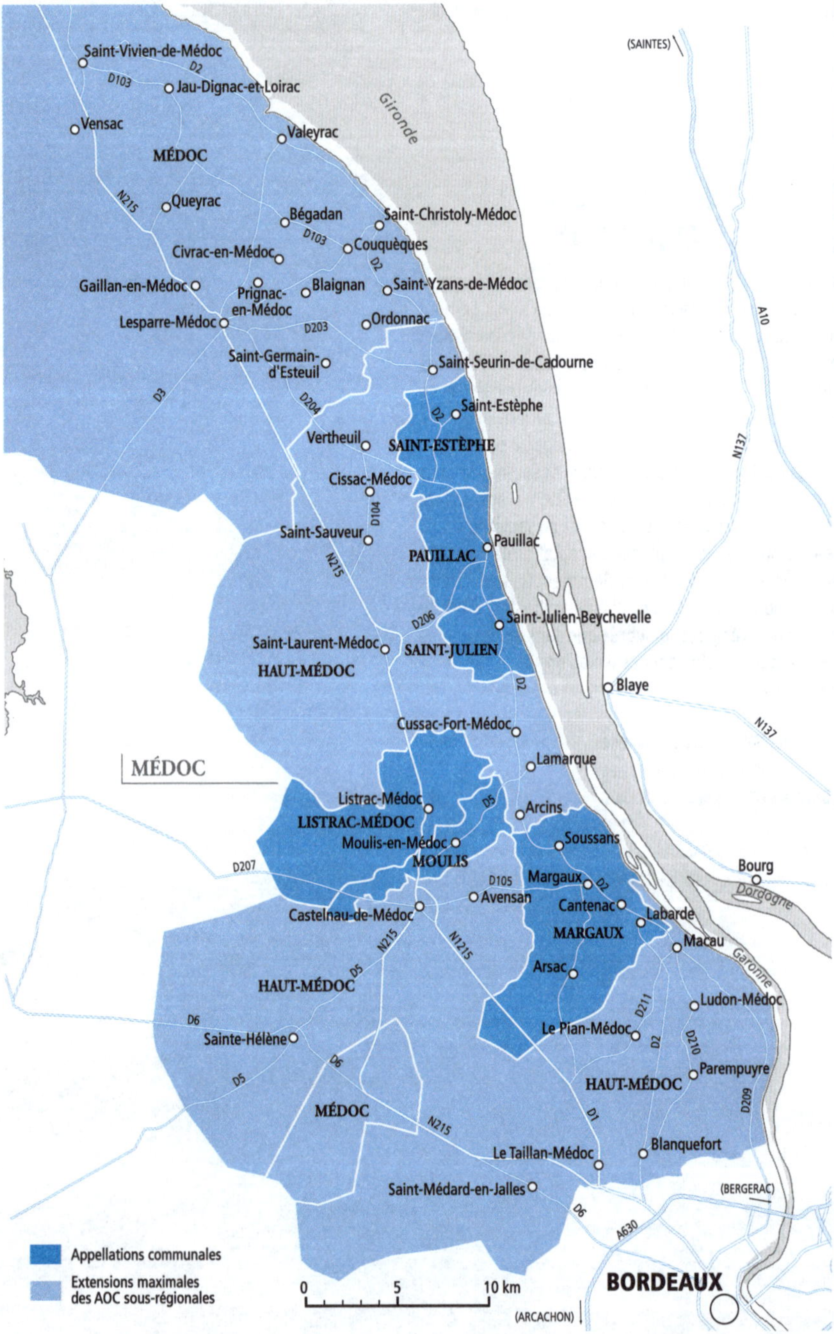

CHÂTEAU D'AGASSAC

★★★☆☆

Passé dans le giron de Groupama en 1996, ce vignoble de graves est l'un des plus importants du Sud-Médoc, avec une quarantaine d'hectares. Géré par Jean-Luc Zell, le château produit quatre cuvées d'égale réussite. L'ensemble des vins produits est de bonne qualité, veillant à conserver du fruit, dans un style moderne, tannique mais sans lourdeur. L'agassant, à base de 90 % de merlot, est une cuvée plus ronde, destinée à être bue jeune. La tête de cuvée du château-pomiès-agassac joue sur le registre de l'hyper raffinement sans pour autant manquer de densité. L'esprit-d'agassac est très flatteur, le grand vin possède charme et équilibre, c'est un incontournable.

- **Haut-Médoc 2018** | Sec | 24 € — 15
- **Haut-Médoc 2016** | Sec | 2019>25 | 24 € — 15,5

15, rue du Château-d'Agassac, 33290 Ludon-Médoc • Tél. 05 57 88 15 47 • contact@agassac.com • www.agassac.com • Visite : sans RDV d'Avril et Septembre ouvert sans RDV du Lundi au Samedi 10H 18H et de Mai à Aout ouvert tous les jours sans RDV de 10H à 18H sur RDV d'Octobre à Mars ouvert sur RDV

CHÂTEAU ANDRON-BLANQUET

★☆☆☆☆

Situé dans le sud de l'appellation Saint-Estèphe, le terroir se compose de graves günziennes caillouteuses admirablement drainées, sur un sous-sol calcaire. Les vins sont généralement denses et structurés. Un rapport qualité-prix imbattable au sein de l'appellation.

- **Saint-Estèphe 2016** | Sec | 2019>25 | 18 € — 15

33180 Saint-Estèphe • Tél. 05 56 59 30 22 • contact@cos-labory.com • www.cos-labory.com • Visite : sur rendez-vous.

CHÂTEAU ANTHONIC

★☆☆☆☆

Ce classique vignoble de Moulis, appartenant aux Cordonnier, compte une quarantaine d'hectares, en majeure partie situés sur le plateau argilo-calcaire de l'appellation. Le retour aux cuves béton, permettant de travailler le parcellaire, commence à porter ses fruits. Depuis 2016 les vignes sont en conversion bio et sont gérées en symbiose avec les 20 hectares de bois et prairies qui les entrecoupent. Tout est fait pour respecter au mieux l'environnement. Les vins, d'une bonne régularité, offrent un bon volume, de l'équilibre et de la fraîcheur.

- **Moulis 2018** | Sec | 14,75 € — 14,5
- **Moulis 2016** | Sec | 2019>26 | 20 € — 15
- **Moulis Château La Bernède Grand Poujeaux 2016** | Sec | 2019>23 | 15,90 € — 14

33480 Moulis-en-Médoc • Tél. 05 56 58 34 60 • contact@chateauanthonic.com • www.chateauanthonic.com • Visite : Uniquement sur rendez-vous.

CHÂTEAU D'ARCINS

★☆☆☆☆

Cette propriété classique et très ancienne du Haut-Médoc, située juste avant d'arriver à Margaux, appartient à la famille Castel. Depuis quelques années, le numéro un du vin en France s'attache à redonner ses lettres de noblesse à ce domaine.

- **Haut-Médoc 2016** | Sec | 2019>22 | NC — 13,5

Châteaux et Domaines Castel - 21-24 rue Georges Guynemer, 33290 Blanquefort • Tél. 05 56 95 54 00 • contact@cavedarcins.com • www.cavedarcins.com • Visite : du lundi au vendredi de 9h à 12h30 et de 14h à 18h30. Le samedi de 9h30 à 12h30 et de 14h30 à 18h.

CHÂTEAU D'ARMAILHAC

★★★☆☆

Acheté en 1933 par Philippe de Rothschild, ce cru a repris son nom d'origine. Entre 1956 et 1988, il s'appela successivement Mouton Baron Philippe puis Mouton Baronne Philippe. Le vignoble jouxte celui de Mouton-Rothschild mais sur des graves plus légères et moins naturellement drainées. L'encépagement compte plus de merlot et de cabernet franc qu'au château Mouton-Rothschild, ce qui donne aux vins une rondeur et une souplesse particulières. Avec désormais une équipe dédiée, toujours dirigée par Philippe Dhalluin, le cru a beaucoup progressé depuis 2005 et offre un des meilleurs rapports qualité-prix des crus classés de Pauillac.

- **Pauillac 2018** | Sec | NC — 18
- **Pauillac 2016** | Sec | 2026>36 | NC — 17,5
- **Pauillac 2008** | Sec | 2020>26 | NC — 16

33250 Pauillac • Tél. 05 56 59 22 22 • webmaster@bphr.com • www.chateau-darmailhac.com

CHÂTEAU ARNAULD

★★☆☆☆

Depuis 2007, ce château situé à Arcins, sur la route des châteaux, fait partie de la même famille que deux célèbres propriétés détenues également par les assureurs Allianz : Larose-Trintaudon, l'un des plus grands vignobles du Médoc, et le château Larose-Perganson, qui fait partie intégrante du domaine viticole et offre une deuxième marque aux côtés de son aîné. Les vins progressent depuis quelques années : plus modernes, ils ont gagné en suavité et en finesse.

- **Haut-Médoc Château Arnauld 2016** | Sec | 2019>26 | 25,50 € — 15,5

2, place des Châteaux - Route de Pauillac, 33460 Arcins • Tél. 05 56 59 41 72 • info@vignoblesdelarose.com • www.chateau-arnauld.fr • Visite : Ouvert de Mai à Septembre de 11h à 18h du lundi au vendredi sur rendez-vous.

CHÂTEAU D'ARSAC

★★☆☆☆

Philippe Raoux a acheté en 1986 ce domaine qui comptait parmi les plus anciens du Médoc. Il reconstruit peu à peu le vignoble qui atteint aujourd'hui 112 hectares d'un seul tenant. Inimaginable, en 1995, il obtient de l'INAO la requalification de la moitié du vignoble en appellation Margaux ! Il rénove audacieusement bâtiments, chais et, véritable mécène, parsème son parc de sculptures monumentales. Il crée la Winemaker's Collection, laissant carte blanche chaque année à un winemaker de renom : celui-ci peut ainsi sans contrainte aucune sur le terroir médocain du château d'Arsac inventer son vin idéal. Le résultat est souvent bluffant ! Arsac est décidément une propriété hors normes.

- **Haut-Médoc Château Le Monteil d'Arsac 2016** | Sec | 2019>24 | 9,50 € — 14
- **Haut-Médoc The Winemakers'Collection Saison 11 Hubert De Boüard 2016** | Sec | 2020>26 | 33 € — 15,5
- **Margaux 2018** | Sec | 20,25 € — 15,5
- **Margaux 2016** | Sec | 2019>26 | 24,95 € — 16

1, allée du Comte, 33460 Arsac • Tél. 05 56 58 83 90 • contact@chateau-arsac.com • www.chateau-arsac.com • Visite : Ouvert du lundi au vendredi de 8h à 12h et de 13h à 16h.

CHÂTEAU BATAILLEY

★★★★☆

Appartenant à la famille Castéja, et intelligemment conseillé par le regretté Denis Dubourdieu, le vin a retrouvé la plénitude de son style, associant la puissance dont il a souvent fait preuve entre 1945 et 1961 mais avec infiniment plus de pureté et de finesse aromatique. Tous réussis depuis 2000, les vins offrent l'un des plus sûrs rapports qualité-prix de Pauillac. Depuis 2015 un second vin, lions-de-batailley, permet une sélection encore plus rigoureuse de l'assemblage du grand vin.

- **Pauillac 2018** | Sec | 50 € — 18
- **Pauillac 2014** | Sec | 2023>32 | NC — 16,5
- **Pauillac 2008** | Sec | 2020>28 | 80 € — 17
- **Pauillac Lions de Batailley 2018** | Sec | NC — 16
- **Pauillac Lions de Batailley 2016** | Sec | 2019>25 | NC — 14,5
- **Pauillac Lions de Batailley 2014** | Sec | 2020>27 | NC — 15

88 quai de bacalan, 33300 Bordeaux • Tél. 05 56 00 00 70 • domaines@borie-manoux.fr • www.batailley.com

CHÂTEAU BEAU-SITE

★★☆☆☆

Magnifique chartreuse regardant le fleuve, Beau-Site bénéficie d'un des plus jolis panoramas du nord de l'appellation. Il appartient à Philippe Castéja, également propriétaire des châteaux Batailley et Trottevieille. Le domaine produit un vin élégant, racé, toujours ample sans être dénué de finesse ni d'élégance. La propriété a franchi un cap.

- **Saint-Estèphe 2016** | Sec | 2022>28 | env. 24 € — 15
- **Saint-Estèphe 2014** | Sec | 2019>26 | env. 22 € — 14,5
- **Saint-Estèphe Château Haut-Vignoble Seguin 2015** | Sec | 2019>25 | env. 15 € — 14

3 quai de Bacalan, 33000 Bordeaux • Tél. 05 56 00 00 70 • domaines@borie-manoux.fr www.chateau-beausite.fr • Visite : Visites possible (principalement pour les professionnels) – sur rendez-vous uniquement.

CHÂTEAU BELGRAVE

★★★☆☆

Belgrave voisine comme Camensac les arrières de Saint-Julien, juste après Lagrange, sur d'excellents sols alternant graves, argile et calcaire. Viticulture soignée et vinification intelligente en font un vin équilibré et régulier, au rapport qualité-prix remarquable. Le second vin, diane, plus souple, partage ces qualités.

- **Haut-Médoc 2018** | Sec | NC — 16,5
- **Haut-Médoc 2016** | Sec | 2024>31 | env. 35 € — 16,5
- **Haut-Médoc 2008** | Sec | 2020>24 | NC — 15

33112 Saint-Laurent-du-Médoc • Tél. 05 56 35 53 00 • contact@dourthe.com • www.chateau-belgrave.com • Visite : visites sur rendez-vous.

CHÂTEAU BELLE-VUE

★★☆☆☆

Cette belle chartreuse de Macau, ancienne propriété du maire de Bordeaux au XIXe siècle, est mitoyenne du terroir margalais et offre la particularité de cultiver le petit verdot plus qu'ailleurs (environ 20 %). Elle est dirigée par Isabelle Mulliez, dont la famille possède également les châteaux de Gironville et Bolaire, tous deux situés sur ces terroirs de fines graves. Toutes les attentions sont apportées pour que les vins, très aromatiques et toujours denses, conservent finesse et suavité. La gamme est réellement harmonieuse et il faut souligner sa régularité de millésime en millésime.

- **Haut-Médoc Château Belle-Vue 2018** | Sec | env.15 € — 13,5
- **Haut-Médoc Château de Gironville 2016** | Sec | 2019>26 | 14 € — 15,5

103, route de Pauillac, 33460 Macau • Tél. 05 57 88 19 79 • contact@chateau-belle-vue.fr • www.chateau-belle-vue.fr • Visite : Ouvert du lundi au vendredi sur rendez-vous de 9h30 à 12h et de 13h30 à 17h30.

CHÂTEAU BELLEGRAVE

★☆☆☆☆

C'est en 1997 que Jean-Paul Meffre, également propriétaire du château du Glana, à Saint-Julien-Beychevelle, fait l'acquisition de cette propriété sud-pauillacaise, faisant face à Fonbadet, sur la route des châteaux. Aujourd'hui ce sont les petits fils, Ludovic et Julien, qui assurent la gestion de la propriété. Les vignes du domaine sont enclavées au milieu de plusieurs crus classés de Pauillac, tels Latour, Pichon-Longueville et Lynch-Bages. Sur cette terre de graves garonnaises, le cabernet complété d'un peu de merlot s'épanouit merveilleusement. Les vins sont à la fois souples, suaves, avec des arômes élégants et des tannins raffinés. Ceci à des prix tout à fait raisonnables, ce qui mérite d'être souligné.

- **Pauillac 2016** | Sec | 2019>26 | 29,50 € — 14,5

22, route des Châteaux, 33250 Pauillac • Tél. 05 56 59 05 53 • contact@chateau-bellegrave.com • www.chateau-bellegrave.com • Visite : sur rendez-vous du lundi au vendredi.

CHÂTEAU BELLEVUE DE TAYAC

★☆☆☆☆

Cette toute petite propriété de 3,5 hectares au cœur de l'appellation Margaux appartient à la société Gestion Finance Saint-Vincent et est gérée par Vincent Fabre (ancien président du syndicat Médoc et Haut-Médoc). Les vignes sont situées sur une croupe de graves sur argiles, composées en majorité de merlot complété de cabernet-sauvignon et de petit verdot. Des raisins ramassés à maturité optimale donnent des vins denses et crémeux, gardant toujours de la fraîcheur. À bellevue-de-tayac s'ajoute un autre margaux, le château-marreyre, qui offre le même profil gustatif. Un bel ensemble.

- **Margaux 2018** | Sec | 23,97 € — 14,5
- **Margaux 2016** | Sec | 2019>26 | 35 € — 15
- **Margaux Château Carreyre 2016** | Sec | 2019>31 | 30 € — 15

Domaines Fabre, 33250 Cissac • Tél. 05 56 59 58 16 • info@domaines-fabre.com • www.domaines-fabre.fr • Visite : Ouvert de mai à septembre du lundi au samedi 14h30 à 19h30.

CHÂTEAU BEYCHEVELLE

★★★★☆

Cette magnifique propriété, possédant l'une des architectures les plus élégantes du Médoc, a longtemps été surnommée « le petit Versailles ». Elle porte le nom de l'amiral de Beychevelle, gouverneur de Guyenne sous Henri III. Propriété de famille d'Aymar-Achille Fould, ministre du Général de Gaulle, elle fut ensuite acquise à la fin des années 2000 par les groupes Castel et Suntory. Le nouveau chai et les moyens donnés à l'excellent directeur Philippe Blanc ont permis à ce château, célèbre en Asie et dans le reste du monde, ce qui explique ses prix élevés, d'aller jusqu'au bout de l'expression d'un des terroirs les plus fins du Médoc. Arômes et texture aristocratiques, jolie souplesse liée aux meilleurs merlots de l'appellation, mais avec la fraîcheur et le caractère cèdre bien marqué des cabernets du secteur. Le 2016 entrera dans les annales.

- **Saint-Julien 2018** | Sec | 50 € — **19**
- **Saint-Julien 2016** | Sec | 2028>36 | 120 € — **18,5**
- **Saint-Julien 2008** | Sec | 2020>28 | 80 € — **15,5**
- **Saint-Julien Amiral 2016** | Sec | 2023>31 | 40 € — **16,5**

SC , 33250 Saint-Julien-Beychevelle • Tél. 05 56 73 20 70 • beychevelle@beychevelle.com • www.beychevelle.com • Visite : de mai à septembre, du lundi au samedi de 9h à 12h30 et de 14h à 18h30. Le reste de l'année, du lundi au vendredi de 9h à 12h30 et de 14h à 17h30.

CHÂTEAU BIBIAN

★☆☆☆☆

Classique propriété de Listrac, le château Bibian compte 20 hectares de vignes, aujourd'hui détenus par la famille Meyre. Nathalie et son frère Julien, la nouvelle génération, s'en occupent avec soin. La propriété produit également un haut-médoc cru bourgeois. Les vins, en bonne partie à base de merlot, ont progressé et ont gagné en profondeur et en équilibre. Le château Julien fait également partie du giron familial. Il était tout à fait remarquable dans le millésime 2015 et son prix était très doux, il en va de même pour le millésime 2016, ce qui lui permet d'obtenir une étoile. La réussite en toute discrétion.

- **Haut-Médoc 2018** | Sec | NC — **14**
- **Haut-Médoc 2016** | Sec | 2019>24 | 14 € — **15,5**

54 route de Donissan, Château Cap Léon Veyrin - 54, route de Donissan, 3348[illegible] Listrac-Médoc • Tél. 05 56 58 07 28 • contact@vignobles-meyre.com www.vignobles-meyre.com • Visite : Du lundi au vendredi, de 9h à 17h30. Le same[di] de 9h à 12h sur rendez-vous uniquement. Fermé la dernière semaine de décembre.

CHÂTEAU BOYD-CANTENAC

★★★★☆

Le vignoble est issu d'une division du cru Cantenac aujourd'hui Cantenac-Brown, d'une seule pièce de dimensions modestes (17 hectares). Les graves argileuses ne font pas souffrir la vigne en été sec et Lucien Guillemet, assisté de son neveu Olivier Salques, aime vendanger ses cabernets bien mûrs. Le vin puissant et strict ne fait pas de concession aux modes, mais vieillit parfaitement et avec constance.

- **Margaux 2018** | Sec | NC — **17**
- **Margaux 2016** | Sec | 2026>38 | 59 € — **17,5**
- **Margaux La Croix 2016** | Sec | 2024>28 | 28 € — **14,5**

11, route de Jean-Faure, 33460 Margaux-Cantenac • Tél. 05 57 88 90 82 • contact@boyd-cantenac.fr • www.boyd-cantenac.fr • Visite : Uniquement sur rendez-vous.

CHÂTEAU BRANAIRE-DUCRU

★★★★☆

Ce cru, situé juste en face du château Beychevelle, a totalement été repris en main par la famille Maroteaux, qui l'a racheté en 1988. Le vin, issu d'un parcellaire réparti sur l'ensemble de l'appellation, exige de la rigueur dans le travail d'assemblage, et l'obtient d'une équipe très compétente. Sa régularité est à citer en exemple ainsi que celle du second vin, duluc. Souvent un peu austère et timide il s'affirme avec le temps et si possible un bon carafage (une à deux heures) avant le service.

- **Saint-Julien 2018** | Sec | NC — **17**
- **Saint-Julien 2016** | Sec | 2026>36 | NC — **17,5**
- **Saint-Julien 2008** | Sec | 2020>26 | NC — **16,5**

1, chemin du Bourdieu, 33250 Saint-Julien-Beychevelle • Tél. 05 56 59 25 86 • branaire@branaire.com • www.branaire.com

CHÂTEAU BRANAS GRAND POUJEAUX

Voisin immédiat de Poujeaux et Chasse-Spleen, Branas Grand Poujeaux joue la discrétion et la mesure, non sans panache. Justin Onclin, également propriétaire du château Villemaurine à Saint-Émilion, a, dès son rachat en 2002, réhabilité le vignoble, entièrement restauré le cuvier, puis en 2012 choisi Hubert de Boüard (château Angélus) comme consultant. Ce cru a maintenant atteint un haut niveau. Les vins sont colorés, flatteurs, denses, profonds, ils ont toujours une grande suavité de tannins. Le second vin, les éclats-de-branas-grand-poujeaux, est une vraie bonne affaire.

- **Moulis 2018** | Sec | NC — 15
- **Moulis 2016** | Sec | 2019>28 | 35 € — 16
- **Moulis Les Éclats de Branas 2016** | Sec | 2019>24 | 15 € — 15

33480 Moulis-en-Médoc • Tél. 05 56 58 93 30 • contact@branasgrandpoujeaux.com • www.branasgrandpoujeaux.com • Visite : Caveau de vente ouvert du lundi au vendredi de 8h30 à 12h30 et 14h00 à 17h00

CHÂTEAU BRANE-CANTENAC

Le vin doit sa classe et son caractère au cœur du plateau de Cantenac et ses graves siliceuses et argileuses profondes que le cru partage en grande partie avec Rauzan-Ségla. Sous la direction d'Henri Lurton, il affirme avec une régularité assez rare une souplesse et une finesse aromatique propres à lui, qui le font rechercher des amateurs de vins conformes à ce qu'on attend d'un beau margaux. Dans les tout derniers millésimes, il semble encore franchir une étape dans la précision de l'expression du terroir. Le second vin, baron-de-brane, partage la même esthétique avec une souplesse dans le tannin qui devrait plaire à de nombreux restaurateurs et amateurs.

- **Margaux 2018** | Sec | 60 € — 18
- **Margaux 2016** | Sec | 2026>36 | 85 € — 18,5
- **Margaux Baron de Brane 2016** | Sec | 2024>31 | NC — 16

33460 Margaux-Cantenac • Tél. 05 57 88 83 33 • contact@brane-cantenac.com • www.brane-cantenac.com • Visite : sur rendez-vous uniquement.

CHÂTEAU BRILLETTE

Ce vaste domaine a été acquis en 1975 par la famille Berthault-Flageul. Sur les cent hectares, une quarantaine est exploitée en vignes, partagées entre merlots et cabernets. Constant et sérieux dans la qualité de ses vins, ce château représente une valeur sûre de l'appellation. Les vins sont savoureux et énergiques.

- **Moulis 2016** | Sec | 2019>26 | 18,80 € — 15,5

Route de Peyvignau, 33480 Moulis-en-Médoc • Tél. 05 56 58 22 09 • contact@chateau-brillette.fr • www.chateau-brillette.fr • Visite : Sur rendez-vous, du lundi au jeudi de 8h30 à 12h et de 13h30 à 16h30 et le vendredi matin.

CHÂTEAU CALON-SÉGUR

La restauration achevée ce printemps du château complète admirablement celle du cuvier et de la mise à jour du vignoble, rendant à la propriété l'allure attendue du cru seigneurial de la commune, majestueusement enclos dans ses murs. Une équipe formidablement compétente donne toutes ses chances à un terroir exceptionnel avec désormais des vins du niveau d'un premier grand cru classé. Le cru a appartenu à la famille Capbern-Gasqueton pendant plus d'un siècle, depuis 2012 il appartient à la compagnie d'assurances Suravenir. Plus encore que le second vin, marquis-de-calon, le cru Capbern produit sur les vignes extérieures aux murs du clos donne un saint-estèphe à l'exceptionnel rapport qualité-prix.

- **Saint-Estèphe 2018** | Sec | 105 € — 19
- **Saint-Estèphe 2016** | Sec | 2031>41 | 140 € — 18,5
- **Saint-Estèphe 2008** | Sec | 2023>28 | 130 € — 18
- **Saint-Estèphe Marquis de Calon 2018** | Sec | 26,50 € — 16,5
- **Saint-Estèphe Marquis de Calon 2016** | Sec | 2026>31 | 32,50 € — 17

Domaine de Calon, 33180 Saint-Estèphe • Tél. 05 56 59 30 08 • calon-segur@calon-segur.fr • www.calon-segur.fr

CHÂTEAU CAMBON LA PELOUSE

★☆☆☆☆

Situé dans le sud du Médoc, ce vaste vignoble de 60 hectares, idéalement placé à proximité des châteaux Giscours et Cantemerle, sur la croupe de Macau, est devenu un incontournable. Il appartient depuis 1996 à Jean-Pierre Marie, qui œuvre en duo avec son fils Nicolas. Le grand vin, issu des plus anciennes vignes du domaine, est très agréable à boire jeune, avec beaucoup de fruit et une agréable fraîcheur. Quel que soit le millésime, il est très charmeur. Une valeur sûre, et qui plus est à un prix très raisonnable.

- **Haut-Médoc 2018** | Sec | 12,60 € — 16
- **Haut-Médoc 2016** | Sec | 2019>25 | 16 € — 15

5, chemin de Canteloup, 33460 Macau • Tél. 05 57 88 40 32 • contact@cambon-la-pelouse.com • www.cambon-la-pelouse.com • Visite : Ouvert du lundi au vendredi de 9h à 12h et de 14h à 17h.

CHÂTEAU DE CAMENSAC

★★★☆☆

La famille Merlaut veille à faire progresser les vins de ce vignoble assez vaste, voisin des crus de Saint-Julien. Ici on ne cherche pas l'épate dans les échantillons mais la régularité et l'homogénéité dans la qualité du vin livré. L'arrivée d'une nouvelle et talentueuse directrice a apporté plus d'exigence et de précision dans l'élaboration d'un vin bien médocain de caractère, par son côté un peu austère et réservé en primeurs, mais laissant parler le cèdre et les épices, peu à peu. Privilégiez donc les tout derniers millésimes.

- **Haut-Médoc 2018** | Sec | NC — 15,5
- **Haut-Médoc 2016** | Sec | 2024>31 | NC — 16,5

Route de Saint-Julien - B.P. 9, 33112 Saint-Laurent-du-Médoc • Tél. 05 56 59 41 69 • info@chateaucamensac.com • www.chateaucamensac.com • Visite : Uniquement du lundi au vendredi sur rendez-vous.

CHÂTEAU CANTEMERLE

★★★☆☆

Comme ses voisins du secteur Ludon-Macau, Cantemerle a souffert des intempéries des années 2017 et 2018 ce qui interrompt un peu sa magnifique progression qualitative. Raison de plus pour faire confiance aux années précédentes, montrant toute la finesse dont ce vaste terroir de 90 hectares est capable. Les prix restent accessibles.

- **Haut-Médoc 2018** | Sec | NC — 15
- **Haut-Médoc 2016** | Sec | 2026>31 | NC — 17

33460 Macau • Tél. 05 57 97 02 82 • cantemerle@cantemerle.com • www.cantemerle.com • Visite : Du mardi au vendredi sur rendez-vous.

CHÂTEAU CANTENAC-BROWN

★★★★☆

Ce cru a été racheté par Simon Halabi, un amoureux des grands vins du Médoc et qui donne à une équipe motivée, sous la direction du très sympathique et talentueux José Sanfins, les moyens de faire progresser la qualité. Les derniers millésimes sont tous réussis : des vins plutôt corsés pour margaux mais harmonieux dans leur puissance. Le second vin, brio, manque un peu de panache, malgré son nom, mais la propriété produit un joli blanc sec d'appellation Bordeaux, appelé alto.

- **Margaux 2018** | Sec | NC — 17
- **Margaux 2016** | Sec | 2026>36 | NC — 17
- **Margaux Brio 2016** | Sec | 2022>28 | 38 € — 15

33460 Margaux • Tél. 05 57 88 81 81 • contact@cantenacbrown.com • www.cantenacbrown.com • Visite : Les horaires d'ouverture de la propriété sont du lundi au vendredi de 10h00 à 12h30 et de 14h00 à 18h00 (ouverture le samedi uniquement de juin à août).

CHÂTEAU CAPBERN

★★☆☆☆

Produit au château Calon-Ségur, grand cru classé, ce saint-estèphe profite du meilleur et le résultat est là ! C'est sans conteste l'un des meilleurs rapports qualité-prix de l'appellation, LA bonne affaire à ne surtout pas rater !

- **Saint-Estèphe 2018** | Sec | 22 € — 16
- **Saint-Estèphe 2016** | Sec | 2020>26 | 25 € — 16

Château Calon Ségur, 33180 Saint Estèphe • Tél. 05 56 59 30 08 • calon-segur@calon-segur.fr • www.calon-segur.fr

CHÂTEAU CARONNE SAINTE-GEMME

Non loin des crus de Saint-Julien, sur la commune de Saint-Laurent, le château Caronne Sainte-Gemme dispose de belles croupes blanches voisines de celles de château Lagrange. Rien d'étonnant alors de retrouver, lors du mûrissement, de nombreuses parentés.

- **Haut-Médoc 2018** | Sec | 14,50 € — 14
- **Haut-Médoc 2016** | Sec | 2020>32 | 16 € — 15,5
- **Haut-Médoc Château Labat 2018** | Sec | 14,50 € — 14,5
- **Haut-Médoc Château Labat 2016** | Sec | 2020>30 | 16 € — 15

Caronne, 33112 Saint-Laurent-Médoc • Tél. 05 57 87 56 81 • jfnony@gmail.com • www.caronne-ste-gemme.com • Visite : 9h / 12h - 13h / 18h du lundi au vendredi. Samedi sur rendez vous.

CHÂTEAU DU CARTILLON

Ce domaine, situé au centre du Médoc sur la commune de Lamarque, compte 70 hectares de vignes. Appartenant à Crus et Domaines de France, il montre une progression nette à partir du millésime 2012. Ici les vins sont puissants, structurés et solides et montrent une belle aptitude au vieillissement.

- **Haut-Médoc 2018** | Sec | NC — 15
- **Haut-Médoc 2017** | Sec | 2021>25 | NC — 14

Domaine de Loiseau - B.P. 31, 33240 Saint-André-de-Cubzac • Tél. 05 56 43 59 01 • info@crusetdomainesdefrance.com • www.cdf-chateaux.com • Visite :

CHÂTEAU DE CASSANA

Le château de Cassana, créé en 2005 par Fabien Autet, est un petit bijou d'un hectare et demi réparti en huit parcelles, chacune vinifiée séparément. De vieilles vignes de cinq cépages différents, installées sur de petites croupes graveleuses, qui produisent un vin authentique et plein de caractère. Fabien Autet est également chef de culture au château Lanessan. Une référence.

- **Haut-Médoc 2016** | Sec | 2020>32 | 13 € — 15

Château du Cassana, 33250 Saint-Sauveur • Tél. 06 16 14 71 05 • fabien.autet@gmail.com • Visite : Ouvert du lundi au samedi de juin à septembre de 8h à 19h, le reste de l'année sur rendez-vous.

CHÂTEAU CASTERA

Situé au nord de Saint-Estèphe, sur la commune de Saint-Germain d'Esteuil, Castéra est un bon classique du Médoc. Il produit des vins charnus mais sans rudesse, largement dominés par la rondeur du merlot.

- **Médoc 2016** | Sec | 2019>25 | 21 € — 13,5
- **Médoc 2015** | Sec | 2019>25 | 19,50 € — 14

Rue du Bourg, 33340 Saint-Germain-d'Esteuil • Tél. 05 56 73 20 60 • chateau@castera.fr • www.chateau-castera.com • Visite : Du lundi au vendredi de 9h à 17h. En été, le samedi sur rendez-vous.

CHÂTEAU CHARMAIL

Le château Charmail est implanté sur un terroir de graves, tout près de Sociando-Mallet. Ce cru très régulier de Saint-Seurin-de-Cadourne est géré par le duo formé par Bernard d'Halluin et sa fille. Cette propriété offre des vins aboutis, sérieux mais toujours pleins d'élégance. Une propriété enthousiasmante qui ne déçoit jamais.

- **Haut-Médoc 2018** | Sec | 13,75 € — 16
- **Haut-Médoc 2016** | Sec | 2019>27 | 18,70 € — 14,5

chemin de barbis, 33180 Saint-Seurin-de-Cadourne • Tél. 05 56 59 70 63 • charmail@chateau-charmail.fr • www.chateau-charmail.fr • Visite : Sur rendez-vous du lundi au jeudi de 8h30 à 12h et de 13h30 à 16h30 et le vendredi de 8h à 12h.

CHÂTEAU CLARKE

Acquis par Edmond de Rothschild en 1973, la branche cousine de Mouton-Rothschild et Lafite, Clarke fait figure de tête de pont du vignoble de

Listrac. Les 54 hectares de vignes, plantés sur des croupes argilo-calcaires, à dominante de merlot, sont soignés comme dans un cru classé. Longtemps en dessous de son potentiel, c'est à la fin des années 1990, avec l'arrivée de l'œnologue Michel Rolland, que le cru a progressé et rejoint les meilleurs listracs. C'est maintenant Éric Boissenot qui conseille la propriété. Toujours généreux et puissants dans leur jeunesse, les vins se fondent au fil des années et deviennent raffinés. C'est vraiment devenu une propriété incontournable.

- **Listrac-Médoc 2018** | Sec | 26,15 € — 15,5
- **Listrac-Médoc 2016** | Sec | 2019>28 | 32 € — 16

Château Clarke, 33480 Listrac • Tél. 05 56 58 38 00 • contact@edrh-wines.com • www.edmondrothschildheritage.com

CHÂTEAU CLÉMENT-PICHON

Acheté en 1976 par Clément Fayat, également propriétaire du château La Dominique à Saint-Émilion et du château Fayat à Pomerol, le vignoble est doté d'une superbe bâtisse située à Parempuyre, aux portes de Bordeaux. Depuis plusieurs années, grâce à leur régularité, ces vins sont devenus une valeur sûre de l'appellation. Colorés et denses, ils ne manquent jamais de raffinement et vieillissent bien.

- **Haut-Médoc 2018** | Sec | 17,50 € — 15
- **Haut-Médoc 2016** | Sec | 2019>26 | env.18 € — 15

36, avenue Pichon, 33290 Parempuyre • Tél. 05 56 35 23 79 • contact@vignobles.fayat.com • www.vignobles.fayat.com • Visite : sur rendez-vous uniquement.

CHÂTEAU CLERC MILON

Philippe de Rothschild passa une grande partie de sa vie à constituer un beau vignoble à Pauillac, dans un cru qui avait perdu beaucoup de sa notoriété. Le terroir est plus argileux que dans le secteur de Mouton, ce qui permet au merlot d'y prendre plus de profondeur et de régularité et de la communiquer à l'assemblage. Dans son nouveau cuvier, exemplaire sur le plan écologique, le vin a gagné en précision et en rigueur de sélection avec l'apparition d'un très agréable second vin répondant au nom charmant de pastourelle.

- **Pauillac 2018** | Sec | NC — 17

rue du calvaire - lieu-dit Mousset, 33250 Pauillac • Tél. 05 56 73 20 20 • webmaster@bpdr.com • www.chateau-clerc-milon.com • Visite : Ouvert du lundi au vendredi de 9h à 17h, sur rendez-vous.

COPEL WINES

Xavier Copel, œnologue de formation, a créé sa société de négoce en 1992. Une activité de conseil au cœur des grands terroirs de Bordeaux, du Sud-Ouest et d'Espagne, complétée par une activité de négociant éleveur. Pour cette activité il met en place de bons partenariats avec des vignerons, un par appellation, chaque vigneron lui laissant les mains libres sur une parcelle soigneusement sélectionnée, généralement de très bons terroirs, pour pouvoir vinifier à sa guise et élever dans des barriques choisies avec le plus grand soin. Le résultat est intéressant et probant, surtout pour les rouges : des vins soignés, élégants, charmeurs, dont le seul défaut serait peut-être la faible quantité produite.

- **Bordeaux 2018** | Sec | 2019>21 | NC — 13,5
- **Cahors 2016** | Sec | 2019>26 | 35,40 € — 14,5
- **Haut-Médoc 2016** | Sec | 2019>28 | 24 € — 16
- **Pauillac 2016** | Sec | 2020>28 | 48 € — 16,5
- **Pomerol 2016** | Sec | 2020>29 | 45,50 € — 16,5
- **Saint-Émilion grand cru 2016** | Sec | 2019>27 | 40,90 € — 14,5
- **Sauternes 2016** | Liquoreux | 2019>29 | 45,50 € — 15,5
- **Vin de France malbec 2018** | Sec | 2019>20 | 22 € — 14

1, Cirette, 33190 Pondaurat • Tél. 05 56 71 39 39 • contact@copelwines.com • www.copelwines.com • Visite : Sur rendez-vous.

CHÂTEAU COS D'ESTOURNEL

Le cuvier, aussi spectaculaire dans son genre que les pagodes du château, doté d'ascenseurs à cuves permettant de travailler par gravité, non seulement pendant les vinifications mais aussi pendant l'élevage, a servi pour la première fois en 2008. Il couronne les efforts considérables de la propriété pour porter ce cru au plus haut niveau possible, avec l'ambition de rivaliser en qualité avec les premiers crus classés. Le sol fait de graves profondes fait généralement de lui le plus corsé des vins du Médoc, le plus voluptueux dans sa texture, tout en conservant une finesse et une complexité caractéristiques de son voisinage avec Lafite. Les derniers millésimes ont encore gagné en pureté aromatique et sincérité d'expression. Un bordeaux blanc très aromatique et intense est produit sur les sols de la Goulée, un peu plus au nord, et en porte le nom.

- **Bordeaux Les Pagodes de Cos 2018** | Sec | 45 € — 17
- **Saint-Estèphe 2018** | Sec | 202 € — 18,5
- **Saint-Estèphe 2016** | Sec | 2031>41 | 210 € — 18,5
- **Saint-Estèphe 2008** | Sec | 2023>38 | 207 € — 18
- **Saint-Estèphe Pagodes 2018** | Sec | 49 € — 17
- **Saint-Estèphe Pagodes 2016** | Sec | 2026>31 | 45 € — 17

33180 Saint-Estèphe • Tél. 05 56 73 15 57 • estournel@estournel.com ou l.dochi@estournel.com • www.estournel.com • Visite : Sur rendez-vous.

CHÂTEAU COS LABORY

★★★★☆

Le cru possède une bonne partie de son vignoble sur des sols de graves profondes semblables à celles de Cos d'Estournel. Il n'est pas administré avec autant de faste que son illustre voisin mais il a produit dans les derniers millésimes de grands vins difficiles à départager des ténors de l'appellation, du moins en vin jeune. Propriété familiale, exploitée directement et avec une grande compétence par son propriétaire, le discret Bernard Audoy, ce cru constitue sans doute le meilleur rapport qualité-prix du classement de 1855.

- **Saint-Estèphe 2018** | Sec | 33 € — 16
- **Saint-Estèphe 2016** | Sec | 2028>34 | 38 € — 18

33180 Saint-Estèphe • Tél. 05 56 59 30 22 • contact@cos-labory.com • www.cos-labory.com • Visite : Ouvert du lundi au jeudi de 9h à 12h et de 14h à 17h. Ouvert le vendredi matin de 9h à 12h.

CHÂTEAU CROIX DU TRALE

☆☆☆☆☆

Aux portes de Saint-Estèphe, le château Croix du Trale est une exploitation familiale de 14 hectares complantés équitablement de 50 % de merlot et de 50 % de cabernet-sauvignon. Le 2016 est une belle réussite et confirme tout le bien que l'on pensait de la propriété. Il est difficile de trouver un meilleur rapport qualité-prix. À suivre.

- **Haut-Médoc 2018** | Sec | 8 € — 15
- **Haut-Médoc 2016** | Sec | 2019>24 | 11,30 € — 15

3, route du Trale, 33180 Saint-Seurin-de-Cadourne • Tél. 05 56 59 72 73 • chateaucroixdutrale@orange.fr • www.chateaucroixdutrale.com • Visite : Ouvert toute l'année du lundi au samedi de 9h à 19h et le dimanche de 9h à 17h.

CHÂTEAU CROIZET-BAGES

★★☆☆☆

Ce cru classé se situe sur de belles terrasses de graves entre Grand Puy Lacoste et Lynch-Bages. Jean Philippe Quié et sa sœur Anne-Françoise veulent lui donnent toutes ses chances et il y a vraiment des progrès depuis 2015, même si pour le 2016 on ne retrouve pas toutes les promesses de la dégustation sur fûts, avant la mise en bouteille. Un nouveau cuvier devrait aider à concrétiser définitivement les progrès.

- **Pauillac 2018** | Sec | 39 € — 15
- **Pauillac 2016** | Sec | 2024>31 | 42 € — 16

Rue du Port de la Verrerie, 33250 Pauillac • Tél. 05 56 59 01 62 • rauzangassies@domaines-quie.com • www.domaines-quie.com

CHÂTEAU DAUZAC

★★★☆☆

Voisin immédiat de Giscours et de Siran par l'emplacement de ses vignes, ce cinquième cru classé en 1855 appartenait depuis 1988 à la MAIF qui l'a vendu début 2019 au groupe breton Samsic, dirigé par Christian Roulleau. La compagnie d'assurances avait beaucoup investi à la vigne (49 hectares) et au cuvier pour permettre à ce beau terroir du plateau de graves de Labarde d'exprimer tout son potentiel. La remarquable équipe technique reste en place autour de Philippe Roux et Laurent Fortin, montrant l'exemple sur de nombreux points. Les derniers millésimes ont donné des vins complets, salués par la critique, un grand vin puissant et harmonieux et deux seconds vins, aurore, proche du style du premier, et la-bastide, plus souple mais sans dilution. À noter que les vins produits portent désormais la mention végane. Les prix restent sages.

- **Haut-Médoc Le Haut-Médoc de Dauzac 2016** | Sec | 2019>24 | 15,30 € — 15
- **Margaux 2018** | Sec | 25 € — 17
- **Margaux 2016** | Sec | 2026>36 | 62,90 € — 17,5
- **Margaux Aurore de Dauzac 2018** | Sec | NC — 15
- **Margaux Aurore de Dauzac 2016** | Sec | 2024>31 | 25,90 € — 16
- **Margaux La Bastide de Dauzac 2018** | Sec | NC — 14,5
- **Margaux La Bastide de Dauzac 2016** | Sec | 2022>26 | 21,50 € — 15

1, avenue Georges Johnston, 33460 Labarde • Tél. 05 57 88 32 10 • chateaudauzac@chateaudauzac.com • www.chateaudauzac.com • Visite : Du 1er mai à fin octobre, du lundi au samedi de 10h à 18h. De novembre à avril du lundi au vendredi de 9h à 12h et de 13h30 à 17h. Fermeture annuelle entre Noël et le Nouvel An.

CHÂTEAU DES EYRINS

★★☆☆☆

Repris en 2009 par Julie et Xavier Gonet-Médeville, également propriétaires de la maison de champagne éponyme et du château Gilette à Sauternes, ce petit cru de Margaux d'à peine trois hectares est situé sur des graves profondes, sur la commune de Margaux. C'est l'archétype du margaux de grande précision. Très fidèles au terroir, les vins sont réalisés sur le fruit et la fraîcheur, exprimant fruits rouges et notes florales, avec une bonne proportion de cabernet-sauvignon. Une pépite !

- **Margaux 2018** | Sec | 24 € — 16,5
- **Margaux 2016** | Sec | 2019>29 | 32 € — 16

26, rue du Général De Gaulle, 33460 Margaux • Tél. 05 56 76 28 44 • contact@gonet-medeville.com • www.gonet-medeville.com • Visite : Du lundi au jeudi, de 9h à 12h et de 14h à 17h. Fermeture à 15h le vendredi. Uniquement sur rendez-vous.

CHÂTEAU DESMIRAIL

★★★☆☆

Ce cru est l'un des moins connus du classement mais possède d'excellentes parcelles au cœur de son appellation, et son 2010 de haut niveau montre ce qu'il peut faire. Les millésimes suivants naissent en apparence un peu maigres mais trouvent un bel équilibre deux ans après mise, avec un caractère floral élégant et typique de margaux. Il ne lui manque que l'intensité de ses pairs du classement.

- **Margaux 2016** | Sec | 2024>31 | NC — 15,5
- **Margaux 2008** | Sec | 2020>26 | 42 € — 15,5

28, avenue de la Vème-République, 33460 Margaux-Cantenac • Tél. 05 57 88 34 33 • contact@desmirail.com • www.desmirail.com • Visite : Ouvert du 1er avril au 2 mai du lundi au vendredi 9h30 à 12h30 et de 14h à 18h. De mai à à fin octobre ouvert 7J/7. Sur rendez-vous uniquement au 05 57 88 57 14.

CHÂTEAU DEVISE D'ARDILLEY

★☆☆☆☆ ♣

Racheté en 2000 par les Philippe, le château Devise d'Ardilley compte aujourd'hui 10 hectares de vignes en Haut-Médoc. Sans être le plus démonstratif, le vin affiche une belle régularité depuis quelques millésimes, dans un style plutôt savoureux. Au fil des ans, les vins de cette propriété, tout récemment convertie en bio, gagnent en finesse, préservant toujours leur côté fruité et leur belle énergie. On ne peut qu'admirer la régularité de ce domaine qui sait conserver des prix tout à fait raisonnables. Une bonne adresse.

- **Haut-Médoc 2018** | Sec | NC — 15
- **Haut-Médoc 2016** | Sec | 2019>27 | 13 € — 16

33112 Saint-Laurent-Médoc • Tél. 05 57 75 14 26 • : devise.dardilley@sfr.fr • www.chateaudevisedardilley.fr • Visite : Ouvert du lundi au samedi de 10h à 12h et de 14h à 18h, dimanche sur rendez-vous.

CHÂTEAU DEYREM VALENTIN

★☆☆☆☆

C'est Christelle Sorge qui dirige la propriété familiale située en plein cœur de l'appellation Margaux, à Soussans, en compagnie de sa sœur Sylvie. Toutes les deux continuent de belle manière le travail entrepris par leur père. Un encépagement pratiquement égal entre merlot et cabernet-sauvignon, juste agrémenté de 1 % de carménère et 1 % de petit verdot, constitue les 13 hectares de la propriété. Ce sont des vins élégants et fruités, de race margalaise, qui progressent de millésime en millésime.

- **Margaux 2018** | Sec | NC — 15
- **Margaux 2016** | Sec | 2019>27 | NC — 15,5

', rue Valentin Deyrem, 33460 Soussans • Tél. 05 57 88 35 70 • contact@chateau-deyrem-valentin.com • www.chateau-deyrem-valentin.com • Visite : Sur rendez-vous.

CHÂTEAU DUCRU-BEAUCAILLOU

★★★★★

Depuis 2003, Bruno Borie, avec l'aide irremplaçable d'Éric Boissenot comme conseiller œnologique, a permis à ce cru réputé de retrouver son plus haut niveau, très proche et parfois supérieur à certains premiers crus. Le second vin, la croix-de-beaucaillou, qui comprend les vignes remarquables de l'ancien Terrey Gros Cailloux, a fini par rejoindre les meilleurs de la catégorie depuis 2005. Un troisième saint-julien, lalande-borie, vieille marque estimée du négoce, désigne un vin souple, élégant et précoce, issu de vignes qui appartenaient en 1855 au château Lagrange.

Saint-Julien 2018 | Sec | NC	18
Saint-Julien 2016 | Sec | 2031>41 | NC	19
Saint-Julien 2008 | Sec | 2020>30 | NC	18
Saint-Julien La Croix de Beaucaillou 2018 | Sec | NC	17
Saint-Julien La Croix de Beaucaillou 2016 | Sec | 2026>31 | NC	17

33250 Saint-Julien-Beychevelle • Tél. 05 56 73 16 73 • je-borie@je-borie-sa.com • www.chateau-ducru-beaucaillou.com

CHÂTEAU DUHART-MILON

★★★☆☆

Le plateau de Duhart est situé au cœur des beaux terroirs de Pauillac et proche en qualité de celui, incomparable, de Lafite, avec sans doute un drainage un peu moins parfait. L'assemblage fait davantage appel au merlot, ce qui enrobe mieux ce que le tannin très strict du terroir apporte aux cabernets. Nous n'avons pas complètement retrouvé dans les vins en bouteille la richesse et surtout la pureté des échantillons dégustés en primeurs mais de toute évidence les vins ont un caractère pauillac affirmé. Le remarquable 2018 devrait marquer une étape capitale dans les progrès souhaités.

Pauillac 2018 | Sec | NC	18,5
Pauillac 2016 | Sec | 2028>38 | NC	17
Pauillac 2008 | Sec | 2018>28 | NC	16,5

33250 Pauillac • Tél. 01 53 89 78 00 • visites@lafite.com • www.lafite.com

CHÂTEAU DURFORT-VIVENS

★★★★☆ 🍀

Gonzague Lurton reste fort attaché à la progression de la qualité et de la réputation de son cru, installé sur 55 hectares de graves pauvres et profondes. Ce cru a beaucoup souffert en 2018 et ne produira qu'une minuscule récolte. Qu'on en profite avec les millésimes précédents qui ont montré d'immenses progrès et se situent au tout premier rang du Médoc désormais. Les raisins issus d'une viticulture biodynamique et une vinification intelligente ont produit des vins incomparablement complexes et expressifs de leur terroir, avec des sensations tactiles rares et un raffinement pas encore reconnu à son vrai niveau. Avec pour l'amateur la conséquence heureuse de prix encore accessibles.

Margaux 2018 | Sec | NC	18,5
Margaux 2016 | Sec | NC	18

3, rue du Général-de-Gaulle, 33460 Margaux • Tél. 05 57 88 31 02 • infos@durfort-vivens.com • www.durfort-vivens.fr

CHÂTEAU D'ESCURAC

★☆☆☆☆

Un médoc régulier et équilibré avec un très bon rapport qualité-prix, sur lequel veille son vigneron discret, Jean-Marc Landureau, depuis 1989. Un style très médocain, avec une structure sur le velours plus que portée par la puissance. Avec son 2016, la propriété signe l'un de ses meilleurs millésimes depuis longtemps.

Médoc 2018 | Sec | NC	14
Médoc 2016 | Sec | 2019>28 | NC	15,5

Route d'Escurac, 33340 Civrac-en-Médoc • Tél. 05 56 41 50 81 • contact@chateaudescurac.com • www.chateaudescurac.com • Visite : Du lundi au vendredi de 9h à 12h et de 13h30 à 17h. Le week-end sur rendez-vous.

CHÂTEAU FERRIÈRE

★★★☆☆

Un nouveau cuvier et surtout les conséquences heureuses d'une viticulture plus scrupuleuse ont permis à ce cru de progresser de façon notable en 2016. Les millésimes précédents ont parfois manqué de finesse immédiate, avec parfois une heureuse évolution en bouteille. Le cru n'a pas présenté les deux millésimes demandés (2016 et 2008) pour l'édition 2020 du guide.

- **Margaux 2018** | Sec | NC — 16,5

33 bis, rue de la Trémoille, 33460 Margaux-Cantenac • Tél. 05 57 88 76 65 • infos@ferriere.com • www.ferriere.com • Visite : Ouvert du lundi au vendredi de 10h à 12h et de 14h à 17h. samedi sur rendez-vous.

CHÂTEAU FLEUR LA MOTHE

★☆☆☆☆

Racheté il y a une dizaine d'années par trois œnologues-conseil qui ont à cœur de mettre en pratique tout leur savoir-faire, ce joli cru bourgeois ne déçoit jamais. Les derniers millésimes confirment tout le bien que l'on pense de ce domaine.

- **Médoc 2018** | Sec | 9,60 € — 15
- **Médoc 2016** | Sec | 2019>26 | 14 € — 15,5
- **Médoc Château Villa Carmin 2016** | Sec | 2019>23 | 10,50 € — 14,5
- **Médoc Villa Carmin 2018** | Sec | NC — 14,5

Route du Canyon, 33250 Pauillac • Tél. 05 56 62 35 01 ou 06 87 14 89 66 • contact@chateaufleurlamothe.fr • www.chateaufleurlamothe.fr • Visite : Sur rendez-vous.

CHÂTEAU FONBADET

★★☆☆☆

Pascale Peyronie perpétue la tradition familiale et protège le château Fonbadet des convoitises de ses riches voisins. Les 20 hectares de la propriété sont dominés à 60 % par le cabernet-sauvignon. Toujours aptes au vieillissement, ces vins aux notes de cèdre et de tabac havane ont gagné en raffinement et en suavité au cours des derniers millésimes.

- **Pauillac 2018** | Sec | 29 € — 15
- **Pauillac 2016** | Sec | 2020>29 | 52 € — 15
- **Pauillac Château Pauillac 2018** | Sec | 52,50 € — 15

47, route des Châteaux, 33250 Pauillac • Tél. 05 56 59 02 11 • contact@chateaufonbadet.com • www.chateaufonbadet.com • Visite : Uniquement sur rendez-vous.

CHÂTEAU FONRÉAUD

★★☆☆☆

Le vignoble, installé face au château sur des croupes graveleuses, est géré depuis 30 ans par Jean et Marie-Hélène Chanfreau (la même famille qu'à Lestage), rejoints maintenant par leurs enfants. La fontaine où se serait, dit-on, abreuvé le roi d'Angleterre Henri II, est toujours présente dans le parc. Les Chanfreau sont également propriétaires du clos des Demoiselles (Listrac), du château Caroline (Moulis) et de 6 hectares d'un beau domaine en Moulis, le château Chemin Royal. Le bordeaux blanc, le cygne-de-fonréaud, est une grande réussite, toujours impeccable de précision et de fraîcheur à chaque millésime. Les rouges ont réellement progressé depuis quelques millésimes.

- **Listrac-Médoc 2018** | Sec | 15 € — 15,5
- **Listrac-Médoc 2016** | Sec | 2019>27 | 16,50 € — 15
- **Listrac-Médoc Château Lestage 2018** | Sec | 14 € — 14,5
- **Moulis Château Caroline 2016** | Sec | 2019>24 | 14 € — 14,5
- **Moulis Château Chemin Royal 2016** | Sec | 2019>26 | 14 € — 15,5

33480 Listrac-Médoc • Tél. 05 56 58 02 43 • contact@vignobles-chanfreau.com • www.vignobles-chanfraut.com • Visite : Du lundi au vendredi de 8h30 à 12h et de 14h à 17h30. Le week-end sur rendez-vous.

CHÂTEAU FOURCAS-BORIE

★☆☆☆☆

Situé au nord de l'appellation Listrac, ce château a été racheté en 2009 par la famille Borie, propriétaire du célèbre Ducru-Beaucailllou, qui lui apporte maintenant tout son savoir-faire tant à la vigne que dans les chais, avec pour objectif de produire un vin des plus élégants qui soit. L'objectif n'est pas loin d'être atteint.

- **Listrac-Médoc 2018** | Sec | NC — 14,5
- **Listrac-Médoc 2016** | Sec | 2019>24 | NC — 15

12 Rue Odilon Redon, 33480 Listrac-Médoc • Tél. 05 56 58 03 84

CHÂTEAU FOURCAS-DUPRÉ

★★☆☆☆

Patrice Pagès mène avec discernement la propriété d'une quarantaine d'hectares d'un seul tenant, sur un sol de graves légèrement argileuses. Les vins sont généralement austères et fermés dans leur jeunesse mais gagnent en élégance au fil des années.

- **Listrac-Médoc 2018** | Sec | NC — 14
- **Listrac-Médoc 2016** | Sec | 2019>24 | 17 € — 14,5

Le Fourcas, 33480 Listrac-Médoc • Tél. 05 56 58 01 07 • info@fourcasdupre.com • www.fourcasdupre.com • Visite : Ouvert du lundi au vendredi de 9h à 12h et de 14h à 17h30.

CHÂTEAU FOURCAS-HOSTEN

★★★☆☆

Depuis le rachat en 2006 par la famille Mommeja (Hermès), les deux frères Laurent et Renaud ont entrepris d'importants travaux de rénovation : tout d'abord l'outil technique, cuvier et chai, avec parallèlement la restructuration du vignoble. Caroline Artaud, directrice technique, a fait progresser les vins avec la complicité d'Éric Boissenot, œnologue reconnu. La qualité des vins a progressé à pas de géant depuis quelques millésimes. Ils sont devenus plus précis, plus denses, tout en préservant un joli fruit et une superbe délicatesse aromatique. Ici le raffinement est omniprésent.

- **Bordeaux 2018** | Sec | 26,04 € — 16,5
- **Bordeaux 2016** | Sec | 2019>23 | 25 € — 15,5
- **Listrac-Médoc 2018** | Sec | 18,48 € — 16
- **Listrac-Médoc 2016** | Sec | 2019>25 | 22 € — 16
- **Listrac-Médoc Les Cèdres 2016** | Sec | 13 € — 14

5, rue Odilon Redon, 33480 Listrac-Médoc • Tél. 05 56 58 01 15 • contact@fourcas-hosten.com • www.fourcas-hosten.com • Visite : Ouvert du lundi au vendredi de 9h à 12h30 et de 14h à 17h.

CHÂTEAU GISCOURS

★★★★☆

Cet immense domaine de 300 hectares (dont 80 hectares exploités), situé à Labarde, a connu une histoire mouvementée, en raison de successions familiales délicates. Les vignes appartiennent toujours à la famille Tari depuis 1952 mais le vin est élaboré par une équipe talentueuse sous la direction d'Alexander van Beek, inspirée par le courage d'Éric Albada Jelgersma, récemment décédé. Fermier de la propriété, il l'avait remise à son vrai niveau. En raison de son terroir, ce cru donne un margaux particulièrement coloré et corsé, de très longue garde, avec un caractère assez différent des crus de la partie nord de l'appellation. Quand il est réussi, il peut rivaliser avec château-palmer mais les prix restent plus raisonnables que chez son rival.

- **Margaux 2018** | Sec | 62,15 € — 17,5
- **Margaux 2016** | Sec | 2026>36 | 81 € — 17,5
- **Margaux 2008** | Sec | 2026>30 | 87 € — 17,5

10, route de Giscours, 33460 Labarde • Tél. 05 57 97 09 09 • giscours@chateau-giscours.fr • www.chateau-giscours.fr • Visite : Ouvert tous les jours de 9h à 12h30 et de 13h30 à 17h30. Fermé le samedi de novembre à mars.

CHÂTEAU DU GLANA

★★☆☆☆

Située face au château Ducru-Beaucaillou à Saint-Julien, cette propriété est aujourd'hui gérée par Ludovic et Julien Meffre. La famille est également propriétaire du château Lalande et du château Bellegrave à Pauillac. Les vins produits sont élégants et très harmonieusement équilibrés. Ils correspondent parfaitement à l'idée que l'on se fait d'un saint-julien.

- **Saint-Julien 2018** | Sec | 17,75 € — 16
- **Saint-Julien 2016** | Sec | 2020>27 | 25 € — 15,5
- **Saint-Julien Château Lalande 2016** | Sec | 2019>27 | NC — 15

5, rue Glana, 33250 Saint-Julien-Beychevelle • Tél. 05 56 59 06 47 • contact@chateau-du-glana.com • www.chateau-du-glana.com • Visite : Sur rendez-vous du lundi au vendredi.

CHÂTEAU GLORIA

★★★☆☆

Superbement situé sur la commune de Saint-Julien-Beychevelle et entouré de nobles pairs, château Gloria appartient aujourd'hui à Jean-Louis Triaud et à son épouse, la fille d'Henri Martin, son « créateur » (tout comme le château Saint-Pierre). Cette propriété a maintenant complètement retrouvé la plénitude de ses qualités. Les vins de Gloria ont un fruit pur et une trame souple, avec une grande finesse de tannins. Ce sont des grands classiques de l'appellation.

- **Haut-Médoc Château Bel Air Gloria 2018** | Sec | NC — 14,5
- **Haut-Médoc Château Bel Air Gloria 2016** | Sec | 2019>28 | epuisé — 15,5
- **Saint-Julien 2018** | Sec | NC — 16,5
- **Saint-Julien 2016** | Sec | 2021>32 | 84 € — 16,5

33250 Saint-Julien-Beychevelle • Tél. 05 56 59 08 18 • contact@domaines-martin.com • www.domaines-henri-martin.com • Visite : Uniquement sur rendez-vous, du lundi au vendredi, de 8h à 12h et de 13h30 à 17h30. Fermeture à 12h le vendredi.

CHÂTEAU GRAND-PUY-DUCASSE

★★★☆☆

Ce cru est issu de plusieurs parcelles réparties sur l'ensemble de l'appellation. L'une, au lieu-dit Grand Puy, lui a donné son nom et produit la partie la plus racée de l'assemblage, qui a bien progressé sous la direction de la très compétente Anne Le Naour. Il reste encore quelques pistes d'amélioration, qui seront rendues possibles par la construction imminente d'un nouveau cuvier, permettant des sélections parcellaires précises et un élevage encore plus soigné. Ce qui profitera encore plus au second vin qui manque encore de caractère.

- **Pauillac 2018** | Sec | NC — 16
- **Pauillac 2016** | Sec | 2024>34 | NC — 17

4, quai Antoine-Ferchaud, 33250 Pauillac • Tél. 05 56 59 00 40 • contact@cagrandscrus.fr • www.grandpuyducasse.fr

CHÂTEAU GRAND-PUY-LACOSTE

★★★★☆

Le cru possède l'un des terroirs les mieux situés et les plus homogènes de Pauillac, avec un appréciable potentiel de vieilles vignes de cabernet-sauvignon qui donnent au cru sa remarquable vinosité et ses arômes épicés très nobles. François-Xavier Borie l'administre avec sagesse, compétence et une fidélité évidente au classicisme médocain. Le second vin lacoste-borie avait nettement progressé depuis 2014 mais il sera produit en plus petit volume à l'avenir car il n'intégrera plus les jeunes vignes du château Haut-Batailley.

- **Pauillac 2016** | Sec | 2028>36 | NC — 18

Domaines F.X. Borie, Château Grand Puy Lacoste - B.P. 82, 33250 Pauillac • Tél. 05 56 59 06 66 • dfxb@domainesfxborie.com • www.grand-puy-lacoste.com

CHÂTEAU GRANINS GRAND POUJEAUX

★☆☆☆☆

Marilyne et Pascal Bodin exploitent ces treize hectares principalement situés sur le terroir de Grand Poujeaux, au cœur de l'appellation Moulis. Le résultat ne serait pas renié par Édouard Batailley qui créa ce domaine en 1930 ! Éric Boissenot a été choisi pour ses compétences et sa bonne connaissance du Médoc en tant qu'œnologue-conseil mais aussi pour surveiller le travail parcellaire. Les vins ont une vraie personnalité et beaucoup d'élégance. Arômes complexes, texture généreuse, fraîcheur et équilibre sont au rendez-vous. Ce cru méconnu et discret de l'appellation mérite qu'on s'intéresse à lui d'autant plus que les prix sont tout à fait accessibles. Une belle adresse.

- **Moulis 2016** | Sec | 2019>26 | 16 € — 15

18, chemin de l'Ancienne École, 33480 Moulis-en-Médoc • Tél. 05 56 58 05 82 • contact@chateau-granins.fr • www.chateau-granins.fr • Visite : du lundi au vendredi de 9h à 12h et de 14h à 19h et le week-end sur rendez-vous.

CHÂTEAU DES GRAVIERS

☆☆☆☆☆ 🍀

Christophe Landry, véritable passionné, est revenu dans le milieu des années 1990 sur ces terres familiales depuis cinq générations. Ce sont treize hectares de vignes sur la commune d'Arsac, à forte proportion de cabernet-sauvignon, qu'il exploite en totale biodynamie, et ce depuis très longtemps, tant à la vigne qu'au chai. Ce cru artisan produit un margaux d'un naturel épatant. La cuvée qui se veut plus haut de gamme est beaucoup moins convaincante, très solide et moins typée margaux.

- **Margaux Château des Graviers 2016** | Sec | 2019>25 | 26 € — 15
- **Margaux Quintessence 2016** | Sec | 2021>30 | 35 € — 14

52, rue du Gravier, 33460 Arsac • Tél. 05 56 58 89 11 • chateau.des.graviers@orange.fr • Visite : Du lundi au vendredi, de 9h à 12h et de 14h à 18h. Le week-end sur rendez-vous.

CHÂTEAU GRIVIÈRE

Le château Grivière, qui produit des vins plutôt structurés et bâtis pour vieillir, fait partie des Domaines CGR (Cardonne Grivière Ramafort). Cet ensemble au nord de la presqu'île du Médoc appartint aux Domaines Rothschild jusqu'en 1990, puis au financier Charloux et depuis 2018 au groupe chinois Yofoto. Les trois propriétés ont des styles très complémentaires.

Médoc 2016 | Sec | 2019>25 | 16 € — 15

Route de la Cardonne, 33340 Blaignan • Tél. 05 56 73 31 51 • cgr@domaines-cgr.com • www.domainescgr.com • Visite : du lundi au vendredi de 9h à 12h et de 13h30 à 16h30 sauf le vendredi jusqu'à 12h

CHÂTEAU GRUAUD-LAROSE

Le vaste vignoble du château est situé sur l'un des plus somptueux et homogènes plateaux de graves profondes de tout le Médoc. Depuis 1997, il appartient à la famille Merlaut. Peu de crus médocains, même parmi les Premiers, peuvent se vanter d'avoir un terroir aussi homogène, malgré sa surface, que Gruaud-Larose. On pourrait imaginer que 80 % des vignes produisent le grand vin mais on est ici encore plus sévère dans la sélection, ce qui se ressent surtout sur le grand vin, idéalement plein et harmonieux, et encore plus précis depuis trois ans grâce à une nouvelle et féminine génération de chefs de culture et maître de chai plus rigoureuse et inspirée. Par nature il sèche très rarement au long vieillissement et des bouteilles cinquantenaires comme le 1962 ou le 1961 impressionnent toujours autant.

Saint-Julien 2018 | Sec | NC — 18,5
Saint-Julien 2016 | Sec | 2028>41 | NC — 18
Saint-Julien 2008 | Sec | 2018>20 | NC — 14
Saint-Julien Sarget 2018 | Sec | NC — 16,5

33250 Saint-Julien-Beychevelle • Tél. 05 56 73 15 20 • gl@gruaud-larose.com • www.gruaud-larose.com • Visite : Service oenotourisme. Sur rendez-vous.

CHÂTEAU HAUT-BAGES LIBÉRAL

Les deux dernières années ont vu de grands changements au château, avec l'adoption d'une viticulture biodynamique et un renouvellement technique bienvenu. Le potentiel des meilleures vignes, voisines de château Latour, peut désormais s'exprimer avec force et donner un pauillac vigoureux et racé doté d'un excellent rapport qualité-prix.

Pauillac 2018 | Sec | NC — 17
Pauillac 2016 | Sec | 2026>36 | NC — 17,5
Pauillac 2008 | Sec | 2020>22 | 67 € — 14

lieu-dit Saint-Lambert, 33250 Pauillac • Tél. 05 57 88 76 65 • visites@hautbagesliberal.com • www.hautbagesliberal.com • Visite : du lundi au vendredi de 10h à 12h et de 14h à 17h. Samedi sur rendez-vous.

CHÂTEAU HAUT-BAGES MONPELOU

Propriété de Philippe Castéja, également propriétaire du château Batailley à Pauillac et de Trottevieille à Saint-Émilion. Bien situé sur le plateau au nord de la ville, le cru a toujours produit un vin consistant, qui a gagné en élégance dans les dernières années.

Pauillac 2014 | Sec | 2019>25 | 26 € — 14,5
Pauillac | Sec | 2019>25 | NC — 15

86-90, cours Balguerie-Stuttenberg, 33300 Bordeaux • Tél. 05 56 00 00 70 • domaines@borie-manoux.fr • www.borie-manoux.com • Visite : principalement pour les professionnels – sur rendez-vous uniquement.

CHÂTEAU HAUT-BATAILLEY

La famille Cazes est désormais propriétaire de ce cru issu d'une division du château Batailley. On repère les vignes grâce à la pittoresque tour dite de l'Aspic, qui s'érige en leur milieu et à la couleur rouge vin du chai. Le vin produisait un pauillac élégant et relativement souple sous la période Borie, il semble avoir gagné en corps et en intensité sans perdre de sa finesse.

Pauillac 2016 | Sec | 2026>31 | NC — 16,5

Petit-Battailley, 33250 Pauillac • Tél. 05 56 73 24 00 • contact@jmcazes.com • www.jmcazes.com

CHÂTEAU HAUT-BELLEVUE

★☆☆☆☆

Avec Grand-Tayac à Margaux, les Roses exploitent là deux jolis vignobles. Situé sur la commune de Lamarque, Haut-Bellevue occupe des sols de graves. Les efforts consentis au chai ont contribué à hausser la qualité des vins. Ils sont aromatiques, juteux, charnus et équilibrés, sans se départir d'une belle élégance. Dans le fantastique millésime 2016, le château Grand Tayac se fait remarquer par son raffinement et son éclat.

- **Margaux Château Grand Tayac 2016** | Sec | 2021>32 | 21 € — 16,5

10, chemin des Calinottes, 33460 Lamarque • Tél. 05 56 58 91 64 • contact@chateauhautbellevue.com • www.chateauhautbellevue.com • Visite : Ouvert du lundi au vendredi de 9h à 12h et de 13h30 à 17h, le week-end sur rendez-vous.

CHÂTEAU HAUT-CONDISSAS ET CHÂTEAU ROLLAN DE BY

★★★☆☆

En achetant deux hectares sur les graves argileuses de Bégadan en 1989, dans le prolongement des terroirs de graves de Pauillac et Saint-Estèphe, Jean Guyon réalise son rêve et donne vie à Rollan de By. Ce vignoble aujourd'hui important est devenu une valeur sûre, offrant un vin consistant à prix régulier. En créant en 1995 haut-condissas, il se plaçait dans l'optique qui avait été celle des vins de garage de la rive droite, à savoir déployer un maximum d'efforts sur un petit vignoble pour atteindre la qualité des meilleurs grands crus. Haut-condissas est l'archétype du super-bordeaux.

- **Médoc Château Greysac 2018** | Sec | 16 € — 15,5
- **Médoc Château Rollan de By 2018** | Sec | 21,80 € — 16,5
- **Médoc Château Tour Séran 2016** | Sec | 2019>26 | 24 € — 14
- **Médoc Haut-Condissas 2018** | Sec | 52 € — 16,5
- **Médoc Rollan de By 2016** | Sec | 2019>24 | 21,80 € — 14,5

18 route de By, 33340 Bégadan • Tél. 05 56 41 58 59 • infos@rollandeby.com • www.domaines-rollandeby.com • Visite : Du lundi au jeudi = 9h30 -12h et de 13h30-17h

CHÂTEAU HAUT-MADRAC

★☆☆☆☆

Ce cru situé tout près de Pauillac appartient à Philippe Castéja. La vinification se passe à Lynch-Moussas, voisin immédiat et également dans le giron de Philippe Castéja, pour donner un cru puissant mais non dénué d'élégance.

- **Haut-Médoc 2016** | Sec | 2019>23 | 15 € — 14,5

88 quai des Bacalans - 88, quai de Bacalan, 33300 Bordeaux • Tél. 05 56 00 00 70 • domaines@borie-manoux.fr • www.borie-manoux.com • Visite : sur rendez-vous.

CHÂTEAU HAUT-MARBUZET

★★★★☆

Ce cru mondialement connu se trouve à Marbuzet, coteau faisant face à la Gironde. Son vignoble est situé à mi-chemin entre Cos d'Estournel et Montrose. Henri Dubosq, figure incontournable du Médoc, vinifie les vins de la propriété depuis 1982 avec la plus grande réussite. En 2006, il s'associe à Philippe Jorand, chef de cuisine étoilé, pour magnifier les 13 hectares du château Layauga-Duboscq, situés sur de bons terroirs autour de Gaillan et de Queyrac. Les vins de Haut-Marbuzet sont de toujours de grande constitution, alliant rondeur et volupté, avec une grande aptitude au vieillissement. Haut-Marbuzet est vraiment une super propriété incontournable de l'appellation.

- **Médoc Château Layauga Duboscq 2016** | Sec | 2019>25 | NC — 15
- **Saint-Estèphe 2018** | Sec | NC — 17
- **Saint-Estèphe 2016** | Sec | 2023>35 | 39 € — 18,5

Vignobles H. Duboscq & Fils, 33180 Saint-Estèphe • Tél. 05 56 59 30 54 • infos@haut-marbuzet.net • www.larobefendue.com • Visite : Ouvert du lundi au samedi sur rendez-vous. Fermé dimanche et jours fériés.

CHÂTEAU HOURTIN DUCASSE

★★☆☆☆

Ce cru proche de Pauillac appartient à la famille de Michel Marengo depuis 1975. Les vins séduisent par leur équilibre.

- **Haut-Médoc 2016** | Sec | 2019>25 | 18 € — 15

Lieu-dit Le Fournas - Route de la Chatole, 33250 Saint-Sauveur • Tél. 05 56 59 56 92 • contact@hourtin-ducasse.com • www.hourtin-ducasse.com • Visite : Ouvert tous les jours sur rendez-vous. De 9h30/11h/12h30/14/15h30/17h du lundi au vendredi. Le week-end de 11h/12h30/14h/15h30/17h. Degustation de 4 vins différents autour d'une assiette du terroir.

CHÂTEAU D'ISSAN

Le cru appartient pour moitié à la famille Cruse et pour l'autre moitié à Jacky Lorenzetti, qui ont évidemment pour lui beaucoup d'ambition. Ceint de murs, le vignoble d'une cinquantaine d'hectares se situe sur un terroir de première classe qui explique la remarquable finesse aromatique du vin, et sa constance malgré les caprices climatiques fréquents dans les derniers millésimes. Avec encore plus de rigueur dans sa sélection, il pourrait égaler mais sans un caractère différent son prestigieux voisin Palmer.

- **Margaux 2018** | Sec | 63,84 € — 16,5
- **Margaux 2016** | Sec | 2026>36 | 70 € — 17
- **Margaux 2008** | Sec | 2020>23 | 80 € — 15

chemin de la Ménagerie, 33460 Cantenac • Tél. 05 57 88 35 91 • issan@chateau-issan.com • www.chateau-issan.com • Visite : Ouverture du lundi au vendredi de 9h00 à 12h30 et de 14h00 à 17h00. Visites et dégustations sur rendez-vous uniquement.

CHÂTEAU KIRWAN

Dans la famille Schÿler depuis 1904, important acteur du négoce bordelais, cette belle propriété de 37 hectares est située sur le plateau de Cantenac, au sud de l'appellation, avec une partie du vignoble située plus à l'ouest, sur des terres plus argileuses. Le magnifique nouveau cuvier vaut la visite, d'autant que l'engagement de la propriété dans l'œnotourisme la rend particulièrement instructive et attractive. Les vins ont gagné en pureté immédiate d'expression et en intégration du boisé et devraient bien vieillir, dans un esprit typiquement margalais.

- **Margaux 2018** | Sec | NC — 16
- **Margaux 2016** | Sec | 2026>36 | 47 € — 16,5

33460 Cantenac • Tél. 05 57 88 71 00 • mail@chateau-kirwan.com • www.chateau-kirwan.com • Visite : du lundi au vendredi de 9h30 à 12h30 et de 13h30 à 17h30.

CHÂTEAU L'INSOUCIANCE

Voici une petite propriété d'à peine deux hectares appartenant à un groupe de cinq amis passionnés, qui en ont confié la vinification à l'œnologue spécialiste du Médoc, Éric Boissenot. Des vieilles vignes de plus de 30 ans, un beau terroir, un encépagement majoritaire en merlot (50 %) complété par 30 % de cabernet-sauvignon et 20 % de franc, tout pour donner un vin élégant et authentique. Le 2015 nous avait beaucoup plu, le 2016 nous enchante. Les prix pratiqués sont plus que raisonnables. Une propriété à suivre de très près, qui mérite sa première étoile.

- **Saint-Estèphe 2016** | Sec | 2020>29 | 25 € — 16

Rue de l'Estage - 8 rue Chardin, 33180 Saint Seurin de Cadourne • Tél. 06 11 02 99 30 • contact@chateaulinsouciance.com • www.chateaulinsouciance.com • Visite : sur rendez-vous.

CHÂTEAU L'OR DES TERRES

Le château L'Or des Terres est une micro propriété de moins d'un hectare, située en Nord-Médoc sur la commune de Saint-Yzans. Des vieilles vignes à parts égales entre cabernet-sauvignon et merlot s'épanouissent sur le terroir argilo-calcaire. Le propriétaire, Sébastien Fontaneau, a choisi de vinifier et d'élever ses vins de la façon la plus nature qui soit, c'est à dire sans aucun sulfite ajouté. Le résultat est surprenant. Un naturel et une pureté de fruit incroyables pour le nez, une bouche plus discutable, moins pure, mais les amateurs de ce genre de vins y trouveront leur compte.

- **Médoc sans Souffre ajouté 2016** | Sec | 2020>26 | 18 € — 15

37 bis rue de la colonne, 33340 Saint-Yzans-de-Médoc • Tél. 05 56 09 32 61 • seb.fontaneau@orange.fr • Visite : Uniquement sur rendez-vous.

CHÂTEAU LA BRIDANE

Ici on produit régulièrement des vins qui correspondent tout à fait à l'idée que l'on se fait d'un saint-julien. Charme, élégance, texture dense, équilibre.

- **Saint-Julien 2018** | Sec | NC — 14,5
- **Saint-Julien 2016** | Sec | 2019>27 | 23 € — 15

Chemin de la Bridane, 33250 Saint-Julien-Beychevelle • Tél. 05 56 59 91 70 • contact@vignobles-saintout.fr • www.vignobles-saintout.com • Visite : de fin juin à début septembre, du lundi au samedi de 11h à 13h et de 14h à 19h. Le reste de l'année sur rendez-vous au Domaine de Cartujac. Ouvert du 25 juin au 21 septembre.

CHÂTEAU LA CARDONNE

Le château La Cardonne est situé au nord du Médoc, à quelques kilomètres de Saint-Estèphe. Avec ses 45 hectares plantés sur des graves argilo-calcaires, il fait partie de CGR (Cardonne, Grivière, Ramafort), un ensemble de trois propriétés longtemps placées sous la dépendance du château Lafite-Rothschild puis du financier Charloux et désormais du groupe chinois Yofoto. Les vins produits sont généreux, savoureux et toniques.

- **Médoc 2016** | Sec | 2019>24 | 16 € — 15

Route de la Cardonne, 33340 Blaignan • Tél. 05 56 73 31 51 • cgr@domaines-cgr.com • www.domaines-cgr.com • Visite : Ouvert du lundi au vendredi de 8h30 à 12h et de 14h à 16h30. Fermé vendredi après midi et le week-end.

CHÂTEAU LA FORTUNE

Dernière pépite du puissant groupe Grands Chais de France, le bien nommé La Fortune est un petit cru margalais situé à Soussans. Les premiers millésimes sont prometteurs.

- **Margaux 2018** | Sec | 29,80 € — 14,5
- **Margaux 2017** | Sec | 2020>25 | 29,80 € — 14

Route de Richet Lieu, 10 Bessan, 33460 Soussans • Tél. 05 57 88 13 77 • info@crusetdomainesdefrance.com • www.cdf-chateaux.com • Visite : sur rendez-vous.

CHÂTEAU LA GALIANE

Exploités depuis le XIXe siècle par la famille Renon, ces dix hectares en appellation Margaux possèdent des ceps de vignes centenaires avec une moyenne d'âge de soixante ans, la grande maturité pour un vignoble. Viticulture et vinification respectent les règles de l'art. L'âge des vignes confère aux deux vins complexité et élégance, qui semblent être le fil conducteur de la propriété.

- **Margaux 2018** | Sec | 14,50 € — 15
- **Margaux 2016** | Sec | 2022>32 | 18 € — 15
- **Margaux Château Charmant 2016** | Sec | 2021>29 | 18 € — 15

scea René Renon, 14 rue Alfred de Luze, 33460 Soussans • Tél. 05 57 88 35 27 • scea.rene.renon@wanadoo.fr • www.scea-rene-renon.com • Visite : Du lundi au vendredi de 9h à 11h30 et de 14h à 17h. Le week-end sur rendez-vous.

CHÂTEAU LA LAGUNE

La Lagune n'a pas été récompensée en 2018 de sa courageuse viticulture bio et ne produira sans doute pas de premier vin. Mais progressivement, sous le contrôle de son administratrice, Caroline Frey, le vin avait bien progressé les années précédentes, avec des assemblages à plus grand pourcentage de cabernet-sauvignon et des extractions de tannin plus élégantes.

- **Haut-Médoc 2016** | Sec | 2026>34 | 57 € — 17
- **Haut-Médoc 2008** | Sec | 2020>23 | 68 € — 15

81 Avenue de l'Europe, 33290 Ludon-Médoc • Tél. 05 57 88 82 77 • contact@chateau-lalagune.com • www.chateau-lalagune.com • Visite : Visites sur rendez-vous de 8h à 12h puis de 13h30 à 17h30 du lundi au mercredi (16h30 le jeudi) et 8h-12h le vendredi.

CHÂTEAU LA ROSE BRANA

Une jolie propriété de Saint-Estèphe appartenant à la famille Ollier depuis cinq générations, c'est aujourd'hui Coralie qui la dirige. Une trentaine d'hectares de vieilles vignes implantées sur terroir argilo-calcaire, 60 % de merlot, 40 % de cabernet-sauvignon, une vinification plus que traditionnelle, un élevage raisonnable en fût de chêne. Le résultat est plus qu'encourageant avec un 2016 magnifique, qui affiche un prix très sage pour l'appellation.

- **Saint-Estèphe 2015** | Sec | 2020>26 | 22 € — 16

10 rue de la Gare - Leyssac, 33180 Saint-Estèphe • Tél. 05 56 59 32 70 • contact@rosebrana.com • www.rosebrana.com • Visite : Ouvert du lundi au vendredi 9h30 -12 et 14h-17h sauf le mercredi après-midi. De préférence sur rendez-vous.

CHÂTEAU LA TOUR CARNET

★★★☆☆

La Tour Carnet est la propriété phare de Bernard Magrez en Médoc. Le vignoble initial se situe sur une butte calcaire unique qui donne un cachet « rive droite » à ses merlots. Il s'est agrandi bien plus au nord d'excellents terroirs plus classiques, sur Saint-Seurin de Cadourne, comme son appellation le permet. Le volume de vin a donc augmenté en prenant encore plus d'assurance et de régularité dans la qualité, grâce à de nouvelles possibilités d'assemblage.

- **Haut-Médoc 2018** | Sec | NC — 16,5
- **Haut-Médoc 2016** | Sec | 2026>36 | 39 € — 16,5
- **Haut-Médoc 2008** | Sec | 2020>26 | 43 € — 15
- **Haut-Médoc Les Pensées de la Tour Carnet 2016** | Sec | 2022>28 | NC — 15

Route de Beychevelle, 33112 Saint-Laurent-du-Médoc • Tél. 05 56 73 30 90 • latour@latour-carnet.com • www.bernard-magrez.com

CHÂTEAU LA TOUR DE BY

★☆☆☆☆

Ce cru classique de Bégadan se divise en deux parties : l'une autour du château, en bord de rivière, sur des graves magnifiques comparables à celles de Montrose ou Sociando-Mallet, l'autre vers Saint-Christoly. Le vin avait toujours été soigneusement élaboré mais sans ambition, sans doute pour conserver un excellent rapport qualité-prix. Mais depuis quelques millésimes, grâce à une sélection plus sévère et une vinification plus précise, coïncidant avec l'arrivée de Frédéric Le Clerc (petit-fils de Marc Pagès, le fondateur de cette propriété) et de son cousin Benjamin Richer de Forges, le cru a réalisé d'immenses progrès. Les derniers millésimes épousent un style énergique, savoureux et particulièrement digeste. Outre le grand vin, le domaine produit une cuvée plus marquée par le merlot, la-roque-de-by et une cuvée spéciale héritage-marc-pagès, richement extraite.

- **Médoc 2018** | Sec | 12,40 € — 15
- **Médoc 2016** | Sec | 2019>31 | 20 € — 16
- **Médoc Château La Valière 2016** | Sec | 2019>24 | 13 € — 14
- **Médoc Héritage Marc Pagès 2016** | Sec | 2020>29 | 40 € — 14,5

5, route de la Tour de By, 33340 Bégadan • Tél. 05 56 41 50 03 • info@latourdeby.fr • www.la-tour-de-by.com • Visite : D'avril à octobre, du lundi au vendredi de 9h à 18h, et le samedi ouvre à 10h. Juillet-août 7/7 jours. Le reste de l'année, du lundi au vendredi, de 9h à 18h.

CHÂTEAU LA TOUR DE MONS

★☆☆☆☆

Co-propriété de la Caisse des Dépôts du Québec depuis 1995, rejointe dernièrement par le Crédit Agricole, La Tour de Mons est un vaste et ancien vignoble de 100 hectares sur l'aire d'appellation Margaux. Les investissements consentis dans le chai autant que dans le vignoble ont contribué à redorer le blason de ce beau terroir et ses vins, assez droits dans leur conception.

- **Margaux 2018** | Sec | NC — 15,5
- **Margaux 2016** | Sec | 2020>29 | NC — 16

20, rue de Marsac, 33460 Soussans • Tél. 05 56 59 00 40 • contact@cagrandscrus.fr • www.cagrandscrus.fr

CHÂTEAU LABÉGORCE

★★☆☆☆

Suite à la réorganisation des propriétés margalaises de la famille Perrodo, Labégorce-Zédé a rejoint le château Labégorce pour ne plus faire qu'un. Marjolaine de Coninck est à la direction générale des propriétés depuis 2010. Les vins produits ont toujours leur identité forte, mais avec aujourd'hui plus de modernité, de finesse et d'élégance.

- **Margaux 2016** | Sec | 2020>32 | NC — 16
- **Margaux Zédé de Labégorce 2016** | Sec | 2019>25 | NC — 14,5

Route de Labégorce, 33460 Margaux • Tél. 05 57 88 71 32 • contact@labegorce.com • www.chateau-labegorce.fr • Visite : du lundi au vendredi, de 9h à 17h.

CHÂTEAU LAFFITTE CARCASSET

Le château Laffitte Carcasset, qui trouve ses origines au début du XVIIIe siècle, est situé au cœur de l'appellation Saint-Estèphe, entouré de crus classés. 35 hectares de vignes implantées sur le beau plateau graveleux de Saint-Estèphe où le cabernet-sauvignon (60 %) et le merlot (35 %) s'expriment à merveille. Il appartient depuis 2016 à Pierre Rousseau et à sa famille. Les vins produits sont complexes et fruités, avec une belle structure tannique qui leur offre une très bonne aptitude au vieillissement.

- **Saint-Estèphe 2018** | Sec | 18 € — **14,5**
- **Saint-Estèphe 2016** | Sec | 2020>29 | 21 € — **16,5**

33180 Saint-Estèphe • Tél. 05 56 59 34 32 • contact@laffittecarcasset.com • www.laffittecarcasset.com • Visite : En travaux pour 2 ans.

CHÂTEAU LAFITE-ROTHSCHILD

Cru suprême de Pauillac, Lafite doit son inégalable finesse à ses graves du nord de l'appellation, sur socle calcaire, qui le distinguent pour l'éternité de Latour, situé au sud et d'un caractère traditionnellement plus vigoureux, avec des sélections extrêmement rigoureuses qui écartent plus de la moitié de la récolte. Fortement marqué par le cabernet-sauvignon, souvent supérieur à 90 % de l'assemblage, Lafite brille par ses notes de cèdre et de graphite qui demandent plus de quinze ans pour s'épanouir. La nouvelle équipe en charge du domaine (le duo Saskia de Rothschild et Éric Kohler) s'attache à donner plus de dimension au vin des carruades, comme le démontre à sa naissance le 2018.

- **Pauillac 2018** | Sec | NC — **19**
- **Pauillac 2016** | Sec | 2031>46 | NC — **19**
- **Pauillac 2008** | Sec | 2026>38 | NC — **17,5**
- **Pauillac Les Carruades de Lafite 2018** | Sec | NC — **17**
- **Pauillac Les Carruades de Lafite 2016** | Sec | 2028>38 | NC — **17**

33250 Pauillac • Tél. 05 56 59 26 63 • visites@lafite.com • www.lafite.com • Visite : sur rendez-vous uniquement, du lundi au vendredi de 14h à 15h30. Fermé de août à fin octobre.

CHÂTEAU LAFON-ROCHET

Une des dernières propriétés familiales en exploitation directe du classement de 1855, objet de toutes les attentions de Basile Tesseron, digne successeur de son père Michel. Les assemblages conseillés par Jean-Claude Berrouet, qui se montre aussi adroit avec les cabernet-sauvignon qu'avec ses chers merlots, produisent un vin savoureux, régulier et de prix encore raisonnable.

- **Saint-Estèphe 2018** | Sec | NC — **17**
- **Saint-Estèphe 2016** | Sec | 2026>36 | 60 € — **17**
- **Saint-Estèphe 2008** | Sec | 2020>26 | 50 € — **16**
- **Saint-Estèphe Les Pèlerins de Lafon-Rochet 2016** | Sec | 2022>28 | 25 € — **15,5**

Lieu-dit Blanquet, 33180 Saint-Estèphe • Tél. 05 56 59 32 06 • lafon@lafon-rochet.com • www.lafon-rochet.com • Visite : du lundi au vendredi de 10h à 13h et de 14h à 17h. D'avril à fin septembre, tous les jours. Ouvert 7J/7, de 10h à 18h et ce jusque fin octobre

CHÂTEAU LAGRANGE

Ce vaste domaine viticole, d'une grande homogénéité comme son voisin Gruaud-Larose, a vu ses vignes vieillir et donner une intensité inconnue au grand vin, tout en affinant depuis trois ans son style, grâce aux efforts de l'équipe technique actuelle. Son vin est une expression droite, classique, presque minérale des meilleures terres de Saint-Julien, avouant une communauté de saveur et de style indéniable avec léoville-las-cases, ce qui n'est pas un mince compliment. Excellent rapport qualité-prix.

- **Saint-Julien 2018** | Sec | 50 € — **17**
- **Saint-Julien 2016** | Sec | 2028>38 | 56 € — **17,5**
- **Saint-Julien 2008** | Sec | 2020>26 | 65 € — **17,5**
- **Saint-Julien Fiefs de Lagrange 2016** | Sec | 2022>28 | 25 € — **16**

33250 Saint-Julien-Beychevelle • Tél. 05 56 73 38 38 • contact@chateau-lagrange.com • www.chateau-lagrange.com • Visite : Ouvert du lundi au vendredi de 9h à 12h30 et de 14h à 18h. Ouvert le samedi également d'avril à fin octobre.

CHÂTEAU LAMOTHE-BERGERON

Fameuse propriété, très en vogue au XIXe siècle, cette belle endormie s'est réveillée en pleine forme il y a quatre ans, grâce au rachat par la maison de cognac Mounier. Laurent Méry en assure la direction. Situé entre Margaux et Saint-Julien, sur des terroirs de graves, le vignoble compte près de 70 hectares de vignes plantées à parité entre cabernet et merlot. D'importants travaux ont été entrepris afin de redonner au château son lustre d'antan. Moderne et avant-gardiste, conseillé par Hubert de Boüard (château Angélus), le vin conserve toujours finesse et élégance.

Haut-Médoc 2018 | Sec | NC — 14
Haut-Médoc 2016 | Sec | 2019>25 | 22 € — 15

33460 Cussac-Fort-Médoc • Tél. 05 56 58 94 77 • contact@lamothebergeron.fr • www.lamothebergeron.com • Visite : Sur rendez-vous tous les jours de 9h à 17h, dernière visite à 16h. jusqu'à fin octobre sinon du lundi au vendredi.

CHÂTEAU LANESSAN

Depuis l'arrivée de la dynamique et efficace Paz Espejo, les vins de château Lanessan ont retrouvé leur éclat. Toujours propriété de la famille Bouteiller depuis le XVIIIe siècle, ce vignoble de 45 hectares, contigu à l'appellation Saint-Julien, fait partie des valeurs montantes du Haut-Médoc. Le millésime 2010 est le premier vrai millésime réalisé par Paz depuis son arrivée. L'autre domaine, le château de Sainte-Gemme, huit hectares de vignes d'une vingtaine d'années, donne un haut-médoc particulièrement élégant. Depuis quelques millésimes, les vins se sont véritablement affinés et ont gagné en charme.

Haut-Médoc 2018 | Sec | NC — 14,5
Haut-Médoc 2016 | Sec | 2019>26 | 26 € — 15

SCEA Delbos Bouteiller, 33460 Cussac-Fort-Médoc • Tél. 05 56 58 94 80 • infos@lanessan.com • www.lanessan.com • Visite : tous les jours de 10h à 18h. Du 1er novembre au 15 avril, du lundi au vendredi de 10h à 17h. Fermé la dernière semaine de décembre.

CHÂTEAU LANGOA-BARTON

Langoa est le nom de la délicieuse chartreuse où habite la famille Barton, et le lieu où léoville-barton est également vinifié. Nous sommes au cœur du vignoble de Saint-Julien, juste au sud de Léoville, et il est parfois difficile en primeurs de distinguer les deux crus même si léoville possède généralement plus de corps et de densité de texture. Le vin de Langoa est d'une facture très classique, dense, tannique, très épicé, complète expression de saint-julien, plus pur et plus exact dans ses derniers millésimes.

Saint-Julien 2018 | Sec | 51,60 € — 17,5
Saint-Julien 2016 | Sec | 68 € — 16

33250 Saint-Julien-Beychevelle • Tél. 05 56 59 06 05 • chateau@barton-family-wines.com • www.langoa-barton.com • Visite : Sur rendez-vous du lundi au jeudi de 9h à 17h. Vendredi de 9h à 12h30.

CHÂTEAU LAROSE-PERGANSON

Propriété des assureurs Allianz, le château Larose-Perganson bénéficie de solides engagements financiers. Le château fait partie intégrante du domaine viticole, c'est une deuxième marque aux côtés de son aîné Larose-Trintaudon. En 2007, le groupe acquiert le château Arnauld, situé à Arcins, sur la route des châteaux. Les vins progressent depuis quelques années : plus modernes, ils ont gagné en suavité et en finesse.

Haut-Médoc Château Larose-Perganson 2016 | Sec | 2020>26 | 16,10 € — 15

Route de Pauillac, 33112 Saint-Laurent-Médoc • Tél. 05 56 59 41 72 • info@trintaudon.com • www.vignoblesdelarose.com • Visite : du lundi au vendredi de 9h à 12h et de 14h à 17h. De juin à septembre de 10h à 18h.

CHÂTEAU LAROSE-TRINTAUDON

Larose-Trintaudon est l'un des plus grands vignobles du Médoc, avec 180 hectares. Propriété des assureurs Allianz depuis 1986, le château bénéficie de solides engagements financiers et d'une équipe de 55 personnes. En 2007, le groupe acquiert également le château Arnauld. Les vins progressent depuis quelques années : plus modernes, ils ont gagné en suavité et en finesse.

- **Haut-Médoc 2018** | Sec | NC — 14,5
- **Haut-Médoc 2016** | Sec | 2019>26 | 14,50 € — 15

Route de Pauillac, 33112 Saint-Laurent-Médoc • Tél. 05 56 59 41 72 • info@trintaudon.com • www.vignoblesdelarose.com • Visite : Ouvert du lundi au vendredi de 9h à 12h et de 14h à 17h. De juin à septembre de 11h à 18h.

CHÂTEAU LARRIVAUX

★☆☆☆☆

Depuis 1850, ce domaine a été exclusivement dirigé et détenu par les femmes de la même famille. Aujourd'hui, c'est la toute jeune Bérangère Tesseron qui est aux commandes. Situé dans le Nord-Médoc, à Cissac, le vignoble de 19 hectares qui entoure le château se compose de deux îlots sur terroir argilo-graveleux et d'un troisième sur terroir argilo-calcaire. Ce terroir convient particulièrement bien au merlot majoritaire. Le résultat est génial ! Un modèle d'élégance et un prix plus que raisonnable.

- **Haut-Médoc 2018** | Sec | NC — 15
- **Haut-Médoc 2016** | Sec | 2019>25 | 16 € — 15,5

23-25, route de Larrivaux, 33250 Cissac-Médoc • Tél. 05 56 59 58 15 • contact@larrivaux.com • www.chateau-larrivaux.com • Visite : Dur lundi au vendredi de 8h à 16h30.

CHÂTEAU LASCOMBES

★★★★☆

Le groupe d'assurance mutualiste MACSF, propriétaire depuis 2011 de cette très importante propriété, met tout en œuvre pour en assurer le prestige et la qualité, sous la direction efficace de Dominique Befve. Le vin, toujours issu de vendanges très mûres, se reconnait au sein de ses pairs du classement par sa forte couleur, sa suavité et son fondu de tannin. Les mêmes qualités se retrouvent dans le second vin, chevalier-de-lascombes, mais moins bien enrobées.

- **Margaux 2018** | Sec | 75,60 € — 17,5
- **Margaux 2016** | Sec | 2026>36 | 86 € — 17
- **Margaux Chevalier de Lascombes 2018** | Sec | 30,24 € — 15
- **Margaux Chevalier de Lascombes 2016** | Sec | 2024>31 | 36 € — 16

1, cours de Verdun - B.P. 4, 33460 Margaux • Tél. 05 57 88 70 66 • contact@chateau-lascombes.fr • www.chateau-lascombes.com • Visite : du lundi au samedi de 9h à 18h.

CHÂTEAU LATOUR

★★★★★ ♣

Latour doit sa gloire, comme Lafite, au marquis de Ségur et à ses héritiers. Régénéré par des propriétaires anglais puis acquis par François Pinault en 1993, le cru ne s'est pas reposé sur ses lauriers. Sous l'impulsion de son rigoureux directeur Frédéric Engerer, il a encore élevé son niveau d'exigence en convertissant le vignoble à l'agriculture biodynamique. Le second vin, forts-de-latour, produit en grande partie sur les extérieurs du grand enclos, réservé au grand vin, est sans doute le cru le plus complet de sa catégorie. Quant au pauillac du château (le troisième vin), issu de jeunes vignes ou de parcelles récemment achetées, il donne déjà une haute idée de son appellation. Le cru innove aussi dans sa politique commerciale en stockant les vins jeunes pour les mettre à maturité sur le marché, sans passer par le système classique des primeurs.

- **Pauillac 2016** | Sec | 2026>31 | NC — 16,5
- **Pauillac Forts de Latour 2018** | Sec | NC — 17,5
- **Pauillac Forts de Latour 2016** | Sec | 2028>41 | NC — 18
- **Pauillac Forts de Latour 2008** | Sec | 2023>28 | NC — 17,5
- **Pauillac Grand Vin 2018** | Sec | NC — 18,5
- **Pauillac Grand Vin 2016** | Sec | 2028>46 | NC — 19
- **Pauillac Grand Vin 2008** | Sec | 2023>38 | NC — 18

Saint-Lambert, 33250 Pauillac • Tél. 05 56 73 19 80 • contact@chateau-latour.com • www.chateau-latour.com

CHÂTEAU DE LAUGA

☆☆☆☆☆

Ce cru artisan est situé au cœur du Haut-Médoc, entre Margaux et Saint-Julien. Le saint-julien, château la-fleur-de-lauga, à peine plus d'un demi hectare de très vieilles vignes de cabernet-sauvignon à 90 %, est vinifié en cuves ouvertes et élevé en barriques neuves à hauteur de 70 %. C'est un saint-julien puissant, bien réalisé, avec le côté civilisé qui sied bien à l'appellation.

- **Saint-Julien Château La Fleur Lauga 2016** | Sec | 2019>27 | 35 € — 15,5

13, chemin de la Rue, 33460 Cussac-Fort-Médoc • Tél. 05 56 58 92 83 • chateau@lauga.com • www.lauga.com • Visite : Du lundi au samedi de 9h à 12h30 et de 14h à 18h30. Le dimanche sur rendez-vous.

CHÂTEAU LAUJAC

★☆☆☆☆

Vaste domaine, propriété de la famille Cruse (château d'Issan), qui produit un vin particulièrement élégant et équilibré.

- **Médoc 2018** | Sec | 18 € — 15
- **Médoc 2016** | Sec | 2019>25 | 18 € — 15

56, route de Laujac, 33340 Bégadan • Tél. 05 56 41 50 12 • contact@chateaulaujac.com • www.chateaulaujac.com • Visite : du lundi au vendredi de 8h30 à 12h30 et de 13h30 à 17h. Achat sur la boutique en ligne également.

CHÂTEAU LAVILLOTTE

☆☆☆☆☆

Un domaine de douze hectares de vieilles vignes au cœur de l'appellation Saint-Estèphe, recréé entièrement par la famille Pedro. Encépagement dominant en cabernet-sauvignon qui exprime toute sa race sur un terroir graveleux. Les vins sont extrêmement raffinés du point de vue aromatique, charnus et énergiques. Le château Le Meynieu, en appellation Haut-Médoc, appartient également à la famille Pedro ; il est particulièrement réussi dans le millésime 2016.

- **Saint-Estèphe 2016** | Sec | 2019>28 | 18,50 € — 15

33180 Vertheuil-Médoc • Tél. 05 56 73 32 10 • lesdomainespedro@orange.fr • www.lechateaudevillotte.fr • Visite : Ouvert du lundi au vendredi de 9h à 12h et de 14h à 16h30.

CHÂTEAU LE BOSCQ

★☆☆☆☆

Propriété des vignobles Dourthe depuis 1995, ces derniers se passionnent pour la mise en valeur des 18 hectares, situés le plus au nord de l'appellation Saint-Estèphe. L'équipe Dourthe imprime sa signature en y réalisant des vins typés et élégants, sur des sols très argileux, plantés de merlot à 65 %, avec 25 % de cabernet-sauvignon et 10 % de petit verdot. Les derniers millésimes sont réussis, charmeurs, généreux et équilibrés. Un incontournable.

- **Saint-Estèphe 2018** | Sec | NC — 16,5
- **Saint-Estèphe 2016** | Sec | 2020>33 | env. 32 € — 17

33180 Saint-Estèphe • Tél. 05 56 35 53 60 • contact@dourthe.com • www.dourthe.com • Visite : sur rendez-vous.

CHÂTEAU LE CROCK

★★☆☆☆

Les 32 hectares du château Le Crock se situent entre Cos d'Estournel et Montrose, et sont limitrophes également de Marbuzet et Haut-Marbuzet. Acquis en 1903 par la famille Cuvelier, avant Léoville-Poyferré, ce superbe château, dont le vignoble est constitué à 46 % de merlot, 40 % de cabernet-sauvignon, le reste se répartissant entre petit verdot et cabernet franc, est conseillé par Michel Rolland. Le vignoble est réparti sur trois zones d'implantation distinctes, bénéficiant ainsi d'une diversité aromatique exceptionnelle et exprimant parfaitement l'originalité du terroir de Saint-Estèphe. C'est Didier Cuvelier (Léoville-Poyferré) qui sans conteste l'a amené à ce niveau-là. Les vins produits sont séduisants, expressifs, énergiques et de bonne garde.

- **Saint-Estèphe 2018** | Sec | NC — 16
- **Saint-Estèphe 2016** | Sec | 2019>31 | 35 € — 15,5

1 rue Paul Amilhat, 33180 Saint-Estèphe • Tél. 05 56 59 73 05 • chateaulecrock@orange.fr • www.chateaulecrock.fr • Visite : Juillet-août, tous les jours de 10h30 à 18h30. En juin et septembre du lundi au samedi. Le reste de l'année du lundi au jeudi de 9h à 16h et le vendredi matin de 9h à 11h.

CHÂTEAU LE TEMPLE

★☆☆☆☆

Cela fait trois générations que le château Le Temple est exploité par la famille Bergey, avec dix-huit hectares situés dans le nord du Médoc. Les vieux cabernet-sauvignon font merveille, épaulés par le merlot et le petit verdot sur la croupe graveleuse. Ce sont des vins raffinés et toniques en même temps, d'une qualité très régulière. Une bonne adresse, on n'est jamais déçu, le rapport qualité-prix est imbattable.

- **Médoc 2018** | Sec | NC — 15
- **Médoc 2016** | Sec | 2019>26 | 9,60 € — 15

30, route du Port-de-Goulée, 33340 Valeyrac • Tél. 05 56 41 53 62 • chateauletemple@orange.fr • www.chateauletemple.com • Visite : Du lundi au vendredi de 9h à 12h30 et de 13h30 à 19h. Le samedi sur rendez-vous.

CHÂTEAU LÉOVILLE-BARTON

★★★★☆

Progressivement, la nouvelle génération Barton-Sartorius prend les commandes de cette propriété exemplaire par la constance de ses vins et de leur style et par une politique de prix intelligente et non spéculative. La partie sud de Léoville donne un vin plus vite formé que la partie nord, puissant, charnu, racé, hautement satisfaisant pour les amateurs de grands médocs. Mais il lui faudra compter avec les ambitions et le perfectionnisme des autres crus classés de l'appellation.

- **Saint-Julien 2018** | Sec | 87,55 € — 18
- **Saint-Julien 2016** | Sec | 2031>41 | 130 € — 18
- **Saint-Julien 2008** | Sec | 2020>28 | 117 € — 17
- **Saint-Julien Réserve de Léoville-Barton 2016** | Sec | 2024>31 | 36 € — 16

33250 Saint-Julien-Beychevelle • Tél. 05 56 59 06 05 • chateau@barton-family-wines.com • www.leoville-barton.com • Visite : Du lundi au jeudi de 9h à 17h. Vendredi de 9h à 12h30. Sur rendez-vous.

CHÂTEAU LÉOVILLE-LAS CASES

★★★★★

Certainement le second cru classé le plus proche, et depuis de nombreux millésimes, quand le bouchon ne trahit pas, du niveau des meilleurs premiers crus. Il doit sa classe et sa régularité à la sélection parcellaire qui le fait produire sur le grand enclos qui jouxte celui de château Latour, et à un perfectionnisme exemplaire initié par Michel Delon dans les années 1980 et pleinement poursuivi par son fils Jean-Hubert. La finesse et la subtilité de sa saveur n'ont que peu d'égaux dans le monde mais le vin nous fait l'amitié de s'ouvrir plus rapidement que dans le passé. Les jeunes vignes donnent le petit-lion, en plus léger mais pas en moins élégant, et le reste de la propriété le remarquable clos-du-marquis, dont le rapport qualité-prix reste toujours aussi étonnant.

- **Saint-Julien 2018** | Sec | 250 € — 19,5
- **Saint-Julien 2016** | Sec | 2026>41 | 280 € — 19
- **Saint-Julien 2008** | Sec | 2020>33 | 170 € — 18,5
- **Saint-Julien Clos du Marquis 2018** | Sec | 55 € — 17,5
- **Saint-Julien Clos du Marquis 2016** | Sec | 2028>36 | 75 € — 17,5
- **Saint-Julien Le Petit Lion 2018** | Sec | 60 € — 17,5
- **Saint-Julien Le Petit Lion 2016** | Sec | 2024>28 | 65 € — 17,5

Route de Pauillac, 33250 Saint-Julien-Beychevelle • Tél. 05 56 73 25 26 • contact@leoville-las-cases.com • www.domaine-delon.com • Visite : rendez-vous uniquement pour les professionnels.

CHÂTEAU LÉOVILLE POYFERRÉ

★★★★★

Le cru se situe dans sa partie privilégiée en face des meilleures parcelles de Léoville-Las Cases et dans le prolongement de celles de Pichon-Longueville Baron. Le vin reflète parfaitement cette position, régulièrement un des plus puissants mais aussi des plus complexes et des plus harmonieux de tout le Médoc. Un pourcentage de merlot un peu supérieur à celui des deux autres Léoville influe sur sa texture un peu plus ronde. Didier Cuvelier prend une demi retraite mais évidemment continue de veiller à la continuité de l'excellence qu'il a mise en place. Pavillon-de-poyferré, désormais le vrai second vin du château, progresse tout comme moulin-riche, désormais issu d'un quartier qui lui est propre, un peu comme le clos-du-marquis par rapport au grand vin de Léoville.

- **Saint-Julien 2018** | Sec | NC — 18,5
- **Saint-Julien 2016** | Sec | 2028>41 | 115 € — 18,5
- **Saint-Julien Moulin Riche 2018** | Sec | NC — 16,5
- **Saint-Julien Pavillon de Léoville-Poyferré 2018** | Sec | NC — 16,5
- **Saint-Julien Pavillon de Léoville-Poyferré 2016** | Sec | 2018> | 33 € — 17

3, rue Saint-Julien, 33250 Saint-Julien-Beychevelle • Tél. 05 56 59 66 79 • visite@leoville-poyferre.fr • www.leoville-poyferre.fr • Visite : avril à octobre du lundi au samedi de 9h30 à 12h30 et de 14h à 18h. Et de novembre à mars du lundi au vendredi de 9h30 à 12h30 de 14h à 17h30. Infos et réservations visites sur le site.

CHÂTEAU LES GRANDS CHÊNES

Situé au bord d'une forteresse du XVIe siècle à proximité de l'estuaire, le vignoble de 12 hectares s'étend sur des sols de graves et argilo-calcaires, au nord de Saint-Estèphe. Pour optimiser l'expression de son joli terroir, Bernard Magrez y fait appliquer la même philosophie de travail que dans ses autres nombreux crus (dont Fombrauge et Pape-Clément). Le vin qui impressionne par sa structure, sa puissance et son élevage luxueux, reste toujours dans un équilibre digeste.

Médoc 2018 | Sec | NC — 13,5
Médoc 2016 | Sec | 2020>27 | 17 € — 15

4, route de Lesparre, 33340 Saint-Christoly-Médoc • Tél. 05 56 73 30 90 • latour@latour-carnet.com • www.bernard-magrez.com

CHÂTEAU LES ORMES-SORBET

Ce cru est l'un des rares encore aux mains d'une même famille depuis 1764, aujourd'hui la neuvième génération est aux commandes. Le domaine fut dans les années 1980 l'un des artisans du renouveau de l'appellation Médoc, sous l'influence de son viticulteur passionné, Jean Boivert. Ses fils travaillent dans le même esprit. Ce cru possède le charme des sols calcaires du secteur mais le choix du cabernet comme cépage principal le relie directement au style classique médocain. Voilà un domaine dont il convient de souligner la qualité et la régularité des vins, toujours pleins de charme mais non dénués d'aptitude au vieillissement. Autre propriété de la famille Boivert, le château Fontis, produit des vins généreux, très axés sur le fruit et équilibrés.

Médoc 2018 | Sec | 15 € — 14,5
Médoc 2016 | Sec | 2019>27 | 18,50 € — 15,5
Médoc Château Fontis 2016 | Sec | 2019>28 | 15,50 € — 15,5

20, rue du Trois Juillet 1895, 33340 Couquèques • Tél. 05 56 73 30 30 • ormes.sorbet@wanadoo.fr • www.ormes-sorbet.com • Visite : Ouvert du lundi au vendredi de 9h à 12h et de 14h à 18h, le week-end sur rendez-vous.

DOMAINE LES SADONS

Alain Albistur, vigneron atypique par ailleurs salarié d'un grand cru classé, cultive avec passion ses 87 ares de vignes installées à Pauillac, à proximité des deux Pichon, Baron et Comtesse de Lalande. Un domaine réellement superbe qui confirme millésime après millésime !

Pauillac 2016 | Sec | 2021>34 | 32 € — 17

52, grande rue - Saint Lambert, 33250 Pauillac • Tél. 06 88 69 12 57 • domaine-les.sadons@orange.fr • www.domainelesadons.com • Visite : Uniquement sur rendez-vous.

CHÂTEAU LESTAGE

Caroline Chanfreau-Philippon est, comme son frère Jean Chanfreau (Fonréaud), à la tête d'un magnifique patrimoine de vignes. La cinquantaine d'hectares (en grande majorité sur Listrac mais aussi sur Moulis), d'un seul tenant sur le plateau du Puy de Menjon, entoure le château construit sous Napoléon III. Depuis quelques millésimes les vins, essentiellement issus de merlot, gagnent en profondeur, sans pour autant perdre en expression fruitée ni en fraîcheur. Le 2016, de style classique, est une véritable réussite.

Listrac-Médoc 2016 | Sec | 2019>28 | 15 € — 16

33480 Listrac-Médoc • Tél. 05 56 58 02 43 • contact@vignobles-chanfreau.com • www.vignobles-chanfreau.com • Visite : Du lundi au vendredi de 8h30 à 12h et de 14h à 17h30. Le week-end sur rendez-vous.

CHÂTEAU LESTAGE-SIMON

Située sur la commune de Saint-Seurin-de-Cadourne, cette propriété exploitée par les Grands Chais de France dispose de 49 hectares, sur un terroir complexe de graves, le long du fleuve, et d'un plateau calcaire plus à l'intérieur. Michel Rolland en est le conseil depuis le millésime 2010. Tous les derniers millésimes indiquent une réelle progression. Les vins sont juteux, avec de belles saveurs et de l'énergie.

- **Haut-Médoc 2018** | Sec | **NC** — **15,5**
- **Haut-Médoc 2017** | Sec | 2020>26 | **NC** — **14,5**
- **Haut-Médoc 2016** | Sec | 2019>26 | **17 €** — **15**

Crus et Domaines de France - Route de Balizac - Route de Balizac, 33720 Landiras • Tél. 05 57 98 07 20 • info@crusetdomainesdefrance.com • www.cdf-chateaux.com

CHÂTEAU LOUDENNE

★☆☆☆☆

Cette grande propriété de 130 hectares, au nord du Médoc, appartenait depuis 2000 à la famille Lafragette, elle a changé de mains en 2013, rachetée par le groupe chinois Moutaï, premier producteur de spiritueux dans son pays. Elle s'est entourée, avec succès, des bons conseils de Michel Rolland pour redresser la qualité des vins. Loudenne produit des vins pleins de personnalité et très élégants, qui comptent parmi les valeurs sûres de l'appellation. Les derniers millésimes sont plus que convaincants, on adore.

- **Médoc 2018** | Sec | **18,50 €** — **15**
- **Médoc 2016** | Sec | 2019>28 | **22,90 €** — **16**
- **Bordeaux 2017** | Sec | 2019>22 | **NC** — **14**

33340 Saint-Yzans-de-Médoc • Tél. 05 56 73 17 80 • contact@chateau-loudenne.com • www.chateau-loudenne.com • Visite : de début avril à fin octobre, du mardi au samedi de 10h à 13h et de 14h à 18h. Se novembre à mars sur rendez-vous

CHÂTEAU LYNCH-BAGES

★★★★☆

Mondialement célèbre en raison de son opulence et de sa régularité, ce cinquième cru classé de Pauillac appartient à la famille Cazes depuis les années 1930, et a acquis une grande notoriété depuis que Jean-Michel Cazes en a pris la direction en 1973. Après le passage de témoin réussi de Jean-Michel à son fils Jean-Charles, le cru a maintenu toute sa fougue et sa santé dans les derniers millésimes, en conservant sa profondeur et en gagnant en précision tannique. Le château produit un bordeaux blanc sec de plus en plus stylé mais on attend encore un vin plus précis pour la seconde sélection, écho. Un nouveau cuvier est en construction, et il promet d'être monumental, car il faut bien tenir son rang dans un univers de forte concurrence !

- **Pauillac 2018** | Sec | **NC** — **18**
- **Pauillac 2016** | Sec | 2026>36 | **env.200 €** — **18**
- **Pauillac Écho 2018** | Sec | **NC** — **16**
- **Pauillac Écho 2016** | Sec | 2024>28 | **env.50 €** — **16,5**

B.P. 120, 33250 Pauillac • Tél. 05 56 73 24 00 • contact@jmcazes.com • www.famillejmcazes.com

CHÂTEAU LYNCH-MOUSSAS

★★★☆☆

La propriété adroitement restaurée par Philippe Castéja a désormais beaucoup d'allure et s'est donnée tous les moyens pour exprimer un terroir tout proche de Batailley mais différent en caractère, avec une touche d'onctuosité et même de sucrosité dans la prise de bois qui le situe à part dans la famille pauillac. À chaque millésime on sent des progrès en précision de définition et en équilibre global du vin, qui offre désormais un des meilleurs rapports qualité-prix du Médoc.

- **Haut-Médoc Les Hauts de Lynch-Moussas 2016** | Sec | 2019>25 | **NC** — **14**
- **Pauillac 2018** | Sec | **50 €** — **16**
- **Pauillac 2016** | Sec | 2021>31 | **NC** — **17**
- **Pauillac 2014** | Sec | 2021>26 | **NC** — **16,5**
- **Pauillac 2008** | Sec | 2020>26 | **70 €** — **15**

33250 Pauillac • Tél. 05 56 00 00 97 • domaines@borie-manoux.fr • www.lynch-moussas.com

CHÂTEAU MALESCASSE

★★☆☆☆

Sur des graves bien drainantes, Malescasse est en de bonnes mains. Beaucoup de travaux ont été entrepris, au vignoble tout d'abord avec l'arrachage des vignes fatiguées, et la plantation de parcelles en haute densité. Les bâtiments ont également été rénovés. Les vins qui étaient très classiques jusqu'à présent ont déjà gagné en précision et en complexité grâce aux interventions de Stéphane Derenoncourt.

Haut-Médoc 2018 | Sec | 18,50 € 13,5

., chemin du Moulin-Rose, 33460 Lamarque • Tél. 05 56 58 90 09 • contact@chateau-malescasse.com • www.chateau-malescasse.com • Visite : sur rendez-vous

CHÂTEAU MALESCOT SAINT-EXUPÉRY

★★★★☆

Au cœur du terroir margalais, Jean-Luc Zuger, héritier d'une famille passionnément liée à sa commune, tranche avec la plupart des propriétaires locaux. Gourmet, excellent dégustateur mais peu suspect d'aimer les mondanités il fait un vin à son image, solide, très franc, issu de vendanges bien mûres, fait pour la table. Le terroir ajoute sa classe et son potentiel de longévité.

Margaux 2018 | Sec | NC 17,5
Margaux 2016 | Sec | 2028>38 | NC 18
Margaux 2008 | Sec | 2022>30 | epuisé 17,5
Margaux Dame de Malescot 2016 | Sec | 2024>28 | NC 16

16, rue George-Mandel, 33460 Margaux • Tél. 05 57 88 97 20 • malescotstexupery@malescot.com • www.malescot.com • Visite : sur rendez-vous uiquement, du lundi au vendredi de 10h à 12h et de 14h à 16h

CHÂTEAU MALMAISON - BARONNE NADINE DE ROTHSCHILD

★☆☆☆☆

La baronne Nadine de Rothschild a acheté ce joli vignoble en 1973, en même temps que le château Clarke à Listrac, dont il est contigu. Propriété du groupe Edmond de Rothschild, il est géré par Ariane de Rothschild. Le style des vins, longtemps charmants et charmeurs dès leur prime jeunesse, a évolué depuis le millésime 2015 vers un style plus dense, puissant, construit pour durer. Une propriété à découvrir !

Moulis 2016 | Sec | 2020>25 | 24 € 15

33480 Moulis • Tél. 05 56 58 38 00 • contact@cver.fr • www.cver.fr • Visite : réservée aux professionnels, sur rendez-vous.

CLOS MANOU

★★☆☆☆

Les vignes de Françoise et de Stéphane Dief sont sur la commune de Saint-Christoly, et grâce à une vinification et un élevage sous bois des plus subtils, ils en extraient le clos-manou, avec l'intention de produire un vin de garde, très pur et d'une grande perfection de style. Pour le petit-manou, une partie de la récolte est maintenant élevée en œuf béton de sept hectolitres. Ce sont des rouges profondément ancrés dans le terroir médocain, avec la charpente nécessaire au vieillissement. L'ambitieuse cuvée clos-manou fait preuve d'un grand savoir-faire mais le deuxième vin petit-manou mérite également le détour.

Médoc 2018 | Sec | 18 € 14
Médoc 2016 | Sec | 2019>30 | 22 € 15,5
Médoc Petit Manou 2018 | Sec | 9 € 15,5
Médoc Petit Manou 2016 | Sec | 2019>24 | 11 € 14,5

7, rue du 19 mars 1962, 33340 Saint-Christoly Médoc • Tél. 05 56 41 54 20 • commerciale@clos-manou.com • www.clos-manou.com • Visite : Ouvert tous les jours sur rendez-vous.

CHÂTEAU MARGAUX

★★★★★

Depuis plus d'une génération Château Margaux joue pleinement son rôle de premier grand cru classé de son appellation. Sous l'administration attentive de Corinne Mentzelopoulos et de son brillant et hélas regretté directeur technique Paul Pontallier la viticulture et la vinification ont atteint un degré de précision et d'exigence qui sert de modèle à tous les autres crus classés. Les assemblages du grand vin à très forte proportion de cabernet sauvignon expliquent à la fois son étonnante pureté aromatique et son unique distinction, au prix parfois d'une certaine austérité exigeant une longue aération dans le verre pour libérer les arômes. Pavillon rouge dans les derniers millésimes bénéficie des somptueux merlots non retenus pour le grand vin et a beaucoup gagné en chair et en profondeur. Pavillon blanc sélectionné avec un soin maniaque nous étonne chaque année par son énergie aromatique, sa tension, son corps et sa complexité.

Bordeaux Pavillon Blanc 2018 | Sec | NC 17
Bordeaux Pavillon Blanc 2016 | Sec | 2024>28 | NC 17,5

- **Margaux 2018** | Sec | NC 18,5
- **Margaux 2017** | Sec | 2027>32 | NC 17
- **Margaux 2016** | Sec | 2028>38 | NC 18
- **Margaux 2015** | Sec | 2030>45 | NC 19,5
- **Margaux Pavillon Rouge 2018** | Sec | NC 17,5

33460 Margaux • Tél. 05 57 88 83 83 • chateau-margaux@chateau-margaux.com • www.chateau-margaux.com • Visite : pas de vente au domaine.

MAROJALLIA

Marojallia, c'est « Margaux » en latin ! C'est à l'entrée dudit village que se situe la propriété de Philippe Porcheron, qui n'est autre que l'ancien château de Durfort-Vivens. À ses débuts, assisté par Jean-Luc Thunevin (château Valandraud), il y réalise le premier vin de garage de la rive gauche. Michel Rolland en est le conseil depuis le départ. Clos-margalaine est produit à partir des vignes les plus jeunes, benjamin-de-margalaine est issu d'un hectare de vignes à Avensan, en appellation Haut-Médoc. Philippe Porcheron est également propriétaire des châteaux Rose Sainte-Croix et Bouqueyran (qu'il vient de reconstruire à l'identique), un listrac et un moulis tous deux pleins de personnalité. Ces vins sont toujours denses, riches, suaves et d'une grande profondeur. Les derniers millésimes semblent s'orienter vers un style plus massif et moins charmeur.

- **Haut-Médoc Benjamin de Marojallia 2016** | Sec | 2019>24 | 10 € 14
- **Listrac-Médoc Château Rose Sainte-Croix 2016** | Sec | 2019>24 | 11 € 14,5
- **Margaux 2016** | Sec | 2021>31 | 95 € 14,5

2, rue du Général-de-Gaulle - B.P. 40033, 33460 Margaux • Tél. 05 56 58 35 77 • chateau@marojallia.com • www.marojallia.com • Visite : Uniquement sur rendez-vous.

CHÂTEAU MARQUIS D'ALESME

Le château au cœur du village devient une de ses attractions majeures, grâce à la beauté de ses installations renouvelées, dans un style inspiré par l'Asie où vit Nathalie Perrodo, son administratrice et propriétaire actuelle. Des activités œnotouristiques particulièrement inventives et bien conçues permettront de faire mieux connaissance avec un vin métamorphosé, élégant et racé, fidèle expression de son terroir.

- **Margaux 2016** | Sec | 2026>34 | env.50 € 17

7 rue de la Trémoille, 33460 Margaux • Tél. 05 57 81 13 20 • contact@marquis.wine • www.marquisdalesme.wine • Visite : du lundi au vendredi de 10h à 19h.

CHÂTEAU MARQUIS DE TERME

Sous l'efficace direction de Ludovic David, avec le plein soutien de la famille Sénéclauze, propriétaire des 40 hectares de vignes depuis 1935, ce cru a progressivement affiné sa qualité de tannin et l'intégration de son boisé. Ludovic David a procédé à une véritable révolution dans la vinification et l'élevage de ce cru doté d'un remarquable terroir, le dotant des outils les plus modernes, ce qui lui a permis de retrouver sa typicité margalaise et de rivaliser depuis 2010 avec les meilleurs vins du secteur. Ses merlots lui donnent un velouté de texture supplémentaire, un peu comme château Lascombes.

- **Margaux 2018** | Sec | NC 17
- **Margaux 2016** | Sec | 2024>31 | 48 € 16,5
- **Margaux 2008** | Sec | 2024>32 | epuisé 15,5
- **Margaux Couronne de Marquis de Terme 2016** | Sec | 2023>28 | 28 € 15,5

3, route de Rauzan - B.P. 11, 33460 Margaux • Tél. 05 57 88 30 01 • mdt@chateau-marquis-de-terme.com • www.chateau-marquis-de-terme.com • Visite : Du lundi au dimanche de 9h à 19h d'avril à novembre. Sinon de 9h à 18h du lundi au vendredi.

CHÂTEAU MARTIN

Une vraie propriété familiale de Saint-Estèphe, située à Vertheuil. Un peu plus de 25 hectares, un encépagement majoritaire en cabernet-sauvignon, complété de merlot et petit verdot. Jean-Marc Martin vinifie avec justesse pour produire un haut-médoc vraiment délicieux tant il est élégant et un saint-estèphe plus traditionnel, sérieux et solide. Les prix sont doux, c'est réellement une bonne adresse.

- **Haut-Médoc 2016** | Sec | 2019>27 | 8,50 € 15,5
- **Saint-Estèphe 2018** | Sec | NC 15,5

■ **Saint-Estèphe 2016** | Sec | 2021>29 | 15 € — 14,5

4 rue des Erables, 33180 Vertheuil • Tél. 05 56 41 97 29 • chateaumartin@orange.fr • Visite : Uniquement sur rendez-vous du lundi au vendredi.

CHÂTEAU MAUCAILLOU

★☆☆☆☆

Touchant la gare de Moulis, l'architecture du château Maucaillou est assez étrange, association des styles Renaissance et XVIIIe siècle. Propriété de la famille Dourthe depuis 1929, c'est Pascal qui, avec l'aide de ses deux sœurs Magali et Caroline, a repris le flambeau en 2007, poursuivant ainsi le travail entrepris par leur père Philippe. Depuis le millésime 2009, Magali a changé le style des vins, ils sont maintenant plus suaves et modernes que par le passé, tout en restant vigoureux et de garde.

■ **Haut-Médoc Le Haut-Médoc de Maucaillou 2018** | Sec | NC — 14,5
■ **Haut-Médoc Le Haut-Médoc de Maucaillou 2016** | Sec | 2019>24 | 11,45 € — 14
■ **Moulis 2016** | Sec | 2020>26 | 27,80 € — 15,5
■ **Moulis Le N°2 de Maucaillou 2016** | Sec | 2019>24 | 15 € — 14,5

Quartier de la Gare, 33480 Moulis-en-Médoc • Tél. 05 56 58 01 23 • chateau@maucaillou.com • www.maucaillou.com • Visite : Octobre à Avril : 10h00/12h30 – 14h00/18h00. Mai à Septembre : 10h00 – 19h00

CHÂTEAU MAUCAMPS

★☆☆☆☆

Après avoir été au XVIIIe siècle la résidence de la noble famille de Lalanne, cette propriété a changé plusieurs fois de mains. Le château Maucamps appartient aujourd'hui à la famille Tessandier. Les 75 hectares du domaine sont gérés de main de maître par Claude Gaudin, son directeur. Dans l'ensemble les vins sont amples, généreux, ne manquent jamais ni de fraîcheur ni de raffinement. Il faut saluer la régularité qualitative depuis plus de vingt ans de ce cru qui ne déçoit jamais.

■ **Haut-Médoc 2018** | Sec | 14,60 € — 15
■ **Haut-Médoc 2016** | Sec | 2019>26 | 19,50 € — 15
■ **Haut-Médoc Château Dasvin Bel Air 2016** | Sec | 2019>25 | 12,50 € — 14

19, avenue de la Libération, 33460 Macau • Tél. 05 57 88 07 64 • maucamps@wanadoo.fr • Visite : Ouvert du lundi au vendredi de 9h à 12h et de 14h à 17h, le week-end sur rendez-vous.

CHÂTEAU MAUVESIN BARTON

★☆☆☆☆

C'est maintenant la très sérieuse et enthousiaste Mélanie Barton-Sartorius qui met en place son savoir-faire d'œnologue conjugué à son atavisme familial dans cette propriété rachetée il y a cinq ans par ses parents. Le résultat est probant. Un vin de caractère, avec l'exubérance du moulis, la race du terroir, l'équilibre résultant d'une bonne vinification et d'un raisin ramassé au juste moment. Assurément une propriété à suivre, qui compte déjà dans l'appellation.

■ **Moulis 2016** | Sec | 2019>25 | 19,50 € — 15,5

33480 Moulis-en-Médoc • Tél. 05 56 58 41 81 • chateau@mauvesin-barton.com • www.mauvesin-barton.com • Visite : sur rendez-vous du lundi au jeudi de 9h à 12h et de 14h à 17h. Vendredi de 9h à 12h30.

CHÂTEAU MAYNE-LALANDE

★★☆☆☆

Non content de gérer depuis plus de quarante ans, avec passion et compétence, ses 20 hectares de vignes sur Listrac et Moulis avec son château Myon de L'Enclos, Bernard Lartigue officie en parallèle en tant qu'hôtelier, disposant de très belles chambres d'hôtes (Les Cinq Sens) au cœur de son vignoble. Hubert de Boüard (château Angélus) le conseille depuis 2010. Depuis ce millésime, les vins ont gagné en finesse et en densité, possèdent toujours un boisé harmonieux, preuve d'un élevage bien maîtrisé, et une fraîcheur très appréciable. Un vrai listrac de caractère qui reste tout à fait accessible. Une propriété qui mérite le détour.

■ **Listrac-Médoc 2018** | Sec | 2021>25 | NC — 15
■ **Listrac-Médoc 2017** | Sec | 2022>28 | NC — 15
■ **Listrac-Médoc 2016** | Sec | 2019>26 | 22 € — 15,5

7, route du Mayne, 33480 Listrac-Médoc • Tél. 05 56 58 27 63 • blartigue2@wanadoo.fr • www.chateau-mayne-lalande.com • Visite : du lundi au vendredi, de 9h à 12h et de 14h à 17h30, le week-end sur rendez-vous.

CHÂTEAU MEYNEY

Racheté par CA Grands Crus en 2004, Meyney est un petit bijou d'architecture médocaine, prisé tant par sa situation (il est voisin de Montrose et de Phélan-Ségur) que par la qualité de ses vins. La cinquantaine d'hectares qui entourent le château, situés sur une croupe de graves siliceuses et d'argiles bleues profondes, en bord de Gironde, donne l'avantage au cabernet-sauvignon. Les vins ont retrouvé le lustre des grandes heures de l'ère Cordier, du temps où Meyney égalait Talbot. Ils possèdent un potentiel de longue garde. Le 2015 était somptueux, d'une race incroyable, le 2016 est dans la lignée. Un incontournable !

- **Saint-Estèphe 2018** | Sec | NC — 17,5
- **Saint-Estèphe 2016** | Sec | 2020>34 | 30 € — 17
- **Saint-Estèphe Prieur de Meyney 2016** | Sec | 2019>26 | NC — 15

4, quai Antoine Ferchaud33180 Saint-Estèphe • Tél. 05 56 59 00 40 • contact@cagrandscrus.fr • www.meyney.fr

CHÂTEAU MILLE ROSES

Repris il y a une vingtaine d'années par Sophie et David Faure, le château Mille Roses continue d'être restauré et les équipements modernisés. Situé sur les deux communes d'Arsac et de Macau, le vignoble d'à peine dix hectares se trouve exactement entre Cantemerle et Giscours. Élégants et équilibrés, typés margaux, aux notes de rose et de pivoine. Le haut-médoc produit sur la propriété est dans la même lignée, bien fait et plein de caractère.

- **Haut-Médoc 2016** | Sec | 2019>24 | 16 € — 14,5
- **Margaux 2016** | Sec | 2019>27 | 26 € — 15,5

33460 Macau en Médoc • Tél. 05 57 88 42 16 ou 06 10 01 31 41 • contact@chateaumilleroses.com • www.chateaumilleroses.com • Visite : sur rendez-vous.

CHÂTEAU MONBRISON

Laurent von der Heyden démontre depuis 25 ans qu'il produit l'un des margaux les plus élégants qui soient. Situé sur les plus fines graves d'Arsac, Monbrison y puise tout son raffinement, parfait archétype du margaux délicat et onctueux. Depuis quelques millésimes, on constate avec plaisir que les vins sont de plus en plus purs, précis et énergiques. Le 2015 était impressionnant, le 2016 et les 2018 le sont tout autant.

- **Margaux 2018** | Sec | NC — 17
- **Margaux 2016** | Sec | 2019>33 | 45 € — 16

1, allée Monbrison, 33460 Arsac • Tél. 05 56 58 80 04 • lvdh33@wanadoo.fr • www.chateaumonbrison.com • Visite : Sur rendez-vous.

CHÂTEAU MONGRAVEY

Au cœur du village d'Arsac, Karin et Régis Bernaleau apportent beaucoup de soins à leurs deux propriétés. Les 19 hectares dont ils disposent sont répartis de manière égale entre le château Mongravey (en appellation Margaux) et le château de Braude (en Haut-Médoc). Depuis peu s'est ajouté un petit dernier, le château Galland, un hectare au centre de l'appellation Moulis, une véritable pépite ! On aime la régularité, le classicisme et la belle homogénéité qualitative entre les différents vins de chaque appellation. Adresse hautement recommandable. Pour le millésime 2016, c'est un véritable sans-faute qui a été réalisé !

- **Haut-Médoc Château Braude Felloneau 2016** | Sec | 2019>26 | 21 € — 16
- **Haut-Médoc Château de Braude 2017** | Sec | 2020>25 | 16 € — 14
- **Haut-Médoc Château de Braude 2016** | Sec | 2019>26 | 16 € — 15,5
- **Margaux 2018** | Sec | 19,50 € — 15
- **Margaux 2016** | Sec | 2020>27 | 26 € — 16
- **Margaux Mongravey Cuvée Mongravey 2016** | Sec | 2020>30 | 50 € — 15
- **Moulis Château Galland 2016** | Sec | 2020>28 | 17 € — 16

8, avenue Jean-Luc Vonderheyden, 33460 Arsac • Tél. 05 56 58 84 51 ou 06 11 30 26 63 • chateau.mongravey@wanadoo.fr • www.chateau-mongravey.fr • Visite : Ouvert du lundi au vendredi sur rendez-vous, et fermé le mois août.

CHÂTEAU MONTROSE

La propriété a appartenu pendant plus d'un siècle à la famille Charmolüe (désormais installée en Provence, au château Romanin). Racheté en 2005 par Martin et Olivier Bouygues, le cru a poursuivi dans sa voie d'excellence. Les nouveaux propriétaires et leurs équipes ont veillé à ne pas modifier le style, mais à perfectionner viticulture et vinification pour les adapter aux exigences écologiques et culturelles de notre temps. Le second vin dame-de-montrose, produit en volume appréciable, a progressé en régularité et en expression du terroir. Les derniers millésimes, au sommet du Médoc, égalent largement les premiers crus classés.

- **Saint-Estèphe 2018** | Sec | NC — 18,5
- **Saint-Estèphe 2016** | Sec | 2031>41 | NC — 19
- **Saint-Estèphe 2008** | Sec | 2023>31 | NC — 16,5
- **Saint-Estèphe Dame de Montrose 2018** | Sec | NC — 17
- **Saint-Estèphe Dame de Montrose 2016** | Sec | 2028>34 | NC — 17

3 Avenue des Vignolles, 33180 Saint-Estèphe • Tél. 05 56 59 30 12 • chateau@chateau-montrose.com • www.chateau-montrose.com

CHÂTEAU MOULIN DE BLANCHON

Ces deux propriétés du Nord-Médoc, en appellation Saint-Estèphe pour deux hectares et en Médoc, produisent des vins typés, savoureux et énergiques. Une bonne adresse. Il mérite sa première étoile !

- **Haut-Médoc 2018** | Sec | 8,50 € — 14,5
- **Haut-Médoc 2016** | Sec | 2019>25 | 13 € — 15
- **Saint-Estèphe Domaine Fleuron de Liot 2016** | Sec | 2020>27 | 18 € — 15

3, rue des Casaillons, 33180 Saint-Seurin-de-Cadourne • Tél. 05 56 59 38 66 • contact@chateau-moulin-de-blanchon.com • www.chateau-moulin-de-blanchon.com • Visite : Du lundi au samedi de 8h30 à 19h. Le dimanche de 8h30 à 12h30 et l'après-midi sur rendez-vous. En saison ouvert 7j/7.

CHÂTEAU MOULIN DE LA ROSE

Moulin de la Rose est un des derniers petits crus indépendants de Saint-Julien, 5 hectares appartenant à la famille Delon. Son terroir est de même nature que les meilleurs crus classés, ce qui explique le classicisme exemplaire de son bouquet et de sa texture. À cette propriété s'ajoutent 7 hectares en appellation Saint-Estèphe, le château Ségur de Cabanac, un joli cru de caractère produisant des vins séduisants et équilibrés. Leur régularité, leur authenticité et leur élégance leur permettent d'obtenir une première étoile. Deux adresses à ne manquer sous aucun prétexte.

- **Saint-Estèphe Château Ségur de Cabanac 2016** | Sec | 2020>26 | 25 € — 16
- **Saint-Julien 2016** | Sec | 2020>30 | 30 € — 16,5

33250 Saint-Julien-Beychevelle • Tél. 05 56 59 08 45 • sceadelon@wanadoo.fr • www.moulindelarose.com • Visite : Sur rendez-vous.

CHÂTEAU MOULIS

En 2012, Christian Guillot investit à Moulis en achetant 7 hectares pour créer le château Graveyron Poujeaux dans lequel il s'investit à fond avec ses trois enfants. Seulement trois ans plus tard, il saisit l'opportunité du rachat du château Moulis, belle propriété de 5 hectares qui appartenait à la famille Lasserre depuis le XVIIe siècle et qui avait temporairement transité entre les mains d'un investisseur chinois. Tout est à faire, tant à la vigne qu'aux chais. Le défi est relevé. Merlot majoritairement et cabernet-sauvignon s'épanouissent sur ce beau terroir de Moulis, vinifiés dans des foudres en chêne et dans des micro-cuves. La qualité du millésime 2016 et même celle du 2017 sont la récompense de tous les investissements mis en œuvre, financiers et humains. Une propriété qu'il conviendra de suivre avec attention.

- **Moulis 2016** | Sec | 2020>28 | 27 € — 16

19, avenue de la Gironde, 33480 Moulis-en-Médoc • www.chateaumoulis.com

VIGNERONS ASSOCIÉS MOULIS LISTRAC ET CUSSAC FORT MÉDOC

La cave de Listrac a été créée dans les années 1930 et son partenariat avec la Compagnie des Wagons-Lits jusqu'en 1990 a largement contribué à sa notoriété. Depuis 2017 elle s'est associée à la cave coopérative de Cussac, pour créer les Vignerons associés de Moulis, Listrac et Cussac Fort Médoc. 43 vignerons en font partie pour un ensemble de 164 hectares de vignes. Les châteaux Guitignan, Vieux Moulin et Capdet font partie des bonnes propriétés de cette nouvelle association.

- **Listrac-Médoc Château Capdet 2016** | Sec | 2019>25 | 15 € — **14,5**
- **Listrac-Médoc Château Vieux Moulin 2016** | Sec | 2019>27 | 15 € — **15,5**
- **Moulis Château Guitignan 2016** | Sec | 2019>27 | 16 € — **15,5**

21, avenue de Soulac, 33480 Listrac • Tél. 05 56 58 03 19 • contact@vignerinsassocies.fr • www.vigneronsassocies.com • Visite : Ouvert du lundi au samedi de 8h30 à 12h30 de 147h à 18h. Le dimanche de 10h à 12h 30 puis 14h à 18h

CLOSERIES DES MOUSSIS

Une toute petite propriété du Sud-Médoc, un hectare en appellation Haut-Médoc et un quart d'hectare en appellation Margaux, conduite en biodynamie par sa propriétaire, Laurence Alias, qui la bichonne comme un jardin.

- **Haut-Médoc 2016** | Sec | 2019>24 | 20 € — **14**
- **Margaux 2016** | Sec | 2019>26 | 39 € — **15**

23, allée du Blanchard, 33460 Arsac • Tél. 06 70 61 31 39 • l.alias@closeriedesmousis.fr • www.closeriedesmoussis.fr • Visite : Dégustation sur le chais sur rendez-vous.

CHÂTEAU MOUTON-ROTHSCHILD

Initialement appelée Brane-Mouton, la propriété devient Mouton-Rothschild en 1853, lorsque le baron Nathaniel de Rothschild en fait l'acquisition. Le terroir privilégié de Mouton et ses très vieilles vignes sur 90 hectares de graves sont magnifiés dans les derniers millésimes grâce aux faveurs du climat, et à l'aide d'un chai magnifique instauré en 2013, et produisent peut-être le vin le plus formellement parfait du Médoc. Ce qui ne l'empêchera pas de se refermer en grand millésime avant d'atteindre une apogée qu'on prédit glorieuse. Le second vin petit-mouton ressemble au grand comme un petit frère et le blanc, aile-d'argent, devient progressivement l'un des plus complets du Médoc.

- **Bordeaux Ailes d'Argent 2018** | Sec | NC — **16,5**
- **Pauillac 2018** | Sec | NC — **19**
- **Pauillac 2016** | Sec | 2036>51 | NC — **19,5**
- **Pauillac 2008** | Sec | 2023>33 | NC — **18**
- **Pauillac Petit Mouton 2018** | Sec | NC — **18**
- **Pauillac Petit Mouton 2016** | Sec | NC — **18**
- **Pauillac Petit Mouton 2008** | Sec | 2020>28 | NC — **17**

33250 Pauillac • Tél. 05 56 73 21 29 • webmaster@bphr.com • www.bpdr.com • Visite : Uniquement sur rendez-vous.

CHÂTEAU MOUTTE BLANC

Petit domaine de moins de cinq hectares situé sur la commune de Macau, à cheval entre les appellations Haut-Médoc et Margaux, château Moutte Blanc appartient à la famille Bortoli depuis 1983. Ce cru artisan produit la cuvée marguerite-dejean, composée de 70 % de cabernet-sauvignon et de 30 % de merlot mais également un bordeaux-supérieur toujours réussi. Des vins généralement élégants, sur la fraîcheur mais toujours avec une bonne structure tannique offrant un réel potentiel de garde. Une adresse hautement recommandable qui ne vous décevra jamais.

- **Bordeaux Supérieur 2017** | Sec | 2019>25 | 12 € — **14,5**
- **Haut-Médoc cuvée Marguerite Dejean 2016** | Sec | 2019>26 | 15,50 € — **15,5**
- **Margaux 2016** | Sec | 2019>28 | 27 € — **16**

6, impasse de la Libération, 33460 Macau • Tél. 05 57 88 40 39 OU 06 03 55 83 38 • moutteblanc@wanadoo.fr • www.moutte-blanc.fr • Visite : sur rendez-vous (06 03 55 83 38)

CHÂTEAU NOAILLAC

C'est Damien Pagès, petit-fils de Marc Pagès (La Tour de By) qui est aux commandes de cette propriété d'un peu plus de quarante hectares, en bout de Médoc à

Jau-Dignac-et-Loirac. Avec passion et rigueur, il produit un vin plein de personnalité, de naturel et au caractère affirmé. Les derniers millésimes dégustés confirment la régularité à très bon niveau de ce cru et nous permettent de lui attribuer une étoile.

- **Médoc 2018** | Sec | 7,50 € 15
- **Médoc 2016** | Sec | 2019>28 | 11,70 € 15
- **Médoc Prestige 2016** | Sec | 2019>30 | 15,20 € 16,5

6, chemin du Sable-des-Pins, 33590 Jau-Dignac-et-Loirac • Tél. 05 56 09 52 20 • noaillac@noaillac.com • www.noaillac.com • Visite : de septembre à juin du lundi au vendredi de 8h à 12h et de 13h30 à 17h. En juillet-aout ouvert du lundi au samedi.

CHÂTEAU ORMES DE PEZ

★★★☆☆

Les Ormes ont disparu mais le hameau de Pez abrite toujours cette jolie propriété, acquise par Jean-Michel Cazes. Les vinifications sont d'ailleurs menées sous l'œil bienveillant des équipes du château Lynch-Bages, ajoutant au vin un petit supplément d'âme et surtout beaucoup d'élégance. Avec des vinifications plus soignées et précises que par le passé, ils ont gagné en raffinement. Le 2015 possède un gros potentiel de garde, le 2016 est d'une race magique.

- **Saint-Estèphe 2018** | Sec | env.40 € 17
- **Saint-Estèphe 2016** | Sec | 2020>33 | env.40 € 17

route des Ormes, 33180 Saint-Estèphe • Tél. 05 56 73 24 00 • contact@jmcazes.com • www.jmcazes.com • Visite : Ouvert du lundi au vendredi sur rendez-vous.

CHÂTEAU PALMER

★★★★★

En 2004, la gérance de ce cru passe à Thomas Duroux, brillant œnologue. Les 55 hectares comptent autant de merlot que de cabernet-sauvignon, avec un peu de petit-verdot, et confèrent à ce cru justement célèbre par sa régularité et le caractère voluptueux et confortable de ses arômes et de sa texture, une personnalité singulière pour le Médoc. La rareté des bouteilles de Palmer, grand vin ou alter-ego, s'est renforcée par les petites récoltes récentes, liées à la viticulture bio et aux caprices de la météo. Ce qui n'a rien changé à la qualité des vins, parmi les plus originaux et les plus complets du Médoc et hélas, à leur prix fort élevé. Voluptueux, charmeur, à la fois très mûr et frais, Palmer est un vin qu'on n'oublie pas, tout comme alter-ego, issu d'un autre type d'assemblage, mais lui aussi sans concurrence à Margaux.

- **Margaux 2018** | Sec | NC 18,5
- **Margaux 2016** | Sec | 2030>48 | NC 18,5
- **Margaux 2008** | Sec | 2023>38 | NC 17
- **Margaux Alter Ego 2018** | Sec | NC
- **Margaux Alter Ego 2016** | Sec | 2026>31 | NC 16

Lieu dit Issan, 33460 Margaux • Tél. 05 57 88 72 72 • chateau-palmer@chateau-palmer.com • www.chateau-palmer.com • Visite : Visite sur rendez-vous uniquement.

CHÂTEAU PALOUMEY

★☆☆☆☆

Martine Cazeneuve, déjà propriétaire dans les Côtes de Blaye, a repris ce domaine de la rive gauche en 1989. Elle a travaillé d'arrache-pied pour lui redonner son lustre d'antan, replanter la vigne et rénover les bâtiments. Elle est également propriétaire d'un Margaux, le château La Bessane et d'un Moulis, le château La Garricq. Elle vient de confier la direction de la propriété à son fils Pierre. Aujourd'hui, Paloumey, en conversion bio, a retrouvé l'esprit classique du médoc qui a fait son succès.

- **Haut-Médoc Ailes de Paloumey 2016** | Sec | 2019>23 | 12 € 14
- **Margaux Château La Bessane 2016** | Sec | 2019>32 | 35 € 16
- **Moulis Château La Garricq 2016** | Sec | 2021>28 | env.22 € 15

50, rue Pouge-de-Beau, 33290 Ludon-Médoc • Tél. 05 57 88 00 66 • info@chateaupaloumey.com • www.chateaupaloumey.com • Visite : Ouvert tous les jours de 10h à 18h d'avril au 15 novembre, le reste de l'année du lundi au vendredi.

CHÂTEAU PATACHE D'AUX

★☆☆☆☆

Fin 2016, Antoine Moueix Propriétés, filiale d'Advini, a acquis cette belle propriété d'une soixantaine d'hectares (50 % cabernet-sauvignon, 44 % merlot, 4 % de cabernet franc et 2 % de petit verdot) qui avait longtemps été hissée à un très bon niveau qualitatif par la famille Lapalu, produisant un vin on ne peut plus médocain, avec les saveurs et le tannin épicé propres aux vrais médocs. Des moyens importants ont été mis en œuvre, notamment la construction d'un nouveau cuvier pour travailler toujours plus en précision. Aujourd'hui, c'est sous les conseils avisés de Stéphane Derenoncourt, qui participe à la conduite du vignoble et à l'élaboration des vins, que Patache d'Aux va poursuivre sa quête d'excellence.

- **Médoc 2018** | Sec | NC — **16**
- **Médoc 2016** | Sec | 2019>24 | NC — **14,5**
- **Médoc Château Leboscq 2018** | Sec | NC — **14,5**

Route de saint saturnin, 33340 Bégadan • Tél. 05 56 41 50 18 • proprietes@amoueix.fr • www.antoinemoueix.com

CHÂTEAU PAVEIL DE LUZE

★★☆☆☆

Prenant la suite de cinq générations, c'est en 2004 que le baron Frédéric de Luze a repris les rênes de la propriété familiale. En 1992 il crée avec son associé Thierry Decre la maison de négoce LD Vins, reconnue dans la distribution des grands crus classés. Son décès prématuré a bouleversé Bordeaux. Depuis 2010, Stéphane Derenoncourt intervient en tant que consultant. Les vins sont toujours élégants, fins et délicats, bref très margalais. 2015 avait amorcé un retour au premier plan de cette jolie propriété, 2016 confirme !

- **Margaux 2018** | Sec | 19,50 € — **15**
- **Margaux 2016** | Sec | 2020>26 | 23 € — **15,5**

3, chemin du Paveil, 33460 Soussans • Tél. 09 75 64 57 97 • contact@chateaupaveildeluze.com • www.chateaupaveildeluze.com • Visite : Haute Saison (juin à septembre) : ouvert sans interruption du lundi au samedi de 9h30 à 18h. Avril à Novembre : du mardi au samedi de 9h30 à 12h30 et de 14h à 18h. Décembre à Mars : du lundi au vendredi de 9h30 à 12h30 et de 14h à 18h

CHÂTEAU PÉDESCLAUX

★★☆☆☆

Un nouveau cuvier ultra-moderne, luxueux et efficace, montre les ambitions du nouveau propriétaire Jacky Lorenzetti. Il souhaite visiblement produire un des meilleurs vins de son appellation et a acquis des terroirs de très haute qualité, proches de Mouton-Rothschild, qui devraient l'aider dans son ambition. Nous ne retrouvons pas toujours en bouteille ce que nous avons dégusté avant mise, avec des vins plus brillants techniquement qu'expressifs de leur origine mais chaque nouveau millésime marque un progrès.

- **Pauillac 2018** | Sec | NC — **15,5**
- **Pauillac 2016** | Sec | 2026>31 | 60 € — **17**

Route de Pédesclaux - Padarnac, 33250 Pauillac • Tél. 05 56 59 22 59 • contact@chateau-pedesclaux.com • www.chateau-pedesclaux.com • Visite : du lundi au vendredi, ouvert le samedi d'avril à octobre. Sur rendez-vous uniquement.

CHÂTEAU PETIT-BOCQ

★★☆☆☆

Ce discret château de 14 hectares, situé à proximité immédiate de Haut-Marbuzet, sur le même plateau, offre une belle représentativité des terroirs de Saint-Estèphe. La forte proportion de merlot dans les assemblages oriente toutefois le vin dans un style délibérément charmeur et flatteur.

- **Saint-Estèphe 2018** | Sec | NC — **15**
- **Saint-Estèphe 2016** | Sec | 2019>28 | 22 € — **15**

3, rue de la Croix-de-Pez, 33180 Saint-Estèphe • Tél. 05 56 59 35 69 • petitbocq@hotmail.com • www.chateaupetitbocq.com • Visite : sur rendez-vous.

CHÂTEAU PEYRABON

★☆☆☆☆

Le négociant bordelais Patrick Bernard (Millésima) a racheté en 1998 ce vignoble de 49 hectares, situé sur la commune de Saint-Sauveur, dont une partie déborde sur Pauillac et produit la cuvée fleur-peyrabon. Tout en restant très médocains, les vins ont, depuis quelques millésimes et grâce à une extraction plus mesurée, gagné en élégance sans pour autant perdre leur aptitude au vieillissement. Le haut-médoc est lui accessible très rapidement. Le fleur-peyrabon, tout en étant raffiné, affiche une belle typicité pauillac et ce quel que soit le millésime.

- **Haut-Médoc 2018** | Sec | 8,80 € — **14**
- **Haut-Médoc 2016** | Sec | 2019>24 | 16,25 € — **14,5**
- **Pauillac Château La Fleur Peyrabon 2018** | Sec | 21,60 € — **14,5**
- **Pauillac Château La Fleur Peyrabon 2016** | Sec | 2020>29 | 35 € — **16**

Vignes de Peyrabon, 33250 Saint-Sauveur-en-Médoc • Tél. 05 56 59 57 10 •

ontact@chateau-peyrabon.com • www.chateau-peyrabon.fr • Visite : de septembre à juin, du lundi au vendredi sur rendez-vous. Ouvert juillet-août sans rendez-vous de 10h à 13h puis 14h à 18h.

CHÂTEAU PEYRAT-FOURTHON

Propriété depuis 2004 de la famille Narboni, Peyrat-Fourton est situé sur les terroirs de graves de Saint-Laurent-du-Médoc, proches de Saint-Julien. Au fil des ans, Pierre Narboni a fait l'acquisition de terres voisines et a agrandi la propriété, qui est passée à 20 hectares d'un seul tenant. Hervé Godin, qui n'est autre que l'ancien propriétaire, en est aujourd'hui le régisseur. C'est une propriété phare de l'appellation, d'une régularité sans faille, qui mérite sa troisième étoile. Toujours colorés, amples, élégants, modernistes mais sans excès, les vins se distinguent par leur harmonie, leur complexité, leur côté énergique et la justesse dans leur équilibre. Ils sont difficilement égalés dans cette appellation, chaque millésime nous donne l'occasion de le constater.

- **Haut-Médoc 2018** | Sec | 15 € — 15
- **Haut-Médoc 2016** | Sec | 2019>30 | 20 € — 16,5
- **Haut-Médoc La Demoiselle d'Haut-Peyrat 2016** | Sec | 2019>24 | 11 € — 14

1, allée Fourthon, 33112 Saint-Laurent-du-Médoc • Tél. 05 56 59 40 87 ou 06 12 46 47 98 • pn@peyrat-fourthon.com • www.peyrat-fourthon.com • Visite : sur rendez-vous.

CHÂTEAU DE PEZ

Propriété du Champagne Louis Roederer depuis 1995, ce très ancien vignoble d'une petite quarantaine d'hectares se situe à l'ouest de Saint-Estèphe. La maison champenoise n'a de cesse d'investir et de redonner à ce cru son éclat d'antan. Toujours denses, colorés, axés sur le fruit, les vins sont profonds, vigoureux tout en restant élégants. Le 2015, plein de charme, signait le retour au premier plan de cette belle propriété, le 2016 confirme avec un supplément de corps et de vigueur.

- **Saint-Estèphe 2018** | Sec | NC — 16
- **Saint-Estèphe 2016** | Sec | 2022>35 | NC — 16

BP 14, 33180 Saint-Estèphe • Tél. 05 56 59 30 26 • pichon@pichon-lalande.com • www.chateaudepez.com

CHÂTEAU PHÉLAN-SÉGUR

Ppropriété des frères Cardinier (également à la tête des Crayères à Reims et des restaurants Taillevent à Paris), Phélan a été vendue en 2018 à un grand passionné de vins de Bordeaux, Philippe Van de Vyvere. Ce cru qui est en quelque sorte le cousin germain de Calon-Ségur est l'un des plus réputés du secteur. Merveilleusement situé en bord de Garonne, il offre un caractère bien spécifique, marqué par des notes de cèdre et une bonne souplesse de milieu de bouche. 2015 était l'une des réussites majeures dans l'appellation, 2016 et 2018 montrent un tannin racé digne des meilleurs crus classés.

- **Saint-Estèphe 2018** | Sec | 45 € — 17,5
- **Saint-Estèphe 2016** | Sec | 2021>34 | 55 € — 17,5

33180 Saint-Estèphe • Tél. 05 56 59 74 00 • phelan@phelansegur.com • www.phelansegur.com • Visite : visite sur rendez-vous.

CHÂTEAU PIBRAN

Propriété d'Axa, ce vignoble est idéalement situé sur une croupe de graves, avec des voisins aussi prestigieux que Pontet-Canet et d'Armailhac. Avec l'acquisition en 2001 du château Tour Pibran, le choix du parcellaire a permis à Jean-René Matignon et aux équipes de Pichon-Baron de sélectionner le meilleur pour Pibran et de créer un deuxième vin. Grâce au travail accompli depuis plusieurs années, les vins sont de plus en plus aboutis, alliant finesse et élégance sans toutefois perdre leur caractère pauillacais.

- **Pauillac 2016** | Sec | 2020>29 | env. 35 € — 16
- **Pauillac Château Tour Pibran 2016** | Sec | 2019>24 | env. 28 € — 15

33250 Pauillac • Tél. 05 56 73 17 17 • contact@pichonbaron.com

CHÂTEAU PICHON BARON

Le grand vin du domaine est produit juste en face de château Latour, sur des graves parfaitement drainées et bénéficiant du microclimat des bords de Gironde.

Pichon possède la vigueur et la puissance des plus grands médocs, dans un style très pur sur lequel veille amoureusement Jean-René Matignon, un des directeurs techniques les plus expérimentés du Bordelais. Deux types de second vin sont produits : tourelles recherche la souplesse et le fruit mais avec une belle plénitude, griffons porte davantage la marque du terroir.

- **Pauillac 2018** | Sec | 133 € — 18,5
- **Pauillac 2016** | Sec | 2031>41 | env. 180 € — 18
- **Pauillac Les Griffons de Pichon Baron 2018** | Sec | NC — 17
- **Pauillac Les Griffons de Pichon Baron 2016** | Sec | 2026>36 | env. 58 € — 17,5
- **Pauillac Les Tourelles de Longueville 2018** | Sec | 29,40 € — 16,5
- **Pauillac Les Tourelles de Longueville 2016** | Sec | 2024>28 | env. 55 € — 16

33250 Pauillac • Tél. 05 56 73 17 17 • contact@pichonbaron.com • www.pichonbaron.com • Visite : visites privées sur rendez-vous uniquement.

CHÂTEAU PICHON-LONGUEVILLE COMTESSE DE LALANDE

★★★★☆

La maison de champagne Louis Roederer a acquis ce cru très célèbre avec la ferme volonté d'en faire à nouveau, après quelques millésimes décevants, un grand cru modèle. Beaucoup d'efforts ont été accomplis en viticulture, de plus en plus inspirée par le bio, un cuvier à la pointe du progrès a été construit, et les assemblages ont accentué la proportion de cabernet-sauvignon mais en conservant les apports des trois autres cépages, qui font l'originalité du cru. Le vin a gagné en vigueur sans perdre son charme et sa finesse.

- **Pauillac 2018** | Sec | 190,80 € — 18
- **Pauillac 2016** | Sec | 2028>36 | 235 € — 17,5
- **Pauillac 2008** | Sec | 2020>28 | 150 € — 16,5
- **Pauillac Réserve de la Comtesse 2018** | Sec | 45 € — 16,5
- **Pauillac Réserve de la Comtesse 2016** | Sec | 2026>36 | 50 € — 17

33250 Pauillac • Tél. 05 56 59 19 40 • pichon@pichon-comtesse.com • www.pichon-comtesse.com

CHÂTEAU PIERRE DE MONTIGNAC

★☆☆☆☆

Propriété familiale qui a produit des vins pleins de caractère et d'énergie. Le 2016 nous a séduits par son grand équilibre. Le rapport qualité-prix est difficilement battable.

- **Médoc 2018** | Sec | 11 € — 15
- **Médoc 2016** | Sec | 2019>26 | 11 € — 16

1 route de Montignac, 33340 Civrac-en-Médoc • Tél. 05 56 41 58 93 • pierredemontignac@free.fr • www.pierredemontignac.com • Visite : du lundi au vendredi de 9h à 12h et de 14h à 18h, le week-end sur rendez-vous.

CHÂTEAU PONTET-CANET

★★★★★

Ce cru est devenu l'un des plus recherchés en Médoc grâce à un tandem hors norme composé d'un régisseur passionné d'authenticité et charismatique, Jean-Michel Comme, et d'un administrateur propriétaire tout aussi concerné, prêt à tous les risques, Alfred Tesseron. Leur complicité a permis la conversion du vignoble à la viticulture bio, inspirante pour tous les voisins, et le perfectionnement d'un outil de travail adapté à leur recherche de vérité dans l'expression du terroir et du millésime. Il n'y a plus de second vin, toute la récolte fait le grand vin. Sur le plan du style, dans les derniers millésimes une proportion d'élevage en cuves béton équilibre le boisé à la perfection et libère toute la pureté aromatique d'un jus exceptionnel.

- **Pauillac 2018** | Sec | NC — 18
- **Pauillac 2016** | Sec | 2026>46 | NC — 18,5
- **Pauillac 2014** | Sec | 2024>34 | NC — 18,5
- **Pauillac 2012** | Sec | 2020>27 | NC — 17,5

SAS , 33250 Pauillac • Tél. 05 56 59 04 04 • info@pontet-canet.com • www.pontet-canet.com • Visite : du lundi au vendredi de 9h à 13h et de 14h à 18h sur rendez-vous pour les professionnels.

CHÂTEAU POTENSAC

★★★☆☆

Cru sans doute le plus estimé de l'appellation Médoc, Potensac doit son succès à la qualité des équipes de vinification réunies par la famille Delon, propriétaire du château, et qui travaillent selon les mêmes critères exigeants qu'à Léoville-Las Cases. L'âge très élevé du vignoble, dont certaines parcelles de cabernet ont plus de 80 ans, ne l'empêche pas d'être parfaitement productif ! Le vin possède au plus haut degré le style classique, avec des notes de cèdre au nez et d'épices dans le tannin, et beaucoup de fermeté. Il évolue actuellement vers plus de finesse immédiate et plus de souplesse. Les derniers millésimes sont majestueux et de grande classe, ils consoleront tous ceux qui ne peuvent plus s'offrir les crus les plus célèbres.

- **Médoc 2018** | Sec | 26 € — 16
- **Médoc 2016** | Sec | 2021>30 | 30 € — 16,5
- **Médoc La Chapelle de Potensac 2016** | Sec | 2019>24 | 12 € — 14

33340 Ordonnac • Tél. 05 56 73 25 26 • contact@leoville-las-cases.com • www.domaine-delon.com • Visite : rendez-vous uniquement pour les professionnels.

CHÂTEAU POUGET

★★★☆☆

On goûte rarement en bouteille ce petit cru classé et c'est bien dommage. Voisin de Boyd-Cantenac, il appartient d'ailleurs au même propriétaire mais il est vinifié à part : peu de choses séparent désormais les deux crus. La qualité des barriques, longtemps un point faible, a beaucoup progressé depuis cinq ans même si le boisé est encore un peu insistant en vin jeune. Les extractions poussées lui permettent en revanche de vieillir avec sérénité.

- **Margaux 2018** | Sec | NC — 16
- **Margaux 2016** | Sec | 2028>36 | 44,50 € — 15,5
- **Margaux 2008** | Sec | 2020>28 | 45 € — 16

11, route de Jean-Faure, 33460 Cantenac • Tél. 05 57 88 90 82 • contact@chateau-pouget.com • www.chateau-pouget.com • Visite : Uniquement sur rendez-vous.

CHÂTEAU POUJEAUX

★★☆☆☆

Propriété de la famille Cuvelier depuis 2008 (qui possède également clos Fourtet, à Saint-Émilion), ce vignoble de graves profondes du plateau de Grand Poujeaux jouit de formidables terroirs mais aussi d'installations optimales. Conseillé par Stéphane Derenoncourt, on obtient l'un des meilleurs moulis qui soient, à la fois riche et de grande suavité.

- **Moulis 2018** | Sec | NC — 15,5
- **Moulis 2016** | Sec | 2021>30 | 35 € — 16
- **Moulis Salle de Château Poujeaux 2016** | Sec | 2019>24 | 15 € — 14

33480 Moulis-en-Médoc • Tél. 05 56 58 02 96 • contact@chateaupoujeaux.com • www.chateau-poujeaux.com • Visite : Caveau de vente ouvert du lundi au vendredi de 8h30 à 12h30 et 14h00 à 17h00.

CHÂTEAU PRIEURÉ-LICHINE

★★★★☆

Doté d'un parcellaire complexe implanté sur différents secteurs de l'appellation, ce cru pour les observateurs attentifs devient peu à peu une référence. Le nouveau cuvier permet des vinifications parcellaires, donnant à chacune d'elles sa chance et les choix de viticulture inspirés par le conseiller de la propriété, Stéphane Derenoncourt, expliquent la qualité des dernières vendanges. Le vin a toute la finesse et la grâce attendues, dans une forme plus immédiatement perceptible que d'autres crus plus médiatisés. Les prix restent raisonnables.

- **Margaux 2018** | Sec | 40,65 € — 17
- **Margaux 2016** | Sec | 2026>36 | 48 € — 17,5
- **Margaux 2008** | Sec | 2020>23 | 49 € — 17

34, avenue de la Cinquième-République, 33460 Cantenac • Tél. 05 57 88 36 28 • contact@prieure-lichine.fr • www.prieure-lichine.fr • Visite : De Mai à Octobre : Ouverture 7j/7, y compris les jours fériés, de 9h à 12h et de 14h à 18h. De Nov. à Avril : Ouverture du lundi au samedi, y compris les jours fériés de 9h à 12h et de 14h à 17h.

VIGNOBLES DES QUATRE VENTS

★☆☆☆☆

Luc Thienpont, ancien propriétaire de Labégorce-Zédé et à la tête du clos des Quatre Vents depuis 2005, a revendu ce dernier en 2014 à un fond d'investissement chinois, Liaoning Sifang Manor Wine International Trading, tout en conservant la gérance. Ce domaine, idéalement situé sur un plateau de graves garonnaises, à cheval entre Margaux et Soussans, et composé de vieilles vignes de 65 ans d'âge moyen, produit des vins équilibrés et puissants. Le fond d'investissement chinois, propriétaire de plus de 500 hectares de vignes au nord de la Chine, possède également le château Tayac Plaisance, petit bijou de six hectares qui a produit un exceptionnel 2015.

- **Haut-Médoc Château Bonneau 2016** | Sec | 2019>25 | 9,50 € — 14
- **Margaux Clos des Quatre Vents 2016** | Sec | 2019>26 | 39 € — 15

12, rue Georges Mandel, 33460 Margaux • Tél. 05 56 58 97 90 • contact@clos4vents.net • www.vignoblesdes4vents.com • Visite : Du lundi au vendredi de 8h à 17h, le week-end sur rendez-vous.

CHÂTEAU RAMAFORT

★☆☆☆☆

Le château Ramafort fait partie des Domaines CGR (Cardonne, Grivière, Ramafort). Cet ensemble au nord de la presqu'île du Médoc appartint aux Domaines Rothschild jusqu'en 1990, puis au financier Charloux et depuis 2018 au groupe chinois Yofoto. Les trois propriétés ont des styles très complémentaires. Ramafort, planté de très vieux pieds de merlot qui expriment avec vigueur les médocs modernes, est généreusement bouqueté et intensément construit.

- **Médoc 2018** | Sec | 16 € — 14
- **Médoc 2016** | Sec | 2019>25 | 16 € — 15

Route de la Cardonne, 33340 Blaignan • Tél. 05 56 73 31 51 • cgr@domaines-cgr.com • www.domaines-cgr.com • Visite : Du lundi au vendredi, de 9h à 11h30 et de 13h30 à 17h sur rendez-vous, fermé le vendredi après-midi et le week-end.

CHÂTEAU RAMAGE LA BÂTISSE

★☆☆☆☆

La MACIF est propriétaire depuis 1986 de ce domaine de 65 hectares de vignes, situé à Saint-Sauveur, non loin de Pauillac mais plus à l'intérieur des terres. Constitué de sols graveleux, argileux et sablonneux, Ramage La Bâtisse est un cru bourgeois sagement mené. Ses équipements très performants permettent de produire des vins d'une régularité exemplaire. L'engagement environnemental est total et a permis d'obtenir le label HVE3. La propriété produit également un deuxième cru bourgeois, le château-tourteran, de bonne facture, et un délicieux rosé dont la couleur et la texture s'approchent du clairet. Leur style est des plus médocains, jamais tape-à-l'œil, toujours élégants, équilibrés, savoureux dans leur jeunesse et vieillissant remarquablement bien.

- **Haut-Médoc 2018** | Sec | 9,60 € — 15
- **Haut-Médoc 2016** | Sec | 2019>28 | 18,25 € — 15
- **Haut-Médoc Château Tourteran 2018** | Sec | 7 € — 14
- **Haut-Médoc Château Tourteran 2016** | Sec | 2019>24 | 15,60 € — 14

Tourteran, 33250 Saint-Sauveur-en-Médoc • Tél. 05 56 59 57 24 • ramagelabatisse@wanadoo.fr • www.gironde-et-gascogne.com • Visite : du lundi au jeudi de 8h à 12h et de 13h30 à 17h, sur rendez-vous de préférence. Le vendredi, fermeture à 11h.

CHÂTEAU RAUZAN-GASSIES

★★★☆☆

Ce cru a la chance de posséder quelques-unes des meilleures parcelles de l'appellation, de même valeur et origine que son voisin Ségla. Une nouvelle génération de la famille Quié met tout en œuvre pour produire des vins dignes de leur lieu de naissance, avec de bonnes pratiques au vignoble et la construction d'un cuvier plus moderne et performant. Dans les deux derniers millésimes, les progrès sont flagrants. Et le prix reste sage.

- **Margaux 2018** | Sec | 56 € — 17,5
- **Margaux 2016** | Sec | 2026>36 | 60 € — 17,5

1, rue Alexis-Millardet, 33460 Margaux • Tél. 05 57 88 71 88 • rauzangassies@domaines-quie.com • www.domaines-quie.com

CHÂTEAU RAUZAN-SÉGLA

★★★★☆

En plein cœur de l'appellation Margaux, ce cru de premier ordre a été racheté en 1994 par les frères Wertheimer, propriétaires de la maison Chanel mais également du château Canon à Saint-Émilion. Le vignoble de 66 hectares bénéficie des soins les plus attentifs, propulsant les vins à leur place légitime, celle du rang de second cru classé, grâce à un nouveau chai et surtout au travail méticuleux accompli dans les vignes. C'est donc un cru célèbre en pleine forme, exprimant avec constance depuis dix ans l'élégance qu'on accorde aux meilleurs vins de Margaux. L'élargissement du vignoble a surtout bénéficié au second vin, ségla, produit en plus grande quantité, dans un style volontairement direct, souple et fruité. On l'aimerait plus proche d'esprit du grand vin, quitte à produire plus de vin « générique » margaux.

- **Margaux 2018** | Sec | NC — 18,5
- **Margaux 2016** | Sec | 2028>36 | NC — 18
- **Margaux 2008** | Sec | 2020>23 | NC — 16
- **Margaux Ségla 2016** | Sec | 2022>28 | NC — 15

Rue Alexis-Millardet - B.P. 56, 33460 Margaux • Tél. 05 57 88 82 10 • contact@rauzan-segla.com • www.chateaurauzansegla.com

CHÂTEAU REVERDI

★☆☆☆☆

Le 2015 du château L'Ermitage nous avait particulièrement séduits par son charme, son équilibre et sa fraîcheur. L'effet petit verdot ? ! Il y en a en effet 15 % de ce cépage dans l'assemblage. Le 2016 est plus solide, moins charmeur mais le potentiel est là. A contrario le château-reverdi est d'une belle élégance. Leur prix est très raisonnable, ce sont de véritables bonnes affaires.

- **Listrac-Médoc 2016** | Sec | 2019>24 | 15 € — 14
- **Listrac-Médoc Château L'Ermitage** | Sec | 2020>28 | 15 € — 15
- **Médoc Château Croix de Reverdi 2016** | Sec | 2019>24 | NC — 14

11 route de donissan, 33480 Listrac-Médoc • Tél. 05 56 58 02 25 • contact@chateaureverdi.fr • www.chateaureverdi.fr • Visite : Ouvert du lundi au samedi de 9h à 12h et de 14h à 18h.

CHÂTEAU REYSSON

★☆☆☆☆

Cette belle propriété d'une cinquantaine d'hectares a été acquise par la maison Dourthe en 2014 après plus de dix ans de gérance. Elle est située sur un coteau admirablement ensoleillé, avec un terroir argileux à forte teneur en calcaire à astéries, complètement atypique en Médoc et idéalement adapté à la culture du merlot. Les premiers travaux ont porté sur le vignoble, s'en sont suivies la construction d'un chai de vinification et la rénovation du chai d'élevage. Ce haut-médoc est toujours flatteur et harmonieux. On ne peut être déçu. Nul doute que la progression est en marche.

- **Haut-Médoc 2018** | Sec | NC — 15
- **Haut-Médoc 2016** | Sec | 2019>24 | 14,90 € — 14,5

35, route de Bordeaux, 33290 Parempuyre • Tél. 05 56 35 53 00 • contact@dourthe.com • www.dourthe.com • Visite : sur rendez-vous.

CHÂTEAU SAINT-PIERRE

★★★★☆

Ce cru, propriété de la famille Triaud, n'a pas la réputation mondiale d'autres saint-julien, mais dans les derniers millésimes il les a rejoints et même parfois dépassés en qualité, grâce à ses très vieilles vignes d'une moyenne de cinquante ans, idéalement situées au cœur du village. Le vin qui a toujours été dense, serré et puissant, continue à chaque millésime à gagner en élégance immédiate, avec un boisé mieux intégré, et toujours une texture de vieilles vignes qui l'égale sur ce plan aux grands Seconds, voire aux Premiers. 2015 et 2016 sont une des expressions les plus parfaites de l'originalité de l'appellation, à des prix encore accessibles pour la France.

- **Saint-Julien 2018** | Sec | NC — 18
- **Saint-Julien 2016** | Sec | 2028>38 | 84 € — 18,5
- **Saint-Julien Esprit de Saint-Pierre 2016** | | 2022>30 | NC — 16

33250 Saint-Julien-Beychevelle • Tél. 05 56 59 08 18 • contact@domaines-martin.com • www.domaines-henri-martin.com • Visite : sur rendez-vous, du lundi au vendredi de 8h à 12h et de 13h30 à 17h30. Fermeture à 12h le vendredi.

CHÂTEAU SÉNÉJAC

★★☆☆☆

À l'extrême sud du Médoc, le château Sénéjac est la propriété de la famille Bignon-Cordier, à qui appartient également le château Talbot ; c'est Nancy qui dirige les deux propriétés. Sénéjac applique aujourd'hui la culture raisonnée. Sur ces terroirs silico-graveleux, les vins s'expriment avec équilibre et une belle présence. La qualité des vins, avec le nouveau cuvier, ne cesse de progresser. Sénéjac est devenu un incontournable au sein de l'appellation.

- **Haut-Médoc 2018** | Sec | NC — 15
- **Haut-Médoc 2016** | Sec | 2019>26 | 15,80 € — 14,5

Allée Saint-Seurin, 33290 Le Pian-Médoc • Tél. 05 56 70 20 11 • chateau@senejac.com • www.chateau-senejac.com

CHÂTEAU SIRAN

★★☆☆☆

Ce cru de Margaux, situé sur les très belles graves de Labarde, est dirigé depuis 2007 par Édouard Miailhe. Les vins de Siran sont toujours charmeurs dans leur jeunesse et se complexifient au vieillissement, avec notamment des notes de rose ancienne et d'épices leur donnant finesse et élégance. On pourrait cataloguer les vins de Siran comme des classiques de Margaux. Depuis le millésime 2015 on constate un certain infléchissement de style, qui maintenant joue plutôt sur le registre de l'extrême puissance. À suivre.

- **Margaux 2018** | Sec | env.29 € — 16,5
- **Margaux 2016** | Sec | 2022>30 | NC — 15,5
- **Margaux S de Siran 2016** | Sec | 2020>25 | NC — 14

13 avenue du comte lynch, 33460 Labarde • Tél. 05 57 88 34 04 • info@chateausiran.com • www.chateausiran.com • Visite : Ouvert tous les jours, de mai à septembre, de 10h à 17h30. De novembre à mars du lundi au vendredi. En avril et en octobre du mardi au samedi.

CHÂTEAU SOCIANDO-MALLET

★★★☆☆

Figure incontournable du Médoc, Jean Gautreau est l'un des artisans du renouveau de ses crus. Respecté par ses pairs, il a hissé Sociando-Mallet au niveau d'un cru classé, agrandissant largement le vignoble depuis son achat en 1969. Aujourd'hui, sur les 85 hectares de la propriété, une cinquantaine a le niveau d'un troisième voire d'un second cru classé. Assisté de sa fille, Jean Gautreau est l'un des rares propriétaires à superviser lui-même les vinifications. Ce sont des vins de référence, avec un toucher et une identité inimitables. Médocains dans l'âme, ils ont toujours beaucoup de finesse. La propriété dispose maintenant d'un gîte, la Villa Sociando, au port de la Maréchale, à 3 kilomètres de la propriété.

- **Haut-Médoc 2018** | Sec | env.28 € — 16,5
- **Haut-Médoc 2016** | Sec | 2020>33 | NC — 16,5
- **Haut-Médoc La Demoiselle de Sociando-Mallet 2016** | Sec | 2019>24 | 17 € — 14

Route de Mapon, 33180 Saint-Seurin-de-Cadourne • Tél. 05 56 73 38 80 • contact@sociandomallet.com • www.sociandomallet.com • Visite : Ouvert du lundi au jeudi de 8h à 12h30 et de 14h à 17h15. Le vendredi matin de 8h à 12h. Du 1er Juin au 30 Septembre du lundi au samedi de 9h à 12h30 et de 14h à 17h30.

CHÂTEAU DU TAILLAN

★☆☆☆☆

Le château du Taillan, situé aux portes de Bordeaux, est une propriété familiale de 28 hectares gérée aujourd'hui par des femmes. Acquis en 1896 par Henri Cruse, quatre générations s'y sont succédé jusqu'aux cinq sœurs qui en sont actuellement propriétaires. Un terroir argilo-calcaire, un encépagement largement dominé par le merlot, une viticulture et une vinification particulièrement soignées donnent un vin d'une régularité exemplaire, élégant, énergique et d'un excellent rapport qualité-prix.

- **Haut-Médoc 2018** | Sec | 11 € — 15
- **Haut-Médoc 2016** | Sec | 2019>30 | 22 € — 16,5

56, avenue de la Croix, 33320 Le-Taillan-Médoc • Tél. 05 56 57 47 00 • info@chateaudutaillan.com • www.chateaudutaillan.com • Visite : Du lundi au samedi, de 10h à 17h, dernière visite à 16h. Le dimanche uniquement sur rendez-vous.

CHÂTEAU TALBOT

★★★★☆

Cette propriété, parmi les plus justement populaires du Médoc, appartient toujours à la famille Cordier. Elle donne naissance à une abondante production, qui a gagné en vigueur de définition depuis 2014. Talbot incarne pour beaucoup l'idéal du saint-julien, généreusement bouqueté, très stable et sûr au vieillissement. Un joli vin blanc sec, aromatique et nerveux, continue à être produit sous la marque caillou-blanc. Le travail intelligent, conduit avec l'aide de Stéphane Derenoncourt dans un cuvier et un chai adroitement modernisés, porte ses fruits. Le second vin connétable se prête à une consommation rapide.

- **Bordeaux Caillou Blanc 2018** | Sec | 32 € — 17
- **Saint-Julien 2018** | Sec | 58,80 € — 17,5
- **Saint-Julien 2016** | Sec | 2028>41 | 63 € — 18
- **Saint-Julien 2008** | Sec | 2020>28 | 62 € — 17
- **Saint-Julien Connétable de Talbot 2016** | Sec | 2020>28 | 28 € — 15

33250 Saint-Julien-Beychevelle • Tél. 05 56 73 21 50 • chateau-talbot@chateau-talbot.com • www.chateau-talbot.com

CHÂTEAU TAYAC

Propriété familiale d'une quarantaine d'hectares, au cœur de l'appellation Margaux. Croupes graveleuses, encépagement et méthodes de vinification on ne peut plus traditionnels qui produisent des vins classiques, complexes et harmonieux que l'on peut conserver longtemps. La cuvée or-norme est ambitieuse mais reste équilibrée. Ici le margaux ressemble vraiment à l'idée que l'on peut se faire d'un margaux et, cerise sur le gâteau, les prix n'ont rien d'extravagant.

- **Margaux 2016** | Sec | 2019>30 | 23 € — 15

5, rue des chais - Lieu dit Taya, 33460 Soussans • Tél. 05 57 88 33 06 • chateau.tayac@wanadoo.fr • www.chateautayac-margaux.com • Visite : du lundi au vendredi de 8h30 à 12h30 et de 14h à 17h.

CHÂTEAU DU TERTRE

Un peu isolé mais situé d'un seul tenant sur une splendide croupe de graves siliceuses, le château du Tertre a magnifiquement été restauré et réhabilité par son propriétaire hollandais, Éric Albada Jelgersma, hélas récemment décédé. Son caractère aromatique, très frais et élégant, doit beaucoup à la proportion d'excellents cabernets francs dans l'encépagement. Excellent rapport qualité-prix.

- **Margaux 2018** | Sec | 41,15 € — 16,5
- **Margaux 2016** | Sec | 2024>31 | 55 € — 17

14, allée du Tertre, 33460 Arsac • Tél. 05 57 88 52 52 • receptif@chateaudutertre.fr • www.chateaudutertre.fr • Visite : d'avril à octobre, tous les jours de 9h30 à 12h30 et de 13h30 à 17h30. Le reste de l'année du lundi au samedi.

CHÂTEAU TEYNAC

Acheté par Philippe et Fabienne Pairault il y a une trentaine d'années, ce joli cru d'une douzaine d'hectares est situé au cœur du village de Beychevelle. C'est l'un des rares châteaux de taille moyenne, cerné par une nuée de crus classés ! Le cabernet-sauvignon domine largement, l'élevage est soigné, le résultat est à la hauteur. À ce domaine s'ajoute un autre Saint-Julien de qualité, le château Les Ormes, ainsi que le château Corconnac en Haut-Médoc.

- **Saint-Julien 2016** | Sec | 2020>31 | env.35 € — 15,5
- **Saint-Julien Château Les Ormes 2016** | Sec | 2020>26 | env.35 € — 14,5

33250 Saint-Julien-Beychevelle • Tél. 05 56 59 93 04 • philetfab3@wanadoo.fr

CHÂTEAU TOUR DES TERMES

La tour médiévale n'est plus mais la parcelle des Termes, à l'entrée du village de Saint-Corbian, a subsisté et porte encore le vignoble de 16 hectares acquis par la famille Anney. À la fois ronds, puissants et sur la finesse, avec un bon potentiel de garde, les vins devraient encore progresser puisqu'à partir du millésime 2016 Christophe Anney a choisi Hubert de Boüard pour le conseiller. Le résultat est plus que probant, c'est un véritable changement de braquet. Ce domaine mérite pleinement une deuxième étoile.

- **Saint-Estèphe 2018** | Sec | 18 € — 15,5
- **Saint-Estèphe 2016** | Sec | 2020>30 | 25 € — 16

2, rue du Pigeonnier , 33180 Saint-Estèphe • Tél. 05 56 59 32 89 • contact@chateautourdestermes.com • www.chateautourdestermes.com • Visite : Ouvert du lundi au vendredi de 8h30 à 12h30 et de 14h à 16h30.

CHÂTEAU TOUR HAUT-CAUSSAN

Grâce aux efforts de son charismatique propriétaire Philippe Courrian, dont la famille est présente dans le Médoc depuis 1634, ce cru est depuis longtemps à la pointe de la qualité dans son appellation. Aujourd'hui, ses enfants Véronique et Fabien poursuivent son travail. Ils veillent sur un terroir qui se partage en deux secteurs, les sols argilo-calcaires sur Blaignan et les graves sur Potensac. À dominante de merlot, le vin possède beaucoup de velouté de texture et supporte parfaitement le bois neuf qui le flatte dans sa jeunesse, offrant un charme fou. il est en constante progression et les prix restent raisonnables.

- **Médoc 2016** | Sec | 2020>29 | 12,80 € — 15,5
- **Médoc Château Croix de Mai 2016** | Sec | 2019>23 | 12 € — 14

■ **Médoc Château La Landotte 2016** | Sec | 2019>24 | 8,20 € **14**

27 bis, rue de Verdun, Blaignac, 33340 Blaignan-Prignac • Tél. 05 56 09 00 77 • courrian@tourhautcaussan.com • www.tourhautcaussan.com • Visite : De préférence sur rendez-vous.

CHÂTEAU TOUR SAINT-FORT

★☆☆☆☆

Propriété de 14 hectares située à Saint-Estèphe dans le secteur de Pez, le château Tour Saint-Fort appartient à une société hongkongaise, la Long Faith International Investment Limited depuis 2016. Le sous-sol est constitué à 80 % de calcaires à astéries et pour le restant de graves. L'encépagement est constitué de 40 % de cabernet-sauvignon, 48 % de merlot et de 12 % de petit verdot, avec des vignes de plus de 50 ans. Ici la lutte raisonnée est de mise, pesticides et herbicides sont réduits au minimum, le coquelicot, symbole du château, règne en maître dans les vignes. Le pourcentage de barriques neuves pour l'élevage est relativement important mais le bois ne domine absolument pas le vin. Les vins sont classiques et élégants. Le millésime 2016 est une véritable surprise, un coup de cœur.

■ **Saint-Estèphe 2018** | Sec | 25 € **14**
■ **Saint-Estèphe 2016** | Sec | 2019>31 | 25 € **17**

1, route de la Villotte - Lieu dit Laujac, 33180 Saint-Estèphe • Tél. 05 56 59 38 19 • contact@chateautoursaintfort.com • www.chateautoursaintfort.com • Visite : Ouvert du lundi au vendredi de 9h à 12h et de 14h à 17h. Week-end et jours fériés sur rendez-vous.

CHÂTEAU TOUR-PRIGNAC

★☆☆☆☆

Cette vaste propriété (plus de 140 hectares de vignes dans un ensemble qui frise les 300) appartient au groupe Castel. La cuvée normale du domaine affiche le profil d'un médoc souple et classique tandis que la grande-réserve, suivie par Éric Boissenot, est un vin qui impose une élégance et un équilibre très représentatif de ce secteur du Nord-Médoc.

■ **Médoc 2016** | Sec | 2019>27 | NC **14**
■ **Médoc Grande Réserve 2016** | Sec | 2020>27 | NC **15**

Châteaux et Domaines Castel - 21-24 rue Georges Guynemer, 33340 Blanquefort • Tél. 05 56 95 54 00 • contact@chateaux-castel.com • www.chateaux-castel.com

CHÂTEAU TRONQUOY LALANDE

★★☆☆☆

Après de nombreuses années passées au château Mouton-Rothschild, Hervé Berland est en charge de la direction des deux propriétés acquises par Martin et Olivier Bouygues. Moins connu que Montrose, le château Tronquoy Lalande, discrète propriété de 18 hectares à Saint-Estèphe, est l'un des plus anciens vignobles de l'appellation. Les vins qui y sont produits sont splendides.

■ **Saint-Estèphe 2016** | Sec | 2022>34 | NC **17,5**

33180 Saint-Estèphe • Tél. 05 56 59 61 05 • chateau@tronquoy-lalande.com • www.tronquoy-lalande.com • Visite : Du Lundi au Vendredi de 10h00 à 12h15 et de 14h00 à 17h15.

VIEUX CHÂTEAU LANDON

★☆☆☆☆

Cette propriété située sur la commune de Bégadan, faisant la part belle au cabernet-sauvignon, produit des vins élégants et de bonne facture. Le 2015 était déjà très réussi mais l'harmonie du 2016 nous a emballés !

■ **Médoc 2016** | Sec | 2019>28 | 13 € **16**

6, route Chateau Landon, 33340 Bégadan • Tél. 05 56 41 50 42 • nan.hu@hotmail.fr • www.vieux-chateau-landon.com • Visite : du lundi au vendredi de 9h à 12h et de 14h à 17h.

Mes commentaires

LE VIGNOBLE DE LA RIVE DROITE

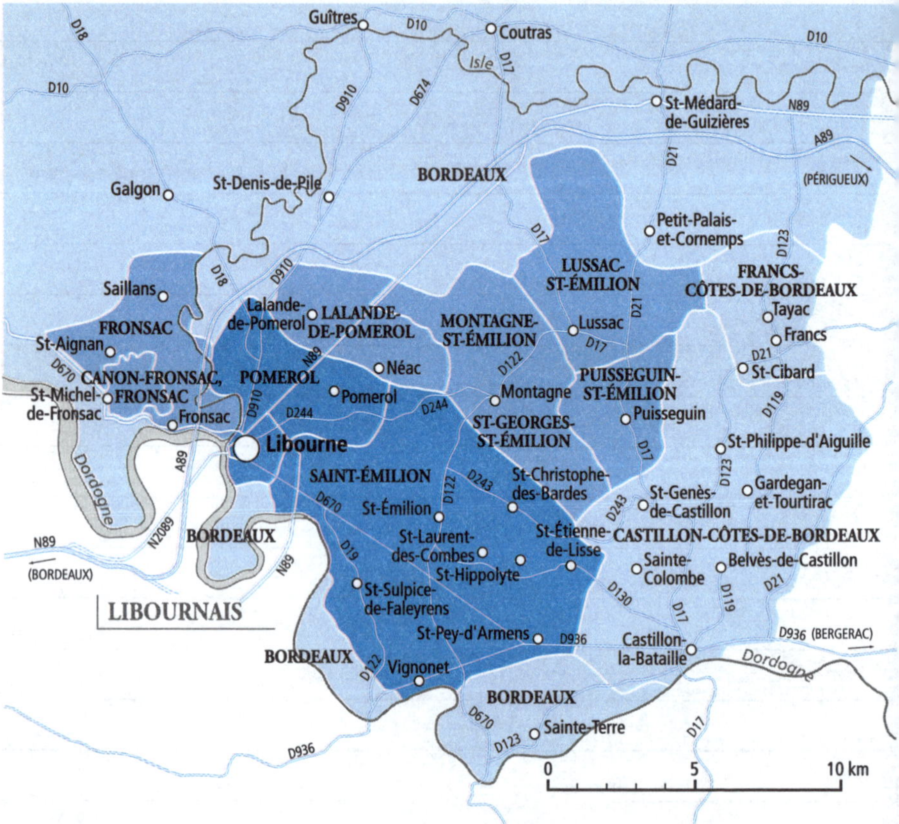

CHÂTEAU ÂME DE MUSSET

⭐⭐

Marie-Amandine Delbeck écoute avec attention les conseils de son père Pascal qui dirigea Ausone et Belair, deux des meilleurs crus de Saint-Emilion. Leur lalande-de-pomerol s'affirme pleinement depuis le millésime 2010. Souple et gourmand, le tannin a gagné en énergie sur les derniers millésimes. C'est un bon rapport qualité-prix.

- **Lalande de Pomerol 2018** | Sec | NC — 14
- **Lalande de Pomerol 2016** | Sec | 2020>30 | NC — 15

Château Tour du Pas Saint-Georges, 33570 Montagne • Tél. 05 57 24 70 94 • contact@delbeckvignobles.com • www.delbeckvignobles.com • Visite : Ouvert du lundi au vendredi sur rendez-vous. Boutique ouverte du lundi au vendredi de 9h à 12h puis de 14h à 17h.

CHÂTEAU ANGÉLUS

⭐⭐⭐⭐⭐

En plein cœur de la côte de Saint-Émilion, sur le secteur le plus prestigieux de l'appellation, exposé plein sud, Angélus dispose d'un des plus beaux terroirs, sur 25 hectares d'un seul tenant. Ce cru porté au sommet par Hubert de Boüard, vinificateur hors pair et âme des lieux, est désormais dirigé par sa fille Stéphanie et son neveu Thierry Grenié de Boüard, aux commandes depuis 2016. Le domaine a peu d'équivalent. Fort pourcentage de cabernet franc (40 à 50 %), engagement humain et financier important et surtout un soin méticuleux apporté à chaque détail, tout ceci forme un arsenal de haute exigence. Dernièrement, le passage en culture biologique achève la montée en puissance du cru qui se distingue par une sensualité très singulière et des notes anisées subtiles que l'on ne retrouve nulle part ailleurs. Frais, élégant, porté par un tannin feutré, angélus demeure l'un des saint-émilion les plus complexes de la rive droite.

- **Saint-Émilion grand cru 2018** | Sec | NC — 18
- **Saint-Émilion grand cru 2016** | Sec | 2022>40 | NC — 18,5
- **Saint-Émilion grand cru 2013** | Sec | 2020>30 | NC — 17,5
- **Saint-Émilion grand cru Le Carillon 2016** | Sec | 2020>30 | NC — 16

33330 Saint-Émilion • Tél. 05 57 24 71 39 • angelus@angelus.com • www.angelus.com

CHÂTEAU DES ANNEREAUX

⭐ 🍀

Domaine de la famille Hessel, ce vignoble historique de 25 hectares de Lalande de Pomerol est situé sur le plateau graveleux et sablo-graveleux. Le gérant de la propriété, Benjamin Hessel, n'a pas hésité à faire découvrir son vin à la sommelière de l'Elysée, Virginie Routis, qui a retenu les millésimes 2012 et 2015 pour valoriser l'image de la France dans le monde. Depuis le millésime 2010, le cru est passé en agriculture biologique. Les vins produits sont souples et distingués au niveau aromatique, ils sortent de mieux en mieux dans nos dégustations. Ils restent de bons rapports qualité-prix.

- **Lalande de Pomerol 2018** | Sec | NC — 15
- **Lalande de Pomerol 2016** | Sec | 2018>27 | 18,20 € — 15

5, route des Annereaux, 33500 Lalande de Pomerol • Tél. 05 57 51 03 01 • contact@annereaux.com • www.annereaux.com • Visite : du lundi au vendredi de 9h à 12h et de 14h à 17h, samedi sur rendez-vous.

CHÂTEAU ARMENS

⭐

La propriété appartient à la famille Malet-Roquefort (château La Gaffelière) et est aujourd'hui dirigée par Alexandre de Malet-Roquefort qui en a fait notablement croître la qualité depuis quelques millésimes, avec des vins élégants et frais d'abord immédiat, d'un bon rapport prix-plaisir.

- **Saint-Émilion grand cru 2016** | Sec | 2019>29 | 25 € — 14

33330 Saint-Pey-d'Armens • Tél. 05 57 56 40 81 • contact@domainesmr.com • www.domaines-maletroquefort.com • Visite : Uniquement sur rendez-vous.

VIGNOBLES JEAN-BAPTISTE AUDY

⭐

Le quai du Priourat à Libourne résonne des crus de cette famille historique de la rive droite avec un duo de propriétés sur Pomerol, le clos du Clocher et Bonalgue. Il ne faut pas oublier les bons rapports qualité-prix que sont Le Courlat (17 hectares sur Lussac) et les Hauts Conseillants (10 hectares sur

Lalande). Le-courlat a toujours une allonge qui s'affine au bout de trois ans et les-hauts-conseillants offrent l'un des tannins les plus soyeux de Lalande. Ce sont des valeurs sûres, bien placées au niveau du rapport prix-plaisir.

- **Lalande de Pomerol Château Les Hauts-Conseillants 2016** | Sec | 2020>30 | 25 € **14**
- **Lussac-Saint-Émilion Château du Courlat 2016** | Sec | 2020>27 | 15 € **13**
- **Lussac-Saint-Émilion Château du Courlat cuvée Jean-Baptiste 2016** | Sec | 2020>30 | 20 € **14,5**

35, quai du Priourat, BP 79, 33500 Libourne Cedex • Tél. 05 57 51 62 17 • contact@jbaudy.fr • www.jbaudy.fr • Visite : : 8h30-12h/14h-17h (du lundi au jeudi) 8h-12h (vendredi)

CHÂTEAU AUSONE

★★★★★

Les vignes du château Ausone sont situées sur un tertre calcaire comprenant pour une petite partie un plateau à la couche de sol peu épaisse, et pour la majorité de leur surface la pente adjacente, exposée plein sud avec un sol beaucoup plus profond. Cette dualité est un atout essentiel qu'a su magnifier le propriétaire actuel, Alain Vauthier, et aujourd'hui sa fille Pauline. Depuis plus de vingt ans, par son harmonie de constitution et le raffinement de sa texture, Ausone justifie sa vieille réputation de meilleur vin de l'appellation et souvent de tout le Bordelais. Sa longévité en bouteille est extraordinaire. Des millésimes comme 2017, 2014 et 2013 sont de très haut niveau dans un registre de grande profondeur, fine et intense. Dans ces millésimes, la-chapelle-d'ausone brille également par son éclat et sa pureté, et son coût est 4 à 5 fois moindre. 2015, 2016 et 2018 entreront dans la légende du cru.

- **Saint-Émilion grand cru 2018** | Sec | NC **19**
- **Saint-Émilion grand cru 2016** | Sec | 2030>00 | NC **19,5**
- **Saint-Émilion grand cru Chapelle d'Ausone 2018** | Sec | 170 € **18**
- **Saint-Émilion grand cru Chapelle d'Ausone 2016** | Sec | 2023>41 | 170 € **17**

33330 Saint-Émilion • Tél. 05 57 24 24 57 • chateau.ausone@wanadoo.fr

CLOS BADON

★★★☆☆

Dans un secteur de pied de côte sur 6,5 hectares, ce domaine appartient à Murielle Andraud et Jean-Luc Thunevin (Château Valendraud).Ce vin pour hédoniste se révèle souple et voluptueux, bénéficiant d'un caractère velouté et de tannins fins, toujours d'une grande gourmandise.

- **Saint-Émilion grand cru 2018** | Sec | 32 € **16**
- **Saint-Émilion grand cru 2016** | Sec | 2019>34 | 49 € **17**

6, rue Guadet - 6, rue Guadet, 33330 Saint-Émilion • Tél. 05 57 55 09 13 • thunevin@thunevin.com • www.thunevinonline.com • Visite : Ouvert tous les jours de 9h à 19h.

CLOS DES BAIES

★★★☆☆

Philippe Baillarguet, jeune responsable technique d'Ausone a débuté sur cette propriété avec 58 ares, situés en pied de côte, il en possède aujourd'hui un hectare, avec un pourcentage plus important de cabernet franc : selon les millésimes, il peut atteindre 30 %. Il obtient ainsi un vin haute-couture dont la production oscille entre 900 et 3000 bouteilles. Son expérience acquise et son savoir-faire font merveille. Ce cru de poupée présente une expression chatoyante très consensuelle. Les derniers millésimes ont beaucoup d'éclat.

- **Saint-Émilion grand cru 2018** | Sec | 45 € **16,5**
- **Saint-Émilion grand cru 2016** | Sec | 2020>30 | 95 € **16**

1, Montremblant, 33330 Saint-Émilion • Tél. 06 88 67 16 68 • philippe.baillarguet@orange.fr • Visite : du lundi au samedi de 9h à 20h, le dimanche de 10h à 19h.

CHÂTEAU BALESTARD LA TONNELLE

★★★☆☆

Avec Balestard, on tient incontestablement l'un des grands terroirs argilo-calcaires, superbement installé sur le sommet de la côte de Saint-Émilion, au nord-est du village. Cette propriété de 10,6 hectares est liée à la famille Capdemourlin depuis de nombreuses générations. Puissants dans leur jeune ge, plutôt revêches dans les dégustations immé-iates, les vins gagnent en distinction avec le temps.

- **Saint-Émilion grand cru 2018** | Sec | 36 € — 16
- **Saint-Émilion grand cru 2016** | Sec | 2022>41 | 45,50 € — 16,5

3330 Saint-Émilion • Tél. 05 57 74 62 06 • info@vignoblescapdemourlin.com • ww.vignoblescapdemourlin.com • Visite : Uniquement sur rendez-vous.

CHÂTEAU BARDE-HAUT

★★★☆☆

Actifs sur tous les fronts, Hélène Garcin et Patrice Lévêque sont des acteurs majeurs de la rive droite. Ils ont imposé leur style sur cette propriété de Saint-Christophe-des-Bardes de 17 hectares, situé dans un amphithéâtre spectaculaire. Les nouvelles installations techniques, respectueuses de l'environnement, ont permis au cru de progresser en finesse et précision, et de rivaliser avec les meilleurs. Les vins sont toujours bien constitués, parfois un peu austères dans les millésimes moyens car ils demandent du temps pour s'assouplir. Les bonnes années, le style est généreux, intense et franc. Les derniers millésimes ont gagné en raffinement et en fraîcheur d'expression. À juste titre, la promotion de Barde-Haut comme Grand Cru Classé en septembre 2012 paraît justifiée.

- **Saint-Émilion grand cru 2018** | Sec | 38,30 € — 17
- **Saint-Émilion grand cru 2016** | Sec | 2021>47 | 44,90 € — 17
- **Saint-Émilion grand cru Poésia 2018** | Sec | 31,10 € — 15
- **Saint-Émilion grand cru Poésia 2016** | Sec | 2022>28 | 33 € — 15,5

33330 Saint-Christophe-des-Bardes • Tél. 05 57 25 72 55 • contact@bardehaut.com • www.chateaubardehaut.com • Visite : sur rendez-vous.

CLOS DU BEAU-PÈRE

★★☆☆☆

Ce cru de Pomerol appartient à Jean-Luc Thunevin (château Valandraud) et à son épouse Murielle, qui ont rassemblé 3 hectares provenant de deux parcelles ; l'une située dans le secteur de Bourgneuf, qui apporte la structure et l'autre dans la zone de Bellegrave, pour la souplesse. Le style du cru sur ces derniers millésimes a superbement évolué. Il se révèle charnu et sensuel avec une réelle profondeur et beaucoup plus de séduction depuis 2012. Ses arômes de diamant noir appellent les grands classiques de notre gastronomie comme une belle côte de veau.

- **Pomerol 2018** | Sec | 35 € — 16
- **Pomerol 2016** | Sec | 2019>34 | 45 € — 16,5

33500 Pomerol • Tél. 05 57 55 09 13 • thunevin@thunevin.com • www.thunevinonline.com • Visite : tous les jours de 9h à 19h.

CHÂTEAU BEAUREGARD

★★★☆☆ ♣

Les familles Moulin (Galeries Lafayette) et Cathiard (Smith Haut-Lafitte) possèdent maintenant cette propriété où le château constitue une merveille d'architecture du XVIIIe siècle. Si les premiers sont les actionnaires majoritaires, les seconds entendent apporter leur expertise sur ce domaine de 16 hectares d'un seul tenant, situé sur le versant sud du plateau, cultivé désormais selon les principes de l'agriculture biologique. Vincent Priou, le directeur technique assume avec succès l'évolution technique du domaine. La qualité des 2015 et 2016 montre que l'ambition des nouveaux propriétaires porte ses fruits. Le vin a gagné en assise et la texture veloutée se montre plus raffinée.

- **Pomerol 2018** | Sec | 38 € — 16
- **Pomerol 2016** | Sec | 2019>29 | 78 € — 16,5

73 rue de Catusseau, 33500 Pomerol • Tél. 05 57 51 13 36 • contact@chateau-beauregard.com • www.chateau-beauregard.com • Visite : du lundi au samedi sur rendez-vous.

CHÂTEAU BEAUSÉJOUR-BÉCOT

★★★★☆

Ce Beauséjour, situé sur le plateau argilo-calcaire à l'ouest du village de Saint-Émilion, surplombe la côte avec ses 16,5 hectares. Les derniers mois marquent une évolution de style avec un changement de consultant. Thomas Duclot a remplacé Michel Rolland, et Jean de Cournuaud formé à l'école Berrouet (celle de Petrus) est arrivé à la direction technique pour le millésime 2018. Ceci marque le désir de Juliette Bécot d'infléchir le profil du vin, en incorporant un pourcentage variable de vendange entière (raisins non égrappés). Elle vinifie ainsi plus en infusion. Résultat, dès 2017 le tannin se fait plus frais, le croquant a remplacé le gourmand, et la finale saline et enlevée se révèle très sapide. Le 2018 s'annonce splendide, grâce à un grand charme aromatique et une intensité distinguée. Néanmoins les millésimes antérieurs sont hautement recommandables et surtout particulièrement réguliers. Ils associent une profondeur racée à une dimension riche et gourmande, très directe, intense et savoureuse.

- **Saint-Émilion grand cru 2018** | Sec | NC — 17,5
- **Saint-Émilion grand cru 2016** | Sec | 2020>30 | 95 € — 16

33330 Saint-Émilion • Tél. 05 57 74 46 87 • contact@beausejour-becot.com • www.beausejour-becot.com • Visite : ouvert sur RDV du lundi au vendredi soir de 9 :30 à 13 :00 et de 14 :00 à 17 :30 et le samedi de début Avril à la fin du mois d'octobre.

CHÂTEAU BEAUSÉJOUR DUFFAU-LAGARROSSE

★★★★☆

Avec ses 6,5 hectares d'un seul tenant, idéalement situés sur le flanc ouest de la côte de Saint-Émilion, ce Beauséjour est le plus petit en superficie des premiers crus classés B de Saint-Émilion. Depuis 2009, il est suivi par le trio Thienpont-Derenoncourt-David Suire (consultants majeurs de la rive droite), le niveau de viticulture y est désormais minutieux, l'excellence de la vinification hors de doute. On a abandonné pour le grand vin le cabernet-sauvignon, et le cabernet franc a été replanté sur la dalle calcaire ; l'élevage s'opère dans les galeries souterraines crayeuses du château. L'équipe en place depuis les dix derniers millésimes a affiné le profil de ce vin unique au fruité très pur, au soyeux raffiné, avec une finale saline savoureuse. La concentration est l'une des plus subtiles du secteur, et le grand style où s'affirme la truffe noire est l'un des plus délicats de la rive droite. Le 2014 coté autour de 80 euros doit constituer l'une des priorités pour l'amateur. Les 2011 et 2013 sont parfaits pour la table, les 2015, 2016, 2018, exceptionnels doivent attendre dix ans en cave.

- **Saint-Émilion grand cru 2018** | Sec | NC — 18
- **Saint-Émilion grand cru 2016** | Sec | 2022>35 | 115 € — 19
- **Saint-Émilion grand cru 2015** | Sec | 2021>32 | 135 € — 18,5

33330 Saint-Émilion • Tél. 05 57 24 71 61 • beausejourhdl@beausejourhdl.com www.beausejourhdl.com

CHÂTEAU BEL-AIR

★☆☆☆☆

La famille Melet fête avec 2016 son 102e millésime sur Pomerol. Issu de sol sablo-graveleux avec sous-couche de crasse de fer et d'argile verte, ce domaine renaît depuis sa reprise par l'équipe de Stéphane Derenoncourt, pour le millésime 2011. On apprécie sa densité tout en fraîcheur, avec un tannin de bonne longueur.

- **Pomerol 2018** | Sec | NC — 15
- **Pomerol 2016** | Sec | 2019>29 | 28 € — 15

5, chemin de la cabanne, 33500 Pomerol • Tél. 05 57 51 02 45 • vignsudrat-melet@wanadoo.fr • www.belair-beausejour.com • Visite : Sur rendez-vous.

CHÂTEAU BELAIR-MONANGE

★★★★☆

Installé sur un magnifique terroir calcaire à l'entrée sud de Saint-Émilion, avec Ausone comme plus proche voisin, Belair-Monange qui appartient aux établissements Jean-Pierre Moueix s'est agrandi en 2012 par l'intégration du vignoble voisin de Magdelaine. La complémentarité des terroirs et une reprise en main énergique de la viticulture commencent à porter leurs fruits. Belair-Monange a ainsi retrouvé toute sa classe naturelle avec une plus grande intensité de constitution et sans le moindre déséquilibre. Il ne cesse de progresser et ses 2015, 2016, 2017, 2018 jouent dans la cour des Premiers Classés A.

- **Saint-Émilion grand cru 2018** | Sec | NC — 18,5
- **Saint-Émilion grand cru 2016** | Sec | 2024>55 | NC — 19
- **Saint-Émilion grand cru Annonce de Bélair-Monange 2016** | Sec | 2019>26 | NC — 15

6, Madeleine, 33330 Saint-Émilion • Tél. 05 57 51 78 96 • info@jpmoueix.com • www.chateaubelair.com

CHÂTEAU BELLEFONT-BELCIER

ellefont-Belcier, situé juste dans le prolongement e Pavie et de Larcis-Ducasse, vient d'être racheté ar Peter Kwok : cet homme d'affaires asiatique a insi senti le potentiel de ce cru classé de Saint-milion et de ses 13,5 hectares. Comme pour ses utres domaines de la rive droite, la direction en est onfiée à Jean-Christophe Meyrou qui fit ses lasses avec Catherine Péré Vergé au château Le ay. Les ambitions sont évidentes et cela se sent ès le 2017, avec une plus grosse sélection parcel-aire et un pourcentage de cabernet franc porté à 0 % : la densité et la fermeté des vins de côte et de ied de côte sont atténuées par une vinification plus ouce pour faire ressortir un accent crayeux qui onne plus de complexité au tannin généreux de ce ru classé. De ce point de vue, le 2018 est porteur e grands espoirs.

- **Saint-Émilion grand cru 2018** | Sec | NC — **17**
- **Saint-Émilion grand cru 2016** | Sec | 2023>37 | 55 € — **16**

3330 Saint-Laurent-des-Combes • Tél. 05 57 24 72 16 • contact@vignoblesk.com
www.vignoblesk.com • Visite : sur rendez-vous.

CHÂTEAU BELLES GRAVES

Gracieusement élevé sur une colline ensoleillée, protégé des bruits et des aléas du monde extérieur par sa situation, le vignoble de Belles-Graves couvre 17 hectares. En sous-sol, l'alternance de couches perméables composées de sables grossiers et graves mêlées d'argile rouge, et de couches d'argile bleue compacte retenant les eaux pluviales assure tout à la fois un excellent drainage naturel, et des réserves hydriques dans lesquelles la vigne va plonger ses racines durant les étés trop secs. Enfin, la proximité des parcelles (l'enclos principal couvre 12 hectares d'un seul tenant autour de la maison) permet une bonne homogénéité des sols, et donc un ensemble harmonieux. Le vin toujours un peu sur la réserve dans ses premiers mois évolue parfaitement dans le temps, dans un registre élégant et frais. Très bon rapport qualité-prix.

- **Lalande de Pomerol 2018** | Sec | 16 € — **15**
- **Lalande de Pomerol 2016** | Sec | 2021>35 | 21 € — **15,5**

1, Allée de Belles Graves, 33500 Néac • Tél. 05 57 51 09 61 • x.piton@belles-graves.com
• www.belles-graves.com • Visite : Sur rendez-vous.

CHÂTEAU BELLEGRAVE

Jolie progression de ce domaine converti à l'agriculture biologique et qui a produit des 2014, 2015 et 2016 déjà très expressifs. À l'ouest de la N 89 (Périgueux-Libourne), les 6 hectares de graviers rouges et de sables constituent un classique du secteur avec des vins à la fois directs, souples et gourmands où se mêlent fruits noirs et épices. Dans leur jeunesse, les tannins peuvent être serrés et épicés sur les millésimes jaloux, ils s'arrondissent de la meilleure des façons au bout de trois ans et gagnent en complexité au bout d'une décennie.

- **Pomerol 2018** | Sec | NC — **15,5**
- **Pomerol 2016** | Sec | 2019>29 | NC — **15,5**

Lieu-dit René, 33500 Pomerol • Tél. 05 57 51 20 47 • chateaubellegrave@orange.fr
• www.chateaubellegravepomerol.com • Visite : du lundi au vendredi de 8h à 12h30 et de 14h à 19h, sur rendez-vous le week-end.

CHÂTEAU BELLEVUE

Hubert de Boüard gère désormais ce très beau terroir qui se situe immédiatement au-dessus des bâtiments de château Angélus, sur une côte magnifiquement exposée où seul le merlot donne de bonnes vibrations au vin malgré les essais de cabernet franc. Le style se révèle plein et savoureux avec beaucoup de séduction. Les derniers millésimes ont du souffle, il est toutefois conseillé de les attendre plusieurs années.

- **Saint-Émilion grand cru 2018** | Sec | NC — **18**
- **Saint-Émilion grand cru 2016** | Sec | 2021>36 | NC — **17**

Route du Milieu, 33330 Saint-Émilion • Tél. 05 57 24 71 39 • angelus@angelus.com

CHÂTEAU BELLEVUE-MONDOTTE

★★★☆☆

Gérard Perse, l'heureux propriétaire des châteaux Pavie, Pavie-Decesse et Monbousquet, a créé cette microcuvée en 2001, à partir d'un vignoble issu de Pavie-Decesse et situé sur le plateau calcaire dans le secteur de Mondot. Ce vin impressionnant a beaucoup gagné en équilibre et en élégance dans les derniers millésimes et partage la monumentalité des autres vins du producteur. Vins puissants et denses dans les derniers millésimes, tous dans un style intense.

- **Saint-Émilion grand cru 2016** | Sec | 2024>34 | env. 175 € **17**

Château Pavie, 33330 Saint-Émilion • Tél. 05 57 55 43 43 • contact@vignoblesperse.com • www.vignoblesperse.com

CHÂTEAU BERLIQUET

★★★☆☆

Racheté par Chanel qui possède le prestigieux voisin, le château Canon, Berliquet est une propriété qui s'appuie majoritairement sur des vignes de merlot qui peuvent s'épanouir sur un terroir argilo-calcaire en coteaux. Très classique, généreusement construit mais sans lourdeur, ce vin est l'un des grands classiques de l'appellation. 2017 s'annonce prometteur. À moins de 40 euros, c'est encore une bonne affaire.

- **Saint-Émilion grand cru 2018** | Sec | 37 € **16,5**
- **Saint-Émilion grand cru 2016** | Sec | 2021>31 | 46 € **15**

33330 Saint-Émilion • Tél. 05 57 55 23 45 • chateau.berliquet@wanadoo.fr

CLOS BERTINEAU

★☆☆☆☆

Œnologue de formation, Philippe Nunes travaille avec Hubert de Boüard et il s'occupe avec grand soin des 38 ares de sa propriété sur Montagne. Depuis 2012, il a racheté 6,6 hectares de merlot et de sauvignon sur argilo-calcaire dans l'Entre-Deux-Mers, le château Laurence. Le montagne-saint-émilion présente des tannins pulpeux de bonne dimension, et les bordeaux-supérieurs offrent une bouche souple et croquante.

- **Bordeaux Supérieur Château Laurence 2016** | Sec | 2019>29 | 12,50 € **13,5**
- **Bordeaux Supérieur Château Laurence 2016** | Sec | 2019>23 | 12 € **13**
- **Montagne-Saint-Émilion 2016** | Sec | 2020>31 | 13,50 € **15**

B.P. 5, 33570 Montagne • Tél. 06 81 99 37 32 • contact@closbertineau.fr www.closbertineau.fr • Visite : Du lundi au vendredi de 12h à 14h. Le week-end sur rendez-vous.

DOMAINE SIMON BLANCHARD

★☆☆☆☆

Simon Blanchard, œnologue associé à Stéphane Derenoncourt, possède une petite propriété sur Montagne de 1,4 hectare. Son aventure se révèle excitante avec un premier millésime de haut vol doté d'une belle densité, un fruité pur et de la profondeur.

- **Montagne-Saint-Émilion 2016** | Sec | 2019>26 | 14 € **14**
- **Montagne-Saint-Émilion Au Champ de la Fenêtre 2018** | Sec | NC **15**
- **Montagne-Saint-Émilion Au Champ de la Fenêtre 2016** | Sec | 2021>31 | 20 € **15**
- **Montagne-Saint-Émilion Guitard 2018** | Sec | NC **15,5**
- **Montagne-Saint-Émilion Guitard 2016** | Sec | 2021>40 | 28 € **15,5**

162 avenue Georges Clémenceau, 33500 Libourne • Tél. 06 89 10 69 63 • simon@derenoncourtconsultants.com • www.domainesimonblanchard.com • Visite : Uniquement sur rendez-vous.

CHÂTEAU BONALGUE

★★★☆☆

Dans la banlieue de Libourne, la silhouette élégante du château Bonalgue fait honneur à l'architecture de la fin du XVIIIe siècle. Jean-Baptiste Bourotte, (directeur du négoce et des domaines Audy) y exploite ce grand classique de l'appellation qui offre une superficie de 7,50 hectares avec des vins d'une grande gourmandise : les tannins sont juteux, souples et charnus et le cru évolue parfaitement sur une quinzaine d'années avec une séduction permanente. En achat primeurs, cela reste un bon rapport qualité-prix.

- **Pomerol 2018** | Sec | 53 € **15,5**

Pomerol 2016 | Sec | 2019>36 | 50 € — 16,5

5, quai du Priourat, BP 79 33502 Libourne Cedex - B.P. 79, 33500 Libourne • Tél. 05 57 51 62 17 • contact@jbaudy.fr • www.jbaudy.fr • Visite : Sur rendez-vous du lundi au vendredi.

CHÂTEAU BOURGNEUF

★★★☆☆

Frédérique Vayron est passée de ses études de philosophie à la vigne, car dans la famille les générations se succèdent avec bonheur depuis 1821. La jeune femme a bien pris la mesure de ces 9 hectares argilo-graveleux sur le plateau mythique qui porte tous les grands pomerols. Les parcelles les mieux exposées ont été épargnées par le gel de 1956, ce qui fait que le patrimoine de vieilles vignes parle avec le temps. Souvent peu expressif en primeur, le vin gagne en complexité au fil du temps. L'enveloppe aromatique du cru est raffinée, l'allonge en bouche se révèle onctueuse et fraîche. Ce vin évolue parfaitement, sans renier une parenté avec son prestigieux voisin, Trotanoy.

Pomerol 2018 | Sec | NC — 17
Pomerol 2016 | Sec | 2022>47 | 48 € — 17
Pomerol Les Saisons de Bourgneuf 2016 | Sec | 2019>25 | epuisé — 13,5

1, le Bourg Neuf, 33500 Pomerol • Tél. 05 57 51 42 03 ou 06 17 84 48 06 • chateaubourgneufvayron@wanadoo.fr • www.chateaubourgneuf.com • Visite : du lundi au samedi sur rendez-vous.

CHÂTEAU CADET-BON

★☆☆☆☆

Ce petit cru de 7 hectares dont 6 d'un seul tenant, sur le plateau calcaire à astéries (fossiles typiques du secteur) se situe au cœur de l'appellation Saint-Émilion, à proximité des châteaux Soutard et La Couspaude. Depuis 2017, son vignoble est converti en agriculture biologique. Stéphane Derenoncourt, l'un des consultants les plus en vue de la rive droite, prodigue ses conseils depuis une quinzaine d'années. Le vin se montre facile d'accès dès sa jeunesse en révélant un fruit expressif. Il évolue parfaitement.

Saint-Émilion grand cru 2018 | Sec | 30 € — 16
Saint-Émilion grand cru 2016 | Sec | 2020>30 | 51 € — 16

1, Le Cadet, 33330 Saint-Émilion • Tél. 05 57 74 43 20 • chateau.cadet.bon@orange.fr • www.cadet-bon.com • Visite : Ouvert du lundi au vendredi de 10h à 12h et de 14h à 17h.

CHÂTEAU DE CANDALE

★☆☆☆☆

La famille Decoster, du Clos des Jacobins et La Commanderie sur Saint-Émilion, vient de racheter ce domaine situé sur la côte argilo-calcaire ainsi que son restaurant, idéalement situé en plein cœur du vignoble. Les 11,5 hectares du château de Candale bénéficient d'une situation privilégiée à l'est de l'appellation, avec des voisins prestigieux comme Tertre Roteboeuf ou Bellefont-Belcier. Le tannin s'annonce moins sévère que par le passé et le potentiel évident.

Saint-Émilion grand cru 2018 | Sec | 17,30 € — 15,5
Saint-Émilion grand cru 2016 | Sec | 2023>39 | 30,50 € — 15

1,Lieu-dit Grandes Plantes, 33330 Saint-Laurent-des-Combes • Tél. 05 57 51 19 91 • chateaudecandale@orange.fr • www.chateau-de-candale.com • Visite : du mardi au samedi de 10h à 18h.

CHÂTEAU CANON

★★★★☆

Depuis le rachat des 22 hectares de Canon par la famille Wertheimer, ce cru bénéficie du travail long et patient de restauration effectué et ce premier de la classe tient avec constance son rang. La propriété s'est agrandie en 2011, avec l'achat des 12,50 hectares du château Matras, situé dans le prolongement du domaine et qui entre désormais dans le second vin, Croix-Canon. Le vignoble a été bien remis en état, avec une augmentation sensible de cabernet franc. Les trois derniers millésimes en bouteille montrent une constance de style fort appréciable, des vins élégants, complexes, sans aucune surcharge. Un rien austère dans ses deux premières années, sobre, noblement aromatique, Canon commence à prendre toute sa dimension de grand vin après cinq ou six années supplémentaires.

- **Saint-Émilion grand cru 2018** | Sec | NC — 19
- **Saint-Émilion grand cru 2016** | Sec | 2025>60 | env. 180 € — 17,5

B.P. 22, 33330 Saint-Émilion • Tél. 05 57 55 23 45 • contact@chateau-canon.com • www.chateau-canon.com

CHÂTEAU CANON-LA-GAFFELIÈRE

Stephan von Neipperg, issu de la grande aristocratie de Bade-Wurtemberg, écrit les lettres de noblesse de ce cru de 19,5 hectares situé au pied de la côte de Saint-Émilion. Cet homme toujours très distingué est œnologue et agronome diplômé de Montpellier, sa famille possède d'importants vignobles en Wurtenberg. Il est devenu l'un des vignerons les plus dynamiques et innovants du Libournais. Sachant aussi bien jouer sur la puissance de constitution que sur la finesse données par les délicieux cabernets francs de pied de côte, il a redonné sa pleine expression au vin du château, qui mérite parfaitement son nouveau rang de Premier Grand Cru Classé B.

- **Saint-Émilion grand cru 2018** | Sec | NC — 17,5
- **Saint-Émilion grand cru 2016** | Sec | 2020>36 | NC — 17

B.P. 34, 33330 Saint-Émilion • Tél. 05 57 24 71 33 • info@neipperg.com • www.neipperg.com • Visite : sur rendez-vous.

CHÂTEAU CANON-PÉCRESSE

Les 4,5 hectares bien ancrés sur une terrasse dominant la Dordogne ont été repris avec enthousiasme par Jean-Francis Pécresse, directeur de Radio Classique : la propriété conseillée par Stéphane Derenoncourt (consultant incontournable de la rive droite) a gagné en fruit et raffinement, ici on insiste sur l'équilibre, la finesse tannique et la profondeur. Ce cru mérite du temps pour donner toute sa mesure. Un bon rapport qualité-prix.

- **Canon-Fronsac 2018** | Sec | 22,50 € — 16
- **Canon-Fronsac 2016** | Sec | 2022>39 | 21 € — 16

33126 Saint-Michel-de-Fronsac • Tél. 05 57 24 98 67 ou 06 82 69 16 08 • canon@pecresse.fr • www.canonpecresse.com

CHÂTEAU CANON SAINT-MICHEL

Christine et Jean-Yves Millaire exploitent en biodynamie leurs vignobles répartis en Canon-Fronsac (7 hectares), Fronsac (2,5 hectares) et Bordeaux. Le canon-fronsac s'impose par sa trame tannique au service du fruit poussé justement dans sa maturité sans se départir de sa fraîcheur finale. C'est un bon rapport qualité-prix.

- **Canon-Fronsac 2018** | Sec | 12 € — 14
- **Canon-Fronsac 2016** | Sec | 2019>27 | 15 € — 15

2 La Marche, 33126 Fronsac • Tél. 05 57 24 94 99 • vignoblemillaire@orange.fr • www.vins-millaire.fr • Visite : Ouvert tous les jours (juillet août) de 9h à 12h et de 14h à 18h, jusqu'à 19h en juillet-août. Sinon du lundi au samedi.

CHÂTEAU CANTIN

Cette propriété de Saint-Émilion retrouve de l'ambition avec sa prise en mains par le groupe Grands Chais de France. S'appuyant sur un encépagement complémentaire où merlot (63 %), cabernet franc et cabernet-sauvignon se complètent harmonieusement. La concentration se montre bien équilibrée par rapport à son fruit. À suivre de près.

- **Saint-Émilion grand cru 2017** | Sec | 2021>27 | 23 € — 15
- **Saint-Émilion grand cru 2016** | Sec | 2020>30 | 23 € — 15,5

Crus et Domaines de France - Route de Balizac - Route de Balizac, 33720 Landiras • Tél. 05 57 98 07 20 • info@crusetdomainesdefrance.com • www.cdf-chateaux.com

CHÂTEAU CAP DE MOURLIN

Les Capdemourlin sont l'une des familles historiques de Saint-Émilion Leurs 14 hectares de vignes se situent sur les pentes nord de l'appellation, avec l'argilo-calcaire en haut de coteau et les sables dans le bas. Ses vins sont généreux et à la fois élégants, ils demandent absolument à vieillir pour qu'ils donnent toute leur mesure.

- **Saint-Émilion grand cru 2018** | Sec | 33,60 € — 14,5

Saint-Émilion grand cru 2016 | Sec | 2021>30 | 41,50 € 15

3330 Saint-Émilion • Tél. 05 57 74 62 06 • info@vignoblescapdemourlin.com • www.vignoblescapdemourlin.com • Visite : sur rendez-vous.

CHÂTEAU CAPET GUILLIER

★★☆☆☆

Seuls quelques 4 hectares bien exposés sur le coteau argilo-calcaire contribuent à faire du château-capet-guillier. Ce grand cru est situé sur Saint-Hippolyte et il est suivi depuis 2009 par l'équipe technique de Stéphane Derenoncourt, l'un des meilleurs consultants du Bordelais. Les progrès sont constants. Le vin se révèle à la fois suave et bien structuré.

Saint-Émilion grand cru 2018 | Sec | nc 16,5
Saint-Émilion grand cru 2016 | Sec | 2021>32 | 42 € 16

Saint-Hippolyte, 33330 Saint-Émilion • Tél. 05 57 55 58 00 • proprietes@amoueix.fr • www.antoinemoueix.com

CHÂTEAU CARTEAU CÔTE DAUGAY

★★☆☆☆

Carteau Côte Daugay est un domaine classique de 16 hectares du début de la côte de Saint-Émilion, à l'ouest du village, qui appartient depuis cinq générations à la famille Bertrand. Il constitue toujours un excellent rapport qualité-prix. Le vin a toujours été élancé et structuré avec toute la fraîcheur voulue, il a gagné en finesse d'expression dans les derniers millésimes.

Saint-Émilion grand cru 2018 | Sec | NC 16
Saint-Émilion grand cru 2016 | Sec | 2021>32 | 19 € 16

33330 Saint-Émilion • Tél. 05 57 24 73 94 • vignobles.jbertrand@wanadoo.fr • www.chateaucarteau.com • Visite : sur rendez-vous.

CHÂTEAU CASSAGNE HAUT-CANON

★★☆☆☆

Ce joli château du Fronsadais porte bien son nom puisqu'on y trouve de la truffe noire. Le propriétaire, Jean-Jacques Dubois y réalise sur 14 hectares d'argilo-calcaires un canon-fronsac marqué par 20 % de cabernet franc et autant de cabernet-sauvignon qui lui apportent de la fraîcheur au velouté des 60 % de merlot. Une verticale de 1985 à 2016 montre la belle santé du cru qu'il convient de louer pour son très bon rapport qualité-prix.

Canon-Fronsac La Truffière 2016 | Sec | 2019>31 | 23 € 16

33126 Saint-Michel-de-Fronsac • Tél. 05 57 25 05 55 • contact@chateau-cassagne.fr • www.chateau-cassagne.fr • Visite : Ouvert tous les jours de 9h à 17h30. Soirs et week-end sur rendez-vous.

CHÂTEAU CERTAN

★★★☆☆

Les 5 hectares de ce domaine sont particulièrement bien placés au sud-est de l'appellation sur le célèbre plateau argilo-graveleux de Pomerol. Depuis 2011, Jean-Luc Bareau fait appel à Jean-Claude Berrouet (l'homme de Petrus) comme consultant. Pour ce premier millésime commun, on peut parler d'une belle réussite car on ne se lasse pas de regoûter ce vin qui évoluera parfaitement dans le temps, comme ses glorieux aînés. Progressivement, ce cru s'affirme au bout de quelques années de cave, grâce à son profil longiligne, sa densité soyeuse en attaque, prolongée par une persistance à la fois savoureuse et fraîche. Les 2015, 2016, 2017 ont une haute tenue. Si vous trouvez encore du 2014, à moins de 80 euros, il ne faut pas hésiter !

Pomerol 2018 | Sec | NC 17,5
Pomerol 2016 | Sec | 2025>45 | NC 17

33500 Pomerol • Tél. 05 57 51 41 53 • chateau.certan-de-may@wanadoo.fr • Visite : Visites et dégustations sur rendez-vous. Pas de vente au château.

CHÂTEAU DE CHAMBRUN

★★☆☆☆

Le château de Chambrun figure maintenant dans l'élite des meilleurs lalandes. Les 6,80 hectares sont situés sur des graves sur argiles. On peut le savourer rapidement, grâce à un tannin charnu et sensuel de belle ampleur.

■ **Lalande de Pomerol 2018** | Sec | NC 15
■ **Lalande de Pomerol 2016** | Sec | 2020>27 | 30 € 15

1, chemin du Roussillon, 33500 Néac • Tél. 05 57 51 19 33 • secretariat@chambrun.fr • www.moncets-chambrun.com • Visite : 11h/14h/15h30/17h du lundi au vendredi.

CHÂTEAU CHAUVIN

★★☆☆☆

Le rachat par Sylvie Cazes (issue d'une des grandes familles du vignoble médocain) et ses enfants, marque un nouveau départ pour château Chauvin. À mi-chemin entre Cheval-Blanc et la Butte de Rol, près de l'appellation Pomerol, ce cru de 15 hectares, d'un seul tenant se situe sur le plateau ouest de Saint-Émilion. Son terroir argilo-sableux nuancé d'un peu de crasse de fer, explique le profil pomerolais du cru sur beaucoup de millésimes : son tannin velouté charme tout de suite. Le 2016 fera date dans l'histoire du cru, il mérite de figurer en bonne place dans la cave de l'amateur.

■ **Saint-Émilion grand cru 2018** | Sec | 36,12 € 16
■ **Saint-Émilion grand cru 2016** | Sec | 2020>30 | 44 € 16,5

1, les Cabanes Nord - B.P. 67, 33330 Saint-Émilion • Tél. 05 57 24 76 25 • contact@chateauchauvin.com • www.chateauchauvin.com • Visite : sur rendez-vous.

CHÂTEAU CHEVAL BLANC

★★★★★

Les 39 hectares de cette mythique propriété occupent une place primordiale sur le plateau sablo-graveleux de l'appellation, un peu plus argileux sur son flanc nord, du côté de Pomerol. Depuis 2011 le chai merveilleusement dessiné se révèle favorable à un traitement haute-couture du raisin, les vins ont encore gagné en plénitude et en précision. Cru le plus régulier de Saint-Émilion dans la seconde partie du XXe siècle, il fut acquis par Bernard Arnault et la famille Albert Frère, dont la figure de proue est disparue en 2018. Pierre Lurton, son directeur depuis 1991 (il préside également le château d'Yquem), fait preuve de beaucoup de rigueur et d'esprit pour perpétuer le style inimitable de ce Premier Grand Cru Classé A : plus qu'ailleurs, le cachemire s'impose en attaque, serti dans un fruité intense très subtil. L'éclat aromatique répond pleinement à une structure très fournie. Les inflexions à la fois terrienne et florale marquent une sorte de vin idéal entre saint-émilion et pomerol. Le vin s'impose progressivement par petites touches, avec tout le raffinement propre à ce domaine. Les légendaires 1947 et 1964 sont encore en pleine forme, 2014, 2015, 2016, 2017 et 2018 s'annoncent superbes.

■ **Bordeaux Le Petit Cheval 2016** | Sec | 2019>30 | NC 15
■ **Saint-Émilion grand cru 2018** | Sec | NC 19,5
■ **Saint-Émilion grand cru 2016** | Sec | 2029>60 | NC 19
■ **Saint-Émilion grand cru Petit Cheval 2018** | Sec | NC 16
■ **Saint-Émilion grand cru Petit Cheval 2016** | Sec | 2021>31 | NC 16,5

33330 Saint-Émilion • Tél. 05 57 55 55 55 • contact@chateau-chevalblanc.com • www.chateau-cheval-blanc.com

CHÂTEAU CLARISSE

★☆☆☆☆

Figure emblématique du secteur de l'hôtellerie de luxe, Didier Le Calvez et son épouse Olivia ont permis de donner un coup de projecteur sur le plateau de Puisseguin. Leur domaine de 5,10 hectares possède un terroir argilo-calcaire et argilo-siliceux qui mérite toutes les attentions. Sur le conseil de Stéphane Derenoncourt, (consultant confirmé de la rive droite) la progression est indiscutable. La cuvée vieilles-vignes constitue l'une des réussites majeures sur le secteur, avec ses accents de violette qui apparaissent au bout d'une heure d'ouverture, un tannin enrobé et de l'énergie : c'est la priorité ! La cuvée domaine montre plus de souplesse avec une accessibilité plus immédiate, elle constitue l'autre bonne affaire du moment. Le Castillon, pour l'instant ne fait pas preuve de la même maîtrise.

■ **Castillon Côtes de Bordeaux 2016** | Sec | 2020>30 | 20 € 14,5
■ **Castillon Côtes de Bordeaux 2015** | Sec | 2019>26 | 16 € 15
■ **Puisseguin-Saint-Émilion 2016** | Sec | 2020>30 | 23 € 15
■ **Puisseguin-Saint-Émilion Vieilles Vignes 2016** | Sec | 2021>30 | 48 € 15,5

Lieu-dit Croix-de-Justice, 33570 Puisseguin • Tél. 06 70 54 92 16 • contact@chateau-clarisse.com • www.chateau-clarisse.com • Visite : du mercredi au dimanche inclus de 10 h à 11h puis de 13h à 16h.

CHÂTEAU CLINET

Ronan Laborde, propriétaire du cru espère beaucoup de la replantation d'une partie du vignoble. Il faut dire que les vieilles graves profondes, mêlées d'argiles et de crasse de fer situées au sommet du plateau de Pomerol font l'originalité des 11,27 hectares de Clinet. On est là au cœur des meilleurs terroirs de l'appellation. Le vin se montre charnu et consensuel, il évolue parfaitement dans le temps comme en témoigne aujourd'hui les 2001 ou 2008. On enregistre des progrès au niveau de la fraîcheur de constitution sur 2014, 2015 et 2016. Le 2018 s'annonce comme le meilleur Clinet de l'histoire du cru, il offre une plénitude et une distinction renversantes.

- **Pomerol 2018** | Sec | NC — **18**
- **Pomerol 2016** | Sec | 2025>37 | NC — **17,5**

6, chemin de Feytit, 33500 Pomerol • Tél. 05 57 25 50 00 • contact@chateauclinet.com • www.chateauclinet.com • Visite : sur rendez-vous.

CLOS DU CLOCHER

Le Clocher est un cru trop méconnu de Pomerol, et pourtant, si on sait l'attendre son tannin enrobant et frais se révèle irrésistible au bout de cinq à dix ans de bouteille. Son grand style truffé s'affirme alors. On est là sur l'un des meilleurs terroirs du plateau de Pomerol, bichonné par Jean-Baptiste Bourotte (directeur du négoce et domaines Audy) dont la famille est propriétaire du cru. La sélection parcellaire effectuée à partir des 4,6 hectares se révèle payante dès les premières années qui suivent la mise en bouteille, car le vin offre une autre dimension dès sa prime jeunesse. Entre 50 et 70 euros, c'est une priorité pour l'amateur de Pomerol.

- **Pomerol 2018** | Sec | env. 79 € — **16,5**
- **Pomerol 2016** | Sec | 2022>42 | 75 € — **16,5**

35, quai du Priourat - B.P. 79, 33500 Libourne • Tél. 05 57 51 62 17 • contact@jbaudy.fr • www.jbaudy.fr • Visite : sur rendez-vous du lundi au vendredi.

CHÂTEAU CLOS DE BOÜARD

Coralie de Boüard est propriétaire de 30 hectares sur le secteur de Musset : ils regardent Fombrauge et Troplong, les crus voisins les plus célèbres. Dès le premier millésime en 2016, le vin ouvre de belles perspectives avec un tannin velouté et profond qui s'étire avec éclat. « Mieux vaut un très bon terroir sur Montagne qu'un Saint-Émilion de sable ». Le profil du cru respecte l'année avec ce zeste d'anis en finale qui vient tout relancer. Dans le concert des satellites, il faudra désormais compter sur ce Clos. Le 2017 se boira plus rapidement. 2018 s'annonce superbe.

- **Montagne-Saint-Émilion Clos de Boüard 2018** | Sec | NC — **16**
- **Montagne-Saint-Émilion Clos de Boüard 2016** | Sec | 2019>28 | 27,50 € — **15,5**
- **Montagne-Saint-Émilion La Dame de Bouard 2018** | Sec | NC — **14,5**
- **Montagne-Saint-Émilion La Dame de Bouard 2016** | Sec | 2019>27 | env. 15 € — **13,5**

12 Bertineau, 33500 Néac • Tél. 06 86 24 11 22 • contact@lafleurdebouard.com • www.lafleurdebouard.com

CLOS RENÉ

Jean-Marie Garde, président du syndicat de Pomerol est également propriétaire du Clos René. Ce domaine se situe sur un terroir sablo-argileux de 12 hectares, avec de la crasse de fer en sous-sol. Discret et élégant, il se montre toujours à son avantage avec le temps, car les 30 % de cabernet franc et les 10 % de malbec s'affirment et donnent de la complexité au fil des années. D'apparence chétive dans sa jeunesse, clos-rené évolue avec distinction et son tannin devient élancé et raffiné. C'est une bonne affaire pour les amateurs de vin fin. À garder en cave au moins une dizaine d'années.

- **Pomerol 2016** | Sec | 2021>35 | 30 € — **16**

3, rue Grand Moulinet, 33500 Pomerol • Tél. 05 57 51 10 41 • clos-rene-pomerol@wanadoo.fr • Visite : Visites et dégustations sur rendez-vous.

CHÂTEAU CLOS SAINT-ÉMILION PHILIPPE

Petite propriété suivie par le brillant consultant Olivier Dauga, Clos Saint-Émilion Philippe propose une sélection issue de vignes pré-phylloxériques qui porte chaque année l'âge des plus vieilles vignes de la parcelle, plantées en 1900. C'est une des meilleures cuvées des Saint-Émilion grand cru. Il possède un réel fond, sans aucune lourdeur et un fruit persistant. La cuvée classique est élégante.

- **Saint-Émilion grand cru 2016** | Sec | 2019>27 | 19 € — 12,5
- **Saint-Émilion grand cru 116 2016** | Sec | 2024>30 | 35 € — 14

2, lieu-dit Beychet, 33330 Saint-Émilion • Tél. 06 88 08 14 03 • vignobles.philippe@wanadoo.fr • www.clos-saint-emilion.com • Visite : Uniquement sur rendez-vous.

CHÂTEAU CORBIN

Anabelle Cruse-Bardinet, issue d'une des grandes familles bordelaises du vin, tient désormais bien en main son terroir de Corbin où elle produit sur 13 hectares des vins typiques de ce secteur, plus proches par leur texture du pomerol que des saint-émilion de côte. S'y ajoute une finesse particulière née d'une meilleure maîtrise de l'élevage due dès le millésime 2016, à la nouvelle cuverie. Remarquable rapport qualité-prix.

- **Saint-Émilion grand cru 2018** | Sec | NC — 17,5
- **Saint-Émilion grand cru** | Sec | 2020>35 | NC — 17,5

33330 Saint-Émilion • Tél. 05 57 25 20 30 • contact@chateau-corbin.com • www.chateau-corbin.com • Visite : Uniquement sur rendez-vous.

CHÂTEAU CORBIN-MICHOTTE

Jean-Noël Boidron, professeur d'œnologie, continue à cultiver ses 7 hectares de vignes du secteur de Corbin proche de Pomerol, dans la plus pure tradition. Il produit un vin riche en personnalité de terroir, avec les variations nées de la personnalité respectée de chaque millésime. Le potentiel de vieillissement de ce cru reste remarquable, rendant incompréhensible le déclassement du cru lors de la dernière révision du classement. C'est le saint-émilion de garde par excellence, d'une subtilité aromatique évidente, avec une structure plus en longueur qu'en largeur qui réserve toujours d'heureuses surprises ; au bout de cinq ans, on a une forme de plénitude dans le tannin marquée par les 30 % de cabernet franc et 5 % de cabernet-sauvignon. Excellent rapport qualité-prix.

- **Saint-Émilion grand cru 2016** | Sec | 2024>34 | 32 € — 15,5

33330 Saint-Emilion • Tél. 05 57 51 64 88 • vignoblesjnboidron@wanadoo.fr • www.vin-boidron.com • Visite : Sur rendez-vous.

CHÂTEAU CÔTE DE BALEAU

Joli cru du secteur des Corbin, Côte de Baleau a été acquis par la famille Cuvelier (Clos Fourtet, Grand Cru Classé de Saint-Emilion). Les 15 hectares alternent les secteurs argilo-calcaires et argilo-sablonneux. Le vin a de la tenue et du charme et on suivra avec attention son évolution. C'est un bon rapport qualité-prix, notamment sur le 2016.

- **Saint-Émilion grand cru 2018** | Sec | NC — 15,5
- **Saint-Émilion grand cru 2016** | Sec | 2020>34 | 22 € — 16

SCEA Château Côte de Baleau, 33330 Saint-Émilion • Tél. 05 57 24 71 09 • contact@cotedebaleau.com • www.lesgrandesmurailles.fr

COUVENT DES JACOBINS

Les 10 hectares du parcellaire du Couvent des Jacobins s'étend sur 14 types de sols différents ! Si le cabernet franc représente 25 % de l'encépagement, depuis le millésime 2014, les 5 à 7 % de petit verdot permettent d'apporter une fraîcheur supplémentaire aux 75 % de merlot. Le profil du vin se révèle élégant et frais avec un bon potentiel d'évolution. Les vieux millésimes surprennent agréablement. Depuis 2015, calicem est né d'une petite parcelle argilo-sableuse sur molasse du Fronsadais de moins de 1 hectare, située sur la côte sud-ouest de

Saint-Émilion. Elle donne un vin 100 % merlot soyeux et raffiné très bien équilibré.

- **Saint-Émilion grand cru 2018** | Sec | 30 € — 15,5
- **Saint-Émilion grand cru 2016** | Sec | 2022>47 | 38 € — 15,5
- **Saint-Émilion grand cru Calicem 2018** | Sec | 85 € — 16
- **Saint-Émilion grand cru Calicem 2016** | Sec | 2021>41 | 90 € — 16

10, Rue Guadet Bp 61, 33330 Saint-Emilion • Tél. 05 57 24 70 66 • couventdesjacobins@dbmail.com • www.couvent.wine • Visite : Ouvert du lundi au vendredi - 9H/11H30 et 14H / 17H. Pas de vente aux particuliers sur place.

CHÂTEAU CROIX DE LABRIE

★★☆☆☆

Pierre Courdurié, négociant en vin et son épouse Axelle ont acquis ces 3,5 hectares en 2013. Croix de Labrie provient des parcelles de Badon, à côté de Pavie et de terres situées dans le haut de Saint-Christophe-des-Bardes. L'âge moyen du vignoble, 45 ans, autorise toutes les projections. Ce cru expressif, au tannin enveloppant, produit aujourd'hui l'un des meilleurs vins du secteur.

- **Saint-Émilion grand cru 2018** | Sec | 150 € — 16,5
- **Saint-Émilion grand cru 2016** | Sec | 2020>34 | 150 € — 16

8 Bis lieu-dit Peymouton Sud , 33330 Saint-Christophe-des-Bardes • Tél. 07 60 03 15 40 • pierre@chateau-croix-de-labrie.fr • www.chateau-croix-de-labrie.fr • Visite : sur rendez-vous.

CHÂTEAU DALEM

★★☆☆☆

En 2002 Brigitte Rullier-Loussert succède à son père, Michel Rullier qui acheta cette propriété en 1955. Elle a pris la mesure de ce vignoble de 12 hectares, orienté sud sur les coteaux argilo-calcaires. Le château du XVIIIe siècle et son parc dominent la vallée de l'Isle. Le style énergique mais parfois abrupt s'est assoupli avec bonheur et les vins, sans perdre de leur vigueur, ont gagné en raffinement. Très bon rapport qualité-prix.

- **Fronsac 2018** | Sec | 19,80 € — 15
- **Fronsac 2016** | Sec | 2019>29 | 30 € — 15,5

1, Dalem, 33141 Saillans • Tél. 05 57 84 34 18 • contact@chateaudalem.com • www.chateaudalem.com • Visite : du lundi au vendredi de 9h à 12h et de 14h à 18h.

CHÂTEAU DASSAULT

★★★☆☆

Les 28 hectares de l'ancien château Couperie ont été acquis et rebaptisés en 1955 par Marcel Dassault. Mené de main de maître par Laurence Brun jusqu'en avril 2019, elle-même petite-fille du premier régisseur nommé par la famille, ce cru très régulier s'est imposé comme une valeur sûre de l'appellation, produisant des vins de plus en plus riches, sans rupture d'harmonie. L'achat récent des vignes voisines du château Trimoulet (17 hectares) devrait permettre la production d'un vin encore plus complet. Les derniers millésimes sont de franches réussites. Autre voisin, le château La Fleur, acheté en 2002, commence également à bien se positionner, avec un très bon 2016.

- **Saint-Émilion grand cru 2018** | Sec | NC — 17
- **Saint-Émilion grand cru 2016** | Sec | 2023>35 | 51 € — 16,5
- **Saint-Émilion grand cru Château La Fleur 2016** | Sec | 2022>36 | 50 € — 16

BP 35, 33330 Saint-Émilion • Tél. 05 57 55 10 00 • lbv@dassaultwineestates.com • www.dassaultwineestates.com • Visite : Ouvert du lundi au vendredi 9h-12h 14h-17h

CHÂTEAU DAUGAY

★★☆☆☆

Avec ses 5,50 hectares Daugay est issu d'une ex-enclave du château Angélus, il se situe dans le secteur sud-ouest de Saint-Émilion, à proximité de Quintus, avec des sols argilo-calcaires en coteau et argilo-sableux en contre bas. Couvé par Jean-Bernard Grenié, cousin d'Hubert de Boüard, ce cru se signale par son fort pourcentage de cabernets, dépassant souvent la moitié de l'assemblage. Cela explique son style élégant avec des touches florales et un tannin délié, évoluant avec grâce. le cru progresse régulièrement. À moins de 25 euros, c'est un bon rapport qualité-prix !

■ **Saint-Émilion grand cru 2016** | Sec | 2020>34 | 32 € **16,5**

A Daugay, 33330 Saint-Émilion • Tél. 05 57 74 82 55 ou 06 08 68 21 97 • h.debouardgrenie@daugay.com • www.chateau-daugay.com • Visite : Uniquement sur rendez-vous.

CHÂTEAU DE LA DAUPHINE

★★★☆☆ ♣

Propriété de Jean-Claude Labrune, président de la Cegedim (leader européen des logiciels en matière de santé) le vignoble se distingue par sa forme d'amphithéâtre. Il compte désormais 53 hectares, exposés au sud cultivés en bio. Les 14 types de sols sont regroupés en trois grands groupes : un plateau argilo-calcaire sur calcaire à astéries, une côte argilo-calcaire sur molasse du Fronsadais peu profonde, et un pied de côte argilo-limoneux sableux sur sous-sol argileux. Ainsi, Stéphanie Barousse, la directrice peut tirer la quintessence de tous ces terroirs, avec des vins de belle étoffe plus en finesse qu'en extraction. Les derniers millésimes sont profonds, racés et séveux. La production joue clairement la carte de la finesse et de l'équilibre et du rapport qualité-prix. Les 2017 et 2018 sont somptueux !

■ **Fronsac 2018** | Sec | 14,95 € **16**
■ **Fronsac 2017** | Sec | 2019>29 | 22 € **16**
■ **Fronsac 2016** | Sec | 2022>32 | 25 € **15,5**

Rue Poitevine, 33126 Fronsac • Tél. 05 57 74 06 61 • contact@chateau-dauphine.com • www.chateau-dauphine.com • Visite : Ouvert du lundi au vendredi de 9h à 13h et de 14h à 17h, le samedi sur rendez-vous (d'avril à octobre).

CHÂTEAU DESTIEUX

★☆☆☆☆

Destieux est situé sur un tertre spectaculaire, dans la partie orientale de Saint-Émilion. C'est une propriété de 8 hectares qui appartient depuis les années 1970 à la famille Dauriac. Le cru atteint un niveau hautement recommandable, avec un niveau de maturité de raisin et des élevages soignés. Les derniers millésimes renouent avec le style classique du château.

■ **Saint-Émilion grand cru 2016** | Sec | 2020>31 | 42 € **15**

1, lieu-dit Destieux, 33330 Saint-Hippolyte • Tél. 05 57 24 77 44 • contact@vignoblesdauriac.com • www.vignobles-dauriac.com • Visite : Ouvert du lundi au jeudi de 8h à 12h et de 14h à 17h, le vendredi de 8h à 12h.

CHÂTEAU DU DOMAINE DE L'ÉGLISE

★★★☆☆

Ce cru de 7 hectares est l'un des plus méconnus du plateau mythique de Pomerol. Le propriétaire Philippe Casteja, (président des grands crus classés de Bordeaux), a été très inspiré en confiant la direction technique à Christophe Dussutour qui supervise également Trottevieille sur Saint-Émilion. Le travail à la vigne comme au chai s'inscrit de plus en plus dans une politique de développement durable. Jamais expressif dans la dégustation des vins jeunes, ce vin évolue subtilement, en s'étoffant de la façon la plus soyeuse, tout en restant très élégant. Sa fraîcheur finale en fait l'un des vins les plus digestes de la rive droite. Il traverse les décennies avec harmonie. Pour une soixantaine d'euros, vous pouvez mettre en cave un très grand pomerol !

■ **Pomerol 2018** | Sec | 50 € **17**
■ **Pomerol 2016** | Sec | 2022>49 | NC **17,5**
■ **Pomerol 2014** | Sec | 2020>28 | NC **16,5**

88 quai de Bacalan, 33300 Bordeaux • Tél. 05 56 00 00 70 • domaines@borie-manoux.fr • www.domainedeleglise.com • Visite : Visites possibles (principalement pour les professionnels) – sur rendez-vous uniquement.

CLOS DUBREUIL

★☆☆☆☆

Passée en 10 ans de 0,45 hectare à 6,20 hectares, le vignoble du Clos du Breuil bénéficie d'un terroir 100 % argilo-calcaire sur les hauteurs du plateau de Saint-Emilion. Le vin affiche un style opulent exprimant avec élégance la fraîcheur du fruit. Issue d'une sélection parcellaire, la cuvée anna se montre plus profonde. 2016 constitue une belle réussite.

■ **Saint-Émilion grand cru 2016** | Sec | 2019>30 | 98 € **13,5**
■ **Saint-Émilion grand cru Anna 2016** | Sec | 2023>34 | NC **15**

lieu-dit Jean Guillot, 33330 Saint-Christophe-des-Bardes • Tél. 05 57 84 62 94 • t@trocard.com • www.closdubreuil.fr • Visite : Sur rendez-vous.

CLOS DUBREUIL

★☆☆☆☆

Ce Saint-Émilion grand cru est l'une des 14 propriétés de la famille Trocard, sur le plateau calcaire de Saint-Émilion, à Saint-Christophe-des-Bardes, soit 4,5 hectares où 90 % de merlot cohabitent avec 10 % de cabernet franc. Les derniers millésimes ont de l'allant. On apprécie le volume et la générosité du vin, avec ce qu'il faut d'élégance. Le bordeaux-clairet est une pure gourmandise !

Saint-Émilion grand cru 2016 | Sec | 2020>30 | NC — **15**

Vignobles Jean-Louis Trocard, 1175 rue Jean Trocard, 33570 Les-Artigues-de-Lussac • Tél. 05 57 55 57 90 • contact@trocard.com • www.closdubreuil.fr • Visite : du lundi au vendredi de 9H à 12h et de 14h à 17h, le week-end sur rendez-vous.

CHÂTEAU FAIZEAU

★☆☆☆☆

Cette propriété classique de Montagne Saint-Émilion a changé de mains mais elle a gardé le style onctueux et savoureux qui était le sien depuis une dizaine d'année. C'est un vin de merlot, au caractère velouté, prêt à boire assez tôt mais vieillissant avec générosité.

Montagne-Saint-Émilion 2016 | Sec | 2019>24 | 19 € — **14**

Crus et Domaines de France - Route de Balizac - Route de Balizac, 33720 Landiras • Tél. 05 57 98 07 20 • info@crusetdomainesdefrance.com • www.cdf-chateaux.com

CHÂTEAU FAUGÈRES

★★☆☆☆

Les arrivées de David Bolzan comme directeur général des vignobles Sylvio Denz et de Yann Buchwalter à la tête des propriétés de la rive droite donnent un nouveau souffle. Loué pour son action durant 15 ans sur Listrac au Château Clarke, propriété de Nadine de Rothschild, cet homme d'expérience devrait apporter une fraîcheur supplémentaire et hausser le niveau d'exigence tant au niveau de la cuvée du château que sur la sélection parcellaire péby-faugères. Une fois de plus, nous préférons nettement les équilibres plus frais de faugères à ceux de péby-faugères malgré le supplément de volume de bouche de ce dernier, mais le vieillissement en bouteille pourrait contredire cette préférence !

Saint-Émilion grand cru 2016 | Sec | 2021>36 | env. 55 € — **14,5**

33330 Saint-Étienne-de-Lisse • Tél. 05 57 40 34 99 • info@vignobles-silvio-denz.com • www.vignobles-silvio-denz.com • Visite : sur rendez-vous.

CHÂTEAU FAURIE DE SOUCHARD

★☆☆☆☆

Ce cru de taille non négligeable (11,5hectares) vit un renouveau depuis son rachat en 2013 par la famille Dassault. Situé au nord du village de Saint-Émilion, ce voisin de Dassault bénéficie des mêmes soins que son grand frère. Les derniers millésimes sont en progression, avec un vin généreux et expressif.

Saint-Émilion grand cru 2016 | Sec | 2020>33 | 52 € — **15**

33330 Saint-Émilion • Tél. 05 57 55 10 00 • contact@dassaultwineestates.com • www.fauriedesouchard.com • Visite : sur rendez-vous.

CHÂTEAU FAYAT

★★☆☆☆

Ce cru créé en 2009 par Clément Fayat (industriel du BTP mais également propriétaire du Château La Dominique à Saint-Emilion) célèbre en 2018 son dixième millésime. Les 15 hectares de vignoble (12 hectares en production) épousent toutes les sensibilités de l'appellation, avec 31 parcelles d'expositions et de natures de sols différentes. Le vin produit aujourd'hui, conseillé par Michel Rolland, offre une séduction immédiate avec un tannin bien enrobé, dans un style consensuel et flamboyant. Le 2018 s'annonce bien et amorce une nouvelle ère, avec des plantations à haute densité et un pourcentage de merlot proche de 90 %.

- **Pomerol 2018** | Sec | 33,60 € — 15
- **Pomerol 2016** | Sec | 2019>29 | 35 € — 15

18, avenue George Pompidou, 33500 Libourne • Tél. 05 56 35 23 79 • contact@vignobles.fayat.com • www.vignobles.fayat.com • Visite : Sur rendez-vous.

CHÂTEAU DE FERRAND

Ce vaste vignoble d'un seul tenant de 32 hectares, situé sur le plateau de Saint-Hippolyte, point le plus haut de l'appellation, a multiplié les améliorations et commence à faire parler avec éloquence le terroir, fort de son rang de Grand Cru Classé acquis en 2012. Les héritiers du Baron Bich, qui l'a acheté en 1978, installent progressivement le cru dans les très bons saint-émilions. Sous l'impulsion de Pauline Bich Chandon-Moët, la propriété revient ainsi sur le devant de la scène et s'est dotée, outre d'un nouvel outil de production plus moderne, d'un complexe œnotouristique original, où l'on se voit accueilli « comme à la maison » autour d'ateliers de découverte du vin et d'accords mets-vins imaginés par le chef étoilé Jean-Pierre Vigato. En parallèle, la somptueuse rénovation du château en fait l'un des lieux les plus agréables et les plus réussis de l'appellation. La propriété progresse régulièrement et depuis 2015 les millésimes constituent de vraies réussites.

- **Saint-Émilion grand cru 2018** | Sec | NC — 17
- **Saint-Émilion grand cru 2016** | Sec | 2020>31 | 40 € — 15,5

Saint-Hippolyte, 33330 Saint-Émilion • Tél. 05 57 74 47 11 • info@chateaudeferrand.com • www.chateaudeferrand.com • Visite : tous les jours de 9h à 17h

CHÂTEAU FEYTIT-CLINET

Voici l'un des meilleurs rapports qualité-prix de Pomerol, depuis sa reprise en main par le talentueux Jérémy Chasseuil. Ce vigneron discret est d'une grande méticulosité dans la vigne comme au chai et il permet à ce domaine de 6 hectares, voisin de Clinet, de progresser régulièrement. Le cru offre une texture soyeuse et fondante ; son tannin long et énergique séduit autant l'amateur que le profane. À conseiller pour un instant de fête.

- **Pomerol 2018** | Sec | NC — 16
- **Pomerol 2016** | Sec | 2019>30 | 75 € — 17

1 CHEMIN DE FEYTIT, 33500 Pomerol • Tél. 05 57 25 51 27 • jeremy.chasseuil@orange.fr • Visite : sur rendez-vous.

CHÂTEAU FIGEAC

À son plus haut, comme en 1949 ou 1959, ce cru est l'un des sommets de Bordeaux, avec un vin à la droiture stylée, parée d'une fraîcheur sereine et svelte. Avec 35 % de cabernet franc et 35 % de cabernet-sauvignon, on dit souvent que Figeac, installé sur le plateau graveleux qui borde Pomerol, est le plus médocain des saint-émilion. L'originalité du cru repose sur son terroir central qui est composé de graves günziennes, les mêmes que l'on trouve chez les grands crus classés de la rive gauche. Thierry Manoncourt, âme du cru pendant plus de soixante ans, lui donna une impulsion salutaire. Depuis 2013, Marie-France Manoncourt, veuve de Thierry, a formé avec ses filles un nouveau directoireAvec le très compétent directeur Frédéric Faye et Michel Rolland comme œnologue-conseil, Figeac est reparti d'un bon pied qui doit l'amener au plus haut niveau des crus de la rive droite. 2015 marque un tournant avec une saisissante profondeur et une chair plus enrobante, tout en gardant sa fraîcheur légendaire et cette touche quasi minérale. 2016, 2017, 2018 confirment cette évolution.

- **Saint-Émilion grand cru 2018** | Sec | 203 € — 19
- **Saint-Émilion grand cru 2016** | Sec | 2023>43 | env. 288 € — 19
- **Saint-Émilion grand cru Petit Figeac 2016** | Sec | 2019>29 | env. 71 € — 16,5

33330 Saint-Émilion • Tél. 05 57 24 72 26 • chateau-figeac@chateau-figeac.com • www.chateau-figeac.com

CHÂTEAU FLEUR CARDINALE

Florence et Dominique Decoster se sont pris de passion pour ce domaine de côte de 23 hectares, proche de la commune de Castillon. Ils ont su faire progresser régulièrement le cru qui a été promu grand cru classé, récompensant le sérieux du travail. Ici sur ce terroir d'argile généreux on vendange tard, aussi mûr que possible et on pratique une viticulture exigeante, largement inspirée de l'exemple de château Valandraud, son voisin. Les vins ont une générosité rare, même en millésime moyen et ont gagné en finesse de grain de tannin, 2016 se révèle somptueux ! C'est l'une des valeurs sûres de ce secteur de Saint-Émilion.

- **Saint-Émilion grand cru 2018** | Sec | 39,90 € — 17
- **Saint-Émilion grand cru 2016** | Sec | 2020>37 | 47 € — 17
- **Saint-Émilion grand cru Château Croix Cardinale 2018** | Sec | 24,80 € — 14

7, Le Thibaud, 33330 Saint-Étienne-de-Lisse • Tél. 05 57 40 14 05 • contact@fleurcardinale.com • www.fleurcardinale.com

CHÂTEAU FOMBRAUGE

★★★☆☆

Depuis son acquisition par Bernard Magrez en 1999, ce Grand Cru Classé situé au nord-est de Saint-Émilion a énormément progressé. Baigné d'histoire, il est l'une des plus anciennes propriétés de Saint-Emilion et livre aujourd'hui un vin ample, intensément coloré, toujours d'une grande richesse et d'un style résolument hédoniste, avec une chair imposante mais fraîche. Seconde étiquette, Magrez-Fombrauge est une sélection qui bénéficie d'un soin encore plus extrême. Plus riche, avec également une finesse de tannin superbe, il a connu à partir du millésime 2008 une inflexion heureuse pour gagner en équilibre et en élégance.

- **Saint-Émilion grand cru 2018** | Sec | NC — 17
- **Saint-Émilion grand cru 2016** | Sec | 2021>31 | 35 € — 15,5
- **Saint-Émilion grand cru Magrez-Fombrauge 2016** | Sec | 2022>30 | NC — 16

33330 Saint-Christophe-des-Bardes • Tél. 05 57 24 77 12 • chateau@fombrauge.com • www.bernard-magrez.com

CHÂTEAU DE FONBEL

★★☆☆☆

Les 16 hectares du vignoble du château de Fonbel se situent dans la plaine de Saint-Émilion. C'est une propriété familiale d'Alain Vauthier, (également détenteur de château Ausone, cru phare de la rive droite). Avec sa fille Pauline, ils forment un duo qui enchaîne les millésimes avec succès car ils appliquent sur Fonbel les mêmes recettes que sur leur premier cru classé A, tant au niveau cultural que pour les vinifications. Dans un style frais, fruité et surtout de grande finesse, ce cru séduit par sa personnalité très élégante, il est de plus en plus recherché des amateurs, sensibles aux grandes signatures du vignoble.

- **Saint-Émilion grand cru 2018** | Sec | NC — 15,5
- **Saint-Émilion grand cru 2016** | Sec | 2020>27 | 18 € — 15

Château Ausone, 33330 Saint-Émilion • Tél. 05 57 24 24 57 • chateau.ausone@wanadoo.fr

CHÂTEAU FONPLÉGADE

★★★☆☆ 🍀

Fonplégade est un cru de 18 hectares superbement situé sur la côte de Saint-Émilion, dans le prolongement direct d'Ausone. Repris par un couple d'Américains passionnés en 2004, Denise et Stephen Adams, le cru affirme des choix clairs, viticulture biologique et vinification sans concession, dans un cuvier moderne et chaleureux. Sous la direction d'Éloi Jacob, le cru progresse de belle façon, le changement de style en 2015 lui fait du bien. Le vin a gagné en élégance dans la définition du tannin, avec un 2016 qui constitue une priorité pour l'amateur.

- **Saint-Émilion grand cru 2018** | Sec | NC — 17,5
- **Saint-Émilion grand cru 2016** | Sec | 2022>41 | 68 € — 16,5

33330 Saint-Émilion • Tél. 05 57 74 43 11 • chateaufonplegade@fonplegade.fr • www.fonplegade.com • Visite : tous les jours de 10h à 17h sur rendez-vous.

CHÂTEAU FONROQUE

★★★☆☆ 🍀

La famille Guillard, issue du monde de l'assurance, est propriétaire des 17 hectares de ce grand cru classé de Saint-Émilion depuis l'été 2017. Elle fait confiance comme consultant à l'ex propriétaire Alain Moueix qui a mis en place la biodynamie. Le vignoble se répartit sur un plateau et un coteau exposé ouest. Fonroque regroupe les quatre types de terroir que l'on peut rencontrer sur l'appellation. La qualité progresse régulièrement dans un esprit de vins sans esbroufe : on apprécie la trame fine et svelte et des équilibres toujours fondés sur la fraîcheur.

■ **Saint-Émilion grand cru 2018** | Sec | 27,65 € — 16
■ **Saint-Émilion grand cru 2016** | Sec | 2020>36 | 46,50 € — 15,5

33330 Saint-Émilion • Tél. 05 57 24 60 02 • info@chateaufonroque.com • www.chateaufonroque.net • Visite : Du lundi au vendredi, de 9h à 12h et de 14h à 16h30. Samedi sur rendez-vous de juillet à octobre.

CHÂTEAU FONTENIL

Fontenil est issu de 9 hectares, situés sur des coteaux de terre argileuse de Saillans. Au fil des millésimes, le plus célèbre duo d'œnologues bordelais Dany et Michel Rolland ont pu affiner le style de leur propriété familiale, avec leur professionnalisme et leur rigueur habituels. Les vins sont structurés, concentrés et charnus, ils expriment une expression à la fois suave et parfaitement accomplie. Les vins évoluent avec grâce et les derniers millésimes constituent une priorité pour l'amateur qui peut acquérir ce vin pour moins de 25 euros.

■ **Fronsac 2018** | Sec | 20,15 € — 16
■ **Fronsac 2016** | Sec | 2021>31 | 31 € — 15,5
■ **Fronsac Le Défi de Fontenil 2016** | Sec | 2023>33 | 92,75 € — 16,5

3 rue de catusseau, 33500 Pomerol • Tél. 05 57 51 52 43 • contact@rollandcollection.com • www.rollandcollection.com • Visite : du lundi au vendredi sur rendez-vous.

CLOS FOURTET

Cette propriété, superbement située sur le plateau du village, à côté des fameuses grandes murailles, appartient désormais à la famille Cuvelier qui a engagé Stéphane Derenoncourt comme conseiller. Les 20 hectares sont bien ancrés sur le célèbre plateau calcaire à astéries qui donnent des vins, parmi les plus aboutis de l'appellation. Le nouveau cuvier permet depuis le millésime 2014 d'être encore plus précis dans la définition du tannin et du fruit. Sous l'effet de la biodynamie, le vin a gagné en complexité et en pureté d'expression. Les vins naissent denses et veloutés mais gagnent en nuances et en énergie, avec tout le soyeux et le grand style truffé des meilleurs merlots sur sol calcaire. Les amateurs qui savent se montrer patients seront pleinement récompensés au bout d'une douzaine d'années. Les derniers millésimes se révèlent superbes et figurent toujours dans le top 10 des meilleurs premiers crus.

■ **Saint-Émilion grand cru 2018** | Sec | NC — 17
■ **Saint-Émilion grand cru 2016** | Sec | 2023>50 | 133 € — 18

1, Châtelet Sud, 33330 Saint-Émilion • Tél. 05 57 24 70 90 • closfourtet@closfourtet.com • www.closfourtet.com • Visite : Visites sur rendez-vous du lundi au vendredi.

CHÂTEAU FRANC MAILLET

Comme son nom l'indique, la propriété est l'une de celles qui se partagent le secteur de Maillet, au sud-est de l'appellation Pomerol et faisant face, sur l'autre rive de la Barbanne, à celle de Lalande de Pomerol. La cuvée domaine joue dans un style souple et classique, nous lui préférons la cuvée jean-baptiste d'une ampleur pulpeuse savoureuse.

■ **Pomerol 2016** | Sec | 2019>29 | 29,50 € — 14
■ **Pomerol cuvée Jean-Baptiste 2016** | Sec | 2020>36 | 45 € — 17

Chantecaille, 33500 Saint-Émilion • Tél. 09 71 58 23 49 • contact@chateaux-g-arpin.fr • www.vignobles-g-arpin.com • Visite : sur rendez-vous lundi, mardi, jeudi et vendredi de 9h à 17h30.

CHÂTEAU FRANC-MAYNE

Jean-Pierre Savare, homme d'affaires parisien et propriétaire viticole, a racheté début 2018 ce vignoble de 7 hectares. Il est associé à la famille Cazeneuve sur le château Paloumey (cru bourgeois en Haut-Médoc). Aussi, Martine Cazeneuve qui dirige ce cru, a pris en main la direction de Franc-Mayne. Ce vin au corps soyeux et à l'allonge franche devrait gagner en distinction et profondeur, ce que l'on a pu observer sur le 2018.

■ **Saint-Émilion grand cru 2016** | Sec | 2021>29 | 45 € — 14

14, La Gomerie, 33330 Saint-Émilion • Tél. 05 57 24 62 61 • info@chateaufrancmayne.com • www.relaisfrancmayne.com • Visite : Uniquement sur rendez-vous.

CHÂTEAU GABY

★☆☆☆☆

Ce domaine classique de Canon-Fronsac, racheté par Tom Sullivan, possède 16 hectares en coteau sur des sols argilo-calcaires. Il produit des vins généreux et caressants de belle dimension. On conseille également la seconde propriété, château Moya pour sa belle générosité tannique ; un vin charnu à souhait.

- **Canon-Fronsac 2018** | Sec | NC — 15
- **Canon-Fronsac 2016** | Sec | 2021>29 | NC — 15,5

Chateau Gaby, Lieu-dit Gaby, 33126 Fronsac • Tél. 05 57 51 24 97 • contact@chateaugaby.com • www.chateaugaby.com • Visite : tous les jours de 9h30/12h30 - 14h00/18h00 sans rendez-vous et avec rendez vous le weekend

CHÂTEAU GAZIN

★★★☆☆

Faisant face à Pétrus, Gazin est l'un des grands domaines du plateau mythique de Pomerol, avec 24 hectares d'un seul tenant. Sur cette propriété, la famille de Bailliencourt a fêté en septembre 2018 ses cent ans de présence. Elle met toute son énergie pour porter ce cru en haut de la hiérarchie pomerolaise. Le vin séduit pour sa fraîcheur de constitution, sa souplesse de tannin en même temps que sa longueur et la bonne aptitude à évoluer dans le temps. On est dans un style classique abouti.

- **Pomerol 2018** | Sec | 88 € — 17
- **Pomerol 2016** | Sec | 2022>44 | 84 € — 17,5

1, Chemin de Chantecaille, 33500 Pomerol • Tél. 05 57 51 07 05 • contact@gazin.com • www.gazin.com

CHÂTEAU GODEAU

★☆☆☆☆

Anciens copropriétaires du château Calon-Ségur, Albéric et Agnès Florisoone ont souhaité exprimer pleinement leur passion pour la terre et la viticulture en développant le potentiel de cette jolie propriété de 7 hectares. Ce vignoble escarpé se situe sur Saint-Laurent-des-Combes, il tutoie La Mondotte et Tertre Rotebœuf. La maturité tardive de cette propriété est bien maîtrisée, avec l'aide technique de l'équipe Derenoncourt, mais le style un peu plus austère n'a rien à voir avec les deux célèbres voisins. Il faut attendre au moins 5 ans et le vin gagne alors en complexité.

- **Saint-Émilion grand cru Château Godeau 2016** | Sec | 2019>29 | 24 € — 15

33330 Saint-Laurent des Combes • Tél. 05 57 24 72 64 • chateau.godeau@orange.fr • www.chateaugodeau.com • Visite : du lundi au samedi de 9h à 17h, le week-end sur rendez-vous.

CHÂTEAU GOMBAUDE-GUILLOT

★★☆☆☆ ✿

Sur 7,60 hectares, la pomerolaise Claire Laval s'est engagée depuis 1999 dans la voie de l'agriculture biologique que poursuit avec succès son fils Olivier Techer sur le secteur très qualitatif de Guillot. Entre centre-bourg de Pomerol et vignoble, on peut acheter directement à la propriété. Les vins sont pulpeux dans leur jeunesse, avec une belle pureté aromatique. Ils gagnent à être conservés plusieurs années car ils évoluent parfaitement, offrant une belle matière, avec des tannins à la fois suaves et souples et qui se fondent très bien avec le temps. Un 1985 vieilles vignes, digne des meilleurs, un 2008 bien en tannins et des derniers millésimes savoureux démontrent le raffinement de ce cru d'un bon rapport qualité/prix. De passage au domaine une verticale jusqu'en 2006 nous a pleinement convaincus que Gombaude se singularise par sa pureté aromatique et son aptitude à se bonifier dans le temps.

- **Pomerol 2018** | Sec | NC — 16,5
- **Pomerol 2016** | Sec | 2019>25 | 68 € — 17
- **Pomerol Pom'n'roll 2017** | Sec | 2019>21 | 36 € — 15

4, chemin les Grand-Vignes, 33500 Pomerol • Tél. 05 57 51 17 40 • gombaude@free.fr • www.chateau-gombaude-guillot.fr • Visite : sur rendez-vous.

GRACIA

Gracia, situé sur la retombée du plateau de Saint-Christophe-des-Bardes, s'est fait connaître comme un vin de garage, à partir de 1997. Mais contrairement aux autres micro-cuvées des années 1990, la propriété a maintenu le cap en se renouvelant. Elle s'est progressivement agrandie et possède maintenant 3 hectares. Son style a gagné en fraîcheur de constitution avec des derniers millésimes généreux et pulpeux. On est sur une dynamique de progression.

- **Saint-Émilion grand cru 2018** | Sec | NC — 13
- **Saint-Émilion grand cru 2016** | Sec | 2019>30 | NC — 15,5
- **Saint-Émilion grand cru Les Angelots de Gracia 2016** | Sec | 2019>24 | NC — 14

4 Rue du Thau, 33330 Saint-Émilion • Tél. 05 57 24 77 98 • michelgracia@wanadoo.fr

CHÂTEAU GRAND BARRAIL LAMARZELLE FIGEAC

Les équipes de la maison Dourthe, l'un des négoces les plus qualitatifs du Bordelais prennent progressivement la mesure de ce cru qui sort de mieux en mieux dans nos dégustations. Crémeux et énergique, avec une allonge fine, ce vin termine sur une finale enlevée. Le rapport qualité-prix est de mise.

- **Saint-Émilion 2016** | Sec | 2020>30 | env. 25 € — 15,5

33330 Saint-Émilion • Tél. 05 57 24 99 26 • contact@dourthe.com • www.dourthe.com

CHÂTEAU GRAND CORBIN

Ce château est une entité nouvelle, née de la fusion de Haut-Corbin et de Grand Corbin Giraud, approuvée par le dernier classement de Saint-Émilion, ce qui est logique en raison de la similitude et de la complémentarité des terroirs. L'apport du nouveau vignoble, enfin cultivé et vinifié comme il le mérite, place le cru au premier plan de son quartier avec 28,5 hectares. Le terroir donne un côté pomerol au bouquet qui truffe au bout de quelques années.

- **Saint-Émilion grand cru 2016** | Sec | 2021>37 | 33 € — 15

33330 Saint-Émilion • Tél. 05 57 24 70 62 • chateau@grandcorbin.com • www.grand-corbin.com

CHÂTEAU GRAND CORBIN-DESPAGNE

Grand Corbin-Despagne est certainement le meilleur rapport qualité-prix de Saint-Émilion, avec ses 29 hectares situés sur un terroir où les sables dominent. Le propriétaire, François Despagne a travaillé sans relâche pour obtenir ce résultat, avec un engagement bio qui contribue au succès du cru. Ce saint-émilion concilie, vigueur, soyeux, distinction aromatique et superbe évolution dans le temps. Une dégustation de 2016 jusqu'en 1947 nous a permis de parfaitement cerner le style de ce cru possédant une finesse et une harmonie supérieures à de nombreux crus classés du style « moderne ». En évoluant, il peut ressembler sur plusieurs millésimes à un grand pomerol.

- **Saint-Émilion grand cru 2018** | Sec | env.40 € — 16,5
- **Saint-Émilion grand cru 2016** | Sec | 2022>32 | env.40 € — 16,5

33330 Saint-Émilion • Tél. 05 57 51 08 38 • f-despagne@grand-corbin-despagne.com • www.grand-corbin-despagne.com • Visite : Uniquement sur rendez-vous.

CHÂTEAU GRAND CORBIN MANUEL

Yseult de Gaye-Nony a l'entière responsabilité de ces 7 hectares situés au nord-ouest de Saint-Émilion, à proximité de Pomerol. Les investissements importants réalisés permettent au cru de retrouver son lustre. Le vignoble est soigné et les derniers millésimes offrent un style consensuel.

- **Pomerol Château La Création 2016** | Sec | 2019>29 | 38 € — 14
- **Saint-Émilion grand cru 2016** | Sec | 2020>30 | 38 € — 13,5

33330 Saint-Émilion • Tél. 05 57 25 09 68 • info@grandcorbinmanuel.fr • www.grandcorbinmanuel.fr • Visite : Ouvert du lundi au samedi sur rendez-vous.

CHÂTEAU GRAND-MAYNE

S'étendant sur 17 hectares, ce grand cru classé situé sur la côte ouest du plateau de Saint-Emilion est géré par la famille Nony. Les 2015 et 2016 nous ont paru un peu en retrait comparativement au degré de qualité de la majeure partie des grands crus classés. Le tannin solidement constitué se révèle un peu massif et manque pour l'instant d'élégance. Souhaitons que le temps arrange les choses.

- **Saint-Émilion grand cru 2018** | Sec | NC — 14,5
- **Saint-Émilion grand cru 2016** | Sec | 2022>32 | 60 € — 15,5

33330 Saint-Émilion • Tél. 05 57 74 42 50 • grand-mayne@grand-mayne.com • www.grand-mayne.com • Visite : Uniquement sur rendez-vous.

CHÂTEAU GRAND ORMEAU

Depuis 1988, Grand Ormeau est une passion familiale chez les Beton, avec Jean-Claude le père (inventeur de la boisson Orangina) et maintenant, Françoise la fille. Les cuvées évoluent parfaitement dans le temps, avec une belle assise en bouche et un tannin bien enrobé et frais.

- **Lalande de Pomerol 2018** | Sec | 25,40 € — 14
- **Lalande de Pomerol 2016** | Sec | 2019>29 | 25 € — 14,5

2, grandes Nauves, 33500 Lalande-de-Pomerol • Tél. 05 57 25 30 20 • contact@chateaugrandormeau.com • www.chateaugrandormeau.com • Visite : sur rendez-vous.

CHÂTEAU GRAND-PONTET

La propriété, administrée par la famille qui tient Beauséjour-Bécot, est proche de ce cru, sur le plateau de Saint-Émilion, avec des terroirs très argileux. Sa régularité et sa précocité en font un cru qui produit toujours des vins solides et d'accès immédiat. 2013 est rond, très « merlot », 2014 est plus profond et 2009 est aujourd'hui délicieux.

- **Saint-Émilion grand cru 2018** | Sec | 25,90 € — 15
- **Saint-Émilion grand cru 2016** | Sec | 2021>31 | 45,40 € — 15

33330 Saint-Émilion • Tél. 05 57 74 46 88 • contact@chateaugandpontet.com • www.chateaugrandpontet.com • Visite : Uniquement sur rendez-vous.

CHÂTEAU GRAND RENOUIL

Propriétaire discret, Michel Ponty sait que ses vins, au bout de dix ans, peuvent rivaliser avec tous les grands vins de la rive droite. Son vignoble de Canon-Fronsac d'une dizaine d'hectares est magnifiquement exposé. Le microclimat permet de profiter de l'ensoleillement des arrière-saisons et sait garder cette fraîcheur qui manque souvent aux vins démonstratifs du secteur. Les vins doivent mûrir quelques années en cave avant d'être bus. Une verticale jusqu'en 1998 s'est révélée pleine d'agrément, avec des vins qui évoluent parfaitement dans le temps. Les vins deviennent séveux et profonds, avec une fraîcheur qui étire bien le vin.

- **Canon-Fronsac Grand Renouil 2016** | Sec | 2022>45 | 22 € — 16
- **Canon-Fronsac Grand Renouil 2001** | Sec | 2019>27 | epuisé — 16
- **Canon-Fronsac Petit Renouil 2015** | Sec | 2019>24 | 9,40 € — 14

3 rue du Port de Fronsac - B.P. 3 , 33126 Fronsac • Tél. 05 57 51 29 57 • info@vignoblesponty.com • www.vignoblesponty.com • Visite : Ouvert du lundi au vendredi de 9h à 12h et de 14h à 18h, le samedi de 9h à 18h.

CHÂTEAU GUADET

On est en présence d'un tout petit domaine de 5,50 hectares cultivés en biodynamie. Guadet a ainsi retrouvé la plénitude de ses qualités après son déclassement puis son reclassement mérité, sous la direction de la famille Lignac. Les derniers millésimes de ce très beau terroir de côte montrent de l'équilibre et des notes racinaires assez typées. Il est conseillé d'attendre au moins 5 ans avant de déguster.

- **Saint-Émilion grand cru 2018** | Sec | NC — 17
- **Saint-Émilion grand cru 2016** | Sec | 2021>31 | env.90 € — 16

4, rue Guadet, 33330 Saint-Emilion • Tél. 05 57 74 40 04 • chateauguadet@orange.fr • www.chateau-guadet-saintemilion.fr • Visite : Ouvert tous les jours sur rendez-vous.

CHÂTEAU GUILLOT CLAUZEL

★★☆☆☆

Idéalement situé entre Trotanoy, Nénin et le Pin, ce cru d'1,7 hectare possède un magnifique terroir de belles graves. Depuis début 2018, Guillaume Thienpont (de Vieux-Château- Certan sur Pomerol) suit la propriété comme consultant. Le vin sort régulièrement dans nos dégustations à l'aveugle parmi les meilleurs de Pomerol. On en apprécie la structure ample et soyeuse avec un tannin frais, marqué par le silex, unique sur l'appellation. C'est un bon rapport qualité-prix pour l'amateur. Les 40 ares de Chantecaille touchent l'Evangile, mais côté Saint-Émilion, et donnent un vin 100 % merlot, au tannin velouté et immédiat tarifé à moins de 20 euros ; une affaire !

- **Pomerol 2018** | Sec | NC 16
- **Pomerol 2016** | Sec | 2021>39 | NC 16
- **Saint-Émilion grand cru Chantecaille Clauzet 2016** | Sec | 2019>29 | NC 15

consorts clauzel 72, rue clément thomas , 33500 Libourne • Tél. 06 15 45 34 99 • etienne@consortsclauzel.com • Visite : Uniquement sur rendez-vous.

CHÂTEAU HAUT-CARLES

★★★☆☆

Sous la houlette de Constance et de Stéphane Droulers, qui était associé-gérant de la célèbre banque d'affaires internationale Lazard Frères, ce vignoble d'une vingtaine d'hectares qui surplombe la vallée de l'Isle a été entièrement restructuré pour en extraire le meilleur. Les vins ne cessent de progresser. Haut-carles est la cuvée haute couture du Château de Carles, issue de la moitié du vignoble environ. Elle affiche un style résolument moderne et complet, avec un grand potentiel de garde.

- **Fronsac Château de Carles 2018** | Sec | 17 € 15
- **Fronsac Château de Carles 2016** | Sec | 2019>24 | 17 € 14,5
- **Fronsac Haut-Carles 2018** | Sec | 32 € 16,5
- **Fronsac Haut-Carles 2016** | Sec | 2021>31 | 32 € 16

33141 Saillans • Tél. 05 57 84 32 03 • chateaudecarles@free.fr • www.hautcarles.com • Visite : Sur rendez-vous.

CHÂTEAU HAUT-SARPE

★☆☆☆☆

Haut-Sarpe est un cru de 21,5 hectares, idéalement situé sur le point culminant du coteau, à la limite de Saint-Émilion et Saint-Christophe des Bardes. Son terroir argilo-calcaire permet de produire des vins savoureux taillés pour la garde. Ce cru est la propriété de la maison Joseph Janoueix qui produit également un saint-émilion plus souple, le château-le-castelot, sur un sol sableux et argilo-graveleux. Sur les derniers millésimes, les vins ont gagné en consistance sur le milieu de bouche et les 2015 et 2016 s'annoncent être les meilleurs vins jamais produits.

- **Saint-Émilion grand cru 2018** | Sec | 34,20 € 15
- **Saint-Émilion grand cru 2016** | Sec | 2022>40 | 36,90 € 15,5

37, rue Pline Parmentier, 33506 Libourne • Tél. 05 57 51 41 86 • info@j-janoueix-bordeaux.com • www.josephjanoueix.com • Visite : sur rendez-vous du lundi au vendredi.

CHÂTEAU HAUT-SEGOTTES

★☆☆☆☆

Ce cru de 9 hectares, très bien situé sur le plateau aux abords de Figeac, offre toutes les qualités du saint-émilion de qualité. Depuis 2011, le domaine bénéficie des conseils de l'équipe d'Hubert de Boüard, ce qui permet de rendre le vin plus aimable dans sa jeunesse. Les vins sont taillés pour la garde, avec un tannin longiligne de belle fraîcheur, le 2016 constitue une priorité pour l'amateur, car c'est un très bon rapport qualité-prix.

- **Saint-Émilion grand cru 2016** | Sec | 2022>36 | 25 € 15
- **Saint-Émilion grand cru La Dame 2016** | Sec | 2023>37 | 45 € 15,5

SCEA Danielle Meunier Château Haut Segottes 1 Gadete, 33330 Saint-Émilion • Tél. 05 57 24 60 98/ 06 88 98 29 18 • hautsegottes@wanadoo.fr • www.hautsegottes.com • Visite : Lundi au Vendredi: 8h30/12h30-13h30/17h30

CHÂTEAU HOSANNA

★★★☆☆

Ce cru qui appartient aux établissements Jean-Pierre Moueix est né en 1999, lors du rachat de Certan-Giraud. Celui-ci part bien dans la vie, avec 4,5 hectares sur argiles et sur graves et des voisins comme Petrus et Lafleur. Il bénéficie des soins méticuleux à la vigne comme en cuverie de toute l'équipe d'Eric Muriscacio, directeur technique qui a succédé à Jean-Claude Berrouet, l'homme fort de Petrus. Hosanna a trouvé son style : élégant, velouté, généreux, et il gagne en raffinement au fil des millésimes.

- **Pomerol 2018** | Sec | NC — **17,5**
- **Pomerol 2016** | Sec | 2021>35 | NC — **17,5**

33330 Saint-Émilion • Tél. 05 57 74 48 94 • info@jpmoueix.com • www.moueix.com

L'IF

★★★☆☆

Cette propriété bien mise en valeur depuis 2011 par la famille Thienpont se compose de 5 hectares répartis sur les communes de Saint-Émilion et Saint-Laurent-des-Combes, touchant directement le Château Troplong-Mondot et un peu plus de 2 hectares situés à flanc de coteau à proximité du château Lassègue sur Saint-Hippolyte. Le principe est d'assembler la crème des parcelles pour composer le grand vin, l'if, environ 5000 bouteilles sur le millésime 2015. Depuis quatre millésimes, ce cru émergent de saint-émilion se montre l'un des plus raffinés du secteur ! Le second vin, le château-haut-plantey, se montre évidemment plus souple.

- **Saint-Émilion grand cru 2018** | Sec | NC — **17,5**
- **Saint-Émilion grand cru 2016** | Sec | 2020>33 | NC — **17**

Le Pin - Les Grands-Champs, 33500 Pomerol • Tél. 05 57 51 33 99 • cyrille@nicolas-thienpont.com

CLOS DES JACOBINS

★★★☆☆

Ce cru de 8,5 hectares de la côte ouest de Saint-Emilion appartient aujourd'hui à la famille de Bernard Decoster, (héritiers du groupe électrique Legrand). Thibaut et Magali Decoster sont accompagnés au niveau technique par Hubert de Boüard (propriétaire d'Angélus). Le vin n'a cessé de progresser tout au long de la décennie pour atteindre un niveau jamais connu auparavant. Ce cru de côte a gagné en séduction immédiate, il possède un fruité généreux très expressif. Néanmoins, il évolue parfaitement avec le temps.

- **Saint-Émilion grand cru 2018** | Sec | 25,10 € — **16,5**
- **Saint-Émilion grand cru 2016** | Sec | 2021>37 | 37 € — **16,5**
- **Saint-Émilion grand cru Château La Commanderie 2016** | Sec | 2019>27 | 32,50 € — **13**

4, Gomerie, 33330 Saint-Émilion • Tél. 05 57 24 70 14 • contact@mtdecoster.com • www.mtdecoster.com • Visite : Ouvert du mardi au samedi de 10h à 18.

CHÂTEAU JEAN FAURE

★★★☆☆

À deux pas de Cheval Blanc, les 18 hectares du château Jean Faure, Grand Cru Classé, bénéficient des soins méticuleux et des investissements judicieux d'Olivier Decelle, également propriétaire du mas Amiel dans le Roussillon, de vignobles en Bourgogne (Decelle-Villa) et Rhône Nord (De Boisseyt). La discipline de travail dans les vignes est impressionnante. Préparations organiques et biodynamiques (le domaine est certifié en bio depuis le millésime 2017, il le sera bienôt en biodynamie), espèces végétales multiples, travail manuel, tout s'organise autour de l'espace naturel. Jean Faure présente une texture fine bien fournie, grâce à une majorité de cabernet franc comme à Figeac et Cheval Blanc, avec un fruit quasi bourguignon et une tension de fin de bouche qui équilibre le vin. Voilà un cru qui fait de plus en plus d'adeptes, d'autant que le domaine est désormais ouvert au public avec un joli parcours de visite. Son prix restant encore mesuré, il devient urgent de s'en emparer.

- **Saint-Émilion grand cru 2018** | Sec | NC — **16**
- **Saint-Émilion grand cru 2016** | Sec | 2022>29 | 54 € — **15,5**

33330 Saint-Émilion • Tél. 05 57 51 34 86 • contact@jean-faure.fr • www.chateaujeanfaure.com • Visite : Sur rendez-vous.

CLOS L'ÉGLISE

★★★☆☆

Depuis 1997, Hélène Garcin et Patrice Lévêque sont très attentifs à leurs 5,90 hectares de Clos l'Eglise qui touchent l'Église Clinet. L'empreinte des argiles se retrouve dans la densité du cru qui possède plus de raffinement depuis 2012 dans le dessin des tannins. La texture dense et crémeuse en fait un vin expressif dans sa jeunesse. Il est toutefois conseillé de l'attendre entre cinq et quinze ans pour qu'il gagne en soyeux et en parfums truffés.

- **Pomerol 2018** | Sec | 89,04 € — **17,5**
- **Pomerol 2016** | Sec | 2020>36 | 111,90 € — **17,5**

Château Barde Haut, 33330 Saint Christophe des bardes • Tél. 05 57 25 72 55 • contact@closleglise.fr • www.vignoblesgarcin.com • Visite : Uniquement sur rendez-vous.

CHÂTEAU L'ÉGLISE CLINET

★★★★☆

Les 5,5 hectares du vignoble de l'Église Clinet se trouvent idéalement implantés sur des terroirs d'argiles et de graves argileuses, dont une partie a résisté au terrible gel de 1956. L'âge moyen du vignoble se rapproche ainsi du demi-siècle. Depuis 2005, on a pu reconstituer tous les terroirs traditionnels du cru et la qualité en a profité. Denis Durantou, le propriétaire devenu l'un des stylistes les plus accomplis de Pomerol, explique volontiers : « Je travaille plus le floral que le fruité, pour moi le terroir de l'Église Clinet s'exprime à travers ces notes de fleurs ». Effectivement, en dégustation, les accents floraux de violette et de pivoine constituent l'ADN aromatique de ce cru au tannin de satin qui marque son territoire par sa fraîcheur de constitution et sa longueur infinie d'un grand raffinement. C'est au bout d'une dizaine d'années que le vin se dévoile vraiment. À peine 16000 bouteilles sont produites par an, ce qui explique le prix élevé du cru. À moins de 40 euros, le second vin la-petite-église se montre charmeur et plus abordable.

- **Pomerol 2018** | Sec | NC — **18**
- **Pomerol 2016** | Sec | 2021>40 | NC — **19**
- **Pomerol Petite Église 2018** | Sec | NC — **16,5**
- **Pomerol Petite Église 2016** | Sec | 2020>30 | NC — **16**

1, Chemin de l'Ancienne Eglise, 33500 Pomerol • Tél. 05 57 25 96 59 • denis@durantou.com • www.eglise-clinet.com

CHÂTEAU L'ENCLOS

★☆☆☆☆

Propriété de Stephen Adams, homme d'affaires américain épicurien, L'Enclos bénéficie d'investissements qui permettent au cru de sortir de nouveau dans nos dégustations. Avec ses 38 parcelles réparties sur 9 hectares, ce domaine alterne sables, graves et silex. Tannin dense et harmonieux, avec une finale épicée, ce vin commence à être bien en ligne avec le raffinement qu'attend un amateur de Pomerol.

- **Pomerol 2018** | Sec | NC — **14,5**
- **Pomerol 2016** | Sec | 2020>29 | 55 € — **14,5**

20, rue du Grand Moulinet, 33500 Pomerol • Tél. 05 57 74 43 11 • lydia.cordoba@fonplegade.fr • www.fonplegade.fr • Visite : sur rendez-vous.

CHÂTEAU L'ÉVANGILE

★★★★☆

Faisant face à Cheval Blanc, sur le plateau mythique de Pomerol, L'Évangile possède de solides arguments : ses 19 hectares se développent sur des sols profonds de graves mêlées d'argiles et de sables. Le propriétaire, le baron Éric de Rothschild a doté son cru pomerolais d'installations techniques à la hauteur du potentiel et de la réputation de ce château. L'Évangile séduit par sa grande sève, son bouquet généreux de truffe, sa texture veloutée d'un grand raffinement, avec une dimension élégante sans surpuissance. Ce ténor de Pomerol a franchi un palier qualitatif depuis 2004 et enchaîne de superbes millésimes depuis 2009. Plus souple, le second vin le-blason permet d'accéder au plaisir de Pomerol, sans trop se ruiner. 2018 s'annonce exceptionnel !

- **Pomerol 2018** | Sec | NC — 19
- **Pomerol 2016** | Sec | 2021>37 | NC — 18,5
- **Pomerol Blason de l'Évangile 2018** | Sec | NC — 16

2, chemin Vieux-Maillet, 33500 Pomerol • Tél. 05 57 55 45 55 • levangile@lafite.com • www.lafite.com

LA CHENADE

★★☆☆☆

Composé pour son encépagement de 80 % de merlot et 20 % de cabernet franc, ce domaine est devenu l'un des classiques de Lalande. Son propriétaire Denis Durantou brille sur Pomerol avec l'Église-Clinet, et il apporte le même soin à ses autres appellations. La-chenade offre toujours une palette aromatique fraîche et de la profondeur. Autour de 15 euros, on tient là un très bon rapport qualité-prix.

- **Lalande de Pomerol 2018** | Sec | NC — 15,5
- **Lalande de Pomerol 2016** | Sec | 2019>29 | NC — 16

10, rue Catusseau, 33500 Pomerol • Tél. 05 57 25 96 59 • denis@durantou.com • www.denis-durantou.com

CHÂTEAU LA CLÉMENCE

★★☆☆☆

On parle véritablement de ce cru depuis la fin du siècle dernier, avec sa reprise en mains par le docteur Christian Dauriac qui possède aussi Destieux sur Saint-Emilion. Sur ses 3 hectares, La Clémence présente six parcelles hétérogènes, avec argiles bleues, graves sableuses et sables. Ce cru résume à lui tout seul la mosaïque des domaines de Pomerol. Ce cru offre une texture onctueuse quasi crémeuse, avec une belle densité. C'est un style sensuel et flamboyant qui doit s'affranchir sur les grands millésimes des accents trop exotiques.

- **Pomerol 2018** | Sec | 55,08 € — 14,5
- **Pomerol 2016** | Sec | 2019>29 | 56 € — 15,5

33500 Pomerol • Tél. 05 57 24 77 44 • contact@vignoblesdauriac.com • www.vignoblesdauriac.com • Visite : du lundi au jeudi de 8h à 12h et de 14h à 17h, le vendredi de 8h à 12h.

CHÂTEAU LA CLOTTE

★★★☆☆

Bien situé sur le coteau argilo-calcaire exposé plein sud, les 4 hectares de La Clotte ont été rachetés par la famille Vauthier qui possède également le mythique Château Ausone. Elle y apporte le même soin que sur ses autres propriétés. Après une remise à niveau du vignoble, on s'attaque maintenant à l'outil technique, avec la construction d'un nouveau chai. Le cru progresse au fil des millésimes et le 2017 est l'un des meilleurs du secteur, avec une chair croquante et serrée et un fuit généreux et raffiné. Les amateurs doivent se positionner sur ce cru qui sort autour de 60 euros.

- **Saint-Émilion grand cru 2018** | Sec | NC — 17,5
- **Saint-Émilion grand cru 2017** | Sec | 2022>40 | 65 € — 17

Château Ausone, 33330 Saint-Émilion • Tél. 05 57 24 24 57 • chateau.ausone@wanadoo.fr • www.chateaulaclotte.com

CHÂTEAU LA COMMANDERIE

★★☆☆☆

Acquis en 2014 par un jeune couple de Chinois passionnés par les grands vins de Bordeaux, ce cru voisin de Nénin est suivi par l'œnologue et vigneron Pascal Chatonnet. De la tenue du vignoble jusqu'aux savoureux motifs médiévaux qui ornent l'étiquette, tout témoigne d'une volonté brillante de bien faire.

- **Pomerol 2018** | Sec | 42 € — 13
- **Pomerol 2017** | Sec | 2021>30 | 52 € — 14
- **Pomerol 2016** | Sec | 2020>28 | 59 € — 15

4, chemin de la commanderie, 33500 Pomerol • Tél. 05 57 51 79 03 • contact@lcpomerol.com • www.lcpomerol.com • Visite : Uniquement sur rendez-vous.

CHÂTEAU LA CONFESSION

Petit domaine de 2,7 hectares plantés sur un sol argilo-sableux où le merlot représente 50 %, le cabernet franc 45 % et le cabernet-sauvignon 5 %, La Confession est l'un des crus fétiches de Jean-Philippe Janoueix. Vin généreux et charnu, marqué en fin de bouche ses cabernets francs, cette Confession va au-delà du plaisir immédiat. Le 2018 constitue un tournant avec plus de fraîcheur et d'élégance tanniques.

- **Saint-Émilion grand cru 2018** | Sec | 35 € — 16
- **Saint-Émilion grand cru 2016** | Sec | 2019>26 | 40 € — 14

Haut-Ponté, 33330 Saint-Émilion • Tél. 05 57 48 13 13 • contact@jpjdomaines.com • www.jpjdomaines.com • Visite : sur rendez-vous, du lundi au vendredi de 9h00 à 12h00 et 14h00 à 17h00

CHÂTEAU LA CONNIVENCE

Alexandre de Malet Roquefort et les deux ex-footballeurs Matthieu Chalmé et Johan Micoud apportent leur enthousiasme et leur vision à ce pomerol de 90 ares à la suavité élégante. Le vin s'affirme vraiment à partir du millésime 2015. Attention la production moyenne oscille entre 2500 et 3000 bouteilles, il faut réagir rapidement !

- **Pomerol 2016** | Sec | 2019>29 | 180 € — 16

33500 Pomerol • Tél. 05 57 24 72 15 • contact@domaines-mr.com • www.chateaulaconnivence.com • Visite : Uniquement sur rendez-vous.

CHÂTEAU LA CONSEILLANTE

Ce cru modèle de Pomerol est issu d'un terroir d'un seul tenant de 12 hectares qui tutoie L'Évangile, Cheval Blanc, Vieux-Certan et Figeac. Les sélections parcellaires sont bien mises en valeur par un cuvier parfaitement adapté avec des petits contenants. Depuis 2015, c'est Marielle Cazeaux qui met en musique toute la partition technique. On apprécie le satiné de tannin du grand vin avec une densité distinguée mettant bien en valeur la pureté du fruit d'où émergent de délicieuses notes de violette, très caractéristiques de la propriété. Le second vin, duo-de-conseillante, a gagné en densité et précision. La famille Nicolas, également en charge de Figeac, veille au grain et a sollicité avec succès, depuis le millésime 2014, les services de Michel Rolland.

- **Pomerol 2018** | Sec | NC — 18,5
- **Pomerol 2016** | Sec | 2021>31 | NC — 18

130, Route de Catusseau, 33500 Pomerol • Tél. 05 57 51 15 32 • contact@la-conseillante.com • www.la-conseillante.com

CHÂTEAU LA COUSPAUDE

Située sur un excellent secteur du plateau calcaire, La Couspaude est proche de Trottevieille. Ce vignoble de 7 hectares appartient à la famille Aubert : la génération montante s'attache à donner plus de finesse à ce cru qui offre une belle régularité depuis une vingtaine d'années. Le vin reste très marqué par la patte de Michel Rolland, qui conseille le domaine. C'est un vin généreux, rond, gourmand, très bien élevé, sensuel et ayant gagné en finesse dans les derniers millésimes. On préférera le 2016 plus profond au 2015 déjà très avenant.

- **Saint-Émilion grand cru 2018** | Sec | NC — 14

33330 Saint-Émilion • Tél. 05 57 40 15 76 • vignobles.aubert@wanadoo.fr • www.aubert-vignobles.com • Visite : tous les jours de juillet-août de 11h à 18h, sur rendez-vous le reste de l'année.

CHÂTEAU LA CROIX

Marie-Jo Chabut, une des grandes dames de Pomerol, dirige avec doigté cette propriété de 10 hectares. Elle a confié la vinification du cru à son neveu Jean-Philippe Janoueix, qui sait tirer le meilleur de ce terroir sablo-graveleux. Voilà une Croix que l'on veut bien porter, avec ses cabernets qui apportent une belle fraîcheur dans l'expression du bouquet. En effet, l'encépagement comprend 20 % de cabernet franc, autant de cabernet-sauvignon et 60 % de merlot. 2014, 2015, 2016 et 2010 sont à oublier encore quelques années. Ces vins raffinés évoluent parfaitement et constituent de bons rapports qualité-prix.

- **Pomerol 2018** | Sec | 30 € — 15
- **Pomerol 2016** | Sec | 2019>28 | 31,75 € — 16

37, rue Pline-Parmentier, 33500 Libourne • Tél. 05 57 51 41 86 • info@j-janoueix-bordeaux.com • www.josephjanoueix.com • Visite : sur rendez-vous du lundi au vendredi.

CHÂTEAU LA CROIX DE GAY

★★★☆☆

Depuis sa vente de quelques hectares au château L'Évangile, on pensait ce domaine du nord de Pomerol en déclin. Que nenni ! Les 2014, 2015, 2016, 2017, prouvent la bonne forme de ce domaine de 4,2 hectares qui appartient à Chantal Lebreton, une pomerolaise discrète. On reste sous le charme de la cuvée domaine ou de la cuvée prestige, la-fleur-de-gay, produite à parti des meilleures parcelles. On est sur l'un des grands classiques du plateau avec une grande forme des deux crus qui marquent bien leur territoire.

- **Pomerol 2018** | Sec | NC — 16
- **Pomerol 2016** | Sec | 2019>32 | NC — 15,5
- **Pomerol La Fleur de Gay 2018** | Sec | NC — 17
- **Pomerol La Fleur de Gay 2016** | Sec | 2020>36 | NC — 17

8, route de Saint-Jacques-de-Compostelle, 33500 Pomerol • Tél. 05 57 51 19 05 • contact@chateau-lacroixdegay.com • www.chateau-lacroixdegay.com • Visite : Uniquement sur rendez-vous.

CHÂTEAU LA CROIX DU CASSE

★★☆☆☆

Ce domaine de 9,5 hectares situé à la pointe sud du plateau de Pomerol appartient à Philippe Casteja, (président des grands crus classés de Bordeaux, et co-propriétaire avec sa famille de Batailley et Trottevieille). La Croix du Casse bénéficie des mêmes soins techniques que son grand frère, le château du domaine de l'Église. Il est devenu l'un des grands classiques de l'appellation et ses vins offrent un charnu savoureux, ils vieillissent avec élégance et classicisme. Les derniers millésimes sont de très bon niveau.

- **Pomerol 2018** | Sec | 28 € — 16
- **Pomerol 2016** | Sec | 2021>32 | NC — 15,5
- **Pomerol 2014** | Sec | 2020>26 | NC — 15

88 quai de Bacalan, 33082 Bordeaux • Tél. 05 56 00 00 70 • domaines@borie-manoux.fr • www.lacroixducasse.com • Visite : Visites possibles (principalement pour les professionnels) – sur rendez-vous uniquement.

CHÂTEAU LA CROIX-SAINT-GEORGES

★★★☆☆

Les Janoueix, l'une des grandes familles du vin de la rive droite, a toujours eu le sens des grands vins de Pomerol. Il convient en premier lieu de célébrer Marie-Antoinette Janoueix : elle eut l'excellente intuition d'isoler en 1999 quatre hectares de graves situées au cœur du plateau argileux qui entraient dans la composition du château-la-croix. Ces parcelles qualitatives ont pour voisins prestigieux Le Pin, Vieux Château Certan et Petit Village. Sa fille Marie-Jo Chabut a repris avec doigté la propriété et elle en a confié la responsabilité technique à son neveu, le talentueux Jean-Philippe Janoueix, qui apporte plus de précision dans le milieu et la fin de bouche. On apprécie l'attaque dense et voluptueuse qui se prolonge avec suavité et énergie, la finale truffée donne plus de noblesse à l'ensemble.

- **Pomerol 2018** | Sec | 58 € — 17
- **Pomerol 2016** | Sec | 2020>40 | 65 € — 17

37, rue Pline-Parmentier, 33500 Libourne • Tél. 05 57 51 41 86 • info@j-janoueix-bordeaux.com • www.josephjanoueix.com • Visite : sur rendez-vous du lundi au vendredi.

CHÂTEAU LA DOMINIQUE

★★★☆☆

Cette propriété classique de 23 hectares en production appartient à la famille Fayat, également propriétaire des châteaux Fayat à Pomerol et Clément-Pichon, cru bourgeois du Haut-Médoc. En constante progression, le cru a produit sur les derniers millésimes des vins dignes du plateau mythique pomerolais. Il convient de préciser que depuis 2011, le pourcentage du grand vin est passé de 80 à 55 %, ce qui donne plus de complexité. Il présente une finesse de grain et une intensité tannique toute en subtilité et un fruité plus nuancé. Comme tous les vins du secteur, il ressemble plus à un Pomerol. Par ailleurs, il dispose depuis 2014 du chai rutilant signé Jean Nouvel et d'un restaurant « la terrasse rouge » qui possède une superbe vue panoramique. Incontournable lors d'un séjour dans la région.

- **Saint-Émilion grand cru 2018** | Sec | 46,60 € — 17,5
- **Saint-Émilion grand cru 2016** | Sec | 2021>42 | env.65 € — 16,5
- **Saint-Émilion grand cru Le Relais de la Dominique 2018** | Sec | 18 € — 14

33330 Saint-Émilion • Tél. 05 57 51 31 36 • contact@vignobles.fayat.com • www.chateau-ladominique.com • Visite : Tous les jours, de 10h à 18h, sauf le lundi hors-saison. Visites sur rendez-vous.

CHÂTEAU LA FLEUR D'ARTHUS

★★★☆☆

Dans ce secteur peu réputé de Saint-Émilion situé en lisière de Dordogne, sur un sol riche en silice, Jean-Denis Salvert est parvenu à faire de sa dizaine d'hectares un grand vin ! Il a sélectionné d'excellentes parcelles parfaitement exposées et drainées, tout en en pratiquant une viticulture d'élite qui n'a rien à envier aux crus cultes du coteau. Les derniers millésimes sont particulièrement réussis. On aime la finesse de grain et l'énergie tannique de ce cru. On a ainsi pour une vingtaine d'euros, l'un des crus les plus surprenants de la rive droite.

- **Saint-Émilion grand cru 2018** | Sec | 24 € — 16,5
- **Saint-Émilion grand cru 2016** | Sec | 2022>32 | 26 € — 16,5
- **Saint-Émilion grand cru Monolithe d'Arthus 2018** | Sec | 45 € — 17
- **Saint-Émilion grand cru Monolithe d'Arthus 2016** | Sec | 2022>40 | 65 € — 17

24, La Grave, 33330 Vignonet • Tél. 06 08 49 18 11 • fleurdarthus@orange.fr • www.fleurdarthus.fr • Visite : Du lundi au vendredi, de 9h à 12h et de 13h30 à 17h30 et le week-end sur rendez-vous.

CHÂTEAU LA FLEUR DE BOÜARD

★★★☆☆

Ce domaine de 30 hectares sur Lalande Pomerol est devenu l'un des symboles de la réussite d'Hubert de Boüard et de sa famille propriétaire du château Angelus. Ils ont acheté cette propriété en 1998. Elle s'appuie sur deux secteurs, l'un de grosses graves et l'autre de sable et d'argile ; ces terroirs ont permis depuis le premier millésime réalisé de produire un vin ample, très profond, d'une remarquable finesse de tannin et d'une dimension sans équivalent dans l'appellation. Chaque année, à partir du terroir graveleux, on réalise une cuvée qualifiée « d'ovni » (objet vinifiant non identifié), le-plus, un vin très ambitieux, élevé 33 mois en fût neuf. Il faut absolument l'attendre une bonne dizaine d'années sans cela on passe à côté. 2001 se montre en pleine forme. Des chambres d'hôtes haut de gamme permettent désormais de résider au château.

- **Bordeaux sauvignon 2016** | Sec | 2019>21 | 15 € — 16
- **Lalande de Pomerol 2018** | Sec | NC — 16,5
- **Lalande de Pomerol 2016** | Sec | 2021>30 | NC — 16,5
- **Lalande de Pomerol Le Plus de la Fleur de Boüard 2018** | Sec | NC — 17
- **Lalande de Pomerol Le Plus de la Fleur de Boüard 2016** | Sec | 2022>32 | NC — 17,5
- **IGP de l'Atlantique chardonnay 2016** | Sec | 2019>24 | 22 € — 15,5

B.P. 7 - Lieu-dit Bertinau, 33500 Pomerol • Tél. 05 57 25 25 13 • contact@lafleurdebouard.com • www.lafleurdebouard.com • Visite : sur rendez-vous.

CHÂTEAU LA FLEUR-PETRUS

★★★★☆

Voici un cru de 18 hectares dont le parcellaire a considérablement évolué : au terroir initial il convient d'ajouter les cinq hectares achetés au Gay en 1995, dans le secteur de Pîtres, qui se situent en face de Lafleur. Très qualitatifs, ils ont permis au vin de gagner en complexité. Depuis 2011, les raisins issus du terroir de l'ex-château Guillot donnent au cru encore plus d'assise en milieu de bouche. Ses tannins pleins de grâce possèdent un satiné rafraîchissant unique sur le secteur. La fleur-petrus est devenu un grand vin de gastronomie et les derniers millésimes sont des modèles de style.

- **Pomerol 2018** | Sec | NC — 17,5
- **Pomerol 2016** | Sec | 2021>31 | NC — 18

33500 Pomerol • Tél. 05 57 51 78 96 • info@jpmoueix.com • www.moueix.com

CHÂTEAU LA GAFFELIÈRE

Idéalement situé sur la côte qui prolonge Ausone et conduit à Belair-Monange, La Gaffelière a connu durant la dernière décennie une révolution tout en douceur : sur la moitié des 22 hectares s'est mise en place sous la houlette d'Alexandre Malet-Roquefort (dont la famille est sur Saint-Émilion depuis le XVe siècle) un meilleur positionnement de l'encépagement. On arrache les merlots, et on replante du cabernet franc qui passe des sables au coteau. Son pourcentage augmente et atteint jusqu'à 35, 40 % de l'assemblage final. Le résultat se révèle probant avec des vins plus complexes, floraux, respectant le fruit et la fraîcheur. Au fil des millésimes, le château La Gaffelière impose son style, l'un des plus brillants des Premiers de Saint-Émilion. Le cru dégage des arômes de petits fruits rouges et noirs que l'on vient de cueillir, avec un fond crayeux qui fait saliver. L'intensité du vin s'exprime de la façon la plus subtile avec une texture à la fois ferme et caressante. On ne peut que louer la parfaite maturité du tannin : le retour irrésistible est doté d'une envolée minérale digne d'éloges. Comme ce Premier B rivalise avec ses prestigieux voisins, c'est maintenant qu'il convient d'en acheter, car les prix restent raisonnables pour le niveau atteint.

- **Saint-Émilion grand cru 2018** | Sec | 73,50 € — 18
- **Saint-Émilion grand cru 2016** | Sec | 2023>43 | 90 € — 18,5
- **Saint-Émilion grand cru Clos La Gaffelière 2016** | Sec | 2019>25 | 30 € — 15

La Gaffelière Ouest, 33330 Saint-Émilion • Tél. 05 57 24 72 15 • contact@gaffeliere.com • www.gaffeliere.com • Visite : Ouvert en été du mercredi au dimanche de 10h à 13h et de 14h à 18h, le reste de l'année sur rendez-vous.

CHÂTEAU LA GRÂCE DIEU DES PRIEURS

Racheté en 2013 par l'homme d'affaires russe Andrei Filatov, cette propriété bien situé du plateau de Saint-Emilion compte 9 hectares plantés à 90% en merlot sur un sol essentiellement sablo-argileux. Disposant désormais d'un chai en gravité très spectaculaire imaginé par l'architecte Jean Nouvel, la propriété s'appuie également sur l'expertise de Louis Mitjaville pour réaliser un vin ambitieux, élevé chaque année entièrement en barriques neuves. Les vins sont présentés dans un format de bouteille très original et illustré dans chaque millésime par douze oeuvres d'artistes russes.

- **Saint-Émilion grand cru 2018** | Sec | 2019>21 | NC
- **Saint-Émilion grand cru 2016** | Sec | 2019>26 | 224 € — 16
- **Saint-Émilion grand cru 2015** | Sec | 2019>26 | 214 € — 16
- **Saint-Émilion grand cru 2014** | Sec | 2019>25 | 188 € — 14

1, la Grâce Dieu, 33330 Saint-Emilion • Tél. 05 57 74 42 97 • web@lagracedieudesprieurs.com • www.lagracedieudesprieurs.com • Visite : Sur rendez-vous.

CHÂTEAU LA GRAVE FIGEAC

Les 6,5 hectares de la Grave Figeac sont situés entre La Conseillante et Cheval Blanc. Ils sont parfaitement soignés depuis l'arrivée aux commandes de Caroline et Laurent Clauzel, dont la famille posséda L'Évangile et Nénin. L'accueil à la propriété est délicieux. À moins de 25 euros, c'est toujours un bon rapport qualité-prix.

- **Saint-Émilion grand cru 2018** | Sec | 23,50 € — 15
- **Saint-Émilion grand cru 2016** | Sec | 2020>30 | 24,50 € — 15

1, Cheval Blanc Ouest, 33330 Saint-Emilion • Tél. 05 57 74 11 74 • contact@chateau-lagravefigeac.com • www.chateau-lagravefigeac.com • Visite : sur rendez-vous du lundi au vendredi de 9h à 17h30.

CHÂTEAU LA GRAVIÈRE

Il ne faut pas négliger ce lalande-de-pomerol qui appartient aux vignobles Péré-Vergé qui possèdent également Le Gay, La Violette et Monviel sur Pomerol. Ce lalande est toujours de bonne compagnie et que l'on peut aborder tôt. Gourmand et élégant, ce vin a du charme et un bon rapport qualité-prix.

- **Lalande de Pomerol 2018** | Sec | NC — 15
- **Lalande de Pomerol 2016** | Sec | 2019>28 | 50 € — 14,5

1 rue du Grand-Moulinet, 33500 Pomerol • Tél. 03 20 64 20 56 • communication@montviel.com • www.vignoblespereverge.com • Visite : Sur rendez-vous.

CHÂTEAU LA MARZELLE

Conduite désormais en biodynamie, cette propriété de 17 hectares, reprise en mains par la famille Sioen, commence à produire des vins dignes de son secteur. Le terroir se situe en effet sur le plateau proche de Figeac. Depuis 2013 grâce à une meilleure sélection parcellaire, un tri de vendange plus perfectionné, ce domaine produit un vin au toucher de bouche velouté, avec un fruité rayonnant et un corps de belle élégance. 2016 et 2018 sont superbes.

- **Saint-Émilion grand cru 2018** | Sec | NC — 18
- **Saint-Émilion grand cru 2016** | Sec | 2019>32 | 74 € — 16,5

La Marzelle, 33330 Saint-Émilion • Tél. 05 57 55 10 55 • info@lamarzelle.com • www.chateaulamarzelle.com • Visite : Uniquement sur rendez-vous du lundi au vendredi de 9h à 12h et de 14h à 16h.

LA MONDOTTE

Contrairement aux idées reçues, la Mondotte n'est pas une création pure de vignoble car on trouve trace du cru sur les cartes de l'époque dès le 19e siècle. Aujourd'hui géré comme une sorte de laboratoire agronomique et technique, il sert d'éclaireur aux autres propriétés du comte Neipperg (Château d'Aiguilhe, Canon-la-Gaffelière, Clos de l'Oratoire, Clos Marsalette, Château Guiraud).C'est un petit vignoble au terroir très argileux de vieilles vignes de merlot, posé sur le plateau calcaire de Saint-Emilion, à la proximité immédiate de Troplong-Mondot et des trois Pavie. 4,5 hectares seulement acquis en 1996 et qui offrent au bout de 15 ans l'une des expressions de truffe noire parmi les plus abouties de Saint-Emilion. Il faut y ajouter l'admirable soyeux de texture, toujours soutenu par une trame fraîche très équilibrée et l'on obtient l'un des vins les plus généreux et les plus distingués de son secteur, consacré Premier Grand Cru Classé B en 2012. Aujourd'hui, on se régale des 1998 et 2001, et les 2015, 2016 s'annoncent somptueux.

- **Saint-Émilion grand cru 2018** | Sec | NC — 18
- **Saint-Émilion grand cru 2016** | Sec | 2023>40 | NC — 18

B.P. 34, 33330 Saint-Émilion • Tél. 05 57 24 71 33 • info@neipperg.com • www.neipperg.com

CHÂTEAU LA PATACHE

Premier asiatique à avoir investi dans un grand cru bordelais sur Saint-Émilion (Bellefont-Belcier), Peter Kwok est également présent à Pomerol depuis 2012. Sur 3,18 hectares, pour 9 parcelles, La Patache se situe sur des graves fines avec de la crasse de fer et un sous-sol argileux. Tout ceci confère au vin velouté et profondeur de fruit. Une cuvée spéciale 100 % merlot a également vu le jour, elle regroupe les quatre meilleures parcelles pour élaborer l'enclos-de-tourmaline. Ce cru très charnu, plus dense, se révèle d'une grande sensualité et joue volontiers dans la cour des grands.

- **Pomerol 2018** | Sec | NC — 16
- **Pomerol L'Enclos de Tourmaline 2018** | Sec | NC — 17
- **Pomerol L'Enclos de Tourmaline 2016** | Sec | 2019>27 | 240 € — 17
- **Pomerol La Patache 2016** | Sec | 2019>24 | 35,50 € — 13

1, lieu-dit Cassevert, 33330 Saint Christophe des Bardes • Tél. 05 57 24 77 15 • contact@vignoblesk.com • www.vignoblesk.com • Visite : tous les jours de 9h à 12h et de 14h à 18h.

CHÂTEAU LA PERRIÈRE

Si les moines plantèrent les premiers pieds de vigne au Moyen-Âge, depuis 2003 le tonnelier Jean-Luc Sylvain y accomplit un travail de bénédictin pour remettre en état un vignoble de 14 hectares sur argilo-calcaire : grâce aux chambres raffinées implantées sur ce site d'exception, on peut méditer en toute quiétude sur les bienfaits de la cuvée domaine ou de la gourmandise de la Rose Perrière qui sont sorties haut le tannin de nos dégustations des 2016, 2015 et 2010 sur le secteur de Lussac. Le clos-des-grandes-versannes, en Saint-Émilion grand cru, mérite également l'attention.

- **Lussac-Saint-Émilion Château La Rose Perrière 2018** | Sec | NC — 14
- **Lussac-Saint-Émilion Château La Rose Perrière 2016** | Sec | 2019>26 | 17,70 € — 14

Saint-Émilion grand cru Clos les Grandes Versannes 2016 | Sec | 2019>29 | 17,70 € 14,5

Vignobles J.L. Sylvain, 33570 Lussac • Tél. 05 57 74 51 33 • mail@vignobles-jlsylvain.com • www.chateau-laroseperriere.com • Visite : du lundi au vendredi de 9h à 12h 30 et de 14h à 17h et le samedi après-midi sur rdv.

CHÂTEAU LA POINTE

★★★☆☆

Generali France, propriétaire depuis le début des années 2010, peut être satisfait de tous les investissements consentis sur les 22 hectares de la Pointe, situés sur sables et graves. Toujours très inspiré, le talentueux Éric Monneret est un directeur qui a su imposer son vin. Il sait parfaitement gérer son équipe technique et il écoute les conseils avisés du consultant Hubert de Boüard. L'étude des sols et la mise en place d'une gestion parcellaire rigoureuse ont permis de faire du cru l'une des références du secteur, gagnant au fil des ans en pureté aromatique et en soyeux. Ici on a jugé que le 2017 n'était pas à la hauteur et aucune bouteille de La Pointe ne sortira ! Heureusement 2018 s'annonce sous de meilleurs auspices. Cela reste un bon rapport qualité-prix, 2016 se révèle conforme à tous les espoirs entrevus lors des primeurs, alliant charme et grande élégance.

Pomerol 2018 | Sec | NC 17,5
Pomerol 2016 | Sec | 2021>29 | NC 16,5

18 chemin de Gardelle, 33500 Libourne • Tél. 05 57 51 02 11 • contact@chateaulapointe.com • www.chateaulapointe.com

CHÂTEAU LA RÉVÉRENCE

★☆☆☆☆

Située en pied de côte, cette propriété de Saint-Émilion présente un bon rapport qualité-prix. Le vin séduit par sa souplesse, son élégance gourmande et son onctuosité. Émeric Petit travaille ici avec le même sérieux que sur ses autres domaines (L'Écuyer sur Pomerol et Tournefeuille sur Lalande de Pomerol).

Saint-Émilion grand cru 2016 | Sec | 2019>29 | 27 € 14,5

24, rue de l'Église, 33500 Néac • Tél. 05 57 51 18 61 • info@chateau-tournefeuille.com • www.chateau-tournefeuille.com • Visite : du lundi au vendredi de 8h à 12h et de 13h30 à 17h, le week-end sur rendez-vous.

CHÂTEAU LA ROSE FIGEAC

★☆☆☆☆ ♣

Situé au sud-est de Pomerol, à la limite de Saint-Émilion, La Rose Figeac compte 4,5 hectares certifiés en agriculture biologique. Le vignoble offre une moyenne d'âge d'une trentaine d'années, avec dans le lot, des vignes qui ont plus de 60 ans. Repris par Nathalie Despagne (issue d'une grande famille de vignerons de la rive droite), il est entre de bonnes mains. Les 2016, 2015 et 2014 laissent entrevoir de belles perspectives. Après une production anecdotique en 2017, 2018 retrouve le style mis en place lors des précédents millésimes, avec un tannin en droiture soyeuse.

Pomerol 2018 | Sec | 40 € 15,5
Pomerol 2016 | Sec | 2020>30 | 40 € 16

54, Chemin de la Lamberte, 33500 Pomerol • Tél. 06 82 12 13 34 • nathaliedespagne@larosefigeac.com • www.larosefigeac.com • Visite : Sur rendez-vous.

CHÂTEAU LA ROUSSELLE

★★☆☆☆

Les 3,3 hectares du château La Rousselle forment un amphithéâtre qui domine la vallée de la Dordogne. Propriété de l'homme d'affaires Enzo Ide, ce domaine s'appuie sur ses vieilles vignes de cabernet franc qui centrent bien le milieu de bouche. Avec sa finale enlevée, On tient là, le profil d'un cru issu de coteaux calcaires. C'est une priorité pour l'amateur ! Pour 15 euros, il tient un vin qui peut rivaliser avec beaucoup d'étiquettes plus huppées de la rive droite !

Fronsac 2016 | Sec | 2020>30 | NC 16

33126 La Rivière • Tél. 06 80 66 20 89 • Visite : du lundi au samedi de 9h à 12h et de 14h à 18h sur rendez-vous de préférence.

CHÂTEAU LA TOUR FIGEAC

★★★☆☆

Ce cru voisin de Figeac, dont il a été détaché en 1897, est l'un des plus distingués du secteur avec ses 14,60 hectares sur graves, argile et sable. Inspirée de la biodynamie, sa viticulture est l'une des plus performantes du secteur. Christine Derenoncourt (épouse et associée de Stéphane, l'un des consultants les plus prisés du Bordelais) apporte sur ce cru toute sa sensibilité pour la vinification et l'élevage. Les vins charnus et denses qu'on y produisait ont gagné en finesse et en soyeux. Ils révèlent désormais toutes les qualités du terroir, qui peut se comparer à ses illustres voisins ! Délicieux 2012, 2013 et 2014, 2015, 2016 au caractère bien marqué par leur terroir. On ne peut que louer le profil floral, raffiné, complexe. Entre 50 et 60 euros, cela doit constituer une priorité pour l'amateur.

- **Saint-Émilion grand cru 2018** | Sec | 35 € — **15,5**
- **Saint-Émilion grand cru 2016** | Sec | 2019>30 | 56 € — **17**

1, La Tour Figeac, 33330 Saint-Émilion • Tél. 05 57 51 77 62 • contact@latourfigeac.fr • www.latourfigeac.fr • Visite : sur rendez-vous.

CHÂTEAU LA VIEILLE CURE

★★☆☆☆

Cette propriété remonte au XVIIIe siècle. Ses 18 hectares d'un seul tenant se situent à l'est de l'appellation, en plateau et en côtes, le long d'une petite rivière, l'Isle. Depuis une quinzaine d'années, c'est l'un des fronsacs les plus réguliers en qualité, avec des vins toujours pleins de sève, parfois un peu rigides dans leur jeunesse mais vieillissant noblement.

- **Fronsac 2018** | Sec | NC — **13,5**
- **Fronsac 2016** | Sec | 2026>33 | 25 € — **14,5**

1, Coutreau, 33141 Saillans • Tél. 05 57 84 32 05 • vieillecure@wanadoo.fr • www.la-vieille-cure.com • Visite : sur rendez-vous.

CHÂTEAU LA VIOLETTE

★★★★☆

Henri Parent a pris maintenant la mesure des crus familiaux et il continue avec brio le travail de sa mère Catherine Péré-Vergé (ex-directrice de cristal d'Arc) qui avait réveillé ce joyau d'1,80 hectare situé au cœur du célèbre plateau de Pomerol. La partie œnologique est assurée par Michel Rolland, qui connaît parfaitement le profil du cru et qui en est l'un des premiers fans. Exubérant dans sa suavité, ce cru rayonne en bouche, il est l'un des vins les plus sensuels de Pomerol. La fulgurance aromatique est exceptionnelle : fruits rouges et fleurs se mêlent de la façon la plus harmonieuse avec une touche d'épices. Ce cru possède un style irrésistible.

- **Pomerol 2018** | Sec | NC — **18,5**
- **Pomerol 2016** | Sec | 2020>36 | 400 € — **19**

1, rue du Grand Moulinet, 33500 Pomerol • Tél. 03 20 64 20 56 • communication@montviel.com • www.vignoblespereverge.com • Visite : Sur rendez-vous.

CHÂTEAU LA VOÛTE

★☆☆☆☆

La Voûte depuis quelques millésimes est l'une des clefs de la réunion des terroirs de Saint-Sulpice-de-Faleyrens et du plateau calcaire à Saint-Étienne-de-Lisse, sur 2,20 hectares. Le vin se montre expressif dès ses premières années de bouteille.

- **Saint-Émilion grand cru 2016** | Sec | 2021>30 | 30 € — **14**

Bel Air - D 243, 33330 Saint-Etienne-de-Lisse • Tél. 06 11 51 85 89 • moreaulavoute@gmail.com • www.vignobles-moreau.com • Visite : Sur rendez-vous du lundi au samedi de 9h à 12h et de 14h à 19h.

CHÂTEAU LAFLEUR

★★★★★

Tenu avec une extrême méticulosité, ce vignoble fait face à Petrus sur une très légère croupe très graveleuse en son sommet, parsemée de lentilles argileuses et de terrains plus profonds de part et d'autre. Exemple quasi unique sur Pomerol, les Guinaudeau sont des propriétaires-vignerons qui connaissent tous leurs ceps. Chaque rang des quatre hectares est cultivé spécifiquement pour composer avec la nature de son sol ; on est là dans de la haute couture entre culture et jardin. Sur les graves, le cabernet franc mûrit à la perfection, apportant ainsi une complexité unique sur la rive droite pour l'équilibre de l'assemblage. Quant au merlot, sur argiles profondes, il se montre de la même veine. La proportion égale de ces deux cépages s'harmonise parfaitement. Dans ses replis tout en circonvolutions, on a envie de dessiner ce cru comme une sphère dont les tannins remplissent complètement la bouche, avec une texture de taffetas incroyable.

- **Bordeaux Les Champs Libres 2018** | Sec | NC — 15,5
- **Bordeaux Les Champs Libres 2016** | Sec | 2019>30 | NC — 16,5
- **Pomerol 2018** | Sec | NC — 19,5
- **Pomerol 2016** | Sec | 2023>70 | NC — 19,5
- **Pomerol Les Pensées de Lafleur 2018** | Sec | NC — 17
- **Pomerol Les Pensées de Lafleur 2016** | Sec | 2021>41 | NC — 16,5

Grand-Village, 33240 Mouillac • Tél. 05 57 84 44 03 • contact@chateaulafleur.fr • www.chateaulafleur.fr

CHÂTEAU LAFLEUR DU ROY

★☆☆☆☆

Laurent Dubost bichonne ses 4 hectares et il suit en cela son père Yvon, l'ancien maire de la commune qui a constitué ce domaine en 1958. Voilà l'un des excellents rapports qualité-prix de Pomerol : on aime ce vin d'une suavité toute en souplesse florale et toujours bien constituée. À moins de 20 euros, il n'y a pas à hésiter !

- **Pomerol 2018** | Sec | 18 € — 15
- **Pomerol 2016** | Sec | 2019>29 | 33 € — 15

13, chemin de Jean-Lande, 33500 Pomerol • Tél. 05 57 51 74 57 ou 06 84 54 52 88 • sarl.dubost.l@wanadoo.fr • www.chateau-dubost.com • Visite : Uniquement sur rendez-vous.

CHÂTEAU LAFLEUR SAINT-JEAN

★★☆☆☆

Ce cru sensuel, qui constitue une enclave de deux hectares entre Petrus, Lafleur et Lafleur-Petrus, appartient à l'un des grands noms du négoce libournais, Bernard Janoueix. Ce dernier s'efface progressivement devant son fils François qui est en train de lui apporter un second souffle. Un nouveau chai vient de voir le jour et il devrait permettre à ce cru de progresser encore. Pour avoir le style velouté très expressif il est conseillé d'attendre au moins 5 ans. 2010, 2012, 2013, 2014, 2015, 2016 offrent de très belles perspectives !

- **Pomerol 2018** | Sec | 165 € — 15,5
- **Pomerol 2016** | Sec | 2021>40 | 165 € — 16

20, quai du priourat - 20, quai du Priourat, 33500 Libourne • Tél. 05 57 55 55 44 • vins@janoueixfrancois.com • www.janoueixfrancois.com • Visite : Ouverture du lundi au vendredi de 8h00 à 12h00 et de 13h30 à 17h30.

CHÂTEAU LAMARTRE

★☆☆☆☆

Mosaïque de petites parcelles réparties sur 11,5 hectares entre coteaux, pieds de côte et plaine, le château Lamartre se situe sur Saint-Étienne-de-Lisse. Il offre une alternance de sols argilo-calcaires et argilo-siliceux avec des vignes qui ont en moyenne 50 ans. Les 41 % de cabernet franc apportent finesse aromatique et élégance, en même temps qu'ils structurent le vin sur la cuvée étrange-rumeur. On passe à 55 % sur le passage-secret, qui offre un bon potentiel.

- **Saint-Émilion grand cru Étrange Rumeur 2015** | Sec | 2020>30 | 35 € — 14,5
- **Saint-Émilion grand cru Passage Secret 2015** | Sec | 2019>31 | 44 € — 15

- Saint-Étienne-de-Lisse33330 Saint-Etienne-de-Lisse • Tél. 01 48 28 71 42 • frederique.patureau@chateau-lamartre.fr • www.chateau-lamartre.fr

CHÂTEAU LARCIS DUCASSE

★★★★☆

Les 11 hectares d'un seul tenant de ce Premier Cru Classé sont situés face à la vallée de la Dordogne. Il s'agit sans doute d'un superbe terroir sur l'un des coteaux les mieux exposés de l'appellation. « Le but est de produire de grands vins, purs, minéraux, longs, puissants et fins, noblement truffés et d'une vigueur surprenante dans les petits millésimes », expliquent Stéphane Derenoncourt et Nicolas Thienpont, le duo technique gagnant, à qui la famille Gratiot propriétaire du cru a confié la direction de ce bijou de la rive droite. Le vin se caractérise par un magnifique velouté de texture, soutenue par un tannin épicé et truffé de très grande classe. Son rang de Premier Cru est justifié et les 2018, 2017, 2016, 2015, 2014, 2013, 2012, 2011, 2010, 2009 sont incontournables !

- **Saint-Émilion grand cru 2018** | Sec | NC — 17,5
- **Saint-Émilion grand cru 2016** | Sec | 2024>36 | NC — 17,5
- **Saint-Émilion grand cru 2007** | Sec | 2019>27 | NC — 16,5

1, Grottes d'Arsis - Saint-Laurent-des-Combes, 33330 Saint-Émilion • Tél. 05 57 24 70 84 • contact@larcis-ducasse.com • www.larcis-ducasse.com

CHÂTEAU LARMANDE

★★☆☆☆

Situé au nord de l'appellation, ce vignoble d'une vingtaine d'hectares repose sur des terroirs assez variés, partagés entre argilo-calcaires et sables. Le propriétaire, le groupe La Mondiale, soigne autant Larmande que Soutard dont il est également propriétaire. Les choses changent progressivement et le vin se montre charmeur, avec un fruit délicat et croquant.

- **Saint-Émilion grand cru 2016** | Sec | 2021>33 | NC — 15,5

1 lieu-dit Larmande, 33330 Saint-Émilion • Tél. 05 57 24 71 41 • booking@soutard.com • www.chateau-soutard.com • Visite : 10h-18h du mercredi au dimanche, d'avril à octobre (de novembre à mars, sur demande)

CHÂTEAU LAROQUE

★☆☆☆☆

Cru classé de Saint-Émilion, Laroque est un vaste vignoble de 61 hectares qui produit un vin solide, plus construit en charpente qu'en finesse. L'arrivée de David Suire qui officie avec Nicolas Thienpont sur les premiers de Saint-Emilion redonne de l'élan à ce domaine. Cela est perceptible sur des millésimes comme 2016 et 2017 où il y a plus de raffinement. 2018 marque une progression qualitative importante : ce domaine constitue l'une des révélations de nos dégustations du printemps 2019. À réserver d'urgence, car c'est l'un des meilleurs rapports qualité-prix du secteur ; à moins de 30 euros, il semble difficile de faire mieux !

- **Saint-Émilion grand cru 2018** | Sec | NC — 17
- **Saint-Émilion grand cru 2017** | Sec | 2022>32 | 35 € — 15,5
- **Saint-Émilion grand cru 2016** | Sec | 2024>35 | 39 € — 15

33330 Saint-Christophe-des-Bardes • Tél. 05 57 24 77 28 • contact@chateau-laroque.com • www.chateau-laroque.com

CHÂTEAU LAROZE

★★★☆☆

Situé en pied de côte au sud du village, le vignoble de 27 hectares d'un seul tenant s'appuie sur un sol de sables anciens avec un sous-sol d'argiles profondes. Cultivée sans engrais chimiques ni désherbants, et désormais conseillée par Hubert de Boüard, la propriété a conservé son style non forcé et naturel mais il manque toujours un peu de chair et de complexité à l'ensemble pour rivaliser avec les meilleurs.

- **Saint-Émilion grand cru 2016** | Sec | 2021>31 | 42 € — 15,5

B.P. 6133330 Saint-Émilion • Tél. 05 57 24 79 79 • info@laroze.com • www.laroze.com • Visite : Sur rendez-vous.

CHÂTEAU LASSÈGUE

★★★☆☆

Propriété de la famille américaine viticole Kendall-Jackson et du gascon Pierre Seillan, Lassègue dispose de 24 hectares en milieu et pied de côte sur Saint-Hippolyte. Lassègue est un saint-émilion charnu, velouté, avec un jus au fruité très mûr, calibré, apte à une garde de vingt-cinq ans. Peu à peu, les vins trouvent leur style, consistant et puissant, gagnant progressivement en finesse, ce qu'autorise largement le terroir. Ainsi les flaveurs de thym et de romarin signent les finales de tous les millésimes. Elles marquent l'emprunte calcaire de cette propriété.

- **Saint-Émilion grand cru 2018** | Sec | NC — 15,5
- **Saint-Émilion grand cru 2016** | Sec | 2022>36 | 58 € — 16

Saint-Hippolyte, 33330 Saint-Émilion • Tél. 05 57 24 19 49 • olympe.beltran@orange.fr • www.chateau-lassegue.com • Visite : sur rendez-vous.

CHÂTEAU LATOUR-À-POMEROL

Les 8 hectares de Latour sont exploités en fermage par les établissements Jean-Pierre Moueix. Deux parcelles, l'une près de l'église de Pomerol, sur des sols de graviers, l'autre sur des sols plus légers, constituent l'assemblage final. Ce cru est l'un des bons rapports qualité-prix des grands pomerols puisqu'on le touche dans des prix qui oscillent entre 50 et 60 euros. On l'apprécie pour sa fraîcheur de constitution, son soyeux et son charnu. Il a toujours des touches florales très fines qui évoluent vers la truffe au fil du temps. Les derniers millésimes affichent une belle régularité.

Pomerol 2018 | Sec | NC — 17
Pomerol 2016 | Sec | 2020>35 | NC — 16,5

33500 Pomerol • Tél. 05 57 51 78 96 • info@jpmoueix.com • www.moueix.com

CHÂTEAU LE BON PASTEUR

La société Goldin Group de Hong Kong possède désormais ce domaine d'une quinzaine d'hectares situé dans le secteur de Maillet, avec une partie sur un sol d'argiles et de graves et une autre sur des terroirs plus légers. L'œnologue, Michel Rolland, ex-propriétaire continue de suivre les vinifications. Il conserve les préceptes qui ont fait son succès : rendements limités, raisins très mûrs à la vendange, élevage luxueux et vinification intégrale avec fermentation alcoolique des raisins dans les fûts. Le bon-pasteur brille par une générosité de tannins et une séduisante texture charnue et soyeuse réjouissante. Il évolue parfaitement sur une vingtaine d'années.

Pomerol 2018 | Sec | NC — 17
Pomerol 2016 | Sec | 2023>40 | 112 € — 17

10, chemin de Maillet, 33500 Pomerol • Tél. 05 57 24 52 58 • contact@chateaulebonpasteur.com • www.chateaulebonpasteur.com

CHÂTEAU LE CHÂTELET

Petit cru de 3,3 hectares bien situé sur le plateau proche de clos Fourtet et Grandes Murailles, au milieu de Beau-Séjour Bécot et de Canon, Le Châtelet a été promu cru classé en 2012. Depuis, ce domaine ne cesse de progresser avec un 2016 à la hauteur de son statut.

Saint-Émilion grand cru 2018 | Sec | 48 € — 14
Saint-Émilion grand cru 2016 | Sec | 2020>31 | 62 € — 14,5

33330 Saint-Émilion • Tél. 06 72 91 09 29 • chateaulechatelet@gmail.com • www.chateau-le-chatelet.com • Visite : de mi-avril à mi-décembre tous les jours de 11h à 18h.

CHÂTEAU LE CHEMIN

François Despagne, l'homme de Grand Corbin Despagne, a jeté son dévolu sur ce vignoble familial de 93 ares, pour le plus grand plaisir des amateurs de Pomerol qui aiment ce vin au tannin velouté et énergique, issu d'un terroir de pied de côte graveleuse. Souple et fruitée en attaque, la bouche monte en puissance, offrant un beau volume, un boisé fondu et des tannins serrés qui accompagnent une longue finale poivrée.

Pomerol 2018 | Sec | 40 € — 16
Pomerol 2016 | Sec | 2019>37 | 55 € — 16,5

3 barraillot, 33330 Saint-Émilion • Tél. 05 57 51 08 38 • f-despagne@grand-corbin-despagne.com • www.grand-corbin-despagne.com • Visite : Tous les jours sur rendez-vous.

CHÂTEAU LE GAY

Ce château bien restauré est un lieu de réception à la hauteur de son terroir, considéré sur le nord du plateau comme l'un des meilleurs de l'appellation. Les 10,50 hectares du vignoble touchent sur une partie le mythique château Lafleur. Henri Parent en assure désormais la direction après la disparition de sa mère, Catherine Péré-Vergé, héritière des cristalleries d'Arques. L'œnologue vedette, Michel Rolland, dirige la manœuvre en cuverie où les vinifications sont réalisées intégralement en barrique, ce qui induit des vins amples et charnus. Leur moelleux de texture très sculptural et l'intensité de sève sont bien marquées. Le-gay est l'un des crus les plus recherchés par les amateurs depuis 2004. Quand les vins auront pris de l'âge, on pourra en saisir toutes les nuances et leur grand raffinement. Les derniers millésimes sont porteurs de grands espoirs.

- **Pomerol 2018** | Sec | NC — 17,5
- **Pomerol 2016** | Sec | 2021>37 | 150 € — 18

1 rue du Grand Moulinet - Rue du Grand Moulinet, 33500 Pomerol • Tél. 03 20 64 20 56 • communication@montviel.com • www.vignoblespereverge.com • Visite : Sur rendez-vous.

CHÂTEAU LE MOULIN

★★★☆☆

Sage de Pomerol, Michel Querre appartient à l'une des grandes familles de la rive droite. C'est avec passion qu'il produit sur 2,5 hectares, un cru de charme exposé côté versant ouest de Pomerol, sur un sol argilo-graveleux. Depuis 2017, il fait appel à la talentueuse Murielle Thunevin (qui contribue au succès de Valandraud) pour suivre le cru. Ici on isole chacune des parcelles lors des vinifications dans de petites cuves coniques adéquates. C'est L'originalité du moulin, c'est son attaque ample à la suavité élégante, son centre de bouche charnu et une suite avec ce qu'il faut de tension. Un cru qui parle aussi bien à l'initié qu'au profane. Le 2018 s'annonce somptueux !

- **Pomerol 2018** | Sec | 38,40 € — 17
- **Pomerol 2016** | Sec | 2019>32 | 55 € — 16,5

Chemin du Moulin de Lavaud, 33500 Pomerol • Tél. 05 57 55 19 60 • contact@moulin-pomerol.com • www.moulin-pomerol.com • Visite : sur rendez-vous du lundi au vendredi de 9h à 12h et de 14h à 17h.

LE PIN

★★★★☆

Jacques Thienpont créa Le Pin au début des années 1980, dix ans avant l'apparition des vins de garage, des crus minuscules que l'on vinifiait dans un lieu intimiste. Ce cru a bousculé la hiérarchie de la rive droite bordelaise et ses prix se sont alors envolés. Situé aux abords du village de Catusseau, le vignoble s'appuie très largement sur le merlot. Le vin possède une remarquable suavité, souvent exubérante et exotique au bouquet, avec un équilibre et une fraîcheur beaucoup plus affirmés que par le passé. Sa rareté et son aura mystérieuse en font l'archétype du cru spéculatif mais la qualité du vin est aujourd'hui indéniablement à la hauteur du mythe.

- **Pomerol 2018** | Sec | NC — 18
- **Pomerol 2016** | Sec | 2020>37 | NC — 18,5

11, rue de la Fontaine, 33500 Pomerol • Tél. 05 57 51 33 99

CHÂTEAU LE PRIEURÉ

★★★☆☆

Ce vignoble de 6,2 hectares se situe à l'est de Saint-Émilion, sur le flanc de la colline argilo-calcaire et calcaire, entre Trottevieille, Pavie-Macquin et Troplong-Mondot. François Pinault (Château Latour, Château Grillet) est entré dans la société civile qui possède et exploite ce cru. Les vins privilégient l'équilibre et la finesse.

- **Saint-Émilion grand cru 2016** | Sec | 2022>32 | 60 € — 16

Château Siaurac – Ciorac, 33500 Saint-Néac • Tél. 05 57 51 64 58 • info@siaurac.com • www.siaurac.com • Visite : du lundi au vendredi de 8h à 17h30, le week-end sur rendez-vous.

CHÂTEAU LES CRUZELLES

★★★☆☆

Denis Durantou est l'un des grands stylistes de la rive droite. Il apporte ici sur 10 hectares les mêmes soins que sur son domaine phare de Pomerol, l'Eglise Clinet. On touche avec ce cru l'un des sommets de Lalande, avec un encépagement qui comprend 90 % de merlot et 10 % de cabernet franc. Floral, épicé et soyeux, on aime ce tannin enrobé et persistant, parfaitement calibré. À 25 euros, c'est un très bon rapport qualité-prix.

- **Lalande de Pomerol 2018** | Sec | NC — **16**
- **Lalande de Pomerol 2016** | Sec | 2020>29 | NC — **16**

10, rue Catusseau, 33500 Pomerol • Tél. 05 57 25 96 59 • denis@durantou.com • www.denis-durantou.com

CHÂTEAU LES GRANDES MURAILLES

★★☆☆☆

Domaine de 2 hectares, Les Grandes Murailles appartiennent comme Clos Fourtet à la famille Cuvelier. La propriété se situe à l'entrée de Saint-Émilion, sur le plateau. Une montée en puissance et en raffinement s'est opérée à partir du millésime 2015. Le 2016 mais encore plus le 2018 sont à suivre de très près.

- **Saint-Émilion grand cru 2018** | Sec | NC — **17**
- **Saint-Émilion grand cru 2016** | Sec | 2020>36 | env.50 € — **16,5**

SCEA Château Côte de Baleau, 33330 Saint-Émilion • Tél. 05 57 24 71 09 • contact@cotedebaleau.com • www.lesgrandesmurailles.fr

CHÂTEAU LES TROIS CROIX

★★★☆☆

Bien mise sur orbite par Patrick Léon, ampélographe, œnologue (ex-Mouton-Rothschild), disparu en décembre 2018, cette propriété de 18 hectares est l'une des plus qualitatives de Fronsac. Aujourd'hui Bertrand Léon marche dans les pas de son père. les 2015 et 2016 s'annoncent superbes et les vins se déploient en longueur et en subtilité. Cette propriété est indéniablement devenue l'une des références incontournables de l'appellation.

- **Fronsac 2018** | Sec | 16 € — **16**
- **Fronsac 2016** | Sec | 2022>32 | 20 € — **15,5**

Lieu-dit Les-Trois-Croix, 33126 Fronsac • Tél. 05 57 84 32 09 • lestroiscroix@aol.com • www.chateaulestroiscroix.com • Visite : Sur rendez-vous.

CLOS DES LITANIES

★☆☆☆☆

Ce pomerol de 81 ares se trouve planté uniquement de merlot sur un sol sableux, sur fond très ferrugineux. Ceci permet de donner à ce cru toute la sensualité que l'on recherche sur un pomerol, avec un tannin juteux et charnu de grande gourmandise.

- **Pomerol 2016** | Sec | 2019>27 | 35,35 € — **15,5**

33500 Pomerol • Tél. 05 57 51 41 86 • info@j-janoueix-bordeaux.com • www.josephjanoueix.com • Visite : sur rendez-vous du lundi au vendredi.

CHÂTEAU LUCIA

★☆☆☆☆

Proche de Clos Fourtet, Lucia est un cru de poupée d'un peu plus de 3 hectares, avec une parcelle de 140 ares très originale de vignes plantées en 1901 sur argilo-calcaires. Conseillé par Stéphane Derenoncourt, ce domaine est en constante progression, avec un vin ample, au tannin juteux, crémeux et frais.

- **Saint-Émilion grand cru 2016** | Sec | 2019>26 | 38 € — **15,5**

316, Grands-Champs, 33330 Saint-Sulpice-de-Faleyrens • Tél. 06 81 34 10 27 • lucia33@orange.fr • Visite : sur rendez-vous.

CHÂTEAU LUSSEAU

★☆☆☆☆

Voisin de Monbousquet, la propriété du maître de chai des vignobles de Gérard Perse produit des vins harmonieux et veloutés, réalisés sans fioritures mais très accessibles assez tôt. Long et velouté, le 2016 séduit par sa fraîcheur et son fruit.

- **Saint-Émilion grand cru 2016** | Sec | 2019>26 | NC — **14,5**

Bois-Grouley, 33330 Saint-Sulpice-de-Faleyrens • Tél. 05 57 24 74 03

LYNSOLENCE

Denis Barraud, l'un des bons vignerons de la rive droite possède 2,5 hectares sur la commune de Saint-Sulpice de Faleyrens, au lieu-dit Le Bert. Le terroir alterne sable et graves très profondes, avec une touche de crasse de fer, ce qui donne un vin charnu et épicé.

- **Saint-Émilion grand cru 2016** | Sec | 2020>27 | 42 € **14**

Rue du Port Leyron - 355, port de Branne, 33420 Branne • Tél. 05 57 84 54 73 • denis.barraud@wanadoo.fr • www.denis-barraud.com • Visite : Ouvert tous les jours de 9h à 12h et de 14h à 17h sur rendez-vous.

CHÂTEAU MANGOT

Yann et Karl Todeschini ont pris la mesure de ce domaine familial de Saint-Étienne-de-Lisse : il comprend 34 hectares de vignoble d'un seul tenant sur quatre types de terroirs où dominent les secteurs argilo-calcaires. Les vins y sont denses, puissants et compactes, ils doivent absolument vieillir ou doivent être carafés 2 heures avant le service.

- **Saint-Émilion grand cru 2018** | Sec | 25 € **14**
- **Saint-Émilion grand cru 2016** | Sec | 2021>30 | 24 € **15**
- **Saint-Émilion grand cru Todeschini 2018** | Sec | 35 € **14,5**
- **Saint-Émilion grand cru Todeschini 2016** | Sec | 2025>39 | 48 € **15,5**

33330 Saint-Etienne-de-Lisse • Tél. 05 57 40 18 23 • todeschini@chateaumangot.fr • www.chateaumangot.fr • Visite : Ouvert du Lundi au Vendredi de 9 à 18h. Et le samedi de Mai à Septembre de 10 à 17h.

CHÂTEAU MAZEYRES

Grâce aux vignes plantées en 2011, sur le secteur de l'hippodrome de Libourne, la Sogecap, (branche assurance-vie de la Caisse de Retraite de la Société Générale) possède désormais 25,5 hectares de sables lardés d'argiles et de graves. Comme à Fonroque, sur Saint-Émilion, le directeur Alain Moueix, ingénieur viticole et œnologue, issu d'une grande famille de viticulteurs et négociants libournais, apporte son engagement, son expertise et son savoir-faire. L'apport essentiel de la biodynamie place la progression de ce cru dans un mouvement de qualité ascendant. Les vins qui en résultent, vivants et élégants, bénéficient depuis 2014 de 6 % de petit verdot qui construit véritablement le milieu de bouche. Les derniers millésimes se révèlent charmeurs, jouant dans un registre de prix compris entre 20 et 25 euros. Voilà une bonne initiation aux vins de Pomerol.

- **Pomerol 2016** | Sec | 2020>26 | 43 € **14**

56, avenue Georges-Pompidou, 33500 Libourne • Tél. 05 57 51 00 48 • communication@mazeyres.com • www.chateaumazeyres.net • Visite : Uniquement sur rendez-vous.

CHÂTEAU MONBOUSQUET

Très audacieux par leur puissance dans leur prime jeunesse, les vins de ce cru situé en pied de côte et transfiguré par le travail de Gérard Perse (également propriétaire de Pavie) vieillissent avec une grande harmonie, rendant justice au remarquable travail effectué dans le vignoble. Un nouvel actionnaire, (la caisse autonome des médecins de France) est entré dans le capital de la propriété en 2013 sans que rien ne change ! Un vin blanc de haute volée devrait inciter d'autres châteaux à en produire eux aussi.

- **Bordeaux 2018** | Sec | 50-55 € **16**
- **Bordeaux 2017** | Sec | 2019>25 | NC **16**
- **Saint-Émilion grand cru 2018** | Sec | 50-55 € **18**
- **Saint-Émilion grand cru 2016** | Sec | 2022>30 | NC **17**

42 avenue de Saint-Émilion, 33330 Saint-Sulpice-de-Faleyrens • Tél. 05 57 24 67 19 • contact@chateumonbousquet.com • www.chateaumonbousquet.com

CHÂTEAU MONTLABERT

À proximité de Cheval Blanc, Figeac et Jean Faure, sur 3,5 hectares, Montlabert regarde en direction du plateau magique de Pomerol et sur 9 hectares, il vise en direction de Saint-Émilion. Acquis en 2008 par la famille Castel, ce domaine trouve progressivement ses marques grâce aux investissements culturaux. On y soigne le développement durable qui vaut depuis 2011 le label terra vitis. Ludovic Hérault dirige la vigne et la cuverie, il travaille en étroite collaboration avec Hubert de Boüard (Château Angélus). Millésime après millésime, la propriété confirme sa progression, avec un tannin gracieux et soyeux de bonne longueur qui commence à se rapprocher de ses illustres voisins. Pour une trentaine d'euros, cela reste un bon rapport qualité-prix.

- **Saint-Émilion grand cru 2016** | Sec | 2020>28 | NC 16
- **Saint-Émilion grand cru La Croix Montlabert 2016** | Sec | 2019>27 | NC 12,5
- **Saint-Émilion grand cru La Croix Montlabert 2016** | Sec | 2020>24 | NC 13

1 Montlabert, 33330 Saint-Emilion • Tél. 05 57 24 71 72 • contact@chateaux-castel.com • www.chateaux-castel.com

CHÂTEAU MONTVIEL

★★★☆☆

Les vins de Montviel sortent parfaitement sur les derniers millésimes grâce aux parcelles situées sur le secteur de Clinet. Ce fut le premier maillon de Pomerol acheté par Catherine Péré-Vergé au début des années 1980 qui fut l'une des grandes dames de Pomerol. Aujourd'hui son fils Henri Parent reprend avec succès le flambeau. Montviel est un cru à la longueur élancée, avec une densité qui se fait enrobante. Il bénéficie des mêmes soins que Le Gay et La Violette. À moins de 35 euros, cela reste un bon rapport qualité-prix pour l'appellation, à ce niveau de qualité.

- **Pomerol 2018** | Sec | NC 16
- **Pomerol 2016** | Sec | 2023>38 | 50 € 16
- **Pomerol Château Tristan 2016** | Sec | 2019>24 | 25 € 14

1, rue du Grand-Moulinet, 33500 Pomerol • Tél. 03 20 64 20 56 • communication@montviel.com • www.vignoblespereverge.com • Visite : Sur rendez-vous.

CHÂTEAU MOULIN DU CADET

★☆☆☆☆

Ce domaine de 5 hectares, situé sur le plateau du Cadet au nord de Saint-Émilion, vient d'être racheté par Marie-Bénédicte Lefévère qui possède déjà sur Saint-Émilion le très qualitatif château Sansonnet. Le premier millésime voit le jour en 2015, le vin se montre facile d'accès. Nous tiendrons surtout compte du 2016 où l'on va vers plus de concentration et une aromatique plus florale.

- **Saint-Émilion grand cru 2018** | Sec | 24 € 15
- **Saint-Émilion grand cru 2016** | Sec | 2020>31 | 35,50 € 16

SAS Château Moulin du Cadet, 4 Lieu dit le Cadet, 33330 Saint-Émilion • Tél. 09 60 12 95 17 • contact@chateau-sansonnet.com • www.chateau-sansonnet.com • Visite : sur rendez-vous.

CHÂTEAU MOULIN HAUT-LAROQUE

★☆☆☆☆

Ce vignoble de 15 hectares est constitué de parcelles proches du château de Carles et de parcelles sur Saillans. Sans jamais singer les saint-émilion ni les bêtes à concours, ce cru a du style. Un encépagement très varié donne des vins fermes, pleins de sève, charpentés mais sans lourdeur, toujours soutenus par une trame fraîche parfaitement équilibrée. Les derniers millésimes sont de franches réussites, ils constituent autour de 20 euros de très bons rapports qualité-prix.

- **Fronsac 2018** | Sec | NC 14,5
- **Fronsac 2016** | Sec | 2023>33 | NC 15
- **Fronsac Hervé Laroque 2016** | Sec | 2019>22 | NC 12,5

Le Moulin, 33141 Saillans • Tél. 05 57 84 32 07 • contact@moulinhautlaroque.com • www.moulinhautlaroque.com • Visite : du lundi au vendredi uniquement sur rendez-vous.

CHÂTEAU MOULIN PEY-LABRIE

★★☆☆☆ ♣

Située sur un terroir très classique de molasses du Fronsadais, mêlant calcaire et argile, cette petite propriété de 6,5 hectares se trouve en haut d'un coteau (« pey » dans le patois local) qui donne son nom au cru. Bénédicte et Benoit Hubau contribuent depuis plus d'une vingtaine d'années à faire de ce cru l'un des meilleurs du Fronsadais, avec un vin au tannin frais et savoureux. Autour d'une vingtaine d'euros, il reste une superbe affaire pour le secteur.

- **Canon-Fronsac 2018** | Sec | 28 € — 14,5
- **Canon-Fronsac 2016** | Sec | 2020>30 | 24 € — 15,5

33126 Fronsac • Tél. 05 57 51 14 37 • moulinpeylabrie@wanadoo.fr • www.moulinpeylabrie.com • Visite : sur rendez-vous.

CHÂTEAU MOULIN SAINT-GEORGES

★★★☆☆

Moulin Saint-Georges est aux grands crus de Saint-Émilion ce qu'Ausone est aux premiers grands crus classés A, d'autant qu'il appartient à la famille Vauthier. Avec ses 7 hectares, il est géré selon des principes similaires, avec un parcellaire argilo-calcaire contigu au premier grand cru classé A. Même si son terroir n'est pas le même, l'harmonie générale est au rendez-vous, avec un profil charnu, intense et frais. Pour un cru signature à moins de 35 euros, il faut en faire provision à chaque millésime !

- **Saint-Émilion grand cru 2018** | Sec | NC — 17
- **Saint-Émilion grand cru 2016** | Sec | 2022>50 | 34 € — 16,5

33330 Saint-Émilion • Tél. 05 57 24 24 57 • chateau.ausone@wanadoo.fr

CHÂTEAU MOULINET

★☆☆☆☆

Ce domaine de 22 hectares situé sur des sols d'argiles et de graves a pris Stéphane Derenoncourt comme consultant. Il ne s'est pas trompé car les vins ont gagné en densité, en éclat aromatique et en velouté. On apprécie l'allonge fine et persistante, avec ce qu'il faut de floral et de fruité soyeux.

- **Pomerol 2016** | Sec | 2019>29 | NC — 15

15, Chemin de la Combe, 33500 Pomerol • Tél. 05 57 51 23 68 • chateaumoulinet@wanadoo.fr OU chateaumoulinet@gmail.com • www.chateau-moulinet.com

CHÂTEAU NÉNIN

★★★★☆

Le rachat, à la fin du XXe siècle, d'une partie de Certan-Giraud a permis au cru de pouvoir compter sur l'un des meilleurs terroirs de Pomerol et de disposer désormais de 32 hectares. Nénin appartient depuis 1997 à la famille Delon (château Léoville-Las-Cases, à Saint-Julien) qui y a engagé d'importants travaux, à la vigne comme au château. Les millésimes récents sont parmi les meilleurs de l'appellation). Beaucoup moins démonstratif que la majorité de ses pairs, il est taillé pour la garde et en constante évolution. Le tannin persistant s'étire de la plus belle des façons, avec beaucoup d'énergie et une finale florale et épicée superbe. 2016 sera le plus grand vin jamais produit sur ce cru en constante progression pour sa précision structurelle et aromatique.

- **Pomerol 2018** | Sec | 68 € — 17
- **Pomerol 2016** | Sec | 2022>36 | 65 € — 18,5
- **Pomerol Fugue de Nénin 2018** | Sec | 30 € — 15
- **Pomerol Fugue de Nénin 2016** | Sec | 2019>26 | 35 € — 16

66, route de Montagne, 33500 Pomerol • Tél. 05 56 73 25 26 • contact@leoville-las-cases.com • www.domaine-delon.com • Visite : rendez-vous uniquement pour les professionnels.

CLOS DE L'ORATOIRE

★★★☆☆

Le Clos de l'Oratoire est avec Canon La Gaffelière et La Mondotte la troisième propriété que possède Stephan von Neipperg sur Saint-Émilion, et bénéficie ainsi des mêmes soins. Le vignoble d'une dizaine d'hectares est situé au nord-est de la commune, entre Soutard et Balestard sur un terroir très argilo-calcaire qui convient parfaitement au merlot. Sur les derniers millésimes, le cru est en constante progression, avec un style tannique crémeux, très expressif, avec un milieu de bouche velouté très sphérique. Aujourd'hui, le 2014 qui possède un beau volume atteint la trentaine d'euros, ce qui constitue un bon rapport qualité-prix eu égard à la qualité et à ses pairs. Le 2016 est particulièrement réussi !

- **Saint-Émilion grand cru 2018** | Sec | NC — 16,5
- **Saint-Émilion grand cru 2016** | Sec | 2019>30 | NC — 16

.P. 34, 33330 Saint-Émilion • Tél. 05 57 24 71 33 • info@neipperg.com • www.neipperg.com • Visite : Sur rendez-vous.

VIGNOBLES QUERRE

★☆☆☆☆

Les Querre appartiennent à l'une des grandes familles de la rive droite : Michel et Geneviève sont des épicuriens humanistes, amis de tous les étoilés français et leurs enfants Isabelle et Emmanuel reprennent progressivement le flambeau. Du bordeaux au castillon-côtes-de-bordeaux, en passant par le saint-émilion, les vins présentent un très bon rapport qualité-prix. Situé sur le versant sud-ouest du coteau de Saint-Émilion, sur un sol sablo-argileux, Patris est bien exposé, il offre une souplesse harmonieuse. Produite à partir de 2009, la cuvée patris-querre, plus ambitieuse, possède de la profondeur et un tannin harmonieusement enrobé.

- **Bordeaux Supérieur Château Brun Despagne Querre 2016** | Sec | 2019>23 | 8,50 € — 13
- **Saint-Émilion grand cru Château Patris 2016** | Sec | 2019>27 | 18 € — 14
- **Saint-Émilion grand cru Patris Querre 2018** | Sec | 16,80 € — 15,5
- **Saint-Émilion grand cru Patris Querre 2016** | Sec | 2021>35 | 29 € — 15,5

Chemin du Moulin de Lavaud, 33500 Pomerol • Tél. 05 57 55 19 60 • contact@vignobles-querre.com • www.vignobles-querre.com • Visite : sur rendez-vous de 9h à 17h.

CHÂTEAU PAVIE

★★★★★

Les chais pharaoniques du Château Pavie sont à la hauteur de son statut de Premier Grand Cru Classé A, obtenu en 2012. Le vignoble et les chais ont été entièrement restructurés lors des derniers millésimes par Gérard Perse qui incarne le renouveau du cru depuis son rachat en 1998. Le style du vin réunit dans un équilibre jusqu'ici unique sur la rive droite la plus extrême ampleur à une noblesse de texture justement calibrée. Les grands terroirs parlent avec une majesté flamboyante, à condition de savoir attendre au moins une dizaine d'années, sans cela, on risquerait de passer à côté de la réelle complexité du cru (le millésime 2000 dégusté dernièrement démontrait une élégance et une plénitude exceptionnelles). Les 2016 et 2017 ont encore gagné en nuances et atteignent un sommet. Les plus pressés peuvent déjà investir dans esprit-de-pavie : un bordeaux séveux et très savoureux à moins de 20 euros !

- **Saint-Émilion grand cru 2018** | Sec | 329 € — 18
- **Saint-Émilion grand cru 2016** | Sec | 2024>36 | 400 € — 18,5
- **Bordeaux Supérieur Esprit de Pavie 2017** | Sec | 2020>26 | 15 € — 15
- **Saint-Émilion grand cru Arômes de Pavie 2016** | Sec | 2021>29 | 105 € — 16

33330 Saint-Émilion • Tél. 05 57 55 43 43 • contact@vignoblesperse.com • www.vignoblesperse.com

CHÂTEAU PAVIE-DECESSE

★★★★☆

En rachetant Pavie-Decesse à la même époque que Pavie, en 1997, Gérard Perse a choisi de conserver l'identité des deux propriétés, pourtant voisines sur la côte de Saint-Émilion. Seul changement : l'intégration des vignes de plein coteau dans Pavie pour centrer Pavie-Decesse sur 4 hectares situés sur les sols du plateau directement au-dessus. Le cru impressionne à chaque millésime par sa puissance, son ampleur et sa formidable densité tannique. Sa fin de bouche minérale le distingue de pavie et souligne le terroir. Il lui faut du temps pour s'épanouir. Autour de 110 euros, le 2014 est une bonne occasion de découvrir ce vin qui est du niveau d'un Premier Cru Classé B.

- **Saint-Émilion grand cru 2018** | Sec | 120-125 € — 17,5
- **Saint-Émilion grand cru 2016** | Sec | 2024>36 | NC — 18

33330 Saint-Émilion • Tél. 05 57 55 43 43 • contact@vignoblesperse.com • www.vignoblesperse.com

CHÂTEAU PAVIE-MACQUIN

★★★★☆

Avec ses 18 hectares, sur le rebord de la côte Pavie, Pavie-Macquin est devenu fort justement Premier Grand Gru Classé B. Son terroir d'argiles fortes reposant sur un socle calcaire à astéries, permet un drainage naturel et une alimentation hydrique très régulière. Stéphane Derenoncourt et Nicolas Thienpont, deux des consultants vedettes de la rive droite savent adapter au mieux les vinifications. Le vin présente toujours un profil d'une grande générosité, avec une bouche corsée et charnue, avec toujours un fruit vivifiant. Il gagne en finesse et en harmonie à chaque nouveau millésime, avec l'inimitable saveur de truffe et la tension minérale. Il n'est jamais aussi bon qu'après une dizaine d'années comme le prouve notre dégustation des millésimes 2001, 2004 et 2008. Les 2014, 2015 et 2017 sont de très belle facture et les 2016 et 2018 s'annoncent somptueux. Incontournable !

- **Saint-Émilion grand cru 2018** | Sec | NC — 17
- **Saint-Émilion grand cru 2016** | Sec | 2023>43 | NC — 18

33330 Saint-Émilion • Tél. 05 57 24 74 23 • contact@pavie-macquin.com • www.pavie-macquin.com

CHÂTEAU PÉBY FAUGÈRES

Dans sa bouteille spéciale Lalique, cristallerie qu'il a rachetée en 2008, Sylvio Denz, homme d'affaires suisse, affiche ici son ambition de cuvée de prestige. D'ailleurs Péby Faugères est devenu un cru à part entière, fondé sur une assiette foncière qui lui est propre. Dense et puissant, le vin se révèle flamboyant avec des touches chocolatées et épicées.

- **Saint-Émilion grand cru 2018** | Sec | 153 € — 15
- **Saint-Émilion grand cru 2016** | Sec | 2024>40 | NC — 15

33330 Saint-Étienne-de-Lisse • Tél. 05 57 40 34 99 • info@vignobles-silvio-denz.com • www.chateau-peby-faugeres.com • Visite : Ouvert du lundi au vendredi sur rendez-vous.

CHÂTEAU PERRON

Ce domaine, situé dans le village de Lalande, est l'une des plus vieilles propriétés de la rive droite puisqu'elle date de 1647. Bertrand, Thibaut et Béatrice Massonie ont bien pris les choses en main. Cette dernière accueille avec charme et gentillesse à la propriété. Le château-perron, composé de 80 % merlot, 10 % cabernet-sauvignon et 10 % cabernet franc, est un vin aux accents épicés et à la structure longiligne. La cuvée lafleur, composée de 100 % merlot, se révèle plus soyeuse et plus charnue.

- **Lalande de Pomerol 2018** | Sec | 12,50 € — 13
- **Lalande de Pomerol 2016** | Sec | 2019>24 | 18 € — 13,5
- **Lalande de Pomerol La Fleur 2018** | Sec | 20 € — 13,5
- **Lalande de Pomerol La Fleur 2016** | Sec | 2019>27 | 32 € — 14

B.P. 88, 33503 Libourne • Tél. 06 08 37 41 09 • vignoblesmpmassonie@wanadoo.fr • www.chateauperron.com • Visite : du lundi au jeudi de 8h à 12h et de 14h à 18h, le vendredi de 8h à 12h, le week-end sur rendez-vous.

CHÂTEAU PETIT-GRAVET AÎNÉ ET CLOS SAINT-JULIEN

Œnologue de formation, Catherine Papon-Nouvel a su, suite au partage familial, conserver la propriété de Castillon, 4 hectares de Château Gaillard sur les sables de Saint-Emilion, les 2,5 hectares de Petit-Gravet-Aîné à côté de Canon-La-Gaffelière, et sur le célèbre plateau calcaire, 1,2 hectare de Clos Saint-Julien. Ces deux derniers crus possèdent une très forte proportion de vieux cabernets francs qui donnent au vin une élégance et une fraîcheur qu'on est heureux de trouver dans une époque où les merlots alourdissent souvent les assemblages. La vinification affiche millésime après millésime une personnalité à la fois consistante et splendidement équilibrée, avec un charme fruité évident pour Petit-Gravet-Aîné et une complexité digne d'un grand cru classé pour le Clos Saint-Julien.

- **Castillon Côtes de Bordeaux Château Peyrou 2018** | Sec | NC — 13,5
- **Castillon Côtes de Bordeaux Château Peyrou 2016** | Sec | 2023>34 | 13,50 € — 15
- **Saint-Émilion grand cru Château Gaillard 2018** | Sec | NC — 14,5
- **Saint-Émilion grand cru Château Gaillard 2016** | Sec | 2019>29 | 19 € — 15,5
- **Saint-Émilion grand cru Château Petit-Gravet Aîné 2018** | Sec | NC — 16,5
- **Saint-Émilion grand cru Château Petit-Gravet Aîné 2016** | Sec | 2022>37 | NC — 17
- **Saint-Émilion grand cru Clos Saint-Julien 2018** | Sec | NC — 17,5
- **Saint-Émilion grand cru Clos Saint-Julien 2016** | Sec | 2021>43 | NC — 18

Château Gaillard - B.P. 84, 33330 Saint-Hippolyte • Tél. 05 57 24 72 44 • chateau.gaillard@wanadoo.fr • www.vignoblesjjnouvel.fr • Visite : Ouvert du lundi au vendredi sur rendez-vous.

CHÂTEAU PETIT VAL

★☆☆☆☆

Cette propriété bien menée ne cesse de progresser, avec des vins de conception moderne, fruités et veloutés, et un caractère immédiatement accessible. C'est une version réussie d'un saint-émilion sans esbroufe, direct et de grande sincérité.

- **Saint-Émilion grand cru 2016** | Sec | 2019>28 | 25 € — 14
- **Saint-Émilion grand cru Muse du Val 2016** | Sec | 2019>29 | 50 € — 15

Lieu dit petit val, 33330 Saint-Emilion • Tél. 05 57 24 70 86 • contact@chateaupetitval.fr • www.chateaupetitval.com • Visite : Ouvert du lundi au vendredi de 8h à 12h et de 14h à 18h, de préférence sur rendez-vous.

CHÂTEAU PETIT-BEAUSÉJOUR

★☆☆☆☆

70 ares situés sur des sables dans la banlieue de Libourne permettent de produire ce vin suivi depuis deux millésimes par toute l'équipe de Stéphane Derenoncourt, l'un des consultants vedette de la rive droite. Le cru se montre très vite gourmand et se boit dans les années qui suivent sa mise en bouteille.

- **Pomerol 2016** | Sec | 2019>30 | Epuisé — 15

11, chemin du Petit Beauséjour, 33500 Libourne • Tél. 06 75 76 62 23 • www.chateaupetitbeausejour.com

CHÂTEAU PETIT-VILLAGE

★★★☆☆

Diana Berrouet, la belle-sœur d'Olivier Berrouet, le directeur de Pétrus, apporte sa sensibilité à ce grand terroir de Pomerol. Elle travaille en étroite collaboration avec Stéphane Derenoncourt et son équipe. Tout est mis en œuvre pour bien se repositionner, notamment au niveau de l'appareil végétal. 2016 marque l'avènement d'un vin plus complet dans sa définition du milieu de bouche, plus étoffé. On retrouve le caressant, un tannin énergique et soyeux et des accents floraux derrière. À suivre de près.

- **Pomerol 2018** | Sec | 60,20 € — 16,5
- **Pomerol 2016** | Sec | 2021>40 | env. 87,50 € — 16,5

126 route de catusseau, 33500 Pomerol • Tél. 05 57 51 21 08 • contact@petit-village.com • www.petit-village.com • Visite : visite du lundi au vendredi de 9h à 13h et de 14h à 18h sur rendez-vous uniquement.

PETRUS

★★★★★

Sur les 11,5 hectares que couvre le vignoble, le domaine ne produit que 30 000 bouteilles par an d'un seul vin rouge que les amateurs du monde entier s'arrachent. Il faut dire que Petrus est exceptionnellement situé sur une boutonnière d'argiles noires gonflantes reposant sur un lit de crasse de fer, au centre du plateau ; il est devenu après 1945 le cru le plus réputé de Pomerol. La circulation de l'eau y est très favorable grâce au drainage naturel du bassin de la Barbane. De ce fait, la vigne s'enfonce de la meilleure des façons dans les argiles peu dégradées. De ce sol favorable uniquement au merlot, le vin tire sa force et sa puissance. Avec sa tension raffinée et profonde et ce qu'il faut de densité, sa texture de taffetas et ses retours floraux, Petrus est un vin qui rayonne et qui s'impose progressivement à vous. Les derniers millésimes sont irrésistibles. 2017 est très grand et surpassera le classique 2014. 2015 et 2016 sont des vins d'exception.

- **Pomerol 2018** | Sec | NC — 19,5
- **Pomerol 2017** | Sec | 2020>70 | NC — 18,5
- **Pomerol 2016** | Sec | 2023>43 | NC — 19,5

3, route de Lussac , 33500 Pomerol • Tél. 05 57 51 17 96

CHÂTEAU PIERRE 1ER

★★☆☆☆

Château Pierre Ier, autrefois plus connu sous le nom de Château Croix Figeac, a changé de nom depuis 2013 à la demande de son voisin et presque homonyme Château Figeac. Propriété de 11 hectares situés sur le plateau calcaire ce Saint-Emilion Grand Cru appartient depuis les années 90 à Jean Dutreuilh qui en hérita de son père Pierre. C'est en hommage à celui-ci qu'il décida de lui donner son nom, Château Pierre Ier. On aime son velouté qui enrobe la solide constitution de ce cru, en passe de devenir une bonne affaire de Saint-Émilion, pour moins de 20 euros.

- **Saint-Émilion grand cru 2017** | Sec | 2022>30 | 16 € — 15
- **Saint-Émilion grand cru 2016** | Sec | 2023>32 | 20 € — 15,5

Lieu-dit Bellevue, 33330 Saint-Émilion • Tél. 06 73 89 18 13 • jdgammes@wanadoo.fr

CHÂTEAU PINDEFLEURS

★☆☆☆☆

Audrey Lauret, fille du maire de Saint-Émilion, est toujours d'une grande énergie sur son vignoble de 18 hectares mêlant graves, sables et argiles. Depuis 2009, elle produit avec régularité des vins à la sève élégante, se développant dans un registre concentré et floral, d'un bon rapport qualité-prix.

- **Saint-Émilion grand cru 2018** | Sec | NC — 15
- **Saint-Émilion grand cru 2016** | Sec | 2020>29 | 25 € — 15

1, Pin de Fleur, 33330 Saint-Émilion • Tél. 05 57 24 78 41 • chateau@pindefleurs.fr • www.pindefleurs.fr • Visite : Ouvert du lundi au vendredi de 9h à 12h et de 14h à 17h, le samedi sur rendez-vous.

CHÂTEAU DE PRESSAC

★★☆☆☆

Si la guerre de 100 ans connut son épilogue à Pressac, l'autre date importante pour la propriété fut son rachat en 1997 par Jean-François Quenin, ancien directeur général de Darty. La propriété qui compte 36 hectares, est très bien située, sur une veine argilo-calcaire à sols rouges qui s'étend de Saint-Émilion à Saint-Étienne-de-Lisse en une bande étroite, située entre les vignobles de Faugères, Fleur Cardinale et Valandraud. Depuis 2011, on fait appel aux services d'Hubert de Boüard (Angelus) qui entend soigner le toucher de tannin et donner encore plus d'amabilité au cru tout en privilégiant la puissance sans délaisser la fraîcheur de constitution. Le cru est aujourd'hui devenu une valeur sûre.

- **Saint-Émilion grand cru 2016** | Sec | 2023>39 | 40 € — 15,5

33330 Saint-Étienne-de-Lisse • Tél. 05 57 40 18 02 • contact@chateaudepressac.com • www.chateaudepressac.com • Visite : Uniquement sur rendez-vous.

CHÂTEAU QUINAULT L'ENCLOS

★★☆☆☆

Ce cru situé aux portes de Libourne a été racheté en 2008 par les actionnaires de Cheval Blanc ; il bénéficie évidemment de la notoriété de ce cru mythique et des compétences de ses équipes techniques, ce qui explique sans doute le nouveau statut de grand cru classé. Quinault l'Enclos a choisi de pas produire de 2013, suite à deux orages dévastateurs de grêle et au final sept hectolitres par hectare. À partir de 2014, la propriété a choisi de privilégier des fûts de 500 litres pour l'élevage, en gardant une forte proportion de bois neuf, plutôt que de prendre des bois plus vieux en barrique classique. 2015 et 2016 sont de franches réussites, pour une trentaine d'euros, c'est une très bonne affaire.

- **Saint-Émilion grand cru 2018** | Sec | NC — 16,5
- **Saint-Émilion grand cru 2016** | Sec | 2019>26 | NC — 16

30, chemin Videlot, 33500 Libourne • Tél. 05 57 55 55 55 • contact@chateau-chevalblanc.com • www.chateau-quinault.com

QUINTUS

★★★☆☆

La société familiale Clarence Dillon qui possède également le château Haut-Brion, a regroupé en un même cru l'ex-château Tertre Daugay et son voisin le château L'Arrosée, soit 28 hectares, avec des terroirs parmi les meilleurs de Saint-Émilion par leur diversité en matière de sols, déclinant le calcaire et l'argilo-calcaire. Depuis 2014, le cru peut vraiment se frotter aux crus classés et la qualité va crescendo. Le vin déploie un tannin tendu et suave, mieux défini sur le 2016, car l'assemblage monte jusqu'à 30 % de cabernet franc.

- **Saint-Émilion grand cru 2018** | Sec | NC — 16,5
- **Saint-Émilion grand cru 2016** | Sec | 2022>40 | 143 € — 17,5
- **Saint-Émilion grand cru Dragon de Quintus 2018** | Sec | NC — 14
- **Saint-Émilion grand cru Dragon de Quintus 2016** | Sec | 2019>29 | 37 € — 14

1, Larosé, 33330 Saint-Émilion • Tél. 05 57 24 69 44 • contact@chateau-quintus.com www.chateau-quintus.com • Visite : Visite sur rendez-vous uniquement, du lundi au udi de 9h à 17h30, le vendredi de 9h à 12h30.

CHÂTEAU RIPEAU

Ce cru classé de Saint-Émilion voisin de Jean Faure, acheté en 2015 par la famille Grégoire (issue du milieu viticole charentais) ne cache pas ses ambitions, avec le caractère particulier des vins du secteur proche de Pomerol. 2015 constitue un tournant pour le cru ! Ce vin possède un velouté très franc, une mâche tannique qui articule bien la finale à la fois fraîche et enlevée. Le nouveau chai devrait permettre d'aller encore plus loin dans l'expression du parcellaire.

- **Saint-Émilion grand cru 2018** | Sec | 40 € — 15,5
- **Saint-Émilion grand cru 2016** | Sec | 2021>30 | 38 € — 15

Ripeau, 33330 Saint-Émilion • Tél. 05 57 74 41 41 • info@chateau-ripeau.com • www.chateau-ripeau.com • Visite : Sur rendez-vous.

CHÂTEAU DE LA RIVIÈRE

Le château de la Rivière est l'une des plus grandes propriétés de Fronsac, avec 60 hectares de vignes sur un terroir argilo-calcaire qui domine la vallée de la Dordogne. L'équipe en place poursuit le travail de progression sous la direction de Lina Fan, la veuve de Lam Kok, ex directeur général du groupe chinois Brillant, spécialisé dans la production de thés haut de gamme. Le vin progresse régulièrement, et se montre à son avantage au bout de 3 ans. On apprécie alors l'allonge concentrée et un tannin justement épicé.

- **Fronsac 2018** | Sec | 20,50 € — 15
- **Fronsac 2016** | Sec | 2021>36 | 20,50 € — 16

33126 La Rivière • Tél. 05 57 55 56 56 • info@chateau-de-la-riviere.com • www.chateau-de-la-riviere.com • Visite : Lundi au vendredi de 8h30 à 12h30 et de 13h30 à 18h. Le samedi : 10h à 12h30 et 14h à 18h

CHÂTEAU ROCHEBELLE

Les Faniest père et fille entretiennent la flamme de ce domaine de 3 hectares, dans la famille depuis 1847. Idéalement situé entre Tertre Rotebœuf et La Mondotte, Rochebelle se situe au sommet de la côte de Saint-Émilion. Rochebelle séduit pour ses accents floraux, réglissés et crayeux dans sa jeunesse et ses accents de truffe irrésistibles au bout d'une dizaine d'années. Une dégustation sur ces 20 dernières années permet d'apprécier ce cru qui pour une cinquantaine d'euros doit être recherché des amateurs. Responsable du petit train de Saint-Émilion, cette famille vigneronne vous fera également visiter ses caves calcaires où dorment les vieux millésimes.

- **Saint-Émilion grand cru 2018** | Sec | 40 € — 16,5
- **Saint-Émilion grand cru 2016** | Sec | 2020>31 | 42 € — 17

2, Le Bourg, 33330 Saint-Laurent-des-Combes • Tél. 05 57 51 30 71 • faniest@orange.fr • www.chateau-rochebelle.com • Visite : Ouvert du lundi au dimanche de 10h à 12h et de 14h à 18h de Pâques à novembre. Hors saison, du lundi au vendredi de 9h à 12h et de 14h à 18h.

CHÂTEAU ROL VALENTIN

Ce Saint-Émilion grand cru, situé sur des sols argilo-calcaires et sableux, est l'un des meilleurs de sa catégorie et il pourrait rejoindre allègrement les grands crus classés. Alexandra et Nicolas Robin les propriétaires s'y emploient avec l'aide de Stéphane Derenoncourt, l'un des meilleurs consultants de la rive droite. Puissant et profond, le vin est également parfaitement équilibré, et s'il séduit immédiatement il est aussi capable de bien vieillir.

- **Saint-Émilion grand cru 2018** | Sec | 40 € — 15,5
- **Saint-Émilion grand cru 2016** | Sec | 2021>31 | 40 € — 14,5

5, Cabanes Sud, 33330 Saint-Émilion • Tél. 05 57 40 13 76 • contact@vignoblesrobin.com • www.vignoblesrobin.com • Visite : du lundi au dimanche sur rendez-vous.

CLOS ROMANILE

Sonia et Rémi Dalmasso travaillent avec passion pour la famille Thunevin : pour le plaisir, ils exploitent 1 hectare de vigne planté au pied de la côte argileuse. Assemblage en général de 85 % de merlot et 15 % de cabernet-sauvignon, ce cru au tannin enveloppant séduit grâce à une texture satinée et raffinée et une belle envolée finale qui rime avec floral.

- **Saint-Émilion grand cru 2018** | Sec | NC — 15,5
- **Saint-Émilion grand cru 2016** | Sec | 2019>30 | NC — 17

Clos Dalmasso - 9, la Rose, 33330 Saint-Emilion • Tél. 09 61 51 18 81 • clos.dalmasso@orange.fr • Visite : sur rendez-vous.

CHÂTEAU ROUGET

Édouard Labruyère (Domaine Jacques Prieur sur la Bourgogne, JM Labruyère en champagne et Beaujolais) a redonné son rang à ce beau cru du nord du plateau de Pomerol. Le guide Féret en 1868 considérait Rouget comme l'une des cinq meilleures propriétés du secteur. Les derniers millésimes marquent des progrès constants et 2015 devrait réserver d'excellentes surprises. Alliant puissance et élégance, rouget devient plus précis dans l'architecture de ses tannins, avec un moelleux de texture qui assoit bien la bouche.

- **Pomerol 2018** | Sec | 35 € — 17,5
- **Pomerol 2016** | Sec | 2020>39 | 60 € — 16,5

4-6, route de Saint-Jacques-de-Compostelle, 33500 Pomerol • Tél. 05 57 51 05 85 • infot@chateau-rouget.com • www.chateau-rouget.com • Visite : Uniquement sur rendez-vous.

CLOS DU ROY

Philippe Hermouet est devenu le monarque bienveillant du clos du Roy, situé sur la commune de Saillans où le caractère argileux des terroirs donne naturellement de la puissance aux vins. Ce cru est connu pour ses fronsacs d'un style large d'épaules qui s'affine avec le temps.

- **Fronsac 2018** | Sec | NC — 13,5
- **Fronsac 2016** | Sec | 2019>29 | 15 € — 15

Vignobles Hermouet, 33141 Saillans • Tél. 05 57 55 07 41 • contact@vignobleshermouet.com • www.vignobleshermouet.com • Visite : du lundi au vendredi de 9h à 12h et de 14h à 17h, week-end sur rendez-vous.

DOMAINE DES SABINES

D'une superficie de 1,3 hectare, ce vignoble repose sur des graves légères où l'on retrouve une majorité de merlot (80 %), complété de cabernet-sauvignon. Achetée par Jean-Luc Thunevin (l'homme de Valandraud) en 2006, la propriété est constituée de 3 parcelles distinctes, sur la commune de Lalande de Pomerol. Le vin produit offre une gourmandise de tannin bienvenue. On le boit sur son fruité velouté.

- **Lalande de Pomerol 2018** | Sec | 19,90 € — 15,5
- **Lalande de Pomerol 2016** | Sec | 2019>29 | 29 € — 15,5

2, impasse de René, 33500 Pomerol • Tél. 05 57 55 09 13 • thunevin@thunevin.com • www.thunevinonline.com • Visite : tous les jours de 9h à 19h.

CHÂTEAU DU SACRÉ CŒUR

Ce domaine de 6 hectares touchant Taillefer, se situe sur un sol d'argile sablonneux avec un encépagement 100 % de merlot. Le vin produit se révèle souple avec un tannin enrobant et un soyeux de constitution bien dans l'esprit de ce secteur de Pomerol.

- **Pomerol 2018** | Sec | 32 € — 15
- **Pomerol 2016** | Sec | 2019>24 | 35 € — 13

83, cour des girondins, 33500 Libourne • Tél. 05 57 48 13 10 • contact@jpjdomaines.com • Visite : sur rendez-vous, du lundi au vendredi de 9h00 à 12h00 et 14h00 à 17h00

CHÂTEAU MARO DE SAINT-AMANT

★☆☆☆☆

Établi sur les meilleures graves de Saint-Sulpice-de-Faleyrens, au sud de l'appellation, dans le secteur de Plaisance, Stéphane Bedenc produit ce cru soyeux et élégant avec l'aide de son ami d'enfance, Jean-Luc Thunevin (Valandraud), qui distribue le cru. On tient-là un cru émergent de Saint-Émilion consensuel dont les derniers millésimes retiennent l'attention dans un style aimable et frais.

- **Saint-Émilion grand cru 2016** | Sec | 2019>29 | 16 € — 14,5

Vignobles Bendenc - 225, Destieu, 33330 Saint-Sulpice-de-Faleyrens • Tél. 06 70 27 55 40 OU 05-57-25-26-67 • vignobles-bedenc@wanadoo.fr • www.chateaumarodesaintamant.com • Visite : sur rendez-vous.

CLOS SAINT-MARTIN

★★★☆☆

Mesurant tout juste 1,33 hectare, la superficie modeste de Clos St Martin en fait le plus petit cru classé de Saint-Emilion, un véritable joyau de l'appellation. Les vignes, d'un âge moyen de 35 ans, jouissent du terroir exceptionnel du plateau saint-émilionnais, un sol argilo-calcaire orienté vers le sud-ouest. Depuis 1998, Sophie Fourcade veille jalousement sur le cru dont elle ne produit que 5000 bouteilles par an. Michel Rolland, l'un des consultants vedette du Bordelais, met en place des vinifications intégrales, Ce petit clos idéalement situé jouxte les premiers crus classés Beauséjour et Clos Fourtet. Clos Fourtet vient de le racheter mais a permis à la famille Reiffers de le reprendre et de le gérer. Le cru possède un potentiel de qualité digne d'un premier cru classé ce que tend à confirmer les derniers millésimes.

- **Saint-Émilion grand cru 2018** | Sec | 80 € — 17
- **Saint-Émilion grand cru 2016** | Sec | 2021>37 | 70 € — 17

SCEA Le Clos Saint Martin, BP 2017 - Château Côte-de-Baleau, 33330 Saint-Émilion • Tél. 05 57 24 71 09 ou 06 11 48 71 11 • clossaintmartin.saintemilion@gmail.com • Visite : Visites sur rendez-vous.

CHÂTEAU SAINT-PIERRE

★★☆☆☆

Un grand terroir pour cette vieille propriété qui a enfin sélectionné ses meilleures parcelles et appelé Stéphane Derenoncourt comme consultant ! Il y a dès ce premier essai une véritable révolution. Seul handicap, la très petite production... Association magique de suavité (tannin onctueux) et d'énergie en finale. Quand la profondeur sera là, ce sera l'un des grands de Pomerol. Attention dégustations contradictoires à revoir donc c'est la pépite, une priorité à découvrir, soyez les premiers !

- **Pomerol 2016** | Sec | 2021>30 | 70 € — 16

64 avenue du général de Gaulle, 33500 Libourne • Tél. 05 57 51 17 29 • contact@chateau-martinet.com • www.pradel-de-lavaux.com • Visite : Uniquement sur rendez-vous.

CLOS SAINT-VINCENT

★☆☆☆☆

Ce clos qui appartient à CA Grands Crus, (branche viticole du Crédit Agricole) occupe une superficie de 6 hectares. C'est la propriété la plus qualitative pour le groupe sur la rive droite, avec un vin au tannin énergique et velouté.

- **Saint-Émilion grand cru 2018** | Sec | NC — 14,5
- **Saint-Émilion grand cru 2016** | Sec | 2019>27 | NC — 14,5

4, quai Antoine Ferchaud, 33250 Pauillac • Tél. 05 56 59 00 40 • contact@cagrandscrus.fr

CHÂTEAU SAMION

★★☆☆☆

Le domaine se situe à proximité de Grand Ormeau, sur Lalande de Pomerol, avec 120 ares de graves sur argiles. C'est donc un vin de niche, une sorte de pépite qui appartient à la famille Berrouet, propriétaire de Petrus. Ce vin 100 % merlot est loin des vins chocolatés rencontrés sur ce type de cuvée, il y a cette fraîcheur bienveillante et surtout un rapport qualité-prix exceptionnel.

- **Lalande de Pomerol 2018** | Sec | NC — 15,5

■ **Lalande de Pomerol 2016** | Sec | 2021>37 | 16,50 € **15,5**

2, Route de Samion, 33570 Montagne • Tél. 06 76 67 87 48 • chateau.samion@wanadoo.fr • Visite : Ouvert du lundi au vendredi de 8h à 12h et de 14h à 18h ; le week-end sur rendez-vous.

CHÂTEAU SANSONNET

★★★☆☆

Fille de vigneron, Marie-Bénédicte Lefévère administre avec beaucoup d'idéalisme et de discipline ce petit bijou de cru de 7 hectares. Le vignoble jouxte le premier grand cru classé Trottevieille, au nord-est de Saint-Emilion, sur le point le plus élevé du plateau argilo-calcaire. Les derniers millésimes s'enchaînent avec succès, et le travail réalisé a été justement récompensé par le nouveau classement. Si le merlot est largement majoritaire (85 %), il est ramassé quand il le faut et vinifié en douceur. Cela donne au vin la suavité et le moelleux habituels mais avec une finesse remarquable qui devrait le faire rechercher des amateurs les plus exigeants. Jamais très à l'aise dans les dégustations de vins jeunes, ce vin évolue parfaitement, deux ans après la mise en bouteille.

■ **Saint-Émilion grand cru 2018** | Sec | 34 € **17**
■ **Saint-Émilion grand cru 2016** | Sec | 2022>40 | epuisé **17**

33330 Saint-Émilion • Tél. 09 60 12 95 17 • contact@chateau-sansonnet.com • www.sansonnet.com • Visite : sur rendez-vous.

CLOS DE SARPE

★☆☆☆☆

Ce cru de pleine côte vient d'être promu Grand Cru Classé, le rang suprême. La famille Beyney le cultive avec le plus grand soin et son terroir est de premier ordre. Les vins ont beaucoup de puissance naturelle, un peu rugueux à la naissance mais quelques vieux millésimes ont superbement évolué. Parions sur 2015 et 2016 !

■ **Saint-Émilion grand cru 2018** | Sec | NC **16**
■ **Saint-Émilion grand cru 2016** | Sec | 2022>32 | 70 € **15**

St Christophe des Bardes, 33330 Saint-Émilion • Tél. 05 57 24 72 39 • chateau@clos-de-sarpe.com • www.clos-de-sarpe.com • Visite : Sur rendez-vous.

CHÂTEAU SERGANT

★☆☆☆☆

Appartenant aux Grands Chais de France, Sergant est un bon classique de Lalande de Pomerol, exprimant les qualités et souvent la complexité que le merlot peut atteindre sur ces terroirs. Les derniers millésimes sont savoureux et sérieusement construits. Il faut les apprécier dans les cinq ans qui suivent leur mise en bouteille.

■ **Lalande de Pomerol 2016** | Sec | 2019>23 | 22 € **14**

2, Place Jean Jaurès - Route de Balizac, 32100 Bordeaux • Tél. 05 57 98 07 20 • info@crusetdomainesdefrance.com • www.cdf-chateaux.com • Visite : Ouvert du lundi au vendredi de 8h30 à 12h et de 13h30 à 17h.

CHÂTEAU SIAURAC

★☆☆☆☆

Situé sur Néac dans le prolongement du plateau de Pomerol, le château Siaurac est le plus grand domaine de Lalande de Pomerol, avec 70 hectares dont plus d'une quarantaine plantés. Comme Le Prieuré et Vray Croix de Gay, il appartient désormais à l'homme d'affaires François Pinault. C'est un bon vin d'initiation pour découvrir l'appellation. On aime sa suavité bien enrobée qui s'étire de la plus belle des façons contribuant ainsi au succès de ce cru.

■ **Lalande de Pomerol 2016** | Sec | 2020>29 | 25 € **14,5**

Château Siaurac – Ciorac, 33500 Néac • Tél. 05 57 51 64 58 • info@siaurac.com • www.sauriac.com • Visite : du lundi au vendredi de 8h à 17h30, le week-end sur rendez-vous.

CHÂTEAU SIMARD

★★☆☆☆

Pauline et Alain Vauthier, propriétaires et vinificateurs du célèbre Château Ausone, s'occupent de cette propriété familiale où ils ont distingué deux cuvées, simard et haut-simard, soit une cinquantaine d'hectares. Cette dernière, débutée en 2007, est devenue une valeur sûre. Les vins évoluent parfaitement en bouteille. On apprécie leur souplesse et leur tannin avenant. Pour moins de 20 euros, il est difficile de rivaliser !

- **Saint-Émilion grand cru 2018** | Sec | NC — 15
- **Saint-Émilion grand cru 2016** | Sec | 2019>27 | 17 € — 15,5
- **Saint-Émilion grand cru Haut-Simard 2018** | Sec | NC — 16
- **Saint-Émilion grand cru Haut-Simard 2016** | Sec | 2021>31 | 21 € — 16

Château Ausone, 33330 Saint-Émilion • Tél. 05 57 24 24 57 • chateau.ausone@wanadoo.fr

CHÂTEAU SOUTARD

★★★☆☆

Véronique Corporandy est une directrice technique talentueuse. Elle incarne parfaitement tout le projet qualitatif porté par le groupe d'assurances La Mondiale auquel le cru appartient : depuis 2012, la propriété intègre le vignoble de château Cadet-Piola et possède désormais une trentaine d'hectares. Au cœur du plateau de Saint-Émilion, son terroir fort semblable permet d'augmenter le volume de vin sans changer le style. On sent à partir de ce millésime comme un déclic et une montée en gamme qui pourrait mener dans les prochaines années un classement de premier cru classé. C'est un vin de profondeur qui gagne en assise et en élégance au fil du temps. L'accueil œnotouristique est un modèle du genre sur la rive droite.

- **Saint-Émilion grand cru 2018** | Sec | NC — 17
- **Saint-Émilion grand cru 2016** | Sec | 2023>42 | 74 € — 16,5

Lieu-dit Soutard, 33330 Saint-Émilion • Tél. 05 57 24 71 41 • booking@soutard.com • www.chateau-soutard.com • Visite : D'avril à octobre, tous les jours de 10h à 18h30. De novembre à mars, sur rendez-vous.

CHÂTEAU SOUTARD CADET

★☆☆☆☆

Appartenant à la famille Lefévère qui possède, sur le secteur, le château Moulin du Cadet et le château Sansonnet, ce cru de poupée de 2,5 hectares, situé sur des argiles profondes possède de très vieilles vignes de merlot. Ce cépage représente 90 % du vignoble, le reste étant constitué de cabernet franc. Les vins produits possèdent amplitude, assise, avec juste ce qu'il faut d'étirement au tannin.

- **Saint-Émilion grand cru 2018** | Sec | 32 € — 15,5
- **Saint-Émilion grand cru 2016** | Sec | 2021>29 | 41 € — 16,5

Château Sansonnet, 33330 Saint-Émilion • Tél. 09 60 12 95 17 • contact@chateau-sansonnet.com • www.chateau-sansonnet.com • Visite : sur rendez-vous.

CHÂTEAU TAILLEFER

★★☆☆☆

En 1923, le négociant Antoine Moueix fait l'acquisition du Château Taillefer et aujourd'hui, c'est l'une de ses descendantes, Claire Moueix qui en assure la direction. Situé sur le plateau de Pomerol, le vignoble se développe d'un seul tenant autour du Château. Les 12 hectares de merlot et de cabernet franc s'expriment pleinement sur ce terroir où les oxydes de fer sont connus pour apporter de la complexité au vin avec de la fraîcheur et des arômes de truffe et de violette. Plus délicat que puissant, ce cru évolue parfaitement.

- **Pomerol Taillefer 2016** | Sec | 2020>29 | NC — 15

B.P. 9 , 33500 Libourne • Tél. 05 57 25 50 45 • www.moueixbernard.com • Visite : du lundi au vendredi de 9h à 12h et de 14h à 17h30. De préférence sur rendez-vous.

CHÂTEAU TAUZINAT L'HERMITAGE

★☆☆☆☆

Les chênes tauzin, réputés pour les truffes qui poussaient à leur pied, ont donné leur nom à cette belle propriété de Saint-Émilion, qui appartient depuis plus de 50 ans à la famille de Bernard Moueix. Deux grandes parcelles permettent d'élaborer ce grand cru, l'une installée sur de jolis coteaux argilo-calcaires en terrasses sur Saint-Christophe des Bardes et Saint-Hippolyte, et l'autre du côté de Fombrauge. Le 2015 est le vin le plus expressif jamais produit par le château. Le vin revient en formes sur les derniers millésimes en jouant la carte de la droiture élégante, avec de la chair, du volume et de la fraîcheur. C'est un très bon qualité-prix.

- **Saint-Émilion grand cru 2016** | Sec | 2021>36 | 15 € — 14,5

Château Taillefer - B.P. 9, 33501 Libourne • Tél. 05 57 25 50 45 • contact@moueixbernard.com • www.moueixbernard.com • Visite : Uniquement sur rendez-vous.

CHÂTEAU TERTRE-ROTEBŒUF

★★★★★

François Mitjavile est un propriétaire artiste, une sorte de philosophe de la pensée agricole. Sur son petit vignoble promontoire de 5,68 hectares, il recule à chaque millésime les limites du possible et même de l'imaginable pour cueillir le raisin au sommet absolu de la maturité, avant le début de sa décadence, éternisant la richesse inouïe de sa saveur dans des vins qui sont des monuments de sensualité élégante. Dans la hiérarchie des Saint-Emilion, Tertre Roteboeuf est tout simplement hors-classe, mais nous considérons qu'il est du niveau des meilleurs premiers crus classés. Chaque millésime délivre une interprétation spécifique de l'exceptionnel terroir argileux du cru. Dans ce registre, la partition exécutée de 2014 à 2016 entrera à coup sûr dans la légende, succédant à un 2013 lui aussi magnifique.

- **Saint-Émilion grand cru 2018** | Sec | NC — 18
- **Saint-Émilion grand cru 2016** | Sec | 2020>34 | NC — 19

Château Tertre-Rotebeoeuf, 33330 Saint-Laurent-des-Combes • Tél. 05 57 24 75 46 • contact@tertre-roteboeuf.com • www.tertre-roteboeuf.com

CHÂTEAU TOUR DU MOULIN

★☆☆☆☆

Vincent Dupuch, œnologue de formation, a bien repris en main les 7 hectares du domaine familial situé sur le plateau argilo-calcaire de Saillans. Le vignoble est une véritable mosaïque de 28 parcelles, très représentatives de toute l'identité de Fronsac. Sur les derniers millésimes, il reçoit les conseils de Denis Durantou, l'homme de l'Eglise-Clinet, l'un des meilleurs pomerols. Le style à la fois élégant, frais et aérien exprime au mieux le fruit. Pour une dizaine d'euros, cela vaut vraiment le détour!

- **Fronsac 2018** | Sec | 14,50 € — 15
- **Fronsac 2016** | Sec | 2019>26 | 18 € — 15,5

2, Le Moulin, 33141 Saillans • Tél. 05 57 74 34 26 OU 06 80 06 05 70 • chateau-tour-du-moulin@orange.fr • Visite : Du lundi au samedi sur rendez-vous.

CHÂTEAU TOUR DU PAS SAINT-GEORGES

★★☆☆☆

Voici l'un des excellents rapports qualité-prix de la rive droite. On en apprécie le tannin allongé et dynamique dans un style cher à Pascal Delbeck, l'ex-propriétaire de Château Belair. Celui-ci sait tirer le meilleur parti de ses 15 hectares situés sur argilo-calcaires. On a un tannin énergique, avec une bonne enveloppe et une juste maturité.

- **Saint-Georges-Saint-Émilion 2016** | Sec | 2020>34 | NC — 16
- **Saint-Georges-Saint-Émilion Âme de Saint-Georges 2015** | Sec | 2019>29 | 20,95 € — 15,5

33570 Montagne • Tél. 05 57 24 70 94 • contact@delbeckvignobles.com • www.delbeckvignobles.com • Visite : du lundi au vendredi sur rendez-vous.

CHÂTEAU TOUR MAILLET

★☆☆☆☆

En limite avec Saint-Émilion, ce cru de 2,20 hectares situé sur le secteur de Maillet possède les terroirs classiques de l'appellation. Il y produit des vins à la séduction immédiate, avec un style floral et une bouche bien charnue.

- **Pomerol 2018** | Sec | 17,50 € — 15
- **Pomerol 2016** | Sec | 2019>27 | 30 € — 15

Negrit, 33570 Montagne • Tél. 05 57 74 61 63 • vignobleslagardere@wanadoo.fr • www.vignobles-lagardere.com • Visite : Sur rendez-vous.

CHÂTEAU TOUR SAINT-CHRISTOPHE

★★☆☆☆

Peter Kwok, banquier hongkongais et taïwanais se trouve sur la rive droite depuis 1997, année où il acheta Haut-Brisson, avant de jeter son dévolu sur le château Tour Saint-Christophe puis Bellefont-Belcier. Son vignoble domine les terrasses de Saint-Christophe-des-Bardes, à proximité de Barde-Haut. S'étant offert en 2014 les 12,6 hectares du château Tourans, l'homme d'affaires possède désormais plus d'une vingtaine d'hectares pour développer ce grand cru de Saint-Émilion. Le vin se montre corpulent et gagne en raffinement au bout de 5 ans. Cela reste un bon rapport qualité-prix.

- **Saint-Émilion grand cru Château Haut-Brisson 2016** | Sec | 2020>30 | 31 € — 14

Lieu-dit-Cassevert, 33330 Saint Christophe des Bardes • Tél. 05 57 84 69 57 • contact@vignoblesk.com • www.vignoblesk.com • Visite : tous les jours de 9h à 12h et de 14h à 18h.

CHÂTEAU TOURNEFEUILLE

★★☆☆☆

Disposant de très belles chambres d'hôtes, le château Tournefeuille domine un coteau qui dégringole jusqu'à la Barbanne, avec une vue imprenable sur le plateau mythique de Pomerol. Les 17,5 hectares de ce cru se situent sur cet éperon argilo-graveleux, unique de la commune de Néac. Le vin offre un soyeux subtil qui habille de belle façon un corps svelte qui évolue avec distinction. Les grandes années, la Cure de Tournefeuille, parcellaire situé à côté du presbytère, donne un vin d'une densité pomerolaise de belle étoffe et cela pour une quarantaine d'euros.

- **Lalande de Pomerol 2018** | Sec | 21 € — 15
- **Lalande de Pomerol 2016** | Sec | 2020>31 | 24 € — 15,5
- **Lalande de Pomerol La Cure de Tournefeuille 2016** | Sec | 2022>33 | 38 € — 16

Lieu Dit Tournefeuille, 33500 Néac • Tél. 05 57 51 18 61 • info@chateau-tournefeuille.com • www.chateau-tournefeuille.com • Visite : du lundi au vendredi de 8h à 12h et de 13h à 17h et le week-end sur rendez-vous.

CHÂTEAU TRIANON

★★☆☆☆

L'histoire raconte qu'un intendant de Louis XIV aurait fait construire le château actuel et l'aurait baptisé « Trianon » en hommage à Versailles. Le groupe « Financière Immobilière Bordelaise », propriété de Michel Ohayon, a investi dans cette propriété en 2017. Elle s'inscrit dans son développement de l'art de vivre à la française acquis grâce à son expertise dans l'hôtellerie de prestige. La viticulture complète ce haut de gamme avec ces 9,8 hectares du sud-ouest de Saint-Emilion qui produisent un vin séduisant au fruité croquant et séveux. Un complexe hôtelier de niveau palace est en train de s'y développer.

- **Saint-Émilion grand cru 2016** | Sec | 2019>27 | NC — 15,5

33330 Saint-Émilion • Tél. 05 57 25 34 46 • contact@chateau-trianon.fr • www.chateau-trianon.com • Visite : Uniquement sur rendez-vous.

CHÂTEAU TROPLONG-MONDOT

★★★★☆

Catherine Valette-Pariente, disparue en 2014 avait redonné tout son lustre à Troplong Mondot, racheté en 2017 par le réassureur Scor. La propriété a été alors confiée à Aymeric de Gironde qui dirigeait Cos d'Estournel, l'un des crus classés du Médoc les plus en vue. Pour que le cru gagne en nuances et en fraîcheur de constitution, ce charentais d'origine a modifié, dès son arrivée, les vinifications : méthode plus douce, fondée sur l'infusion du marc et des matières premières, diminution des barriques neuves constituent les premiers réglages. Pour mieux mettre en valeur les parcelles, un nouveau chai est en construction : avec ce nouvel outil, on pourra être plus précis dans tous les gestes techniques. Il permettra également de mieux valoriser les dernières acquisitions foncières, que ce soit le Clos Labarde ou Bellisle-Mondotte, crus voisins qui entreront pour l'instant dans le second vin. En 2020, dans ce nouveau concept, le restaurant devrait rouvrir avec le même chef étoilé, David Charrier. Les 2017 et 2018 marquent l'arrivée d'un style plus frais et plus lisible.

- **Saint-Émilion grand cru 2018** | Sec | 86,80 € — 18
- **Saint-Émilion grand cru 2016** | Sec | 2023>40 | 162 € — 16,5
- **Saint-Émilion grand cru 2004** | Sec | 2019>29 | 135 € — 16
- **Saint-Émilion grand cru Mondot 2018** | Sec | NC — 15,5
- **Saint-Émilion grand cru Mondot 2016** | Sec | 2020>25 | NC — 14,5

Lieu-dit Mondot, 33330 Saint-Émilion • Tél. 05 57 55 32 05 • contact@troplong-mondot.com • www.troplong-mondot.com • Visite : Ouvert du lundi au vendredi de 9h à 12h et de 14h à 18h.

CHÂTEAU TROTANOY

★★★★☆

Voisin de Petrus, Trotanoy est l'une des propriétés phare des établissements Jean-Pierre Moueix. Comptant 7,2 hectares, elle se compose pour moitié d'argiles noires et l'autre moitié de graves argileuses. Ce cru majeur de Pomerol conjugue puissance, soyeux et profondeur, des qualités qui s'affirment au bout d'une dizaine d'années. Cette mixité donne au vin à la fois de la puissance, de l'élégance et de la profondeur. Ce que les amateurs apprécient également dans Trotanoy, c'est son intensité aromatique et sa juxtaposition de notes chaudes, d'amande grillée, de truffe, de cèdre et de réglisse... C'est l'un des pomerols les plus séveux qui soit et sa sensualité séduit tout le monde. Les derniers millésimes sont de haute volée !

- **Pomerol 2018** | Sec | NC — 18
- **Pomerol 2016** | Sec | 2023>42 | NC — 18,5

33500 Pomerol • Tél. 05 57 51 78 96 • info@jpmoueix.com • www.moueix.com

CHÂTEAU TROTTE VIEILLE

★★★★★

Le vignoble de 10 hectares se situe d'un seul tenant sur le plateau calcaire, avec des sols de 30 à 40 centimètres de profondeur ; le grand avantage du cru est sa superbe exposition car le vignoble y est ensoleillé du matin jusqu'au soir... Les 3000 pieds de vignes préphylloxériques, non greffées, sont ramassés et vinifiés à part. Depuis 2004, une partie est conservée à raison de 135 bouteilles chaque année qui donne la cuvée vieilles vignes. Ces très vieilles vignes de Trottevieille sont également assemblées au grand vin, elles offrent une pureté de fruit superbe, soutenue par une trame minérale qui constitue un modèle de vin. Cette ossature de cabernet sur calcaire lui confère une prestance de grand style ; avec le temps, il émerge et toise allègrement tous les crus bodybuildés à forte musculature, victimes de claquages prématurés. Philippe Castéja a investi de façon réfléchie dans le cru et s'entoure d'hommes de valeur comme le régisseur talentueux, Christophe Dussoutour. 2014, 2015, 2016, 2017 sont des priorités absolues pour l'amateur. Coté entre 80 et 90 euros, ce vin est l'un des premiers crus les plus abordables.

- **Saint-Émilion grand cru 2016** | Sec | 2024>36 | NC — 18,5
- **Saint-Émilion grand cru La Dame de Trottevieille 2018** | Sec | 90 € — 15,5
- **Saint-Émilion grand cru La Dame de Trottevieille 2016** | Sec | 2021>27 | NC — 15,5
- **Saint-Émilion grand cru Très Vieilles Vignes 2018** | Sec | NC — 18

33330 Saint-Émilion • Tél. 05 56 00 00 70 • domaines@borie-manoux.fr • www.trottevieille.com • Visite : Visites possibles (principalement pour les professionnels) sur rendez-vous uniquement

CHÂTEAU VALANDRAUD

★★★★☆

Créé ex-nihilo dans le vallon de Fongaban, par Murielle Andraud et Jean-Luc Thunevin, Valandraud est passé de 60 ares de vignes en 1991 à plus d'une vingtaine d'hectares aujourd'hui. Pour la première fois dans leur histoire, les meilleurs coteaux argilo-calcaires proches de Castillon révèlent tout leur potentiel. En deux décennies et demi, Valandraud atteint un niveau exceptionnel tant au niveau de la texture que de la structure. Le domaine s'impose grâce à des vins d'une rare ampleur de constitution, hédonistes mais toujours harmonieux, complexes et surprenants de fraîcheur, conservant un fruit abondant. Ils possèdent certainement l'une des plus belles textures satinées de la rive droite, grâce à un élevage haute couture. Le second vin, virginie-de-valandraud, dont le prix tourne à une quarantaine d'euros, se montre plus immédiat et constitue un bon rapport qualité-prix.

- **Bordeaux 2018** | Sec | 90 € — 17
- **Bordeaux 2016** | Sec | 2019>29 | epuisé — 17,5
- **Bordeaux Virginie de Valandraud 2018** | Sec | 32 € — 15,5
- **Bordeaux Virginie de Valandraud 2016** | Sec | 2019>27 | 29 € — 15,5
- **Saint-Émilion grand cru 2016** | Sec | 2021>41 | 260 € — 18,5
- **Saint-Émilion grand cru L'Interdit de Valandraud 2016** | Sec | 2019>30 | 220 € — 17
- **Saint-Émilion grand cru N°3 2016** | Sec | 2019>29 | 24,50 € — 15,5
- **Saint-Émilion grand cru Virginie de Valandraud 2018** | Sec | 39,60 € — 16,5
- **Saint-Émilion grand cru Virginie de Valandraud 2016** | Sec | 2019>29 | 49 € — 16,5

6, rue Guadet - B.P. 88, 33330 Saint-Émilion • Tél. 05 57 55 09 13 • thunevin@thunevin.com • www.thunevinonline.com • Visite : Ouvert tous les jours de 9h à 19h

VIGNOBLES LEYDET

Les vignobles Leydet regroupent un Saint-Émilion grand cru de très bonne facture et un cru de Pomerol, le château de Valois. Dans la même famille depuis 1862, cette propriété compte 8 hectares sur graves fines et sous-sol d'alios (grès présent dans les sols sableux). Il existe dans ces deux appellations une gamme domaine et une autre baptisée « éclat » qui porte très bien son nom. Les vins sont élégants et harmonieux, avec ce qu'il faut de plénitude en bouche et surtout une belle fraîcheur. L'accueil à la propriété est charmant et les prix restent sages : ne passez pas à côté !

- **Pomerol Château de Valois 2018** | Sec | NC — 14,5
- **Pomerol L'Éclat de Valois 2018** | Sec | NC — 15,5
- **Pomerol L'Éclat de Valois 2016** | Sec | 2022>30 | 50 € — 15,5
- **Saint-Émilion grand cru Château Leydet Valentin 2018** | Sec | NC — 15
- **Saint-Émilion grand cru Château Leydet Valentin 2016** | Sec | 2021>31 | 20 € — 15
- **Saint-Émilion grand cru L'Éclat de Valentin 2018** | Sec | NC — 16
- **Saint-Émilion grand cru L'Éclat de Valentin 2016** | Sec | 2021>35 | 40 € — 15,5

EARL des Vignobles Leydet 12, chemin de Rouilledinat, 33500 Libourne • Tél. 05 57 51 19 77 • frederic.leydet@wanadoo.fr • Visite : Sur rendez-vous.

DOMAINE DE VIAUD

Cette propriété de 16 hectares sur sables et graves appartient à la famille Bielle. Progressivement, Lucette, une des figures de l'appellation laisse la place à son neveu Damien (directeur technique du château La Gaffelière) et à son épouse Sophie, œnologue. L'une des grandes originalités du domaine, c'est la vente de millésimes anciens à des prix raisonnables. Ainsi, on peut faire provision de 2004, 2005, 2008.... Ces vins évoluent parfaitement dans le temps. En attendant le 2016, nous avons craqué pour le 2004.

- **Lalande de Pomerol 2016** | Sec | 2023>37 | 19 € — 14
- **Lalande de Pomerol 2004** | Sec | 2019>31 | 22 € — 15

19, route de Viaud, 33500 Lalande de Pomerol • Tél. 06 07 29 55 06 • bielle@wanadoo.fr • www.viaud.com • Visite : Uniquement sur rendez-vous.

VIEUX CHÂTEAU CERTAN

La propriété, qui appartient depuis près d'un siècle à la famille d'origine flamande Thienpont, est l'une des superstars de Pomerol. Ici, le merlot ne représente que 65 % de l'encépagement et il excelle sur les sols argileux proches de Petrus. Les 35 et 40 % de cabernets franc et sauvignon sont issus de sols majoritairement de graves. Ces deux cépages font la différence dans le temps, en permettant au cru d'évoluer comme un grand Médoc, fait unique sur Pomerol Vieux Certan gagne en densité veloutée au bout d'une dizaine d'années. Alexandre Thienpont, bien épaulé par son fils Guillaume, peut jouer sur plusieurs registres, celui du tannin ultra raffiné, de la suavité de texture et de son aptitude dans le temps, car ce cru est l'un de ceux qui évoluent le mieux à Pomerol. La régularité du cru est proverbiale. Si 2016, 2015, 2011 et 2005 entreront dans la légende de Pomerol, ce cru enchaîne les succès et flirte avec les sommets absolus ce qui justifie son prix, qui dépasse les 300 euros.

- **Pomerol 2018** | Sec | NC — 19
- **Pomerol 2016** | Sec | 2027>70 | NC — 19,5
- **Pomerol 2015** | Sec | 2025>60 | NC — 19
- **Pomerol La Gravette de Certan 2016** | Sec | 2020>29 | NC — 16
- **Pomerol La Gravette de Certan 2015** | Sec | 2019>27 | NC — 15,5

1 Route de Lusiac, 33500 Pomerol • Tél. 05 57 51 17 33 • info@vieuxchateaucertan.com • www.vieuxchateaucertan.com

VIEUX CHÂTEAU SAINT-ANDRÉ

Jean-Claude Berrouet, l'homme qui contribua à la gloire de Petrus de 1964 à 2008 en tant que vinificateur et directeur, possède cette propriété sur Montagne-Saint-Émilion, qui constitue son port d'attache. Depuis 1979, il couve ces 7 hectares qui comprennent 2 grandes parcelles, celle qui touche Saint-Georges, dans un secteur argilo-calcaire, et l'autre située en coteau sur le versant sud de l'appellation. Au début des années 2010 Jeff, le cadet de la famille, est venu rejoindre son père. Ce duo produit l'un des meilleurs rapports qualité-prix de la rive droite. Pour une quinzaine d'euros, on accède à un tannin racé et énergique, qui évolue parfaitement et dont on apprécie la finale crayeuse.

■ **Montagne-Saint-Émilion 2018** | Sec | NC 16,5
■ **Montagne-Saint-Émilion 2016** | Sec | 2021>37 | 14 € 16

2 Route de Samion Samion, 33570 Montagne • Tél. 06 76 67 87 48 • chateau.samion@wanadoo.fr • Visite : Ouvert du lundi au vendredi de 8h à 12h et de 14h à 18h ; le week-end sur rendez-vous.

CLOS VIEUX TAILLEFER

★☆☆☆☆

Propriété d'Alexandra et Nicolas Robin (ils possèdent également Rol Valentin sur Saint-Émilion), clos Vieux Taillefer a ses parcelles historiques dans le secteur de Vieux Taillefer. En 2009, le cru s'est agrandi de quelques hectares, puis les investissements se sont portés sur un nouveau chai de vinification qui permet de faire des sélections parcellaires. On produit ainsi des vins de belle densité avec un fruit de mieux en mieux mis en valeur et une belle fraîcheur finale.

■ **Pomerol 2018** | Sec | 22 € 13
■ **Pomerol 2016** | Sec | 2020>31 | 35 € 14

4, Chemin de Laussac, 33350 Saint-Magne-de-Castillon • Tél. 05 57 40 13 76 • contact@vignoblesrobin.com • www.vignoblesrobin.com • Visite : du lundi au vendredi sur rendez-vous.

CHÂTEAU VIEUX TAILLEFER

★☆☆☆☆

Ce cru de 4,8 hectares possède de très vieilles vignes de merlot de plus de 75 ans en moyenne ; il se situe sur la commune de Saint-Christophe-des-Bardes, sur un terroir de calcaire à astéries qui donne au vin une réelle fraîcheur et un soyeux élégant. En goûtant les derniers millésimes, on comprend pourquoi il faut compter sur ce Saint-Emilion très élégant, pour son naturel de constitution. En blanc le domaine possède la plus ancienne parcelle référencée en encépagement de merlot blanc, avec des vignes de 90 ans qui donne une trame, parmi les plus abouties du secteur.

■ **Bordeaux 2017** | Sec | 2019>26 | 45 € 15,5
■ **Saint-Émilion grand cru 2016** | Sec | 2019>29 | 75 € 15,5

33330 Vignonet • Tél. 05 57 24 19 73 ou 06 22 23 84 44 • contact@vieuxtaillefer.com • www.vieuxtaillefer.com • Visite : sur rendez-vous.

CHÂTEAU VILLARS

★☆☆☆☆

Thierry Gaudrie a repris le flambeau du domaine familial d'une trentaine d'hectares, en 1997. Un travail long et patient et une meilleure connaissance du terroir ont contribué au retour du domaine comme une valeur sûre du secteur car Villars s'étend sur la commune de Saillans, dans le fief des meilleurs fronsacs. Ce cru évolue parfaitement au bout de cinq ans. Pour un peu moins d'une vingtaine d'euros, on a un fronsac régulier et qui évolue très bien dans le temps.

■ **Fronsac 2018** | Sec | 18 € 14,5
■ **Fronsac 2016** | Sec | 2023>29 | 16,50 € 15,5

33141 Saillans • Tél. 05 57 84 32 17 • chateau.villars@wanadoo.fr • www.chateauvillars.com • Visite : Ouvert du lundi au vendredi de 8h à 12h et de 13h30 à 17h30.

CHÂTEAU VILLEMAURINE

★★★★☆

Repris en 2007 par le négociant Justin Onclin, Villemaurine n'a cessé de progresser. Cette propriété de 7 hectares est superbement située à la sortie nord du village de Saint-Émilion, à côté de Trottevieille, sur le plateau calcaire. Le cru donne des vins puissants et équilibrés, classiques de ce secteur, qui ont trouvé le sens de la finesse exigée avec une expression florale très nuancée. Pour environ une quarantaine d'euros, on a un Saint-Emilion qui joue dans la cour des grands.

■ **Saint-Émilion grand cru 2018** | Sec | NC 18
■ **Saint-Émilion grand cru 2016** | Sec | 2022>40 | 51 € 17,5

Château Villemaurine, 33330 Saint-Émilion • Tél. 05 57 74 74 36 • contact@villemaurine.com • www.villemaurine.com • Visite : Lundi au Dimanche de 9h30 à 13h et de 14h à 19h

CHÂTEAU VRAI CANON BOUCHÉ

★☆☆☆☆

Bien situé sur le plateau du tertre du canon, Vrai Canon Bouché doit sa renaissance à Philip de Haseth-Möller, qui l'a acquis en 2005 sur les bons conseils de Stéphane Derenoncourt, avant de le revendre en 2014 à une société d'investissements, La Française REM. Jean de Laître gère le domaine en maître et constitue l'âme de la propriété. Ses efforts entrepris dans la vigne et surtout sa grande patience pour comprendre un terroir aussi complexe paient pleinement et les vins ne cessent de progresser. Les 40 % de cabernet franc permettent de produire un vin élégant et structurant, avec un 2015 de haute volée, grâce à la fraîcheur apportée par le calcaire affleurant. Pour une vingtaine d'euros, voici l'un des meilleurs vins de la rive droite !

Canon-Fronsac 2016 | Sec | 2022>31 | 27 € — 15

1, le Tertre de Canon, 33126 Fronsac • Tél. 06 75 76 62 23 • contact@chateauvraicanonbouche.com • www.chateau-vrai-canon-bouche.com • Visite : Uniquement sur rendez-vous.

CHÂTEAU VRAY CROIX DE GAY

★★★☆☆

Parmi les trois parcelles qui composent ce cru de 3,67 hectares, la plus qualitative jouxte le cultissime château Lafleur. Devenu actionnaire majoritaire, l'homme d'affaires François Pinault (château Latour) préside désormais aux destinées du domaine. Il a fait appel comme consultant à Jean-Claude Berrouet (ex-directeur de Petrus), certainement l'un des hommes qui connaît le mieux Pomerol. Les derniers millésimes constituent de franches réussites. C'est sur la finale plus énergique et persistante que l'évolution est perceptible, avec toujours la suavité propre au pomerol. Une adresse peu connue mais prisée des amateurs !

Pomerol 2018 | Sec | 71 € — 18

Pomerol 2016 | Sec | 2023>50 | 93 € — 17,5

Château Siaurac - Ciorac, 33500 Néac • Tél. 05 57 51 64 58 • info@siaurac.com • www.siaurac.com • Visite : du lundi au vendredi de 9h à 17h, le week-end sur rendez-vous.

BRG 3960
Charmes
Chambertin
1964
BRG 3970
Beaune
Grèves
1966
Volnay
HOSPICES
1995
Perrières
1976

BOURGOGNE

Tous les vins dégustés n'ont pu être cités dans ce guide.
Retrouvez plus de 120 000 vins notés et commentés sur
L'APPLI LE GRAND TASTING ET SUR **WWW.BETTANEDESSEAUVE.COM**

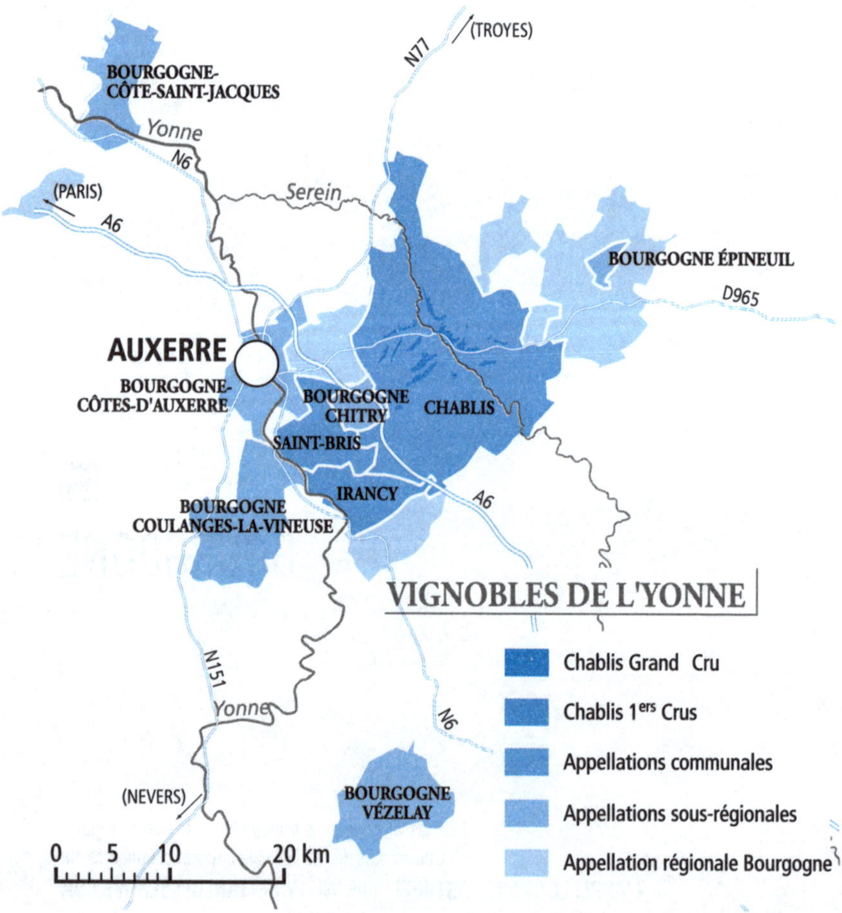
VIGNOBLES DE L'YONNE
(TROYES)
N77
BOURGOGNE-
CÔTE-SAINT-JACQUES
Yonne
N6
(PARIS)
A6
Serein
BOURGOGNE ÉPINEUIL
D965
AUXERRE
BOURGOGNE-
CÔTES-D'AUXERRE
BOURGOGNE
CHITRY
CHABLIS
SAINT-BRIS
IRANCY
A6
BOURGOGNE
COULANGES-LA-VINEUSE
N151
Yonne
N6
(NEVERS)
BOURGOGNE
VÉZELAY
0 5 10 20 km
Chablis Grand Cru
Chablis 1ers Crus
Appellations communales
Appellations sous-régionales
Appellation régionale Bourgogne

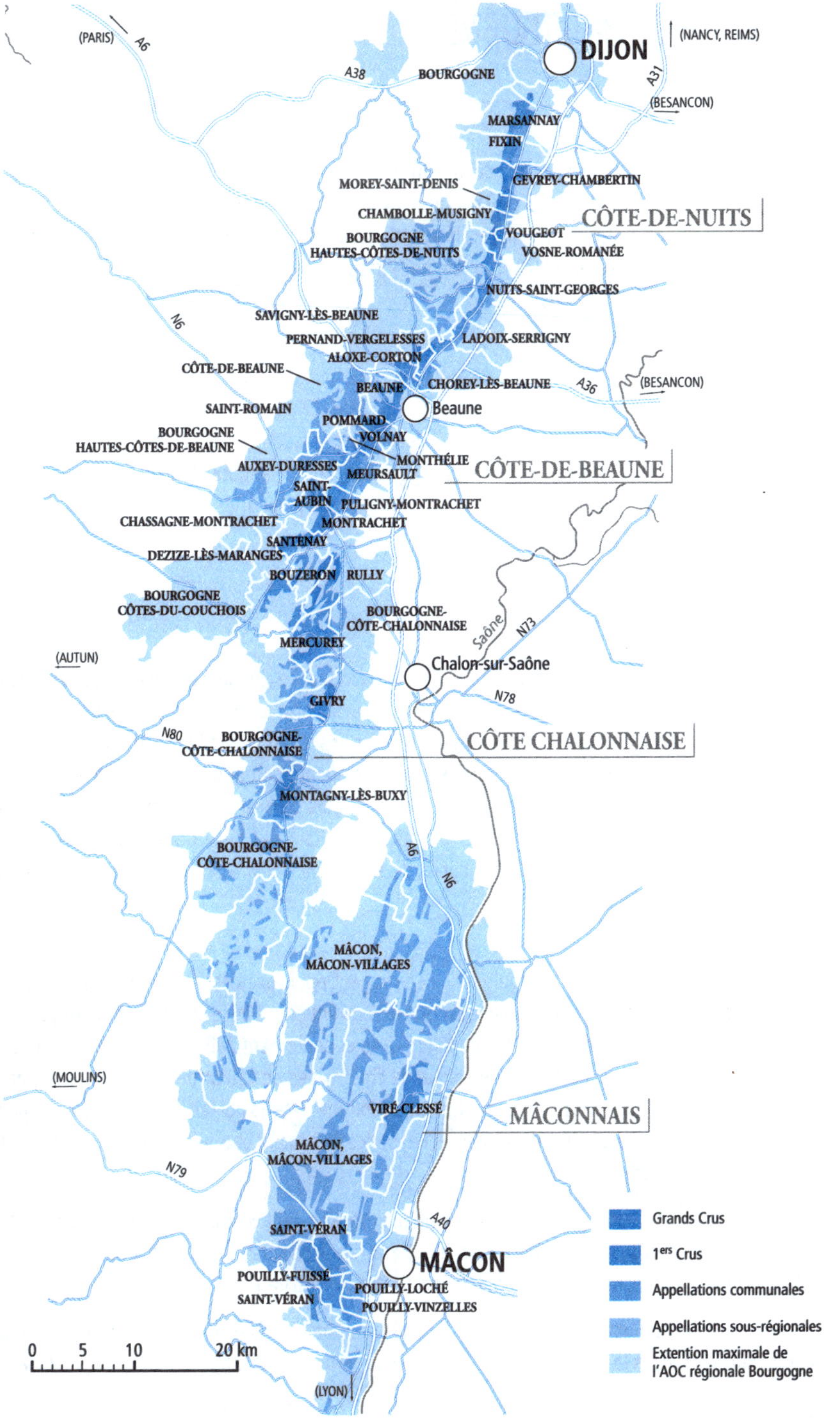

DIJON
(PARIS)
A6
(NANCY, REIMS)
A38
BOURGOGNE
A31
(BESANCON)
MARSANNAY
FIXIN
GEVREY-CHAMBERTIN
MOREY-SAINT-DENIS
CHAMBOLLE-MUSIGNY
CÔTE-DE-NUITS
VOUGEOT
VOSNE-ROMANÉE
BOURGOGNE
HAUTES-CÔTES-DE-NUITS
NUITS-SAINT-GEORGES
SAVIGNY-LÈS-BEAUNE
N6
PERNAND-VERGELESSES
LADOIX-SERRIGNY
ALOXE-CORTON
CÔTE-DE-BEAUNE
BEAUNE
CHOREY-LÈS-BEAUNE
A36
(BESANCON)
Beaune
SAINT-ROMAIN
POMMARD
VOLNAY
BOURGOGNE
HAUTES-CÔTES-DE-BEAUNE
MONTHÉLIE
AUXEY-DURESSES
MEURSAULT
CÔTE-DE-BEAUNE
SAINT-
AUBIN
PULIGNY-MONTRACHET
CHASSAGNE-MONTRACHET
MONTRACHET
SANTENAY
DEZIZE-LÈS-MARANGES
BOUZERON
RULLY
BOURGOGNE
CÔTES-DU-COUCHOIS
BOURGOGNE-
CÔTE-CHALONNAISE
Saône
N73
MERCUREY
(AUTUN)
Chalon-sur-Saône
N78
GIVRY
N80
BOURGOGNE-
CÔTE-CHALONNAISE
CÔTE CHALONNAISE
MONTAGNY-LÈS-BUXY
BOURGOGNE-
CÔTE-CHALONNAISE
A6
N6
MÂCON,
MÂCON-VILLAGES
(MOULINS)
VIRÉ-CLESSÉ
MÂCONNAIS
MÂCON,
MÂCON-VILLAGES
N79
A40
SAINT-VÉRAN
MÂCON
POUILLY-FUISSÉ
POUILLY-LOCHÉ
SAINT-VÉRAN
POUILLY-VINZELLES
0 5 10 20 km
(LYON)
Grands Crus
1ers Crus
Appellations communales
Appellations sous-régionales
Extention maximale de l'AOC régionale Bourgogne

LE VIGNOBLE DE BOURGOGNE

LE VIGNOBLE

› Entre Auxerre et Mâcon, répartie sur trois départements (l'Yonne, la Côte-d'Or et la Saône-et-Loire), la Bourgogne viticole offre sur quelques 30 000 hectares (à peu près la taille de la Champagne voisine) une diversité de terroirs inouïe. Ceux-ci sont hiérarchisés en plusieurs niveaux : les grands crus avec 33 parcelles, puis les premiers crus pour 600 parcelles, les « villages » qui portent le nom de leur commune d'origine et les bourgognes génériques.

LES CÉPAGES

La Bourgogne est très simple. Elle en compte deux, un pour les rouges, le pinot noir et l'autre pour les blancs, le chardonnay. Il existe aussi un autre cépage blanc, appelé aligoté et restreint à l'appellation Bourgogne aligoté. On peut également trouver du pinot blanc et du pinot gris.

CINQ GRANDES RÉGIONS DE PRODUCTION

› Chablis

Au nord, près d'Auxerre, se trouvent Chablis et le Grand Auxerrois. Le vignoble de coteaux borde la vallée du Serein. Cette région vallonnée et boisée est ancrée dans un sol argilo-calcaire qui appartient au Jurassique, notamment au Kimméridgien pour les meilleurs terroirs. C'est ce qui fait la grande finesse et la droiture des vins de Chablis. On y distingue quatre niveaux d'appellation : Petit Chablis, Chablis, Chablis premier cru et Chablis grand cru. Autour de Chablis, les vignobles du Grand Auxerrois s'appuient sur des sols calcaires qui domine la vallée de l'Yonne. Ce sont les appellations de Chitry, Côte Saint-Jacques, Côtes d'Auxerre, Coulanges-la-Vineuse, Épineuil, Tonnerre, Vézelay, Irancy, Saint-Bris et les appellations régionales, dont les crémants de Bourgogne.

› La Côte de Nuits

C'est là le meilleur de la production bourguignonne en rouge. Depuis près de deux mille ans, ce vignoble contribue à la réputation de toute la Bourgogne, dans le monde entier. Il s'étire entre Dijon et Corgoloin sur une étroite bande de coteaux d'une vingtaine de kilomètres et seulement 200 à 300 mètres de large par endroits. Les notions de terroir, de climat, de sols et de clos, mises en valeur depuis le Xe siècle par les moines, prennent ici tout leur sens. L'influence climatique continentale, la parfaite adaptation des cépages aux sols calcaires, la bonne exposition de la vigne et l'absence de cours d'eau, vecteurs d'humidité, contribuent à créer un environnement idéal.

La Côte de Nuits produit 33 appellations, dont les plus fameuses sont Gevrey-Chambertin, Chambolle-Musigny, Nuits-Saint-Georges, Vosne-Romanée, etc. Les grands crus les plus fameux sont Chambertin, Clos de Tart, Bonnes-Mares, Musigny, Romanée, Romanée-Conti ou La Tâche.

Petite particularité, Marsannay est la seule appellation communale de Bourgogne à produire à la fois des vins blancs, rouges et rosés (à noter que les blancs peuvent comporter du chardonnay et du pinot blanc).

Le vignoble des Hautes Côtes de Nuits, qui occupe l'arrière-côte, a été reconstitué dans les années 1950.

› La Côte de Beaune

Autour de Beaune, elle concentre certains des fleurons de la Bourgogne, sur 20 kilomètres, entre Ladoix-Serrigny et le coteau de Maranges. Cette partie-là du vignoble excelle aussi bien en blanc qu'en rouge. Toutes les appellations communales produisent les deux couleurs, exceptés Volnay et Pommard qui ne produisent que des rouges. Les sols sont constitués de calcaires et de marnes, le climat, chaud et sec, favorise le bon mûrissement des raisins. Les appellations communales les plus connues sont Beaune, Chassagne-Montrachet, Meursault, Pommard, Volnay, Pernand-Vergelesses, etc. Les grands crus les plus fameux sont Corton, Corton-Charlemagne et Montrachet.

Les Hautes Côtes de Beaune forment un plateau traversé par des vallées à 400 mètres d'altitude, juste au-dessus de la Côte de Beaune.

› La Côte Chalonnaise

25 kilomètres de long et 7 kilomètres de large entre la Côte de Beaune au nord et les monts du Mâconnais au sud. Prolongement naturel de la Côte-d'Or, c'est l'une des plus belles régions viticoles de la Bourgogne. Ses sols sont argilo-calcaires. Les principales appellations sont Bouzeron, Givry, Mercurey, Montagny et Rully.

› Le Mâconnais

C'est la frontière Sud de la Bourgogne qui s'étend sur 35 kilomètres entre Sennecey-le-Grand et Saint-Véran et 10 kilomètres de large entre les vallées de la Grosne et de la Saône. Le vignoble est implanté sur les collines exposées est et sud-est. Le Mâconnais est en majorité un terroir à blancs, planté à 80 % de chardonnay. Mais jusqu'au XVIIIe siècle, ce vignoble était principalement planté de gamay. On y trouve les appellations Mâcon, Mâcon-Villages, Pouilly-Fuissé, Pouilly-Loché, Pouilly-Vinzelles, Saint-Véran et Viré-Clessé.

LE VIGNOBLE DE CHABLIS ET DE L'YONNE

DOMAINE JÉRÉMY ARNAUD

★☆☆☆☆

Nous avons découvert ce tout jeune domaine cette année à l'occasion de nos dégustations au syndicat de Chablis. Jérémy Arnaud s'est découvert une passion pour le vin au cours de sa scolarité, et a décidé de s'installer au coeur du vignoble chablisien.

- **Chablis premier cru Vau de Vey 2017** | Sec | 2018>27 | 22 € — 15
- **Petit Chablis Sur Priault 2017** | Sec | 2018>23 | 11 € — 14

8, rue de Derrière les Fossés, 89700 Viviers • Tél. 06 95 95 09 33 • domaine.jeremy.arnaud@gmail.com • www.domainejeremyarnaud.com • Visite : uniquement sur rendez-vous.

CAVES BAILLY LAPIERRE

★☆☆☆☆

Les caves Bailly Lapierre regroupent 430 vignerons apporteurs de raisins destinés à la production de Crémant de Bourgogne. La production annuelle moyenne s'élève à 25 000 hectolitres, soit plus de 3 millions de bouteilles. Les caves situées à 50 mètres sous terre au coeur de la pierre de Tonnerre s'étalent sur 4 hectares. C'est une production sérieuse et qualitative de crémants dont ils se sont fait la spécialité, mais ils réussissent aussi leurs vins de l'Yonne, notamment les saint-bris et les irancys.

- **Bourgogne Chitry 2017** | Sec | 2018>24 | NC — 14
- **Crémant de Bourgogne Baigoule Eff. 2017** | Brut | 2021>23 | 9,90 € — 15,5
- **Crémant de Bourgogne Egarade Eff. 2015** | Brut | 2020>24 | 9,90 € ♣ — 16,5
- **Crémant de Bourgogne pinot noir Eff. NM** | Brut | 2021>24 | 8,80 € — 15
- **Crémant de Bourgogne Ravizotte Eff. NM** | Brut | 2021>23 | 9,90 € — 15
- **Crémant de Bourgogne Réserve Eff. 2017** | Brut | 2021>24 | 8,20 € — 15
- **Crémant de Bourgogne Vive la Joie Eff. 2013** | Brut | 2020>24 | 14,90 € — 17

Quai de l'Yonne - Hameau de Bailly - B.P. 3, 89530 Saint-Bris-le-Vineux • Tél. 03 86 53 77 77 • home@bailly-lapierre.fr • www.bailly-lapierre.fr • Visite : du lundi au vendredi de 9h à 12h et de 14h à 18h30. Le week-end de 10h à 12h et de 14h à 18h30.

DOMAINE BÈGUE-MATHIOT

☆☆☆☆☆

Maryse Mathiot et sa fille Guylhaine exploitent ce domaine qui couvre 17 hectares en Chablis et Chablis premier cru.

- **Chablis premier cru Vaucoupin 2017** | Sec | 2018>27 | 13,20 € — 15

Les Epinottes, 89800 Chablis • Tél. 03 86 42 16 65 OU 06.70.89.89.73 • contact@chablis-begue-mathiot.com • www.chablis-begue-mathiot.com • Visite : Sur rendez-vous.

JEAN-FRANÇOIS ET PIERRE-LOUIS BERSAN

★☆☆☆☆

Famille vigneronne depuis le XVe siècle, les Bersan sont nombreux sur Saint-Bris. Nous avons parfois souligné le manque de régularité de la gamme du domaine par le passé, les 2017 affichaient une agréable homogénéité.

- **Bourgogne Côtes d'Auxerre cuvée Marianne 2017** | Sec | 2018>25 | 13 € — 14
- **Chablis cuvée Marianne 2017** | Sec | 2018>27 | 14,50 € — 14,5
- **Saint-Bris 2017** | Sec | 2018>27 | 10,50 € — 15

5, rue du Docteur Tardieux, 89530 Saint-Bris • Tél. 03 86 53 07 22 • domainejfetplbersan@orange.fr • www.domainebersan.com • Visite : du lundi au samedi de 8h à 12h (de 10h à 12h le samedi) et de 13h30 à 18h ; dimanche matin et jours fériés sur rendez-vous.

DOMAINE JEAN-CLAUDE BESSIN

★★★★☆

L'une des consécrations de cette année, avec la quatrième étoile décernée sans réserve à ce domaine parmi les plus intéressants de tout Chablis, et pourtant pas le plus médiatique, la faute sans doute à la discrétion naturelle de son vigneron, Jean-Claude Bessin, aidé depuis 2014 par son fils Romain. Le parcellaire est limité, 12,50 hectares de vignes issues de la belle-famille de Jean-Claude (Tremblay), avec notamment une magnifique implantation en premier cru Fourchaume (2,15 hectares), dont il tire l'une des plus brillantes expressions dans sa cuvée de cœur de coteau, la pièce-au-comte, hélas non isolée en 2017 à cause d'un ridicule rendement de 10 hl/ha. La vinification cuve et fût se met au service du raisin, jamais une touche boisée dans ces vins qui vieillissent à la perfection, avec une tension vibrante qui fait durer les finales. Seule ombre au tableau, les quantités disponibles au domaine sont souvent très limitées, c'est la rançon du succès.

- **Chablis grand cru Valmur 2017** | Sec | 2018>27 | 38 € — 17
- **Chablis premier cru Fourchaume 2017** | Sec | 2018>27 | 27 € — 15,5
- **Chablis premier cru La Forêt 2017** | Sec | 2018>32 | 27 € — 17
- **Chablis premier cru Montmains 2017** | Sec | 2018>32 | 27 € — 17
- **Chablis Vieilles Vignes 2017** | Sec | 2018>27 | 18 € — 16

18, rue de Chitry, 89800 Chablis • Tél. 03 86 42 46 77 • dnejcbessin@gmail.com • Visite : sur rendez-vous.

SAMUEL BILLAUD

★★★☆☆

Samuel Billaud a créé sa petite activité de négoce en 2009, au départ il s'agissait exclusivement d'achats. La reprise en 2014 par Faiveley du domaine de famille, Billaud-Simon, a changé la donne car Samuel a récupéré dans la transaction une partie du prestigieux vignoble, notamment de superbes premiers crus. Sa nouvelle cuverie, au cœur du village de Chablis, lui a permis de franchir un palier, les 2017 dégustés au domaine cette année sont tous de brillantes interprétations du terroir de Chablis. Sans boisés intempestifs, les vinifications laissent s'exprimer une magnifique matière première, toute la gamme vibre à l'unisson, parfois en quantités restreintes mais c'est le lot de la Bourgogne !

- **Chablis grand cru Blanchot 2017** | Sec | 2023>37 | 58 € — 17
- **Chablis grand cru Les Clos 2017** | Sec | 2023>37 | 58 € — 18,5
- **Chablis grand cru Les Preuses 2017** | Sec | 2018>37 | 58 € — 17,5
- **Chablis grand cru Vaudésir 2017** | Sec | 2023>37 | 58 € — 18
- **Chablis premier cru Les Fourneaux 2017** | Sec | 2018>32 | 24 € — 16,5
- **Chablis premier cru Mont de Milieu 2017** | Sec | 2018>37 | 29 € — 17
- **Chablis premier cru Montée de Tonnerre 2017** | Sec | 2018>37 | 31 € — 17
- **Chablis premier cru Séchet 2017** | Sec | 2018>37 | 29 € — 17
- **Chablis premier cru Vaillons Vieilles Vignes 2017** | Sec | 2018>32 | 24 € — 16,5
- **Chablis Grands Terroirs 2017** | Sec | 2018>27 | 15 € — 15,5
- **Petit Chablis 2017** | Sec | 2018>27 | 10 € — 15,5

8 boulevard Taccussel, 89800 Chablis • Tél. 03 86 31 06 75 ou 06 37 52 50 32 • samuel.billaud@orange.fr • www.samuel-billaud.com • Visite : Uniquement sur rendez-vous.

DOMAINE BILLAUD-SIMON

★★★★☆

Ce domaine réputé de Chablis a été acheté par Erwan Faiveley à l'été 2014, avec la ferme intention de maintenir au premier plan le superbe parcellaire fait de vieilles vignes situées pour la plupart au cœur des meilleurs terroirs de l'appellation. Olivier Bailly a succédé à Julien Martins pour la partie technique, les évolutions se font en douceur. Déjà perceptible, l'apport du fût sur certaines cuvées, notamment le chablis tête-d'or, paraît déjà plus finement dosé. Avec les 2015 naissent de nouvelles cuvées en achat de raisin ou de moût : vaulorent, bougros et valmur. Comme souvent à Chablis, les 2016 ont souffert de la donne climatique, mais le sérieux à la vigne pour ce qui pouvait être sauvé, puis en cave, permet la dégustation de jolis chablis, un peu moins de garde qu'à l'accoutumée. Les 2017 goûtaient de façon très homogène et eux vieilliront à la perfection. À noter que la cuvée de clos est désormais en achat, la parcelle du domaine ayant été arrachée (et en cours de replantation).

- **Chablis grand cru Blanchot 2017** | Sec | 2022>37 | NC — 17,5
- **Chablis grand cru Les Clos 2017** | Sec | 2018>32 | NC — 17,5
- **Chablis grand cru Les Preuses 2017** | Sec | 2022>37 | NC — 18
- **Chablis grand cru Vaudésir 2017** | Sec | 2022>37 | NC — 17
- **Chablis premier cru Mont de Milieu 2017** | Sec | 2022>32 | NC — 17
- **Chablis premier cru Montée de Tonnerre 2017** | Sec | 2022>37 | NC — 17,5
- **Chablis Tête d'Or 2017** | Sec | 2018>27 | NC — 16
- **Petit Chablis 2017** | Sec | 2018>27 | NC — 15

1, quai de Reugny - B.P. 46, 89800 Chablis • Tél. 03 86 42 10 33 • contact@billaud-simon.com • www.billaud-simon.com

DOMAINE PASCAL BOUCHARD

★☆☆☆☆

Pascal Bouchard et ses enfants Romain et Damien ont vendu leur maison à Albert Bichot, qui depuis trois millésimes remet cette structure de négoce dans le droit chemin, d'autant qu'une partie des vieilles vignes familiales Bouchard, très bien situées, sont encore livrées à la structure. Les 2016 et 2017 confirment les progrès entrevus dès le début.

- **Chablis premier cru Beauroy 2017** | Sec | 2018>27 | 19,10 € — 15
- **Chablis premier cru Montmains Les Vieilles Vignes 2017** | Sec | 2018>25 | 21,70 € — 14,5

3, rue du pressoir parc des Lys, 89800 Chablis • Tél. 03 86 42 18 64 • info@pascalbouchard.com • www.pascalbouchard.com • Visite : du lundi au jeudi de 8h30 à 12h et de 13h30 à 17h, le vendredi de 8h30 à 12h et de 13h30 à 16h.

DOMAINE SYLVAIN BOUHÉLIER

★☆☆☆☆

C'est à Chaumont-le-Bois, charmant petit village du nord côte d'Or, aux portes de la Champagne, que Sylvain Bouhélier a planté en 1988 ses premiers pieds de vigne participant au renouveau du vignoble châtillonnais. En 2016, Paul le fils a rejoint le domaine et ce sont 6 hectares conduits en mode raisonné (sans engrais chimiques, ni pesticides ou anti-pourriture) et utilisés pour la production de crémants de Bourgogne, environ 40 000 bouteilles élevées sur lattes de 18 mois à 5 ans.

- **Crémant de Bourgogne Tradition Eff. 2017** | Brut | 2021>24 | 8,50 € — 16
- **Crémant de Bourgogne Trésor Eff. 2015** | Brut | 2020>23 | 10 € — 14,5

1, place Saint-Martin, 21400 Chaumont-le-Bois • Tél. 03 80 81 95 97 • contact@bouhelier.com • www.bouhelier.com • Visite : du lundi au samedi de 15h à 18h en juillet-août, le reste de l'année uniquement le samedi de 15h à 18h, en dehors de ces horaires sur rendez-vous.

JEAN-MARC BROCARD

★★★☆☆

Brocard est le plus vaste vignoble du Chablisien mené en bio et biodynamie, puisqu'aujourd'hui 60 hectares sur les quelques 200 de l'exploitation sont certifiés, mais les convictions et la sincérité de Julien Brocard en la matière ne peuvent rien, hélas, contre les caprices de la météo et les ravages que celle-ci peut occasionner. Après un millésime 2016 dévastateur sur les secteurs de Préhy, entre gel, grêle puis mildiou, 2017 a vu les gelées de printemps amputer la récolte d'un tiers, mais au final la qualité était présente. Des vins francs de goût, avec notamment de très jolis butteaux, vaulorent, et preuses. Ne manquez pas non plus la nouvelle gamme julien-brocard, splendide d'énergie et d'éclat, destinée à mettre en avant, justement, des cuvées en biodynamie en intégralité.

- **Chablis grand cru Blanchot 2017** | Sec | 2018>27 | 56 € — 15
- **Chablis grand cru Bougros 2017** | Sec | 2018>32 | 42,50 € — 16
- **Chablis grand cru Les Preuses - Julien Brocard 2017** | Sec | 2018>32 | 55 € | ♣ — 16,5
- **Chablis grand cru Vaudésir 2017** | Sec | 2018>27 | 49 € — 15,5
- **Chablis premier cru Butteaux 2017** | Sec | 2018>27 | 24,50 € | ♣ — 15,5
- **Chablis premier cru Côte de Léchet - Julien Brocard 2017** | Sec | 2018>27 | 29,50 € | ♣ — 16
- **Chablis premier cru Fourchaume 2017** | Sec | 2018>27 | 25,50 € — 15
- **Chablis premier cru Mont de Milieu 2017** | Sec | 2018>27 | NC — 15
- **Chablis premier cru Vau de Vey - Julien Brocard 2017** | Sec | 2018>27 | 28,50 € | ♣ — 15
- **Chablis premier cru Vaulorent 2017** | Sec | 2018>27 | 29,90 € — 15,5
- **Chablis Domaine Sainte-Claire Vieilles Vignes 2017** | Sec | 2018>23 | Epuisé € | ♣ — 14
- **Chablis La Boissonneuse - Julien Brocard 2017** | Sec | 2018>27 | 17,50 € | ♣ — 15,5

3, route de Chablis, 89800 Prehy • Tél. 03 86 41 49 00 • info@brocard.fr • www.brocard.fr • Visite : du lundi au samedi de 9h30 à 13h et de 14h à 18h30. Du lundi au samedi de 9h à 13h et de 14h à 18h et le dimanche de 9h à 13h.

DOMAINE MARC CAMERON

★☆☆☆☆

Marc Cameron et son épouse Sonia ont créé ce micro-domaine de 160 ares à quelques encablures de Chablis, une région que Marc connaît très bien pour y exercer ses talents au domaine Servin. Premières dégustations cette année, une réussite !

- **Bourgogne Épineuil 2018** | Sec | 2018>25 | NC — 13,5
- **Bourgogne Tonnerre Sagara 2017** | Sec | 2018>25 | NC — 14

8, Grande-Rue, 89290 Augy • Tél. 03 86 42 85 14

EDMOND CHALMEAU ET FILS

★☆☆☆☆

Ce domaine perce depuis quelques années dans nos différentes dégustations. Sébastien et Franck Chalmeau ont repris le domaine de leur père, Edmond, pour mettre en valeur les terroirs kimméridgiens de

Chitry. Les blancs sont les vins les plus aboutis du domaine, mais en bon millésime les rouges offrent une expression pierreuse élégante, propre au terroir. La vigne-d'aimé et les-trameures sont très réussies en 2017.

- **Bourgogne Chitry Les Trameures 2017** | Sec | 2018>27 | 10,20 € — 15
- **Bourgogne Chitry Sidonie 2017** | Sec | 2018>24 | 10,20 € — 14,5
- **Bourgogne Chitry Vieille Vigne d'Aimé 2017** | Sec | 2018>27 | 9,20 € — 15
- **Chablis Les Monts Perriers 2017** | Sec | 2018>22 | 10,60 € — 13,5

20, rue du Ruisseau, 89530 Chitry • Tél. 03 86 41 42 09 • domaine.chalmeau@wanadoo.fr • www.edmondchalmeau-et-fils.com • Visite : du lundi au samedi, de 8h à 12h et de 14h à 18h de préférence sur rendez-vous.

MAISON DE LA CHAPELLE

★★☆☆☆

La belle aventure continue pour Grégory Viennois et Delphine Carré, en marge de leurs activités respectives pour les domaines Laroche. Ce pur négoce en vins rouges sur l'appellation Irancy manquait au paysage de la région, d'autant qu'ils se sont lancés avec le splendide millésime 2015. En 2016 ils avaient préféré tout assembler en une seule cuvée, mais les 2017 retrouvent les trois cuvées désormais habituelles, avec un beaux-monts absolument splendide. Il faut réserver très tôt ses cuvées au domaine !

- **Irancy 2017** | Sec | 2018>27 | 18 € — 15
- **Irancy Les Bâtardes 2017** | Sec | 2018>27 | 23 € — 15,5
- **Irancy Les Beaux Monts 2017** | Sec | 2018>27 | 23 € — 16,5

24, rue du Serein , 89800 La Chapelle-Vaupelteigne • Tél. 03 86 18 96 33 • contact@vins-maisondelachapelle.fr • www.vins-maisondelachapelle.fr • Visite : Uniquement sur rendez-vous

DOMAINE CHEVALLIER

★☆☆☆☆

Claude Chevallier exploite son domaine un peu à l'écart des grandes communes du Chablisien, à Montallery. Ses vins sont régulièrement de bonne facture, même si le choix de vinification et d'élevage en fût nous paraît parfois un peu appuyé pour le style chablisien.

- **Chablis 2017** | Sec | 2018>24 | Epuisé — 14
- **Chablis premier cru Montmains 2017** | Sec | 2018>24 | Epuisé € — 14,5

6, rue de l'École, 89290 Montallery • Tél. 03 86 40 27 04 • domaine.chevallier.chablis@wanadoo.fr • Visite : Sur rendez-vous.

DOMAINE CLÉMENT

★☆☆☆☆

Guillaume Clément a désormais seul en charge ce domaine de longue tradition familiale, depuis le départ à la retraite de son père en 2013. Il nous a présenté ses vins cette année pour la première fois, et fort bien lui en a pris ! Entrée dans le guide !

- **Bourgogne Coulanges-la-Vineuse Alban 2017** | Sec | 2018>24 | 7 € — 14
- **Bourgogne Coulanges-la-Vineuse Chanvan 2017** | Sec | 2018>24 | 9 € — 14
- **Bourgogne Coulanges-la-Vineuse fût de chêne 2017** | Sec | 2018>23 | 7 € — 14

7, rue des Fossés, 89290 Jussy • Tél. 03 86 42 95 22 ou 06 30 55 85 03 • domaineclementg@gmail.com • www.domaineclementjussy.fr • Visite : sur rendez-vous.

DOMAINE STÉPHANIE COLINOT

★☆☆☆☆

Une nouvelle vie débute pour Stéphanie Colinot, qui désormais vole de ses propres ailes loin du domaine parental à Irancy. À l'aide de quelques vignes en propre et d'achats de raisins toujours sur Irancy, elle propose une courte gamme vinifiée selon ses convictions, en faisant ressortir le parcellaire. Les 2018 dégustés sur cuve avaient une couleur sombre et beaucoup d'intérêt !

- **Irancy Côte du Moutier 2018** | Sec | 2018>33 | 18 € — 16,5
- **Irancy La Cerise sur le Coteau 2018** | Sec | 2018>28 | 15 € — 15
- **Irancy La Comme 2018** | Sec | 2018>28 | 16 € — 14
- **Irancy Les Cailles 2018** | Sec | 2018>28 | 17 € — 15,5

3, Rue Reine de Sicile, 89144 Ligny le Chatel • Tél. 06 81 27 08 32 • colinotstephanie@gmail.com • www.stephanie-colinot.fr • Visite : sur rendez-vous uniquement.

DOMAINE JEAN COLLET & FILS

Ce domaine majeur de Chablis possède un beau vignoble de 39 hectares, avec de splendides parcelles bien situées en premier cru : Vaillons, Butteaux, Montmains, Sécher, Montée de Tonnerre, Mont de Milieu et depuis peu Forêt. Les vins sont souvent vendus avec quelques millésimes de décalage, notamment en grands crus. Malheureusement, la régularité n'est pas toujours au rendez-vous, tant sur les crus que les millésimes, une impression que la dégustation des 2017 a confirmé. Nous nous voyons contraints de sortir le domaine de notre hiérarchie des domaines de référence.

Chablis premier cru Montmains 2017 | Sec | 2018>24 | 20 € — **13,5**

15 Avenue de la liberté, 89800 Chablis • Tél. 03 86 42 11 93 • collet.chablis@orange.fr • www.domaine-collet.fr • Visite : du lundi au vendredi de 9h à 12h et de 13h30 à 17h30. Samedi matin 9h à 12h

DOMAINE JEAN-CLAUDE COURTAULT

Jean-Claude Courtault a créé son domaine en 1984, pour le porter à 18 hectares aujourd'hui, uniquement en appellations Chablis. La gamme reste inégale, mais l'épineuil côte-de-grisey est fort recommandable en 2017.

Bourgogne Épineuil Côte de Grisey 2017 | Sec | 2018>26 | 10,50 € — **14,5**
Chablis premier cru Beauroy 2017 | Sec | 2018>27 | 15,30 € — **15**

1, route de Montfort, 89800 Lignorelles • Tél. 03 86 47 50 59 • contact@chablis-courtault-michelet.com • www.chablis-courtault.com • Visite : Du lundi au vendredi, de 9h à 12h et de 14h à 18h. Le week-end sur rendez-vous.

DOMAINE SÉBASTIEN DAMPT

Arrivé au domaine Daniel Dampt en 2005, Sébastien Dampt se lance seul à partir du millésime 2007. Lui aussi met en valeur les terroirs entourant le village de Milly.

Chablis premier cru Beugnons 2017 | Sec | 2018>27 | 18,50 € — **15,5**

23 rue du Château, Milly, 89800 Chablis • Tél. 06 73 68 23 39 • sebastien@sebastien-dampt.com • www.sebastien-dampt.com • Visite : sur rendez-vous.

DOMAINE BRUNO DANGIN

On parle ici d'assemblage car la Confrérie Bruno Dangin est composée des membres d'une même famille. Bruno Dangin, vigneron champenois a décidé de s'installer à Molesme en pays châtillonnais, voisin de la Champagne, en 2010 avec ses enfants. Chacun a appris le métier de vigneron et sont appliquées ici les recettes champenoises pour produire des crémants de Bourgogne qualitatifs. Le domaine de 5 hectares est en agriculture biologique.

Crémant de Bourgogne Prestige de Constance Blanc de Noirs Eff. 2016 | Brut | 2020>24 | 16 € — **16**
Crémant de Bourgogne Prestige de Narcès Eff. 2016 | Brut | 2020>23 | 15 € — **15**

Sur la petite vigne, Route de Mézière, 21330 Molesne • Tél. 03 25 38 54 84 ou 06 88 87 19 79 • bruno-dangin@live.fr • www.bruno-dangin.com • Visite : sur rendez-vous.

DOMAINE DIDIER ET AGNÈS DAUVISSAT

Autre domaine Dauvissat de Chablis, Didier et Agnès ont débuté l'aventure en 1986.

Chablis premier cru Beauroy 2017 | Sec | 2018>24 | 14,30 € — **14,5**

Chemin de Beauroy, voie du gain , 89800 Beine • Tél. 03 86 42 46 40 • agnes-didier.dauvissat@wanadoo.fr • www.domainedauvissat.fr • Visite : ouvert du lundi au samedi de 9h à 12h et de 14h à 18h et le dimanche de 9h à 12h30.

DOMAINE VINCENT DAUVISSAT

Vincent Dauvissat a finalement retardé sa retraite mais ses enfants Etiennette et Ghislain sont à ses côtés depuis plusieurs millésimes déjà. La viticulture est le point fort de ce domaine, qui révèle pour chacun de ses crus une verticalité et une droiture exemplaires. La forte acidité issue des sols kimméridgiens demande souvent 10 voire 15 ans en bouteille pour pleinement révéler la véritable identité des terroirs, mais l'attente est alors récompensée. Le domaine a la chance d'exploiter plusieurs des principaux crus phare de l'appellation, certains comme Séchet (un sous-climat des Vaillons) ayant acquis leurs lettres de noblesse grâce à lui. Les 2017 vieilliront comme un millésime classique au domaine, comme toujours les grands crus évolueront un peu plus lentement encore que les premiers crus.

- **Chablis 2017** | Sec | 2018>27 | 18 € — 14,5
- **Chablis grand cru Les Clos 2017** | Sec | 2024>37 | 47,60 € — 18,5
- **Chablis grand cru Les Preuses 2017** | Sec | 2024>37 | 47,60 € — 18,5
- **Chablis premier cru Forêt 2017** | Sec | 2023>37 | 26,80 € — 17,5
- **Chablis premier cru Montée de Tonnerre 2017** | Sec | 2018>27 | 26,80 € — 16
- **Chablis premier cru Séchet 2017** | Sec | 2022>32 | 26,80 € — 16
- **Chablis premier cru Vaillons 2017** | Sec | 2023>37 | 26,80 € — 17
- **Irancy 2017** | Sec | 2018>27 | 18,20 € — 14,5
- **Petit Chablis 2017** | Sec | 2018>27 | 14,90 € — 15,5

8, rue Émile-Zola, 89800 Chablis • Tél. 03 86 42 11 58

DOMAINE DROUHIN-VAUDON

La famille Drouhin dirige depuis Beaune l'ancien domaine du Moulin de Vaudon. Les cuvées proviennent essentiellement des vignes du domaine, 40 hectares bien situés sur les beaux terroirs. On retrouve dans ces chablis le toucher fin et élégant adossé aux notes florales très pures qu'affectionne Véronique Drouhin dans ses vins. Dans le délicat millésime 2016, le domaine a dû se résoudre à traiter comme d'autres dans le secteur. Au moins une partie de la récolte était-elle sauvée, mais dès le millésime 2017 un nouveau processus de certification était enclenché. Les 2017 sont très ouverts et on les appréciera jeunes.

- **Chablis 2017** | Sec | 2018>24 | 18,10 € — 14,5
- **Chablis grand cru Bougros 2017** | Sec | 2018>27 | 49,80 € — 17
- **Chablis grand cru Vaudésir 2017** | Sec | 2018>27 | 49,80 € — 16
- **Chablis premier cru Mont de Milieu 2017** | Sec | 2018>32 | 23,30 € — 16
- **Chablis premier cru Montmains 2017** | Sec | 2018>27 | 22,80 € — 16,5

Chemin du Moulin - Chichée, 89800 Chablis • Tél. 03 80 24 68 88 • maisondrouhin@drouhin.com • www.drouhin-vaudon-chablis.com • Visite : du lundi au samedi de 9h30 à 18h, visites sur rendez-vous.

DOMAINE GÉRARD DUPLESSIS

Les Duplessis comptent parmi les vieilles familles de Chablis, qui sont souvent cousines entre elles (notamment avec les Raveneau et les Dauvissat). La jeune génération, Lilian, a aujourd'hui en charge un très beau parcellaire situé dans les meilleurs crus, notamment cinq premiers crus de référence et un grand cru (les Clos). Les élevages sont longs, et les mises en bouteille parmi les plus tardives de la région, mais cela permet aux vins de se retendre et d'exprimer toute la force de leur origine. Excellents 2017, goûtés encore sur fût à près de 18 mois d'élevage.

- **Chablis 2017** | Sec | 2018>27 | 15 € — 15
- **Chablis grand cru Les Clos 2017** | Sec | 2023>37 | 50 € — 17,5
- **Chablis premier cru Mont de Milieu 2017** | Sec | 2018>32 | 25 € — 16,5
- **Chablis premier cru Montée de Tonnerre 2017** | Sec | 2018>32 | 25 € — 17
- **Chablis premier cru Montmains 2017** | Sec | 2018>32 | 23 € — 17
- **Chablis premier cru Montmains 2015** | Sec | 2018>30 | 23 € — 17
- **Chablis premier cru Vaillons 2017** | Sec | 2018>32 | 23 € — 16

5 Quai de Reugny, 89800 Chablis • Tél. 03 86 42 10 35 • contact@chablis-duplessis.com • www.chablis-duplessis.com • Visite : sur rendez-vous.

DOMAINE JEAN DURUP ET FILS

Jean Durup a beaucoup contribué à l'extension de l'appellation, et par là même à sa renommée mondiale, dans les années 1970 et 1980. Son fils Jean-Paul l'aide aujourd'hui, à la tête du plus important vignoble privé de Chablis, plus de 200 hectares en production. Le style des vins est défini depuis longtemps : jamais de bois. Après un petit passage à vide suite à la crise commerciale du chablis à la fin des années 2000, la gamme retrouve sa régularité de style depuis quelques millésimes.

- **Chablis premier cru L'Homme Mort L'Églantière 2017** | Sec | 2018>27 | 18,40 € — 15
- **Chablis premier cru Montée de Tonnerre L'Églantière 2017** | Sec | 2018>27 | 17,30 € — 15
- **Chablis premier cru Reine Mathilde - Jean Durup 2017** | Sec | 2018>27 | 90 € — 14,5
- **Chablis premier cru Vau de Vey L'Églantière 2017** | Sec | 2018>27 | 17,30 € — 14,5

- **Chablis L'Églantière Vieilles Vignes 2018** | Sec | 2018>25 | 14,60 € — 14,5

4, Grande-Rue, 89800 Maligny • Tél. 03 86 47 44 49 • contact@domainesdurup.com • www.durup-chablis.com • Visite : Du lundi au vendredi de 8h à 11h30 et de 13h30 à 16h30.

DOMAINE D'ÉDOUARD

Domaine de 13,5 hectares planté dans les années 1960's, qui a connu un nouvel élan en 2014 avec la transmission de l'exploitation.

- **Bourgogne aligoté Les Petits Cailloux 2017** | Sec | 2018>25 | NC — 14,5
- **Bourgogne Côtes d'Auxerre 2017** | Sec | 2018>24 | NC — 14
- **Bourgogne Côtes d'Auxerre 2017** | Sec | 2018>24 | NC — 14
- **Crémant de Bourgogne Eff. 2017** | Brut | 2021>25 | 14 € — 15,5

43, rue de Vallan, Vaux, 89290 Auxerre • Tél. 06 87 20 77 27 • contact@domaine-edouard.fr • www.domaine-edouard.fr • Visite : du lundi au samedi sur rendez-vous.

DOMAINE D'ÉLISE

Frédéric Prain dirige avec passion son petit domaine situé au sommet de la Côte de Lechet, sur un terroir calcaire très spectaculaire. La gamme est resserrée, mais les petit-chablis et chablis du domaine sont de vrais « vins de cailloux », minéraux et ciselés parfois un peu boisés, tarifés à des prix angéliques. Nous n'avons goûté que le petit-chablis en 2017.

- **Petit Chablis 2017** | Sec | 2018>21 | 9 € — 13,5

Chemin de la Garenne, 89800 Milly • Tél. 03 86 42 40 82 • frederic.prain@wanadoo.fr • Visite : sur rendez-vous.

DOMAINE NATHALIE ET GILLES FÈVRE

Gilles et Nathalie Fèvre, désormais accompagnés de leur fille Julie, ont sorti leurs dernières vignes de la cave coopérative en 2016, et se retrouvent ainsi à la tête d'un vaste domaine d'une cinquantaine d'hectares, très bien situé sur les secteurs proches de Fontenay, notamment Fourchaume, Vaulorent et Preuses. Toutes les cuvées bénéficient de la même rigueur technique et de la même précision saline en bouche. Après des 2016 à oublier pour cause d'aléas climatiques, 2017 retrouve la grande forme, notamment une nouvelle cuvée de vieilles vignes, absolument délicieuse et au rapport qualité-prix imbattable.

- **Chablis 2018** | Sec | 2018>26 | NC — 15
- **Chablis 2017** | Sec | 2018>24 | NC — 14,5
- **Chablis grand cru Les Preuses 2017** | Sec | 2018>37 | NC — 17,5
- **Chablis premier cru Fourchaume 2017** | Sec | 2017>32 | NC — 16
- **Chablis premier cru Mont de Milieu 2017** | Sec | 2018>27 | NC — 16
- **Chablis premier cru Vaulorent 2017** | Sec | 2020>32 | NC — 17
- **Chablis Vieilles Vignes 2017** | Sec | 2017>27 | NC — 16

Route de Chablis, 89800 Fontenay-près-Chablis • Tél. 03 86 18 94 47 • domaine@nathalieetgillesfevre.com • www.nathalieetgillesfevre.com • Visite : Uniquement sur rendez-vous.

DOMAINE DU CHÂTEAU DE FLEYS

Un domaine qui gagne à être connu ! Les Philippon vendent encore la majeure partie de leur production au négoce, mais ils disposent de vieilles vignes idéalement situées au cœur du premier cru Mont de Milieu, et en donnent sans doute l'une des expressions les plus abouties. La viticulture est conventionnelle et les vinifications en cuve inox pour la majeure partie. Vus les tarifs angéliques proposés au domaine, il faut pratiquer le magnum ! Le mont-de-milieu vieilles-vignes est peut-être la meilleure affaire de tout le Chablisien !

- **Chablis premier cru Mont de Milieu Vieilles Vignes 2017** | Sec | 2018>27 | 19 € — 16
- **Chablis Le Clos du Château 2017** | Sec | 2018>27 | 14,60 € — 15,5

2, rue des Fourneaux, 89800 Fleys • Tél. 03 86 42 47 70 • philippon.beatrice@orange.fr • www.chablis-philippon.com • Visite : Ouvert du lundi au vendredi de 9h à 17h. Samedi sur rendez-vous.

GARNIER ET FILS

Installés en limite nord de l'appellation, à Ligny-le-Châtel, les frères Garnier, Xavier et Jérôme mènent avec succès leur domaine familial (uniquement en Chablis et Petit Chablis) qu'ils ont heureusement complété d'une belle activité de négoce. Les vinifications se font désormais en levures indigènes, et les élevages sous bois sont encore un peu marqués, mais cela plaît à une certaine clientèle. La très originale cuvée grains-dorés, élevée deux années, est un bel exemple de chablis bien enrobé, toujours fin et équilibré malgré la richesse du vin. En 2016, le gel, la grêle puis le mildiou ont eu raison des rendements, à l'arrivée seulement 14 hl/ha... Petite nouveauté, un vignoble repris en exploitation dans la Nièvre, en IGP Coteaux de Tannay. Nous n'avons pas dégusté les cuvées du millésime 2017 pour l'édition de ce guide.

Chemin de Méré, 89144 Ligny-le-Châtel • Tél. 03 86 47 42 12 • info@chablis-garnier.com • www.chablis-garnier.com

DOMAINE ALAIN GEOFFROY

Vaste domaine de 45 hectares, fameux également pour son musée de la vigne et du tire-bouchon.

- **Chablis premier cru Beauroy 2017** | Sec | 2018>24 | 20 € — **14,5**

4, rue de l'Equerre, 89800 Beine • Tél. 03 86 42 43 76 • info@chablis-geoffroy.com • www.chablis-geoffroy.com • Visite : du lundi au vendredi de 8h à 12h et de 13h30 à 17h30. De juin à septembre, ouvert le samedi de 10h à 12h30 et de 14h à 17h.

DOMAINE GUILHEM ET JEAN-HUGUES GOISOT

Les Goisot travaillent en famille leurs terroirs de Saint-Bris et alentours. Ici la biodynamie est mise en œuvre avec une application rare dans la région, ce qui permet de récolter des raisins sains même lorsque la drosophile Suzukii tente de jouer les perturbatrices à la vendange 2014. Tout part du sol et d'un patient travail de préparation, puisque les Goisot attendent 15 ans avant de replanter une parcelle, ce qui permet ensuite d'avoir des sols exempts de toute virose, permettant aux vignes de s'épanouir sur 80 ans et plus. Ici, aligotés, chardonnays, sauvignons et pinots noirs atteignent la même splendeur, pour des prix extrêmement raisonnables. Le millésime 2016 a particulièrement affecté le domaine, avec en chardonnay sur les côtes-d'auxerre un rendement qui a frôlé un ridicule 0,5 hl/ha ! Les 2017 retrouvent un profil plus classique pour le domaine.

- **Bourgogne aligoté 2017** | Sec | 2018>22 | 10 € — **14**
- **Bourgogne Côtes d'Auxerre Biaumont 2017** | Sec | 2018>27 | 17 € — **16**
- **Bourgogne Côtes d'Auxerre La Ronce 2017** | Sec | 2018>27 | 21 € — **16**
- **Saint-Bris La Ronce 2017** | Sec | 2018>27 | 17 € — **14,5**

30, rue Bienvenu-Martin, 89530 Saint-Bris-le-Vineux • Tél. 03 86 53 35 15 • domaine.jhg@goisot.com • www.goisot.com • Visite : du lundi au samedi sur rendez-vous.

DOMAINE CORINNE ET JEAN-PIERRE GROSSOT

Ce domaine discret n'a pas eu de chance avec le millésime 2016 : venant juste d'acquérir la certification bio, il a dû y renoncer dans la foulée pour tenter de préserver une partie de sa récolte, avant de repartir pour un nouveau cycle de labellisation. Sans surprise, les vins de 2016 sont plus légers que ceux de 2015. Eve Grossot, qui depuis 10 ans maintenant épaule son père, connaîtra de meilleures années, c'est tout ce qu'on lui souhaite ! Les 2017 sont nés sont des cieux plus cléments mais curieusement le domaine n'a présenté qu'une très courte gamme.

- **Chablis 2017** | Sec | 2018>24 | 13,05 € | — **14**
- **Chablis premier cru Vaucoupin 2017** | Sec | 2018>27 | 18,80 € — **15,5**

4, route de Mont-de-Milieu, 89800 Fleys • Tél. 03 86 42 44 64 • info@chablis-grossot.com • www.chablis-grossot.com • Visite : du lundi au samedi, de préférence sur rendez-vous, de 9h à 12h et de 14h à 18h.

DOMAINE DOMINIQUE GRUHIER

Vaste domaine de 27 hectares produisant la plupart des appellations de l'Yonne, certifié bio depuis 2014. Les rouges d'épineuil se distinguent régulièrement.

- **Bourgogne Épineuil 2017** | Sec | 2018>24 | 12,50 € — **14,5**

- **Bourgogne Épineuil Côte de Grisey 2017** | Sec | 2018>26 | 15,50 € — 15

Rue du Clos-du-Petit-Quincy, 89700 Épineuil • Tél. 03 86 55 32 51 • vin@bourgognevin.com • www.bourgognevin.com • Visite : du lundi au vendredi de 9h30 à 12h30 et de 14h à 17h, samedi de 10h à 12h30 et de 14h à 18h30.

DOMAINE CÉLINE ET FRÉDÉRIC GUÉGUEN

★★☆☆☆

Céline (née Brocard) et Frédéric Guéguen ont des ramifications vigneronnes familiales dans tout le Chablisien et aux alentours. Après 13 années passées au domaine (familial) des Chenevières, ils se sont installés de façon indépendante, à partir de 22 hectares de vignes sur Chablis, Saint-Bris et Irancy. 2013 était leur premier millésime, aujourd'hui ils semblent avoir franchi un palier.

- **Bourgogne Côtes Salines 2017** | Sec | 2018>22 | 9 € — 14
- **Chablis grand cru Blanchot 2017** | Sec | 2018>27 | 39 € — 16
- **Chablis premier cru Vaucoupin 2017** | Sec | 2018>24 | 16 € — 14,5
- **Chablis premier cru Vosgros 2017** | Sec | 2018>27 | 14 € — 15,5
- **Petit Chablis Sérénité 2017** | Sec | 2018>21 | 10 € — 13
- **Saint-Bris Curiosité de Bourgogne 2017** | Sec | 2018>24 | 8 € — 13

31, Grande Rue de Chablis, 89800 Préhy • Tél. 06.08.74.63.85 • contact@chablis-gueguen.fr • www.chablis-gueguen.fr • Visite : Semaine sur rendez-vous. Le samedi de 9h à 18h.

DOMAINE DES HÂTES

★☆☆☆☆

Pierrick Laroche (aucun lien si ce n'est patronymique avec les autres Laroche de ce guide) représente la jeune génération d'une famille totalement sortie de la coopérative en 2013. Les 25 hectares du domaine se situent essentiellement sur Maligny, avec un peu de Fourchaume sur le climat de l'Homme Mort. Les vinifications sont classiques, en cuve inox. L'aventure de ce jeune vigneron ne fait que débuter, et sa nouvelle cuverie achevée en 2014 devrait lui permettre d'aller plus loin. Les 2015 nous avaient laissé sur notre soif, ce n'est pas le cas des 2017.

- **Chablis 2017** | Sec | 2018>21 | 12 € — 12,5
- **Chablis grand cru Bougros 2017** | Sec | 2018>24 | 38 € — 15,5
- **Chablis premier cru Beauregard 2017** | Sec | 2018>27 | 18 € — 15,5
- **Chablis premier cru L'Homme Mort 2017** | Sec | 2018>24 | 20 € — 13

5, chemin des hates, 89800 Maligny • Tél. 03 86 51 01 86 OU 06 73 67 33 47 • pierrick@domainedeshates.fr • Visite : Sur rendez-vous.

DOMAINE D'HENRI

★★☆☆☆

Suite à la vente du domaine Laroche à AdVini en 2009, Michel Laroche et ses enfants ont créé une nouvelle structure, nommée d'après le prénom du père de Michel, Henri. La superficie s'est progressivement agrandie pour aujourd'hui atteindre 28 hectares, dont 5 hectares en Fourchaume, un premier cru historique pour la famille où elle propose pas moins de trois cuvées selon l'âge et l'emplacement des vignes (fourchaume, homme-mort, héritage). Après la catastrophique récolte de 2016, les 2017 ont certes souffert du gel, mais les vins offrent un toucher soyeux et une trame fine et élégante. Ces cuvées tout en délicatesse offriront dans l'ensemble un plaisir dès leur prime jeunesse.

- **Chablis premier cru Fourchaume 2017** | Sec | 2018>27 | 30 € — 16
- **Chablis premier cru Fourchaume Héritage 2017** | Sec | 2018>32 | 49,50 € — 16,5
- **Chablis premier cru L'Homme Mort 2017** | Sec | 2018>27 | 36 € — 16
- **Chablis premier cru Troesmes 2017** | Sec | 2018>27 | 27,50 € — 16
- **Chablis Les Allées du Vignoble 2017** | Sec | 2018>22 | 16,50 € — 13
- **Chablis Saint-Pierre 2017** | Sec | 2018>22 | 19,50 € — 14
- **Petit Chablis Les Allées du Vignoble 2017** | Sec | 2018>21 | 13,50 € — 12,5

Route d'Auxerre, 89800 Chablis • Tél. 03 86 40 65 17 • margaux@ledomainedhenri.fr • www.ledomainedhenri.fr • Visite : Uniquement sur rendez-vous.

LA CHABLISIENNE

★★☆☆☆

Le principal producteur de Chablis restitue toujours une interprétation fidèle de l'appellation, grâce au travail précis et soigné de l'œnologue Vincent Bartement. Comme toujours, les vins sont présentés avec un millésime de décalage, cette année 2016, un millésime compliqué mais où le mont-de-milieu s'en sort très bien. D'autres terroirs habituellement réussis par la cave goûtent un peu moins bien, attendons les 2017 !

- **Chablis grand cru Blanchot 2016** | Sec | 2018>31 | 51,30 € — 16,5
- **Chablis grand cru Grenouilles Château Grenouilles 2016** | Sec | 2022>36 | 51,30 € — 17,5

- **Chablis grand cru Les Clos 2016** | Sec | 2018>31 | 51,30 € — 17
- **Chablis grand cru Vaudésir 2016** | Sec | 2018>26 | 51,30 € — 14,5
- **Chablis premier cru Beauroy 2016** | Sec | 2018>26 | 20,20 € — 15
- **Chablis premier cru L'Homme Mort 2016** | Sec | 2021>31 | 25,80 € — 16
- **Chablis premier cru Les Lys 2016** | Sec | 2018>26 | 21,20 € — 15,5
- **Chablis premier cru Mont de Milieu 2016** | Sec | 2018>31 | 25,80 € — 16,5
- **Chablis premier cru Montmains 2016** | Sec | 2018>26 | 20,80 € — 16
- **Chablis premier cru Vaillons 2016** | Sec | 2018>26 | 20,20 € — 15,5
- **Chablis premier cru Vaulorent 2016** | Sec | 2018>24 | 25,80 € — 14,5
- **Chablis La Pierrelée 2016** | Sec | 2018>24 | 13,30 € — 14
- **Chablis Les Vénérables Vieilles Vignes 2016** | Sec | 2018>24 | 16,30 € — 14,5
- **Petit Chablis Pas Si Petit 2017** | Sec | 2018>22 | 11,30 € — 13

8, boulevard Pasteur - B.P. 14, 89800 Chablis • Tél. 03 86 42 89 89 • chab@chablisienne.fr • www.chablisienne.com • Visite : tous les jours de l'année, sauf le 25 décembre et le 1er janvier, de 9h à 12h30 et de 14h à 19h ; fermeture à 18h de janvier à mars et ouverture sans interruption en juillet-août.

DOMAINE LA CROIX MONTJOIE

★☆☆☆☆

Ce domaine de création récente (2009) met en valeur les terroirs de Vézelay, où le chardonnay prend une expression des plus délicates, plus élégante et fruitée qu'à Chablis mais moins minérale et tendue. La réussite des 2015 montre tout le savoir-faire du domaine, les 2016 sont un peu plus légers, les 2017 sont fort réussis, y compris une nouvelle cuvée en irancy, bien sourcée.

- **Bourgogne 2017** | Sec | 2018>25 | 11 € — 14
- **Irancy 2017** | Sec | 2018>27 | 14 € — 14,5
- **Vézelay L'Élégante 2017** | Sec | 2018>24 | 12,50 € — 14
- **Vézelay L'Impatiente 2017** | Sec | 2018>23 | 10 € — 13

50, Grande-Rue, 89450 Tharoiseau • Tél. 03 86 32 40 94 ou 06 17 10 17 74 • contact@lacroixmontjoie.com • www.lacroixmontjoie.com • Visite : Du lundi au samedi d'avril à octobre de 10h à 19h et de novembre à mars sur rendez-vous

LAMBLIN ET FILS

★☆☆☆☆ 🍀

Cette maison figure parmi les plus importantes de la région pour les volumes produits, en négoce principalement. Les Lamblin sont dans le Chablisien depuis 1690 et proposent régulièrement une gamme fidèle au millésime. Le fourchaume 2017 était très convaincant.

- **Chablis premier cru Fourchaume 2017** | Sec | 2018>24 | 17,90 € — 15

Rue Marguerite-de-Bourgogne, 89800 Maligny • Tél. 03 86 98 22 00 • infovin@lamblin.com • www.lamblin.com • Visite : du lundi au vendredi de 8h à 12h et de 14h à 17h, le samedi de 8h à 12h.

DOMAINE LAROCHE

★★★★☆

Sous la houlette de Grégory Viennois avec les conseils de Stéphane Derenoncourt, toute la gamme de Laroche à Chablis progresse chaque année un peu plus vers l'excellence, les vins du domaine bien sûr mais aussi les cuvées issues du négoce et étiquetées « Laroche ». Une attention de tous les instants, depuis le travail à la parcelle jusqu'au choix de la date de vendanges, du parc à fûts et de son entretien jusqu'aux sélections qui précèdent les assemblages, rien n'est laissé au hasard, ce qui permet de s'adapter au mieux aux aléas de la météo, une nécessité au vu des millésimes depuis 2013 ! Les 2017 goûtent plus serrés et fermés que la moyenne du Chablisien, ils se feront lentement mais au vu de la concentration dans les raisins, ils évolueront à la perfection.

- **Bourgogne chardonnay Réserve Laroche 2018** | Sec | 2018>24 | NC — 14,5
- **Chablis grand cru Blanchot 2017** | Sec | 2022>32 | 60 € — 18
- **Chablis grand cru Blanchot Réserve de l'Obédience 2017** | Sec | 2022>37 | 100 € — 19,5
- **Chablis grand cru Les Bouguerots 2017** | Sec | 2018>32 | 59 € — 17
- **Chablis grand cru Les Clos 2017** | Sec | 2022>37 | 72 € — 19
- **Chablis premier cru Côte de Léchet 2017** | Sec | 2018>32 | 32 € — 16,5
- **Chablis premier cru Fourchaume Vieilles Vignes 2017** | Sec | 2018>27 | 37 € — 16,5
- **Chablis premier cru Montée de Tonnerre Laroche 2017** | Sec | 2018>27 | 37 € — 16
- **Chablis premier cru Montmains 2017** | Sec | 2018>32 | 32 € — 17
- **Chablis premier cru Vaillons Vieilles Vignes 2017** | Sec | 2021>32 | 37 € — 17
- **Chablis premier cru Vau de Vey 2017** | Sec | 2018>27 | 32 € — 15,5
- **Chablis Saint-Martin 2018** | Sec | 2018>25 | 19,50 € — 14,5
- **Chablis Vieille Voye 2017** | Sec | 2018>27 | 22,50 € — 16

22, rue Louis-Bro, 89800 Chablis • Tél. 03 86 42 89 28 • boutique@larochewines.com • www.larochewines.com • Visite : Tous les jours de 10h à 12h30 et de 13h30 à 18h. Ferme les trois premières semaines d'août.

DOMAINE ROLAND LAVANTUREUX

Les deux frères Arnaud et David Lavantureux sont revenus s'occuper du domaine familial, respectivement en 2009 et 2012. Les petits-chablis et les chablis sont en propriété autour de Lignorelles, complétés depuis 2016 par une acquisition en Vaudevey, le fourchaume, le vaudésir et désormais le bougros sont en achats. La vinification entièrement en cuve inox, suivie d'un élevage en fût plus ou moins marqué, donne des résultats probants, le style richement boisé qui pouvait parfois marquer les vins relève de l'époque ancienne. Les 2017 sont splendides, notamment la cuvée de vieilles vignes.

- **Chablis 2017** | Sec | 2018>24 | 12,50 € — 14,5
- **Chablis grand cru Bougros 2017** | Sec | 2018>32 | 39 € — 16,5
- **Chablis grand cru Vaudésir 2017** | Sec | 2018>32 | 39 € — 17
- **Chablis premier cru Fourchaume 2017** | Sec | 2018>27 | 21 € — 14,5
- **Chablis premier cru Vau de Vey 2017** | Sec | 2018>32 | 21 € — 16,5
- **Chablis Vauprin 2017** | Sec | 2018>27 | 17 € — 16
- **Chablis Vieilles Vignes 2017** | Sec | 2018>27 | 14 € — 15,5
- **Petit Chablis 2017** | Sec | 2018>24 | 10,50 € — 14,5

4, rue Saint-Martin, 89800 Lignorelles • Tél. 03 86 47 53 75 • domaine.lavantureux@gmail.com • www.chablis-lavantureux.fr • Visite : Sur rendez-vous.

DOMAINE LES TEMPS PERDUS - CLOTILDE DAVENNE

Clotilde Davenne couvre toutes les appellations entre Chablis et Irancy, en comptant les régionales. Ses saint-bris sont régulièrement de bonne facture, quand la grêle ne vient pas ravager la récolte, comme en 2016.

- **Bourgogne Côtes d'Auxerre Très Vieilles Vignes 2017** | Sec | 2018>24 | 10 € — 13
- **Chablis Vieilles Vignes 2017** | Sec | 2018>24 | 18 € — 14

3, rue de Chantemerle, 89800 Préhy • Tél. 03 86 41 46 05 • serviceclient@clotildedavenne.fr • www.clotildedavenne.fr • Visite : du lundi au vendredi de 9h à 12h et de 13h30 à 17h30, le samedi de 9h30 à 12h30 et de 14h00 à 18h00.

DOMAINE LONG-DEPAQUIT

Cécilia Trimaille vient de prendre ses quartiers à Chablis, elle remplace Matthieu Mangenot à la tête du domaine Long-Depaquit, l'antenne chablisienne de la famille Bichot depuis 1970. Le vignoble y est l'un des plus complets de la région, 65 hectares dont 5 des 7 grands crus de l'appellation (sans compter le fameux monopole de la Moutonne), une dégustation ici permet un bel aperçu de la diversité des terroirs du secteur. Bons 2017 malgré le gel de printemps qui a plus affecté les volumes que la qualité. À l'exception du premier cru les-lys, décevants, toutes les autres cuvées goûtaient à leur avantage.

- **Chablis 2017** | Sec | 2018>25 | NC — 13,5
- **Chablis grand cru Blanchot 2017** | Sec | 2022>32 | NC — 16,5
- **Chablis grand cru Bougros 2017** | Sec | 2022>32 | NC — 17
- **Chablis grand cru La Moutonne 2017** | Sec | 2022>32 | NC — 17
- **Chablis grand cru Les Clos 2017** | Sec | 2022>32 | NC — 17
- **Chablis grand cru Les Preuses 2017** | Sec | 2024>32 | NC — 16,5
- **Chablis grand cru Vaudésir 2017** | Sec | 2022>32 | NC — 16
- **Chablis premier cru Montée de Tonnerre 2017** | Sec | 2021>27 | NC — 16,5
- **Chablis premier cru Montmains 2017** | Sec | 2018>27 | NC — 16

45, rue Auxerroise, 89800 Chablis • Tél. 03 86 42 11 13 • chateau-long-depaquit@albert-bichot.com • www.albert-bichot.com • Visite : Ouverture de 9h à 13h et de 14h à 18h du lundi au samedi d'avril à octobre ; et du lundi au vendredi de novembre à mars (ainsi que les dimanches des mois de juin, juillet et août de 10h à 13h)

DOMAINE DES MALANDES

Changement de génération au domaine, Lyne Marchive a laissé la place à ses enfants Richard Rottiers (du domaine éponyme, en Moulin-à-Vent) et Amandine Marchive, toujours aidés de l'œnologue Guénolé Breteaudeau pour la partie technique. L'objectif avoué de la nouvelle équipe est de passer en bio à terme, mais les deux millésimes très compliqués 2016 et 2017 ne facilitent pas la tâche, sans parler des deux demi-récoltes consécutives. Des filets contre la grêle ont été posés, les bâches contre le gel sont de retour, les années qui viennent diront si l'efficacité est au rendez-vous. Avec le millésime 2017 on voit apparaître deux nouvelles cuvées en négoce afin de pallier au manque de raisins, un bourgogne chardonnay et un saint-bris vinifiés au domaine.

- **Bourgogne Côtes d'Auxerre 2018** | Sec | 2018>25 | 7 € 13,5
- **Chablis grand cru Les Clos 2017** | Sec | 2018>32 | 39,540 € 17,5
- **Chablis premier cru Mont de Milieu 2017** | Sec | 2018>24 | 19 € 14
- **Chablis premier cru Montmains Vieilles Vignes 2017** | Sec | 2018>27 | 19 € 16
- **Chablis Tour du Roy 2017** | Sec | 2017>27 | 14 € 14

11, route d'auxerre, 89800 Chablis • Tél. 03 86 42 41 37 • contact@domainedesmalandes.com • www.domainedesmalandes.com • Visite : du lundi au samedi sur rendez-vous.

DOMAINE MALTOFF

★☆☆☆☆

Derrière les étiquettes agréablement illustrées, l'amateur peut déguster de très savoureux coulanges dans les trois couleurs.

- **Bourgogne Coulanges-la-Vineuse 2017** | Sec | 2018>21 | 8 € 14
- **Bourgogne Coulanges-la-Vineuse Classic 2017** | Sec | 2018>27 | 8 € 14,5
- **Bourgogne Coulanges-la-Vineuse Classic 2017** | Sec | 2018>23 | 8,50 € 13

20, rue Aguesseau, 89580 Coulanges-la-Vineuse • Tél. 03 86 42 32 48 • contact@maltoff.com • www.maltoff.com • Visite : sur rendez-vous.

DOMAINE DES MARRONNIERS

★☆☆☆☆

Laurent et Marie-Noëlle Ternynck ont fait leur première récolte en 1995, au domaine de Mauperthuis. En 2013, ils rachètent le domaine des Marronniers à Bernard Légland, viticulteur chablisien qui prend alors sa retraite. Nous présentons dans cette fiche la production des deux domaines, même si l'intégralité du processus de vinification se déroule à Préhy, au domaine des Marronniers. Attention aux vinifications en amphore qui peuvent, comme en 2016, produire des vins totalement déviants et indignes de leur appellation Chablis.

- **Chablis premier cru Côte de Jouan 2017** | Sec | 2018>27 | 14-18 € 14,5
- **Chablis Vieilles Vignes Les Malantes 2017** | Sec | 2018>22 | 12-16 € 13

3, Grande Rue de Chablis, 89800 Préhy • Tél. 03 86 41 42 70 • contact@chablismarronniers.com • www.chablismarronniers.com • Visite : du lundi au vendredi de 8h à 12h et de 13h30 à 17h30, le week-end sur rendez-vous.x

DOMAINE ALAIN MATHIAS

★☆☆☆☆

Ce domaine familial a démarré sur l'appellation Épineuil avant d'acquérir quelques vignes sur Chablis. Récemment Bastien et son épouse ont rejoint la propriété, toujours dirigée par Alain, à la tête depuis 1982.

- **Bourgogne Épineuil Côte de Grisey 2017** | Sec | 2018>22 | 17 € 13
- **Bourgogne Tonnerre 2017** | Sec | 2018>23 | 11 € 13
- **Bourgogne Tonnerre Côte de Grisey 2017** | Sec | 2018>25 | 17 € 14,5
- **Bourgogne Expression 2017** | Sec | 2018>22 | 11,50 € 13

D944 - Route de Troyes, 89700 Épineuil • Tél. 03 86 54 43 90 • mail@domainealainmathias.com • www.domainealainmathias.com • Visite : du mardi au samedi de 9h à 12h et de 14h à 18h.

DOMAINE DE LA MEULIÈRE

★★☆☆☆

Encore une autre famille Laroche, sur Fleys cette fois. Les deux frères Nicolas et Vincent sont la neuvième génération de vignerons à exploiter la vigne, avec entre autres de belles parcelles en Fourneaux et Mont-de-Milieu, les premiers crus du secteur. Viticulture conventionnelle, vendanges manuelles, vinification en cuves inox sauf pour les cuvées larmes-de-l'oubli, fleurs-de-chêne et secret-des-âmes qui voient le bois sur des durées variables.

- **Chablis 2017** | Sec | 2018>25 | 11,50 € 14,5
- **Chablis premier cru Fourchaume 2017** | Sec | 2018>27 | 22 € 15,5
- **Chablis premier cru Les Fourneaux 2017** | Sec | 2018>27 | 17 € 16,5
- **Chablis premier cru Mont de Milieu 2017** | Sec | 2018>32 | 18 € 16,5

18, route de Mont-de-Milieu, 89800 Fleys • Tél. 03 86 42 13 56 • contact@chablis-meuliere.com • www.chablis-meuliere.com • Visite : du lundi au samedi de 9h à 12h et de 13h30 à 18h, dimanche de 10h à 13h

DOMAINE LOUIS MICHEL ET FILS

★★★☆☆

Guillaume Michel tente de faire mieux connaître ce domaine en France, même si l'essentiel de la production part toujours à l'export. Le patrimoine de terroirs est remarquable, 25 hectares dans les crus historiques, avec notamment les trois expressions du premier cru Montmains (Montmains, Forêt, Butteaux), une première à Chablis. Des vinifications en cuve inox (depuis 1969), en levures indigènes depuis 2008, des élevages longs et le moins interventionnistes possibles, ces vins de temps démarrent souvent discrètement en bouteille mais expriment avec les années leur magnifique pureté cristalline dans le verre. Les 2017 goûtent très bien, comme chaque année les cuvées de séchet et de butteaux vieilles-vignes sont au dessus du lot, même si on peut regretter qu'elles appauvrissent mécaniquement les cuvées qui en ont été privées, en vaillons et en butteaux.

- **Chablis 2017** | Sec | 2018>24 | 16 € — 13,5
- **Chablis grand cru Grenouilles 2017** | Sec | 2021>32 | 65 € — 16,5
- **Chablis grand cru Les Clos 2017** | Sec | 2022>32 | 65 € — 17,5
- **Chablis grand cru Vaudésir 2017** | Sec | 2021>32 | 55 € — 16,5
- **Chablis premier cru Butteaux Vieilles Vignes 2017** | Sec | 2018>32 | 28 € — 17
- **Chablis premier cru Montée de Tonnerre 2017** | Sec | 2018>32 | 35 € — 16,5
- **Chablis premier cru Séchet 2017** | Sec | 2018>32 | NC — 17
- **Chablis premier cru Vaillons 2017** | Sec | 2018>32 | NC — 16,5
- **Chablis premier cru Vaulorent 2017** | Sec | 2018>32 | NC — 16,5

9, boulevard de Ferrières, 89800 Chablis • Tél. 03 86 42 88 55 • contact@louismicheletfils.com • www.louismicheletfils.com • Visite : du lundi au vendredi de 9h à 11h30 et de 14h à 17h.

J. MOREAU & FILS

★☆☆☆☆

Cette maison porte un nom célèbre à Chablis, les Moreau sont une grande famille, mais c'est le groupe Boisset qui en est le propriétaire depuis 1997. Pur négoce en achat de raisin, les vins sont vinifiés par Lucie Depuydt, jeune œnologue du groupe. Les levurages sont systématiques, avec essentiellement des vinifications et des élevages en cuve inox, les mises se font avant la vendange suivante pour les grands terroirs. Un style à la technique bien maîtrisée, qui se livre assez rapidement mais c'est l'optique de la marque, très présente à l'export.

- **Chablis 2017** | Sec | 2018>21 | 11,40 € — 12,5
- **Chablis premier cru Montmains 2017** | Sec | 2018>27 | 21,60 € — 14,5
- **Chablis premier cru Vaillons 2017** | Sec | 2018>24 | 21,90 € — 14

La Croix St Joseph, 15 Route d'Auxerre, 89800 Chablis • Tél. 03 80 62 61 46 • depuydt.l@jmoreau-fils.com • www.jmoreau-fils.com • Visite : du lundi au vendredi de 8h à 17h.

DOMAINE CHRISTIAN MOREAU PÈRE ET FILS

★★★★☆ ♣

Les Moreau possèdent l'un des plus beaux patrimoines de vignes de tout Chablis, notamment en grands crus et plus particulièrement les Clos. Christian a créé le domaine en 2002, lorsqu'il a quitté la société J. Moreau & Fils rachetée au préalable par le groupe Boisset, mais c'est son fils Fabien qui a progressivement mis en place une viticulture bio, aujourd'hui labellisée, parmi les plus abouties du secteur. Cela se retrouve dans la précision de chacune des cuvées, des références pour l'appellation. Les deux millésimes 2016 et 2017 sont catastrophiques au vu des volumes produits, mais le domaine ne baisse pas les bras et poursuit selon ses principes. Ainsi en blanchots, seulement 140 magnums de 2016 ont été produits ! Des deux millésimes, 2016 sera le moins charnu et pourtant quelle belle réussite d'ensemble ! Chapeau ! Le plus difficile reste de s'en procurer.

- **Chablis 2017** | Sec | 2018>27 | Epuisé — 15,5
- **Chablis grand cru Blanchot 2017** | Sec | 2022>37 | Epuisé € — 18
- **Chablis grand cru Les Clos 2017** | Sec | 2024>37 | Epuisé € — 17
- **Chablis grand cru Les Clos Le Clos des Hospices 2017** | Sec | 2024>37 | Epuisé € — 18
- **Chablis grand cru Valmur 2017** | Sec | 2022>32 | Epuisé — 17,5
- **Chablis grand cru Vaudésir 2017** | Sec | 2024>37 | Epuisé € — 17,5
- **Chablis premier cru Vaillons 2017** | Sec | 2018>27 | Epuisé — 16,5
- **Chablis premier cru Vaillons Guy Moreau 2017** | Sec | 2022>32 | Epuisé — 17

26, avenue d'Oberwesel , 89800 Chablis • Tél. 03 86 42 86 34 • contact@domainechristianmoreau.com • www.domainechristianmoreau.com • Visite : sur rendez-vous.

DOMAINE LOUIS MOREAU

★★☆☆☆

Louis et Anne Moreau ont la chance de disposer d'un joli patrimoine de vignes, dont certaines jouxtent celles de leurs cousins Christian et Fabien Moreau, en grands crus (Clos, Blanchots, Vaudésir, Valmur) et premiers crus (Vaillons, Fourneaux, et le très solaire Vaulignot). Après plusieurs millésimes décevants, les efforts nécessaires ont été entrepris ici. Les raisins sont désormais récoltés un peu plus tôt, ce qui semble une bonne idée au vu des millésimes solaires ces dernières années, et surtout les fûts ont laissé la place à des cuves inox de différentes tailles en cuverie, ce qui renforce la fraîcheur et souligne la tension dans les vins. Même si l'on peut encore pousser plus loin les réglages, la gamme a désormais retrouvé une unité et une cohérence.

- **Chablis 2017** | Sec | 2017>22 | 15 € — 13
- **Chablis grand cru Blanchot 2017** | Sec | 2018>27 | 20 € — 15,5
- **Chablis grand cru Les Clos 2017** | Sec | 2018>27 | 20 € — 16
- **Chablis grand cru Les Clos Le Clos des Hospices 2017** | Sec | 2018>27 | 23 € — 16,5
- **Chablis grand cru Valmur 2017** | Sec | 2018>27 | 41,50 € — 16
- **Chablis grand cru Vaudésir 2017** | Sec | 2018>27 | 63 € — 15
- **Chablis premier cru Les Fourneaux 2017** | Sec | 2018>27 | 41,50 € — 15,5
- **Chablis premier cru Vaillons 2017** | Sec | 2017>25 | 41,50 € — 15

10, Grande-Rue, 89800 Beines • Tél. 03.86.42.69.44 • boutique@louismoreau.com • www.louismoreau.com • Visite : Du lundi au samedi : 10h00 /12h30 & 14h00 / 18h00. Le dimanche de 10h00à 13h30. Fermeture annuelle de la boutique entre Noël et début mars.

DOMAINE MOREAU-NAUDET

★★☆☆☆

Suite au décès brutal de Stéphane Moreau à l'été 2016, alors qu'il venait d'emménager dans sa nouvelle cuverie dans le bas des Vaillons, son épouse Virginie a courageusement repris la suite, bien aidée par l'équipe en vigne et en cave. Les élevages sont longs, le style n'a pas changé, les vins constituent toujours d'excellents références du terroir chablisien.

- **Chablis 2017** | Sec | 2018>27 | 18,60 € — 15
- **Chablis premier cru Forêt 2017** | Sec | 2018>27 | 33,20 € — 15,5
- **Chablis premier cru Montmains 2017** | Sec | 2018>27 | 33,20 € — 15,5
- **Chablis Caractère 2017** | Sec | 2018>27 | 22,50 € — 15,5
- **Petit Chablis 2017** | Sec | 2018>25 | 14,40 € — 14

4, chemin de la Vallée de Valvan, 89800 Chablis • Tél. 03 86 42 14 83 • moreau.naudet@wanadoo.fr • Visite : Uniquement sur rendez-vous.

DOMAINE OLIVIER MORIN

★★★☆☆

Chitry n'est qu'à quelques kilomètres de Chablis mais comme elle assise sur un socle de calcaire kimméridgien, avec toutefois comme différence d'être plus sous influence du climat de la vallée de l'Yonne que de celle du Serein. Olivier Morin travaille ses vignes avec application et probité, laboure ses sols, vinifie sans levurage et élève longuement pour tirer le meilleur de ce terroir minéral où les blancs sont souvent plus en-vue. En bon millésime, les vins vieillissent heureusement sur une dizaine d'années. Les derniers millésimes ont été touchés par le gel et aussi la grêle, mais à la dégustation les 2017 sont excellents, les blancs un ton au-dessus. Ne manquez pas le splendide aligoté, non boisé, ce qui devient rare sauf dans l'Yonne.

- **Bourgogne aligoté 2017** | Sec | 2018>27 | 7 € — 16
- **Bourgogne Chitry Constance 2017** | Sec | 2018>27 | 8 € — 15
- **Bourgogne Chitry Constance 2017** | Sec | 2018>25 | 8 € — 14,5
- **Bourgogne Chitry cuvée Olympe 2017** | Sec | 2021>27 | 12 € — 16
- **Bourgogne Chitry cuvée Olympe 2015** | Sec | 2017>25 | 12 € — 16,5
- **Bourgogne Chitry cuvée Vau du Puits 2017** | Sec | 2018>27 | 12 € — 15,5
- **Bourgogne Chitry cuvée Vau du Puits 2015** | Sec | 2017>30 | 12 € — 16
- **Chablis 2017** | Sec | 2018>27 | 12 € — 15

2, chemin de Vaudu, 89530 Chitry • Tél. 03 86 41 47 20 • chitry@olivier-morin.fr • www.olivier-morin.fr • Visite : sur rendez-vous. Fermé le dimanche.

DOMAINE SYLVAIN MOSNIER

★☆☆☆☆

Petit domaine de Beines au style propre aux terroirs du secteur, plus floral et accessible jeune que les autres crus du Chablisien. En bon millésime les vins ont une étonnante capacité de garde.

- **Chablis premier cru Beauroy 2017** | Sec | 2018>27 | 15,50 € — 15
- **Chablis Vieilles Vignes 2017** | Sec | 2018>24 | 12,80 € — 13

36, Route Nationale, 89800 Beines • Tél. 03 86 42 43 96 • sylvain.mosnier@libertysurf.fr • www.chablis-mosnier.com • Visite : sur rendez-vous.

DOMAINE CHARLY NICOLLE

★★☆☆☆

Ce domaine progresse régulièrement depuis quelques années et nous nous en réjouissons. À partir des terroirs de Fleys, notamment les premiers crus de Chablis les Fourneaux et Mont de Milieu, Charly Nicolle propose une courte gamme, dont deux cuvées de vieilles vignes (en chiffres romains) très intéressantes. Les vinifications respectent bien le raisin et leur origine, l'ensemble affiche une belle homogénéité en 2017.

- **Chablis premier cru Les Fourneaux 2017** | Sec | 2018>27 | 15,50 € 16
- **Chablis premier cru Les Fourneaux Ante MCMLXXX 2017** | Sec | 2018>32 | 17 € 16,5
- **Chablis premier cru Mont de Milieu 2017** | Sec | 2022>32 | 18 € 16
- **Chablis Ante MCMLXXX 2017** | Sec | 2018>27 | 13,50 € 16
- **Chablis Per Aspera 2017** | Sec | 2018>25 | 12 € 14,5
- **Crémant de Bourgogne Lucie Thieblemont Eff. NM** | Brut | 2021>24 | 10,50 € 15,5
- **Petit Chablis 2017** | Sec | 2018>27 | 10 € 15,5

17 rue de Préjirots, 89800 Fleys • Tél. 09 54 94 40 83 • contact@chablis-charlynicolle.com • www.chablis-charlynicolle.com • Visite : sur rendez-vous.

DOMAINE OUDIN

★☆☆☆☆

Nathalie Oudin dispose de vignes bien regroupées autour du domaine. Des vendanges essentiellement mécaniques mais des levures indigènes, une vinification intégralement en cuve inox, des mises en bouteille juste avant la vendange suivante, à l'exception de la cuvée les-serres qui elle est gardée deux années en cuve, cela donne des chablis de jolie facture, purs et délicats, d'évolution assez rapide.

- **Chablis 2017** | Sec | 2018>22 | 11,75 € 13
- **Chablis premier cru Vaucoupin 2017** | Sec | 2018>24 | 18,20 € 13
- **Chablis premier cru Vaugiraut 2017** | Sec | 2018>25 | 19,20 € 14,5

5, rue du Pont, 89800 Chichée • Tél. 06 42 40 71 90 OU 06 03 24 48 93 • domaine.oudin@wanadoo.fr • Visite : sur rendez-vous.

DOMAINE PINSON

★★★☆☆

Les Pinson sont l'une des vieilles familles de Chablis. Aujourd'hui, Laurent, son frère Christophe et sa fille Charlène continuent de faire déguster eux-mêmes les clients de passage, y compris le week-end ! Dans la gamme, montmains et forêt sont des réussites, mais régulièrement dépassées par la profondeur du mont-de-milieu, dont le domaine est l'un des plus importants exploitants. Les 2017 goûtent sur la pureté et de belles expressions de terroir dès leur prime jeunesse, il ne faut pas s'en priver.

- **Chablis grand cru Les Clos 2017** | Sec | 2018>37 | 40 € 17,5
- **Chablis grand cru Les Clos L'Authentique 2016** | Sec | 2022>31 | 50 € 17
- **Chablis premier cru Fourchaume 2017** | Sec | 2018>27 | 25 € 16,5
- **Chablis premier cru La Forêt 2017** | Sec | 2018>32 | 25 € 16,5
- **Chablis premier cru Mont de Milieu 2017** | Sec | 2017>32 | 25 € 16,5
- **Chablis premier cru Montée de Tonnerre - Charlène et Laurent Pinson 2017** | Sec | 2018>32 | 25 € 16
- **Chablis premier cru Montmains 2017** | Sec | 2017>32 | 25 € 17
- **Chablis premier cru Vaillons 2017** | Sec | 2018>32 | 25 € 16,5
- **Chablis premier cru Vaugiraut 2017** | Sec | 2018>27 | 25 € 16
- **Chablis cuvée Mademoiselle 2017** | Sec | 2018>27 | 18 € 15
- **Petit Chablis - Charlène & Laurent Pinson 2017** | Sec | 2017>22 | 10 € 14

5, quai Voltaire, 89800 Chablis • Tél. 03 86 42 10 26 • contact@domaine-pinson.com • www.domaine-pinson.com • Visite : du lundi au vendredi de 8h à 12h et de 13h30 à 17h30. Le samedi de 10h à 12h et de 14h à 17h sur rendez-vous.

DOMAINE ISABELLE ET DENIS POMMIER

★★★☆☆ ♣

Ce sympathique couple de vignerons a franchi un cap en optant pour une viticulture bio, qui commence à être labellisée avec le millésime 2014. La belle maturité des raisins est bien équilibrée par une acidité tonique issue des sols calcaires, les vinifications en fût sont de plus en plus respectueuses des nuances de terroirs. Issu d'un sous-sol très particulier, le Hauterivien, le petit-chablis est régulièrement remarquable de richesse, le rouge de l'Yonne l'un des tout meilleurs de la région, et les premiers crus du secteur de Poinchy (Léchet, Beauroy, Fourchaume) constituent aujourd'hui des sources sûres pour les amateurs. Comme d'autres autour de lui, le domaine a malheureusement pâti des conditions climatiques du millésime 2016. Hélas, 2017 a débuté par un terrible gel... D'où la cuvée grain-de-survie, en négoce, pour proposer un peu de vin à la clientèle habituelle. Les petits-chablis et chablis génériques n'ont pas la même précision qu'à l'ordinaire, les premiers crus tiendront mieux. Vivement les 2018 !

- **Bourgogne pinot noir 2017** | Sec | 2018>22 | NC 14
- **Chablis 2017** | Sec | 2018>22 | NC 13
- **Chablis premier cru Côte de Léchet 2017** | Sec | 2018>27 | NC 15
- **Chablis premier cru Fourchaume 2017** | Sec | 2018>27 | NC 15,5
- **Chablis Croix Aux Moines 2017** | Sec | 2018>24 | NC 14
- **Petit Chablis Hautérivien 2017** | Sec | 2018>22 | NC 13

31, rue de Poinchy - Poinchy, 89800 Chablis • Tél. 03 86 42 83 04 • isabelle@denis-pommier.com • www.denis-pommier.com • Visite : sur rendez-vous du lundi au vendredi

DOMAINE RAVENEAU

★★★★★

Le domaine culte de Chablis accueille aujourd'hui la nouvelle génération, Isabelle et désormais Maxime ont rejoint leurs pères Bernard et Jean-Marie. La demande est mondiale, une tendance qui n'est pas prête de s'inverser, du coup mieux vaut s'adresser aux bons revendeurs, cavistes et restaurants, pour déguster les différentes cuvées. Pour le reste, les pratiques n'ont pas évolué, avec cette patte particulière en vinification (cuve puis fût) qui explique la patine et le toucher propres aux flacons du domaine lors du vieillissement. Après le fruité mûr des 2016, 2017 goûte plus en fraîcheur, un millésime classique pour l'appellation, qui va vieillir à la perfection. Comme toujours lorsque la météo ne fait pas de caprice, les terroirs phare du domaine sont à l'honneur : butteaux, montée-de-tonnerre, et bien entendu les-clos, une réussite magistrale dans ce millésime.

- **Chablis 2017** | Sec | 2018>27 | Epuisé — 15,5
- **Chablis grand cru Blanchot 2017** | Sec | 2018>37 | Epuisé € — 18
- **Chablis grand cru Les Clos 2017** | Sec | 2018>37 | Epuisé — 20
- **Chablis grand cru Valmur 2017** | Sec | 2018>32 | Epuisé — 17
- **Chablis premier cru Butteaux 2017** | Sec | 2018>37 | Epuisé — 17,5
- **Chablis premier cru Forêt 2017** | Sec | 2018>32 | Epuisé — 16,5
- **Chablis premier cru Montée de Tonnerre 2017** | Sec | 2018>37 | Epuisé — 18
- **Chablis premier cru Montmains 2017** | Sec | 2018>27 | Epuisé — 16
- **Chablis premier cru Vaillons 2017** | Sec | 2018>32 | Epuisé — 17

9, rue de Chichée, 89800 Chablis • Tél. 03 86 42 17 46

DOMAINE LOUIS ROBIN

☆☆☆☆☆

Ce domaine s'est établi sur Chichée depuis 1888, il exploite notamment les premiers crus Vaucoupins, Vosgros et Montmains.

- **Chablis premier cru Vosgros 2017** | Sec | 2018>23 | 15 € — 14,5

1, Grande-Ruelle-du-Gain, 89800 Chichée • Tél. 03 86 42 80 49 • dadarobin@orange.fr • www.robin-chablis.com • Visite : Du lundi au vendredi de 8h-12h / 13h30-17h30

DOMAINE SAINT-GERMAIN - CHRISTOPHE FERRARI

★☆☆☆☆

Christophe Ferrari s'est installé en 1987 sur Irancy, pour constituer petit à petit un domaine qui aujourd'hui atteint 14 hectares de vignes, en Chablis et Irancy.

- **Irancy 2017** | Sec | 2018>24 | 11 € — 13
- **Irancy Les Mazelots 2017** | Sec | 2018>24 | 15 € — 14
- **Irancy Paradis 2017** | Sec | 2018>27 | 18 € — 14
- **Irancy Plein Sud 2017** | Sec | 2018>27 | 21 € — 14,5

7, chemin des Fossés, 89290 Irancy • Tél. 03 86 42 33 43 • irancy.ferrari@orange.fr • www.irancy-ferrari.com • Visite : du lundi au samedi de 9h 30 à 18h30.

DOMAINE CAMILLE ET LAURENT SCHALLER

☆☆☆☆☆

Nous avons découvert voilà peu ce domaine installé à Préhy, qui place encore cette année plusieurs vins dans nos dégustations à l'aveugle.

- **Chablis premier cru Vau de Vey 2017** | Sec | 2018>27 | 14 € — 15

10, rue de la Fontaine, 89800 Préhy • Tél. 03 86 41 41 88 • domaine@chablis-schaller.com • www.chablis-schaller.com • Visite : Sur rendez-vous.

DOMAINE SÉGUINOT-BORDET

★★☆☆☆

Jean-François Bordet est la treizième génération d'une famille de vignerons établis sur Maligny. La courte gamme de quatre cuvées issues des vignes du domaine est complétée par des achats (vaillons, vaudésir, et preuses). Le chablis vieilles-vignes et surtout le fourchaume sont régulièrement au sommet, un premier cru régulièrement mis en valeur par les récoltants de Maligny. Après la catastrophique récolte de 2016 (4 hl/ha suite à la grêle), les 2017 ont pris le gel mais se goûtent bien.

- **Chablis grand cru Les Preuses 2017** | Sec | 2018>32 | 46 € — 17
- **Chablis grand cru Vaudésir 2017** | Sec | 2018>27 | 45,50 € — 16,5
- **Chablis premier cru Fourchaume 2017** | Sec | 2018>27 | 19 € — 16
- **Chablis premier cru Vaillons 2017** | Sec | 2018>27 | 19 € — 15,5

- Chablis Vieilles Vignes 2017 | Sec | 2018>27 | 15,50 € — 15
- Petit Chablis 2017 | Sec | 2018>22 | 11,50 € — 13,5

8, chemin des Hâtes, 89800 Maligny • Tél. 03 86 47 44 42 • contact@seguinot-bordet.fr • www.seguinot-bordet.fr • Visite : du lundi au vendredi de 9h à 12h et de 13h30 à 17h, le samedi sur rendez-vous.

DOMAINE SERVIN

★★☆☆☆

Les Servin font partie des familles historiques de Chablis, de fait le portefeuille de vignes en exploitation est remarquable, tant en premiers qu'en grands crus, avec notamment plus de 2,70 hectares en Montée de Tonnerre ! François Servin aime les vins larges plutôt que ciselés, et c'est ainsi que ses vins goûtent. Dans la gamme, seul le mont-de-milieu, récemment repris en exploitation, n'est pas encore au niveau des autres premiers crus. En 2017, la vieille vigne du secteur de Pargues, en Chablis, a fourni un joli jus.

- Chablis grand cru Les Clos 2017 | Sec | 2018>27 | 42 € — 16,5
- Chablis premier cru Butteaux 2017 | Sec | 2018>27 | 16,50 € — 15
- Chablis Vieilles Vignes 2017 | Sec | 2018>27 | 14,50 € — 15

20, avenue d'Oberwesel, 89800 Chablis • Tél. 03 86 18 90 00 • contact@servin.fr • www.servin.fr • Visite : du lundi au vendredi de 9h à 12h et de 13h30 à 17h30 et le samedi sur rendez-vous.

SIMONNET-FEBVRE

★★☆☆☆

Aujourd'hui dans le giron de Louis Latour, de Beaune, Simonnet-Febvre est sagement gérée par Jean-Philippe Archambaud (lequel vient, au moment où nous imprimons ce guide, de céder la place à Paul Espitalié, ex-La Chablisienne), qui a su maintenir le niveau de qualité de cette maison grande spécialiste des mousseux et des crémants de Bourgogne. En parallèle, la production de vins de l'Yonne s'intéresse avec succès à un grand nombre de crus communaux, ce sont de parfaits vins de carafe. Seuls les chablis ne sont pas encore au meilleur niveau mais ils progressent régulièrement. Simonnet-Febvre a récemment acquis 13 hectares dans le méconnu vignoble de l'Auxois, pour une production fort originale dont la gamme gagnerait à se stabiliser d'un millésime sur l'autre.

- Bourgogne Chitry 2017 | Sec | 2018>23 | 9,80 € — 14
- Bourgogne Épineuil 2017 | Sec | 2018>23 | 11,80 € — 14
- Chablis 2017 | Sec | 2018>22 | 15,95 € — 13,5
- Chablis grand cru Les Clos 2017 | Sec | 2018>32 | 56,20 € — 17
- Chablis premier cru Mont de Milieu 2017 | Sec | 2018>27 | 24,35 € — 16,5
- Chablis premier cru Vaillons 2017 | Sec | 2018>27 | 24,45 € — 15,5
- Coteaux Bourguignons césar 2017 | Sec | 2018>25 | 15,40 € — 15,5
- Crémant de Bourgogne Blanc de Noirs Brut P100 Eff. NM | Brut | 2016>25 | 11,30 € — 14,5
- Irancy Paradis 2017 | Sec | 2018>27 | 17 € — 14,5
- Petit Chablis 2017 | Sec | 2018>22 | 11,60 € — 13
- IGP des Coteaux de l'Auxois auxerrois Esprit de Lyre 2017 | Sec | 2018>24 | 8 € — 14,5
- IGP des Coteaux de l'Auxois chardonnay Quintessence de Lyre 2017 | Sec | 2018>24 | 8,95 € — 14
- IGP des Coteaux de l'Auxois pinot gris Lacrimae Lirae 2017 | Sec | 2018>24 | 8,75 € — 14
- Vin de France Des Lyres de Pinot 2017 | Sec | 2018>23 | 8,75 € — 15

30, route de Saint-Bris, 89530 Chitry • Tél. 03 86 98 99 00 • commercialext@simonnet-febvre.com • www.simonnet-febvre.com • Visite : sur rendez-vous.

DOMAINE GÉRARD TREMBLAY

★★☆☆☆

Les Tremblay comptent parmi les familles historiques de Chablis et exploitent à ce titre les crus réputés de l'appellation, notamment Fourchaume et Montmains. Après un petit passage à vide à la fin des années 2000, les 2014 nous avaient séduits et depuis chaque année la gamme retrouve sa cohérence.

- Chablis 2017 | Sec | 2018>22 | NC — 13
- Chablis grand cru Vaudésir 2017 | Sec | 2018>24 | NC — 15
- Chablis premier cru Côte de Léchet 2017 | Sec | 2018>27 | NC — 15,5
- Chablis premier cru Fourchaume 2017 | Sec | 2018>24 | NC — 14
- Chablis premier cru Montmains 2017 | Sec | 2018>27 | NC — 15

12, rue de Poinchy, 89800 Chablis • Tél. 03 86 42 40 98 • gerard.tremblay@wanadoo.fr • www.chablis-tremblay.com • Visite : du lundi au vendredi de 8h à 12h et de 13h30 à 17h30.

DOMAINE LAURENT TRIBUT

★★★☆☆

Laurent Tribut officiellement en retraite depuis 2018 (mais toujours actif), ce sont désormais ses enfants Adeline, Solange et Gabriel qui gèrent le domaine.

Difficile pour l'heure d'y voir le moindre changement de style, d'autant que les 2017 dégustés cette année étaient déjà vinifiés. Une partie des vignes (Montmains notamment) vient de René Dauvissat, le beau-père de Laurent, le reste est issu de ses acquisitions progressives, notamment en Beauroy et Côte de Lechet. Les vins vieillissent à la perfection, dans la meilleure tradition chablisienne.

- **Chablis 2017** | Sec | 2018>27 | NC — 15,5
- **Chablis premier cru Beauroy 2017** | Sec | 2018>32 | NC — 16,5
- **Chablis premier cru Côte de Léchet 2017** | Sec | 2018>27 | NC — 16
- **Chablis premier cru Montmains 2017** | Sec | 2018>32 | NC — 16,5

15, rue de Poinchy, 89800 Chablis • Tél. 03 86 42 46 22 • Visite : sur rendez-vous.

OLIVIER TRICON

Domaine créé en 1956 par la famille Tricon.

- **Chablis premier cru Montmains 2017** | Sec | 2018>24 | NC — 14,5

Route d'Avallon - Les Vauroux, 89800 Chablis • Tél. 03 86 42 10 37 • maison.tricon@gmail.com • www.olivier-tricon.fr • Visite : Sur rendez-vous

DOMAINE PHILIPPE TUPINIER

Domaine de création récente, 2007, situé à l'est d'Auxerre, un peu à l'écart des principaux vignobles de la région.

- **Bourgogne Côtes d'Auxerre Le Poteau 2017** | Sec | 2018>25 | 10 € — 14

7, petite rue, 89230 Bleigny-le-Carreau • Tél. 03 86 41 85 23 • domainetupinier@orange.fr • www.domaine-tupinier.com • Visite : Sur rendez-vous.

DOMAINE VERRET ET FILS

Ce domaine possède un beau patrimoine de vignes sur Saint-Bris et alentours. La qualité des vins progresse sur les derniers millésimes. La cuvée âme-du-domaine, en chablis beauroy, est une réussite en matière de vinification sous bois.

- **Chablis premier cru Beauroy 2017** | Sec | 2018>24 | 16 € — 14
- **Chablis premier cru Beauroy Âme du Domaine 2017** | Sec | 2018>27 | 19 € — 16
- **Irancy fût de chêne 2017** | Sec | 2018>27 | 12,50 € — 14,5
- **Saint-Bris 2018** | Sec | 2018>24 | 8,40 € — 13

7, route Champs, 89530 Saint-Bris le Vineux • Tél. 03 86 53 31 81 • dverret@domaineverret.com • www.domaineverret.com • Visite : du lundi au samedi de 10h à 12h et de 14h à 18h30.

DOMAINE YVON ET LAURENT VOCORET

Encore un domaine Vocoret dans le Chablisien, Yvon et Laurent sont quant à eux installés sur Maligny.

- **Chablis 2017** | Sec | 2018>23 | 10,80 € — 13,5
- **Chablis premier cru Fourchaume 2017** | Sec | 2018>24 | 16,50 € — 14,5

9, chemin de Beaune, 89800 Maligny • Tél. 03 86 47 51 60 • clemvocoret@orange.fr • Visite : du lundi au samedi de 9h à 12h et de 13h30 à 17h30, sur rendez-vous.

DOMAINE VRIGNAUD

Guillaume Vrignaud exploite principalement les terroirs proches de son village de Fontenay, notamment le premier cru Fourchaume et ses différentes déclinaisons, Côte de Fontenay et Vaupulent.

- **Chablis premier cru Fourchaume 2017** | Sec | 2018>24 | 20 € — 13,5
- **Chablis premier cru Vaupulent 2017** | Sec | 2018>24 | 23 € — 15
- **Chablis Les Champréaux 2017** | Sec | 2018>23 | 15 € — 12,5

10, rue de Beauvoir, 89800 Fontenay-près-Chablis • Tél. 03 86 42 15 69 • guillaume@domaine-vrignaud.com • www.domaine-vrignaud.com • Visite : Du lundi au vendredi de 9h à 12h et de 14h à 18h ; le week-end sur rendez-vous.

DOMAINE WILLIAM FÈVRE

Racheté voilà près de vingt ans par Bouchard Père et Fils, William Fèvre a su se hisser au premier plan de l'appellation sous la houlette du talentueux Didier Séguier. Certes, il avait à sa disposition l'un des plus beaux patrimoines de vignes de la région, avec noamment 5 des 7 grands crus, sans oublier tous les rincipaux premiers crus. La viticulture est des plus oignées, et depuis longtemps la vinification s'efface u profit de l'identité des terroirs. Les vins s'ouvrent ssez rapidement mais par expérience nous savons u'ils vieillissent toujours très bien. 2016, 2017, les nillésimes se succèdent et même si les causes sont ifférentes le résultat est identiques : des vendanges idicules en volume, qui contraignent à sévèrement ationner les marchés. Sur le plan de la qualité, 2017 st très réussi, seule la cuvée fourchaume n'a pas té produite (au profit du vaulorent), et en grand cru es-preuses et les-clos finiront par se départager, nais dans 15 ans.

Chablis 2017 | Sec | 2017>27 | **16,50 €**	**15,5**
Chablis grand cru Bougros Côte de Bouguerots 2017 | Sec | 2023>37 | **64,50 €**	**18,5**
Chablis grand cru Les Clos 2017 | Sec | 2025>37 | **71,50 €**	**19**
Chablis grand cru Les Preuses 2017 | Sec | 2023>37 | **61,90 €**	**19**
Chablis grand cru Valmur 2017 | Sec | 2022>37 | **61,90 €**	**18**
Chablis grand cru Vaudésir 2017 | Sec | 2022>37 | **61,90 €**	**17,5**
Chablis premier cru Les Lys 2017 | Sec | 2022>32 | **31 €**	**16,5**
Chablis premier cru Montée de Tonnerre 2017 | Sec | 2022>37 | **36,50 €**	**18**
Chablis premier cru Vaillons 2017 | Sec | 2022>32 | **29 €**	**16,5**
Chablis premier cru Vaulorent 2017 | Sec | 2022>32 | **38,30 €**	**17**
Petit Chablis 2017 | Sec | 2018>24 | **12,10 €**	**13,5**

1, avenue d'Oberwesel, 89800 Chablis • Tél. 03 86 98 98 98 • contact@williamfevre.com • www.williamfevre.fr • Visite : du lundi au samedi de 9h30 à 12h30 et de 13h30 à 18h. Le imanche de 10h30 à 12h30 et de 14h30 à 16h30. Fermeture annuelle de mi-décembre au er mars.

LE VIGNOBLE DE LA CÔTE DE NUITS

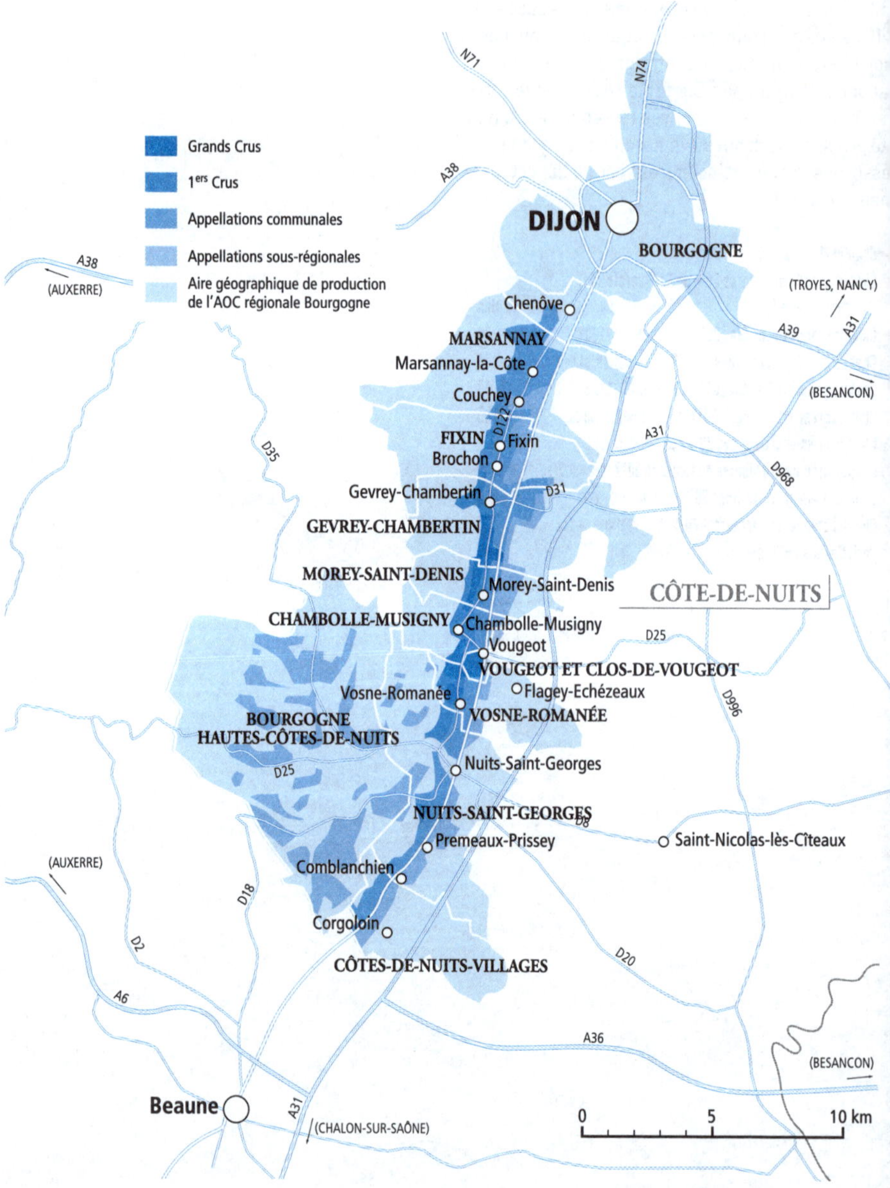

JEAN-LUC & PAUL AEGERTER

Cette jeune maison créée par Jean-Luc Aegerter est aujourd'hui dirigée par son fils Paul, par ailleurs créateur à succès de plusieurs cuvées innovantes comme le rosé les-jolies-filles ou la nouvelle gamme cozmic. En Bourgogne, il s'appuie sur un domaine de huit hectares complété par des achats. Les vins ont gagné en finesse de texture et en expression de fruit avec le millésime 2017.

- **Beaune premier cru Les Reversés 2015** | Sec | 2020>27 | 69 € — 17
- **Chorey-lès-Beaune 2017** | Sec | 2020>27 | 39 € — 16
- **Clos de Vougeot grand cru 2016** | Sec | 2021>30 | 360 € — 16
- **Hautes Côtes de Nuits Nature 2017** | Sec | 2019>23 | 26 € — 15
- **Nuits-Saint-Georges Les Plateaux 2017** | Sec | 2020>27 | 59 € — 16,5
- **Pommard premier cru Les Rugiens 2015** | Sec | 2020>29 | 95 € — 17
- **Pouilly-Fuissé Les Crays 2017** | Sec | 2019>23 | 44 € — 16
- **Vézelay 2017** | Sec | 2019>23 | 21 € — 16

9, rue Henri-Challand, 21700 Nuits-Saint-Georges • Tél. 03 80 61 02 88 • infos@aegerter.fr • www.aegerter.fr • Visite : tous les jours de 10h à 19h.

DOMAINE PIERRE AMIOT ET FILS

Ce domaine appartient à une famille sérieuse de viticulteurs. Jean-Louis est le frère de Christian, vigneron estimé de Chambolle et un des classiques de notre guide. Ses vinifications sont en progrès. Les vins ici ont besoin d'un peu de temps en cave pour s'exprimer pleinement.

- **Clos de la Roche grand cru 2017** | Sec | 2021>28 | 100 € — 15
- **Morey-Saint-Denis 2017** | Sec | 2019>26 | 30 € — 14,5
- **Morey-Saint-Denis premier cru Aux Charmes 2017** | Sec | 2022>28 | 45 € — 15
- **Morey-Saint-Denis premier cru Les Ruchots 2017** | Sec | 2019>25 | 45 € — 14,5

27, Grande-Rue , 21220 Morey-Saint-Denis • Tél. 03 80 34 34 28 • contact@domainepierreamiot.fr • www.domainepierreamiot.fr • Visite : sur rendez-vous du lundi au samedi.

DOMAINE AMIOT-SERVELLE

Prune Amiot reprend progressivement le domaine et ses huit hectares rejointe par son frère Antoine au commercial. Elle maintient un style de vin précis, assez ferme et retenu dans sa prime jeunesse mais vieillissant parfaitement. L'accueil de Christian Amiot, le père, est de qualité, ce qui ne gâte rien ! On est ici dans un domaine de grande qualité qui ne néglige pas ses entrées de gamme, avec une cuvée d'amoureuses toujours au sommet. Peut-être sera-t-elle à terme dépassée par le clos-saint-denis acquis récemment.

- **Chambolle-Musigny 2017** | Sec | 2019>25 | NC — 15
- **Chambolle-Musigny premier cru Derrière la Grange 2017** | Sec | 2020>29 | NC — 16
- **Chambolle-Musigny premier cru Les Amoureuses 2017** | Sec | 2021>30 | NC — 18
- **Chambolle-Musigny premier cru Les Borniques 2017** | Sec | 2021>30 | NC — 15
- **Chambolle-Musigny premier cru Les Charmes 2017** | Sec | 2020>28 | NC — 17
- **Chambolle-Musigny premier cru Les Fuées 2017** | Sec | 2021>29 | NC — 17
- **Charmes-Chambertin grand cru 2017** | Sec | 2022>35 | NC — 16,5
- **Morey-Saint-Denis 2017** | Sec | 2019>23 | NC — 15

34, rue Caroline Aigle , 21220 Chambolle-Musigny • Tél. 03 80 62 80 39 • domaine@amiot-servelle.com • www.amiot-servelle.com • Visite : vendredi sur rendez-vous, sinon fermé.

DOMAINE ARLAUD

Cyprien Arlaud a rejoint le domaine en 1997 et vinifie depuis 2004, aidé aux vignes par sa sœur qui a créé une société de labour à cheval. Quinze hectares principalement sur Morey, dont quatre premiers crus, quatre grands crus et cinq hectares de bourgogne roncevie qui furent autrefois classés en Gevrey village. L'activité domaine est complétée par 3,5 hectares de négoce sous l'étiquette &Arlaud. La vendange entière a été développée depuis 2008 mais le pourcentage de raisins non égrappés varie selon les millésimes pour garder une cohérence aux vins et ne dépasse pas 30 %. Cyprien recherche des vins de grande délicatesse avec des tannins soyeux, très fins, y compris dans les vins qui seraient d'un naturel puissant apporté par leur terroir. Le clos-saint-denis qui emmenait le bal en 2016 devant une grande série de réussites s'est fait dépasser de justesse en 2017 par un bonnes-mares qui est un idéal dans le millésime.

- **Bonnes-Mares grand cru 2017** | Sec | 2021>30 | 250 € — 19
- **Chambolle-Musigny premier cru Les Noirots 2017** | Sec | 2020>27 | 65 € — 15,5
- **Chambolle-Musigny premier cru Les Sentiers 2017** | Sec | 2020>27 | 70 € — 16
- **Clos Saint-Denis grand cru 2017** | Sec | 2021>30 | 200 € — 18
- **Morey-Saint-Denis premier cru Aux Cheseaux 2017** | Sec | 2021>30 | 58 € — 16

41 route d'epernay, 21220 Morey Saint-Denis • Tél. 03 80 34 32 65 • contact@domainearlaud.com • www.domainearlaud.com

DOMAINE DE L'ARLOT

★★★★☆ ♣

Ce domaine célèbre, appartenant à Axa Millésimes, a été bâti sur trois monopoles, le clos du Chapeau, le clos des Forêts Saint-Georges et bien sûr le clos de l'Arlot. Ces cuvées monopole de volume important ont donc la chance d'avoir une commercialisation plus conforme à la tradition, avec un vin de trois ans en vente et non de deux ans comme partout ailleurs. Le style des derniers millésimes, absolument remarquables, profite d'une culture en biodynamie et d'une vinification très aboutie de raisins entiers, ce qui donne au vin une noblesse de parfum incomparable. Jacques Devauges, le remarquable vinificateur, a été remplacé par l'excellente Géraldine Godot (ex-Alex Gambal) et le niveau des vins continue d'être proche des sommets. Bienheureux ceux qui pourront approcher la romanée-saint-vivant 2017.

- **Nuits-Saint-Georges premier cru Clos Arlot Monopole 2017** | Sec | 2019>29 | 75 € — 15,5
- **Nuits-Saint-Georges premier cru Clos Arlot Monopole 2017** | Sec | 2020>28 | 75 € — 17
- **Nuits-Saint-Georges premier cru Clos des Forêts Saint-Georges Monopole 2017** | Sec | 2020>28 | 75 € — 17
- **Romanée-Saint-Vivant grand cru 2017** | Sec | 2020>30 | 380 € — 19

14, RN 74, 21700 Premeaux-Prissey • Tél. 03 80 61 01 92 • contact@arlot.fr • www.arlot.com • Visite : du lundi au vendredi de 9h à 12h et de 14h à 17h, sur rendez-vous uniquement.

DOMAINE CHARLES AUDOIN

★★☆☆☆

Ce domaine fort sérieux de Marsannay retrouve une nouvelle jeunesse avec l'actuelle génération. De nombreux séjours en Californie et en Oregon lui ont ouvert les yeux et donné une juste vision de ce que les amateurs de la planète aiment dans les vins de pinot noir. Sa gamme comprend de jolis terroirs de Marsannay et de Fixin ainsi qu'un bon village de Gevrey. Les vins sont précis et savoureux et nous ont épatés en 2017. Nous suivons de près cette progression qui rapproche le domaine d'une troisième étoile.

- **Fixin Le Rozier 2017** | Sec | 2019>27 | 25 € — 16,5
- **Marsannay Champs Salomon 2017** | Sec | 2019>28 | 25 € — 15,5
- **Marsannay Clos du Roy 2017** | Sec | 2020>30 | 25 € — 17
- **Marsannay Favières 2017** | Sec | 2019>27 | 25 € — 15
- **Marsannay Longeroies 2017** | Sec | 2019>28 | 25 € — 16,5

7, rue de la Boulotte, 21160 Marsannay • Tél. 03 80 52 34 24 • domaine-audoin@orange. • Visite : Sur rendez-vous.

DOMAINE BART

★★★☆☆

Cousin de Bruno Clair, Martin Bart partage avec lui non seulement quelques crus fameux mais aussi une même vision sérieuse, classique et intemporelle du vin de Bourgogne, privilégiant l'expression exacte et stricte du terroir, sans ignorer toutefois l'hédonisme pur des textures. Ses meilleurs marsannays offrent un bon rapport qualité-prix. Nous n'avons pas dégusté cette année son bonnes-mares qui se positionne régulièrement au meilleur niveau de ce climat.

- **Fixin premier cru Hervelets 2017** | Sec | 2020>28 | 35 € — 17
- **Marsannay Échezots 2017** | Sec | 2019>24 | 19 € — 15
- **Marsannay Grandes Vignes 2017** | Sec | 2020>28 | 18 € — 14
- **Marsannay Les Champs Salomon 2017** | Sec | 2021>28 | 24 € — 14,5

23, rue Moreau, 21160 Marsannay • Tél. 03 80 51 49 76 • domaine.bart@wanadoo.f • Visite : Sur rendez-vous.

DOMAINE GHISLAINE BARTHOD

★★★☆☆

Ce domaine de 6 hectares de 6 hectares dispose de cinq premiers crus de Chambolle-Musigny et de parcelles de premiers crus à Volnay et à Gevrey-Chambertin. La plupart des vins montre en 2017 une élégance aérienne dès le chambolle village, le premier cru les-véroilles emprunte le registre des bonnes-mares voisine.

- **Chambolle-Musigny 2017** | Sec | 2020>28 | NC — 16
- **Chambolle-Musigny premier cru Les Charmes 2017** | Sec | 2020>27 | NC — 16,5
- **Chambolle-Musigny premier cru Les Cras 2017** | Sec | 2020>30 | NC — 17
- **Chambolle-Musigny premier cru Les Véroilles 2017** | Sec | 2019>30 | NC — 16
- **Gevrey-Chambertin premier cru Cherbaudes 2017** | Sec | 2021>30 | NC — 15,5
- **Volnay premier cru Les Angles 2017** | Sec | 2020>28 | NC — 15

4, rue du Lavoir, 21220 Chambolle-Musigny • Tél. 03 80 62 80 16 • domaine.ghislaine.barthod@orange.fr • Visite : Sur rendez-vous.

DOMAINE DES BEAUMONT

★★☆☆☆

Propriété artisanale avec des vignes sur d'excellents climats de Gevrey et Morey, travaillant avec soin. Son vinificateur Thierry Beaumont aime le style classique, généreux mais sans lourdeur, de raisins récoltés à juste maturité. Il vinifie dans une logique peu interventionniste. Très belle réussite en charmes-chambertin 2017 ainsi qu'en gevrey vieilles-vignes et en morey premier cru les-millandes.

- **Charmes-Chambertin grand cru 2017** | Sec | 2022>30 | 118 € — 17,5
- **Gevrey-Chambertin Vieilles Vignes 2017** | Sec | 2019>25 | 34 € — 16
- **Morey-Saint-Denis 2017** | Sec | 2019>23 | 33 € — 13
- **Morey-Saint-Denis 2017** | Sec | 2019>25 | 33 € — 14
- **Morey-Saint-Denis premier cru Les Millandes 2017** | Sec | 2021>30 | 58 € — 15,5

9, rue Ribordot, 21220 Morey-Saint-Denis • Tél. 03 80 51 87 89 • contact@domaine-des-beaumont.com • www.domaine-des-beaumont.com • Visite : tous les jours de 10h30 à 13h et de 14h à 18h, sauf le mardi matin et le dimanche après-midi. Ouverture à 9h30 le lundi.

DOMAINE BERTAGNA

★★★☆☆

Ce domaine appartient à la famille Reh, riches vignerons de la Moselle allemande, et possède des terroirs prestigieux en côte de Nuits, sur Gevrey, Morey, Vougeot et Flagey, ainsi qu'un superbe corton-charlemagne. La qualité ne se dément pas du début au sommet de la gamme avec des vins généreux et soignés dans leur élevage. Nous saluons l'avancée de ce domaine vers l'élite de la Bourgogne car nous avons vu ici en 2016 beaucoup de réussites indéniables, du chambolle-musigny village jusqu'au clos-saint-denis. Cette régularité et le haut niveau d'ensemble des vins justifie une troisième étoile.

- **Chambolle-Musigny Le Village 2017** | Sec | 2020>28 | 44 € — 16
- **Clos Saint-Denis grand cru 2017** | Sec | 2021>30 | 135 € — 18,5
- **Nuits-Saint-Georges premier cru Les Murgers 2017** | Sec | 2021>30 | 75 € — 17
- **Vosne-Romanée premier cru Les Beaux Monts 2017** | Sec | 2019>30 | 75 € — 17,5
- **Vougeot premier cru Clos de la Perrière 2017** | Sec | 2020>28 | 75 € — 16,5
- **Vougeot premier cru Les Cras 2017** | Sec | 2020>30 | 77 € — 16
- **Vougeot premier cru Les Cras 2017** | Sec | 2020>27 | 75 € — 15

16, rue du Vieux-Château, 21640 Vougeot • Tél. 03 80 62 86 04 • contact@domainebertagna.com • www.domainebertagna.com • Visite : du lundi au samedi de 10h à 12h et de 13h30 à 17h30, fermé le jeudi, le dimanche et les jours fériés.

DOMAINE BERTHAUT-GERBET

★★★☆☆

Amélie Berthaud, la septième génération, a en charge depuis 2013, après la Napa Valley et la Nouvelle-Zélande, les domaines Berthaut de Fixin et Gerbet de Vosne-Romanée, 18 hectares et 23 appellations réunis sous une seule bannière. Elle utilise la vendange entière dans des proportions très variables, de 20 à 80 % selon les terroirs et les millésimes. Quand certains vignerons sont pétris de certitude, Amélie ne cesse de se remettre en question et multiplie les essais avec un souhait évident d'encore faire progresser la qualité des vins. C'est assurément la démarche d'un grand de demain. Les vosnes 2017 montrent une certaine puissance quand les fixins nous ont étonnés par leur finesse, en opposition avec le style dit classique de l'appellation. Le fixin les-crais et le fixin premier cru les-arvelets 2017 sont à visiter d'urgence par ceux qui ne connaissent que l'image ancienne de ces appellations.

- **Clos de Vougeot grand cru 2017** | Sec | 2022>35 | env. 115 € — 17,5
- **Fixin 2017** | Sec | 2020>27 | env. 18,50 € — 15,5
- **Fixin premier cru Les Arvelets 2017** | Sec | 2020>28 | 38 € — 16
- **Fixin Les Crais 2017** | Sec | 2020>30 | 23 € — 16
- **Hautes Côtes de Nuits 2017** | Sec | 2019>24 | 13,50 € — 15
- **Vosne-Romanée 2017** | Sec | 2021>29 | 41,50 € — 15,5
- **Vosne-Romanée premier cru Les Petits Monts 2017** | Sec | 2022>30 | 66 € — 16

9,rue Noisot, 21220 Fixin • Tél. 03 80 52 45 48 • contact@berthaut-gerbet.com • www.berthaut-gerbet.com • Visite : Du lundi au samedi de 10h à 12h et de 14h à 18h, fermé le mercredi après-midi.

DOMAINE JEAN-YVES BIZOT

★★★★☆

Minuscule propriété de 3,5 hectares, Jean-Yves Bizot, perfectionniste et libre penseur, consultant, président de l'institut Jules Guyot à Dijon y produit des vins admirables, distribués par de très rares et chanceux cavistes. Ne manquez jamais le bourgogne chapître, le vosne village ou le vosne-jachées, d'une finesse et d'une pureté d'expression inoubliables si vous en voyez une bouteille au restaurant ou chez un caviste. Vous y goûterez une approche de la perfection ultime des nuances aromatiques que peut prendre le pinot noir. Des vins uniques et donc onéreux. Nous n'avons pas pu déguster les 2017, nous referons un point complet l'année prochaine.

9, rue de la Grand-Velle, 21700 Vosne-Romanée • Tél. 03 80 61 24 66 • les.violettes@wanadoo.fr

MAISON LOUIS BOUILLOT

★★☆☆☆

Spécialisée dans la fabrication du crémant, la maison Louis Bouillot (groupe Boisset), basée à Nuits Saint-Georges, élabore des effervescents à la personnalité affirmée. La maison possède 50 hectares en propriété, répartis dans les départements de Côte d'Or et Saône-et-Loire, et signe une charte de qualité avec ses producteurs fournisseurs, à longue échéance. Une sélection parcellaire est faite pour isoler des cuvées caractéristiques des terroirs et des millésimes.

- **Crémant de Bourgogne Les Trois Saints Eff. 2010** | Non dosé | 2020>24 | 17,90 € — 15,5
- **Crémant de Bourgogne Perle d'Aurore Eff. NM** | Brut | 2020>23 | 9,50 € — 14,5
- **Crémant de Bourgogne Perle d'Or Eff. 2014** | Brut | 2020>24 | 12,10 € — 16
- **Crémant de Bourgogne Perle d'Or Eff. 2014** | Brut | 2021>24 | 12,10 € — 15

rue des Frères Montgolfier, 21700 Nuits-Saint-Georges • Tél. 03 60 62 61 44 contact@boisset.fr • www.louis-bouillot.com • Visite : tous les jours de 10h à 19 sauf le lundi matin.

DOMAINE BOURSOT

★☆☆☆☆

L'histoire vigneronne des Boursot à Chambolle ne date pas d'hier puisqu'on les y trouve dès le XVIe siècle. La jeune génération, Romaric et Romuald, a rejoint récemment le domaine. Une activité de négoce complète la production du domaine. Misez sur le chambolle-musigny premier cru les-fuées en 2017.

- **Chambolle-Musigny premier cru Les Fuées 2017** | Sec | 2022>30 | 65 € — 17

7, rue de la Fontaine, 21220 Chambolle-Musigny • Tél. 03 80 62 83 37 ou 06 17 73 17 83 • info@boursotpereetfils.com • www.boursotpereetfils.com • Visite : du lundi au samedi de 9h30 à 12h et de 14h à 18h30, le dimanche matin sur rendez-vous.

DOMAINE RÉGIS BOUVIER

★☆☆☆☆

Ce domaine nous présente régulièrement quelques belles expressions des meilleurs terroirs du village de Marsannay, des vins pleinement expressifs de leur qualité, dans un style classique.

- **Fixin 2017** | Sec | 2021>26 | 25 € — 13,5
- **Marsannay Clos du Roy 2017** | Sec | 2019>23 | 19,50 € — 13
- **Marsannay Clos du Roy 2017** | Sec | 2021>30 | 19,50 € — 15,5
- **Marsannay Longeroies 2017** | Sec | 2020>26 | 18,50 € — 14,5

52, rue Mazy, 21160 Marsannay • Tél. 03 80 51 33 93 • dom.reg.bouvier@hotmail.fr • Visite : sur rendez-vous. Fermé le dimanche.

DOMAINE RENÉ BOUVIER

★★★★☆

Bernard Bouvier fait partie des tout meilleurs vignerons de Marsannay qui mettent en valeur le riche patrimoine de cette commune. Partisan résolu de l'infusion qui rompt avec les extractions poussées que la Bourgogne a connues par le passé, il aime les vins qui ont de la chair, bons jeunes et bons vieux, les vendanges à maturité et intervient le moins possible. Il aime l'émotionnel et le tactile qui le guident dans ses choix. Signalons la gentillesse de l'accueil au domaine, une démarche bio, une gamme de gevreys, de marsannays et de fixins de référence à prix accessible et de grande homogénéité. Une adresse qui ne déçoit pas, les vins sont le plus proches possible de leur terroir d'origine avec le tact dans les vinifications qui caractérise la production du domaine.

- Bourgogne Montre-Cul 2017 | Sec | 2019>26 | 22 € — 14
- Chambolle-Musigny premier cru Les Fuées 2017 | Sec | 2021>28 | 116 € — 16,5
- Charmes-Chambertin grand cru 2017 | Sec | 2021>30 | 176 € — 17
- Échezeaux grand cru 2017 | Sec | 2021>30 | 186 € — 18
- Fixin Vieilles Vignes 2017 | Sec | 2019>25 | 33 € — 15
- Gevrey-Chambertin premier cru Champeaux 2017 | Sec | 2019>28 | 116 € — 16
- Gevrey-Chambertin La Justice 2017 | Sec | 2019>26 | 44 € — 15,5
- Gevrey-Chambertin Les Jeunes Rois 2017 | Sec | 2019>25 | 55 € — 16
- Marsannay Clos du Roi 2017 | Sec | 2019>29 | 35 € — 16,5
- Marsannay En Ouzeloy 2017 | Sec | 2019>25 | 31 € — 15
- Marsannay Longeroies 2017 | Sec | 2020>30 | 31 € — 16
- Vosne-Romanée 2017 | Sec | 2020>27 | 34 € — 15,5

Chemin de Saule-Brochon, 21220 Gevrey-Chambertin • Tél. 03 80 52 21 37 • domaine@renebouvier.com

STÉPHANE BROCARD

★★☆☆☆

Le jeune Stéphane Brocard, d'origine chablisienne, a quitté les terres familiales pour construire en côte d'Or un petit négoce, avec la complicité de nombreux amis viticulteurs. Peu à peu, il affirme son style et présente à ses clients des vins francs et typés.

- Bourgogne Côte d'Or 2017 | Sec | 2019>22 | NC — 14
- Bourgogne chardonnay bio 2017 | Sec | 2019>22 | NC | 🍀 — 14
- Chambolle-Musigny premier cru Les Charmes 2017 | Sec | 2020>28 | NC — 16
- Gevrey-Chambertin premier cru Estournelles-Saint-Jacques 2017 | Sec | 2021>29 | NC — 15,5
- Pommard La Rue au Port 2017 | Sec | 2020>26 | NC — 15

21BBrue de l'Ingénieur Bertin - Parc des Grands Crus, 21600 Longvic • Tél. 03 80 52 07 71 • s.brocard@orange.fr • Visite : du lundi au vendredi de 9h à 12h et de 14h à 18h, sur rendez-vous.

DOMAINE MARGUERITE CARILLON

★☆☆☆☆

Appartenant désormais au groupe Grands Chais de France, Margueritte Carillon rassemble un éventail large de vins de la côte de Beaune et de Chablis, encore hétérogène, dont nous extrayons quelques recommandations.

- Pommard premier cru Platières 2017 | Sec | 2021>26 | NC — 14,5
- Pommard Clos de la Platière 2017 | Sec | 2019>25 | NC — 14
- Savigny-lès-Beaune premier cru Petits Godeaux 2018 | Sec | 2019>26 | NC — 14

7, route de Monthelie , 21190 Meursault • Tél. 06 09 36 89 76 • contact@margueritecarillon.fr

DOMAINE CASTAGNIER

★★★☆☆

Ce domaine est repris par la cinquième génération de vignerons. Son patrimoine de vignes est un des plus remarquables du village, quatre hectares, ce qui est peu mais dont deux de grands crus, ce qui est rare. Jérôme Castagnier, trompettiste et ancien membre de l'orchestre de la garde républicaine, est revenu au domaine où il mène son vignoble en approche biodynamique et complète sa gamme par des raisins achetés notamment dans les chambertins et dans les amoureuses. Jérôme affine ses élevages selon chaque cru et les vins sont en progression continue. Après des 2015 et des 2016 brillants, des 2017 très réussis, les 2018 dégustés sur cuve affichent une promesse forte. Et le vigneron a le sens de l'accueil au domaine, dans la grande tradition de l'hospitalité bourguignonne, ce qui devient rare, hélas.

- **Bonnes-Mares grand cru 2017** | Sec | 2021>30 | 120 € 17,5
- **Chambolle-Musigny 2017** | Sec | 2020>28 | 30 € 16
- **Chambolle-Musigny premier cru Les Amoureuses 2017** | Sec | 2022>30 | 110 € 16,5
- **Charmes-Chambertin grand cru 2017** | Sec | 2021>30 | 76 € 16,5
- **Clos de la Roche grand cru 2017** | Sec | 2022>30 | 76 € 17
- **Clos de Vougeot grand cru 2017** | Sec | 2023>35 | 80 € 17,5
- **Clos Saint-Denis grand cru 2017** | Sec | 2022>30 | 76 € 18
- **Gevrey-Chambertin 2017** | Sec | 2020>27 | 30 € 15,5
- **Morey-Saint-Denis premier cru Aux Cheseaux 2017** | Sec | 2022>26 | 44 € 15,5

20, rue des Jardins, 21220 Morey-Saint-Denis • Tél. 06 08 06 67 79 • jeromecastagnier@yahoo.fr • Visite : du lundi au vendredi de 9h à 12h et de 14h à 17h, uniquement sur rendez-vous

DOMAINE PHILIPPE CHARLOPIN-PARIZOT

★★★★☆

Vingt hectares en côte d'Or, cinq à Chablis avec un patrimoine de vignes impressionnant en très belles appellations. Les Charlopin, Philippe le père et Yann le fils, n'ont cessé de progresser vers plus de précision. Le fils est très attentif dès le travail de la vigne et le père, fin dégustateur, donne le cap. L'humour de Philippe n'a d'égal que son exigence qualitative aidée par un chai très fonctionnel, à l'hygiène impeccable. Les rouges de la côte de Nuits ne peuvent qu'impressionner par leur précision. Construits pour durer, ils demandent toujours un passage en cave afin d'intégrer des élevages de qualité. Le rendu des terroirs d'origine est d'une remarquable lisibilité. En 2017, parmi une série de réussites du domaine, citons le mazis-chambertin qui dominait crânement la dégustation syndicale, chambertins compris.

- **Bourgogne Côte d'or 2017** | Sec | 2019>22 | env. 20 € 14,5
- **Clos de Vougeot grand cru 2017** | Sec | 2022>35 | env. 150 € 17,5
- **Échezeaux grand cru 2017** | Sec | 2022>30 | env. 150 € 17
- **Fixin 2017** | Sec | 2019>28 | env. 30 € 15,5
- **Gevrey-Chambertin premier cru Bel Air 2017** | Sec | 2020>27 | env. 70 € 17
- **Gevrey-Chambertin Vieilles Vignes 2017** | Sec | 2019>26 | env. 60 € 16
- **Marsannay Échezots 2017** | Sec | 2019>28 | env. 30 € 15,5
- **Mazis-Chambertin grand cru 2017** | Sec | 2022>32 | env. 170 € 19

18, route de Dijon, 21220 Gevrey-Chambertin • Tél. 06 24 71 12 05 • charlopin.philippe21@orange.fr • www.domaine-charlopin-parizot.com

DOMAINE JEAN CHAUVENET

★☆☆☆☆

Christophe Drag dirige depuis quelques années le domaine hérité de son beau-père et possède un joli patrimoine de premiers crus sur Nuits, vinifiés dans le style traditionnel, recherchant le volume de bouche parfois au détriment de la finesse du tannin. Remarquable nuits premier cru les vaucrains et aux-argillats 2017 qui succède à un 2016 tout aussi réussi.

- **Nuits-Saint-Georges premier cru Aux Argillas 2017** | Sec | 2022>30 | 44 € 16
- **Nuits-Saint-Georges premier cru Les Vaucrains 2017** | Sec | 2021>29 | 56 € 16

6, rue de Gilly, 21700 Nuits-Saint-Georges • Tél. 03 80 61 00 72 • domaine-jean.chauvenet@orange.fr • www.domainejeanchauvenet.fr • Visite : Sur rendez-vous.

DOMAINE HUBERT CHAUVENET-CHOPIN

★★★☆☆

Le domaine familial originel a été complété par la reprise en 2001 du domaine Chopin-Groffier qui l'a porté à 14 hectares. Évelyne et Hubert Chauvenet, dont la première récolte date de 1975, possèdent 40 ares de vieilles vignes en clos de Vougeot et assemblent différentes parcelles de nuits pour réaliser leur village. Ils disposent également de quatre premiers crus du nord de la commune, les Thoreys, les Chaignots, les Argillats et les Murgers. On est ici en agriculture conventionnelle, peu interventionniste. La palette de nuits-saint-georges était de haut niveau encore cette année ce qui en fait une adresse très recommandable.

- **Nuits-Saint-Georges premier cru Les Murgers 2017** | Sec | 2020>30 | 34 € 17
- **Nuits-Saint-Georges premier cru Les Thorey 2017** | Sec | 2019>26 | 34 € 16
- **Nuits-Saint-Georges Charmottes 2017** | Sec | 2020>28 | 27 € 15,5

97, rue Félix Tisserand, 21700 Nuits-Saint-Georges • Tél. 03 80 61 28 11 • chauvenet-chopin@wanadoo.fr • www.chauvenetchopin.fr • Visite : sur rendez vous.

DOMAINE PHILIPPE CHÉRON

Seulement deux vins présentés cette année mais quel clos-de-vougeot ! Bien proche d'un idéal de ce clos dans le millésime.

- **Clos de Vougeot grand cru 2017** | Sec | 2023>35 | 110 € — 18

8, rue Félix-Tisserand, 21700 Nuits-Saint-Georges • Tél. 06 20 68 78 99 • paulmisset@orange.fr • Visite : sur rendez-vous par mail.

DOMAINE CHEVILLON CHEZEAUX

Ce domaine de Nuits-Saint-Georges cherche à produire des vins sur le fruit à boire assez vite. Elle est capable de grandes réussites dans ce style, le nuits-saint-georges 2015, dans un style plus puissant et énergique le porrets-saint-georges 2016. 2017 voit deux grandes réussites dans le registre accessible habituel, les nuits premiers crus bousselots et le saint-georges.

- **Nuits-Saint-Georges premier cru Les Bousselots 2017** | Sec | 2021>30 | 36 € — 16,5
- **Nuits-Saint-Georges premier cru Les Saints-Georges 2017** | Sec | 2019>27 | 59 € — 17

41, rue Henry-de-Bahezre, 21700 Nuit-Saint-Georges • Tél. 03 80 61 23 95 • chevillon.chezeaux@orange.fr • www.chevillion-chezeaux.com • Visite : Sur rendez-vous.

JÉRÔME CHEZEAUX

Onze hectares de vignes et une belle palette de premiers crus, essentiellement sur Nuits. Si tous les vins n'étaient pas en place lors de notre dégustation, plusieurs brillaient, tel le nuits les charbonnières, le vosne, le vosne premier cru les-suchots et au sommet le nuits les-boudots, proche du célèbre vosne les-malconsorts.

- **Nuits-Saint-Georges premier cru Aux Boudots 2017** | Sec | 2020>30 | 34 € — 17,5
- **Nuits-Saint-Georges premier cru Les Vaucrains 2017** | Sec | 2021>28 | 36 € — 16
- **Nuits-Saint-Georges Vieilles Vignes les Charbonnières 2017** | Sec | 2021>28 | 27 € — 15,5
- **Vosne-Romanée 2017** | Sec | 2020>27 | 27 € — 15,5
- **Vosne-Romanée premier cru Les Suchots 2017** | Sec | 2021>30 | 55 € — 16,5

6, route de Nuits St Georges, 21700 Premaux-Prissey • Tél. 03 80 61 29 79 • jerome.chezeaux21@orange.fr • Visite : Du lundi au vendredi de 8h à 12h et de 14h à 18h. Uniquement sur rendez-vous.

DOMAINE GEORGES CHICOTOT

Ce petit domaine artisanal de 9,5 hectares s'affirme d'une année sur l'autre comme une des sources les plus remarquables. Les parcelles sont petites mais toutes très bien situées et les vins, méticuleusement vinifiés depuis 22 ans par Pascale, l'épouse de Georges Chicotot, peuvent servir de modèle de style. Leur fils Clément se joint désormais à eux. Vinifiés sur la réduction, les vins ont souvent besoin d'un petit carafage avant le service mais ils sont construits pour être de garde. Par son sens inné de l'accueil, une descente de cave avec Georges est un grand moment dans la grande tradition de l'hospitalité vigneronne bourguignonne.

- **Nuits-Saint-Georges premier cru Aux Thorey 2017** | Sec | 2022>30 | 66 € — 16
- **Nuits-Saint-Georges premier cru Les Saints-Georges 2017** | Sec | 2022>30 | 78 € — 17,5
- **Nuits-Saint-Georges premier cru Les Vaucrains 2017** | Sec | 2021>30 | 70 € — 17,5
- **Nuits-Saint-Georges Plantes au Baron 2017** | Sec | 2022>30 | 38 € — 15,5

15, rue du Général-de-Gaulle - B.P. 118, 21703 Nuits-Saint-Georges • Tél. 03 80 61 19 33 • chicotot@aol.com • www.domaine-chicotot.com • Visite : Du lundi au samedi de 9h à 12h et de 13h30 à 18h00.

DOMAINE CHOPIN ET FILS

Arnaud Chopin et son frère Alban, après avoir travaillé au domaine, en ont repris la destinée après avoir diminué la superficie de 14 à 10 hectares pour tendre vers une viticulture de jardin. Tout est vinifié en grappe entière pour des vins au charnu exceptionnel, le raisin est particulièrement bien traité ici et cela se ressent dans le résultat final. La régularité du domaine continue en 2017 et nous ne regrettons pas la promotion accordée l'an dernier au classement du domaine.

- **Nuits-Saint-Georges premier cru Aux Murgers 2017** | Sec | 2021>30 | 45 € — 17,5
- **Nuits-Saint-Georges premier cru Les Damodes 2017** | Sec | 2019>29 | 48 € — 17,5
- **Nuits-Saint-Georges Au Bas de Combe 2017** | Sec | 2020>27 | 30 € — 16,5
- **Nuits-Saint-Georges Vieilles Vignes 2017** | Sec | 2021>30 | 35 € — 16

35, RD 974, 21700 Comblanchien • Tél. 03 80 62 92 60 ou 06 22 64 27 68 • domaine.chopin-fils@orange.fr • Visite : Tous les jours de 8h30 à 11h30 et de 14h à 18h, de préférence sur rendez-vous.

DOMAINE BRUNO CLAIR

★★★★☆

Le patrimoine de vignes est un des plus nobles qui soit, avec les grands joyaux de Gevrey comme le clos Saint-Jacques, les Cazetiers et le clos de Bèze. À signaler la reprise d'un hectare de Bonnes-Mares à compter de 2016. Elle permet au domaine de posséder toute la partie sur Morey de cette appellation également présente en Chambolle. La régularité dans la réussite et la préservation d'un même style mérite un grand coup de chapeau et en particulier à Philippe Brun, associé à Bruno Clair dès le début de l'aventure, et qui met toute son expertise de vinification au service de ces grands terroirs. On est ici au sommet du nord de la côte de Nuits avec un clos-saint-jacques et un cazetiers capables de faire trembler tous les grands crus de l'appellation.

- **Gevrey-Chambertin premier cru Clos Saint-Jacques 2017** | Sec | 2021>30 | 139 € — 17,5
- **Gevrey-Chambertin premier cru Fonteny Clos du Fonteny 2017** | Sec | 2019>29 | 76 € — 16,5
- **Gevrey-Chambertin premier cru Les Cazetiers 2017** | Sec | 2019>30 | 95 € — 18
- **Marsannay Grasses Têtes 2017** | Sec | 2019>26 | 27 € — 15
- **Marsannay Les Longeroies 2017** | Sec | 2020>28 | 28 € — 15,5
- **Marsannay Source des Roches 2017** | Sec | 2019>25 | 20 € — 15
- **Marsannay Vaudenelles 2017** | Sec | 2020>25 | 24 € — 14,5

5, rue du Vieux-Collège - B.P. 22, 21160 Marsannay-La-Côte • Tél. 03 80 52 28 95 • domaine@brunoclair.com • www.bruno-clair.com

DOMAINE CHRISTIAN CLERGET

★★☆☆☆

Les six hectares certifiés en bio sont gérés par Christian Clerget. Sa fille Justine l'a rejoint après avoir vinifié en Nouvelle-Zélande, en Argentine et en Afrique du sud. Elle a emmené le domaine en bio jusqu'à sa certification et s'implique également dans l'organisation de l'appellation Chambolle-Musigny tout en donnant une nouvelle jeunesse au domaine dont le style des vins évolue grâce à des extractions bien plus fines. Le travail important à la vigne permet également de gagner en densité des textures, même dans un millésime comme 2017. L'avenir est prometteur.

- **Chambolle-Musigny premier cru Les Charmes 2017** | Sec | 2021>30 | 59 € — 17,5
- **Échezeaux grand cru 2017** | Sec | 2022>32 | 120 € — 17
- **Vosne-Romanée Les Violettes 2017** | Sec | 2020>27 | 52 € — 15,5
- **Vougeot premier cru Les Petits Vougeots 2017** | Sec | 2021>28 | 54 € — 15

10, ancienne RN - Gilly-les-Cîteaux, 21640 Vougeot • Tél. 03 80 62 87 37 • domainechristianclerget@wanadoo.fr • www.christianclerget-vins.com • Visite : Sur rendez-vous.

DOMAINE CLUNY

★☆☆☆☆

Nous n'avons dégusté que le gevrey-chambertin de ce domaine installé à Brochon et mené par les deux jeunes filles de la famille, Léa et Camille. Un gevrey en appellation communale délicat, dynamique et de fort belle intensité. Nous ferons un point plus complet l'année prochaine car le domaine exploite également plusieurs premiers cru sur Gevrey et sur Chambolle.

- **Gevrey-Chambertin Vieilles Vignes 2017** | Sec | 2020>28 | 29 € — 16

9, rue du Rapitot, 21220 Brochon • Tél. 03 80 33 64 99 • domainecluny@gmail.com • www.domaine-cluny.com • Visite : du lundi au vendredi de 8h à 17h sur rendez-vous de préférence. Sur rendez-vous le week-end.

DOMAINE COLLOTTE

Domaine artisanal de Marsannay, en progrès depuis l'arrivée d'Isabelle en 2013. Il produit des marsannays et fixins de style classique, qu'il faut savoir attendre mais au rapport qualité-prix intéressant. Remarqués cette année, un superbe marsannay clos de jeu qui fait référence dans l'appellation. À découvrir également pour les blancs avec un joli fixin et marsannay en 2017.

- **Fixin 2017** | Sec | 2019>24 | 22 € — 15,5
- **Gevrey-Chambertin 2017** | Sec | 2020>27 | 26 € — 14,5
- **Marsannay 2017** | Sec | 2019>24 | 16,80 € — 15,5
- **Marsannay Clos de Jeu 2017** | Sec | 2020>28 | 16,80 € — 16

5 rue du Carré, 21160 Marsannay • Tél. 03 80 52 24 34 • domaine.collotte@orange.fr • Visite : Du lundi au vendredi de 8h à 12h et de 14h à 18h, le week-end sur rendez-vous.

DOMAINE DU COMTE LIGER-BELAIR

Louis-Michel Liger-Belair s'est hissé progressivement au premier rang de la Bourgogne. Il s'agit de la lente reconstruction d'une propriété qui possédait les meilleurs finages de la côte de Nuits au début du XXe siècle mais qui avait été démembrée par les successions. Pour y parvenir, il pratique une des viticultures les plus strictes et disciplinées de la côte. 5,5 hectares sont loués pour compléter les trois hectares patiemment reconstitués dont le fleuron, l'illustrissime Romanée, dont le vin ressemble d'ailleurs de plus en plus aux autres grandes romanées, y compris en matière de prix. Ce vigneron n'aime pas parler d'un style domaine. On le reconnaît pourtant dans tous ses vins, une infusion de tannins extrêmement fins, aériens, dans les nuages. Des vins d'une immense délicatesse au plus haut niveau de la Bourgogne en 2017, logiquement couronnés de cinq étoiles dans notre guide.

- **Clos de Vougeot grand cru 2017** | Sec | 2022>35 | 494 € — 19
- **Échezeaux grand cru 2017** | Sec | 2022>32 | 494 € — 19
- **La Romanée grand cru 2017** | Sec | 2024>35 | 2690 € — 19,5
- **Nuits-Saint-Georges premier cru Les Cras 2017** | Sec | 2020>30 | 172 € — 18
- **Vosne-Romanée premier cru Aux Reignots 2017** | Sec | 2020>30 | 336 € — 19
- **Vosne-Romanée premier cru Les Petits Monts 2017** | Sec | 2019>28 | 300 € — 18,5
- **Vosne-Romanée La Colombière 2017** | Sec | 2020>27 | 79 € — 16,5

Château de Vosne-Romanée, 21700 Vosne-Romanée • Tél. 03 80 62 13 70 • contact@liger-belair.fr • www.liger-belair.fr

DOMAINE CONFURON-COTETIDOT

Domaine artisanal exemplaire, avec un patrimoine de vignes idéalement réparties sur les communes principales de la côte de Nuits, et désormais un pied à Pommard où Yves Confuron est le brillant régisseur du domaine de Courcel. Dans sa propriété familiale, il travaille en duo avec son frère Jean-Pierre (directeur technique de Chanson) et ce tandem conserve le style noble mais robuste mis au point par leur père, en dehors des modes. Les matières sont toujours magnifiques, tout comme les couleurs mais il faut savoir leur donner du temps au risque de les trouver austères en vin jeune ! 2017 se fera un peu plus vite que d'autres millésimes mais ce serait une bien curieuse idée de les ouvrir avant plusieurs années.

- **Chambolle-Musigny 2017** | Sec | 2023>30 | 40 € — 15,5
- **Chambolle-Musigny premier cru Derrière la Grange 2017** | Sec | 2019>28 | 80 € — 15,5
- **Clos de Vougeot grand cru 2017** | Sec | 2025>35 | 100 € — 18,5
- **Échezeaux grand cru 2017** | Sec | 2025>35 | 95 € — 16
- **Vosne-Romanée 2017** | Sec | 2023>30 | 40 € — 15
- **Vosne-Romanée premier cru Les Suchots 2017** | Sec | 2025>35 | 80 € — 16,5

10, rue de la Fontaine, 21700 Vosne-Romanée • Tél. 03 80 61 03 39 • domaine-confuron-cotetidot@wanadoo.fr • Visite : Sur rendez-vous.

DOMAINE COUDRAY-BIZOT

Jean-Jacques Coudray-Bizot fait des vins de grande tradition sans enzymes ni levures externes, avec un minimum d'intrants et d'interventions. Les vins rouges sont issus des vignes du domaine familial, des échezeaux et du premier cru de Vosne, la croix-rameau, une enclave dans la Romanée Saint-Vivant. La tradition du domaine est de ne commercialiser que des vins à maturité, ce qui devient rare en Bourgogne. Les 2017 dégustés cette année seront à rechercher quand ils seront commercialisés.

- **Échezeaux grand cru 2017** | Sec | 2020>30 | NC — 16
- **Gevrey-Chambertin premier cru Les Cazetiers 2017** | Sec | 2019>27 | NC — 16

5, rue Vivant Gardin, 21200 Beaune • Tél. 06 28 27 10 38 • chateau@david-de-beaufort.com • www.david-de-beaufort.com • Visite : sur rendez-vous uniquement.

DOMAINE PIERRE DAMOY

★★★★☆

Domaine prestigieux, près de 13 hectares en production dont huit de grands crus ! Qui dit mieux ? C'est de loin le plus important propriétaire en clos de Bèze, plus de cinq hectares, dirigé avec beaucoup de sincérité et de dévouement à ses grands terroirs par Pierre Damoy. Ici on vendange le plus mûr possible, le domaine commence souvent le ramassage quand les autres vignerons le termine. Il aime les vins généreux et lents à vieillir. Après une série impressionnante en 2016, 2017 montre encore une fois beaucoup de vins très réussis.

- **Chambertin grand cru 2017** | Sec | 2022>35 | NC — 18,5
- **Chambertin-Clos de Bèze grand cru 2017** | Sec | 2022>30 | NC — 17
- **Chapelle-Chambertin grand cru 2017** | Sec | 2022>30 | NC — 16,5
- **Gevrey-Chambertin Tamisot 2017** | Sec | 2020>26 | NC — 16

11, rue du Maréchal-de-Lattre-de-Tassigny, 21220 Gevrey-Chambertin • Tél. 03 80 34 30 47 • info@domaine-pierre-damoy.com

DECELLE-VILLA

★★☆☆☆

Ce petit domaine récemment créé s'appuie sur 8 hectares de vignes, éclatées entre Nuits-Saint-Georges et Beaune. Fondé en 2009 par Olivier Decelle et Pierre-Jean Villa, il est géré depuis l'origine par Jean Lupatelli, homme de talent qui veille sur la conduite du vignoble et la vinification avec une grande perspicacité. Le domaine complète sa gamme avec quelques compléments d'achats sur l'équivalent de deux hectares, sur des appellations historiques suivies dès la création de la marque, et s'appuyant sur des vignes vendangées par les équipes maison. La large palette d'appellations représentées ici se décline en petits volumes ; le domaine devrait trouver sa vitesse de croisière et un meilleur confort technique avec l'installation dans une nouvelle cave à Corgoloin à l'horizon 2020. Les 2017 présentés ont montré une bonne homogénéité de style, avec des rouges assez tendres, délicats, bien fruités et floraux respectant clairement leurs origines et un très beau corton-charlemagne.

- **Beaune premier cru Clos du Roi 2017** | Sec | 2020>28 | 42 € | ♣ — 16
- **Beaune premier cru Teurons 2017** | Sec | 2019>25 | 42 € | ♣ — 15,5
- **Bourgogne 2017** | Sec | 2019>23 | 16 € — 14,5
- **Chorey-lès-Beaune Les Beaumonts 2017** | Sec | 2019>26 | 27 € | ♣ — 15
- **Corton - Charlemagne grand cru 2017** | Sec | 2022>30 | 120 € — 17
- **Côte de Nuits-Villages La Berchère 2017** | Sec | 2019>25 | 27 € | ♣ — 15
- **Hautes Côtes de Beaune Les champlains 2017** | Sec | 2019>23 | 19 € | ♣ — 14,5
- **Meursault 2017** | Sec | 2019>25 | 45 € — 15
- **Nuits-Saint-Georges 2017** | Sec | 2020>25 | 40 € — 15
- **Nuits-Saint-Georges premier cru Aux Bousselots 2017** | Sec | 2020>28 | 65 € — 16,5
- **Savigny-lès-Beaune Les Gollardes 2017** | Sec | 2019>24 | 28 € | ♣ — 14,5

3, rue des Seuillets , 21700 Nuits-Saint-Georges • Tél. 03 80 53 74 35 contact@decelle-villa.com • www.decelle-villa.com • Visite : sur rendez-vous uniquement.

DOMAINE ÉDOUARD DELAUNAY

★☆☆☆☆

L'histoire de cette maison est étonnante. Fondée en 1893, elle a longtemps fait référence en Bourgogne puis a périclité à la fin du XXe siècle. L'arrière-petit-fils du fondateur a développé une société, Badet-Clément, essentiellement en Languedoc avec une marque phare, les Jamelles. Il est revenu en Bourgogne, a racheté la marque familiale qu'il relance avec le 2017 en achetant désormais des vins et des raisins. C'est une marque à suivre.

- **Beaune premier cru Les Grèves 2017** | Sec | 2020>28 | 45 € — 15,5
- **Chambolle-Musigny En Village 2017** | Sec | 2020>28 | 59 € — 15,5
- **Charmes-Chambertin grand cru 2017** | Sec | 2021>30 | 215 € — 15,5
- **Clos de la Roche grand cru 2017** | Sec | 2021>28 | 225 € — 16,5
- **Gevrey-Chambertin 2017** | Sec | 2019>26 | 49 € — 15,5
- **Nuits-Saint-Georges 2017** | Sec | 2019>23 | 47 € — 14
- **Nuits-Saint-Georges premier cru Aux Chaignots 2017** | Sec | 2021>29 | 69 € — 16,5
- **Nuits-Saint-Georges premier cru Les Crots 2017** | Sec | 2019>27 | 66 € — 16,5
- **Santenay 2017** | Sec | 2019>23 | 32 € — 14
- **Vougeot premier cru Les Petits Vougeots 2017** | Sec | 2020>28 | 72 € — 15,5

Route de Beaune, 21220 L'Etang-Vergy • Tél. 03 80 62 61 46 • contact@edouard-delaunay.com • www.edouard-delaunay.com • Visite : sur rendez-vous.

DOMAINE DROUHIN-LAROZE

★★★☆☆

Ce domaine prestigieux, fort de ses 14 hectares essentiellement en propriété dont six de grands crus, est de plus en plus sous la responsabilité de Nicolas et Caroline Drouhin, les enfants de Philippe. La cave empierrée sur deux niveaux est l'une des plus belles de la côte. Nous sommes sûrs que les quelques petits réglages qui restent à faire pour retrouver la plus haute qualité possible ne vont pas tarder ! En témoignent cette belle réussite en chambertin-clos-de-bèze et en gevrey premier cru Lavaux. Nous sommes confiants dans l'ambition de la nouvelle génération.

- **Chambertin-Clos de Bèze grand cru 2017** | Sec | 2022>35 | 112 € — 17
- **Gevrey-Chambertin premier cru Lavaux 2017** | Sec | 2020>30 | 44,50 € — 17

20, rue du Gaizot, 21220 Gevrey-Chambertin • Tél. 03 80 34 31 49 • domaine@drouhin-laroze.com • www.drouhin-laroze.com • Visite : Sur rendez-vous.

DOMAINE DAVID DUBAND ET FRANÇOIS FEUILLET

★★★★☆ ♣

David Duband et François Feuillet forment un duo propriétaire et viticulteur devenu référent en Bourgogne. Et la gamme de vins vinifiés impressionne avec cinq grands crus et six premiers crus. 17 hectares dont cinq en Hautes-Côtes et des achats de raisins. David Duband affine d'une année sur l'autre une vinification respectueuse du raisin, revenant à la tradition de la vendange entière, de 60 à 90 % selon les cuvées, ce qui confère à ses vins fraîcheur, finesse et complexité, grâce à un travail à l'ancienne, avec le moins d'interventions possible et pigeage au pied pour ne pas casser la rafle. Tel qu'avec les 2016, certains échantillons de 2017 se goûtaient parfois remarquablement, d'autres dégustations communales les voyaient serrés et grognons. La vendange entière n'est pas étrangère à cela mais à terme ils devraient retrouver la finesse de texture que l'on connaît du domaine.

- **Chambolle-Musigny premier cru Les Sentiers 2017** | Sec | 2020>26 | 100 € — 15
- **Charmes-Chambertin grand cru 2017** | Sec | 2022>29 | 200 € — 15,5
- **Clos de la Roche grand cru 2017** | Sec | 2022>30 | 200 € — 17
- **Hautes Côtes de Nuits Louis-Auguste 2017** | Sec | 2020>23 | 22 € — 14,5
- **Nuits-Saint-Georges 2017** | Sec | 2020>28 | 45 € — 15
- **Nuits-Saint-Georges premier cru Les Pruliers 2017** | Sec | 2019>27 | 65 € — 15

12 rue du lavoir, 21220 Chevannes • Tél. 03 80 61 41 16 • contact@domaine-duband.com • www.domaine-duband.com • Visite : Sur rendez-vous uniquement.

DOMAINE RÉGIS DUBOIS

★☆☆☆☆

Béatrice et Raphaël Dubois, le frère et la sœur, exploitent 21 hectares de vignes réparties sur 21 appellations en côte de Nuits ainsi qu'en côte de Beaune. Après l'an passé un joli tir groupé en 2016 sur les premiers crus de Nuits-Saint-Georges et de Vosne-Romanée, complets et bien structurés, c'est le clos-de-vougeot en 2017 qui tire logiquement l'ensemble.

- **Clos de Vougeot grand cru 2017** | Sec | 2024>35 | 99 € — 16

7, route de Nuits-Saint-Georges, 21700 Premeaux-Prissey • Tél. 03 80 62 30 61 • contact@domaine-dubois.com • www.domaine-dubois.fr • Visite : Du lundi au samedi de 9h à 11h30 et de 14h à 17h30. Sur rendez-vous le dimanche et les jours feriés.

DOMAINE G.Y. DUFOULEUR

★★☆☆☆

Ce domaine est géré par le descendant de l'une des familles nuitonnes les plus connues, également président de l'appellation Nuits-Saint-Georges. Il s'étend de Fixin à Santenay. Yvan a renoncé au négoce familial pour se consacrer à son vignoble. La qualité de la gamme ne souffre d'aucun reproche, dès les appellations régionales, ce qui n'est pas pour nous étonner quand on connaît l'exigence d'Yvan. Elle progresse même depuis des années ce qui mérite une promotion dans notre classement. Les 2017 sont remarquables, des classiques bourguignons qui permettront d'attendre les 2018 encore plus favorisés par la nature. Achat en toute confiance.

- **Fixin premier cru Clos du Chapitre 2016** | Sec | 2020>30 | 46 € — 16
- **Hautes Côtes de Nuits Les Dames Huguette 2017** | Sec | 2019>23 | 20 € — 14,5
- **Nuits-Saint-Georges premier cru Clos des Perrières 2017** | Sec | 2020>27 | 59 € — 17,5
- **Nuits-Saint-Georges premier cru Les Crots 2017** | Sec | 2020>28 | 57 € — 16,5
- **Nuits-Saint-Georges Aux Saints-Juliens 2017** | Sec | 2020>28 | 40 € — 16
- **Nuits-Saint-Georges Les Creux Fraîches Eaux 2017** | Sec | 2020>28 | 39 € — 15,5
- **Pommard Les Vaumuriens 2017** | Sec | 2020>28 | 38 € — 16
- **Volnay En Vaut 2017** | Sec | 2020>28 | 33 € — 16

15, rue Thurot DP80138, 21700 Nuits-Saint-Georges • Tél. 03 80 61 09 35 ou 06 13 27 15 59 • yvan.dufouleur@21700-nuits.com • www.domaineguyetyvandufouleur.fr • Visite : sur rendez-vous sauf le dimanche.

DOMAINE DUJAC

★★★★☆ ♣

La nouvelle génération, Jérémy, Alec et Diana, est aux manettes. Le domaine n'a jamais été aussi maître de son art, profitant à plein d'une discipline impeccable de viticulture et de la fidélité à la vinification pour partie en raisins entiers, qui donne un cachet et un pouvoir de vieillissement supplémentaire à la plupart des vins. À l'activité autour des 17 hectares du domaine s'ajoute, sur cinq hectares et pour quelques cuvées de village, une petite activité de négoce, sous le nom de Dujac Fils et Père (dans cet ordre), avec des vins de même style. Sérieusement construits, ce sont des classiques bourguignons de qualité régulière, respectés de tous. On notera cette année un vosne-romanée premier cru les-beaumonts excellent, suivi d'un échezeaux en cours de construction qui devrait le rejoindre dans ce panthéon.

- **Échezeaux grand cru 2017** | Sec | 2021>30 | 182,40 € — 16,5
- **Gevrey-Chambertin premier cru Aux Combottes 2017** | Sec | 2021>28 | 102 € — 15
- **Vosne-Romanée premier cru Les Beaux Monts 2017** | Sec | 2020>30 | 115,20 € — 18

7, rue de la Bussière, 21220 Morey-Saint-Denis • Tél. 03 80 34 01 00 • dujac@dujac.com

DOMAINE SYLVIE ESMONIN

★★★★☆

Sylvie Esmonin mène son domaine dans une démarche inspirée du bio. Elle a adopté progressivement les vinifications en grappe entière, à partir de raisins provenant d'une viticulture encore plus rigoureuse que par le passé. Cela a donné des millésimes récents d'anthologie, rappelant les vins mythiques du XIXe siècle dans leur parfum et leur consistance. La sève incroyable de ces vins leur permet de survoler systématiquement la dégustation des gevreys dès la simple appellation village. En catégorie premier cru, le clos-saint-jacques met KO, par sa race, presque tous ses compétiteurs. Gevrey en compte pourtant beaucoup.

- **Gevrey-Chambertin 2017** | Sec | 2020>30 | 36 € — 17
- **Gevrey-Chambertin premier cru Clos Saint-Jacques 2017** | Sec | 2021>30 | 85 € — 18
- **Gevrey-Chambertin Vieilles Vignes 2017** | Sec | 2020>26 | 50 € — 17

1, rue Neuve - Clos Saint-Jacques - Clos Saint-Jacques, 21220 Gevrey-Chambertin • Tél. 03 80 34 36 44 • sylvie-esmonin@orange.fr

DOMAINE D'EUGÉNIE

★★★★★ ♣

François Pinault, propriétaire de château Latour, a acheté en 2006 le domaine Engel, à Vosne-Romanée, et l'a rebaptisé du prénom de sa mère pour qu'il n'y ait plus de confusion avec le passé. Viticulture et vinification y sont supervisées par Frédéric Engerer, directeur de Latour et, sur place, par le talentueux Michel Mallard avec l'intention, on s'en doute, de produire des vins de référence, dignes du prestigieux patrimoine de vignes du domaine. La biodynamie porte pleinement ses fruits et la propriété a atteint désormais le plus haut niveau de la côte de Nuits, avec des vins d'une rare élégance et d'une profondeur proche du minéral qui les a vus naître.

14, rue de la Goillotte , 21700 Vosne-Romanée • Tél. 03 80 61 10 54 • contact@domaine-eugenie.com • www.domaine-eugenie.com

DOMAINE FAIVELEY

★★★★☆

Disposant de 120 hectares dont 70 en côte chalonnaise, avec l'un des plus beaux chais de la Bourgogne à Nuits-Saint-Georges, avec ses récents agrandissements comme le fermage du domaine Zibetti et la reprise des domaines Dupont-Tisserandot et Billaud-Simon, Faiveley devient plus que jamais un ambassadeur incontournable des grands vins de Bourgogne dans le monde. Et l'on se réjouit que cela ne soit pas au détriment de l'exigence en matière de qualité et de style à tous les niveaux d'appellation et de prix. La réflexion sur le travail à la vigne porte ses fruits, les vins de la maison jouent sur la droiture et la précision de l'expression de chaque cuvée, en blanc comme en rouge. La gamme 2017 est encore une fois réussie et très cohérente.

- **Bâtard-Montrachet grand cru 2017** | Sec | 2021>35 | 245-250 € — 18
- **Corton grand cru clos des Cortons Faiveley 2017** | Sec | 2022>35 | 180 € — 17,5
- **Gevrey-Chambertin premier cru Les Cazetiers 2017** | Sec | 2020>28 | 90-95 € — 16
- **Marsannay 2017** | Sec | 2019>23 | 15-20 € — 15
- **Marsannay Échezots 2017** | Sec | 2019>25 | 25-30 € — 15
- **Mazis-Chambertin grand cru 2017** | Sec | 2022>30 | 225-230 € — 17,5
- **Nuits-Saint-Georges 2017** | Sec | 2021>28 | 35-40 € — 15
- **Nuits-Saint-Georges premier cru Aux Chaignots 2017** | Sec | 2021>30 | 70-75 € — 17,5

8, rue du Tribourg, 21700 Nuits-Saint-Georges • Tél. 03 80 61 04 55 • contact@domaine-faiveley.com • www.domaine-faiveley.com

DOMAINE JEAN FERY

★☆☆☆☆ ♣

Trois vins présentés cette année, trois jolies réussites. Le simple vosne-romanée vaut bien des premiers crus de l'appellation et le vosne-romanée les réas lui ajoute une touche de sensualité.

- **Nuits-Saint-Georges Les Damodes 2017** | Sec | 2019>28 | 47 € — 16
- **Vosne-Romanée 2017** | Sec | 2020>28 | 55 € — 16
- **Vosne-Romanée Aux Réas 2017** | Sec | 2020>28 | 58 € — 16

1, route de Marey, 21420 Échevronne • Tél. 03 80 21 59 60 • fery.vin@orange.fr • www.fery-vin.fr • Visite : du lundi au vendredi de 9h à 12h et de 13h30 à 17h30, le week-end et groupe sur rendez-vous.

DOMAINE FOUGERAY DE BEAUCLAIR

★☆☆☆☆

Le domaine dispose d'une gamme de marsannays et de fixins dont certains 2016 feront référence, tel le fixin clos-marion, ou encore le marsannay saint-jacques. On retrouve les mêmes réussites en 2017, avec cette année, le blanc du clos-marion en pointe.

- **Fixin Clos Marion 2017** | Sec | 2019>26 | 33 € — 16
- **Marsannay Saint-Jacques 2017** | Sec | 2019>24 | 25 € — 14
- **Marsannay Saint-Jacques 2017** | Sec | 2020>29 | 25,50 € — 16

44 rue de Mazy, 21160 Marsannay • Tél. 03 80 52 21 12 • fougeraydebeauclair@wanadoo.fr • www.fougeraydebeauclair.com • Visite : Du lundi au vendredi de 9h à 12h et de 14h à 17h. Le week-end sur rendez-vous.

DOMAINE JEAN FOURNIER

★★★☆☆

Laurent Fournier, avec son humour, son intelligence et sa délicatesse est un des talents les plus brillants de la nouvelle génération bourguignonne. Il nous fait plaisir en cherchant et réussissant à retrouver les secrets des très grands vins d'autrefois, vinifiés à partir de raisins entiers en démarche bio. Les terroirs se montrent ainsi avec une grande précision et le lot de réussites du domaine impressionne. Ses côtes-de-nuit-villages et plusieurs marsannays bousculeraient bien des gevrey-chambertin. Marsannay clos-du-roy 2017 très réussi, entre autres.

- **Marsannay Clos du Roy 2017** | Sec | 2019>25 | 28 € — 16
- **Marsannay Longeroies 2017** | Sec | 2019>25 | 28 € — 14,5
- **Marsannay Longeroies 2017** | Sec | 2019>28 | 28 € — 15,5

29, rue du Château, 21160 Marsannay • Tél. 03 80 52 24 38 • domaine.jean.fournier@orange.fr • Visite : Du lundi au vendredi de 9h à 12h et de 14h à 17h. Le samedi sur rendez-vous.

DOMAINE GACHOT-MONOT

★★☆☆☆

Damien Gachot-Monot représente la cinquième génération aux commandes de ce domaine de Corgoloin qui possède 14 hectares de vignes en appellation régionale, Hautes Côtes de Nuits, Nuits Saint-Georges village et premier cru les-poulettes. Trois vins présentés en 2017, trois réussites dont le simple nuits saint-georges ; tous jouaient autour de la délicatesse du millésime sans le surjouer.

- **Nuits-Saint-Georges 2017** | Sec | 2019>28 | 25,40 € — **16**
- **Nuits-Saint-Georges premier cru Les Poulettes 2017** | Sec | 2021>28 | 35,35 € — **16**
- **Nuits-Saint-Georges Les Crots 2017** | Sec | 2020>28 | 29,75 € — **16,5**

3, rue de la Bretonnière, 21700 Corgoloin • Tél. 03 80 62 93 03 • domaine@gachot-monot.com • www.gachot-monot.com • Visite : du lundi au samedi de 9h à 12h et de 14h à 18h, sur rendez-vous.

DOMAINE JÉRÔME GALEYRAND

★★★☆☆

Originaire de Mayenne et après une première vie dans les fromages, Jérôme Galeyrand s'est installé en 2002 pour vivre sa passion des bourgognes. Ses terres sont en fermage ou en métayage, prix du foncier oblige. Il a entamé une conversion en bio en 2014 puis en biodynamie en 2015. Il cherche à produire des vins plus orientés sur la finesse du parfum que l'extraction d'une forte matière. Le vin phare de la maison est l'excellent en-croisette mais également le côte-de-nuits-village les-retraits, dans le prolongement du clos de la Maréchale, qui ne dépareillerait pas dans une dégustation de nuits-saint-georges. Très bons fixins, gevreys et marsannays également. Les 2017 montrent des rouges aux tanins particulièrement élégants, aux fruités croquants. Des vins idéaux si on aime la délicatesse dont le pinot noir est capable, parfaits pour un restaurateur qui veut voir ses clients heureux. Tant de finesse dans la captation de l'essence du pinot noir mérite une promotion dans notre guide.

- **Côte de Nuits-Villages Les Retraits 2017** | Sec | 2019>27 | env. 54 € — **16**
- **Côte de Nuits-Villages Vieilles Vignes 2017** | Sec | 2019>24 | env. 32 € — **15**
- **Côte de Nuits-Villages Vignois 2017** | Sec | 2019>24 | env. 32 € — **15**
- **Fixin Champ des Charmes 2017** | Sec | 2019>27 | env. 42 € — **15,5**
- **Gevrey-Chambertin Billard 2017** | Sec | 2019>25 | env. 54 € — **15,5**
- **Gevrey-Chambertin En Croisette Vieilles Vignes 2017** | Sec | 2021>28 | env. 59 € — **16**
- **Gevrey-Chambertin La justice 2017** | Sec | 2019>27 | env. 54 € — **16**
- **Marsannay Combe du Pré 2017** | Sec | 2019>27 | env. 32 € — **15**

Saint-Philibert, 21220 Gevrey-Chambertin • Tél. 06 61 83 39 69 • jerome.galeyrand@wanadoo.fr • www.jerome-galeyrand.fr • Visite : sur rendez-vous.

DOMAINE GALLOIS

★★★☆☆

Dominique Gallois cultive les 4 hectares de vignes du domaine familial, installé depuis 1901 à Gevrey-Chambertin. Il produit désormais des vins plutôt corsés, de grande garde avec le fond attendu. Il avait disparu de nos écrans radars depuis plusieurs millésimes et revient en fanfare depuis le millésime 2015 avec des vins de garde, au meilleur niveau de la commune. Le charmes-chambertin 2017 de fort belle facture est cette année dépassé en finesse par le gevrey premier cru la combe aux moines. Nous sommes étonnés et ravis de ce retour tonitruant.

- **Charmes-Chambertin grand cru 2017** | Sec | 2022>30 | 120 € — **17**
- **Gevrey-Chambertin premier cru Combe aux Moines 2017** | Sec | 2021>30 | 58 € — **18**

9, rue du Maréchal-de-Lattre, 21220 Gevrey-Chambertin • Tél. 03 80 34 11 99 • contact@domaine-gallois.com • www.domaine-gallois.com • Visite : sur rendez-vous.

DOMAINE PHILIPPE GAVIGNET

★★☆☆☆

Un vigneron à l'esprit curieux de grands vins, en témoigne une impressionnante cave personnelle faite de grands crus de partout, notamment de grands bordeaux, fait suffisamment rare en Bourgogne pour être relaté. Philippe Gavignet aime les vins veloutés et fins et ce style leur permettra d'être consommés plus jeunes que d'autres. Benoît, cinquième génération, a rejoint le domaine après avoir travaillé chez Sylvain Pataille, Gouges et Bruno Clavelier pour s'occuper des 13 hectares en production dont 6 en nuits et nuits premier cru. Le simple nuits-saint-georges a été particulièrement remarqué lors de notre dégustation au syndicat, le hautes côtes de nuits mérite également un coup de chapeau.

- **Bourgogne 2017** | Sec | 2019>21 | 12 € — **13,5**
- **Hautes Côtes de Nuits 2017** | Sec | 2019>23 | 15 € — **15,5**
- **Nuits-Saint-Georges 2017** | Sec | 2020>30 | 26 € — **17**
- **Nuits-Saint-Georges premier cru Les Chaboeufs 2017** | Sec | 2020>26 | 36 € — **15,5**
- **Nuits-Saint-Georges Les Argillats 2017** | Sec | 2019>29 | 26 € — **15,5**

36, rue Docteur Louis-Legrand, 21700 Nuits-Saint-Georges • Tél. 03 80 61 09 41 • contact@domaine-gavignet.fr • www.domaine-gavignet.fr • Visite : Du lundi au vendredi de 9h à 12h et de 14h à 17h30. Le week-end et jours fériés sur rendez-vous.

DOMAINE PIERRE GELIN

Avec 12,5 hectares en production ce domaine réputé de Fixin a comme spécialité le monopole du clos Napoléon, deux hectares à Fixin et une jolie parcelle de Chambertin Clos de Bèze. Pierre-Emmanuel Gelin utilise régulièrement un tiers de grappes entières et affectionne les élevages longs dans son chai irréprochable. Les vins sont ensuite élevés en cave pendant 18 mois, ce qui est rare en Bourgogne et permet au domaine de mettre en marché des vins plus proches de la maturité. C'est un domaine à découvrir.

- **Chambertin-Clos de Bèze grand cru 2017** | Sec | 2022>35 | 200 € — 17
- **Fixin 2017** | Sec | 2019>23 | 25 € — 14,5
- **Fixin premier cru Clos Napoléon 2017** | Sec | 2022>28 | 40 € — 16,5
- **Fixin premier cru Hervelets 2017** | Sec | 2019>25 | 38 € — 16
- **Fixin La Cocarde 2017** | Sec | 2019>23 | 25 € — 15
- **Gevrey-Chambertin premier cru Clos Prieur 2017** | Sec | 2022>30 | 60 € — 16,5
- **Gevrey-Chambertin Clos de Meixveille 2017** | Sec | 2020>25 | 36 € — 16

22, rue de la Croix-Blanche, 21220 Fixin • Tél. 03 80 52 45 24 • info@domaine-pierregelin.fr • www.domaine-pierregelin.fr • Visite : sur rendez vous.

DOMAINE HENRI GOUGES

Ce domaine célèbre parmi les célèbres de Nuits-Saint-Georges, entièrement implanté sur ce finage avec pas moins de sept premiers crus, est désormais passé des mains de Christian Gouges à celles de Grégory aux vinifications et d'Antoine, licence de commerce des vins en poche, qui a en charge les 14,5 hectares de vignes. Des installations techniques complètement renouvelées, conformes à ce que l'on doit attendre d'une telle source, permettent de travailler par gravité et d'adoucir des tannins qui, dans certains millésimes, avaient une tendance à l'austérité. Si la philosophie maison reste de produire des vins sérieux et de longue garde, on constate un changement de cap vers des tannins plus aériens sans que le vin ne perde en énergie, bien au contraire et sans surjouer les millésimes plus délicats. Chaque rouge réalisé domine régulièrement ses pairs du même climat, et ce depuis des années. Une curiosité, le perrières en blanc, est réalisé à base de pinot blanc.

- **Nuits-Saint-Georges 2017** | Sec | 2021>30 | 42 € — 15
- **Nuits-Saint-Georges premier cru Aux Chaignots 2017** | Sec | 2021>30 | 53 € — 17
- **Nuits-Saint-Georges premier cru Clos des Porrets Saint-Georges 2017** | Sec | 2022>30 | 55 € — 18
- **Nuits-Saint-Georges premier cru Les Perrières 2017** | Sec | 2019>28 | 82 € — 15
- **Nuits-Saint-Georges premier cru Les Pruliers 2017** | Sec | 2020>28 | 71 € — 16,5
- **Nuits-Saint-Georges premier cru Les Saints-Georges 2017** | Sec | 2022>30 | 125 € — 18
- **Nuits-Saint-Georges premier cru Les Vaucrains 2017** | Sec | 2021>30 | 90 € — 18

7, rue du Moulin, 21700 Nuits-Saint-Georges • Tél. 03 80 61 04 40 • domaine@gouges.com • www.gouges.com

DOMAINE JEAN GRIVOT

La jeune génération, Mathilde et Hubert, est revenue sur les 15 hectares d'un domaine qui pourrait être une incarnation d'un certain classicisme bourguignon. Ce domaine très réputé de Vosne-Romanée a révolutionné son style à la fin des années 1980. Étienne Grivot aime la profondeur dans ses cuvées faites pour vieillir. Aujourd'hui, si le style reste affirmé, il recherche également plus de gourmandise dans ses vins qu'il souhaite plus « courtois » dans leur jeunesse. Bref, une adresse infiniment respectable, à la fois gardienne du temple et résolument moderne, d'un classicisme intelligent. La gamme sans faille n'a pas cherché à surjouer le millésime 2017.

- **Clos de Vougeot grand cru 2017** | Sec | 2022>30 | NC — 17,5
- **Échezeaux grand cru 2017** | Sec | 2020>28 | NC — 16,5
- **Nuits-Saint-Georges premier cru Roncière 2017** | Sec | 2019>26 | NC — 15,5
- **Nuits-Saint-Georges Lavières 2017** | Sec | 2020>27 | NC — 16,5
- **Vosne-Romanée premier cru Les Beaux Monts 2017** | Sec | 2020>26 | NC — 16,5
- **Vosne-Romanée Bossières 2017** | Sec | 2020>27 | NC — 15

6, rue de la Croix-Rameau , 21700 Vosne-Romanée • Tél. 03 80 61 05 95 • domaine.grivot@domainegrivot.fr • www.domainegrivot.fr • Visite : sur rendez-vous.

DOMAINE ROBERT GROFFIER PÈRE ET FILS

Millésime après millésime, Nicolas Groffier, rejoint par sa sœur Julie, confirme qu'il est un vinificateur de premier ordre et qu'il a réussi à infléchir le style du domaine familial vers une finesse de texture qui compte peu d'équivalents. Quelle délicatesse sensuelle dans un tannin sans coutures ! Il utilise la vendange entière en fonction de la nature des millésimes. En entrée de gamme, les bourgognes sont récoltés juste en dessous du clos de Vougeot et sont des références dans leur appellation. Au sommet, les-amoureuses sont classiques de ce cru et n'ont rien de tendre en vin jeune, contrairement à ce que leur nom permettrait de penser. Puis viennent les bonnes-mares dont le style s'infléchit année après année vers plus d'immédiateté. La gamme se termine par le clos-de-bèze, aérien comme il se doit, tout en finesse et en longueur. On est très proche ici du sommet absolu de la grande Bourgogne.

- **Bonnes-Mares grand cru 2017** | Sec | 2021>35 | 350 € — 18
- **Bourgogne 2017** | Sec | 2020>25 | 30 € — 15,5
- **Bourgogne Passe-Tout-Grains 2017** | Sec | 2019>23 | 20 € — 15
- **Chambertin-Clos de Bèze grand cru 2017** | Sec | 2023>35 | 400 € — 18,5
- **Chambolle-Musigny premier cru Les Amoureuses 2017** | Sec | 2023>35 | 350 € — 18
- **Chambolle-Musigny premier cru Les Sentiers 2017** | Sec | 2020>30 | 150 € — 17,5
- **Gevrey-Chambertin Les Seuvrées 2017** | Sec | 2019>27 | 45 € — 16

3, route des Grands-Crus, 21220 Morey-Saint-Denis • Tél. 03 80 34 31 53 ou 06 33 61 16 72 • domaine.groffier@gmail.com • Visite : sur rendez-vous.

DOMAINE A.-F. GROS

Fondé par Anne-Françoise Gros, ce domaine exploite 15 hectares sur l'ensemble de la grande Bourgogne. Géré techniquement par son mari François Parent soutenu désormais par Caroline et Mathias. Nous avons pu déguster cette année trois vins de la gamme, dont un exceptionnel richebourg.

- **Richebourg grand cru 2017** | Sec | 2021>30 | NC — 19
- **Vosne-Romanée Les Chalandins 2017** | Sec | 2019>26 | 55 € — 15

1, place de l'Europe - 5, Grande rue, 21630 Pommard • Tél. 03 80 22 61 85 • contact@af-gros.com • Visite : Tous les jours de 9h à 18h, de préférence sur rendez-vous.

DOMAINE ANNE GROS

Anne Gros a repris depuis maintenant de nombreuses années le domaine de son père, qui était lui-même séparé de celui de ses autres frères et cousins, et qui comprend entre autres de vieilles vignes admirablement situées en clos Vougeot et Richebourg. Vinificatrice accomplie, Anne aime les vins délicats, complexes et frais, et la plupart du temps les produit ainsi. Leur équilibre les destine naturellement au long vieillissement, où ils se comportent en vins classiques et dignes de tous les éloges. Le style du domaine s'exprime différemment selon les cuvées mais on trouve en constante de fines notes aromatiques de pivoine qui sont un fil rouge du domaine. Le seul vin qui nous a été présenté cette année était le clos-de-vougeot.

11, rue des Communes, 21700 Vosne-Romanée • Tél. 03 80 61 07 95 • domaine-annegros@orange.fr • www.anne-gros.com • Visite : sur rendez-vous.

DOMAINE MICHEL GROS

Dans les partages entre les membres de la famille Gros, Michel Gros a conservé l'intégralité du magnifique clos des Réas, proche de la Tâche, mais aussi quelques belles parcelles de premier et grand cru. Ce vigneron consciencieux aimait à vinifier des raisins en maturité « montante » ce qui les rend difficile à jauger dans leur jeunesse, en raison d'une inévitable raideur. C'est le cas de plusieurs 2017 que nous reverrons avec plaisir.

- **Chambolle-Musigny 2017** | Sec | 2020>28 | 40 € — 16,5
- **Hautes Côtes de Nuits Fontaine Saint-Martin Monopole 2017** | Sec | 2019>21 | 15 € — 13,5

- **Morey-Saint-Denis En la Rue de Vergy 2017** | Sec | 2019>25 | 30 € — 13
- **Nuits-Saint-Georges Les Chaliots 2017** | Sec | 2020>27 | 30 € — 15
- **Vosne-Romanée 2017** | Sec | 2020>28 | 40 € — 15
- **Vosne-Romanée premier cru Clos des Réas Monopole 2017** | Sec | 2021>28 | 70 € — 16

7, rue des Communes, 21700 Vosne-Romanée • Tél. 03 80 61 04 69 • contact@domaine-michel-gros.com • www.domaine-michel-gros.com • Visite : Sur rendez-vous de 9h à 12h et de 13h30 à 17h30 du lundi à vendredi.

DOMAINE JEAN-PIERRE GUYON

Ce petit domaine familial bio et en route vers la biodynamie exploite neuf hectares et produit depuis quelques millésimes des vins d'une rare beauté de style, à partir d'une philosophie de viticulture et de vinification d'une extrême exigence, au prix des plus grands risques. L'utilisation du soufre est faite avec parcimonie mais une dégustation de la gamme ouverte depuis plusieurs jours a montré que les vins ne faiblissaient pas à l'air. Les cuvées de vosne-orveaux et brûlées, d'échezeaux et de clos-vougeot font partie entre autre des tout grands vins, encore méconnus, de la Bourgogne actuelle. Parfaitement maîtrisée, la vinification en raisins entiers est systématique quel que soit le millésime. L'ampleur des bouches et la précision des finales sont le point commun des vins très classiques dans leur approche du pinot noir. On est ici aux portes d'une cinquième étoile, notre note maximale.

- **Bourgogne 2017** | Sec | 2019>24 | NC — 15
- **Chorey-lès-Beaune 2017** | Sec | 2021>25 | NC — 14,5
- **Chorey-lès-Beaune 2017** | Sec | 2019>25 | NC — 15
- **Clos de Vougeot grand cru 2017** | Sec | 2024>35 | NC — 19
- **Échezeaux grand cru 2017** | Sec | 2021>30 | NC — 17
- **Nuits-Saint-Georges Aux Herbues 2017** | Sec | 2021>29 | NC — 17
- **Savigny-lès-Beaune Les Planchots 2017** | Sec | 2019>23 | NC — 16
- **Vosne-Romanée 2017** | Sec | 2021>29 | NC — 16,5
- **Vosne-Romanée premier cru Aux Brûlées 2017** | Sec | 2020>28 | NC — 18
- **Vosne-Romanée premier cru En Orveaux 2017** | Sec | 2021>30 | NC — 17,5
- **Vosne-Romanée Charmes de Mazières 2017** | Sec | 2020>26 | NC — 15,5

16 RN 74, 21700 Vosne-Romanée • Tél. 03 80 61 02 46 • domaine.guyon@wanadoo.fr • www.domaineguyon-vosne.com • Visite : Sur rendez-vous uniquement.

DOMAINE OLIVIER GUYOT

Cet artisanal et très consciencieux domaine où l'on reste fidèle aux beaux gestes de vinification et d'élevage est désormais aux mains de la nouvelle génération. La gamme présentée nous a semblé hétérogène depuis quelques années, de belles et grandes réussites coexistaient avec des vins moins aboutis, au tannin revêche ou d'une précision qui pourrait être améliorée. En 2017, le chambolle-musigny et le marsannay longeroies nous ont particulièrement séduits.

- **Chambolle-Musigny Vieilles Vignes 2017** | Sec | 2020>28 | 42 € — 16
- **Clos de la Roche grand cru 2017** | Sec | 2021>28 | 130 € — 16
- **Clos de Vougeot grand cru 2017** | Sec | 2023>35 | 132 € — 16
- **Marsannay La Montagne 2017** | Sec | 2019>24 | 24 € — 14
- **Marsannay Longeroies 2017** | Sec | 2020>28 | 24 € — 16

39, rue de Mazy, 21160 Marsannay• Tél. 03 80 52 39 71 • contact@domaineguyot.fr • www.domaineguyot.fr • Visite : Sur rendez-vous.

DOMAINE HARMAND-GEOFFROY

Ce domaine possède une palette complète de vins de Gevrey-Chambertin, exprimant toutes les spécificités de la plupart des secteurs du village. Nous avons beaucoup apprécié la générosité, l'évidence et la tenue des 2015 et des 2016, les 2017 s'inscrivent dans la même lignée. Des vins assez structurés, de facture classique avec des tannins profonds et bien dessinés. Tout est réussi ici, excellent gevrey vieilles-vignes et à l'autre extrémité de la gamme, splendide mazis, assemblage de la partie haute et de la partie basse pour avoir une approche globale de ce grand cru. Très réussis également dans le secteur Saint-Jacques, le champeaux et bien sûr le lavaut-saint-jacques.

- **Gevrey-Chambertin premier cru Champeaux 2017** | Sec | 2020>28 | NC — 17
- **Gevrey-Chambertin premier cru Lavaut Saint-Jacques 2017** | Sec | 2021>30 | NC — 16,5
- **Gevrey-Chambertin Vieilles Vignes 2017** | Sec | 2019>24 | NC — 15,5
- **Mazis-Chambertin grand cru 2017** | Sec | 2022>30 | NC — 18

1, place des Lois, 21220 Gevrey-Chambertin • Tél. 03 80 34 10 65 • harmand-geoffroy@wanadoo.fr • www.harmand-geoffroy.com • Visite : Sur rendez-vous.

DOMAINE HERESZTYN - MAZZINI

Une sympathique nouvelle génération de la famille, Florence et Simon, est à l'œuvre sur un peu plus de cinq hectares, et ils entament la conversion en bio. Le style des vins associe la probité d'un vrai travail artisanal à la vigne à une recherche louable d'équilibre dans le vin. Le domaine travaille beaucoup sur ses élevages, avec une recherche du meilleur mariage entre chaque cru et le bois qui lui convient le mieux. L'utilisation de plus en plus importante de vendange entière gomme la discrétion que pouvaient avoir les vins. Toujours délicats et épurés, ils sont de plus en plus précis. Nous n'avions pas pu déguster les 2016 non présentés mais les 2017 nous rassurent sur l'évolution du domaine et montrent une palette de vins irréprochable avec en pointe le morey-saint-denis les-millandes.

- **Gevrey-Chambertin premier cru La Perrière 2017** | Sec | 2021>28 | 50-55 € — 16
- **Gevrey-Chambertin Clos Village 2017** | Sec | 2021>27 | 33-35 € — 16
- **Gevrey-Chambertin En Jouise 2017** | Sec | 2019>25 | NC — 15,5
- **Morey-Saint-Denis premier cru Les Millandes 2017** | Sec | 2022>30 | 50-55 € — 17

27, rue Richebourg, 21220 Gevrey-Chambertin • Tél. 06 22 77 14 44 ou 03 80 33 62 71 • info@heresztyn-mazzini.com • www.heresztyn-mazzini.com • Visite : uniquement sur rendez-vous.

DOMAINE HOFFMAN-JAYER

Nous n'avons pu déguster qu'un vin de ce domaine lors des présentations syndicales mais il méritera à lui seul une investigation plus complète l'an prochain.

- **Échezeaux grand cru Echezeaux du dessus 2017** | Sec | 2021>30 | 190 € — 18

21700 Magny-les-Villers • Tél. 03 80 62 91 79 • domaine@hoffman-jayer.com • www.hoffman-jayer.com • Visite : sur rendez-vous du lundi au vendredi.

DOMAINE HUGUENOT

Philippe Huguenot est un pragmatique. Certifié en bio depuis 2013, il a initié cette démarche pour permettre à ses vignes de retrouver la bonne rusticité qu'il ne trouvait plus. La vendange mécanique a également été abandonnée. Ce domaine va de l'avant et ses vins sont de plus en plus élégants avec un fruité agréable qui séduit dès leur prime jeunesse, l'accélération de la qualité a été spectaculaire depuis quelques millésimes. Personnage d'une rare gentillesse avec des vins à son image, il aime recevoir ses clients à la cave quand beaucoup ont fermé leurs portes devant le succès commercial. La qualité ici est particulièrement homogène et constante.

- **Charmes-Chambertin grand cru 2017** | Sec | 2023>30 | 77 € — 17
- **Fixin Champ des Charmes 2017** | Sec | 2019>26 | 22 € — 15
- **Fixin Les Petits Crais 2017** | Sec | 2020>27 | 25 € — 14,5
- **Gevrey-Chambertin premier cru Fonteny 2017** | Sec | 2020>28 | 51 € — 17
- **Gevrey-Chambertin Les Crais 2017** | Sec | 2019>25 | 32 € — 14,5
- **Gevrey-Chambertin Vieilles Vignes 2017** | Sec | 2019>25 | 38 € — 15
- **Marsannay Champs Perdrix 2017** | Sec | 2019>28 | 26 € — 16
- **Marsannay La Charme aux Prêtres 2017** | Sec | 2019>29 | 26 € — 16,5
- **Marsannay Montagne 2017** | Sec | 2019>27 | 25 € — 14,5

7, ruelle du carron, 21160 Marsannay• Tél. 03 80 52 11 56 • contact@domainehuguenot.com • www.domainehuguenot.com • Visite : Sur rendez-vous uniquement.

DOMAINE HUMBERT FRÈRES

Emmanuel Humbert, rejoint par son neveu Pierre-Yves, est un très fin dégustateur, il applique à sa production toute l'exigence que l'on peut et doit avoir quand on exploite d'aussi beaux terroirs que ceux de Gevrey. Tous les millésimes récents sont réussis, dans un style associant parfaitement puissance, complexité, finesse et générosité. 2015 interprétait magnifiquement la densité possible dans le millésime sans la moindre rudesse mais avec une profondeur que peu de domaines vont chercher, 2016 joue sur une matière moins volumineuse mais fort bien traitée, on le boira un peu plus tôt. 2017 jouera la partition en version plus élégante, un rien moins concentrée, millésime oblige. Rien n'est commun ici, dès les entrées de gamme.

- **Charmes-Chambertin grand cru 2017** | Sec | 2022>30 | 110 € — 18
- **Gevrey-Chambertin premier cru Estournelles-Saint-Jacques 2017** | Sec | 2021>30 | 70 € — 18,5
- **Gevrey-Chambertin premier cru Petite Chapelle 2017** | Sec | 2021>28 | 70 € — 17,5
- **Gevrey-Chambertin premier cru Poissenot 2017** | Sec | 2021>30 | 65 € — 18

Rue de Planteligone, 21220 Gevrey-Chambertin • Tél. 03 80 51 80 14 • dom.humbert@wanadoo.fr • Visite : Sur rendez-vous.

DOMAINE JAYER-GILLES

★☆☆☆☆

Domaine de Magny-les-villers qui nous a présenté cette année une gamme cohérente de hautes côtes et nous l'en remercions. Nous souhaiterions voir également les nuits et l'échezeaux pour donner à nos lecteurs une image complète de la gamme.

1 Rue du Meix Grenot, 21700 Magny-les-Villers • Tél. 03 80 62 91 79 • domaine@hoffman-jayet.com • www.hoffman-jayet.com • Visite : Sur rendez-vous du lundi au samedi.

DOMAINE ALAIN JEANNIARD

★★☆☆☆

Domaine artisanal de qualité, avec de jolies vignes bien travaillées sur l'ensemble de la côte de Nuits. Une grande partie de la gamme montre de la sincérité et de la précision dans le rendu du terroir et ici on trouvera des « villages » de prix raisonnable et de qualité régulière. Alain Jeanniard connaît de graves problèmes de santé qui ne lui permettent pas toujours d'affirmer son style autour de raisins vendangés assez tard, bien mûrs.

- **Chambolle-Musigny 2017** | Sec | 2019>24 | 39 € — 14,5
- **Morey-Saint-Denis 2017** | Sec | 2020>27 | 32 € — 15
- **Morey-Saint-Denis premier cru Les Chenevery 2017** | Sec | 2019>27 | 45 € — 16,5
- **Nuits-Saint-Georges Aux Athées 2017** | Sec | 2019>27 | 32 € — 14,5

4, rue aux Loups, 21220 Morey-Saint-Denis • Tél. 06 84 56 13 89 • domaine.ajeanniard@wanadoo.fr • www.domainealainjeanniard.fr • Visite : Sur rendez-vous.

DOMAINE JOLIET

★★☆☆☆

Le domaine ne possède qu'un seul cru, mais en monopole, le clos de la Perrière, à Fixin, considéré depuis toujours comme le meilleur climat de son village, avec un potentiel de grand cru. Une petite partie est plantée en blanc mais c'est le rouge qui exprime le mieux la noblesse du terroir. Connue des moines de Cîteaux déjà au XIIe siècle, cette parcelle de cinq hectares est gérée par Bénigne Joliet, la sixième génération aux commandes avec le savoir-faire de son conseiller Philippe Charlopin. Elle applique une culture au plus proche de la charte bio, sans être certifiée. Les doses de soufre sont minimales avec une vinification et un élevage séparés des quatre terroirs de ce clos selon l'exposition, les calcaires actifs et la proportion des argiles. Après un 2016 compliqué, 2017 aura besoin de temps pour s'exprimer à son meilleur.

- **Fixin premier cru Clos de la Perrière 2017** | Sec | 2019>23 | NC — 13,5
- **Fixin premier cru Clos de la Perrière 2017** | Sec | 2021>28 | NC — 15

Manoir de la Perrière, 21220 Fixin • Tél. 03 80 52 47 85 • benigne@wanadoo.fr • www.domainejoliet.fr • Visite : sur rendez-vous.

DOMAINE GHISLAIN KOHUT

★☆☆☆☆

Ce domaine de Couchey produit régulièrement des vins de bon niveau. C'est cette année le fixin rouge qui impressionnait par la qualité de son jus.

- **Fixin 2017** | Sec | 2021>28 | 18 € — 16,5
- **Marsannay Champ de Perdrix 2017** | Sec | 2020>28 | 18 € — 14
- **Marsannay En Mornin 2017** | Sec | 2019>25 | 16,50 € — 15,5

11, rue Raymond Poincaré, 21160 Couchey • Tél. 03 80 52 99 92 • contact@domaine-kohut.com • Visite : du lundi au samedi matin de 9h à 12h et de 14h à 17h, sinon sur rendez-vous.

DOMAINE FRANÇOIS LAMARCHE

★★★★☆

Un clos-de-vougeot assemblant les trois niveaux de ce cru, un échezeaux, un grand-échezeaux, une grande-rue coincée entre la romanée-conti, la romanée, la romanée-saint-vivant et la tâche pour ne citer que les grands crus. Des vosne-romanées aux malconsorts et des suchots à proximité des grands crus. Ce domaine de 11 hectares aux vignes prestigieuses est dirigé par la nouvelle génération Lamarche, Nicole pour la partie technique et sa cousine Nathalie à l'administratif. Elles ont remis la propriété sur les rails, dans une approche bio et c'est un vrai plaisir de voir à nouveau des vignes aussi bien cultivées. Le domaine cherche la finesse de tannins et la trouve dans ses différentes cuvées qui incorporent 30 % de vendange entière, un pourcentage qui varie selon les profils de millésimes. 2017 de très belle tenue, délicat sans manquer de fond, incarne cette élégance chère au domaine. Il permettra de laisser patienter les superbes 2015 et 2016.

- **Clos de Vougeot grand cru 2017** | Sec | 2023>30 | Epuisé — 17,5
- **Échezeaux grand cru 2017** | Sec | 2023>35 | Epuisé — 18
- **Grands-Échezeaux grand cru 2017** | Sec | 2025>35 | Epuisé — 18,5
- **Hautes Côtes de Nuits 2017** | Sec | 2019>22 | Epuisé — 15
- **La Grande Rue grand cru 2017** | Sec | 2025>35 | Epuisé — 19
- **Vosne-Romanée 2017** | Sec | 2022>27 | Epuisé — 16,5
- **Vosne-Romanée premier cru Aux Malconsorts 2017** | Sec | 2024>35 | Epuisé — 18

9, rue des Communes, 21700 Vosne-Romanée • Tél. 03 80 61 07 94 • vins@domaine-lamarche.fr • www.domaine-lamarche.com • Visite : sur rendez-vous uniquement.

DOMAINE DES LAMBRAYS

★★★★☆

Domaine phare de Morey Saint-Denis, avec son clos de 8,7 hectares, quasi-monopole, coincé entre le clos Saint-Denis et le clos de Tart : on a vu un voisinage moins prestigieux. La propriété plus deux belles cuvées de Puligny-Montrachet, la cave historique et le parc ont été acquis par LVMH en 2014, évitant ainsi le risque d'un dépeçage du grand cru. Le clos possède de grandes variantes de terroir et d'expositions qui en font son originalité. Jacques Devauges, auparavant au clos de Tart, en est le régisseur depuis mars 2019. Gageons que le brillant 2017 réalisé par l'ancienne équipe trouvera des successeurs illustres. Le challenge entre ces deux clos illustres s'annonce passionnant.

- **Clos des Lambrays grand cru 2017** | Sec | 2023>32 | 210 € — 18

31, rue Basse, 21220 Morey-Saint-Denis • Tél. 03 80 51 84 33 • clos@lambrays.com • www.lambrays.com • Visite : Sur rendez-vous du lundi au vendredi.

DOMAINE DOMINIQUE LAURENT

★★★★☆

La maison Dominique Laurent, connue pour son négoce haute couture, se distingue désormais du domaine Dominique Laurent dont le fils de Dominique, Jean, s'occupe plus particulièrement. La surface en production est désormais passée à dix hectares avec la reprise du domaine Aleth Girardin de Pommard. Le domaine profite bien sûr de la haute qualité de la tonnellerie familiale pour l'élevage des vins. À l'exception du nuits les-4-vignes, égrappé, les cuvées utilisent une forte proportion de vendange entière. La gamme de qualité très cohérente démarre avec un remarquable bourgogne générique et trouve à son sommet un clos-de-vougeot la-plante-l'abbé, la parcelle que se réservaient les abbés de Cîteaux qui fait cette année jeu égal avec l'échezeaux.

- **Bourgogne MCMXXVI 2017** | Sec | 2020>27 | 18 € — 15,5
- **Clos de Vougeot grand cru La Plante l'Abbé 2017** | Sec | 2020>35 | 150 € — 18,5
- **Échezeaux grand cru En Orveaux 2017** | Sec | 2021>35 | 150 € — 18,5
- **Meursault premier cru Les Forges 2017** | Sec | 2020>30 | 60 € — 16,5
- **Monthélie Sous Roche 2017** | Sec | 2021>30 | 33 € — 16
- **Nuits-Saint-Georges premier cru Les Damodes 2017** | Sec | 2021>30 | 60 € — 17,5
- **Nuits-Saint-Georges Les 2 Cerisiers 2017** | Sec | 2020>30 | 50 € — 17
- **Pommard premier cru Les Charmots 2017** | Sec | 2022>30 | 85 € — 17
- **Pommard premier cru Les Épenots 2017** | Sec | 2021>30 | 65 € — 17

3, place de l'Eglise, 21640 Flagey-Échézeaux • Tél. 03 80 61 49 94 • jrdlaurent@live.fr

MAISON DOMINIQUE LAURENT

★★★★★

Promu au plus haut niveau de notre hiérarchie grâce à une cohérence remarquable de la gamme, Dominique Laurent a inauguré il y a plus de 25 ans le concept de négoce haute couture, qu'on peut définir ainsi : choix très exigeant de vins issus de vieilles vignes de pinot noir et de chardonnay fins, et élevage méticuleux dans des fûts qu'il produit dans sa tonnellerie, adaptés à chaque cuvée, avec une utilisation minimale du SO2, et mise en bouteille la plus douce et la moins traumatisante possible. Sa gamme se décline en plusieurs niveaux : les vins les plus aboutis sont les villages numéro-1 de très vieilles vignes, et naturellement les premiers et grands crus de côte de Nuits et de côte de Beaune. Le rapport qualité-prix du début de gamme et en particulier des villages est sans rival. 10 à 30 % de premiers crus leur sont systématiquement incorporés pour les transformer en villages de référence, selon une ancienne tradition bourguignonne qui s'est beaucoup perdue. Dominique est aujourd'hui secondé par sa fille Marie aidée par son autre fille, Sophie. Le futur sera donc passionnant, la nouvelle cave permettra sans doute encore de progresser, mais le présent est déjà radieux.

- **Beaune premier cru Les Reversés 2017** | Sec | 2019>27 | 30 € — 16
- **Bonnes-Mares grand cru 2017** | Sec | 2021>35 | 145 € — 18,5
- **Chablis grand cru Vaudésir 2017** | Sec | 2019>28 | 48 € — 17
- **Chambertin grand cru 2017** | Sec | 2022>35 | 200 € — 19
- **Chambolle-Musigny premier cru 2017** | Sec | 2021>30 | 48 € — 17
- **Charmes-Chambertin grand cru Vieilles Vignes 2017** | Sec | 2021>30 | 120 € — 17,5
- **Fixin Vieilles Vignes 2017** | Sec | 2019>24 | 18 € — 15
- **Gevrey-Chambertin premier cru Lavaut Saint-Jacques Vieilles Vignes 2017** | Sec | 2020>30 | 60 € — 18
- **Gevrey-Chambertin Vieilles Vignes 2017** | Sec | 2021>30 | 32 € — 16
- **Grands-Échezeaux grand cru 2017** | Sec | 2023>35 | 180 € — 18,5
- **Marsannay Champs Salomon 2017** | Sec | 2019>27 | 18 € — 15
- **Marsannay Vieilles Vignes 2017** | Sec | 2019>23 | 16 € — 14,5
- **Morey-Saint-Denis Vieilles Vignes 2017** | Sec | 2021>30 | 32 € — 16
- **Nuits-Saint-Georges premier cru Les Saints-Georges Vieilles Vignes 2017** | Sec | 2022>32 | 72 € — 18,5
- **Volnay premier cru Clos des Chênes Vieilles Vignes 2017** | Sec | 2022>30 | 54 € — 16
- **Volnay Vieilles Vignes 2017** | Sec | 2020>28 | 32 € — 16
- **Vosne-Romanée premier cru Les Reignots 2017** | Sec | 2020>30 | 63 € — 17,5

32 rue des cerisiers, 21640 Gilly-les-Citeaux • Tél. 03 80 61 49 94 • dominiquelaurent3@orange.fr • Visite : Pas de visites.

DOMAINE PHILIPPE ET VINCENT LECHENEAUT

★★★☆☆

Voici un petit domaine artisanal comme on les aime : la viticulture y est méticuleuse et le style des vins très affirmé, associant puissance et finesse dans un équilibre finalement très classique. À la série impressionnante des 2015, succède une série tout aussi impressionnante de réussites en 2016 puis en 2017. L'écart entre les nuits villages et les premiers crus s'est aminci, démonstration du soin que le domaine porte à toutes ses cuvées.

- **Nuits-Saint-Georges 2017** | Sec | 2019>28 | NC — 16
- **Nuits-Saint-Georges premier cru Les Damodes 2017** | Sec | 2021>28 | NC — 16,5
- **Nuits-Saint-Georges premier cru Les Pruliers 2017** | Sec | 2022>30 | NC — 17
- **Nuits-Saint-Georges Au Chouillet 2017** | Sec | 2022>30 | NC — 15,5

14, rue des Seuillets, 21700 Nuits-Saint-Georges • Tél. 03 80 61 05 96 • lecheneaut@wanadoo.fr • www.domaine-lecheneaut.fr

DOMAINE PHILIPPE LECLERC

★★★☆☆

Vigneron baroque dans une Bourgogne qui ne l'est plus guère, Philippe Leclerc produit des vins d'une générosité phénoménale qui interpellent et séduisent tous les dégustateurs. De vieilles vignes et des vendanges en maturité presque descendante (un peu façon Mitjaville au Tertre-Roteboeuf) donnent des vins épiques mais diablement savoureux, à ne pas mettre entre toutes les mains. Les 2017 montraient clairement les notes de fruits à l'eau-de-vie caractéristiques du style maison.

- **Gevrey-Chambertin premier cru Combe aux Moines 2017** | Sec | 2020>30 | 54-56 € — 16,5
- **Gevrey-Chambertin premier cru Les Cazetiers 2017** | Sec | 2020>30 | 48-50 € — 17
- **Gevrey-Chambertin En Champs 2017** | Sec | 2020>29 | 34-36 € — 16

9, rue des Halles, 21220 Gevrey-Chambertin • Tél. 03 80 34 30 72 • philippe.leclerc60@wanadoo.fr • www.philippe-leclerc.com • Visite : Du lundi au vendredi de 9h30 à 19h, de mi-novembre à mi-avril fermeture à 18h.

DOMAINE VINCENT LEDY

★★★☆☆

Vincent Ledy est un jeune vigneron installé à Nuits-Saint-Georges, qui a vinifié son premier millésime en 2007 mais son domaine de 2,8 hectares n'a vraiment démarré qu'en 2013. Il reprend progressivement des vignes familiales dans les Hautes-Côtes de Nuits, à Savigny-lès-Beaune et Nuits-Saint-Georges. En conversion bio, il est peu interventionniste et ses vignes produisent peu, 22 hectolitres par hectare même en 2017. Après des 2015 et des 2016 qui nous ont épatés, 2017 continue sur la lancée avec un supplément de profondeur pour la cuvée vieilles vignes des porets-saint-georges. L'autre cuvée ne démérite en rien bien qu'elle ne dispose que de vignes d'une quarantaine d'années, ce qui est déjà largement supérieur à la moyenne d'âge du vignoble bourguignon. C'est un vigneron à suivre de près.

- **Nuits-Saint-Georges premier cru Les Porrets-Saint-Georges 2017** | Sec | 2021>30 | 50 € — 16,5
- **Nuits-Saint-Georges premier cru Les Porrets-Saint-Georges Vieilles vignes 2017** | Sec | 2021>30 | 70 € — 18

9, rue Camille Rodier , 21700 Nuits-Saint-Georges • Tél. 03 80 61 35 50 ou 06 33 60 75 60 • domainevincentledy@orange.fr • www.domainevincentledy.com • Visite : Sur rendez-vous.

DOMAINE FRANÇOIS LEGROS

★★☆☆☆

François Legros a repris les vignes familiales en 1988. Il cultive ses vignes sur les deux côtes, Nuits et Beaune. La nouvelle génération, Laure, dégustatrice avisée, l'a rejoint après un passage chez Pascal Marchand quand sa sœur Charlotte est aux vignes. La viticulture menée ici est très soignée, classique, à la recherche de l'expression du terroir. Les vins 2017 nous ont étonnés par la qualité de leurs tannins, tout en finesse.

- **Chambolle-Musigny premier cru Les Noirots 2017** | Sec | 2021>29 | 41 € — 16
- **Morey-Saint-Denis premier cru Les Millandes 2017** | Sec | 2020>28 | 33 € — 16
- **Nuits-Saint-Georges premier cru Aux Thorey 2017** | Sec | 2019>26 | 36 € — 17
- **Nuits-Saint-Georges premier cru Les Perrières 2017** | Sec | 2020>27 | 39 € — 16,5
- **Nuits-Saint-Georges premier cru Roncière 2017** | Sec | 2020>28 | 35 € — 16
- **Saint-Aubin 2017** | Sec | 2019>23 | 18,50 € — 14
- **Vougeot premier cru Les Cras 2017** | Sec | 2020>28 | 41,50 € — 16,5

7, rue François Mignotte, 21700 Nuits-Saint-Georges • Tél. 03 80 62 36 60 • domaine.legros@wanadoo.fr • www.domainefrancoislegros.fr • Visite : sur rendez-vous.

DOMAINE LEROY

★★★★★ ♣

Chaque bouteille de ce domaine légendaire, comme celui de son jumeau d'Auvenay, est un événement gustatif, donnant la pleine mesure des plus beaux terroirs de la Bourgogne, du génie de ses cépages et du caractère individuel de chaque millésime. La viticulture biodynamique pratiquée ici est la plus instinctive mais aussi la plus aboutie que nous connaissions, produisant des raisins d'un équilibre formidable en saveur et en acidité naturelle qui, vinifiés avec une simplicité biblique, donnent des émotions inoubliables. Bien sûr cette qualité, unique au monde, a son prix, justifié par les tout petits volumes, par le nombre d'heures passées sur chaque pied de vigne et par une demande mondiale très au-delà des capacités de production du domaine. Les fins d'apogée que nous indiquons pour chacun des vins sont certainement très prudentes. Une récente dégustation des vins du domaine de 1990 à 1937 a montré que ces vins bien nés sont capables de défier le temps.

- **Chambertin grand cru 2017** | Sec | 2025>40 | NC — 19
- **Chambolle-Musigny premier cru Les Charmes 2017** | Sec | 2020>30 | NC — 18,5
- **Clos de la Roche grand cru 2017** | Sec | 2022>35 | NC — 19,5
- **Clos de Vougeot grand cru 2017** | Sec | 2021>35 | NC — 19
- **Corton - Charlemagne grand cru 2017** | Sec | 2020>35 | NC — 18,5
- **Corton-Renardes grand cru Aux Renardes 2017** | Sec | 2023>35 | NC — 18,5
- **Gevrey-Chambertin premier cru Aux Combottes 2017** | Sec | 2022>35 | NC — 17,5
- **Latricières-Chambertin grand cru 2017** | Sec | 2025>40 | NC — 18,5
- **Musigny grand cru 2017** | Sec | 2023>35 | NC — 20
- **Nuits-Saint-Georges premier cru Aux Boudots 2017** | Sec | 2022>35 | NC — 17,5
- **Pommard Les Vignots 2017** | Sec | 2020>28 | NC — 17
- **Richebourg grand cru 2017** | Sec | 2023>35 | NC — 19
- **Romanée-Saint-Vivant grand cru 2017** | Sec | 2021>35 | NC — 19,5
- **Volnay premier cru Santenots 2017** | Sec | 2020>30 | NC — 17,5
- **Vosne-Romanée premier cru Les Beaux Monts 2017** | Sec | 2021>35 | NC — 18,5
- **Vosne-Romanée Les Genaivrières 2017** | Sec | 2020>30 | NC — 17,5

15, rue de la Fontaine, 21700 Vosne-Romanée • Tél. 03 80 21 21 10 • domaine.leroy@wanadoo.fr • www.domaineleroy.com

DOMAINE CHANTAL LESCURE

Chantal Lescure, qui détenait la société d'embouteillage bourguignonne, SEB, a fondé ce domaine de 18 hectares essentiellement sur Pommard et pour 3,5 hectares en côte de Nuits. Les vinifications, assurées par François Charveriat, le régisseur depuis 1996, sont un compromis réussi entre tradition et modernité. Les vins ont du corps, de la sève, des tannins plutôt puissants mais sans agressivité. La réussite est là en 2017 sur la côte de Nuits, et nous recommandons en côte de Beaune le beaune chouacheux et le pommard vaumuriens.

- **Beaune premier cru Les Chouacheux 2017** | Sec | 2019>27 | 39 € — 15
- **Clos de Vougeot grand cru 2017** | Sec | 2024>35 | 183 € — 17,5
- **Côte de Beaune Le Clos des Topes Bizot 2017** | Sec | 2019>25 | 25 € — 15
- **Nuits-Saint-Georges 2017** | Sec | 2021>26 | 42 € — 15,5
- **Nuits-Saint-Georges Les Damodes 2017** | Sec | 2020>28 | 52 € — 16
- **Pommard Les Vaumuriens 2017** | Sec | 2021>28 | 47 € — 15
- **Pommard Les Vignots 2017** | Sec | 2021>26 | 45 € — 14,5

34 A, rue Thurot, 21700 Nuits-Saint-Georges • Tél. 03 80 61 16 79 • contact@domaine-lescure.com • www.domaine-lescure.com • Visite : De préférence sur rendez-vous.

DOMAINE THIBAULT LIGER-BELAIR

Ce domaine de neuf hectares, dont l'histoire viticole remonte au début du XVIIIe siècle, a été repris en main par Thibault Liger-Belair, un des viticulteurs les plus passionnés de sa génération et les mieux pourvus en grands terroirs. Sa modestie naturelle et son goût du grand vin le rendent à l'écoute du raisin et de l'exemple donné par les meilleurs vinificateurs. Un travail pointu sur l'origine et la chauffe spécifique de chaque barrique, adaptée aux différentes cuvées, a donné aux millésimes récents une précision supérieure et une définition encore plus exacte de l'origine. On est ici dans une expression très pure du pinot noir. Nous n'avons hélas dégusté que peu de vins du domaine. Un clos-de-vougeot en construction n'était pas en forme lors de notre dégustation mais les saint-georges et le richebourg étaient au sommet de la galaxie bourguignonne. Le domaine éponyme en Beaujolais s'inspire des mêmes préceptes.

- **Chambolle-Musigny 2017** | Sec | 2019>26 | 59 € — 15
- **Chambolle-Musigny premier cru Les Gruenchers 2017** | Sec | 2020>27 | 83 € — 16
- **Nuits-Saint-Georges premier cru Les Saints-Georges 2017** | Sec | 2021>30 | 93,50 € — 18,5
- **Nuits-Saint-Georges La Charmotte 2017** | Sec | 2020>28 | 44,50 € — 15,5
- **Richebourg grand cru 2017** | Sec | 2021>30 | 338,50 € — 18,5
- **Vosne-Romanée Aux Réas 2017** | Sec | 2020>28 | 59 € — 15,5

32, rue Thuraut, 21700 Nuits-Saint-Georges • Tél. 03 80 61 51 16 • contact@thibaultligerbelair.com • www.thibaultligerbelair.com • Visite : Sur place.

DOMAINE HUBERT LIGNIER

Domaine artisanal réputé de Morey-Saint-Denis. Tous les vins de 2016 présentés étaient de bon niveau, emmenés par un clos-de-la-roche large et subtil. Rien ne change en 2017, les premiers crus de Morey font même jeu égal avec le clos-de-la-roche, dans un style bien sûr différent.

- **Clos de la Roche grand cru 2017** | Sec | 2021>28 | NC — 16
- **Morey-Saint-Denis premier cru La Riotte 2017** | Sec | 2020>27 | NC — 16
- **Morey-Saint-Denis premier cru Les Chaffots 2017** | Sec | 2020>28 | NC — 16
- **Morey-Saint-Denis premier cru Vieilles vignes 2017** | Sec | 2021>28 | NC — 16,5
- **Morey-Saint-Denis Trilogie 2017** | Sec | 2019>24 | NC — 15

45, Grande-Rue, 21220 Morey-Saint-Denis • Tél. 03 80 51 87 40 • domaine.hubert.lignier@orange.fr • www.hubert-lignier.com

DOMAINE PHILIPPE LIVÉRA

Ce domaine de 8,5 hectares était également connu sous le nom des Tilleuls. Jeune viticulteur talentueux, Damien Livéra, inspiré par le style des vins de son ami Arnaud Mortet, et sa sœur Hélène, impliquée dans l'administratif mais également à la vigne, ont métamorphosé les vins du domaine : leur couleur, leur parfum et leur personnalité tranchée les font remarquer depuis 2007 dans nos dégustations à l'aveugle. Il n'y a pas de premiers crus au domaine mais une parcelle de chapelle-chambertin et une série de villages vinifiés sous le nom de leur climat d'origine. Des vins de haut niveau qui savent se montrer aimables jeunes sans se départir d'un certain classicisme pour préserver leur capacité de vieillissement. Superbe évocelles 2017 pour ne citer que lui.

- **Chapelle-Chambertin grand cru 2017** | Sec | 2023>30 | NC 16
- **Gevrey-Chambertin Clos du Village 2017** | Sec | 2020>27 | NC 16
- **Gevrey-Chambertin Les Évocelles 2017** | Sec | 2020>28 | NC 16,5

7, rue du Château, 21220 Gevrey-Chambertin • Tél. 03 80 34 30 43 • philippe.livera@orange.fr

BERTRAND ET AXELLE MACHARD DE GRAMONT

Petit domaine de six hectares dont quatre à Nuits, dont les magnifiques terrasses des Vallerots. Une partie des vignes provient de la famille Dufouleur, avec une viticulture très respectueuse de l'environnement. Axelle prend la relève de son père Bertrand et se laisse guider par son talent de dégustatrice. À l'image de la vigneronne, les vins s'expriment sur la tendresse et le charme en privilégiant les remontages plutôt que les pigeages, sans extractions fortes. Les quatre vins présentés étaient encore une fois au meilleur niveau de l'appellation communale et en remontrent à bien des premiers crus 2017. Ce qui mérite une promotion.

- **Nuits-Saint-Georges Aux Allots 2017** | Sec | 2019>28 | 39 € 16,5
- **Nuits-Saint-Georges Les Hauts Pruliers 2017** | Sec | 2020>30 | 42 € 16
- **Nuits-Saint-Georges Les Vallerots 2017** | Sec | 2019>27 | 37 € 17
- **Nuits-Saint-Georges Terrasses des Vallerots 2017** | Sec | 2019>29 | 31 € 16,5

13, rue de Vergy, 21700 Nuits-Saint-Georges • Tél. 03 80 61 16 96 • bertrandmacharddegramont@gmail.com • www.bertrand-macharddegramont.fr • Visite : Uniquement sur rendez-vous au 06 62 37 36 08.

DOMAINE HENRI MAGNIEN

Charles Magnien, qui n'a pas de lien de parenté avec ses homonymes de Morey Saint-Denis, a repris en 2009 la gestion du domaine familial créé au milieu du XIXe siècle et qui avait développé une sélection particulière de pinot noir, le pinot Magnien. Cultivés sans désherbant, les six hectares du domaine sont concentrés sur les appellations de Gevrey avec 1,5 hectare de Cazetiers et deux parcelles de Ruchotte-Chambertin pour moitié en partie haute sur les oolites qui donnent l'expression la plus élégante de ce climat et pour moitié en partie basse, aux vins plus puissants.

- **Gevrey-Chambertin premier cru Les Cazetiers 2017** | Sec | 2021>28 | 80 € 15,5
- **Ruchottes-Chambertin grand cru 2017** | Sec | 2022>30 | 160 € 16

17, rue Haute, 21220 Gevrey-Chambertin • Tél. 03 80 51 89 88 • contact@henrimagnien.com • www.henrimagnien.com • Visite : sur rendez-vous

FRÉDÉRIC MAGNIEN

Il faut faire la distinction entre les vins de négoce, même s'ils sont vinifiés en raisin par le talentueux et énergique Frédéric Magnien, et ceux de la propriété, signés Michel Magnien, où un meilleur contrôle des vignes explique parfois un supplément de finesse et de précision. Viticulteur passionné, Frédéric aime, comme ses clients, un style de vin riche en couleur et en tannin mais nous constatons une évolution des rouges vers plus de facilité à être bus jeunes. Parmi les réussites nombreuses, nous avouons un faible pour les-charmes et les lavaut-saint-jacques à Gevrey, ainsi que pour les-damodes à Nuits.

- **Chambolle-Musigny premier cru Les Borniques 2017** | Sec | 2021>28 | NC 15,5
- **Charmes-Chambertin grand cru 2017** | Sec | 2022>30 | NC 17
- **Gevrey-Chambertin premier cru Lavaut Saint-Jacques 2017** | Sec | 2020>29 | NC 17
- **Morey-Saint-Denis premier cru Les Ruchots 2017** | Sec | 2019>27 | NC 15,5
- **Nuits-Saint-Georges premier cru Les Damodes 2017** | Sec | 2021>26 | NC 16,5

4 rue Ribordot, domaine Michel Magnien, 21220 Morey-Saint-Denis • Tél. 03 80 58 54 20 • frederic@fred-magnien.com • www.domaine-magnien.com • Visite : Du mardi au samedi de 10h à 18h.

DOMAINE MICHEL MAGNIEN

Frédéric Magnien vinifie les vins du domaine familial, Michel Magnien, dans le même esprit que ceux de sa maison de négoce. Les vins produits ont toujours une couleur soutenue et souvent beaucoup de puissance avec une orientation depuis quelques millésimes vers une vinification plus à l'écoute de la finesse possible. La gamme est large, bien réussie, le tannin est parfois un peu en force et obligera à un peu de patience, la grande Bourgogne le mérite. La gamme 2017 comporte nombre de belles réussites, le morey-saint-denis les-chaffots tout en délicatesse permettra d'attendre les crus aux tannins plus affirmés.

- **Clos de la Roche grand cru 2017** | Sec | 2021>30 | 230 € — 16
- **Clos Saint-Denis grand cru 2017** | Sec | 2021>28 | 250 € — 16
- **Gevrey-Chambertin premier cru Les Goulots 2017** | Sec | 2021>30 | 150 € — 16
- **Gevrey-Chambertin Sevrées 2017** | Sec | 2020>27 | 60 € — 14,5
- **Morey-Saint-Denis premier cru Climat d'Or 2017** | Sec | 2019>27 | 65 € — 16
- **Morey-Saint-Denis premier cru Les Chaffots 2017** | Sec | 2019>28 | 75 € — 17
- **Vosne-Romanée Vieilles Vignes 2017** | Sec | 2019>26 | 70 € — 15,5

4, rue Ribordot, 21220 Morey-Saint-Denis • Tél. 03 80 51 82 98 • domaine@michel-magnien.com • www.domaine-magnien.com • Visite : du mardi au samedi de 10h à 13h et de 14h à 18h30.

MARCHAND FRÈRES

Denis Marchand a repris Marchand Frères en 1999 et propose une gamme bien diversifiée de villages, de premiers crus et de grands crus des communes de Morey, Chambolle et Gevrey. Depuis plusieurs années nous sommes séduits par l'harmonie des vins présentés et leur fidélité à un style classique et indémodable.

- **Charmes-Chambertin grand cru 2017** | Sec | 2021>30 | 90 € — 16
- **Morey-Saint-Denis premier cru Clos des Ormes 2017** | Sec | 2019>25 | 38 € — 15

1, place du Monument , 21220 Gevrey-Chambertin • Tél. 03 80 62 10 97 • dmarc2000@sfr.fr • www.domainemarchandfreres.com • Visite : sur rendez-vous.

CHÂTEAU DE MARSANNAY

Olivier Halley, descendant de la famille propriétaire de Promodès, actionnaire de Carrefour, a acheté en 2012 ce domaine de 40 hectares dont 28 de Marsannay, en même temps que le château de Meursault, et en a confié la direction à Stéphane Follin-Arbelet. Les investissements culturaux, techniques et humains qui ont dû être engagés car le domaine avait connu une période difficile commencent à payer. Sylvain Pabion, après avoir travaillé au clos Delorme de Bertrand Minchin, a rejoint le château pour l'exploitation et pour le réceptif. Une grande salle de réception peut accueillir ici jusqu'à 350 personnes assises, ce qui est rare en Bourgogne viticole.

- **Fixin Les Petits Crais 2017** | Sec | 2021>28 | 27 € — 14,5
- **Gevrey-Chambertin 2017** | Sec | 2019>25 | 47 € — 15
- **Gevrey-Chambertin premier cru Bel Air 2017** | Sec | 2020>30 | 85 € — 17
- **Marsannay Échezots 2017** | Sec | 2020>28 | 29 € — 15
- **Marsannay Longeroies 2017** | Sec | 2020>30 | 31 € — 15

2 rue des Vignes - B.P. 78, 21160 Marsannay • Tél. 03 80 51 71 11 • tourisme@chateau-marsannay.com • www.chateau-marsannay.com • Visite : De mai à septembre, tous les jours de 10h à 18h30. D'octobre à avril, de 10h à 12h et de 14h à 18h. De mi-novembre à mars, fermé le dimanche. Fermé tout le mois de janvier.

DOMAINE FABRICE MARTIN

Tout petit producteur artisanal, atypique dans le gotha vosnien, lié à la famille Vigot de Vosne-Romanée, produisant des vins très sincères. Après des 2016 au-delà de tout reproche, le domaine ne produira en 2017 hélas qu'un seul vin, un joli vosne-romanée village.

- **Vosne-Romanée 2017** | Sec | 2019>25 | 36 € — 15

42, rue de la Grande-Velle, 21700 Vosne-Romanée • Tél. 06 10 18 27 97 • fabrice.martin12@hotmail.fr • Visite : sur rendez-vous.

DOMAINE MÉO-CAMUZET

★★★★☆

Le style actuel de ce domaine prestigieux, propriétaire entre autres d'une large parcelle du clos Vougeot superbement située, juste à côté du château, tente avec succès de concilier tradition et modernisme. Jean-Nicolas Méo et son régisseur Christian Faurois sont des hommes très méticuleux et réfléchis, se remettant continuellement en question. Les vins sont vigoureux et denses mais avec style, bâtis pour un long vieillissement. On perçoit dans nombre de crus une élégance florale particulièrement distinguée, la marque des très grands bourgognes rouges. Jean-Nicolas a le souci de la transmission familiale et a du faire rentrer un partenaire minoritaire pour le maintenir dans la famille. On notera en 2017 les deux cuvées de clos-de-vougeot, de style à la fois proche et tellement différentes, l'une en puissance, l'autre très florale, qui sont habituellement assemblées.

- **Bourgogne Côte d'or Méo-Camuzet Frère et Sœurs 2017** | Sec | 2019>24 | 20 € — 15
- **Clos de Vougeot grand cru Grand Maupertuis 2017** | Sec | 2022>30 | 210 € — 18
- **Clos de Vougeot grand cru Près le Cellier 2017** | Sec | 2022>35 | 210 € — 18
- **Corton grand cru Clos Rognet 2017** | Sec | 2023>35 | 210 € — 17,5
- **Échezeaux grand cru 2017** | Sec | 2023>35 | 260 € — 18
- **Hautes Côtes de Nuits Clos Saint-Philibert 2017** | Sec | 2019>25 | 28 € — 15,5
- **Nuits-Saint-Georges 2017** | Sec | 2021>28 | 63 € — 15,5
- **Richebourg grand cru 2017** | Sec | 2023>35 | 790 € — 19,5
- **Vosne-Romanée premier cru Aux Brûlées 2017** | Sec | 2022>30 | 340 € — 18,5
- **Vosne-Romanée premier cru Cros Parentoux 2017** | Sec | 2021>30 | 550 € — 18,5

11, rue des Grands-Crus, 21700 Vosne-Romanée • Tél. 03 80 61 55 55 • meo-camuzet@wanadoo.fr • www.meo-camuzet.com

DOMAINE DENIS MORTET

★★★★★

Arnaud Mortet continue l'œuvre de son père, symbole d'une modernité bourguignonne qui aimait la maturité du raisin soutenue par un boisé très étudié. Arnaud affine les extractions et l'élevage, avec des vins toujours gourmands, très frais, avec des tannins aériens. Il ne revendique pas de démarche bio ni des rendements minuscules. En 2014 deux nouveaux grands crus ont enrichi la gamme : 35 ares de Bonnes-Mares et une parcelle de Mazis-Chambertin portent désormais la surface du domaine à 12,5 hectares, dont la production est ardemment convoitée par tous les marchés mondiaux. Encore cette année, le chambertin écrasait de sa magnificence la dégustation syndicale mais il n'était pas le seul. La plupart des vins du domaine se positionnent au meilleur niveau de leur climat respectif ce qui justifie une progression vers la note maximale de ce guide.

- **Chambertin grand cru 2017** | Sec | 2022>35 | NC — 19,5
- **Fixin Vieilles Vignes 2017** | Sec | 2019>27 | NC — 16,5
- **Gevrey-Chambertin premier cru Lavaut Saint-Jacques 2017** | Sec | 2021>35 | NC — 18,5
- **Marsannay Les Longeroies 2017** | Sec | 2019>28 | NC — 16,5
- **Mazis-Chambertin grand cru 2017** | Sec | 2022>32 | NC — 18,5

22, rue de l'Église, 21220 Gevrey-Chambertin • Tél. 03 80 34 10 05 • contact@domaine-denis-mortet.fr • www.domaine-denis-mortet.com • Visite : voir liste des cavistes sur le site internet.

ARNAUD MORTET

★★★☆☆

Arnaud Mortet et sa soeur Clémence ont repris un domaine de 4 hectares en complément du domaine Denis Mortet. Ceci leur permettra de compléter et d'augmenter leur offre vers une clientèle qui ne parvient pas aisément à rentrer au domaine. Le premier millésime que nous dégustons, 2017, montre des vins accessibles, de charme et indiscutablement de haut niveau.

- **Charmes-Chambertin grand cru 2017** | Sec | 2021>30 | env. 270 € — 16,5
- **Gevrey-Chambertin 2017** | Sec | 2020>27 | env. 50 € — 15
- **Gevrey-Chambertin premier cru La Perrière 2017** | Sec | 2019>28 | env. 100 € — 17
- **Gevrey-Chambertin premier cru Lavaux 2017** | Sec | 2019>30 | env. 120 € — 18

5, Rue du Lavaux, 21220 Gevrey-Chambertin • Tél. 03 80 34 10 05 • contact@domaine-denis-mortet.fr

DOMAINE GÉRARD MUGNERET

Pascal Mugneret est un vigneron passionné et passionnant, oscillant avec finesse et intelligence entre la recherche d'améliorations et un classicisme assumé. Il a repris l'exploitation depuis 2005 de ce domaine dissocié du domaine Mugneret-Gibourg en abandonnant son métier d'ingénieur dans l'industrie. Il utilise peu de soufre pour protéger ses vins sans les durcir et adapte la proportion de vendange entière au millésime, la renforce en année chaude, la limite en année moins mûre. Il pige manuellement chaque cuve pour mieux percevoir son évolution, ce qui est rare dans la Bourgogne d'aujourd'hui et adapte les dates de mise à chaque millésime et à chaque cuvée. Le fil rouge des vins du domaine est le soyeux des textures.

- **Bourgogne 2017** | Sec | 2019>25 | 13 € — 15
- **Chambolle-Musigny premier cru Les Charmes 2017** | Sec | 2020>29 | 57 € — 17,5
- **Échezeaux grand cru 2017** | Sec | 2025>35 | 80 € — 18,5
- **Gevrey-Chambertin Es Murots 2017** | Sec | 2020>27 | 27 € — 16,5
- **Nuits-Saint-Georges premier cru Aux Cras 2017** | Sec | 2020>30 | 47 € — 17
- **Nuits-Saint-Georges premier cru La Richemone 2017** | Sec | 2020>30 | 75 € — 18
- **Savigny-lès-Beaune premier cru Aux Gravains 2017** | Sec | 2019>28 | 26 € — 17
- **Vosne-Romanée premier cru Aux Brûlées 2017** | Sec | 2022>30 | 71 € — 17,5
- **Vosne-Romanée premier cru Les Suchots 2017** | Sec | 2020>30 | 53 € — 17,5

7, rue de la Grande Velle, 21700 Vosne-Romanée • Tél. 03 80 61 09 95 • gerard.mugneret@orange.fr • www.gerard-mugneret.fr • Visite : Sur rendez-vous

DOMAINE GEORGES MUGNERET-GIBOURG

Après le décès du docteur Mugneret à la fin des années 1980, ses deux filles ont arrêté la vente prévue du domaine pour le reprendre. Marie-Christine, pharmacienne, a renoncé à une vie en officine, Marie-Andrée finissait ses études d'œnologue. Ces 6 hectares sont un des temples du classicisme bourguignon : d'une année sur l'autre, ses meilleures cuvées montrent une sûreté de style qui les fait aimer de tous, avec une finesse d'extraction exemplaire et surtout une mise en valeur incroyablement précise du terroir. Échezeaux et ruchottes-chambertin sont de très bon niveau en 2017.

- **Échezeaux grand cru 2017** | Sec | 2021>30 | 150 € — 17
- **Ruchottes-Chambertin grand cru 2017** | Sec | 2021>30 | 160 € — 17,5
- **Vosne-Romanée 2017** | Sec | 2021>28 | 45 € — 15,5

5, rue des Communes, 21700 Vosne-Romanée • Tél. 03 80 61 01 57 • dgm@mugneret-gibourg.com • www.mugneret-gibourg.com • Visite : Sur rendez-vous les lundis, mardis, jeudis et vendredis.

DOMAINE JACQUES-FRÉDÉRIC MUGNIER

Ce domaine n'a cessé de perfectionner viticulture et vinification depuis le début des années 1990, et plus spécialement encore depuis ses retrouvailles avec son célèbre clos de la Maréchale, qui a doublé la surface des vignes et exigé une refonte de la structure d'exploitation ainsi qu'une modernisation bienvenue de la cuverie. Bien qu'au sommet de notre hiérarchie, le domaine n'hésite pas à mettre ses bouteilles à l'aveugle dans nos dégustations syndicales et ceux-ci sortent sans encombre dans le peloton de tête bien qu'ils ne jouent pas les fort-à-bras, bien au contraire. Il produit en plus du clos-de-la-maréchale, un nuits d'une finesse subtile, une petite gamme de vins de Chambolle, tous délicats, subtils, pudiques, vraiment dans l'esprit que nous aimons et défendons. 2017 prolonge le style des 2016 qui jouait également la finesse, l'élégance, l'équilibre.

- **Chambolle-Musigny 2017** | Sec | 2019>26 | NC — 16
- **Chambolle-Musigny premier cru Les Fuées 2017** | Sec | 2020>28 | NC — 17
- **Nuits-Saint-Georges premier cru Clos de la Maréchale 2017** | Sec | 2019>27 | NC — 15
- **Nuits-Saint-Georges premier cru Clos de la Maréchale 2017** | Sec | 2020>28 | NC — 16,5

Château de Chambolle-Musigny, 21220 Chambolle-Musigny • Tél. 03 80 62 85 39 • jfm@mugnier.fr • www.mugnier.fr

DOMAINE PHILIPPE NADDEF

Après être passé par le domaine de Vogüe, Philippe Naddeff a repris en 1983 le domaine familial qu'il a fait passer de 2,5 à 6 hectares. Le domaine n'était pas un habitué de nos colonnes mais quelques 2014 séduisaient, le gevrey-chambertin 2015 et deux marsannays étaient bien réussis. 2016 a vu une nette progression quant 2017, plus compliqué voit de grandes réussites, notamment les marsannays, le fixin les-clos et à Gevrey le vieilles-vignes et le premier cru champeaux.

- **Bourgogne 2017** | Sec | 2019>23 | 12,60 € — 13
- **Fixin 2017** | Sec | 2019>25 | 22 € — 15,5
- **Fixin Les Clos 2017** | Sec | 2019>25 | 28 € — 16
- **Gevrey-Chambertin premier cru Champeaux 2017** | Sec | 2020>29 | 60 € — 17
- **Gevrey-Chambertin Vieilles Vignes 2017** | Sec | 2021>27 | 44 € — 16,5
- **Marsannay 2017** | Sec | 2019>26 | 19,50 € — 15
- **Marsannay Champ de Perdrix 2017** | Sec | 2019>28 | 26 € — 15

30, route des Grands-Crus, 21220 Fixin • Tél. 03 80 51 45 99 • domaine.phil.naddef@wanadoo.fr • www.bourgogne-naddef.com • Visite : Sur rendez-vous.

DOMAINE PIERRE NAIGEON

★★☆☆☆ ♣

Ce producteur a certainement le sens du bon style et propose des vins d'un équilibre incontestable et classique, avec pour certains l'évidence d'expression de raisins respectés lors de l'arrivée dans le cuvier. Quelques irrégularités perturbent toutefois l'homogénéité de la gamme, 2017 voit le mazis-chambertin et le fixin hervelets en avant.

- **Fixin premier cru Hervelets 2017** | Sec | 2020>28 | 50 € — 16
- **Fixin Les Herbues 2017** | Sec | 2019>26 | 29 € — 15
- **Gevrey-Chambertin premier cru Lavaut Saint-Jacques 2017** | Sec | 2020>28 | 89 € — 15,5
- **Mazis-Chambertin grand cru 2017** | Sec | 2023>30 | 171 € — 16

7, rue Richebourg - Vieil Hôtel Jobert-de-Chambertin, 21220 Gevrey-Chambertin • Tél. 03 80 33 46 03 • pierre.naigeon@wanadoo.fr • www.domainepierrenaigeon.com • Visite : sur rendez-vous.

DOMAINE MICHEL NOELLAT

★★★☆☆

Dirigé par des membres d'une des plus anciennes familles de Vosne, ce domaine a progressé et propose désormais des vins dignes des superbes pedigrees de leurs origines. À leur meilleur, les vins ont de la couleur, du fond et un beau caractère traditionnel. Le domaine travaille pour gommer l'irrégularité constatée parfois et y parvient progressivement.

- **Clos de Vougeot grand cru 2017** | Sec | 2021>30 | 125 € — 18
- **Échezeaux grand cru 2017** | Sec | 2020>30 | 125 € — 16,5
- **Vosne-Romanée premier cru Les Beaux Monts 2017** | Sec | 2020>28 | 72 € — 16

5, rue de la Fontaine, 21700 Vosne-Romanée • Tél. 03 80 61 36 87 • contact@domaine-michel-noellat.com • www.domaine-michel-noellat.com • Visite : Sur rendez-vous du lundi au vendredi.

DOMAINE GEORGES NOELLAT

★★★★☆

Le jeune Maxime Cheurlin a hérité du beau domaine de sa grand-mère née Noellat et a dû en assumer rapidement la destinée. Beaucoup de vieilles vignes de même origine que celles par exemple du domaine Leroy (pour les vins de Nuits et Vosne), bien mieux travaillées qu'avant. Mais les vins ont un style remarquable : formé à la rude discipline du champagne (son père est propriétaire de vignes dans l'Aube), le producteur déguste remarquablement ses vins et sait où il va pour atteindre son double objectif de fraîcheur aromatique et de buvabilité. Il est désormais entré dans le monde des grands stylistes bourguignons. Le vignoble s'est agrandi par rachats successifs et va passer de 5,5 à 12 hectares. Loin des bêtes à concours, les vins jouent l'intensité plutôt que la densité, leur finesse est superlative et la gamme ne connaît pas de cuvée faible.

- **Échezeaux grand cru 2017** | Sec | 2023>33 | NC — 18,5
- **Hautes Côtes de Nuits 2017** | Sec | 2019>22 | NC — 15,5
- **Nuits-Saint-Georges premier cru Aux Cras 2017** | Sec | 2020>28 | NC — 17,5
- **Vosne-Romanée 2017** | Sec | 2020>27 | NC — 16
- **Vosne-Romanée premier cru Les Beaux Monts 2017** | Sec | 2021>30 | NC — 18

1 Rue des Chaumes, 21700 Vosne-Romanée • Tél. 03 80 61 11 03 • vignoble-noellat.georges@orange.fr

MANUEL OLIVIER

Issu d'une famille d'agriculteurs et de producteurs de crèmes de cassis, Manuel Olivier, viticulteur des Hautes-Côtes, a suivi un chemin atypique. Il a démarré son domaine en 1990 et exploite maintenant dix hectares de vignoble répartis sur les Hautes-Côtes de Nuits, la côte de Nuits et la côte de Beaune. Une activité de négoce lui permet d'offrir une gamme plus complète. Il affiche une viticulture « paysanne » et n'hésite pas à se remettre en question pour affirmer son style. Le sommet de la gamme est incontestablement le clos-de-vougeot, exceptionnel, à côté d'une gamme de vins frais et aromatiques, dont l'appellation est parfaitement lisible, ce qui n'est pas si fréquent.

- **Aloxe-Corton 2017** | Sec | 2021>27 | 30,90 € — 15
- **Chambolle-Musigny 2017** | Sec | 2021>28 | 45,90 € — 15,5
- **Clos de Vougeot grand cru 2017** | Sec | 2021>32 | 153 € — 17,5
- **Hautes Côtes de Nuits chardonnay 2017** | Sec | 2019>22 | 13,15 € — 14
- **Hautes Côtes de Nuits Vieilles Vignes 2017** | Sec | 2019>24 | 15,70 € — 14
- **Meursault premier cru Les Charmes Dessus 2017** | Sec | 2019>27 | 57,90 € — 15
- **Morey-Saint-Denis 2017** | Sec | 2020>28 | 31,90 € — 16
- **Nuits-Saint-Georges 2017** | Sec | 2021>30 | 34,90 € — 16
- **Nuits-Saint-Georges premier cru Les Cailles 2017** | Sec | 2021>30 | 51,90 € — 17
- **Pommard premier cru Les Arvelets 2017** | Sec | 2021>29 | 48,90 € — 16,5
- **Vosne-Romanée 2017** | Sec | 2020>29 | 46,90 € — 16
- **Vosne-Romanée Les Damaudes 2017** | Sec | 2020>28 | 53,90 € — 16,5

7 rue des grandes vignes, Hameau de Corboin, 21700 Nuits-Saint-Georges • Tél. 03 80 62 39 33 • contact@domaine-olivier.com • www.domaine-olivier.com • Visite : Sur rendez-vous. Fermé le dimanche.

DOMAINE SYLVAIN PATAILLE

Le jeune œnologue Sylvain Pataille sait oublier ce qu'il a appris dans ses études pour travailler dans le plus grand respect du naturel du raisin et conseiller à ses clients d'en faire de même. Son domaine de 16 hectares compte plus d'un hectare d'aligotés qui le passionnent. Il les limite à 30 hectolitres par hectare, ce qui en fait des aligotés hors du commun que nous n'avons pas dégustés cette année. La régularité du domaine et la noblesse de style de ses vins en font sans doute aujourd'hui le premier dans un village qui ne manque pourtant pas de talents. Les vins sont assez puissants, de garde moyenne à longue. Mais on peut aussi les consommer sur leur fruité croquant, le tannin bien présent n'est jamais revêche ici, au contraire. Les faibles protections en soufrent leur donnent parfois une complexité en dehors des canons habituels mais elle est passionnante.

- **Marsannay chardonnay rose 2017** | Sec | 2019>24 | 29 € — 14,5
- **Marsannay Clos du Roy 2017** | Sec | 2020>28 | 37 € — 16

14, rue Neuve, 21160 Marsannay • Tél. 03 80 51 17 35 • domaine.sylvain.pataille@wanadoo.fr • Visite : sur rendez-vous au 06 30 94 88 28.

DOMAINE DES PERDRIX

Exploité par la famille Devillard, qui possède notamment le château de Chamirey à Mercurey, le vignoble se situe sur des terroirs remarquables du sud de la côte de Nuits, et sa production est vinifiée dans l'esprit des vins modernes, en recherchant une haute maturité du raisin et des textures profondes et voluptueuses. Le résultat est probant depuis quelques années, dès les appellations communales, avec des matières aux jus très fins quand nous les connaissions plutôt solides. Exceptionnel échezeaux 2017 suivi de près par le premier cru de Nuits, les huit-ouvrées.

- **Échezeaux grand cru 2017** | Sec | 2021>30 | 198,40 € — 18,5
- **Nuits-Saint-Georges premier cru Aux Perdrix Les 8 Ouvrées 2017** | Sec | 2017>27 | 103,30 € — 18
- **Nuits-Saint-Georges premier cru Les Terres Blanches 2017** | Sec | 2019>27 | 62,10 € — 15
- **Vosne-Romanée 2017** | Sec | 2020>27 | 66,60 € — 14,5

Rue des Écoles, 21700 Premeaux-Prissey • Tél. 03 80 61 26 53 • contact@domainedesperdrix.com • www.domainedesperdrix.com • Visite : de mai à novembre, du lundi au samedi de 10h à 19h. En hiver, du lundi au vendredi, de 9h à 18h. Sur rendez-vous.

DOMAINE CHRISTOPHE PERROT-MINOT

Christophe Perrot-Minot propose une large gamme de vins issus du domaine ou élaborés à partir de vendanges achetées mais soigneusement surveillées. Les vins deviennent aujourd'hui des références incontournables pour toutes les appellations concernées. La recherche d'équilibre, d'un tannin parfaitement harmonieux et sans accroche sont pour Christophe la garantie de vins capables d'être bons jeunes et bons vieux. Il en résulte des crus très séduisants dès leur jeunesse, incarnant le charme que sait emprunter le grand bourgogne. Des vins de sensualité sans qu'ils ne soient jamais phtisiques, bien au contraire. Avec une rare intelligence dans la compréhension de la vigne et du vin, on est ici au meilleur niveau de la côte de Nuits, 2017 voit des vins ronds, sans couture, magnifiques.

- **Chambertin grand cru Vieilles Vignes 2017** | Sec | 2025>40 | NC — 19
- **Chambertin-Clos de Bèze grand cru 2017** | Sec | 2025>35 | NC — 19
- **Chambolle-Musigny premier cru La Combe d'Orveau Ultra 2017** | Sec | 2019>35 | NC — 18,5
- **Chapelle-Chambertin grand cru 2017** | Sec | 2021>40 | NC — 19
- **Charmes-Chambertin grand cru 2017** | Sec | 2022>32 | NC — 18,5
- **Gevrey-Chambertin 2017** | Sec | 2019>28 | NC — 17
- **Mazoyères-Chambertin grand cru 2017** | Sec | 2021>35 | NC — 19
- **Nuits-Saint-Georges premier cru La Richemone cuvée Ultra 2017** | Sec | 2021>35 | NC — 18
- **Nuits-Saint-Georges Les Murgers des Cras 2017** | Sec | 2019>30 | NC — 17,5
- **Vosne-Romanée 2017** | Sec | 2019>27 | NC — 16,5
- **Vosne-Romanée premier cru Les Beaux Monts 2017** | Sec | 2019>30 | NC — 18
- **Vosne-Romanée Champs Perdrix 2017** | Sec | 2019>28 | NC — 17

54, route des Grands-Crus, 21220 Morey-Saint-Denis • Tél. 03 80 34 32 51 • gfa.perrot-minot@wanadoo.fr • www.perrot-minot.com • Visite : Sur rendez-vous.

DOMAINE PONSOT

★★★★★

Alexandre Abel, directeur adjoint, a rejoint Rose-Marie Ponsot pour diriger ce magnifique domaine de treize hectares qui vinifie désormais dix grands crus depuis le départ de Laurent qui a créé une structure autonome. Le domaine est le tenant d'une tradition intelligente ouverte à la modernité. Tradition car tous les vins sont vinifiés en cuve tronconiques qui semblent flambant neuves alors que les douelles accusent parfois plus d'un siècle. Des vins de petits rendements vendangés à haute maturité et d'une profondeur de saveurs exemplaire. À côté de grandes réussites, on ne recommandera jamais assez aux grands amateurs de tenter l'originalité avec le morey-saint-denis premier cru monts-luisants, seul exemple d'aligoté dans un blanc de Bourgogne classé en premier cru.

- **Bourgogne cuvée du Pinson 2017** | Sec | 2019>25 | NC — 15,5
- **Chapelle-Chambertin grand cru 2017** | Sec | 2023>32 | NC — 18
- **Charmes-Chambertin grand cru cuvée des merles 2017** | Sec | 2023>35 | NC — 18,5
- **Clos de la Roche grand cru Vieilles Vignes 2017** | Sec | 2023>35 | NC — 18,5
- **Clos de Vougeot grand cru Vieilles Vignes 2017** | Sec | 2023>35 | NC — 18
- **Corton - Bressandes grand cru 2017** | Sec | 2023>33 | NC — 18
- **Corton - Charlemagne grand cru 2017** | Sec | 2023>35 | NC — 17,5
- **Corton grand cru cuvée du Bourdon 2017** | Sec | 2023>32 | NC — 17
- **Morey-Saint-Denis premier cru Cuvée des Alouettes 2017** | Sec | 2023>30 | NC — 16,5
- **Saint-Romain cuvée des Mésanges 2017** | Sec | 2019>26 | NC — 15,5

21, rue de la Montagne, 21220 Morey-Saint-Denis • Tél. 03 80 34 32 46 • info@domaine-ponsot.com • www.domaine-ponsot.com

LAURENT PONSOT

★★★☆☆

Laurent Ponsot après être parti du domaine Ponsot qu'il avait géré pendant une trentaine d'années a créé avec son fils un négoce haute couture à son nom. Les raisins proviennent des vignes qu'il possède ou qui lui sont confiées en métayage et d'achats externes. De nouvelles acquisitions en 2019 compléteront la gamme qui compte déjà 26 appellations. Il a créé un packaging innovant, un témoin de température est inclus dans chaque étiquette pour valider que le vin n'a pas été soumis à de trop hautes températures et les grands crus sont équipés d'une puce électronique qui garantit l'origine du vin. Il n'utilise jamais de bois neuf pour ne pas polluer le raisin par des apports externes. Il ne se fixe pas de règles intangibles, le soufre par exemple n'est ajouté qu'en cas de besoin. Le but étant d'approcher au plus près le terroir. À noter que chaque cuvée porte un nom emprunté à la botanique. L'expérience et le sens du grand vin de Laurent devraient amener ce nouveau négoce vers les sommets de la Bourgogne en peu de temps : 2017 ouvre cette voie.

- **Bâtard-Montrachet grand cru Lilas 2017** | Sec | 2021>30 | NC — 19
- **Beaune premier cru Noyer 2017** | Sec | 2022>30 | NC — 16
- **Chambertin grand cru Chêne 2017** | Sec | 2025>35 | NC — 17,5
- **Chambertin-Clos de Bèze grand cru Frêne 2017** | Sec | 2025>35 | NC — 18

- Chambolle-Musigny premier cru Les Charmes Tilleul 2017 | Sec | 2022>29 | NC 17
- Clos de Vougeot grand cru Cèdre 2017 | Sec | 2023>30 | NC 17,5
- Clos Saint-Denis grand cru Merisier 2017 | Sec | 2023>35 | NC 19
- Corton - Charlemagne grand cru Kaliméris 2017 | Sec | 2019>30 | NC 18
- Échezeaux grand cru Érable 2017 | Sec | 2023>30 | NC 18
- Griotte-Chambertin grand cru Saule 2017 | Sec | 2023>30 | NC 18,5
- Meursault premier cru Charmes Centaurée 2017 | Sec | 2019>28 | NC 17
- Meursault premier cru Genevrières Ipomée 2017 | Sec | 2019>25 | NC 17
- Meursault premier cru Perrières Hellébore 2017 | Sec | 2019>28 | NC 17,5
- Meursault Pandora 2017 | Sec | 2019>25 | NC 16

10 rue des cerisiers - ZA Petite Champagne, 21640 Gilly-Lès-Citeaux • Tél. 03 80 41 03 27 • lp@laurentponsot.com • www.laurentponsot.wine • Visite : Pas de visite.

DOMAINE HENRI REBOURSEAU

★★☆☆☆

Il se passe quelque chose au domaine Rebourseau, un domaine qui fut de référence et dont le rachat partiel par la famille Bouygues n'est que la face visible. Des changements s'opèrent en profondeur et sont menés par la famille de Surrel restée aux commandes malgré la perte du contrôle du domaine pour faire face aux droits de succession. La conversion en bio puis en biodynamie est entamée depuis 2009, les méthodes de taille ont été revues, la gravité remplace les pompages et le travail du sol porte clairement ses fruits en 2017. L'intensité des matières nous a étonnés, très supérieure à la moyenne du millésime. Mais c'est pour une fois au chai où les changements sont les plus spectaculaires. Les élevages ont été complètement modifiés, initiés en 2017 sur le charmes-chambertin et généralisés en 2018, ouvrant une grande réussite en perspective.

- Chambertin grand cru 2017 | Sec | 2025>35 | 239 € 17
- Charmes-Chambertin grand cru 2017 | Sec | 2022>32 | 198 € 18,5
- Clos de Vougeot grand cru 2017 | Sec | 2024>35 | 198 € 18
- Gevrey-Chambertin 2017 | Sec | 2020>28 | 172 € 15,5
- Gevrey-Chambertin premier cru Fonteny 2017 | Sec | 2022>30 | 74 € 16
- Gevrey-Chambertin premier cru La Perrière 2017 | Sec | 2021>30 | 74 € 17
- Mazis-Chambertin grand cru 2017 | Sec | 2024>35 | 58 € 17

10, place du Monument - B.P. 39, 21220 Gevrey-Chambertin • Tél. 03 80 51 88 94 • domaine@rebourseau.com • www.domaine-rebourseau.fr • Visite : Sur rendez-vous.

DOMAINE GILLES REMORIQUET

★☆☆☆☆

Depuis les très bons 2010, la production du domaine a connu des hauts et des bas avec des réussites et des vins trop chargés en couleur et manquant de finesse. Les 2016 annonçaient sur plusieurs cuvées un changement de style que nous encouragions. Sans prétendre à une homogénéité parfaite de la gamme, 2017 voit des cuvées au meilleur niveau de la planète Bourgogne, notamment des nuits premiers crus damodes et bousselots étincelants.

- Nuits-Saint-Georges premier cru Bousselots 2017 | Sec | 2021>30 | 36 € 17
- Nuits-Saint-Georges premier cru Les Damodes 2017 | Sec | 2020>26 | 37 € 17,5
- Nuits-Saint-Georges Aux Allots 2017 | Sec | 2021>29 | 27,50 € 15,5

25, rue de Charmois, 21700 Nuits-Saint-Georges • Tél. 03 80 61 24 84 • contact@domaine-remoriquet.com • Visite : Du lundi au vendredi de 8h à 12h et de 13h30 à 17h ; le week-end sur rendez-vous.

DOMAINE CHANTAL RÉMY

★★★☆☆

Le domaine Louis Rémy, petite exploitation dont l'origine remontait à 1821 n'est plus, vive le domaine Chantal Rémy ! Chantal Rémy vinifie et vend désormais sous son nom l'ensemble des appellations précédentes et met un point d'honneur à réussir particulièrement son simple morey-saint-denis, rebaptisé les-rosiers, de son nom d'épouse. Avec l'aide de son fils Florian, elle reste fidèle au style classique et indémodable qui a fait son succès. Elle compte développer une activité de négoce pour élargir sa petite production du domaine. Excellent clos-de-la-roche, latricières et morey 2017.

- Clos de la Roche grand cru 2017 | Sec | 2022>35 | 120 € 17
- Latricières-Chambertin grand cru 2017 | Sec | 2022>35 | 144 € 17
- Morey-Saint-Denis Clos des Rosiers 2017 | Sec | 2020>27 | 54 € 15,5

1, place du Monument, 21220 Morey-Saint-Denis • Tél. 03 80 34 32 59 • domaine.chantal.remy@orange.fr • www.domaine-chantal-remy.com • Visite : sur rendez-vous du lundi au vendredi de 9h à 12h et de 14h à 17h.

DOMAINE BERNARD ET ARMELLE RION

★☆☆☆☆

Nous avions vu des irrégularités dans la production de ce domaine mais si 2015, 2016 et 2017 n'en sont pas exempts, de nombreux crus méritent une attention, notamment le nuits-saint-georges premier cru les-damodes en 2017.

- **Nuits-Saint-Georges premier cru Les Damodes 2017** | Sec | 2019>26 | 48 € — 16
- **Nuits-Saint-Georges Dame Marguerite 2017** | Sec | 2021>27 | 34 € — 15
- **Vosne-Romanée premier cru Les Chaumes 2017** | Sec | 2021>30 | 55 € — 15,5

8, Route Nationale, 21700 Vosne-Romanée • Tél. 03 80 61 05 31 • rion@domainerion.fr • www.domainerion.fr • Visite : du lundi au samedi de 9h à 18h.

DOMAINE DANIEL RION ET FILS

★★★☆☆

Les fils de Daniel Rion exploitent 18 hectares de vignes sur 18 appellations différentes. C'est un très bon domaine du sud de la côte de Nuits, avec des vignes très bien réparties au cœur des coteaux et améliorant d'une année sur l'autre la finesse des vins. C'est le trait commun de la gamme, rien n'est en muscles saillants ici. La gamme de Nuits ne nous a pas été présentée cette année. C'est dommage car les vosnes étaient au sommet ainsi que le clos-de-vougeot en 2017.

- **Clos de Vougeot grand cru Le petit Maupertuis 2017** | Sec | 2022>30 | 100 € — 18,5
- **Vosne-Romanée 2017** | Sec | 2020>27 | 45 € — 15,5
- **Vosne-Romanée premier cru Les Beaux Monts 2017** | Sec | 2019>28 | 55 € — 18,5
- **Vosne-Romanée premier cru Les Chaumes 2017** | Sec | 2019>29 | 55 € — 17,5

17, RD 974, 21700 Premeaux-Prissey • Tél. 03 80 62 31 28 • contact@domaine-daniel-rion.com • www.domaine-daniel-rion.com • Visite : du lundi au vendredi sur rendez-vous de 9h à 12h et de 14h à 17h.

DOMAINE PATRICE RION

★☆☆☆☆

Ce membre de la grande famille Rion dispose de six hectares sur Chambolle et Nuits pour l'essentiel, avec une belle collection de premiers crus dans chacun de ces vignobles. Le domaine est en progrès, la plupart des vins présentés dans les différentes dégustations syndicales avaient un intérêt réel. Ils sont assez puissants, bien construits. Les nuits clos-des-argillières et clos-saint-marc dominaient la gamme de leur raffinement.

- **Nuits-Saint-Georges premier cru Clos des Argillières 2017** | Sec | 2020>27 | NC — 16
- **Nuits-Saint-Georges premier cru Clos Saint-Marc 2017** | Sec | 2019>27 | NC — 16
- **Nuits-Saint-Georges premier cru Les Terres Blanches 2017** | Sec | 2021>29 | NC — 14

1 rue de la Maladière, 21700 Prémeaux-Prissey • Tél. 03 80 62 32 63 • contact@patricerion.com • www.patricerion.com • Visite : Sur rendez-vous.

DOMAINE DE LA ROMANÉE-CONTI

★★★★★ ♣

Le domaine a connu en 2018 le décès d'Henri-Frédéric Roch, cogérant du domaine pour la famille Leroy avec Aubert de Villaine, secondé depuis quelques années par Bertrand de Villaine. Bien qu'il pilote le domaine le plus recherché de la planète, Aubert de Villaine a su montrer au monde que rigueur et passion peuvent parfaitement cohabiter avec une modestie exemplaire. Le domaine dispose d'une incroyable collection de grands crus. Au sommet, la romanée-conti développe son exceptionnel bouquet et sa plénitude de constitution sans égale. La tâche, moins avancée en vin jeune, démarre plus rentrée dans ses arômes mais se révèle au vieillissement. En 2016 et 2017, le richebourg est moins frontal qu'il en a la réputation, plus délicat et la romanée-saint-vivant joue l'élégance avec plus d'austérité juvénile en 2017 que dans le millésime précédent. Les échezeaux et grands-échezeaux 2017 sont au sommet de ces appellations et le corton assemble les trois climats les plus recherchées de ce cru. Le domaine utilise environ 75 % de vendange entière à l'exception de la romanée-conti qui ne connait que cet apport. Après un 2016 compliqué notamment par le gel, les échezeaux et le grands-échezeaux fortement impactés ne seront produits qu'en magnums, 2017 s'est montré plus généreux en volume et montre des vins qui devraient être un peu plus rapides en ouverture que ceux des deux millésimes précédents.

- **Corton grand cru 2017** | Sec | 2021>35 | NC — 17
- **Échezeaux grand cru 2017** | Sec | 2024>30 | NC — 18
- **Grands-Échezeaux grand cru 2017** | Sec | 2025>35 | NC — 18
- **La Tâche grand cru 2017** | Sec | 2026>35 | NC — 18,5
- **Richebourg grand cru 2017** | Sec | 2025>35 | NC — 19
- **Romanée-Conti grand cru 2017** | Sec | 2024>35 | NC — 19
- **Romanée-Saint-Vivant grand cru 2017** | Sec | 2025>35 | NC — 18

1, place l'Eglise, 21700 Vosne-Romanée • Tél. 03 80 62 48 80 • contact@romanee-conti.fr • www.romanée-conti.fr

PHILIPPE ROSSIGNOL

Vigneron artisan, très sérieux, apparenté aux Roty, produisant des gevreys bien constitués et fidèles à leur terroir. Il aime déguster et apprend chaque année à perfectionner sa technique. Son meilleur vin provient souvent des Estournelles, la cuvée des évocelles la talonne et la dépasse même en 2017. Très remarqué également le marsannay blanc, d'une persistance étonnante.

- **Fixin En Tabellion 2017** | Sec | 2020>28 | 16,50 € — 15
- **Gevrey-Chambertin premier cru Estournelles-Saint-Jacques 2017** | Sec | 2022>30 | 36,30 € — 15
- **Gevrey-Chambertin premier cru Les Corbeaux 2017** | Sec | 2019>26 | 34,20 € — 15,5
- **Gevrey-Chambertin Les Évocelles 2017** | Sec | 2020>27 | 26,30 € — 16
- **Marsannay 2017** | Sec | 2019>24 | Epuisé € — 16

61, avenue de la Gare, 21220 Gevrey-Chambertin • Tél. 03 80 51 81 17 • sceaphilipperossignol@hotmail.fr • Visite : sur rendez-vous.

DOMAINE ROSSIGNOL-TRAPET

Louis Rossignol, le père, était venu de Volnay épouser une Trapet. Le domaine compte onze hectares sur Gevrey et deux sur Beaune, essentiellement en Teurons. David et Nicolas Rossignol (ne pas confondre avec l'homonyme de Volnay) forment un couple de frères vignerons attachés à la préservation de leurs splendides terroirs, fiers, légitimement, de leur viticulture biodynamique depuis 2003, un cas rare à Gevrey. Les deux frères Rossignol aiment des vins solides, pleins et francs, 2016 et encore plus 2017 les voient évoluer vers un fruité plus frais. C'est une adresse sérieuse tenue par des passionnés.

- **Beaune premier cru Les Teurons 2017** | Sec | 2020>27 | 39 € — 15
- **Chambertin grand cru 2017** | Sec | 2025>35 | NC — 18
- **Chapelle-Chambertin grand cru 2017** | Sec | 2022>35 | 115 € — 17,5
- **Gevrey-Chambertin premier cru 2017** | Sec | 2021>28 | 70 € — 16
- **Gevrey-Chambertin premier cru Petite Chapelle 2017** | Sec | 2020>28 | 70 € — 15,5
- **Gevrey-Chambertin Vieilles Vignes 2017** | Sec | 2020>28 | 32 € — 15

4, rue de la Petite-Issue, 21220 Gevrey-Chambertin • Tél. 03 80 51 87 26 • info@rossignol-trapet.com • www.rossignol-trapet.com • Visite : du lundi au vendredi de 9h à 12h et de 14h à 17h, sur rendez-vous.

DOMAINE ARMAND ROUSSEAU

Éric Rousseau dispose d'un patrimoine de vignes insurpassable en noblesse d'origine et le niveau de vinification a toujours été élevé. Une série unique de grandes réussites depuis 2000 le montre capable d'obtenir le meilleur de cycles végétatifs différents, ce qui n'est pas si fréquent. Sa fille Cyrielle l'a rejoint depuis 2012 et reprend progressivement la main quand Éric se consacre aux vinifications et à l'élevage. Les vendanges sont assez précoces ici pour capter la palette de fruits rouges dont Gevrey et le domaine ont le secret, les vinifications sont très classiques, la grappe entière n'est utilisée qu'avec parcimonie. 2017 montre une maturité fraîche sans le corps des 2016 et surtout des 2015. C'est un classique bourguignon de millésime intermédiaire mais il vieillira bien. Exceptionnellement, le chambertin et le clos-de-bèze n'étaient pas les seuls cette année au sommet de la gamme.

- **Chambertin grand cru 2017** | Sec | 2025>40 | NC — 18,5
- **Chambertin-Clos de Bèze grand cru 2017** | Sec | 2025>40 | NC € — 18,5
- **Charmes-Chambertin grand cru 2017** | Sec | 2023>30 | NC — 18
- **Clos de la Roche grand cru 2017** | Sec | 2022>35 | NC — 18
- **Gevrey-Chambertin 2017** | Sec | 2020>29 | NC — 16

■ **Gevrey-Chambertin premier cru Clos Saint-Jacques 2017** | Sec | 2023>35 | NC 18
■ **Gevrey-Chambertin premier cru Lavaut Saint-Jacques 2017** | Sec | 2019>28 | NC 17
■ **Gevrey-Chambertin premier cru Les Cazetiers 2017** | Sec | 2022>33 | NC 17,5
■ **Mazis-Chambertin grand cru 2017** | Sec | 2024>35 | NC 18,5
■ **Ruchottes-Chambertin grand cru Clos des Ruchottes 2017** | Sec | 2023>35 | NC 18,5

1, rue de l'Aumônerie, 21220 Gevrey-Chambertin • Tél. 03 80 34 30 55 • contact@domaine-rousseau.com • www.domaine-rousseau.com

DOMAINE MARC ROY

★★★☆☆

Sous l'influence d'Alexandrine, fille de Marc, ce modeste domaine familial s'ouvre à la clientèle nationale et internationale, avec des vins de mieux en mieux faits. La petite gamme de vins de la propriété culmine avec des villages les plus complets de la Bourgogne actuelle. Alexandrine bien qu'en simple appellation communale fait référence dans l'appellation en 2017.

■ **Gevrey-Chambertin Alexandrine 2017** | Sec | 2021>29 | 50 € 16,5
■ **Gevrey-Chambertin Clos Prieur 2017** | Sec | 2019>25 | 55 € 16
■ **Gevrey-Chambertin Vieilles Vignes 2017** | Sec | 2019>24 | 75 € 15

8, avenue de la Gare , 21220 Gevrey-Chambertin • Tél. 03 80 51 81 13 • domainemarcroy@orange.fr • www.facebook.com/domainemarcroy • Visite : sur rendez-vous uniquement.

DOMAINE SÉRAFIN PÈRE ET FILS

★★★☆☆

Les deux cousines Karine Sérafin et Frédérique Goulley exploitent ce petit domaine artisanal de 5,5 hectares construit au milieu du XXe siècle. Les vignes sont enherbées et la démarche est soucieuse de la vie des sols. On construit ici des vins droits, bien construits, de garde à destination de l'export pour une grande partie. Ils affichent généralement des textures opulentes, des saveurs généreuses de raisin mûr. Un tiers des vins est conservé quelques années pour proposer à la restauration et à la bistronomie des vins prêts à boire. La réussite en 2017 nous a impressionnés et place le domaine parmi les très bons producteurs de Gevrey-Chambertin.

■ **Chambolle-Musigny premier cru Les Baudes 2017** | Sec | 2021>28 | NC 16
■ **Charmes-Chambertin grand cru 2017** | Sec | 2021>30 | NC 17
■ **Gevrey-Chambertin premier cru Fonteny 2017** | Sec | 2021>28 | NC 16,5
■ **Gevrey-Chambertin premier cru Les Cazetiers 2017** | Sec | 2021>30 | NC 17,5
■ **Gevrey-Chambertin premier cru Les Corbeaux 2017** | Sec | 2022>30 | NC 16,5
■ **Gevrey-Chambertin Vieilles Vignes 2017** | Sec | 2021>28 | NC 17
■ **Morey-Saint-Denis premier cru Les Millandes 2017** | Sec | 2021>30 | NC 16,5

7, place du Château, 21220 Gevrey-Chambertin • Tél. 03 80 34 35 40 • domaine.serafin@orange.fr

DOMAINE ANNE ET HERVÉ SIGAUT

★★★☆☆

Ce domaine artisanal encore peu connu possède de jolies vignes sur Chambolle et Morey et rejoint l'élite de la Bourgogne. C'est Anne Sigaut qui vinifie. Sans s'éloigner d'un style de bourgognes classiques, équilibrés, aptes à bien évoluer dans le temps, elle a su leur communiquer et leur faire exprimer le charme dont sont capables les chambolles réussis. Au sommet, un chambolle premier cru les-sentiers, très inspiré par les bonnes-mares voisines. Le domaine ne recule pas devant la nécessité de faire tomber les raisins excédentaires. La réussite en bouteille est à la hauteur de ce sacrifice cornélien. La gamme 2017 est ici sans faille, avec des vins un peu plus souples que leurs deux prédécesseurs mais ils ne montrent aucune dilution, ce qui n'est pas si fréquent dans le millésime.

■ **Chambolle-Musigny premier cru Les Chatelots 2017** | Sec | 2020>28 | 49 € 16,5
■ **Chambolle-Musigny premier cru Les Fuées 2017** | Sec | 2021>30 | 49 € 17
■ **Chambolle-Musigny premier cru Les Noirots 2017** | Sec | 2021>29 | 49 € 17
■ **Chambolle-Musigny premier cru Les Sentiers 2017** | Sec | 2020>30 | 57 € 17
■ **Chambolle-Musigny Les Bussières 2017** | Sec | 2020>28 | 39 € 16

12, rue des Champs, 21220 Chambolle-Musigny • Tél. 03 80 62 80 28 ou 06 63 48 80 28 • contact@domaine-sigaut.com • www.domaine-sigaut.com • Visite : de préférence sur rendez-vous.

DOMAINE ARNAUD ET SOPHIE SIRUGUE-NOELLAT

★☆☆☆☆

Nouveau domaine implanté sur Vosne-Romanée, association de deux familles réputées localement, les Sirugue et les Noellat. Cinq hectares dont un de climat les barreaux à Vosne. Arnaud Sirugue est un fin dégustateur, nul doute que cette création ne manquera pas d'ambition.

- **Vosne-Romanée Les Barreaux 2017** | Sec | 2020>28 | 42 € — 15,5

5 place de la Maire , 21700 Vosne-Romanée • Tél. 06 37 42 92 18 • as@domainearnaudetsophie.com • www.domainearnaudetsophie.com • Visite : sur rendez-vous.

DOMAINE JEAN TARDY ET FILS

★★☆☆☆

La famille Tardy a été le métayer du domaine Méo-Camuzet puis s'est progressivement installée par l'achat de parcelles en côte de Nuits. Ce domaine progresse depuis trois millésimes. Les vinifications sont traditionnelles et les vins expriment désormais le potentiel de leurs terroirs respectifs. Nous ne regrettons pas notre promotion de l'an passé.

- **Échezeaux grand cru 2017** | Sec | 2021>30 | 180 € — 17
- **Gevrey-Chambertin Champerrier 2017** | Sec | 2020>27 | 50 € — 15,5
- **Nuits-Saint-Georges premier cru Aux Argillas 2017** | Sec | 2021>29 | 85 € — 16
- **Nuits-Saint-Georges Au Bas de Combe Vieilles Vignes 2017** | Sec | 2020>27 | 49 € — 15,5
- **Vosne-Romanée Vigneux 2017** | Sec | 2020>28 | 59 € — 16,5

46, RD 974, 21700 Vosne-Romanée • Tél. 03 80 61 11 86 • domainejeantardy@orange.fr • Visite : Sur rendez-vous.

CLOS DE TART

★★★★★

Ce domaine appartenait à la famille Mommessin, le troisième propriétaire depuis le XIIe siècle, qui a défrayé la chronique en vendant à la famille Pinault les 7,5 hectares du clos à un prix pharaonique. Le domaine possède en monopole un grand cru d'exposition parfaite et planté dans le sens des courbes de niveau, ce qui permet au raisin d'atteindre une maturité idéale en année de grand soleil, sans craindre la grillure. Le réchauffement climatique récent ne lui fait pas peur. Les jeunes vignes sont déclassées dans la cuvée la-forge. Frédéric Engerer, en charge des propriétés de la famille Pinault (dont bien sûr le célèbre château Latour) a mis en place un ambitieux programme de rénovation des installations techniques.

- **Clos de Tart grand cru 2017** | Sec | 2019>27 | NC — 18

7, route des Grands-Crus, 21220 Morey-Saint-Denis • Tél. 03 80 34 30 91 • contact@clos-de-tart.com • www.clos-de-tart.com

DOMAINE TAUPENOT-MERME

★★★☆☆

Ce domaine familial, apparenté par les grands-parents Merme au domaine Perrot-Minot, se singularise par sa position sur deux secteurs : l'ensemble de la côte de Nuits, avec de remarquables terroirs de Gevrey à Nuits, et des vignes d'origine Taupenot, sur Saint-Romain et Auxey-Duresses. La nouvelle génération, Romain Taupenot et sa sœur Virginie, est attachée à produire des vins précis et racés, dans le respect du classicisme bourguignon, et ils y parviennent avec bonheur. Les 2017 n'étaient pas tous en place lors de notre dégustation mais comptaient de belles réussites avec en pointe le nuits-saint-georges les-pruliers particulièrement racé.

- **Gevrey-Chambertin premier cru Bel Air 2017** | Sec | 2020>27 | 100 € — 15,5
- **Morey-Saint-Denis 2017** | Sec | 2019>25 | 58 € — 14
- **Morey-Saint-Denis premier cru La Riotte 2017** | Sec | 2020>27 | 94 € — 15,5
- **Nuits-Saint-Georges premier cru Les Pruliers 2017** | Sec | 2020>28 | 96 € — 17

33, route des Grands-Crus, 21220 Morey-Saint-Denis • Tél. 03 80 34 35 24 • romain.taupenot@orange.fr • Visite : Sur rendez-vous.

TORTOCHOT

★★☆☆☆ ♣

Ce domaine fut très célèbre après-guerre en raison de la forte figure bourguignonne que fut Gabriel

Tortochot : les vins avaient nettement baissé de qualité mais la reprise est là et les terroirs sont de la plus haute qualité. À noter que la parcelle de Chambertin du domaine est la plus haute du coteau sur un sol qui serait idéal... pour produire du blanc ! Mais le 2016 a démontré que l'on peut y produire un chambertin splendide, à l'égal des meilleurs. Nous ne l'avons pas dégusté en 2017. Dans ce millésime nous recommandons un très fin mazis-chambertin et clos-de-vougeot de garde.

- **Clos de Vougeot grand cru 2017** | Sec | 2023>35 | 110 € 17
- **Gevrey-Chambertin Les Jeunes Rois 2017** | Sec | 2020>28 | 29 € 15
- **Mazis-Chambertin grand cru 2017** | Sec | 2020>30 | 115 € 16,5
- **Morey-Saint-Denis 2017** | Sec | 2019>25 | 24 € 14,5
- **Morey-Saint-Denis premier cru Renaissance 2017** | Sec | 2021>27 | 41 € 15,5

12, rue de l'Eglise, 21220 Gevrey-Chambertin • Tél. 03 80 34 30 68 • contact@tortochot.com • www.tortochot.com • Visite : Sur rendez-vous du lundi au vendredi.

CHÂTEAU DE LA TOUR

★★★★☆

Le château possède, et de loin, la parcelle la plus importante du grand cru clos de Vougeot, et a le privilège insigne d'être le seul à le vinifier et à l'élever à l'intérieur du clos. La qualité des raisins de la cuvée vieilles-vignes est exceptionnelle, et sa vinification en raisin non égrappé donne un vin d'une race prodigieuse, digne d'être comparé aux plus grands richebourgs. Cette cuvée est encadrée par le « simple » clos-de-vougeot, d'une rare complexité, bien proche des vieilles vignes en 2017, et par la cuvée hommage-à-jean-morin, produite en quantité infinitésimale, créée en 2010 à l'occasion du centenaire de la plantation des très vieilles vignes qui la composent. Retrouvez dans notre application la verticale complète de la cuvée vieilles-vignes.

- **Clos de Vougeot grand cru 2017** | Sec | 2023>33 | 130 € 18
- **Clos de Vougeot grand cru Hommage à Jean Morin 2017** | Sec | 2023>35 | NC 18,5
- **Clos de Vougeot grand cru Vieilles Vignes 2017** | Sec | 2022>32 | 180 € 18

Clos de Vougeot, 21640 Vougeot • Tél. 03 80 62 86 13 • contact@chateaudelatour.com • www.chateaudelatour.com • Visite : Tous les jours sauf mercredi et dimanche de 10h à 18h, de préférence sur rendez-vous.

DOMAINE JEAN TRAPET PÈRE ET FILS

★★★★☆ ♣

Jean-Louis Trapet, vigneron idéaliste d'une rare gentillesse, magnifiquement aidé par son épouse Andrée, vigneronne alsacienne aussi engagée que lui, porte son célèbre domaine familial aux sommets de la Bourgogne actuelle. La viticulture obéit aux principes les plus sains de la biodynamie, et les sols à nouveau vivants expriment dans les vins finis les plus subtiles nuances du terroir. Il recherche et trouve des tannins d'une rare élégance. Peu de domaines de ce niveau, malgré la série de petites récoltes connues ces dernières années, ont maintenu une tradition d'accueil au domaine. Nous sommes sensibles à l'idée de ne pas rompre le lien entre les très grands bourgognes et les grands amateurs, locaux ou plus éloignés, qui font la démarche de venir comprendre ce qui se passe. L'usage de la vendange entière varie selon les crus et les millésimes, sauf capita qui ne connait qu'elle. Les 2017 se révèlent racés, séveux, très fins, avec une cuvée a-minima qui joue un registre autre que le terroir, le fruit croquant, jusqu'aux plus fidèles expressions des vins à leur climat d'origine.

- **Bourgogne 2017** | Sec | 2019>22 | NC 14,5
- **Bourgogne 2017** | Sec | 2019>24 | NC 15
- **Bourgogne Passe-Tout-Grains A Minima 2017** | Sec | 2019>23 | NC 15
- **Chambertin grand cru 2017** | Sec | 2023>35 | NC 18,5
- **Chapelle-Chambertin grand cru 2017** | Sec | 2024>35 | NC 18
- **Gevrey-Chambertin 2017** | Sec | 2019>27 | NC 16
- **Gevrey-Chambertin premier cru Capita 2017** | Sec | 2019>28 | NC 17,5
- **Gevrey-Chambertin premier cru Petite Chapelle 2017** | Sec | 2022>30 | NC 17,5
- **Latricières-Chambertin grand cru 2017** | Sec | 2022>30 | NC 18,5
- **Marsannay 2017** | Sec | 2019>23 | NC 15
- **Marsannay 2017** | Sec | 2019>26 | NC 15,5

53, route de Beaune, 21220 Gevrey-Chambertin • Tél. 03 80 34 30 40 • message@trapet.fr • www.domaine-trapet.com • Visite : Sur rendez-vous.

TRAPET ROCHELANDET

★☆☆☆☆

Deux premiers crus remarqués dans le millésime 2017, carougeot et petite-chapelle chez ce producteur de Gevrey qui a su jouer la finesse dans le millésime.

- **Gevrey-Chambertin premier cru Petite Chapelle 2017** | Sec | 2019>30 | 75 € — 15
- **Gevrey-Chambertin Carougeot 2017** | Sec | 2019>27 | 42 € — 15,5

9 bis, rue du Chambertin, 21220 Gevrey-Chambertin • Tél. 03 80 51 86 91 ou 06 62 12 99 26 • domaine-trapet@bbox.fr • www.domaine-trapetrochelandet.com • Visite : Sur rendez-vous.

DOMAINE CÉCILE TREMBLAY

Quatre hectares, onze appellations. À la lecture de ces deux chiffres, on comprend que les cuvées seront limitées en quantité, hélas. Mais bonne nouvelle, il va pouvoir dans quelques années s'agrandir par la reprise en exploitation de quelques hectares en fin de bail. Cécile Tremblay, en bio depuis ses débuts en 2003, s'oriente vers la biodynamie et s'affirme chaque année davantage comme une vinificatrice hors pair, intuitive mais ayant beaucoup réfléchi, lu et appris, et surtout comme une dégustatrice redoutable, précise et exigeante. Le soin le plus extrême est apporté de la vigne jusqu'à la vendange où les raisins sont récoltés en mini caissettes de 5 kg. Les vins ne sont disponibles que chez les meilleurs cavistes ou à la carte de restaurants choisis par elle avec beaucoup de discernement. Avec une précision irréprochable dans les fins de bouche et des finesses de parfum uniques, tous les vins, d'origine grande ou modeste, atteignent depuis des millésimes ce que la côte de Nuits fait de plus fin, aérien, sensuel. Une progression du classement en cinq étoiles est donc logique. Et pour ceux qui auraient des difficultés à se procurer les crus, sachez que le simple bourgogne donne le « la » de ce festival.

- **Chambolle-Musigny premier cru Les Feusselottes 2017** | Sec | 2019>27 | NC — 18
- **Chambolle-Musigny Les Cabottes 2017** | Sec | 2019>26 | NC — 17
- **Chapelle-Chambertin grand cru 2017** | Sec | 2020>35 | NC — 19,5
- **Échezeaux grand cru 2017** | Sec | 2022>30 | NC — 19
- **Morey-Saint-Denis Très Girard 2017** | Sec | 2019>25 | NC — 16,5
- **Nuits-Saint-Georges premier cru Les Murgers 2017** | Sec | 2020>27 | NC — 18
- **Vosne-Romanée premier cru Les Beaux Monts 2017** | Sec | 2020>27 | NC — 17,5
- **Vosne-Romanée Vieilles Vignes 2017** | Sec | 2022>28 | NC — 17

1, rue de la Fontaine, 21700 Vosne-Romanée • Tél. 03 45 83 60 08 • domainetremblay@yahoo.fr • www.domaine-ceciletremblay.fr

DOMAINE DES VAROILLES

Ce domaine ne soumettait que rarement ses vins aux dégustations syndicales et nous n'avions pas un enthousiasme débordant lorsque nous pouvions les déguster. Pourtant son patrimoine de vignes n'est pas négligeable, avec le monopole du clos des Varroilles, superbe grande parcelle jouxtant les Lavaux, et le superbement nommé (sur le plan marketing) Romanée. Après des 2016 épatants, 2017 montre de belles réussites et une exceptionnelle romanée de Gevrey-Chambertin.

- **Charmes-Chambertin grand cru 2017** | Sec | 2022>30 | 86 € — 16
- **Gevrey-Chambertin premier cru La Romanée 2017** | Sec | 2021>30 | 51 € — 18
- **Gevrey-Chambertin premier cru les Varroilles 2017** | Sec | 2021>28 | 51 € — 16,5
- **Gevrey-Chambertin Meix des Ouches 2017** | Sec | 2019>27 | 37 € — 15,5

Rue de la Croix des Champs, BP7 - B.P. 7, 21220 Gevrey-Chambertin • Tél. 03 80 34 30 30 • contact@domaine-varoilles.com • www.domaine-varoilles.com • Visite : du lundi au vendredi de 8h à 12h et de 13h30 à 17h, fermé le mercredi après-midi.

DOMAINE DU VIEUX COLLÈGE - ÉRIC GUYARD

Ce domaine très consciencieux de Marsannay mène 25 hectares conduits en bio. Éric Guyard, la septième génération de vignerons au domaine, vinifie avec le même sens de l'expression juste du terroir ses blancs comme ses rouges. Si nous voyons quelques irrégularités dans la gamme, plusieurs crus sont particulièrement réussis.

- **Fixin 2017** | Sec | 2019>25 | 25 € — 15,5
- **Fixin premier cru Hervelets 2017** | Sec | 2020>27 | 30 € — 16
- **Fixin Champ des Charmes 2017** | Sec | 2019>25 | 20 € — 16,5
- **Marsannay Clos du Roy 2017** | Sec | 2020>29 | 25 € — 17
- **Marsannay La Charme aux Prêtres 2017** | Sec | 2019>27 | 30 € — 14
- **Marsannay Longeroies 2017** | Sec | 2021>28 | 20 € — 14,5
- **Marsannay Vigne Marie 2017** | Sec | 2019>25 | 17 € — 15

4, rue du Vieux-Collège, 21160 Marsannay• Tél. 03 80 52 12 43 • contact@domaineduvieuxcollege.com • www.domaineduvieuxcollege.com • Visite : sur rendez-vous.

DOMAINE NATHALIE VIGOT

★★☆☆☆

Nathalie est la sœur de Fabrice (du domaine Fabrice Vigot) et comme lui illustre le savoir-faire et le dévouement au terroir des derniers rares artisans de ce village mythique. Les 2017 sont agréables, charmeurs, une petite garde leur ira bien.

- **Vosne-Romanée 2017** | Sec | 2020>27 | 40 € — 15
- **Vosne-Romanée premier cru Les Petits Monts 2017** | Sec | 2021>29 | 65 € — 15

17, rue de la Fontaine, 21700 Vosne-Romanée • Tél. 03 80 62 39 34 • nathalie.vigot0354@orange.fr • Visite : Tous les jours de 9h à 19h, sur rendez-vous de préférence.

DOMAINE FABRICE VIGOT

★★☆☆☆

Ce petit domaine artisanal implanté sur six hectares, dont la moitié sur Vosne, vient de se recentrer sur 2,5 hectares. Il ne disposera plus d'échezeaux notamment, les métayages ont été arrêtés. Il produit des vins probes, équilibrés avec une démarche éco-responsable orientée vers la biodynamie sans rechercher de certification. Nous aimons beaucoup la digestibilité de ce qui est produit ici, une qualité qui n'est pas si fréquente même en Bourgogne. On se sent bien ici, accueil au domaine des plus amicaux et généreux, dans une grande tradition bourguignonne qui se perd parfois à Vosne-Romanée, hélas.

- **Gevrey-Chambertin 2017** | Sec | 2019>25 | 33 € — 15
- **Nuits-Saint-Georges Vieilles Vignes 2017** | Sec | 2019>27 | 33 € — 15
- **Vosne-Romanée 2017** | Sec | 2020>28 | 38 € — 16,5
- **Vosne-Romanée Les Damaudes 2017** | Sec | 2020>27 | 60 € — 15

20, rue de La Fontaine, 21700 Vosne-Romanée • Tél. 03 80 61 13 01 • fabrice.vigot@orange.fr • www.domainevigot.com • Visite : Sur rendez-vous.

DOMAINE COMTE GEORGES DE VOGÜÉ

★★★★☆

Ce domaine emblématique possède 7,2 hectares du Musigny, soit les deux tiers du grand cru dont en monopole la parcelle de 4,2 hectares du secteur des Petits-Musignys. Sans oublier une sérieuse dotation en Bonnes-Mares, Chambolle village et premiers crus dont les fameuses Amoureuses. Il appartient aux deux sœurs de Ladoucette, les petites filles de Georges de Vogüé. Le vignoble est conduit dans une démarche de type bio mais non certifiée par François Millet, œnologue et chef de cave depuis 1985 et qui recherche des fermentations malolactiques tardives pour garder de l'énergie aux vins. À l'exception du bonnes-mares, il préfère les remontages aux pigeages sur les vins de Chambolle-Musigny pour garder leur délicatesse native. Sa lecture ne manque pas de poésie, au sens noble du terme. 20 % environ des musignys, issus de jeunes vignes, comprenez moins de 25 ans, sont déclassés en premier cru. Le domaine n'a pas souhaité nous faire déguster les 2017 qui venaient d'être mis en bouteille, nous reviendrons sur eux, mais il nous a montré de voluptueux 2018 encore en élevage, souvent en cours de fermentation malolactique : notre notation de ces 2018 ne peut être que provisoire.

- **Bonnes-Mares grand cru 2017** | Sec | 2025>35 | NC — 17
- **Bonnes-Mares grand cru 2016** | Sec | 2023>32 | NC — 17
- **Musigny grand cru Vieilles Vignes 2017** | Sec | 2023>35 | NC — 18
- **Musigny grand cru Vieilles Vignes 2016** | Sec | 2025>35 | NC — 18

Rue Sainte-Barbe, 21220 Chambolle-Musigny • Tél. 03 80 62 86 25

DOMAINE DE LA VOUGERAIE

★★★★★ ♣

Sylvie Poillot continue l'œuvre inspirée de Pierre Vincent qui a rejoint le domaine Leflaive. Le vignoble certifié en bio et cultivé en biodynamie donne certains des vins les plus accomplis de la Bourgogne actuelle, dans les plus grands terroirs des deux côtes. Il faut remercier la famille Boisset d'accepter les sacrifices de rendement liés aux exigences de ce mode de culture. Les vins vinifiés de plus en plus souvent en raisins entiers ont une élégance de texture et de saveur superlative. Si quelques échantillons dégustés avant la mise et que nous redégusterons se montraient bougons, le domaine aligne une grande série de réussites.

- **Bonnes-Mares grand cru 2017** | Sec | 2020>32 | 248 € — 18
- **Bourgogne Terres de Famille 2017** | Sec | 2019>21 | 25 € — 14

- **Chambolle-Musigny 2017** | Sec | 2020>27 | **54 €** **16,5**
- **Musigny grand cru 2017** | Sec | 2022>35 | **NC** **18**
- **Nuits-Saint-Georges premier cru Clos de Thorey 2017** | Sec | 2021>30 | **60 €** **18**
- **Nuits-Saint-Georges premier cru Clos des Corvées Pagets 2017** | Sec | 2019>26 | **58 €** **15**
- **Vougeot premier cru Le Clos Blanc 2017** | Sec | 2021>30 | **90 €** **16**
- **Vougeot Clos du Prieuré Monopole 2017** | Sec | 2019>25 | **55 €** **15**

bis, rue de l'Église, 21700 Premeaux-Prissey • Tél. 03 80 62 48 25 •
ougeraie@domainedelavougeraie.com • www.domainedelavougeraie.com

LE VIGNOBLE DE LA CÔTE DE BEAUNE

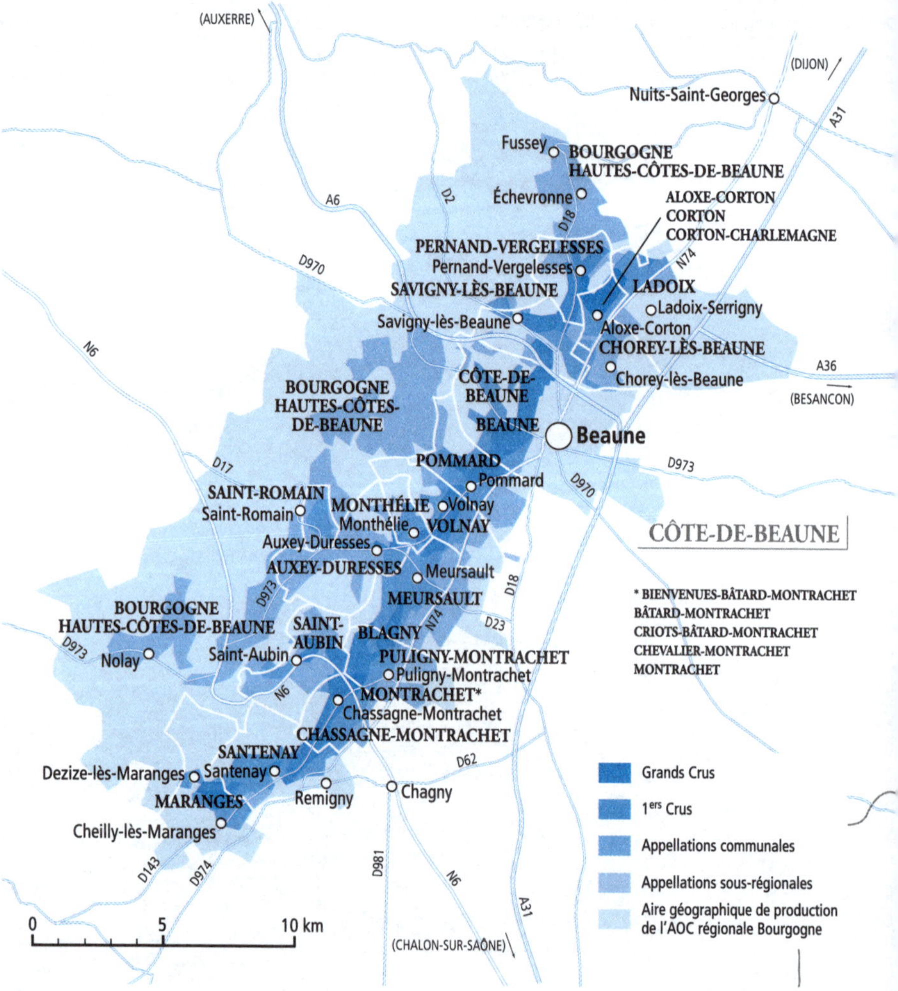

DOMAINE FRANÇOISE ANDRÉ

Le domaine des Terregelesses, créé en 1983, est devenu domaine Françoise André pour signifier le retour à une exploitation familiale. Fait rare, c'est une belle-fille de la famille, Lauriane, qui en a repris les rênes en 2009 en abandonnant son métier de DRH, épaulée par Jérôme Desprès, régisseur du domaine à partir de l'année suivante. Avec modestie et enthousiasme, ce duo ne manque pas d'ambition. Il travaille aujourd'hui un vignoble de 11 hectares situé majoritairement au nord de la côte de Beaune et cultivé selon les préceptes biodynamiques. Cette taille de domaine approche de l'optimum pour Lauriane qui privilégie la qualité du vin et ne souhaite pas à ce titre démarrer d'activité de négoce. Les rouges ne subissent pas d'extraction importante. S'ils sont accessibles assez vite, ils offrent comme les blancs une représentation fidèle de leur terroir d'origine.

- **Beaune premier cru Les Reversés 2017** | Sec | 2019>26 | 47 € — 15
- **Corton-Charlemagne grand cru 2017** | Sec | 2021>30 | 111,90 € — 16
- **Corton-Renardes grand cru 2017** | Sec | 2020>30 | 88 € — 16
- **Pernand-Vergelesses premier cru Sous Frétille 2017** | Sec | 2019>26 | 38,50 € — 16
- **Pernand-Vergelesses Les Pins 2017** | Sec | 2021>27 | 26,20 € — 16,5
- **Savigny-lès-Beaune premier cru Les Vergelesses 2017** | Sec | 2019>26 | 35,40 € — 15,5

7, rempart Saint-Jean, 21200 Beaune • Tél. 03 80 24 21 65 ou 06 24 66 38 86 • andre.lauriane@yahoo.com • www.domaineterregelesses-francoiseandre.com • Visite : sur rendez-vous.

DOMAINE D'ARDHUY

Situé à Corgoloin, le domaine d'Ardhuy possède 42 hectares de vignes réparties sur la côte de Beaune et la côte de Nuits. La gamme des appellations que l'on peut y trouver est extrêmement variée et propose des grands crus et premiers crus depuis l'appellation Vosne-Romanée jusqu'à celle de Puligny-Montrachet, en passant par le fameux clos des Langres, vignoble unique de 3 hectares autrefois propriété des chanoines de Langres et dont le domaine en a aujourd'hui le monopole. Il est depuis 2012 cultivé en biodynamie. Les rouges 2017 présentés étaient de bon niveau avec un corton renardes doux comme une caresse et un étonnant ladoix clos des chaignots d'une intensité digne d'un premier cru.

- **Corton-Renardes grand cru 2017** | Sec | 2020>30 | 70-80 € — 16,5
- **Côte de Nuits-Villages 2017** | Sec | 2019>24 | 21,50 € — 15
- **Ladoix premier cru Le Rognet 2017** | Sec | 2019>27 | 37,80 € — 16
- **Ladoix Les Chagnots Clos des Chaignots 2017** | Sec | 2019>27 | 24,80 € — 16

Clos des Langres, 21700 Corgoloin • Tél. 03 80 62 98 73 • domaine@ardhuy.com • Visite : du lundi au vendredi de 9h à 18h, sur rendez-vous

DOMAINE D'AUVENAY

Ce domaine emblématique créé par Lalou Bize-Leroy en 1988 incarne l'aboutissement viticole de cette vigneronne hors pair, mais aussi celui de la Bourgogne toute entière. Les superlatifs manquent pour qualifier la grandeur des vins issus de ces 4,80 hectares de terres aux vignes sacrées, guidées sous pratique biodynamique avec la plus grande minutie. La vendange entière est généralisée, le soufre est absent lors des vendanges, de petites quantités sont ajoutées au soutirage et à la mise. Les vins blancs, dès l'aligoté, dégagent une énergie, une pureté et une complexité insurpassables. Les vins rouges sont d'une grâce absolue, ils possèdent un parfum envoûtant et une qualité de texture qui donne des frissons.

- **Auxey-Duresses Boutonnières 2017** | Sec | 2020>30 | NC — 17
- **Auxey-Duresses Macabrée 2017** | Sec | 2019>28 | NC — 16,5
- **Bâtard-Montrachet grand cru 2017** | Sec | 2022>35 | NC — 19
- **Bonnes-Mares grand cru 2017** | Sec | 2022>35 | NC — 19
- **Bourgogne aligoté 2017** | Sec | 2019>25 | NC — 16,5
- **Chevalier-Montrachet grand cru 2017** | Sec | 2023>35 | NC — 19,5
- **Criots-Bâtard-Montrachet grand cru 2017** | Sec | 2020>35 | NC — 19,5
- **Mazis-Chambertin grand cru 2017** | Sec | 2023>35 | NC — 19,5
- **Meursault premier cru Les Gouttes d'Or 2017** | Sec | 2022>35 | NC — 18,5
- **Meursault Les Narvaux 2017** | Sec | 2021>30 | NC — 18
- **Puligny-Montrachet premier cru Les Folatières 2017** | Sec | 2022>35 | NC — 18

Village bas, 21190 Saint-Romain-Meursault • Tél. 03 80 21 23 27 • domaine.auvenay@orange.fr

DOMAINE BERTRAND BACHELET

★★☆☆☆

Bertrand Bachelet, jeune vigneron installé depuis 2011, est à la tête de ce domaine de 13 hectares étalés de Maranges à Pommard. La viticulture en lutte raisonnée et le cordon de Royat sont ici de rigueur, tout comme peuvent l'être les sélections massales développées sur les plus vieilles vignes du domaine. Une gamme qui se caractérise par des vins au fruité mûr et intense. Les rouges, qui représentent la grande majorité de la production, sont vinifiés éraflés en cuves béton et présentent des tannins soyeux, quand les blancs, sans bâtonnage, offrent de la rondeur et des parfums de fruits du verger, juteux et miellés.

- **Chassagne-Montrachet 2017** | Sec | 2021>24 | NC — **15**
- **Chassagne-Montrachet 2017** | Sec | 2021>27 | NC — **16,5**
- **Maranges 2017** | Sec | 2020>24 | NC — **14,5**
- **Maranges premier cru La Fussière 2017** | Sec | 2020>23 | NC — **17,5**
- **Maranges premier cru La Fussière 2017** | Sec | 2020>23 | NC — **15,5**
- **Meursault Clos du Cromin 2017** | Sec | 2020>25 | NC — **16**

4, rue des Maranges, 71150 Dezize-les-Maranges • Tél. 03 85 47 73 81 • domainebertrandbachelet@orange.fr • Visite : du lundi au vendredi de 8h à 12h et de 14h à 18h, le samedi sur rendez-vous.

JEAN-CLAUDE BACHELET

★★★☆☆

Jean-Baptiste et Benoît dirigent ce domaine familial historique du XVIIe siècle avec la plus grande précision. Les 10 hectares aux 80 parcelles de vignes plantées entre Saint-Aubin et Chassagne-Montrachet sont cultivés depuis 2016 sous pratiques biodynamiques, et le chai inauguré en 2010 est une cathédrale érigée en ode à une œnologie d'intuition et de grande précision. La progression entamée l'an passé dans notre hiérarchie des domaines est largement justifiée. Splendide chassagne-boudriotte rouge. Tous les blancs sont d'une rare précision. En point d'orgue, ce saint-aubin blanc premier cru les-murgers-des-dents-de-chien, si proche du chevalier-montrachet qu'il en a tiré l'essence profonde de la noblesse : l'esthétisme.

- **Puligny-Montrachet premier cru Sous le Puits 2015** | Sec | 2019>26 | NC — **17**
- **Saint-Aubin premier cru Les Murgers des Dents de Chien 2015** | Sec | 2019>27 | NC — **17,5**

1, rue de la Fontaine - Hameau de Gamay, 21190 Saint-Aubin • Tél. 03 80 21 31 01 • info@domainebachelet.fr • www.domainebachelet.fr • Visite : Sur rendez vous uniquement.

DOMAINE VINCENT BACHELET

★☆☆☆☆

Originaire des Maranges, c'est en 2007 que Vincent Bachelet s'est installé à la sortie du bourg de Chassagne. Son domaine s'étend sur 17 hectares et couvre une partie des appellations de la côte de Beaune, avec une enclave en côte de Nuits. Ses vins sont francs, équilibrés et d'accès immédiat, où de belles cuvées côtoient d'autres plus conventionnelles.

- **Chassagne-Montrachet 2017** | Sec | 2021>25 | 27 € — **16**
- **Chassagne-Montrachet Les Benoites 2017** | Sec | 2021>25 | 19 € — **15,5**
- **Maranges premier cru La Fussière 2017** | Sec | 2020>23 | 17 € — **17**
- **Pommard 2016** | Sec | 2023>30 | 27 € — **16**

27, route de Santenay, 21190 Chassagne-Montrachet • Tél. 06 19 77 51 87 • contact@vincent-bachelet.com • www.vincent-bachelet.com • Visite : du lundi au samedi, sur rendez-vous.

DOMAINE BACHEY-LEGROS

★★★☆☆

Ce domaine historique et familial de 19 hectares possède un patrimoine de vieilles vignes hors du commun. Christine Bachey et ses deux fils Lénaïc et Samuel y développent une série de vins superbes issus des vignobles de Santenay, Maranges et Chassagne-Montrachet. La construction d'une nouvelle cuverie donne à ce trio familial les moyens de transcender davantage les climats magnifiques dont ils disposent. Dans les deux couleurs, les vins sont de vraies expressions de leurs terroirs mis en valeur par des élevages élégants.

- **Chassagne-Montrachet premier cru Morgeot Les Petits Clos Vieilles Vignes 2017** | Sec | 2021>24 | 47 € — **17**
- **Maranges Vieilles Vignes - Le Goty 2017** | Sec | 2020>24 | 19 € — **16**

- Santenay premier cru Clos des Gravières 2017 | Sec | 2021>23 | 34 € 17,5
- Santenay premier cru Clos Rousseau 2017 | Sec | 2021>24 | 31 € 16,5
- Santenay Clos des Hâtes Vieilles Vignes 2017 | Sec | 2020>23 | 24 € 16
- Santenay Sous la Roche 2017 | Sec | 2020>25 | 24 € 15

2, rue de la Charrière, 21590 Santenay • Tél. 06 07 43 00 76 • christiane.bachey-legros@wanadoo.fr • www.bachey-legros.com • Visite : sur rendez-vous.

DOMAINE BADER MIMEUR

★☆☆☆☆

Ce domaine historique de 8 hectares, basé à Chassagne-Montrachet, est dirigé par Marie-Pierre Bader-Fossier et son mari Alain en collaboration avec leur régisseur Jean-Luc Huguenin. Les vins sélectionnés ont tendance à être expressifs de ce secteur de Chassagne que l'on recommandera plutôt en gastronomie.

- Bourgogne 2017 | Sec | 2020>25 | 16 € 15
- Bourgogne aligoté 2017 | Sec | 2020>23 | 12,90 € 14
- Chassagne-Montrachet 2016 | Sec | 2020>23 | 36,90 € 15,5
- Chassagne-Montrachet 2016 | Sec | 2020>27 | 26 € 16
- Chassagne-Montrachet Vieilles Vignes 2016 | Sec | 2022>26 | 40 € 16

1, chemin du Château, 21190 Chassagne-Montrachet • Tél. 03 80 21 30 22 • info@bader-mimeur.com • www.bader-mimeur.com • Visite : Sur rendez-vous.

BALLOT-MILLOT

★★★☆☆

Issu d'une famille de vignerons enracinés depuis le XVIIe siècle, Charles Ballot-Millot a repris le domaine familial en 2000. C'est un patrimoine de 10 hectares dont les sols sont travaillés et seuls des produits de contact sont utilisés. Les vinifications sont faites avec un travail sur l'oxydation des moûts pour éviter les oxydations prématurées dans les vins, des cuvaisons longues, des élevages sans fût neuf ni bâtonnage, dans une optique de garde. Les vins sont précis, dans une vision moderne où riment tension et verticalité, les blancs correspondent à l'expression de leur origine, les volnays ont du charme et les pommards une puissance séveuse.

- Chassagne-Montrachet premier cru Morgeot Tête de Clos 2017 | Sec | 2022>25 | 55 € 16,5
- Meursault 2017 | Sec | 2020>24 | 30 € 15
- Meursault premier cru Charmes 2017 | Sec | 2021>25 | 60 € 17
- Meursault premier cru Genevrières 2017 | Sec | 2022>25 | 70 € 16,5
- Meursault premier cru Perrieres 2017 | Sec | 2022>24 | 80 € 17
- Meursault Les Criots 2017 | Sec | 2021>25 | 38 € 15,5
- Pommard premier cru La Refène 2017 | Sec | 2021>25 | 35 € 16
- Volnay premier cru Santenots 2017 | Sec | 2020>25 | 45 € 16

9, rue de la Goutte-d'Or, 21190 Meursault • Tél. 03 80 21 21 39 • charles.ballot@ballotmillot.com • Visite : sur rendez-vous.

DOMAINE BAROLET-PERNOT

★☆☆☆☆

Une de nos découvertes actuelles pour un domaine qui remonte à la fin du.... XVIe siècle ! Mais une toute nouvelle génération a décidé de mettre un peu mieux en valeur un joli patrimoine de vignes et, dès ses deux premiers millésimes (2014 et 2015), la différence se perçoit avec des vins plus précis, au boisé certes perfectible mais mieux intégré. À suivre et à encourager, avec un faible pour les vieilles vignes de Saint-Romain au rapport qualité-prix difficilement égalable. Les rouges sainement vinifiés en raisins entiers peuvent encore progresser en qualité de fruit, en particulier un beaune-teurons idéalement situé.

- Auxey-Duresses 2017 | Sec | 2020>23 | 18 € 16,5
- Puligny-Montrachet Brelance 2017 | Sec | 2020>22 | 26 € 17

2, rue de Poillange, 21190 Saint-Romain • Tél. 03 80 21 20 88 ou 06 98 99 24 20 • celeste.barolet@wanadoo.fr • www.domainebaroletpernot.com • Visite : tous les jours de 9h à 12h et de 13h30 à 18h, le week-end de préférence sur rendez-vous.

DOMAINE BRIGITTE BERTHELEMOT

★★★☆☆

Issue de la fusion en 2006 des domaines Darviot et Garaudet, cette entreprise créée par Brigitte Berthelemot s'étend sur 8 hectares et 16 climats entre Beaune et Santenay, avec une qualification HVE depuis 2015. Avec le millésime 2018, nous verrons arriver de nouvelles cuvées car le domaine s'est encore agrandi sur de belles parcelles de premier cru. En constante progression dans l'affirmation d'un style où pureté et délicatesse prévalent, sous la houlette de Marc Cugney, les blancs affichent un charme qui réside dans une texture fine mais soutenue. Les rouges sont bâtis pour la garde, ils présentent intensité et concentration, tant dans le fruit que dans la matière.

- **Beaune premier cru Clos des Mouches 2017** | Sec | 2020>24 | 46 € 17,5
- **Beaune premier cru Clos des Mouches 2017** | Sec | 2021>24 | 34,90 € 16,5
- **Beaune Longbois 2017** | Sec | 2020>23 | 22,10 € 17
- **Monthélie 2017** | Sec | 2021>23 | 20,50 € 15
- **Monthélie 2017** | Sec | 2020>23 | 17,90 € 15
- **Pommard Les Noizons 2017** | Sec | 2021>26 | 27,30 € 16,5
- **Puligny-Montrachet premier cru La Garenne 2017** | Sec | 2021>24 | 46,50 € 15,5
- **Santenay premier cru La Maladière 2017** | Sec | 2022>26 | 20,50 € 17

24, rue des Forges, 21190 Meursault • Tél. 03 80 21 68 61 • contact@domaineberthelemot.com • www.domaineberthelemot.com • Visite : du lundi au vendredi de 8h30 à 12h et de 13h30 à 16h30.

DOMAINES ALBERT BICHOT

★★★★☆

Cette maison historique fondée en 1831 est aujourd'hui menée tambour battant par Albéric Bichot, sixième génération de cette famille dont la présence en Bourgogne remonte au XIIIe siècle. Épaulé par Alain Serveau (directeur technique) et Christophe Chavel (directeur viticole), ces trois mousquetaires, auxquels s'ajoute désormais un quatrième, Guillaume Deglise, ont su bâtir un modèle original de maison bourguignonne, avec des vins signés Bichot dans toutes les appellations de la grande Bourgogne mais aussi quatre domaines richement dotés en beaux crus : Long-Depaquit pour le Chablisien, Clos-Frantin pour la côte de Nuits, domaine du Pavillon pour la côte de Beaune, et domaine Adélie pour la côte chalonnaise.

- **Aloxe-Corton premier cru Les Maréchaudes 2017** | Sec | 2019>27 | NC 15
- **Beaune premier cru Clos des Mouches Domaine du Pavillon 2017** | Sec | 2019>26 | NC | ♣ 15,5
- **Bourgogne Secret de famille 2017** | Sec | 2019>22 | NC 14
- **Bourgogne Secrets de Famille - chardonnay 2017** | Sec | 2019>22 | NC 13,5
- **Latricières-Chambertin grand cru 2017** | Sec | 2022>35 | NC | ♣ 17
- **Meursault 2017** | Sec | 2019>26 | NC 14,5
- **Meursault premier cru Les Charmes Domaine du Pavillon 2017** | Sec | 2019>27 | NC | ♣ 16
- **Morey-Saint-Denis premier cru Les Sorbets 2017** | Sec | 2022>32 | NC 17
- **Nuits-Saint-Georges premier cru Château Gris 2017** | Sec | 2021>31 | NC 16,5
- **Santenay 2017** | Sec | 2019>27 | NC 15,5

6 bis, boulevard Jacques-Copeau, 21200 Beaune • Tél. 03 80 24 37 37 • bourgogne@albert-bichot.com • www.albert-bichot.com • Visite : Sur rendez-vous

DOMAINE BONNEAU DU MARTRAY

★★★★★ ♣

Jean-Charles Le Bault de la Morinière a été contraint de céder début 2017 le contrôle de ce domaine familial depuis 1835, suite à des problèmes de succession qu'il n'a pu surmonter. Stanley Kroenke, le nouvel acquéreur impliqué dans le sport, à Arsenal notamment et en Napa Valley au domaine Screaming Eagle, a trouvé onze hectares d'un seul tenant sur la colline de Corton où aucun détail de la vigne au chai n'a été épargné par son prédécesseur. Le blanc est cristallin, d'un raffinement et d'une luminosité ultimes, dans un équilibre somptueux. Ce corton-charlemagne est l'un des plus originaux par son opulence mesurée en raison d'une orientation vers Pernand, plus fraîche. Le rouge offre des tonalités florales, des tannins d'une rare subtilité sur ce cru, et un toucher de bouche délicieux. Le vignoble en rouge devra être remplacé en grande partie pour le renouveler et préparer le futur. Ce 2017 est le dernier d'une lignée impressionnante, il mérite à bien des égards un grand respect.

- **Corton - Charlemagne grand cru 2017** | Sec | 2023>35 | NC 19
- **Corton grand cru 2017** | Sec | 2023>35 | NC 18

2, rue de Frétille, 21420 Pernand-Vergelesses • Tél. 03 80 21 50 64 • contact@bonneaudumartray.com • www.bonneaudumartray.com

BOUCHARD PÈRE ET FILS

★★★★☆

Des Cazetiers à Bouzeron, cette grande maison de négoce beaunoise fondée en 1731 possède plus de 142 parcelles sur 130 hectares de vignoble en propriété, dont 73 hectares en premier et grand cru.

Un patrimoine viticole de premier choix qui permet à Fréderic Weber, vinificateur talentueux, préalablement en charge du château de Poncié, de produire environ 600 000 bouteilles sur le total des trois millions d'unités produites ici chaque année, la majeure partie de la production étant issue d'achats de raisins pour les grands rouges, et de moûts savamment sélectionnés pour les blancs autres que ceux du domaine. Réussite impressionnante en blanc et en rouge dans le millésime 2017, qui témoigne d'une amélioration supplémentaire dans l'homogénéité de style des vins dans les deux couleurs.

- **Beaune premier cru Beaune du Château 2017** | Sec | 2021>29 | 27,50 € — 15,5
- **Beaune premier cru Clos de la Mousse 2017** | Sec | 2025>32 | 51 € — 16,5
- **Beaune premier cru Les Grèves Vignes de l'Enfant Jésus 2017** | Sec | 2025>37 | 86 € — 17,5
- **Beaune premier cru Les Teurons 2017** | Sec | 2025>32 | 32,50 € — 17
- **Chambertin-Clos de Bèze grand cru 2017** | Sec | 2029>42 | 209 € — 18
- **Chapelle-Chambertin grand cru 2017** | Sec | 2029>39 | 165 € — 17,5
- **Chevalier-Montrachet grand cru 2017** | Sec | 2018> | 225 € — 18,5
- **Clos de Vougeot grand cru (Domaine) 2017** | Sec | 2027>37 | 145 € — 17,5
- **Corton - Charlemagne grand cru 2017** | Sec | 2025>37 | 129 € — 18,5
- **Corton - Le Corton grand cru 2017** | Sec | 2027>42 | 99 € — 18
- **Échezeaux grand cru 2017** | Sec | 2027>37 | 179 € — 17,5
- **Meursault premier cru Genevrières 2017** | Sec | 2023>29 | 60,50 € — 17,5
- **Meursault premier cru Le Porusot 2017** | Sec | 2024>29 | 54,50 € — 16,5
- **Meursault premier cru Perrières 2017** | Sec | 2023>32 | 64,50 € — 16,5
- **Meursault Les Clous 2017** | Sec | 2023>29 | 32,90 € — 15
- **Monthélie premier cru Les Champs Fulliot 2017** | Sec | 2025>32 | 25,50 € — 16,5
- **Montrachet grand cru 2017** | Sec | 2027>37 | 485 € — 19
- **Nuits-Saint-Georges premier cru Les Cailles 2017** | Sec | 2027>32 | 69,50 € — 16
- **Nuits-Saint-Georges premier cru Les Porrets-Saint-Georges 2017** | Sec | 2018> | 57,50 € — 17
- **Pommard premier cru Les Pézerolles 2017** | Sec | 2018> | 51,90 € — 17
- **Volnay premier cru Les Caillerets - ancienne cuvée Carnot 2017** | Sec | 2027>37 | 52 € — 18,5
- **Volnay premier cru Taillepieds 2017** | Sec | 2027>35 | 45,90 € — 17
- **Gevrey-Chambertin Cazetiers 2017** | Sec | 2025>32 | 88 € — 17,5

15, rue du Château - B.P. 70, 21200 Beaune • Tél. 03 80 24 80 24 • contact@bouchard-pereetfils.com • www.bouchard-pereetfils.com • Visite : d'avril à novembre : du mardi au samedi de 10h à 12h30 et de 14h30 à 18h30, le dimanche de 10h à 12h30 ; de décembre à mars : du mardi au samedi de 10h à 12h30 et de 14h30 à 17h30.

PHILIPPE BOUZEREAU FILS

★★☆☆☆

Le domaine Philippe Bouzereau Fils est logé au cœur de Meursault, avec pour patrimoine 18 hectares de vignes répartis sur 5 villages de la Côte de Beaune. Depuis la reprise du domaine par Philippe fils, de nouvelles touches personnelles sont apportées aux vinifications. Il en résulte une série de vins gourmands et charnus, qui ont du caractère. Le domaine fait son entrée dans notre guide directement avec deux étoiles, mais il pourrait progresser rapidement si la qualité des 2018 est à l'image des 2017.

- **Auxey-Duresses premier cru Les Duresses 2017** | Sec | 2020>24 | 24 € — 15,5
- **Auxey-Duresses Château de Cîteaux 2017** | Sec | 2020>23 | 16 € — 16
- **Meursault premier cru Charmes 2017** | Sec | 2020>23 | env. 49 € — 17
- **Meursault premier cru Genevrières 2017** | Sec | 2020>23 | 50 € — 14,5
- **Meursault Les Grands Charrons Château de Citeaux 2017** | Sec | 2020>24 | 28 € — 15

7, Place de la République, 21190 Meursault • Tél. 03 80 21 20 32 • contact@philippe-bouzereau.com • www.chateau-de-citeaux.com • Visite : Sur rendez-vous.

DOMAINE BOUZEREAU GRUÈRE ET FILLES

★★☆☆☆

Bouzereau par leur père et Gruère par leur mère, Marie-Laure et Marie-Anne Bouzereau perpétuent ce domaine familial de 10 hectares, dont le chai a la particularité de se trouver sous le vignoble des Pelles. Avec une très belle palette de climats principalement situés autour de Meursault, de Chassagne-Montrachet et de Saint-Aubin, les blancs sont modernes, bien réalisés, jouant entre la pleine maturité et l'expression calcaire des terroirs. Les rouges, éraflés à 100 %, offrent un croquant de fruit intense et hédoniste.

- **Chassagne-Montrachet premier cru Les Chaumées 2017** | Sec | 2021>24 | NC — 16,5
- **Chassagne-Montrachet Blanchot Dessous 2017** | Sec | 2021>25 | NC — 16
- **Meursault Le Limozin 2017** | Sec | 2020>23 | NC — 16,5
- **Meursault Les Tillets 2017** | Sec | 2020>24 | NC — 16,5
- **Puligny-Montrachet 2017** | Sec | 2020>24 | NC — 17

22 A, rue de la Velle, 21190 Meursault • Tél. 03 80 21 20 05 • contact@bouzereaugruere.com • www.bouzereaugruere.com • Visite : sur rendez-vous.

CHRISTOPHE BUISSON

★☆☆☆☆

Le domaine est devenu maison en 2015 à la suite d'une fusion avec Alex Gambal, mais demeure piloté par Christophe Buisson, fervent défenseur des terroirs de Saint-Romain. Le domaine de 7 hectares se décline en 6 appellations et adhère aux préceptes de la viticulture biologique. La gamme dans les deux couleurs donne des vins fringants et de plaisir immédiat.

- **Saint-Romain 2016** | Sec | 2020>23 | 22 € — 14,5
- **Saint-Romain 2016** | Sec | 2020>22 | 22 € — 15

34, rue de la Tartebouille, 21190 Saint-Romain • Tél. 03 80 21 63 92 • sarlchristophebuisson@wanadoo.fr • www.christophe-buisson.com • Visite : sur rendez-vous.

DOMAINE HENRI ET GILLES BUISSON

★★★☆☆ ♣

Frédérick et Franck Buisson, dont la présence familiale dans le village remonte au XIIe siècle, représentent la huitième génération de vignerons de ce domaine historique dévoué à l'embouteillage individuel des climats de Saint-Romain. Certifiés Écocert depuis 2012, ils développent une viticulture et une œnologie des plus naturelles. Les vins rouges, qui contiennent toujours un peu de grappes entières, représentent 65 % des 20 cuvées disponibles ici et offrent pour la plupart une extraction modérée et un croquant de fruits rouges acidulés et séveux. Nous n'avons pas dégusté les 2017 et reportons les notes de 2016.

- **Saint-Romain Absolu 2016** | Sec | 2021>25 | 33,60 € — 17
- **Saint-Romain Sous la Velle 2016** | Sec | 2022>25 | 31,20 € — 16

Impasse du Clou, 21190 Saint-Romain • Tél. 03 80 21 22 22 • contact@domaine-buisson.com • www.domaine-buisson.com • Visite : sur rendez-vous du lundi au vendredi de 9h à 12h et de 14h à 17h.

DOMAINE BUISSON-BATTAULT

★★☆☆☆

François Buisson représente la cinquième génération de ce domaine de huit hectares créé en 1949, dont les vignes sont situées parmi les plus beaux climats de Meursault. Les labours sans désherbage faisaient ici partie du paysage de vieilles vignes bien avant son premier millésime en 1985, et perdurent parmi les sélections massales du domaine issues de vignes du Limozin de 1928. La presse pneumatique peut aussi monter dans les tours afin d'extraire de façon intense la matière qui nourrira le vin durant son long élevage (18 mois). Les bâtonnages sont ici de rigueur et permettent une remise en suspension des lies qui donnent de l'étoffe à la gamme qui se fait tant discrète que charmeuse.

- **Meursault premier cru Genevrières 2017** | Sec | 2020>23 | NC — 16,5
- **Meursault premier cru Goutte d'Or 2017** | Sec | 2020>24 | NC — 17
- **Meursault premier cru Porusots 2017** | Sec | 2020>23 | NC — 17
- **Meursault Le Limozin 2017** | Sec | 2020>25 | NC — 15,5

5, rue du 11-Novembre, 21190 Meursault • Tél. 06 11 37 19 83 • buisson-battault@club-internet.fr • www.buisson-battault.com • Visite : Sur rendez-vous.

DOMAINE BUISSON-CHARLES

★★★☆☆

Ce domaine familial de 6,3 hectares, sous l'égide de Catherine Buisson-Essa et de son époux Patrick Essa, exploite ses vieilles vignes (de 40 à 100 ans) en bio non certifiée, principalement sur la commune de Meursault, ainsi que 2 hectares de premiers crus et grands crus en négoce. Patrick Essa, vigneron, curieux, autodidacte et blogueur à ses heures, recherche en permanence une maturité de fruit optimale. Les blancs associent ampleur et tension, liés à un travail précis sur des lies généreuses ; les rouges, qui ne représentent qu'un quart de la production, sont taillés pour la garde, vinifiés en grappes entières.

- **Bourgogne aligoté Sous le Chemin 2017** | Sec | 2020>22 | 12 € — 15,5
- **Bourgogne Hautes Coutures 2017** | Sec | 2020>23 | 17 € — 16
- **Corton - Bressandes grand cru 2017** | Sec | 2022>24 | 66 € — 17
- **Meursault premier cru Les Cras 2017** | Sec | 2020>24 | 58 € — 16

- **Meursault premier cru Les Gouttes d'Or 2017** | Sec | 2020>25 | 58 € 17
- **Meursault Vieilles Vignes 2017** | Sec | 2020>23 | 36 € 15,5
- **Volnay premier cru Champans 2017** | Sec | 2023>27 | 58 € 17
- **Volnay premier cru Santenots 2017** | Sec | 2023>27 | 58 € 17

3, rue de la Velle, 21190 Meursault • Tél. 03 80 21 22 32 • dombuissoncharles@wanadoo.fr • www.buisson-charles.com • Visite : sur rendez-vous uniquement.

BUTTERFIELD WINE

Arrivé de Toronto à Beaune en 1986 pour prêter main forte au développement des activités œnotouristiques de ses parents, David Butterfield s'est épris des vins de la région. Après une expérience chez Deux Montille et au domaine de la Vougeraie, il a développé sa propre enseigne de négoce, basée à Beaune. Il achète les raisins des mêmes parcelles chaque année pour optimiser la qualité des vins produits. Sa femme Juliette Lardière, nourries aux meilleures sources techniques de Louis Jadot le seconde. Les blancs sont d'une précision exemplaire et les rouges ne sont pas en reste avec de très beaux équilibres entre tannins soyeux, acidité et intensité du fruit. Nous avons dégusté en barrique quelques 2018, des blancs très prometteurs, de grande pureté et des rouges qui s'annoncent croquants, intenses, subtils. Ils vont succéder à des blancs 2017 très purs et délicats et à des rouges tendres mais fort bien constitués, le délicieux nuits-saint-georges village et le superbe nuits-saint-georges premier cru les-murgers pour ne citer qu'eux.

- **Beaune premier cru Les Bressandes 2017** | Sec | 2022>30 | 44 € 16,5
- **Bourgogne Les Vaux 2018** | Sec | 2019>25 | NC 15
- **Chassagne-Montrachet premier cru Les Embazées 2017** | Sec | 2019>28 | 59 € 16,5
- **Corton grand cru 2017** | Sec | 2022>30 | 103 € 17,5
- **Meursault 2017** | Sec | 2019>25 | 47 € 15,5
- **Nuits-Saint-Georges 2017** | Sec | 2021>28 | 42 € 16
- **Nuits-Saint-Georges premier cru Aux Murgers 2017** | Sec | 2021>29 | 64 € 17
- **Puligny-Montrachet premier cru Les Folatières 2017** | Sec | 2019>28 | 83 € 17,5
- **Saint-Romain 2017** | Sec | 2019>25 | 25 € 15

22 Rue Richard, 21200 Beaune • Tél. 03 80 24 69 36 ou 06 11 82 27 32 • info@butterfieldwine.com • www.butterfield.wine.com • Visite : Dégustations sur rendez-vous.

DOMAINE FRANÇOIS CARILLON

François Carillon a décidé en 2010 de voler de ses propres ailes et fait ses débuts à la tête d'un domaine personnel de 5 hectares. Ce sympathique et volubile vigneron, qui possède une connaissance parfaite de la cartographie de son cru, a su rapidement provoquer les opportunités de développement de son patrimoine viticole, pour compter aujourd'hui non moins de 14 hectares entre Puligny, Chassagne et Saint-Aubin. Le style des vins évolue entre générosité enrobante de maturité et retenue minérale et cristalline. François est aussi un vigneron de cœur, qui a décidé d'organiser une vente de charité en novembre 2019 en soutien à une jeune fille qui a besoin de soins coûteux.

- **Bourgogne 2017** | Sec | 2020>25 | 15 € 16
- **Bourgogne aligoté 2017** | Sec | 2020>25 | 11 € 16,5
- **Bourgogne Cuvée le Vieux Clos 2017** | Sec | 2021>25 | 20 € 16
- **Puligny-Montrachet 2017** | Sec | 2021>25 | 32 € 16,5
- **Puligny-Montrachet premier cru Champ Gain 2017** | Sec | 2021>23 | 60 € 17
- **Puligny-Montrachet premier cru Folatières 2017** | Sec | 2021>24 | 65 € 17
- **Puligny-Montrachet premier cru Les Combettes 2017** | Sec | 2023>26 | 66 € 17,5
- **Puligny-Montrachet premier cru Les Perrières 2017** | Sec | 2020>25 | 66 € 19
- **Saint-Aubin premier cru Les Murgers des Dents de Chien 2017** | Sec | 2020>25 | 37 € 17

3, place de l'Eglise, 21190 Puligny-Montrachet • Tél. 03 80 21 00 80 • contact@francoiscarillon.com • www.francoiscarillon.com • Visite : sur rendez-vous uniquement.

DOMAINE DENIS CARRE

Ce domaine de 12 hectares, basé à Meloisey dans les Hautes-Côtes de Beaune, propose un éventail assez large d'appellations du secteur. Il pratique une viticulture en mode raisonné et des vinifications traditionnelles. C'est la seconde année que nous dégustons les vins, avec une préférence pour les rouges qui sont de vrais vins de vigneron, à la fois précis et séducteurs.

- **Auxey-Duresses Les Vireux 2017** | Sec | 2020>23 | NC **16,5**
- **Beaune premier cru Les Tuvilains 2017** | Sec | 2020>24 | NC **15,5**
- **Hautes Côtes de Beaune Le Clou 2017** | Sec | 2020>23 | NC **15**
- **Pommard 2017** | Sec | 2022>25 | NC **15**

1, Rue du Puits Bouret, 21190 Meloisey • Tél. 03 80 26 02 21 • domainedeniscarre@wanadoo.fr • Visite : sur rendez-vous.

CHAMPY

★★★☆☆

Fondée en 1720 par Edmé Champy, maître tonnelier, cette maison de négoce est assurément l'une des plus anciennes de Bourgogne. Après une bonne reprise en main au début des années 2000 sous l'impulsion du très compétent œnologue Dimitri Bazas et la reprise du Domaine Laleure-Piot, très bien doté dans le secteur de Pernand-Vergelesses, la maison appartient désormais au groupe AdVini. Toujours réalisés par Dimitri Bazas, les vins possèdent un style très pur, droit et précis, demandant le plus souvent deux à cinq ans de garde pour exprimer pleinement toute leur complexité. L'ensemble du vignoble (25 hectares) est aujourd'hui conduit en agriculture biologique.

- **Beaune premier cru Aux Cras 2017** | Sec | 2022>28 | 50 € **15,5**
- **Corton - Charlemagne grand cru 2017** | Sec | 2021>30 | 144 € **16,5**
- **Meursault 2017** | Sec | 2019>26 | 59 € **15,5**
- **Pernand-Vergelesses premier cru En Caradeux Domaine Laleure Piot 2017** | Sec | 2019>27 | 40 € **15**
- **Pernand-Vergelesses premier cru Vergelesses 2017** | Sec | 2020>25 | 40,50 € **16,5**
- **Pommard Clos de Bully 2017** | Sec | 2019>24 | NC **15**
- **Puligny-Montrachet premier cru Les Folatières 2017** | Sec | 2019>27 | 95 € **16**
- **Corton Rognet 2017** | Sec | 2023>33 | 122 € **17**

5, rue du Grenier-à-Sel, 21200 Beaune • Tél. 03 80 25 09 99 • boutique.champy@maisonchampy.com • www.maisonchampy.com • Visite : tous les jours de 10h à 12h30 et de 14h à 19h.

DOMAINE CHANDON DE BRIAILLES

★★★★☆ ♣

Cette superbe bâtisse du XVIIIe siècle posée sur des caves cisterciennes abrite un domaine familial créé en 1834. Géré depuis 2001 par le duo sœur-frère Claude et François de Nicolay, celui-ci s'étend sur près de 14 hectares intégralement conduits en biodynamie depuis 2005. Les vinifications sont des plus traditionnelles : raisins entiers, températures de fermentation n'excédant pas 30°C, et pas ou très peu de bois neuf. Un trio de conditions qui résume l'identité des vins, dont l'extraction colorante est aussi limitée que leur expression est intensément florale et raffinée. Le style des vins a beaucoup évolué en peu de temps. Timides dans leur jeunesse et se révélant au vieillissement, ils sont désormais beaucoup plus expressifs jeunes sans rien perdre de leur capacité à fort bien évoluer. Les rouges 2017 prolongent les 2016 en finesse de tannins. Le savigny-lavières donne le la, l'un des meilleurs de ce finage, les pernands et bien sûr les cortons montent d'un cran en intensité.

- **Corton - Bressandes grand cru 2017** | Sec | 2021>35 | 171 € **17,5**
- **Corton - Maréchaudes grand cru 2017** | Sec | 2021>30 | 148 € **17,5**
- **Pernand-Vergelesses premier cru Île de Vergelesses 2017** | Sec | 2020>30 | 68 € **17**
- **Pernand-Vergelesses premier cru Île des Vergelesses 2017** | Sec | 2020>28 | 78 € **16**
- **Savigny-lès-Beaune premier cru Les Lavières 2017** | Sec | 2020>27 | 54 € **16,5**

1, rue Sœur-Goby, 21420 Savigny-lès-Beaune • Tél. 03 80 21 50 97 • contact@chandondebriailles.com • www.chandondebriailles.com • Visite : du lundi au vendredi de 9h à 12h et de 14h à 18h sur rendez-vous ; fermé en août.

DOMAINE CHANGARNIER

★★☆☆☆

Antoine et Christophe Changarnier ont confié la gérance de cette propriété familiale de 300 ans à Fabrice Groussin. Ce jeune Charentais y applique depuis 2012 les méthodes d'une viticulture biologique et biodynamique sur le patchwork de 5 hectares de vignobles qui alimentent la production de pas moins 12 appellations. Les vins blancs, qui représentent un tiers de la production, sont vinifiés et élevés 12 mois en fût (10 à 15 % de bois neuf) et ne reçoivent ni bâtonnage, ni soutirage, ni collage, ce qui leur confère un aspect tendu à la fraîcheur acidulée. Les rouges, bien qu'éraflés à 100 %, présentent une extraction mesurée et possèdent une énergie vibrante.

- **Meursault Les Malpoiriers 2017** | Sec | 2020>23 | 33 € — 15
- **Monthélie premier cru Les Champs Fulliot 2017** | Sec | 2020>23 | 28 € — 15

Place du Puits, 21190 Monthelie • Tél. 03 80 21 22 18 • infos@domainechangarnier.com • www.domainechangarnier.com • Visite : uniquement sur rendez-vous.

CHANSON PÈRE ET FILS

★★★★☆

Fondée en 1750 par Simon Verry et acquise par le groupe Bollinger à la fin des années 1990, la plus ancienne des maisons beaunoises possède 45 hectares de vignobles situés dans les crus de référence des deux côtes. Les rouges de négoce proviennent essentiellement d'achats de raisin, vinifiés par la maison pour préserver l'unité de style avec le domaine. Brillamment mené sur le plan technique par Jean-Pierre Confuron (depuis 2001), ce domaine est devenu un modèle de viticulture, avec l'instauration des labours, l'abandon des amendements, et l'adoption d'une viticulture biologique. Les vins de Chanson préservent une très grande proportion de rafles lors de leur vinification en blanc comme en rouge. Le mot d'ordre est l'équilibre dans la tension. Les blancs sont entonnés avec un maximum de lies afin de garantir un aspect réducteur tout au long d'un élevage de 14 à 20 mois en fûts (20 % de bois neuf). Les rouges, dont la maturité de pinot est poussée à l'optimum, préservent une trame tannique et acide vibratoire et se parent d'un fruit charnu aux notes sous-jacentes d'épices douces et de réglisse. Des vins qui méritent quelques années de patience dans les deux couleurs.

- **Beaune premier cru Bastion 2017** | Sec | 2022>29 | NC — 15
- **Beaune premier cru Bastion 2017** | Sec | 2022>25 | 44,50 € — 15
- **Beaune premier cru Champs-Pimont 2017** | Sec | 2023>32 | 55 € — 16,5
- **Beaune premier cru Clos des Fèves 2017** | Sec | 2027>37 | 93,40 € — 18,5
- **Beaune premier cru Clos des Marconnets 2017** | Sec | 2027>37 | 52,60 € — 16,5
- **Beaune premier cru Clos des Mouches 2017** | Sec | 2027>37 | 93,40 € — 18
- **Clos de Vougeot grand cru 2017** | Sec | 2029>37 | 273,25 € — 17
- **Corton - Les Vergennes grand cru Domaine des Héritiers P. Chanson 2017** | Sec | 2025>32 | 147 € — 18
- **Gevrey-Chambertin 2017** | Sec | 2025>29 | 59,20 € — 16
- **Pernand-Vergelesses premier cru Vergelesses 2017** | Sec | 2025>32 | 49,10 € — 16,5
- **Puligny-Montrachet premier cru Les Folatières 2017** | Sec | 2023>29 | 125,20 € — 17
- **Saint-Véran 2017** | Sec | 2020>23 | 18,75 € — 14,5
- **Savigny-lès-Beaune premier cru La Dominode 2017** | Sec | 2025>32 | 51,30 € — 15
- **Viré-Clessé 2017** | Sec | 2019>25 | 17 € — 14
- **Côte de Nuits-Villages Clos de la Belle Marguerite 2017** | Sec | 2023>29 | 30,65 € — 16

10, rue Paul-Chanson, 21200 Beaune • Tél. 03 80 25 97 84 • chanson@domaine-chanson.com • www.domaine-chanson.com • Visite : sur rendez-vous.

DOMAINE JEAN CHARTRON

★★★☆☆

Les 13 hectares de ce domaine familial installé au milieu du XIXe siècle sont depuis 1998 sous la responsabilité de Jean-Michel Chartron, rejoint par sa sœur Anne-Laure. Depuis 2004, ils sont cultivés en agriculture biologique, sans certification. La gamme comporte une superbe représentation des climats de Puligny et de Chassagne, avec trois enclaves iconiques dans les Pucelles, le Cailleret et le Chevalier. Tous les vins possèdent une puissance minérale réelle combinée à de la délicatesse et surtout ils donnent de la joie et du plaisir, qualités requises et parfois oubliées.

- **Chevalier-Montrachet grand cru Clos des Chevaliers 2017** | Sec | 2023>28 | 290 € — 18,5
- **Crémant de Bourgogne Le Crémant de Jean Eff. 2017** | Brut | 2021>24 | 14,90 € — 14,5
- **Montrachet grand cru 2017** | Sec | 2021>29 | épuisé — 19
- **Puligny-Montrachet premier cru Clos de la Pucelle 2017** | Sec | 2023>26 | 69 € — 17
- **Puligny-Montrachet premier cru Clos du Cailleret 2017** | Sec | 2022>26 | 69 € — 17
- **Rully Montmorins 2017** | Sec | 2020>23 | 16,90 € — 15,5
- **Saint-Aubin premier cru Les Murgers des Dents de Chien 2017** | Sec | 2021>23 | 33 € — 17,5

8 Bis Grande-Rue - B.P. 1, 21190 Puligny-Montrachet • Tél. 03 80 21 99 19 • info@jeanchartron.com caveau@jeanchartron.com • www.jeanchartron.com • Vi-

site : De mai à novembre, du lundi au mercredi sur rendez-vous. Du jeudi au dimanche de 10h à 12h et de 14h à 18h. Fermé les trois premières semaines d'août.

DOMAINE CHEVALIER PÈRE ET FILS

★★★☆☆

L'histoire du domaine commence avec trois hectares de gamay en 1850 et perdure aujourd'hui avec trois des cinq filles de Claude Chevalier : Julie au commerce, Anaïs à la gestion et Chloé depuis 2010 aux manettes techniques des 16 hectares du vignoble acquis à la cause de la colline de Corton et de ses environs. Chloé a eu à cœur de faire progresser les rouges qui vivaient dans l'ombre des blancs et affirme le potentiel de ses ladoix dont on sous-estime souvent la puissance native qu'il faut canaliser. Les vins d'aujourd'hui se différencient par leur finesse et leur élégance naturelle, admirablement mises en avant par une extraction intelligente et plus juste. Le simple ladoix blanc 2017, une ode au chardonnay du nord de la côte de Beaune, donne le « la ».

- **Corton - Charlemagne grand cru 2017** | Sec | 2021>30 | 78 € — 16
- **Côte de Nuits-Villages 2017** | Sec | 2019>23 | 19 € — 15
- **Ladoix 2017** | Sec | 2020>25 | 19 € — 15
- **Ladoix 2017** | Sec | 2019>23 | 22 € — 15
- **Ladoix premier cru Les Corvées 2017** | Sec | 2019>27 | 25 € — 16

2, grande rue de Buisson - Cedex 18, 21550 Ladoix-Serrigny • Tél. 03 80 26 46 30 • contact@domaine-chevalier.fr • www.domaine-chevalier.fr • Visite : du lundi au vendredi de 9h à 12h et de 14h à 17h.

DOMAINE CHEVROT ET FILS

★★☆☆☆ ♣

Pablo et Vincent Chevrot, quarantenaires posés et sereins, exploitent avec entente et complémentarité ce joli domaine de 18 hectares dans les Maranges, certifié bio. Un travail est réalisé dans les vignes sur la gestion des engrais verts, 4 hectares sont labourés au cheval, le tout avec une volonté forte d'impliquer les salariés dans la philosophie de l'entreprise. Au total, 17 cuvées sont disponibles, élevées entre 8 et 15 mois, avec un usage limité du soufre. Les blancs sont mûrs et onctueux, les rouges offrent une complexité aromatique et un toucher de bouche délicat avec du relief. Un domaine qui a réellement progressé dans la qualité ces dernières années et met à la fois la viticulture biologique et les maranges en valeur.

- **Bourgogne aligoté Cuvée des Quatre Terroirs 2017** | Sec | 2020>24 | 12,50 € — 16
- **Crémant de Bourgogne Eff. 2017** | Brut | 2021>24 | 15,10 € — 15,5
- **Maranges 2017** | Sec | 2022>27 | 22,90 € — 16
- **Maranges premier cru La Fussière 2017** | Sec | 2022>26 | 38,50 € — 16,5
- **Maranges premier cru La Fussière 2017** | Sec | 2020>24 | 26,80 € — 17
- **Maranges premier cru Le Croix Moines 2017** | Sec | 2021>24 | 38,50 € — 18
- **Maranges Sur le Chêne 2017** | Sec | 2021>25 | 20,30 € — 16,5
- **Santenay premier cru Clos Rousseau 2017** | Sec | 2021>25 | 26,80 € — 17

19, route de Couches, 71150 Cheilly-les-Maranges • Tél. 03 85 91 10 55 • contact@chevrot.fr • www.chevrot.fr • Visite : sur rendez-vous, du lundi au samedi de 9h à 12h et de 14h à 17h.

ABBAYE DE SANTENAY - MICHEL CLAIR ET FILLE

★★☆☆☆ ♣

Pour la première année dans notre guide, ce domaine typiquement santenois de 12 hectares est mené en biodynamie depuis une dizaine d'années et certifié Demeter depuis 2018. Anne Clair propriétaire de ce domaine est décédée brutalement en 2017 et son mari Ludovic Pierrot a souhaité poursuivre son œuvre tout en gardant ses activités de conseils en biodynamie. Il a recruté Aline Beauné, œnologue, pour assurer la partie vins de l'exploitation. Avec un parcellaire varié de vieilles vignes, le résultat est la hauteur avec une très belle série de premiers crus en rouge et blancs, gourmands et dynamiques.

- **Hautes Côtes de Beaune Abbaye de Santenay 2017** | Sec | 2020>25 | 12,50 € — 15,5
- **Santenay premier cru Clos de Tavannes 2017** | Sec | 2022>24 | 37,50 € — 17
- **Santenay premier cru La Comme 2017** | Sec | 2020>25 | 27 € — 17
- **Santenay premier cru La Comme 2017** | Sec | 2020>23 | 37,50 € — 16
- **Santenay premier cru Les Gravières 2017** | Sec | 2020>24 | 32,50 € — 15,5

2, rue de Lavau, 21590 Santenay • Tél. 03 80 20 62 55 • domaine-michel.clair@wanadoo.fr • Visite : uniquement sur rendez-vous.

DOMAINE FRANÇOISE ET DENIS CLAIR

Jean-Baptiste Clair gère le domaine depuis 2011. Les 14 hectares du vignoble, dont 8,5 hectares plantés en rouge, se concentrent sur Saint-Aubin et Santenay et couvrent les climats les plus convoités tels qu'En Remilly, Murgers des Dents de Chien, ou encore Sous Roche Dumay. Les vins rouges, qui étaient la spécialité de son père Denis, sont ici vinifiés en cuves béton et offrent un caractère floral, un fruit croquant et une élégance certaine. Les blancs, qui ont progressé de façon spectaculaire depuis l'arrivée de Jean-Baptiste et dont la vinification s'effectue à Saint-Aubin, présentent une droiture cristalline et une densité saline.

- **Saint-Aubin premier cru En Remilly 2017** | Sec | 2020>23 | 29 € — 14,5
- **Santenay premier cru Clos de la Comme 2017** | Sec | 2020>24 | 24 € — 15
- **Santenay premier cru Clos de Tavannes 2017** | Sec | 2020>23 | 25 € — 17
- **Santenay premier cru Clos des Mouches 2017** | Sec | 2020>23 | 22 € — 15,5
- **Santenay Clos Genêt 2017** | Sec | 2020>23 | 17 € — 16

14, rue de la Chapelle, 21590 Santenay • Tél. 03 80 20 61 96 • fdclair@orange.fr • www.domaineclair.fr • Visite : sur rendez-vous du lundi au samedi.

DOMAINE JEAN-FRANÇOIS COCHE-DURY

Dans ce domaine emblématique de Meursault, les générations se succèdent mais les méthodes de travail demeurent. Raphaël Coche, jeune vigneron à l'humilité et à la modestie qui n'est pas sans rappeler celle de son père Jean-François, est arrivé au domaine en 1997 et tient les rênes des 10 hectares. Tenace et passionné, il perpétue un travail de patience et de minutie avec des labours d'une précision chirurgicale associés à une taille en cordon de Royat pour la vigne. En cave, les blancs fermentent lentement et sont élevés en fûts durant un an avant d'être soutirés, pour être remis en fûts d'âges différents pour un second hiver. L'embouteillage ne s'effectuera que durant leur seconde année d'élevage, en avril, de façon manuelle et fût par fût, afin de préserver l'identité individuelle de chaque pièce sans le moindre signe réducteur. Les vins offrent une tension verticale et une finesse aromatique florale admirable. Leur texture dense, issue de la profondeur des argiles riches d'oxydes de fer, est ici dentelée, ciselée par la sapidité saline du calcaire, et laisse place à une persistance aromatique intense démesurée. Superbe !

- **Bourgogne 2017** | Sec | 2020>25 | NC — 16,5
- **Bourgogne 2017** | Sec | 2020>25 | NC — 16,5
- **Corton-Charlemagne grand cru 2017** | Sec | 2023>26 | NC — 19
- **Meursault 2017** | Sec | 2020>26 | NC — 18
- **Meursault premier cru Caillerets 2017** | Sec | 2022>29 | NC — 19
- **Meursault premier cru Genevrières 2017** | Sec | 2023>30 | NC — 19
- **Meursault premier cru Perrières 2017** | Sec | 2023>28 | NC — 19
- **Meursault Les Chevalières 2017** | Sec | 2022>28 | NC — 19
- **Meursault Les Narvaux 2017** | Sec | 2023>26 | NC — 17
- **Meursault Les Rougeots 2017** | Sec | 2022>26 | NC — 17
- **Monthélie 2017** | Sec | 2021>26 | NC — 17
- **Volnay premier cru 2017** | Sec | 2021>26 | NC — 18,5

25, rue Charles-Giraud, 21190 Meursault • Tél. 03 80 21 24 12

DOMAINE BRUNO COLIN

Bruno Colin, le plus jeune fils de Michel Colin-Deleger, s'est installé à son compte en 2004 pour développer une interprétation précise et stylée du chardonnay bourguignon. Avec pas moins de huit premiers crus sur la seule appellation de Chassagne-Montrachet, les 9 hectares de vignoble s'étendent sur 50 micro-parcelles, également sur les communes de Puligny-Montrachet, Saint-Aubin, Maranges et Santenay. Les blancs impressionnent par la précision de leur texture. Ce sont des vins de subtilité et d'élégance comme nous les défendons. Les rouges progressent avec un superbe santenay-gravières d'une délicatesse similaire à celle des blancs.

- **Bourgogne Chardonnay 2017** | Sec | 2020>24 | 20 € — 14,5
- **Chassagne-Montrachet 2017** | Sec | 2021>25 | 50 € — 15
- **Chassagne-Montrachet premier cru En Remilly 2017** | Sec | 2020>25 | 90 € — 17,5
- **Chassagne-Montrachet premier cru Morgeot 2017** | Sec | 2020>25 | 76 € — 17
- **Chassagne-Montrachet Vieilles Vignes 2017** | Sec | 2021>24 | 36 € — 16
- **Chevalier-Montrachet grand cru 2017** | Sec | 2022>26 | 500 € — 18
- **Maranges premier cru Clos de la Fussière 2017** | Sec | 2022>25 | 34 € — 16,5
- **Puligny-Montrachet premier cru La Truffière 2017** | Sec | 2021>25 | 120 € — 17,5

- **Saint-Aubin premier cru En Charmois 2017** | Sec | 2019>23 | 48 € **16,5**
- **Santenay premier cru Les Gravières 2017** | Sec | 2020>25 | 36 € **17,5**

3, impasse des Crets, 21190 Chassagne-Montrachet • Tél. 03 80 24 75 61 • contact@domainebrunocolin.com • www.domaine-bruno-colin.com • Visite : sur rendez-vous.

DOMAINE MARC COLIN ET FILS

★★★☆☆

Caroline et Damien Colin marchent dans les pas de leur père Marc et conduisent ce domaine de 12 hectares, répartis sur 26 appellations. Ils s'en montrent d'ailleurs dignes, en conservant le même style : des blancs ronds, savoureusement boisés, faciles à comprendre et à boire dès leur mise en bouteille ou presque, mais avec de la tenue. La gamme présentée est complète, avec au sommet, et produits en très petite quantité, des grands crus recherchés de tous les amateurs.

- **Chassagne-Montrachet premier cru En Cailleret 2017** | Sec | 2021>25 | 75 € **17,5**
- **Chassagne-Montrachet premier cru Les Champs Gain 2017** | Sec | 2023>26 | 65 € **16,5**
- **Montrachet grand cru 2017** | Sec | 2023>25 | 700 € **17**
- **Saint-Aubin premier cru En Montceau 2017** | Sec | 2020>23 | 40 € **16,5**
- **Saint-Aubin premier cru En Remilly 2017** | Sec | 2020>23 | 40 € **16,5**
- **Saint-Aubin premier cru La Chatenière 2017** | Sec | 2020>23 | 40 € **16**
- **Saint-Aubin premier cru Le Charmois 2017** | Sec | 2020>24 | 35 € **16,5**

9, rue de la Chatenière, 21190 Saint-Aubin • Tél. 03 80 21 30 43 • contact@marc-colin.com • www.marc-colin.com • Visite : Sur rendez-vous.

PIERRE-YVES COLIN-MOREY

★★★★☆

Pierre-Yves Colin a quitté le domaine familial de Saint-Aubin (Marc Colin) en 2006 pour un jardin de 2,5 hectares de vignes devenus 11 hectares et situés entre Saint-Aubin, Chassagne-Montrachet, Puligny-Montrachet et Meursault. Avec son épouse Caroline Morey qui possède également son propre domaine, ils partagent un magnifique lieu de production très moderne depuis 2015. Les blancs sont pressés en grappes entières et les jus qui en découlent sont très peu débourbés afin de préserver un maximum de lies nourrissantes, avec des élevages longs de 20 mois. Le résultat est tout simplement superbe avec des vins racés et de grande élégance. Pierre-Yves Colin est assurément l'un des vinificateurs les plus doués de sa génération.

- **Bâtard-Montrachet grand cru 2017** | Sec | 2022>30 | NC **19**
- **Chassagne-Montrachet premier cru Abbaye de Morgeot 2017** | Sec | 2021>26 | NC **17,5**
- **Chassagne-Montrachet premier cru Cailleret 2017** | Sec | 2022>29 | NC **18,5**
- **Chassagne-Montrachet premier cru Les Baudines 2017** | Sec | 2022>29 | NC **18**
- **Chassagne-Montrachet Les Encégnières 2017** | Sec | 2021>26 | NC **17,5**
- **Chevalier-Montrachet grand cru 2017** | Sec | 2023>28 | NC **19**
- **Corton - Charlemagne grand cru 2017** | Sec | 2023>30 | NC **18**
- **Meursault premier cru Perrières 2017** | Sec | 2022>26 | NC **18**
- **Puligny-Montrachet premier cru La Garenne 2017** | Sec | 2021>27 | NC **18**
- **Saint-Aubin premier cru En Remilly 2017** | Sec | 2022>28 | NC **17**
- **Saint-Aubin premier cru Hommage à Marguerite 2017** | Sec | 2022>28 | NC **16,5**
- **Saint-Aubin premier cru La Chatenière 2017** | Sec | 2023>27 | NC **16,5**
- **Saint-Aubin premier cru Les Champlots 2017** | Sec | 2023>26 | NC **17**
- **Saint-Aubin Le Banc 2017** | Sec | 2020>24 | NC **16**

2, Chemin du Puits Merdreaux, 21190 Chassagne-Montrachet • Tél. 03 80 21 90 10 • contact@pierreyvescolinmorey.fr

DOMAINE DU COMTE ARMAND

★★★☆☆ ♣

2014 représente le premier millésime de Paul Zinetti dans son poste de régisseur de ce domaine emblématique de 9 hectares créé en 1826. Le vignoble y est conduit en accordance des pratiques biodynamiques depuis plus de 10 ans et contient le fameux clos des Épeneaux, joyaux de 5,3 hectares du domaine. Pas de fautes d'orthographe ni de faute de goût ici, épeneaux est un monopole qui se décline sous des aspects racés de pommard, avec une grande finesse de tannins. Splendide Volnay premier cru les-frémiets qui devance le pommard en terme de puissance absolue. Les boisés qui ont pu faire débat par le passé sont désormais bien intégrés et laissent s'exprimer la qualité remarquable des jus. Ces superbes 2017 feront référence et seront des vins de grande garde. Le domaine revient avec eux sur le devant de la scène et méritera une promotion dès que nous aurons pu valider la constance de ce nouveau style.

- **Auxey-Duresses premier cru 2017** | Sec | 2021>28 | NC — 16
- **Bourgogne aligoté 2017** | Sec | 2019>22 | NC — 14,5
- **Pommard premier cru Clos des Épeneaux 2017** | Sec | 2023>35 | NC — 17,5
- **Volnay premier cru Les Frémiets 2017** | Sec | 2023>32 | NC — 18

7, rue de la Mairie, 21630 Pommard • Tél. 03 80 24 70 50 • epeneaux@domaine-comte-armand.com • www.domaine-comte-armand.com • Visite : Sur rendez-vous.

DOMAINE DES COMTES LAFON

Ce domaine, créé à la fin du XIXe siècle, dispose de l'un des plus beaux patrimoines de la côte de Beaune. Les 16,5 hectares de son vignoble cultivé sous influence biodynamique se situent non seulement dans les tout meilleurs crus de Meursault et de Volnay, mais représentent également les parcelles les plus admirablement placées au sein de leurs climats respectifs ! Dominique Lafon, gérant de ce domaine familial, est au sommet de son art et le porte, grâce à un travail d'une précision d'horloger, à un niveau qualitatif exceptionnel. Les blancs, qui ont bâti la réputation du domaine alors que celui-ci produit un tiers de vins rouges, se distinguent par une énergie saline, vibratoire et sapide et un toucher de bouche élancé et velouté. Les rouges, vinifiés sans les rafles, possèdent une identité pulpeuse, dense et savoureuse.

- **Meursault 2017** | Sec | 2020>24 | NC — 17
- **Meursault premier cru Charmes 2017** | Sec | 2019>23 | NC — 19,5
- **Meursault premier cru Genevrières 2017** | Sec | 2021>24 | NC — 19
- **Meursault premier cru La Goutte d'Or 2017** | Sec | 2020>24 | NC — 19
- **Meursault premier cru Les Bouchères 2017** | Sec | 2021>25 | NC — 18
- **Meursault premier cru Perrières 2017** | Sec | 2020>25 | NC — 19
- **Meursault premier cru Poruzot 2017** | Sec | 2020>23 | NC — 18
- **Meursault Désiré 2017** | Sec | 2020>24 | NC — 17
- **Monthélie premier cru Les Duresses 2017** | Sec | 2020>23 | NC — 16,5
- **Montrachet grand cru 2017** | Sec | 2020>23 | NC — 19
- **Volnay 2017** | Sec | 2020>24 | NC — 16,5
- **Volnay premier cru Champans 2017** | Sec | 2020>25 | NC — 18
- **Volnay premier cru Clos des Chênes 2017** | Sec | 2020>25 | NC — 17
- **Volnay premier cru Santenots du Milieu 2017** | Sec | 2020>25 | NC — 17,5

Clos de la Barre, 21190 Meursault • Tél. 03 80 21 22 17 • comtes.lafon@gmail.com • www.comtes-lafon.fr

DOMAINE DE LA CONFRÉRIE - CHRISTOPHE PAUCHARD

Christophe Pauchard est le propriétaire de ce domaine de 9,5 hectares, créé en 1991, situé dans les Hautes-Côtes de Beaune, dans le village de Cirey, près de Nolay. Il cultive des parcelles dans les Hautes-Côtes, et sur les villages de Meursault, Santenay et Volnay. Le domaine présente ses vins pour la première fois dans notre guide, il est donc à suivre.

- **Meursault premier cru Les Cras 2016** | Sec | 2021>26 | 39 € — 14,5
- **Volnay premier cru Santenots 2016** | Sec | 2021>25 | 35 € — 15,5

37, rue Perraudin, 21340 Cirey-les-Nolay • Tél. 06 87 39 29 07 • info@domaine-pauchard.fr • www.domaine-pauchard.fr • Visite : Sur rendez-vous.

DOMAINE EDMOND CORNU & FILS

Ce domaine d'une bonne quinzaine d'hectares produit depuis de nombreuses années des vins de type classique, sincères, bien typés de leurs terroirs respectifs. Après des 2016 qui développaient un supplément de finesse dans les tannins, 2017 renoue avec un style plus classique du domaine incarné par le corton-bressandes, souverain et autoritaire. On attendra un peu les vins en cave, ils le méritent.

- **Aloxe-Corton 2017** | Sec | 2021>28 | 30,30 € — 15,5
- **Aloxe-Corton premier cru Les Valozières 2017** | Sec | 2021>30 | 52 € — 16
- **Bourgogne 2017** | Sec | 2019>25 | 12,80 € — 14
- **Chorey-lès-Beaune 2017** | Sec | 2019>23 | 21,20 € — 14
- **Corton - Bressandes grand cru 2017** | Sec | 2023>35 | 74,70 € — 17
- **Ladoix premier cru La Corvée 2017** | Sec | 2020>28 | 34,70 € — 14,5
- **Ladoix Les Carrières 2017** | Sec | 2020>27 | 25,20 € — 15

Le Meix Gobillon - 6 rue du Bief - 6, rue du Bief - Cedex 34, 21550 Ladoix-Serrigny • Tél. 03 80 26 40 79 • domaine@cornu-edmond-et-fils.fr • www.bourgogne-vigne-verre.com • Visite : sur rendez-vous et fermé les jours fériés et le dimanche.

DOMAINE DE COURCEL

★★★★★

Le domaine est allé plus loin que n'importe lequel des autres producteurs de pommards dans le millésime 2017, ce qui n'est pas étonnant pour ceux qui connaissent la maison. Les 10 hectares appartiennent à la famille de Courcel depuis le XVIe siècle. Ce domaine possède le plus homogène des vignobles de Pommard, essentiellement composé de premiers crus, avec une parcelle royale de 5 hectares d'Épenots et de très vieilles vignes. Yves Confuron, vigneron passionné et talentueux, y développe depuis 1996 une viticulture de haute couture aux rendements infimes qui lui permet de repousser les dates de vendanges vers une maturité optimale des raisins qui seront vinifiés en grappes entières. Ce sont des rouges de très grande garde, expression d'un absolu en côte-de-beaune dans cette couleur. Une verticale récente de clos-des-épenots montrait des vins en pleine forme, notamment un 1999 juvénile. Sur le millésime 2017, en termes de densité de texture, le simple bourgogne du domaine démarre là où bien des premiers crus de Pommard ne sont pas allés.

- **Bourgogne pinot noir 2017** | Sec | 2020>26 | 25 € — 15,5
- **Pommard premier cru Grand Clos des Épenots 2017** | Sec | 2025>35 | 85 € — 17,5
- **Pommard premier cru Les Croix Noires 2017** | Sec | 2022>35 | 70 € — 16,5
- **Pommard premier cru Les Frémiers 2017** | Sec | 2022>35 | 70 € — 17
- **Pommard premier cru Les Rugiens 2017** | Sec | 2025>35 | 105 € — 18
- **Pommard Les Vaumuriens 2017** | Sec | 2022>30 | 60 € — 16

Place de l'Église, 21630 Pommard • Tél. 03 80 22 10 64 • courcel@domaine-de-courcel.com • www.domainedecourcel.com • Visite : sur rendez-vous. Fermé pendant les vendanges.

DOMAINE DES CROIX

★★★☆☆

Après des années en tant que vinificateur de la maison Camille Giroud, David Croix se concentre sur un petit domaine propriétaire, étendu sur quelques jolis terroirs du secteur de Beaune et de Corton. Après un 2016 exceptionnel aux tannins ultra fins, profonds et aériens à la fois, d'une folle subtilité, 2017 joue un registre plus immédiatement accessible, moins dense. Certes on le boira un peu plus vite que son prédécesseur mais chaque cuvée montre également des nuances très subtiles.

- **Beaune 2017** | Sec | 2019>26 | 26 € — 15
- **Beaune premier cru Les Bressandes 2017** | Sec | 2020>28 | 42 € — 16
- **Beaune premier cru Les Grèves 2017** | Sec | 2020>28 | 53 € — 16
- **Corton - Grèves grand cru 2017** | Sec | 2022>35 | 85 € — 17
- **Corton - Vigne-au-Saint grand cru 2017** | Sec | 2020>30 | 85 € — 16,5

2, rue Colbert, 21200 Beaune • Tél. 03 80 22 41 81 • contact@domainedescroix.com • Visite : dégustation sur rendez-vous uniquement.

DOMAINE VINCENT DANCER

★★★★☆ ♣

Vincent Dancer, originaire d'Alsace, est un vigneron engagé, intéressé davantage par le cheminement que par le résultat, avec beaucoup d'éthique. Il est l'un des rares à avoir certifié son domaine en agriculture biologique sur l'appellation en 2012 et il fait davantage confiance à son intuition et son travail pour ne pas s'en remettre aux analyses des laboratoires œnologiques. Le domaine va passer à 8 hectares en s'élargissant dans les Hautes-Côtes de Beaune, avec une nouvelle plantation sur des prairies calcaires où règne la biodiversité qu'il entend respecter. Adepte des petits rendements, des pressurages longs et du maintien d'un maximum de lies pendant l'élevage, il n'ajoute du soufre qu'à la mise en bouteille. Il en résulte des vins de caractère et de force enracinés dans leurs terroirs.

- **Bourgogne 2017** | Sec | 2020>23 | 15 € — 16
- **Chassagne-Montrachet 2017** | Sec | 2020>24 | 25 € — 16
- **Chassagne-Montrachet premier cru La Romanée 2017** | Sec | 2023>27 | 45 € — 17
- **Chassagne-Montrachet premier cru Les Morgeots 2017** | Sec | 2020>25 | 45 € — 16,5
- **Chassagne-Montrachet premier cru Les Morgeots 2017** | Sec | 2020>26 | 25 € — 16,5
- **Chevalier-Montrachet grand cru 2017** | Sec | 2024>30 | 160 € — 19
- **Meursault premier cru Perrières 2017** | Sec | 2021>26 | 65 € — 18
- **Pommard premier cru Les Pézerolles 2017** | Sec | 2021>26 | 35 € — 17
- **Pommard Les Perrières 2017** | Sec | 2020>25 | 25 € — 17

23, route de Santenay, 21190 Chassagne-Montrachet • Tél. 03 80 21 94 48 • vincentdancer@free.fr • www.vincentdancer.com • Visite : sur rendez-vous.

DOMAINE STÉPHANE DE SOUSA - LA ROCHE BRÛLÉE

Stéphane de Sousa est tombé dans les cuves dès le plus jeune âge. Petits-fils de vigneron volnaysien par sa mère et fils de vigneron portugais, après une dizaine d'années passées dans le commerce des biotechnologies, il a répondu à l'appel de sa passion et de ses origines. Il exploite les 2 hectares de vignes familiales sur Meursault, Pommard et Volnay, avec une petite activité de négoce en complément. Le travail des vignes et de la cave est traditionnel, au plus proche possible de la nature.

- **Bourgogne Côte d'Or Les Many 2017** | Sec | 2020>23 | 11 € — 14,5
- **Meursault Les Millerands 2017** | Sec | 2020>23 | 25 € — 15,5

25, route Départementale 974, 21190 Meursault • Tél. 06 50 21 73 13 • domaine.sds@gmail.com • www.maisondesousa.com • Visite : sur rendez-vous.

DOMAINE HENRI DELAGRANGE

La quinzaine d'hectares du domaine s'étale d'Aloxe à Meursault. Didier Delagrange, sixième génération, est en charge de ce domaine de tradition et a beaucoup fait avancer viticulture et vinification, dans l'esprit qui anime ses amis dégustateurs du village, Thomas Bouley et Nicolas Rossignol. Il réalise des vins sincères en recherchant une maturité avancée du raisin. Le millésime 2017 a permis de faire des vins à boire un peu plus vite que les deux millésimes précédents que l'on mettra dans un coin plus reculé de la cave.

- **Pommard premier cru Les Bertins 2017** | Sec | 2020>28 | 38 € — 15,5
- **Pommard Les Vaumuriens-Hauts 2017** | Sec | 2022>28 | 27 € — 15,5
- **Volnay premier cru Champans 2017** | Sec | 2021>29 | 38 € — 16
- **Volnay premier cru Clos des Chênes 2017** | Sec | 2021>28 | 38 € — 16
- **Volnay premier cru Santenots 2017** | Sec | 2019>26 | 58 € — 14,5
- **Volnay Vieilles Vignes 2017** | Sec | 2020>26 | 27 € — 15,5

7, cours François-Blondeau, 21190 Volnay • Tél. 03 80 21 64 12 • didier@domaine-henri-delagrange.com • www.domaine-henri-delagrange.com • Visite : sur rendez-vous.

RODOLPHE DEMOUGEOT

Bien qu'installé depuis 1998 dans la commune de Meursault, Rodolphe Demougeot développe depuis 1992 un domaine dont le cœur de 7,8 hectares se compose principalement d'une jolie représentation des crus de Pommard et de Savigny-lès-Beaune. Les vins rouges, issus de raisins minutieusement triés, égrappés ou non, vinifiés en cuves béton, ont une énergie qui leur assure une buvabilité anticipée avec toutefois une enveloppe tannique séveuse garantissant une bonne tenue dans le temps. Les blancs, quant à eux, offrent droiture et verticalité.

- **Auxey-Duresses Les Clous 2017** | Sec | 2020>24 | 20 € — 15
- **Beaune Clos Saint-Désiré 2017** | Sec | 2020>24 | 24 € — 15
- **Beaune Les Beaux Fougets 2017** | Sec | 2020>24 | 24 € — 15,5
- **Bourgogne Vieilles Vignes 2017** | Sec | 2021>24 | 14 € — 14
- **Meursault 2017** | Sec | 2020>24 | 35 € — 15,5
- **Pommard 2017** | Sec | 2021>26 | 30 € — 16
- **Pommard Les Vignots 2017** | Sec | 2021>25 | 38 € — 18

2, rue du Clos-de-Mazeray, 21190 Meursault • Tél. 03 80 21 28 99 • rodolphe.demougeot@orange.fr • www.rodolphedemougeot.fr • Visite : sur rendez-vous.

JOSEPH DROUHIN

Originaire de l'Yonne, Joseph Drouhin fonda cette maison iconique en 1880. Celle-ci demeure, près de 140 ans plus tard, une histoire de famille, avec Frédéric à la gestion, Laurent aux marchés export, Philippe à la vigne et Véronique dans les chais. La viticulture biologique a fait ses débuts sur les 80 hectares du domaine en 1988, et les premières préparations biodynamiques y furent appliquées en 1997. Cette maison fait partie des rares domaines bourguignons à porter une attention notable au contrôle de sa merranderie afin d'imposer une sélection de bois des plus précises, ainsi qu'un temps de séchage adéquat (minimum 3 ans) pour chacune de ses cuvées. La même minutie est appliquée à la vigne, où les achats de raisins sont suivis dès le mois de mai afin d'établir les méthodes de vinification qui accompagneront chacune des parcelles. Il en découle un style de vin, en blanc comme en rouge, axé sur l'élégance, la finesse et l'expression du fruit dans sa phase primaire. Chaque climat s'exprime ici de façon limpide et précise.

- **Beaune premier cru Clos des Mouches 2017** | Sec | 2022>27 | NC — 18
- **Beaune premier cru Clos des Mouches 2017** | Sec | 2021>27 | NC — 18
- **Beaune premier cru Les Grèves 2017** | Sec | 2021>27 | NC — 17
- **Bonnes-Mares grand cru 2017** | Sec | 2022>30 | NC — 18
- **Chablis grand cru Les Clos 2017** | Sec | 2020>25 | NC — 17,5
- **Chablis premier cru Mont de Milieu 2017** | Sec | 2023>28 | NC — 16,5
- **Chambertin-Clos de Bèze grand cru 2017** | Sec | 2024>32 | NC — 17
- **Chambolle-Musigny 2017** | Sec | 2021>29 | NC — 17
- **Chambolle-Musigny premier cru Les Amoureuses 2017** | Sec | 2023>28 | NC — 17
- **Charmes-Chambertin grand cru 2017** | Sec | 2022>30 | NC — 17
- **Chassagne-Montrachet premier cru Morgeot Marquis de Laguiche 2017** | Sec | 2022>27 | NC — 18
- **Clos de Vougeot grand cru 2017** | Sec | 2023>31 | NC — 17,5
- **Corton - Charlemagne grand cru 2017** | Sec | 2024>30 | NC — 18,5
- **Mâcon-Lugny Les Crays 2017** | Sec | 2021>24 | NC — 15
- **Meursault 2017** | Sec | 2022>27 | NC — 16
- **Meursault premier cru Charmes 2017** | Sec | 2021>26 | NC — 16,5
- **Montagny premier cru 2017** | Sec | 2020>23 | NC — 16,5
- **Montrachet grand cru Marquis de Laguiche 2017** | Sec | 2024>30 | NC — 19
- **Musigny grand cru 2017** | Sec | 2021>29 | NC — 19
- **Pouilly-Vinzelles 2017** | Sec | 2020>26 | NC — 16
- **Puligny-Montrachet 2017** | Sec | 2021>26 | NC — 16
- **Puligny-Montrachet premier cru Clos de la Garenne 2017** | Sec | 2023>28 | NC — 17
- **Rully 2017** | Sec | 2020>26 | NC — 15

7, rue d'Enfer - BP 80029, 21200 Beaune • Tél. 03 80 24 68 88 • maisondrouhin@drouhin.com • www.drouhin.com • Visite : du lundi au samedi de 9h30 à 18h.

DOMAINE DUBREUIL-FONTAINE

★★☆☆☆

Voici un domaine référence du pittoresque village de Pernand, créé en 1979. La qualité millésime après millésime ne déçoit pas, nous la voyons progresser sereinement. Christine Gruère-Dubreuil représente la quatrième génération, en charge des 20 hectares du domaine sur 20 appellations. Les rouges, qui représentent la plus grande partie de la production, sont éraflés et voient des extractions plus modérées que dans le passé. Le pinot en profite et nous livre ses nuances salines, délicates. Les 2017 pourront être bus assez vite, ils traduisent fidèlement les nuances de chaque cru. Les blancs 2017 semblaient justes en maturité. On est en revanche proche des trois étoiles pour les rouges.

- **Beaune premier cru Les Montrevenots 2017** | Sec | 2020>27 | 31 € — 16
- **Corton - Clos du Roi grand cru 2017** | Sec | 2020>28 | 56 € — 17
- **Pernand-Vergelesses premier cru Île des Vergelesses 2017** | Sec | 2020>26 | 31 € — 16
- **Pommard premier cru Les Épenots 2017** | Sec | 2020>26 | 51 € — 15,5

18, rue Rameau-Lamarosse, 21420 Pernand-Vergelesses • Tél. 03 80 21 55 43 • domaine@dubreuil-fontaine.com • www.dubreuil-fontaine.com • Visite : du lundi au samedi de 9h à 12h et de 14h à 18h, le samedi de 9h à 12h. De préférence sur rdv.

RAYMOND DUPONT-FAHN

★☆☆☆☆

Raymond Dupont-Fahn est un jeune vigneron qui s'est installé en 2006 dans le village de Tailly à deux pas de Meursault. Ses parents vignerons à Monthelie et dans le Languedoc lui ont transmis le virus. Installé sur 6 hectares avec de belles appellations de Meursault à Puligny, il vinifie l'équivalent de 30 000 bouteilles, à majorité en blancs. Ses vignes sont labourées, il n'utilise pas de désherbant et son travail de cave a la particularité de faire passer les vins directement du fût à la bouteille. Un vigneron à suivre, qui n'hésite pas à se remettre en question.

- **Auxey-Duresses Les Vireux 2017** | Sec | 2020>24 | 15 € — 15
- **Bourgogne Chaumes des Perrières 2017** | Sec | 2020>23 | 13,20 € — 15,5
- **Meursault Les Clous 2017** | Sec | 2019> | 21,60 €
- **Meursault Les Tillets 2017** | Sec | 2020>24 | 22,80 € — 15,5
- **Puligny-Montrachet Les Charmes 2017** | Sec | 2020>23 | 26,40 € — 16,5

70, rue des Eaux, 21190 Tailly • Tél. 06 14 38 53 21 • domaine.raymond.dupontfahn@orange.fr • Visite : sur rendez-vous.

DOMAINE SYLVAIN DUSSORT

★☆☆☆☆

Nés de parents viticulteur et tonnelier, Sylvain Dussort et son épouse se sont installés en 1982 et exploitent à ce jour 6,5 hectares en appellations régionales et village à Meursault et Chorey-lès-Beaune. Leurs méthodes culturales s'opposent à la lutte systématique et les vinifications n'emploient que les levures indigènes et les vinifications se font dans la tradition bourguignonne, avec des élevages en fûts. Sylvain est aussi défenseur de la nouvelle appellation Bourgogne Côte d'Or, qu'il revendique avec fierté dès le millésime 2017.

- **Bourgogne Côte d'Or Cuvée des Ormes 2017** | Sec | 2020>24 | NC — 14,5
- **Meursault Le Limozin 2017** | Sec | 2021>24 | NC — 15
- **Meursault Le Limozin 2016** | Sec | 2020>25 | NC — 15
- **Meursault Vieilles Vignes 2017** | Sec | 2021>24 | NC — 15,5
- **Meursault Vieilles Vignes 2016** | Sec | 2020>23 | NC — 15

12, rue Charles-Giraud, 21190 Meursault • Tél. 03 80 21 27 50 • contact@sylvaindussort.com • www.sylvaindussort.com • Visite : sur rendez-vous.

MICHEL ET JOANNA ÉCARD

Dans ce domaine familial constitué de 4 hectares de vieilles vignes, les vins rouges (90 % de la production) sont élevés un minimum de deux hivers sans bois neuf depuis 2012, et possèdent un parfum floral harmonieux unique. Après des 2016 bien réussis, 2017 montre quelques cuvées qui gagneraient à un peu plus de protection mais le domaine est en progression et les vins étonnent par leur digestibilité et leurs arômes floraux raffinés. Remarquable densité du serpentières et des narbentons pour ne citer qu'eux.

- **Savigny-lès-Beaune premier cru Les Gravains 2017** | Sec | 2019>27 | 18 € — 15,5
- **Savigny-lès-Beaune premier cru Les Narbantons 2017** | Sec | 2019>27 | 23 € — 16
- **Savigny-lès-Beaune premier cru Les Peuillets 2017** | Sec | 2019>25 | 19 € — 15,5
- **Savigny-lès-Beaune premier cru Serpentières 2017** | Sec | 2020>27 | 21 € — 16

11, rue Chanson Maldant, 21420 Savigny-lès-Beaune • Tél. 06 30 18 28 13 • ecard.michel.joanna@orange.fr • Visite : du lundi au vendredi de 9h à 12h et de 14h à 19h sur rendez-vous, les dégustations le samedi de 16 à 18h.

DOMAINE ARNAUD ENTE

Arnaud Ente est un artisan, faiseur de vins haute couture sur son petit domaine de 4,5 hectares, amoureux de la vigne et de la plante. Secondé de son épouse et de son fils Pierre, rien n'est laissé au hasard pour une totale maîtrise de son art ; à la vigne comme en cuverie, ses gestes de précision devraient servir d'inspiration à tous. L'aligoté prouve ici qu'il peut être juste grand, sa vigne principale de l'Ormeau produit deux cuvées d'une élégance et d'une pureté sensationnelles et le pinot noir est d'une droiture sans concession, le tout dans un registre plutôt cérébral. On rêve pour lui d'un mécène capable de lui confier un grand cru !

- **Bourgogne 2017** | Sec | 2020>23 | NC — 16
- **Bourgogne 2017** | Sec | 2021>24 | NC — 17
- **Bourgogne aligoté 2017** | Sec | 2020>24 | NC — 16
- **Meursault 2017** | Sec | 2020>24 | NC — 17
- **Meursault premier cru Goutte d'Or 2017** | Sec | 2020>24 | NC — 18
- **Meursault Clos des Ambres 2017** | Sec | 2020>23 | NC — 17,5
- **Meursault Les Petits Charrons 2017** | Sec | 2020>24 | NC — 18
- **Meursault Sève du Clos 2017** | Sec | 2021>26 | NC — 17
- **Puligny-Montrachet premier cru Champ Gain 2017** | Sec | 2019>23 | NC — 19
- **Puligny-Montrachet premier cru Les Referts 2017** | Sec | 2020>24 | NC — 18
- **Volnay premier cru Santenots 2017** | Sec | 2020>26 | NC — 17,5

12, rue de Mazeray, 21190 Meursault • Tél. 03 80 21 66 12

DOMAINE BENOÎT ENTE

Benoît Ente est un vigneron engagé, il souhaiterait une véritable évolution de la viticulture pour davantage de durabilité sur l'ensemble de l'appellation. Il travaille ses 5,86 hectares sur 3 appellations, pratique des tailles différentes dans ses vignes selon les besoins du cépage. Le fait d'avoir délégué sa commercialisation lui laisse de la place pour pratiquer des élevages plus longs, de 18 mois, en fûts ou foudre et sans filtration. Une intégration intelligente du bois associée à de jolis terroirs donnent des vins élégants, qui ont de la personnalité et du volume.

- **Bourgogne aligoté 2017** | Sec | 2020>24 | NC — 15
- **Bourgogne Golden Jubilee 2017** | Sec | 2020>23 | NC — 16
- **Bourgogne Mathilde 2017** | Sec | 2019>24 | NC — 15
- **Chassagne-Montrachet 2017** | Sec | 2020>24 | NC — 17
- **Puligny-Montrachet 2017** | Sec | 2020>24 | NC — 17,5
- **Puligny-Montrachet premier cru La Truffière Clos de la Truffière 2017** | Sec | 2020>24 | NC — 17,5
- **Puligny-Montrachet premier cru Les Folatières En la Richarde 2017** | Sec | 2020>24 | NC — 18,5

4, rue de la Mairie, 21190 Puligny-Montrachet • Tél. 03 80 21 93 73 • contact@benoit-ente.fr • www.benoit-ente.fr • Visite : uniquement sur rendez-vous, fermé en mai et en juin.

DOMAINE FOLLIN-ARBELET

★★★☆☆

Issu d'une vieille famille d'Aloxe-Corton autrefois propriétaire d'appellations prestigieuses, Franck Follin-Arbelet est le premier descendant à se consacrer à la viticulture et à la vinification. Il exploite et vinifie une belle gamme d'appellations sur la commune et ses environs, dont quatre grands crus et quatre premiers crus. C'est un vigneron discret qui se dévoile au fil de la dégustation et ses vins sont à son image. Dans un style très classique, sans concession, les vins sont taillés pour le futur. Les aloxe-cortons expriment au mieux les terroirs qui les portent, avec un clos-du-chapitre et des vercots qui constituent des premiers crus de référence. Le corton joue dans la cour des grands, quand la romanée-saint-vivant, magnifique, offre un style assuré. Le classicisme a du bon.

- **Aloxe-Corton 2017** | Sec | 2019>27 | 35 € — 15
- **Aloxe-Corton premier cru Clos du Chapître 2017** | Sec | 2021>29 | 40 € — 16
- **Aloxe-Corton premier cru Les Vercots 2017** | Sec | 2021>28 | 40 € — 16
- **Corton - Charlemagne grand cru 2017** | Sec | 2023>30 | 90 € — 15,5
- **Corton grand cru 2017** | Sec | 2023>35 | 70 € — 17
- **Pernand-Vergelesses premier cru Les Fichots 2017** | Sec | 2020>26 | 32 € — 15
- **Romanée-Saint-Vivant grand cru 2017** | Sec | 2023>35 | 250 € — 17,5

Les Vercots, 21420 Aloxe-Corton • Tél. 03 80 26 46 73 • franck.follin-arbelet@wanadoo.fr • www.domaine-follin-arbelet.fr • Visite : uniquement sur rendez-vous.

JEAN-NOËL GAGNARD

★★★☆☆ ♣

En face du domaine Ramonet, Caroline Lestimé a pris en main avec bonheur cette propriété familiale à la fin des années 1980, elle y adopte la bio-attitude avec mesure. Le patrimoine de premiers crus de Chassagne offre un choix important et le bâtard trouve parfaitement sa place. Les premiers crus offrent une tension bien enrobée avec une préférence pour le blanchot-dessus, le cailleret et le morgeot. En rouge, les chassagnes et le santenay clos-de-tavanne offrent une belle fraîcheur de constitution.

- **Chassagne-Montrachet premier cru Cailleret 2016** | Sec | 2019>29 | NC — 17
- **Chassagne-Montrachet premier cru La Maltroie Clos de la Maltroy 2016** | Sec | 2019>29 | NC — 16,5

9, place des Noyers, 21190 Chassagne-Montrachet • Tél. 03 80 21 31 68 • jean-noel.gagnard@wanadoo.fr • www.domaine-gagnard.com • Visite : sur rendez-vous.

ALEX GAMBAL

★★★☆☆ ♣

Alex Gambal est un Bostonien qui, par amour du bourgogne, s'est installé à Beaune en 1997, où sa petite firme de négoce a rapidement acquis l'estime locale. Les volumes étaient restreints mais l'exigence sur la qualité des achats de raisin se retrouvait en bouteille. Le niveau général des vins est élevé, dans un style précis avec des élevages qui respectent au mieux les raisins. Les blancs sont très frais, bien typés par leur terroir dès le saint-romain, une référence pour l'appellation. En rouge, le nuits-saint-georges premier cru clos des argillières est un délice parmi bien d'autres réussites.

- **Nuits-Saint-Georges premier cru Clos des Argillières 2017** | Sec | 2021>28 | 58 € — 16,5
- **Puligny-Montrachet Les Enseignères 2017** | Sec | 2019>25 | 56 € — 16
- **Saint-Aubin premier cru Les Murgers des Dents de Chien 2017** | Sec | 2019>23 | 33,50 € — 14,5
- **Saint-Romain 2017** | Sec | 2019>23 | 25 € — 15,5
- **Saint-Romain 2017** | Sec | 2019>26 | 23 € — 15

14, boulevard Jules-Ferry, 21200 Beaune • Tél. 03 80 22 75 81 • info@alexgambal.com • www.alexgambal.com • Visite : Sur rendez-vous.

DOMAINE PAUL ET FLORENT GARAUDET

Florent Garaudet exploite une partie du domaine familial sur la commune de Monthelie, avec 3 hectares situés sur Monthelie, Meursault et Puligny.

- **Monthélie Les Champs Fuillot 2016** | Sec | 2020>23 | 22 € 16
- **Puligny-Montrachet 2016** | Sec | 2020>23 | 33 € 16

Impasse de l'Église, 21190 Monthélie • Tél. 03 80 21 28 78 • paul.garaudet@orange.fr • Visite : Sur rendez-vous.

DOMAINE MICHEL GAY ET FILS

Michel Gay, épaulé par son fils Sébastien depuis 2000 et plus récemment par Laurent, diplôme d'œnologue en poche, avait créé ce domaine de Chorey-lès-Beaune de 15 hectares qui a considérablement changé de style, désormais cultivé sans désherbants. La vinification se fait en cuve béton après le tri optique des raisins. Le choix du domaine est de tout érafler et d'effectuer des macérations pré-fermentaires en fonction des millésimes. Ce n'est pas la puissance absolue qui est recherchée ici mais la qualité du fruit, la captation de la délicatesse du pinot noir. Elles impressionnent dans ces vins qui semblent légers et gourmands mais ne manquent pourtant pas de fond pour une moyenne garde. Nous avons dégusté cette année les 2016, très réussis dès les entrées de gamme.

- **Aloxe-Corton 2016** | Sec | 2020>28 | 29 € 16
- **Beaune premier cru Aux Coucherias 2017** | Sec | 2019>26 | 30 € 15,5
- **Beaune premier cru Aux Coucherias 2016** | Sec | 2020>27 | 30 € 16
- **Beaune premier cru Les Grèves 2016** | Sec | 2020>28 | 30 € 15,5
- **Beaune premier cru Les Toussaints Vieilles Vignes 2016** | Sec | 2020>29 | 34 € 16
- **Chorey-lès-Beaune 2017** | Sec | 2019>23 | 17 € 14
- **Chorey-lès-Beaune 2016** | Sec | 2019>26 | 17 € 15,5
- **Corton - Renardes grand cru 2016** | Sec | 2021>30 | 70 € 17
- **Savigny-lès-Beaune premier cru Les Vergelesses 2016** | Sec | 2019>27 | 26 € 16,5

1, rue des Brenots, 21200 Chorey-lès-Beaune • Tél. 03 80 22 22 73 • michelgayetfils@orange.fr • Visite : sur rendez-vous.

DOMAINE GÉNOT BOULANGER

Aude et Guillaume Lavollée sont les héritiers et exploitants depuis 10 ans de ce domaine créé en 1974. En 1992, le domaine s'est équipé d'une cuverie moderne en zone industrielle et a doublé sa surface jusqu'en 1998 pour atteindre 22 hectares, de Chambolle-Musigny à Mercurey, dont 18 hectares en côte de Beaune. Si le domaine se gère plus facilement depuis 2012, ses dirigeants considèrent qu'il revient de loin. Domaine certifié bio à partir du millésime 2018, sa gamme s'étale sur 15 blancs et 15 rouges. Ces derniers sont d'un toucher d'une rare élégance et les blancs austères et verticaux dans leur jeunesse, sont vinifiés dans une optique de garde. On pourrait qualifier la gamme de vins intellectuels, plutôt bâtis pour la garde.

- **Aloxe-Corton premier cru Clos du Chapître 2017** | Sec | 2019>22 | NC 17
- **Chassagne-Montrachet premier cru Les Vergers 2017** | Sec | 2020>23 | NC 17
- **Clos de Vougeot grand cru 2017** | Sec | 2021>25 | NC 17,5
- **Corton - Charlemagne grand cru 2017** | Sec | 2019>23 | NC 18,5
- **Corton - Combes grand cru 2017** | Sec | 2019>23 | NC 17
- **Mercurey premier cru Sazenay 2017** | Sec | 2019>22 | NC 16,5
- **Meursault premier cru Les Bouchères 2017** | Sec | 2019>23 | NC 17,5
- **Meursault Clos du Cromin 2017** | Sec | 2020>23 | NC 16
- **Puligny-Montrachet premier cru La Garenne 2017** | Sec | 2021>27 | NC 17
- **Puligny-Montrachet premier cru Les Folatières 2017** | Sec | 2022>27 | NC 17
- **Puligny-Montrachet Les Nosroyes 2017** | Sec | 2019>22 | NC 17

25, rue de Cîteaux, 21190 Meursault • Tél. 03 80 21 49 20 • contact@genot-boulanger.com • www.genot-boulanger.com • Visite : sur rendez-vous uniquement.

DOMAINE VINCENT GIRARDIN

Vincent Girardin créa en 1982 ce négoce novateur puis l'entreprise a été cédée en 2012 à la Compagnie des Vins d'Autrefois, basée à Beaune. Éric Germain, associé de première heure, continue la gestion de son équipe et de ses vignobles qui ne cessent de s'agrandir et comptent aujourd'hui 22 hectares entre propriété et prestation de service, avec une représentation unique des climats de côte de Beaune. En 2017, l'ensemble est conduit en biodynamie et le style des vins s'est affiné. Aujourd'hui les blancs et les rouges, toujours réussis, sont devenus des valeurs sûres et peuvent servir de métronome sur la côte, chaque cru correspond à l'idée que l'on peut se faire de ce terroir quand il est bien mené. Ceux qui connaissent mal les grands bourgognes pourront venir ici s'en faire une idée juste.

- **Bâtard-Montrachet grand cru 2017** | Sec | 2024>28 | 420 € — 18,5
- **Bienvenues-Bâtard-Montrachet grand cru 2017** | Sec | 2023>30 | 380 € — 18
- **Chassagne-Montrachet premier cru Blanchot Dessus 2017** | Sec | 2022>25 | 90 € — 18,5
- **Chassagne-Montrachet premier cru Cailleret 2017** | Sec | 2021>25 | 80 € — 17
- **Chassagne-Montrachet premier cru La Maltroie 2017** | Sec | 2022>24 | 46 € — 16,5
- **Chassagne-Montrachet premier cru La Romanée 2017** | Sec | 2022>25 | 84 € — 18
- **Chevalier-Montrachet grand cru 2017** | Sec | 2023>30 | 520 € — 19
- **Corton - Charlemagne grand cru Quintessence 2017** | Sec | 2021>27 | 200 € — 18,5
- **Meursault premier cru Genevrières 2017** | Sec | 2022>26 | 92 € — 18
- **Meursault premier cru Perrières 2017** | Sec | 2022>27 | 100 € — 18,5
- **Montrachet grand cru 2017** | Sec | 2021>26 | 720 € — 19
- **Puligny-Montrachet premier cru Les Combettes 2017** | Sec | 2020>24 | 96 € — 18,5
- **Puligny-Montrachet premier cru Les Pucelles 2017** | Sec | 2021>25 | 130 € — 17,5
- **Santenay Les Gravières 2017** | Sec | 2020>23 | 32 € — 16
- **Volnay premier cru Champans 2017** | Sec | 2020>25 | 56 € — 17,5
- **Volnay premier cru Les Pitures 2017** | Sec | 2020>25 | 50 € — 17

5 impasse des Lamponnes, 21190 Meursault • Tél. 03 80 20 81 00 • vincent.girardin@vincentgirardin.com • www.vincentgirardin.com • Visite : du lundi au dimanche de 10h à 12h30 et de 14h à 18h30.

CAMILLE GIROUD

★★★☆☆

David Croix, le vinificateur depuis 2002, a laissé les rênes fin 2017 pour s'occuper de son domaine personnel sur Beaune, le domaine des Croix, qu'il gérait en parallèle depuis 2005. Camille Giroud est un petit négoce de 75 000 bouteilles sur 28 cuvées. Ce jeune œnologue ligérien était parvenu en quelques années à instaurer une précision et une pureté dans les vins qui s'imposaient par leur spontanéité, leur soyeux et le parfum du pinot noir qu'ils exhalent. Les rouges comme les blancs étaient d'un haut niveau, infiniment gourmands. Les blancs étaient précis et très purs, de grandes expressions de leur terroir. Tous les rouges étaient racés, du plus modeste aux grands crus, avec la délicatesse et les touchers de bouche subtils que nous défendons. 2017 est un millésime intermédiaire, avec quelques belles réussites. Nous attendons 2018 pour que la nouvelle équipe prenne ses marques.

- **Beaune premier cru Aux Cras 2017** | Sec | 2022>30 | NC — 16
- **Chambertin grand cru 2017** | Sec | 2023>32 | 275 € — 16,5
- **Charmes-Chambertin grand cru 2017** | Sec | 2022>30 | 154 € — 17
- **Chassagne-Montrachet premier cru Les Vergers 2017** | Sec | 2019>26 | NC — 15,5
- **Corton - Charlemagne grand cru 2017** | Sec | 2024>32 | NC — 16,5
- **Corton - Renardes grand cru 2017** | Sec | 2023>35 | NC — 17
- **Nuits-Saint-Georges premier cru Aux Boudots 2017** | Sec | 2021>28 | 70 € — 16
- **Vosne-Romanée Les Chalandins 2017** | Sec | 2020>27 | 62,50 € — 16

3, rue Pierre-Joigneaux, 21200 Beaune • Tél. 03 80 22 12 65 • contact@camillegiroud.com • www.camillegiroud.com • Visite : du lundi au vendredi, sur rendez-vous uniquement.

DOMAINE GEORGES GLANTENAY

★★☆☆☆

On ne confondra pas ce domaine que nous n'avions pas référencé jusqu'à présent avec celui de Bernard et Thierry Glantenay également implanté sur Volnay. Guillaume et Sarah Glantenay ont pris la succession de Pierre et ont rebaptisé le domaine au nom de leur grand-père. C'est aujourd'hui un domaine de neuf hectares conduits en lutte raisonnée, implantés sur Volnay et Pommard mais également sur Meursault, Monthélie et Chambolle. Des investissements importants ont été engagés, dont une nouvelle cuverie et une table de tri. Les trois rouges 2017 qui nous ont été présentés incarnent le potentiel de Volnay avec des jus magnifiques et des profondeurs racées. Ils sont plutôt denses dans le millésime avec une extraction très juste qui met en avant la finesse légendaire de ce finage.

- **Volnay 2017** | Sec | 2020>27 | 26 € — 15,5
- **Volnay premier cru Les Brouillards 2017** | Sec | 2020>27 | 45 € — 16,5
- **Volnay premier cru Santenots 2017** | Sec | 2021>28 | 45 € — 17

3, rue de la Barre, 21190 Volnay • Tél. 03 80 21 61 82 • contact@domaineglantenay.com • www.domaineglantenay.com • Visite : Uniquement sur rendez-vous.

DOMAINE ALAIN GRAS

★★★☆☆

Alain Gras incarne la cinquième génération de cette famille vigneronne de Saint-Aubin. Conseiller de chasse du regretté Bernard Loiseau, il a réussi grâce à la qualité de ses vins à les voir figurer sur les cartes des établissements culinaires les plus réputés. Vigneron affable et charismatique, il donne davantage de hauteur à ce cru de Saint-Romain qui culmine déjà pourtant dans la côte de Beaune du haut de ses 400 mètres. Le pinot prend ici des allures gourmandes avec son croquant de cerise et ses notes florales de pivoine et de violette, quand le chardonnay donne des blancs très onctueux dans le millésime, minéraux et complexes.

- **Saint-Romain 2017** | Sec | 2020>23 | 20 € — 15
- **Saint-Romain 2017** | Sec | 2020>24 | 20 € — 16,5

7, rue sous la Velle, 21190 Saint-Romain • Tél. 03 80 21 27 83 • gras.alain1@wanadoo.fr • www.domaine-alain-gras.com • Visite : du lundi au samedi sur rendez-vous.

DOMAINE ALBERT GRIVAULT

★★★★☆

Le temps semble ici s'être arrêté en 1879, à l'époque de l'acquisition du clos des Perrières, parcelle unanimement reconnue comme l'élite du tout meilleur premier cru de Meursault. La courtoisie et l'affabilité touchante de Michel Bardet et de sa sœur apparaissent elles-mêmes comme un charmant anachronisme, rappel d'une époque où l'on donnait le temps au temps - à l'écart de la tendance contemporaine, prescriptrice d'une mise en bouteille souvent hâtive. Loin des effets de mode souvent traduits par une date de vendanges anticipée ou par un élevage plus ou moins réductif, les vins du domaine se distinguent par une maturité notable du fruit. Ils démontrent avec sincérité l'expression de leur terroir d'origine, et possèdent un potentiel de garde impressionnant.

- **Bourgogne Clos du Murger 2017** | Sec | 2021>24 | env. 22 € — 16
- **Meursault premier cru Clos des Perrières Monopole 2017** | Sec | 2021>23 | env. 120 € — 18
- **Meursault premier cru Perrières 2017** | Sec | 2020>25 | env. 79 € — 17,5
- **Meursault Clos du Murger 2017** | Sec | 2019>22 | env. 48 € — 16,5
- **Pommard premier cru Clos Blanc 2017** | Sec | 2022>28 | env. 47 € — 16,5

7, place du Murger, 21190 Meursault • Tél. 03 80 21 23 12 • albert.grivault@wanadoo.fr

DOMAINE ANTONIN GUYON

★★★☆☆

Avec 47 hectares sur 25 climats, ce domaine familial assemblé à partir d'innombrables parcelles dispose d'un patrimoine viticole unique, avec en particulier une représentation de premier choix des alentours de la colline de Corton. Les vins sont fidèles à leurs terroirs d'origine, sans artifice, pleins de sincérité. Le domaine est géré par Dominique Guyon, conduit en bio et certifié à partir du millésime 2018. Les rouges, issus de raisins partiellement égrappés, allient maturité de fruit et tannins fins. Ils sont remarquables de densité dans le millésime 2017 avec comme habituellement un corton clos-du-roi au sommet de la gamme, talonné de près cette année par l'aloxe-corton premier cru les fournières. En blanc, le corton-charlemagne incarne la notion d'eau de roche, talonné de près par un remarqué meursault-charmes. Le niveau moyen des vins blancs comme rouges a progressé depuis plusieurs années et est devenu homogène. Ceci justifie l'attribution d'une étoile supplémentaire.

- **Aloxe-Corton premier cru Les Fournières 2017** | Sec | 2021>28 | 43 € — 17
- **Chambolle-Musigny Clos du Village 2017** | Sec | 2021>28 | 50 € — 16
- **Corton - Bressandes grand cru 2017** | Sec | 2021>30 | 75 € — 16,5
- **Corton - Charlemagne grand cru 2017** | Sec | 2019>30 | 140 € — 17,5
- **Corton - Clos du Roi grand cru 2017** | Sec | 2021>35 | 80 € — 17
- **Gevrey-Chambertin La Justice 2017** | Sec | 2019>27 | 42 € — 16
- **Meursault premier cru Charmes Dessus 2017** | Sec | 2019>27 | 75 € — 16,5
- **Puligny-Montrachet premier cru Les Pucelles 2017** | Sec | 2020>30 | 100 € — 15,5

2, rue de Chorey, 21420 Savigny-lès-Beaune • Tél. 03 80 67 13 24 • domaine@guyon-bourgogne.com • www.guyon-bourgogne.com • Visite : sur rendez-vous, du lundi au vendredi de 9h à 12h et de 14h à 17h.

MAISON LOUIS JADOT

★★★★☆

L'implication de la famille Gagey au sein de cette véritable pièce du patrimoine historique bourguignon intervient au décès de Louis-Auguste Jadot.

Sans héritier, la maison est confiée en 1962 à André Gagey, qui en demeurera le régisseur jusqu'en 1991, date à laquelle il cédera les rênes à son fils Pierre-Henry, aujourd'hui à la tête des 225 hectares de vignoble. Les vinifications sont assurées depuis 2011 par Frédéric Barnier, qui a parfaitement succédé à Jacques Lardière, en améliorant encore la constance et l'homogénéité de toutes les mises. Les blancs sont pressés en pneumatique et fermentés directement en fûts où ils recevront un élevage sur lies aux bâtonnages périodiques durant 12 à 20 mois. Les vins rouges sont vinifiés éraflés, non-foulés, sans pré-fermentaire à froid, et effectuent une cuvaison de 25 à 27 jours avant de débuter leur élevage de 12 à 22 mois en fûts, dont un tiers de fûts neufs. Les 2017 sont nés harmonieux et équilibrés, avec des rouges plus complets en côte de Nuits et des blancs en moyenne encore plus attractifs que les rouges.

- **Beaune premier cru Clos des Ursules 2017** | Sec | 2018> | 62,40 € 16,5
- **Beaune premier cru Les Grèves Le Clos Blanc 2017** | Sec | 2023>29 | 51,20 € 16,5
- **Bonnes-Mares grand cru 2017** | Sec | 2027>37 | 316,80 € 17
- **Bourgogne Croix Perrière 2017** | Sec | 2019>22 | 15,70 € 15
- **Chambolle-Musigny premier cru Les Amoureuses 2017** | Sec | 2025>32 | 272 € 18
- **Chambolle-Musigny premier cru Les Baudes 2017** | Sec | 2025>32 | 96 € 17
- **Chambolle-Musigny premier cru Les Fuées 2017** | Sec | 2025>32 | 96 € 17
- **Chapelle-Chambertin grand cru 2017** | Sec | 2027>37 | 208 € 18
- **Chevalier-Montrachet grand cru Les Demoiselles 2017** | Sec | 2025>32 | 430,40 € 18
- **Clos Saint-Denis grand cru 2017** | Sec | 2027>37 | 316,80 € 18,5
- **Corton - Charlemagne grand cru 2017** | Sec | 2026>37 | 172,80 € 18
- **Corton - Pougets grand cru 2017** | Sec | 2018> | 89,60 € 17
- **Côte de Nuits-Villages Le Vaucrain 2017** | Sec | 2024>29 | 24 € 16,5
- **Coteaux Bourguignons 2017** | Sec | 2019>22 | 11 € 15
- **Gevrey-Chambertin premier cru Les Cazetiers 2017** | Sec | 2018> | 91,20 € 17,5
- **Mâcon-Villages 2017** | Sec | 2019>20 | 11,20 € 15
- **Marsannay Clos du Roy 2017** | Sec | 2025>29 | 26,40 € 16,5
- **Meursault premier cru Genevrières 2017** | Sec | 2024>32 | 81,60 € 17,5
- **Monthélie premier cru Les Champs Fulliot 2017** | Sec | 2025>32 | 32 € 16
- **Musigny grand cru 2017** | Sec | 2027>37 | 656 € 19
- **Pouilly-Fuissé 2017** | Sec | 2020>27 | 22,20 € 16
- **Puligny-Montrachet premier cru Clos de la Garenne Duc de Magenta 2017** | Sec | 2022>29 | 78,40 € 16
- **Puligny-Montrachet premier cru Les Combettes 2017** | Sec | 2023>29 | 99,20 € 17
- **Puligny-Montrachet premier cru Les Folatières 2017** | Sec | 2023>29 | 78,40 € 16,5
- **Santenay premier cru Clos Faubard 2017** | Sec | 2021>27 | 40 € 16
- **Vosne-Romanée premier cru Les Suchots 2017** | Sec | 2027>35 | 121,60 € 17,5

21, rue Eugène-Spuller, 21200 Beaune • Tél. 03 80 22 10 57 • maisonlouisjadot@louisjadot.com • www.louisjadot.com • Visite : du lundi au vendredi de 15h à 19h et le samedi de 11h à 17h30.

JAFFELIN

★☆☆☆☆

Cette marque appartenant à la famille Boisset est spécialisée dans les appellations un peu moins connues de la côte. Nous avouons un réel étonnement après la dégustation des 2017 qui nous ont été adressés. Des blancs précis et des rouges remarqués, en net progrès. Nous allons suivre de près cette évolution bienvenue.

- **Auxey-Duresses premier cru Les Duresses 2017** | Sec | 2020>24 | 27,50 € 15,5
- **Saint-Aubin premier cru Sur Gamay 2017** | Sec | 2019>23 | 32 € 15
- **Santenay premier cru Les Gravières 2017** | Sec | 2021>26 | 31 € 16
- **Savigny-lès-Beaune premier cru Les Vergelesses 2017** | Sec | 2020>24 | 32,20 € 15

2, rue Paradis, 21200 Beaune • Tél. 03 80 22 12 49 • jaffelin@maisonjaffelin.com • www.maisonjaffelin.com • Visite : du lundi au vendredi de 8h30 à 12h et de 13h30 à 17h, le samedi sur rendez-vous.

DOMAINE PATRICK JAVILLIER

★★☆☆☆

Patrick Javillier débuta sa carrière avec quelques hectares en 1974 puis développa une activité de courtage en vin jusqu'en 1990. Il transmet aujourd'hui un patrimoine de 10 hectares de vieilles vignes à sa fille Marion et à son gendre Pierre-Emmanuel, en charge respectivement des vinifications des vins rouges et des vins blancs du domaine. Ces derniers sont avenants, parfois séducteurs, parfois sur la réserve, mais ont un incroyable potentiel de vieillissement et les vieux millésimes issus du domaine le prouvent. Quant aux rouges, leur style est très léger, ils pourraient se confondre à l'aveugle à des blancs, un peu de chair supplémentaire leur ferait du bien.

- **Meursault Clos du Cromin 2017** | Sec | 2021>25 | 39,50 € — 16
- **Meursault Cuvée Tête de Murgers 2017** | Sec | 2020>25 | 61,90 € — 16
- **Meursault Les Tillets 2017** | Sec | 2020>23 | 39,50 € — 15
- **Savigny-lès-Beaune Les Montchenevoy 2017** | Sec | 2020>24 | 21 € — 16

9, rue des Forges, 21190 Meursault • Tél. 03 80 21 27 87 • contact@patrickjavillier.com • www.patrickjavillier.com • Visite : vendredi, samedi, lundi et jours fériés de 10h à 12h et de 14h à 18h30

DOMAINE JESSIAUME

Marc et Pascal Jessiaume, qui continuaient à piloter le domaine familial créé en 1850, après son rachat par Sir David Murray en 2007, ont cédé la place en 2014 à la nouvelle équipe qui reprend les rênes sur plus de 9 hectares. Une conversion bio est entamée en 2016 sur cette jolie palette de climats des villages d'Auxey-Duresses, Volnay, Beaune, et, bien entendu, une représentation accrue du vignoble de Santenay, dont 5,5 hectares de premier cru Les Gravières.

- **Auxey-Duresses 2017** | Sec | 2021>25 | 17 € — 15
- **Auxey-Duresses premier cru Les Ecussaux 2017** | Sec | 2020>23 | 26 € — 16
- **Santenay premier cru La Comme 2017** | Sec | 2020>23 | 25 € — 16
- **Santenay premier cru Les Gravières 2017** | Sec | 2020>23 | 26 € — 16

10, rue de la Gare, 21590 Santenay • Tél. 03 80 20 60 03 • info@jessiaume.com • www.jessiaume.com • Visite : du lundi au vendredi de 8h à 12h et de 13h à 17h, sur rendez-vous.

DOMAINE RÉMI JOBARD

Rémi Jobard, personnage à la bonhomie naturelle, perpétue à sa façon l'histoire de ce domaine familial de Meursault. Il pratique une viticulture biologique certifiée (Ecocert), depuis 2008, sur les neuf hectares de son vignoble. La particularité de ses vins réside dans ses choix de vinification, les pressurages sont longs de 6 à 12 heures et les élevages, plutôt longs, ont lieu en fûts et en foudres de bois autrichiens, afin de minimiser au maximum leur impact sur le vin. Le résultat donne de superbes blancs très élégants, aux touchers subtils, dès le bourgogne, et des premiers crus qui demanderont davantage de temps.

- **Bourgogne 2017** | Sec | 2020>24 | NC — 15,5
- **Bourgogne Côte d'Or Vieilles Vignes 2017** | Sec | 2020>24 | NC — 15,5
- **Meursault premier cru Charmes 2017** | Sec | 2020>24 | NC — 17
- **Meursault premier cru Genevrières 2017** | Sec | 2020>25 | NC — 17
- **Meursault premier cru Le Poruzot-Dessus 2017** | Sec | 2022>26 | NC — 17
- **Meursault Les Chevalières 2017** | Sec | 2021>25 | NC — 17
- **Meursault Les Luraules 2017** | Sec | 2020>24 | NC — 16
- **Meursault Les Narvaux 2017** | Sec | 2021>24 | NC — 17
- **Meursault Sous la Velle 2017** | Sec | 2020>25 | NC — 16
- **Monthélie premier cru Les Vignes Rondes 2017** | Sec | 2020>25 | NC — 16,5

12, rue Sudot, 21190 Meursault • Tél. 03 80 21 20 23 • contact@domaineremijobard.fr • Visite : sur rendez-vous.

DOMAINE PIERRE LABET

La présence de la famille Labet à Beaune remonte à plusieurs siècles. François Labet, dont le grand-père fut maire de Beaune, exploite ce domaine familial ainsi que celui du château de la Tour du clos de Vougeot depuis 1984. Les 10 hectares de vignoble du domaine Pierre Labet, ainsi que les 6 hectares du château de la Tour, sont conduits depuis 1992 en suivant les préceptes de la viticulture biologique. La gamme du domaine est restreinte mais montre l'expression d'un raisin bien traité, ce qui se ressent dans les vins dès le simple bourgogne qui donne le la aux rouges du domaine. On se régale vraiment.

- **Beaune premier cru Aux Coucherias 2017** | Sec | 2019>27 | 38 € — 16
- **Beaune Clos des Monsnières 2017** | Sec | 2019>24 | 31 € — 14,5
- **Beaune Clos des Monsnières 2017** | Sec | 2021>27 | 31 € — 14,5
- **Bourgogne 2017** | Sec | 2019>23 | 18 € — 15
- **Bourgogne 2017** | Sec | 2019>24 | 18 € — 15,5
- **Gevrey-Chambertin Vieilles Vignes 2017** | Sec | 2019>27 | 39 € — 16
- **Meursault Les Tillets 2017** | Sec | 2019>28 | 39 € — 16

Clos de Vougeot - Château de la Tour, 21640 Vougeot • Tél. 03 80 62 86 13 • contact@chateaudelatour.com • Visite : de préférence sur rendez-vous de 10h à 18h, fermé le mercredi et le dimanche.

LABRUYÈRE PRIEUR SÉLECTION

L'activité de négoce du domaine Jacques Prieur, développée par Édouard Labruyère, propose des vins vinifiés par Nadine Gublin, issus principalement d'achats de raisin. Les cuvaisons sont moins longues qu'au domaine, avec un boisé plus parcimonieux dû à des élevages préférant le foudre aux traditionnels fûts et qui s'orientent vers une recherche de buvabilité accrue et juvénile. Une philosophie de vins contemporains, plus avenants, sur un fruit explosif, qui démocratise l'aspect souvent aristocratique des grands crus en leur insufflant une part de frivolité ou de sucrosité.

- **Charmes-Chambertin grand cru 2017** | Sec | 2021>27 | 218 € — 17
- **Gevrey-Chambertin premier cru Les Fontenys 2017** | Sec | 2020>24 | 69,30 € — 16
- **Pouilly-Fuissé 2017** | Sec | 2020>24 | 29,70 € — 17

6, rue des Santenots, 21190 Meursault • Tél. 03 80 21 23 85 • info@prieur.com • www.prieur.com

DOMAINE HUBERT LAMY

★★★★☆

Olivier Lamy, après s'être forgé une expérience en France et à l'étranger, a rejoint son père en 1995, apportant des idées nouvelles qui ne se tarissent jamais. Il fait partie de ces vignerons chercheurs, à la vigne comme en cuverie. Les cuves miniatures utilisées dans le chai construit sur 3 niveaux attestent de l'attention portée aux détails. Chaque parcelle y trouve sa place, chaque âge de vigne y est dissocié, et chaque vin y développe sa propre identité sans l'interférence du bois neuf. Les 18 hectares de vignes plantées en haute densité (depuis 1990 et variant de 14 à 25 000 pieds/ha) sont cultivés de manière biologique, avec minutie. À l'arrivée, des vins blancs à l'identité cristalline, tendue et iodée et des rouges à la texture soyeuse.

- **Puligny-Montrachet Les Tremblots 2016** | Sec | 2020>23 | 64 € — 16
- **Saint-Aubin premier cru Clos de la Chatenière Vieilles Vignes 2017** | Sec | 2020>24 | 64 € — 17,5
- **Santenay premier cru Clos des Gravières 2016** | Sec | 2020>23 | 50 € — 17

20, rue des Lavières, 21190 Saint-Aubin • Tél. 03 80 21 32 55 • hubertlamydomaine@gmail.com • www.domainehubertlamy.com

DOMAINE LAMY-PILLOT

★★☆☆☆

Ce domaine de Chassagne-Montrachet consacre plus de 60 % de sa production au pinot noir. C'est une affaire de famille au sens large du terme, Sébastien Caillat ayant la lourde tâche de succéder à son beau-père René Lamy. Les caves du domaine ont vu s'élever le fruit de vendanges de 2 hectares de vignoble en 1973, jusqu'à arriver à 15 hectares aujourd'hui. Le domaine produit également depuis 1989 une infime cuvée de montrachet, issue d'une parcelle miniature de 0,05 hectare de ce grand cru. Les rouges, vinifiés éraflés en cuves béton avant un élevage de 12 mois en fûts, offrent une concentration et une profondeur évidentes. Les blancs sont d'une grande précision et revendiquent avec autorité une définition de terroir. Rouges et blancs requièrent quelques années d'attente en cave.

- **Blagny premier cru La Pièce sous le Bois 2016** | Sec | 2022>37 | NC — 17
- **Santenay Les Charrons 2016** | Sec | 2019>29 | NC — 16

31, route de Santenay, 21190 Chassagne-Montrachet • Tél. 03 80 21 30 52 • contact@lamypillot.fr • www.lamypillot.fr • Visite : sur rendez-vous.

LOUIS LATOUR

★★★★☆

Cette maison familiale, fondée en 1797, est majoritairement liée à la côte de Beaune où elle possède l'essentiel de son vignoble, avec en point d'orgue une somptueuse implantation sur le coteau fameux de Corton. Louis-Fabrice, onzième génération de Latour, préside le directoire familial et fait toute confiance à ses excellents vinificateurs. Les rouges ont vu allonger leur durée de fermentation ce qui leur donne plus de chair et d'étoffe, les blancs sont moins réduits et plus harmonieusement boisés que par le passé, avec une recherche constante d'équilibre qui parfois les fait sous-estimer dans leur jeunesse, mais ils vieillissent magnifiquement. 2017 est dans la ligne de réussite des 2010 et 2015, dans les deux couleurs, mais on fera plus confiance aux cuvées issues des vignes du domaine qu'à certains achats, surtout en blancs, trop dilués.

- **Aloxe-Corton premier cru Les Chaillots 2017** | Sec | 2025>32 | 58 € — 16,5

- Bâtard-Montrachet grand cru 2017 | Sec | 2024>32 | 360 € — 18
- Chambertin grand cru Héritiers Latour 2017 | Sec | 2027>37 | 247,80 € — 17,5
- Chevalier-Montrachet grand cru Les Demoiselles | Sec | 2025>32 | 375,50 € — 18
- Corton - Charlemagne grand cru 2017 | Sec | 2026>32 | 131,10 € — 18
- Corton grand cru 2017 | Sec | 2025>37 | 62 € — 17
- Corton grand cru Château Corton Grancey 2017 | Sec | 2029>37 | 94 € — 18,5
- Meursault premier cru Château de Blagny 2017 | Sec | 2022>29 | 59 € — 16
- Montrachet grand cru 2017 | Sec | 2025>37 | 552 € — 17
- Pommard premier cru Les Épenots 2017 | Sec | 2024>32 | 79 € — 16
- Romanée-Saint-Vivant grand cru Les Quatre Journaux 2017 | Sec | 2029>37 | 435 € — 18
- Vosne-Romanée premier cru Les Beaux Monts 2017 | Sec | 2025>32 | 107 € — 17

18, rue des Tonneliers - B.P. 127, 21204 Beaune • Tél. 03 80 24 81 00 • france@louislatour.com • www.louislatour.com • Visite : Sur rendez-vous.

DOMAINE VINCENT LATOUR

★★★☆☆

Né avec la République sous le nom de Latour-Labille, ce domaine porte depuis le millésime 2010 le nom de Vincent Latour. Avec son épouse Cécile, ils en exploitent les 8 hectares auxquels s'ajoutent 2 hectares de négoce pour assurer une jolie représentation des crus de Meursault, Chassagne-Montrachet, Saint-Aubin et Pommard. Vincent Latour est désormais maître de son style, bon compromis entre la modernité dite minérale et le style traditionnel, plus opulent, sur la noisette et le miel frais. Une large gamme de meursaults blancs permettra de comprendre le caractère de tous les secteurs du village, avec même un très bon rouge du premier cru les Cras.

- Meursault premier cru Genevrières 2017 | Sec | 2020>22 | 68 € — 16
- Meursault premier cru Gouttes d'Or 2017 | Sec | 2020>23 | 68 € — 16
- Meursault Clos des Magny 2017 | Sec | 2020>25 | 35 € — 16,5
- Meursault Les Grands Charrons 2017 | Sec | 2020>25 | 37 € — 15
- Meursault Saint-Jean 2017 | Sec | 2021>23 | 35 € — 15
- Saint-Aubin premier cru Les Frionnes 2017 | Sec | 2020>23 | 28 € — 14,5

6, rue du 8-Mai-1945, 21190 Meursault • Tél. 03 80 21 22 49 • contact@domaine-vincentlatour.com • www.domaine-vincentlatour.com • Visite : Sur rendez-vous.

DOMAINE LATOUR-GIRAUD

★★★☆☆

Ce domaine classique, dirigé par Jean-Pierre Latour, riche d'histoire de Meursault, cultive avant tout l'aristocratie du chardonnay, avec un patrimoine de 10 hectares, déclinés en 14 cuvées, dont certains premiers crus de Meursault évocateurs (Charmes, Perrières, Genevrières - un des plus larges producteurs - Poruzot, Bouchères). Au-delà des modes et de la notoriété des buveurs d'étiquettes, ce domaine produit des vins de facture classique et soignée, sans minéralité artificielle, grâce à des bâtonnages réguliers, jamais décevants et qui font du domaine un incontournable de Meursault.

- Bourgogne chardonnay 2017 | Sec | 2020>24 | NC — 16
- Meursault premier cru Charmes 2017 | Sec | 2021>24 | NC — 17
- Meursault premier cru Genevrières 2017 | Sec | 2020>24 | NC — 18
- Meursault Charles-Maxime 2017 | Sec | 2020>24 | NC — 16,5
- Pommard premier cru cuvée Carmen 2017 | Sec | 2023>29 | NC — 15,5
- Pommard premier cru La Refène 2017 | Sec | 2022>25 | NC — 17
- Puligny-Montrachet premier cru Champ Canet 2017 | Sec | 2023>24 | NC — 17,5

6, RD 974, 21190 Meursault • Tél. 03 80 21 21 43 • domaine-latour-giraud@wanadoo.fr • www.domaine-latour-giraud.com • Visite : Sur rendez-vous.

DOMAINE LAUNAY-HORIOT

★★☆☆☆

La présence des Launay à Pommard remonte au XVIIIe siècle. Petit-fils de Raymond Launay et ancien pilote de chasse, Xavier Horiot, assisté de Véronique Girard, a vinifié son premier millésime en 2014 après des années de combat pour garder les 4 hectares du domaine. Dotés d'une chair opulente, d'une belle maturité et d'une structure bâtie pour la garde, les pommards de Launay-Horiot se montrent gourmands et précis, accessibles en vins jeunes sans nuire à un potentiel de moyenne garde.

- Pommard premier cru Les Chaponnières 2017 | Sec | 2019>27 | env. 55 € — 15,5
- Pommard Les Perrières 2017 | Sec | 2020>26 | env. 40 € — 15

1, rue des Charmots, 21630 Pommard • Tél. 06 87 03 05 19 • contact@launay-horiot.com • www.launay-horiot.com • Visite : Sur rendez-vous.

DOMAINE LEFLAIVE

Sur ce domaine, de très grands vignerons tels que Vincent ou Anne-Claude Leflaive, monument de la viticulture bourguignonne disparue trop tôt et prescriptrice de principes biodynamiques au sein de son vignoble depuis 1990, se sont succédé. C'est aujourd'hui Brice de la Morandière, neveu d'Anne-Claude, avec l'attache de Pierre Vincent, auparavant à la Vougeraie, tout aussi doué que discret, qui pilote les 44 hectares de ce vignoble (24 hectares à Puligny et 20 hectares à Mâcon). Il devient par la même occasion garant d'un style considéré par tous comme l'une des références absolues de la planète chardonnay.

- **Bienvenues-Bâtard-Montrachet grand cru 2017** | Sec | 2020>24 | NC 18,5
- **Bourgogne 2016** | Sec | 2020>24 | NC 15,5
- **Chevalier-Montrachet grand cru 2017** | Sec | 2023>28 | NC 19
- **Mâcon-Verzé Le Monté 2017** | Sec | 2020>24 | NC 16
- **Meursault premier cru Sous le Dos d'Âne 2017** | Sec | 2020>23 | NC 17
- **Pouilly-Fuissé En Vigneraie 2017** | Sec | 2020>24 | NC 18
- **Pouilly-Fuissé La Chaneau 2017** | Sec | 2020>25 | NC 16,5
- **Puligny-Montrachet 2017** | Sec | 2020>24 | NC 17
- **Puligny-Montrachet premier cru Les Combettes 2017** | Sec | 2020>24 | NC 18
- **Puligny-Montrachet premier cru Les Folatières 2017** | Sec | 2020>23 | NC 17
- **Puligny-Montrachet premier cru Les Pucelles 2017** | Sec | 2020>25 | NC 17,5

Place du Pasquier de la Fontaine , 21190 Puligny Montrachet • Tél. 03 80 21 30 13 • domaine@leflaive.fr • www.leflaive.fr

OLIVIER LEFLAIVE

En un peu plus de trente ans, Olivier Leflaive est une maison qui s'est construit une solide réputation ! Elle peut compter sur une équipe soudée d'individus fidèles à leurs postes, à leurs convictions et à leur dévotion pour une expression des vins de la côte de Beaune sous une physionomie avenante et digeste. La gamme se décline aujourd'hui sur plus de 80 appellations, avec 13 hectares de vignobles en nom propre dans des crus stellaires (estampillés « Récolte du Domaine ») et un total de 100 hectares vinifiés par le talentueux Franck Grux (estampillés « produit de France »). La qualité des vins sur un nombre aussi important de cuvées est tout simplement remarquable et mérite que l'on s'arrête les déguster à la table d'hôte du domaine.

- **Bâtard-Montrachet grand cru 2017** | Sec | 2022>28 | NC 18,5
- **Bienvenues-Bâtard-Montrachet grand cru 2017** | Sec | 2022>28 | NC 19
- **Bourgogne Les Sétilles 2017** | Sec | 2020>25 | NC 15,5
- **Bourgogne Oncle Vincent 2017** | Sec | 2020>24 | NC 15
- **Chevalier-Montrachet grand cru 2017** | Sec | 2020>22 | NC 19,5
- **Corton - Charlemagne grand cru 2017** | Sec | 2023>28 | NC 18,5
- **Meursault Les Meix Chavaux 2017** | Sec | 2020>25 | NC 17
- **Montrachet grand cru 2017** | Sec | 2022>28 | NC 18
- **Pommard premier cru Les Grands Épenots 2016** | Sec | 2020>24 | NC 16,5
- **Pommard premier cru Les Pézerolles 2016** | Sec | 2022>26 | NC 17
- **Puligny-Montrachet premier cru Les Folatières 2017** | Sec | 2021>24 | NC 17
- **Puligny-Montrachet premier cru Les Folatières Domaine 2017** | Sec | 2021>25 | NC 17,5
- **Puligny-Montrachet premier cru Les Pucelles 2017** | Sec | 2021>25 | NC 18
- **Santenay premier cru Passetemps 2016** | Sec | 2021>24 | NC 16,5

Place du Monument, 21190 Puligny-Montrachet • Tél. 03 80 21 37 65 • contact@olivier-leflaive.com • www.olivier-leflaive.com • Visite : Du lundi au samedi de 9h à 18h30 et le dimanche 9h à 12h.

DOMAINE LEJEUNE

Aubert Lefas, gendre de François de Pommerol disparu en 2017 et qu'il secondait depuis 2005, a désormais repris les rênes de ce domaine de 10 hectares, référent à Pommard auquel est associée une toute petite activité de négoce sur Meursault, Chassagne-Montrachet et sur les grands épenots en pommard. Le domaine était connu pour des vins rouges plébiscitant la vendange entière et pour des élevages particulièrement longs aptes à produire des pommards bâtis pour la garde, d'un classicisme assumé qui régalaient les patients. 2017 voit une inflexion vers des vins accessibles un peu plus vite. À noter que le domaine est engagé dans une démarche de certification en bio.

- **Beaune premier cru Les Épenotes 2017** | Sec | 2019>24 | 32 € 15,5
- **Bourgogne Les Grandes Carelles 2017** | Sec | 2019>25 | 14 € 15
- **Chassagne-Montrachet premier cru Abbaye de Morgeot 2017** | Sec | 2019>24 | 54 € 16
- **Côte de Beaune Les Monsnières 2017** | Sec | 2019>22 | 16 € 14,5

- Monthélie En Remagnien 2017 | Sec | 2019>22 | 18 € — 14,5
- Pommard premier cru Les Argillières 2017 | Sec | 2021>30 | 48 € — 17,5
- Pommard premier cru Les Poutures 2017 | Sec | 2021>27 | 42 € — 16,5
- Pommard premier cru Les Rugiens Bas 2017 | Sec | 2025>35 | 75 € — 18
- Pommard Trois Follots | Sec | 2020>25 | 34 € — 16
- Savigny-lès-Beaune 2017 | Sec | 2019>25 | 18 € — 15

1 place de l'Eglise - 1, place de l'Église, 21630 Pommard • Tél. 03 80 22 90 88 • commercial@domaine-lejeune.fr • www.domaine-lejeune.fr • Visite : du lundi au vendredi, de 9h à 12h et de 14h à 18h, le samedi sur rendez-vous. Sur rendez-vous de la Toussaint à Pâques.

LES HÉRITIERS SAINT-GÉNYS

★☆☆☆☆

Créé en 2011 sous l'impulsion de Patrice du Jeu, ce jeune domaine est passé par une importante phase de restructuration de ses 12 hectares de vignoble et de ses installations pour aujourd'hui offrir une jolie représentation des climats de Chassagne-Montrachet, Maranges, Santenay, et Mercurey. Les blancs offrent un caractère élégant sans prétention et une grande buvabilité, quant aux rouges, leur niveau est variable selon les cuvées, le tout en marche vers une augmentation de la qualité.

- Chassagne-Montrachet premier cru Clos Saint-Jean 2017 | Sec | 2021>24 | 62 € — 14,5
- Maranges premier cru Clos des Loyères 2017 | Sec | 2021>23 | 20 € — 15
- Mercurey premier cru Clos Marcilly 2017 | Sec | 2020>23 | 28,50 € — 16
- Puligny-Montrachet premier cru Les Referts 2017 | Sec | 2022>27 | 75 € — 16,5
- Santenay 2017 | Sec | 2021>24 | 19,50 € — 15
- Santenay premier cru La Maladière 2017 | Sec | 2021>25 | 27 € — 16
- Santenay Comme Dessus 2017 | Sec | 2021>24 | 21 € — 15,5

1, place de l'Église, 21190 Chassagne-Montrachet • Tél. 03 80 24 72 63 • contact@saint-genys.fr • www.saint-genys.fr • Visite : Sur rendez vous.

DOMAINE SÉBASTIEN MAGNIEN

★★☆☆☆

À la tête des 12 hectares de ce domaine créé en 2004, Sébastien Magnien est un jeune vigneron méticuleux à la vigne comme au chai. Il a su se doter du matériel performant dont il avait besoin pour concrétiser la précision de son travail pointilleux et qui témoigne de hautes ambitions qualitatives. Une gamme cohérente où les rouges sont tous très représentatifs de leur appellation et de leur climat, et des blancs qui ont une tonicité verticale sur laquelle s'accrochent des notes salines et un fruit jaune croquant. Nous n'avons pas dégusté les 2017 qui n'ont pas été présentés cette année.

- Pommard Les Petits Noizons 2016 | Sec | 2021>27 | épuisé — 15,5
- Puligny-Montrachet premier cru Les Folatières 2016 | Sec | 2022>28 | épuisé — 17

6, rue Pierre-Joigneaux, 21190 Meursault • Tél. 03 80 21 28 57 • seb.magnien@yahoo.fr • Visite : sur rendez-vous.

MAILLARD PÈRE ET FILS

★☆☆☆☆

Créé en 1756, le domaine Maillard est aujourd'hui exploité par Pascal qui pratique une viticulture raisonnée, sur 19 hectares répartis sur 7 villages de la Côte de Beaune. Persuadé que tout se joue à la vigne, il s'est doté d'une table de tri pour affiner ce qui rentre au chai. Considéré comme un bon classique du secteur, il est surtout connu pour ses chorey-lès-beaune que l'on trouve sur toutes les tables des restaurants bourguignons à des prix abordables. Le savigny et le ladoix méritent également le détour. Les vins du domaine sont plutôt classiques et représentatifs de leurs appellations avec de bons équilibres et de la fraîcheur. L'idéal pour l'amateur qui souhaite approcher la Bourgogne.

- Chorey-lès-Beaune 2017 | Sec | 2019>24 | 15 € — 15
- Chorey-lès-Beaune 2016 | Sec | 2019>26 | 15 € — 15
- Ladoix Les Chaillots 2016 | Sec | 2019>25 | 18 € — 15
- Savigny-lès-Beaune 2015 | Sec | 2020>26 | 18 € — 15,5

2, rue Joseph Bard, 21200 Chorey-lès-Beaune • Tél. 03 80 22 10 67 • contact@domainemaillard.com • www.domainemaillard.com • Visite : du lundi au samedi sur rendez-vous.

MICHEL MALLARD ET FILS

★★★☆☆

C'est ici l'un des domaines les plus dynamiques du nord de la côte de Beaune et qui, sous l'œil avisé de

Pascal, le père, et sous l'influence de Michel, la plus récente génération également à la manœuvre au domaine d'Eugénie à Vosne-Romanée, affine le style des vins. Ils sont vinifiés sans soufre depuis 2016 pour garder la pureté du fruit pendant les fermentations malolactiques, un appoint de soufre est ajouté ensuite pour les protéger. L'usage de la vendange entière est modulé selon les millésimes et les crus, de l'ordre de 30 % pour les entrées de gamme à 60 % pour les crus. Les élevages privilégient désormais les gros contenants de barriques. Des vins remarquables mais également un père et un fils attachants qui méritent une visite au domaine. Les vins, ce qui est rare, sont maintenus au domaine assez longtemps, notre dégustation cette année a porté sur les 2016. De plus vieux millésimes sont également disponibles quand la plupart des domaines bourguignons ne commercialisent plus que des 2017.

- **Aloxe-Corton 2016** | Sec | 2020>27 | 31 € — 16
- **Aloxe-Corton premier cru La Toppe au Vert 2016** | Sec | 2021>30 | 55 € — 17,5
- **Aloxe-Corton premier cru Les Valozières 2016** | Sec | 2020>28 | 48 € — 16,5
- **Chorey-lès-Beaune 2016** | Sec | 2019>23 | 25 € — 15,5
- **Corton - Charlemagne grand cru 2016** | Sec | 2021>30 | 84 € — 17
- **Corton - Le Rognet-et-Corton grand cru 2016** | Sec | 2021>30 | 81 € — 18
- **Corton - Maréchaudes grand cru 2016** | Sec | 2023>33 | 76 € — 17
- **Corton - Renardes grand cru 2016** | Sec | 2022>30 | 84 € — 17,5
- **Côte de Nuits-Villages 2016** | Sec | 2019>21 | 23,50 € — 15
- **Ladoix 2016** | Sec | 2019>23 | 23 € — 14,5
- **Ladoix premier cru La Corvée 2016** | Sec | 2019>26 | 35 € — 16,5
- **Ladoix premier cru Les Joyeuses 2016** | Sec | 2019>25 | 33 € — 16
- **Ladoix Clos Royer 2017** | Sec | 2019>25 | 28 € — 15,5

43, route de Dijon - Sidex 14 - Cedex 14, 21550 Ladoix-Serrigny • Tél. 03 80 26 40 64 • domainemallard@hotmail.fr • www.domaine-mallard.com • Visite : de 8h à 12h et de 14h à 17h.

CHÂTEAU DE LA MALTROYE

★★★☆☆

Petits-fils d'une grand-mère alsacienne et d'un grand-père bourguignon, Jean-Pierre Cournut, ingénieur sur le rafale, ne se destinait pas à la viticulture. Mais l'accident prématuré de son père l'a fait revenir en 1992 pour reprendre cette magnifique propriété de 14,5 hectares, qu'il a restaurée tant dans son architecture que dans sa viticulture. Les vins sont d'un raffinement et d'une distinction exemplaires, avec de vraies personnalités, très expressives de leur terroir.

- **Bâtard-Montrachet grand cru batard montrachet 2017** | Sec | 2025>31 | NC — 18,5
- **Chassagne-Montrachet 2017** | Sec | 2020>26 | NC — 15,5
- **Chassagne-Montrachet 2017** | Sec | 2020>25 | NC — 16
- **Chassagne-Montrachet premier cru Dent de Chien 2017** | Sec | 2024>28 | NC — 18,5
- **Chassagne-Montrachet premier cru La Romanée 2017** | Sec | 2023>26 | NC — 18
- **Chassagne-Montrachet Clos du Château de la Maltroye - Monopole 2017** | Sec | 2020>25 | NC — 17
- **Chassagne-Montrachet Clos du Château de la Maltroye - Monopole 2017** | Sec | 2021>26 | NC — 18
- **Chassagne-Montrachet Clos Saint-Jean 2017** | Sec | 2023>27 | NC — 17
- **Santenay premier cru La Comme 2017** | Sec | 2020>25 | NC — 16,5
- **Santenay La Comme 2017** | Sec | 2023>25 | NC — 17

16, rue de la Murée, 21190 Chassagne-Montrachet • Tél. 03 80 21 32 45 • chateau.maltroye@wanadoo.fr

DOMAINE CATHERINE ET CLAUDE MARÉCHAL

★★★☆☆

Les appellations du domaine ne sont pas les plus réputées de la côte de Beaune, mais les vins concentrent toute l'essence du pinot noir. Le couple inséparable créa ce domaine en 1981 pour y développer, avec expérience et au fur et à mesure de rencontres (H. Jayer, A. Clape, ou encore J. Thévenet), une viticulture exemplaire et exempte d'artifices chimiques. Les 13 hectares du domaine bénéficient de labours millimétrés et d'une taille très courte garantissant des rendements infimes de grappes gorgées de saveurs. Les blancs sont souvent originaux, les rouges sont régulièrement de belles interprétations sincères du pinot noir. Des vins de plaisir toujours bien réalisés.

- **Bourgogne aligoté 2017** | Sec | 2020>23 | 14 € — 15
- **Bourgogne cuvée Antoine 2017** | Sec | 2020>23 | 21 € — 14,5
- **Bourgogne Gravel 2017** | Sec | 2020>24 | 21 € — 17
- **Chorey-lès-Beaune 2016** | Sec | 2020>23 | 27 € — 14,5
- **Pommard La Chanière 2017** | Sec | 2023>28 | 44 € — 16
- **Savigny-lès-Beaune 2017** | Sec | 2020>22 | 31 € — 15,5
- **Savigny-lès-Beaune vieilles vignes 2017** | Sec | 2020>25 | 31 € — 15

6, route de Chalon, 21200 Bligny-lès-Beaune • Tél. 03 80 21 44 37 • marechalcc@orange.fr • Visite : sur rendez-vous uniquement.

DOMAINE MARQUIS D'ANGERVILLE

Ce domaine viticole, créé en 1804, est une propriété de la famille d'Angerville depuis 1906. Sous l'impulsion du marquis Jacques d'Angerville, celui-ci prit, dès les années 1920, une position prépondérante dans l'initiative novatrice d'embouteiller les vins de Bourgogne, et dans l'établissement de la classification des appellations d'origines de la région. Guillaume d'Angerville est aujourd'hui à la tête du domaine et de ses 15 hectares de vignoble très compact, qui s'étend du sud de Pommard au nord de Meursault, et qui depuis 2006 adhère aux préceptes de la viticulture biodynamique. François Duvivier, qui a pris ses fonctions de régisseur du domaine en 2005, est en charge des vinifications et de la viticulture (de même que du Domaine du Pélican, à Arbois dans le Jura). Avec non moins de 11 hectares de Volnay premier cru et une palette de 14 vins, ce domaine s'impose comme la référence absolue de ce cru sans trop céder à la souplesse livresque de Volnay. Nous n'avons pu déguster que deux cuvées de 2017 présentées par le domaine mais elles feront référence dans l'appellation.

- **Volnay premier cru Champans 2017** | Sec | 2023>35 | NC — 17,5
- **Volnay premier cru Clos des Ducs 2017** | Sec | 2023>35 | NC — 17

Clos des Ducs, 21190 Volnay • Tél. 03 80 21 61 75 • info@domainedangerville.fr • www.domainedangerville.fr • Visite : sur rendez-vous. Pas de visite possible.

DOMAINE DU CHÂTEAU DE MEURSAULT

Sous l'égide d'Olivier Halley, de Stéphane Follin-Arbelet et d'Emmanuel Escutenaire maître de chai, ce domaine passé à 65 hectares en 2018 a entrepris depuis quelques années une révolution dans ses méthodes de travail et dans l'interprétation de la nature de ses terroirs. 30 hectares sont menés en bio, afin de passer la totalité en conversion d'ici trois ans. Des investissements colossaux effectués en trois ans sur un matériel de viticulture performant ont permis de progresser. Les blancs bénéficient d'un élevage de 15 mois en moyenne en fût et possèdent à la fois un dynamisme sur la tension et un toucher de bouche généreux. Les rouges, dont les baies sont éraflées et passées au tri optique avant d'entamer leur fermentation à basse température puis un élevage de 12 à 15 mois en fût (25 à 40 % neufs), offrent un aspect séveux, charnu, profond, à la structure tannique poudrée. Une progression absolument impressionnante en un minimum de temps pour un domaine de cette taille.

- **Beaune premier cru Blanches Fleurs 2017** | Sec | 2020>24 | NC — 16
- **Beaune premier cru Les Grèves Les Trois Journaux 2017** | Sec | 2019>22 | NC — 18
- **Beaune premier cru Les Toussaints 2017** | Sec | 2020>24 | NC — 17
- **Beaune Beaufougets 2017** | Sec | 2020>22 | NC — 15,5
- **Bourgogne pinot beurot 2017** | Sec | 2020>23 | NC — 15
- **Bourgogne pinot noir du Château 2017** | Sec | 2020>25 | NC — 15
- **Bourgogne Terroir d'Exception 2017** | Sec | 2020>25 | NC — 16,5
- **Corton grand cru 2017** | Sec | 2020>25 | NC — 17,5
- **Corton grand cru Corton Vergennes 2017** | Sec | 2022>30 | NC — 17,5
- **Meursault premier cru Charmes 2017** | Sec | 2020>24 | NC — 16,5
- **Meursault premier cru Charmes Dessus 2017** | Sec | 2019>22 | NC — 18,5
- **Meursault premier cru Perrières 2017** | Sec | 2019>23 | NC — 17
- **Meursault Clos des Grands Charrons Monopole 2017** | Sec | 2020>24 | NC — 17
- **Pommard premier cru Clos des Épenots 2017** | Sec | 2020>26 | NC — 18
- **Puligny-Montrachet premier cru Champ Gain 2017** | Sec | 2020>23 | NC — 17,5
- **Savigny-lès-Beaune premier cru Les Peuillets 2017** | Sec | 2020>26 | NC — 16,5
- **Volnay premier cru Clos des Chênes 2017** | Sec | 2021>25 | NC — 17

Rue du Moulin Foulot - B.P. 6, 21190 Meursault • Tél. 03 80 26 22 75 • tourisme@chateau-meursault.com • www.chateau-meursault.com • Visite : De mai à septembre, tous les jours de 10h à 18h30 et d'octobre à avril, tous les jours de 10h à 12h et de 14h à 18h.

MOILLARD

Très ancienne maison au parcours plutôt chaotique au cours des vingt dernières années, Moillard a été repris l'an dernier par le puissant groupe Grands Chais de France qui veut en faire l'une de ses têtes de pont en Bourgogne. La gamme est encore très hétérogène, avec quelques vins confortables et accessibles.

- **Beaune premier cru Les Épenotes Domaine Moillard 2017** | Sec | 2020>27 | NC — 15
- **Chablis grand cru Bougros 2018** | Sec | 2019>25 | NC — 14,5
- **Chambolle-Musigny Les Lys 2017** | Sec | 2019>25 | NC — 14

- **Gevrey-Chambertin premier cru Craipillot 2017** | Sec | 2019>25 | NC — 14,5
- **Nuits-Saint-Georges premier cru Les Damodes 2017** | Sec | 2020>26 | NC — 15

Caveau de Meursault - RD 974, 21190 Meursault • Tél. 03 80 21 70 44 • www.moillard.fr

DOMAINE XAVIER MONNOT

★★★☆☆

Xavier Monnot, petit-fils de René Monnier, commercialise désormais toute la production des 17 hectares du domaine sous son nom. Ce vignoble possède de jolies parcelles sur d'excellents terroirs rouges et pour 65 % de blancs du secteur de Meursault, Puligny, Chassagne et Monthélie ; il est conduit en mode raisonné, avec beaucoup de labours, d'effeuillages, d'ébourgeonnages et en cave, un travail essentiellement par gravité. Les rouges sont mûrs et onctueux et reflètent au mieux la définition de leurs terroirs. Les blancs sont élancés avec un sérieux potentiel de vieillissement.

- **Beaune premier cru Les Cents Vignes 2017** | Sec | 2021>25 | NC — 16,5
- **Beaune premier cru Les Toussaints 2017** | Sec | 2020>24 | NC — 17
- **Bourgogne Les Grandes Coutures 2017** | Sec | 2021>24 | NC — 15,5
- **Corton - Charlemagne grand cru 2017** | Sec | 2022>29 | NC — 18
- **Maranges premier cru Clos de la Fussière Monopole 2017** | Sec | 2021>25 | NC — 16,5
- **Meursault premier cru Charmes 2017** | Sec | 2022>25 | NC — 17
- **Meursault Le Limozin 2017** | Sec | 2020>24 | NC — 17
- **Meursault Les Chevalières 2017** | Sec | 2022>25 | NC — 17
- **Pommard Les Vignots 2017** | Sec | 2020>25 | NC — 16
- **Puligny-Montrachet premier cru Les Folatières 2017** | Sec | 2020>24 | NC — 18
- **Volnay premier cru Clos des Chênes 2017** | Sec | 2020>24 | NC — 18

6, rue du Docteur-Rolland, 21190 Meursault • Tél. 03 80 21 29 32 • xavier-monnot@orange.fr • Visite : sur rendez-vous.

DOMAINE DE MONTILLE

★★★★☆ ♣

Le domaine de Montille, dirigé par Étienne de Montille, se balade sur les toits de la Bourgogne, avec des vins qui ont de la résonance et transcendent les millésimes tout en faisant parler les climats. Ils sont issus de 12 hectares d'appellations régionales, rouges et blancs, 5 en village et 20 de premiers et grands crus en côtes de Beaune et de Nuits. À partir du millésime 2017, la production du château de Puligny est englobée au domaine, le tout en biodynamie. Les rouges sont d'une noblesse rare, provoquant de l'émotion et les blancs sont vinifiés dans une recherche de tension et de verticalité. Ce domaine fait incontestablement partie de la caste des grands.

- **Beaune premier cru Les Grèves 2017** | Sec | 2019>24 | 57 € — 17
- **Beaune Les Sizies 2017** | Sec | 2019>23 | 46 € — 16,5
- **Chevalier-Montrachet grand cru 2017** | Sec | 2021>26 | 330 € — 19
- **Corton - Clos du Roi grand cru 2017** | Sec | 2019>26 | 125 € — 19
- **Meursault premier cru Poruzots 2017** | Sec | 2021>25 | 65 € — 16
- **Pommard premier cru Les Pézerolles 2017** | Sec | 2022>25 | 90 € — 17,5
- **Pommard premier cru Les Rugiens Bas 2017** | Sec | 2019>23 | 125 € — 18
- **Puligny-Montrachet 2017** | Sec | 2021>26 | 52 € — 16,5
- **Volnay premier cru Les Mitans 2017** | Sec | 2023>31 | 90 € — 18
- **Volnay premier cru Taillepieds 2017** | Sec | 2025>35 | 95 € — 19
- **Vosne-Romanée premier cru Aux Malconsorts 2017** | Sec | 2024>25 | 225 € — 19
- **Vosne-Romanée premier cru Aux Malconsorts cuvée Christiane 2017** | Sec | 2022>26 | 350 € — 19,5

Rue de Pied-de-la-Vallée, 21190 Volnay • Tél. 03 80 21 39 14 • contact@demontille.com • www.demontille.com • Visite : sur rendez-vous uniquement.

MAISON DE MONTILLE

★★★☆☆ ♣

Étienne de Montille recherche dans ce négoce haute couture et haute culture à affirmer un style le plus naturel possible. Il choisit ses vignerons, vinifie et élève les vins en légère réduction sur l'équivalent de huit hectares. Ici on fait briller les petites appellations avec la recherche d'une pureté cristalline. Les rapports qualité-prix sont à la hauteur, on est là sur l'une des meilleures interprétations du grand négoce bourguignon.

- **Bourgogne chardonnay 2017** | Sec | 2020>25 | 20 € — 17
- **Montagny premier cru Les Coères 2017** | Sec | 2020>24 | 26 € — 17
- **Pouilly-Fuissé En Vergisson 2017** | Sec | 2020>26 | 23 € — 16
- **Saint-Romain 2017** | Sec | 2021>26 | 26 € — 15

Rue Pied-de-la-Vallée, 21190 Volnay • Tél. 03 80 21 39 14 • contact@demontille.com • www.demontille.com • Visite : sur rendez-vous uniquement

DOMAINE DAVID MOREAU

★★☆☆☆

Œnologue de formation, David Moreau a repris le domaine de son grand-père, Jean Moreau en 2009. Ce trentenaire alerte met bien en valeur son patrimoine de 5 hectares de vignes, dont une majorité sur Santenay. Les vins ont une réelle complexité, ils possèdent en effet une allonge distinguée.

- **Bourgogne Domaine de l'Aste 2017** | Sec | 2020>23 | 12 € — 15
- **Maranges David Moreau 2017** | Sec | 2020>25 | 22 € — 15,5
- **Pommard Domaine de l'Aste 2017** | Sec | 2023>26 | 28 € — 15,5
- **Santenay premier cru Beaurepaire 2017** | Sec | 2020>23 | 31 € — 16
- **Santenay premier cru Beaurepaire Domaine de l'Aste 2017** | Sec | 2020>23 | 24 € — 16
- **Santenay Domaine de l'Aste 2017** | Sec | 2020>24 | 17 € — 15

4, rue de la Bussière, 21590 Santenay • Tél. 06 85 96 30 28 • contact@bourgogne-david-moreau.com • www.bourgogne-david-moreau.com • Visite : Sur rendez-vous.

DOMAINE BERNARD MOREAU ET FILS

★★★★☆

Alexandre et Benoît constituent la troisième génération de Moreau à travailler la vigne en côte de Beaune. Le domaine compte 14 hectares essentiellement situés à Chassagne-Montrachet. Benoît développe ici une viticulture au plus proche du bio avec même quelques traitements biodynamiques. Les vinifications, qui se veulent à l'écoute des terroirs, sont assurées par Alexandre dans une philosophie non intrusive, pour obtenir des vins digestes. Le domaine constitue, par sa palette exceptionnelle de premiers crus infiniment variés et représentatifs des terroirs dont ils sont issus, une priorité absolue pour l'amateur de Chassagne. Le résultat est somptueux.

- **Bourgogne chardonnay 2017** | Sec | 2020>24 | NC — 16,5
- **Chassagne-Montrachet 2017** | Sec | 2020>25 | NC — 17
- **Chassagne-Montrachet premier cru La Maltroie 2017** | Sec | 2022>28 | NC — 17,5
- **Chassagne-Montrachet premier cru Les Grandes Ruchottes 2017** | Sec | 2021>25 | NC — 18
- **Chassagne-Montrachet premier cru Morgeot 2017** | Sec | 2023>29 | NC — 18
- **Chassagne-Montrachet premier cru Morgeot La Cardeuse Monopole 2017** | Sec | 2022>24 | NC — 18
- **Chassagne-Montrachet Vieilles Vignes 2017** | Sec | 2020>25 | NC — 16,5
- **Chevalier-Montrachet grand cru 2017** | Sec | 2023>28 | NC — 19

3, Route de Chagny, 21190 Chassagne-Montrachet • Tél. 03 80 21 33 70 • domainebernardmoreau@gmail.com • Visite : sur rendez-vous uniquement, fermé le week-end.

DAVID MORET

★★★☆☆

Jovial, gastronome, chasseur, David Moret est un négociant épicurien vinifiant des blancs taillés pour la table qui évoluent de belle façon. On va du plaisir immédiat à la grande complexité. De plus en plus les restaurants étoilés font appel à ce Bourguignon et les accords mets et vins en sortent grandis. Après des 2016 très réussis, ce qui n'est pas le lot commun, 2017 ouvre une nouvelle voie vers plus de dynamique encore, d'élégance. Ce millésime va comme un gant à la maison. Nous ne regrettons pas la promotion accordée l'an passé, largement confirmée par ce dernier millésime.

- **Auxey-Duresses 2017** | Sec | 2019>25 | 19 € — 15,5
- **Bourgogne Les Femelottes 2017** | Sec | 2019>22 | 13,50 € — 14,5
- **Chassagne-Montrachet premier cru Abbaye de Morgeot 2017** | Sec | 2019>27 | 42 € — 16,5
- **Chassagne-Montrachet Vieilles Vignes 2017** | Sec | 2019>25 | 32,50 € — 15,5
- **Corton - Charlemagne grand cru 2017** | Sec | 2019>30 | 93,50 € — 17,5
- **Meursault premier cru Charmes 2017** | Sec | 2019>27 | 53 € — 16,5
- **Meursault premier cru Goutte d'Or 2017** | Sec | 2019>27 | 49 € — 17
- **Meursault Les Narvaux 2017** | Sec | 2019>26 | 35,50 € — 16,5
- **Rully 2017** | Sec | 2019>23 | 15 € — 15,5

1 rue Emile Goussery, 21200 Beaune • Tél. 03 80 24 00 70 • davidmoret.vins@orange.fr • Visite : sur rendez-vous uniquement.

DOMAINE PIERRE MOREY ET MOREY BLANC

★★★★☆ ♣

C'est Anne Morey qui conduit à la fois le domaine et l'activité de négoce Morey Blanc, toujours sous la bienveillance de son père. Le domaine de 10 hectares, mené en biodynamie depuis 1998, produit 13 cuvées, en rouge et blanc. Pour ces derniers, les raisins sont triés, les élevages sont longs, sur lies, avec des bâtonnages. L'activité de négoce a été créée en 1990 par Pierre Morey afin de compenser le manque de raisins lié à la fin d'un contrat de métayage. Les très faibles rendements des derniers millésimes ont réduit les disponibilités et nous reportons les notes des 2017 du précédent guide pour revenir à une appréciation des vins en bouteille plus tard dans la saison.

- **Aloxe-Corton premier cru Clos du Chapître Morey Blanc 2017** | Sec | 2021>27 | NC — 16
- **Bourgogne Pierre Morey 2017** | Sec | 2021>26 | NC — 15,5
- **Bourgogne Pierre Morey 2017** | Sec | 2021>26 | NC — 16,5
- **Mazis-Chambertin grand cru Morey Blanc - Hospices de Beaune - Madeleine Colignon 2016** | Sec | 2024>29 | NC — 18
- **Meursault premier cru Perrières 2017** | Sec | 2021>26 | NC — 17
- **Meursault Pierre Morey 2017** | Sec | 2021>26 | NC — 17
- **Monthélie 2017** | Sec | 2022>27 | NC — 16,5
- **Saint-Aubin premier cru Morey Blanc 2017** | Sec | 2021>26 | NC — 17
- **Volnay premier cru Santenots Pierre Morey 2017** | Sec | 2021>26 | NC — 17

13, rue Pierre-Mouchoux, 21190 Meursault • Tél. 03 80 21 21 03 • contact@morey-meursault.fr • www.morey-meursault.fr

DOMAINE ALBERT MOROT

Pour les amateurs de beaunes rouges dont nous sommes, une dégustation de la production du domaine permet de montrer bien des facettes de l'appellation quand elle est bien représentée comme ici. Diplôme d'œnologie de l'université de Montpellier en poche, Geoffroy Choppin de Janvry s'est installé ici en 2000 afin d'y insuffler une viticulture plus saine (certifiée bio en 2015), aux rendements faibles, et des méthodes de vinification très peu interventionnistes où l'usage du soufre n'apparaît qu'à la fin d'un long élevage dans les caves fraîches du domaine.

- **Beaune premier cru Les Aigrots 2017** | Sec | 2020>27 | 28 € — 16
- **Beaune premier cru Les Bressandes 2017** | Sec | 2021>28 | 31 € — 16,5
- **Beaune premier cru Les Cents Vignes 2017** | Sec | 2020>27 | 28 € — 15,5
- **Beaune premier cru Les Marconnets 2017** | Sec | 2020>26 | 31 € — 15,5
- **Beaune premier cru Les Teurons 2017** | Sec | 2020>27 | 31 € — 16,5
- **Beaune premier cru Les Toussaints 2017** | Sec | 2020>27 | 28 € — 15
- **Savigny-lès-Beaune premier cru La Bataillère aux Vergelesses 2017** | Sec | 2020>26 | 24 € — 14,5

20, avenue Charles Jaffelin, 21200 Beaune • Tél. 03 80 22 35 39 • geoffroy@albertmorot.fr • www.albertmorot.fr • Visite : sur rendez-vous.

LES PARCELLAIRES DE SAULX

Les Parcellaires de Saulx, nouveau nom donné à l'ancien Manoir Murisaltien, est une maison de négoce rachetée en 2017 par un couple d'Américains passionnés d'art de vivre à la française et par son directeur Jean-Luc Vitoux. Ils ont conjointement acquis le domaine Belleville à Rully, ainsi que le château et le clos de la Commaraine à Pommard. Cette maison vinifie et élève des vins provenant d'appellations prestigieuses de la Bourgogne avec une philosophie et une pratique originales puisqu'elle ne réalise aucun assemblage. Chaque vin provient d'un seul viticulteur et d'une seule parcelle, afin de respecter et de mettre en valeur chaque terroir. Le millésime 2017 a été dégusté avant mise en bouteille.

- **Bourgogne chardonnay 2017** | Sec | 2020>23 | 20,20 € — 16
- **Chambolle-Musigny 2017** | Sec | 2020>25 | 63 € — 17
- **Charmes-Chambertin grand cru 2017** | Sec | 2022>25 | 262 € — 18,5
- **Chassagne-Montrachet Clos Saint-Jean 2017** | Sec | 2020>24 | 86,40 € — 16,5
- **Corton - Perrières grand cru 2017** | Sec | 2023>29 | 106,65 € — 17
- **Gevrey-Chambertin premier cru Les Fontenys 2017** | Sec | 2022>26 | 113,20 € — 16,5
- **Morey-Saint-Denis 2017** | Sec | 2022>25 | 47,90 € — 16,5
- **Pommard premier cru Clos Blanc 2017** | Sec | 2022>27 | 89,20 € — 17
- **Puligny-Montrachet premier cru Champ Canet 2017** | Sec | 2020>24 | 97,90 € — 16,5
- **Volnay 2017** | Sec | 2020>25 | 43,20 € — 17

4, rue du Clos-de-Mazeray, 21190 Meursault • Tél. 03 80 21 21 83 • vin@manoirmurisaltien.com • www.de-saulx.com • Visite : sur rendez-vous.

DOMAINE LUCIEN MUZARD ET FILS

Le domaine de Claude et Hervé Muzard s'étend sur près de 18 hectares, avec une représentation majoritaire des climats de Santenay, dont 5 premiers crus. Une petite activité de négoce complète la gamme du domaine sur les climats tels que Puligny, Chassagne ou Volnay. Le style des vins rouges correspond à des santenays qui possèdent une gourmandise dès leur jeunesse, à l'exception de quelques climats à attendre quelques années. Les blancs, qui ne représentent que 20 % de la production, sont également rapidement accessibles.

- **Chassagne-Montrachet 2017** | Sec | 2021>25 | 36 € — 15
- **Chassagne-Montrachet Vieilles Vignes 2017** | Sec | 2020>24 | 32 € — 15
- **Corton - Charlemagne grand cru 2016** | Sec | 2020>24 | 75,90 € — 16,5
- **Meursault Les Meix Chavaux 2017** | Sec | 2020>22 | 39,50 € — 15
- **Santenay premier cru Clos de Tavannes 2017** | Sec | 2020>23 | 29,90 € — 15,5
- **Santenay premier cru Clos des Mouches 2017** | Sec | 2020>23 | 29,90 € — 14,5
- **Santenay premier cru La Maladière 2017** | Sec | 2020>23 | 27,50 € — 14,5
- **Santenay Les Champs Claudes 2017** | Sec | 2020>24 | 22,50 € — 15,5

1, rue de la Chapelle, 21590 Santenay • Tél. 03 80 20 61 85 • lucienmuzard71@gmail.com • Visite : Sur rendez-vous.

DOMAINE ANTOINE OLIVIER

★★★☆☆

Antoine Olivier est un vigneron-négociant à la tête de l'activité familiale de Santenay qu'il a reprise en 2003. Certes, il est en recherche permanente de la qualité, mais surtout du plaisir au travers de ses vins, le tout sous le signe de l'humour, que l'on saura apprécier avec les noms donnés à ses cuvées. Le vignoble tend vers une viticulture biologique depuis 2010, sans désir de certification, pour garder une marge de manœuvre. Les vins sont à tendance très minérale et expressifs du terroir calcaire en blanc, énergiques et salins en rouge.

- **Bourgogne aligoté Oublie le Cassis 2017** | Sec | 2020>24 | 11 € — 14,5
- **Bourgogne Les Deux Dindes 2017** | Sec | 2020>24 | 12,50 € — 15
- **Rully Les Saint-Jacques 2017** | Sec | 2019>24 | 17,50 € — 16
- **Santenay premier cru Beaurepaire 2017** | Sec | 2019>23 | 29 € — 16
- **Santenay Clos des Champs Carafe 2017** | Sec | 2020>24 | 18,50 € — 17
- **Santenay Le Biévaux L'Air de Rien 2017** | Sec | 2021>28 | 26,90 € — 17
- **Santenay Les Charmes 2017** | Sec | 2020>23 | 22 € — 16,5
- **Santenay Les Coteaux sous la Roche 2017** | Sec | 2020>24 | 22,90 € — 17
- **Savigny-lès-Beaune premier cru Les Peuillets 2017** | Sec | 2020>25 | 35 € — 16,5

5, rue Gaudin, 21590 Santenay • Tél. 03 80 20 61 35 • contact@antoineolivier.wine • www.antoineolivier.wine • Visite : sur rendez-vous.

DOMAINE PHILIPPE PACALET

★★☆☆☆

2017 voit-il une inflexion du style Pacalet ? Tombé dans le chaudron sans soufre depuis son plus jeune âge, Philippe Pacalet débute sa carrière chez son oncle Marcel Lapierre, dans le Beaujolais. Aujourd'hui il cultive 14 hectares en Bourgogne et développe également quelques projets satellites dont un à Moulin-à-Vent et un à Cornas. La vinification des rouges se fait en raisins entiers, sans sulfitage. L'élevage est ici appelé « affinage » et dure un an en fût (très peu de bois neuf), suivi d'une période en masse de 4 à 6 mois. Les rouges 2017 ne feront pas débat et empruntent un classicisme de goût qui met en avant chaque terroir avec précision, ce qui n'est pas pour nous déplaire. Ceci sans renier la fraîcheur bienvenue à laquelle Philippe nous avait habitués.

- **Chambolle-Musigny premier cru 2017** | Sec | 2022>27 | 127,50 € — 15,5
- **Corton - Bressandes grand cru 2017** | Sec | 2022>35 | 222 € — 18
- **Gevrey-Chambertin 2017** | Sec | 2020>28 | 62,50 € — 16
- **Meursault 2017** | Sec | 2019>25 | 75 € — 15
- **Nuits-Saint-Georges 2017** | Sec | 2019>27 | 65 € — 15,5

12, rue de Chaumergy, 21200 Beaune • Tél. 03 80 25 91 00 • contact@vins-philippe-pacalet.fr • www.philippe-pacalet.com • Visite : sur rendez-vous.

DOMAINE AGNÈS PAQUET

★★☆☆☆

Agnès Paquet a vinifié son premier millésime à Meloisey en 2001 sur une parcelle familiale située à Auxey-Duresses. Elle a su mener son domaine de main de maître pour être à la tête maintenant de 12,5 hectares, en Hautes-Côtes de Beaune, Auxey-Duresses, Chassagne-Montrachet et Saint-Aubin où les vignes sont menées avec intelligence, selon les principes du bio. Les blancs sont droits et ciselés et les rouges, vinifiés partiellement en grappes entières, sont précis et gourmands. À noter la production d'un effervescent maison, en méthode ancestrale, produit uniquement avec de l'aligoté.

- **Auxey-Duresses 2017** | Sec | 2019>23 | NC — 15
- **Auxey-Duresses 2017** | Sec | 2019>22 | NC — 16
- **Auxey-Duresses Patience 2017** | Sec | 2020>24 | NC — 16
- **Bourgogne 2017** | Sec | 2019>19 | 12 € — 14

- **Bourgogne chardonnay 2017** | Sec | 2018>22 | NC — 15
- **Bourgogne Pinot Noir 2017** | Sec | 2019>22 | NC — 15
- **Chassagne-Montrachet Les Bataudes 2017** | Sec | 2019>22 | NC — 16,5
- **Hautes Côtes de Beaune Derrière le Mont 2017** | Sec | 2019>23 | NC — 15,5
- **Pommard Les Combes 2017** | Sec | 2020>25 | NC — 16
- **Saint-Aubin premier cru Les Perrières 2017** | Sec | 2019>23 | NC — 16,5

Rue du Puits-Bouret, 21190 Meloisey • Tél. 03 80 26 07 41 • contact@vinpaquet.com • www.vinpaquet.com • Visite : sur rendez-vous.

DOMAINE PARENT

★★☆☆☆

Anne Parent dirige ce domaine de Pommard. Nous avons vu des 2017 en rupture de style avec les élevages sous bois marqués qui rendaient difficiles la dégustation des vins jeunes. Le pommard et le premier cru de beaune dégustés en rouge montraient une évidente densité, gage d'un bon vieillissement, enrobée avec tact. Nous suivrons avec attention l'évolution de ce domaine.

- **Beaune premier cru Les Épenotes 2017** | Sec | 2023>30 | 45 € | ♣ — 16
- **Pommard La croix blanche 2017** | Sec | 2022>30 | 40 € | ♣ — 16

3, Rue de la Métairie, 21630 Pommard • Tél. 03 80 22 15 08 • contact@domaine-parent.com • www.domaine-parent.com • Visite : sur rendez-vous uniquement.

DOMAINE ALEXANDRE PARIGOT

★★☆☆☆

Ce domaine établi à Meloisey en 1960 s'étend sur 20 hectares de vignoble, il est cultivé en lutte raisonnée par Alexandre Parigot, toujours secondé par ses parents Régis et Marie-France, une famille réputée pour être des acharnés au travail. Si vous croisez Alexandre, ce sera souvent sur son tracteur, on ne badine pas avec la vigne. Une persévérance payante, pour une très belle progression. La gamme offre des vins gourmands avec de très jolis tannins, une vivacité intéressante, avec un élevage peu prolongé et buvables dans leur jeunesse. Un accueil franc et généreux au domaine, comme on aimerait trouver partout en Bourgogne.

- **Beaune premier cru Les Grèves 2017** | Sec | 2020>23 | 35 € — 17
- **Chassagne-Montrachet premier cru Clos Saint-Jean 2017** | Sec | 2020>23 | 40 € — 17
- **Hautes Côtes de Beaune Clos de la Perrière 2017** | Sec | 2020>24 | 16 € — 15,5
- **Hautes Côtes de Beaune Clos de la Perrière La Croix Blanche 2017** | Sec | 2020>23 | 16 € — 15,5
- **Meursault Le Limozin 2017** | Sec | 2020>24 | 34 € — 16,5
- **Pommard premier cru Les Charmots 2017** | Sec | 2021>25 | 40 € — 17
- **Pommard premier cru Les Épenots 2017** | Sec | 2021>25 | 45 € — 18
- **Pommard Les Riottes 2017** | Sec | 2020>25 | 34 € — 17,5
- **Savigny-lès-Beaune premier cru Les Vergelesses 2017** | Sec | 2019>22 | 28 € — 16
- **Savigny-lès-Beaune Les Peuillets 2017** | Sec | 2021>23 | 20 € — 16
- **Volnay Brouillards 2017** | Sec | 2020>23 | 30 € — 15,5

8, Route de Pommard, 21190 Meloisey • Tél. 03 80 26 01 70 • domaine.parigot@orange.fr • Visite : sur rendez-vous, de 9h à 18h.

JÉRÔME PATRIARCHE

☆☆☆☆☆

Jérôme Patriarche, qui fait la fierté de son père ancien garagiste en engins viticoles, a créé son domaine en 2005 à Meursault et ne commercialise ses 3000 premières bouteilles que depuis le millésime 2017. Sa viticulture sur 6 hectares est pour l'instant raisonnée, les vendanges sont mécaniques, mais un travail minutieux est fait dans le vignoble pour exprimer l'idée d'une expression traditionnelle de l'appellation. C'est un jeune qu'il faut suivre et pour l'instant il est préférable de réserver ses bouteilles à l'avance, sur les appellations Bourgogne Côte d'Or, village et premier cru.

- **Meursault premier cru Charmes 2017** | Sec | 2021>25 | NC — 16,5
- **Meursault Les Vireuils 2017** | Sec | 2019>21 | NC — 14,5

Pontot Dessus, 21190 Meursault • Tél. 03 80 20 34 80

DOMAINE JEAN-MARC ET HUGUES PAVELOT

★★☆☆☆

Avec un passé viticole remontant au XVIIIe siècle, les Pavelot exploitent aujourd'hui 13 hectares de très belles parcelles autour de Savigny-lès-Beaune. Hugues et Pierre-Yves succèdent à Jean-Marc pour produire en lutte raisonnée leur gamme de vins, principalement rouges. Une petite activité d'achat de raisins, étiquetée sous le seul nom d'Hugues Pavelot, complète la gamme sur des climats non représentés au domaine. Les vins rouges sont issus de raisins éraflés à 100 %, vinifiés en cuves béton, inox et bois pour les premiers crus. 2017 ne s'est pas montré simple pour les villages entre la maturité difficile des blancs et les rendements des rouges. Les premiers crus remettent le domaine à son vrai niveau, l'une des références du secteur.

- **Aloxe-Corton 2017** | Sec | 2020>26 | 25 € — 14,5
- **Beaune premier cru Les Bressandes 2017** | Sec | 2019>30 | 30 € — 16
- **Pernand-Vergelesses 2017** | Sec | 2019>24 | 20 € — 15
- **Savigny-lès-Beaune premier cru Aux Guettes 2017** | Sec | 2019>24 | 27 € — 15
- **Savigny-lès-Beaune premier cru La Dominode 2017** | Sec | 2020>27 | 33,50 € — 16,5
- **Savigny-lès-Beaune premier cru Les Peuillets 2017** | Sec | 2020>25 | 26 € — 15,5

21, rue chanson madant, 21420 Savigny-lès-Beaune • Tél. 03 80 21 55 21 • hugues.pavelot@wanadoo.fr • www.domainepavelot.com • Visite : sur rendez-vous.

AU PIED DU MONT CHAUVE

★★★☆☆

Francine Picard, fille de Michel, met toute sa considérable énergie et son idéalisme à remodeler le style des vins de l'empire familial, 140 hectares de vignes. Depuis mai 2019, elle est épaulée par Antoine Lepetit, conseiller en biodynamie, son nouveau directeur technique. Le domaine sera certifié bio fin 2019 et les changements devraient se poursuivre sur des vinifications et des élevages encore plus précis. Une gamme importante de cuvées en rouge et en blanc très qualitative permet d'avoir un véritable aperçu des différents climats du secteur de Chassagne et de Saint-Aubin.

- **Bourgogne chardonnay 2017** | Sec | 2020>24 | NC — 16
- **Bourgogne pinot noir 2017** | Sec | 2020>25 | NC — 15
- **Chassagne-Montrachet premier cru Cailleret 2017** | Sec | 2022>27 | NC — 17
- **Chassagne-Montrachet premier cru Clos Saint-Jean 2017** | Sec | 2021>27 | NC — 17
- **Chassagne-Montrachet premier cru Les Chaumées 2017** | Sec | 2022>26 | NC — 17,5
- **Chassagne-Montrachet premier cru Les Vergers 2017** | Sec | 2021>27 | NC — 17,5
- **Corton grand cru Clos des Fiètres 2017** | Sec | 2021>26 | NC — 17,5
- **Puligny-Montrachet premier cru La Garenne 2017** | Sec | 2021>25 | NC — 18
- **Puligny-Montrachet premier cru Les Demoiselles 2017** | Sec | 2022>27 | NC — 18
- **Saint-Aubin premier cru En Remilly 2017** | Sec | 2020>25 | NC — 16,5
- **Saint-Aubin premier cru Le Charmois 2017** | Sec | 2020>25 | NC — 16,5
- **Saint-Aubin premier cru Pitangeret 2017** | Sec | 2021>25 | NC — 16,5

5, chemin du Château, 21190 Chassagne-Montrachet • Tél. 03 80 21 98 57 • contact@domainesfamillepicard.com • Visite : tous les jours de 10h à 18h. Le reste de l'année du lundi au samedi de 10h à 18h.

DOMAINE PAUL PILLOT

★★★☆☆

Chrystelle et Thierry Pillot représentent la quatrième génération de vignerons installés à Chassagne. Ils secondent de belle façon leur père Paul, qui possède un bel éventail de premiers crus où dominent la Romanée, les Grandes Ruchottes, le Clos Saint-Jean, la Grande Montagne, les Champs Gain ou le Cailleret. Nous n'avons pas dégusté le millésime 2017 et reportons quelques notes des 2016.

- **Chassagne-Montrachet premier cru Les Grandes Ruchottes 2016** | Sec | 2021>28 | NC — 18
- **Chassagne-Montrachet Clos Saint Jean 2016** | Sec | 2018>26 | NC — 16

3, rue Clos Saint-Jean, 21190 Chasagne-Montrachet • Tél. 03 80 21 31 91 • contact@domainepaulpillot.com • Visite : sur rendez-vous.

MAISON HENRI PION

★☆☆☆☆

Les frères Olivier et Christian Pion, reconnus comme ambassadeurs de nombreux domaines en Bourgogne, se sont décidés à rejoindre le rang des négociants-éleveurs et à représenter eux-mêmes les valeurs de leur famille à travers la production d'une gamme éponyme de vins fins de Bourgogne. Les rouges présentent des textures intéressantes et les blancs sont complexes et très représentatifs de leurs appellations.

- **Bourgogne Racines Croisées 2016** | Sec | 2020>23 | 14,20 € — 15
- **Gevrey-Chambertin 2016** | Sec | 2021>24 | 38,20 € — 15
- **Pernand-Vergelesses Racines croisées 2016** | Sec | 2020>23 | 23,40 € — 15,5

4, impasse des Lamponnes, 21190 Meursault • Tél. 03 80 20 80 55 • info@henri-pion.com • www.henri-pion.com • Visite : sur rendez-vous du lundi au vendredi.

CHÂTEAU DE POMMARD

★★☆☆☆

Avec 20 hectares de vignes d'un seul tenant sur lesquelles se dresse un château tricentenaire, ce domaine représente le monopole privé le plus vaste de Bourgogne. Emmanuel Sala s'en est vu confier les clés par Maurice Giraud en 2007, avant d'y accueillir le nouvel heureux propriétaire Michael Baum en 2014. Une activité de négoce complète désormais la gamme du château et répond aux demandes de vins blancs sur les marchés locaux et internationaux. Les vins de ce domaine, en blanc comme en rouge, passent par une période d'élevage sous bois très longue. Les rouges possèdent l'empreinte véritable du terroir de Pommard sur sa partie basse, avec ses aspects charnus et la puissance que lui confère une présence accrue de l'argile dans les sols. Nous avons pu déguster cette année quelques millésimes plus anciens qui montrent le potentiel du clos Marey-Monge.

- **Ladoix premier cru Les Grèchons 2017** | Sec | 2019>22 | NC — 15
- **Meursault 2017** | Sec | 2019>25 | NC — 14
- **Pommard Clos Marey-Monge Monopole 2017** | Sec | 2020>28 | NC — 16
- **Volnay 2017** | Sec | 2019>25 | NC — 15

15, rue Marey-Monge, 21630 Pommard • Tél. 03 80 22 12 59 • concierge@chateaudepommard.com • www.chateaudepommard.com • Visite : tous les jours de mi-mars à fin novembre de 9h30 à 18h30. Sinon fermé le mardi et le mercredi, et fermeture à 17h30.

DOMAINE PONSARD-CHEVALIER

★☆☆☆☆

Créé en 1977 par Michel Ponsard et Danielle Chevalier, ce domaine compte à ce jour 6,5 hectares entre Santenay et les Maranges, cultivé en lutte raisonnée, avec des vendanges manuelles et des vinifications traditionnelles bourguignonnes. Coup de cœur en 2017 sur les premiers crus en Maranges rouges.

- **Maranges premier cru Le Clos des Rois 2017** | Sec | 2020>23 | 16 € — 16,5
- **Maranges premier cru Les loyères 2017** | Sec | 2020>23 | 16 € — 16,5
- **Santenay Les Charmes 2017** | Sec | 2020>23 | 15 € — 15,5

Chemin des Tilles, 21590 Santenay • Tél. 03 80 20 60 87 • coralie.bernard@orange.fr • www.domaine-ponsard-chevalier.com • Visite : sur rendez-vous.

DOMAINE DE LA POUSSE D'OR

★★★★☆

Domaine historique de Volnay, vieux de plus de huit siècles. Patrick Landanger, acquéreur du domaine en 1997, a repris lui-même les rênes de ses chais en 1999 afin d'y effectuer une série de travaux colossaux dont une redéfinition de la cuverie qui opère dorénavant par gravité sur 6 étages. Les vins du domaine n'ont depuis jamais cessé de s'orienter vers des touchers de bouche au soyeux incomparable partagés par toute la gamme et à leur paroxysme sur le corton clos-du-roi et sur le volnay premier cru, clos-des-soixante-ouvrées.

- **Corton - Bressandes grand cru 2017** | Sec | 2021>35 | 80 € — 17
- **Corton - Clos du Roi grand cru 2017** | Sec | 2021>35 | 83 € — 18
- **Pommard premier cru Les Jarolières 2017** | Sec | 2021>30 | 62 € — 16
- **Volnay premier cru Clos des Soixante Ouvrées 2017** | Sec | 2019>28 | 70 € — 17,5

8, rue de la Chapelle, 21190 Volnay • Tél. 03 80 21 61 33 • contact@lapoussedor.fr • www.lapoussedor.fr • Visite : Visites et dégustation sur rendez-vous uniquement. Vente des produits sur réservation.

DOMAINE JACQUES PRIEUR

★★★★★

Grand par sa palette de terroirs, mais tout aussi grand par la qualité de ses vins, le domaine Jacques Prieur est un incontournable des grands domaines bourguignons. Les efforts sont évidents sur les 28 hectares, conduits depuis 1997 de façon biologique mais non certifiés, sous le contrôle sérieux de Daniel Godefroy. Ce sont des raisins d'une qualité exceptionnelle qui sont ensuite vinifiés de main de maître par Nadine Gublin, experte reconnue, qui apporte sa touche personnelle à l'élaboration de cette palette exceptionnelle de climats. Elle réussit à merveille, en jouant avec la vendange entière pour les rouges, permettant la pure révélation du terroir, sans artifice. En 2017, il lui aura fallu être très observatrice pour ne sélectionner que les bons raisins à l'intérieur d'une même parcelle. Les blancs sont à l'unisson et révèlent leurs climats au-delà de toute influence de style. La cinquième marche est une évidence pour ce grand domaine.

- **Beaune premier cru Champs-Pimont 2017** | Sec | 2019>24 | 39,30 € — 16,5
- **Beaune premier cru Champs-Pimont 2017** | Sec | 2021>26 | 44,80 € — 17,5
- **Beaune premier cru Clos de la Feguine Beaune Monopole 2017** | Sec | 2020>25 | 50,60 € — 17,5
- **Beaune premier cru Clos de la Feguine Monopole 2017** | Sec | 2019>24 | 49,80 € — 17
- **Bourgogne 2017** | Sec | 2019>23 | 20,60 € — 15,5
- **Chambertin grand cru 2017** | Sec | 2022>27 | 378 € — 19
- **Chevalier-Montrachet grand cru 2017** | Sec | 2021>26 | 394 € — 19
- **Clos de Vougeot grand cru 2017** | Sec | 2022>26 | 132 € — 18
- **Corton - Charlemagne grand cru 2017** | Sec | 2024>29 | 206 € — 19
- **Échezeaux grand cru 2017** | Sec | 2022>27 | 394 € — 19
- **Meursault premier cru Perrières 2017** | Sec | 2020>25 | 147 € — 17,5
- **Meursault Clos de Mazeray - Monopole 2017** | Sec | 2019>23 | 49,70 € — 16,5
- **Montrachet grand cru 2017** | Sec | 2020>26 | 641 € — 18,5
- **Musigny grand cru 2017** | Sec | 2021>28 | 590 € — 20
- **Puligny-Montrachet premier cru Les Combettes 2017** | Sec | 2020>25 | 82,90 € — 17,5
- **Volnay premier cru Santenots 2017** | Sec | 2021>26 | 73 € — 17,5

6, rue des Santenots, 21190 Meursault • Tél. 03 80 21 23 85 • info@prieur.com • www.prieur.com

PROSPER MAUFOUX

★☆☆☆☆

La maison Prosper Maufoux a été acquise par Éric Piffaut, dirigeant de la maison Veuve Ambal. Le site installé sur la place de Santenay vient d'être revendu aux propriétaires du château de la Crée et la marque Proper Maufoux conservée par Éric Piffaut.

- **Mâcon-Igé Chateau London 2017** | Sec | 2019>22 | 12 € — 15
- **Maranges 2017** | Sec | 2020>23 | 18,50 € — 14,5
- **Santenay 2017** | Sec | 2020>24 | 21 € — 15
- **Santenay premier cru Beaurepaire 2017** | Sec | 2020>23 | 29 € — 17

1, place du Jet-d'Eau, 21590 Santenay • Tél. 03 80 20 60 40 • prosper.maufoux@wanadoo.fr • www.prosper-maufoux.com • Visite : du lundi au samedi de 10h à 12h et de 14h30 à 18h, le dimanche en haute saison. D'octobre à fin mars sur rendez-vous.

DOMAINE MICHEL PRUNIER ET FILLE

★★☆☆☆

C'est désormais le duo père-fille qui est aux commandes des 12 hectares du domaine, répartis sur six appellations différentes en plus des appellations régionales (Chorey-lès-Beaune, Auxey-Duresses, Meursault, Pommard, Beaune et Volnay). Une conduite en agriculture raisonnée et, selon les appellations, des vendanges manuelles (avec une partie de grappes entières conservées en vinification) ou mécaniques, la durée des élevages variant en fonction de la complexité des vins. Une gamme de vins vifs et ciselés, plutôt droits et francs. Le style reste un classique de l'appellation avec une approche plaisante.

- **Auxey-Duresses premier cru 2016** | Sec | 2021>25 | 22 € — 16
- **Auxey-Duresses premier cru Clos du Val 2016** | Sec | 2022>24 | 25 € — 16,5
- **Auxey-Duresses Vieilles Vignes 2017** | Sec | 2020>24 | 22 € — 15
- **Volnay premier cru Les Caillerets 2016** | Sec | 2023>29 | 40 € — 16,5

Route de Beaune, 21190 Auxey-Duresses • Tél. 03 80 21 21 05 • domainemichelprunier-fille@wanadoo.fr • www.domainemichelprunieretfille.com • Visite : sur rendez-vous du lundi au samedi de 9h à 12h et de 14h à 18h30.

DOMAINE PRUNIER-BONHEUR

★☆☆☆☆

Pascal Prunier a démarré en 1983 avec trois hectares en fermage, puis épouse Christine Bonheur en 1999, créant ainsi cette nouvelle entité Prunier-Bonheur. Le domaine exploite 8 hectares à Saint-Romain, Monthélie, Auxey-Duresses, Beaune et Pommard, avec une approche très raisonnée, des labours, des vendanges manuelles, le tout dans le respect du calendrier lunaire. Tous les vins passent en fût, par gravité, et les blancs sont élevés dans des contenants plus grands, sans bâtonnage. Issus d'un patrimoine de vieilles vignes, les rouges sont intenses et élégants et mettent en valeur cette appellation moins connue qu'est Auxey-Duresses.

- **Auxey-Duresses 2017** | Sec | 2020>23 | 21,90 € — 14,5
- **Auxey-Duresses premier cru Le Climat du Val 2017** | Sec | 2021>24 | 27,50 € — 15
- **Auxey-Duresses Les Crais 2017** | Sec | 2020>23 | 22,50 € — 15
- **Meursault Les Grands Charrons 2017** | Sec | 2020>25 | 35 € — 15,5
- **Saint-Romain Combe Bazin 2017** | Sec | 2020>23 | 21,60 € — 15,5

23, rue des Plantes, 21190 Meursault • Tél. 03 80 21 66 56 • pascal.prunier-bonheur@wanadoo.fr • Visite : sur rendez-vous.

DOMAINE RAPET PÈRE ET FILS

★★★★☆

Vincent Rapet a succédé à son père pour gérer les 20 hectares de vignoble, principalement situés autour de la colline de Corton. Les murs historiques du chai accueillent depuis quelques années une cuverie moderniste qui, associée à une série d'investissements dans le renouvellement du matériel de culture, offrent désormais à Vincent un outil de production qui permet de bousculer les meilleurs de la Bourgogne. Depuis 2015 les rouges nous épatent avec des 2016 hors normes et des 2017 de grande qualité. Ils ont rejoint des blancs de réputation ancienne, notamment le corton-charlemagne et le pernand premier cru blanc sous frétille : un 1990 dégusté récemment avait magnifiquement évolué. C'est une adresse très sûre où aucun vin de la large gamme ne nous a déçus.

- **Aloxe-Corton 2017** | Sec | 2021>30 | 28,50 € — 15,5
- **Corton - Charlemagne grand cru 2017** | Sec | 2019>30 | 75 € — 18
- **Corton - Pougets grand cru 2017** | Sec | 2021>30 | 57 € — 17,5
- **Corton grand cru 2017** | Sec | 2022>35 | 57 € — 17,5
- **Pernand-Vergelesses premier cru En Caradeux 2017** | Sec | 2019>28 | 31 € — 15,5
- **Pernand-Vergelesses premier cru Vergelesses 2017** | Sec | 2019>29 | 28,50 € — 17

2, Place de la Mairie, 21420 Pernand-Vergelesses • Tél. 03 80 21 59 94 • vincent@domaine-rapet.com • www.domaine-rapet.com • Visite : sur rendez-vous sauf le dimanche et les jours fériés.

REMOISSENET PÈRE ET FILS

★★★☆☆

Fondée en 1877, cette maison beaunoise fut gérée durant de très longues années par l'infatigable Roland Remoissenet. À sa retraite, celle-ci fut vendue, avec son stock impressionnant de vieilles bouteilles et ses caves magnifiques du XIVe siècle, à un consortium américano-canadien dont Bernard Repolt est l'actuel représentant. Avec un vignoble de 15 hectares complété par des achats de raisins dans toutes les belles appellations de la côte d'Or, la très douée œnologue Claudie Jobard peut réaliser un travail très intéressant. Les vins ont un profil à la fois séduisant et profonds, tant pour les blancs amples et floraux que pour les rouges d'un brillant équilibre. Le niveau d'ensemble n'a cessé de progresser et de s'affiner au cours de la décennie qui s'achève.

- **Beaune premier cru Les Teurons 2017** | Sec | 2020>26 | 48,10 € — 16
- **Beaune Montagne Saint-Désiré** | Sec | 2019>23 | 42,30 € — 14
- **Gevrey-Chambertin 2017** | Sec | 2020>30 | 51,90 € — 16
- **Nuits-Saint-Georges premier cru Les Damodes 2017** | Sec | 2023>34 | 80,80 € — 16,5
- **Santenay premier cru Clos de Tavannes 2017** | Sec | 2019>25 | 42,30 € — 14,5
- **Savigny-lès-Beaune premier cru Les Serpentières 2017** | Sec | 2020>27 | 36,50 € — 15

20, rue Eugène Spuller, 21200 Beaune • Tél. 03 80 26 26 66 • brepolt@remoissenet.com • Visite : Du Lundi au vendredi 12h.

DOMAINE NICOLAS ROSSIGNOL

★★★★☆

Ce domaine a pris un virage à 180 degrés en 2002 vers un style qui n'a jamais cessé de s'affiner pour atteindre aujourd'hui une plénitude indéniable dans l'élégance et la tension, dans des vins intenses et aux tannins sans couture. Nicolas Rossignol, qui exploite 18 hectares, représente l'élite d'une nouvelle génération de vignerons en quête d'équilibre absolu. Les nouvelles installations ont permis des 2015 et des 2016 de très grande pureté, aux finales aériennes et salines qui traduisent une interprétation précise et juste des différents terroirs. On s'approche ici au plus près de la quintessence de la côte de Beaune. Nous n'avons hélas pu goûter que trois cuvées de 2017. Elles s'inscrivent dans la lignée de leur devancières, avec un supplément d'accessibilité immédiate liée à ce millésime.

- **Volnay premier cru Chevret 2017** | Sec | 2020>28 | 100 € — 18
- **Volnay premier cru Clos des Angles 2017** | Sec | 2020>28 | 75 € — 17
- **Volnay premier cru Santenots 2017** | Sec | 2021>30 | 90 € — 17,5

22, rue Jean François Champollion, 21200 Beaune • Tél. 03 80 24 35 62 • contact@nicolas-rossignol.com • www.nicolas-rossignol.com • Visite : sur rendez-vous.

DOMAINE ROULOT

Jean-Marc Roulot, vigneron connu et reconnu, que l'on croise parfois sur grand écran, l'homme étant acteur à ses heures, représente la sixième génération de ce domaine familial de 16 hectares. Depuis le début des années 2000, les vignes sont conduites selon les préceptes biodynamiques et de nouvelles réflexions sont en cours sur la gestion du soufre après vendanges. Dans la recherche d'une pureté minimaliste et cristalline dans ses vins, il a créé une émulation pour toute une génération de vignerons. Les 2017 ont une trame élégante et dynamique et la consigne est de surtout bien les garder, car l'énergie du millésime le permet.

- **Bourgogne 2017** | Sec | 2022>24 | NC — 18
- **Meursault premier cru Perrières 2017** | Sec | 2022>25 | NC — 17,5
- **Meursault Clos du Haut Tesson à Montplaisir Monopole 2017** | Sec | 2021>25 | NC — 16,5
- **Meursault Les Luchets 2017** | Sec | 2020>23 | NC — 17
- **Meursault Les Meix Chavaux 2017** | Sec | 2021>27 | NC — 17

1, rue Charles-Giraud, 21190 Meursault • Tél. 03 80 21 21 65 • roulot@domaineroulot.fr

ROUX PÈRE & FILS

Cette maison familiale de négoce, créée en 1885, est depuis 2013 sous l'impulsion d'une série de grands changements. Cette remise en question est intimement liée à l'arrivée de Matthieu et Sébastien Roux, nouvelle génération à la tête de ses 70 hectares de vignoble répartis sur 50 climats. Un chantier de remaniement qui commença par les méthodes culturales où le travail des sols est primordial, puis par une série d'ajustements dans les méthodes de vinification. Moins de bois neuf, meilleurs approvisionnements en fûts, élevages plus courts pour les rouges, plus longs pour les blancs et, cerise sur le gâteau, acquisition récente de parcelles de premier choix à Chambolle-Musigny qui porte la surface de vignoble possédé dans ce cru à 2,2 hectares. Le chambolle les athets convertirait les plus réticents à la cause de la maison.

- **Chambolle-Musigny premier cru Les Borniques 2017** | Sec | 2022>29 | NC — 15
- **Chambolle-Musigny premier cru Les Chatelots 2017** | Sec | 2020>28 | NC — 15
- **Chambolle-Musigny Les Athets 2017** | Sec | 2020>28 | NC — 16,5
- **Chassagne-Montrachet Les Masures 2017** | Sec | 2020>24 | NC — 15,5
- **Saint-Aubin Champ Tirant 2017** | Sec | 2021>23 | NC — 15
- **Vougeot premier cru Les Petits Vougeots 2017** | Sec | 2019>26 | 75 € — 14

42, rue des Lavières, 21190 Saint-Aubin • Tél. 03 80 21 32 92 • france@domaines-roux.com • www.famille-roux.vin • Visite : du lundi au samedi de 10h à 18h.

DOMAINE SAINT-MARC

C'est la première année que nous dégustons les vins de ce domaine et c'est une belle surprise. Né de deux amis passionnés, dans les années 1980, cette adresse aujourd'hui dirigée par Arnaud Mitanchey, totalise 8 hectares, menés en lutte raisonnée et certifiés HVE, niveau 3. La cuverie va s'agrandir et un caveau de dégustation permet aux amateurs de déguster les dix cuvées du domaine.

- **Beaune premier cru Clos des Avaux 2016** | Sec | 2020>23 | 29 € — 16
- **Meursault Bois de Blagny 2016** | Sec | 2020>24 | 33 € — 14,5
- **Pommard 2017** | Sec | 2021>24 | 32 € — 15
- **Pommard Les Chanlins 2016** | Sec | 2022>26 | 33 € — 15,5
- **Santenay Le Chainey 2016** | Sec | 2020>23 | 20 € — 15,5
- **Santenay Saint-Jean 2017** | Sec | 2020>24 | 19 € — 15

1, rue de Nolay, 71150 Paris l'Hôpital • Tél. 03 85 91 13 14 • domaine@saint-marc.fr • www.domaine-saintmarc.fr • Visite : Sur rendez-vous.

CHÂTEAU DE SANTENAY

Ce grand domaine de 90 hectares, appartenant au Crédit Agricole, est basé à Santenay dans l'une des plus belles demeures de Bourgogne aux tuiles vernissées, ancienne propriété de Philippe le Hardi. Ses vignes sont réparties entre la côte d'Or et la côte chalonnaise sur 14 appellations, avec une viticulture certifiée Terra Vitis. La gamme de vins présentée, même si elle montre des irrégularités, semble progresser vers la qualité, sans toutefois imprimer un style et une âme à ce navire bourguignon.

- **Beaune premier cru Clos du Roi 2017** | Sec | 2021>25 | 35-40 € — 17
- **Mercurey 2017** | Sec | 2020>22 | 15-20 € — 15
- **Mercurey premier cru Les Puillets 2017** | Sec | 2021>24 | 20-25 € — 16,5
- **Mercurey Bois de Lallier 2017** | Sec | 2020>23 | 19-22 € — 14,5
- **Mercurey Chenaults 2017** | Sec | 2020>23 | 18-20 € — 16
- **Saint-Aubin En Vesvau 2017** | Sec | 2020>23 | 25-30 € — 15,5
- **Santenay premier cru La Comme 2017** | Sec | 2021>23 | 30-35 € — 16
- **Santenay premier cru La Comme 2017** | Sec | 2021>25 | 30-35 € — 15,5

1, rue du Château , 21590 Santenay • Tél. 03 80 20 61 87 • contact@chateau-de-santenay.com • www.chateau-de-santenay.com • Visite : de 10h à 12h30 et de 13h30 à 18h.

ÉTIENNE SAUZET

★★★★☆

Le domaine Etienne Sauzet se transmet par les femmes et c'est sa petite-fille, Émilie Boudot et son mari Benoît Riffault, fils de vigneron sancerrois (domaine Claude Riffault), qui l'exploitent en continuant de faire croître sa surface qui est maintenant de 15 hectares, dont 5 en Hautes-Côtes de Beaune. Une activité de négoce permet de proposer 10 à 15 % de cuvées supplémentaires, pour un total de 18 cuvées. Le vignoble est mené en biodynamie, certifié Ecocert depuis 2009 et le travail de cave est classique, avec tri des raisins avant pressurage et des élevages de 18 mois. Le chardonnay possède ici une splendide pureté d'expression, une finesse et un potentiel de garde notables ; on entre de plain-pied dans la grande Bourgogne !

- **Bâtard-Montrachet grand cru 2017** | Sec | 2021>26 | NC — 19
- **Bourgogne 2017** | Sec | 2021>24 | NC — 16
- **Hautes Côtes de Beaune 2017** | Sec | 2020>24 | NC — 16,5
- **Puligny-Montrachet 2017** | Sec | 2020>25 | NC — 18
- **Puligny-Montrachet premier cru La Garenne 2017** | Sec | 2020>24 | NC — 18
- **Puligny-Montrachet premier cru Les Combettes 2017** | Sec | 2023>26 | NC — 18
- **Puligny-Montrachet premier cru Les Folatières 2017** | Sec | 2020>25 | NC — 17
- **Puligny-Montrachet premier cru Les Perrières 2017** | Sec | 2022>26 | NC — 17

11, rue de Poiseul, 21190 Puligny-Montrachet • Tél. 03 80 21 32 10 • etienne.sauzet@orange.fr • www.etiennesauzet.com

SEGUIN MANUEL

★★★☆☆

Thibault Marion, dont la famille fut intrinsèquement liée à l'histoire de Chanson, s'est associé à Jean-Luc Coupet en 2004 pour reprendre cette ancienne activité de négoce familiale. La gamme du domaine qui compte pas moins de 30 climats aux quantités de bouteilles limitées, est complétée par des achats de raisins et de moûts sur les deux côtes. Les vins blancs sont frais, équilibrés et de belle facture en 2017. Quelques rouges du millésime l'interprètent en version de demi-garde, comme c'est souvent le cas dans ce millésime, mais fort bien réalisée. Et nous avons été séduits par plusieurs crus rouges de la gamme très au-delà du standard bourguignon 2017. C'est une adresse sûre.

- **Beaune premier cru Champs-Pimont 2017** | Sec | 2020>30 | 44,40 € | ✿ — 16,5
- **Beaune premier cru Clos des Mouches 2017** | Sec | 2019>28 | 70,30 € | ✿ — 15
- **Bourgogne Côte d'Or 2017** | Sec | 2019>23 | 14,90 € — 14,5
- **Clos de Vougeot grand cru 2017** | Sec | 2021>35 | 179,40 € — 17,5
- **Corton - Le Rognet-et-Corton grand cru 2017** | Sec | 2020>28 | 136,70 € — 16
- **Meursault Les Clous 2017** | Sec | 2019>23 | 50,20 € | ✿ — 15,5
- **Pommard Les Petits Noizons 2017** | Sec | 2021>28 | 47 € | ✿ — 16
- **Vosne-Romanée Aux Communes 2017** | Sec | 2020>28 | 55,50 € — 16

2, rue de l'Arquebuse, 21200 Beaune • Tél. 03 80 21 50 42 • contact@seguin-manuel.com • www.seguin-manuel.com • Visite : du lundi au vendredi sur rendez-vous.

DOMAINE DU COMTE SENARD

★★★☆☆

Entre tradition et modernité, Lorraine Senard-Pereira a entrepris depuis 2005 des changements radicaux afin de procurer à ses vins l'élégance nécessaire pour une consommation plus immédiate, tout en préservant le potentiel de garde et la qualité intrinsèque des grands cortons, dont le domaine possède aujourd'hui une représentation sur pas moins de 6 climats ! En rupture de style avec le puissant 2015, 2016 montrait des tannins très fins, 2017 poursuit dans cette voie. L'intensité du corton-clos-du-roi laisse rêveur. On est proche ici d'une quatrième étoile.

- Aloxe-Corton Jules 2017 | Sec | 2019>26 | 29 € — 15,5
- Bourgogne Ana 2017 | Sec | 2019>22 | 16 € — 14,5
- Bourgogne Auguste 2017 | Sec | 2019>23 | 13 € — 14,5
- Chorey-lès-Beaune Les Champs Longs 2017 | Sec | 2019>25 | 22 € — 15
- Corton - Clos du Roi grand cru 2017 | Sec | 2021>30 | 93 € — 18
- Corton - Pauland grand cru Clos des Meix 2017 | Sec | 2021>30 | 92 € — 17
- Corton - Perrières grand cru 2017 | Sec | 2021>30 | 92 € — 17
- Corton grand cru Clos des Meix 2017 | Sec | 2020>30 | 93 € — 17

1, rue des Chaumes, 21420 Aloxe Corton • Tél. 03 80 26 40 73 • table@domainesenard.com • www.domainesenard.com • Visite : du mardi au samedi de 10h à 18h, sur rendez-vous de préférence.

DOMAINE DES TERRES DE VELLE

★★☆☆☆

Ce projet est né de la ténacité et de la volonté intarissable de Sophie et Fabrice Laronze de remettre sur pied un domaine moribond situé sur les bords de la Velle, à l'entrée du village d'Auxey-Duresses. Aujourd'hui, ce sont 6 hectares de vignoble, morcelés sur 14 appellations et menés dans un esprit biodynamique, ainsi qu'un ancien moulin parfaitement reconverti en cuverie par gravité surplombant des caves d'élevage. Les millésimes 2016 et 2017 offrent des rouges denses et énergiques et des blancs plutôt classiques de leur appellation.

- Chassagne-Montrachet La Platière 2016 | Sec | 2020>23 | 35 € — 14,5
- Monthélie premier cru Les Duresses 2016 | Sec | 2020>23 | 29 € — 15,5
- Monthélie Les Sous-Roches 2016 | Sec | 2021>24 | 23 € — 16
- Puligny-Montrachet premier cru Les Referts 2017 | Sec | 2020>24 | 52 € — 15,5
- Volnay premier cru Le Ronceret 2016 | Sec | 2021>24 | 40 € — 16,5

2, chemin sous la Velle, 21190 Auxey-Duresses • Tél. 03 80 22 80 31 • info@terresdevelle.fr • www.terresdevelle.fr • Visite : du lundi au vendredi de 9h à 12h et de 13h30 à 17h30, le week-end sur rendez-vous.

DOMAINE TROUSSELLE

★☆☆☆☆

Nouvelle entrée dans notre guide que ce jeune domaine des Hautes-Côtes de Beaune, basé à Orches, créé par David Trousselle et son épouse en 2015. Ils exploitent 5,5 hectares sur les appellations Hautes-Côtes et Santenay. Cette nouvelle étiquette présente des vins d'un excellent rapport qualité-prix que nous recommandons et encourageons.

- Hautes Côtes de Beaune En Cré 2017 | Sec | 2019>23 | 11 € — 14,5
- Hautes Côtes de Beaune En Cré 2016 | Sec | 2019>23 | 11 € — 14,5
- Hautes Côtes de Beaune La Couleuvraie 2017 | Sec | 2020>23 | 11 € — 15
- Santenay 2017 | Sec | 2020>24 | 16 € — 16
- Santenay 2016 | Sec | 2020>22 | 16 € — 15

Hameau d'Orches - 26, rue du Tilleul de la Révolution, 21340 Baubigny • Tél. 06 73 04 38 77 • davidtrousselle@gmail.com • Visite : sur rendez-vous.

HENRI DE VILLAMONT

★★☆☆☆

Installée à Savigny-lès-Beaune, cette maison de négoce appartient au grand groupe suisse Schenk. Son vignoble en propre compte 10 hectares, principalement à Savigny mais aussi sur la côte de Nuits et c'est naturellement dans ces secteurs que l'on trouve les vins les plus intéressants. Les rouges, solides et bien construits, sont très réguliers depuis plusieurs millésimes. Le niveau des blancs est plus inégal, mais les cuvées de savigny et savigny premier cru, issus du domaine maison, ne manquent pas de personnalité.

- Beaune premier cru Les Épenotes 2017 | Sec | 2020>28 | NC — 15
- Savigny-lès-Beaune premier cru Clos des Guettes 2017 | Sec | 2019>29 | NC — 16
- Savigny-lès-Beaune premier cru Clos des Guettes 2017 | Sec | 2021>29 | NC — 16,5
- Savigny-lès-Beaune Le Village 2017 | Sec | 2019>26 | NC — 15
- Savigny-lès-Beaune Le Village 2017 | Sec | 2020>27 | NC — 15

Rue du Docteur Guyot, 21420 Savigny-lès-Beaune • Tél. 03 80 21 50 59 • contact@hdv.fr • www.hdv.fr • Visite : du mardi au samedi de 10h à 12h30 et de 13h30 à 18h. Visite et dégustations de préférence sur rendez-vous au 03 80 21 52 13.

DOMAINE ANNE-MARIE ET JEAN-MARC VINCENT

★★★☆☆

Anne-Marie et Jean-Marc Vincent sont des vignerons attachants, volubiles et surtout en perpétuelle quête d'une viticulture de pointe. Rien n'est laissé au hasard dans les vignes et leur travail fait référence, parfois au prix d'années difficiles et pas toujours confortables. Ils proposent une gamme de vins tout simplement remarquable, rarement égalée, avec des rouges profonds et des blancs qui représentent dignement leurs appellations.

- **Auxey-Duresses Les Hautés 2017** | Sec | 2020>24 | 28 € — 16
- **Puligny-Montrachet Corvée des Vignes 2017** | Sec | 2021>24 | 39 € — 16
- **Santenay premier cru Beaurepaire 2017** | Sec | 2021>25 | 28 € — 16
- **Santenay premier cru Beaurepaire 2017** | Sec | 2021>25 | 28 € — 16,5
- **Santenay premier cru Les Gravières 2017** | Sec | 2021>24 | 28,50 € — 16,5
- **Santenay premier cru Passetemps 2017** | Sec | 2023>27 | 28 € — 17

3, rue Sainte-Agathe, 21590 Santenay • Tél. 03 80 20 67 37 • vincent.j-m@wanadoo.fr • Visite : sur rendez-vous uniquement.

DOMAINE VIOLOT-GUILLEMARD

Thierry Violot, ancien sportif de haut niveau reconverti vigneron en 1978, représente la cinquième génération de ce domaine familial. Les 6 hectares de son vignoble se répartissent entre Beaune, Pommard, Monthélie, Volnay et Meursault, et sont certifiés bio depuis 2014. L'identité franche et revendicatrice d'un classicisme absolu n'est plus. Tous les vins rouges que nous dégustons depuis plusieurs années affichent la race de leur terroir respectif mais avec une finesse et une délicatesse particulières. Même les pommards savent montrer une patte de velours. Nous ne regrettons pas la promotion accordée l'an dernier au domaine.

- **Beaune premier cru Clos des Mouches 2017** | Sec | 2021>35 | 44 € — 16,5
- **Pommard premier cru La Platière 2017** | Sec | 2020>29 | 44 € — 16
- **Pommard premier cru Les Épenots 2017** | Sec | 2022>30 | 60 € — 15,5
- **Pommard premier cru Les Rugiens 2017** | Sec | 2022>30 | 60 € — 16

7, rue Sainte-Marguerite, 21630 Pommard • Tél. 03 80 22 49 98 • contact@violot-guillemard.fr • www.violot-guillemard.fr • Visite : sur rendez-vous.

Mes commentaires

LE VIGNOBLE DE LA CÔTE CHALONNAISE

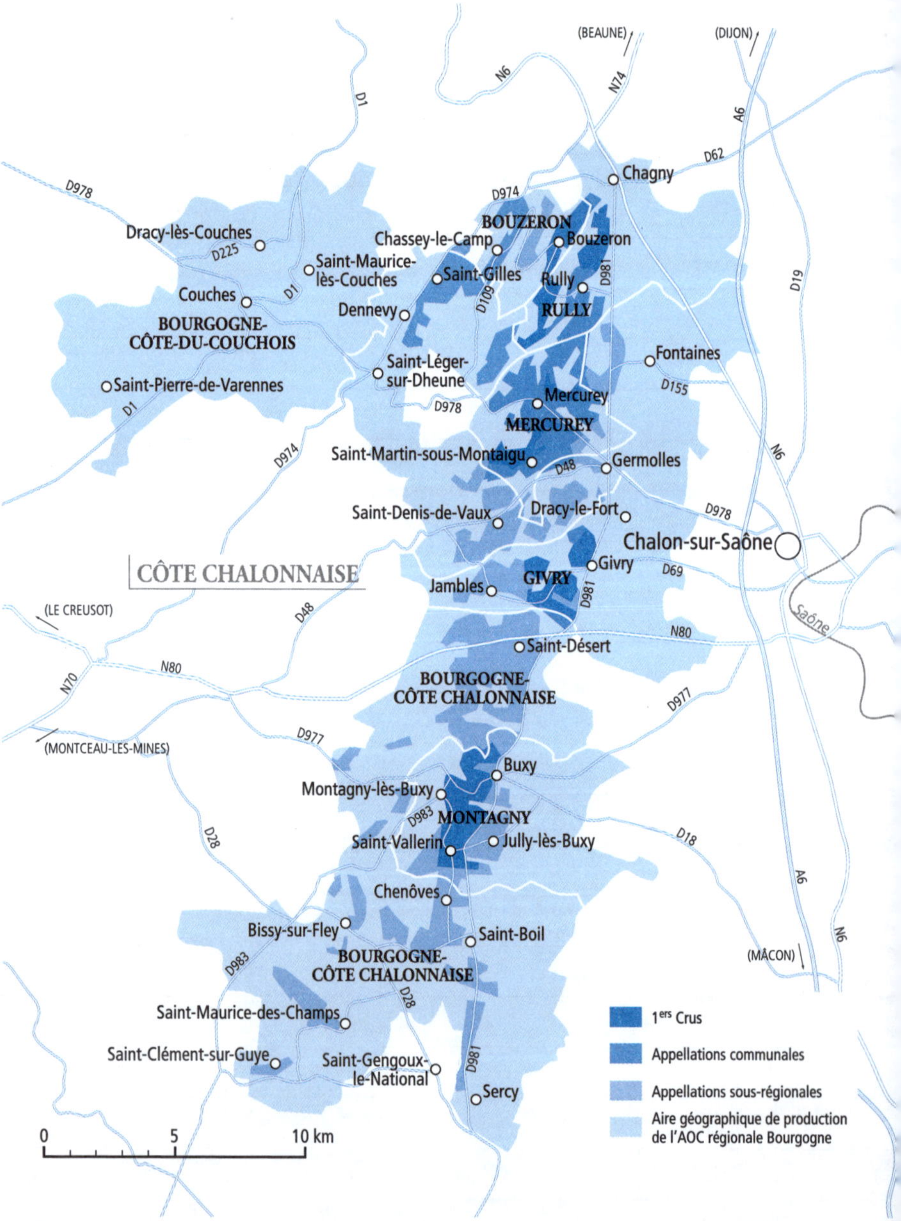

DOMAINE STÉPHANE ALADAME

Stéphane Aladame a créé son domaine en 1992 à l'âge de 18 ans et exploite maintenant avec Julie 8 hectares en Montagny, dont sept en premiers crus. Depuis une dizaine d'années, la vigne est conduite dans une approche biologique, avec enherbements et labours. Adepte de fraîcheur et de finesse, Stéphane utilise très peu de fûts pour que le terroir s'exprime. Les vins offrent ainsi du caractère mais acquièrent leur précision avec un peu de temps en bouteille. Un domaine incontournable de Montagny, très prisé des cavistes et des restaurateurs.

- **Montagny premier cru Les Burnins 2017** | Sec | 2021>24 | 22 € — 15
- **Montagny premier cru Les Vignes Derrière 2017** | Sec | 2020>23 | 18 € — 16
- **Montagny premier cru Sélection Vieilles Vignes 2017** | Sec | 2021>27 | 18 € — 16

20, rue du Lavoir, 71390 Montagny-les-Buxy • Tél. 03 85 92 06 01 • contact@aladame.fr • www.aladame.fr • Visite : Uniquement sur rendez-vous.

ANTONIN RODET

La maison Antonin Rodet à Mercurey exploite 80 hectares avec le château de Mercey (48 hectares à Mercurey gérés par Georges Piazzon et Anne-Laure Hernette) et le château de Rully (32 hectares à Rully), et propose également une gamme couvrant l'ensemble de la Bourgogne, en vins de négoce et de domaines. Un caveau de visites et dégustations avec parcours œnotouristique est ouvert 7 jours sur 7 à Mercurey. Le niveau des vins progresse, notamment les 2017 sur les appellations Rully et Mercurey principalement.

- **Mercurey premier cru En Sazenay Domaine de la Bressande 2017** | Sec | 2020>24 | 21 € — 16,5
- **Mercurey Domaine de la Bressande 2016** | Sec | 2020>24 | 17 € — 15
- **Rully premier cru Clos La Bressande - Monopole Château de Rully 2017** | Sec | 2020>23 | NC — 16
- **Rully premier cru La Pucelle Château de Rully 2017** | Sec | 2020>23 | NC — 15,5
- **Rully premier cru Les Molesmes Château de Rully 2017** | Sec | 2021>23 | NC — 15,5
- **Rully premier cru Préaux Château de Rully 2016** | Sec | 2020>22 | NC — 16,5
- **Santenay 2016** | Sec | 2021>24 | NC — 15

55, Grande Rue, 71640 Mercurey • Tél. 03 85 98 12 12 • rodet@rodet.com • www.rodet.com • Visite : Du 1er avril au 31 octobre, tous les jours de 10h à 12h et de 14h à 18h, le week-end jusqu'à 18h30. Hors saison, du lundi au samedi de 10h à 12h et de 14h à 17h, fermeture à 18h le samedi.

DOMAINE BELLEVILLE

Nous avions annoncé du changement au domaine Belleville, maison historique de Rully créée au début du XXe siècle. Acquis au mois de mai 2017 par un couple d'Américains passionnés d'art de vivre à la française, également propriétaire de la maison de champagne Leclerc-Briant, le domaine est dirigé par Jean-Luc Vitoux, co-propriétaire, entouré de Charles Nebout, régisseur. Les 22 hectares sont en conversion bio depuis 2017. Le millésime 2017 montre des vins de plus en plus précis avec de l'éclat et de la personnalité et les efforts de ces derniers millésimes justifient une marche supplémentaire dans notre guide.

- **Mercurey premier cru Le Clos l'Évêque 2017** | Sec | 2020>24 | 32,55 € — 15,5
- **Mercurey Les Perrières 2017** | Sec | 2020>23 | 24,25 € — 14,5
- **Rully premier cru Chapitre 2017** | Sec | 2020>23 | 28,20 € — 16
- **Rully premier cru La Pucelle 2017** | Sec | 2020>23 | 29,25 € — 17
- **Rully premier cru Rabourcé 2017** | Sec | 2020>23 | 28,20 € — 17
- **Rully Chaponnière 2017** | Sec | 2020>23 | 23,20 € — 16
- **Rully La Crée 2017** | Sec | 2020>23 | 22,75 € — 17

6, zone artisanale les champs rouge, 71150 Rully • Tél. 03 85 91 06 00 • contact@domainebelleville.com • www.domainebelleville.com • Visite : Sur rendez-vous uniquement du lundi eu vendredi de 9h à 12h.

DOMAINE BERGER RIVE ET FILS

Le domaine Berger-Rive est implanté à Mercey, à proximité de Maranges, dans un manoir du XIXe siècle, et s'étend sur 22 hectares de vignes à Mercurey, Rully et en Hautes Côtes de Beaune. Xavier Berger en assure la conduite avec la volonté de renouer avec une viticulture ancienne et durable.

- **Rully en Rosey 2017** | Sec | 2019>23 | 17 € — 16,5

Manoir de Mercey, 2 rue Saint Louis, 71150 Cheilly-les-Maranges • Tél. 03 85 91 13 81 • contact@berger-rive.fr • www.berger-rive.fr • Visite : Uniquement sur rendez-vous.

DOMAINE JEAN-PIERRE BERTHENET

Chez les Berthenet, la vigne est cultivée depuis 400 ans, mais c'est seulement depuis 2001 que Jean-Pierre Berthenet a décidé de voler de ses propres ailes en quittant la cave coopérative, rejoint par son fils François. Pratiquant une viticulture soignée et attentive et des vinifications classiques, le domaine forge une gamme de montagnys opulents et frais que les amateurs de vins charmeurs apprécieront, d'autant plus que le style s'affine chaque année.

- **Bourgogne Pur Sans 2018** | Sec | 2020>23 | 9 € 16
- **Montagny premier cru Saint-Morille 2017** | Sec | 2020>23 | 13 € 16,5

2, rue du Lavoir, 71390 Montagny-les-Buxy • Tél. 03 85 92 17 06 OU 06 38 82 75 40 • domaine.berthenet@free.fr • www.vinsberthenet.com • Visite : Du lundi au vendredi de 9h à 12h et de 13h30 à 17h30 et le week-end sur rendez-vous.

DOMAINE BESSON

Propriété de la famille Besson depuis les années 1930, ce domaine familial de 8,4 hectares est dirigé par Guillemette et Xavier Besson. C'est une viticulture raisonnée qui est pratiquée, avec un mode de taille longue, des labours, de l'effeuillage et des vendanges manuelles. La mise en bouteille est pratiquée au domaine, avec des doses de soufre a minima, sur 8 cuvées en rouge et blanc. Il est aussi possible de séjourner dans les chambres d'hôtes qui ne manquent pas de charme. Le millésime 2017 est une surprise et d'une grande qualité qui devrait permettre au domaine de franchir une marche supplémentaire si 2018 suit la même lignée.

- **Givry premier cru Le Petit Prétan 2017** | Sec | 2020>23 | 20 € 16,5
- **Givry premier cru Les Bois Gautiers 2017** | Sec | 2020>22 | 20 € 17
- **Givry premier cru Les Grands Prétans 2017** | Sec | 2021>24 | 20 € 16
- **Givry La Matrosse 2017** | Sec | 2020>22 | 15 € 15
- **Givry Teppe des Chenèves 2017** | Sec | 2020>24 | 16 € 17

9, rue des Bois-Chevaux, 71640 Givry • Tél. 03 85 44 42 44 • xavierbesson3@wanadoo.fr • www.domaine-besson-givry.com • Visite : Uniquement sur rendez-vous.

CAVE DE BISSEY

La cave coopérative de Bissey-sous-Cruchaud a été fondée en 1928, ce qui en fait la plus ancienne de la côte chalonnaise. Elle couvre 84 hectares de vignes, une taille humaine et conviviale. Sont ici vinifiées toutes les appellations de la côte chalonnaise et des Hautes Côtes de Beaune, ainsi qu'une gamme de crémants.

- **Montagny premier cru 2017** | Sec | 2021>27 | 10,50 € 16
- **Montagny premier cru Les Pidances 2017** | Sec | 2020>23 | 11,55 € 15

Millerands, 71390 Bissey-sous-Cruchaud • Tél. 03 85 92 12 16 • contact@cave-bissey.com • www.cave-bissey.com • Visite : Ouvert de 9h à 12h et de 14h à 19h du lundi au samedi. Ouvert le dimanche de 14h à 18h.

DOMAINE RENÉ BOURGEON

Ce domaine de 11,5 hectares situé sur la commune de Jambles est exploité par Jean-François Bourgeon qui cisèle une gamme de vins de plaisir à prix très raisonnables, particulièrement en appellation village. Le millésime 2017 est plutôt réussi. Ce domaine devrait progresser dans notre hiérarchie si les progrès se confirment avec 2018.

- **Givry premier cru En Choué 2017** | Sec | 2020>24 | 13,20 € 16
- **Givry Clos de la Brûlée 2017** | Sec | 2020>23 | 9,90 € 16

8 rue de Chavenaille - 2, rue du Chapitre, 71640 Jambles • Tél. 03 85 44 35 85 • gaec.renebourgeon@wanadoo.fr • Visite : Ouvert tous les jours et le dimanche sur rendez-vous.

DOMAINE MICHEL BRIDAY

Stéphane Briday et son épouse Sandrine dirigent ce domaine de 15 hectares, certifié Terra Vitis, éclaté sur les communes de Bouzeron, Rully et

Mercurey. Les vinifications sont peu interventionnistes et les élevages réalisés avec une utilisation parcimonieuse du bois pour préserver le fruit, la fraîcheur et la minéralité des vins dont la gamme s'est étoffée d'un mercurey blanc. L'accueil au domaine tient une vraie place chez les Briday et on est ici reçu avec le sourire et beaucoup d'humanité.

- **Bouzeron cuvée Axelle 2017** | Sec | 2020>24 | 11,50 € — 15
- **Rully 2017** | Sec | 2020>22 | 16,20 € — 16
- **Rully premier cru Champs Cloux 2017** | Sec | 2020>24 | 21 € — 16
- **Rully premier cru Grésigny 2017** | Sec | 2020>24 | 21 € — 15,5
- **Rully premier cru La Pucelle 2017** | Sec | 2020>24 | 24 € — 17
- **Rully premier cru Les Cloux 2017** | Sec | 2020>24 | 21 € — 15,5
- **Rully premier cru Les Pierres 2017** | Sec | 2022>25 | 21 € — 16,5
- **Rully Clos de Remenot 2017** | Sec | 2020>24 | epuisé — 15,5
- **Rully Les Quatre Vignes 2017** | Sec | 2020>23 | 16,20 € — 15

31, Grande-Rue, 71150 Rully • Tél. 03 85 87 07 90 • domainemichelbriday@orange.fr • www.domaine-briday.com • Visite : Ouvert du lundi au vendredi de 9h à 12h et 14h à 18h, le week-end sur rendez-vous.

DOMAINE BRINTET

★★☆☆☆

Viticulteurs depuis le XVe siècle, les Brintet constituent une adresse sûre de Mercurey. Sur une surface d'un peu plus de 9 hectares, Luc Brintet s'applique à un travail soigné de sa vigne, très proche de la bio, avec une vraie gestion de l'enherbement et du travail des sols. Des investissements ont été faits en cuverie pour limiter les manipulations sur les rouges. La gamme des vins est d'une belle franchise et respecte l'identité de chaque terroir, en rouge comme en blanc, dans une qualité et une régularité constantes. 2017 en est une fois de plus la preuve et il ne faut pas hésiter à leur laisser une ou deux années de bouteille.

- **Mercurey premier cru La Levrière 2017** | Sec | 2020>23 | 21 € — 15
- **Mercurey premier cru Les Byots 2017** | Sec | 2020>23 | 20 € — 15,5
- **Mercurey Vieilles Vignes 2017** | Sec | 2020>23 | 20 € — 15
- **Mercurey Vieilles Vignes 2017** | Sec | 2020>22 | 17 € — 15

105, Grande-Rue, 71640 Mercurey • Tél. 03 85 45 14 50 • domaine.brintet@wanadoo.fr • Visite : Uniquement sur rendez-vous. 06.38.39.27.68

VIGNERONS DE BUXY

★★☆☆☆

La cave des Vignerons de Buxy, créée en 1931, est animée par 120 vignerons et 45 salariés et commercialise 7 millions de bouteilles par an. Elle vinifie 75 % des vins issus de l'appellation Montagny et ce regroupement d'une multitude de petites exploitations familiales permet la création d'un outil de production performant, qui s'engage dans une vraie démarche qualitative de vinification et de production (Vignerons en Développement Durable). Elle vient d'ouvrir la maison Millebuis, un espace de dégustation et d'œnotourisme. Les vins présentés montrent que la coopération viticole est capable de valoriser ses appellations avec des rapports qualité-prix extrêmement attractifs.

- **Givry premier cru Clos Jus 2017** | Sec | 2021>26 | NC — 15
- **Montagny premier cru Buissonnier 2017** | Sec | 2020>23 | NC — 15,5
- **Montagny premier cru Montcuchot 2017** | Sec | 2020>24 | NC — 16
- **Rully La Chatalienne 2017** | Sec | 2020>22 | NC — 15
- **Rully Les Saint-Jacques Domaine Laborde-Juillot 2017** | Sec | 2020>23 | NC — 14,5
- **Rully Les Saint-Jacques Domaine Laborde-Juillot 2017** | Sec | 2020>23 | NC — 16

2, route de Chalon - Les Vignes de la Croix, 71390 Buxy • Tél. 03 85 92 03 03 • accueil@vigneronsdebuxy.fr • www.vigneronsdebuxy.com • Visite : Du lundi au samedi de 9h à 12h et de 14h à 18h30. Du 15 mars au 15 novembre, le caveau est également ouvert les dimanches et jours fériés aux mêmes horaires sauf le 1er mai. Ouvert tous les jours en juillet et en août.

DOMAINE DU CELLIER AUX MOINES

★★★☆☆ ♣

Le Cellier aux Moines à Givry ne se contente plus d'être un superbe lieu viticole cistercien, restauré magnifiquement par Catherine et Philippe Pascal ; il est devenu une propriété incontournable de l'appellation. Le travail minutieux et passionné effectué dans le vignoble et en cave par Guillaume Marko, régisseur, marque chaque année de vrais résultats. Le domaine comprend 4,7 hectares du clos du Cellier aux Moines, où une grande partie des vignes a été replantée. Il s'est agrandi à Mercurey en 2007 et en côte de Beaune en 2011. Le style des vins s'affine chaque année, grâce à l'utilisation adroite de raisins entiers ou vinifiés en fonction de l'âge des vignes. Une adresse sûre.

- **Chassagne-Montrachet premier cru Les Chaumées 2017** | Sec | 2021>26 | NC — 16,5
- **Givry premier cru Clos du Cellier aux Moines 2017** | Sec | 2020>23 | NC — 17,5
- **Givry Clos Pascal 2017** | Sec | 2020>23 | NC — 18
- **Givry Le Petit Clos du Cellier 2017** | Sec | 2019>23 | 22 € — 16
- **Mercurey Les Margotons 2017** | Sec | 2019>23 | NC — 16
- **Montagny premier cru Les Combes 2017** | Sec | 2019>23 | 25 € — 14,5
- **Puligny-Montrachet premier cru Les Pucelles 2017** | Sec | 2020>24 | NC — 17
- **Santenay premier cru Beauregard 2017** | Sec | 2019>22 | NC — 16

Clos du Cellier aux Moines, 71640 Givry • Tél. 03 85 44 53 75 • contact@cellierauxmoines.fr • www.cellierauxmoines.fr • Visite : Uniquement sur rendez-vous.

CHÂTEAU DE CHAMILLY

★★☆☆☆

Les Desfontaine, Véronique, Arnaud et Xavier, se sont taillés une vraie place dans le paysage de la côte chalonnaise, avec leur domaine du château de Chamilly logé dans une magnifique ferme fortifiée du XVIIe, à mi-chemin entre Mercurey et Santenay. Une partie des vignes se situe sur l'appellation Montagny et l'autre sur Mercurey. Animés tous les trois par la volonté d'avancer, ils produisent des vins légers et expressifs, dont le millésime 2017 illustre la qualité, notamment le montagny premier cru les-jardins.

- **Mercurey premier cru Les Puillets 2017** | Sec | 2020>23 | 21 € — 15
- **Mercurey Les Marcoeurs 2017** | Sec | 2020>23 | 15,50 € — 14,5
- **Montagny premier cru les Jardins 2017** | Sec | 2020>23 | 17 € — 16,5

7 Allée du Château, 71510 Chamilly • Tél. 03 85 87 22 24 • contact@chateaudechamilly.com • www.chateaudechamilly.com • Visite : Sur rendez-vous le lundi, du mardi au vendredi de 9h à 12h et de 13h30 à 17h et le samedi de 10h à 12h et de 14h à 18h.

CHÂTEAU DE CHAMIREY

★★★☆☆

La famille Devillard s'est agrandie au-delà des frontières de la Bourgogne en rachetant la maison Rolet dans le Jura. À Mercurey, le château de Chamirey reste la plus importante de leurs propriétés bourguignonnes avec 37 hectares, dont 15 en premiers crus. La particularité du domaine est aussi de proposer une table d'hôtes au cœur du hameau. Une équipe technique compétente, dirigée par un binôme de caractère, Robert Vernizeau et Enrico Peyrone, réfléchit sans discontinuer à améliorer le travail dans les vignes, en vinification et en élevage, toujours à la recherche de l'excellence. Le millésime 2017 est particulièrement réussi et a fait mouche en blanc comme en rouge dans nos dégustations à l'aveugle. Une marche dans notre hiérarchie pourrait se franchir très bientôt.

- **Mercurey 2017** | Sec | 2020>23 | 23,60 € — 16
- **Mercurey 2017** | Sec | 2020>23 | 24,30 € — 15
- **Mercurey premier cru Clos du Roi 2017** | Sec | 2020>23 | 34,60 € — 15
- **Mercurey premier cru En Sazenay 2017** | Sec | 2020>22 | 34,60 € — 17
- **Mercurey premier cru La Mission 2017** | Sec | 2020>22 | 36,80 € — 17
- **Mercurey premier cru Le Clos l'Evêque 2017** | Sec | 2020>23 | 34,60 € — 15,5
- **Mercurey premier cru Les Ruelles 2017** | Sec | 2020>24 | 34,60 € — 16
- **Mercurey En Pierrelet 2017** | Sec | 2021>24 | 27,50 € — 16,5

Lieu-dit Chamirey, 71640 Mercurey • Tél. 03 85 45 21 61 • contact@chateaudechamirey.com • www.chamirey.com • Visite : Uniquement sur rendez-vous au 03 85 44 53 20.

DOMAINE CHANZY

★★☆☆☆

Avec 80 hectares, la maison Chanzy est l'un des plus importants producteurs de la côte chalonnaise, produisant en propriété et en négoce des vins de la côte chalonnaise à la côte de Nuits. La maison appartient à un groupe d'investisseurs et actionnaires passionnés, prêts à hisser la maison vers le haut. C'est la famille Jessiaume qui dirige la partie technique du domaine en pratiquant une viticulture « bioraisonnée » et la protéodie en cave, où le vin réagit aux fréquences de la musique pendant les fermentations. Les résultats sont intéressants et même si quelques imprécisions demeurent encore, nous avons décelé de belles cuvées.

- **Bouzeron Clos de la Fortune 2017** | Sec | 2020>23 | 16,30 € — 16
- **Bouzeron Cuvée 20 ans 2017** | Sec | 2020>23 | 21,25 € — 14,5
- **Bouzeron Les Trois 2017** | Sec | 2019>23 | 12,70 € — 15,5

Crémant de Bourgogne Blanc de Blancs Eff. 2017 | Brut | 2020>24 | 11,90 € — 15
Mercurey premier cru Clos Voyens 2017 | Sec | 2020>23 | NC — 15,5
Mercurey Les Caraby 2017 | Sec | 2020>23 | 17,65 € — 15,5
Rully En Rosey 2017 | Sec | 2020>24 | 17,30 € — 16
Rully En Rosey 2017 | Sec | 2020>22 | 17,10 € — 16
Vosne-Romanée La Croix Blanche 2017 | Sec | 2020>28 | 46,90 € — 16,5

6, rue de la Fontaine, 71150 Bouzeron • Tél. 03 85 87 23 69 • domaine@chanzy.com • www.chanzy.com • Visite : Ouvert du lundi au vendredi de 9h à 12h et de 13h30 à 18h, le week-end de 10h à 12h30 et de 13h30 à 18h.

DOMAINE CHARTON

★☆☆☆☆

Vincent et Jean-Pierre Charton cultivent 11,5 hectares à Mercurey sur un ensemble de parcelles plutôt bien dotées en premiers crus. La viticulture est soignée, les rendements maîtrisés et les vendanges manuelles. Quant aux vinifications, elles sont peu interventionnistes, sans levures exogènes et l'ensemble des cuvées est élevé en fût de chêne. Si parfois les vins ne nous semblent pas toujours à la hauteur de l'appellation, en 2017 nous avons eu un coup de cœur pour la-chassière.

Mercurey premier cru La Chassière 2017 | Sec | 2021>24 | 20 € — 16

29, Grande Rue, 71640 Mercurey • Tél. 03 85 45 22 39 • contact@domainecharton.com • www.domainecharton.com • Visite : Ouvert du lundi au vendredi 8h 12h 14h 18h. Le week end sur rendez vous

CHARTON-VACHET

★☆☆☆☆

Didier Charton-Vachet, musicien, a décidé de se lancer en 2013 en exploitant les vignes familiales de son épouse Florence Vachet, 3 hectares sur Montagny et quelques rouges à Nuits-Saint-Georges. La totalité de sa production n'est pas commercialisée en bouteilles pour laisser une part à sa passion première. On assiste à une progression constante de la qualité du domaine et le millésime 2017 confirme que ce vigneron a aussi d'autres talents que la musique, avec un vrai coup de cœur pour la micro-cuvée des coères.

Montagny premier cru Les Jardins d'Ysabeau 2017 | Sec | 2020>23 | 18 € — 14,5
Montagny premier cru Micro cuvée des Coères 2017 | Sec | 2020>23 | 24 € — 17
Montagny Le May 2017 | Sec | 2020>24 | 12,50 € — 15,5

Le Bourg, 71390 Saint-Vallerin • Tél. 06 43 48 77 53 • contact@chartonvachet.fr • Visite : Uniquement sur rendez-vous.

DOMAINE DES CHAUCHOUX

★☆☆☆☆

C'est un domaine de 5,5 hectares exploité par Christian Belleville et ses enfants Jean-Michel (Domaine de Maniglеy) et Émilie. Vigne en monopole, cultivée en mode raisonné et vendangée mécaniquement. 2017 est une belle cuvée qui ne décevra pas.

Rully Les Chauchoux 2017 | Sec | 2020>23 | env.20 € — 16,5

5, rue des Bordes, 71150 Rully • Tél. 03 85 87 12 94 • domainedeschauchoux@gmail.com • www.domainedeschauchoux.com • Visite : Ouvert du lundi au vendredi de 8h30 à 12h et de 13h30 à 17h30, week-end sur rendez-vous.

DOMAINE CHOFFLET-VALDENAIRE

★★☆☆☆

Transmis par ses gendres, ce domaine de 14 hectares situé dans le hameau de Russilly, au nord de l'appellation Givry, est géré par Jonathan Brunot, beau-fils de Denis Valdenaire. Il y pratique une viticulture raisonnée, sans désherbants ; la vendange est mécanique, passée au tri optique, avec des vinifications plutôt classiques et les élevages longs. Nous avons eu de belles surprises en 2017 avec deux premiers crus très bien mis en valeur. Nous surveillons de près cette progression.

Givry premier cru Clos Jus 2017 | Sec | 2020>23 | 23 € — 17
Givry premier cru Les Galaffres 2017 | Sec | 2020>23 | 21 € — 17

9, Rue du Lavoir - Hameau de Russilly, 71640 Givry • Tél. 06 18 78 56 18 • chofflet.valdenaire@orange.fr • Visite : Uniquement sur rendez-vous uniquement.

DOMAINE DU CLOS SALOMON

★★★☆☆

Le clos Salomon, monopole d'une surface de 7 hectares, porte le nom de ses propriétaires depuis le XIVe siècle, géré par leurs descendants, la famille du Gardin. C'est Ludovic du Gardin qui est le gardien de ce clos prestigieux qu'il cultive dans un esprit bio, avec une vigne soignée, sans désherbants ni insecticides, et des sols labourés. Les vins sont élevés 12 mois et offrent une bonne aptitude au vieillissement. Outre le clos-salomon au terroir bien identifié, deux cuvées sont disponibles en chardonnay, un montagny le-clou et un givry premier cru la-grande-berge. Le domaine fait partie des rares secteurs à avoir subi le gel en 2017 ce qui a donné des vins plus concentrés en raison des faibles rendements.

- **Givry premier cru Clos Salomon 2017** | Sec | 2022>25 | 26 € **15,5**
- **Givry premier cru La Grande Berge 2017** | Sec | 2020>23 | 26 € **16**
- **Montagny Le Clou 2017** | Sec | 2021>23 | 16 € **15**

16, rue du Clos-Salomon, 71640 Givry • Tél. 03 85 44 32 24 • clos.salomon@orange.fr • www.du-gardin.com • Visite : Ouvert du lundi au samedi de 9h à 12h et de 14h à 18h.

DOMAINE LAURENT COGNARD

★★☆☆☆

D'importants changements ont eu lieu chez Laurent Cognard, qui a investi un nouveau lieu de production, le château de Buxy, en plein cœur du village. De quoi accueillir les 17 hectares qui composent désormais le domaine, agrandi avec 4 hectares en Mâconnais avec des vignes provenant de ses grands-parents paternels. Le cœur du vignoble reste bien sûr les montagnys, de style plutôt puissant et généreux avec de belles allonges où le terroir s'exprime. Les rouges sont plus sérieux et tendus que par le passé, avec davantage d'énergie, sans doute due à des vinifications avec une part de vendange entière. Une adresse sûre !

- **Montagny premier cru & Co 2017** | Sec | 2020>23 | 17 € **17**
- **Montagny premier cru Clos du Vieux Château 2017** | Sec | 2020>23 | 23 € **15,5**
- **Montagny premier cru Le Vieux Château 2017** | Sec | 2020>22 | 19 € **15**
- **Montagny premier cru Les Bassets 2017** | Sec | 2020>23 | 19 € **17**

18 Grand-Rue, 71390 Buxy • Tél. 06 85 13 91 35 • laurent@domainecognard.fr • Visite : Uniquement sur rendez-vous.

DOMAINE DANJEAN-BERTHOUX

★★☆☆☆

Le domaine Danjean-Berthoux est une exploitation familiale située à côté de Givry, reprise par Pascal Danjean en 1993. Une bonne partie des vignes en appellation Givry est située sur le coteau de Charnailles, avec un total de 12 hectares dont 2,5 hectares de blanc. Les vins sont issus d'une vinification traditionnelle et d'un mode de viticulture conventionnel. Les 2017 sont des vins légers, dans un style assez aérien, ne manquant pas d'exprimer leur terroir.

- **Givry premier cru Clos du Cras long 2017** | Sec | 2020>23 | 15 € **15**
- **Givry premier cru La Chaume 2017** | Sec | 2020>23 | 13 € **15**
- **Givry premier cru La Plante 2017** | Sec | 2020>23 | 14 € **15**
- **Givry premier cru La Plante 2017** | Sec | 2020>23 | 14 € **15**
- **Mercurey Les Chavances 2017** | Sec | 2020>23 | 14,50 € **15,5**

45, route de saint-désert - Lieu-dit Le Moulin Neuf, 71640 Jambles • Tél. 03 85 44 54 74 OU 06 24 69 78 46 • danjean.berthoux@wanadoo.fr • Visite : Ouverture du lundi au samedi 8h00 à 12h00 et 14h00 à 18h00. De préférence sur rendez-vous.

DOMAINE ANDRÉ DELORME

★☆☆☆☆

Créée en 1942, cette maison de négoce et de crémants de Rully a abordé un nouveau tournant de son histoire en devenant en 2005 l'une des maisons de la famille Piffaut, propriétaire de Veuve Ambal. C'est Mathieu Joblot qui assure les vinifications, sous la houlette de la talentueuse Nadine Gublin. La maison collabore étroitement avec deux domaines et complète sa gamme par des achats de raisins auprès de vignerons partenaires pour produire des vins tranquilles de la côte chalonnaise mais aussi une gamme non négligeable de crémants de Bourgogne, dont la qualité s'est révélée remarquable cette année.

- **Crémant de Bourgogne Blanc de Noirs Eff. NM** | Brut | 2020>25 | 8,60 € **17**

Crémant de Bourgogne Rosé Eff. NM | Brut | 2020>23 | 8,60 € 15,5
Crémant de Bourgogne Terroir d'Exception Blanc de Blancs Eff. NM | Brut | 2021>24 | 10,20 € 16
Crémant de Bourgogne Terroirs Minéraux Eff. NM | Brut | 2021>25 | 8,20 € 15,5

11, rue des bordes , 71150 Rully • Tél. 03 85 87 10 12 • contact@andre-delorme.com • www.andre-delorme.com • Visite : Avril à septembre : Du lundi au vendredi de 9h30 à 12h30 et de 14h à 18h. Le reste de l'année : de 9h à 12h30 et de 14h à 17h30. Le samedi de 10h à 13h et de 14h à 18h toute l'année. Fermé le samedi en janvier et février.

DOMAINE DESVIGNES

La propriété Desvignes, située sur le hameau de Poncey à Givry, possède une dizaine d'hectares sur l'appellation, en rouge et blanc. Cette exploitation familiale est gérée par Éric le père, rejoint par son fils Gauthier en 2016, avec des vendanges manuelles et égrappées, des vinifications préfermentaires à froid et des élevages en fûts sans bois neuf. La propriété possède également un gîte où l'on peut séjourner pour profiter de ce secteur magnifique de la côte chalonnaise.

Givry 2017 | Sec | 2020>22 | 12,50 € 15,5
Givry premier cru Clos Charlé 2017 | Sec | 2020>24 | 17,50 € 15,5
Givry premier cru Les Grandes Vignes 2017 | Sec | 2020>24 | 17,50 € 14,5

36 rue de Jambles - Poncey, 71640 Givry • Tél. 03 85 44 51 23 • domainedesvignes@orange.fr • www.domainedesvignes.fr • Visite : Ouvert du lundi au vendredi de 8h à 12h et de 14h à 18h, de préférence sur rendez-vous, le samedi sur rendez-vous.

DOMAINE VINCENT DUREUIL-JANTHIAL

Vincent Dureuil est la référence suprême de l'appellation Rully et de la côte chalonnaise. Avec son épouse et beaucoup de modestie et de rigueur, il mène remarquablement et minutieusement son vignoble de 20 hectares qui décline 23 cuvées réparties principalement entre Rully, Puligny et Nuits-Saint-Georges. Pratiquant une « viticulture paysanne », il tient à recevoir lui-même ses clients au domaine. Le millésime 2017 est d'une grande droiture, sans aucun compromis ni hasard.

Bourgogne 2017 | Sec | 2020>24 | 14 € 17
Nuits-Saint-Georges 2017 | Sec | 2020>25 | 30 € 17
Nuits-Saint-Georges premier cru Clos des Argillières 2017 | Sec | 2020>25 | 42 € 17,5
Puligny-Montrachet Corvée des Vignes 2017 | Sec | 2020>24 | 36 € 17
Rully 2017 | Sec | 2022>23 | 18 € 15
Rully 2017 | Sec | 2020>24 | 18 € 16
Rully premier cru Chapitre 2017 | Sec | 2022>25 | 25 € 17
Rully premier cru Grésigny Vieilles Vignes 2017 | Sec | 2021>24 | 30 € 17,5
Rully premier cru La Fosse 2017 | Sec | 2020>25 | 27 € 17
Rully premier cru Le Meix Cadot Vieilles Vignes 2017 | Sec | 2022>25 | 30 € 19
Rully premier cru Les Margotés 2017 | Sec | 2020>25 | 27 € 18
Rully En Guesnes 2017 | Sec | 2021>24 | 20 € 16,5
Rully Maizières 2017 | Sec | 2022>26 | 20 € 17

10, rue de la Buisserolle, 71150 Rully • Tél. 03 85 87 26 32 • vincent.dureuil@gmail.com • Visite : Uniquement sur rendez-vous.

DOMAINE JACQUES DURY

Chez Dury à Rully, on travaille en famille. À 80 ans, le père reçoit encore au domaine, mais c'est le fils Hervé qui dirige l'exploitation avec Rémi le petit-fils, associé depuis 2016. Ensemble, ils exploitent 16 hectares de vignes à Rully, Mercurey et seuls deux tiers de la production sont mis en bouteille, le reste étant vendu au négoce. La particularité du domaine réside dans son activité de récoltant-manipulant en crémant de Bourgogne, une production toujours très demandée.

Rully premier cru Le Meix Cadot 2017 | Sec | 2020>23 | epuisé 16,5
Rully La Chaume 2017 | Sec | 2020>24 | 10,50 € 15

16, Hameau du Château, 71150 Rully • Tél. 03 85 87 14 49 • herve.dury@wanadoo.fr • Visite : Ouvert du lundi au samedi de 9h à 12h et de 14h à 18h30.

DOMAINE DUVERNAY P&F

Ce domaine familial de 19 hectares situé à Mercurey a été créé en 1970 par Jean Duvernay. Les générations se succèdent et Floriane, la petite-fille du fondateur, est arrivée au domaine en 2015 après son diplôme d'œnologue. Une partie de la production est encore vendue en vrac, mais cette tendance tend à s'inverser grâce à l'ouverture d'un caveau de dégustation. Le niveau des vins est plutôt qualitatif, à des prix très abordables.

- **Mercurey La Perrière 2017** | Sec | 2020>23 | 14,50 € — 15
- **Mercurey La Perrière 2017** | Sec | 2020>23 | 16 € — 15,5

20, rue du Clos l'Evêque, 71640 Mercurey • Tél. 03 85 45 12 56 • domaine.duvernay@orange.fr • www.domaine-duvernay.com • Visite : Du lundi au samedi de 10h à 12h et de 14h à 18h. Le dimanche sur rendez-vous de 10h à 12h.

DOMAINE DE L'ECETTE

★☆☆☆☆

Depuis 1997, Vincent Daux gère ce domaine familial de 17 hectares à Rully et Bouzeron, avec 70 % de blancs et 30 % de rouges. L'exploitation a créé la marque domaine-de-l'écette et développé la vente en bouteille au fil des années. La qualité des vins est constante, avec des textures légères et toujours beaucoup de fraîcheur.

- **Bouzeron Les Corcelles 2017** | Sec | 2020>23 | 10,80 € — 14,5
- **Rully La Gaudine Vieilles Vignes 2017** | Sec | 2020>24 | 14,90 € — 14,5
- **Rully Maizières 2017** | Sec | 2020>23 | 13,25 € — 14,5

21, rue de geley, 71150 Rully • Tél. 03 85 91 21 52 • daux.vincent@wanadoo.fr • www.domaine-ecette.fr • Visite : Uniquement sur rendez-vous.

DOMAINE DE L'ÉVÊCHÉ

★★☆☆☆

C'est à Saint-Denis de Vaux, au cœur de la côte chalonnaise, que Sylvie et Vincent Joussier exploitent avec leur fils Quentin les 14 hectares du domaine. La viticulture est pratiquée sans herbicides ni pesticides et la cuverie a été rénovée complètement en 2018. Tous les dix ans, les habillages changent et 2019 propose de nouvelles étiquettes dans un esprit moderne. Ce sont des vins de vigneron, plutôt légers, droits et précis, très plaisants et d'un excellent rapport qualité-prix. Une adresse modèle.

- **Bourgogne Côte Chalonnaise 2017** | Sec | 2020>24 | 9 € — 17
- **Bourgogne Côte Chalonnaise Clos l'Évêché 2017** | Sec | 2020>24 | 12 € — 16,5
- **Mercurey Les Murgers 2017** | Sec | 2020>22 | 16 € — 15
- **Mercurey Les Murgers 2017** | Sec | 2020>22 | 13,50 € — 14,5

6, rue de l'Evêché, 71640 Saint-Denis-de-Vaux • Tél. 03 85 44 30 43 • contact@joussier.com • www.domainedeleveche.com • Visite : Ouvert du lundi au samedi de 8h à 19h sauf dimanche et jours fériés.

DOMAINE JEAN-CHARLES FAGOT

★☆☆☆☆

Jean-Charles Fagot est davantage connu pour son restaurant du sud de la côte de Beaune, l'Auberge du Vieux Vigneron à Corpeau, que pour son domaine de 3 hectares et son activité de négociant-éleveur. L'idée est de proposer une gamme de vins de Bourgogne à prix abordables, ce qu'illustrent les 2017 dans un style généreux et charmeur.

- **Chassagne-Montrachet 2017** | Sec | 2021>25 | 18 € — 15
- **Saint-Romain 2017** | Sec | 2020>23 | 17 € — 15,5

Route de Beaune, 21190 Corpeau • Tél. 03 80 21 30 24 • jeancharlesfagot@free.fr • www.aubergevieuxvigneron.fr • Visite : Sur rendez-vous

DOMAINE FERREIRA-CAMPOS

★☆☆☆☆

Domingo Ferreira-Campos a fait ses armes non loin de Rully puisqu'il a travaillé au domaine de Villaine à Bouzeron. Il s'est installé en 2005 avec 10 hectares et a commencé à mettre son premier millésime en bouteille en 2009. Actuellement les vendanges sont mécaniques et la viticulture conventionnelle. Les 2017 dégustés sont honorables en premier cru et les villages mériteraient davantage de caractère.

- **Rully premier cru La Fosse 2017** | Sec | 2020>22 | 14 € — 14,5
- **Rully premier cru La Fosse 2017** | Sec | 2020>22 | 14 € — 15,5

18, rue de Geley, 71150 Rully • Tél. 06 76 38 14 04 • ferreira-campos@orange.fr • Visite : Sur rendez-vous.

DOMAINE DE LA FERTÉ

Située à Givry, cette petite propriété de 2,5 hectares est exploitée par la famille Devillard, également propriétaire du château de Chamirey. Elle est composée de 3 parcelles, deux en appellation village dont le clos Mortière, une en premier cru Servoisine. Les vignes sont exploitées en culture raisonnée, sous la houlette de Enrico Peyron, les vendanges sont manuelles et les élevages longs. Les parcelles sont voisines et très bien placées sur l'appellation. Les quantités sont donc limitées mais produites avec un soin comparable aux mercureys du domaine.

- **Givry 2018** | Sec | 2020>23 | 22,10 € — 15,5
- **Givry 2017** | Sec | 2021>24 | 22,10 € — 15
- **Givry premier cru Servoisine 2018** | Sec | 2021>24 | 31,40 € — 17
- **Givry premier cru Servoisine 2017** | Sec | 2022>26 | 31,40 € — 15,5

BP 5, 71640 Mercurey • Tél. 03 85 45 21 61 • contact@domainedelaferte.com • www.domaine-de-la-ferte.com • Visite : Uniquement sur rendez-vous.

DOMAINE DE LA FOLIE

Le domaine de la Folie appartient à la famille Noël-Bouton depuis trois siècles. Il est situé à Chagny en partie nord de la côte chalonnaise, sur un lieu à la vue plutôt magique sur toute la côte de Beaune. Aujourd'hui Clémence Bouton (cinquième génération) et son mari Baptiste Dubrulle exploitent ces 13 hectares d'une façon passionnée et investie. Le domaine a maintenant réellement trouvé sa place en présentant une gamme très équilibrée et bien travaillée, particulièrement réussie en 2017.

- **Bourgogne aligoté 2017** | Sec | 2020>23 | 9 € — 16
- **Rully premier cru Clos du Chaigne 2017** | Sec | 2020>23 | 19 € — 17
- **Rully premier cru Clos Saint-Jacques Monopole 2017** | Sec | 2020>23 | 21 € — 16,5
- **Rully Clos de Bellecroix 2017** | Sec | 2020>24 | 14,15 € — 16
- **Rully cuvée Marey 2017** | Sec | 2020>23 | 16,40 € — 15

chemin de la folie, 71150 CHAGNY • Tél. 03 85 87 18 59 • contact@domainedelafolie.fr • www.domainedelafolie.fr • Visite : Ouvert tous les jours sur rendez-vous.

DOMAINE FEUILLAT-JUILLOT

C'est avec adresse et persévérance que Françoise Feuillat-Juillot, aidée maintenant de sa fille Camille, a réussi à hisser au sommet de l'appellation ce domaine de 15 hectares implanté principalement en Montagny premier cru. Le vignoble est conduit en lutte raisonnée (travail des sols, plus d'herbicides, limitation des produits phytosanitaires, limitation des rendements), et seuls certains crus sont élevés en fûts. Les vins ont de la précision et de l'élégance.

- **Montagny premier cru Les Coères 2017** | Sec | 2020>24 | 20,50 € — 17
- **Montagny premier cru Les Grappes d'Or 2017** | Sec | 2020>22 | 17,20 € — 18
- **Montagny premier cru Louis 2017** | Sec | 2021>24 | 28 € — 16,5
- **Montagny premier cru Victor 2017** | Sec | 2022>25 | 25 € — 15,5
- **Montagny Camille 2017** | Sec | 2020>24 | 12,80 € — 16

11, route de Montorge - BP 13, 71390 Montagny Les Buxy • Tél. 03 85 92 03 71 • domaine@feuillat-juillot.com • www.feuillat-juillot.com • Visite : Ouvert du lundi au samedi de 9h à 18h.

DOMAINE PHILIPPE GARREY

Philippe Garrey exploite depuis 2005 ce domaine confidentiel de 4,5 hectares, certifié en biodynamie depuis 2011. Vinifiés en grappe entière lorsque la climatologie du millésime permet d'avoir suffisamment de maturité, les vins offrent un style infusé très intéressant, élevés un an en fûts et conservés tout l'hiver en cuves inox. On touche là une véritable progression vers la qualité et la précision, couronnée par des 2017 de très grande facture.

- **Mercurey premier cru Clos de Montaigu 2017** | Sec | 2021>22 | NC — 16
- **Mercurey premier cru Clos du Paradis 2017** | Sec | 2020>24 | NC — 18
- **Mercurey premier cru La Chassière 2017** | Sec | 2020>23 | NC — 17

15, rue de la Croix , 71640 Saint-Martin-sous-Montaigu • Tél. 03 85 45 23 20 ou 06 30 40 42 21 • phil.garrey@sfr.fr • www.phillipegarrey.com • Visite : Uniquement sur rendez-vous.

DOMAINE MICHEL GOUBARD ET FILS

★☆☆☆☆

Le domaine Goubard, basé à Saint-Désert en Saône-et-Loire, est mené par Pierre-François et Vincent qui exploitent 38 hectares sur 3 appellations, côte chalonnaise, Givry et Givry premier cru. Vincent s'occupe plus particulièrement des vignes et Pierre-François de la partie vinification et élevage. Nous n'avons pas encore dégusté toute la gamme du domaine mais le premier cru présenté est qualitatif.

- **Givry premier cru La Grande Berge 2017** | Sec | 2020>23 | 16 € — 16
- **Givry premier cru La Grande Berge 2016** | Sec | 2020>23 | 16 € — 15,5

6, Rue de Bassevelle, 71390 Saint Désert • Tél. 03 85 47 91 06 • earl.goubard@wanadoo.fr • www.bourgogne-goubard.com • Visite : Ouvert du lundi au vendredi de 9h à 12h et de 14h à 18h. Sur rendez-vous le week-end.

DOMAINE GOUFFIER

★★☆☆☆

C'est un rêve d'adolescent qui se concrétise pour Frédéric Gueugneau, juriste en droit viticole, quand la famille Gouffier lui confie en 2010 une partie des vignes du domaine. Certaines parcelles sont menées en bio, dans le but d'une certification prochaine. En parallèle, il s'est associé en 2013 avec son œnologue-conseil, Benoit Pagot, pour développer une activité de négoce, en vue de proposer une gamme de vins signature reconnue en côte chalonnaise. En six ans, la maison est passée de 15 000 à 100 000 bouteilles produites, avec une trame commune, la vendange entière pour les rouges et des blancs joliment élevés sous bois.

- **Givry Terroir de Marnes 2017** | Sec | 2021>25 | 18 € — 16
- **Mercurey premier cru Le Clos l'Évêque 2017** | Sec | 2020>23 | 22 € — 17
- **Mercurey La Charmée 2017** | Sec | 2020>23 | 18 € — 16
- **Mercurey Les Bussières 2017** | Sec | 2021>24 | 18 € — 16,5
- **Montagny premier cru Les Jardins 2017** | Sec | 2020>23 | 22 € — 17
- **Montagny Terroirs de Marne 2017** | Sec | 2020>24 | 18 € — 16,5
- **Rully premier cru La Fosse Gouffier 2017** | Sec | 2020>23 | 22 € — 16,5

11, grande Rue , 71150 Fontaines • Tél. 06 47 00 01 04 • contact@gouffier.fr • www.gouffier.fr • Visite : Uniquement sur rendez-vous.

CHRISTOPHE GRANDMOUGIN - DOMAINE SAINT-JACQUES

★★☆☆☆

Ce domaine viticole de 9 hectares basé à Rully, acquis en 1955 par la famille Grandmougin est géré aujourd'hui par Christophe. Les vignes sont principalement des premiers crus, avec une majorité en chardonnay, cultivées en mode raisonné, avec désherbage mécanique et compost bio. Les vendanges sont manuelles et les vinifications traditionnelles à la bourguignonne. Une belle réussite sur les 2017 en blanc comme en rouge ; les 2018 s'annoncent de bon augure.

- **Rully premier cru Marissou 2018** | Sec | 2021>25 | 22 € — 16,5
- **Rully premier cru Marissou 2017** | Sec | 2020>23 | 22 € — 16,5
- **Rully premier cru Marissou 2017** | Sec | 2020>23 | 24 € — 15,5

11, rue Saint-Jacques, 71150 Rully • Tél. 09 65 04 01 54 • contact@christophe-grandmougin.fr • www.christophe-grandmougin.fr • Visite : lundi au samedi sur rdv, 9h 12h et 14h 18h.

DOMAINE PATRICK GUILLOT

★★★☆☆

Patrick Guillot et son épouse cultivent 6 hectares à Mercurey et Bouzeron. Les vinifications sont classiques avec des vendanges manuelles, des macérations pré-fermentaires à froid et la particularité d'effectuer ses pigeages au pied. Au total, dix cuvées sont produites, avec une cuvée haut de gamme les-trois-louves, franche et droite ; toutes sont de belle longueur et surtout en progression constante. Des vins de vigneron qui forment un ensemble homogène, à découvrir sans attendre.

- **Mercurey premier cru Clos des Montaigus 2017** | Sec | 2020>23 | 17 € — 16
- **Mercurey premier cru Les 3 Louves 2017** | Sec | 2021>25 | 28 € — 17
- **Mercurey premier cru Les Veley 2017** | Sec | 2020>22 | 25 € — 16
- **Mercurey En Boussoy 2017** | Sec | 2021>24 | 16 € — 16
- **Mercurey En Boussoy 2017** | Sec | 2020>23 | 16 € — 15,5
- **Mercurey Les Morins 2017** | Sec | 2020>22 | 16 € — 16

9, rue de Vaugeailles, 71640 Mercurey • Tél. 03 85 45 27 40 • domaine.pguillot@orange.fr • Visite : Ouvert du lundi au samedi sur rendez-vous.

DOMAINE P & M JACQUESON

C'est l'une des adresses phare de l'appellation, indissociable de son essor ! La nouvelle génération est désormais à l'œuvre, incarnée depuis 2015 par Marie Jacqueson et son frère Pierre, qui gèrent les 17 hectares de vignoble sur Rully, Bouzeron et Mercurey (pour les rouges). Rien n'est laissé au hasard, que ce soit dans la vigne ou en cave, avec des vinifications parfaitement maîtrisées et des élevages de grand style. Les Jacqueson signent une gamme harmonieuse, de grand classicisme, qui ne déçoit jamais. On y compte des cuvées plus simples d'accès à côté d'autres plus ambitieuses et remarquables comme le bouzeron.

- **Bouzeron Les Cordières 2017** | Sec | 2020>24 | 13 € — 16,5
- **Mercurey premier cru Les Velley 2017** | Sec | 2020>24 | 21 € — 15,5
- **Mercurey Les Vaux 2017** | Sec | 2020>24 | 17 € — 15
- **Rully premier cru Grésigny 2017** | Sec | 2020>22 | 21 € — 14,5
- **Rully premier cru Les Cloux 2017** | Sec | 2020>23 | 21 € — 15
- **Rully premier cru Les Préaux 2017** | Sec | 2020>23 | 21 € — 16,5
- **Rully premier cru Margotés 2017** | Sec | 2020>23 | 21 € — 15,5

12 rue Saint Laurent, 71150 Rully • Tél. 03 85 43 26 05 • marie@jacqueson-vins.fr • www.jacqueson-vins.fr • Visite : Caveau ouvert de novembre à février du lundi au samedi uniquement sur rendez-vous. Fermeture pendant les vacances scolaires de Noël.

DOMAINE JAEGER-DEFAIX

Le domaine Jeager-Defaix compte 6 hectares à Rully, dont 4,5 en premier cru, certifié bio depuis 2012. C'est Hélène Jaeger-Defaix, ingénieur agronome et œnologue, épouse de Didier Defaix (domaine Bernard Defaix de Chablis) qui est aux commandes. Une viticulture où les sols sont labourés et des vinifications respectant la vendange au mieux dans le but de laisser les parcelles s'exprimer, commencent à payer. Le millésime 2017 s'est présenté au meilleur de sa forme, avec des vins d'un style classique et fin.

- **Rully premier cru Clos du Chapitre 2017** | Sec | 2020>24 | 28 € — 15
- **Rully premier cru Montpalais 2017** | Sec | 2021>24 | 26 € — 16
- **Rully premier cru Rabourcé 2017** | Sec | 2020>24 | 26 € — 15

20 rue des Buis, 71150 Rully • Tél. 03 86 42 40 75 • contact@bernard-defaix.com • www.jaeger-defaix.com • Visite : Uniquement sur rendez-vous. 03.86.42.40.75

DOMAINE JEANNIN-NALTET

Benoît Eschard, ingénieur des Arts et Métiers, a décidé en 2013 de reprendre à la suite de son oncle cette ancienne propriété familiale de Mercurey, composée de 8,6 hectares dont 7 classés en premiers crus. Il a redéfini millésime par millésime chacune des étapes de la vigne à la cave pour mettre en avant le potentiel de son vignoble. Avec les progrès constatés sur le millésime 2017, nous élevons d'un cran ce domaine dans notre hiérarchie.

- **Mercurey 2017** | Sec | 2020>23 | 15,60 € — 15,5
- **Mercurey premier cru Clos des Grands Voyens 2017** | Sec | 2021>23 | 18 € — 15
- **Mercurey premier cru Le Clos l'Évêque 2017** | Sec | 2020>23 | env.17,50 € — 15,5
- **Mercurey premier cru Les Naugues 2017** | Sec | 2020>23 | 19,50 € — 16
- **Mercurey Vieilles Vignes 2017** | Sec | 2020>23 | 14,30 € — 15

4, rue de Jamproyes, 71640 Mercurey • Tél. 03 85 45 13 83 • domaine@jeannin-naltet.fr • www.jeannin-naltet.fr • Visite : Uniquement sur rendez-vous.

DOMAINE CLAUDIE JOBARD

Bien née, avec un père pépiniériste et une mère œnologue, Claudie Jobard se partage entre la maison Remoissenet, où elle assure la direction technique, et son domaine familial essentiellement situé à Rully (même si elle possède aussi des parcelles à Pommard et Beaune). Viticultrice respectueuse de ses sols et vinificatrice sensible et adroite, elle réussit des blancs et rouges savoureux et fins.

- **Pommard premier cru Les Charmots 2017** | Sec | 2022>32 | 38 € — 17
- **Rully La Chaume 2017** | Sec | 2019>23 | 14 € — 15
- **Rully Montagne La Folie 2017** | Sec | 2019>23 | 14 € — 16
- **Rully Villerange 2017** | Sec | 2019>25 | 15,90 € — 15

5, route de Beaune, 71150 Demigny • Tél. 03 85 49 46 81 • contact@cjobard.com • www.claudiejobard.fr • Visite : Sur rendez-vous.

DOMAINE JOBLOT

★★★★☆

C'est avec beaucoup d'anticipation et d'intelligence que Jean-Marc Joblot a transmis les clefs du domaine à sa fille Juliette, qui en est maintenant aux commandes définitives avec son oncle Vincent. Les 14 hectares sont toujours menés avec une attention de tous les instants, les vignes sont jardinées et le vin n'est pas ici le fruit du hasard. Nous voyons progressivement les vins du domaine s'anoblir d'une touche de féminité naturelle et cela est sans aucun doute lié au talent de Juliette. Les vins sont très demandés et les réservations faites en avance sur allocations, cependant de nouveaux clients peuvent prendre rendez-vous entre octobre et décembre. Le domaine ne soumet pas ses vins à nos dégustations à l'aveugle, préférant qu'ils soient goûtés dans leur environnement. Le domaine ne soumet pas ses vins à nos dégustations à l'aveugle pour qu'ils soient goûtés dans leur environnement. Préférant déguster les vins en bouteille, nous choisissons de reporter les notes de 2017 et de déguster les 2018 pour le prochain guide.

- **Givry premier cru Clos du Cellier aux Moines 2017** | Sec | 2021>27 | epuisé — 18,5
- **Givry premier cru Clos Marole 2017** | Sec | 2021>26 | epuisé — 17
- **Givry premier cru En Veau 2017** | Sec | 2021>24 | epuisé — 16
- **Givry premier cru Servoisine 2017** | Sec | 2021>26 | epuisé — 18

4, rue Pasteur - , 71640 Givry • Tél. 03 85 44 30 77 • domaine.joblot@wanadoo.fr • www.domainejoblot.com • Visite : Sur rendez-vous de novembre à décembre.

DOMAINE MICHEL JUILLOT

★★★☆☆

Laurent Juillot est à la tête de ce domaine familial de 31 hectares de vignes, situés à Mercurey et Corton. Conduite soignée des vignes, maîtrise parfaite des équilibres en cave, sans pompage et peu d'intervention pour laisser le fruit le plus intact possible : tout ici est sagement ordonné, livrant des cuvées de belle facture, élevées en barriques et quelques demi-muids (30 sur les 600 pièces). Le nouvel étiquetage des bouteilles, plus moderne, rentre en parfaite correspondance avec l'esprit de la maison. Une adresse recommandable.

- **Mercurey premier cru Clos des Barraults 2017** | Sec | 2021>24 | 27 € — 16
- **Mercurey premier cru Clos des Barraults 2017** | Sec | 2020>23 | 27 € — 15
- **Rully Les Thivaux 2017** | Sec | 2020>23 | 15 € — 14,5

59, Grande-Rue - B.P. 10, 71640 Mercurey • Tél. 03 85 98 99 89 • infos@domaine-michel-juillot.fr • www.domaine-michel-juillot.fr • Visite : Ouvert du lundi au vendredi de 9h à 12h et de 14h à 18h, le samedi de 9h30 à 18h30 et le dimanche de 9h30 à 12h30.

DOMAINE LA RENARDE

★☆☆☆☆

Ce domaine, créé dans les années 1970 par Paul Perret, atteint à ce jour 19 hectares. Les deux premiers crus de Montagny en 2017 sont de belles surprises. À suivre.

- **Montagny premier cru Les Chaniots 2017** | Sec | 2020>24 | 14,70 € — 16
- **Montagny premier cru Les Vignes Longues 2017** | Sec | 2020>22 | 13,30 € — 16

2, chemin de la Praye, 71390 Jully-les-Buxy • Tél. 06 70 07 66 51 • contact@domainelarenarde.com • Visite : Uniquement sur rendez-vous.

LES CHAMPS DE L'ABBAYE

★★★☆☆ ♣

Alain et Isabelle Hasard, vignerons de référence de la Côte Chalonnaise, envisagent l'avenir sous un nouveau jour puisque leur fils va les rejoindre prochainement. Ils ont restructuré leur domaine pour se concentrer uniquement sur 5 hectares, sur les villages de Rully, Mercurey et Monthélie, dans le but de travailler plus sereinement, toujours dans l'exigence d'une culture biologique. Certaines parcelles ont été replantées, pour partie en complantation, c'est-à-dire du chardonnay mêlé au pinot, pour rester dans un style de vins charmeurs et tendus. Avec une part de vendange entière, les 12 cuvées du domaine affichent toujours une belle fraîcheur et beaucoup de verticalité. Un vrai travail d'orfèvre !

- **Bourgogne 2018** | Sec | 2020>24 | 16 € — 17
- **Bourgogne Côte Chalonnaise Le Clos des Roches 2018** | Sec | 2020>23 | 17,50 € — 17
- **Bourgogne Côte Chalonnaise Les Claveaux 2018** | Sec | 2020>25 | 17,50 € — 16,5
- **Mercurey La Brigadière 2018** | Sec | 2021>25 | 22 € — 17
- **Monthélie Les Sous Roches 2018** | Sec | 2020>24 | 25 € — 17
- **Monthélie Les Sous-Roches 2018** | Sec | 2021>25 | 26 € — 17

9, rue des Roches-Pendantes, 71510 Aluze • Tél. 03 85 45 59 32 ou 06 09 57 77 52 • ai.hasard@free.fr • Visite : Uniquement sur rendez-vous.

LES CHAMPS DE THÉMIS

★☆☆☆☆ 🍀

Xavier Moissenet a changé de cap, passant de la magistrature à la viticulture en s'installant à Bouzeron, avec les vignes du domaine Lechenault. Ce sont 5,8 hectares convertis en viticulture bio, sur Bouzeron et Mercurey, et un premier millésime vinifié en 2014. Les débuts qui s'annonçaient prometteurs ne font que nous confirmer notre jugement, avec des cuvées qui ont toujours de l'énergie et de l'intérêt.

- **Bouzeron Les Clous 2017** | Sec | 2020>23 | 16 € — 15,5
- **Bouzeron Les Corcelles 2017** | Sec | 2020>23 | 20 € — 14,5

Rue des Dames, 71150 Bouzeron • Tél. 06 80 28 79 96 • xavier.moissenet@gmail.com • Visite : Uniquement sur rendez-vous.

DOMAINE BRUNO LORENZON

★★★★☆

Bruno Lorenzon est incontestablement l'un des vignerons contemporains les plus doués de Bourgogne. Son exploitation phare de Mercurey est exemplaire, tant par la conduite de ses vignes qui peuvent atteindre une densité de 20 000 pieds à l'hectare (le double de la norme !), que par la maîtrise absolue des vinifications. Vendanges en petites caisses, foulage au pied, hygiène drastique forment ce modèle d'exigence, sous label bio. L'utilisation très adroite et progressive de la vendange entière ces derniers millésimes donne des 2017 fabuleux et prouvent une fois de plus que les vins reflètent l'âme du vigneron capable de sublimer des terroirs quand l'osmose opère.

- **Mercurey premier cru Clos des Barraults 2017** | Sec | 2019>22 | 30 € — 18
- **Mercurey premier cru Clos des Champs Martin Carline 2017** | Sec | 2020>23 | 32 € — 18
- **Mercurey premier cru Croichots 2017** | Sec | 2018>22 | 30 € — 16,5
- **Mercurey premier cru Les Champs Martins 2017** | Sec | 2019>23 | 30 € — 18
- **Mercurey premier cru Les Champs Martins 2017** | Sec | 2019>22 | 30 € — 19
- **Mercurey premier cru Les Champs Martins 2017** | Sec | 2020>23 | 30 € — 17,5
- **Mercurey premier cru Les Champs Martins 2017** | Sec | 2020>24 | 30 € — 17
- **Mercurey premier cru Pièce 13 2017** | Sec | 2019>22 | 45 € — 19
- **Mercurey premier cru Pièce 15 2017** | Sec | 2019>21 | 45 € — 18
- **Mercurey Le Chapitre 2017** | Sec | 2019>21 | 24 € — 17

14, rue du Reu, 71640 Mercurey • Tél. 03 85 45 13 51 • contact@domainelorenzon.com • www.domainelorenzon.com • Visite : sur rendez-vous.

MAISON GÉRALDINE LOUISE

★☆☆☆☆

C'est une nouvelle maison de négoce créée en 2016 par Géraldine Lochet, qui a fait ses armes en côte de Beaune et côte chalonnaise pendant vingt ans. Elle achète ses moûts auprès de viticulteurs sélectionnés pour leur qualité et vinifie à Rosey. La première cuvée qui nous est soumise est signe d'un bon départ.

- **Montagny premier cru Les Chaniots 2017** | Sec | 2021>24 | 20 € — 16

5, rue du Prieuré, 71390 Rosey • Tél. 06 87 28 99 25 • gl@geraldinelouise.com • www.geraldinelouise.com • Visite : Sur rendez-vous.

DOMAINE VINCENT LUMPP

★★★☆☆

C'est désormais Baptiste Lumpp, le fils de Vincent, qui est aux commandes du domaine situé dans le hameau de Poncey à Givry. Il cultive en mode raisonné neuf hectares, principalement sur

8 premiers crus de Givry, avec des vignes âgées de 10 à 60 ans, dont le clos Saint-Paul en monopole, en cours de replantation. Les vendanges sont manuelles, les vinifications avec cuvaisons plutôt longues et bien moins interventionnistes que par le passé. Baptiste fait partie de cette jeune génération de vignerons défenseurs de leur métier et d'un travail de qualité. Les vins ont réellement gagné en élégance ces dernières années et le domaine mérite une progression dans notre guide.

- **Givry premier cru Clos du Cras long 2017** | Sec | 2020>24 | NC — 17
- **Givry premier cru Clos Jus 2017** | Sec | 2020>23 | NC — 16,5
- **Givry premier cru Clos-Saint-Paul Monopole 2017** | Sec | 2021>25 | NC — 16,5
- **Givry premier cru Le Vigron 2017** | Sec | 2020>23 | NC — 17
- **Givry premier cru Le Vigron 2017** | Sec | 2020>24 | NC — 17

45, rue de Jambles, 71640 Givry • Tél. 03 85 44 52 00 • info@domaine-lumpp.fr • www.domaine-lumpp.fr • Visite : sur rendez-vous.

DOMAINE DE LA LUOLLE

Sandrine et Olivier Dovergne, après avoir parcouru les mers autour du projet Vents d'Anges, se sont installés à Moroges pour créer un domaine de 8 hectares exploité en viticulture biologique, de Givry à Mercurey, et font revivre cet endroit avec l'assistance de Guy Chaumont. Dans un style minimaliste, 15 cuvées sont disponibles en vin tranquille et crémant, qu'il est possible de déguster sous différentes formules puisque l'œnotourisme est à l'honneur.

- **Bourgogne Côte Chalonnaise Les Daluzes 2017** | Sec | 2020>23 | epuisé — 16
- **Bourgogne Côte Chalonnaise Les Oiseaux Rares 2017** | Sec | 2020>22 | 12 € — 14,5

Impasse de la Luolle, 71390 Moroges • Tél. 06 21 86 05 27 • domaine@laluolle.fr • www.domainedelaluolle.fr • Visite : Uniquement sur rendez-vous.

DOMAINE MANIGLEY

C'est Jean-Michel Belleville, le fils de Christian (domaine des Chauchoux) qui exploite le domaine Manigley, 12 hectares avec 60 % de vins blancs. La viticulture est raisonnée, les vendanges sont mécaniques et les vins sont élevés en fûts. L'ensemble des vins soumis à l'aveugle se sont plutôt bien présentés, avec des textures précises et du fond. Le domaine devrait fusionner avec le domaine des Chauchoux.

- **Rully premier cru Les Cloux 2017** | Sec | 2020>23 | env.23 € — 16,5
- **Rully premier cru Rabourcé 2017** | Sec | 2020>23 | env.20 € — 16,5
- **Rully premier cru Rabourcé 2017** | Sec | 2020>23 | epuisé — 16,5
- **Rully La Crée 2017** | Sec | 2020>23 | epuisé — 15
- **Rully Montmorin 2017** | Sec | 2020>22 | env.15 € — 15,5

5, rue des Bordes, 71150 Rully • Tél. 03 85 87 12 94 • domainedeschauchoux@gmail.com • www.domainedeschauchoux.com • Visite : Ouvert du lundi au vendredi de 8h30 à 12h et de 13h30 à 17h30, week-end sur rendez-vous.

DOMAINE DU MEIX-FOULOT

Avec 20 hectares, principalement sur l'appellation Mercurey, Agnès Dewé de Launay assure la pérennité de ce domaine familial certifié en agriculture raisonnée depuis 2008. On commence à constater de vrais progrès dans les vins, avec encore quelques irrégularités.

- **Mercurey 2017** | Sec | 2020>23 | 21 € — 15
- **Mercurey 2017** | Sec | 2020>23 | 20 € — 15
- **Mercurey premier cru Clos du Château de Montaigu 2017** | Sec | 2021>22 | 25,50 € — 15
- **Mercurey premier cru Les Veleys 2017** | Sec | 2020>23 | 24 € — 16

Touches - 11, rue du clos du roy, 71640 Mercurey • Tél. 03 85 45 13 92 • meixfoulo@club.fr • Visite : Ouvert du lundi au samedi de 9h à 18h de préférence sur rendez-vous. Fermé les jours fériés.

DOMAINE GAËLLE ET JÉRÔME MEUNIER

Gaëlle et Jérôme Meunier, tous les deux œnologues-conseils, ont débuté en 2006 avec des vins de garage et une petite vigne à Bouzeron. Leur passion et leur détermination font qu'à ce jour ils cultivent 14 hectares de vignes répartis entre la côte chalonnaise et Puligny-Montrachet. Une partie de la production est vendue à la cave de Bissey et au négoce, mais ils commercialisent par eux-mêmes 35 000 bouteilles. Leur souhait est de produire des vins simples et droits, sur le fruit et surtout qui procurent du plaisir.

- **Mercurey premier cru 2017** | Sec | 2020>23 | 14,50 € — 15,5

3, Rue au bois, 71640 Barizey • Tél. 03 85 44 45 78 ou 06 03 96 67 50 • domainemeunier@orange.fr • Visite : sur rendez-vous.

DOMAINE DE LA MONETTE

Roelof et Marlon Ligtmans-Steine ont su faire leur place à Mercurey au fil des ans, avec leur domaine certifié bio, constitué d'appellations régionales et village pour un total de 14 cuvées (9 rouges et 5 blancs). Ils font partie des néo-vignerons, arrivés de Hollande en 2007 après une première carrière dans l'informatique et l'acquisition d'une parcelle attenante à leur propriété. La surface a doublé en 2017 pour compter aujourd'hui 12 hectares sur 28 parcelles. Les vins sont toujours gourmands, charpentés, sur la base d'un fruité mûr.

- **Mercurey 2017** | Sec | 2020>23 | 12 € — 14
- **Mercurey Les Bourguignons 2017** | Sec | 2020>22 | 17,50 € — 15,5
- **Mercurey Les Obus 2017** | Sec | 2021>23 | 17,50 € — 15

15, rue du château, 71640 Mercurey • Tél. 03 85 98 07 99 • vigneron@domainedelamonette.fr • www.domainedelamonette.fr • Visite : Uniquement sur rendez-vous.

DOMAINE DE MONTORGE

C'est une exploitation familiale de 12 hectares créée en 1971 par la famille Flandre, avec uniquement des climats de Montagny classés en premier cru. Yann, le second fils, est venu s'installer au domaine en 2014 en apportant le climat en monopole le Montorge. Les vendanges sont mécaniques, la majorité des vins élevés en cuve avec une intégration progressive de fûts de 500 litres sur le monopole et des fûts chauffés à la vapeur pour les-coères. La qualité des vins progresse chaque année et nous incitons les amateurs de montagnys à suivre ce domaine.

- **Montagny premier cru Les Chaniots 2017** | Sec | 2020>24 | 16 € — 14,5
- **Montagny premier cru Les Coères 2017** | Sec | 2020>23 | 15,80 € — 15
- **Montagny premier cru Montorge Monopole 2017** | Sec | 2020>25 | 20 € — 16

Cidex 1118 - Hameau de Montorge, 71390 Montagny les Buxy • Tél. 06 87 68 90 28 • domainemontorge@yahoo.fr • Visite : sur rendez-vous uniquement.

DOMAINE GÉRARD MOUTON

Si la famille Mouton exploite ce domaine depuis 4 générations à Givry, il a réussi à hisser ce domaine de 12 hectares parmi l'élite des producteurs de l'appellation. La viticulture est en lutte raisonnée, labours, rendements limités, et des replantations régulières sont faites pour un encépagement plus qualitatif. Les vendanges sont manuelles, le tri est fait à la vigne, les raisins sont égrappés en totalité et la construction d'un nouveau chai à barriques semi-enterré permet l'entonnage pas gravité pour un meilleur respect des jus. Les vins mettent l'appellation en valeur, liant complexité et franchise, ce sont des vins de vigneron.

- **Givry premier cru Clos Charlé 2017** | Sec | 2020>24 | 18 € — 16,5
- **Givry premier cru Clos Jus 2017** | Sec | 2022>27 | 20 € — 16,5
- **Givry premier cru La Grande Berge 2017** | Sec | 2020>23 | 19 € — 16,5
- **Givry premier cru Les Grands Prétans 2017** | Sec | 2020>23 | 20 € — 16,5
- **Givry Cuvée Excellence 2017** | Sec | 2020>23 | 14 € — 15,5

6, rue de l'Orcène Poncey, 71640 Givry • Tél. 03 85 44 37 99 • contact@domainelaurentmouton.com • www.domainelaurentmouton.com • Visite : Ouvert du lundi au samedi de 8h30 à 18h.

DOMAINE NINOT

Erell et Flavien Ninot, sœur et frère, exploitent en binôme ce domaine de 13 hectares transmis par leur père et répartis sur Rully et Mercurey. La production est pour moitié chardonnay, moitié pinot noir. Leur philosophie est de respecter au mieux la nature, avec une conversion en bio en cours. Le style des vins évolue et progresse chaque année sur davantage d'homogénéité, notamment sur les rouges, avec une mention particulière pour le millésime 2017.

- **Mercurey premier cru Les Crêts 2017** | Sec | 2020>22 | 22 € — 15,5
- **Mercurey premier cru Les Saumonts 2017** | Sec | 2020>23 | 22 € — 15,5
- **Mercurey premier cru Les Velleys 2017** | Sec | 2021>23 | 26 € — 17
- **Rully premier cru Grésigny 2017** | Sec | 2020>24 | 22 € — 15,5
- **Rully premier cru Marissou 2017** | Sec | 2020>22 | 20 € — 16
- **Rully Chaponnière 2017** | Sec | 2020>23 | 16,50 € — 15,5
- **Rully Chaponnière 2017** | Sec | 2020>24 | 15 € — 15,5
- **Rully La Barre 2017** | Sec | 2020>23 | 15,30 € — 16,5

2, rue de Chagny, 71150 Rully • Tél. 03 85 87 07 79 • ninot.domaine@orange.fr • www.domaineninot.com • Visite : Uniquement sur rendez-vous.

DOMAINE PELLETIER-HIBON

Cette propriété, dans la famille Pelletier depuis plus d'un siècle, possède 6 hectares répartis à Givry sur 3 niveaux d'appellation. Elle est gérée par Luc Hibon, devenu vigneron à 32 ans et son épouse Karine Pelletier. Nous constatons une réelle progression vers la qualité depuis le millésime 2015 et 2017 le confirme à nouveau.

- **Givry premier cru Le Vigron 2017** | Sec | 2020>22 | 17 € — 16,5
- **Givry Vieilles Vignes 2018** | Sec | 2020>23 | 12 € — 15

6, rue de la Planchette-Poncey, 71640 Givry • Tél. 03 85 94 87 42 • pelletier.hibon@club-internet.fr • Visite : Ouvert tous les jours, sur rendez-vous de préférence.

MAISON LOUIS PICAMELOT

Cette petite maison de crémant de Rully, propriétaire de 14 hectares de vignes, créée en 1926, est dirigée par Philippe Chautard. Nous sommes ici dans la haute couture du crémant, où la créativité et la diversité sont des constantes, où les cuvées sont avant tout des vins de Bourgogne issus du parcellaire, tout en restant attachés à un superbe rapport qualité-prix-plaisir. La maison remet à jour des terroirs oubliés à Dijon (Talant) et a construit une cuverie bioclimatique à Rully dans une ancienne carrière. Incontournable !

- **Crémant de Bourgogne en Chazot Eff. 2015** | Extra-brut | 2019>23 | 14 € — 17,5
- **Crémant de Bourgogne Jean-Baptiste Chautard Eff. 2013** | Brut | 2019>22 | 16,50 € — 17
- **Crémant de Bourgogne Jeanne Thomas Eff. 2014** | Extra-brut | 2019>22 | 13 € — 17
- **Crémant de Bourgogne Les Reipes Blanc de Blancs Eff. 2015** | Extra-brut | 2019>23 | 14 € — 17
- **Crémant de Bourgogne Les Terroirs Eff. 2016** | Brut | 2019>24 | 9,50 € — 16
- **Crémant de Bourgogne Les Terroirs Eff. 2016** | Brut | 2020>22 | 9,20 € — 16,5

11 bis rue du Moulin à vent - BP 2, 71150 Rully • Tél. 03 85 87 13 60 • info@louispicamelot.com • www.louispicamelot.com • Visite : Ouvert du lundi au vendredi de 8h à 12h et de 13h30 à 17h30 et fermé le week-end.

DOMAINE JEAN-BAPTISTE PONSOT

C'est à l'âge de 20 ans que Jean-Baptiste Ponsot a repris le flambeau du domaine et vingt ans plus tard, l'intégralité de la récolte des 8,5 hectares est vendu en bouteille. Il faut dire que deux tiers de la surface sont classés en premier cru, les sols sont travaillés avec beaucoup de labours pour des vignes saines, sans herbicide, dans l'objectif d'obtenir de beaux raisins. Le millésime 2017 souligne ces efforts, avec des vins frais sur de beaux équilibres.

- **Rully premier cru La Fosse 2017** | Sec | 2020>23 | 21 € — 15,5
- **Rully premier cru Molesme 2017** | Sec | 2020>23 | 19,50 € — 16
- **Rully premier cru Montpalais 2017** | Sec | 2020>24 | 19,50 € — 17

- Rully En Bas de Vauvry 2017 | Sec | 2020>23 | 16 € — 16

26, Grande Rue, 71150 Rully • Tél 03 85 87 17 90 • domaine.ponsot@orange.fr • www.domaine-ponsot-rully.fr • Visite : Uniquement sur rendez-vous.

SYLVAIN PONSOT

★☆☆☆☆

Sylvain Ponsot exploite avec son épouse Lucie un domaine de 8 hectares dont 90 % de vins blancs sur Rully et Bouzeron. Un tiers de la production est mis en bouteille et le reste de la production vendu au négoce. La viticulture est raisonnée mais un début de conversion bio est amorcé en 2019. Les blancs 2017 sont d'un style plutôt charpenté et le premier cru rouge précis.

- Rully premier cru Vauvry 2017 | Sec | 2020>23 | 12,50 € — 16
- Rully premier cru Vauvry 2017 | Sec | 2020>24 | 11,50 € — 16,5

5, rue de la République, 71150 Rully • Tél. 06 81 77 65 78 • sylvain.ponsot@sfr.fr • Visite : Ouvert du lundi au vendredi : 9h00 – 12h00 / 14h00 – 18h0. Le samedi : sur rendez-vous

PREMIER CHAPITRE

★☆☆☆☆

Voici un nouveau domaine de Mercurey, dirigé par Éric et Gatienne Bouvier qui ont ainsi réalisé leur rêve, celui de devenir vignerons après une carrière de pilote de ligne pour lui et d'avocate pour elle (métier qu'elle exerce toujours). Le premier millésime, 2017, marque le début de la conversion bio. Les deux cuvées présentées se sont distinguées, une adresse à suivre !

- Mercurey 4000 pieds 2017 | Sec | 2020>23 | 14 € — 16
- Mercurey Vigne du Chapitre 2017 | Sec | 2020>23 | 18 € — 15

12, rue de Jamproyes, 71640 Mercurey • Tél. 06 12 69 24 58 • eric@premierchapitre.wine • Visite : Uniquement sur rendez-vous.

DOMAINE RAGOT

★★★☆☆

Le domaine Ragot s'étend sur 9 hectares à Givry dont un tiers en premier cru. Nicolas Ragot, qui a repris la suite de son père en 2008, n'a pas de secrets : il passe sa vie dans les vignes où la gestion de l'enherbement par la double culture vignes-herbes mérite d'être remarquée. Les désherbages sont mécaniques, la vendange est manuelle, égrappée et des vinifications traditionnelles sont menées avec beaucoup de rigueur. Le résultat est dans la bouteille, avec des vins précis, francs et sérieux. 2017 est remarquable en rouge comme en blanc.

- Givry premier cru Clos Jus 2017 | Sec | 2020>22 | 20 € — 17
- Givry premier cru Crausot 2017 | Sec | 2020>23 | 21 € — 17,5
- Givry premier cru La Grande Berge 2017 | Sec | 2020>24 | 20 € — 17
- Givry Teppe des Chenèves 2017 | Sec | 2020>24 | 19 € — 15,5
- Givry Teppe des Chenèves 2017 | Sec | 2020>24 | 19 € — 17,5
- Givry Vieilles Vignes 2017 | Sec | 2020>23 | epuisé — 15

4, rue de l'École - Poncey, 71640 Givry • Tél. 03 85 44 35 67 • vin@domaine-ragot.com • www.domaine-ragot.com • Visite : Ouvert du lundi au vendredi de 8h à 12h et de 14h à 19h. Le week-end sur rendez-vous.

DOMAINE FRANÇOIS RAQUILLET

★★★☆☆

Les Raquillet sont vignerons de père en fils depuis treize générations et leur domaine de Mercurey s'étale maintenant sur 14,5 hectares, dont 3,5 en blancs. Amoureux de la vigne et du raisin, François Raquillet n'hésite pas à se remettre en question. Sa passion du métier lui donne cette émulation pour mener le domaine au meilleur niveau. Sa gamme se décline sur 4 cuvées de blancs et 6 de rouges et il y a toujours une cuvée de la maison qui se place dans le peloton de tête de nos dégustations à l'aveugle. Une adresse incontournable.

- Mercurey premier cru Les Naugues 2017 | Sec | 2020>24 | 28 € — 16,5
- Mercurey premier cru Les Vasées 2017 | Sec | 2020>23 | 25 € — 15
- Mercurey premier cru Les Veleys 2017 | Sec | 2021>24 | 28 € — 18,5
- Mercurey premier cru Les Veleys Révélation 2017 | Sec | 2020>23 | 38 € — 17
- Mercurey La Brigadière 2017 | Sec | 2020>23 | 18,10 € — 15,5

- **Mercurey Les Chazeaux 2017** | Sec | 2020>22 | 18,80 € 15
- **Mercurey Vieilles Vignes 2017** | Sec | 2020>22 | 18 € 15

19, rue de Jamproyes, 71640 Mercurey • Tél. 03 85 45 14 61 • contact@domaine-raquillet.com • www.domaine-raquillet.com • Visite : Ouvert du lundi au vendredi de 9h à 18h et le samedi matin sur rendez-vous.

DOMAINE DES ROIS MAGES

C'est Félix Debavelaere, œnologue et vigneron au tempérament discret, qui a pris la relève du domaine créé en 1984 par Anne-Sophie sa mère. Ce sont 11 hectares répartis sur une dizaine de climats différents de Rully, Bouzeron et Beaune, avec 60 % de blancs, conduits en mode raisonné. Le tout est vinifié dans la cuverie de Rully, rénovée en 2015, construite à flanc de coteau. Le style des vins est plutôt moderne, toujours léger et précis, les terroirs bien identifiés en rouge comme en blanc.

- **Rully Clos du Moulin à Vent 2017** | Sec | 2020>23 | 16 € 17
- **Rully Les Cailloux 2017** | Sec | 2020>22 | 16 € 14,5
- **Rully Les Cailloux 2017** | Sec | 2020>24 | 16,50 € 14,5
- **Rully Plante Moraine 2017** | Sec | 2020>23 | 15 € 15

21, rue des Buis, 71150 Rully • Tél. 03 85 48 65 64 • as.debavelaere@gmail.com • www.rois-mages.com • Visite : Sur rendez-vous.

DOMAINE ROYET

Le domaine Royet cultive 13 hectares et quatre cépages bourguignons, au cœur de l'appellation des côtes du Couchois. Les vignes s'étendent au pied du château de Couches et 40 % de la surface est destiné à la production de crémant de Bourgogne, tous les volumes étant commercialisés en bouteille. La qualité des vins permet de mettre en valeur cette appellation bourguignonne méconnue.

- **Bourgogne Côtes du Couchois 2017** | Sec | 2020>23 | 7,80 € 15
- **Bourgogne Côtes du Couchois Expression 2017** | Sec | 2019>22 | 10,80 € 15,5
- **Crémant de Bourgogne Eff. 2017** | Brut | 2020>24 | 6,70 € 14,5
- **Maranges premier cru Les Clos Roussots 2017** | Sec | 2020>23 | 14 € 16

Combereau, 71490 Couches • Tél. 03 85 49 64 01 • scv.domaine.royet@wanadoo.fr • www.domaine-royet.com • Visite : Tous les jours, sauf le dimanche (sur rendez-vous) de 9h à 12h puis de 14h à 19h.

DOMAINE MICHEL SARRAZIN ET FILS

Les frères Sarrazin sont autant réputés pour leurs vins que pour leur caractère affirmé. Ils sont souvent cités en exemple en Bourgogne pour le rapport qualité-prix de leur gamme, produite sur les 35 hectares du domaine, essentiellement sur Givry, avec un tiers de chardonnay et deux tiers de pinot noir. Le domaine pratique une viticulture traditionnelle et des vendanges mécaniques très bien menées, et on ne peut manquer à l'entrée de Givry la cuverie rouge, innovante, avec des cuves béton pyramidales, l'ensemble permettant l'entonnage par gravité. Les vins ne défaillent jamais à leur renommée, preuve que l'on peut produire de façon qualitative même en vendange machine. Ce travail d'une vie mérite d'être mis à l'honneur.

- **Givry premier cru Le Champ Lalot 2017** | Sec | 2020>22 | 19 € 15
- **Givry premier cru Les Bois Gautiers 2017** | Sec | 2020>23 | 19 € 16
- **Givry premier cru Les Grands Prétans 2017** | Sec | 2020>24 | 19 € 15,5
- **Givry premier cru Les Pièces d'Henry 2017** | Sec | 2020>23 | 18 € 15
- **Givry Les Dracy 2017** | Sec | 2020>23 | 15 € 17
- **Givry Les Grognots 2017** | Sec | 2020>23 | 15 € 14,5
- **Givry Les Teppes 2017** | Sec | 2020>24 | 16 € 16,5
- **Mercurey La Perrière 2017** | Sec | 2020>23 | 17 € 16

26, rue de Charnailles, 71640 Jambles • Tél. 03 85 44 30 57 • sarrazin2@wanadoo.fr • www.sarrazin-michel-et-fils.fr • Visite : Ouvert du lundi au samedi de 9h à 12h et de 14h à 19h.

DOMAINE DE SUREMAIN

Le domaine de Suremain est probablement l'un de ceux qui nous surprend le plus ces dernières années. Avec la chance d'être doté des meilleurs climats de Mercurey classés en premier cru, Loïc de Suremain, aidé de ses parents Yves et Marie-Hélène, exploite les 18 hectares de ce domaine. Une attention particulière au respect des terroirs donne différents mercureys aux typicités et nuances bien tranchées. Loïc, passionné de viticulture, s'attache à faire évoluer les vins vers davantage de fruit et d'homogénéité, en passant par une vraie compréhension de ses sols et pas seulement. La cuverie a été entièrement rénovée et agrandie, les vins sont de plus en plus précis et font un zéro faute lors de nos dégustations à l'aveugle. La progression est remarquable et place le domaine dans le trio de tête de l'appellation.

- **Mercurey 2018** | Sec | 2020>22 | 18,50 € — 15
- **Mercurey premier cru En Sazenay 2017** | Sec | 2020>23 | 25,50 € — 17
- **Mercurey premier cru En Sazenay 2017** | Sec | 2020>23 | 26,50 € — 18
- **Mercurey premier cru La Bondue 2017** | Sec | 2020>23 | 24 € — 17
- **Mercurey premier cru Le Clos l'Évêque 2017** | Sec | 2020>22 | 24 € — 16
- **Mercurey premier cru Les Crêts 2017** | Sec | 2020>23 | 22 € — 16,5
- **Mercurey premier cru Les Croichots 2017** | Sec | 2020>23 | 22 € — 16,5

Château du Bourgneuf - 71, Grande rue - 71, Grande Rue, 71640 Mercurey • Tél. 03 85 98 04 92 • contact@domaine-de-suremain.com • www.domaine-de-suremain.com • Visite : Ouvert en semaine de 9h/12h et 14h/18h

DOMAINE THEULOT-JUILLOT

★★★☆☆

Depuis la fin des années 1980, Nathalie Theulot et son mari Jean-Claude travaillent d'arrache-pied pour obtenir le meilleur de ce domaine de 12 hectares, situé sur la commune de Mercurey. Sa particularité est d'être depuis le début du XXe siècle transmis par les femmes. Leur fil conducteur est la maîtrise des rendements et un travail aussi naturel que possible. En plus des appellations village, le domaine possède 6 parcelles de premiers crus dont le monopole du climat emblématique la Cailloute. Le style du domaine est reconnaissable par ses pinots noirs légers et très mûrs, portant beaucoup de fruit et de belles textures. Les blancs sont de vrais vins de repas.

- **Mercurey premier cru La Cailloute - Monopole 2017** | Sec | 2020>23 | 23,50 € — 17
- **Mercurey premier cru Les Champs Martins 2017** | Sec | 2020>24 | 22 € — 16
- **Mercurey premier cru Les Combins 2017** | Sec | 2021>23 | 21,50 € — 16
- **Mercurey premier cru Les Saumonts 2017** | Sec | 2020>23 | 22 € — 16,5
- **Mercurey Vieilles Vignes 2017** | Sec | 2020>22 | 17,50 € — 16

4, rue Mercurey, 71640 Mercurey • Tél. 03 85 45 13 87 • contact@theulotjuillot.eu • www.theulotjuillot.eu • Visite : Du lundi au vendredi de 8h30 à 12h et de 13h30 à 18h. Le week-end sur rendez-vous. Fermé entre le 25 décembre et le 1er janvier.

TRAMIER ET FILS

★☆☆☆☆

La maison Tramier et Fils, fondée en 1842 et installée à Mercurey, est dirigée par Laurent Dufouleur, qui en est propriétaire. Elle s'est fait connaître par sa marque Roncier, en vin de table, créée dans les années 1960 et en diffusant également des vins de différentes appellations bourguignonnes. Cette maison possède actuellement 15 hectares de vignes. Les vins sont en progression constante et mis en valeur par des élevages adroits.

- **Mercurey 2017** | Sec | 2020>23 | 14,50 € — 15,5
- **Montagny 2017** | Sec | 2021>23 | 11,30 € — 15,5

14, rue de Chamerose, 71640 Mercurey • Tél. 03 85 45 10 83 • info@maison-tramier.com • www.maison-tramier.com • Visite : Du lundi au samedi de 9h à 12h et de 14h à 18h.

DOMAINE TUPINIER-BAUTISTA

★★☆☆☆

Manu Bautista, qui ne peut renier ses origines espagnoles, a succédé à son beau-père en 1997 et mène avec beaucoup de plaisir ce domaine de 10 hectares à Mercurey. Une nouvelle cuverie moderne a vu le jour, perchée sur les hauteurs du village. Amoureux de ses vignes, Manu Bautista plante des pinots fins issus de sélections massales. Il apporte beaucoup de soins aux raisins, qui sont triés à la vigne, égrappés, fermentés à froid avec de longues cuvaisons. Ses maîtres mots sont « fruit » et « fraîcheur », qu'il recherche avant tout dans ses vins. Ici on ne cultive ni le vin « intellectuel », ni la culture de l'étiquette mais des vins de plaisir qui vous mettent de bonne humeur et qui progressent en précision et en qualité chaque année.

- **Mercurey premier cru En Sazenay 2017** | Sec | 2021>23 | 22 € — 16,5
- **Mercurey premier cru En Sazenay 2017** | Sec | 2020>23 | 20 € — 16
- **Mercurey premier cru Le Clos du Roy 2017** | Sec | 2020>24 | 28 € — 15
- **Mercurey premier cru Les Vellées 2017** | Sec | 2021>26 | 25 € — 15,5
- **Mercurey Vieilles Vignes 2017** | Sec | 2020>22 | 16 € — 15,5

30 ter, rue du Liard, 71640 Mercurey • Tél. 03 85 45 26 38 • tupinier.bautista@wanadoo.fr • www.domaine-tupinier-bautista.com • Visite : Ouvert du lundi au vendredi de 9h à 12h et de 14h à 18h et le week-end sur rendez-vous.

DOMAINE DE VILLAINE

Comme annoncé, le domaine de Villaine, conduit avec passion et conviction par Pierre de Benoist, s'est agrandi. Il n'est plus limité à Bouzeron car avec l'acquisition d'un domaine à Rully, de parcelles à Santenay, Mercurey et Saint-Aubin, la surface cultivée s'étend maintenant à 30 hectares toujours menés en culture biologique. C'est toujours avec curiosité et entêtement que Pierre veille à ce que chaque terroir soit mis en valeur et révélé par les gestes du vigneron. Les cuvées historiques du domaine sont toujours de belle qualité, les nouvelles nécessitent encore un peu de précision.

- **Bourgogne Côte Chalonnaise La Digoine 2017** | Sec | 2020>24 | NC — 16
- **Bouzeron 2017** | Sec | 2020>24 | NC — 15
- **Mercurey Les Montots 2017** | Sec | 2020>24 | NC — 15,5
- **Rully premier cru Grésigny 2016** | Sec | 2020>22 | NC — 15,5
- **Rully premier cru Les Margotés 2016** | Sec | 2020>24 | NC — 16
- **Rully premier cru Montpalais 2016** | Sec | 2020>23 | NC — 15

2, rue de la Fontaine, 71150 Bouzeron • Tél. 03 85 91 20 50 • contact@de-villaine.com • www.de-villaine.com • Visite : Sur rendez-vous du lundi au vendredi.

DOMAINE VIROT

Ce domaine familial de 5 hectares, basé dans le hameau de Saint-Martin-sous-Montaigu à côté de Mercurey, est cultivé en agriculture biologique, certifiée depuis 2018. Il propose une sélection de plusieurs niveaux d'appellation à Mercurey en blanc et rouge, issue de vendanges manuelles, d'un tri des raisins rigoureux avant égrappage et l'utilisation d'un pressoir vertical. Les élevages sont de 12 mois en fûts, avec une faible proportion de fûts neufs et une réduction des doses de sulfites. Nous constatons de vrais progrès dans les vins qui nous ont été soumis en dégustation à l'aveugle.

- **Mercurey premier cru 2017** | Sec | 2020>22 | 19,20 € — 16
- **Mercurey Le Chatelet 2017** | Sec | 2020>23 | 16,50 € — 15,5

3, rue des Marronniers, 71640 Saint-Martin-sous-Montaigu • Tél. 06 07 52 29 21 • virot.pierre@orange.fr • Visite : Uniquement sur rendez-vous.

VITTEAUT-ALBERTI

Depuis 1951, la maison Vitteaut-Alberti est implantée à Rully et vinifie des crémants de Bourgogne. Elle est dirigée depuis 2006 par Agnès Vitteaut qui a imposé son style. En plus des 13 hectares de vignes qui servent à l'élaboration des crémants, la maison met son savoir-faire au service des vignerons qui souhaitent élaborer leur bulle. Nous défendons le travail familial et qualitatif de ces « petites » maisons de crémants par leur taille, car elles se font de plus en plus rares. Des valeurs sûres, quels que soient les millésimes. La cuvée agnès est toujours remarquable.

- **Crémant de Bourgogne Blanc de Noirs Eff. 2017** | Brut | 2021>25 | 9,50 € — 14,5
- **Crémant de Bourgogne cuvée Agnès Eff. 2017** | Brut | 2020>23 | 12,90 € — 16

16, rue de la Buisserole, 71150 Rully • Tél. 03 85 87 23 97 • contact@vitteaut-alberti.fr • www.vitteaut-alberti.fr • Visite : de mai à août du lundi au vendredi de 9h à 12h et de 14h à 18h30. Le samedi fermeture à 18h. Le reste de l'année du lundi au vendredi de 8h à 12h et de 14h à 18h, le samedi ouverture à 9h.

Mes commentaires

LE VIGNOBLE DU MÂCONNAIS

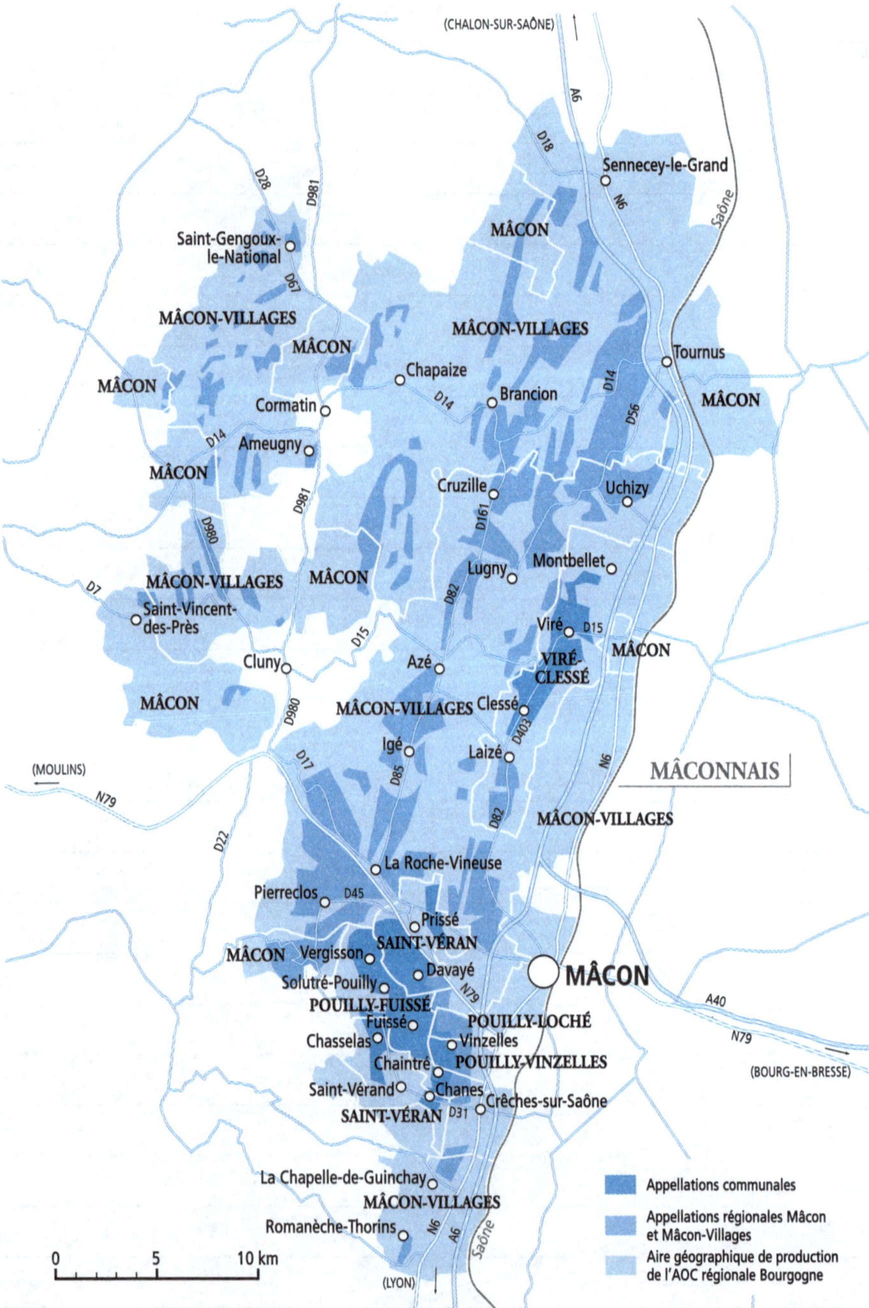

VINS AUVIGUE

Les Auvigue sont propriétaires de 6,5 hectares sur Pouilly-Fuissé et négociants. La maison Auvigue produit quelques cuvées de prestige, à partir de son propre vignoble, conduit en bio, dans un style très classique de l'appellation. Les marques André Auvigue et les Héritiers Auvigue sont également vinifiées par la même famille.

- **Pouilly-Fuissé 2017** | Sec | 2020>24 | 19,50 € — 16
- **Pouilly-Fuissé Biologique 2017** | Sec | 2021>24 | 27 € | — 15
- **Pouilly-Fuissé Hors Classe 2016** | Sec | 2021>24 | 29,50 € — 15,5
- **Pouilly-Fuissé L'Envol 2016** | Sec | 2020>23 | 30 € — 15,5
- **Pouilly-Fuissé Les Chailloux 2017** | Sec | 2020>24 | 27 € — 17
- **Pouilly-Fuissé Vieilles Vignes 2017** | Sec | 2021>25 | 28 € — 16
- **Pouilly-Fuissé Vieilles Vignes 2017** | Sec | 2021>24 | 28 € — 17

3131, route de Davayé - Le Moulin du Pont, 71850 Charnay-lès-Mâcon • Tél. 03 85 34 17 36 • vins.auvigue@wanadoo.fr • www.auvigue.fr • Visite : du lundi au vendredi de 8h à 12h et de 13h30 à 17h. Le week-end sur rendez-vous.

CHÂTEAU DE BEAUREGARD

Sous cette identité château de Beauregard, à Pouilly-Fuissé, Frédéric-Marc Burrier dirige en réalité plusieurs propriétés, totalisant environ 50 hectares, dont 12 en Beaujolais, avec la majeure part certifiée bio ou en conversion. Il est secondé par Michel Rey, chef de culture, pour produire les vins des domaines Joseph Burrier, de la Rochette, de Beauregard, château du Clos, le tout commercialisé par la maison Joseph Burrier. Son sens du collectif l'amène également à se dévouer à la reconnaissance des futurs premiers crus de Pouilly-Fuissé. Si les vins blancs, plutôt corpulents, sont axés sur la garde et commercialisés en décalage, il ne faut surtout pas manquer une remarquable gamme de crus du Beaujolais, superbement vinifiés, où le gamay tient ici la dragée haute à de nombreux autres cépages.

- **Bourgogne Montagne de Cra - Domaine de la Rochette 2017** | Sec | 2021>25 | 13,60 € — 16
- **Chiroubles Saint Roch - Domaine Joseph Burier 2017** | Sec | 2021>26 | 14,10 € — 17
- **Fleurie Les Colonies de Rochegrès 2016** | Sec | 2020>25 | 15,60 € — 18
- **Juliénas Joseph Burrier Beauvernay 2017** | Sec | 2020>26 | 14,60 € — 17
- **Mâcon-Bussières Le Monsard - Domaine de la Rochette 2017** | Sec | 2021>24 | 11,20 € — 16
- **Morgon Grand Cras Domaine Joseph Burrier 2016** | Sec | 2020>25 | 14,60 € — 17
- **Moulin-à-Vent Clos des Pérelles 2016** | Sec | 2020>25 | 19,50 € — 17
- **Moulin-à-Vent La Salomine 2017** | Sec | 2021>25 | 22,40 € — 18,5
- **Pouilly-Fuissé Vers Cras 2017** | Sec | 2020>25 | 27,30 € — 17
- **Saint-Amour Côte de Besset - Domaine Joseph Burrier 2017** | Sec | 2022>26 | 16,50 € — 17

Maison Joseph Burrier, 71960 Fuissé • Tél. 03 85 35 60 76 • joseph.burrier@wanadoo.fr • www.joseph-burrier.com • Visite : Tous les jours de 10h à 13h et de 14h à 18h. De préférence sur rendez-vous au 03 85 32 90 48.

DOMAINE DE LA BONGRAN - JEAN ET GAUTIER THÉVENET

Gautier le fils et Jean, le père, sont les dignes représentants de ce fabuleux secteur de Quintaine, entre Viré et Clessé. Ils gèrent un ensemble de trois domaines, la Bongran, dans la famille depuis le XVe siècle et couvrant 15 hectares, Roally avec 4 hectares à Viré et Émilian Gillet, 10 hectares sur Quintaine. Tous les domaines sont certifiés bio depuis 2008, les vins sont vinifiés et élevés longuement en cuve, sans aucun passage en fût pour rechercher l'âme des vins, qui sont toujours savoureux et d'une profonde originalité. Il faudra attendre quelques années pour s'offrir la cuvée levroutée 2017, issue d'un pourcentage de raisins atteints d'une légère surmaturité.

- **Viré-Clessé Domaine de la Bongran - Quintaine - cuvée E.J. Thévenet 2014** | Sec | 2020>29 | 22 € — 17,5
- **Viré-Clessé Domaine Émilian Gillet - Quintaine 2016** | Sec | 2020>24 | 16 € — 17

Quintaine, 199 rue des Gillet - Cedex 654, 71260 Clessé • Tél. 03 85 36 94 03 • contact@bongran.com • www.bongran.com • Visite : Du lundi au vendredi de 9h30 à 12h et de 13h30 à 18h30 de préférence sur rendez-vous. Le samedi sur rendez-vous.

DOMAINE ANDRÉ BONHOMME

André Bonhomme a passé la main à son gendre Éric Palthey et sa fille Jacqueline, tous deux rejoints par leurs fils Aurélien et Johan. Certifié en bio depuis

2011, ce domaine de 14 hectares est l'un des rares du secteur à vendanger à la main. Certifié également HVE (Haute Valeur Environnementale), c'est un domaine quasi-autonome, ayant le souci d'un impact minimal sur l'environnement. Le style des vins est toujours reconnaissable par l'ampleur de leur fruit mûr et leur caractère aromatique développé.

- **Viré-Clessé Hors-Classe - Les Brénillons 2017** | Sec | 2020>23 | 13,50 € 15
- **Viré-Clessé Le Coteau de l'Épinet 2016** | Sec | 2020>24 | 19,50 € 15
- **Viré-Clessé Les Prêtres de Quintaine 2016** | Sec | 2020>23 | 19 € 15
- **Viré-Clessé Vieilles Vignes 2017** | Sec | 2020>25 | 16,30 € 16

12 rue Jean Large, 71260 Viré • Tél. 03 85 27 93 93 • contact@vireclessebonhomme.fr • www.vireclessebonhomme.fr • Visite : Tous les jours de 8h00 à 12h et de 13h30 à 18h00 sur rendez-vous de préférence.

DOMAINE DENIS BOUCHACOURT

★★☆☆☆

Après trois décennies comme courtier, Denis Bouchacourt dirige désormais cette petite exploitation de 5,5 hectares. Il dispose de climats intéressants sur le secteur de Solutré, qu'il met en valeur sans interventionnisme. La gamme est courte mais complète, avec des vins qui peuvent surprendre par leur style, leur densité et leur minéralité. Il faut impérativement les attendre ou les carafer pour savoir en profiter pleinement.

- **Mâcon-Solutré-Pouilly Cardonus Rex 2017** | Sec | 2022>27 | 9,35 € 14
- **Pouilly-Fuissé Ammonite 2015** | Sec | 2020>23 | 34 € 16
- **Pouilly-Fuissé En Servy 2017** | Sec | 2021>24 | 21 € 15

Les Gerbeaux, 71960 Solutré-Pouilly • Tél. 03 85 35 81 88 ou 06 12 60 07 79 • denbouc@free.fr • Visite : Tous les jours sur rendez-vous.

DOMAINE MARCEL BRUBACH

★☆☆☆☆

Voici un vigneron nouvellement installé qui nous vient d'Alsace, après un bref parcours dans la restauration. Marcel Brubach débute avec un hectare de fermage en 2015 et s'agrandit de 4,3 hectares en 2018, sur le hameau de Solutré. Les vins nous sont soumis pour la première fois avec le millésime 2017, ils ont du caractère et du style. Un domaine à suivre assurément.

- **Mâcon-Solutré-Pouilly Les Condemines 2017** | Sec | 2020>24 | 8,50 € 15,5
- **Pouilly-Fuissé Vieilles Vignes 2017** | Sec | 2020>24 | 15 € 15,5

Rue de la Chapelle, 71960 Solutré-Pouilly • Tél. 06 32 83 19 02 • marcel.brubach@orange.com • www.domainemarcelbrubach.com • Visite : sur rendez-vous.

DOMAINE CARRETTE

★★☆☆☆

C'est au pied de la roche de Vergisson que vous trouverez ce domaine géré consciencieusement par Nathalie et Hervé Carette. Les vignes s'étendent sur Vergisson, mais aussi Solutré, Davayé et même jusqu'à Chasselas et Berzé-la-Ville, avec de belles expositions et une nouvelle acquisition de 2 hectares à Milly-Lamartine. Les élevages se font entièrement en foudres de chêne, pour certains centenaires. Le style s'affirme et le potentiel est là.

- **Pouilly-Fuissé Les Crays 2017** | Sec | 2020>24 | 16 € 14,5
- **Pouilly-Fuissé Prés des Gours 2016** | Sec | 2020>23 | 25 € 16
- **Pouilly-Fuissé Ronchevat 2017** | Sec | 2020>23 | 14,90 € 15
- **Saint-Véran Les Mûres 2017** | Sec | 2020>23 | 1,50 € 14,5

39, route des Crays, 71960 Vergisson • Tél. 06 71 58 90 50 ou 06 62 18 61 92 • contact@domaine-carrette.fr • www.domaine-carrette.fr • Visite : Sur rendez-vous du lundi au samedi.

DOMAINE FRANTZ CHAGNOLEAU

★★☆☆☆ ♣

Ce jeune domaine est né en 2009 d'une passion commune entre Franz, œnologue, qui a fait ses armes chez Olivier Merlin, et Caroline Gon, vinificatrice du domaine des Héritiers du Comte Lafon. Ils cultivent leurs 7 hectares avec soin, en mode biologique certifié, et complètent la gamme avec des achats de raisins. Frantz pratique une viticulture de précision, avec une exigence qui lui vaut une solide reconnaissance locale, puisqu'il est membre depuis 2013 de l'association des Artisans Vignerons. Les vins sont vinifiés dans une optique de garde avec des élevages ambitieux, il est donc important de leur laisser deux à trois années de bouteille pour qu'ils s'expriment pleinement.

- **Mâcon-Villages Clos Saint-Pancras 2017** | Sec | 2021>24 | 11,80 € 14,5
- **Pouilly-Fuissé Madrigal 2017** | Sec | 2020>26 | 25,20 € 16,5
- **Pouilly-Fuissé Pastoral 2017** | Sec | 2020>23 | 21,80 € 15
- **Saint-Véran À La Côte 2017** | Sec | 2020>23 | 20,20 € 14,5
- **Saint-Véran Prélude 2017** | Sec | 2020>23 | 16,80 € 16,5
- **Viré-Clessé Les Raspillères 2017** | Sec | 2019>22 | 16,50 € 15,5

18 Chemin des Prés - Le Carruge, 71960 Pierreclos • Tél. 06 80 65 13 19 • domaine.chagnoleau@orange.fr • www.domainefrantzchagnoleau.fr • Visite : uniquement sur rendez-vous par mail.

CHÂTEAU DU CLOS

Remarquablement situé au cœur du vignoble de Pouilly, le château du Clos est une propriété de 3 hectares d'un seul tenant, dans la même famille depuis 1782. Jean-François Combier, l'actuel propriétaire, en a confié l'exploitation depuis le millésime 2012 à Frédéric-Marc Burrier, son expérimenté voisin du château de Beauregard. Les vins ont un profil idéal pour la gastronomie et pourquoi pas pour quelques années de bouteille.

- **Pouilly-Fuissé Château du Clos 2017** | Sec | 2020>25 | 26 € 16,5
- **Pouilly-Fuissé cuvée Léonard Chandon 2016** | Sec | 2020>24 | 31,90 € 17,5

Maison Joseph Burrier, Château de Beauregard, 71960 Fuissé • Tél. 03 85 35 60 76 • joseph.burrier@wanadoo.fr • www.joseph-burrier.com • Visite : du mardi au samedi de préférence sur rendez-vous au 03 85 32 90 48.

COLLIN-BOURISSET

La maison Collin-Bourisset, fondée en 1821 et basée à la Chapelle de Guinchay, est également propriétaire en Beaujolais. Elle commercialise plusieurs domaines et notamment le château de la Vernalle à Solutré. Les vins présentés sur le millésime 2017 avant mise en bouteille s'annoncent très bien. Il faudra les suivre de près.

- **Mâcon-Loché Château de Loché 2017** | Sec | 2020>25 | 8,50 € 14,5
- **Mâcon-Villages Domaine des Deux Chemins 2017** | Sec | 2020>26 | 8,50 € 16,5
- **Mâcon-Vinzelles Château de Loché 2017** | Sec | 2020>26 | 8,50 € 16

pontanevaux, 71570 La Chapelle de Guinchay • Tél. 03 85 36 81 27 • contact@collinbourisset.com • www.collinbourisset.com • Visite : du lundi au vendredi de 9h à 12h et de 13h30 à 17h.

DOMAINE CORDIER

Boulimique de travail et de terroirs, Christophe Cordier a agrandi son entreprise de 12 à 35 hectares en 15 ans, avec 120 parcelles réparties sur 8 villages. Il a investi dans des installations techniques d'un niveau rare dans la région, à la pointe des progrès œnologiques. Les vendanges sont manuelles, les sols travaillés, avec des essais en biodynamie, les vins élevés environ 18 mois en foudre ou cuve bois, sur lies et peu filtrés. 90 % de la production est exporté. Le rapport entre la taille de l'exploitation et la qualité des vins est remarquable, les terroirs sont bien identifiés, ils ont du caractère et font référence dans la région.

- **Mâcon-Fuissé 2017** | Sec | 2020>25 | 15 € 16,5
- **Mâcon-Milly-Lamartine Clos du Four 2017** | Sec | 2020>25 | 18 € 16
- **Pouilly-Fuissé En Carmentran 2017** | Sec | 2020>24 | 25 € 18
- **Pouilly-Fuissé Vers Cras 2017** | Sec | 2021>25 | 30 € 17,5
- **Saint-Véran Clos à la Côte 2017** | Sec | 2020>25 | 19 € 17
- **Saint-Véran En Faux 2017** | Sec | 2020>24 | 18 € 16,5

Les Molards, 71960 Fuissé • Tél. 03 85 35 62 89 et 06 11 15 99 45 • domaine.cordier@wanadoo.fr • www.domainecordier.com • Visite : sur rendez-vous.

DOMAINE DOMINIQUE CORNIN

Ce domaine conduit en biodynamie, certifié bio depuis 2003, est mené par Dominique Cornin et son fils Romain. Le vignoble de 12,5 hectares est réparti sur Chaintré, Chânes, Fuissé et en Beaujolais blanc. Les Cornin ont aussi le privilège d'être vignerons des Hospices de Beaune pour 1,5 hectare. Romain a fait ses classes aux États-Unis, en Nouvelle-Zélande et chez Verget et pratique des élevages longs de 20 mois sur lies, sans collage ni filtration. Les vins sont d'une belle précision et ont cette énergie si particulière issue de la biodynamie ; ce travail mérite d'être largement reconnu et récompensé.

- **Mâcon-Chaintré 2017** | Sec | 2019>22 | 14,30 € 15,5

- **Pouilly-Fuissé 2017** | Sec | 2021>23 | 21,40 € — 15,5
- **Pouilly-Fuissé Les Chevrières 2016** | Sec | 2020>23 | 26,30 € — 17
- **Pouilly-Fuissé Les Plessys 2016** | Sec | 2020>24 | 25,20 € — 15,5
- **Saint-Véran Les Serreuxdières 2017** | Sec | 2020>23 | 18,40 € — 15,5

339, Savy le Haut, 71570 Chaintré • Tél. 03 85 37 43 58 • romain@cornin.net ou dominique@cornin.net • www.cornin.net • Visite : sur rendez-vous.

DOMAINE MARCEL COUTURIER

★★☆☆☆

C'est la seconde année que Marcel Couturier soumet ses vins à la dégustation et c'est encore une fois une belle surprise à chaque bouteille et au-delà du vin, une étiquette artistique et identitaire. Installé sur le tard à 48 ans, d'abord coopérateur, il cultive aujourd'hui 10 hectares. Les vins ont un profil authentique, charmeur et ensoleillé, à l'image du Mâconnais.

- **Mâcon-Vinzelles Aux Cordier 2017** | Sec | 2020>24 | 10 € — 16
- **Pouilly-Fuissé Clos Reyssié 2017** | Sec | 2020>23 | 21 € — 16
- **Pouilly-Fuissé Les Scelles 2017** | Sec | 2020>23 | 19 € — 16,5
- **Pouilly-Loché Le Bourg 2017** | Sec | 2020>23 | 19 € — 16
- **Pouilly-Loché Vieilles Vignes 2017** | Sec | 2020>23 | 20 € — 16
- **Saint-Véran La Cour des Bois 2017** | Sec | 2020>22 | 14 € — 16

730, route de Fuissé, 71960 Fuissé • Tél. 06 23 97 23 21 • domainemarcelcouturier@orange.fr • Visite : Sur rendez-vous uniquement.

DOMAINE DES CRÊTS

★☆☆☆☆

Le domaine des Crêts, dont l'exploitation est située à Ozenay, est né en 2014 de la rencontre de François Lequin, vigneron réputé de la côte de Beaune installé à Santenay (domaine Lequin-Colin) et Matthieu Ponson, entrepreneur passionné de vins et originaire de Cornas. Tous deux cultivent 4 hectares de vignes en appellation Mâcon-Chardonnay, en conversion bio, produisant deux cuvées, plutôt précises et de bonne facture.

- **Mâcon-Chardonnay En Bout 2016** | Sec | 2020>23 | 18 € — 15

Lieu dit, Les Crêts, 71700 Ozenay • Tél. 06 82 89 37 33 • info@domainedescrets.fr • www.domainedescrets.fr • Visite : Sur rendez-vous du lundi au vendredi.

DOMAINE DE LA CROIX SÉNAILLET

★★★☆☆ ♣

Les frères Martin, Richard et Stéphane, conduisent en bio les 27 hectares de ce domaine situé à Davayé, où ils font référence en appellation Saint-Véran. Selon les cuvées, les vins sont élevés soit en cuve soit en proportion de foudre ou de fûts. La fratrie a accompli d'indéniables et très réguliers progrès et leurs saint-véran sont toujours issus de fruits mûrs, dans un style frais et charmeur, sans artifice de vinification ni d'élevage.

- **Saint-Véran 2017** | Sec | 2020>23 | 13,05 € — 16,5
- **Saint-Véran En Pommards 2017** | Sec | 2020>24 | 15,90 € — 15
- **Saint-Véran Les Rochats 2017** | Sec | 2020>22 | 15,90 € — 15,5

471, rue des Personnets en Colland, 71960 Davayé • Tél. 03 85 35 82 83 • contact@signaturesmartin.com • www.domainecroixsenaillet.com • Visite : du lundi au vendredi de 8h à 12h et de 13H30 à 17h30.

DOMAINE DE LA DENANTE

★☆☆☆☆

Damien Martin a repris le domaine de son père, créé à partir de deux hectares en 1975, pour en cultiver maintenant une vingtaine, sur les appellations Saint-Véran, Mâcon et Pouilly-Fuissé. Une partie de la production est vendue au négoce et en ce qui concerne la partie disponible en bouteille, la gamme est très honorable, dans un style droit et précis.

- **Pouilly-Fuissé 2017** | Sec | 2020>24 | 15 € — 16

Les Gravières, 71960 Davayé • Tél. 03 85 35 82 88 • martin.denante@wanadoo.fr • Visite : du lundi au vendredi de 8h à 17h30, le week-end sur rendez-vous.

DOMAINE DES DEUX ROCHES

★★☆☆☆

Ce domaine est né en 1986 de l'association de Jean-Luc Terrier et Christian Collovray, deux amis d'enfance qui ont épousé deux sœurs héritières d'un patrimoine de vignes dans le Mâconnais. Aujourd'hui, le domaine s'étend sur 45 hectares dont 20 en Saint-Véran et 7 à Chardonnay, et n'emploie que des composts naturels sans aucun désherbant.

C'est un domaine dynamique et incontournable qui fait référence en appellation Saint-Véran, avec des vins toujours expressifs et très abordables.

- **Pouilly-Fuissé Les Crays 2017** | Sec | 2020>24 | 23 € — 16
- **Saint-Véran Les Cras 2017** | Sec | 2020>23 | 23 € — 15,5

181 route Macon - D 54, 71960 Davayé • Tél. 03 85 35 86 51 • info@collovrayterrier.com • www.collovrayterrier.com • Visite : ouvert du lundi au vendredi de 8h30 à 12h et de 13h30 à 17h30, fermé le week-end.

DOMAINE LOUIS DORRY

★★☆☆☆

Depuis dix ans, Louis-Paul Dorry, épaulé de son épouse Madeline, est à la tête d'un micro-domaine, seulement deux hectares de vignes sur Bussières et Milly-Lamartine, face aux célèbres roches de Solutré et Vergisson. Formé chez Olivier Merlin et Régis Parigot à Meloisey, il excelle à pratiquer de longues fermentations, issues de levures naturelles, suivies d'élevages qui peuvent s'étirer sur plus de vingt mois. Voici une adresse dont l'évolution est à suivre de près, avec un blanc tout en précision et en élégance.

- **Mâcon-Milly-Lamartine 2017** | Sec | 2019>22 | 17 € — 16,5

15 rue des Biefs Sandrin, 71960 Bussières • Tél. 06 11 65 11 56 • louis@louisdorry.com • Visite : sur rendez-vous.

DOMAINE DE L'ECHELETTE

★☆☆☆☆

C'est dans la partie nord du Mâconnais, dans ce magnifique paysage varié de la Chapelle-sous-Brancion, que Guillaume Champliaud cultive ce domaine de 14 hectares, créé il y 40 ans par ses parents, dix hectares en chardonnay et quatre en pinot noir et aligoté. Le domaine est certifié Terra Vitis depuis 2019, preuve d'un engagement vers une viticulture durable. Les vins sont élevés intégralement en cuve inox, à l'exception de la cuvée les-vignes-de-michel, passée en fût. Une partie de la production est vendue à une belle maison de négoce beaunoise et le reste en bouteille au domaine. Les vins sont structurés, avec des palettes aromatiques riches et variées.

- **Mâcon-Cruzille 2017** | Sec | 2020>23 | 6,50 € — 15
- **Mâcon-Cruzille La Belouse 2017** | Sec | 2020>23 | 7,50 € — 14,5
- **Mâcon-Cruzille Les Vignes de Michel 2017** | Sec | 2020>23 | 7,80 € — 15

L'Echelette, 71700 La Chapelle-sous-Brancion • Tél. 06 35 34 73 91 • domaine.echelette@orange.fr • www.domainedelechelette.com • Visite : de 9h à 19h du lundi au samedi, de 9h à 13h le dimanche.

DOMAINE J.A. FERRET

★★★★☆

Ce domaine de 18 hectares, lové au cœur du village de Fuissé, a été racheté en 2008 par la maison Jadot, qui a eu la brillante idée d'en perpétuer la tradition et l'histoire en plaçant à sa tête une femme. Dans la lignée de Jeanne et Colette Ferret, qui ont marqué l'appellation, c'est l'émouvante et sensible Audrey Braccini, habitée par sa mission de fidélité aux climats, qui a fait évoluer le domaine vers une viticulture s'approchant du bio. Elle pérennise par ailleurs, en toute liberté, l'esprit Ferret, très cohérent avec le style Jadot, avec un travail sur la vivacité des vins par des malolactiques partielles et des élevages conduits avec habileté. Une merveilleuse adresse, où maîtrise et excellence sont les atouts majeurs.

- **Mâcon-Fuissé 2017** | Sec | 2021>24 | 15,20 € — 15
- **Pouilly-Fuissé 2017** | Sec | 2020>23 | 25,40 € — 18
- **Pouilly-Fuissé Autour de La Roche 2017** | Sec | 2021>26 | 25,40 € — 17
- **Pouilly-Fuissé Hors Classe - Tournant de Pouilly 2017** | Sec | 2020>24 | 43,20 € — 17,5
- **Pouilly-Fuissé Le Clos des Prouges 2017** | Sec | 2020>23 | 33,30 € — 17,5
- **Saint-Véran 2017** | Sec | 2020>23 | 18,40 € — 16

61 rue du Plan, 71960 Fuissé • Tél. 03 85 35 61 56 • abraccini@domaine-ferret.com • www.domaine-ferret.com • Visite : du lundi au vendredi sur rendez-vous.

DOMAINE ÉRIC FOREST

★★☆☆☆

Éric Forest s'inscrit parmi les belles signatures de la Bourgogne. Son domaine de 5,5 hectares, typique de Vergisson, est conduit selon les principes de la biodynamie et produit des chardonnays de haute personnalité, à la fois denses et bien mûrs, élevés longuement en cave et au superbe potentiel de garde. En vingt ans, Éric Forest s'est fait un nom et séduit les amateurs de vins pleins et précis, toujours concentrés et de belle chair. Un vrai style et une identité affirmée qui font de ce domaine une adresse sûre de la région.

- **Pouilly-Fuissé 24 Carats 2017** | Sec | 2020>24 | 42 € 15,5
- **Pouilly-Fuissé L'Âme Forest 2017** | Sec | 2021>24 | 21 € 15,5
- **Pouilly-Fuissé La Roche 2017** | Sec | 2019>26 | 28 € 14,5
- **Pouilly-Fuissé Les Crays 2017** | Sec | 2020>23 | 29 € 15

56, rue du Martelet, 71960 Vergisson • Tél. 06 22 41 42 55 • contact@ericforest.fr • www.ericforest.fr • Visite : Sur rendez-vous.

CHÂTEAU DE FUISSÉ

★★☆☆☆

Antoine et Bénédicte Vincent, frère et sœur, dirigent cette propriété historique de 40 hectares, répartis sur les appellations Pouilly-Fuissé, Saint-Véran, Mâcon et Juliénas. Les sols sont travaillés, la viticulture est raisonnée et l'élevage des vins se fait avec les fûts d'un seul tonnelier pour maintenir une constante, dans une optique rigoriste. On trouve des cuvées commercialisées sous une gamme château et une gamme négoce.

- **Pouilly-Fuissé Les Brûlés 2017** | Sec | 2021>24 | 39,50 € 17
- **Pouilly-Fuissé Les Combettes 2017** | Sec | 2020>24 | 36 € 15
- **Pouilly-Fuissé Tête de Cuvée 2017** | Sec | 2020>24 | 24,50 € 15,5
- **Saint-Véran 2017** | Sec | 2020>22 | 16 € 14,5

419, rue du Plan, 71960 Fuissé • Tél. 03 85 35 61 44 • domaine@chateau-fuisse.fr • www.chateau-fuisse.fr • Visite : Du lundi au vendredi de 9h à 12h et de 13h30 à 17h30, de préférence sur rendez-vous. Le week-end sur rendez-vous.

DOMAINE DES GANDINES

★☆☆☆☆ ♣

Trois têtes pour un seul domaine ! Robert Denanchet et ses fils Florent et Benjamin exploitent ce domaine créé en 1925, à Clessé. Certifié bio depuis 2008 avec une évolution sur des pratiques de biodynamie, le vignoble est conduit avec attention et les vendanges sont manuelles. Les cuvées sont élevées en foudre, cuve ou fût, pour des vins gourmands et de bonne facture, reflets de ce secteur du Mâconnais si particulier. Une belle découverte.

- **Viré-Clessé Les Gandines 2017** | Sec | 2021>27 | 18 € 16
- **Viré-Clessé Terroir de Clessé 2017** | Sec | 2020>22 | 14 € 16

Route de la Vigne Blanche, 71260 Clessé • Tél. 03 85 36 95 16 • info@gandines.com • www.gandines.com • Visite : sur rendez-vous.

DOMAINE YVES GIROUX & FILS

★★☆☆☆

Sébastien Giroux s'est installé en 2009 sur le domaine familial, à mi-chemin entre Loché et Fuissé, après quelques années dans le monde de la course automobile. Membre de l'association des Artisans Vignerons, il s'est rapidement attiré l'attention respectueuse de ses collègues. Les sept hectares de l'exploitation sont menés en bio sans certification, avec perfectionnisme et en toute modestie. Les vins progressent vers davantage de personnalité et d'expression de leur terroir.

- **Mâcon-Fuissé 2017** | Sec | 2020>23 | 15 € 16
- **Pouilly-Fuissé Les Raidillons 2016** | Sec | 2020>23 | 23 € 15
- **Pouilly-Fuissé Vieilles Vignes 2016** | Sec | 2020>23 | 22 € 15,5
- **Pouilly-Loché Au Bucher 2016** | Sec | 2021>23 | 21 € 15,5

Lotissement Les Molards, 71960 Fuissé • Tél. 09 79 00 64 33 • domainegiroux@wanadoo.fr • www.domainegiroux.com • Visite : Sur rendez-vous.

DOMAINE GONDARD-PERRIN

★★★☆☆

Pierre et Marylène Gondard sont sortis de la cave coopérative en 2008 pour prendre leur indépendance, rejoints par leur fils Frantz-Ludvig en 2015. Ils exploitent 15 hectares dont 13 en Viré-Clessé, réalisant neuf cuvées différentes et un crémant. Les raisins vinifiés et élevés en cuve sont vendangés à la machine, ceux élevés en fût le sont à la main. Les élevages sur lies sont longs, de 14 à 24 mois selon le mode et les parcelles pour donner des vins qui ont de la structure et de la richesse, mettant en valeur cette appellation intéressante, dans une progression constante. Les clients sont les bienvenus au domaine.

- **Viré-Clessé Aux Mares 2016** | Sec | 2020>24 | 13,50 € 16,5
- **Viré-Clessé Aux Quarts 2016** | Sec | 2021>23 | 13 € 16
- **Viré-Clessé Clos du Chapotin 2016** | Sec | 2020>25 | 14,90 € 17

- **Viré-Clessé Fontenay 2016** | Sec | 2020>23 | 13,50 € — 16,5

4 rue René Boudier, Les Cochets, 71260 Viré • Tél. 03 85 33 12 47 • mylene.gondard@gmail.com • Visite : du lundi au samedi de 9h à 19h. Le dimanche sur rendez-vous au 06 67 75 03 63.

DOMAINE GUERRIN ET FILS

★★★☆☆

Avec l'installation de Bastien au domaine en 2012, voici la quatrième génération de vignerons à l'œuvre sur cette exploitation très typique du Mâconnais, située à Vergisson. On y travaille de père en fils sur un parcellaire de 35 secteurs pour 15 hectares entièrement labourés. La cuverie a bénéficié d'investissements récents, les fermentations sont plus longues, sur levures indigènes, pour des élevages classiques de 12 mois, tantôt en cuves ou fûts, selon les cuvées. Les vins sont devenus de vrais représentants de l'appellation dans un subtil mélange de classicisme et d'énergie. Un domaine en progression constante qui mérite d'être connu.

- **Mâcon-Vergisson Les Roches 2017** | Sec | 2020>23 | 8,50 € — 16
- **Pouilly-Fuissé La Maréchaude 2017** | Sec | 2020>23 | 18,50 € — 15
- **Pouilly-Fuissé Les Crays 2017** | Sec | 2020>24 | 18,50 € — 16
- **Pouilly-Fuissé Sur la Roche 2017** | Sec | 2020>24 | 18,50 € — 17
- **Pouilly-Fuissé Vieilles Vignes 2017** | Sec | 2022>26 | 15,50 € — 16
- **Saint-Véran La Côte Dorée 2017** | Sec | 2020>22 | 12 € — 14,5

572, route de Bruyère, 71960 Vergisson • Tél. 03 85 35 80 25 • domaine@domaineguerrin.com • www.domaineguerrin.com • Visite : Sur rendez-vous.

DOMAINE GUFFENS-HEYNEN

★★★★★

Jean-Marie Guffens est certainement l'un des plus habiles vinificateurs de chardonnay au monde. Ce Belge iconoclaste a posé ses valises dans le Mâconnais en 1976, d'abord comme régisseur d'un petit domaine, puis comme propriétaire de quelques parcelles à Pierreclos dès 1979. En parallèle, il crée en 1990 une petite activité de négoce de très haute qualité, Verget, couvrant aussi bien la côte d'Or que le Chablisien. Puis achète en 1997 le château des Tourettes, 40 hectares face au Ventoux et dernièrement, huit hectares à Barsac, le château Closiot, jouxtant les Premiers Crus Climens et Coutet. Aujourd'hui, la roche calcaire de cette Bourgogne Sud hautement prisée permet l'éclosion de vins qui tranchent par leur droiture et leur énergie. « La précision n'est pas une forme d'art : c'est une nécessité » dit-il.

- **Mâcon-Pierreclos 1er Jus de Chavigne 2017** | Sec | 2020>23 | NC — 17,5
- **Mâcon-Pierreclos En Crazy 2017** | Sec | 2021>25 | NC — 17
- **Pouilly-Fuissé 1er Jus des Hauts des Vignes 2017** | Sec | 2020>24 | NC — 17,5
- **Pouilly-Fuissé C.C 2017** | Sec | 2021>24 | NC — 16,5
- **Pouilly-Fuissé Premiers Jus des Croux 2017** | Sec | 2020>23 | NC — 17,5
- **Saint-Véran 2017** | Sec | 2020>24 | NC — 17,5

71960 Vergisson • Tél. 03 85 51 66 00 • info.verget@orange.fr • www.verger-sa.fr • Visite : Sur rendez-vous uniquement.

DOMAINE GUILLOT-BROUX

★★★☆☆ 🍀

Ce domaine de Cruzille, créé en 1954, est le premier bio de Bourgogne. Il compte aujourd'hui 17 hectares, la moitié plantée en cépages rouges, à parité pinot noir et gamay sur des terroirs uniquement exposés à l'est. Les élevages patients se font intégralement sous bois, avec seulement 5 % de fût neuf et un travail étroit avec un seul tonnelier. Par ailleurs, les frères développent une gamme de négoce sous le nom de maison Guillot-Broux. Les vins ont de la franchise, de l'énergie et une belle expression de terroir.

- **Bourgogne Les Geniévrières 2017** | Sec | 2018>21 | 24,40 € — 16,5
- **Bourgogne Maison Guillot-Broux 2017** | Sec | 2018>22 | 16 € — 15
- **Mâcon 2017** | Sec | 2021>24 | 16 € — 15
- **Mâcon-Chardonnay Les Combettes 2017** | Sec | 2019>22 | 23,40 € — 15
- **Mâcon-Cruzille Beaumont 2017** | Sec | 2020>23 | 24,40 € — 16
- **Mâcon-Cruzille Les Geniévrières 2017** | Sec | 2021>23 | 23,40 € — 15
- **Mâcon-Cruzille Les Molières 2017** | Sec | 2020>24 | 23,80 € — 16

42 route de Martailly, 71260 Cruzille • Tél. 03 85 33 29 74 • domaine.guillotbroux@orange.fr • www.guillot-broux.com • Visite : Du lundi au vendredi de 9h à 12h et de 14h à 18h. Le week-end sur rendez-vous.

DOMAINE DES HÉRITIERS DU COMTE LAFON

Dominique Lafon, célèbre pour son domaine de Meursault et vinificateur de génie, pourrait profiter de cette notoriété pour ne plus rien avoir à prouver. Pourtant, la remise en question et la recherche permanente l'animent constamment, désireux de toujours hisser un peu plus haut ses vins du sud de la Bourgogne. Les 21 hectares sont conduits en bio et biodynamie sur des terroirs variés, sous la direction de Caroline Gon. Les vins sont travaillés sur la réduction, il est donc préférable de les attendre deux à trois années avant d'en profiter pleinement, dans toute leur complexité. Une adresse irréprochable et incontournable.

- **Mâcon-Bussières Le Monsard 2017** | Sec | 2020>23 | NC — 15
- **Mâcon-Chardonnay Clos de la Crochette 2017** | Sec | 2019>22 | NC — 15
- **Mâcon-Milly-Lamartine 2017** | Sec | 2020>25 | NC — 15,5
- **Mâcon-Milly-Lamartine Le Clos du Four 2017** | Sec | 2020>23 | NC — 16
- **Mâcon-Prissé 2017** | Sec | 2020>24 | NC — 15,5
- **Pouilly-Fuissé En Chatenay 2017** | Sec | 2021>24 | NC — 15,5
- **Saint-Véran 2017** | Sec | 2020>23 | NC — 16,5
- **Viré-Clessé 2017** | Sec | 2020>24 | NC — 16

4, rue lamartine, 71960 Milly-Lamartine • Tél. 03 80 21 22 17 • comtes.lafon@gmail.com • www.comtes-lafon.fr

DOMAINE MARC JAMBON ET FILS

Marc Jambon et son fils Pierre-Antoine ont créé en 1996 cette exploitation viticole de 12 hectares, sur les territoires de Pierreclos et Pouilly-Vinzelles, rejoints en 2017 par Michel Prudhon. Un effort environnemental est à noter dans la conduite de la vigne, pour la production des neuf cuvées du domaine. Particularité : une petite production de liquoreux du secteur de Pierreclos, classée en vin de France.

- **Mâcon-Pierreclos Le Carruge 2017** | Sec | 2021>23 | 14 € — 14,5
- **Mâcon-Pierreclos Terroir de la Roche 2017** | Sec | 2020>23 | 9,70 € — 15

38, impasse de la Roche, 71960 Pierreclos • Tél. 06 25 68 80 61 • contact@domainemarcjambon.fr • www.domainemarcjambon.fr • Visite : Du lundi au samedi de 8h à 12h et de 14h à 18h sur rendez-vous.

DOMAINE DE LA JOBELINE

Pierre Maillet et son épouse Caroline, secondés par leur régisseur Laurent Alexandre, font vivre ce domaine familial de Verzé, sorti de la cave coopérative en 2014. Les 11 hectares produisent du mâcon-verzé en blanc et rouge. Les progrès sont fulgurants, les vins ont du volume et de l'expression et sont d'un excellent rapport qualité-prix. À ne pas manquer !

- **Mâcon-Verzé 2017** | Sec | 2020>24 | 12,30 € — 16
- **Mâcon-Verzé Clos des Chanaux 2017** | Sec | 2019>23 | 16,50 € — 15,5
- **Mâcon-Verzé En Prévizy 2017** | Sec | 2019>22 | 17,30 € — 16,5
- **Mâcon-Verzé Vieilles Vignes 2017** | Sec | 2020>24 | 15,80 € — 15

887, route de la roche Vineuse, 71960 Verzé • Tél. 03 85 22 98 03 • contact@domainedelajobeline.com • www.domainedelajobeline.com • Visite : Du lundi au samedi de 8h à 12h et de 13h30 à 18h, de préférence sur rendez-vous.

DOMAINE LA SOUFRANDIÈRE - BRET BROTHERS

Les frères Bret, qui ne manquent jamais d'idées ni d'inventivité, sont devenus une référence en Mâconnais grâce à leur maîtrise aigüe de la biodynamie. La plupart des travaux de la vigne sont faits à la main, en dehors des labours et traitements (au tracteur ou cheval) et leurs vignes sont devenues le terrain de jeu des chercheurs de l'INRA. La Soufrandière est le domaine familial de 11 hectares, aujourd'hui certifié Demeter. Bret Brothers est l'activité de négoce, en achats de raisins, produisant 15 micro-cuvées (dont dix sont certifiées bio). Les vins sont toujours d'une énergie remarquable et nécessitent un peu d'ouverture pour livrer leur plein potentiel.

- **Mâcon-Chardonnay Les Crays 2017** | Sec | 2021>25 | 7 € — 15,5
- **Mâcon-Villages Terroirs du Mâconnais 2017** | Sec | 2020>25 | 12 € — 15,5
- **Mâcon-Vinzelles Le Clos de Grand-Père 2017** | Sec | 2020>24 | 20 € — 16,5
- **Pouilly-Fuissé Au Vignerais 2017** | Sec | 2020>26 | 32 € — 17
- **Pouilly-Fuissé En Chatenay 2017** | Sec | 2020>25 | 32 € — 16,5
- **Pouilly-Loché La Colonge 2017** | Sec | 2020>25 | 20 € — 16
- **Pouilly-Vinzelles Les Quarts La Soufrandière 2017** | Sec | 2023>27 | 35 € — 17
- **Pouilly-Vinzelles Les Quarts Millerandés 2017** | Sec | 2020>24 | 42 € — 17

- **Saint-Véran Combe des Roches - Soufrandière 2017** | Sec | 2020>26 | 21 € — 16,5
- **Saint-Véran La Bonnode - La Soufrandière 2017** | Sec | 2020>24 | 27 € — 17
- **Viré-Clessé La Verchère 2017** | Sec | 2020>24 | 19 € — 16

125, rue Aux Bourgeois, 71680 Vinzelles • Tél. 03 85 35 67 72 • contact@bretbrothers.com • www.bretbrothers.com • Visite : Sur rendez-vous uniquement du lundi au samedi.

DOMAINE LA SOUFRANDISE

Ancienne léproserie, cette propriété de Fuissé se transmet au fil des générations dans la famille de Nicolas Melin. Ingénieur forestier, Nicolas s'installe en 1986 et gère aujourd'hui sept hectares, ayant fait l'acquisition d'un hectare de Pouilly-Fuissé en 2017. Les vins sont des valeurs sûres du Mâconnais, toujours dans l'équilibre entre l'expression du terroir et un classicisme indémodable.

- **Mâcon-Fuissé Le Ronté 2017** | Sec | 2020>23 | 12 € — 14,5
- **Pouilly-Fuissé Clos Marie 2017** | Sec | 2020>22 | 16 € — 15
- **Pouilly-Fuissé Vieilles Vignes 2017** | Sec | 2021>24 | 20 € — 16

462 rouette du Clos, 71960 Fuissé • Tél. 03 85 35 64 04 • la-soufrandise@wanadoo.fr • www.soufrandise.com • Visite : du lundi au samedi sur rendez-vous ; fermé pendant les vendanges.

CHÂTEAU DE LAVERNETTE

Xavier de Boissieu et son épouse Kerrie, œnologue, représentent la treizième génération de viticulteurs à exploiter ce château, auparavant exploité par les moines de Tournus, logé à la frontière du Mâconnais et du Beaujolais. Une viticulture biodynamique certifiée depuis 2007 est pratiquée sur les 13 hectares du domaine, dont six en Beaujolais et sept en Mâconnais. Une philosophie de travail sur des élevages longs de 15 à 22 mois selon les cuvées donne des vins aux profils très différents les uns des autres, qu'il faudra sélectionner selon son propre goût.

- **Bourgogne 2017** | Sec | 2020>23 | 12,50 € — 14,5
- **Pouilly-Fuissé Jean-Jacques de Boissieu 2016** | Sec | 2020>24 | 20,50 € — 16,5
- **Pouilly-Fuissé Maison du Villard 2017** | Sec | 2020>23 | 18 € — 15,5

Château de Lavernette, 71570 Leynes • Tél. 03 85 35 63 21 • chateau@lavernette.com • www.lavernette.com • Visite : Sur rendez-vous.

DOMAINE NICOLAS MAILLET

Installé en 1999, Nicolas Maillet, ingénieur agronome et œnologue, fait référence dans le Mâconnais pour la conduite de son vignoble de 7,5 hectares certifiés bio avec des pratiques de la biodynamie. Le cœur de son domaine est à Verzé, avec des vignes âgées en moyenne de 50 ans, sur les quatre cépages bourguignons. Sans aucune levure exogène, les fermentations et les élevages se font uniquement en cuve, pour la plus pure expression du terroir. Les vins ont de la franchise et du caractère ; ils sont gourmands et pleins de saveurs, dotés d'une sérieuse capacité de vieillissement. En regardant ces vignes magnifiques, tous les vignerons de la vallée de Verzé devraient s'inspirer de ces pratiques agricoles. Une adresse modèle.

- **Bourgogne aligoté 2017** | Sec | 2020>25 | 14,50 € — 16
- **Mâcon-Igé 2017** | Sec | 2020>24 | 14,50 € — 16
- **Mâcon-Verzé 2017** | Sec | 2020>24 | 14,50 € — 16
- **Mâcon-Verzé 2017** | Sec | 2021>24 | 14 € — 17
- **Mâcon-Verzé Le Chemin Blanc 2017** | Sec | 2020>25 | 19,50 € — 17
- **Mâcon-Verzé Le Chemin Blanc 2013** | Sec | 2020>25 | NC — 16,5
- **Mâcon-Verzé Le Chemin Blanc 2012** | Sec | 2021>24 | NC — 16
- **Mâcon-Villages 2017** | Sec | 2020>25 | 12 € — 15,5

291, route d'Igé, 71960 Verzé • Tél. 03 85 33 46 76 et 06 79 49 38 74 • vinsnicolasmaillet@orange.fr • www.vins-nicolas-maillet.com • Visite : du lundi au samedi sur rendez vous.

CAVE DES VIGNERONS DE MANCEY

La cave des Vignerons de Mancey regroupe 80 coopérateurs qui exploitent 142 hectares, dont un tiers en Mâcon-Mancey rouge. Une nouvelle cuverie en 2016, un changement de tonnelier et les conseils d'un œnologue donnent de l'élan à cette petite structure qui a la particularité de commercialiser les cuvées de chacun de ses vignerons. Une partie des volumes est commercialisée à Mancey dans la boutique des Vignerons de Mancey et l'association Bourgogne de Vignes en Verre, qui regroupe également 35 vignerons indépendants, se charge de la vente aux professionnels. La marge de progression vers la qualité est importante.

- **Crémant de Bourgogne Blanc de Noirs Eff. NM** | Brut | 2021>24 | 9,95 € — 14,5
- **Crémant de Bourgogne Réserve Eff. 2017** | Brut | 2021>24 | 7,70 € — 16
- **Givry 2017** | Sec | 2020>22 | 13,30 € — 15
- **Mâcon-Mancey Les Cadoles 2017** | Sec | 2020>22 | 6,70 € — 15
- **Mâcon-Villages Sélection Anne Gros 2017** | Sec | 2020>23 | NC — 14

D906, Lieu Dit En Veloux, 71700 Tournus • Tél. 03 85 51 71 62 • contact@cave-mancey.com • www.lesvigneronsdemancey.fr • Visite : De mai à septembre, du lundi au samedi de 8h30 à 12h30 et de 13h30 à 19h. D'octobre à avril, du lundi au samedi de 9h à 12h30 et de 14h à 18h30. Les dimanches et jours fériés 9h30 à 12h30 et de 15h à 18h.

DOMAINE MATHIAS

★☆☆☆☆ ♣

À Chaintré, chez les Mathias, trois générations travaillent ensemble sur les 11 hectares, certifiés bio depuis 2010. La production est étendue sur Pouilly-Fuissé, Pouilly-Vinzelles et Mâcon-Chaintré. Les deux cuvées dégustées en 2017 sont issues de fruits mûrs avec des touchers délicats.

- **Pouilly-Fuissé En Cenan 2017** | Sec | 2020>23 | 18,90 € — 15,5
- **Pouilly-Vinzelles 2017** | Sec | 2020>23 | 13,80 € — 15

225 rue Saint-Vincent, 71570 Chaintré • Tél. 03 85 27 00 50 • contact@domaine-mathias.fr • www.domaine-mathias.fr • Visite : Tous les jours de 10h à 19h.

MERLIN

★★★☆☆

Installés en 1987, Olivier et Corinne Merlin ont été rejoints par leurs fils, Théo et Paul, tous deux s'étant forgés une expérience dans les vignobles étrangers. Ils apportent dans l'escarcelle du domaine 8 hectares supplémentaires et l'exploitation s'étend désormais sur 25 hectares dans le Mâconnais et en Moulin-à-Vent (comprenant le château des Quarts). Leurs installations modernes au cœur de la Roche Vineuse leur permettent d'innover et de toujours se remettre en question. De vrais changements se perçoivent dans les vins, qui s'expriment avec franchise et davantage d'élégance.

- **Bourgogne Les Cras 2017** | Sec | 2020>24 | 15,22 € — 15
- **Bourgogne pinot noir 2017** | Sec | 2020>25 | 12,90 € — 15,5
- **Mâcon-La Roche-Vineuse 2017** | Sec | 2019>23 | 11,30 € — 15,5
- **Mâcon-La Roche-Vineuse Les Cras 2017** | Sec | 2020>26 | 21,32 € — 17,5
- **Mâcon-La Roche-Vineuse Vieilles Vignes 2017** | Sec | 2020>25 | 15,07 € — 16
- **Moulin-à-Vent 2017** | Sec | 2022>25 | 14,80 € — 15,5
- **Pouilly-Fuissé 2017** | Sec | 2020>26 | 20,74 € — 16
- **Pouilly-Fuissé Les Chevrières 2017** | Sec | 2022>26 | 26,04 € — 17
- **Pouilly-Fuissé Sur la Roche 2017** | Sec | 2020>23 | 26,04 € — 17
- **Pouilly-Fuissé Vieilles Vignes 2017** | Sec | 2023>28 | 26,04 € — 16,5
- **Saint-Véran 2017** | Sec | 2021>26 | 15,07 € — 16
- **Saint-Véran Le Grand Bussière 2017** | Sec | 2021>25 | 21,32 € — 15,5

305 route de la Boisserolle, 71960 La-Roche-Vineuse • Tél. 03 85 36 62 09 • merlin.vins@wanadoo.fr • www.merlin-vins.com • Visite : sur rendez-vous.

CHÂTEAU DE MESSEY

★☆☆☆☆

Cela fait 30 ans que le château de Messey, à l'architecture préservée du XVIe siècle, est entré dans la famille de Dumont, une dizaine d'hectares autour de cette belle bâtisse bourguignonne, avec deux appellations : Mâcon-Cruzille Le Clos des Avoueries, un monopole de six hectares complètement isolé au milieu des bois de buis, et Mâcon-Chardonnay Les Crêts, une vigne de 4 hectares également sans voisin direct, située juste en face du château. À l'été 2018, Frédéric Servais (auparavant au domaine des Poncétys) a été recruté comme nouveau régisseur pour son savoir-faire en bio et biodynamie et a entamé la conversion dès son arrivée. La situation isolée des clos devrait permettre de produire des raisins respectueux de la biodiversité et des vinifications sans intrant. La marge de progression est réelle et possible, c'est donc un domaine à suivre.

- **Mâcon-Chardonnay Les Crêts 2017** | Sec | 2020>22 | 12,50 € — 14,5
- **Mâcon-Cruzille Clos des Avoueries - Calcaire 2017** | Sec | 2021>23 | 15 € — 14

Château de Messey, LDT Messey, 71700 Ozenay • Tél. 03 85 51 33 83 • chateau@demessey.com • www.chateaudemessey.com • Visite : du lundi au vendredi de 9h à 18h, le week-end sur rendez-vous. Visite de cave et de vignes sur rendez-vous.

DOMAINE PIERRE MEURGEY

Pierre Meurgey, issu d'une famille de courtiers et ancien directeur de la maison Champy à Beaune, a souhaité revenir à ses racines maternelles mâconnaises en créant sa maison de négoce. Il achète des raisins à des amis de la famille, qu'il vinifie, élève et met en bouteille dans le Mâconnais, au domaine des Deux Roches. Les raisins sont issus pour la plupart de vignes anciennes, de 50 à 85 ans selon les parcelles. La production s'élève entre 40 000 et 50 000 bouteilles et sous le nom de Pierre Meurgey sont produits des côtes-de-nuits-villages, le tout à des prix abordables pour la Bourgogne, ce qui devient rare.

- **Mâcon-Uchizy - Meurgey-Croses 2017** | Sec | 2020>24 | 9 € — 15
- **Pouilly-Fuissé Vieilles Vignes - Meurgey-Croses 2017** | Sec | 2020>23 | 16 € — 16
- **Saint-Véran 2017** | Sec | 2020>23 | 12 € — 15

25, boulevard Clémenceau, 21200 Beaune • Tél. 09 81 83 29 04 • contact@pierremeurgey.com • www.pierremeurgey.com • Visite : Sur rendez-vous

DOMAINE MICHEL

C'est en famille que ce domaine historique du village de Clessé est géré par Denis, Franck et Vincent, sur 21 hectares dont 17 en Viré-Clessé et 3,5 en Mâcon-Villages, avec un patrimoine de vignes de 60 ans et plus. La viticulture est encore conventionnelle mais les vins, issus d'élevages particulièrement longs et peu interventionnistes, avec un fort potentiel de vieillissement, font tout l'intérêt de cette exploitation familiale. Nous encourageons ce domaine à pratiquer une viticulture plus proche de la nature, qui donnerait davantage d'énergie et de vie dans les vins, qui offrent déjà de la personnalité et un bon potentiel de vieillissement.

- **Viré-Clessé La Barre 2016** | Sec | 2021>25 | 17 € — 16
- **Viré-Clessé Quintaine 2016** | Sec | 2020>23 | 15,50 € — 15,5
- **Viré-Clessé Tradition 2017** | Sec | 2020>23 | 14 € — 16,5
- **Viré-Clessé Tradition 2015** | Sec | 2020>24 | NC — 15

372 route de Cray, 71260 Clessé • Tél. 03 85 36 94 27 • domainemichelclesse@orange.fr • www.domainemichelclesse.fr • Visite : du lundi au samedi de 9h à 12h et de 14h à 18h.

DOMAINE DU MONT ÉPIN

Le domaine du Mont Épin est le second domaine des frères Richard et Stéphane Martin, de la Croix Sénaillet de Davayé, acquis en 2015. Il est composé de 13 hectares divisés en quatre terroirs et deux appellations, Mâcon-Péronne (sept hectares) et Viré-Clessé. Le domaine est en conversion bio pour demeurer dans la même philosophie qu'à Davayé et les vins se déclinent en deux cuvées sur Péronne et deux en Viré-Clessé, dont le style est plutôt charmeur, grâce à des vendanges mûres. Des vins parfaits en gastronomie.

- **Mâcon-Péronne 2017** | Sec | 2020>22 | 10,80 € — 14,5
- **Mâcon-Péronne L'Étoile 2017** | Sec | 2020>24 | 11,50 € — 15
- **Viré-Clessé 2017** | Sec | 2020>23 | 12,10 € — 14,5

471, rue des Personnets en Colland - En Coland, 71960 Davayé • Tél. 03 85 35 82 83 • contact@signaturesmartin.com • Visite : Du lundi au vendredi de 8h à 12h et de 13H30 à 17h30 et le week end sur rendez-vous.

DOMAINE GILLES MORAT - CHATAIGNERAIE LABORIER

Installés depuis 1997 sur six hectares et 19 parcelles, principalement en Pouilly-Fuissé et Saint-Véran, les époux Morat cultivent leur domaine dans une approche artisanale. Un grand souci du détail à la vigne, un travail du sol depuis dix ans, des traitements agréés bio depuis quelques années les ont convaincus de franchir le pas et de demander la certification. Le millésime 2017 donne des vins charmeurs et élégants avec un coup de cœur pour la cuvée bélemnites.

- **Pouilly-Fuissé Aux Vignes Dessus 2017** | Sec | 2020>23 | 23 € — 15
- **Pouilly-Fuissé Bélemnites 2017** | Sec | 2020>23 | 20 € — 17
- **Pouilly-Fuissé Sur La Roche 2017** | Sec | 2020>24 | 25 € — 15

- **Pouilly-Fuissé Terre de Menhir 2017** | Sec | 2020>24 | 19 € 15,5
- **Saint-Véran 2017** | Sec | 2020>24 | 15 € 15,5

Chataigneraie-Laborier 595, route des Bruyères, 71960 Vergisson • Tél. 03 85 35 85 51 • gil.morat@wanadoo.fr • www.gillesmorat-vins.com • Visite : Uniquement sur rendez-vous.

SYLVAINE ET ALAIN NORMAND

★★☆☆☆

Sylvaine et Alain Normand, tous deux diplômés en viti-œnologie, se sont installés avec 13 hectares comme coopérateurs en 1993. En 2010, l'entreprise a pris une autre dimension, passant à 35 hectares. Les vignes sont réparties sur Solutré, Chaintré, Saint-Véran et la Roche Vineuse, cultivées avec une attention particulière en vue de la certification HVE lutte raisonnée. La construction d'un nouveau chai et d'un lieu d'accueil d'œnotourisme permettra d'apprécier sur place le style des vins, sérieux et précis et en constante progression.

- **Mâcon-La Roche-Vineuse 2017** | Sec | 2019>22 | 8 € 15,5
- **Mâcon-La Roche-Vineuse 2016** | Sec | 2020>22 | 7,80 € 15,5
- **Mâcon-La Roche-Vineuse Vieilles Vignes 2016** | Sec | 2020>23 | 9 € 14,5
- **Pouilly-Fuissé Aux Vigneraies 2017** | Sec | 2021>24 | 20 € 17,5
- **Pouilly-Fuissé Les Crays 2017** | Sec | 2020>24 | 18,50 € 16,5
- **Saint-Véran 2017** | Sec | 2020>23 | 12 € 14,5

10 allée En Darèze, 71960 La Roche-Vineuse • Tél. 03 85 36 61 69 • vins@domaine-normand.com • www.domaine-normand.com • Visite : Du lundi au vendredi de 9h30 à 12h et de 13h30 à 18h30. Le samedi sur rendez-vous.

CHÂTEAU DES QUARTS

★★★☆☆

C'est un lieu d'exception qu'ont acquis Dominique Lafon et son associé et complice Olivier Merlin, des domaines éponymes, tous deux signatures fortes et incontournables de la région. Cet ensemble architectural de prestige, au cœur d'un clos magnifique, est situé au beau milieu des vignes ; 2,5 hectares bénéficiant d'une exposition plein est, sur un sol très pauvre, calcaire et caillouteux, qui donne une cuvée d'exception en Mâconnais, toujours impeccable de régularité. Il ne faut pas la manquer !

- **Pouilly-Fuissé Les Quarts Monopole 2017** | Sec | 2020>24 | 35,98 € 17,5

Aux quarts, 71570 Chaintré • Tél. 03 85 36 62 09 • chateaudesquarts@gmail.com

DOMAINE PASCAL RENAUD

★★☆☆☆

Issus d'une très ancienne famille de vignerons de Pouilly, Pascal et Mireille Renaud, rejoints en 2008 par leur fils, exploitent huit hectares en Pouilly-Fuissé, Mâcon-Solutré et Saint-Véran. Tout le domaine est enherbé un rang sur deux pour concurrencer la vigne et limiter l'érosion des sols, la viticulture est en mode raisonné. Les élevages se font en fût ou en foudre, offrant des vins qui ont de la personnalité, des aromatiques complexes et des évolutions en bouteille très intéressantes.

- **Mâcon-Charnay-lès-Mâcon 2017** | Sec | 2019>22 | 8 € 15
- **Pouilly-Fuissé Aux Bouthières 2015** | Sec | 2020>23 | 27,70 € 18,5
- **Pouilly-Fuissé Aux Chailloux 2017** | Sec | 2020>23 | 23,90 € 14,5
- **Pouilly-Fuissé Aux Insarts 2016** | Sec | 2020>23 | 23,90 € 17
- **Pouilly-Fuissé Vers Cras 2017** | Sec | 2020>23 | 23,90 € 15
- **Pouilly-Fuissé Vieilles Vignes 2017** | Sec | 2020>24 | 21,90 € 17

Impasse du tonnelier, 71960 Solutré-Pouilly • Tél. 03 85 35 84 62 • domainerenaudpascal@wanadoo.fr • www.domainepascalrenaud.com • Visite : de préférence sur rendez-vous au 06 33 34 73 18.

DOMAINE ÈVE ET MICHEL REY

★★☆☆☆

Ève et Michel Rey se sont installés en 1988 comme métayers à Vergisson puis ont fait l'acquisition de ce petit domaine de 3,5 hectares, mené en conversion biologique dans une précision horlogère. Ève bichonne ses vignes, vinifie et gère le domaine, Michel est aux travaux du sol et à l'élevage. Une adresse confidentielle menée en toute liberté par des vignerons authentiques et courageux.

- **Pouilly-Fuissé Aux Charmes 2017** | Sec | 2020>24 | 19 € 15
- **Pouilly-Fuissé En Buland 2017** | Sec | 2021>24 | 17 € 15,5
- **Pouilly-Fuissé En Caramentrant 2017** | Sec | 2020>24 | 16 € 15,5
- **Pouilly-Fuissé Sur la Roche 2017** | Sec | 2020>24 | 18 € 16,5

35, chemin du sabotier, 71960 Vergisson • Tél. 03 85 35 85 78 ou 06 81 75 16 41 • rey.bourgogne@wanadoo.fr • www.rey-bourgogne.com • Visite : Sur rendez-vous.

DOMAINE RIJCKAERT

Florent Rouve, également présent dans le Jura, a repris le domaine de Jean Rijckaert et emploie une énergie peu commune à la préservation du style de cette belle maison. Soit un travail revendiqué « à l'ancienne », un soin extrême à la qualité de la vendange et des élevages longs. Il produit ainsi une très belle gamme de vins, soignés et savoureux, issus des vignes de la propriété ou en achats de raisins avec toujours une attention qualitative élevée. Les vins sont commercialisés avec un décalage de millésime, il est donc préférable de les carafer. Une adresse sûre.

- **Mâcon-Lugny Crays Vers Vaux 2017** | Sec | 2020>23 | 20,40 € — 15,5
- **Saint-Véran Tiercelets 2017** | Sec | 2020>22 | 20,45 € — 16
- **Viré-Clessé Rendez-Vous de Septembre 2017** | Sec | 2020>22 | 15,50 € — 15,5

En Cuette, 71960 Davayé • Tél. 03 85 35 15 09 • info@rijckaert.fr • www.vinsrijckaert.com • Visite : Sur rendez-vous.

CLOS DES ROCS

Comment faire de grands vins dans une appellation méconnue ? Olivier Giroux s'y emploie avec une certaine idée de la perfection. Septième génération d'une famille de vignerons, il a acquis ce domaine en 2002, après une première expérience en vallée du Rhône. Ses 9,90 hectares, dont 3,5 en monopole Clos des Rocs, sur le territoire de Pouilly-Loché, sont travaillés en bio, avec de faibles rendements, des levures indigènes et selon le principe à chaque parcelle sa cuvée. Il en résulte des vins de caractère, à l'esprit moderne, impressionnants de précision et d'élégance. À découvrir absolument.

- **Mâcon-Fuissé En Vers Chânes 2017** | Sec | 2020>24 | 13 € — 15
- **Pouilly-Loché Clos des Rocs Monopole 2017** | Sec | 2021>25 | 22 € — 18,5
- **Pouilly-Loché En Chantone 2017** | Sec | 2021>24 | 20 € — 17
- **Pouilly-Loché Les Barres 2017** | Sec | 2021>25 | 16 € — 16,5
- **Pouilly-Loché Les Mûres 2017** | Sec | 2021>24 | 19 € — 17
- **Pouilly-Loché Les Quatre Saisons 2017** | Sec | 2021>26 | 13 € — 16

64, chemin de la Colonge, 71000 Loché • Tél. 03 85 32 97 53 • vin@closdesrocs.fr • www.closdesrocs.fr • Visite : Sur rendez-vous.

CHÂTEAU DES RONTETS

On peut aisément comprendre pourquoi les époux Montrasi ont vite abandonné leur métier d'architecte en Italie pour reprendre cette maison de famille et se reconvertir au métier de vigneron, tellement le lieu est magique. Ils ont patiemment remis cette propriété historique de près de sept hectares au plus haut niveau de Pouilly-Fuissé, tirant aujourd'hui le meilleur d'un terroir original situé en altitude. Un travail méticuleux des vignes en mode biologique et des élevages soignés et longs ont construit des cuvées à la régularité admirable et au profil inimitable. Ce domaine est le diamant brut du Mâconnais. Une découverte majeure pour tout amateur et une inspiration pour tous les vins de la région.

- **Bourgogne du Sud 2017** | Sec | 2020>25 | 16 € — 17
- **Pouilly-Fuissé Clos Varambon 2017** | Sec | 2023>27 | 23 € — 19,5
- **Pouilly-Fuissé Les Birbettes 2017** | Sec | 2023>28 | 39 € — 17
- **Pouilly-Fuissé Pierrefolle 2017** | Sec | 2020>24 | 30 € — 17,5

Les Rontés, 71960 Fuissé • Tél. 03 85 32 90 18 • base@chateaurontets.com • www.chateaurontets.com • Visite : Sur rendez-vous.

DOMAINE SAINT-DENIS - HUBERT LAFERRÈRE

C'est un domaine de cinq hectares, basé à Lugny et dirigé par Hubert Laferrère, exploité de façon artisanale et traditionnelle avec des vendanges manuelles, des vinifications sans exogènes. Le millésime 2017 a confirmé notre choix de mettre en valeur cette production, avec des vins séduisants et précis.

- **Mâcon-Chardonnay 2017** | Sec | 2019>22 | 13,70 € — 16
- **Mâcon-Lugny 2017** | Sec | 2021>24 | 14 € — 15
- **Mâcon-Lugny Calcaires de Mépilly 2017** | Sec | 2020>23 | 17 € — 15,5

230, rue du 19 Mars, 71260 Lugny • Tél. 06 71 60 25 67 • domaine.saintdenis@wanadoo.fr • Visite : sur rendez-vous uniquement.

DOMAINE RAPHAËL SALLET

L'arboriculture fruitière et la vigne coexistaient dans la famille Sallet et Raphaël a souhaité créer son propre domaine à 21 ans, en commençant avec 40 ares, jusqu'à ce que son père le rejoigne en sortant de la cave coopérative. À ce jour, 26 hectares sont cultivés entre Uchizy et Chardonnay en lutte raisonnée, pour des vins d'un rapport qualité-prix exceptionnel. Le millésime 2017 s'avère plus classique que l'idée que nous nous en faisions.

90 route de Chardonnay, 71700 Uchizy • Tél. 03 85 40 50 45 • mrsallet@orange.fr • www.raphaelsallet.fr • Visite : Sur rendez-vous en hiver. De mai à septembre du lundi au vendredi de 8h à 19h et le samedi de 8h à 17h30. Sur rendez-vous de préférence.

DOMAINE SANGOUARD-GUYOT

Catherine et Pierre-Emmanuel Sangouard-Guyot, tous deux issus de familles de viticulteurs, exploitent ce domaine basé sur la commune de Vergisson, avec 12 hectares répartis sur 32 parcelles, principalement en Pouilly-Fuissé. La conduite du domaine est en mode raisonné, avec des traitements minimalistes. Les vinifications et les élevages varient en fonction des appellations, tout comme les bâtonnages qui permettent d'apporter un peu plus de « gras » aux vins. Voici une gamme assez variée où le fruité très mûr côtoie des vins plus tendus.

- **Pouilly-Fuissé Authentique 2017** | Sec | 2020>24 | 14 € — 16
- **Saint-Véran Au Brûlé 2017** | Sec | 2020>23 | 12 € — 15,5

83, rue du reposterre, 71960 Vergisson • Tél. 03 85 35 89 45 • domaine@sangouard-guyot.fr • www.domaine-sangouard-guyot.com • Visite : Sur rendez-vous.

DOMAINE JACQUES ET NATHALIE SAUMAIZE

Ce beau domaine de Vergisson, développé avec passion par Jacques et Nathalie Saumaize depuis une trentaine d'années, confirme le tournant pris avec l'arrivée de leur fils Anthony. Le père peu doublement se réjouir : une harmonie et une continuité s'inscrivent avec la poursuite d'une viticulture proche du bio et des essais de biodynamie, avec un refus de la mécanisation. Le vignoble de 12,5 hectares répartis en Saint-Véran, Pouilly-Fuissé et Mâcon, est vinifié brillamment de façon parcellaire. Les vins ont gagné en énergie et en précision et nous nous réjouissons de cette voie prise.

- **Mâcon-Bussières Montbrison 2017** | Sec | 2020>23 | 13 € — 15,5
- **Pouilly-Fuissé Les Courtelongs 2017** | Sec | 2020>23 | 21 € — 14,5
- **Pouilly-Fuissé Sur La Roche 2017** | Sec | 2020>23 | 21 € — 16,5
- **Saint-Véran Les Cras 2017** | Sec | 2020>23 | 17 € — 16
- **Saint-Véran Poncetys 2017** | Sec | 2020>23 | 17,50 € — 15,5
- **Saint-Véran Vieilles Vignes des Crèches 2017** | Sec | 2020>23 | 16,50 € — 15,5

746, route des Bruyères, 71960 Vergisson • Tél. 03 85 35 82 14 • jacquessaumaize@orange.fr • www.saumaize.net • Visite : Sur rendez-vous. Pour les joindre Nathalie : 06.14.86.38.32 ou Anthony : 06.21.24.38.77.

SAUMAIZE-MICHELIN

Roger Saumaize, épaulé par son épouse Christine et désormais leur fils, s'impose comme l'un des fers de lance du Mâconnais. Habité par sa quête de la précision, de la pureté et de la vibration, ayant toujours pratiqué le labour depuis son installation à la fin des années 1970, il s'inspire de la biodynamie mais se défie des chapelles. Amoureux de ses vignes qu'il bichonne comme un jardinier, en observant la vie du sol, Roger Saumaize et son fils sculptent des cuvées pour « désosser le raisin et révéler le terroir », aboutissant à des vins dont l'énergie laissera loin derrière les prétendus naturels.

- **Mâcon-Vergisson La Roche 2017** | Sec | 2020>24 | 14,50 € — 15,5
- **Mâcon-Villages 2017** | Sec | 2020>23 | 11 € — 15
- **Pouilly-Fuissé Ampelopsis 2017** | Sec | 2020>23 | 29,50 € — 16
- **Pouilly-Fuissé Clos sur la Roche 2017** | Sec | 2020>25 | 24 € — 16,5
- **Pouilly-Fuissé la Maréchaude 2017** | Sec | 2020>23 | 24 € — 16,5
- **Pouilly-Fuissé La Vigne Blanche 2017** | Sec | 2020>23 | 17 € — 16
- **Pouilly-Fuissé Les Crays 2017** | Sec | 2023>25 | 24,50 € — 17
- **Pouilly-Fuissé Pentacrine 2017** | Sec | 2020>23 | 17 € — 15,5

Le Martelet - 51, impasse du Puit , 71960 Vergisson • Tél. 03 85 35 84 05 • saumaize-michelin@wanadoo.fr • www.saumaize-michelin.com • Visite : du lundi au samedi, sur rendez-vous uniquement.

DOMAINE JEAN-PIERRE SÈVE

★★☆☆☆

Logé sur les hauteurs de Solutré, ce petit domaine de 7,40 hectares, dont six en Pouilly-Fuissé, est conduit par Jean-Pierre Sève et son épouse Sylvie. Cette maison est une valeur sûre du secteur, nous avons eu un vrai coup de cœur pour le pouilly-fuissé aux-chailloux 2017, il mérite une promotion dans notre guide.

- **Pouilly-Fuissé Aux Chailloux 2017** | Sec | 2022>25 | 16 € — 17
- **Pouilly-Fuissé Terroir 2017** | Sec | 2020>23 | 13 € — 15,5

Rue Adrien Arcelin, 71960 Solutré-Pouilly • Tél. 03 85 35 80 19 • domaine@vins-seve.com • www.domainejeanpierreseve.com • Visite : Du lundi au samedi de 8h à 19h et le dimanche matin, de préférence sur rendez-vous.

VIGNERONS DES TERRES SECRÈTES

★☆☆☆☆

Les Vignerons des Terres Secrètes représentent trois caves coopératives (Prissé, Verzy et Sologny), avec 120 coopérateurs qui cultivent l'équivalent de 950 hectares, dont 650 de chardonnay. Depuis 2013 la cave est labellisée en Développement Durable.

- **Mâcon-Verzé Croix-Jarrier 2017** | Sec | 2020>23 | 9,20 € — 16,5

158, rue des Grandes Vignes, 71960 Prissé • Tél. 03 85 37 88 06 • contact@terres-secretes.fr • www.terres-secretes.com • Visite : 7/7j De 9h à 12h30 et de 13h30 à 19h. EN hiver jusqu'à 18h30. DImanche et jours fériés reprend à 14h.

DOMAINE THIBERT PÈRE ET FILS

★★★☆☆

Ce grand domaine de Fuissé atteint maintenant 30 hectares, composé d'une large palette de terroirs, avec un beau potentiel de futurs premiers crus. Sandrine et son frère Christophe gèrent la propriété et ce dernier veille méticuleusement sur les vins, avec une remise en question permanente. Son parti-pris de les proposer le plus possible avec un décalage de millésime est à saluer. Les vinifications parcellaires sont intelligemment menées dans de magnifiques installations modernes, parfaitement adaptées. L'objectif à court terme est de passer la totalité du domaine en bio. C'est sans conteste un domaine de référence dans le Mâconnais, où l'on trouvera des vins de garde et toujours dans un style très tendu et droit.

- **Mâcon-Verzé 2018** | Sec | 2019>23 | 17 € — 17
- **Pouilly-Fuissé Vignes Blanches 2016** | Sec | 2022>25 | 34 € — 15,5
- **Pouilly-Vinzelles Les Longeays 2016** | Sec | 2020>23 | 27 € — 15

20 Rue Adrien-Arcelin, 71960 Fuissé • Tél. 03 85 27 02 66 • info@domaine-thibert.com • www.domaine-thibert.com • Visite : Du lundi au vendredi de 8h30 à 12h30 et de 13h30 à 18h30. Le week-end sur rendez-vous.

DOMAINE CATHERINE & DIDIER TRIPOZ

★☆☆☆☆

Cette exploitation familiale de 13 hectares, située sur la partie méridionale du Mâconnais, plantée en chardonnay, pinot noir et gamay est gérée par Catherine et Didier Tripoz depuis 1989. La conduite de la vigne est raisonnée, certaines vignes enherbées et les sols labourés. La particularité du domaine est de produire et d'élaborer des crémants mis en bouteille à la propriété.

- **Bourgogne Vieilles Vignes 2017** | Sec | 2020>23 | 8,20 € — 14,5
- **Mâcon-Charnay-lès-Mâcon Prestige des Tournons 2017** | Sec | 2020>24 | 8 € — 14,5

450, chemin des Tournons, 71850 Charnay-Lès Mâcon • Tél. 03 85 34 14 52 • didier.tripoz@wanadoo.fr • www.vintripoz.com • Visite : du lundi au samedi sur rendez-vous au 06 79 92 07 79.

VERGET

★★★★☆

La maison de négoce Verget fait partie de la « trilogie » Guffens-Heynen, où Jean-Marie Guffens, épaulé par son fidèle second Julien Desplans, applique les recettes éprouvées sur son domaine d'élite depuis les années 1980, qui servent de référence mondiale en matière de chardonnay. Le fer de lance reste ici le Mâconnais mais les achats sur le Chablisien sont réguliers et, en fonction des millésimes, il y a de belles cuvées en provenance de la côte de Beaune. On notera enfin que c'est à cette adresse qu'on peut s'approvisionner en Guffens aux Tourettes et Verget du Sud, à des rapports prix-plaisir imbattables, commentés en vallée du Rhône dans ce guide. Une adresse exemplaire.

- **Mâcon-Bussières Vignes de Monbrison 2017** | Sec | 2019>22 | 15,70 € — 15,5
- **Mâcon-Vergisson La Roche 2017** | Sec | 2020>23 | NC — 16
- **Pouilly-Fuissé La Roche 2017** | Sec | 2022>25 | 29,50 € — 16
- **Pouilly-Fuissé Terroir de Pouilly Les Combes Vieilles Vignes 2017** | Sec | 2021>24 | 29,50 € — 16,5
- **Pouilly-Fuissé Terroir de Vergisson La Roche 2017** | Sec | 2020>23 | 25,60 € — 15,5
- **Pouilly-Fuissé Terroirs de F. 2017** | Sec | 2020>23 | 25,60 € — 15,5
- **Saint-Véran Les Vignes de Saint-Claude 2017** | Sec | 2020>22 | NC — 15
- **Viré-Clessé 2017** | Sec | 2020>23 | 16,80 € — 15

Le Bourg, 71960 Sologny • Tél. 03 85 51 66 00 • info.verget@orange.fr • www.verget-sa.fr • Visite : Sur rendez-vous uniquement.

DOMAINE VESSIGAUD

★★☆☆☆

« Viticulteur écologique », c'est comme cela que se définit Pierre Vessigaud, à la tête de ses 11 hectares à Solutré-Pouilly. Labours, utilisation de soufre et de cuivre pour éviter les résidus de pesticides dans ses vins, vendanges manuelles, vinifications en raisins entiers et élevages sous bois forgent des vins charmeurs et élégants.

- **Pouilly-Fuissé Vers Agnières 2016** | Sec | 2020>23 | 29 € — 15,5
- **Pouilly-Fuissé Vers Pouilly 2016** | Sec | 2020>24 | 30 € — 16
- **Pouilly-Fuissé Vieilles Vignes 2016** | Sec | 2020>24 | 24 € — 16

Hameau de Pouilly, 71960 Solutré • Tél. 03 85 35 81 18 ou 06 18 08 69 55 • contact@vins-pierrevessigaud.fr • www.pierrevessigaud.fr • Visite : Du lundi au vendredi de 8h30 à 12h et de 13h30 à 19h. Le week-end sur rendez-vous.

Mes commentaires

CHAMPAGNE

Tous les vins dégustés n'ont pu être cités dans ce guide.
Retrouvez plus de 120 000 vins notés et commentés sur
L'APPLI LE GRAND TASTING ET SUR **WWW.BETTANEDESSEAUVE.COM**

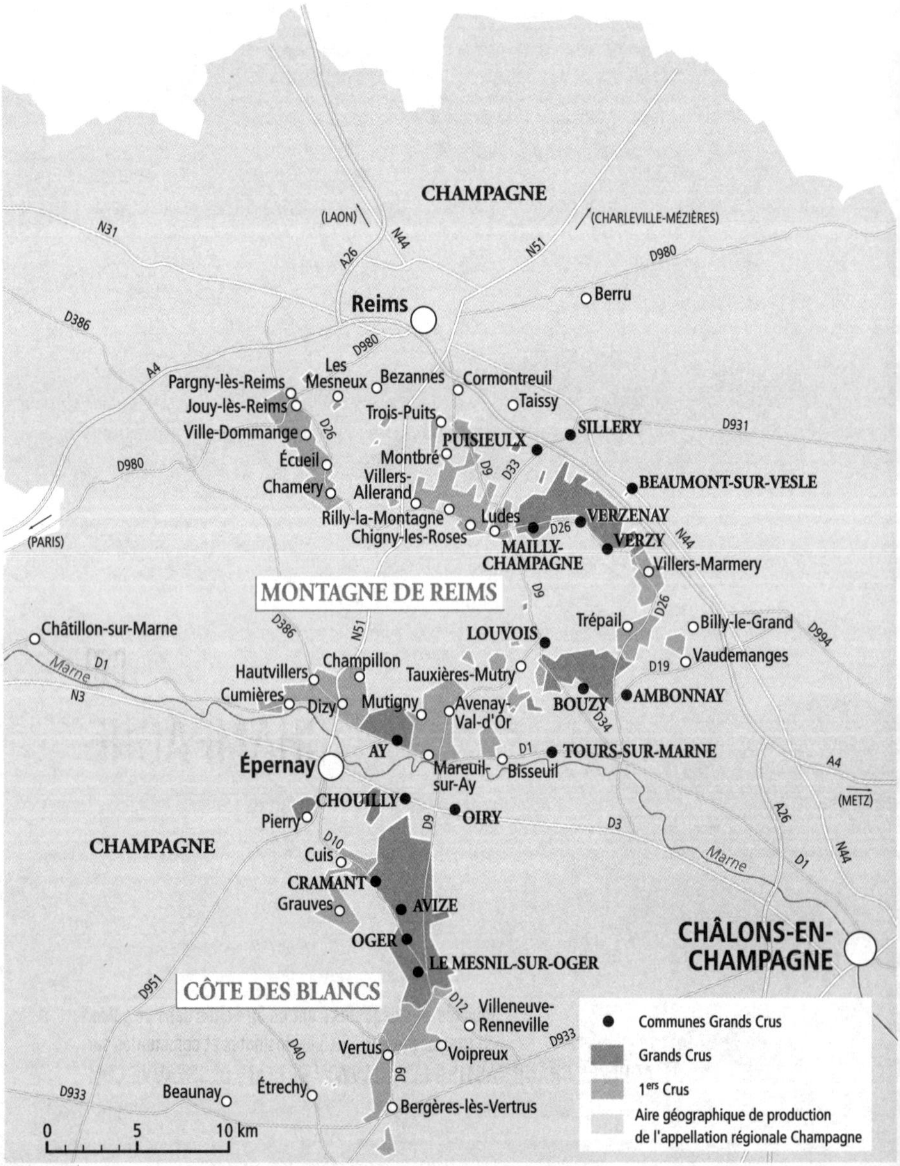
CHAMPAGNE
(LAON)
(CHARLEVILLE-MÉZIÈRES)
Reims
Berru
Les Mesneux
Bezannes
Cormontreuil
Pargny-lès-Reims
Jouy-lès-Reims
Taissy
Trois-Puits
SILLERY
Ville-Dommange
PUISIEULX
Écueil
Montbré
Villers-Allerand
BEAUMONT-SUR-VESLE
Chamery
Rilly-la-Montagne
Ludes
VERZENAY
Chigny-les-Roses
MAILLY-CHAMPAGNE
VERZY
Villers-Marmery
(PARIS)
MONTAGNE DE REIMS
Châtillon-sur-Marne
Trépail
Billy-le-Grand
LOUVOIS
Vaudemanges
Hautvillers
Champillon
Tauxières-Mutry
Cumières
Dizy
Mutigny
Avenay-Val-d'Or
BOUZY
AMBONNAY
AY
TOURS-SUR-MARNE
Épernay
Mareuil-sur-Ay
Bisseuil
CHOUILLY
OIRY
Pierry
CHAMPAGNE
Cuis
CRAMANT
Grauves
AVIZE
OGER
LE MESNIL-SUR-OGER
CHÂLONS-EN-CHAMPAGNE
CÔTE DES BLANCS
Villeneuve-Renneville
Vertus
Voipreux
Beaunay
Étrechy
Bergères-lès-Vertrus
(METZ)
Marne
0 5 10 km
Communes Grands Crus
Grands Crus
1ers Crus
Aire géographique de production de l'appellation régionale Champagne

(LAON)
(CHARLEVILLE-MÉZIÈRES)
Soissons
CHAMPAGNE
Brimont
Pévy
St-Thierry
N31
Fismes
CHAMPAGNE
Berru
Reims
Sillery
MONTAGNE DE REIMS
Rilly-la-Montagne
Verzenay
VALLÉE DE LA MARNE
Châtillon-sur-Marne
Ludes
Trépail
Verneuil
Dormans
Bouzy
Ambonnay
Sainte-Menehould
Château-Thierry
Dizy
Ay
Tours-sur-Marne
(METZ)
Épernay
Blesmes
Moussy
Oiry
Charly
Azy-sur-Marne
Le Breuil
Cramant
Avize
St-Memmie
Marne
Oger
Le Mesnil-sur-Oger
CHÂLONS-EN-CHAMPAGNE
(PARIS)
CÔTE DES BLANCS
Vertus
Montmirail
Beaunay
CHAMPAGNE
Villevenard
Vitry-la-Ville
St-Amand-sur-Fion
Fère-Champenoise
Sézanne
Vitry-le-François
CÔTE DE SÉZANNE
Barbonne-Fayel
Saint-Dizier
Villenauxe-la-Grande
Lac du Der-Chantecoq
Provins
Arcis-sur-Aube
Nogent-sur-Seine
Romilly-sur-Seine
Seine
Aube
CHAMPAGNE
(PARIS)
Lac d'Auzon-Temple
CÔTE DES BAR
CHAMPAGNE
Montgueux
TROYES
Lac d'Orient
Bar-sur-Aube
Sens
Bligny
Vitry-le-Croisé
Bar-sur-Seine
CHAMPAGNE
Fontette
Essoyes
Yonne
(CHAUMONT)
Les Riceys
Mussy-sur-Seine
ROSÉ DES RICEYS
Grands Crus
1ers Crus
Appellation communale
Appellation régionale Champagne
0 5 10 20 km

LE VIGNOBLE DE CHAMPAGNE

LE VIGNOBLE

› Voilà la Champagne. 33 000 hectares, plantés de pinot noir (38 %), pinot meunier (33 %) et chardonnay (29 %). L'aire d'appellation, délimitée en 1927, couvre cinq départements : la Marne (67 % du vignoble), l'Aube (22 %), l'Aisne, la Haute-Marne et la Seine-et-Marne. Le vignoble est réparti sur 319 communes que l'on appelle des crus formant cinq grandes zones : la Montagne de Reims, la Vallée de la Marne, la Côte des Blancs, le Sézannais et l'Aube.

› La production s'établit entre 300 et 350 millions de bouteilles chaque année qui forment le fer de lance des quatre milliards de bouteilles de vins effervescents produites dans le monde. La Champagne viticole compte deux autres appellations de vins tranquilles : Coteaux Champenois, pour les vins tranquilles de Champagne, et Rosé des Riceys pour les rosés produits sur le territoire de la commune des Riceys, dans l'Aube.

› La Champagne est l'un des vignobles les plus septentrionaux du monde. Le climat y est rude avec des hivers très froids, des automnes pluvieux, des printemps frais et des étés rarement très chauds. Ces conditions climatiques n'ont rien d'idéal, rendant difficile une bonne maturation des raisins. Pourtant, les Champenois se sont accommodés de cette nature ingrate, faisant même de l'acidité des raisins un atout.

› Le terroir de la Champagne est de nature calcaire, sur un sol très pauvre. Parce qu'il était difficile d'y planter du blé, ces terres ont été plantées en vignes.

Sans le travail de l'homme, seuls des vins blancs de petits degrés, très acides, auraient pu voir le jour, sans grand intérêt. Au lieu de cela ont été produits des effervescents d'une rare élégance, sublimés par le génie humain.

DEUX INVENTIONS ONT SCELLÉ LE DESTIN DES VINS DE CHAMPAGNE

› La conception de la « méthode champenoise » date du XVIIIe siècle, elle permet la maîtrise de la transformation d'un vin tranquille en un vin effervescent en provoquant une seconde fermentation en bouteille. Le gaz carbonique dégagé, retenu par le bouchon, se dissout dans le vin, ce qui formera les bulles à l'ouverture. On obtient ainsi un vin de 12,5 % d'alcool, à l'acidité naturelle conservée, qui apporte la vivacité et la fraîcheur. Les levures meurent et ce dépôt (ou lies) est expulsé lors de la phase de dégorgement. Reste à rectifier le niveau de la bouteille en ajoutant la liqueur de tirage, plus ou moins sucrée, qui va doser le vin et lui donner son profil brut ou demi-sec (ou non dosé si aucun sucre n'est ajouté).

› La technique de l'assemblage. On raconte que Dom Pérignon, moine de l'abbaye d'Hautvillers, eut le premier l'idée d'associer des raisins de différentes origines (crus, cépages, années), mais de la même région pour pallier les faiblesses des uns par la qualité des autres et obtenir un vin supérieur à la somme des vins de base.

CE QU'IL FAUT SAVOIR

› L'échelle des crus

Une classification hiérarchise les différentes communes ou crus sur l'aire d'appellation. Dix-sept villages bénéficient de la dénomination « grand cru » et 44 de la dénomination « premier cru ».

› Les différents metteurs en marché

Les initiales indiquées sur l'étiquette renseignent sur la nature du producteur ou du distributeur.
› RM : récoltant manipulant. Le vigneron produit et commercialise lui-même son vin.
› NM : négociant manipulant. La maison de négoce achète des raisins à partir desquels elle élabore ses vins. Ce sont les grandes marques de champagne.
› CM : coopérative de manipulation. La coopérative vinifie les raisins de ses adhérents, puis commercialise les vins.
› MA : marque d'acheteur. Cette mention désigne les marques des enseignes de la grande distribution. Les vins peuvent être achetés sur lattes puis étiquetés.

› Le dosage

Il existe différentes catégories de champagnes, plus ou moins sucrés, selon le dosage (en grammes par litre).
› les non-dosés : 0 gramme par litre
› les extra-bruts : entre 0 et 6 grammes par litre
› les bruts : inférieur à 12 grammes par litre
› les extra-dry : entre 12 et 17 grammes par litre
› les secs : entre 17 et 32 grammes par litre
› les demi-secs : entre 32 et 50 grammes par litre
› les doux : supérieur à 50 grammes par litre

Qu'ils soient blancs ou rosés, les deux seules couleurs autorisées, les vins sont dosés suivant le même principe.

On destinera à l'apéritif les bruts, extra-bruts et les non-dosés. Les champagnes doux se servent au dessert. Grandes cuvées et millésimés ont toute leur place à table.

HENRI ABELÉ

★★☆☆☆

Avec plus de 260 ans d'histoire, cette maison qui appartient au Centre vinicole - Champagne Nicolas Feuillatte constitue un patrimoine fort pour la ville de Reims. Fort de son rayonnement sur une grande partie du vignoble champenois pour s'approvisionner en raisins avec comme spécialité le vignoble des Riceys pour les vins rouges et rosés, les assemblages sont faits sur mesure et bénéficient d'un long vieillissement. Le célèbre Sourire de Reims que l'on peut admirer sur la Cathédrale constitue le fer de lance de la maison.

- **Champagne NM** | Brut | 2019>21 | 31,47 € — 13
- **Champagne Blanc de Blancs NM** | Brut | 2019>21 | 41,26 € — 13,5
- **Champagne Le Sourire de Reims 2009** | Brut | 2019>22 | 65,23 € — 16
- **Champagne Le Sourire de Reims 2006** | Brut | 2019>23 | 147,98 € — 16

50, rue de Sillery, 51100 Reims • Tél. 03 26 87 79 86 • abele@champagne-abele.com • www.henriabele.com • Visite : Du lundi au jeudi de 8h à 11h et de 13h30 à 16h et le vendredi de 8h à 11h.

CHAMPAGNE AGRAPART ET FILS

★★★★☆

Pascal Agrapart est le talentueux artisan de ce domaine familial, l'un des plus prisés de toute la Champagne. Le vignoble historique de quatre hectares, héritage de l'arrière-grand-père, a sérieusement été remis en état de marche par le père Pierre, dans les années 1960. Aujourd'hui, avec son fils Ambroise, Pascal cultive avec attention et le plus naturellement possible 12 hectares (composés de plus de 70 parcelles), principalement classés en grand cru, sur Avize, Oger, Oiry et Cramant. Les champagnes Agrapart s'égrainent avec subtilité le long de cette côte des Blancs chère aux adeptes de légèreté et d'élégance, déroulant une droiture et une précision de bouche hors du commun. La gamme compte trois cuvées millésimées chaque année, expressions de trois terroirs différents : minéral sur les calcaires d'Avize et Cramant, avizoise sur des sols plus argileux et vénus, une micro-cuvée issue de calcaires et d'argiles d'Avize. Tous ces champagnes, sans exception, sont de très grande facture avec une personnalité indéniable et cette fraîcheur aromatique sur les menthols et les épices douces qui abolissent la sensation d'acidité. Fort de cet équilibre, les bouches atteignent des densités remarquables tant dans la texture que dans les finales, percutantes sur de nobles amers. Les mousses sont toujours d'excellente tenue, jamais en excès, et soutiennent finement l'élevage même dans les cuvées les plus jeunes (les vins sont en partie élevés en barriques de 300 et 600 litres et en cuves inox larges et peu profondes). Si la cuvée terroirs est remarquable pour une entrée de gamme, c'est minéral qui retient le plus notre attention pour son excellent rapport qualité-prix et sa représentation parfaite du style Agrapart. Quant aux cuvées avizoise, vénus et complantée, elles sont actuellement sans équivalent dans leur style et leur race sur la côte des Blancs. Voici sans aucun doute le prochain vigneron de la Champagne à 5 étoiles.

- **Champagne Brut Grand Cru Vénus 2013** | Brut | 2018>28 | 125 € — 18
- **Champagne Cru L'Avizoize Blanc de Blancs 2013** | Extra-brut | 2018>28 | 79 € — 17,5
- **Champagne grand cru Blanc de Blancs 2009** | Extra-brut | 2018>22 | 150 € — 18,5
- **Champagne Grand Cru Complantée NM** | Extra-brut | 2018>19 | 44 € — 17
- **Champagne Grand Cru Minéral 2013** | Extra-brut | 2018>25 | 59 € — 16,5
- **Champagne Terroirs NM** | Brut | 2018>19 | 40 € — 15,5

57, avenue Jean-Jaurès, 51190 Avize • Tél. 03 26 57 51 38 • info@champagne-agrapart.com • www.champagne-agrapart.com

ALEXANDRE BONNET

★☆☆☆☆

Cette maison classique des Riceys est un spécialiste des raisins noirs (même si elle réalise une honorable cuvée de pinot blanc et chardonnay, harmonie-de-blancs) et en particulier d'un délicieux rosé de saignée, c'est-à-dire issu d'un début de vinification en rouge et pas, comme c'est plus souvent le cas en Champagne, d'un assemblage de rouge et de blanc. Les champagnes ont tous un style souple et apéritif.

- **Champagne Blanc de Noirs NM** | Extra-brut | 2018>21 | 33,10 € — 14,5
- **Champagne Expression Rosée NM** | Brut | 2019>22 | 40,03 € — 16
- **Champagne Harmonie de Blancs NM** | Brut | 2019>21 | 34,80 € — 15

138, Rue du Général De Gaulle , 10340 Les Riceys • Tél. 03 25 29 30 93 • info@alexandrebonnet.com • www.alexandrebonnet.com • Visite : Du lundi au vendredi de 8h à 12h et de 13h30 à 18h. Fermeture à 17h le vendredi.

ALFRED GRATIEN

★★★★☆

Maison familiale, Alfred Gratien cultive, avec beaucoup de réussite et de persévérance, son originalité sur la scène champenoise. Vinifications sous bois et absence de fermentation malolactique en sont les deux caractéristiques principales. Cela sous-entend une grande dextérité technique au cours de l'élaboration des cuvées, mais celles-ci gagnent en fraîcheur et en profondeur. À noter cette année l'arrivée d'une nouvelle cuvée, baptisée 565, qui synthétise et parachève ce savoir-faire. Elle assemble cinq millésimes consécutifs de 2007 à 2011 et a été mise en bouteille en 2012, sans aucun dosage, après cinq ans de repos sur lattes. Superbe, elle nous a fortement impressionnés !

- **Champagne NM** | Brut | 2019>21 | 33,45 € — 16
- **Champagne Blanc de Blancs 2012** | Brut | 2020>22 | 50,70 € — 16,5
- **Champagne Brut Millésimé 2006** | Brut | 2019>21 | 59,95 € — 16,5
- **Champagne Cuvée 565 NM** | Brut | 2020>22 | 70 € — 18,5
- **Champagne Paradis Rosé 2007** | Brut | 2019>23 | 76,50 € — 17
- **Champagne Rosé NM** | Brut | 2018>20 | 37,35 € — 15

30, rue Maurice-Cerveaux - B.P. 3, 51200 Épernay • Tél. 03 26 54 38 20 • contact@alfredgratien.com • www.alfredgratien.com • Visite : Du mardi au samedi de 10h à 13h et de 14h à 18h.

MICHEL ARNOULD ET FILS

★★☆☆☆

La présence de la famille Arnould sur le grand cru Verzenay, au nord de la montagne de Reims, remonte à la fin du XIXe siècle. Les premières bouteilles sont commercialisées dès 1929, mais ce n'est qu'en 1961 que Michel Arnould lance sa propre marque. Aujourd'hui, les 12 hectares de vignes sont conduits par le fils, Patrick Arnould. 80 % du vignoble est planté fort logiquement en pinot noir et la production compte parmi les plus sérieuses et les plus régulières du cru. Un domaine discret, aux prix doux.

- **Champagne Carte d'Or grand cru 2008** | Brut | 2019>25 | 65 € — 15,5
- **Champagne grand cru NM** | Extra-brut | 2011>13 | 21 € — 14,5
- **Champagne Millésimé Mémoire de vignes 2012** | Brut | 2019>23 | 43,50 € — 15

28, rue de Mailly, 51360 Verzenay • Tél. 03 26 49 40 06 • contact@champagne-michel-arnould.com • www.champagne-michel-arnould.com • Visite : Sur rendez-vous.

CHAMPAGNE ASPASIE

★☆☆☆☆

Paul-Vincent Ariston produit sur le terroir original de Brouillet, dans la campagne de la vallée de l'Ardre, des vins pleins de charme, fruités, généreux et frais. Ce sont douze hectares de vignes, sans grands crus ni premiers crus, en grande partie plantés de meunier, sur des sols de tuf, une terre plus légère et friable que la craie. L'arrière-arrière-grand-mère Aspasie, qui laissa son prénom à la marque, le cultivait déjà, tout comme l'arbanne, le pinot blanc et le petit meslier, des cépages blancs autorisés en Champagne mais aujourd'hui quasiment disparus et que Paul-Vincent a réhabilités durant près de vingt ans et assemblés pour la première fois en 2006 dans sa cuvée-d'antan. Les sept parcelles éclatées tout autour de la maison familiale sont récoltées séparément, cépage par cépage, tous les jus sont analysés, les vins peu sulfités et peu dosés. Ne manquez pas la cuvée cépages-d'antan qui est une véritable réussite ! Et pour le coup d'œil, passez voir la collection impressionnante de fossiles, témoins d'une faune qui peuplait l'estuaire de Reims et ses eaux chaudes il y a 60 millions d'années.

- **Champagne Blanc de Blancs NM** | Brut | 2018>21 | 28,50 € — 14
- **Champagne Brut de fût NM** | Brut | 2018>21 | 43 € — 14
- **Champagne Cépages d'Antan NM** | Brut | 2018>19 | 83 € — 14,5

4 et 8, Grand-Rue, 51170 Brouillet • Tél. 03 26 97 43 46 • contact@champagneaspasie.com • www.champagneaspasie.com • Visite : du lundi au samedi de 9h à 12h et de 14h à 17h. Visites et dégustations sur rendez-vous.

AYALA

★★★★☆

Née à Aÿ en 1860, cette maison a été reprise par sa voisine Bollinger en 2005. Un allié de poids qui lui permet des approvisionnements de choix – notamment en pinot noir - sur une centaine d'hectares, avec des crus classés à plus de 90 % sur l'échelle des crus. Les fondamentaux de la maison – excellence, pureté, droiture - ont été réaffirmés. Ce sont des champagnes d'esthètes, axés sur les faibles dosages, précisant la date de ses dégorgements sur chacune de ses bouteilles. Une confirmation de la forme brillante de la maison, qui entre certainement dans le peloton des grands de Champagne, mais avec des tarifs qui restent très accessibles, en particulier pour l'excellent brut-majeur.

- **Champagne Blanc de Blancs 2013** | Brut | 2019>27 | 50 € — **17,5**
- **Champagne Brut Majeur NM** | Brut | 2019>22 | 30,10 € — **15,5**
- **Champagne Rosé Majeur NM** | Brut | 2019>22 | 36,80 € — **17**

1, rue Edmond-de-Ayala - B.P. 6, 51160 Aÿ • Tél. 03 26 55 15 44 • contact@champagne-ayala.fr • www.champagne-ayala.fr • Visite : du lundi au vendredi de 9h à 12h et de 14h à 17h30. Ouvert le samedi ponctuellement.

CHAMPAGNE PIERRE BAILLETTE

★★☆☆☆

En collaboration avec son père Pierre, Perrine Baillette exploite 3,5 hectares sur Rilly-la-Montagne et Trois-Puits. Elle pratique une judicieuse sélection parcellaire avec deux cuvées cœur-de-craie, à base de pinot noir, l'une sur Rilly, l'autre sur Trois Puits. La cuvée cœur-d'histoire est le fruit d'un assemblage pinot noir et chardonnay qui se révèle efficace. Le principal supporter de Perrine est son époux, le talentueux Alexandre Chartogne, que l'on trouve sur la route de Merfy.

- **Champagne Cœur de Craie Rilly NM** | Extra-brut | 2018>19 | 29 € — **15**
- **Champagne Cœur de Craie Trois Puits NM** | Extra-brut | 2018>19 | 29 € — **14,5**
- **Champagne Cœur de l'Histoire NM** | Extra-brut | 2018>19 | 22 € — **14**

14, Grande rue, 51500 Trois Puits • Tél. 03 26 82 09 41 • champagne-pierrebaillette@orange.fr • Visite : visites et dégustations sur rendez-vous.

CHAMPAGNE JEAN BAILLETTE-PRUDHOMME

☆☆☆☆☆

Laureen Baillette possède un tempérament énergique et constitue l'un des espoirs de la génération émergente des jeunes femmes de Champagne. Les vins ont du corps et sont parfaitement équilibrés.

- **Champagne Brut nature NM** | Non dosé | 2017>18 | 23,90 € — **14**
- **Champagne Héritage Blanc de Blancs NM** | Brut | 2018>19 | 25 € — **14,5**
- **Champagne Mémoris NM** | Brut | 2017>18 | 23,90 € — **13,5**

4, rue de la gare, 51500 Trois-Puits • Tél. 03 26 82 37 14 ou 06 83 01 66 77 • champagnejbp@yahoo.fr • www.champagnejbp.fr • Visite : sur rendez-vous.

CHAMPAGNE BARBICHON

☆☆☆☆☆ ♣

Le domaine Barbichon produit des cuvées savoureuses avec une belle fraîcheur de constitution.

- **Champagne Réserve et Cépages NM** | Brut | 2018>19 | env. 32 € — **14**
- **Champagne Rosé de saignée NM** | Brut | 2018>19 | env. 35 € — **14**

8 rue de la Vereille, 10250 Gyé-sur-Seine • Tél. 03 25 38 22 90 • contact@champagne-barbichon.fr • Visite : sur rendez-vous.

CHAMPAGNE BARNAUT

★☆☆☆☆

Si Edmond Barnaut fonda le domaine en 1874, c'est l'un de ses descendants Philippe Secondé qui dirige aujourd'hui les 18 hectares de la propriété, avec une majorité de vignes situées sur Bouzy. On apprécie la force des pinots noirs qui permettent de réaliser des cuvées vineuses, à la texture crémeuse.

- **Champagne Éclat de chardonnay Blanc de Blancs NM** | Brut | 2018>19 | 23 € — **13,5**
- **Champagne Grand Cru Quintessence du Pinot Noir Blanc de Noirs NM** | Brut | 2016>17 | 23 € — **13,5**

1, place André-Collard - B.P. 19, 51150 Bouzy • Tél. 03 26 57 01 54 • contact@champagne-barnaut.fr • www.champagne-barnaut-bouzy.com • Visite : du lundi au samedi de 10h30 à 12h et de 14h à 17h, fermé tous les mercredis matin et le samedi de janvier à avril.

CHAMPAGNE ROGER BARNIER

☆☆☆☆☆

Frédéric Berthelot, petit-fils de Roger Barnier, dirige aujourd'hui cette maison restée familiale. Les 8 hectares de vignes répartis sur un peu plus de 35 parcelles sont cultivés avec soin et sans dogme, livrant des champagnes d'un style vineux et aromatique qui offrent une belle présence à table ; ce sont des vins évoluant entre vinosité et fraîcheur, avec un réel potentiel de garde, en témoigne un très beau 2009 qui avait été dégorgé cinq ans auparavant. Ce style sans concession présente beaucoup de charme et de vérité, il faut s'en réjouir, d'autant que la gamme s'est étoffée avec un pur meunier vineux et fruité, et une cuvée à base de six cépages tout aussi réussie. Une adresse à découvrir.

- **Champagne 100% Meunier Blanc de Noirs NM** | Extra-brut | 2018>21 | 52 € — **14**
- **Champagne Les Bacons NM** | Extra-brut | 2018>21 | 60 € — **14,5**

30, rue Vigne L'Abesse, 51270 Villevenard • Tél. 03 26 52 82 77 • champagne.barnier.rg@wanadoo.fr • www.champagne-roger-barnier.fr • Visite : Sur rendez-vous.

BEAUMONT DES CRAYÈRES

★☆☆☆☆

- **Champagne Fleur Blanche Blanc de Blancs 2012** | Brut | 2019>23 | 38,90 € — **14,5**
- **Champagne Fleur de Meunier Blanc de Noirs 2012** | Non dosé | 2021>25 | 42,90 € — **15**
- **Champagne Fleur Noire Blanc de Noirs 2009** | Brut | 2019>25 | 37,90 € — **16**
- **Champagne Raressence 2006** | Brut | 2019>26 | 70,90 € — **15,5**

64, rue de la Liberté, 51530 Mardeuil • Tél. 03 26 55 29 40 • contact@champagne-beaumont.com • www.champagne-beaumont.com • Visite : Du lundi au vendredi de 8h30 à 12h et de 13h30 à 17h.

CHAMPAGNE FRANÇOISE BEDEL

★★★☆☆ ♣

Françoise Bedel est l'une des vigneronnes les plus attachantes de la Champagne. Avec son fils Vincent, ils portent haut les couleurs de la biodynamie en la pratiquant avec une intelligence rigoureuse sur les 8,5 hectares de leur domaine situé à Crouttes-sur-Marne, dans la vallée de la Marne. Les vins progressent d'année en année et sont un juste témoignage du terroir qui les porte, brillant par leur maturité et leur complexité. Ce sont avant tout des vins de repas mais il faut les découvrir sans retenue car ils offrent une lecture à la fois originale, engagée et soignée de la Champagne.

- **Champagne Comme Autrefois NM** | Extra-brut | 2018>19 | 95 € — **16,5**
- **Champagne Dis, Vin Secret NM** | Extra-brut | 2018>19 | 40 € — **16**
- **Champagne Entre Ciel et Terre NM** | Extra-brut | 2018>19 | 48 € — **15,5**
- **Champagne L'Âme de la Terre 2005** | Brut | 2018>19 | 68 € — **16**
- **Champagne Origin'elle NM** | Extra-brut | 2018>19 | 36 € — **15,5**

71, Grande-Rue, 02310 Crouttes-sur-Marne • Tél. 03 23 82 15 80 • contact@champagne-bedel.fr • www.champagne-bedel.fr • Visite : du lundi au vendredi de 9h à 12h30 et de 13h30 à 18h ; week-end et jours fériés sur rendez-vous.

CHAMPAGNE BÉRÊCHE ET FILS

★★★★☆

Raphaël et Vincent Bérèche plongent dans leurs racines vigneronnes depuis cinq générations. Ils figurent parmi les acteurs les plus dynamiques du vignoble champenois et perpétuent la tradition familiale engagée depuis le XIXe siècle. Si Vincent est l'homme des vignes, Raphaël définit le style des vins. Ce duo maintenant bien rodé fait merveille et produit des vins au style toujours affirmé qui, ces dernières années, a gagné en sagesse. Disons-le, la rondeur n'est plus un tabou chez les Bérèche ! Adeptes de ce que l'on nomme un peu vite la minéralité, les frères l'affirmaient avec force, parfois avec dureté. La page est depuis longtemps tournée, le style s'affiche désormais avec élégance, autrement dit avec plénitude et harmonie. Cette recherche stylistique de l'origine conduit inexorablement vers une forme d'universalisme qui se traduit à merveille dans le millésime 2014. Le style aristocratique de l'année est transcendé avec génie dans une forme de gourmandise frugale, pure et salivante, qu'une mousse fine et régulière met en résonance. Une piqûre de rappel pour nombre de jeunes vignerons champenois qui semblent avoir totalement oublié le rôle de l'effervescence... Une adresse culte, à découvrir d'urgence si ce n'est déjà fait !

- **Champagne Beaux Regards chardonnay NM** | Extra-brut | 2018>19 | NC — **17**
- **Champagne Campania Remensis NM** | Extra-brut | 2015>16 | NC — **16,5**
- **Champagne Le Cran 2011** | Brut | 2018>23 | NC — **16,5**
- **Champagne Mailly-Champagne 2013** | Extra-brut | 2018>23 | NC — **17,5**
- **Champagne Réserve Propriétaire NM** | Brut | 2018>20 | NC — **16**
- **Champagne Rilly La Montagne NM** | Extra-brut | 2018>20 | NC — **17,5**
- **Champagne Rive Gauche NM** | Brut | 2018>22 | NC — **16**
- **Coteaux Champenois les Monts Fournois 2014** | Sec | 2018>26 | NC — **16**

33, le Craon de Ludes - Route de Louvois (D9), 51500 Ludes • Tél. 03 26 61 13 28 • maison@bereche.com • www.bereche.com • Visite : Visites sur rendez-vous.

CHAMPAGNE ANDRÉ BERGÈRE

★☆☆☆☆

« On vinifie de plus en plus par rapport au parcellaire », explique Adrien Bergère, jeune œnologue revenu sur la propriété. Le vignoble familial, très morcelé, compte des vignes sur différentes communes, mais surtout en grands crus au Mesnil-sur-Oger, Oger, Avize, Chouilly et Cramant... Toutes les perles de la côte des Blancs ! Les cuvées sont de plus en plus élégantes avec un crémeux harmonieux. La famille possède également des chambres d'hôtes très agréables, situées avenue de Champagne, à Épernay. Une belle adresse.

- **Champagne 38-40 2008** | Brut | 2018>20 | 80 € — 15
- **Champagne Brut Nature NM** | Brut | 2018>19 | 22 € — 13,5
- **Champagne Grand Cru Blanc de Blancs NM** | Brut | 2018>18 | 26 € — 14
- **Champagne Prestige 2009** | Brut | 2018>19 | 34 € — 14,5
- **Champagne Tentation NM** | Brut | 2017>18 | Epuisé — 14,5

48, Grande Rue , 51270 Ferebrianges • Tél. 03 26 59 30 23 • adrien.bergere@champagne-andrebergere.com • www.champagne-andrebergere.com • Visite : Tous les jours de 10h à 18h.

BESSERAT DE BELLEFON

★★☆☆☆ ♣

Cette maison née au XIXe siècle appartient au groupe BCC (Lanson, Boizel). Elle produit des champagnes fondés sur l'onctuosité et une pression moins forte qu'à l'habitude : ils possèdent ainsi une pétillance plus légère que la plupart des autres, dans un style assumé depuis toujours. Avec cette personnalité, la maison livre aujourd'hui une gamme très cohérente.

- **Champagne Blanc de Noirs NM** | Brut | 2019>22 | 35 € — 15
- **Champagne Bleu NM** | Brut | 2019>21 | 25 € — 14,5
- **Champagne cuvée des Moines Millésimé 2008** | Demi-sec | 2019>22 | 38 € — 15,5

22, rue Maurice Cerveaux BP 138, 51200 Epernay • Tél. 03 26 78 52 16 • contact@besseratdebellefon.com • www.besseratdebellefon.com • Visite : sur rendez-vous sauf week-end.

BILLECART-SALMON

★★★★★

Cette maison de Mareuil-sur-Aÿ, deux fois centenaire et toujours familiale, a acquis une réputation internationale au cours des années 1990 grâce à des champagnes aériens et raffinés, et en particulier le rosé, son vin emblématique. Les raisins proviennent essentiellement du secteur d'Épernay et de la vallée de la Marne, et notamment des grands crus. La maison possède très peu de vignoble en propre (une douzaine d'hectares), mais peut s'appuyer sur des contrats d'approvisionnement de très haut niveau. Toute la gamme dans son ensemble apparaît raffinée, privilégiant l'harmonie à la puissance, et beaucoup de nuances que l'on peut retrouver dans chacune des nombreuses cuvées. Billecart fait aujourd'hui partie des grands de la Champagne.

- **Champagne Brut Rosé NM** | Brut | 2019>21 | 63 € — 17
- **Champagne Élisabeth Rosé 2007** | Brut | 2019>24 | 160 € — 17
- **Champagne Louis Blanc de Blancs 2006** | Brut | 2019>26 | 160 € — 18
- **Champagne Nicolas-François Billecart 2006** | Brut | 2019>28 | 150 € — 18
- **Champagne Réserve NM** | Brut | 2019>21 | 41 € — 15
- **Champagne Vintage 2008** | Brut | 2019>27 | 63 € — 18

40, rue Carnot, 51160 Mareuil-sur-Aÿ • Tél. 03 26 52 60 22 • billecart@champagne-billecart.fr • www.champagne-billecart.fr • Visite : sur rendez-vous.

H. BLIN

★☆☆☆☆

Cette belle coopérative, située aux portes de Reims à Vincelles, dans la vallée de la Marne, est réputée pour la qualité de son approvisionnement en meuniers. Les prix restent très raisonnables et les cuvées les plus ambitieuses constituent d'excellentes opportunités d'achat.

5, rue de Verdun - B.P. 3-5, 51700 Vincelles • Tél. 03 26 58 20 04 • contact@champagne-blin.com • www.champagne-blin.com • Visite : du lundi au vendredi de 9h à 12h et de 14h à 17h30. Ouvert le samedi en novembre et décembre.

BOIZEL

★★★☆☆

Boizel est une maison née en 1834. Après Évelyne et son mari, une nouvelle génération reprend aujourd'hui le flambeau avec dynamisme. La gamme, très classique, décline avec sagesse un style équilibré, savoureux et consistant, qu'on imagine autant à table qu'à l'apéritif. À son sommet on trouve une belle cuvée de prestige au nom évocateur, joyau-de-france et un superbe classique, la sous-bois. La gamme est très complète et surtout d'une homogénéité remarquable.

- **Champagne Blanc de Noirs NM** | Brut | 2019>22 | 37,50 € — 16
- **Champagne Brut Joyau de France 2004** | Brut | 2019>26 | 91 € — 17
- **Champagne Grand Vintage 2009** | Brut | 2019>29 | 50 € — 15,5
- **Champagne Joyau de France Chardonnay Blanc de Blancs 2007** | Brut | 2018>22 | 97 € — 16
- **Champagne Ultime NM** | Extra-brut | 2019>24 | 41 € — 15

46, avenue de Champagne, 51200 Épernay • Tél. 03 26 55 21 51 • boizelinfo@boizel.fr • www.boizel.com • Visite : En été, du lundi au jeudi de 10h à 18h, le vendredi et samedi fermeture à 19h et le dimanche de 13h à 18h. En hiver, du mardi au samedi de 10h30 à 13h30 et de 14h30 à 17h30, le samedi fermeture à 18h.

BOLLINGER

★★★★★

La maison est au plus haut niveau dans toutes ses cuvées, dans un registre désormais fin et profond, beaucoup plus consensuel que par le passé. Le vignoble est au cœur de la qualité d'une maison installée à Aÿ et possédant plus de 160 hectares de grands et premiers crus fournissant plus de 60 % de ses besoins en raisin. Si les millésimes grande-année et la célèbre cuvée RD justifient pleinement leur statut de grands vins pour connaisseur, chacun peut apprécier le brut special-cuvée et le merveilleux rosé, incontestablement deux des plus grands champagnes actuels.

- **Champagne Grande Année 2008** | Brut | 2019>30 | 125 € — 19
- **Champagne R.D. 2004** | Brut | 2019>28 | 250 € — 19
- **Champagne Rosé NM** | Brut | 2019>22 | 69 € — 18
- **Champagne Spécial Cuvée NM** | Brut | 2019>23 | 48 € — 16

20, Boulevard Maréchal de Lattre de Tassigny - B.P. 4, 51160 Aÿ • Tél. 03 26 53 25 50 • contact@champagne-bollinger.fr • www.champagne-bollinger.com

CHAMPAGNE BONNAIRE

★★★☆☆

Située à Cramant, terroir de référence pour les grands chardonnays, ce domaine familial de 22 hectares est aujourd'hui aux mains de Jean-Étienne et Jean-Emmanuel Bonnaire. Très apéritifs, ces champagnes constituent des valeurs sûres du secteur. La fratrie gère également les Champagnes Paul Clouet, une maison cousine adjointe au vignoble familial depuis 1992. Les cuvées sont pour certaines élevées sous bois et les vieux millésimes peuvent faire l'objet d'un dégorgement à la demande. Voici une adresse sûre qui progresse et affine son style.

- **Champagne Brut Sélection NM** | Brut | 2012>14 | 21 € — 13
- **Champagne Grand Cru Blanc de Blancs NM** | Extra-brut | 2018>19 | 26 € — 14,5
- **Champagne Grand cru Prestige NM** | Brut | 2015>20 | 39 € — 15,5
- **Champagne Paul Clouet Brut grand cru NM** | Brut | 2012>14 | 26 € — 13,5
- **Champagne Paul Clouet cuvée prestige NM** | Brut | 2010>11 | 39 € — 14
- **Champagne Variance NM** | Brut | 2016>17 | 32 € — 14
- **Champagne Ver Sacrum Blanc de Blancs NM** | Brut | 2018>19 | 32 € — 15,5

120, rue d'Epernay, 51530 Cramant • Tél. 03 26 57 50 85 • contact@bonnaire.com • www.bonnaire.com • Visite : Du lundi au samedi de 8h à 12h et de 14h à 17h.

CHAMPAGNE FRANCK BONVILLE

★★☆☆☆

Olivier Bonville incarne la troisième génération qui travaille la vigne dans ce secteur béni du chardonnay. Les 20 hectares du domaine s'étendent sur les communes de Cramant, Oger et Avize. Les vins possèdent une délicieuse saveur donnée par les accents crayeux de la côte des Blancs. Pas de dureté ici, la fraîcheur se veut saline et caressante.

- **Champagne Pur Avize 2012** | Extra-brut | 2018>21 | 45 € — 14
- **Champagne Pur Avize 2012** | Extra-brut | 2018>21 | 45 € — 14,5
- **Champagne Pur Mesnil 2012** | Extra-brut | 2017>20 | 45 € — 14

9, rue Pasteur, 51190 Avize • Tél. 03 26 57 52 30 • contact@champagnebonville.fr • www.champagnebonville.com • Visite : du lundi au vendredi de 9h à 12h et de 14h à 17h et le samedi matin sur rendez-vous.

CHAMPAGNE BOUCHÉ PÈRE FILS

Domaine familial crée en 1920, Nicolas Bouché a repris l'exploitation depuis 2004 après des études d'ingénierie agronomique, et œnologique. Les classiques sont vieillis minimum 4 ans tandis que les millésimés ont un vieillissement de dix années minimum.

- **Champagne Millésimé 2016** | Brut | 2019>22 | NC — 14
- **Champagne Réserve NM** | Brut | 2019>20 | NC — 13

10, rue du Général de Gaulle, 51530 Pierry • Tél. 03 26 54 12 44 • www.champagne-bouche.fr

CHAMPAGNE FRANCIS BOULARD

Depuis 2009, Francis Boulard est associé à sa fille Delphine et travaille 3,35 hectares, avec une jolie vigne à Mailly, en grand cru, et des parcelles aussi qualitatives dans la proche montagne de Reims, le tout cultivé en biodynamie. L'ensemble de la gamme est de très haute volée, à la fois raffiné et complexe. L'amateur appréciera ces champagnes complets et parfaitement ciselés, où l'expression minéralité prend tout son sens, la fine amertume et les notes iodées accompagnant toutes les fins de bouche avec subtilité. Voilà des vins racés et des vignerons authentiques !

- **Champagne Les Rachais 2011** | Extra-brut | 2018>19 | 70 € — 16
- **Champagne Petraea 2012** | Extra-brut | 2018>26 | 70 € — 17
- **Champagne Rosé de saignée 2012** | Brut | 2018>25 | 45 € — 15,5
- **Champagne Vieilles Vignes Blanc de Blancs NM** | Brut | 2017>18 | 45 € — 15,5

13, rue de la Cense Flancourt, 51170 Faverolles et Coemy • Tél. 03 26 61 52 77 • contact@francis-boulard.com • www.francis-boulard.com • Visite : sur rendez-vous.

CHAMPAGNE BOURGEOIS-DIAZ

Situés à Crouttes-sur-Marne, les 7 hectares de Jérôme Bourgeois sont cultivés en bio, en majorité exposés sud-ouest et plantés de pinot meunier à raison de 55 %, 30 % de pinot noir et 15 % de chardonnay. Les vins sont de demi-corps, dans un style rafraîchissant et tonique, de plaisir immédiat.

- **Champagne 3C' Collection NM** | Extra-brut | 2018>18 | 37 € — 13,5
- **Champagne M NM** | Extra-brut | 2018>20 | 36 € — 14

43, grande rue, 02310 Crouttes-sur-Marne • Tél. 03 23 82 18 35 • bourgeois-diaz@wanadoo.fr • www.bourgeois-diaz.com • Visite : Uniquement sur rendez-vous.

CHAMPAGNE BOURMAULT

Le vignoble est cultivé selon les principes de l'agriculture biologique mais non certifiée, avec 4 hectares de vignes situées sur Avize et Cuis, vouées au chardonnay, et 2 hectares dans la vallée de la Marne. Toutes les cuvées de Christian Bourmault offrent une belle régularité. La cuvée grand-éloge porte bien son nom.

- **Champagne Grand Éloge Blanc de Blancs NM** | Brut | 2018>19 | 19,35 € — 14

41, Rempart-du-Midi, 51190 Avize • Tél. 03 26 59 79 41 • christian.bourmault@wanadoo.fr • Visite : du lundi au samedi sur rendez-vous.

CHAMPAGNE ANTOINE BOUVET

Ce domaine familial, dont le vignoble se situe à Mareuil-sur-Aÿ, Aveny et Bisseuil, est l'une des révélations de l'année, avec des champagnes aux saveurs intenses et fraîches, réalisés par le jeune et prometteur Antoine Bouvet qui en a repris les rênes il y a peu. Les débuts sont ultra prometteurs, nous sommes enchantés par ce style lisible et naturel.

- **Champagne Les Monts de la Vallée NM** | Brut | 2018>19 | NC — 15
- **Champagne Saignée de Mareuil NM** | Brut | 2018>19 | NC — 14

15 rue Mareuil sur Aÿ, 51160 Aÿ • Tél. 03 26 52 33 57 • antoine-bouvet@live.fr • Visite : sur rendez-vous.

BRIMONCOURT

Jeune maison assumant résolument un style chic et trendy, Brimoncourt s'appuie sur quatre cuvées - un brut, un extra-brut, un rosé et un blanc de blancs non millésimé - affirmant toutes un caractère très aimable et harmonieux, toujours apéritif.

- **Champagne NM** | Extra-brut | 2019>21 | 30 € — 14
- **Champagne Blanc de Blancs NM** | Brut | 2019>25 | 39 € — 15
- **Champagne Régence NM** | Brut | 2019>21 | 42 € — 14,5

84, boulevard Charles de Gaulle, 51160 Aÿ • Tél. 03 26 58 79 00 • info@brimoncourt.com • www.brimoncourt.com • Visite : Ouvert du lundi au vendredi de 9h30 à 18h.

BRUNO PAILLARD

Bruno Paillard a créé cette marque de champagne qui porte son nom en 1981, à seulement 27 ans. Grâce à des achats successifs, le vignoble en propre compte 32 hectares, dont 12 en grands crus. La maison s'est progressivement imposée avec un style très pur, rigoureux et racé, allié à une volonté de proposer des vins parvenus à une véritable maturité et dans des volumes qui restent volontairement limités. Ces vins verticaux et architecturés trouvent leur véritable expression à table, où toutes les cuvées démontrent une belle tenue en bouche et une complexité savoureuse.

- **Champagne Assemblage Millésime 2009** | Brut | 2019>28 | 65 € — 16
- **Champagne Dosage Zéro NM** | Non dosé | 2019>24 | 48 € — 16
- **Champagne Grand cru Blanc de Blancs NM** | Brut | 2019>23 | 60 € — 16,5
- **Champagne Première Cuvée NM** | Brut | 2019>24 | 39 € — 16,5
- **Champagne Rosé Première Cuvée NM** | Brut | 2019>22 | 49 € — 16,5

Avenue de Champagne, 51100 Reims • Tél. 03 26 36 20 22 • info@brunopaillard.com • www.champagnebrunopaillard.com • Visite : Visites et dégusations pour professionnels uniquement.

CHAMPAGNE CAILLEZ-LEMAIRE

Créé en 1942 par Raymond Caillez et Andrée Lemaire, ce domaine de 7 hectares de la vallée de la Marne est essentiellement situé sur les secteurs de Damery et Cumières. Les cuvées sont construites tout en finesse de bulle, avec une aromatique et un profil élégants.

- **Champagne Pur meunier NM** | Extra-brut | 2017>20 | 45 € — 14
- **Champagne Rosé NM** | Brut | 2017>23 | 24 € — 13,5

14, rue Pierre Curie, 51480 Damery • Tél. 03 26 58 41 85 • contact@champagne-caillez-lemaire.com • www.champagne-caillez-lemaire.com • Visite : du lundi au vendredi de 9h à 12h et de 14h à 18h et le samedi de 10h à 12h et de 14h à 17h, de préférence sur rendez-vous.

PIERRE CALLOT

Depuis 1996, Thierry Callot gère l'exploitation familiale. Ce dernier prend de plus en plus conscience de la valeur de ses sols et de ses capacités de vinificateur. Son chemin-de-paradis est une valeur sûre pour qui aime la délicatesse et la finesse des chardonnays sur craie.

- **Champagne Chemin de Paradis NM** | Extra-brut | 2018>19 | 40 € — 14,5
- **Champagne grand cru Blanc de Blancs NM** | Brut | 2010>11 | 18,50 € — 14

100, avenue Jean-Jaurès, 51190 Avize • Tél. 03 26 57 51 57 • thierry.callot@orange.fr • www.champagne-pierre-callot.com • Visite : sur rendez-vous.

CHAMPAGNE ÉTIENNE CALSAC

Étienne Calsac possède la fougue de la jeunesse et un évident désir de bien faire. La propriété est certifiée Haute Valeur Environnementale et viticulture durable en Champagne. Réparti sur 2,80 hectares et sur trois villages, Avize, Grauves dans la côte des Blancs et Bisseuil en vallée de la Marne, ce vignoble possède également un clos à Avize. Dans un style glissant, de demi-corps, ces champagnes sont construits pour l'apéritif. Imparables !

- **Champagne Clos des Maladries 2013** | Extra-brut | 2018>20 | 74 € — 14,5
- **Champagne Les Rocheforts Blanc de Blancs NM** | Brut | 2017>18 | 37 € — 14

128, allée Augustin Lorite , 51190 Avize • Tél. 06 11 83 69 49 • etienne@champagne-etienne-calsac.com • www.champagne-etienne-calsac.com • Visite : sur rendez-vous.

CANARD-DUCHÊNE

★☆☆☆☆

Appartenant au groupe Thiénot, Canard-Duchêne a su intelligemment rajeunir son image en créant une gamme issue de la viticulture bio. La marque produit des champagnes souples et apéritifs, tous bien constitués, dans un registre d'approche facile.

Champagne Brut Millésime 2012 | Brut | 2019>23 | 27 € 14,5
Champagne Parcelle 181 NM | Extra-brut | 2019>20 | 30 € | 14,5

1, rue Edmond-Canard, 51500 Ludes • Tél. 03 26 61 11 60 • info@canard-duchene.fr • www.canard-duchene.fr • Visite : du lundi au samedi, de 10h à 12h et de 14h à 17h.

CHAMPAGNE AURORE CASANOVA

★☆☆☆☆

Danseuse depuis son plus jeune âge, Aurore Casanova s'est retirée de la scène de l'opéra de Zurich en 2011 pour diriger la production familiale. Elle reprend le domaine de quelques hectares sur le terroir de Puisieulx, riche et argileux, classé en grand cru. Le 100 % pinot noir, 100 % grand cru a retenu notre attention.

Champagne NM | Brut | 2018>19 | NC 14

13, rue Jean Jaurès, 51200 Mardeuil • Tél. 06 78 82 51 20 • contact@aurorecasanova.com • www.aurorecasanova.com • Visite : sur rendez-vous.

CHAMPAGNE CASTELNAU

★★☆☆☆

Cette marque historique réunit 22 coopératives, 750 adhérents et 900 hectares de vignes, parmi lesquels la compétente chef de cave Elisabeth Sarcelet puise pour composer une gamme très bien pensée avec des vins proposés à parfaite maturité. Si la qualité des raisins noirs qu'offre un approvisionnement historiquement centré sur la montagne de Reims donne une vraie personnalité à la plupart des cuvées, il faut signaler aussi l'excellent blanc de blancs. Hors-catégorie donne avec éclat une nouvelle ambition à la maison.

Champagne Blanc de Blancs 2005 | Brut | 2019>22 | 48 € 16
Champagne Hors Catégorie NM | Brut | 2019>27 | 94,68 € 17
Champagne Millésimé 2006 | Brut | 2019>22 | 45,12 € 16

5, rue Gosset, 51100 Reims • Tél. 03 26 77 89 00 • commercial@champagne-castelnau.fr • www.champagne-de-castelnau.eu • Visite : sur rendez-vous.

CATTIER

★★☆☆☆

Au cœur de la Montagne de Reims, Cattier est une marque discrète qui cultive de beaux joyaux, dont le Clos du Moulin, 2,2 hectares sur les 33 hectares classés Premier Cru du vignoble familial. Une adresse à découvrir.

Champagne Clos du Moulin NM | Brut | 2019>27 | 86 € 17,5
Champagne Millésimé Premier Cru 2009 | Brut | 2019>29 | 45 € 17
Champagne Premier Cru Blanc de Noirs NM | Brut | 2019>26 | 40 € 16,5
Champagne Rosé Premier Cru NM | Brut | 2018>21 | 38 € 16,5

6-11, rue Dom-Pérignon, 51500 Chigny-les-Roses • Tél. 03 26 03 42 11 • champagne@cattier.com • www.cattier.com • Visite : du lundi au vendredi de 8h à 12h et de 14h à 18h.

CHAMPAGNE GUY CHARLEMAGNE

★☆☆☆☆

Vignerons de père en fils depuis 1892, les Charlemagne ont fait école dans ce secteur béni du Mesnil-sur-Oger. Cette famille produit du champagne à partir de son propre vignoble de 15 hectares. La cuvée mesnillésime, par sa vinosité, est bien réussie, tandis que les-coulmets joue la carte de la suavité.

Champagne Les coulmets 2013 | Brut | 2018>20 | 32,50 € 14
Champagne Mesnillésime 2009 | Brut | 2018>21 | 51 € 14,5

4, rue de la Brèche-d'Oger, 51190 Le Mesnil-sur-Oger • Tél. 03 26 57 52 98 • champagneguycharlemagne@orange.fr • www.champagne-guy-charlemagne.fr • Visite : du lundi au vendredi de 8h à 12h et de 14h à 18h, le samedi matin sur rendez-vous.

CHARLES HEIDSIECK

★★★★☆

Fleuron avec Piper-Heidsieck de la famille Descours, rachetée en 2011, Charles Heidsieck mérite amplement d'être considérée comme l'une des plus brillantes marques actuelles. Elle doit ce statut à la superbe définition de chacun de ses champagnes et à la rondeur fondue et suave très caractéristiques du « style Charles ». Un style qui n'est pas fondé sur la puissance, la tension ou la minéralité mais bien sur l'élégance. La cuvée de prestige, blanc-des-millénaires propose aujourd'hui un 2004 qui succède brillamment au mythique 1995. Grâce notamment à un art consommé de l'utilisation des vins de réserve, les bruts non millésimés (réserve et rosé) sont des références absolues dans leur catégorie.

- **Champagne Blanc de Blancs NM** | Brut | 2019>23 | 60 € — 16,5
- **Champagne Blanc des Millénaires 2004** | Brut | 2019>28 | 180 € — 18
- **Champagne Brut Réserve NM** | Brut | 2019>22 | 40 € — 15,5
- **Champagne Rosé Millésimé 2005** | Brut | 2019>25 | 75 € — 17

12, allée du Vignoble, 51100 Reims • Tél. 03 24 86 43 00 • claudie.fresne@champagnes-ph-ch.com • www.charlesheidsieck.com

CHAMPAGNE CHARTOGNE-TAILLET

★★★★☆

Installé à deux pas de Reims, à Merfy, sur le massif de Saint-Thierry, Alexandre Chartogne est le nouveau prodige de la Champagne. Depuis 2006, il produit sur 10 hectares, et dans une mouvance bio, des vins qui sont parmi les plus originaux de la Champagne, puisant dans une mosaïque de sols des expressions subtiles ; ce sont en effet la craie, le sable et le tuf, des terres friables et très filtrantes, mais aussi des argiles et des grès qui composent son terroir. Les cuvées sont très représentatives du vignoble éclaté en 14 parcelles et la gamme suit cette ligne parcellaire, les vins offrant des persistances crayeuses et une évidence naturelle remarquable, parlant autant au cœur qu'à l'esprit. Un modèle !

- **Champagne Couarres Château NM** | Extra-brut | 2018>19 | NC — 16,5
- **Champagne Fiacre NM** | Brut | 2012>15 | NC — 15,5
- **Champagne Heurtebise NM** | Brut | 2018>19 | NC — 16
- **Champagne Les Barres 2012** | Brut | 2017>19 | NC — 16,5
- **Champagne Oryzeaux 2009** | Brut | 2015>16 | NC — 17
- **Champagne Sainte-Anne NM** | Brut | 2018>20 | NC — 15,5

37-39, Grande-Rue, 51220 Merfy • Tél. 03 26 03 10 17 • chartogne.taillet@wanadoo.fr • www.chartogne-taillet.com • Visite : Visites sur rendez-vous.

CHASSENAY D'ARCE

★★☆☆☆

- **Champagne Blanc de Blancs 2008** | Brut | 2019>22 | 30,90 € — 16,5
- **Champagne Confidences 2009** | Brut | 2019>29 | 65 € — 17,5
- **Champagne Confidences Blanc de Noirs NM** | Brut | 2019>24 | 55 € — 15,5
- **Champagne pinot blanc, Blanc de Blancs 2009** | Extra-brut | 2020>26 | 45 € — 16

11, rue du Pressoir, 10110 Ville-sur-Arce • Tél. 03 25 38 30 70 • champagne@chassenay.com • www.chassenay.com • Visite : du mardi au vendredi de 9h à 12h et de 14h à 17h30, le samedi de 10h à 12h et de 14h à 18h.

GASTON CHIQUET

☆☆☆☆☆

Antoine et Nicolas Chiquet perpétuent la tradition viticole de la famille initiée au XVIIIe siècle. Les 23 hectares se répartissent sur Dizy, Cumières, Hautvillers et Aÿ. Ils produisent sur ce terroir l'un des rares blanc de blancs du secteur, qui conjugue puissance et élégance. Ce sont là des champagnes classiques bien équilibrés.

- **Champagne d'Aÿ Blanc de Blancs NM** | Brut | 2018>19 | 25,20 € — 14
- **Champagne Spécial Club 2009** | Brut | 2018>19 | Epuisé — 14,5

912, avenue du Général Leclerc, 51530 Dizy • Tél. 03 26 55 22 02 • info@gastonchiquet.com • www.gastonchiquet.com • Visite : du lundi au samedi de 8h à 12h et de 14h à 17h30.

CHAMPAGNE COESSENS

★★☆☆☆

Jérome Coessens a créé son domaine en 2006 à partir du vignoble familial de 6,5 hectares, à Ville-sur-Arce. D'un seul bloc, Largillier, d'un seul cépage, le pinot noir, d'une seule année, exception faite de la solera, Jérôme Coessens extrait 8 cuvées bien distinctes tant dans leur approche que dans leur goût. Largillier, ce sont les marnes calcaires de Chablis dont la couche géologique, suite à l'effondrement du bassin parisien, s'est retrouvée jusqu'en côte des Bar. La démarche parcellaire et monocépage de ce vigneron n'est donc pas une innovation mais un hommage au passé, dont la teneur mérite l'attention de tous les amateurs. En une dizaine d'années, Jérôme Coessens a su trouver le juste équilibre entre puissance et complexité, une prouesse qui nécessite de la retenue pour, d'une certaine façon, faire confiance au vin. Aujourd'hui les vins évoluent dans un style abouti, complexe et équilibré, avec de la race dans les fins de bouche.

- **Champagne Brut Nature NM** | Non dosé | 2019>25 | 51 € — **16**
- **Champagne Caresse d'automne NM** | Extra-brut | 2019>22 | 64 € — **14,5**
- **Champagne Largillier Blanc de Noirs Blanc de Noirs NM** | Brut | 2019>23 | 44 € — **14,5**
- **Champagne Largillier Rosé de Saignée NM** | Brut | 2019>24 | 51 € — **15,5**
- **Coteaux Champenois Vendange entière Largillier 2014** | Sec | 2017>20 | 72 € — **15**

6, chemin des Farces, 10110 Ville-sur-Arce • Tél. 03 51 63 70 48 • contact@champagne-coessens.com • www.champagne-coessens.com • Visite : sur rendez-vous.

CHAMPAGNE COLLET

★☆☆☆☆

- **Champagne Meunier Vieilles Vignes Collection Privée NM** | Brut | 2019>26 | 38 € — **16**

14, boulevard Pierre Cheval, 51160 Aÿ • Tél. 03 26 55 15 88 • info@champagne-collet.com • www.champagne-collet.com • Visite : tous les jours de 10h à 12h et de 14h à 17h30, réservation conseillée.

DOMAINE COLLET

☆☆☆☆☆

Au cœur de la côte de Sézanne, les frères Vincent, Thomas et Florent Collet ont donné depuis le début de ce siècle une nouvelle impulsion au domaine familial, sur les 15 parcelles situées autour de Fontaine-Denis. Les cuvées sont de bonne facture et la gamme anthime, qui revendique un élevage sous bois, sort du lot.

- **Champagne Anthime Extrême NM** | Brut | 2018>19 | 47 € — **14**
- **Champagne Anthime Héritage NM** | Brut | 2018>19 | 32 € — **14**

6, ruelle de Louche, 51120 Fontaine-Denis • Tél. 03 26 80 22 48 • info@domaine-collet-champagne.fr • www.domaine-collet-champagne.fr • Visite : du lundi au vendredi de 8h à 12h et de 14h à 18h et le samedi matin.

CHAMPAGNE ULYSSE COLLIN

★★★☆☆

Olivier Collin, revenu au domaine familial en 2003 après des études de droit, fait merveille parmi les adresses qui font bouger la Champagne des vignerons. Son vignoble de 4,5 hectares, en cours de conversion à la biodynamie, est situé sur le terroir crayeux de Congy, au sud de la côte des Blancs. Il y cisèle une gamme de champagnes singuliers, élevés sous bois, qui font sa force et son originalité, aux contours délicats et aux trames très fines. Les vins, vinifiés en parcellaire, non millésimés et monocépages, sont de plus en plus courtisés, avec des sélections parcellaires de haute volée. Une adresse confidentielle dédiée aux amateurs.

- **Champagne Les Enferts NM** | Extra-brut | 2018>21 | NC — **16**
- **Champagne Les Maillons Blanc de Noirs NM** | Extra-brut | 2018>18 | NC — **15,5**
- **Champagne Les Pierrières NM** | Extra-brut | 2018>19 | NC — **15,5**
- **Champagne Les Roises NM** | Extra-brut | 2018>19 | NC — **16**

19-21, rue des vignerons, 51270 Congy • Tél. 03 26 52 46 62 • champagne-ulysse.collin@orange.fr • Visite : Visites sur rendez-vous.

CHAMPAGNE MARIE COPINET

☆☆☆☆☆

On a du mal à trouver ses repères dans la vingtaine de cuvées proposées dans ce domaine de 7 hectares qui porte désormais le nom de Marie Copinet, figure emblématique de la propriété. Ce domaine familial se situe au sud de Sézanne et dans la vallée de la Marne, on y élabore des champagnes francs, équilibrés, pour certains un brin démonstratifs sur les élevages. Les cuvées la-cabane et la-cocarde a particulièrement retenu notre attention.

- **Champagne Blanc de Blancs NM** | Brut | 2016>17 | 28,50 € — **13**
- **Champagne Blanc de Blancs NM** | Extra-brut | 2018>20 | 29,50 € — **13**

Champagne Épreuve d'Artiste, la Cabane NM | Non dosé | 2018>21 | 42 € 14
Champagne Épreuve d'Artiste, la Cocarde NM | Non dosé | 2018>22 | 42 € 14

17, rue du Moulin, 51260 Montgenost • Tél. 06 71 62 43 63 • champagne@marie-copinet.com • www.champagne-marie-copinet.com • Visite : sur rendez-vous.

VAZART-COQUART

Jean-Pierre Vazart est l'un des fers de lance de la côte des Blancs, où la quasi-totalité de ses 11 hectares de vignes, en conversion bio, sont dédiés au chardonnay grand cru de Chouilly. La nouvelle cuverie permet désormais de bien gérer les vinifications parcellaires, chacune des trente parcelles du vignoble étant ainsi isolée. Des essais de vinification sans malo et d'élevage en œuf en terre cuite sont également à l'œuvre, preuve que ce domaine progresse et cherche une voie constante d'amélioration. Il élabore des champagnes fidèles à l'expression originale de leur terroir, avec quelques vieux millésimes très bien conservés. Si les entrées de gamme sont tout à fait respectables, c'est dans les cuvées millésimées et spécial-club que l'amateur trouvera un supplément d'âme. Mention spéciale à cette dernière en 2010.

Champagne 82/13 Blanc de Blancs NM | Extra-brut | 2018>22 | 62 € 14,5
Champagne Blanc de Blancs NM | Extra-brut | 2014>15 | 28,50 € 13,5
Champagne Grand Bouquet Blanc de Blancs 2013 | Brut | 2018>22 | 35,80 € 14
Champagne Réserve Blanc de Blancs NM | Brut | 2013>14 | 24,20 € 13
Champagne Spécial Club 2010 | Brut | 2018>24 | 45,30 € 15

6, rue des Partelaines, 51530 Chouilly • Tél. 03 26 55 40 04 • contact@vazart-coquart.com • www.vazart-coquart.com • Visite : du lundi au vendredi de 8h à 11h30 et de 13h30 à 17h et le samedi sur rendez-vous.

CHAMPAGNE VINCENT COUCHE

Installé dans la côte des Bar, Vincent Couche exploite 13 hectares de vignes en biodynamie, répartis sur deux communes de l'Aube : Montgueux, un sol crayeux planté en chardonnay et Buxeuil, où poussent 9 hectares de pinot noir. Ce vigneron passionné produit une large gamme de champagne de demi-corps au joli toucher. Les expressions sont pulpeuses et pleines d'énergie, offrant beaucoup de plaisir.

Champagne Chloé NM | Extra-brut | 2019>23 | 57 € 15
Champagne Rose Désir NM | Extra-brut | 2019>23 | 38 € 14

29, grande Rue, 10110 Buxeuil • Tél. 03 25 38 53 96 • contact@champagne-couche.fr • www.champagne-couche.fr • Visite : sur rendez-vous.

CHAMPAGNE ROGER COULON

Éric et Isabelle Coulon exploitent 10 hectares éclatés en 109 parcelles dont des chardonnays du grand cru Chouilly. Pour mieux marquer les identités de leurs cuvées, ils ont différencié la gamme en deux collections : référence s'adosse aux assemblages des années, des terroirs et des cépages, la collection empreinte remarque l'exclusivité de l'année et signe le terroir. Originalité de la maison : un tirage en demi mousse (à une pression plus faible), qui libère une fine effervescence et des vins qui ne dépassent jamais 12 % d'alcool. Une adresse précieuse qui offre de très beaux champagnes, au style spectaculaire de pureté et d'élégance.

Champagne Esprit de Vrigny NM | Non dosé | 2018>19 | 51 € 15
Champagne Héritage NM | Brut | 2018>19 | 75 € 16
Champagne Millésimé Blanc de Noirs 2008 | Brut | 2018>20 | NC 16
Champagne Réserve de l'Hommée NM | Brut | 2018>19 | NC 15

12, rue de la Vigne-du-Roy, 51390 Vrigny • Tél. 03 26 03 61 65 • contact@champagne-coulon.com • www.champagne-coulon.com • Visite : sur rendez-vous.

CHAMPAGNE D. COUTELAS

Damien Coutelas est un vigneron qui hérite de l'expérience de quatre générations. Ses vignes sont âgées de 60 ans en moyenne et se trouvent en vallée de la Marne, montagne de Reims et côte des Blancs, ce qui représente environ 14 hectares. Les cuvées produites ont du fond et de l'élégance, et confirment leur grande qualité.

- **Champagne 1809 NM** | Brut | 2018>19 | 39 € — 15
- **Champagne Eloge Blanc de Blancs NM** | Brut | 2018>19 | 18,50 € — 14,5
- **Champagne Louis Victor NM** | Brut | 2018>19 | 22,50 € — 14,5
- **Champagne Origine NM** | Brut | 2018>19 | 16,90 € — 14

557, Avenue du Général Leclerc, 51530 Dizy • Tél. 06 89 42 23 76 • champagne.damien.coutelas@gmail.com • www.champagne-adcoutelas.com • Visite : du lundi au samedi de 10h à 12h et de 14h à 19h.

CHAMPAGNE DE SOUSA

Érick de Sousa est un vigneron de grand talent, installé sur le domaine familial depuis 1986, dix hectares en côte des Blancs conduits en biodynamie depuis plus de vingt ans. Intransigeant et méticuleux, il forge une gamme de vins scintillants, aux expressions pures et nuancées, jouant des terroirs d'Avize, de Cramant, d'Oger, du Mesnil, plantés en chardonnay, une partie aussi sur Aÿ et Ambonnay en pinot noir, et un peu de meunier. En découle une gamme très large de champagnes différents dans les approches mais avec ce lien de famille dans la texture suave et l'originalité aromatique, renchéris par des élevages sous bois de très belle facture. La cuvée 3A nous semble de ce point de vue représentative de ce glissant irrésistible, de même que la remarquable cuvée mycorhize, sans oublier la cuvée caudalie, devenue au fil des années indissociable de la maison et son porte-drapeau. Côté millésime, le 2008 tient son rang tandis que le 2010 surprend par son équilibre frais dans une année réputée souple. Si les nez peuvent parfois surprendre, c'est en bouche que l'on découvre le charme stylistique de cette maison à la réputation établie.

- **Champagne Brut Grand Cru Réserve Blanc de Blancs NM** | Brut | 2018>21 | 36 € — 14,5
- **Champagne Cuvée des Caudalies 2010** | Brut | 2018>22 | 149 € — 15,5
- **Champagne Cuvée des Caudalies 2008** | Brut | 2016>22 | 149 € — 17
- **Champagne cuvée des Caudalies non millésimé NM** | Extra-brut | 2018>19 | 48 € — 16
- **Champagne cuvée des Caudalies Rosé NM** | Brut | 2017>19 | 59 € — 15,5
- **Champagne Grand Cru 3 A NM** | Brut | 2018>19 | 52 € — 15,5
- **Champagne Mycorhize NM** | Brut | 2018>19 | 57 € — 16,5
- **Champagne Umami 2009** | Brut | 2018>19 | 145 € — 15,5

12, place Léon-Bourgeois, 51190 Avize • Tél. 03 26 57 53 29 • contact@champagnedesousa.com • www.champagnedesousa.com • Visite : sur rendez-vous.

DEHOURS ET FILS

Jérôme Dehours est l'un des producteurs les plus talentueux et les plus précis du secteur de Cerseuil, terre de prédilection du meunier qui représente 60 % de l'encépagement de son domaine. Il a suivi l'excellente logique de la vinification parcellaire sous bois de ses meilleures vignes, réalisée avec de très faibles dosages en sucre. Tous ses vins ont une grande classe. Les cuvées blanc-de-meunier, les-genevraux et les vignes-de-la-vallée sont toutes recommandables, chacune dans son style mais toutes très gourmandes, faites pour la table, suaves et élégantes, aux textures très raffinées.

- **Champagne Les Genevraux 2009** | Extra-brut | 2018>19 | NC — 16
- **Champagne Les Vignes de la Vallée NM** | Brut | 2014>15 | NC — 14,5
- **Champagne Terre de meunier NM** | Extra-brut | 2018>19 | NC — 15,5
- **Champagne Trio NM** | Brut | 2018>19 | NC — 16,5

2, rue de la Chapelle, 51700 Cerseuil • Tél. 03 26 52 71 75 • contact@champagne-dehours.fr • www.champagne-dehours.fr • Visite : Du lundi au vendredi sur rendez-vous.

CHAMPAGNE BENOÎT DÉHU

Cette maison propose des vins très classiques. Benoît Déhu a eu la riche idée d'isoler une parcelle qu'il cultive en bio. Il fabrique lui-même ses propres fûts, avec des bois issus du domaine ! Résultat : il propose une gamme à part intitulée la-rue-des-noyers.

- **Champagne Initiation NM** | Non dosé | 2018>19 | 50 € — 15,5
- **Champagne La Rue des Noyers NM** | Non dosé | 2018>19 | 70 € — 16,5
- **Champagne La rue des noyers NM** | Non dosé | 2018>19 | 90 € — 15,5

3, rue Saint-Georges, 02650 Fossoy • Tél. 03 23 71 90 47 • contact@champagne-dehu.com • Visite : sur rendez-vous.

DELAMOTTE

Discrète maison fondée en 1760, appartenant au groupe Laurent-Perrier depuis 1988, Delamotte est la sœur cadette du Champagne Salon, également gérée par Didier Depond, directeur et vinificateur des deux marques. D'ailleurs, les années où Salon ne produit pas son unique cuvée de chardonnay, toujours millésimée, les vins non retenus viennent abonder le très bon approvisionnement en blancs de Delamotte, dont le chardonnay est le fer de lance. Delamotte s'est spécialisée dans la réalisation de champagnes clairement apéritifs dans lesquels le chardonnay tient une place prépondérante. Pour sa gamme classique et resserrée (un brut, un blanc de blancs, un blanc de blancs millésimé, un rosé), la maison s'appuie sur des approvisionnements venus en majorité de la côte des Blancs pour afficher un caractère frais, élancé et souple, très complet dans les tirages actuels.

- **Champagne NM** | Brut | 2019>21 | 27,21 € — 14,5
- **Champagne Blanc de Blancs NM** | Brut | 2018>17 | 36,53 € — 15
- **Champagne Millésimé Blanc de Blancs 2012** | Brut | 2020>25 | NC — 18,5
- **Champagne Millésimé Blanc de Blancs 2008** | Brut | 2018>23 | 50,78 € — 17

7, rue de la Brèche-d'Oger, 51190 Le Mesnil-sur-Oger • Tél. 03 26 57 51 65 • champagne@salondelamotte.com • www.salondelamotte.com • Visite : Du lundi au jeudi de 9h à 12h et de 14h à 17h et le vendredi matin.

CHAMPAGNE PAUL DÉTHUNE

★★★☆☆

C'est l'un des grands classiques du secteur. Il faut dire que Pierre Déthune est l'un des propriétaires les plus actifs d'Ambonnay. Le vignoble est la terre bénie du pinot noir et donc très logiquement, les 7 hectares de la propriété sont voués pour les deux tiers au pinot, le reste au chardonnay, éclatés sur plus de 30 parcelles. Sur ce terroir puissant et frais, les Déthune produisent une gamme complète et très régulière de champagnes au style éprouvé. Lorsqu'on excelle dans un domaine, il n'est pas nécessaire d'en changer ! C'est ainsi que le brut classique s'affiche dans un style mature et épanoui. Tandis que le blanc de noirs exploite tous les leviers stylistiques pour une expression aromatique très large, et un crémeux dans la mousse devenu rare en Champagne. Au sommet de cet art de l'affinage, la cuvée à l'ancienne ravira les nostalgiques de la complexité. Bravo !

- **Champagne NM** | Extra-brut | 2018>19 | 30 € — 14,5
- **Champagne Brut Rosé Grand Cru NM** | Brut | 2018>19 | 32 € — 14
- **Champagne Cuvée à l'Ancienne NM** | Brut | 2015>16 | Epuisé — 16,5
- **Champagne Grand Cru Blanc de Noirs NM** | Brut | 2018>19 | 48 € — 15,5

2, rue du Moulin, 51150 Ambonnay • Tél. 03 26 57 01 88 • info@champagne-dethune.com • www.champagne-dethune.com • Visite : du lundi au samedi matin sur rendez-vous.

DEUTZ

★★★★☆

Installé à Aÿ, berceau du pinot noir, Deutz appartient à Louis Roederer, de même que la maison Delas en vallée du Rhône et le château Pichon Longueville à Pauillac. Elle propose des champagnes très racés, fins et précis, impeccablement réalisés sur l'ensemble de sa gamme. Peu de maisons de champagne peuvent se targuer d'une telle homogénéité au plus haut niveau, du brut non millésimé classic jusqu'aux cuvées de prestige, la vineuse et profonde william-deutz et, en blanc de blancs et en rosé, la très séduisante et racée cuvée amour. Enfin, Deutz a rendu hommage à son terroir originel et à son fondateur William Deutz en proposant trois superbes cuvées parcellaires issues de ses terres d'Aÿ. Une régularité sans faille pour cette adresse au sommet !

- **Champagne Amour de Deutz 2009** | Brut | 2019>25 | 170 € — 18
- **Champagne Amour de Deutz Blanc de Blancs 2009** | Brut | 2019>28 | 150 € — 17,5
- **Champagne Amour de Deutz Blanc de Blancs 2008** | Brut | 2018>28 | NC — 18,5
- **Champagne Amour de Deutz Blanc de Blancs 2002** | Brut | 2015>30 | NC — 18,5
- **Champagne Amour de Deutz Blanc de Blancs 1999** | Brut | 2010>26 | NC — 19
- **Champagne Blanc de Blancs 2013** | Brut | 2019>25 | 70 € — 16,5
- **Champagne Brut Classic NM** | Brut | 2019>24 | 40 € — 15,5
- **Champagne Brut Millésimé 2013** | Brut | 2019>25 | 59 € — 16,5
- **Champagne Brut Rosé NM** | Brut | 2019>21 | 52 € — 16
- **Champagne Grand Cru Aÿ Côte Glacière Blanc de Noirs 2012** | Brut | 2019>29 | 81 € — 18
- **Champagne Grand Cru Aÿ Meurtet Blanc de Noirs** | Brut | 2019>29 | 81 € — 18,5
- **Champagne Grand Cru Parcelles d'Aÿ 2010** | Brut | 2019>30 | 80 € — 17,5
- **Champagne Rosé Millésimé 2013** | Brut | 2019>21 | 62 € — 16,5
- **Champagne William Deutz 2009** | Brut | 2019>24 | 130 € — 18,5

16, rue Jeanson - B.P. 9, 51160 Aÿ • Tél. 03 26 56 94 00 • france@champagne-deutz.com • www.champagne-deutz.com • Visite : du lundi au vendredi de 9h à 12h et de 14h à 18h. Les visites sur rendez-vous, réservé aux professionnels.

DOM PÉRIGNON

Dom Pérignon est sans doute la marque de champagne la plus connue au monde, la plus mythique aussi. Mais ce succès repose sur une éclatante sélection et un savoir-faire de premier ordre. S'appuyant sur un équilibre artistique entre chardonnay et pinot noir, développé sur le meilleur des immenses vignobles appartenant au groupe LVMH, complété par des approvisionnements de haut vol, Dom Pérignon produit un brut millésimé (pratiquement tous les ans) et un rare rosé millésimé ainsi désormais qu'une « remise en scène » de millésimes plus anciens, P2 et P3, en blanc comme en rosé. Vincent Chaperon, le nouveau chef de cave, a succédé très sereinement au flamboyant Richard Geoffroy.

- **Champagne Dom Pérignon 2009** | Brut | 2019>27 | epuisé — 18,5
- **Champagne Dom Pérignon Rosé 2006** | Brut | 2019>30 | 300 € — 19,5

20, avenue de Champagne, 51200 Epernay • Tél. 03 26 51 20 00 • boutique@moet.fr • www.domperignon.com • Visite : Tous les jours de 9h30 à 12h et de 13h30 à 16h45.

CHAMPAGNE DIDIER DOUÉ

Fort d'un parcellaire épars sur les différents terroirs de Montgueux, en côte des Bar dans l'Aube, Didier Doué vinifie séparément chaque vigne pour en tirer la quintessence. Il s'affirme comme l'une des références en matière d'expression de ce terroir de Montgueux. Certifiés en agriculture biologique depuis 2012, les vins sont remarquables de pureté, avec des dosages savamment placés, et une expression aromatique digne des crus de la côte des Blancs. Ce très joli domaine mérite d'être reconnu à sa juste valeur.

- **Champagne La Chanose NM** | Brut | 2018>19 | 19 € — 14,5
- **Champagne La Richasse NM** | Brut | 2017>18 | 21 € — 15
- **Champagne Le Truchat NM** | Brut | 2017>22 | 25 € — 15
- **Champagne Les Corres NM** | Non dosé | 2016>24 | 22 € — 15,5
- **Champagne Millésimé 2007** | Brut | 2018>20 | 24 € — 14,5

3, voie des Vignes, 10300 Montgueux • Tél. 03 25 79 44 33 • doue.didier@wanadoo.fr • www.champagne-didier-doue.fr • Visite : sur rendez-vous.

CHAMPAGNE DOYARD

La famille Doyard continue l'œuvre des générations précédentes, avec la même ténacité et rigueur que ses aïeux. La propriété compte 10 hectares à Vertus, Oger, Le Mesnil, Avize et Cramant, et perpétue une tradition de champagnes irréprochables et innovants.

- **Champagne Blanc de Blancs Grand Cru 2009** | Extra-brut | 2018>19 | Epuisé — 15
- **Champagne Révolution Blanc de Blancs NM** | Non dosé | 2018>19 | 42 € — 14,5
- **Champagne Vendémiaire NM** | Brut | 2018>19 | 34 € — 14,5

39, avenue du Général Leclerc, 51130 Vertus • Tél. 03 26 52 14 74 • contact@champagnedoyard.fr • www.champagnedoyard.fr • Visite : du lundi au samedi de 10h à 12h et de 14h à 18h sur rendez-vous.

DRAPPIER

Installée à Urville, au cœur de la côte des Bar depuis 1808 la famille Drappier avec à sa tête Michel, accompagné désormais de ses enfants, détient 55 hectares de vignes en propre et 50 hectares en contrats associés. Les vins produits en majeure partie sur des sols issus du Jurassique kimmeridgien font briller les cépages classiques de Champagne avec le pinot noir comme roi, mais aussi quelques autres plus rares comme le petit meslier, le blanc vrai et l'arbane. Attaché à respecter son environnement et l'identité de ces cépages, Michel Drappier compose des assemblages méticuleux précis et sincères. Pionnier dans l'élaboration de bruts nature à l'aide d'une viticulture saine, il élabore aussi sa liqueur de dosage pour les autres cuvées avec un extrême soin. Doté de magnifiques caves à Urville comme à Reims, grands et rares flacons se reposent paisiblement. Pas étonnant que le général De Gaulle en fit son champagne de prédilection.

- **Champagne Brut Nature pinot noir NM** | Non dosé | 2019>22 | 35,50 € — 16,5
- **Champagne Brut Nature pinot noir NM** | Brut | 2019>22 | 38 € — 14,5
- **Champagne La Grande Sendrée 2008** | Brut | 2019>28 | 82 € — 17
- **Champagne Millésime d'Exception 2013** | Brut | 2019>25 | 41,50 € — 17,5
- **Champagne Réserve de l'Oenothèque 2002** | Brut | 2019>25 | 79 € — 18

Rue des Vignes, 10200 Urville • Tél. 03 25 27 40 15 • info@champagne-drappier.com • www.champagne-drappier.com • Visite : ouvert du lundi au samedi de 8h00 à 12h00 et de 14h00 à 18h00.

CHAMPAGNE HERVÉ DUBOIS

★☆☆☆☆

Hervé Dubois est l'actuel représentant d'une vieille famille de vignerons, lançant sa propre marque en 1981. Il exploite aujourd'hui une surface de 7,5 hectares de vignes, dont 4,5 hectares à Avize, 0,5 hectare de chardonnay en montagne de Reims et 1,5 hectare de pinot noir et meunier en vallée de la Marne. Le style des vins conviendra aux amateurs de champagnes rafraîchissants, de plaisir immédiat.

- **Champagne Brut réserve Blanc de Blancs NM** | Brut | 2018>19 | 17,90 € — 14
- **Champagne Cuvée Tradition NM** | Brut | 2018>21 | 16,20 € — 13,5
- **Champagne Millésimé 2011** | Brut | 2018>22 | 19,30 € — 14

67 rue Ernest Vallé, 51190 Avize • Tél. 03 26 57 52 45 • champagne.dubois@gmail.com • www.champagne-herve-dubois.com • Visite : de préférence sur rendez-vous.

CHAMPAGNE FLORENCE DUCHÊNE

☆☆☆☆☆

Originaire par sa mère des Philippines, Florence Duchêne met le nom de certains dieux orientaux sur ses étiquettes. Le karma des cuvées rassemble de nombreux adeptes. Di-mangan a retenu notre attention.

- **Champagne Di Mangan NM** | Extra-brut | 2017>18 | 21 € — 14
- **Champagne Réserve NM** | Brut | 2018>19 | 19 € — 13,5

118, rue de la pierre de ville, 51480 Cumières • Tél. 03 26 55 56 19 ou 06 31 98 24 39 • contact@champagne-florence-duchene.com • www.champagne-florence-duchene.com • Visite : sur rendez-vous.

DUVAL-LEROY

★★★☆☆

Sous la conduite énergique et passionnée de Carol Duval, désormais épaulée par ses fils, cette maison installée depuis 1859 à Vertus, dans la côte des Blancs, n'a cessé d'élever son niveau d'exigence. Le vignoble en propre est très important, couvrant 200 hectares avec une belle proportion de grands crus. Cela représente un tiers des besoins de la maison, qui achète par ailleurs beaucoup de raisins et produit chaque année 5 millions de bouteilles. La chef de cave est également une femme, Sandrine Logette-Jardin. Les vins sont francs et précis. Il faut également découvrir ses très intéressantes cuvées parcellaires, réalisées avec beaucoup de précision. La cuvée femme-de-champagne, millésimée, à 95 % chardonnay, vinifiée de façon parcellaire en fût de chêne et vieillie en cave pendant neuf ans, est la grande cuvée de la maison.

- **Champagne Brut Premier Cru NM** | Brut | 2019>21 | 53,23 € — 15
- **Champagne Brut Réserve NM** | Brut | 2019>20 | 35,36 € — 14,5
- **Champagne Grand Cru Femme de Champagne NM** | Brut | 2019>24 | 81,68 € — 17
- **Champagne Premier Cru NM** | Extra-brut | 2019>23 | 43,44 € — 15
- **Champagne Premier Cru Clos des Bouveries 2006** | Brut | 2019>20 | 92,78 € — 16,5

69, avenue de Bammental, 51130 Vertus • Tél. 03 26 52 10 75 • champagne@duval-leroy.com • www.duval-leroy.com • Visite : sur rendez-vous du lundi au vendredi.

CHAMPAGNE EGLY-OURIET

★★★★★

À la tête de 12 hectares dont 10 classés en grand cru sur Verzy, Verzenay et Bouzy, Francis Egly, dans un style qui est devenu un classique, continue de représenter l'excellence champenoise, tant dans ses équilibres et sa finesse que dans sa complexité. On aime l'extraordinaire blanc de noirs non millésimé, d'une richesse de constitution unique, et le coteaux-champenois, sans doute le meilleur de la Champagne d'aujourd'hui, à égalité peut-être avec celui du Champagne Gonet-Medeville. Dès la première cuvée, le très subtil pinot meunier de Vrigny s'affirme dans un style fin, floral et scintillant. Le non-millésimé s'affiche aujourd'hui encore comme l'une des meilleures entrées de gamme de toute la Champagne. Enfin, le VP est peut-être la seule cuvée que nous aimerions moins riche et plus tonique. Un détail au regard du niveau global de la gamme.

- **Champagne Grand Cru Tradition NM** | Brut | 2018>20 | NC — 16
- **Champagne Premier Cru Les Vignes de Vrigny NM**

| Brut | 2018>20 | NC — 15,5
- **Champagne Vieilles Vignes Grand Cru Les Crayères Blanc de Noirs NM** | Brut | 2018>19 | NC — 18

15, rue de Trépail, 51150 Ambonnay • Tél. 03 26 57 00 70 • contact@egly-ouriet.fr • Visite : sur rendez-vous.

CHAMPAGNE CHARLES ELLNER

Maison familiale qui produit 600 000 cols, créée en 1905 et exploitée par la quatrième génération. Elle possède 50 hectares en propriété sur Chouilly, Dizy, Tauxières-Mutry et Barbonne-Fayel. La maison est axée sur le chardonnay qui représente 60 % des volumes produits. Les bouteilles sont maintenues en cave longtemps, le millésime 2011 vient d'arriver sur le marché. Les fermentations malolactiques sont systématiquement évitées pour garder l'acidité naturelle des champagnes. Les dosages ont été réduits pour descendre de 2 à 8 grammes selon les cuvées.

- **Champagne Blanc de Blancs NM** | Brut | 2017>20 | 21,20 € — 16
- **Champagne Carte blanche NM** | Brut | 2019>21 | NC — 15
- **Champagne Grande réserve NM** | Brut | 2019>23 | 19,70 € — 16
- **Champagne Premier cru NM** | Brut | 2019>25 | 20,80 € — 16
- **Champagne Prestige 2006** | Brut | 2019>23 | 26,70 € — 16,5
- **Champagne Qualité extra NM** | Brut | 2019>22 | 17,90 € — 14,5
- **Champagne Séduction 2007** | Brut | 2019>24 | 29,10 € — 17,5

6, rue Côte Legris, 51200 Epernay • Tél. 03 26 55 60 25 • info@champagne-ellner.com • www.champagne-ellner.com • Visite : du lundi au vendredi de 9h à 12h et de 14h à 17h, le samedi matin sur rendez-vous. Fermé le dimanche et les jours fériés

CHAMPAGNE ESTERLIN

Cette cave coopérative, créée en 1948 et basée à Épernay, produit des cuvées d'excellent rapport qualité-prix. Elle compte un peu plus de cent hectares d'approvisionnements, notamment en chardonnay. L'ensemble des vins est vinifié sans fermentation malolactique, ce qui confère à la gamme un supplément de fraîcheur toujours recherché des amateurs. De nets progrès ont été effectués ces dernières années, c'est très encourageant !

25, avenue de Champagne, 51200 Epernay • Tél. 03 26 59 71 52 • contact@champagne-esterlin.fr • www.champagne-esterlin.com • Visite : Du mardi au vendredi de 9h à 18h et le lundi de 13h30 à 18h. Dégustation sur rendez-vous de préférence.

CHAMPAGNE FLEURY

Jean-Sébastien et Benoît Fleury développent une large gamme de vins millésimés hautement savoureux, à partir de 27 hectares de coteaux argilo-calcaires, en culture biodynamique depuis 1989. Les vins sont finement équilibrés, entre un fruit riche et une grande fraîcheur. Tout ici n'est que précision et intransigeance : les millésimés sont tirés sous liège, les dégorgements sont réalisés à la demande et les dosages réajustés. Un détail qui a toute son importance quand on vise l'excellence !

- **Champagne 30 ans de biodynamie NM** | Non dosé | 2018>23 | 52 € — 16
- **Champagne Fleur de l'Europe NM** | Non dosé | 2018>20 | 33 € — 14,5
- **Champagne Sonate Numéro 9 Opus 11 2011** | Extra-brut | 2018>19 | 71 € — 15,5

43, Grande-Rue, 10250 Courteron • Tél. 03 25 38 20 28 • champagne@champagne-fleury.fr • www.champagne-fleury.fr • Visite : sur rendez-vous.

FRÈREJEAN FRÈRES

Jeune maison (elle est née en 2005) installée à Avize, Frèrejean Frères a été créée comme son nom ne l'indique pas tout à fait par trois frères issus de l'une des branches de la dynastie Taittinger. La gamme est naturellement tournée vers des champagnes à dominante chardonnay, bien construits et séducteurs.

- **Champagne Premier cru NM** | Brut | 2019>21 | 39 € — 14
- **Champagne Premier Cru Blanc de Blancs NM** | Brut | 2019>23 | 179 € — 15

66 Rue Pasteur, 51190 Avize • Tél. 03 26 77 81 81 • team@frerejeanfreres.com • www.frerejeanfreres.com • Visite : sur rendez-vous.

CHAMPAGNE GATINOIS

Louis Cheval gère le vignoble familial avec la plus grande application. Il y bichonne ses 7 hectares sur Aÿ avec beaucoup de succès. Les champagnes de belle densité pinotent de la plus belle des façons. Ce sont de bons rapports qualité-prix qui sont en progrès constant sur les derniers millésimes.

- **Champagne Brut Grand Cru Réserve NM** | Brut | 2018>19 | 22,50 € — 15
- **Champagne Brut Grand Cru Tradition NM** | Brut | 2017>18 | 19,50 € — 13,5
- **Champagne Grand Cru 2011** | Brut | 2018>22 | 34 € — 15,5

7, rue Marcel-Mailly, 51160 Aÿ • Tél. 03 26 55 14 26 • contact@champagne-gatinois.com • www.champagnegatinois.com • Visite : sur rendez-vous.

CHAMPAGNE RENÉ GEOFFROY

À la fin des années 1980, lorsque Jean-Baptiste Geoffroy reprend la propriété, l'outil de production de Cumières se révèle vite limité. La délocalisation sur Aÿ est décidée : l'achat en 2006 des locaux de la plus vieille coopérative de Champagne donne de l'oxygène au domaine et une capacité de production en accord avec le nombre de cuvées produites. Désormais, la gamme est solidement construite autour d'une cuvée entrée de gamme expression irréprochable, qui a même évolué vers un profil plus rafraîchissant et dynamique. Le rosé de saignée reste une référence incontournable dans un style sans équivalent. Quant aux millésimes, ils sont fiables dans un style plus vineux. La véritable surprise vient de la magnifique cuvée les-houtrants, dans un style raffiné et harmonieux. Enfin une cuvée issue de vignes complantées qui trouve dans le verre une véritable résonance !

- **Champagne Les Houtrants NM** | Brut | 2018>19 | 120 € — 16,5
- **Champagne Meunier Millésime 2013** | Non dosé | 2018>21 | 56 € — 14
- **Champagne Premier Cru Empreinte 2012** | Brut | 2018>22 | 34 € — 14,5
- **Champagne Premier Cru Expression NM** | Brut | 2019>21 | 26,50 € — 14,5
- **Champagne Rosé de Saignée NM** | Brut | 2018>19 | 36 € — 16
- **Champagne Terre 2006** | Extra-brut | 2018>21 | 65 € — 15
- **Champagne Volupté 2011** | Brut | 2018>22 | 42 € — 15,5

4, rue Jeanson , 51160 Aÿ • Tél. 03 26 55 32 31 • info@champagne-geoffroy.com • www.champagne-geoffroy.com • Visite : sur rendez-vous.

PIERRE GERBAIS

En pleine côte des Bar, dans le petit village de Celles-sur-Ource, non loin de Bar-sur-Seine, cette maison familiale cultive 18,5 hectares sur les coteaux surplombant la vallée de l'Ource, alternant le pinot noir, le chardonnay et le pinot blanc vrai, une rareté devenue symbole et fierté du domaine. Aurélien Gerbais, quatrième génération, assure depuis quelques années les vinifications. Fort d'une expérience dans les plus grands domaines bourguignons, ce jeune vigneron fait preuve d'une rigueur exemplaire à la vigne comme en cuverie. Les derniers millésimes ont, sans équivoque, gagné en précision et sont d'une remarquable profondeur. La cuvée l'originelle est la référence absolue des 100 % pinot blanc.

- **Champagne Grains de Celles NM** | Extra-brut | 2016>17 | 26 € — 14,5
- **Champagne L'Audace Blanc de Noirs NM** | Non dosé | 2016>17 | 32 € — 15,5
- **Champagne L'Originelle Blanc de Blancs NM** | Extra-brut | 2016>17 | 49 € — 16
- **Champagne L'Osmose NM** | Extra-brut | 2018>24 | 32 € — 15,5
- **Champagne Rosé NM** | Brut | 2015>16 | 28 € — 14
- **Champagne Rosé de saignée NM** | Brut | 2018>21 | 38 € — 14,5

13, rue du Pont, 10110 Celles-sur-Ource • Tél. 03 25 38 51 29 • contact@gerbais.com • www.gerbais.com • Visite : Du lundi au vendredi de 9h00 à 12h00 et de 13h30 à 17h30.

CHAMPAGNE PIERRE GIMONNET ET FILS

Didier et Olivier Gimonnet perpétuent le domaine familial, cultivant 30 hectares et 40 parcelles, sur cinq villages de la côte des Blancs, Cuis, Cramant, Oger, Chouilly et Vertus, dont ils s'efforcent de livrer la version la plus pure. La collection d'assemblage des cuvées mono grand cru est une spécialité chez les Gimonnet et fait de ce domaine phare de la côte des Blancs une référence en a matière : « Nous préférons additionner les qualités des différents grands terroirs que de nous cantonner à l'unicité d'un seul, pour nous trop réducteur, nous sommes à contre-courant de la mode ambiante » expliquent en souriant Olivier et Didier Gimonnet.

- **Champagne Chouilly grand cru Blanc de Blancs 2012** | Brut | 2018>22 | 67,50 € — 16,5
- **Champagne Cramant, grand cru Blanc de Blancs 2012** | Brut | 2018>23 | 70 € — 17

- **Champagne Cuis Premier Cru NM** | Brut | 2018>20 | 24,90 € 14,5
- **Champagne Gastronome 2014** | Brut | 2018>20 | 30,50 € 15,5
- **Champagne Œnophile 2008** | Extra-brut | 2017>18 | NC 16
- **Champagne Oger Grand Cru NM** | Brut | 2018>20 | 32,60 € 16
- **Champagne Spécial Club Collection 2008** | Extra-brut | 2018>19 | Epuisé 16
- **Champagne Spécial club, Oger grand cru 2012** | Brut | 2017>19 | Epuisé 17

1, rue de la République, 51530 Cuis • Tél. 03 26 59 78 70 • info@champagne-gimonnet.com • www.champagne-gimonnet.com • Visite : du lundi au vendredi de 9h à 12h30 et de 14h à 18h, le samedi de 9h à 13h sur rendez-vous.

CHAMPAGNE B. GIRARDIN

★☆☆☆☆

Toutes les cuvées de ce domaine familial ont la particularité de porter un nom d'expression musicale, parce que la musique est la seconde passion de Sandrine Girardin. Situé au sud d'Épernay, le vignoble de 6 hectares possède ses principales parcelles sur Mareuil, Mancy, Vitry-en-Perthois et Moussy et livre des vins élégants et gourmands, très faciles d'approche.

- **Champagne Appogiature NM** | Brut | 2018>19 | 20 € 14
- **Champagne Point d'Orgue 2009** | Brut | 2018>20 | 27 € 14,5
- **Champagne Vibrato NM** | Brut | 2018>19 | 29 € 14

14, Grande-Rue, 51530 Mancy • Tél. 03 26 59 70 78 • info@champagne-bgirardin.com • www.champagne-bgirardin.com • Visite : sur rendez-vous.

DOMAINE HENRY GIRAUD

★★★☆☆

À l'écart des modes, Sébastien Le Golvet fait croître de nouveaux rameaux à ce grand arbre majestueux qu'est le domaine Henry Giraud ; il y déroule un créneau de qualité pulvérisant toutes les références existantes en élaborant de grands vins de gastronomie qui prennent l'accent d'Aÿ et du développement durable, avec toute l'intensité propre à ce terroir d'exception.

- **Champagne Blanc de Craie NM** | Brut | 2019>20 | 58 € 16,5
- **Champagne Code noir NM** | Brut | 2019>22 | NC 17,5
- **Champagne Dame Jane NM** | Brut | 2019>22 | 74 € 17
- **Champagne Esprit Nature NM** | Extra-brut | 2020>25 | 42 € 17
- **Champagne Hommage NM** | Extra-brut | 2019>21 | 50 € 16,5
- **Champagne MV NM** | Brut | 2019>22 | 142 € 16,5
- **Champagne MV12 NM** | Brut | 2019>21 | 142 € 17

71, boulevard Charles de Gaulle, 51160 Aÿ • Tél. 03 26 55 18 55 • contact@champagne-giraud.com • Visite : sur rendez-vous.

CHAMPAGNE PHILIPPE GLAVIER

★★☆☆☆

Avec 4,40 hectares situés essentiellement sur Cramant, Le Mesnil, Oger et Avize, ce domaine mérite la plus grande attention de la part de l'amateur. Philippe Glavier hisse ses blancs de blancs à un niveau qualitatif digne des terroirs qui les portent. La-grâce-d'alphaël est très réussi, sur une base de récolte 2015. Quant à la folie-de-cramant, qui s'affiche comme la grande cuvée de la gamme, c'est une réussite totale. En magnum s'il vous plait !

- **Champagne Émotion 2012** | Extra-brut | 2018>20 | 40 € 15,5
- **Champagne Folie de Cramant NM** | Brut | 2016>18 | 85 € 16,5
- **Champagne Grand Cru Génésis NM** | Brut | 2018>19 | 30,50 € 15
- **Champagne La Grâce d'Alphaël Grand Cru NM** | Brut | 2016>17 | 22 € 14,5
- **Champagne La grâce d'Hakamiah NM** | Extra-brut | 2018>19 | 28 € 13,5

82, rue Nestor Gaunel, 51530 Cramant • Tél. 03 26 57 58 86 • info@champagne-philippe-glavier.com • www.champagne-philippe-glavier.com • Visite : sur rendez-vous du lundi au samedi de 10h à 12h et de 14h à 17h.

CHAMPAGNE GODMÉ

★★☆☆☆ 🍀

À cheval sur quatre crus de la montagne de Reims, Verzenay, Verzy, Villedommange et Villers-Marmery, Hugues Godmé conduit depuis 2006 l'intégralité de son vignoble en biodynamie. Réputé dans toute la Champagne pour son expertise viticole, il l'est aussi pour la qualité de ses cuvées restées trop longtemps confidentielles ! Tous ses champagnes sont d'une limpidité remarquable dans leur expression, avec des équilibres subtilement dosés. Cela manque parfois d'apparat, mais c'est peut-être cela qui fait le charme du domaine.

- **Champagne Extra-Brut NM** | Extra-brut | 2018>22 | 28,50 € 15,5
- **Champagne Fins Bois NM** | Extra-brut | 2019>23 | 42 € 14,5
- **Champagne Premier Cru Blanc de Blancs NM**

| Extra-brut | 2018>23 | 31,50 € 16

10, rue de Verzy, 51360 Verzenay • Tél. 03 26 49 41 66 • contact@champagne-hugues-godme.com • www.champagne-hugues-godme.fr • Visite : sur rendez-vous du lundi au samedi.

CHAMPAGNE SABINE GODMÉ

Les champagnes Godmé existent depuis 1930 dans le village grand cru de Verzenay, sur la face nord de la montagne de Reims. Les descendants du fondateur Joseph Godmé ont décidé récemment de se séparer pour construire leur propre marque. Hugues Godmé sous son propre nom et Sabine Guillaume sous la marque Sabine Godmé, dont les premières bouteilles seront commercialisées à partir de la base de récolte 2015. Le brut blanc de noirs (base 2014) s'est crânement distingué en dégustation, c'est une priorité !

- **Champagne Blanc de Noirs NM** | Extra-brut | 2018>20 | 24,50 € 16

1, rue du Phare, 51360 Verzenay • Tél. 03 26 49 45 28 • contact@champagne-godme-sabine.fr • www.champagne-godme-sabine.fr • Visite : du lundi au samedi de 10h à 18h et le dimanche de 10h à 13h

CHAMPAGNE PHILIPPE GONET

Chantal Gonet est l'une des femmes les plus attachantes de la Champagne ; elle forme avec son frère Pierre l'un des duos de choc du Mesnil-sur-Oger, grand cru de la côte des Blancs. Ils produisent sur leurs 19 hectares situés en côte des Blancs des champagnes au style abouti, compromis idéal de gourmandise et de fraîcheur. Ils exploitent également un beau vignoble à Montgueux, sans doute le meilleur terroir de l'Aube pour le chardonnay, qui allège et égaie leur blanc de blancs de base. Les vins sont taillés pour l'apéritif mais certains iront sans difficulté sur la table. Un domaine à la qualité régulière et irréprochable depuis quelques années.

- **Champagne NM** | Brut | 2015>16 | 32 € 14
- **Champagne 3210 NM** | Brut | 2017>18 | 31 € 14,5
- **Champagne Brut, réserve NM** | Brut | 2017>18 | 25 € 13,5
- **Champagne Grand cru Belemnita 2005** | Brut | 2018>19 | 135,50 € 16
- **Champagne Grand Cru Millésimé 2009** | Brut | 2019>23 | 42 € 14,5
- **Champagne Grand Cru Roy Soleil NM** | Brut | 2018>19 | 35,50 € 14
- **Champagne Signature Blanc de Blancs NM** | Brut | 2017>21 | 29 € 14,5
- **Champagne TER blanc NM** | Brut | 2018>19 | 45 € 15
- **Champagne TER noir NM** | Brut | 2018>19 | 40 € 15

1, rue de la Brèche-d'Oger, 51190 Le Mesnil-sur-Oger • Tél. 03 26 57 53 47 • office@champagne-philippe-gonet.com • www.champagne-philippe-gonet.com • Visite : du lundi au vendredi de 8h à 12h et de 14h à 17h. Le week-end sur rendez-vous.

GONET-MÉDEVILLE

Xavier Gonet et son épouse Julie Médeville (châteaux Gillette et Les Justices, entre autres) sont un couple connu du monde viticole. Leur succès ferait presque oublier que leur aventure champenoise n'a qu'une vingtaine années ! Propriétaires de 12 hectares, en partie sur les grands crus Mesnil-sur-Oger, Oger et Ambonnay, ils s'affirment parmi l'élite champenoise dans un style à rebours des champagnes modernes, à la mousse pétillante mais sans finesse ni complexité. Chez les Gonet-Médeville, on élève les vins, on cherche l'harmonie, une mousse crémeuse et des nez complexes. Pour preuve, les millésimes actuellement disponibles sont 2004, 2006 et 2009 ! Une idée de l'excellence champenoise dans ses équilibres, sa finesse et sa complexité que nombre d'amateurs ont tendance à oublier. Un style impénitent mais certainement pas poussiéreux, auquel nous adhérons pleinement !

- **Champagne Ambonnay La Grande Ruelle Extra-Brut 2006** | Extra-brut | 2018>21 | NC 16,5
- **Champagne Champ d'Alouette - Grand Cru Le Mesnil 2004** | Brut | 2019>23 | 87 € 17,5
- **Champagne Cuvée Théophile 2009** | Extra-brut | 2018>24 | NC 18
- **Champagne Grand Cru Blanc de Noirs NM** | Brut | 2018>20 | 32 € 16
- **Champagne Premier cru NM** | Extra-brut | 2018>20 | 36 € 15
- **Champagne Théophile grand cru 2006** | Extra-brut | 2017>18 | 72 € 16,5
- **Champagne Tradition NM** | Brut | 2018>22 | 26 € 15,5
- **Coteaux Champenois Ambonnay Athénaïs 2017** | Sec | 2018>25 | NC 16,5

1, chemin de la cavotte, 51150 Bisseuil-Aÿ • Tél. 05 56 76 28 44 • contact@gonet-medeville.com • www.gonet-medeville.com • Visite : sur rendez-vous.

GOSSET

Plus ancienne maison de vin de la Champagne, fondée à Aÿ en 1584, Gosset est réputée pour ses champagnes vineux, intenses et puissants, à base en grande partie de pinot noir de la vallée de la Marne, vinifiés sans fermentation malolactique. La famille Cointreau a admirablement relancé la maison et affiné son style grâce au travail remarquable du chef de caves Odilon de Varine. Dans cette gamme très complète et brillamment homogène, marquée dès le brut non millésimé grande-réserve par la force et l'intensité des grands noirs du secteur d'Aÿ, on relèvera aussi un grand chardonnay musclé et profond (gosset blanc-de-blancs) et au sommet une cuvée celebris qui a désormais beaucoup gagné en raffinement.

- **Champagne Celebris 2007** | Brut | 2019>26 | 140 € — **17**
- **Champagne Grand Blanc de Blancs NM** | Brut | 2019>23 | 55 € — **17**
- **Champagne Grand Millésime 2012** | Brut | 2019>28 | 57 € — **17**
- **Champagne Grande Réserve NM** | Brut | 2019>23 | 44 € — **16**

12 rue Godart Roger - B.P. 7, 51200 Epernay • Tél. 03 26 56 99 56 • info@champagne-gosset.com • www.champagne-gosset.com • Visite : Du lundi au vendredi de 8h30 à 12h et de 14h à 17h15. Visites sur rendez-vous uniquement pour les professionnels.

CHAMPAGNE GOSSET BRABANT

Réputé depuis des siècles, le terroir d'Aÿ est l'un des plus fabuleux de la Champagne et les Gosset Brabant font partie des plus vieilles familles. Ils produisent sur les 5 hectares de grand cru des cuvées aux expressions accomplies. Dans un style sans concession et vineux, la plupart des cuvées sont recommandables.

- **Champagne Gabriel Grand Cru 2008** | Brut | 2018>20 | Epuisé — **14,5**
- **Champagne Premier Cru NM** | Brut | 2018>19 | 22,50 € — **14**

23, boulevard du Maréchal de-Lattre-de-Tassigny, 51160 Aÿ • Tél. 03 26 55 17 42 • gosset-brabant@wanadoo.fr • www.gosset-brabant.fr • Visite : sur rendez-vous du lundi au samedi.

CHAMPAGNE J.M. GOULARD

Créé en 1978 par Jean-Marie Goulard dans le massif de Saint-Thierry, à l'ouest de Reims, ce domaine regroupe 8 hectares. Depuis 2012 Damien Goulard, le fils de Jean-Marie, est à la tête de l'exploitation. Il apporté nombre d'évolutions importantes, comme le travail des sols et la vinification en barrique. Aujourd'hui les champagnes semblent tirer profit de ce travail. Les équilibres sont maîtrisés et la gourmandise présente dans toutes les cuvées.

- **Champagne La Charme Blanc de Noirs NM** | Brut | 2018>19 | 33 € — **14,5**
- **Champagne La Sereine NM** | Brut | 2019>22 | 27 € — **14**

13, grande Rue, 51140 Prouilly • Tél. 03 26 48 21 60 • contact@champagne-goulard.com • www.champagne-goulard.com • Visite : sur rendez-vous.

CHAMPAGNE HENRI GOUTORBE

René Goutorbe est l'un des bons génies d'Aÿ. Cet ex-pépiniériste s'est constitué un vignoble de 22 hectares, dans un secteur où le pinot noir est roi. Son hôtel de la rue Jeanson, Castel-Jeanson, est l'un des plus en vue de la région, on peut y séjourner et déguster la gamme de ses champagnes, des vins amples et savoureux, faciles d'approche.

- **Champagne Cuvée Prestige Premier Cru NM** | Brut | 2014>16 | 18,35 € — **14**
- **Champagne Grand cru Cuvée millésimée 2009** | Brut | 2019>21 | 21,95 € — **14,5**
- **Champagne Millésime Collection René 2004** | Extra-brut | 2019>21 | 45 € — **14**

9 bis, rue Jeanson, 51160 Aÿ • Tél. 03 26 55 21 70 • info@champagne-henri-goutorbe.com • www.champagne-henri-goutorbe.com • Visite : sur rendez-vous du lundi au samedi de 9h30 à 12h et de 14h à 17h.

CHAMPAGNE GUIBORAT

Figure de proue de Cramant, Richard Fouquet partage sa passion avec Karine, son épouse, tout aussi impliquée dans la bonne marche de ce domaine de 8 hectares de vignes situées sur les communes de Cramant, Chouilly et Mareuil. Ce vigneron patient élabore ses cuvées à partir de trois hectares, à partir d'un triangle formé par Chouilly (2,5 hectares), Cramant (1 hectare) et Oiry (20 ares) qui lui permettent de ciseler une gamme courte et vertueuse, à base de chardonnays et, lorsque l'année est favorable, de quelques pinots noirs et meuniers de la vallée de la Marne. Ici, seul le meilleur est conservé, Richard Fouquet allant même jusqu'à écarter toute une récolte, comme en 2012. « Une expression minimaliste donne le maximum du terroir » dit-il, forgeant de grands champagnes sans malolactique, épurés et ciselés. Avec le terroir du Mont-Aigu sur Cramant et celui des Caurés sur Chouilly, les cuvées millésimées égalent les meilleures du genre. Une signature confidentielle de grande pertinence.

- **Champagne Grand Cru Blanc de Blancs 2011** | Extra-brut | 2018>20 | 52 € — 16,5
- **Champagne Prisme NM** | Extra-brut | 2018>20 | 38 € — 16
- **Champagne Téthys NM** | Extra-brut | 2018>20 | 33 € — 14,5

99, rue de la Garenne, 51530 Cramant • Tél. 03 26 57 54 08 • champagne@guiborat.fr • www.champagne-guiborat.com • Visite : sur rendez-vous.

CHAMPAGNE HENRIOT

★★★★☆

Appartenant au groupe familial éponyme et dirigée par Gilles de Larouzière, la maison produit une gamme de vins purs et élancés. Un chardonnay élégant imprime sa marque aérienne dans la plupart des cuvées, dont un très bon brut non millésimé et un blanc de blancs à la finesse somptueuse. Les connaisseurs doivent aussi découvrir la magnifique cuvée hemera, composée à parts égales de grands crus de pinot noir (Mailly, Verzy, Verzenay) et de chardonnay (Chouilly, Avize, Le Mesnil-sur-Oger). Sous l'impulsion du brillant chef de caves Laurent Fresnet, arrivé en 2006, la maison a franchi un cap.

- **Champagne Brut Millésimé 2008** | Brut | 2019>28 | 69,90 € — 17,5
- **Champagne Brut Rosé NM** | Brut | 2018>24 | 47,50 € — 16,5
- **Champagne Hemera 2005** | Extra-brut | 2019>29 | 169 € — 19
- **Champagne Millésimé 2012** | Brut | 2018>26 | 77,50 € — 18

81, rue Coquebert, 51100 Reims • Tél. 03 26 89 53 00 • contact@champagne-henriot.com • www.champagne-henriot.com • Visite : sur rendez-vous.

CHAMPAGNE MARC HÉBRART

★★★☆☆

Jean-Paul Hébrart est un vigneron passionné et précis qui pratique la lutte raisonnée sur ses 14 hectares où domine le pinot noir sur les secteurs de Mareuil, Avenay Val d'Or et Bisseuil. Les 25 % de chardonnay sont sur les secteurs de Oiry et Chouilly. Le style Hébrart est admirable de régularité, avec de superbes mousses et des bouches en demi-corps qui privilégient l'élégance à la puissance. Une certaine classe qui passe parfois inaperçue tant l'époque va vers ceux qui crient le plus fort ! Domaine hautement recommandable.

- **Champagne Noces de Craie 2015** | Extra-brut | 2018>23 | 40,50 € — 15
- **Champagne Rive Gauche Rive Droite 2012** | Brut | 2018>21 | 51 € — 15,5
- **Champagne Spécial Club 2014** | Brut | 2018>21 | 31 € — 14

8, rue du Pont, 51160 Mareuil sur Aÿ • Tél. 03 26 52 60 75 • champagne.hebrart@wanadoo.fr • Visite : du lundi au vendredi de 9h à 12h et de 13h30 à 17h30 ; de préférence sur rendez-vous.

CHAMPAGNE ANDRÉ HEUCQ

★☆☆☆☆

André Heucq est un vigneron expérimenté qui a toujours produit des champagnes de qualité plutôt adressés à une clientèle particulière. Depuis quelques années, une nouvelle gamme a été créée pour les professionnels. Cela a été l'occasion de nombreux changements. Ses enfants, Fanny et Alexandre, aident désormais leur père sur l'aval tandis que celui-ci retrouve le sien dans les vignes ! Une forme de retour aux sources pour André Heucq, qui en a profité pour construire un chai entièrement écologique et engager son vignoble en biodynamie. À la vigne, c'est le meunier qui domine, au chai c'est le bois, avec des vinifications en barrique suivies d'un vieillissement sous liège. À la dégustation, les champagnes sont fins, stylés, plutôt de demi-corps. On ne cherche pas la puissance chez les Heucq, mais la juste proportion. Les finales sont dynamiques, avec cette signature saline et épicée que certains verront comme la signature des argiles vertes de Cuisles. Toujours est-il que la qualité et le style sont bien là et c'est un plaisir de voir ce domaine à ce niveau !

- **Champagne Blanc de Meunier NM** | Extra-brut | 2018>21 | NC — 14
- **Champagne Les Roches 2014** | Non dosé | 2018>22 | NC — 15
- **Champagne Rosé de Meunier phase I NM** | Extra-brut | 2018>22 | NC — 13,5

9, rue Eugène Moussé, 51700 Cuisles • Tél. 03 26 58 10 08 • andre.heucq@wanadoo.fr • www.champagne-heucq.com

CHAMPAGNE OLIVIER HORIOT

★★★☆☆ ♣

Sur leur domaine de 8,5 hectares, Marie et Olivier Horiot forment le couple le plus sympathique et le plus compétent des Riceys. Ils n'ont pas attendu la mode du parcellaire pour en produire, à l'instar de l'excellent en-barmont. Ils n'ont pas attendu non plus pour cultiver les cépages oubliés qui entrent dans l'assemblage de la réputée cuvée 5-sens. Cela étant dit, si l'imagination n'a jamais manqué au couple Horiot, il a fallu attendre quelques années pour voir le style s'affiner et devenir moins « vin » et plus « champagne ». Une forme de maturité se ressent aujourd'hui dans les cuvées : moins démonstratives, elles sont désormais mieux proportionnées. La présence de Marie Horiot en cave est peut-être un début d'explication... Toujours est-il que ce domaine prouve avec brio que les Riceys ont de beaux jours devant eux !

- **Champagne 5 Sens 2012** | Non dosé | 2019>26 | 58 € — 16,5
- **Champagne Métisse NM** | Extra-brut | 2019>26 | 32 € — 16

25, rue de Bise, 10340 Les Riceys • Tél. 03 25 29 32 16 • champagne@horiot.fr • www.horiot.fr • Visite : sur rendez-vous.

HURÉ FRÈRES

★★☆☆☆

Le domaine de Pierre (ingénieur en viticulture) et François Huré (œnologue) se situe à Ludes, à l'est de la montagne de Reims. Il est constitué d'une dizaine d'hectares sur, principalement, les villages de Ludes et Villedommange. Fort d'une histoire familiale de 50 ans, les frères Huré ont pu s'engager avec passion dans une production de qualité dont la philosophie repose tout aussi bien sur le matériel végétal que sur le travail en cave. Une tendance presque à contre-courant de celle qui consiste à parler de ses vignes sans se préoccuper de sa cave ! Le résultat de cette philosophie à rebours est indiscutablement une réussite, et ce sur l'ensemble de la gamme. Le style cristallin et tonique trouve notre totale adhésion. On est toujours « champagne » sans oublier le vin. Cela semble évident, malheureusement il est de plus en plus difficile de trouver ces deux dimensions dans la même bouteille. Les Huré, eux, ont tout compris.

- **Champagne Brut Invitation NM** | Brut | 2017>18 | 28 € — 15
- **Champagne Inattendue 2013** | Brut | 2018>22 | 36 € — 15
- **Champagne Insouciance NM** | Brut | 2016>17 | 32 € — 14
- **Champagne Instantané 2010** | Extra-brut | 2018>20 | 33,50 € — 14,5
- **Champagne Mémoire NM** | Extra-brut | 2016>23 | 52 € — 16
- **Champagne Quatre éléments - Chardonnay NM** | Extra-brut | 2018>21 | 68 € — 16,5
- **Champagne Quatre éléments - Pinot Meunier NM** | Brut | 2016>17 | 68 € — 16
- **Champagne Quatre éléments - Pinot Noir NM** | Extra-brut | 2018>22 | 68 € — 16

2, impasse Carnot, 51500 Ludes • Tél. 03 26 61 11 20 • hure-freres@wanadoo.fr • www.champagne-hure-freres.com • Visite : sur rendez-vous.

CHAMPAGNE ANDRÉ JACQUART

★★☆☆☆

Sur les 23 hectares du domaine, 16 sont situés sur Vertus et au Mesnil-sur-Oger, en pleine côte des Blancs. Depuis 2004, Benoît et Marie Doyard ont repris la propriété familiale créée en 1958 par leur grand-père André Jacquart, qui a donné son nom au domaine. Il faut spécifier que l'arrière-grand-père Doyard est à l'origine du CIVC (l'interprofession champenoise). Les cuvées produites affichent une tension stylée qui exprime avec fidélité et précision la race des terroirs de Vertus et du Mesnil. Saluons le très beau mesnil 2008, un modèle du genre.

- **Champagne Expérience - Premier Cru Blanc de Blancs NM** | Brut | 2018>20 | 28 € — 14
- **Champagne Grand Cru Mesnil Nature NM** | Brut | 2018>20 | 45 € — 15
- **Champagne Le Mesnil Millésime Expérience Blanc de Blancs 2009** | Brut | 2018>23 | 60 € — 15

63, avenue de Bammental, 51130 Vertus • Tél. 03 26 57 52 29 • marie.doyard@andrejacquart.com

• www.andrejacquart.com • Visite : Du lundi au vendredi de 9h30 à 12h et de 14h à 17h30 ; le week-end sur rendez-vous.

CHAMPAGNE JACQUESSON

Cette vieille maison, reprise en 1974 par les frères Chiquet, Laurent et Jean-Hervé, est devenue progressivement le porte-drapeau du champagne de connaisseurs, traduisant avec une incroyable fidélité le potentiel des terroirs qu'elle illustre, limitant les dosages au strict minimum, faisant vieillir ses cuvées le temps qu'il faut avant de les proposer à la vente. On ne saurait trop recommander toutes les cuvées de la maison aux amateurs de grands champagnes vineux, intenses, racés mais surtout de haute saveur ! Chaque nouvelle cuvée non millésimée porte un nouveau nombre (actuellement 742), rappelant ainsi qu'elle est le fruit d'un nouvel assemblage ; tandis que Jacquesson propose aussi trois cuvées parcellaires de grand caractère, issues de ses vignes de Dizy (corne-beautray, chardonnay), Aÿ (vauzelle-terme, pinot noir) et Avize (champ-caïn, chardonnay). Incontournable !

- **Champagne 742 NM** | Extra-brut | 2019>30 | 45 € — 17,5
- **Champagne Avize - Champ Caïn 2008** | Brut | 2021>30 | 145 € — 17,5
- **Champagne Aÿ - Vauzelle Terme 2008** | Brut | 2022>30 | 145 € — 19
- **Champagne Dizy Premier Cru Corne-Bautray 2008** | Brut | 2019>28 | 175 € — 19

68, rue du Colonel-Fabien, 51530 Dizy • Tél. 03 26 55 68 11 • info@champagnejacquesson.com • www.champagnejacquesson.com

CHAMPAGNE JANISSON-BARADON

Implanté sur les hauteurs d'Épernay, le domaine Janisson-Baradon est dirigé par Richard Janisson et ses deux fils Maxence et Cyril. Le vignoble comporte 9 hectares de coteaux qui cernent la capitale du champagne, menés avec soin et attention. Les Janisson ont modernisé intelligemment le style de leurs vins et cette année encore, les sélections parcellaires ont dominé la dégustation, avec des champagnes au caractère affirmé qui conservent la souplesse du secteur. Une valeur sûre.

- **Champagne Cuvée 7C NM** | Brut | 2018>20 | 49 € — 14,5
- **Champagne Les Conges 2012** | Extra-brut | 2018>20 | 56 € — 15,5
- **Champagne Toulette 2008** | Brut | 2018>19 | Epuisé — 15,5
- **Champagne Tue-Bœuf 2012** | Brut | 2018>19 | 56 € — 15,5

2, rue des Vignerons, 51200 Epernay • Tél. 03 26 54 45 85 • info@champagne-janisson-baradon.com • www.champagne-janisson-baradon.com • Visite : du lundi au samedi de 10h à 17h, également le dimanche d'avril à octobre.

CHAMPAGNE JEAUNAUX-ROBIN

Cyril Jeaunaux est sûrement l'un des meilleurs vignerons de Talus-Saint-Prix. Sur ce terroir plutôt froid, il exploite 4,5 hectares de vignes dans la vallée du petit Morin, dont 60 % sont dédiés au meunier, et 1,5 hectare dans la côte des Bar. Ce sympathique vigneron produit une gamme solide de champagnes aromatiques et rafraîchissants, avec cette capacité remarquable en fin de bouche de relancer la dégustation sur un fruit juteux et sapide. Un style très séduisant, à prix doux.

- **Champagne Brut Les Grands Nots 2007** | Brut | 2018>21 | 68 € — 14,5
- **Champagne Éclats de Meulière NM** | Extra-brut | 2018>19 | 29 € — 14
- **Champagne Fil de brume, Brut nature NM** | Brut | 2017>18 | 36 € — 14
- **Champagne Le Rosé de Saigné NM** | Brut | 2018>19 | 39 € — 14
- **Champagne Le Talus de Saint-Prix NM** | Brut | 2010>20 | 33 € — 14

1, rue de Bannay, 51270 Talus-Saint-Prix • Tél. 03 26 52 80 73 • cyril@champagne-jr.fr • www.champagne-jr.fr • Visite : du lundi au samedi de 9h à 12h et de 14h à 18h (jusqu'à 19h le samedi), le dimanche de 10h à 12h.

JOSEPH PERRIER

Cette petite maison de Châlons-en-Champagne est toujours dirigée par les descendants de Joseph Perrier, les Fourmon. Le vignoble compte 21 hectares qui couvrent un quart des besoins de la maison, avec notamment de très belles parcelles à Cumières, et d'étonnantes caves de plain-pied creusées dans la colline, longues de 3 kilomètres. Le brut non millésimé est assurément l'un des meilleurs de sa catégorie, tout comme l'excellent blanc de blancs. La rare cuvée joséphine, qui associe superbement saveur et raffinement, complète un remarquable tableau.

- **Champagne Esprit de Victoria 2010** | Brut | 2019>24 | 73,50 € 16,5
- **Champagne Esprit de Victoria Blanc de Blancs 2010** | Extra-brut | 2019>23 | 73,50 € 17
- **Champagne Joséphine 2008** | Brut | 2019>30 | 110,85 € 18,5
- **Champagne Royale Blanc de Blancs NM** | Brut | 2019>23 | 40,10 € 16
- **Champagne Royale Rosé NM** | Brut | 2019>22 | 46,80 € 16,5
- **Champagne Vintage 2008** | Brut | 2019>27 | 50 € 16,5

69, avenue de Paris - B.P. 31, 51016 Châlons-en-Champagne • Tél. 03 26 68 29 51 • contact@josephperrier.fr • www.josephperrier.com • Visite : du lundi au jeudi de 8h à 12h et de 14h à 18h et le vendredi de 8h à 12h et de 14h à 17h.

KRUG

★★★★★

La maison, fondée en 1843 à Reims, appartient depuis 1999 au groupe LVMH. Elle est la plus brillante illustration de l'art de l'assemblage champenois et à ce titre, figure au sommet de l'appellation, rarement égalée. Jouant avec une maîtrise des cépages, des origines et des années, Krug affirme un style très caractéristique, reconnaissable entre tous, dans l'ensemble de ses vins. La grande-cuvée, le vin phare de la maison, incorpore une forte proportion de vins de réserve longuement vieillis (jusqu'à 15 ans). La maison propose aussi un millésime, rebaptisé collection lorsqu'il est dégorgé récemment, et deux cuvées mono-cru et monocépage, le très intense et profond clos-du-mesnil en chardonnay (depuis 1979) et le clos-d'ambonnay en pinot noir, depuis 2008. Chaque bouteille est distinguée par un Krug ID, un code qui permet de découvrir l'histoire et l'identité de chaque flacon servi sur une application et un site dédiés, ce qui est d'autant plus utile que chaque nouveau tirage depuis la création de la grande-cuvée est désormais numéroté (nous en sommes à la 167e édition), ce qui permet de retrouver toutes les informations de son profil d'assemblage.

- **Champagne 23ème Édition NM** | Brut | 2019>25 | NC 18
- **Champagne Grande Cuvée 162ème édition NM** | Brut | 2019>29 | NC 19
- **Champagne Grande Cuvée 167ème édition NM** | Brut | 2018>22 | NC 19
- **Champagne Vintage 2006** | Brut | 2019>29 | NC 18,5

5, rue Coquebert, 51100 Reims • Tél. 03 26 84 44 20 • krug@krug.fr • www.krug.com

CHAMPAGNE JM LABRUYÈRE

★★★☆☆

Présente sur le Beaujolais, la Bourgogne et Pomerol, la famille Labruyère croit beaucoup au potentiel de ses 5,5 hectares de grands crus situés sur le secteur très qualitatif de Verzenay. Et pour cause, les Rochelles, les Champs Saint-Martin ou encore les Potences comptent parmi les belles parcelles du domaine. Deux cuvées à dominante de pinot noir et un blanc de blancs composent la gamme dans un style élégant et exploitant pleinement la puissance et la race du grand cru Verzenay. L'entrée de gamme prologue en est l'exemple le plus évident. Un beau domaine à suivre de près.

- **Champagne Anthologie NM** | Brut | 2018>19 | 45,50 € 14
- **Champagne Page Blanche Blanc de Blancs NM** | Brut | 2018>19 | 56,50 € 14,5
- **Champagne Prologue NM** | Brut | 2018>19 | 36,80 € 15

1 Rue Veuve Pommery, 51360 Verzenay • Tél. 03 26 49 40 94 • info@champagne-labruyere.com • www.champagne-labruyere.com • Visite : Sur rendez-vous du lundi au vendredi de 9h à 16h30.

CHAMPAGNE LACOURTE GODBILLON

☆☆☆☆☆

Ce domaine familial situé sur Écueil produit des vins élégants, aux textures glissantes. Les aromatiques sont assez simples mais le charme immédiat. Une adresse à surveiller.

- **Champagne Les Chaillots 2013** | Extra-brut | 2019>23 | 84 € 14,5
- **Champagne Mi-Pentes NM** | Extra-brut | 2018>19 | 33 € 14

16 rue des Aillys, 51500 Ecueil • Tél. 03 26 49 74 75 • contact@champagne-lacourte-godbillon.com • www.champagne-lacourte-godbillon.com • Visite : sur rendez-vous.

CHAMPAGNE BENOÎT LAHAYE

★★★★☆ ♣

Benoît Lahaye est l'un des vignerons les plus doués de sa génération. Installé sur Bouzy, il est maintenant rejoint par ses fils Étienne et Valentin. Il possède ainsi 4,5 hectares de vignes conduites en biodynamie, avec l'aide de sa jument Tamise et du chien Bacchus. Les vins sont d'une parfaite harmonie, dans une vibration optimale entre le fruit et les composants du vin. Au brut vinifié sans soufre et non dosé, à la cuvée naturessence, mi-chardonnay mi-pinot noir, de grande complexité, s'ajoute cette année une cuvée parcellaire, le jardin-de-la-grosse-pierre, à partir d'une complantation datant de 1923. Un domaine hautement recommandable, dont tous les amateurs devraient s'emparer !

- **Champagne Blanc de Noirs NM** | Brut | 2018>19 | **env. 40 €** — 16,5
- **Champagne Violaine NM** | Brut | 2018>19 | **env. 63 €** — 17

33, rue Jeanne-d'Arc, 51150 Bouzy • Tél. 03 26 57 03 05 • lahaye.benoit@orange.fr
• Visite : sur rendez-vous.

CHAMPAGNE LAHERTE FRÈRES

★★★☆☆

En 1889, Jean Baptiste Laherte fonde le domaine familial et plante l'essentiel des vignes sur les terres du village de Chavost, futur Chavot, au sud d'Épernay. Au fil des générations, le domaine s'agrandit pour compter aujourd'hui un peu plus de 11 hectares. Depuis 2005, Aurélien Laherte, septième génération, apporte un souffle nouveau, sous le regard bienveillant de son père Thierry et de son oncle Christian. Sur les coteaux sud d'Épernay, la côte des Blancs et la vallée de la Marne, Aurélien pratique une viticulture exemplaire et s'en voit récompensé : les vins partagent tous cette densité remarquable et une tonicité jamais austère. L'élevage en barrique est l'autre caractéristique du domaine, qui démontre un véritable savoir-faire en la matière. L'ensemble de la gamme est hautement recommandable.

- **Champagne Grand Cru Blanc de Blancs NM** | Extra-brut | 2016>17 | **33 €** — 14,5
- **Champagne Les Empreintes 2012** | Extra-brut | 2018>26 | **39 €** — 16,5
- **Champagne Les Grandes Crayères Blanc de Blancs 2014** | Extra-brut | 2018>26 | **41 €** — 15,5
- **Champagne Les Longues Voyes NM** | Extra-brut | 2018>19 | **41 €** — 15,5
- **Champagne Les Vignes d'Autrefois 2014** | Brut | 2018>26 | **41 €** — 16
- **Champagne Ultradition NM** | Brut | 2017>19 | **26,50 €** — 14,5

3, rue des Jardins, 51530 Chavot • Tél. 03 26 54 32 09 • contact@champagne-laherte.com
• www.champagne-laherte.com • Visite : sur rendez-vous uniquement.

CHAMPAGNE JEAN LALLEMENT ET FILS

★★★☆☆

Jean Lallement exploite 4,5 hectares, dont une grande partie sur le terroir béni de Verzenay. On tient là l'un des meilleurs rapports qualité-prix du secteur, avec des vins qui expriment leur plénitude terrienne au bout de quelques années. Ce sont de grands vins de gastronomie, vineux et dosés de façon harmonieuse, avec une puissance racée.

- **Champagne Grand Cru Réserve NM** | Brut | 2018>19 | **20 €** — 15
- **Champagne Grand Cru Tradition NM** | Brut | 2018>19 | **18 €** — 15
- **Champagne Réserve Rosée Grand Cru NM** | Extra-brut | 2018>19 | **22 €** — 14,5

1, rue Moët-et-Chandon, 51360 Verzenay • Tél. 03 26 49 43 52 • alex.lallement@orange.fr
• www.champagne-jean-lallement.fr • Visite : sur rendez-vous.

CHAMPAGNE LALLIER

★★★☆☆

Cette petite maison basée à Aÿ, dirigée depuis 2004 par Francis Tribaut, un Champenois passionné, est la nouvelle étoile montante du vignoble. Elle ne produit que des champagnes grands crus, hormis le rosé qui est tout de même un premier cru, et de faible dosage. Évidemment, les approvisionnements proviennent essentiellement d'Aÿ, avec un complément de chardonnays d'Avize et de Cramant. Les bruts sans année indiquent désormais sur leur étiquette la base de récolte qui les compose. Une adresse précieuse, à découvrir.

- **Champagne Grand Cru Ouvrage NM** | Brut | 2019>25 | **60 €** — 17
- **Champagne Grande Réserve NM** | Brut | 2019>22 | **28,80 €** — 15
- **Champagne R.015 NM** | Brut | 2019>23 | **35 €** — 15

4, place de la Libération, 51160 Aÿ • Tél. 03 26 55 43 40 • contact@champagne-lallier.fr •
www.champagne-lallier.com • Visite : du lundi au samedi de 10h à 12h et de 14h à 17h.
Fermé le samedi de janvier à avril et jours fériés.

CHAMPAGNE LANCELOT-PIENNE

★★★☆☆

Gilles Lancelot exploite 8,30 hectares sur la côte des Blancs et la vallée de la Marne. Cet œnologue de formation dirige la maison familiale vieille de plus d'un siècle depuis 2005. Dans un style très épuré, aux expressions aromatiques d'une grande pureté, le style Lancelot est un subtil mélange de texture et de fraîcheur qui ne durcit jamais le fruit. Une qualité indispensable quand on travaille le chardonnay sur craie ! Les entrées de gamme sont irréprochables et accessibles tandis que la cuvée phare marie-lancelot possède toute la profondeur que l'on attend du grand cru Cramant.

- **Champagne Accord Majeur NM** | Brut | 2018>19 | 26 € — 13,5
- **Champagne Grand Cru La Table Ronde Blanc de Blancs NM** | Extra-brut | 2017>18 | 30 € — 15
- **Champagne Grand Cru Marie Lancelot Blanc de Blancs 2013** | Brut | 2018>26 | 45 € — 16,5
- **Champagne Instant présent Blanc de Blancs NM** | Brut | 2018>19 | 26 € — 14
- **Champagne Perceval 2013** | Brut | 2018>25 | 40 € — 16
- **Champagne Rose Délice NM** | Brut | 2016>17 | 25,40 € — 14

1, place Pierre-Rivière, 51530 Cramant • Tél. 03 26 59 99 86 • contact@champagne-lancelot-pienne.fr • www.champagne-lancelot-pienne.fr • Visite : uniquement sur rendez-vous, du lundi au vendredi de 9h à 12h et de 14h à 18h, le samedi de 10h à 12h et de 14h à 17h, le dimanche de 10h à 12h.

LANSON

Fondée en 1760, cette ancienne maison installée à Reims a acquis un beau vignoble. Avec un nouveau chef de caves depuis 2015, Hervé Dantan, la maison conserve son style très droit mais abandonne le principe du « jamais de fermentation malolactique », qui rendait parfois les champagnes jeunes un rien stricts. Le black-label offre une belle personnalité croquante et remarquablement équilibrée. Le reste de la gamme est d'un très bon ensemble et témoigne du retour au plus haut niveau d'une maison de grande tradition. Un bel ensemble sérieux.

- **Champagne Clos Lanson 2007** | Brut | 2019>30 | 195 € — 17
- **Champagne Green Label NM** | Brut | 2020>23 | 39 € — 16
- **Champagne Rosé Label NM** | Brut | 2019>20 | 32 € — 15
- **Champagne Vintage Collection 2002** | Brut | 2019>28 | 90 € — 17,5

66, rue de Courlancy, 51100 Reims • Tél. 03 26 78 50 50 • info@lanson.com • www.lanson.com • Visite : du lundi au vendredi de 9h à 12h30 et de 13h30 à 18h.

CHAMPAGNE LARMANDIER-BERNIER

Pierre et Sophie Larmandier, désormais accompagnés de leur fils Arthur, cultivent 16 hectares (couvrant 50 parcelles) en biodynamie depuis plus de vingt ans. Peu de domaines viticoles, toutes régions confondues, peuvent se targuer d'une telle régularité à ce haut niveau. Exception faite de l'effet millésime, la gamme est d'année en année remarquablement tenue et, s'il fallait le rappeler, à des prix raisonnables. Dans les cuvées mythiques du domaine, vieille-vigne-du-levant est incontestablement une référence de la côte des Blancs. Le style revendique des textures crémeuses et la puissance n'est pas un sujet chez les Larmandier, l'équilibre en revanche est une valeur centrale. Dans cette élégance discrète, l'on trouve souvent ce que la côte des Blancs a de plus beau à offrir. Une adresse prisée, à (re)découvrir sans attendre.

- **Champagne Latitude premier cru brut NM** | Brut | 2014>15 | 38 € — 15
- **Champagne Les Chemins d'Avize 2012** | Extra-brut | 2018>20 | 90 € — 17,5
- **Champagne Longitude NM** | Brut | 2018>19 | 41 € — 15,5
- **Champagne Rosé de Saignée premier cru Extra-Brut NM** | Brut | 2018>19 | 56 € — 16
- **Champagne Terre de Vertus Premier Cru 2012** | Extra-brut | 2018>19 | 54,50 € — 16
- **Champagne Vieille Vigne du Levant, Grand Cru 2009** | Extra-brut | 2018>20 | 75 € — 17

19, avenue du Général-de-Gaulle, 51130 Vertus • Tél. 03 26 52 13 24 • champagne@larmandier.fr • www.larmandier.fr • Visite : sur rendez-vous.

LAURENT-PERRIER

Toujours délicate et raffinée, la signature des champagnes Laurent-Perrier s'appuie aujourd'hui sur une remarquable maturité des vins. Toutes les cuvées, à commencer par le brut la-cuvée, sont proposées quand elles sont véritablement prêtes à être consommées, ce qui n'est pas le cas de toutes les grandes marques. L'ensemble est d'un niveau superbe. Première maison à avoir très tôt développé une cuvée rosé, Laurent Perrier demeure dans ce registre une référence, tandis que grand-siècle est une impeccable et brillante cuvée de prestige, non millésimée mais composée d'un assemblage savant de grands crus de trois années millésimées. Dernièrement, une nouvelle cuvée de blanc de blancs a éclos, fidèle au style maison, élégante et raffinée.

- **Champagne Blanc de Blancs NM** | Brut | 2019>25 | NC — 17
- **Champagne Cuvée Rosé NM** | Brut | 2019>22 | NC — 16,5
- **Champagne Grand Siècle NM** | Brut | 2019>25 | NC — 18
- **Champagne La Cuvée NM** | Brut | 2019>23 | NC — 16,5

32, avenue de Champagne, 51150 Tours-sur-Marne • Tél. 03 26 58 91 22 • www.laurent-perrier.com • Visite : Sur rendez-vous pour les professionnels.

CHAMPAGNE GEORGES LAVAL

Dès 1971, Georges Laval décide de cultiver son jardin de vignes en respectant les valeurs ancestrales et d'adopter le mode de culture biologique. Son fils Vincent poursuit dans cette voie lorsqu'il reprend les 2,5 hectares du domaine, en essayant de regrouper progressivement ses parcelles par des échanges, quitte à être le perdant financier de l'affaire. Visionnaire comme ses aïeux, Vincent Laval est aussi un redoutable vinificateur. Une parfaite connaissance aussi bien empirique que technique lui permet d'accompagner avec bienveillance les processus fermentaires, sans intervention ou presque. Le résultat est toujours remarquable de plénitude et de complexité. Une originalité qui n'est pas gratuite, les convictions nourrissent ici un vrai style, sapide, plein, rafraîchissant et complexe. À déguster au moins une fois.

- **Champagne Premier Cru Les Chênes Brut Nature 2015** | Non dosé | 2018>24 | 150 € — 16,5

16, ruelle du Carrefour, 51480 Cumières • Tél. 03 26 51 73 66 • champagne@georgeslaval.com • www.georgeslaval.com • Visite : sur rendez-vous.

LE BRUN DE NEUVILLE

Sur 148 hectares, la maison Le Brun de Neuville possède des vignes principalement situées dans le Sézannais. L'ensemble des vins séduit par sa souplesse et sa précision aromatique. Ce sont des champagnes d'intensité moyenne, agréables et faciles à boire. Dans un ensemble vaste, on privilégiera les blancs de blancs, tous recommandables.

- **Champagne Athentique NM** | Brut | 2019>21 | 34 € — 14,5
- **Champagne Authentique NM** | Brut | 2019>21 | 32 € — 14
- **Champagne Authentique Blanc de Blancs NM** | Brut | 2019>22 | NC — 15,5
- **Champagne Blanc de Blancs NM** | Brut | 2019>21 | 26 € — 14,5
- **Champagne Blanc de Blancs NM** | Extra-brut | 2018>21 | NC — 16
- **Champagne Grand Vintage 2008** | Brut | 2019>24 | NC — 16,5
- **Champagne Lady de N. NM** | Brut | 2018>21 | 38 € — 14,5
- **Champagne Lady de N. chardonnay Blanc de Blancs NM** | Brut | 2019>22 | NC — 16
- **Champagne Lady de N. fûts de chêne NM** | Brut | 2018>22 | 38 € — 15,5

Route de Chantemerle, 51260 Bethon • Tél. 03 26 80 48 43 • commercial@lebrundeneuville.fr • www.lebrundeneuville.fr • Visite : du lundi au samedi de 9h à 12h et de 14h à 18h.

CHAMPAGNE LECLERC-BRIANT

Cette marque située à Épernay, pionnière de la viticulture bio en Champagne, créée par la famille Leclerc en 1972, a connu une renaissance sous l'égide de Pascal Leclerc Briant dans les années 1990 et 2000. La maison de négoce a été rachetée en 2012 par un couple d'Américains, Mark Nunnelly et Diane Dupré, passionnés de champagne et d'art de vivre à la française. La maison a aujourd'hui trouvé une brillante maturité, complétée par la relance spectaculaire de l'hôtel Royal Champagne. Tous les champagnes, issus d'une viticulture biodynamique, sont de grande personnalité et d'une expression intense et profonde.

- **Champagne NM** | Brut | 2019>21 | 40 € — 16,5
- **Champagne Abyss 2013** | Brut | 2019>25 | 130 € — 17
- **Champagne Hautvillers Premier Cru Les Basses Prières Blanc de Noirs 2014** | Brut | 2019>25 | 115 € — 16,5
- **Champagne La Croisette Blanc de Blancs NM** | Brut | 2019>25 | 115 € — 17
- **Champagne Premier Cru NM** | Extra-brut | 2019>25 | 42 € — 17

67, rue de la Chaude-Ruelle - B.P. 108, 51200 Épernay • Tél. 03 26 54 45 33 • info@leclercbriant.com • www.leclercbriant.com • Visite : du mardi au vendredi de 11h à 12h30 et de 14h à 18h30, le week-end de 11h à 19h.

CHAMPAGNE XAVIER LECONTE

★☆☆☆☆

Alexis Leconte co-dirige avec son père un vignoble constitué d'une quarantaine de petites parcelles réparties sur les villages de Troissy, Dormans, Mareuil-le-Port, Vandières et Aÿ. Chaque sol est considéré selon sa composition et sa capacité à révéler un cépage. Les cuvées alexis, charme-d'anaïs, prestige et la gamme scellés-de-terroirs sont de ce point de vue travaillées de façon parcellaire. Certaines cuvées sortent du lot, en particulier la-croisette, et trahissent un vrai potentiel. Il se trouve que ce sont celles qu'Alexis a réalisées ! À bon entendeur !

- **Champagne HYGGE NM** | Brut | 2018>21 | 34 € — 14,5
- **Champagne L'Héritage de Xavier NM** | Brut | 2017>19 | 20,75 € — 13,5
- **Champagne La Croisette 2013** | Extra-brut | 2018>23 | 40,50 € — 15
- **Champagne Les Reflets de Sylvie NM** | Non dosé | 2018>19 | 23,50 € — 14,5
- **Champagne Scellés de Terroirs 2011** | Extra-brut | 2018>22 | 41,90 € — 14
- **Champagne Signature du Hameau NM** | Brut | 2018>21 | 19,60 € — 14
- **Coteaux Champenois Les Coteaux d'Aimé 2015** | Sec | 2018>20 | 22,50 € — 13,5

7, rue des berceaux Hameau de Bouquigny, 51700 Troissy • Tél. 03 26 52 73 59 • contact@champagne-xavier-leconte.com • www.champagne-xavier-leconte.com • Visite : sur rendez-vous.

CHAMPAGNE MARIE-NOËLLE LEDRU

★★★☆☆

Terrienne au caractère bien trempé, déployant une énergie de chaque instant, Marie-Noëlle Ledru est l'une des icônes d'Ambonnay. Malgré le temps qui passe, elle continue de s'épanouir dans sa passion de vigneronne et produit des cuvées d'un naturel confondant, à partir des 2,5 hectares qu'elle cultive comme un jardin. Les vins sont excellents de naturel, de puissance et d'harmonie, traduisant ce qu'on attend du grand cru Ambonnay.

- **Champagne Brut nature, Grand cru 2008** | Brut | 2016>18 | NC — 15,5
- **Champagne Extra-Brut Grand Cru NM** | Brut | 2018>20 | NC — 14,5
- **Champagne Grand Cru cuvée du Goulté Blanc de Noirs 2012** | Brut | 2018>19 | NC — 15

5, place de la Croix, 51150 Ambonnay • Tél. 03 26 57 09 26 • info@champagne-mnledru.com

CHAMPAGNE VALENTIN LEFLAIVE

★★☆☆☆

Olivier Leflaive, vigneron bourguignon, s'est associé avec Érick De Sousa, un ami de la famille, afin de produire une petite gamme de champagnes soignée et percutante. L'idée de dupliquer le savoir-faire de la maison de Sousa, par des achats de raisins issus exclusivement de la côte des Blancs, principalement sur Avize, était toute trouvée pour préserver le lien avec le chardonnay de la côte de Beaune. Tous les aspects techniques sont gérés par une équipe pilotée par Érick De Sousa. Sur la délicatesse, tout en tension calcaire, ce premier blanc de blancs sera bientôt rejoint par un rosé et une cuvée prestige réalisée uniquement lors des années exceptionnelles. À suivre !

- **Champagne NM** | Extra-brut | 2017>18 | 49 € — 14,5
- **Champagne Blanc de Blancs NM** | Extra-brut | 2018>19 | 47 € — 15

8, rue du marché, 51190 Avize • Tél. 03 80 21 37 65 • contact@valentin-leflaive.com • www.valentin-leflaive.com • Visite : du lundi au samedi de 9h à 19h.

CHAMPAGNE LEGRAS ET HAAS

★★☆☆☆

François Legras et Brigitte Haas se sont rencontrés en 1967, leur passion commune pour la vigne et le vin est à l'origine de la maison Legras & Haas, fondée à Chouilly en 1991. Depuis le début de ce siècle, Rémi, Jérôme, Olivier, leurs enfants, animés par la même passion, sont à la tête de la maison et s'emploient à construire une démarche durable de qualité. Le style a beaucoup évolué depuis quelques années vers une expression plus précise et plus fraîche. La gamme aussi a suivi, avec une offre plus large, sans perdre en cohérence sur les différentes qualités proposées. Un travail long et difficile qui nous semble trouver aujourd'hui une maturité accomplie pour les amateurs de la maison et ceux qui recherchent des champagnes élégants, frais, d'une qualité irréprochable. Une maison recommandable.

- **Champagne Exigence N°9 NM** | Extra-brut | 2018>23 | 52,30 € — 16,5
- **Champagne Grand Cru Chouilly Blanc de Blancs NM** | Brut | 2018>21 | 33,20 € — 14,5
- **Champagne Grand Cru Chouilly Blanc de Blancs NM** | Extra-brut | 2018>21 | 36,70 € — 15

- **Champagne Grand Cru Chouilly Les Sillons Blanc de Blancs 2013** | Brut | 2018>22 | 77,30 € — 16
- **Champagne Grand Cru Chouilly Les Sillons Blanc de Blancs 2012** | Brut | 2018>22 | 77,30 € — 15,5
- **Champagne Intuition NM** | Brut | 2017>21 | 28,30 € — 14
- **Champagne Rosé NM** | Brut | 2018>20 | 31,20 € — 14

9, Grande Rue, 51530 Chouilly • Tél. 03 26 54 92 90 • info@legras-et-haas.com • www.legras-et-haas.com • Visite : du lundi au vendredi de 8h30 à 12h et de 14h à 17h. Le samedi sur rendez-vous.

A.R. LENOBLE

★★★☆☆

Anne et Antoine Malassagne ont repris avec passion la maison familiale en 1993, à la suite de leur père, jetant toute leur énergie et leur talent dans l'exécution de champagnes de grand style, ciselés et énergiques, toujours très peu dosés. Basée à Damery, la maison fait la part belle au chardonnay qui provient du grand cru Chouilly, dont elle possède 10 hectares. Les pinots noirs de Bisseuil (un premier cru où la famille exploite 6 hectares) savent imprimer leur empreinte soit dans la cuvée blanc de noirs, soit en complément du chardonnay dans les assemblages et composent de très belles cuvées d'amateur qui progressent en élégance et en raffinement. Sur Damery, berceau de la maison, sont également cultivés deux hectares de meunier. Récemment, le brut, baptisé intense, a été totalement repensé, les vins de réserve étant désormais vieillis en magnums et bouchés liège, apportant plus de corps et de complexité au champagne. La version actuellement disponible est issue de la base de récolte 2015. Le reste de la gamme est à l'unisson des efforts consentis, offrant précision et plaisir, avec quelques très belles cuvées parcellaires.

- **Champagne Intense NM** | Brut | 2019>20 | 29,60 € — 15,5
- **Champagne Dosage Zéro NM** | Doux | 2019>21 | 31,75 € — 16
- **Champagne Grand Cru Chouilly Blanc de Blancs NM** | Brut | 2019>20 | 35,50 € — 15,5
- **Champagne Grand Cru Chouilly Blanc de Blancs 2008** | Brut | 2020>21 | 52,50 € — 17
- **Champagne Grand Cru Gentilhomme Blanc de Blancs 2009** | Brut | 2019>22 | 67,70 € — 17
- **Champagne Les Aventures Grand Cru NM** | Brut | 2018>21 | 99 € — 17,5
- **Champagne Premier Cru Bisseuil Blanc de Noirs 2012** | Brut | 2019>20 | 52,50 € — 15

35, rue Paul-Douce, 51480 Damery • Tél. 03 26 58 42 60 • contact@champagne-arlenoble.com • www.champagne-arlenoble.com • Visite : sur rendez-vous.

LILBERT-FILS

★☆☆☆☆

Le vignoble Lilbert, exclusivement planté de chardonnay et d'une superficie de 3,50 hectares, s'étend en majorité sur Cramant, suivi de Chouilly et Oiry, tous classés grands crus. Aussi réputé que discret, ce domaine possède une gamme restreinte de trois cuvées. L'entrée de gamme est tout simplement remarquable tandis que les cuvées supérieures sont parfois en-deçà de nos attentes.

- **Champagne grand cru Blanc de Blancs NM** | Brut | 2018>22 | 22,50 € — 15

223, rue du Moutier - B.P. 14, 51530 Cramant • Tél. 03 26 57 50 16 • info@champagne-lilbert.com • www.champagne-lilbert.com • Visite : sur rendez-vous.

CHAMPAGNE LOMBARD

★☆☆☆☆

Cette petite maison a abandonné une course au volume sans grand intérêt pour les amateurs pour se recentrer sur une recherche passionnante d'expression de grands terroirs. Les champagnes proposés sont donc des cuvées de grand cru, soit en assemblage, soit en monocru (Verzenay et Le Mesnil), pas ou très peu dosées et d'une grande intensité. Les cuvées possèdent un style très vineux, profond et intense.

- **Champagne Grand Cru 2008** | Non dosé | 2018>25 | 100 € — 15
- **Champagne Grand Cru Nature NM** | Non dosé | 2018>21 | 45 € — 14

1, rue des Cotelles, 51204 Epernay • Tél. 03 26 59 57 40 • info@champagne-lombard.com • www.champagne-lombard.com • Visite : du lundi au vendredi, de 8h30 à 12h et de 13h30 à 18h. (sauf le vendredi : 13h30 à 16h)

CHAMPAGNE MICHEL LORIOT

★★☆☆☆

Ce domaine installé à Festigny cède la place à un viticulteur singulier : la musique, qui intervient à la vigne où la génodique donne la mesure. Les sons sont diffusés sur deux parcelles pour lutter contre l'esca, maladie du bois provoquée par un champignon. Sur 2013, les résultats semblent probants puisque les parcelles ont vu leur mortalité réduite de 50 à 70 %. En cave, Mozart, Brahms, Beethoven ou Verdi agissent sur les dépôts en modifiant dit-on la structure des levures. Quant aux champagnes, ils sont dominés par le meunier et se montrent tendres et délicats.

- **Champagne Authentic Meunier NM** | Brut | 2018>19 | 29 € **15**
- **Champagne Cuvée Patrimony NM** | Brut | 2018>19 | 29 € **14,5**
- **Champagne Inspiration de Saison 2010** | Brut | 2018>20 | 44 € **15**
- **Champagne Les Sources du Flagot 2007** | Extra-brut | 2018>19 | 46 € **15,5**
- **Champagne Marie Léopold NM** | Sec | 2018>20 | 31 € **14**
- **Champagne Monodie 2008** | Extra-brut | 2018>19 | 56 € **16**
- **Champagne Palmyre NM** | Non dosé | 2018>19 | 31 € **15**

13, rue de Bel-Air, 51700 Festigny • Tél. 03 26 58 34 01 • contact@champagneapollonis.com • www.champagneapollonis.com • Visite : du lundi au vendredi sur rendez-vous de 9h à 11h30 et de 14h à 17h.

CHAMPAGNE NICOLAS MAILLART

★★★☆☆

L'histoire vigneronne des Maillart remonte à 1753. Il existe même un document qui suggère une ascendance bien plus ancienne, une « mesure de vigne » datée de 1533, élaborée par Pierre Maillart, arpenteur-juré à Chamery, pour le compte de l'abbaye de Saint-Nicaise ! Les générations suivantes ont tour à tour rempli leur mission pour transmettre aujourd'hui les responsabilités du domaine à Nicolas Maillart, neuvième génération. Ingénieur et œnologue, Nicolas Maillart est revenu sur l'exploitation en 2003. Il est à la tête d'un vignoble de 18 hectares certifiés HVE, principalement planté en pinot noir (70 %) et réparti sur deux sites : Écueil, premier cru sur la petite montagne de Reims, et Bouzy, grand cru. Une des singularités du vignoble Maillart est sa parcelle franc de pied (sans porte-greffe) plantée en 1973 par son père qui, observant un taux de mortalité inhabituel chez les vignes greffées, décide d'agir à contre-courant. À la cave, la précision est au cœur du style Maillart. Les champagnes sont d'une pureté remarquable, au fruit pulpeux et rafraîchissant. Enfin, depuis 2009, des panneaux photovoltaïques permettent une production équivalant à 90 % de la consommation de l'exploitation.

- **Champagne Brut millésimé premier cru 2012** | Brut | 2018>23 | 35 € **16**
- **Champagne Extra-brut NM** | Extra-brut | 2018>22 | 27 € **15**
- **Champagne Grand Cru NM** | Brut | 2018>19 | 29 € **14**
- **Champagne Mont Martin 2015** | Brut | 2018>24 | 39 € **15,5**

5, rue de Villers-Aux-Noeuds, 51500 Ecueil • Tél. 03 26 49 77 89 • contact@champagne-maillart.fr • www.champagne-maillart.fr • Visite : du lundi au vendredi de 8h30 à 12h et de 14h à 17h. Sur rendez-vous le samedi matin.

MAILLY GRAND CRU

★★★★☆

Coopérative d'excellence, certainement l'une des meilleures de la Champagne, Mailly Grand Cru fait figure de modèle et se distingue par sa petite taille (79 adhérents) et la cohérence de ses produits, revendiquant un fonctionnement domaine et une démarche environnementale engagée. Créée en 1929, elle est située dans la « Montagne Nord », au cœur du village de Mailly, où elle possède 75 hectares de vignes classées en grand cru, ce qui est assez rare (soit un tiers de la surface du dit cru). Les adhérents apportent leurs raisins pour l'élaboration d'une gamme très homogène, de grande exigence, partiellement élevée sous bois, en barriques ou en foudres. L'arrivée de Sébastien Moncuit en 2014 a positivement fait évoluer le style vers une expression plus précise et plus fruitée. À dominante de pinot noir, les vins ont moins de puissance que ceux d'Aÿ ou d'Ambonnay, moins de tension que ceux de Verzenay, mais une finesse plus vite dégagée et un équilibre spécifique qui les rend très harmonieux à tout âge. Les cuvées de prestige de la cave en sont aujourd'hui les expressions les plus abouties et rivalisent aisément avec ce qui se fait de mieux en Champagne.

- **Champagne Composition Parcellaire NM** | Brut | 2019>21 | 40 € **14,5**
- **Champagne Composition Parcellaire 2012** | Extra-brut | 2020>22 | 37 € **16**
- **Champagne Composition Parcellaire Blanc de Pinot Noir NM** | Brut | 2019>20 | 37 € **15,5**
- **Champagne Grand Cru Brut Réserve NM** | Brut | 2019>20 | 32 € **15**
- **Champagne Intemporelle Rosé 2010** | Brut | 2020>21 | 72 € **17,5**
- **Champagne L'Intemporelle 2011** | Brut | 2018>24 | 62 € **16,5**
- **Champagne Les Échansons 2008** | Brut | 2019>27 | 100 € **18,5**

28, rue de la Libération, 51500 Mailly-Champagne • Tél. 03 26 49 41 10 • contact@champagne-mailly.com • www.champagne-mailly.com • Visite : Du lundi au vendredi, de 9h à 12h et de 14h à 18h. Du 1er mai au 15 décembre, le samedi de 10h30 à 17h et le dimanche de 11h à 17h.

MANDOIS

Le vignoble de la maison Mandois, dont le siège est à Pierry, s'étend sur une quarantaine d'hectares et fait la part belle au chardonnay (70 %). Les origines de la maison sont très anciennes (1735) mais c'est véritablement vers 1830 qu'elle prend tout son essor sous l'impulsion de Victor Mandois. C'est pourquoi les cuvées haut de gamme éponymes lui rendent hommage. Depuis peu, c'est Claude Mandois, représentant la neuvième génération familiale, qui préside aux destinées de la maison. Une partie des vins, les grands crus, est élevée sous bois dans des demi-muids de 600 litres.

- **Champagne Blanc de Noirs 2012** | Brut | 2020>23 | 31 € — 15
- **Champagne Brut Origine NM** | Brut | 2019>20 | 26 € — 14
- **Champagne Brut Zéro NM** | Extra-brut | 2019>21 | 33 € — 13,5
- **Champagne Premier Cru Blanc de Blancs 2013** | Demi-sec | 2019>20 | 31 € — 14
- **Champagne Victor 2007** | Brut | 2019>20 | 58 € — 14,5
- **Champagne Vieilles Vignes Victor 2008** | Brut | 2019>20 | 42 € — 17

66, rue du Général de Gaulle, 51530 Pierry • Tél. 03 26 54 03 18 • info@champagne-mandois.fr • www.champagne-mandois.fr • Visite : sur rendez-vous.

CHAMPAGNE MARGAINE

Quatre générations se sont succédé et ont construit l'histoire de cette maison. Depuis 1910, tous se sont impliqués pour construire, pérenniser et développer la marque. La cinquième génération, représentée par Mathilde, est déjà sur le chemin de la connaissance et de l'apprentissage. Cette dernière a pu se construire un univers esthétique riche et varié à travers les voyages, et une culture du vin élargie au-delà des sphères champenoises. Spécialistes du chardonnay de Villers-Marmery, les Margaine développent une gamme où trace cette pointe minérale qui n'est pas sans rappeler le silex. La vinosité du terroir est toujours rattrapée par une excellente fraîcheur. Un domaine hautement recommandable !

- **Champagne Brut Rosé NM** | Brut | 2018>21 | 27,70 € — 14
- **Champagne L'Extra-Brut Premier Cru Blanc de Blancs NM** | Brut | 2018>19 | 31 € — 15
- **Champagne Le Brut NM** | Brut | 2018>19 | 22,80 € — 14,5
- **Champagne Rosé de Saignée NM** | Brut | 2018>19 | 43 € — 14
- **Champagne Spécial Club 2012** | Brut | 2018>19 | 44,45 € — 16

3, avenue de Champagne, 51380 Villers-Marmery • Tél. 03 26 97 92 13 • contact@champagnemargaine.com • www.champagnemargaine.com • Visite : du lundi au vendredi de 8h à 12h et de 14h à 18h, le samedi sur rendez-vous.

CHAMPAGNE MARGUET

Benoît Marguet travaille 7 hectares à Ambonnay et 1 hectare à Bouzy, en biodynamie. La très belle citation de René Char donne le ton voulu par la famille : « Impose ta chance, serre ton bonheur et va vers ton risque. À te regarder, ils s'habitueront ». Effectivement nous nous sommes habitués à un style de plus en plus raffiné tant dans la pureté d'expression que dans la complexité des cuvées les plus en-vue du domaine. Dans un style subtil, épuré mais pas stérile, on prend un plaisir évident à la dégustation. Il y a, sans conteste, de la classe dans les champagnes de Benoît Marguet.

- **Champagne Chouilly 2014** | Extra-brut | 2018>24 | 55 € — 16
- **Champagne Le Parc Blanc de Blancs 2014** | Non dosé | 2018>22 | 76 € — 15
- **Champagne Sapience 2009** | Extra-brut | 2018>19 | 155 € — 16,5

1, place Barancourt, 51150 Ambonnay • Tél. 03 26 53 78 61 • info@champagne-marguet.fr • www.champagne-marguet.fr • Visite : sur rendez-vous uniquement.

CHAMPAGNE PASCAL MAZET

Situé dans le village de Chigny-les-Roses, sur la face nord de la montagne de Reims, Pascal Mazet accompagné de son fils cultive deux hectares de vignes convertis en bio depuis 2012. Deux cuvées ont retenu notre attention dans un style aromatique, équilibré et pur. Sans être très complexes, ces champagnes offrent un joli toucher de bouche et une parfaite maîtrise de l'élevage.

- **Champagne Cuvée unique NM** | Brut | 2019>23 | 23,90 € — 14
- **Champagne Millésimé 2012** | Brut | 2019>24 | 32,90 € — 15

8, rue des carrières, 51500 Chigny-les-Roses • Tél. 03 26 03 41 13 • contact@champagne-mazet.com • www.champagne-mazet.com • Visite : sur rendez-vous.

CHAMPAGNE GUY MEA

Sophie Milesi incarne parfaitement l'esprit de ces Fa'Bulleuses de Champagne qui représentent la génération émergente des jeunes femmes vigneronnes. Son domaine familial est situé pour 20 % sur Louvois et 80 % sur Bouzy. Le caractère de bouzy, avec son intensité de saveurs, domine de la plus belle des façons les grandes cuvées.

- **Champagne Brut nature NM** | Brut | 2018>19 | 24 € 14,5
- **Champagne Cuvée des Loups 2010** | Brut | 2017>19 | 41 € 14,5
- **Champagne Prestige NM** | Brut | 2016>17 | 24 € 14

8, allée des Dames de France, 51150 Louvois • Tél. 03 26 57 03 42 • champagne.guy.mea@wanadoo.fr • www.champagne-guy-mea.com • Visite : du lundi au vendredi de 8h à 12h et de 13h30 à 18h, le week-end sur rendez-vous.

CHAMPAGNE MERCIER

Maison séculaire, appartenant au groupe LVMH, Mercier produit des champagnes fédérateurs par excellence, constituant une gamme accessible de vins simples mais forts bien exécutés, en réel progrès depuis l'arrivée de Christophe Bonnefond comme chef de caves. Proposés à des prix très abordables, facilement disponibles en grande distribution, ils constituent une gamme cohérente, fondée sur l'équilibre et la fraîcheur, que l'on pourra servir sans attendre à l'apéritif.

- **Champagne NM** | Brut | 2019>20 | 23,10 € 13
- **Champagne Blanc de Noirs NM** | Brut | 2019>20 | 22,58 € 14,5
- **Champagne Réserve NM** | Brut | 2019>20 | 19,64 € 14

78 avenue de Champagne, 51200 Epernay • Tél. 03 26 51 22 22 • visitescaves@mercier.tm.fr • www.champagnemercier.fr • Visite : Du 1er avril au 11 novembre, tous les jours de 9h30 à 11h30 et de 14h à 16h30, fermé le mardi et le mercredi. Fermeture annuelle de mi-novembre à avril.

CHAMPAGNE BRUNO MICHEL

Agrobiologiste, Bruno Michel est un pépiniériste qui se lance dans l'aventure de la vigne en 1985 : il crée avec son épouse un domaine par le regroupement de 12 hectares à Pierry, à quelques kilomètres au sud d'Épernay. Soucieux de son environnement, le couple choisit le mode de culture biologique. Aujourd'hui, leur fille Pauline et son époux Guillaume Orban reprennent le flambeau avec succès. Leurs cuvées font preuve de beaucoup de naturel et s'imposent comme des références sur le secteur.

- **Champagne Assemblée NM** | Extra-brut | 2018>19 | 31,50 € 13,5
- **Champagne Cuvée rosé NM** | Brut | 2018>19 | 33,70 € 14,5
- **Champagne Les Brousses 2010** | Brut | 2018>19 | 43 € 14,5
- **Champagne Pauline 2005** | Non dosé | 2018>20 | 51 € 14,5

4, allée de la vieille ferme, 51530 Pierry • Tél. 03 26 55 10 54 • contact@champagnebrunomichel.com • www.champagnebrunomichel.com • Visite : sur rendez-vous.

CHAMPAGNE JOSÉ MICHEL

Sur les coteaux du village de Moussy, à quelques minutes d'Épernay, ce vignoble familial offre des cuvées consensuelles bien affirmées. On apprécie la vinosité des champagnes, même si les fins de bouche ont parfois un retour légèrement asséchant.

- **Champagne NM** | Extra-brut | 2018>21 | 20 € 13,5
- **Champagne Spécial Club 2013** | Brut | 2018>21 | 33 € 14
- **Champagne Spécial Club 2012** | Brut | 2018>23 | 33 € 14,5

14, rue Prélot, 51530 Moussy • Tél. 03 26 54 04 69 • champagnejosemichel@wanadoo.fr • www.champagne-jose-michel.com • Visite : sur rendez-vous du lundi au vendredi.

CHAMPAGNE PAUL MICHEL

Geoffroy Michel incarne à 26 ans la génération émergente de la côte des Blancs. Il a rejoint sur le domaine familial son père et son oncle qui exploitent de superbes terroirs sur Cuis et Chouilly.

- **Champagne Grand cru millésimé Blanc de Blancs 2009** | Brut | 2018>19 | 28 € 15
- **Champagne Premier cru Blanc de Blancs NM** | Brut | 2018>19 | 19 € 14,5

20 grande rue, 51530 Cuis • Tél. 03 26 59 79 77 • champagne-p.michel@orange.fr • www.champagne-paul-michel.fr • Visite : du lundi au vendredi de 9h à 12h et 14h à 17h30

CHAMPAGNE CHRISTOPHE MIGNON

★★☆☆☆

Laurence et Christophe Mignon incarnent la cinquième génération qui cultive la vigne dans ce secteur de la vallée de la Marne. Ils écrivent en majuscules les lettres de la grande noblesse du meunier sur 6,5 hectares. Les vins très peu dosés sont à la fois purs et sensuels. Une très belle découverte.

- **Champagne Brut Nature NM** | Brut | 2018>20 | 32 € — 15
- **Champagne Coup de Foudre NM** | Extra-brut | 2018>19 | 43 € — 14,5
- **Champagne Extra brut NM** | Extra-brut | 2018>19 | 32 € — 14
- **Champagne Millésimé 2013** | Non dosé | 2018>19 | 49 € — 15,5

La Boulonnerie, 51700 Festigny • Tél. 03 26 58 34 24 • contact@champagne-christophe-mignon.com • www.champagne-christophe-mignon.com • Visite : sur rendez-vous.

MOËT & CHANDON

★★★★☆

Fondée en 1743, Moët & Chandon est le « M » du groupe LVMH et constitue la plus puissante marque de Champagne (les professionnels champenois l'appellent à juste titre « la Grande Maison »), avec une régularité qualitative qui force le respect. Sous l'impulsion de son chef de caves Benoît Gouez, Moët a très intelligemment progressé sans renier ses fondamentaux : le fruité, l'équilibre et la rondeur, avec un style très frais et jamais oxydatif. Les fers de lance de la maison, brut-impérial et brut-imperial-rosé, sont des champagnes d'une précision aromatique et d'une finesse de bulle impressionnantes. Les millésimes ont énormément progressé au cours des deux dernières décennies.

- **Champagne Grand Vintage 2012** | Extra-brut | 2019>24 | 49,73 € — 16,5
- **Champagne Grand Vintage Rosé 2012** | Extra-brut | 2019>24 | 56,84 € — 17

20 avenue de Champagne, 51333 Épernay • Tél. 03 26 51 20 00 • contact@cs.moet.com • www.moet.com • Visite : Du lundi au vendredi de 9h30 à 13h et de 14h à 16h30. Du 1er avril au 11 novembre, tous les jours de 9h30 à 16h45.

CHAMPAGNE PIERRE MONCUIT

★★☆☆☆

Ce domaine établi au Mesnil-sur-Oger, grand cru de la côte des Blancs, sur 15 hectares, et sur 5 hectares à Sézanne, produit des cuvées indémodables et constantes. Depuis 1977, Nicole Moncuit a pris en main la direction technique de la maison pour forger un champagne d'esthète, de patience et de civilisation, qu'elle met un point d'honneur à conserver longtemps en cave. Yves Moncuit, son frère, s'occupe de la commercialisation. Valérie, fille de Nicole, les a rejoints en 2007. En hommage à ses parents, Yves Moncuit baptise désormais son grand cru non millésimé de réserve-cuvée-pierre-moncuit-delos. Une très vieille vigne, au cœur du Mesnil, donne une toute petite production appelée la cuvée nicole-moncuit, issue de 60 ares de vignes âgées de 95 ans qui donnent depuis 1988 ce champagne hors norme, de grande envergure.

- **Champagne grand cru Vieilles Vignes Nicole Moncuit Blanc de Blancs 2005** | Brut | 2018>20 | 62 € — 15
- **Champagne Millésimé non dosé 2006** | Non dosé | 2017>20 | 39 € — 14

11, rue Persault-Maheu, 51190 Le Mesnil-sur-Oger • Tél. 03 26 57 52 65 • contact@pierre-moncuit.fr • www.pierre-moncuit.fr • Visite : du lundi au vendredi de 9h à 12h et de 14 h à 17h30, le samedi de 10h à 17h30.

DOMAINE ROBERT MONCUIT

★★☆☆☆

Robert Moncuit est l'une des valeurs émergentes de la côte des Blancs, avec des cuvées parcellaires de haut vol. La présence de craie en sous-sol donne le tempo des 66 ares de la cuvée vozémieux, avec une pente qui permet d'équilibrer une exposition moyenne car regardant vers le nord. La parcelle porte des ceps vénérables remontant à 1955, elle présente en surface des colluvions de craie limoneuse plus ou moins profonde. Les-chétillons constituent l'un des sommets du secteur.

- **Champagne Grands Blancs NM** | Brut | 2018>19 | 26,50 € — 14
- **Champagne Les Chétillons Blanc de Blancs 2012** | Brut | 2018>19 | épuisé — 16
- **Champagne Réserve Perpétuelle NM** | Brut | 2018>19 | 34 € — 14
- **Champagne Vozémieux Blanc de Blancs 2010** | Brut | 2018>20 | NC — 14,5

2, place de la Gare, 51190 Le Mesnil-sur-Oger • Tél. 03 26 57 52 71 • contact@champagnerobertmoncuit.com • Visite : sur rendez-vous.

CHAMPAGNE MOUTARD

Moutard-Diligent est l'une des plus anciennes maisons de la côte des Bar, installée à Buxeuil depuis 1642, un village très au sud de Reims, près de Troyes. Elle propose une intéressante gamme de champagnes issus de ces terroirs argilo-calcaires spécifiques, ainsi qu'une cuvée assez rare dans son genre, composée des six cépages autorisés dans l'aire d'appellation Champagne mais devenus très rares : arbane (blanc), petit meslier (blanc), pinot blanc, chardonnay, pinot noir et meunier, ainsi qu'une cuvée millésimée de pure arbane. C'est une très belle gamme avec au sommet un magnifique pinot noir de vieilles vignes et un beau blanc de blancs. Grande expression de terroir et travail précis.

- **Champagne Terroir des Riceys Brut Nature NM** | Non dosé | 2019>22 | 42,90 € — 15
- **Champagne Terroir Richardot Pinot noir de Vieilles Vignes Blanc de Noirs NM** | Non dosé | 2019>22 | 42,80 € — 16,5
- **Champagne Vignes Beugneux Côte des Bar pinot noir Blanc de Noirs NM** | Brut | 2019>21 | 28 € — 14,5
- **Champagne Vignes Chiennes Blanc de Blancs NM** | Non dosé | 2019>25 | 42,80 € — 15

6, rue des Ponts, 10110 Buxeuil • Tél. 03 25 38 50 73 • contact@famillemoutard.com • www.famillemoutard.com • Visite : du lundi au vendredi de 8h à 12h et de 14h à 18h. Le samedi sur rendez-vous de 10h à 12h. Fermé les jours fériés.

CHAMPAGNE MOUZON-LEROUX

Le domaine Mouzon-Leroux a une réputation de bon vigneron qui précède l'actuel dépositaire Sébastien Mouzon. Le père, Philippe, accompagné de son épouse Pascale, a été l'un des dignes ambassadeurs du cru Verzy jusqu'à ce que leur fils reprenne le flambeau en engageant une partie du vignoble en biodynamie. Les vins ont toujours eu cette délicatesse dans la texture et une mousse raffinée que Sébastien Mouzon a su conserver en y apportant une forme de pureté aromatique et d'originalité qui donne une dimension nouvelle aux champagnes du domaine. Un excellent domaine au style pondéré.

- **Champagne L'Atavique NM** | Extra-brut | 2019>23 | 28 € — 14,5
- **Champagne L'Incandescent Blanc de Noirs NM** | Extra-brut | 2018>23 | 33 € — 15
- **Champagne L'Ineffable 2012** | Extra-brut | 2019>24 | 44 € — 15,5
- **Coteaux Champenois L'Opiniâtre Eff. 2013** | Extra-brut | 2019>24 | 70 € — 16

16 rue basse des carrières, 51380 Verzy • Tél. 03 26 97 96 68 • champagne-mouzon-leroux@wanadoo.fr • www.champagne-mouzon-leroux.com • Visite : sur rendez-vous.

G.H. MUMM

La marque au cordon rouge, qui appartient au groupe Pernod-Ricard depuis 2005, propose une gamme classique très complète et savoureuse, mais aussi une magnifique gamme dédiée aux grands amateurs, RSRV, qui présente quatre cuvées remarquablement excitantes : le fameux mumm-de-cramant, un blanc de blancs d'une finesse éblouissante, son alter ego en pinot noir, blanc de noirs, un rosé intense et racé baptisé foujita et une cuvée d'assemblage plus longuement vieillie en cave. S'ajoute à cette gamme brillante une remarquable interprétation de la légendaire cuvée lalou. Ces vins, distribués uniquement sur adhésion aux membres d'un club dédié, sont à découvrir d'urgence !

- **Champagne Grand Cru RSRV Cramant Blanc de Blancs 2014** | Brut | 2019>28 | 47 € — 17
- **Champagne RSRV 4.5 NM** | Brut | 2019>28 | 37 € — 18
- **Champagne RSRV Blanc de Noirs Grand Cru 2009** | Brut | 2019>29 | 60 € — 17,5
- **Champagne RSRV cuvée Lalou 2006** | Brut | 2019>29 | 120 € — 18
- **Champagne RSRV rosé Foujita NM** | Brut | 2019>23 | 47 € — 17

29, rue du Champ-de-Mars, 51100 Reims • Tél. 03 26 49 59 69 • mumm@mumm.com • www.mumm.com • Visite : sur réservation. Du 1er mars au 31 octobre : tous les jours de 9h30 à 13h et de 14h à 18h. Du 1er novembre au 31 décembre fermé à 17h30 et le 24, 25 et 31 décembre et le 1er janvier.

NICOLAS FEUILLATTE

★☆☆☆☆

Créée en 1976, Nicolas Feuillatte est une formidable aventure construite autour d'un des géants du monde coopératif champenois, le Centre Vinicole de la Champagne (CVC), installé à Chouilly et à qui la marque fut cédée en 1986 pour former aujourd'hui le CV-CNF, le Centre Vinicole Champagne Nicolas Feuillatte. Bénéficiant d'une palette d'approvisionnement sans égal, avec plus de 2 100 hectares de vignes, 81 coopératives adhérentes et près de 4500 viticulteurs, la maison a su faire preuve à la fois de dynamisme commercial et d'inventivité en matière de vins, se hissant à la troisième place mondiale, avec une gamme très large et souvent originale. Le brut-réserve est d'usage universel et tout à fait honorable. La gamme cuvée-spéciale est convaincante.

- **Champagne Collection Blanc de Blancs NM** | Brut | 2019>21 | 34 € — 14
- **Champagne Cuvée Spéciale NM** | Brut | 2019>23 | 29 € — 15
- **Champagne Grand cru Blanc de Blancs 2012** | Brut | 2019>22 | 39 € — 13,5
- **Champagne Réserve Exclusive NM** | Brut | 2019>21 | 32 € — 14

CD 40 A - Chemin de Plumecoq - Chouilly, 51530 Chouilly • Tél. 03 26 59 55 50 • services-visites@feuillatte.com • www.nicolas-feuillatte.com • Visite : D'avril à fin octobre, tous les jours de 9h30 à 12h30 et de 14h à 17h30. De 10h à 12h30 et de 14h à 17h de novembre à fin mars.

CHAMPAGNE PIERRE PAILLARD

★★★☆☆

Benoît Paillard et ses deux fils Antoine et Quentin dirigent aujourd'hui les 11 hectares de ce domaine familial, entièrement situés sur l'un des terroirs les plus prestigieux de la Champagne, Bouzy, classé en grand cru. Toutes les cuvées sont de haute tenue et les sélections parcellaires ont du style. Notamment un coteau champenois fort réussi.

- **Champagne Acte 1, Les Motelettes Blanc de Blancs 2013** | Demi-sec | 2018>24 | 60 € — 14,5
- **Champagne Grand Cru les Maillerettes Blanc de Noirs 2013** | Brut | 2018>24 | 60 € — 15,5
- **Champagne La Grande Récolte 2008** | Extra-brut | 2018>26 | 70 € — 16
- **Champagne Les Parcelles XIII NM** | Brut | 2018>20 | 30 € — 15
- **Champagne Terres Roses NM** | Brut | 2018>19 | 45 € — 16,5

2, rue du XXe siècle, 51150 Bouzy • Tél. 03 26 57 08 04 • contact@champagne-pierre-paillard.fr • www.champagne-pierre-paillard.fr

PALMER & CO

★★★☆☆

Marque issue du secteur coopératif, Palmer est une discrète et solide référence, avec des cuvées franches et pures. Elles offrent toutes les qualités d'une grande marque (y compris dans les sobres et réussis étiquetages) mais avec des tarifs plus doux. L'ensemble des vins séduit par sa franchise et sa netteté. Hormis la généreuse cuvée amazone, ils se destinent plutôt à l'apéritif ou aux fruits de mer. La maison possède aussi une extraordinaire collection de vieux millésimes conservés en magnums.

- **Champagne Extra Réserve NM** | Extra-brut | 2019>21 | 32 € — 14,5
- **Champagne Millésimé 2012** | Brut | 2019>24 | 44 € — 15

67, rue Jacquart, 51100 Reims • Tél. 03 26 07 35 07 • contact@champagnepalmer.fr • www.champagnepalmer.fr • Visite : du lundi au vendredi de 8h à 12h et de 13h30 à 17h30.

PANNIER

★★☆☆☆

Cette maison est une émanation de la cave coopérative de Château-Thierry, à l'extrémité occidentale de l'appellation et des vignobles de la vallée de la Marne. Pour le chardonnay, elle s'approvisionne aussi avec d'autres provenances, notamment à Cramant. L'ensemble de la gamme, composée et construite par un chef de cave brillant qui passe aujourd'hui la main, est très cohérente avec des cuvées blanc de blancs plutôt souples et apéritives. Le blanc de noirs millésimé et égérie sont de belles cuvées vineuses vieillissant remarquablement, velours se destine à la gastronomie.

- **Champagne Blanc de Noirs 2014** | Brut | 2019>24 | 35 € — 15
- **Champagne Égérie 2006** | Brut | 2019>26 | 80 € — 16
- **Champagne Égérie Rosé de Saignée NM** | Brut | 2019>23 | 85 € — 16
- **Champagne Rosé Velours NM** | Sec | 2019>23 | 59 € — 15
- **Champagne Vintage 2014** | Brut | 2019>23 | 34 € — 15

23, rue Roger-Catillon - B.P. 70300, 02400 Château-Thierry • Tél. 03 23 69 51 30 • champagnepannier@champagnepannier.com • www.champagnepannier.com • Visite : du lundi au samedi de 9h à 12h et de 14h à 18h.

CHAMPAGNE PAUL BARA

★☆☆☆☆

Grande dame du champagne, Chantal Bara perpétue la tradition familiale de ce domaine historique de Bouzy qui constitue une adresse incontournable du secteur. On est sur un grand classique ! Dès le brut sans année, on mesure l'intensité savoureuse d'un style marqué par le pinot noir, sur l'un de ses terroirs de prédilection.

- **Champagne Grand Cru Brut Réserve NM** | Brut | 2018>19 | 24 € — 14
- **Champagne Grand Cru Grand Rosé NM** | Brut | 2018>19 | 27 € — 14
- **Champagne Grand Cru Spécial Club 2008** | Brut | 2018>20 | 45 € — 14,5

4, rue Yvonnet, 51150 Bouzy • Tél. 03 26 57 00 50 • info@champagnepaulbara.fr • www.champagnepaulbara.com • Visite : sur rendez-vous.

CHAMPAGNE PAUL GOERG

★★★☆☆

Située en pleine côte des Blancs, sur la commune de Vertus, la coopérative La Goutte d'Or commercialise ses vins sous la marque Paul Goerg. C'est une structure à taille humaine, qui en outre bénéficie d'approvisionnements de premier ordre, notamment en ce qui concerne le chardonnay. Ses cuvées de premiers crus (blanc de blancs, tradition ou vintage) s'affichent à des prix raisonnables eu égard à leur qualité d'ensemble.

- **Champagne Absolu Premier Cru Blanc de Blancs NM** | Extra-brut | 2019>20 | 37 € — 16
- **Champagne Lady 2007** | Brut | 2019>21 | 91,75 € — 16,5
- **Champagne Premier Cru NM** | Brut | 2019>21 | 38,50 € — 15
- **Champagne Premier Cru Blanc de Blancs NM** | Brut | 2021>22 | 35,50 € — 16
- **Champagne Tradition Premier Cru NM** | Brut | 2019>21 | 32 € — 15,5
- **Champagne Vintage Premier Cru 2009** | Brut | 2020>23 | 45,85 € — 17

30, rue du Général Leclerc, 51130 Vertus • Tél. 03 26 52 15 31 • info@champagne-goerg.com • www.champagne-goerg.com • Visite : du lundi au vendredi de 9h à 12h et de 14h à 17h.

CHAMPAGNE HUBERT PAULET

★☆☆☆☆

Olivier Paulet est un excellent vigneron, discret et rigoureux. Sa gamme, trop méconnue, est mono-village : Rilly-la-Montagne. C'est l'un des rares finages de Champagne à posséder les trois cépages. Sur 8 hectares, Olivier cultive en majorité du meunier (51 %), du pinot noir (28 %) et du chardonnay (21 %). La cuvée tradition est à l'image du vignoble dans son assemblage : elle s'impose avec autorité comme l'un des très bons rapports qualité-prix de la Champagne. Les cuvées pinot-noir et risleus sont toutes deux d'excellente composition, toujours dans un style dense, structuré, sans la sensation de vinosité. La grande force du style de la maison repose sur un jeu d'équilibriste entre cette puissance et une fraîcheur rendue possible par l'implantation du finage de Rilly-la-Montagne sur la face nord de la montagne de Reims. Un vigneron à découvrir absolument.

- **Champagne Cuvée Tradition NM** | Brut | 2018>21 | 18,10 € — 14
- **Champagne pinot noir 2004** | Brut | 2018>22 | 47 € — 15
- **Champagne Risleus 2004** | Brut | 2018>20 | 37 € — 15,5

58, rue de Chigny, 51500 Rilly-la-Montagne • Tél. 03 26 03 41 52 • champ.h.paulet@wanadoo.fr • www.champagnehubertpaulet.com • Visite : uniquement sur rendez-vous.

PÉHU SIMONET

★★☆☆☆

David Pehu est installé à Verzenay sur 7,5 hectares, dont 6 sont classés grand cru sur les terroirs de Verzenay, Verzy, Mailly-Champagne et Sillery. À la vigne, David Pehu s'essaie à la viticulture biologique, mais défend avant tout l'idée du travail des sols qui, selon lui, apporte du fond à ses vins - un constat que nous partageons sur nos dernières dégustations. Côté cave, il exploite son parcellaire dans une gamme numérotée baptisée fins-lieux. Les vinifications sous bois, à la bourguignonne, font partie des itinéraires œnologiques du domaine, non sans une certaine réussite. Le style est dense, tonique, jamais lourd, et s'affine sur les cuvées haut de gamme, à l'instar de la magnifique cuvée les-perthois. Mention spéciale au rosé, superbe pour son fruité très pur et sa finesse, ainsi que les basse-corettes 2012, un chardonnay 100 % montagne.

- **Champagne Brut Rosé NM** | Extra-brut | 2018>23 | 32 € 16
- **Champagne Fins Lieux n°1 Les Perthois Blanc de Noirs 2012** | Extra-brut | 2018>26 | 45 € 17,5
- **Champagne Fins Lieux n°3 Les Poules 2011** | Extra-brut | 2018>24 | 52 € 14,5
- **Champagne Fins Lieux n°6 Basses Corettes Blanc de Blancs 2012** | Extra-brut | 2018>25 | 42 € 16,5
- **Champagne Grand Cru Face Nord NM** | Extra-brut | 2018>24 | 28 € 14
- **Champagne Grand Cru Face Nord millésimé 2008** | Extra-brut | 2018>25 | 48 € 15

7, rue de la Gare, 51360 Verzenay • Tél. 03 26 49 43 20 • champagnepehu@gmail.com • Visite : Sur rendez-vous.

CHAMPAGNE ALEXANDRE PENET

★★☆☆☆

Depuis 2011, Alexandre Penet produit sous son propre nom des cuvées de négoce dans l'esprit des crus du domaine. Les vins ont toujours une belle envergure et ils méritent la plus grande attention. La maison produit une gamme de champagnes très faiblement ou pas du tout dosés, de belle intensité vineuse.

- **Champagne Grand Cru Brut Nature NM** | Brut | 2018>20 | 38 € 14,5
- **Champagne Premier Cru NM** | Extra-brut | 2018>22 | 34 € 14

12, rue Gambetta , 51380 Verzy • Tél. 03 51 00 28 80 • contact@lamaisonpenet.com • www.lamaisonpenet.com • Visite : sur rendez-vous.

CHAMPAGNE PENET-CHARDONNET

★★★☆☆

Alexandre Penet tient à séparer les vins qu'il vend sous son nom de ceux qu'il continue à élaborer dans la société familiale, sous la marque Penet-Chardonnet. Les vignes de ce domaine modèle de 6 hectares sont situées au cœur de la montagne de Reims et les vins produits possèdent dans toute leur plénitude les qualités de vinosité du secteur. Assemblages issus d'une sélection rigoureuse de parcelles grand cru de Verzy et de Verzenay, la gamme terroirescence est de haute volée. La gamme parcellaire est pertinente tandis que la gamme prestige n'a jamais autant mérité son nom. Une production solide et de haut niveau.

- **Champagne Coline et Candice 2009** | Extra-brut | 2018>19 | 110 € 17,5
- **Champagne Grand Cru Diane Claire 2009** | Extra-brut | 2018>19 | 90 € 17
- **Champagne Grand cru Les Épinettes Blanc de Noirs 2009** | Extra-brut | 2018>19 | 80 € 15,5
- **Champagne La Croix l'Aumônier Blanc de Noirs 2010** | Extra-brut | 2018>19 | 80 € 16,5
- **Champagne Les Blanches Voies 2011** | Extra-brut | 2018>22 | 80 € 16
- **Champagne Les Fervins 2009** | Extra-brut | 2018>19 | 70 € 15
- **Champagne Prestige Grande Réserve 2008** | Extra-brut | 2018>20 | 70 € 16
- **Champagne Terroir et Sens Blanc de Blancs NM** | Extra-brut | 2018>19 | 60 € 15
- **Champagne Terroirescence NM** | Extra-brut | 2018>22 | 50 € 14,5

12, rue Gambetta, 51380 Verzy • Tél. 03 51 00 28 80 • contact@lamaisonpenet.com • www.lamaisonpenet.com • Visite : sur rendez-vous.

PERRIER-JOUËT

★★★☆☆

La maison porte les patronymes de ses deux fondateurs, en 1811, le Champenois Pierre-Nicolas Perrier, issu d'une famille de vignerons, et la Normande Rose-Adélaïde Jouët. Appartenant désormais, comme Mumm, au groupe Pernod-Ricard, la maison n'en a pas moins conservé ses spécificités, et notamment son vignoble de 65 hectares, presque intégralement en grands crus, dont les deux tiers de chardonnays sur Cramant et Avize, avec deux parcelles de légende, les Bourons Leroy et Bourons du Midi, réservés à la cuvée belle-époque. Cette cuvée prestigieuse, lancée en 1969 (avec le premier millésime 1964) doit une partie de sa célébrité à son élégante sérigraphie aux anémones, qui furent dessinées en 1902 par Émile Gallé, chef de file de l'Art Nouveau. Avec désormais un rosé et un blanc de blancs, belle-époque offre une gamme complète et très réussie. Le reste de la gamme est savoureux et consensuel.

- **Champagne Belle Époque 2011** | Brut | 2019>24 | NC 17,5
- **Champagne Belle Epoque Blanc de Blancs 2006** | Brut | 2019>23 | NC 17
- **Champagne Blanc de Blancs NM** | Brut | 2019>22 | NC 16
- **Champagne Grand brut NM** | Brut | 2019>23 | NC 15

28, avenue de Champagne, 51200 Épernay • Tél. 01 47 48 80 71 • elsa.sourice@pernod-ricard.com • www.perrier-jouet.com

CHAMPAGNE PERTOIS-LEBRUN

Clément et Antoine Bourret progressent sur ce domaine familial de 9 hectares, qui prévaut pour ses parcelles situées en grand cru sur Cramant, Chouilly, Oiry, Oger et Le Mesnil-sur-Oger. Depuis 2009, un travail parcellaire de qualité a été entrepris, qui porte ses fruits. La finesse d'expression est perceptible sur toutes les cuvées qui sont en constante progression.

- **Champagne Instant Brut Blanc de Blancs NM** | Brut | 2016>17 | 23 € **14**
- **Champagne Le Fond du Bateau NM** | Extra-brut | 2016>22 | 40 € **15**
- **Champagne Millésime 2010** | Brut | 2018>22 | 33 € **14,5**

399, rue de la Libération, 51530 Cramant • Tél. 03 26 57 54 25 • contact@champagne-pertoislebrun.com • www.champagne-pertoislebrun.com • Visite : Tous les jours sur rendez-vous.

CHAMPAGNE PIERRE PÉTERS

Les Péters ont une notoriété bien établie en Champagne. Leur histoire, riche et complexe, qui remonte à six générations, est un modèle d'excellence qui a toujours placé l'intérêt du domaine au-dessus des vicissitudes familiales. Un cas singulier quand on connaît le monde viticole, mais qui devrait s'imposer à tous si l'on aspire au plus haut niveau. Rodolphe Péters, œnologue de formation, prend la responsabilité des 19 hectares de l'exploitation en 2007. Son premier chantier est la cave. Il y apporte précision et vision. Précision, entre autres, dans la gestion des lies et du pressurage, vision, notamment dans le développement de ses propres levures. À cela s'ajoute un art de l'assemblage que ses aïeux ont su préserver au fil des générations ; la cuvée-de-réserve contient par exemple plus de 20 années différentes ! Cet arbitrage subtil entre tradition et modernité a enfin trouvé, nous semble-t-il, son point d'équilibre dans un style qui civilise l'origine. Toutes les cuvées sont hautement recommandables. Elles ont en commun cette complexité qui oscille entre terre et mer, où le minéral devient salin. Le Mesnil est un cru à la réputation parfois rustique dans sa jeunesse. C'est peut-être sur ce caractère précis que Rodolphe Péters a le plus travaillé. Dans un écrin à la texture crémeuse et à l'acidité ciselée, la brutalité du Mesnil s'exprime avec l'éloquence d'un aristocrate. Bravo l'artiste !

- **Champagne Grand Cru cuvée de Réserve Blanc de Blancs NM** | Brut | 2016>24 | NC **16**
- **Champagne Grand Cru Extra Brut Blanc de Blancs NM** | Extra-brut | 2018>21 | NC **16,5**
- **Champagne Grand Cru L'Esprit Blanc de Blancs 2014** | Brut | 2018>23 | NC **17**
- **Champagne Grand Cru les Chétillons Blanc de Blancs 2012** | Brut | 2018>28 | NC **18**
- **Champagne Grand Cru Réserve Oubliée NM** | Brut | 2018>19 | NC **17**
- **Champagne L'Etonnant Monsieur Victor MK10 Blanc de Blancs NM** | Brut | 2018>23 | NC **18**
- **Champagne Les Monts Jolys 2012** | Extra-brut | 2018>23 | NC **17,5**
- **Champagne No Name NM** | Extra-brut | 2018>23 | NC **19**

9, rue de l'Eglise , 51190 Le Mesnil-sur-Oger • Tél. 03 26 57 50 32 • info@champagne-peters.com • www.champagne-peters.com • Visite : sur rendez-vous.

PHILIPPONNAT

Cette maison est célèbre pour son clos des Goisses, le plus vaste clos de toute la Champagne (5,5 hectares) qui surplombe abruptement la Marne et que la maison détient depuis 1935. Elle gratienn'a cessé de progresser sous la conduite de Charles Philipponnat, qui la dirige. Un détail résume l'attention portée ici aux vins : la contre-étiquette précise systématiquement les dates de tirage et de dégorgement (qui permettent de comprendre que le vieillissement est largement supérieur à la règle) ainsi que le dosage et l'origine de l'assemblage. Des habillages d'une élégante sobriété à la race de l'ensemble des cuvées, tout ici converge vers la perfection. La maison affiche brillamment ses terroirs de Mareuil et d'Aÿ avec les cuvées parcellaires de mareuil, du léon et bien sûr de l'excellent clos-des-goisses, en blanc comme en rosé. Elle est aujourd'hui parvenue au sommet de son art.

- **Champagne 1522 Grand Cru 2009** | Extra-brut | 2020>30 | 72 € **17,5**
- **Champagne 1522 Premier Cru 2008** | Brut | 2019>28 | 93 € **19**
- **Champagne Clos des Goisses 2010** | Extra-brut | 2019>30 | NC **18,5**
- **Champagne Premier Cru La Rémissonne 2009** | Extra-brut | 2019>29 | NC **17,5**

13, rue du Pont Mareuil-sur-Aÿ, 51160 Aÿ-Champagne • Tél. 03 26 56 93 00 • info@philipponnat.com • www.philipponnat.com • Visite : sur rendez-vous.

PIPER-HEIDSIECK

★★★★☆

Le travail patient mené par les équipes de la maison depuis la reprise de la marque en 2011 par Christopher Descours a brillamment porté ses fruits. Tant pour la cuvée rare que dans les superbes sélections baptisées essentiel, le style délicat, élancé et un peu plus tonique que dans la maison-sœur Charles Heidsieck, s'est affirmé avec une belle cohérence et aucune faiblesse.

- **Champagne Essentiel NM** | Brut | 2019>21 | 38 € — 16,5
- **Champagne Essentiel Blanc de Blancs NM** | Brut | 2019>26 | 51 € — 16,5
- **Champagne Millésimé 2012** | Brut | 2019>26 | 46 € — 16
- **Champagne Rare 2002** | Brut | 2019>26 | 165 € — 18

12, allée du Vignoble, 51100 Reims • Tél. 03 26 84 43 50 • contact.piperheidsieck@champagnes-ph-ch.com • www.piper-heidsieck.com

POL-ROGER

★★★★★

Cette maison de taille moyenne, créée en 1849 par Pol Roger, appartient toujours à la famille fondatrice et est aujourd'hui dirigée par Laurent d'Harcourt. Fournisseur officiel de la reine d'Angleterre, le lien avec le royaume voisin dépasse largement de pures relations mercantiles puisque Sir Winston Churchill appréciait lui aussi les vins de Pol-Roger et qu'il en fit sa marque de prédilection. Elle s'est développée au siècle dernier grâce à des millésimes de haut niveau qui font indiscutablement partie du gotha des champagnes, comme le 1928, devenu culte. La maison a la chance de posséder un vignoble de 90 hectares qui couvre 65 % de ses besoins, elle est restée volontairement limitée dans ses volumes, un million et demi de bouteilles produites chaque année, et un stock impressionnant de 9 millions qui patientent en cave, sans guère d'équivalent aujourd'hui.

- **Champagne Rosé Vintage 2009** | Brut | 2019>22 | 76,68 € — 18
- **Champagne Sir Winston Churchill 2008** | Brut | 2019>32 | 206,64 € — 19
- **Champagne Vintage 2012** | Brut | 2019>28 | 61,80 € — 17,5
- **Champagne Vintage Blanc de Blancs 2012** | Brut | 2018>24 | 79,80 € — 18

1, rue Winston-Churchill - B.P. 199, 51206 Épernay • Tél. 03 26 59 58 00 • polroger@polroger.fr • www.polroger.com • Visite : Du lundi au vendredi de 9h à 12h et de 14h à 17h. Pas de visite ni de dégustation pour les particuliers.

POMMERY

★★★☆☆

Pommery est l'une des grandes marques historiques de la Champagne. Propriété de Paul-François Vranken depuis 2002, la marque conserve le style fin et délié qu'ont toujours apprécié les chefs de caves de la maison. Ne manquez pas la visite des caves, certainement parmi les plus spectaculaires et impressionnantes de Champagne. À tous les points de vue, cette maison a retrouvé aujourd'hui l'importance et le niveau qualitatif qui était le sien il y a un quart de siècle. La cuvée de prestige, louise, est millésimée et existe en deux versions, l'une brut, l'autre non dosée. Essayez également à l'apéritif le demi-sec blue-sky qui se boit avec des glaçons.

- **Champagne Brut Apanage NM** | Brut | 2019>23 | 39 € — 15,5
- **Champagne Louise 2004** | Brut | 2019>28 | 125 € — 18
- **Champagne Louise Nature 2005** | Non dosé | 2019>23 | 139 € — 17,5

5, place du Général-Gouraud, 51100 Reims • Tél. 03 26 61 62 63 • domaine@vrankenpommery.fr • www.champagnepommery.fr • Visite : tous les jours de 10h à 18h.

CHAMPAGNE R. POUILLON

★★☆☆☆

Issu des terroirs d'Aÿ et Mareuil, le vignoble de Fabrice Pouillon offre une superficie d'une quinzaine d'hectares. Ce vigneron produit des cuvées de plus en plus nombreuses, avec des sélections parcellaires comme les-valnons ou les-blanchiens qui font de plus en plus d'adeptes. On apprécie le style et la fraîcheur de toute la gamme, la solera se distingue cependant par une harmonie supérieure et une complexité rarement atteinte dans la gamme. Dans les parcellaires, les châtaigniers sortent du lot, dans un style délicat et sapide. Nous aurions peut-être aimé un peu moins d'élevage sur les-blanchiens et les-valnons que nous dégusterons à nouveau avec plaisir l'année prochaine.

- **Champagne Réserve NM** | Brut | 2018>19 | 29 € — 13,5
- **Champagne Blanchiens 2012** | Brut | 2018>22 | 65 € — 14,5
- **Champagne Les Chataigniers 2014** | Extra-brut | 2018>22 | 55 € — 15
- **Champagne Les Valnons, Grand Cru 2012** | Brut | 2018>22 | 65 € — 14,5
- **Champagne Solera NM** | Extra-brut | 2018>19 | 49 € — 15,5

17, rue d'Aÿ, 51160 Mareuil-sur-Aÿ • Tél. 03 26 52 63 62 • contact@champagne-pouillon.com • www.champagne-pouillon.com • Visite : sur rendez-vous du lundi au samedi.

CHAMPAGNE PRESTIGE DES SACRES

Cette cave coopérative, relativement discrète, a vu le jour en 1961 en regroupant des coopérateurs de Germigny, Janvry et Rosnay, dans la Montagne Ouest de Reims. Au départ, elle s'est développée sur la production et la commercialisation du champagne ch. de l'Auche, centré sur le pinot meunier. En 1984, elle décide d'inaugurer la marque Prestige des Sacres, en hommage à la trentaine de rois de France couronnés à la cathédrale de Reims ; une gamme qui s'est récement étoffée, notamment avec le lancement de la première édition de l'ambitieuse cuvée « 30 & 3 ». Depuis 2019 c'est Jean-Christophe Glod qui est aux manettes, en tant que Président de cette structure qui regroupe une soixantaine de vignerons, avec à ses côtés, Jean-Christophe Lenfant chef de cave (depuis 2002). Pour eux deux, un sacré défi !

- **Champagne 30 & 3 NM** | Extra-brut | 2020>22 | 40 € — 15,5
- **Champagne Dynastie Blanc de Blancs NM** | Brut | 2020>22 | 30 € — 14,5
- **Champagne Nature NM** | Non dosé | 2019>21 | 27 € — 14

Rue de Germigny, 51390 Janvry • Tél. 03 26 03 63 40 • contact@champagne-prestigedessacres.com • www.champagne-prestigedessacres.com

CHAMPAGNE JÉRÔME PRÉVOST

Voilà l'un des récoltants-manipulants les plus doués de la Champagne : ses magnifiques vins de meunier de la banlieue chic de Reims, installés sur un peu plus de deux hectares, expriment le talent de ce grand vigneron.

- **Champagne La Closerie Fac Simile NM** | Extra-brut | 2018>19 | NC — 14,5
- **Champagne Les Beguines NM** | Extra-brut | 2018>19 | NC — 16

2, rue de la Petite-Montagne, 51390 Gueux • Tél. 03 26 03 48 60 • champagnelacloserie@orange.fr • www.champagnelacloserie.fr • Visite : sur rendez-vous.

CHAMPAGNE ADRIEN RENOIR

Adrien Renoir est un jeune vigneron prometteur qui démontre dès ses premières cuvées un véritable sens esthétique. Installé sur 5 hectares, dont 4,2 sur le grand cru Verzy, il a pris la suite de son père avec conviction en 2015. Non sans faire un heureux ! Cette même année, il stoppe le désherbant. Deux années plus tard, il engage une partie de l'exploitation dans une conversion bio. Adepte des vinifications bourguignonnes, il choisit avec rigueur ses tonneliers et décide avec juste raison d'isoler certaines parcelles à l'instar des épinettes, dont le premier millésime 2015 nous a immédiatement séduits. La gamme est large et se répartit entre l'héritage du père et les nouveautés du fils. Nous avons choisi pour cette première sélection de présenter les cuvées vinifiées par la relève.

- **Champagne Le Terroir NM** | Extra-brut | 2018>22 | NC — 14
- **Champagne Les Épinettes 2015** | Extra-brut | 2018>22 | NC — 15,5
- **Champagne les Montants Blanc de Blancs 2015** | Extra-brut | 2018>23 | NC — 15

1, rue Arthur Lallement, 51380 Verzy • Tél. 09 67 19 73 54

DOMAINE ANDRÉ ROBERT

Les Robert appartiennent à l'une des grandes familles du Mesnil. Ils possèdent une grande majorité de grand cru et premier cru sur 14 hectares, essentiellement au Mesnil-sur-Oger, Oger, Vertus et Cuis. Aujourd'hui Claire Robert et Jean-Baptiste Denizart sont à la tête de l'exploitation. Passionnés, ils engagent toute leur énergie et leur compétence dans cette lourde tâche qu'est la reprise d'une exploitation où la tradition joue parfois un double jeu. Les vins brillent par leur origine mais ont tout de même besoin d'un souffle nouveau pour répondre aux attentes d'aujourd'hui. C'est exactement ce qu'apporte le jeune couple ! Le temps long est une vertu quand on est au Mesnil, Claire et Jean-Baptiste l'ont parfaitement compris et comptent bien le respecter. Ils ont aussi entendu les exigences contemporaines, tant à la vigne qu'en cave, et mettent tout en place pour y répondre. Tous ces efforts commencent à transparaître dans certaines cuvées, à l'instar des jardins-du-mesnil, sur une base 2012, dont l'élégance de l'habillage illustre parfaitement le contenu de la bouteille.

- **Champagne Les Jardins du Mesnil NM** | Brut | 2018>28 | 32 € — **15**

15 rue de l'Orme, 51190 Le Mesnil-sur-Oger • Tél. 03 26 57 59 41 • info@champagne-andre-robert.com • www.champagne-andre-robert.com • Visite : du lundi au vendredi de 9h à 17h, visite et dégustation sur rendez-vous.

CHAMPAGNE ÉRIC RODEZ

★★★☆☆ 🍀

Derrière ses lunettes bleues, Éric Rodez est l'un des vignerons les plus cotés d'Ambonnay. Certifié en biodynamie, bio et HVE, le vignoble de 6 hectares entoure le village grand cru, ce qui permet de réaliser un nombre important de cuvées parfaitement distinctes. Un travail important mais qui trouve une vraie légitimité dans les expressions. Depuis 2014, son fils Mickaël, aux lunettes vertes, l'a rejoint et s'occupe désormais du vignoble. Il faut du temps pour faire un grand vin. Éric et son fils le savent parfaitement et l'on ne peut que saluer les progrès considérables réalisés en une petite dizaine d'années. La gamme est remarquable dans sa consistance mais également dans la précision des élevages. Dans un style limpide et maîtrisé, on se prend d'émotion pour ces compositions subtiles, où les équilibres servent admirablement une signature aromatique originale et raffinée.

- **Champagne Blanc de Noirs NM** | Brut | 2019>22 | 44 € — **15,5**
- **Champagne cuvée des Grands Vintages NM** | Brut | 2018>19 | 60 € — **16**
- **Champagne Dosage Zéro NM** | Extra-brut | 2019>23 | 44 € — **14,5**
- **Champagne Empreinte de chardonnay NM** | Brut | 2019>24 | 110 € — **14,5**
- **Champagne Empreinte de pinot noir 2007** | Brut | 2019>24 | 110 € — **16**
- **Champagne Les Genettes 2012** | Extra-brut | 2019>23 | 78 € — **16,5**
- **Champagne Rosé NM** | Brut | 2019>23 | 42,30 € — **14,5**

4, rue de Isse, 51150 Ambonnay • Tél. 03 26 57 04 93 • contact@champagne-rodez.fr • www.champagne-rodez.fr • Visite : sur rendez-vous.

LOUIS ROEDERER

★★★★★

Louis Roederer est avec Bollinger la plus brillante illustration des maisons demeurées familiales. Malgré le succès planétaire de cristal, sa cuvée de prestige, légèrement dominée par des pinots noirs de haute volée, elle a toujours refusé de se lancer dans une course aux quantités produites, préférant rester maître d'un approvisionnement qui s'appuie quasi exclusivement sur un vignoble en propriété (une exception à ce niveau, la maison couvrant les deux tiers de ses besoins avec 240 hectares) parmi les mieux situés et travaillés de Champagne. La maison a engagé en 2018 la certification en agriculture biologique de la moitié de son vignoble, tout en menant une conduite vertueuse inspirée de la biodynamie et de la permaculture sur l'ensemble de ses domaines. Piloté aujourd'hui par Frédéric Rouzaud, issu de la lignée familiale Roederer, et dessiné par un brillant chef de caves, Jean-Baptiste Lecaillon, le style des champagnes est très axé sur la pureté et la droiture. La gamme est idéalement maîtrisée, avec en particulier le brut-premier au sommet des bruts non millésimés, et une cuvée cristal à la hauteur de son prestige.

- **Champagne Brut Premier NM** | Brut | 2019>23 | 42 € — **16**
- **Champagne Cristal 2008** | Brut | 2019>30 | 200 € — **19**
- **Champagne Cristal 2008** | Brut | 2019>28 | 400 € — **19**
- **Champagne Philippe Starck Nature 2009** | Non dosé | 2019>23 | 70 € — **16,5**

21 boulevard Lundy, 51100 Reims • Tél. 03 26 40 42 11 • com@champagne-roederer.com • www.louis-roederer.com

BARONS DE ROTHSCHILD

★★☆☆☆

Ce champagne aux 5 flèches évoque les cinq branches historiques de la famille Rothschild. Aujourd'hui, trois d'entre elles se sont réunies (celles de Mouton, de Lafite et de Clarke) pour produire par l'entremise de la cave de Vertus des champagnes bien campés sur leur approvisionnement, de nature à plaire à un large public. Leur devise « Concordia, Integritas, Industria » renvoie aux valeurs premières de la famille (union, honnêteté et travail).

- **Champagne NM** | Brut | 2019>20 | 44 € — **14,5**

- **Champagne NM** | Brut | 2019>20 | 59 € — 14
- **Champagne Blanc de Blancs NM** | Brut | 2019>21 | 59 € — 15

2, rue Camille Lenoir, 51100 Reims • Tél. 03 26 85 80 92 • info@scba-sas.fr • www.champagne-bdr.com • Visite : sur rendez-vous uniquement pour les professionnels.

CHAMPAGNE RICHARD ROYER

Richard Royer est un jeune et talentueux vigneron à la tête du domaine familial depuis une petite dizaine d'années. Sur 13 hectares certifiés Terra Vitis, situés dans la côte des Bar, à Balnot-sur-Laignes, il produit des pinots noirs sur des marnes du Kimméridgien, bien connues à Chablis. Ses vins ont toujours cette remarquable brillance malgré une vinosité et un caractère bien trempé. Beaucoup d'allure chez ce vigneron qui sait garder un caractère rafraîchissant sans sacrifier la structure de ses beaux pinots !

- **Champagne Originel NM** | Extra-brut | 2019>21 | 27 € — 14,5

14, Grande Rue, 10110 Balnot-sur-Laignes • Tél. 06 70 12 36 77 • richard@champagne-richard-royer.com • www.champagne-richard-royer.com • Visite : sur rendez-vous.

RUINART

Créée en 1729, Ruinart n'a jamais été aussi en forme que sous la houlette du brillant chef de caves Frédéric Panaïotis, avec des champagnes d'une précision et d'un éclat aromatique spectaculaires. Installée à Reims, elle abrite de magnifiques crayères, ces caves antiques où vieillissent les vins. Plutôt axés sur les chardonnays, les champagnes témoignent tous d'une grande délicatesse et d'une pureté aromatique où la minéralité et les agrumes s'expriment remarquablement. Dans un style également sans lourdeur, les rosés (dont Ruinart revendique l'origine de la production voici 250 ans) sont également brillants.

- **Champagne NM** | Brut | 2019>20 | 45,90 € — 14
- **Champagne NM** | Brut | 2019>23 | 66,50 € — 16,5
- **Champagne Dom Ruinart Blanc de Blancs 2007** | Brut | 2019>29 | 170 € — 17,5

4, rue des Crayères - B.P. 85, 51100 Reims • Tél. 03 26 77 51 51 • contact@ruinart.com • www.ruinart.com • Visite : Du lundi au samedi de 9h à 18h.

CHAMPAGNE RUPPERT-LEROY

L'Éducation Nationale mène à tout, à condition d'en sortir. Bénédicte et Emmanuel ont débuté leur vie professionnelle comme professeurs d'EPS, puis ont trouvé un meilleur défi physique en s'installant sur 4 hectares à Essoyes dans l'Aube, dans la côte des Bar. Biodynamiques, ils valorisent chaque terroir en pratiquant une sélection parcellaire sur un mode bourguignon. Les-cognaux démontrent dans cet esprit une personnalité supérieure. Le style est bien entendu vineux mais très tonique, avec des finales jouant sur les amers et les notes iodées.

- **Champagne Fosse-Grely NM** | Non dosé | 2018>19 | 45 € — 14,5
- **Champagne Les Cognaux NM** | Non dosé | 2018>19 | 45 € — 15,5
- **Champagne Martin Fontaine NM** | Non dosé | 2018>19 | 50 € — 14,5

La Bergerie, 10360 Essoyes • Tél. 03 25 29 81 31 • ruppertleroy@orange.fr • www.champagne-ruppert-leroy.com

SADI MALOT

Cindy Malot, cinquième génération, prend soin des 10 hectares de vignes, dont 80 % sont en chardonnay sur la commune de Villers-Marmery (premier cru) et 20 % en pinot noir sur Verzy (grand cru). L'ensemble du vignoble est actuellement engagé en conversion bio et les résultats ne se font pas attendre ! Les vins sont concentrés, parfumés et de très bonne constitution.

- **Champagne Authentique Blanc de Blancs NM** | Brut | 2019>24 | 20,30 € — 14,5
- **Champagne Coup de foudre 2012** | Brut | 2019>23 | 26,50 € — 15
- **Champagne Zéro liqueur Blanc de Blancs NM** | Non dosé | 2019>22 | 18 € — 14

35, rue Pasteur, 51380 Villers-Marmery • Tél. 03 26 97 90 48 • sadi-malot@wanadoo.fr • www.champagne-sadi-malot.com • Visite : Du lundi au vendredi de 9h à 12h et de 14h à 19h. Le samedi de 9h à 12h et de 14h à 17h. Fermé les jours fériés et les dimanches.

DE SAINT-GALL

★★★☆☆

L'Union Champagne est un groupement coopératif s'appuyant sur des vignobles situés en premier ou en grand cru, avec une très nette majorité de villages de la côte des Blancs et en particulier Avize, siège de la cave. Elle a créé cette marque qui s'appuie essentiellement sur les nombreux excellents approvisionnements de la côte des Blancs dont elle dispose. Aussi, les vins possèdent de la finesse et ont gagné en équilibre. C'est aujourd'hui une très bonne adresse pour trouver de beaux champagnes de la côte des Blancs à des tarifs sages.

- **Champagne Grand Cru cuvée Orpale Blanc de Blancs 2004** | Brut | 2019>24 | NC — 16
- **Champagne Premier Cru 2009** | Brut | 2019>22 | NC — 15,5
- **Champagne Premier Cru Blanc de Blancs NM** | Brut | 2019>22 | NC — 15
- **Champagne Premier cru Tradition NM** | Brut | 2019>21 | NC — 15

7, rue Pasteur CS 80019, 51190 Avize • Tél. 03 26 57 94 22 • info@de-saint-gall.com • www.de-saint-gall.com • Visite : sur rendez-vous du lundi au jeudi de 8h à 12h et de 13h30 à 17h, le vendredi de 9h à 12h.

SALON

★★★★★

Champagne Salon est une toute petite maison, jumelée à Champagne Delamotte, l'ensemble faisant partie du groupe Laurent-Perrier depuis 1988 et dirigé par l'efficace et talentueux Didier Depond. Elle ne produit qu'un seul vin, uniquement dans les très grands millésimes, exclusivement à partir de chardonnay du terroir de Mesnil-sur-Oger, classé grand cru à 100%. Il s'agit donc techniquement d'un monocru, monocépage, relevant d'une philosophie du champagne très rare dans les maisons de négoce. Cette exception, partagée seulement par Krug et son clos du Mesnil, est née de la volonté d'Aimé Salon, en 1911. Si plusieurs millésimes des décennies 1960, 1970 et 1980 (1964, 1971, 1976, 1982, 1985,1988) témoignent de la formidable propension de ce champagne de cru à s'épanouir sur de longues années, il faut également souligner que la marque n'a cessé de progresser sous l'impulsion de Laurent-Perrier. Aucune barrique n'est utilisée pour la fermentation, uniquement faite en cuve en acier inoxydable et la malo-lactique n'est jamais recherchée pour une évolution plus lente des vins sur pointe. Après les somptueux 2004, 2006 et 2007, Salon 2008 arrive, en magnum exclusivement, dans une série limitée de 8000 flacons.

- **Champagne Brut Millésimé 2008** | Brut | 2022>28 | NC — 19,5
- **Champagne Brut Millésimé 2007** | Brut | 2021>25 | 420 € — 18,5

5, rue de la Brèche-d'Oger, 51190 Le-Mesnil-sur-Oger • Tél. 03 26 57 51 65 • champagne@salondelamotte.com • www.salondelamotte.com

CHAMPAGNE SAVART

★★★☆☆

Pour comprendre les champagnes de Frédéric Savart, il faut s'intéresser moins au terroir qu'au vigneron ! Ce n'est pas faire offense aux 4 hectares du premier cru Écueil que de céder la priorité à leur propriétaire. Ce dernier, avant d'être vigneron, est un véritable passionné de vins. Comme tous les plus grands vignerons de la planète, il partage cette culture indispensable à qui souhaite un jour atteindre l'excellence. Sur les terroirs de la petite montagne, il a su pleinement exploiter le potentiel des sols légers d'Écueil dans un style délicat et suave irrésistible. Avant d'évoquer un lieu, encore faut-il savoir l'interpréter. C'est ce que réussit admirablement Frédéric Savart, qui démontre avec brio ses talents remarquables de vinificateur.

- **Champagne Expression Nature NM** | Non dosé | 2018>23 | 60 € — 16,5
- **Champagne Expression Nature 2015** | Brut | 2018>23 | 75 € — 16,5
- **Champagne L'Ouverture NM** | Brut | 2018>22 | 28 € — 14,5
- **Champagne Le Mont Benoit 2015** | Extra-brut | 2018>22 | 54 € — 15
- **Champagne Le Mont Benoit 2014** | Extra-brut | 2018>19 | 54 € — 15,5
- **Champagne Le Mont des Chrétiens 2015** | Extra-brut | 2018>23 | 54 € — 15,5

1, Chemin de Sacy, 51500 Ecueil • Tél. 03 26 84 91 60 • danielsavartetfils@wanadoo.fr • www.champagne-savart.com

SÉLÈQUE

★★☆☆☆

Jean-Marc Sélèque a rejoint son père en 2008, sur ce domaine de 12 hectares qui compte une quarantaine de parcelles réparties sur des terroirs divers. Depuis son arrivée, les vins se font plus précis. Derrière la cuvée partition se cachent les notes avec lesquelles Jean-Marc a séduit son épouse Orianne : c'est donc une belle cuvée de Saint-Valentin. Les vins sont élégants et vineux, avec une finale crayeuse subtile.

- **Champagne Partition 2013** | Extra-brut | 2018>19 | 55 € 14,5
- **Champagne Quintette NM** | Extra-brut | 2018>22 | 36 € 15,5
- **Champagne Solessence NM** | Extra-brut | 2018>21 | 28 € 14,5
- **Champagne Solessence Nature NM** | Non dosé | 2018>24 | 33 € 14
- **Champagne Soliste 2014** | Extra-brut | 2018>21 | 55 € 13,5

9, allée de la vieille ferme , 51530 Pierry • Tél. 06 67 48 16 31 ou 06 72 25 25 02 • contact@jmseleque.fr • www.jmseleque.fr • Visite : sur rendez-vous.

JACQUES SELOSSE

★★★★★

Anselme Selosse est le grand vigneron artiste de la côte des Blancs, celui qui inspire les viticulteurs les plus idéalistes de la nouvelle génération, innovant et doué. C'est lui qui, le premier, en 1985 quand il succède à son père, a expérimenté et institué les vinifications en fût pour ses vins, avec un succès énorme. Aujourd'hui son fils Guillaume l'a rejoint et ensemble, ils réalisent une gamme de grande émotion, mettant en musique les 47 parcelles du domaine. Le vin le plus original de la maison, mais aussi le plus risqué, est la cuvée substance, issue de plus de dix millésimes différents élevés ensemble selon les principes de la solera. L'entrée de gamme, la cuvée V.O. non dosée, reste un classique de la côte des Blancs. La cuvée exquise est un chardonnay dosé en extra-dry à 22 grammes, doux et savoureux. Depuis 2013, une nouvelle collection de lieux-dits, imaginée autour de six parcelles particulières sur six villages, a vu le jour : Avize, Cramant, Mesnil-sur-Oger, Aÿ, Ambonnay, Mareuil-sur-Aÿ. Ces cuvées parcellaires sont monocépages, non millésimées et dosées sous les cinq grammes de sucre par litre. Culte !

- **Champagne Initiale Grand Cru NM** | Brut | 2018>19 | 79 € 17
- **Champagne La Côte Faron grand cru NM** | Brut | 2018>19 | 117 € 19
- **Champagne Les Carelles Grand Cru Blanc de Blancs NM** | Brut | 2017>19 | 117 € 18
- **Champagne Substance Grand Cru NM** | Brut | 2018>19 | 158 € 18,5
- **Champagne Version Originale Grand Cru Extra-Brut NM** | Brut | 2018>19 | 86 € 17,5

59 rue de Cramant , 51190 Avize • Tél. 03 26 57 53 56 • champagne@selosse-lesavises.com • www.selosse-lesavises.com

CHAMPAGNE SUENEN

★★☆☆☆

Aurélien Suenen gère ce domaine familial avec vigueur. Cuvée historique de la propriété, la réserve-brut est composée des deux cépages plantés sur le vignoble de Montigny-sur-Vesle : le pinot noir et le meunier. Les cuvées blanc de blancs sont le reflet global de l'autre partie du vignoble sur les communes de Oiry, Chouilly et Cramant, avec des sélections parcellaires sur ces trois grands terroirs. La cuvée de rosé est majoritairement constituée de chardonnay. Pour ce faire, l'impact de la vinification en rouge a été minimisé, afin d'obtenir un résultat plein de fraîcheur et de minéralité.

- **Champagne C+C Grand cru Blanc de Blancs NM** | Extra-brut | 2018>19 | env. 48 € 14,5
- **Champagne Oiry Blanc de Blancs NM** | Brut | 2018>18 | env. 40 € 14,5

53, rue de la Garenne, 51530 Cramant • Tél. 03 26 57 54 94 • aurelien@champagne-suenen.fr • www.champagne-suenen.fr

CHAMPAGNE ÉRIC TAILLET

★★☆☆☆

Éric Taillet est le vigneron à l'origine du Meunier Institut, qui regroupe un certain nombre de producteurs autour du meunier. Il cultive avec passion son vignoble de 5,75 hectares implanté sur le terroir de Baslieux-sous-Châtillon principalement, complété par Binson-et-Orquigny et Montigny-sous-Châtillon. Prolifique, hyperactif, généreux, talentueux, exigeant, les qualificatifs ne manquent pas pour décrire le personnage ! Cette effervescence continue, lorsqu'elle se met au service du vin, est capable de performances remarquables. Le style Taillet, c'est un style sur le fil. Oxydatif sans l'être vraiment, vineux mais toujours rafraîchissant, baroque pour finir champagne. On ne peut rester indifférent à l'exercice. À déguster au moins une fois.

- **Champagne Bansionensi NM** | Extra-brut | 2017>18 | 35 € 14,5
- **Champagne Exclusiv'T NM** | Brut | 2018>19 | 18 € 13,5
- **Champagne Le Bois de Binson NM** | Extra-brut | 2018>19 | 49 € 15
- **Champagne Sur le Grand Marais NM** | Non dosé | 2018>20 | 49 € 16

37, rue Valentine Régnier, 51700 Baslieux-sous-Châtillon • Tél. 03 26 58 11 42 ou 06 88 63 47 31 • champagneericktaillet@gmail.com • www.champagne-eric-taillet.fr • Visite : tous les jours sur rendez-vous.

TAITTINGER

★★★★★

Taittinger est devenu, du vignoble à la présentation des cuvées, un beau modèle pour la Champagne et le vin en général. Tous les vins – pas uniquement les plus prestigieux – sont de brillants représentants d'une école champenoise classique, fondée sur une élégance apéritive, fraîche et allègre. Chaque cuvée possède en outre sa propre personnalité, avec au sommet une cuvée de prestige comtes-de-champagne blanc qui s'appuie uniquement sur des chardonnays issus de six grands crus de la côte des Blancs et un rosé inoubliable de finesse. Le temps où le brut non millésimé constituait le point faible de la maison est bien révolu : aérien, floral et fruité, c'est un délice apéritif. Le reste de la gamme est à l'avenant, c'est-à-dire brillant, spirituel et dynamique.

- **Champagne Brut Millésimé 2013** | Brut | 2019>25 | 45 € — 17
- **Champagne Brut Réserve NM** | Brut | 2019>22 | 33,50 € — 16
- **Champagne Comtes de Champagne Blanc de Blancs 2007** | Brut | 2019>28 | 120 € — 17
- **Champagne Comtes de Champagne Rosé 2006** | Brut | 2019>26 | 160 € — 18,5
- **Champagne Prélude Grands Crus NM** | Brut | 2019>24 | 42 € — 17

9, place Saint-Nicaise, 51100 Reims • Tél. 03 26 85 45 35 • communication@taittinger.fr • www.taittinger.com • Visite : Du lundi au dimanche, de 9h30 à 17h30. De mi-novembre à mi-mars, du lundi au vendredi de 9h30 à 13h et de 13h45 à 17h30.

CHAMPAGNE TARLANT

★★★☆☆

Ce vignoble de 14 hectares, situé au cœur de la vallée de la Marne, compte 55 parcelles, plantées des trois cépages traditionnels mais aussi de pinot blanc, de petit meslier et d'arbanne. Benoît et Mélanie Tarlant y développent des cuvées parcellaires de plus en plus abouties. Vieillis cinq ans en moyenne, les vins sont très peu, voire pas du tout dosés. C'est ce respect du temps long qui leur permet de sortir un excellent champagne-zéro en entrée de gamme. Cette cuvée est la preuve que la Champagne peut faire équilibré, complexe et rafraîchissant sans tomber dans les micro-cuvées. Et c'est aussi par cette cuvée que l'on juge encore le savoir-faire d'un vigneron. Cela étant dit, l'amateur aurait tort de ne pas s'aventurer sur le reste de la gamme, en particulier le très bon rosé-zéro et l'excellente aérienne 2004, coup de cœur de la série.

- **Champagne BAM NM** | Extra-brut | 2015>17 | 120 € — 14
- **Champagne L'Aérienne 2004** | Non dosé | 2017>18 | 76 € — 15,5
- **Champagne Louis NM** | Non dosé | 2018>19 | NC — 16
- **Champagne Rosé Zéro brut nature NM** | Non dosé | 2018>19 | 43 € — 14
- **Champagne Zéro brut nature NM** | Non dosé | 2018>19 | 37 € — 14

21, rue de la coopérative, 51480 Œuilly • Tél. 03 26 58 30 60 • champagne@tarlant.com • www.tarlant.com • Visite : du lundi au vendredi de 10h à 12h et de 14h à 17h. Le samedi sur rendez-vous.

THIÉNOT

★★★☆☆

Tête de pont champenoise de l'entreprenante famille Thiénot, également propriétaire de Dourthe à Bordeaux et de Canard-Duchêne et Joseph Perrier en Champagne, cette marque dispose aujourd'hui d'une personnalité propre grâce à sa gamme très complète. La nouvelle génération, Garance et Stanislas Thiénot, veille au grain, réussissant notamment la montée en gamme avec les cuvées qui portent leurs prénoms mais aussi un superbe monocru d'Avize, la vigne-aux-gamins. Le style en est définitivement calé : les vins sont souplement apéritifs, toujours sans aucune lourdeur ni acidité mordante. Les millésimes et cuvées de prestige sont tous réussis.

- **Champagne NM** | Brut | 2019>21 | NC — 14,5
- **Champagne Garance Blanc de Noirs 2010** | Brut | 2019>25 | 80 € — 16
- **Champagne La Vigne aux Gamins 2006** | Brut | 2019>22 | 120 € — 16,5
- **Champagne Stanislas Blanc de Blancs 2007** | Brut | 2019>23 | 80 € — 16

4, rue Joseph-Cugnot, 51500 Taissy • Tél. 03 26 77 50 10 • infos@thienot.com • www.thienot.com • Visite : du lundi au vendredi de 9h à 12h30 et de 14h à 17h.

CHAMPAGNE TRÉSOR DE FRANCE

★☆☆☆☆

Béatrice Cointreau, que l'on a connue à la tête de Gosset, a lancé cette marque au nom évocateur. La gamme est courte mais de bonne et sérieuse tenue, en particulier le savoureux et charmeur rosé.

- **Champagne NM** | Extra-brut | 2019>21 | NC — 14,5

- **Champagne NM** | Brut | 2019>21 | NC — 15
- **Champagne Blanc de Blancs NM** | Brut | 2019>21 | NC — 14,5

9 Rue André Pingat - 9, rue André Pingat, 51065 Reims • Tél. 06 50 18 02 18 • contact@champagnetresordefrance.com • www.champagnetresordefrance.com

TSARINE

★☆☆☆☆

Tsarine est la grande cuvée développée par Chanoine, marque appartenant au groupe BCC (également propriétaire de Lanson) ; elle s'est rapidement développée en accompagnant le monde du cinéma et a largement contribué au succès de la maison. Chanoine a été fondée à Épernay en 1730, c'est donc l'une des plus anciennes maisons de Champagne. Les vins sont fruités et souples, faciles d'accès. Le blanc de blancs est nettement un cran au-dessus, avec une allonge tendre et une personnalité aromatique finement toastée.

- **Champagne Tzarina N°1 NM** | Brut | 2019>20 | 60 € — 14

Allée du Vignoble, 51100 Reims • Tél. 03 26 78 50 50 • contact@champagnechanoine.com • www.tsarine.com • Visite : boutique en ligne boutique.tsarine.com

CHAMPAGNE VELUT

★☆☆☆☆

La production de vin est une vieille tradition familiale chez Denis Velut, mais il faut attendre les années 1970 pour découvrir les premières bouteilles du domaine. Son fils, Benoît Velut, l'accompagne désormais sur les 7,7 hectares de l'exploitation, au cœur du vignoble montgueillat. Les vins sont des représentations fidèles du terroir de Montgueux, tout en conservant une excellente fraîcheur. Un domaine dont la production ne déçoit jamais.

- **Champagne Lumière et Craie Blanc de Blancs NM** | Brut | 2019>22 | 21 € — 14
- **Champagne Témoignage 2009** | Brut | 2019>22 | 24 € — 14,5

9, rue du Moulin, 10300 Montgueux • Tél. 03 25 74 83 31 • champ.velut10@gmail.com • www.champagne-velut.fr • Visite : sur rendez-vous.

DE VENOGE

★★☆☆☆

Cette maison d'Épernay appartenant au même groupe que Lanson, Boizel ou Philipponnat, poursuit son chemin avec une double approche originale. D'un côté, une gamme classique axée sur de solides cuvées comme le brut cordon-bleu et le blanc de noirs ; de l'autre des champagnes ambitieux, issus essentiellement d'assemblage de grands crus, présentés en carafe, sous le nom de cuvée-des-princes (non millésimée) et Louis XV (millésimé). L'ensemble de cette gamme est de très bon niveau, clairement dédiée à la gastronomie.

- **Champagne Cordon Bleu NM** | Extra-brut | 2019>22 | 41,22 € — 14
- **Champagne Louis XV 2008** | Brut | 2019>25 | 180 € — 16,5
- **Champagne Princes NM** | Extra-brut | 2019>20 | 62,70 € — 16

33, avenue de Champagne, 51200 Épernay • Tél. 03 26 53 34 34 • adv@champagnedevenoge.com • www.champagnedevenoge.com • Visite : Tous les jours environ de 9h à 12h et de 14h à 17h.

CHAMPAGNE JEAN-LOUIS VERGNON

★★★☆☆

Les 5 hectares de vignes de ce domaine exemplaire sont exclusivement plantés en chardonnay et cultivés en lutte raisonnée. Christophe Constant, l'un des rares œnologues de Champagne à se rendre dans les vignes, n'est pas étranger à la montée en puissance du domaine ces dernières années. La gamme est habilement construite : une entrée de gamme plutôt sur la gourmandise tandis qu'éloquence s'ouvre sur des notes plus minérales. Confidence, la cuvée phare du domaine, exige du temps pour se révéler. À vrai dire, il suffit de lire les noms des cuvées pour anticiper les sensations de dégustation. Un bonheur total dont il faut s'emparer en urgence !

- **Champagne Éloquence Blanc de Blancs NM** | Extra-brut | 2018>19 | 27,20 € — 15
- **Champagne Expression Blanc de Blancs 2008** | Extra-brut | 2015>19 | 44 € — 16,5
- **Champagne Grand Cru Confidence 2010** | Brut | 2018>19 | 61,90 € — 16,5
- **Champagne Grand Cru Conversation Blanc de Blancs NM** | Brut | 2018>19 | 27,20 € — 14,5

1, Grande-Rue, 51190 Le Mesnil-sur-Oger • Tél. 03 26 57 53 86 • contact@champagne-jl-vergnon.com • www.champagne-jl-vergnon.com • Visite : sur rendez-vous.

VEUVE A. DEVAUX

★★☆☆☆

Fondée en 1846 à Épernay par la famille Devaux, cette Maison installée dans un magnifique manoir au coeur de la Côte des Bar a conservé son caractère familial. Elle est depuis près de trente ans la propriété de l'Union Auboise (Alliance Champagne), coopérative créée en 1967. Ce Groupe Vinicole, dirigé depuis 2019 par Pascal Dubois compte ainsi 800 viticulteurs situés sur la Côte des Bar, Montgueux et la Côte des Blancs, représentant environ 1400 hectares. Dans cet ensemble, Champagne Devaux représente le haut du panier, notamment avec sa Collection D (sélections parcellaires, vinification partielle en fûts et vieillissement de 5 ans minimum, 7 ans pour les magnums) dont les vins sont produits à partir de 80 hectares rigoureusement choisis. La gamme « Les Classiques » constitue le premier pallier autour d'un brut, d'un rosé et d'un demi-sec, toujours à dominante de pinot noir. En 2008 est née la cuvée Sténopé, série limitée réalisée en étroite collaboration avec Michel Chapoutier. Reflet du millésime, ce champagne vinifié sous bois est produit chaque année. Le reste de la gamme est à l'unisson, appliqué et sans fausses notes. De très beaux champagnes.

- **Champagne Cuvée D. NM** | Brut | 2019>22 | 39 € — 15
- **Champagne Cuvée D. NM** | Brut | 2019>22 | 52 € — 15,5
- **Champagne Sténopé 2011** | Brut | 2020>30 | 140 € — 17
- **Champagne Ultra D NM** | Non dosé | 2019>20 | 45 € — 15
- **Rosé des Riceys 2014** | Sec | 2019>25 | 24 € — 15,5

Domaine de Villeneuve - B.P. 17, 10110 Bar-sur-Seine • Tél. 03 25 38 30 65 • info@champagne-devaux.fr • www.champagne-devaux.fr - boutique.champagne-devaux.fr • Visite : Du lundi au vendredi de novembre à avril et d'avril à octobre du lundi au samedi de 10h à 18h.

VEUVE CLICQUOT-PONSARDIN

★★★★☆

Veuve Clicquot a retrouvé ses fondamentaux et affiche fièrement son inclination pour le pinot noir et son goût pour les champagnes vineux. Dominique Demarville, chef de caves depuis 2006 (qui quittera ses fonctions en janvier 2020 pour être remplacé par Didier Mariotti, ex-Mumm), a largement hissé d'un cran encore la sélection et la précision des assemblages, révolutionnant en parallèle le travail des sols dans les vignes, avec des vignes enherbées un rang sur deux, et quelques essais en agriculture biologique. Rosé et carte-jaune sont au meilleur de leur forme et ont retrouvé toute la vinosité qui était la signature de la maison. L'innovation est au rendez-vous avec le très réussi extra-brut-extra-old et désormais une nouvelle version de la-grande-dame, qui inaugure brillamment avec son 2008 une composition fondée sur le pinot noir.

- **Champagne Brut Rosé NM** | Brut | 2019>25 | NC — 17,5
- **Champagne La Grande Dame 2008** | Brut | 2019>30 | NC — 19
- **Champagne La Grande Dame Rosé 2008** | Brut | 2018>28 | NC — 19
- **Champagne Vintage 2012** | Brut | 2018>28 | NC — 17,5

12, rue du Temple, 51100 Reims • Tél. 03 26 89 54 40 • www.veuve-clicquot.com • Visite : Sur rendez-vous du mardi au samedi d'avril à octobre.

VEUVE FOURNY

★★★★☆

Charles-Henry et Emmanuel Fourny ont transformé cette petite maison familiale, installée à Vertus depuis 1856, en une adresse sûre et excitante pour les amateurs de champagnes précis, vineux et authentiques. Le vignoble compte une rareté, un clos : celui du faubourg Notre-Dame, utilisé pour les millésimes uniquement. Si les chardonnays dominent largement, les pinots noirs ne sont pas absents, vinifiés pour partie en fût de chêne. Sans perdre la race minérale qui est la marque de la maison, les champagnes gagnent en finesse d'expression et en élégance de définition. La maison entre dans une nouvelle ère de son évolution !

- **Champagne Premier Cru Blanc de Blancs NM** | Brut | 2019>22 | 28 € — 16
- **Champagne Premier Cru Millésimé Blanc de Blancs 2012** | Brut | 2019>23 | 45 € — 17

- **Champagne Premier Cru Rosé NM** | Brut | 2019>22 | 32 € — 17
- **Champagne Rosé Vinothèque 2012** | Extra-brut | 2019>23 | 49 € — 18

5, rue du Mesnil - B.P. 12, 51130 Vertus • Tél. 03 26 52 16 30 • info@champagne-veuve-fourny.com • www.champagne-veuve-fourny.com • Visite : du lundi au samedi sur rendez-vous.

CHAMPAGNE VIGNON PÈRE ET FILS

Essentiellement situés sur les terroirs grand cru de Verzenay et de Verzy, les 5,8 hectares de vignes sont gérés par Stéphane Vignon, qui les conduit vers une certification en viticulture durable. Les engrais sont bio, les traitements sont à base de cuivre et de soufre et les vinifications parcellaires sont réalisées pour une moitié en fûts, sur lies. Ici on préfère les levures du raisin et, chaque fois que possible, le collage et la filtration sont évités. Les vins portent la puissance du cru. Un domaine sérieux.

- **Champagne Les Marquises Potences Rochelles 2015** | Extra-brut | 2019>22 | 28 € — 14
- **Champagne Réserve des Marquises 2014** | Extra-brut | 2019>23 | 32 € — 14,5

10, rue Colet, 51360 Verzenay • Tél. 03 26 49 80 39 • vignon.marquises@orange.fr • Visite : sur rendez-vous.

CHAMPAGNE VILMART & CIE

Au cœur de la montagne de Reims, autour de Rilly-la-Montagne (premier cru), la maison Vilmart cultive sur 11 hectares 60 % de chardonnay et 40 % de pinot noir. Une répartition atypique dans un village où les trois cépages sont présents avec un léger avantage pour les pinots. Laurent Champs, cinquième génération, est à la tête du domaine depuis 1995. Il pratique avec une grande maîtrise les élevages en foudres et en fût de chêne. Une sensibilité au bois qui n'est pas sans lien avec son père René Champs, qui était compagnon du devoir... dans le bois ! À la vigne, le domaine est certifié en viticulture durable et respecte les principes de la charte Ampelos (charte de qualité excluant l'usage d'engrais chimiques, d'herbicides et d'insecticides). Quant aux champagnes, le travail de Laurent Champs sur les textures est remarquable. Les mousses sont caressantes, avec une pointe de gourmandise toujours rattrapée en finale par la fraîcheur du terroir. Un domaine trop peu connu en France, qu'il faut découvrir vite !

- **Champagne Cœur de Cuvée 2011** | Brut | 2018>22 | 77 € — 14,5
- **Champagne cuvée Rubis NM** | Brut | 2016>17 | 34 € — 14
- **Champagne Grand Cellier NM** | Brut | 2018>19 | 33 € — 15
- **Champagne Grand Cellier d'Or 2014** | Brut | 2018>26 | 50 € — 15,5
- **Champagne Grand Cellier Rubis 2011** | Brut | 2018>19 | 77 € — 15,5
- **Champagne Grande Réserve NM** | Brut | 2016>17 | 25 € — 14

5, rue des Gravières , 51500 Rilly-La-Montagne • Tél. 03 26 03 40 01 • laurent.champs@champagnevilmart.fr • www.champagnevilmart.fr • Visite : sur rendez-vous du lundi au vendredi de 9h00 à 12h00 et de 14h00 à 17h30 ; fermeture en août.

CHAMPAGNE VOUETTE ET SORBÉE

Ce domaine exemplaire cultive son vignoble selon les principes de la biodynamie. C'est une propriété familiale située dans l'Aube, dans la vallée de l'Arce, sur 5 hectares de marnes kimméridgiennes en majorité. Seul le lieu-dit Sorbée repose sur des sols du Portlandien. Les champagnes produits y sont puissants, denses, charpentés et vibrants, en somme savoureux et hautement recommandables.

- **Champagne Cuvée Blanc d'Argile NM** | Brut | 2018>20 | 58 € — 15,5
- **Champagne Fidèle NM** | Brut | 2018>20 | 47 € — 15
- **Champagne Textures NM** | Brut | 2018>19 | 70 € — 15,5

www.vouette-et-sorbee.com

VRANKEN

Fondée en 1976 par Paul-François Vranken, la maison de Champagne Vranken est devenue l'une des marques importantes du groupe géré par le tourbillonnant homme d'affaires. Pommery, Heidsieck & Co Monopole ou encore Charles Lafitte complètent son portefeuille champenois, en plus des vignobles qu'il possède en France, au Portugal et en Angleterre. En 2004, Paul-François Vranken et son épouse ont racheté et rénové la villa Demoiselle à Reims, l'un des fleurons de l'Art Nouveau. Les champagnes sont souples et faciles, dans un registre net, clairement destiné à l'apéritif.

- **Champagne Demoiselle NM** | Brut | 2019>21 | NC — 14
- **Champagne Demoiselle Grande cuvée Rosé NM** | Brut | 2020>21 | NC — 15
- **Champagne Diamant NM** | Brut | 2018>19 | NC — 14

5, place du Général-Gouraud - Cedex 2, 51100 Reims • Tél. 03 26 61 62 63 • domaine@vrankenpommery.fr • www.vrankenpommery.com • Visite : Du lundi au vendredi de 9h à 18h.

CORSE

Tous les vins dégustés n'ont pu être cités dans ce guide.
Retrouvez plus de 120 000 vins notés et commentés sur
L'APPLI LE GRAND TASTING ET SUR **WWW.BETTANEDESSEAUVE.COM**

LE VIGNOBLE DE LA CORSE

LE VIGNOBLE

› **Le vignoble corse** est planté sur les régions littorales. Avec ses 7 000 hectares, il connaît une renaissance qualitative depuis une trentaine d'années. Certains blancs produits ici, à base de rolle, figurent parmi les meilleurs de France. Rouges et rosés sont élaborés pour beaucoup à partir de cépages locaux (niellucciu, sciaccarellu). Tous ces vins bénéficient d'un climat unique, le plus ensoleillé de France, des températures contenues par la mer et les montagnes et des hivers plutôt doux. La Corse est constituée d'une chaîne de reliefs qui culminent à plus de 2 000 mètres et plongent dans la mer. Cette montagne dans la mer, dotée d'une grande complexité de terroirs, avec des expositions et des microclimats différents, montre quatre caractères distincts. À l'ouest, de Calvi à Ajaccio, la Corse granitique qui occupe les deux tiers du vignoble. Au nord, les calcaires et les schistes de Patrimonio jusqu'au Cap Corse. Au sud, de Porto-Vecchio à Figari, des calcaires et des granits. À l'est, la plaine d'Aléria est une suite de croupes où nombre de cépages murissent très bien. C'était le vignoble des Romains dont les galères venaient là chercher les amphores de ce vin dont ils raffolaient.

› **Le vignoble de Patrimonio** est bien connu pour ses rouges et ses rosés de soleil et de fruits. C'est la plus ancienne appellation de l'île. Ses sols argilo-calcaires sont particulièrement propices au cépage niellucciu, l'autre nom du sangiovese toscan. On trouve aussi des blancs secs très parfumés. Les vignes plantées sur des arènes granitiques donnent des vins intenses, fins et soyeux, toujours puissants et racés. Le Cap Corse est connu pour son muscat, un vin blanc sucré délicat et plein de soleil.

› **Sur la côte orientale**, les vins sont produits sur les coteaux, sur les piémonts de la côte et dans la vallée intérieure du Golo. C'est sur ces pentes que furent plantés les premiers ceps. Au sud, Porto-Vecchio, Figari, Sartène forment une vaste zone extrêmement variée où l'on trouve des rouges bien charpentés, des rosés vifs et de très beaux blancs.

› **C'est la région d'Ajaccio** qui a vu naître quelques-uns des plus vieux vignobles de la Corse, très renommés. Le sciaccarellu, planté sur des sols granitiques, y est beaucoup cultivé pour les rouges, mais aussi pour élaborer des rosés à la robe claire.

› **Calvi et la région de Balagne**, coincées entre mer, forêt et plaine, produisent les trois couleurs, dans des vins aimables et civilisés comme la nature qui les voit naître.

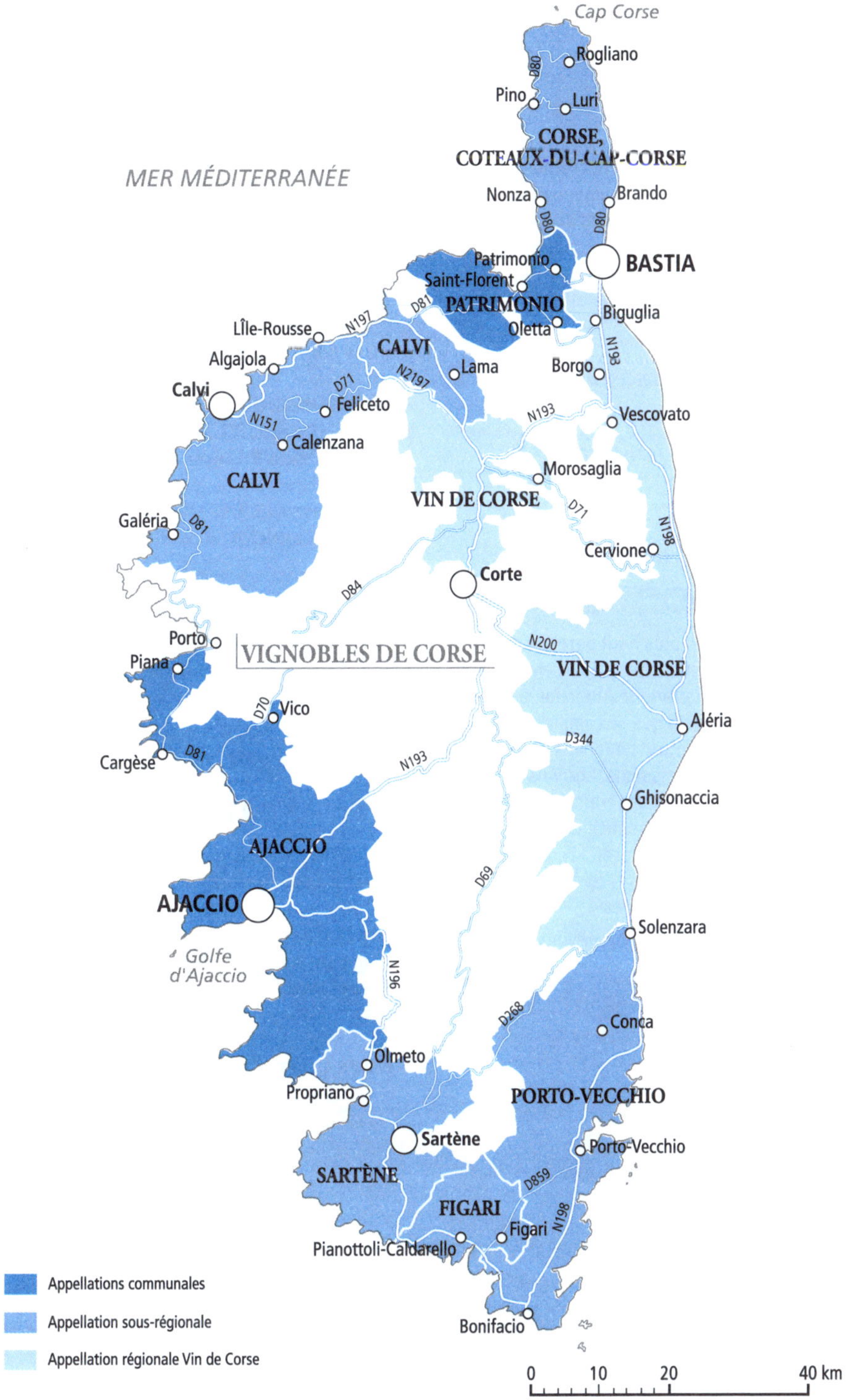

Cap Corse
Rogliano
Pino
Luri
CORSE, COTEAUX-DU-CAP-CORSE
MER MÉDITERRANÉE
Nonza
Brando
BASTIA
Patrimonio
Saint-Florent
PATRIMONIO
Biguglia
Oletta
L'Île-Rousse
Algajola
CALVI
Lama
Borgo
Calvi
Feliceto
Vescovato
Calenzana
Morosaglia
CALVI
VIN DE CORSE
Galéria
Cervione
Corte
Porto
VIGNOBLES DE CORSE
Piana
VIN DE CORSE
Vico
Aléria
Cargèse
Ghisonaccia
AJACCIO
AJACCIO
Solenzara
Golfe d'Ajaccio
Conca
Olmeto
Propriano
PORTO-VECCHIO
Sartène
Porto-Vecchio
SARTÈNE
FIGARI
Figari
Pianottoli-Caldarello
Bonifacio
Appellations communales
Appellation sous-régionale
Appellation régionale Vin de Corse
0 10 20 40 km

CLOS ALIVU

★☆☆☆☆

Petit domaine viticole situé sur des terres argilo-calcaires et schisteuses, particulièrement propices à la qualité du vermentino. Depuis deux millésimes, ses vins sont bien représentatifs de l'appellation tout en étant modernes dans leur netteté de fruit. Dans le difficile millésime 2018, Éric Poli n'a pas tout réussi mais son blanc aspetatta 2017 montre le potentiel du terroir.

Patrimonio Aspetatta 2017 | Sec | 2022>25 | 19,80 € — 16

Linguizetta, 20217 Saint Florent • Tél. 09 66 82 24 07 • clos.alivu@orange.fr • Visite : Tous les jours de 9h30 à 12h30 et de 16h à 20h d'avril à octobre.

CLOS D'ALZETO

★★☆☆☆

Un des domaines les plus haut perchés de l'île et de France, Alzeto est une propriété remarquablement conduite par la famille Albertini, qui soigne aussi bien son vignoble que ses vinifications, dans un cuvier parmi les plus modernes et les mieux conçus que nous connaissions. Les vins les mieux réussis ont une finesse et une fraîcheur uniques en blanc et beaucoup de puissance en rouge. Excellents 2018 vinifiés avec une grande sûreté.

Ajaccio Tradition 2017 | Sec | 2020>24 | 14,76 € — 14,5
Vin de France Moretelle 2016 | Sec | 2019>22 | 46,80 € — 14

. 20151 Sari-d'Orcino • Tél. 04 95 52 24 67 • contact@closdalzeto.com • www.closdalzeto.com • Visite : Du lundi au samedi, de 8h à 12h et de 14h à 18h. En été, du lundi au vendredi de 8h à 12h30 et de 13h30 à 18h30, le samedi de 9h30 à 12h30 et de 13h30 à 18h30.

DOMAINE D'ALZIPRATU

★★★★☆

Ce domaine phare de Calvi de 40 hectares, intelligemment dirigé par Pierre Acquaviva, n'a cessé de progresser depuis dix ans et dépasser le niveau de production de vins charmants et fruités pour devenir de nobles expressions du granite de Balagne, et des modèles de vinification et d'élevage pour toute la Corse. Le microclimat assez frais de la montagne, tempéré par les embruns de la mer proche, donne des vins nerveux, subtils, plus incisifs que la moyenne. Les vins des trois couleurs présentés en 2018 ont bénéficié d'un micro-climat local plus clément que dans le reste de l'île, mais nous ont étonnés par leur raffinement aromatique et la précision de l'expression du raisin et du sol. Une petite et amicale verticale effectuée en parallèle avec les vins de son collègue et ami Étienne Suzzoni (clos Culombu) ont confirmé nos belles notes précédentes. Du grand artisanat qui mérite amplement sa promotion.

Corse - Calvi Alticellu 2017 | Sec | 2022>27 | 31,60 € — 16,5
Corse - Calvi Fiumeseccu 2018 | Sec | 2021>24 | 11,05 € — 15
Corse - Calvi Pumonte 2018 | Sec | 2020>23 | 22,20 € — 15
Corse - Calvi Pumonte 2018 | Sec | 2019>22 | 16,30 € — 15
Corse - Calvi Pumonte 2018 | Sec | 2021>24 | 20,50 € — 15
Vin de France Cismonte 2018 | Sec | 2023>28 | 30 € — 17

Route de Zilia, 20214 Vilia • Tél. 04 95 62 75 47 • bureau@alzipratu.com • www.domaine-alzipratu.com • Visite : De septembre à mai, du lundi au vendredi de 9h à 12h et de 14h à 17h. De juin à août, du lundi au vendredi de 9h à 12h et de 14h à 19h, le samedi de 10h à 12h et de 15h à 19h.

CASA ANGELI

★★☆☆☆

Depuis 2003, Daniel Angeli et son fils Antoine gèrent un hectare de vignoble exclusivement planté de muscat. Ce petit domaine dont les vignes sont vraiment situées en bordure du Cap s'est spécialisé dans le muscat VDN, qu'il réussit avec une sûreté et une constance de style qui forcent le respect.

Muscat du Cap Corse 2018 | Moelleux | 2020>24 | 15 € — 14

Lieu-dit Poggiale, 20247 Rogliano • Tél. 06 76 99 15 36 • angeli.daniel@wanadoo.fr • www.casaangeli.fr • Visite : du lundi au samedi de 8h à 12h et de 14h à 18h.

DOMAINE ANTOINE ARENA

★★★☆☆ 🍀

De tous les vignerons corses, Antoine Arena est sans doute celui qui a eu la plus grande volonté de faire connaître ses vins au-delà de l'île. Il a repris le domaine familial en 1975, avec l'aide de sa femme Marie, et l'a hissé parmi les meilleurs de Corse, travaillant dans une approche naturelle, sans produits de synthèse et avec l'apport de fumier naturel, aujourd'hui certifié en agriculture biologique. Jusqu'en 2013, il y avait un seul domaine que vinifiaient Antoine et Marie avec l'aide de leurs deux garçons Antoine-Marie et Jean-Baptiste. Depuis 2014, certaines parcelles du domaine ont été transmises aux fils ; Antoine-Marie s'est donc installé sur 6 hectares (domaine Antoine-Marie Arena), de même que son frère Jean-Baptiste qui, lui aussi, vinifie sous ses propres étiquettes au domaine éponyme (six hectares également). Antoine a conservé les vignes de Morta Maïo et Carco, sur 3,5 hectares de rouge (niellucciu), blanc (vermentinu et biancu gentile) et muscat, et bien lui en a pris car dans le difficile millésime 2018, il a récolté les raisins les plus mûrs. Mais ce millésime pourrait bien être le dernier pour le couple qui tirera bientôt sa révérence.

- **Patrimonio Morta Maïo 2018** | Sec | 2020>24 | 24 € — **15**

20253 Patrimonio • Tél. 04 95 37 08 27 • antoine.arena@wanadoo.fr • Visite : tous les jours de 16h à 19h sauf le dimanche et les jours fériés.

DOMAINE ANTOINE-MARIE ARENA

Antoine-Marie, fils d'Antoine Arena, a repris en 2014 quelques parcelles et produit en bio, sur 6 hectares, ses propres vins avec la même énergie et le même talent que son père, allant vers encore plus de précision et de rigueur, aussi bien dans le choix idéal de la date de vendanges que par le contrôle minutieux des vinifications. En toute logique, il est devenu très vite l'un des grands de la viticulture corse. Il a hérité du terroir suprême de Carco et des Hauts de Carco, des calcaires très durs, avec même l'ambition de l'agrandir prochainement, qui tend à la perfection la fin de bouche des blancs, et aime les rouges souples mais pleins. Attention néanmoins à ne pas privilégier le fruit immédiat sur la profondeur de l'expression des lieux magiques où pousse la vigne. Antoine-Marie devrait bientôt planter 50 ares sur le lieu-dit È Cimè (les cimes), un coteau escarpé le plus en altitude de Patrimonio.

- **Patrimonio Carco 2018** | Sec | 2022>24 | 20 € — **14**
- **Patrimonio Hauts de Carco 2018** | Sec | 2021>24 | 20 € — **14,5**
- **Patrimonio San Giovanni 2018** | Sec | 2019>21 | 15 € — **13,5**

Lieu dit Morta Maio, 20253 Patrimonio • Tél. 06 22 25 57 74 • antoinemarie.arena@gmail.com • Visite : du lundi au samedi de 16h à 19h, fermé dimanche et jours fériés.

DOMAINE JEAN-BAPTISTE ARENA

Jean-Baptiste, fils aîné d'Antoine Arena et maire de Patrimonio, prend désormais en charge sa part du domaine familial, à savoir la magnifique vigne de Grotte di Sole et une partie de Morta Maïo, sur 6 hectares en agriculture biologique. En vin rouge, il a vinifié de façon assez vigoureuse et tannique le millésime 2015 et a un peu modifié en 2016 ce style dans une direction plus élégante, mais ses 2017 et 2018 encore en élevage retrouvent des tannins assez durs. On les dégustera après trois ou quatre ans de bouteille pour mieux les comprendre.

- **Patrimonio Grotte di Sole 2018** | Sec | 2023>28 | 20 € — **13,5**

Morta Maio, 20253 Patrimonio • Tél. 06 23 89 74 79 • jeanbaptiste.arena@orange.fr • Visite : du lundi au vendredi de 16h à 19h, sur rendez-vous de préférence.

DOMAINE BUZZO

Voici le troisième des courageux pionniers (avec Christian Zuria et Yves Canarelli) qui ont défriché les terres jadis célèbres de Bonifacio, sur les calcaires corses les plus propices à la culture de la vigne. Les vins présentés bien que plus solides que raffinés montrent un vrai et beau potentiel.

- **IGP de l'Ile de Beauté 2018** | Sec | 2020>23 | 19,20 € — **13,5**
- **IGP de l'Ile de Beauté 2017** | Sec | 2022>25 | 18 € — **13**
- **IGP de l'Ile de Beauté Cian di Fossi 2017** | Sec | 2022>25 | 27,60 € — **14**
- **IGP de l'Ile de Beauté Rocagianca 2017** | Sec | 2020>22 | 20,40 € — **14,5**

20169 Bonifacio • Tél. 06 79 05 41 70 • contact@buzzo-bunifazziu.com • Visite : sur rendez-vous.

CLOS CANARELLI

Yves Canarelli a repris le vignoble paternel de Tarrabucetta en 1993, l'a arraché pour repartir de zéro et produire son premier millésime en 1997. Il cultive aujourd'hui, en biodynamie, plus de trente hectares dans les secteurs de Figari et de Bonifacio, puisant parmi les quelque 40 cépages corses les plus adaptés à son goût et son terroir. Un nouveau chai a été réalisé, qui permet la vinification au large et dans différents contenants : amphores, œufs béton, barriques, foudres. Le troisième millésime du grand enclos calcaire de Bonifacio, Tarra di Sognu, confirme qu'un premier grand cru est né, avec deux dauphins qui vont un jour proche le taquiner. Mais pour le moment, il reste sans rival en Corse, avec une tension minérale qu'on ne retrouve pas sur Figari où les vins sont plus tendres et plus aromatiques. Le niveau exceptionnel de viticulture et de vinification de tous les vins du vigneron d'élite qu'est Yves Canarelli se confirme en 2018. Ce qui explique que quelques voisins amis ou moins amis ont renoncé à tort à présenter leurs vins.

- **Corse - Figari 2018** | Sec | 2019>22 | NC — 14
- **Corse - Figari 2018** | Sec | 2019>21 | NC — 15
- **Corse - Figari 2017** | Sec | 2020>25 | NC — 14
- **Corse - Figari Alta rocca 2016** | Sec | 2021>24 | NC — 13,5
- **Corse - Figari Amphore 2018** | Sec | 2021>26 | NC — 16
- **Vin de France 2017** | Sec | 2021>25 | NC — 15
- **Vin de France Tarra di Sognu 2017** | Sec | 2025>29 | NC — 17
- **Vin de France Tarra di Sognu 2018** | Sec | 2021>25 | NC — 17

Tarabucetta, 20114 Figari • Tél. 04 95 71 07 55 • closcanarelli2a@orange.fr • Visite : Du lundi au vendredi de 8h à 12h et de 14h à 17h. Dégustation sur rendez-vous.

CLOS CANERECCIA

Christian Estève reste fidèle à une ligne de conduite qui lui fait essayer toute sorte de contenant pour l'élevage avec une préférence de moins en moins secrète pour les amphores en terre. Il y a encore de la disparité entre toutes ses cuvées mais on apprécie chez lui la netteté des vinifications et le suivi des mises. Évidemment les vins plus aboutis sont hors appellation d'origine tant notre conservatisme fait de tort à notre patrimoine.

- **Corse 2018** | Sec | 2019>20 | 18 € — 13
- **Corse cuvée des pierres 2018** | Sec | 2020>22 | 16 € — 13,5
- **Vin de France Amphore Carcaghjolu Neru 2017** | Sec | 2020>25 | 40 € — 15

180, Rottani, 20270 Aleria • Tél. 04 95 34 17 85 • closcanereccia@orange.fr • www.closcanereccia.com • Visite : Du lundi au vendredi de 9h à 18h, le reste du temps sur rendez-vous.

CLOS CAPITORO

Cette propriété historique qui a beaucoup fait pour Ajaccio produisait les meilleurs rouges de l'île à la fin des années 1970. Elle a eu depuis de nombreux hauts et bas, mais Éloïse, la fille de Jacques Bianchetti, semble avoir bien repris les choses en main et les vins dégustés cette année, et nous pensons à la jolie cuvée bien nommée âme-sœur, retrouvent style et expression de terroir.

- **Ajaccio 2018** | Sec | 2020>21 | 11,40 € — 14,5
- **Ajaccio Ame Sœur 2015** | Sec | 2020>23 | 16,90 € — 13,5

Pisciatella, 20166 Porticcio • Tél. 04 95 25 19 61 • info@clos-capitoro.com • www.clos-capitoro.com • Visite : Du lundi au samedi de 8h à 12h et de 14h à 18h, et jusqu'à 19h l'été.

DOMAINE COMTE ABBATUCCI

Dans ce haut-lieu historique du vignoble d'Ajaccio, dont la collection unique de vieux cépages blancs locaux a fait prendre conscience de l'obligation morale et culturelle de diversifier l'encépagement de toute la Corse, Jean-Charles Abbatucci pratique avec une générosité contagieuse une viticulture irréprochable. Les vins récents ont la souplesse, le naturel et le glissant qu'on attend d'eux, et ont nettement progressé en régularité grâce à la complicité qui unit le propriétaire et un remarquable œnologue-conseil, Emmanuel Gagnepain. La cuvée faustine brille par sa finesse pure et les grandes cuvées collection, ministre, général et diplomate offrent la complexité raffinée de leur encépagement pionnier. De nouvelles cuvées, monte-bianco, altérosso, valle-di-nero commencent à être produites mais le domaine ne les a pas envoyées à la dégustation. Ce sera pour l'année prochaine.

- **Vin de France cuvée du Diplomate 2016** | Sec | 2020>24 | NC — 16
- **Vin de France Faustine 2018** | Sec | 2020>24 | NC — 14,5
- **Vin de France Faustine 2018** | Sec | 2020>25 | NC — 15,5
- **Vin de France Faustine 2018** | Sec | 2019>22 | NC — 14

Pont de Calzola, 20140 Casalabriva • Tél. 04 95 74 04 55 • contact@domaine-abbatucci.com • www.domaine-abbatucci.com

DOMAINE DU COMTE PERALDI

Le vignoble touche la ville qui hélas l'entoure de façon de plus en plus dramatique à la façon de la banlieue bordelaise à Pessac. Mais la nature reprend ses droits dès les premiers rangs de vignes et le granite produit les expressions fines qu'on associe à Ajaccio sous la direction attentive de la nouvelle génération des Poix. Les rouges en particulier ont une expression proche de celles de grands pinots noirs mais attention à ne pas trop les boiser. Le rosé 2018 nous a un peu déçus.

- **Ajaccio 2018** | Sec | 2019>21 | 12,85 € — 13,5
- **Ajaccio 2016** | Sec | 2020>24 | 12,25 € — 14

Chemin du Stiletto, 20167 Mezzavia • Tél. 04 95 22 37 30 • info@domaineperaldi.com • www.domaineperaldi.com • Visite : Du lundi au samedi de 8h à 12h et de 14h à 18h. L'été jusqu'à 19h et en basse saison, fermeture le samedi après-midi.

DOMAINE CULOMBU

Des travaux de titan vont donner à ce grand domaine un nouveau cuvier à la pointe du progrès et lui permettre d'aller encore plus loin dans les vinifications parcellaires et de rivaliser à armes égales avec son ami Pierre Acquaviva (Alzipratu). Le fils d'Étienne Suzzoni est venu rejoindre son père avec un parfait savoir agronomique et œnologique qui se traduit déjà par d'excellents 2018. Ne manquez pas les nouvelles cuvées de la série storia-di, dédiées aux cépages anciens retrouvés.

- **Corse - Calvi Ribbe Rosse 2016** | Sec | 2021>26 | 26,40 € — 14,5
- **Corse - Calvi Clos Culombu 2018** | Sec | 2020>22 | 11,90 € — 14,5
- **Corse - Calvi Ribbe Rosse 2018** | Sec | 2019>22 | 18 € — 14
- **Corse - Calvi Ribbe Rosse 2018** | Sec | 2020>25 | 24 € — 15,5
- **Corse Tribberia 2017** | Sec | 2021>25 | 8,15 € — 15
- **Vin de France Storia di Sgio 2016** | Sec | 2020>24 | 21,60 € — 15
- **Vin de France Storia di Turpo NM** | Sec | 2019>24 | 21,60 € — 15

Chemin San-Petru, 20260 Lumio • Tél. 04 95 60 70 68 • contact.colombu@gmail.com • www.closculombu.fr • Visite : D'octobre à avril, du lundi au samedi de 9h à 12h et de 13h30 à 18h. Le reste de l'année, tous les jours de 9h à 19h30, fermeture le dimanche de 13h à 15h.

CLOS FORNELLI

Producteur intéressant mais irrégulier : dans la difficile année 2017 nous avons et de loin préféré la petite cuvée de minustellu dont la finesse aromatique et la précision de définition parleront aux amateurs.

- **Corse Vini Navigati 2018** | Sec | 2020>22 | 24 € — 14
- **Vin de France Chiosu 2017** | Sec | 2022>25 | 17 € — 15

20270 Tallone • Tél. 04 95 32 18 01 • fabrice.couloumere@laposte.net ou josee.vanucci@laposte.net • www.closfornelli.com • Visite : Du lundi au vendredi de 9h à 12h et de 15h à 19h. Le week-end sur rendez-vous.

DOMAINE GIACOMETTI

En limite d'appellation, à l'entrée du désert des Agriates, le terroir change de nature par rapport au cœur de Patrimonio, avec des sols granitiques et un microclimat encore plus sec. Un domaine pilote y avait été planté par Michel Martini dans les années 1960, et la famille Giacometti, passionnément respectueuse de la nature et de l'environnement, continue brillamment son œuvre. Les derniers millésimes ont beaucoup progressé en précision et expriment magnifiquement le terroir. Le prix des vins reste angélique.

- **Vin de France Sempre Cuntentu 2017** | Sec | 2019>24 | 13 € — 15
- **Vin de France Sempre Azzezu 2016** | Sec | 2021>24 | 14,50 € — 14

Casta, 20217 Saint-Florent • Tél. 04 95 37 00 72 • domainegiacometti@orange.fr • www.domainegiacfometti.com • Visite : Automne-Hiver, du lundi au vendredi de 10h à 12h et de 14h à 16h. Printemps-Eté, du lundi au vendredi de 9h à 12h et de 14h à 18h. Le week-end sur rendez-vous.

DOMAINE GIUDICELLI

Voici encore un domaine de « femme corse » ! Muriel Giudicelli exploite avec autorité une propriété située au cœur du vignoble historique de Patrimonio, avec un pied dans l'aire d'appellation du Muscat du Cap Corse (son mari l'aide à la vigne depuis 2005). Il compte 12,5 hectares entièrement conduits en agriculture biologique et, de plus en plus, biodynamique. Muriel a beaucoup travaillé l'affinage de vinification et d'élevage de ses rouges, qui ont énormément gagné en harmonie, avec une finesse de tannin unique à Patrimonio. Mais les blancs et les muscats ne sont pas en reste, issus de vendanges mûres et savoureuses. Les 2017 étaient splendides au domaine mais fatigués à Bastia, lors de notre grande dégustation comparative.

- **Patrimonio 2017** | Sec | 2023>24 | NC — 14
- **Patrimonio 2017** | Sec | 2019>22 | 28 € — 15
- **Vin de France impassito 2017** | Liquoreux | 2020>32 | 96 € — 18

Lieu-dit Poretto, 20253 Patrimonio • Tél. 06 11 56 36 24 • muriel.giudicelli@wanadoo.fr • Visite : sur rendez-vous.

DOMAINE GRANAJOLO

Tenu par deux viticultrices idéalistes, parmi les premières à cultiver bio en Corse, ce domaine produit avec constance des vins purs et souples, mais quelques imprécisions aromatiques. Les 2018 présentés montrent un progrès certain sur ce plan, et une recherche de vins d'expression plus ambitieuse pour les cuvées monika, ou plus à la mode pour le rosé simple, qui évite d'ailleurs toute démagogie dans sa construction. Bon rapport qualité-prix.

- **Corse - Porto-Vecchio 2017** | Sec | 2021>24 | 8,15 € — 13,5
- **Corse - Porto-Vecchio Monika 2018** | Sec | 2019>21 | 8,85 € — 15
- **Corse - Porto-Vecchio Monika 2016** | Sec | 2020>23 | 8,85 € — 13,5

La Testa, 20144 Sainte-Lucie-de-Porto-Vecchio • Tél. 04 95 70 37 83 ou 06 07 63 86 59 • info@granajolo.fr • www.granajolo.fr • Visite : De septembre à octobre sur rendez-vous. Ouvert du 1er juin au 30 septembre de 9h à 13h puis de 17h à 19h lundi au samedi sauf dimanches et jour fériés.

CLOS LANDRY

Nous retrouvons avec plaisir dans le guide ce domaine emblématique de Calvi, qui trouve avec une nouvelle génération une seconde jeunesse et surtout des vins plus affinés et complexes, qui tiendront parfaitement leur rang parmi les meilleurs de Balagne. Tous nos encouragements au tandem déjà talentueux de Marc Paolini et son œnologue Christophe Wagner.

- **Corse - Calvi 2018** | Sec | 2019>21 | 12 € — 14
- **Corse Léa 2015** | Sec | 2020>24 | 16 € — 14,5
- **Vin de France Inattendu de Carignan 2016** | Sec | 2022>26 | 30 € — 14,5

Route de l'Aéroport, 20260 Calvi • Tél. 04 95 65 04 25 • vinsclosIandry@gmail.com • Visite : Du lundi au vendredi de 9h à 12h et 14h à 17h. L'été du lundi au samedi de 9h à 19h.

DOMAINE LECCIA - ANNETTE LECCIA

Annette Leccia avec beaucoup de générosité a légué son domaine à son neveu Lysandre, vinificateur précis comme son père Yves, et qui a parfaitement réussi ses 2018 blancs et rosés. Les rouges ont encore trop de dureté tannique, comme souvent dans cette appellation, mais aucun défaut d'hygiène. Annette continue à signer ses muscats équilibrés et délicieux.

- **Muscat du Cap Corse 2018** | Moelleux | 2020>26 | 30 € — 15
- **Patrimonio 2018** | Sec | 2019>26 | 30 € — 16
- **Patrimonio 2018** | Sec | 2019>20 | 23 € — 14

Morta-Piana, 20232 Poggio-d'Oletta • Tél. 04 95 37 11 35 • domaine.leccia@wanadoo.fr • www.domaineleccia.fr • Visite : du lundi au samedi de 9h à 12h et de 15h à 19h. Voir le site internet selon les saisons les horaires changent. Pour les dégustations, sur rendez vous de préférence.

YVES LECCIA

Yves Leccia a quitté en 2005 le vignoble familial, repris par sa sœur Annette, en conservant une partie des vignes de son père sur le secteur plus schisteux d'E Croce et une autre partie de vignoble en fermage. Le vignoble compte désormais 15 hectares entièrement sur Patrimonio, dont les magnifiques parcelles de E Croce et Partinelone, des coteaux exposés sud-ouest bénéficiant de l'influence maritime. Yves Leccia maintient année après année une haute qualité d'ensemble pour toute sa production. La précision et la rigueur des vinifications permettent un vieillissement remarquable de ces vins qu'on boit toujours trop jeunes. Les premiers essais de vin de type plus fruité, en IGP Île de Beauté, sont parfaitement concluants. Attention à ne pas rendre les blancs trop « nerveux » comme c'est la mode dans tout le sud de la France.

Patrimonio E Crocce 2018 | Sec | 2021>26 | 24,40 € — 14
Patrimonio E Crocce 2016 | Sec | 2022>28 | 22,60 € — 14,5

Morta-Piana, 20232 Poggio-d'Oletta • Tél. 04 95 30 72 33 • info@yves-leccia.com • www.yves-leccia.com • Visite : du lundi au vendredi de 9h à 12h et de 14h à 18h, de juin à fin septembre le samedi de 10h à 13h et de 15h à 19h

DOMAINE MAESTRACCI - CLOS REGINU

★★☆☆☆

Camille Anaïs Raoust a tout en main pour faire de beaux vins de Balagne, les vignes bien plantées de sa famille et un savoir œnologique moderne. Pour le moment elle cherche sa voie avec des essais d'allègement des rouges qui sont dans l'air du temps et qui ne nous ont pas convaincus, sans parler de nombreuses cuvées déviantes. Nous avons sélectionné les vins qui nous ont semblé dignes de ce que Camille peut apporter à l'histoire familiale.

Corse Clos Reginu 2015 | Sec | 2021>25 | 8,60 € — 15,5

Route de Santa-Reparata, 20225 Feliceto • Tél. 04 95 61 72 11 • contact@domaine-maestracci.com • www.domaine-maestracci.com • Visite : En saison, du lundi au samedi de 9h à 12h30 et de 14h à 19h30 ; les dimanches et jours fériés sur rendez-vous. Hors saison, du mardi au vendredi de 9h à 12h, sinon sur rendez-vous.

NICOLAS MARIOTTI

★☆☆☆☆ ♣

Ce vigneron doué suscite un grand engouement chez les amateurs, mais que nous ne comprenons pas toujours dans les vins dégustés. Beaucoup semblent trop lourds ou manquent de pureté et de finesse malgré leur solide matière. De temps en temps un vin éblouissant permet de rétablir notre confiance, le plus souvent blanc.

Vin de France 2017 | Sec | 2019>22 | 20 € — 15

lieu-dit Torra, 20232 Oletta • Tél. 06 12 05 24 59 • nicolasmariottibindi@icloud.com • www.cantinaditorra.com • Visite : Tous les jours de 10h à 19h sur rendez-vous.

DOMAINE MONTEMAGNI

★☆☆☆☆

Ce grand et prestigieux domaine de Patrimonio a longtemps déçu, aussi bien par sa viticulture que par la sévérité et l'irrégularité de ses vins. Une véritable petite révolution le voit travailler ses sols et affiner considérablement ses meilleurs blancs et rouges qui montrent une typicité bien supérieure à la moyenne de ce que nous dégustons, à l'aveugle bien entendu.

Patrimonio 2015 | Sec | 2021>24 | 9 € — 14,5
Patrimonio Louis 2018 | Sec | 2021>26 | 20 € — 17

Puccinasca, 20253 Patrimonio • Tél. 04 95 37 00 80 • scea.montemagni@wanadoo.fr • www.domaine-montemagni.com • Visite : D'avril à octobre, tous les jours de 9h30 à 19h.

CLOS NICROSI

★★☆☆☆

La nouvelle génération des Luigi semble plus concernée par l'exactitude des vinifications et devrait redonner confiance dans cette propriété mythique en Corse et qui a si souvent produit des vins bizarres, pour employer un euphémisme. Mais quand ils sont réussis c'est une apothéose du muscat corse. Les vins secs vinifiés sur la réduction et concentrés demandent souvent cinq ou six ans pour s'épanouir.

- **Corse - Coteaux du Cap Corse 2018** | Sec | 2022>28 | 17,64 € 14,5
- **Muscat du Cap Corse muscatellu 2017** | Doux | 2025>29 | 21 € 14,5

20247 Rogliano • Tél. 04 95 35 41 17 • clos.nicrosi@orange.fr • Visite : De mi-juin à mi-octobre, tous les jours de 10h à 12h et de 16h à 19h et le reste de l'année sur rendez-vous.

DOMAINE ORENGA DE GAFFORY

La famille Orenga descend des Mattei de Bastia, qui ont dominé l'industrie des vins et spiritueux sur tout le pourtour méditerranéen. Elle possède un important vignoble au cœur du sublime site vinicole de Patrimonio et ses vins sont des classiques de l'île, largement distribués dans tous les restaurants et hôtels. Les conseils avisés d'Emmanuel Gagnepain les ont considérablement fait progresser en finesse immédiate d'expression. Les blancs et les muscats passerillés sont des sommets incontestés du genre en Corse et les rouges se rapprochent des meilleurs. Nous avons regretté l'absence des fameux impassitos lors de notre dégustation globale mais les 2018 étaient souvent supérieurs à la moyenne de ce qui nous a été présenté.

- **Muscat du Cap Corse 2017** | Liquoreux | 2019>22 | 15,30 € 14,5
- **Patrimonio Clos San Quilico 2018** | Sec | 2020>23 | 11,15 € 13,5
- **Patrimonio Felice 2018** | Sec | 2019>25 | 16,10 € 15
- **Patrimonio Felice 2017** | Sec | 2020>24 | 16,10 € 13,5

Morta-Majo, 20253 Patrimonio • Tél. 04 95 37 45 00 • contact@orengadegaffory.com • www.orengadegaffory.com • Visite : tous les jours de 9h à 19h, de mai à septembre. le reste de l'année, de 9h à 12h et de 14h à 17h du lundi au vendredi.

DOMAINE PARADELLA

Lionel Wojcik, nouveau-venu à Patrimonio, a choqué le petit monde local par sa résolution et sa façon de bousculer les traditions corses en empruntant à Bordeaux des principes de vinification et d'élevage qui typent ses vins. On peut ne pas les trouver à son goût mais au moins ils font preuve de précision, d'énergie et de vrai savoir-faire en matière d'extraction tannique. Leur boisé appuyé actuel évoluera certainement avec l'expérience.

- **Patrimonio 2017** | Sec | 2023>27 | 38 € 15

Lieu-dit Sant'Angelo, 20232 Poggio d'Oletta • Tél. 06 12 31 05 16 • domaineparadella@gmail.com • www.domaineparadella.com • Visite : sur rendez-vous de 9h à 17h.

DOMAINE PIERETTI

Voici un des plus beaux domaines corses, situé à proximité de la mer, à une trentaine de kilomètres au nord de Bastia, sur les flancs est du Cap Corse. Lina Pieretti-Venturi le dirige avec détermination depuis 1989 (sur une petite douzaine d'hectares) et obtient désormais les vins dont elle a toujours rêvé, jouant sur la finesse plus que sur la puissance, dans le respect de l'originalité d'un microclimat marin qui affine tous les raisins, qu'ils soient blancs ou rouges. Ses cuvées marine n'ont guère de concurrence en matière de finesse pure, ce qui explique que la propriété soit dévalisée dès la fin du printemps ! 2018 est dans la lignée en blanc, un peu moins complet en rouge, comme souvent au nord de de l'île.

- **Corse - Coteaux du Cap Corse Marine 2018** | Sec | 2020>23 | 23,10 € 14,5
- **Muscat du Cap Corse 2017** | Moelleux | 2020>22 | 22,50 € 16

Santa-Severa, 20228 Luri • Tél. 04 95 35 01 03 • domainepieretti@orange.fr • www.vinpieretti.com • Visite : En été, du lundi au samedi de 9h à 12h et 15h à 19h. Juillet-août, ouvert le dimanche. Le reste de l'année sur rendez-vous au 06 17 93 92 17

CLOS POGGIALE

Jean-François Renucci en Costa Serena a repris les anciens vignobles de la famille Skalli, Terra Vecchia et Clos Poggiale. Clos Poggiale, un peu à l'écart de l'étang de Diana, possède le meilleur microclimat, protégé de l'humidité, et permet une culture biologique qui rend justice à la qualité du terroir. Les conseils avisés de Stéphane Derenoncourt ont porté les fruits escomptés les années précédentes mais seul le rouge en 2018 nous a semblé digne du potentiel du domaine.

- **Corse 2017** | Sec | 2021>25 | 14,85 € 14

Domaine Terra Vecchia, 20270 Aleria • Tél. 04 95 57 20 30 • jf-renucci@orange.fr • www.clospoggiale.fr • Visite : de juin à septembre du lundi au samedi de 10h à 12h et de 14h à 19h, fermé le lundi matin. Au mois de juin, fermé le week-end. Sinon sur rendez-vous.

DOMAINE SAN-MICHELI

★★☆☆☆

Beau domaine au cœur de la sublime vallée de l'Ortolo, entouré de rochers monumentaux, et bien repris en main par un régisseur dévoué, venu du Mâconnais. Les vins ont la finesse autorisée par l'excellent terroir granitique, vinifiés sous le conseil éclairé d'Emmanuel Gagnepain. Les 2018 confirment l'excellence de ces collaborations.

Corse - Sartène 2018 | Sec | 2020>22 | 9,60 € — 15
Corse - Sartène 2018 | Sec | 2019>21 | 9,60 € — 13,5

D250 Vallée de l'Ortolo, 20100 Sartène • Tél. 04 95 77 06 38 • contact@domainesanmicheli.com • www.domainesanmicheli.com • Visite : Sur rendez-vous. Du lundi au vendredi de 9h à 12h30 et l'après-midi en haute saison de 15h à 19h. Ouvert le samedi matin.

SANT-ARMETTU

★★★★☆

Un ermite guérisseur ayant choisi pour exercer son don ce site exceptionnel, à l'extrême nord de l'appellation, a inspiré le nom du domaine. Gilles Seroin y produit les vins les plus réguliers de Sartène, bénéficiant de vieilles vignes et d'un sens inné de l'équilibre en vinification. Il a quitté la coopérative en 1996 pour réaliser des cuvées de terroir, l'agrandissant sur 40 hectares, et favorisant de vieilles variétés de cépages. Son domaine est le plus septentrional de l'appellation, près de Propriano dans la vallée du Baracci, entouré d'oliviers et ouvert sur le golfe du Valinco. Les derniers millésimes, en grands progrès, confirment le talent du vinificateur avec un parcours sans faute dans les trois couleurs et des vins d'une complexité qui égale les meilleurs. La gamme produite s'élargit de plus en plus avec des vins de curiosité que nous vous invitons à découvrir malgré des volumes minuscules de production.

Corse - Sartène Myrtus 2017 | Sec | 2020>24 | 30 € — 14,5
Corse - Sartène Myrtus 2015 | Sec | 2022>27 | 33 € — 16
Corse - Sartène Rosemarinu 2018 | Sec | 2020>23 | 18,50 € — 13,5
IGP de l'Ile de Beauté myrtus 2018 | Sec | 2020>22 | 23 € — 15

9, avenue Napoléon, 20110 Propriano • Tél. 04 95 76 24 47 • contact@santarmettu.com • www.santarmettu.com • Visite : l'été de 8h à 12h et de 14h à 19h

DOMAINE SAPARALE

★★★☆☆

Philippe Farinelli a joué le jeu de la dégustation comparative cette année et bien lui en a pris car ses vins se dégustaient merveilleusement bien dans les trois couleurs. Dans une des caves les plus soignées et les plus réussies dans son architecture, un élevage maîtrisé donne au vin un style classique et indémodable, porteur du terroir et surtout parfaitement adapté à la gastronomie méditerranéenne.

Corse - Sartène 2017 | Sec | 2021>24 | 11,60 € — 16
Corse - Sartène Casteddu 2017 | Sec | 2023>27 | 18,96 € — 14,5
Corse - Sartène Casteddu 2016 | Sec | 2021>24 | épuisé — 16
Corse - Sartène œnothèque 2017 | Sec | 2019>21 | NC — 16

Vallée de l'Ortolo, 20100 Sartène • Tél. 04 95 77 15 52 • contact@saparale.com • www.saparale.com • Visite : du lundi au samedi de 10h à 19h

CLOS DE SARCONE

★☆☆☆☆

Ce merveilleux artisan-vigneron réalise une toute petite production qui franchit rarement les limites de l'île. 2017 lui a donné des rendements encore plus ridicules mais il retrouve en 2018 ses volumes habituels. Seul pour tout faire, avec un rare sens de la débrouille, il ne dispose pas des moyens de raffiner vinification et élevage, mais aucun moyen aussi de les maquiller et son vermentino regorge de caractère de terroir et de finesse.

Corse - Figari 2018 | Sec | 2021>23 | 21,60 € — 14

Clos Sarcone poggale, 20114 Figari • Tél. 04 95 71 02 29 • closdesarcone@wanadoo.fr • Visite : Sur rendez-vous au 06 70 52 54 45.

CLOS SIGNADORE

Vigneron-artisan courageux et déterminé, Christophe Ferrandis produit dans son chai de poupée très peu confortable des vins de caractère, typiques de leur quartier et vinifiés dans un esprit bio bien compris. Il faut leur donner deux à trois ans de bouteille. Souhaitons-lui de disposer assez vite d'un outil de travail à la hauteur de ses efforts.

- **Patrimonio A Mandria 2017** | Sec | 2023>27 | 25 € — 14
- **Patrimonio A Mandria 2017** | Sec | 2020>23 | 25 € — 13,5
- **Patrimonio Clos Signadore 2015** | Sec | 2021>25 | 50 € — 15

Lieu-dit Mortta-Piana, 20232 Poggio-d'Oletta • Tél. 06 15 18 29 81 • contact@signadore.com • www.signadore.com • Visite : Sur rendez-vous.

RICHARD ET MARJORIE SPURR L'ENCLOS DES ANGES

Nous ne pouvons que réitérer notre affection et notre admiration devant la gamme des vins produits par un Britannique devenu plus corse dans l'âme que tous les Corses. Richard Spurr produit sur 15 hectares des vins audacieux, allant au bout de la logique d'expression du terroir mais complètement sous contrôle pour y parvenir et même quelques essais de vins plus classiques, tout aussi réussis et qui élargissent la séduction de la production.

- **Corse - Calvi Clos des Anges 2018** | Sec | 2021>24 | 13 € — 15
- **Corse - Calvi L'Enclos des Anges 2016** | Sec | 2020>26 | 16 € — 16
- **Corse - Calvi semper fidelis 2018** | Sec | 2019>21 | 11 € — 14
- **Corse - Calvi semper fidelis 2018** | Sec | 2019>21 | 9,50 € — 14,5
- **Corse - Calvi semper fidelis 2017** | Sec | 2022>27 | 12 € — 15
- **Corse Enclos des Anges 2017** | Sec | 2020>23 | 14 € — 15

route de la Foret de Bonifatu - Route de la Forêt-Boniffatu, 20260 Calvi • Tél. 06 19 85 16 39 ou 06 20 26 31 70 • richard@enclosdesanges.fr • Visite : tous les jours, de préférence sur rendez-vous.

CLOS TEDDI

Les granites du Clos Teddi ne sont pas la roche-mère la plus originale de Patrimonio mais permettent de comprendre la typicité de ses vins. Marie-Brigitte Poli les aime frais, nerveux, immédiats, ce qui réussit d'ailleurs mieux aux blancs qu'aux rouges. En 2018, la grande cuvée de blanc sort largement du lot.

- **Patrimonio Grande Cuvée 2017** | Sec | 2020>24 | 19,80 € — 16

Casta, 20217 Saint-Florent • Tél. 06 10 84 11 73 • clos.teddi@orange.fr • www.closteddi.fr • Visite : En été, tous les jours, de 9h à 12h30 et de 15h30 à 19h30. Sur rendez-vous le reste de l'année.

DOMAINE DE TORRACCIA

Après Christian, le père, figure emblématique de la viticulture corse, qui posa les bases du nouvel élan qualitatif amorcé dans les années 1970, il y a aujourd'hui le fils, Marc, installé depuis 2008 sur les 43 hectares de vignoble d'arènes granitiques (et 25 hectares d'oliviers) conduits en agriculture biologique. Marc Imbert a trouvé ses marques dans cette superbe propriété de bord de mer du secteur de Porto-Vecchio. Trois couleurs de granite (rose, gris et bleu), permettent d'exceller dans les trois couleurs de vin, en jouant sur la finesse, la tension et la minéralité, particulièrement dans les cuvées oriu, qui retrouvent la plénitude de leur caractère et leur potentiel de vieillissement. Les 2018 seront moins brillants que les 2016, surtout en blanc, mais restent fidèles à la finesse native du terroir.

- **Corse - Porto-Vecchio Torraccia 2018** | Sec | 2020>22 | env. 9,75 € — 14
- **Corse - Porto-Vecchio Torraccia 2015** | Sec | 2018>25 | env. 9,90 € — 15
- **Corse Oriu 2018** | Sec | 2019>20 | env. 15 € — 14

Lecci, 20137 Porto-Vecchio • Tél. 04 95 71 43 50 • torracciaoriu@wanadoo.fr • www.domaine-de-torraccia.com • Visite : Du lundi au samedi de 9h à 12h et de 14h à 18h. En juillet-août de 8h à 20h. Fermé les dimanches.

UVIB

Cette grande coopérative produit des vins de table honorables mais sans grande personnalité, mais il faut reconnaître que ses meilleures sélections, qui portent le nom de réserve-du-président, offrent une qualité bien supérieure et suivie, qui fait honneur à l'appellation. Des vins équilibrés, sains et d'un très bon rapport qualité-prix.

- **Corse Prestige du Président 2018** | Sec | 2020>21 | NC — 14
- **Corse Réserve du Président 2018** | Sec | 2020>24 | NC — 14
- **Corse Réserve du Président 2018** | Sec | 2020>21 | NC — 13,5

UVIB Cave Coopérative, 20270 Aléria • Tél. 04 95 57 02 48 • boutiquealeria@uvib.fr • www.cavedaleria.fr • Visite : du lundi au vendredi de 9h à 12h et de 14h à 17h. De mi juin à mi-septembre du lundi au samedi de 9h à 19h et le dimanche de 9h à 13h.

DOMAINE VACCELLI

Gérard Courrèges nous prépare des lendemains glorieux au domaine avec des vins dont il prolongera l'élevage et la commercialisation, un peu comme au clos Venturi. Les petites récoltes 2017 ne permettent pas de satisfaire ses nombreux admirateurs. Notre dégustation des vins en cave nous a enthousiasmés mais tant qu'ils ne sont pas en bouteille on ne peut les juger avec la juste perspective. Nous ferons le point l'an prochain.

Lieu-dit Aja-Donica, 20123 Cognocoli-Monticchi • Tél. 04 95 24 35 54 • vaccelli@aol.com • Visite : uniquement sur rendez-vous.

DOMAINE VECCHIO

2018 n'a pas été visiblement facile pour ce domaine qui nous a souvent fait plaisir avec des vins originaux, pleins et gourmands. Même mélusine s'est plainte à nous d'avoir eu trop chaud. Nous attendrons 2019 pour retrouver son vrai style.

- **IGP de l'Ile de Beauté Vecchio Collezzione 2017** | Sec | 2022>25 | 9 € — 13

Lieu-dit Listincone, 20230 Chiatra-di-Verde • Tél. 06 03 78 09 96 • vecchio@sfr.fr • www.domainevecchio.com • Visite : En été, de 9h à 12h et de 15h à 19h. Le reste de l'année de 8h30 à 12h et de 14h30 à 17h.

CLOS VENTURI

Plus que jamais Manu Venturi incarne la viticulture corse dans ce qu'elle a de plus visionnaire et ambitieux. Il a converti les vignes à la biodynamie avec cette année l'arrivée des moutons pour introduire de la vie animale et maîtriser l'enherbement. Il dispose désormais de nombreuses parcelles où revivent les cépages anciens sauvés par son ami Abbatucci, ce qui lui permet d'élargir sa gamme avec de nombreuses nouvelles cuvées. Il pratique enfin une courageuse politique de vieillissement en bouteille pour mettre des vins arrivés à bonne maturité sur le marché. Tout cela malgré des caprices de la météo qui ont diminué le volume des dernières récoltes et rendu plus difficile l'obtention d'une maturité idéale. Dans ce contexte, on peut le féliciter du niveau global de réussite.

- **Corse Clos Venturi 2018** | Sec | 2023>27 | 25,20 € — 15
- **Corse Clos Venturi 2018** | Sec | 2020>22 | 17,90 € — 14,5
- **Corse Clos Venturi 2017** | Sec | 2022>25 | 25,20 € — 15
- **IGP de l'Ile de Beauté Brama bianco gentile 2018** | Sec | 2020>24 | 20,40 € — 14

Route de Calvi, 20218 Ponte-Leccia • Tél. 04 95 47 61 35 • domaine.vico@orange.fr • www.domainevico.com • Visite : En été, du lundi au samedi de 9h à 12h et de 14h30 à 19h. Le reste de l'année de 9h à 12h et de 14h à 17h.

DOMAINE VICO

Désormais Vico et clos Venturi ne font qu'une entité mais avec des vignes bien séparées, différentes par leur sol, leur exposition et leur potentiel. Une mise en avant des meilleures parcelles permet de créer un haut de gamme fort prometteur avec les nouvelles cuvées a-mina, u-fornu, brama. 1769 continue à désigner des vins d'entrée de gamme élaborés sans concession et d'excellent rapport qualité-prix. 2018 fut difficile dans ce secteur venteux, montagneux, avec des épisodes de gel et de grêle, mais les vins sont plus qu'honorables.

- **Corse 1769 2017** | Sec | 2020>23 | 13,80 € **14**
- **Corse 1769 vermentino 2018** | Sec | 2019>22 | 13,80 € **13**
- **Corse A Mina 2016** | Sec | 2018>24 | 43,20 € **14**
- **Corse Bois du cerf 2018** | Sec | 2019>21 | 13,10 € **13,5**
- **IGP de l'Ile de Beauté Brama 2017** | Sec | 2021>25 | 20,40 € **14**
- **Vin de France U Fornu 2016** | Sec | 2019>21 | 43,20 € **13,5**

Route de Calvi, 20218 Ponte-Leccia • Tél. 04 95 47 61 35 • domaine.vico@orange.fr • www.domainevico.com • Visite : Du 1er juin au 30 septembre, du lundi au samedi de 9h à 12h et de 14h30 à 19h. Le reste de l'année, du lundi au samedi de 9h à 12h et de 14h à 17h.

DOMAINE ZURIA

En 2016, Christian Zuria, agrumiculteur dans la plaine, est passé des clémentines au vin de Bonifacio. Avec la plantation de l'incroyable parcelle de Spinella, sur un sol calcaire plus blanc qu'au cœur de Chablis, un des projets de recréation de vignes sur grand terroir les plus passionnants depuis le Rangen à Thann, la famille Zuria possède désormais un vignoble d'élite (3,5 hectares), cultivé de façon digne de lui. Les premiers vins issus des parcelles Stintinu (calcaire et granite en bandes complémentaires) et Musella montrent la force du terroir mais on attend les blancs qui devraient rivaliser avec ceux de Terra de Sognu de leur ami Canarelli.

- **IGP de l'Ile de Beauté DZ 2017** | Sec | 2022>27 | 25,80 € **14**

Route de Santa Manza, 20169 Bonifacio • Tél. 06 23 38 20 73 • nzuria@orange.fr • Visite : Ouvert le matin du lundi au vendredi.

Mes commentaires

JURA

Tous les vins dégustés n'ont pu être cités dans ce guide.
Retrouvez plus de 120 000 vins notés et commentés sur
L'APPLI LE GRAND TASTING ET SUR **WWW.BETTANEDESSEAUVE.COM**

LE VIGNOBLE DU JURA

LE VIGNOBLE

› 2 100 hectares, c'est un petit vignoble. Le Jura doit sa réputation aux blancs surtout, élaborés à partir de chardonnay et de savagnin et à une production très particulière, le vin jaune. Malgré les faibles volumes produits, celui-ci tirait à lui seul la notoriété de la région. La montée en régime d'une nouvelle génération rend peu à peu des couleurs aux rouges du Jura.

LE VIN JAUNE

› Ce vin aux arômes particuliers est un vin d'amateur. Pur savagnin, cultivé sur des sols marneux et vendangé d'octobre à la Toussaint, il est produit dans les appellations Château-Chalon, Arbois et Côtes du Jura.

› La vinification se fait normalement, puis le vin est élevé pendant six ans et trois mois en fûts de chêne, sans que le tonneau ne soit « ouillé », c'est-à-dire rempli au fur et à mesure qu'une partie du vin s'évapore. Cette atmosphère oxydative permet la formation d'un voile de levures très fin qui protège le vin et lui confère sa couleur jaune mais également ses arômes très complexes de noix fraîche, d'amande, de pain grillé et de pain d'épices. À l'issue de ce long élevage, le voile est « percé » (c'est la fête appelée « Percée du vin jaune ») et le vin embouteillé dans des flacons de 62 cl appelés clavelins.

LES AUTRES VINS

› Le Jura produit aussi des blancs classiques, c'est-à-dire ouillés (à base de chardonnay et/ou de savagnin) et des rouges élaborés à partir de poulsard (ou ploussard), de trousseau et de pinot noir.

› On compte quatre appellations géographiques (Château-Chalon, Arbois, Côtes du Jura et l'Étoile) et deux qui correspondent à des modes de vinification (Macvin et Crémant).

› Étoile et Château-Chalon forment deux enclaves de part et d'autre de Voiteur, au cœur des Côtes du Jura. Elles produisent exclusivement des vins blancs. Ici, les sols argilo-calcaires de L'Étoile sont plus légers qu'à Château-Chalon et donnent des jaunes plus délicats et plus tendres. L'appellation produit aussi le vin de paille, un liquoreux subtil et très aromatique, élaboré à partir de savagnin et d'un peu de poulsard, un cépage rouge uniquement vinifié en blanc. L'appellation Château-Chalon est synonyme de vin jaune, car l'intégralité de sa production lui est vouée. Les terroirs sont situés en altitude, plein sud, sur des terrasses de marnes mêlées de cailloutis. Ces croupes donnent un vin racé et puissant dont les raisins parviennent à parfaite maturité.

Les Côtes du Jura s'établissent du nord au sud du vignoble et produisent tous les types de vins, surtout des blancs et des crémants.

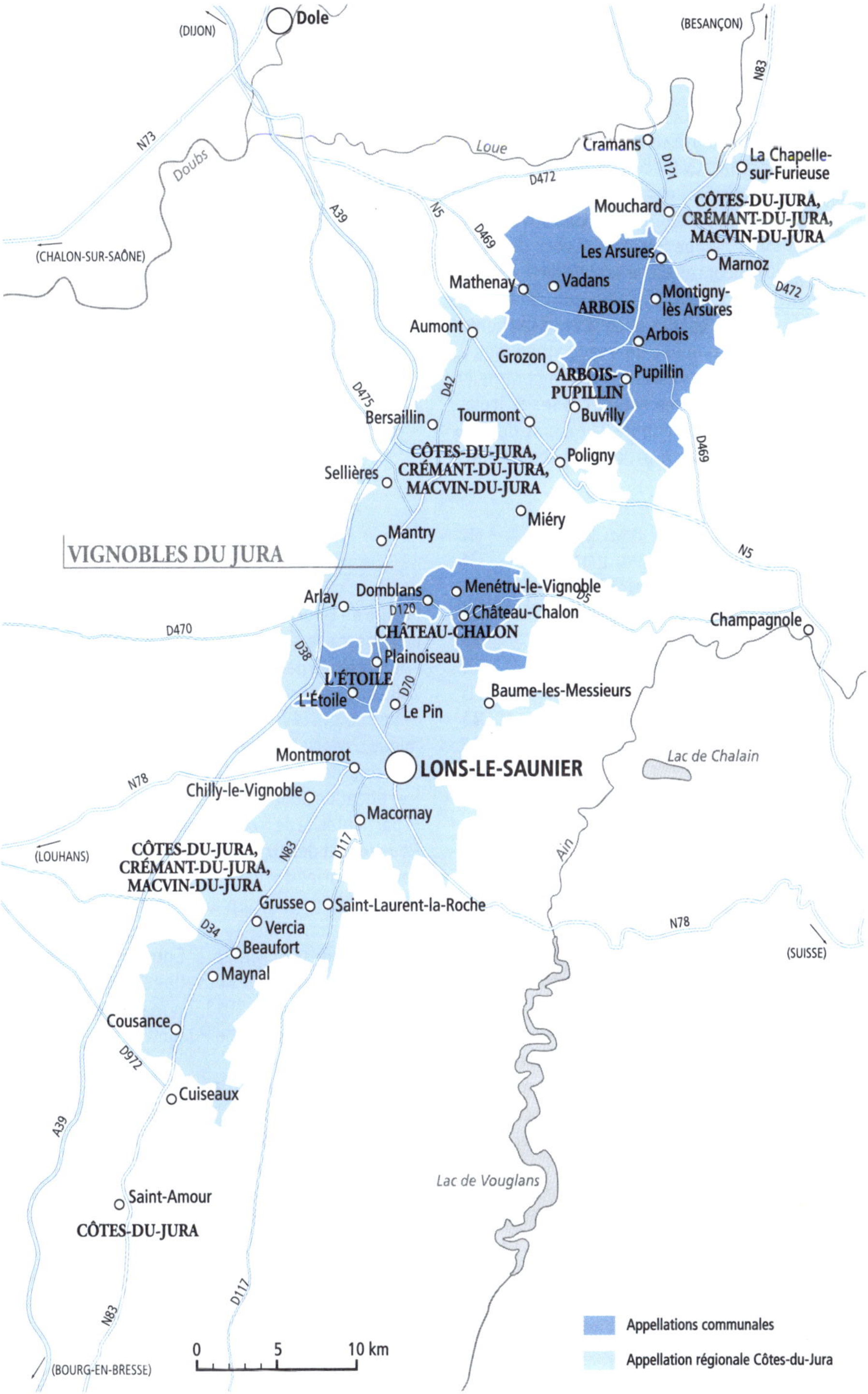
VIGNOBLES DU JURA
Dole
(DIJON)
(BESANÇON)
N83
N73
Doubs
Loue
Cramans
D121
La Chapelle-sur-Furieuse
D472
Mouchard
CÔTES-DU-JURA, CRÉMANT-DU-JURA, MACVIN-DU-JURA
A39
N5
D469
(CHALON-SUR-SAÔNE)
Les Arsures
Marnoz
Mathenay
Vadans
D472
ARBOIS
Montigny-lès Arsures
Aumont
Arbois
Grozon
ARBOIS-PUPILLIN
Pupillin
D475
D42
Bersaillin
Tourmont
Buvilly
D469
CÔTES-DU-JURA, CRÉMANT-DU-JURA, MACVIN-DU-JURA
Poligny
Sellières
Miéry
Mantry
N5
Arlay
Domblans
D120
Menétru-le-Vignoble
D5
Château-Chalon
CHÂTEAU-CHALON
D470
Champagnole
D38
Plainoiseau
L'ÉTOILE
D70
L'Étoile
Le Pin
Baume-les-Messieurs
Lac de Chalain
Montmorot
LONS-LE-SAUNIER
N78
Chilly-le-Vignoble
Macornay
(LOUHANS)
CÔTES-DU-JURA, CRÉMANT-DU-JURA, MACVIN-DU-JURA
N83
D117
Ain
Grusse
Saint-Laurent-la-Roche
N78
D34
Vercia
Beaufort
(SUISSE)
Maynal
Cousance
D972
Cuiseaux
A39
Lac de Vouglans
Saint-Amour
CÔTES-DU-JURA
D117
N83
Appellations communales
Appellation régionale Côtes-du-Jura
0
5
10 km
(BOURG-EN-BRESSE)

CHÂTEAU D'ARLAY

Propriétaire du plus ancien château viticole de France, un ancien couvent classé monument historique, Alain de Laguiche manie avec réjouissance l'art du récit et des présentations. Un nouveau chef d'exploitation, Philippe Soulard, œuvre depuis le millésime 2012 pour rafraîchir le style des vins, avec en ligne de mire l'agriculture bio sur ces 22 hectares. Si la qualité n'est pas encore tout à fait homogène, on repère toujours de beaux vins typés et quelques jolies promesses en rouge comme en blanc, dont deux toutes nouvelles cuvées de trousseau et de naturé. En attendant, la réserve de vieux millésimes, proposés à prix sages, contentera toujours les amateurs.

- **Côtes du Jura chardonnay 2017** | Sec | 2020>24 | 15 € — 14
- **Côtes du Jura La Réserve NM** | Sec | 2019>23 | 12,50 € — 14
- **Côtes du Jura Les Pavillons du Château d'Arlay 2017** | Sec | 2019>21 | 9 € — 14,5
- **Côtes du Jura pinot noir 2015** | Sec | 2019>23 | 15 € — 14,5
- **Côtes du Jura Tradition 2015** | Sec | 2019>24 | 17 € — 15
- **Côtes du Jura trousseau 2017** | Sec | 2019>22 | 15 € — 15
- **Côtes du Jura Vin de Paille 2015** | Liquoreux | 2019>27 | 35 € — 16,5
- **Côtes du Jura Vin Jaune 2010** | Sec | 2019>29 | 41 € — 15,5
- **Macvin du Jura NM** | Liquoreux | 2019>26 | 25 € — 16

2, route de Proby, 39140 Arlay • Tél. 03 84 85 04 22 • chateau@arlay.com • www.arlay.com • Visite : Du lundi au samedi de 10h à 12h et de 14h à 18h. Le dimanche sur rendez-vous.

CAVEAU DE BACCHUS

Lucien Aviet, dit « Bacchus », a lancé son exploitation viticole avec sa femme lorsqu'il n'y avait encore que des vaches. Aujourd'hui, son fils Vincent a repris le domaine avec ses immenses foudres d'un autre âge, ornés de pendeloques grivoises. Mais ne vous y trompez pas : sans aucune thermorégulation ni conseils de laborantin, ici se dessinent des vins de haute volée. Vigneron, pas œnologue, le jeune homme cultive 6 hectares depuis 1999 (autant de blancs que de rouges), répartis sur 18 lieux-dits en toutes petites parcelles. Il réalise en virtuose des vins étonnants de finesse, de justesse et de saveur.

- **Arbois melon à queue rouge Cuvée des Docteurs 2016** | Sec | 2019>23 | 15 € — 15,5
- **Arbois poulsard cuvée des Docteurs 2017** | Sec | 2019>22 | 10 € — 15,5
- **Arbois savagnin cuvée Réserve du Caveau 2011** | Sec | 2019>25 | 25 € — 16
- **Arbois trousseau cuvée des Géologues - Marnes Rouges 2016** | Sec | 2019>24 | 15 € — 15,5
- **Arbois trousseau Cuvée des Géologues «229» 2015** | Sec | 2019>25 | 29 € — 17
- **Arbois trousseau cuvée des Géologues Rosière 2015** | Sec | 2019>21 | 20 € — 15
- **Arbois trousseau Cuvée des Géologues Ruzard-Rosières 2017** | Sec | 2019>24 | 17 € — 17
- **Arbois Vin Jaune 2011** | Sec | 2019>29 | 40 € — 17

Rue Boutière, 39600 Montigny-les-Arsures • Tél. 03 84 66 11 02 • caveaubacchus39@gmail.com • Visite : sur rendez-vous.

BENOÎT BADOZ

Formé en Bourgogne, Benoît Badoz a pris le large pour parfaire ses connaissances, de Bordeaux à l'Australie en passant par la Californie. Revenu en 2000 sur les terres paternelles de Poligny - sa famille y cultive la vigne depuis 1625 - ce quadra dynamique a repris les dix hectares, dont 65 % plantés en blanc, désormais cultivés en culture biologique (certification pour le millésime 2019). Le vignoble a la particularité de n'occuper qu'un terroir, celui des Roussots et des Grands Roussots, mais aux sous-sols très variés d'argiles, de calcaires et de marnes. Une partie négoce, en achat de raisins sur huit hectares, complète la production du domaine, surtout pour les crémants. Entreprenant, Benoît Badoz expérimente de nouvelles cuvées et a ouvert avec son cousin, fin 2013, un magasin de vins et fromages sur la place de Poligny.

- **Côtes du Jura chardonnay 2017** | Sec | 2019>22 | 8,90 € | & — 14
- **Côtes du Jura cuvée Arrogance 2017** | Sec | 2020>24 | 15 € | & — 15
- **Côtes du Jura Dédicace à Pierre 2017** | Sec | 2020>24 | 15 € | & — 14,5
- **Côtes du Jura Édouard Badoz 2016** | Sec | 2020>25 | 25,50 € — 14,5
- **Côtes du Jura Les Roussots 2017** | Sec | 2019>22 | 10 € | & — 14
- **Côtes du Jura Les Roussots Vin Jaune 2012** | Sec | 2019>29 | 29,50 € — 15
- **Côtes du Jura savagnin 2016** | Sec | 2019>25 | 15,90 € — 14
- **Côtes du Jura Tradition Les Roussots 2016** | Sec | 2019>25 | 12 € — 15
- **Côtes du Jura trousseau Marnes Rouges 2017** | Sec | 2019>23 | 13 € — 15
- **Côtes du Jura Vin de Paille 2015** | Liquoreux | 2019>29 | 22,90 € — 15,5
- **Crémant du Jura Eff. NM** | Sec | 2019>22 | 9,50 € — 14

3, avenue de la Gare, 39800 Poligny • Tél. 03 84 37 18 00 • contact@domaine-badoz.fr • www.domaine-badoz.fr • Visite : Du lundi au jeudi de 8h30 à 12h30 et 14h à 19h ; vendredi et samedi de 8h30 à 19h et dimanche de 9h à 12h30.

DOMAINE BERTHET-BONDET

Jean Berthet-Bondet domine tout Château-Chalon, juché sur son éperon rocheux à 450 mètres d'altitude. De là, tout le village se découvre en contrebas. Mais le paysage n'a pas le monopole de l'émerveillement : les caves voûtées du domaine où s'alignent les vieilles barriques, peu profondes et bien ventilées, construites sur la roche et préservées d'une trop forte humidité, garantissent la conservation optimale du vin et favorisent la formation du voile. Tout en restant impliqué, Jean a passé le relais à sa fille Hélène, venue assurer la relève après une première vie de traductrice à Bruxelles, et assurer la bonne marche des 15 hectares. Certifiés en bio depuis 2013, les vins figurent parmi les réussites du vignoble, notamment les vins de voile, grande spécialité du domaine. Les jaunes (4,5 hectares en Château-Chalon), élevés dans de magnifiques caves voûtées, jouissent de l'atmosphère idéale nécessaire à leur lente maturation.

- **Château-Chalon Vin Jaune 2011** | Sec | 2019>29 | 36,80 € — 16
- **Côtes du Jura savagnin 2014** | Sec | 2019>24 | 20 € — 15
- **Côtes du Jura Tradition 2015** | Sec | 2019>24 | 14 € — 15
- **Côtes du Jura Vin de Paille 2015** | Liquoreux | 2019>29 | 25 € — 16,5
- **Crémant du Jura Eff. NM** | Brut | 2019>20 | 11 € — 14,5
- **Crémant du Jura Eff. 2016** | Brut | 2019>20 | 10,50 € — 14,5

7, Rue de la Tour, 39210 Château-Chalon • Tél. 03 84 44 60 48 • domaine@berthet-bondet.com • www.berthet-bondet.com • Visite : 15 juin - 15 sept. : ouvert du lundi au samedi 10-12h, 14h-18h30. Fermé le dimanche. Hors saison : en semaine sur RDV. Le samedi 10-12h, 14h-18h30. Fermé le dimanche

DOMAINE PHILIPPE CHATILLON

Ancien régisseur du domaine de la Pinte durant 18 ans, Philippe Chatillon s'est installé à Poligny en 2013 pour créer son domaine. Une petite surface de 3,5 hectares, un travail en bio et en biodynamie, sans soufre, avec des tests d'élevages en amphore, pour un résultat probant sur une large gamme déclinée en Côtes du Jura, Arbois et Vin de France. La qualité est au rendez-vous et nous sommes conquis par certains des vins dégustés cette année, notamment un sage-vagnin débordant d'arômes et des pinots noirs fort réussis. On attend les prochains essais en vin jaune, trousseau et peut-être gamay.

- **Arbois Le Sage Vagnin 2017** | Sec | 2019>22 | 35 € — 16
- **Arbois savagnin Amphore 2017** | Sec | 2019>22 | 48 € — 15
- **Côtes du Jura pinot noir La Grande Chaude 2017** | Sec | 2019>23 | 25 € — 16
- **Côtes du Jura pinot noir La Grande Chaude amphore 2017** | Sec | 2019>22 | 48 € — 16

8 bis, rue du Collège, 39800 Poligny • Tél. 06 45 39 17 63 • domainechatillon@gmail.com • www.vins-philippechatillon.com • Visite : Uniquement sur rendez-vous.

DOMAINE COURBET

Damien Courbet a exploré le monde viticole dans ses grandes largeurs avant de revenir au domaine familial en 2003. Afrique du Sud, Alsace, Bourgogne, Californie, Royaume-Uni : le jeune œnologue s'est d'abord fait la main sur tous les styles de vins, avouant un petit faible pour la Bourgogne. Il avoue d'ailleurs avoir débuté par un style tout bourguignon avant de trouver sa vitesse de croisière et de poursuivre sur 7,5 hectares le travail de son père Jean-Marie. Cela lui a pris dix ans à se caler, bien comprendre les terroirs jurassiens et les apprivoiser. Ses vignes (dont 6 hectares de blancs) sont situées pour moitié à Nevy-sur-Seille (marnes grises) et pour l'autre à Ménétru (argilo-calcaires). Suite à un processus amorcé dès 2015, la certification bio sera pour le millésime 2019.

- **Château-Chalon Vin Jaune 2012** | Sec | 2019>29 | 37 € — 15,5
- **Côtes du Jura L'Origine 2016** | Sec | 2019>22 | 16 € — 15
- **Côtes du Jura Tradition 2016** | Sec | 2019>24 | 12 € — 14,5
- **Côtes du Jura trousseau Violette 2017** | Sec | 2019>23 | 16 € — 15,5

1130, route de la Vallée, 39210 Nevy-sur-Seille • Tél. 03 84 85 28 70 • dcourbet@hotmail.com • Visite : du lundi au samedi sur rendez-vous de préférence.

DOMAINE DANIEL DUGOIS

★☆☆☆☆

Philippe Dugois, le fils de Daniel, a repris à son compte la destinée du domaine. Formé en Bourgogne, il assure la conduite des 10 hectares de vignes plantées sur Arbois exclusivement, dont un tiers de trousseau. L'ensemble est cohérent et sérieux, avec des matières aimables et abouties. Les rouges se révèlent parfois austères dans leurs premières années. Ce ne sont pas les plus complexes du secteur ni les plus fins mais ils sont sérieusement vinifiés et disponibles à petit prix. Les blancs sont subtils, de bonne garde également, élevés en pièces et en 600 litres. Après la certification Haute Valeur Environnementale (2014), le domaine amorce l'étape suivante avec la conversion au bio à partir de cette année.

- **Arbois chardonnay Brise Bas 2016** | Sec | 2019>22 | 12 € — 14,5
- **Arbois trousseau Grévillière 2016** | Sec | 2019>23 | 13 € — 14,5
- **Arbois trousseau La Damelière 2016** | Sec | 2019>23 | 13,50 € — 15
- **Arbois Vin de Paille 2013** | Moelleux | 2019>27 | 19,50 € — 16,5
- **Arbois Vin Jaune 2012** | Sec | 2019>28 | 31 € — 15
- **Crémant du Jura Eff. NM** | Brut | 2019>22 | 9 € — 14,5
- **Crémant du Jura Eff. 2011** | Brut | 2019>20 | 12 € — 14

4, rue de la Mirode, 39600 Les Arsures • Tél. 03 84 66 03 41 • daniel.dugois@wanadoo.fr • www.vins-danieldugois.com • Visite : Du lundi au samedi de 9h30 à 12h et de 14h à 18h. Le dimanche sur rendez-vous.

DOMAINE GANEVAT

★★★★☆ 🍀

Jean-François Ganevat, dit « Fanfan » est une figure du Jura. Le vignoble de 9 hectares et ses 25 cépages donnent lieu à des sélections parcellaires converties en autant de vins qu'il faut - la part belle est faite aux blancs, chefs-d'œuvre de précision et de grâce. Les vignes de plus de 50 ans représentent un tiers des surfaces et les sélections massales sont ici la règle. Depuis 2005, Ganevat travaille selon les principes de la biodynamie. Et sans lésiner sur les moyens humains : un homme par hectare travaillé ! À côté de cela, Jean-François et sa sœur Anne ont créé un négoce en achat de raisins (25 000 bouteilles produites en biodynamie, autour de 103 cuvées en Vin de France !) tout aussi iconoclaste que l'esprit des lieux, remettant au goût du jour quelques vieux cépages. Tout est vinifié sans soufre. La récolte 2017 ayant été plus que maigre, il n'y aura que des cuvées du négoce. Il faut profiter des 2015, solaires, des 2016, fins et vibrants, et bientôt des 2018, impressionnants de volume et de complétude. On attend avec impatience les vins jaunes parcellaires, qui s'annoncent grands !

- **Côtes du Jura chardonnay Chalasse - Vieilles Vignes de 1902 2018** | Sec | 2019>27 | NC — 17,5
- **Côtes du Jura chardonnay Florine 2018** | Sec | 2019>25 | NC — 16
- **Côtes du Jura chardonnay La cuvée du Pépé 2005** | Sec | 2019>29 | NC — 18
- **Côtes du Jura chardonnay Les Chamois du Paradis 2018** | Sec | 2019>25 | NC — 17
- **Côtes du Jura chardonnay Les Grands Teppes - Vieilles Vignes de 1919 2016** | Sec | 2019>27 | NC — 17
- **Côtes du Jura cuvée Marguerite 2016** | Sec | 2019>26 | NC — 16,5
- **Côtes du Jura Les Vignes de mon Père 2016** | Sec | 2019>26 | NC — 17
- **Côtes du Jura pinot noir En Billat 2018** | Sec | 2019>25 | NC — 17
- **Côtes du Jura pinot noir Julien 2018** | Sec | 2019>25 | NC — 16,5
- **Côtes du Jura poulsard L'Enfant Terrible 2018** | Sec | 2019>24 | NC — 15,5
- **Côtes du Jura savagnin Les Chalasses Marnes Bleues 2016** | Sec | 2019>26 | NC — 17
- **Côtes du Jura Sous la Roche de Chalendina 2016** | Sec | 2019>26 | NC — 16,5
- **Côtes du Jura trousseau Plein Sud 2018** | Sec | 2019>24 | NC — 15,5
- **Côtes du Jura Vin Jaune 2008** | Sec | 2019>29 | NC — 17
- **Vin de France Champs Poids 2016** | Sec | 2019>23 | NC — 15
- **Vin de France Seau-Trou Les Corvées 2016** | Sec | 2019>23 | NC — 15,5
- **Vin de France SUL Q ... NM** | Moelleux | 2019>27 | NC — 18,5

La Combe, 39190 Rotalier • Tél. 03 84 25 02 69 • anne.ganevat@orange.fr • Visite : Sur rendez-vous. Fermé le week end.

DOMAINE GRAND

★☆☆☆☆

Lothain a officiellement passé la main à la vendange 2014. C'est désormais au tour de son fils Emmanuel d'assurer le passage de témoin, allumé en 1762. Une nouvelle page s'écrit pour le domaine, situé à Passenans à quelques coudées au nord de Voiteur. Emmanuel et sa compagne Nathalie ont réduit la voilure : de 23 hectares, le vignoble a fondu à 9,5 hectares. Avec un tiers de crémants, le domaine garde son équilibre entre bulles et vins tranquilles. Les vins sont bien vinifiés, dans le classicisme jurassien, et reflètent un travail méticuleux à la vigne, actuellement en conversion bio (certification prévue pour 2021). 70 ares de vignes sur Château-Chalon permettent d'élaborer un joli vin jaune.

- Arbois Guille Bouton savagnin 2017 | Sec | 2019>22 | 16 € — 14,5
- Château-Chalon Vin Jaune En Beaumont 2011 | Sec | 2019>29 | 39 € — 15,5
- Côtes du Jura En Prêle pinot noir 2017 | Sec | 2019>24 | 14 € — 14,5
- Côtes du Jura La Grande Chaude chardonnay 2016 | Sec | 2019>23 | 16 € — 14
- Côtes du Jura Mont-Royal 2017 | Sec | 2019>24 | NC — 15
- Côtes du Jura Tradition 2014 | Sec | 2019>24 | 14 € — 14
- Côtes du Jura trousseau 2017 | Sec | 2019>24 | 14 € — 15
- Côtes du Jura Vin de Paille 2014 | Liquoreux | 2019>29 | 24 € — 16
- Crémant du Jura Prestige Eff. NM | Brut | 2019>21 | 10 € — 15
- Crémant du Jura Sélection Eff. 2010 | Brut | 2019>21 | 14 € — 15

139, rue du Savagnin, 39230 Passenans • Tél. 03 84 85 28 88 • contact@domaine-grand.com • www.domaine-grand.com • Visite : Du lundi au samedi, de 9h à 12h et 14h à 18h. Fermé le week-end de janvier à mars inclus.

DOMAINE LABET

Depuis 2013, les Labet parents et enfants ne forment plus qu'un seul domaine, conduit par la fratrie formée de Julien, Romain et Charline. Parti de neuf hectares en 1974 et largement orienté blancs, le vignoble originel a grandi, regroupé avec les vignes de Julien, pour former aujourd'hui un ensemble de 14 hectares dans la combe de Rotalier. Sous l'impulsion de Julien, totalement partisan de la cause bio (il s'était installé avec ses propres vignes en 2003), le domaine s'est converti en culture biologique et toutes les cuvées sont certifiées depuis le millésime 2016. Dans un style délicat, précis, cristallin, parfois sans soufre pour certaines cuvées, les nombreux vins de la gamme font partie des grandes cuvées du Jura. Sublime et incontournable !

- Côtes du Jura Bajocien 2016 | Sec | 2019>23 | 15 € — 15,5
- Côtes du Jura chardonnay En Billat 2015 | Sec | 2020>23 | 20 € — 16,5
- Côtes du Jura chardonnay Fleur de Marne La Bardette 2016 | Sec | 2019>22 | 20 € — 16
- Côtes du Jura chardonnay La Reine 2016 | Sec | 2019>23 | 22 € — 15,5
- Côtes du Jura Chardonnay Le Montceau 2015 | Sec | 2019>23 | 20 € — 17
- Côtes du Jura chardonnay Les Champs Rouges 2016 | Sec | 2019>24 | 16,50 € — 16
- Côtes du Jura chardonnay Les Varrons 2016 | Sec | 2019>22 | 19 € — 15,5
- Côtes du Jura chardonnay-savagnin de Voile 2015 | Sec | 2019>24 | 12,50 € — 16
- Côtes du Jura En Chalasse 2016 | Sec | 2019>22 | NC — 16
- Côtes du Jura Fleur 2016 | Sec | 2019>23 | 11,50 € — 15,5
- Côtes du Jura Fleur de savagnin 2016 | Sec | 2019>22 | 18 € — 16
- Côtes du Jura Lias Nature 2016 | Sec | 2019>22 | 15 € — 15
- Côtes du Jura pinot noir 2017 | Sec | 2019>22 | 16,50 € — 15
- Côtes du Jura Vin Jaune 2010 | Sec | 2019>26 | 36,50 € — 17
- Macvin du Jura 2012 | Liquoreux | 2019>29 | 20,50 € — 16

14, montée des tilleuls, 39190 Rotalier • Tél. 03 84 25 11 13 • domaine.labet@wanadoo.fr • Visite : Sur rendez-vous.

LES CHAIS DU VIEUX BOURG - LULU VIGNERON

Derrière l'étiquette Lulu Vigneron, marque qui tend à remplacer l'ancien nom du domaine depuis quelques années, se cache un personnage haut en couleurs. Aussi esthète que « roots », Ludwig Bindernagel, ancien architecte parisien au doux accent bavarois, a créé son domaine avec Nathalie Eigenschenck en 2003, en achetant quelques vignes souvent d'âge respectable, éparpillées entre l'Étoile, Château-Chalon, Poligny et Le Vernois. Les vins, élaborés de manière peu interventionniste et sans soufre dès que possible, sont toutefois précis et sans défauts.

- Côtes du Jura BB1 2016 | Sec | 2019>22 | 13 € — 14
- Côtes du Jura chardonnay Sous le Cerisier 2015 | Sec | 2019>22 | 11 € — 14
- Côtes du Jura pinot noir 2016 | Sec | 2019>22 | 10 € — 14,5
- L'Étoile QV d'Étoiles 2015 | Sec | 2019>22 | 15 € — 15
- Vin de France Vin de Paille 2004 | Liquoreux | 2019>27 | 42 € — 15

30, Grande-Rue, 39800 Poligny • Tél. 06 14 36 25 26 • l.bindernagel@gmail.com • Visite : Sur rendez-vous.

DOMAINE FRÉDÉRIC LORNET

Cette ancienne abbaye du secteur de Montigny-les-Arsures abrite aujourd'hui les caves de Frédéric Lornet. Ce grand blond sympathique revendique un travail à l'alsacienne, précis, et une orientation vers les vins ouillés qu'il a entreprise dès le début des années 1980, en pionnier. « Ne pas confondre oxydation et terroir » est son leitmotiv. Le vignoble de 18 hectares compte plus de 2 hectares de trousseau, dont Frédéric s'est fait une spécialité. Les cuvées sont réussies, tant en rouge qu'en blanc. Une valeur sûre du secteur de Montigny.

- **Arbois chardonnay Les Messagelins 2017** | Sec | 2019>23 | 13 € — 14
- **Arbois Naturé 2017** | Sec | 2019>24 | 13 € — 15
- **Arbois pinot noir 2017** | Sec | 2019>23 | 9 € — 15
- **Arbois Poulsard En Fertand 2017** | Sec | 2019>23 | 14 € — 14
- **Arbois savagnin 2015** | Sec | 2019>25 | 15,50 € — 14
- **Arbois Signée Roger 2017** | Sec | 2020>25 | 19 € — 15
- **Arbois trousseau des Dames 2017** | Sec | 2019>23 | 14 € — 15
- **Côtes du Jura Cuvée des Chamoz 2017** | Sec | 2019>23 | 9 € — 14,5

L'Abbaye, 39600 Montigny-les-Arsures • Tél. 03 84 37 45 10 • frederic.lornet@orange.fr • Visite : Du lundi au vendredi de 8h à 12h et de 14h à 18h. Le week-end sur rendez-vous.

DOMAINE MACLE

★★★★☆

C'est sans aucun doute le plus notoire des domaines du Jura, célèbre en particulier pour son vin jaune qui, sur ces marnes bleues de Château-Chalon, fait merveille. Laurent Macle et sa sœur Christelle, poursuivent l'œuvre du père Jean avec dévotion, cultivant la rareté et laissant le temps au temps. Les 10 hectares (7 de chardonnay et 3 de savagnin, tout à Château-Chalon) servent la cause de l'oxydation ménagée au plus juste, sans jamais forcer le trait. Avec la nouvelle génération aux commandes, les cuvées ouillées gagnent timidement du terrain, ainsi que des expériences d'élevage en amphore sur le millésime 2017. D'une régularité exemplaire, les vins affichent des potentiels de garde infinis et des prix tout à fait accessibles au regard de la qualité. Fort de sa conversion bio en 2015(certification pour le millésime 2019), le domaine Macle entend bien se maintenir au sommet !

- **Château-Chalon Vin Jaune 2010** | Sec | 2019>29 | 55 € — 17,5
- **Côtes du Jura chardonnay 2017** | Sec | 2019>24 | NC — 16
- **Côtes du Jura chardonnay 2015** | Sec | 2019>26 | 19 € — 16
- **Côtes du Jura chardonnay de voile 2014** | Sec | 2019>25 | 17 € — 15,5
- **Côtes du Jura Tradition 2014** | Sec | 2019>28 | 19 € — 16
- **Macvin du Jura NM** | Moelleux | 2019>29 | 19 € — 16,5
- **Macvin du Jura Millésimé 2003** | Moelleux | 2019>29 | épuisé — 17,5

15, rue de la Roche, 39210 Château-Chalon • Tél. 03 84 85 21 85 • macle@wanadoo.fr • Visite : Caveau ouvert tous les jours sauf le dimanche de 9h à 12h et de 14h30 à 18h sur rendez-vous

DOMAINE DES MARNES BLANCHES

★☆☆☆☆ ♣

Installé à Sainte-Agnès, dans le Sud Revermont au sud de Lons-le-Saunier, ce domaine est conduit en agriculture biologique depuis les débuts en 2008, et trace son sillon avec justesse et discrétion. Pauline et Géraud Fromont, œnologues tous deux, ont repris 9,5 hectares dont la moitié de chardonnay et composent de jolies cuvées qui sonnent juste, dans le pur esprit jurassien. Une belle adresse, dynamique et sympathique, qui pratique la qualité et les prix doux ! Les vins, certifiés en agriculture biologique depuis 2013, sont francs et bien réalisés. Dans les blancs, on préfère les chardonnays ouillés (gamme reflet) qui s'expriment bien sur les terroirs de marnes et de marnes blanches, plus calcaires vers Grusse. Les rouges ont parfois une expression un peu sauvage.

- **Côtes du Jura Empreinte savagnin 2014** | Sec | 2019>26 | 22 € — 15
- **Côtes du Jura Les Normins 2016** | Sec | 2019>22 | 18,50 € — 15
- **Côtes du Jura Savagnin Aux Bois 2016** | Sec | 2019>23 | 19 € — 15,5
- **Côtes du Jura savagnin En Jensillard 2016** | Sec | 2019>22 | 22 € — 15
- **Côtes du Jura trousseau 2017** | Sec | 2019>22 | 18,50 € — 14,5
- **Côtes du Jura Vin de Paille 2014** | Liquoreux | 2019>27 | 28 € — 16,5
- **Côtes du Jura Vin Jaune 2011** | Sec | 2019>29 | 35 € — 15,5
- **Crémant du Jura Eff. NM** | Extra-brut | 2019>22 | 15,50 € — 14,5

3, les Carouges, 39190 Sainte Agnès • Tél. 03 84 25 19 66 • contact@marnesblanches.com • Visite : Sur rendez-vous.

DOMAINE DES MIROIRS

★★☆☆☆ ♣

En japonais, Kagami signifie miroir. C'est pour refléter la vérité du vin et de ce bout du monde jurassien que Kenjiro Kagami a fait de son patronyme son univers. Installé depuis 2011 à Grusse, avec son épouse Mayumi, cet ancien ingénieur d'Hitachi a commencé son périple français dès 2001, passant par Chambolle-Musigny, Cornas et l'Alsace. Kenjiro et Mayumi achètent 3,2 hectares dans le Sud Revermont, qu'ils convertissent en bio, et louent aussi quelques ares de chardonnay ce qui porte le domaine à 4,20 hectares. Bien aidés par leurs voisins (dont Jean-François Ganevat), ce couple discret et charmant connaît un succès mérité. Vinifiés sans soufre, les vins portent une certaine fragilité qui les rend gracieux. Production confidentielle, humilité et sens de l'accueil complètent le charme du tableau. On attend avec impatience les premiers savagnins de voile !

- **Côtes du Jura Entre Deux Bleus 2017** | Sec | 2019>22 | NC — 15,5
- **Côtes du Jura Mizuiro Les Sauzettes 2016** | Sec | 2019>22 | NC — 15,5
- **Côtes du Jura Rouge 2017** | Sec | 2019>22 | NC — 15,5
- **Côtes du Jura Sonorité du Vent 2016** | Sec | 2019>22 | NC — 15,5
- **Côtes du Jura trousseau Que Sera Sera 2018** | Sec | 2019>22 | NC — 16

14, La Citadelle, 39190 Grusse • Tél. 06 61 52 00 30

DOMAINE DE MONTBOURGEAU

★★★☆☆

Nicole Deriaux a un faible pour le chardonnay, typé de préférence, qui représente près de 70 % de son vignoble (10 hectares au total sur l'appellation Étoile, dont 2 hectares de savagnin). Sa famille occupe les lieux depuis 1920 et la voilà depuis plus de 25 ans aux commandes, épaulée désormais par ses fils César et Baptiste. Tous ses vins content le Jura de la plus belle et la plus délicate des façons, avec des expressions salines, des prises de voile en subtilité, et bientôt un intéressant chardonnay ouillé (millésime 2017). 2019 devrait marquer le tournant de la conversion en bio. Montbourgeau brille au sommet de l'Étoile.

- **Côtes du Jura trousseau 2017** | Sec | 2019>22 | 13 € — 14,5
- **Crémant du Jura Eff. NM** | Extra-brut | 2019>20 | 9,50 € — 14,5
- **L'Étoile chardonnay 2015** | Sec | 2019>22 | 11 € — 16
- **L'Étoile Cuvée Spéciale 2015** | Sec | 2019>24 | 17 € — 15,5
- **L'Étoile En Banode 2015** | Sec | 2019>22 | 14 € — 16
- **L'Étoile savagnin 2015** | Sec | 2019>24 | 20 € — 15
- **L'Étoile Vin de Paille 2015** | Moelleux | 2019>27 | 28 € — 16,5
- **L'Étoile Vin Jaune 2011** | Sec | 2019>29 | 36 € — 15,5
- **Vin de liqueur Secret de Montbourgeau NM** | Moelleux | 2019>29 | 20 € — 16

53, rue de Montbourgeau, 39570 L'Étoile • Tél. 03 84 47 32 96 • domaine@montbourgeau.com • www.montbourgeau.com • Visite : Sur rendez-vous.

DOMAINE DU PÉLICAN

★★☆☆☆ 🍀

Guillaume d'Angerville, propriétaire à Volnay, a acquis le domaine de Chavanes (5 hectares) en 2012 et l'a renommé le Pélican, symbole d'Arbois. S'ajoutent ensuite 4,5 hectares repris à Jacques Puffeney ainsi que 5 autres hectares de blancs situés à l'entrée d'Arbois. Régi par François Duvivier, le domaine est conduit en biodynamie, prenant notamment Pignier pour inspiration. La gamme, axée sur les cépages jurassiens (ouillés), comprend aussi chardonnay et pinot noir, livrant une lecture classique de leurs appellations. Le domaine ne cesse d'intégrer des nouveautés, avec une nouvelle cuverie qui achève sa construction, un premier vin jaune en préparation ainsi que des essais de vin orange, cuvées parcellaires, vin de paille, vendanges tardives, vinification en grappes entières, en foudre...

- **Arbois chardonnay 2017** | Sec | 2019>22 | 26 € — 15
- **Arbois chardonnay En Barbi 2017** | Sec | 2019>24 | 75 € — 16
- **Arbois poulsard 2017** | Sec | 2019>22 | 27,50 € — 15,5
- **Arbois savagnin ouillé 2017** | Sec | 2019>23 | 26 € — 16
- **Arbois Trois Cépages 2017** | Sec | 2019>22 | 26 € — 15

Quartier Saint-Laurent, 39600 Montigny-les-Arsures • Tél. 03 80 21 61 75 • fd@domainedupelican.fr

DOMAINE PIGNIER

★★★☆☆ 🍀

Uniques vignerons à Montaigu, un village fortifié au-dessus de Lons-le-Saunier qui autrefois protégeait ses salines, Jean-Étienne, Antoine et Marie-Florence Pignier se sont installés avec 5 hectares en 1984 dans une ancienne dépendance de la Grande Chartreuse, dont ne subsistent que les immenses caves voûtées en croisée d'ogives. Les vignes sont situées dans deux vallées reculées : le val de Vallière et le val de Sorne. Formidables ambassadeurs de la cause biodynamique (label Déméter depuis 2003), ils en adoptent tous les codes dans les moindres détails, assortis d'un sens de l'accueil exemplaire. Les vins, élevés en fûts, demi-muids, œufs béton et jarres en terre cuite, sont vinifiés sans soufre avec une précision d'orfèvre qui garantit la pureté et la netteté du fruit. Une adresse devenue incontournable.

- **Côtes du Jura chardonnay Cellier des Chartreux 2015** | Sec | 2019>25 | 23 € — 16
- **Côtes du Jura gamay blanc 2018** | Sec | 2019>22 | NC — 15
- **Côtes du Jura GPS 2018** | Sec | 2020>23 | 16,50 € — 15,5
- **Côtes du Jura Sauvageon 2016** | Sec | 2019>22 | 30 € — 15,5
- **Côtes du Jura savagnin 2015** | Sec | 2019>25 | 30 € — 15
- **Côtes du Jura trousseau 2017** | Sec | 2019>23 | 22 € — 15,5
- **Côtes du Jura trousseau Les Gauthières 2017** | Sec | 2019>24 | 29 € — 16
- **Côtes du Jura Vin de Paille 2011** | Liquoreux | 2019>24 | 34 € — 17
- **Côtes du Jura Vin Jaune 2009** | Sec | 2019>29 | 46 € — 17
- **Crémant du Jura Eff. 2016** | Brut | 2019>22 | 13,50 € — 14,5
- **Macvin du Jura NM** | Moelleux | 2019>29 | 21 € — 16
- **Vin de France À Table avec Léandre 2017** | Sec | 2019>24 | 26 € — 15,5

11, place Rouget-de l'Isle, 39570 Montaigu • Tél. 03 84 24 24 30 • pignier-vignerons@orange.fr • www.domaine-pignier.com • Visite : Du lundi au vendredi de 14h à 18h30. Le samedi de 10h à 12h puis de 14h 18h30

DOMAINE DE LA PINTE

Créé en 1953 par Roger Martin, ce domaine de 34 hectares, installé quasi d'un seul tenant au lieu-dit La Pinte, sur les terroirs de marnes bleues d'Arbois et de Pupillin, est aujourd'hui dirigé par son fils, Pierre Martin, qui en a confié la gestion à Bruno Ciofi entre 2009 et 2015. Cet habile vinificateur a dès son arrivée accéléré le mouvement en convertissant le vignoble en biodynamie (après dix années déjà de certification en agriculture biologique). C'est aujourd'hui son successeur Samuel Berger, venu du Minervois, qui reprend le flambeau avec la même philosophie et la même ambition, épaulé par Emmanuelle Goydavin en charge des vinifications, de l'élevage et de l'export. Orienté aux deux tiers sur les blancs, le domaine propose toute la gamme des vins du Jura. Les dernières dégustations ont montré des profils de vins sans soufre pas toujours exempts d'irrégularités. L'ensemble est inégal.

- **Arbois Pupillin Fonteneille 2016** | Sec | 2019>21 | 15 € — 15
- **Arbois cuvée d'Automne NM** | Sec | 2019>22 | 15 € — 15
- **Arbois L'Ami Karl 2017** | Sec | 2019>22 | 17,50 € — 15
- **Arbois La Capitaine 2016** | Sec | 2019>22 | 17 € — 14
- **Arbois savagnin 2015** | Sec | 2019>22 | 18,50 € — 15
- **Arbois trousseau 2017** | Sec | 2019>22 | 20,50 € — 15

Route de Lyon, 39600 Arbois • Tél. 03 84 66 06 47 • contact@lapinte.fr • www.lapinte.fr • Visite : Tous les jours de 9h30 à 12h et de 14h30 à 19h.

DOMAINE DE LA RENARDIÈRE

Laurence et Jean-Michel Petit possèdent 7,3 hectares sur Pupillin. Esprit libre, celui qui ne souscrivait en aucune façon à la voie biologique a bel et bien viré sa cuti ! Le domaine est certifié depuis le millésime 2014. Respectueux de ses terroirs depuis toujours et appliqué à en tirer le meilleur, Jean-Michel Petit vinifie une gamme très homogène qui progresse chaque année, et que nous apprécions de plus en plus ! Les rouges sont friands, de bonne matière, les blancs sont bien mûrs, fins, élégants, reflets fidèles de leurs terroirs. Le domaine fait aussi un excellent jaune 2010.

- **Arbois Pupillin Les Vianderies 2016** | Sec | 2019>22 | 14 € — 16
- **Arbois Jurassique 2017** | Sec | 2019>22 | 12 € — 15
- **Arbois Les Terrasses 2017** | Sec | 2019>22 | 14 € — 16
- **Arbois ploussard 2017** | Sec | 2019>22 | 11 € — 14
- **Arbois Vin Jaune 2010** | Sec | 2019>25 | 34 € — 15,5

24, Rue du Chardonnay, 39600 Pupillin • Tél. 03 84 66 25 10 ou 06 82 89 54 53 • domainedelarenardiere@gmail.com • Visite : de préférence sur rendez-vous.

DOMAINE RIJCKAERT - JURA

Florent Rouve est désormais le propriétaire des 6 hectares de ce domaine jurassien ; il gère aussi 4 hectares dans le Mâconnais. Natif du Jura, diplômé d'œnologie à Dijon, il a vinifié son premier millésime « seul » en 2013 mais travaillait déjà avec Jean Rijckaert dès 2011, dans une relation de transmission familiale. Soucieux de pérenniser le style forgé par le maître flamand, Florent Rouve perpétue ainsi les 15 à 18 mois d'élevage en barriques de 228 litres et le travail à la bourguignonne. Le domaine produit exclusivement des blancs ouillés, élevés sur lies pour traduire le potentiel minéral de ces terres argileuses. Ces chardonnays au caractère bourguignon indéniable sont à conserver quelques années. Une bonne adresse pour les amateurs du genre !

- **Arbois chardonnay 2017** | Sec | 2019>23 | 15,95 € — 15,5
- **Arbois En Paradis 2017** | Sec | 2019>23 | 19,60 € — 15,5
- **Arbois savagnin Grand Élevage 2017** | Sec | 2019>23 | 27,95 € — 15,5
- **Côtes du Jura Vigne des Voises 2017** | Sec | 2019>23 | NC — 16

- **Côtes du Jura chardonnay Les Sarres 2017** | Sec | 2019>23 | 17,70 € 15,5
- **Côtes du Jura savagnin Les Sarres 2017** | Sec | 2019>22 | 24,30 € 15,5

En Cuette? 181 route de Mâcon, 71960 Davayé • Tél. 03 71 41 00 06 • frouve@rijckaert.fr • www.rijckaert.fr • Visite : Sur rendez-vous.

DOMAINE ROLET PÈRE ET FILS

★★☆☆☆

C'est l'un des plus vastes domaines du Jura, avec 65 hectares de vignes réparties sur les appellations Arbois, Côtes du Jura et L'Étoile. La famille Rolet le dirigeait depuis sa création en 1947 ; à la retraite des quatre enfants du fondateur (Guy, Pierre, Bernard et Éliane, hélas décédée fin 2018), le domaine a été revendu à Bertrand Devillard et ses enfants Aurore et Amaury, déjà propriétaires de cinq domaines bourguignons dans le Mâconnais, en côte chalonnaise et dans la côte de Nuits. La gamme, qui comprend de nombreuses cuvées de tous types de vins (ouillés, sous voile, crémants, macvin, paille et jaune), avec une majorité de blancs, était réputée complète mais inégale, avec de belles pépites dans les millésimes anciens. Le changement de propriétaires devrait faire souffler un vent de renouveau sur certains aspects de la production.

- **Arbois chardonnay 2015** | Sec | 2019>21 | 13 € 15
- **Arbois Tradition 2012** | Sec | 2019>22 | 17 € 15,5
- **Arbois Vin Jaune 2010** | Sec | 2019>29 | 38 € 15
- **Côtes du Jura chardonnay 2015** | Sec | 2019>22 | 13 € 14,5
- **Côtes du Jura Tradition 2012** | Sec | 2019>24 | 17 € 15,5
- **Crémant du Jura Eff. NM** | Brut | 2019>21 | 11,50 € 14
- **L'Étoile Expression 2013** | Sec | 2019>22 | 15 € 15
- **Macvin du Jura NM** | Doux | 2019>26 | 18 € 15,5

Route de Dole - B.P. 67, 39600 Arbois • Tél. 03 84 66 00 05 • commercial@domainerolet.com • www.rolet-arbois.com • Visite : Du lundi au samedi de 9h à 12h et de 14h à 18h30. Dimanche et jours fériés de 9h30 à 12h et de 14h30 à 18h30. Fermeture le 25 et 31 décembre.

DOMAINE DE SAVAGNY

★☆☆☆☆

Ce domaine appartient au géant Grands Chais de France et possède 54 hectares de vignes. Avec un approvisionnement ciblé, l'ensemble produit un million de bouteilles et ce que nous en avons goûté était plus que concluant. Les jaunes sont de bon niveau et le blanc est plus qu'honorable. À ne pas négliger !

- **Château-Chalon 2012** | Sec | 2019>29 | 34 € 15,5
- **Côtes du Jura chardonnay 2015** | Sec | 2019>24 | NC 14
- **Côtes du Jura Tradition NM** | Sec | 2019>25 | NC 14
- **Côtes du Jura Vin Jaune 2012** | Sec | 2019>25 | 30 € 15
- **Côtes du Jura Vin Jaune 2012** | Sec | 2019>37 | NC 16

22 route de Champagnole, 39570 Crançot • Tél. 03 84 87 66 71 • enoel@maisonduvigneron.fr • www.maisonduvigneron.com • Visite : Du lundi au vendredi de 10h00 à 18h00.

DOMAINE ANDRÉ ET MIREILLE TISSOT - STÉPHANE TISSOT

★★★★☆ 🍀

Pétillant comme ses crémants, énergique comme ses blancs, avenant comme ses rouges et généreux comme ses vins jaunes, Stéphane Tissot est sans conteste la locomotive du vignoble jurassien. Reprenant les commandes du domaine familial en 1993, avec son épouse Bénédicte, il a su révéler toute la richesse des terroirs du Jura à travers de grands vins en sélections parcellaires. La variété de la gamme n'a d'égale que la qualité et la pureté des vins, ainsi que le travail d'orfèvre et d'expérimentateur inlassable du vigneron. Plantations en échalas à haute densité, sélection massale, élevages en amphore, macérations prolongées, vins sans soufre sont autant de cordes que Stéphane Tissot ajoute à son arc. Une cinquantaine d'hectares de vignoble, conduits en biodynamie, forment l'un des domaines les plus passionnants de la région.

- **Arbois chardonnay Clos de La Tour de Curon 2016** | Sec | 2019>27 | 73,50 € 17
- **Arbois chardonnay La Mailloche 2016** | Sec | 2019>27 | 30 € 16
- **Arbois chardonnay Les Bruyères 2016** | Sec | 2019>27 | 26,80 € 16,5
- **Arbois chardonnay Les Graviers 2016** | Sec | 2019>25 | 26,80 € 16
- **Arbois chardonnay Patchwork 2017** | Sec | 2019>21 | 15,60 € 15
- **Arbois En Spois Vin Jaune 2011** | Sec | 2019>29 | 53,60 € 17,5
- **Arbois La Mailloche Vin Jaune 2011** | Sec | 2019>29 | 63 € 17
- **Arbois La Vasée Vin Jaune 2011** | Sec | 2019>29 | 56,70 € 17
- **Arbois Les Bruyères Vin Jaune 2011** | Sec | 2019>29 | 60,90 € 17
- **Arbois pinot noir En Barberon 2017** | Sec | 2019>27 | 31,10 € 17
- **Arbois pinot noir Sous la Tour 2017** | Sec | 2020>27 | 28,70 € 15,5
- **Arbois poulsard En Amphore 2017** | Sec | 2019>25 | 25 € 14,5
- **Arbois traminer 2016** | Sec | 2020>28 | 28,10 € 15,5
- **Arbois trousseau En Amphore 2017** | Sec | 2019>26 | 33,50 € 15,5

- **Arbois trousseau Singulier 2017** | Sec | 2019>25 | 21,90 € — 16
- **Arbois W Vin Jaune 2011** | Sec | 2019>29 | 56,70 € — 17
- **Château-Chalon Vin Jaune 2011** | Sec | 2019>29 | 64,10 € — 18
- **Côtes du Jura chardonnay En Sursis 2017** | Sec | 2019>22 | 28 € — 15,5
- **Crémant du Jura Eff. 2016** | Brut | 2019>20 | 14,50 € — 15
- **Crémant du Jura BBF extra-brut Eff. NM** | Extra-brut | 2019>22 | 21,20 € — 16
- **Crémant du Jura Blanc de Noirs Eff. 2017** | Non dosé | 2019>24 | NC — 16
- **Macvin du Jura pinot noir NM** | Moelleux | 2019>29 | 30,50 € — 17
- **MPF Spirale 2015** | Liquoreux | 2019>27 | 38,90 € — 16,5

Quartier Bernard - B.P. 77, 39600 Montigny-les-Arsures • Tél. 03 84 66 08 27 • contact@stephanetissot.com • www.stephane-tissot.com • Visite : Ouvert tous les jours de 9h à 12h15 et de 14h15 à 19h. Le dimanche de 9h à 13h et de 15h à 19h pour le caveau situé à Arbois, et pour le caveau de Montigny sur rendez vous

DOMAINE DE LA TOURAIZE

★☆☆☆☆

Après 25 ans de bons et loyaux services à la Fruitière d'Arbois comme avant lui son père et son grand-père, André-Jean Morin a décidé de tenter sa chance « pour aller plus loin, devenir indépendant ». Depuis sa première vinification en 2010, la gamme s'est étoffée et il produit à peu près tout, en rouge, blanc, crémant et macvin, jaune, sensible avant tout à l'équilibre de sa vigne. Les 12 hectares seront certifiés en agriculture biologique en 2019, biodynamique en 2020 ; tous les vins sont faits sans soufre. La gamme est homogène, de totale réussite, offrant des vins savoureux, précis et scintillants, qui progressent chaque année. Une adresse recommandable pour ses prix sages et la gentillesse de son hôte.

- **Arbois chardonnay Ammonites 2016** | Sec | 2019>21 | 16 € — 15
- **Arbois Côtes à Côtes 2017** | Sec | 2019>22 | 12 € — 15,5
- **Arbois Ploussard La Cabane 2018** | Sec | 2019>22 | 13 € — 14,5
- **Arbois Terres Bleues 2017** | Sec | 2019>21 | 14 € — 14,5
- **Arbois Trousseau Les Corvées 2017** | Sec | 2019>22 | 14 € — 15
- **Arbois Vin Jaune 2012** | Sec | 2019>29 | 43 € — 15,5

7 Route de Villette, 39600 Arbois • Tél. 06.09.69.24.55 OU 06.83.41.74.60 • aj.morin@wanadoo.fr • www.domaine-touraize.fr • Visite : Ouvert le samedi de 10h à 12h30 et de 15h à 19h, du lundi au vendredi sur rendez-vous.

PHILIPPE VANDELLE

★☆☆☆☆

Philippe Vandelle est un pragmatique qui gère depuis 2001 en solo 14 hectares (essentiellement chardonnay et savagnin), en grande partie situés sur la colline du mont Morin, l'une des cinq branches de l'appellation Étoile qui surplombe la plaine de la Bresse et d'où, par beau temps, on voit jusqu'à Dijon. Comme les générations avant lui, et à la suite de son père Bernard, il travaille avec discernement, sans être certifié bio car il fait encore quelques désherbages sous le rang, mais en « raisonné ». Adepte du sulfitage a minima, Philippe Vandelle vinifie uniquement des blancs non ouillés (hormis un chardonnay), élevés entre six mois et trois ans en fûts (hors vin jaune) selon le « typé » souhaité. Les vins sont généralement filtrés mais non collés. Quelques rouges sont aussi produits. L'ensemble est de bon niveau, à des prix très raisonnables.

- **Côtes du Jura trousseau 2017** | Sec | 2019>23 | 8,10 € — 14,5
- **Crémant du Jura Eff. NM** | Brut | 2019>22 | 7,70 € — 15
- **L'Étoile Vieilles Vignes 2015** | Sec | 2019>24 | 10,10 € — 14,5
- **L'Étoile Vin Jaune 2011** | Sec | 2019>29 | 26,50 € — 16

186, rue Bouillod, 39570 L'Étoile • Tél. 03 84 86 49 57 • info@vinsphilippevandelle.com • www.vinsphilippevandelle.com • Visite : Du lundi au samedi de 9h à 12h et de 14h à 19h. Dimanche et jours fériés sur rendez-vous.

FRUITIÈRE VINICOLE DE VOITEUR

★☆☆☆☆

Cette coopérative créée à la fin des années 1950 au pied du village de Château-Chalon regroupe aujourd'hui une soixantaine de vignerons, exploitant 80 hectares sous la direction du dynamique Bertrand Delannay. Elle connaît un développement discret mais très régulier, grâce à une gestion saine. La dégustation a notamment mis en exergue un château-chalon convaincant. Dommage que nous n'ayons pu goûter plus largement la gamme.

- **Château-Chalon Vin Jaune 2012** | Sec | 2019>29 | 30,20 € — 14,5

60, Rue de Nevy, 39210 Voiteur • Tél. 03 84 85 21 29 • voiteur@fvv.fr • www.fruitiere-vinicole-voiteur.fr • Visite : Du lundi au vendredi, de 8h30 à 12h et de 13h30 à 18h. Le samedi, de 9h à 12h et de 13h30 à 18h. Les dimanches et jours fériés de 10h à 12h et de 14h à 18h. En juillet et en août fermeture à 19h.

Mes commentaires

LANGUEDOC

Tous les vins dégustés n'ont pu être cités dans ce guide.
Retrouvez plus de 120 000 vins notés et commentés sur
L'APPLI LE GRAND TASTING ET SUR **WWW.BETTANEDESSEAUVE.COM**

VIGNOBLES DU LANGUEDOC

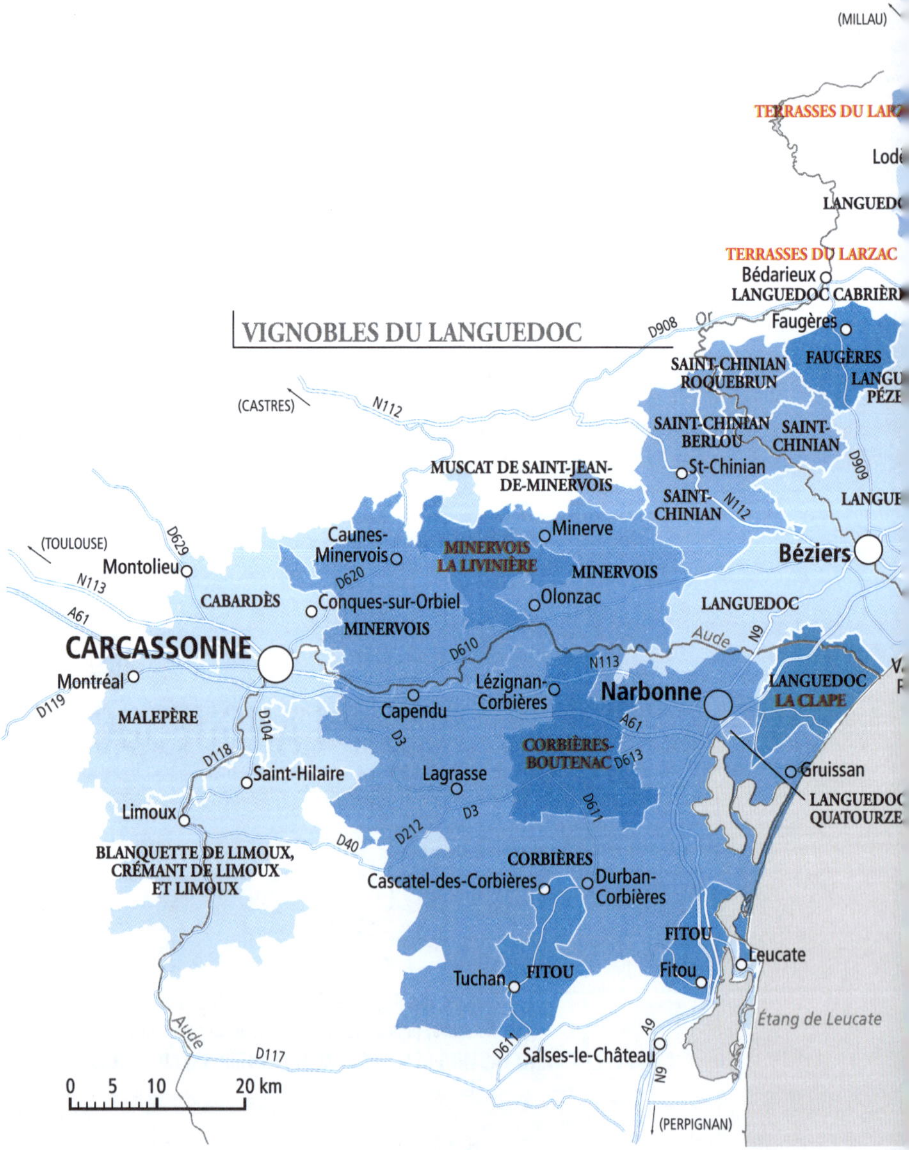

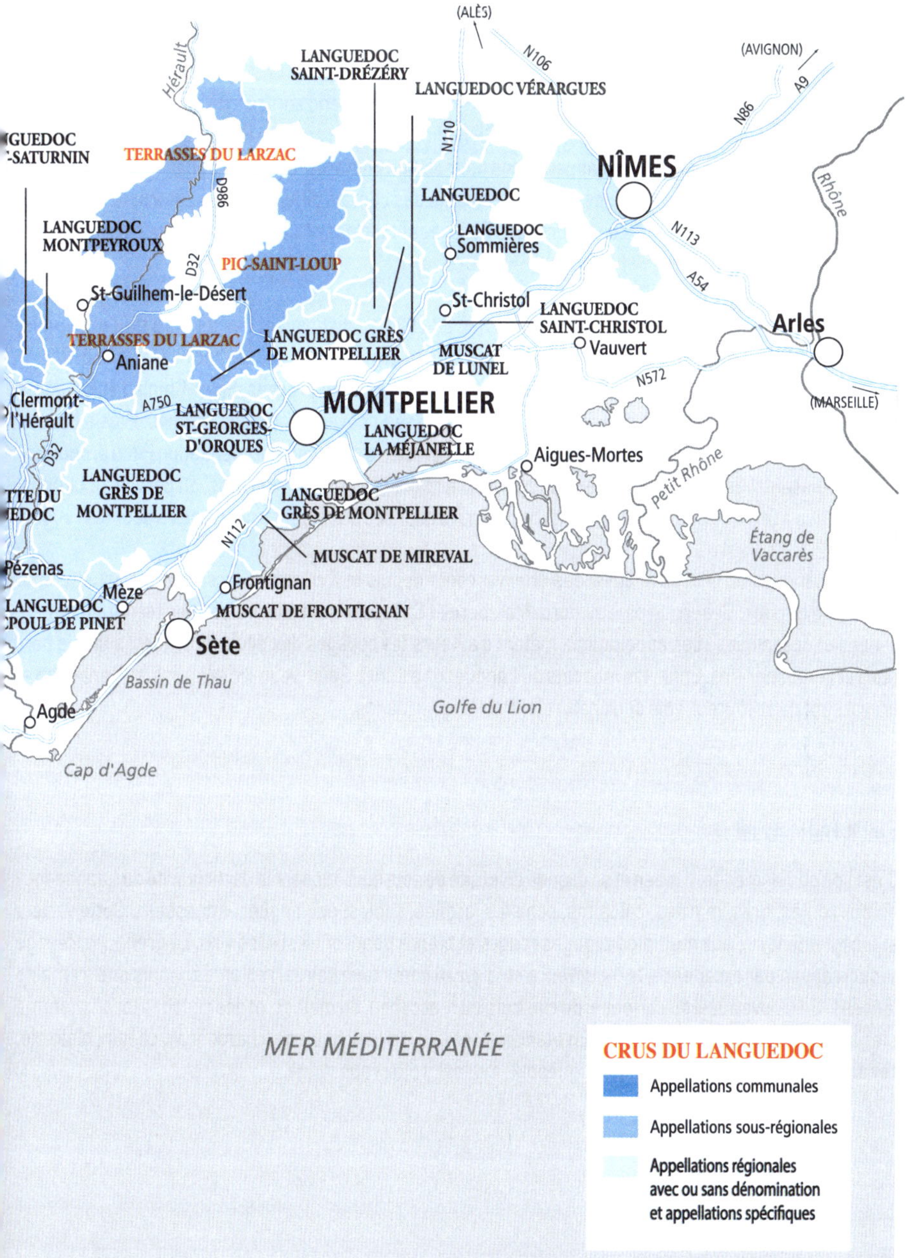

(ALÈS)
(AVIGNON)
N106
A9
N86
Hérault
LANGUEDOC SAINT-DRÉZÉRY
LANGUEDOC VÉRARGUES
TERRASSES DU LARZAC
N110
D986
NÎMES
LANGUEDOC
Rhône
LANGUEDOC MONTPEYROUX
LANGUEDOC Sommières
N113
D32
PIC-SAINT-LOUP
A54
St-Guilhem-le-Désert
St-Christol
LANGUEDOC SAINT-CHRISTOL
Arles
TERRASSES DU LARZAC
LANGUEDOC GRÈS DE MONTPELLIER
Vauvert
Aniane
MUSCAT DE LUNEL
N572
(MARSEILLE)
A750
LANGUEDOC ST-GEORGES-D'ORQUES
MONTPELLIER
LANGUEDOC LA MÉJANELLE
D32
Aigues-Mortes
Petit Rhône
LANGUEDOC GRÈS DE MONTPELLIER
LANGUEDOC GRÈS DE MONTPELLIER
N112
MUSCAT DE MIREVAL
Étang de Vaccarès
Pézenas
Mèze
Frontignan
MUSCAT DE FRONTIGNAN
Sète
Bassin de Thau
Golfe du Lion
Agde
Cap d'Agde
MER MÉDITERRANÉE
CRUS DU LANGUEDOC
Appellations communales
Appellations sous-régionales
Appellations régionales avec ou sans dénomination et appellations spécifiques

LE VIGNOBLE DU LANGUEDOC

LE VIGNOBLE

› Le Languedoc est la plus grande région viticole de France, qui s'étend sur trois départements, l'Hérault, l'Aude et le Gard. Le vignoble, pour l'essentiel en IGP (Indication Géographique Protégée, anciennement Vin de Pays), compte désormais dix-huit appellations pour 38 000 hectares. Une telle superficie implique une diversité de terroirs avec des sols, des cépages et même des climats différents. Les contrastes sont ainsi nombreux entre les rigueurs des contreforts des Pyrénées et du Massif Central et les douceurs de la Côte Méditerranéenne.

› Au sein des Coteaux du Languedoc, appellation née en 2007, se distinguent des terroirs très qualitatifs, comme le Pic Saint-Loup, la Clape, Saint-Georges d'Orques, les Terrasses du Larzac ou les Grès de Montpellier, pour ne citer qu'eux, qui sont identifiés dans l'appellation. Tout proches, Saint-Chinian et Faugères sont deux appellations aux sols de schistes. Le Minervois séduit avec ses rouges raffinés. Plus à l'ouest, sur le pourtour méditerranéen, la grande zone des Corbières et la plus discrète appellation Fitou produisent des vins puissants. Si l'on monte un peu, vers des terroirs d'altitude, donc plus frais, on parvient à Limoux, qui se décline à la mode bourguignonne en chardonnays pour ses blancs et en pinots noirs pour les rouges.

› Dans le Languedoc, on trouve aussi des effervescents depuis le XVIe siècle, ce sont la blanquette et le crémant de Limoux. Beaucoup plus au nord, Malepère et Cabardès sont à la croisée des terroirs méditerranéens et océaniques ; ces appellations mêlent d'ailleurs les cépages des deux influences, à la fois bordelais et languedociens. Enfin, les muscats du Languedoc à Lunel, Saint-Jean-de-Minervois, Frontignan et Mireval sont de savoureux vins doux naturels, frais et gourmands.

CE QU'IL FAUT SAVOIR

› C'est son climat méditerranéen et sa grande diversité de sols qui bâtissent la particularité du Languedoc : cailloux roulés, grès, marnes, calcaires, schistes, argiles, sables, poudingues, molasses... Cette variété est logiquement liée aux multiples cépages rouges et blancs dont sont issus les vins. Le grenache, cépage méditerranéen par excellence, le mourvèdre et la syrah sont majoritaires, replantés depuis une trentaine d'années. On trouve aussi du carignan, du cinsault, du maccabeu, du malbec, et des cépages locaux comme le fer servadou ou le lledonner pelut. En blanc, on compte les bourboulenc, chardonnay, chenin, clairette, grenache blanc, marsanne, mauzac, piquepoul, muscat, rolle, roussanne.

ABBAYE DE FONTFROIDE

★☆☆☆☆

La magnifique abbaye cistercienne Sainte-Marie est un des joyaux de l'art monastique européen, classée Monument Historique. On peut la visiter et l'été, assister à des festivals de musique classique, et depuis une quinzaine d'années, goûter les vins de son vignoble ! Ce sont de beaux classiques de l'appellation, des vins fruités, équilibrés, élégants, jamais tape-à-l'œil. L'arrivée d'un nouveau directeur d'exploitation, Cyrille Mariscal, coïncide avec la présentation d'un somptueux 2016 deo-gratias, une cuvée qui nous a beaucoup plu !

- **Corbières Deo Gratias 2018** | Sec | 2019>20 | 16,20 € — 13,5
- **Corbières Deo Gratias 2017** | Sec | 2019>22 | 17,20 € — 14,5
- **Corbières Deo Gratias 2016** | Sec | 2019>25 | 19,20 € — 16

Route départementale 613, 11100 Narbonne • Tél. 04 68 45 50 72 • caveau@fontfroide.com • www.fontfroide.com • Visite : tous les jours de 10h à 12h30 et de 14h à 18h, l'été sans interruption de 10h à 18h30.

ABBOTTS ET DELAUNAY

★★☆☆☆

Laurent Delaunay a installé ses chais de vinification à Marseillette, petit village viticole non loin de Carcassonne, et l'œnologue Vincent Charleux en a la charge. Ces deux passionnés des terroirs du Languedoc mettent en commun leurs talents afin de sélectionner au mieux le parcellaire, les vinifications, les assemblages et l'élevage. Laurent Delaunay, avec son épouse Catherine, œnologue comme lui, avaient déjà créé en 1991 les-jamelles, une gamme de vins de cépages remarquables. Fin 2015, ils ont racheté le domaine La Métairie d'Alon, à Limoux, dans le but de produire sur le beau terroir d'altitude de Magrie des pinots noirs et chardonnays d'exception. Ce sont 25 hectares conduits en bio et biodynamie, répartis en 25 parcelles qui permettent de faire des sélections parcellaires et des cuvées cousues-main. Dès le troisième millésime, la réussite s'affiche crânement. La cuvée de pinot noir solaire, produite sur une parcelle argileuse exposée nord, est époustouflante. Ce domaine mérite amplement une deuxième étoile !

- **Limoux Domaine de la Métairie d'Alon Le Palajo 2017** | Sec | 2019>23 | 29,90 € | ♣ — 15,5
- **Minervois Cumulo Nimbus 2016** | Sec | 2019>25 | 24 € — 16
- **IGP d'Oc Domaine de la Métairie d'Alon - Pinot noir Le Village 2017** | Sec | 2019>23 | 19,90 € | ♣ — 14,5
- **IGP d'Oc Domaine de la Métairie d'Alon pinot noir Solaire 2017** | Sec | 2019>24 | 32,50 € | ♣ — 16,5
- **IGP d'Oc pinot noir La Métairie 2017** | Sec | 2019>23 | 32,50 € | ♣ — 15

32, avenue du Languedoc, 11800 Marseillette • Tél. 04 68 24 60 00 • contact@abbottsetdelaunay.com • www.abbottsetdelaunay.com • Visite : Du lundi au vendredi de 9h à 12h30 et de 14h à 17h30, le samedi sur rendez-vous.

CHÂTEAU D'AGEL

★☆☆☆☆

Agel a été repris en main en 2003 et la gamme remodelée. Pour ce faire, le travail à la vigne a été repensé, on le détecte dans les belles cuvées. L'élevage en barrique semble moins appuyé que dans les millésimes antérieurs, ce qui donne une authenticité fruitée plus évidente. Les vins rouges sont assez classiques, techniquement très bien faits, avec une réelle fraîcheur exprimée grâce au terroir frais. Les blancs sont également très bien réalisés. Le consommateur ne sera jamais déçu avec ces cuvées qui ont gagné en personnalité.

- **Minervois Caudios 2016** | Sec | 2019>24 | 16 € — 15
- **Minervois Grenu 2018** | Sec | 2019>23 | 13 € — 14
- **Minervois Les Bonnes 2018** | Sec | 2019>21 | 8,50 € — 14

Les Crozes, 34210 Agel • Tél. 04 68 91 37 74 • contact@chateaudagel.com • www.chateaudagel.com • Visite : du lundi au vendredi de 9h à 18h.

DOMAINE D'AIGUES BELLES

★★★☆☆

Gilles Palatan dirige ce domaine d'une vingtaine d'hectares, installé dans le Gard. Gilles communique sa sincérité à une gamme élevée soigneusement avec un usage judicieux de la barrique. La réussite en igp d'oc est exceptionnelle, elle surpassait encore cette année tout ce que nous avons goûté sous cette dénomination. Le blanc est un pur chardonnay quand l'autre blanc est emporté par la roussanne, le sauvignon et une pointe de chardonnay. Un nouveau-venu est dédié au rolle depuis quelques millésimes. En rouge, le grand classique est un assemblage de cépages languedociens à base de mourvèdre quand l'insolent ne connaît que ce cépage. Ne pas oublier le rosé, lui aussi l'un des meilleurs du Languedoc. Dans ce contexte, il faudrait être de bien méchante humeur pour ne pas savourer une visite au domaine ou tout simplement sa production.

- **Languedoc Le Grand Classique 2017** | Sec | 2019>25 | 16 € — 15,5
- **IGP d'Oc L'Autre Blanc 2018** | Sec | 2019>24 | 16,90 € — 17,5
- **IGP d'Oc Le Blanc 2018** | Sec | 2019>24 | 16,90 € — 18
- **IGP d'Oc Lombarde 2017** | Sec | 2019>25 | 12,10 € — 16
- **IGP d'Oc Nicole 2017** | Sec | 2019>27 | 13,90 € — 16
- **IGP d'Oc Premier Rolle 2018** | Sec | 2019>22 | 16,90 € — 16,5

Aiguebelle, 30260 Brouzet-les-Quissac • Tél. 06 07 48 74 65 • aigues.belles@orange.fr • www.aigues-belles.com • Visite : sur rendez-vous au 06 07 48 74 65.

ALMA CERSIUS

★☆☆☆☆

Cette jolie cave coopérative, très dynamique, aux portes de Béziers, regroupe près de 220 coopérateurs ; animée par Guillaume Bonzoms, elle produit d'excellentes cuvées dont in-vino-erotico, en rouge et en blanc. Les vins sont très expressifs, généreux, très faciles à boire car dotés d'une excellente fraîcheur. On n'est jamais déçu par ces vins de caractère aux prix doux.

- **IGP Coteaux de Béziers Cersius rouge 2017** | Sec | 2019>23 | 6,10 € — 15
- **IGP Coteaux de Béziers Gardian 2017** | Sec | 2019>21 | 5,10 € — 14
- **IGP Coteaux de Béziers In Vino Erotico 2018** | Sec | 2019>23 | 6,10 € — 15
- **IGP Coteaux de Béziers In Vino Erotico 2017** | Sec | 2019>24 | 6,10 € — 15
- **IGP d'Oc Les Pieds Dans L'Eau 2018** | Sec | 2019>20 | 3,90 € — 14,5

3, rue des Vignerons, 34420 Cers-Portiragnes • Tél. 04 67 39 31 79 • info@almacersius.com • www.almacersius.com • Visite : du juin à septembre de 9h à 13h et de 14h à 19h et le dimanche matin. D'octobre à mai, du lundi au samedi de 9h à 12h30 et de 14h à 18h30.

CLOS DE L'AMANDAIE

★☆☆☆☆

Situé à près de 300 mètres d'altitude, ce domaine capte une fraîcheur bienvenue en millésime chaud. Dans la gamme, nous recommandons huis-clos pour son onctuosité et sa profondeur.

- **IGP d'Oc Chat Pitre 2018** | Sec | 2019>22 | 7,50 € — 14,5
- **IGP d'Oc Chat Pitre 2018** | Sec | 2019>21 | 7,50 € — 14

Route de Montpellier, 34230 Aumelas • Tél. 06 86 68 08 62 • closdelamandaie@free.fr • www.closdelamandaie.com • Visite : du lundi au vendredi de 17h à 20h et le samedi de 14h à 19h.

CAVE ANNE DE JOYEUSE

★☆☆☆☆

C'est l'une des deux grandes caves de Limoux, qui se partagent à elles seules 80 % de l'appellation. Anne de Joyeuse, très attachée au respect de l'environnement et à la biodiversité, s'est spécialisée dans l'élaboration des vins tranquilles, rouges et blancs, notamment sur le haut de gamme. Ce choix est aujourd'hui parfaitement abouti et justifié. Toutes les cuvées sont d'un très bon niveau et sont, tant en rouge qu'en blanc, dotées d'une belle énergie et d'un grand naturel.

- **Limoux Bovin 2017** | Sec | 2019>21 | 8,40 € — 14,5
- **Limoux La Butinière 2017** | Sec | 2019>21 | 11,50 € — 14
- **IGP d'Oc French Défilé 2018** | Sec | 2019>20 | 7,90 € — 15
- **IGP d'Oc Loriu 2017** | Sec | 2019>21 | 7,10 € — 14,5
- **IGP d'Oc Rhabdodon Priscus 2018** | Sec | 2019>21 | 7,10 € — 14,5

41, avenue Charles-de-Gaulle, 11300 Limoux • Tél. 04 68 74 79 40 • oustal.limoux@cave-adj.com • www.annedejoyeuse.fr • Visite : du lundi au samedi de 9h à 12h00 (le lundi, ouverture à 10h) et de 15h à 19h.

ANTECH

★★☆☆☆

Françoise Antech-Gazeau dirige de main de maître cette performante maison de négoce qui a fait des vins effervescents sa spécialité depuis six générations. Près d'un million de bouteilles sortent chaque année des caves. Une large gamme de vins très cohérente, d'un bon niveau qualitatif, avec une recherche évidente de pureté, de minéralité et d'équilibre sur la fraîcheur. En progression constante, ce qui mérite d'être soulignée ; c'est plus qu'une valeur sûre de l'appellation.

- **Blanquette de Limoux Brut Nature Eff. NM** | Brut | 2019>21 | 9,20 € — 15
- **Blanquette de Limoux Réserve Eff. 2016** | Brut | 2019>21 | 9 € — 15
- **Crémant de Limoux Élixir Eff. 2013** | Brut | 2019>21 | 28,70 € — 16
- **Crémant de Limoux Émotion Eff. 2017** | Brut | 2019>21 | 10,95 € — 15,5
- **Crémant de Limoux Héritage Eff. 2017** | Brut | 2019>21 | 13,05 € — 15

Domaine de Flassian - 9, Rue de Woitine - Route de Carcassonne, 11300 Limoux • Tél. 04 68 31 15 88 • courriers@antech-limoux.com • www.antech-limoux.com • Visite : du lundi au vendredi de 8h à 12h et de 14h à 17h30.

CHÂTEAU D'ANTUGNAC

Christian Collovray et Jean-Luc Terrier, vignerons du Mâconnais au domaine des Deux Roches, se sont implantés depuis plus de vingt ans dans l'Aude pour y travailler le chardonnay et le pinot noir. Le travail des sols et une incontestable maîtrise technique sont les ingrédients de leur réussite. L'ensemble des vins produits au château d'Antugnac sont toujours très aromatiques, harmonieux et tendus par une belle vivacité.

- **Crémant de Limoux Eff. NM** | Brut | 2019>21 | 11,30 € — 14
- **Limoux Aux Bons Hommes 2015** | Sec | 2019>24 | 8,80 € — 14
- **Limoux Las Gravas 2017** | Sec | 2019>23 | 16,50 € — 16
- **Limoux Terres Amoureuses 2017** | Sec | 2019>21 | 11 € — 15,5
- **IGP de la Haute Vallée de l'Aude Les Grands Penchants 2018** | Sec | 2019>22 | 8,80 € — 14,5
- **IGP d'Oc Galance 2018** | Sec | 2019>20 | 8,80 € — 14,5

4, rue du Château, 11190 Antugnac • Tél. 09 67 22 32 06 • info@collovrayterrier.com • www.collovrayterrier.com • Visite : sur rendez-vous.

MAS D'ARCAY

Ce domaine qui incarne les beaux terroirs de Saint-Drézéry revient en force en 2017 avec deux cuvées de rouge, valentibus dont la contre-étiquette est en latin et 1779, décrit en français moderne. Ces deux cuvées de terroir assez chaud, parfaitement vinifiées, sont plus abouties que magalona (décrite en occitan) mais qui se goûtait mal. En revanche le blanc est remarquable et s'approche d'un idéal languedocien dans la couleur.

- **Languedoc-Grés de Montpellier 1779 2017** | Sec | 2019>21 | 10 € — 15
- **Languedoc-Saint-Drézéry Valentibus 2017** | Sec | 2019>23 | 18 € — 14,5
- **Languedoc Cheveux d'Ange 2018** | Sec | 2019>26 | 10 € — 15,5
- **Languedoc Le Nom de la Rose 2018** | Sec | 2019>20 | 8 € — 14,5

1080, route de Beaulieu, 34160 Saint-Drézéry • Tél. 06 76 04 21 11 • lacaustej@yahoo.fr • www.arcay.fr • Visite : du lundi au vendredi de 16h à 19h, le samedi de 10h à 12h et de 15h à 19h

DOMAINE D'AUPILHAC

Généreux comme Sylvain Fadat, les vins d'Aupilhac ont vu une inflexion de style vers beaucoup de fraîcheur, avec des matières bien plus élégantes que par le passé. Une évolution vers un style que l'on pourrait presque qualifier de bourguignon, ce qui n'est pas pour nous déplaire. Sylvain Fadat a démarré son exploitation en 1988, à partir d'un petit vignoble familial sur le lieu-dit Aupilhac, exposé au sud-ouest. Ses 13 hectares sont aujourd'hui complétés par les Cocalières, un amphithéâtre nord-ouest planté en pleine garrigue à 350 mètres d'altitude. En haut de gamme, la-boda, jamais égrappée, assemble des syrahs du nord aux mourvèdres d'Aupilhac. La boda et les cocalières en rouge dominent la gamme de leur finesse.

- **Languedoc Aupilhac 2018** | Sec | 2019>23 | 13,70 € — 14,5
- **Languedoc La Boda 2016** | Sec | 2018>25 | 27 € — 15,5
- **Languedoc Le rosé 2018** | Sec | 2019>19 | 10,60 € — 15
- **Languedoc Les Cocalières 2018** | Sec | 2019>25 | 19 € — 16
- **Languedoc Les Cocalières 2016** | Sec | 2020>25 | 19 € — 15

28-32, rue du Plô, 34150 Montpeyroux • Tél. 04 67 96 61 19 • aupilhac@wanadoo.fr • www.aupilhac.com • Visite : du lundi au vendredi de 9h à 12h et de 14h à 17h sur rendez-vous.

LES DOMAINES AURIOL

Claude Vialade dirige avec talent les domaines Auriol, qui produisent des fitous et des corbières de caractère, ainsi qu'une très intéressante gamme de vins de cépages classiques ou rares.

- **Corbières In memoriam 2018** | Sec | 2019>20 | 12 € — 14

- **Corbières Le Lion de Cicéron 2018** | Sec | 2019>21 | 9,90 € — 14,5
- **Fitou Château Candide 2017** | Sec | 2019>23 | 11,50 € — 14
- **Minervois Domaine des Murettes La Capelle 2018** | Sec | 2019>23 | 11,30 € — 14,5
- **IGP d'Oc Le Jardin de Vignes Rares de Cicéron – le marselan 2018** | Sec | 2019>23 | 14 € — 15,5

12, rue Gustave-Eiffel ZI Gaujac, 11200 Lezignan-Corbières • Tél. 04 68 58 15 15 • info@les-domaines-auriol.eu • www.saint-auriol.com • Visite : sur rendez-vous.

CHÂTEAU D'AUSSIÈRES

Le hameau d'Aussières, proche de l'abbaye de Fontfroide au sud de Narbonne, témoigne d'une tradition viticole depuis le premier millénaire puis avait sombré dans l'oubli au cours du XXe siècle. Les barons de Rothschild, branche Lafite, lui ont redonné vie en 1999 en replantant massivement les vignes à l'abandon et en rénovant complètement les installations. Le vignoble est immense, avec 167 hectares situés sur les contreforts de Fontfroide. Les sols sont très peu profonds et caillouteux sur les hauts coteaux, plus sableux et profonds dans les plaines. Les vignes sont plantées de syrah, mourvèdre, grenache, carignan et cinsault pour les Corbières, et pour les IGP Pays d'Oc de chardonnay, merlot, cabernet-sauvignon, cabernet franc et petit verdot. Dans cette zone climatique plus fraîche des Corbières, les vins produits sont d'une élégance toute bordelaise, aux antipodes de bien des languedocs surextraits, avec beaucoup de fraîcheur et de délicatesse.

- **Corbières 2016** | Sec | 2019>25 | 32 € — 14,5
- **Corbières Blason d'Aussières 2017** | Sec | 2019>23 | 15 € — 14

RD 613, 11100 Narbonne • Tél. 04 68 45 17 67 • aussieres@lafite.com • www.lafite.com

CLOS BAGATELLE

Christine Deleuze et son frère Luc Simon mènent consciencieusement ce domaine de 60 hectares, installé sur des sols argilo-calcaires et de schistes, avec des vignes pour certaines centenaires. Les élevages ont beaucoup progressé et sont souvent mieux intégrés aux vins. Le domaine est revenu dans l'élite de Saint-Chinian avec probablement les vins aux arômes les plus expressifs de l'appellation. Nous nous régalons autant des entrées de gamme au fruité très pur que des cuvées aux expressions plus complexes et élevées avec ambition.

- **Saint-Chinian Au Fil de Soi 2017** | Sec | 2020>25 | 15 € — 15
- **Saint-Chinian Colline Sentiers de Bagatelle 2017** | Sec | 2019>25 | 9 € — 15
- **Saint-Chinian Je Me Souviens 2016** | Sec | 2021>26 | 46 € — 16
- **Saint-Chinian La Terre de Mon Père 2016** | Sec | 2020>26 | 26 € — 16
- **Saint-Chinian Le Clos de Ma Mère 2017** | Sec | 2018>23 | 18 € — 14
- **Saint-Chinian Le Secret 2018** | Sec | 2019>19 | 13 € — 15,5

Route de Saint Pons, 34360 Saint-Chinian • Tél. 04 67 93 61 63 • closbagatelle@wanadoo.fr • www.closbagatelle.com • Visite : du lundi au vendredi de 9h à 12h et de 14h à 18h.

DOMAINE DE BARONARQUES

Philippine de Rothschild (château Mouton-Rothschild) avait acheté en 1998 ce domaine sur Limoux en y apportant la maîtrise de la viticulture et de la vinification bordelaise. En évolution permanente grâce à une bonne maîtrise du terroir, les 43 hectares de sols argilo-calcaires livrent des vins aboutis, de belle constitution. L'assemblage varie au gré des millésimes, avec une partie de cépages atlantiques, merlot, cabernet franc, cabernet-sauvignon et de cépages méditerranéens, syrah, malbec, grenache. Les chardonnays, surgreffés il y a quelques années, permettent l'élaboration de l'un des meilleurs blancs de l'appellation. Un nouveau chai à barriques a été inauguré en 2018 et assure la progression et l'ambition du domaine, géré comme un cru classé. Une valeur sûre de l'appellation.

- **Limoux Grand Vin 2017** | Sec | 2019>24 | 36 € — 16
- **Limoux Grand Vin 2016** | Sec | 2019>29 | 36 € — 16,5
- **Limoux La Capitelle du Domaine de Baronarques 2016** | Sec | 2019>22 | 19 € — 15

11300 Saint-Polycarpe • Tél. 04 68 31 96 60 • caveau@domainedebaronarques.com • www.domaine-de-baronarques.com • Visite : du lundi au vendredi de 09h00 à 12h00 et de 13h30 à 18h, le samedi sur rendez-vous.

CLOS DE LA BARTHASSADE

Guillaume Baron et son épouse, jeunes trentenaires, se sont implantés en Languedoc sur Jonquières et Montpeyroux après un passage au domaine de la Pousse d'Or, à Volnay. Ils affinent leur style vers des cuvées qui conjuguent la facilité à être bues et l'intensité des saveurs. Quelques réglages encore et ils ouvriront une nouvelle voie passionnante pour le Languedoc.

- **Languedoc Cuvée H9 2017** | Sec | 2019>24 | 15 € — 15,5
- **IGP de l'Hérault Pur C 2017** | Sec | 2019>23 | 11,50 € — 15,5

Chemin du mas de cambon, 34150 Aniane • Tél. 06 61 41 19 69 • labarthassade@gmail.com • www.closdelabarthassade.fr • Visite : sur rendez-vous.

DOMAINE DE LA BAUME

Ce très vaste domaine (qui mettait déjà sa production en bouteille au début du XXe siècle) est situé entre Béziers et Pézenas. Après avoir été restructuré par un groupe australien qui y a implanté la production de cépages internationaux, il a été repris au début de ce siècle par le groupe alsacien Grands Chais de France, qui en a fait sa tête de pont languedocienne. Le groupe a également acquis un domaine voisin, Sainte-Cécile, spécialisé dans les vins de cépage. La Baume est devenu en quelques années l'une des meilleures références qui soit en matière de vins de cépages, tous réalisés sans aucune caricature variétale et construits avec un remarquable sens de l'équilibre.

- **Languedoc-Pézenas Carmin 2016** | Sec | 2021>26 | 17 € — 14
- **Limoux Domaine des Ors 2017** | Sec | 2019>24 | 8,90 € — 14
- **Limoux Domaine des Ors 2017** | Sec | 2019>21 | 8,90 € — 14,5
- **IGP d'Oc Elite d'or Cabernet Sauvignon Marselan 2017** | Sec | 2020>26 | 8,70 € — 15
- **IGP d'Oc Les Thermes cabernet-sauvignon 2018** | Sec | 2019>26 | 7,10 € — 14,5
- **IGP d'Oc merlot Grand Châtaignier 2018** | Sec | 2019>22 | 7,10 € — 14

Route de Pézenas, 34290 Servian • Tél. 04 67 39 29 49 • domaine@labaume.com • www.domaine-labaume.com • Visite : Du lundi au samedi de 10h à 12h et de 13h à 18h. Le samedi.

MAS BELLES EAUX

Cette vaste propriété est située au nord de Pézenas. Entourée de sources qui sont à l'origine du nom, elle s'étend sur près de 100 hectares répartis autour d'une folie du XIXe siècle. Après un passage d'une quinzaine d'années dans le giron d'Axa Millésimes, le cru a été repris par l'ambitieux groupe Grands Chais de France. La gamme se partage entre vins d'appellation Pézenas et vins de cépages.

- **Languedoc-Pézenas 2016** | Sec | 2020>25 | 7,70 € — 15
- **Languedoc grenache blanc 2018** | Sec | 2019>22 | epuisé — 14
- **Languedoc Les Coteaux 2018** | Sec | 2019>24 | 7,70 € — 15

Lieu-Dit de Belles Eaux, 34720 Caux • Tél. 04 67 09 30 96 • contact@chateaubelleseaux.fr • www.domaine-labaume.com • Visite : En pleine saison, du jeudi au samedi de 13h à 14h à 18h. Lundi, mardi,mercredi sur rendez-vous.

BERGERIE DU CAPUCIN

Le sympathique Guilhem Viau préside aux destinées de l'appellation Pic-Saint-Loup et dirige ce domaine familial avec enthousiasme et le souci constant de faire progresser ses vins. La propriété, de longue date dans sa famille, s'étend aujourd'hui sur plus de douze hectares. La cuvée dame-jeanne montre la voie aux vins du secteur : festive et charmeuse mais complexe, elle affiche des tannins très fins en 2015, plus mûrs en 2016. Larmanela 2015 affiche également la maturité du millésime. Nous attendons les 2017 avec impatience.

- **Languedoc 100 pas du Berger 2018** | Sec | 2019>20 | 8,50 € — 13,5
- **Languedoc La Dame du Causse 2016** | Sec | 2018>21 | 12 € — 13,5
- **Pic Saint-Loup Dame Jeanne 2017** | Sec | 2019>23 | 15 € — 14,5
- **IGP de Saint-Guilhem Le Désert Dame Jeanne 2018** | Sec | 2019>21 | 12 € — 13,5
- **IGP de Saint-Guilhem Le Désert Larmanéla 2018** | Sec | 2019>23 | 24 € — 14,5

Villa Carrée - 80 Impasse Puech Camp, 34270 Lauret • Tél. 04 67 59 01 00 • contact@bergerieducapucin.fr • www.bergerieducapucin.fr • Visite : de juin à septembre, du mardi au samedi. Du 1er octobre au 30 mai, du mercredi au samedi (sauf le samedi en janvier-février). Horaires : 10h30 à 12h30 et 15h à 18h30. Jours de fermeture sur rendez-vous.

GÉRARD BERTRAND

Fils de vigneron et ancien rugbyman international, Gérard Bertrand a fait de son nom l'une des marques les plus dynamiques du vignoble français. S'il revendique faire des vins du Sud un « art de vivre », Gérard Bertrand est d'abord un vigneron méticuleux et exigeant. Cette quête trouve son aboutissement avec le Clos d'Ora, magnifique cru sur les hauteurs de la Livinière. Tous les vins des domaines sont remarquables, tant dans les cuvées classiques que dans celles de prestige (la-forge, hospitalitas, aigle-royal, etc.) L'une des nouvelles évolutions de ce producteur ultra dynamique est l'accent mis sur de superbes vins rosés, comme le savoureux Côtes-de-Rose ou l'ambitieux et délicieux Domaine la Sauvageonne la Villa.

- **Corbières-Boutenac La Forge 2017** | Sec | 2019>26 | 45 € — 17
- **Coteaux du Languedoc - La Clape Château des Karantes 2017** | Sec | 2019>22 | NC — 16,5
- **Coteaux du Languedoc - La Clape Château l'Hospitalet Grand Vin 2017** | Sec | 2019>25 | 25 € — 17
- **Coteaux du Languedoc - La Clape Hospitalitas 2017** | Sec | 2019>27 | 45 € — 18
- **Languedoc-Cabrières Clos du Temple 2018** | Sec | 2019>22 | NC — 17,5
- **Languedoc La Sauvageonne La Villa 2018** | Sec | 2019>21 | NC — 16
- **Limoux L'Aigle Royal 2018** | Sec | 2019>22 | NC — 15
- **Malepère Château de la Soujeole 2017** | Sec | 2019>25 | NC — 16,5
- **Minervois-La-Livinière Château Laville Bertrou 2017** | Sec | 2020>25 | NC — 15
- **Minervois-La-Livinière Clos d'Ora 2016** | Sec | 2020>30 | NC — 17,5
- **Terrasses du Larzac Château La Sauvageonne Grand vin 2017** | Sec | 2019>25 | NC — 16,5
- **IGP de la Haute Vallée de l'Aude Domaine de l'Aigle pinot noir 2017** | Sec | 2019>21 | NC — 16
- **IGP de la Haute Vallée de l'Aude L'Aigle Royal pinot noir 2017** | Sec | 2021>26 | NC — 16
- **IGP d'Hauterive Cigalus 2017** | Sec | 2019>24 | 29 € | ♣ — 14,5
- **IGP d'Oc Cigalus 2018** | Sec | 2019>22 | 29 € | ♣ — 15

route de narbonne plage - Route de Narbonne-Plage, 11100 Narbonne • Tél. 04 68 45 28 50 • caveau@gerard-bertrand.com • www.chateau-hospitalet.com • Visite : tous les jours de 9h à 19h, jusqu'à 20h en juillet-août.

DOMAINE BERTRAND-BERGÉ

La rigueur et le travail de Jérôme Bertrand, sur les beaux terroirs de Paziols, ont fait du domaine Bertrand-Bergé le modèle à suivre pour toute l'appellation. Les entrées de gamme en rouge sont tarifées à un prix raisonnable, tout en étant très au-delà des standards qualitatifs de Fitou. L'onctueuse cuvée jean-sirven porte le nom de l'aïeul, qui œuvrait déjà pour une viticulture de qualité au début du siècle dernier. Cette cuvée s'impose aujourd'hui, par sa race et sa densité, dans le gotha des plus grandes cuvées du Sud. Une adresse indispensable.

- **Fitou Jean Sirven 2016** | Sec | 2019>28 | 38 € — 17
- **Fitou Mégalithes 2017** | Sec | 2019>23 | 15 € — 16

38, avenue du Roussillon, 11350 Paziols • Tél. 04 68 45 41 73 • bertrand-berge@wanadoo.fr • www.bertrand-berge.com • Visite : tous les jours de 8h à 12h et de 14h à 18h.

BORIE LA VITARÈLE

L'aventure continue malgré l'absence du regretté Jean-François Yzan, décédé dans ses vignes lors d'une manœuvre avec son tracteur. Biodynamiste, modeste, d'une humanité et d'une gentillesse rares, il avait beaucoup œuvré pour son domaine et pour l'appellation. Il ne ratait jamais une occasion de magnifier ses vins et ceux de ses collègues par une cuisine de la plus haute volée, son autre passion. Terres-blanches est une entrée de gamme qui nous fait penser à un haut de gamme, sans élevage apporteur de scories : on la recherchera avidement. La cuvée les-schistes est réussie également. Midi-rouge est la cuvée la plus ambitieuse du domaine.

- **Languedoc Le Grand Mayol 2017** | Sec | 2019>20 | 13,60 € — 14
- **Saint-Chinian Roquebrun Midi Rouge 2015** | Sec | 2019>25 | 39 € — 15,5
- **Saint-Chinian Les Schistes 2016** | Sec | 2019>22 | 16,30 € — 14
- **Saint-Chinian Terres Blanches 2017** | Sec | 2019>24 | 10,40 € — 15,5

34490 Causses-et-Veyran • Tél. 04 67 89 50 43 • contact@borielavitarele.fr • www.borielavitarele.fr • Visite : sur rendez-vous.

MAS BRÈS

Ce joli domaine cévenol associe intelligemment cépages méridionaux et atlantiques. Sa cuvée luna, syrah et merlot, est un sommet, à découvrir absolument.

- **IGP des Cévennes Luna 2017** | Sec | 2019>23 | 6,80 € — 15,5

59, rue de la Plaine, 30190 Boucoiran-et-Nozières • Tél. 04 66 83 30 91 • domaine.gournier@wanadoo.fr • Visite : du lundi au vendredi de 8h à 12h et de 14h à 18h.

MAS DES BROUSSES

Géraldine Combes et Xavier Peyraud (du domaine Tempier, à Bandol) exploitent une douzaine d'hectares en Terrasses du Larzac. Leur premier millésime date de 1997 et le domaine produit aujourd'hui un igp issu de merlot et de grenache, un coteaux-du-languedoc ainsi qu'un terrasses-du-larzac des plus originaux, avec ses arômes de litchi et de confiture de groseille. Le domaine a ses aficionados, nous les rejoignons pour le blanc frais et parfaitement croquant et pour le rosé très gourmand : que de saveurs !

- **Terrasses du Larzac 2016** | Sec | 2019>24 | 18 € — 16,5
- **IGP de Saint-Guilhem Le Désert Le Chasseur des Brousses 2017** | Sec | 2020>23 | 9,70 € — 15

2, chemin du Bois, 34150 Puéchabon • Tél. 04 67 57 33 75 • combesgeraldine@orange.fr • www.masdesbrousses.fr • Visite : sur rendez-vous.

MAS BRUGUIÈRE

Ce domaine de Valflaunès est situé à l'ombre de l'impressionnant pic Saint-Loup. Mas Bruguière a été l'un des pionniers du renouveau qualitatif en Languedoc. Xavier, la nouvelle génération des Bruguière, explore la culture en biodynamie et les résultats commencent à se voir dans les vins. Si cette année tous ne se montraient pas sous leur meilleur jour, décernons une mention particulière au 2016 qui a été réalisé après la grêle.

- **Pic Saint-Loup La Grenadière 2016** | Sec | 2019>23 | 22 € — 15,5

La Plaine, 34270 Valflaunès • Tél. 04 67 55 20 97 • xavier.bruguiere@wanadoo.fr • www.mas-bruguiere.com • Visite : du lundi au vendredi, sauf le mercredi, de 10h à 12h et de 14h à 18h. Le samedi, de 10h à 12h et de 15h à 18h.

MAS BRUNET

Installé à Causse-de-la-Selle au nord-est des Terrasses du Larzac, dans un terroir frais, c'est un domaine ancien réputé pour ses blancs qui appartient à la famille Coulet. Les vins rouges évoluent vite et sont à boire assez rapidement.

- **Languedoc Tradition 2016** | Sec | 2019>23 | 13,90 € — 15,5
- **Languedoc Tradition 2015** | Sec | 2019>22 | 10,15 € — 14
- **Terrasses du Larzac Élégance 2016** | Sec | 2019>21 | 19,95 € — 14
- **Terrasses du Larzac Prestige 2015** | Sec | 2018>23 | 14,65 € — 13,5
- **IGP de Saint-Guilhem Le Désert Vin d'une Nuit 2016** | Sec | 2019>20 | 6,55 € — 13

Route de Bertrand , 34380 Causse-de-la-Selle • Tél. 04 67 73 10 57 • contact@domainedebrunet.com • www.domainedebrunet.com • Visite : du lundi au samedi de 9h30 à 12h et de 15h à 19h et le dimanche après-midi.

CHÂTEAU CABEZAC

Le domaine est situé sur les terrasses quaternaires caillouteuses du plateau de Belvèze, dans la zone des Serres, dont le climat est méditerranéen. Belvèze est le haut de gamme : puissant, savoureux, épicé, onctueux. On pourra également fréquenter le-petit-arthur, les entrées de gamme sont moins typées mais parfois gourmandes.

- **Minervois Alice 2018** | Sec | 2019>21 | 6,50 € — 13
- **Minervois Le Petit Arthur 2017** | Sec | 2019>24 | 9,50 € — 14,5

23, hameau de Cabezac, 11120 Bize Minervois • Tél. 04 68 46 23 05 • info@chateaucabezac.com • www.chateaucabezac.com • Visite : du lundi au samedi de 10h à 13h et de 14h à 18h30. D'octobre à février, fermeture à 18h

CAVE DE CABRIÈRES

La cave fait l'un des plus grands rosés du Languedoc et seuls nos lecteurs le savent, car ce terroir sied à merveille à cette couleur. Les amateurs de bons rosés, et nous en sommes, trouveront après la dégustation de cette couleur trop oubliée une nouvelle bonne raison d'avoir acheté le guide. Le rapport qualité-prix est unique ici. Les rouges sont généreux, bien mûrs, puissants et classiques, ils gagneraient à moins d'élevage. La cantate-des-garrigues 2017, sans boisé ambitieux, est un rouge très attachant qui constitue une priorité pour ceux qui comme nous aiment dans les vins du Languedoc la fraîcheur et la générosité des saveurs.

- **Languedoc-Cabrières Cantate des garrigues 2017** | Sec | 2018>22 | 10 € 16
- **Languedoc-Cabrières La Bergerie de Cabrières 2018** | Sec | 2019>19 | 8 € | 13,5
- **Languedoc cuvée Fulcrand Cabanon 2018** | Sec | 2019>20 | 6,90 € 14,5
- **Languedoc cuvée Fulcrand Cabanon 2017** | Sec | 2018>23 | 6,90 € 14

20 route de Fontes, 34800 Cabrières • Tél. 04 67 88 91 60 • contact@estabel.fr • www.estabel.fr • Visite : du lundi au samedi de 9h à 12h et de 14h à 18h ; le dimanche et jours fériés de 10h à 12h et de 15h à 18h ; juillet-août jusqu'à 19h.

MAS CAL DEMOURA

Cal Demoura signifie « il faut rester » en occitan. Un signe pour ce presque néo-Languedocien ? Peu de vignerons ont autant progressé en si peu d'années. Vincent Goumard, venu du conseil financier, a repris avec son épouse Isabelle cette propriété de Jonquières, en Terrasses du Larzac, qui appartenait au père d'Olivier Jullien. Beaucoup de rigueur et un soin méticuleux de la vigne à la bouteille, l'intelligence et la précision de la démarche, une idée très claire de ce qu'est le grand vin ont amené les rouges au sommet de la planète Languedoc. Ils s'inscrivaient depuis des années dans un classicisme et un sérieux exemplaires qui ne tendait jamais vers l'austérité. L'évolution sans ne rien perdre de ces qualités vers une sensualité confondante constitue l'aboutissement d'un cycle.

- **Terrasses du Larzac Fragments 2017** | Sec | 2019>25 | 44 € 18
- **Terrasses du Larzac Les Combariolles 2017** | Sec | 2019>28 | 27 € 18,5
- **Terrasses du Larzac Terre de Jonquières 2017** | Sec | 2019>25 | 19 € 18
- **IGP de l'Hérault L'Étincelle 2018** | Sec | 2019>24 | 18 € 15
- **IGP de l'Hérault Paroles de Pierres 2017** | Sec | 2019>23 | 25 € 13,5

125, route de Saint-André, 34725 Jonquières • Tél. 04 67 44 70 82 • info@caldemoura.com • www.caldemoura.com • Visite : sur rendez-vous.

CALMEL & JOSEPH

La maison est idéale pour qui veut connaître les languedocs bien réalisés, fidèles à leur terroir. Jérôme Joseph et Laurent Calmel sont des négociants sans chai. Ils élèvent les cuvées qu'ils sélectionnent chez les vignerons auxquels ils les achètent. Leur art consiste à développer les saveurs des vins dans le respect des terroirs d'origine. La gamme est large, beaucoup de vins sont bien réussis et ne dépareillent pas, dans une dégustation comparative, avec la production des bons vignerons des appellations où ils opèrent. Une nouvelle cuvée de Corbières, La Madone, positionnée dès son lancement dans le haut de gamme, va désormais jouer dans la cour des grands de la région.

- **Collioure cuvées rares Les Elmes 2017** | Sec | 2019>24 | 22 € 14,5
- **Corbières La Madone 2016** | Sec | 2019>24 | 59 € 16
- **Corbières Les Terroirs 2017** | Sec | 2019>23 | 12,50 € 14,5
- **Faugères Les Terroirs 2017** | Sec | 2019>23 | 12,50 € 14,5
- **Minervois-La-Livinière La Planette 2016** | Sec | 2019>25 | 22 € 15
- **Saint-Chinian 2016** | Sec | 2019>24 | 17 € 14,5
- **IGP d'Oc Villa blanche - syrah 2017** | Sec | 2019>22 | 10 € 14

Chemin de la Madone, 11800 Montirat • Tél. 04 68 72 09 88 • contact@calmel-joseph.com • www.calmel-joseph.com • Visite : du lundi au vendredi de 9h à 16h30 et le week end Sur rendez-vous.

CHÂTEAU CAMBRIEL

Cette propriété familiale depuis cinq générations est depuis 2013 tenue par deux frères. Travaux aux chais, rachat d'une dizaine d'hectares supplémentaires portant la superficie en vignes à 52 hectares, la dynamique se poursuit. Les vins produits sont élégants, équilibrés et ce dans les trois couleurs. Une mention toute particulière pour la délicieuse micro-cuvée élaborée cette année en blanc.

- **Corbières 2018** | Sec | 2019>20 | 7 € — 13,5
- **Corbières 2017** | Sec | 2019>22 | NC — 16
- **Corbières Grande Réserve 2016** | Sec | 2019>25 | 10 € — 15

65, avenue Saint-Marc, 11200 Ornaisons • Tél. 04 68 27 43 08 • christophe.cambriel@orange.fr • www.vignobles-cambriel.com • Visite : du lundi au samedi de 10h à 12h et de 17h à 19h. Le dimanche de 10h à 12h.

CLOS CANOS

★☆☆☆☆

Dans une région plus naturellement tournée vers les rouges, ce domaine produit un rosé qui fait partie des valeurs sûres de son secteur. En blanc, le clos réalise des vins de soif en sauvignon et en chardonnay. La cuvée les-éoliennes rouge, en biodynamie, offre une large palette aromatique et une grande énergie. Blanc et rosé sont à la fois élégants et rafraîchissants.

- **Corbières 2018** | Sec | 2019>20 | 7,50 € — 14
- **IGP d'Oc chardonnay 2018** | Sec | 2019>21 | 6 € — 15,5

Rue de Canos, 11200 Luc-sur-Orbieu • Tél. 04 68 27 00 06 ou 06 85 10 23 19 • chateau-canos@wanadoo.fr • Visite : sur rendez-vous

VIGNERONS DU CAP LEUCATE

★★☆☆☆

La cave coopérative des Vignerons du Cap Leucate, située dans la partie maritime de l'appellation, est le résultat de la fusion de plusieurs coopératives qui s'est achevée en 2010, avec réfection totale de l'outil de travail. Aujourd'hui elle compte 200 vignerons sociétaires qui couvrent, sur 1400 hectares, 5 terroirs et 5 appellations : Fitou, Corbières, Languedoc, Rivesaltes et Muscat-de-Rivesaltes. Les vins sont élégants, de bonne facture, faciles à boire et leurs prix restent très raisonnables.

- **Corbières Château Leucate Cézelly 2018** | Sec | 2019>22 | 14,90 € — 14
- **Corbières Château Leucate Cézelly 2018** | Sec | 2019>20 | 10,80 € — 13
- **Corbières Château Roquefort Saint-Martin 2016** | Sec | 2019>23 | 13 € — 14
- **Fitou Cap 42° 2016** | Sec | 2019>24 | 15 € — 15
- **Fitou Château Leucate Cézelly 2017** | Sec | 2019>24 | 19,50 € — 14
- **Fitou Saint-Pancrace 2016** | Sec | 2019>22 | 9 € — 14

2, avenue Francis-Vals, 11370 Leucate • Tél. 04 68 33 20 41 • contact@cave-leucate.com • www.cap-leucate.com • Visite : en hiver, du lundi au samedi de 9h30 à 12h30 et de 15h à 18h15, le dimanche de 9h30 à 12h30. En été, du lundi au dimanche, de 9h30 à 12h30 et de 15h à 19h.

DOMAINE DES CAPRIERS

★☆☆☆☆

À Puissalicon, joli petit village féodal entre mer et montagne, naissent les vins originaux du domaine des Capriers. Le domaine s'étend du nord au sud le long du fleuve Libron. Cela lui confère une grande diversité de terroirs, des terrasses villafranchiennes du nord aux marnes graveleuses roses du sud en passant par les puechs de grès calcaires. Marion et Mathieu Vergnes, jeune fratrie vigneronne amoureuse de ce terroir, ont repris le domaine familial et y produisent des vins de belle qualité : les-larmes-d'emma rouge, cuvée de référence pleine de caractère, le rêve-de-louis rouge gourmand et facile à boire, la nouvelle cuvée octave, au potentiel certain, le rosé les-larmes-d'emma aromatique et cristallin. Les deux blancs, larmes-d'emma (100 % viognier) et rêve-de-louis sont très aromatiques, bien définis, vif et équilibrés.

- **IGP des Côtes de Thongue Le Rêve de Louis 2018** | Sec | 2019>20 | 7 € — 14
- **IGP des Côtes de Thongue Le Rêve de Louis 2018** | Sec | 2019>21 | 7 € — 14
- **IGP des Côtes de Thongue Le Rêve de Louis 2017** | Sec | 2019>21 | 7 € — 14
- **IGP des Côtes de Thongue Les Larmes d'Emma 2018** | Sec | 2019>20 | 9 € — 14,5
- **IGP des Côtes de Thongue Les Larmes d'Emma 2017** | Sec | 2019>23 | 9 € — 15
- **IGP des Côtes de Thongue Octave 2017** | Sec | 2019>24 | 12 € — 14,5

605, avenue de la Gare, 34480 Puissalicon • Tél. 04 67 36 21 08 ou 06 63 66 25 58 • contact@domainedescapriers.fr • www.domainedescapriers.fr • Visite : sur rendez-vous.

CHÂTEAU DE CARAGUILHES

Sur le terroir de Boutenac, Caraguilhes couvre une surface de 600 hectares comprenant un vignoble de plus de 130 hectares d'un seul tenant, entouré de garrigues, qui depuis les années 1990 n'a jamais reçu le moindre traitement chimique. La partie en appellation Boutenac est conduite en biodynamie. Les vins sont toujours très aromatiques et frais, vraiment agréables, tant la cuvée prestige que la simple cuvée classique, les cuvées plus élaborées, solus et l'échappée-belle, issue de très vieux carignans, sortent systématiquement du lot. Le blanc et le rosé ne sont pas en reste. La nouvelle cuvée les-gourgoules, tout à fait accessible, nous a épatés.

- **Corbières-Boutenac L'Échappée Belle 2016** | Sec | 2018>26 | 26 € — 15,5
- **Corbières Les Gourgoules 2017** | Sec | 2019>24 | 11 € — 14,5
- **Corbières Solus 2017** | Sec | 2019>22 | 20 € — 14
- **IGP des Coteaux de La Cabrerisse Tian Ran 2018** | Sec | 2019>21 | env. 11 € — 13,5

11220 Saint-Laurent-de-la-Cabrerisse • Tél. 04 68 27 88 99 • chateau@caraguilhes.fr • www.caraguilhes.fr • Visite : du lundi au vendredi de 9h à 12h et de 14h à 17h.

JEFF CARREL

« Eclectic winemaker », comme il se définit avec humour, Jeff Carrel est un titi parisien qui a posé son sac à Narbonne d'où il sillonne la région, aidant grands et petits producteurs à réaliser de meilleurs vins. Pour son compte personnel et notre curiosité d'amateur, il réalise aussi une gamme de vins aussi surprenante que réjouissante, que l'on adorerait retrouver dans bon nombre de bistrots citadins ! Toujours aussi « cabinet de curiosités » mais avec de plus en plus de précision et de personnalité, la gamme est franchement passionnante à découvrir.

- **Fitou La Tire 2017** | Sec | 2019>24 | 9,50 € — 14,5
- **Fitou Sous la Montagne 2017** | Sec | 2019>23 | 13,90 € — 15

The way of Wine - 12, quai de Lorraine, 11100 Narbonne • Tél. 06 07 25 55 93 • info@jeffcarrel.com • www.jeffcarrel.com

LES MAÎTRES VIGNERONS DE CASCASTEL

Cette cave coopérative qui regroupe 130 adhérents pour 750 hectares de vignes, situés principalement en terroir d'altitude pour la partie Fitou, est l'une des plus dynamiques et performantes de la région. Ici on affectionne tout particulièrement le carignan, bien adapté au terroir de schistes. L'ensemble est très cohérent et permet de faire de belles découvertes. Les vins sont expressifs, très axés sur le fruit, bien méditerranéens mais toujours balancés par une bonne fraîcheur.

- **Corbières Héritage de Bonnafous 2017** | Sec | 2019>24 | 9 € — 14
- **Corbières L'Esprit de Saint-Jean 2018** | Sec | 2019>20 | 8 € — 14
- **Corbières L'Esprit de Saint-Jean 2017** | Sec | 2019>22 | 8 € — 13,5
- **Fitou Expression de Schistes 2017** | Sec | 2019>25 | 9,50 € — 15,5
- **Fitou F de Cascastel 2017** | Sec | 2019>25 | 13,50 € — 15
- **Fitou L'Accord Parfait 2016** | Sec | 2019>24 | 10,50 € — 14
- **IGP de la Vallée du Paradis Caprice des Anges Cœur Gris 2018** | Sec | 2019>20 | 7 € — 13,5
- **IGP de la Vallée du Paradis Domaine des Garrigottes 2017** | Sec | 2019>22 | 7 € — 14,5

Grand-Rue, 11360 Cascastel • Tél. 04 68 45 91 74 • info@cascastel.com • www.cascastel.com • Visite : du lundi au vendredi de 8h à 12h et de 14h à 18h. Du 15 juillet au 15 août, du lundi au samedi jusqu'à 18h30.

DOMAINE CATHALA

Ce domaine sorti de la coopération en 2014 est implanté sur des argilo-calcaires auxquels viennent s'ajouter deux hectares de syrah et de mourvèdre sur schistes à compter de la récolte 2016. Un domaine à suivre, aux rouges gourmands avec un supplément de profondeur et de complexité dans la cuvée A'.

- **Saint-Chinian Absolue 2016** | Sec | 2019>22 | 24 € — 14
- **Saint-Chinian Cuvée A 2016** | Sec | 2019>22 | 16 € — 14
- **Saint-Chinian Cuvée A' 2016** | Sec | 2019>23 | 10,50 € — 15,5

19, chemin du Pizou, 34460 Cessenon-sur-Orb • Tél. 06 33 59 55 34 • domaine.cathala@gmail.com • www.domaine-cathala.com • Visite : sur rendez-vous.

DOMAINE CATHARE

Franck Schisano, autrefois passionné de rugby, est désormais un fou du terroir qui pour lui, prime sur la dimension cépage. À telle enseigne que pour le millésime 2015 il a créé dix cuvées différentes issues chacune d'une seule parcelle comportant un seul cépage : il obtient ainsi dix goûts différents qu'il peut proposer en cousu-main à ses clients. Le dénominateur commun reste la précision, la pureté de fruit, l'énergie et la tension que l'on ressent dans chacune de ces cuvées. Seule la cuvée les-parfaits, pour respecter le cahier des charges de l'appellation Limoux, est un assemblage de trois cépages. Très impliqué, Franck Schisano est devenu le vrai leader de l'appellation et il est en route pour atteindre des sommets.

- **Limoux Caretas 2016** | Sec | 2019>24 | 20 € — 14
- **Limoux Consolament 2016** | Sec | 2019>25 | 20 € — 15
- **Limoux Melhorier 2016** | Sec | 2019>25 | 20 € — 15,5
- **Limoux Prince Noir 2016** | Sec | 2019>26 | 25 € — 15

Avenue du Béal, 11250 Saint-Hilaire • Tél. 06 10 63 41 46 • info@cathare.tm.fr • www.cathare.tm.fr • Visite : sur rendez-vous.

DOMAINE DU CAUSSE D'ARBORAS

Désormais incluse dans les vignobles Jeanjean, cette propriété domine la vallée de l'Hérault à 320 mètres d'altitude, au pied du mont Saint-Baudille. Afin de respecter cette zone sauvage, la totalité du vignoble est certifiée bio depuis 2010. Les vignes du domaine s'épanouissent sur un plateau, plantées à haute densité ce qui n'est pas courant en Languedoc mais est propice à l'expression noble des tannins et du fruit. Nous aimons la vivacité de ces vins pourtant charnus, dont on perçoit clairement la minéralité calcaire empruntée au sol de cet étonnant plateau.

- **Terrasses du Larzac L'extrême 2016** | Sec | 2020>24 | NC — 15
- **Terrasses du Larzac La Faille 2016** | Sec | 2019>24 | env. 13,50 € — 15
- **Terrasses du Larzac La Sentinelle 2016** | Sec | 2019>25 | 10 € — 15
- **Saint-Guilhem Le Désert 2018** | Sec | 2019>27 | NC — 15

Causse - Le Mas-de-Cazes, 34150 Arboras • Tél. 04 67 88 80 00 • contact@vignobles-jeanjean.com • www.vignobles-jeanjean.com • Visite : du lundi au vendredi de 8h30 à 12h30 et de 13h30 à 18h30, le samedi de 9h30 à 12h30 et de 14h à 18h30.

CHÂTEAU DE CAZENEUVE

Le château de Cazeneuve est une vieille bâtisse dont l'origine remonte au IXe siècle. Les vignes tombées en désuétude au début du XXe siècle ont été reprises par André Leenhardt qui exploite 25 hectares dans la zone du pic Saint-Loup. André réalise de jolis blancs. Bonne nouvelle, la petite cuvée les-calcaires 2017 annonce une inflexion du domaine vers des vins à la fois denses, énergiques et fins. Très réussie, elle est une parfaite expression de la minéralité que ce type de sol apporte aux cépages classiques du Languedoc. Elle nous a enthousiasmés.

- **Languedoc Cynarah 2018** | Sec | 2019>21 | 12 € — 14,5
- **Pic Saint-Loup Le Causse 2014** | Sec | 2018>23 | 31 € — 15,5
- **Pic Saint-Loup Le Roc des Mates 2014** | Sec | 2019>21 | 25 € — 15,5
- **Pic Saint-Loup Les Calcaires 2017** | Sec | 2019>25 | 16 € — 16

Cazeneuve, 34270 Lauret • Tél. 04 67 59 07 49 • chateaucazeneuve@orange.fr • www.chateaucazeneuve.com • Visite : Du lundi au vendredi sur rendez-vous. Le samedi de 9h à 12h et de 14h à 18h.

DOMAINE DE LA CENDRILLON

Situé à Ornaisons, aux frontières des terroirs de Boutenac, le domaine de la Cendrillon existe depuis cinq générations. Il dispose d'un vignoble d'une cinquantaine d'hectares avec ses vieilles vignes et ses jeunes plantations aux cépages originaux, albariño et verdejo. Dans les années 2000, Robert Joyeux a mené conjointement sa carrière d'industriel et les travaux de rénovation profonde à la propriété lui permettant de réaliser le corbières dont il rêvait, élégant et exprimant la complexité et la variété de ses terroirs. Depuis 2011, lui et son épouse Geneviève se consacrent à plein temps à leur domaine et leur fils Hubert vient de les y rejoindre pour promouvoir ce beau cru bio aux quatre coins du monde. La cuvée classique est amplement fruitée et vigoureuse, l'inédite affiche de la profondeur et de la tenue, la cuvée numéro-1, exubérante et pleine de caractère mérite amplement son nom. Blancs et rosés sont délicieux.

- **Corbières Inédite 2015** | Sec | 2019>25 | 19,50 € — **15**
- **Corbières Minuit 2018** | Sec | 2019>20 | 9,20 € — **13,5**
- **Corbières N°1 2014** | Sec | 2019>25 | 35 € — **15**
- **Corbières N°1 2008** | Sec | 2019>24 | 39,50 € — **15,5**
- **IGP d'Oc Atypique 2017** | Sec | 2019>23 | 7,70 € — **14,5**
- **Vin de France Nuance 2017** | Sec | 2019>22 | 12,30 € — **15,5**

Route de Narbonne, 11200 Ornaisons • Tél. 09 61 37 85 51 • lacendrillon@orange.fr • www.lacendrillon.fr • Visite : du lundi au vendredi de 9h à 12h et de 13h30 à 17h30. Sur rendez-vous le week-end l'été.

CHÂTEAU DU CERBIER

Un domaine dont la régularité ne cesse de nous ravir, tant d'un millésime à l'autre qu'au sein des différentes cuvées, de la plus simple, la délicieuse indiana, toujours fruitée et fraîche, aux plus élaborées, nuits-blanches, momiji ou mahakam, issue essentiellement de carignan, dense et très typée. Le blanc clair-de-lune est délicieux, vigoureux et très rafraîchissant.

- **Corbières Les Nuits Blanches 2016** | Sec | 2019>24 | 11,30 € — **14,5**

5, portail de la Trinité, 11200 Fabrezan • Tél. 04 68 43 55 31 • domaineducerbier@free.fr • www.domaine-du-cerbier.fr • Visite : Sur rendez-vous.

CHÂTEAU CESSERAS

Pierre-André Ournac exploite, avec son neveu Guillaume, le domaine Coudoulet, vaste propriété en IGP Pays d'Oc puis, plus récemment, le château Cesseras, en Minervois. Les vins d'appellation ont rejoint l'élite vigneronne et le domaine réalise des vins de cépages de grande expression qui nous servent de diapason pour mesurer la réussite d'un cépage dans le millésime. Les marques sont trouvées au château Cesseras : sur cette belle propriété les vins font partie des très bons, ils sont riches, complets et équilibrés, avec une bonne fraîcheur, propre au terroir de La Livinière. La gamme de cépages du domaine Coudoulet est toujours très réussie.

- **Minervois-La-Livinière 2016** | Sec | 2019>25 | 15 € — **14**
- **Minervois Olric 2017** | Sec | 2019>25 | 10 € — **13,5**
- **IGP d'Oc Domaine Coudoulet - viognier de Fontgaline 2017** | Sec | 2019>22 | 8 € — **14,5**
- **IGP d'Oc Domaine Coudoulet pinot 2018** | Sec | 2019>21 | 6 € — **14**

5 chemin de minerve, 34210 Cesseras • Tél. 06 08 88 60 17 • domainecoudoulet@gmail.com • Visite : du lundi au vendredi de 9h à 17h, le week-end sur rendez-vous.

ALAIN CHABANON

Installé à Montpeyroux en 1992, après être passé au château Montus et en Corse, Alain Chabanon exploite également des parcelles sur Jonquières, Saint-André, Lagamas et Saint-Saturnin. Pionnier parmi les bios, Alain fait partie des vignerons raffinés et passionnants. Certaines cuvées faisaient parfois débat par le passé mais de magnifiques installations récentes ont permis de franchir un pas. Les élevages qui restaient visibles vont beaucoup évoluer avec le passage en foudres au lieu des barriques. Des œufs en béton pour les mourvèdres et les blancs devraient également permettre de gagner en fraîcheur. La précision, le côté cristallin, le raffinement, tant en blanc qu'en rouge font de ce domaine l'un de nos préférés dans cette appellation, et de loin !

- **Languedoc-Montpeyroux L'Esprit de Font-Caude 2014** | Sec | 2019>23 | 29 € — **14**
- **Languedoc Campredon 2017** | Sec | 2019>24 | 14,70 € — **15**
- **Languedoc Les Boissières 2015** | Sec | 2019>23 | 27,30 € — **14**
- **IGP d'Oc Le Merle aux Alouettes 2015** | Sec | 2019>27 | 30 € — **16,5**
- **IGP d'Oc Trelans 2015** | Sec | 2019>24 | 27,30 € — **15,5**

Chemin de Saint-Étienne, 34150 Lagamas • Tél. 04 67 57 84 64 • domainechabanon@gmail.com • www.alainchabanon.com • Visite : le mercredi et le samedi de 9h30 à 12h30, le jeudi de 17h30 à 19h30. Fermé les jours fériés.

CHÂTEAU CHAMP-DES-SŒURS

Le château Champ-des-Sœurs, installé dans la zone maritime de l'appellation Fitou, est depuis quelques années déjà l'un des leaders incontestables de l'appellation. Les vins de cette propriété sont très harmonieux, de la cuvée de base, toujours très fruitée, en passant par la cuvée bel-amant, généreuse et équilibrée, et pour finir par la-tina, issue de très vieux carignans, élevée en cuves de bois tronconiques et en fûts. Fruit, texture suave, fraîcheur et équilibre, semblent être le fil conducteur des vins de cette propriété. Cerise sur le gâteau, un rapport qualité-prix quasi imbattable !

- **Fitou Bel Amant 2016** | Sec | 2019>24 | 12 € — 15
- **Fitou La Tina 2016** | Sec | 2019>24 | 16 € — 15,5

19, avenue des Corbières, 11510 Fitou • Tél. 04 68 45 66 74 • laurent.maynadier@orange.fr • www.champdessoeurs.fr • Visite : sur rendez-vous. De juin à septembre tous les jours, de 10h à 12h et de 15h à 19h.

MAS CHAMPART

Isabelle et Mathieu Champart ont créé leur domaine de toutes pièces en 1976 et en ont fait une signature car année après année, tout y est toujours excellent. Sans épate, le dégustateur novice peut même passer à côté des vins mais les finales interminables sont là pour lui rappeler qu'il vient de goûter un grand rouge. L'apparente simplicité de ces vins de l'ombre n'a d'égale que la longueur et la complexité des finales. Plus on les goûte et plus on les aime.

- **Saint-Chinian 2018** | Sec | 2019>19 | 8,40 € — 15
- **Saint-Chinian Clos de la Simonette 2016** | Sec | 2019>25 | 22 € — 16
- **Saint-Chinian Côte d'Arbo 2016** | Sec | 2018>23 | 9,70 € — 16
- **IGP d'Oc 2017** | Sec | 2020>25 | 9 € — 15,5
- **IGP d'Oc 2017** | Sec | 2019>23 | 14 € — 14

Bramefan route D20 - Route de Villespassans, 34360 Saint-Chinian • Tél. 04 67 38 05 59 • mas-champart@wanadoo.fr • www.mas-champart.com • Visite : sur rendez-vous.

CHANTE-COCOTTE

Créé en 2007 par l'illustrateur Régis Franc, le domaine Chante-Cocotte aura attendu trois ans avant de sortir son premier rouge et quatre ans pour le blanc, une cuvée de macabeu avec une touche de grenaches blanc et gris. Les vins ont bien progressé et misent tout sur la fraîcheur aromatique, la gourmandise et l'équilibre.

- **IGP d'Oc Chante-Cocotte 2015** | Sec | 2019>25 | 48 € — 16
- **IGP d'Oc La Cocotte Blanche 2017** | Sec | 2019>24 | 40 € — 15
- **IGP d'Oc La Petite Cocotte 2016** | Sec | 2019>23 | 18 € — 14,5

1, rue du Foyer, 11700 Fontcouverte • Tél. 04 68 65 51 15 • montaquoysud@gmail.com • www.chantecocotte.com • Visite : Sur rendez-vous.

MAS DES CHIMÈRES

L'amateur qui viendra dans le secteur d'Octon verra un paysage dantesque, qui alterne des terres rouges incroyablement arides, le noir des sols basaltiques et une masse d'eau inattendue qui est contenue par le lac artificiel du Salagou. Il trouvera également quelques vignes dont les feuilles parviennent malgré tout à verdir dans cet endroit peu hospitalier en apparence. Guilhem Dardé, paysan vigneron ainsi qu'il aime à le rappeler sur ses étiquettes, affiche sa sincérité, une vertu qui transparaît ici dans les vins. Ceux-ci évoluent à chaque millésime vers l'élégance, la délicatesse et la fraîcheur quand le millésime le permet ; nuits-grave 2017 en était l'incarnation. Une verticale de vieux millésimes disponible sur notre application a montré une série remarquée de terrasses-du-larzac de 2004 à 2008, ce grand style est de retour depuis 2015.

- **Terrasses du Larzac Nuit Grave 2017** | Sec | 2019>24 | 13,20 € — 15,5
- **Terrasses du Larzac Nuit Grave 2015** | Sec | 2017>21 | NC — 15,5

La Vialle, 34800 Octon • Tél. 04 67 96 22 70 • mas.des.chimeres@wanadoo.fr • www.masdeschimeres.com • Visite : du lundi au vendredi de 17h30 à 18h30, le samedi de 15h à 18h30 et le dimanche de 10h à 12h. L'été de 10h à 12h et de 17h à 19h du lundi au samedi, le dimanche de 10h à 12h.

CIRY CATTANEO

★☆☆☆☆

Un tout petit domaine bio d'un peu moins de trois hectares, répartis sur 5 parcelles, créé en 2015 par David Ciry, œnologue conseil et Marion Cattaneo, chocolatière. Grenaches et vieux carignans se partagent la donne, accompagnés de 10 % de syrah, sur un terroir argilo-calcaire profond et frais. Ici tout se fait à la main de A jusqu'à Z. C'est une belle découverte qui confirme. Une série de jolies cuvées de caractère, savoureuses et équilibrées, tant en IGP d'Oc qu'en appellation Minervois. A ne rater sous aucun prétexte !

- **Minervois Les Hirondelles 2017** | Sec | 2019>25 | 20 € | 16
- **Minervois Malabestia 2017** | Sec | 2019>24 | 12 € | 15,5
- **IGP d'Oc Les Petites Choses 2017** | Sec | 2019>22 | 13 € | 14
- **IGP d'Oc Sang Neuf 2017** | Sec | 2019>21 | 15 € 15

9, avenue de la Montagne Noire, 11800 Laure-Minervois • Tél. 06 70 36 36 37 • cirycattaneo@gmail.com • www.domainecirycattaneo.com • Visite : tous les jours l'été de 11h à 18h, sinon sur rendez-vous.

CLOS DES CLAPISSES

★★☆☆☆

Bruno Peyre travaille ses 4,5 hectares à l'ancienne, à la main, sans tracteur ni cheval, tel qu'on le faisait au début du siècle passé. Rien n'est trop soigné pour le carignan qu'il chérit : c'est l'une des rares propriétés où l'on peut trouver encore du carignan blanc. Ses pieds de vigne dépassent tous allègrement les 80 ans, et c'est l'une des raisons du raffinement et de la complexité des vins obtenus. Les vignes jouxtent le lac du Salagou, un lieu étonnant qui mérite également le détour. Voici deux bonnes raisons de venir ici.

- **IGP des Coteaux du Salagou Mas du Salagou – Les Clapisses 2018** | Sec | 2019>22 | 11 € 15,5
- **IGP des Coteaux du Salagou Mas du Salagou – Les Clapisses 2018** | Sec | 2019>20 | 9 € 15,5
- **IGP de l'Hérault Mas du Salagou – Les Clapisses 2018** | Sec | 2019>23 | 12 € 15,5

Chemin des Landes, 34800 Octon • Tél. 04 67 96 26 01 • clos.clapisses@yahoo.fr • www.mas.salagou.com • Visite : sur rendez-vous.

MAS COMBARÈLA

★★☆☆☆

Olivier Faucon signe un second millésime étonnant. Des rouges magnifiques, d'une rare concentration sans qu'aucun tannin ne dépasse, des finales salines. C'est la finesse du grain qui impressionne ici. S'approcher des grands en si peu de temps ne passe pas inaperçu. Découvrez-vite ce domaine.

- **Languedoc Des si et des mi 2018** | Sec | 2019>25 | 13 € 17
- **Languedoc Des si et des mi 2018** | Sec | 2019>19 | 10 € 14,5
- **Terrasses du Larzac Ode aux Ignorants 2017** | Sec | 2020>28 | 20 € 16,5
- **IGP de Saint-Guilhem Le Désert Des Si et des Mi 2018** | Sec | 2019>22 | 14 € 16
- **IGP de Saint-Guilhem Le Désert Le Clos Secret 2018** | Sec | 2019>25 | 16 € 17
- **IGP de Saint-Guilhem Le Désert Les Vieux Mazets 2017** | Sec | 2019>24 | 16 € 15,5

1665, route de Montpeyroux, 34150 Saint-Jean-de-Fos • Tél. 06 19 42 07 00 • contact@mas-combarela.com • www.mas-combarela.com • Visite : sur rendez-vous.

DOMAINE DES CONQUÊTES

★★☆☆☆

Propriété familiale de seize hectares de vignes, installées à Aniane sur des terrasses dominant la vallée de l'Hérault. Le vignoble est morcelé et bénéficie d'une grande diversité d'expositions et de sols qui justifie le large éventail des cépages complantés. La gamme est cohérente, et ce dans les trois couleurs. Des vins gourmands et aromatiques.

- **IGP de l'Hérault Alice 2018** | Sec | 2019>20 | 7,15 € 14,5
- **IGP de l'Hérault Guillaumette 2018** | Sec | 2019>22 | 7,15 € 15
- **IGP de l'Hérault Guillaumette 2017** | Sec | 2019>22 | 7,15 € 14,5

Chemin des conquêtes, 34150 Aniane • Tél. 09 71 44 92 48 • domainedesconquetes.vin@outlook.fr • www.domainedesconquetes.fr • Visite : d'octobre à avril du mardi au samedi de 9h à 12h et de 14h à 18h. De mai à septembre de 9h à 12h et de 15h à 19h.

MAS CONSCIENCE

Une première carrière dans le commerce, un passage dans une ONG caritative en Inde, puis ce nouveau projet, la reprise en 2014 du mas Conscience : nous ne pouvons qu'encourager Nathalie et Éric Ajorque à persévérer dans cette voie. Ces jeunes vignerons perfectionnistes distillent sur une dizaine d'hectares une intelligence et une gentillesse hors du commun. Les rouges du domaine ont retrouvé l'élégance de leur tannin aérien, la marque du secteur dans une version épicée, presqu'orientale. Cieux privilégie les cinsaults. L'éveil assemble syrah, grenache et cinsault.

- **Languedoc la petite prise de .... 2017** | Sec | 2019>25 | 11 € — 14,5
- **Terrasses du Larzac L'Éveil 2017** | Sec | 2019>25 | 16,50 € — 15
- **Terrasses du Larzac Mahatma 2016** | Sec | 2019>24 | 23 € — 16
- **IGP de Saint-Guilhem Le Désert Le Cas 2017** | Sec | 2019>26 | 14 € — 15,5

Route de Montpeyroux, 34150 Saint-Jean-de-Fosse • Tél. 06 76 78 56 14 • mas.conscience@gmail.com • www.mas-conscience.com • Visite : sur rendez-vous.

CLOS CONSTANTIN

Pierre Halley et Samuel Durand ont créé ce domaine en 2017, sur les contreforts du Larzac, à 20 kilomètres de Montpellier, réalisant leur rêve de gosse. Rosés, blancs et rouges composent la gamme issue des 15 hectares éparpillés en petites parcelles et conduites dans un esprit bio. La buvabilité des rouges est remarquable ainsi que la maîtrise des tannins : rien ne dépasse. Il en ressort un style de vins à la fois très accessibles, délicats et pleins de saveurs. Ce tout jeune domaine est à suivre de près.

- **Languedoc Grenade N 2018** | Sec | 2019>25 | 15 € — 16
- **Languedoc Les Polissons 2018** | Sec | 2019>24 | 9,50 € — 15

Le Longisset, Route de V le fort , 34380 Argelliers • Tél. 06 87 21 80 38 • clos.constantin@gmail.com • www.clos-constantin.com • Visite : Sur rendez-vous.

DOMAINE DE COURSAC

Nouveau domaine sortant de la coopération, qui réalise sur le terroir de Sommières des rouges sincères, dans l'esprit du classicisme languedocien, bien réalisés, généreux et assez puissants, aux tannins maîtrisés et onctueux.

- **Languedoc-Sommières La Patience 2017** | Sec | 2018>22 | 12,90 € — 14,5
- **Languedoc Les gariguettes 2017** | Sec | 2018>22 | 7,90 € — 14

Chemin du Château d'Eau, 30260 Carnas • Tél. 06 26 82 29 98 • domainedecoursac@orange.fr • www.domainedecoursac.fr • Visite : du lundi au samedi de 9h à 12h et de 14h à 18h

DOMAINE DES CREISSES

Les Creisses désignent les cailloux. Philippe Chesnelong a repris ce domaine familial en 1990. Il est assisté de Louis Mitjaville, son cousin, dont la renommée a largement dépassé Saint-Émilion. La cuvée les-brunes joue généralement le registre de la puissance quand la cuvée des creisses, plus immédiate, explose de saveurs. Une vraie bonne adresse.

- **IGP de l'Hérault Les Brunes 2017** | Sec | 2019>25 | 32 € — 15,5
- **IGP de l'Hérault Les Creisses 2017** | Sec | 2019>24 | 14,50 € — 15

34290 Valros • Tél. 06 75 66 65 78 • lescreisses@free.fr • www.les-creisses.com • Visite : sur rendez-vous.

CHÂTEAU DES CRÈS RICARDS

Cette propriété des Terrasses du Larzac, située à environ 35 kilomètres à l'ouest de Montpellier, a été créée au début des années 1960. Le vignoble est implanté à une altitude de 60 mètres sur le lieu-dit les Crès Ricards et compte 28 hectares. Elle a été reprise en 2009 par les domaines Paul Mas. Les cuvées ne tendent pas à rendre compte d'un terroir spécifique mais plutôt à exprimer la gourmandise. Ce sont des vins modernes, sans aucune accroche de tannin, qui sont à boire pour leur fruité, sur leur jeunesse. Leur rapport qualité-prix est quasiment imbattable !

- **IGP du Mont Baudile Alexaume 2018** | Sec | 2019>24 | 7,90 € — 14
- **IGP d'Oc cabernet-sauvignon 2018** | Sec | 2019>22 | 6,90 € — 14,5
- **IGP d'Oc Esprit de Crès-Ricards 2018** | Sec | 2019>23 | 7,90 € — 16

34800 Ceyras • Tél. 04 67 90 16 10 • info@paulmas.fr • www.cresricards.com • Visite : du lundi au samedi de 10h à 18h30, visites sur rendez-vous.

MAS DE DAUMAS-GASSAC

★★★☆☆

On a beaucoup écrit sur le mas de Daumas-Gassac. Aimé Guibert - disparu en 2016 - avait su identifier, sur Aniane, des terroirs qualitatifs aptes à porter un cabernet-sauvignon non autorisé par les appellations locales. Son domaine produit donc un rouge (assemblage à 80 % de cabernet-sauvignon non cloné accompagné d'une vingtaine d'autres cépages, rares pour la plupart) et un blanc (multi-cépages également) en IGP de l'Hérault, qu'il a su imposer à un niveau de prix inconnu dans cette catégorie. Les vins, tant en blanc qu'en rouge, sont d'une pureté, d'une précision et d'une complexité inégalables, et vieillissent remarquablement bien. La gamme est complétée par des igp agréables, conçues pour être bues rapidement. Une valeur sûre de la région.

- **IGP de l'Hérault Moulin de Gassac Guilhem 2018** | Sec | 2019>22 | 6,50 € — 14,5
- **IGP de l'Hérault Moulin de Gassac Guilhem 2017** | Sec | 2019>23 | 6,50 € — 14
- **IGP de l'Hérault Moulin de Gassac Pont de Gassac 2017** | Sec | 2019>24 | NC — 14,5
- **IGP de Saint-Guilhem Le Désert 2018** | Sec | 2019>24 | 35 € — 17
- **IGP de Saint-Guilhem Le Désert Cité d'Aniane 2017** | Sec | 2019>24 | 35 € — 16

Haute Vallée du Gassac, 34150 Aniane • Tél. 04 67 57 71 28 • prives@daumas-gassac.com • www.daumas-gassac.com • Visite : du lundi au samedi de 10h à 12h et de 14h à 18h, en juillet-août de 9h30 à 19h.

DOMAINE JEAN-LOUIS DENOIS

★★☆☆☆ ♣

Le vignoble est dominé par le village de Roquetaillade, perché sur son piton rocheux. C'est l'un des crus les plus hauts de la Haute-Vallée de l'Aude, en plein pays cathare. Terroir d'altitude et fortement venté, il permet la bonne adaptation de cépages précoces. Infatigable chercheur des différents modes culturaux, après avoir voyagé aux quatre coins du Nouveau Monde viticole, c'est ici que Jean-Louis Denois élabore des vins d'une grande originalité. Une adresse prisée des amateurs.

- **Crémant de Limoux Brut Nature Eff. 2012** | Brut | 2019>21 | 12 € — 14,5
- **Crémant de Limoux Bulles d'Argile Eff. NM** | Brut | 2019>21 | 16 € — 14,5
- **Crémant de Limoux Éclipse Eff. NM** | Brut | 2019>21 | 16 € — 14
- **Limoux Grande Cuvée 2017** | Sec | 2019>23 | 12 € — 14,5

Borde Longue, 11300 Roquetaillade • Tél. 04 68 31 39 12 / 04 68 31 83 64 • jldenois@orange.fr • www.jldenois.com

DOMAINE DE DERNACUEILLETTE

★☆☆☆☆

On est ici dans les Hautes Corbières, vers 600 mètres d'altitude. La fraîcheur est le fil rouge des vins du domaine qui partagent tous une finale mentholée. Le petit-derna est à dominante de grenache : il ne connaît que la cuve et est récolté à faibles rendements, moins de 20 hectolitres par hectare. Le corbières au nom du domaine est majoritairement réalisé autour de la syrah mais c'est le carignan qui prend la préséance dans la dégustation du 2015, auquel il apporte une fraîcheur bienvenue.

- **Corbières 2015** | Sec | 2018>23 | 14,50 € — 14
- **IGP du Cucugnan Le petit Derna 2016** | Sec | 2018>21 | 13 € — 13,5

15, rue Fleurie, 11330 Dernacueillette • Tél. 06 70 79 38 46 • domaine.de.dernacueillette@gmail.com • www.domainededernacueillette.fr • Visite : sur rendez-vous.

CHÂTEAU DU DONJON

★☆☆☆☆

Le domaine est installé sur l'extrémité ouest de l'appellation Minervois et produit également un cabardès, la cuvée l'autre. En minervois, la gamme est resserrée autour d'un rosé et de deux rouges, un prestige et une grande-tradition. Nous avons aimé l'approche fruitée des rouges et leur fraîcheur, rendues possibles par le terroir très océanique et la zone tardive dans laquelle se situe la propriété.

- **Cabardès L'Autre 2016** | Sec | 2019>22 | 8 € — 13,5
- **Minervois 2018** | Sec | 2019>21 | 7,50 € — 14,5
- **Minervois 2018** | Sec | 2019>20 | 7 € — 14
- **Minervois cuvée Prestige 2015** | Sec | 2019>25 | 11 € — 14,5
- **Minervois Grande Tradition 2016** | Sec | 2019>23 | 8 € — 14

11600 Bagnoles • Tél. 04 68 77 18 33 • jean.panis@wanadoo.fr • www.chateau-du-donjon.fr • Visite : du lundi au vendredi de 9h à 12h et de 15h à 19h. Le week-end et les jours fériés sur rendez-vous.

CAVE D'EMBRES ET CASTELMAURE

★★☆☆☆

Avec sa soixantaine d'apporteurs motivés, bien encadrés par le nouveau directeur Antoine Robert et convenablement rémunérés, avec son beau terroir, la cave de Castelmaure est sans conteste l'une des meilleures caves coopératives de France, qui tient la palme du dynamisme technique et commercial. Toute la gamme est impeccable, les vins sortent régulièrement du lot aux côtés de leurs pairs et les prix angéliques achèvent de convaincre. C'est le genre d'adresse qui fait notre joie !

- **Corbières Grande Cuvée 2016** | Sec | 2019>24 | 12,30 € — 14
- **Corbières La Pompadour 2017** | Sec | 2019>24 | 9,60 € — 15

4, route des Canelles, 11360 Embres-et-Castelmaure • Tél. 04 68 45 91 83 • vins@castelmaure.com • www.castelmaure.com • Visite : du lundi au dimanche de 10h à 12h et de 15h à 18h

LE CHAI D'ÉMILIEN

★☆☆☆☆

Le vignoble Fournel, propriété familiale, n'a cessé de croître au fil des générations pour atteindre maintenant une trentaine d'hectares. Émilien, la dernière génération, a décidé avec l'aide de sa femme Ophélie de devenir vigneron-récoltant en créant le Chai d'Émilien. Des rouges très originaux par leurs arômes comme espiègle et épopée, ce dernier en Grés de Montpellier. On perçoit le talent dans ce domaine et notre dégustation de l'année le confirme. Après quelques réglages ce pourrait être un grand de demain.

- **Languedoc-Grés de Montpellier Épopée 2017** | Sec | 2019>25 | 13,20 € — 14,5
- **Languedoc E majuscule 2016** | Sec | 2019>25 | 24 € — 14,5
- **Languedoc Edmond le Démon 2018** | Sec | 2019>19 | 8,20 € — 15
- **Languedoc Espiègle 2017** | Sec | 2019>25 | 9,20 € — 16

6, route de Montpellier, 34160 Sussargues • Tél. 06 99 50 45 38 • contact@lechaidemilien.com • www.lechaidemilien.com • Visite : du lundi au vendredi de 17h à 19h et le samedi de 10h à 19h.

CHÂTEAU DE L'ENGARRAN

★★☆☆☆

Diane et sa sœur Constance sont la troisième génération de femmes à mener avec dynamisme la cinquantaine d'hectares de l'Engarran, disséminés autour d'une belle folie bâtie au XVIIIe siècle. Diane, en charge des vinifications, est en recherche constante de plus de précision. On ne peut qu'admirer l'énergie et la saine ambition qui mènent les deux sœurs. Le style met en avant une grande maturité des raisins qui rend les vins opulents. Nous notons une progression dans la qualité des tannins, bien plus fins, bien plus ronds. Plus de fraîcheur dans les vins en augmentera encore la buvabilité. La cuvée au nom du château a notre préférence, ne la manquez surtout pas.

- **Languedoc-Grés de Montpellier Château de l'Engarran 2016** | Sec | 2018>23 | 13,80 € — 15,5
- **Languedoc Grenat Majeur 2016** | Sec | 2018>25 | 15,80 € — 15,5
- **Languedoc Sainte-Cécile 2016** | Sec | 2018>22 | 9,50 € — 14
- **IGP d'Oc La Lionne 2016** | Sec | 2019>22 | 9,40 € — 14,5

■ **IGP d'Oc Terres de l'Engarran 2017** | Sec | 2019>22 | 6,60 € **14,5**

34880 Laverune • Tél. 04 67 47 00 02 • lengarran@wanadoo.fr • www.chateau-engarran.com • Visite : du lundi au samedi de 10h à 13h et de 15h à 19h. Le dimanche aux mêmes horaires de mai à août.

CHÂTEAU DES ERLES

Propriété des frères Lurton depuis 2001, ce joli domaine d'une vingtaine d'hectares entourés de garrigue est situé dans la partie du Haut-Fitou, au cœur du massif des Corbières. Syrah, grenache et carignan s'expriment à merveille sur ce terroir particulier composé de schistes et de grès, la patte des Lurton fait le reste pour donner des vins d'une grande élégance et très digestes.

■ **Fitou 2017** | Sec | 2019>25 | 25 € **15**
■ **Fitou cuvée des Ardoises 2017** | Sec | 2019>22 | 14 € **14,5**

9, rue Pech-de-Grill, 11360 Villeneuve-les-Corbières • Tél. 05 57 55 12 12 • contact@francoislurton.com • www.francoislurton.com

DOMAINE ESPÉROU

Un petit domaine de huit hectares, situé au cœur du terroir de Boutenac, familial depuis cinq générations et repris depuis peu par les jeunes Cécile et Eddy Bonnafous. De vieux carignans qui s'expriment particulièrement sur le terroir argilo-calcaire, pour donner des vins très authentiques que nous avons évidemment remarqués !

■ **Corbières-Boutenac Étienne 2016** | Sec | 2019>25 | 13 € **15**
■ **Corbières Romarin 2017** | Sec | 2019>24 | 7 € **15,5**

20, route de Ferrals, 11200 Boutenac • Tél. 06 63 32 21 05 • contact@domaine-esperou.fr • www.domaine-esperou.fr • Visite : sur rendez-vous.

CHÂTEAU DES ESTANILLES

Cette propriété fit la grandeur de Faugères dans les années 1990, avant d'être reprise en mains par Julien Seydoux, venu ici avec la modestie d'apprendre le terroir et avec l'envie de porter à nouveau les Estanilles au premier plan. Les élevages s'adaptent progressivement aux matières et peuvent encore progresser. Les rouges sont puissants et en saveurs, ce sont des vins de forte personnalité.

■ **Faugères Clos du Fou 2016** | Sec | 2019>22 | 22 € **14**
■ **Faugères Inverso 2015** | Sec | 2019>25 | 15 € **14**
■ **Faugères L'Impertinent 2016** | Sec | 2019>24 | 11 € **14,5**
■ **Faugères L'Impertinent 2017** | Sec | 2019>21 | 11 € **14**

hameau de Lenthéric, 34480 Cabrerolles • Tél. 04 67 90 29 25 • contact@chateau-estanilles.com • www.chateau-estanilles.com • Visite : du lundi au vendredi de 9h à 12h et de 14h à 17h.

FAMILLE FABRE

La famille Fabre est installée en Languedoc depuis 1605. Elle est aujourd'hui propriétaire de 360 hectares de vignes répartis sur quatre domaines, château Fabre Gasparets, en Corbières-Boutenac, château de Luc et château Coulon, en Corbières et IGP Pays d'Oc, et enfin le domaine Grande Courtade en IGP. Les vins sont authentiques et généreux, avec un beau fruit et une priorité pour préserver l'équilibre sur la fraîcheur.

■ **Corbières-Boutenac Château Fabre Gasparets 2016** | Sec | 2019>25 | 15,50 € **15,5**
■ **Corbières Château de Luc Les Jumelles 2018** | Sec | 2019>20 | 9,20 € **14,5**
■ **IGP d'Oc Grande Courtade Instant Rosé 2018** | Sec | 2019>20 | 7,20 € **14**

1 rue du château - 1, rue du Château, 11200 Luc-sur-Orbieu • Tél. 04 68 27 10 80 • info@famille-fabre.com • www.famillefabre.com • Visite : du lundi au vendredi de 10h à 13h et de 14h à 18h. Le week-end sur rendez-vous. L'été du lundi au samedi de 10h à 13h et 14h à 19h.

MAS FABREGOUS

Mas Fabregous produit un igp des coteaux-du-salagou, en limite nord de la zone des appellations protégées du Languedoc. L'ambition est ici de produire des vins de grand charme, faciles à boire, de gourmandise. On ne cherche pas la cuvée jusqu'au-boutiste qui extrait l'ultime nuance de son raisin mais la souplesse, la gourmandise, la facilité à être bue, sans aspérité aucune. Le vin de copains, de bons copains, avec la régularité que nous apprécions.

- **Languedoc 2017** | Sec | 2019>21 | 7 € — 14
- **Languedoc Le Rosé de Juliette 2018** | Sec | 2019>19 | 6,50 € — 13
- **Terrasses du Larzac Le Centaure 2011** | Sec | 2019>23 | 35 € — 13,5
- **Terrasses du Larzac Sentier Botanique 2017** | Sec | 2019>23 | 14 € — 13,5
- **Terrasses du Larzac Sentier Botanique 2016** | Sec | 2019>26 | 14 € — 14,5

Chemin d'Aubaygues, 34700 Soubès • Tél. 04 67 44 31 75 • masfabregous@free.fr • Visite : sur rendez-vous au 06 17 51 84 96

FILLON MOLLARD

Fillon-Mollard est un négoce développé par les producteurs du clos du Serres en Terrasses du Larzac, sur Saint-Jean-de-la-Blaquière. La cuvée vu-d'en-haut est un modèle du secteur, fraîche grâce à l'altitude du terroir, avec une qualité de tannins étonnante.

- **Terrasses du Larzac Vu d'En Haut 2017** | Sec | 2019>25 | 11 € — 16

Chemin des Condamines, 34700 Saint-Jean-de-la-Blaquière • Tél. 04 67 88 21 96 • nicolas.mollard@leclosduserres.fr • Visite : sur rendez-vous.

DOMAINE FONCADAURE

Le domaine, acquis par le vinificateur bordelais Olivier Dauga, est installé sur le magnifique mais très méconnu plateau de Leucate et se compose de deux parcelles de vieux carignans pour un total de 1,30 hectare. En 2018 seule la cuvée la Fontaine a été produite.

- **Vin de France Leucate La Fontaine 2018** | Sec | 2019>23 | 25 € — 15

10, rue Saumenude - 10 rue Saumenude, 33800 Bordeaux • Tél. 05 56 18 68 16 • olivier@olivierdauga.com • www.olivierdauga.com • Visite : sur rendez-vous.

FONCALIEU

Bien repris en main, ce vaste groupement de producteurs s'appuie sur une base solide de vignobles dans le secteur des coteaux d'Ensérune. Les vins sont simples et aromatiques, avec une recherche bienvenue d'équilibre et de fraîcheur. Les igp pays-d'oc sont aromatiques et souples, le corbières possède plus de fond. Huit vignerons ont réuni leur savoir-faire pour réaliser l'ambitieuse et très réussie cuvée les-illustres.

- **IGP des Coteaux d'Ensérune Ensérune 2018** | Sec | 2019>20 | 5,98 € — 14
- **IGP des Coteaux d'Ensérune Les Illustres 2016** | Sec | 2019>23 | 20,26 € — 14,5
- **IGP d'Oc Latoque Réserve 2016** | Sec | 2019>22 | 8,44 € — 13,5

Domaine de Corneille, 11290 Arzens • Tél. 04 68 76 21 68 • rames@foncalieu.com • www.foncalieu.com • Visite : de juillet à septembre : du lundi au samedi de 10h30 à 19h. Juin, octobre, novembre, décembre : du mardi au samedi de 10h30 à 19h

CHÂTEAU DE FONTENELLES

Thierry Tastu et son épouse Nelly s'attachent à mettre en valeur cette belle propriété qui appartient à la famille depuis cinq générations. Une quarantaine d'hectares sur le beau terroir de l'Alaric, complantés dans les cépages traditionnels, syrah, grenache, carignan et mourvèdre. On compte deux cuvées : notre-dame qui est l'entrée de gamme, vinifiée en cuve, et renaissance, d'un niveau supérieur, qui bénéficie d'un élevage en fûts. Ces cuvées sont généreuses, très expressives, aromatiques, avec de la fraîcheur et une élégance qui ne fait jamais défaut.

- **Corbières cuvée Renaissance 2017** | Sec | 2019>25 | 15 € — 14,5
- **Corbières Notre Dame 2017** | Sec | 2019>23 | 10 € — 14,5
- **Corbières Tenue de Soirée 2018** | Sec | 2019>20 | 12,50 € — 14
- **IGP des Coteaux de Miramont Domaine de Fontenelles Le Poète 2018** | Sec | 2019>22 | 9 € — 14

78, avenue des Corbières, 11700 Douzens • Tél. 04 68 79 12 89 • info@fontenelles.com • www.fontenelles.com • Visite : du lundi au vendredi de 9h à 12h et de 15h à 17h et le week-end sur rendez-vous.

DOMAINE DE FONTSAINTE

Dans le terroir fameux de Boutenac, Fontsainte est depuis longtemps un domaine de référence. Yves puis Bruno Laboucarié ont constitué un vignoble bien tenu, très typique des bons crus du secteur. Le carignan domine l'encépagement (50 %), bien complété par le trio grenache, syrah, mourvèdre. Les vins, très bien vinifiés, affichent une grande originalité quant à la palette aromatique, des textures franches et vigoureuses, ils ne manquent en tous cas pas de caractère. Le clos-du-centurion, boutenac jusqu'au bout des ongles, témoigne d'un travail attentif à la vigne (parfaite maturité du fruit et des tannins) et au chai, avec des élevages très maîtrisés.

- **Corbières La Demoiselle 2016** | Sec | 2019>23 | 11 € — 14

16, route de Ferrals, 11200 Boutenac • Tél. 04 68 27 07 63 • earl.laboucarie@fontsainte.com • www.fontsainte.com • Visite : Du lundi au samedi, de 8h à 12h et de 13h30 à 18h.

MAS GABRIEL

De beaux vins puissants, savoureux, vigoureux et d'une authenticité redoutable, avec un petit coup de cœur en particulier pour le rouge.

- **IGP de l'Hérault Les Trois Terrasses 2017** | Sec | 2019>23 | 11,50 € — 14,5

9, avenue de Mougères, 34720 Caux • Tél. 04 67 31 20 95 • info@mas-gabriel.com • www.mas-gabriel.com • Visite : En été, tous les samedi de 11h à 18h sinon sur rendez-vous. En hiver, sur rendez-vous.

GRAIN DE FANNY

Voici un tout petit domaine de 6 hectares, appartenant depuis cinq générations à la même famille, bichonné par la très sympathique et enthousiaste Fanny Tisseyre depuis 2006. Une mosaïque de petites parcelles aux terroirs différents et aux cépages adaptés, généralement de très vieilles vignes de carignan et grenache. Une série de cuvées aux noms évocateurs. Un fil conducteur : l'élégance, le charme, l'authenticité, le plaisir. Une cuvée d'entrée de gamme, l'égrappé, à picorer en 2016, très aromatique et gourmande, délicieuse à boire, une cuvée issue de carignans de plus de 100 ans et de grenache de 70 ans, le rouge-à-palabrer, aux arômes plus complexes, vigoureuse, au caractère indéniable et une toute nouvelle cuvée, au-fil-du-vent, un peu plus dense et élevée en barrique.

- **Corbières Au Fil du Vent 2017** | Sec | 2019>25 | 12 € — 14,5
- **Corbières L'Égrappé... à Picorer 2017** | Sec | 2019>23 | 7 € — 14,5
- **Corbières Le Rouge... à Palabrer 2017** | Sec | 2019>23 | 8,50 € — 14

10, Avenue du Chemin Neuf, 11200 Ornaisons • Tél. 06 78 47 62 98 • ftisseyre@free.fr • www.graindefanny.com • Visite : sur rendez-vous.

DOMAINE DU GRAND ARC

À proximité des châteaux cathares de Quéribus, Peyrepertuse et Padern, ce domaine est installé dans la zone montagneuse des Hautes Corbières, qui permet de réaliser des vins frais. Nicolas Schenck vient de prendre la relève et maintient la qualité dans le droit chemin. La gamme est cohérente, les entrées de gamme ne vous ruineront pas et le domaine est en progrès, notamment sur la précision des élevages. Toutes les couleurs sont soignées et la régularité est de mise ici. La cuvée en-sol-majeur, cuvée haut de gamme, à base de syrah et de grenache élevés pour grande partie en fût neuf, est pleine de caractère. La cuvée des quarante est généreuse et bien équilibrée. La cuvée six-terres-sienne, haut de gamme, possède une immense personnalité.

- **Corbières En Sol Majeur 2016** | Sec | 2019>24 | 12,50 € — 14,5
- **Corbières Réserve Grand Arc 2016** | Sec | 2019>24 | 7,60 € — 14

15, chemin des Métairies du Devez, 11350 Cucugnan • Tél. 04 68 45 01 03 • info@grand-arc.com • www.grand-arc.fr et www.grand-arc.com • Visite : du lundi au vendredi de 10h à 12h et de 15h à 18h et le week-end sur rendez-vous

CHÂTEAU DU GRAND CAUMONT

★★☆☆☆

Après une première vie dans la publicité, Laurence Rigal est revenue au domaine familial et s'est éprise des Corbières. Le site est splendide et riche culturellement puisqu'à l'époque romaine, le domaine était une grande villa romaine baptisée la Villa Manzanetto. La famille Rigal l'acheta dans les années 1980. Laurence a rejoint la propriété en 2003 et la gère avec Patrick Blanchard. Château du Grand Caumont est l'un des plus vastes domaines des Corbières, avec 100 hectares de vignes sur 140 hectares de terres et de garrigue. Ce domaine cherche à s'éloigner du style un peu rustique des vins de la zone pour aller vers des matières et des tannins plus savoureux, tout en conservant une expression authentique de ce beau terroir des Corbières. Les derniers millésimes montrent encore une progression dans la qualité et le style des vins, et les prix restent très raisonnables.

- **Corbières Capus Monti 2017** | Sec | 2020>25 | NC — 16
- **Corbières Cuvée Spéciale 2017** | Sec | 2019>22 | 7,75 € — 14
- **Corbières Impatience 2017** | Sec | 2019>24 | 12 € — 15

D 261 entre Luc-sur-orbieu et Ferrals-les-Corbières , 11200 Lézignan-Corbières • Tél. 04 68 27 10 82 • chateau.grand.caumont@wanadoo.fr • www.grandcaumont.com • Visite : du lundi au vendredi de 8h30 à 12h et de 14h à 17h30, le week-end sur rendez-vous.

DOMAINE DU GRAND CRÈS

★★☆☆☆

Le vignoble d'une vingtaine d'hectares est situé à l'est de Lagrasse, sur un plateau argilo-calcaire à 400 mètres d'altitude. Hervé Leferrer, après avoir œuvré à l'INAO (Institut national des appellations) et occupé durant quatre années le poste de régisseur du domaine de la Romanée-Conti, est venu s'implanter ici. Il apporte une attention extrême au travail à la vigne et à la qualité des raisins obtenus. Son expérience bourguignonne se retrouve dans les vins, voluptueux, charmeurs, sans que l'équilibre soit mis en danger. La cuvée cressaïa, en vin de France, régulièrement exceptionnelle, est la véritable star de ce domaine.

- **Corbières Crescendo 2018** | Sec | 2019>21 | 10 € — 14
- **Corbières Crescendo 2016** | Sec | 2019>23 | 11 € — 14
- **Corbières cuvée Majeure 2016** | Sec | 2019>24 | 16 € — 15

26 rue Sainte Elizabeth, 11200 Fabrezan • Tél. 09 61 48 72 67 • grand.cres@outlook.fr • www.domainedugrandcres.fr • Visite : du lundi au vendredi de 10h à 12h et de 15h à 18h, sur rendez-vous le week-end.

MAS GRANIER - MAS MONTEL

★★☆☆☆

Jean-Philippe Granier conseille techniquement l'ensemble des vignerons des appellations du Languedoc. Le domaine familial, situé sur le secteur de Sommières, propose des vins parfaitement propres, impeccablement vinifiés, des igp jusqu'aux coteaux-du-languedoc : c'est à la qualité des entrées de gamme que l'on reconnaît un bon domaine. En rouge, clémence est intense en saveurs, jéricho sonne fort et affiche un tannin parfaitement maîtrisé et camp-de-l'oste est un modèle pour le secteur. Il y a ici une recherche évidente du goût et des saveurs que doit exprimer tout vin de la région. Une adresse très sûre, d'autant qu'en complément des rouges, les blancs et les rosés sont tout aussi réguliers.

- **Languedoc-Sommières Camp de l'Oste 2017** | Sec | 2018>22 | 18 € — 15,5
- **Languedoc La Clémence 2016** | Sec | 2018>22 | 8 € — 14
- **Languedoc Les Grès 2017** | Sec | 2018>22 | 12 € — 15
- **Languedoc Parenthèse 2018** | Sec | 2019>19 | 8,50 € — 16,5
- **IGP d'Oc Bouquet de Blancs 2018** | Sec | 2019>21 | 6,50 € — 14,5
- **IGP d'Oc Mas Montel cuvée Jéricho 2016** | Sec | 2018>25 | 9 € — 15

2, chemin du Mas-Montel - Cedex 1110, 30250 Aspères • Tél. 04 66 80 01 21 • contact@masmontel.fr • www.masmontel.fr • Visite : du lundi au samedi de 9h30 à 12h30 et de 14h à 18h30.

CLOS DU GRAVILLAS

★☆☆☆☆ ♣

Gravillas a été constitué, hectare après hectare, à partir de 1999 par un sympathique couple américano-narbonnais, autour des terroirs de Saint-Jean-du-Minervois. En rouge, le domaine est un ardent défenseur du cépage carignan qui est ici bien traité. Les igp des côtes-de-brian sont tout à fait dans l'esprit raffiné et rafraîchissant du Minervois et tout particulièrement la cuvée des très vieux carignans. L'expression des vins, vraiment originale et savoureuse, est dotée d'une forte personnalité. La précision, le naturel et le raffinement sont de mise.

- **Minervois Rendez-Vous sur la Lune 2017** | Sec | 2019>24 | 14,50 € 15
- **Muscat de Saint-Jean-de-Minervois Douce Providence 2017** | Doux | 2019>25 | 11 € 14
- **IGP des Côtes du Brian Pic de Saint-Jean 2015** | Sec | 2019>24 | 29 € 15,5

34360 Saint-Jean-de-Minervois • Tél. 04 67 38 17 52 • nicole@closdugravillas.com • www.closdugravillas.com • Visite : sur rendez-vous.

DOMAINE DU GRÈS VAILLANT

Grès Vaillant est un joli domaine de 70 hectares dont 7 de vignes certifiées en bio. Les propriétaires, Aigline de Causans et Laurent Maffeis, anciens ingénieurs nouveaux vignerons, attachent une grande importance au respect de l'environnement. Les vignes sont travaillées par trois chevaux de trait vivant sur la propriété, les prairies entourant les vignes sont elles aussi conduites en bio. Le terroir argilo-calcaire sur grès conjugué à l'influence rafraîchissante des bois environnants permet d'obtenir des vins précis, droits et frais. Leur premier millésime a produit des vins authentiques et digestes.

- **Blanquette de Limoux Eff. 2017** | Brut | 2019>21 | 12 € 14
- **IGP de la Haute Vallée de l'Aude La Cabane 2017** | Sec | 2019>25 | 14 € 14,5
- **IGP de la Haute Vallée de l'Aude Les Abeilles 2017** | Sec | 2019>23 | 9 € 14
- **IGP de la Haute Vallée de l'Aude Les Gravettes 2018** | Sec | 2019>22 | 12 € 14,5

Chemain du Casse, 11300 Saint-Polycarpe • Tél. 06 72 15 34 38 • gresvaillant@gmail.com • www.gresvaillant.fr • Visite : tous les jours de 11h à 19h.

ANNE GROS ET JEAN-PAUL TOLLOT

Anne Gros, vigneronne hors pair de Bourgogne, s'est associée à Jean-Paul Tollot pour s'aventurer hors des richebourgs ou des échezeaux qu'elle affectionne. Ils sont installés dans un complexe ultra moderne et réalisent ici des vins de saveur. La fraîcheur est le fil rouge de leurs cuvées, qui présentent une belle unité de style. Nous avons apprécié l'énergie et le fruité de toutes les cuvées qui ont en commun beaucoup de saveurs. Des vins de grand goût, généreux et frais, dont il faut s'emparer sans attendre.

- **Minervois L'O de la Vie 2017** | Sec | 2019>26 | 15 € 14
- **Minervois La Ciaude 2017** | Sec | 2019>25 | 22 € 16
- **Minervois Les Fontanilles 2017** | Sec | 2019>25 | 18 € 14,5
- **Côtes du Brian Les Combettes 2017** | Sec | 2019>23 | 17 € 14,5
- **IGP des Côtes du Brian La Cinso 2017** | Sec | 2019>23 | 15 € 14

34210 Cazelles • Tél. 03 80 61 07 95 • domaine-annegros@orange.fr • www.anne-gros.com • Visite : Réception sur rendez-vous.

CHÂTEAU GUÉRY

Les Guéry sont en Minervois depuis 1635 et se transmettent la passion de la vigne de génération en génération. L'essentiel de l'exploitation produit des igp pays-d'oc particulièrement bien traités. Les rouges sont toujours aussi réguliers, avec de beaux arômes, des trames gourmandes et une très grande buvabilité. La cuvée les-grès représente pour nous un exceptionnel rapport qualité-prix, les-éolides ne déçoivent jamais. Les blancs, qui s'expriment complètement sur ces terroirs argilo-calcaires frais, sont tout à fait cohérents avec les rouges : arômes, équilibre, fraîcheur. Une belle référence de l'appellation.

- **Minervois Grès 2017** | Sec | 2019>24 | 7,50 € 14,5
- **Minervois Les Éolides 2017** | Sec | 2019>26 | 13,50 € 16
- **IGP d'Oc Serre de Guery Carignan 2018** | Sec | 2019>22 | 9,50 € 14,5
- **IGP d'Oc Serre de Guéry Intelligence viognier 2018** | Sec | 2019>22 | 7 € 14,5
- **IGP d'Oc Serre de Guéry L'Esprit d'Éloi 2017** | Sec | 2019>22 | 12 € 14,5

4, avenue du Minervois, 11700 Azille • Tél. 04 68 91 44 34 • chateau.guery@gmail.com • www.chateau-guery.com • Visite : du lundi au samedi de 10h à 12h et de 16h à 19h (samedi après-midi sur rendez-vous)

CHÂTEAU GUILHEM

Cette propriété familiale depuis six générations, située au cœur de l'appellation Malepère, est actuellement gérée par Bertrand Gourdou. Trente hectares, avec des cépages principalement océaniques, vinifiés avec soin, produisent des vins authentiques. Ce sont surtout les igp pays-d'oc, produits sous l'étiquette Famille Guilhem, qui nous ont particulièrement bluffés. Des cépages bien à leur place, aucun caractère variétal, une grande expression aromatique, le tout à des prix tout à fait raisonnables. Pour ce millésime 2018 les blancs sont particulièrement réussis.

- **Malepère cuvée Prestige 2016** | Sec | 2019>24 | 11 € — 14
- **Malepère Grand Vin 2016** | Sec | 2019>25 | 17 € — 14,5
- **IGP cathare Grand Vin Blanc 2018** | Sec | 2019>22 | 13 € — 14
- **IGP d'Oc Cuvée Prestige 2018** | Sec | 2019>23 | 10 € — 15
- **IGP d'Oc Famille Guilhem sauvignon 2018** | Sec | 2019>21 | 7 € — 14,5
- **IGP d'Oc Pot de Vin 2017** | Sec | 2019>22 | 7,50 € — 14

1, boulevard du Château, 11300 Malvies • Tél. 04 68 31 14 41 • contact@chateauguilhem.com • www.chateauguilhem.com • Visite : du lundi au vendredi de 9h à 12h et de 14h à 17h30. Le week-end sur rendez-vous.

TERRES D'HACHÈNE

Néo-vigneron en quête d'une deuxième vie, Horace Pictet est une figure attachante. Situées à 40 kilomètres au nord de Montpellier, au cœur du piémont cévenol, les terres d'Hachènes ont vu le jour en 2010 au lieu-dit le Puechlong, à Saint-Nazaire-des-Gardies. La quinzaine d'hectares qui compose le domaine est placée sous l'égide de la biodynamie. Pas moins de 20 parcelles composent le domaine avec 6 cépages cultivés : les rhodaniens bien sûr mais également un peu de cabernet-sauvignon et de petit-verdot pour amener une fraîcheur naturelle lors des assemblages. La patience sera de rigueur pour apprécier l'élégance des cuvées décrites mais désormais, les extractions sont plus sages et donnent des vins qui certes sont vigoureux et denses mais restent élégants et énergiques.

- **IGP des Cévennes Auba 2018** | Sec | 2019>20 | 8,50 € — 14,5
- **IGP des Cévennes Ilex 2017** | Sec | 2019>24 | 18 € — 14,5
- **IGP des Cévennes Zénite 2017** | Sec | 2019>23 | 8,50 € — 14

Le Puechlong, 30610 Saint-Nazaire-des-Gardies • Tél. 06 69 00 12 24 • horace.pictet@gmail.com • www.terresdhachene.com • Visite : Du lundi au samedi de 8h à 12h et de 13h à 18 sur rendez-vous.

PIERRICK HARANG WINE

Voici une gamme de cuvées brillantes vinifiées par l'œnologue Pierrick Harang. Des vins qui mettent à l'honneur le cépage, sans caricature, avec beaucoup de précision, de naturel et d'authenticité. Le petit-balthazar est naturellement léger en alcool et d'une grande digestibilité, la cuvée balthazar est plus sophistiquée et la toute nouvelle cuvée grand-balthazar, mixant à perfection grenache, syrah, merlot et mourvèdre, est magnifique. Une adresse que nous conseillons vivement.

- **Minervois Le Bio Balthazar 2017** | Sec | 2019>24 | 8 € — 15,5
- **IGP d'Oc Balthazar 2018** | Sec | 2019>23 | 10 € — 15,5
- **IGP d'Oc Balthazar 2017** | Sec | 2019>22 | 10 € — 15
- **IGP d'Oc Le Grand Balthazar 2017** | Sec | 2019>23 | 20 € — 15,5
- **IGP d'Oc Le Petit Balthazar 2018** | Sec | 2019>22 | 5,50 € — 14,5
- **IGP d'Oc Le Petit Balthazar 2018** | Sec | 2019>22 | 5,50 € — 15
- **IGP d'Oc Le Petit Balthazar 2018** | Sec | 2019>20 | 5,50 € — 15

3, rue Léon Vaudoyer, 66000 Perpignan • Tél. 06 60 85 29 30 • pierrick.harang@phwine.fr • www.phwine.fr

HECHT & BANNIER

C'est encore cette année le saint-chinian qui ouvre le bal dans cette belle sélection de vins du Sud. Grégory Hecht et François Bannier sélectionnent minutieusement leurs raisins sur tout le pourtour méditerranéen, du Roussillon à la Provence, ils vinifient et élèvent avec soin des cuvées ambitieuses. Chaque année, ils visitent plusieurs centaines de domaines pour ne sélectionner que les plus beaux raisins et les meilleurs jus, le plus souvent issus des vignobles en coteaux. Une marque à privilégier pour sa régularité et son homogénéité.

- **Faugères 2016** | Sec | 2019>22 | 25 € **13**
- **Languedoc 2018** | Sec | 2019>19 | 7,90 € **13**
- **Languedoc 2017** | Sec | 2019>24 | 7,90 € **14,5**
- **Languedoc 2017** | Sec | 2019>24 | 7,90 € **14**
- **Minervois 2016** | Sec | 2019>25 | 12,90 € **15**

45 rue Roux Alphéran, 13100 Aix-en-Provence • Tél. 04 42 69 19 71 • boutique@hechtbannier.com • www.hechtbannier.com • Visite : du lundi au vendredi de 9h à 12h et 14h à 18h.

DOMAINE DE L'HERBE SAINTE

L'Herbe Sainte est un lieu-dit qui a donné son nom au domaine. La famille Greuzard, originaire de Bourgogne, l'a acheté en 2001 avec ses 58 hectares autour de la Cesse. C'est le domaine le plus à l'est de l'appellation, situé aux portes de la Méditerranée. Les vins sont constants, dans un style mûr et gourmand, avec une originale et inimitable palette aromatique. De manière étonnante, les notes de garrigue et de verveine sont présentes dans le vin qui porte de ce fait bien son nom, c'est particulièrement vrai pour la cuvée tradition. Les blancs sont également très originaux, à l'instar du sauvignon en igp pays-d'oc, plein de peps et d'équilibre.

- **Minervois Tradition 2017** | Sec | 2019>24 | 8,20 € **15**
- **IGP d'Oc Harmonie chardonnay 2017** | Sec | 2019>22 | 10,50 € **14,5**
- **IGP d'Oc Artemisia 2017** | Sec | 2019>23 | 18 € **15**
- **IGP d'Oc Harmonie viognier 2018** | Sec | 2019>22 | 8 € **15**

11120 Mirepeisset • Tél. 04 68 46 30 37 • herbe.sainte@wanadoo.fr • www.herbe-sainte.com • Visite : du lundi au samedi de 10h à 12h et de 16h à 19h avril à octobre, du lundi au samedi 10h à 12h et 14h à 17h de novembre à mars. Le dimanche sur rendez-vous.

DOMAINE DE L'HORTUS - VIGNOBLES ORLIAC

Un pied sur le pic Saint-Loup, l'autre sur l'appellation Languedoc et les IGP, la famille Orliac possède 60 hectares de vignes dans la garrigue, au cœur de l'Hérault. Avec plusieurs gammes de vin réparties sur cette large palette de terroirs (bergerie-de-l'hortus, clos-du-prieur), elle œuvre pour des vins de grande justesse, notamment les rouges, fins et élégants. Situé au pied des impressionnantes falaises de l'Hortus, le domaine produit des vins sur des terres en altitude situées au-dessus de la vallée de la Buèges, et bénéficie à ce titre d'un climat plus frais. Le style des vins est moderne, ils sont réalisés avec grand soin et 2017 confirme ce statut de référence locale en rouge. Les blancs n'étaient pas en place lors de notre dégustation.

- **Languedoc Bergerie de l'Hortus 2018** | Sec | 2019>19 | 12 € **14,5**
- **Pic Saint-Loup Bergerie de l'Hortus 2017** | Sec | 2019>25 | 13,90 € **15,5**
- **Pic Saint-Loup Domaine de l'Hortus Grande Cuvée 2017** | Sec | 2019>26 | 23,90 € **16,5**

34270 Valflaunes • Tél. 04 67 55 31 20 • contact@domaine-hortus.fr • www.domaine-hortus.fr • Visite : du lundi au vendredi de 8h à 12h et de 13h30 à 18h, le samedi de 10h à 12h et de 13h à 18h. (les groupes sur rendez-vous)

DOMAINE RÉMI JALLIET

À vingt kilomètres de la mer, au cœur des Hautes Corbières, entre Durban et Villesèque, le domaine occupe sept hectares divisés en quatorze parcelles sur lesquelles s'épanouissent des carignans presque centenaires, mais aussi des syrahs et des grenaches. Ce terroir de Durban est particulier car il est composé d'un cocktail de sols d'âges géologiques différents. Le Clos d'Espinous représente le cœur du domaine. Le vent maritime, le terroir, les vignes et le talent de Rémi Jalliet conduisent à la création d'un vin d'une délicatesse, d'une fraîcheur et d'un naturel incroyables.

- **Corbières Clos D'Espinous 2017** | Sec | 2019>24 | 9 € **14**
- **Corbières Montadou de la Feilho 2016** | Sec | 2019>26 | 15 € **14**

6, rue des Saules, 11360 Villesèque-des-Corbières • Tél. 04 68 70 26 62 ou 06 79 50 13 07 • remi.jalliet@sfr.fr • www.remijalliet.fr • Visite : sur rendez-vous.

LES JAMELLES

Après un séjour en Californie, les œnologues Catherine et Laurent Delaunay, originaires de Bourgogne, se sont installés dans la région en 1991 pour y créer une activité de négoce ambitieuse, privilégiant les vins de cépage. La gamme est supervisée par Catherine Delaunay, véritable chef d'orchestre qui sélectionne drastiquement les meilleurs raisins, jus et terroirs et réalise les meilleurs assemblages puis élevages. Depuis le millésime 2017, plusieurs cuvées parcellaires ont été créées de façon à ce que l'adéquation entre terroir et cépage soit parfaite : le résultat est remarquable, d'autant que le rapport prix-plaisir est tout à fait convaincant.

- **IGP d'Oc mourvèdre Cépage Rare 2017** | Sec | 2019>22 | 7,25 € — 15
- **IGP d'Oc Sélection Parcellaire grenache noir Vallée de la Boulzane 2017** | Sec | 2019>23 | 19,90 € — 15
- **IGP d'Oc Sélection Parcellaire Syrah Vallée de la Bretonne 2017** | Sec | 2019>23 | 19,90 € — 15

32 avenue du languedoc - 32, Avenue du Languedoc, 11800 Marseillette • Tél. 04 68 79 00 00 • contact@les-jamelles.com • www.les-jamelles.com • Visite : du lundi u vendredi de 9h à 12h30 et de 14h à 18h, le samedi sur rendez-vous

VIGNOBLES JEANJEAN

★★☆☆☆

Depuis 1870 et cinq générations qui se sont succédé, la famille Jeanjean participe à l'histoire viticole du Languedoc. Leur ambition est de faire découvrir les terroirs sur lesquels sont implantés leurs sept domaines, représentatifs de la diversité des crus et appellations du Languedoc avec un vignoble essentiellement en bio. Les propriétés sur lesquelles la maison Jeanjean s'appuie sont entre autres le Causse d'Arboras, le Mas de Lunès ou le Devois des Agneaux. Également des vins réalisés en partenariat avec des caves locales, comme celles de Castelmaure en Corbières ou de Pinet. La progression de la qualité d'ensemble se voit à chaque nouveau millésime, la petite révolution culturelle apportée par cette maison à ses propriétés pour qu'elles égalent les meilleurs vignerons de chaque secteur porte ses fruits. La cuvée de faugères que nous avons vue naître, le père-la-minute, a atteint son rythme de croisière et va faire parler d'elle parmi les très grands languedocs.

- **Faugères Domaine de Fenouillet - Combe Rouge 2016** | Sec | 2019>24 | 12,50 € — 15,5
- **Faugères Le Père la Minute 2016** | Sec | 2020>28 | 40 € — 17
- **Faugères MasoSchistes 2017** | Sec | 2020>23 | 8 € — 14,5
- **Languedoc Château Valoussière 2015** | Sec | 2018>23 | 28 € — 14,5
- **Languedoc Devois des Agneaux d'Aumelas 2018** | Sec | 2019>19 | 6,85 € — 13,5
- **Languedoc Devois des Agneaux d'Aumelas L'Audacieux 2018** | Sec | 2018>23 | 12,50 € — 15
- **Languedoc Grand Devois 2015** | Sec | 2018>23 | 18 € — 14,5
- **Languedoc Mas de Lunès 2017** | Sec | 2018>22 | 15 € — 15
- **Picpoul de Pinet Domaine des terres blanches 2018** | Sec | 2019>20 | NC — 14
- **Saint-Chinian Domaine du Landeyran 2015** | Sec | 2019>22 | 7 € — 15
- **Saint-Chinian Domaine du Landeyran La Falaise 2017** | Sec | 2018>22 | 12,50 € — 14,5

L'Enclos, 34725 Saint-Felix-de-Lodez • Tél. 04 67 88 80 00 • contact@vignobles-jeanjean.com • www.jeanjean.com • Visite : du lundi au vendredi de 8h30 à 12h30 et de 13h30 à 18h30, le samedi de 9h30 à 12h30 et de 14h à 18h30.

CHÂTEAU JOUCLARY

★★☆☆☆

Pascal Gianesini a repris cette propriété familiale d'une soixantaine d'hectares. Les rouges sont d'inspiration plutôt atlantique, avec une forte proportion de cépages bordelais. Ce domaine mérite amplement son classement car depuis quelques années il prime par sa régularité et par l'homogénéité de sa gamme. Certes, guillaume-de-jouclary, cuvée la plus ambitieuse du domaine, est un zeste au-dessus des cuvées plus simples par son raffinement, mais les cuvées tradition et les-amandiers sont tout bonnement délicieuses, pleines de personnalité et très intelligemment vinifiées. À cette superbe sélection s'ajoutent de très beaux igp pays-d'oc, dont la toute nouvelle gamme mono-cépage nore, authentique, délicieuse à boire et parfaitement typée. Une adresse incontournable !

- **Cabardès 2018** | Sec | 2019>20 | 6,50 € — 14,5
- **Cabardès cuvée Guilhaume de Jouclary 2017** | Sec | 2019>26 | 14 € — 16,5
- **Cabardès Les Amandiers 2017** | Sec | 2019>24 | 9 € — 15
- **Cabardès Tradition 2017** | Sec | 2019>23 | 6,50 € — 14,5
- **IGP d'Oc Domaine Jouclary - chardonnay 2018** | Sec | 2019>23 | 5,50 € — 15
- **IGP d'Oc Domaine Jouclary - sauvignon 2018** | Sec | 2019>21 | 5,50 € — 15
- **IGP d'Oc Domaine Jouclary viognier 2018** | Sec | 2019>22 | 9 € — 16
- **IGP d'Oc grenache gris 2018** | Sec | 2019>21 | 9 € — 14
- **IGP d'Oc Nore grenache 2018** | Sec | 2019>21 | 5 € — 14,5
- **IGP d'Oc Nore grenache 2018** | Sec | 2019>20 | 5 € — 14
- **IGP d'Oc Nore grenache 2018** | Sec | 2019>21 | 5 € — 14

■ **IGP d'Oc Nore merlot 2018** | Sec | 2019>21 | 5 € 13
■ **IGP d'Oc Nore syrah 2018** | Sec | 2019>22 | 5 € 14

Route de Villegailhenc, 11600 Conques-sur-Orbiel • Tél. 04 68 77 10 02 • chateau.jouclary@orange.fr • www.chateau-jouclary.com • Visite : du lundi au samedi de 11h à 19h.

MAS JULLIEN

★★★★☆ ♣

Installé à Jonquières à l'ouest de Montpellier, Olivier Jullien, référence incontestée et incontestable, est parvenu avec intuition et intelligence à hisser au plus haut le niveau qualitatif des vins de la région et a entraîné derrière lui toute une génération de jeunes vignerons. Il s'est installé en 1985 et son domaine compte aujourd'hui 18 hectares de terres aux sols très variés (argilo-calcaires, silices, grès). Autour-de-Jonquières correspond au terroir originel du mas Jullien sur des parcelles essentiellement d'éboulis calcaires. Carlan est issue de schistes de 200 à 400 mètres d'altitude et une nouvelle cuvée, lous-rougeos provient de terroirs d'altitude qui étaient presque abandonnés, au pied de la zone d'effondrement du plateau du Larzac. Tous les rouges sont au meilleur niveau du Languedoc et évoquent pleinement sa typicité, avec des notes de sauge, de garrigue et de thym complétées par une fraîcheur constante. Ils évoluent lentement et vieillissent admirablement. Également un grand blanc, en dehors des modes mais délicieux.

■ **Terrasses du Larzac Autour de Jonquières 2016** | Sec | 2019>25 | 32 € 17
■ **Terrasses du Larzac Lous Rougeos 2017** | Sec | 2019>25 | 32 € 17,5
■ **IGP de l'Hérault 2017** | Sec | 2019>25 | 32 € 16,5

Chemin du Mas-Jullien, 34725 Jonquières • Tél. 04 67 96 60 04 • masjullien@free.fr • Visite : du lundi au vendredi de 14h à 18h du 1er avril au 31 octobre, le reste de l'année sur rendez-vous. Fermé les jours fériés

DOMAINE L'AIGUELIÈRE

★☆☆☆☆

Des vins ambitieux, très travaillés, puissants et de garde, atypiques dans l'appellation.

■ **IGP de Saint-Guilhem Le Désert Pégase 2017** | Sec | 2019>26 | 38 € 14,5
■ **IGP de Saint-Guilhem Le Désert Peyre Brune 2017** | Sec | 2019>25 | 30 € 14

2, place du Square, 34150 Montpeyroux • Tél. 07 50 04 98 31 • contact@aigueliere.com • www.aigueliere.com • Visite : Sur rendez-vous.

L'ERMITAGE DU PIC-SAINT-LOUP

★★☆☆☆ ♣

Trois frères Ravaille, Jean-Marc, Pierre et Xavier, à l'aise sur le Pic Saint-Loup comme le seraient dans l'eau les trois poissons figurant sur les étiquettes. En rouge, sainte-agnès assemble les quatre principaux cépages languedociens et le blanc est basé sur la roussanne pour moitié. La démarche vers la biodynamie est engagée depuis plusieurs années. Sainte-agnès se positionne en archétype des rouges du Pic Saint-Loup, superbe en 2016.

■ **Languedoc Saint-Agnès 2017** | Sec | 2019>19 | 14,50 € 14
■ **Languedoc Saint-Agnès 2016** | Sec | 2019>24 | 19 € 16

Cami Lou Castella, 34270 Saint-Mathieu-de-Trevier • Tél. 04 67 54 24 68 • secretariat@ermitagepic.fr • www.ermitagepic.com • Visite : du lundi au samedi de 9h à 12h et de 14h à 18h. Fermé les jours fériés.

CHÂTEAU L'EUZIÈRE

★★☆☆☆

Nous aimons beaucoup ce domaine discret mais qui régale ses clients sans faillir depuis des années. Installé à Fontanès, en Pic Saint-Loup, ce domaine mené par Marcelle Causse et son frère Michel propose une gamme marquée par la précision des tannins et la fraîcheur, notamment dans les blancs qui ont constitué le fil rouge de la production. Tourmaline est réalisée à partir de grenache et de syrah, l'almandin et les-escarboucles sont additionnés de mourvèdre, cette dernière cuvée étant élevée en barriques. Nous constatons un progrès net sur le rouge 2017 l'almandin, une grande réussite.

■ **Languedoc Grains de Lune 2017** | Sec | 2019>21 | 10,60 € 14,5
■ **Pic Saint-Loup L'Almandin 2017** | Sec | 2020>25 | 12,60 € 16
■ **Pic Saint-Loup L'Almandin 2016** | Sec | 2019>23 | NC 15
■ **Pic Saint-Loup Les Escarboucles 2015** | Sec | 2018>23 | 17,60 € 15

9, Ancien Chemin d'Anduze, 34270 Fontanès • Tél. 04 67 55 21 41 • leuziere@chateauleuziere.fr • www.chateauleuziere.fr • Visite : sur rendez-vous 06 27 17 90 77.

DOMAINE LA CHOUETTE DU CHAI

★☆☆☆☆

Une nouvelle histoire a commencé pour Sylvie Moustier après avoir œuvré au renouveau du domaine Mortiès en Pic Saint-Loup. À l'heure où bien des 2014 n'évoluent pas forcément vers le vin idéal, sa cuvée un-beau-roman-une-chouette-histoire se montre idéale à boire, tous tannins rentrés, toutes saveurs en avant, sans aucune sensation sèche. Seules les meilleures cuvées de nos bons domaines évoluent ainsi. En millésime plus récent, la cuvée rien-ne-m'effraie est tout aussi remarquable.

- **Pic Saint-Loup Rien ne m'effraie 2016** | Sec | 2019>24 | 14 € — 16
- **Pic Saint-Loup Un Beau Roman, une Chouette Histoire 2014** | Sec | 2018>22 | 23 € — 16

La Figarède, 34270 Cazevielle • Tél. 06 78 39 73 88 • contact@lachouetteduchai.com • Visite : mercredi, jeudi, vendredi et samedi de 10h à 18h, sinon sur rendez-vous.

LA COUME-LUMET

★☆☆☆☆

Ancien ingénieur chez Airbus, Luc Abadie a cédé à l'appel de la terre et s'est installé dans la région en 2013, en plein terroir méditerranéen mais sur un promontoire, ce qui confère à ses vins une belle fraîcheur. Il a appris sur le tas mais a vite appris car ses vins sont déjà superbes, énergiques et équilibrés.

- **Limoux 2017** | Sec | 2019>22 | 15 € — 14

11300 Cépie • Tél. 06 30 60 23 77 • luc.abadie@la-coume-lumet.com • www.la-coume-lumet.com • Visite : Sur rendez-vous.

DOMAINE LA CROIX BELLE

★☆☆☆☆

Jacques et Françoise Boyer, enfants de vignerons et forcément héritiers d'un savoir-faire familial, ont su apporter à ce beau domaine du Languedoc de nombreuses améliorations, tant au vignoble qu'au chai, ainsi qu'une touche de modernité en créant une gamme variée et astucieuse de cuvées. Des vins de caractère assurément.

- **IGP des Côtes de Thongue Le Champ des Grillons 2018** | Sec | 2019>20 | 8,70 € — 14
- **IGP des Côtes de Thongue Le Champ des Lys 2018** | Sec | 2019>23 | 8,70 € — 14,5
- **IGP des Côtes de Thongue Le Champ du Coq 2017** | Sec | 2019>21 | 8,70 € — 14
- **IGP d'Oc Caringole 2018** | Sec | 2019>20 | 6,50 € — 14,5

160, avenue de la Gare, 34480 Puissalicon • Tél. 04 67 36 27 23 • information@croix-belle.com • www.croix-belle.com • Visite : du lundi au vendredi de 9h à 12h et de 14h à 18h, le samedi de 10h30 à 12h et de 14h30 à 17h30. Fermé le dimanche et les jours fériés

DOMAINE LA CROIX DE SAINT-JEAN

★★☆☆☆

La Croix de Saint-Jean a été créée en 2004 par Michel Fabre, vigneron, et Fabrice Leseigneur, photographe de presse. Le domaine produit trois cuvées sur les terroirs de Minervois, lo-mainatge, lo-paire et une cuvée au nom du domaine. Ce sont de grandes expressions racées et profondes de ce beau terroir, qui entrent dans le gotha du meilleur de cette appellation. Les vins sont racés et d'une superbe régularité, avec des arômes subtils, une texture solide sans manquer de raffinement, de fraîcheur et surtout d'un bon équilibre. La cuvée lo-paire ne déçoit jamais, elle est une nouvelle fois éblouissante.

- **Minervois Lo Mainatge 2016** | Sec | 2019>25 | 11 € — 14
- **Minervois Lo Paire 2016** | Sec | 2019>27 | 18 € — 15,5

Chemin d'Agel, 11120 Bize-Minervois • Tél. 06 14 98 27 34 • domainelacroixdesaintjean@gmail.com • Visite : sur rendez-vous.

CHÂTEAU LA DOURNIE

Les filles de la famille Étienne ont repris ce domaine de Saint-Chinian. Cette grande propriété de près de 50 hectares élabore plusieurs cuvées complémentaires qui s'inscrivent dans un registre puissant et généreux, dans la typicité conférée par les zones de schistes de Saint-Chinian. Des cuvées étienne et élise se dégage le profil aromatique puissant que ce type de sol confère aux rouges. Les derniers millésimes voient une recherche plus orientée vers la profondeur que vers l'expression aromatique immédiate. Les blancs sont d'une fraîcheur exquise, avec de la personnalité en bouche et beaucoup de délicatesse dans leur expression tactile.

- **Saint-Chinian Château La Dournie 2017** | Sec | 2020>25 | 8,50 € — 14,5
- **Saint-Chinian Classique 2018** | Sec | 2019>19 | 8 € — 15
- **Saint-Chinian Élise 2016** | Sec | 2020>25 | 17 € — 15
- **Saint-Chinian Étienne 2016** | Sec | 2020>25 | 14 € — 16
- **IGP de l'Hérault Le blanc de la Dournie 2018** | Sec | 2019>22 | 7,50 € — 15
- **IGP de l'Hérault Marie 2018** | Sec | 2019>24 | 12 € — 15

La Dournie, 34360 Saint-Chinian • Tél. 04 67 38 19 43 • chateau.ladournie@wanadoo.fr • www.chateauladournie.com • Visite : du lundi au vendredi de 9h à 12h et de 14h à 18h. Le week-end sur rendez-vous.

CHÂTEAU LA FONT DES ORMES

Ce sont vingt hectares d'un seul tenant qui constituent ce domaine certifié en bio (en conversion biodynamique) dans la dénomination Pézenas, sur des calcaires et pour l'essentiel sur des éboulis basaltiques. Guy Cazalis de Fondouce, Languedocien d'origine, a repris ce domaine après une carrière de psychiatre sur l'île de la Réunion. Les débuts de ce néo-vigneron prometteur, secondé par Bertrand Querne et Florent Girou, confirment nos espoirs. La gamme s'est étoffée : autour de l'igp caux, on trouve désormais un languedoc et un languedoc-pézenas. Ce sont des vins assez mûrs, toujours très goûteux, qui savent devenir aériens grâce à la qualité des grenaches qui les composent.

- **Languedoc-Pézenas Terres Mêlées 2016** | Sec | 2018>21 | 17 € — 15
- **Languedoc Basalte 2016** | Sec | 2019>23 | 27 € — 16
- **IGP de Caux 2017** | Sec | 2018>23 | 11 € — 14,5
- **IGP de Caux Terret bourret Vieilles Vignes 2018** | Non dosé | 2019>25 | 16 € — 14

Route de Nizas, 34720 Caux • Tél. 07 62 84 50 95 • contact@fontdesormes.fr • www.fontdesormes.fr • Visite : sur rendez-vous.

LA GRANGE DES PÈRES

Malgré nos demandes, il n'a pas été possible de goûter les vins lors de nos dégustations comparatives ni même de rendre visite au domaine. L'expérience que nous en avons par des vins plus anciens goûtés en restauration montre que le blanc peut faire partie, en bon millésime, des meilleurs de France. Le rouge est plus hétérogène, de grandes réussites côtoient des millésimes moins nets sur le plan aromatique tel ce 2013 sec et animal, dégusté en 2019, qui ne peut pas prétendre à faire partie des grands du Languedoc.

34150 Aniane • Tél. 04 67 57 70 55 • Visite : visite sur rendez-vous uniquement.

DOMAINE LA GRANGE LÉON

Joël Fernandez est sorti partiellement de la cave coopérative où était apportée la production des 20 hectares de vignes de son arrière-grand-père Léon. Son premier millésime est 2008 avec trois cuvées, l'insolent en grenache et syrah, l'audacieux, un carignan en macération carbonique complété par de la syrah et du grenache et, en saint-chinian-berlou, la cuvée d'une-main-à-l'autre, élevée partiellement en barrique. Les rouges sont étonnants, marqués par ces arômes de fumé et de vieille rose du schiste, ils sont uniques. Joël continue à produire de très grands vins malgré une phase très compliquée pour lui. Nous lui souhaitons un prompt rétablissement, ses vins font rêver les grands amateurs de Berlou dont nous sommes.

- **Saint-Chinian Berlou L'infidèle 2016** | Sec | 2021>27 | 25 € — 16

- Saint-Chinian D'une Main à l'Autre 2016 | Sec | 2019>24 | 18 € — 17,5
- Saint-Chinian L'Audacieux 2017 | Sec | 2020>24 | 12 € — 16,5
- Saint-Chinian L'Insolent 2017 | Sec | 2019>24 | 9 € — 16
- IGP d'Oc Le Petit Marcel 2018 | Sec | 2019>21 | 8 € — 15

Rue de Paillos, 34360 Berlou • Tél. 06 73 83 37 68 • lagrangeleon@orange.fr • Visite : sur rendez-vous.

DOMAINE LA LAUZETA

★★☆☆☆

Nouveau domaine dont 2015 a été le premier millésime suite au rachat de 23 hectares de vignes proches de Faugères à un coopérateur (syrah, grenache, carignan et cinsault). La transition vers le bio a été immédiate. Le nouveau propriétaire Tom Hills, citoyen de Sa Gracieuse Majesté, a une réelle ambition et le premier rouge sorti la retranscrivait magnifiquement. Une macération longue de six semaines, une durée rare dans l'appellation, a permis des rouges en puissance d'une rare perfection formelle. Nous sommes dans un univers de vins structurés, plus orientés vers le rugby que vers la danse classique, où les 2015 jouaient subtilement avec la fraîcheur et 2016 s'inscrivait dans l'opulence. 2017 trouve un équilibre intermédiaire. On appréciera ou on leur préfèrera des vins plus accessibles dans leur immédiateté mais il n'y a rien de banal ici.

- Saint-Chinian Roquebrun La Lauzeta 2016 | Sec | 2018>24 | 40 € — 15
- Saint-Chinian Roquebrun Mezura 2017 | Sec | 2019>26 | 20 € — 15
- Saint-Chinian Roquebrun Mezura 2016 | Sec | 2018>24 | 20 € — 15
- Saint-Chinian Roquebrun Mezura 2015 | Sec | 2018>23 | 20 € — 15,5

6, Place de l'Eglise, 34490 Saint-Nazaire-de-Ladarez • Tél. 04 67 38 18 84 • tom@domainelalauzeta.com • www.domainelalauzeta.com • Visite : sur rendez-vous.

DOMAINE LA LINQUIÈRE

★☆☆☆☆

Domaine classique de Saint-Chinian géré par Pierre Salvestre, un homme rigoureux. La cuvée des cigales est régulière, sur schistes mais également sur argilo-calcaires. Belle réussite en 2017 des différentes cuvées, la perception de boisage des cuvées est en régression, ce que nous saluons au vu des matières superbes que l'on entrevoit avant les élevages.

- Saint-Chinian 2018 | Sec | 2019>22 | 7 € — 14,5
- Saint-Chinian Fleur de Lin 2018 | Sec | 2019>20 | 10 € — 13,5
- Saint-Chinian Le Chant des Cigales 2017 | Sec | 2019>23 | 10,50 € — 15
- Saint-Chinian Le Chant des Cigales 2016 | Sec | 2019>22 | 10,50 € — 14,5
- Saint-Chinian Le Rocher de Notre-Dame 2017 | Sec | 2020>24 | 25 € — 15

12, avenue de Béziers, 34360 Saint-Chinian • Tél. 04 67 38 25 87 • linquiere@neuf.fr • www.linquiere.com • Visite : tous les jours de 9h à 12h et de 14h30 à 19h mais fermé le dimanche après-midi.

LA RÉSERVE D'O

★☆☆☆☆ ♣

La Réserve d'O est un domaine d'une dizaine d'hectares, situé à Arboras sur les hauteurs des Terrasses du Larzac. Créé en 2004 par Frédéric et Marie Chauffray, conduit selon les principes de la biodynamie, il s'est vite hissé parmi les adresses chéries du secteur. La cuvée qui porte le nom du domaine affiche un style très gourmand, longiligne, sans élevage sous bois, elle a beaucoup évolué et depuis 2011 elle figure en bonne place parmi les cuvées du Languedoc qui comptent. Bilbo est, en hommage à la ville de Bilbao, à dominante de cinsault quand hissez-o est à plus forte proportion de syrah. Ce sont de bons représentants de l'appellation Terrasses du Larzac, dans un style plutôt charnu.

- Languedoc Bilbo 2018 | Sec | 2019>22 | 16 € — 14
- Terrasses du Larzac Hissez O 2017 | Sec | 2019>23 | 26 € — 14,5
- Terrasses du Larzac La Réserve d'O 2017 | Sec | 2019>23 | 19 € — 15
- Vin de France Octo Anni 2010 | Doux | 2019>30 | 46 € — 14,5

Rue du Château, 34150 Arboras • Tél. 06 76 04 03 88 • contact@lareservedo.fr • www.lareservedo.fr • Visite : sur rendez-vous.

CLOS LA RIVIÈRE

★★☆☆☆

Les sols argilo-calcaires et plus encore les sols de schistes de Saint-Chinian permettent des vins particulièrement aromatiques et gourmands. Au sommet de la gamme, la cuvée qui porte le nom du domaine, essentiellement à base de syrah, est délicieuse mais son entrée de gamme, les schistes-de-paul, du nom du grand père qui a planté les vignes, est notre coup de cœur. Le rosé leur emboîte le pas et les blancs ne sont pas à la traîne. Millésime après millésime, ces schistes-de-paul sont l'archétype du vin facile à boire, à base de syrah et de grenache. Sa rondeur fruitée plaira à tous, on ne comprendra que trop tard pourquoi le niveau de la bouteille a aussi vite baissé. Ce n'est certes pas le vin le plus ambitieux du Languedoc mais, franchement, à 6 euros départ cave on ne sait pas quel meilleur rapport qualité-prix vous recommander.

- **Languedoc Pierres Blanches 2018** | Sec | 2019>21 | 7,50 € — 14,5
- **Saint-Chinian 2018** | Sec | 2019>19 | 6 € — 15,5
- **Saint-Chinian 2016** | Sec | 2019>25 | 8 € — 15,5
- **Saint-Chinian Les Schistes de Paul 2018** | Sec | 2019>22 | 6 € — 15
- **IGP d'Oc viognier 2018** | Sec | 2019>21 | 6,50 € — 14

34490 Causses et Veyran • Tél. 06 76 29 26 34 ou 06 80 51 59 18 • madallejp@orange.fr • www.closlariviere.com

DOMAINE LA ROUVIOLE

Franck Léonor a abandonné son métier de professeur pour reprendre le domaine familial situé à Siran, au cœur du Minervois. Il exploite une douzaine d'hectares de vignes, insérées dans un bel ensemble de 40 hectares comptant garrigues et oliviers. Les vins portent la signature du village de Siran, avec de la chair due aux sols argilo-calcaires et une juste maturité de fruit. Profonds et denses, progressant régulièrement, ils font de l'adresse une valeur sûre.

- **Minervois-La-Livinière 2016** | Sec | 2019>25 | 19,50 € — 14

34210 Siran • Tél. 04 68 91 42 13 • franck.leonor@wanadoo.fr • www.larouviole.fr • Visite : du lundi au vendredi 9h-12h 15-19h. De préférence appeler avant de passer. Week-end et jours fériés sur rendez-vous.

DOMAINE LA TERRASSE D'ÉLISE

Xavier Braujou a acquis depuis 1998 une belle renommée avec son domaine situé au nord de Montpellier, près d'Aniane. La production est limitée hélas mais constitue l'une de ces adresses chéries que l'on se passe sous le manteau. On peut y boire de très grands vins, à l'image des trois rouges dégustés cette année. Vieilles vignes, rendements a minima et travail méticuleux forgent des cuvées de cépages qui se hissent au sommet de la production languedocienne.

- **IGP de l'Hérault L'Enclos 2016** | Sec | 2019>22 | 20 € — 14,5
- **IGP de l'Hérault Les Hauts de Carol's 2015** | Sec | 2019>24 | 32 € — 16
- **IGP de l'Hérault Pigeonnier 2016** | Sec | 2019>22 | 18 € — 16

1320, Chemin de Capion, 34150 Aniane • Tél. 06 22 91 81 39 • terrassedelise@gmail.com • Visite : tous les jours sur rendez-vous.

LA TÊTE DANS LES ÉTOILES

Luc Jourdan est un nouveau vigneron doué qui tourne la page d'une carrière à la chambre d'agriculture pour mener à bien ses convictions vigneronnes. Installé sur neuf hectares certifiés en bio de schistes et de galets roulés, il a amené sa cuvée au-delà-des-rêves à un niveau étonnant en quelques millésimes. À base de syrah et de mourvèdre complétés par du grenache noir, la finale onctueuse et de grande délicatesse ralliera tous les suffrages sans réserve, du plus néophyte au plus exigeant des amateurs.

- **Languedoc Douceur Céleste 2017** | Sec | 2019>22 | 7,10 € — 14
- **Terrasses du Larzac Au-delà des Rêves 2017** | Sec | 2019>23 | 11,30 € — 16

1 bis rue du Cayre, 34700 Salelles du Bosc • Tél. 06 47 04 05 35 • latetedanslesetoiles@orange.fr • www.latetedanslesetoiles.com • Visite : sur rendez-vous.

CHÂTEAU LA VOULTE-GASPARETS

Patrick Reverdy et son fils Laurent sont très attachés à leurs vieilles vignes de carignan dont le terroir de Corbières-Boutenac s'est fait une spécialité. Ils cisèlent ici des vins de grand caractère qui sont devenus des références et mettent en lumière l'expression la plus aboutie de ce cépage. La cuvée de base est déjà une référence en corbières mais c'est la cuvée romain-pauc, baptisée ainsi en hommage à l'arrière-arrière-grand-père de Laurent, qui fait la fierté et la renommée du domaine. Elle marie des carignans et des grenaches largement quadragénaires à des syrahs et des mourvèdres plus jeunes ; savoureux, originaux, aromatiques, frais et pleins de caractère, tous les vins de la gamme sont enviables pour leur franchise et leur authenticité, avec cette année encore un coup de cœur pour le blanc paul-et-louise. Incontournable de Corbières, le château La Voulte-Gasparets reste sur la plus haute marche.

Corbières 2018 | Sec | 2019>21 | 8,80 €	13,5
Corbières 2018 | Sec | 2019>20 | 7,30 €	15
Corbières-Boutenac Romain Pauc 2016 | Sec | 2019>25 | 20 €	16
Corbières cuvée Réservée 2017 | Sec | 2019>25 | 9,50 €	14

13, Rue des Corbières- hameau de gasparets, 11200 Boutenac • Tél. 04 68 27 07 86 • chateaulavoulte@wanadoo.fr • www.lavoultegasparets.com • Visite : tous les jours de 9h à 12h et de 14h à 18h.

CHÂTEAU LANCYRE

Après Bernard Durand, qui a accompagné la reconversion du Pic Saint-Loup de la polyculture à dominante ovine jusqu'à sa reconnaissance en zone viticole qualitative, Régis Valentin, son neveu, a repris les rênes techniques. Sans tambours ni trompettes, c'est un domaine à rechercher pour sa cuvée vieilles-vignes, puissante tout en étant savoureuse. Le clos-des-combes 2017 et la cuvée vieilles-vignes 2017 ont parfaitement intégré leurs élevages et sont à rechercher. Très agréable cuvée la-rouvière 2018 en blanc.

Languedoc Grande Cuvée 2015 | Sec | 2021>27 | 19,50 €	15
Languedoc La Rouvière 2018 | Sec | 2019>21 | 9,50 €	15
Pic Saint-Loup Clos des Combes 2017 | Sec | 2019>24 | 10,20 €	15,5
Pic Saint-Loup D'ici on voit la mer 2018 | Sec | 2019>20 | 11 €	15,5
Pic Saint-Loup Vieilles Vignes 2017 | Sec | 2019>24 | 14 €	15

Lancyre, 34270 Valflaunès • Tél. 04 67 55 32 74 • contact@chateaudelancyre.com • www.chateaudelancyre.com • Visite : du lundi au samedi de 10h à 12h30 et de 14h30 à 18h30. Fermé le dimanche et les jours fériés.

CHÂTEAU DE LASCAUX

Le château de Lascaux est dirigé depuis 1990 par Jean-Benoît Cavalier, ingénieur agronome qui préside également aux destinées de la vaste appellation Languedoc. Le domaine, installé sur Vacquières, exploite des parcelles dont certaines sont classées en Pic-Saint-Loup. Ce domaine de 45 hectares, plutôt orienté vers la syrah, est en agriculture biologique. Le domaine ne cesse d'innover et n'hésite pas à se remettre en question, gage de progrès. Il vinifie par terroirs en isolant les parcelles installées sur les différents types de sols, dont la gravette de Corconne aux accents si identitaires. C'est une adresse sûre pour s'approvisionner, le nouveau chai très bien pensé améliorera encore la précision dans les vins, de même que le passage en bio et l'usage de grands contenants. À suivre de près !

Languedoc Garrigue 2017 | Sec | 2018>23 | 8,50 €	15
Pic Saint-Loup Bois de Toutourel 2015 | Sec | 2020>25 | 48 €	14,5
Pic Saint-Loup Les Nobles Pierres 2016 | Sec | 2020>25 | 21 €	14,5
Pic Saint-Loup Madeleine 2015 | Sec | 2019>25 | 48 €	14,5
IGP de Saint-Guilhem Le Désert Domaine Cavalier 2017 | Sec | 2019>23 | 6 €	14

Place de l'Église, 34270 Vacquières • Tél. 04 67 59 00 08 • info@chateau-lascaux.com • www.chateau-lascaux.com • Visite : du lundi au samedi de 10h à 12h et de 14h à 18h.

MAS LASTA

Mas Lasta veut dire « le dernier » en esperanto. Après avoir vinifié près d'une dizaine d'années aux quatre coins de la planète, notamment au château Latour à Pauillac, Anne-Laure Sicard réalise ici son troisième millésime. Cette jeune vigneronne a démarré avec huit hectares proches de la parcelle des Rougeots d'Olivier Jullien. Ses vins sont denses, fougueux mais domptés, avec des tannins puissants et très fins. L'étoile que nous entrevoyions l'an passé confirme. Elle commence désormais à briller, et nous encourageons tous les amateurs à rencontrer ses vins.

- **Languedoc 2017** | Sec | 2019>24 | 13 € — 15,5
- **Terrasses du Larzac 2017** | Sec | 2019>25 | 20 € — 16

34700 Saint-Privat • Tél. 06 86 97 77 45 • mas.lasta@yahoo.fr • Visite : sur rendez-vous.

CHÂTEAU DE LASTOURS

★★☆☆☆

Implanté sur le secteur méditerranéen des Corbières, le domaine a été racheté par la famille Allard. D'importants travaux ont été réalisés sur la propriété pour redonner à Lastours tout son prestige, tant dans les équipements techniques que dans la replantation massive du vignoble. Pour aller encore plus loin, un tout nouveau chai a été mis en service. Depuis 2012 c'est le talentueux Stéphane Derenoncourt, consultant prisé, qui suit la propriété. Le site de Lastours abrite également un circuit automobile où viennent s'entraîner les meilleures écuries, ainsi qu'un complexe d'œnotourisme, avec une restauration et une hôtellerie de qualité. Les vins sont très raffinés, plutôt sur l'expression aromatique et l'équilibre que sur la puissance.

- **Corbières 2016** | Sec | 2019>25 | 13 € — 14,5
- **Corbières Simone Descamps 2016** | Sec | 2019>26 | 13 € — 14,5

11490 Portel-des-Corbières • Tél. 04 68 48 64 74 • contact@chateaudelastours.com • www.chateaudelastours.com • Visite : de septembre à juin, du lundi au samedi de 10h à 12h30 et de 13h30 à 18h. De juillet à août, tous les jours de 10h à 13h30 et de 14h30 à 19h.

DOMAINE J. LAURENS

★★☆☆☆

Ce domaine très qualitatif dans la conception et la réalisation de ses différentes cuvées s'est, en moins de dix ans, hissé aux avant-postes de l'appellation. Un travail soigné et des vendanges manuelles font que les vins sont des plus séduisants. Toujours présents lors de nos dégustations à l'aveugle, blanquettes et crémants de cette petite maison sont régulièrement de premier ordre. Des vins précis, raffinés, séduisants, énergiques, avec une recherche aboutie d'équilibre sur la fraîcheur.

- **Blanquette méthode ancestrale Eff. NM** | Demi-sec | 2019>22 | 9,10 € — 13
- **Crémant de Limoux Les Graimenous Eff. 2017** | Brut | 2019>21 | 10,10 € — 14

Les Graimenous, 11300 La-Digne-d'Aval • Tél. 04 68 31 54 54 • contact@jlaurens.fr • www.jlaurens.com • Visite : du lundi au vendredi de 9h à 12h30 et de 13h30 à 18h. Le week-end sur rendez-vous.

DOMAINE DES LAURIERS

★☆☆☆☆

Domaine d'une quarantaine d'hectares situé dans l'appellation Picpoul, qui produit des igp pays-d'oc particulièrement épanouis, tendres, aromatiques, faciles à boire et pleins de personnalité.

- **IGP d'Oc rolle 2018** | Sec | 2019>21 | 5,60 € — 13,5
- **IGP d'Oc syrah – grenache 2016** | Sec | 2019>22 | 5,50 € — 14,5

15, avenue de Pézenas, 34120 Castelnau de Guers • Tél. 04 67 98 18 20 • contact@domaine-des-lauriers.com • www.domaine-des-lauriers.com • Visite : Du lundi au vendredi de 9h30 à 12h et de 14h à 18h

MAS LAVAL

★★☆☆☆

Sans bruit mais avec une évidente réussite, les Laval réalisent des vins étonnants. Une hygiène irréprochable, un chai climatisé, ce qui n'est pas si fréquent en Languedoc, et des barriques magnifiques, rarement neuves mais d'un an, en provenance d'emblématiques domaines de Bourgogne, permettent une gamme qui ne comporte que deux vins : les-pampres, en igp de l'hérault, un deuxième vin tarifé comme tel, est très accessible, bien vinifié, gourmand et équilibré, et la grande cuvée, un terrasses-du-larzac. L'un et l'autre sont très proches des sommets dans leurs classifications respectives. La finesse des tannins est la marque de fabrique de ce domaine étonnant, cultivé comme un jardin.

- Terrasses du Larzac La Grande Cuvée 2016 | Sec | 2019>25 | 23 € — 17
- IGP de l'Hérault Les Pampres 2017 | Sec | 2019>30 | 12 € — 16,5

26, rue Jean-Casteran, 34150 Aniane • Tél. 04 67 57 79 23 • contact@maslaval.com • www.maslaval.com • Visite : du mercredi au samedi de 10h à 12h30 et de 16h30 à 19h30, le dimanche de 10h à 12h30, groupes au domaine sur rendez-vous.

CHÂTEAU LE BOUÏS

★☆☆☆☆

Cette propriété de Gruissan a construit sa réputation sur les rouges, un modèle de style, avec des tannins absolument remarquables. Le domaine exploite des vignes fort bien situées, sur les contreforts du massif de la Clape et en bord de mer. Il a été repris par Frédérique Olivié, qui s'essayait aux grands vins en petits volumes dans son garage, à quelques pas de là. Les différents rosés produits trouvent bien leur place, habillés de façon originale.

- Corbières Arthur 2016 | Sec | 2019>24 | 23,50 € — 15
- Corbières Cuvée R 2014 | Sec | 2019>25 | 11,60 € — 13,5
- Corbières La Grange du Bouïs cuvée Roméo 2012 | Sec | 2019>21 | 37,70 € — 14
- Corbières Route Bleue 2016 | Sec | 2018>21 | 11,60 € — 14,5
- IGP d'Oc Confidences 2018 | Sec | 2019>20 | 16,30 € — 14
- IGP d'Oc Juliette 2013 | Sec | 2019>23 | 37,70 € — 13
- IGP d'Oc La Cigale 2018 | Sec | 2019>20 | 7,70 € — 14,5

Route Bleue, 11430 Gruissan • Tél. 04 68 75 25 25 • contact@chateaulebouis.com • www.chateaulebouis.com • Visite : du lundi au samedi de 9h à 12h et de 14h à 19h, le dimanche de 17h à 19h. De juin à septembre, tous les jours de 10h à 13h et de 15h à 19h30.

LE CHEMIN DES RÊVES

★☆☆☆☆ ♣

Benoît Viot a démarré une première vie dans la pharmacie à l'international puis a repris le métier de son grand-père tourangeau. Il a pris en 2004 quelques hectares en fermage dans le Languedoc, devenus aujourd'hui une propriété de 25 hectares aux confluents du Pic Saint-Loup, des Grés de Montpellier et des Terrasses du Larzac. Il réalise une gamme aux noms sympathiques avec des vins assez denses, bien réalisés.

- Languedoc-Grés de Montpellier Exubérant 2017 | Sec | 2019>24 | 12 € — 14,5
- Languedoc Abracadabra 2018 | Sec | 2018>19 | 9 € — 14,5
- Languedoc La soie 2017 | Sec | 2018>20 | 15 € — 13
- Pic Saint-Loup Abracadabra 2018 | Sec | 2018>18 | 9 € — 14
- Pic Saint-Loup Gueule de Loup 2017 | Sec | 2020>24 | 18 € — 15

218, Rue de la Syrah, 34980 St Gely du Fesc • Tél. 04 99 62 74 25 et 06 85 73 29 33 • contact@chemin-des-reves.com • www.chemin-des-reves.com • Visite : de 16h à 19h du lundi au samedi ou sur rendez-vous. Fermé les jours fériés et le dimanche.

DOMAINE LE CLOS DE BELLEVUE

★☆☆☆☆

Nicolas Charrière continue à défendre une expression très aboutie du muscat-de-lunel. Ce domaine se situe au sommet géographique et qualitatif de l'appellation. La production de vins doux est complétée par quelques hectares de rouge, notamment dans la zone des Coteaux du Languedoc Saint-Christol.

- Muscat de Lunel cuvée Lacoste NM | Doux | 2019>20 | 8,20 € — 14,5
- Vin de France muscat sec NM | Sec | 2019>19 | 6,50 € — 13,5

Mas de Bellevue - route de Sommières, 34400 Lunel • Tél. 04 67 83 24 83 • leclosdebellevue@gmail.com • www.domaine-le-clos-de-bellevue.com • Visite : du lundi au samedi de 9h à 12h30 et de 15h à 19h.

LE CLOS DU SERRES

★★☆☆☆ ♣

Le clos du Serres a été constitué en 2006 à Saint-Jean-de-la-Blaquière, sur les contreforts du Larzac, à près de 300 mètres d'altitude. Le style de la production a évolué lentement vers des rouges de plus en plus construits. Millésime après millésime on retrouve la même recherche systématique de sincérité. La gamme a été remodelée autour des maros sur schistes, suave et complet, d'un équilibre entre densité et buvabilité abouti, de sainte-pauline, sur des grès et des galets roulés, souple et gourmande, du palas sur grès et schistes, séveuse et ferme, et de saint-jean, arrondie et goûteuse, un assemblage de terroirs. Humeur-vagabonde provient pour grande partie d'un carignan que peu sont capables d'amener à ce niveau de charme : juvénile en bouche, il ne fait pas ses 85 ans.

- **Terrasses du Larzac Le Palas 2016** | Sec | 2019>27 | 19 € 15
- **Terrasses du Larzac Les Maros 2017** | Sec | 2020>25 | 16 € 15
- **Terrasses du Larzac Les Maros 2016** | Sec | 2019>25 | 16 € 15,5
- **Terrasses du Larzac Saint-Jean 2017** | Sec | 2020>25 | 12 € 14
- **Terrasses du Larzac Sainte-Pauline 2016** | Sec | 2019>25 | 13,50 € 14,5

Route du Viala, chemin des condamines - Les Condamines , 34700 Saint-Jean-de-la-Blaquière • Tél. 06 88 35 90 07 • contact@leclosduserres.fr • www.leclosduserres.fr • Visite : sur rendez-vous.

LE CLOS RIVIERAL

Cette propriété récente est installée vers Saint-Jean-de-la-Blaquière, sur des terroirs de schistes. Olivier Bellet a sorti les vignes familiales de la coopération. Il réalise trois cuvées, un igp d'oc, infini, un languedoc les-fontanilles, fruité et complexe, ainsi que deux terrasses-du-larzac qui concentrent les meilleures matières. Les vins rouges 2017 montraient des jus agréables, denses, tendus.

- **Terrasses du Larzac Le Roc des Cistes 2017** | Sec | 2019>24 | 15 € 13,5
- **Terrasses du Larzac Les Maros 2017** | Sec | 2019>23 | 23 € 14

34700 Loiras-du-Bosc • Tél. 06 72 22 38 68 • belletol@wanadoo.fr • www.leclosrivieral.fr • Visite : sur rendez-vous.

DOMAINE LE CONTE DES FLORIS

Catherine et Daniel Le Conte des Floris se sont implantés sur le terroir de Pézenas. Les blancs, remarquables de profondeur, démontrent l'intérêt du carignan blanc et rappellent combien son arrachage massif en Languedoc fut une erreur. Les vignerons les plus avisés de la région commencent à en replanter, signe des temps. Lune-blanche est l'un des vins les plus originaux du Languedoc grâce à cet encépagement. Associée à la roussanne, cela devient lune-rousse et à la marsanne, pleine-lune. La gamme de rouges se décline autour des terroirs qui les voient naître : carbonifère, basaltique et villafranchien. Le grenache du Villafranchien et la syrah sur schistes du Carbonifère cultivent l'élégance et une facilité à être bus sans le moindre ennui, bien au contraire.

- **Languedoc-Pézenas Carbonifère 2015** | Sec | 2018>22 | 17 € 15
- **Languedoc-Pézenas Homo Habilis 2012** | Sec | 2018>20 | 22 € 15,5
- **Languedoc-Pézenas Lune Blanche 2016** | Sec | 2019>24 | 32 € 15,5
- **Languedoc-Pézenas Six Rats Noirs 2017** | Sec | 2018>20 | 12 € 14,5
- **Languedoc Pleine Lune 2017** | Sec | 2019>23 | 20 € 15

19 avenue Emile Combes, 34120 Pézenas • Tél. 07 68 51 29 49 • domaine.floris@gmail.com • www.domaineleconte desfloris.com • Visite : du lundi au vendredi sur rendez-vous.

LE LOUP BLANC

Ce joli domaine compte 18 hectares de vignes écartelés en petites parcelles situées à Bize, dans la partie du Minervois des Causses, le terroir du piémont de la montagne Noire, et à l'extrémité nord-est de l'appellation. C'est un domaine en réelle progression. La vinification s'oriente vers des extractions plus douces et moins poussées, les vins gagnent donc en précision de fruit et en équilibre sur la fraîcheur. De ce fait, ils sont agréables à boire, gourmands et plaisants tout en gardant la marque de fabrique du domaine, la tension et la vitalité. À ces minervois s'ajoute une gamme d'igp de l'aude particulièrement bien faits, aux noms en rapport évidemment avec celui du domaine.

- **Minervois La Mère Grand 2015** | Sec | 2019>25 | 18 € 16
- **Minervois Le Régal 2017** | Sec | 2019>23 | 12,50 € 15
- **IGP de l'Aude Les Trois P'tits C 2017** | Sec | 2019>22 | 14 € 14

Hameau de la Roueyre, 11120 Bize Minervois • Tél. 06 85 81 49 83 ou 06 21 31 70 93 • contact@vignobleduloupblanc.com • www.vignobleduloupblanc.com • Visite : sur rendez-vous.

DOMAINE LE NOUVEAU MONDE

Les notes florales des derniers millésimes impressionnent. Il se passe quelque chose dans ce domaine mené par une œnologue de talent. Si nous ne souscrivons pas à l'élevage de certaines cuvées, d'autres, plus récentes nous ont charmés.

- **IGP d'Oc Carabènes 2017** | Sec | 2019>22 | 7 € — 14,5
- **IGP d'Oc Chasan 2018** | Sec | 2019>22 | 7 € — 14,5

34350 Vendres • Tél. 04 67 37 33 68 • info@nouveaumonde.com • www.nouveaumonde.com • Visite : sur rendez-vous de septembre à juin et de 10h à 13h puis de 17h à 20h du lundi au samedi en juillet-août.

DOMAINE LEDOGAR

Les frères Ledogar, Mathieu et Xavier, ont choisi la biodynamie pour fil conducteur de leur domaine. Résultat : des vins épatants de naturel. Puissants, vigoureux et très aromatiques, ils sont bâtis pour bien vieillir.

- **Corbières-Boutenac Ledogar 2016** | Sec | 2022>27 | 24 € — 14
- **Corbières La Compagnon 2017** | Sec | 2019>24 | 13 € — 14

8, place de la République, 11200 Ferrals-les-Corbières • Tél. 06 81 06 14 51 • xavier.ledogar@orange.fr • Visite : sur rendez-vous.

MOULIN DE LENE

Les origines de ce domaine remontent au VIIIe siècle. Racheté il y a une vingtaine d'années par la famille Frayssinet, il compte maintenant 45 hectares sur lesquels s'expriment plus de quinze cépages différents. Une gamme variée et cohérente de vins rouge, blanc et rosé y est produite. Dans les trois couleurs les vins sont puissants, généreux, aromatiques et toujours parfaitement équilibrés.

- **IGP des Côtes de Thongue Clair de Lene 2018** | Sec | 2019>20 | 8,10 € — 14
- **IGP des Côtes de Thongue Justine 2018** | Sec | 2019>23 | 9,90 € — 14,5
- **IGP des Côtes de Thongue Réserve de la Famille 2016** | Sec | 2019>24 | 13,20 € — 15
- **IGP des Côtes de Thongue Rêve de Marie 2017** | Sec | 2019>23 | 10,40 € — 14,5

Route de Fouzilhon, 34480 Magalas • Tél. 06 63 98 11 30 • domaine@moulindelene.com • www.moulindelene.com • Visite : du lundi au vendredi de 10h à 12h et de 14h à 17h. Le week-end sur rendez-vous.

DOMAINE LES AMANTS DE LA VIGNERONNE

Régine et Christian Godefroy, dont nous regrettons la disparition, se sont piqués au jeu du vin. De deux hectares, leur domaine est passé à huit, vinifiés avec la plus grande attention. N'étant pas mariés, le domaine viticole implanté autour de la vigneronne, une maison d'hôtes, a pris le nom des Amants de la Vigneronne. Les cuvées ont pour nom de-chair-et-de-sang, dans-la-peau et le-rouge-aux-lèvres. Ils ont en commun des matières magnifiques, parfaitement élevées, avec la sensualité pour dénominateur commun. Les 2017 dégustés avant la mise perpétuaient la tradition de ce domaine au sommet de l'appellation.

- **Faugères Dans la Peau 2017** | Sec | 2021>26 | NC — 15
- **Faugères De Chair et de Sang 2017** | Sec | 2019>25 | NC — 16,5
- **Faugères Le Rouge aux Lèvres 2017** | Sec | 2019>25 | NC — 17

1207, route de Pézenas, 34600 Faugères • Tél. 04 67 95 78 49 • info@lesamantsdelavigneronne.com • www.lesamantsdelavigneronne.com

DOMAINE LES AURELLES

Basile Saint-Germain est un perfectionniste qui va aussi loin que possible, de la vigne au chai, pour réaliser des vins dans la zone de Pézenas qui satisfont à ses exigences de fin dégustateur. Proche de Pézenas, à une trentaine de kilomètres de la Méditerranée, son domaine des Aurelles, d'une petite dizaine d'hectares, jouit d'un terroir de rêve, unique en son genre, mêlant basaltes et graves, et d'un paysage à couper le souffle qui se déploie jusqu'aux Cévennes. La tenue dans le temps des vins était l'une de ses exigences les plus importantes et il y souscrit depuis les débuts de son aventure, en 1995. Solen, la première cuvée, dépasse la plupart des vins du Languedoc, aurel est le grand vin. Les deux cuvées sont commercialisées après un temps conséquent de maturation en bouteille. Aurel blanc est unique, commercialisé après plusieurs années de cave, voilà un très grand vin de gastronomie, l'une des bouteilles les plus en pointe dans la démarche qualitative languedocienne. La progression des rouges depuis plus d'une décennie et la suprématie du blanc sur ses pairs languedociens justifient une quatrième étoile.

Languedoc Aurel 2014 | Sec | 2019>25 | 82 € — 18
Languedoc Aurel 2013 | Sec | 2019>25 | 55 € — 17,5
Languedoc Aurel 2012 | Sec | 2018>26 | 55 € — 17,5
Languedoc Solen 2013 | Sec | 2019>25 | 37 € — 16
Languedoc Solen 2012 | Sec | 2019>24 | 37 € — 16,5

8, chemin des Champs-Blancs, 34320 Nizas • Tél. 04 67 25 08 34 • contact@les-aurelles.com • www.les-aurelles.com • Visite : sur rendez-vous.

LES CELLIERS D'ORFÉE

★☆☆☆☆

Cette cave coopérative regroupe les villages de Fontfroide et Lagrasse, au cœur du pays cathare, et propose une belle expression des cépages traditionnels, carignan, grenache, syrah et mourvèdre, sur les terroirs de garrigues calcaires et terrasses caillouteuses. Elle réalise des cuvées de caractère dont certaines, comme la cuvée sextant, bénéficient d'un élevage en barriques. La cuvée l'infernale, plus simple, ne manque pas d'élégance, tout comme croix-du-sud.

Corbières Ayraud 2016 | Sec | 2019>22 | 9,70 € — 14
Corbières L'Infernale 2017 | Sec | 2019>22 | 8,70 € — 13,5
Corbières Sextant 2016 | Sec | 2019>26 | 16,30 € — 14,5

53, avenue des Corbières, 11200 Ornaisons • Tél. 04 68 27 09 76 • contact@celliersdorfée.com • www.celliersdorfee.com • Visite : du lundi au vendredi de 8h à 12h et de 14h à 18h, jusqu'à 19h l'été. Le samedi de 9h à 12h.

CHÂTEAU LES FENALS

★☆☆☆☆

Voici un petit domaine d'une quinzaine d'hectares situé dans la partie maritime de Fitou, tout à fait bien géré par l'énergique et sympathique Marion Fontanel. Le terroir argilo-calcaire très caillouteux permet de produire à partir des cépages locaux des vins puissants, aromatiques, opulents mais jamais en déficit d'élégance.

Fitou 2017 | Sec | 2019>23 | 8 € — 14

Lieu-dit Les Fenals, 11510 Fitou • Tél. 04 68 45 71 94 ou 06 81 00 94 78 • les.fenals@wanadoo.fr • Visite : l'été du lundi au samedi, de 9h à 12h et de 14h à 18h. Le reste de l'année du lundi au samedi de 14h à 18h.

DOMAINE LES FILLES DE SEPTEMBRE

★☆☆☆☆

Les Filles de Septembre sont l'association de deux frères qui ont eu quatre filles. Hélas pour l'authenticité de l'anecdote, elles ne sont pas toutes nées en septembre mais ce mois essentiel, celui des vendanges, méritait qu'on le cite dans la dénomination du domaine. Les vins produits sont toujours de bonne facture et d'un prix tout à fait abordable.

IGP des Côtes de Thongue Impertinence 2018 | Sec | 2019>20 | 9 € — 14
IGP des Côtes de Thongue Manon des Vignes 2014 | Sec | 2019>24 | 15 € — 14
IGP des Côtes de Thongue muscat 2018 | Sec | 2019>23 | 5,50 € — 14

30, avenue Guynemer, 34290 Abeilhan • Tél. 04 67 39 01 65 • les-filles-de-septembre@club-internet.fr • Visite : sur rendez-vous.

LES FUSIONELS

★★★☆☆

Champenoise, Arielle Demets a viré au sud pour y forger des vins d'une étonnante fraîcheur, loin des poncifs habituellement rabâchés. Elle commence en 2007 avec 6 hectares pour s'étendre peu à peu et se retrouver seule aux commandes depuis 2013. Au temps qui passe s'ajoutent les cuvées qui touchent dès le départ la corde sensible des amateurs, car on atteint ici une expression rare de faugères et de son génial terroir de schistes, dans une version très élégante. Une nouvelle cuvée natur'a vient de naître et une jolie fée s'est penchée sur son berceau. Les nez de certains vins n'étaient pas en place sur nos échantillons cette année mais les soyeux de bouche restent incomparables, de la cuvée du rêve jusqu'au sommet avec renaissance. À découvrir absolument.

Faugères In Tempus 2016 | Sec | 2019>25 | 17 € — 16,5
Faugères Le Rêve 2016 | Sec | 2019>25 | 12 € — 15

- **Faugères Natur'a 2017** | Sec | 2018>21 | 8 € | ♣ — 15,5
- **Faugères Re-Naissance 2015** | Sec | 2019>25 | 25 € — 16

Route de Aigues-Vives, 34480 Cabrerolles • Tél. 06 07 03 56 16 • arielledemets@outlook.fr • www.arielledemets.com • Visite : sur rendez-vous.

DOMAINE LES GRANDES COSTES

★★☆☆☆

Après une première carrière dans la presse viticole, Jean-Christophe Granier est revenu dans son village de Vacquières, une commune qui fait partie de la zone du pic Saint-Loup, en Coteaux du Languedoc. C'est un domaine hautement fréquentable, qui fait preuve de régularité. La cuvée la-ruche étonne par des notes atypiques, originales, bien maîtrisées aujourd'hui. Dans un style plus classique, musardises charme par sa fraîcheur.

- **Languedoc La Ruche 2017** | Sec | 2019>25 | 19,50 € — 16
- **Languedoc La Ruche 2016** | Sec | 2019>23 | 19,50 € — 15,5
- **Languedoc La Sarabande 2015** | Sec | 2019>23 | 15,65 € — 14,5
- **Pic Saint-Loup Grandes Costes 2015** | Sec | 2018>24 | 23,50 € — 15
- **IGP de Saint-Guilhem Le Désert Mas Canaille 2018** | Sec | 2019>23 | 8,80 € — 14

2-6, route du Moulin-à-Vent, 34270 Vacquières • Tél. 04 67 59 27 42 • contact@grandes-costes.com • www.grandes-costes.com • Visite : du lundi au vendredi de 9 à 12h30 et 13h30 à 17h30, prévenir par téléphone de préférence.

DOMAINE LES MILLE VIGNES

★☆☆☆☆

En 2000, Valérie Guérin prend en main le domaine constitué au fil des ans par son père Jacques, professeur d'œnologie. Celui-ci passe de mille pieds à onze hectares en vingt ans : treize parcelles de très vieilles vignes cultivées méticuleusement, de petits rendements, une vinification très naturelle, une absence totale d'élevage en barrique. Les vins, harmonieux, pleins de saveurs et de fraîcheur, sont très séduisants par leur naturel. Les cuvées dennis-royal, issue de carignan vieux de plus de 75 ans, et les-vendangeurs-de-la-violette sont toujours aussi fabuleuses. Le millésime 2016 devra être attendu encore, l'extraction semblant plus poussée que d'habitude.

- **Fitou Dennis Royal 2016** | Sec | 2021>28 | 45 € — 14
- **Fitou Les Vendangeurs de la Violette 2016** | Sec | 2022>30 | 50 € — 14,5

24, avenue San Brancate, 11480 La Palme • Tél. 04 68 48 57 14 • les.mille.vignes@free.fr • www.lesmillevignes.fr • Visite : sur rendez-vous au 06 07 75 58 68.

DOMAINE LES PAÏSSELS

★★☆☆☆

Ce domaine récent est mené par deux ingénieurs agronomes, dont un ancien directeur d'une cave de Fitou qui a repris les vignes familiales sorties de la coopération. Après des 2016 sur la générosité, les deux cuvées de rouge sont très réussies en 2017, avec une densité impressionnante qui méritera une petite garde. Le banel sera à boire en premier.

- **Saint-Chinian 2017** | Sec | 2020>27 | 13 € — 16
- **Saint-Chinian Le Banel 2017** | Sec | 2020>25 | 8 € — 15,5

Rue des cèdres, 34360 Babeau-Bouldoux • Tél. 06 22 74 24 51 • contact@paissels.fr • www.paissels.fr • Visite : sur rendez-vous.

LES VIGNES OUBLIÉES

★★★☆☆

Une poignée des meilleurs vignerons du Languedoc, hélas trop peu, redécouvrent les vertus du cinsault, un vieux cépage dont on a fait des citernes de rosés, au demeurant parfois bons. Vinifié en rouge, c'est assurément le vin de soif par excellence et sa buvabilité hors pair peut se conjuguer, quand il est bien traité, à une profondeur étonnante. Jean-Baptiste Granier en fait l'une des versions les plus excitantes, cultivant en virtuose une petite dizaine d'hectares depuis ses débuts en 2007, propulsé par un certain Olivier Jullien. Finale délicieuse, florale, sur les fruits rouges, la réglisse : la similitude de sensations tactiles avec les grands pinots noirs de Bourgogne est évidente. Il a tout d'un grand, sauf le prix. La grande cuvée, en terrasses-du-larzac, n'est tombée dans aucun des pièges classiques, surmaturité et surextraction, elle est en route vers les modèles du genre.

- Languedoc Autour du cinsault 2017 | Sec | 2019>23 | 13,50 € 16
- Terrasses du Larzac 2017 | Sec | 2019>26 | 18,50 € 17

3 rue de la Fontaine, 34700 Saint-Jean de la Blaquière • Tél. 06 72 77 38 88 • lesvignesoubliees@gmail.com • www.lesvignesoubliees.com • Visite : sur rendez-vous.

DOMAINE LES YEUSES

★☆☆☆☆

C'est un domaine de soixante-dix hectares au bord du bassin de Thau, sur un terroir de semi-coteaux très calcaires sous influence maritime, qui favorise le caractère si particulier des cuvées produites. Une belle régularité et des prix doux. Une excellente adresse.

- IGP d'Oc Ô d'Yeuses 2017 | Sec | 2019>22 | 9,40 € 14
- IGP d'Oc syrah Les Épices 2017 | Sec | 2019>22 | 7,20 € 15
- IGP d'Oc viognier 2018 | Sec | 2019>21 | 6,50 € 13,5

Route de Marseillan, 34140 Mèze • Tél. 04 67 43 80 20 • contact@lesyeuses.fr • www.lesyeuses.fr • Visite : du lundi au samedi de 9h à 12h et de 15h à 19h.

DOMAINE DE LONGUEROCHE

★☆☆☆☆

Ce domaine des Corbières produit des vins pleins de personnalité, très aromatiques et parfaitement équilibrés, sur la fraîcheur. La cuvée réservée est généreuse, bien constituée et fraîche, la cuvée aurélien est réellement raffinée, la cuvée raoul est plus charpentée. La gamme d'igp pays-d'oc est également bien réussie et très typée.

- Corbières 2017 | Sec | 2019>22 | 7,90 € 15
- Corbières cuvée Réservée 2016 | Sec | 2019>25 | 10,90 € 14,5

16, rue de l'Ancienne-Poste, 11200 Saint-André-de-Roquelongue • Tél. 04 68 41 48 26 • contact@rogerbertrand.fr • www.longueroche.fr • Visite : du lundi au samedi de 9h à 20h. Le dimanche et les jours fériés de 10h à 13h.

LORGERIL - CHÂTEAU DE PENNAUTIER

★★☆☆☆

En vingt ans, Nicolas et Miren de Lorgeril ont remis sur pied le vignoble historique ainsi que le château, dessiné initialement par Le Vau et dont le parc fut aménagé et conçu par Le Nôtre. Le domaine s'étend désormais sur 350 hectares. Il produit des vins sur neuf appellations dont Minervois, Corbières, Saint-Chinian, Faugères et Côtes-du-Roussillon, avec le même souci qualitatif qu'en Cabardès et une constance inébranlable. Ici les vins sont classiques, réguliers, dotés d'une grande richesse aromatique, d'une excellente fraîcheur et d'un équilibre jamais pris en défaut.

- Cabardès Château de Pennautier 2017 | Sec | 2018>23 | 7,50 € 14
- Minervois-La-Livinière Domaine de La Borie Blanche Grand Vin 2014 | Sec | 2018>21 | 23,50 € 15
- Minervois-La-Livinière La Borie Blanche Terroirs d'Altitude 2016 | Sec | 2019>24 | 11,50 € 15,5
- Saint-Chinian Château de Ciffre, Terroirs d'Altitude 2016 | Sec | 2019>22 | 10,90 € 15
- IGP d'Oc Assemblage Terre des Roches 2018 | Sec | 2019>21 | 8 € 14,5
- IGP d'Oc chardonnay 2018 | Sec | 2019>22 | 6,40 € 15
- IGP d'Oc La Rosée d'Été 2018 | Sec | 2019>20 | 5,90 € 14,5
- IGP d'Oc syrah – viognier de Pennautier 2018 | Sec | 2019>22 | 6,60 € 14,5

Vignobles Lorgeril - BP 4 - B.P. 4, 11610 Pennautier • Tél. 04 68 72 65 29 • contact@lorgeril.com • www.lorgeril.wine • Visite : du lundi au samedi de 10h à 19h. De mai à août, ouvert le dimanche de 10h à 17h.

DOMAINE MAXIME MAGNON

★★☆☆☆ 🍀

Le jeune Maxime Magnon, après un détour chez Selosse et Lallemand, exploite en agriculture biologique une dizaine d'hectares en igp de la Vallée du Paradis et en Corbières, sur Villeneuve. La gamme est originale, constituée en rouge de trois cuvées, où transparaît une envie d'aller vers un vin de grand fruit, très peu protégé en soufre. Elle sera souple sur la-démarrante, très sympathique mais plus profonde sur rozeta, et ancrée dans le terroir de schistes et d'argilo-calcaires qui porte les carignans centenaires de campagnès. Après des essais vers le vin nature, Maxime Magnon, très inspiré par Didier Barral en Faugères, est revenu vers des vins plus classiques, nets, savoureux, que nous avons eu le plaisir de déguster dans un restaurant narbonnais.

- **Corbières Campagnès 2017** | Sec | 2019>24 | 26 € — 16
- **Corbières La Bégou 2017** | Sec | 2019>23 | 26 € — 16

125 Avnue des Corbières, 11360 Durband Corbières • Tél. 04 68 45 84 71 • maxime.magnon@orange.fr • Visite : Sur rendez-vous.

CLOS MARIE

Ce domaine phare du pic Saint-Loup est mené de main de maître depuis 1995 par Christophe Peyrus. Figure de l'appellation, le vigneron cultive 22 hectares et forge une large gamme qui s'étire en Coteaux du Languedoc. Salués pour leur finesse, leur chair et leur distinction, les vins du domaine ne font pourtant pas l'unanimité car certains amateurs sont gênés par les acidités. Sans approuver cette caractéristique clivante, nous défendons Clos Marie pour sa finesse de tannins unique et la délicatesse de ses goûts. Après la grêle dévastatrice de 2016, 2017 retrouve les fondamentaux du domaine. Un modèle de réussite.

- **Languedoc Manon 2017** | Sec | 2019>22 | 20 € — 14,5
- **Pic Saint-Loup L'Olivette 2017** | Sec | 2019>25 | 20 € — 16
- **Pic Saint-Loup Simon 2017** | Sec | 2019>27 | 30 € — 17

2, Route de Cazeneuve, 34270 Lauret • Tél. 04 67 59 06 96 • clos.marie@orange.fr • Visite : sur rendez-vous uniquement.

DOMAINE DE MARTINOLLES

Le domaine de Martinolles est situé sur la commune de Saint-Hilaire, berceau de la création en 1531 de la méthode ancestrale au sein même de l'abbaye. Il a été récemment acquis par les domaines Paul Mas. Les vignes qui côtoient oliveraies et pinèdes sont cultivées en agriculture raisonnée.

- **Crémant de Limoux Eff. 2017** | Brut | 2019>21 | 11 € — 14,5
- **Limoux Garriguet 2017** | Sec | 2019>22 | 11 € — 15
- **Limoux Vieilles Vignes 2017** | Sec | 2019>23 | 11 € — 14,5
- **IGP d'Oc cabernet-sauvignon 2018** | Sec | 2019>22 | NC — 14
- **IGP d'Oc chardonnay 2018** | Sec | 2019>22 | 6,90 € — 14,5
- **IGP d'Oc pinot noir 2018** | Sec | 2019>22 | 7,50 € — 15

11250 Saint-Hilaire • Tél. 04 68 69 41 93 • info@martinolles.com • www.martinolles.com • Visite : du lundi au vendredi de 8h à 12h et de 14h à 17h. Le week-end sur rendez-vous.

MAS LA CHEVALIÈRE

En 1995, Michel Laroche, grande figure de la viticulture chablisienne, a adjoint à son domaine éponyme ce vignoble d'altitude. Les 40 hectares de vignes sont scindés en deux îlots bien spécifiques : Peyroli, situé à 400 mètres, avec un terroir argilo-calcaire parfait pour le chardonnay, et Roqua Blanca, très méditerranéen, profitant de l'influence fraîche de la mer, dédié aux cépages rouges. Dans les chais performants sont vinifiés des raisins issus de sélections parcellaires effectuées chez des partenaires vignerons, pour produire une collection de vins de cépages très bien faits, purs et typés, vraiment agréables à boire. Le mas-chevalière est plus élaboré, plus complexe, tant en rouge qu'en blanc. Une valeur sûre.

- **Languedoc Mas La Chevalière - Vignoble Roqua Blanca 2016** | Sec | 2019>22 | 13,50 € — 14
- **IGP d'Oc l'Art des Sens chardonnay Réserve 2018** | Sec | 2019>22 | 11,50 € — 15
- **IGP d'Oc Rosé de la Chevalière 2018** | Sec | 2019>20 | 9 € — 15

Lieu-dit La Chevalière - 13, chemin Rural, 34500 Béziers • Tél. 04 67 49 88 30 • camille.devergeron@larochewines.com • www.larochewines.com • Visite : Du lundi au vendredi de 9h à 12h et de 14h30 à 17h.

CHÂTEAU MAYLANDIE

Delphine Maymil et son compagnon Éric Virion continuent le travail engagé par ses parents sur ce joli domaine d'une vingtaine d'hectares. Les vins sont de qualité régulière, toujours précis, très fruités, frais et d'une grande élégance. Une bonne adresse.

- Corbières-Boutenac Villa Ferrae 2016 | Sec | 2019>25 | 13 € 14
- Corbières Exquises Esquisses 2018 | Sec | 2019>20 | 9 € 14,5
- Corbières Les Férals 2017 | Sec | 2019>25 | 10 € 14,5

18, avenue de Levignan, 11200 Ferrals les Corbières • Tél. 04 68 43 66 50 • contact@maylandie.fr • www.maylandie.fr • Visite : tous les jours de 9h à 12h30 et de 14h à 18h30, de préférence sur rendez-vous.

DOMAINE AUBAÏ MEMA

Marc Haynes, businessman anglais retraité en 1989, se prend d'amour pour la vigne... un rêve d'enfance. Choisissant de respecter au maximum la nature, la vigne et les terroirs, il parvient à produire des vins remarquables. L'insoumise, 100 % carignan, est superbe de naturel, la-douzième, assemblage improbable de syrah avec un zeste de viognier est magnifique, Lunatico ne dépare pas. Les prix sont raisonnables, on adore !

- IGP du Gard La Douzième 2016 | Sec | 2019>23 | 15 € 14,5
- IGP du Gard Lunatico 2016 | Sec | 2019>24 | 20 € 15

120, chemin de Junas, 30250 Aubais • Tél. 04 66 73 52 76 • contact@aubaimema.com • www.aubaimema.com • Visite : du lundi au vendredi de 9h à 18h et le week-end sur rendez-vous.

DOMAINE MIRABEL

Le domaine Mirabel est situé à la limite nord-est de l'aire d'appellation du Pic Saint-Loup, sur un terroir d'argilo-calcaires. Les frères Feuillade mènent leurs 14 hectares avec passion, ils les cultivent avec le plus grand soin, comme un jardin. Le rendement moyen est faible, de l'ordre de 20 hectolitres par hectare. Sans bruit ni tapage, on ne théorise pas au domaine sur la bio : on la pratique, on aime le travail bien fait, la sincérité, et ça se voit, pour le plus grand plaisir des amateurs ! L'une de nos adresses favorites en pic, tout simplement. Rouges savoureux avec des 2017 particulièrement denses, des blancs d'une fraîcheur confondante, ce domaine d'une régularité exemplaire ne cesse de nous étonner. Dans le tiercé de tête des meilleurs pic-saint-loup.

- Pic Saint-Loup Le Chant du Sorbier 2017 | Sec | 2019>26 | 15 € 16,5
- Pic Saint-Loup Les Bancels 2017 | Sec | 2019>26 | 13 € 16
- Pic Saint-Loup Les Éboulis 2018 | Sec | 2019>19 | 9,50 € 16
- Pic Saint-Loup Les Éclats 2017 | Sec | 2020>27 | 17 € 16,5
- IGP d'Oc Loriot 2018 | Sec | 2019>21 | 14 € 15,5

30260 Brouzet-lès-Quissac • Tél. 06 22 78 17 47 • domainemirabel@neuf.fr • Visite : sur rendez-vous.

MONT TAUCH

Cette coopérative, qui vinifie les deux tiers de l'appellation, a réussi à imposer à ses adhérents une discipline sévère, fondée sur une rémunération des apports de raisin en fonction de la dégustation des vins qu'ils permettent. La rigueur technique assurée par le directeur Pierre Amiot et le dynamisme commercial des Grands Chais de France sont le point fort de cette cave à la large gamme d'un bon rapport qualité-prix. Des vins de caractère, équilibrés et bien représentatifs de leur terroir. La cuvée haut de gamme hommage est toujours pleine de caractère.

- Fitou Château de Montmal 2017 | Sec | 2019>23 | 12,50 € 14
- Fitou Château de Ségure 2017 | Sec | 2019>23 | 12,90 € 15
- Fitou cuvée Hommage 2017 | Sec | 2019>26 | 19,50 € 15
- Fitou Les Quatre 2017 | Sec | 2019>24 | 11,50 € 14,5
- Fitou Les Sorcières de Montmal 2017 | Sec | 2019>22 | 8,50 € 14

2, rue de la Cave-Coopérative, 11350 Tuchan • Tél. 04 68 45 41 08 • caveau@mont-tauch.com • www.mont-tauch.fr • Visite : du mardi au samedi de 9h à 12h et de 14h à 18h. En été, du lundi au samedi de 9h à 12h30 et de 14h30 à 19h

DOMAINE DE MONTCALMÈS

Moncalmès veut dire mont calcaire en occitan. Créé en 1999 à partir des vignes familiales qui étaient apportées en coopérative, le domaine couvre aujourd'hui 25 hectares en bio sur Puechabon et ses calcaires lacustres, sur Aniane et ses galets roulés, sur Saint-Saturnin et ses éboulis calcaires et sur les argilo-calcaires de Saint-Jean-de-Fos. Fort d'une expérience à la Grange des Pères, chez Olivier Jullien et Alain Graillot, Frédéric Pourtalié vinifie ses grenaches, syrahs et carignans terroir par terroir avant l'assemblage. La gamme de rouges est resserrée quand beaucoup s'ingénient à multiplier les cuvées : un grenache d'une gourmandise qui fait penser au château-rayas, le-geai tout en élégance et la cuvée en terrasses-du-larzac est le vin aux tannins les plus fins du Languedoc.

- **Languedoc 2016** | Sec | 2018>20 | 26 € — 15
- **Terrasses du Larzac 2016** | Sec | 2020>27 | 26 € — 18,5
- **Terrasses du Larzac 2015** | Sec | 2018>30 | 28 € — 18

Chemin du Cimetière, 34150 Puéchabon • Tél. 04 67 57 74 16 • gaecbh@wanadoo.fr • www.domainedemontcalmes.fr • Visite : du lundi au samedi sur rendez-vous.

DOMAINE MONTROSE

Le domaine Montrose est une propriété viticole familiale créée en 1701, lorsque le blason des Trois Lézards, maintenant emblème du domaine, fut attribué à l'ancêtre des actuels propriétaires, Bernard et Olivier Coste. Montrose est situé à quelques kilomètres de Pézenas et de la mer Méditerranée, sur le beau terroir des Côtes de Thongue. Trois types de sol : volcaniques, argilo-calcaires et cailloutis villafranchiens (petits galets roulés) sur lesquels s'expriment syrah, cabernet-sauvignon, merlot, viognier, grenache blanc. Comme chaque année, nous avons particulièrement remarqué les rosés du domaine.

- **IGP des Côtes de Thongue 2017** | Sec | 2019>22 | 7 € — 14
- **IGP des Côtes de Thongue 1701 2018** | Sec | 2019>20 | 19 € — 15,5
- **IGP des Côtes de Thongue Salamandre 2016** | Sec | 2019>24 | 14 € — 15

RN 9 - Tourbes, 34120 Tourbes • Tél. 04 67 98 63 33 • contact@domaine-montrose.com • www.domaine-montrose.com • Visite : du lundi au vendredi de 8h30 à 17h30.

DOMAINE MORTIÈS

Au bord d'impressionnantes falaises d'argile noire, ce domaine racheté par trois amis produit plusieurs cuvées de rouge, dont jamais-content et un remarquable languedoc devenu pic-saint-loup depuis la création de cette AOP. Après les 2016, 2017 traduit la fraîcheur possible en pic-saint-loup dans ces millésimes languedociens chauds. Si la qualité des blancs est encore aléatoire, nous suivons avec intérêt le renouveau de ce domaine en rouge avec ses matières denses et son sens du tannin fin.

- **Pic Saint-Loup 2017** | Sec | 2021>24 | 15 € — 15,5
- **Pic Saint-Loup Jamais Content 2017** | Sec | 2019>25 | 24 € — 16
- **Pic Saint-Loup Que Sera Sera 2015** | Sec | 2019>22 | 35 € — 15,5
- **Vin de France 2017** | Sec | 2019>23 | 13 € — 14

Route de Cazevieille, 34270 Saint-Jean-de-Cuculles • Tél. 04 67 55 11 12 • contact@morties.com • www.morties.com • Visite : le mercredi et le vendredi de 15h à 19h. Le samedi de 10h à 19h.

DOMAINE DE MOUSCAILLO

Le domaine est situé sur les contreforts pyrénéens, entre les climats océanique et méditerranéen, au cœur de la Haute-Vallée. Sur les coteaux du village de Roquetaillade, à 400 mètres d'altitude, les vignes du domaine sont balayées par les vents. Marie-Claire Fort met tout son cœur et toute son énergie pour réaliser des vins de caractère, tendus et équilibrés. Les blancs sont les vins les plus typés de la propriété et vieillissent remarquablement bien.

- **Limoux 2017** | Sec | 2019>25 | 16 € — 14,5

6, rue du Frêne, 11300 Roquetaillade • Tél. 04 68 31 38 25 • mouscaillo@orange.fr • www.mouscaillo.com • Visite : sur rendez-vous.

CHÂTEAU DE LA NÉGLY

Le château de la Négly fait partie des références languedociennes. Installé sur la Clape, sur un sol argilo-calcaire, ce grand domaine de 50 hectares gère également le domaine de Boède à proximité, ainsi qu'un cru de garage, le clos des Truffiers, sur Saint-Pargoire. Il est la propriété de la famille Paux-Rousset. La gamme de la Négly est large, elle démarre en rouge par des vins frais aux tannins fins. La-côte est un vin issu de carignan et la-falaise assemble différents cépages : ces cuvées ont comme dénominateur commun une fraîcheur mentholée unique, nous les recommandons sans réserve. L'ancely, vouée au mourvèdre, est le trait d'union entre cette gamme et les cuvées ambitieuses, produites en tirages limités et recherchées par les amateurs étrangers fortunés.

■ **IGP d'Oc Astérides 2018** | Sec | 2019>23 | 7,20 € **14,5**

11560 Fleury-d'Aude • Tél. 04 68 32 41 50 • lanegly@wanadoo.fr • www.lanegly.fr • Visite : Du lundi au vendredi de 10h à 12h et de 15h à 17h. De juin à septembre, du lundi au samedi de 10h à 12h30 et de 14h à 18h30.

CLOS DES NINES

Le clos des Nines est installé à Fabrègues, dans l'Hérault. Isabelle Mangeart conduit cette propriété de neuf hectares à vocation viticole et oléicole. Après des 2015 frais, des 2016 plus chauds, 2017 trouve dans la cuvée l'orée un superbe équilibre entre le volume de bouche apporté par la grande maturité des raisins et une fraîcheur bienvenue.

■ **Languedoc L'Orée 2017** | Sec | 2019>25 | 15 € **16**
■ **Languedoc O du Clos 2016** | Sec | 2019>25 | 26 € **14,5**

route de cournonsec, 34690 Fabrègues • Tél. 04 67 68 95 36 • clos.des.nines@free.fr • www.closdesnines.com • Visite : sur rendez-vous.

CHÂTEAU DE NOUVELLES

Le château de Nouvelles, installé à Tuchan dans une zone assez reculée, a été un pionnier de la progression qualitative en Fitou. Initialement réputé pour ses vins doux naturels, il continue d'offrir une gamme qui s'avère réussie. L'infatigable Jean Daurat, qui a porté haut et fort la réputation du fitou pendant des décennies, est secondé par son fils Jean-Rémy. Les vins sont élégants, tant par la complexité aromatique que par la texture. Le carignan apporte une délicieuse fraîcheur. Une belle adresse, à découvrir sans plus attendre.

■ **Fitou Augusta 2017** | Sec | 2019>23 | 10 € **16**
■ **Fitou Gabrielle 2017** | Sec | 2020>26 | 17 € **14,5**

Château de Nouvelles, 11350 Tuchan • Tél. 04 68 45 40 03 • contact@chateaudenouvelles.fr • www.chateaudenouvelles.fr • Visite : Du lundi au vendredi de 9h à 12h et de 14h à 17h30. Le samedi et dimanche sur rendez-vous.

MAS DU NOVI

Au cœur du Languedoc, voilà un vignoble de quarante hectares, à flanc de coteaux, sur un terroir réellement sec. Ici le cépage roi est le chardonnay mais nous ne l'avons pas dégusté cette année. Parmi les rouges, les millésimes récents sont les plus intéressants, notamment chemin-de-novi et ô-de-novi en 2016.

■ **Languedoc-Grés de Montpellier Le Chemin de Novi 2016** | Sec | 2018>21 | 11 € **15**
■ **Languedoc-Grés de Montpellier Ô de Novi 2016** | Sec | 2018>22 | 17 € **15**

Mas du Novi D5 Route de Villeveyrac - Route de Vilveyrac, 34530 Montagnac • Tél. 04 67 24 07 32 • contact@masdunovi.com • www.masdunovi.com • Visite : d'octobre à avril du lundi au vendredi de 10h à 18h. De mai à septembre tous les jours de 10h à 19h.

CHAPELLE DE NOVILIS

Il y a sept ans, Nathalie Jeannot décide de changer de cap et de vivre sa passion. Elle remet à flots les vignes en train de dépérir qu'exploitait son beau-frère. Arrachage, replantation, viticulture bio, respect de la nature, tout a été bien réfléchi pour créer Chapelle de Novilis. Le domaine compte une quinzaine d'hectares, nichés à quelques kilomètres de Béziers, plantés d'une mosaïque de cépages cultivés avec soin sur des sols argilo-calcaires profonds et il produit des vins blancs et rouges au caractère bien trempé, complexes et extrêmement purs. Bravo ! La première étoile est largement méritée.

■ **IGP des Coteaux d'Ensérune Evolus 2016** | Sec | 2019>23 | 19,50 € **15**
■ **IGP des Coteaux d'Ensérune Neus 2018** | Sec | 2019>20 | 12,50 € **15,5**
■ **IGP des Coteaux d'Ensérune Neus 2018** | Sec | 2019>23 | 14 € **14,5**
■ **IGP des Coteaux d'Ensérune Neus 2016** | Sec | 2019>22 | 15 € **14,5**

Route de Villenouvette, 34370 Maraussan • Tél. 06 74 74 38 42 • bienvenue@chapelledenovilis.com • www.chapelledenovilis.com • Visite : du 16 juin au 15 octobre du lundi au vendredi de 15h à 19h et le samedi de 10h à 19h. Hors saison le vendredi de 15h à 19h.

DOMAINE OLLIER-TAILLEFER

Françoise Ollier et son frère Luc ont repris l'exploitation familiale. Ce domaine produit des vins empreints de naturel et d'humanisme, sans recherche du sensationnel. La cuvée de blanc, allegro, va chercher la roussanne et le rolle mais renonce au bois pour exprimer leur naturel. Castel-Fossibus (traduisez par là : le château de Fos) emprunte à la syrah, au grenache et au mourvèdre leur fruité fin et les notes de fumé. Les millésimes récents ont joué sur l'opulence sauf 2014, plus frais. Des cuvées généreuses faites par des vignerons généreux, mais qui gagneraient à plus de fraîcheur. Le blanc n'en manque pas et est des plus agréables en 2018.

Faugères Allegro 2018 | Sec | 2019>21 | 11,80 € — 15
Faugères Castel Fossibus 2015 | Sec | 2019>24 | 17 € — 14,5
Faugères Grande Réserve 2016 | Sec | 2019>25 | 11,80 € — 14
Faugères Les Collines 2018 | Sec | 2019>19 | 8 € — 14
Faugères Les Collines 2016 | Sec | 2019>20 | 8 € — 13

Route de Gabian, 34320 Fos • Tél. 04 67 90 24 59 • ollier.taillefer@wanadoo.fr • www.olliertaillefer.com • Visite : du 15 avril au 15 octobre, du lundi au samedi de 11h à 12h et de 14h30 à 18h. Le reste de l'année le samedi de 14h à 17h et les autres jours sur rendez-vous.

CHÂTEAU OLLIEUX-ROMANIS

Pierre Bories a hissé son domaine familial au sommet de l'appellation Corbières et le gère depuis 2001 d'une main de maître, affichant la même détermination et la même exigence dans les vignes qu'au chai. Constitué d'un vaste ensemble de 150 hectares (dont l'ancien terroir du Château des Ollieux), à une dizaine de kilomètres de Narbonne, le vignoble permet de réaliser des vins de grande élégance, de la cuvée prestige à la cuvée or, jusqu'à atal-sia, réalisée en appellation Corbières-Boutenac, incontestablement l'un des fleurons de la propriété. Toute la gamme est au diapason, y compris le-champ-de-murailles et propulse cette adresse parmi nos favorites du secteur.

Corbières-Boutenac Atal Sia 2016 | Sec | 2019>25 | 23 € — 15
Corbières-Boutenac cuvée Or 2016 | Sec | 2019>26 | 26 € — 15,5
Corbières-Boutenac Le Champ des Murailles Grande Cuvée 2016 | Sec | 2019>25 | 15 € — 15
Corbières Le Champ des Murailles Classique 2017 | Sec | 2019>25 | 9 € — 14,5
Corbières Prestige 2017 | Sec | 2019>22 | 21 € — 15

RD 613, 11200 Montseret • Tél. 04 68 43 35 20 • contact@chateaulesollieux.com • www.chateaulesollieux.com • Visite : juin, juillet et août : du lundi au vendredi de 10h à 19h, le samedi de 10h à 13h30 et de 14h30 à 19h, le dimanche de 10h30 à 13h et de 14h30 à 19h. le reste de l'année : du lundi au vendredi de 9h à 18h, le samedi de 10h à 13h et de 14h à 18h.

DOMAINE DE L'OSTAL

Lorsque Jean-Michel Cazes (château Lynch-Bages, château Les Ormes de Pez, domaine des Sénéchaux) investit le Minervois, ce ne fut ni par hasard, ni sans ambition. Le vignoble de 60 hectares a été replanté pour moitié et restructuré lors de son rachat en 2002. Le secteur chaud où sont implantées les vignes marque les vins, ce sont des minervois denses et sérieusement construits. Jean-Michel Cazes a passé la main à son fils Jean-Charles, qui a fait évoluer les vins vers un style bien à lui, vrai mix entre le classicisme et l'élégance bordelaise, et l'exubérance aromatique due aux cépages et au climat méditerranéens. Une très belle adresse, sérieuse et régulière, dont on ne se lasse pas.

Minervois-La-Livinière Grand Vin 2016 | Sec | 2019>26 | 22 € — 16
Minervois Estibals 2016 | Sec | 2019>23 | 12 € — 15
IGP d'Oc Domaine de l'Ostal Albe 2018 | Sec | 2019>23 | 12 € — 14,5
IGP d'Oc L'Ostal Rosé 2018 | Sec | 2019>20 | 8,90 € — 15

Tuilerie Saint-Joseph, 34210 La Livinière • Tél. 04 68 91 47 79 • contact@jmcazes.com • www.lostalcazes.com • Visite : de juin à octobre, les lundi, jeudi et vendredi de 10h à 12h30 et de 14h à 19h, les mardi et mercredi de 14h à 19h. Sur rendez-vous le week-end et le reste de l'année.

DOMAINE DU PAS DE L'ESCALETTE

Julien Zernott et Delphine Rousseau ont acquis en 2002 ce vignoble implanté en terrasses entourées de murets de pierres sèches appelés « clapas ». Perchées à 350 mètres d'altitude sur une vingtaine d'hectares, au pied du plateau du Larzac, les vignes sont menées en bio, baignées d'un micro-climat frais et venté et bénéficiant de ce terroir d'éboulis calcaires du causse et de toute la biodiversité du lieu. Le fil rouge ici est la fraîcheur, permise par l'altitude du vignoble ; on la retrouve dans toutes les cuvées, sans exception, ce qui en fait un domaine à part des Terrasses. La gamme est large et passionnante en rouge, elle va du simple languedoc, vin de fruit, à une structure bien plus construite dans le-grand-pas.

- **Languedoc Les Petits Pas 2018** | Sec | 2019>21 | 13 € — 14,5
- **Terrasses du Larzac Le Grand Pas 2016** | Sec | 2020>25 | NC — 16,5
- **Terrasses du Larzac Le Pas de D. 2017** | Sec | 2019>25 | 22 € — 16
- **Terrasses du Larzac Les Clapas 2017** | Sec | 2019>24 | 17 € — 15,5
- **IGP de l'Hérault Ze Rozé 2018** | Sec | 2019>19 | 12 € — 13

Le Champ-de-Peyrottes, 34700 Poujols • Tél. 04 67 96 13 42 • contact@pasdelescalette.com • www.pasdelescalette.com • Visite : sur rendez-vous.

LES DOMAINES PAUL MAS

Les domaines Paul Mas sont l'un des principaux domaines viticoles du sud de la France. C'est en 2000 que Jean-Claude Mas, vigneron et propriétaire, crée cette entité sur la base des 35 hectares de vignobles légués par son père, Paul Mas. Fin dégustateur, Jean-Claude Mas dirige avec intelligence et brio ces vignobles implantés autour de Pézenas et de Limoux. Ils produisent une large gamme d'appellations et d'igp du Languedoc et du Roussillon, sous une multitude d'étiquettes. Les vins sont vinifiés avec un souci de netteté, dans un style très moderne, nouveau monde. Les rouges des nombreuses cuvées ont en commun des nez de fruits noirs bien mûrs et sont réglissés. Les blancs sont également consensuels et plairont à un large public.

- **Clairette du Languedoc Vinus 2018** | Sec | 2019>21 | 7,90 € — 13,5
- **Corbières-Boutenac Y du château Jérémie 2016** | Sec | 2019>21 | 17,90 € — 14,5
- **Languedoc Château Paul Mas, Beluguette 2018** | Sec | 2019>21 | 12,90 € — 14
- **Languedoc Côté Mas 2017** | Sec | 2019>21 | 11 € — 15
- **Languedoc Jardin de Roses 2018** | Sec | 2019>19 | 14,95 € — 14
- **Languedoc Vinus Grande Réserve 2017** | Sec | 2019>25 | 11,50 € — 13,5
- **Picpoul de Pinet 2018** | Sec | 2019>20 | 7,95 € — 13

Route de Villeveyrac, 34530 Montagnac • Tél. 04 67 90 16 10 • info@paulmas.com • www.paulmas.com • Visite : du lundi au samedi de 10h30 à 18h30.

CHÂTEAU DE PECH-REDON

Christophe Bousquet est très en phase avec la nature sur son terroir faiblement arrosé par les pluies mais qui nous semble le plus qualitatif de la Clape. Sur les hauteurs de Gruissan tout près de Narbonne, à un kilomètre de la Méditerranée, avec ses 30 hectares pâturés par les brebis en hiver et menés en bio certifiée, Pech-Redon réalise de longue date les meilleurs vins du secteur de la Clape, les plus frais et complexes. La visite des blancs, notamment la-centaurée, s'impose. En rouge, la-centaurée fait la course à part dans un style absolu, un vin de réflexion aux tannins très fins, moins gourmand que les-cades ou l'épervier. Christophe fait de plus en plus la part belle au mourvèdre qui se plait particulièrement ici car il voit la mer. Les rouges 2017 sont très réussis et 2018 dégusté en cours d'élevage ne lui sera pas inférieur.

- **Languedoc-La Clape L'Épervier 2017** | Sec | 2021>30 | NC — 17,5
- **Languedoc-La Clape L'Épervier 2016** | Sec | 2021>27 | 15 € — 15,5
- **Languedoc-La Clape L'Épervier 2015** | Sec | 2019>25 | 15 € — 17
- **Languedoc-La Clape La Centaurée 2017** | Sec | 2021>24 | 20 € — 16,5
- **Languedoc-La Clape La Centaurée 2017** | Sec | 2021>30 | NC — 18
- **Languedoc Les Cades 2018** | Sec | 2019>25 | 10 € — 16

Route de Gruissan, 11100 Narbonne • Tél. 04 68 90 41 22 • chateaupechredon@orange.fr • www.chateaupechredon.wordpress.com • Visite : du lundi au samedi de 9h30 à 12h30 et de 13h30 à 17h.

CHÂTEAU PEPUSQUE

Le vignoble du château Pepusque se trouve sur les premières pentes de la montagne Noire, autour du village de Pépieux. Un climat chaud et sec mais rafraîchi par le vent qui descend de la montagne, voilà qui est particulièrement propice à une très belle expression de la syrah. Des cuvées volumineuses mais non dénuées de fraîcheur.

- **Minervois-La-Livinière Les Cailloux Blancs 2016** | Sec | 2019>25 | 23 € 15
- **Minervois-La-Livinière Les Petits Cailloux 2016** | Sec | 2019>25 | 16 € 14,5
- **Minervois Les Gravettes 2018** | Sec | 2019>24 | 10 € 14
- **Minervois Les Terres Rouges 2016** | Sec | 2019>24 | 8,25 € 14

7, rue du 11-Novembre-1918, 11700 Pépieux • Tél. 04 68 91 41 38 - 06 63 36 79 33 • chateau.pepusque@orange.fr • www.chateau-pepusque.fr • Visite : sur rendez-vous.

DOMAINE DU PETIT CAUSSE

Ce domaine est situé à Félines-Minervois, dans la zone du Petit Causse dont le domaine a emprunté le nom. La famille Chabbert présente des vins d'une régularité sans faille, typés et francs, au fruité savoureux, empreints de naturel et d'une grande buvabilité, ils conjuguent raffinement et simplicité. L'entrée de gamme combe-des-cigales est très aromatique et fraîche, plus élaborée griotte-de-ventajou est généreuse et pleine de caractère, andréa, le sommet de la propriété ne déçoit jamais.

- **Minervois Andréa 2016** | Sec | 2019>25 | 12,50 € 15,5
- **Minervois Griotte de Ventajou 2017** | Sec | 2019>24 | 8,50 € 14,5

7, rue de la Sallèle, 34210 Félines-Minervois • Tél. 04 68 91 66 12 • chabbert-philippe@orange.fr • www.domainedupetitcausse.com • Visite : du lundi aû samedi de 11h30 à 13h30 de 17h à 19h. Le dimanche sur rendez-vous. De juin à août, de 10h30 à 18h.

DOMAINE PEYRE ROSE

Cette exploitation, perdue au bout d'un chemin introuvable, est conduite en agriculture biologique par Marlène Soria. Marlène produit trois cuvées de rouge à dominante de syrah, le clos-des-cistes, syrah-léone, puis depuis le millésime 2003 marlène-n°3 sur un nouveau terroir. Les-cistes proviennent de la partie la plus haute du domaine, installée sur des sols caillouteux très durs. Cette cuvée porte plus d'acidité que syrah-léone, installée sur des roches plus friables et facilement traversées par l'eau : c'est souvent la cuvée la plus sensuelle. Marlène-n°3 est certainement la mieux plantée des parcelles avec une proportion plus importante de grenache, elle est celle qui gagne le plus au vieillissement. En blanc, oro est à base de rolle, de roussanne et de viognier, complétés par plusieurs autres cépages languedociens.

- **Languedoc Clos des Cistes 2009** | Sec | 2019>30 | 70 € 18
- **Languedoc Marlène n°3 2009** | Sec | 2022>30 | 70 € 17,5
- **Languedoc Marlène n°3 2008** | Sec | 2018>30 | 76 € 19
- **Languedoc Oro 2004** | Sec | 2018>25 | 69 € 18
- **Languedoc Oro 2003** | Sec | 2018>25 | 70 € 18,5
- **Languedoc Syrah Léone 2009** | Sec | 2019>30 | 70 € 19
- **Languedoc Syrah Léone 2008** | Sec | 2018>30 | 76 € 18,5

Chemin du Pont de Miusse, 34230 Saint-Pargoire • Tél. 04 67 98 75 50 • peyrerose@orange.fr • Visite : sur rendez-vous.

DOMAINE CHRISTOPHE PEYRUS

Christophe Peyrus, du réputé clos Marie, soutenu par trois amis, a repris un domaine sur le terroir de Cazevieille en Pic Saint-Loup, dans des zones calcaires à plus de 300 mètres d'altitude, au plus haut de l'appellation. Le domaine compte 8,5 hectares en production, à dominante de syrah complétée de grenache. Le domaine produit deux cuvées de rouge, dont spoutnik, et une cuvée de blanc. La cuvée de blanc n'est pas encore complètement aboutie mais il s'agit certainement de la plus originale et ambitieuse du secteur par son côté eau de roche, unique dans le pic et même en Languedoc. La faible protection de ces vins délicats imposera de les transporter et de les stocker avec soin comme ceux de clos Marie.

■ **Pic Saint-Loup 2016** | Sec | 2019>23 | 22 € 15
■ **Pic Saint-Loup Spoutnik 2016** | Sec | 2019>24 | 40 € 15,5
■ **Vin de France 2017** | Sec | 2019>24 | 19,50 € 17

Lieu dit le sauzet , 34270 Cazevieille • Tél. 06 82 11 21 14 • domainepeyrus@orange.fr • Visite : sur rendez-vous.

PIERRE TAILLEUR DE VINS

★☆☆☆☆

Pierre Caizergues a grandi dans la cité de Carcassonne et voue une véritable passion à cette région. En 2015, il crée sa société de négoce et réalise une gamme de vins de cépages orientée vers le fruit et la fraîcheur, sans élevage sous bois, parcourant la région pour sélectionner des vignerons amoureux de leur terre et respectueux de l'environnement qui lui confient leurs parcelles et dont il récolte les raisins. Simplicité, plaisir, convivialité sont ses leitmotiv. Résultat : de beaux vins pleins de caractère et évidents à boire. Une adresse à découvrir.

■ **IGP de la cité de Carcassonne Pierre Tailleur de Vins cabernet franc 2017** | Sec | 2019>22 | env. 7,50 € 14,5
■ **IGP de la cité de Carcassonne Pierre Tailleur de Vins chardonnay 2017** | Sec | 2019>21 | env. 7,50 € 15
■ **IGP de la cité de Carcassonne Pierre Tailleur de Vins pinot noir 2017** | Sec | 2019>21 | env. 7,50 € 14,5

58, boulevard Barbès, 11000 Carcassonne • Tél. 06 51 71 84 89 • pc@pierrottinto.com • www.pierre.vin • Visite : sur rendez-vous.

PLAN DE L'HOMME

★☆☆☆☆ ♣

Le mas Plan de l'Om, devenu Plan de l'Homme, vient d'être repris par le groupe Grands chais de France. Le style des vins est commun à toutes les cuvées, pleines et bien structurées, sans tannins accrocheurs, avec une puissance de goût rare, souvent des notes fumées en 2015.

■ **Languedoc Habilis 2017** | Sec | 2019>25 | NC 14

15, avenue Marcellin-Albert, 34725 Saint-Félix-de-Lodez • Tél. 04 67 44 02 21 • contact@plandelhomme.fr • www.plandelhomme.fr • Visite : sur rendez-vous.

PLÔ ROUCARELS

★★☆☆☆

Julia Hubrich et Julien Gil sont deux jeunes vignerons passionnés installés depuis moins de dix ans aux portes de l'appellation Limoux, sur un plateau rocheux. Ils cultivent et vinifient leurs neuf hectares de la façon la plus naturelle qui soit : « ce n'est pas la cave qui améliore le vin, mais le travail de l'homme à la vigne ». On ne peut qu'être admiratifs de la progression et de la cohérence de l'ensemble des vins du domaine, devenu incontournable.

■ **Limoux Los Planelos 2016** | Sec | 2019>24 | 16 € 14
■ **Limoux Treize Vents 2016** | Sec | 2019>25 | 24 € 16
■ **IGP de la cité de Carcassonne Les Pépieux 2016** | Sec | 2019>23 | 13 € 15
■ **IGP de la cité de Carcassonne Plant du Roc 2016** | Sec | 2019>22 | 10 € 14,5
■ **IGP de la Haute Vallée de l'Aude Petite Rive 2018** | Sec | 2019>20 | 6,50 € 14,5
■ **Vin de France Plô Grand Bâtard cabernet-sauvignon – chenin blanc 2016** | Sec | 2019>25 | 25 € 17
■ **Vin de France Plô Grand Bâtard syrah – chenin blanc 2016** | Sec | 2019>25 | 25 € 16,5

18 rue F Mistral, 11250 Couffoulens • Tél. 06 63 21 82 70 • post@plo-roucarels.com • www.plo-roucarels.com • Visite : sur rendez-vous.

CLOS DU PRIEUR

★★☆☆☆

Marie Orliac gère ce domaine de Saint-Jean-de-Buèges, aux confins des Terrasses du Larzac et du Pic Saint-Loup. 2017 est encore une belle réussite en rouge comme au domaine de l'Hortus, dont sa famille est propriétaire avec un vin racé, salin, très fin.

■ **Terrasses du Larzac Clos du Prieur 2017** | Sec | 2019>25 | 17,90 € 16

Rue du prieur, 34380 Saint-Jean-de-Bueges • Tél. 04 67 55 31 20 • contact@domaine-hortus.fr • www.closduprieur.fr • Visite : sur rendez-vous.

LE VIGNOBLE DU PRIEURÉ

En 2017, Aurélie Sola s'installe en tant que jeune agricultrice en reprenant les 9 hectares de vignes familiales pour créer une cave particulière. La conversion en bio est en cours. Son premier millésime est très encourageant tant le fruit est mis en valeur tout autant que la délicatesse de la trame. Une cuvée authentique et pleine de personnalité. À suivre de très près !

- **Corbières Aquarelle 2017** | Sec | 2019>24 | 12 € — 15

38, rue de l'Affenage, 11350 Padern • Tél. 06 84 74 78 17 • aureliesola@sfr.fr • Visite : sur rendez-vous.

DOMAINE DE LA PROSE

Saint-Georges d'Orques, aux portes de Montpellier, bénéficie d'une fraîcheur particulière. Bien que le domaine de la Prose emprunte son nom à un lieu-dit plutôt qu'à la littérature, il produit néanmoins des vins de civilisation. Ce domaine réalise sur Saint-Georges d'Orques ainsi que sur le secteur des Grés de Montpellier une gamme de vins typiques de leurs dénominations. À cause de protections insuffisantes, on passe hélas souvent à côté de vins formidables qui figuraient dans l'élite du Languedoc il y a moins d'une décennie, car les matières sont remarquables et uniques, et méritent d'être découvertes.

- **Languedoc-Saint-Georges-d'Orques Les Cadières 2017** | Sec | 2019>22 | 10 € — 13
- **Languedoc Les Embruns 2017** | Sec | 2019>23 | 15 € — 15

34570 Pignan • Tél. 04 67 03 08 30 • domainedelaprose@wanadoo.fr • www.domaine-de-la-prose.fr • Visite : le mercredi et le vendredi de 10h à 18h, le samedi de 10h à 12h30.

DOMAINE PUJOL-IZARD

De belles cuvées, tant en minervois qu'en igp, très portées sur le fruit, fraîches et équilibrées.

- **Minervois cuvée Saint-Fructueux 2016** | Sec | 2019>25 | 16 € — 14,5
- **Minervois Grande Réserve 2016** | Sec | 2019>24 | 8,95 € — 14

11800 Saint-Frichoux • Tél. 04 68 78 15 30 • info@pujol-izard.com • www.pujol-izard.com • Visite : du lundi au vendredi de 8h à 12h et de 14h à 18h. Le week-end et jours fériés sur rendez-vous.

MAS DES QUERNES

Jean Natoli, œnologue-conseil réputé dans le sud de la France, a créé ce domaine avec le négociant Peter Riegel. Jean apporte au domaine sa technicité et sa fine connaissance des vins du Languedoc. La recherche de maturité est systématique dans des vins sérieux et bien construits. Mourvèdre-armand est régulièrement l'une des cuvées les plus abouties avec un igp de l'hérault, le-blaireau, d'une grande buvabilité.

- **Languedoc Les Petits Travers 2017** | Sec | 2019>25 | 13 € — 14
- **Terrasses du Larzac Les Ruches 2017** | Sec | 2019>24 | 15 € — 14,5
- **IGP de l'Hérault Le Blaireau 2018** | Sec | 2019>22 | 10 € — 14,5
- **IGP d'Oc Gens et Pierres Sud Sud 2018** | Sec | 2019>22 | 7,50 € — 14

1bis, impasse du pressoir, 34150 Montpeyroux • Tél. 06 61 08 22 02 • pierre@mas-des-quernes.com • www.mas-des-quernes.com • Visite : sur rendez-vous.

CHÂTEAU RICARDELLE

Bruno Pellegrini, originaire d'Italie, avait acquis ce domaine en 1990. Le décès de son gendre qui avait repris les manettes devrait amener sa fille Ophélie à en assurer la gestion désormais. Le domaine compte 45 hectares répartis sur deux secteurs donnant chacun des vins différents : les coteaux du massif de la Clape, où sont produits les trois couleurs, et la plaine de l'Aude au pied du massif, d'où sont issus les igp pays-d'oc. Toutes les cuvées de rouges réalisées avec des raisins très mûrs, parfois trop, ont pour dénominateur commun les arômes très méditerranéens du secteur de la Clape. Ce sont des vins pour des plats puissants en saveurs.

- **Languedoc-La Clape Vendredi XIII 2017** | Sec | 2020>25 | 25 € — 14,5

- **Languedoc cuvée Juliette 2016** | Sec | 2019>24 | 29 € 13,5

Route de Gruissan, 11100 Narbonne • Tél. 04 68 65 21 00 • ricardelle@orange.fr • www.chateau-ricardelle.com • Visite : de 9h à 19h tous les jours.

CHÂTEAU RIVES BLANQUES

★☆☆☆☆

Situé sur les hauteurs du village de Cépie, à 400 mètres d'altitude, le vignoble du château Rives Blanques est idéalement situé face à la chaîne des Pyrénées. Ses propriétaires, la famille Panman, Hollandais d'origine, sont aidés par Éric Vialade qui veille sur la propriété. Généralement, les vins de la propriété sont raffinés et dotés d'une grande fraîcheur, mais on peut noter que ce sont les vins tranquilles qui, grâce à leur élégance, ont assis la notoriété de la propriété.

- **Blanquette de Limoux Eff. 2016** | Brut | 2019>21 | 12,75 € 14,5
- **Limoux La Trilogie 2017** | Sec | 2019>24 | 25 € 14,5
- **IGP de la Haute Vallée de l'Aude 2018** | Sec | 2019>21 | 8,50 € 14
- **IGP d'Oc Lagremas d'Aur Vendanges Tardives 2016** | Moelleux | 2019>24 | 16,50 € 14

11300 Cépie • Tél. 04 68 31 43 20 • rives-blanques@wanadoo.fr • www.rives-blanques.com • Visite : sur rendez-vous.

MAS ROC DE BÔ

★☆☆☆☆

Ce domaine a été racheté en 2013 par Gontran Dondain, déjà propriétaire du château Cabezac. Ce sont 19 hectares sur le si particulier et intéressant terroir de Cazelles. Altitude, tramontane, plateau calcaire, teneur importante en matière organique et en pierres blanches : tout contribue à conférer aux vins élégance et fraîcheur. La cuvée pépite-noire porte bien son nom.

- **Minervois Pépite Dorée 2017** | Sec | 2019>22 | 20 € 15
- **Minervois Pépite Noire 2016** | Sec | 2019>27 | 30 € 16

2, rue Carrierasse, 34210 Agel • Tél. 04 68 46 23 05 • info@chateaucabezac.com • www.masrocdebo.com • Visite : du lundi au samedi de 10h à 13h et de 14h à 18h (jusqu'à 19h l'été). Ouvert le dimanche entre le 15 juillet et le 15 août.

DOMAINE DE LA ROCHELIERRE

★★☆☆☆

Depuis plus de trente ans, la famille Fabre préside aux destinées de cette belle propriété d'une quinzaine d'hectares, et ce en appliquant des méthodes culturales le plus en accord possible avec la nature, en n'utilisant que des matières organiques ou minérales. La vinification est extrêmement précise. Résultat : des vins axés sur le fruit, gourmands, bien tramés et d'un bel équilibre sur la fraîcheur. La cuvée noblesse-du-temps est toujours au sommet.

- **Fitou Noblesse du Temps 2017** | Sec | 2019>25 | 20 € 16,5
- **Fitou Privilège 2017** | Sec | 2019>23 | 11 € 14,5

8, rue de la Noria, 11510 Fitou • Tél. 04 68 45 70 52 • lapointrochelierre@orange.fr • www.domainedelarochelierre.com • Visite : tous les jours de 9h à 12h et de 14h à 19h. Fermé le matin et le dimanche en janvier et février.

CAVE DE ROQUEBRUN

★☆☆☆☆

Cette cave sérieuse de Saint-Chinian-Roquebrun produit de jolis vins uniques, typiques de ce secteur du nord de l'appellation Saint-Chinian. Tous les vins goûtés sont intéressants, parfois avec des élevages marqués mais nous apprécions la cohérence de la gamme. Ces vins puissants expriment ce goût inimitable de fumé et de lardé avec les belles finales réglissées de Roquebrun.

- **Saint-Chinian Roquebrun Golden Vines 2016** | Sec | 2019>26 | 17,90 € 14,5
- **Saint-Chinian Roquebrun Roches Noires 2017** | Sec | 2019>24 | 10,70 € 14,5
- **Saint-Chinian Les Fiefs d'Aupenac 2018** | Sec | 2019>22 | 14,20 € 14

Avenue des Orangers, 34460 Roquebrun • Tél. 04 67 89 64 35 • cave@cave-roquebrun.fr • www.cave-roquebrun.fr • Visite : d'octobre à juin, du lundi au samedi, de 10h à 12h et de 14h à 17h. De juillet à septembre, du lundi au dimanche de 9h30 à 12h30 et de 14h à 18h30.

DOMAINE ROSE & PAUL

★☆☆☆☆

Cette propriété familiale depuis 1780 tire son nom des grands-parents qui en ont été les véritables fondateurs et ambassadeurs. On en est à la cinquième génération et la passion est intacte ! Ce sont quarante-trois hectares dont vingt-cinq en appellation Malepère, le reste en IGP, qui profilent des vins savoureux et charmeurs, très aromatiques, ne manquant ni de fraîcheur ni de personnalité.

- **Malepère Cuvée Roudel 2016** | Sec | 2019>24 | 19 € — 14,5
- **IGP de l'Aude 2018** | Sec | 2019>20 | 6 € — 15
- **IGP des Côtes de Prouilhe chardonnay 2018** | Sec | 2019>21 | 7 € — 15
- **IGP d'Oc Le Gris 2018** | Sec | 2019>20 | 6,50 € — 14,5

Chemin de la Malepère, 11290 Arzens • Tél. 04 68 76 33 96 • domaine@rose-paul.fr • www.rose-paul.fr • Visite : de 17h00 à 19h tous les jours ou sur rendez-vous au 06 03 92 91 11.

DOMAINE ROSIER

★☆☆☆☆

Cette famille champenoise s'est installée à Limoux il y a plus de 30 ans. Nicolas Rosier en a aujourd'hui la charge, épaulé par son père. Un nouveau cuvier a permis d'élaborer les dernières cuvées. Quelques 650 000 bouteilles de blanquette et de crémant sont produites tous les ans. Grâce au nouveau cuvier et à l'arrivée d'un nouveau maître de chai, les vins ont gagné en précision.

- **Blanquette de Limoux Ma Maison Eff. 2018** | Brut | 2019>21 | 7 € — 14
- **Blanquette de Limoux Prestige Eff. 2018** | Brut | 2019>21 | 6 € — 14,5
- **Crémant de Limoux Ma Maison Eff. 2018** | Brut | 2019>20 | 9,60 € — 13,5
- **Crémant de Limoux Ma Maison Eff. 2018** | Brut | 2019>21 | 10,20 € — 14,5

Rue Farman B.P. 23 - B.P. 23, 11300 Limoux • Tél. 04 68 31 48 38 • domaine-rosier@wanadoo.fr • www.domaine-rosier.com • Visite : du lundi au vendredi de 8h à 12h et de 14h à 18h. Le week-end sur rendez-vous.

CHÂTEAU ROUQUETTE-SUR-MER

★★★☆☆

Avec un vignoble bien tenu, Jacques Boscary montre que le secteur de la Clape peut produire de grands vins, très appréciés et identifiables en dégustation. Voici une adresse où il n'est pas indispensable de monter haut en gamme pour se régaler, ce qui fait du château une valeur sûre. L'élégance et la gourmandise sont les caractéristiques des vins de la propriété. Amarante et esprit-terroir sont des entrées de gamme délicieuses. Au sommet, les cuvées henry-lapierre et château-de-la-tour (non dégustée cette année) revisitent la-clape avec des tannins particulièrement fins et méritent d'être attendues.

- **Languedoc-La Clape Arpège 2018** | Sec | 2019>21 | 9,30 € — 15,5
- **Languedoc-La Clape Henry Lapierre 2016** | Sec | 2021>27 | 20,50 € — 16
- **Languedoc-La Clape L'Esprit Terroir 2017** | Sec | 2019>23 | 9,10 € — 15,5
- **Languedoc Amarante 2016** | Sec | 2019>25 | 10,90 € — 16
- **La Clape L'insula Laci 2015** | Sec | 2020>25 | 25,90 € — 15

Route Bleue, 11100 Narbonne-Plage • Tél. 04 68 65 68 65 • bureau@chateaurouquette.com • www.chateaurouquette.com • Visite : tous les jours de 10h à 12h30 et de 15h à 19h30 en été, et en hiver fermeture à 18h.

CHÂTEAU SAINT-ESTÈVE

★☆☆☆☆

Belle propriété qualitativement très régulière, avec une gamme pour tous les budgets, montrant des vins puissants, vigoureux et de caractère.

- **Corbières-Boutenac Cuvée Ganymède 2016** | Sec | 2019>26 | 21 € — 15
- **Corbières Classique 2018** | Sec | 2019>20 | 7,10 € — 13
- **Corbières Classique 2017** | Sec | 2019>27 | 7,90 € — 15

11200 Thézan-des-Corbières • Tél. 04 68 43 32 34 • contact@chateau-saint-esteve.com • www.chateau-saint-esteve.com • Visite : toute la semaine, de 9h à 12h et de 13h à 18h.

CHÂTEAU SAINT-JACQUES D'ALBAS

★☆☆☆☆

Graham Nutter, fin connaisseur des meilleurs vins du monde, a acquis ce domaine en 2001, situé à Laure, en plein cœur du Minervois. Après d'impressionnants investissements, les vins ont désormais rejoint le clan des très bons représentants de la région. Saint-Jacques d'Albas serait devenu au Xe siècle un prieuré pour les pèlerins sur le chemin de Saint-Jacques de Compostelle et la chapelle de la même époque, en cours de rénovation, domine encore le domaine. Les vins, plutôt riches et opulents, ont du caractère, avec de beaux arômes fruités et des longues finales fraîches. La cuvée du château, qui bénéficie d'un bel élevage en fût, montre de ce fait un raffinement certain ; elle a trouvé son style et nous nous en réjouissons.

- **Minervois 2015** | Sec | 2019>25 | 12 € — **14,5**

Le Bas, 11800 Laure-Minervois • Tél. 04 68 78 24 82 • info@chateaustjacques.com • www.chateaustjacques.com • Visite : du lundi au samedi de 9h à 12h et de 14h à 18h.

PRIEURÉ DE SAINT-JEAN DE BÉBIAN

★★★☆☆

Le prieuré a été fondé jadis par un légionnaire romain. Devançant le renouveau qualitatif régional, Bébian s'est hissé tôt au sommet de la hiérarchie languedocienne. Installé à Pézenas, petite ville pittoresque de l'Hérault, il a pendant longtemps incarné la rare expression d'un classicisme languedocien à la fois généreux et raffiné, et surtout capable de vieillir harmonieusement. Une verticale de tous les millésimes en rouge depuis 2001 a montré leur qualité indéniable. Les élevages parfois démonstratifs de ces dernières années ont tendance à s'estomper, pour le plus grand bonheur de vins à la magnifique matière, construits pour la garde.

- **Languedoc-Pézenas Prieuré 2016** | Sec | 2020>26 | 35 € — **16**
- **Languedoc La Chapelle de Bébian 2016** | Sec | 2020>24 | 15 € — **15**
- **Languedoc Prieuré 2017** | Sec | 2021>26 | 35 € — **14,5**

Route de Nizas, 34120 Pézenas • Tél. 04 67 98 13 60 • info@bebian.com • www.bebian.com • Visite : du 1er mai au 31 septembre, du lundi au vendredi de 9h à 12h30 et de 14h à 18h30. Le reste de l'année du lundi au vendredi de 9h à 12h30 et de 14h à 17h30. Le samedi toute l'année de 10h à 13h et de 15h à 19h, le dimanche uniquement sur rendez-vous

CHÂTEAU SAINT-MARTIN DE LA GARRIGUE

★★☆☆☆

Ce grand domaine de 160 hectares, dont 60 plantés en vignes, appartient à la famille Guida, qui a œuvré dans la grande distribution. Les terroirs exploités, sur les Grés de Montpellier et en Picpoul de Pinet, produisent des vins axés sur le plaisir et sur la fraîcheur quand le millésime s'y prête. Le rosé n'est pas le fer de lance du domaine mais la cuvée bronzinelle en rouge et en blanc est régulièrement l'une des meilleures du secteur par sa précision, elle affiche un rapport qualité-prix remarquable. Sans cette buvabilité, onctueuse mais un peu plus complexe dans son tannin, la cuvée de grés-de-montpellier joue en puissance.

- **Languedoc-Grés de Montpellier 2016** | Sec | 2018>24 | 16 € — **15,5**
- **Languedoc-Grés de Montpellier 2015** | Sec | 2018>21 | 16 € — **15**
- **Languedoc Bronzinelle 2018** | Sec | 2019>19 | 10,50 € — **15,5**
- **Languedoc Bronzinelle 2016** | Sec | 2018>23 | 10,50 € — **15,5**

34530 Montagnac • Tél. 04 67 24 00 40 • contact@stmartingarrigue.com • www.stmartingarrigue.com • Visite : du lundi au vendredi de 8h à 12h et de 14h à 17h30. Le week-end sur rendez-vous.

LES VINS DE SAINT-SATURNIN

★☆☆☆☆

Nous sommes ravis de faire entrer cette cave coopérative parmi les domaines notés dans le guide. La gamme est sérieuse, régulière et tarifée à prix d'ami.

- **IGP d'Oc La Calade 2018** | Sec | 2019>21 | 3,35 € — **13,5**
- **IGP de Saint-Guilhem Le Désert Sur un Air de Grenache 2018** | Sec | 2019>20 | NC — **13,5**

5, avenue Noël-Calmel, 34725 Saint-Saturnin-de-Lucian • Tél. 04 67 96 61 52 • contact@vins-saint-saturnin.com • www.vins-saint-saturnin.com • Visite : Du lundi au samedi de 9h à 12h et de 14h à 18h. L'été de 9h à 12h30 et de 14h à 19h, le dimanche de 9h à 12h30.

DOMAINE SAINT-SYLVESTRE

★★★☆☆

Sophie et Vincent Guizard ont séparé leur destinée de celle du domaine Moncalmès. Ils ont créé cette propriété de huit hectares, implantée près d'Aniane, dont une partie du vignoble provient d'une défriche qui reste insérée au milieu des bois. La conduite du vignoble et des vinifications est menée avec un bon sens évident et la grande connaissance du terroir et des cépages que Vincent a acquise. Des vins d'une finesse à prendre en exemple en Languedoc, tant pour le blanc, superbe depuis le début du domaine que pour le rouge. Le domaine fait partie des meilleurs producteurs des Terrasses du Larzac.

- **Languedoc 2017** | Sec | 2019>25 | 22 € — 17
- **Terrasses du Larzac 2016** | Sec | 2019>25 | 21 € — 17

Rue de la Grotte, 34150 Puechabon • Tél. 09 60 50 30 15 ou 06 13 51 15 67 • domaine-st-sylvestre20@orange.fr • www.domaine-saint-sylvestre.com • Visite : sur rendez-vous.

CHÂTEAU SAINTE-EULALIE

★★★☆☆

Mené par un couple d'œnologues, le domaine est constitué de 35 hectares d'un seul tenant, sur les hauteurs de la Livinière, à environ 250 mètres d'altitude. Cette situation permet une gamme de rouges au fruité de très belle qualité. Les sols sont très caillouteux et l'intégralité de la production est en appellation Minervois et Minervois-La-Livinière. Dès l'entrée de gamme, véritable vin plaisir comme l'indique son nom, à la grande-cuvée, le fil conducteur reste l'équilibre, le charme, la fraîcheur et la qualité du grain de tannin.

- **Minervois-La-Livinière Grand Vin 2017** | Sec | 2019>26 | 22 € — 16,5
- **Minervois-La-Livinière La Cantilène 2017** | Sec | 2019>25 | 14,50 € — 15,5
- **Minervois Plaisir d'Eulalie 2018** | Sec | 2019>23 | 6,30 € — 14

34210 La Livinière • Tél. 04 68 91 42 72 • info@chateausainteeulalie.com • www.chateausainteeulalie.com • Visite : du 1er juillet au 30 septembre: tous les jours de 10h30 à 12h30 et de 15h à 18h30. Le reste de l'année du lundi au vendredi de 10h30 à 12h et de 15h à 17h, le week-end sur rendez-vous.

SAINTE-LUCIE D'AUSSOU

★☆☆☆☆

Des vins d'une belle élégance aromatique et de structure qui méritent le détour d'autant que leurs prix sont tout à fait raisonnables. Une incroyable régularité depuis de nombreux millésimes.

- **Corbières-Boutenac Bella Dama 2016** | Sec | 2019>23 | 15,80 € — 14
- **Corbières Le Rouge 2017** | Sec | 2019>25 | 7,50 € — 15,5

11200 Boutenac • Tél. 06 87 34 12 67 • sainteluciedaussou@wanadoo.fr • Visite : sur rendez-vous.

DOMAINE SAINTE-MARIE DES CROZES

★★☆☆☆ ♣

Ce domaine de 17 hectares, produisant des igp et des corbières, est situé dans le nord-ouest de l'appellation, au pied de la montagne d'Alaric, dans des zones où les influences océaniques deviennent perceptibles. Les vignes sont plantées à flanc de coteaux et certifiées bio depuis 2011. Les propriétaires Bernard et Dominique Alias avaient largement modernisé les installations techniques dans les années 2000 avant de passer la main à leur plus jeune fille, Christelle, pleine d'enthousiasme et d'idées nouvelles, notamment la pratique de la biodynamie. Tous les vins priment par leur élégance aromatique et leur délicatesse de texture. Les blancs ne déçoivent jamais. La gamme d'igp est également superbe et tout particulièrement en-rébellion, qui magnifie le pinot. Une adresse à connaître rapidement.

- **Corbières Les Fugitives 2017** | Sec | 2019>25 | 23 € — 14,5
- **Corbières Les Mains sur les Hanches 2018** | Sec | 2019>23 | 10 € — 14,5
- **Corbières Milo 2017** | Sec | 2019>22 | 16 € — 14,5
- **IGP d'Oc cabernet franc 2017** | Sec | 2019>22 | 6,50 € — 14
- **IGP d'Oc En Rébellion 2017** | Sec | 2019>22 | 8 € — 14,5
- **IGP d'Oc Le Clandestin 2018** | Sec | 2019>21 | 6,50 € — 14

50, avenue des Corbières, 11700 Douzens • Tél. 06 14 60 60 91 • d.alias11@orange.fr • www.saintemariedescrozes.com • Visite : du lundi au vendredi de 14h à 18h, le week-end sur rendez-vous.

DOMAINE SARRAT D'EN SOL

★☆☆☆☆

Le Domaine Sarrat d'en Sol est un domaine familial situé dans les Hautes-Corbières, au pied des châteaux Cathare. Les vignes ancestrales (carignan, grenache et syrah) entourent une bergerie du quatorzième siècle transformée en gîte. Vigneron depuis toujours, Nicolas Brassou, après avoir longtemps confié ses vins à la coopérative, décide en 2014 de vinifier par lui-même dans son tout nouveau chai. Le résultat est à la hauteur de ses espérances, un vin puissant, généreux, parfaitement travaillé et expressif. Son prix plus que raisonnable devrait en séduire plus d'un. La cuvée arménie, solide et complexe, présente un potentiel indéniable. Un domaine à suivre de près!

■ **Fitou 2017** | Sec | 2019>24 | 12 € 16
■ **Fitou Arménie 2016** | Sec | 2019>26 | 18 € 15,5

4, chemin Sarrat d'en Sol, 11350 Tuchan • Tél. 04 68 45 02 38 • famille.brassou@wanadoo.fr • Visite : sur rendez-vous au 06 38 93 82 86.

DOMAINE SAUTA ROC

Deux jeunes fraîchement installés sur Vaillan et deux cuvées de ce domaine que nous ne connaissions pas : codoliera, intense et très buvable, in-trecio, plus en muscles encore. Deux grandes réussites remarquables en rouge par la qualité de leurs tannins et par une expression de goût très supérieure aux standards locaux.

■ **Languedoc-Pézenas In Trecio 2017** | Sec | 2019>24 | 17,50 € 15,5
■ **Languedoc Codoliera 2017** | Sec | 2019>21 | 11 € 15,5

3, rue de Trignan, 34320 Vailhan • Tél. 07 71 81 07 19 • contact@sauta-roc.com • Visite : sur rendez-vous.

MAS DE LA SERANNE

Le mas de la Seranne, situé dans la zone des Terrasses du Larzac, en Coteaux du Languedoc, appartient à Jean-Pierre Venture. Ce vigneron s'est extirpé de l'industrie agro-alimentaire pour revenir à la vigne où il s'est patiemment construit un domaine d'une quinzaine d'hectares. La gamme de rouges est orientée vers la gourmandise, dans un style accessible et flatteur, faite pour être bue rapidement mais sans manquer de profondeur. Antonin-et-louis cultivent la finesse du tannin sous un élevage marqué. Une cuvée bonaventura est issue de grenache et de carignan en tirage limité. Tous les vins partagent la note charmeuse fumée et lardée qui semble un archétype habituel de la syrah mûre, même quand ils ne contiennent pas de syrah ! Cette note est donc la patte du domaine, ce qui le rend aisément reconnaissable en dégustation.

■ **Languedoc Les Ombelles 2017** | Sec | 2019>25 | 13 € 14
■ **Terrasses du Larzac Antonin et Louis 2016** | Sec | 2018>23 | 22 € 15,5
■ **Terrasses du Larzac Bonaventura 2016** | Sec | 2019>24 | 31 € 14,5
■ **Terrasses du Larzac Le Clos des Immortelles 2017** | Sec | 2019>22 | 16,40 € 15

Route de Puéchabon, 34150 Aniane • Tél. 04 67 57 37 99 • mas.seranne@wanadoo.fr • www.mas-seranne.com • Visite : du lundi au samedi de 10h à 12h et de 15h à 18h30.

MAS SEREN

Ce sont six hectares entourés de garrigue, perchés à 300 mètres d'altitude, au cœur des Cévennes, sur lesquels s'épanouissent à merveille les cépages typiquement méditerranéens. L'alternance de journées chaudes et de nuits très fraîches permet une lente maturation des baies qui conservent ainsi une grande pureté aromatique et de la fraîcheur. Les vins sont flatteurs, aromatiques, toujours équilibrés et frais, somme toute, élégants, très faciles à boire et dotés d'une grande personnalité.

■ **IGP des Cévennes Etamin 2018** | Sec | 2019>23 | 13 € 15
■ **IGP des Cévennes Lilith 2018** | Sec | 2019>22 | 14 € 15
■ **IGP des Cévennes Mintaka 2017** | Sec | 2019>24 | 17 € 15,5

1820, route de Saint-Jean du Gard, 30140 Anduze • Tél. 06 79 41 13 29 • mas.seren@orange.fr • www.mas-seren.fr • Visite : tous les jours sur rendez-vous.

CAVES DU SIEUR D'ARQUES

La coopérative du Sieur d'Arques est l'acteur économique majeur de Limoux car elle met en marché 16 millions de bouteilles. Pionnière dans la sélection parcellaire, elle s'est engagée depuis vingt ans dans une démarche qualitative et poursuit la réalisation de cuvées très bien calibrées. La gamme des blancs toques-et-clochers, à base de chardonnay, issue des 4 terroirs limouxins, est élevée en barriques, à la bourguignonne, avec bâtonnages, ce qui donne des vins généreux, charmeurs et parfaitement équilibrés. Une jolie gamme de bulles de qualité complète parfaitement l'ensemble des vins de la cave. Sa régularité qualitative en fait un véritable fer de lance pour l'appellation.

■ **Blanquette de Limoux Première Bulle Eff. NM** | Brut | 2019>21 | 10,20 € 15
■ **Crémant de Limoux Aguila Eff. NM** | Brut | 2019>21 | 6,95 € 15

Crémant de Limoux Aguila Eff. NM | Sec | 2019>21 | 7,80 € 14,5
Crémant de Limoux Première Bulle Eff. NM | Sec | 2019>21 | 12,20 € 15
Limoux Toques et Clochers Océanique 2017 | Sec | 2019>22 | 12,75 € 15
IGP d'Oc Cuvée du Soleil 2018 | Sec | 2019>20 | 7 € 14,5

Avenue du Languedoc, 11300 Limoux • Tél. 04 68 74 63 00 • vpc@sieurdarques.com • www.boutique-sieurdarques.com • Visite : du lundi au samedi de 9h30 à 12h30 et de 14h à 18h30, le dimanche et jours fériés de 10h à 12h30 uniquement au magasin avenue du mauzac.

CLOS TEISSEIRE

★☆☆☆☆

Le domaine, véritable petit nid qui tutoie les cimes pyrénéennes, se situe sur des coteaux au cœur de l'appellation Limoux. En 2016, Laetitia Teisseire abandonne son métier d'infirmière pour se consacrer à l'exploitation familiale qui jusqu'alors amenait sa récolte à la cave des Vignerons du Sieur d'Arques. Son premier millésime était une véritable réussite ! Un concentré d'arômes, une délicatesse de texture et un équilibre magnifique. Le suivant, plus opulent, nous avait quelque peu déçus, avec le 2018 nous retrouvons la patte magique de Laetitia. Un domaine à suivre de près !

Limoux Optime 2018 | Sec | 2019>24 | 18 € 16
IGP de la Haute Vallée de l'Aude Vue sur Ciel 2018 | Sec | 2019>23 | 11,80 € 16

chemin du moulin , 11250 Roufiac-d'Aude • Tél. 06 76 92 43 36 • closteisseire@gmail.com • www.closteisseire.com • Visite : sur rendez-vous.

TERRE D'EXPRESSION

★☆☆☆☆

Des vins intéressants, fruités, équilibrés, jouant sur la fraîcheur. Mention spéciale à la magnifique cuvée château-serviès.

Corbières Château Serviès 2016 | Sec | 2019>25 | 7,90 € 15,5
Corbières Fortes Têtes 2018 | Sec | 2019>21 | 5,90 € 14
Corbières Fortes Têtes 2018 | Sec | 2019>20 | 5,90 € 14

5, avenue des Coopératives, 11200 Fabrezan • Tél. 04 68 43 61 18 • info@terredexpression.fr • www.terre-dexpression.fr • Visite : Du lundi au vendredi, de 8h à 12h et de 14h à 18h. Le week-end, de 10h à 12h et de 15h à 17h.

DOMAINE DE THOLOMIES

★★☆☆☆

Cette propriété bien située à la Livinière a été reprise récemment par les Grands Chais de France, important acteur de la filière viticole française, qui ambitionnent d'en faire un étendard de leur activité en Languedoc. Leurs moyens et leur implication se font déjà sentir dans la qualité des vins. Le style est toujours très massif, conçu pour durer.

Minervois-La-Livinière 2016 | Sec | 2019>25 | 16 € 15
Minervois-La-Livinière 2016 | Sec | 2019>26 | NC 15

34210 La Livinière • Tél. 04 67 39 29 49 • domaine@labaume.com • www.domaine-labaume.com • Visite : du lundi au vendredi de 9h à 18h, le samedi de 10h à 13h et de 15h à 18h.

CHÂTEAU TRILLOL

★☆☆☆☆

Racheté par la famille Sichel voilà près de 20 ans, le château Trillol est magnifiquement situé sur les contreforts des Pyrénées, à 400 mètres d'altitude, tout près de Cucugnan. Ce sont 40 hectares plantés de syrah, grenache et carignan, cépages qui s'expriment à merveille sur ce beau terroir. L'altitude élevée du vignoble permet de conserver une grande complexité aromatique et une belle fraîcheur. Les vins rouges sont parfaitement vinifiés, classiques, très expressifs et souvent très aromatiques et frais, les blancs ne déparent pas. Mention spéciale pour la nouvelle cuvée païs-d'ennaut.

Corbières 2017 | Sec | 2019>21 | 9,40 € 14,5
Corbières 2016 | Sec | 2019>23 | 9,40 € 14
Corbières Païs d'Ennaut 2016 | Sec | 2019>26 | 22 € 14,5

10, Route de Duilhac, 11350 Cucugnan • Tél. 04 68 45 01 13 • trillol@orange.fr • www.trillol.com • Visite : Du lundi au vendredi de 10h à 18h. Ouvert tous les jours du mois d'avril au mois d'août de 10h30 à 18h30.

DOMAINE DE VALENSAC

★☆☆☆☆

Ce joli domaine familial se fait une spécialité d'associer des cépages classiques à des cépages plus improbables en Languedoc tels les petit manseng, petit verdot et riesling. Le résultat est superbe. il faut le surveiller de près.

- **IGP d'Oc Entre Nous 2017** | Sec | 2019>22 | 8,50 € — 14
- **IGP d'Oc Entre Nous Selon Valensac 2018** | Sec | 2019>20 | 6,50 € — 14,5
- **IGP d'Oc Triade 2017** | Sec | 2019>21 | 11 € — 14,5

RD 28, 34510 Florensac • Tél. 04 67 77 41 16 • valensac@orange.fr • Visite : du lundi au vendredi de 10h à 12h et de 14h à 17h.

CHÂTEAU DE VAUGELAS

★★☆☆☆

Depuis 2000, cette propriété de 150 hectares appartient à la famille Bonfils, très implantée dans les vignobles du Sud et également en Montagne-Saint-Émilion. La propriété est en bordure de l'Orbieu, sur la commune de Camplong d'Aude, entre le mont Alaric et la montagne Noire. Le vignoble a l'originalité de n'être implanté que sur une seule et même parcelle. Les sols argilo-calcaires de la propriété sont composés de marnes bleues en profondeur et de galets roulés ou gravettes en surface. Le terroir n'est pas facile mais le domaine parvient, par son savoir-faire et son exigence, à se positionner au niveau des très bons corbières. Les vins sont incontestablement bien vinifiés, généralement très flatteurs, exubérants, bien représentatifs de leur terroir, toujours bien équilibrés et agréables à boire.

- **Corbières 2017** | Sec | 2019>24 | 9,90 € — 14
- **Corbières Prestige 2017** | Sec | 2019>23 | 5,90 € — 14

11200 Camplong-d'Aude • Tél. 04 67 93 10 10 • chateauvaugelas@wanadoo.fr • www.chateauvaugelas.com • Visite : sur rendez-vous.

MAISON VENTENAC

★★☆☆☆

Avec le château Pennautier, le château de Ventenac est l'autre grand domaine de l'appellation Cabardès, géré par Stéphanie (fille du fondateur Alain Maurel) et son mari Olivier Ramé. En à peine dix ans, le jeune couple a mené une véritable révolution copernicienne, menant la mue du domaine avec aplomb et ambition. En étroite concertation avec Alain Maurel, âme et propriétaire des lieux, ils ont élargi la gamme, doublant les volumes et réformant la commercialisation. Aujourd'hui, les vins sont particulièrement goûteux, avec une belle pureté aromatique et un équilibre généralement sans faille. À noter la toute nouvelle gamme de vin de France, les-dissidents, micro-cuvées pleines de caractère et aux noms amusants, qui ne voient pas l'ombre du soufre pendant leur vinification. Une conversion au bio a été initiée depuis plus d'un an. C'est donc une adresse sûre proposant des prix sages : il faut s'en emparer sans attendre.

- **Cabardès Château Ventenac La Réserve de Jeanne 2017** | Sec | 2019>24 | 7,90 € — 15
- **Cabardès Maison Ventenac Grande Réserve de Georges 2017** | Sec | 2019>25 | 9,90 € — 14
- **IGP d'Oc Aure 2018** | Sec | 2019>20 | 6,90 € — 15
- **IGP d'Oc Carole chardonnay 2018** | Sec | 2019>21 | 6,90 € — 15
- **IGP d'Oc Marie 2018** | Sec | 2019>21 | 6,90 € — 14,5
- **IGP d'Oc Pierre 2018** | Sec | 2019>22 | 6,90 € — 14,5
- **Vin de France Candide chenin 2018** | Sec | 2019>21 | 19,90 € — 15
- **Vin de France Le Paria grenache 2018** | Sec | 2019>21 | 8,50 € — 14
- **Vin de France Patience 2017** | Sec | 2019>23 | 19,90 € — 16

4, rue du Jardin, 11610 Ventenac Cabardes • Tél. 04 68 24 93 42 • accueil@maisonventenac.fr • www.maisonventenac.fr • Visite : du lundi au vendredi de 8h à 12h et de 13h30 à 18h.

CHÂTEAU VIEUX MOULIN

★★☆☆☆ 🍀

Alexandre They a repris les vignes familiales qui produisaient essentiellement du vin vendu en vrac. Il s'est fait une spécialité de vins assez concentrés et chaleureux, en limitant le rendement moyen de l'exploitation à moins de 30 hectolitres par hectare. Ce sont des vins très riches, en limite de surmaturité, plutôt massifs mais qui restent charmeurs et agréables à boire. La cuvée de base, qui ne bénéficie pas d'un élevage en barrique, est généralement très fruitée et facile à boire, vox-dei monte d'un cran et les-ailes sort toujours du lot, l'expression réussie de ce que la syrah peut produire sur ces terroirs très chauds. La nouvelle gamme en vin de France est également probante.

- **Corbières 2018** | Sec | 2019>23 | 11 € — 14,5
- **Corbières Vox Dei 2017** | Sec | 2019>25 | 16 € — 16
- **Vin de France Natura Humana 2018** | Sec | 2019>22 | 18 € — 14,5
- **Vin de France Natura Soli 2017** | Sec | 2019>23 | 16 € — 15,5

1, rue Madonne, 11700 Montbrun-des-Corbières • Tél. 04 68 43 29 39 • alex.they@vieuxmoulin.net • www.vieuxmoulin.net • Visite : tous les jours sur rendez-vous.

CHÂTEAU DU VIEUX PARC

★★☆☆☆

Voilà cinq générations que la famille Panis cultive et vinifie les raisins du château du Vieux Parc. Louis Panis a passé le flambeau à son fils Guillaume. Sur les 80 hectares de la propriété, située à mi-chemin entre Carcassonne et Narbonne, 35 hectares sont dédiés à l'appellation Corbières et 25 à l'IGP Hauterive. Le château produit trois niveaux de qualité : les corbières vieilles vignes élevés en fûts de chêne, les corbières tradition à déguster dans leur jeunesse et enfin les igp. Sa régularité qualitative depuis quelques années et les progrès enregistrés font que cette propriété mérite bien son classement.

- **Corbières L'Air de Rien 2017** | Sec | 2019>23 | 6,50 € — 14
- **Corbières La Sélection 2016** | Sec | 2019>22 | 11,50 € — 14

1, avenue des Vignerons, 11200 Conilhac-Corbières • Tél. 04 68 27 47 44 • contact@chateau-vieuxparc.fr • www.chateau-vieuxparc.fr • Visite : tous les jours de 9h à 19h.

CHÂTEAU VILLERAMBERT-JULIEN

★☆☆☆☆

Implantée à Caunes-Minervois, le pays du marbre rose qui permit le Grand Trianon et l'Opéra Garnier, cette propriété a été l'une des références de la région. Elle est désormais exploitée par la famille Bonfils. Nous retrouvons avec un plaisir évident des rouges qui reviennent vers le style des années 2000, quand le domaine se détachait nettement en Minervois. Le blanc réalisé selon les canons modernes est frais et gourmand.

- **Minervois Château Millegrand Cuvée Aurore 2016** | Sec | 2019>24 | 11,50 € — 13
- **Minervois Château Millegrand fût de chêne 2017** | Sec | 2019>23 | 5,90 € — 13,5
- **Minervois Incarnat 2016** | Sec | 2019>25 | 9,90 € — 14,5
- **Minervois L'Opéra 2016** | Sec | 2019>23 | 6,50 € — 14
- **Minervois Terre de Marbre 2016** | Sec | 2019>24 | 9,90 € — 14

D 620, 11160 Caunes-Minervois • Tél. 04 68 78 00 01 • info@villerambert-julien.com • www.villerambert-julien.com • Visite : En hiver, du lundi au vendredi de 9h à 11h30 et de 14h à 18h30. Le samedi sur rendez-vous. En été, du lundi au vendredi de 9h à 12h et de 14h à 20h, ouvert également le samedi et le dimanche, sans rendez-vous.

CHÂTEAU VIRANEL

★☆☆☆☆

Nous avons retenu cette année ce domaine pour sa rare carthagène du Languedoc, à base d'alicante bouschet et réalisée sur un principe de solera. Dans un esprit de rouge sans tannin avec une sucrosité puissante en finale, profonde et délicate mais sans opulence déplacée, cette cuvée constitue à elle seule une expérience unique.

- **IGP de l'Hérault Arômes Sauvages 2017** | Sec | 2019>22 | 10,60 € — 14
- **IGP de l'Hérault viognier 2018** | Sec | 2019>21 | 10 € — 13,5
- **IGP d'Oc Trilogie 2018** | Sec | 2019>20 | 7 € — 14

34460 Cessenon • Tél. 04 67 89 60 59 • contact@viranel.fr • www.viranel.com • Visite : sur rendez-vous.

PROVENCE

Tous les vins dégustés n'ont pu être cités dans ce guide.
Retrouvez plus de 120 000 vins notés et commentés sur
L'APPLI LE GRAND TASTING ET SUR **WWW.BETTANEDESSEAUVE.COM**

(ORANGE)
(GAP)
Carpentras
A9
A7
N96
Forcalquier
N100
AVIGNON
(NIMES)
Gordes
N100
Apt
Rhône
N570
D571
N7
Cavaillon
Manosque
PIERREVERT
Saint-Rémy-de-Provence
LES BAUX-
Les Baux-de-Provence
DE-PROVENCE
D973
Durance
Pertuis
D973
Arles
A51
D27
Lambesc
A54
Salon-de-Provence
N96
Rians
(NIMES)
St-Martin-
de-Crau
N569
COTEAUX D'AIX-EN-PROVENCE
D561
N7
A8
Grand Rhône
N568
Aix-en-Provence
PALETTE
CÔTES-DE-
PROVENCE-
SAINTE-VICTOIRE
Istres
A7
Gardanne
Trets
A51
Vitrolles
D5
Étang
de Berre
Fos-sur-Mer
Marignane
CÔTES-DE-
PROVENCE
A52
Martigues
A55
N568
N560
Allauch
Golfe
de Fos
MARSEILLE
A50
Aubagne
D2
D559
CÔTES-DE-
PROVENCE
N8
CASSIS
Cassis
BANDOL
Cap Croisette
A50
La Ciotat
D559
Île Riou
Bandol
CÔTES DE PROVENCE
MER MÉDITERRANÉE
0 5 10 20 km

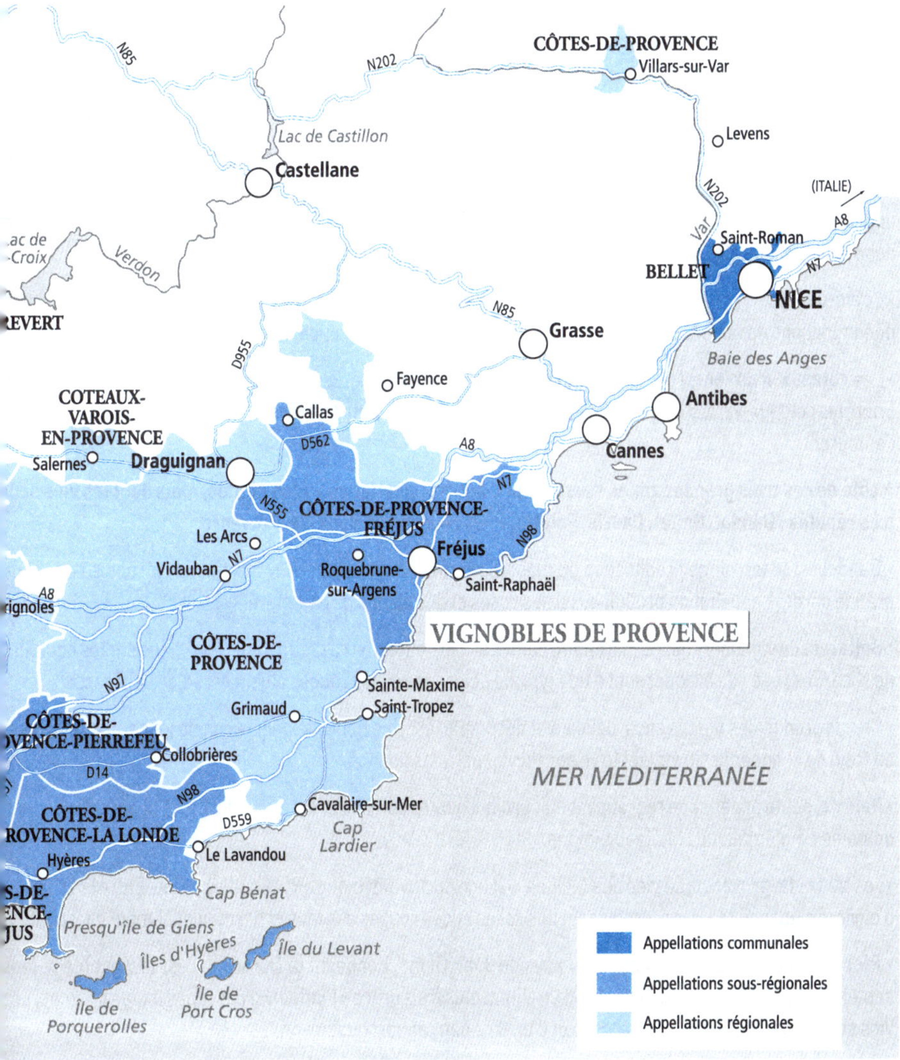
CÔTES-DE-PROVENCE
Villars-sur-Var
N202
N85
Lac de Castillon
Levens
Castellane
(ITALIE)
A8
Var
Saint-Roman
BELLET
N7
NICE
Verdon
Grasse
Baie des Anges
D955
Fayence
COTEAUX-VAROIS-EN-PROVENCE
Callas
Antibes
Salernes
Draguignan
D562
A8
Cannes
N7
N555
CÔTES-DE-PROVENCE-FRÉJUS
Les Arcs
N98
Fréjus
Vidauban
N7
Roquebrune-sur-Argens
Saint-Raphaël
A8
VIGNOBLES DE PROVENCE
CÔTES-DE-PROVENCE
N97
Sainte-Maxime
Saint-Tropez
Grimaud
Collobrières
D14
MER MÉDITERRANÉE
N98
Cavalaire-sur-Mer
CÔTES-DE-
D559
Cap Lardier
Le Lavandou
Hyères
Cap Bénat
Presqu'île de Giens
Îles d'Hyères
Île du Levant
Île de Port Cros
Île de Porquerolles
Appellations communales
Appellations sous-régionales
Appellations régionales

LE VIGNOBLE DE LA PROVENCE

LE VIGNOBLE

› Vignoble le plus ancien de France, la Provence est la plus importante région productrice de rosé, représen-tant pas moins de 6 % du marché mondial. Sur ses 26 860 hectares de vignoble, dont 25 % sont aujourd'hu cultivés en bio, elle produit 89 % de rosé, 7 % de rouge et 4 % de blancs. La vigne s'étend d'ouest en est su près de 200 kilomètres, entre la Méditerranée et les Alpes. Le climat chaud et sec, balayé par les vents, es particulièrement propice à la viticulture. Différents terroirs s'expriment ici, mais tous possèdent le caractère solaire du climat méditerranéen, toutefois nuancé par la topographie du paysage. Rosés limpides et ciselés rouges puissants et de garde, blancs tendres et savoureux.

› L'ouest et le nord du vignoble alternent collines et roches calcaires ; c'est là que se trouvent la montagne Sainte-Victoire, le massif de la Sainte-Baume ou les gorges du Verdon. Plus à l'est, face à la mer, affleuren les massifs cristallins des Maures et du Tanneron. Si l'on continue vers l'est, entre Saint-Tropez et Cannes apparaissent les roches de porphyres du massif volcanique de l'Estérel. Les sols de la Provence viticole son donc pauvres, bien drainés, peu profonds.

› **Côtes-de-Provence** est l'appellation la plus vaste. Cinq grandes zones naturelles la constituent, avec quatre dénominations de terroir : Sainte-Victoire, Fréjus, Pierrefeu et La Londe.

› Les **coteaux-d'aix-en-provence** se situent entre Saint-Rémy-de-Provence et la montagne Sainte-Victoire Enfin, les coteaux-varois-en-provence s'étendent de la Sainte-Baume à Brignoles, à l'abri des montagnes qu l'entourent.

À côté de ces trois grandes zones se trouvent d'autres appellations, plus petites, mais dont les vins sont très réputés : Bandol, Bellet, Cassis, Palette, Pierrevert et les Baux-de-Provence.

› **Bandol** est le terroir de prédilection du mourvèdre. Ses rouges puissants, aux tannins structurés, sont de grande garde. L'appellation produit aussi des rosés et des blancs de caractère.

› **Bellet** est un vignoble quasi entièrement cultivé en bio, tout en terrasses pentues perchées sur les hauteurs de Nice. Ses rosés de braquet sont d'une typicité délicieuse et ses rouges allient caractère et finesse.

› **Cassis** produit des blancs secs, délicats et décomplexés. Une nouvelle génération de jeunes vignerons est en train de changer positivement le visage du vignoble cassiden.

› **Palette**, petite appellation regroupant aujourd'hui quatre domaines, est surtout connu et reconnu pour son domaine emblématique : Château Simone.

› Les **baux-de-provence**, au pied des Alpilles, est une enclave idyllique à 90 % cultivé en bio. Entre les champs d'oliviers s'épanouit la vigne, produisant des rosés et des rouges charnus et harmonieusement charpentés.

› **Pierrevert** se situe en plein cœur du pays de Jean Giono. Longeant la Durance, c'est le vignoble le plus septentrional de Provence, bénéficiant d'un climat plus frais grâce à l'influence des Alpes toutes proches. Les vins sont en général faciles d'approche et d'un très bon rapport qualité-prix.

DOMAINE DE L'ABBAYE DE LÉRINS

★★★☆☆

Saint-Honorat, île paisible baignée de lumière et classée Natura 2000, est un lieu où le fruit de barbarie se joint à la prière, où le vin est en perpétuelle renaissance. Il est habité depuis 1869 par les frères cisterciens, cet ordre religieux qui porte depuis des siècles le développement de la viticulture en France, et où l'excellence du travail de la terre s'y perpétue. Sur 8 hectares de vignes bordées par la mer, protégées par une bande de végétation haute, les cépages s'épanouissent dans un climat marin. Le récent changement de frère économe et l'embauche du jeune et talentueux œnologue Hugo Millet changent la donne à la vigne avec la conversion en agriculture bio en cours, tout comme dans l'élevage des vins, qui gagnent en finesse et en profondeur.

- **IGP des Alpes-Maritimes Saint-Césaire 2018** | Sec | 2019>28 | 42 € — 15
- **IGP des Alpes-Maritimes Saint-Cyprien 2018** | Sec | 2019>27 | 65 € — 15,5
- **IGP des Alpes-Maritimes Saint-Eucher 2016** | Sec | 2019>27 | 45 € — 16
- **IGP des Alpes-Maritimes Saint-Honorat 2016** | Sec | 2019>28 | 33 € — 15
- **IGP des Alpes-Maritimes Saint-Sauveur 2016** | Sec | 2019>28 | 42 € — 18
- **IGP des Alpes-Maritimes Sainte Ombeline 2018** | Sec | 2019>28 | 55 € — 16

Abbaye de Lérins, Île Saint-Honorat CS 10 040 - B.P. 157, 06414 Cannes Cedex • Tél. 04 92 99 54 32 • commercial@abbayedelerins.com • www.excellencedelerins.com • Visite : tous les jours de 9h30 à 17h30, en hiver jusqu'à 16h30.

DOMAINE ALLEMAND

★★☆☆☆

Ce domaine familial de 11 hectares se situe au point le plus septentrional de la Provence viticole, non loin de Gap. Relativement isolées, les Hautes Alpes sont un joli trait d'union entre le vignoble de la Provence et celui de Savoie. Dans ce climat montagnard, la viticulture est une passion qui se transmet de génération en génération, et aujourd'hui c'est Laetitia qui a repris le flambeau de son père. Depuis déjà 1954, toutes les cuvées sont mises en bouteille au domaine, une petite révolution dans ce coin où traditionnellement les raisins partaient à la coopérative. Leur vignoble, situé en contrebas du village de Théüs, s'étend le long des berges de la Durance sur un sol argilo-calcaire très caillouteux, sur des coteaux exposés plein sud, à des altitudes variant de 650 à 750 mètres. Leur spécificité est le mollard, cépage rouge autochtone, réhabilité grâce au père de Laetitia.

- **IGP Hautes-Alpes Brut Nature Blanc de Blancs Eff. 2016** | Non dosé | 2019>21 | 9,90 € — 13,5
- **IGP Hautes-Alpes Brut Rosé Eff. 2016** | Extra-brut | 2019>21 | 9,90 € — 14
- **IGP Hautes-Alpes Le Goût des Vacances 2018** | Sec | 2019>20 | 6,90 € — 14
- **IGP Hautes-Alpes Ma Cuvée 2018** | Sec | 2019>26 | 18,90 € — 16
- **IGP Hautes-Alpes Ma Cuvée 2017** | Sec | 2019>25 | 18,90 € — 15,5
- **IGP Hautes-Alpes Ma Cuvée - Orange is the New White 2018** | Sec | 2019>27 | 14,90 € — 17
- **IGP Hautes-Alpes Ma Cuvée - Rosé Barrique 2018** | Sec | 2019>21 | 18,90 € — 14
- **IGP Hautes-Alpes Matthéüs 2018** | Sec | 2019>24 | 8,90 € — 14,5
- **IGP Hautes-Alpes Soleil d'Octobre 2017** | Doux | 2019>26 | 9,90 € — 16,5
- **IGP Hautes-Alpes Théüsien Blanc 2018** | Sec | 2019>23 | 8,20 € — 15
- **IGP Hautes-Alpes Théüsien Rouge 2018** | Sec | 2019>24 | 8,20 € — 15

1495 Route de l'Eau Vive, La Plaine de Théüs, 05190 Théüs • Tél. 04 92 54 40 20 • domaineallemand@orange.fr • www.domaine-allemand.com • Visite : du lundi au vendredi de 9h a 12h et de 14h 18h, le samedi sur rendez-vous.

DOMAINE ANTIANE

★☆☆☆☆

Ce minuscule domaine en format mouchoir de poche, un des derniers arrivés sur l'appellation de Bandol, ne produit du vin que sur 1,60 hectare. Pascale et Patrick, amoureux de la région, ont racheté en 2010 un ancien club de tennis et reconverti les courts en vignoble. Pour pouvoir vinifier, ils ont tout simplement transformé leur garage en chai et en réserve. Côté élevage, une seule barrique trône dans leur chai de poupée, histoire de faire des essais et se préparer doucement pour la production de bandol rouge à venir. Cette année, ils n'ont présenté qu'une seule cuvée. Nous espérons que l'année prochaine nous aurions à nouveau toute leur gamme à déguster.

- **Bandol 2018** | Sec | 2019>20 | 16 € — 13,5

1471, chemin du Beleouve, 83330 Le Castellet • Tél. 06 14 14 19 07 • domaineantiane@gmail.com • www.domaine-antiane.fr • Visite : sur rendez-vous.

DOMAINE DU BAGNOL

Rachetés en 1997 par la famille Genovesi et certifiés bio depuis 2014, les 17 hectares se situent en plein cœur du village de Cassis, avec vue sur la mer et le majestueux cap Canaille. Tout en restanques orientées sud-ouest, les parcelles bénéficient d'un terroir argilo-calcaire et de l'influence marine. Aujourd'hui, ce sont Sébastien et sa femme Lisa qui gèrent ce petit bijou viticole et vinifient, toujours sous l'œil de l'énergique Jean-Louis Genovesi, des cuvées goûteuses et généreuses.

- **Cassis Marquis de Fesques 2017** | Sec | 2019>28 | 24,50 € 15
- **Cassis Marquis de Fesques 2017** | Sec | 2019>25 | 24,50 € 15,5
- **Cassis Tradition 2018** | Sec | 2019>22 | 15,50 € 14
- **Cassis Tradition 2018** | Sec | 2019>23 | 15,50 € 15

12, avenue de Provence, 13260 Cassis • Tél. 04 42 01 78 05 • lebagnol@orange.fr • www.domainedubagnol.fr • Visite : du lundi au vendredi de 10h à 12h et de 14h30 à 18h30, également le samedi du 1er juillet au 15 septembre.

DOMAINE BARAVÉOU

Jean Philippe est passionné de vin depuis toujours. Après avoir fait ses armes chez les autres, il achète en 2011 un coin de forêt avec 8 hectares de vignes potentielles. Tout seul, il défriche et plante 3,5 hectares de vignes, en restanques méticuleusement restaurées. Un travail de titan. Côté viticulture, il est en bio non revendiqué. Actuellement, il vend encore une partie de sa petite production au négoce, mais vu la qualité de son vin cela ne va certainement pas durer. Nous suivons de près ce jeune, talentueux et travailleur.

- **Bandol 2018** | Sec | 2019>21 | 16 € 13,5
- **Bandol 2017** | Sec | 2019>28 | 26 € 15

Chemin de Baraveou, 83740 La Cadière-d'Azur • Tél. 06 22 93 42 71 • fourney.jeanphilippe@gmail.com • Visite : Uniquement sur rendez-vous.

CHÂTEAU BARBANAU

Ce domaine familial installé sur deux appellations, Cassis et les Côtes de Provence, est aujourd'hui dirigé par le très sympathique et dynamique couple Sophie et Didier Simonini-Cerciello. Sur leurs 32 hectares de vignoble, dont 7 hectares à Cassis dénommés le Clos Val Bruyère, ils travaillent une viticulture exemplaire, certifiée biodynamie depuis 2018. Résultat, la vigne et le sol resplendissent et les environs regorgent d'une biodiversité exemplaire, même pour un domaine en bio. Les vins sont croquants et bien dessinés, avec, sur l'appellation Cassis, cette touche saline qui caractérise si bien ce terroir. La cuvée blanc kalahari, dont le nom a été inspiré par l'amour du couple pour le Botswana, vaut le voyage : c'est un des vins les plus intéressants, mais aussi originaux, du domaine.

- **Cassis Clos Val Bruyère 2017** | Sec | 2019>22 | 15,10 € 14
- **Cassis Kalahari 2016** | Sec | 2019>24 | 27,20 € 15
- **Côtes de Provence Et Cae-Terra 2018** | Sec | 2019>22 | 14,80 € 15
- **Côtes de Provence Et Cae-Terra 2015** | Sec | 2019>23 | 16,50 € 14
- **Côtes de Provence L'Instant 2018** | Sec | 2019>23 | 11 € 14,5

Le Hameau de Roquefort, 13830 Roquefort • Tél. 04 42 73 14 60 • contact@chateau-barbanau.com • www.chateau-barbanau.com • Visite : du lundi au samedi de 10h à 12h et de 15h à 18h.

CHÂTEAU BARBEIRANNE

Installé au nord d'Hyères, dans le massif des Maures, Marie-Noëlle Febvre, diplômée en viticulture et œnologie, exploite, entre mer et soleil, 34 hectares de vignobles entourés de 30 hectares de forêts de pins et de chênes. Implanté sur les coteaux du massif des Maures, là où l'argile se mélange au calcaire, le vignoble recèle plusieurs parcelles très caillouteuses et en restanques. Le microclimat contrasté, combinant journée ensoleillées et nuits fraîches, offre l'équilibre recherché des vins.

- **Côtes de Provence Camille 2018** | Sec | 2019>20 | 13,40 € 13,5
- **Côtes de Provence Marie 2018** | Sec | 2019>21 | 10,90 € 13,5
- **Côtes de Provence Tradition 2018** | Sec | 2019>19 | 8,90 € 13
- **Côtes de Provence Tradition 2018** | Sec | 2019>21 | 9,90 € 13
- **Côtes de Provence Vallat-Sablou 2018** | Sec | 2019>22 | 13,90 € 13

216, chemin de la Pellegrine, 83790 Pignans • Tél. 04 94 48 84 46 • barbeiranne@wanadoo.fr • www.chateau-barbeiranne.com • Visite : du lundi au vendredi de 9h à 12h et de 13h30 à 18h, le samedi de 10h à 12h et de 14h à 18h. Fermé dimanche et jours fériés.

CHÂTEAU BARBEYROLLES

★★★☆☆ ♣

Régine Sumeire a acquis le château Barbeyrolles en 1977. Cette propriété de 12 hectares, située au pied de Gassin, proche de Saint-Tropez, est un lieu d'une beauté qui a inspiré de nombreux artistes. Sur ce terroir de schistes elle produit des vins tendus et fins, dans les trois couleurs. Dotée d'une curiosité sans faille, elle n'hésite jamais à se remettre en question. Dans les années 1990, cela l'a amené tout simplement à révolutionner le monde du rosé. Mécontente de son vin, elle demanda conseil à un ami et finit par créer un nouveau type de vinification, résultant en un style cristallin de couleur très claire, qu'elle surnomma pétale-de-rose. Avec Saint-Tropez à proximité, ce fût un succès immédiat et depuis le rosé clair a conquis le monde. Une raison de plus pour découvrir ses vins.

- **Côtes de Provence 2018** | Sec | 2019>28 | 19,50 € — 16,5
- **Côtes de Provence Blanc de Blancs 2018** | Sec | 2019>28 | 19,50 € — 15,5
- **Côtes de Provence Pétale de Rose 2018** | Sec | 2019>22 | 19,50 € — 15

2065route de la Berle - 2065, route de la Berle, 83580 Gassin • Tél. 04 94 56 33 58 • contact@barbeyrolles.com • www.barbeyrolles.com • Visite : avril à octobre : du lundi au samedi de 9h à 19h. Novembre à mars : du lundi au vendredi de 9h à 17h.

DOMAINE DE LA BASTIDE BLANCHE

★★★☆☆ ♣

Le domaine est mené de front par Michel Bronzo, soutenu par Stéphane Bourret, directeur technique et fin dégustateur. En quelques années, le domaine s'est rapproché au plus près des leaders historiques de l'appellation. La régularité et l'intensité de ses vins est le résultat d'efforts, de la vigne jusqu'au chai, combinés à la juste compréhension du terroir. La Bastide Blanche est installée sur des sols d'argile rouge où est réalisée la cuvée fontanéou, et d'argile caillouteuse pour la cuvée estagnol. Les vins ont un caractère posé, terrien, très ancré, moins flamboyant que d'autres mais avec un bon potentiel de garde. La famille Bronzo veille également sur le château des Baumelles.

- **Bandol 2018** | Sec | 2019>22 | 15,50 € — 15
- **Bandol 2017** | Sec | 2019>27 | 18,50 € — 14
- **Bandol Estagnol 2018** | Sec | 2019>25 | 20 € — 15
- **Bandol Estagnol 2015** | Sec | 2019>29 | 26 € — 14
- **Bandol Estagnol 2005** | Sec | 2019>28 | 70 € — 16
- **Bandol Fontanéou 2014** | Sec | 2019>30 | 26 € — 14,5

367, route des Oratoires, 83330 Sainte-Anne-du-Castellet • Tél. 04 94 32 63 20 • contact@bastide-blanche.fr • www.bastide-blanche.fr • Visite : hiver : du lundi au vendredi de 9h à 12h et de 13h à 17h ; été : du lundi au vendredi de 10h à 19h, et le samedi de 10h à 13h et de 15h à 18h.

DOMAINE DE LA BASTIDE NEUVE

★☆☆☆☆

Au milieu de pins parasols, le domaine s'étend sur 25 hectares, dans le cadre naturel et exceptionnel de la Réserve Naturelle de la Plaine des Maures, classée site Natura 2000. En 2013, Philippe Brulière et son équipe ont entrepris la restructuration complète du domaine, de la vigne au chai, avec l'ensemble du vignoble actuellement en conversion bio.

- **Côtes de Provence Beau Sarment 2018** | Sec | 2019>22 | 10,90 € — 14
- **Côtes de Provence Fleur de Rolle 2018** | Sec | 2019>23 | 10,90 € — 13,5
- **Côtes de Provence Perle des Anges 2018** | Sec | 2019>21 | 10,50 € — 14

Chemin de Bagary, 83340 Le Cannet-des-Maures • Tél. 04 94 50 09 80 • domaine@bastideneuve.fr • www.bastideneuve.fr • Visite : du lundi au vendredi de 8h30 à 12h et de 14h à 17h30.

VILLA BAULIEU

★★★☆☆

Ce clos de 10 hectares se situe au cœur du vignoble du Château Beaulieu. Véritable joyau avec sa demeure amoureusement restaurée par son propriétaire, Pierre Guénant, il possède également son propre chai. Depuis quelques années conseillé par Stéphane Derenoncourt, ce cru affiche l'une des progressions les plus fulgurantes de Provence. Cette villa, dans un style Renaissance provençale, possède un cadre idyllique. Elle y propose en plus de vins structurés et élégants, des chambres d'hôtes royales, au sens propre comme au figuré.

Bérengère, la fille de Pierre, les dirige avec charme et en hiver, elle propose des week-ends truffiers avec le diamant noir de la propriété.

- **Coteaux d'Aix-en-Provence 2016** | Sec | 2019>27 | 29 € — 16
- **Coteaux d'Aix-en-Provence Baulieu 2016** | Sec | 2019>25 | 12 € — 15,5
- **Coteaux d'Aix-en-Provence Bérengère 2016** | Sec | 2019>25 | 18 € — 15,5
- **Coteaux d'Aix-en-Provence Villa Baulieu 2016** | Sec | 2019>25 | 29 € — 15

Domaines de Baulieu - RD14 C, 13840 Rognes-en-Provence • Tél. 04 42 50 20 19 • contact@pgadomaines.com • www.villabaulieuvignoble.com • Visite : du lundi au vendredi de 8h30 à 12h30 et de 14h à 18h.

BAUMANIÈRE

★★☆☆☆ ♣

Situé sur Mouriès, ce vignoble appartient à Jean-André Charial, l'homme du célèbre Relais et Châteaux L'Oustau de Baumanière. Son amour pour le vin date de son enfance, mais l'envie d'en faire a commencé avec Jacques Puisais. De 1987 à 2001, l'opportunité s'offre à lui de faire revivre le terroir de Romanin. Il s'y investit corps et âme, puis décide en 2001 que le temps est venu de se lancer dans une nouvelle aventure afin de pouvoir aller au bout de sa vision du vin. Il rachète alors 2 hectares de vigne jouxtant Lauzières et y produit aujourd'hui, de façon confidentielle, quelques milliers de bouteilles de haut vol.

- **Les Baux-de-Provence L'Affectif 2018** | Sec | 2019>20 | 16 € — 15
- **Les Baux-de-Provence L'Affectif 2015** | Sec | 2019>25 | 22 € — 14

Mas de Baumanière, 13890 Les-Baux-de-Provence • Tél. 04 90 54 56 54 • contact@laffectif.com • www.laffectif.com

CHÂTEAU BEAULIEU VIGNOBLES

★☆☆☆☆

Le vignoble de 131 hectares s'enracine sur le cratère d'un volcan endormi. Ce sol basaltique donne des raisins de caractère, vinifiés majoritairement en rosé dans un chai ultra moderne. Les vins du domaine constituent un très bon rapport qualité-prix et le domaine progresse au fil des millésimes sur toutes ses cuvées. Cette année, les vins nous ont laissés un peu sur notre soif.

- **Coteaux d'Aix-en-Provence Alexandre 2018** | Sec | 2019>20 | 9,50 € — 13

Route de Beaulieu - D14 C, 13840 Rognes-en-Provence • Tél. 04 42 50 20 19 • contact@pgadomaines.com • www.chateaubeaulieu.fr • Visite : du lundi au vendredi de 8h30 à 12h30 et 14h à 18h.

CHÂTEAU DE BEAUPRÉ

★☆☆☆☆ ♣

Situé à 12 kilomètres à l'ouest d'Aix-en-Provence au centre d'un massif forestier de 130 hectares, le château de Beaupré est un très bel exemple de bastide aixoise avec son architecture classique, ses prairies et son bassin d'eau. Cinq générations de Double se sont succédé depuis la création du vignoble, en 1890, et aujourd'hui c'est Phanette qui en a la charge, coeur sur la main et toujours prête à remettre en question les habitudes pour innover et progresser. Le vignoble de 43 hectares de vignes est certifié bio depuis 2013, la viticulture qualitative se ressent et les vins progressent, donnant notamment naissance à des rouges de caractère qui sauront vieillir gracieusement en cave.

- **Coteaux d'Aix-en-Provence Collection du Château 2018** | Sec | 2019>22 | 16,90 € — 14,5
- **Coteaux d'Aix-en-Provence Collection du Château 2018** | Sec | 2019>25 | 19,90 € — 15
- **Coteaux d'Aix-en-Provence Collection du Château 2016** | Sec | 2019>26 | 19,90 € — 15,5
- **Coteaux d'Aix-en-Provence Le Château 2018** | Sec | 2019>20 | 12,50 € — 14
- **Coteaux d'Aix-en-Provence Le Château 2018** | Sec | 2019>25 | 12,50 € — 14,5
- **Coteaux d'Aix-en-Provence Le Château 2016** | Sec | 2019>25 | 12,50 € — 14,5

3525 D7N, 13760 Saint-Cannat • Tél. 04 42 57 33 59 • contact@beaupre.fr • www.beaupre.fr • Visite : 7/7 de 10h à 19h.

DOMAINE DE LA BÉGUDE

★★★★☆ ♣

La Bégude (« lieu où l'on boit ») est une propriété de 500 hectares, dont 22 de vignes, acheté en 1996 par la famille Tari. Situés sur le point le plus haut de l'appellation de Bandol, à 400 mètres d'altitude, les vins préservent une fraîcheur intense. Le terroir est composé de sols marneux et argileux, sur socle calcaire. Guillaume Tari et son épouse gèrent avec cœur et esprit ce lieu chargé d'histoire. Préservant le plus possible la nature, ils produisent des vins à la hauteur de leur philosophie, selon laquelle « la qualité est une somme de détails dont chacun réclame rigueur ». Puisque le cépage roi, le mourvèdre, a le don non seulement d'exprimer le caractère de son terroir, mais aussi celui de son vinificateur, les vins montrent un trait clairement bordelais, sophistiqué et bien élevé, sans pour autant trahir ce terroir splendide et sauvage, surplombant la Grande Bleue.

- **Bandol 2018** | Sec | 2019>23 | 18 € — 15,5
- **Bandol 2016** | Sec | 2019>30 | 28 € — 18
- **Bandol 2015** | Sec | 2019>33 | 34 € — 17
- **Bandol L'Irréductible 2018** | Sec | 2019>25 | 25,50 € — 16,5
- **Bandol L'Irréductible 2015** | Sec | 2019>27 | 35 € — 18
- **Bandol La Brulade 2016** | Sec | 2020>28 | 70 € — 15

Route des Garrigues, 83330 Le Camp-du-Castellet • Tél. 04 42 08 92 34 • contact@domainedelabegude.fr • www.domainedelabegude.fr • Visite : en juillet et août du lundi au samedi de 10h à 18h ; le reste de l'année du lundi au vendredi de 9h à 15h, sinon sur rendez-vous.

CHÂTEAU DE BELLET

Implanté sur la colline des Séoules, sur les hauteurs de Nice à près de 300 mètres d'altitude, le vignoble en restanques bénéficie des embruns marins qui tempèrent la chaleur estivale. Après avoir vinifié 47 millésimes et assis la notoriété et la réputation de l'appellation Bellet, Ghislain de Charnacé a cédé son domaine viticole de 12 hectares en 2014 à la société de gestion immobilière La Française REM (qui détient d'autres vignobles). Des moyens considérables ont été mis en œuvre pour restructurer la vigne, sous la houlette, depuis l'été 2018, de Jean de Laître, talentueux maître d'œuvre en matière viticole, également présent dans le Bordelais. Un chai ultra-fonctionnel au pied de l'ancienne chapelle permet désormais de vinifier au plus près du terroir. Un nouveau style est en train de naître, avec une recomposition de la gamme en trois niveaux (entrées de gamme, vins de terroirs et cuvées d'exception agnès), promettant un bel avenir à ce domaine historique. Les derniers millésimes montrent cette heureuse inflexion.

- **Bellet Baron G. 2018** | Sec | 2019>25 | 29 € — 16
- **Bellet Baron G. 2017** | Sec | 2019>28 | 32 € — 15
- **Bellet Baron G. 2017** | Sec | 2019>28 | 36 € — 15,5

482, chemin de Saquier, 06200 Nice • Tél. 04 93 37 81 57 • contact@chateaudebellet.com • www.chateaudebellet.com • Visite : Ouvert 7j/7 du 1er mai au 30 septembre de 10h30 à 18h30 sur réservation. Le reste de l'année du mardi au samedi de 9h30 à 17h30 visites sur réservations uniquement l'après midi.

CHÂTEAU DE BERNE

Entre mer et gorges du Verdon, le château de Berne est l'un des pionniers de l'œnotourisme et du cavage de la truffe, doté d'un magnifique hôtel 5 étoiles niché dans un écrin de 500 hectares de nature préservée. On y produit du vin, mais c'est également le siège depuis lequel sont gérées toutes les propriétés viticoles du groupe : le Château de Berne, le Château Saint-Roux, le Château des Launes (Ultimate Provence) et le Château des Bertrands, qui ensemble représentent pas moins de 300 hectares de vignes et construisent une gamme cohérente et de plus en plus pointue. Si nombre de vins restent techniques dans leur approche, vinifiés pour plaire au plus grand nombre et pour se marier facilement à la cuisine provençale, une nouvelle stratégie a été mise en place pour faire monter en grade la production et allier le rêve provençal à l'univers du luxe. Souhaitant devenir un modèle de viticulture, tous les domaines sont actuellement en conversion bio, ce qui représente un pas énorme et une démarche exemplaire pour un vignoble de cette taille. Le résultat commence à se faire ressentir et les vins progressent, avec notamment un bond en avant pour les rouges.

- **Côtes de Provence Château de Berne 2018** | Sec | 2019>19 | 19 € — 13
- **Côtes de Provence Château de Berne 2015** | Sec | 2019>25 | 20 € — 14,5
- **Côtes de Provence Château de Berne 2015** | Sec | 2019>24 | 22,60 € — 14
- **Côtes de Provence Château de Berne - Pur 2018** | Sec | 2019>19 | 25 € — 13,5
- **Côtes de Provence Château des Bertrands 2018** | Sec | 2019>19 | 15,50 € — 12,5
- **Côtes de Provence Château des Bertrands 2018** | Sec | 2019>22 | 16,50 € — 12,5
- **Côtes de Provence Château des Bertrands 2017** | Sec | 2019>25 | 17,50 € — 15
- **Côtes de Provence Château des Bertrands - Rascas 2018** | Sec | 2019>22 | 27 € — 15
- **Côtes de Provence Château des Launes - UP 2018** | Sec | 2019>20 | 16,50 € — 13,5
- **Côtes de Provence Château des Launes - UP 2018** | Sec | 2019>22 | 16,50 € — 12,5

- **Côtes de Provence Château des Launes - UP 2017** | Sec | 2019>28 | 16,50 € — 15
- **Côtes de Provence Château Saint Roux 2018** | Sec | 2019>19 | 16,50 € — 13
- **Côtes de Provence Château Saint Roux - Ferme Saint Roux Pigonnier 2018** | Sec | 2019>19 | 12,50 € — 13,5
- **Côtes de Provence Château Saint Roux - Ferme Saint Roux Pigonnier 2016** | Sec | 2019>25 | 12,50 € — 15
- **Côtes de Provence Château Saint Roux - Ferme Saint Roux Pigonnier 2016** | Sec | 2019>29 | 12,50 € — 16,5

2400, chemin de Berne, 83780 Flayosc • Tél. 04 94 60 43 60 • commercial@cvprovence.com • www.vignoblesdeberne.com • Visite : du lundi au dimanche de 10h à 18h.

CHÂTEAU HENRI BONNAUD

Le terroir d'éboulis calcaires de ce domaine de 29 hectares est typique de l'appellation Palette. L'amphithéâtre naturel formé par les collines environnantes protège la vigne du mistral et crée un microclimat favorable. Le volubile Stéphane Spitzglous, enfant du pays, s'applique à la vigne comme au chai, et on prend beaucoup de plaisir à découvrir cette propriété sur la route entre la Sainte-Victoire et Aix. Si à ses débuts la production partait à la coopérative, aujourd'hui il met tout en bouteille au domaine, une fierté pour lui.

- **Côtes de Provence Sainte-Victoire 2018** | Sec | 2019>20 | 12 € — 13,5
- **Côtes de Provence Terre Promise 2018** | Sec | 2019>19 | 10 € — 13,5
- **Palette Château Henri Bonnaud 2018** | Sec | 2019>20 | 19 € — 14
- **Palette Château Henri Bonnaud 2018** | Sec | 2019>25 | 20 € — 14,5
- **Palette Château Henri Bonnaud 2016** | Sec | 2019>28 | 24 € — 14,5
- **Palette Quintessence 2018** | Sec | 2019>21 | 24 € — 15
- **Palette Quintessence 2017** | Sec | 2018>23 | 30 € — 14,5
- **Palette Quintessence 2016** | Sec | 2019>30 | 30 € — 15

585, chemin de la Poudrière, 13100 Le Tholonet • Tél. 04 42 66 86 28 • contact@chateau-henri-bonnaud.fr • www.chateau-henri-bonnaud.fr • Visite : du lundi au vendredi de 10h à 12h et de 14h à 18h et le samedi de 10h à 13h et de 14h à 18h. Jours fériés sur rendez-vous.

CHÂTEAU DES BORMETTES

Situé à peine à 900 mètres de la mer, ce domaine familial de près de 80 hectares vendait toute sa production en vrac jusqu'à l'arrivée en 2012 de Yannick Burles, en tant que directeur technique. La majeure partie de la production est mise en bouteille au domaine, de belles cuvées naissent et d'année en année les vins progressent admirablement. La vigne est restructurée avec soin, ce qui présage un bel avenir à cette étoile montante de l'appellation La Londe qui participe désormais à la dynamique des vins de cette commune au potentiel indéniable. 2019 est l'année du changement, Yannick Burles s'envolant pour de nouveaux horizons (le Domaine des Masques, dans la Sainte-victoire), c'est l'équipe en place qui reprend le relais pour faire briller les vins.

- **Côtes de Provence La Londe Instinct Parcellaire 2018** | Sec | 2019>22 | 15,90 € — 14,5
- **Côtes de Provence La Londe Instinct Paternel 2017** | Sec | 2019>26 | 16,90 € — 16
- **Côtes de Provence Côte & Mer 2018** | Sec | 2019>20 | 7,90 € — 14
- **Côtes de Provence Hélène 2018** | Sec | 2019>23 | 10,90 € — 13,5
- **Côtes de Provence Instinct Parcellaire - Saint-Georges 2016** | Sec | 2019>30 | 16,90 € — 17,5
- **Côtes de Provence L'Argentière 2018** | Sec | 2019>24 | 10,90 € — 16
- **Côtes de Provence Pic Saint-Martin 2018** | Sec | 2020>26 | 10,90 € — 14

903, route du Pellegrin, 83250 La Londe-les-Maures • Tél. 07 71 68 87 16 • commercial@chateaudesbormettes.com • www.chateaudesbormettes.com • Visite : Juin & Septembre : du lundi au samedi, de 10h00 à 12h30 et de 15h00 à 19h00. Juillet & Août : 7 jours sur 7, de 10h00 à 12h30 et de 15h00 à 19h00. Octobre à Mai : du lundi au vendredi, de 9h00 à 12h00 et de 13h00 à 18h00

CHÂTEAU DE BRÉGANÇON

Le Fort de Brégançon voisin, fief d'un ancien Marquisat, est depuis longtemps sous le feu des projecteurs puisqu'il est la résidence des présidents de la République. Moins connu est le château, à proximité, vaste et belle demeure du XVIIe siècle et ancienne ferme du marquisat, qui jouit d'une vue imprenable sur le grand large et les îles voisines. Depuis deux siècles propriété de la famille Sabran, la septième génération, incarnée par Olivier Tézenas, apporte un soin rigoureux à la culture des 42 hectares de vigne, en conversion bio avec une certification attendue pour 2020. Cru classé de Provence, le vignoble se niche au creux de 450 hectares de terres. Grâce à une position privilégiée, il bénéficie directement des influences maritimes atténuant la chaleur de l'été et adoucissant la rigueur des hivers. Un domaine qui vaut le détour, non seulement pour ses vins mais aussi pour la beauté du lieu.

- **Côtes de Provence La Londe Isaure 2018** | Sec | 2019>21 | 21,50 € 15
- **Côtes de Provence Hermann Sabran 2016** | Sec | 2019>25 | 49 € 15,5
- **Côtes de Provence La Réserve 2018** | Sec | 2019>20 | 13,50 € 14
- **Côtes de Provence La Réserve 2018** | Sec | 2019>21 | 15,10 € 13
- **Côtes de Provence Louise 2017** | Sec | 2019>25 | 25,50 € 15
- **Côtes de Provence Prestige 2015** | Sec | 2019>28 | 30,50 € 15,5
- **Côtes de Provence Réserve 2016** | Sec | 2019>23 | 15,10 € 14
- **Côtes de Provence Terres de Brégançon 2018** | Sec | 2019>19 | 11,50 € 13

639, route de Léoube, 83230 Bormes-les-Mimosas • Tél. 04 94 64 80 73 • contact@chateaubregancon.fr • www.chateau-de-bregancon.fr • Visite : du lundi au dimanche de 9h à 19h d'avril à octobre, du lundi au vendredi de 9h à 17h de novembre à mars.

MAS DE BRET

C'est l'histoire de deux Parisiens passionnés de vin et d'une rencontre avec Eloi Dürrbach (Domaine de Trévallon). Quand en 2009, Jean-Luc Placet acquiert avec un ami ce petit domaine de 8 hectares qui se niche sur les coteaux des Alpilles, de beaux oliviers et champs de lavande s'épanouissent, tandis que la vigne, abandonnée, est en bien piètre état. Il prend alors conseil auprès d'Eloi. La vigne est alors arrachée et 2 hectares sont replantés selon le modèle de Trevallon : syrah, cabernet-sauvignon et cinsault pour les rouges, marsanne et roussanne pour le blancs. Ils installent un petit chai avec toute l'équipement nécessaire pour être complètement autonome. Si le domaine n'est pas certifié, tout est travaillé selon les principes de l'agriculture bio : travail du sol, peu d'intrants, récolte à la main. Côté chai, vu la production microscopique de quelque 5 000 bouteilles par an, même la mise en bouteille se fait à la main. Un petit bijou méconnu, dont les vins portent très clairement la patte d'Eloi. Si vous passez sur le secteur, vous trouverez également de délicieuses huiles d'olive produites au domaine.

- **IGP des Alpilles 2017** | Sec | 2019>28 | 13 € 15,5

Chemin du Gayaudan, 13103 Saint-Etienne-du-Grès • Tél. 06 11 01 12 47 • fp.petitbon@gmail.com • Visite : Visites et dégustations sur rendez-vous.

DOMAINES BUNAN

Pierre et Paul Bunan se sont implantés sur Bandol en 1961. Aujourd'hui, la génération suivante dirige le domaine avec brio et en bio, tout en explorant les possibilités la biodynamie. La vigne, organisée en restanques, est menée avec soin, et le point de vue magnifique que l'on a à proximité des chais embrasse l'essentiel de l'appellation. Avec leurs vins bien faits, modernes et faciles à marier à table, ils représentent une des valeurs sûres de l'appellation. Les domaines Bunan comptent plusieurs propriétés, installées sur la Cadière-d'Azur et sur le Castellet : le moulin des Costes, le mas de la Rouvière et le château La Rouvière.

- **Bandol Charriage 2015** | Sec | 2019>30 | 33 € 16
- **Bandol Château La Rouvière 2018** | Sec | 2019>20 | 18,50 € 14
- **Bandol Château La Rouvière 2018** | Sec | 2019>23 | 18,50 € 14
- **Bandol Château La Rouvière 2015** | Sec | 2019>30 | 25 € 15
- **Bandol Moulin des Costes 2018** | Sec | 2019>19 | 16,50 € 13
- **Bandol Moulin des Costes 2015** | Sec | 2019>28 | 20 € 16
- **Côtes de Provence Bélouvé 2018** | Sec | 2019>19 | 11 € 12,5
- **Côtes de Provence Bélouvé 2018** | Sec | 2019>23 | 11 € 14
- **Côtes de Provence Bélouvé 2018** | Sec | 2019>22 | 12 € 13,5

338 bis, chemin de Fontagneu - BP 17, 83740 La Cadière-d'Azur • Tél. 04 94 98 58 98 • bunan@bunan.com • www.bunan.com • Visite : en hiver, du lundi au samedi de 9h à 12h et de 14h à 18h. En été, du lundi au samedi de 9h à 12h30 et de 14h à 19h. Dimanche et jours fériés de 10h à 12h et de 16h à 19h.

MAS DE CADENET

Mas de Cadenet signifie en provençal « Domaine planté de Cade » (genévrier autochtone). Propriété de la famille Négrel depuis 1813, ce sont aujourd'hui Maud et son frère Matthieu qui dirigent ce vieux domaine situé à Trets, au pied de la montagne Sainte-Victoire. Le vignoble, planté à 250 mètres d'altitude sur un plateau calcaire très venté, compte 60 hectares et donne naissance à une majorité de vins rosés, mais également des rouges et des blancs de belle facture. Sans exception, la fraîcheur et la nature cristalline des vins reflètent parfaitement le terroir de la Sainte-Victoire. On y trouve deux étiquettes : Famille Négrel, issue de la partie négoce du domaine, puis Mas de Cadenet pour les vins issus de leurs propres vignes, ce qui représente la plus grande partie de la production.

- **Côtes de Provence Sainte-Victoire Grande Garde 2016** | Sec | 2019>28 | 24 € — 16
- **Côtes de Provence Sainte-Victoire Mas de Cadenet 2016** | Sec | 2019>23 | 15 € — 14
- **Côtes de Provence Sainte-Victoire Mas de Cadenet - Grande Garde 2017** | Sec | 2019>24 | 24 € — 15
- **Côtes de Provence Sainte-Victoire Mas Negrel de Cadenet 2018** | Sec | 2019>21 | 14 € — 14,5
- **Côtes de Provence Sainte-Victoire Mas Negrel de Cadenet 2017** | Sec | 2019>22 | 22 € — 15
- **Côtes de Provence Sainte-Victoire Mas Negrel de Cadenet 2009** | Sec | 2019>25 | 50 € — 16,5
- **Côtes de Provence Famille Negrel - Nuit Blanche 2018** | Sec | 2019>20 | 11,50 € — 13,5
- **Côtes de Provence Mas de Cadenet 2018** | Sec | 2019>28 | 14 € — 15,5
- **Côtes de Provence Mas de Cadenet - Echappée Belle 2018** | Sec | 2019>20 | 11,50 € — 14
- **Côtes de Provence Mas de Cadenet - Echappée Belle 2018** | Sec | 2019>23 | 11,50 € — 14,5
- **Côtes de Provence Mas de Cadenet - Echappée Belle 2017** | Sec | 2019>22 | 12 € — 14
- **Côtes de Provence Mas de Cadenet - Grande Garde 2017** | Sec | 2019>27 | 22 € — 15

Chemin départemental 57, 13530 Trets-en-Provence • Tél. 04 42 29 21 59 • famillenegrel@masdecadenet.fr • www.masdecadenet.fr • Visite : Le caveau est ouvert du lundi au samedi (fermé les dimanches et jours fériés). Horaires printemps/été : 9h - 12h / 14h - 18h30. Horaires automne / hiver : 9h - 12h / 14h - 18h

LA CADIERENNE

Fondée en 1929, regroupant 650 hectares de vigne et 350 coopérateurs, La Cadierenne est l'une des deux coopératives qui comptent sur Bandol. Les vastes locaux et installations techniques sont simples mais bien tenus, leur salle de foudres nous a impressionnés car savamment arrangés pour gagner de la place. Leur production offre majoritairement des vins droits, honnêtes, francs, au bon rapport qualité-prix, faits pour être bus jeunes.

Quartier Le Vallon - 515 D 66, 83740 La Cadière-d'Azur • Tél. 04 94 90 11 06 • cadierenne@wanadoo.fr • www.cadierenne.com • Visite : 9h00 à 12h00 et de 14h à 17h45 tous les jours du lundi au samedi inclus. ***Horaires spéciaux Juillet / Août : 9h00 à 12h00 et de 14h00 à 18h45 tous les jours du lundi au samedi inclus. Dimanches et jours fériés 9h00 à 12h45

CHÂTEAU CANADEL

En 2007, Jacques et Caroline de Chateauvieux rachètent ce très joli domaine de 13 hectares, organisé en hameau face au massif du Gros Cerveau entouré d'une vigne impressionnante tout en restanques et certifiée bio depuis 2018. En 2009, ils confient les rênes à leur fille Laure et son mari Vianney. Pendant 5 ans, ces deux-là vont apprivoiser le terroir, composé de marnes et calcaires gréseux, et construire une cave moderne et ergonomique. En 2014, la première bouteille voit le jour et depuis ce jeune domaine produit avec une belle régularité de délicieuses cuvées qui valent le détour.

- **Bandol 2018** | Sec | 2019>20 | 16 € — 14
- **Bandol 2018** | Sec | 2019>25 | 19 € — 14,5
- **Bandol 2017** | Sec | 2019>22 | 16 € — 14,5
- **Bandol 2016** | Sec | 2019>28 | 23 € — 15
- **Bandol 2014** | Sec | 2019>21 | 16,90 € — 15
- **Bandol Altum 2016** | Sec | 2019>30 | 39 € — 17

994, chemin du Canadeau, 83330 Le Castellet • Tél. 04 94 98 40 10 • contact@chateau-canadel.fr • www.chateau-canadel.fr • Visite : du lundi au vendredi de 10h à 12h30 et de 15h à 19h, le week-end également l'été.

CLOS DU CAS

Ce minuscule domaine de deux hectares, dont un de vignes, est caché au fond d'une impasse. Noyé dans la nature, entouré de bosquets, on y croise plus facilement un sanglier qu'un passant. Et pourtant, le domaine se trouve dans le village même du Castellet. La belle maison, dotée d'une piscine digne d'un décor de film des années 1950 et évidemment avec vue sur les ceps, abrite également un chai de poupée dans lequel Arnaud Pelegry ne produit que 3000 bouteilles par an. Venant d'un tout autre univers, il est venu s'installer à Bandol en 2010 avec la ferme intention de devenir vigneron. Après avoir longtemps vinifié sa récolte chez un collègue, il acquiert sa complète indépendance en 2017 et peut désormais passer de son salon directement à sa cave. Très entier dans sa démarche, il travaille non seulement sa vigne sans aucun intrant, mais il vinifie aussi une partie de sa récolte en amphore. En plus de l'activité vigneronne, Arnaud Pelegry possède deux très jolies chambres d'hôte offrant alors la possibilité de séjourner dans un cadre de rêve tout en découvrant les vins du domaine. Une belle initiative.

- **Bandol 2017** | Sec | 2019>23 | 50 € — 16,5
- **Bandol 2013** | Sec | 2019>25 | 35 € — 16
- **Bandol 2011** | Sec | 2019>25 | 30 € — 16

449, chemin du Canadeau, 83330 Le Castellet • Tél. 06 10 32 14 84 • welcome@closducas.com • www.closducas.com • Visite : sur rendez-vous.

DOMAINE CASSIS BODIN

L'histoire de la famille Bodin à Cassis commence au début du XXe siècle, quand Émile Bodin, orphelin de 18 ans, commence la viticulture en autodidacte sur les terres familiales. Précurseur de la mise en bouteille au domaine, il a également œuvré pour la culture du pays d'Oc en étant majoral du Félibrige (une association œuvrant pour la préservation de la langue d'Oc). Aujourd'hui, c'est Nicolas Bontoux qui poursuit l'aventure sur les 30 hectares de vignes qui sont entrés en conversion bio en 2018. En plus de veiller aux traditions familiales, il a replanté un peu de muscat à petits grains, cépage jadis présent sur le secteur avant l'arrivée du phylloxera au XIXe siècle.

- **Cassis 2018** | Sec | 2019>22 | 15,50 € — 14
- **Cassis 2017** | Sec | 2018>22 | 15,50 € — 14
- **Cassis Emile Bodin 2018** | Sec | 2019>24 | 14,20 € — 14,5
- **Cassis Pur Jus de Gouttes 2018** | Sec | 2019>23 | 15,50 € — 14
- **IGP Méditerranée Bod'1 2018** | Sec | 2019>24 | 18,50 € — 15

mAS DE Fontblanche Route de Carnoux - Route de Carnoux, 13260 Cassis • Tél. 04 42 01 00 11 • contact@cassis-bodin.fr • www.vins-cassis-bodin.fr • Visite : Ouvert du mardi au samedi de 9h à 12h et de 14h à 18h.

CHÂTEAU CAVALIER

Propriété de la famille Castel, le château Cavalier compte 136 hectares qui enserrent le chai. Les bois limitrophes y jouent un rôle de régulation thermique et pluviométrique. La réussite des rosés ne résulte pas seulement de la technologie, mais elle nécessite avant tout des terroirs appropriés. C'est la raison pour laquelle les lieux de replantation ont été redéfinis, avec le cabernet-sauvignon sur les argilo-graveleux, le cinsault sur des sols plus secs argilo-graveleux et la syrah et le grenache sur des argiles.

- **Côtes de Provence Grand Cavalier 2018** | Sec | 2019>21 | 16 € — 14,5
- **Côtes de Provence Marafiance 2018** | Sec | 2019>20 | 12 € — 14
- **Côtes de Provence Terre de Provence 2018** | Sec | 2019>19 | 9 € — 13

1265, chemin de Marafiance, 33290 Vidauban • Tél. 05 56 95 54 00 • contact@chateaux-castel.com • www.chateau-cavalier.com

CLOS CIBONNE

Clos historique et très original, situé à deux pas de la mer, le domaine fut cédé en 1797 à la famille Roux qui aujourd'hui le dirige depuis plus de 220 ans. Les 17 hectares de vignes, actuellement en conversion bio, enserrent la bastide et la mer, toute proche, crée un microclimat bien particulier. Haut lieu du tibouren, cépage autochtone magnifique mais difficile à cultiver, ce terroir confère à leurs vins une expression totalement unique dans le paysage viticole provençal. La cuvée olivier, en appellation Côtes de Provence, est une des plus belles expressions de rouge que l'on a rencontrée. À elle seule, elle confirme à quel point le potentiel du terroir de Provence pour produire de grands rouges est aujourd'hui sous-exploité. On aimerait plus de merveilles vermeilles comme celle-là.

- **Côtes de Provence Cuvée Prestige Caroline 2017** | Sec | 2019>28 | 22 € — 16,5
- **Côtes de Provence Cuvée Prestige Olivier 2015** | Sec | 2019>30 | 25 € — 17
- **Côtes de Provence Tentations 2018** | Sec | 2019>28 | 11 € — 15,5

Chemin de la Cibonne, 83220 Le Pradet • Tél. 04 94 21 70 55 • contact@clos-cibonne.com • www.clos-cibonne.com • Visite : du mardi au samedi de 9h à 12h et de 14h à 18h, l'été du lundi au samedi de 9h à 12h et de 14h à 19h.

DOMAINE COLLET DU BOVIS

Les vins Collet de Bovis sont l'œuvre de Jean Spizzo, ancien professeur d'université également grand amateur de théâtre. S'il a planté les vignes en 1974, le premier vin n'a été commercialisé qu'en 1991. Les 4,2 hectares se situent sur le terroir typique de Bellet, le poudingue, un sol composé d'un conglomérat de pierres qui ressemble fort à un pudding aux fruits secs ! Jean conduit ses parcelles comme un jardin et on y trouve non seulement des vieilles vignes, mais aussi de la roquette sauvage, des herbes aromatiques, des fleurs, des chats et des poules heureuses. Un domaine attachant, dirigé par un homme qui fait des vins originaux avec le cœur. Cette année, son rouge se fait splendeur. Malheureusement, aucun rosé n'a été présenté, ce que l'on regrette d'autant plus qu'il représente l'expression la plus originale des vins de bellet.

- **Bellet 2017** | Sec | 2019>25 | 19,50 € — **14**
- **Bellet 2017** | Sec | 2019>30 | 19,50 € — **16**

370 Chemin de Crémat, Domaine du Fogolar - 370, chemin de Crémat, 06200 Nice • Tél. 06 14 76 09 71 • jeanetmichele.spizzo@sfr.fr • www.vin-de-bellet.com • Visite : du lundi au samedi de 8h à 12h et de 14h à 19h. Fermé le dimanche.

CHÂTEAU CRÉMADE

Situé aux portes d'Aix-en-Provence sur les contreforts de l'imposante montagne Sainte-Victoire, ce château est l'un des quatre domaines de la minuscule appellation Palette. Sur les 9,8 hectares de vignoble, 6 sont en rouge et 3,8 en blanc. Entièrement conduit en gobelet et composé de vieilles vignes dont l'âge moyenne est de 80 ans, ce qui devient rare de nos jours, le vignoble s'épanouit sur un sol calcaire lui conférant une pointe de fraîcheur bienvenue. Sophie et Philippe s'investissent corps et âme, et même si leurs réputation de parisiens ne les a pas aidés lors de leur installation, à force de travail et de talent, ils ont gagné la confiance de leurs voisins. Aujourd'hui, ils font partie intégrante du paysage de palette et portent haut sa réputation. S'ils travaillent en bio depuis le départ, ils ont fini par demander la certification, attendue pour 2020. La particularité de ce domaine est la mise en vente de vieux millésimes, patiemment vieillis dans les caves de la propriété. Et c'est un régal comme le prouvent - encore une fois - les dégustations de cette année.

- **Palette 2017** | Sec | 2019>20 | 16,50 € — **13,5**
- **Palette 2014** | Sec | 2019>25 | 21 € — **15**
- **Palette 2013** | Sec | 2019>26 | 19 € — **14,5**
- **Palette 2013** | Sec | 2019>29 | 25 € — **15**
- **Palette 2011** | Sec | 2019>26 | 21 € — **16**

649, route de Langesse , 13100 Le Tholonet • Tél. 06 62 07 00 70 • chateaucremade@yahoo.fr • www.chateaucremade.com • Visite : du mercredi au samedi de 9h à 12h et de 14h à 18h, le lundi et le mardi sur rendez-vous.

CHÂTEAU DE CRÉMAT

La bâtisse se voit de loin. À 10 minutes de la baie des Anges, c'est un château-fort construit au début du XXe siècle, dans le style des folies architecturales que l'on peut trouver sur la région de Nice. La propriété de 7,5 hectares a été reprise en 2017 par Daniel Derichebourg. A la vigne, les cépages autochtones, braquet et folle noire, dévalent des parcelles organisées en terrasses, sur un sol typique de l'appellation Bellet : le poudingue, un sol dont la structure constellée de galets ressemble au pudding anglais. Les installations techniques, très modernes et vastes pour un si petit domaine, font partie des plus impressionnantes de l'appellation. Dans leur jeunesse, les vins sont souvent un peu fermés, mais un peu de patience et de vieillissement sortent de leur réserve aussi bien les rouges que les blancs et, contrairement aux idées reçues, également les rosés.

- **Bellet 2015** | Sec | 2019>26 | 26 € — **16**

442, chemin de Crémat, 06200 Nice • Tél. 04 92 15 12 15 • cremat.infos@orange.fr • www.chateau-cremat.com • Visite : Ouvert du lundi au vendredi de 9h à 17h.

DOMAINE DE LA CROIX

Propriété du groupe Bolloré, ce cru classé de 108 hectares est revenu sur le devant de la scène grâce à des investissements judicieux. La Bastide

Blanche, du même propriétaire mais bien plus petit, produit des vins sur 13 hectares de vigne. Les vins ont une belle régularité dans toutes les couleurs, démontrant la constance de qualité en vinification. Cependant, ils manquent encore de complexité et de personnalité par rapport à leur statut de cru.

- **Côtes de Provence Bastide Blanche 2018** | Sec | 2019>22 | 20 € — 15
- **Côtes de Provence Bastide Blanche 2018** | Sec | 2019>22 | 20 € — 13
- **Côtes de Provence Bastide Blanche 2016** | Sec | 2019>30 | 25 € — 16
- **Côtes de Provence Éloge 2018** | Sec | 2019>20 | 16 € — 13,5
- **Côtes de Provence Éloge 2018** | Sec | 2019>26 | 16 € — 16
- **Côtes de Provence Éloge 2016** | Sec | 2019>22 | 21 € — 12,5
- **Côtes de Provence Irrésistible 2018** | Sec | 2019>25 | 13,50 € — 15
- **Côtes de Provence L'Irrésistible 2018** | Sec | 2019>19 | 12,50 € — 12,5
- **Côtes de Provence L'Irrésistible 2015** | Sec | 2019>23 | 13,50 € — 12,5

816, boulevard de Tabarin, 83420 La Croix-Valmer • Tél. 04 94 95 01 75 • contact@domainedelacroix.com • www.domainedelacroix.com • Visite : Mardi au Samedi 10h-13h et 14h30-18h30 (Septembre à Avril). Lundi au Samedi 10h-13h et 15h-19h (Mai et Juin). 7j/7 10h-13h et 15h30-19h30 (Juillet et Août)

DOMAINE CROIX-ROUSSE

Créé en 2005 par Christophe Durdilly, sommelier lyonnais, ce petit domaine de 6 hectares réhabilite le goût d'antan et les vieilles variétés de raisin. Dès le départ, la culture biologique et la biodynamie ont été engagées, avec de faibles rendements, des sélections massales, des vinifications en levures indigènes sélectionnées et des élevages en cuves et œufs béton pour préserver le fruit. Depuis 2012, les vins sont repliés en vins de pays (IGP Var). Singuliers, demandant de l'aération et du temps, ces vins content une autre Provence, loin de la technologie, proche de la terre et du ciel. Pas de classicisme mou ici, mais du tempérament, du vivant et donc du clivant.

- **Côtes de Provence Suvé du Vent 2005** | Sec | 2019>28 | Epuisé — 16
- **IGP du Var 2016** | Sec | 2019>28 | 35 € (prix primeur) — 17
- **IGP du Var 2016** | Sec | 2019>28 | 35 € (prix primeur) — 17

304, chemin de Merlançon, 83390 Puget-Ville • Tél. 06 11 86 93 80 • contact@domainecroixrousse.com • www.domainecroixrousse.com • Visite : Sur rendez-vous.

DOMAINE DAL CANTO

Après une première vie en tant qu'étudiant en droit à la Sorbonne, Richard Dal Canto commence à faire du vin en 2002, d'abord pour ses amis. Suite au succès rencontré, il se lance dans l'aventure et aujourd'hui, sur les hauteurs de Noves, il fait chanter ce coin méconnu des Alpilles. Ses 5 hectares de vignes, certifiés bio depuis 2018, s'enracinent dans un terroir argilo-calcaire. Il vient d'y ajouter récemment un hectare, de la roussanne et du vermentino. La simplicité de sa cave, installée dans le garage de son père, prouve que l'on peut faire excellent avec des moyens très modestes. De vrais vins de garage, dont le caractère à la fois souple et affirmé surprend et enchante.

- **IGP des Alpilles Giù 2016** | Sec | 2019>30 | NC — 17
- **IGP des Alpilles La Souche À L'Envers 2016** | Sec | 2019>30 | NC — 16,5
- **IGP des Alpilles Serà 2017** | Sec | 2019>30 | NC — 15
- **IGP des Alpilles Serà 2016** | Sec | 2019>30 | NC — 16
- **IGP des Alpilles Venino 2017** | Sec | 2019>23 | NC — 14,5

437, route de Châteaurenard, 13550 Noves • Tél. 06 72 02 45 99 • richard.dalcanto@free.fr • www.vins-dalcanto.fr • Visite : sur rendez-vous.

DOMAINE DALMERAN

Dans un cadre de rêve, ce charmant domaine de 11 hectares, situé sur le versant nord des Alpilles, voit l'ensemble de son vignoble implanté dans une petite vallée encastrée, tel un écrin. La vigne s'y épanouit sur des sols argilo-calcaires, bénéficiant d'un microclimat particulier lié à sa situation géographique. Très versé dans les arts, ce château « qui a épousé une vigne », organise régulièrement des événements autour du vin et de la culture qui valent le détour.

- **Les Baux-de-Provence Château Dalmeran 2018** | Sec | 2019>20 | 12,40 € — 13,5
- **Les Baux-de-Provence Château Dalmeran 2013** | Sec | 2019>27 | 18,40 € — 16,5
- **Les Baux-de-Provence Château Dalmeran 2011** | Sec | 2019>27 | 18,40 € — 18
- **Les Baux-de-Provence La Bastide 2015** | Sec | 2019>24 | 12,40 € — 14
- **IGP des Alpilles 2018** | Sec | 2019>24 | 24,60 € — 14

45, avenue Notre-Dame du Château, 13103 Saint-Étienne-du-Grès • Tél. 04 90 49 04 04 • info@dalmeran.fr • www.dalmeran.fr • Visite : d'avril à septembre du lundi au samedi de 10h à 12h30 et de 15h à 18h30. d'octobre à mars du lundi au jeudi 10h à 12h30 et de 14h à 18h, le vendredi 10h à 12h30 et l'après midi de 13h30 à 17h. fermé le week-end.

MAS DE LA DAME

Au cœur d'un paysage magnifique situé sur le versant sud des Alpilles, ce domaine familial de 300 hectares, dont 52 hectares de vignes et 28 hectares d'oliviers, possède des sols drainants parfaits pour la viticulture. Il peut certes s'enorgueillir d'avoir été peint par Van Gogh et cité par Simone de Beauvoir, cependant leur plus bel atout demeure le vin. Aujourd'hui dirigé par deux sœurs, Caroline Missoffe et Anne Poniatowski, dont la première est l'actuelle et la très dynamique présidente de l'appellation, les vins du domaine s'imposent comme une des plus belles expressions des baux-de-provence. Gourmands, ils allient corps et légèreté avec beaucoup d'élégance, parfaitement à l'image des deux sœurs.

- **Les Baux-de-Provence Bois de Rose 2017** | Sec | 2019>22 | 13,40 € **14,5**
- **Les Baux-de-Provence L'Infernal 2015** | Sec | 2019>27 | 35 € **15**
- **Les Baux-de-Provence La Stèle 2018** | Sec | 2019>23 | 9,40 € **13,5**
- **Les Baux-de-Provence La Stèle 2015** | Sec | 2019>28 | 14 € **16,5**
- **Les Baux-de-Provence Le Vallon des Amants 2016** | Sec | 2019>27 | 20,60 € **16**
- **Les Baux-de-Provence Rosé du Mas 2018** | Sec | 2019>21 | 9 € **14,5**
- **IGP des Alpilles Coin Caché 2017** | Sec | 2019>28 | 22,50 € **14,5**
- **IGP des Alpilles Coin Caché 2016** | Sec | 2019>27 | 22,50 € **16**
- **IGP des Alpilles La Gourmande 2018** | Sec | 2019>21 | 8,10 € **15**
- **IGP des Alpilles La Gourmande 2017** | Sec | 2019>25 | 8,10 € **15,5**

RD 5, 13520 Les Baux-de-Provence • Tél. 04 90 54 32 24 • masdeladame@masdeladame.com • www.masdeladame.com • Visite : Du 1 er avril au 31 octobre de 8h30 à 19h du lundi au vendredi et de 9h à 19 h le samedi et dimanche. Du 1 er novembre au 31 mars de 8h30 à 18 h du lundi au vendredi et de 9 h à 18h le samedi et dimanche. Fermé le 25 décembre et 1 er janvier ainsi que les dimanches de janvier et février.

DOMAINE DU DEFFENDS

Dans ce coin idyllique sur les contreforts du mont Aurélien, à 400 mètres d'altitude, se trouve ce petit domaine familial de 14 hectares. En bout de route, il n'a pour voisins que la forêt, une vue majestueuse et un monastère de l'ordre dominicain. Le sol y est calcaire, pauvre et filtrant. Grâce à une déclivité constante et à son exposition privilégiée à l'est-sud-est, ce vignoble n'a jamais subi les effets du gel. La production est délibérément maintenue à un faible niveau, notamment par une taille courte et, si besoin, par un enlèvement précoce des fruits. Depuis la disparition de son mari, l'énergique Suzel de Lanversin, depuis peu rejointe par ses enfants Anne et Emmanuel, continue de produire des vins de belle qualité à des prix accessibles. Les vins présentés sont tous d'un niveau admirable et font de ce domaine une valeur incontournable des vignobles provençaux.

- **Coteaux Varois en Provence Champs de la Truffière 2016** | Sec | 2019>29 | 14,50 € **17**
- **Coteaux Varois en Provence Champs du Bécassier 2018** | Sec | 2019>25 | NC **14,5**
- **Coteaux Varois en Provence Rosé d'Une Nuit 2018** | Sec | 2019>20 | 10,50 € **14**
- **Coteaux Varois en Provence Rosé des Filles 2018** | Sec | 2019>20 | 11,50 € **13,5**

2020, chemin du Deffends, 83470 Saint-Maximin-la-Sainte-Baume • Tél. 04 94 78 03 91 • domaine@deffends.com • www.deffends.com • Visite : La cave est ouverte du lundi au samedi de 10 h à 12 heures et de 15 h à 18 heures.

CHÂTEAU DES DEMOISELLES

Entre les spectaculaires gorges de Pennafort et les falaises rouges de Roquebrune se niche la belle demeure du Château des Demoiselles, où se mêlent domaine viticole et chambres d'hôtes aménagées dans le plus pur style provençal. La famille Teillaud l'a racheté en 2005 à la famille Grimaldi. C'était un retour aux sources, puisque la famille Teillaud en était propriétaire jusque dans les années 1970. Aujourd'hui, Aurélie Bertin, qui dirige également le château Sainte-Roseline, s'investit pour refaire briller ce joli secteur viticole un peu moins connu. Un énorme travail a été entrepris sur les 72 hectares de vignes et au fil des millésimes, les vins ont magnifiquement progressé. Voilà une gamme facile à marier à table, vive et fraîche, sans tomber dans le piège du trop-simple.

Côtes de Provence 2018 | Sec | 2019>21 | 12,70 € 14
Côtes de Provence 2018 | Sec | 2019>25 | 12,95 € 14,5
Côtes de Provence 2017 | Sec | 2019>30 | NC 16,5
Côtes de Provence 2016 | Sec | 2019>23 | 13,80 € 14,5
Côtes de Provence Le Charme 2018 | Sec | 2019>24 | 9,80 € 14

2040 route de Callas, 83920 La Motte • Tél. 04 94 70 28 78 • contact@chateaudesdemoiselles.com • www.chateaudesdemoiselles.com • Visite : D'avril à octobre du lundi au samedi de 9h30 à 13h et de 14h 18h30. Dimanche et jours fériés de 10h à 13h. Ouvert du mercredi au samedi en mars, novembre et décembre de 10h à 13h et de 14h à 17h. Fermé de mi-décembre à fin février.

DUPÉRÉ-BARRERA

Née en 2000 de l'association entre la chanteuse Emmanuelle Dupéré et l'ingénieur géologue Laurent Barrera, le duo Dupéré-Barrera s'est illustré en tant que vinificateurs et éleveurs de talent, les approvisionnements de cette maison de négoce étant bien pourvus en raisin de qualité. En 2018, ils cèdent leur activité à Robert Daussun, également propriétaire du Château du Seuil. Une nouvelle page s'ouvre alors pour cette maison dont les vins comptent parmi les très belles expressions de la région. A suivre de près.

Bandol India 2018 | Sec | 2019>23 | 19 € 15,5
Côtes de Provence En Caractère 2018 | Sec | 2019>27 | 11 € 15
Côtes de Provence En Caractère 2018 | Sec | 2019>22 | 11 € 15
Côtes de Provence En Caractère 2017 | Sec | 2019>24 | 11 € 14,5

4690 route du Seuil, 13540 - Puyricard • Tél. 04 94 23 36 08 • contact@pwh.vin • www.chateauduseuil.fr • Visite : 9h/12h30 – 14h/19h du lundi au vendredi

DOMAINE DUPUY DE LÔME

Bien caché dans un vallon situé à l'extrémité nord-est de bandol, ce bijou viticole familial s'étend dans un site remarquable et sauvage. Dans ce cirque naturel de 80 hectares, niché au cœur du massif classé des Grès, le vignoble de 15 hectares est exposé majoritairement au nord. Après la construction en 2006 d'un chai de vinification, le premier millésime mis en bouteille au domaine voit le jour. Fondée en 1903, la propriété est aujourd'hui gérée par Benoit Cossé et Geoffroy Perouse, descendants du célèbre ingénieur du génie maritime Stanislas Charles Henry Dupuy de Lôme (1816-1885). La France lui doit notamment le tout premier navire de ligne à vapeur au monde, le Napoléon, lancé en 1850.

Bandol 2018 | Sec | 2019>20 | 14,50 € 13
Bandol 2018 | Sec | 2019>22 | 15 € 13,5
Bandol 2016 | Sec | 2019>26 | 18 € 14,5

624, route de Toulon - RN 8 , 83330 Sainte-Anne-d'Évenos • Tél. 04 94 05 22 99 • domainedupuydelome@orange.fr • www.dupuydelome.com • Visite : du lundi au samedi de 8h à 12h et de 14h à 18h.

DOMAINE DE L'ESTAGNOL

Installée dans une petite ferme très ancienne, située sur le secteur de Saint-Cyr, la famille Féraud est liée à cette terre depuis près de 600 ans. L'activité viticole en revanche est bien plus récente et prend son véritable envol en 1999, quand Hélène Féraud reprend le domaine à son oncle. Si sa fille Sandrine travaille avec elle dès 2002, ce n'est qu'en 2013 qu'elle reprend le domaine et depuis le mène avec énergie et investissement. Les 8 hectares sont travaillés de façon très artisanale, et la cave, toute petite, requiert une sacrée rigueur. Les vins qui naissent ici sont sincères et toujours d'un très bon rapport qualité-prix. Aimant donner le temps aux choses, on trouve ici encore quelques vieux millésimes de bandol rouge qui valent tous le détour.

Bandol Le Cabanon d'Hélène 2017 | Sec | 2019>21 | 14,50 € 15
Bandol Le Cabanon d'Hélène 2015 | Sec | 2019>26 | 19 € 15
Bandol Le Cabanon d'Hélène 2014 | Sec | 2019>28 | 20 € 16
Bandol Le Cabanon d'Hélène 2010 | Sec | 2019>28 | epuisé 18
Bandol Le Cabanon d'Hélène 2007 | Sec | 2019>28 | 32 € 17
Côtes de Provence Cuvée des Fidèles 2018 | Sec | 2019>23 | 9,50 € 14
Côtes de Provence Cuvée des Fidèles 2018 | Sec | 2019>20 | 9,50 € 14
Vin de France Cuvée Flavio 2016 | Sec | 2019>22 | 6,50 € 14

1426, route de la Cadière - RD66 - Quartier de l'Estagnol, 83270 Saint-Cyr-Sur-Mer • Tél. 06.01.01.35.52 ou 06 20 79 35 63 • sandrineferaud@hotmail.com • www.domaindedelestagnol.com • Visite : Ouvert de 9h à 12h30 et de 15h à 19 du lundi au samedi. Dimanche sur rendez-vous.

CHÂTEAU D'ESTOUBLON

Ce magnifique château racheté en 1999 par la famille Schneider est aujourd'hui dirigé par Valérie et Rémy Reboul. La diversité des sols argileux et calcaires permet aux vins d'avoir une structure de belle complexité. En plus de leur activité viticole, le domaine dispose d'une grande oliveraie et, chose rare, de son propre moulin à huile leur permettant, de produire d'excellentes huiles d'olive. En plus d'une jolie boutique et d'un restaurant champêtre, le château, récemment restauré avec grand soin, peut se privatiser et compte désormais parmi les hauts lieux de d'accueil à la provençale. On ne peut qu'encourager cette initiative qui permet d'allier savamment vin et art de vivre à la provençale.

- **Les Baux-de-Provence Château d'Estoublon 2018** | Sec | 2019>20 | 17 € — 13,5
- **Les Baux-de-Provence Château d'Estoublon 2016** | Sec | 2019>26 | 23 € — 15,5
- **Les Baux-de-Provence Château d'Estoublon 2015** | Sec | 2019>26 | 23 € — 16
- **Les Baux-de-Provence cuvée Mogador 2012** | Sec | 2019>29 | 55 € — 18
- **Les Baux-de-Provence La Collection d'Ernest 2016** | Sec | 2019>24 | 14,50 € — 14
- **IGP des Alpilles Domaine d'Estoublon 2016** | Sec | 2019>25 | 26 € — 15
- **IGP des Alpilles Mono-Cépage Grenache 2014** | Sec | 2019>25 | 27 € — 16

Route de Maussane D17, 13990 Fontvieille • Tél. 04 90 54 87 34 • estoublon@estoublon.com • www.estoublon.com • Visite : Horaires d'été : 1er avril au 31 octobre du lundi au dimanche de 8h à 19h. Horaires d'hiver : 1er novembre au 31 mars du lundi au samedi de 8h à 18h

FABRE EN PROVENCE

La famille Fabre possède différentes propriétés. Le château de la Clapière est une grande bastide d'inspiration florentine, entourée de dépendances autrefois consacrées aux activités agricoles. Il fut le fief de la famille De Clapier, avant de devenir à la fin du XIXe siècle la propriété d'Elizabeth Isabella Johnstone-Gordon. Point d'orgue : en 1892, le Château reçut la visite de la reine Victoria d'Angleterre. Devenue propriété de la famille Fabre en 1928, son vignoble de 55 hectares, dont 32 en cru classé, est depuis 1988 exploité au sein des 550 hectares des domaines Fabre. En 2006, Henri Fabre-Bartalli entreprend avec Bruno Fabre-Bartalli la rénovation complète du château et de son parc. Une aventure qui durera six ans et mobilisera plus de 100 artisans varois. Aumérade est l'un des plus anciens domaines de la Provence, avec son vignoble dont les traces remontent au 1er siècle après J.C. et son histoire prestigieuse qui croisa la route du Roi Henri IV et du Duc de Sully. Témoins silencieux du passé, les platanes, plantés en 1594, ornent toujours la terrasse du château. Nommé d'après la famille Aumérat qui en fut propriétaire au XVIIIe siècle, le domaine appartient depuis 1932 à la famille Fabre. Les 300 hectares de vigne, dont 80 ont été classé « cru classé » se situent sur le terroir argilo-calcaire de Pierrefeu.

- **Côtes de Provence Château de l'Aumérade 2018** | Sec | 2019>20 | 13 € — 14,5
- **Côtes de Provence Château de l'Aumérade - Cuvée Origine 2018** | Sec | 2019>19 | 8,60 € — 13
- **Côtes de Provence Château de L'Aumérade - Cuvée Origine 2018** | Sec | 2019>21 | 8,60 € — 12
- **Côtes de Provence Château de L'Aumérade - Cuvée Origine 2014** | Sec | 2019>27 | 8,60 € — 16
- **Côtes de Provence Château de L'Aumérade Cru Classé - Cuvée Dame de Piegros 2014** | Sec | 2019>28 | 16,90 € — 16,5
- **Côtes de Provence Château de L'Aumérade Cru Classé - Cuvée Louis Fabre 2015** | Sec | 2019>25 | 24 € — 14,5
- **Côtes de Provence Château de L'Aumérade Cru Classé - Cuvée Marie-Christine 2015** | Sec | 2019>26 | 13 € — 15
- **Côtes de Provence Château de l'Aumérade Cru Classé - Cuvée Seigneur de Piegros 2018** | Sec | 2019>19 | 16,90 € — 13
- **Côtes de Provence Château de L'Aumérade Cru Classé - Cuvée Sully 2018** | Sec | 2019>22 | 16,90 € — 12
- **Côtes de Provence Château de la Clapière Cru Classé 2018** | Sec | 2019>20 | 13 € — 13,5
- **Côtes de Provence Château de la Clapière Cru Classé - La Violette 2018** | Sec | 2019>20 | 14 € — 14
- **Côtes de Provence Château de la Clapière Cru Classé - La Violette 2015** | Sec | 2019>23 | 14 € — 14

Route de Puget-Ville, 83390 Pierrefeu-du-Var • Tél. 04 94 13 80 78 • ftrichet@fabre-en-provence.com • www.fabre-en-provence.com • Visite : Du lundi au samedi de 8h30 à 12h30 et de 13h30 à 17h30 l'hiver, de 8h30 à 12h30 et de 14h à 18h l'été.

DOMAINE DE LA FERME BLANCHE

Ce très ancien domaine familial de Cassis, fondé en 1714, est aujourd'hui dirigé par Jérômine Paret et Philippe Garnier. Jérômine, après une première carrière de professeur d'anglais, a rejoint le domaine et ne regrette nullement sa décision. Depuis la modernisation des installations, les vins ont pris leur envol, avec cette année un magnifique cassis-excellence qui nous a marqués.

- **Cassis 2018** | Sec | 2019>21 | 15 € — 14
- **Cassis Classique 2018** | Sec | 2019>22 | 15 € — 13
- **Cassis Excellence 2017** | Sec | 2019>27 | 17 € — 16

RD 559, 13260 Cassis • Tél. 04 42 01 00 74 • fermeblanche@wanadoo.fr • www.domainedelafermeblanche.com • Visite : du lundi au samedi de 9h à 12h et de 14h à 18h.

FIGUIÈRE

C'est l'une des propriétés les plus célèbres de Provence. Elle appartient à la famille Combard qui gère ce domaine viticole de 85 hectares, dont 30 hectares en fermage. La vigne, située en bordure maritime sur un sol schisteux, est cultivée en viticulture biologique depuis déjà 1979. Actuellement les démarches sont en cours pour passer le tout en biodynamie. Nous saluons cet engagement, pas simple pour un domaine de cette taille. Si les vins font partie des valeurs sûres de la Provence, la famille met également les bouchées doubles à l'accueil des visiteurs et offre, pendant les beaux jours de la saison, une programmation culturelle qui vaut le détour.

- **Côtes de Provence La Londe Confidentielle 2018** | Sec | 2019>21 | 25,60 € — 14
- **Côtes de Provence La Londe Confidentielle 2016** | Sec | 2019>25 | 27,40 € — 15
- **Côtes de Provence Première 2018** | Sec | 2019>21 | 15,50 € — 15
- **Côtes de Provence Première 2018** | Sec | 2019>22 | 16,10 € — 13,5
- **Côtes de Provence Première 2017** | Sec | 2019>24 | 19,20 € — 14
- **Côtes de Provence Valérie 2018** | Sec | 2019>23 | 12,30 € — 14

605, route de Saint Honoré, 83250 La Londe-les-Maures • Tél. 04 94 00 44 70 • figuicre@figuiere-provence.com • www.figuiere-provence.com • Visite : du lundi au samedi de 10h à 12h et de 14h à 18h hors-saison ; du lundi au samedi de 10h à 19h en été.

DOMAINE DE LA FONT DES PÈRES

Planté en 1980 et racheté en 2010 par Caroline et Philippe Chauvin, cette propriété de 15 hectares, dont 8 en Bandol, se situe à flanc de colline et s'organise tout en restanques. Orienté nord, dévalant une pente assez raide, le vignoble est en train de renaître de ses cendres. Avec la construction d'un très beau chai, parfaitement intégré dans le paysage, et l'ouverture d'une ferme auberge qui offre un bel éventail de produits issus de leur propre production, le domaine prend très à cœur la notion d'accueil et de terroir.

- **Bandol 2018** | Sec | 2019>20 | 16 € — 13
- **Bandol 2016** | Sec | 2019>23 | 16 € — 16
- **Bandol 2016** | Sec | 2019>25 | 22 € — 16
- **Bandol 2015** | Sec | 2019>25 | 30 € — 15
- **Bandol 2014** | Sec | 2019>27 | 63 € — 14,5
- **Bandol Les Pères 2016** | Sec | 2019>25 | 19 € — 14,5
- **Côtes de Provence Saint-François 2018** | Sec | 2019>21 | 14 € — 14
- **IGP du Mont Caume Jeunes Mourvèdres 2018** | Sec | 2019>21 | 12 € — 13,5
- **IGP du Mont Caume Jeunes Vignes 2016** | Sec | 2019>24 | Epuisé — 14,5
- **IGP du Mont Caume La Reppe 2018** | Sec | 2019>23 | 19 € — 14,5
- **IGP du Mont Caume La Reppe 2017** | Sec | 2019>21 | 15 € — 14
- **IGP du Mont Caume Les Pères - Jeunes Vignes 2017** | Sec | 2019>22 | 12 € — 13,5

1306, chemin de Pontillaou, 83330 Le Beausset • Tél. 04 94 15 21 21 • contact@lafontdesperes.com • www.lafontdesperes.com • Visite : Du lundi au dimanche de 10h à 19h.

CHÂTEAU FONT DU BROC

Comme endormi dans ce coin isolé du Var, le château Font du Broc est bien protégé par son manteau de garrigue et de vignes. Jardin à la française, cloître et élevage de pur-sang lusitaniens agrémentent la visite. Le vignoble, qui s'étend sur 25 hectares, est exposé face à la baie de Saint-Raphaël, qui lui apporte en hiver la douceur de la brise marine. Lors de la période estivale, les effets bénéfiques du mistral permettent au raisin de bien mûrir. L'élevage s'effectue dans une cave conçue par un Compagnon du Tour de France : édifiée comme une crypte romane, elle permet au vin de vieillir religieusement. Un lieu hors du temps qui vaut le détour.

- **Côtes de Provence 2018** | Sec | 2019>20 | 16 € 13
- **Côtes de Provence 2018** | Sec | 2019>21 | 17,50 € 12,5
- **Côtes de Provence 2015** | Sec | 2019>24 | 24 € 14
- **Côtes de Provence Blanc Réserve 2017** | Sec | 2019>23 | 45 € 13
- **Côtes de Provence Réserve 2015** | Sec | 2020>25 | 38 € 14,5
- **Côtes de Provence Rouge Réserve 2014** | Sec | 2019>23 | 38 € 13

Chemin de la Font du Broc, 83460 Les Arcs-sur-Argens • Tél. 04 94 47 48 20 • info@chateau-fontdubroc.com • www.chateau-fontdubroc.com • Visite : du lundi au samedi de 10h à 18h et le dimanche de 10h à 17h sur réservation ; fermeture une heure plus tard en été.

FONTAINEBLEAU INTERNATIONAL

Si son nom fait penser à la splendide demeure royale aux portes de Paris, c'est avant tout une belle bastide provençale où le vin et l'accueil sont roi. Les 150 hectares de terres, baignées de soleil, se composent de forêts, d'oliveraies et de 40 hectares de vignes. Côté culture, travaillée déjà selon les préceptes de la biodynamie, la vigne est actuellement en cours de certification. En bref, un travail de qualité et des vins qui convainquent. De plus, proposant de nombreuses activités autour de la vigne et du vin, les visiteurs sont choyés : apéritif, musique, yoga dans les vignes, visites en calèche : tout un programme !

- **Coteaux Varois en Provence Louis Baptiste 2018** | Sec | 2019>20 | 18 € 13,5
- **Coteaux Varois en Provence Louis Baptiste 2017** | Sec | 2019>24 | 19 € 15
- **Côtes de Provence Les Arcades 2018** | Sec | 2019>19 | 11,50 € 13,5

800, route de Montfort-sur-Argens, 83143 Le Val • Tél. 04 94 59 59 09 • info@chateaufontainebleau.fr • www.chateau-fontainebleau.fr • Visite : du lundi au vendredi de 10h à 18h et le week-end de juillet août.

DOMAINE DE FRÉGATE

Ce domaine familial de 33 hectares, situé à Saint-Cyr-sur-Mer, a été fondé en 1892 sur les terres familiales du Marquis Bernard de Pissy. Initialement en polyculture, le domaine compte aujourd'hui exclusivement de la vigne. Antonin, cinquième génération, s'implique avec passion dans la conduite de cette très jolie propriété qui entoure un des plus beaux parcours de golf du monde, celui de Dolce Frégate. Les vins progressent depuis plusieurs millésimes et font désormais parti des valeurs sûres de l'appellation.

- **Bandol 2018** | Sec | 2019>20 | 14 € 13
- **Bandol 2018** | Sec | 2019>22 | 14 € 14
- **Bandol 2017** | Sec | 2019>21 | 13,50 € 14,5
- **Bandol 2016** | Sec | 2019>30 | 14 € 17,5
- **Bandol 2015** | Sec | 2019>26 | 15 € 13,5
- **Bandol 2013** | Sec | 2019>25 | 18 € 15,5
- **Bandol Excellence 2011** | Sec | 2019>30 | 23 € 17,5

Route de Bandol, 83270 Saint-Cyr-sur-Mer • Tél. 04 94 32 57 57 • domainedefregate@orange.fr • www.domainedefregate.com • Visite : tous les jours de 8h30 à 12h30 et de 13h30 à 18h sauf le dimanche d'octobre à mars.

CHÂTEAU DU GALOUPET

Cru classé de Provence, les raisins de Galoupet sont léchés par les embruns marins. Ce vignoble historique de Provence se situe en effet face à la mer, s'étendant sur presque 170 hectares de terres et de forêts, dont 68 de vignes. Bordé d'une luxuriante flore méditerranéenne, il tutoie l'île de Porquerolles et le fort de Brégançon. Le terroir de roches métamorphiques accueille un encépagement varié : grenache, mourvèdre, cinsault, syrah, tibouren, rolle, sémillon, chardonnay, cabernet, calladoc et carignan s'épanouissent dans ce coin d'une exceptionnelle beauté. Acquis en 2019 par Bernard Arnault, un nouveau chapitre s'ouvre pour ce domaine et le secteur de La Londe.

- **Côtes de Provence 2018** | Sec | 2019>21 | 15,45 € 14,5
- **Côtes de Provence 2017** | Sec | 2019>23 | NC 13
- **Côtes de Provence Empreinte 2014** | Sec | 2019>25 | NC 16
- **Vin de France L'Exception - Extra Brut Eff. 2014** | Extra-brut | 2019>22 | 21,50 € 15

Saint-Nicolas, 83250 La Londe-les-Maures • Tél. 04 94 66 40 07 • wines@galoupet.com • www.galoupet.com • Visite : Basse saison : du lundi au samedi de 10h00 à 12h30 et de 14h30 à 18h00. Haute saison (juillet et août) : du lundi au samedi de 10h00 à 13h00 et de 15h00 à 19h00

CHÂTEAU GASQUI

François Miglio est un homme engagé. Régisseur du domaine depuis 1990, il a oeuvré à la réhabilitation de ce lieux magique, situé au cœur de la Provence verte à plus de 300 mètres d'altitude dans une zone naturelle privilégiée classée Natura 2000. La vigne, travaillée avec le coeur et en biodynamie, s'insère ainsi respectueusement dans cette aire de diversité unique. L'intelligence de cette cohabitation, dont d'autres vignerons actifs dans cette même zone pourront bien s'inspirer, permet de produire des vins de caractère, entiers, juteux et harmonieux, qui vieillissent admirablement bien. Une adresse incontournable de la Provence.

- **Côtes de Provence 2006** | Sec | 2019>30 | NC — 18
- **Côtes de Provence Corps et Âme 2017** | Sec | 2019>30 | 18 € — 17,5
- **Côtes de Provence Corps et Âme 2015** | Sec | 2019>35 | 36 € — 17
- **Côtes de Provence Corps et Âme 2013** | Sec | 2019>28 | 45 € — 18
- **Côtes de Provence Point G 2012** | Sec | 2019>30 | 25 € — 15,5
- **Côtes de Provence Roche d'Enfer ! 2012** | Sec | 2019>30 | 15 € — 17
- **Côtes de Provence Silice 2009** | Sec | 2019>30 | 20 € — 18,5

Route de Flassans, 83590 Gonfaron • Tél. 06 03 31 06 00 • francois.miglio@chateau-gasqui.fr • www.chateau-gasqui.fr • Visite : sur rendez-vous.

CHÂTEAU GASSIER

Acquis en 1982 par la famille Gassier, cette propriété compte aujourd'hui 40 hectares. En 2004, le rapprochement avec Advini (important acteur du vin) permet de sceller une collaboration efficace. En partenariat avec le baron Georges Gassier, Olivier Souvelain en assure la direction. Une étude approfondie des sols a permis de bien différencier les terroirs : le sol sablo-limoneux pour la syrah, le sablo-argileux avec galets et grès pour le grenache, les sols profonds et caillouteux pour le cinsault, le sol sec et pauvre pour le grenache noir et le rolle. Ne produisant que du rosé, dont l'emblématique 946, la propriété travaille également en partenariat avec les autres domaines d'Advini qui se situent sur le même secteur. Parallèlement, l'activité œnotouristique se développe, avec notamment un parcours exemplaire permettant la découverte de la biodiversité dans la vigne.

- **Côtes de Provence Sainte-Victoire Château Gassier - Elevae 2016** | Sec | 2019>25 | 60 € — 16,5
- **Côtes de Provence Sainte-Victoire Château Gassier 946 2018** | Sec | 2019>21 | 33 € — 15
- **Côtes de Provence Sainte-Victoire Château Roquefeuille 2018** | Sec | 2019>21 | 15,50 € — 15,5
- **Côtes de Provence Sainte-Victoire Le Pas du Moine 2018** | Sec | 2019>20 | 15,50 € — 13
- **Côtes de Provence Château Roquefeuille 2018** | Sec | 2019>21 | 13,50 € — 14,5
- **Côtes de Provence Esprit Gassier 2018** | Sec | 2019>21 | 12 € — 14

Chemin de la Colle, 13114 Puyloubier • Tél. 04 42 66 60 09 • paul.alary@chateau-gassier.fr • www.chateau-gassier.fr • Visite : du lundi au vendredi de 9h à 17h.

DOMAINE DE GAVAISSON

En grec, Gavaisson signifie l'arrivée en terre promise. N'élaborant que des vins blancs à partir de rolle et de sémillon, les 4 hectares de vigne s'épanouissent sur un terroir argilo-calcaire. Les 11 parcelles du domaine sont en restanques (terrasses), chose de plus en plus rare en Provence car les murs en pierre sèche sont onéreux à entretenir. Avec seulement deux cépages, deux cuvées et une seule couleur produite, le domaine se concentre sur l'essentiel et le résultat est spectaculaire. Complexe et juste, savoureux, long, un blanc de Provence issu d'une vision exigeante et vinifié dans un chai de poupée.

- **Côtes de Provence Émotion 2016** | Sec | 2019>28 | 37 € — 17,5
- **Côtes de Provence Inspiration 2016** | Sec | 2019>24 | 22 € — 15,5

2487, chemin de Ginasservis, 83510 Lorgues • Tél. 07 63 52 00 07 • m.chodzko@gavaisson.fr • www.gavaisson.fr • Visite : sur rendez-vous.

DOMAINE GAVOTY

Le critique musical Bernard Gavoty, connu sous le pseudonyme Clarendon (qui inspira son nom aux grandes cuvées) et Pierre Gavoty, développèrent la marque et firent connaître les vins. Aujourd'hui, ce sont Roselyne Gavoty et son mari Hervé qui mènent la vigne à la baguette. La cinquantaine d'hectares de vignes est entourée de 150 hectares de bois.

Bordée de collines, de chênes et de pins, avec ses sols caillouteux, c'est un véritable écrin sauvage. Le climat, plus frais que sur la côte, permet d'élaborer des vins rouges d'une grande finesse, des blancs tout comme des rosés de grande garde. Actuellement en conversion bio, Roselyne continue sa recherche pour une expression toujours plus juste et plus proche de son terroir. L'accueil à la propriété est toujours aussi délicieux et les vins s'imposent, d'année en année, comme une des expressions les plus abouties de la Provence.

- **Côtes de Provence Clarendon 2018** | Sec | 2019>23 | 17,70 € — 14
- **Côtes de Provence Clarendon 2018** | Sec | 2019>28 | 21 € — 15,5
- **Côtes de Provence Clarendon 2015** | Sec | 2019>28 | 23 € — 16,5
- **Côtes de Provence Grand Classique 2018** | Sec | 2019>23 | 11,90 € — 14
- **Côtes de Provence Grand Classique 2018** | Sec | 2019>26 | 11,90 € — 14
- **Côtes de Provence Premier Rôle 2016** | Sec | 2019>28 | 41 € — 17

Le Grand Campdumy, 83340 Cabasse • Tél. 04 94 69 72 39 • domaine@gavoty.com • www.gavoty.com • Visite : Du 1er septembre au 30 avril : 9h-12h / 14h-18h du lundi au vendredi. Du 1er mai au 31 août : 9h-12h / 14h-19h du lundi au vendredi + le samedi de 10h-12h / 14h-19h. Les autres jours sur RDV

MAS DE GOURGONNIER

★☆☆☆☆ ♣

Ce mas, construit au XVIIIe siècle, ancienne ferme de l'abbaye de Pierredon, appartient à la famille Cartier depuis toujours. Dès les années 1950, le vignoble, implanté sur le versant sud des Alpilles, se développa au fil du temps et aujourd'hui toute la famille s'y implique. Résolument bio, travaillant avec le moins d'intrants possibles, les 45 hectares de vignes s'épanouissent sur un sol d'éboulis caillouteux argilo-calcaires. Possédant, en plus de quelques amandiers, environ 20 hectares d'oliviers, la famille produit également une excellente huile d'olive. De beaux vins de plaisir, à l'expression pure sans être simpliste.

- **Les Baux-de-Provence Clés du Paradis 2015** | Sec | 2019>25 | 17,10 € — 15
- **Les Baux-de-Provence Réserve du Mas 2015** | Sec | 2019>24 | 11,10 € — 14
- **Les Baux-de-Provence Sans Soufre Ajouté 2017** | Sec | 2019>23 | 10,10 € — 14
- **Les Baux-de-Provence Tradition 2018** | Sec | 2019>20 | 7,90 € — 14
- **IGP des Alpilles Tradition 2018** | Sec | 2019>25 | 7,90 € — 15

Le Destet D78, 13890 Mouriès • Tél. 04 90 47 50 45 • contact@gourgonnier.com • www.gourgonnier.com • Visite : du lundi au samedi de 9h à 12 et de 14h à 18h, dimanche et jours fériés de 10h à 12h et de 15h à 17h30 sauf de janvier à mars.

CHÂTEAU GRAND BOISE

★★★☆☆ ♣

Dès le Moyen-Âge, les terres de Grand Boise sont choyées par les moines et depuis le début de ce siècle c'est Xavier Gervoson qui a redonné corps à ce grand domaine agricole tutoyant les pentes du mont Aurélien. Sur 500 hectares de forêt en flanc de montagne, 40 sont plantés en vigne. Le vignoble se répartit sur 92 parcelles de part et d'autre de la colline, tantôt exposées nord, tantôt sud, sur un dénivelé de 340 mètres, accessible par 40 km de pistes à l'intérieur du domaine : imaginez les vendanges et saluons au passage le courage passionné du jeune et talentueux directeur, Jean Simonet. De plus, en mode culturale bio, il souhaite rendre le domaine autosuffisant. Le chai, dont la modernisation vient d'être achevée, et les vins, précis et bien dessinés, sont tout à fait à l'image de ce lieu à la fois beau, moderne et indompté.

- **Côtes de Provence 2018** | Sec | 2019>26 | 16 € — 15
- **Côtes de Provence Sainte-Victoire 2018** | Sec | 2019>22 | 12,50 € — 15
- **Côtes de Provence Sainte-Victoire 2017** | Sec | 2019>30 | 18 € — 15,5
- **Côtes de Provence 1610 2017** | Sec | 2019>30 | 26 € — 17,5
- **Côtes de Provence 1610 2017** | Sec | 2019>30 | 25 € — 16,5
- **Côtes de Provence Jadis 2018** | Sec | 2019>24 | 19 € — 16
- **Vin de France Liberté Chérie 2017** | Sec | 2019>26 | 58 € — 15

1536, chemin de Grisole - B.P. 2, 13530 Trets • Tél. 04 42 29 22 95 • contact@grandboise.com • www.grandboise.com • Visite : Horaires et jours de vente du caveau : du lundi au vendredi de 8h30 à 12h et de 13h30 à 18h (14h – 19h de mi-juin à fin août). Horaires et jours de vente de la boutique Maison Grand Boise du mardi au samedi de 10h à 20h.

DOMAINE DU GROS'NORÉ

★★★★☆

Après avoir fait ses classes à Romassan et à Pibarnon, Alain Pascal (fils d'Honoré, surnommé le gros Noré pour son imposante stature) exploite dorénavant 17 hectares sur la Cadière-d'Azur. Il a longtemps recherché à construire des rouges puissants. Toujours en quête de progression qualitative, avec une intention déclarée d'égaler les meilleurs de l'appellation, il a entamé une évolution vers la recherche de finesse sans que ses vins ne perdent en structure. Peu de domaines ont su évoluer aussi bien et aussi vite, nous saluons cette intelligence servie par un étonnant sens du produit. La progression du domaine continue et se construit sur le long terme. Tout comme les années précédentes, les vins évoluent naturellement bien et prennent de la profondeur au vieillissement. Un incontournable de Bandol.

- **Bandol 2018** | Sec | 2019>22 | 17,50 € — 14
- **Bandol 2016** | Sec | 2021>30 | 24 € — 14,5
- **Bandol Antoinette 2016** | Sec | 2019>35 | 45 € — 17,5

675, chemin de l'Argile, 83740 La Cadière-d'Azur • Tél. 04 94 90 08 50 • alainpascal@gros-nore.com • www.gros-nore.com • Visite : De mai à fin septembre: du lundi au samedi 9h00 - 12h00 13h30 - 17h30. Fermé le dimanche. D'octobre à avril : du lundi au vendredi 9h00 - 12h00 13h30 - 17-30. Le samedi sur rendez-vous.

DOMAINE HAUVETTE

C'est indéniablement l'un des domaines les plus entiers et sincères de la Provence. Dominique Hauvette dompte la vigne comme elle dompte ses 40 chevaux : avec patience et sensibilité. Depuis 2003, le vignoble de 17 hectares est cultivé selon les principes de la biodynamie, avec de petits rendements et au plus proche de son terroir. Ici pas d'artifices, mais une réflexion loin des considérations commerciales. La vinification se fait avec douceur, souvent en œuf béton et toujours en levures indigènes, pour faire parler le raisin plutôt que la main de l'homme. L'intuition de Dominique fait ressortir dans ses vins une expression ancrée et originale, faite pour durer. Des vins superbes, vivants et vibrants quelle que soit la cuvée choisie.

- **Les Baux-de-Provence Améthyste 2008** | Sec | 2019>25 | NC — 16
- **Les Baux-de-Provence Cornaline 2013** | Sec | 2019>30 | 29,50 € — 17
- **Les Baux-de-Provence Petra 2016** | Sec | 2019>24 | epuisé — 17,5
- **IGP des Alpilles Améthyste 2016** | Sec | 2019>28 | 50 € — 16,5
- **IGP des Alpilles Dolia 2012** | Sec | 2019>29 | 39 € — 18

2946, voie Aurélia - La Haute-Galine, 13210 Saint-Rémy-de-Provence • Tél. 04 90 92 03 90 • domainehauvette@orange.fr • Visite : sur rendez-vous

DOMAINE DE L'ÎLE

Des trois exploitations viticoles de l'île de Porquerolles, le domaine de l'île est certes le plus ancien mais également le plus discret. Tout a commencé en 1911, quand Monsieur Fournier, de retour du Mexique, achète l'île, la privatise et s'y installe. Pour éviter le risque d'incendie, il plante 170 hectares de vignes. Le domaine devient alors l'un des plus importants de France, connaît des hauts et des bas jusqu'à ce qu'en 1971 l'État rachète la majorité de l'île, ouvrant la possibilité à d'autres vignerons de s'y installer. En 1980, Sébastien Le Ber, petit-fils du fondateur, reprend les rênes et cultive 16,5 hectares sur un terroir schisteux. Les failles verticales du sol, reliées à la terre ferme, permettent aux ceps de puiser l'eau douce en profondeur et de résister ainsi à la chaleur estivale. On y produit des vins qui sont comme l'île : singuliers et de toute beauté.

- **Côtes de Provence 2018** | Sec | 2019>25 | 15 € — 16,5
- **Côtes de Provence 2018** | Sec | 2019>26 | 15 € — 16
- **Côtes de Provence 2016** | Sec | 2019>28 | 15 € — 15

Chemin du Langoustier, 83400 Porquerolles • Tél. 04 98 04 62 30 • domainedelile@gmail.com • www.domainedelile.com • Visite : sur rendez-vous.

DOMAINE DU JAS D'ESCLANS

Dès l'époque Romaine, la vallée des Esclans était réputée pour son raisin de table. Le domaine figure déjà sur les cartes de Cassini en 1740. La vigne côtoie alors des prairies de moutons, le nom «jas» étant synonyme de mas et de bergerie. En 1955, le domaine devient cru classé de Provence. Ce vignoble de 50 hectares avec vue sur la mer profite des embruns de la Méditerranée et d'un terroir drainant et complexe.

- **Côtes de Provence 2018** | Sec | 2019>19 | 10,50 € — 13,5
- **Côtes de Provence 2018** | Sec | 2019>22 | 18,50 € — 13
- **Côtes de Provence Cœur de Loup 2018** | Sec | 2019>19 | 12,50 € — 13
- **Côtes de Provence Coup de Foudres 2014** | Sec | 2019>23 | 12,50 € — 14,5
- **Côtes de Provence Cuvée du Loup 2016** | Sec | 2019>23 | 18,50 € — 16
- **Côtes de Provence cuvée du Loup 2016** | Sec | 2019>22 | 10,50 € — 13
- **Côtes de Provence Cuvée du Loup 2016** | Sec | 2019>24 | 18,50 € — 14

3094, route de Callas, 83920 La Motte en-Provence • Tél. 04 98 10 29 29 • domaine@jasdesclans.fr • www.jasdesclans.fr • Visite : du lundi au samedi de 8h30 à 12h et de 14h à 17h30, de 8h30 à 18h sans interruption en juillet-août.

DOMAINE LA BLAQUE

A proximité de Manosque, dans un paysage cher à Giono, le domaine se situe au cœur des collines de Pierrevert. C'est l'un des vignobles les plus septentrionaux de la Provence, qui s'étend sur les contreforts du Luberon, à flanc de coteaux, à une altitude de 420 à 550 mètres. Acquis en 1987, le domaine se compose de 160 hectares, dont 50 de vignes. Gilles Delsuc et son épouse le gèrent avec brio et impriment leur patte expérimentée aux cuvées. Si le terroir argilo-calcaire est un classique de la Provence, l'influence climatique en revanche change la donne : bien plus continentale, elle offre non seulement des différences de température jour-nuit très intéressantes pour l'équilibre maturité-acidité des raisins, mais permet également une vendange plus tardive, vers la fin septembre, assurant ainsi une longue et progressive maturation des raisins.

- **Pierrevert Collection 2009** | Sec | 2019>24 | 21 € — 14,5
- **Pierrevert Réserve 2017** | Sec | 2019>25 | 12,20 € — 15
- **Pierrevert Tradition 2018** | Sec | 2019>23 | 7,80 € — 14,5
- **Pierrevert Tradition 2018** | Sec | 2019>21 | 7,80 € — 14,5
- **Pierrevert Tradition 2017** | Sec | 2019>24 | 7,80 € — 14,5
- **IGP Méditerranée Viognier 2018** | Sec | 2019>21 | 9,40 € — 13

Domaine Châteauneuf, 04860 Pierrevert • Tél. 04 92 72 39 71 • domaine.lablaque@wanadoo.fr • www.domainelablaque.fr • Visite : du lundi au samedi de 9h à 12h et de 14h à 18h.

CHÂTEAU LA CALISSE

Ici, les rendements sont faibles et la vigne est menée en agriculture biologique. Patricia Ortelli s'investit corps et âme dans ce vignoble de 12 hectares, situé à près de 400 mètres d'altitude. Balayé par le mistral, le site profite d'une influence continentale qui rafraîchit la vigne et tempère les chaleurs estivales.

- **Coteaux Varois en Provence 2018** | Sec | 2019>19 | 20 € — 13
- **Coteaux Varois en Provence Patricia Ortelli 2018** | Sec | 2019>19 | 24 € — 13,5
- **Coteaux Varois en Provence Patricia Ortelli 2018** | Sec | 2019>23 | 24 € — 13,5
- **Coteaux Varois en Provence Patricia Ortelli 2017** | Sec | 2018>22 | 24 € — 13,5
- **Coteaux Varois en Provence Patricia Ortelli 2015** | Sec | 2019>22 | 25 € — 13
- **Coteaux Varois en Provence Patricia Ortelli - Étoiles 2016** | Sec | 2019>25 | 48 € — 14

RD 560, 83670 Pontevès • Tél. 04 94 77 24 71 • contact@chateau-la-calisse.fr • www.chateau-la-calisse.fr • Visite : du lundi au samedi de 9h à 12h et de 14h à 18h.

DOMAINE LA CHAPELLE SAINT-BACCHI

Ce petit domaine de 9,5 hectares de vignes, situé sur la route qui relie Jouques à Rians, se trouve au pied de la face nord de la montagne Sainte-Victoire, dans une vallée étroite. C'est le royaume de Christian Valensini qui y vinifie des cuvées hors des sentiers battus. Terroir protégé de la mer par la barre rocheuse de la montagne, le climat est ici plus frais que sur la côte. L'influence continentale crée alors un microclimat permettant de ralentir la maturation des raisins et de conserver une fraîcheur très intéressante. La cuvée la plus originale du domaine est rouge et se nomme cueille-le-jour, composée à 100 % d'alicante, une rareté en Provence.

- **Coteaux d'Aix-en-Provence Cuvée des Anges 2018** | Sec | 2019>22 | 11 € — 14,5
- **Coteaux d'Aix-en-Provence Cuvée Prestige 2016** | Sec | 2019>28 | 16 € — 16,5
- **Coteaux d'Aix-en-Provence Glou Glou 2018** | Sec | 2019>20 | 10 € — 14
- **Coteaux d'Aix-en-Provence Glou Glou 2018** | Sec | 2019>22 | 10 € — 14
- **Vin de France Cueille Le Jour 2018** | Sec | 2019>24 | 13 € — 14
- **Vin de France Glou Glou 2018** | Sec | 2019>22 | 10 € — 14
- **Vin de France Orus 2018** | Sec | 2019>25 | 15 € — 14,5

Route de Rians, 13490 Jouques • Tél. 06 12 63 33 88 • valensisi.christian@neuf.fr • www.receptions-saint-bacchi.com • Visite : Du lundi au vendredi de 14h à 18h30 et le samedi de 9h à 12h et de 14h à 19h. Le dimanche et les jours fériés sur rendez-vous

DOMAINE LA DONA TIGANA

Ce domaine est né en 1998, grand millésime de foot, par la volonté de Jean Tigana, l'un des joueurs-clefs du carré magique des champions d'Europe 1984. Les quelque 14 hectares de coteaux dominent la baie de Cassis et sont orientés plein ouest. La vigne, tout en restanques, s'enracine dans un sol argilo-calcaire caillouteux, terroir propice à la production des grands blancs. En 2018 a été inauguré le nouveau chai, beau et ergonomique, permettant aux vins de gagner encore en précision et au visiteur d'être reçu dans un cadre superbe, avec vue imprenable sur l'appellation.

Cassis 2018 | Sec | 2019>23 | 16 € — 14
Cassis 2018 | Sec | 2019>20 | 15 € — 14
Cassis Cuvée Prestige 2016 | Sec | 2019>24 | 25 € — 15,5

25, avenue Pierre-Imbert, 13260 Cassis • Tél. 09.65.04.26.54 • contact@domaineladonatigana.com • www.domaineladonatigana.com • Visite : du lundi au jeudi de 9h à 17h30. Vendredi & samedi 10H à 18H30

CHÂTEAU LA GORDONNE

La Gordonne appartient à Paul-François Vranken, propriétaire par ailleurs du groupe de Champagne éponyme ainsi que des Grands Domaines du Littoral. La Gordonne couvre presque 300 hectares et compte parmi les domaines les plus étendus de Provence. Situé au coeur du terroir de Pierrefeu, différents type de sols et de microclimats permettent de varier entre les styles de vins produits dont la production se concentre quasi exclusivement au rosé, représentant 90 % du vin mis en bouteille. Sur les 220 hectares de vignes, 100 sont déjà certifiés bio, les 120 hectares restants sont en conversion. Entourés de 80 hectares de bois classés, le paysage varie et offre de beaux points de vues sur les environs. D'ailleurs, pendant la belle saison, sont organisées des balades gourmandes, une bonne façon de découvrir l'appellation et le travail effectué au domaine.

Côtes de Provence Pierrefeu La Chapelle Gordonne 2018 | Sec | 2019>20 | 23,50 € — 14
Côtes de Provence La Chapelle Gordonne 2018 | Sec | 2019>24 | 23,50 € — 14,5
Côtes de Provence La Chapelle Gordonne 2013 | Sec | 2019>24 | 23,50 € — 14
Côtes de Provence Summertime 2018 | Sec | 2019>20 | 8,80 € — 13,5
Côtes de Provence Vérité du Terroir 2018 | Sec | 2019>22 | 8,80 € — 15
Côtes de Provence Vérité du Terroir 2018 | Sec | 2019>23 | 8,80 € — 14
Côtes de Provence Vérité du Terroir 2014 | Sec | 2019>22 | 8,80 € — 13,5

Route de Cuers, 83390 Pierrefeu-du-Var • Tél. 04 66 51 17 35 • b.mailliard@gdl.fr • www.lagordonne.com • Visite : du lundi au samedi de 8h30 à 12h et de 14h à 17h30.

CHÂTEAU LA MARTINETTE

La Martinette, fondée en 1620 et acquise en 2011 par trois associés russes, est pilotée par Alexei Dmitriev, moscovite fin gourmet, amoureux de la culture française et remarquable connaisseur de vins. La construction d'un nouveau chai est en cours, confié à l'architecte Bernard Mazières, qui réalisa les splendides chais de Montrose et Mouton-Rothschild, mais aussi d'Yquem et de Petrus (entre autres). La surface en vigne plantée sera augmentée d'ici 2021 pour doubler la capacité de production du domaine, actuellement en conversion bio. De plus, la restructuration du château avec un projet œnotouristique de haut vol est un atout non négligeable pour le placer à moyen terme sous les feux des projecteurs. L'avenir s'annonce rose.

Côtes de Provence 2018 | Sec | 2019>21 | 13,50 € — 15
Côtes de Provence 2017 | Sec | 2019>25 | 16,50 € — 15
Côtes de Provence Château 2018 | Sec | 2019>20 | 13,50 € — 13
Côtes de Provence Clos Blanc 2015 | Sec | 2019>28 | 25 € — 15
Côtes de Provence La Grande Pièce 2015 | Sec | 2019>28 | 28 € — 15
Côtes de Provence Reflets d'Argens 2016 | Sec | 2019>23 | 25 € — 15

4005, chemin de la Martinette, 83510 Lorgues • Tél. 06 45 36 10 32 • contact@chateaulamartinette.com • www.chateaulamartinette.com • Visite : du lundi au samedi de 10h à 19h.

DOMAINE LA SUFFRÈNE

Le sympathique Cédric Gravier gère ce domaine familial depuis 1996 avec beaucoup d'ouverture d'esprit et un sens inné de l'accueil. Avec lui vient un grand changement, et les raisins jusque-là apportés à la coopérative seront vinifiés au domaine.

Cette renaissance a notamment pu se faire grâce à son grand-père, connaissant chaque cep de vigne sur le bout des doigts. Aujourd'hui, le domaine s'étend sur près de 60 hectares et Cédric a entamé en 2017 sa conversion en bio. Situé à l'ouest de l'appellation, sur un sol majoritairement argilo-calcaire, le domaine au nombre varié de parcelles assure la diversité d'expression du mourvèdre, cépage phare de Bandol, dont la proportion de vieilles vignes atteint ici les 90 %.

Bandol 2018 | Sec | 2019>22 | 14 € — 14
Bandol 2018 | Sec | 2019>25 | 15 € — 14,5
Bandol 2016 | Sec | 2019>30 | 17 € — 18
Bandol 2015 | Sec | 2019>30 | 18 € — 16,5
Bandol Les Lauves 2015 | Sec | 2019>28 | 25 € — 16,5
Bandol Les Lauves 2014 | Sec | 2019>28 | 26 € — 16
Bandol Sainte-Catherine 2016 | Sec | 2019>23 | 18 € — 16
Bandol Sainte-Catherine 2015 | Sec | 2019>24 | epuisé — 18

1066, chemin de Cuges, 83740 La Cadière-d'Azur • Tél. 04 94 90 09 50 • commercial@suffrene.fr • www.domaine-la-suffrene.com • Visite : du lundi au samedi de 9h à 12h et de 14h à 18h, en juillet-août de 10h à 13h et de 15h à 19h.

CHÂTEAU LA TOUR DE L'ÉVÊQUE

Le château est en réalité une magnifique bastide, trônant au cœur du vignoble et en retrait de la route qui relie Pierrefeu à la côte. Ici, c'est le royaume de Régine Sumeire, une femme au caractère bien trempé, qui se bat à juste titre pour la reconnaissance des grands rouges de Provence. Avec énergie, elle administre ce domaine très qualitatif de 89 hectares d'un seul tenant, situé sur le terroir de Pierrefeu. Également propriétaire du château Barbeyrolles, proche de Saint-Tropez, elle aime la diversité des expressions qu'elle obtient de ses deux terroirs de schiste, à la fois similaires et très différents. Avec des vins enrobés et tout en restant tendus, elle joue l'équilibriste sans vaciller. Et c'est exquis.

Côtes de Provence 2018 | Sec | 2019>22 | 12 € — 15,5
Côtes de Provence 2015 | Sec | 2019>29 | 17 € — 16
Côtes de Provence 2014 | Sec | 2019>25 | 16 € — 16,5
Côtes de Provence Blanc de Blancs 2018 | Sec | 2019>25 | 16,50 € — 15
Côtes de Provence Château La Tour de l'Évêque - Noir et Or 2016 | Sec | 2019>29 | 32 € — 16,5
Côtes de Provence Château La Tour de l'Évêque - Noir et Or 2015 | Sec | 2018>29 | 29 € — 16,5
Côtes de Provence Pétale de Rose 2018 | Sec | 2019>21 | 16,50 € — 14,5

RD 14 - Route de Cuers - La Tour Sainte-Anne, 83390 Pierrefeu-du-Var • Tél. 04 94 28 20 17 • contact@toureveque.com • www.toureveque.com • Visite : avril à septembre : du lundi au samedi de 9h à 18h ; octobre à mars : du lundi au samedi de 9h à 17h.

CHÂTEAU LA VALETANNE

Située à La Londe, entre Saint-Tropez et Toulon, La Valetanne s'étend sur 15 hectares. Organisé en terrasses plus ou moins grandes, le vignoble descend la pente douce d'une colline et s'enracine majoritairement dans un terroir rouge schisteux. Le domaine, relativement récent, a vu sa vigne restructurée en 2006, pour une première vinification dès 2007. Aujourd'hui, il appartient à un couple danois qui a confié la gestion à Jérôme Constantin, ingénieur et oenologue de formation. Dans son chai de poupée, petit mais très bien équipé, il élabore des cuvées droites et d'une grande accessibilité, faisant du domaine une des adresses incontournables de la région.

Côtes de Provence La Londe Larmes 2018 | Sec | 2019>20 | 18 € — 14
Côtes de Provence La Londe Larmes 2017 | Sec | 2019>25 | 25 € — 14,5
Côtes de Provence La Londe Vieilles Vignes 2018 | Sec | 2019>26 | 14 € — 15,5
Côtes de Provence La Londe Vieilles Vignes 2017 | Sec | 2019>24 | 15 € — 14
Côtes de Provence Vieilles Vignes 2018 | Sec | 2019>19 | 12 € — 13,5

Route de Valcros, 83250 La Londe-les-Maures • Tél. 06 74 56 86 23 • jc@chateaulavaletanne.com • www.chateaulavaletanne.com • Visite : du 15 mai au 15 septembre du lundi au samedi de 10h à 13h et de 16h à 19h ; le reste de l'année le lundi de 10h à 12h et de 15h à 17h, les autres jours sur rendez-vous.

DOMAINE DE LAUZIÈRES

Ce vaste domaine familial en viticulture biodynamique, certifié Demeter depuis 2015, appartient aujourd'hui à Christophe Pillon, jeune vigneron franco-suisse. Dans un vallon isolé des Alpilles, 31 hectares de vignes s'épanouissent dans un environnement préservé, entourés de 25 hectares d'oliviers et de presque autant de garrigue. Si on y trouve les cépages classiques de la Provence, d'autres, bien plus rares comme le petit verdot, y prennent également racine et donnent alors naissance à des vins très originaux. Cette année, une seule cuvée a été présentée aux dégustations. Nous espérons que l'année prochaine la gamme sera à nouveau au complet.

Les Baux-de-Provence Equinoxe 2018 | Sec | 2019>20 | 14 € 14

Lieu-dit le Destet, 13890 Mouriès • Tél. 04 90 47 62 88 • contact@domainedelauzieres.com • www.domainedelauzieres.com • Visite : ouvert de 9h à 18h du lundi au vendredi et également le samedi en juillet-août. Ouvert jusqu'à fin septembre tous les jours les week-ends de 10h à 19h.

DOMAINE LE GALANTIN

★☆☆☆☆

Domaine fondé en 1965, ce n'est qu'en 1972 que la famille Pascal y procède à la première vinification : tout juste 12 hectolitres de rosé. Depuis, le domaine a parcouru bien du chemin. Aujourd'hui, Céline et son frère Jérôme s'investissent dans cette aventure familiale avec enthousiasme et sincérité. Leurs 29 hectares de vignes se répartissent sur plusieurs secteurs de Bandol et leur fournissent une mosaïque de terroirs complémentaires. Détail amusant : le style de leur ancienne étiquette, colorée et joliment naïve, facilement reconnaissable, a maintes fois servi d'inspiration à d'autres vignerons - même l'italien Roberto Voerzio, viticulteur talentueux du Piémont, n'a pas pu résister.

Bandol 2018 | Sec | 2019>20 | 12 € 14
Bandol 2018 | Sec | 2019>22 | 13 € 13,5
Bandol 2015 | Sec | 2019>28 | 14 € 14,5
Bandol 2011 | Sec | 2019>30 | 16 € 15

690, chemin du Galantin, 83330 Le Plan-du-Castellet • Tél. 04 94 98 75 94 • domaine-le-galantin@wanadoo.fr • www.le-galantin.com • Visite : du mardi au vendredi de 9h à 12h et de 14h à 17h00, de mai à octobre jusqu'à 18h30. Eté (juillet-août): visite commentée de la cave le jeudi à 18h.

DOMAINE LE LOUP BLEU

★☆☆☆☆ ♣

En 2011, Marc et Sylvie Dubois visitent Piconin et tombent sous le charme. Les voilà propulsés propriétaires de ce petit domaine de 9 hectares, situé dans un cadre magnifique au pied de la Sainte-Victoire, sur un sol argilo-calcaire. Le vignoble, composé pour partie de vieilles vignes, est depuis passé en culture biologique. Les parcelles, entourées de haies et de bosquets, sont un véritable havre de biodiversité. Le nom du domaine fait d'ailleurs référence à l'emblème du village : podium luperium, la colline des loups, aujourd'hui de retour dans le parc naturel voisin. Les cuvées sont vinifiées dans leur chai de poupée qui, malgré sa petite taille, contient toutes les installations modernes dont on peut rêver. Car dans son métier précédent, ingénieur en aéronautique, Marc a appris qu'il ne fallait jamais rien laisser au hasard. Les cuvées affichent alors une belle régularité, faisant du domaine une des adresses incontournables de la région.

Côtes de Provence Sainte-Victoire Croix du Sud 2018 | Sec | 2019>20 | 12,50 € 13
Côtes de Provence Sainte-Victoire Croix du Sud 2017 | Sec | 2019>26 | 15 € 15
Côtes de Provence Vol de Nuit 2018 | Sec | 2019>20 | 9,80 € 14
Côtes de Provence Vol de Nuit 2018 | Sec | 2019>23 | 12,80 € 13

Piconin, 13114 Puyloubier • Tél. 07 72 55 91 31 • contact@le-loup-bleu.com • www.le-loup-bleu.com • Visite : Du lundi au samedi de 8h à 19h.

CHÂTEAU LÉOUBE

★☆☆☆☆ ♣

Sur les rivages schisteux de la Grande Bleue, depuis 1998 le château est la très vaste propriété (560 hectares d'un seul tenant, dont 70 de vignes et 22 d'oliviers) du britannique Sir Anthony Bamford. Un ambitieux programme de remise en état des parcelles et de plantation a été lancé, et depuis 2000 la vinification est confiée à Romain Ott. Ce site enchanteur avec vue sur la mer bénéficie pleinement d'un microclimat ensoleillé, modéré par les brises marines. Certifiée bio depuis 2011, la vigne est travaillée en fonction des rigueurs du climat contrasté du sud. Si l'ensemble des parcelles est vendangé à la main, au chai tout un programme a été mis en place pour préserver au maximum le raisin.

Côtes de Provence 2018 | Sec | 2019>19 | 19 € 13,5
Côtes de Provence 2018 | Sec | 2019>20 | 21 € 14
Côtes de Provence La Londe Léoube 2018 | Sec | 2019>22 | 42 € 14,5
Côtes de Provence Forts de Léoube 2016 | Sec | 2019>23 | 26 € 14,5

- **Côtes de Provence Love by Léoube 2018** | Sec | 2019>20 | 14 € — 13,5
- **Côtes de Provence Secret de Léoube 2018** | Sec | 2019>19 | 26 € — 13,5
- **Vin de France Collector 2013** | Sec | 2019>25 | 43 € — 16,5

2387, route de Léoube, 83230 Bormes-les-Mimosas • Tél. 04 94 64 80 03 • info@chateauleoube.com • www.leoube.com • Visite : novembre à mars : du lundi au samedi de 9h à 17h, avril à octobre : du lundi au dimanche de 9h à 20h.

DOMAINE LES BÉATES

Dans l'arrière-pays aixois, sur le secteur de Lambesc, s'étendent les 53 hectares de vignes du domaine. Assez morcelées, les parcelles couvrent une multitude de terroirs, dont les meilleurs sont situées entre 200 et 400 mètres d'altitude, sur les contreforts sud de la chaîne des Côtes. Depuis 1996, Pierre-François Terrat mène ici une viticulture engagée et qualitative, tout en cultivant le sens de l'accueil. S'il n'est pas dans la vigne ou à la cave, il n'est pas rare de le croiser dans le caveau du domaine, expliquant avec bonheur et fierté les différentes cuvées. La constance de qualité est un des points remarquables de ce domaine qui, de plus, participe tous les ans à l'élaboration d'une cuvée solidaire afin d'aider des confrères en cas de gel, grêle ou incendie. Un bel esprit.

- **Coteaux d'Aix-en-Provence Les Béates 2017** | Sec | 2019>25 | 17 € — 14,5
- **Coteaux d'Aix-en-Provence Les Béates 2016** | Sec | 2019>29 | 17 € — 16,5
- **Coteaux d'Aix-en-Provence Les Béatines 2018** | Sec | 2019>20 | 10 € — 14
- **Coteaux d'Aix-en-Provence Les Béatines 2018** | Sec | 2019>24 | 10,50 € — 14
- **Coteaux d'Aix-en-Provence Les Béatines 2018** | Sec | 2019>23 | 10,50 € — 13,5
- **Coteaux d'Aix-en-Provence Les Béatines 2017** | Sec | 2019>26 | 10,50 € — 15
- **Vin de France Lou Carb'o 2018** | Sec | 2019>22 | 13 € — 13,5
- **Vin de France Lou Ch'nin 2018** | Sec | 2019>24 | 13 € — 14
- **Vin de France Terra d'Or 2017** | Sec | 2019>30 | 33 € — 15,5
- **Vin de France Terra d'Or 2016** | Sec | 2019>30 | 33 € — 17,5
- **Vin de France Terra d'Or 2015** | Sec | 2019>30 | 33 € — 16,5

Route de Caireval - B.P. 52, 13410 Lambesc • Tél. 04 42 57 07 58 • contact@lesbeates.com • www.lesbeates.com • Visite : du lundi au samedi de 10h à 18h.

DOMAINE LES LUQUETTES

Un vieux domaine familial et discret, cultivant 20 hectares d'un seul tenant dont 8 classés en AOP bandol. Pour replanter et remplacer les ceps manquants, les propriétaires continuent de travailler en sélection massale et greffage sur place, des techniques anciennes que peu de vignerons continuent à maîtriser eux-mêmes. Même l'alicante planté par le grand-père a trouvé grâce, et est vinifié avec amour en demi-muid. Un domaine attachant, mené de front par le tandem énergique mère-fille, Elisabeth et Sophie Lafourcade.

- **Bandol 2018** | Sec | 2019>21 | 13 € — 14,5
- **Bandol 2017** | Sec | 2019>20 | 13 € — 14
- **Bandol 2016** | Sec | 2019>27 | 18 € — 15

20, chemin des Luquettes, 83740 La Cadière-d'Azur • Tél. 04 94 90 02 59 • info@les-luquettes.com • www.les-luquettes.com • Visite : Du lundi au samedi de 8h à 19h.

CHÂTEAU LES MESCLANCES

L'histoire témoigne de l'ancienneté de l'exploitation qui date de l'époque gallo-romaine. Détaché en 1802 à la suite du partage familial d'un domaine possédé depuis 1530 par la famille du Sieur de Boutiny, ancêtre des propriétaires actuels, le domaine s'est développé indépendamment, sur 110 hectares couronnés de collines boisées. Aujourd'hui, Arnaud de Villeneuve Bargemon le gère en famille et, conscient des enjeux de demain, est en train de le convertir en agriculture biologique. Si la vigne occupe 32 hectares, figuiers et oliviers constellent le domaine créant un paysage varié. Entièrement entouré de collines, le terroir est plus tardif que sur d'autres zones voisines. Depuis 2018, un nouveau régisseur est aux manettes, présageant de beaux changements pour réveiller cette belle au bois dormant.

- **Côtes de Provence La Londe Faustine 2018** | Sec | 2019>21 | 14,90 € — 14
- **Côtes de Provence Faustine 2016** | Sec | 2019>26 | 21,50 € — 15
- **Côtes de Provence Saint Honorat 2018** | Sec | 2019>22 | 11 € — 14,5
- **Côtes de Provence Saint Honorat 2016** | Sec | 2019>24 | 13,80 € — 14
- **IGP Méditerranée Viognier 2018** | Sec | 2019>22 | 8,50 € — 14

3583, chemin du Moulin Premier, 83260 La Crau • Tél. 04 94 12 10 95 • chateaulesmesclances@mesclances.com • www.mesclances.com • Visite : Dégustation et vente : du 1er mai au 30 septembre du lundi au samedi de 8h30 à 12h et de 14h à 18h. Du 1er octobre au 1er avril mêmes horaires mais fermé le samedi. Fermé les dimanches et jours fériés. Visites sur rendez-vous.

CHÂTEAU LES VALENTINES

Située à la Londe-les-Maures, entre Toulon et Saint-Tropez, la vigne du château, entourée de pinède, s'étend sur 45 hectares, dont 40 de vignes. Repris en 1997 par Gilles Pons, le domaine a été entièrement converti en viticulture biologique en 2008. La vigne, organisée en terrasses plus ou moins grandes, s'oriente plein sud et profite de l'effet venturi créé par la mer, c'est à dire d'un vent léger et frais qui souffle à certaines heures de la journée, même en plein été. Deux terroirs différents permettent de jouer la complémentarité, aussi bien à la vigne qu'au chai : les parcelles du bas s'enracinent dans un sol d'argiles rouges, celles du haut dans un sol composé de schistes et micaschistes. Côté chai, il s'organise en plusieurs petits bâtiments, qui, de loin, lui donnent une allure de petit hameau, un effet voulu afin de mieux l'intégrer dans le paysage provençal. Le visiteur, lui, sera reçu dans une jolie boutique flambant neuve, juste en bordure de la petite route qui serpente parmi les collines. Ici on aime faire attention aux détails.

- **Côtes de Provence 2018** | Sec | 2019>20 | 14,50 € — **13,5**
- **Côtes de Provence 2015** | Sec | 2019>25 | 15 € — **15,5**
- **Côtes de Provence La Londe 2018** | Sec | 2019>24 | 19,90 € — **14,5**
- **Côtes de Provence La Londe Grand Huit 2018** | Sec | 2019>22 | 19,50 € — **15**
- **Côtes de Provence La Londe La Gourmande 2014** | Sec | 2019>25 | 18,50 € — **15**
- **Côtes de Provence La Londe La Punition 2017** | Sec | 2019>25 | 15 € — **15**
- **Côtes de Provence La Londe Le Grand 8 2016** | Sec | 2019>25 | epuisé — **15**
- **Côtes de Provence Le Caprice de Clémentine 2018** | Sec | 2019>22 | 11,50 € — **15**
- **Côtes de Provence Le Caprice de Clémentine 2018** | Sec | 2019>21 | 11,50 € — **12**
- **Vin mousseux Les Bulles by Les Valentines - Rosé Extra Brut Eff. 2016** | Extra-brut | 2019>22 | 18,90 € — **14,5**

807, route de Collobrières - RD 88, 83250 La Londe-les-Maures • Tél. 04 94 15 95 50 • contact@lesvalentines.com • www.lesvalentines.com • Visite : Ouvert du lundi au samedi de 9h à 18h en hiver, en été de 9h à 19h.

DOMAINE LOU CAPELAN

Acquise en 1934 par la famille Silvestri, la propriété s'étend aujourd'hui sur 50 hectares. Pendant longtemps gérée en activité secondaire et apportée à la cave coopérative, ce n'est qu'en 1992, avec l'arrivée de Maurice, que l'activité viticole prend un tournant. En 1996 naît le premier vin mise en bouteille et aujourd'hui 30 % de la récolte est vinifié au domaine. La même année, Maurice entreprend de restructurer son vignoble pour le mettre en conformité avec le cahier des charges de Bandol. Depuis, il est en constante évolution : non seulement un tout nouvel espace d'accueil a été inauguré, mais aussi l'évolution de la cave est en réflexion ; depuis 2019 enfin, la conversion du vignoble en bio a débuté. En bref, un domaine qui bouge et une source de vins d'un très bon rapport qualité-prix.

- **Bandol 2016** | Sec | 2019>27 | 19 € — **15,5**
- **Bandol L'Originel 2018** | Sec | 2019>20 | 14,50 € — **13,5**
- **Bandol L'Originel 2018** | Sec | 2019>22 | 17 € — **13**
- **Bandol L'Originel 2017** | Sec | 2019>20 | 13,90 € — **14**
- **Bandol L'Originel 2017** | Sec | 2019>27 | 18 € — **14**
- **IGP du Mont Caume Marie Thérèse 2018** | Sec | 2019>23 | 8,90 € — **14**
- **IGP du Mont Caume Marie Thérèse 2018** | Sec | 2019>20 | 7,90 € — **14**
- **IGP du Mont Caume Marie Thérèse 2017** | Sec | 2019>22 | 8,90 € — **14**
- **IGP du Mont Caume Rubis 2018** | Sec | 2019>20 | 8,90 € — **14**
- **IGP du Mont Caume Rubis 2017** | Sec | 2019>25 | 9,50 € — **14,5**

1480, chemin de Cuges, 83740 La Cadière-d'Azur • Tél. 09 50 05 11 00 • info@loucapelan.com • www.domaineloucapelan.com • Visite : de juin à août : tous les jours de 10h à 19h. Le reste de l'année, du mardi au samedi de 10h à 12h et de 14h à 18h.

CHÂTEAU MALHERBE

Depuis 2007, Sébastien Ferrari gère avec exigence ce domaine viticole idéalement situé entre la mer et le massif des Maures. En bout de chemin, ce coin paradisiaque est voisin du Fort Brégançon, la résidence des présidents de la République, et possède même son propre petit port sur la grande bleue. Les vignes sont cultivées avec soin et avec le millésime 2013, Malherbe est passée à l'agriculture biologique. Les vins sont produits à partir de deux terroirs distincts : la pointe-du-diable, en front de mer et constitué de limons anciens chargés de quartz, et malherbe, au pied du cap Bénat, une des pointes argilo-schisteuses situées la plus au sud du massif des Maures. Le style des différentes cuvées met l'accent sur la buvabilité et toutes feront merveille à table.

- **Côtes de Provence 2018** | Sec | 2019>24 | 25,60 € 16
- **Côtes de Provence 2015** | Sec | 2019>25 | epuisé 14,5
- **Côtes de Provence 2014** | Sec | 2019>30 | 30,60 € 14,5
- **Côtes de Provence Grand Blanc 2015** | Sec | 2019>28 | 45 € 17
- **Côtes de Provence Pointe du Diable 2018** | Sec | 2019>20 | 17,80 € 14,5
- **Côtes de Provence Pointe du Diable 2014** | Sec | 2019>24 | 25,10 € 15

1, route du Bout du Monde, 83230 Bormes les Mimosas • Tél. 04 94 64 80 11 • contact@chateau-malherbe.com • www.chateau-malherbe.com • Visite : Début octobre à mi avril du lundi au vendredi de 9h à 18h et samedi de 10h à 18h. Mi avril à fin mai du lundi au samedi de 10h à 19h. 1er mai le dimanche de 10h à 19h. De juin à fin septembre tous les jours de 10h à 20h.

CHÂTEAU MARAVENNE

★☆☆☆☆ ♣

Créé après la seconde guerre mondiale, le domaine a été repris en 2012 par la famille Venturini-Audinet. Grands amateurs de vins, mais sans connaissance particulière de ce métier très complexe, ils se lancent corps et âme dans ce défi, aidés de leurs amis des domaines environnants ainsi que de leurs familles. Depuis, ils ont parcouru beaucoup du chemin. Le château propose aussi un musée vivant d'automates grandeur nature, unique en France. Il conte l'histoire d'une famille vigneronne au début du XXe siècle dans un décor naturel entièrement reconstitué.

- **Côtes de Provence La Londe Donum Dei 2018** | Sec | 2019>20 | 19 € 13,5
- **Côtes de Provence Collection Privée 2018** | Sec | 2019>21 | 12,50 € 14
- **Côtes de Provence Collection Privée 2018** | Sec | 2019>25 | 13 € 16
- **Côtes de Provence Collection Privée 2017** | Sec | 2019>24 | 14 € 14
- **Côtes de Provence Donum Dei 2017** | Sec | 2019>23 | 19,50 € 14,5
- **Côtes de Provence Donum Dei 2017** | Sec | 2019>23 | 21 € 13

Route de Valcros, 83250 La Londe-les-Maures • Tél. 04 94 66 80 20 • contact@maravenne.com • www.maravenne.com • Visite : d'octobre à mai : du lundi au samedi de 9h à 12h et de 14h à 18h ; de juin à septembre : du lundi au samedi de 9h à 12h30 et de 14h à 19h. Juillet août dimanche matin de 9h à 13h.

DOMAINE MARIE BÉRÉNICE

★★☆☆☆ ♣

Damien Roux commence à imposer sa patte dans l'appellation. Sur ses 12 hectares de vignes, dont une partie en restanques, il vinifie dans son chai de poupée des cuvées qui s'affirment d'année en année. Si l'homme très discret n'aime pas trop se mettre en avant, ses vins le font désormais pour lui comme le prouve le bandol rouge 2016, une vraie splendeur.

- **Bandol Marie Bérénice 2018** | Sec | 2019>23 | 16 € 15,5
- **Bandol Marie Bérénice 2016** | Sec | 2019>30 | 20 € 17,5
- **Bandol Marie Bérénice 2015** | Sec | 2019>22 | 16 € 15,5
- **Bandol Marie Bérénice 2015** | Sec | 2019>30 | 20 € 17

1826, route du Grand Vallat, 83330 Le Castellet • Tél. 06 86 25 09 82 • contact@domainemarieberenice.com • www.domainemarieberenice.fr • Visite : l'été : du lundi au samedi de 10h a 13h et de 15h a 19h. Dimanche sur rendez-vous ; l'hiver : du lundi au samedi de 9h30 à 12h30 et de 14h à 18h.

DOMAINE DES MASQUES

★★☆☆☆ ♣

Dominant la région d'Aix, cette propriété qui remonte aux Templiers se cache à 500 mètres d'altitude, très isolée sur un haut plateau de la Sainte-Victoire, sauvage, où de nombreuses plantes médicinales poussent depuis toujours sur ces terres où plusieurs générations de guérisseurs, herboristes ou sorcières (Masco en provençal), ont vécu et pratiqué leurs activités. C'est en 2003 que la vigne s'y enracine pour la première fois, lorsque Carl et Sophie Mestdagh deviennent propriétaires de ce vaste domaine regroupant 200 hectares. Si tout a débuté avec 4 hectares de chardonnay, aujourd'hui il en compte 25 et permet de produire les trois couleurs, sous la houlette du nouveau directeur Yannick Burles (ex-Bormettes). Le microclimat ensoleillé mais tardif, très venté, leur permet de faire des essais avec des cépages inhabituels pour le secteur, comme le viognier et le pinot noir. Ce dernier tient particulièrement à cœur d'Yves Cuilleron, consultant du domaine depuis 2009. Les vins montrent tous un potentiel évident, mais aussi l'originalité de ce terroir qui se révèle grand et permet de mettre en bouteille des vins d'artiste.

- **IGP des Bouches-du-Rhône Chardonnay 2005** | Sec | 2019>29 | epuisé **16**
- **IGP des Bouches-du-Rhône Syrahdictive Art Edition 2016** | Sec | 2019>30 | 26 € **17**
- **IGP des Bouches-du-Rhône Viognadictif 2013** | Sec | 2019>26 | epuisé **15**
- **IGP des Bouches-du-Rhône Viognier 2016** | Sec | 2019>26 | 11,95 € **16**
- **IGP Méditerranée Essentielle 2018** | Sec | 2019>22 | 9 € **15**
- **IGP Méditerranée Essentielle 2018** | Sec | 2019>25 | 9 € **14,5**
- **Vin de France Essentielle 2018** | Sec | 2019>30 | 9 € **16,5**
- **Vin de France Essentielle 2017** | Sec | 2019>26 | 9 € **14,5**
- **Vin de France Exception 2017** | Sec | 2019>29 | 11,95 € **16,5**
- **Vin de France Exception Syrah 2016** | Sec | 2019>29 | 15,95 € **15**

Chemin Maurely, 13100 Saint-Antonin-sur-Bayon • Tél. 06 70 19 54 67 • sophie@domainedesmasques.com • www.domainedesmasques.com • Visite : Du mardi au samedi de 10h à 18h. De préférence sur rendez-vous.

CHÂTEAU DE MEYREUIL

★☆☆☆☆

Si le château est l'une des propriétés historiques de l'appellation Palette, il est longtemps passé totalement inaperçu. Depuis peu, il a été repris par Jean Christophe Baldassini qui lui insuffle une nouvelle vie et une nouvelle aura et remet d'aplomb les 1,5 hectare de vignes. Cette année, pour la première fois, il nous a présenté ses vins. Bien lui en a pris : le voilà de retour dans nos pages avec deux magnifiques cuvées. Nous avons hâte de voir la suite.

- **Palette 2015** | Sec | 2019>30 | 23 € **15,5**
- **Palette 2015** | Sec | 2019>30 | 21 € **16,5**

Allée des Pins, 13590 Meyreuil • Tél. 06 68 85 51 36 • karine_morellet@yahoo.fr • www.chateau-meyreuil.fr • Visite : sur rendez-vous.

VILLA MINNA VINEYARD

★★★☆☆ ♣

Entre Aix et Salon-de-Provence, ce domaine de 15 hectares est situé dans un vallon étroit bordé de verdure. Propriété familiale depuis 1929, le raisin fut longtemps livré à la coopérative. A la mort du grand-père, en 1979, le domaine fut laissé à l'abandon. Quand en 1987 Jean-Paul et son épouse Minna le reprennent, ils le restructurent de fond en comble, de la vigne au chai. Après quelques millésimes en micro-vinifications pour peaufiner le travail entrepris, leur premier millésime officiel ne sort qu'en 1999. Le vignoble profite d'une double exposition nord-sud, et le terroir se caractérise par de la roche calcaire contenant de nombreux fossiles marins. Un travail de longue haleine selon les principes de la viticulture biologique a permis au sol de recouvrer une dynamique, permettant aujourd'hui la production de vins dont la constance de qualité traverse toutes les couleurs.

- **IGP des Bouches-du-Rhône Minna 2016** | Sec | 2019>26 | 23 € **15**
- **IGP des Bouches-du-Rhône Minna 2014** | Sec | 2019>30 | 23 € **14,5**
- **IGP des Bouches-du-Rhône Villa Minna 2016** | Sec | 2019>30 | 14 € **16,5**

Roque-Pessade, CD 17, 13760 Saint-Cannat • Tél. 04 42 57 23 19 • contact@villaminna.fr • www.villaminna.fr • Visite : du lundi au vendredi, de 9h à 12h30 et de 13h30 à 18h30 et le samedi de 10h à 12h30 et de 15h à 18h30. Fermé le dimanche et jours fériés.

DOMAINE MYRKO TÉPUS

★☆☆☆☆ ♣

Myrko Tépus a débuté il y a deux ans seulement, pourtant il montre déjà un talent incontestable. Sur les 11 hectares de vignes, il élabore des cuvées qui n'ont rien à envier à ses voisins bien établis. Issu d'une famille de marchands de vin, dès sa jeunesse il passe du temps dans les vignes ; à force d'être en contact avec des vignerons comme Peter Fischer (Château Revelette), de faire les vendanges chez Dagueneau (Pouilly-Fumé) puis dans d'autres domaines, il finit par rêver de ses propres vignes. Quand en 2016 l'occasion se présente d'acquérir quelques parcelles en très mauvais état, il se lance. Aujourd'hui, il en a fait un bijou et la qualité de ses cuvées lui vaut une entrée dans nos pages.

- **IGP des Coteaux du Verdon Dai ! 2018** | Sec | 2019>22 | 16,50 € **14,5**
- **IGP des Coteaux du Verdon Le Grand Adret 2017** | Sec | 2019>29 | 32 € **17**
- **IGP des Coteaux du Verdon Le Lointain 2018** | Sec | 2019>25 | 27,50 € **14,5**
- **IGP des Coteaux du Verdon Nitchiro 2018** | Sec | 2019>25 | 20,50 € **15**
- **IGP des Coteaux du Verdon Saint Jean 2018** | Sec | 2019>25 | 22,50 € **16**

Route de Saint Maximin - La Remise, 83560 Esparron-de-Pallières • Tél. 06 11 76 93 65 • myrko.tepus@gmail.com • Visite : sur rendez-vous.

DOMAINE DE LA NAVARRE

Situé au pied du massif des Maures, le domaine compte 220 hectares, dont 83 de vignes, et appartient aujourd'hui à la Fondation La Navarre. Propriété de la famille Navarre avant la Révolution française, dès 1789 le domaine connut une histoire riche et mouvementée. Devenu orphelinat au 19e siècle, il a aujourd'hui retrouvé son passé viticole et la fondation gère aussi bien le domaine que le collège Institution Saint-Joseph, situé sur le même site.

- **Côtes de Provence Amore Volezza 2018** | Sec | 2019>20 | 10,20 € **14,5**
- **Côtes de Provence Amorevolezza 2018** | Sec | 2019>20 | 10,20 € **15**
- **Côtes de Provence Amorevolezza 2017** | Sec | 2019>21 | NC **14**
- **Côtes de Provence Les Songes 2018** | Sec | 2019>20 | NC **14,5**

3451 chemin de la Navarre, 83260 La Crau • Tél. 04 94 66 04 08 • caveau@lanavarre.com • www.lanavarre.fr • Visite : du lundi au samedi de 10h à 19h.

CHÂTEAU DE LA NOBLESSE

Le château de la Noblesse, transmis par tradition par les femmes, a été créé dans les années 1930 et représentait à lui seul 10 % de toute l'appellation dans les années 1960. Les temps changent, et en 1990 Agnès Cade rejoint son père. Ensemble, ils entreprirent la modernisation des installations et la restructuration de la vigne. Aujourd'hui, Agnès dirige seule cette propriété d'environ 10 hectares d'un seul tenant, exposée plein est, et produit des vins d'une belle régularité.

- **Bandol 2018** | Sec | 2019>22 | 14 € **14,5**
- **Bandol 2018** | Sec | 2019>22 | 15 € **14**
- **Bandol Noblesse Oblige 2015** | Sec | 2019>30 | 16 € **15,5**
- **Bandol Pignatel 2015** | Sec | 2019>29 | 21 € **15**
- **Bandol Pignatel 2014** | Sec | 2019>28 | 22 € **16**

1685, chemin de l'Argile , 83740 La Cadière-d'Azur • Tél. 04 94 98 72 07 • chateau.noblesse@gmail.com • www.chateaudelanoblesse.com • Visite : du lundi au samedi de 9h à 12h et de 14h à 18h, le dimanche sur rendez-vous.

DOMAINE DE L'OLIVETTE

Jean-Luc Dumoutier a confié la direction technique de son domaine au talentueux Yves Perga. Composé de 52 hectares, situé sur le Brûlat, le vignoble est depuis quelques années certifié HVE (Haute Valeur Environnementale). La gamme propose non seulement des vins jeunes, mais également des rouges dans des millésimes bien plus anciens pour démontrer tout le potentiel de garde dont est capable le mourvèdre. Nous apprécions cette initiative, somme toute aujourd'hui bien trop rare. La qualité des vins place ce domaine parmi les meilleurs de l'appellation.

- **Bandol 2018** | Sec | 2019>22 | 15,20 € **14,5**
- **Bandol 2018** | Sec | 2019>24 | 17 € **14**
- **Bandol 2015** | Sec | 2019>30 | 21 € **15**
- **Bandol Cuvée Spéciale 2018** | Sec | 2019>21 | 17,50 € **14**
- **Bandol Rosé de Garde 2004** | Sec | 2019>25 | 35 € **18,5**

519, chemin de l'Olivette - Lieu-dit Le Brulat, 83330 Le Castellet • Tél. 04 94 98 58 85 • contact@domaine-olivette.com • www.domaine-olivette.com • Visite : du lundi au vendredi de 9h à 12h et de 13h30 à 18h30, les jours fériés et le samedi durant l'été de 10h à 18h30. Le reste du temps sur rendez-vous.

CHÂTEAU D'OLLIÈRES

À l'ombre du mont Aurélien, du massif de la Sainte-Victoire et de celui de la Sainte-Baume, les 30 hectares de ce vignoble varois ont été repris en 2003 de main de maître par Hubert Rouy et son fils Charles, formé à Beaune chez Bouchard Père et Fils. Depuis, ils ont bien mis en valeur ces coteaux argilo-calcaires, restructurant le vignoble et investissant largement dans de nouvelles installations plus modernes.

- **Coteaux Varois en Provence Classique 2018** | Sec | 2019>19 | 8,90 € **13,5**
- **Coteaux Varois en Provence Haut de l'Autin 2018** | Sec | 2019>20 | 16,20 € **14**
- **Coteaux Varois en Provence Haut de l'Ermitage 2015** | Sec | 2019>26 | 20,20 € **16**
- **Coteaux Varois en Provence Haut du Pigeonnier 2018** | Sec | 2019>23 | 18,50 € **13**
- **Coteaux Varois en Provence Prestige 2018** | Sec | 2019>20 | 13,10 € **14**
- **Coteaux Varois en Provence Prestige 2018** | Sec | 2019>25 | 14,20 € **14,5**

■ **Coteaux Varois en Provence Prestige 2015** | Sec | 2019>25 | 14,90 € **14**

Le Château, 83470 Ollières • Tél. 04 94 59 85 57 • info@chateau-ollieres.com • www.chateau-ollieres.com • Visite : du lundi au vendredi de 9h à 12h30 et de 14h et 17h30, le samedi également de mai à septembre.

DOMAINES OTT

★★★☆☆

Grande famille du vin provençal, les Ott se lancent dans la viticulture en acquérant le château de Selle en 1912, le clos Mireille en 1930 et le domaine Romassan en 1956. Reprise par le groupe Roederer en 2004, l'activité viticole se poursuit sous la houlette de Christian et Jean-François, les cousins Ott, preuve que la famille reste très impliquée et est d'ailleurs toujours actionnaire. Les plus belles cuvées sont toutes rosées et restent, avec une régularité admirable, parmi les plus réussies de la Provence.

■ **Bandol Château Romassan 2018** | Sec | 2019>21 | 26,30 € **14,5**
■ **Côtes de Provence Blanc de Blancs Clos Mireille 2017** | Sec | 2019>22 | 25 € **13**
■ **Côtes de Provence Château de Selle 2018** | Sec | 2019>21 | 26,50 € **15**
■ **Côtes de Provence Clos Mireille 2018** | Sec | 2019>21 | 26,50 € **15,5**

Route du Fort de Brégançon, 83250 La Londe-les-Maures • Tél. 04 94 01 53 50 • closmireille@domaines-ott.com • www.domaines-ott.com • Visite : Pour les dégustations : ouvert toute l'année du lundi au vendredi de 9h à 12h et de 14h à 18h et le samedi en juillet-août de 10h à 13h et de 15h à 19h. De mai à septembre du lundi au samedi de 9h à 13h et de 14h à 19h. Pour les visites uniquement l'été le mardi et jeudi sur rendez-vous.

CHÂTEAU PARADIS

☆☆☆☆☆

Ce vieux domaine dont les archives remontent à 1681 est installé en plein coeur du Massif des Maures. Il est d'ailleurs l'homonyme d'un autre Château Paradis, au nord des coteaux-d'aix-en-provence. Jean Charles Foellner est l'heureux propriétaire des lieux et produit sur les 40 hectares de vigne une large gamme de vins. Nous regrettons qu'il ne nous ait présenté que deux cuvées.

Avenue du Paradis, 83340 Le Luc-en-Provence • Tél. 04 94 47 96 13 • jcf@chateauparadis.fr • www.chateauparadis.fr • Visite : Sur rendez-vous pour les groupe. Tous les jours de 10h à 19h.

CHÂTEAU PAS DU CERF

★☆☆☆☆

Niché au creux d'une vallée très boisée entre La-Londe-les-Maures et Collobrières, cette très vaste propriété de 750 hectares, dirigée par la famille Galtieri depuis 1848, compte 670 de forêts et 80 de vignes. Pas étonnant alors que le nom du domaine remonte au temps de François 1er, qui adorait venir chasser dans ces collines. Aujourd'hui, le secteur n'a rien perdu de sa nature sauvage et le vignoble, noyé dans un écrin préservé, s'enracine dans un sol majoritairement schisteux. Il court le long de la vallée, du nord au sud, en suivant une pente relativement douce. La diversité des expositions des parcelles permet de bénéficier d'un nuancier de microclimats très intéressants. Si jusqu'en 2000 la totalité de la récolte était apportée à la cave coopérative du secteur, l'arrivée des 3 filles au domaine a fait changer de cap. Les Galtieri ont alors construit une cave et vinifient eux-mêmes le fruit de leurs récolte. De plus, après quelques premiers essais et 8 hectares convertis en bio, ils ont aujourd'hui entamé la certification pour la totalité de la propriété. Un domaine en plein mouvement.

■ **Côtes de Provence 2018** | Sec | 2019>20 | 12,50 € **13**
■ **Côtes de Provence La Londe Rocher des Croix 2018** | Sec | 2019>24 | 16,50 € **14,5**
■ **Côtes de Provence La Londe Rocher des Croix 2018** | Sec | 2019>21 | 15,50 € **14**
■ **Côtes de Provence La Londe Rocher des Croix 2012** | Sec | 2019>27 | 17,50 € **16**
■ **Côtes de Provence Diane 2018** | Sec | 2019>22 | 10,50 € **15,5**
■ **Côtes de Provence Marlise 2010** | Sec | 2019>28 | 25 € **16**
■ **Côtes de Provence Pas du Cerf 2016** | Sec | 2019>24 | 13,50 € **14**

5920, route de Collobrières - CD 88, 83250 La Londe-les-Maures • Tél. 04 94 00 48 80 • contact@pasducerf.com • www.pasducerf.com • Visite : du lundi au samedi de 9h à 12h30 et de 14h30 à 18h. De juin à septembre de juin à septembre de 9h à 13h et de 15h à 19h.

DOMAINE DU PATERNEL

Ce vaste domaine familial appartenant depuis 1943 à la famille Santini regroupe 65 hectares, dont depuis peu quelques hectares à Bandol. Sur Cassis, le vignoble occupe près d'un quart de l'appellation, incluant le domaine La Couronne de Charlemagne. Initialement en polyculture, la vigne s'est développée au fil des années et s'organise en terrasses, à flancs de coteaux sur un sol d'éboulis calcaires. Travaillée avec soin, elle donne naissance à quelques-uns des vins les plus intéressants de l'appellation. Si le vignoble de Cassis est certifié bio depuis 2012, les parcelles en côtes-de-provence et bandol sont actuellement en conversion avec une certification attendue dès 2019.

- **Bandol Grande Réserve 2016** | Sec | 2019>25 | 21 € — 14
- **Cassis 2018** | Sec | 2019>20 | 17 € — 14,5
- **Cassis Blanc de Blancs 2018** | Sec | 2019>23 | 17 € — 14,5
- **Cassis Couronne de Charlemagne 2018** | Sec | 2019>23 | 14,50 € — 15
- **Cassis Esprit de Famille 2016** | Sec | 2019>23 | 26 € — 14,5
- **Côtes de Provence 2018** | Sec | 2019>22 | 13 € — 14,5
- **Côtes de Provence 2018** | Sec | 2019>23 | 13 € — 14

11, route Pierre Imbert, 13260 Cassis • Tél. 04 42 01 77 03 • contact@domainedupaternel.com • www.domainedupaternel.com • Visite : La cave est ouverte du lundi au samedi de 9h30 à 12h30 et de 14h à 18h. Visites sur rendez-vous.

DOMAINE DES PEIRECÈDES

Depuis 1900, la famille Baccino oeuvre au domaine. En 1991, Alain Baccino, quatrième génération, y produit son premier millésime. Devenu président de la chambre d'Agriculture du Var, ce vigneron talentueux a laissé en 2009 sa place à sa fille œnologue, Audrey. La trentaine rayonnante, elle déploie son savoir cultural et son talent de vinificatrice. La quarantaine d'hectares de vignes s'enracinent sur le secteur de Cuers, dans la zone de Pierrefeu. Les vins sortent régulièrement dans nos dégustations, avec cette année un magnifique coup d'éclat sur la cuvée ruisseau-des-crapauds rouge 2011.

- **Côtes de Provence Pierrefeu Regue des Botes 2018** | Sec | 2019>19 | 11 € — 12
- **Côtes de Provence Pierrefeu Regue des Botes 2015** | Sec | 2019>28 | 14 € — 15
- **Côtes de Provence Pierrefeu Regue des Botes 2014** | Sec | 2019>26 | 14,50 € — 14,5
- **Côtes de Provence Fil d'Ariane 2018** | Sec | 2019>19 | 9 € — 12,5
- **Côtes de Provence Fil d'Ariane 2017** | Sec | 2019>25 | 9,50 € — 15
- **Côtes de Provence Regue des Botes 2018** | Sec | 2019>21 | 13 € — 12,5
- **Côtes de Provence Ruisseau des Crapauds 2015** | Sec | 2019>23 | 19 € — 14
- **Côtes de Provence Ruisseau des Crapauds 2011** | Sec | 2019>30 | 20 € — 17,5

1201, chemin de la Mue, 83390 Cuers • Tél. 04 94 48 67 15 • contact@peirecedes.com • www.peirecedes.com • Visite : du lundi au samedi de 9h à 12h et de 14h à 18h.

DOMAINE PERZINSKY

Les frères Perzinsky forment un tandem efficace. Ils travaillent leurs vignes avec attention et sérieux qui se ressent jusque dans le verre. Installés sur l'île de Porquerolles depuis les années 1980, ils produisent les trois couleurs sur 10 hectares de vignoble. Les sols schisteux et le microclimat de l'île font des merveilles et l'interprétation qui en est faite au chai est une des plus belles expressions de terroir de la Provence. Le domaine a entamé en 2018 sa conversion vers la certification bio.

- **Côtes de Provence 2018** | Sec | 2019>25 | 12,50 € — 15
- **Côtes de Provence 2018** | Sec | 2019>21 | 10,50 € — 14,5
- **Côtes de Provence 2016** | Sec | 2019>27 | 11,50 € — 16
- **Côtes de Provence Terroir de Schiste Metamorphique 2016** | Sec | 2017>30 | 19,50 € — 17

Chemin de la Pépinière, Ile de Poquerolles, 83400 Hyères • Tél. 04 94 58 34 32 • domaine.perzinsky@wanadoo.fr • www.domaine-perzinsky.com • Visite : Du lundi au samedi de 10h00 à 12h30 et de 15h00 à 18h30

DOMAINE DU PETIT-AOÛT

Yann de Agostini s'est installé en 2009 dans ce coin de haute montagne, d'où il est originaire. L'acquisition de terres restant compliquée sur ce secteur montagnard, les 6,5 hectares de vignes se retrouvent répartis sur pas moins de 4 communes. Travaillant en bio depuis 2013, certifié depuis 2017, il met toute son attention sur un travail de qualité et sur l'écoute de la vigne, afin de pouvoir rentrer des raisins beaux et sains. Dans son petit chai, improvisé dans une bâtisse traditionnelle, il vinifie avec simplicité et sincérité. Ce vigneron attachant et très pointu fait comme ses vins, il impose sans s'imposer. L'originalité du domaine : du vin de pomme, qu'il élabore en toutes sortes de versions.

- **IGP Hautes-Alpes Fête Foraine 2018** | Sec | 2019>23 | 8 € — 14,5
- **IGP Hautes-Alpes La Mémoire Neuve 2018** | Sec | 2019>22 | 9 € — 14
- **IGP Hautes-Alpes La Ritournelle 2018** | Sec | 2019>25 | 8,50 € — 15
- **IGP Hautes-Alpes Le Poids du Superflu 2018** | Sec | 2019>24 | 15 € — 14
- **IGP Hautes-Alpes Les Amis Imaginaires 2018** | Sec | 2019>25 | 9 € — 15,5
- **IGP Hautes-Alpes New Rose 2018** | Sec | 2019>23 | 9 € — 15,5
- **IGP Hautes-Alpes Sur le Fil 2018** | Sec | 2019>24 | 9 € — 15
- **IGP Hautes-Alpes Tout compte, tout compte fait 2018** | Sec | 2019>23 | 15 € — 14
- **IGP Hautes-Alpes Un de ces Jours 2018** | Sec | 2019>21 | 13 € — 14

Z.A. Les Graves, 05190 Théüs • Tél. 06 88 70 84 22 • domaine@petit-aout.fr • Visite : sur rendez-vous.

CHÂTEAU DE PIBARNON

★★★★☆

Installé à 300 mètres d'altitude dans un vaste amphithéâtre orienté vers la mer, ce domaine mythique de 60 hectares, avec une certification bio attendue pour le millésime 2019, est aujourd'hui géré avec talent par Éric de Saint-Victor. C'est de cette vue extraordinaire qu'Henri et Catherine de Saint-Victor sont tombés amoureux, il y a près de 30 ans. Le terroir, un des plus beaux de Bandol, est composé d'une forte proportion de calcaire issu du Trias, combiné aux marnes bleues telles qu'on les trouve au château d'Yquem. Les vins sont dotés d'une précision et d'une grande finesse, moins opulents et plus sur la réserve, miroirs parfaits de leur terroir. Malgré leur grande buvabilité et facilité d'approche dans leur jeunesse, ce sont pourtant de grands vins de garde qui ajouteront à leur palette un nuancier complexe au fil du temps. Et si l'occasion se présente : n'oubliez pas de goûter leur vieux marc de Bandol, superbe.

- **Bandol 2018** | Sec | 2019>24 | 21 € — 15,5
- **Bandol 2018** | Sec | 2019>23 | 25 € — 14
- **Bandol 2016** | Sec | 2019>29 | 32 € — 17
- **Bandol Nuances 2016** | Sec | 2019>24 | 28 € — 17,5
- **IGP Méditerranée Epidaure 2017** | Sec | 2019>28 | NC — 16,5
- **Vin de France Epidaure 2015** | Sec | 2019>28 | NC — 17

410, chemin de la Croix des Signaux, 83740 La Cadière-d'Azur • Tél. 04 94 90 12 73 • contact@pibarnon.fr • www.pibarnon.com • Visite : Ouvert tous les jours de 9h00 à 12h00 et de 14h00 à 18h00. Fermés les dimanches et jours fériés.

CHÂTEAU PRADEAUX

★★★☆☆

Ce domaine, une des figures de proue de l'appellation, appartient depuis 1752 à la famille Portalis. Elle a compté un ministre sous Napoléon Ier et leur membre le plus illustre, Jean-Étienne-Marie Portalis, fut avocat et un des rédacteurs du Code Civil. La propriété de 18 hectares produit majoritairement du rouge et le mourvèdre y est prédominant. La nouvelle génération modernise le domaine petit à petit et fait évoluer le style des vins par petites touches. Les rouges démarrent dans la vie sous des phases souvent austères, mais nombre de vieux millésimes prennent des allures étonnantes de très grands bordeaux, bien qu'ils ne partagent ni leurs cépages, ni leur climatologie, ni leur terroir. Ils comptent parmi les grands classiques incontournables de Bandol.

- **Bandol 2018** | Sec | 2019>25 | 16 € — 17
- **Bandol 2015** | Sec | 2020>29 | epuisé — 14
- **Bandol 2014** | Sec | 2019>25 | 27 € — 13,5
- **Bandol 2010** | Sec | 2019>26 | epuisé — 17
- **Bandol Vesprée 2017** | Sec | 2019>24 | 21 € — 16
- **IGP du Mont Caume Bienfait des Pradeaux NM** | Sec | 2019>21 | 8,65 € — 14

676, chemin des Pradeaux, 83270 Saint-Cyr-sur-Mer • Tél. 04 94 32 10 21 • secretariat@chateaupradeaux.com • www.chateau-pradeaux.com • Visite : Ouvert du lundi au vendredi de 9h à 12h30 et de 14h30 à 18h00. Le samedi de 10h à 12h30 et de 15h à 18h30.

LES MAÎTRES VIGNERONS DE LA PRESQU'ÎLE DE SAINT-TROPEZ

☆☆☆☆☆

Cette cave a été fondée en 1964 par huit vignerons de la presqu'île de Saint-Tropez, avec pour objectif de former un site commun de commercialisation pour mieux valoriser la production. Depuis, la cave a bien grandi, puis s'est regroupée avec d'autres coopératives et châteaux du secteur. Aujourd'hui, elle propose une large gamme de vins.

Côtes de Provence Château de Pampelonne 2018 | Sec | 2019>22 | 13,75 € — 14

Côtes de Provence Château de Pampelonne 2018 | Sec | 2019>20 | 13,75 € — 13

Côtes de Provence Château de Pampelonne 2018 | Sec | 2019>23 | 13,75 € — 14,5

Côtes de Provence Château de Pampelonne Légende 2018 | Sec | 2019>21 | 21,75 € — 14,5

Côtes de Provence Château Riotor - Pères & Fils 2018 | Sec | 2019>19 | 12,20 € — 13

Côtes de Provence Château Riotor - Pères & Fils 2018 | Sec | 2019>26 | 12,20 € — 15

Côtes de Provence Gold 2018 | Sec | 2019>19 | 14,90 € — 13,5

Côtes de Provence Gold 2017 | Sec | 2019>20 | 14,90 € — 16

Côtes de Provence Mas de Pampelonne - Elégance 2018 | Sec | 2019>21 | 13,10 € — 14

270 RD 98 - La Foux, 83580 Gassin • Tél. 04 94 56 32 04 OU 06 23 13 92 27 • info@mavigne.com • www.vignerons-saint-tropez.com • Visite : Du lundi au samedi de 9h à 19h. Ouvert le dimanche en période estivale de 9h à 13h

DOMAINE RABIEGA

★☆☆☆☆

Ce domaine, niché au plein milieu d'un quartier pavillonnaire de Draguignan, jouit d'une riche tradition viticole remontant au XVIe siècle. On y installa même un institut œnologique qui avait pour vocation la recherche et la transmission des connaissances du vin et ses mystères. Ce n'est qu'en 2014 que la famille Tanchou, séduite par le lieu et son histoire, en devient propriétaire. Elle choisit de développer les activités œnotouristiques afin de permettre à ses visiteurs de non seulement acheter du vin, mais également de goûter à l'art de vivre à la provençale. Les 8 hectares de vigne font l'objet de toutes les attentions et sont actuellement en conversion bio. Le vignoble, qui court sur des restanques et bénéficie du soleil levant, s'enracine dans un plateau triasique, composé d'un sol argilo-calcaire assez profond qui permet aux plantes de garder leurs feuillage jusque tard dans la saison.

Côtes de Provence Clos Dière 2018 | Sec | 2019>19 | 14 € — 13

Côtes de Provence Clos Dière 2015 | Sec | 2019>30 | 18 € — 15

Côtes de Provence Clos Dière 2014 | Sec | 2019>28 | 20 € — 16,5

Côtes de Provence Clos Dière 2013 | Sec | 2019>24 | 17 € — 14

Côtes de Provence Le Rocher 2013 | Sec | 2019>25 | 16 € — 16

516, chemin du Cros d'Aimar, 83300 Draguignan • Tél. 04 94 68 44 22 • info@rabiega.com • www.domaine-rabiega.com • Visite : du mardi au samedi de 9h à 12h et de 14h à 18h.

CHÂTEAU RASQUE

★★☆☆☆

Le château Rasque est une création de toutes pièces, 30 hectares de vignes pris sur la forêt dans les années 1980. C'est la seconde génération de la famille Biancone qui le mène aujourd'hui, avec à sa tête la pétillante Sophie secondée par Enzo, le dernier d'une fratrie de cinq très unie. Petit paradis de verdure à quelques kilomètres des Arcs et de Draguignan, Rasque est une superbe propriété construite par le père, un maçon d'origine italienne. Le sens du beau se perçoit dans les chais et le bâti, une architecture classique provençale revisitée par un amoureux de la renaissance italienne avec force clefs de voute et statues néo-classiques. Un peu d'oenotourisme complète la production viticole avec quatre chambres superbement décorées et un immense espace pour des évènements accueillant jusqu'à 300 personnes. Alors que la Provence a basculé à 89% dans le rosé, quelques intrépides se battent pour que l'on n'oublie pas que la région sait aussi faire de très jolis blancs et rouges. C'est le cas du château Rasque qui réalise malgré la pression commerciale du rosé 30% de blancs et 20% de rouges, un record dans le secteur. Superbe rouge, le clos de Madame 2015. Les arômes épicés et poivrés des 85% de syrah qui la compose ne dominent pas : c'est bien le terroir qui parle avec de magnifiques senteurs de pinède et de garrigue. On est en Provence dès le premier nez et l'on y reste jusqu'à la finale ou le thym et le romarin prennent le dessus.

Côtes de Provence Alexandra 2018 | Sec | 2019>19 | NC — 14

Côtes de Provence Clos de Madame 2015 | Sec | 2019>25 | NC — 15,5

Côtes de Provence Cuvée Spéciale Blanc de Blanc 2018 | Sec | 2019>21 | NC — 14,5

2897, route de Flayosc, 83460 Taradeau • Tél. 04 94 99 52 20 • accueil@chateaurasque.com • www.chateaurasque.com • Visite : du lundi au vendredi de 9h à 18h, le week-end et jours fériés en saison de 10h à 18h.

DOMAINE RAY-JANE

★★☆☆☆ ♣

A Bandol, les Constant sont vignerons depuis Philippe le Bel. Ils collectionnent non seulement des outils de vignerons et des cactus, mais disposent dans leurs parcelles d'un nombre remarquable de vignes centenaires. Authentiques et intransigeants, ils travaillent avec dévotion et vinifient en vendange entière. Si les vins sont de grande garde, ils sont aussi par moment trop austères. On aimerait des tannins plus souples sur certaines cuvées.

- **Bandol 2018** | Sec | 2019>19 | 13,20 € — 12
- **Bandol 2016** | Sec | 2020>30 | 16,80 € — 16
- **Bandol cuvée du Falun 2015** | Sec | 2019>25 | 28 € — 13,5
- **Bandol Ville de Sanary 2018** | Sec | 2019>20 | 12,90 € — 13
- **Bandol Ville de Sanary 2018** | Sec | 2019>23 | 15,30 € — 14
- **Bandol Ville de Sanary 2016** | Sec | 2019>28 | 16,80 € — 15

353, avenue du Bosquet, 83330 Le Castellet • Tél. 04 94 98 64 08 • domainerayjane@gmail.com • www.ray-jane.fr • Visite : du lundi au samedi de 8h30 à 12h et de 14h à 19h. Visite de la cave sur rendez-vous.

DOMAINE DE LA RÉALTIÈRE

Situé au nord de la montagne Sainte-Victoire, dans une petite vallée préservée, le domaine se trouve en bout de route, sur les coteaux de la Vautubière. Orientées sud, face à la montagne, les parcelles se trouvent à plus de 400 mètres d'altitude sur le terroir argilo-calcaire classique de la Provence. Le microclimat permet une maturation plus lente des raisins tout en profitant de l'ensoleillement au maximum. Pierre Michelland cultive ses 14 hectares de vignes comme un jardin, en biodynamie. Talentueux et travailleur, il s'est investi cœur et âme et compte aujourd'hui parmi les meilleurs vignerons des Coteaux d'Aix. Jamais à court d'idées, il vient de planter les cépages araignan (synonyme pour picardan en provençal) et bourboulenc, tous deux des classiques du sud mais peu plantés aujourd'hui. Nous avons hâte de découvrir le résultat.

- **Coteaux d'Aix-en-Provence Cante Gau 2016** | Sec | 2019>25 | 22,50 € — 16
- **Coteaux d'Aix-en-Provence Cul Sec 2018** | Sec | 2019>23 | 12 € — 14,5
- **Coteaux d'Aix-en-Provence Pastel 2018** | Sec | 2019>20 | 12 € — 14,5
- **IGP du Var Blanc Public 2018** | Sec | 2019>22 | épuisé — 14
- **IGP du Var Les Bardouines 2018** | Sec | 2019>22 | 17 € — 13,5
- **IGP du Var Sauvèdes 2018** | Sec | 2019>25 | 21 € — 14,5
- **IGP du Var Terroyas 2018** | Sec | 2019>25 | 21 € — 14,5
- **IGP du Var Terroyas 2017** | Sec | 2019>25 | épuisé — 15,5
- **Vin de France Cante Gau 2017** | Sec | 2019>25 | épuisé — 15,5

Route de Jouques, Chemin de la Réaltière, 83560 Rians • Tél. 04 94 80 32 56 • michelland.pierre0303@gmail.com • Visite : du lundi au samedi de 10h à 12h et de 16h à 19h.

DOMAINE DE RÉGUSSE

Situé au pied de la montagne du Luberon, autour du village de Pierrevert, ce domaine dispose d'un terroir superbe. Fondé en 1970, le domaine s'est agrandi au fur et à mesure, grâce à un colossal travail de défrichage, de préparation des sols et de plantation des vignes. Au début des années 2000, le domaine compte 200 hectares de vignes en production, ce qui en fait l'une des plus vastes exploitations viticoles de France. Cédé en 2003 à un groupe d'investisseurs, il a connu des hauts et des bas, tout en continuant à produire des cuvées remarquables.

- **Pierrevert 2018** | Sec | 2019>22 | NC — 13,5
- **Pierrevert 2018** | Sec | 2019>22 | NC — 14,5
- **Pierrevert Bastide des Oliviers 2015** | Sec | 2019>25 | NC — 16,5
- **Pierrevert Belle des Bois 2015** | Sec | 2019>24 | NC — 13,5
- **Pierrevert Grande Tradition 2014** | Sec | 2019>24 | NC — 15,5
- **Pierrevert In Régusse 2018** | Sec | 2019>19 | NC — 12
- **IGP des Alpes-de-Haute-Provence Aligoté 2018** | Sec | 2019>22 | NC — 13,5
- **IGP des Alpes-de-Haute-Provence Bleu du Sud 2018** | Sec | 2019>19 | NC — 12
- **IGP des Alpes-de-Haute-Provence Naturellement Régusse 2018** | Sec | 2019>21 | NC — 14

Route de la Bastide des Jourdans, 04860 Pierrevert • Tél. 04 92 72 30 44 • domaine-de-regusse@wanadoo.fr • www.domaine-de-regusse.com • Visite : de 9h30 à 12h30 et de 14h30 à 19h du lundi au dimanche.

CHÂTEAU REVELETTE

De millésime en millésime, Revelette s'affirme comme un grand cru de Provence. Caché dans une vallée sur la face nord de la montagne Sainte-Victoire, Peter Fischer conduit le domaine depuis le milieu des années 1980 avec un mode cultural qui se veut le plus naturel possible. Entourées de forêts, les parcelles se situent dans un écrin sauvage et se transforment au printemps en une vaste prairie de fleurs. De nature généreuse, Peter héberge chez lui également Kiki, cochon domestiqué, des paons, des poules, des chiens et des chats, non sans rappeler la maison de Fifi Brindacier. Cette passion pour le vivant se retrouve jusque dans le verre, avec des vins fins et justes. Depuis peu la jeune génération se prépare, et sa fille Clara est en voie de relever le défi.

- **Coteaux d'Aix-en-Provence 2018** | Sec | 2019>25 | 14 € — 15
- **Coteaux d'Aix-en-Provence 2018** | Sec | 2019>22 | 13 € — 15,5
- **Coteaux d'Aix-en-Provence 2017** | Sec | 2019>25 | 14 € — 14
- **IGP Méditerranée Le Grand Blanc 2017** | Sec | 2019>30 | 29 € — 17
- **IGP Méditerranée Le Grand Rouge 2016** | Sec | 2019>30 | 29 € — 18
- **Vin de France Pur 2018** | Sec | 2019>23 | 18 € — 14,5
- **Vin de France Pur Carignan 2018** | Sec | 2019>22 | 18 € — 14,5
- **Vin de France Pur Grenache 2018** | Sec | 2019>23 | 18 € — 14,5

Chemin de Revelette, 13490 Jouques • Tél. 04 42 63 75 43 • chateaurevelette@orange.fr • www.revelette.fr • Visite : en été du lundi au samedi de 10h à 12h et de 14h à 18h, hors-saison du lundi au vendredi de 14h à 18h. Samedi de 10h à 12h puis de 14h à 18h.

DOMAINE DE LA RIBOTTE

Ce petit et (trop) discret domaine familial de presque 11 hectares est mené avec brio par Laurence Desblaches et son fils Nicolas. La vigne, tout en coteaux et en terrasses, donne naissance à des vins originaux et de caractère. Pendant longtemps, la famille apportait les raisins au négoce et la vigne était en fermage. En 1972, Laurence, toute jeune femme, décide de mettre en bouteille au domaine. Sans formation aucune, elle apprend avec les livres et progresse au fil des millésimes. Aujourd'hui, elle vinifie des vins d'artiste qui peuvent se mesurer aux grands de l'appellation.

- **Bandol 2014** | Sec | 2019>25 | 18 € — 15
- **Bandol Anaïs 2017** | Sec | 2019>22 | 16 € — 15

1072, chemin du Val d'Arenc, 83330 Le Plan-du-Castellet • Tél. 04 94 90 41 40 ou 06 84 71 12 44 • domainedelaribotte@gmail.com • Visite : du 1er mai au 30 juin du lundi au samedi de 15h à 19h, du 1er juillet au 30 septembre du lundi au samedi de 15h30 à 19h30. Le reste de l'année le samedi de 10h à 12h30 ou tous les jours sur rendez-vous.

DOMAINE RICHEAUME

Situé au pied de la montagne Sainte-Victoire, le domaine appartient à la famille Hoesch depuis 1972. Hans Hoesch, historien de formation mais ayant grandi sur une ferme, ne cherchait initialement pas à faire du vin, mais ensorcelé par ce lieu de toute beauté, il a fini par succomber à l'appel de la vigne. Dès le départ il la cultive en bio afin de préserver l'écosystème de ce coin enchanteur. Depuis un an, ils testent également la biodynamie sur l'ensemble du domaine. Construits sur les bases d'une ancienne villa romaine, la maison et le chai se fondent dans l'environnement. Aujourd'hui, le fils Sylvain gère avec talent les 65 hectares qui s'organisent d'un seul tenant autour de la maison, et élabore des vins qui impressionnent tant par leur potentiel de garde que par leur pureté d'expression. Cette année encore, leurs vins comptent parmi les plus belles expressions du secteur de la Sainte-Victoire.

- **IGP Méditerranée Columelle 2016** | Sec | 2019>30 | 30 € — 16,5
- **IGP Méditerranée Le Rosé 2018** | Sec | 2019>21 | 20 € — 15
- **IGP Méditerranée Tradition 2016** | Sec | 2019>30 | 20 € — 17,5

Départementale 56, 13114 Puyloubier • Tél. 04 42 66 31 27 • office@domaine-richeaume.com • www.domaine-richeaume.com • Visite : du lundi au vendredi de 8h à 13h et de 14h à 17h, le samedi sur rendez-vous.

DOMAINE DE RIMAURESQ

Cru classé de Provence, situé sur les contreforts nord du massif des Maures, il est en train de se refaire une beauté après un long moment de solitude sous le propriétaire précédent. Racheté en 1988 par l'écossais Monsieur Wemyss, des efforts ont été réalisés pour améliorer le niveau des cuvées de base, et l'harmonie est désormais au rendez-vous dans l'ensemble de la gamme et dans les trois couleurs. La vigne, implantée sur un terroir de grès, de schiste et de quartz, est officiellement en conversion bio depuis 2016.

- **Côtes de Provence 2018** | Sec | 2019>20 | 14,15 € — 13,5
- **Côtes de Provence 2016** | Sec | 2019>25 | 14,15 € — 14
- **Côtes de Provence Quintessence 2016** | Sec | 2019>23 | 27,20 € — 14
- **Côtes de Provence R 2016** | Sec | 2019>23 | 19,90 € — 14

Côtes de Provence Rebelle 2018 | Sec | 2019>20 | 18 € 13,5

Route de Notre-Dame-des-Anges - B.P. 26, 83790 Pignans • Tél. 04 94 48 80 45 • rimaure3q@wanadoo.fr • www.rimauresq.fr • Visite : Du 1er avril au 30 septembre tous les jours sauf dimanche et jours fériés de 9h à 12h et de 15h à 18h. Du 1er octobre au 31 mars tous les jours sauf dimanche et jours fériés de 9h à 12h et de 14h à 17h.

DOMAINE ROCHE REDONNE

Ce petit domaine de seulement 5 hectares, propriété de la famille Tournier, a été fondé en 1979. Pourtant, le premier vin ne sort qu'en 1988, après une restructuration de la vigne. Dès 1989, le chai est pleinement opérationnel et très vite les vins accumulent les médailles dans les concours. Encouragés par le succès, ils continuent leur chemin viticole avec une belle régularité. Leurs rouges sont particulièrement aptes à vieillir, et leurs rosés sont en général très bien réussis.

Bandol La Lyre 2018 | Sec | 2019>21 | 16 € 14
Bandol La Lyre 2018 | Sec | 2019>22 | 16 € 13
Bandol Les Bartavelles 2016 | Sec | 2019>28 | 20 € 14,5
Bandol Les Bartavelles 2012 | Sec | 2019>26 | 30 € 14,5
Bandol Les Bartavelles 2011 | Sec | 2019>28 | 24 € 17
Bandol Les Bartavelles 2006 | Sec | 2019>28 | 38 € 18

Vieux Chemin du Pey Neuf - Chemin des Paluns, 83740 La Cadière-d'Azur • Tél. 04 94 90 11 83 • roche.redonne@free.fr • Visite : d'avril à septembre, du lundi au samedi de 10h à 12h30 et de 16h à 19h ; le reste de l'année sur rendez-vous.

CHÂTEAU ROMANIN

Caché au pied de la face nord des Alpilles, dans un cadre magique et spectaculaire, digne d'un film de James Bond, ce domaine de 58 hectares appartient aujourd'hui à la famille Charmolüe, ex-propriétaire du Château Montrose, Cru Classé de Saint-Estèphe. Cultivé au plus proche de la nature, le vignoble trouve son rythme en biodynamie, la progression des vins est clairement perceptible et leur pureté indéniable. Depuis 2018, un tout nouveau chai vient compléter le spectaculaire chai historique, permettant de poursuivre la progression des vins.

Les Baux-de-Provence Grand Vin Blanc 2018 | Sec | 2019>23 | 22,50 € 14,5
Les Baux-de-Provence Grand Vin Rosé 2018 | Sec | 2019>20 | 17,50 € 14
Les Baux-de-Provence Grand Vin Rosé 2011 | Sec | 2019>25 | épuisé 17
Les Baux-de-Provence Grand Vin Rouge 2017 | Sec | 2019>28 | 18 € 16,5
Les Baux-de-Provence Grand Vin Rouge 2014 | Sec | 2019>25 | 29 € 14,5
Les Baux-de-Provence Grand Vin Rouge 2013 | Sec | 2019>24 | 27 € 14
Les Baux-de-Provence Le Cœur de Romanin 2016 | Sec | 2019>26 | 100 € 15,5
IGP des Alpilles Romanin 2018 | Sec | 2019>22 | 12,60 € 15
IGP des Alpilles Romanin 2018 | Sec | 2019>24 | 12,60 € 14,5
IGP des Alpilles Romanin 2018 | Sec | 2019>22 | 12,60 € 14

Route de Cavaillon, 13210 Saint-Rémy-de-Provence • Tél. 04 90 92 45 87 • contact@chateauromanin.fr • www.chateauromanin.com • Visite : du lundi au samedi de 10h à 13h et de 15h à 18h, fermé le dimanche et jours fériés.

MOULIN DE LA ROQUE

Cette cave coopérative exemplaire est l'un des principaux producteurs de Bandol, avec une très forte proportion de rosés. Regroupant 1500 parcelles sur 305 hectares, elle dispose d'une mosaïque de terroirs très intéressants. Ayant déménagé sur la plaine du Castellet, dans un nouveau bâtiment semi-enterré bâti selon des normes éco-environnementales, le nouveau chai de vinification est digne des plus grands domaines, avec un équipement de tout premier ordre. Oubliez vos a priori à l'encontre des coopératives : courez au moulin.

Bandol Tarente 2018 | Sec | 2019>21 | 15,95 € 14,5
Bandol Tarente 2014 | Sec | 2019>28 | 18,50 € 15
Côtes de Provence Villa Roca 2018 | Sec | 2019>19 | 11,50 € 13
Côtes de Provence Villa Roca 2018 | Sec | 2019>21 | 11,50 € 13
Côtes de Provence Villa Roca 2017 | Sec | 2019>22 | 11,50 € 13,5

1, route des Sources, 83330 Le Castellet • Tél. 04 94 90 10 39 • contact@laroque-bandol.fr • www.la-roque-bandol.fr • Visite : de mai à septembre, du lundi au samedi de 9h30 à 12h30 et de 15h à 19h ; également le dimanche matin. Le reste de l'année du lundi au samedi de 9h30 à 12h30 et de 14h à 18h.

DOMAINE SAINT-ANDRÉ

Philippe Bilocq est un homme généreux, très engagé et pratique l'agriculture biologique depuis plus de 20 ans. Sur son exploitation, les vergers de pommiers et poiriers sont complétés depuis quelques années par 3,20 hectares de vignes. Malgré la taille minuscule de son vignoble, il vinifie une ribambelle de cuvées entières et individualistes, dans une philosophie proche des vins natures. Ici, on ne cherche pas la précision, mais l'authenticité. Venant tout juste de terminer son nouveau chai, les vins vont très certainement progresser dans les millésimes à venir.

Ferme Saint André - Gandières, 05110 La Saulce • Tél. 06 64 31 54 35 • philippebilocq@hotmail.fr • www.domaine-saint-andre.fr • Visite : sur rendez-vous.

CHÂTEAU SAINT-ESPRIT

Propriété de la famille Crocé-Spinelli depuis trois générations, le domaine se situe entre Draguignan, Lorgues et Flayosc. Aujourd'hui, Richard et Hélène Crocé-Spinelli poursuivent cette tradition avec leurs deux enfants, Mathilde et Florent. Les sols argilo-calcaires couleur ocre de l'ère secondaire, et plus précisément du Trias, confèrent à ce vignoble de 15 hectares des caractéristiques géologiques particulières. La vigne, actuellement en conversion bio, s'implante à 350 mètres d'altitude, pour une pluralité d'orientations et dans un microclimat frais et souvent légèrement venté. Côté chai, la construction est en train de se terminer et il sera opérationnel pour la vendange 2019, offrant un nouveau terrain de jeu à la famille.

Côtes de Provence Essentiel 2018 | Sec | 2019>20 | 9,50 €	14
Côtes de Provence Essentiel 2018 | Sec | 2019>22 | 9,50 €	14
Côtes de Provence Essentiel 2017 | Sec | 2019>24 | 9,50 €	14,5
Côtes de Provence Mémoires 2017 | Sec | 2019>28 | 40 €	16,5
Côtes de Provence Quintessence 2017 | Sec | 2019>24 | 16,50 €	15,5
Côtes de Provence Quintessence 2017 | Sec | 2019>28 | 22,50 €	16,5
Côtes de Provence Signature 2018 | Sec | 2019>21 | 12,50 €	14,5
Côtes de Provence Signature 2017 | Sec | 2019>28 | 15 €	16

449, route des Nouradons, 83300 Draguignan • Tél. 04 94 68 10 91 • info@saintesprit-provence.com • www.saintesprit-provence.com • Visite : Tous les jours de 10h à 12h30 et de 14h30 à 19h.

DOMAINE SAINT-JEAN

Nathalie et Jean-Patrick Pacioselli produisent sur ce micro-domaine de seulement 3 hectares quelques milliers de bouteilles. Cette aventure viticole a vu le jour entre 2006 et 2009, avec au départ une production de seulement 500 bouteilles. Leur vigne dévale les coteaux sous forme de terrasses et leur viticulture engagée leur permet aujourd'hui de s'agrandir petit à petit. Toujours d'une production modeste, ils mettent en bouteille des vins charmants et sincères. Cette année, le bellet rouge est un coup de maître.

Bellet 2018 | Sec | 2019>23 | 20 €	14
Bellet 2018 | Sec | 2019>21 | 18 €	13,5
Bellet 2017 | Sec | 2019>32 | 26 €	18
Bellet Li Vecce 2016 | Sec | 2019>27 | 29 €	14,5
Bellet Pauline 2016 | Sec | 2019>28 | 29 €	14

343, chemin de Crémat, 06200 Nice • Tél. 06 08 43 22 53 • saintjeanbellet@orange.fr • www.vins-bellet.fr • Visite : sur rendez-vous.

CHÂTEAU SAINT-JEAN LEZ DURANCE

Au cœur de la Haute-Provence, le long de la Durance, la vigne du château s'étend sur 41 hectares. Les parcelles se situent aussi bien en coteaux que sur des terrasses, créant une mosaïque de sols allant d'argilo-calcaire, de safre, aux graves et limons. Depuis 5 générations, la famille d'Herbès cultive avec passion la vigne. Le château leur appartient depuis 1754, mais l'activité viticole n'a débuté qu'en 1880 quand Henri d'Herbès, professeur de droit, décide de passer à la viticulture. Ne faisant pas les choses à moitié, il crée une cave étonnante : foudres en chêne de Russie, système ingénieux de convoyage du raisin par wagonnet sur rail, pressoir actionné par la vapeur. Si peu d'outils de l'époque ont survécu, ce domaine riche en histoire produit en revanche une toute aussi riche palette de cuvées au superbe rapport qualité-prix.

Pierrevert Famille d'Herbès 2018 | Sec | 2019>20 | 7,30 €	14
Pierrevert Famille d'Herbès 2017 | Sec | 2019>23 | 7,30 €	13,5
Pierrevert Les Vannades 2018 | Sec | 2019>22 | Epuisé	13,5
Pierrevert Les Vannades 2018 | Sec | 2019>20 | 7,90 €	13,5

- **Pierrevert Les Vannades 2017** | Sec | 2019>25 | 8,90 € — 16
- **Pierrevert Pimayon 2018** | Sec | 2019>20 | 8,90 € — 14
- **Pierrevert Pimayon 2016** | Sec | 2019>24 | 11,20 € — 15
- **IGP des Alpes-de-Haute-Provence Les Platanes 2018** | Sec | 2019>22 | 6,20 € — 14
- **IGP des Alpes-de-Haute-Provence Les Quatre Reines 2018** | Sec | 2019>22 | 12,90 € — 14,5
- **IGP des Alpes-de-Haute-Provence Liberty 2018** | Sec | 2019>20 | 8,30 € — 13,5
- **IGP des Alpes-de-Haute-Provence Pimayon Vieilles Vignes 2018** | Sec | 2019>24 | Epuisé — 15
- **IGP des Alpes-de-Haute-Provence Que ma Joie demeure 2017** | Moelleux | 2018>21 | 18,50 € — 15

Lieu-dit Saint-Jean, 04100 Manosque • Tél. 04 92 72 50 20 • contact@chateau-saint-jean.fr • www.chateau-saint-jean.fr • Visite : Du lundi au samedi de 9h à 12h et de 14h à 18h.

CLOS SAINT-JOSEPH

★★★☆☆

Situé sur les coteaux de Villars-sur-Var, dans un cirque montagneux, à 40 kilomètres au nord-est de Nice, ce clos est le seul côtes-de-provence des Alpes Maritimes. Il échappe à toutes les normes avec son climat semi-montagnard et des séquences humides et maritimes venues de l'Italie. Constance Malengé et Roch Sassi s'y investissent corps et âme et ont inauguré un tout nouveau chai en 2017. Ici la culture est biodynamique non certifiée. Le sol, composé de marnes très rocailleuses accumulant la chaleur, confère aux vins du clos Saint-Joseph ses notes poivrées uniques.

- **Côtes de Provence 2018** | Sec | 2019>23 | NC — 15
- **Côtes de Provence Blanc de Blancs 2018** | Sec | 2019>28 | 13 € — 15
- **Côtes de Provence Syrah 2016** | Sec | 2019>30 | 20 € — 17
- **IGP Méditerranée Cuvée Spéciale 2017** | Sec | 2019>30 | 25 € — 16

168, route du Savel, 06710 Villars-sur-Var • Tél. 04 93 05 73 29 • clossaintjoseph@orange.fr • Visite : Uniquement sur rendez-vous.

DOMAINE SAINT-JOSEPH

★★☆☆☆ ♣

Au détour du magnifique village de Tourette-sur-Loup, perdu dans les collines proche de Saint-Paul-de-Vence, il faut prendre une petite route étroite et dévaler la colline pour arriver à ce domaine en taille de mouchoir de poche, composé de 2,36 hectares de vignes et d'un hectare d'oliviers. Julien Bertaina est aux manettes depuis 2011, mais c'est son père, en 1991, qui a lancé l'aventure en plantant des vignes sur les terres familiales. Longtemps considéré comme un hobby familial, Julien en a fait une activité à temps complet en quittant son travail d'ingénieur en aéronautique en 2008 et venant s'installer au domaine. La qualité des vins prouve qu'il a eu raison.

- **IGP des Alpes-Maritimes Anagramme 2018** | Sec | 2019>22 | 11 € — 15
- **IGP des Alpes-Maritimes Clos Saint Paul 2018** | Sec | 2019>21 | 13 € — 13,5
- **IGP des Alpes-Maritimes Effervescence 2017** | Sec | 2019>28 | 20 € — 16,5
- **IGP des Alpes-Maritimes Magie Noire 2017** | Sec | 2019>28 | 18 € — 17,5
- **IGP des Alpes-Maritimes Origine 2018** | Sec | 2019>25 | 13 € — 15,5
- **IGP des Alpes-Maritimes Tryptique 2017** | Sec | 2019>27 | 13 € — 15

160 chemin des Vignes, 06140 Tourrettes-sur-Loup • Tél. 04 93 58 81 31 ou 06 09 28 26 59 • bertaina.julien@gmail.com • www.domaine-saint-joseph.fr • Visite : sur rendez-vous.

DOMAINE SAINT-LOUIS JAYNE

★☆☆☆☆

Si les 9 hectares de vignes de ce petit domaine sont relativement faciles à trouver, leur propriétaire, Laurent Jayne, l'est beaucoup moins. Toujours par monts et par vaux, il s'occupe certes avec passion de cette vieille propriété - aux mains de la famille depuis 1893 -, mais il se passionne tout autant pour la cuisine, au point d'être surnommé le cuisinier-vigneron. Entier, un brin rebelle, il vinifie des cuvées qui peuvent tout autant faire débat qu'enchanter. Si vous avez le projet hardi de passer le voir au domaine, sachez que si vous n'aimez pas manger et parler cuisine, mieux vaut acheter ses vins chez un caviste.

- **Cassis 2007** | Sec | 2019>25 | NC — 15,5
- **Cassis Casus Belli 2015** | Sec | 2019>25 | NC — 15
- **Cassis Fonfon 2018** | Sec | 2019>25 | NC — 14,5
- **Cassis Les Oboles 2016** | Sec | 2019>28 | NC — 17
- **Cassis Les Oratoires de Saint Louis 2012** | Sec | 2019>27 | NC — 15,5

1, chemin de la Dona, 13260 Cassis • Tél. 04 42 01 30 31 • domainesaintlouis@wanadoo.fr • www.domainesaintlouis-jayne.e-monsite.com • Visite : sur rendez-vous.

CHÂTEAU SAINT-MAUR

Déjà propriétaire de la Quinta do Pessegueiro dans le Douro, Roger Zannier souhaite faire du château Saint-Maur l'une des meilleures références provençales. Situé à 10 kilomètres de Saint-Tropez, protégé du mistral par le massif des Maures, le vignoble jouit d'une exposition est-ouest. Bénéficiant d'une influence maritime qui tempère les fortes chaleurs estivales, il s'étend sur 60 hectares dont 45 sont actuellement exploités. Sur un sol argilo-calcaire, la vigne épouse la courbe des collines, s'élevant graduellement jusqu'en lisière de forêt. Depuis 2013, le domaine est doté de nouvelles installations de haute technologie, tout comme d'un nouvel espace de vente. Ici, l'art fait une incursion réussie jusque dans le chai, avec des expositions temporaires d'artistes originaux et de pointe.

- **Côtes de Provence Clos de Capelune 2018** | Sec | 2019>20 | 36,80 € — 13
- **Côtes de Provence L'Excellence 2018** | Sec | 2019>20 | 20,30 € — 14
- **Côtes de Provence L'Excellence 2018** | Sec | 2019>21 | 20,30 € — 14
- **Côtes de Provence L'Excellence 2017** | Sec | 2019>25 | 20,30 € — 15

535, route de Collobrières, 83310 Cogolin • Tél. 04 94 95 48 48 • chateausaintmaur@zannier.com • www.chateausaintmaur.com • Visite : de Pâques à mi-septembre: tous les jours de 9h à 13h30 et de 15h à 19h30, ouvert en continu en juillet et août. De mi-septembre à Pâques: du lundi au vendredi, de 9h à 12h30 et de 14h à 18h, le samedi de 9h à 13h. Visites guidées sur rendez-vous.

DOMAINE DE SAINT-SER

Jacqueline Bichot, pharmacienne reconvertie en vigneronne, a succombé au charme de ce vignoble idéalement situé avec la montagne Sainte-Victoire en toile de fond. On est à 400 mètres d'altitude, dans un secteur où la fraîcheur se retranscrit dans les vins. Le terroir de la Sainte-Victoire donne ici des vins purs et élégants, parfaitement proches de leur terroir. Avec la certification bio et biodynamie acquise en 2017, elle valide tout le sérieux de sa démarche et continue à bichonner ses 47 hectares de vigne sur un sol argilo-calcaire, typique de l'appellation.

- **Côtes de Provence Sainte-Victoire Ermite 2018** | Sec | 2019>20 | 14,50 € — 14,5
- **Côtes de Provence Sainte-Victoire Petite Folie 2017** | Sec | 2019>19 | 25 € — 13,5
- **Côtes de Provence Sainte-Victoire Prestige 2018** | Sec | 2019>20 | 13 € — 14,5
- **Côtes de Provence Les Hauts de Saint-Ser 2015** | Sec | 2019>24 | NC — 13,5
- **Côtes de Provence Les Hauts de Saint-Ser 2013** | Sec | 2019>23 | NC — 13

Route Cézanne - D17, 13114 Puyloubier • Tél. 04 42 66 30 81 • domaine@saint-ser.com • www.saint-ser.com • Visite : d'avril à octobre : tous les jours de 9h à 19h ; de novembre à mars : du lundi au samedi de 9h à 12h et de 14h30 à 18h, le dimanche sur rendez-vous.

VIGNOBLES DE SAINT-TROPEZ

Cette petite cave coopérative, fondée en 1908, tient une place d'exception dans le monde coopératif français. Si les 133 adhérents regroupent environ 180 hectares, ces derniers s'éparpillent en 400 parcelles dans et autour le village de Saint-Tropez. Etant donné le prix du terrain constructible sur ce secteur, il est un véritable miracle que ces petits bouts de vignes continuent d'exister. La plupart des adhérents défendent farouchement cet héritage et le cultivent comme un jardin. Consciente de la concurrence sur le marché du rosé, qui représente tout de même 75 % de leurs production, la coopérative investit et est en train de construire un nouveau chai dernier cri, incluant un futur magnifique espace d'accueil, à la hauteur du site et des clients de passage. Autre fait remarquable : la quasi-totalité des vins mis en bouteille sont issus des vignes du village, la coopérative n'ayant qu'une toute petite partie de négoce. Donc si vous cherchez un authentique vin de Saint-Tropez, prenez les cuvées siglées Tropez, la marque dédiée aux vins locaux.

- **Côtes de Provence Bravade 2018** | Sec | 2019>25 | 11 € — 14
- **Côtes de Provence Bravade 2016** | Sec | 2019>22 | 12 € — 13
- **Côtes de Provence Château La Moutte 2018** | Sec | 2019>22 | 18 € — 14,5
- **Côtes de Provence Château La Moutte 2015** | Sec | 2019>23 | 19 € — 14
- **Côtes de Provence La Bravade 2018** | Sec | 2019>21 | 11 € — 14,5
- **Côtes de Provence Petite Bravade 2018** | Sec | 2019>19 | 8 € — 13

111 Route des Plages, 83990 Saint-Tropez • Tél. 04 94 97 01 60 • contact@vignobles-saint-tropez.com • www.torpez.com • Visite : du lundi au samedi de 9h30 à 12h30 et de 14h à 18h.

CLOS SAINT-VINCENT

Joseph Sergi, alias Gio, a racheté en 1993 cette propriété nichée sur les pentes vertigineuses de Bellet. En biodynamie depuis 2007, il cultive sa vigne sur des terrasses étroites, dont l'exposition et le microclimat créent un environnement particulièrement favorable. Il n'hésite jamais à sortir des sentiers battus pour mettre en valeur les cépages autochtones, livrant des vins précis et audacieux. Le braquet signe l'un des rosés les plus authentiques de l'Hexagone, et la folle noire avec son caractère très latin nous évoque les doux paysages toscans. De plus, Gio a désormais la tâche de présider cette appellation de caractère, une des rares à être quasi entièrement cultivée en bio. Toutes les cuvées présentées mériteront, sans exception, que l'on tarde encore deux à trois ans avant de les ouvrir.

Bellet Le Clos 2018 | Sec | 2019>25 | 20 €	15
Bellet Le Clos 2017 | Sec | 2020>30 | 29,60 €	15
Bellet Le Clos 2017 | Sec | 2020>30 | 29,60 €	15
Bellet Vino di Gio 2016 | Sec | 2019>30 | 59,60 €	16
Bellet Vino di Gio 2016 | Sec | 2019>35 | 59,60 €	17

Chemin Collet des Fourniers - Saint-Roman-de-Bellet, 06200 Nice • Tél. 04 92 15 12 69 • contact@clos-st-vincent.fr • www.clos-st-vincent.fr • Visite : Uniquement sur rendez-vous.

CHÂTEAU SAINTE-ANNE

Jean Baptiste Dutheil de la Rochère gère cette propriété familiale depuis 6 générations. Les 14 hectares de vignes s'épanouissent sur des coteaux et restanques orientés sud-est, sur un terroir argilo-calcaire avec présence de silice en sous-sol. Le domaine fut édifié au XVIe siècle par la congrégation des Pères de l'Oratoire qui y cultivaient déjà la vigne et l'olivier et y bâtirent des caves voûtées en pierre qui existent toujours, aujourd'hui adjointe d'une cave moderne. Quelques millésimes plus anciens sont toujours à la vente, profitez-en.

Bandol 2016 | Sec | 2019>29 | 28 €	15
Bandol 2013 | Sec | 2019>23 | 27 €	13,5
Bandol Collection 2016 | Sec | 2019>28 | 35 €	16,5

125, Route Nationale 8, 83330 Sainte-Anne d'Evenos • Tél. 04 94 90 35 40 • chateausteanne@free.fr • Visite : Tous les jours sur rendez-vous.

MAS SAINTE-BERTHE

Demeure historique et lieu de pèlerinage, l'ancienne « maison aux champs » était adossée à une chapelle dédiée à Sainte-Berthe, patronne des fiévreux, qui donna par la suite son nom au domaine. En 1950, le domaine fut racheté par la famille David et une partie de la polyculture de cette vieille ferme fut remplacée par de la vigne. L'inauguration de la cave en 1976 marqua le début de l'activité de vinification et de la vente de vin à la propriété. La modernisation de la cave et du chai a été achevée en 2013. Ne manque plus que le passage en culture biologique, ce domaine restant le seul de l'appellation à ne pas encore avoir sauté le pas. En attendant, il offre une gamme d'un remarquable rapport qualité-prix.

Les Baux-de-Provence Louis David 2014 | Sec | 2019>27 | 14,50 €	16,5
Les Baux-de-Provence Passe-Rose 2018 | Sec | 2019>22 | 7,80 €	15
IGP des Alpilles Blanc de Blancs 2018 | Sec | 2019>25 | 7,90 €	14,5
IGP des Alpilles Roussanne 2017 | Sec | 2019>24 | 14,50 €	13,5

Départementale 27a, 13520 Les Baux-de-Provence • Tél. 04 90 54 39 01 • massteberthe@orange.fr • www.massainteberthe.com • Visite : tous les jours de 9h à 12h30 et de 14h à 18h30. Groupe sur réservation.

CLOS SAINTE-MAGDELEINE

Un terroir exceptionnel et de toute beauté. Le vignoble de 20 hectares, dont 13 en production, est spectaculaire, tout en restanques accrochées au flanc de la montagne sur un dénivelé impressionnant avec vue imprenable sur la mer. Implantée sur la partie historique et la plus ancienne du vignoble cassiden, la propriété telle qu'on la connaît aujourd'hui a été créée par Jules Savon, ancien maire du village. Rachetée en 1920 par la famille Zafiropulo, elle est aujourd'hui dirigée par la jeune génération, incarnée par Jonathan et son épouse. L'élégance des vins du domaine se pose en bouche comme le vent estival sur la mer. La plus belle expression de l'appellation, issue d'un grand terroir.

- **Cassis 2018** | Sec | 2019>25 | 18 € 15
- **Cassis 2018** | Sec | 2019>22 | 17 € 15
- **Cassis Bel-Arme 2017** | Sec | 2019>25 | 27 € 15
- **Côtes de Provence 2018** | Sec | 2019>21 | 12,50 € 13,5
- **IGP des Bouches-du-Rhône Baume-Noire 2018** | Sec | 2019>24 | 20 € 15

Avenue du Revestel - B.P. 4, 13260 Cassis • Tél. 04 42 01 70 28 • clos.sainte.magdeleine@gmail.com • www.clossaintemagdeleine.fr • Visite : du mardi au samedi de 10h à 12h et de 14h30 à 19h.

CHÂTEAU SAINTE-MARGUERITE

Cru classé de Provence en 1955, le château Sainte-Marguerite est situé sur un terroir d'argiles et de schistes altérés de la Londe-les-Maures. En 1977, Monsieur Fayard le racheta à la Fondation de France, puis en 1999, avec son fils Enzo, il acquit le Château Hermitage Saint-Martin, situé sur le secteur de Cuers. Les deux domaines réunissent actuellement 168 hectares de vignes et la construction d'un chai flambant neuf sur La Londe va non seulement leurs permettre de mutualiser les équipements, mais également de s'offrir un superbe outil de travail.

- **Côtes de Provence 2018** | Sec | 2019>24 | 14,90 € 14
- **Côtes de Provence La Londe Fantastique 2018** | Sec | 2019>21 | 29 € 14,5
- **Côtes de Provence La Londe Fantastique 2016** | Sec | 2019>25 | 32 € 15,5
- **Côtes de Provence La Londe Symphonie 2018** | Sec | 2019>21 | 19,50 € 14,5
- **Côtes de Provence La Londe Symphonie 2018** | Sec | 2019>24 | 19,50 € 14,5
- **Côtes de Provence La Londe Symphonie 2017** | Sec | 2019>24 | 21 € 14,5
- **Côtes de Provence Château 2018** | Sec | 2019>22 | 14,90 € 15

303, chemin du Haut Pansard, 83250 La Londe-les-Maures • Tél. 04 94 00 44 44 • contact@vinsfayard.com • www.chateausaintemarguerite.com • Visite : du lundi au samedi de 9h à 12h30 et de 14h à 18h30. Fermé le dimanche et jours fériés (sauf été pour les jours fériés).

ABBAYE SAINTE-MARIE DE PIERREDON

Ce site magnifique, devenu propriété privée, se compose de 650 hectares perdus en plein milieu du parc naturel des Alpilles. Le corps bâti de l'ancienne abbaye chalaisienne, fondée en 1205, est resté superbement préservé, mais n'est plus accessible. En revanche, au bout d'un long petit chemin qui serpente à travers les collines on atteint une jolie boutique qui accueille les visiteurs, offrant en plus la possibilité d'acquérir l'huile d'olive de la propriété. La vigne, noyée dans un environnement sauvage et préservé, n'occupe que 11 hectares, éparpillés dans la forêt. L'ensemble a été racheté en 2001 par Lorenzo Pellicioli, un italien passionné du bordelais, et a connu depuis une véritable restructuration avec le première vigne plantée en 2004. C'est lui qui est à l'origine de l'implantation du merlot et du cabernet, avec un résultat étonnant grâce au microclimat de ce coin très vallonné. Si pendant longtemps la récolte fut livrée à la cave coopérative, la construction de la cave en 2015 initia une nouvelle ère et le vin est désormais mis en bouteille au domaine. Le résultat de nos dégustations révèle le beau potentiel de ce terroir.

- **IGP des Alpilles Donna Rosa 2018** | Sec | 2019>21 | 16,50 € 14,5
- **IGP des Alpilles Luna Plena 2018** | Sec | 2019>25 | 24 € 15
- **IGP des Alpilles Merlot 2016** | Sec | 2019>28 | 22 € 16,5
- **IGP des Alpilles Ultima Laude 2018** | Sec | 2019>24 | 7,50 € 14,5
- **IGP des Alpilles Vespro 2016** | Sec | 2019>27 | 29 € 15,5

Domaine de Pierredon, 13890 Mouriès • Tél. 04 90 18 47 09 • contact@abbayedepierredon.com • www.abbayedepierredon.com • Visite : Lundi à vendredi de 9h00 à 17h00. Samedi, dimanche et jours fériés de 11h00 à 18h00.

CHÂTEAU SAINTE-ROSELINE

Aurélie Bertin a bien remis en valeur le domaine et le vignoble, de même que le Château des Demoiselles dont elle est également propriétaire avec sa famille. Situé aux Arcs-sur-Argens, le vignoble de Sainte-Roseline se compose de 300 hectares dont 110 de vignes. La propriété compte également sur ses terres une chapelle magnifique, renfermant les reliques de la sainte ; décorée par Chagall, Bazaine, Ubac et Giacometti, elle est devenue le premier lieu touristique du Var. Des circuits de visite et des dégustation sont organisés tout au long de l'année, en différentes langues, permettant de découvrir les lieux et les vins. Ces derniers, toutes couleurs confondues, se placent parmi les meilleurs de la Provence et sont d'une admirable constance de qualité.

- **Côtes de Provence Château Sainte Roseline 2014** | Sec | 2019>24 | NC 15

Côtes de Provence Cuvée Château Sainte Roseline 2018 | Sec | 2019>25 | 18,20 € — 14,5
Côtes de Provence Cuvée Château Sainte-Roseline 2018 | Sec | 2019>20 | 17,90 € — 14
Côtes de Provence La Chapelle de Sainte Roseline 2018 | Sec | 2019>22 | 25,40 € — 16
Côtes de Provence La Chapelle de Sainte Roseline 2014 | Sec | 2019>30 | 49 € — 17

Route de Sainte-Roseline, 83460 Les Arcs-sur-Argens • Tél. 04 94 99 50 30 • contact@sainte-roseline.com • www.sainte-roseline.com • Visite : Du 1er novembre au 30 avril : Du lundi au samedi de 9h à 12h30 et de 14h00 à 18h30 (samedi 18h). Dimanche et jours fériés de 10h à 12h30 et de 14h à 18h.. Du 1er mai au 31 octobre : Du lundi au samedi de 9h à 19h (samedi 18h). Dimanche et jours fériés de 10h à 12h30 et de 14h à 18h.

CHÂTEAU SALETTES

Le château Salettes (littéralement « lieu où l'on stockait le sel ») est resté dans la même famille depuis 1604. Aujourd'hui, Jean-Pierre Boyer et son fils Nicolas ont repris le flambeau. La viticulture ne s'y est développée véritablement qu'à partir de 1985, année de construction de la cave. Depuis, les vins ne cessent d'évoluer et démontrent aujourd'hui une belle régularité. En plus d'une gamme classique, le petit dernier - une cuvée expérimentale appelée ooh-salettes – s'adresse aux aficionados de vin nature, car sans soufre ajouté. Côté vigne, on compte 50 hectares, dont 36 en production, avec une certification bio acquise en 2018.

Bandol 2018 | Sec | 2019>22 | 16,90 € — 14,5
Bandol 2018 | Sec | 2019>21 | 18,90 € — 12
Bandol 2016 | Sec | 2019>28 | 21,90 € — 16
Bandol Cayenne 2015 | Sec | 2019>28 | 36,50 € — 15

913, chemin des Salettes, 83740 La Cadière-d'Azur • Tél. 04 94 90 06 06 • salettes@salettes.com • www.salettes.com • Visite : en hiver, du lundi au vendredi de 9h à 12h et de 13h à 17h. En été, du lundi au samedi de 8h à 12h et de 14h à 18h.

DOMAINE DE LA SANGLIÈRE

Située en bord de mer, dans l'exceptionnel site du fort de Brégançon protégé par le conservatoire du Littoral, cette propriété de 42 hectares de terres et de forêt fut achetée en 1981 par François Devictor, ingénieur en agriculture. Aujourd'hui, ce sont la deuxième et la troisième générations qui tiennent les rênes et cultivent 23 hectares de vignes qui s'enracinent dans un sol majoritairement composé de micaschistes. Rémy et Olivier Devictor, très engagés sur la zone viticole de La Londe, produisent des vins ancrés et sincères. En 2018, suite aux études du sol menées sur toutes les parcelles, ils ont constitué un point zéro et comptent remettre à plat leur approche de la vigne et du terroir grâce aux résultats des analyses qui vont se poursuivre sur plusieurs années. Un domaine dynamique, en plein mouvement.

Côtes de Provence La Londe Apogée 2018 | Sec | 2019>21 | 28,30 € — 14,5
Côtes de Provence La Londe Apogée 2016 | Sec | 2019>26 | epuisé — 15
Côtes de Provence La Londe Prestige 2018 | Sec | 2019>20 | 13,50 € — 14
Côtes de Provence La Londe Prestige 2017 | Sec | 2019>25 | 13,50 € — 15
Côtes de Provence La Londe Prestige 2017 | Sec | 2019>25 | 13,50 € — 15
Côtes de Provence Spéciale 2018 | Sec | 2019>20 | 11,30 € — 14
Côtes de Provence Spéciale 2018 | Sec | 2019>24 | 11,30 € — 14
Côtes de Provence Spéciale 2017 | Sec | 2019>24 | 11,30 € — 14

3886, route de Léoube, 83230 Bormes-les-Mimosas • Tél. 04 94 00 48 58 • sangliere@domaine-sangliere.com • www.domaine-sangliere.com • Visite : mai a septembre : Ouvert du lundi au samedi de 9h à 12h et 14h à 18h. Octobre a avril : Ouvert du lundi au vendredi de 9h à 12h et 14h à 17h. Juillet et août : Ouvert du lundi au samedi de 9h à 12h et 15h à 19h

CHÂTEAU SIMONE

C'est le plus célèbre château de l'appellation Palette, pour lequel la famille Rougier veille au style depuis près de deux siècles. Les 25 hectares de vignes sont situés à environ 200 mètres d'altitude, sur un versant nord les protégeant de la force du soleil et du mistral. Mais le véritable trésor du domaine est sans doute ses nombreuses très vieilles vignes, bichonnées par une viticulture respectueuse, dont la certification officielle en bio est en cours depuis 2018. Le vin, élevé dans des caves voûtées construites dans le roc par les moines Grands Carmes d'Aix au XVIe siècle, est souvent sous-estimé dans sa jeunesse. Les cuvées révèlent toutes, au bout de quelques années de garde, une complexité et une profondeur admirables, y compris les rosés. Mieux vaut donc garder les bouteilles en cave quelque temps, n'en déplaise aux impatients.

- **Palette 2018** | Sec | 2019>30 | 23 € 15,5
- **Palette 2016** | Sec | 2019>30 | 32 € 15
- **Palette 2015** | Sec | 2019>30 | 32 € 16
- **Palette 2001** | Sec | 2019>30 | epuisé 18

Chemin de la Simone, 13590 Meyreuil • Tél. 04 42 66 92 58 • chateau-simone@orange.fr • www.chateau-simone.fr

DOMAINE DE LA SOURCE

Perchée sur les hauteurs de Nice dans ce coin superbe qu'est Bellet, la vigne s'organise en terrasses sur le versant sud-est de l'appellation. Appartenant à la famille Dalmasso, ce petit domaine familial est né en 1991. Anciennement en polyculture, il est aujourd'hui composé de 6 hectares de vignes en terrasses, avec 2 hectares de plus en plantation. Quelques oliviers bordent les parcelles et produisent une huile disponible au domaine. La jeune génération, représentée par Éric et sa sœur Carine, a repris le flambeau avec talent et affirme son style de millésime en millésime.

- **Bellet 2018** | Sec | 2019>25 | 21 € 14,5
- **Bellet 2017** | Sec | 2019>25 | 23 € 14
- **Bellet 2017** | Sec | 2019>25 | 32 € 14,5
- **Bellet Grand Rolle 2017** | Sec | 2019>28 | 54 € 15

303, chemin de Saquier - Saint-Roman-de-Bellet, 06200 Nice • Tél. 04 93 29 81 60 • contact@domainedelasource.fr • www.domainedelasource.fr • Visite : tous les jours de 10h à 18h. Dimanche sur rendez-vous.

FAMILLE SUMEIRE

La prolifique et talentueuse famille Sumeire a donné naissance à une toute aussi nombreuse famille de cuvées. Installée sur le secteur de la Sainte-Victoire, proche d'Aix-en-Provence, elle est propriétaire de plusieurs châteaux : château Coussin, le berceau des Sumeire et celui avec lequel l'aventure viticole commença, château L'Afrique et château Maupage. Olivier et sa sœur Sophie s'occupent de la structure qui regroupe les différentes activités du domaine qui produit, sur les 300 hectares, du rosé à hauteur de 90 %. Ici, la fibre artistique traverse les racines des ceps : la cuvée César à Sumeire est née de la rencontre de Gabriel Sumeire avec l'artiste César. Cette année, elle est particulièrement bien réussie.

- **Côtes de Provence Sainte-Victoire César à Sumeire Coussin 2018** | Sec | 2019>22 | 22 € 15
- **Côtes de Provence Sainte-Victoire César à Sumeire Coussin 2015** | Sec | 2019>27 | 29 € 15
- **Côtes de Provence Sainte-Victoire Château Coussin 2018** | Sec | 2019>20 | 13,50 € 14
- **Côtes de Provence Sainte-Victoire Château Coussin 2016** | Sec | 2019>24 | 16 € 14,5
- **Côtes de Provence Sainte-Victoire Château Maupague 2018** | Sec | 2019>20 | 9,50 € 13
- **Côtes de Provence Château Coussin 2018** | Sec | 2019>25 | 13,50 € 14,5
- **Côtes de Provence Château L'Afrique 2018** | Sec | 2019>19 | 12 € 13
- **Côtes de Provence Château L'Afrique 2018** | Sec | 2019>22 | 12 € 13

1048, chemin de Coussin, 13530 Trets • Tél. 04 42 61 20 00 • sumeire@sumeire.com • www.sumeire.com • Visite : du lundi au vendredi de 8h à 12h et de 13h30 à 17h.

DOMAINE TEMPIER

À Tempier, le mourvèdre est roi. Cépage réputé pour donner sa plus belle expression la tête au soleil et les pieds dans l'eau, il y trouve un terroir idéal et l'intelligence d'écoute d'une grande famille vigneronne. Domaine historique de l'appellation Bandol, existant déjà sous le règne de Louis XV, Tempier est dirigé depuis 1834 par la même famille, Tempier puis Peyraud, aujourd'hui assistée par Daniel Ravier qui conduit la propriété avec brio et la même exigence qu'aux origines. Avec 38 hectares de vignes repartis sur trois communes, le domaine produit exclusivement des vins en appellation Bandol, dont une grande majorité de rouges. Le terroir, abrité du mistral par le promontoire du Castellet et parfaitement ensoleillé, crée des conditions idéales pour faire éclore des cuvées devenues légendaires.

- **Bandol 2018** | Sec | 2019>23 | 22 € 14
- **Bandol 2018** | Sec | 2019>23 | 27 € 13
- **Bandol 2017** | Sec | 2019>30 | 28 € 15,5
- **Bandol 2006** | Sec | 2019>25 | epuisé 19

- **Bandol Cabassaou 2017** | Sec | 2019>35 | 78 € — 17
- **Bandol La Migoua 2017** | Sec | 2019>35 | 50 € — 16
- **Bandol La Tourtine 2017** | Sec | 2019>25 | 50 € — 14

1082, chemin des Fanges, 83330 Le Castellet • Tél. 04 94 98 70 21 • contact@domainetempier.com • www.domainetempier.com • Visite : du lundi au vendredi de 9h à 12h et de 14h à 18h.

DOMAINE DE TERREBRUNE

Reynald Delille mène avec sensibilité ce terroir très spécifique d'Ollioules, qui exprime des bandols tout en délicatesse, vieillissant merveilleusement bien, aussi bien en rouge qu'en rosé. Ce domaine discret de 30 hectares, niché dans un coin bucolique de l'appellation, mérite toute notre attention. Les vins sont à l'image de leurs propriétaires, attachants et timides. Carafez-les, rouges comme rosés, c'est là qu'ils livreront tout leur potentiel.

- **Bandol 2018** | Sec | 2019>23 | 17,50 € — 14,5
- **Bandol 2018** | Sec | 2019>25 | 19,50 € — 14,5
- **Bandol 2016** | Sec | 2020>30 | NC — 15,5
- **Bandol 2014** | Sec | 2019>22 | 25 € — 15
- **Bandol 2013** | Sec | 2019>30 | 34 € — 17
- **Bandol 2011** | Sec | 2019>30 | 42 € — 17

724, chemin de la Tourelle, 83190 Ollioules • Tél. 04 94 74 01 30 • domaine@terrebrune.fr • www.terrebrune.fr • Visite : l'été : du lundi au samedi de 9h30 à 12h30 et de 15h à 18h30, le reste de l'année : du lundi au samedi de 9h30 à 12h30 et de 14h30 à 18h. Fermé les dimanches et jours fériés.

DOMAINE DES TERRES BLANCHES

Les 35 hectares de vignes, toutes orientées sud-ouest, s'insèrent dans une propriété qui en fait 70. Situées en plaine au pied du versant nord des Alpilles, elles sont particulièrement exposées au mistral qui les préserve des gelées et les protègent contre les maladies. Le domaine, après plusieurs propriétaires successifs, vient d'être racheté en 2016 par Christian Latouche, propriétaire du groupe Fiducial qui possède également le domaine de La Vallongue sur les Baux de Provence. Depuis, les vins progressent et retrouvent leurs beauté d'expression. La boutique, récemment refaite, permet également un meilleur accueil des visiteurs de passage. Ce sont d'excellentes nouvelles.

- **Les Baux-de-Provence 2018** | Sec | 2019>20 | 13,50 € — 14
- **Les Baux-de-Provence 2018** | Sec | 2019>25 | 14,50 € — 15
- **Les Baux-de-Provence 2016** | Sec | 2019>26 | 14,50 € — 15,5
- **Les Baux-de-Provence Aurélia 2016** | Sec | 2019>26 | 19,50 € — 15

RD 99 - Route de Cavaillon, 13210 Saint-Rémy-de-Provence • Tél. 04 90 95 91 66 • info@terresblanches.com • www.terresblanches.com • Visite : tous les jours de 10h à 13h et de 14h à 19h.

DOMAINE DE TOASC

Après une première carrière dans le BTP, Bernard Nicoletti a profité de son savoir-faire pour construire un chai respectueux de l'architecture locale. Les 7 hectares de vignes s'organisent en 49 restanques, réparties sur 180 mètres de dénivelé sur le terroir typique de Bellet, le poudingue, mélange d'argiles, de sables et de galets roulés. Bernard y cultive notamment les deux cépages emblématiques de l'appellation : le braquet et la folle noire. En 2019, il a vendu son domaine au Château de Crémât. Une nouvelle ère s'ouvre pour cette petite propriété.

- **Bellet 2018** | Sec | 2019>28 | 23 € — 15,5
- **Bellet 2018** | Sec | 2019>25 | 18 € — 15
- **Bellet 2016** | Sec | 2019>24 | 25 € — 13,5

213, chemin de Crémat, 06200 Nice • Tél. 04 92 15 14 14 • contact@domainedetoasc.com • www.domainedetoasc.com • Visite : La boutique est ouverte du mardi au samedi de 14h30 à 17h30. Visite-dégustation sur rendez-vous

DOMAINE DE LA TOUR DES VIDAUX - CLOS RÉAL

Installé sur le versant méridional du massif des Maures, le domaine bénéficie du terroir schisteux d'une vallée étroite. Le vignoble de 22 hectares, dont 18 en production, s'étage en un petit cirque orienté sud-est, organisé en terrasses spectaculaires, où chaque cépage trouve la place idéale. Un travail dantesque accompagne une restructuration importante puisque le domaine va mirgrer du Domaine de la Tour des Vidaux à Clos Réal. Monsieur Rosary, l'œnologue maison, effectue un travail en profondeur et la qualité des vins a beaucoup progressé.

Côtes de Provence Clos Réal 2018 | Sec | 2019>27 | 18 €	15
Côtes de Provence Clos Réal 2017 | Sec | 2019>24 | 18 €	14,5
Côtes de Provence Clos Réal 2016 | Sec | 2019>25 | 16,50 €	14,5
Côtes de Provence Le Collet 2018 | Sec | 2019>21 | 16,50 €	15
Côtes de Provence Les Davids 2018 | Sec | 2019>26 | 38 €	14,5
Côtes de Provence Les Davids 2017 | Sec | 2019>25 | 38 €	15
Côtes de Provence Real 2014 | Sec | 2019>26 | 9,50 €	15,5
Côtes de Provence Réal 2018 | Sec | 2019>21 | 8,90 €	14,5
Côtes de Provence Sur Farnoux 2017 | Sec | 2019>28 | 38 €	16
Côtes de Provence Sur Farnoux 2015 | Sec | 2019>25 | 38 €	15

Quartier les Vidaux - Route de Pignans, 83390 Pierrefeu-du-Var • Tél. 04 94 48 24 01 • contact@closreal.fr • www.closreal.fr • Visite : Visite du caveau du lundi au samedi de 9h à 12h et de 14h à 18h30. Visite du chais sur rendez-vous.

DOMAINE DE LA TOUR DU BON

Agnès Hocquard-Henry dirige son domaine avec l'esprit de produire peu mais bien. Sur les 14 hectares, elle produit des vins élégants proches du terroir, quittant parfois les sentiers battus pour créer des micro-cuvées originales. Les rouges, rosés et blancs, sont de belle facture, mais le plus surprenant reste la cuvée en-sol, élaborée en quantités minuscules avec Elisabetta Foradori, papesse des vins en amphore en Italie. Le mourvèdre y exprime une dimension de souplesse et une finesse inattendue, vibrante et dépouillée de tout artifice. On a adoré !

Bandol 2018 | Sec | 2019>22 | 17 €	14
Bandol 2018 | Sec | 2019>23 | 18 €	13,5
Bandol 2016 | Sec | 2019>30 | 22 €	17,5
IGP Méditerranée En Sol 2017 | Sec | 2019>28 | 44 €	17

714, chemin de l'Olivette, 83330 Le Brûlat-du-Castellet • Tél. 04 98 03 66 22 • tourdubon@wanadoo.fr • www.tourdubon.com • Visite : du lundi au vendredi de 9h à 12h et de 14h à 18h. Le week-end sur rendez-vous.

GUILHEM TOURNIER

Ce domaine d'un peu plus de 6 hectares est issu pour majorité de parcelles confiées par Henri et Geneviève Tournier à leur fils Guilhem avec lequel, depuis plus de 10 ans, ils cultivent également les vignes du domaine Roche Redonne. Passionné de vin mais doté d'un esprit indépendant, il s'est lancé en 2004 parallèlement dans sa propre aventure. La vigne, située sur un terroir d'argiles profondes et exposée sud, sud-ouest, bénéficie de l'influence des vents marins associés au soleil intense des fins de journée. Il y élabore des cuvées attachantes et réservées, tout à son image.

Bandol La Malissonne 2018 | Sec | 2019>21 | 17 €	13,5
Bandol La Malissonne 2016 | Sec | 2019>28 | 21 €	15
Bandol La Malissonne 2015 | Sec | 2019>25 | 22 €	15
Bandol La Malissonne 2013 | Sec | 2019>26 | 24 €	17
Bandol La Malissonne 2012 | Sec | 2019>25 | 30 €	16

Vieux Chemin du Pey Neuf - Chemin des Paluns, 83740 La Cadière-d'Azur • Tél. 04 94 90 11 83 • roche.redonne@free.fr • www.chateauguilhemtournier.com • Visite : d'avril à septembre, de lundi à samedi de 10h à 12h30 et de 16h à 19h30 ; le restant de l'année sur rendez-vous.

DOMAINE DE TRÉVALLON

Eloi et Floriane Dürrbach ont planté le vignoble dès 1973, et depuis font de Trévallon l'un des fleurons du vignoble français. Situés sur le versant nord des Alpilles, les 17 hectares de vignes entourés d'une nature sauvage et préservée sont conduits en culture biologique depuis l'origine. Le microclimat frais, la taille douce et le sol à dominante calcaire sont à l'origine du style si particulier des vins. Les Dürrbach ne revendiquent pas l'appellation des Baux-de-Provence, car leur encépagement sort des standards du cahier des charges : cabernet-sauvignon et syrah pour les rouges, roussanne et marsanne pour les blancs, complétés d'un peu de chardonnay. Le rouge, devenu mythique tout comme le blanc, dispose d'un réel potentiel de garde et l'œuvre du temps lui confère une finesse d'expression supplémentaire. Superbe !

IGP des Alpilles 2017 | Sec | 2019>30 | NC	18

■ **IGP des Alpilles 2016** | Sec | 2019>30 | NC — 18,5

13103 Saint-Étienne-du-Grès • Tél. 04 90 49 06 00 • info@domainedetrevallon.com • www.domainedetrevallon.com

DOMAINE DES TROIS FILLES

Sur ce domaine créé en 2013 par leurs parents, les trois filles de la famille Arlon assurent avec brio. Sur les 9 hectares du domaine, dont l'essentiel en appellation Bandol, elles produisent des vins qui continuent de progresser d'année en année. Avec leur chai très moderne et ses cuves peintes en rose, elles font souffler un vent de jeunesse sur l'appellation, mais ce qui est mis en bouteille est on ne peut plus sérieux comme le prouve encore cette année le beau bandol rouge 2016 !

Bandol 2018 | Sec | 2019>20 | 13,20 €	13,5
Bandol 2016 | Sec | 2019>24 | 13,20 €	15
Bandol 2016 | Sec | 2019>25 | 17 €	16
Côtes de Provence 2018 | Sec | 2019>19 | 9,20 €	13

1616, chemin de la Bégude, 83740 La Cadière-d'Azur • Tél. 06 62 89 79 90/06 60 89 67 76 • contact@domainesdestroisfilles.com • www.domainesdestroisfilles.com • Visite : Horaires d'été : lundi au samedi : 10h-12h30/16h-19h et le dimanche 10h-13h. Horaires d'hiver : lundi au vendredi : 9h-12h30 et samedi 10h-12h30/14h-17h

CHÂTEAU DE LA TULIPE NOIRE

À cheval sur la Moutonne et Carcairanne sur un coteau tout en douceur, ce site était initialement spécialisé dans la tulipe noire. Le vignoble y est tout aussi à l'aise et Audrey Baccino, en cinq millésimes, y impose son style. Les vins sont de belle facture mais pas encore tout à fait aboutis.

Côtes de Provence 2018 | Sec | 2019>19 | 14 €	12,5
Côtes de Provence 2018 | Sec | 2019>24 | 14 €	14,5
Côtes de Provence 2015 | Sec | 2019>24 | 17 €	14
Côtes de Provence Queen of the Night 2017 | Sec | 2019>22 | NC	15,5

1819, avenue Jean Monnet - La Moutonne, 83260 La Crau • Tél. 06 77 00 27 76 • contact@chateaulatulipenoire.com • www.chateaulatulipenoire.com • Visite : du lundi au samedi de 9h30 à 12h30 et de 15h à 19h, en hiver jusqu'à 18h30.

CHÂTEAU VANNIÈRES

Le château est l'un des grands domaines de la Provence. Éric Boisseaux, pilier de l'appellation Bandol, assure la transmission et travaille désormais avec son fils Charles-Eric. Si pendant longtemps ils ne produisaient qu'une seule grande cuvée déclinée dans les trois couleurs, avec l'arrivée de la jeune génération la gamme évolue et un vent de jeunesse souffle en cave. Les bandols rouges classiques ont une indéniable capacité à vieillir, en prenant assez rapidement des nuances de tabac et de cuir, qui se laissent tranquillement patiner par le temps : ils comptent parmi les plus belles expressions des rouges de l'appellation.

Bandol 2018 | Sec | 2019>24 | 21 €	16
Bandol 2018 | Sec | 2019>28 | 27 €	16
Bandol 2017 | Sec | 2019>25 | epuisé	16,5
Bandol 2016 | Sec | 2020>30 | 30 €	14,5
Bandol 2012 | Sec | 2019>25 | 35 €	17
Bandol 2011 | Sec | 2019>25 | 38 €	14
Bandol 2010 | Sec | 2019>25 | NC	16
Bandol La Patience de Vannières 2017 | Sec | 2019>27 | 43 €	16
Bandol La Patience de Vannières 2014 | Sec | 2019>24 | 47 €	16,5
Côtes de Provence 2018 | Sec | 2019>19 | 17 €	13,5
IGP du Mont Caume Héritage 2017 | Sec | 2019>26 | 16 €	14,5

1440, chemin de Saint-Antoine, 83740 La Cadière-d'Azur • Tél. 04 94 90 08 08 • info@vannieres.com • www.vannieres.com • Visite : du lundi au vendredi de 9h à 12h et de 14h à 17h. Le week-end sur rendez-vous.

CHÂTEAU VIGNELAURE

Créé par Georges Brunet à la fin des années 1960, l'ancien propriétaire du château La Lagune, grand cru classé du Médoc, Vignelaure incarne l'histoire du coup de foudre d'un Bordelais pour un terroir atypique et provençal. Il avait identifié que ces sols argilo-calcaires graveleux n'étaient pas sans parenté avec son ancienne propriété et y implanta en 1966 des greffons de cabernet-sauvignon issus de La Lagune. Star au début des années 1970, le domaine a ensuite connu des succès divers jusqu'à sa reprise, en 2007, par Mette et Bengt Sundstrom. Ils ont eu l'intelligence de confier la direction technique à Philippe Bru, homme sensible de terroir, qui depuis a fait progresser les vins qui sont en route pour renouer avec la gloire d'antan.

- **Coteaux d'Aix-en-Provence 2018** | Sec | 2019>22 | 15,90 € **15,5**
- **Coteaux d'Aix-en-Provence 2013** | Sec | 2019>27 | 24 € **14,5**
- **Coteaux d'Aix-en-Provence 2012** | Sec | 2019>28 | 25 € **15,5**
- **Coteaux d'Aix-en-Provence 2011** | Sec | 2019>28 | 26 € **16**
- **Coteaux d'Aix-en-Provence La Source de Vignelaure 2018** | Sec | 2019>22 | 10 € **14**
- **Coteaux d'Aix-en-Provence La Source de Vignelaure 2018** | Sec | 2019>23 | 12 € **14**
- **Coteaux d'Aix-en-Provence La Source de Vignelaure 2016** | Sec | 2019>25 | 12 € **15**
- **IGP Méditerranée Le Page de Vignelaure 2018** | Sec | 2019>22 | 8,50 € **14,5**
- **IGP Méditerranée Le Page de Vignelaure 2017** | Sec | 2019>26 | 10 € **15,5**
- **IGP Méditerranée Le Page de Vignelaure 2016** | Sec | 2019>25 | 11 € **14,5**
- **IGP Méditerranée Vignelaure 2017** | Sec | 2019>28 | 23 € **16,5**
- **Vin de France L'Or de Vignelaure 2016** | Moelleux | 2019>30 | 25 € **16,5**

Route de Jouques, 83560 Rians • Tél. 04 94 37 21 10 • info@vignelaure.com • www.vignelaure.com • Visite : Ouvert tous les jours de 10h à 18h (fermé le dimanche en janvier-février).

Mes commentaires

ROUSSILLON

Tous les vins dégustés n'ont pu être cités dans ce guide.
Retrouvez plus de 120 000 vins notés et commentés sur
L'APPLI LE GRAND TASTING ET SUR **WWW.BETTANEDESSEAUVE.COM**

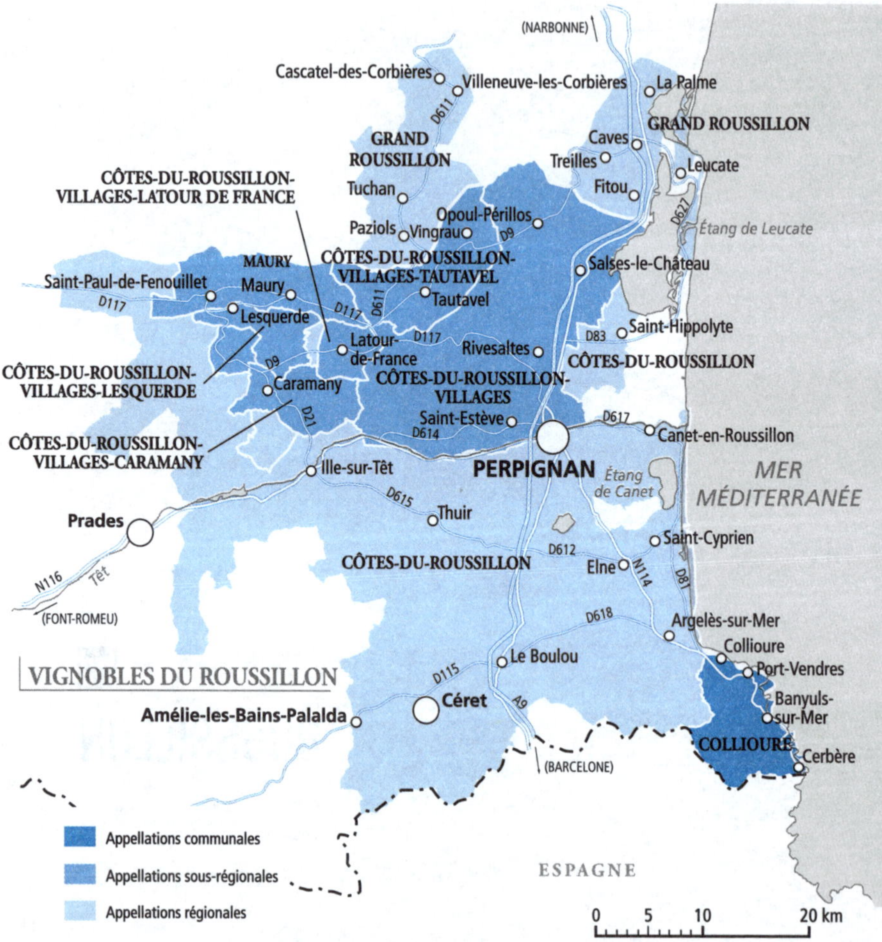
VIGNOBLES DU ROUSSILLON
(NARBONNE)
Cascatel-des-Corbières
Villeneuve-les-Corbières
La Palme
GRAND ROUSSILLON
Caves
Treilles
Leucate
Fitou
D627
Étang de Leucate
GRAND ROUSSILLON
D611
Tuchan
Paziols
Vingrau
Opoul-Périllos
D9
CÔTES-DU-ROUSSILLON-VILLAGES-LATOUR DE FRANCE
MAURY
Maury
CÔTES-DU-ROUSSILLON-VILLAGES-TAUTAVEL
Tautavel
Salses-le-Château
Saint-Paul-de-Fenouillet
D117
Lesquerde
D611
D117
Saint-Hippolyte
D83
Latour-de-France
D117
Rivesaltes
CÔTES-DU-ROUSSILLON
CÔTES-DU-ROUSSILLON-VILLAGES-LESQUERDE
D9
Caramany
CÔTES-DU-ROUSSILLON-VILLAGES
Saint-Estève
D614
D21
CÔTES-DU-ROUSSILLON-VILLAGES-CARAMANY
D617
Canet-en-Roussillon
PERPIGNAN
Ille-sur-Têt
Étang de Canet
MER MÉDITERRANÉE
D615
Thuir
Prades
Saint-Cyprien
D612
CÔTES-DU-ROUSSILLON
Elne
N114
D81
N116
Têt
(FONT-ROMEU)
D618
Argelès-sur-Mer
Collioure
Le Boulou
Port-Vendres
D115
Céret
A9
Banyuls-sur-Mer
Amélie-les-Bains-Palalda
COLLIOURE
Cerbère
(BARCELONE)
Appellations communales
Appellations sous-régionales
Appellations régionales
ESPAGNE
0 5 10 20 km

VINS DOUX NATURELS DU ROUSSILLON
(NARBONNE)
Cascatel-des-Corbières
Villeneuve-les-Corbières
La Palme
Caves
Treilles
Leucate
Fitou
Tuchan
Paziols
Étang de Leucate
D627
D611
D9
MAURY
Saint-Paul-de-Fenouillet
Maury
Tautavel
Salses-le-Château
D117
Lesquerde
Saint-Hippolyte
D83
Latour-de-France
Rivesaltes
MER MÉDITERRANÉE
RIVESALTES ET MUSCAT DE RIVESALTES
Caramany
D21
Saint-Estève
D614
D617
Canet-en-Roussillon
PERPIGNAN
Ille-sur-Têt
Étang de Canet
Têt
N116
D615
Prades
Thuir
Saint-Cyprien
D612
Elne
N114
D81
RIVESALTES, MUSCAT-DE-RIVESALTES
(FONT-ROMEU)
Argelès-sur-Mer
D618
Collioure
Le Boulou
Port-Vendres
D115
Céret
A9
Banyuls-sur-Mer
Amélie-les-Bains-Palalda
BANYULS
Cerbère
(BARCELONE)
ESPAGNE
Appellations sous-régionales
Appellations régionales
N.B. : l'A.O.C. Muscat de Rivesaltes couvre également l'aire de Banyuls et Maury
0 5 10 20 km

LE VIGNOBLE DU ROUSSILLON

LE VIGNOBLE

› Le Roussillon commence au nord-ouest de Perpignan et s'achève à la frontière espagnole, dans les Pyrénées-Orientales. Terroir d'excellence des vins doux naturels (90 % des VDN de France), la région produit également des vins secs en blanc, rosé et rouge, sur treize appellations. La culture de la vigne et de l'olivier fut apportée par les Grecs, qui colonisèrent cette terre aride dès le VIIe siècle avant J-C. Le sol est si ingrat que seules des cultures peu gourmandes en eau peuvent s'épanouir dans ses schistes. Quant au climat, il est idéal. Très sec et ensoleillé en été et raisonnablement pluvieux en automne, avec une bonne régulation par les vents.

› Le Roussillon est un amphithéâtre ceint de hauts sommets. Au nord, la barrière calcaire des Corbières. À l'ouest, le massif du Canigou. Au sud, près de la frontière avec l'Espagne, le massif des Albères. Les effondrements et les plissements géologiques qui ont secoué la région au tertiaire et au quaternaire ont permis l'émergence des Pyrénées et la présence aujourd'hui de sols d'une très grande variété.

› La zone des **Corbières**, la plus au nord, est à dominante calcaire, avec des marnes. La vallée de l'Agly compose avec les terroirs calcaires de Vingrau vers le nord, et les sols de schistes (avec des marnes et des grès) de Tautavel et de Maury vers le sud. Mais de nombreux autres types de sols jalonnent toute la vallée, granits et gneiss, argiles et argiles rouges, graviers et cailloux. La vallée de la Têt a retenu de gros cailloux arrachés aux Pyrénées par l'érosion. Ces sols très pauvres sont propices à la vigne. Dans la zone des Aspres, des Albères et de la Vallée du Tech se trouvent des terrasses très caillouteuses. La zone littorale est un terroir alluvionnaire d'argiles et de sables.

› La zone de **Banyuls** et de **Collioure** est établie sur des schistes avec un sol très érodé, peu épais, où affleure la roche mère. La vigne est obligée de s'enraciner très profondément pour survivre à la sécheresse. La lutte contre l'érosion, permanente, se traduit par les petits murets en pierre sèche qui courent le long des terrasses, entrecoupés de fossés pour canaliser le ruissellement.

› Enfin, à **Rivesaltes**, dominent des collines très caillouteuses où la vigne donne très peu, on y produit du rivesaltes et du muscat-de-rivesaltes.

MAS AMIEL

★★★★☆

À Maury, le mas Amiel compte 150 hectares de vignes en production, disséminées sur 132 parcelles, dominées par le château cathare de Quéribus. Olivier Decelle (également propriétaire du château Jean Faure à Saint-Émilion) a fait œuvre de mécène en le remettant peu à peu dans un parfait état de production, secondé en cela depuis 2007 par Nicolas Raffy, amoureux de ces terres. Avec la conversion vers la biodynamie, l'expression des vins va certainement encore évoluer dans les années à venir. Si les vins doux naturels n'ont pas été délaissés, loin s'en faut, l'accent a été porté sur la production de vins secs très modernes, avec une largeur de gamme qui couvre tous les styles. Une source incontournable !

- **Côtes du Roussillon Altaïr 2017** | Sec | 2019>30 | NC | ♣ — 16,5
- **Côtes du Roussillon Vertigo 2018** | Sec | 2019>24 | 13 € | ♣ — 14,5
- **Maury Sec Altitude 433 2017** | Sec | 2019>30 | 28 € | ♣ — 18
- **Maury Sec Origine 2017** | Sec | 2019>30 | 26,50 € — 15
- **Maury Sec Vers Le Nord 2017** | Sec | 2019>30 | 28 € — 17
- **Maury 20 ans NM** | Doux | 2019>40 | 34 € — 16
- **Maury Millésime 1985** | Doux | 2019>40 | 55 € — 18,5
- **Maury Vintage Blanc 2018** | Doux | 2019>30 | 20 € | ♣ — 17
- **Maury Vintage Charles Dupuy 2015** | Doux | 2019>40 | NC | ♣ — 15,5
- **Maury Vintage Réserve 2014** | Doux | 2019>40 | 25,40 € — 15

66460 Maury • Tél. 04 68 29 01 02 • contact@lvod.fr • www.masamiel.fr • Visite : juillet, août tous les jours de 10h à 19h. En juin et septembre du lundi au samedi de 10h à 19h. Hors saison du lundi au vendredi de 10h à 12h30 et de 14h à 18h.

DOMAINE AUGUSTIN

★☆☆☆☆

Créé en 2011, le domaine est la propriété de la prolifique famille Parcé. Des 9 enfants de Marc Parcé, 3 ont hérité de la passion du vin et s'occupent aujourd'hui de plusieurs domaines, dont celui-ci. Augustin s'occupe de la partie technique et de la production, son frère Vincent est en charge du commercial et Martin, le benjamin, les a rejoints récemment. Le vignoble de 8 hectares se situe majoritairement en altitude, orienté sud-est avec vue (splendide) sur la mer, sur des parcelles pentues et organisées en bonne partie en terrasses. Terroir de schiste difficile à travailler, la plupart des travaux se font à la main et les rendements ne dépassent guère les 25 hl/ha. Un petit bijou viticole.

- **Collioure 2017** | Sec | 2019>24 | 16 € — 14,5
- **Collioure Adéodat 2018** | Sec | 2019>26 | 26 € — 16
- **Collioure Adéodat 2017** | Sec | 2019>26 | 26 € — 15,5

54, avenue du Puig Del Mas, 66650 Banyuls-sur-Mer • Tél. 06 32 74 90 33 • augustinparce@yahoo.fr • www.domaineaugustin.com • Visite : sur rendez-vous.

DOMAINE BENASTRA

★☆☆☆☆

Ce jeune domaine, fondé en 2015 par trois amis, est une des étoiles montantes de Roussillon. Joseph Paillé, copropriétaire mais également en charge du domaine, n'est pas à sa première expérience ayant travaillé pendant longtemps au domaine Pithon-Paillé (Loire). Aujourd'hui, il arpente avec passion les coteaux de la vallée de l'Agly et gère 150 hectares, dont 17 de vignes. Propriété en conversion bio avec la certification attendue pour 2020 ; afin de promouvoir la biodiversité Joseph ne cultive et ne plante pas que de la vigne, mais aussi des arbres et de la garrigue. La dégustation a révélé un talent prometteur dont la signature se révèle dans des cuvées affichant un style tout en légèreté et finesse, inattendu dans un vignoble aussi sudiste.

- **Côtes du Roussillon-Villages 2016** | Sec | 2019>24 | 14 € — 15
- **IGP des Côtes catalanes 2017** | Sec | 2019>24 | 14 € — 14,5
- **IGP des Côtes catalanes La Petite Sœur 2018** | Sec | 2019>23 | 10 € — 14,5
- **IGP des Côtes catalanes Le Carignan 2017** | Sec | 2019>24 | 25 € — 15

ZA Le Réal, rue de la Fou, 66220 Saint-Paul-de-Fenouillet • Tél. 06 42 62 06 70 • domaine.benastra@gmail.com • www.benastra.com • Visite : sur rendez-vous.

DOMAINE BOUDAU

★★☆☆☆

Si tout a commencé modestement lorsque les grands-parents de Véronique et Pierre Boudau, sœur et frère, ont acquis quelques vignes et vendu leurs production sur les plages roussillonnaises, la propriété s'est bien agrandie depuis et compte aujourd'hui 60 hectares, dont 52 en production. Située autour de Rivesaltes, le vignoble est divisé en deux parties : le Clos, sur les premiers contreforts des Corbières exposés aux vents secs, et la Pinède, sur le plateau de Baixas, sur des sols argilo-calcaires de gros galets roulés de rivière.

- **Côtes du Roussillon-Villages Henri Boudau 2017** | Sec | 2019>26 | 11,60 € 15,5
- **Côtes du Roussillon-Villages Patrimoine 2017** | Sec | 2019>25 | 18 € 15,5
- **Côtes du Roussillon Le Clos 2018** | Sec | 2019>20 | 8,40 € 14
- **Côtes du Roussillon Le Clos 2017** | Sec | 2019>24 | 8,40 € 14
- **Rivesaltes Grenat - Sur Grains 2017** | Doux | 2019>21 | 12,60 € 16
- **IGP des Côtes catalanes Le Petit Closi 2018** | Sec | 2019>20 | 7 € 14

6 rue Marceau, 66600 Rivesaltes • Tél. 04 68 64 45 37 • contact@domaineboudau.fr • www.domaineboudau.fr • Visite : D'octobre à mai, du lundi au vendredi de 10h à 12h et de 14h30 à 18h. Le samedi de 10h à 12h. Du 1 juin au 15 septembre, du lundi au samedi de 10h à 12h et de 15h à 19h.

DOMAINE DE LA CASA BLANCA

Sur 8 hectares de vignes escarpées, Laurent Escapa, Hervé Levano et Valérie Reig proposent désormais certains des vins les plus accomplis de Banyuls et Collioure, démontrant que l'expression ultime du terroir passe aussi par une grande discipline de travail. Leurs cave, taillée dans la roche dans le haut du village de Banyuls, permet des élevages exemplaires. Côté vigne, tout est mis en œuvre pour préserver et perpétuer l'héritage viticole, avec un travail au plus proche de la nature mais sans certification bio. Cette année les cuvées présentées étaient de toute beauté, avec une mention spéciale pour les banyuls.

- **Banyuls Hors d'Âge NM** | Doux | 2019>40 | 20 € 18
- **Banyuls Les Escoumes 2016** | Doux | 2019>21 | 14 € 18
- **Banyuls Rimage - Pineil 2017** | Doux | 2019>22 | 14 € 15,5
- **Banyuls Rimage - Roudoulère 2017** | Doux | 2019>22 | 15 € 16,5
- **Collioure 2017** | Sec | 2019>25 | 25 € 15
- **Collioure 2017** | Sec | 2019>28 | 15 € 16,5
- **Collioure Lluminari 2017** | Sec | 2019>25 | 15 € 14,5

16, avenue de la Gare, 66650 Banyuls-sur-Mer • Tél. 06 52 38 58 38 • domainedelacasablanca@orange.fr • Visite : sur rendez-vous. Pendant les vacances scolaires, du lundi au samedi 10h30 à 12h 30 et de 15h30 à 18h30

VIGNERONS CATALANS EN ROUSSILLON

Ce regroupement représente une superficie de plus de 10 000 hectares et met en bouteille autant de vins de marques que des noms de domaine. Il y a donc le choix ! Certaines des cuvées représentent un des meilleurs rapports qualité-prix de la région.

- **Banyuls grand cru Murets d'Esprades 2009** | Doux | 2019>30 | 19 € 15
- **Côtes du Roussillon-Villages Acta Sanctorum 2016** | Sec | 2019>25 | 25 € 14,5
- **Côtes du Roussillon-Villages Élevation 2016** | Sec | 2019>23 | 8,50 € 13,5
- **Côtes du Roussillon Élevation 2018** | Sec | 2019>23 | 8,50 € 14
- **Côtes du Roussillon Red Domus 2018** | Sec | 2019>23 | 8,50 € 14,5
- **Rivesaltes Ambré - Haute Coutume 1966** | Doux | 2019>36 | 100 € 17

1870 avenue Julien Panchot, 66000 Perpignan Cedex 9 • Tél. 04 68 85 04 51 • contact@vigneronscatalans.com • www.vigneronscatalans.com

DOMAINE CAZES

Ce domaine historique de Rivesaltes, créé en 1895 par Michel Cazes, est entré en 2013 dans le giron du groupe AdVini, tout comme les clos de Paulilles. La famille Cazes reste très impliquée et tout est mis en œuvre pour mettre en valeur le terroir et le patrimoine. L'ensemble du domaine, regroupant aujourd'hui 220 hectares, est certifié bio et biodynamie, créant ainsi un véritable modèle pour la région en démontrant que cela est bien possible même pour des propriétés de cette taille. La gamme complète des cuvées offre des vins secs superbes, tout comme un impressionnant éventail de vins doux naturels, un style de vin dont le sucre résiduel joue l'harmonie parfaite de ce grand terroir.

- **Côtes du Roussillon-Villages Alter 2017** | Sec | 2019>25 | 14 € 16
- **Côtes du Roussillon-Villages Ego 2018** | Sec | 2019>25 | 12,50 € 15
- **Côtes du Roussillon-Villages Le Crédo 2014** | Sec | 2019>30 | 47 € 17
- **Côtes du Roussillon Hommage 2018** | Sec | 2019>24 | 11 € 15
- **Muscat de Rivesaltes 2018** | Doux | 2019>22 | 12,50 € 15
- **Rivesaltes Ambré 2004** | Doux | 2019>40 | 21 € 18
- **Rivesaltes Grenat 2015** | Doux | 2019>22 | 12,50 € 15
- **IGP des Côtes catalanes Canon du Maréchal 2018** | Sec | 2019>22 | 7,90 € 14
- **IGP des Côtes catalanes Canon du Maréchal 2018** | Sec | 2019>24 | 7,90 € 14

4 rue Francisco-Ferrer, 66600 Rivesaltes • Tél. 04 68 64 08 26 • info@cazes.com • www.cazes-rivesaltes.com • Visite : De juin à septembre tous les jours de 9h à 19h, en hiver, et de juin à septembre du lundi au samedi de 9h à 12h et de 14h à 19h.

DOMAINE DE BILA-HAUT - CHAPOUTIER

Michel Chapoutier, personnalité incontournable et prolifique du monde viticole de la vallée du Rhône, a beaucoup investi dans sa propriété de Latour de France (avec plus de 100 hectares de vignes, débordant sur d'autres villages comme Lesquerde, puis quelques parcelles sur la côte vermeille). Égal à lui-même en matière de perfectionnisme, il propose des vins abordables, offrant un bon rapport qualité-prix.

- **Banyuls Rimage 2017** | Doux | 2019>22 | 12 € — 14,5
- **Collioure Chrysopée 2018** | Sec | 2019>24 | NC — 14,5
- **Côtes du Roussillon-Villages - Lesquerde L'Esquerda 2018** | Sec | 2019>25 | env. 15,60 € — 14
- **Côtes du Roussillon-Villages Les Vignes de Bila-Haut 2018** | Sec | 2019>24 | env. 8 € — 14,5

18 avenue du Docteur Paul Durand, 26600 Tain-l'Hermitage • Tél. 04 75 08 28 65 • marketing@chapoutier.com • www.chapoutier.com • Visite : du lundi au vendredi, de 9h à 13h00 et de 14h à 19h, le samedi de 9h30 à 13h et de 14h à 19h, le dimanche de 10h à 13h et de 14h à 18h. Fermé le 25 décembre et le 1er janvier.

DOMAINE DES CHÊNES

La famille Razungles exploite depuis plus d'un siècle ce domaine familial d'une trentaine d'hectares, situé au pied du cirque de Vingrau. Si la propriété élabore plutôt des cuvées de garde, certains des vins sont abordables dès leur jeunesse.

- **Côtes du Roussillon-Villages Grand-Mères 2017** | Sec | 2019>25 | 8,90 € — 14,5
- **Côtes du Roussillon Les Magdaléniens 2015** | Sec | 2019>25 | 13,80 € — 15
- **Côtes du Roussillon Les Sorbiers 2015** | Sec | 2019>21 | 10,50 € — 13,5
- **Muscat de Rivesaltes 2017** | Doux | 2019>21 | 11,40 € — 15
- **Rivesaltes Ambré 2010** | Doux | 2019>40 | 18,50 € — 18

7 rue du Maréchal-Joffre, 66600 Vingrau • Tél. 04 68 29 40 21 • domainedeschenes@wanadoo.fr • www.domainedeschenes.fr • Visite : Du lundi au vendredi de 9h à 12h et de 14h à 18h et le week-end sur rendez-vous.

DOMAINE DU CLOS DES FÉES

Hervé Bizeul, vigneron et plume rebelle, n'a plus grand chose à prouver car son domaine fait partie de l'élite du Roussillon. Cela ne l'empêche pas de se remettre continuellement en question, de défricher de nouvelles pistes, d'innover, de sortir des sentiers battus et de créer de nouvelles cuvées. En témoigne notamment son pinot noir sorti de nulle part, qui affronte vaillamment les rigueurs du soleil et de la tramontane de la vallée de l'Agly. Ici, chaque cuvée affiche une personnalité bien à elle, parfois intransigeante, à l'image de son vinificateur. Sur pas moins de 7 terroirs différents naît une interprétation sérieuse et diversifiée du Roussillon. Un modèle dans son genre.

- **Côtes du Roussillon-Villages De battre mon Cœur s'est arrêté 2018** | Sec | 2019>29 | 18 € — 16,5
- **Côtes du Roussillon-Villages Le Clos des Fées 2016** | Sec | 2020>29 | NC — 15,5
- **Côtes du Roussillon-Villages Vieilles Vignes 2016** | Sec | 2019>29 | 25 € — 16
- **IGP des Côtes catalanes aimer, rêver, prier, se taire... 2017** | Sec | 2019>29 | 30 € — 16
- **IGP des Côtes catalanes Modeste 2018** | Sec | 2019>22 | 8,50 € — 14
- **IGP des Côtes catalanes Un Faune avec son Fifre - sous les oliviers sauvages 2014** | Sec | 2019>29 | 35 € — 18
- **Vin de France Passat Minor 2016** | Liquoreux | 2019>40 | 25 € — 18

69, rue du Maréchal-Joffre, 66600 Vingrau • Tél. 04 68 53 40 00 • contact@closdesfees.com • www.closdesfees.com • Visite : Du lundi au vendredi de 9h à 12h et de 14h à 17h.

CONSOLATION

Cette structure est née en 2007 de la complicité entre Philippe Gard, vigneron emblématique du collioure, et Andy Cook, son ancien importateur britannique reconverti œnologue sous les cieux néo-zélandais. Ils isolent sur les terroirs de la Coume del Mas et du mas Cristine, deux adresses incontournables de la région, des vignes d'exception pour en extraire des cuvées haute couture. Forcément, le résultat est à la hauteur.

- **IGP des Côtes catalanes Juliette 2017** | Sec | 2019>25 | 16 € — 15

- IGP des Côtes catalanes Red Socks 2017 | Sec | 2019>28 | 16 € — 17

Mas Cristine, chemin de Saint Ambré - Chemin de Saint-André, 66700 Argelès-sur-Mer • Tél. 04 68 88 37 03 ou 06 11 84 16 97 • info@consolation.fr • www.consolation.fr • Visite : du lundi au samedi de 10h à 12h et de 14h à 17h.

COUME DEL MAS

Philippe Gard, éminent agronome spécialiste des terroirs, a une connaissance intime de celui de Collioure. À la Coume del Mas, il produit des vins de caractère, fins et élégants. Il y vinifie aussi le petit domaine Terrimbo, travaillé en bio, et son talent s'exerce encore au mas Cristine et surtout à Consolation (voir par ailleurs). D'une manière générale, ce sont des vins de garde à l'expression racée, en blanc, en rouge et en vins doux naturels, érigeant un modèle absolu pour le secteur.

- Banyuls Quintessence 2017 | Doux | 2019>25 | 25 € — 14
- Banyuls Rimage - Galateo 2018 | Doux | 2019>22 | 16,50 € — 14
- Collioure Domaine Terrimbo 2017 | Sec | 2019>30 | 25 € — 16,5
- Collioure Folio 2018 | Sec | 2019>25 | 19 € — 14,5
- Collioure Quadratur 2017 | Sec | 2019>30 | 25 € — 16,5
- Collioure Schistes 2018 | Sec | 2019>30 | 19 € — 16,5

3 rue Alphonse-Daudet, 66650 Banyuls-sur-Mer • Tél. 06 86 81 71 32 • philippe@coumedelmas.com • www.coumedelmas.com • Visite : Sur rendez-vous.

MAS CRISTINE

Le mas Cristine est l'assemblage de trois talents : Julien Grill pour la conduite de la vigne, Philippe Gard, « créateur » de la Coume del Mas, pour son expertise technique, et enfin Andy Cook, œnologue d'origine britannique. Ces deux derniers sont également à l'œuvre sur la très belle gamme consolation. Cette année, les vins présentés n'étaient pas totalement à la hauteur de nos attentes.

- Côtes du Roussillon 2018 | Sec | 2019>19 | 8 € — 13,5
- Côtes du Roussillon 2017 | Sec | 2019>21 | 12 € — 13,5
- Côtes du Roussillon 2017 | Sec | 2019>24 | 12 € — 13,5

Chemin de Saint André, 66700 Argelès-sur-Mer • Tél. 04 68 54 27 60 • andy@mascristine.com • www.mascristine.fr • Visite : En hiver, du lundi au vendredi de 10h à 12h30 et de 14h à 17h. En été, ouverture du lundi au samedi de 10h à 12h30 et de 14h à 19h.

MAS DELMAS

Mercedes et Pierre-André Delmas ont découvert le métier de vigneron vers 2010. Amoureux de la nature, ils mènent aujourd'hui leurs 15 hectares de vignes en biodynamie. Très curieux, pour ne pas dire aventuriers, ils vinifient un grand nombre de cuvées de façon très diverse, toujours en train d'essayer de nouvelles choses. Autant dire que l'on ne s'ennuie jamais.

- Côtes du Roussillon-Villages Lettre d'Amour à Mercédes que j'M 2013 | Sec | 2019>25 | 24,50 € — 15
- Côtes du Roussillon 100 Pour Sang 2017 | Sec | 2019>30 | 66 € — 16,5
- Muscat de Rivesaltes Marie Delmas 2018 | Doux | 2019>21 | 15,50 € — 15,5
- Rivesaltes Grenat 2018 | Doux | 2019>22 | 16 € — 15
- IGP des Côtes catalanes Dona Lisa 2014 | Sec | 2019>26 | 28 € — 15,5
- Vin de France Ceci n'est pas un Rancio NM | Sec | 2019>40 | 11,50 € — 16,5

29, avenue du Stade, 66600 Rivesaltes • Tél. 04 68 51 88 10 • info@masdelmas.com • www.masdelmas.com • Visite : sur rendez-vous.

MAS DE LA DEVÈZE

Nathalie et Simon Hughes ont désormais bien pris en main ce très joli vignoble, situé sur les meilleurs sols du Roussillon, entre Tautavel et Maury. Si les blancs, rosés et vins doux naturels affichent une finesse sincère, les rouges, marqués par des élevages ambitieux, manquent encore de subtilité.

- Côtes du Roussillon-Villages - Tautavel 2017 | Sec | 2019>30 | 14 € — 15,5
- Côtes du Roussillon Malice 2017 | Sec | 2019>24 | 9,90 € — 14,5
- Maury Sec 2017 | Sec | 2019>30 | 16,50 € — 15
- Maury Blanc 2017 | Doux | 2019>20 | 15,50 € — 16
- Maury Grenat 2017 | Liquoreux | 2019>22 | 15,50 € — 15

Route des Mas, 66720 Tautavel • Tél. 06 52 38 57 36 • contact@masdeladeveze.fr • www.masdeladeveze.fr • Visite : Sur rendez-vous.

VIGNOBLES DOM BRIAL - CAVE DE BAIXAS

★☆☆☆☆

Cave coopérative imposante par ses dimensions (2100 hectares, 34 salariés) mais modèle par ses installations techniques, tout comme par sa politique (elle valorise les terroirs et le suivi cultural). Fondée en 1923, elle regroupe 250 vignerons, dont la plus grande partie travaille autour de Baixas. Également très engagée dans la vie locale, la cave soutient des activités diverses, culturelles et sportives, et élabore même une cuvée spéciale pour aider les pupilles des sapeurs-pompiers. Depuis 1991, le château Les Pins fait partie de Dom Brial et permet de vinifier des cuvées de haut vol.

- **Côtes du Roussillon-Villages Château les Pins 2013** | Sec | 2019>28 | 14,50 € — 16,5
- **Côtes du Roussillon-Villages Grande Tradition 2015** | Sec | 2019>24 | 9,90 € — 14
- **Côtes du Roussillon-Villages Les Petits Pins 2017** | Sec | 2019>22 | 8,90 € — 14
- **Côtes du Roussillon Château Les Pins 2015** | Sec | 2019>23 | 14,50 € — 14,5
- **Côtes du Roussillon Dom Brial - L'Étreinte 2017** | Sec | 2019>22 | 8,90 € — 14
- **Côtes du Roussillon Les Petits Pins 2018** | Sec | 2019>20 | 9,10 € — 14
- **Rivesaltes Ambré - Dom Brial Grande Réserve 1986** | Doux | 2019>30 | 50 € — 15
- **Rivesaltes Ambré - Dom Brial Grande Réserve 1969** | Doux | 2019>30 | 99 € — 15
- **IGP des Côtes catalanes Rancio Sec 2000** | Sec | 2019>30 | 20 € — 14,5

14 avenue du Maréchal Joffre, 66390 Baixas • Tél. 04 68 64 22 37 • contact@dom-brial.com • www.dom-brial.com • Visite : Du lundi au samedi de 9h à 12h et de 14h à 18h30. Pia : du mardi au samedi de 10h à 12h30 et de 14h à 14h.

DOMAINE DE L'ÈDRE

★☆☆☆☆

Fondé à Vingrau en 2002 par Jacques Castany et Pascal Dieumidou, ce domaine a trouvé dès le départ de bons conseils chez l'œnologue de leur voisin Hervé Bizeul (clos des Fées). En 2004, sa notoriété décolle grâce au magazine Decanter. Cependant, encore aujourd'hui les deux sont vignerons à mi-temps, malgré leurs 10 hectares en production. La cave, installée dans un vieux garage, reste simple mais efficace. L'ensemble des cuvées est très bien fait et fait du domaine une valeur sûre du Roussillon.

- **Côtes du Roussillon-Villages - Tautavel Carrément Rouge 2018** | Sec | 2019>25 | 14,50 € — 14,5
- **Côtes du Roussillon Carrément Blanc 2018** | Sec | 2019>25 | 14,50 € — 15
- **Côtes du Roussillon Carrément Blanc 2017** | Sec | 2019>25 | 14,50 € — 17
- **Côtes du Roussillon Villages Tautavel L'Edre 2017** | Sec | 2019>30 | 27 € — 17
- **IGP des Côtes catalanes Carrément mourvèdre 2018** | Sec | 2019>24 | 10 € — 14,5

81 rue Marechal Joffre, 66600 Vingrau • Tél. 06 08 66 17 51 • contact@edre.fr • www.edre.fr • Visite : Tous les jours sur rendez-vous.

DOMAINE GARDIÉS

★★★☆☆ ♣

Jean Gardiès a repris le domaine familial en 1990, mettant l'accent dès le départ sur les rouges qui sont vite devenus des références de la région. Depuis, il livre régulièrement une fine interprétation de son terroir de Vingrau, cultivant un vignoble de 35 hectares au parcellaire très éclaté qui se reflète dans la philosophie des cuvées. Depuis huit ans, l'accent est mis sur une vinification au plus près du fruit, avec moins d'extraction et plus de subtilité. Que ce soit en vins secs ou vins doux naturels, on trouvera ici aisément son bonheur, à condition de délier un peu sa bourse.

- **Côtes du Roussillon-Villages - Tautavel Clos des Vignes 2017** | Sec | 2019>30 | 24 € — 15
- **Côtes du Roussillon-Villages La Torre 2017** | Sec | 2019>30 | 38 € — 17
- **Rivesaltes Ambré 2004** | Doux | 2019>40 | 32 € — 17,5
- **Rivesaltes Ambré 1985** | Doux | 2019>40 | 96 € — 17
- **IGP des Côtes catalanes Je cherche le Ciel 2018** | Sec | 2019>22 | 19 € — 14
- **IGP des Côtes catalanes Les Vignes de mon Père 2017** | Sec | 2019>27 | 30 € — 16

Chemin de Montpins, 66600 Espira-de-l'Agly • Tél. 04 68 64 61 16 • domgardies@gmail.com • www.domaine-gardies.fr • Visite : sur rendez-vous du lundi au samedi.

DOMAINE GAUBY

★★★★☆

Gérard Gauby, secondé par son fils Lionel, a hissé sa production au firmament des vins du Roussillon, au point d'en faire un mythe. Sur la commune de Calce, qui possède à notre sens certains des meilleurs terroirs du Roussillon, ils élaborent des vins d'une grande pureté et délicatesse, concentrés, mais sans lourdeur. Ils se sont détournés du carcan des appellations (depuis 2014), complantent des cépages tardifs comme le tourbat (blanc) à plus faible densité et portent une attention particulière à la gestion de l'eau, ou plutôt à son absence, tout en réintégrant des plantations d'arbres et des haies autour de leur vignoble.

- **Côtes du Roussillon Coume Gineste 2008** | Sec | 2019>30 | NC — 18
- **IGP des Côtes catalanes Coume Gineste 2017** | Sec | 2019>30 | 77 € | ♣ — 18,5
- **IGP des Côtes catalanes La Muntada 2015** | Sec | 2019>30 | 84 € | ♣ — 18
- **IGP des Côtes catalanes La Muntada 2014** | Sec | 2019>30 | NC | ♣ — 18

Lieu-dit La Muntada, 66600 Calce • Tél. 04 68 64 35 19 • domainegauby@outlook.fr • www.domainegauby.fr • Visite : sur rendez-vous uniquement le matin du lundi au vendredi.

CAVE L'ÉTOILE

★★★☆☆

Cette petite cave coopérative fait partie de la vie de Banyuls depuis 1921. Elle préserve les saveurs traditionnelles des vins doux naturels. Sous la houlette de Bruno Cazes, elle a amorcé une mutation vers la modernité, dans les étiquettes mais aussi dans la recherche d'un fruité plus immédiatement défini, tout en gardant un stock unique de vieux vins doux naturels parfois géniaux.

- **Banyuls grand cru 2010** | Doux | 2019>40 | 23,60 € — 14
- **Banyuls Rimage 2018** | Doux | 2019>22 | 13,95 € — 15
- **Collioure Les Toiles Fauves 2018** | Sec | 2019>23 | 11,50 € — 14
- **Collioure Les Toiles Fauves 2018** | Sec | 2019>25 | 10,70 € — 14,5

26 avenue du Puig-del-Mas, 66650 Banyuls-sur-Mer • Tél. 04 68 88 00 10 • info@cave-letoile.com • www.banyuls-etoile.com • Visite : En hiver, du lundi au dimanche de 9h30 à 12h30 et de 14h à 18h. fermé à 19h en été et à 19h30 en juillet et août.

DOMAINE LA BEILLE

★☆☆☆☆ ♣

Le domaine a été créé en 2005 par une famille australienne, sur les coteaux de Força Réal. Ils expérimentent avec détermination mais aussi respect de l'environnement.

- **Côtes du Roussillon-Villages Les 4 As 2015** | Sec | 2019>24 | 16 € — 14
- **Muscat de Rivesaltes 2017** | Doux | 2019>21 | 11 € — 13
- **IGP des Côtes catalanes carignan 2017** | Sec | 2019>26 | 14 € — 14,5
- **IGP des Côtes catalanes mourvèdre 2016** | Sec | 2019>21 | 11 € — 13
- **IGP des Côtes catalanes syrah 2017** | Sec | 2019>26 | 12 € — 15

18, rue Saint Jean, 66550 Corneilla-de-la-Rivière • Tél. 04 68 57 17 82 • la-beille@neuf.fr • www.la-beille.com • Visite : sur rendez-vous.

DOMAINE LA TOUR VIEILLE

★☆☆☆☆

Créé en 1982 par Vincent Cantié, le domaine est structuré en une douzaine de parcelles sur 13 hectares. Le vignoble spectaculaire est essentiellement implanté sur des coteaux abrupts d'argiles et de schistes surplombant la Méditerranée. Si les cuvées valent toutes le détour, le banyuls est particulièrement délicieux.

- **Banyuls Reserva NM** | Doux | 2019>30 | 18 € — 16
- **Banyuls Rimage 2018** | Doux | 2019>22 | 12 € — 13,5
- **Collioure Les Canadells 2018** | Sec | 2019>23 | 14,50 € — 14
- **Collioure Puig Ambeille 2018** | Sec | 2019>24 | 14,50 € — 14,5

12, route de Madeloc, 66190 Collioure • Tél. 04 68 82 44 82 • info@latourvieille.com • www.latourvieille.com • Visite : Lundi au vendredi de 10h à 12h et de 14h00 à 18h.

DOMAINE LAFAGE

★★★☆☆

Ce très grand domaine dispose de vignobles dans trois secteurs, l'Agly, les Aspres et la côte maritime de Perpignan. Jean-Marc Lafage et son épouse Éliane, tous deux œnologues, ont non seulement investi récemment dans une cave moderne, mais sont en train de se doter d'une nouvelle chaîne de mise en bouteille dernier cri. De plus, ils ont eu l'excellente idée de restructurer l'espace de vente et de réception, permettant un accueil exemplaire. Le domaine produit régulièrement des rapports prix-plaisir d'autant plus significatifs que les volumes sont loin d'être anecdotiques. Le niveau des vinifications est impressionnant et les vins recherchent plus de tendresse de texture qu'autrefois, mais pêchent parfois par leur teneur en alcool. Les vins mutés sont également excellents. À noter que le château Saint-Roch, à Maury, est également dans leur giron.

- **Côtes du Roussillon - Les Aspres 2017** | Sec | 2019>28 | 100 € — 16,5
- **Côtes du Roussillon - Les Aspres Léa 2017** | Sec | 2019>30 | 19 € — 16,5
- **Côtes du Roussillon Villages Gallica 2018** | Sec | 2019>20 | 12,90 € — 14
- **Côtes du Roussillon Centenaire 2017** | Sec | 2019>25 | 12,50 € — 15
- **Côtes du Roussillon La Grande Cuvée 2018** | Sec | 2019>22 | 16,50 € — 15
- **Côtes du Roussillon La Grande Cuvée 2017** | Sec | 2019>24 | 19 € — 14,5
- **Côtes du Roussillon Rieussol 2016** | Sec | 2019>29 | 100 € — 16
- **Maury Sec Miraille 2016** | Sec | 2019>30 | 100 € — 16
- **IGP des Côtes catalanes Cadireta 2018** | Sec | 2019>24 | 9,50 € — 14
- **IGP des Côtes catalanes Nicolas grenache noir 2018** | Sec | 2019>23 | 12,50 € — 14,5

Mas Miraflors - Route de Canet, 66000 Perpignan • Tél. 04 68 80 35 82 • contact@domaine-lafage.com • www.domaine-lafage.com • Visite : en été, du lundi au dimanche de 9h30 à 12h30 et de 14h30 à 19h30 ; en hiver, du lundi au samedi 10h-12h30 et 14h30-18h30.

CHÂTEAU LAURIGA

★☆☆☆☆

Dans le giron de Paul Mas, ce domaine de 60 hectares joue aussi bien la carte des cépages locaux que celle des cépages plus internationaux. Les vins, techniquement très bien faits, affichent un profil international. Nous aurions aimé un peu plus de personnalité.

- **Côtes du Roussillon Grande Réserve - Cuvée Jean 2017** | Sec | 2019>25 | 15,50 € — 15
- **Côtes du Roussillon Laurinya 2016** | Sec | 2019>24 | 49 € — 14
- **Côtes du Roussillon Le Cadet 2017** | Sec | 2019>23 | 8,50 € — 14
- **Côtes du Roussillon Réserve - Cuvée Bastien 2017** | Sec | 2019>25 | 11,70 € — 15,5
- **IGP des Côtes catalanes cabernet-sauvignon - merlot 2017** | Sec | 2019>23 | 7,20 € — 13,5
- **IGP des Côtes catalanes Racines de Lauriga 2016** | Sec | 2019>29 | 9,50 € — 14,5

Traverse de Ponteilla, 66300 Thuir • Tél. 04 11 64 61 51 • info@lauriga.com • www.lauriga.com • Visite : Du lundi au vendredi de 9h à 13h et de 14h à 18h, et à partir du 15 juin, le samedi de 9h à 13h et 14h à 18h.

LE CLOS DE PAULILLES

★★★☆☆

Ce domaine admirablement situé en front de mer est entré en 2013 dans le giron du groupe AdVini, parfaitement conscient de l'importance de ce joyau. Tout est mis en œuvre, sous la conduite de Lionel Lavail et des mêmes équipes qu'au domaine Cazes, pour mettre en valeur le terroir. Les vins du domaine comptent parmi les expressions les plus réussies du Roussillon. Les visiteurs de passage pourront vérifier la qualité des produits au restaurant de la propriété. Une belle adresse !

- **Banyuls Rimage 2016** | Doux | 2019>35 | 16 € — 17
- **Collioure 2018** | Sec | 2019>22 | 12,50 € — 15
- **Collioure Cap Béar 2018** | Sec | 2019>23 | 27 € — 15
- **Collioure Cap Béar 2018** | Sec | 2019>28 | 27 € — 16
- **Collioure Cap Béar 2017** | Sec | 2019>30 | 27 € — 17
- **Collioure Les Clos de Paulilles 2018** | Sec | 2019>28 | 16 € — 16,5

Baie de Paulilles, 66660 Port-Vendres • Tél. 04 68 64 08 26 • info@cazes.com • www.lesclosdepaulilles.com • Visite : De Pâques jusqu'à fin octobre tous les jours de 10h à 19h. Fermé le reste de l'année.

LE CLOS DES VINS D'AMOUR

★☆☆☆☆ 🍀

Cette propriété de l'Agly, certifiée bio depuis 2013, est dirigée par la famille Dornier et propose des vins à forte individualité. Si le blanc reste en simplicité, les rouges ont démontré cette année une profondeur tout simplement superbe. Un domaine que l'on continue à suivre de près.

- **Côtes du Roussillon Idylle 2018** | Sec | 2019>20 | 12,80 € — 13
- **Maury Sec Un Baiser 2013** | Sec | 2019>30 | 17 € — 17,5
- **Maury Sec Une Lubie 2018** | Sec | 2019>25 | 14 € — 15
- **Maury 1+1=3 2015** | Doux | 2019>30 | 12,50 € — 16,5
- **Maury Alcôve 2014** | Doux | 2019>22 | 17 € — 15
- **Maury Hors d'Âge - Padri Two NM** | Doux | 2019>40 | 25 € — 18

3 route de Lesquerde, 66460 Maury • Tél. 06 14 35 18 89 • maury@closdesvinsdamour.fr • www.closdesvinsdamour.fr • Visite : Sur rendez-vous.

DOMAINE LE ROC DES ANGES

★★★★☆ 🍀

La sensibilité, la technicité et la ténacité de Marjorie et Stéphane Gallet sont récompensées par un succès amplement mérité. Ils ont créé un domaine phare du Roussillon, doté depuis 2014 d'une cave qui leur permet d'aller encore plus loin dans l'expression du terroir, tout comme la biodynamie dont ils sont imprégnés. Avec des vignes aujourd'hui essentiellement situées sur Montner, terroir somptueux pour les blancs précis et minéraux qu'ils affectionnent, ils continuent de planter et de restructurer les sols pour conquérir de nouvelles expressions sur les rouges. Revers de la médaille : ils réalisent de plus en plus de cuvées parcellaires, aussi passionnantes que trop rares. La gamme est très complète, notamment en IGP des Côtes Catalanes (blancs ou rouges). On n'a donc que l'embarras du choix et seuls les prix relativement élevés empêchent de tout acheter.

- **IGP des Côtes catalanes Australe 2017** | Sec | 2019>30 | 19,90 € — 16,5
- **IGP des Côtes catalanes cuvée 1903 2017** | Sec | 2019>30 | 36 € — 18
- **IGP des Côtes catalanes Iglesia 2018** | Sec | 2019>30 | 36 € — 17
- **IGP des Côtes catalanes Imalaya 2017** | Sec | 2019>30 | 25 € — 16,5
- **IGP des Côtes catalanes L'Oca 2018** | Sec | 2019>30 | 36 € — 17,5
- **IGP des Côtes catalanes L'Oca 2017** | Sec | 2019>30 | 36 € — 17
- **IGP des Côtes catalanes Llum 2018** | Sec | 2019>30 | 21 € — 17
- **IGP des Côtes catalanes Reliefs 2017** | Sec | 2019>30 | 25 € — 17,5

1, route de Montner, 66720 La Tour de France • Tél. 04 68 29 16 62 • contact@rocdesanges.com • www.marjorie-stephane-gallet.com • Visite : Sur rendez-vous.

LE SOULA

À la fin des années 1990, Mark Walford et Roy Richards, négociants en vin en Angleterre, demandèrent à Gérard Gauby s'il ne connaissait pas des vignes à vendre pour y produire quelques barriques de vin, suffisamment pour satisfaire leur consommation personnelle et celle de leurs amis. En 2001, l'aventure prend forme avec la découverte d'un terroir abandonné du Fenouillèdes. Depuis, le domaine a beaucoup grandi et la production permet non seulement de faire des amis heureux, mais aussi de commercialiser des cuvées tout à fait authentiques. Depuis peu, la dynamique Wendy Paillé gère le domaine, et depuis 2018 la vinification est entièrement affaire de femmes. Sur les 22 hectares de vignes d'altitude, répartis sur plusieurs secteurs dans un climat influencé plus par la montagne que la mer, ils produisent des cuvées atypiques d'un grand équilibre, parmi lesquelles il sera alors difficile de choisir...

- **IGP des Côtes catalanes 2018** | Sec | 2019>23 | 12,50 € — 16
- **IGP des Côtes catalanes 2014** | Sec | 2019>29 | 26 € — 16,5
- **IGP des Côtes catalanes 2009** | Sec | 2019>29 | 26 € — 16
- **IGP des Côtes catalanes 2008** | Sec | 2019>30 | 56 € — 18,5
- **Vin de France Trigone by Le Soula n°18 NM** | Sec | 2019>29 | 15 € — 15,5

Pla d'en Dallen, 66220 Saint-Martin-de-Fenouillet • Tél. 04 68 35 69 31 • info@le-soula.com • www.le-soula.com • Visite : Sur rendez-vous.

LES TERRES DE FAGAYRA

Stéphane et Marjorie Gallet, les propriétaires surdoués du Roc des Anges, explorent ici avec passion le monde des vins doux naturels. Le résultat est plus convaincant et compte parmi les plus belles expressions du terroir de Maury.

- **Maury 2018** | Doux | 2019>30 | 28 € — 18,5
- **Maury Grenat 2016** | Doux | 2019>40 | 28 € — 19
- **Maury Opus Nord 2017** | Doux | 2019>40 | 32 € — 17,5
- **Maury Tuilé 1996** | Doux | 2019>30 | 36 € — 18
- **Rivesaltes Ambré 1986** | Doux | 2019>40 | 60 € — 18,5

1, route de Montner, 66720 Latour de France • Tél. 04 68 29 16 62 • rocdesanges@wanadoo.fr • www.terresdefagayra.com • Visite : sur rendez-vous.

MAS LLOSSANES

Dominique et Solenn Génot ont repris en 2016 ce vignoble d'environ 10 hectares, situé face au Canigou sur un secteur encore très sauvage, entre 600 et 700 mètres d'altitude. Actuellement en conversion bio avec une certification acquise dès le millésime 2019, ils travaillent leurs vignes avec attention et labourent notamment au cheval. En plus des cépages classiques de la région, une rareté s'épanouit ici : le cépage chasan. Produit en toute petite quantité, c'est une perle rare donnant un blanc lumineux qui surprend par sa fraîcheur et sa tension remarquable. Autre originalité, sur le domaine on trouve le plus grand dolmen néolithique de la région, trônant au milieu de la vigne tout en offrant un très beau panorama sur les paysages environnants.

- **IGP des Côtes catalanes 2017** | Sec | 2019>29 | 20 € — 17
- **IGP des Côtes catalanes Au Dolmen 2017** | Sec | 2019>29 | 14 € — 16
- **IGP des Côtes catalanes carignan 2017** | Sec | 2019>25 | 36 € — 16

- **IGP des Côtes catalanes Dotrera 2017** | Sec | 2019>29 | 20 € — 16,5

Route d'Arboussols, 66320 Tarerach • Tél. 07 83 01 95 15 • info@masllossanes.fr • www.masllossanes.fr • Visite : sur rendez-vous uniquement, du lundi au vendredi de 9h à 17h.

CLOS LOUIS

★★☆☆☆

Le clos Louis est le projet confidentiel de Bruno Cazes. Sur 1,5 hectare et un terroir de schiste noir, il produit une seule cuvée de haute volée, 6 000 bouteilles par an. Cette pépite est un des secrets les mieux gardés du Roussillon.

- **Maury Sec 2018** | Sec | 2019>30 | 48 € — 16,5

Mas de Lavail - KM4, route de Maury, 66460 Maury • Tél. 06 84 62 05 32 • info@clos-louis.com • www.clos-louis.com • Visite : sur rendez-vous et pas de visite possible.

DOMAINE MADELOC

★☆☆☆☆

Pierre Gaillard, vigneron phare de Côte Rôtie, a repris en 2002 ce domaine de 29 hectares en y appliquant des méthodes de conduite de la vigne révolutionnaires pour Banyuls, inspirées de son travail dans le Rhône. Les parcelles proches de la mer, ouvertes aux vents marins, apportent beaucoup de fraîcheur aux blancs et aux rosés, celles situées en fond de vallée, plus chaudes, sont plus propices à la production des vins doux naturels. Cette année, les cuvées présentées nous ont laissés un peu sur notre faim.

- **Banyuls Rimage - Cirera 2016** | Doux | 2019>22 | 19 € — 13,5
- **Banyuls Robert Pagès NM** | Doux | 2019>22 | 18 € — 12,5
- **Collioure Magenca 2017** | Sec | 2019>24 | 18 € — 13,5
- **Collioure Penya 2017** | Sec | 2019>25 | 23 € — 14,5
- **Collioure Serral 2016** | Sec | 2019>23 | 14,50 € — 12,5
- **Collioure Trémadoc 2017** | Sec | 2019>25 | 14,50 € — 15,5

1 bis, avenue du Général-de-Gaulle, 66650 Banyuls-sur-Mer • Tél. 04 68 88 38 29 • elise@gaillard.vin • www.domainespierregaillard.com • Visite : Du mardi au samedi de 9h30 à 12h30 et de 15h à 19h. Ouvert le samedi de 13h à 18h.

DOMAINE MAS CRÉMAT

★☆☆☆☆

Christine et son frère, Julien Jeannin, font partie de la branche des Mongeard Mugneret qui a abandonné Échezaux, Richebourg et autres Clos-Vougeot pour la vallée de l'Agly en Roussillon. Leur domaine, certifié HVE3 depuis 3 ans et situé sur un très beau terroir de schistes noirs, produit grâce à leur sensibilité et leur compétence des vins tout en fraîcheur et simplicité.

- **Côtes du Roussillon-Villages Cuvée Bastien 2017** | Sec | 2019>22 | 16 € — 13
- **Côtes du Roussillon L'Envie 2017** | Sec | 2019>26 | 9,20 € — 14,5
- **Côtes du Roussillon La Yose 2017** | Sec | 2019>22 | 9,20 € — 14
- **Muscat de Rivesaltes 2018** | Doux | 2019>21 | 9,80 € — 14,5
- **Rivesaltes Le Grenat 2018** | Doux | 2019>21 | 9,80 € — 14,5
- **IGP des Côtes catalanes Tamarius 2018** | Sec | 2019>22 | 6,20 € — 13,5

66600 Espira-de-l'Agly • Tél. 04 68 38 92 06 • mascremat@mascremat.com • www.mascremat.com • Visite : du lundi au samedi de 10h à 12h et de 14h à 18h.

DOMAINE MAS JANEIL

★★☆☆☆

Le bordelais François Lurton a pris pied dans le Roussillon, et ce avec aisance. Offrant la part belle à la nature, seuls 34 hectares sur 100 sont plantés en vigne. En conversion bio depuis 2018, la certification est attendue pour 2021. Les blancs, savamment travaillés, sont très convaincants dans une région où cette couleur est fortement déficitaire par rapport à la demande. Les rouges, finement vinifiés, bénéficient de rendements dérisoires. À l'écoute des tendances, certaines cuvées sont vinifiées sans sulfites ajoutés.

- **Côtes du Roussillon 2017** | Sec | 2019>25 | 24 € — 15,5
- **Côtes du Roussillon-Villages 2016** | Sec | 2019>25 | 22 € — 15
- **Côtes du Roussillon-Villages Le Pas de la Mule 2015** | Sec | 2019>26 | 55 € — 15,5
- **Côtes du Roussillon-Villages Sans Soufre 2017** | Sec | 2019>21 | 15 € — 14
- **Côtes du Roussillon Le Petit Pas 2018** | Sec | 2019>23 | 11 € — 14

66720 Tautavel • Tél. 05 57 55 12 12 • communication@francoislurton.com • www.domainesfrancoislurton.com

DOMAINE MODAT

Philippe Modat a compensé l'ingratitude de son métier de greffier au Tribunal de Commerce en redonnant vie à ses terres sauvages de gneiss à Caramany, avec l'aide de son infatigable régisseur Laurent Abet. Aujourd'hui, ses fils Quentin et Louis ont pris la relève, avec moult projets en tête. Viticulture irréprochable, vinifications respectueuses, construction de gamme, tout se met en place pour faire grandir et évoluer le domaine. Des vins prometteurs, des idées plein la cave, et un bienvenu vent de jeunesse qui souffle sur une appellation qui en a plus que besoin.

- **Côtes du Roussillon-Villages - Caramany Comme Avant 2016** | Sec | 2019>26 | 15 € — 16
- **Côtes du Roussillon-Villages - Caramany Sans Plus Attendre 2016** | Sec | 2019>30 | 20 € — 16,5
- **Côtes du Roussillon De-Ci De-Là 2018** | Sec | 2019>23 | 15 € — 15
- **IGP des Côtes catalanes Les Lucioles 2018** | Sec | 2019>25 | 20 € — 15,5

Route du Barrage - Lieu dit Le Plas, 66720 Cassagnes • Tél. 09 88 18 62 57 ou 06 13 48 17 18 • contact@domaine-modat.fr • www.domaine-modat.fr • Visite : Du lundi au vendredi de 9h à 18h. De préférence sur rendez-vous.

DOMAINE MUDIGLIZA

Dimitri Glipa, d'origine bordelaise, s'est installé en 2006 au cœur des Fenouillèdes, entre les gorges de Galamus et le château cathare de Quéribus. Ses vins produits à 350 mètres d'altitude sont denses et généreux, une puissance que le vigneron commence à bien maîtriser.

- **Côtes du Roussillon-Villages Symbiosis 2016** | Sec | 2019>25 | 20 € — 15
- **Maury Grenat 2016** | Doux | 2019>22 | 16 € — 15,5

46 route de Cucugnan, 66460 Maury • Tél. 06 79 82 03 46 • masmudigliza@neuf.fr • www.masmudigliza.fr • Visite : sur rendez-vous du lundi au samedi.

DOMAINE OISEAU REBELLE

Personne n'y croyait, et pourtant ils l'ont fait. Quand Guido et Mélanie Huber ont débarqué de leur Allemagne natale en 2014, ils ont acquis 8 hectares de parcelles sur le secteur de Banyuls dont personne ne voulait. En mauvais état, il fallait les restructurer et tout mettre en œuvre pour conserver la beauté de ce patrimoine de vieilles vignes. Après quelques années d'essais et de mises au point, ils ont commencé à commercialiser leur minuscule production à partir de 2018. Entièrement en vin de France, ce couple de passionnés a torpillé toutes les règles, en vigne comme à la cave, pour réaliser une vision très personnelle de ce coin sublime du Roussillon. Les vins sont non seulement vinifiés en levures indigènes et sans ajout de SO2, mais restent au minimum 4 mois sous marc, y compris les blancs. La beauté et l'originalité des vins dégustés leur donne raison et vaut à ce domaine une entrée dans les pages de ce guide.

- **Vin de France BRMTH 2015** | Sec | 2019>30 | 33 € — 17
- **Vin de France CRBR 2016** | Doux | 2019>35 | 33 € — 18
- **Vin de France CRBR JS 2016** | Doux | 2019>35 | 99 € — 17,5
- **Vin de France MTRNR 2016** | Sec | 2019>35 | 66 € — 18
- **Vin de France P'tit Rebelle 2018** | Sec | 2019>25 | env. 30 € — 15
- **Vin de France VVNT 2014** | Sec | 2019>30 | 66 € — 18

1, carrer de la Cardine, 66650 Banyuls-sur-Mer • Tél. 06 43 55 45 27 • guido@oiseau-rebelle.vin • www.oiseau-rebelle.vin • Visite : sur rendez-vous uniquement.

CHÂTEAU DE L'OU

« L'Ou » en catalan, « l'œuf » en français, est le nom du lieu-dit de la propriété. Le mas de L'Ou, qui semble avoir été exploité par les Templiers, était un lieu de passage très fréquenté par les muletiers de la région. Lorsque Séverine et Philippe Bourrier acquièrent la propriété en 1998, ils ont souhaité faire revivre cette symbolique de l'œuf. Situé à peine à 10 kilomètres de Perpignan, ils produisent sur leurs 50 hectares de vigne une large gamme de cuvées vinifiées dans un chai aux couleurs arc-en-ciel.

- **Côtes du Roussillon 2018** | Sec | 2019>24 | 9,50 € 14
- **Côtes du Roussillon 2017** | Sec | 2019>24 | 9,50 € 15
- **Côtes du Roussillon-Villages Compartir 2017** | Sec | 2019>30 | 35 € 16
- **Côtes du Roussillon Esprit Libre 2018** | Sec | 2019>25 | 10 € 15
- **Rivesaltes Ambré 2008** | Doux | 2019>40 | 25 € 15
- **IGP des Côtes catalanes Infiniment 2016** | Sec | 2019>30 | 19,50 € 15,5
- **IGP des Côtes catalanes Infiniment de l'Ou 2016** | Sec | 2019>25 | 19,50 € 14,5
- **IGP des Côtes catalanes L'Ove 2018** | Sec | 2019>24 | 22 € 15
- **IGP des Côtes catalanes Over the Moon 2017** | Sec | 2019>30 | NC 16
- **IGP des Côtes catalanes Secret de Schistes 2016** | Sec | 2019>26 | 35 € 15

Route de Villeneuve, 66200 Montescaut • Tél. 04 68 54 68 67 • chateaudelou66@orange.fr • www.chateau-de-lou.com • Visite : Ouvert du mardi au samedi de 10h à 12h et de 15h à 18h en période hivernale/ Été de 10h-12 puis 15h à 19h (juin). Lundi sur rendez-vous.

CLOT DE L'OUM

Plus de 10 millésimes qu'Éric et Leä Moné expriment avec courage et sensibilité, en agriculture biologique sincère et passionnée, toute la singularité des terroirs d'altitude de Belesta, où domine le granite qu'ils affectionnent tant. Et si le blanc tient la dragée haute aux ténors du Roussillon depuis déjà longtemps, les rouges affichent également une progression significative.

- **Côtes du Roussillon-Villages - Caramany Le Clot 2017** | Sec | 2019>30 | 18 € 16
- **Côtes du Roussillon-Villages Cine-Panettone 2017** | Sec | 2019>30 | 19 € 16
- **Côtes du Roussillon Villages - Caramany Gavatx 2015** | Sec | 2019>30 | 18 € 16,5
- **Côtes du Roussillon Villages - Caramany La Compagnie des Papillons 2017** | Sec | 2019>25 | 13 € 15
- **Côtes du Roussillon Villages - Caramany Saint-Bart Vieilles Vignes 2016** | Sec | 2019>24 | 19 € 14

Clot de l'Oum, 66720 Belesta • Tél. 06 60 57 69 62 • emonne@web.de • www.clotdeloum.com • Visite : Sur rendez-vous.

DOMAINE PAETZOLD

Ce domaine familial de 15 hectares a été fondé en 2005 par Michael Paetzold, plus connu pour son expertise en filtration. C'est justement en prestation de service chez un vigneron voisin qu'il tombe amoureux de cette vigne, sur laquelle il produit aujourd'hui, avec l'aide de Vincent Chassignol, un blanc et quatre rouges. Chercheur dans l'âme, ne vous attendez pas aux élevages classiques en fût de chêne : il a développé son propre contenant afin d'être au plus proche de sa vision.

- **IGP des Côtes catalanes Le Cazotte 2016** | Sec | 2019>25 | 15 € 14,5
- **IGP des Côtes catalanes Louxar 2016** | Sec | 2019>25 | 24 € 15
- **IGP des Côtes catalanes Mastrio 2016** | Sec | 2019>25 | 24 € 16
- **IGP des Côtes catalanes Mastrio 2016** | Sec | 2019>25 | 24 € 15
- **IGP des Côtes catalanes Nagello 2016** | Sec | 2020>25 | 24 € 13,5

Lieu-dit Lous Sarradets - Route de Caladroy, 66720 Bélesta • Tél. 06 16 44 64 86 • contact@domainepaetzold.com • www.domainepaetzold.com • Visite : sur rendez-vous.

DOMAINE PIÉTRI GÉRAUD

Installée depuis 1997, l'énergique Laetitia Piétri-Clara est aujourd'hui en charge de ce petit domaine artisanal de longue tradition locale, composé de 20 hectares de vigne. Son chai, refait en 2018, lui permettra d'être encore plus près de son terroir. Le domaine étant situé au cœur même du village de Collioure, Laetitia reçoit dans sa boutique voisine tout au long de l'année. Si pendant longtemps le raisin était livré à la coopérative du coin, aujourd'hui elle met en bouteille toute sa récolte et produit toute une série de vins sincères, dont certains commencent à s'approcher sérieusement des vedettes locales.

- **Banyuls Ambré - Cuvée du Soleil 2015** | Doux | 2019>30 | 25 € 15
- **Banyuls Cuvée Méditerranée 2013** | Doux | 2019>30 | 19 € 16
- **Banyuls Flagrant Désir 2010** | Doux | 2019>30 | 35 € 17
- **Collioure L'Écume 2017** | Sec | 2019>25 | 16 € 15,5
- **Collioure Le Moulin de la Cortine 2017** | Sec | 2019>25 | 16 € 13,5
- **Collioure Le Rosé de mon Père 2018** | Sec | 2019>20 | 11 € 14,5
- **Collioure Sine Nomine 2017** | Sec | 2019>24 | 14 € 13,5
- **Collioure Trousse Chemise 2016** | Sec | 2019>25 | 24 € 13,5

22 rue Pasteur, 66190 Collioure • Tél. 04 68 82 07 42 • domaine.pietri-geraud@orange.fr • www.domaine-pietri-geraud.com • Visite : En hiver, du mardi au samedi de 10h30 à 12h30 et de 15h à 18h. L'été, tous les jours de 10h à 13h et de 15h à 19h30.

DOMAINE OLIVIER PITHON

Avec d'entrée de jeu 3 étoiles, le domaine Olivier Pithon faisait il y a quelques années une entrée fracassante dans notre guide. Depuis, les vins continuent de nous convaincre d'année en année. Les vignes, travaillées en biodynamie, fournissent une matière idéale pour vinifier des cuvées aériennes, régies par l'élégance et la concentration. La nouvelle cave, construite en 2015 sur les hauteurs de Calce, lui procure les moyens d'affiner davantage sa vision de ce grand terroir du Roussillon. Un seul bémol : parfois la précision pêche par un manque de protection du vin. Nous espérons que cela n'est que passager.

- **Côtes du Roussillon cuvée Laïs 2017** | Sec | 2019>24 | 17,50 € 14
- **IGP des Côtes catalanes La D 18 2017** | Sec | 2019>29 | 35 € 15
- **IGP des Côtes catalanes Laïs 2017** | Sec | 2019>24 | 17,50 € 15
- **IGP des Côtes catalanes Le Colt d'en Alby 2017** | Sec | 2019>24 | 35 € 14,5
- **IGP des Côtes catalanes Le Pilou 2016** | Sec | 2019>29 | 35 € 17
- **IGP des Côtes catalanes maccabeu 2017** | Sec | 2020>29 | 35 € 16

Chemin de Montner, 66600 Calce • Tél. 06.17.50.24.53 • olivierpithon@live.fr • www.olivierpithon.com • Visite : Du lundi au vendredi de 9h à 12h et de 14h à 18h mais uniquement sur rendez-vous.

DOMAINE POUDEROUX

Situé sur le terroir de Maury, avec sa géologie particulière faite de schistes noirs et de marnes schisteuses sur argiles rouges, ce domaine familial, qui s'est progressivement converti à l'agriculture biologique, produit des vins savoureux et puissants. Robert Pouderoux, sixième génération, fait partie de ceux qui ont réussi avec bravoure la transition de vin doux au vin sec d'une partie de leur production, témoignant d'une grande sensibilité et connaissance de son terroir. Un incontournable sur Maury.

- **Côtes du Roussillon-Villages Latour de Grès 2017** | Sec | 2019>30 | 13,50 € 15
- **Côtes du Roussillon-Villages Terre Brune 2017** | Sec | 2019>30 | 16 € 17
- **Maury Sec Montpin 2016** | Sec | 2019>30 | 16 € 17,5
- **Maury Vendange 2017** | Doux | 2019>22 | 17 € 17

2 rue Emile Zola, 66460 Maury • Tél. 04 68 57 22 02 • domainepouderoux@sfr.fr • www.domainepouderoux.fr • Visite : Tous les jours de 11h à 18h d'avril à octobre. Sur rendez-vous de novembre à mars.

DOMAINE DE LA PRÉCEPTORIE

La Préceptorie est partie d'une aventure difficile mais conquérante de la famille Parcé. Le jeune Joseph, qui était aux commandes de ce domaine de 32 hectares, a lâché les rênes à la fin de l'année 2016 et ce sont Augustin et Vincent qui s'en occupent désormais. Installé dans la vallée de l'Agly, à Saint-Paul-de-Fenouillet, le vignoble s'implante aussi bien sur le secteur de Maury que sur les pentes des montagnes environnantes.

- **Côtes du Roussillon Coume Marie 2018** | Sec | 2019>22 | 12 € 14
- **Côtes du Roussillon Coume Marie 2017** | Sec | 2019>27 | 12 € 15
- **Côtes du Roussillon Terres Nouvelles 2018** | Sec | 2019>24 | 18 € 14,5
- **Maury Sec SO2 Mon Amour 2017** | Sec | 2019>25 | 34 € 14,5
- **Vin de France Vinum Praeceptoris NM** | Sec | 2019>40 | 18 € 18

54, avenue du Puig Del Mas, 66250 Banyuls-sur-Mer • Tél. 04 68 81 02 94 • lesvinsparcefreres@orange.fr • www.perce-freres.com • Visite : Sur rendez-vous.

DOMAINE DE RANCY

Brigitte Verdaguer et son mari Jean-Hubert, spécialistes des vins doux ambrés hors du temps, cultivent avec passion la vingtaine d'hectares de ce domaine situé sur la commune de Latour-de-France. Les parcelles sont labourées à l'aide d'un cheval. Aujourd'hui, leur fille Delphine est en train de reprendre les rênes, et nous suivons ce changement de près. Leur domaine étant la plus ancienne cave particulière du village, les rivesaltes ambrés sont toujours au rendez-vous, vieillissant dans de vieux foudres hors d'âge. Vous trouverez chez eux encore de très vieux flacons, remontant jusque dans les années 1940. Un trésor inestimable pour tout amateur de vin.

- **Rivesaltes Ambré 1978** | Doux | 2019>40 | 85 € 18
- **IGP des Côtes catalanes carignan 2017** | Sec | 2019>25 | 10,50 € 14,5

8, place du 8 mai 1945, 66720 Latour-de-France • Tél. 04 68 29 03 47 •

info@domaine-rancy.com • www.domaine-rancy.com • Visite : Du lundi au samedi de 10h à 13h et de 15h à 19h.

DOMAINE DE LA RECTORIE

C'est un domaine historique de Banyuls, appartenant à une grande et prolifique famille de vignerons, la famille Parcé. Les 35 hectares en propre, répartis sur plus de 50 parcelles, sont menés avec bravoure et les vins témoignent d'une véritable compréhension et écoute du terroir. Aussi, pour certaines parcelles en complément, ils continuent à cultiver le système ancien et très particulier du métayage à Banyuls, à savoir qu'ils sont propriétaires des ceps mais pas du sol. Aujourd'hui, de la fratrie c'est Thierry qui mène le domaine avec bravoure. Les vins, tous excellents, laissent l'amateur souvent devant un dilemme cornélien, à savoir celui de devoir faire un choix. Depuis peu, un joli négoce est né, portant la patte de vinification des frères Parcé et trouvant une juste voie d'équilibre et de fraîcheur, notamment pour les cuvées élevées en cuve.

- **Banyuls Rimage - Léon Parcé 2016** | Doux | 2019>22 | 30 € — 13,5
- **Banyuls Rimage - Thérèse Reig 2017** | Doux | 2019>30 | 18,50 € — 15,5
- **Collioure Côté Montagne 2017** | Sec | 2019>30 | 24 € — 14,5
- **Collioure L'Argile 2017** | Sec | 2019>25 | 24 € — 16
- **Collioure L'Oriental 2017** | Sec | 2019>30 | 19 € — 16,5
- **Collioure La Goudie 2017** | Sec | 2019>22 | 24 € — 15
- **Côtes du Roussillon-Villages Four del Pila 2018** | Sec | 2020>28 | NC — 15,5

65, avenue du Puig-Delmas, 66650 Banyuls-sur-Mer • Tél. 04 68 88 13 45 • info@rectorie.fr • www.rectorie.com • Visite : D'avril à octobre, du mardi au samedi de 10h à 13h et de 14h à 19h. De novembre à mars de 16h à 19h. Visite de la cave souterraine sous réservation.

DOMAINE ROUSSELIN

Ce tout petit domaine s'est construit au fur et à mesure. Si en 2005 la majeure partie de la récolte était encore apportée à la coopérative, depuis 2013 ils mettent tout en bouteille eux-mêmes. Les 8 hectares de vigne produisent des vins droits et sincères, en viticulture biologique certifiée depuis 2011 et avec le moins d'intrants possible au chai. Et si quasi toute la production est en vin-de-france, c'est pour avoir plus de liberté dans le chai et à la vigne. Un vent rebelle souffle sur ce petit domaine qui n'a pas envie de faire comme les autres.

- **Côtes du Roussillon-Villages - Lesquerde Orientales 2017** | Sec | 2019>30 | 18 € — 16
- **Muscat de Rivesaltes Miss Terre 2012** | Doux | 2019>30 | 30 € — 16
- **Vin de France Le Rendez-Vous grenache 2017** | Sec | 2018>23 | 12 € — 14,5
- **Vin de France Le Rendez-Vous Muscat 2018** | Sec | 2019>22 | 11 € — 14
- **Vin de France Le Rendez-Vous syrah 2018** | Sec | 2019>22 | 14 € — 14,5

104 grand rue du Capitoul, 66220 Lesquerde • Tél. 06 29 84 15 57 • domainerousselin@yahoo.fr • Visite : sur rendez-vous.

CLOS SAINT-SÉBASTIEN

Récemment repris, ce domaine couvre une vingtaine d'hectares et s'affirme très moderne, tant dans la construction des vins que dans son approche marketing, avec des habillages « inspirés » et surtout une boutique-bistrot sur le port de Banyuls qui permet de juger des produits en situation. Blottis au cœur de la vallée de Roume, le chai accueille les raisins issus de sept parcelles se répartissant sur différents terroirs de l'appellation, permettant de jouer les complémentarités à la vinification. Si leur marketing se montre très futé, à la vigne le savoir-cultiver ancestral est préservé avec la conduite des pieds de vigne majoritairement en gobelet ou en échalas.

- **Banyuls grand cru Le Cœur 1992** | Doux | 2019>30 | 85 € — 14
- **Banyuls Rimage - Empreintes 2017** | Doux | 2019>22 | 15 € — 17
- **Collioure Inspiration Céleste 2017** | Sec | 2019>26 | 28 € — 15,5
- **Collioure Inspiration Marine 2017** | Sec | 2019>30 | 28 € — 16,5
- **Collioure Inspiration Minérale 2017** | Sec | 2019>22 | 28 € — 14
- **Collioure Le Clos 2017** | Sec | 2019>26 | 58 € — 15

10 avenue Pierre Fabre, 66650 Banyuls-sur-mer • Tél. 04 68 88 30 14 • contact@clos-saint-sebastien.com • www.clos-saint-sebastien.com • Visite : ouvert tous les jours de 10h à 20h.

DOMAINE DES SCHISTES

Si la cave du domaine date de 1903, construit à l'époque par l'arrière-grand-père et ses frères, ce n'est qu'à partir de 1989 que la première vinification au domaine y voit le jour. Le vignoble, situé au cœur de la vallée de l'Agly, sur les communes d'Estagel, Tautavel et Maury, possède un terroir composé d'éboulis calcaires et de schistes gris et noirs. Mickaël Sires a succédé à son père, Jacques, en faisant fortement évoluer la gamme et le style des cuvées. Après quelques tâtonnements au début, les vins ont gagné en définition.

- **Côtes du Roussillon Essencial 2017** | Sec | 2019>24 | 9 € — 14,5
- **Maury Sec Devant le Mas 2017** | Sec | 2019>25 | 15,50 € — 15
- **Rivesaltes Solera NM** | Doux | 2019>30 | 19 € — 14,5
- **Côtes du Roussillon Villages - Tautavel Caune d'En Joffre 2017** | Sec | 2019>25 | 16 € — 14,5
- **IGP des Côtes catalanes Algo 2004** | Sec | 2019>35 | 20 € — 16,5
- **IGP des Côtes catalanes Rancio sec NM** | Sec | 2019>38 | 17,50 € — 17

1 avenue Jean-Lurçat, 66310 Estagel • Tél. 06 89 29 38 43 • sire-schistes@wanadoo.fr • www.domaine-des-schistes.com • Visite : Du lundi au vendredi de 9h à 12h et de 14h à 18h. Samedi sur rendez-vous.

SERRE ROMANI

Laurent et Cylia se sont rencontrés du temps de leurs études d'ingénieurs agronomes à Toulouse. Le projet du domaine a vu le jour en 2008, et depuis ils se sont beaucoup agrandis. Non seulement content de s'occuper de la vigne, Laurent exerce aussi en tant qu'arboriculteur et cultive des abricotiers. Depuis 2016, le domaine est installé dans un tout nouveau bâtiment, situé au cœur de leur vignoble. Si une partie de la récolte est toujours apportée à la coopérative, Laurent garde les meilleurs raisins pour produire des cuvées qui convainquent avec une expression juste et sincère.

- **Côtes du Roussillon-Villages Le Cathare 2016** | Sec | 2019>25 | 13 € — 16
- **IGP des Côtes catalanes La Vallée de l'Aigle 2017** | Sec | 2019>28 | 15 € — 15
- **IGP des Côtes catalanes La Vallée de l'Aigle 2015** | Sec | 2019>26 | 12 € — 15
- **IGP des Côtes catalanes Providence 2016** | Sec | 2019>24 | 9,90 € — 14,5

Mas Parets, 66600 Espira de l'Agly • Tél. 06 74 03 29 01 • serre-romani@orange.fr • www.serre-romani.fr • Visite : Ouvert tous les jours de 15h à 18h.

DOMAINE SINGLA

Laurent de Besombes Singla est installé depuis 2001 au mas Passe-Temps. Les 50 hectares de vignes épousent le relief des contreforts des Corbières catalanes. Certifié bio depuis 2006, il y vinifie des cuvées qui valent quasi toutes le détour.

- **Côtes du Roussillon-Villages El Serrat 2014** | Sec | 2019>26 | 25 € — 16
- **Côtes du Roussillon-Villages Les Quatre Vents 2013** | Sec | 2019>23 | 25 € — 14,5
- **Rivesaltes Ambré - Héritage du Temps 1965** | Doux | 2019>30 | 80 € — 15
- **Rivesaltes Ambré - Héritage du Temps 1958** | Doux | 2019>30 | 83 € — 15

4 rue de Rivoli, 66250 Saint-Laurent-de-la-Salanque • Tél. 09 67 30 77 90 • laurent@domainesingla.com • www.domainesingla.com • Visite : Sur rendez-vous.

LES VIGNOBLES DE CONSTANCE ET DU TERRASSOUS

Cette coopérative, fondée en 1932, réunit 70 vignerons cultivant environ 800 hectares sur le terroir des Aspres. 90 % de leurs parcelles sont classées en AOP, avec un rendement moyen de 40 hl/ha, preuve que les vignerons s'orientent vers une production de qualité. Disposant d'une vaste gamme de vins, tous n'ont pas pu être dégustés mais ceux présentés nous ont séduits, avec mention spéciale pour le rivesaltes ambré 6 ans d'âge, un pur délice.

- **Côtes du Roussillon - Les Aspres Summum 2015** | Sec | 2019>25 | 32 € — 14,5
- **Côtes du Roussillon Château Mossé 2017** | Sec | 2019>23 | 7,20 € — 13,5
- **Côtes du Roussillon Villare Juliani 2017** | Sec | 2019>25 | 8,50 € — 15
- **Rivesaltes Ambré - Hors d'Âge 12 ans NM** | Doux | 2019>30 | 16,50 € — 14,5
- **Rivesaltes Ambré - Hors d'Âge 6 ans NM** | Doux | 2019>40 | 12 € — 18
- **IGP des Côtes catalanes Carignan by Terrassous 2017** | Sec | 2019>22 | 5,20 € — 14

46 avenue des Corbières, 66300 Terrats • Tél. 04 68 53 02 50 • contact@terrassous.com • www.terrassous.com • Visite : Du lundi au samedi de 9h à 12h et de 14h à 18h. en été de 9h à 12h30 et de 14h30 à 19h.

THUNEVIN-CALVET

L'association entre Jean-Luc Thunevin, du château Valandraud à Saint-Émilion, et Jean-Roger Calvet, viticulteur de Maury, date de 2001. La propriété compte actuellement 50 hectares de vignes, réparties sur différents terroirs, entièrement vendangés à la main. Un nouveau chai, situé à l'entrée du village de Maury et achevé en 2008, leurs donne tous les outils nécessaires pour vinifier des cuvées au plus près de leurs terroir.

- **Côtes du Roussillon-Villages Divae 2016** | Sec | 2019>25 | 75 € — 14
- **Côtes du Roussillon-Villages Hugo 2016** | Sec | 2019>30 | 30 € — 16
- **Côtes du Roussillon-Villages Les Trois Marie 2016** | Sec | 2019>26 | 100 € — 16
- **Côtes du Roussillon Constance 2018** | Sec | 2019>20 | 9 € — 13,5
- **IGP des Côtes catalanes Constance 2018** | Sec | 2019>22 | 9 € — 14

avenue Jean Jaures, rond point est , 66460 Maury • Tél. 04 68 51 05 57 • christelle@thunevin-calvet.fr • www.thunevin-calvet.fr • Visite : Du lundi au samedi de 9h30 à 12h30 et de 14h30 à 18h30. En Juillet ouvert tous les jours. Ferme à 19h30 l'été.

DOMAINE DES TROIS ORRIS

Fondé en 2016 par deux couples, Cyrille & Natacha et Judith & Xavier, ce domaine se situe à 600 mètres d'altitude, face au Canigou, sur la commune de Tarerach. Composé de 13 hectares de vignes et de 43 hectares de landes, ils bénéficient d'un environnement très préservé. La vigne s'enracine dans un terroir composé de schistes et de granite. Les vins, très prometteurs, nous ont mis la puce à l'oreille et nous avons décidé de suivre ce domaine de près.

- **Côtes du Roussillon Euphorie 2017** | Sec | 2019>25 | 40 € — 13,5
- **Côtes du Roussillon Euphorie 2016** | Sec | 2019>25 | 40 € — 13,5
- **Côtes du Roussillon Horizon 2017** | Sec | 2019>30 | 20 € — 16
- **Côtes du Roussillon Horizon 2016** | Sec | 2019>30 | 20 € — 17

Route de Marcevol, 66320 Tarerach • Tél. 06 10 83 41 16 • domaine3orris@gmail.com • www.domainedestroisorris.com

DOMAINE GILLES TROULLIER

C'est en 2002 que Gilles Trouiller, alors employé chez un vigneron du Roussillon, se lance dans sa propre aventure viticole. En 2013, il lâche son filet de sécurité et se consacre à 100 % à son domaine. La vigne, située sur le secteur de Trévillach, à 500-600 mètres d'altitude, a vue sur la mer et bénéficie de la tramontane tout comme de l'influence marine. Homme engagé, il cultive son vignoble comme un jardin et cela se reflète dans ses vins. Pour cette édition, ils convainquent par un niveau impressionnant.

- **IGP des Côtes catalanes Boréal 2017** | Sec | 2019>29 | 35 € — 18
- **IGP des Côtes catalanes De CII 2018** | Sec | 2019>26 | 15 € — 16
- **IGP des Côtes catalanes De Là 2017** | Sec | 2019>24 | 15 € — 14
- **IGP des Côtes catalanes Esprit du Temps 2016** | Sec | 2019>29 | 20 € — 18
- **IGP des Côtes catalanes L'Ultim 2017** | Sec | 2019>29 | 12 € — 15,5

1, rue du Lavoir, 66310 Estagel • Tél. 06 10 57 55 55 • g.troullier@troullier.cat • Visite : Sur rendez-vous.

DOMAINE VAQUER

Ce domaine de 17 hectares, fondé en 1912, compte non seulement une riche histoire familiale mais aussi quelques magnifiques cuvées. Si Bernard et Frédérique Vaquer le reprennent en 1991, depuis 2001 Frédérique le dirige seule après la disparition prématurée de son époux. Bourguignonne et œnologue de formation, elle insuffle un esprit de finesse à ce terroir solaire et venté.

- **Côtes du Roussillon cuvée Bernard 2017** | Sec | 2019>23 | 8,90 € — 14
- **Muscat de Rivesaltes 2018** | Doux | 2019>21 | 11 € — 15
- **Rivesaltes Ambré - Préface 1994** | Doux | 2019>30 | 29 € — 13
- **Côtes du Roussillon Villages - Les Aspres L'Exception 2016** | Sec | 2019>30 | 15 € — 16,5
- **Côtes du Roussillon Villages - Les Aspres L'Exception 2011** | Sec | 2019>25 | 20 € — 15,5
- **IGP des Côtes catalanes L'Expression 2017** | Sec | 2019>24 | 11 € — 14,5

1 rue des Écoles, 66300 Tressère • Tél. 04 68 38 89 53 • domainevaquer@gmail.com • www.domaine-vaquer.com • Visite : Du lundi au samedi sur rendez-vous.

DOMAINE VIAL MAGNÈRES

★☆☆☆☆

Après le décès trop précoce de Bernard Sapéras en 2013, ses enfants Olivier et Crystel continuent son œuvre en prenant petit à petit leurs marques. Ce producteur avait mis au point une expression parfaite de rancio de voile, et surtout conservait des ambrés fastueux en vieux millésimes. Le caractère iodé et salin du cru marque toutes les cuvées, et réussit bien à l'équilibre des vins doux naturels.

- **Banyuls Grand Cru André Magnères 2007** | Doux | 2019>30 | 34 € **14,5**
- **Banyuls Ambré - Bernard Sapèras - Solera NM** | Doux | 2019>30 | 31 € **15**
- **Collioure Armenn 2017** | Sec | 2019>25 | 19 € **14,5**
- **Collioure Le Petit Couscouril 2017** | Sec | 2019>24 | 12,50 € **15,5**
- **IGP de la Côte Vermeille Rancio sec - Ranfio seco NM** | Sec | 2019>30 | 19 € **15**

14 rue Edouard Herriot - Clos Saint-André, 66650 Banyuls-sur-Mer • Tél. 04 68 88 31 04 • info@vialmagneres.com • www.vialmagneres.com • Visite : tous les jours entre 9h et 18h.

Mes commentaires

SAVOIE-BUGEY

Tous les vins dégustés n'ont pu être cités dans ce guide.
Retrouvez plus de 120 000 vins notés et commentés sur
L'APPLI LE GRAND TASTING ET SUR **WWW.BETTANEDESSEAUVE.COM**

LE VIGNOBLE DE SAVOIE-BUGEY

LE VIGNOBLE

› Les vins de Savoie n'ont rien gagné à être associés aux sports d'hiver ou à la raclette. Pourtant, les vignerons savoyards ont entrepris avec succès d'importants changements et, en Savoie aussi, une nouvelle génération plus consciente des enjeux environnementaux produit des vins de haut niveau, même si beaucoup d'amateurs ne le savent toujours pas.

› Le vignoble de Savoie s'étend du lac Léman à la rive droite de l'Isère, dans les vallées de la Savoie et de la Haute-Savoie. Sur ces terrains escarpés, la culture de la vigne est difficile et la production est faible. Malgré ces difficultés, les vins sont souvent vendus à des prix très attractifs.

› La Savoie est le bon exemple d'un vignoble de montagne, adapté à l'altitude. La vigne s'est ici bien accommodée des flancs pentus des massifs des Alpes et des sols pauvres et filtrants grâce à des expositions favorables et à un climat tempéré. Les précipitations augmentant avec l'altitude, le vignoble est suffisamment irrigué, la pente permettant le ruissellement des eaux de pluie. Quant aux températures, elles ne sont jamais glaciales, les gelées étant rares. La moyenne est de 10 °C, soit tout juste au-dessus du seuil de 9,5°C qui constitue la limite généralement admise pour la culture de la vigne. Enfin, le faible ensoleillement est ici compensé par des expositions optimales.

› Les vins blancs représentent les volumes les plus importants. Les vins des appellations Vins de Savoie sont élaborés essentiellement à partir de jacquère (le cépage le plus répandu), mais aussi de chasselas ou de bergeron (le nom local de la roussanne). L'AOC Roussette de Savoie est issue de l'altesse (également appelée roussette). Frais et désaltérants, les vins de la région s'apprécient plutôt jeunes, même si les meilleurs profitent bien de quelques années de garde.

› Les vins rouges sont minoritaires. Ils sont issus de mondeuse (une parente de la syrah), de gamay ou de pinot noir.

› On trouve aussi quelques pétillants à Ayze et des rosés de gamay.

CE QU'IL FAUT SAVOIR

› La Savoie compte cinq appellations. La plus connue est Vin de Savoie, quinze communes ont le droit d'y ajouter le nom de leur cru. Citons, par exemple, les vignobles d'Apremont, d'Arbin, de Chignin-Bergeron, de Cruet ou de Ripaille. Les autres appellations sont Roussette de Savoie, Crépy, Seyssel et Vin de Savoie-Ayze, ce dernier étant un effervescent produit selon la méthode traditionnelle (prise de mousse en bouteille).

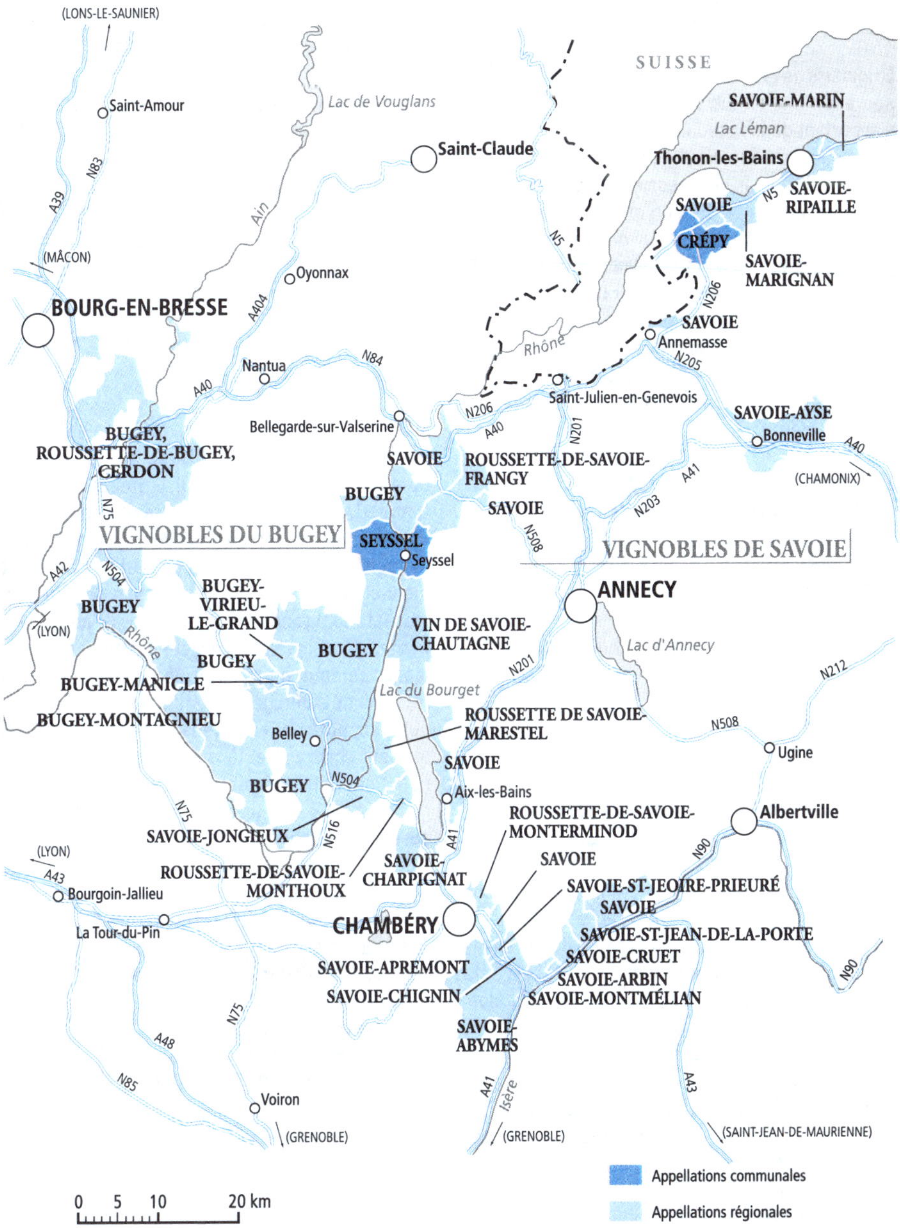
(LONS-LE-SAUNIER)
SUISSE
Saint-Amour
Lac de Vouglans
SAVOIE-MARIN
Lac Léman
Saint-Claude
Thonon-les-Bains
A39
N83
Ain
SAVOIE
N5
SAVOIE-RIPAILLE
CRÉPY
(MÂCON)
N5
SAVOIE-MARIGNAN
Oyonnax
BOURG-EN-BRESSE
A404
N206
SAVOIE
Rhône
Annemasse
Nantua
N84
N205
A40
Saint-Julien-en-Genevois
N206
SAVOIE-AYSE
BUGEY, ROUSSETTE-DE-BUGEY, CERDON
Bellegarde-sur-Valserine
A40
N201
Bonneville
A40
SAVOIE
ROUSSETTE-DE-SAVOIE-FRANGY
A41
(CHAMONIX)
BUGEY
N75
SAVOIE
N203
VIGNOBLES DU BUGEY
SEYSSEL
N508
Seyssel
VIGNOBLES DE SAVOIE
A42
N504
BUGEY-VIRIEU-LE-GRAND
ANNECY
BUGEY
(LYON)
VIN DE SAVOIE-CHAUTAGNE
Lac d'Annecy
Rhône
BUGEY
BUGEY
N201
N212
BUGEY-MANICLE
Lac du Bourget
BUGEY-MONTAGNIEU
ROUSSETTE DE SAVOIE-MARESTEL
N508
Belley
Ugine
SAVOIE
BUGEY
N504
Aix-les-Bains
N75
ROUSSETTE-DE-SAVOIE-MONTERMINOD
Albertville
SAVOIE-JONGIEUX
N516
A41
(LYON)
SAVOIE
N90
SAVOIE-CHARPIGNAT
A43
ROUSSETTE-DE-SAVOIE-MONTHOUX
SAVOIE-ST-JEOIRE-PRIEURÉ
Bourgoin-Jallieu
SAVOIE
La Tour-du-Pin
CHAMBÉRY
SAVOIE-ST-JEAN-DE-LA-PORTE
SAVOIE-APREMONT
SAVOIE-CRUET
N90
SAVOIE-CHIGNIN
SAVOIE-ARBIN
SAVOIE-MONTMÉLIAN
N75
A48
SAVOIE-ABYMES
N85
A41
Isère
A43
Voiron
(GRENOBLE)
(GRENOBLE)
(SAINT-JEAN-DE-MAURIENNE)
Appellations communales
Appellations régionales
0 5 10 20 km

DOMAINE DES ARDOISIÈRES

Originaire de la Champagne, Brice Omont a débuté son aventure en 1999, choisissant la Savoie et s'associant dans la foulée avec Michel Grisard les premières années. Seul aux commandes depuis 2009, soutenu par dix associés amis et amateurs qui financent en partie son projet, il travaille en biodynamie 13 hectares sur deux coteaux. Les paysages préservés et encaissés, à l'entrée de la Tarentaise, valent absolument le coup d'œil, le travail effectué y est dantesque et force le respect. Les vins, en IGP des Allobroges, sont pleins et mûrs, propulsés par des élevages savamment dosés où le bois transparaît peu et s'intègre parfaitement au vieillissement.

- **IGP d'Allobrogie Améthyste 2017** | Sec | 2019>24 | 58 € 15,5
- **IGP d'Allobrogie Argile 2017** | Sec | 2019>22 | 18 € 14,5
- **IGP d'Allobrogie Argile 2017** | Sec | 2019>22 | 24 € 15
- **IGP d'Allobrogie Quartz 2017** | Sec | 2019>23 | 72 € 16,5
- **IGP d'Allobrogie Schiste 2017** | Sec | 2019>22 | 34 € 16

72, impasse de la Pierre Marquée - Le Villard, 73250 Fréterive • Tél. 06 76 94 58 78 • info@domaine-des-ardoisieres.fr • www.domaine-des-ardoisieres.fr • Visite : Uniquement sur rendez-vous.

CHÂTEAU DE MÉRANDE

André et Daniel Genoux ont relancé l'exploitation familiale en 2001. Ils ont alors racheté et entièrement rénové la splendide forteresse du XIIe siècle qui fait office de caveau. Souhaitant réserver la marque Domaine Genoux à la grande distribution, ils mettent en avant le Château de Mérande : 12 hectares entre Saint-Jean-de-la-Porte et Apremont (l'essentiel étant à Arbin), des vins bien calibrés et soignés, axés sur les mondeuses. En 2008, sous l'impulsion de Yann Pernuit (associé du domaine pendant 10 ans), le vignoble a été converti à la biodynamie, et les vins ont largement progressé et gagné en justesse et en profondeur. Intenses et charpentées, les mondeuses sont à garder.

- **Roussette de Savoie La Comtesse blanche 2017** | Sec | 2019>22 | 21 € 15
- **Roussette de Savoie Son Altesse 2018** | Sec | 2019>22 | 14 € 14,5
- **Vin de Savoie - Apremont Apremont 1248 2018** | Sec | 2019>22 | 13 € 14,5
- **Vin de Savoie - Arbin mondeuse La Belle Romaine 2017** | Sec | 2019>24 | 14 € 15,5
- **Vin de Savoie - Arbin mondeuse La Noire 2016** | Sec | 2019>24 | 30 € 16
- **Vin de Savoie - Arbin mondeuse Le Comte Rouge 2016** | Sec | 2020>25 | 15 € 15,5
- **Vin de Savoie - Arbin Mondeuse N45 2016** | Sec | 2019>24 | 21 € 15,5
- **Vin de Savoie gamay Le Sheitan 2018** | Sec | 2019>23 | 14 € 15

Chemin de Merande, 73800 Arbin • Tél. 04 79 65 24 32 • domaine.genoux@wanadoo.fr • www.domaine-genoux.fr • Visite : Du lundi au vendredi de 9h à 12h et de 14 à 19h. Le week-end sur rendez-vous.

DOMAINE DE CHEVILLARD

Matthieu Goury a forgé son expérience hors de la Savoie avant de revenir en 2016 sur ses terres familiales. Il cultive aujourd'hui 11 hectares sur la Combe (Apremont, Abymes, Saint-Jean-de-la-Porte et même Monthoux), convertis en agriculture biologique (certifiés en 2019). Tout le travail est manuel, les vignes souvent âgées et de sélection massale sont vendangées tard, avec de petits rendements, et les vins sont élevés en barriques, blancs comme rouges, avec un minimum de trituration et de sulfitage. La gamme est cohérente, fidèle aux plus belles cuvées de Savoie, même si traînent encore ici et là, sur les rouges, quelques notes animales. L'ambition qualitative est indéniable, ainsi que celle de faire des vins de terroir purs et sans concessions.

- **Roussette de Savoie 2016** | Sec | 2019>22 | 21 € 15,5
- **Vin de Savoie - Saint-Jean-de-la-Porte mondeuse 2018** | Sec | 2020>25 | 24 € 15,5
- **Vin de Savoie - Saint-Jean-de-la-Porte mondeuse 2016** | Sec | 2019>22 | 24 € 15
- **Vin de Savoie jacquère 2016** | Sec | 2019>22 | 9 € 14,5
- **Vin de Savoie mondeuse 2017** | Sec | 2020>24 | 18 € 14
- **Vin de Savoie pinot noir 2016** | Sec | 2019>21 | 15 € 12,5

433, rue des Chevillard, 73250 Saint-Pierre d'Albigny • Tél. 06 33 01 12 21 • domainedechevillard@yahoo.com • www.domainedechevillard.com • Visite : Uniquement sur rendez-vous.

DOMAINE DELALEX

Samuel Delalex et son frère Benoît gèrent le domaine familial, produisant principalement du chasselas sur le cru Marin (7 hectares) et une petite quantité de gamay (2 hectares). Le cru Marin trouve ici un producteur de choix, en particulier sur la cuvée clos-du-pont, issue d'une parcelle pentue sur les bords de la Dranse. Légers en alcool, vinifiés intégralement en inox et sans malo pour les blancs, les vins sont gourmands et immédiatement plaisants.

- **Vin de Savoie - Marin Clos du Pont 2018** | Sec | 2019>22 | 8 € — 14,5
- **Vin de Savoie - Marin Tradition 2016** | Sec | 2019>22 | 6 € — 14
- **Vin de Savoie gamay 2018** | Sec | 2019>22 | 6 € — 13,5
- **Vin de Savoie gamay 2018** | Sec | 2019>22 | 6,50 € — 14,5

108 Chemin des Noyeraux, 74200 Marin • Tél. 04 50 71 45 82 • domainedelalex@hotmail.fr • www.domaine-delalex.fr • Visite : Du lundi au vendredi 15h à 19h. Le samedi Toute la journée.

DOMAINE DUPASQUIER

David et Véronique ont repris les rênes du domaine familial situé sur les contreforts pentus du mont de la Charvaz, sur la commune de Jongieux. C'est là, à quelque 300 mètres d'altitude, que se perche le cru Marestel. Les 14,5 hectares de vignes (Haute Valeur Environnementale), dont 60 % plantés en blanc (1 hectare en Marestel), sont vinifiés parcelle par parcelle et traditionnellement assemblés en une fois. La production phare du domaine reste ses roussettes, en particulier celles de Marestel, un cru magnifique qui porte le cépage à sa plus haute expression. Il faut profiter de la tradition de stockage au domaine, trop rare en Savoie, pour goûter les délicieuses notes confites de l'altesse sur des millésimes anciens.

- **Roussette de Savoie altesse 2015** | Sec | 2019>21 | 9,50 € — 14
- **Roussette de Savoie Marestel 2015** | Sec | 2019>22 | 13,50 € — 15
- **Roussette de Savoie Marestel 2014** | Sec | 2019>21 | 13,50 € — 14,5
- **Vin de Savoie chardonnay 2015** | Sec | 2019>22 | 9 € — 14
- **Vin de Savoie gamay 2015** | Sec | 2019>21 | 7,50 € — 14
- **Vin de Savoie Gourmandise 2014** | Sec | 2019>21 | 11 € — 15

Aimavigne, 73170 Jongieux • Tél. 04 79 44 02 23 • domainedupasquier@orange.fr • Visite : Du 1er mai au 1er septembre, tous les jours de 10h à 12h et de 15h à 19h sauf le dimanche. Le reste de l'année, ouvert du jeudi au samedi de 10h à 12h et de 15h à 19h. En dehors de ces horaires ou pour les groupes sur rendez-vous.

DOMAINE XAVIER JACQUELINE

C'est le seul vignoble du lac du Bourget, le plus ensoleillé de Savoie aussi, sur la Dent du Chat, la montagne regardant Aix-les-Bains. Sur ce microclimat presque méditerranéen, où les oliviers et les mimosas éclosent, le domaine Jacqueline fait figure de retranché. Mathilde Jacqueline a pris la suite de son père en 2014, rejointe par sa sœur Justine en mars 2019. Ces deux jeunes femmes dynamiques et à peine trentenaires ne ménagent pas leurs efforts pour convertir les 6 hectares en biodynamie ; la vigne, intégralement enherbée, préserve une riche biodiversité. La gamme est cohérente et de bonne facture, les vins nous ont convaincus dans leur ensemble cette année.

- **Roussette de Savoie La Romantique 2017** | Sec | 2019>22 | 9 € — 14
- **Vin de Savoie chardonnay 2017** | Sec | 2019>22 | 9 € — 14,5
- **Vin de Savoie Malvoisie Combe aux Moines 2018** | Sec | 2019>22 | 14 € — 15
- **Vin de Savoie mondeuse 2017** | Sec | 2019>24 | 9 € — 14

7, chemin de Saint-Simond, 73100 Aix-les-Bains • Tél. 06 74 49 57 05 • xavierjacqueline@orange.fr • www.xavierjacqueline.com • Visite : Ouvert du lundi au samedi de 17h à 19h.

DOMAINE LA COMBE DES GRAND'VIGNES

Les frères Didier et Denis Berthollier ne ménagent pas leur peine à conquérir les coteaux abrupts et caillouteux de Chignin, privilégiant le bergeron et la jacquère. Le vignoble compte 11,5 hectares, dont de vertigineuses parcelles plantées plein sud face au massif de la Chartreuse, sur des pentes atteignant au sommet 55 % de déclivité. Avec moins de remise en suspension des lies, plus de garde et la mise au ban des sucres résiduels, les blancs ont atteint un superbe niveau de pureté. Les chignin-bergeron sont magnifiques de confort et de tension, avec des élevages parfaitement ajustés. Les rouges sont souples et friands, avec une mention spéciale pour la mondeuse les-granges-tissot, de totale plénitude. Depuis 2017, le domaine est en conversion bio.

- **Roussette de Savoie Baron Decouz 2017** | Sec | 2019>22 | 18,40 € — 15,5
- **Vin de Savoie - Chignin - Argile sur Schistes 2017** | Sec | 2019>22 | 12,20 € — 15
- **Vin de Savoie - Chignin-Bergeron - Les Salins 2017** | Sec | 2019>23 | 22,70 € — 15,5
- **Vin de Savoie - Chignin-Bergeron Saint-Anthelme 2015** | Sec | 2019>23 | 21,90 € — 15,5
- **Vin de Savoie - Chignin-Bergeron Une Exception 2017** | Sec | 2019>23 | 18,80 € — 15
- **Vin de Savoie - Chignin Vieilles Vignes 2018** | Sec | 2019>22 | 9,90 € — 14
- **Vin de Savoie Le Sel de Marius 2017** | Sec | 2019>23 | 12,50 € — 14,5
- **Vin de Savoie mondeuse - Et ma Goutte de... 2017** | Sec | 2019>23 | 14,20 € — 15,5
- **Vin de Savoie mondeuse - Les Granges Tissot 2016** | Sec | 2019>24 | 21,60 € — 16
- **Vin de Savoie mondeuse - Les Granges Tissot 2013** | Sec | 2019>20 | 25,60 € — 15,5

452 route des Enrayons, Le Vivier, 73800 Chignin • Tél. 04 79 28 11 75 • contact@chignin.com • www.chignin.com • Visite : Du lundi au samedi de 9h30 à 12h et de 14h à 19h ; le dimanche de 9h30 à 12H30.

CHÂTEAU DE LUCEY

Magnifique forteresse de la fin du XIIIe siècle, bâtie sur un éperon rocheux avec vue imprenable sur le Rhône, le château de Lucey marque les esprits. La famille Defforey a confié la gestion du vignoble en 2010 à Christophe Martin, converti à la vigne quelques années plus tôt après une carrière de dessinateur industriel. Dès ses premiers pas, il décide de cultiver le vignoble en bio (certifié depuis 2016). Ici l'altesse règne quasi sans partage sur les 6,5 hectares, aux côtés d'un peu de mondeuse et de pinot noir. Tous les blancs sont élevés sur lies pendant un an, sans soutirage ni élevage en fût (à une exception près) ; bien calibrés, aimables et en phase avec ce que l'on est en droit d'attendre d'une bonne roussette, ils sont le point fort de ce domaine !

- **Roussette de Savoie Chapitre 16 2016** | Sec | 2019>22 | 18 € — 14,5
- **Roussette de Savoie Originel 2016** | Sec | 2019>22 | 10 € — 15,5
- **Roussette de Savoie Pimpenan 2016** | Sec | 2019>22 | 14 € — 15,5
- **Vin de Savoie mondeuse Sous le Sarrazin 2017** | Sec | 2019>22 | 18 € — 14
- **Vin de Savoie Pinot 2018** | Sec | 2019>22 | 14 € — 14,5
- **Vin de Savoie Roussette de Savoie Les Altesses 2017** | Sec | 2019>22 | 20 € — 14

292 Route des Moulins, 73170 Lucey • Tél. 06 80 37 02 79 • chateaudelucey@orange.fr • www.chateaudelucey.com • Visite : Ouvert du lundi au vendredi de 9h à 12h et de 14h à 19h. Sur rendez-vous le week-end.week-

DOMAINE LOUIS MAGNIN

Entier et attachant, le couple Magnin fait partie de ces figures emblématiques du vignoble savoyard qu'il faut rencontrer au moins une fois ! Hélas pour nous, ces deux acharnés de la vigne, qui travaillent en bio certifié depuis 2012, ont décidé de raccrocher (en partie) les gants et de réduire le domaine à 3 hectares à partir de la récolte 2018. Ils ne gardent que la roussette, les vieilles vignes et des parcelles de Brova, pour réaliser une gamme courte autour de trois mondeuses (dont une nouvelle cuvée en grappes entières, la-fille-d'arbin), une roussette et un bergeron. En blanc comme en rouge, les vins sont de toute beauté ; il en reste à vendre, sachez-le !

- **Roussette de Savoie 2018** | Sec | 2020>23 | NC — 15,5
- **Vin de Savoie - Arbin La Fille d'Arbin 2018** | Sec | 2020>24 | NC — 15,5
- **Vin de Savoie - Arbin mondeuse La Brova 2018** | Sec | 2023>28 | NC — 16,5
- **Vin de Savoie - Arbin mondeuse Tout un Monde 2018** | Sec | 2020>25 | NC — 16,5
- **Vin de Savoie - Chignin-Bergeron 2014** | Sec | 2019>21 | 20 € — 16
- **Vin de Savoie - Chignin-Bergeron Grand Orgue 2018** | Sec | 2020>24 | NC — 15,5

90, chemin des Buis, 73800 Arbin • Tél. 04 79 84 12 12 • louis.magnin@wanadoo.fr • www.domainelouismagnin.fr • Visite : Uniquement sur rendez-vous.

CHÂTEAU DE LA MAR

Sur le terroir de Jongieux, le château de la Mar détache sa silhouette entre les replis des coteaux. C'est une ancienne maison forte du XIIIe siècle, ayant appartenu au comte de Mareste qui laissa son nom au précieux cru de Marestel. En 2009, la propriété a été reprise par Jean-Paul Richard, homme d'affaires et entrepreneur, qui a renoué avec l'exploitation du vignoble ; depuis 2013, il y adjoint une activité d'accueil avec cinq chambres d'hôte. Ce spécialiste de la roussette (sur 6,5 hectares de vignoble, 5 sont en cru Marestel) la décline en plusieurs cuvées parcellaires de gastronomie qui vont crescendo dans l'amplitude de bouche, portées par une maturité riche et un profil généreux. Mention spéciale pour la nouvelle cuvée de pinot noir, la bonne surprise de l'année !

- **Roussette de Savoie Marestel La Chapelle 2016** | Sec | 2019>22 | 19 € 15
- **Roussette de Savoie Marestel Le Verney 2016** | Sec | 2019>22 | 17 € 15
- **Vin de Savoie - Jongieux mondeuse 2017** | Sec | 2019>24 | 15 € 14
- **Vin de Savoie - Jongieux pinot 2017** | Sec | 2019>24 | 15 € 15

Aimavigne, 73170 Jongieux • Tél. 04 79 96 09 84 • chateaudelamar@live.fr • www.chateau-de-la-mar.fr • Visite : Ouvert le week-end de 8h à 12h et de 14h à 19h, la semaine sur rendez-vous. (06.26.56.99.33)

JEAN MASSON ET FILS

Sur les éboulis du mont Granier, Jean-Claude Masson manie la jacquère comme personne. Autant dire que ça décoiffe car le maître des lieux est du genre loquace et rabelaisien. Les 9 hectares sont cultivés en « viticulture Masson », la plus respectueuse possible des sols, sans certification. Sur ce terroir accidenté où toutes les profondeurs de sols et toutes les expositions sont possibles, chaque coteau est vinifié à part, ce qui donne dix cuvées d'Apremont aussi pures et fraîches les unes que les autres, et une roussette. Ces blancs ciselés, toujours tendus et droits à leurs débuts, gagnent en corpulence au fil des années, les vignes centenaires aidant. Ici, on ne boit pas de l'apremont... on boit du Masson !

- **Vin de Savoie - Apremont Centenaire 2017** | Sec | 2019>23 | 19 € 15,5
- **Vin de Savoie - Apremont Cœur d'Apremont 2017** | Sec | 2019>23 | 22 € 15,5
- **Vin de Savoie - Apremont Dame Bise 2017** | Sec | 2019>23 | 17 € 15,5
- **Vin de Savoie - Apremont La Déchirée 2018** | Sec | 2019>23 | 12,90 € 15
- **Vin de Savoie - Apremont La Renversée 2017** | Sec | 2019>23 | 32 € 16
- **Vin de Savoie - Apremont Lisa 2017** | Sec | 2019>22 | 11,30 € 15
- **Vin de Savoie - Apremont Mé Kouilles 2017** | Sec | 2019>22 | 42 € 15
- **Vin de Savoie - Apremont Vieilles Vignes Tradition 2018** | Sec | 2019>22 | 8 € 15

Le Villard, 73190 Apremont • Tél. 04 79 28 23 02 ou 06 12 58 32 26 • dom.jeanmassonetfils@wanadoo.fr • www.domainemasson.com • Visite : De préférence sur rendez-vous.

DOMAINE DES ORCHIS

Philippe Héritier aime les choses simples. Il produit avec minutie et humilité un blanc (altesse) et un rouge (mondeuse) sur le terroir de Frangy, en Haute-Savoie – ainsi que des escargots pour les tables étoilées de la région, car le vigneron est aussi héliciculteur. Ces sols de moraines glaciaires sont son terrain de jeu depuis 2007 ; il a pris le temps de replanter 4 hectares (sur la quarantaine qu'offre le secteur) pour faire du mieux possible, en biodynamie. Élevés sobrement en barriques pendant 18 à 20 mois (sans bois neuf), les vins revendiquent leur prise de bois dans leur jeunesse mais cet effet s'estompe rapidement pour laisser place à des matières denses et fruitées, très agréables. Cette année, le blanc large et structuré nous a paru plus convaincant que les rouges, avec un 2017 prometteur et un 2016 plus mince.

- **Roussette de Savoie Quintessence d'Altesse 2017** | Sec | 2019>22 | NC 15
- **Vin de Savoie Quintessence de mondeuse 2017** | Sec | 2019>24 | NC 14,5

705, route de l'Ecole d'Agriculture, 74330 Poisy • Tél. 04 50 46 46 06 • philcatheritier@laposte.net • www.domainedesorchis.fr • Visite : mercredi et vendredi de 17h30 à 19h30, samedi de 9h à 12h30 et le reste du temps sur rendez-vous.

DOMAINE PARTAGÉ - GILLES BERLIOZ

Installé sur les coteaux abrupts de Chignin, entre calcaires, limons et argiles, Gilles Berlioz a troqué voilà près de 30 ans ses habits de paysagiste pour ceux de vigneron, non sans réussite. Son exploitation à taille humaine, réduite à 4,5 hectares, lui permet de cultiver la vigne comme un jardin, en biodynamie depuis 2007. Il était parmi les premiers à l'aube des années 2000 à opter pour l'agriculture biologique, parce que « le vin est fait avant tout pour être bu » et qu'il peut ainsi, grâce à de petits rendements, obtenir des matières concentrées et mûres sans de gros degrés. À partir de 2016, le domaine s'appelle domaine Partagé et fonctionne selon un modèle coopératif et solidaire. Les vins, vinifiés selon le principe « un terroir, une cuvée », sans chaptalisation, sont purs, digestes et de bonne garde. En 2018, millésime de volume et de qualité, les blancs jeunes perdent en finesse ce que la mondeuse gagne en complexité et en jus.

- Roussette de Savoie El Hem 2018 | Sec | 2019>22 | 28 € 14
- Vin de Savoie - Chignin-Bergeron - Les Fripons 2017 | Sec | 2019>21 | NC 15
- Vin de Savoie - Chignin-Bergeron Les Filles 2018 | Sec | 2019>22 | 32 € 15
- Vin de Savoie - Chignin-Bergeron Les Friponnes 2017 | Sec | 2019>21 | 28 € 15
- Vin de Savoie - Chignin Le Jaja 2017 | Sec | 2019>21 | 18 € 14,5
- Vin de Savoie mondeuse La Deuse 2018 | Sec | 2019>24 | 32 € 16

Le Viviers - Cedex 4000, 73800 Chignin • Tél. 04 79 28 00 51 • domainepartage@gillesberlioz.fr • Visite : Sur rendez-vous.

DOMAINE ANDRÉ ET MICHEL QUENARD

Les Quenard père et fils ont les pieds en pente, dans le coteau de Torméry, sur le piémont du massif des Bauges. Ce terroir, le plus au sud de Chignin, impressionne par sa déclivité, qui peut atteindre 60 %, et par ses calcaires grisâtres déboulant de la montagne. Ce domaine familial de 27 hectares, couvrant la majeure partie de Torméry, a largement privilégié la roussanne : le grand-père André fut le premier à réhabiliter le cépage dans les années 1950. Guillaume Quenard suit la voie tracée par son père Michel, tout en imprimant son propre style (avec un premier essai de bio cette année sur une parcelle). Les vins sont droits, équilibrés et sans esbroufe. Les jacquères sont simples et digestes, vinifiées sans malo pour garder un style franc et vivace, très nerveux. Les deux cuvées parcellaires de chignin-bergeron (le-grand-rebossan et les-terrasses), élevées en foudres, vieillissent très bien 5 à 10 ans. Une valeur sûre aux prix doux.

- Crémant de Savoie Eff. 2017 | Extra-brut | 2019>20 | 9,90 € 15
- Roussette de Savoie 2018 | Sec | 2019>22 | 8 € 14,5
- Vin de Savoie - Arbin mondeuse Terres Brunes 2017 | Sec | 2019>22 | 11,50 € 15
- Vin de Savoie - Chignin-Bergeron 2017 | Sec | 2019>22 | 9,90 € 14
- Vin de Savoie - Chignin-Bergeron Le Grand Rebossan 2016 | Sec | 2019>22 | 15 € 15
- Vin de Savoie - Chignin-Bergeron Les Terrasses 2017 | Sec | 2019>22 | 12,90 € 15
- Vin de Savoie - Chignin Les Éboulis de la Savoyarde 2018 | Sec | 2019>22 | 5,50 € 14
- Vin de Savoie - Chignin mondeuse Vieilles Vignes 2017 | Sec | 2019>24 | 9,90 € 15,5
- Vin de Savoie - Chignin persan 2018 | Sec | 2020>24 | NC 15,5
- Vin de Savoie - Chignin pinot noir 2018 | Sec | 2019>22 | 9 € 14
- Vin de Savoie - Chignin Vieilles Vignes 2018 | Sec | 2019>22 | 7 € 14,5
- Vin de Savoie Les Abymes Les Éboulis de 1248 2018 | Sec | 2019>22 | 5 € 14

1327 route du Cotteau de Torméry - Cedex 210, 73800 Chignin • Tél. 04 79 28 12 75 • am.quenard@wanadoo.fr • www.am-quenard.fr • Visite : Ouvert de lundi au vendredi de 8h à 11h30 et de 14h à 17. Le samedi de 9h30 à 11h30 et de 14h30 à 17h. Fermé le dimanche. Possibilité sur rendez-vous.

DOMAINE JEAN-PIERRE ET JEAN-FRANÇOIS QUÉNARD

Jean-François Quénard a pris la suite de son père en 1987, et les cinq hectares d'origine ont été élargis par fermage pour arriver à 17,5 hectares aujourd'hui, dont dix travaillés en bio depuis six ans (ce qui devrait bientôt permettre une certification pour les rouges). Les blancs sont effilés, minéraux, purs, d'une régularité réjouissante. Ils jouissent d'une maturité idéale, sans excès, et de beaucoup de finesse. Les rouges sont complets et généreux, il faut les carafer ou les attendre. Le reste de la gamme est du même acabit, avec toujours un bon relief de bouche et de l'ampleur. La qualité est exemplaire et ne cesse de progresser. Le crémant nouvellement arrivé survole la catégorie. Une valeur sûre !

- Crémant de Savoie Entre Amis Eff. 2016 | Non dosé | 2019>21 | 12,50 € 14
- Roussette de Savoie Anne-Sophie 2017 | Sec | 2019>23 | NC 15,5
- Vin de Savoie - Chignin - Vers les Alpes 2018 | Sec | 2019>22 | 8 € 14,5
- Vin de Savoie - Chignin-Bergeron Au Pied des Tours 2018 | Sec | 2019>24 | NC 15,5
- Vin de Savoie - Chignin-Bergeron Comme Avant 2016 | Sec | 2019>22 | 23,50 € 15,5
- Vin de Savoie - Chignin-Bergeron Les Éboulis 2018 | Sec | 2019>23 | 15 € 15
- Vin de Savoie - Chignin Anne de la Biguerne 2018 | Sec | 2019>22 | 10 € 14
- Vin de Savoie gamay de Fanny 2018 | Sec | 2019>21 | 8 € 13,5
- Vin de Savoie mondeuse Élisa 2018 | Sec | 2019>24 | NC 15
- Vin de Savoie mondeuse Terres Rouges 2018 | Sec | 2019>23 | NC 15
- Vin de Savoie persan Les 2 Jean 2018 | Sec | 2019>24 | NC 15,5
- Vin de Savoie pinot noir La Baraterie 2018 | Sec | 2019>22 | 14 € 14,5

88 chemin de la Tour de Montagny, 73800 Chignin • Tél. 04 79 28 08 29 • j.francois.quenard@wanadoo.fr • www.jfquenard.com • Visite : Ouvert le vendredi et samedi après midi de 14h à 17h. Sur rendez-vous pour les autres jours.

DOMAINE PASCAL ET ANNICK QUENARD

Installé au Villard, sur la commune de Chignin depuis 1987, Pascal Quenard cultive aujourd'hui 6,5 hectares. Même si la démarche et la réflexion ont fleuri dans son esprit il y a trente ans déjà, et ont été appliquées dans les faits, le passage officiel au bio n'est effectif que depuis 2016, premier millésime certifié (le travail réel étant plus proche de la biodynamie). La gamme est aussi convaincante que complète, en progression d'année en année. Les pratiques de vinification vont dans le sens de la gourmandise : fermentation malolactique sur tous les blancs, assurant un bon confort de bouche, et macération carbonique sur les mondeuses, fines et florales, de bonne garde. Le tout presque sans soufre. Une adresse à découvrir et à visiter, un nouveau caveau d'accueil permet de déguster sereinement.

- **Vin de Savoie - Chignin-Bergeron cuvée Noé 2017** | Sec | 2019>23 | 21 € — 15,5
- **Vin de Savoie - Chignin-Bergeron Les Amandiers 2017** | Sec | 2019>22 | 15 € — 15
- **Vin de Savoie - Chignin-Bergeron S'ève 2017** | Sec | 2019>24 | 24 € — 15,5
- **Vin de Savoie - Chignin L'Épure 2018** | Sec | 2019>22 | 10 € — 14,5
- **Vin de Savoie - Chignin Vieilles Vignes 1903 2017** | Sec | 2019>22 | 13 € — 15,5
- **Vin de Savoie gamay 2018** | Sec | 2019>23 | 13 € — 15
- **Vin de Savoie mondeuse L'Étoile de Gaspard 2018** | Sec | 2019>24 | 19 € — 16
- **Vin de Savoie mondeuse La Sauvage 2018** | Sec | 2019>24 | 15 € — 15,5
- **Vin de Savoie mondeuse Lunatique 2018** | Sec | 2019>23 | 27 € — 15,5

1 place du Lavoir, Le Villard, 73800 Chignin • Tél. 04 79 28 09 01 • pascal.quenard.vin@wanadoo.fr • www.quenard-chignin-bergeron.com • Visite : Du lundi au samedi de 9h à 12h et de 14h à 19h de préférence sur rendez-vous.

DOMAINE SAINT-GERMAIN

Face aux Alpes, en plein cœur du parc naturel des Bauges, Raphaël Saint-Germain et son cousin Étienne exploitent en agriculture biologique (certifiée depuis 2012) 12 hectares sur des coteaux exposés sud. Ils livrent là une belle facette du travail de vigneron savoyard, ne rechignant pas à la peine et s'efforçant de tirer le meilleur de ces vignes en pentes. Avec plus de 20 cépages différents, des complantations et des cuvées d'assemblage, le domaine a une véritable vocation de conservatoire des variétés savoyardes, mais aussi du val d'Aoste et du Valais voisins. Les vins nous ont convaincus dans l'ensemble, notamment l'assemblage blanc en IGP et le persan. Les rouges peuvent avoir des aspects sauvages ; les blancs promettent de belles réussites, avec de nouvelles cuvées élevées en demi-muids (petite arvine, malvoisie...) qui devraient sortir prochainement.

- **Roussette de Savoie altesse 2018** | Sec | 2019>22 | 15,50 € — 13,5
- **Vin de Savoie - Chignin-Bergeron 2017** | Sec | 2019>22 | 24,50 € — 14
- **Vin de Savoie Crac Boum Bu 2018** | Sec | 2019>22 | 13,50 € — 13,5
- **Vin de Savoie mondeuse La Perrouse 2017** | Sec | 2019>24 | 15,50 € — 14,5
- **Vin de Savoie mondeuse Le Pied de la Barme 2017** | Sec | 2019>24 | 14,50 € — 13,5
- **Vin de Savoie persan 2018** | Sec | 2019>24 | 16,50 € — 15,5
- **IGP d'Allobrogie Par-Delà Les Versants 2017** | Sec | 2019>22 | 24,50 € — 14

Route du Col-du-Frêne, 73250 Saint-Pierre-d'Albigny • Tél. 04 79 28 61 68 • vinsstgermain1@aol.com • www.domainesaintgermain.com • Visite : Uniquement sur rendez-vous.

LES FILS DE CHARLES TROSSET

En 2013, les fils de Charles Trosset ont fait sécession. Louis poursuit seul l'aventure à Arbin, royaume de la mondeuse, avec à peine 2,5 hectares désormais. Les vignes taillées en gobelet ont jusqu'à cinquante ans, réparties sur différents terroirs entre caillasse, marnes blanches très dures du Kimméridgien et terres rouges ferriques plus profondes. Ce domaine fait partie des belles pépites du vignoble, avec des vins taillés pour la garde. Son seul point faible serait les petits volumes produits ! Les trois mondeuses de sélection parcellaire sont ramassées à l'optimum, doucement pressées dans l'un des derniers clic-clac de la région, puis élevées en cuve ; elles sont taillées pour la garde, la cuvée prestige-des-arpents étant la plus accessible dans sa jeunesse. L'unique blanc de chignin-bergeron, produit à partir de 2010 (et nommé symphonied'automne depuis 2012), est de toute beauté. Les rouges offrent un bel éventail des expressions de la mondeuse. Malgré les quantités limitées (environ 10 000 bouteilles), les prix restent sages. Une adresse sûre !

Vin de Savoie - Arbin mondeuse Confidentiel 2018 | Sec | 2019>24 | 15,50 € 15,5
Vin de Savoie - Arbin mondeuse Harmonie 2017 | Sec | 2019>23 | 14 € 16
Vin de Savoie - Arbin mondeuse Prestige des Arpents 2018 | Sec | 2019>24 | 15 € 15,5
Vin de Savoie - Chignin-Bergeron Symphonie d'Automne 2017 | Sec | 2019>23 | 13 € 15

280, chemin des Moulins, 73800 Arbin • Tél. 06 82 36 82 62 • lechaidesmoulins@gmail.com • Visite : Sur rendez-vous.

DOMAINE FABIEN TROSSET

Depuis 2011, Fabien Trosset et sa compagne Chloé incarnent avec panache la nouvelle garde. Les vignes familiales ont peu à peu été sorties de la cave coopérative, au décès du père de Fabien. Le domaine s'est ensuite agrandi par opportunités, grignotant les belles terres du voisinage jusqu'à former aujourd'hui une superficie importante. Avec près de 20 hectares, dont 14 consacrés à la mondeuse d'Arbin, il est ainsi le plus gros propriétaire du cru, forgeant des vins de grand caractère, vinifiés en vendange entière, dans une nouvelle cuverie. Les rouges du cru Arbin, sur les puissantes argiles rouges, reflètent parfaitement ce terroir réputé. La gamme comprend quatre mondeuses : les-éboulis, entrée de gamme gouleyante et de soif, avalanche, grande cuvée bâtie pour la garde, et plus récemment 1952, cuvée de vieilles vignes élevée en demi-muids, et la toute nouvelle hors-piste, sur une parcelle en bio reprise du domaine Magnin. Les blancs, minoritaires, lient fraîcheur et générosité dans une tension idéale. Le tout à des prix super doux...

Roussette de Savoie La Dévire 2018 | Sec | 2019>22 | 10,50 € 15
Vin de Savoie - Arbin 1952 2017 | Sec | 2020>25 | 17,50 € 16
Vin de Savoie - Arbin Hors-Piste 2018 | Sec | 2020>25 | env. 14,50 € | 15,5
Vin de Savoie - Arbin Les Éboulis 2018 | Sec | 2019>24 | 11 € 14,5
Vin de Savoie - Arbin mondeuse Avalanche 2018 | Sec | 2019>24 | 13 € 15,5
Vin de Savoie - Chignin-Bergeron Les Cerisiers 2018 | Sec | 2019>23 | 12,50 € 15

Avenue Gambetta, ZA Arbin - ZA d'Arbin, 73800 Arbin • Tél. 06 23 58 11 80 • trosset.fabien@orange.fr • www.domainetrosset.com • Visite : Ouvert du lundi au samedi de 8h à 12h et de 14h à 17h.

Mes commentaires

SUD-OUEST

Tous les vins dégustés n'ont pu être cités dans ce guide.
Retrouvez plus de 120 000 vins notés et commentés sur
L'APPLI LE GRAND TASTING ET SUR **WWW.BETTANEDESSEAUVE.COM**

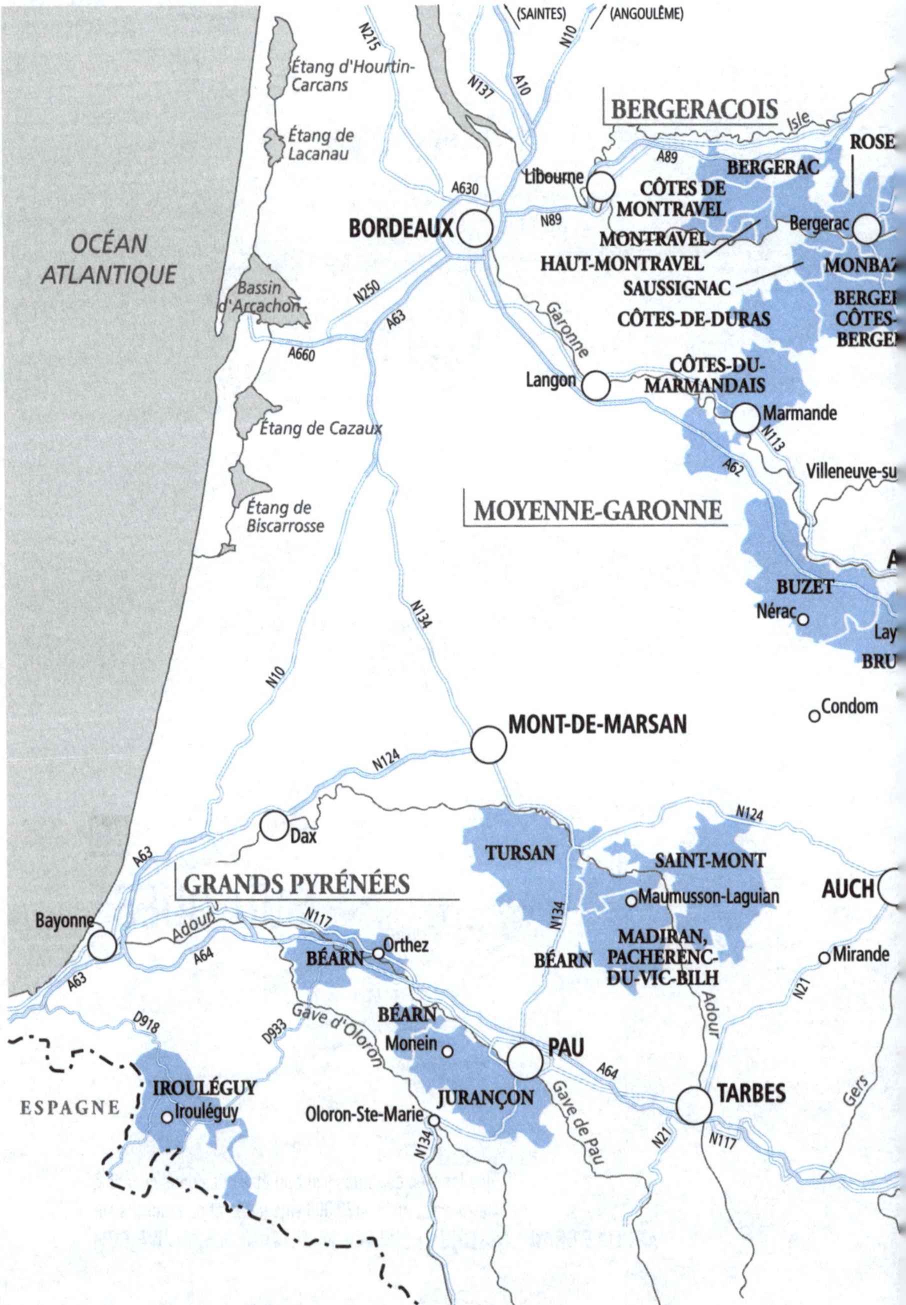

(SAINTES)
(ANGOULÊME)
N215
N10
N137
A10
Étang d'Hourtin-Carcans
Étang de Lacanau
BERGERACOIS
Isle
ROSE
A89
BERGERAC
Libourne
CÔTES DE MONTRAVEL
A630
BORDEAUX
N89
MONTRAVEL
Bergerac
HAUT-MONTRAVEL
MONBAZ
SAUSSIGNAC
OCÉAN ATLANTIQUE
Bassin d'Arcachon
N250
A63
Garonne
CÔTES-DE-DURAS
A660
CÔTES-DU-MARMANDAIS
Langon
Marmande
N113
Étang de Cazaux
A62
Villeneuve-su
Étang de Biscarrosse
MOYENNE-GARONNE
BUZET
Nérac
Lay
BRU
N134
N10
Condom
MONT-DE-MARSAN
N124
N124
Dax
TURSAN
SAINT-MONT
A63
GRANDS PYRÉNÉES
Maumusson-Laguian
AUCH
N134
Bayonne
Adour
N117
Orthez
MADIRAN, PACHERENC-DU-VIC-BILH
BÉARN
BÉARN
A64
Mirande
A63
N21
Adour
BÉARN
D918
D933
Gave d'Oloron
Monein
PAU
A64
IROULÉGUY
Gave de Pau
TARBES
Gers
ESPAGNE
Irouléguy
JURANÇON
Oloron-Ste-Marie
N134
N21
N117

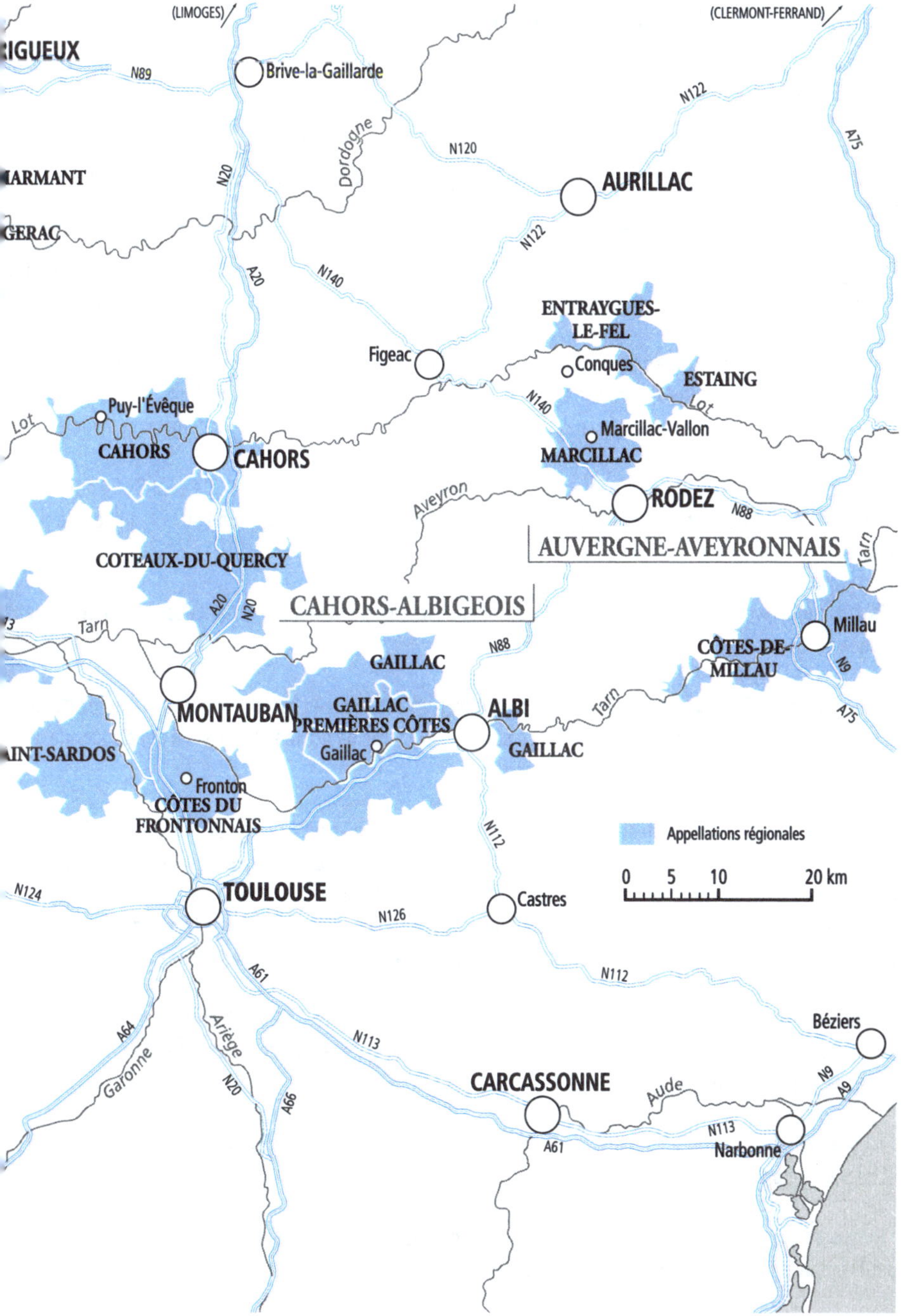
(LIMOGES)
(CLERMONT-FERRAND)
IGUEUX
Brive-la-Gaillarde
N89
N122
Dordogne
N120
A75
ARMANT
N20
AURILLAC
GERAC
N122
A20
N140
ENTRAYGUES-LE-FEL
Figeac
Conques
ESTAING
Lot
N140
Puy-l'Évêque
Lot
Marcillac-Vallon
CAHORS
CAHORS
MARCILLAC
Aveyron
RODEZ
N88
AUVERGNE-AVEYRONNAIS
Tarn
COTEAUX-DU-QUERCY
CAHORS-ALBIGEOIS
A20
N20
Tarn
Millau
N88
GAILLAC
CÔTES-DE-MILLAU
N9
MONTAUBAN
GAILLAC PREMIÈRES CÔTES
ALBI
Tarn
A75
AINT-SARDOS
Gaillac
GAILLAC
Fronton
CÔTES DU FRONTONNAIS
N112
Appellations régionales
0 5 10 20 km
N124
TOULOUSE
N126
Castres
A61
N112
Ariège
Béziers
A64
N113
Garonne
N20
CARCASSONNE
N9
A66
Aude
A9
N113
A61
Narbonne

LE VIGNOBLE DU SUD-OUEST

LE VIGNOBLE

› Le Sud-Ouest constitue un ensemble hétérogène de terroirs dont certains regardent vers l'océan quand d'autres se tournent vers les reliefs pyrénéens. La singularité de cette région repose avant tout sur une très grande variété de cépages.

› Le vignoble compte seize régions distinctes, dont les plus emblématiques en rouge sont Buzet, Madiran, Cahors, Fronton, Bergerac ou Gaillac, et en blanc, Jurançon, Monbazillac et Pacherenc du Vic-Bilh.

› **Bergerac** se situe aux portes du vignoble bordelais, dont il reprend l'encépagement, en rouge comme en blanc. Le secteur de Montravel produit également blancs et rouges. Saussignac et Monbazillac produisent des vins liquoreux. Enfin, Pécharmant ne produit que des rouges et Rosette des blancs légèrement moelleux.

› Le vignoble de **Cahors**, de part et d'autre de la vallée du Lot, va jusqu'à Fumel. Ce sont 3 500 hectares, constitués de sols du kimméridgien, comme au nord de la Bourgogne, d'alluvions du Lot, qui font la part belle au malbec.

› **Buzet**, sur la rive gauche de la Garonne, du sud de Marmande jusqu'à Agen, produit essentiellement des rouges souples.

› Le vignoble de **Fronton** a la particularité de cultiver un cépage très rarement planté, la négrette, qui constitue la base des rouges et des rosés. Le sol pauvre, formé de graves, de fer et de quartz, donne aux vins un caractère fruité et floral très caractéristique.

› **Gaillac** est un vignoble très ancien, à 50 kilomètres de Toulouse, au pays des bastides albigeoises. Il s'étend sur les deux rives du Tarn et vers le nord, jusqu'à Cordes. Sur la rive gauche, le sol graveleux convient aux rouges tandis que la rive droite, avec des sols de molasses, de granites et de calcaires, adopte les deux couleurs. Cette variété permet à Gaillac de cultiver des cépages différents comme le mauzac, le loin-de-l'œil ou l'ondenc pour les blancs, le duras et le braucol (ou fer servadou) pour les rouges.

› **Madiran** s'est fait une réputation en produisant des rouges puissants. Le tannat leur donne toujours cette forte charpente, mais les progrès récents à la vigne comme en cave les ont rendus plus souples, surtout après deux ou trois ans de garde.

› **Irouléguy** est un vignoble du Pays Basque situé sur les flancs des vallées de Saint-Étienne-de-Baïgorry et de Saint-Jean-Pied-de-Port.

› **Jurançon** excelle aussi bien en liquoreux qu'en secs, même si ces derniers sont plus confidentiels. Ce petit vignoble s'étage dans des combes ensoleillées, au pied de la chaîne des Pyrénées.

DOMAINE AMEZTIA

Gexan Costera a pris la succession de son oncle. Aussi bien sur ses 8 hectares de vignes qu'à la cave, ce jeune vigneron ambitieux expérimente beaucoup, cherchant à amadouer la vigueur de ses tannats et cabernets francs. Protégeant les jus parfois un peu trop, les vins présentés cette année ont tous eu tendance à réduire. Qu'à cela ne tienne : un passage en carafe et les voilà qui s'épanouissent.

- **Irouleguy 2017** | Sec | 2019>23 | 13 € — 14
- **Irouleguy Artzaina 2016** | Sec | 2019>23 | 20 € — 14

Quartier Germieta, 64430 Saint-Étienne-de-Baigorry • Tél. 06 73 01 27 58 • ameztia@orange.fr • www.domaine-ameztia.com • Visite : du lundi au samedi de 9h à 12h30 et de 14h à 19h. Dimanche sur rendez-vous.

DOMAINE DE L'ANCIENNE CURE

Christian Roche a pris possession de l'ancien presbytère du petit village de Colombier, perché sur son promontoire et regardant vers Cahors, les 50 hectares de vignes du domaine étalés à ses pieds. Depuis plus de 25 ans, il officie en bon pâtre du bergerac et du pécharmant, mais également du monbazillac, avec deux tiers de cépages blancs et un tiers de rouges sur les secteurs les plus calcaires. C'est une adresse incontournable du vignoble, qui fait partie sans conteste des cinq meilleures réussites de la région, toutes appellations confondues. Le domaine réussit avec autant d'aisance les rouges, les blancs et les moelleux. Les entrées de gamme sont des vins savoureux, faciles, issus d'une viticulture exigeante et parfaitement vinifiée. Les grandes cuvées sont des modèles de précision et de complexité.

- **Bergerac Sec Extase 2015** | Sec | 2019>25 | 23 € — 15
- **Bergerac Sec L'Abbaye 2016** | Sec | 2019>27 | 14,50 € — 16
- **Bergerac Ca sulfit ! 2017** | Sec | 2019>21 | 10 € — 14
- **Bergerac Jour de Fruit 2018** | Sec | 2019>21 | 8 € — 14,5
- **Bergerac L'Abbaye 2016** | Sec | 2019>28 | 15 € — 15,5
- **Côtes de Bergerac Extase 2016** | Sec | 2019>25 | 23 € — 14
- **Monbazillac L'Abbaye 2013** | Liquoreux | 2019>29 | 24 € — 16
- **Monbazillac L'Extase 2015** | Liquoreux | 2019>27 | 39 € — 16
- **Pécharmant L'Abbaye 2016** | Sec | 2019>28 | 19 € — 15,5
- **Vin de France Pétillant Naturel - Mouss'Co Eff. 2018** | Sec | 2019>21 | 10 € — 14,5

EARL Christian Roche - Lieux-dit L'Ancienne Cure - L'Ancienne Cure, 24560 Colombier • Tél. 05 53 58 27 90 • ancienne-cure@orange.fr • www.domaine-anciennecure.fr • Visite : Du lundi au samedi de 9h à 18h. Dimanche et jours fériés sur rendez-vous.

DOMAINE ARRETXEA

Ce domaine exemplaire d'Irouléguy travaille ses 8,5 hectares en respectant des règles éthiques très rigoureuses sur des coteaux particulièrement escarpés. Thérèse et Michel Riouspeyrous, sympathique couple de viticulteurs, rejoint depuis quelques années par leurs fils Iban et Teo, travaillent selon les principes de l'agriculture biodynamique, mais sans certification. Pour désherber, ils ont remplacé les molécules de synthèse par... les brebis d'un berger voisin, qui viennent passer l'hiver dans les vignes. Cette année encore les vins prouvent le talent de la famille Riouspeyrous, avec une mention spéciale pour les rouges dégustés, tous les deux splendides.

- **Irouleguy 2018** | Sec | 2019>23 | 11,50 € — 14,5
- **Irouleguy Haitza 2014** | Sec | 2019>28 | 21,50 € — 17
- **Irouleguy Hegoxuri 2017** | Sec | 2019>28 | 21,50 € — 16
- **Irouleguy Terroir Grès 2016** | Sec | 2019>26 | 28 € — 15
- **Irouleguy Terroir Schiste 2016** | Sec | 2019>28 | 28 € — 16
- **Irouleguy Tradition 2016** | Sec | 2019>28 | 14,50 € — 17

Domaine Arretxea, Bourg, 64220 Irouléguy • Tél. 05 59 37 33 67 • arretxea@free.fr • Visite : Sur rendez-vous l'après-midi en semaine.

CLOS D'AUDHUY

Benoit Aymard a définitivement quitté ses fonctions de responsable technique des vignobles Vigouroux pour s'installer et exploiter les vignes familiales. Les promesses de l'an dernier se confirment, le style devient lisible, le clos d'audhuy réussit la synthèse entre la pureté du malbec moderne et un vin élevé avec ambition.

- **Cahors 2016** | Sec | 2020>28 | 7,50 € — 15,5

Cahors Les Polissons 2018 | Sec | 2019>22 | 9,50 € 14,5

Clos d'Audhuy, 46700 Lacapelle Cabanac • Tél. 06 84 62 05 27 • benoit.aymard@wanadoo.fr • www.closdaudhuy.fr • Visite : sur rendez-vous.

CHÂTEAU D'AYDIE - VIGNOBLES LAPLACE

★★☆☆☆

Les frères Laplace gèrent avec beaucoup de courage cette grande propriété de 65 hectares ainsi qu'un petit négoce attenant. Ils ont su adapter le style des vins locaux aux nécessités contemporaines, recherchant plus d'équilibre et de précision dans les vinifications. Ils ne sont jamais en manque d'imagination pour créer des vins de caractère à des prix fort raisonnables.

Madiran Aydie L'Origine 2017 | Sec | 2019>23 | 7,50 € 13,5
Madiran Château d'Aydie 2015 | Sec | 2019>27 | 18 € 15
Madiran Ode d'Aydie 2016 | Sec | 2019>23 | 11 € 13,5
Pacherenc du Vic Bilh Sec Ode d'Aydie 2017 | Sec | 2019>26 | 11,50 € 16

696 chemin 317 , 64330 Aydie • Tél. 05 59 04 08 00 • contact@famillelaplace.com • www.famillelaplace.com • Visite : du lundi au samedi de 9h à 12h30 et de 14h à 18h. Le dimanche et jours fériés sur rendez-vous.

CHÂTEAU DE BACHEN

★☆☆☆☆

Vieux château classé monument historique, il appartient depuis 1983 à Michel Guérard, homme incontournable du secteur et triple étoilé Michelin depuis plus de quarante ans : cuisinier avant de devenir vigneron, il est à l'origine d'un hôtel thermal promouvant la cuisine minceur, situé au village pittoresque d'Eugénie-les-Bains. Le vin est une passion, aussi fit-il construire dès 1987 un chai attenant aux vignes du château. Si d'abord la production était exclusivement en blanc, le vignoble fut restructuré en 1996 et sur les 20 hectares sont désormais produits moitié de vin rouge. Aujourd'hui ses vins sont la plus belle expression du terroir de tursan et cette année, l'association avec Lionel Osmin permet l'éclosion d'un très beau rosé la-dune et d'un rouge appelé roi-bœuf, tous deux en IGP Landes.

Tursan Baron de Bachen 2016 | Sec | 2019>25 | 14 € 15,5
Tursan Baron de Bachen 2015 | Sec | 2019>25 | 14 € 15
Tursan Château de Bachen 2016 | Sec | 2019>24 | 10 € 15
IGP Landes Barocco 2016 | Sec | 2019>24 | 14 € 14,5
IGP Landes Barocco 2015 | Sec | 2019>25 | 14 € 16

Château de Bachen , 40800 Duhort-Bachen • Tél. 05 58 71 76 76 • direction@michelguerard.com • www.lespresdeugenie.com • Visite : sur rendez-vous.

DOMAINE BARREAU

★☆☆☆☆

Ce domaine familial depuis 5 générations s'étend sur 45 hectares. Les vins sont de facture classique.

Gaillac L'Ancestral 2017 | Sec | 2020>25 | 18,50 € 14,5
Gaillac Les Braisiers 2017 | Sec | 2019>22 | 8,80 € 14,5

850, route de Cordes, 81600 Gaillac • Tél. 05 63 57 57 51 • domaine.barreau@wanadoo.fr • www.domaine-barreau.com • Visite : Du lundi au samedi de 9h à 12h et de 14h à 18h.

DOMAINE BARRÉJAT

★★☆☆☆

Les très vieilles vignes non greffées du domaine sont une sorte de patrimoine historique de l'appellation et devraient l'être de la nation. Denis Capmartin exploite cet héritage familial depuis 1992. Les madirans issus de vieilles vignes sont classiques, charpentés, puissants, marqués par le passage en barrique durant leur jeunesse. Les pacherencs ont de la gourmandise et du caractère.

Madiran Cuvée de l'Extrême 2017 | Sec | 2019>25 | 13,50 € 13,5
Madiran Vieux Ceps 2017 | Sec | 2019>25 | 7,70 € 14
Pacherenc du Vic Bilh Sec 2018 | Sec | 2019>24 | 4,60 € 14
Pacherenc du Vic Bilh Cuvée de la Passion 2017 | Moelleux | 2019>23 | 7,20 € 14

Château Barréjat, 32400 Maumusson-Laguian • Tél. 05 62 69 74 92 • deniscapmartin@laposte.net • www.chateaubarrejat.com • Visite : du lundi au samedi de 8h30 à 12h30 et de 14h à 19h.

CLOS BASTÉ

Œnologue de formation, Philippe Mur et son épouse Chantal ont créé le Clos Basté en 1998, à partir de pas grand-chose. Si aujourd'hui la bâtisse principale resplendit dans un jaune bouton d'or et accueille la famille ainsi que six chats, en 1998 tout était en ruines et il fallait tout reconstruire. Un défi relevé haut la main. À présent, la vigne s'étend sur 11,5 hectares, certifiés bio depuis 2008. Rien de révolutionnaire dans les pratiques mais une grande écoute du végétal, une recherche de petits rendements, des vendanges manuelles, puis au chai un travail en levures indigènes.

- **Madiran Clos Basté 2016** | Sec | 2019>28 | 14,50 € — 15
- **Madiran Clos Basté 2010** | Sec | 2019>28 | NC — 16,5
- **Pacherenc du Vic Bilh Clos Basté 2017** | Doux | 2019>23 | 12,50 € — 16
- **IGP de Bigorre Basté 2017** | Sec | 2019>22 | 6,50 € — 14

Chemin Duviau, 64350 Moncaup • Tél. 05 59 68 27 37 • closbaste@wanadoo.fr • www.closbaste.com • Visite : du lundi au samedi de 10h à 18h et le dimanche sur rendez-vous.

CHÂTEAU BAUDARE

Sur son domaine de 55 hectares de vignes en production, David Vigouroux perpétue la tradition viticole familiale qui remonte au début du 19e siècle. Installé sur d'anciennes terrasses du Tarn, à 20 kilomètres au nord de Toulouse, le domaine se situe sur un sol argilo-graveleux recouvert d'alluvions provenant du Massif Central. Le tournant décisif de la vie du domaine est intervenu en 1975, quand le père de David décide de sortir de la coopérative locale pour mettre lui-même sa récolte en bouteille. Depuis, la gamme a grandement évolué et propose une interprétation sincère et gourmande des vins de Fronton qui a pris cette année un bel envol avec une cuvée-des-cinq-cépages rouge époustouflante.

- **Fronton Cuvée des 5 Cépages 2018** | Sec | 2019>20 | 5,80 € — 12,5
- **Fronton Cuvée des 5 Cépages 2016** | Sec | 2019>28 | 8 € — 17
- **Fronton Perle Noire 2016** | Sec | 2019>22 | 7,60 € — 14,5
- **Fronton Prestige 2017** | Sec | 2019>28 | 6,90 € — 16
- **Fronton Tradition d'Excellence 2017** | Sec | 2019>24 | 5,85 € — 14
- **Fronton Vieilles Vignes 2017** | Sec | 2019>24 | 5,95 € — 14

265, chemin de Lauzard, 82370 Labastide-Saint-Pierre • Tél. 05 63 30 51 33 • chateaubaudare@sfr.fr • www.chateaubaudare.com • Visite : Le samedi de 9h à 12h et de 14h30 à 17h30.

DOMAINE BELLEGARDE

Voici un domaine qui sait trier ses raisins en phase finale et peut proposer des liquoreux remarquables, au sein d'une gamme de vins souples, faciles à boire, et qui devrait intéresser de nombreux amateurs du Sud-Ouest. Pascal Labasse sait trouver le juste équilibre entre œnologie moderne et maîtrisée et expression du terroir. La très belle réussite des cuvées haut de gamme en 2017 est à signaler.

- **Jurançon Sec La Pierre Blanche 2017** | Sec | 2019>25 | 12,90 € — 16
- **Jurançon Comète 2017** | Liquoreux | 2020>26 | 28 € — 16

Quartier Coos, 64360 Monein • Tél. 05 59 21 33 17 • contact@domaine-bellegarde.fr • www.domaine-bellegarde.fr • Visite : du lundi au vendredi de 10h à 12h et de 14h à 18h30. Le samedi sur rendez-vous.

DOMAINE BELMONT

Nous avions été les premiers à souligner l'originalité et la valeur des vins élaborés par Christian Belmon, à partir des intuitions si justes de Claude et Lydia Bourguignon. Sur des calcaires semblables à ceux de Chablis, le chardonnay fait des petits miracles et l'alliance du cabernet franc et de la syrah produit des rouges aussi racés qu'on pouvait s'y attendre sur un terroir de cette qualité. Françoise Belmon, épaulée par Stéphane Derenoncourt et par toute l'équipe du domaine, continue avec un grand courage son œuvre, sa première décision fut de moderniser élégamment le style des étiquettes. Les 2016 sont sans surprise, encore une fois très réussis. Une adresse prisée, à connaître absolument.

- **IGP du Lot Dolmen 2016** | Sec | 2020>26 | 27 € — 16

Le Gagnoulat, 46250 Goujounac • Tél. 05 65 36 68 51 • contact@domaine-belmont.com • www.domaine-belmont.com • Visite : Du lundi au vendredi de 10h à 17h. Le week-end sur rendez-vous.

CLOS BENGUERES

Voici une jeune propriété du secteur de Cancaillaü, où l'on retrouve, dans tous les types de vin, les mêmes caractères de droiture, de franchise, de naturel et de sens du juste moment pour vendanger. Notre préférence va cette année encore au chêne-couché, un jurançon racé, complet, raffiné et très expressif des terroirs de Cancaillaü, les plus réputés de l'appellation.

- **Jurançon Sec Les Galets 2017** | Sec | 2019>24 | 11 € — 15
- **Jurancon Le Chêne Couché 2016** | Moelleux | 2019>26 | 17,50 € — 16

23, Chemin des Écoles, 64360 Cuqueron • Tél. 06 21 18 57 12 • thierry.bousquet48@orange.com • Visite : du lundi au samedi de 9h à 19h et le dimanche sur rendez-vous.

DOMAINE BERTHOUMIEU

Domaine historique de Madiran fondé en 1850 sous forme d'un clos, les vins y associent plénitude de constitution et finesse à un degré rare. Composé aujourd'hui de 25 hectares de vigne, les parcelles, situées sur les coteaux de Viella, sont impeccablement cultivées. Racheté en 2016 par la famille Bortolussi (Château de Viella), il est géré par les sœurs Claire et Marion tandis que la commercialisation passe désormais exclusivement par Lionel Osmin (qui signe également des cuvées en partenariat). Si la propriété se trouve en phase de transition avec toute une réflexion menée autour de la biodiversité dans la vigne (certification HVE3 acquise), la qualité des cuvées reste constante et continue de nous ravir.

- **Madiran Cuvée Charles de Batz 2015** | Sec | 2019>27 | 15 € — 15
- **Madiran La Fé 2017** | Extra-brut | 2019>23 | 13 € — 14
- **Pacherenc du Vic Bilh Sec Pierres de Grès 2017** | Sec | 2019>24 | 11 € — 14,5
- **Pacherenc du Vic Bilh Constance 2018** | Doux | 2019>22 | 15 € — 15
- **Vin de liqueur Tanatis 2012** | Liquoreux | 2019>40 | 16 € — 17,5

Dutour, 32400 Viella • Tél. 05 62 69 74 05 • contact@domaine-berthoumieu.com • www.domaine-berthoumieu.com • Visite : uniquement sur rendez-vous du lundi au samedi de 8h30 à 12h et de 14h à 18h30.

CAVE DE BERTICOT

Créée il y a près de 50 ans par une poignée de viticulteurs, la cave de Berticot, qui regroupe aujourd'hui 2700 hectares et environ 160 coopérateurs, est devenue synonyme de vins de bon rapport qualité-prix. Malgré la taille importante de la structure et l'inertie inhérente qui va avec, 250 hectares ont été certifiés bio et près de 200 autres sont actuellement en conversion, preuve du dynamisme de la coopérative et de la prise en considération des enjeux actuels.

- **Côtes de Duras Duc de Berticot 2015** | Sec | 2019>24 | 7,95 € — 14
- **Côtes de Duras Maître Grain 2015** | Sec | 2019>24 | 9,90 € | — 14
- **Côtes de Duras moelleux 2016** | Moelleux | 2019>25 | 5,60 € — 14,5
- **Côtes de Duras Premier Frimas 2016** | Moelleux | 2019>30 | 7,65 € — 15,5

Route de Sainte-Foy-la-Grande, 47120 Duras • Tél. 05 53 83 75 47 • contact@berticot.com • www.berticot.com • Visite : du lundi au samedi de 8h30 à 12h30 et de 14h à 18h.

DOMAINE DE BEYSSAC

Sur le terrain familial, en Côtes du Marmandais, Véronique Broutet et son mari Frédéric ont créé le domaine de Beyssac en 2006. Le chai a été construit en 2009 et l'aventure se poursuit aujourd'hui avec ces 14 hectares d'un seul tenant, situés sur une croupe bien exposée et menés depuis 2017 en biodynamie. Tout est vendangé à la main et le couvert végétal spontané et naturel est encouragé. Les vins issus de ce beau terroir sont denses et suaves. Ils naissent sérieux et vigoureux, puis se fondent et se révèlent après trois ans. Tout est réussi en 2015 et 2016.

- **Côtes du Marmandais Essentiel 2016** | Sec | 2020>30 | 14 € — 15
- **Côtes du Marmandais Essentiel 2015** | Sec | 2019>30 | 14 € — 17
- **Côtes du Marmandais Initial 2016** | Sec | 2020>28 | 10 € — 14,5
- **Côtes du Marmandais Initial 2015** | Sec | 2019>30 | 10 € — 16,5

Bellevue - Beyssac, 47200 Marmande • Tél. 06 81 26 46 52 • info@domainedebeyssac.fr • www.domainedebeyssac.fr • Visite : Sur rendez-vous du mardi au samedi de 9h à 18h.

CHÂTEAU DU BLOY

Bertrand Lepoittevin est un inquiet en perpétuelle recherche, cherchant à tirer le meilleur parti de ses coteaux de Montravel. Quittant son Havre natal et sa carrière d'avocat pour les collines de la Dordogne, il est venu plaider la cause du Bergeracois en 2001, emmenant femme et enfants dans l'aventure. Volontiers disert, Bertrand Lepoittevin récrimine et palabre pour vanter les mérites - et ils sont bien réels ! - de ces terroirs d'argiles. Derrière cette personnalité attachante se cache un vigneron attentif, élaborant de beaux vins de garde, élégants. Le vignoble de 16,5 hectares est cultivé en agriculture biologique certifiée. Plus à l'aise en blanc qu'en rouge, ce domaine figure parmi les réussites de l'appellation Montravel.

- **Côtes de Bergerac Sirius 2016** | Sec | 2019>28 | 11,30 € — 15,5
- **Côtes de Bergerac Sirius 2015** | Sec | 2019>26 | 11,30 € — 15,5
- **Montravel 2018** | Sec | 2019>23 | 7,20 € — 14,5
- **Montravel 2016** | Sec | 2019>21 | 7,20 € — 13,5
- **Montravel Le Bloy 2016** | Sec | 2019>28 | 17,70 € — 16,5
- **Montravel Le Bloy 2015** | Sec | 2019>23 | 17,70 € — 13
- **Montravel Le Bloy 2015** | Sec | 2019>28 | 17,70 € — 16
- **Montravel Lilia 2016** | Sec | 2019>23 | 10,10 € — 15

Le Blois - Le Bloy, 24230 Bonneville • Tél. 05 53 22 47 87 • chateau.du.bloy@wanadoo.fr • Visite : du lundi au vendredi de 9h à 12h et de 14h à 18h. Le week-end sur rendez-vous.

DOMAINE BONNET GILBERT

Gilbert Bonnet, œnologue de formation, a fait de son amour du terroir et de la vigne, la passion de toute une vie. Aujourd'hui, il cultive 22 hectares de vignes, certifiés bio depuis 2017.

- **Côtes du Marmandais Clos de l'Adret 2016** | Sec | 2019>25 | 9,50 € — 15
- **Côtes du Marmandais De la Racine au Vin 2016** | Sec | 2019>23 | 9 € — 14
- **Côtes du Marmandais Sémillac 2018** | Sec | 2019>20 | 5 € — 14

Montdésir - Bouilhats, 47200 Marmande • Tél. 06 14 74 78 90 • domainebonnet-gilbert@vinsdemarmande.com • www.vinsdemarmande.com • Visite : du lundi au samedi de 8h à 18h.

DOMAINE BORDAXURIA

Tout a commencé avec le père d'Elorri Reca. Dès le début des années 1980, il plante près de 8 hectares de vignes sur les coteaux pentus du vignoble d'Irouléguy. S'il apporte sa récolte à la coopérative locale, la révolution vient au début des années 2010 quand Elorri s'installe au domaine avec son compagnon, Brice Robelet. Ils sortent de la coopérative, mettent en bouteille au domaine en 2014 et amorcent la conversion bio l'année suivante, effective depuis le millésime 2018 ; une gageure sur ce terroir tout en terrasses, avec un climat très pluvieux. Mais la qualité de leurs cuvées leurs donne raison et ils sont la preuve vivante qu'avec courage et engagement, tout devient possible. Aujourd'hui, ils cultivent 9,5 hectares de vignes, et si vous passez au domaine n'hésitez pas de demander à goûter l'extraordinaire tome de brebis produite sur la ferme agricole des frères d'Elorri.

- **Irouleguy 2018** | Sec | 2019>21 | 10 € — 14
- **Irouleguy 2017** | Sec | 2019>26 | 16 € — 16,5
- **Irouleguy 2017** | Sec | 2019>24 | 14 € — 14,5
- **Irouleguy Errotik 2017** | Sec | 2019>25 | 22 € — 16
- **Irouleguy Kixka 2017** | Sec | 2019>26 | 20 € — 15
- **Irouleguy Kixka 2016** | Sec | 2019>26 | 19 € — 16

Bordaxuria, 64220 Ispoure • Tél. 06 86 56 66 94 • elorrireca@live.fr • www.ferme-larraldea.com • Visite : sur rendez-vous.

DOMAINE BORDENAVE

Gisèle Bordenave a porté la propriété familiale à un haut niveau de qualité, aussi bien par l'excellence et la régularité des vins que par la restauration très réussie des bâtiments d'accueil, où le public prendra une vraie leçon de viticulture locale. Cette année encore, nous avons préféré les jurançons moelleux aux secs.

- **Jurançon Sec Souvenirs d'Enfance 2017** | Sec | 2019>23 | 9,10 € — 14,5
- **Jurançon cuvée des Dames 2017** | Moelleux | 2019>27 | 14,70 € — 15

- **Jurançon cuvée Savin 2016** | Moelleux | 2019>24 | 16,40 € — **15,5**
- **Jurançon Les Copains d'Abord 2017** | Moelleux | 2019>25 | 11,30 € — **14,5**

245 Route d'Ucha - Quartier Bas Ucha-Ouest, 64360 Monein • Tél. 05 59 21 34 83 • contact@domaine-bordenave.com • www.domaine-bordenave.com • Visite : du lundi au samedi de 9h à 19h. Le dimanche sur rendez-vous. Groupes sur rendez-vous.

DOMAINE BORDENAVE-COUSTARRET

Domaine artisanal produisant des vins bien typés, authentiques et réguliers que cela soit en moelleux ou en sec. Leur rapport qualité-prix est impeccable.

- **Jurançon Sec Renaissance 2017** | Sec | 2019>25 | 13,60 € — **15,5**
- **Jurançon Le Barou 2015** | Moelleux | 2020>25 | 16,70 € — **15**

411, Chemin Ranque, 64290 Lasseube • Tél. 05 59 21 72 66 • domainecoustarret@wanadoo.fr • www.vins-jurancon.fr • Visite : Du lundi au samedi de 9h à 12h et de 13h30 à 18h. Le dimanche sur rendez-vous.

CHÂTEAU BOUISSEL

En 1928, la famille Selle s'installe sur ces terres encore à l'heure de la diversité : arbres fruitiers et vignobles cohabitent sur des sols dits pauvres, qui pourtant composent un magnifique terreau viticole. Les générations se suivent, chacune apportant sa pierre à l'édifice et le développement de la propriété. En 2008, Nicolas reprend le flambeau, épaulé de son épouse Isabelle. Cette troisième génération fait souffler un vent nouveau sur le domaine : cultiver la vigne en harmonie avec l'écosystème local, avec une certification bio acquise en 2012. Toutes les cuvées offrent une même franchise dans les arômes et les touchers de bouche, ronds et harmonieux. Toujours régulière, la gamme propose différentes interprétations du terroir de Fronton, des cuvées croquantes de fruit à celles plus structurées et de moyenne garde.

- **Fronton Le Beau Vin 2015** | Sec | 2019>24 | 8,50 € — **14,5**
- **Fronton Le Bouissel 2014** | Sec | 2019>24 | 21,80 € — **14,5**
- **Fronton Pinot St. Georges 2015** | Sec | 2019>25 | 14,60 € — **14,5**
- **IGP du Comté Tolosan Peiruda 2017** | Sec | 2019>25 | 12,10 € — **15**

200 chemin du Vert, 82370 Campsas • Tél. 05 63 30 10 49 • contact@bouissel.com • www.bouissel.com • Visite : Du lundi au samedi de 15h à 19h. Fermé les jours fériés et le dimanche.

DOMAINE BRANA

La quatrième génération de Brana a, depuis 1985, complété l'activité de négoce en vin par des plantations de vignes en Irouléguy, sur des terroirs de grès et d'argilo-calcaires. Les installations sont ultra modernes et une attention particulière est donnée au cabernet franc, dénommé ici axeria, essentiellement mené en élevage long en barrique. La production des domaines est complétée par des achats de raisin. Les cuvées génériques d'irouléguy sont des modèles pour l'appellation et d'une constance étonnante dans un style classique. Cerise sur le gâteau basque : le vin de France, bixiberri, est une des expressions les plus originales d'Irouléguy.

- **Irouleguy 2018** | Sec | 2019>25 | 19 € — **15**
- **Irouleguy 2017** | Sec | 2019>28 | 23 € — **16**
- **Irouleguy Harri-Gorri 2017** | Sec | 2019>25 | 16 € — **14,5**
- **Irouleguy Ilori 2018** | Sec | 2019>23 | 15 € — **14,5**
- **Vin de France Bixi Berri 2015** | Sec | 2019>25 | 42 € — **16,5**

3 bis, avenue du Jaï-Alaï, 64220 Saint-Jean-Pied-de-Port • Tél. 05 59 37 00 44 • contact@brana.fr • www.brana.fr • Visite : Toute l'année à Saint-Jean-Pied-de-Port de 10h à 12h et 14h15 à 19h. Fermé le mardi et dimanche. Fermé en janvier. Visite du chai à Ispoure du 1er juillet au 31 août du lundi au samedi de 10h à 12h30 et de 14h30 à 19h. Route de saint-jean pied de port 64780 Aussess : du lundi au samedi de 10h à 12h30 et de 14jh30 à 19h Aussess 64780

DOMAINE DE BRIN

Nous avons été les premiers à vous parler de ce jeune talent, et année après année, Damien Bonnet se confirme comme l'un des grands vignerons du Gaillacois. Son exploitation d'un seul tenant, où il cumule vignes et céréales, lui permet de ne pas subir les désagréments de voisins moins respectueux que lui de la nature et la conversion bio se déroule sans histoire. Des vendanges manuelles, des élevages longs et tous les ans une ou deux cuvées éphémères à l'originalité certaine, dues aux aléas de la nature ou des caprices d'une fermentation en levures indigènes. Les vins sont à la hauteur, chaque cépage est mis en valeur avec des vinifications judicieuses. La variété et le niveau de gamme confirment la troisième étoile obtenue l'an passé.

- **Gaillac Anthocyanes 2017** | Sec | 2021>24 | 10 € — 15,5
- **Gaillac braucol 2017** | Sec | 2019>23 | 18 € — 15
- **Gaillac Brin de Temps 2017** | Sec | 2021>26 | 14 € — 15,5
- **Gaillac Loin de L'oeil 2016** | Doux | 2019>26 | 18 € — 17
- **Gaillac Mauzac 2017** | Sec | 2019>22 | 16 € — 14,5
- **Gaillac Vendemia 2017** | Sec | 2020>25 | 7,50 € — 15
- **Vin de France DBulles Eff. 2018** | Sec | 2019>21 | 12 € — 15

Lieu Dit Brin, 81150 Castanet • Tél. 05 63 56 90 60 ou 06 81 50 78 14 • domainedebrin@gmail.com • www.domainedebrin.com • Visite : du lundi au samedi, de 9h à 12h et de 14h à 18h.

DOMAINE DE BROUSSE

Ce domaine fait son entrée dans le guide. Tous les vins dégustés sont recommandables, le gaillac pétillant est une pure gourmandise, et terre-des-sens 2017 se place dans le peloton de tête des vins rouges de l'appellation. À ne pas manquer !

- **Gaillac Authentique Mauzac Eff. 2017** | Sec | 2019>21 | 10,50 € — 15
- **Gaillac L'Affirmé 2016** | Sec | 2019>23 | 8 € — 14,5
- **Gaillac Terre des Sens 2017** | Sec | 2020>26 | 12,50 € — 16

Domaine de Brousse, 81140 Cahuzac-sur-Vère • Tél. 06 86 95 78 56 • domainedebrousse@wanadoo.fr • www.domainedebrousse.fr • Visite : Du lundi au samedi de 9h à 12h30 et de 14h à 19h30. Le dimanche sur rendez-vous.

CAVE DES VIGNERONS DU BRULHOIS

Né en 2002 de la fusion de deux caves coopératives, celle de Donzac et celle de Layrac, la cave regroupe aujourd'hui 160 hectares et 60 vignerons. De taille modeste, elle produit environ 900 000 bouteilles par an, réparties sur une gamme de cuvées accessibles, aussi bien en termes de style que de prix. Une source fiable pour s'approvisionner à prix doux.

- **Brulhois Château Grand Chêne 2018** | Sec | 2019>20 | 6,15 € — 13
- **Brulhois Château Grand Chêne 2015** | Sec | 2019>23 | 7,95 € — 14
- **Brulhois Domaine Bel Casse 2017** | Sec | 2019>21 | 7,15 € — 12
- **Brulhois Itinéraire B 2018** | Sec | 2019>20 | 5,40 € — 13,5
- **Brulhois Itinéraire B 2017** | Sec | 2019>22 | 5,40 € — 13,5
- **Brulhois Le Vin Noir 2016** | Sec | 2019>24 | 8,95 € — 14,5
- **Brulhois Terressence 2016** | Sec | 2019>24 | 16,90 € — 13
- **IGP du Comté Tolosan B.A. BA 2018** | Sec | 2019>20 | 4,65 € — 13,5
- **IGP des Côtes de Gascogne B.A. BA doux 2018** | Doux | 2019>20 | 6,75 € — 13
- **IGP des Côtes de Gascogne B.A. BA sec 2018** | Sec | 2019>20 | 4,65 € — 13,5
- **Vin de France Grain d'Amour NM** | Doux | 2019>20 | 6,10 € — 13,5

3458, avenue du Brulhois, 82340 Donzac • Tél. 05 63 39 91 92 • info@vigneronsdubrulhois.com • www.vigneronsdubrulhois.com • Visite : Du lundi au samedi, de 9h30 à 12h et de 14h à 18h30. Fermé le dimanche et jours fériés.

DOMAINE BURGUÉ SÉRÉ

Ce domaine familial de Saint-Faust, qui nous avait étonnés les deux dernières années, nous a présenté des vins un peu moins aboutis. Notre recommandation va au Jurançon palombière.

- **Jurançon Palombiere 2017** | Sec | 2020>26 | 16,50 € — 15,5
- **Jurançon Palombiere 2015** | Liquoreux | 2020>30 | 21 € — 14,5

157, Chemin de Lasbistes Bassot, 64110 Saint-Faust • Tél. 05 59 83 06 40 • jeannot.sere@orange.fr • www.juranconburguesere.com • Visite : ouvert tous les jours de 9h à 19h. Les groupes sur rendez-vous.

VIGNERONS DE BUZET

Fondée en 1953, cette grande coopérative, couvrant 2000 hectares et regroupant près de 190 vignerons, représente environ 95% de la surface du vignoble de Buzet. Bénéficiant d'installations modernes, les équipes d'œnologues et de techniciens, sous l'impulsion de leur directeur Pierre Philippe, élaborent une gamme étendue dans les trois couleurs. Exemplaires dans l'approche et gérant avec intelligence, ils ont compris les enjeux de demain et travaillent sur la mise en place, à grande échelle, d'une viticulture et d'une gestion du chai selon le modèle du développement durable. C'est une belle gamme, avec des vins sans soufre parfaitement réalisés.

- **Buzet Baron d'Ardeuil 2018** | Sec | 2019>25 | 7 € — 14,5
- **Buzet Baron d'Ardeuil 2016** | Sec | 2019>22 | 9 € — 13,5
- **Buzet Château Balesté 2016** | Sec | 2019>20 | 7 € — 12,5
- **Buzet Château de Gueyze - Domaine de Gueyze 2016** | Sec | 2019>25 | 12 € — 15,5
- **Buzet Château de Padère - Château Padère 2016** | Sec | 2019>24 | 8 € — 13,5
- **Buzet Domaine de Brazalem 2016** | Sec | 2019>23 | 8 € — 14
- **Buzet Domaine de Chappelanie - Chappelanie 2016** | Sec | 2019>24 | 6 € — 15
- **Buzet Domaine de Lhiot 2016** | Sec | 2019>24 | 8 € — 15
- **Buzet Domaine de Michelet 2018** | Sec | 2019>22 | 8 € | — 13,5
- **Buzet Oniric 2016** | Sec | 2019>25 | 15 € — 15
- **Buzet Petit Baron 2018** | Sec | 2019>23 | 6,50 € — 13,5
- **Buzet Petit Baron 2018** | Sec | 2019>20 | 6,50 € — 14
- **Buzet Petit Baron 2016** | Sec | 2019>23 | 6,50 € — 14
- **Buzet Rozet 2018** | Sec | 2019>20 | 9 € — 14,5
- **Buzet Sans 2018** | Sec | 2019>23 | 7,50 € — 14
- **Buzet Sans 2018** | Sec | 2019>20 | 7,50 € — 13
- **Buzet Sans 2018** | Sec | 2019>22 | 7,50 € — 14

56, avenue des Côtes-de-Buzet , 47160 Buzet-sur-Baïse • Tél. 05 53 84 74 30 • mclaret@vignerons-buzet.fr • www.nouslesvigneronsdebuzet.fr • Visite : Du lundi au samedi : d'octobre à avril de 10h à 12h30 et de 14h à 18h et de mai à septembre de 9h à 12h30 et de 14h à 18h30.

DOMAINE DE CABARROUY

Ce domaine pratique une viticulture de plus en plus attentive et obtient, sur des sols calcaires très particuliers, des vins fins et originaux de Jurançon, particulièrement adaptés à la garde. Les doux sont très recommandables.

- **Jurançon 2017** | Moelleux | 2020>26 | 10 € — 15
- **Jurançon Sainte-Catherine 2014** | Liquoreux | 2019>26 | 14,50 € — 15,5

448 Chemin Cabarrouy, 64290 Lasseube • Tél. 05 59 04 23 08 • domaine.cabarrouy@orange.fr • www.domainedecabarrouy.simdif.com • Visite : Du lundi au samedi de 10h à 12h et 14h à 19h. Le dimanche de 10h à 12h30. Le dimanche après-midi et les jours fériés sur rendez-vous.

DOMAINE DES CAILLOUTIS

Bernard Fabre s'est installé comme vigneron en 1998. Originaire du Tarn, il souhaitait revenir sur ses terres de naissance après avoir effectué le principal de sa carrière comme enseignant au lycée viticole de Mâcon-Davayé. Écologiste sincère et convaincu, il a bien évidemment converti son domaine à l'agriculture biologique. Les vins ne sont pas levurés, et l'utilisation du soufre très faible. Tous ses vins ont un style remarquable de pureté, de naturel et de franchise, et surtout les prix sont très tendres.

- **Gaillac Rouge Coeur 2017** | Sec | 2019>23 | 8 € — 14,5

81140 Andillac • Tél. 05 63 33 97 63 • bernard.fabre81@orange.fr • www.domaine-des-cailloutis.blogwine.com • Visite : sur rendez-vous.

DOMAINE DE CANTALAUZE

Ce petit domaine de 8 hectares propose principalement des vins en appellation vin de France, mais il s'agit bien des cépages gaillacois produits sur l'aire d'appellation Gaillac. Les vins possèdent beaucoup de personnalité et un style naturel sans défaut. Le domaine confirme totalement les espoirs de l'an passé.

- **Vin de France 2018** | Sec | 2019>24 | 7 € — 15
- **Vin de France Astrolabe Eff. 2016** | Sec | 2019>20 | NC — 15
- **Vin de France Fine Fleur 2006** | Sec | 2020>27 | 22 € — 17
- **vin de france Insolence 2017** | Sec | 2021>26 | 12 € — 15,5
- **Vin de France Libre Expression 2017** | Sec | 2019>23 | 9 € — 15,5

Lintin , 81140 Cahuzac-sur-Vère • Tél. 05 63 56 07 97 • cantalauze.netp@orange.fr • www.cantalauze.fr • Visite : sur rendez-vous.

CHÂTEAU CANTELAUZE

- **Cahors Parcelle Trejet 2016** | Sec | 2021>28 | 29 € — 16

Route de Vire , 46700 Duravel • Tél. 05 65 24 58 75 • cantelauze@gmail.com • www.cantelauze.com • Visite : du lundi au vendredi sur rendez-vous. Juillet-août tous les jours sur rendez-vous.

DOMAINE DE CAPELANEL

★★☆☆☆

La bonne impression de l'an passé se confirme. Sébastien Dauliac a trouvé sa voie et produit maintenant des vins plus accessibles, moins extraits que par le passé, avec des élevages qui préservent mieux le fruit. La gamme présentée en dégustation est très homogène. Notre préférence va à la cuvée titouan, très belle réalisée en 2016.

- **Cahors Amphût 2015** | Sec | 2020>25 | 22 € — 15
- **Cahors Rangée du Curé 2016** | Sec | 2019>24 | 11 € — 14
- **Cahors Titouan 2016** | Sec | 2020>26 | 22 € — 15,5

Fages, 46140 Luzech • Tél. 06 81 62 66 48 • sebastien.dauliac@orange.fr • Visite : tous les jours sur rendez-vous.

DOMAINE CAPMARTIN

★★☆☆☆ 🍀

Sur les vieilles voire très vieilles vignes de l'ancien couvent de Maumusson-Laguion, Guy Capmartin décide de s'installer en 1985 et de quitter le domaine familial pour commencer sa propre aventure. Tout est mis en œuvre pour produire des vins au plus proche de leur terroir, avec une certification bio depuis 2010.

- **Pacherenc du Vic Bilh Sec Agrumes & Caetera 2018** | Sec | 2019>24 | 9 € — 15

Le Couvent, 32400 Maumusson • Tél. 05 62 69 87 88 • capmartinguy@yahoo.fr • www.domaine-capmartin.com • Visite : du lundi au samedi de 9h à 13h et 14h à 19h. Le dimanche sur rendez-vous.

DOMAINE CARCENAC

★☆☆☆☆

Le millésime 2017 marque une évolution de style, vers des vins plus élégants, les élevages en barriques neuves marquant moins les vins que par le passé. Sans perdre en densité, le fruité des cépages Braucol et Prunelard est mieux respecté.

- **Gaillac Exception - Braucol 2017** | Sec | 2021>26 | 14,50 € — 15
- **Gaillac Exception - Prunelard 2017** | Sec | 2020>25 | 9,50 € — 15

Le Jauret, 81600 Montans • Tél. 05 63 57 57 28 • domaine.carcenac@orange.fr • www.domainecarcenac.com • Visite : du lundi au samedi de 8h à 12h et de 14h à 19h. Dimanche sur rendez-vous.

DOMAINE CASTERA

★★★☆☆

Franck Lihours, la trentaine, est un brillant vinificateur, doté d'une réelle vision du vin et se donnant les moyens pour la réaliser dans des cuvées ciselées, de grande régularité. Cette année c'est bien simple, tout est bon, les secs comme les liquoreux et l'ensemble de la gamme s'est illustré lors de notre dégustation syndicale, notamment les 2017 qui ont encore hissé le niveau d'un cran. Le domaine est dans une indéniable dynamique de progression, avec la constance et les moyens qui vont avec, et atout pour l'amateur, avec des prix encore raisonnables. Cela justifiait une troisième étoile.

- **Jurançon 2017** | Moelleux | 2020>26 | 16,60 € — 15
- **Jurançon Sec 2017** | Sec | 2019>24 | 9,20 € — 15
- **Jurançon Sec Tauzy 2017** | Sec | 2020>26 | 16 € — 16
- **Jurançon Caubeigt 2017** | Moelleux | 2019>24 | 19,20 € — 15,5
- **Jurançon les grues VT 2017** | Liquoreux | 2020>30 | NC — 18,5

Quartier Ucha, 64360 Monein • Tél. 05 59 21 34 98 • contact@domainecastera.fr • www.domainecastera.fr • Visite : Du lundi au samedi de 8h à 12h et de 13h30 à 19h. Sur rendez-vous de préférence. Le dimanche et les jours fériés sur rendez-vous.

DOMAINE CAUHAPÉ

★★★★☆

Voici, et de loin, le domaine privé le plus important de Jurançon et la marque la plus diffusée dans l'univers de la grande restauration et des cavistes de luxe. Henri Ramonteu a su à la fois perfectionner la production, en quantité très réduite, de vins très liquoreux, au bouquet spectaculaire et à la longueur en bouche fascinante, et proposer un large volume de vins secs d'une qualité régulière, avec en haut de gamme sa cuvée canopée, récoltée à haute maturité du raisin et élevée sous bois, ce qui lui donne une vinosité unique dans l'appellation. Dans certains millésimes, les liquoreux contiennent une certaine proportion de raisins botrytisés qui contribuent à leur originalité de style et à la sensation de rôti. La quintessence reste un des fleurons de l'appellation mais le domaine, année après année, élargit sa gamme de vins blancs secs. Ils partagent tous le style maison, à savoir un fruité d'une très grande pureté, et une concentration parfaitement équilibrée par la vivacité inhérente à la région. Toujours au top !

- **Jurançon Sec C de Cauhapé 2017** | Sec | 2019>25 | 32 € — 15,5
- **Jurançon Sec La Canopée 2016** | Sec | 2020>26 | 22,90 € — 16
- **Jurançon Sec Quatre temps 2016** | Sec | 2020>27 | 15,90 € — 16
- **Jurançon Geyser 2018** | Sec | 2019>24 | 13,90 € — 14,5
- **Jurançon Noblesse du Temps 2016** | Moelleux | 2020>26 | 28,90 € — 16
- **Jurançon Quatuor 2016** | Moelleux | 2019>25 | 42 € — 15,5
- **Jurançon Quintessence de petit manseng 2016** | Liquoreux | 2020>27 | 100 € — 16,5

Quartier Castet, 64360 Monein • Tél. 05 59 21 33 02 • contact@cauhape.com • www.jurancon-cauhape.com • Visite : Du lundi au vendredi de 8h à 18h. Le samedi de 10h à 18h. Sur rendez-vous le dimanche et les jours fériés.

DOMAINE DE CAUSE

★☆☆☆☆

Le domaine de Cause produit des cahors dans un style traditionnel puissant, mûr et de garde. la cuvée notre-dame-des-champs est une nouvelle fois très réussie.

- **Cahors La Lande Cavagnac 2016** | Sec | 2022>28 | 12 € — 14,5
- **Cahors Notre Dame des Champs 2014** | Sec | 2021>27 | 24 € — 15

Lieu dit Cavagnac , 46700 Soturac • Tél. 05 65 36 41 96 ou 06 85 75 55 18 • domainedecause@wanadoo.fr • www.domainedecause.fr • Visite : du lundi au vendredi de 10h à 12h et de 14h30 à 18h30 préférence sur rendez-vous. Ouvert le samedi matin. Uniquement sur rendez-vous le samedi après-midi, le dimanche et les jours fériés.

CAUSSE MARINES

★★★☆☆ ♣

Patrice Lescarret et Virginie Maignien sont un couple de vignerons engagés, qui donnent une interprétation très personnelle du terroir gaillacois grâce à un travail de tous les instants sur leur vignoble. Leurs cuvées ont parfois un nom original, héritage d'un temps où il fallait ruser avec les règles concernant l'étiquetage pour faire figurer le cépage ou le millésime sur l'ancienne catégorie des vins de table, car ici on est rarement dans les canons de l'appellation. Quels que soient les vins présentés, ils possèdent tous beaucoup de personnalité mais avec une facilité d'accès qui ferait presque oublier combien certains cépages locaux sont capricieux. Un domaine qui mériterait d'être mieux distribué et connu dans l'Hexagone. Une priorité pour l'amateur en mal de découvertes. La dégustation cette année fut une nouvelle fois, un grand écart, les vins impressionnent par un naturel de saveur et une élégance sans équivalent. La maîtrise est totale.

- **Gaillac Causse toujours 2017** | Sec | 2019>23 | 18 € — 15
- **Gaillac Les Greilles 2017** | Sec | 2019>24 | 13 € — 15,5
- **Gaillac Les Peyrouzelles 2018** | Sec | 2020>25 | 12 € — 15
- **Vin de France Et Caetera (Rolling Stone) 2015** | Sec | 2019>23 | 34 € — 16
- **Vin de France Sy Rose 2018** | Sec | 2019>24 | 18 € — 15,5
- **Vin de France Zacmau 2016** | Sec | 2019>23 | 17 € — 15

Le Causse, 81140 Vieux • Tél. 05 63 33 98 30 • contact@causse-marines.com • www.causse-marines.com • Visite : sur rendez-vous du lundi au samedi.

CLOS CAVENAC

★☆☆☆☆ ♣

Emmanuelle Piovesan et Thierry Heydon ont repris le domaine familial en 2003, sont sortis de la cave coopérative et ont construit leur chai dans la foulée, avec une première vinification en 2004. Encore aujourd'hui le chai reste simple et la vinification se limite au strict minimum, ce qui n'empêche pas beaucoup de précision. Proche de la nature, ils ont obtenu la certification bio en 2012. Leurs 11 hectares se situent autour du domaine, en flanc de colline, sur un sol argilo-calcaire, et dont la situation avantageuse permet à la vigne de profiter d'un microclimat souvent légèrement venté. Leur originalité : la syrah, que tous les deux affectionnent particulièrement.

- **Côtes du Marmandais Grand Cros 2015** | Sec | 2019>26 | 13 € — 15
- **Côtes du Marmandais la Syrah de Cavenac 2017** | Sec | 2019>25 | 9 € — 14,5
- **Côtes du Marmandais la Syrah de Cavenac 2016** | Sec | 2019>25 | 9 € — 14,5
- **Côtes du Marmandais Seizh Penn 2015** | Sec | 2019>24 | 15 € — 14
- **Côtes du Marmandais Terra 2017** | Sec | 2019>23 | 7 € — 14
- **Côtes du Marmandais Terra 2016** | Sec | 2019>24 | 7 € — 14

IGP de l'Agenais Le Chardonnay de Cavenac 2017 | Sec | 2019>25 | 9 € — 15,5

Lieu-dit Cavenac, 47180 Castelnau-sur-Gupie • Tél. 05 53 83 81 20 • closcavenac@yahoo.fr • www.clos-cavenac.com • Visite : sur rendez-vous.

CHÂTEAU DU CÈDRE

Pascal et Jean-Marc Verhaegue conduisent de main de maître, depuis 1988, cette propriété familiale qui continue coûte que coûte à montrer la voie à toute l'appellation. Depuis quinze ans, le château du Cèdre figure au plus haut sommet de Cahors, grâce à une viticulture exigeante placée sous la responsabilité de Jean-Marc, et des vinifications très précises, conduites par Pascal. Leur terroir les y aide car il est l'un des plus qualitatifs du cru, les 27 hectares (dont 25 de rouges) se répartissent en trois îlots sur deux des meilleurs types de sols de l'appellation, notamment la fameuse troisième terrasse. L'un est argilo-calcaire, situé sur un cône d'éboulis calcaires, donc très pierreux, et donne des vins tout en finesse. L'autre est un sol de galets mêlés de sables rougeâtres, de silices et d'argiles, propice aux plus puissants des cahors. Les vins sont certifiés en agriculture biologique depuis le millésime 2012. Le changement de style de ce domaine emblématique sur les derniers millésimes est de plus en plus sensible. Les vins ont gagné en précision et en fruité sans perdre de leur forme. GC est un des sommets de la dégustation syndicale. Extra Libre démontre une nouvelle fois la maîtrise du domaine dans l'élaboration de vins sans soufre.

- Cahors Extra Libre 2018 | Sec | 2020>27 | 14,80 € — 16
- Cahors GC 2016 | Sec | 2021>31 | 75 € — 18
- Cahors Le Cèdre 2016 | Sec | 2022>32 | 35 € — 17

Château du Cèdre, Bru, 46700 Vire-sur-Lot • Tél. 05 65 36 53 87 • chateauducedre@wanadoo.fr • www.chateauducedre.com • Visite : du lundi au samedi de 9h à 12h et de 14h à 18h. Fermé les dimanches et jours fériés.

CHÂTEAU DE CHAMBERT

Le jeune et énergique Philippe Lejeune met tout son talent d'entrepreneur au service de sa magnifique propriété et de toute l'appellation. Avec 65 hectares, il dirige le plus grand vignoble de Cahors en biodynamie. Un changement de style est perceptible à la dégustation des millésimes récents, le fruité naturel du malbec est plus immédiat et mieux conservé sans que les vins perdent de leur structure. Le simple cahors est particulièrement réussi en 2015.

- Cahors 2015 | Sec | 2020>28 | 18,50 € — 15,5
- Cahors Chambert Grand Vin 2015 | Sec | 2023>32 | 34 € — 15,5

Les Hauts-Côteaux, 46700 Floressas • Tél. 05 65 31 95 75 • infos@chambert.com • www.chambert.com • Visite : Du lundi au vendredi de 9h à 12h30 et de 14h à 17h30. Juillet-Août tous les jours de 10h à 19h.

DOMAINE CHIROULET

Philippe Fezas chouchoute ses vignes depuis 1995, année où il a franchi le cap et ajouté une casquette de vigneron à celle de consultant pour Seguin-Moreau. Prenant le parti de réaliser des vins d'expression, distribués auprès des cavistes et sur les belles tables, il s'applique à penser son parcellaire, à rebours de la production alentour. Ses deux côtes font face aux Pyrénées et sont une variation de sols entre des argiles fines (la côte d'Heux) et des terres plus calcaires (terres blanches).

- IGP des Côtes de Gascogne La Côte d'Heux 2017 | Sec | 2019>20 | 10,20 € — 14
- IGP des Côtes de Gascogne Le Temps des Fleurs 2018 | Sec | 2019>20 | 6,25 € — 13
- IGP des Côtes de Gascogne Soleil d'Automne 2018 | Doux | 2019>20 | 8,70 € — 11,5
- IGP des Côtes de Gascogne Terres Blanches 2018 | Sec | 2019>20 | 7,35 € — 12
- IGP des Côtes de Gascogne Terroir Gascon 2017 | Sec | 2019>21 | 7,70 € — 12

Chiroulet, 32100 Larroque-sur-l'Osse • Tél. 05 62 28 02 21 • chiroulet@wanadoo.fr • www.chiroulet.com • Visite : du lundi au vendredi de 9h à 12h et de 14h à 18h. Le samedi aux mêmes horaires de mai à septembre, le reste de l'année sur rendez-vous pour le samedi.

DOMAINE DU CINQUAU

Au cœur de Jurançon, cette superbe propriété, entourée d'un vignoble de 9 hectares, continue de progresser et de nous régaler. Le site est remarquable et l'accueil des visiteurs montre la voie pour toute la région, avec un complexe œnotouristique qui mérite le détour. Depuis quelques millésimes, on s'est habitué à voir sortir les cuvées du domaine durant la dégustation à l'aveugle. Les hauts de gamme progressent cette année.

- **Jurançon Sec Ambition 2018** | Sec | 2019>23 | 17,80 € — 15,5
- **Jurançon Sec l'équilibriste 2017** | Sec | 2020>26 | 32,10 € — 16,5

Le Cinquau, 64230 Artiguelouve • Tél. 05 59 83 10 41 • contact@cinquau.fr • www.cinquau.fr • Visite : du lundi au vendredi de 9h à 18h. Le week-end sur rendez-vous.

CHÂTEAU COMBEL LA SERRE

Les vins de Julien Ilbert suivent une enviable progression dans un esprit moderniste partagé par de nombreux autres jeunes vignerons du secteur, avec comme facteur déclenchant une conversion bio. Les bouteilles possèdent un jeu d'étiquettes modernes qui dénotent et signent un fort parti pris que l'on retrouve dans le style des vins, précis, très près du fruit, mais avec du fond. Le style s'affine, l'expression de terroir des différentes cuvées devient plus lisible.

- **Cahors Au Cerisier 2017** | Sec | 2019>24 | 7,80 € — 14,5
- **Cahors Le Lac aux Cochons 2016** | Sec | 2021>28 | 30 € — 16
- **Cahors Les Peyres Levades 2016** | Sec | 2021>28 | 30 € — 15,5

Cournou, 46140 Saint-Vincent-Rive-d'Olt • Tél. 05 65 21 04 09 • contact@combel-la-serre.com • www.combel-la-serre.com • Visite : du lundi au samedi de 9h à 12h et de 14h à 19h. Le dimanche et jours fériés sur rendez-vous.

DOMAINE DU COMTE DE THUN

Nous avons été les premiers à vous en parler, et nous ne regrettons pas ! Ce domaine a été acheté en 1988 par le comte de Thun, un Allemand passionné de grands vins. Bien qu'au cœur du paysage gaillacois, il a fait le pari de produire en igp pour s'affranchir des contraintes liées à l'encépagement et l'assemblage. Ainsi, la tarabelle désigne la cuvée de syrah, la-maze celle de merlot, ce sont les deux cuvées haut de gamme, rejointes depuis par la cabane, pur cabernet franc, la parrazal désigne quant à elle la cuvée d'assemblage en entrée de gamme. La maîtrise technique dans l'élevage et la vinification est remarquable. On trouve ici quelques-uns des plus beaux vins rouges du secteur. Des vins puissants, massifs, qu'il faut savoir attendre quelques années pour qu'ils se fondent.

- **IGP des Côtes du Tarn La Tarabelle 2011** | Sec | 2019>24 | 36,50 € — 14,5

Domaine du Comte de Thun, 81170 Frousseilles • Tél. 05 63 56 14 02 • domaine@comtedethun.com • www.comtedethun.com • Visite : du lundi au jeudi, de 8h à 12h30 et de 14h à 16h30. Le vendredi le matin, sinon sur rendez-vous.

DOMAINE COSSE MAISONNEUVE

L'association de Mathieu Cosse, brillant œnologue et ancien rugbyman, fou de grands vins et de gastronomie, et de Catherine Maisonneuve, une des viticultrices les plus idéalistes de ce pays, nous donne quelques-uns des vins les plus complets et les plus sincères de Cahors, au sommet de l'appellation. Certifié bio, le vignoble forge des vins de grande intensité, bien élevés, élégants, à l'image des plus beaux bordeaux. Ce grand style se lit dans toutes les cuvées sans exception et l'on sent une réelle maîtrise du sujet. Les grandes cuvées notamment fixent pour Cahors des normes élevées de densité de matière et de potentiel de garde, dont la remarquable cuvée la-marguerite, mais la cuvée la-fage a déjà toutes les marques d'un vrai vin de terroir. On ne peut qu'être enchantés des progrès et du résultat perçu !

- **Cahors La Marguerite 2015** | Sec | 2020>28 | 55 € — 17
- **Cahors Les Laquets 2016** | Sec | 2021>28 | 30 € — 16,5
- **Cahors Sid 2015** | Sec | 2021>29 | 25 € — 16

Les Beraudies, 46700 Lacapelle-Cabanac • Tél. 06 78 79 57 10 ou 06 12 74 70 82 • cossemaisonneuve@orange.fr • Visite : Sur rendez-vous au 06 78 79 57 10 du lundi au samedi.

DOMAINE DES COSTES ROUGES

Claudine et Éric Vinas sont les héritiers d'une longue tradition qui a disparu quasi partout ailleurs en France : la polyculture. Si la vigne en coteau, enracinée dans un sol argilo-gréseux et certifiée bio depuis 2012, représente 6,5 hectares, ils élèvent également volaille et porc et cultivent un potager dont les légumes sont servis à leurs table paysanne. Et pour ne pas s'ennuyer pendant leurs temps libre, ils vous accueillent dans de petits gîtes noyés dans la nature. Un couple courageux, prolifique et polyvalent, qui met en bouteille des cuvées sincères, suaves, d'un excellent rapport qualité-prix.

- **Marcillac Coup de Foudre 2016** | Sec | 2019>30 | 16 € — 15,5
- **Marcillac Mélimélo 2018** | Sec | 2019>27 | 11 € — 15
- **Marcillac Tandem 2018** | Sec | 2019>24 | 9 € — 14,5
- **Marcillac Tandem 2018** | Sec | 2019>22 | 7,80 € — 14,5

Combret, 12330 Nauviale • Tél. 06 86 22 83 04 • domaine-des-costes-rouges@wanadoo.fr • www.domaine-des-costes-rouges.fr • Visite : sur rendez-vous, sauf juillet et août du lundi au samedi de 9h à 12h et de 15h à 19h.

CHÂTEAU COURT LES MUTS

Les Mûts signifient en vieux français les moûts. Dès le 17e siècle, un chai de vinification y fut construit pour la seigneurie de Saussignac. Fin XIXe, la Société nationale de lutte contre le phylloxéra reprend la propriété qui, grâce aux soins prodigués, est un des rares vignobles français à traverser sans dommages cette catastrophe. En 1960, Pierre Sadoux en fait l'acquisition, mais le vignoble en mauvais état nécessite une reprise en main complète. De 14 hectares, il s'agrandit progressivement pour atteindre aujourd'hui 54 hectares. Les vins qui en sont issus sont d'un style séduisant et plein d'énergie.

- **Bergerac Sec Tradition 2018** | Sec | 2019>22 | 6,50 € — 13,5
- **Côtes de Bergerac Des Pieds et des Mains 2014** | Sec | 2019>28 | 28 € — 15,5
- **Côtes de Bergerac L'Oracle 2015** | Sec | 2019>23 | 16 € — 15
- **Côtes de Bergerac Tradition 2016** | Sec | 2019>23 | 9,70 € — 13,5

SCEA Vignobles Pierre Sadoux, 24240 Razac-de-Saussignac • Tél. 05 53 27 92 17 • court-les-muts@wanadoo.fr • www.court-les-muts.com • Visite : du lundi au vendredi de 9h à 12h et de 14h à 18h. Le samedi et les jours fériés sur rendez-vous.

DOMAINE DU CROS

Philippe Teulier a bien développé le domaine familial. À ses débuts en 1984, il a commencé avec un hectare. Au fil du temps et avec beaucoup de patience il a réussi, petit à petit, à racheter des parcelles à ses voisins, parfois cultivées, parfois en friches, puis les a remises d'aplomb pour arriver aujourd'hui à 60 hectares de terres, dont 33 hectares de vigne qui sont majoritairement en terrasses, offrant une vue splendide sur les environs. La couleur rouge du sol crée un contraste saisissant avec le vert de la végétation, allant d'un terroir calcaire au grès rouge. Côté chai, initialement construit pour vinifier 2 hectares, il a fait comme la vigne et est aujourd'hui organisé en une cascade de niveaux descendant la colline, tout en se fondant parfaitement dans la nature. À l'intérieur, tout peut naturellement se faire par gravité. Peu interventionnistes, Philippe et son fils Julien préfèrent encourager plutôt qu'intervenir, une philosophie qui réussit bien. La jolie gamme est une ode au fer servadou, le cépage local, connu également sous le nom de mansois en Aveyron ou de braucol à Gaillac.

- **Marcillac Les Rougiers 2015** | Sec | 2019>25 | 15,75 € — 15
- **Marcillac Lo Sang del Païs 2018** | Sec | 2019>25 | 8,25 € — 14,5
- **Marcillac Lo Sang del Païs 2018** | Sec | 2019>22 | 8 € — 15
- **Marcillac N°25 2018** | Sec | 2019>22 | 9,50 € — 14
- **Marcillac Vieilles Vignes 2016** | Sec | 2019>24 | 11,25 € — 14,5
- **IGP de l'Aveyron 2018** | Sec | 2019>27 | 8,25 € — 15

Le Cros, 12390 Goutrens • Tél. 05 65 72 71 77 • pteulier@domaine-du-cros.com • www.domaine-du-cros.com • Visite : du lundi au samedi, 9h à 12h et de 14h à 18h30.

CAVE DE CROUSEILLES

La reprise par les producteurs de Plaimont de la cave coopérative de Crouseilles, créée en 1950 et pionnière de l'appellation Madiran, n'a fait que du bien à l'équipe qui en a la charge. Les 900 hectares, répartis sur 130 vignerons, entament doucement un virage vers des pratiques plus respectueuses de l'environnement, avec notamment des vignes expérimentales pour tester grandeur nature les dernières trouvailles agronomiques et convaincre les coopérateurs que cela est tout à fait possible. Une cave en pleine évolution, offrant une large gamme de vins qui vaut le détour.

- **Madiran Château de Crouseilles 2015** | Sec | 2019>24 | 10,50 € 14
- **Madiran Château de Mascaraas 2012** | Sec | 2019>28 | 11,45 € 17,5
- **Madiran Côte Abeilles 2017** | Sec | 2019>25 | 24 € 15,5
- **Madiran Les Ombrages 2016** | Sec | 2019>22 | NC 12
- **Madiran Mont Durou 2016** | Sec | 2019>27 | 17,10 € 16
- **Madiran Seigneurie de Crouseilles 2017** | Sec | 2019>25 | NC 13,5
- **Madiran Vignobles Marie Maria - Argilo 2016** | Sec | 2019>23 | 13,95 € 14,5
- **Madiran Vignobles Marie Maria - Grévière 2016** | Sec | 2019>24 | 12,45 € 13,5
- **Madiran Vignobles Marie Maria - Veine 2016** | Sec | 2019>25 | 12,45 € 14,5
- **Pacherenc du Vic Bilh Grains de Roy 2018** | Moelleux | 2019>22 | NC 13
- **Pacherenc du Vic Bilh Perle de Givre 2016** | Moelleux | 2019>23 | NC 16
- **Pacherenc du Vic Bilh Vignobles Marie Maria - Lutz 2016** | Doux | 2019>23 | 11,95 € 15,5

Route du Madiran, 64350 Crouseilles • Tél. 05 59 68 57 14 • info@crouseilles.fr • www.crouseilles.fr • Visite : D'octobre à juin du lundi au samedi de 9h30 à 12h30 et de 14h à 18h et le dimanche de 14h à 18h. De juillet à septembre tous les jours de 9h à 12h30 et de 14h à 18h.

CRU LAROSE

Ce petit domaine de moins de deux hectares, continue de nous présenter des jurançons doux, parfaitement élaborés. Notre préférence va cette année à la cuvée régal-des-grives.

- **Jurançon Nectar d'automne 2016** | Liquoreux | 2020>28 | 20,50 € 15,5
- **Jurançon Régal des Grives 2017** | Doux | 2020>27 | 12,80 € 16

251 chemin des Crêtes, 64110 Saint-Faust • Tél. 05 59 83 12 06 • contact@crularose.com • www.crularose.com • Visite : tous les jours de 10h à 12h30 et de 14h à 18h30. Sur rendez-vous le dimanche.

ELIAN DA ROS

C'est dans le paysage vallonné du Marmandais, à Cocumont, que se trouvent les 21,7 hectares de la propriété d'Elian Da Ros, assisté depuis 2008 par son épouse Sandrine. Lui qui rêvait de devenir vigneron dès l'âge de 14 ans a réalisé son rêve en 1998, en s'installant sur les terres familiales. Dès 2000, il obtient la certification bio, puis en 2002 celle de la biodynamie. À force de travail et de sérieux, ses vins sont devenus une référence dans le monde viticole du sud-ouest.

- **Côtes du Marmandais Abouriou 2016** | Sec | 2019>23 | 13,50 € 13,5
- **Côtes du Marmandais Clos Baquey 2015** | Sec | 2019>27 | 30 € 15,5
- **Côtes du Marmandais Coucou Blanc 2016** | Sec | 2019>25 | 19,50 € 15
- **Côtes du Marmandais Le Vignoble d'Elian 2016** | Sec | 2019>25 | 13,50 € 15
- **Côtes du Marmandais Le Vin est une Fête 2017** | Sec | 2019>23 | 9,50 € 14

Lieu-dit Laclotte, 47250 Cocumont • Tél. 05 53 20 75 22 • eliandaros@gmail.com • www.eliandaros.fr • Visite : sur rendez-vous.

MAS DEL PERIÉ

Chef de file des viticulteurs « nature » et « rebelles » de son appellation, Fabien Jouve n'a pas été épargné par la nature dans ces derniers millésimes, et nous comprenons parfaitement qu'en raison de toutes petites récoltes il présente à la vente des vins plus jeunes et plus souples. Le domaine innove et expérimente en permanence. Les vins possèdent un naturel salutaire et des expressions de terroir immédiates, dans une gamme aussi variée que passionnante. Les vins n'ont pas été présentés cette année à la dégustation syndicale, nous ferons un point plus complet l'an prochain.

- **Cahors Amphore 2015** | Sec | 2019>26 | NC 16
- **Cahors Bloc B 763 2016** | Sec | 2018>26 | NC 16
- **Cahors Les Acacias 2016** | Sec | 2019>23 | NC 15

Lieu-dit Le Bourg, 46090 Trespoux • Tél. 05 65 30 18 07 • masdelperie@wanadoo.fr • www.masdelperie.com • Visite : du lundi au vendredi de 8h à 12h et de 14h à 18h. Le week-end sur rendez-vous.

DOMAINE EMILIEN JEAN

Si la vigne existe depuis longtemps, le domaine a réellement pris son envol avec l'arrivée d'Emilien. Parti faire ses études et se former dans d'autres appellations, il revient et convainc son père de sortir la production de la cave coopérative. Chose faite en 2016, son premier millésime. Ce tout petit - et tout jeune - domaine, qui se compose de tout juste 4,5 hectares, ne dispose pas encore de son propre chai. Qu'à cela ne tienne, Emilien vinifie chez un voisin disposant d'un chai spacieux de l'autre côté de la colline, une solution qui n'est que temporaire puisqu'un projet de chai est en cours sur le domaine même. Les parcelles, en flanc de colline, sont travaillées comme un jardin et hébergent un conservatoire de l'abouriou, cépage local autochtone qui a failli disparaître mais regagne actuellement ses galons. L'ensemble du domaine est actuellement en conversion bio, avec une certification attendue pour 2020.

- **Côtes du Marmandais Anthophila 2017** | Sec | 2019>27 | 17 € — 15,5
- **Côtes du Marmandais Anthophila 2016** | Sec | 2019>28 | 23 € — 17
- **Côtes du Marmandais Be Api 2017** | Sec | 2019>23 | 12,50 € — 14

Lieu-dit La Gravette, 47250 Cocumont • Tél. 06 71 76 35 32 • emilien.jean@hotmail.fr • Visite : sur rendez-vous.

L'ENCLOS DES BRAVES

Installés depuis 2005, Nicolas et Chantal Lebrun ont bien fait progresser la qualité de leurs cuvées depuis quelques millésimes. Ce domaine, certifié bio maîtrise parfaitement la production de tous les types de Gaillac. Les trois cuvées goûtées cette année sont recommandables. Bravissimo est une des réussites du millésime en rouge 2017.

- **Gaillac Bravissimo 2017** | Sec | 2020>26 | 24 € — 15,5
- **Gaillac L'Enclos 2017** | Sec | 2019>22 | 13,50 € — 15
- **Gaillac L'enclos doux 2015** | Doux | 2019>27 | 16 € — 16
- **Gaillac Les Gourmands 2018** | Sec | 2019>23 | 9,60 € — 14,5
- **Gaillac Les Gourmands 2017** | Sec | 2019>23 | 10,50 € — 15

4371 Route de Faurf, 81800 Rabastens • Tél. 06 08 30 27 81 • contact@lenclosdesbraves.com • www.lenclosdesbraves.com • Visite : Du lundi au vendredi de 14h à 19h et sur rendez-vous le week-end.

DOMAINE ESPILA

Paul Carricaburu mène ce minuscule domaine, composé de seulement 1,4 hectare de vignes. Son aventure débute en 2004, avec le lancement de l'exploitation familiale, et dès 2008 les premières plantations voient le jour exactement à l'endroit où son grand-père cultivait jadis la vigne. Malgré sa petite taille et ses seulement 6900 pieds de vigne, le vignoble se répartit sur 4 parcelles, 3 villages et trois terroirs différents. Mené en agriculture biologique (certification attendue pour 2020), tout est mis en œuvre pour magnifier le terroir. Si au début la production était vendue à un vigneron local, depuis 2018 Paul met en bouteille lui-même. Sa toute première cuvée espilako-xuria démontre que ce vigneron mérite tous nos encouragements.

- **Irouleguy Espilako Xuria 2018** | Sec | 2019>25 | 16 € — 15

Domaine Espila, 64220 Ascarat • Tél. 06 08 03 35 52 • carricaburu.paul@wanadoo.fr • Visite : sur rendez-vous.

MAS DES ÉTOILES

Encore un exemple des changements produits à Cahors par l'arrivée d'une nouvelle génération. En sélectionnant des parcelles de vieilles vignes et en les cultivant avec plus d'ambition, Arnaud Bladinières, associé à David Liorit, a créé le Mas des Étoiles. Les vins se livrent sans retenue jeunes et possèdent le fond pour bien vieillir.

- **Cahors Mas des Étoiles 2015** | Sec | 2020>28 | 12 € — 15,5
- **Cahors Une Étoile est Née 2015** | Sec | 2020>26 | 17 € — 15,5

le Bourg, 46220 Pescadoires • Tél. 06 73 34 37 40 • contact@mas-des-etoiles.com • www.mas-des-etoiles.com • Visite : sur rendez-vous.

CHÂTEAU EUGÉNIE

Les Couture sont une des plus anciennes familles cadurciennes à avoir mis en bouteille au domaine et sur leurs terres classiques d'Albas, sur les terrasses du Lot et du Causse. Ils produisent des cahors sincères et de très bonne garde. Il faut leur laisser quelques années d'attente, afin qu'ils digèrent leur élevage en barrique et révèlent ainsi leur plein potentiel.

- **Cahors Haute Collection 2016** | Sec | 2022>28 | 24,50 € 14,5
- **Cahors Pierre le Grand 2017** | Sec | 2020>26 | 9,70 € 14,5

Rivière Haute, 46140 Albas • Tél. 05 65 30 73 51 • couture@chateaueugenie.com • www.chateaueugenie.com • Visite : ouvert du lundi au samedi de 9h30 à 12h30 et de 14h à 19h. Ouvert le dimanche de mi-juillet à fin août. Ouvert les jours fériés sauf le 25 décembre, le 1er janvier, à Pâques et le 1er mai.

CHÂTEAU FAMAEY

Ce domaine d'une quarantaine d'hectares est l'aboutissement du rêve de deux amis d'enfance qui l'acquièrent au début des années 2000. Le domaine confirme cette année sa progression, avec ses deux cuvées X et F, toutes deux promises à un bel avenir.

- **Cahors Cuvée F 2018** | Sec | 2022>30 | 15 € 15,5
- **Cahors Cuvée X 2016** | Sec | 2022>28 | 22,50 € 15

Les Inganels, 46700 Puy L'Eveque • Tél. 05 65 30 59 42 • famaey@orange.fr • www.chateaufamaey.com • Visite : du lundi au vendredi de 9h à 17h30. En juillet et en août, ouvert de 10h à 18h et le samedi.

CHÂTEAU FANTOU

Aurélie Aldhuy gère son domaine en bio de manière discrète et efficace. Ses vins sont encore peu connus du grand public, mais très recommandables et d'un remarquable rapport prix-plaisir.

- **Cahors Grande Terrasse 2015** | Sec | 2020>26 | 11 € 15
- **Cahors L'Elite 2015** | Sec | 2020>28 | 18 € 16

Château Fantou, 46220 Prayssac • Tél. 05 65 30 61 85 • chateau-fantou@orange.fr • www.chateau-fantou.com • Visite : Du lundi au vendredi de 9h à 12h30 et de 14h à 19h. Le week-end et jours fériés sur rendez-vous.

CHÂTEAU FARCIES DU PECH

À la fin des années 70, la famille Dubard s'installe dans le Périgord pour y développer son activité viti-vinicole. En 2000, Serge et Betty Dubard redonnent vie au château, composé de 15 hectares de vignes situés dans l'aire d'appellation Pécharmant. Cette belle chartreuse du XVIIIe siècle n'est pas seulement dédiée à la production de vin, mais également à l'accueil avec des chambres d'hôtes.

- **Pecharmant Elixir 2016** | Sec | 2019>24 | 18,90 € 14
- **Pecharmant Elixir 2015** | Sec | 2019>27 | 18,90 € 14,5

Les Farcies du Pèch, 24100 Bergerac • Tél. 06 75 28 01 90 • sbdubard@gmail.com • www.farciesdupech.com • Visite : du lundi au samedi de 9h à 19h et le dimanche sur rendez-vous.

SANDRINE FARRUGIA

Ce tout petit domaine d'à peine 4 hectares appartient à Sandrine Farrugia, dont le parcours singulier l'a amené de son travail pour un exportateur de vin à celui de vigneronne. Entre les deux, elle a croisé le chemin d'Elian da Ros, qui la forma et l'encouragea à sauter le pas. Pari réussi pour celle dont le premier millésime est sorti en 2014.

- **Côtes du Marmandais Epiphyte 2014** | Sec | 2019>25 | 20 € 15,5

Lieu-dit Laclotte, 47250 Cocumont • Tél. 05 53 20 75 22 • sandrine.farrugia@gmail.com • Visite : sur rendez-vous.

CHÂTEAU DU FRANDAT

Se composant de 60 hectares d'un seul tenant, dont 30 de vignes, ce très beau château aux allures enchantées et dont les origines remontent à 1540, trône sur une colline avec vue sur son vignoble. En 1980, Partice et Sabine Sterlin l'acquièrent, puis commencent par porter la production à la coopérative. En 1989, une grêle violente détruit 100% de la récolte. Un événement tragique, mais aussi une renaissance car dès l'année suivante le couple décide de tout produire par eux-mêmes. La deuxième génération, Laetitia et Mickaël Le Biavant, arrive en 2008 et entame une certification partielle du vignoble en bio. Aujourd'hui, 8 hectares sur les 30 sont certifiés. À côté de leurs vins accessibles et au très bon rapport qualité-prix, ils produisent également de l'armagnac et du floc-de-gascogne.

- **Buzet Château du Frandat 2015** | Sec | 2019>22 | 7,90 € — 13,5
- **Buzet Cuvée Fleurette 2014** | Sec | 2019>25 | 15 € — 15
- **Buzet Le Cabernet Franc du Frandat 2017** | Sec | 2019>23 | 8,50 € — 14
- **Buzet Le Merlot du Frandat 2018** | Sec | 2019>22 | 7,50 € — 14,5

Le Frandat, 47600 Nérac • Tél. 05 53 65 23 83 • contact@chateaudufrandat.fr • www.chateaudufrandat.fr • Visite : Du lundi au samedi de 9h à 12h et de 13h30 à 18h. Fermé entre 22 décembre et le 1er janvier, et chaque premier samedi du mois d'octobre à mai.

CHÂTEAU GAUDOU

★★☆☆☆

Ce château domine les superbes coteaux de Viré et jouxte Triguedina et Le Cèdre. Nous sommes ici sur les superbes troisièmes terrasses caillouteuses du Lot, les plus qualitatives. Issus d'un terroir géré avec sagesse et rigueur par la famille Durou, présente depuis « seulement » sept générations, les vins possèdent la vigueur et le tempérament des meilleurs rouges de l'appellation. De très vieilles vignes, pratiquement centenaires, donnent un remarquable vin de prestige.

- **Cahors Réserve de Caillau 2016** | Sec | 2021>28 | 25 € — 15

Lieu-dit Gaudou, 46700 Vire-sur-Lot • Tél. 05 65 36 52 93 • info@chateaudegaudou.com • www.chateaudegaudou.com • Visite : Du lundi au vendredi de 9h à 12h et de 14h à 18h. Ouvert le samedi sur réservation.

DOMAINE DU GRAND MAYNE

☆☆☆☆☆

Créé ex-nihilo en 1985 par un Anglais passionné de vin, le domaine a parcouru un chemin impressionnant. Très inventif et peu conventionnel dans sa commercialisation, il a fait connaître les vins avec grand succès. Mais le changement de millénaire apporte son lot de difficultés jusqu'à ce qu'en 2007 Andrew Gordon l'acquière et le remette d'aplomb avec l'aide d'une équipe très investie. Tout aussi inventif, il ouvre le capital et permet aux amoureux de leurs cuvées de devenir actionnaires. Résultat : 950 actionnaires permettent de réaliser les investissements nécessaires pour continuer à progresser. Côté vigne, les 34 hectares sont travaillés en culture raisonnée, certifiés HVE3, et commencent à s'approcher de plus en plus du bio, notamment avec un travail du sol entièrement mécanique, sans herbicides. Un domaine sérieux qui se donne les moyens, ce qui se reflète dans la qualité des vins.

- **Côtes de Duras Cuvée des Vendangeurs 2010** | Sec | 2019>25 | 20 € — 15
- **Côtes de Duras Fusion 2016** | Sec | 2019>28 | 18 € — 16
- **Côtes de Duras moelleux 2012** | Moelleux | 2019>30 | 20 € — 16,5
- **Côtes de Duras Réserve 2016** | Sec | 2019>23 | 12 € — 14
- **Côtes de Duras Réserve 2016** | Sec | 2019>25 | 12 € — 14

Le Grand Mayne, 47120 Villeneuve-de-Duras • Tél. 05 53 94 74 17 • domaine@grandmayne.net • www.domaine-du-grand-mayne.com • Visite : Du lundi au vendredi de 9h à 17h. Le week-end sur rendez-vous. Juillet et Août ouvert le samedi de 10h à 18h.

MÉTAIRIE GRANDE DU THÉRON

★★☆☆☆

Pierre Sigaud laisse son fils Sébastien cultiver ses deux grands vignobles dont celui de Prayssac et produit pour sa cuvée de prestige un vin très bien constitué, digne des meilleurs. Deux vins de terroirs différents, hautes-bories sur les magnifiques troisièmes terrasses de Soturac, et à l'opposé la métairie, sur Prayssac. Les deux ont spectaculairement progressé et produisent des crus précis et élégants.

- **Cahors La Metairie A 632 2015** | Sec | 2019>23 | 15 € — 14,5
- **Cahors Métairie Grande du Théron 2016** | Sec | 2021>26 | 11 € — 14
- **Cahors Parcelles des Origines A822 2015** | Sec | 2022>28 | 22 € — 15

Métairie Grande du Théron , 46220 Prayssac • Tél. 05 65 22 41 80 • barat.sigaud@wanadoo.fr • www.parcelledesorigines.com • Visite : sur rendez-vous.

DOMAINE DE GRIMARDY

Un petit hameau au bout d'un cul-de-sac, quelques maisons, une terrasse qui surplombe la vigne, un chai qui semble improvisé mais ne l'est en fait pas tant que ça, des chats qui gambadent et suivent Marcel et Marielle dans la vigne en contre-bas.... Ce couple cultive leurs 11 hectares comme un jardin, majoritairement planté de rouge et certifié bio depuis 2013. Quand ils l'ont acquis en 1998, le domaine ne disposait pas de chai, leur prédécesseur apportait ses raisins à la coopérative locale. Une option qui n'en était pas une pour eux. Dès 1999, la première vinification au domaine voit le jour, et dans les années qui ont suivi, leurs cuvées sont devenues les secrets les moins bien gardés de montravel.

- **Bergerac Nucléus de G 2016** | Sec | 2019>24 | 11 € — 13,5
- **Côtes de Bergerac 1955 2015** | Moelleux | 2019>30 | 8,50 € — 14,5
- **Montravel Marie Juliette 2011** | Sec | 2019>24 | 11 € — 15,5
- **Montravel Révélation de Grimardy 2015** | Sec | 2019>24 | 17,70 € — 15
- **Montravel Révélation de Grimardy 2012** | Sec | 2019>28 | 16,60 € — 16

14, Lieu-dit les Grimards, 24230 Montazeau • Tél. 06 09 96 60 55 • grimardy@wanadoo.fr • www.vins-bergerac-grimardy.com • Visite : Du 15 juin à fin septembre, du lundi au samedi de 8h30 à 12h30 et de 14h à 19H. Le dimache et le reste de l'année sur rendez-vous.

DOMAINE HAUGAROT

C'est un petit domaine artisanal, courageusement repris par un jeune viticulteur très sérieux, Jean Proharam, établi sur des coteaux de haute valeur mais difficiles à cultiver. Les vins ont du style et offrent un très bon rapport qualité-prix, sur la finesse et l'intensité de saveurs.

- **Jurançon Sec Esberit 2018** | Sec | 2019>24 | 13 € — 15,5
- **Jurançon André Jean 2017** | Liquoreux | 2020>27 | 13 € — 16

672, chemin des Crêtes, 64110 Saint-Faust • Tél. 05 59 40 69 10 • domainehaugarot@yahoo.fr • www.haugarot.com • Visite : du lundi au samedi de 8h30 à 12h30 et de 14h à 19h. Le dimanche et les jours fériés sur rendez-vous.

CHÂTEAU HAUT-MONPLAISIR

Cette propriété classique de Lacapelle-Cabanac est sérieusement conduite en viticulture bio par Cathy et Daniel Fournier. Les vinifications saines, inspirées par les frères Verhaeghe (Le Cèdre), donnent des vins solides, nets et expressifs. L'envie et pur-plaisir sont des vins très aromatiques, qui se livrent sans retenue, il faut leur laisser un peu de temps pour que la vinification et l'élevage en fût se fondent. Les 2015, qui amorcent le début de la vinification sans soufre, confirment la bonne tenue du domaine.

- **Cahors L'Envie 2018** | Sec | 2022>26 | 14,50 € — 15
- **Cahors Prestige 2015** | Sec | 2020>26 | 13,50 € — 14,5
- **Cahors Pur Plaisir 2015** | Sec | 2022>30 | 28 € — 16

46700 Lacapelle-Cabanac • Tél. 05 65 24 64 78 • chateau.hautmonplaisir@wanadoo.fr • www.chateau-haut-monplaisir.com • Visite : Du lundi au vendredi de 9h à 12h et de 14h à 18h. Le week-end et les jours fériés sur rendez-vous. Du 2 juillet au 31 août inclus, du lundi au samedi de 9h30 à 12h et de 14h à 18h30.

DOMAINE HAUT-PÉCHARMANT

Niché sur les coteaux au nord de Bergerac, le domaine regroupe deux entités : d'un côté de la route le Clos Peyrelevade, composé de 10 hectares de vignes sur un sol filtrant de sables et de graviers, et, de l'autre côté de la route, le Domaine Haut-Pécharmant, composé de 25 hectares de vignes sur un sol d'argiles bleus. Si tout a commencé en 1900 au clos, l'histoire riche en rebondissements de ces deux exploitations viticoles a connu des hauts et des bas, mais aujourd'hui c'est la 5ème génération, incarnée par le très engagé Didier Roches, qui mène avec bravoure la destinée des deux. Le chai n'a été construit en 1978, permettant à la famille de sortir du système coopératif pour mettre en bouteille au domaine. S'il n'y a pas de certification en bio, le travail à la vigne se fait de façon ultra-raisonné et les désherbants y sont proscrits depuis quatre ans déjà. Au chai, la vinification en levures indigènes est privilégiée, sauf pour le rosé. Mais Didier ne s'arrête pas là. En tant que président de l'AOP Pécharmant, il travaille avec la municipalité sur un projet qui vise à concilier aspects paysagers et architecturaux avec l'activité agricole, tout comme la mise en place d'une véritable stratégie de cohabitation respectueuse entre habitants et agriculteurs. Somme toute un homme sur tous les fronts !

- **Bergerac Clos Peyrelevade 2018** | Sec | 2019>23 | 5,80 € — 14,5
- **Pecharmant Prestige 2015** | Sec | 2019>25 | 12,50 € — 15,5
- **Pécharmant Veuve Roches 2016** | Sec | 2019>28 | 9,80 € — 15
- **Rosette Clos Peyrelevade 2018** | Doux | 2019>21 | 7,20 € — 14
- **Saussignac Château Le Tap 2015** | Moelleux | 2019>30 | 15 € — 16,5

Haut Pécharmant, 24100 Bergerac • Tél. 05 53 57 29 50 • hautpecharmant@orange.fr • www.haut-pecharmant.fr • Visite : du lundi au samedi de 8h à 12H et de 14h à 18h30. Ouvert le dimache aux mêmes horaires en juilet et août, le reste de l'année sur rendez-vous.

DOMAINE DE HERREBOUC

Ce domaine de 18 hectares et l'un des rares à être certifié bio (depuis 2010) est géré avec talent par Carine Fitte et Hélène Archidec. Très investies, elles portent les côtes-de-gascogne à leur plus beau niveau de qualité, notamment en ramenant le rendement à des niveaux minuscules par rapport à leurs voisins. Actuellement en conversion Demeter pour la certification en biodynamie, leurs approche est exemplaire pour le secteur et vaut bien une entrée dans les pages de notre guide.

- **IGP des Côtes de Gascogne Editions Limitées Blanc Doux 2015** | Doux | 2019>22 | 16 € — 15
- **IGP des Côtes de Gascogne Les Singulières 2012** | Sec | 2019>26 | 17,50 € — 16
- **IGP des Côtes de Gascogne Les Singulières 2012** | Sec | 2019>23 | 19 € — 13,5

Château de Herrebouc, 32190 Saint Jean Poutge • Tél. 05 62 64 68 34 • domaine@herrebouc.fr • www.herrebouc.fr • Visite : Du lundi au samedi de 10h à 19h. Visites sur rendez-vous.

DOMAINE ILARRIA

Ce vieux domaine familial de 30 hectares de terres est conduit en agriculture biologique. Dès 1987, la famille replante les anciens coteaux délaissés et monte progressivement de 2 à 10 hectares de vignes aujourd'hui. Un travail de longue haleine qui leur a pris plus de dix ans. Travaillant au plus près de la nature, la vinification se fait en levures indigènes pour une expression libre du raisin et du millésime.

- **Irouleguy 2016** | Sec | 2019>25 | 15 € — 16
- **Irouleguy Sans Sulfite 2016** | Sec | 2019>22 | 22 € — 14

Domaine Ilarria, 64220 Irouléguy • Tél. 05 59 37 23 38 • ilarria@wanadoo.fr • www.domaine-ilarria.fr • Visite : ouvert l'été du lundi au vendredi de 10h à 12h et de 14h à 19h. Le reste de l'année sur rendez-vous.

LA CAVE D'IROULÉGUY

Cette coopérative de taille moyenne (135 hectares), fondée en 1952, joue un rôle capital dans l'économie de la toute petite appellation Irouléguy, et le joue bien. Depuis quelques années, Christophe Mazaud dirige la cave avec sensibilité et intelligence et continue le travail entamé par ses prédécesseurs : la hisser porter sur la plus haute marche de la coopération française en produisant des vins très qualitatifs, d'une régularité constante, ce qui est la marque des bonnes adresses. De plus, on y pratique une viticulture disciplinée et respectueuse de l'environnement, avec comme projet de porter la partie certifiée bio de 15% aujourd'hui à 40% en 2020. Et pour ne pas en rester là, leur toute nouvelle boutique ravira les voyageurs de passage avec un accueil œnotouristique exemplaire. Que demander de plus ?

- **Irouleguy Argi 2017** | Sec | 2019>21 | 7 € — 14,5
- **Irouleguy Gabe 2018** | Sec | 2019>20 | 9,17 € — 12
- **Irouleguy Kattalingorri 2016** | Sec | 2019>24 | 12,25 € — 14
- **Irouleguy Lehia 2016** | Sec | 2019>25 | 26,33 € — 15
- **Irouleguy Mignaberry 2018** | Sec | 2019>23 | 10,03 € — 14
- **Irouleguy Mignaberry 2016** | Sec | 2019>24 | 10,67 € — 14
- **Irouleguy Omenaldi 2016** | Sec | 2019>27 | 14,83 € — 16
- **Irouleguy Xuri 2017** | Sec | 2019>25 | 14,58 € — 15

Route de Saint-Jean-Pied-de-Port, 64430 Saint-Étienne-de-Baïgorry • Tél. 05 59 37 41 33 • contact@cave-irouleguy.com • www.cave-irouleguy.com • Visite : D'avril à septembre, tous les jours de 9h30 à 13h et de 14h à 18h30. Fermé le dimanche d'octobre à mars.

MICHEL ISSALY

Michel Issaly fait figure d'ancêtre au milieu de la jeune génération, et ses vins s'inscrivent parfaitement dans l'esprit du mouvement bio qui anime Gaillac. L'évolution vers un style plus nature est perceptible. Son vin de l'oubli est l'un des plus spectaculaires du sud-ouest.

- **Gaillac La Combe d'Avès 2010** | Sec | 2019>23 | 25 € — 15
- **Gaillac La Quintessence 2016** | Liquoreux | 2019>27 | 30 € — 16,5
- **Gaillac Vin de L'oubli 2005** | Sec | 2019>30 | 42 € — 18,5
- **Vin de France Clos Rayssac 2017** | Sec | 2019>23 | 11 € — 14,5

Domaine de la Ramaye Saint Cécile d'Avès 817, Route de la Ramaye - Sainte-Cécile-d'Avès, 81600 Gaillac • Tél. 05 63 57 06 64 • michel.del.ramaye@wanadoo.fr • www.michelissaly.com • Visite : du lundi au samedi de 10h à 12h et de 14h à 17h30. Ouvert le dimanche sur rendez-vous.

CHÂTEAU JOLIET

Marie Ange et Jérôme Soriano produisent sur leurs domaine de 25 hectares, installé sur les anciennes terrasses du Tarn, des frontons classiques et savoureux pour l'amateur de négrette, avec une mention spéciale cette année pour le fronton-négrette 2016.

- **Fronton Elevé en Fût 2016** | Sec | 2019>24 | 9 € — 14,5
- **Fronton Négrette 2016** | Sec | 2019>27 | 7 € — 16,5
- **Fronton Tradition 2018** | Sec | 2019>20 | 5,60 € — 12,5
- **Fronton Tradition 2016** | Sec | 2019>24 | 5,60 € — 14
- **IGP du Comté Tolosan 2018** | Sec | 2019>23 | 6 € — 14,5

1070 Chemin des Peyrounets, 31620 Fronton • Tél. 05 61 82 46 02 • dejoliet@orange.fr • www.chateaujoliet.com • Visite : Du mercredi au samedi de 9h00 à 12h et de 15h à 18h les autres jours sur rendez-vous.

CHÂTEAU DE LA JAUBERTIE

Magnifique propriété où Henri IV avait sa chasse, la Jaubertie mérite le coup d'œil. Totalement restaurée par la famille Ryman qui l'a rachetée en 1973, elle abrite un vignoble de 46 hectares, géré conjointement par Hugh Ryman (œnologue également négociant à Bordeaux) et François Bacco, le sympathique maître de chai présent dans les murs depuis les origines. Depuis 2005, le domaine est mené en agriculture biologique ; réparti entre le plateau argilo-calcaire, un versant plus siliceux et des bas de côtes plus argileux, il permet d'élaborer des vins de belle dimension, faciles et gourmands.

- **Bergerac 2018** | Sec | 2019>21 | 7,10 € — 14
- **Bergerac 2016** | Sec | 2019>24 | 7,10 € — 14,5
- **Bergerac Sec Mirabelle 2017** | Sec | 2019>23 | 15,50 € — 15
- **Bergerac Mirabelle 2017** | Sec | 2019>22 | 10,50 € — 15
- **Bergerac Mirabelle 2015** | Sec | 2019>28 | 15,50 € — 16
- **Bergerac Sans Sulfites Ajoutés 2017** | Sec | 2019>23 | 8,90 € — 14,5
- **Monbazillac Mirabelle Crème de Tête 2015** | Moelleux | 2019>30 | 20 € — 17
- **IGP du Périgord Cépages Oubliés 2018** | Sec | 2019>22 | 8,90 € — 14

Ryman SA, 24560 Colombier • Tél. 05 53 58 32 11 • jaubertie@wanadoo.fr • www.chateau-jaubertie.com • Visite : Du lundi au vendredi de 10h à 17h. D'avril à septembre, du lundi au samedi de 10h à 17h.

CLOS D'UN JOUR

En très peu de temps, cette toute petite propriété est parvenue au sommet de son appellation en suivant les exemples de haute viticulture des meilleurs vignerons du Sud-Ouest : Véronique et Stéphane Azémar vont même plus vite que leurs pairs en proposant sous l'intrigant nom d'un-jour-sur-terre une étonnante cuvée de rouge élevée comme on le faisait au temps des Romains, dans des jarres en terre cuite. Cultivant un style unique, le couple propose des vins au profil aromatique extrêmement singulier, qui divisent mais ne laissent pas indifférent. Le 2016 est la météorite de la dégustation annuelle. Absolument unique.

- **Cahors Clos d'un Jour 2015** | Sec | 2020>27 | 11 € — 16
- **Cahors Un Jour 2015** | Sec | 2020>27 | 17 € — 16
- **Cahors Un Jour sur Terre 2015** | Sec | 2019>25 | 17 € — 16
- **Cahors Un Jour sur Terre 2015** | Sec | 2019>26 | 17 € — 17

Lieu-dit Le Port, 46700 Duravel • Tél. 05 65 36 56 01 • s.azemar@wanadoo.fr • www.leclosdunjour.fr • Visite : sur rendez-vous au 06 81 57 04 83.

CONFRÉRIE DU JURANÇON

★★☆☆☆

Cette marque appartient à la galaxie Castel et désigne une activité intelligente de négoce local, en pleine collaboration avec des apporteurs de moût ou de raisin. Ce sont des vins classiques, parfaitement vinifiés et dotés d'un rapport qualité-prix attractif.

- **Jurançon Le Valoisin 2018** | Doux | 2019>25 | 7,50 € — 14,5
- **Jurançon Les Amours de la Reine 2018** | Moelleux | 2019>24 | 6,70 € — 14
- **Jurançon Séduction d'Automne 2018** | Moelleux | 2019>24 | 8 € — 14,5

Chemin Campsou Quartier Loupien, 64360 Monein • Tél. 05 59 21 34 58 • contact@confrerie-du-jurancon.fr • www.confrerie-du-jurancon.fr • Visite : du mardi au samedi de 9h30 à 12h et de 14h à 18h30.

CHÂTEAU KALIAN

★☆☆☆☆ ♣

Kilian Griaud a repris en 2007 ce domaine familial de Monbazillac, acheté par son père. Fraîchement diplômé d'œnologie à Dijon, il a d'abord fait ses armes à Sauternes au château Clos Haut-Peyraguey, avant de revenir cultiver les 10,5 hectares de vignes, essentiellement plantés de sémillon, dont 7 hectares d'un seul tenant sur le plateau argilo-calcaire situé en surplomb de la maison. Le vignoble compte aussi un hectare de rouges, un de sauvignon et un peu de muscadelle.

- **Bergerac Sec 2018** | Sec | 2019>22 | 15 € — 12
- **Monbazillac 1er Vin 2017** | Moelleux | 2019>21 | 21 € — 14,5
- **Monbazillac Second Vin 2016** | Liquoreux | 2019>21 | 16 € — 13,5

Lieu-dit Bernasse, 24240 Monbazillac • Tél. 05 53 24 98 34 ou 06 30 27 57 36 • kalian.earl@orange.fr • www.chateaukalian.com • Visite : Tous les jours de 10h à 19h30.

LA BASTIDE ORLIAC

★★☆☆☆

Cette propriété historique du Brulhois se situe sur de magnifiques coteaux, à l'exposition parfaite, qui dominent la commune de Clermont-Soubiran, avec une vue imprenable sur la Garonne. Les deux sœurs Orliac préservent avec un dévouement rare à leur sol de bonnes méthodes culturales et progressivement reconstituent leur encépagement pour permettre au cabernet franc et à l'abouriou de délivrer toute leur finesse, sur un support apporté par le merlot. L'ensemble de la gamme progresse en 2016 et nous attendons avec hâte les vins du millésime 2018 bénéficiant d'une toute nouvelle cuverie.

- **Brulhois La Bastide Orliac 2016** | Sec | 2019>25 | 12 € — 15
- **Brulhois Le Prince 2014** | Sec | 2021>28 | 22 € — 15,5
- **Brulhois Royal Héritage 2016** | Sec | 2020>28 | 55 € — 16,5

38, route du bourg - Château La Bastide Orliac, 47270 Clermont Soubiran • Tél. 05 53 87 41 02 • chateau.orliac@wanadoo.fr • www.labastide-orliac.com • Visite : sur rendez-vous. Aussi sur son portable au 06 08 69 02 27

DOMAINE LA BÉRANGERAIE

★★☆☆☆

Propriété artisanale voisine de Chambert et dont le caractère des vins nous a enchantés par leur naturel, leur puissance, leur sincérité et la grande classe des terroirs. Une famille unie et courageuse, impliquée dans la vie de l'appellation.

- **Cahors Cuvée Maurin 2016** | Sec | 2019>25 | 9,50 € — 15
- **Cahors Riss 2015** | Sec | 2021>28 | 35 € — 14,5

La Bérangeraie Lieu-dit Cournou - Cournou, 46700 Grezels • Tél. 05 65 31 94 59 • berangeraie@wanadoo.fr • www.berangeraie.fr • Visite : Tous les jours de 9h à 12h et de 14h à 17h30. Le week-end sur rendez-vous de préférence. Groupe de maximum 50 personnes.

LA CALMETTE

★★☆☆☆ ♣

Maya Sallée et Nicolas Fernandez se sont installés sur l'appellation récemment (leur premier millésime est le 2016), bénéficiant d'une solide expérience avant de créer la Calmette. Une conversion vers l'agriculture biologique est d'ores et déjà entamée, ainsi que la pratique de la biodynamie. Les 2017 sont très réussis et les 2018 extrêmement prometteurs.

- **Cahors Bois Grand 2017** | Sec | 2019>24 | 28 € — 14,5

- **Cahors Butte Rouge 2017** | Sec | 2019>24 | 40 € — 15
- **Cahors Trespotz 2018** | Sec | 2020>25 | 14 € — 16

390, chemin du Colombier, 46090 Trespoux-Rassiels • Tél. 06 49 40 52 41 • nicolas@domainelacalmette.fr • www.domainelacalmette.fr • Visite : sur rendez-vous uniquement.

CHÂTEAU LA COLOMBIÈRE

Philippe Cauvin et son épouse Diane ont repris ce domaine de 15 hectares en 2006. Souhaitant travailler au plus près du sol et du raisin, ils se sont d'abord tournés vers l'agriculture biologique avant de faire certifier le domaine en biodynamie en 2012. Cette année, le fronton-coste s'est révélé de toute beauté.

- **Fronton Coste Rouge 2015** | Sec | 2019>28 | 15,50 € — 17
- **Fronton Les Frontons Flingueurs 2018** | Sec | 2019>23 | 12 € — 14
- **Vin de France Le Grand B 2016** | Sec | 2019>23 | 25 € — 15
- **Vin de France Les Jacquaires 2018** | Sec | 2019>24 | 12 € — 14,5

190 route de Vacquiers, 31620 Villaudric • Tél. 05 61 82 44 05 ou 06 35 46 05 50 • vigneron@chateaulacolombiere.com • www.chateaulacolombiere.com • Visite : du lundi au vendredi de 10h à 18h00, le week-end et jours fériés sur rendez-vous.

CHÂTEAU LA RAYRE

Vincent Vesselle, originaire de Bouzy, est l'une des belles signatures de Monbazillac. Ingénieur agro et œnologue de formation, il acheta le château en 1999, alors composé de 18 hectares de vignes. Aujourd'hui, il en compte 26. Considérant que le vin se fait à la vigne et non dans le chai, il a investi un maximum dans l'amélioration de son vignoble. Entre le travail du sol, l'enherbement adapté à chaque cépage et type de sol, la restructuration des plantations, son esprit scientifique et exigeant n'est jamais au repos. En plus du vignoble, il cultive lentilles et céréales. Un domaine qui reflète une réalité encore très présente dans le sud-ouest : celle de la polyculture.

- **Bergerac 2018** | Sec | 2019>20 | 8 € — 13
- **Bergerac 2017** | Sec | 2019>25 | 8 € — 15
- **Bergerac Sec 2018** | Sec | 2019>23 | 8 € — 14
- **Bergerac Sec Cuvée les Trois Filles 2017** | Sec | 2019>22 | 12 € — 14
- **Bergerac Sec Premier Vin 2014** | Sec | 2019>27 | 16 € — 16
- **Bergerac Les 3 Filles 2017** | Sec | 2019>25 | 12 € — 16

La Rayre, 24560 Colombier • Tél. 05 53 58 32 17 • vincent.vesselle@orange.fr • www.chateau-la-rayre.fr • Visite : sur rendez-vous.

CHÂTEAU LA REYNE

La famille Vidal gère avec beaucoup d'efficacité cette propriété emblématique du renouveau de l'appellation Cahors. Elle sait donner au vin un côté moderne, par un tannin plus lisse et moins rustique mais respectant la force et la valeur des superbes terroirs de troisième terrasse. Une adresse à suivre de près.

- **Cahors 2017** | Sec | 2021>25 | 7 € — 14,5
- **Cahors Grand Vin 2018** | Sec | 2021>28 | 9 € — 14
- **Cahors Le Prestige 2017** | Sec | 2021>28 | 12 € — 15,5

Leygues, 46700 Puy-l'Évêque • Tél. 05 65 30 82 53 • chateaulareyne@orange.fr • www.chateaulareyne.unblog.fr • Visite : du lundi au vendredi de 9h à 12h et de 14h à 18h, le week-end sur rendez-vous.

CHÂTEAU LA ROBERTIE

Brigitte Soulier est une femme de conviction et ses vins sont à l'image de cette vigneronne entière et énergique. Ses 13 hectares sont en agriculture biologique. Seule aux commandes depuis 2009, son mari ayant renoué avec la vie citadine, elle chemine dans cette voie naturelle, non sans encombres, mais avec la foi des nouveaux convertis et le souci de bien faire. Un domaine modèle, d'habitude très régulier, qui nous a laissés cette année sur notre soif.

- **Monbazillac Vendanges de Brumaire 2015** | Moelleux | 2019>21 | 17 € — 13

La Robertie, 24240 Rouffignac-de-Sigoulès • Tél. 06 88 49 00 48 ou 05 53 61 35 44 • chateau.larobertie@wanadoo.fr • www.chateau-larobertie.com • Visite : sur rendez-vous.

DOMAINE LABRANCHE-LAFFONT

Christine Dupuy a porté à un niveau élevé de qualité cette propriété de 21 hectares, dont les terroirs ne sont pas tous faciles à travailler. Elle produit à partir d'une viticulture exemplaire (certifiée bio depuis 2014) des vins charnus, réguliers, très « terroir », avec une perle rare, une très vieille vigne largement centenaire dont les pieds produisent un nectar à la texture très veloutée. Quelques nouvelles vignes sur la partie la plus noble du coteau devraient encore étoffer les prochaines cuvées. Les prix restent merveilleusement sages. Les madirans du domaine sont toujours aussi expressifs, puissants et sans concession. Le pacherenc doux est lui tout en délicatesse et équilibre.

- **Madiran 2017** | Sec | 2019>25 | 9 € — 14,5
- **Madiran Les Préphylloxériques 2011** | Sec | 2019>28 | 59 € — 16,5
- **Madiran Vieilles Vignes 2017** | Sec | 2019>26 | 15 € — 14,5
- **Pacherenc du Vic Bilh Sec 2017** | Sec | 2019>24 | 12,50 € — 15

Domaine Labranche-Laffont, 32400 Maumusson-Laguian • Tél. 05 62 69 74 90 • christine.dupuy@labranchelaffont.fr • Visite : Du lundi au samedi de 9h00 à 12h30 et de 14h à 19h. Le dimanche sur rendez-vous.

CHÂTEAU LAFFITTE-TESTON

C'est l'un des plus vieux domaines de l'appellation, où la famille Laffitte cultive de la vigne depuis huit générations. La vue panoramique du château offre non seulement un paysage imprenable sur la vigne du domaine, mais également sur la majestueuse chaîne des Pyrénées. Comme les années précédentes, nous avons une préférence pour les blancs du domaine.

- **Madiran Vieilles Vignes 2016** | Sec | 2019>28 | 13 € — 13
- **Pacherenc du Vic Bilh Sec Ericka 2017** | Sec | 2019>24 | 11C € — 15
- **Pacherenc du Vic Bilh Rêve d'Automne 2017** | Moelleux | 2019>23 | 14 € — 14

32400 Maumusson Laguian • Tél. 05 62 69 74 58 • info@laffitte-teston.com • www.chateau-laffitte-teston.com • Visite : De juin à septembre, du lundi au samedi de 9h30 à 12h30 et de 13h30 à 18h. Fermé le samedi après-midi d'octobre à mai. Fermé le dimanche et les jours fériés.

CHÂTEAU LAGRÉZETTE

Alain-Dominique Perrin a beaucoup travaillé pour faire du magnifique ensemble de Lagrézette un des phares du renouveau de Cahors. On mesure les progrès suite à la rénovation de la cave, les vins ont gagné en élégance, le fruit est mieux souligné par l'élevage. Superbe tir groupé cette année, la cuvée château et clos-marguerite sont en nette progression.

- **Cahors 2016** | Sec | 2021>30 | 35 € — 17
- **Cahors Marguerite 2016** | Sec | 2023>33 | 38 € — 17,5
- **Cahors Paragon 2016** | Sec | 2024>32 | 160 € — 17,5

Château Legrézette, 46140 Caillac • Tél. 05 65 20 07 42 • adpsa@lagrezette.fr • www.chateau-lagrezette.com • Visite : Du lundi au samedi de 10h à 18h.

CHÂTEAU LAMARTINE

Une propriété classique de l'appellation, où l'on produit des cahors solides et tanniques, au prix d'une certaine austérité pour les vins de base. La cuvée expression, issue des bonnes vignes de troisième terrasse, est d'une régularité exemplaire.

- **Cahors Expression 2016** | Sec | 2021>29 | 25 € — 15

Château Lamartine, 46700 Soturac • Tél. 05 65 36 54 14 • cahorslamartine@orange.fr • www.cahorslamartine.com • Visite : Du lundi au samedi de 9h à 12h et de 14h à 18h30 d'avril à novembre. Du lundi au vendredi de 9h à 12h et de 14 à 18h. Ouvert le week-end et les jours fériés seulement sur rendez-vous.

DOMAINE LAOUGUÉ

Pierre Dabadie est un des bons vignerons de Madiran. Son vignoble de 25 hectares se situe sur Viella, avec des terres parfaitement adaptées aux deux couleurs de vin. Sa production a beaucoup gagné en pureté aromatique tout en conservant un fort accent de terroir.

- **Madiran Arbison 2014** | Sec | 2019>26 | 36 € — 16

- **Madiran Camy 2015** | Sec | 2019>25 | 9 € — 14,5
- **Madiran Marty 2014** | Sec | 2019>25 | 13 € — 14,5
- **Pacherenc du Vic Bilh Sec L'Orée 2017** | Sec | 2019>23 | 11 € — 13
- **Pacherenc du Vic Bilh 19.58 2017** | Doux | 2019>25 | 10 € — 15,5

Route de Madiran, 32400 Viella • Tél. 05 62 69 90 05 • contact@domaine-laougue.fr • www.domaine-laougue.fr • Visite : Du lundi au samedi de 9h à 19h.

CLOS LAPEYRE

★★☆☆☆ ♣

Jean-Bernard Larrieu fait partie de l'élite des vignerons de Jurançon. Il pratique une viticulture très propre et vinifie habilement les secs et les liquoreux. À leur meilleur, le bouquet de ses vins développe puissamment les arômes de truffe blanche ou noire (selon les millésimes) propres aux terroirs de la Chapelle-des-Rousses, les plus originaux du secteur. Ses vins blancs secs se distinguent de la plupart par leur vigueur, et leur fort et remarquable goût de terroir. Mais ce ne sont pas des vins « primeurs ». Quelques millésimes anciens dégustés cette année confirment l'intérêt de les conserver.

- **Jurançon Sec Evidencia 2017** | Sec | 2019>24 | 15,60 € — 15
- **Jurançon Sec Lapeyre 2018** | Sec | 2019>23 | 10,70 € — 14,5
- **Jurançon Sec Mantoulan 2013** | Sec | 2019>28 | 19,50 € — 16,5
- **Jurançon La Magendia 2016** | Moelleux | 2019>26 | 18,80 € — 16

257, chemin du couday La Chapelle-de-Rousse - Chemin du Couday, 64110 Jurançon • Tél. 05 59 21 50 80 • contact@jurancon-lapeyre.fr • www.jurancon-lapeyre.fr • Visite : du lundi au vendredi de 9h à 12h30 et de 14h à 18h. Le samedi de 14h à 18h. Dimanche et jours fériés sur rendez-vous, horaires adaptables.Réception de groupes sur réservation.

CAMIN LARREDYA

★★★★☆ ♣

Fer de lance de Jurançon, ce domaine conduit en agriculture biologique et en biodynamie est l'une des figures incontournables de l'appellation, incarné par son propriétaire Jean-Marc Grussaute. Ses meilleures terrasses donnent même un vin exceptionnellement riche et subtil, à un prix encore fort accessible, mais l'ensemble de la gamme, aussi bien en sec qu'en moelleux, est d'un niveau admirable. Les 2017 sont magnifiques, à l'instar de toute la production. Au-capcéu et lapard-davant font partie des vins les plus réussis, il faut s'en saisir d'urgence.

- **Jurançon Sec Costa blanca 2017** | Sec | 2020>28 | 55 € — 16
- **Jurançon Sec La Part Davant 2017** | Sec | 2020>27 | 16 € — 16,5
- **Jurançon Sec La Virada 2017** | Sec | 2020>28 | 24 € — 16
- **Jurançon Au Capcéu 2017** | Moelleux | 2020>28 | 27 € — 17

La Chapelle-de-Rousse, 64110 Jurançon • Tél. 05 59 21 74 42 • contact@caminlarredya.fr • www.caminlarredya.fr • Visite : Sur rendez-vous.

DOMAINE LAURENS

★★☆☆☆

Installé dans le village médiéval splendide de Clairvaux d'Aveyron, le chai est ceint de murs historiques, composés des pierres rouges si caractéristiques pour la région. La famille Laurens y œuvre depuis plusieurs générations. Leurs 25 hectares de vignes sont quasi tous organisés en terrasses, bordés de 29 kilomètres de talus et de murets. Tout est vendangé à la main et soigneusement trié. À côté des cuvées classiques qui mettent en valeur notamment le fer servadou, d'autres plus expérimentales et jusqu'au-boutistes ont vu le jour. Mis en bouteille sous l'effigie des vin-de-france, ils se sont avérés lors de notre dégustation d'un tel niveau qu'une (re-)entrée dans nos pages s'est imposé. Une nouvelle étoile brille au firmament de Marcillac.

- **Marcillac Claus d'Ifer 2015** | Sec | 2019>30 | 30 € — 17
- **Marcillac Cuvé Eglantine 2018** | Sec | 2019>22 | 8 € — 14
- **Marcillac cuvée de Flars 2016** | Sec | 2019>29 | 11,20 € — 16
- **Marcillac Cuvée de l'Ecir 2015** | Sec | 2019>26 | 15,10 € — 14
- **Marcillac cuvée Pierres Rouges 2018** | Sec | 2019>25 | 8 € — 14,5
- **Marcillac La Bruyère 2015** | Sec | 2021>29 | 30 € — 13,5
- **Marcillac Le Dernier Lion 2016** | Sec | 2019>30 | 27 € — 13,5
- **IGP de l'Aveyron Cuvée de Flars 2017** | Sec | 2019>26 | 11,70 € — 16
- **Vin de France Caïfan 2015** | Sec | 2019>30 | 30 € — 17
- **Vin de France Clamenç 2015** | Sec | 2019>35 | 30 € — 17,5
- **Vin de France Claus Menut 2015** | Sec | 2019>35 | 30 € — 18

7 avenue de la Tour, 12330 Clairvaux d'Aveyron • Tél. 05 65 72 69 37 • info@domaine-laurens.com • www.domaine-laurens.com • Visite : Du lundi au samedi de 10h à 12h et de 14h à 19h ; fermé les dimanches et jours fériés.

CHÂTEAU LAUROU

Guy Salmona a troqué les ordinateurs pour le sécateur en 1997. Très vite, il s'est pris de passion pour sa nouvelle vie. Le domaine, malgré la taille impressionnante de 145 hectares, est aujourd'hui converti en bio, ce qui en fait le plus important pour le secteur mais d'ores et déjà les cuvées présentent une profondeur de fruit et une fraîcheur d'un meilleur niveau que par le passé.

- **Fronton Délit d'Initiés 2018** | Sec | 2019>24 | 10 € — 14
- **Fronton Haute Expression 2018** | Sec | 2019>25 | 16 € — 15
- **Fronton Tradition 2018** | Sec | 2019>20 | 6 € — 13,5
- **Fronton Tradition 2018** | Sec | 2019>22 | 6,50 € — 13

2250 route de Nohic, 31620 Fronton • Tél. 05 61 82 40 88 • contact@chateaulaurou.fr • www.chateaulaurou.fr • Visite : sur rendez-vous sauf dimanche et jours fériés.

LE ROC

Le Roc fait partie du peloton de tête de Fronton. Frédéric Ribes, l'actuel président du syndicat de l'appellation, s'est forgé un style tout personnel, souvent reconnaissable grâce à un supplément de parfum et de caractère salin. Si les entrées de gamme expriment un charme fruité immédiat dans leur jeunesse, les cuvées plus ambitieuses méritent généralement de patienter quatre à cinq ans minimum. Comme souvent, la cuvée don-quichotte domine la dégustation.

- **Fronton Don Quichotte 2018** | Sec | 2019>28 | 14 € — 16,5
- **Fronton Ninette 2018** | Sec | 2019>20 | 7,50 € — 14,5

1605 C, route de Toulouse, 31620 Fronton • Tél. 05 61 82 93 90 • familleribes@leroc.fr • www.leroc-fronton.com • Visite : Du lundi au samedi de 10h à 12h et de 14h à 18h.

CHÂTEAU LES CROISILLE

Ce domaine familial de 33 hectares, créé de toutes pièces par Cécile et Bernard Croisille à partir de 1979, est aujourd'hui entre les mains de Germain Croisille. Il exprime le renouveau de Cahors, avec une approche moderne où l'usage du bois neuf a été abandonné. Les vins, certifiés en bio, ont progressé en finesse et accessibilité, tout en gagnant en profondeur et expression de terroir. Les cuvées silice et calcaire en sont l'illustration laplus probante. Divin a gagné en qualité de fruits et en plaisir immédiat sans perdre son potentiel de vieillissement. Aujourd'hui, le niveau atteint est remarquable, dans un style frais et saillant de belle réussite.

- **Cahors Divin Croisille 2015** | Sec | 2020>28 | 23 € — 16
- **Cahors Silice 2016** | Sec | 2020>26 | 12 € — 15,5

Fages, 46140 Luzech • Tél. 05 65 30 53 88 ou 06 72 31 02 71 • chateaulescroisille@wanadoo.fr • www.lescroisille.com • Visite : du lundi au samedi de 9h à 12h et de 14h à 18h. Dimanche et jours fériés sur rendez-vous.

CHÂTEAU LES DONATS

Patrick Somers acquiert ce domaine en 1994, entamant dans la foulée une restructuration complète des 20 hectares de vignoble. Depuis 2011, il travaille de concert avec l'œnologue Olivier Verhelst. Cette année, le bergerac rouge panache nous a conquis.

- **Bergerac Sec Panache 2016** | Sec | 2019>23 | 18 € — 14,5
- **Bergerac 100 Pur Sang 2015** | Sec | 2019>23 | 25 € — 13,5
- **Bergerac Panache 2016** | Sec | 2019>28 | 17 € — 16

Impasse des Donats, 24520 Saint-Nexans • Tél. 05 53 58 42 78 • info@chateaulesdonats.com • www.chateaulesdonats.com • Visite : sur rendez-vous.

DOMAINE LES PETITS JARDINS

Alexia Bouyssou, œnologue de formation, vient de franchir le pas et de s'installer. Les vins encore en cours d'élevage, présentés lors de la dégustation syndicale, sont très prometteurs. On suivra de près l'évolution de ce domaine dans les années à venir.

Domaine Les Petits Jardins, Les Hourtets, 81600 Gaillac • Tél. 06 13 62 02 12 • domainelespetitsjardins@orange.fr • Visite : sur rendez-vous.

LES ROQUES DE CANA

Beaucoup de moyens sont mis en œuvre ici pour vinifier cet important domaine de Saint-Vincent-Rive-d'Olt, avec des étiquettes singulières, bondieusardes mais qu'on n'oublie pas, ce qui est le signe du bon marketing ! Le style s'affine, toujours démonstratif, les vins ont gagné néanmoins en précision, les élevages semblent plus juste, ils conservent leur côté sensuel et leur potentiel de garde. Une belle adresse.

- **Cahors Sanctus Graal 2016** | Sec | 2020>30 | 95 € — **16**
- **Cahors Sanguis Christi 2016** | Sec | 2020>28 | 25 € — **15,5**

Lieu dit Les Roques, 46140 Saint-Vincent-Rive-d'Olt • Tél. 06 88 92 22 39 • domainelesroquesdecana@gmail.com • www.lesroquesdecana.fr • Visite : seulement sur rendez-vous.

CAVE DU MARMANDAIS

La cave du Marmandais représente pas moins de 90 % de la superficie de l'appellation. Avec 800 hectares de vignes, elle produit six millions de bouteilles. L'arrivée à sa direction en 2010 de Frédéric Costella, œnologue de formation et ancien rugbyman, a redynamisé les équipes. Un travail qui depuis fin 2016 est perpétué par Bertrand Cherel. Les résultats sont probants et la cave propose en effet une gamme très homogène de vins parfaitement vinifiés.

- **Côtes du Marmandais Château Bazin 2015** | Sec | 2019>27 | 13,95 € — **16,5**
- **Côtes du Marmandais Château Côte de France 2018** | Sec | 2019>20 | 6 € | ♣ — **13,5**
- **Côtes du Marmandais Château La Bastide 2018** | Sec | 2019>20 | 4,95 € — **14,5**
- **Côtes du Marmandais Château La Bastide 2017** | Sec | 2019>24 | 5,25 € — **14,5**
- **Côtes du Marmandais Confidentiel 2017** | Sec | 2019>24 | 9,50 € — **14**
- **Côtes du Marmandais Quezaco 2018** | Sec | 2019>20 | 4,85 € — **13**
- **Côtes du Marmandais Rendez-Vous Abouriou 2018** | Sec | 2019>22 | 4,95 € — **12,5**
- **Côtes du Marmandais Terre d'Abouriou 2018** | Sec | 2019>22 | 6 € | ♣ — **13,5**

La Vieille Église, 47250 Cocumont • Tél. 05 53 94 50 21 • jadas@cavedumarmandais.fr • www.cavedumarmandais.fr • Visite : D'octobre à mars du lundi au vendredi de 9h à 12h et de 14h30 à 18h. D'avril à septembre, du lundi au vendredi de 9h à 12h et de 14h à 18h30. Ouvert samedi matin de 9h à 12h en juillet-aout.

CHÂTEAU DE MAYRAGUES

Le chateau de Mayragues offre une gamme complète de vins savoureux, au naturel séducteur et d'un bon rapport prix plaisir. Le vignoble est cultivé en biodynamie.

- **Gaillac Classique 2018** | Sec | 2019>23 | 9 € — **15**
- **Vin de France 23° Fahrenheit 2017** | Sec | 2020>23 | 11,50 € — **14**

Château de Mayragues, 81140 Castelnau de Montmiral • Tél. 05 63 33 94 08 • geddes@chateau-de-mayragues.com • www.chateau-de-mayragues.com • Visite : du lundi au samedi de 9h à 12h et de 14h à 19h, le dimanche sur rendez-vous.

CHÂTEAU MONESTIER LA TOUR

Racheté par Karl Friedrich Scheufele, co-président de Chopard et fondateur des caveaux de Bacchus en Suisse (où il est le distributeur exclusif du Domaine de la Romanée-Conti), Monestier la Tour remet les compteurs à zéro et fait table rase du passé. Les conseillers Stéphane Derenoncourt et Jean de Laître quittent la scène. Entre en piste, aux côtés de Guillaume Launa (présent sur le domaine au quotidien), Corinne Comme. La diva de la biodynamie (elle a conseillé Climens lors de sa conversion en 2009), épouse de Jean-Michel Comme, ponte du château Pontet-Canet, est chargée de superviser les vinifications, la vigne bien sûr, et aussi d'apporter sa pierre au nouvel édifice en train de sortir de terre ; un chai à 3 millions d'euros, réalisé par des artisans locaux dans les règles de l'art et de l'architecture du château. Du très beau donc pour, à terme, booster les vins.

- **Côtes de Bergerac 2018** | Sec | 2020>28 | 19,50 € — **15**

La Tour, 24240 Monestier • Tél. 05 53 24 18 43 • contact@chateaumonestierlatour.com • www.chateaumonestierlatour.com • Visite : du lundi au vendredi de 8h30 à 12h et de 14h à 16h30. Le samedi sur rendez-vous.

DOMAINE MONTESQUIOU

Les vins, issus de vignes en coteaux pentus du secteur de Monein et conduites en biodynamie, La gamme est très homogène, avec au sommet une superbe vendanges tardives.

- **Jurançon Sec Cuvade Preciouse 2017** | Sec | 2019>24 | 10 € — 15
- **Jurançon Amistat 2017** | Moelleux | 2019>25 | 9 € — 14,5
- **Jurançon Grappe d'Or 2016** | Liquoreux | 2019>25 | 14 € — 14,5
- **Jurançon Vendanges Tardives 2015** | Liquoreux | 2020>27 | 25 € — 16,5

Quartier Haut-Ucha, 64360 Monein • Tél. 05 59 21 43 49 • domainemontesquiou@orange.fr • www.domaine-montesquiou.fr • Visite : Du lundi au samedi de 9h à 12h et de 14h à 19h. Le dimanche sur rendez-vous.

CHÂTEAU MONTUS - CHÂTEAU BOUSCASSÉ

Si les terroirs incomparables de Montus et la Tyre permettent la maturation optimale du tannat, encore faut-il savoir, par la vinification et l'élevage, porter ce potentiel au plus haut niveau. Alain Brumont, né à Bouscassé, connaît ce terroir par cœur, mais sa vision et son sens de la perfection l'ont poussé à non seulement remettre en question l'interprétation du terroir par ses pairs, mais aussi à repousser ses propres limites toujours plus loin. Est ainsi née une vision sans concession, perfectionniste, visionnaire, une interprétation et une exigence qui dérangent et ne lui ont pas attiré que des amis. Il porte une attention exemplaire à ses 250 hectares de vignes, lui permettant de créer des cuvées intemporelles, de grande garde. Les vins sont monumentaux, avec une puissance et une énergie évidentes mais complètement domptés et sous contrôle, ce qui est un véritable tour de force. L'ensemble de Montus et de Bouscassé constitue sans doute le sommet actuel de la viticulture du Sud-Ouest. La politique de commercialisation impose quelques années de garde, permettant d'acquérir des vins prêts à être consommés qui témoignent pleinement du potentiel qualitatif du domaine et de la région. Si Alain, ayant dépassé les 70 ans, ne songe nullement à la retraite, il n'a pas pour autant omis de former la jeune génération, dont Antoine Veiry, son beau-fils, qui fait preuve d'une détermination et d'une curiosité qui ressemblent beaucoup aux siennes.

- **Madiran Château Bouscassé 2012** | Sec | 2019>28 | 15 € — 15,5
- **Madiran Château Bouscassé - Argile rouge 2011** | Sec | 2019>28 | 14,50 € — 16
- **Madiran Château Bouscassé - Vieilles Vignes 2010** | Sec | 2019>28 | 30 € — 17
- **Madiran Château Montus 2013** | Sec | 2019>28 | 23 € — 17,5
- **Madiran Château Montus La Tyre 2010** | Sec | 2019>35 | 150 € — 16
- **Madiran Montus Prestige 2009** | Sec | 2019>30 | 53 € — 18,5
- **Madiran Montus XL 1999** | Sec | 2019>30 | 63 € — 18
- **Pacherenc du Vic Bilh Sec Château Bouscassé Les Jardins 2014** | Sec | 2019>28 | 11 € — 16,5
- **Pacherenc du Vic Bilh Sec Château Bouscassé Les Jardins 2012** | Sec | 2019>28 | 11 € — 16
- **Pacherenc du Vic Bilh Sec Château Montus 2014** | Sec | 2019>35 | 30 € — 17
- **Pacherenc du Vic Bilh Bouscassé Brumaire 2011** | Liquoreux | 2019>26 | 24 € — 17
- **Pacherenc du Vic Bilh Bouscassé Frimaire 2010** | Doux | 2019>30 | 45 € — 18
- **Pacherenc du Vic Bilh Bouscassé Vendémiaire 2015** | Liquoreux | 2019>25 | 12 € — 15,5
- **IGP des Côtes de Gascogne Bouscassé Menhir 2009** | Sec | 2019>28 | 16 € — 15

Château Bouscassé , 32400 Maumusson-Laguian • Tél. 05 62 69 74 67 • contact@brumont.fr • www.brumont.fr • Visite : Du lundi au vendredi de 8h à 12h30 et de 14h à 18h. De juin à septembre du samedi de 9h à 12h et 14h à 18h30.

DOMAINE DU MOULIÉ

En gascon, moulié veut dire à la fois moulin et meunier. Si une preuve écrite de présence d'un moulin sur ce site n'a jamais pu être apportée, il en est tout autre pour l'activité viticole, attesté depuis 1764. Le domaine, repris en 1920 par la famille Chiffre, est aujourd'hui dirigé par deux sœurs, Lucie et Michèle. Il compte désormais 16,5 hectares de vignes, orientés sud-sud-ouest, implantés vers le sommet d'une crête et disposent ainsi d'un ensoleillement idéal, à l'abri des gelées automnales. Si la vigne côté pacherenc est certifiée bio, côté madiran elle est actuellement en HVE3.

- **Madiran Chiffre 2015** | Sec | 2019>26 | 12,50 € — 14,5
- **Madiran Moulié 2016** | Sec | 2019>24 | 8,50 € — 14,5
- **Pacherenc du Vic Bilh Sec L'Insolite 2017** | Sec | 2019>24 | 10 € | ♣ — 14

Domaine du Moulié , 32400 Cannet • Tél. 05 62 69 77 73 • domainedumoulie@orange.fr •

www.domainedumoulie.com • Visite : du lundi au samedi de 9h à 12h et de 14h à 18h, dimanche et jours fériés sur rendez-vous.

DOMAINE DU MOULIN

Nicolas Hirissou représente la cinquième génération de la famille à faire du vin et c'est lui qui a commencé la mise en bouteilles. Il ne cesse de planter des cépages locaux, ou de plus lointaines origines. Les vignes, à forte densité, sont très bien tenues. On produit ici des vins structurés et puissants qu'il faut attendre quelques années pour qu'ils se révèlent totalement. Le domaine confirme cette année, avec une gamme ambitieuse parfaitement maîtrisée.

- **Gaillac Florentin 2017** | Sec | 2020>26 | 23 € — 14,5
- **Gaillac Vieille Vigne 2018** | Sec | 2019>22 | 9,50 € — 14
- **IGP du Tarn Cinto 2017** | Sec | 2022>28 | 60 € — 15,5

Chemin des Crêtes, 81600 Gaillac • Tél. 05 63 57 20 52 • domainedumoulin81@orange.fr • www.ledomainedumoulin.com • Visite : Tous les jours, de 9h à 12h et de 14h à 19h. Le dimanche, aux même horaires, de mai à octobre.

CHÂTEAU MOULIN CARESSE

Sylvie et Jean-François Deffarge ne ménagent pas leurs efforts depuis 1981 pour porter haut les couleurs de Montravel sur ce domaine hérité du père de Jean-François. Ce sont aujourd'hui 52 hectares situés en coteaux et sur le plateau de Vélines. La culture n'a pas sauté le pas du bio mais s'efforce de faire du mieux possible. La génération suivante est déjà dans les starting-blocks : Quentin et Benjamin sont désormais impliqués dans la vie du domaine et le reprennent en main. La gamme, importante et très bien structurée, leurs permet de proposer des vins adaptés à toutes les circonstances. Le nouveau chai permettra de pousser leur vision encore plus loin, avec notamment l'élaboration en complément de quelques cuvées expérimentales.

- **Bergerac Magie d'Automne 2015** | Sec | 2019>24 | 8 € — 15
- **Bergerac Merlot 2018** | Sec | 2019>21 | 5,50 € — 14
- **Montravel Cent pour 100 2017** | Sec | 2019>22 | 14,50 € — 14
- **Montravel Cent pour 100 2016** | Sec | 2019>24 | 14,80 € — 15
- **Montravel Cœur de Roche 2015** | Sec | 2019>28 | 40 € — 17
- **IGP du Périgord La Frangine 2018** | Sec | 2019>20 | 4,40 € — 14
- **IGP du Périgord Les Frangins 2018** | Sec | 2019>22 | 4,40 € — 14,5
- **IGP du Périgord Les Frangins 2017** | Sec | 2019>21 | 4,40 € — 14

1235, route de Couin, 24230 Saint-Antoine-de-Breuilh • Tél. 05 53 27 55 58 • contact@moulincaresse.fr • www.moulincaresse.com • Visite : Du lundi au vendredi de 9h à 12h et de 14h à 18h. Le week-end sur rendez-vous. Et de mai à août, le samedi de 10h à 18h.

DOMAINE MOUSSET

Avec ses 8 hectares de vigne, Laurent Mousset représente quasi la moitié de la surface plantée de l'appellation Entraygues-Le Fel. Perchée le long du coteau exposé sud de l'étroite et bucolique vallée du Lot, la vigne tout en terrasses est non sans rappeler les paysages du Douro portugais. Avec une, maximum deux rangées de vignes par plateau, sur un terroir schisteux, la pente raide offre une vue spectaculaire et des conditions idéales pour la vigne, mais en retour des conditions de travail très difficiles. Nonobstant, Laurent se lance en 2012 en solo, reprenant la vigne tandis que son frère gardait les chèvres et les vaches de l'exploitation familiale. Rejoint depuis peu par son fils Pierrick, la relève est assurée, et avec elle quelques changements, notamment un agrandissement du chai. Une adresse incontournable dans ce petit coin de paradis.

- **Entraygues-le-Fel 2018** | Sec | 2019>24 | 7,50 € — 14
- **Entraygues-le-Fel 2018** | Sec | 2019>24 | 7,50 € — 14
- **Entraygues-le-Fel La Pauca 2016** | Sec | 2019>28 | 11 € — 16
- **Entraygues-le-Fel Peyrouty 2017** | Sec | 2019>23 | 12 € — 14

Le Bourg, 12140 Le Fel • Tél. 06 31 10 55 57 • laurent.mousset@orange.fr • Visite : Du lundi au samedi de 8h à 19h en juillet et août et le dimanche et le reste de l'année sur rendez-vous.

DOMAINE MOUTHES LE BIHAN

Les années se suivent et se ressemblent chez Catherine et Jean-Mary Le Bihan, installés depuis 2000. Le vignoble de 20 hectares a été certifié bio en 2006, puis en biodynamie en 2013. Aujourd'hui, les vignes sont travaillées à l'ancienne, labourées, sans engrais ni désherbant chimique.

- **Côtes de Duras Les Apprentis 2015** | Sec | 2019>25 | 20 € — 15
- **Côtes de Duras Vieillefont 2015** | Sec | 2019>24 | 14 € — 14

Lieu-dit Mouthes, 47120 Saint-Jean-de-Duras • Tél. 05 53 83 06 98 • contact@mouthes-le-bihan.com • www.mouthes-le-bihan.fr • Visite : tous les jours sur rendez-vous.

DOMAINE NIGRI

★★★☆☆

Ce domaine produit un style de jurançon moderne et épuré mais porteur de toute la race des cépages locaux, dont le propriétaire Jean-Louis Lacoste est un ardent défenseur et conservateur, ce qui donne notamment aux vins secs beaucoup de dynamisme. Certaines sélections de liquoreux peuvent aussi être remarquables. Le domaine continue sur sa lancée des dernières années, toutes les cuvées présentées sont hautement recommandables.

- **Jurançon Sec Confluences 2018** | Sec | 2019>23 | 9 € — 14,5
- **Jurançon Sec Pierre de Lune 2017** | Sec | 2019>24 | 10,40 € — 15
- **Jurançon Hors de Piste 2018** | Liquoreux | 2020>30 | 40 € — 17,5
- **Jurançon Pas de Deux 2017** | Liquoreux | 2019>25 | 11 € — 15,5
- **Jurançon Toute une Histoire 2017** | Liquoreux | 2019>27 | 15 € — 15,5

31, Chemin Lacoste Quartier Candeloup, 64360 Monein • Tél. 05 59 21 42 01 • domaine.nigri@wanadoo.fr • Visite : du lundi au samedi de 9h à 12h et de 13h30 à 18h. Le dimanche sur rendez-vous.

DOMAINE NOMBOLY TRAYDOU

★☆☆☆☆

Voici un excellent petit domaine artisanal qui continue à produire, sur un des coteaux à forte personnalité de Monein, le jurançon idéal. Le domaine réussit également ses secs et ses doux.

- **Jurançon 2017** | Moelleux | 2020>26 | 10 € — 15
- **Jurançon Sec 2018** | Sec | 2019>24 | 7,50 € — 14,5

Quartier Serrot, 64360 Monein • Tél. 06 11 10 29 89 • samson.mireille@orange.fr • Visite : Tous les jours. Dimanche sur rendez-vous.

DOMAINE LIONEL OSMIN & CIE

★★☆☆☆

Fraîchement éclos en 2010, Lionel Osmin & Cie s'est hissé en peu de temps parmi les meilleurs acteurs du Sud-Ouest dans une démarche engagée, éthique et responsable. Lionel Osmin a créé ce négoce éponyme haute couture avec l'idée de s'affranchir des appellations pour mieux mettre en avant le cépage, dans une lecture simple et gourmande des vins, et la variété unique des terroirs de la région. Basé à Pau, la société vinifie désormais une gamme variée d'une trentaine de cuvées, avec aussi quelques armagnacs. Cette année, il a également pu reprendre la commercialisation du Clos Joliette, un des joyaux de Jurançon, un vin très rare qui était tombé dans l'oubli et que Lionel Osmin a exhumé pour le proposer par lots et caisses panachées, selon que le vin est sec, demi-sec ou doux. Il a également pris en charge les vins du Domaine Berthoumieu à Madiran et entamé un partenariat avec la famille Guérard en rosé et en rouge. D'Irouleguy à Marcillac, en passant par la Gascogne, Madiran ou Pacherenc, la gamme ciselée par Damiens Sartori, l'homme clef des vinifications, offre de très belles réussites, que l'on peut se procurer sur le site lescontrebandiers.fr ou déguster dans l'un des restaurants affiliés, avec la complicité d'Imanol Harinordoquy, son fidèle associé.

- **Jurançon Sec Cami Salié 2017** | Sec | 2019>24 | 13 € — 14,5
- **IGP des Côtes de Gascogne Pyrène - Beaumanseng 2018** | Sec | 2019>20 | 6 € — 13
- **IGP des Côtes de Gascogne Pyrène - Cuvée Marine 2018** | Sec | 2019>20 | 6 € — 12
- **IGP des Côtes de Gascogne San de Guilhem Colombard & Sauvignon Blanc 2018** | Sec | 2019>20 | 5,90 € — 12,5
- **Vin de France L'Homme Canon 2018** | Sec | 2019>22 | 12,50 € — 14

6, rue de l'ayguelongue (zone industrielle de berlanne), 64160 Morlaas • Tél. 05 59 05 14 66 • sudouest@osmin.fr • www.osmin.fr

CHÂTEAU DE PANISSEAU

☆☆☆☆☆

Le château, situé près de Bergerac au cœur du Périgord Pourpre, est situé à 5 kilomètres à l'est de la région viticole de Bordeaux. La propriété couvre 106 hectares, dont 67 hectares de vignes et 44% de forêts, de champs et de prés. Cette ancienne demeure des Carbonnières de Jayac, des Luziers, des Alba et des de Laur est caractéristique de la fin du Moyen-Âge avec des échauguettes coiffées de poivrières surmontées d'épis et de girouettes en ferronnerie. Aujourd'hui, il appartient à un fond d'investissement européen.

- **Côtes de Bergerac Château de Panisseau 2015** | Sec | 2019>27 | 17 € **16**
- **Côtes de Bergerac Moulin de Panisseau 2015** | Sec | 2019>26 | 11 € **15**

Château de Panisseau, 24240 Thénac • Tél. 05 53 58 40 03 • contact@panisseau.com • www.chateaudepanisseau.com • Visite : Du lundi au vendredi de 8h30 à 16h30. Le samedi en été.

VIGNOBLES PELVILLAIN

- **Cahors Château de Cenac Prestige 2015** | Sec | 2021>28 | 10 € **15**
- **Cahors Domaine du Theron Mise à nu 2018** | Sec | 2020>27 | 12 € **15,5**
- **Cahors Domaine du Theron Prestige 2015** | Sec | 2020>23 | 9 € **14**

Pelvillain - Lieu-dit Circofoul RD9, 46140 Albas • Tél. 05 65 20 13 13 • contact@vignoblespelvillain.fr • www.vignoblespelvillain.com • Visite : du lundi au vendredi de 9h à 12h et de 14h à 18h. Uniquement sur rendez-vous le week-end et les jours fériés.

DOMAINE DES PENTES DE BARÈNE

Ce minuscule domaine bucolique se cache dans le village de Pimbo, un des plus beaux villages de France. Daniel Vergnes a créé sa vigne de toutes pièces : œnologue de formation, il décide en 2003 qu'il est temps de faire son propre vin. Il commence alors à défricher et planter patiemment le versant sud qui jouxte sa maison, et crée ainsi - à la main - le seul vignoble en terrasses de l'AOP Tursan. Aujourd'hui, il dispose de 1,5 hectare de vigne, sur lequel il ne produit que du blanc, un sec et un moelleux. Son chai, aménagé dans une ancienne étable jouxtant la maison, est tout petit mais très bien équipé, lui permettant de vinifier des vins aussi originaux que lui. Un coup de cœur, même si ce style ne plaira pas à tout le monde.

- **Tursan Les Pentes de Barène 2017** | Sec | 2019>21 | 7 € **14**
- **IGP Landes Le Doux de Barène 2017** | Moelleux | 2019>24 | 10 € **14,5**

410, rue de la Bastide, 40320 Pimbo • Tél. 05 58 44 46 56 • daniel.vergnes0494@orange.fr • Visite : sur rendez-vous.

DOMAINE DE LA PETITE TUILE

Parisiens, Clémence et Clément ont créé la petite Tuile en 2016 après une première vie professionnelle. Après un premier millésime réussi, ils se distinguent vraiment cette année dans nos dégustations à l'aveugle, avec une réussite totale sur l'ensemble des cuvées présentées. Ils favorisent les cépages locaux et sont en conversion vers l'agriculture biologique. Un domaine assurément à suivre.

- **Gaillac Le Vallon 2017** | Sec | 2020>25 | 16 € **16,5**
- **Gaillac Les jours 2017** | Sec | 2019>21 | 16 € **15,5**

1323, Chemin de Teoulet, 81600 Gaillac • Tél. 06 44 22 93 57 • domainedelapetitetuile@gmail.com • www.domainedelapetitetuile.com • Visite : tous les jours de 9h à 18h sauf le mercredi et le dimanche.

DOMAINE PEYRES ROSES

Ce domaine familial de 8 hectares est conduit en agriculture bio et biodynamique. Charles Bonnafont est un vigneron ambitieux et courageux. Ses vins possèdent un beau fruité, beaucoup de naturel et de personnalité.

- **Gaillac Cap de Beaux 2016** | Sec | 2019>21 | 14 € **14,5**
- **Vin de France Arrosé 2018** | Sec | 2019>22 | 9,50 € **14**
- **Vin de France Impeccable 2018** | Sec | 2021>24 | 7,90 € **14,5**

Lieu Dit Cinq Peyres, 81140 Cahuzac-sur-Vere • Tél. 05 63 33 23 34 ou 06 14 57 44 60 • domaine.cinqpeyres@gmail.com • Visite : du lundi au samedi de 9h à 19h. Le dimanche et jours fériés sur rendez-vous.

DOMAINE PHILEMON

Ce domaine confirme la bonne impression de l'an passé. Il privilégie les cépages traditionnels de Gaillac : braucol et duras, loin de l'œil et mauzac, toutes les cuvées dégustées sont très recommandables. Elles partagent un caractère savoureux et précoce. Le prunelart élevé en amphore est un vin remarquable.

Gaillac Braucol 2017 | Sec | 2019>24 | NC	14,5
Gaillac Duras 2017 | Sec | 2020>25 | 7 €	15
Gaillac Prunelart 2015 | Sec | 2019>25 | 17 €	16

Les Alliés, 81130 Villeneuve-sur-Vère • Tél. 05 63 53 94 21 ou 06 19 67 27 77 • mvieules@free.fr • www.domainephilemon.com • Visite : du lundi au samedi de 8h à 12h et de 13h30 à 19h.

CHÂTEAU PIERRON

Situé sur les hauteurs de Nérac, le Château Pierron a été repris en juin 2007 par deux amis passionnés par le vin, Guy Belooussoff, spécialiste de la grande distribution et Jean-François Fonteneau, responsable d'une entreprise à vocation nationale et européenne. Sous la responsabilité de Jean Leplus, cette propriété de 25 hectares est conseillée par l'œnologue Stéphane Toutoundji et produit des vins corsés et généreux qui, pour cette édition, nous ont bluffés avec peut-être le meilleur rapport qualité-prix du sud-ouest.

Buzet Alternative 2016 | Sec | 2019>25 | 10,50 €	15,5
Buzet Château Pierron 2016 | Sec | 2019>25 | 7 €	16
Buzet Château Pierron 2015 | Sec | 2019>25 | 7 €	16
Buzet Fleur d'Albret 2018 | Sec | 2019>20 | 6 €	13,5

Route de Mezin, 47600 Nérac • Tél. 05 53 65 05 52 • chateau.pierron@orange.fr • www.chateaupierron.com • Visite : D_u lundi au vendredi de 9h à 12h et de 14h à 18h. Le samedi de 9h à 12h.

DOMAINE PLAGEOLES

Les Plageoles (Robert et maintenant Bernard, son fils) ont été à l'origine du renouveau du vignoble gaillacois, en faisant connaître dans toute la France toutes les variétés possibles du cépage mauzac et en contribuant au renouveau de cépages locaux, oubliés. La troisième génération est maintenant aux commandes et maintient le cap. Tous les cépages sont vinifiés et mis en bouteille séparément, avec une grande régularité. Les grandes curiosités sont ici le pétillant mauzac nature, un modèle de vin frais et désaltérant, le vin d'autan, issu du passerillage de l'ondenc, et le fameux vin de voile, très gastronomique. La gamme est toujours aussi passionnante, le pet'nat' est un modèle de plaisir immédiat, le vin de convivialité par excellence.

Gaillac mauzac roux 2017 | Doux | 2019>26 | 15,70 €	16,5
Gaillac Muscadelle 2017 | Doux | 2019>26 | 17,60 €	17
Gaillac Vin d'Autan 2009 | Liquoreux | 2019>26 | 40 €	17
Gaillac Vin de Voile 2005 | Sec | 2020>30 | 31 €	17,5
Vin de France verdanel 2017 | Sec | 2019>22 | 15,50 €	14,5

Route de Très-Cantous, 81140 Cahuzac-sur-Vère • Tél. 05 63 33 90 40 • vinsplageoles@orange.fr • www.vins-plageoles.com • Visite : D'octobre à juin, du lundi au samedi de 8h à 12h et de 15h à 18h. De juillet à septembre, du lundi au samedi de 8h à 12h et de 15h à 19h.

PRODUCTEURS PLAIMONT

Fondée en 1957, Plaimont Producteurs est la marque de la coopérative la plus dynamique du Sud-Ouest et sans doute de France, celle qui a ressuscité les terroirs du secteur de Saint-Mont. Des terres jadis vouées aux céréales ou aux vignes d'Armagnac ont été restructurées, des cépages autochtones comme le tardif et l'arrufiac ont été remis en valeur, une vigne très ancienne a été inscrite au patrimoine en tant que monument historique, un conservatoire ampélographique a été créé, le tout combiné à une approche intelligente et qualitative qui a permis d'imposer largement les produits en France et à l'étranger. Active sur tout le secteur du sud-ouest, la cave regroupe 5300 hectares de vignes, mais le sens collectif des coopérateurs permet des sélections vraiment étonnantes, avec cette année un focus magnifique sur les vins de saint-mont.

- **Madiran Château Arricau-Bordes 2017** | Sec | 2019>28 | 13,80 € 15,5
- **Madiran Château Viella Fontaina 2017** | Sec | 2019>24 | 12,40 € 14
- **Madiran Chez Louisat 2017** | Sec | 2019>23 | 6,50 € 13,5
- **Madiran Géoglyphe 2016** | Sec | 2019>24 | 9,70 € 14
- **Madiran La Roche Bergan 2017** | Sec | 2019>23 | 10,30 € 12,5
- **Madiran Plénitude 2015** | Sec | 2019>25 | 16,90 € 13
- **Pacherenc du Vic Bilh Château Saint-Albert 2016** | Doux | 2019>23 | 15,60 € 15
- **Pacherenc du Vic Bilh Délices d'Automne 2018** | Moelleux | 2019>22 | 11,90 € 14
- **Pacherenc du Vic Bilh L'Or du Vieux Pays 2018** | Moelleux | 2019>21 | 10,40 € 13,5
- **Pacherenc du Vic Bilh Saint-Martin 2017** | Moelleux | 2019>24 | 15,90 € 15
- **Pacherenc du Vic Bilh Saint-Sylvestre 2017** | Moelleux | 2019>22 | 35 € 12,5
- **Saint-Mont Château de Sabazan 2016** | Sec | 2019>32 | 15,50 € 16
- **Saint-Mont Cirque Nord 2017** | Sec | 2020>25 | 35 € 14,5
- **Saint-Mont L'Absolu des Trois Terroirs 2016** | Sec | 2019>32 | 14,20 € 17
- **Saint-Mont L'Empreinte 2016** | Sec | 2019>28 | 11,90 € 15
- **Saint-Mont La Madeleine de Saint-Mont 2017** | Sec | 2019>32 | 35 € 15
- **Saint-Mont Le Faîte 2017** | Sec | 2019>28 | 17,50 € 15
- **Saint-Mont Le Faîte 2016** | Sec | 2019>27 | 17,50 € 16,5
- **Saint-Mont Les Vieilles Vignes 2016** | Sec | 2019>28 | 8,40 € 14,5
- **Saint-Mont Les Vignes retrouvées 2017** | Sec | 2019>25 | 7,90 € 14,5
- **Saint-Mont Les Vignes retrouvées 2008** | Sec | 2019>28 | 9,15 € 17
- **Saint-Mont Monastère 2016** | Sec | 2019>28 | 18,50 € 16
- **Saint-Mont Monastère 2008** | Sec | 2019>28 | 18,50 € 18
- **Saint-Mont Rosé d'Enfer 2018** | Sec | 2019>20 | 7,70 € 13,5
- **Saint-Mont Vignes Préphylloxériques 2017** | Sec | 2019>36 | 55 € 17
- **IGP des Côtes de Gascogne Caprice de Colombelle 2018** | Sec | 2019>20 | 6,80 € 12
- **IGP des Côtes de Gascogne Cuvée Cyllène 2018** | Sec | 2019>22 | 6,90 € 14
- **IGP des Côtes de Gascogne Domaine d'Aula 2018** | Sec | 2019>20 | 4,60 € 12,5
- **IGP des Côtes de Gascogne Domaine de Bazin 2018** | Sec | 2019>20 | 5,60 € 12
- **IGP des Côtes de Gascogne Domaine de Cassaigne 2017** | Sec | 2019>21 | 8,20 € 13,5
- **IGP des Côtes de Gascogne Domaine de Cassaigne 2017** | Sec | 2019>22 | 8,20 € 13,5
- **IGP des Côtes de Gascogne Le Manseng Noir 2018** | Sec | 2019>22 | 9,80 € 14

Route d'Orthez, 32400 Saint-Mont • Tél. 05 62 69 62 87 • communications@plaimont.fr • www.plaimont.com • Visite : De septembre à juin du lundi au samedi, de 9h à 12h30 et de 14h30 à 19h. Le dimanche et jours fériés de 14h à 18h. Juillet août du lundi au samedi de 9h à 19h. Le dimanche et jours fériés de 10h à 19h.

CHÂTEAU PLAISANCE

Lorsqu'il a repris les vignes de son père, Marc Penavayre souhaitait faire évoluer le style des vins du cru vers des produits plus fins, plus élégants, une évolution que l'on a pu retrouver dans d'autres villages du Sud-Ouest dans les années 1980 et 1990. Cela a commencé par une plus grande application à la vigne, certifiée bio depuis 2011. Mais aussi par une réflexion sur les encépagements, en faisant la part belle à la fierté locale, la négrette, et aussi en plantant des blancs qui devraient étonner. Enfin, par un usage mieux équilibré de la barrique. Toute la gamme est déclinée suivant une ligne directrice de promotion de cépages oubliés et des vins accessibles dès le plus jeune âge, dans un style parfaitement maîtrisé.

- **Fronton 2017** | Sec | 2019>25 | 7,50 € 14,5
- **Fronton Alabets 2017** | Sec | 2019>22 | 11 € 13
- **Fronton Serr Da Beg 2018** | Sec | 2019>22 | 14 € 13,5
- **Fronton Thibaut 2017** | Sec | 2019>23 | 9,90 € 14
- **Fronton Tot Çò Que Cal 2016** | Sec | 2019>27 | 18 € 16
- **IGP du Comté Tolosan Cruchinet 2018** | Sec | 2019>23 | 12 € 15

102 place de la Mairie, 31340 Vacquiers • Tél. 05 61 84 97 41 • chateau-plaisance@wanadoo.fr • www.chateau-plaisance.fr • Visite : du mercredi au samedi, de 9h à 12h et de 15h à 19h.

CHÂTEAU PONZAC

Mathieu Molinié est passé à l'élevage en jarre et aux vinifications sans soufre mais le travail n'est pas qu'au chai, une approche parcellaire et un passage en bio sur 8 hectares sont enclenchés, offrant une gamme juste, parfaitement réussie.

- **Cahors 2018** | Sec | 2020>25 | 10 € 15,5
- **Cahors côt en Doliat 2018** | Sec | 2022>27 | 17 € 15
- **Cahors Maintenant Cahors 2018** | Sec | 2020>25 | 7 € 14,5

Le Causse, 46140 Carnac-Rouffiac • Tél. 05 65 31 99 48 • chateau.ponzac@wanadoo.fr • www.chateau-ponzac.fr • Visite : du lundi au samedi de 8h à 19h. Le dimanche sur rendez-vous.

CHÂTEAU DU POUEY

Bastien Lannusse a repris en 2012 le domaine familial de 24 hectares. Situé sur les hauteurs du secteur de viella, sur un terroir argilo-graveleux parfois constellé de galets, il mène sa vigne en viticulture raisonné. Les vins du domaine sortent de manière régulière dans nos dégustations, avec cette année une mention spéciale pour la madiran cuvée bastien.

- **Madiran Bastien 2016** | Sec | 2019>24 | 9,50 € — 15
- **Pacherenc du Vic Bilh Sec 2017** | Sec | 2019>23 | 6 € — 15
- **Pacherenc du Vic Bilh Sec L'Aydasse 2017** | Doux | 2019>23 | 10,50 € — 14,5

Château du Pouey, 32400 Viella • Tél. 05 62 69 78 25 • ch.pouey@orange.fr • www.chateau-du-pouey.fr • Visite : du lundi au vendredi de 9h à 12h et de 14h à 19h. Le week-end et les jours fériés sur rendez-vous.

DOMAINE DE POUYPARDIN

Composé de seulement 6,5 hectares de vignes, entièrement récoltés à la main, le domaine de Stéphane Picarelli fait figure de mouchoir de poche à côté de ses bien plus grands voisins. La qualité des vins présentés nous a convaincus et leur vaut une entrée dans ce guide.

- **IGP des Côtes de Gascogne Les Lion Ceaux 2016** | Sec | 2019>23 | 7,50 € — 14,5
- **IGP des Côtes de Gascogne Montée de Pouypardin 2016** | Sec | 2019>25 | 7,80 € — 15,5

Béguin, 32100 Condom • Tél. 06 73 67 31 22 • steph.picarelli@gmail.com • www.pouypardin-vin-gers.com • Visite : sur rendez-vous.

VIGNOBLES DE PYRENAÏA

Simon Forgue, vigneron sans terre comme il aime à se définir, s'approvisionne toujours aussi bien en beaux raisins sur Jurançon et Madiran. Cette jeune entreprise continue de progresser, les vins gagnent en élégance grâce à des élevages soignés, issus d'un savant mélange de fûts de de chez l'autrichien Stockinger et de jarres en terre cuite.

- **Jurançon Sec Cairn 2018** | Sec | 2020>25 | 14,50 € — 15
- **Jurançon Or pailleur 2017** | Doux | 2019>26 | 19 € — 15,5
- **Vin de France Dahu 2017** | Sec | 2018>25 | 16 € — 16
- **Vin de France Estive 2017** | Sec | 2021>28 | 14,50 € — 15,5

1, Rue des Artisans , 64110 Mazères-Lezons • Tél. 06 86 16 82 63 • simon.forgue@pyrenaia.com • www.vignoblesdepyrenaia.com • Visite : du mardi au vendredi de 10h à 12h et de 14h30 à 18h30, le samedi de 9h30 à 13h. Sinon sur rendez-vous.

CHÂTEAU DE RHODES

Ce domaine en bio nous a présenté, cette année encore, une large gamme, très représentative de son savoir-faire. Tous les vins sont recommandables. Les rouges naissent avec une belle structure, on peut leur laisser quelques années de vieillissement. La vendange tardive est un des vins du millésime dans cette catégorie.

- **Gaillac 2018** | Sec | 2019>22 | 7 € — 14,5
- **Gaillac 2017** | Sec | 2021>25 | 9 € — 14,5
- **Gaillac Chevalier de Rhodes 2017** | Sec | 2020>27 | 7 € — 15
- **Gaillac Le Mauzac Eff. 2015** | Sec | 2019>21 | 11 € — 14,5
- **Gaillac Vendanges tardives Vendanges Tardives 2016** | Liquoreux | 2019>26 | 16 € — 17,5
- **IGP du Tarn Le Prunelart 2016** | Sec | 2021>26 | 16 € — 15

Boissel, 81600 Gaillac • Tél. 05 63 57 06 02 • info@chateau-de-rhodes.com • www.chateau-de-rhodes.com • Visite : du lundi au vendredi de 8h à 12h et de 13h30 à 17h sur rendez-vous uniquement.

RIGAL ET FILS

Rigal appartient à AdVini et peu à peu adopte la même stratégie de recherche de la qualité. Les vins de base (en igp) sont très proprement vinifiés et recommandables comme simples vins de table mais évidemment les sélections de haut de gamme sont bien plus intéressantes, et pédagogiquement utiles en montrant tous les aspects inimitables de l'appellation.

- **Cahors Les Terrasses 2018** | Sec | 2020>25 | 5,50 € — 14,5
- **Cahors Troisième Terrasse 2016** | Sec | 2022>28 | 17 € — 14

Rigal SAS, les Hauts Coteaux, 46700 Floressas • Tél. 05 65 30 70 10 • marketing@rigal.fr • www.rigal.fr

DOMAINE ROTIER

Alain Rotier a passé la main à la présidence du cru Gaillac et continue de diriger le domaine familial. Le vignoble est depuis 2012 intégralement converti à l'agriculture biologique. La gamme se décline en trois catégories : initiale (des vins de négoce, vendus sous la marque Rotier), gravels (en référence au terroir de graves de la propriété) et renaissance (le haut de gamme). Notre préférence cette année va à la cuvée renaissance en rouge et à la vendange tardive renaissance, toujours aussi réussie.

- **Gaillac Renaissance 2016** | Sec | 2020>25 | 13,20 € — 15
- **Gaillac Renaissance Vendanges Tardives 2015** | Doux | 2020>27 | 16,80 € — 16,5

Petit-Nareye, 81600 Cadalen • Tél. 05 63 41 75 14 • rotier.marre@domaine-rotier.com • www.domaine-rotier.com • Visite : Du lundi au samedi de 9h à 12h et de 14h à 19h. Fermé les jours fériés.

CHÂTEAU DE ROUFFIAC

Ce domaine propose des cahors puissants et charpentés, l'élevage parfois un peu démonstratif dans les millésimes précédents semble plus nuancé et le fruit de malbec mieux préservé. Les vins naissent plus digestes ; on suivra l'évolution de style dans les années à venir.

- **Cahors L'Exception 2015** | Sec | 2020>26 | 25 € — 15,5
- **Cahors Ultralocal Les Hautes Terres 2015** | Sec | 2022>30 | 30 € — 15

SCEA PO Pieron, Château de Rouffiac, , 46700 Duravel • Tél. 05 65 36 54 27 • vignoblespieron@orange.fr ou scea.po.pieron@orange.fr • www.chateau-de-rouffiac.com • Visite : du lundi au samedi de 14h30 à 18h du au 15 mai au 15 septembre. Sur rendez-vous le reste de l'année.

CHÂTEAU DE ROUSSE

Un des classiques de Jurançon par la nature truffée du vin, au bouquet sensationnel et inoubliable, et pourtant encore fort peu connu à l'extérieur du canton de Gan. Le vignoble devant le château forme un parfait fer à cheval, aussi beau à voir que le vin est noble. Le panorama sur les Pyrénées vaut aussi le voyage. Le potentiel pour un grand cru est donc présent. Superbe Séduction 2017.

- **Jurançon Séduction 2017** | Moelleux | 2019>26 | 15,50 € — 16,5

1723, route de La Chapelle-de-Rousse, 64110 Jurançon • Tél. 05 59 21 75 08 • chateauderousse@wanadoo.fr • Visite : Du lundi au samedi, de 9h à 19h. Dimanche de 14h-18h. Réservation pour groupe conseillée.

CHÂTEAU DE SAURS

Ce domaine d'une quarantaine d'hectares, certifié bio depuis 2009, dispose d'un vignoble dominé par les cépages rouges. Il fait son entrée dans le guide, avec deux vins retenus durant la dégustation syndicale : une cuvée elièzer, rouge de garde, et un doux plein de charme de consommation rapide.

- **Gaillac 2018** | Doux | 2020>25 | NC — 15
- **Gaillac La Pigario 2012** | Sec | 2020>25 | 28 € — 14,5

48 chemin Toulze, Saurs, 81310 Lisle-sur-Tarn • Tél. 05 63 57 09 79 • info@chateau-de-saurs.com • www.chateau-de-saurs.com • Visite : du lundi au samedi de 10h à 12h30 et de 15h à 18h. Le dimanche de 14h à 18h en juillet et août.

DOMAINE SERGENT

Fondé en 1902 par Hubert Dousseau, le domaine est aujourd'hui géré de main de maître par deux sœurs au caractère très complémentaire : Corinne, en charge de la vigne et du chai, et Brigitte, en charge de l'administratif (et des canards dont elle fait d'excellentes préparations). Le domaine s'étant agrandi au fil des années, pour compter aujourd'hui 23 hectares, le chai a suivi comme il pouvait, se composant aujourd'hui d'une enfilade de pièces, mais équipé d'installations modernes. La preuve : dès 2019 ils devraient obtenir le label HVE3.

- **Madiran Eucalyptus 2015** | Sec | 2020>28 | 28 € — 14,5
- **Madiran Les Noyers 2016** | Sec | 2019>28 | 12 € — 17
- **Madiran Tradition 2016** | Sec | 2019>23 | 8 € — 13,5
- **Pacherenc du Vic Bilh 2018** | Doux | 2019>22 | 9 € — 14,5
- **Pacherenc du Vic Bilh Sec 2018** | Sec | 2019>24 | 8,50 € — 13,5
- **Pacherenc du Vic Bilh Grains d'Elise 2017** | Moelleux | 2019>25 | 9,50 € — 16

Domaine Sergent, 32400 Maumusson-Laguian • Tél. 05 62 69 74 93 • contact@domaine-sergent.com • www.domaine-sergent.com • Visite : Du lundi au samedi de 9h à 19h. Ouvert le dimanche et les jours fériés sur rendez-vous.

DOMAINE DE SOUCH

Yvonne Hegoburu, octogénaire d'une vitalité encore étonnante et amoureuse du vin vrai et pur, réussit de façon unique de grandes cuvées de moelleux qui ont peu d'équivalents en puissance et en originalité d'expression. Le vignoble est cultivé de la façon la plus noble, s'inspirant de l'école biodynamique. Paradoxalement, c'est le jurançon sec qui sort du lot, cette année, conforme au style du domaine.

- **Jurançon Sec 2016** | Sec | 2019>25 | 19 € — 15

805, chemin de Souch, 64110 Laroin • Tél. 05 59 06 27 22 • domaine.desouch@neuf.fr • www.domainedesouch.com • Visite : Du lundi au samedi de 9h30 à 18h30. Le dimanche et jours fériés sur rendez-vous.

LES VINS STRATÉUS

Simon Ribert a beau s'être installé tout récemment, disposant de seulement 3,15 hectares de vigne, ses vins n'en sont pas moins impressionnants. Si son premier millésime est 2017, il n'a pas perdu de temps et est en voie d'être certifié bio, menant avec bravoure et courage son projet viticole, la fougue de la jeunesse en plus. Les vins nous ont impressionnés, comptants parmi les expressions les plus réussies du secteur. Tant de talent mérite bien une entrée dans nos pages.

- **Madiran 2017** | Sec | 2019>27 | 17 € — 15
- **Pacherenc du Vic Bilh 2017** | Doux | 2019>23 | 17 € — 13,5
- **Pacherenc du Vic Bilh Sec 2018** | Sec | 2019>25 | 17 € — 15,5

7, impasse Congalinon, 65700 Madiran • Tél. 06 76 54 13 21 • strateus.madiran@gmail.com

DOMAINE DU TARIQUET

Tariquet est devenu une marque mondiale : c'est le plus grand vignoble familial de France à ce jour, avec 1125 hectares de vignes et 9 millions de bouteilles commercialisées chaque année. Armin et Rémi Grassa ont pris la suite de leur père Yves, à l'origine de cette incroyable épopée débutée en 1982. Les installations ultra modernes et une hygiène de chai méticuleuse garantissent des vins d'une technicité irréprochable ; la nouvelle chaîne d'embouteillage installée fin 2011 permet de passer 7000 bouteilles à l'heure... La démesure au service de la bonne cause ! Les-dernières-grives s'imposent comme une valeur sûre des vins doux du sud-ouest.

- **IGP des Côtes de Gascogne Chardonnay 2018** | Sec | 2019>20 | 6,40 € — 12,5
- **IGP des Côtes de Gascogne Chardonnay Tête de Cuvée 2017** | Sec | 2019>21 | 11,50 € — 13
- **IGP des Côtes de Gascogne Chenin-Chardonnay 2018** | Sec | 2019>20 | 6,40 € — 12,5
- **IGP des Côtes de Gascogne Classic 2018** | Sec | 2019>20 | 4,60 € — 12,5
- **IGP des Côtes de Gascogne Dernières Grives 2016** | Doux | 2019>23 | 14,60 € — 14,5
- **IGP des Côtes de Gascogne Domaine Tariquet - Amplitude 2018** | Sec | 2019>21 | 9,90 € — 13
- **IGP des Côtes de Gascogne Domaine Tariquet - Côté 2018** | Sec | 2019>20 | 7,60 € — 13,5
- **IGP des Côtes de Gascogne Domaine Tariquet - Réserve 2017** | Sec | 2019>20 | 7 € — 13,5
- **IGP des Côtes de Gascogne Marselan 2018** | Sec | 2019>20 | 6,40 € — 14
- **IGP des Côtes de Gascogne Premières Grives 2018** | Doux | 2019>21 | 7,60 € — 13,5
- **IGP des Côtes de Gascogne Rosé de Pressée 2018** | Sec | 2019>20 | 5,15 € — 13,5
- **IGP des Côtes de Gascogne Sauvignon Blanc 2018** | Sec | 2019>20 | 6,40 € — 12,5

Saint-Amand, 32800 Eauze • Tél. 05 62 09 87 82 • contact@tariquet.com • www.tariquet.com • Visite : Du lundi au samedi, de 10h à 12h et de 14h à 18h.

CLOS THOU

Petit domaine situé sur les terres les plus réputées de l'appellation, Thou brille par la régularité et la typicité de sa production : on placera nettement au-dessus du reste ses cuvées suprême-de-thou et Cerisaie, sans conteste au sommet de l'appellation. Carton plein cette année encore pour le domaine, les vins ont en commun une personnalité affirmée et un style séducteur dont on ne se lasse pas. La constance au plus haut niveau des derniers millésimes conduit logiquement à l'obtention d'une quatrième étoile.

- **Jurançon Sec Délice 2018** | Sec | 2020>26 | 10 € — 15,5
- **Jurançon Julie 2017** | Moelleux | 2019>24 | 13 € — 15
- **Jurançon La Cerisaie 2016** | Liquoreux | 2020>28 | 25 € — 17,5
- **Jurançon Suprême de Thou 2017** | Moelleux | 2020>30 | 19 € — 17,5

245, Chemin Larredya, 64110 Jurançon • Tél. 05 59 06 08 60 • clos.thou@wanadoo.fr • www.clos-thou.com • Visite : du lundi au samedi de 9h à 12h et de 14h à 18h30. Le dimanche et les jours fériés sur rendez-vous.

CHÂTEAU TIRECUL LA GRAVIÈRE

Bruno Bilancini aurait pu être médecin, il est devenu vigneron. Qui plus est à Monbazillac, alors qu'aucune attache familiale ne l'y retenait. Œnologue, désireux de concilier la science, l'humain et l'agriculture, il lui fallait trouver une passion à la hauteur de ses ambitions. Et trouver un grand terroir. L'opportunité s'est présentée à lui et à son épouse Claudie en 1992, lorsqu'il a pu prendre en fermage ce terroir de la côte nord, réputé pour être le plus fameux, abrité des vents et concentrant le botrytis avec le plus de régularité et d'homogénéité. Depuis 1997, ils en sont les heureux propriétaires. Le vignoble compte 9 hectares répartis entre sémillon et muscadelle, conduit en agriculture biologique, certifié depuis 2012. Les argiles lourdes de Monbazillac, quadrillées de calcaire sur le plateau, donnent ici les plus beaux spécimens de l'appellation, qui vieillissent à merveille. On entre ici par la porte très étroite des grands liquoreux, à l'instar des plus beaux sauternes ! Depuis 2016, il a repris 6 hectares de vigne plantée en rouge, actuellement en cours de certification bio, ce qui lui permet d'élargir sa gamme. Le domaine est au sommet, aussi bien avec ses cuvées de blancs secs et liquoreux que ses rouges, mais est-ce une surprise ? Et si une partie de ses cuvées passe petit à petit en vins-de-france, ce n'est qu'afin de pouvoir mieux exprimer sa vision, encore plus précisément.

- **Bergerac Bise Nature 2017** | Sec | 2019>24 | 12 € — 14,5
- **Monbazillac Château 2016** | Moelleux | 2019>30 | 26 € — 17
- **Monbazillac Les Pins 2016** | Liquoreux | 2019>29 | NC — 15
- **Monbazillac Madame 2015** | Liquoreux | 2019>30 | 90 € — 18
- **Vin de France 2016** | Sec | 2019>35 | 22 € — 18
- **Vin de France Andrea 2018** | Sec | 2019>29 | 18 € — 16
- **Vin de France Ulma 2018** | Sec | 2019>26 | 9 € — 15

Château Tirecul La Gravière, 24240 Monbazillac • Tél. 05 47 77 07 60 • tlg.bilancini@gmail.com • www.tirecul-la-graviere.fr • Visite : toute l'année, du lundi au vendredi de 9h à 12h et de 14h à 18h. Fermeture à 17h30 en décembre et janvier. Ouvert le samedi en juillet et en août.

CHÂTEAU TOUR DES GENDRES

Située sur l'emplacement d'une ancienne villa gallo-romaine, cette propriété est le fief de la famille de Conti. Luc de Conti aime prendre le temps, faire le tour de son vignoble en expliquant chaque recoin, sa vision du cépage qui retranscrit selon lui l'identité du terroir et de la parcelle, et narrer son histoire et celle de son grand-père vénitien, arrivé au château de Bridoire. Il a acheté le domaine en 1981 pour monter un club hippique. Son cousin Francis et son fils Guillaume l'ont rejoint, tandis que sa fille Margaux a choisi un autre domaine (Barouillet) et son fils Gilles la voie de la bière ! Les chevaux sont loin aujourd'hui, le premier millésime est sorti de terre en 1987 et l'engagement vers le bio est arrivé en 1996. Les 50 hectares sont effectivement conduits en bio, une petite partie (12 hectares) en biodynamie. Les vins ont de la profondeur et une intention : les Conti continuant d'expérimenter et de chercher, la routine ne risque pas de venir de sitôt.

- **Bergerac Sec Anthologia 2018** | Sec | 2019>21 | 39 € — 13
- **Bergerac Sec Conti-ne Périgourdine 2018** | Sec | 2019>27 | 15 € — 15
- **Bergerac Sec Moulin des Dames 2017** | Sec | 2019>24 | 19 € — 14,5
- **Bergerac La Vigne d'Albert 2017** | Sec | 2019>23 | 9 € — 14,5
- **Côtes de Bergerac Les Anciens Francs 2017** | Sec | 2019>23 | 25 € — 14

Lieu-dit les Gendres, 24240 Ribagnac • Tél. 05 53 57 12 43 • familledeconti@wanadoo.fr • www.chateautourdesgendres.com • Visite : du lundi au vendredi de 9h à 12h et de à 14h à 17h30. Le samedi sur rendez-vous.

CLOS TRIGUEDINA

Jean-Luc Baldès continue la saga familiale sur cette propriété historique de Cahors. Une grande partie des 65 hectares se situe sur les magnifiques troisièmes terrasses de Vire, au bord du Lot. Le reste se situe sur le causse et ses terres plus blanches. Une politique intelligente de sélection parcellaire permet de rendre compte de la diversité de son patrimoine mais les assemblages de prince-probus, la cuvée phare de la maison, donnent une idée très juste du cahors moderne, coloré, juteux, et dans les grands millésimes, capiteux. Une adresse phare pour s'immiscer dans la compréhension de l'appellation.

- **Cahors Probus 2017** | Sec | 2020>26 | 37 € — 14,5
- **Cahors New Black Wine 2017** | Sec | 2022>28 | 80 € — 15
- **Cahors Petites Cailles 2017** | Sec | 2020>25 | 29 € — 14,5

Lieu Dit les Poujols, 46700 Vure sur Lot • Tél. 05 65 21 30 81 • contact@jlbaldes.com • www.jlbaldes.com • Visite : Du lundi au samedi de 9h à 12h et de 14h à 18h.

CLOS TROTELIGOTTE

Cette propriété de 10 hectares, sur les hauteurs de Cahors, dans un paysage d'une rare austérité, est passée à la biodynamie en 2015. Emmanuel Rybinsky explore de nouvelles directions, ses élevages en jarres de terre cuite produisent des vins d'un style assez innovant pour la région, des nez complexes, purs et déliés, des bouches plus délicates mais sans manquer de fond. Les vins élevés en foudre sont plus conventionnels mais ils partagent tous la même pureté de fruit et un caractère accessible dès leur plus jeune âge. tout est ici d'un haut niveau, quels que soient le millésime et le style des vins.

- **Cahors K Lys 2014** | Sec | 2021>27 | 19 € — 15
- **Cahors K Or 2018** | Sec | 2019>23 | 14 € — 15
- **Cahors K Pot Bleu 2018** | Sec | 2019>22 | 12 € — 15
- **Cahors K2 2016** | Sec | 2019>25 | 29 € — 16

Le Cap-Blanc, 46090 Villesèque • Tél. 06 74 81 91 26 • contact@clostroteligotte.fr • www.clostroteligotte.com • Visite : du lundi au vendredi de 9h à 12h et de 14h à 18h. Samedi sur rendez-vous.

DOMAINE DE LA TUCAYNE

Neuvième génération de vigneron, passionné et convaincu du potentiel de ses terroirs, Jean Claude Delpech quitte son poste de président du syndicat en 1998 pour construire son chai. Le domaine de la Tucayne est né. Depuis huit ans, il travaille de concert avec Sébastien Almendros, œnologue franco-suisse, avec lequel il cherche de nouvelles expressions de son terroir. Certifiés bio depuis 2011, ses 13 hectares donnent naissance à des vins de caractère. Cette année, la cuvée jupiter offre la plus belle expression de l'appellation, et l'ensemble des cuvées dégustées nous ont pleinement convaincus.

- **Saint-Sardos Gabares 2015** | Sec | 2019>24 | 6 € — 14
- **Saint-Sardos Jupiter 2015** | Sec | 2019>26 | 15 € — 15,5

Lieu-dit La Tucayne, 82600 Bouillac • Tél. 06 77 61 53 57 • latucayne@gmail.com • www.domainedelatucayne.com • Visite : Le mercredi et le samedi de 9h à 12h et de 14h à 18h.

CAVE DES VIGNERONS DE TURSAN

Le secteur de Tursan, historiquement - et toujours - en polyculture, a vu naître sa coopérative actuelle en 1958, issue d'un regroupement de structures plus petites. Représentant 95% de la production de l'appellation, elle regroupe pas moins de 120 coopérateurs pour environ 480 hectares de vignes. Leur production, surtout distribuée sur le secteur du sud-ouest, n'en sort qu'assez rarement. Un tort, car l'ensemble de la production représente un niveau impressionnant pour des prix tout doux.

- **Tursan Château Bourda 2018** | Sec | 2019>21 | 6,75 € — 14,5
- **Tursan Château Bourda 2016** | Sec | 2019>22 | 6,75 € — 14
- **Tursan Expression 2018** | Sec | 2019>21 | 7,95 € — 15
- **Tursan Expression 2017** | Sec | 2019>23 | 7,95 € — 14

- **Tursan Expression 2016** | Sec | 2019>24 | 7,95 € 15
- **Tursan Impératrice 2018** | Sec | 2019>21 | 5,05 € 13
- **Tursan Impératrice 2018** | Sec | 2019>20 | 5,05 € 14
- **Tursan Impératrice 2016** | Sec | 2019>22 | 5,05 € 13
- **Tursan Oh Coeur des Vignes 2016** | Sec | 2019>22 | 6,20 € 14,5
- **IGP Landes Coteaux de Chalosse Domaine de Labaigt 2017** | Sec | 2019>20 | 4,50 € 14
- **IGP Landes Coteaux de Chalosse Domaine de Labaigt 2017** | Moelleux | 2019>21 | 4,50 € 14
- **IGP Landes Coteaux de Chalosse Domaine de Labaigt 2016** | Sec | 2019>22 | 4,50 € 13,5
- **IGP Landes Sables de l'Océan Domaine de Camentron 2018** | Sec | 2019>20 | 7,30 € 14
- **IGP Landes Expression de l'Impératrice NM** | Moelleux | 2019>23 | 7,95 € 14,5
- **IGP Landes Moelleux de l'Impératrice NM** | Moelleux | 2019>22 | 5,05 € 14
- **IGP Landes Moelleux de l'Impératrice NM** | Moelleux | 2019>23 | 5,05 € 14

30, rue Saint-Jean, 40320 Geaune • Tél. 05 58 44 51 25 • info@tursan.fr • www.tursan.fr • Visite : sur rendez-vous.

CAVE DES VIGNERONS DU VALLON

La cave coopérative de Marcillac, doté depuis 2012 d'un nouveau très bel espace pour l'accueil des visiteurs, est le principal opérateur de l'appellation, regroupant 32 producteurs et commercialisant 55% de la production de l'appellation Marcillac. Son histoire est étroitement liée à celles des mines de minerai de fer. Entre 1900 et 1960, le vin local était destiné aux mineurs, baume sur le moral de ceux qui travaillaient dans des conditions extrêmement difficiles. Quand la dernière mine ferma ses portes en 1960, la coopérative est née du besoin de trouver d'autres débouchés pour la production de vin. Depuis, bien du chemin a été parcouru. Aujourd'hui, le vignoble s'étend sur 110 hectares, 230 parcelles, toutes en terrasses dont l'altitude moyenne est de 400 mètres. Si les sols sont de type rougier et argilo-calcaires, la situation au carrefour de trois zones climatiques (continental, océanique et méditerranéen), créent un terroir unique qui permet au mansois, synonyme local du fer servadou, de développer tout son potentiel. La topographie locale ne permettant que peu de mécanisation, les vendanges sont exclusivement manuelles. Côté chai, si les vinifications sont en parcellaire, elles vont gagner en précision puisque la coopérative a le projet de modifier sa cuverie afin de pouvoir vinifier en plus petits lots. La gamme de vins permet de trouver des vins souvent prêts à boire, accessibles, au très bon rapport qualité-prix. En plus, vous y trouverez l'apéritif local appelé ratafia et du vin de noix. Une bonne adresse qui mérite une halte.

- **Marcillac Domaine de Ladrecht 2018** | Sec | 2019>23 | 8,30 € 13
- **Marcillac Exception 2017** | Sec | 2019>23 | 10,50 € 13
- **Marcillac L'Ady 2018** | Sec | 2019>20 | 9,80 € 13
- **Marcillac Les Cayla 2017** | Sec | 2019>26 | 8,30 € 15,5
- **Marcillac Les Crestes 2017** | Sec | 2019>25 | 8,30 € 14,5
- **Marcillac Vallon de Nature 2018** | Sec | 2019>23 | 9,80 € 12,5

RD 840, 12330 Valady • Tél. 05 65 72 70 21 • valady@groupe-unicor.com • www.vigneronsduvallon.com • Visite : Septembre à juin : du lundi au samedi de 9h à 12h et de 14h à 18h. Juillet et août : du lundi au samedi de 9h à 12h30 et de 14h à 19h.

CHÂTEAU VARI

Le vignoble du château, situé sur la commune de Monbazillac, s'étend sur 20 hectares. C'est en 1994 que Sylvie et Yann Jestin y posent leurs valises. Convaincus que l'avenir est dans le bio, ils convertissent l'ensemble, avec une certification acquise en 2009. Les résultats sont remarquables : faune et flore ont reconquis les terres et les vins n'en sont que meilleurs.

- **Bergerac 2016** | Sec | 2019>23 | 7,50 € 13,5
- **Bergerac Sec Réserve 2018** | Sec | 2019>22 | 7 € 13,5
- **Côtes de Bergerac Réserve 2016** | Sec | 2019>23 | 12 € 14,5

Lieu dit Pataud, 24240 Monbazillac • Tél. 05 53 61 84 98 • contact@chateau-vari.com • www.chateau-vari.com • Visite : Du 1er Avril au 31 octobre hors Juillet Août de 11h00 à 18h00 et en Juillet Août de 10h00 à 19h00.

VIGNOBLE DES VERDOTS

David Fourtout est l'une des grandes figures de Bergerac, parti à la conquête des grandes tables locales autant que des amateurs tous azimuts. Prophète en son pays, pour autant courtisé à l'export, le voilà depuis vingt ans à œuvrer pour le vin noble, à partir de son vignoble de 45 hectares, avec une approche contemporaine autour d'élevages longs et de matières musclées qui s'affinent idéalement à la garde. Il y parvient à force d'un travail sans relâche, se donnant tous les moyens pour tirer le meilleur de son terroir : cuves tronconiques sur mesure, chai moderne conçu pour triturer le moins possible le raisin, élevages soignés. La gageure est de réussir aussi bien en blanc qu'en rouge, et de proposer des entrées de gamme à petits prix mais très soignées. Pari tenu !

- **Bergerac Sec Grand Vin Les Verdots 2017** | Sec | 2019>24 | 20 € — 15
- **Bergerac Sec Le Vin 2016** | Sec | 2019>28 | 35 € — 16
- **Côtes de Bergerac Château Les Tours des Verdots 2017** | Sec | 2020>27 | 11 € — 15
- **Côtes de Bergerac Le Vin 2016** | Sec | 2019>28 | 35 € — 16
- **Monbazillac Château Les Tours des Verdots 2016** | Moelleux | 2019>30 | 16 € — 14,5

Les Verdots, 24560 Conne-de-Labarde • Tél. 05 53 58 34 31 • verdots@wanadoo.fr • www.verdots.com • Visite : du lundi au samedi de 9h à 12h30 et de 14h à 18h30. Du 1er juillet au 31 août du lundi au samedi de 9h à 19h.

CHÂTEAU DE VIELLA

★★☆☆☆

Alain Bortolussi a tout repris de zéro en 1990, lorsqu'il a arraché et replanté le vignoble en coteaux de son grand-père. Il possède aujourd'hui 25 hectares sur Madiran et Pacherenc du Vic-Bilh. Le château a été restauré en 2005 et accueille chaque été les amateurs pour des dîners-dégustation. Le vignoble se situe sur un des coteaux les plus remarquables, par son exposition et la nature de son sol. Le propriétaire aime les élevages en fût et en use (et parfois abuse) largement, mais ses vins ont la puissance et la générosité aromatique attendues, en blanc comme en rouge. Des vins de gastronomie.

- **Madiran Prestige 2016** | Sec | 2019>28 | 14 € — 17,5
- **Madiran Tradition L'Originel 2017** | Sec | 2019>23 | 7,50 € — 13,5
- **Pacherenc du Vic Bilh Sec 2018** | Sec | 2019>23 | 9 € — 13,5
- **Pacherenc du Vic Bilh Château Viella 2018** | Moelleux | 2019>23 | 9 € — 15

Route de Maumusson, 32400 Viella • Tél. 05 62 69 75 81 • contact@chateauviella.fr • www.chateauviella.fr • Visite : Du lundi au samedi de 8h30 à 12h00 et de 14h à 18h30. Le dimanche sur rendez-vous.

DOMAINE VIGNAU LA JUSCLE

★★★☆☆ ♣

Le petit bijou de vignoble de Vignau-La-Juscle est la perle cachée de l'appellation Jurançon. Il appartient à Michel Valton, médecin urologue, qui s'en occupe avec une pertinence de grand chirurgien et qui prend tous les risques pour ne produire qu'un seul vin, récolté au sommet du passerillage du raisin. Son coteau est un véritable modèle de viticulture de montagne, et sa petite production d'igp rouge, d'une personnalité peu commune, dépasse désormais largement la consommation personnelle du propriétaire ! Le domaine nous offre cette année une superbe nouvelle cuvée de jurançon sec qui se place d'entrée parmi les plus belles réussites de l'appellation.

- **Jurançon Sec 2017** | Sec | 2020>26 | 12 € — 16,5
- **Jurançon Vendanges Tardives 2018** | Liquoreux | 2021>30 | 30 € — 17

lieu-dit vignau - Chemin Mantoulan, 64110 Saint-Faust • Tél. 06 58 99 64 88 • antonin.valton@gmail.com • Visite : sur rendez-vous.

VIGNEREUSE

★☆☆☆☆ ♣

Marine Leys est à la tête d'un petit vignoble de 5 hectares qu'elle cultive avec soin depuis son premier millésime en 2014, avec une certification bio en cours. Les vins sont passionnants et en rupture avec le style traditionnel de l'appellation. À découvrir.

- **Gaillac A la santé des mécreants 2016** | Sec | 2019>23 | 13 € — 15
- **Gaillac L'Ancêtre 2016** | Sec | 2019>24 | 13 € — 14,5
- **Gaillac Mayga Watt Eff. 2018** | Sec | 2019>22 | 13 € — 15

Vignereuse, Frayssinette, 81140 Montels • Tél. 06 19 87 07 81 • marine_leys@yahoo.fr • Visite : sur rendez-vous.

CHÂTEAU VIGUERIE DE BEULAYGUE

★☆☆☆☆

Cédric Faure a repris l'exploitation familiale en 2002, 22 hectares de vignes situés au nord de l'appellation, près de Montauban. Les pratiques culturales sont conventionnelles mais la gamme nous paraît avoir franchi un palier depuis quelques millésimes déjà.

Fronton Croix de L'Agneau 2016 | Sec | 2019>24 | 7,90 € **14,5**
Fronton Tradition 2018 | Sec | 2019>20 | 5,90 € **14**

1650 chemin de Bonneval, 82370 Labastide-Saint-Pierre • Tél. 05 63 30 54 72 • ce.faure@gmail.com • Visite : du lundi au samedi de 9h à 19h.

MAISON WESSMAN

Riche en histoire, perché au bord d'un plateau dominant, le magnifique château de Saint-Cernin date du XIIe siècle. Si le vin y joue un rôle depuis des siècles, aujourd'hui le vignoble occupe tout juste deux hectares. Qu'à cela ne tienne, Robert Wessman et Ksenia Shakhmanova, copropriétaires, ne cherchent nullement la quantité, mais à vinifier des cuvées à renommée mondiale. Pari réussi avec la cuvée n°1, tout juste remarquable. Tant de talent mérite une entrée dans nos pages.

Bergerac N°1 Saint-Cernin 2017 | Sec | 2019>27 | 80 € **17**

Château Saint-Cernin de Labarde, 24560 Saint-Cernin de Labarde • Tél. 05 31 98 89 92 • sailes@maisonwessman-wines.com • www.saintcernin-wines.com • Visite : sur rendez-vous.

Mes commentaires

VALLÉE DE LA LOIRE

Tous les vins dégustés n'ont pu être cités dans ce guide.
Retrouvez plus de 120 000 vins notés et commentés sur
L'APPLI LE GRAND TASTING ET SUR **WWW.BETTANEDESSEAUVE.COM**

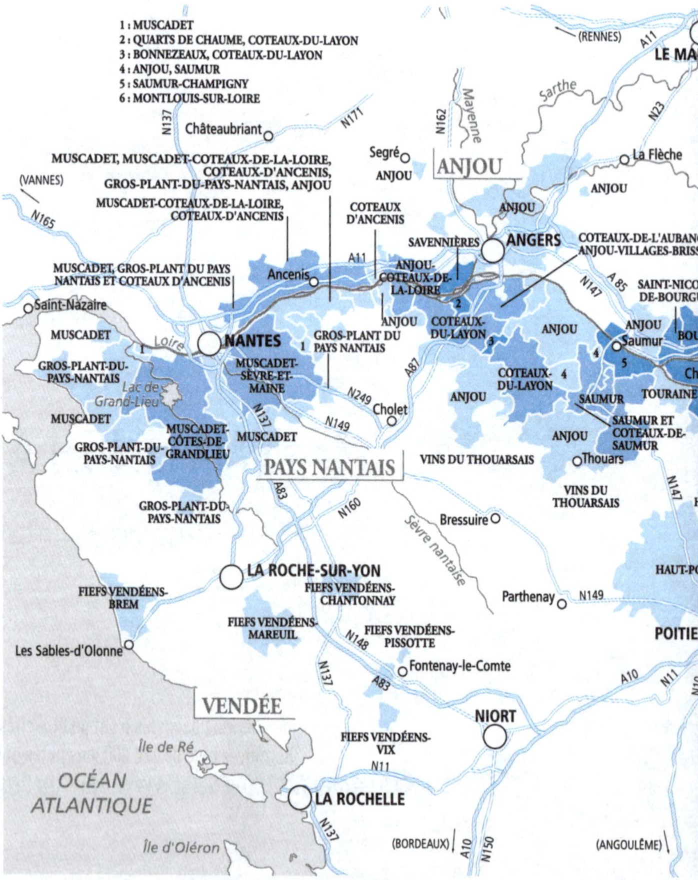
1 : MUSCADET
2 : QUARTS DE CHAUME, COTEAUX-DU-LAYON
3 : BONNEZEAUX, COTEAUX-DU-LAYON
4 : ANJOU, SAUMUR
5 : SAUMUR-CHAMPIGNY
6 : MONTLOUIS-SUR-LOIRE
(RENNES)
LE MA
Sarthe
Mayenne
N162
N137
Châteaubriant
N171
N23
Segré
ANJOU
ANJOU
La Flèche
MUSCADET, MUSCADET-COTEAUX-DE-LA-LOIRE, COTEAUX-D'ANCENIS, GROS-PLANT-DU-PAYS-NANTAIS, ANJOU
(VANNES)
N165
MUSCADET-COTEAUX-DE-LA-LOIRE, COTEAUX-D'ANCENIS
COTEAUX D'ANCENIS
ANJOU
ANJOU
SAVENNIÈRES
ANGERS
COTEAUX-DE-L'AUBAN
ANJOU-VILLAGES-BRISS
A11
MUSCADET, GROS-PLANT DU PAYS NANTAIS ET COTEAUX D'ANCENIS
Ancenis
ANJOU-COTEAUX-DE-LA-LOIRE
N147
A 85
SAINT-NICO
DE-BOURG
Saint-Nazaire
ANJOU
COTEAUX-DU-LAYON
ANJOU
ANJOU
Saumur
BOU
MUSCADET
Loire
NANTES
GROS-PLANT DU PAYS NANTAIS
A87
Ch
GROS-PLANT-DU-PAYS-NANTAIS
Lac de Grand-Lieu
MUSCADET-SÈVRE-ET-MAINE
N249
Cholet
ANJOU
COTEAUX-DU-LAYON
SAUMUR
TOURAINE
MUSCADET
N137
N149
SAUMUR ET COTEAUX-DE-SAUMUR
ANJOU
GROS-PLANT-DU-PAYS-NANTAIS
MUSCADET-CÔTES-DE-GRANDLIEU
MUSCADET
PAYS NANTAIS
VINS DU THOUARSAIS
Thouars
N147
A83
N160
VINS DU THOUARSAIS
GROS-PLANT-DU-PAYS-NANTAIS
Bressuire
Sèvre nantaise
LA ROCHE-SUR-YON
HAUT-P
FIEFS VENDÉENS-BREM
FIEFS VENDÉENS-CHANTONNAY
Parthenay
N149
FIEFS VENDÉENS-MAREUIL
FIEFS VENDÉENS-PISSOTTE
N148
POITIE
Les Sables-d'Olonne
N137
Fontenay-le-Comte
A83
A10
N11
VENDÉE
NIORT
Île de Ré
FIEFS VENDÉENS-VIX
N11
OCÉAN ATLANTIQUE
LA ROCHELLE
N137
(BORDEAUX)
A10
N150
(ANGOULÊME)
Île d'Oléron

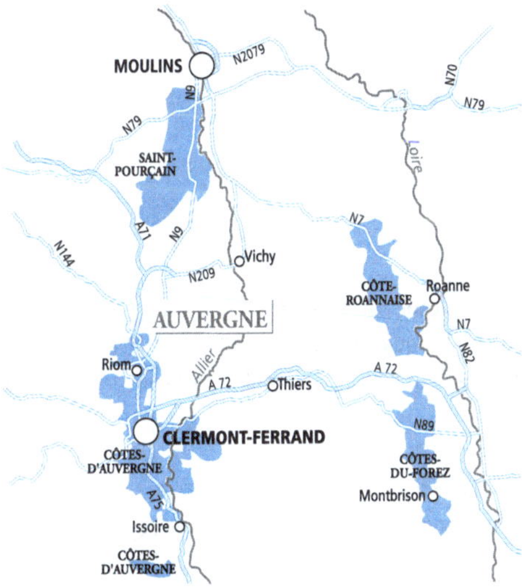
MOULINS
N2079
N70
N79
Loire
N9
SAINT-POURÇAIN
A71
N144
Vichy
N209
N7
CÔTE-ROANNAISE
Roanne
N82
AUVERGNE
Riom
Allier
A 72
Thiers
CLERMONT-FERRAND
N89
CÔTES-D'AUVERGNE
CÔTES-DU-FOREZ
Montbrison
A75
Issoire
CÔTES-D'AUVERGNE

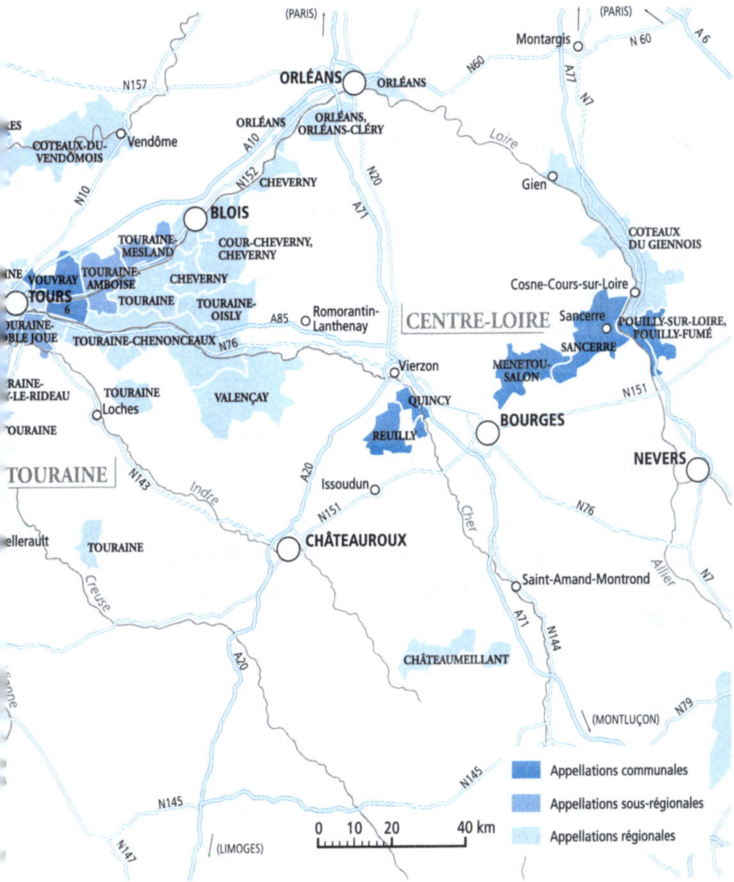
(PARIS)
Montargis
N 60
A 6
A77
N157
ORLÉANS
ORLÉANS
N60
ORLÉANS
ORLÉANS, ORLÉANS-CLÉRY
COTEAUX-DU-VENDÔMOIS
Vendôme
A10
Loire
N152
CHEVERNY
N20
Gien
N10
BLOIS
A71
COTEAUX DU GIENNOIS
TOURAINE-MESLAND
COUR-CHEVERNY, CHEVERNY
VOUVRAY
TOURAINE-AMBOISE
CHEVERNY
Cosne-Cours-sur-Loire
TOURS
TOURAINE
TOURAINE-OISLY
Romorantin-Lanthenay
A85
CENTRE-LOIRE
Sancerre
POUILLY-SUR-LOIRE, POUILLY-FUMÉ
TOURAINE-CHENONCEAUX
N76
SANCERRE
MENETOU-SALON
Vierzon
TOURAINE
Loches
VALENÇAY
QUINCY
N151
BOURGES
REUILLY
NEVERS
TOURAINE
N143
Indre
A20
Issoudun
N151
N76
Cher
CHÂTEAUROUX
TOURAINE
Creuse
Saint-Amand-Montrond
Allier
N7
A71
N144
A20
CHÂTEAUMEILLANT
(MONTLUÇON)
N79
Appellations communales
Appellations sous-régionales
Appellations régionales
N145
N145
0 10 20 40 km
N147
(LIMOGES)

LE VIGNOBLE DE LA VALLÉE DE LA LOIRE

LE VIGNOBLE

› Le Val de Loire est la troisième plus grande région viticole française, avec 75 000 hectares. C'est une large bande qui court le long de la Loire, de son embouchure à la région Centre, sur 800 kilomètres. Inscrit au patrimoine mondial de l'UNESCO (entre Sully et Chalonnes-sur-Loire), ce vignoble porte encore les témoignages de son riche passé.

› Les vins de Loire, blancs, rosés ou rouges, secs, moelleux ou effervescents, sont produits sur 69 appellations qui couvrent quatre types de terroirs et cinq sous-régions. Le Pays Nantais, l'Anjou et le Saumurois, la Touraine et les vignobles du Centre. Le Pays Nantais s'étend sur des sols sableux, riches en minéraux, des grès, des granites et des schistes. En Anjou dominent des schistes gréseux issus du Massif Armoricain. Dans le Saumurois et en Touraine règne la craie (appelée tuffeau) issue du Bassin Parisien avec des sols argilo-calcaires et de silex. Enfin, dans les vignobles du Centre, les sols sont majoritairement argilo-calcaires.

› Tout à l'ouest, le Pays Nantais est le royaume du cépage muscadet (aussi nommé melon de Bourgogne). En Anjou, dans le Saumurois et en Touraine, le grand cépage blanc est le chenin qui donne un vin au potentiel de garde étonnant, plusieurs décennies dans les grands millésimes. Plus minéral et serré en bouche lorsqu'il vient de Savennières, plus gras sur Saumur, plus fruité et floral sur Vouvray et Montlouis, le chenin donne des vins secs parmi les plus émouvants et, pourtant, parmi les plus méconnus de France. Quand il est atteint par la pourriture noble, il donne des liquoreux d'une pureté exceptionnelle, notamment en Coteaux du Layon, Bonnezeaux et Quarts-de-Chaume. Vouvray et Montlouis produisent d'excellentes versions mœlleuses de ce cépage qui se décline aussi en version effervescente.

› Dans les Vignobles du Centre, le climat est propice à la maturation du sauvignon. Ce cépage fait les beaux jours des vins de Sancerre, Pouilly-Fumé et Pouilly-sur-Loire.

› En rouge, le cabernet franc domine de l'Anjou à la Touraine, donnant naissance entre autres aux vins de Chinon, de Saumur et Saumur-Champigny, de Bourgueil et Saint-Nicolas de Bourgueil. En Touraine, le gamay est aussi cultivé. Enfin, dans les vignobles du Centre, le pinot noir permet aux sancerres rouges de rivaliser avec de bons bourgognes.

CE QU'IL FAUT SAVOIR

› De nombreux autres cépages existent, propres à ce vignoble ou moins largement cultivés, par exemple le pineau d'Aunis ou le grolleau, en rouge et le romorantin, en blanc.

LE VIGNOBLE DU PAYS NANTAIS

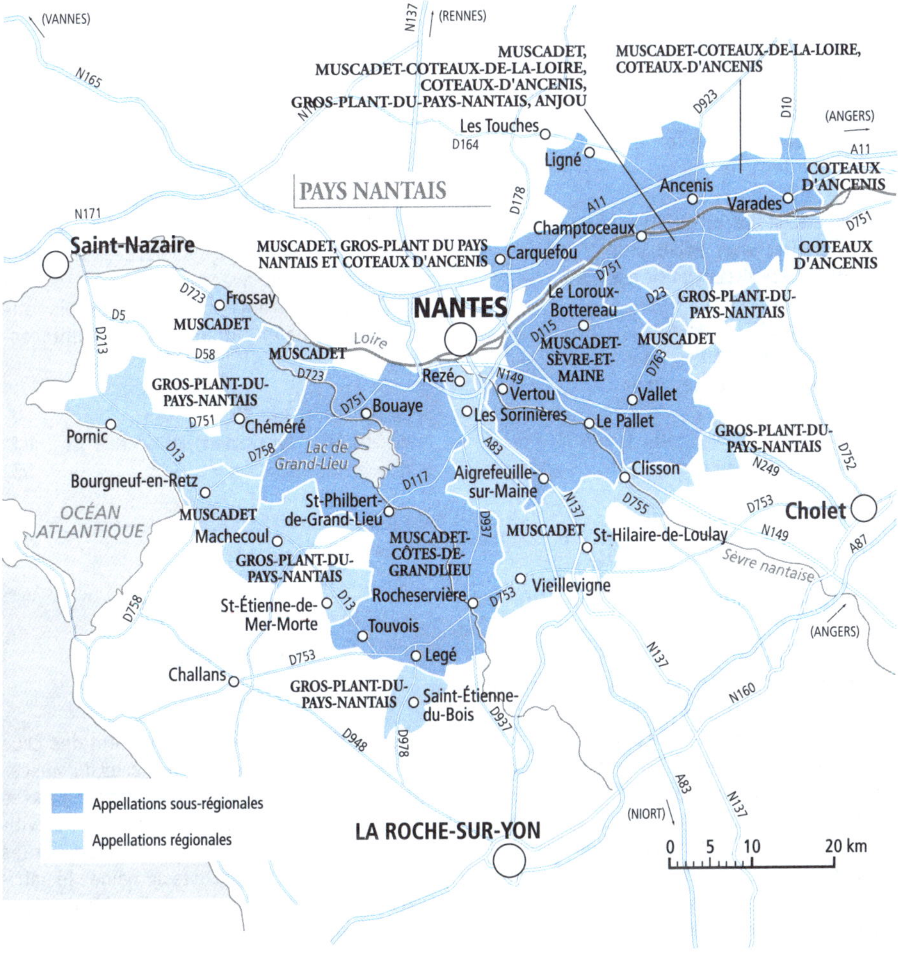

AMPELIDAE

Diplômé de l'école Polytechnique, Frédéric Brochet possède un sens de la formule et de la culture qui laissent admiratifs, vinifiant par cépage des vins d'une originalité folle. Son courage est immense : il a en effet redonné vie à ce secteur de la petite ville de Marigny-Brizay dans le Poitou. Il concilie à la fois culture bio, écologie et technologie. Ici on vinifie chaque année 115 hectares dont 75 en propriété. Le sauvignon de l'année se révèle toujours expressif, on monte en gamme avec le fié gris : sa belle palette de nuances aromatiques va des agrumes au épices, en passant par la mangue fraîche. En bouche, il possède ce supplément d'épaisseur qui fait la différence. Attention toutefois à ne pas trop augmenter les prix !

- **IGP du Val de Loire Alias pinot noir 2018** | Sec | 2019>20 | 10 € — 13
- **IGP du Val de Loire Marigny neuf 2018** | Sec | 2019>20 | 9,60 € — 13
- **IGP de la Vienne fié gris sauvignon rose, réserve 2017** | Sec | 2019>22 | 11,22 € — 14,5
- **IGP de la Vienne K 2017** | Sec | 2019>27 | 18,36 € — 15
- **IGP de la Vienne PN 1328 2017** | Sec | 2019>23 | 20,40 € — 14,5
- **IGP de la Vienne S 2017** | Sec | 2019>21 | 18,36 € — 13,5

Manoir de Lavauguyot, 86380 Jauny-Marigny • Tél. 05 49 88 18 18 • ampelidae@ampelidae.com • www.ampelidae.com • Visite : Ouvert du lundi au samedi de 9h à 12h et de 14h à 18h.

DOMAINE PIERRE-LUC BOUCHAUD

Pierre-Luc Bouchaud est un vigneron consciencieux qui exploite sur la commune de Saint-Fiacre 19 hectares, sur des secteurs très qualitatifs : Pont Caffino est un lieu-dit bien connu des grimpeurs pour sa falaise de granite élevée à 35 mètres au-dessus de la Maine. Les vignes s'y plaisent bien aussi et sont à l'origine de grands vins. Pour les plus pressés, nous conseillons les cuvées issues des sols limono-sableux avec une roche mère schisteuse comme le perd-son-pain. Les grandes cuvées sont issues des sols de granite et de gneiss de Château Thébaud, elles se démarquent grâce à leur équilibre entre la matière et l'acidité. Amateurs de minéralité intense avec des nuances iodées, n'hésitez pas car les prix restent très sages.

- **Muscadet Sèvre-et-Maine Le Perd Son Pain 2018** | Sec | 2019>21 | 5,50 € — 14
- **Muscadet Sèvre-et-Maine Pont Caffino 2018** | Sec | 2019>24 | 6,50 € — 15
- **Muscadet Château-Thébaud 2014** | Sec | 2019>27 | 12 € — 16,5

4, rue des Manoires - La Hautière , 44690 Saint-Fiacre-sur-Maine • Tél. 02 40 36 95 23 ou 06 49 48 12 64 • domaine@bouchaud.fr • www.bouchaud.fr • Visite : sur rendez-vous.

DOMAINE JULIEN BRAUD

Julien Braud est un adepte de la culture bio qu'il met en œuvre sur ses 7,80 hectares qui comptent des sols sablo-limoneux peu profonds et d'autres marqués par les gabbros à gros grains. Sa volonté de travailler en sélectionnant ses cuvées suivant ses parcelles est louable. Les vins offrent une juste maturité avec une pointe iodée en finale. Notre préférence va une nouvelle fois cette année au cru communal issu de Monnières-Saint-Fiacre.

- **Muscadet Sèvre-et-Maine 2018** | Sec | 2019>20 | 9 € — 13
- **Muscadet Sèvre-et-Maine Monnières 2014** | Sec | 2019>25 | 13 € — 14,5
- **Muscadet Préface 2018** | Sec | 2019>20 | 6 € — 12,5

102, La Cordouere, 44690 Monnières • Tél. 06 74 81 83 59 • braudjulien@yahoo.fr • Visite : Sur rendez-vous.

DOMAINE BRÉGEON

Acteur principal du développement des crus communaux (véritables grands crus du Muscadet), Michel Bréjeon, est satisfait d'avoir passé le relais à Frédéric Lailler. Ce diplômé en viti-œno pratique désormais la culture bio sur les 8,30 hectares que compte le domaine : le patrimoine de vignes se révèle qualitativement impressionnant. Six hectares se situent sur les gabbros de Gorges et un hectare dans le secteur granitique de Clisson sur les meilleurs terroirs de la région, avec une moyenne d'âge des ceps avoisinant les 65 ans. Ici, on limite les rendements qui ne dépassent pas 30 à 45 hl/ha et on continue d'élever sur lies fines les muscadets entre deux et cinq ans. L'amateur tient là une des meilleures sources en grands vins de garde, avec des cuvées qui évolueront dans le registre minéral des grands crus de Chablis au bout d'une quinzaine d'années. Les millésimes des années 1990 sont là pour le prouver. Depuis 2014, le domaine a encore franchi un palier qualitatif. Entre 7 et 14 euros, il faut se précipiter pour se constituer un bon fond de cave, et en dégustation à l'aveugle vous surprendrez vos amis.

- **Muscadet Sèvre-et-Maine Gorges Les Vigneaux 2014** | Sec | 2019>49 | 14 € — 17
- **Muscadet Sèvre-et-Maine Clisson 2014** | Sec | 2019>32 | 13,50 € — 17
- **Muscadet Hors-Série 2018** | Sec | 2019>24 | 7 € | ♣ — 14

5, Les Guisseaux, 44190 Gorges • Tél. 02 40 06 93 19 • contact@domainebregeon.com • www.domainebregeon.com • Visite : Uniquement sur rendez-vous.

VIGNOBLES BROCHARD-GUIHO

★☆☆☆☆

Un temps délaissé à la suite des ravages du phylloxéra, le « château d'amour » devint un lieu de rendez-vous galant très prisé. Ayant retrouvé sa vocation première, il regroupe aujourd'hui 23 hectares et propose une cuvée de clisson au nez puissant, minéral, fruité et épicé. La bouche attaque avec franchise, puis elle s'arrondit autour de notes de fruits à chair blanche. Une des révélations sur le millésime 2015 !

- **Muscadet Sèvre-et-Maine Clisson château d'amour 2015** | Sec | 2019>29 | 8 € — 15,5

La Grenaudière, 44690 Maisdon sur Sèvre • Tél. 02 40 03 85 13 • brochardhugues@wanadoo.fr • Visite : Uniquement sure rendez-vous.

DOMAINE ÉRIC CHEVALIER

★☆☆☆☆

Œnologue de formation, Éric Chevalier a repris les 28 hectares du domaine familial au début de ce siècle. En conversion bio, il vinifie en levures indigènes sa douzaine de cuvées où les côtes-de-grandlieu tiennent la plus grande place. Tous les vins sont récoltés à parfaite maturité et travaillés avec un soin très attentif. Le clos-de-la-butte est toujours d'une belle distinction dans ses équilibres. Ne pas manquer le fié gris, regorgeant de fruits jaunes et d'agrumes, avec sa touche poivrée en finale. Voilà un vin qui fait merveille à l'apéritif pour un prix très abordable !

- **Muscadet Côtes de Grandlieu 2018** | Sec | 2019>22 | 7,50 € — 13,5
- **Muscadet Côtes de Grandlieu Clos de la Butte 2017** | Sec | 2019>25 | 8,10 € — 15
- **Muscadet Côtes de Grandlieu La Noë - sur lie 2017** | Sec | 2019>22 | 9,10 € — 14

102 l'Aujardière, 44310 Saint-Philbert-de-Grand-Lieu • Tél. 06 27 43 81 91 • eric@chevaliervigneron.com • www.chevaliervigneron.com • Visite : Ouvert du lundi au vendredi de 9h à 18h30 et le samedi de 10h à 13h. Sur rendez-vous de préférence.

OLIVIER CLÉNET

★☆☆☆☆

Dans la dégustation des vins du Gorgeois, le 2014 d'Olivier Clénet est sorti dans le peloton de tête avec une vraie identité qui fait honneur à ceux qui se sont lancés dans l'aventure courageuse des communales, permettant de redorer l'image des grands muscadets. Cette cuvée provient des parcelles des Vigneaux qui s'étendent sur deux hectares, sur un terroir de gabbro avec altérité et argile à gravier. Un secteur près porteur pour les vins de qualité !

- **Muscadet Sèvre-et-Maine Gorges 2014** | Sec | 2019>27 | 10 € — 15,5

1 bis, La Galussière (rive droite), 44190 Gorges • Tél. 02 40 06 90 68 ou 06 77 79 28 26 • oliv.clenet@orange.fr • Visite : Uniquement sur rendez-vous du lundi au samedi.

CHÂTEAU DU CLÉRAY

★★★☆☆

La maison Sauvion est, avec ses vieilles caves voûtées, l'une des plus anciennes propriétés de Sèvre et Maine. Son vignoble s'étend sur 95 hectares, essentiellement sur Vallet, avec des sols principalement silico-argileux, traversés par une veine de schiste qui donne une impression de salinité très pure. L'argile constitue néanmoins la colonne vertébrale des vins et la silice apporte la tendreté et la gourmandise. Pierre-Jean Sauvion, œnologue, est arrivé sur la propriété en 2004 et s'occupe désormais des vinifications. Il existe une gamme de cuvées plus souples à boire sur le fruit et une autre qui se décline selon le mode haute-culture, pour les amateurs de muscadets de garde ; il prouve ainsi que sur ce secteur, on peut produire de grands blancs secs pouvant escorter les poissons et crustacés les plus nobles à moindre coût. Une aubaine.

- **Muscadet Sèvre-et-Maine Château du Cléray 2018** | Sec | 2019>25 | NC — 15
- **Muscadet Vallet 2016** | Sec | 2019>24 | 12 € — 14,5
- **Muscadet Vallet 2014** | Sec | 2019>23 | 12 € — 15
- **IGP du Val de Loire Chardonnay 2018** | Sec | 2019>24 | NC — 15
- **IGP du Val de Loire Sauvignon 2018** | Sec | 2019>23 | NC — 14

Château du Cleray, 44330 Vallet • Tél. 02 40 36 22 55 ou 02 40 36 48 83 • sauvion@sauvion.fr • www.sauvion.fr • Visite : du lundi au vendredi de 9h à 12h30 et de 13h30 à 18h et le samedi de 10h à 13h.

DOMAINE DES COGNETTES

Le vignoble de 24 hectares, en pleine conversion bio, est implanté sur les coteaux de la Sèvre Nantaise et la Moine, sur des sols de granite et de gabbro. Ceux-ci permettent de produire de grands muscadets, souci essentiel des propriétaires, la famille Perraud. Pour 13 euros, la cuvée de clisson, à la fois dense et généreuse, se montre riche et sa finale met en évidence de jolis amers.

- **Muscadet Sèvre-et-Maine Clos des Choffardières 2014** | Sec | 2019>26 | NC — 14
- **Muscadet Sèvre-et-Maine Les 2 Terres 2018** | Sec | 2019>22 | NC — 13
- **Muscadet Clisson 2014** | Sec | 2019>29 | NC — 15

25, route de Saint Créspin - Bournigal , 44190 Clisson • Tél. 02 40 54 45 62 • vincentperraud@wanadoo.fr • www.domainedescognettes.fr • Visite : du lundi au vendredi de 8h30 à 12h30 et de 14h à 19h15, le samedi de 9h à 12h30 et de 14h à 18h.

DOMAINE BRUNO CORMERAIS

Maxime Cormerais possède un patrimoine de vignes de 28 hectares dont l'âge varie entre 30 et 75 ans. Les meilleurs crus sont bien identifiés sur le secteur granitique. Avec des prix modestes, à moins de dix euros, nos préférences vont au fruité frais de la cuvée Maxime, et aux vieilles-vignes suaves et tendues. Cru phare de la propriété, clisson dévoile la subtile austérité de son sol. Pour 12 euros, vous avez là l'un des meilleurs vins de garde du Muscadet.

- **Muscadet Sèvre-et-Maine Clisson 2013** | Sec | 2020>30 | 12,50 € — 15
- **Muscadet Sèvre-et-Maine Prestige 2016** | Sec | 2019>25 | 8 € — 12,5
- **Muscadet Sèvre-et-Maine Tess 2012** | Sec | 2019>27 | 15,50 € — 13,5

41, La Chambaudière, 44190 Saint-Lumine-de-Clisson • Tél. 02 40 03 85 84 • b.mf.cormerais@orange.fr • www.domaine-bruno-cormerais.com • Visite : Ouvert du lundi au samedi de 10h à 12h et de 15h à 18h, sinon sur rendez-vous.

DOMAINE DE LA CORNULIÈRE

Les 80 ares des Bourdonnières constituent un coteau qui domine la Sèvre, avec des vignes âgées d'une cinquantaine d'années sur altérite et argile à gravier. Cette décomposition de la roche-mère donne ainsi naissance au fameux terroir de gabbro, l'un des meilleurs du Muscadet pour les vins de garde. Les vendanges à la machine précèdent un élevage qui, suivant les millésimes, s'échelonne entre 30 et 36 mois car on est là sur les secteurs tardifs de Gorges. Ici les gorges sont plus en rondeur que la plupart de leurs pairs.

- **Muscadet Sèvre-et-Maine Gorges 2013** | Sec | 2019>27 | 12 € — 15

La Cornulière, 44190 Gorges • Tél. 02 40 03 95 06 ou 06.88.12.61.28 • vignoble.barreau44@orange.fr • www.domainedelacornuliere.over-blog.com • Visite : Du lundi au vendredi de 8h à 12h et de 14h à 18h. Le samedi de 8h à 12h. Sur rendez-vous les jours fériés.

VIGNOBLE DROUARD

La famille Drouard possède au domaine de la Noë une soixantaine d'hectares, se situant sur la commune de Château Thébaud, terre d'élection des terroirs limono-sableux. Leur originalité provient de l'altération du granite à la surface de la roche orthogneiss qui permet un bon enracinement, riche en quartz, et micas noirs. Ce type de terroir très peu répandu sur le vignoble nantais assure une maturité régulière et homogène des raisins, synonyme de fraîcheur et de finesse des arômes. Les vins issus des communales sont de plus en plus accomplis et ils constituent de très bons supports pour la table, déclinant la minéralité de leur terroir avec beaucoup d'aplomb. Ce sont de très bons rapports qualité-prix.

- **Muscadet Sèvre-et-Maine 2018** | Sec | 2019>21 | 4,30 € — 12,5
- **Muscadet Sèvre-et-Maine Château Thébaud 2014** | Sec | 2019>33 | 11,10 € — 15
- **Muscadet Sèvre-et-Maine Clisson 2014** | Sec | 2019>30 | 11,10 € — 15,5

4 La Noë, 44690 Château-Thebaud • Tél. 02 40 06 50 57 • contact@vignobledrouard.com • www.vignobledrouard.com • Visite : Ouvert de 9h à 12h30 et de 14h à 18h du lundi au samedi. Fermé dimanche et jours fériés.

DOMAINE DE L'ÉPINAY

Ce domaine de 35 hectares est cultivé selon le mode de l'agriculture biologique. Il se signale pour son cru communal de Clisson, issu du célèbre terroir granitique. Les derniers millésimes sont plus que convaincants, avec des vins charnus et amples, non dénués de subtilité. Un très bon rapport qualité-prix !

- **Muscadet Sèvre-et-Maine Clisson 2015** | Sec | 2021>33 | 10 € — 15
- **Muscadet Sèvre-et-Maine Clisson 2014** | Sec | 2019>27 | 10,90 € — 15,5
- **Muscadet Sèvre-et-Maine Esprit 2017** | Sec | 2019>24 | 6,90 € — 13

20, route de la Sablette, 44190 Clisson • Tél. 02 40 36 13 57 • domaine-epinay@orange.fr • www.domainedelepinay.com • Visite : Ouvert du lundi au vendredi de 9h à 18h45, le samedi de 9h à 12h30 et l'après-midi sur rendez-vous.

DOMAINE DE LA FESSARDIÈRE

Agronomes de formation, Jérôme et Émeline ont repris depuis 2014 ce domaine historique de Vallet, au cœur du pays nantais. Les vignes cultivées en bio offrent une moyenne d'âge qui atteint les 35 ans. Elles sont plantées à 80 % en coteaux sur des sols légers, caillouteux, argilo-siliceux peu profonds. Les méthodes culturales se veulent le plus naturelles possible. Les vins sont francs et faciles d'accès avec une gourmandise peu commune sur les vins du secteur. Pour moins de 10 euros, la-mer-qu'on-voit-danser, par sa rondeur et son fruité, se montre très consensuelle. Plus ample, coup-de-foudre peut accompagner tout un repas.

- **Muscadet Sèvre-et-Maine coup de foudre 2016** | Sec | 2019>24 | 11,95 € — 15,5
- **Muscadet Sèvre-et-Maine l'Air Innocent 2015** | Sec | 2019>23 | 14,95 € — 15
- **Muscadet Sèvre-et-Maine la Mer qu'on voit danser 2015** | Sec | 2019>24 | 9,95 € — 14,5

La Hersonnière, 44330 Vallet • Tél. 02 40 36 20 88 ou 06.76.87.85.48 • contact@domaine-fessardiere.fr • www.domaine-fessardiere.fr • Visite : Uniquement sur rendez-vous.

DOMAINE GADAIS PÈRE ET FILS

Dans la région de Saint-Fiacre, Christophe Gadais, parfaitement épaulé depuis quelques millésimes par son fils Pierre-Henri, possède un vignoble d'une cinquantaine d'hectares, principalement sur un sous-sol de gneiss. Cette famille dynamique produit des cuvées expressives de belle tension. La grande-réserve-du-moulin est délicieusement iodée et les-perrières se révèlent particulièrement harmonieuses par leur élégance et leur concentration. Entre 5 et 12 euros, la gamme est l'une des plus régulières du secteur. Une belle adresse.

- **Muscadet Sèvre-et-Maine Monnières, Plantation 1947 2016** | Sec | 2019>29 | 14,30 € — 14
- **Muscadet Sèvre-et-Maine Peninsula Vieilles Vignes 2017** | Sec | 2019>25 | 9,20 € — 13
- **Muscadet Les Perrières Monopole 2016** | Sec | 2019>24 | 14,30 € — 13

Les Perrières, 44690 Saint-Fiacre-sur-Maine • Tél. 02 40 54 81 23 • musgadais@wanadoo.fr • www.gadaispereetfils.fr • Visite : du lundi au vendredi de 9h à 13h et de 15h à 19h, le samedi sur rendez-vous.

DOMAINE DE LA GANOLIÈRE

★☆☆☆☆

Brigitte et Christophe Boucher exploitent 16 hectares de vignes dont 14 en Muscadet, plantées sur le gabbro gorgeois, l'un des meilleurs terroirs. Ici les vins sont toujours bien construits. La gano est vive et fringante et le gorges est minéral à souhait.

- **Muscadet Sèvre-et-Maine Gorges 2014** | Sec | 2019>26 | 9,20 € — 15,5
- **Muscadet Sèvre-et-Maine La Gano 2018** | Sec | 2019>24 | 5 € — 13

2, la Ganolière, 44190 Gorges • Tél. 02 40 06 98 87 • earl.boucher@wanadoo.fr • www.earlboucher.com • Visite : Ouvert du lundi au vendredi de 8h à 12h et de 14h à 19h, le samedi de 8h à 12h et l'après-midi sur rendez-vous.

DOMAINE DE LA GRANGE

★☆☆☆☆

À l'est de la bourgade de Mouzillon, Dominique Hardy est le bon génie de ce domaine de 35 hectares qui surplombe les rives de la Sanguèze. Cette altitude protège la vigne des gelées de printemps. Les vins produits sont de bon niveau. La cuvée rubis-de-la-sanguèze est un grand vin de garde, qui traduit au mieux l'expression minérale du terroir de gabbro.

- **Muscadet Sèvre-et-Maine 2018** | Sec | 2019>21 | 5,70 € — 13
- **Muscadet Sèvre-et-Maine Domaine Bretonnière 2017** | Sec | 2019>27 | 6,70 € — 13,5
- **Muscadet Sèvre-et-Maine Rubis de la Sanguèze 2014** | Sec | 2019>24 | 11,40 € — 14,5

La Grange, 44330 Mouzillon • Tél. 02 40 33 93 60 • contact@dhardy.com • www.dhardy.com • Visite : Ouvert du lundi au vendredi de 8h à 18h, le samedi de 9h à 12h30 et le week-end sur rendez-vous.

GUILBAUD FRÈRES

★☆☆☆☆

Les frères Guilbaud possèdent sur Mouzillon et Gorges de grands terroirs de gneiss qui s'expriment parfaitement à travers leurs différentes cuvées. On apprécie les vieilles vignes sur le clos-de-beauregard. Les prix savent raison garder.

- **Muscadet Sèvre-et-Maine Château de La Pingossière, Vieilles Vignes 2016** | Sec | 2019>23 | 7,50 € — 14
- **Muscadet Sèvre-et-Maine Clos de Beauregard Vieilles Vignes 2018** | Sec | 2019>25 | 7,20 € — 13
- **Muscadet Sèvre-et-Maine Soleil Nantais 2018** | Sec | 2019>24 | 7,20 € — 13

Beausoleil, 44190 Gorges • Tél. 02 40 06 90 69 • guilbaudfreres@gmvl.fr • www.guilbaud-muscadet.com • Visite : sur rendez-vous uniquement de 8h30 à 12h30 et de 14h à 18h sauf le vendredi jusqu'à 17h. (pas de dégustation)

DOMAINES VÉRONIQUE GÜNTHER-CHÉREAU

★★☆☆☆

Chez les Chéreau, la passion du muscadet remonte au XVe siècle. Chaque génération construit un maillon de l'histoire du vignoble. Avec sa fille Aurore, diplômée d'œnologie, Véronique Günther-Chéreau, directrice du domaine, se bat pour la reconnaissance des grands terroirs du Muscadet. Ce développement des crus communaux lui tient à cœur. Le château du Coing de Saint-Fiacre, sur du schiste tendre, et le Grand Fief de la Cormeraie à Monnières, implanté sur une couche argilo-schisteuse, donnent des vins sveltes et dynamiques. Sur les 70 hectares que compte le vignoble, notre préférence va au château de la Gravelle à Gorges, qui repose sur des roches volcaniques enfouies sous une étroite couche d'argile ; les vins y sont plus tendres avec une juste intensité en bouche. Les prix restent modérés. Une adresse sûre et de qualité.

- **Gros Plant du Pays Nantais folie blanche 2017** | Sec | 2019>21 | 6 € — 13
- **Muscadet Sèvre-et-Maine Château de la Gravelle 2017** | Sec | 2019>29 | 9 € | ♣ — 15
- **Muscadet Sèvre-et-Maine Gorges Château de la Gravelle 2014** | Sec | 2019>41 | 12 € — 16
- **Muscadet Sèvre-et-Maine Gorges Château de la Gravelle 2010** | Sec | 2019>25 | 12 € — 16

Château du Coing de Saint-Fiacre - La Bourchinière, 44690 Saint-Fiacre-sur-Maine • Tél. 02 40 54 85 24 • contact@vgc.fr • www.vgc.fr • Visite : Ouvert tous les jours de 10h à 18h toute l'année. Fermé les jours fériés et les dimanche.

DOMAINE DU HAUT-BOURG

★☆☆☆☆

Situé en plein cœur de l'aire d'appellation Muscadet Côtes de Grandlieu, le domaine du Haut-Bourg est une exploitation familiale de 43 hectares, entièrement située sur la commune de Bouaye. Les terroirs sont majoritairement constitués de micaschiste, de granite et de sable. Des rondeurs élégantes caractérisent la gamme avec des cuvées comme origine qui peuvent évoluer favorablement dans le temps.

- **Muscadet Côtes de Grandlieu 2018** | Sec | 2019>24 | 6,20 € — 13
- **Muscadet Côtes de Grandlieu La Désirée 2018** | Sec | 2019>33 | 6,80 € — 14
- **Muscadet Côtes de Grandlieu Pavillon 2018** | Sec | 2019>24 | 6,50 € — 13,5

11, rue de Nantes, 44830 Bouaye • Tél. 02 40 65 47 69 • contact@hautbourg.fr • www.hautbourg.fr • Visite : Ouvert du lundi au samedi de 9h à 12h et de 14h à 18h. Fermé le samedi après midi.

DOMAINE JÉRÉMIE HUCHET

★★★☆☆

En quelques millésimes, Jérémie Huchet, vigneron œnologue, a propulsé son domaine de la Chauvinière, d'une soixantaine d'hectares, au panthéon des grands muscadets. Son terroir composé de granite de Château-Thébaud est unique. Il ne représente qu'un îlot de 4 %, au cœur du vignoble : son sol composé de sable, gravier et caillou y demeure peu profond. Les vignes y sont conduites en lutte raisonnée et les vinifications s'effectuent dans un ancien monastère. Des entrées de gamme aux cuvées parcellaires, toute la gamme se révèle sans faille, détaillant des vins équilibrés, tendus, de grande finesse. Les vignes centenaires du clos-des-montys constituent l'un des sommets du Muscadet, pour la richesse de constitution, la tension et le gros potentiel de garde. Le granite de château-thébaud, plus en finesse, possède lui aussi une réelle complexité. Ces crus demandent du temps pour développer leurs qualités mais quel bonheur ! Sans doute l'une des meilleures adresses du secteur, d'un incomparable rapport qualité-prix.

- **Muscadet Sèvre-et-Maine Clos Les Monthys Vigne de 1914 2017** | Sec | 2019>33 | 10,40 € — 16,5
- **Muscadet Sèvre-et-Maine Domaine sur lie 2018** | Sec | 2019>22 | 4,65 € — 13,5
- **Muscadet Sèvre-et-Maine Le Chemin des Prières 2018** | Sec | 2019>26 | 8 € | ♣ — 15
- **Muscadet Sèvre-et-Maine Les 15 Hommées 2018** | Sec | 2019>24 | 8 € | ♣ — 14

La Chauvinière, 44690 Château-Thébaud • Tél. 02 40 06 51 90 • accueil@jeremie-huchet-vigneron.fr • www.jeremie-huchet-vigneron.fr • Visite : Ouvert du mardi au samedi de 10 à 12h30 et de 14h à 19h.

CHÂTEAU DE L'HYVERNIÈRE

★☆☆☆☆

En 2008, lorsque la famille Castel rachète deux propriétés sur le Muscadet, la Botinière et l'Hyvernière, elle sélectionne avec attention toutes les parcelles : le château de l'Hyvernière livre un vin vif et coulant tandis que la Botinière affirme un style plus minéral. Au milieu de la centaine d'hectares de l'Hyvernière, un troisième domaine de 17 hectares est isolé, sur la commune du Pallet : il s'agit du clos des Orfeuilles, au profil très cristallin.

- **Muscadet Sèvre-et-Maine Château de la Botinière 2017** | Sec | 2019>24 | 5 € — 14,5
- **Muscadet Sèvre-et-Maine L'Hyvernière 2017** | Sec | 2019>23 | 5 € — 13,5

La Guillemochère, 44330 La-Chapelle-Heulin • Tél. 06 15 91 22 47 • chateau.hyverniere@castel-freres.com • www.chateaux-castel-muscadet.com

JARDIN D'EDOUARD

★☆☆☆☆

Principalement implanté sur Château-Thébaud, l'une des meilleures communales du Muscadet, ce domaine bénéficie des soins d'Édouard Massart, qui fut 5 fois champion d'Île de France cycliste entre 1986 et 1991 mais est aussi Ingénieur INSA et Master of Science. La cuvée communale de château-thébaud offre une belle élégance et de l'énergie à revendre ! C'est un superbe rapport qualité-prix !

- **Muscadet Sèvre-et-Maine Château-Thébaud 2014** | Sec | 2019>30 | 12,50 € — 15

7, La Petite Jaunaie, 44690 Château Thébaud • Tél. 02 40 06 61 42 • contact@jardindedouard.vin • www.jardindedouard.vin • Visite : Ouvert du lundi au samedi de 10h à 13h et de 14h à 18h.

DOMAINE JÉRÔME BRETAUDEAU

Sur Gétigné, Jérôme Bretaudeau est devenu l'un des vignerons les plus dynamiques du Muscadet, comptant maintenant une quinzaine d'hectares conduits selon les principes de l'agriculture biologique sur une bonne partie des terroirs classiques du Muscadet, à partir des différentes altérations de la roche-mère. Particularité du domaine, les blancs font la fermentation malolactique, permettant de donner plus de charnu et de gras au milieu de bouche. Avec un fruit bien dégagé et de belles finales salines, les vins sont toutefois bien élancés.

- **Muscadet Sèvre-et-Maine Domaine de Belle Vue 2018** | Sec | 2019>23 | 14 € — 14
- **Muscadet Gaïa 2018** | Sec | 2019>24 | 28 € — 15
- **Muscadet Granit 2017** | Sec | 2019>23 | 18 € — 15
- **IGP du Val de Loire La Justice 2018** | Sec | 2019>24 | 26 € — 13,5

Domaine de Bellevue - 15, rue du Pont Jean Vay , 44190 Gétigné • Tél. 06 12 85 19 62 • jbretaudeau@free.fr • www.jeromebretaudeau.wordpress.com • Visite : Uniquement sur rendez-vous.

DOMAINE LA HAUTE FÉVRIE

Entre Saint-Fiacre et Monnières, à 18 kilomètres au sud-est de Nantes, Claude et Sébastien Branger, adeptes de la culture raisonnée, orientent depuis 2015 leur domaine vers le bio et vendangent à la main leurs 26 hectares. Les cuvées reflètent l'expression la plus fidèle des terroirs, avec de belles perspectives d'évolution dans le temps. Les vins sont élégants et tendus, avec plus de complexité pour les-gras-moutons, monnières-saint-fiacre et château-thébaud. Les 2017 et 2018 montrent une plus grande précision dans la définition des vins, une aubaine à de tels prix.

- **Muscadet Sèvre-et-Maine 2018** | Sec | 2019>21 | 6,30 € — 13
- **Muscadet Sèvre-et-Maine Château Thébaud 2015** | Sec | 2019>29 | 12 € — 16,5
- **Muscadet Sèvre-et-Maine Château-Thébaud, Coteaux de l'Ebeaupin 2016** | Sec | 2020>31 | 12 € — 16
- **Muscadet Sèvre-et-Maine Clos de la Févrie 2018** | Sec | 2019>23 | 8,10 € — 15
- **Muscadet Sèvre-et-Maine Monnières-Saint-Fiacre 2014** | Sec | 2019>24 | 12 € — 15,5

109, la Févrie, 44690 Maisdon-sur-Sèvre • Tél. 02 40 36 94 08 • haute-fevrie@orange.fr • www.lahautefevrie.com • Visite : De préférence sur rendez-vous. Ouvert du lundi au vendredi de 8h30 à 12h30 et de 14h à 18h45 et le samedi de 10h à 12h et de 14h à 17h.

DOMAINES JOSEPH LANDRON

Les domaines Landron comprennent 46 hectares, cultivés en bio et répartis entre deux sites, le domaine de la Louvetrie et le château de la Carizière. Vigneron exemplaire, Jo Landron figure depuis plus de deux décennies parmi les meilleurs et les plus réguliers producteurs de muscadet. Ses crus évoluent parfaitement avec le temps. Amphibolite, léger, à boire sur le fruit, se montre primesautier et fait preuve d'un glissant réjouissant : un modèle de style ligérien. Selon les sols, argilo-sableux ou grès, et l'âge des vignes, les millésimes se succèdent avec bonheur, les vins offrant magnifique une énergie et une évidence naturelle qui, avec le temps, leur donne des airs de grand chablis. Avec des prix qui restent très sages, cette adresse est une référence à ne pas manquer.

- **Muscadet Sèvre-et-Maine Fief du Breil 2015** | Sec | 2019>27 | 18 € — 15,5
- **Muscadet Sèvre-et-Maine Fief du Breil 2007** | Sec | 2019>25 | épuisé — 16,5
- **Muscadet Sèvre-et-Maine Les Houx 2018** | Sec | 2019>29 | NC — 15
- **Muscadet Amphibolite 2018** | Sec | 2019>20 | 13 € — 14,5

Les Brandières, 44690 La Haye-Fouassières • Tél. 02 40 54 83 27 • contact@domaines-landron.fr • www.domaines-landron.fr • Visite : Uniquement sur rendez-vous du lundi au vendredi et deux samedis par mois.

DOMAINE LE FAY D'HOMME

Dans son domaine de 27 hectares, Vincent Caillé s'est lancé avec enthousiasme dans la démarche Monnières-Saint-Fiacre, fruit d'une réflexion de reconnaissance en cru communal sur un terroir de gneiss ou orthogneiss, recouvert par une couche de surface mêlée de graviers et d'argiles, sur son vignoble de vieilles vignes. Il faut absolument attendre ces crus car ils peuvent apparaître austères dans leur jeunesse mais évoluent avec grâce.

- **Muscadet Sèvre-et-Maine Clos de la Févrie 2018** | Sec | 2022>31 | 11,50 € — 14
- **Muscadet Sèvre-et-Maine Terre de Gabbro 2017** | Sec | 2019>29 | 9,19 € — 13,5

Les Côteaux, 44690 Monnières • Tél. 02 40 54 62 06 • vincent-caille@wanadoo.fr ou contact@lefaydhomme.com • www.lefaydhomme.com • Visite : sur rendez-vous uniquement le samedi matin.

LES BÊTES CURIEUSES

Jérémy Huchet (Muscadet) et Jérémy Mourat (Vendée) sont deux des vignerons les plus doués de l'Hexagone ; de leur volonté de bien élever les crus communaux du Muscadet sont nées les Bêtes Curieuses. Le duo sélectionne des vignes et élabore des cuvées mettant en perspective les nuances des communales du Muscadet : Goulaine, Monnière, Clisson, Gorges et Château-Thébaud. L'ensemble des vignes est en conversion bio et toutes les vendanges s'effectuent à la main. Ces cuvées sont élevées sur lies en cuves souterraines pendant de longs mois, sauf le muscadet primeur et la perdrix-de-l'année. Les vins sont ainsi taillés pour la grande gastronomie marine. Autour d'une quinzaine d'euros, on tient-là un négoce haute couture parfaitement engagé. À découvrir absolument !

- **Muscadet Sèvre-et-Maine Château Thébaud 2013** | Sec | 2019>29 | 11,80 € — 15,5
- **Muscadet Sèvre-et-Maine Clisson 2015** | Sec | 2019>26 | 11,80 € — 15
- **Muscadet Sèvre-et-Maine Gorges 2014** | Sec | 2022>27 | 11,80 € — 15
- **Muscadet La Perdrix de l'Année 2018** | Sec | 2019>20 | 5,95 € — 13

Route de la roche sur yon, 85320 Mareuil-sur-Lay • Tél. 02 51 97 20 10 • contact@mourat.com ou contact@lesbetescurieuses.fr • www.lesbetescurieuses.fr • Visite : Ouvert du mardi au samedi 10h00-12h30 / 14h00-19h00

LES FRÈRES COUILLAUD

Le domaine des Frères Couillaud compte près de 70 hectares de vignes installées sur de beaux terroirs de schistes et de micaschistes sur l'un des coteaux les plus élevés de Sèvre-et-Maine. Toutes les cuvées sont dans la logique de leur appellation et délivrent une image sincère et juste. Alliant puissance et élégance, avec un potentiel de garde évident, les vieilles-vignes-de-la-ragotière constituent un achat prioritaire pour 6,50 euros. La cuvée issue du terroir de Vallet offre une énergie iodée de nature à prendre dans ses filets un cabillaud. Pour 12 euros on a l'un des meilleurs vins du secteur.

- **Muscadet Sèvre-et-Maine Amélie 2017** | Sec | 2019>29 | 8 € — 14,5
- **Muscadet Sèvre-et-Maine Château de la Ragotière Vieilles Vignes 2017** | Sec | 2019>31 | 7 € — 14
- **Muscadet Sèvre-et-Maine Les Schistes 2017** | Sec | 2019>24 | 6,50 € — 14
- **Muscadet Vallet Château de la Ragotière 2012** | Sec | 2019>26 | 14 € — 15,5

La Grande Ragotière - Château de la Ragotière, 44330 La Regrippière • Tél. 02 40 33 60 56 • info@freres-couillaud.com • www.freres-couillaud.com • Visite : Ouvert du lundi au vendredi de 8h à 12h et de 14h à 18h. Ouvert le samedi de 10h à 13h.

FAMILLE LIEUBEAU

Depuis 2014, la jeune génération des Lieubeau se hisse au niveau des grands du Muscadet sur leur domaine de l'Aulnaye, grâce à leur mode cultural, leurs sélections parcellaires et un élevage précis. Ils mettent ainsi en avant 12 hectares de terroirs en conversion bio, sur les secteurs très qualitatifs de Château Thébaud et Clisson. Les premiers jouent le registre de la minéralité élégante, quant aux seconds, ils montrent un caractère ample et persistant. À noter une cuvée confluent qui peut évoluer parfaitement dans le temps et une cuvée souple plus immédiate, le-lys-et-l'hermine. On tient ainsi une gamme complète de très bonne facture. Comme la fourchette de prix se situe entre 7 euros et 15 euros, il ne faut pas hésiter !

- **Muscadet Sèvre-et-Maine Château Thébaud 2015** | Sec | 2019>26 | 13,80 € | 16
- **Muscadet Sèvre-et-Maine Clisson 2015** | Sec | 2019>29 | 12,50 € | 16
- **Muscadet Sèvre-et-Maine Confluent 2018** | Sec | 2019>29 | 7,10 € | 15
- **Muscadet Sèvre-et-Maine Le Lys et l'Hermine 2017** | Sec | 2019>32 | 7,20 € 15,5
- **Muscadet Sèvre-et-Maine Voyage Extraordinaire 2018** | Sec | 2019>21 | 6,10 € | 13

La Croix de la Bourdinière, 44690 Château-Thébaud • Tél. 02 40 06 54 81 • vincent@lieubeau.com • www.lieubeau.com • Visite : Ouvert du lundi au samedi de 10h30 à 12h30 et de 14h à 19h. Fermé le dimanche et jours fériés.

DOMAINE MARTIN LUNEAU

Gorges, Clisson et Mouzillon sont les trois glorieuses de ce domaine familial où Martin Luneau s'inscrit dans la logique d'une production de cuvées communales, celles qui font la gloire du Muscadet. Les crus communaux de Gorges et Clisson possèdent une vraie personnalité minérale, avec plus de finesse pour le premier et plus d'assise pour le second. L'ensemble de la gamme est d'un très bon rapport qualité-prix.

- **Muscadet Sèvre-et-Maine Clisson 2015** | Sec | 2019>33 | 10 € 15,5
- **Muscadet Sèvre-et-Maine Gorges 2015** | Sec | 2019>29 | 10 € 15,5
- **Muscadet Sèvre-et-Maine Tradition 2018** | Sec | 2019>21 | 6,10 € 13

16 bis, le Magasin, 44190 Gorges • Tél. 02 40 54 38 44 • martinluneau@wanadoo.fr • www.martin-luneau-muscadet.fr • Visite : Ouvert du lundi au vendredi de 8h à 19h30 et le samedi jusqu'à 17h.

DOMAINE LUNEAU-PAPIN

La preuve que les grands muscadets évoluent parfaitement dans le temps peut être apportée par ce domaine familial de 40 hectares. Ici le vin est une vraie affaire de famille : Pierre, sa femme Monique et leur fils Pierre-Marie réalisent des cuvées au style pur et précis, privilégiant la sélection parcellaire, de vieilles vignes et les engrais organiques. Le soin apporté par ce domaine, tant aux vignes qu'aux vinifications, est toujours irréprochable. La cuvée l-d'or, produite sur des terroirs granitiques, offre une dimension iodée et saline et rappelle, en vieillissant, la trame des grands rieslings alsaciens. Sa garde est assurée. La cuvée excelsior, issue des schistes du cru communal Goulaine, élevée sur lies, décline la minéralité dans ce qu'elle a de plus noble. Une remontée dans le temps démontre la constance et la régularité au fil des millésimes. On tient là, entre 10 et 20 euros, l'une des gammes les plus raffinées du Muscadet.

- **Muscadet Sèvre-et-Maine Clos des Allées 2018** | Sec | 2019>33 | 16 € | 16,5
- **Muscadet Sèvre-et-Maine Excelsior cru communal Goulaine 2015** | Sec | 2019>31 | 20,50 € | 16
- **Muscadet Sèvre-et-Maine La Grange, Vieilles Vignes 2018** | Sec | 2019>23 | 11 € | 15,5
- **Muscadet Sèvre-et-Maine Le Verger 2018** | Sec | 2019>29 | 11 € | 15,5
- **Muscadet Sèvre-et-Maine Pueri Solis 2009** | Sec | 2019>23 | 32,50 € | 16

3, La Grange, 44430 Le Landreau • Tél. 02 40 06 45 27 • contact@domaineluneaupapin.com • www.domaineluneaupapin.com • Visite : Sur rendez-vous.

CHÂTEAU MARIE DU FOU

La gamme de vins produits sur ce domaine de 67 hectares en conversion bio se révèle constante dans la qualité ; ces crus se boivent les yeux fermés. Le terroir, constitué d'une majorité de schistes associés à quelques parcelles sur rhyolites, bénéficie d'un microclimat issu de trois écosystèmes, le bocage vendéen, la plaine de Luçon et le marais poitevin. Jérémy Mourat en est le bon génie et il donne à ses vins une forme savoureuse. On bénéficie ici d'une approche contemporaine du vin tournée vers la recherche du fruit et du plaisir. Si vous voulez sortir des sentiers battus, c'est ici qu'il faut venir, avec un mareuil rouge sur les fruits rouges et le poivre très croquant, grâce aux 30 % de cépage négrette, assemblé au pinot noir et au cabernet franc. En blanc, les 70 % chenin et 30 % chardonnay permettent de produire un vin salin et sapide. Un excellent rapport prix-plaisir !

Fiefs Vendéens 2018 | Sec | 2019>20 | 7,35 € 13,5
Fiefs Vendéens Clos Saint-André 2016 | Sec | 2019>23 | 11,90 € 15,5
Fiefs Vendéens cuvée Château Marie du Fou 2018 | Sec | 2019>22 | 7,50 € 15
Fiefs Vendéens cuvée Château Marie du Fou 2018 | Sec | 2019>22 | 7,15 € 14,5
IGP du Val de Loire Moulin Blanc – pinot noir 2018 | Sec | 2019>21 | 9,90 € 14,5
Vin de France Moulin Blanc – Blanc de Noirs 2018 | Sec | 2019>21 | 9,90 € 15

Route de la Roche sur Yon, 85320 Mareuil • Tél. 02 51 97 20 10 • contact@mourat.com • www.vignobles-mourat.com • Visite : Caveau ouvert du lundi au samedi, de 9h30 à 12h30 et de 14h à 19h00

DOMAINE MÉNARD-GABORIT

Sur ses 73 hectares situés au sud de Nantes, ce domaine qui existe depuis 1734 a obtenu en 2015 la certification haute valeur environnementale et il devrait afficher son logo bio à l'horizon 2020. C'est à travers sa démarche sur les communales de Monnières-Saint-Fiacre et Le Pallet que ce domaine nous intéresse cette année. On trouve en effet sur ces crus une grande élégance océanique qui avive sans cesse le palais. De plus, les vins sont bons maintenant et ils évolueront parfaitement.

Muscadet Sèvre-et-Maine Monnières - Saint-Fiacre 2012 | Sec | 2019>27 | 12 € 14,5

30-34 La Minière, 44690 Monnières • Tél. 02 40 54 61 06 • pascalemenard@domainemenardgaborit.com • www.domainemenardgaborit.com • Visite : Ouvert du lundi au samedi de 8h à 12h et de 14h à 19h.

CLOS DES ORFEUILLES

En quelques millésimes, ce clos de la famille Castel est devenu l'une des meilleures cuvées de muscadet. Celle-ci est issue de sols très légers et sablonneux, sur une légère butte de 17 hectares au terroir très drainant. Les parcelles exposées sud sont riches en gneiss, cela donne une belle amertume et de la rondeur. Le secteur de quartz apporte une vivacité et une attaque tout en fraîcheur. Sa combinaison avec le gneiss donne aux vins des accents iodés caractéristiques. Il faut ajouter à cet ensemble les schistes et micaschistes qui apportent des notes iodées du meilleur effet. Pour la qualité, il faut en faire provision, à chaque millésime.

Muscadet Sèvre-et-Maine sur lie 2017 | Sec | 2019>27 | 9,50 € 15,5

Castel - 24, rue Georges Guynemer , 33290 Blanquefort • Tél. 05 56 95 54 00 • contact@chateaux-castel.com ou chateau.hyverniere@castel-freres.com • www.chateaux-castel.com

DOMAINE PAPIN DAMIEN ET VINCENT

Ce domaine d'une vingtaine d'hectares, conduit par Damien et Vincent Papin depuis 1996, se situe au bord de la Moine, petite rivière à l'extrême est du vignoble nantais. Son cru de Clisson, situé sur granite, constitue une priorité pour l'amateur.

Muscadet Sèvre-et-Maine Clisson 2014 | Sec | 2019>27 | 9 € 15

3, La Colline Saint-Crespin-sur-Moine, 49230 Sèvremoine • Tél. 02 41 70 40 47 • papin.lacolline49@orange.fr • Visite : Sur rendez-vous du lundi au samedi / Damien: 06 88 90 54 12 / Vincent: 06 18 74 20 84.

DOMAINE DE LA PÉPIÈRE

Certifiés bios, les 39 hectares de ce domaine référence du Muscadet prospèrent essentiellement sur les sols granitiques des coteaux de la Maine. Rémi Branger s'y est associé à Marc Ollivier dont il adopte le même sens cultural : taille courte, fertilisation, utilisation de la sélection massale pour le renouvellement du vignoble, labour des sols et récolte manuelle sont de mise. Les vins conservent leur grand style salin et précis avec une saine tonicité. Le clos-des-briords, issu de vignes plantées en 1930 sur le secteur de Château-Thébaud, révèle une belle intensité iodée, tout en pureté de saveurs. Pour moins de 10 euros, c'est un rapport qualité-prix exceptionnel et une priorité pour l'amateur. Les crus communaux Clisson, Gorges, Château-Thébaud et Monnières-Saint-Fiacre donnent une autre dimension au domaine, par leur grande vitalité, dégageant une énergie qui ne se dément pas avec le temps. Voici sans conteste l'un des sommets du Muscadet, avec des crus tarifés autour d'une quinzaine d'euros : le graal.

- **Muscadet Sèvre-et-Maine Briores Vieilles Vignes 2018** | Sec | 2019>26 | 10 € — 14
- **Muscadet Sèvre-et-Maine Château-Thébaud 2015** | Sec | 2019>26 | 14,50 € — 15,5
- **Muscadet Sèvre-et-Maine Clisson 2017** | Sec | 2026>50 | 14,50 € — 15,5

Lieu-dit La Pépière, 44690 Maisdon-sur-Sèvre • Tél. 09 62 33 15 03 • contact@domainedelapepiere.com • www.domainedelapepiere.com • Visite : Ouvert du lundi au samedi sur rendez-vous.

DOMAINE POIRON-DABIN

★☆☆☆☆

Aujourd'hui, le vignoble Poiron-Dabin s'étend sur 69 hectares autour des domaines de L'Enclos et Chantegrolle. Nous avons retenu cette année en priorité les cuvées parcellaires, avec en tête le château-thébaud qui exprime au mieux son terroir pierro-sableux peu profond. Il confère aux vins cette minéralité élégante qui fait merveille en gastronomie. De plus ces cuvées restent accessibles.

- **Muscadet Sèvre-et-Maine Château-Thébaud: Clos des Tabardières 2015** | Sec | 2019>26 | 13,30 € — 14,5

4, Chantegrolle, 44690 Château-Thébaud • Tél. 02 40 06 56 42 • contact@poiron-dabin.com • www.poiron-dabin.com • Visite : Ouvert du lundi au samedi de 9h à 12h et de 14h à 18h ; fermé les jours fériés.

DOMAINE DAMIEN RINEAU

★☆☆☆☆

Vignoble de 17 hectares, certifié Terra Vitis, ce domaine est transmis de père en fils depuis neuf générations au cœur des grands crus du Muscadet. Si la-tour-gallus est un vin frais et fruité, fleur-de-gabbro offre une expression mâture des vins de la région. Cru d'exception, gorges allie densité et finesse. Ce sont des priorités pour l'amateur qui y puisera une gamme concise et cohérente, avec un vin pour chaque instant de table.

- **Muscadet Sèvre-et-Maine Fleur de Gabbro 2016** | Sec | 2019>24 | 6,80 € — 13
- **Muscadet Sèvre-et-Maine Gorges 2013** | Sec | 2019>22 | 11,80 € — 14

1, La Maison Neuve, 44190 Gorges • Tél. 07 70 26 53 90 • rineau.damien@wanadoo.fr • www.latourgallus.com • Visite : Ouvert sur rendez-vous du lundi au samedi, fermé le dimanche.

DOMAINE SAINT-NICOLAS

★★★☆☆ ♣

Thierry Michon, désormais secondé par ses fils Antoine et Mickaël, est l'une des figures du renouveau du vignoble vendéen, le pionnier de la biodynamie qu'il pratique dans la région depuis 1993. Ses 42 hectares d'argiles, de schistes et de quartz se situent sur le terroir atlantique de Brem, dans le pays des Olonnes, entre marais et forêt. L'influence océanique apporte une fraîcheur saline absolument unique aux vins, et les vignes basses bénéficient d'une maturité précoce qui confère aux cuvées leur juste équilibre. Les vins trouvent ainsi une originalité et une dynamique exemplaires, soutenus par de beaux élevages sous bois ou en amphores, à l'abri du nouveau chai. Les blancs, à base de chardonnay, groslot gris et chenin, combinent fraîcheur et gourmandise dans des trames ciselées, quand les rouges, à base de négrette, pinot noir, cabernet et/ou gamay forment une gamme épanouie, de belle personnalité. Ils évoluent très bien jusqu'à vingt ans pour les cuvées jacques, plante-gâte et la-grande-pièce notamment, ce sont de grands vins de gastronomie et les chefs étoilés se les arrachent, faites-en autant !

- **Fiefs Vendéens Gammes en May 2018** | Sec | 2019>20 | 10 € — 14,5
- **Fiefs Vendéens Jacques 2015** | Sec | 2019>25 | 21 € — 16
- **Fiefs Vendéens Le Haut des Clous 2017** | Sec | 2019>27 | 25 € — 16
- **Fiefs Vendéens Les Clous 2018** | Sec | 2019>27 | 14 € — 15,5
- **Fiefs Vendéens Reflets 2017** | Sec | 2019>25 | 13 € — 15

Lieu-dit Les Clous, 85340 L'Ile d'Olonne • Tél. 02 51 33 13 04 • contact@domainesaintnicolas.com • www.domainesaintnicolas.com • Visite : de septembre à juin du mardi au samedi de 9h30 à 12h30 et de 14h à 18h. Juillet-août du lundi au samedi de 9h30 à 12h30 puis de 14h à 19h.

Mes commentaires

LE VIGNOBLE DE L'ANJOU ET DU SAUMUROIS

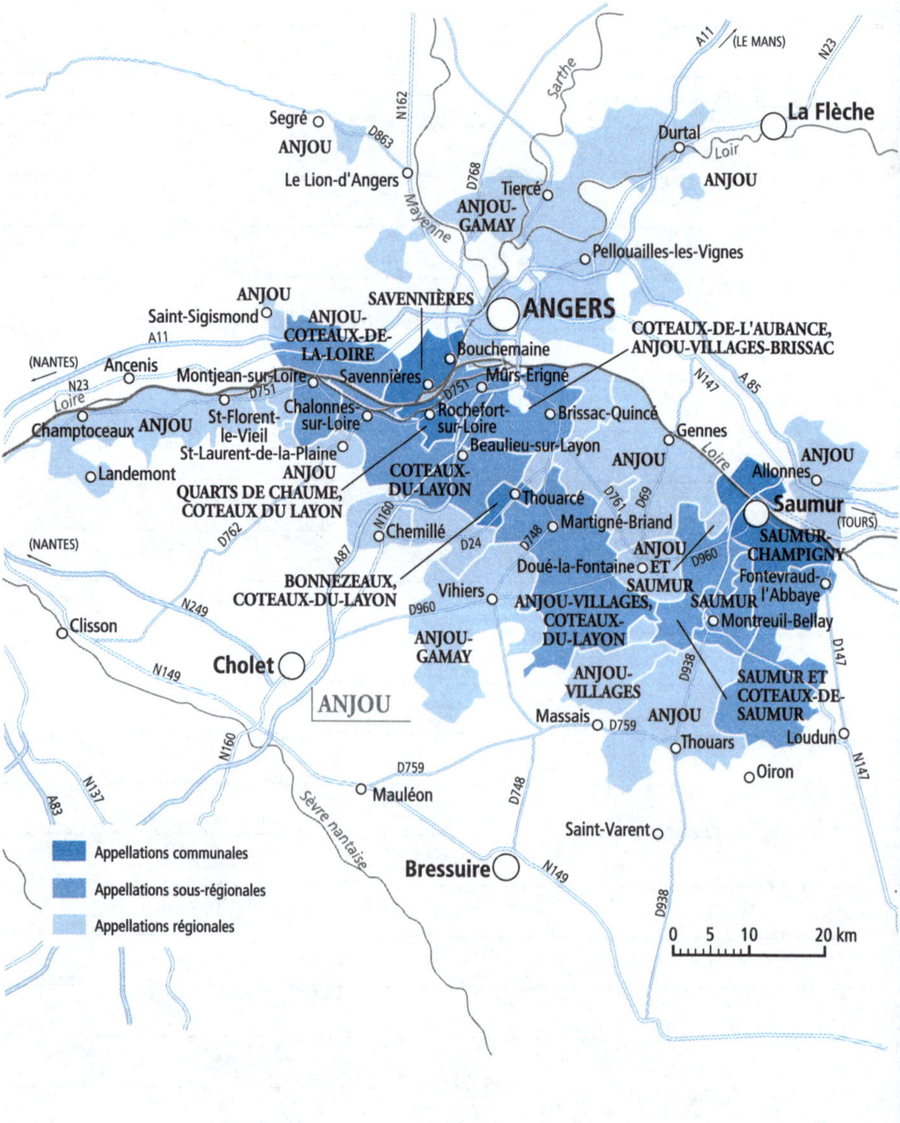

DOMAINE DE BABLUT

Christophe Daviau est un vigneron perfectionniste. Cultivant un peu plus de 50 hectares en biodynamie (la conversion du domaine à l'agriculture biologique date de 1996) sur l'Aubance et l'Anjou-Brissac, il dispose de tous les cépages de la région avec une prédominance de chenin et de cabernet. Après une solide formation en œnologie à Bordeaux et un détour par l'Australie, le voilà prompt à forger des cuvées variées, au style très mûr.

- **Anjou-Villages Brissac Petra Alba 2016** | Sec | 2021>31 | 14,20 € — 14
- **Anjou-Villages Brissac Rocca Nigra 2016** | Sec | 2021>30 | 14,20 € — 13,5
- **Anjou Ordovicien 2016** | Sec | 2019>26 | 13,60 € — 14

49320 Brissac-Quincé • Tél. 02 41 91 22 59 • daviau.contact@wanadoo.fr • www.bablut.fr • Visite : du lundi au samedi de 10h à 12h et de 14h à 18h30.

DOMAINE PATRICK BAUDOUIN

Patrick Baudouin a d'abord exercé mille métiers avant de s'établir libraire à Paris. C'est à 40 ans qu'il a décidé de revenir sur le domaine familial, qui vivotait autour d'un hectare et demi. En puriste, il choisit la voie de l'excellence. À ses débuts en 1990, il ne fait que des liquoreux, non levurés, vinifiés avec peu de soufre. Encouragé par François Raveneau, grand vigneron de Chablis, il accède à la culture du sec à partir de 2001. Avec 14 hectares de vignes (dont 10 hectares de chenin, avec un hectare en Quarts-de-Chaume et 90 ares à Savennières), situés sur les plus spectaculaires terroirs de l'Anjou Noir (schistes, grès et roches volcaniques) et cultivés en bio, il cisèle avec son fidèle adjoint Christophe Durand (arrivé en 2012) de magnifiques blancs et des rouges frais et tendus. Une propriété modèle.

- **Anjou Cornillard 2016** | Sec | 2019>27 | 32 € — 16
- **Anjou Effusion 2017** | Sec | 2019>38 | 19,20 € — 16,5
- **Anjou La Fresnaye 2017** | Sec | 2019>29 | 18,40 € — 15,5
- **Anjou La Fresnaye 2016** | Sec | 2019>25 | 17,30 € — 15
- **Quarts de Chaume Zersilles 2014** | Moelleux | 2020>33 | 45 € — 16

Princé, 49290 Chaudefonds-sur-Layon • Tél. 02 41 74 95 03 • domaine@patrick-baudouin.com • www.patrick-baudouin.com • Visite : Uniquement sur rendez-vous.

DOMAINE DES BAUMARD

Florent Baumard s'est coulé en 1987 dans les pas de son père Jean qui avait créé le domaine de toutes pièces à la fin des années 1960. Adepte des savennières secs, il s'efforce de transcrire les nuances de ses terroirs dans chacune de ses cuvées. « Nos terroirs sont plus puissants que le cépage » dit-il. Le meilleur moyen de protéger ces jus purs est la capsule à vis, qui obture chaque vin depuis 2003. Les 35 hectares de vignes couvrent les deux rives de la Loire, avec 6 hectares en Quarts-de-Chaume (dont deux déclassés en chardonnay), le clos-du-papillon (4 hectares sur des roches volcaniques), le savennières et une importante production de crémants également (60 000 bouteilles sur 4 cuvées). Le domaine élabore 80 % de vins blancs.

- **Quarts de Chaume Grand Cru 2015** | Liquoreux | 2019>29 | 50 € — 15
- **Savennières Clos du Papillon 2015** | Sec | 2020>31 | 25 € — 14,5

8, rue de l'Abbaye, 49190 Rochefort-sur-Loire • Tél. 02 41 78 70 03 • contact@baumard.fr • www.baumard.fr • Visite : Ouvert du lundi au samedi de 10h à 12h et de 14h à 17h30.

DOMAINE DE LA BERGERIE

Une génération sur deux, le vignoble est transmis aux femmes ! Yves Guégniard a le sens de la formule et de la parité. Épaulé par sa fille aînée Anne, qui a rejoint le domaine en 2010 après une formation de sommelière, il cultive 35 hectares de vignes, en agriculture biologique (certification pour le millésime 2016). Sa fille cadette Marie les a rejoints cette année. Le domaine s'est agrandi de 3 hectares, dont 1,5 planté en chenin, qui donnera lieu à une nouvelle cuvée. Anne vinifie depuis quelques années déjà, elle a su imprimer sa marque aux vins, qui ont acquis un regain de finesse et d'éclat, avec des blancs secs 2017 de très bonne facture. Son mari David Guitton dirige un restaurant (une étoile Michelin) dans un bâtiment attenant au caveau : voilà donc une adresse gourmande indispensable.

- **Anjou Vauchaumier 2016** | Sec | 2019>30 | 17,60 € 15
- **Quarts de Chaume 2016** | Liquoreux | 2020>30 | 50,40 € 15
- **Savennières Clos Le Grand Beaupréau 2016** | Sec | 2019>39 | 19,80 € 16

la bergerie, 49380 Champ-sur-Layon Bellevigne en Layon • Tél. 02 41 78 85 43 • domainede.la.bergerie@wanadoo.fr • www.domainebergerie.fr • Visite : Ouvert du lundi au samedi de 9h à 12h30 et de 14h à 18h30.

DOMAINE DE BOIS MOZÉ

René Lancien ne lâche pas de l'œil son domaine fétiche d'Anjou. Habitant Vannes, il a confié les rênes du Bois Mozé à Mathilde Giraudet-Crapier, en charge des vinifications depuis le début de ce siècle. Originaire de la Champagne, formée à Reims, elle a bien pris la mesure des 30 hectares de vignes cultivés selon le mode de l'agriculture biologique. Elle mène tambour battant une habile gamme de vins, sur les coteaux de l'Aubance et en Anjou-Villages. Les crémants sont à l'unisson et comme tous les crus de la propriété, ce sont de très bons rapports qualité-prix.

- **Anjou-Villages Jean-Joseph 2011** | Sec | 2019>23 | 12,90 € 14
- **Anjou Terre de Haut 2016** | Sec | 2019>26 | 9,50 € 15
- **Anjou Terres Rouges 2017** | Sec | 2019>24 | 6,80 € 14
- **Coteaux de l'Aubance Élégance 2017** | Moelleux | 2019>29 | 9,90 € 15
- **Crémant de Loire Eff. 2015** | Brut | 2019>25 | 8,50 € 14
- **Crémant de Loire Blanc Secret Eff. 2013** | Brut | 2019>23 | 12,50 € 15,5

Le Bois Mozé, 49320 Coutures • Tél. 02 41 57 91 28 • contact@bois-moze.fr • www.boismoze.com • Visite : Ouvert le lundi de 10h à 12h30 et de 14h à 17h30, du mardi au vendredi de 10h à 12h30 et de 14h à 18h, le samedi de 10h à 13h et de 14h à 18h.

DOMAINE THIBAUD BOUDIGNON

Adolescent, Thibaud Boudignon rêvait de médaille olympique, membre du Pôle France dans la catégorie judoka. Ce sportif de haut niveau originaire du Médoc a dû modifier ses ambitions. Il ne sera pas champion des tatamis mais bien du chenin ! En peu de temps, il a hissé sa jeune exploitation (créée en 2009) au sommet de l'Anjou. Avec 6 hectares dont 3 sur Savennières, menés selon les principes de l'agriculture biologique, il réalise des blancs vibrant de pureté, au profil cristallin et impeccablement ciselés. Élevés en barriques bourguignonnes (de chez Ramonet), en demi-muids Stockinger et en fûts neufs, vendus exclusivement sur les plus belles tables étoilées, ses vins sont courtisés pour leur pureté et leur tension cristalline. Finesse, maîtrise, pureté : ces grands vins accèdent cette année à la quatrième étoile... C'est l'une des grandes signatures ligériennes, ne passez pas à côté !

- **Anjou 2017** | Sec | 2019>26 | 25 € 15,5
- **Anjou À François(e) 2017** | Sec | 2019>30 | 36 € 17
- **Savennières Clos de la Hutte 2016** | Sec | 2019>24 | 60 € 16,5
- **Savennières Les Fougerais 2016** | Sec | 2018>24 | 40 € 16,5

13, chemin de la Monnaie, 49170 Savennières • Tél. 06 63 41 65 87 • thibaud.boudignon@laposte.net

DOMAINE BOUVET-LADUBAY

Depuis son rachat de Bouvet-Ladubay, la famille Monmousseau redevient propriétaire d'une entreprise qu'elle n'a jamais cessé de diriger. Toujours en quête de nouveautés et de qualité, elle continue de produire avec une technique très pointue des effervescents d'excellence. Les bulles sont très stylées, elles associent le fruit à la minéralité du chenin. Elles constituent l'une des priorités sur la Loire notamment sur les cuvées trésor : pour moins de 15 euros, on peut étonner les amis, en cachant l'étiquette. Le domaine produit également de très bons vins tranquilles à moins de 10 euros.

- **Saumur Mousseux cuvée Trésor Eff. 2015** | Brut | 2019>23 | 14,10 € 15,5
- **Saumur Mousseux Ogmius Eff. 2007** | Brut | 2019>27 | 80 € 15,5
- **Saumur Mousseux Zéro Eff. 2015** | Brut | 2019>22 | 15 € 14
- **Saumur Saphir Vintage Eff. 2016** | Brut | 2019>24 | 10 € 13,5

1, rue de l'Abbaye - Saint-Hilaire-Saint-Florent, 49400 Saumur • Tél. 02 41 83 83 83 • contact@bouvet-ladubay.fr • www.bouvet-ladubay.fr • Visite : Ouvert de juin à septembre, tous les jours de 9h à 19h ; d'octobre à mai, du lundi au samedi de 9h à 12h30 et de 14h à 18h ; le dimanche et jours fériés de 10h à 12h30 et de 14h30 à 18h.

CHÂTEAU DE CHAINTRES

L'arrivée du talentueux Jean-Philippe Louis à la direction technique donne un nouveau souffle à cette belle endormie du Saumurois, car ici on trouve de l'argilo-calcaire et un ensoleillement bienveillant. Les 2018 annoncent la résurrection du domaine avec en rouge une cuvées de vieilles vignes au fruité charnu. Le clos-des-oratoriens, en blanc, demande plus d'attente. À suivre !

- **Saumur-Champigny Vieilles Vignes 2018** | Sec | 2019>23 | 10,70 € — 15
- **Saumur Clos des Oratoriens 2018** | Sec | 2019>27 | 16 € — 14,5

54, rue de la Croix de Chaintres, 49400 Dampierre • Tél. 02 41 52 90 54 • info@chaintres.fr • www.chaintres.fr • Visite : Du lundi au vendredi de 9h à 12h et de 14h à 18h. Le samedi et jours fériés sur rendez-vous, excepté du 1er mai au 31 août : de 10h à 18h.

DOMAINE DES CHAMPS FLEURIS

Denis Rétiveau, sa sœur Catherine et son beau-frère Patrice Rétif sont aux commandes de ce domaine composé de 44 hectares. Les vignes sont situées sur les coteaux calcaires qui dominent la Loire, sur les communes de Turquant et Montsoreau. Grâce à un mode de vinification adroit, le trio produit des vins qui figurent parmi les meilleurs rapports qualité-prix du Saumurois, les rouges offrant un fruit et une profondeur très aboutie. Chaque cuvée fait preuve d'une grande régularité notamment les-roches, qui prend une grande dimension quand l'élevage s'estompe. Les-tufolies sont accessibles plus rapidement. Une adresse à découvrir.

- **Saumur-Champigny Les Tufolies 2017** | Sec | 2019>23 | 7 € — 15
- **Saumur Les Rôtissants 2017** | Sec | 2019>30 | 11 € — 14,5

54, rue des Martyrs, 49730 Turquant • Tél. 02 41 38 10 92 • retiveau.denis@orange.fr • www.domainedeschampsfleuris.com • Visite : Ouvert du lundi au samedi de 10h à 18h.

CLAU DE NELL

Anne-Claude Leflaive et son mari Christian Jacques œuvraient en dénicheurs de talents, liés d'amitié avec Claude et Lydia Bourguignon. Leur société d'export - uniquement des domaines en biodynamie triés sur le volet - leur a ainsi permis de découvrir le Clau de Nell alors géré par Claude et Nelly Pichard. Les Leflaive-Jacques ont racheté le domaine en 2008 et l'aventure a commencé... Sylvain Potin les a rejoints comme régisseur et aujourd'hui, ce sont une douzaine d'hectares en production. Christian Jacques poursuit avec ferveur et passion l'œuvre de son épouse, transcrivant dans des vins d'une résonance folle la plus haute expression de la biodynamie, une voie culturale adoptée dès 2000. Une adresse incontournable, où les cuvées brillent de finesse et d'élégance.

- **Anjou cabernet franc 2016** | Sec | 2019>24 | 27,50 € — 15,5
- **Anjou Violette 2016** | Sec | 2019>27 | 29 € — 16
- **IGP du Val de Loire Chenin 2016** | Sec | 2019>24 | 33 € — 16
- **IGP du Val de Loire grolleau 2016** | Sec | 2019>21 | 30,30 € — 15,5

9 bis, rue des Noyers, 49700 Ambillou-Château • Tél. 02 41 59 35 29 • domaine@clau-de-nell.com • www.claudenell.com • Visite : Uniquement sur rendez-vous.

DOMAINE DU CLOSEL

Évelyne de Pontbriand semble la gardienne de Savennières. Sur son vignoble de 15 hectares, elle cultive l'art de l'observation et de l'expérimentation avec enthousiasme et énergie. Ancienne professeur de littérature, revenue sur les terres familiales en 2001, elle a vite été convaincue des bienfaits d'une agriculture douce et a adopté la biodynamie en 2014, avec l'aide de Pierre Masson, expert reconnu en la matière. Un projet plus global d'agro-foresterie suit son cours. Ses savennières sont d'un style ample et riche, récoltés toujours bien mûrs, conjuguant ainsi minéralité et gras avec une certaine hardiesse. Une adresse où l'accueil et les vins sont au diapason et où l'on vous parlera du chenin sous toutes ses formes.

- **Savennières Les Caillardières 2015** | Sec | 2021>35 | 33,90 € **15,5**
- **Savennières Les Coteaux 2016** | Moelleux | 2020>27 | 38,90 € **13,5**

Château des Vaults - 1, place du Mail, 49170 Savennières • Tél. 02 41 72 81 00 • contact@savennieres-closel.com • www.savennieres-closel.com • Visite : Ouvert tous les jours de 11h à 19h de mai à octobre ; du lundi au samedi de 10h à 18h de novembre à avril.

DOMAINE DU COLLIER

S'inspirant des préceptes de son père Charly, (ex figure emblématique du Clos Rougeard) Antoine Foucault a créé ce domaine de 6 hectares avec sa compagne Caroline Boireau en 1999. Cultivé en biodynamie, le vignoble fait une grande place au chenin, sur les célèbres coteaux de Brézé. Les deux crus de blanc s'affirment par leur tension et leur structure, avec une cuvée domaine svelte et crayeuse et une charpentrie issue de vignes centenaires qui permettent au vin de parfaitement évoluer dans le temps. En rouge, on retrouve cette cuvée tout en fermeté saline, taillée également pour la garde. La-ripaille, plus en fruits rouges, se boit beaucoup plus jeune. L'amateur trouvera son bonheur assurément à cette adresse modèle.

- **Saumur 2015** | Sec | 2019>30 | NC **15,5**
- **Saumur Clos de la Ripaille 2015** | Sec | 2020>27 | NC **14**
- **Saumur La Charpentrie 2015** | Sec | 2021>29 | NC **15**
- **Saumur La Charpentrie 2015** | Sec | 2019>27 | NC **16**

62, place du Collier, 49400 Chacé • Tél. 02 41 52 69 22 • domaineducollier@wanadoo.fr

CLOS DES CORDELIERS

On est ici dans le cœur historique de Champigny, où l'on élabore des cuvées bien calibrées. Les Ratron sont des vignerons sérieux, qui s'appliquent à la vigne comme en cuverie. La cuvée tradition est issue de parcelles présentant du tuffeau en sous-sol, on l'apprécie pour sa souplesse, et la cuvée prestige provient des vignes les plus anciennes, sur un terroir de calcaires lacustres lui conférant un potentiel de garde important. Tous les millésimes sont de très bonne tenue.

- **Saumur-Champigny Prestige 2015** | Sec | 2019>26 | 15 € **15**
- **Saumur-Champigny Tradition 2017** | Sec | 2019>24 | 7,70 € **14**

Earl Domaine Ratron - Clos des Cordeliers, 49400 Souzay-Champigny • Tél. 02 41 52 95 48 • domaine-ratron@clos-des-rateliers.com • www.clos-des-cordeliers.com • Visite : Ouvert d'avril à octobre : du lundi au vendredi de 9h à 12h30 et de 14h à 18h30, week-end et jours fériés de 10h à 12h30 et de 14h à 17h30 ; de novembre à mars : du lundi au vendredi de 9h à 12h30 et de 14h à 18h, le samedi de 10h à 12h15 et de 14h à 17h.

DOMAINE DES COTEAUX BLANCS

En 2015, la famille Hilpert a repris le flambeau de cette belle exploitation. Émilie Hilbert, après une première vie dans la cosmétique, s'est parfaitement reconvertie et elle suit les conseils avisés de Thibaud Boudignon, l'un des meilleurs consultants de l'Anjou aujourd'hui vigneron d'élite. Le vignoble s'étend sur plus de 20 hectares, avec des parcelles situées au cœur de la Corniche Angevine, classée au patrimoine mondial de l'UNESCO. Anjous blanc et rouge, coteaux-du-layon, cabernet-d'anjou sont au diapason. Le premier vrai millésime en 2017 nous a pleinement convaincus, les vins sonnent justes entre classicisme et modernité. Une adresse à suivre de près !

- **Anjou 2017** | Sec | 2019>25 | 8 € **15,5**
- **Anjou Scindere 2017** | Sec | 2019>28 | 13 € **15,5**
- **Coteaux du Layon Vedere 2017** | Moelleux | 2019>29 | 15,50 € **15,5**

Les Côteaux Blancs, 49290 Chalonnes sur Loire • Tél. 02 41 78 27 97 • coteauxblancs@orange.fr • www.coteauxblancs.fr • Visite : Ouvert du lundi à vendredi de 10h à 17h. Les week-ends sur rendez-vous.

DOMAINE DELESVAUX

« Nous sommes deux cinglés venus faire du vin ! ». Philippe et Catherine Delesvaux portent joie de vivre qui infuse chacune de leurs cuvées. Installés en Anjou dans les années 1970 pour élever des charolaises, ils débutent la vigne en 1982 avec 3 hectares. Aujourd'hui leurs 10,7 hectares, cultivés en biodynamie depuis 2005, donnent naissance à de très beaux vins : des rouges profonds et élégants, des blancs secs frais et déliés et des liquoreux (non chaptalisés) parmi les plus réussis du secteur, récoltés en trois passages (tries) avec les grains nobles en premier à la mi-octobre, les raisins botrytisés ensuite, les passerillés enfin. Une adresse sûre et des vignerons très attachants qui vous conteront les merveilles de la région.

- **Anjou Feuille d'Or 2017** | Sec | 2019>25 | 12,50 € — 14,5
- **Anjou Franc de pied 2017** | Demi-sec | 2019>25 | 20 € — 15,5
- **Anjou Le Roc 2017** | Sec | 2019>24 | 8,50 € — 15
- **Coteaux du Layon Saint-Aubin Sélection de Grains Nobles 2015** | Liquoreux | 2019>25 | 30 € — 15
- **Coteaux du Layon Le Passerillé 2017** | Liquoreux | 2019>24 | 12,50 € — 15,5

chemin des Essards, La Haie Longue - La Haie-Longue, 49190 Saint-Aubin-de-Luigné • Tél. 06 81 17 08 93 ou 06 81 17 08 92 • domaine.delesvaux@hotmail.fr • Visite : Sur rendez-vous.

CLOS DE L'ÉCOTARD

Michel Chevret seconda longtemps Thierry Germain (domaine des Roches Neuves), avant de constituer ce domaine de trois hectares situé à Courchamps, sur une belle croupe de calcaires orientée plein sud. Ce terroir donne une bonne tension saline au chenin, et le clos-les-pentes est l'un des blancs les plus aboutis de Saumur, doté d'une complexité aromatique d'une grande pureté. Aujourd'hui, le fils de la maison, Thibaud, reprend progressivement les rênes en continuant sur la belle lancée des derniers millésimes. Une adresse confidentielle qui fait beaucoup parler les amateurs comme les professionnels : à découvrir de toute urgence.

- **Saumur Clos de l'Écotard 2017** | Sec | 2019>25 | 20 € — 16
- **Saumur Clos les Pentes 2017** | Sec | 2019>30 | 43 € — 17
- **Saumur La haie Nardin 2017** | Sec | 2019>27 | 15 € — 15,5

182, rue des Ladres, 49260 Artannes-sur-Thouet • Tél. 02 41 38 20 32 ou 07 86 49 73 29 • closdelecotard@laposte.net • Visite : sur rendez-vous.

CHÂTEAU DE FESLES

Situé près du village de Bonnezeaux, ce château offre une vue imprenable sur la vallée du Layon. La propriété a appartenu au célèbre pâtissier Gaston Lenôtre, elle est depuis 2008 dans le giron du groupe Grands Chais de France qui y effectue un beau travail de remise en forme et de sélection, sous la houlette de Pierre-Jean Sauvion. Les 40 hectares - dont la moitié plantée de chenin, l'autre en cabernet franc - produisent des vins dans les trois couleurs. Les liquoreux sont récoltés en cinq à sept tris successifs, élevés en barriques de 400 litres, avec un tiers de bois d'acacia. L'ensemble de la gamme est de bonne tenue, surtout très abordable car les prix restent très doux !

- **Anjou La Chapelle 2017** | Sec | 2020>30 | 12 € — 15
- **Anjou La Chapelle Vieilles Vignes 2017** | Sec | 2019>23 | NC — 13,5
- **Anjou Vieilles Vignes La Chapelle 2017** | Sec | 2019>24 | NC — 14
- **Bonnezeaux 2016** | Liquoreux | 2019>39 | NC — 17
- **Bonnezeaux 2014** | Liquoreux | 2019>23 | 20 € — 14

Château de Fesles , 49380 Thouarcé • Tél. 02 41 68 94 16 • sauvion@sauvion.fr • www.sauvion.fr • Visite : du lundi au vendredi de 10h à 12h30 et de 14h à 17h30, samedi de 10h à 18h.

DOMAINE FILLIATREAU

Frédrik Filliatreau met parfaitement en valeur le Château Fouquet. Ses 11 hectares de terrain argilo-calcaire, situés sur la commune de Brézé, sont travaillés selon les règles de l'agriculture biologique depuis 1998 et en biodynamie depuis 2017. Il impose ainsi un style élégant et soyeux, avec des tannins frais, présentant beaucoup de fruit et de rondeur.

- **Saumur Château Fouquet 2017** | Sec | 2023>36 | 9,90 € — 14
- **Saumur Château Fouquet cuvée des 12 fûts 2011** | Sec | 2019>23 | 24,15 € — 15
- **Saumur Château Fouquet, Le Clos 2015** | Sec | 2021>27 | 17,25 € — 14,5

Chaintres, 49400 Saumur • Tél. 02 41 52 90 84 • domaine@filliatreau.fr • www.filliatreau.fr • Visite : Du 1er avril au 30 septembre, tous les jours de 10h à 18h.

Du 1er octobre au 31 mars, les jeudis et vendredis de 10h à 18h et les samedis, dimanches, jours fériés et vacances scolaires (toutes zones) de 10h à 18h. Fermeture en janvier.

DOMAINE FL

Philip Fournier (docteur en informatique, serial-entrepreneur) et son fils Julien ont embrassé avec passion le métier de vigneron. C'était en 2007. Réunissant le domaine Jo Pithon et le château de Chamboureau, ils ont formé FL et se sont adjoints les conseils de Stéphane Derenoncourt, l'un des grands consultants du Bordelais, jusqu'en 2013. La voie biologique a dès le départ été une évidence, et depuis 2014 la biodynamie est expérimentée. 27 hectares en production magnifiquement situés (sur un total de 38 hectares) - dont 4 hectares sur la Roche aux Moines - qu'ils travaillent avec soin, à la bourguignonne, livrent sur Savennières une série de cuvées parcellaires. Une valeur sûre.

- **Anjou Les Bergères 2017** | Sec | 2019>26 | 13 € — 15
- **Savennières - Roche aux Moines 2017** | Sec | 2022>37 | NC — 16,5
- **Savennières Chamboureau 2017** | Sec | 2019>26 | 23,80 € — 15,5
- **Savennières La Croix Picot 2017** | Sec | 2020>30 | 17 € — 15,5

Route de Beaulieu, Lieu-dit Midion Le Cochet, 49190 Rochefort-sur-Loire • Tél. 02 72 73 59 85 • oenotourisme@domainefl.com • www.domainefl.com • Visite : du mardi au samedi de 10h à 18h, dimanche sur rendez-vous.

DOMAINE DE LA GRANGE SAINT-SAUVEUR

Alice Pouponneau est une nouvelle venue dans le vignoble ligérien. Aidé de son époux Antoine (directeur du Clos Canarelli en Corse, co-fondateur du laboratoire biocépage qui identifie les levures indigènes), elle met en tannin son premier millésime en 2017 sur un hectare de vigne situé en coteau, à proximité de la Loire. On y recense 15 % de cabernet franc dans le haut et pour le reste, du grolleau, le tout conduit en gobelet. Le terroir se compose d'argile, de sable et d'alluvions, avec du grès qui affleure à différents endroits. L'exposition plein est apporte toute la fraîcheur voulue et la vue sur la Loire ajoute au charme ambiant.

- **Vin de France 2017** | Sec | 2019>22 | NC — 15,5

17, Montée Saint-Sauveur, 49320 Blaison Gohier • Tél. 09 82 50 92 12 • apouponneau@gmail.com

DOMAINE GUIBERTEAU

Romain Guiberteau est devenu l'une des grandes signatures du Saumurois et sa nouvelle cuverie permet à partir du millésime 2017 de monter encore en puissance. Il exploite 14,5 hectares de vignes cultivées en bio, sur des terres argilo-calcaires dans les secteurs de Bizay et de Brézé, sur des sols plus profonds dans la région de Montreuil-Bellay ; depuis 2017 une nouvelle cuvée sur Saumur-Champigny, le petit-clos-de-l'église, complète la gamme. Si les premières cuvées en blanc comme en rouge se boivent sur le fruit de la jeunesse, les meilleures parcelles sont élevées en barrique et en foudre, avec lesquelles ce quadragénaire jongle avec un égal bonheur ; elles demandent ainsi plus de temps à se fondre. Côté cabernet franc, les vins expriment au mieux leur terroir argilo-limoneux avec une texture à la fois soyeuse et ferme. En blanc, le clos-de-guichaux est séduisant dès sa jeunesse, le brézé se montre plus opulent et minéral, le clos-des-carmes, élevé plus longtemps, mérite d'attendre au moins 5 ans en cave. Ces grands vins qui ont gagné en pureté d'expression sur les derniers millésimes constituent l'élite du Saumurois : de la cuvée domaine aux cuvées parcellaires, le travail se révèle méticuleux ; il faut s'en emparer sans hésiter car ils braveront le temps.

- **Saumur 2018** | Sec | 2019>29 | 19 € — 15
- **Saumur Brézé 2016** | Sec | 2021>33 | 50 € — 18
- **Saumur Brézé 2014** | Sec | 2020>60 | 45 € — 18
- **Saumur Clos de Guichaux 2017** | Sec | 2019>29 | 34 € — 16
- **Saumur Clos des Carmes 2015** | Sec | 2019>49 | 60 € — 18,5
- **Saumur Les Arboises 2016** | Sec | 2020>33 | 50 € — 16
- **Saumur Les Moulins Rouges 2018** | Sec | 2019>24 | 17 € — 15

3, impasse du Cabernet - Mollay, 49260 Saint-Just-sur-Dive • Tél. 02 41 38 78 94 • domaine.guiberteau@wanadoo.fr • www.domaineguiberteau.fr • Visite : Ouvert sur rendez-vous.

CHÂTEAU DU HUREAU

Sur sa vingtaine d'hectares, Philippe Vatan a été rejoint en 2014 par sa fille Anne. Le duo qui travaille selon un mode d'agriculture bio perpétue la qualité des vins rouges. On recherche la fraîcheur et le volume en bouche, avec un côté savoureux parfaitement policé. La cuvée tuffe, issue de toutes les parcelles de tuffeau, se montre ronde et immédiate. Les vins provenant des sélections parcellaires offrent de plus grands équilibres : fours-à-chaux déploie une matière charmeuse. Issu de cabernet franc planté en 1943, les-févettes déploie une grande finesse aromatique en développant d'élégantes notes de pivoine, sa structure longiligne évolue très bien. Plus en puissance et en profondeur, lisagathe est un joli vin de garde structuré, récolté sur des coteaux argileux. On peut acheter en toute confiance.

- **Saumur-Champigny Fevettes 2017** | Sec | 2019>24 | 17,50 € — 15,5
- **Saumur-Champigny Fours à Chaux 2017** | Sec | 2019>28 | 14,50 € — 16
- **Saumur-Champigny Lisagathe 2015** | Sec | 2021>34 | 20 € — 17
- **Saumur-Champigny Tuffe 2017** | Sec | 2019>26 | 10,50 € — 15,5
- **Saumur Argile 2017** | Sec | 2019>24 | 13,50 € — 14,5

4, Montée des Hureaux, 49400 Dampierre-sur-Loire / Saumur • Tél. 02 41 67 60 40 • contact@chateauduhureau.com • www.chateauduhureau.com • Visite : Ouvert du lundi au vendredi de 9h à 12h30 et de 14h à 17h30, le samedi 10h30 à 12h30 et de 14h00 à 17h00.

DOMAINE DE JUCHEPIE

Moustaches effilées, voix de ténor, Eddy Oosterlinck-Bracke assouvit avec son épouse Mileine sa passion pour les grands liquoreux. Quincaillier belge dans son jeune temps, il s'est senti le devoir, dit-il, de faire du vin... L'appel du vignoble s'est concrétisé en 2001, avec 8 hectares (sur un potentiel de 22 hectares) en Coteaux-du-Layon-Faye et Anjou, le tout cultivé en biodynamie certifiée depuis 2007. Riches et complexes, les liquoreux font office de référence sur l'appellation, avec des élevages en barriques assez riches qui donnent aux vins leur étoffe et leur permettent de passer les années. Une belle adresse où s'arrêter pour compléter sa cave !

- **Anjou La Jarre 2017** | Sec | 2019>23 | 26 € — 14
- **Anjou Le Soc de Juchepie - Le Clos 2015** | Sec | 2019>24 | 22 € — 15,5
- **Coteaux du Layon Faye d'Anjou La Passion 2015** | Liquoreux | 2019>27 | 36 € — 15
- **Coteaux du Layon Faye d'Anjou Les Churelles 2017** | Moelleux | 2019>26 | 24 € — 14

Les Quarts, 49380 Faye-d'Anjou Bellevigne en Layon • Tél. 02 41 54 33 47 • contact@juchepie.fr • www.juchepie.fr • Visite : Ouvert sur rendez-vous.

LA SOURCE DU RUAULT

Jean-Noël Millon est une valeur confirmée de Varrains où il a repris le domaine familial de 13 hectares. Il l'a reconverti cinq ans plus tard en biodynamie et favorise la biodiversité par la plantation de haies sur ce terroir situé essentiellement sur argilo-calcaires. Ni collés ni filtrés, les vins sont d'une grande gourmandise, avec une texture soyeuse. La cuvée senseï reprend un terme japonais désignant « celui qui était là avant moi, qui est garant du savoir et de l'expérience d'une technique ou d'un savoir-faire », elle résume parfaitement la philosophie du domaine. À moins de 20 euros, on s'y retrouve dans un style de vin de plaisir immédiat.

- **Saumur-Champigny Clos de la Côte 2014** | Sec | 2019>26 | 30 € — 15,5
- **Saumur-Champigny La Source du Ruault 2017** | Sec | 2019>22 | 12 € — 13,5
- **Saumur La Coulée d'Aunis 2017** | Sec | 2021>32 | 19 € — 13

29, rue du Ruau, 49400 Varrains • Tél. 02 41 52 93 80 • lasourceduruault@orange.fr • www.lasourceduruault.vin • Visite : LUNDI MARDI JEUDI VENDREDI de 9h à 12h / 14h à 17h. MERCREDI et week-ends sur rendez- vous

DOMAINE ARNAUD LAMBERT

Arnaud Lambert est l'un des vignerons les plus talentueux de la Loire, et il vient de rassembler sous son nom le domaine familial de Saint-Just et celui du château de Brézé qu'il exploite. Ces vignobles sont cultivés selon une démarche proche de la biodynamie, avec une inflexion de style superbe depuis le millésime 2014, vers encore plus de tension et de finesse. Toute la gamme a du souffle et sort régulièrement parmi les meilleurs vins du Saumurois. Les blancs sont d'un remarquable raffinement et extrêmement délicats, ce sont aussi des chenins agréables dès leur jeunesse, ce qui est suffisamment rare pour être souligné. Les rouges sont du même niveau. L'âge respectable des vignes y est pour beaucoup, le talent également. Une adresse de référence, avec de très bons rapports qualité-prix, qui frôle la quatrième étoile… L'urgence de la découverte s'impose.

- **Saumur-Champigny Clos Moleton 2015** | Sec | 2022>33 | 23 € — 17
- **Saumur-Champigny Montée des Roches 2017** | Sec | 2019>30 | 17 € — 16,5
- **Saumur-Champigny Terres Rouges 2017** | Sec | 2020>30 | 12 € — 15,5
- **Saumur Clos du Midi 2017** | Sec | 2019>24 | 10 € — 14,5
- **Saumur Clos Mazurique 2017** | Sec | 2018>24 | 10 € — 15,5
- **Saumur Clos Tue Loup 2016** | Sec | 2021>34 | 15 € — 16
- **Saumur Coulée de Saint-Cyr 2015** | Sec | 2018>29 | 20 € — 17
- **Saumur Les Perrières 2017** | Sec | 2019>30 | 12 € — 16,5

Mollay - 12, rue de la Prée, 49260 Saint-Just-sur-Dive • Tél. 02 41 51 62 01 • infos@st-just.net • www.st-just.net • Visite : Ouvert du lundi au vendredi de 9h à 12h30 et de 14h à 17h30, le samedi sur rendez-vous.

LANGLOIS-CHÂTEAU

En se portant acquéreur de cette maison centenaire en 1973, Bollinger, l'une des maisons de Champagne les plus réputées, a apporté tout son savoir-faire dans le monde de la bulle : la série de crémants-de-Loire présente une grande qualité, à des tarifs très doux oscillant entre 13 et 22 euros. Les deux extra-bruts millésimés quadrille et réserve sont parmi les meilleurs de la Loire pour leur assise et leur finale enlevée. Les 71 hectares sont conduits en lutte raisonnée et les vins tranquilles produits sont vinifiés dans une optique de garde. On déguste en toute confiance.

- **Crémant de Loire Eff. NM** | Brut | 2019>21 | 13,20 € — 13
- **Crémant de Loire Quadrille Eff. 2012** | Extra-brut | 2019>21 | 21,20 € — 16
- **Crémant de Loire Réserve Eff. 2015** | Brut | 2019>23 | 15,80 € — 14,5
- **Sancerre Château de Thauvenay 2017** | Sec | 2019>23 | 17,50 € — 14
- **Saumur Vieilles Vignes du Domaine Langlois-Château 2016** | Sec | 2020>30 | 19,60 € — 15,5

3, rue Léopold-Palustre - B.P. 57, 49400 Saint-Hilaire-Saint-Florent • Tél. 02 41 40 21 40 • contact@langlois-chateau.fr • www.langlois-chateau.fr • Visite : Ouvert d'avril à octobre, tous les jours de 10h30 à 12h30 et de 14h30 à 18h30 le reste de l'année sur rendez-vous.

LE PETIT SAINT-VINCENT

Domaine aujourd'hui en conversion bio, le Petit Saint-Vincent possède à sa tête un vigneron déterminé, Dominique Joseph, qui incarne la quatrième génération. Ses 12 hectares se situent autour du village de Varrains au cœur de l'appellation Saumur-Champigny. Si les premières cuvées comme pelo en rouge ou les perruchets en blanc se boivent dans les trois premières années, la cuvée phare reste lespoyeux, un cabernet franc qui délivre d'intenses arômes fruités et épicés. Ils imprègnent un palais ferme et frais, charpenté par des tannins serrés et encore un peu austères, le gage d'un bel avenir. Pour un peu plus d'une vingtaine d'euros, il faut vite encaver.

- **Saumur-Champigny Les Clos Lyzières 2016** | Sec | 2020>29 | 15,50 € — 15
- **Saumur-Champigny Les Poyeux 2015** | Sec | 2020>27 | 20 € — 15,5
- **Saumur-Champigny Pelo 2017** | Sec | 2020>27 | 13 € — 14,5

Le Petit Saint-Vincent 10 rue des rogelins, 49400 Varrains • Tél. 02 41 52 99 95 • d-joseph@petit-saint-vincent.com • www.petit-saint-vincent.com • Visite : Ouvert du lundi au vendredi de 9h à 12h et de 14h à 18h, le samedi sur rendez-vous.

DOMAINE RENÉ-NOËL LEGRAND

Au cœur du vignoble du Saumur-Champigny, René-Noël et Clotilde Legrand (cette dernière a rejoint son père en 2013), exploitent 15 hectares de cabernet franc sur quelques-uns des plus grands terroirs argilo-calcaires de l'appellation. Ici on ne produit que des rouges : les-lizières sont denses mais peuvent être consommées jeunes, la-chaintrée est élevée en fûts de chêne de grande contenance et de plusieurs vins, ce qui convient bien à la matière de cette cuvée car cela l'assouplit en lui apportant du charnu. Comme les prix sont angéliques, entre 6,50 euros et 13 euros, il faut se précipiter car les vins évoluent parfaitement.

- **Saumur-Champigny La Chaintrée 2014** | Sec | 2019>30 | 10 € — 15,5
- **Saumur-Champigny Les Rogelins 2011** | Sec | 2019>25 | 19 € — 15,5
- **Saumur-Champigny Les Terrages 2017** | Sec | 2019>26 | 8 € — 14,5

13, rue des Rogelins, 49400 Varrains • Tél. 02 41 52 94 11 • domaine.legrand@orange.fr • www.domaine-legrand.fr • Visite : Ouvert du lundi au samedi sur rendez-vous.

DOMAINE LES GRANDES VIGNES

Jean-François, Dominique et Laurence Vaillant cultivent 55 hectares en biodynamie, de quoi alimenter une large gamme de vins. La fratrie s'est remise en question dès la fin des années 1990, passant en bio pour préserver sa santé d'abord, gagner en pureté ensuite et travailler les vins plus légèrement. La biodynamie a suivi logiquement en 2007. Les sélections massales et l'attention portée aux vignes et à la cave portent une belle gamme de cuvées, vinifiées sans soufre ajouté, ni collées ni filtrées. Ces vins affichent suavité et fermeté dans un très bon équilibre, abordables à des prix très raisonnables. Une gamme en vin de France offre de très jolies cuvées de convivialité, toutes simples. Une adresse de bonne facture !

- **Anjou-Villages Cocainelles 2017** | Sec | 2019>26 | 17 € — 15,5
- **Anjou-Villages L'Ancrie 2017** | Sec | 2019>24 | 15,50 € — 12,5
- **Anjou L'Aubinaie 2017** | Sec | 2019>21 | 11,50 € — 13,5
- **Anjou La Varenne de Combre 2016** | Sec | 2019>21 | 21 € — 14,5
- **Anjou La Varenne de Poirier 2017** | Sec | 2019>21 | 16 € — 13,5
- **Vin de France cabernet breton 2017** | Sec | 2019>21 | 11 € — 13
- **Vin de France pineau d'Aunis 2018** | Sec | 2019>20 | 13,50 € — 13

Lieu-dit la Roche-Aubry, 49380 Thouarcé • Tél. 02 41 54 05 06 • vaillant@domainelesgrandesvignes.com • www.domainelesgrandesvignes.com • Visite : Sur rendez-vous.

DOMAINE AUX MOINES

Après un diplôme d'œnologue (DNO) à Reims, Tessa Laroche s'est coulée dans le domaine maternel en 2001 et a repris les 12 hectares entièrement situés sur la Roche aux Moines. À ce jour, elle en est le plus gros propriétaire, sur les 22 hectares que compte l'appellation. Tessa l'a d'abord converti à l'agriculture biologique en 2009 pour le pousser à présent sur la voie de la biodynamie. La voilà bien au fait de ce terroir de Savennières, déclinant sur cette appellation prisée des chenins de grande pureté, secs et liquoreux. Il y a aussi 80 ares de rouges (cabernet franc et cabernet-sauvignon) qui forme une cuvée confidentielle. Une belle adresse, promesse de beaux vins de garde.

- **Savennières - Roche aux Moines 2016** | Sec | 2023>30 | 30 € — 16

La Roche aux Moines, 49170 Savennières • Tél. 02 41 72 21 33 • info@domaine-aux-moines.com • www.domaine-aux-moines.com • Visite : Ouvert du lundi au vendredi de 10h à 12h30 et de 14h à 18h30, le samedi de 10h à 12h30 et de 14h à 18h30.

DOMAINE DE MONTGILET

Victor et Vincent Lebreton sont des interprètes fidèles des Coteaux-de-l'Aubance. Les frères ont pris la relève du domaine familial en 1986 et cultivent 60 hectares de vignes sur différentes parcelles et natures de schistes. De quoi forger des cuvées parcellaires aux tonalités subtiles, reflétant la résonance des schistes bleus (le-tertereaux), des gris (clos-des-huttières) ou des pourpres (le-clos-prieur). Une adresse sympathique, qui pratique des prix doux. La gamme livre ses meilleurs atouts sur l'Aubance, en toute logique. Les rouges sont simples et friands, axés sur le plaisir immédiat.

- **Anjou 2017** | Sec | 2022>32 | 7,50 € 13
- **Coteaux de l'Aubance Trois Schistes 2017** | Moelleux | 2019>37 | 19 € 16

Victor et Vincent Romain Lebreton, 49610 Juigné-sur-Loire • Tél. 02 41 91 90 48 • montgilet@wanadoo.fr • wwww.montgilet.com • Visite : Du lundi au samedi de 9h à 18h. Fermé le dimanche et les jours fériés.

DOMAINE OGEREAU

Vincent et Emmanuel Ogereau sont à la manœuvre, bichonnant leurs terroirs d'Anjou, de Savennières et de Coteaux-du-Layon Saint-Lambert. Ces passionnés de musique livrent une partition juste du chenin et du cabernet, cultivant sereinement leurs 23 hectares en agriculture biologique. Cette adresse attachante, hautement représentative du vignoble angevin, connaît une progression remarquable depuis quelques millésimes : c'est bien simple, tout est bon ! On est abasourdi par la définition des vins, leur finesse, leur élégance. La gamme combine avec brio la gourmandise, le plaisir immédiat mais également la garde, avec de beaux élevages en barriques de 400 litres qui donnent du relief aux vins. Le coteaux-du-layon offre un magnifique équilibre, les blancs secs se distinguent par leur fruit pur et scintillant, les rouges sont aimables et enjoués. C'est l'adresse à surveiller de très près. Les prix indiqués sont les prix cavistes.

- **Anjou En Chenin 2018** | Sec | 2019>27 | 13 € 15
- **Anjou Les Bonnes Blanches 2017** | Sec | 2019>29 | 25 € 16,5
- **Anjou Vent de Spilite 2017** | Sec | 2019>30 | 25 € 16
- **Quarts de Chaume La Martinière 2017** | Liquoreux | 2019>29 | 45 € 16
- **Savennières Clos Le Grand Beaupréau 2016** | Sec | 2019>30 | 25 € 16
- **Savennières L'Enthousiasme 2016** | Sec | 2020>32 | 30 € 16

44, rue de la Belle-Angevine, 49750 Saint-Lambert-du-Lattay Val du Layon • Tél. 02 41 78 30 53 • contact@domaineogereau.com • www.domaineogereau.com • Visite : du lundi au samedi sur rendez-vous.

CHÂTEAU DE PARNAY

Ancienne propriété du père Cristal (qui sauva le vignoble de Loire du phylloxera), ce domaine est réputé pour son clos entre-les-murs qui constitue l'un des meilleurs terroirs du secteur, avec une exposition solaire unique sur le secteur. Le blanc entre-les-murs est riche et tendu, les rouges sont francs et coulants. Les blancs sont plus en forme que les rouges.

- **Saumur-Champigny 2015** | Sec | 2020>32 | 25 € 13,5
- **Saumur-Champigny La Coulée du Méridien 2015** | Sec | 2022>32 | 69 € 14
- **Saumur Chemin des Murs 2017** | Sec | 2019>22 | 14 € 15
- **Saumur Clos d'Entre les Murs 2013** | Sec | 2022>35 | 69 € 15,5

1, rue Antoine-Cristal, 49730 Parnay • Tél. 02 41 38 10 85 • bureau@chateaudeparnay.fr • www.chateaudeparnay.fr • Visite : Ouvert de mai à octobre : du lundi au dimanche de 10h à 19h ; de novembre à avril : du lundi au samedi 10h à 18h.

DOMAINE DU PETIT MÉTRIS

Hervé et Pascal Renou réalisent depuis 1991 plus de 70 % de leur production en liquoreux, leur spécialité (sur 20 hectares). Leurs vignes (28 hectares en production) sont implantées sur des sols à dominante de schistes, en Chaume (6 hectares) et Quarts-de-Chaume (1 hectare) et forgent des vins de grande pureté, toujours frais et scintillants. Les chaumes et quarts-de-chaume remportent la palme, avec un bel équilibre entre richesse et fraîcheur. Une adresse sûre !

- **Anjou Vent de Galerne 2017** | Sec | 2019>35 | 12,50 € 15
- **Coteaux du Layon Chaume 2017** | Liquoreux | 2019>29 | 13,50 € 15,5
- **Coteaux du Layon Chaume Les Tétuères 2017** | Liquoreux | 2019>29 | 16,50 € 16
- **Quarts de Chaume 2017** | Liquoreux | 2019>37 | 35 € 16,5

13, chemin de Treize-Vents. Le grand Beauvais - Le Grand Beauvais, 49190 Saint-Aubin-de-Luigné • Tél. 02 41 78 33 33 • domaine.petit.metris@wanadoo.fr • www.domaine-petit-metris.com • Visite : du lundi au samedi de 9h à 12h et de 15h à 18h.

CHÂTEAU PIERRE BISE

Avec 80 % de chenin, ce vignoble de 45 hectares s'exerce à tous les styles de blancs. La famille Papin le fait avec bonheur et un enthousiasme de chaque instant. René vinifie, pendant que son frère aîné Christophe œuvre aux vignes. Pas en bio, certes, mais les sols sont travaillés « à leur façon ». En cave, le même soin prédomine, avec une variété de cuves de toute nature (inox, ciment, cylindriques, enterrées, bois de 30 hl signées Stockinger...), aptes à ciseler des vins nuancés et complexes. Les liquoreux sont la grande force du domaine, de même que la série des savennières (13 hectares), impeccable de justesse. Les petites cuvées de rosé et de rouge sont un ton en dessous.

- **Anjou-Villages Les Rouannières 2016** | Sec | 2019>24 | 13,50 € — 15,5
- **Anjou Le Haut de la Garde 2017** | Sec | 2019>29 | 11,25 € — 14,5
- **Anjou Sur Schistes 2018** | Sec | 2019>29 | 12,75 € — 15,5
- **Coteaux du Layon 2017** | Liquoreux | 2019>25 | 14,50 € — 13
- **Coteaux du Layon Beaulieu Les Rouannières 2017** | Liquoreux | 2019>29 | 21 € — 16
- **Savennières Clos Le Grand Beaupréau 2016** | Sec | 2019>27 | 23 € — 14,5
- **Savennières Le Clos de Coulaine 2016** | Sec | 2019>29 | 15,25 € — 15,5

Impasse Chanoine de Douvres, 49750 Beaulieu-sur-Layon • Tél. 02 41 78 31 44 • chateaupb@hotmail.com • www.chateaupierrebise.com • Visite : Uniquement sur rendez-vous du lundi au samedi.

DOMAINE BELARGUS

Ivan Massonnat, homme d'affaires parisien passionné de vin, a racheté le domaine de Jo Pithon. Depuis, le néo-vigneron a acquis 10 hectares du domaine Laffourcade en Quarts-de-Chaume à quelques portées de sa base, le fameux clos des Treilles, joyau du domaine en Coteaux-du-Layon. La dernière acquisition vient apporter une nouvelle parcelle exceptionnelle sur 45 ares de Savennières d'un autre coteau abrupt, clos de murs, à la limite du terroir de la Roche-aux-Moines ; il appartenait à la famille Taillandier qui lui cède un fermage de 2,5 hectares sur la même appellation. À la tête désormais d'un vignoble de 26 hectares sur tous les grands terroirs d'Anjou, Ivan Massonnat a engagé une équipe pour travailler dans le respect des lieux. Pour l'inspirer, l'ancien vigneron star du muscadet Guy Bossard a été engagé et conseillera sur la conversion de l'ensemble en biodynamie. Quant à Jo Pithon, il demeure comme consultant, ravi d'avoir trouvé quelqu'un qui a la même vision que lui et peut investir dans le bons sens. Le premier millésime en 2018 s'annonce prometteur.

- **Coteaux du Layon 2018** | Moelleux | 2019>27 | 28 € — 15

19, rue Saint-Vincent, 49750 Saint-Lambert-du-Lattay • Tél. 02 41 78 68 74 • contact@belargus.com • www.belargus.com • Visite : De préférence sur rendez-vous.

DOMAINE RICHOU

Mozé-sur-Louet est la dernière commune de l'Aubance, la plus à l'ouest, au confluent des trois rivières : le Louet, l'Aubance et la Loire. Face à Savennières, sur une bande de schistes gréseux qui transperce le fleuve de part en part, le vignoble de 32 hectares des frères Richou fait figure de modèle. Didier l'aîné vinifie depuis 1979. Damien, de douze ans son cadet, s'occupe des vignes depuis 1993 ; il a converti le domaine en bio en 2013. La fratrie aime ramasser des raisins mûrs, et cisèle des rouges et des blancs de grande plénitude. Vent debout contre la chaptalisation. C'est une adresse assurée.

- **Anjou Le Champ de la Pierre 2017** | Sec | 2019>25 | 12,60 € — 15,5
- **Anjou Le Champ de la Pierre 2015** | Sec | 2019>23 | épuisé — 15
- **Coteaux de l'Aubance Les 3 Demoiselles 2015** | Liquoreux | 2019>25 | 41 € — 17
- **Coteaux de l'Aubance Les Violettes 2014** | Liquoreux | 2019>25 | épuisé — 16,5
- **Savennières La Bigottière 2017** | Sec | 2020>31 | 20 € — 16

Chauvigné route de denée, 49610 Mozé-sur-Louet • Tél. 02 41 78 72 13 • domaine.richou@wanadoo.fr • www.domainerichou.fr • Visite : Ouvert du lundi au samedi de 9h à 12h et de 14h30 à 18h30.

DOMAINE DES ROCHELLES

Spécialistes de l'Aubance et de l'Anjou-Brissac, les Lebreton père et fils ont hissé leurs cuvées parmi les fleurons du secteur. Alliant la quantité - 50 hectares - à la qualité, ils cisèlent en orfèvres des vins épatants de fruit et de fraîcheur, réussissant autant dans les liquoreux que dans les rouges. Une des clefs est l'arrivée de Jean-Hubert, le fils, en 2000 après un bon tour de piste auprès des « grands » de Bordeaux : Pichon-Baron et Lynch-Bages à Pauillac, Suduiraut à Sauternes. On comprend ainsi la réussite de l'élevage et la maîtrise des équilibres sucre-acidité pour les liquoreux ! Le domaine est certifié bio (Écocert) depuis le millésime 2015. Voilà une bonne adresse de l'Anjou, à la gamme très homogène et aux réussites dans tous les styles de vins.

- **Anjou-Villages Brissac Croix de Mission 2017** | Sec | 2019>29 | 10,50 € 15,5
- **Anjou Roche des Rochelles 2017** | Sec | 2019>29 | 9 € 15
- **Coteaux de l'Aubance Tradition 2017** | Moelleux | 2019>27 | 12,80 € 15

Domaine des Rochelles, 49320 Saint-Jean-des-Mauvrets • Tél. 02 41 91 92 07 • jy.a.lebreton@wanadoo.fr • www.domaine-des-rochelles.com • Visite : Ouvert du lundi au samedi de 8h30 à 12h et de 14h à 18h30. Sauf jours fériés.

DOMAINE DES ROCHES NEUVES

Lors de son arrivée en Saumurois dans les années 1990, le Bordelais Thierry Germain s'inspire des canons de sa région d'origine. Au fil des millésimes, il s'imprègne de son milieu ligérien et abandonne progressivement les élevages en barrique trop longs. Au niveau cultural, il cultive en biodynamie ses 22 hectares sur argilo-calcaires recouvrant le tuffeau. L'équilibre de la plante et du sol permet une récolte plus précoce, la maturité est gagnée avant l'escalade des degrés, la minéralité préservée avant son affalement dans les surmaturités et la tension salvatrice se fait grâce à une « acidité mûre », bien loin de celle qui provient d'un végétal perfusé. Pas question de toucher le vin durant l'élevage. Il s'agit de lui trouver le contenant idéal et toujours travailler sur la masse pour préserver le fruit et ainsi rappeler au vin d'où il vient pour ne pas le choquer, le laisser dans son élément : sur les blancs, on choisit un foudre ovale pour conserver une matière intense et fraîche. Sur les rouges, le foudre rond s'impose, pour une meilleure mise en valeur de la chair et du floral des milieux de bouche. De ce fait, les derniers millésimes sont marqués par une plus grande pureté aromatique, avec un fruit infusé et des textures d'un grand raffinement. 2013 marque un tournant qualitatif et émotionnel. En rouge, la cuvée domaine est fraîche avec des tannins souples, les terres-chaudes ont un peu plus de profondeur. La cuvée mémoires est d'un soyeux confondant. Les blancs jouent sur le registre de la tension calcaire : le clos-romans élevé en petit foudre est éminemment cristallin et pur, l'insolite est superbe de maturité et de gourmandise. 2014, 2015, 2016, 2017 sont décidément grandioses. Les amateurs trouveront leur bonheur avec des cuvées qui figurent sans conteste parmi l'élite de la Loire.

- **Saumur-Champigny Clos de l'Échelier 2017** | Sec | 2019>29 | 34 € 18
- **Saumur-Champigny Clos de l'Échelier 2016** | Sec | 2019>27 | 34 € 18
- **Saumur-Champigny Franc de Pieds 2017** | Sec | 2019>23 | 33 € 16
- **Saumur-Champigny Les Mémoires 2017** | Sec | 2019>29 | 40 € 18,5
- **Saumur-Champigny Les Mémoires 2016** | Sec | 2019>27 | 40 € 18,5
- **Saumur Clos Romans 2017** | Sec | 2019>29 | 52 € 18
- **Saumur Clos Romans 2014** | Sec | 2019>27 | 52 € 18
- **Saumur L'Échelier 2017** | Sec | 2019>28 | 45 € 17
- **Saumur L'Échelier 2016** | Sec | 2019>23 | 45 € 17,5

56, boulevard Saint-Vincent, 49400 Varrains • Tél. 02 41 52 94 02 • thierry-germain@wanadoo.fr • www.rochesneuves.com • Visite : Uniquement sur rendez-vous.

DOMAINE DE ROCHEVILLE

Philippe Porché, l'ancien directeur du centre Leclerc de Saumur, a monté l'une des plus belles caves de France dans son établissement. Pour vivre sa passion jusqu'au bout, il a sauté le pas en 2004 pour vivre sa passion de vigneron. Son domaine se situe sur 16 hectares dans le secteur argilo-calcaire de Parnay, sur le coteau où la pluviométrie est l'une des plus faibles de la région. Depuis 2013, il s'est doté d'un chai plus performant et les effets bénéfiques se sont clairement fait sentir à partir de 2014. Au fil des millésimes, il monte en puissance et les vins se révèlent de plus en plus précis. Les rouges vont de la bouche souple (cuvée le-page) au tannin aristocratique plus profond (le-prince et le-roy). Les blancs alternent le coulant (la-jouvencelle) au vin ciselé comme le clos-de-la-thibaudière, issu d'une parcelle bien située sur Brézé. De 9 à 25 euros, on peut se faire plaisir dans toutes les catégories.

- **Saumur-Champigny Le Page 2017** | Sec | 2019>21 | 7,90 € — 13,5
- **Saumur-Champigny Le Roy 2014** | Sec | 2019>33 | 15,30 € — 15
- **Saumur Clos de la Thibaudière 2014** | Sec | 2019>33 | 17,90 € — 16
- **Saumur La Jouvencelle 2015** | Sec | 2019>21 | 10,40 € — 13,5

Les Hauts de Valbrun, 49730 Parnay • Tél. 02 41 38 10 00 • contact@domainederocheville.fr • www.domainederocheville.fr • Visite : Ouvert de mi juin à septembre : tous les jours sauf le dimanche matin de 10h à 18h30 ; d'octobre à mi juin : du mardi au samedi de 10h à 18h.

CLOS ROUGEARD

À la suite du décès de Charly Foucault, la famille a vendu le domaine à Martin Bouygues en juin 2017. Il en a confié la direction à l'expérimenté Hervé Berland qui dirige déjà Montrose et les crus de l'ex-domaine Rebourseau de Gevrey-Chambertin. Cet homme du vin annonce son intention de perpétuer l'exceptionnelle qualité des crus produits ici. Les trois hectares siliceux et calcaires, mêlés de sables, qui donnent la cuvée poyeux, ont fait la réputation de la maison, avec des vins droits sans rigidité, une belle intensité et beaucoup de profondeur. L'hectare de clos du Bourg, isolé depuis 1988, provient de vignes de près de 80 ans sur un sol beaucoup plus calcaire : élevée dans 100 % de barriques neuves, cette cuvée puissante en même temps qu'élancée développe une belle énergie, ses tannins sont précis et racés. Les autres parcelles d'argilo-calcaires couvrent 4,5 hectares, elles font l'objet d'un assemblage dans le clos-rougeard qui est la cuvée générique, plus avenante et beaucoup moins complexe que les deux joyaux du domaine. Dans ce registre on n'est plus au niveau des 5 BD. Force est d'établir le même constat sur le blanc sec, issu du terroir calcaire très qualitatif de Brézé. Il joue dans le registre de la puissance et manque souvent de nuances ; il souffre aujourd'hui de la comparaison avec les meilleurs vins de l'appellation. Néanmoins nous faisons confiance à la nouvelle équipe, qui doit engager dans les prochains mois de gros investissements techniques, pour hisser ce domaine au sommet des références mondiales en cabernet franc et chenin.

- **Saumur-Champigny Clos du Bourg 2016** | Sec | 2022>40 | NC — 16
- **Saumur-Champigny Clos du Bourg 2009** | Sec | 2022>39 | NC — 18,5
- **Saumur-Champigny Clos Rougeard 2016** | Sec | 2020>30 | NC — 14
- **Saumur-Champigny Poyeux 2016** | Sec | 2022>35 | NC — 16
- **Saumur Brézé 2016** | Sec | 2020>30 | NC — 15

15, rue de l'Église, 49400 Chacé • Tél. 02 41 52 92 65 • jatoublanc@clos-rougeard.com • www.clos-rougeard.com • Visite : sur rendez-vous.

CHÂTEAU DE LA ROULERIE

Philippe Germain - frère de Thierry Germain, du domaine des Roches Neuves à Saumur-Champigny – manie lui aussi le chenin, sur des terroirs de schistes ! Il travaille 37 hectares en agriculture biologique (sur un total de 43), dans un magnifique environnement, le château dominant la vallée de Saint-Aubin. Des pressurages plus fins, un peu moins de maturité à la récolte sur les blancs, moins de soufre aux vinifications ont été les variables d'ajustement qui ont grandement fait progresser le domaine qui est entré dans la famille Germain en 1996. Philippe en a repris les rênes en 2004 avec la ferme intention de le hisser au plus haut. À partir de 2010, le tournant s'est fait sentir et les vins gagnent en profondeur et en éclat. C'est une adresse sûre portée par le soin et le travail, bravo.

- **Anjou Magnolia 2017** | Sec | 2019>26 | 15 € — 14,5
- **Coteaux du Layon Chaume 2017** | Liquoreux | 2019>29 | 25 € — 14,5

Château de la Roulerie, 49190 Saint-Aubin-de-Luigne • Tél. 02 41 68 22 05 • chateaudelaroulerie@gmail.com • www.laroulerie.com • Visite : Ouvert sur rendez-vous.

FERME DE LA SANSONNIÈRE

Mark Angeli a été l'un des premiers dans la Loire à travailler en biodynamie, suivant les préceptes de Nicolas Joly (la Coulée de Serrant). Maniant le chenin avec une dextérité folle, il le restitue sec la plupart du temps, avec une tension et une fraîcheur insolentes. Viticulture de pointe, soufre a minima (et d'origine volcanique), le domaine choisit la voie la plus exigeante, la plus équilibriste aussi. Tous les vins sont classés hors appellation, en vin de France, car Mark et son fils Martial ne les présentent plus aux commissions d'agrément. Un parti pris drastique que ce vigneron « paysan », comme il le revendique, assume totalement. Désormais libre et sans contraintes, désormais épaulé de Bruno Ciofi, il continue d'intriguer et de faire venir à lui les amateurs éclairés avec des vins de grand volume de bouche.

- **Vin de France La Lune 2018** | Sec | 2019>23 | env.28 € — 16
- **Vin de France Les Fouchardes 2015** | Demi-sec | 2019>23 | 34 € — 16,5

La Sansonnière , 49380 Thouarcé • Tél. 02 41 54 08 08 OU 0642289354 ou 0789599362 • fermedelasansonniere@orange.fr • Visite : Visites et dégustations sur rendez-vous. Pas de vente sur place.

DOMAINE ANTOINE SANZAY

Ce domaine de 11,60 hectares, cultivé en bio, monte en puissance d'autant qu'Antoine Sanzay récupère peu à peu la totalité des vignes familiales. Les millésimes gagnent en raffinement dans la pureté du fruit, grâce à un élevage qui marque moins les vins. Très accessible, la cuvée domaine se boit à la régalade. Les terres-rouges développent des accents à la fois floraux et épicés sur une structure bien concentrée. La cuvée des poyeux, qui existe depuis 2011, est un vin assez intense et élevé sous bois, certainement l'une des plus belles de l'appellation. Ce domaine apprécié des amateurs est l'une des belles adresses de la région, l'assurance de la meilleure expression de ces terroirs au meilleur prix. Laissez-vous tenter !

- **Saumur-Champigny 2017** | Sec | 2020>27 | 15,50 € — 13
- **Saumur-Champigny La Haye Dampierre 2017** | Sec | 2021>32 | 24 € — 16
- **Saumur-Champigny Les Poyeux 2017** | Sec | 2024>35 | 32 € — 17
- **Saumur-Champigny Les Salles Martin 2017** | Sec | 2020>30 | 26 € — 15
- **Saumur Les Salles Martin 2017** | Sec | 2021>30 | 26 € — 15,5
- **Saumur Terres Rouges 2017** | Sec | 2021>40 | 25 € — 15,5

19, rue des Roches-Neuves, 49400 Varrains • Tél. 02 41 52 90 08 • antoine-sanzay@wanadoo.fr • Visite : sur rendez-vous.

COULÉE DE SERRANT

C'est un petit vallon courbé sur le versant nord de la Loire, une sorte d'éden viticole replié sur un paysage ouvert sur toutes ses faces. La coulée-de-serrant est un lieu où la vie exulte. Nicolas Joly, en bon apôtre de la biodynamie, en a fait une marque culte, vénérée aux quatre coins du monde. Avec un sens aiguisé de l'observation et de l'expérimentation, il a hissé ce promontoire de schistes rouges à son plus haut niveau, le dotant d'une viticulture modèle. Sûr de son exception, il a même réussi à faire classer ces 7 hectares de vieilles vignes de chenin en une appellation à part entière ! Avec sa fille Virginie, il cultive également 4 hectares en Savennières et 4 hectares à la Roche-aux-Moines. Un vignoble brouté par les moutons, picoré par les poules et travaillé à main d'homme, dans une totale symbiose avec la nature. Un domaine incontournable. Ce terroir donne un vin difficile à goûter jeune, qui ne se comprend vraiment que sur la durée, après dix années ou plus de garde, et que certains érigent au rang de mythe. La coulée est un blanc épuré, aux notes d'herbes fraîches et d'infusion, à l'ossature austère. Peu de soufre à la vinification entraîne parfois des évolutions prématurées et des notes d'oxydation. Le domaine produit également un savennières les-vieux-clos et un savennières roche-aux-moines le-clos-de-la-bergerie. Adorateurs ou contempteurs : la coulée divise et s'en moque, reste un vin de matière, qui dans ses grandes heures défie l'éternité, et dans ses atermoiements s'oublie. À goûter au moins une fois dans sa vie, ne serait-ce que pour choisir son camp.

- **Savennières - Coulée de Serrant 2017** | Sec | 2022>40 | 65 € — 16,5
- **Savennières - Roche aux Moines Le Clos de la Bergerie 2017** | Sec | 2019>26 | 35 € — 15,5

Savennières Les Vieux Clos 2017 | Sec | 2019>28 | 28 € — 14,5

Château de la Roche-aux-Moines sas famille joly, 49170 Savennières • Tél. 02 41 72 22 32 • info@coulco-de-serrant.com • www.coulee-de-serrant.com • Visite : du lundi au samedi de 9h à 12h et de 14h à 17h30. Sauf les dimanche et jours fériés.

CHÂTEAU SOUCHERIE

Roger-François Béguinot a eu le coup de cœur en 2007 pour cette magnifique propriété angevine. Industriel à succès dans l'agro-alimentaire (Materna, spécialiste du lait maternel), il s'est donné les moyens pour réussir dans son projet et s'est allié les meilleurs spécialistes pour y parvenir. Entre 2008 et 2017, Thibaud Boudignon est venu en appui pour cultiver et vinifier les 28,8 hectares ; il a depuis créé son propre domaine. Sa maîtrise de la vinification du chenin a indéniablement fait franchir un pas aux vins. Anjou, savennières (1,80 hectare au clos des Perrières), coteaux-du-layon et chaume (4 hectares) trouvent aujourd'hui une expression fine et sincère. Le domaine dispose de cinq belles chambres d'hôtes et des repas orchestrés par un chef. Une halte de repos bienvenue au cœur de la Loire !

Anjou Ivoire 2017 | Sec | 2020>31 | 13 € — 15,5
Anjou Reliefs 2017 | Sec | 2020>27 | 8,50 € — 14
Coteaux du Layon Exception 2015 | Moelleux | 2019>25 | 25 € — 15,5

Lieu-dit la Soucherie, 49750 Beaulieu-sur-Layon • Tél. 02 41 78 31 18 • contact@domaine-de-la-soucherie.fr • www.domaine-de-la-soucherie.fr • Visite : Ouvert du lundi au samedi de 10h à 18h.

DOMAINE ISABELLE SUIRE-BERRIE

Après une carrière dans l'industrie agro-alimentaire sur Beaune, Isabelle Suire est revenue il y a une dizaine d'années sur le vignoble saumurois familial où elle commence vraiment à sortir des blancs dignes des très bons chenins du secteur et des rouges plus en souplesse. Les crus sont élevés dans la fraîcheur de la cave de tuffeau d'un ancien prieuré.

Saumur Les Chillois 2017 | Sec | 2019>29 | 12 € — 15

12, rue des Perrières, 86120 Berrie • Tél. 05 49 22 92 61 • isabelle-suire@orange.fr • Visite : De préférence sur rendez-vous. Ouvert du lundi au samedi de 10h a 18h.

CHÂTEAU DE TARGÉ

Depuis juin 2015, ce domaine bien mené par Édouard Pisani Ferry a droit au label haute valeur environnementale. Il possède un gîte de charme qui est en rapport avec les derniers millésimes proposés. Le saumur blanc lesfresnettes est d'une droiture coulante et la quintessence en saumur-champigny justifie son nom.

Saumur-Champigny Ferry 2015 | Sec | 2019>27 | 13 € — 14,5
Saumur Les Fresnettes 2017 | Sec | 2019>26 | 17 € — 14
Saumur Quintessence 2015 | Sec | 2023>29 | 24 € — 15

Chateau de Targé, 49730 Parnay • Tél. 02 41 38 11 50 • paul@chateaudetarge.fr • www.chateaudetarge.fr • Visite : Ouvert d'avril à octobre tous les jours de 10h à 12h30 et de 14h à 18h. De novembre à mars ouvert 6j/7 de 10h à 12h30 et de 14h à 18h.

MANOIR DE LA TÊTE ROUGE

Sur la colline du Puy-Notre-Dame, une majestueuse collégiale du XIe siècle domine le vignoble ; c'est le point culminant du Saumurois. Le manoir de la Tête Rouge a été bâti en 1649 au pied de cette colline, dans le village mais hors les murs. Ses 10 hectares de vignes, dont la parcelle de l'Enchentoir, sont plantés sur les meilleurs terroirs argilo-calcaires du Saumurois. Une des révélations de l'année.

Saumur Puy-Notre-Dame Tête de Lard 2016 | Sec | 2019>22 | 13 € — 13,5
Saumur L'enchentoir 2015 | Sec | 2019>22 | 25 € — 15

3, place Jules Raimbault, 49260 Le Puy-Notre-Dame • Tél. 02 41 38 76 43 • accueil@manoirdelateterouge.com • www.manoirdelateterouge.com • Visite : Ouvert du lundi, mardi, jeudi et vendredi de 9h30 à 12h30 et de 14h à 17h30.

DOMAINE PIERRE-ADRIEN VADÉ

Installé en 2014 sur une minuscule parcelle de vigne, Pierre-Adrien Vadé avance pas à pas. Ses débuts sont prometteurs, et il faudra suivre sa progression sur ces terroirs de Saumur-Champigny, près de Dampierre-sur-Loire. À peine deux hectares aujourd'hui, certifiés en agriculture biologique, de la volonté et de l'application : le jeune homme a de la suite dans les idées, et projette, pourquoi pas, de s'essayer au blanc avec quelques rangs de chenin. Travail artisanal, petits volumes, soufre a minima, étiquettes soignées : on lui souhaite de belles cuvées à venir. Une nouvelle adresse à suivre !

- **Saumur-Champigny 2017** | Sec | 2019>25 | 12 € — 13
- **Saumur-Champigny Les Hauts Buts 2017** | Sec | 2019>27 | 15 € — 15

Chemin du Tyreau, 49400 Saumur • Tél. 06 88 23 33 41 • domainepavade@gmail.com • www.chaivade.com • Visite : Sur rendez-vous.

CHÂTEAU DE VILLENEUVE

Doté de 25 hectares, Jean-Pierre Chevalier porte bien son nom. Devenu l'un des chefs de file du Saumurois, il exploite au mieux cette côte calcaire de Souzay, à partir d'une agriculture de type biologique qui n'exclut pas les arbres truffiers. Le domaine est certifié bio depuis 2013. Le clos-de-la-bienboire est un vin de grande gourmandise. La cuvée vieilles-vignes présente de la densité avec un velouté de texture raffiné. Les blancs ne sont pas en reste. Les vins évoluent parfaitement en bouteille, avec des millésimes anciens dignes de ce nom. Le grand-clos (issu d'une parcelle de 5 hectares devant le château) figure parmi les meilleures cuvées de l'appellation. Avec des prix encore attractifs, voici l'un des meilleurs rapports qualité-prix de tous les grands vins de Loire.

- **Saumur-Champigny 2017** | Sec | 2019>25 | 12 € — 15,5
- **Saumur-Champigny Clos de la Bienboire 2018** | Sec | 2019>21 | 12,50 € — 15
- **Saumur-Champigny Le Grand Clos 2016** | Sec | 2020>35 | 26 € — 17,5
- **Saumur-Champigny Vieilles Vignes 2017** | Sec | 2019>27 | 16 € — 16,5
- **Saumur Les Cormiers 2017** | Sec | 2020>33 | 21 € — 17,5

3, rue Jean-Brevet, 49400 Souzay-Champigny • Tél. 02 41 51 14 04 • jpchevallier@chateaudevilleneuve.com • www.chateaudevilleneuve.com • Visite : Ouvert du lundi au samedi de 9h à 12h et de 14h à 18h. Fermé les dimanches et jours fériés.

CHÂTEAU YVONNE

Le frère cadet de Gérald Vallée (domaine de la Cotellerie, à Saint-Nicolas de Bourgueil), Mathieu Vallée, cultive ses 11 hectares en bio depuis son installation en 2007. Ses cuvées sont issues des terroirs froids du secteur de Parnay. Elles se sont affinées sur les derniers millésimes au niveau aromatique. Avec le millésime 2014, on assiste à un tournant salutaire. Le-beaumeray constitue l'un des plus beaux rouges de la Loire, justifiant son prix d'une quarantaine d'euros : on aime sa plénitude en bouche qui s'appuie sur un fruité pur, soutenu par une expression crayeuse du cabernet franc sur tuffeau tout en délicatesse. Les autres cuvées suivent la même direction ne recherchant pas la puissance à tout prix. Leur point commun est la fraîcheur revigorante de leurs finales. La-folie est à déguster plus jeune, sur sa gourmandise. Les saumurs blancs domaine et Gory sont désormais plus épurés grâce à un élevage mieux adapté. Une adresse sûre et un accueil sympathique.

- **Saumur 2017** | Sec | 2019>24 | 25 € — 15
- **Saumur-Champigny Château Yvonne 2016** | Sec | 2019>27 | 23 € — 15,5
- **Saumur-Champigny La Folie 2017** | Sec | 2019>24 | 23 € — 15
- **Saumur-Champigny Le Beaumeray 2015** | Sec | 2020>36 | 41 € — 17
- **Saumur Le Gory 2016** | Sec | 2019>29 | 41 € — 16

12, rue Antoine-Cristal, 49730 Parnay • Tél. 02 41 67 41 29 • chateau.yvonne@wanadoo.fr • Visite : Du lundi au samedi sur rendez-vous.

Mes commentaires

LE VIGNOBLE DE LA TOURAINE

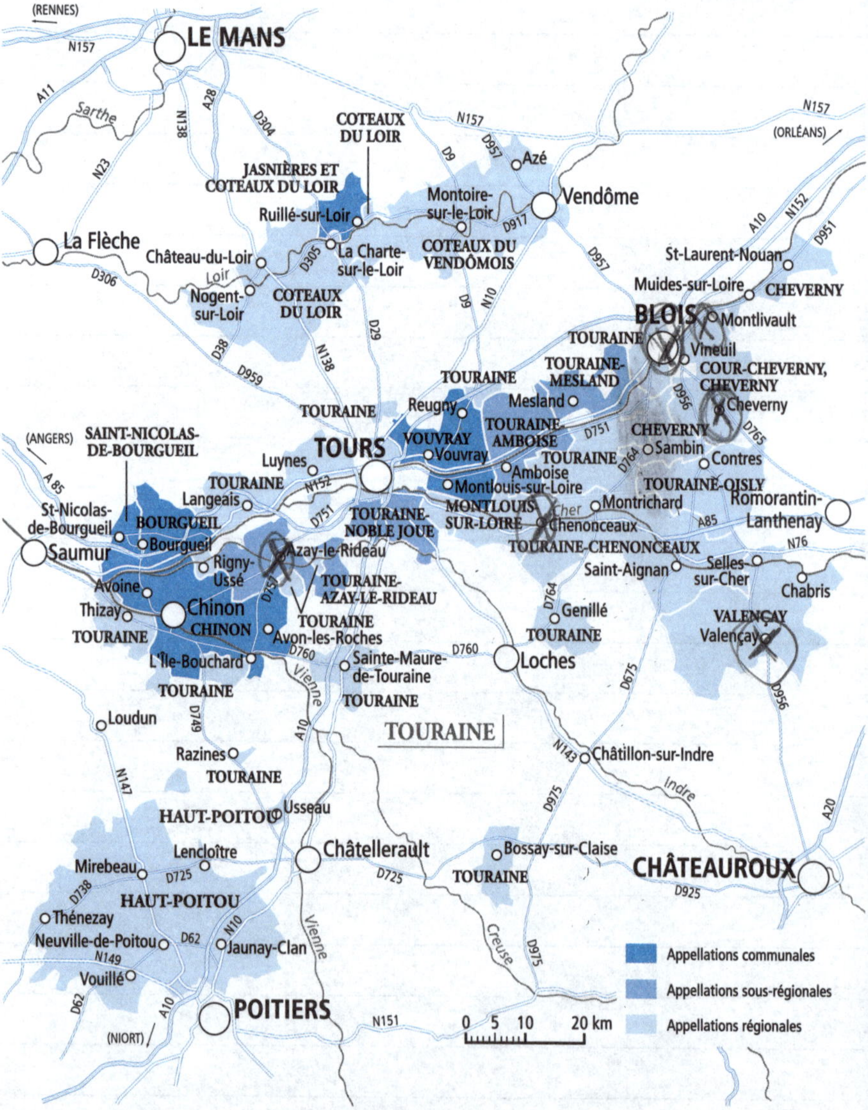

ALLIANCE LOIRE

★☆☆☆☆

Ce regroupement de caves coopératives créé en 2002 se dote des moyens techniques et humains pour proposer une gamme très large, organisée en segments qualitatifs. Il couvre l'essentiel de la vallée de la Loire apporté par près de 800 viticulteurs. Les 4000 hectares vinifiés font d'Alliance Loire l'un des acteurs viticoles majeurs de la région. La gamme est large, on y fréquentera assidûment les cuvées estampillées millésime en sommet de gamme, notamment le saumur-champigny, le saumur blanc ou le haut-poitou, bien réussis. Ce sont des expressions ligériennes sincères. Les muscadets sélectionnés par Philippe Faure-Brac, Meilleur Sommelier du Monde, sont consensuels dans leur définition iodée, ils constituent de bons rapports qualité-prix.

- **Coteaux du Vendômois Grillé d'Aunis 2016** | Sec | 2019>21 | 10,40 € — 13
- **Muscadet Sèvre-et-Maine Clisson Vieilles Vignes, Hugues Brochard 2014** | Sec | 2019>27 | 10,20 € — 12,5

Route des Perrières, 49260 Saint-Cyr-en-Bourg • Tél. 02 41 53 74 44 • florenceguillon@allianceloire.com • www.allianceloire.com • Visite : Du 1er mai au 30 septembre de lundi au samedi de 10h à 13h et de 14h30 à 19h, Dimanches et jours fériés 10h30 à 13h et de 15h à 19h. Du 1er octobre au 30 avril du lundi au samedi de 10h à 12h30 et de 14h à 18h30.

DOMAINE PHILIPPE ALLIET

★★★☆☆

On tient là l'une des références du Chinonais avec ses 17 hectares et une famille, les Alliet, dévoués à la cause des grands vins de cabernet franc. Claude, Philippe et leur fils Pierre constituent l'un des trios majeurs de la Loire. La nouvelle génération s'est affranchie des élevages à la bordelaise, trop marqués. Les vins y gagnent en raffinement, se livrant plus facilement, dans leur jeunesse ; ceci n'exclut pas leur belle évolution dans le temps, car c'est à l'aulne des années que l'on juge les grands chinons. De ce point de vue-là, nous ne sommes pas déçus. La dernière cuvée créée, l'huisserie, très expressive dès ses premières années, est issue d'une parcelle de jeunes vignes plantées en coteau, sur un terroir argilo-siliceux. Le coteau-de-noiré, sur terroir argilo-calcaire exposé plein sud, est devenu l'une des références de l'appellation, pour son intensité tout en nuances et son potentiel de garde d'une vingtaine d'années. Pour un peu plus d'une vingtaine d'euros, vous tenez l'un des meilleurs rouges de Loire. À avoir absolument en cave !

- **Chinon Coteau de Noiré 2017** | Sec | 2025>37 | 23 € — 16,5
- **Chinon L'Huisserie 2017** | Sec | 2020>30 | 19 € — 15,5
- **Chinon Vieilles Vignes 2017** | Sec | 2019>32 | 16 € — 15,5

Briançon - RD 8, 37500 Cravant-les-Côteaux • Tél. 02 47 93 17 62 • philippe.alliet@wanadoo.fr • Visite : Uniquement sur rendez-vous du lundi au samedi.

DOMAINE YANNICK AMIRAULT

★★★☆☆ 🍀

Sur les 19 hectares de cabernet franc, les deux tiers du domaine sont sur Bourgueil, le reste étant implanté sur Saint-Nicolas de Bourgueil. Les raisins sont toujours récoltés à parfaite maturité car Yannick et Benoît Amirault sont des vignerons perfectionnistes convertis au bio : ils donnent le bon tempo sur leurs deux appellations, ayant la chance de posséder un bon patrimoine de vieilles vignes. Les millésimes plus anciens tiennent parfaitement la partition des grands cabernets francs. Les sols d'argiles à silex, sur la croûte calcaire de Bourgueil, confèrent au grand-clos une trame tannique intense et fondue, à l'acidité salivante, prenant souvent des accents floraux. En surplomb de la cave d'élevage, la petite-cave se développe sur des sables et argiles sur calcaire, le gras en bouche épouse les tannins crayeux qui étirent parfaitement le vin.

- **Bourgueil La Petite Cave 2017** | Sec | 2022>42 | 20 € — 16
- **Bourgueil Le Pavillon du Grand Clos 2016** | Sec | 2022>30 | 30 € — 15,5
- **Saint-Nicolas-de-Bourgueil La Mine 2017** | Sec | 2019>23 | 14 € — 15
- **Saint-Nicolas-de-Bourgueil Les Malgagnes 2016** | Sec | 2022>29 | 20 € — 16,5

1 route du Moulin Bleu, 37140 Bourgueil • Tél. 02 47 97 78 07 • info@yannickamirault.fr • www.yannickamirault.fr • Visite : Ouvert du lundi au vendredi de 9h à 12h et de 14h à 17h. Le samedi matin de 9h à 12h. De préférence sur rendez-vous.

DOMAINE AGNÈS ET XAVIER AMIRAULT

★☆☆☆☆ 🍀

La génération actuelle des Amirault conduit ce domaine d'une trentaine d'hectares en biodynamie. Les rouges jouent l'élégance et la finesse afin de conserver le charme natif de Saint-Nicolas. Nous aimons cette délicatesse ; le tannin n'a ici rien de terrien contrairement à beaucoup de cabernets francs, il est conjugué en version aérienne. Les-quarterons allient souplesse native du terroir à la profondeur recherchée par le domaine, pour 11 euros, c'est un bon achat. Taillé pour la garde, le clos-des-quarterons va plus loin dans la recherche de puissance. Encavez également les-gravilices pour leur minéralité, il ne vous en coûtera que 13 euros.

- **Saint-Nicolas-de-Bourgueil Clos des Quarterons - Vieilles Vignes 2016** | Sec | 2020>26 | 16,50 € — 14
- **Saint-Nicolas-de-Bourgueil Le Fondis 2016** | Sec | 2019>27 | 20 € — 13,5
- **Saint-Nicolas-de-Bourgueil Les Quarterons 2016** | Sec | 2019>29 | 12,50 € — 13

46, avenue Saint-Vincent, 37140 Saint-Nicolas-de-Bourgueil • Tél. 02 47 97 75 25 • contact@domaineamirault.com • www.domaineamirault.com • Visite : Ouvert du lundi au samedi de 9h à 12h et de 14h à 17h30.

DOMAINE AMIRAULT-GROSBOIS

Avec leur cousin Nicolas Grosbois, Thierry et Xavier Amirault se sont associés pour proposer une structure de négoce et une gamme bénéficiant de leur savoir-faire cultural et technique. Les cuvées puisent essentiellement leur source du côté des bourgueils, chinons et saint-nicolas d'une étonnante franchise. Les crus sont vraiment dans leur appellation, on se régale de leur fruité soyeux. À ce niveau de tarification et pour des vins à boire entre 2 et 10 ans, on peut difficilement rêver mieux.

- **Saint-Nicolas-de-Bourgueil Clos Pichard 2016** | Sec | 2021>26 | 16 € — 13
- **Saint-Nicolas-de-Bourgueil Réserve 2017** | Sec | 2022>27 | epuisé — 13
- **Saint-Nicolas-de-Bourgueil Veine de Quartz 2017** | Sec | 2019>24 | 12 € — 13

Allée des Quarterons, 37140 Saint-Nicolas-de-Bourgueil • Tél. 02 47 97 75 25 • agnes@amirault-grosbois.com • www.amirault-grosbois.com

DOMAINE DE L'ARPENTY

Le grand-père de Francis Desbourdes créa le domaine dans les années 1960. Ce dernier a passé la main à son fils Émilien, qui conduit en bio une exploitation de 17,5 hectares sur Panzoult. Installé entre vignoble et forêt de Chinon, l'Arpenty est encastré dans un coteau où il existe des terroirs différents : les vins souples et fruités sont élaborés sur les terrasses graveleuses, tandis que les coteaux argilo-calcaires produisent des crus charpentés et riches. À moins de 9 euros, c'est une bonne source d'approvisionnement.

- **Chinon 2016** | Sec | 2019>27 | 12,90 € — 14
- **Chinon Pointevinière 2017** | Sec | 2019>22 | 8,50 € — 14
- **Chinon Réserve Pointevinière 2015** | Sec | 2019>27 | 12,90 € — 14,5

11, rue de la Forêt, 37220 Panzoult • Tél. 02 47 95 22 86 • f.fdesbourdes37@gmail.com • www.larpenty.fr • Visite : Ouvert du lundi au samedi de 9h à 12h puis 15h à 19h.

DOMAINE BERNARD BAUDRY

Grande famille de Cravant, les Baudry travaillent en duo : Bernard s'entend à merveille avec son fils Mathieu. Ils ont bâti leur réputation sur des cabernets francs de garde, séveux, denses et longs, dans un domaine qui compte 30 hectares travaillés en bio. Les cuvées prennent le nom des terroirs qui les portent avec des tarifs encore accessibles : les-granges assemblent les raisins de sols de graviers et d'argiles pour produire un vin souple et frais, les-grézeaux, sur argilo-siliceux, disposent d'une belle finesse et d'une structure permettant au vin de bien traverser le temps. Plus profonde, la-croix-boissée offre un vin au cœur tannique apporté par les argilo-calcaires. Les ceps du clos Guillot produisent un vin charnu, suave et plein, taillé pour la grande garde. Une superbe adresse, valeur sûre de son appellation.

- **Chinon La Croix Boissée 2017** | Sec | 2022>37 | épuisé — 15,5
- **Chinon La Croix Boissée 2016** | Sec | 2022>37 | 25 € — 16
- **Chinon Le Clos Guillot 2017** | Sec | 2017>40 | 18,50 € — 16,5

9, Côteau-de-Sonnay, 37500 Cravant-les-Côteaux • Tél. 02 47 93 15 79 • contact@bernardbaudry.com • www.bernardbaudry.com • Visite : Uniquement sur rendez-vous.

DOMAINES BAUDRY-DUTOUR

★★★☆☆

Christophe Baudry, issu d'une vieille famille viticole de Cravant et Jean-Martin Dutour, ingénieur agronome et œnologue, se sont associés dans un négoce qualitatif assis sur plusieurs propriétés qu'ils gèrent ou possèdent, soit environ 120 hectares : ainsi le domaine de la Perrière, le château de la Grille, le domaine du Roncée, et le château de Saint-Louans possèdent des terroirs de grande qualité. On mettra en cave le château-de-saint-louans ou le château-de-la-grille, parfaitement charpentés, pour se concentrer dans l'immédiat sur le sillage délicat du domaine-du-roncée, d'un bon rapport qualité-prix puisque la bouteille se négocie autour de 11 euros. La-perrière est un très beau vin de gastronomie, à consommer au bout de 5 ans. Nos différentes dégustations sur les millésimes 2014, 2015, 2016, 2017 et 2018 montrent la belle évolution du duo. Les élevages sont moins marqués, le fruit mieux exprimé et le potentiel de garde reste au rendez-vous.

- **Chinon Amaranthe 2017** | Sec | 2019>25 | 8,70 € — 15,5
- **Chinon Château de Saint-Louans 2017** | Sec | 2021>37 | 23 € — 13
- **Chinon Domaine de la Perrière – Vieilles Vignes 2016** | Sec | 2020>47 | 11,50 € — 16
- **Chinon Domaine du Roncée - Clos des Marronniers 2017** | Sec | 2019>33 | 12 € — 17
- **Chinon L'ainsi fait 2017** | Sec | 2019>21 | 12 € — 15

12, Côteau-de-Sonnay, 37500 Cravant-les-Côteaux • Tél. 02 47 93 44 99 • audrey@baudry-dutour.ff • www.baudry-dutour.fr • Visite : Ouvert du mardi au samedi de 10h à 12h et de 14h à 18h.

DOMAINE DES BÉGUINERIES

★★☆☆☆ ♣

Jean-Christophe Pelletier a su constituer un domaine cultivé en bio de 13 hectares. Le vignoble se trouve planté essentiellement sur des coteaux à dominante argilo-calcaire, exposés majoritairement plein sud sur le secteur très qualitatif de Saint-Louans. On débute la dégustation par l'éveil des sens qui doit sa souplesse au coteau sablonneux qui le porte. Cela devient plus séveux sur la réserve-de-satis provenant d'un clos argilo-calcaire dominant la Vienne. On retrouve ce même terroir sur le clos-braie, une cuvée de flanc de coteau plus soutenue en densité et élevée 12 mois dans 75 % de barriques neuves. Les vieilles vignes de 60 à 80 ans traduisent toute la puissance de la pente argilo-limoneuse nuancée de calcaire. Celui-ci signe la finale crayeuse et enlevée. À moins de 20 euros, cela vaut vraiment le coup de faire le tour de la cave.

- **Chinon Clos Braie 2016** | Sec | 2021>37 | 18,50 € — 14,5
- **Chinon Réserve de Satis 2016** | Sec | 2023>47 | 12,25 € — 16

52, rue de l'ancien port - St Louand, 37500 Chinon • Tél. 02 47 93 37 16 • domainedesbeguineries@wanadoo.fr • www.domainedesbeguineries.com • Visite : tous les jours de 9h30 à 12h et de 14h à 18h30. Fermé le dimanche de novembre à février. Exceptés les dimanches du 15/11 au 15/02 : sur rendez-vous.

DOMAINE DU BEL-AIR

★★★☆☆ ♣

On a ici un duo de vignerons père-fils parmi les mieux rodés de l'Hexagone, sur ce domaine de 18 hectares certifié bio. À la vigne, Pierre Gauthier fait parler l'expérience. En cave, le fils Rodolphe joue pleinement son rôle. Les vingt-lieux-dits constituent un assemblage d'une vingtaine de parcelles sur sols d'alluvions, on y privilégie le fruité du vin. Issus d'un grand terroir argilo-calcaire de Bourgueil, les-grands-monts sont taillés pour la grande garde. À ce prix, il faut l'acheter sur le champ car les vins évoluent parfaitement dans le temps. Le clos-nouveau, ceint comme il se doit de murs, se développe sur un socle de tuffeau recouvert d'une fine couche d'argile, il se montre complet dans sa définition, avec au bout de 7 ans ce supplément d'âme qui signe tous les grands cabernets francs de Loire. L'équilibre entre la concentration et la fraîcheur minérale se révèle remarquable.

- **Bourgueil Clos Nouveau 2015** | Sec | 2024>47 | 44,50 € — 17,5
- **Bourgueil Jour de Soif 2018** | Sec | 2019>24 | 11,20 € — 14,5
- **Bourgueil Les Grands Monts 2015** | Sec | 2023>35 | 27,30 € — 16,5
- **Bourgueil Les Marsaules 2015** | Sec | 2021>31 | 18 € — 16
- **Bourgueil Vingt-Lieux-Dits 2017** | Sec | 2019>27 | 13,50 € — 15,5

7 rue de la Motte, 37140 Benais • Tél. 02 47 97 41 06 • gaecgauthier@wanadoo.fr • www.domainedubelair-bourgueil.fr • Visite : Ouvert du lundi au vendredi de 8h à 12h et de 14h à 18h sur rendez vous, le week-end sur rendez-vous.

DOMAINE DE BELLIVIÈRE

Éric et Christine Nicolas, rejoints par leur fils Clément, incarnent la référence des vins de la Sarthe en continuant de les positionner à leur plus haut niveau. Leur conduite du vignoble de 15 hectares, partiellement en biodynamie, se révèle irréprochable. Les rouges de pineau d'Aunis, un peu serrés après leur mise en bouteille, ont besoin de quelques années pour s'assagir et jouer une partition poivrée qui se mêle à la pureté du fruit. Le coteaux-du-loir vieilles vignes éparses donne un blanc de belle densité, au raffinement aromatique noble puisqu'il évolue vers des flaveurs de safran. L'effraie dévoile très vite un fruité expressif. Calligramme est issu de vignes de plus de 50 ans, développant une plasticité minérale très équilibrée. Lors des grands millésimes, on trie rigoureusement pour sortir la cuvée élixir-de-tuf, véritable référence moelleuse. Des vins tout à fait originaux qui justifient leurs prix entre 20 et 42 euros.

Coteaux du Loir L'Effraie 2017 | Sec | 2019>29 | 21,50 € — 16
Jasnières Les Rosiers 2017 | Sec | 2019>25 | 24 € — 16

Bellivière, 72340 Lhomme • Tél. 02 43 44 59 97 • info@belliviere.com • www.belliviere.com • Visite : Uniquement sur rendez-vous.

CHÂTEAU DE LA BONNELIÈRE

Le vignoble de la Bonnelière appartient depuis 1846 à la famille Plouzeau ; ses 23 hectares, conduits en bio, regroupent des terroirs situés sur Chinon, Ligré et La Roche-Clermaut. L'extraction de la vendange se fait avec douceur, ce qui permet de bien travailler la suavité de texture. La gamme est large avec des prix variant entre 8 et 35 euros : les-galets jouent la souplesse, la-roche reflète sa trame argilo-calcaire qui donne de l'élan, le clos-de-la-bonnelière fait parler sa délicatesse. On reste sous le charme de la cuvée de la-chapelle qui donne l'exemple d'un grand terroir argilo-siliceux. Il ne faut pas manquer le très original clos-de-maulevrier, planté franc de pied, épargné par le dévastateur phylloxera. Il mérite d'être goûté pour comprendre ce qu'était le cabernet franc avant cette crise qui ébranla tout le vignoble. Il faut toujours en avoir quelques bouteilles en cave.

Chinon La Chapelle 2017 | Sec | 2025>47 | 14 € — 15,5
Chinon Le Clos de la Bonnelière 2017 | Sec | 2021>37 | 10,90 € — 15

Marc Plouzeau, 1 route des basses vignes - Lieu-dit Launay, B.P. 60232, 37500 La-Roche-Clermault • Tél. 02 47 93 16 34 • marc@plouzeau.com • www.plouzeau.com • Visite : d'avril à septembre, du mardi au samedi de 11h à 13h et de 15h à 19h. Le reste de l'année sur rendez-vous.

DOMAINE BONNIGAL BODET

Témoignant de la renaissance des vins d'Amboise, le domaine de la Prévôté est devenu l'un des fers de lance du côt en Touraine. Il faut laisser du temps aux blancs comme aux rouges pour qu'ils gagnent en distinction.

Touraine Amboise Mont Luma 2016 | Sec | 2022>32 | NC — 14,5
Touraine Le Buisson 2017 | Sec | 2019>26 | 17,50 € — 14,5

17, rue d'enfer, 37530 Limeray • Tél. 02 47 30 11 02 • bonnigalprevote@wanadoo.fr • www.bonnigal-bodet.fr • Visite : Ouvert du lundi au samedi de 9h à 12h et de 14h à 18h30

DOMAINE DES BOUQUERRIES

Guillaume et Jérôme Sourdais dirigent ce domaine de Cravant-les-Coteaux qui pratique des rendements raisonnables et possède un intéressant patrimoine de vieilles vignes sur un terroir argilo-calcaire. 2017 poursuit le style sérieux des chinons du domaine, bien vinifiés, qui peuvent se boire ou se garder.

Chinon Confidence 2017 | Sec | 2021>31 | 14 € — 13,5
Chinon cuvée Royale 2017 | Sec | 2022>31 | 6,80 € — 14,5

4, les Bouquerries, 37500 Cravant-les-Côteaux • Tél. 02 47 93 10 50 • gaecdesbouquerries@wanadoo.fr • www.gaecdesbouqueries.winealley.com • Visite : Ouvert du lundi au samedi de 8h à 12h et de 14h à 18h.

DOMAINE PIERRE BRETON

Depuis plus de deux décennies, Catherine et Pierre Breton et leur fils Paul démontrent que le vin bio sur la Touraine peut atteindre des sommets tout en sachant raison garder au niveau prix. Leurs longues macérations permettent à la texture veloutée de bien épauler la pureté de fruit de tous leurs crus. Les cuvées de bourgueil, qui comptent pour 10 hectares, sortent régulièrement dans nos dégustations à l'aveugle. Le trinch est un vin franc, et les grandes cuvées doivent absolument être carafées 2 à 3 heures avant le service pour bien mettre en perspective la jutosité de nuits-d'ivresse, la pureté des perrières et la touche crayeuse du clos-sénéchal. Une des adresses les plus rafraîchissantes de la Loire, à découvrir sans retenue !

- **Bourgueil Clos Sénéchal 2014** | Sec | 2019>27 | 18 € — 15
- **Bourgueil Nuit d'Ivresse 2017** | Sec | 2019>22 | 16 € — 14,5

8, rue du Peu-Muleau, 37140 Restigné • Tél. 02 47 97 30 41 • contact@domainebreton.net • www.domainebreton.net • Visite : sur rendez-vous.

DOMAINE SYLVAIN BRUNEAU

Issu d'une longue histoire de famille, le domaine Bruneau-Dupuy est maintenant repris par Sylvain. Depuis 2012, le vignoble se trouve en conversion biologique. L'exploitation s'étend sur une superficie de 20 hectares protégée au nord par la forêt. La moitié de l'exploitation se situe sur les coteaux plein sud, recouverts de vieilles vignes plantées dans des terrains argilo-calcaires. Les vins issus de ces vignes sont corsés et longs en bouche. L'autre moitié du vignoble est plantée dans des terrains sableux, ce qui donne des vins fruités plus légers, à consommer jeunes. À moins de 15 euros, les vins présentent un bon rapport qualité-prix.

- **Saint-Nicolas-de-Bourgueil Cuvée Réserve 2017** | Sec | 2019>23 | 9 € — 13
- **Saint-Nicolas-de-Bourgueil L'Éclosion 2017** | Sec | 2020>29 | 14 € — 14

14, La martelliere, 37140 Saint-Nicolas de Bourgueil • Tél. 02 47 97 75 81 • info@cave-bruneau-dupuy.com • www.cave-bruneau-dupuy.com • Visite : Ouvert du lundi au samedi de 9h à 12h30 et de 13h30 à 18h. Fermé le dimanche et les jours fériés.

DOMAINE DAMIEN BRUNEAU

D'abord ouvrier de l'exploitation familiale dès 2003, c'est en 2011 que Damien Bruneau s'installe aux côtés de ses parents Yvan et Ghislaine dans le bourg même de Saint-Nicolas-de-Bourgueil. Le domaine se signale avant tout pour sa cuvée les-clos, provenant du coteau argilo-calcaire orienté plein sud. Les ceps âgés de 60 à 90 ans produisent une vendange justement concentrée. Le rapport qualité-prix est au rendez-vous.

- **Saint-Nicolas-de-Bourgueil Les Clos Vieilles Vignes 2017** | Sec | 2020>26 | 9,20 € — 14
- **Saint-Nicolas-de-Bourgueil Les Clos Vieilles Vignes 2016** | Sec | 2020>29 | 9,20 € — 15

50, avenue Saint-Vincent, 37140 Saint-Nicolas-de-Bourgueil • Tél. 02 47 97 90 67 • contact@damienbruneau.fr • www.damienbruneau.fr • Visite : De préférence sur rendez-vous.

DOMAINE SÉBASTIEN BRUNET

Sébastien Brunet s'est installé en 2007 en reprenant le domaine de son père, qu'il a progressivement complété par des parcelles de vignes sur de beaux terroirs dont notamment celui de la Folie. La propriété compte aujourd'hui 15 hectares cultivés en bio. Les vignes se répartissent sur Reugny, Chançay et Vernou. Les expressions parcellaires sont bien mises en valeur : arpent provient des sols de silex qui donnent un tranchant au chenin, et renaissance sur argilo-calcaires confère plus de richesse. Les vins jouent dans un registre fougueux avec une intensité bien mise en valeur par l'amertume qui allonge les fins de bouche. Notre préférence va aux pentes-de-la-folie, un sec souvent avec un zeste d'oxydation ménagée bienvenue. Entre 11 et 20 euros, voilà un bon rapport qualité-prix.

- **Vouvray 2016** | Moelleux | 2019>25 | 25 € — 13
- **Vouvray Les Pentes de la Folie 2017** | Sec | 2019>29 | 20 € — 15
- **Vouvray Renaissance 2017** | Sec | 2021>30 | 15 € — 13

La Côte, 37380 Reugny • Tél. 02 47 56 73 52 • earlbrunetsebastien@hotmail.fr • www.sebastienbrunet.fr • Visite : Uniquement sur rendez-vous au 06 75 05 02 59 ou au 02 47 56 73 52. Fermé dimanche et jours fériés.

DOMAINE DE LA BUTTE

★★★★☆ ♣

Jacky Blot est l'un des vignerons français les plus complets, jouant avec un égal talent sur toutes les couleurs. Fort de sa superbe réussite sur Montlouis et Vouvray, il taquine avec brio sur 15 hectares le cabernet franc sur Bourgueil, en le hissant dans les trois meilleures références de l'appellation. Dominant les plaines alluviales, le vignoble s'est développé sur l'un des plus beaux coteaux argilo-calcaires de l'appellation, exposé plein sud. Il sélectionne ses parcelles sur le modèle bourguignon, et recherche la profondeur et la sensualité avec des vins aux tannins sans égaux dans l'appellation, évoluant parfaitement avec le temps. Le pied-de-la-butte se montre gourmand, le haut est plus complexe et mi-pente se révèle sensuel et structuré, il est pour l'instant le plus abouti des crus du domaine. Perrières, élevé sous bois, affine son élevage de millésime en millésime avec une identité perceptible dans l'intensité de la finale. Entre 17 et 28 euros, il ne faut pas hésiter car les vins évoluent parfaitement et les 2017 sont grandioses.

- **Bourgueil Le Haut de la Butte 2017** | Sec | 2019>26 | 20 € — 16
- **Bourgueil Le Pied de la Butte 2017** | Sec | 2019>25 | 14 € — 15,5
- **Bourgueil Mi-Pente 2017** | Sec | 2019>33 | 26 € — 17
- **Bourgueil Perrières 2017** | Sec | 2018>38 | 22 € — 17,5

La Butte, 37140 Bourgueil • Tél. 02 47 97 81 30 • labutte@jackyblot.fr • www.jackyblot.fr • Visite : sur rendez-vous.

CLOS DES CAPUCINS

★★☆☆☆ ♣

Fiona Beeston est passée par le journalisme du vin avant de venir cultiver en bio son jardin de cabernet franc dans l'un des vignobles de ses rêves. Il regroupe 3 hectares, avec surtout la moitié située en terrasses sous le mythique clos de l'Écho riche en argilo-calcaires. Cette parcelle produit la cuvée éminence-grise, l'une des plus ambitieuses de chinon par sa distinction et le soyeux de son tannin. Le 2015 reste une référence de son appellation. Plus immédiat, perfectly-drinkable se révèle à la fois charpenté et gourmand. Le domaine propose également des chambres d'hôtes haut de gamme pour passer un agréable séjour au pays de Rabelais. La bâtisse actuelle du XVIIIe siècle avait été construite sur l'emplacement d'un ancien couvent de capucins.

- **Chinon Éminence Grise 2016** | Sec | 2019>29 | NC — 16
- **Chinon Perfectly Drinkable 2016** | Sec | 2019>22 | NC — 14,5

3, rue du Pavé Neuf, 37500 Chinon • Tél. 06 70 21 30 73 • fiona.beeston@gmail.com • www.closdescapucins.fr

DOMAINE VINCENT CARÊME

★★★☆☆ ♣

Les deux principaux terroirs de Vincent Carême (17 hectares cultivés en bio) se situent sur des sols d'argiles à silex pour le peu-morier, et sur une dominante de calcaire pour les-aubuis, où les vignes se développent en coteau sur les secteurs de Vernou-sur-Brenne et Nozay. Les derniers millésimes sont parmi les plus accomplis de la propriété et de l'appellation. La qualité de la production des effervescents est toujours intéressante, le brut non dosé est superbe. Vincent Carême a imposé l'un des styles les plus brillants sur Vouvray. Ses vins sont purs, précis et lumineux, le rapport prix-plaisir est évident car les crus sont proposés entre 15 et 20 euros. Il faut passer commande sur le champ car la notoriété grandissante peut accélérer une demande déjà très importante.

- **Vouvray Eff. 2016** | Brut | 2019>24 | 14 € — 14
- **Vouvray L'Ancestrale Eff. 2016** | Brut | 2019>26 | 17 € — 15
- **Vouvray Le Clos 2017** | Demi-sec | 2022>41 | 24 € — 15
- **Vouvray Le Peu Morier 2016** | Demi-sec | 2018>28 | 21 € — 16
- **Vouvray Première Trie 2016** | Moelleux | 2019>31 | 40 € — 16

1, rue du Haut-Clos, 37210 Vernou-sur-Brenne • Tél. 02 47 52 71 28 • vin@vincentcareme.fr • www.vincentcareme.fr • Visite : Ouvert du lundi au vendredi de 10h à 12h30 puis de 14h à 17h30. Le samedi de 15h à 17h.

DOMAINE DE CHAMBORD

★★☆☆☆

Le Château de Chambord dispose aujourd'hui d'un vignoble propre dont la tenue et les vinifications ont été confiée à Henry et Jean-Sébastien Marionnet, brillants voisins solognots. Avec un pinot noir magnifique de fraîcheur et d'éclat fruité et un très beau blanc de romorantin, cépage dont se délectait déjà François 1er, le Domaine de Chambord fait une entrée remarquée dans le règne du vin.

- **IGP du Val de Loire Cuvée des 500 Ans Pinot Noir 2018** | Sec | 2019>24 | NC — 16
- **IGP du Val de Loire Cuvée des 500 Ans Romorantin 2018** | Sec | 2019>25 | NC — 15

Domaine de La Charmoise - Henry et Jean-Sébastien Marionnet, 41230 Soings • Tél. 02 54 98 70 73

DOMAINE DE LA CHAPINIÈRE

★☆☆☆☆

Le rêve de Florence Veilex a débuté en 2003 dans ce coin de Touraine, et il prend aujourd'hui réellement forme avec ses 25 hectares d'argile à silex, sur les coteaux sud du Cher. L'accueil à la propriété est délicieux. La cuvée côt-garnon, issue d'une sélection massale, se montre à la fois dense, longiligne et poivrée, elle possède ce qu'il faut de soyeux et d'énergie, avec ce supplément d'âme qui fait la différence, elle est l'une des meilleures de Touraine sur ce cépage. Le sauvignon blanc a également un réel intérêt par sa consistance pure et fraîche et sa bouche bien enveloppée. On tient-là de superbes rapports qualité-prix.

- **Touraine côt Garnon 2015** | Sec | 2019>27 | 11,60 € — 16
- **Touraine cuvée Intime 2015** | Sec | 2019>23 | 12 € — 14,5
- **Touraine gamay 2018** | Sec | 2019>21 | 7,40 € — 14,5
- **Touraine sauvignon 2018** | Sec | 2019>23 | 8,30 € — 15
- **Touraine sauvignon 2017** | Sec | 2019>23 | epuisé — 14

4, chemin de la Chapinière , 41110 Chateauvieux • Tél. 02 54 75 43 00 • contact@lachapiniere.com • www.lachapiniere.com • Visite : Ouvert les lundi, jeudi, vendredi et samedis de 10h à 19h et le dimanche de 10h à 12h. De la Toussaint à Pâques sur rendez-vous.

DOMAINE DE LA CHEVALERIE

★★★☆☆ ♣

Enfant de Bourgueil, Pierre Caslot, disparu en 2014, avait enflammé le Grand Tasting avec ses 1964 et 1955 qui constituent toujours la gloire des grands cabernets francs. Il avait fait de sa cave de tuffeau une des plus belles cathédrales du vignoble français. Aujourd'hui, Stéphanie et Emmanuel perpétuent la tradition de leur père avec passion : ils ont converti l'ensemble du vignoble en biodynamie. L'argile et le calcaire constituent les clefs du sol. Les cuvées qui en sont issues épousent pleinement leur terroir, dans un registre de tension et de fraîcheur : bretêche et grand-mont sont à attendre, busardières joue la finesse du tannin avec un rien de délicatesse en plus par rapport à chevalerie, tandis que galichets est une superbe introduction au domaine à un prix raisonnable. Le gel a affecté les derniers millésimes, perturbant un certain nombre de cuvées ; 2018 devrait permettre au domaine de retrouver plus de sérénité.

- **Bourgueil Busardières 2015** | Sec | 2020>30 | 24 € — 16
- **Bourgueil Chevalerie 2014** | Sec | 2019>35 | 24 € — 15
- **Bourgueil Galichets 2014** | Sec | 2020>35 | 15 € — 15,5
- **Bourgueil Grand-Mont 2015** | Sec | 2021>31 | 30 € — 16
- **Bourgueil Peu Muleau 2014** | Sec | 2019>26 | 12,75 € — 13,5

14, rue du Peu-Muleau, 37140 Restigné • Tél. 02 47 97 46 32 • domaine@delachevalerie.fr • www.domainedelachevalerie.fr • Visite : du lundi au samedi de 10h à 12h et de 14h à 18h uniquement sur rendez- vous. Fermé le dimanche et les jours fériés.

DOMAINE FRANÇOIS CHIDAINE

★★★★☆ ♣

Malgré les gels, François Chidaine a démontré lors des derniers millésimes son savoir-faire sur toutes les cuvées issues de ses 37 hectares de vignoble. Ce vigneron consciencieux est devenu l'un des as du chenin grâce à des efforts culturaux biodynamiques. L'intégralité de la gamme est d'un haut niveau qualitatif et fait de cette adresse une valeur sûre parmi les producteurs de chenin en secs et demi-secs au style mûr et épuré. Les moelleux dégagent une expression de pureté lumineuse avec une trame tout en énergie minérale qui les fera évoluer dans un équilibre onctueux et frais. Parmi les nombreuses cuvées on notera sur Montlouis, le clos-habert avec des sols filtrants et des silex de petite taille, conférant au vin beaucoup de grâce. Plus argileux, le clos-du-breuil offre une plus grande ampleur et un zeste de charnu au fruit. Jouant la partition de l'argilo-calcaire, les bournais sont élégamment bouquetés, avec une trame minérale distinguée. Les tuffeaux traduisent au mieux la tendreté que l'on retrouve au nez comme en bouche. Sur la rive vouvrionne, nous aurons un faible pour le clos-baudoin tout en puissance aromatique. Le brut nature à moins de 15 euros est l'un meilleurs effervescents de la Loire. On retrouve tous ces crus à la cave Insolite quai Albert Baillet, tenue par Manuella Chidaine, l'épouse de ce vigneron référence. Un arrêt dégustation s'impose.

- **Montlouis-sur-Loire Choisilles 2017** | Sec | 2019>34 | 23 € — 16
- **Montlouis-sur-Loire Clos du Breuil 2017** | Sec | 2019>29 | 19,80 € — 16,5
- **Montlouis-sur-Loire Clos Habert 2017** | Demi-sec | 2019>29 | 23 € — 17
- **Montlouis-sur-Loire Les Bournais 2017** | Sec | 2019>29 | 27,30 € — 16,5
- **Montlouis-sur-Loire Les Tuffeaux 2017** | Demi-sec | 2019>45 | 19,80 € — 17,5
- **Vin de France Baudoin 2017** | Sec | 2019>55 | 27,30 € — 17,5
- **Vin de France Bouchet 2017** | Demi-sec | 2019>47 | NC — 17
- **Vin de France Les Argiles 2017** | Sec | 2019>36 | 19,80 € — 16

La Cave Insolite - 30, quai Albert Baillet, 37270 Montlouis-sur-Loire • Tél. 02 47 45 19 14 • francois.chidaine@wanadoo.fr • www.francois-chidaine.com • Visite : Ouvert du lundi au samedi de 10h à 12h et de 14h30 à 19h.

DOMAINE PATRICE COLIN

Sous-sol argilo-calcaire et silex constituent les terroirs dominants de ce domaine de 25 hectares. Son propriétaire, Patrice Colin, s'appuie sur de très vieilles vignes, dont un pineau d'Aunis centenaire qui produit chaque année des vins frais et épicés. Le chenin, originaire de vignes également âgées, produit une gamme allant du sec au moelleux. Nous avons goûté cette année des secs qui évolueront bien avec le temps. Les rouges sont francs, puissants, bien calés autour du pineau d'Aunis pur ou assemblé. Les prix restent angéliques.

- **Coteaux du Vendômois cuvée Pierre François 2017** | Sec | 2019>22 | 8,10 € — 14,5
- **Coteaux du Vendômois Vieilles Vignes 2017** | Sec | 2019>24 | 9,35 € — 14,5
- **Coteaux du Vendômois Vignes d'Émilien Colin 2017** | Sec | 2019>25 | 12 € — 15

5, impasse de la Gaudetterie, 41100 Thoré-la-Rochette • Tél. 02 54 72 80 73 • colinpatrice41@orange.fr • www.patrice-colin.fr • Visite : Uniquement sur rendez-vous.

DOMAINE DES CORBILLIÈRES

Sur ses 26 hectares, il faudrait dresser une statue à Dominique Barbou, l'un des vignerons les plus talentueux de la Loire. Ses rendements raisonnables et son travail à la vigne permettent d'obtenir des vins de plus en plus précis qui constituent de très bons rapports qualité-prix entre 10 et 15 euros. En rouge, la délicatesse des tannins est au service de matières plus corsées. Les blancs ne sont pas en reste : on aime la cuvée fabel-barbou, haut de gamme du domaine, qui s'exprime sur un registre tonique et exotique. Les derniers millésimes sont hautement recommandables. À suivre de près !

- **Touraine Oisly Fabel Barbou 2017** | Sec | 2019>25 | 12 € — 15
- **Touraine Angeline 2016** | Sec | 2019>27 | 12 € — 15

1 les Corbillières, 41700 Oisly • Tél. 02 54 79 52 75 • dominique.barbou@wanadoo.fr • www.domainedescorbillieres.com • Visite : Sur rendez-vous uniquement.

DOMAINE MATHIEU COSME

Depuis quelques millésimes, Mathieu Cosme s'affirme comme l'un des espoirs vouvrillons du moment, on suivra désormais de près ce domaine de 10 hectares. Les vins ont une réelle cohérence du début à la fin de bouche.

- **Vouvray Les Enfers 2017** | Sec | 2019>28 | NC — 15,5
- **Vouvray Les Promenards 2017** | Sec | 2019>27 | NC — 15

86, Rue du Bois de l'Olive, 37210 Noizay • Tél. 02 47 52 15 44 • mathieucosme@orange.fr • www.domainedebeaumont.com • Visite : sur rendez-vous 06 19 23 17 06.

DOMAINE DE LA COTELLERAIE

Convertissant ses 26 hectares de Saint-Nicolas-de-Bourgueil en agriculture biologique, Gérald Vallée a entrepris un travail tout en profondeur sur le respect du raisin, et il s'attache à retraduire dans ses vins toute l'élégance et la délicatesse que permet le terroir très varié de l'appellation. La gamme est étonnante dès les premiers vins, élégants, racés, profonds et savoureux. Leur toucher de bouche est soyeux et raffiné. À noter des prix très raisonnables puisque l'on attaque à moins de dix euros, pour la-croisée, cuvée la plus souple. Les-perruches sont destinées à la semi-garde quand le vau-jaumier, au tannin ferme et profond, est un vrai vin de garde que l'on encave à 16-17 euros. L'envolée veloutée et énergique monte jusqu'à 20 euros. Il y a vraiment de quoi y trouver son bonheur.

- **Saint-Nicolas-de-Bourgueil L'Envolée 2015** | Sec | 2021>27 | 25 € — 15,5
- **Saint-Nicolas-de-Bourgueil Le Pigeur Fou 2018** | Sec | 2019>23 | 14 € — 14
- **Saint-Nicolas-de-Bourgueil Le Vau Jaumier 2015** | Sec | 2019>40 | 20 € — 16
- **Saint-Nicolas-de-Bourgueil Les Perruches 2017** | Sec | 2019>28 | 12 € — 15

2, la Cotelleraie, 37140 Saint-Nicolas-de-Bourgueil • Tél. 02 47 97 75 53 • gerald.vallee@wanadoo.fr • www.domaine-cotelleraie.fr • Visite : Ouvert du lundi au vendredi de 9h à 12h30 et de 14h à 18h et le samedi de 9h à 12h30 et de 14h à 17h. Fermé les jours fériés. De préférence sur rendez-vous.

PIERRE ET BERTRAND COULY

Premier de l'appellation à avoir décroché la certification haute valeur environnementale, Bertrand Couly attache une grande importance au développement durable sur ses 20 hectares répartis en 19 parcelles. Les vins ont cette race ligérienne avec du fruit, de la fraîcheur, des accents de violette, et ces textures soyeuses parmi les meilleures de Loire en cabernet franc. Au-delà des cuvées traditionnelles de chinon, toujours gourmandes, qui forment l'entrée de gamme du domaine, s'ajoute une cuvée située sur argilo-calcaire, baptisée V, plus complexe, avec une pureté et une fraîcheur de fruits du meilleur effet. Elle a été complétée depuis 2008 par le clos-de-la-haute-olive, puis par le clos-du-parc taillés pour la garde. Les prix compris entre 8 et 17 euros sont bien adaptés. Les 2017 constituent l'une des priorités sur l'appellation ! Ils permettront de rendre hommage aux parents de Bertrand, Pierre et Colette Couly, figures mythiques de Chinon, disparues au début de l'année 2019.

- **Chinon La Haute Olive 2017** | Sec | 2019>32 | 16,50 € — 16,5
- **Chinon Les Blancs Closeaux 2018** | Sec | 2019>30 | 15,50 € — 15
- **Chinon Saint-Louans Le Parc 2017** | Sec | 2021>32 | 13 € — 16
- **Chinon Saint-Louans Le Parc 2016** | Sec | 2020>35 | 13 € — 16

1, Rond Point des Closeaux Route de Tours , 37500 Chinon • Tél. 02 47 93 64 19 • contact@pb-couly.com • www.pb-couly.com • Visite : Ouvert tous les jours de 10h à 12h30 et de 14h à 18h30.

COULY-DUTHEIL

Sur les 2000 hectares du Chinonais, Couly-Dutheil vinifie 120 hectares dont 90 en production directe. Après le décès de Jacques Couly, son fils Arnaud, en place depuis déjà quelques millésimes est maintenant seul aux commandes. Le clos-de-l'olive et le clos-de-l'écho, les deux sommets de la cave, sont des vins de garde qui traduisent au mieux leur terroir argilo-calcaire. On joue plus pour le premier sur le registre svelte et profond et pour le second sur la puissance. La cuvée crescendo est réalisée quand le millésime s'y prête, avec parfois un boisé insistant. Ne pas négliger le « simple » chinon rené-couly qui est réalisé pour un plaisir plus immédiat.

- **Chinon Clos de l'Écho 2017** | Sec | 2019>39 | env. 20,70 € — 16,5
- **Chinon Clos de l'Olive 2017** | Sec | 2023>40 | 20,20 € — 15
- **Chinon Les Chanteaux 2017** | Sec | 2019>29 | 15,65 € — 15,5

12, rue Diderot BP 234 - B.P. 234, 37502 Chinon • Tél. 02 47 97 20 20 • info@coulydutheil-chinon.com • www.coulydutheil-chinon.com • Visite : Ouvert du lundi au vendredi de 8h à 12h30 et de 14h à 17h30.

DOMAINE DEMOIS

Fabien Demois incarne la cinquième génération à piloter ce domaine familial de 24 hectares situés sur Cravant, terre de prédilection des sols argilo-calcaires. Les vins produits sont issus de l'agriculture biologique, ils se révèlent élancés, avec un fruité frais et séveux.

- **Chinon Domaine de Doulaie 2014** | Sec | 2021>30 | 11 € — 13
- **Chinon L'Âme Rouge 2015** | Sec | 2019>26 | 6,90 € — 14,5
- **Chinon La Chevalière 2015** | Sec | 2019>24 | 13,50 € — 15

Chézelet, 37500 Cravant • Tél. 02 47 98 49 01 • fabiendemois@orange.fr • Visite : Uniquement sur rendez-vous.

DOMAINE FRISSANT

★★☆☆☆

Xavier Frissant est l'un des plus fins vinificateurs de la Loire. Ses pratiques culturales, en conversion bio, sont à la hauteur des espoirs placés dans les différentes parcelles qui composent son domaine de 27 hectares. Ses terroirs argilo-siliceux et limoneux-sableux se répartissent sur les premières côtes du village de Mosnes, en appellation Touraine et Touraine – Amboise. Dans la large gamme comprise entre 8 et 19 euros, nous aimons beaucoup les-roses-du-clos, issues du fié gris qui donne de la complexité et une subtilité aux vins blancs du secteur. Autre cuvée produite avec ce cépage, la griffe-d'isa pousse un peu plus la maturité, gagnant ainsi en intensité et en volume, avec de jolis amers équilibrants en finale. Cette cuvée existe également en rouge, s'appuyant sur une expression soyeuse et généreuse du côt.

- **Touraine Amboise Chenin des Pierres 2017** | Sec | 2019>27 | 9 € — 14
- **Touraine Amboise La Griffe d'Isa - côt-cabernet 2016** | Sec | 2019>29 | 16 € — 15
- **Touraine Amboise M de la Touche 2016** | Sec | 2021>30 | 7,30 € — 14
- **Touraine Collection chenin 2016** | Sec | 2019>25 | 18 € — 14,5

1 Chemin Neuf, 37530 Mosnes • Tél. 02 47 57 23 18 • xf@xavierfrissant.com • www.xavierfrissant.com • Visite : Ouvert du lundi au samedi de 9h à 12h et de 14h à 18h, le dimanche matin sur rendez-vous.

DOMAINE FABRICE GASNIER

★★★☆☆ ♣

Fabrice Gasnier a repris de belle façon la propriété familiale de 31 hectares sur Cravant-les-Coteaux, haut-lieu de l'argilo-calcaire. Conduit en biodynamie depuis 2006, le domaine progresse régulièrement. Les-graves ouvrent la gamme en rouge avec une profondeur minérale étonnante ; l'ancienne va plus loin dans la puissance et la cuvée vieilles-vignes poursuit cette progression avec un tannin plus racé. La cuvée queue-de-poêlon, élevée en cuves béton réalisées par le producteur lui-même, offre une plénitude rare. De 7 à 17 euros, on tient là des rapports qualité-prix qui sont difficilement dépassés sur le secteur.

- **Chinon L'Éthique Nature 2016** | Sec | 2019>21 | 11,20 € — 14,5
- **Chinon La Queue de Poêlon 2014** | Sec | 2022>40 | NC — 16
- **Chinon Senonien 2017** | Sec | 2019>25 | NC — 15,5
- **Chinon Vieilles Vignes 2017** | Sec | 2020>35 | NC — 15,5

Lieu-dit Chezelet, 37500 Cravant-les-Coteaux • Tél. 02 47 93 11 60 • fabricegasnier@wanadoo.fr • www.domainefabricegasnier.com • Visite : du lundi au samedi de 9h à 12h30 et de 14h à 18h.

DOMAINE GROSBOIS

★★★☆☆ ♣

Nicolas Grosbois exploite avec talent ses 9 hectares de Chinon en biodynamie. Ceux qui n'aiment pas les vins boisés se régaleront au domaine d'autant que les cuvées proviennent des sables jaunes de Panzoult : ceux-là confèrent plus de souplesse native que les argilo-calcaires. La cuvée gabarre tire son nom des bateaux qui voguaient sur le fleuve, elle présente un tannin expressif avenant tout en conservant une retenue finale poivrée. Le clos-du-noyer possède des accents graphites qui se mêlent aux fruits noirs, avec une sève intense bien étirée. Avec des prix encore sages et accessibles, voilà une adresse bénie, hautement recommandable.

- **Chinon Clos du Noyer 2017** | Sec | 2020>29 | 29 € — 16
- **Chinon Gabarre 2017** | Sec | 2021>33 | 24 € — 15
- **Chinon La Cuisine de ma Mère 2017** | Sec | 2019>21 | 10 € — 13
- **Chinon Montet 2015** | Sec | 2019>29 | 28 € — 16,5

Le Pressoir, 37220 Panzoult • Tél. 06 87 74 49 03 • grosboisnicolas@yahoo.fr • www.domainegrosbois.fr • Visite : Ouvert du lundi au vendredi de 8h à 12h et de 14h à 17h. De préférence sur rendez-vous uniquement.

DOMAINE DES HAUTS-BAIGNEUX

★☆☆☆☆ ♣

Tout ce que Nicolas Grosbois touche dans le vin, il le transforme en or comme ce domaine où il conserve de délicieux souvenirs de l'enfance avec son grand-père. Pour ressusciter ce passé enfoui, il s'est associé en 2012 avec Philippe Mesnier sur les terroirs de Saché, Vallère, Cheillé et Azay-le-Rideau, avec de bons résultats qualitatifs. Sur 12 hectares, ils produisent un rouge croquant, des pétillants naturels et très charmeurs en blanc et en rosé. Nous préférons les cuvées de chenin sur les sols d'argiles à silex : ils révèlent des blancs bien mûrs encadrés par une droiture structurante. Ces vins originaux sont à saisir à des tarifs encore raisonnables.

- **Touraine Azay-le-Rideau Clos des Brancs 2017** | Sec | 2019>29 | 28 € **15**
- **Touraine Azay-le-Rideau Les Chênes 2017** | Sec | 2019>26 | 11 € **14,5**

Le Pressoir (lieu-dit), 37220 Panzoult • Tél. 06 79 03 89 32 • hautsbaigneux@gmail.com • Visite : Ouvert du lundi au vendredi de 14h à 16h30, ne pas hésitez à téléphoner

DOMAINE DES HUARDS

Voici l'une des grandes réussites de la biodynamie en Loire, avec le travail appliqué de la famille Gendrier sur ce domaine d'une trentaine d'hectares, situé à deux pas des châteaux de Cheverny et Chambord. On est dans l'esprit subtil et gracieux de la Renaissance, avec les meilleures cuvées en blanc qui tournent sur les cour-cheverny autour du cépage romorantin, cher à François Ier et Léonard de Vinci. Sur dix ans, ces cuvées gagnent en complexité sans se départir de leur grande fraîcheur d'expression. Les rouges se montrent à la fois croquants et raffinés, avec un grain de tannin toujours parfaitement étiré. On reste sous le charme des derniers millésimes.

- **Cheverny L'Envolée 2016** | Sec | 2019>27 | 11 € **15,5**
- **Cheverny Ouvrage 2014** | Sec | 2019>27 | 17,50 € **16**
- **Cheverny Pure 2018** | Sec | 2019>24 | 13 € **14,5**
- **Cour-Cheverny Romo 2016** | Sec | 2019>27 | 14 € **16**

30 voie des Huards, 41700 Cour-Cheverny • Tél. 02 54 79 97 90 • infos@domainedeshuards.com • www.domainedeshuards.com • Visite : Ouvert du lundi au samedi de 9h30 à 12h et de 14h à 18h30. Fermé le dimanche.

DOMAINE HUET

Depuis 2004, le vignoble appartient à Anthony Hwang, un homme d'affaires américano-philippin. Il fait confiance comme directeur technique à l'expérimenté Jean-Bernard Berthomé. Les 35 hectares de vignes restent cultivés selon les principes de la biodynamie avec le même soin qu'auparavant. Sur ce coteau vouvrillon, à la confluence des climats océaniques et continentaux, les vignes de chenin traduisent la meilleure expression de chaque terroir. Les vins secs en sont la parfaite illustration ; on y ressent aussi bien le fruité des argiles du Haut-Lieu, le ciselé minéral des silex du Mont et la rondeur des calcaires du clos du Bourg. Ces crus possèdent quelques sucres résiduels qui conviennent parfaitement à la cuisine asiatique, les demi-secs sont équilibrés et les liquoreux, quand les millésimes le permettent, sont immenses et capables de vieillir plus d'un demi-siècle, ils prennent alors une dimension crayeuse unique. Il faut absolument carafer les millésimes jeunes quelques heures avant le service. Une adresse mythique, à découvrir d'urgence ou à revisiter.

- **Vouvray Pétillant Eff. 2014** | Brut | 2019>25 | 18 € **15**
- **Vouvray Clos du Bourg 2017** | Demi-sec | 2019>55 | 30 € **16,5**
- **Vouvray Clos du Bourg 2017** | Sec | 2019>47 | 30 € **16**
- **Vouvray Haut-Lieu 2017** | Sec | 2019>37 | 25 € **15,5**
- **Vouvray Haut-Lieu 2005** | Moelleux | 2019>37 | 40 € **18**
- **Vouvray Le Mont 2017** | Moelleux | 2019>37 | 35 € **17**
- **Vouvray Le Mont 2015** | Moelleux | 2019>60 | 40 € **17,5**
- **Vouvray Le Mont Première Trie 2017** | Demi-sec | 2019>47 | 55 € **17**

11, rue de la Croix-Buisée, 37210 Vouvray • Tél. 02 47 52 78 87 • contact@domainehuet.com • www.domainehuet.com • Visite : Ouvert du lundi au samedi de 9h à 12h puis de 14h à 18h.

DOMAINE CHARLES JOGUET

Anne-Charlotte Genet met aujourd'hui toute son énergie à projeter ce vignoble de la rive gauche de la Vienne sur le devant de la scène par un travail soigné à la vigne. Côté vinification, on évite des extractions trop poussées pour jouer véritablement le registre de la juste concentration. L'exposition nord-est, très originale, permet de conserver toute la fraîcheur au légendaire clos-de-la-dioterie. À proximité, lesvarennes-du-grand-clos dévoilent leur élégante suavité beaucoup plus rapidement. Sa cuvée spéciale franc de pied joue dans un registre plus gourmand. Plantés sur la commune de Chinon, les 2 hectares du clos-du-chêne-vert ne sont pas destinés à une consommation immédiate. Témoignant d'une puissance contenue, cette cuvée évolue parfaitement. Les petites-roches et les charmes sont des cuvées plus immédiates. L'ensemble est magistral, une des belles adresses de la Loire.

- **Chinon Clos de la Dioterie 2016** | Sec | 2021>32 | 38 € **17,5**
- **Chinon Clos du Chêne Vert 2016** | Sec | 2021>34 | 38 € **17**
- **Chinon Les Charmes 2017** | Sec | 2019>24 | 21 € **14,5**
- **Chinon Les Petites Roches 2017** | Sec | 2019>21 | 13,50 € **13,5**
- **Chinon Les Varennes du Grand Clos 2017** | Sec | 2020>37 | 30 € **16,5**

La Dioterie, 37220 Sazilly • Tél. 02 47 58 55 53 • contact@charlesjoguet.com • www.charlesjoguet.com • Visite : Ouvert du lundi au vendredi de 10h à 13h et de 14h à 18h et le samedi sur rendez-vous d'octobre à mi mars. Pour la période de septembre : 10h-18h tous les samedis sans rendez vous.

JOURDAN & PICHARD

Annick et Francis Jourdan, venus de Normandie en 2012 pour une nouvelle vie dans les vignes, ont mis en place un mode de culture bio, fortement teinté de biodynamie. Leurs 17 hectares s'étendent de la plaine de la Vienne aux coteaux de Cravant, sur des terroirs différents.

- **Chinon L'Arcestrale 2016** | Sec | 2020>29 | 24 € **14**
- **Chinon Les Trois Quartiers 2016** | Sec | 2019>25 | 15 € **13,5**

8, Le Puy, 37500 Cravant-les-Coteaux • Tél. 02 47 58 66 73 • domainejourdan@orange.fr • www.domainejourdan.fr • Visite : Ouvert du lundi au samedi matin de 10h à 12h et de 14h à 18h. Fermé le dimanche.

DOMAINE LA GRANGE TIPHAINE

Damien Delecheneau produit, sur sa quinzaine d'hectares cultivés en biodynamie, des vins à la pédagogie aboutie qui peuvent servir d'exemples sur les appellations Touraine, Touraine – Amboise et Montlouis. Les crus sont d'une grande précision et d'un naturel confondant ; entre 15 et 30 euros, ce sont de bonnes affaires. Les rouges s'expriment tout en jutosité florale. Les vieilles vignes de côt gomment la rusticité du cépage pour atteindre un équilibre parfait. Les blancs à la texture très subtile sont récoltés à parfaite maturité et toujours bien tramés. Ce sont des vins pleins et purs avec une finale minérale qui sonne très juste. Une adresse attachante à ne pas laisser passer.

- **Montlouis-sur-Loire Clef de Sol 4 à 5 g 2017** | Sec | 2019>24 | 19,50 € **15,5**
- **Montlouis-sur-Loire Les Épinays 2016** | Sec | 2019>24 | 28 € **15,5**
- **Montlouis-sur-Loire Les Grenouillères 2017** | Demi-sec | 2019>29 | 22 € **16,5**
- **Touraine Amboise côt Vieilles Vignes 2016** | Sec | 2019>28 | 25 € **15,5**
- **Touraine Clef de Sol 2017** | Sec | 2019>29 | 19,50 € **15,5**

Lieu-dit, La Grange Tiphaine, 37400 Amboise • Tél. 02 47 30 53 80 • lagrangetiphaine@wanadoo.fr • www.lagrangetiphaine.com • Visite : Uniquement sur rendez-vous.

BÉATRICE ET PASCAL LAMBERT

Cultivé en biodynamie, ce domaine de Cravant-les-Coteaux dispose de 14 hectares qui possèdent la trilogie de terroirs, graviers, argiles à silex et argilo-calcaires. Ainsi, chaque parcelle est assemblée en fonction de son sol pour créer une cuvée particulière sur le modèle des climats bourguignons.

- **Chinon Les Puits Danaé 2015** | Sec | 2021>31 | 21 € **14**

Les Chesnaies, 37500 Cravant-les-Côteaux • Tél. 02 47 93 13 79 • contact@chinonlambert.com • www.chinonlambertbio.com • Visite : Du lundi au vendredi de 9h30 à 12h30 et de 14h à 18h30, sur rendez vous d'octobre à avril le samedi. Fermé dimanche et jours fériés.

DOMAINE LAMÉ-DELISLE-BOUCARD

Connu pour ses légendaires 1893 et 1976, son fort pourcentage de cabernet-sauvignon (environ 10 %), ce domaine de 44 hectares s'est lancé depuis le millésime 2014 dans une démarche de sélection parcellaire sur les climats de Martinière et Brunetières. Ainsi, cette propriété peut devenir de façon plus régulière sur ses terroirs argilo-calcaires, l'un des sommets du cabernet franc. Nous mettons beaucoup d'espoirs dans les cinq derniers millésimes, les vins ont gagné en sève et en expression, que ce soit sur la cuvée prestige, les vieilles-vignes et les lieux-dits. À ces tarifs-là, il faut absolument se précipiter !

- **Bourgueil Martinière 2015** | Sec | 2023>47 | 15 € — 15
- **Bourgueil Prestige 2016** | Sec | 2021>37 | 9,60 € — 13
- **Bourgueil Prestige 2009** | Sec | 2019>30 | 15 € — 16
- **Bourgueil Prestige 1976** | Sec | 2019>33 | epuisé — 17

21, rue Galotière, 37140 Ingrandes-de-Touraine • Tél. 02 47 96 98 54 • lame.delisle.boucard@wanadoo.fr • www.lame-delisle-boucard.com • Visite : Ouvert du lundi au vendredi matin de 9h à 12h et de 13h30 à 18h. Samedi matin sur rendez-vous.

DOMAINE DE LA LANDE

La famille Delaunay est d'une grande probité : contre vents, modes et marées, sur ses 16,5 hectares en conversion bio, elle présente une gamme de bourgueils en rupture avec beaucoup de vins modernistes. Néanmoins ces crus évoluent parfaitement, et le 1964 reste une légende dans l'appellation. Le style de la maison consiste à produire des rouges élégants, pas très intenses en couleur mais savoureux en finale, avec un petit complément de texture pour la cuvée prestige. La macération à froid permet de donner de l'intensité aromatique à l'ensemble de la gamme. Les prix constituent une vraie aubaine, puisqu'on débute à 8 euros pour terminer à 13 euros. Pour faire son fond de cave, il n'y a pas mieux.

- **Bourgueil Clos Barrot 2015** | Sec | 2023>35 | 16 € — 15,5
- **Bourgueil Les Graviers 2017** | Sec | 2019>22 | 8,50 € — 14
- **Bourgueil Les Pins 2015** | Sec | 2019>28 | 9 € — 14,5
- **Bourgueil Prestige 2017** | Sec | 2023>37 | 12 € — 15
- **Bourgueil Prestige 2015** | Sec | 2019>36 | 14 € — 15

20, route du Vignoble, 37140 Bourgueil • Tél. 02 47 97 80 73 • earl.delaunay.pfils@wanadoo.fr • www.domainedelalande.com • Visite : Uniquement sur rendez-vous, ouvert le samedi.

DOMAINE FRÉDÉRIC MABILEAU

Frédéric Mabileau a repris l'intégralité des 27 hectares du domaine familial en 2003, aidé par son fils. Deux types de sols prédominent : les argilo-siliceux à tendance calcaire, qui produisent les vins les plus tendus et les plus structurés, et plus bas, sur la terrasse dominant l'ancien lit de la Loire, des sols siliceux, sableux ou caillouteux, appelés « graviers », sur lesquels s'épanouissent les vignes donnant un vin plus fruité et gourmand. Les saint-nicolas à la vente incarnent la délicatesse des vins de l'appellation : les coutures sur graves et limons argileux présentent une texture ample mais soyeuse, les rouillières séduisent par une envolée finale très florale. Le bourgueil racines possède un terroir argilo-graveleux qui permet de donner l'un des vins les plus complets de son appellation.

- **Anjou Chenin des Rouillères 2015** | Sec | 2019>29 | 11 € — 15
- **Bourgueil Racines 2017** | Sec | 2021>30 | 17 € — 14,5
- **Saint-Nicolas-de-Bourgueil Éclipse 2017** | Sec | 2019>29 | 27 € — 15,5
- **Saint-Nicolas-de-Bourgueil Éclipse 2014** | Sec | 2019>29 | 25 € — 15,5
- **Saint-Nicolas-de-Bourgueil Les Coutures 2017** | Sec | 2019>27 | 18 € — 13
- **Saint-Nicolas-de-Bourgueil Les Rouillères 2017** | Sec | 2019>27 | 11 € — 13,5
- **Saumur chenin du Puy 2015** | Sec | 2019>29 | 18 € — 15,5

6, rue du Pressoir, 37140 Saint-Nicolas-de-Bourgueil • Tél. 02 47 97 79 58 • contact@fredericmabileau.com • www.fredericmabileau.com • Visite : Ouvert du lundi au vendredi de 9h à 12h et de 14h à 17h30. Avril-septembre le samedi de 10h30 à 12h30 et de 14h à 17h.

HENRY ET JEAN-SÉBASTIEN MARIONNET

Henry Marionnet, pape du gamay, sauvignon et côt ligériens, passe la main progressivement à son fils Jean-Sébastien. Les cuvées les plus simples ont déjà beaucoup à dire et distancent la plupart de leurs congénères. On fait également la part belle aux cépages oubliés de Touraine (romorantin, gamay de Bouze), aux cultures franches de pied (exceptionnelle collection vinifera). Les vignes de 150 ans sont en pleine forme, le phylloxera qui a pourtant anéanti le reste du vignoble français ne s'y est pas risqué. Le côt est régulièrement le plus soyeux de toute la Loire : on ne peut s'empêcher de revenir vers son charme envoûtant. Et si l'on vous explique qu'un gamay de Touraine vinifié sans soufre de 1976, 1990 ou 1996 ne peut être que trépassé en 2019, venez sur place, sans attendre, pour goûter la cuvée issue de vinifications en macération peu soufrée (première -vendange).

- **Touraine Domaine de la Charmoise 2018** | Sec | 2019>21 | 9,10 € 14,5
- **Touraine Domaine de la Charmoise 2018** | Sec | 2019>22 | 9,10 € 14
- **Touraine Première Vendange 2018** | Sec | 2019>24 | 13,50 € 16
- **Touraine Renaissance 2018** | Sec | 2019>24 | 19 € 17
- **Touraine sauvignon vinifera franc de pied 2017** | Sec | 2019>25 | 18,50 € 16
- **Touraine Vinifera Chenin Franc de Pieds 2017** | Sec | 2019>26 | 18,50 € 16,5
- **IGP du Jardin de la France Gamay de Bouze 2017** | Sec | 2019>23 | 16,50 € 16
- **IGP du Jardin de la France Provignage 2017** | Sec | 2019>25 | 70 € 17
- **IGP du Loir-et-Cher La Pucelle de Romorantin 2017** | Sec | 2019>25 | 26 € 16,5

Domaine de La Charmoise, 41230 Soings • Tél. 02 54 98 70 73 • henry@henry-marionnet.com • www.henry-marionnet.com • Visite : Du lundi au vendredi de 10h à 12h et de 14h à 17h, le week-end sur rendez-vous.

CLOS DE LA MESLERIE

Le Clos de la Meslerie est l'histoire d'un rêve et d'un voyage personnel, celui de Peter Hahn. Après avoir travaillé dans la finance, cet amateur de vin décide de changer de vie. Il tombe amoureux de ce coin de Vouvray, situé au sommet d'un petit mamelon culminant à une centaine de mètres d'altitude. Les 4 hectares de vignoble entourent à 360 degrés la charmante demeure du XVIIIe, disposant ainsi de toutes les expositions possibles. Le mode de culture bio constitue une évidence pour le néo-vigneron qui a dépassé les dix millésimes de production. On sent dans les vins le désir de bien mettre en évidence le sol d'argiles à silex. Les prix restent sages.

- **Vouvray Clos de la Meslerie 2017** | Sec | 2019>30 | 25 € 14,5
- **Vouvray Clos de la Meslerie 2016** | Demi-sec | 2019>40 | 25 € 15,5

12, rue de la Meslerie, 37210 Vernou • Tél. 06 08 76 97 87 • contact@lameslerie.com • www.lameslerie.com • Visite : Uniquement sur rendez-vous.

DOMAINE MÉNARD

Patricia Ménard bénéficie de l'expérience paternelle et c'est Hervé qui pratique le labour au cheval sur ses 4 hectares. C'est donc naturellement qu'elle s'est orientée vers l'agriculture biologique. Exposé plein sud, sur argilo-calcaire, le grand-clos constitue l'orgueil de la maison et le jardin-des-raisins, issu de graviers, se révèle plus immédiat. Les vins possèdent maturité et fraîcheur de constitution, avec sur 2017 une préférence pour la cuvée de graviers, pour sa souplesse et son croquant.

- **Bourgueil Jardin des Raisins 2017** | Sec | 2019>22 | 9 € 14,5

6, rue de l'Échelle, 37140 Bourgueil • Tél. 02 47 97 72 65 • hp.menard@sfr.fr • www.domainemenard.com • Visite : Uniquement sur rendez-vous au 06 81 70 29 37 ou au 0247977265

DOMAINE MICHAUD

Président du syndicat des vins de Touraine, Thierry Michaud confirme ses bonnes dispositions en enchaînant, sur ses 23 hectares, un cinquième millésime consécutif de haut vol. Sur ces terroirs dominant le Cher, nous préférons les cuvées situées sur les sables caillouteux, riches en silex. Les sauvignons sont très réussis, sans note variétale, avec un supplément de complexité pour le touraine – chenonceaux. Le gamay se montre juteux et gourmand et le côt joue dans le registre, mûr et poivré. À de tels niveaux de prix, on tient là sans doute l'un des meilleurs rapports qualité-prix de toute la Loire !

- **Touraine Chenonceaux Ad Vitam 2017** | Sec | 2019>24 | 7,30 € 16
- **Touraine Chenonceaux Éclat de Silex 2018** | Sec | 2019>22 | 8,30 € 15,5
- **Touraine côt 2017** | Sec | 2019>26 | 5,10 € 15,5
- **Touraine gamay 2018** | Sec | 2019>21 | 5 € 14,5
- **Touraine Gris des Faitiaux 2018** | Sec | 2019>20 | 5,40 € 14
- **Touraine sauvignon 2018** | Sec | 2019>21 | 5,60 € 14

20, rue des Martinières, 41140 Noyers-sur-Cher • Tél. 02 54 32 47 23 • thierry@domainemichaud.com • www.domainemichaud.com • Visite : Ouvert du lundi au vendredi de 9h à 12h et de 14h à 19h. Le samedi de 10h à 12h et de 14h à 18h.

CHÂTEAU DE MINIÈRE

L'ancienne demeure en tuffeau du XVIe siècle et le parc historique, entourés de vignes, offrent un cadre idéal pour l'œnotourisme. Les 18 hectares de vignes se répartissent sur l'ensemble du terroir de l'appellation, des graves proches de la Loire jusqu'aux terres argilo-calcaires et argilo-siliceuses des coteaux qui dominent la vallée. Cette diversité d'implantation permet de produire des vins friands, fruités, à boire jeunes ainsi que des vins plus charpentés, vins de garde aux tannins bien présents mais soyeux.

Bourgueil Rouge de Minière 2017 | Sec | 2019>27 | 10 € — 12,5
Bourgueil Vignes Centenaires 2015 | Sec | 2021>31 | 25 € — 15,5

25 rue de Minière, 37140 Ingrandes-de-Touraine • Tél. 02 47 96 94 30 • contact@chateaudeminiere.com • www.chateaudeminiere.com • Visite : Ouvert tous les jours entre 11h et 17h.

DOMAINE DE MONTCY

Malgré le gel de 2017, Laura Semeria est l'une des vigneronnes qui fait maintenant référence dans les grands vins de Loire. Cette Italienne du nord possède 21 hectares sur la commune de Cheverny, sur les anciennes vignes du château de Troussay. Aujourd'hui le domaine est cultivé selon le mode de l'agriculture biodynamique, les 2014, 2015 et 2016 sont de haut vol. Les vins possèdent un naturel et une précision en progression chaque année.

Cheverny Clos des Cendres 2018 | Sec | 2019>25 | 14 € — 15
Cheverny Louis de la Saussaye 2017 | Sec | 2019>24 | 14 € — 15,5
Cheverny Tradition 2017 | Sec | 2019>24 | 12 € — 14
Cour-Cheverny 2018 | Sec | 2019>23 | 17 € — 15,5
Cour-Cheverny Plénitude 2018 | Sec | 2019>24 | 17 € — 16

32, route de Fougères, 41700 Cheverny • Tél. 02 54 44 20 00 • info@domaine-de-montcy.com • www.domaine-de-montcy.com • Visite : Ouvert du 1er avril au 31 octobre, du lundi au samedi de 10h30 à 12h30 et de 14h à 18h30, le reste de l'année, du lundi au vendredi de 10h30 à 12h30 et de 14h à 17h.

DOMAINE DU CLOS NAUDIN

Sur 12 hectares, le clos Naudin fait la part belle au terroir argilo-siliceux des Perruches. Passant progressivement le relais à son fils Vincent, Philippe Foreau, l'un des vignerons les plus talentueux de sa génération, reste présent à la tête de son vignoble. Cette figure mythique de Vouvray a toujours mis ses vins dans une perspective gastronomique, ce que malheureusement peu de vignerons font. Les secs sont souvent austères dans leur jeunesse et font apercevoir des finales vibrantes sur les zestes d'agrumes. Les moelleux sont fantastiques pour leur densité de texture, toujours soutenue par une juste tension. L'envolée crayeuse finale signe le terroir qui les porte. Le 1921 est toujours en pleine forme, et les derniers millésimes possèdent du souffle. Ce sont des vins qu'il faut cadrer dans leur perspective essentielle : la table.

Vouvray 2016 | Demi-sec | 2019>32 | 27 € — 17,5
Vouvray sec 2017 | Sec | 2023>48 | 20 € — 15,5

14, rue de la Croix-Buisée, 37210 Vouvray • Tél. 02 47 52 71 46 • leclosnaudin.foreau@orange.fr • Visite : Uniquement sur rendez-vous sauf le dimanche et les jours fériés.

DOMAINE DE LA NOBLAIE

Jérôme Billard. trentenaire avisé, incarne aujourd'hui la troisième génération de Manzagol Billard installée sur la propriété. Le domaine s'ordonne sur de beaux plateaux et coteaux, majoritairement orientés sud-est. Issu de l'assemblage des terroirs argilo-calcaires: le-temps-des-cerises, gorgé de fruits, constitue un vin gourmand de plaisir immédiat, à la texture veloutée. Les blancs-manteaux, du nom du coteau calcaire, est une sélection parcellaire de vieilles vignes de 60 ans, avec une structure, une jutosité dans le tannin et un soyeux réveillé par une fraîcheur crayeuse. L'argile du terroir va bien aux chiens-chiens, une cuvée qui offre une réelle plénitude de constitution. Pierre-de-tuffe est le fruit d'une macération longue dans une cuve ancestrale taillée à même le tuffeau au XVe siècle et d'un élevage sous bois de 12 mois en cave : c'est un chinon, charnu et puissant, donnant l'une des cuvées les plus abouties, dans un registre plein et complexe. Le rapport qualité-prix est évident !

- **Chinon Chante le Vent 2017** | Sec | 2019>29 | 15 € — 15,5
- **Chinon Le Temps des Cerises 2017** | Sec | 2019>23 | 12 € — 14,5
- **Chinon Les Blancs Manteaux 2017** | Sec | 2020>37 | 16 € — 16
- **Chinon Les Blancs Manteaux 2015** | Sec | 2019>30 | 18 € — 16,5
- **Chinon Les Chiens Chiens 2017** | Sec | 2021>37 | 16 € — 15,5
- **Chinon Pierre de Tuf 2017** | Sec | 2023>47 | 20 € — 16,5

21, rue des Hautes-Cours - Lieu dit le Vau Breton, 37500 Ligré • Tél. 02 47 93 10 96 • contact@lanoblaie.fr • www.lanoblaie.fr • Visite : Ouvert du lundi au samedi de 10h à 12h et de 14h à 18h.

DOMAINE DE NOIRÉ

Jean-Max Manceau, grand maître des entonneurs rabelaisiens, est très impliqué dans la vie de Chinon et de l'interprofession. Ce vigneron mérite d'être découvert tout autant que son domaine de 12 hectares, planté de vieilles vignes, qui présente une gamme bien étagée avec soif-de-tendresse en entrée, tout en charme, la cuvée élégance pour aller plus loin. Caractère, élevée pour la garde, impose de patienter un peu mais elle étonnera.

- **Chinon Caractère 2016** | Sec | 2022>29 | NC — 15
- **Chinon Élégance 2017** | Sec | 2020>29 | 9,80 € — 13,5

160, rue de l'Olive, 37500 Chinon • Tél. 02 47 93 44 89 • contact@domainedenoire.fr • www.domainedenoire.com • Visite : Ouvert du lundi au samedi de 10h à 12h et de 14h à 19h. Le dimanche et les jours fériés sur rendez-vous.

DOMAINE DES OUCHES

Thomas et Denis Gambier exploitent au mieux les 17 hectares du domaine familial. Ils y pratiquent des macérations longues : ce n'est pas le style de la maison de produire des vins primeurs. À partir des graviers, ils élaborent des bourgueils gourmands tout en rondeurs; dans cette catégorie nous avons une préférence pour igoranda, assemblage des meilleures parcelles. Sur le coteau, les deux frères vinifient à part des parcelles différentes. Ces vins taillés pour la longue garde sont élevés en barriques dans leur cave creusée dans le tuffeau : les-clos-boireaux tiennent leur originalité de silex capables d'emmagasiner la chaleur, on obtient ainsi de belles maturités et un tranchant structurant. Issu d'un terroir argilo-calcaire sur le haut du coteau, la-romana est un cru dense et aromatique. L'élevage en amphores a permis d'oxygéner ce vin pendant l'élevage pour assouplir sa structure et développer l'aromatique. Les amateurs de vins de garde y trouveront leur compte.

- **Bourgueil Coteaux des Ouches 2017** | Sec | 2023>47 | 12 € — 16,5
- **Bourgueil Les Clos Boireaux 2017** | Sec | 2022>47 | 12 € — 16

3, rue des Ouches, 37140 Ingrandes de Touraine • Tél. 02 47 96 98 77 • contact@domainedesouches.com • www.domainedesouches.com • Visite : Ouvert du lundi au samedi de 10h à 12h et de 14h à 18h30.

DOMAINE CLOTHILDE PAIN

Clothilde Pain est l'une des révélations de nos dégustations. Fille de vigneron, elle a choisi depuis plusieurs années de se démarquer en faisant ses propres cuvées sur Panzoult, avec des noms glamours voire coquins. Les vins sont à la hauteur des étiquettes et l'on ne peut résister à dégrafer leur jupe. Les cuvées sont au nombre de quatre : ma-petite-robe-rouge est un vin friand, la cuvée sans-dessus-sans-dessous a de la percussion, secrets-d'alcôve appelle toutes les galanteries et ma-petite-robe-rose est le rosé de l'été. À côté, il existe des cuvées plus traditionnelles, bien dans l'esprit des vins classiques de Chinon.

- **Chinon Renaissance 2017** | Sec | 2020>37 | 9,50 € — 15,5
- **Chinon Tradition 2017** | Sec | 2021>33 | 10,40 € — 14,5

2, rue de Chézelet, 37220 Panzoult • Tél. 06 23 82 07 94 • clothilde_pain@yahoo.fr • www.domaine-de-la-commanderie.fr • Visite : Du lundi au samedi de 9h à 12h et 14h à 18h.

DOMAINE DE PALLUS

Bertrand Sourdais a repris en 2005 le domaine familial de 18 hectares, dont 12 sur les terroirs calcaires des coteaux de Cravant. Au fil des millésimes ses cuvées s'imposent dans nos dégustations. Les cuvées parcellaires sont parmi les plus excitantes de l'appellation depuis 2015. Elles se révèlent amples, séduisantes, serties de tannins suaves mais dotées d'une profondeur réelle et d'un très bon potentiel. Comme les cuvées historiques, pallus et les-pensées ont gagné en distinction, nous revoyons donc la classification à la hausse.

- **Chinon La Rougerie 2016** | Sec | 2019>30 | NC — 16,5
- **Chinon Le Coq de Pallus 2017** | Sec | 2019>29 | epuisé — 16
- **Chinon Pensées de Pallus 2016** | Sec | 2019>29 | NC — 15

3 Pallus, 37500 Cravant-les-Côteaux • Tél. 02 47 93 00 05 • pallusdomaine@orange.fr • www.lespenseesdepallus.info • Visite : Ouvert du lundi au vendredi de 9h à 12h et de 14h à 18h, le week-end sur rendez-vous.

DOMAINE DU PETIT BONDIEU

Issu d'une grande famille de vignerons ligériens, Jean-Marc Pichet crée ce domaine en 1976. Deux décennies plus tard, son fils Thomas le rejoint et en 2010, le duo convertit ses 18 hectares en bio. Ceux-ci se répartissent en deux parties bien différentes avec sur les sols sableux, les vins de graviers et sur le terroir argilo-calcaire les crus de tuffeau. Le petit-mont et les-couplets sont de belles références à des prix modérés.

- **Bourgueil Le Petit Mont 2017** | Sec | 2019>24 | 9,50 € — 13
- **Bourgueil Les Terres Brunes 2017** | Sec | 2019>25 | 11 € — 15

30 route de Tours , 37140 Restigne • Tél. 02 47 97 33 18 • thomaspichet@orange.fr • www.thomaspichet.com • Visite : Ouvert du lundi au samedi de 9h à 12h30 et de 14h à 18h30. Fermé le dimanche.

DOMAINE DAMIEN PINON

Damien Pinon exploite un domaine de 25 hectares situé sur la commune de Vernou-sur-Brenne, exclusivement consacré au vouvray. Le vignoble est âgé en moyenne de 30 ans et est conduit en lutte raisonnée. C'est l'un des classiques de l'appellation.

- **Vouvray Brut Eff. 2016** | Brut | 2019>24 | 8 € — 14,5
- **Vouvray Tuffo 2017** | Sec | 2019>29 | 8,50 € — 14

29, route de Château-Renault, 37210 Vernou-sur-Brenne • Tél. 02 47 52 15 16 • gaec.pinon@wanadoo.fr • www.pinondamien.wix.com/vouvray • Visite : du lundi au vendredi de 9h à 12h et de 14h à 19h. Le samedi de 10h à 19h.

DOMAINE OLGA RAFFAULT

Entre Loire et Vienne, ce domaine de 25 hectares sur des sols argilo-calcaires est redevenu une référence du chinon. La nouvelle histoire semble bien conduite par Sylvie, la petite-fille d'Olga Raffault, et son époux Éric de la Vigerie. En entrée de gamme, les-barnabés ont un style accessible au fruité croquant, les-peuilles possèdent plus d'intensité et les-picasses possèdent plus de souffle tannique. La-singulière, élevée pour la garde, a besoin de plus de temps pour sourire.

- **Chinon Les Peuilles 2016** | Sec | 2023>35 | 13 € — 14,5
- **Chinon Les Picasses 2014** | Sec | 2019>29 | 14,50 € — 15
- **Chinon Les Picasses 2010** | Sec | 2019>27 | 21 € — 14,5

1, rue des Caillis, 37420 Savigny-en-Véron • Tél. 02 47 58 42 16 • infos@olga-raffault.com • www.olga-raffault.com • Visite : Ouvert du lundi au vendredi de 9h à 12h et de 14h à 18h, le samedi sur rendez-vous. Fermé le dimanche et jours fériés.

DOMAINE AURÉLIEN REVILLOT

Travaillant la semaine chez les Caslot, Aurélien Revillot s'est constitué pour la passion un petit domaine de 3 hectares, qu'il cultive comme un jardin sur de beaux secteurs de Bourgueil travaillés en agriculture biologique et en biodynamie. Originaire de Tournus, ce Bourguignon s'est fondu avec délice dans le terroir ligérien, troquant le pinot noir pour le cabernet franc. Son expérience acquise auprès de Pierre Caslot et de ses enfants lui permet réellement d'être bien armé pour l'avenir !

- **Bourgueil Les Aubuis 2015** | Sec | 2019>24 | 17 € — 16
- **Bourgueil Sur les Hauts 2016** | Sec | 2019>23 | 14 € — 13

7, route de Haut-Champ, 37140 Restigné • Tél. 06 71 59 43 56 • domaine@aurelien-revillot.fr • www.aurelien-revillot.fr • Visite : Uniquement sur rendez-vous.

DOMAINE VINCENT RICARD

Dès l'âge de 14 ans, Vincent savait qu'il marcherait sur les traces des quatre générations qui l'ont précédé. L'héritage est de choix, avec 21 hectares plantés ! Il y a un beau patrimoine de vieilles vignes en sauvignon : sur ce domaine, les blancs de belle maturité constituent une priorité. Découvrez le chenonceau tasciaca, un blanc séveux et parfumé. Le vilain-p'tit-rouge est en puissance gourmande.

Touraine Chenonceaux Tasciaca 2017 | Sec | 2019>26 | 12,50 € — 15
Touraine Vilain P'tit Rouge 2017 | Sec | 2019>22 | 12 € — 13,5

19, rue de la Bougonnetière, 41140 Thésée • Tél. 02 54 71 00 17 • domaine.ricard@wanadoo.fr • www.domaine-ricard.fr • Visite : Uniquement sur rendez-vous.

DOMAINE LE ROCHER DES VIOLETTES

En culture bio, Xavier Weisskopf exploite 9 hectares sur Montlouis et 4 en appellation Touraine, principalement dans le secteur de Saint-Martin-Le-Beau. Ses terroirs sont plantés de vieilles vignes issues de sélections massales, ce qui favorise les cuvées de haut vol. Les blancs impressionnent par leur pureté, dans une appellation Montlouis qui ne manque pourtant pas de talents. La pureté de la touche-mitaine, l'opulence du grand-poirier, la concentration énergique de la négrette donnent tout de suite le ton. Le côt de Touraine vieilles vignes marque pour sa densité, son soyeux avec ce qu'il faut d'élégance. Un vigneron d'élite, parmi les meilleures adresses de l'appellation.

Montlouis-sur-Loire La Négrette 2017 | Sec | 2019>24 | 19 € — 15,5
Montlouis-sur-Loire Touche-Mitaine 2017 | Sec | 2019>25 | 17 € — 16

34, rue de la Roche, 37150 Dierre • Tél. 02 47 23 52 08 ou 06 15 96 52 47 ou 06 25 07 22 70 • xavier.weisskopf@hotmail.com • www.lerocherdesviolettes.com • Visite : Uniquement sur rendez-vous.

DOMAINE DES ROY

Anne-Cécile Roy s'est orientée dès 18 ans vers le métier de son père. Diplômes en poche, elle revient prendre les rênes du domaine familial d'une dizaine d'hectares, qui court sur les argiles à silex des coteaux du Cher. Les vins sont longilignes et croquants.

Touraine Alliance 2016 | Sec | 2019>27 | 11 € — 15

3, rue Franche, 41400 Pontlevoy • Tél. 02 54 32 51 07 • domaine-des-roy@wanadoo.fr • www.domainedesroy.com • Visite : Sur rendez-vous.

DOMAINE FRANTZ SAUMON

Frantz Saumon est installé au Husseau, près de Montlouis et il inscrit son credo cultural dans une démarche d'agriculture biologique sur ses 5 hectares. Il fait partie des talents qui font de Montlouis l'une des appellations les plus passionnantes du chenin en val de Loire. La gamme a gagné en cohérence, dans un sens à la fois gourmand et ciselé toujours très sapide, à l'image de minéral +, devenu un montlouis incontournable.

Montlouis-sur-Loire Le Chapitre 2017 | Moelleux | 2019>30 | NC — 15
Montlouis-sur-Loire Minéral + 2017 | Demi-sec | 2019>27 | NC — 16

15, chemin des Cours - Husseau, 37270 Montlouis-sur-Loire • Tél. 06 16 83 47 90 • f.saumon@sfr.fr • Visite : Sur rendez-vous.

DOMAINE PIERRE SOURDAIS

Installé depuis 1981 sur une partie de l'exploitation familiale à Cravant-les-Coteaux, Pierre Sourdais mène ses 27 hectares de vignes suivant le mode de l'agriculture biologique, avec des terroirs en plaine et d'autres en coteaux. Les cuvées réserve-stanislas, et les-boulaies sont à rechercher en priorité, elles donnent les vins les mieux pourvus en assise tannique et en potentiel de garde.

Chinon Les Boulaies 2014 | Sec | 2024>50 | 19,90 € — 14,5
Chinon Réserve Stanislas 2016 | Sec | 2024>50 | 10,90 € — 15

12 le moulin à Tan, 37500 Cravant les Cotteaux • Tél. 02 47 93 31 13 • pierre.sourdais@wanadoo.fr • www.domaine-pierre-sourdais.com • Visite : Uniquement sur rendez-vous.

DOMAINE DE LA TAILLE AUX LOUPS

★★★★★ ♣

Ancien courtier, Jacky Blot traça la voie pour la génération montante de Montlouis, dès le début des années 1990. En reprenant des vignes sur cette appellation, il en est devenu un vrai chef de file. Convaincu du potentiel des terroirs de la Loire, il s'inspire de ses visites dans le vignoble français pour élaborer son vin bio, qu'il souhaite élever pur et sans sucres résiduels. Il entreprend des labours et des vendanges manuelles, des pratiques peu courantes à l'époque. Pour ce qui est des secs notamment, là encore, Jacky Blot a des perspectives, puisqu'il travaille sans malo, avec des fermentations en barriques et des élevages en fûts très au point. Aujourd'hui le domaine compte 25 hectares de chenin au bord de la Loire et du Cher, dont 5 hectares sur Vouvray. Ses blancs sont des étoiles filantes qui se détachent de toute notion terrienne, droits comme des « i » avec des acidités ciselées. À Montlouis-sur-Loire, l'identité finement fumée et la force minérale vont crescendo dans les-hauts-de-husseau (ex-cuvée rémus) et le clos-mosny, vigoureux, tonique, infusé d'une myriade de petits amers scintillants. Bretonnière, sur Vouvray présente une intensité aromatique et minérale. Le clos-de-venise séduit par son attaque franche, le milieu de bouche diffuse de belles notes exotiques, une finale très persistante sur la goyave et la passion. Un vin très large qui ravira tous les amateurs de grands chenins. Le triple-zéro reste l'une des références en bulle de Loire. Il faut venir tenter sa chance à la propriété, car les cuvées sont prises d'assaut.

- **Montlouis-sur-Loire Clos de Mosny 2017** | Sec | 2023>31 | 22 € **17,5**
- **Montlouis-sur-Loire Clos Michet 2017** | Sec | 2022>44 | 18 € **16**
- **Montlouis-sur-Loire Les Hauts de Husseau 2017** | Sec | 2023>36 | 22 € **17,5**
- **Montlouis-sur-Loire Triple Zéro Eff. NM** | Brut | 2019>21 | 18 € **17**
- **Vin de France Clos de la Bretonnière 2017** | Sec | 2022>50 | 20 € **18,5**
- **Vin de France Clos de Venise 2017** | Sec | 2022>60 | 25 € **19**

8, rue des Aitres - Husseau, 37270 Montlouis-sur-Loire • Tél. 02 47 45 11 11 • lataiileauxloups@jackyblot.fr • www.jackyblot.fr • Visite : Ouvert du lundi au samedi de 9h à 13h et de 14h à 18h, dimanche sur rendez-vous.

DOMAINE TALUAU-FOLTZENLOGEL

★☆☆☆☆

Trop tôt disparu, Joël Taluau fut l'une des figures légendaires de Saint-Nicolas, son gendre Thierry Foltzenlogel conduit maintenant ce domaine de 28 hectares qui produit des vins puissants, séveux, droits et avec plus de gourmandise que par le passé. Ce sont des saint-nicolas plutôt structurés pour l'appellation, même en millésime délicat. On les destinera à une petite garde en cave pour en tirer la quintessence. Tout en gourmandise, le bourgueil passion constitue une bonne affaire comme le profond vau-jaumier.

- **Saint-Nicolas-de-Bourgueil Vau Jaumier 2017** | Sec | 2019>30 | 8,20 € **14**
- **Saint-Nicolas-de-Bourgueil Vieilles Vignes 2017** | Sec | 2019>24 | 11 € **13**

11, Chevrette, 37140 Saint-Nicolas-de-Bourgueil • Tél. 02 47 97 78 79 • joel.taluau@wanadoo.fr • www.vins-taluau-foltzenlogel.fr • Visite : du lundi au vendredi de 8h à 12h et de 13h30 à 18h. Le samedi il est préférable de prendre rendez vous sinon c'est ouvert de 10h à 12h et de 14h à 17h.

LE VIGNOBLE DU CENTRE-LOIRE

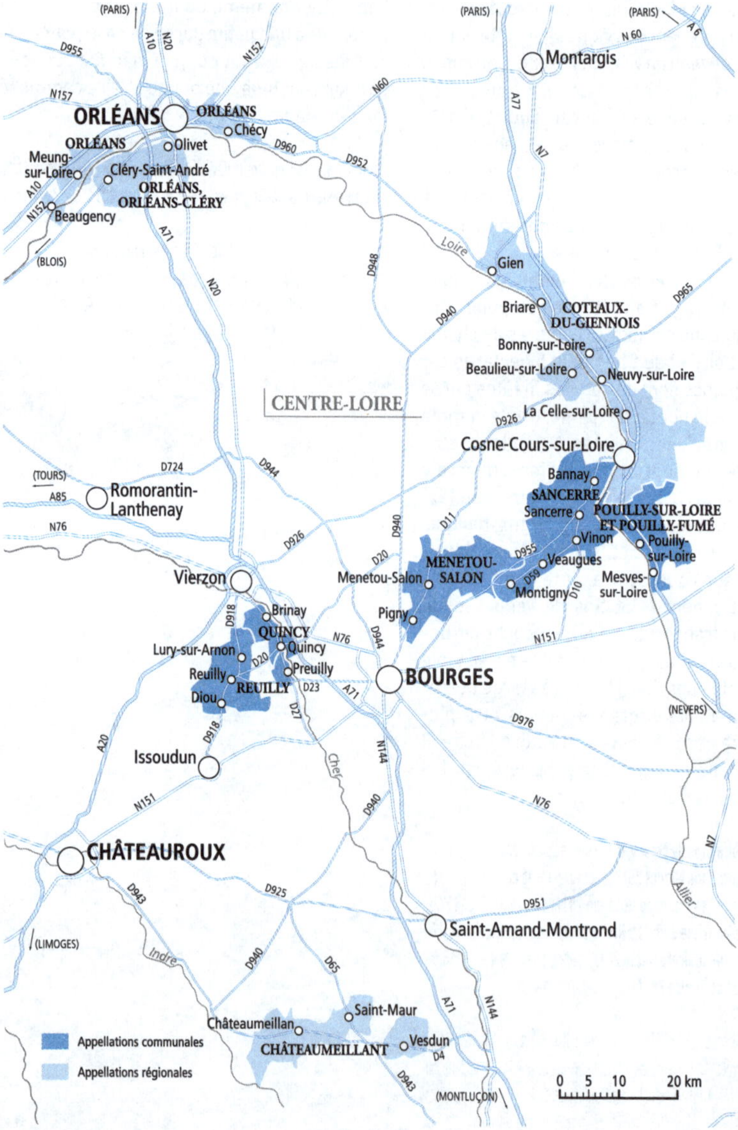

DOMAINE BAILLY-REVERDY

Cultivé de manière raisonnée, sans ajout d'engrais, ce domaine compte 23 hectares et produit des vins à l'équation prix-plaisir idéale. Il faut en priorité encaver les blancs dont on a cette année préféré les cuvées les plus simples, sans apport de bois.

- **Sancerre Chavignol 2018** | Sec | 2019>22 | 13 € — 14,5
- **Sancerre La Mercy Dieu 2018** | Sec | 2019>24 | 13 € — 15
- **Sancerre Monts Damnés 2017** | Sec | 2019>24 | 20 € — 14
- **Sancerre Point d'Orgue 2017** | Sec | 2019>25 | 17 € — 14

43, rue de Venoize, 18300 Bué • Tél. 02 48 54 18 38 • contact@bailly-reverdy.fr • www.bailly-reverdy.fr • Visite : Uniquement sur rendez-vous de 8h à 12h et de 13h à 17H.

DOMAINE GÉRARD BOULAY

La tenue des 12 hectares de vignes reflète le degré d'exigence de Gérard Boulay, vigneron chevronné du Sancerrois qui fait briller l'appellation à travers le monde. Travail régulier des sols, enherbement des parcelles les plus pentues pour limiter l'érosion, bannissement des pesticides et du cuivre, suppression manuelle des contre-bourgeons pour éviter les vendanges en vert et limiter les rendements, tout est mis en œuvre dans un souci d'agriculture modèle. Issus de « terres blanches », ces terroirs de Chavignol font la part belle aux marnes kimméridgiennes, identiques aux sols de Chablis. Ce sont des vins de texture, qui reflètent chacun leur terroir des monts-damnés, de beaujeu, la-côte ou la-comtesse. Le domaine produit essentiellement des blancs, les 2 hectares de rouges étant quasi exclusivement dédiés au rosé vendu à l'export. Une adresse à ne pas manquer !

- **Sancerre 2017** | Sec | 2019>24 | 15 € — 15
- **Sancerre Clos de Beaujeu 2017** | Sec | 2019>29 | 24 € — 16,5
- **Sancerre Comtesse 2017** | Sec | 2019>29 | 30 € — 17
- **Sancerre La Côte 2017** | Sec | 2019>25 | 24 € — 15,5
- **Sancerre Monts Damnés 2017** | Sec | 2019>29 | 24 € — 16
- **Sancerre Oriane 2018** | Sec | 2019>23 | NC — 16

Le Cul de Beaujeu, 18300 Chavignol • Tél. 02 48 54 36 37 ou 06 33 34 25 96 • boulayg-vigneron@wanadoo.fr • Visite : Sur rendez-vous tous les jours sauf le dimanche.

FAMILLE BOURGEOIS

Héraut du sauvignon, la famille Bourgeois pourrait presque confondre son nom avec le cépage. Un pied à Chavignol dont elle possède quasiment toute la rue principale, l'autre en Nouvelle-Zélande dans la vallée de Marlborough, où elle s'est installée sur 45 hectares en 2001, la fratrie formée d'Arnaud, son frère Lionel et son cousin Jean-Christophe avance à marche forcée sur les chemins de la réussite. Des volumes, 72 hectares en propriété étalés sur 130 parcelles mais également de la justesse dans les vinifications portées par des installations au taquet, forment une gamme large célébrant le sauvignon et le pinot avec ferveur. La large gamme pointe de nombreux secteurs dont les monts-damnés, fleuron de la maison et affichant 3,5 hectares de pente à 35 %, travaillés à la pioche. Les expressions de sauvignon sont aussi parmi les plus revendiquées cépage, avec des notes d'agrumes et des matières fines, passées sous bois en barriques ou en foudres de différentes contenances. Les blancs, largement majoritaires, deviennent intéressants sur les cuvées prestige, notamment jadis, la-bourgeoise ou les parcellaires comme le-cotelin. De passage à Chavignol, arrêtez-vous au restaurant du bas de la rue, tenu par le frère d'Arnaud.

- **Pouilly-Fumé La Demoisellle de Bourgeois 2016** | Sec | 2019>22 | 19,90 € — 14,5
- **Sancerre Chapelle des Augustins 2017** | Sec | 2019>22 | 18,80 € — 14,5
- **Sancerre Jadis 2015** | Sec | 2020>30 | 28,80 € — 15
- **Sancerre La Bourgeoise 2016** | Sec | 2019>24 | 24 € — 15
- **Sancerre La Bourgeoise 2015** | Sec | 2019>23 | 19,90 € — 15
- **Sancerre La Côte des Monts Damnés 2017** | Sec | 2019>22 | 24,40 € — 14,5
- **Sancerre La Grande Réserve 2018** | Sec | 2019>21 | 17,30 € — 14
- **Sancerre Le Cotelin 2016** | Sec | 2019>23 | 46 € — 15,5
- **Sancerre Les Baronnes 2018** | Sec | 2019>23 | 12,70 € — 16

Chavignol, 18300 Sancerre • Tél. 02 48 78 53 20 • domaine@famillebourgeois-sancerre.com • www.henribourgeois.com • Visite : Ouvert tous les jours de 9h30 à 18h30. Fermé à Noël, le 1 janvier et le 22 janvier.

DOMAINE HUBERT BROCHARD

Ancrée dans le Sancerrois depuis 1900, la famille Brochard cultive aujourd'hui 60 hectares de vignes sur Sancerre, Pouilly-Fumé et réalise également une petite gamme de vins de pays. La quatrième génération, représentée par les sœurs Caroline et Anne-Sophie, est désormais en charge de l'exploitation, aux côtés de leur père Daniel et de leurs oncles.

- **Pouilly-Fumé Classique 2018** | Sec | 2019>22 | 14,50 € — 14,5
- **Pouilly-Fumé Vieilles Vignes 2017** | Sec | 2019>23 | 18 € — 15
- **Sancerre Aujourd'hui comme Autrefois 2018** | Sec | 2019>22 | 14,50 € — 14
- **Sancerre Classique 2018** | Sec | 2019>22 | 13,50 € — 14,5
- **Sancerre La Côte des Monts Damnés 2017** | Sec | 2019>23 | 25,90 € — 15
- **Sancerre Silex 2018** | Sec | 2019>22 | 14,50 € — 14,5
- **Sancerre Vieilles Vignes 2017** | Sec | 2019>23 | 16,50 € — 13

Chavignol, 18300 Sancerre • Tél. 02 48 78 20 10 • domaine@hubert-brochard.fr • www.hubert-brochard.fr • Visite : Ouvert du lundi au vendredi de 9h00 à 12h00 et 13h30 à 17h30 et samedi de 10h00 à 12h00 et de 14h00 à 17h30.

DOMAINE DU CARROU

Situé à Bué, le Domaine du Carrou compte 11 hectares. Dominique Roger ne ménage pas sa peine et les vins figurent désormais parmi les belles réussites de l'appellation, avec une proportion de rouges plus élevée que la moyenne sur Sancerre avec un tiers de pinots. Le gîte bien aménagé en complément domaine permet aux visiteurs de pouvoir apprécier pleinement tous les crus. Point d'orgue du domaine, la-jouline offre sur son sol de caillotes une concentration équilibrée par une belle fraîcheur finale, dans les deux couleurs.

- **Sancerre 2018** | Sec | 2019>23 | 13 € — 14
- **Sancerre Chêne Marchand 2017** | Sec | 2019>24 | 18,50 € — 14,5
- **Sancerre La Jouline 2017** | Sec | 2019>24 | 20 € — 16
- **Sancerre La Jouline 2016** | Sec | 2019>24 | 23 € — 15

7, place du Carrou, 18300 Bué • Tél. 02 48 54 10 65 • contact@dominique-roger.fr • www.dominique-roger.fr • Visite : Du lundi au samedi de 9h à 12h et de 14h à 18h30. Le dimanche matin sur rendez-vous.

DOMAINE DU CHAILLOT

Dans le sud du Cher, entre Bassin Parisien et Massif Central, sur des terroirs de micaschistes, Pierre Picot porte haut l'appellation Châteaumeillant, territoire restreint de 80 hectares. Cet ingénieur agro s'y attelle depuis 1993 et ses 6 hectares de vignes forment une gamme réjouissante, où le gamay se distingue par sa franchise et son fruit saillant. Les prix doux imposent de faire une halte.

- **Châteaumeillant 2017** | Sec | 2019>22 | 9,50 € — 14,5
- **Châteaumeillant Parenthèse 2017** | Sec | 2019>22 | 12 € — 15
- **Châteaumeillant Revesens 2017** | Sec | 2019>22 | 12 € — 15
- **IGP de l'Allier Sainte-Agathe 2016** | Sec | 2019>21 | 11 € — 14,5

1, Place de la Tournoise, 18130 Dun-sur-Auron • Tél. 02 48 59 57 69 • pierre.picot@wanadoo.fr • www.domaine-du-chaillot.fr • Visite : Sur rendez-vous.

DOMAINE DES CHASSEIGNES AURORE DEZAT

Ce domaine familial d'un peu plus de 9 hectares (dont 8 hectares de blanc), géré par Aurore Dezat, profile des cuvées soignées, travaillées à la main. On suivra cette adresse avec attention d'autant que les prix y sont très sages.

- **Sancerre Évidence 2017** | Sec | 2019>23 | 21 € — 13,5
- **Sancerre Les Chasseignes 2017** | Sec | 2019>24 | 17 € — 14
- **Sancerre Tradition 2018** | Sec | 2019>24 | 11 € — 16

18 rue de la Chapelle, Chappe, 18300 Sury En Vaux • Tél. 06 87 25 45 71 • contact@domainedeschasseignes.com • www.domainedeschasseignescom • Visite : ouvert du lundi au vendredi de 8h30 à 12h et de 13h30 à 18h. le samedi et le dimanche sur rendez-vous.

DOMAINE DANIEL CHOTARD

Simon Chotard, major de l'école d'œnologie de Toulouse, forme depuis 2012 un duo de choc avec son père Daniel. Ils exploitent 17 hectares au fond du hameau de Reigny, à Crézancy-en-Sancerre. Sa particularité est d'être entourée d'un cirque de collines de marnes argilo-calcaires, sur des pentes particulièrement bien ensoleillées. Depuis deux ans, les traitements bio sont l'apanage de Simon qui s'essaie également à la biodynamie. Le domaine n'est pas encore certifié mais cela ne saurait tarder. Si les cuvées « domaine », en blanc comme en rouge, constituent de bonnes affaires, le reste de la gamme s'articule habilement autour de cuvées parcellaires à la complexité croissante. Les prix restent raisonnables, l'accueil aux petits oignons : c'est donc une adresse bénie !

- **Sancerre 2017** | Sec | 2019>21 | 13 € — 15,5
- **Sancerre cuvée Marcel Henri 2016** | Sec | 2019>29 | 16,50 € — 16
- **Sancerre Le Chant de l'Archer 2016** | Sec | 2019>29 | 16,50 € — 16,5
- **Sancerre Les Coutonnes 2017** | Sec | 2020>30 | 20 € — 16,5
- **Sancerre Les Cris 2016** | Sec | 2019>23 | 20 € — 15
- **Sancerre Les Grandes Roulottes 2016** | Sec | 2019>29 | 24 € — 16,5
- **Sancerre Racines 2016** | Sec | 2019>29 | 20 € — 16

5, rue des Fontaines - Reigny, 18300 Crézancy-en-Sancerre • Tél. 02 48 79 08 12 • sancerre@danielchotard.fr • www.chotard-sancerre.com • Visite : Du lundi au samedi de 14h à 18h00 et le matin sur rendez-vous. Le dimanche sur rendez-vous.

DOMAINE DANIEL CROCHET

★★☆☆☆

À la tête du domaine familial depuis 1996, Daniel Crochet cultive 10 hectares sur des parcelles réparties entre Bué et Sancerre, mettant pleinement en valeur des sols de terres blanches et de caillotes. Aussi bien sur les entrées de gamme que sur les cuvées de prestige, tous les vins font preuve d'une grande régularité. En blanc, Plante des Prés et Chêne Marchand situés sur les meilleurs secteurs de leur lieu-dit figurent parmi les très bons sauvignons de la région. C'est une des priorités pour l'amateur.

- **Sancerre 2018** | Sec | 2019>20 | 11 € — 14,5
- **Sancerre 2017** | Sec | 2019>23 | 12,50 € — 14
- **Sancerre Chêne Marchand 2017** | Sec | 2019>23 | 18,20 € — 15,5
- **Sancerre Plante des Prés 2017** | Sec | 2019>25 | 18,20 € — 16
- **Sancerre Prestige 2017** | Sec | 2019>23 | 21,50 € — 15

61, rue de Venoize, 18300 Bué • Tél. 02 48 54 07 83 • daniel-crochet@wanadoo.fr • Visite : Du lundi au samedi de 9h à 18h.

DOMAINE PASCAL COTAT

★★★☆☆

C'est un OVNI du Sancerrois. Ancien carrossier, garagiste à ses heures, Pascal Cotat veille 2,5 hectares depuis plus de trente ans. Adepte des vendanges tardives en surmaturité, il forge des vins onctueux où reste généralement un peu de sucre résiduel. Ces sauvignons passent en fûts sans apport de bois neuf et sortent de l'ordinaire. Les 12 ares de pinot noir servent à élaborer un rosé replié en vin de France. Les deux blancs produits ici, monts-damnés et grande-côte, sont à encaver et à garder au moins une dizaine d'années.

- **Sancerre La Grande Côte 2018** | Sec | 2019>28 | 18 € — 16
- **Sancerre Monts Damnés 2018** | Sec | 2019>29 | 18 € — 16,5
- **Sancerre Monts Damnés 2017** | Sec | 2019>29 | 18 € — 15,5
- **Vin de France 2015** | Sec | 2019>21 | 14 € — 15

98, chemin des Grous, 18300 Sancerre • Tél. 02 48 72 13 45 • pascal.cotat@bbox.fr • Visite : Du lundi au vendredi de 8h à 12h et de 14h à 18h.

DOMAINE LUCIEN CROCHET

★★★☆☆

Gilles Crochet, comme son père Lucien, a toujours eu le sens des vins élégants. Ce domaine phare de Bué possède une superficie de 35 hectares, avec 26 hectares de sauvignon (dont 5 hectares sur la belle parcelle du Chêne Marchand) et 9 hectares de pinot noir. Diplômé d'œnologie, formé en Bourgogne, Gilles s'essaie chaque année à de nouvelles expérimentations, produisant uniquement les cuvées les plus abouties. Son vignoble, essentiellement situé sur des roches argilo-calcaires, donne des vins réussis, en blanc comme en rouge, dans la parfaite lignée de l'appellation, avec des élevages maîtrisés et mesurés.

- **Sancerre La Croix du Roy 2015** | Sec | 2019>23 | 18,20 € — 14,5
- **Sancerre Le Chêne Marchand 2017** | Sec | 2019>23 | 21,50 € — 15
- **Sancerre Les Calcaires 2017** | Sec | 2019>23 | 16,80 € — 15
- **Sancerre Prestige 2016** | Sec | 2019>24 | 29 € — 15,5
- **Sancerre Prestige 2015** | Sec | 2019>24 | 33,50 € — 15,5
- **Vin de France Vendange du 7 octobre 2015 2015** | Sec | 2019>24 | 44,50 € — 14,5

Place de l'Église, 18300 Bué • Tél. 02 48 54 08 10 • laurence@lucien-crochet.fr • www.lucien-crochet.fr • Visite : Du lundi au vendredi de 8h00 à 12h30 et de 13h30 à 17h30. Le samedi sur rendez-vous.

DOMAINE FRANÇOIS CROCHET

★★★☆☆

Prénom respecté de Bué, François Crochet mène à marche forcée ses 11,5 hectares avec sa femme Carine. Certifié en agriculture biologique depuis le millésime 2017, le domaine est aujourd'hui en conversion vers la biodynamie. Les vins jouent la carte de l'élégance et de la finesse entre terroirs calcaires (le-grand-chemarin et le-petit-chemarin) et silex (exils). La cuvée de blanc domaine, assemblage de ces différents terroirs, offre déjà un confort et un croquant idoines. Les-amoureuses, deux parcelles argilo-calcaires, montre une belle profondeur de champ et beaucoup de tension saline. une belle adresse, gage de régularité et de raffinement. Les 2018 présentés ici ont été dégustés à l'aveugle avant leur mise en bouteille.

Sancerre 2018 | Sec | 2019>24 | 16,50 € | ♣	15,5
Sancerre 2017 | Sec | 2019>22 | 18,50 €	15
Sancerre Chêne Marchand 2018 | Sec | 2019>25 | env.27 €	15,5
Sancerre Exils 2018 | Sec | 2019>24 | 25 € | ♣	16
Sancerre Le Grand Chemarin 2018 | Sec | 2019>25 | 26 € | ♣	16,5
Sancerre Le Petit Chemarin 2017 | Sec | 2019>25 | 24,50 €	16
Sancerre Les Amoureuses 2018 | Sec | 2019>24 | 23 € | ♣	16
Sancerre Réserve de Marcigoué 2017 | Sec | 2019>24 | 27 €	15
Sancerre Réserve de Marcigoué 2016 | Sec | 2019>24 | 26 €	16

Marcigoué, 18300 Bué • Tél. 02 48 54 21 77 • francoiscrochet@wanadoo.fr • Visite : Sur rendez-vous du lundi au samedi.

DOMAINE DIDIER DAGUENEAU

★★★★★

Maître du sauvignon blanc, Didier Dagueneau avait conduit l'appellation sur ses plus hautes voies. À son décès accidentel en 2008, son fils Louis-Benjamin a repris les 12 hectares de vignes, poursuivant d'écrire les plus belles pages de l'appellation et du domaine. « Soyez réalistes, demandez l'impossible » est-il inscrit à l'entrée en guise de ligne de conduite, devise appuyée par une sculpture de bras d'honneur qui en dit long sur cette adresse irrévérencieuse et insoumise. Premier à réintroduire l'élevage en fûts, Dagueneau père a donné le ton de l'indépendance de pensée et d'acte. Son fils lui emboîte le pas, cultivant le lâcher prise et le moins d'intervention possible. Élevages longs sur lies puis sous bois en barriques de 330 et demi-muids de 620 litres, pas de correctifs, ni filtrage ni collage, les vins sortent intacts, épurés, étincelants. Les terroirs font le reste, que ce soit l'argile dure à gros silex sur le haut de la butte de Saint-Andelain (pour la cuvée silex), les argiles plus riches en bas de coteau (buisson-renard) ou les marnes calcaires (astéroïde). Notez que la famille cultive trois hectares à Jurançon depuis 2002, les Jardins de Babylone. Hélas cette année le domaine n'a pas présenté les vins et nous n'avons pas été en mesure de les déguster par ailleurs.

Pouilly-Fumé Blanc Fumé de Pouilly 2016 | Sec | 2018>24 | NC	15
Pouilly-Fumé Buisson Renard 2016 | Sec | 2019>28 | NC	16
Pouilly-Fumé Pur Sang 2016 | Sec | 2019>30 | NC	17,5
Pouilly-Fumé Silex 2016 | Sec | 2019>29 | NC	17

5, rue Ernesto Cheguevara, 58150 Saint-Andelain • Tél. 03 86 39 15 62 • louis.benjamin.dagueneau@gmail.com • Visite : sur rendez-vous.

DOMAINE SERGE DAGUENEAU ET FILLES

★☆☆☆☆

Ce domaine de 19 hectares, géré adroitement par Valérie Dagueneau, est un classique de Pouilly-Fumé et de Pouilly-sur-Loire, ciselant des blancs toujours réussis, réguliers et gastronomiques. La famille possède également deux hectares en Côtes de la Charité. La cuvée léontine rend hommage à l'arrière-grand-mère qui fonda le vignoble au tournant du millénaire. Régularité et prix doux sont les atouts de cette maison. Pour autant cette année, tous les vins ne se sont pas bien dégustés à l'aveugle, avec certaines cuvées à l'élevage trop présent.

Pouilly-Fumé Tradition 2018 | Sec | 2018>22 | 14 €	15
Pouilly-sur-Loire La Centenaire 2018 | Sec | 2019>21 | 12 €	14

- **IGP des Côtes de la Charité Les Montées Chardonnay 2017** | Sec | 2019>21 | 10,50 € — 13
- **IGP des Côtes de la Charité Les Montées Pinot Noir 2017** | Sec | 2019>21 | 11,50 € — 14

22 rue du Mont Beauvois Les Berthiers, 58150 Saint Andelain • Tél. 03 86 39 11 18 • sergedagueneaufilles@wanadoo.fr • www.s-dagueneau-filles.fr • Visite : Du lundi au vendredi de 9h à 12h et de 14h à 17h30. Le samedi sur rendez-vous.

DOMAINE VINCENT DELAPORTE

Mathieu Delaporte fait partie de ces jeunes vignerons qui font aujourd'hui la gloire du Sancerrois. Ses 33 hectares essentiellement situés sur Chavignol sont cultivés avec soin et présentent une grande originalité avec 50 parcelles différentes, exposées au sud pour 80 % d'entre elles. En outre, il compte 35 % de ses vignes sur des sols de silex, une proportion rare dans le Sancerrois. Cette richesse de terroirs permet la réalisation de grandes cuvées parcellaires et de vins d'assemblage, complets et harmonieux. Comme les prix sont encore raisonnables, il faut réserver tout de suite après les vendanges, car le succès commence à se faire savoir !

- **Sancerre Chavignol 2018** | Sec | 2019>24 | 16 € — 16
- **Sancerre Cul de Beaujeu 2017** | Sec | 2019>24 | 24 € — 14,5
- **Sancerre Monts Damnés 2017** | Sec | 2019>24 | 24 € — 14,5
- **Sancerre Silex 2017** | Sec | 2019>24 | 20 € — 14,5

Chavignol, 18300 Sancerre • Tél. 02 48 78 03 32 ou 06 99 36 62 13 • delaportevincent.sancerre@wanadoo.fr • www.domaine-vincent-delaporte.com • Visite : Du lundi au samedi de 9h à 19h. Fermé le dimanche.

DOMAINE DE L'ERMITAGE

Ce domaine renaît sous l'impulsion d'Antoine de la Farge, ancien acheteur chez Nicolas et rompu à la gestion commerciale. Issu d'une famille de céréaliers et d'éleveurs (le domaine familial exploite 100 hectares de terres et des blondes d'Aquitaine), il a remis sur pieds cette marque, valeur refuge de l'appellation, qui jusqu'en 2003 apportait ses raisins à la coopérative. Aujourd'hui les 12 hectares de Menetou sont récoltés à la main et forgent une gamme lisible et réussie qui devrait s'étoffer avec le rachat en mars 2019 du domaine Chavet (30 hectares). À côté de cela, un petit négoce à son nom, sur 42 hectares, permet de développer la gamme avec également des cépages issus d'autres régions comme la Gascogne (Enfant Rebelle).

- **Menetou-Salon 2018** | Sec | 2019>21 | 11,40 € — 14
- **Menetou-Salon Grand Vin 2017** | Sec | 2020>25 | 15,50 € — 15,5
- **Menetou-Salon Première Cuvée 2018** | Sec | 2019>20 | 11,90 € — 14,5
- **Sancerre 2018** | Sec | 2019>23 | 15,50 € — 15
- **Sancerre Grand Vin 2018** | Sec | 2019>24 | 13,50 € — 14,5
- **Vin de France L'Enfant Rebelle 2018** | Sec | 2019>20 | 7,20 € — 14

18500 Berry-Bouy • Tél. 02 48 26 87 46 • domaine-ermitage@wanadoo.fr • www.domaine-ermitage.com • Visite : Sur rendez-vous.

DOMAINE BERNARD FLEURIET ET FILS

Cela ressemble au bout du monde, un petit coin paisible de campagne isolé. La porte franchie, la cuverie moderne étale ses immenses blocs de béton, cintrés sur les pourtours de cuves ovoïdes impressionnantes. Mathieu Fleuriet, venu sur l'exploitation en 2002, a converti ses 29 hectares (dont 5 hectares à Menetou) en agriculture biologique en 2013 et porte un soin méticuleux à vinifier avec douceur, le plus précisément possible. Le vignoble occupe les trois grands terroirs de l'appellation, exclusivement sur des coteaux exposés sud, sud-est, avec des sols très représentatifs de la typicité et de la diversité du vignoble sancerrois. Résultat : des blancs de chair et de plaisir, dont un intéressant côte-de-marloup vinifié sur lies en œuf béton, et des rouges francs et fruités, de belle envergure. Une adresse sûre et intéressante, qui montre tout le potentiel de ces terroirs de terres blanches et de silex.

- **Menetou-Salon 2017** | Sec | 2019>21 | 11 € — 13
- **Menetou-Salon 2017** | Sec | 2019>20 | 12 € — 13
- **Menetou-Salon La Vigne au Paul 2018** | Sec | 2019>22 | NC — 14
- **Sancerre Anthocyane 2016** | Sec | 2019>24 | 21 € — 16
- **Sancerre Côte de l'épée 2017** | Sec | 2019>23 | NC — 15
- **Sancerre Côte de Marloup 2016** | Sec | 2019>25 | 14,50 € — 15,5

- **Sancerre Côte de Marloup 2015** | Sec | 2019>24 | 14,50 € 15
- **Sancerre La Baronne 2017** | Sec | 2019>23 | 16,50 € 15
- **Sancerre Les Grandes Marnes 2017** | Sec | 2019>22 | NC 14,5
- **Sancerre Magie des Caillottes 2017** | Sec | 2019>21 | NC 14,5
- **Sancerre Pur Jus 2017** | Sec | 2019>20 | 18 € 13,5
- **Sancerre Saurins 2016** | Sec | 2019>24 | 20 € 15,5
- **Sancerre Tradition 2018** | Sec | 2019>21 | NC 16
- **Sancerre Tradition 2017** | Sec | 2019>22 | 13 € 14,5
- **Sancerre Tradition 2017** | Sec | 2019>21 | 14 € 14,5

La Vauvize, 18300 Menetou-Ratel • Tél. 02 48 79 34 09 • fleuriet.vauvise@wanadoo.fr • www.fleuriet-sancerre.com • Visite : Ouvert du lundi au samedi de 9h à 19h30. Le dimanche sur rendez-vous.

DOMAINE FOUASSIER

Les cousins Paul et Benoît Fouassier avancent avec conviction et ambition. Les 60 hectares (dont dix de pinot noir) sont conduits en biodynamie depuis 2006 et les cuvées, nombreuses, sont vinifiées selon chaque parcelle, en levures indigènes (80 % de blancs). Les différents terroirs de calcaires et de marnes permettent ainsi une lecture efficace de Sancerre, où le-clos-de-bannin, secteur de silex et d'argiles, le plus solaire, sort du lot. L'ensemble des vins, soigneusement élevés en cuve pour préserver le fruit et l'expression du terroir (à l'exception des rouges et du blanc mélodie) livrent de l'énergie, du ressort et de la gourmandise, avec une belle présence tactile. Une bonne maison en progression, dont les prix restent très sages en regard de la qualité et des efforts entrepris.

- **Sancerre 2016** | Sec | 2019>23 | 20 € 15
- **Sancerre Clos Paradis 2017** | Sec | 2019>25 | 17 € 16
- **Sancerre Empreinte 2012** | Sec | 2019>28 | 28,50 € 16
- **Sancerre Le Clos de Bannon 2017** | Sec | 2019>27 | 18 € 16,5
- **Sancerre Le Vallon 2017** | Sec | 2019>24 | 16,50 € 15,5
- **Sancerre Les Chailloux 2017** | Sec | 2019>24 | 18 € 15,5
- **Sancerre Les Chasseignes 2017** | Sec | 2019>25 | 17 € 16,5
- **Sancerre Les Grands Champs 2017** | Sec | 2019>24 | 16,50 € 16
- **Sancerre Les Grous 2017** | Sec | 2019>23 | 16,50 € 15
- **Sancerre Les Romains 2016** | Sec | 2019>25 | 19 € 16
- **Sancerre Mélodie 2015** | Sec | 2019>25 | 24,50 € 16
- **Sancerre Sur le Fort 2017** | Sec | 2019>22 | 16 € 14,5
- **Sancerre X 2015** | Sec | 2019>26 | 24,50 € 15,5

180, avenue de Verdun, 18300 Sancerre • Tél. 02 48 54 02 34 • contact@fouassier.fr • www.fouassier.fr • Visite : Lundi au vendredi de 9h à 12h et de 13h30 à 17h30. Le samedi de 10 à 12h 15h 18h00. Le dimanche sur rendez-vous.

DOMAINE FOURNIER PÈRE ET FILS

Acteur dynamique installé sur Sancerre, Pouilly-Fumé et Menetou-Salon, avec quatre domaines (Fournier, Saint Romble, Les Berthiers et Paul Corneau), la famille Fournier mène parfaitement ses 40 hectares de vignoble (avec une partie négoce), ciselant des cuvées efficaces, sans élevage bois, mettant dignement en valeur le cépage sauvignon. La Maison Villebois, en négoce, fait également partie du groupe, avec une production destinée à l'export que vous retrouverez dans la partie digitale de notre guide (Le Grand Tasting). Le style est toujours très mûr, avec sur certaines cuvées des sucres résiduels. Les vins dégustés à l'aveugle cette année, uniquement des blancs, nous ont séduits et nous intégrons cette année le domaine dans le Guide.

- **Menetou-Salon Côtes de Morogues 2018** | Sec | 2019>22 | 10,90 € 15
- **Pouilly-Fumé Les Deux Cailloux 2018** | Sec | 2019>22 | 12,65 € 14,5
- **Sancerre Les Bouffants 2015** | Sec | 2019>24 | 28,15 € 13
- **Sancerre Les Caillottes 2017** | Sec | 2019>23 | 21,30 € 16
- **Sancerre Les Terres Blanches 2017** | Sec | 2019>24 | 21,30 € 15
- **Sancerre Silex 2017** | Sec | 2019>22 | 21,30 € 14,5

Route de la garenne - Chaudoux, 18300 Verdigny • Tél. 02.48.79.35.24 • claude@fournier-pere-fils.fr • www.fournier-pere-fils.com • Visite : De préférence sur rendez-vous.

DOMAINE DE LA GARENNE

Une découverte de nos dégustations cette année. Fabienne et Benoît Godon sont depuis 2008 à la barre de 12 hectares sur Sancerre et forment une belle gamme de vins, à prix serrés dont nous retenons essentiellement les cuvées de blancs, bouffants et infidèle.

- **Sancerre Infidèle 2018** | Sec | 2019>23 | 17,50 € 15
- **Sancerre L'Esprit de la Garenne 2016** | Sec | 2019>25 | 13,50 € 13,5

- **Sancerre Les Bouffants 2018** | Sec | 2019>22 | 11 € — 14,5
- **Sancerre Les Sens de la Garenne 2017** | Sec | 2019>25 | 13,50 € — 13

1, rue Saint-Vincent, 10300 Verdigny • Tél. 02 48 79 35 79 • contact@sancerrelagarenne.com • www.sancerrelagarenne.com • Visite : Ouvert du lundi au samedi de 9h à 12h puis 14h à 19h. Le dimanche rendez-vous.

DOMAINE GILBERT

Sur son domaine de 27 hectares, Philippe Gilbert travaille avec sagesse et inspiration, ciselant des vins délicats, de grande précision. Les vieilles vignes, la biodynamie, le labour à cheval pour partie forment les conditions d'exigence les plus pointues. Méthodique, ce vigneron fait aussi progresser sa façon de vinifier et s'essaie aux amphores de terre cuite depuis 2017, aux grappes entières, aux élevages des blancs en barriques. Des ajustements qui permettent d'aller au plus près du raisin et du terroir. Une adresse modèle.

- **Menetou-Salon 2017** | Sec | 2019>21 | 17 € — 15
- **Menetou-Salon 2017** | Sec | 2019>22 | 19 € — 14,5
- **Menetou-Salon 35 Rangs 2017** | Sec | 2019>22 | 35 € — 15,5
- **Menetou-Salon Hors-Série 2017** | Sec | 2019>22 | 23 € — 16
- **Menetou-Salon Hors-Sujet 2017** | Sec | 2019>25 | 34 € — 15,5
- **Menetou-Salon Les Chandelières 2017** | Sec | 2019>23 | 27 € — 16
- **Menetou-Salon Les Chandelières 2015** | Sec | 2019>23 | 30 € — 15,5
- **Menetou-Salon Les Renardières 2017** | Sec | 2019>23 | 26 € — 16,5
- **Menetou-Salon Renardières 2017** | Sec | 2019>22 | 27 € — 15

9 Les Faucards, 18510 Menetou-Salon • Tél. 02 48 66 65 90 • info@domainegilbert.fr • www.domainephilippegilbert.fr • Visite : Ouvert du lundi au vendredi de 8h00 à 12h00 et de 13h30 à 17h30.

DOMAINE VINCENT GRALL

Ce petit domaine d'un peu plus de quatre hectares, conduit par Vincent Grall depuis vingt ans, s'est démarqué lors de notre dégustation à l'aveugle. Uniquement des blancs de sauvignon et un rosé sont produits ici en coteaux, entre terroirs de silex et marnes calcaires. Avec des expressions généreuses, portées par un fruit bien mûr, les vins sont séduisants et bien réalisés.

- **Sancerre Le Grall 2018** | Sec | 2019>25 | 21 € — 15,5
- **Sancerre Le Manoir 2018** | Sec | 2019>24 | 14,50 € — 15
- **Sancerre Tradition 2018** | Sec | 2019>23 | 10 € — 14,5

149, avenue Nationale, 18300 Sancerre • Tél. 02 48 78 00 42 • contact@grall-vigneron-sancerre.com • www.grall-vigneron-sancerre.com • Visite : Uniquement sur rendez-vous.

DOMAINE GUILLERAULT-FARGETTE

Gilles Guillerault et Sébastien Fargette se sont associés sur ce domaine de 18 hectares, conseillés depuis un an par Fabien Duperray, vigneron prodige du Beaujolais et consultant à ses heures. Le domaine est en plein renouveau, ne livrant pas encore son plein potentiel mais il faut s'y intéresser de près car sous l'égide de ce nouveau mentor les progrès pourraient vite arriver et faire franchir un cap. Nous avons hâte !

- **Sancerre Chêne Marchand 2017** | Sec | 2019>24 | 20 € — 14
- **Sancerre Les Marnes 2017** | Sec | 2019>23 | 18 € — 14
- **Sancerre Panseillots 2018** | Sec | 2019>24 | NC — 15

2 rue du Lavoir, Reigny, 18300 Crézancy-en-Sancerre • Tél. 02 48 79 02 84 • contact@guillerault-fargette.fr • www.guillerault-fargette.fr • Visite : Ouvert du lundi au samedi de 9h à 12h30 et de 13h30 à 18h. Le dimanche jours fériés fermé.

DOMAINE LA CLEF DU RÉCIT

Après avoir collaboré avec François Villard et Stéphane Ogier dans la Vallée du Rhône nord, Anthony Girard s'est installé à Sancerre et Menetou-Salon en 2012 sur 10 hectares. Ses vignes travaillées dans un profond respect de l'environnement forgent des vins ciselés qui font honneur à ces appellations. Depuis son premier millésime, il est en constante progression. Les vins sont précis dans leur expression gourmande, aussi bien en blanc qu'en rouge. Une adresse à découvrir !

- **Menetou-Salon 2017** | Sec | 2019>23 | 14 € — 15
- **Sancerre 2018** | Sec | 2019>22 | 14 € — 14,5
- **Sancerre 2017** | Sec | 2019>24 | 16 € — 15

- **Sancerre Le Chêne Fourchu 2017** | Sec | 2019>23 | 22 € — 14,5

Lieu-dit Récy, 18300 Vinon • Tél. 06 07 66 93 29 • laclefdurecit@gmail.com • Visite : Uniquement sur rendez-vous.

DOMAINE LA PERRIÈRE

La famille Saget, acteur important du Val de Loire, possède ce domaine de 40 hectares à Verdigny. Comme l'ensemble de ses propriétés, les frères Laurent et Arnaud Saget soignent aussi bien la vigne que la cave et amorcent depuis dix ans un renouveau qualitatif sur l'ensemble de leurs marques. Ils se sont adjoint les conseils de l'équipe de Stéphane Derenoncourt afin de mener à bien cette montée en puissance et depuis, les vins produits forment de bons représentants de leurs appellations respectives. Les Saget détiennent six propriétés, soit 340 hectares, qui s'ajoutent à leur activité de négoce pour un total de 4,5 millions de bouteilles chaque année.

- **Sancerre 2018** | Sec | 2019>22 | 14 € — 14,5
- **Sancerre 2017** | Sec | 2019>22 | 15 € — 14
- **Sancerre Caillots 2018** | Sec | 2019>22 | 18 € — 14
- **Sancerre Mégalithe 2016** | Sec | 2019>25 | 26 € — 15
- **Sancerre Sacrilège 2016** | Sec | 2019>24 | 30 € — 14,5
- **Sancerre Silex 2018** | Sec | 2019>25 | 18 € — 15,5

Caves de la Perrière, 18300 Verdigny • Tél. 02 48 54 16 93 ou 03 86 39 57 75 • info@domainelaperriere.com • www.domainelaperriere.com • Visite : Du lundi au vendredi de 8h à 12h et de 14h à 17h30 et, en saison, les samedis, dimanches et jours fériés de 10h à 12h et de 14h à 18h30.

DOMAINE SERGE LALOUE

Le domaine Serge Laloue est une exploitation familiale de 25 hectares située sur la commune de Thauvenay, à 5 kilomètres au sud de Sancerre. Ses coteaux exposés est et sud-est possèdent des sols caillouteux riches en silex, ou argilo-calcaires de deux types, appelés caillotes et terres Blanches. Les vins sont de bonne facture et expriment pleinement leurs cépages sans expression fardée, notamment le rouge les-rôties.

- **Sancerre 2018** | Sec | 2019>22 | 14 € — 16
- **Sancerre 2017** | Sec | 2019>22 | 15,50 € — 13
- **Sancerre 1166 2017** | Sec | 2019>23 | 25,50 € — 14
- **Sancerre Les Rôties 2016** | Sec | 2019>24 | 21,50 € — 15,5
- **Sancerre Silex 2017** | Sec | 2019>23 | 16,30 € — 15
- **IGP des Côtes de la Charité 2018** | Sec | 2019>21 | 11 € — 13

Rue de la Mairie, 18300 Thauvenay • Tél. 02 48 79 94 10 • contact@serge-laloue.fr • www.serge-laloue.fr • Visite : Ouvert du lundi au vendredi de 9h à 12h et de 14h à 17h30. Le week-end sur rendez-vous.

DOMAINE LAPORTE

Ce domaine appartient à la famille Bourgeois et compte 20 hectares de vignoble sur Sancerre ; il ajoute à cela une activité de négoce en Centre-Loire sur Pouilly-Fumé, Quincy, Menetou-Salon Coteaux du Giennois, Châteaumeillant et une gamme de vins de Nouvelle-Zélande. Sur Sancerre, le vignoble est mené en agriculture biologique et produit 5 cuvées, dont le-rochoy, issue d'une large parcelle exclusive de 8,5 hectares d'argiles et de silex, et le grand-rochoy, une sélection de ce coteau avec les vignes de 50 ans. Notre préférence va au grand-rochoy et en rouge, à la cuvée les-royaux, un pinot infusé et délicat.

- **Sancerre Le Grand Rochoy 2017** | Sec | 2019>24 | 23,60 € — 15
- **Sancerre Le Rochoy 2018** | Sec | 2019>23 | 19,25 € — 14
- **Sancerre Les Royaux 2016** | Sec | 2019>25 | 23,75 € — 15,5

Route de Sury-en-Vaux - B.P. 34, 18300 Saint-Satur • Tél. 02 48 78 54 20 • contact@laporte-sancerre.com • www.laporte-sancerre.com • Visite : Du mercredi au dimanche et jours feriers de 10h à 13h30 et de 14h30 à 18h.

DOMAINE LEBRUN

Laurent Lebrun mène une double vie. Directeur du Château Olivier, grand cru classé à Pessac-Léognan, il conduit en parallèle, et depuis 1995, un vignoble de 9 hectares sur Pouilly-Fumé. C'est une propriété familiale située sur les terroirs typiques d'argiles à silex de la butte de Saint-Andelain, avec quelques parcelles sur argilo-calcaires. Les deux cuvées dégustées augurent du meilleur et celle passée sous bois, eugénie, témoigne du savoir-faire bordelais en matière d'élevage, soulignant la matière avec justesse sans s'imposer. Nous sommes conquis par cette adresse tournée essentiellement vers l'export mais qui mérite attention.

- **Pouilly-Fumé 2018** | Sec | 2019>24 | 14,50 € — 14,5
- **Pouilly-Fumé Eugénie 2016** | Sec | 2019>26 | 18,50 € — 16

Les Berthiers, 58150 Saint-Andelain • Tél. 03 86 39 02 93 • l.lebrun@dmainelebrun.com • www.domainelebrun.com • Visite : Sur rendez-vous.

DOMAINE LES POËTE

★★★☆☆

Guillaume Sorbe est revenu sur le terroir familial en 2007 et depuis il y fait des merveilles. Son domaine de 7 hectares de sables et de graves alluvionnaires, répartis sur 28 parcelles, est travaillé comme un jardin, privilégiant la diversité végétale et animale. Récoltant au meilleur moment pour conserver toute l'expression du fruit, pas trop tard pour conserver la fraîcheur, vinifiant avec la précision d'un horloger en barriques, il cisèle une gamme de quatre blancs et un rouge d'un niveau remarquable. Ornés d'étiquettes élégantes, ces vins de haute stature sont essentiellement vendus hors de France : les trouver devient une nécessité, voire un devoir pour tout amateur !

- **Quincy Argos 2015** | Sec | 2019>23 | 21 € — 15,5
- **Reuilly Odyssée 2017** | Sec | 2019>29 | 25 € — 16,5
- **Reuilly Orphée 2015** | Sec | 2019>23 | 25 € — 16,5
- **Reuilly pinot gris Toison d'Or 2016** | Sec | 2019>25 | 25 € — 16
- **Touraine S des Poëte 2016** | Sec | 2019>21 | 11 € — 14,5

9, route de Boisgisson, 18120 Preuilly • Tél. 06 61 62 88 52 • gsorbe@lespoete.com • www.lespoete.com • Visite : Uniquement sur rendez-vous.

DOMAINE MABILLOT

★★☆☆☆

Après un tour par le Bordelais, les États-Unis, le Brésil et la tonnellerie Taransaud, Matthieu Mabillot est revenu sur Reuilly en 2008, prêter main forte à son frère Renaud et exploiter leurs 10 hectares de vignes familiales. Le duo est désormais bien rodé et les vins sont de bons classiques de l'appellation, proposés à prix très raisonnables. À venir d'ici 2021 : une gamme de whiskies 100 % français !

- **Reuilly 2018** | Sec | 2019>21 | 9,50 € — 14
- **Reuilly 2018** | Sec | 2019>21 | 9 € — 14,5
- **Reuilly Haut de la Pente 2017** | Sec | 2019>22 | 12 € — 14,5
- **Reuilly La Ferté 2017** | Sec | 2019>22 | 12 € — 14,5
- **Reuilly Mont Cocu 2017** | Sec | 2019>22 | 11 € — 15

3, Chemin de l'Orme - Villiers les Roses, 36260 Sainte-Lizaigne • Tél. 02 54 04 02 09 • contact@vins-mabillot.fr • www.vins-mabillot.com • Visite : Uniquement sur rendez-vous.

DOMAINE MASSON-BLONDELET

★☆☆☆☆

Mélanie et Pierre-François Masson représentent la septième génération de vignerons sur ce domaine de 22 hectares de Pouilly-Fumé. Cultivées sans désherbant ni engrais chimiques depuis 2002, les vignes forment une gamme homogène de blancs frais et gourmands, avec toujours un peu de sucre résiduel (autour de 1 g/l) élevés exclusivement en cuves inox, dont la cuvée les-angelots constitue une belle réussite.

- **Pouilly-Fumé Clos du Château Paladi 2015** | Sec | 2019>23 | 25 € — 14
- **Pouilly-Fumé Les Angelots 2018** | Sec | 2019>24 | 21 € — 15,5
- **Pouilly-Fumé Les Pierres de Pierre 2018** | Sec | 2019>23 | 24 € — 15
- **Pouilly-Fumé Tradition Cullus 2015** | Sec | 2019>22 | 39 € — 13
- **Pouilly-Fumé Villa Paulus 2018** | Sec | 2019>23 | 23 € — 14,5
- **Sancerre Thauvenay 2018** | Sec | 2019>23 | 23 € — 15

1 rue de Paris, 58150 Pouilly-sur-Loire • Tél. 03.86.39.00.34 • info@masson-blondelet.com • www.masson-blondelet.com • Visite : Du lundi au samedi de 9h à 12h et de 13h30 à 18h. Le dimanche de 9h30 à 12h et de 14h à 17h.

DOMAINE ALPHONSE MELLOT

★★★★★ ♣

Au sommet de son art, Alphonse dit « Junior », représentant la 19e génération familiale, propulse son domaine parmi les plus brillants du vignoble français. Sur 58 hectares conduits en biodynamie depuis 1999, il repousse sans cesse les limites de l'excellence, forgeant des vins racés, étincelants et complexes qui n'ont rien à envier aux grandes pointures de l'Hexagone. Sur l'échiquier mondial même, ses rouges survolent leur catégorie. Habile vinificateur, gérant les élevages sous bois à la perfection - tous les vins sont vinifiés puis élevés dans différents contenants en chêne, de la barrique à la cuve tronconique de 48 hectolitres - Alphonse Mellot livre une lecture passionnante du terroir de Sancerre, autour de cuvées parcellaires qui détaillent chaque recoin de ce territoire. L'âge des vignes, d'une moyenne de 75 ans, accentue la prégnance du terroir et fonde une gamme inspirée dont la première marche - la cuvée domaine tirée à 150 000 exemplaires - forme déjà une hauteur plus que respectable. Il possède également 18 hectares en IGP des Côtes de la Charité, assurant une superbe variation sur le chardonnay. On salue le travail et l'inspiration de ce passionné infatigable, qui couronne trente années de recherche et d'intransigeance. À venir : un hôtel avec spa pour que la galaxie Mellot rayonne un peu plus sur le piton de la petite cité sancerroise !

- **Sancerre Edmond 2016** | Sec | 2019>29 | 49,50 € — 18
- **Sancerre En Grands-Champs 2016** | Sec | 2019>29 | 89 € — 18
- **Sancerre Génération XIX 2016** | Sec | 2020>36 | 46,50 € — 18,5
- **Sancerre La Demoiselle 2016** | Sec | 2019>30 | 31 € — 16
- **Sancerre La Demoiselle 2016** | Sec | 2019>22 | 54,50 € — 16,5
- **Sancerre La Moussière 2017** | Sec | 2019>25 | 20,50 € — 15,5
- **Sancerre La Moussière 2016** | Sec | 2019>21 | 30 € — 16
- **Sancerre Le Paradis 2016** | Sec | 2019>29 | 124,50 € — 19
- **Sancerre Les Herses 2016** | Sec | 2019>26 | 28,50 € — 16
- **Sancerre Les Romains 2016** | Sec | 2019>29 | 36,50 € — 16,5
- **Sancerre Paradis 2016** | Sec | 2019>27 | 43 € — 17,5
- **Sancerre Satellite 2016** | Sec | 2019>25 | 39,50 € — 17
- **IGP des Coteaux charitois Les Pénitents 2016** | Sec | 2019>21 | 11,50 € — 15
- **IGP des Coteaux charitois Les Pénitents 2016** | Sec | 2019>21 | 10 € — 14,5

3, rue Porte-César - B.P. 18, 18300 Sancerre • Tél. 02 48 54 07 41 • expedition@mellot.com • www.mellot.com • Visite : Sur rendez-vous. Boutique de vente dans le village.

DOMAINE JOSEPH MELLOT

★★★☆☆

Cela fait trente ans que Catherine Corbeau-Mellot hisse sa maison sur la voie de l'excellence, avec rigueur et dynamisme. Présente sur toutes les appellations du Centre-Loire, avec une partie négoce, également en Touraine avec quelques cuvées de vins de pays, cette maison phare de Sancerre explore tous les terroirs, sur une centaine d'hectares. Les vins sont de bonne facture, mettant en valeur le cépage, sans fioritures. Les cuvées élevées sous bois doivent être attendues, les boisés étant marqués sur la jeunesse. Bien présents en restauration et dans le commerce, ces vins offrent une belle porte d'entrée de la région.

- **Coteaux du Giennois La Gaupière 2018** | Sec | 2019>23 | 9,30 € — 13,5
- **Menetou-Salon Clos du Pressoir 2018** | Sec | 2019>22 | 13 € — 13
- **Menetou-Salon Clos du Pressoir 2017** | Sec | 2019>22 | 12,50 € — 14,5
- **Pouilly-Fumé Le Tronc Sec 2018** | Sec | 2019>24 | 19 € — 15,5
- **Quincy Pierre Duret 2018** | Sec | 2019>22 | 11,40 € — 14
- **Reuilly Domaine Jean-Michel Sorbe 2018** | Sec | 2019>24 | 10,90 € — 14,5
- **Reuilly Domaine Jean-Michel Sorbe 2017** | Sec | 2019>22 | 10,55 € — 13
- **Sancerre Domaine des Émois 2018** | Sec | 2019>23 | 21 € | ♣ — 14,5
- **Sancerre La Chatellenie 2018** | Sec | 2019>24 | 19 € — 16
- **Sancerre Le Rabault 2017** | Sec | 2019>23 | 15,50 € — 14
- **Sancerre Pierre Étienne 2015** | Sec | 2019>25 | 28 € — 15

Route de Ménétréol, 18300 Sancerre • Tél. 02 48 78 54 54 • josephmellot@josephmellot.com • www.josephmellot.com • Visite : Du lundi au vendredi de 8h30 à 12h et de 13h30 à 17h. En été, la boutique est également ouverte le samedi et le dimanche de 10h à 19h.

DOMAINE MINCHIN

★★★☆☆

Installé sur Morogues avec 17 hectares, Bertrand Minchin est l'une des valeurs sûres de Menetou-Salon, de même qu'il excelle à Valençay où il possède 15 hectares. Au fil des millésimes, il peaufine son style et ses rouges comptent parmi les meilleurs du secteur. Les blancs de belle structure gagnent également en précision, avec des vins francs à la saveur subtilement exotique. Depuis 2018, il s'essaie à la vinification sans soufre et à la vendange entière, avec succès. Ce sont de superbes rapports qualité-prix.

Menetou-Salon Célestin 2017 | Sec | 2019>22 | 21 € — 15
Menetou-Salon G 2018 | Sec | 2019>26 | 30 € — 15,5
Menetou-Salon H 2018 | Sec | 2019>22 | 30 € — 15
Menetou-Salon Honorine 2017 | Sec | 2019>24 | 19,90 € — 15
Menetou-Salon Morogues 2018 | Sec | 2019>22 | 12,90 € — 14,5
Menetou-Salon Pommerais 2017 | Sec | 2019>23 | 13,50 € — 15
Valençay Claux Delorme 2017 | Sec | 2019>21 | 8,90 € — 14,5
Valençay Claux Delorme 2017 | Sec | 2019>21 | 8,90 € — 14

La Tour Saint-Martin, 18340 Crosses • Tél. 02 48 25 02 95 • cave@domaines-minchin.vin • www.domaines-minchin.com • Visite : Lundi, mardi, mercredi, jeudi : 8h30-12h30 / 13h30-17h30. Vendredi : 8h30-12h30 / 13h30-16h30

DOMAINE PIERRE MORIN

Pierre Morin a pris la suite de son père Gérard en 2013, dans le secteur de Bué, l'un des meilleurs secteurs du Sancerrois. Il produit sur 9 hectares une gamme sincère avec quelques parcellaires ; notre préférence va à la cuvée domaine, proposée à un tarif très sage. Les rouges sont vinifiés en vendanges entières et la cuvée bellechaume se distingue.

Sancerre 2018 | Sec | 2019>22 | 12,50 € — 15
Sancerre Bellechaume 2016 | Sec | 2019>24 | 18 € — 14,5

4 rue de l'Abbaye, 18300 Bué • Tél. 02 48 54 36 75 • morin.perefils@orange.fr • Visite : De préférence sur rendez-vous.

DOMAINE DU NOZAY

Cyril de Benoist, neveu d'Aubert de Villaine (propriétaire du domaine de la Romanée-Conti) a pris la suite de ses parents qui ont converti le domaine, dans la famille depuis le 19e siècle, en vignoble en 1970. Conduits en biodynamie, les 15 hectares de sauvignon livrent de très belles expressions du Sancerrois, autour d'une gamme bien définie, vinifiée en cuves, parcelle par parcelle, et en amphores. Seule la cuvée château est passée sous bois. Une adresse à découvrir.

Sancerre 2018 | Sec | 2019>23 | 15 € — 15
Sancerre Les Terres Blanches 2018 | Sec | 2019>23 | 15 € — 15

Château du Nozay, 18240 Sainte-Gemme-en-Sancerrois • Tél. 02 48 79 30 23 OU 06 09 01 74 01 • nozay@orange.com • www.domaine-du-nozay.com • Visite : Uniquement sur rendez-vous.

DOMAINE JONATHAN DIDIER PABIOT

Jonathan Pabiot a commencé modestement en 2005 avec 3 hectares en bio, le voilà aujourd'hui avec 20 hectares (dont 5 ha de chasselas sur Tracy) et une certification en biodynamie, après avoir intégré en 2010 le vignoble de son père Didier. La montée en puissance du domaine a été de pair avec son développement et les vins, extrêmement soignés, concilient tension, assise et texture. C'est une adresse sûre, pas forcément abordable au commun des mortels en terme de tarifs (les prix caviste sont indiqués ici) mais qui a su trouver sa voie et son public.

Pouilly-Fumé Aubaine 2017 | Sec | 2019>22 | 30 € — 15,5
Pouilly-Fumé Eurythmie 2017 | Sec | 2019>25 | 40 € — 16
Pouilly-Fumé Florilège 2017 | Sec | 2019>21 | 23 € — 15
Pouilly-Fumé Prédilection 2017 | Sec | 2019>22 | 34 € — 16
Pouilly-Fumé Utopia 2017 | Sec | 2019>22 | 48 € — 14,5
Pouilly-sur-Loire 2017 | Sec | 2019>20 | 23 € — 14,5

Les Loges 1 rue saint-vincent, 58150 Pouilly-Sur-Loire • Tél. 03 86 39 01 32 • pabiot-jonathan@wanadoo.fr • Visite : Uniquement sur rendez-vous

DOMAINE HENRY PELLÉ

À la tête de 50 hectares (dont 5 de Sancerre), les Pellé sont solidement enracinés sur l'appellation Menetou-Salon et leur travail à la vigne et en cuverie est impressionnant. Depuis 2006, Paul-Henri est aux commandes de cette belle adresse familiale qui ne cesse de se réinventer et de monter en qualité. La mise en avant des cuvées parcellaires, la maîtrise des élevages sous bois avec de plus en plus de grands contenants (foudres et cuves) concourent à l'excellence du domaine qui ajoute une exigence de plus car la certification en agriculture biologique sera effective à partir du millésime 2021. Nous montons le domaine à 3 BD pour sa régularité et l'homogénéité de la gamme : c'est bien simple, tout est bon, de la première cuvée à la plus exclusive.

- **Menetou-Salon Cœur de Cris 2012** | Sec | 2019>22 | epuisé — 16,5
- **Menetou-Salon Le Carroir 2017** | Sec | 2019>23 | 16 € — 16
- **Menetou-Salon Le Carroir 2015** | Sec | 2019>23 | 18,50 € — 16
- **Menetou-Salon Les Blanchais 2017** | Sec | 2019>25 | 20 € — 16
- **Menetou-Salon Les Bornés 2017** | Sec | 2019>21 | 12 € — 14,5
- **Menetou-Salon Les Bornés 2017** | Sec | 2019>21 | 10,50 € — 15
- **Menetou-Salon Les Cris 2016** | Sec | 2019>23 | NC — 16,5
- **Menetou-Salon Morogues 2017** | Sec | 2019>22 | 15 € — 15
- **Menetou-Salon Morogues 2017** | Sec | 2019>22 | 13 € — 15,5
- **Menetou-Salon Vignes de Ratier 2017** | Sec | 2019>23 | 16 € — 16
- **Sancerre La Croix au Garde 2017** | Sec | 2019>23 | 15 € — 15
- **Sancerre La Croix au Garde 2015** | Sec | 2019>22 | 16 € — 15,5

Route d'Aubinges, 18220 Morogues • Tél. 02 48 64 42 48 • contact@domainepelle.com • www.domainepelle.com • Visite : Ouvert du lundi au vendredi de 8h30 à 12h et de 13h30 à 17h30. Le samedi sur rendez-vous. de 15h à 18h du printemps aux vendanges. Fermé dimanche jours fériés

DOMAINE VINCENT PINARD

★★★★☆

Les frères Clément et Florent Pinard, trentenaires aguerris, ont hissé leur domaine au summum de la réussite ; sans agent commercial ni représentant, la gamme s'écoule sur les plus belles tables étoilées et à l'export, contentant une poignée d'amateurs fidèles et avides de goûter leurs dernières cuvées. Menant leurs 17 hectares selon les principes de l'agriculture biologique, sans certification - la biodynamie a débuté en 2018 -, ils livrent des blancs fins et délicats, et des rouges de plein fruit, certains en vendanges entières ce qui propulse le pinot dans une richesse et une complexité supplémentaires et les placent parmi les meilleurs spécimens de la Loire. Peu de soufre, levures indigènes sélectionnées par leurs soins, récolte à la main : tout ici converge vers l'excellence, poussant chaque détail pour se remettre en cause à chaque millésime. Les huit blancs notamment forment un parcours de lecture très didactique des différents terroirs de Bué, entre différentes strates calcaires, silices et marnes.

- **Sancerre Chêne Marchand 2017** | Sec | 2019>27 | 31,50 € — 17
- **Sancerre Clémence 2017** | Sec | 2019>22 | epuisé — 14,5
- **Sancerre cuvée Charlouise 2017** | Sec | 2019>25 | 28 € — 15,5
- **Sancerre Grand Chemarin 2017** | Sec | 2019>25 | 31,50 € — 16
- **Sancerre Harmonie 2017** | Sec | 2019>24 | 25 € — 16
- **Sancerre Le Château 2017** | Sec | 2019>27 | 31,50 € — 17
- **Sancerre Petit Chemarin 2017** | Sec | 2019>25 | 31,50 € — 16,5
- **Sancerre pinot noir 2017** | Sec | 2019>22 | 19,50 € — 15
- **Sancerre Vendanges Entières 2017** | Sec | 2019>29 | env.36 € — 16

42, rue Saint-Vincent, 18300 Bué • Tél. 02 48 54 33 89 • vincent.pinard@wanadoo.fr • www.domaine-pinard.com • Visite : Uniquement sur rendez-vous et fermé le dimanche.

DOMAINE DES POTHIERS

★★☆☆☆ ♣

Sur ses terroirs granitiques, Romain Payre est devenu l'un des porte-gamays de la Côte Roannaise où il excelle depuis déjà quelques millésimes sur son domaine de 21 hectares. Il sait également donner à ses vins du pays d'Urfé une forme savoureuse. On navigue en toute confiance. C'est une référence du vignoble ligérien. La cuvée référence se boit sur le fruit de sa jeunesse. De demi-garde, les cuvées clos-du-puy et intégrale sont issues de vignes de plus de 80 ans. Domaine recommandable et fiable quelle que soit la cuvée.

- **Côte Roannaise Clos du Puy 2017** | Sec | 2018>24 | 16 € — 15
- **Côte Roannaise Domaine 2018** | Sec | 2018>22 | 11 € — 14,5
- **Côte Roannaise La Chapelle 2017** | Sec | 2018>22 | 15 € — 15

332, Chemin de Pothiers , 42155 Villemontais • Tél. 04 77 63 15 84 • contact@domainedespothiers.com • www.domainedespothiers.com • Visite : Du lundi au vendredi de 9h à 12h et de 14h à 18h. Le week-end sur rendez-vous.

LE PRÉ SEMELÉ

★★☆☆☆

Julien et Clément Raimbault incarnent la relève sancerroise : formés chez les frères Pinard et Alphonse Mellot, ils exploitent les 21 hectares du vignoble familial, sur des terroirs argilo-calcaires. La vigne est cultivée selon les principes de l'agriculture biologique (mais sans certification). Les cuvées haut de gamme, en blanc les-chasseignes et zeste, et Camille en rouge, sont issues des plus vieilles vignes plantées sur les parcelles les mieux exposées. La gamme, très homogène, réussit dans les deux couleurs : les rouges conjuguent puissance et élégance, les blancs sont purs et effilés. Avec des prix très raisonnables, cette adresse est plus qu'une valeur sûre : une véritable pépite !

- **Sancerre 2018** | Sec | 2019>23 | 13 € — 15
- **Sancerre 2017** | Sec | 2019>23 | 16 € — 14,5
- **Sancerre Camille 2017** | Sec | 2019>23 | 22 € — 15
- **Sancerre Les Chasseignes 2017** | Sec | 2019>24 | 19 € — 16
- **Sancerre Zeste 2017** | Sec | 2019>24 | 22 € — 15

Maimbray, 18300 Sury-En-Vaux • Tél. 02 48 79 33 50 • rjc.raimbault@orange.fr • www.rjc-raimbault.fr • Visite : Ouvert du lundi au samedi de 9h à 12h et de 14h à 18h.

DOMAINE PAUL PRIEUR ET FILS

★☆☆☆☆

Luc Prieur a pris la suite de son père Didier et cultive 19 hectares, en conversion bio depuis le millésime 2019. Les blancs sont produits sur différents terroirs de silex et de calcaires sur Verdigny et Chavignol ; les rouges sont issus de 5 hectares au lieu-dit Les Pichons, des pinots plantés dans les années 50 en sélection massale et qui forment une belle gamme de rouges denses et profonds, notamment la cuvée les-pichons. Une nouvelle amorce est engagée et les cuvées présentées cette année nous ont charmés, autant les blancs que les rouges. Il faut suivre de près cette adresse qui pratique des prix encore sages pour l'appellation !

- **Sancerre 2017** | Sec | 2019>22 | 13,50 € — 14
- **Sancerre 2016** | Sec | 2019>23 | 13,50 € — 15
- **Sancerre Les Monts Damnés 2017** | Sec | 2019>23 | 22 € — 14,5
- **Sancerre Les Pichons 2016** | Sec | 2019>24 | 22 € — 15,5
- **Sancerre Pieuchaud 2017** | Sec | 2019>23 | 20 € — 16
- **Sancerre vinification en grappes entières 2017** | Sec | 2019>25 | 20 € — 15

Route des Monts Damnés, 18300 Verdigny • Tél. 02 48 79 35 86 • domaine@paulprieur.com • www.paulprieur.com • Visite : Du lundi au vendredi de 9h à 12h et de 14h à 18h. Le week-end sur rendez-vous.

PRIEUR PIERRE ET FILS

★☆☆☆☆

Thierry, Bruno et Sébastien Prieur gèrent ce domaine de 16 hectares (dont 4 ha de pinot noir) répartis entre les meilleurs terroirs de l'appellation : Monts Damnés, Coinches, Bouffants ou Chêne Marchand. Une adresse appliquée, aux cuvées inégales, qui pratique des prix sages.

- **Sancerre Chêne Marchand 2018** | Sec | 2019>23 | 18,50 € — 14,5
- **Sancerre Domaine de Saint-Pierre 2018** | Sec | 2019>23 | 12,50 € — 15,5
- **Sancerre Domaine de Saint-Pierre 2018** | Sec | 2019>23 | 12,50 € — 14
- **Sancerre Silex 2018** | Sec | 2019>23 | 16,50 € — 14

27, rue Saint-Vincent, 18300 Verdigny • Tél. 02 48 79 31 70 • prieur-pierre@netcourrier.com • www.prieur-pierre-sancerre.com • Visite : du lundi au vendredi de 9h à 12h et de 13h30 à 18h, le samedi sur rendez-vous. Fermé le dimanche

MICHEL REDDE ET FILS

★★★☆☆

Sébastien et Romain Redde continuent de porter la réussite de ce domaine emblématique de Pouilly, créé dans les années 50 par leur grand-père Michel. Activement développée par leur père Thierry, la gamme couvre les cinq terroirs de l'appellation. Ils l'ont depuis bien structurée en cuvées parcellaires, réparties sur les 40 hectares de vignoble (dont 1,5 ha de chasselas). En 2016 est née la cuvée barre-à-mine issue d'une ancienne carrière de silex, plantée à 10 000 pieds à l'hectare et réhabilitée au terme d'un long travail de titan. La cuvée majorum représente le fleuron de la gamme, issue des plus vieilles vignes et réalisée uniquement les belles années. La cuverie bien dimensionnée, les élevages soignés et les ambitions de progrès des deux frères conforte ce domaine parmi les belles réussites du secteur.

- **Pouilly-Fumé Barre à Mine 2017** | Sec | 2019>24 | 36,90 € — 16
- **Pouilly-Fumé La Moynerie 2017** | Sec | 2019>22 | 16,90 € — 14
- **Pouilly-Fumé Les Bois de Saint-Andelain 2017** | Sec | 2019>23 | 31,90 € — 15,5
- **Pouilly-Fumé Les Champs des Billons 2017** | Sec | 2019>23 | 31,90 € — 16
- **Pouilly-Fumé Les Cornets 2017** | Sec | 2019>22 | 31,90 € — 15,5
- **Pouilly-Fumé Les Toupées 2018** | Sec | 2019>18 | NC — 16
- **Pouilly-Fumé Majorum 2013** | Sec | 2019>23 | 55,90 € — 15
- **Pouilly-Fumé Petit F... 2018** | Sec | 2019>21 | 14,90 € — 14
- **Pouilly-sur-Loire Gustave Daudin 2017** | Sec | 2019>22 | 20,90 € — 14,5

route nationale 7 la route bleue, 58150 Saint-Andelain • Tél. 03 86 39 14 72 • thierry-redde@michel-redde.com • www.michel-redde.com • Visite : Du lundi au vendredi de 8h à 12h et de 13h30 à 18h. Groupe sur rendez-vous.

DOMAINE VALÉRY RENAUDAT

★☆☆☆☆

Valéry Renaudat a vu les choses en grand. Sa nouvelle cave, construite en 2012, permet de vinifier 33 hectares sur Reuilly, Quincy et une gamme de vins de cépage locaux. Fils de viticulteur, il a officié en France et aux Etats-Unis avant de revenir sur ses terres natales en 1999 puis de s'émanciper de la cave coopérative en 2011 et voler de ses propres ailes. Les 300 000 bouteilles produites chaque année offrent un rapport qualité-prix très honorable, notamment le reuilly rouge le-sentier.

- **Quincy Les Nouzats 2017** | Sec | 2019>21 | 11,50 € — 14,5
- **Reuilly Le Sentier 2017** | Sec | 2019>22 | 15 € — 14,5
- **Reuilly Les Lignis 2017** | Sec | 2019>21 | 10,50 € — 14
- **Reuilly Les Lignis 2017** | Sec | 2019>21 | 10,50 € — 13,5
- **IGP du Val de Loire Le P'tit Renaudat 2017** | Sec | 2019>20 | 9 € — 13

3, place des Écoles, 36260 Reuilly • Tél. 02 54 49 38 12 • domaine@valeryrenaudat.fr • www.valeryrenaudat.fr • Visite : Du lundi au samedi de 9h à 12h30 et de 13h30 à 18h30.

DOMAINE NICOLAS ET PASCAL REVERDY

★★☆☆☆

Ce domaine familial de 14 hectares, géré par Pascal Reverdy, est soigneusement cultivé dans une démarche très respectueuse de l'environnement, sans pour autant revendiquer le bio. En blanc, La cuvée Terre-de-Maimbray, issue d'un terroir du Kimméridgien similaire à celui de Chablis, forme une belle entrée en matière. On tient là l'un des meilleurs rapports prix-plaisir de Sancerre.

- **Sancerre À Nicolas 2016** | Sec | 2019>25 | 18 € — 15
- **Sancerre Terre de Maimbray 2018** | Sec | 2019>22 | 10,20 € — 15,5
- **Sancerre Terre de Maimbray 2017** | Sec | 2019>21 | 11,20 € — 14

Maimbray, 18300 Sury-en-Vaux • Tél. 02 48 79 37 31 • reverdypn@wanadoo.fr • Visite : Du lundi au samedi sauf mercredi de 9h à 12h et de 14h30 à 18h.

DOMAINE CLAUDE RIFFAULT

★★★☆☆ ♣

Dans le peloton de tête du Sancerrois, Stéphane Riffault tient solidement la barre de cette propriété familiale de 15,3 hectares, certifiée en agriculture biologique depuis 2016 et en conversion vers la biodynamie. Son frère Benoît quant à lui gère le domaine Sauzet à Puligny-Montrachet. Récoltes manuelles, sélections parcellaires, longs pressurages tout en douceur, vinifications et élevages au cordeau en barriques et en foudres : tout ici respire l'excellence, mené adroitement depuis près de vingt ans par Stéphane. Les sept blancs reflètent les différents types de sols du domaine, entre terres blanches, caillottes, silex et marno-calcaires du Kimméridgien et le rouge, élevé en cuves béton, est vinifié en raisins entiers depuis 2012. En 2018, deux nouvelles cuvées monoparcellaires font leur apparition : 538 (ex-desmalets) et 469 (vieilles vignes en sélection massale). Les 2018 dégustés avant leur mise en bouteille confirment la réussite du domaine. La gamme offre une parfaite lecture de Sancerre, à des prix encore raisonnables pour l'amateur (exportée à 90 %). Voilà une adresse solide et indispensable !

- **Sancerre La Noue 2017** | Sec | 2019>26 | 20 € — 15,5
- **Sancerre Les Boucauds 2017** | Sec | 2019>23 | 18 € — 15
- **Sancerre Les Chailloux 2017** | Sec | 2019>27 | 25 € — 16,5
- **Sancerre Les Chasseignes 2017** | Sec | 2019>27 | 19 € — 16
- **Sancerre Les Denisottes 2017** | Sec | 2019>27 | 26 € — 16,5
- **Sancerre Les Desmalets 2017** | Sec | 2019>27 | 26 € — 17
- **Sancerre Monoparcelle 496 2018** | Sec | 2019>28 | 29 € — 16

Maison Sallé, 18300 Sury-en-Vaux • Tél. 02 48 79 38 22 • claude.riffault@wanadoo.fr • www.clauderiffault.com • Visite : Ouvert du lundi au vendredi sur rendez-vous.

ALBAN ROBLIN

Alban Roblin s'est installé en 2009 sur le vignoble familial de 12 hectares (dont 1,60 ha de rouges), autour du village de Maimbray et forge des vins de belle énergie avec une bonne allonge et un fruit bien dégagé sans effet variétal. La cuvée héritage, plus ambitieuse, provient des plus vieilles vignes et est élevée en barrique, ce qui se ressent sur la jeunesse, en blanc notamment, il convient donc de l'attendre. Les vins dégustés cette année nous ont conquis, c'est une jolie adresse au bon rapport qualité-prix.

- **Sancerre 2018** | Sec | 2019>22 | 13,30 € — 15,5
- **Sancerre 2017** | Sec | 2019>22 | 13,80 € — 15,5
- **Sancerre Héritage 2017** | Sec | 2019>25 | 17,30 € — 15
- **Sancerre Héritage 2017** | Sec | 2019>22 | 17,80 € — 16

La Rabotine, 9 route de Maimbray, 18300 Sury-en-Vaux • Tél. 02 48 79 31 15 • roblin.larabotine@orange.fr • www.alban-roblin-sancerre.fr • Visite : Du lundi au samedi de 8h à 12h et de 14h à 19h et le dimanche et jours fériés sur rendez-vous.

DOMAINE FLORIAN ROBLIN

Quand on a eu Alphonse Mellot, François Villard et Jean-Louis Trapet comme mentors, on est plutôt bien armé pour bien faire ! Florian Roblin a su prendre le meilleur de chacun pour l'adapter à ses 3 hectares qu'il exploite depuis 2006, suivant les principes de l'agriculture biologique sans être certifié. Il isole deux parcellaires : champ-gibault sur des argiles à silex (blanc et rouge), et coulée-des-moulins sur des terres blanches (blanc). Les vins sont frais, précis, gourmands, très soigneusement élevés ; d'un rapport qualité-prix extra, il ne faut pas passer à côté.

- **Coteaux du Giennois Champ Gibault 2017** | Sec | 2019>22 | 10 € — 15
- **Coteaux du Giennois Champ Gibault 2017** | Sec | 2019>22 | 12 € — 14,5
- **Coteaux du Giennois Coulée des Moulins 2017** | Sec | 2019>23 | 12 € — 15,5

11, rue des Saint-Martin Maimbray, 45630 beaulieu-sur-loire • Tél. 06 61 35 96 69 • domaine.roblin.florian@orange.fr • Visite : Uniquement sur rendez-vous.

DOMAINE MATTHIAS ET ÉMILE ROBLIN

Les frères Roblin s'affirment au fil des millésimes chaque fois avec plus de régularité. Le vignoble composé principalement de terres blanches compte 17 hectares, sur les coteaux de Maimbray et de Sury-en-Vaux. Mention spéciale au blanc origine qui offre un très beau sauvignon. Une adresse intéressante à prix sages.

- **Sancerre Grande Côte de la Vallée 2016** | Sec | 2019>24 | 20 € — 14,5
- **Sancerre Origine 2017** | Sec | 2019>23 | 13 € — 15,5
- **Sancerre Origine 2016** | Sec | 2019>23 | 15 € — 14

Maimbray, 1 rue Godonons , 18300 Sury-en-Vaux • Tél. 02 48 79 48 85 • matthias.emile.roblin@orange.fr • www.sancerre-roblin.fr • Visite : Sur rendez-vous de préférence du lundi au samedi de 8h à 12h et de 14h à 18h.

DOMAINE JEAN-MAX ROGER

Vous ne verrez pas beaucoup de leurs étiquettes en France, et pour cause, les Roger exportent 80 % de leur production. L'esprit tranquille de ceux qui savent y faire, ils exploitent 27 hectares à Sancerre et 6 hectares à Menetou (le pouilly est issu d'un petit négoce, dans une optique de complément de gamme plus marginal). Ce sont Thibault (œnologue formé à Bordeaux), côté vigne et son frère Etienne côté commercial qui gèrent le domaine développé par leur père Jean-Max à partir de 1971. Depuis, la famille a fait du chemin, soignant ses élevages sous bois, notamment des 400 litres pour les rouges de Sancerre. La gamme compte six blancs et deux rouges, et les menetous, proposés à des prix raisonnables. une adresse qui mérite le détour.

- **Menetou-Salon 2017** | Sec | 2019>21 | 11,50 € — 14,5
- **Menetou-Salon Le Petit Clos 2017** | Sec | 2019>22 | 11,50 € — 15
- **Sancerre Genèse 2017** | Sec | 2019>22 | 13 € — 15
- **Sancerre La Côte de Bué 2016** | Sec | 2019>24 | 27 € — 16
- **Sancerre La Grange Dimière 2015** | Sec | 2019>21 | 13 € — 14,5
- **Sancerre le Grand Chemarin 2016** | Sec | 2019>24 | 24 € — 16
- **Sancerre Les Caillottes 2018** | Sec | 2019>22 | 13 € — 15
- **Sancerre Marnes et Caillottes 2018** | Sec | 2019>22 | 13 € — 16
- **Sancerre Vieilles Vignes 2017** | Sec | 2019>22 | 20 € — 15,5
- **Sancerre Vieilles Vignes 2015** | Sec | 2019>24 | 22 € — 15,5

11, place du Carrou, 18300 Bué • Tél. 02 48 54 32 20 • contact@jean-max-roger.fr • www.jean-max-roger.fr • Visite : Du lundi au vendredi de 8h à 12h et de 14h à 17h30. Le week-end sur rendez-vous.

DOMAINE ROBERT SÉROL

Avec son petit chapeau légendaire offert par son ami Pierre Troisgros, Robert Sérol est le bon génie de la Côte Roannaise et il a transmis sa passion à son fils Stéphane qui incarne la génération décomplexée et active du secteur. Ce domaine possède un vignoble d'une vingtaine d'hectares où le gamay s'exprime totalement sur les sols de granite et de porphyre : effeuillage, éclaircissage, le travail à la vigne est ici très scrupuleux, avec un respect total de l'environnement. La récolte s'effectue manuellement et la vendange est entièrement triée. Les différents crus offrent fraîcheur de constitution et gourmandise. Les-millerands ont toujours du fond et ils méritent d'attendre en cave plusieurs années. Le blanc du pays d'Urfé est aromatique et épicé.

- **Côte Roannaise Éclat de Granite 2018** | Sec | 2018>26 | 10,50 € — 15
- **Côte Roannaise Les Millerands 2017** | Sec | 2018>24 | 13,20 € — 14,5
- **Côte Roannaise Les Originelles 2018** | Sec | 2018>22 | 9,10 € — 14
- **Côte Roannaise Oudan 2017** | Sec | 2019>26 | 15 € — 14
- **Côte Roannaise Perdrizière 2017** | Sec | 2018>25 | 17,40 € — 15
- **IGP d'Urfé Butte en blanc 2018** | Sec | 2018>22 | 15,40 € — 14,5

Les Estinaudes, 42370 Renaison • Tél. 04 77 64 44 04 • contact@domaine-serol.com • www.domaine-serol.com • Visite : Du lundi au samedi de 9h à 12h et de 14h à 19h. Le dimanche matin sur rendez-vous. Expédition possible en France. Fermé les jours fériés.

DOMAINE TABORDET

Gaël et Marius Tabordet, cousins germains, gèrent ce domaine de 21 hectares établi sur Sancerre et Pouilly-Fumé. Les vins sont vinifiés sans ajout de soufre, en levures indigènes et le domaine amorce sa conversion en agriculture biologique sur le millésime 2018. Nous avons dégusté les blancs cette année et ils se sont montrés réussis. Une adresse à suivre.

- **Pouilly-Fumé Générique 2018** | Sec | 2019>22 | 10 € — 14,5
- **Pouilly-Fumé L'Autre-Rive 2017** | Sec | 2019>22 | 15 € — 14,5
- **Pouilly-Fumé Les Calcis 2017** | Sec | 2019>22 | 15 € — 14,5
- **Pouilly-Fumé Les Champs des Chaumes 2018** | Sec | 2019>22 | 15 € — 14,5
- **Pouilly-Fumé Les Petites Aubuées 2018** | Sec | 2019>23 | 15 € — 14
- **Sancerre Les Belles Oreilles 2018** | Sec | 2019>22 | 15 € — 14

52 rue du Carroir Perrin, 18300 Verdigny • Tél. 02.48.79.34.01 • contact@domaine-tabordet.fr • www.domaine-tabordet.fr • Visite : Ouver du lundi au samedi de 9h à 12h et de 14h à 18h.

DOMAINES TATIN

Mémoire de Quincy, Jean Tatin vous contera ses terroirs avec enthousiasme. Sa fille Maroussia l'a rejoint en 2010 et apporte peu à peu sa vision personnelle aux vins du domaine qui restent simples et de bonne facture. Le vignoble compte 25 hectares sur Quincy, sur les coteaux du Cher, et depuis 2003, également 8 hectares sur Reuilly sur les coteaux de l'Arnon. Les petits prix et l'accueil disponible sont un atout certain et l'on se tournera de préférence vers les blancs parcellaires de Quincy.

- **Quincy Chaumoux 2017** | Sec | 2019>22 | 12 € — 15
- **Quincy Domaine du Tremblay - Vieilles Vignes 2018** | Sec | 2019>23 | 10,50 € — 14,5
- **Quincy Gatebourse 2017** | Sec | 2019>22 | 12 € — 14,5
- **Quincy Nouzats 2017** | Sec | 2019>22 | 12 € — 14
- **Quincy Victoires 2017** | Sec | 2019>22 | 12 € — 14,5
- **Reuilly Les Demoiselles Tatin 2018** | Sec | 2019>21 | 9,80 € — 13

Le Tremblay, 18120 Brinay • Tél. 02 48 75 20 09 • contact@domaines-tatin.com • www.domaines-tatin.com • Visite : Du lundi au vendredi de 8h à 18h. Le week-end sur rendez-vous.

DOMAINE JEAN TEILLER

Patricia et Olivier Luneau sont depuis 2003 à la tête des 18 hectares familiaux, ayant pris le relais du père de Patricia Jean-Jacques Teiller. Patricia, diplômée d'œnologie à Bordeaux vinifie en apportant sa petite touche personnelle, tandis qu'Olivier gère le vignoble en agriculture biologique. Une adresse qui mérite un coup de projecteur, pour la qualité de ses vins et ses pris sages.

- **Menetou-Salon 2018** | Sec | 2019>23 | 12 € — 15
- **Menetou-Salon 2018** | Sec | 2019>22 | 12 € — 13,5
- **Menetou-Salon La Montaloise 2017** | Sec | 2019>23 | 17 € — 15

13, route de la Gare, 18510 Menetou-Salon • Tél. 02 48 64 80 71 • domaine-teiller@wanadoo.fr • www.domaine-teiller.fr • Visite : Du lundi au samedi de 9h à 12h et de 14h à 18h. Fermé les jours fériés et le dimanche.

DOMAINE DE TERRES BLANCHES

Cette propriété reprise par la famille Saget d'une superficie de 38 hectares dont 15 hectares sur le secteur de Sancerre, est conseillée par l'équipe de Stéphane Derenoncourt qui a amorcé son renouveau qualitatif. Conjuguant activité de négoce et exploitation de vignobles en propre (340 hectares), Arnaud et Laurent Saget, nouvelle génération aux commandes du groupe, fondent une gamme intéressante de vins bien ancrés dans leurs appellations ; Terres Blanches portent méthodiquement les couleurs de Sancerre et offre des vins réussis, classiques et abordables, à découvrir.

- **Coteaux du Giennois Alchimie 2018** | Sec | 2019>21 | 10 € — 14
- **Sancerre 2017** | Sec | 2019>23 | 16 € — 14,5
- **Sancerre 2016** | Sec | 2019>22 | 17 € — 14,5
- **Sancerre Bellechaume 2015** | Sec | 2019>23 | 30 € — 14,5
- **Sancerre Chêne Marchand 2015** | Sec | 2019>22 | 30 € — 13,5
- **Sancerre Le Vallon 2016** | Sec | 2019>25 | 22 € — 15

L'Estérille - Route de Bourges, 18300 Bué-en-Sancerre • Tél. 02 48 54 06 67 OU 03.86.39.57.75 • info@domainedeterresblanches.com • www.domainedeterresblanches.com • Visite : Ouvert du lundi au vendredi de 8h à 12h et de 14h à 17h30

CHÂTEAU DE TRACY

Propriété de la famille d'Assay, le château de Tracy est l'un des emblèmes de l'appellation. En surplomb de la Loire, les 33 hectares de vignoble sont exclusivement consacrés au sauvignon blanc dont le domaine s'est fait la spécialité. Les différents types de sols, entre argiles à silex, marnes et calcaires, permettent de réaliser plusieurs cuvées imprégnées chacune de ces terroirs, qui constituent de bons classiques de l'appellation.

- **Pouilly-Fumé 2018** | Sec | 2019>23 | 21 € — 15,5
- **Pouilly-Fumé 101 Rangs 2016** | Sec | 2019>23 | 60 € — 13,5
- **Pouilly-Fumé Haute Densité 2015** | Sec | 2019>22 | 44 € — 14
- **Pouilly-Fumé Mademoiselle de T 2018** | Sec | 2019>24 | 16 € — 15,5

58150 Tracy-sur-Loire • Tél. 03 86 26 15 12 • contact@chateau-de-tracy.com • www.chateau-de-tracy.com • Visite : Ouvert du lundi au vendredi de 8h à 12h et de 13h30 à 17h30. Le week-end sur rendez-vous.

DOMAINE VACHERON

Jean-Dominique Vacheron et son cousin Jean-Laurent forment un duo d'une rare efficacité. Depuis plus de vingt ans, les voilà à la tête du domaine familial, créé par le grand-père qui fut à l'origine du remembrement du lieu-dit les-romains, cuvée phare de leurs 48 hectares de vignes conduites en biodynamie et certifiées, et l'un des porte-drapeaux de l'appellation. Aujourd'hui les Vacheron exploitent dix hectares de ce terroir de silex, exposé plein sud mais possèdent également de très beaux parcellaires sur des marnes (le-pavé) ou sur des secteurs à dominante calcaire (paradis, chambrates, guigne-chèvres). Les cuvées forment une litanie impeccable, ciselée et saillante. L'entrée de gamme en blanc représente 200 000 bouteilles et offre déjà une des plus belles expressions du sauvignon sancerrois, assemblage de terroirs calcaires et de silex. En rouge, belle-dame se démarque par un fruit éclatant où le pinot détaille sa profondeur et sa tension avec justesse. Un des modèles de l'appellation.

Sancerre 2018 | Sec | 2019>23 | 18,70 €	15,5
Sancerre 2017 | Sec | 2019>22 | epuisé	15,5
Sancerre 2016 | Sec | 2019>20 | epuisé	15
Sancerre Belle Dame 2016 | Sec | 2019>26 | 40 €	16,5
Sancerre Chambrates 2017 | Sec | 2019>27 | 33,30 €	16,5
Sancerre Guigne Chèvre 2017 | Sec | 2019>27 | 33,30 €	16
Sancerre Le Pavé 2016 | Sec | 2020>27 | 43 €	15,5
Sancerre Les Marnes 2010 | Sec | 2019>25 | 55 €	16,5
Sancerre Les Romains 2016 | Sec | 2019>26 | 33,30 €	16,5
Sancerre Paradis 2017 | Sec | 2019>27 | 33,30 €	16

1, rue du Puits-Poulton - B.P. 49, 18300 Sancerre • Tél. 02 48 54 09 93 • vacheron.sa@orange.fr • Visite : Tous les jours de 10h à 12h et de 14h à 18h.

Mes commentaires

VALLÉE DU RHÔNE

Tous les vins dégustés n'ont pu être cités dans ce guide.
Retrouvez plus de 120 000 vins notés et commentés sur
L'APPLI LE GRAND TASTING ET SUR **WWW.BETTANEDESSEAUVE.COM**

LE VIGNOBLE DE LA VALLÉE DU RHÔNE

LE VIGNOBLE

› Rare exemple de vignoble deux-en-un, celui de la vallée du Rhône, plus de 76 000 hectares, est coupé en deux. Entre nord et sud, sur une cinquantaine de kilomètres, la vigne est absente.

› **Le nord, entre Vienne et Valence**, est la plus petite des deux zones. C'est là que sont produits les côtes-du-rhône septentrionaux, ainsi que quelques appellations fameuses. Tout au nord, Côte Rôtie (des rouges), accolée à Condrieu (des blancs), ainsi que Château-Grillet, encore un blanc. Saint-Joseph est la plus vaste, elle produit dans les deux couleurs. Au sud du Rhône-nord, Saint-Joseph se prolonge par Cornas (rouge) et Saint-Péray (blanc et quelques effervescents). Sur la rive gauche, Hermitage et Crozes-Hermitage produisent dans les deux couleurs.

En rouge, seule la syrah est autorisée. En blanc, la marsanne est majoritaire, parfois additionnée de roussanne. À Condrieu et Château-Grillet, ces deux cépages laissent place au viognier, que l'on pourra également retrouver en Côte-Rôtie (dans ce cas, le raisin blanc est mélangé au raisin noir).

› **Au sud, la vallée du Rhône méridionale va de Montélimar à Nîmes vers l'ouest, et jusqu'au Lubéron vers l'est**. On y produit des rouges de grenache complété de syrah et de mourvèdre.

› De part et d'autre du Rhône, et surtout dans le sud de la vallée, l'appellation Côtes-du-Rhône compte plus de 37 000 hectares et dispose de sols variés avec des galets, des argiles et des sables. Les Côtes-du-Rhône-Villages rassemblent 18 communes. Ce sont des terres rouges sur grès, des terrasses argileuses et des sols très pauvres avec des mollasses sableuses. Les plus connus sont Cairanne, Rasteau, Vinsobres, Séguret, Valréas.

› Les crus sont au nombre de quinze. Outre les huit crus du Nord, les sept crus du Sud sont Châteauneuf-du-Pape, Gigondas, Vacqueyras, Beaumes de Venise, Vinsobres, Lirac et Tavel, l'une des rares à ne produire que des vins rosés.

› Les autres appellations de la vallée du Rhône (Costières-de-Nîmes, Grignan-les-Adhémar, Lubéron, Ventoux, Côtes-du-Vivarais...) produisent dans les trois couleurs. Muscat-de-Beaumes-de-Venise et Rasteau produisent des vins doux naturels, la première donne des blancs issus de muscat à petit grain, la seconde des rouges essentiellement à base de grenache noir. Au sud de Vienne, sur la rive droite du Rhône, Château-Grillet, à la fois domaine et appellation de quatre hectares plantés sur des terrasses granitiques, produit un merveilleux vin blanc à base de viognier, comme à Condrieu.

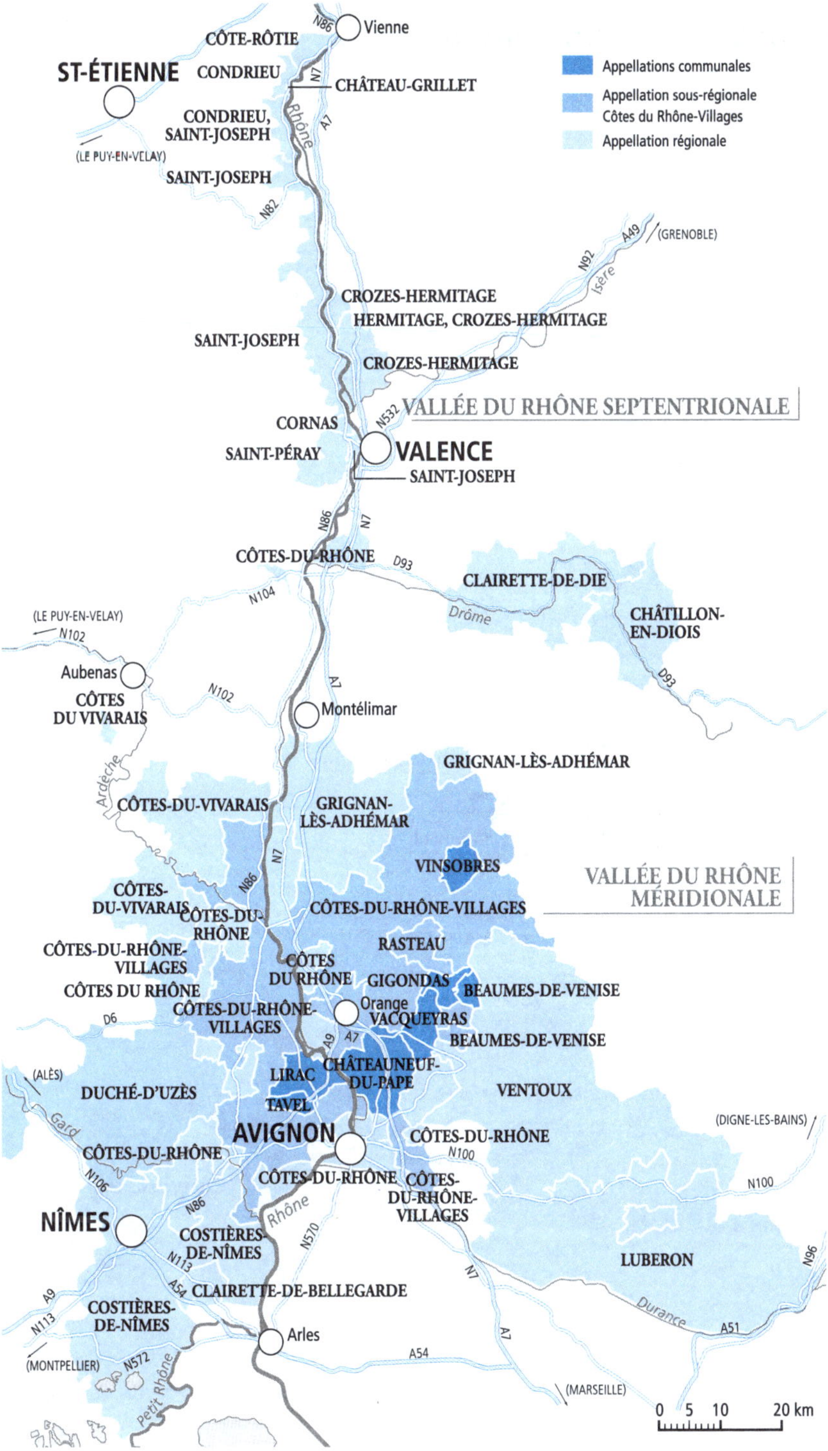
Appellations communales
Appellation sous-régionale Côtes du Rhône-Villages
Appellation régionale
Vienne
CÔTE-RÔTIE
ST-ÉTIENNE
CONDRIEU
CHÂTEAU-GRILLET
CONDRIEU, SAINT-JOSEPH
(LE PUY-EN-VELAY)
SAINT-JOSEPH
(GRENOBLE)
CROZES-HERMITAGE
HERMITAGE, CROZES-HERMITAGE
SAINT-JOSEPH
CROZES-HERMITAGE
VALLÉE DU RHÔNE SEPTENTRIONALE
CORNAS
SAINT-PÉRAY
VALENCE
SAINT-JOSEPH
CÔTES-DU-RHÔNE
CLAIRETTE-DE-DIE
CHÂTILLON-EN-DIOIS
(LE PUY-EN-VELAY)
Aubenas
CÔTES DU VIVARAIS
Montélimar
GRIGNAN-LÈS-ADHÉMAR
CÔTES-DU-VIVARAIS
GRIGNAN-LÈS-ADHÉMAR
VINSOBRES
VALLÉE DU RHÔNE MÉRIDIONALE
CÔTES-DU-VIVARAIS
CÔTES-DU-RHÔNE
CÔTES-DU-RHÔNE-VILLAGES
RASTEAU
CÔTES-DU-RHÔNE-VILLAGES
CÔTES DU RHÔNE
CÔTES DU RHÔNE
GIGONDAS
BEAUMES-DE-VENISE
CÔTES-DU-RHÔNE-VILLAGES
Orange
VACQUEYRAS
BEAUMES-DE-VENISE
(ALÈS)
LIRAC
CHÂTEAUNEUF-DU-PAPE
DUCHÉ-D'UZÈS
TAVEL
VENTOUX
(DIGNE-LES-BAINS)
AVIGNON
CÔTES-DU-RHÔNE
CÔTES-DU-RHÔNE
CÔTES-DU-RHÔNE
CÔTES-DU-RHÔNE-VILLAGES
NÎMES
COSTIÈRES-DE-NÎMES
LUBERON
CLAIRETTE-DE-BELLEGARDE
COSTIÈRES-DE-NÎMES
Arles
(MONTPELLIER)
(MARSEILLE)
Rhône
Isère
Drôme
Ardèche
Gard
Durance
Petit Rhône
N86 N7 A7 N82 A49 N92 N532 D93 N104 N102 D6 A9 N100 N106 N113 A54 N570 N96 A51 N572
0 5 10 20 km

LE VIGNOBLE DU RHÔNE NORD

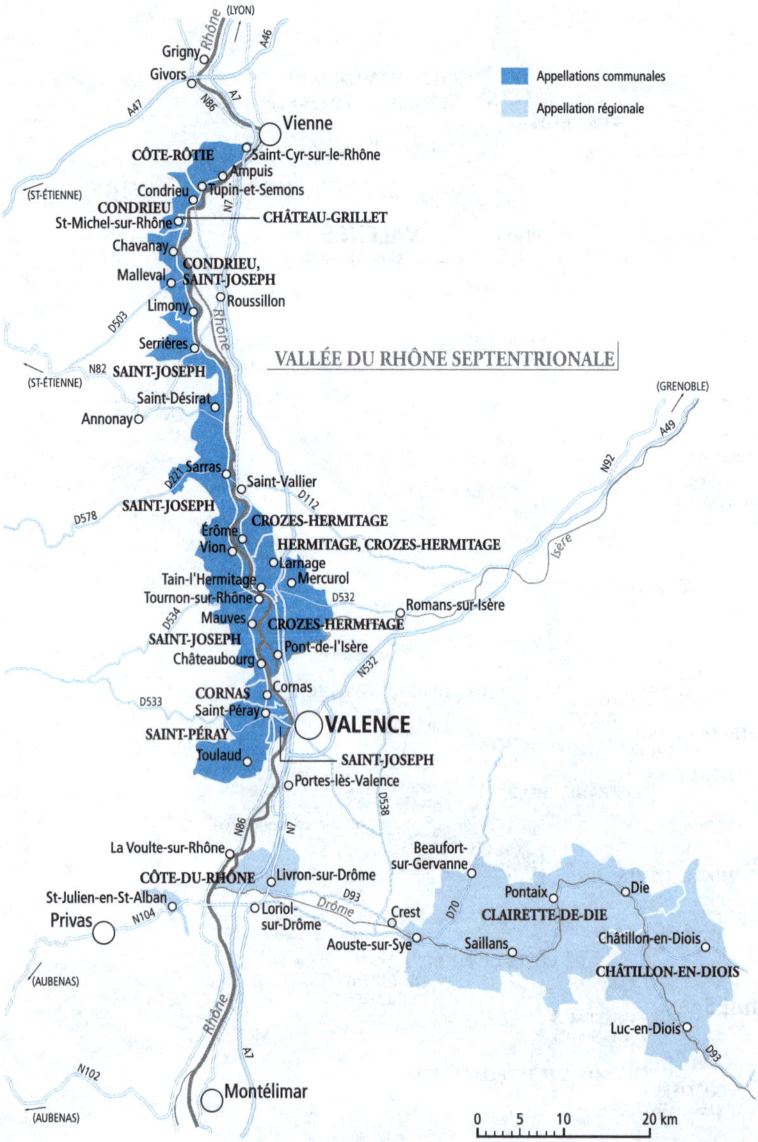

ALÉOFANE - NATACHA CHAVE

Natacha Chave est la sœur de Yann Chave et a décidé de voler de ses propres ailes : dès le début, elle a produit des vins au caractère affirmé, notamment la cuvée aléofane, de demi-garde, le succès est au rendez-vous. Des 2017 bien dans l'esprit du domaine.

- **Crozes-Hermitage Aléofane 2017** | Sec | 2018>25 | 18 € — 14
- **Crozes-Hermitage Aléofane 2017** | Sec | 2018>25 | 18 € — 15
- **Saint-Joseph 2017** | Sec | 2018>25 | 28 € — 15

745, avenue du Vercors, 26600 Mercurol-Veaunes • Tél. 04 75 07 00 82 • chavenatacha@yahoo.fr • Visite : Sur rendez-vous.

DOMAINE BELLE

Ce domaine sérieux donne des vins d'une grande régularité de style, recherchant plus la puissance que la finesse. Ses crozes rouges restent son point fort, notamment les cuvées roche-pierre et louis-belle. Les trois 2017 présentés étaient impeccables.

- **Crozes-Hermitage cuvée Louis Belle 2017** | Sec | 2018>27 | 30 € — 15
- **Crozes-Hermitage Les Pierrelles 2017** | Sec | 2018>27 | 20 € — 15
- **Crozes-Hermitage Roche Blanche 2017** | Sec | 2018>27 | 33 € — 15

510, rue de la Croix , 26600 Larnage • Tél. 04 75 08 24 58 • domaine.belle@wanadoo.fr • www.domainebelle.com • Visite : du lundi au vendredi de 8h à 12h et de 14h à 18h, le week-end sur rendez-vous.

VIGNERONS ARDÉCHOIS

En 1967, Vignerons Ardéchois naît d'un regroupement de coopératives. Aujourd'hui, la structure compte 1500 viticulteurs dans toutes les communes viticoles de l'Ardèche méridionale, avec un site de vinification dans chacun des 12 terroirs de la région. Le vignoble s'étend sur 6500 hectares, dont 487 en sélections parcellaires, ce qui représente 85 % de la production viticole du Sud-Ardèche. Une restructuration complète du vignoble a été menée, avec l'introduction de cépages nobles et ancestraux (chatus). À noter notre préférence nette pour la nouvelle gamme !

- **IGP de l'Ardèche Grès du trias 2018** | Sec | 2019>21 | 8,10 € — 14
- **IGP de l'Ardèche Terra Helvorum syrah 2015** | Sec | 2019>23 | 15,85 € — 13,5
- **IGP de l'Ardèche Vendanges 2018** | Sec | 2019>23 | 14,80 € — 14,5

107 avenue de Vallon , 07120 Ruoms • Tél. 04 75 39 98 00 • uvica@uvica.fr • www.vignerons-ardechois.com • Visite : avril, mai, juin et septembre : du lundi au samedi de 9h à 13h et de 14h30 à 19h, le dimanche et jours fériés de 9h30 à 13h. Juillet-août : tous les jours de 9h à 19h. Octobre à mars : du lundi au samedi de 9h à 12h et de 14h à 18h.

DOMAINE DE BONSERINE

Ce petit domaine ne produit que 4 cuvées, trois en Côte Rôtie et une en Condrieu, à partir de ses 12 hectares en propriété dont 11 sur la Côte Rôtie, répartis sur un grand nombre de parcelles. La famille Guigal en a fait l'acquisition en 2006 mais a laissé en place une équipe autonome, si bien que le style des vins est très différent de la grande sœur d'Ampuis. De nombreux essais sont faits à la vigne en termes de mode de plantation et de viticulture, sans qu'une tendance se dégage pour l'instant. La vinification en fût est des plus classiques, avec un élevage de deux ans pour la-sarrasine et la-viallière, trois ans pour la-garde. Notre dégustation des 2015 et 2016 cette année est intéressante mais souligne aussi que les vins peuvent gagner en fraîcheur et en éclat dans l'expression de leur finale, la solution se situant vraisemblablement à la vigne.

- **Côte Rôtie La Garde 2015** | Sec | 2020>30 | 69 € — 16,5
- **Côte Rôtie La Sarrasine 2016** | Sec | 2018>24 | 35 € — 15
- **Côte Rôtie La Viallière 2016** | Sec | 2018>26 | 58 € — 15,5

2, chemin de la Viallière , 69420 Ampuis • Tél. 04 74 56 14 27 • bonserine@wanadoo.fr • www.domainedebonserine.fr • Visite : du lundi au vendredi de 9h à 17h, le samedi sur rendez-vous.

DOMAINE BOTT

Julie et Graeme Bott ont été formés à bonne école, chez Stéphane Ogier, puis se sont lancés dans leur propre aventure en 2015, rachetant 5 hectares de parcelles en friche et les plantant en échalas. En 2019, le couple est lauréat du concours « Vignerons et Terroirs d'Avenir », organisé par Advini, un prix qui devrait leur permettre de poursuivre sur leur lancée, déjà prometteuse, d'investir et de se développer (un hectare sera planté l'an prochain). 2016 est leur premier millésime, les deux suivants témoignent de vins richement sculptés, généreux et pulpeux, soigneusement élevés. Vivement la suite !

- **Condrieu 2018** | Sec | 2020>25 | 47 € — 15
- **Côte Rôtie 2017** | Sec | 2019>27 | 52 € — 15,5
- **Saint-Joseph 2017** | Sec | 2019>23 | 26 € — 15

19, rue du Pont Royal, 69420 Ampuis • Tél. 06 12 73 27 51 • bott@domainebott.fr • www.domainebott.fr • Visite : sur rendez-vous.

DOMAINE CHAMBEYRON

Ce domaine n'a planté ses premières vignes en Côte Rôtie et Condrieu qu'en 1982, depuis 2010 Mathieu a rejoint le domaine familial. Depuis 2015 les vins se distinguent dans nos dégustations à l'aveugle !

- **Condrieu Vernon 2017** | Sec | 2018>27 | 30 € — 14,5
- **Côte Rôtie L'Angeline 2017** | Sec | 2018>27 | 40 € — 15,5
- **Côte Rôtie La Chavarine 2017** | Sec | 2018>25 | 30 € — 14,5
- **Côte Rôtie Lancement 2017** | Sec | 2018>32 | 55 € — 16

197, impasse de la mine, 69420 Ampuis • Tél. 04 74 56 15 05 • contact@cote-rotie-chambeyron.com • www.cote-rotie-chambeyron.com • Visite : du lundi au vendredi de 14 à 18h, le samedi de 9h à 12h et de 14h à 18h.

M. CHAPOUTIER

Ancré dans ses convictions parcellaires, Michel Chapoutier propose une interprétation des terroirs de la vallée du Rhône qui s'élargit d'année en année, ce sont ainsi plus de 50 vins que nous avons dégustés cette année, pour la seule vallée du Rhône. La biodynamie, autre axe majeur pour les vignes du domaine, donne ici des raisins qui vibrent à l'unisson de leur terroir. Les rendements sont souvent faibles et les prix élevés, mais la dégustation d'un grand millésime de syrah du Rhône Nord comme 2015 permet d'approcher quelques vins proches de la perfection, notamment un ermite d'anthologie. Peu de domaines couvrent une telle diversité d'expressions dans un si grand nombre de terroirs majeurs : Hermitage, Côte Rôtie, Saint-Joseph, ou même Châteauneuf-du-Pape. Et comme l'explique Michel Chapoutier : « Mon but n'est pas de faire le plus grand vin à chaque millésime, c'est de prendre une photographie précise du millésime, donc je produis mes parcellaires chaque année. » 2017 n'était pas l'année la plus compliquée pour cela.

- **Châteauneuf-du-Pape Barbe Rac 2017** | Sec | 2024>37 | NC — 18,5
- **Châteauneuf-du-Pape Croix de Bois 2017** | Sec | 2024>37 | NC — 19
- **Châteauneuf-du-Pape Pie VI 2017** | Sec | 2018>32 | NC — 16
- **Condrieu Coteau de Chery 2017** | Sec | 2018>32 | NC — 17
- **Condrieu Invitare 2017** | Sec | 2018>27 | NC — 15,5
- **Cornas Les Arènes 2017** | Sec | 2018>27 | NC — 15,5
- **Cornas Temenos 2017** | Sec | 2018>32 | NC — 17
- **Côte Rôtie La Mordorée 2017** | Sec | 2023>37 | NC — 18,5
- **Côte Rôtie Neve 2017** | Sec | 2023>37 | NC — 18
- **Côte Rôtie Quatuor 2017** | Sec | 2018>37 | NC — 16,5
- **Côtes du Rhône Belleruche 2018** | Sec | 2018>23 | NC — 13,5
- **Côtes du Rhône Domaine Roc Folassière 2017** | Sec | 2018>23 | NC — 14,5
- **Crozes-Hermitage Guer Van - Alleno & Chapoutier 2017** | Sec | 2018>32 | NC — 15,5
- **Crozes-Hermitage Les Meysonniers 2017** | Sec | 2018>22 | NC — 13
- **Crozes-Hermitage Les Meysonniers 2017** | Sec | 2018>25 | NC — 14
- **Crozes-Hermitage Les Varonniers 2017** | Sec | 2018>32 | NC — 16,5
- **Ermitage de l'Orée 2017** | Sec | 2018>27 | NC — 17,5
- **Ermitage L'Ermite 2017** | Sec | 2024>37 | NC — 18,5
- **Ermitage L'Ermite 2017** | Sec | 2024>37 | NC — 19
- **Ermitage Le Méal 2017** | Sec | 2018>37 | NC — 18,5
- **Ermitage Le Méal 2017** | Sec | 2023>37 | NC — 17,5
- **Ermitage Le Pavillon 2017** | Sec | 2024>37 | NC — 19,5
- **Ermitage Les Greffieux 2017** | Sec | 2018>32 | NC — 16,5
- **Hermitage Chante-Alouette 2017** | Sec | 2018>32 | NC — 17
- **Hermitage Monier de la Sizeranne 2017** | Sec | 2018>27 | NC — 16
- **Saint-Joseph La Couronne de Chabot - Alleno & Chapoutier 2017** | Sec | 2018>27 | NC — 15
- **Saint-Joseph La Couronne de Chabot - Alleno & Chapoutier 2017** | Sec | 2018>27 | NC — 15,5
- **Saint-Joseph Le Clos 2017** | Sec | 2018>37 | NC — 16
- **Saint-Joseph Les Granilites 2017** | Sec | 2018>27 | NC — 15,5
- **Saint-Joseph Les Granilites 2017** | Sec | 2018>27 | NC — 15

- **Saint-Joseph Les Granits 2017** | Sec | 2018>27 | NC — 16,5
- **Saint-Joseph Les Granits 2017** | Sec | 2018>37 | NC — 17,5
- **Saint-Peray Mousseux La Muse de RW Eff. 2014** | Brut | 2018>24 | NC — 14,5
- **Saint-Peray Les Tanneurs 2017** | Sec | 2018>24 | NC — 14
- **Saint-Peray lieu-dit Hongrie 2017** | Sec | 2018>27 | NC — 16
- **Saint-Peray Payrolles - Pic & Chapoutier 2017** | Sec | 2018>27 | NC — 16
- **IGP des Collines rhodaniennes Lucidus - Lucidi & Chapoutier 2017** | Sec | 2018>27 | NC — 15,5

18, avenue du Docteur Paul Durand, 26600 Tain l'Hermitage • Tél. 04 75 08 28 65 • chapoutier@chapoutier.com • www.chapoutier.com • Visite : du lundi au vendredi de 9h à 13h et de 14h à 19h, le samedi de 9h30 à 13h et de 14h à 19h, dimanche et jours fériés de 10h à 13h et de 14h à 18h.

DOMAINE AURÉLIEN CHATAGNIER

★☆☆☆☆

Ce jeune vigneron s'est formé auprès de Pierre Gaillard avant de se lancer en 2002 avec 1,2 hectare de vignes. Aujourd'hui il s'est légèrement agrandi, et propose notamment du condrieu, du saint-joseph et de la côte-rôtie. Nous préférons régulièrement ses rouges à ses blancs, cette année encore avec les 2017.

- **Condrieu 2017** | Sec | 2018>24 | NC — 13
- **Saint-Joseph La Sybarite 2017** | Sec | 2018>27 | NC — 16
- **Saint-Joseph Zélée 2017** | Sec | 2018>24 | NC — 14,5

Les Barges, 42520 Saint-Pierre de Boeuf • Tél. 04 74 31 75 53 • aurelien.chatagnier@free.fr • Visite : sur rendez-vous.

DOMAINE JEAN-LOUIS CHAVE

★★★★★

Ce domaine incarne aux yeux du monde entier la splendeur des vins de l'Hermitage, grâce à l'implication et au dévouement de toute une famille, les Chave. La viticulture est des plus bio, avec une labellisation en cours, le travail des sols est harassant sur ces coteaux très pentus mais le résultat est au rendez-vous : des blancs magiques par leur tenue en bouche et leur persistance malgré une quasi-absence d'acidité, et des rouges conjuguant la finesse et la puissance. Les 2016 goûtés cette année sont le reflet d'un millésime classique, moins spectaculaires que les extraordinaires 2015 de l'an passé, mais sans que cela constitue la moindre déception. La cuvée cathelin n'a pas été produite dans le millésime. Sur l'autre rive du Rhône, en Saint-Joseph, Jean-Louis propose désormais une intéressante sélection sur plusieurs terroirs, après avoir entre autres remodelé et replanté pendant près de 20 ans un coteau entier surplombant Mauves et son clos Florentin. Une nouvelle aventure dont profitera pleinement la prochaine génération, mais chez les Chave on pense loin. D'ailleurs, la dégustation récente d'un hermitage vin de paille 1929 du domaine, d'une éblouissante fraîcheur, qui avait en son temps été vinifié par l'arrière-grand-père de Jean-Louis, montre que chez eux, l'esprit de transmission n'est pas un vain mot.

- **Hermitage L'Ermitage 2016** | Sec | 2024>36 | NC — 18,5
- **Hermitage L'Ermitage 2016** | Sec | 2018>36 | NC — 19
- **Saint-Joseph 2016** | Sec | 2018>26 | NC — 16
- **Saint-Joseph Clos Florentin 2016** | Sec | 2018>32 | NC — 17

37, avenue du Saint-Joseph, 07300 Mauves • Tél. 04 75 08 24 63 • domaine@domainejlchave.fr

DOMAINE YANN CHAVE

★★☆☆☆ ♣

Yann Chave porte un patronyme fameux dans le secteur, mais ses vignes à lui se situent essentiellement en Crozes. La conversion à l'agriculture biologique est acquise depuis un certain temps déjà, et les vinifications ont gagné en précision depuis quelques millésimes. Depuis 2016, confirmé par 2017, les vins ont semblé gagner en densité d'expression et en profondeur.

- **Crozes-Hermitage 2017** | Sec | 2018>27 | 18 € — 15
- **Crozes-Hermitage 2017** | Sec | 2018>24 | 19,50 € — 14
- **Crozes-Hermitage Le Rouvre 2017** | Sec | 2018>32 | 25 € — 15,5
- **Hermitage 2017** | Sec | 2018>27 | 75 € — 15,5

1170 chemin de La Burge, 26600 Mercurol • Tél. 04 75 07 42 11 • chaveyann@yahoo.fr • www.yannchave.com • Visite : Uniquement sur rendez-vous

DOMAINE DU CHÊNE

La famille Rouvière cultive ses 16 hectares de vignobles sur les hauteurs de Chavanay, et produit essentiellement des saint-joseph et des condrieux, les deux crus du secteur. Les deux 2017 présentés cette année ont été retenus.

- **Condrieu Volan 2017** | Sec | 2018>27 | 36,50 € — 15
- **Saint-Joseph 2017** | Sec | 2018>27 | 16,50 € — 16

8, Le Pêcher, 42410 Chavanay • Tél. 04 74 87 27 34 • rouviere.marc@wanadoo.fr • www.domaineduchenerouviere.com • Visite : Sur rendez-vous du lundi au vendredi. Le samedi de 10h30 à 18h30, fermé dimanche et jours fériés

VIGNOBLES CHIRAT

Le jeune Aurélien Chirat a rejoint son père Gilbert en 2012, et ensemble ils exploitent des vignes situées sur Côte Rôtie, Condrieu et Saint-Joseph. 2015 était le millésime idéal pour faire connaissance, depuis le domaine ne fait que confirmer.

- **Condrieu Clos Poncins 2017** | Sec | 2018>27 | 32 € — 15
- **Saint-Joseph Les Côtes 2017** | Sec | 2018>25 | 14 € — 14
- **Saint-Joseph Les Côtes 2017** | Sec | 2018>23 | 15 € — 13
- **Saint-Joseph Soliste 2017** | Sec | 2018>25 | 19 € — 14,5

125, rue du Piaton, 42410 Saint-Michel-sur-Rhône • Tél. 04 74 56 68 92 • contact@vignobles-chirat.com • www.vignobles-chirat.com • Visite : sur rendez-vous.

CAVE DE CLAIRMONT

Petite cave coopérative, exemplaire dans sa discipline de travail à la vigne et au cuvier, réunissant les vignes de 13 associés et spécialisée dans le crozes. Les rouges sont souvent mieux réussis que les blancs.

- **Crozes-Hermitage Domaine des Clairmonts 2017** | Sec | 2018>25 | 14,70 € — 14
- **Crozes-Hermitage Jardin Zen 2017** | Sec | 2018>24 | 11,95 € — 13,5
- **Crozes-Hermitage Pionniers 2017** | Sec | 2018>25 | 13,80 € — 13

755 Route des Vignes , 26600 Beaumont-Monteux • Tél. 04 75 84 61 91 • contact@clairmont.fr • www.clairmont.fr • Visite : lundi au samedi de 9h à 12h et de 14h à 18h.

DOMAINE DU COLOMBIER

Domaine classique du secteur de Mercurol, qui réussit régulièrement des vins souples et destinés à une consommation précoce. La cuvée gaby est souvent plus ambitieuse, avec parfois des boisés un peu trop marqués dans certains millésimes de petite matière. Les rouges sont ici mieux réussis que les blancs, comme le confirme notre dégustation des 2017.

- **Crozes-Hermitage 2017** | Sec | 2018>25 | 18 € — 14,5
- **Crozes-Hermitage 2017** | Sec | 2018>24 | 19 € — 12,5
- **Crozes-Hermitage Gaby 2017** | Sec | 2018>25 | 23,50 € — 14,5
- **Crozes-Hermitage Gaby 2017** | Sec | 2018>25 | 24,50 € — 13,5
- **Hermitage 2017** | Sec | 2018>25 | 54 € — 13

2, Route de Chantemerle les Blets, 26600 Mercurol • Tél. 06 82 81 94 63 • dom.ducolombier@gmail.com • Visite : Uniquement sur rendez-vous.

JEAN-LUC COLOMBO

Laure Colombo, jeune et brillante œnologue, a rejoint les activités familiales sur Cornas mais a souhaité créer en marge son propre domaine, sur les hauteurs de Saint-Péray, pour trouver ses marques ; elle nous propose dès cette année un saint-péray et un cornas issus de son domaine de Lorient. Rejoindre ne veut pas dire reprendre, Jean-Luc est toujours là et c'est donc en famille que la gamme se construit, entre le vignoble de la côte Bleue et celui du Rhône, et bien sûr les activités de sourcing, tantôt sous l'étiquette Colombo & Fille, tantôt Jean-Luc Colombo. Les cornas restent ici les grands vins, il faut dire que la cuverie moderne et rationnelle est bâtie au pied du coteau ! En 2017, le délicieux vallon-de-l'aigle sera rationné, seulement deux fûts ont été produits !

- **Cornas La Louvée 2016** | Sec | 2022>31 | 78 € — 16,5
- **Cornas Le Vallon de l'Aigle 2017** | Sec | 2024>36 | 280 € — 18
- **Cornas Les Ruchets 2016** | Sec | 2022>36 | 70 € — 17,5

- Cornas Lorient 2016 | Sec | 2018>31 | NC — 17
- Cornas Terres Brûlées 2016 | Sec | 2018>26 | 42 € — 16
- Coteaux d'Aix-en-Provence La Dame du Rouet 2018 | Sec | 2018>20 | 14 € — 14
- Côtes du Rhône La Redonne 2018 | Sec | 2018>23 | 14 € — 14
- Côtes du Rhône Les Forots 2017 | Sec | 2018>25 | 14 € — 14,5
- Saint-Peray La Belle de Mai 2017 | Sec | 2018>27 | 29 € — 16
- IGP Méditerranée Les Anthenors - clairette 2018 | Sec | 2018>23 | 29 € — 14,5
- IGP Méditerranée Les Collines de Laure - syrah 2017 | Sec | 2018>22 | 10 € — 14

12, rue des Violettes, 07130 Cornas • Tél. 04 75 84 17 10 • colombo@vinscolombo.fr • www.vinscolombo.fr • Visite : ouvert du lundi au samedi de 10h à 12h30 et de 14h à 18h.

DOMAINE COMBIER

L'un des domaines les plus réguliers de l'appellation Crozes sur les trois décennies écoulées. Ici, on a toujours cultivé la vigne en parallèle des arbres fruitiers (abricot en tête). Laurent, désormais épaulé par ses deux fils Julien et David, exploite la majeure partie de son vignoble sur les galets roulets de la plaine des Châssis, mais aussi quelques parcelles sur granite, au nord de l'appellation. La viticulture bio depuis toujours et le travail respectueux en cave, dorénavant dans un confort accru grâce à l'extension récente du site, en font des crozes de référence. Les 2016 ont un risque de descente élevé ! L'équilibre frais et l'harmonie des 2017 leur permettront de bien évoluer, surtout la fameuse cuvée du clos-des-grives, dans les deux couleurs.

- Crozes-Hermitage Cap Nord 2017 | Sec | 2022>27 | 30 € — 15,5
- Crozes-Hermitage Clos des Grives 2017 | Sec | 2022>32 | 40 € — 16,5
- Crozes-Hermitage Clos des Grives 2017 | Sec | 2023>32 | 40 € — 17
- Crozes-Hermitage cuvée L 2017 | Sec | 2018>23 | 15 € — 14
- Crozes-Hermitage L 2017 | Sec | 2018>24 | 15 € — 14
- Crozes-Hermitage Le Classique 2017 | Sec | 2018>26 | 22 € — 14,5
- Crozes-Hermitage Le classique 2017 | Sec | 2018>26 | 22 € — 14,5
- Saint-Joseph 2017 | Sec | 2018>27 | 22 € — 14,5
- Saint-Joseph Cap Nord 2017 | Sec | 2018>27 | 29 € — 15

RN 7 1400, route de Lyon, 26600 Pont-de-l'Isère • Tél. 04 75 84 61 56 • contact@domaine-combier.fr • www.domaine-combier.com • Visite : Sur rendez-vous.

DOMAINE COURBIS

Les frères Laurent et Dominique Courbis proposent un choix large de cornas et de saint-joseph du sud de l'appellation, dans le secteur de Châteaubourg. Les entrées de gamme privilégient le fruit et la délicatesse dans le toucher de bouche, mais peuvent paraître un peu faciles dans leur définition du terroir. Les cornas les-eygats et, surtout, la-sabarotte sont régulièrement au sommet de la dégustation. Le domaine n'a malheureusement pas présenté ses vins à nos dégustations cette année.

Route de Saint-Romain, 07130 Châteaubourg • Tél. 04 75 81 81 60 • contact@domaine-courbis.fr • www.vins-courbis-rhone.com • Visite : Du lundi au vendredi de 9h à 12h et de 14h à 18h. Le samedi sur rendez-vous.

DOMAINE PIERRE ET JÉRÔME COURSODON

Jérôme Coursodon est à la tête d'un des domaines réputés de Mauves. Les saint-joseph de ce secteur de l'appellation (Mauves-Tournon) sont différents de ceux plus au nord, autour de Sarras, même si tous sont produits sur des sols granitiques. Les rouges du domaine sont souvent plus aboutis que les blancs, dans un registre souple qui les rend aimables dès leur prime jeunesse grâce à un polissage soigné des tannins en cave. Depuis 2015 le domaine semble avoir franchi un palier, nous nous en réjoissons, les 2017 sont tous de très bonne tenue.

- Saint-Joseph L'Olivaie 2017 | Sec | 2018>27 | 30 € — 15,5
- Saint-Joseph La Sensonne 2017 | Sec | 2018>27 | 40 € — 16
- Saint-Joseph Le Paradis Saint-Pierre 2017 | Sec | 2018>32 | 43 € — 16,5
- Saint-Joseph Le Paradis Saint-Pierre 2017 | Sec | 2018>25 | 30 € — 14,5
- Saint-Joseph Silice 2017 | Sec | 2018>25 | 22 € — 14

1, place du Marché, 07300 Mauves • Tél. 04 75 08 18 29 • pierre.coursodon@wanadoo.fr • www.domaine-coursodon.com • Visite : Uniquement sur rendez-vous.

DOMAINE YVES CUILLERON

★★★☆☆

Yves Cuilleron est le plus important vigneron producteur de tout le Rhône Nord, avec aujourd'hui 65 hectares en exploitation et une vingtaine de références, essentiellement sur Saint-Joseph, Condrieu et Côte Rôtie, seul le crozes est en achat de raisins. Levures indigènes et élevages sous bois (9 mois pour les blancs, 18 mois pour les rouges) définissent un style certes boisé mais où chaque terroir finit par s'exprimer. À partir du millésime 2015, chaque appellation propose une cuvée avec un nom de lieu-dit. L'une des adresses de référence en vallée du Rhône.

- **Cornas Les Côtes 2017** | Sec | 2018>25 | 45,90 € — 14,5
- **Côte Rôtie Bonnivières 2017** | Sec | 2018>27 | 54,50 € — 16
- **Saint-Joseph Digue 2017** | Sec | 2018>25 | 23,70 € — 14
- **Saint-Joseph Les Serines 2017** | Sec | 2018>27 | 31,40 € — 15,5

58, RD 1086 Verlieu - Verlieu, 42410 Chavanay • Tél. 04 74 87 02 37 • cave@cuilleron.com • www.cuilleron.com • Visite : du lundi au samedi de 9h à 12h et de 14h à 17h30. Fermé les jours fériés.

DE BOISSEYT

★☆☆☆☆

Nouvelle entrée dans le guide pour ce domaine historique du nord de la vallée du Rhône. Olivier Decelle (Mas Amiel en Roussillon, Jean Faure à Saint-Émilion) a acquis en 2017 cette belle endormie, dotée pourtant de 10 hectares de beaux terroirs dont 60 ares de Côte Blonde, en Côte Rôtie. La direction technique est assurée par Pierre-Jean Villa, sur les 2017 il n'a pu décider que de la date des vendanges et de la vinification, pas toujours dans des conditions de travail idéales, mais avec les 2018 on devrait voir des progrès encourageants.

- **Condrieu Les Corbonnes 2017** | Sec | 2018>25 | 37 € — 14,5
- **Saint-Joseph Les Garipelées 2017** | Sec | 2018>24 | 22 € — 14,5
- **Saint-Joseph Les Garipelées 2017** | Sec | 2018>24 | 25 € — 13,5
- **IGP des Collines rhodaniennes Confluence 2017** | Sec | 2018>22 | 13,50 € — 14

178, rd 1086, 42410 Chavanay • Tél. 04 74 87 23 45 • contact@deboisseyt.com • www.deboisseyt.com • Visite : Du lundi au vendredi de 9h à 12h et de 14h à 19h, samedi jusqu'à 18h.

DOMAINE EMMANUEL DARNAUD

★★☆☆☆

Tout petit domaine qui a débuté l'aventure en 2001 avec seulement 1,50 hectare en Crozes-Hermitage. Depuis, la structure s'est agrandie pour atteindre 15 hectares, avec un peu de Saint-Joseph dans les deux couleurs. Les 2016 nous avaient emballés, les 2017 tout autant.

- **Crozes-Hermitage Au Fil du Temps 2017** | Sec | 2018>32 | 30 € — 16,5
- **Crozes-Hermitage Les Trois Chênes 2017** | Sec | 2018>27 | 20 € — 15,5
- **Crozes-Hermitage Mise en bouche 2017** | Sec | 2018>24 | 16 € — 13
- **Saint-Joseph La Dardouille 2017** | Sec | 2018>27 | 30 € — 16

21, rue du Stade, 26600 La Roche-de-Glun • Tél. 04 75 84 81 64 • emmanuel.darnaud26@orange.fr • www.domainedarnaud.com • Visite : sur rendez-vous.

DELAS

★★★☆☆

Cette belle maison propriété des champagnes Deutz est gérée efficacement par le duo formé par Jacques Grange et Claire Darnaud. Active dans le sud comme dans le nord du Rhône, elle en propose régulièrement de gourmandes interprétations mais ses plus brillantes réussites restent incontestablement les grands hermitages de la maison. L'Hermitage, où la maison a restructuré à grands frais son vignoble dans le quartier des Grandes Vignes. Tain-l'Hermitage, où la nouvelle cuverie est en cours d'achèvement, elle sera pleinement opérationnelle pour la vendange 2019, avec des espaces de réception et de dégustation qui s'annoncent magnifiques. En rouge, 2017 a restitué dans le verre le sourire qu'avaient les vignerons au moment des vendanges : un millésime sans le moindre souci, lumineux, qui allie la gourmandise du fruit à la fraîcheur.

- **Châteauneuf-du-Pape Hautes Pierres 2017** | Sec | 2018>32 | 39,90 € — 16
- **Cornas Chante-Perdrix 2017** | Sec | 2018>27 | NC — 15,5
- **Côte Rôtie La Landonne 2017** | Sec | 2018>32 | NC — 17

- Côte Rôtie La Landonne 2016 | Sec | 2020>31 | 150 € — 17
- Côte Rôtie Seigneur de Maugiron 2017 | Sec | 2022>32 | NC — 17
- Côtes du Rhône Saint-Esprit 2017 | Sec | 2018>24 | 8,70 € — 13,5
- Crozes-Hermitage Domaine des Grands Chemins 2017 | Sec | 2018>27 | 23,15 € — 15
- Crozes-Hermitage Le Clos 2017 | Sec | 2018>27 | 32,98 € — 16
- Crozes-Hermitage Les Launes 2017 | Sec | 2018>25 | 15,42 € — 14,5
- Gigondas Les Reinages 2017 | Sec | 2018>27 | 23,40 € — 15
- Grignan-les-Adhémar 2017 | Sec | 2018>24 | 6,72 € — 14
- Hermitage Domaine des Tourettes 2017 | Sec | 2018>32 | NC — 17,5
- Hermitage Domaine des Tourettes 2016 | Sec | 2018>31 | 52,80 € — 17
- Hermitage Les Bessards 2017 | Sec | 2018>37 | NC — 18
- Hermitage Les Bessards 2016 | Sec | 2018>31 | 144 € — 18
- Saint-Joseph François de Tournon 2017 | Sec | 2018>27 | 26,52 € — 15,5
- Saint-Joseph Les Challeys 2017 | Sec | 2018>25 | 18 € — 14
- Saint-Joseph Sainte-Épine 2017 | Sec | 2018>27 | 41,70 € — 16
- Vacqueyras Domaine des Genêts 2017 | Sec | 2018>27 | NC — 15

40 Avenue Jules Nadi, 26600 Tain l'Hermitage • Tél. 04 75 08 60 30 • detail@delas.com • www.delas.com • Visite : du lundi au samedi de 9h30 à 12h et de 14h30 à 18h30 hors-saison, tous les jours en juillet-août de 9h30 à 12h et de 14h à 19h.

DOMAINE BENJAMIN ET DAVID DUCLAUX

★★★☆☆

Domaine situé dans la partie sud de la Côte Rôtie, notamment le secteur de Maison Rouge. Les deux frères Benjamin et David Duclaux sont depuis longtemps aux commandes du domaine familial et ont apporté une précision supplémentaire aux vins, notamment les rouges. Une régularité qui mérite une promotion au vu de leurs 2017.

- Condrieu Les Caillets 2017 | Sec | 2018>27 | 40 € — 15,5
- Côte Rôtie La Chana 2017 | Sec | 2018>27 | 39 € — 15
- Côte Rôtie La Germine 2017 | Sec | 2018>27 | 44 € — 15,5
- Côte Rôtie Maison Rouge 2017 | Sec | 2018>32 | 64 € — 17

34, route de Lyon, 69420 Tupin-Semons • Tél. 04 74 59 56 30 • contact@coterotie-duclaux.com • www.coterotie-duclaux.com • Visite : sur rendez-vous.

DOMAINE OLIVIER DUMAINE

★★☆☆☆

Petite exploitation de 9 hectares perchée sur les hauteurs de Larnage, en parallèle de jolies chambres d'hôtes. Les crozes-hermitage croix-duverre se distinguent régulièrement dans nos dégustations, dans les deux couleurs, cette année les 2017.

- Crozes-Hermitage La Croix du verre 2017 | Sec | 2018>27 | 16,50 € — 15,5
- Crozes-Hermitage La Croix du Verre 2017 | Sec | 2018>25 | 16,50 € — 14,5

15, traverse Chautin, 26600 Larnage • Tél. 04 75 07 21 50 • cave.olivier.dumaine@wanadoo.fr • www.la-croix-du-verre.com • Visite : sur rendez-vous.

DOMAINE ÉRIC ET JOËL DURAND

★★☆☆☆

Les deux frères Éric et Joël Durand exploitent leurs 21 hectares entre Saint-Péray, Cornas et Saint-Joseph. La viticulture change progressivement, mais on est loin d'être en bio. Les vins offrent une égale gourmandise et souplesse de tannins dès leur jeunesse, mais ils vieillissent harmonieusement sur une dizaine d'années voire plus. Les 2017 sont impeccables.

- Cornas Confidence 2016 | Sec | 2018>31 | 52 € — 16,5
- Cornas Empreintes 2016 | Sec | 2018>31 | 33 € — 16
- Cornas Prémices 2016 | Sec | 2018>24 | 26 € — 15
- Saint-Joseph 2017 | Sec | 2018>27 | 19 € — 15,5
- Saint-Joseph Lautaret 2016 | Sec | 2018>26 | 25 € — 14,5
- Saint-Joseph Les Coteaux 2017 | Sec | 2018>25 | 19 € — 14,5
- Saint-Peray 2017 | Sec | 2018>27 | 18 € — 15,5

2, impasse de la Fontaine , 07130 Châteaubourg • Tél. 04 75 40 46 78 • ej.durand@wanadoo.fr • Visite : Sur rendez-vous.

ÉQUIS

★★☆☆☆

Équis est la société de négoce de Maxime Graillot, fils d'Alain, qui propose en complément du domaine familial des vins de même style, très fruités et glissants, vins de soif par excellence, dont la restauration a tant besoin ! Ne manquez pas la nouvelle cuvée en vignes franche de pied, en crozes ! Equis n'a malheureusement pas présenté ses vins à nos dégustations cette année.

105 Chemin des Chênes Verts, 26600 Pont-de-l'Isère • Tél. 04 75 55 13 49 • thomas@vinequis.com • www.vinequis.com

DOMAINE ESPRIT

★☆☆☆☆

Découverte de ce domaine cette année, avec de jolis crozes 2017 qui méritent une entrée directe dans le guide.

- **Crozes-Hermitage 2017** | Sec | 2018>23 | 16 € — 13
- **Crozes-Hermitage Le Zouave 2017** | Sec | 2018>27 | 32 € — 14,5
- **Crozes-Hermitage Perles Ivoires 2017** | Sec | 2018>21 | 21 € — 12,5
- **Crozes-Hermitage Perles Noires 2017** | Sec | 2018>24 | 21 € — 14

785, chemin des Blaches, 26600 Pont-de-l'Isère • Tél. 06 79 72 01 49 • contact@domaine-esprit.com • www.domaine-esprit.com • Visite : sur rendez-vous.

DOMAINE GUY FARGE

★★☆☆☆

Ancien coopérateur à la cave de Tain, Guy Farge crée son domaine en 2007, sur un vignoble essentiellement planté en terrasses. Le domaine manque parfois de régularité car les raisins sont souvent récoltés en limite haute de maturité mais lorsqu'il vise juste les vins sont au niveau de leur appellation. Nous préférons très souvent les rouges aux blancs, souvent lourds et manquants de fraîcheur, nous confirmons ce jugement cette année encore avec les 2017.

- **Cornas Harmonie 2017** | Sec | 2018>27 | 36 € — 16
- **Saint-Joseph Passion de Terrasses 2017** | Sec | 2018>27 | 29 € — 16
- **Saint-Joseph Terroir de Granit 2017** | Sec | 2018>25 | 20 € — 15
- **Saint-Joseph Vania 2017** | Sec | 2018>24 | 20 € — 13,5

18, chemin de la Roue, 07300 Saint-Jean-de-Muzols • Tél. 04 75 06 58 49 ou 06 08 21 31 72 • guyfarge@orange.fr • www.vigneron-guy-farge-rhone.com • Visite : du lundi au vendredi de 9h à 12h et de 14h à 18h.

DOMAINE FARJON

★☆☆☆☆

Thierry Farjon vinifie son premier millésime en 1992. Aujourd'hui, il exploite 8,5 hectares de vignes, essentiellement sur Saint-Joseph et Condrieu, avec quelques igp. Bons 2017, mais le condrieu semblait très évolué à moins que nous ayons eu un souci d'échantillon.

- **Saint-Joseph 2017** | Sec | 2018>24 | 13,50 € — 14,5
- **Saint-Joseph Authentique 2017** | Sec | 2018>25 | 13 € — 14,5
- **Saint-Joseph Ma Sélection 2017** | Sec | 2018>27 | 16 € — 15

Morzelas, 74 chemin de la Syrah, 42520 Malleval • Tél. 04 74 87 16 84 ou 06 81 87 91 08 • domaine.farjon@orange.fr • www.domaine-farjon.fr • Visite : sur rendez-vous du lundi au samedi.

DOMAINE FAYOLLE FILS ET FILLE

★★☆☆☆

Cette cave est née en 2002 de la scission du domaine fondé par Jules Fayolle. Les vins y sont souvent d'expression assez précoce mais sont de bons représentants de leurs appellations respectives, surtout les crozes. Les 2017 affichent une fraîcheur et un équilibre légèrement supérieurs aux 2016.

- **Crozes-Hermitage Clos les Cornirets Vieilles Vignes 2017** | Sec | 2018>27 | 28,50 € — 15,5
- **Crozes-Hermitage Les Pontaix 2017** | Sec | 2018>27 | 19,50 € — 15
- **Crozes-Hermitage Les Pontaix 2017** | Sec | 2018>25 | 22,50 € — 14,5
- **Hermitage Les Dionnières 2017** | Sec | 2018>25 | 48 € — 14,5
- **Saint-Peray Montis 2017** | Sec | 2018>25 | 19 € — 14

9, rue du Ruisseau, 26600 Gervans Village • Tél. 04 75 03 33 74 • contact@fayolle-filsetfille.fr • www.fayolle-filsetfille.fr • Visite : du lundi au vendredi de 9h30 à 12h et de 14h à 18h, le week-end sur rendez-vous.

FERRATON PÈRE & FILS

★★★☆☆ ♣

Ferraton appartient à Michel Chapoutier mais celui-ci a souhaité conserver une équipe autonome aux manettes, sous la direction de Damien Brisset. Les vieux locaux dans Tain ont été refaits et modernisés, un nouvel espace d'accueil et restauration très convivial vient d'ouvrir au bord du Rhône, tout est prêt pour que cette entité prenne son envol. La gamme montre le savoir-faire dans les vins de la vallée du Rhône, avec comme pour Chapoutier une approche en parcellaire qui étend chaque année le nombre des cuvées. Aujourd'hui la maison reste une référence plus pour ses vins rouges que ses blancs. Les rouges 2017 sont bien maîtrisés, entre fraîcheur et profondeur.

- **Cornas Les Eygats 2017** | Sec | 2018>27 | NC — 16
- **Cornas Les Grands Mûriers 2017** | Sec | 2018>27 | NC — 15,5
- **Cornas Patou 2017** | Sec | 2018>32 | NC — 17
- **Côte Rôtie L'Églantine 2017** | Sec | 2018>27 | NC — 14,5
- **Côte Rôtie Montmain 2017** | Sec | 2018>27 | NC — 16
- **Côtes du Rhône-Villages Laudun 2017** | Sec | 2018>24 | NC — 14
- **Côtes du Rhône-Villages Plan de Dieu 2017** | Sec | 2018>25 | NC — 14
- **Crozes-Hermitage Calendes 2017** | Sec | 2018>27 | NC — 14,5
- **Crozes-Hermitage La Matinière 2017** | Sec | 2018>25 | NC — 14,5
- **Crozes-Hermitage La Matinière 2017** | Sec | 2018>25 | NC — 14
- **Crozes-Hermitage Les Pichères 2017** | Sec | 2018>27 | NC — 15
- **Ermitage Le Méal 2017** | Sec | 2018>32 | NC — 17
- **Ermitage Le Reverdy 2017** | Sec | 2018>27 | NC — 15,5
- **Ermitage Les Dionnières 2017** | Sec | 2018>32 | NC — 16,5
- **Hermitage Les Miaux 2017** | Sec | 2018>26 | NC — 15
- **Hermitage Les Miaux 2017** | Sec | 2018>27 | NC — 15,5
- **Saint-Joseph Bonneveau 2017** | Sec | 2018>27 | NC — 15,5
- **Saint-Joseph Les Oliviers 2017** | Sec | 2018>27 | NC — 15
- **Saint-Joseph lieu-dit Saint-Joseph 2017** | Sec | 2018>32 | NC — 16,5
- **Saint-Peray Le Mialan 2017** | Sec | 2018>24 | NC — 14
- **Vin de France La Tournée 2018** | Sec | 2018>22 | NC — 12,5

13, rue de la Sizeranne, 26600 Tain-l'Hermitage • Tél. 04 75 08 59 51 • ferraton@ferraton.fr • www.ferraton.fr • Visite : du mardi au samedi de 10h à 12h30 et de 14h30 à 19h.

DOMAINE GILLES FLACHER

★★☆☆☆

Domaine situé sur les hauteurs de Charmas, dont les vins nous séduisent depuis plusieurs années dans nos dégustations syndicales, cette année encore avec les 2017.

- **Condrieu Les Rouelles 2017** | Sec | 2018>27 | NC — 15
- **Saint-Joseph Loess 2017** | Sec | 2018>27 | NC — 15,5
- **Saint-Joseph Reines 2017** | Sec | 2018>27 | NC — 14,5
- **Saint-Joseph Terra Louis 2017** | Sec | 2018>27 | NC — 15,5

971 route principale, 07340 Charnas • Tél. 04 75 34 09 97 • secretariat-flacher@orange.fr • Visite : sur rendez-vous.

DOMAINE FRANÇOIS ET FILS

★★☆☆☆

Petit domaine familial de 4 hectares, essentiellement sur Côte Rôtie avec un peu de vin en IGP. Des vins souples qui se livrent jeunes mais avec la classe des belles appellations. Cela fait trois millésimes que les vins se distinguent dans nos dégustations à l'aveugle !

- **Condrieu Veauvignière 2017** | Sec | 2018>26 | 29 € — 14,5
- **Côte Rôtie 2017** | Sec | 2018>25 | 29 € — 14,5
- **Côte Rôtie Rochins 2017** | Sec | 2018>27 | 59 € — 16
- **Côte Rôtie Rozier 2017** | Sec | 2018>25 | 38 € — 15

451, Le Mornas, 69420 Ampuis • Tél. 04 74 56 15 51 • gaec.francois@gmail.com • www.gaec-francois.sitew.com • Visite : du lundi au samedi sur rendez-vous.

DOMAINE PIERRE GAILLARD

★★★☆☆

Pierre Gaillard travaille désormais avec ses enfants sur une large gamme de terroirs du nord de la vallée du Rhône. Des raisins bien mûrs permettent souvent d'apprécier ses vins assez jeunes, mais ce sont de fidèles représentants de leurs appellations. La régularité du domaine est connue depuis longtemps. Le domaine n'a malheureusement pas présenté ses vins à nos dégustations cette année.

Lieu-dit Chez-Favier, 42520 Malleval • Tél. 04 74 87 13 10 • famille@gaillard.vin • www.domainespierregaillard.com • Visite : sur rendez-vous.

DOMAINE GARON

★☆☆☆☆

Ce domaine possède quelques jolies vignes dans le secteur de la Côte Blonde, dont une sur le Goutay, près de leur maison, mais leur meilleur vin provient des Rochains, sur les schistes proches de la Landonne. La production manque encore d'homogénéité mais le style est authentique, avec la marque de la vendange entière. Les 2017 montraient un beau visage cette année.

- **Côte Rôtie La Sybarine 2017** | Sec | 2018>25 | 30 € — 13,5

- **Côte Rôtie Lancement 2017** | Sec | 2018>25 | 115 € — 14,5
- **Côte Rôtie Les Rochains 2017** | Sec | 2018>27 | 72 € — 15
- **Côte Rôtie Les Triotes 2017** | Sec | 2018>25 | 40 € — 14

D386 58, route de la Taquière, 69420 Ampuis • Tél. 04 74 56 14 11 • vins@domainegaron.fr • www.domainegaron.fr • Visite : Sur rendez-vous.

DOMAINE GAYLORD MACHON

★☆☆☆☆

Ce sympathique vigneron a créé son propre domaine en sortant ses vignes de la coopérative. Bien lui en a pris, au vu des résultats qu'il obtient. Tous les millésimes dégustés depuis 2015 se présentent avec la même gourmandise homogène.

- **Crozes-Hermitage Ghany 2017** | Sec | 2018>25 | 14,50 € — 14,5
- **Crozes-Hermitage La Fille dont j'ai rêvé 2017** | Sec | 2018>24 | 17,50 € — 14
- **Crozes-Hermitage Lhony 2017** | Sec | 2018>27 | 19 € — 15

4 route des Vignes - 4, route des vignes, 26600 Beaumont-Monteux • Tél. 06 11 16 41 35 • domainegaylordmachon@outlook.com • Visite : sur rendez-vous.

DOMAINE PIERRE GONON

★★★★☆ ♣

Jean et Pierre Gonon ont succédé à leur père depuis plus de 20 millésimes déjà, et grâce à eux la vision que les consommateurs ont du cru Saint-Joseph a bien changé. Situés dans la partie méridionale de l'appellation, ils pratiquent une viticulture labellisée bio des plus soignées, travaillant leurs sols dans des conditions souvent héroïques quand on connaît la raideur des coteaux et l'âge avancé des vignes. Après de longues années de replantations, les clones ont été éliminés des différentes parcelles. Depuis quelques années déjà, leurs crus ont progressé en finesse et en pureté minérale, sans rien perdre de leur gourmandise. Très bons 2016, le rouge a un peu plus de fond que le blanc, en 2017 c'est l'inverse.

- **Saint-Joseph 2017** | Sec | 2018>32 | 30 € — 17,5
- **Saint-Joseph Les Oliviers 2017** | Sec | 2020>32 | epuisé — 17
- **IGP de l'Ardèche Les Îles Feray 2017** | Sec | 2018>24 | 18 € — 14,5
- **Vin de France chasselas 2017** | Sec | 2018>24 | 19 € — 15

34, avenue Ozier, 07300 Mauves • Tél. 04 75 08 45 27 • gonon.pierre@wanadoo.fr • Visite : Sur rendez-vous.

DOMAINE ALAIN GRAILLOT

★★★☆☆

L'un des tout premiers domaines à avoir fait découvrir les vins de crozes-hermitage au-delà de la Drôme, grâce à Alain Graillot, reconverti vigneron dans les années 1980. Aujourd'hui, c'est son fils Maxime qui est en charge du domaine, rien n'a changé si ce n'est depuis quelque temps des mises en bouteille retardées pour une meilleure stabilisation en bouteille. Le domaine est sur allocations mais pour répondre à la demande, Maxime a créé deux autres entités, le domaine des Lises et Équis (un négoce), également présentes dans ce guide. Le domaine n'a malheureusement pas présenté ses vins à nos dégustations cette année.

105 Les Chênes-Verts, 26600 Pont-de-l'Isère • Tél. 04 75 84 67 52 • contact@domainegraillot.com • Visite : Sur rendez-vous.

DOMAINE BERNARD GRIPA

★★★☆☆

Depuis quelques millésimes, Fabrice Gripa a franchi un cap dans l'expression de ses différentes cuvées en Saint-Joseph et Saint-Peray. Dans ce secteur sud du nord de la vallée du Rhône les raisins mûrissent bien mais tout le travail consiste justement à préserver leur fraîcheur et leur équilibre sans alourdir la richesse naturelle des vins en cave. Des vins qui régalent à table jeunes mais qui évoluent bien, 2015, 2016 et maintenant 2017 en seront de brillantes illustrations.

- **Saint-Joseph 2017** | Sec | 2018>27 | 20 € — 15,5
- **Saint-Joseph 2017** | Sec | 2018>25 | 20 € — 14
- **Saint-Joseph Le Berceau 2017** | Sec | 2018>32 | 36 € — 16,5
- **Saint-Peray Les Figuiers 2017** | Sec | 2018>23 | 23 € — 14
- **Saint-Peray Les Pins 2017** | Sec | 2018>25 | 19 € — 14,5

5, avenue Ozier, 07300 Mauves • Tél. 04 75 08 14 96 • gripa@wanadoo.fr • Visite : du lundi au vendredi de 8h30 à 12h et de 14h à 17h30.

E. GUIGAL

★★★★★

Bel exemple de transmission filiale réussie, Philippe Guigal ayant aujourd'hui pleinement la main sur la direction technique d'un des plus brillants négociants du Rhône et même de France, même si son père Marcel n'est jamais très loin. Guigal, c'est d'un côté un brillant négoce en achat de vins, à l'origine d'un des plus étonnants côtes-du-rhône du marché, toujours exceptionnel quand on connaît son volume de production (plus de 3 millions de bouteilles !), et commercialisé à point, et d'un autre côté des vins issus du domaine, dont les fameuses mouline, landonne et turque en côte-rôtie, sans oublier la-dorianne en condrieu, mais aussi les saint-joseph, les hermitages... Preuve que les choses changent ici, les actualités se bousculent, sans forcément y voir un lien de cause à effet. L'été 2017 avait vu le rachat des 53 hectares en Châteauneuf-du-Pape du château de Nalys, là nous avons dégusté les prometteurs 2017, et les blancs sont déjà délicieux. Enfin un châteauneuf blanc chez Guigal ! À l'été 2018, Jacques Desvernois (ex-Paul Jaboulet Aîné, à Tain-l'Hermitage) est venu renforcer l'équipe. Pour ce qui est du côtes-du-rhône, c'est le savoureux millésime 2015 qui finit actuellement sa commercialisation, ne le manquez pas ! Enfin, comment passer sous silence les brillantes réussites en rouge 2015, avec une landonne d'anthologie mais aussi une turque et un ex-voto qui feront date, et la-mouline ne sera pas oubliée non plus !

■ **Châteauneuf-du-Pape 2017** | Sec | 2018>32 | 28 €	16,5
■ **Châteauneuf-du-Pape 2016** | Sec | 2018>31 | 28 €	16,5
■ **Châteauneuf-du-Pape Château de Nalys 2017** | Sec | 2018>32 | 50 €	17
■ **Châteauneuf-du-Pape Château de Nalys 2016** | Sec | 2018>36 | 50 €	17,5
■ **Châteauneuf-du-Pape Saintes Pierres 2017** | Sec | 2018>32 | 28 €	17,5
■ **Châteauneuf-du-Pape Saintes Pierres 2017** | Sec | 2018>31 | 28 €	17
■ **Condrieu 2017** | Sec | 2018>25 | 33 €	15
■ **Condrieu La Doriane 2017** | Sec | 2018>37 | 62 €	18,5
■ **Côte Rôtie Château d'Ampuis 2015** | Sec | 2022>35 | 74 €	18
■ **Côtes du Rhône 2017** | Sec | 2018>24 | 7,50 €	14
■ **Côtes du Rhône 2016** | Sec | 2018>24 | 7,50 €	14,5
■ **Crozes-Hermitage 2017** | Sec | 2018>24 | 14 €	13
■ **Crozes-Hermitage 2016** | Sec | 2018>24 | 14 €	14,5
■ **Ermitage Ex-Voto 2016** | Sec | 2018>31 | NC	17,5
■ **Ermitage Ex-Voto 2015** | Sec | 2018>35 | 238 €	19
■ **Gigondas 2015** | Sec | 2018>30 | 17 €	17
■ **Hermitage 2016** | Sec | 2018>26 | 35 €	16
■ **Hermitage 2016** | Sec | 2018>26 | 40 €	16,5
■ **Saint-Joseph 2016** | Sec | 2018>26 | 16 €	15
■ **Saint-Joseph Vignes de l'Hospice 2016** | Sec | 2018>36 | 50 €	16,5

Château d'Ampuis, 5 route de la Taquiere, 69420 Ampuis • Tél. 04 74 56 10 22 • contact@guigal.com • www.guigal.com • Visite : Sur rendez-vous. 8h/12/14h/18h du lundi au vendredi.

DOMAINES PAUL JABOULET AÎNÉ

★★★★☆ ♣

Jacques Desvernois, qui, avait en charge la direction technique, vient de migrer un peu plus au nord dans la vallée, mais Caroline Frey dirige toujours avec application cette institution de la vallée du Rhône, si bien que tous les changements entrepris depuis le rachat à la famille Jaboulet n'ont jamais autant porté leurs fruits, tant dans le vignoble qu'en cuverie, ce qui au final se retrouve dans des vins rouges épurés, raffinés, frais dans leurs parfums de fruits, un peu moins marqués par le fût peut-être qu'il y a encore quelques années, et des blancs frais et sophistiqués, sans aucun note miellée comme on en trouvait autrefois. Au sommet de la gamme, la mythique cuvée d'hermitage la-chapelle, un savant dosage entre méal et bessards, deux des plus fameux coteaux de la colline, n'avait pas été aussi brillante depuis bien deux décennies. Une année chaude comme 2017 lui a particulièrement souri. Dans ce millésime, le crozes blanc du domaine de Roure n'a pas été produit en raison de la grêle, tout comme le condrieu, mais lui en raison d'une fermentation capricieuse.

■ **Cornas Domaine de Saint-Pierre 2017** | Sec | 2018>37 | NC	17,5
■ **Côte Rôtie Les Pierrelles 2017** | Sec | 2018>32 | NC	16,5
■ **Crozes-Hermitage Domaine de Roure 2017** | Sec | 2018>32 | NC	16,5
■ **Crozes-Hermitage Domaine de Thalabert 2017** | Sec | 2018>32 | NC	16
■ **Crozes-Hermitage Domaine Mule Blanche 2017** | Sec | 2018>27 | NC	15
■ **Hermitage La Chapelle 2017** | Sec | 2018>37 | NC	19
■ **Hermitage La Maison Bleue 2017** | Sec | 2018>32 | NC	17,5
■ **Hermitage Le Chevalier de Sterimberg 2017** | Sec | 2022>32 | NC	17
■ **Saint-Joseph La Croix des Vignes 2017** | Sec | 2018>32 | NC	16,5

Route Nationale 7, Les Jalets , 26600 La Roche de Glun • Tél. 04 75 84 68 93 • infojaboulet@jaboulet.com • www.jaboulet.com • Visite : printemps/été, du mardi au dimanche de 10h à 20h, automne/hiver, du mardi au samedi de 10h à 19h et le dimanche de 10h à 17h.

DOMAINE PHILIPPE ET VINCENT JABOULET

Philippe et Vincent Jaboulet ont créé leur domaine après la vente de la maison familiale (Paul Jaboulet Aîné) à la famille Frey. Sur les terroirs de Crozes-Hermitage et de l'Hermitage, qu'ils connaissent parfaitement, ils proposent une gamme de vins de belle expression et souvent d'évolution lente. La progression des derniers millésimes est récompensée par une promotion dans notre hiérarchie. Ne manquez pas l'hermitage blanc, le seul à être issu uniquement de la roussanne !

- **Crozes-Hermitage 2017** | Sec | 2018>27 | 14,90 € — 15
- **Crozes-Hermitage 2017** | Sec | 2018>27 | 14,90 € — 15
- **Crozes-Hermitage Clémence 2017** | Sec | 2018>27 | 12,70 € — 15,5
- **Crozes-Hermitage Nouvelère 2017** | Sec | 2018>32 | 20 € — 16,5
- **Ermitage 2017** | Sec | 2018>32 | 38,80 € — 17,5

920, route de la Négociale, 26600 Mercurol-Veaunes • Tél. 04 75 07 44 32 • jabouletphilippeetvincent@wanadoo.fr • www.jaboulet-philippe-vincent.fr • Visite : du lundi au vendredi de 9h à 12h et de 14h à 18h. Sur rendez-vous le samedi matin.

DOMAINE CORINNE ET JEAN-PAUL JAMET

Depuis le retrait de son frère Jean-Luc, Jean-Paul Jamet dirige avec son épouse Corinne et leur fils Loïc ce qui est pour nombre d'amateurs l'un des plus beaux domaines de la Côte Brune de la Côte Rôtie. C'est d'ailleurs le nom de la cuvée emblématique du domaine, d'une finesse et d'une élégance sans équivalent millésime après millésime. La gamme s'élargit un peu, dans les deux couleurs, avec notamment une nouvelle cuvée de Condrieu. Les rouges 2016 goûtent sur la gourmandise mais vieilliront aussi loin que les autres années, il s'agit d'un millésime classique pour le domaine. La nouveauté cette année ce sont les amphores en grès, qui sur la nouvelle cuvée de condrieu apportent une salinité bienvenue en 2017.

- **Condrieu Vernillon 2017** | Sec | 2018>27 | NC — 15,5
- **Côte Rôtie 2016** | Sec | 2022>36 | NC — 18
- **Côte Rôtie Côte Brune 2016** | Sec | 2024>36 | NC — 19
- **Côte Rôtie Fructus Voluptas 2017** | Sec | 2018>25 | NC — 15
- **Côtes du Rhône 2017** | Sec | 2018>25 | NC — 15
- **Côtes du Rhône Équivoque 2016** | Sec | 2018>27 | NC — 16,5

4600, route de Rocru - Le Vallin , 69420 Ampuis • Tél. 04 74 56 12 57 • domainejamet@wanadoo.fr • www.domaine-jamet.com • Visite : sur rendez-vous.

DOMAINE JASMIN

Ce petit domaine exploite 11 parcelles sur 8 lieux-dits en Côte Rôtie, à partir desquelles Patrick Jasmin n'élabore qu'une seule cuvée, un authentique vin d'assemblage. Il faut quand même lui donner quelques années de vieillissement car il est mis en bouteille dans une optique réductive pour mieux le préserver. Superbe 2015, le 2016 est un peu plus souple mais tout aussi réussi. Le domaine n'a malheureusement pas présenté ses vins à nos dégustations cette année.

14, rue des Maraîchers, 69420 Ampuis • Tél. 04 74 56 16 04 • jasmin.pa@wanadoo.fr • Visite : Sur rendez-vous.

MAISON & DOMAINE LES ALEXANDRINS

Cette double structure de création récente s'articule autour d'un vignoble en propre et d'une activité de négoce, grâce à la complicité de Nicolas Jaboulet, Guillaume Sorrel et Alexandre Caso, sous l'œil bienveillant de la famille Perrin (de Châteauneuf). Le credo est ici fort simple : le plaisir, à un prix qui doit être accessible, ce qui donne des vins gourmands et bien ouverts jeunes. Les 4 vins 2017 présentés cette année étaient impeccables, les cuvées du domaine s'en sortant mieux encore que celles du négoce.

- **Condrieu Maison Les Alexandrins 2017** | Sec | 2018>24 | 35 € — 12,5
- **Crozes-Hermitage Domaine Les Alexandrins 2017** | Sec | 2018>27 | 22 € — 15,5
- **Crozes-Hermitage Maison Les Alexandrins 2017** | Sec | 2018>25 | 18 € — 14,5
- **Saint-Joseph Domaine Les Alexandrins 2017** | Sec | 2018>27 | 25 € — 15

14, rue Albert Nicolas, 26600 Tain-l'Hermitage • Tél. 04 75 08 69 44 • contact@lesalexandrins.com • www.lesalexandrins.com • Visite : sur rendez-vous.

DOMAINE LES BRUYÈRES - DAVID REYNAUD

David Reynaud a sorti le domaine familial de la coopérative en 2003 et l'a depuis converti à la biodynamie, avec certification depuis le millésime 2008. Depuis quelques années, ses cuvées nous ont semblé franchir un palier en termes de pureté de fruit, de caresse de tannin et d'élégance, les boisés sont mieux intégrés et respectent la fraîcheur des vins. Voici la preuve qu'une démarche bio, quand elle soigne aussi les vinifications, est irremplaçable pour exprimer le plus original du terroir. Les 2017 sont réussis et homogènes comme souvent au domaine.

- **Cornas Rebelle 2017** | Sec | 2018>27 | 40,50 € — 15
- **Crozes-Hermitage Aux Bêtises 2017** | Sec | 2018>26 | 21 € — 14,5
- **Crozes-Hermitage Georges Reynaud 2017** | Sec | 2018>27 | 18 € — 15
- **Crozes-Hermitage Les Croix Vieilles Vignes 2017** | Sec | 2018>27 | 25 € — 15,5
- **Saint-Joseph 350 Mètres 2017** | Sec | 2018>27 | 21 € — 15,5

12 Chemin du Stade, 26600 Beaumont-Monteux • Tél. 04 75 84 74 14 • contact@domainelesbruyeres.fr • www.domainelesbruyeres.fr • Visite : du lundi au vendredi de 9h à 12h et de 14h à 18h, le samedi matin sur rendez-vous.

DOMAINE LEVET

Agnès Levet est la quatrième génération de ce domaine d'Ampuis, héritier de Marius Chambeyron, qui exploite un petit vignoble de 4,80 hectares émiettés en une dizaines de parcelles, toutes en Côte Rôtie, dont des secteurs fameux cadastrés tels Côte Blonde, Côte Brune, Côte Rozier, La Landonne, Fongeant... Ici on ne vend pas du parcellaire, seulement trois cuvées sont produites chaque année, pour un rapport qualité-prix difficilement battable en côte-rôtie. La cuvée améthyste est la mieux représentative du domaine, c'est la plus produite, la cuvée péroline est une exception, d'abord par sa jolie bouteille sérigraphiée au dessin qui change chaque année, ensuite parce que c'est l'une des rares expressions du méconnu terroir de Chavaroche, coincé entre la Côte Blonde et la Côte Brune, où le domaine a sa plus grande vigne, pas moins de 174 ares. Un domaine qui mérite d'autant plus d'être découvert qu'il reçoit dans son caveau situé au bord de la route nationale, à Ampuis. Aucune excuse !

- **Côte Rôtie Améthyste 2016** | Sec | 2018>26 | NC — 15,5
- **Côte Rôtie La Péroline 2016** | Sec | 2018>31 | NC — 17,5
- **Côte Rôtie Maestria 2016** | Sec | 2018>31 | NC — 16,5

26, boulevard Allées, 69420 Ampuis • Tél. 04 74 56 15 39 • contact@coterotielevet.fr • www.coterotielevet.fr • Visite : du lundi au samedi sur rendez-vous.

DOMAINE MÉLODY

Ce domaine naît en 2010 de l'association entre Marc, Marlène et Denis. Les vignes se répartissent entre Larnage et la plaine des Châssis, ce qui permet des expressions différentes dans les différents crozes-hermitage de la gamme. Les 2017 confirment nos bonnes impressions de l'an passé.

- **Crozes-Hermitage Chaos 2017** | Sec | 2018>27 | 22 € — 16
- **Crozes-Hermitage Étoile Noire 2017** | Sec | 2018>27 | 22 € — 15,5
- **Crozes-Hermitage Friandise 2017** | Sec | 2018>25 | 13 € — 14,5
- **Crozes-Hermitage L'Exception 2017** | Sec | 2018>27 | 17 € — 15,5
- **Crozes-Hermitage Premier Regard 2017** | Sec | 2018>25 | 16 € — 14

570, chemin des Limites, 26600 Mercurol • Tél. 04 75 08 16 51 • contact@domainemelody.fr • www.domainemelody.fr • Visite : Tous les jours sur rendez-vous.

DOMAINE FRANÇOIS MERLIN

Ce petit domaine possède de très jolies parcelles sur Condrieu, dont certaines comme Poncin très proches de Château Grillet. Nous avons plus été séduits par les saint-joseph rouges que par les condrieux en 2017.

- **Saint-Joseph 2017** | Sec | 2018>27 | 18 € — 14,5
- **Saint-Joseph Les Grands Ducs 2017** | Sec | 2018>27 | 26 € — 15

10 Impasse du Bardoux, 42410 Saint-Michel-sur-Rhône • Tél. 04 74 56 61 90 • domainef.merlin@orange.fr • Visite : Sur rendez-vous.

DOMAINE MICHELAS - SAINT-JEMMS

Propriétaire sur les quatre appellations du secteur de Tain, Mercurol et Cornas, ce domaine est géré par la nouvelle génération de la famille Michelas qui a certainement fait progresser viticulture et vinification même si la gamme est encore trop hétérogène d'un millésime sur l'autre. Réussite homogène des rouges 2017.

- **Cornas Les Murettes 2017** | Sec | 2018>27 | 31 € — 15,5
- **Crozes-Hermitage La Chasselière 2017** | Sec | 2018>25 | 24 € — 14
- **Crozes-Hermitage Signature 2017** | Sec | 2018>24 | NC — 13,5
- **Crozes-Hermitage Terres d'Arce 2017** | Sec | 2018>27 | 28 € — 15,5
- **Saint-Joseph Sainte-Épine 2017** | Sec | 2021>27 | 26 € — 16

557, route de bellevue, 26600 Mercurol • Tél. 04 75 07 86 70 • michelas.st.jemms@orange.fr • www.michelas-st-jemms.fr • Visite : du lundi au samedi de 9h à 12h et de 14h à 18h.

DOMAINE DU MONTEILLET

Stéphane Montez a réussi en quelques millésimes à s'imposer comme un vigneron de référence dans le secteur nord du nord de la vallée, dans les appellations Saint-Joseph, Condrieu et Côte Rôtie. Des raisins récoltés bien mûrs, parfois un peu trop, donnent des vins avec beaucoup de puissance et d'intensité en bouche. Le domaine n'a malheureusement pas présenté ses vins à nos dégustations cette année.

7 Le Montelier, 42410 Chavanay • Tél. 04 74 87 24 57 • stephanemontez@aol.com • www.montez.fr • Visite : Ouvert de 10h à 12h et de 14h à 18h du lundi au samedi de préférence sur rendez vous et fermé le dimanche.

DOMAINE MOUTON

Petit domaine situé sur les hauteurs de Condrieu, avec régulièrement des interprétations réussies de l'appellation, même si on est parfois en droit d'attendre plus de tels terroirs.

- **Condrieu Côte Bonnette 2017** | Sec | 2018>24 | 26,50 € — 13,5
- **Condrieu Côte Chatillon 2017** | Sec | 2018>27 | 32 € — 15
- **Côte Rôtie Maison Rouge 2017** | Sec | 2018>25 | 44 € — 14

23, montée du Rozay, 69420 Condrieu • Tél. 04 74 87 82 36 • contact@domaine-mouton.com • www.domaine-mouton.com • Visite : De 8h à 12h et de 13h30 à 18h du lundi au samedi, le dimanche sur rendez-vous.

DOMAINE DU MURINAIS

Luc Tardy dirige avec application ce domaine très régulier en Crozes-Hermitage. Sans surprise les rouges sont plus en vue que le blanc, marine. Des cuvées souvent appréciables jeunes mais qui en bon millésime comme 2016 évoluent parmi les meilleures de l'appellation, notamment la splendide vieilles-vignes. Le domaine n'a malheureusement pas présenté ses vins à nos dégustations cette année.

1890 route du laboureur , 26600 Beaumont-Monteux • Tél. 04 75 07 34 76 • ltardy@aol.com • www.domainedumurinais.fr • Visite : sur rendez-vous.

DOMAINE NIERO

Rémi Niero est désormais en charge du domaine familial, producteur notamment en Condrieu et Côte Rôtie. La régularité des millésimes ne semble plus aussi assurée que par le passé, et l'expression des vins s'en ressent. Cette année encore, en 2017, deux cuvées de condrieu décevaient alors qu'elles devraient être le point fort du domaine !

- **Condrieu Chéry 2017** | Sec | 2018>25 | 38 € — 14,5
- **Côte Rôtie Eminence 2017** | Sec | 2018>25 | 35 € — 14,5
- **Côte Rôtie Vires de Serine 2017** | Sec | 2018>27 | 60 € — 15

Impasse du Pressoir - Rue de la Mairie, 69420 Condrieu • Tél. 04 74 56 86 99 • domaine@vins-niero.com • www.vins-niero.com • Visite : du lundi au mercredi sur rendez-vous et du jeudi au vendredi de 8h30 à 12h30 et de 13h30 à 17h30 et le samedi de 9h30 à 12h30.

DOMAINE RÉMY NODIN

Nous avons découvert ce domaine cette année, il a eu la bonne idée de nous adresser deux échantillons qui tous deux se sont distingués brillamment. Nous lui rendrons bientôt une petite visite...

- **Cornas Les Eygats 2017** | Sec | 2018>27 | 23 € — 16
- **Saint-Peray La Baylesse 2017** | Sec | 2021>27 | 17,50 € — 15,5

Quartier La Baylesse, 07130 Saint-Péray • Tél. 06 81 04 16 62 • remy@remy-nodin.fr • www.remy-nodin.fr • Visite : Du lundi au vendredi de 14h à 19h et le samedi matin. juin, juillet, aout et septembre, de 10h à 12h et de 14h à 19h. Visites sur rendez-vous.

DOMAINE MICHEL ET STÉPHANE OGIER

L'ambition qu'affiche Stéphane Ogier se mesure à la qualité atteinte par ses vins mais aussi par sa nouvelle cuverie, en sortie sud d'Ampuis, un magnifique outil de travail pour vinifier en parcellaire tous ses terroirs de Côte Rôtie et de Seyssuel, et aussi le plus beau point de vue sur toute la Côte Rôtie. La vinification en fût est appuyée mais maîtrisée par des élevages longs, voilà une source fiable d'excellentes syrahs du nord du Rhône, les grands sommeliers et marchands de vin du monde entier l'ont déjà compris. Les différents terroirs de côte-rôtie goûtent merveilleusement en 2016, mais sans atteindre la plénitude de la cuvée réserve, et surtout le raffinement suprême de lancement.

- **Condrieu La Combe de Malleval 2017** | Sec | 2018>27 | epuisé — 15,5
- **Côte Rôtie Bertholon 2016** | Sec | 2018>36 | NC — 17,5
- **Côte Rôtie Champon 2016** | Sec | 2018>36 | NC — 17,5
- **Côte Rôtie Côte Blonde 2016** | Sec | 2018>36 | NC — 18,5
- **Côte Rôtie Côte Bodin 2016** | Sec | 2018>31 | NC — 17,5
- **Côte Rôtie Fongeant 2016** | Sec | 2018>31 | NC — 17
- **Côte Rôtie La Belle Hélène 2016** | Sec | 2023>36 | NC — 18,5
- **Côte Rôtie La Viallière 2016** | Sec | 2018>36 | NC — 18,5
- **Côte Rôtie Lancement 2016** | Sec | 2018>36 | NC — 19
- **Côte Rôtie Mon Village 2016** | Sec | 2018>26 | 42 € — 15,5
- **Côte Rôtie Montmain 2016** | Sec | 2018>36 | NC — 18
- **Côte Rôtie Réserve 2016** | Sec | 2018>36 | NC — 18
- **Côtes du Rhône Le Temps est Venu 2017** | Sec | 2018>25 | 10 € — 14,5
- **Saint-Joseph Le Passage 2017** | Sec | 2018>27 | 23 € — 15,5
- **IGP des Collines rhodaniennes La Rosine 2017** | Sec | 2018>25 | 17,50 € — 14,5

97 route de la taquiere, 69420 Ampuis • Tél. 04 74 56 10 75 • contact@domaine-ogier.fr • www.stephaneogier.fr • Visite : Uniquement sur rendez-vous du lundi au vendredi.

DOMAINE VINCENT PARIS

Vincent Paris s'affirme désormais comme une valeur sûre de l'appellation Cornas, grâce à ses cuvées toujours très régulières, avec au sommet de la gamme une 60° et la-geynale, puissantes expressions de la salinité de la roche du sous-sol. Magnifique trilogie 2015, 2016, 2017, voilà une adresse incontournable pour les amoureux de cornas.

- **Cornas Granit 30° 2017** | Sec | 2018>27 | 24 € — 16
- **Cornas Granit 60° 2017** | Sec | 2018>37 | 33 € — 17,5
- **Cornas La Geynale 2017** | Sec | 2018>37 | 39 € — 18

Chemin des Peyrouses, 07130 Cornas • Tél. 04 75 40 13 04 • vinparis@wanadoo.fr • www.vin-paris.fr • Visite : sur rendez-vous.

DOMAINE PICHAT

Déception cette année avec les échantillons présentés par ce domaine, qui nous avait pourtant beaucoup plu les années précédentes. Certains affichaient des tannins secs quand d'autres prélevés sur cuve étaient visiblement fatigués. Nous préférons mettre entre parenthèses notre notation et refaire un point avec des vins en bouteille.

6, chemin de la Viallière - Verenay, 69420 Ampuis • Tél. 04 74 48 37 23 • info@domainepichat.com • www.domainepichat.com • Visite : sur rendez-vous.

DOMAINE PICHON

Christophe Pichon a rejoint la tête du peloton de la haute qualité dans les crus du nord du Rhône Nord, dans les appellations Saint-Joseph, Condrieu et Côte Rôtie. En côte-rôtie, sa sélection parcellaire rozier, au cœur de la côte du même nom, est remarquable, et la-comtesse-en-côte-blonde est absolument magistrale par son toucher de bouche suave et la délicatesse de ses parfums. Brillante cuvée comtesse en 2015 et 2016. Le domaine n'a malheureusement pas présenté ses vins à nos dégustations cette année.

36, le Grand-Val - Lieu-dit Verlieu, 42410 Chavanay • Tél. 04 74 87 06 78 • chrpichon@wanadoo.fr • www.domaine-pichon.fr • Visite : Du lundi au samedi de 10h à 12h et de 14h à 18h.

DOMAINE DES REMIZIÈRES

★★☆☆☆

Philippe Desmeure et sa fille Émilie ont bien développé ce domaine familial pour l'amener à 30 hectares de vignes. Les vinifications et les élevages sous bois donnent des cuvées au toucher de bouche habituellement caressant. Le domaine affiche une grande régularité dans les deux couleurs, millésime après millésime. Bons 2017.

- **Cornas 2017** | Sec | 2018>27 | 30 € — 15,5
- **Crozes-Hermitage cuvée Christophe 2017** | Sec | 2018>27 | 17 € — 15,5
- **Crozes-Hermitage cuvée Christophe 2017** | Sec | 2022>27 | 19 € — 15,5
- **Hermitage cuvée Émilie 2017** | Sec | 2023>27 | 45 € — 15
- **Saint-Joseph 2017** | Sec | 2018>27 | 18 € — 14,5

1459, Avenue du Vercors , 26600 Mercurol-Veaunes • Tél. 04 75 07 44 28 • contact@domaineremizieres.com • www.domaineremizieres.com • Visite : du lundi au samedi de 9h à 12h et de 14h à 18h30.

DOMAINE DE ROSIERS

☆☆☆☆☆

Domaine familial basé sur Côte Rôtie et Condrieu. Les côtes-rôties pourraient offrir plus de profondeur.

- **Côte Rôtie Besset 2017** | Sec | 2018>24 | NC — 14,5
- **Côte Rôtie Drevon 2017** | Sec | 2018>24 | NC — 14

3, rue des Moutonnes, 69420 Ampuis • Tél. 04 74 56 11 38 • domainederosiers@gmail.com • www.domaine-de-rosiers.fr • Visite : du lundi au vendredi de 8h à 12h et de 13h30 à 18h, le week-end sur rendez-vous

DOMAINE SAINT-CLAIR

☆☆☆☆☆

Denis Basset est sorti de la cave coopérative en 2007, année de sa première vinification. Les cuvées offrent toujours des fruités agréables et des bouches souples, même si on aimerait un peu plus de fond.

- **Crozes-Hermitage Étincelle 2017** | Sec | 2018>24 | 13 € — 13,5
- **Crozes-Hermitage La Fleur Enchantée 2017** | Sec | 2018>25 | 17 € — 14,5
- **Crozes-Hermitage Un Matin... 2017** | Sec | 2018>24 | 16 € — 13
- **Saint-Joseph Les Abîmes de l'Enfer 2017** | Sec | 2018>25 | 20 € — 13

265, chemin de la Grange, 26600 Beaumont-Monteux • Tél. 09 66 40 35 55 OU 06.86.81.83.58 • domainesaintclair@orange.fr • www.domaine-saint-clair.com • Visite : Sur rendez-vous.

CAVE SAINT-DÉSIRAT

★☆☆☆☆

Importante cave coopérative du nord du nord de la vallée du Rhône, sur la rive droite, exprimant un style de saint-joseph propre à ce secteur, au tannin souvent plus corsé-poivré. Au vu de la grande régularité des millésimes dans le secteur depuis plus de 20 ans, l'amateur y dénichera aisément de quoi garnir sa cave.

- **Condrieu 2017** | Sec | 2018>25 | 24 € — 13
- **Saint-Joseph Coeur de Rochevine 2017** | Sec | 2018>27 | 30 € — 15
- **Saint-Joseph Côte Diane 2017** | Sec | 2018>25 | 13 € — 14
- **Saint-Joseph Septentrio 2017** | Sec | 2018>25 | 16 € — 14

8, quartier Tine rodet, 07340 Saint-Désirat • Tél. 04 75 34 22 05 • maisondesvins@cave-saint-desirat.fr • www.cave-saint-desirat.com • Visite : Tous les jours de 9h à 12h et de 14h à 18h30.

DOMAINE MARC SORREL

★★★★☆

L'un des vignerons les plus attachants de la colline de l'Hermitage vient de tirer sa révérence, Marc Sorrel a pris sa retraite après avoir vendangé les 2018 cette année. Son fils Guillaume a déjà le pied à l'étrier (il a mis entre parenthèses sa participation au projet Les Alexandrins) et saura sans nul doute poursuivre l'aventure. À leur meilleur les hermitages du domaine sont l'expression la plus racée et la plus mordante des vins du coteau, mais pas forcément les plus immédiatement harmonieux. La vendange entière pour une partie de la récolte explique la chose pour les rouges et en blanc la petite parcelle de Rocoules est certainement le lieu-dit qui donne à la marsanne sa plus grande dimension. Les crozes maison sont plus recommandables en blanc qu'en rouge car les terres de kaolin de Larnage conviennent mieux au raisin blanc. Que penser des 2017 ? Marc Sorrel pense que c'est peut-être son plus beau millésime, il n'a pas le souvenir de tannins aussi soyeux dans les rouges. Seule contrepartie à ces raisins très mûrs et très concentrés : des volumes réduits de moitié dans les cuvées d'hermitage. Mais quels chefs d'œuvre !

- **Crozes-Hermitage 2017** | Sec | 2018>27 | NC — 16,5
- **Crozes-Hermitage 2017** | Sec | 2018>27 | NC — 15
- **Hermitage 2017** | Sec | 2018>32 | NC — 17,5
- **Hermitage 2017** | Sec | 2024>37 | NC — 18
- **Hermitage Le Gréal 2017** | Sec | 2024>37 | NC — 19,5
- **Hermitage Les Rocoules 2017** | Sec | 2025>37 | NC — 19

128 bis, avenue Jean-Jaurès, 26600 Tain-l'Hermitage • Tél. 04 75 07 10 07 • marc.sorrel@wanadoo.fr • www.marcsorrel.fr • Visite : sur rendez-vous.

CAVE DE TAIN

★★★☆☆

La cave de Tain est le plus important producteur de vins de syrah de toute la vallée du Rhône et par là-même du monde. Par ses apporteurs, elle dispose d'un parcellaire important et bien situé, uniquement en Hermitage, Crozes-Hermitage, Saint-Joseph, Cornas et Saint-Péray, elle ne s'est jamais aventurée à Condrieu ou Côte Rôtie. Grâce à une équipe technique compétente et expérimentée, notamment Daniel Brissot au vignoble et Xavier Frouin en cave, elle sait la marche à suivre pour atteindre l'excellence. Depuis le millésime 2014, la toute nouvelle cuverie permet enfin d'avoir un outil adapté à la taille de la vendange récoltée, et désormais sur le haut de gamme on peut vinifier en parcellaire. Dès les 2014, et plus encore les 2015, les vins ont gagné en densité, en fraîcheur, en éclat, tant en rouge qu'en blanc. Ces progrès constants et profonds méritent d'être soulignés car le mouvement coopératif vit des heures peu évidentes en ce moment : à Tain, il existe une cave qui désormais doit être fière de ses vins, ses grands hermitages n'ont pas à rougir en dégustation face aux belles maisons de la région, et de cela tout le monde devrait se réjouir.

- **Cornas bio 2017** | Sec | 2018>25 | 30 € — 13,5
- **Cornas Grand Classique 2017** | Sec | 2018>27 | 24 € — 15,5
- **Cornas Les Arènes Sauvages 2017** | Sec | 2018>32 | 35 € — 17
- **Crozes-Hermitage LA 2017** | Sec | 2018>27 | 22 € — 14,5
- **Crozes-Hermitage Les Hauts d'École 2017** | Sec | 2018>27 | 17 € — 15,5
- **Crozes-Hermitage Les Hauts du Fief 2017** | Sec | 2018>32 | 21 € — 16
- **Crozes-Hermitage Nord 2017** | Sec | 2018>27 | 22 € — 16
- **Crozes-Hermitage SA 2017** | Sec | 2018>27 | 22 € — 15,5
- **Hermitage Au Cœur des Siècles 2017** | Sec | 2018>32 | 49 € — 17
- **Hermitage Epsilon 2017** | Sec | 2023>37 | 240 € — 18,5
- **Hermitage Gambert de Loche 2017** | Sec | 2023>37 | 90 € — 17,5
- **Hermitage Grand Classique 2017** | Sec | 2018>27 | 40 € — 16
- **Saint-Joseph bio 2017** | Sec | 2018>25 | 20 € — 14,5
- **Saint-Joseph Esprit de Granit 2017** | Sec | 2018>27 | 24 € — 16
- **Saint-Joseph Terre Blanche 2017** | Sec | 2018>27 | 26 € — 15,5
- **Saint-Joseph Terre d'Ivoire 2017** | Sec | 2018>27 | 24,50 € — 15
- **Saint-Joseph Vieilles Vignes 2017** | Sec | 2018>32 | 26 € — 17
- **Saint-Peray Fleur de Roc 2017** | Sec | 2018>27 | 18,50 € — 14,5

22, route de Larnage, 26600 Tain-l'Hermitage • Tél. 04 75 08 20 87 • contact@cavedetain.com • www.cavedetain.com • Visite : Du lundi au samedi de 9h à 12h30 et de 14h à 18h30 en période d'hiver. En période estivale 9h à 19h. Le dimanche et les jours fériés de 10h à 12h30 et de 14h à 18h.

DOMAINE VALLET

☆☆☆☆☆

Ce domaine de 10,5 hectares est progressivement sorti de la coopération depuis 1990, et Anthony s'y est installé en 1998. Tous les vins peuvent s'apprécier jeunes, et les tarifs restent raisonnables pour la région.

- **Saint-Joseph Les Muletiers 2017** | Sec | 2018>26 | 18 € — 14,5
- **Saint-Joseph Meribets 2017** | Sec | 2018>24 | 16 € — 12,5
- **Saint-Joseph Méribets 2017** | Sec | 2018>24 | 15 € — 13,5

694, La Croisette RD 86 - RD 86, 07340 Serrières • Tél. 04 75 34 04 64 ou 06 09 26 45 91 • domaine.vallet@orange.fr • www.domainevallet.com • Visite : Ouvert le lundi, mardi, jeudi et vendredi de 8h30 à 16h30. Mercredi sur rendez-vous.

DOMAINE GEORGES VERNAY

★★★★★

Georges n'est plus mais sa fille Christine et son mari Paul sauront maintenir ce domaine parmi l'élite mondiale, en blanc comme en rouge. Les condrieux égalent ici les plus grands blancs secs de l'Hermitage par leur pureté et leur tenue en bouche malgré une faible acidité. C'est peut-être sur les rouges, notamment les côte-rôtie que les progrès sont les plus visibles depuis une bonne dizaine d'années. Tous les vins du domaine sont remarquables aujourd'hui, tant pour leur toucher raffiné que leur salinité qui décuple leur saveur. Le secret ? Il n'y a pas de secret, rien que du travail et beaucoup d'attentions. Sublime série entamée depuis les 2014, qui se poursuit cette année encore. Le fait marquant dans le millésime 2017, en blanc, c'est que les condrieux vernon et chaillées rivalisent pour le titre de meilleur vin du millésime, vernon est étonnamment opulent, ce qui n'est pas l'expression habituelle de ce terroir, ce qui souligne d'autant la fraîcheur et l'équilibre des chaillées. Un débat passionnant qui sera tranché, ou pas, d'ici quelques années... quand les vins seront épuisés à la vente.

- **Condrieu Coteau de Vernon 2017** | Sec | 2023>31 | 104 € — 18
- **Condrieu Les Chaillées de l'Enfer 2017** | Sec | 2018>27 | 75 € — 18
- **Condrieu Les Terrasses de l'Empire 2017** | Sec | 2018>27 | 51 € — 16
- **Côte Rôtie Blonde du Seigneur 2016** | Sec | 2021>31 | 51 € — 17,5
- **Côte Rôtie La Maison Rouge 2016** | Sec | 2023>36 | 104 € — 18
- **Saint-Joseph La Dame Brune 2016** | Sec | 2021>31 | 45 € — 16,5
- **Saint-Joseph Terres d'Encre 2017** | Sec | 2018>25 | 32 € — 15,5
- **IGP des Collines rhodaniennes Sainte-Agathe 2017** | Sec | 2018>26 | 22 € — 15

1, Route Nationale, 69420 Condrieu • Tél. 04 74 56 81 81 • pa@georges-vernay.fr • www.georges-vernay.fr • Visite : lundi, mardi, jeudi et vendredi de 9h à 12h et de 14h à 17h, le mercredi sur rendez-vous.

VIDAL-FLEURY

★★☆☆☆

Cette maison historique d'Ampuis, fondée en 1781, a vu le départ de la carrière d'Étienne Guigal. Aujourd'hui, elle appartient, juste retour des choses, à ses descendants mais est gérée de façon autonome par Guy Sarton du Jonchay. Une grande partie des vins est vinifiée chez Guigal mais est élevée dans des installations neuves et performantes qui devraient rapidement permettre de progresser dans l'homogénéité des lots et des mises. Les blancs ont beaucoup de puissance, les rouges 2016 ont la réussite propre aux secteurs sud de la vallée, les 2017 semblent montrer une belle fraîcheur. Enfin, la maison élabore chaque année un délicieux muscat-de-beaumes-de-venise, gourmand et parfumé quel que soient les millésimes.

- **Cairanne 2015** | Sec | 2018>25 | 12,90 € — 14,5
- **Châteauneuf-du-Pape 2015** | Sec | 2020>25 | 40,80 € — 15,5
- **Condrieu 2017** | Sec | 2018>24 | 50,60 € — 12,5
- **Cornas 2017** | Sec | 2018>27 | NC — 15
- **Côte Rôtie Brune et Blonde 2016** | Sec | 2018>26 | 60 € — 15
- **Côte Rôtie Côte Blonde La Chatillonne 2015** | Sec | 2021>30 | NC — 17
- **Côtes du Rhône 2018** | Sec | 2018>22 | 10,45 € — 13
- **Côtes du Rhône 2016** | Sec | 2018>24 | 9,95 € — 14
- **Côtes du Rhône-Villages 2015** | Sec | 2018>25 | 10,95 € — 15,5
- **Crozes-Hermitage 2017** | Sec | 2018>24 | 18,80 € — 14
- **Gigondas 2017** | Sec | 2018>25 | 29,55 € — 14,5
- **Muscat de Beaumes-de-Venise 2015** | Moelleux | 2018>25 | 23,45 € — 16
- **Saint-Joseph 2016** | Sec | 2018>26 | 24,15 € — 15
- **Ventoux 2017** | Sec | 2018>25 | 8,30 € — 13,5

48, route de Lyon, 69420 Tupin-et-Semons • Tél. 04 74 56 10 18 • contact@vidal-fleury.com • www.vidal-fleury.com • Visite : sur rendez-vous du lundi au jeudi de 8h à 12h et de 14h à 17h30 et le vendredi de 8h à 12h et de 14h à 16h30.

PIERRE-JEAN VILLA

★★★★☆

Pierre-Jean Villa s'est imposé en quelques années comme l'un des vignerons les plus doués de sa génération, créant son domaine à la force du poignet et surtout de la pioche. Sur ses coteaux escarpés voire inaccessibles, il obtient des raisins d'une parfaite maturité qu'il vinifie ensuite avec un boisé approprié, jamais excessif, respectant à la fois le fruité du raisin et la fraîcheur apportée par la minéralité des sols. En 2016, les blancs sont magnifiques d'équilibre et de fraîcheur, les rouges ont beaucoup de charme mais sans la puissance de 2015. La nouvelle cuvée de côte-rôtie, fonjean, isolée depuis deux millésimes, s'affirme déjà dans le peloton de tête de l'appellation. La dégustation des 2017 nous confirme ce que nous pensions depuis quelque temps déjà : Pierre-Jean Villa fait désormais partie des plus grands vignerons du Rhône Nord, d'où sa promotion cette année dans le guide. Conséquence du succès : les vins sont déjà épuisés au domaine...

- **Condrieu Jardin Suspendu 2017** | Sec | 2018>27 | NC — 16
- **Côte Rôtie Carmina 2016** | Sec | 2018>31 | NC — 15,5
- **Côte Rôtie Fonjean 2016** | Sec | 2018>36 | NC — 18
- **Crozes-Hermitage Accroche Coeur 2017** | Sec | 2018>25 | NC — 14
- **Saint-Joseph Préface 2017** | Sec | 2018>27 | NC — 16,5
- **Saint-Joseph Saut de l'Ange 2017** | Sec | 2018>32 | NC — 17,5
- **Saint-Joseph Tildé 2016** | Sec | 2018>36 | NC — 18

5, route de Pélussin, 42410 Chavanay • Tél. 04 74 54 41 10 • contact@pierre-jean-villa.com • www.pierre-jean-villa.com • Visite : sur rendez-vous.

DOMAINE DE LA VILLE ROUGE

Propriété située sur la plaine des Châssis et travaillant en agriculture biologique depuis 2009, et depuis convertie à la biodynamie. La réussite est homogène parmi les crozes rouges en 2017.

- **Crozes-Hermitage cuvée Paul 2017** | Sec | 2018>25 | 18 € — 15
- **Crozes-Hermitage Inspiration 2017** | Sec | 2018>24 | 12 € — 14
- **Crozes-Hermitage Terre d'Éclat 2017** | Sec | 2018>27 | 15,50 € — 14,5
- **Saint-Joseph 2017** | Sec | 2018>26 | 22 € — 14,5

355 route de La Ville Rouge, 26600 Mercurol • Tél. 04 75 07 33 35 • la-ville-rouge@wanadoo.fr • www.domainedelavillerouge.fr • Visite : Sur rendez-vous du lundi au samedi.

DOMAINE ALAIN VOGE

Alain Voge, toujours alerte à 80 ans malgré ses soucis de santé, a transmis la direction opérationnelle de son domaine à Albéric Mazoyer en 2004. Albéric vient de prendre sa retraite, et depuis 2018 c'est Lionel Fraisse qui reprend le flambeau. Voge, ce sont surtout des cornas et des saint-péray de référence, 13 hectares en bio certifié, avec une gamme intelligemment construite dans son processus de vinification et de tarification. Au sommet, le cornas les-vieilles-fontaines n'est pas produit chaque année (2017 et 2018 ne le seront ainsi pas). Goûtez aussi le délicieux effervescent de saint-péray, les bulles-d'alain, c'est un enchantement pour le palais, renouant avec l'ancestrale tradition des mousseux dans le secteur, qui date de bien avant les appellations contrôlées.

- **Cornas Les Chailles 2017** | Sec | 2018>27 | 32 € — 16
- **Cornas Les Vieilles Fontaines 2016** | Sec | 2021>36 | 80 € — 18
- **Cornas Les Vieilles Vignes 2017** | Sec | 2023>37 | 47 € — 16,5
- **Côtes du Rhône Les Peyrouses 2017** | Sec | 2018>22 | 15 € — 13
- **Saint-Joseph Les Côtes 2017** | Sec | 2018>25 | 26 € — 15
- **Saint-Peray Fleur de Crussol 2017** | Sec | 2018>32 | 32 € — 16,5
- **Saint-Peray Les Bulles d'Alain Eff. 2013** | Extra-brut | 2018>25 | 20 € — 16
- **Saint-Peray Ongrie 2017** | Sec | 2018>32 | 26 € — 16

4, impasse de l'Équerre, 07130 Cornas • Tél. 04 75 40 32 04 • contact@alain-voge.com • www.alain-voge.com • Visite : du lundi au vendredi de 9h à 18h, le samedi sur rendez-vous. Samedi sur rendez-vous.

LE VIGNOBLE DU RHÔNE SUD

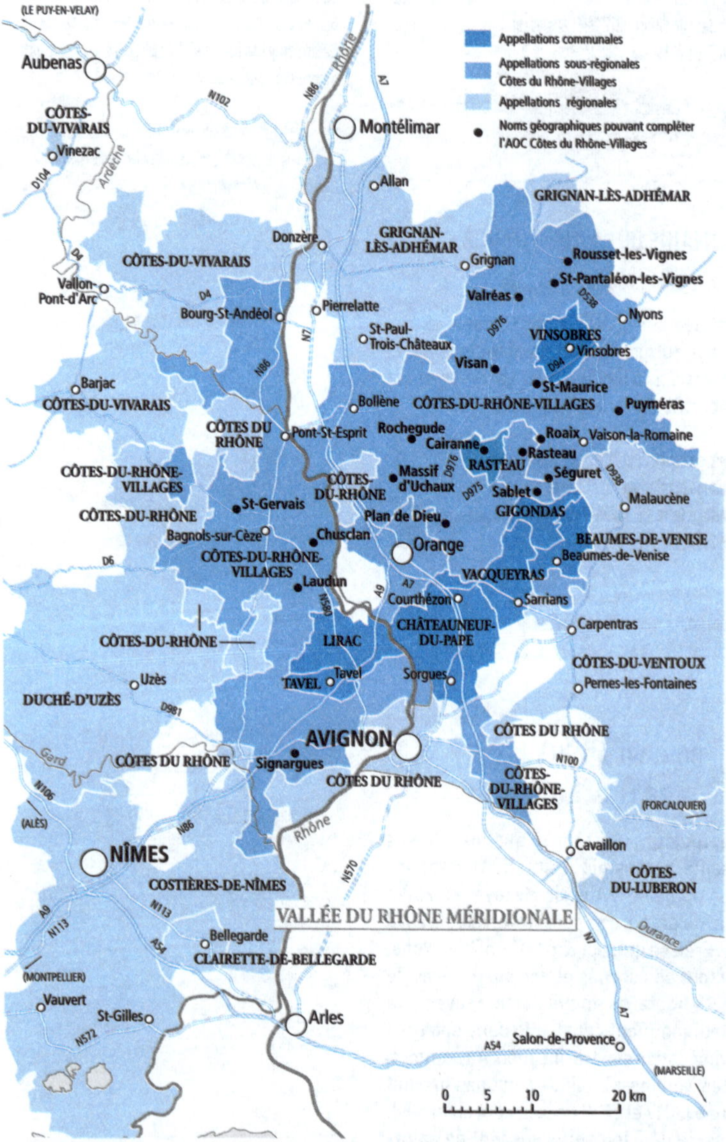

DOMAINE ALLOÏS

La famille Busi, présente au Boisset depuis trois générations, dispose aujourd'hui d'un vignoble de 25 hectares dont les plantations sont étagées entre 350 et 450 mètres d'altitude. Douze cépages y sont plantés en fonction des parcelles qui sont de trois natures différentes (argilo-calcaire, marnes ou argileux sableux). Bien que situé dans le Luberon face au Mourre Nègre, le domaine se trouve dans la zone d'AOP Ventoux et y produit une dizaine de cuvées dans les trois couleurs.

- **Ventoux La Voie des Anges 2017** | Sec | 2019>25 | 27 € — 14
- **Ventoux Terre d'Ailleuls 2016** | Sec | 2019>23 | 16 € — 14,5

Le Boisset, 84750 Caseneuve • Tél. 04 90 74 41 16 • contact@domaine-allois.com • www.domaine-allois.com • Visite : Uniquement sur rendez-vous. Mini randonnée au milieu des vignes (dégustation) par le biais d'une carte.

DOMAINE DES AMADIEU

Ce domaine nommé d'après une des plus anciennes familles de Cairanne, a été acquis en 2007 par Corine et Yves-Jean Houser. Composé de 7 hectares de vignes, il est cultivé en biodynamie, certifié depuis 2014.

- **Cairanne Vieilles Vignes 2016** | Sec | 2019>25 | 13 € — 14,5

450, chemin de Beauregard, 84290 Cairanne • Tél. 04 90 66 03 48 • contact@domainedesamadieu.com • www.domainedesamadieu.com • Visite : Ouvert du lundi au vendredi de 10h à 18h, le week-end et les jours fériés sur rendez-vous au 06 87 72 85 42.

PIERRE AMADIEU

C'est le plus vaste et probablement l'un des plus anciens domaines de Gigondas, mené par Pierre Amadieu, l'actuel propriétaire, l'un des hommes les plus investis du village. Le domaine dispose de parcelles à couper le souffle sur la Machotte, le Pas de l'Aigle et Romane entre autres. À 400 mètres d'altitude, les grenaches sont cueillis à pleine maturité pour être longuement cuvés et affinés en foudres, dont certains dépassent le demi-siècle. Les autres appellations proposées sont soignées avec la même attention. Un vrai coup de cœur pour les rosés dégustés, et pour ce magnifique pas-de-l'aigle 2007 qui confirme ses aptitudes au vieillissement, tandis que les blancs sont d'une admirable fraîcheur.

- **Cairanne Les Hautes Rives 2018** | Sec | 2019>25 | 9,10 € — 14,5
- **Côtes du Rhône Domaine Grande Romane 2018** | Sec | 2019>25 | 10,30 € — 14,5
- **Gigondas Romane Machotte 2016** | Sec | 2019>26 | 14,60 € — 15,5
- **Gigondas Romane-Machotte 2018** | Sec | 2019>20 | 12,30 € — 14
- **Vacqueyras La Grangelière 2017** | Sec | 2019>28 | 13 € — 15

201, route des Princes d'Orange, 84190 Gigondas • Tél. 04 90 65 84 08 • contact@pierre-amadieu.com • www.pierre-amadieu.com • Visite : Ouvert tous les jours en été de 10h à 12h et de 14h à 18h et en hiver du lundi au vendredi.

DOMAINE DE L'AMAUVE

Dans le Haut-Vaucluse, adossé aux dentelles de Séguret, le domaine de l'Amauve est un représentant émérite de l'appellation, dirigé par le passionnant Christian Voeux. Très attaché aux pratiques culturales, l'homme est fort d'une expérience acquise au château Mont-Redon et vinifie en parallèle au château La Nerthe à Châteauneuf-du-Pape. Il exprime avec sensibilité les vieilles vignes des 11,5 hectares de sols sableux et caillouteux que compte le domaine et depuis 2017 il s'est engagé dans la conversion vers la viticulture biologique. Séguret est ici très bien représenté grâce à des vins précis et assurés. Élevée pendant plus de 18 mois, la cuvée réserve fait référence sur l'appellation, démontrant au passage toute la magnificence de ce terroir morcelé.

- **Côtes du Rhône-Villages Séguret Laurances 2017** | Sec | 2019>25 | 11 € — 15,5
- **Côtes du Rhône-Villages Séguret Réserve 2016** | Sec | 2019>29 | 18 € — 17

197 Chemin du Jas, 84110 Seguret • Tél. 06 10 71 26 72 • contact@domainedelamauve.fr • www.domainedelamauve.fr • Visite : Sur rendez-vous uniquement.

DOMAINE DES ANGES

Domaine niché au sommet d'une colline qui fait face au mont Ventoux, on y trouve des sols riches et variés de calcaires et d'argile où sont produit des AOP Ventoux dans les trois couleurs ainsi qu'un IGP Vaucluse à base de cabernet-sauvignon, le tout sur une quinzaine d'hectares. Les élevages y sont pratiqués notamment dans des amphores par le dynamique Florent Chave qui sait partager sa passion avec ses visiteurs. Il y produit des vins de plaisir qui savent mêler séduction et complexité.

- **Ventoux Archange 2017** | Sec | 2019>21 | 15 € — 14
- **Ventoux Archange 2016** | Sec | 2019>24 | 12 € — 14

2342 chemin notre-dame des anges, 84570 Mormoiron • Tél. 04 90 61 88 78 • contact@domainedesanges.com • www.domainedesanges.com • Visite : du lundi au vendredi de 9h à 17h. Le week-end sur rendez-vous.

CHÂTEAU D'AQUÉRIA

Le domaine a la particularité d'être le seul à s'étendre d'un seul tenant sur les appellations Tavel et Lirac, sur 65 hectares. Ses galets roulés en surface et son sous-sol sablo-argileux produisent des vins assez frais, les vignes souffrant moins de la chaleur que dans d'autres zones. Le tavel contient huit des neuf cépages autorisés dans l'appellation, c'est une des fiertés de la famille Bez, qui gère avec discrétion et sagesse ce magnifique domaine, qui, avec ses prix sages est un modèle pour la région. Les vins ici font preuve d'un formidable potentiel de garde. Ils se complexifient admirablement comme le prouvent régulièrement des dégustations verticales. Oubliez quelques bouteilles en cave, pour les retrouver et les savourer tels des trésors quelques années plus tard.

- **Lirac Héritage d'Aquéria 2016** | Sec | 2019>25 | 23,45 € — 14
- **Tavel 2018** | Sec | 2019>21 | 12 € — 14

Route de Roquemaure, 30126 Tavel • Tél. 04 66 50 04 56 • contact@aqueria.com • www.aqueria.com • Visite : Ouvert du lundi au jeudi de 8h à 12h et de 13h30 à 17h30. Ouvert le samedi en juillet et août de 9h30 à 12h30 et 15h à 18h. Le vendredi fermé à 16:30.

ARNOUX ET FILS

C'est un domaine familial depuis plusieurs siècles, avec un vignoble qui s'étend sur 500 hectares répartis sur sept appellations de la région. Actuellement Marc et Jean-François proposent une gamme de vins bien faits et précis, avec une étonnante constance de qualité sur une proposition aussi large. Mention particulière pour deux très belles réussites, la cuvée 1717 en 2016 et secret-de-terroirs en 2016.

- **Cairanne Vieux Clocher - Secret de Terroir 2016** | Sec | 2019>27 | 10 € — 15
- **Vacqueyras 1717 2016** | Sec | 2019>30 | 48 € — 15

Le Vieux Clocher - Place de l'Eglise, 84190 Vacqueyras • Tél. 04 90 65 84 18 • info@arnoux-vins.com • www.arnoux-vins.com • Visite : tOuvert ous les jours de 9h à 12h et de 14h à 18h en été. fermé le dimanche le dimanche le reste de l'année.

DOMAINE PAUL AUTARD

Jean-Paul Autard cultive 25 hectares de vignes au nord-est de l'appellation, toutes sur Courthézon. La cuvée juline (contraction de Jules et Pauline, les deux enfants de Jean-Paul) comprend en général une bonne moitié de syrah, avec un élevage en fût. Les vins sont de construction honnête, la cuvée de prestige côte-ronde est réussie en 2016.

- **Châteauneuf-du-Pape cuvée La Côte Ronde 2016** | Sec | 2018>26 | 38 € — 14,5
- **Châteauneuf-du-Pape Juline 2016** | Sec | 2018>26 | 50 € — 14

Route de Châteauneuf du Pape, 84350 Courthézon • Tél. 04 90 70 73 15 • jean-paul.autard@wanadoo.fr • www.paulautard.com • Visite : De préférence sur rendez-vous. au 06 15 20 83 10

DOMAINE ÉLODIE BALME

Une énergie débordante pour cette jeune vigneronne, dont la posture n'est pas sans rappeler son mentor Marcel Richaud (Cairanne).

Le soufre ? « Juste ce qu'il faut et nous filtrons en partie nos vins, il est vrai que régulièrement les professionnels nous classent dans la catégorie des vins nature mais ce n'est pas vraiment le cas ». Sur les 25 hectares du domaine qui s'étendent sur trois appellations, Côtes du Rhône, Roaix et Rasteau, 8 hectares sont toujours consacrés à la coopérative. Au vu de la qualité des vins produits après une grosse dizaine d'années passées à la tête du domaine familial, Élodie aura très vite besoin de la totalité des raisins de ses terres. Les terroirs majoritairement argileux ne craignent que très peu les conditions de sécheresse et les safres (sable compacté) également bien présents confèrent aux vins un grain particulièrement fin et une grande fraîcheur en dépit d'une extraction de matière substantielle, notamment sur le rasteau. Les vins ressemblent finalement beaucoup à sa vigneronne, tout en charme et pétillance.

- **Côtes du Rhône 2018** | Sec | 2019>24 | 9,50 € — 14,5
- **Côtes du Rhône-Villages Roaix Champs Libres 2017** | Sec | 2019>25 | 13 € — 15
- **Rasteau 2017** | Sec | 2019>26 | 15 € — 14,5

736 chemin du Plan - Route d'Orange, 84110 Rasteau • Tél. 06 20 55 20 87 • elodiebalmerasteau@gmail.com • www.domaineelodiebalme.com • Visite : Ouvert le mardi, mercredi et jeudi, de 8h à 12h et de 13h30 à 17h. Sur rendez-vous le reste de la semaine.

DOMAINE DU BANNERET

★★★☆☆

C'est sans doute le plus traditionnel des châteauneuf-du-pape d'aujourd'hui et le plus méconnu, mais il est vrai que la propriété est toute petite, seulement 3 hectares. Tous les cépages de l'appellation sont plantés et assemblés, rouges et blancs confondus, en pourcentage suffisant pour exprimer l'assemblage avec une rare originalité. La vendange n'est pas égrappée, le vin élevé suffisamment longtemps en barriques. Jean-Claude Vidal, architecte de métier, a fait ses premiers millésimes en 1989 et 1990 chez Henri Bonneau, et transmet peu à peu à sa fille et à son gendre (domaine du Tourbillon) son expérience. Le style est tout en élégance, en demi-corps, un brin rustique dans la jeunesse mais qui se perd progressivement avec l'âge et donne un charme certain à la dégustation.

- **Châteauneuf-du-Pape 2016** | Sec | 2020>36 | 40 € — 15

35, rue Porte-Rouge, 84230 Chateauneuf-du-Pape • Tél. 04 90 83 72 04 ou 07 61 50 53 19 • domaine.banneret@gmail.com • www.domaine-banneret.fr • Visite : Ouvert tous les jours sur rendez-vous.

DOMAINE DE LA BARROCHE

★★★☆☆

Dans sa nouvelle cuverie, où le béton est roi, Julien Barrot continue de perfectionner ses vinifications et ses assemblages, déjà remarquables et parfois exceptionnels. De très vieilles vignes, cultivées sur les lieux-dits Palestor et Grand-Pierre, dans l'immédiat voisinage de Rayas, donnent en particulier dans la cuvée pure, un vin d'une race et d'une finesse remarquables, comptant parmi les références de l'appellation. La cuvée signature est bien construite, dans un style plus en puissance, mais qui n'atteint pas pour l'instant les équilibres subtils des grandes cuvées. Enfin, un joli blanc 100 % clairette complète la gamme, qui démontre que Julien Barrot excelle aussi bien en blanc qu'en rouge !

- **Châteauneuf-du-Pape Pure 2017** | Sec | 2018>27 | epuisé — 17
- **Châteauneuf-du-Pape Pure blanche 2017** | Sec | 2018>27 | 60 € — 16,5
- **Châteauneuf-du-Pape Signature 2017** | Sec | 2018>27 | 35 € — 16
- **Vin de France Liberty 2017** | Sec | 2018>25 | 19 € — 15

16 chemin du Clos, 84230 Chateauneuf-du-Pape • Tél. 06 62 84 95 79 • contact@domainelabarroche.com • www.domainelabarroche.com • Visite : Sur rendez-vous.

CHÂTEAU BEAUBOIS

★★☆☆☆ ♣

Château Beaubois a pris sa place parmi les meilleurs producteurs de l'appellation. Fanny Boyer cherche tous les ans à avancer et se remettre en question. Les 50 hectares de vignoble qui entourent le château sont composés du terroir typique des Costières, des galets roulés sur des sols argilo-calcaires, avec une belle influence maritime due à la proximité de la Méditerranée. Le domaine produit également des IGP d'OC délicieux. Les tarifs, quant à eux restent très sages au regard de la qualité.

- **Costières de Nîmes Confidence 2018** | Sec | 2019>23 | 13 € — 14,5
- **Costières de Nîmes Confidence 2017** | Sec | 2019>25 | 13 € — 14,5
- **Costières de Nîmes Élégance 2018** | Sec | 2019>23 | 10 € — 13,5
- **Costières de Nîmes Harmonie 2017** | Sec | 2019>25 | 19 € — 14,5
- **Costières de Nîmes Idole 2017** | Sec | 2019>28 | 36 € — 16

Route de Générac, 30640 Franquevaux • Tél. 04 66 73 30 59 • chateaubeaubois@orange.fr • www.chateau-beaubois.com • Visite : Ouvert du lundi au samedi de 9h à 12h et de 14h à 18h.

CHÂTEAU DE BEAUCASTEL

★★★★★

Depuis 1909, Beaucastel est la propriété de la famille Perrin, aujourd'hui sous la direction de Jean-Pierre et François, les fils de Jacques Perrin, accompagnés de Cécile, Marc, Pierre, Thomas, Charles, Mathieu et César, la cinquième génération. Autrement dit : une affaire de famille ! Situé sur un terroir de 100 hectares de galets roulés, dont 30 hectares en Côtes du Rhône (Coudoulet de Beaucastel), le château Beaucastel produit quatre vins. En blanc, une cuvée classique où la roussanne est dominante, et la célèbre cuvée roussanne-vieilles-vignes. En rouge, le mourvèdre joue un grand rôle puisqu'il représente près d'un tiers des plantations, autant que le grenache. Cette proportion inhabituelle a été stratégique en 2018 et a permis d'atteindre la finesse et la fraîcheur caractéristique de Beaucastel. Voici sans aucun doute l'un des plus beaux domaines viticoles de France, avec, nous semble-t-il, une pureté supplémentaire sur ces dernières années.

- **Châteauneuf-du-Pape 2017** | Sec | 2022>30 | NC — 17,5
- **Châteauneuf-du-Pape 2017** | Sec | 2018>28 | 74 € — 17
- **Châteauneuf-du-Pape 2016** | Sec | 2020>35 | 74 € — 18,5
- **Châteauneuf-du-Pape roussanne Vieilles Vignes 2017** | Sec | 2018>28 | 143 € — 16,5

Chemin de Beaucastel, 84350 Courthézon • Tél. 04 90 70 41 15 ou 04.90.02.15.54 • contact@beaucastel.com • www.beaucastel.com • Visite : Uniquement sur rendez-vous.

CHÂTEAU BEAUCHÊNE

★☆☆☆☆

Michel Bernard et son épouse Dominique Vergniaud exploitent les 70 hectares de cette propriété dont une partie appartient à la famille Bernard depuis plus de deux siècles. Ils y produisent des côtes-du-rhône et des châteauneufs intelligemment élevés. Les châteauneufs qui ont retenu notre attention naissent sur un terroir de gros galets de quartz roulés mélangés à de l'argile rouge sableuse. Les rouges voient une part importante accordée à la syrah qui se joint au grenache et au mourvèdre. Les blancs quant à eux sont constitués d'un assemblage de quatre des cépages blancs de l'appellation.

- **Châteauneuf-du-Pape Grande Réserve 2016** | Sec | 2018>26 | 29,95 € — 14,5
- **Châteauneuf-du-Pape Hommage 2016** | Sec | 2018>34 | 36,90 € — 15
- **Châteauneuf-du-Pape Vignobles de la Serrière 2015** | Sec | 2020>30 | 28 € — 14
- **Côtes du Rhône Premier Terroir 2016** | Sec | 2018>25 | 12,95 € — 13,5

Route de Beauchêne, 84420 Piolenc • Tél. 04 90 51 75 87 • info@chateaubeauchene.com • www.chateaubeauchene.com • Visite : Ouvert du lundi au vendredi de 9h à 12h et de 14h à 18h.

DOMAINE DE BEAURENARD

★★★☆☆ ♣

Beaurenard est l'une des valeurs sûres de l'appellation. 32 hectares de vignes en Châteauneuf et 25 en Côtes du Rhône et Rasteau constituent un patrimoine solide, cultivé en biodynamie par les frères Coulon qui ont été rejoints depuis peu par le très sympathique et brillant Victor Coulon, dernière génération de la dynastie. Le style maison est d'une grande maîtrise et promet de belles surprises à qui sait attendre. Notons la nouvelle et passionnante cuvée, gran-partita, inspirée par Mozart, avec les 13 cépages assemblés qui trouve notre totale adhésion. Réussite qualitative indéniable, elle apporte au domaine ce brin de folie qui manquait parfois sur le reste de la gamme. Bravo !

- **Châteauneuf-du-Pape 2017** | Sec | 2020>24 | 35 € — 15,5

- **Châteauneuf-du-Pape 2016** | Sec | 2018>26 | 35 € — 15
- **Châteauneuf-du-Pape Boisrenard 2017** | Sec | 2018>26 | 55 € — 16
- **Châteauneuf-du-Pape Boisrenard 2016** | Sec | 2022>32 | 55 € — 17
- **Châteauneuf-du-Pape Gran Partita 2015** | Sec | 2018>27 | NC — 17,5
- **Rasteau 2017** | Sec | 2018>23 | 16,50 € — 15
- **Rasteau Les Argiles Bleues 2016** | Sec | 2018>28 | 25 € — 15

SCEA Paul Coulon et Fils, 10, avenue Pierre-de-Luxembourg, 84230 Chateauneuf-du-Pape • Tél. 04 90 83 71 79 • contact@beaurenard.fr • www.beaurenard.fr • Visite : Ouvert du lundi au dimanche de 9h à 12h et de 13h30 à 17h30 ; également le dimanche de pâques à fin septembre. Fermé de novembre à mars les week-ends.

DOMAINE DES BERNARDINS

★★★☆☆

La propriété doit son nom aux moines bernardins qui jadis la possédaient. La famille Castaud l'exploite depuis cinq générations, les vignes (23 hectares, dont la majorité de cépages blancs) sont plantées en coteaux sur le versant sud des dentelles de Montmirail, dans un paysage somptueux. Il est regrettable que la propriété soit l'un des derniers défenseurs du muscat alors que c'est ici un produit de très haute qualité. Depuis le millésime 2008, la cuvée hommage (à leur grand-père Louis Castaud) est un assemblage de cinq millésimes, en pur muscat, chacun vinifié et élevé séparément puis ensuite assemblé, comme c'était la tradition dans les années 1930. Un millésime 2017 de très bonne tenue notamment sur l'appellation Beaumes de Venise rouge.

- **Beaumes de Venise 2017** | Sec | 2019>30 | 10,50 € — 16,5
- **Muscat de Beaumes-de-Venise 2017** | Doux | 2019>30 | 13,90 € — 14,5
- **Muscat de Beaumes-de-Venise Hommage NM** | Doux | 2019>26 | 17,20 € — 15,5

138, avenue Gambetta, 84190 Beaumes-de-Venise • Tél. 04 90 62 94 13 • domainedesbernardins@gmail.com • www.domaine-des-bernardins.com • Visite : du lundi au vendredi de 9h à 12h et de 14h à 18h. Le samedi de 9h à 12h et 14h30 à 18h. Fermés les dimanches et jours fériés.

DOMAINE BOSQUET DES PAPES

★★★☆☆

L'imposante stature du très jovial Nicolas Boiron ne se retrouve pas dans son vin tout en finesse et souplesse de texture, donnée par de vieux grenaches répartis sur une trentaine d'hectares disséminés sur l'ensemble de l'appellation. Les cuvées chante-le-merle, issues des plus vieilles vignes en 100 % grenache, et à-la-gloire-de-mon-père sont les deux fleurons du domaine, suivi de la-folie élevée en fût et qui demande un peu plus de temps. Cela étant dit, l'amateur aurait tort de passer à côté de l'excellente entrée de gamme modestement appelée tradition. Nicolas Boiron fait en effet partie de ces vignerons qui attachent à juste raison beaucoup d'attention à la plus importante cuvée du domaine. Ne vous fiez pas à son prix, inversement proportionnel à sa qualité !

- **Châteauneuf-du-Pape 2018** | Sec | 2018>27 | 28 € — 15
- **Châteauneuf-du-Pape Chante Le Merle 2017** | Sec | 2018>32 | 40 € — 16,5
- **Châteauneuf-du-Pape Gloire de Mon Grand-Père 2017** | Sec | 2018>28 | 36 € — 15,5
- **Châteauneuf-du-Pape La Folie 2016** | Sec | 2018>34 | 62 € — 16,5
- **Châteauneuf-du-Pape Tradition 2017** | Sec | 2018>27 | 28 € — 15
- **Côtes du Rhône Domaine Nicolas Boiron 2017** | Sec | 2018>27 | 9,50 € — 14

18, route d'Orang, BP 50 - B.P. 50, 84232 Chateauneuf-du-Pape • Tél. 04 90 83 72 33 • bosquet.des.papes@orange.fr • www.bosquetdespapes.com • Visite : Ouvert du lundi au vendredi de 9h à 12h et de 14h à 18h. Le samedi matin sur rendez-vous.

DOMAINE DES BOSQUETS

★★★☆☆

Renversant domaine des Bosquets, où l'on cultive de la vigne depuis 1376 ! Le chai est sensationnel, on y trouve, outre les quatorze cuves inox correspondant au nombre de parcelles vinifiées séparément, un atelier de micro vinification. C'est ainsi, dans la minutie et le détail que le vigneron entend apprendre et maîtriser ses terroirs. À la manière d'un sportif de haut niveau qu'il a été, Julien Bréchet appréhende chaque millésime en mouvement, de la remise en question des process aux ajustements des élevages, ses vins gagnent en précision et en qualité. Considérant ses cuvées d'assemblage au même rang que ses parcellaires, tous les vins du domaine sont d'une homogénéité incroyable. À l'image de ce lieu-dit-2017 au grain soyeux, signature des vins de Julien, l'ensemble des cuvées en rouge présente la profondeur de la vieille vigne, la concentration des très faibles rendements, la fraîcheur liée à l'altitude et aux expositions nordistes et enfin l'exquise texture inhérente aux terroirs de sable fin. Ne vous y trompez pas, vous avez ici un sacré prétendant à l'élite de l'appellation !

- **Côtes du Rhône 2018** | Sec | 2019>30 | 24 € — **16,5**
- **Côtes du Rhône-Villages Domaine de la Jérôme 2017** | Sec | 2019>25 | 12,50 € — **15,5**
- **Gigondas 2018** | Sec | 2019>22 | 19,50 € — **15**
- **Gigondas 2017** | Sec | 2019>29 | 23 € — **15**
- **Gigondas La Colline 2017** | Sec | 2019>30 | 42 € — **16**
- **Gigondas Le Lieu-Dit... 2017** | Sec | 2019>31 | 42 € — **17,5**
- **Gigondas Le Plateau 2017** | Sec | 2019>39 | 42 € — **16**
- **Gigondas Les Routes... 2017** | Sec | 2019>30 | 42 € — **17**

2 chemin des Bosquets, 84190 Gigondas • Tél. 04 90 65 80 45 • secretariat@domainedesbosquets.com • www.domainedesbosquets.com • Visite : Ouvert du lundi au vendredi de 9h à 12h30 et de 13h30 à 18h. En été, le samedi de 10h à 12h30. Uniquement sur rendez-vous le samedi. Mercredi fermé à 17h.

BROTTE

★☆☆☆☆

Cette grande et traditionnelle maison de Châteauneuf-du-Pape produit une large gamme de vins dont le classique est la fiole-du-pape, curieuse bouteille contenant un assemblage de millésimes. La maison possède aussi un domaine de 15 hectares, Barville, dans le secteur de la Gardine.

- **Châteauneuf-du-Pape Hauts de Barville 2017** | Sec | 2018>24 | 29,90 € — **13,5**

avenue Pierre de Luxembourg - Le Clos, 84230 Chateauneuf-du-Pape • Tél. 04 90 83 70 07 ou 04 90 83 59 40 • caveau@brotte.com ou dubosp@brotte.com • www.brotte.com • Visite : tous les jours ,en hiver, de 9h à 12h et de 14h à 18h et en été, de 9h à 13h et de 14h à 19h. Fermé le 25 décembre et le 1er janvier mais ouvert tous les autres jours fériés de l'année.

CLOS DES BRUSQUIÈRES

★☆☆☆☆

Cette propriété artisanale exemplaire est pour le moment peu connue du grand public. Elle possède un encépagement classique par son âge et son équilibre (75 % grenache, 20 % mourvèdre et syrah, 5 % du restant des 13 cépages, quelques vignes centenaires), sur d'excellents secteurs comme Brusquières, Pradels ou Tresquoys. La famille Courtil a toujours aimé ses châteauneuf-du-pape fins et distingués et les derniers millésimes ont parfaitement convenu à cette approche.

- **Châteauneuf-du-Pape 2016** | Sec | 2018>22 | 16 € — **14**

Domaine Courtil Thibaut, 23 route d'Orange, 84230 Chateauneuf-du-Pape • Tél. 04 90 83 74 47 • earl.courtil-thibaut@orange.fr • Visite : Sur rendez-vous du lundi au samedi matin.

DOMAINE BRUSSET

★★☆☆☆

Laurent, le petit-fils d'André, désormais à la tête de l'exploitation, développe une large gamme de vins sur près de 70 parcelles, dont des vignes en terrasses dans les spectaculaires Dentelles de Montmirail. Un morcellement qui se révèle un avantage lors des phases d'assemblage. À noter un millésime 2017 un tant soit peu tourmenté.

- **Cairanne Les Travers 2018** | Sec | 2019>23 | 10,70 € — **14**
- **Côtes du Rhône 2018** | Sec | 2019>20 | 7,70 € — **14,5**
- **Gigondas Le Grand Montmirail 2017** | Sec | 2019>27 | 16,70 € — **14,5**
- **Rasteau La Bastide 2017** | Sec | 2019>26 | 14 € — **14,5**

70 Chemin de la Barque , 84290 Cairanne • Tél. 04 90 30 82 16 • contact@domainebrusset.com • www.domainebrusset.fr • Visite : Ouvert tous les jours, de 10h à 18h.

DOMAINE DE CABASSE

★★☆☆☆

Dans un cadre enchanteur, le domaine de Cabasse, entendez par là « maison basse », siège à Séguret et Sablet, crus hautement qualitatifs. Comptant 12 hectares, on y produit de merveilleux côtes-du-rhône de haut niveau, avec de bonnes capacités au vieillissement. Une grande partie de roches calcaires donne aux vins une finesse et un grain inimitables. La cuvée juncunditas en gigondas montre combien ce terroir sait se montrer élégant lorsqu'on veut le comprendre.

- **Côtes du Rhône-Villages Sablet Les Deux Anges 2018** | Sec | 2019>30 | 9,90 € — 15,5
- **Côtes du Rhône-Villages Séguret 2018** | Sec | 2019>20 | 9 € — 15
- **Côtes du Rhône-Villages Séguret Casa Bassa 2016** | Sec | 2019>28 | 16 € — 16,5
- **Côtes du Rhône-Villages Séguret Garnacho 2017** | Sec | 2019>26 | 12,50 € — 13
- **Gigondas Juncunditas 2016** | Sec | 2019>26 | 19,50 € — 15

547 Route de Sablet, 84110 Seguret • Tél. 04 90 46 91 12 • info@cabasse.fr • www.cabasse.fr • Visite : Ouvert du lundi au vendredi de 9h à 12h et de 14h à 18h, le week-end sur rendez-vous.

CLOS DU CAILLOU

Sylvie Vacheron, rejointe depuis peu par sa fille Marilou, s'appuie sur un vignoble situé au nord-est de l'appellation dont une partie produit d'excellents côtes-du-rhône, tout proches des terres de Châteauneuf-du-Pape. Ces dernières atteignent un très haut niveau d'expression, avec des matières habilement élevées et longues. Les châteauneuf-du-pape ont rejoint le cercle très restreint des plus beaux vins de l'appellation et sont déclinés selon la nature de leur terroir. La cuvée quartz semble toujours un peu plus nerveuse et complexe que safres. Les 2016 sont somptueux de puissance et d'équilibre sur l'ensemble de la gamme. Hautement recommandable !

- **Châteauneuf-du-Pape Les Safres 2016** | Sec | 2018>34 | epuisé — 16
- **Côtes du Rhône La Réserve 2018** | Sec | 2019>23 | 26 € — 14
- **Côtes du Rhône Les Quartz 2017** | Sec | 2019>24 | 18 € — 14
- **Côtes du Rhône Les Quartz 2016** | Sec | 2018>28 | 18 € — 14,5
- **Côtes du Rhône Réserve 2017** | Sec | 2019>28 | 26 € — 15,5
- **Côtes du Rhône Réserve 2016** | Sec | 2018>26 | epuisé — 15

1600, chemin Saint-Dominique, 84350 Courthezon • Tél. 04 90 70 73 05 • closducaillou@wanadoo.fr • www.closducaillou.com • Visite : du lundi au vendredi de 9h à 12h et de 13h30 à 17h30. Le samedi de 9h à 12h30 et l'après-midi sur rendez-vous ; de avril à octobre, ouverture le samedi après-midi de 14h à 17h. Fermeture les dimanches et jours fériés.

CLOS DES CENTENAIRES

Jadis portant leur domaine au sommet des Costières de Nîmes, Stéphane et Luc Baudet ont créé le clos des Centenaires. De quelques rangs de vignes, entre garrigues, Camargue et oliviers, fruit de leur passion commune et de leurs rêves, le clos compte aujourd'hui sept hectares. Sur des parcelles âgées, exposées sud-est, deux cuvées naissent autour du grenache, du cinsault et de la roussanne. Toutes ont pour fil rouge une grande gourmandise de fruit.

- **Costières de Nîmes Les Centenaires 2018** | Sec | 2019>22 | 8,90 € — 14
- **Costières de Nîmes Les Centenaires 2017** | Sec | 2019>23 | 8,90 € — 14,5
- **Costières de Nîmes Roussanne 2017** | Sec | 2020>24 | 16,80 € — 15
- **IGP d'Oc Art' 2016** | Sec | 2021>30 | 33,20 € — 16,5
- **IGP d'Oc Luxe, Calme et Volupté 2016** | Sec | 2019>25 | 13,20 € — 15,5
- **IGP du Pont du Gard Cinsault - Syrah 2017** | Sec | 2019>23 | 14,40 € — 14
- **IGP du Pont du Gard Grenache Vieilles Vignes 2017** | Sec | 2019>24 | 16,80 € — 14,5

Chemin des Salines, 30600 Vauvert • Tél. 06 11 63 24 29 • luc@clos-des-centenaires.com • www.clos-des-centenaires.com • Visite : Ouvert du lundi au vendredi de 9h à 12h puis de 13h à 17h.

DOMAINE DE CHAMP-LONG

Situé au pied du mont Ventoux, le domaine de Champ-Long a créé sa cave en 1964, alors que la famille y demeure depuis 1820. C'est un domaine morcelé de 30 hectares qui bénéficie de sols variés, situés pour la plupart dans des endroits bien ensoleillés et abrités du vent. On y produit des ventoux dans les trois couleurs mais également des côtes-du-rhône et un igp. L'intensité aromatique et la fraîcheur sont deux constantes que l'on retrouve dans l'ensemble des cuvées.

- **Ventoux Autrefois 2016** | Sec | 2019>25 | 17 € — 14,5
- **Ventoux Les Gressannes 2017** | Sec | 2019>21 | 10 € — 13,5
- **Ventoux Vieilles Vignes 2016** | Sec | 2020>25 | 17 € — 15

1900, chemin de Champ-Long, 84340 Entrechaux • Tél. 04 90 46 01 58 • domaine@champlong.fr • www.champlong.fr • Visite : Ouvert à la dégustation sans rendez-vous. Visites sur rendez-vous.

DOMAINE CHANTE-CIGALE

★★☆☆☆

Ce grand domaine historique de Châteauneuf (40 hectares) retrouve une partie de son lustre sous l'impulsion du jeune maître des lieux, Alexandre Favier. Le domaine produit deux cuvées de rouge, dominées par le grenache, et deux de blanc. En 2016, les deux couleurs offrent des vins parfaitement accomplis.

- **Châteauneuf-du-Pape 2018** | Sec | 2018>24 | 23 € — 15
- **Châteauneuf-du-Pape 2016** | Sec | 2018>26 | 27 € — 15
- **Châteauneuf-du-Pape Vieilles Vignes 2016** | Sec | 2018>27 | 45 € — 15

7, avenue Louis Pasteur, 84230 Chateauneuf-du-Pape • Tél. 04 90 83 70 57 • info@chantecigalle.com • www.chantecigalle.com • Visite : Ouvert du lundi au vendredi de 9h à 18h, groupes sur rendez-vous.

DOMAINE CHANTE-PERDRIX

★★☆☆☆

Les 20 hectares de cette propriété dirigée par Frédéric et Franck Nicolet se trouvent dans le secteur sud de l'appellation, sur des terroirs de galets roulés. Les vignes en moyenne âgées de 45 ans y produisent des vins représentatifs du cru et également une étonnante cuvée henri-perges, élaborée uniquement à base de mourvèdre, qui a jailli de nos dégustations sur le millésime 2015. Mais n'oublions pas la cuvée étienne-pécoul en 2016, d'un bon niveau, qui possède le charme des beaux grenaches raffinés.

- **Châteauneuf-du-Pape 2017** | Sec | 2018>26 | 18,50 € — 14,5
- **Châteauneuf-du-Pape Etienne Pécoul 2016** | Sec | 2018>28 | 24 € — 15,5
- **Châteauneuf-du-Pape Henri Perges 2015** | Sec | 2020>40 | épuisé — 17

B.P. 6 501 chemin du Plan du Rhone, 84231 Chateauneuf-du-Pape • Tél. 04 90 83 71 34 • chante-perdrix@wanadoo.fr • www.chante-perdrix.com • Visite : Ouvert du lundi au samedi de 8h à 12h et de 15h à 17h, dimanche et jours fériés sur rendez vous.

DOMAINE DE LA CHARBONNIÈRE

★★★☆☆

Le domaine acheté par Eugène Maret en 1912 est aujourd'hui géré par Michel Maret et ses deux filles, Caroline, au commerce, et Véronique, à la cuverie. Depuis 2012, Véronique Maret réalise grâce à une judicieuse sélection de terroirs différentes cuvées pulpeuses et équilibrées. Sur les 19 hectares en Châteauneuf, hautes-brusquières et le blanc proviennent du lieu-dit situé sur le plateau de Mont-Redon, et les vieilles-vignes (à 100 % grenache) des pentes de la Crau. L'assemblage mourre-des-perdrix donne peut-être le vin le plus original et le plus accompli. D'une régularité sans faille, ce domaine reste une valeur sûre de Châteauneuf à prix doux.

- **Châteauneuf-du-Pape 2018** | Sec | 2018>24 | 26 € — 14,5
- **Châteauneuf-du-Pape 2017** | Sec | 2019>26 | 26 € — 15,5
- **Châteauneuf-du-Pape Hautes-Brusquières 2017** | Sec | 2023>26 | 45 € — 15,5
- **Châteauneuf-du-Pape Mourre des Perdrix 2017** | Sec | 2022>27 | 38 € — 16
- **Châteauneuf-du-Pape Vieilles Vignes 2017** | Sec | 2021>27 | 45 € — 16,5
- **Vacqueyras 2017** | Sec | 2019>25 | 17 € — 14,5
- **Vacqueyras Cuvée Spéciale 2016** | Sec | 2018>27 | 20 € — 15,5

26, route de Courthézon, 84230 Chateauneuf-du-Pape • Tél. 04 90 83 74 59 • contact@domainedelacharbonniere.com • www.domainedelacharbonniere.com • Visite : Du lundi au vendredi de 9h à 12h et de 14h à 18h30. Le samedi sur rendez-vous. Fermé pendant les vendanges.

DOMAINE CHARVIN

★★★★☆ ♣

Laurent Charvin est un vigneron passionnant et passionné. Installé dans les années 1990, il prend rapidement le chemin d'une viticulture biologique et s'impose ce qu'il y a de plus simple, autrement dit ce qu'il y a de plus naturel. Il ne s'agit pas de vins naturels, mais de vins qui naissent le plus naturellement possible. Par exemple, la vendange non éraflée est systématique parce qu'il n'y a pas de pressoir ! Il faut donc des raisins et des rafles bien mûres chaque année. Situé au nord de l'appellation, sur les terroirs de Maucoil et Cabrières, il produit en blanc et en rouge deux superbes cuvées au soyeux remarquable, parfumées et de grande complexité. Plébiscité à juste titre par les amateurs, il s'affirme comme l'une des références majeures, ambassadeur d'un style raffiné qui n'est pas sans rappeler l'élégance des vins du clos du Mont-Olivet. Les châteauneufs sont vite pris d'assaut, ce qui laisse le champ libre pour les excellents côtes-du-rhône d'une superbe expression. Un domaine de référence de la vigne à la bouteille.

- **Châteauneuf-du-Pape 2018** | Sec | 2018>29 | NC — 17,5
- **Châteauneuf-du-Pape 2017** | Sec | 2018>28 | 32 € — 16,5
- **Châteauneuf-du-Pape 2017** | Sec | 2018>29 | 32 € — 17
- **Côtes du Rhône 2018** | Sec | 2018>23 | 10 € — 14,5
- **Côtes du Rhône 2018** | Sec | 2018>26 | 11,50 € — 16

Chemin de Maucoil, 84100 Orange • Tél. 04 90 34 41 10 • domaine.charvin@free.fr • Visite : Uniquement sur rendez-vous.

VIGNOBLE CHASSON-CHÂTEAUBLANC

★☆☆☆☆

Situé à Roussillon, ce domaine de 68 hectares produit une vingtaine de cuvées en IGP, AOP Ventoux ou Luberon. Les rouges y sont charnus mais frais tout comme les blancs et les rosés. Pour son entrée dans le guide, nous avons retenu six cuvées qui nous ont séduits par leur authenticité et leur fraîcheur. Un domaine à suivre.

- **Luberon La Vigne Oubliée 2016** | Sec | 2021>28 | 35 € — 14,5
- **Luberon Secret de Famille 2017** | Sec | 2021>28 | 17,95 € — 15
- **Luberon Secret de Famille 2016** | Sec | 2019>22 | 17,95 € — 13,5
- **Ventoux A mon Père 2017** | Sec | 2020>23 | 12,75 € — 13,5
- **Ventoux À Mon Père 2018** | Sec | 2019>20 | 12,75 € — 13
- **Ventoux Un Autre Regard 2018** | Sec | 2019>21 | 6,95 € — 13

Quartier Grimaud, 956 Rout de Saint Saturnin les Apt, 84220 Roussillon • Tél. 04 90 05 64 56 • contact@chateaublanc-chasson.fr • www.chasson-chateaublanc.fr • Visite : De Pâques au 01 nov.: de 8h à 12h et de 14h à 18h30 W.E. et jours fériés 10h à 12h et de 14h à 18h30. Du 02 nov. à Pâques: de 8h à 12h et de 14h à 18h30, fermé dimanche et jours fériés

LE CHÊNE BLEU

★★★☆☆ ♣

Xavier et Nicole Rolet ont acquis le domaine de la Verrière en 1996, un prieuré du IXe siècle ceint d'un magnifique vignoble de trente hectares. Nichée à 630 mètres d'altitude au-dessus du village de Crestet, dans les dentelles de Montmirail, cette ancienne ferme qui existe depuis le temps des Romains a été minutieusement restaurée par leurs soins. Avec l'aide précieuse et quotidienne de la sœur de Xavier, Bénédicte Galluci et son mari Jean-Louis, ils y produisent des vins de terroir d'une qualité vraiment unique, à partir de vignes cultivées selon les règles respectueuses fixées par Claude et Lydia Bourguignon, conseillers du domaine. Les cuvées, étiquetées chêne-bleu, s'affranchissent de l'appellation pour plus de liberté d'assemblage et la recherche de l'excellence. Vinifiées parcelle par parcelle afin de chercher la meilleure expression de chaque cépage, elles s'exportent partout dans le monde.

- **Ventoux Abélard 2011** | Sec | 2019>23 | 65 € — 15
- **Ventoux Astralabe 2015** | Sec | 2019>25 | 20 € — 15

Chemin de la Verrière, 84110 Crestet • Tél. 04 90 10 06 30 • contact@chenebleu.com • www.chenebleu.com ou www.visite.chenebleu.com ou www.booking.laverriere.com • Visite : Ouvert de septembre à avril, du lundi au vendredi, de 10h à 18h et le week-end sur rendez-vous. De avril à septembre, du lundi au samedi de 10h à 17h.

DOMAINE DE LA CITADELLE

★★☆☆☆ ♣

Ancien producteur de cinéma (Emmanuelle, Les Bronzés, Le Père Noël est une ordure...), Yves Rousset-Rouard a vendu son catalogue de films en 1989 et s'est retiré dans sa ferme de Ménerbes en plein cœur du Vaucluse. Avec son fils Alexis, il cultive 39 hectares en conversion à l'agriculture biologique, répartis en 60 parcelles sur le versant nord du massif du Luberon. Ils y produisent des vins d'une grande finesse, éclatants et extrêmement purs, comptant parmi les meilleurs de l'appellation. Yves Rousset-Rouard a totalement réussi sa reconversion et a effectué un gros travail de restructuration du vignoble à ses débuts. La propriété propose une large gamme de vins, tous de bon niveau, qui jouent plus sur l'élégance et la précision aromatique que la puissance. Les 2015, 2016 et 2017 sont des réussites de plus au domaine, et ce, dans les trois couleurs. Autre originalité du domaine : son musée du tire-bouchon. 1200 spécimens sont exposés depuis 1993, contant l'histoire de l'accessoire du XVIIe siècle à nos jours.

- **Luberon Gouverneur Saint-Auban 2017** | Sec | 2019>26 | 25 € — **15,5**
- **Luberon Les Artèmes 2017** | Sec | 2019>25 | 12 € — **14,5**

601, route de Cavaillon, 84560 Ménerbes • Tél. 04 90 72 41 58 • contact@domaine-citadelle.com • www.domaine-citadelle.com • Visite : de novembre à mars : du lundi au vendredi de 9h à 12h et de 14h à 17h, le week-end sur rendez-vous. D'avril à octobre : du lundi au vendredi de 9h à 12h30 et de 14h à 19h, le week-end de 10h à 12h30 et de 14h à 19h.

CHÂTEAU COHOLA

Ce domaine en format mouchoir de poche ne fait que 4 hectares, mais sa vigne s'épanouit sur une mosaïque de 15 parcelles en terrasses qui relie le village de Sablet à celui de Gigondas. Cheli Alberca et Jérôme Busato, le couple de vignerons, entend produire petit, frais, pur, tellurique et naturel. Les vins dégustés ont montré que le chemin emprunté est le bon, à l'image de ce sablet rouge sans soufre vinifié en amphore aussi généreux que complexe.

- **Côtes du Rhône-Villages Sablet 2018** | Sec | 2019>21 | 10,50 € — **15**
- **Côtes du Rhône-Villages Sablet 2016** | Sec | 2020>35 | 15 € — **16,5**
- **Côtes du Rhône-Villages Sablet Nature 2018** | Sec | 2019>25 | 23 € — **16**

1699, chemin des Combes, 84110 Sablet • Tél. 04 90 41 81 90 • commercial@cohola.fr • www.cohola.fr • Visite : Ouvert du lundi au vendredi de 9h à 12h30 et de 13h30 à 17h30.

DOMAINE CORNE LOUP

Ce petit domaine situé dans le village de Tavel est à présent dirigé par la dynamique Géraldine Saunier qui a su impulser un renouveau à cette propriété, notamment en en modernisant les installations de réception de vendange et de vinification. Les vins produits ici sont authentiques, concentrés mais frais et vendus à des tarifs très raisonnables. Un domaine à suivre.

- **Lirac 2018** | Sec | 2019>21 | 10 € — **14,5**
- **Lirac 2016** | Sec | 2019>25 | 10 € — **14**
- **Lirac Cuvée du Gouverneur 2016** | Sec | 2019>22 | 14 € — **14,5**
- **Tavel 2018** | Sec | 2019>21 | 10 € — **14**

Rue Mireille, 30126 Tavel • Tél. 04 66 50 34 37 • corne-loup@wanadoo.fr • Visite : oUVERT du lundi au vendredi de 9h à 12h et de 14h à 18h.

DOMAINE DE COYEUX

Situés à 300 mètres d'altitude au sommet de la montagne de Coyeux, avec vue dégagée sur les dentelles de Montmirail, les 112 hectares de l'exploitation s'étendent d'un seul tenant autour des bâtisses. Fondé dans les années 1950, le domaine a été repris en 2013 par Hugues de Feraudy. Les millésimes anciens présentés démontrent toutes les bonnes intentions de ce domaine aussi bien sur les vins doux que secs.

- **Beaumes de Venise Les Cavares 2012** | Sec | 2019>32 | 17 € — **15,5**
- **Beaumes de Venise Thetys 2013** | Sec | 2019>27 | 11 € — **15,5**
- **Muscat de Beaumes-de-Venise Alegrio 2014** | Doux | 2019>33 | 19,50 € — **15,5**

167, chemin du Rocher, 84190 Beaumes-de-Venise • Tél. 04 90 12 42 42 • contact@domainedecoyeux.com • www.domainedecoyeux.com • Visite : Caveau ouvert du lundi au samedi de 9h30 à 12h30 et de 14h30 à 18h30.

DOMAINE DE CRÉMONE

Autrefois dans la distribution de vins, Patrice Barbieri se lance en 2013 avec son fils Thomas, en achetant 15 hectares de vigne majoritairement sur Rasteau et Cairanne. Il nomme alors son domaine d'après la commune lombarde où naquît son grand-père. Dans la vigne, ils s'inspirent de leur voisin qui n'est autre que Jérôme Bressy (Gourt de Mautens) et travaillent en bio et biodynamie, sans toutefois le revendiquer. Les vins présentés ont montré des inégalités, les blancs étant en bonne forme.

- **Cairanne Premier Violon 2015** | Sec | 2018>22 | 16 € — 14
- **Côtes du Rhône-Villages Violon Blanc 2016** | Sec | 2019>22 | 10 € — 14,5

1863, route de Cairanne, 84110 Rasteau • Tél. 07 78 41 73 44 • domainedecremone@gmail.com • www.domainedecremone.fr • Visite : Du 1 mai au 31 Aout: de 14H30 à 18H30 et sur rendez-vous le matin. Le reste de l'année sur rendez-vous

DOMAINE DE CRISTIA

Étienne Grangeon continue sa quête dans l'élaboration d'un vin original mais porteur de l'individualité de son terroir, sans y parvenir de façon homogène. Certaines cuvées offrent des nez un peu trop évolués à notre goût mais les meilleures regorgent de personnalité.

- **Châteauneuf-du-Pape La Guigasse - Chapelle Saint-Théodoric 2016** | Sec | 2018>24 | 59 € — 15

48, faubourg Saint-Georges, 84350 Courthezon • Tél. 04 90 70 24 09 • contact@cristia.com • www.cristia.com • Visite : Du lundi au vendredi de 8h à 12h et de 14h à 18h. Le week-end sur rendez-vous.

DOMAINE DAMBRUN

Le Ventoux accueille un nouveau chapitre de la vie professionnelle de Laurence et Patrick Chêne. Ce projet de cœur datant d'une vingtaine d'années siège dans un mas du XVIIIe siècle au pied de ce très célèbre mont vauclusien. C'est avec des convictions chevillées au corps et une foi sans faille que ce couple passionné de la vie paysanne et de la Provence a réuni les variétés de cépages propres à la région et trop vite délaissés. Des vignes centenaires, un chai respectant les traditions sans oublier les innovations, avec l'œil avisé d'un certain Jérome Bressy : la réponse est dans le verre, pertinente et clairvoyante depuis quatre millésimes. En plus des variétés habituelles, un peu de cinsault et la fine counoise complètent un assemblage réussi, affiné en ciment et bois.

- **Ventoux 2016** | Sec | 2019>27 | 22 € — 14,5
- **Ventoux 2015** | Sec | 2019>24 | 22 € — 15
- **Ventoux La Dame Brune 2016** | Sec | 2019>28 | 29 € — 16

253, chemin de Mèze, 84330 Caromb • Tél. 04 90 46 09 29 ou 06.63.00.77.77 • contact@domainedambrun.fr • www.domainedambrun.fr • Visite : Uniquement sur rendez-vous.

DAUVERGNE RANVIER

François Dauvergne et Jean-François Ranvier font partie d'une nouvelle génération de jeunes négociants de la vallée du Rhône. Très impliqués dans la production de leurs vins, ils travaillent avec leurs amis vignerons tout au long de l'année et conservent les expressions des terroirs. Le style est structuré sans excès, d'une parfaite définition aromatique. Le duo ne cesse d'évoluer, et la gamme s'étend de l'Hermitage au nord jusqu'au Luberon dans le sud, en passant par Côte-Rôtie, Châteauneuf-du-Pape et Costières-de-Nîmes, avec même maintenant des partenariats jusqu'en Roussillon ! Et depuis peu, l'aventure s'est élargie au Bordelais.

- **Côte Rôtie Grand Vin 2017** | Sec | 2019>27 | NC — 15
- **Côte Rôtie Grand Vin 2016** | Sec | 2020>30 | NC — 15,5
- **Côtes du Rhône Vade Retro 2018** | Sec | 2019>21 | 10,50 € — 14
- **Crozes-Hermitage Granite et Galets 2017** | Sec | 2019>24 | NC — 15
- **Gigondas Grand Vin 2017** | Sec | 2019>23 | NC — 15

Château Saint-Maurice - RN 580, 30290 Laudun • Tél. 04 66 82 96 57 • contact@dauvergne-ranvier.com • www.dauvergne-ranvier.com • Visite : plus de caveau de vente, mais reçoivent quand même, sur rendez-vous uniquement.

DOMAINE DUSEIGNEUR

Le domaine d'une trentaine d'hectares se divise en deux parties, sur les communes de Saint-Laurent-des-Arbres et de Lirac. Sur la rive droite du Rhône, le terroir est constitué de galets roulés, sur des sols d'abord argilo-calcaires puis sableux. Depuis la création du domaine, la famille Duseigneur a toujours cultivé ses terres naturellement, respectant au maximum la nature des sols, et pratique aujourd'hui la biodynamie. Les différentes cuvées ont toutes une trame sérieuse et sont souvent assez fermées dans leur jeunesse. Le domaine produit également une deuxième gamme sous la marque domaine-de-mayran. Nous constatons que les derniers millésimes ont gagné en finesse et en texture, certainement le résultat de leur collaboration récente avec l'œnologue Philippe Cambie.

- **Châteauneuf-du-Pape Catarina 2017** | Sec | 2018>26 | 32 € — 14,5
- **Châteauneuf-du-Pape Catarina 2017** | Sec | 2018>24 | 34 € — 14,5

14 Chemin des Guarrigues , 84230 Chateauneuf-du-Pape • Tél. 04 90 02 08 17 • info@domaineduseigneur.com • www.domaineduseigneur.com • Visite : du lundi au vendredi de 8h à 12h et de 14h à 17h de préférence sur rendez-vous. Le week-end sur rendez-vous.

ROMAIN DUVERNAY

Cette maison rhodanienne est menée par Jean-Marc Pottiez, qui dirigea autrefois une grande marque de Champagne, accompagné de l'œnologue Romain Duvernay. La gamme est assez complète avec des vins provenant essentiellement du sud de la vallée. Le style est fruité, gourmand et expressif, et l'ensemble offre une belle homogénéité. Les vins issus de domaines cultivé en bio sont à découvrir impérativement.

- **Cairanne 2018** | Sec | 2019>22 | NC — 15
- **Cornas 2016** | Sec | 2019>25 | NC — 15
- **Côtes du Rhône-Villages Suze-la-Rousse Clos Volabis** | Sec | 2019>22 | NC | — 15,5
- **Côtes du Rhône-Villages Visan Clos des Mûres 2018** | Sec | 2019>23 | NC | — 16
- **Côtes du Rhône-Villages Domaine des Cinq Sens 2018** | Sec | 2019>22 | NC — 15
- **Gigondas 2018** | Sec | 2020>25 | NC — 15

ZA La Grange Blanche - 225 rue Marcel Valérian, 84350 Courthezon • Tél. 04 90 60 20 00 • newrhone@newrhone.eu • www.newrhone.eu • Visite : Du lundi au jeudi de 8h à 12h et de 14h à 17h.

CHÂTEAU L'ERMITAGE

Le domaine repose sur des sols profonds de grès rhodanien, où Michel Castillon et son fils Jérôme profitent d'une exposition sud dominant la Camargue. Cette localisation permet de bénéficier de brises marines indispensables à la conservation de la fraîcheur, que l'on retrouve de fait dans les vins.

- **Costières de Nîmes Sainte-Cécile 2018** | Sec | 2019>23 | 12 € — 14
- **Costières de Nîmes Sainte-Cécile 2017** | Sec | 2019>25 | 12 € — 14

Route de Nîmes - Castillon & fils - 1301, chemin dit de la Saou, 30800 Saint-Gilles • Tél. 04 66 87 04 49 • contact@chateau-ermitage.com • www.chateau-ermitage.com • Visite : Ouvert du lundi au samedi de 9h à 12h et de 13h30 à 17h30.

DOMAINE DES ESCARAVAILLES

Ce domaine familial d'une soixantaine d'hectares est situé sur les communes de Rasteau, Cairanne et Roaix. Il joue plutôt la carte de la finesse, sur des appellations généralement connues pour la puissance de leurs vins. Depuis 1999, Gilles Ferran le dirige avec la collaboration de l'œnologue Philippe Cambie et bénéficie d'une cave de vinification adaptée à la réalisation de vins à la mesure de la variété des terroirs. Il faut souligner la vraie recherche d'élégance et de finesse de texture présentes au cœur des vins depuis déjà plusieurs millésimes. Avec ce beau travail sur les millésimes 2016 et 2017, ce domaine est sur la voie royale !

- **Cairanne La Boutine 2016** | Sec | 2019>26 | 18 € — 15
- **Cairanne Ventabren 2016** | Sec | 2019>25 | NC — 14,5
- **Côtes du Rhône-Villages Roaix Les Hautes Granges 2017** | Sec | 2019>29 | 16 € — 15,5
- **Rasteau 2016** | Sec | 2019>24 | 8 € — 14,5
- **Rasteau Argilla ad Argillam 2017** | Sec | 2019>29 | 17 € — 15
- **Rasteau Héritage 1924 2016** | Sec | 2019>28 | 18,50 € — 17,5
- **Rasteau La Ponce 2016** | Sec | 2019>29 | 12 € — 16

111, combe de l'Eoune, 84110 Rasteau (Roaix) • Tél. 04 90 46 14 20 • domaine.escaravailles@wanadoo.fr • www.domaine-escaravailles.com • Visite : Ouvert du lundi au vendredi de 9h à 12h et de 14h à 18h. Le samedi de 10h à 12h et de 15h à 19h. Groupe sur rendez-vous.

DOMAINE DE L'ESPIGOUETTE

Voilà plusieurs générations que le domaine de l'Espigouette, de la famille Latour, signe de belles réussites sur les terroirs de Jonquières et de Rasteau ainsi que sur Gigondas et Vacqueyras. En cave, des progrès salutaires ont été réalisés dans les élevages et cela se ressent dans le verre. Très beau tir groupé pour les 2016 en rouge et les 2018 en blanc et rosé.

- **Côtes du Rhône 2018** | Sec | 2019>22 | 9 € — 13,5
- **Côtes du Rhône 2018** | Sec | 2019>21 | 8 € — 15,5
- **Côtes du Rhône-Villages Plan de Dieu 2016** | Sec | 2019>29 | 9 € — 15,5
- **Rasteau Pas du Meunier 2016** | Sec | 2019>27 | 11 € — 14,5
- **Vacqueyras 2016** | Sec | 2019>29 | 12 € — 15

1008, route d'Orange, 84150 Violès • Tél. 04 90 70 95 48 • espigouette@aol.com • www.espigouette.com • Visite : Ouvert du mardi au samedi de 10h à 12h et de 15h à 19h.

DOMAINE EDDIE FÉRAUD

Voici un petit domaine artisanal appartenant à un cousin de la célèbre Laurence Féraud de Pegaü, repris en main par le jeune Yannick Féraud qui a parfaitement profité de son stage chez Yves Canarelli en Corse. Pas encore de niellucciu, mais de superbes grenaches sur safre qui donnent naissance à deux cuvées dont la très réussie raisins-bleus. Coup de cœur pour ce domaine intimiste, au style sans concession mais à la race incontestable.

- **Châteauneuf-du-Pape 2017** | Sec | 2018>26 | 30 € — 16,5
- **Châteauneuf-du-Pape 2016** | Sec | 2018>24 | 27 € — 16
- **Châteauneuf-du-Pape 2012** | Sec | 2016>20 | 25 € — 16
- **Châteauneuf-du-Pape Raisins Bleus 2016** | Sec | 2018>26 | 45 € — 16,5

9, avenue du Général de Gaulle, 84230 Chateauneuf-du-Pape • Tél. 06 13 79 51 29 ou 06 03 61 26 84 • eddie.feraud@sfr.fr • www.domaineferaudetfils.fr/ • Visite : Ouvert tous les jours de 10h à 19h.

DOMAINE BONETTO FABROL

Au cœur d'un vallon tout proche du village de La Garde Adhémar, ce domaine est une des propriétés signant le renouveau de l'appellation Grignan-les-Adhémar. Il est né d'un mariage, celui des familles Bonetto et Fabrol. Leur premier millésime date de 2001. Une grande partie des 12 hectares de vigne est exposée plein sud sur des sols argilo-calcaires. Les vinifications sont traditionnelles, en levures indigènes, avec un recours intelligent au bois.

- **Grignan-les-Adhémar Le Colombier 2018** | Sec | 2019>25 | 9,50 € — 14,5
- **Grignan-les-Adhémar Le Colombier 2018** | Sec | 2019>20 | 9 € — 13

Route de Clansayes, 26700 La Garde Adhémar • Tél. 04 75 52 14 38 • domainebonettofabrol@orange.fr • www.domainebonettofabrol.fr • Visite : de septembre à fin juin, les vendredis et samedi de 10h30 à 12h30 et de 14 à 19h. Juillet-août du lundi au samedi de 10h30 à 19h.

CHÂTEAU DES FINES ROCHES

Cette propriété bien connue pour son spectaculaire restaurant-château qui domine au sud le village de Châteauneuf, dispose d'un vignoble situé en majeure partie autour du château, sur des terrasses classiques de galets roulés. La cuvée fines-roches 2016 a vraiment pris tous les bénéfices de ce grand millésime.

- **Châteauneuf-du-Pape 2018** | Sec | 2018>22 | 23 € — 14
- **Châteauneuf-du-Pape Fines Roches 2016** | Sec | 2018>32 | 36 € — 15,5
- **Châteauneuf-du-Pape Forget me not 2016** | Sec | 2018>24 | 52 € — 16

1, avenue du Baron-Leroy, 84230 Chateauneuf-du-Pape • Tél. 04 90 83 51 73 • chateaux@vmb.fr • www.vmb.fr • Visite : tous les jours de 13h30 à 19h30.

DOMAINE DE FOND CROZE

Le domaine s'étend sur 80 hectares, principalement sur les communes de Rasteau et de Suze-la-Rousse. L'âge moyen des vignes est de 35 ans, avec des sols caillouteux et des terres rouges. À noter que depuis 2009, la famille Long a converti l'ensemble du vignoble à l'agriculture biologique. Le rasteau 2016 est admirable !

- **Cairanne 2016** | Sec | 2019>24 | 14 € — 15
- **Côtes du Rhône-Villages Vaison La Romaine Les Vieux Ceps de Raymond 2017** | Sec | 2018>24 | 10 € — 15
- **Côtes du Rhône-Villages Vincent de Catari 2015** | Sec | 2019>24 | 7 € — 16
- **Côtes du Rhône Analys 2018** | Sec | 2019>25 | 10 € — 14,5
- **Côtes du Rhône Confidence 2018** | Sec | 2019>26 | 7 € — 15
- **Rasteau 2016** | Sec | 2019>27 | 14 € — 17

155 route de Cairanne, 84290 Saint-Roman de Malegarde • Tél. 06 08 30 82 80 • fondcroze@hotmail.com • www.domaine-fondcroze.com • Visite : Ouvert du lundi au samedi de 9h à 12h et de 14h à 18h.

DOMAINE DE FONDRÈCHE

★★☆☆☆

Ce domaine de grande qualité est tenu de main de maître par le dynamique Sébastien Vincenti qui a su l'imposer comme l'un des plus sérieux et réguliers du Ventoux. Le vignoble compte 38 hectares, conduits en agriculture biologique, dont une grande parcelle de 28 hectares autour du domaine, sur des sols de cailloutis argilo-calcaires. Le domaine produit essentiellement des vins rouges dont la superbe cuvée nature N, vinifiée sans soufre ajouté et modèle du genre. Une adresse incontournable de la région.

- **Ventoux Divergente 2016** | Sec | 2019>30 | 51 € — 16
- **Ventoux Domaine 2017** | Sec | 2019>25 | 10,60 € — 14
- **Ventoux Il était une fois 2016** | Sec | 2021>28 | 36,50 € — 15
- **Ventoux N... 2018** | Sec | 2019>22 | 10,60 € — 15,5
- **Ventoux Persia 2016** | Sec | 2019>26 | 19,80 € — 14,5
- **Ventoux Persia 2016** | Sec | 2019>21 | 19,80 € — 14

2589, avenue Saint Pierre de Vassols, 84380 Mazan • Tél. 04 90 69 61 42 • contact@fondreche.com • www.fondreche.com • Visite : Ouvert du lundi au vendredi de 8h à 12h et de 14h à 18h.

CHÂTEAU DE FONSALETTE

★★★★☆

Le château de Fonsalette, autre propriété mythique de la famille Reynaud, acquise en 1945 par Louis Reynaud, s'étend sur la commune de Lagarde-Paréol, en Massif d'Uchaux. Fonsalette est un côtes-du-rhône d'exception, dans un encépagement proche du Rayas et avec une aptitude au vieillissement tout aussi unique. Le dernier millésime proposé comme les plus anciens ont tous une personnalité hors-norme : grand vin de soleil temporisé par son exposition plein nord donnant une diversité de styles et de textures incommensurables. Si le 2012 joue comme ses confrères du château-des-tours ou château-rayas la carte de la distinction, le 2016 engendrera des vins à la structure imposante, non sans raffinement. Enfin, tous millésimes confondus, la cuvée syrah est d'une beauté édifiante et sans conteste la plus réussie du grand Sud.

- **Côtes du Rhône 2017** | Sec | 2018>28 | NC — 17
- **Côtes du Rhône 2016** | Sec | 2018>32 | NC — 17,5
- **Côtes du Rhône syrah 2016** | Sec | 2018>30 | NC — 17,5

84290 Lagarde-Pareol • Tél. 04 90 83 73 09 • www.chateaurayas.fr • Visite : Sur rendez-vous.

DOMAINE FONT DE MICHELLE

★★☆☆☆ ♣

Le domaine se situe sur la pente qui mène au plateau de la Crau, à l'ouest du village de Bédarrides. S'appuyant sur un vignoble âgé, où le grenache domine largement, les Gonnet réalisent des vins très classiques qui, ces dernières années, ont assoupli leur style, avec un caractère plus immédiatement prêt à boire. Les blancs ont toujours été une spécialité très soignée et restent parmi les plus expressifs de l'appellation. Signalons le beau rouge 2016 de la cuvée étienne-gonnet.

- **Châteauneuf-du-Pape Étienne-Gonnet 2016** | Sec | 2018>24 | 45 € — 14,5

14, impasse des Vignerons, 84370 Bedarrides • Tél. 04 90 33 00 22 • contact@font-de-michelle.com • www.famillegonnet.com • Visite : Ouvert du lundi au vendredi de 9h à 12h et de 14h à 17h30. Le week-end et jours fériés sur rendez-vous.

CHÂTEAU DE LA FONT DU LOUP

Cette excellente propriété, située presque intégralement sur le lieu-dit du même nom, en limite du secteur Pignan sur Courthézon, produit des vins de grand caractère qui reflètent bien les équilibres appréciés de Philippe Cambie, conseiller de la famille Mélia. Les 2016 sont très réussis, en particulier la cuvée legend qui sort largement du lot.

- **Châteauneuf-du-Pape 2016** | Sec | 2018>34 | epuisé — 14,5
- **Châteauneuf-du-Pape Legend 2016** | Sec | 2018>28 | 50 € — 15,5

Route de Châteauneuf-du-Pape, 84350 Courthézon • Tél. 04 90 33 06 34 • contact@lafontduloup.com • www.lafontduloup.com

DOMAINE DE FONTBONAU

Appartenant à Frédéric Engerer, directeur des propriétés de François Pinault (dont bien sûr château-Latour) et Jérôme Malet, architecte et vigneron, Fontbonau s'impose peu à peu comme une référence de la Drôme provençale. Situé sur le secteur de Montbrison-sur-Lez, lové contre les derniers contreforts du Vercors, ce petit coin de paradis au terroir encore méconnu produit des vins ambitieux et puissants. L'altitude et le mistral tempèrent le climat chaud et ensoleillé, et la talentueuse Sophie Mage vinifie des cuvées rigoureuses dans leur construction, parfaites intermédiaires entre les vins du nord et du sud de la vallée du Rhône et totalement à l'image de leurs terroirs.

- **Côtes du Rhône 2015** | Sec | 2019>25 | NC — 15
- **Côtes du Rhône La Lence 2017** | Sec | 2019>23 | NC — 16

26770 Montbrison-sur-Lez • Tél. 04 75 04 00 24 • sylvine.bourel@fontbonau.fr • www.fontbonau.fr • Visite : sur rendez-vous.

CHÂTEAU FONTVERT

Ce domaine situé à Lourmarin couvre une vingtaine d'hectares cultivés avec soin en agriculture biologique. Doté d'une cuverie moderne et d'un chai à barriques enterré, il produit des vins dans les trois couleurs. Un domaine à suivre dans les millésimes à venir !

- **Luberon Château Fontvert 2017** | Sec | 2019>23 | 15 € — 13,5
- **Luberon Les Restanques 2018** | Sec | 2019>20 | 10,50 € — 13,5
- **Luberon Souleu e Terraire 2018** | Sec | 2019>20 | 11,50 € — 13

15, chemin de Pierrouret, 84160 Lourmarin • Tél. 04 90 68 35 83 • info@fontvert.com • www.fontvert.com • Visite : De mai à septembre du lundi au vendredi de 9h à 12h30 et de 14h à 18h30. Le samedi de 10h30 à 12h30 et de 15h à 18h30. et sur rendez-vous le reste de l'année.

GABRIEL MEFFRE

Les premières traces de cette maison de négoce de haut niveau remontent à 1936. L'histoire de l'appellation est d'ailleurs pavée de bon nombre de flacons estampillés gabriel-meffre. Boisset ne s'est pas trompé en rachetant en 2009 cette entité. La fidèle œnologue maison, Véronique Torcolacci, et le brillant Sylvain Jean haussent d'année en année le niveau de la gamme en se focalisant sur d'excellents achats de raisins sur l'ensemble du vignoble rhodanien, nord comme sud. Une impressionnante constance de qualité signe l'ensemble des cuvées. Les 2015 en châteauneuf-du-pape sont réussis, avec la cuvée laurus qui trouve notre préférence.

- **Beaumes de Venise Laurus 2016** | Sec | 2019>27 | 15 € — 14,5
- **Côte Rôtie Laurus 2017** | Sec | 2021>27 | 48 € — 15,5
- **Gigondas Laurus 2015** | Sec | 2018>24 | 22 € — 13,5
- **Gigondas Sainte-Catherine 2016** | Sec | 2019>29 | 19,50 € — 14,5
- **Hermitage Laurus 2017** | Sec | 2021>27 | 48 € — 16
- **Hermitage Laurus 2017** | Sec | 2021>27 | 48 € — 15,5
- **Saint-Joseph Laurus 2017** | Sec | 2021>27 | 23 € — 15,5
- **Vacqueyras Laurus 2016** | Sec | 2019>25 | 18 € — 15
- **IGP d'Oc Laurus syrah 2017** | Sec | 2019>22 | 8,50 € — 14,5
- **IGP d'Oc Laurus viognier 2017** | Sec | 2019>22 | 9,50 € — 14
- **IGP d'Oc Un Été en Occitanie 2018** | Sec | 2019>20 | NC — 14

Domaine de Longue Toque - Gour de Chaulé 344, Route de Sablet, 84190 Gigondas • Tél. 04 90 12 30 21 • caveaugabrielmeffre@meffre.com • www.gabriel-meffre.fr • Visite : D'octobre à avril, du mardi au samedi de 10h à 12h30 et de 14h30 à 18h. En mai à septembre, du lundi au samedi de 10h à 12h30 et de 13h30 à 19h (fermé le 1er mai).

MOULIN DE LA GARDETTE

Dans les « must have » de Gigondas, le moulin de la Gardette et ses dix hectares sont une propriété attachante, menée au cordeau par Jean-Baptiste Meunier. Entre les terroirs de Saint-Jean et le coteau de la Gardette, les vieilles vignes de grenache captent la finesse des marnes calcaires. Pas d'esbroufe en cave, une parfaite maîtrise du bois est opérée par le maître des lieux. Depuis quelques millésimes déjà, les cuvées du domaine affichent un naturel remarquable, d'une texture soyeuse et d'un tannin intégré. Les 2017 suivent la bonne dynamique des précédents millésimes, belle constance !

- **Gigondas Tradition 2017** | Sec | 2019>30 | env.28 € — 16
- **Gigondas Ventabren 2017** | Sec | 2021>35 | env.39 € — 15,5

11 Place Gabrielle Andéol, 84190 Gigondas • Tél. 04 90 65 81 51 • info@moulindelagardette.com • www.moulindelagardette.com • Visite : du lundi au samedi de 10h à 13h et de 14h30 à 18h30 entre début mai et fin octobre. Le reste de l'année, de 10h à 13h et de 14h à 18h. Fermé le dimanche.

CHÂTEAU DE LA GARDINE

Grand classique de l'appellation, la Gardine est un vaste domaine d'un seul tenant, se terminant au bord du Rhône, face à Roquemaure, et reposant en grande partie sur une base calcaire à l'ouest de l'appellation. Dans sa bouteille à la forme originale, la cuvée classique du domaine est d'une régularité sans faille, tandis que les cuvées spéciales et générations constituent, en blanc comme en rouge, des vins puissants qui demandent quelques années de garde pour s'affiner. Les Brunel ont créé une cuvée vinifiée sans soufre, peur-bleue, techniquement irréprochable. Les 2016 sont dans l'ensemble bien construits. Une marque de fabrique qui se doit d'être soulignée en ces temps où l'approximation est devenue un argument commercial !

- **Châteauneuf-du-Pape 2017** | Sec | 2018>23 | 34 € — 15
- **Châteauneuf-du-Pape Les Générations Marie-Léoncie 2016** | Sec | 2018>26 | 45 € — 15,5
- **Châteauneuf-du-Pape Peur Bleue 2016** | Sec | 2018>24 | 34 € — 15
- **Châteauneuf-du-Pape Tradition 2016** | Sec | 2018>24 | 34 € — 14

Route de Roquemaure - B.P. 35, 84231 Chateauneuf-du-Pape • Tél. 04 90 83 73 20 • gardine.export@gardine.com • www.gardine.com • Visite : Ouvert du lundi au vendredi de 9h à 18h. Le samedi de 10h à 18h. Groupe sur rendez-vous.

MICHEL GASSIER

Michel Gassier, déjà renommé pour la tenue exemplaire du château de Nages, conduit également avec sa femme Tina un vignoble plus méridional : sur une terrasse surplombant la Carmargue, ils y travaillent en agriculture biologique et y conçoivent des vins alliant une grande concentration en fruit et une fraîcheur exemplaire. C'est le résultat de ce travail méticuleux au niveau des sols, de la sélection des greffons, de la conduite de la vigne, de la récolte, de la vinification et de l'élevage qui se traduit de façon naturelle dans chaque bouteille. La nouveauté de cette année, les grenaches-de-bek, montrent le potentiel considérable du terroir. Face aux progrès des derniers millésimes, nous n'hésitons pas à lui accorder une troisième étoile.

- **Costières de Nîmes Grenache de Bek 2016** | Sec | 2019>30 | NC — 17
- **Costières de Nîmes Lou Coucardié 2017** | Sec | 2019>25 | 23,70 € — 15,5
- **Costières de Nîmes Lou Coucardié 2016** | Sec | 2021>30 | 23,70 € — 16
- **Costières de Nîmes Nostre Païs 2017** | Sec | 2019>24 | 13,50 € — 14,5
- **Costières de Nîmes Nostre Païs 2016** | Sec | 2019>26 | 13,50 € — 15

Domaine Gassier, Chemin des Canaux - Chemin des Canaux, 30132 Caissargues • Tél. 04 66 38 44 33 • info@domainegassier.com • www.domainegassier.com • Visite : Ouvert du lundi au samedi de 10h à 12h et de 14h à 18h.

CHÂTEAU GIGOGNAN

Cette belle propriété située sur Sorgues campe sur de magnifiques vignes en Côtes du Rhône mais exploite aussi une trentaine d'hectares sur Châteauneuf, tout au sud de l'aire. De magnifiques chambres d'hôte permettent au château d'être habité et font la joie des touristes intéressés par le vin. Depuis peu, le consultant Stéphane Derenoncourt intervient sur l'exploitation et un nouveau chai est en construction. Les 2018 dégustés sur cuve sont prometteurs et laissent entrevoir un bel avenir à ce domaine en pleine réorganisation. Mention spéciale pour l'excellent côte-du-rhône clos-du-roi.

- **Châteauneuf-du-Pape Cardinalice 2015** | Sec | 2018>28 | 42 € — 14,5
- **Châteauneuf-du-Pape Clos du Roi 2017** | Sec | 2018>21 | 30 € — 14
- **Côtes du Rhône Clos du Roi 2017** | Sec | 2018>25 | 27 € — 14,5

1180, chemin du Castillon, 84700 Sorgues • Tél. 04 90 39 57 46 • info@gigognan.fr • www.gigognan.fr • Visite : Du lundi au vendredi de 9h à 17h30 et les samedis d'avril à octobre.

DOMAINE GIRAUD

Peu de vignes sont aussi noblement cultivées que celles de François Giraud et de sa sœur Marie. Ce sont aussi des vinificateurs sincères, attachés à l'expression naturelle des raisins provençaux, parfaitement conseillés par Philippe Cambie. Le domaine comprend une vingtaine d'hectares de très vieilles vignes, avec des parcelles importantes sur les lieux-dits Gallimardes et Pignan et une notable proportion de syrah (35 %). La cuvée château démontre une grande régularité sur les derniers millésimes, tandis que les-gallimardes et grenache-de-pierre s'envolent en 2017 dans un style très pur qui demandera un peu de patience avant de les déguster. À noter une extension de leur activité en appellation Lirac. Bravo !

- **Châteauneuf-du-Pape Grenache de Pierre 2017** | Sec | 2018>27 | 60 € — 16,5
- **Châteauneuf-du-Pape Les Gallimardes 2018** | Sec | 2020>26 | 35 € — 14,5
- **Châteauneuf-du-Pape Les Gallimardes 2017** | Sec | 2019>29 | 60 € — 17
- **Châteauneuf-du-Pape Tradition 2016** | Sec | 2020>30 | epuisé — 16
- **Côtes du Rhône Les Sables d'Arène 2017** | Sec | 2018>28 | 14 € — 14,5

19, Chemin le Bois-de-la-Ville, 84230 Chateauneuf-du-Pape • Tél. 04 90 83 73 49 • contact@domainegiraud.fr • www.domainegiraud.fr • Visite : Sur rendez-vous du lundi au vendredi.

DOMAINE JÉRÔME GRADASSI

Jérôme Gradassi était chef étoilé avant de se reconvertir, en 2004, en vigneron ! Rien de surprenant quand on sait qu'il est petit-fils de négociant à Châteauneuf-du-Pape, où il exploite 5 hectares. Éraflé, non-éraflé, fût de chêne usagé, on est dans l'artisanat de raisins mûrs et sains, sans artifice. La seule cuvée dégustée était dans un style délicat et tonique, presque bourguignon.

- **Châteauneuf-du-Pape 2017** | Sec | 2018>26 | 25 € — 15

20, rue de Verdun, 84230 Chateauneuf-du-Pape • Tél. 04 90 83 79 56 • dom.jerome.gradassi@wanadoo.fr • Visite : Sur rendez-vous.

DOMAINE GRAND NICOLET

Ce domaine familial de 31 hectares, dont 27 hectares sur Rasteau et 4 hectares sur Sablet, fut officiellement fondé en 1926, l'un des premiers domaines sur ce secteur. Il est aujourd'hui dirigé par Jean-Pierre Bertrand, co-président de l'appellation Rasteau et homme très engagé dans la vie locale. La gamme en 2016 est très homogène en qualité, dans un style structuré et précis.

- **Rasteau Les Esqueyrons 2015** | Sec | 2018>30 | 16 € — 15,5
- **Rasteau Vieilles Vignes 2016** | Sec | 2019>28 | 10,10 € — 15
- **Rasteau Vin Doux Naturel Ambré NM** | Doux | 2017>29 | 11 € — 14
- **Rasteau Vin Doux Naturel Grenat 2015** | Doux | 2019>27 | 11 € — 15,5

1174, route de Violès, 84110 Rasteau • Tél. 04 90 28 91 54 • domainegrandnicolet@rasteau.fr • www.domainegrandnicolet.fr • Visite : Sur du 1er mai au 15 septembre du lundi au samedi de 10h à 18h. Du 16 septembre au 30 avril du lundi au vendredi de 10h à 18h.

DOMAINE DU GRAND TINEL

★☆☆☆☆

Le domaine du Grand Tinel est né en 1972 et c'est aujourd'hui Christophe, Béatrice et Isabelle Jeune qui exploitent les 74 hectares de l'exploitation dont 56 en Châteauneuf-du-Pape. Les raisins sont ici complètement éraflés puis foulés et après une cuvaison de 3 et 4 semaines, le vin est élevé en foudres de chêne pendant une à deux années. Les rouges qui nous ont le plus séduits sont fins et féminins. Un domaine à suivre.

- **Châteauneuf-du-Pape 2016** | Sec | 2018>24 | 26 € — **14**
- **Châteauneuf-du-Pape Alexis Establet 2016** | Sec | 2018>27 | 34 € — **14,5**

3, route de Bédarrides-BP 58, 84232 Chateauneuf-du-Pape CEDEX • Tél. 04 90 83 70 28 • contact@domainegrandtinel.com • www.domainegrandtinel.com • Visite : Ouvert du lundi au vendredi de 9h à 12h et de 14h à 18h. Sur rendez-vous le week-end et jours fériés.

CHÂTEAU GUIOT

★☆☆☆☆

La château Guiot est une exploitation familiale gérée par la famille Cornut, laquelle est vigneronne depuis neuf générations. Situé à Saint-Gilles, le vignoble de 120 hectares produit essentiellement des AOP Costières de Nîmes, dont la fraîcheur est garantie par les embruns maritimes remontant des marais de Camargue. Ici, point de blancs, uniquement des rouges et un rosé. Les vins produits sont sur le fruit, avec une extraction mesurée et un élevage intelligent.

- **Costières de Nîmes Magnanîmes 2016** | Sec | 2019>23 | 33 € — **14**
- **Costières de Nîmes Numa 2016** | Sec | 2019>23 | 12 € — **14**

D197, 30800 Saint-Gilles • Tél. 04 66 73 30 86 • chateau.guiot@gmail.com • www.famillecornut.com • Visite : Ouvert du lundi au samedi de 9h à 12h et de 14h à 18h.

DOMAINE DE LA JANASSE

★★★★☆

Sur les plus beaux terroirs de Courthézon, le domaine de la Janasse, fierté de la famille Sabon, s'impose depuis plus de 40 ans comme l'une des références de l'appellation. Christophe Sabon réalise des côtes-du-rhône de très haut niveau, avec une profondeur rare. Les châteauneuf-du-pape s'expriment autour de différentes cuvées : chaupin, issue d'un terroir froid à l'approche très bourguignonne ou la cuvée vieilles-vignes, plus solaire et racée. Enfin, les blancs, dans l'ombre des rouges, sont tout aussi recommandables. L'ensemble de la gamme est irréprochable et les grandes cuvées comptent parmi les références de l'appellation. Les derniers millésimes sont des réussites, et chaupin et vieilles-vignes des références de maîtrise et de style.

- **Châteauneuf-du-Pape 2017** | Sec | 2018>28 | 33 € — **16**
- **Châteauneuf-du-Pape Chaupin 2017** | Sec | 2018>34 | 56 € — **16,5**
- **Châteauneuf-du-Pape Prestige 2017** | Sec | 2018>28 | 66 € — **15,5**
- **Châteauneuf-du-Pape Vieilles Vignes 2017** | Sec | 2018>36 | 76 € — **17**
- **Côtes du Rhône 2018** | Sec | 2019>20 | 7 € — **14,5**
- **Côtes du Rhône-Villages Terres d'Argile 2016** | Sec | 2019>27 | 15 € — **16**
- **Côtes du Rhône Les Garrigues 2015** | Sec | 2019>29 | 25 € — **15**

27, chemin du Moulin, 84350 Courthézon • Tél. 04 90 70 86 29 • lajanasse@gmail.com • www.lajanasse.com • Visite : Ouvert du lundi au vendredi de 8h30 à 17h30. Possibilité le samedi sur rendez-vous.

CHÂTEAU JAS DE BRESSY

★☆☆☆☆

Ce petit domaine adjacent aux Fines Roches appartient à la même famille et produit, à partir d'une viticulture un peu plus précise, un vin plus élégant et raffiné qui nous a plu dans les derniers millésimes présentés. En rouge, le 2016 a retenu notre attention.

- **Châteauneuf-du-Pape 2016** | Sec | 2018>24 | 28 € — **14**

631 route de Sorgues, 84230 Chateauneuf-du-Pape • Tél. 04 90 83 51 73 • chateaux@vmb.fr • www.vmb.fr • Visite : du 1 juin au 30 septembre ouvert tout les jours de 13h30 à 19h30. En avril, mai, octobre et décembre fermé le dimanche. Et en novembre, janvier, fevrier et mars ouvert sur rdv uniquement.

CHÂTEAU JUVENAL

En 2001, Anne-Marie et Bernard Forestier rachètent le château et son domaine à la famille Alban et commercialisent une seule cuvée de rouge, château-juvenal. Puis ils décident de s'associer avec Sébastien Alban en 2011, construisent de nouveaux chais et réalisent ensemble leur premier millésime. Aujourd'hui, le vignoble compte 46 hectares sur le piémont du Graveyron, et le château abrite de très belles chambres d'hôtes.

- **Ventoux La terre du petit homme 2017** | Sec | 2019>23 | 13,40 € — 14
- **Ventoux Les Ribes du Vallat 2018** | Sec | 2019>21 | 10,80 € — 14
- **Ventoux Les Ribes du Vallat 2017** | Sec | 2019>23 | 8,90 € — 14,5

1080, route de Caromb, 84330 Saint-Hippolyte le Graveyron • Tél. 04 90 28 12 57 • graveyron@gmail.com • www.chateaujuvenal.com • Visite : Du lundi au samedi de 9h30 à 12h et de 14h à 18h30, le dimanche toute la journée en saison.

MARC KREYDENWEISS

Depuis 1999 au domaine des Perrières, Marc Kreydenweiss et son épouse Emmanuelle conjuguent avec bonheur leur savoir-faire alsacien et leur passion pour les cépages du Midi, notamment rouges, le tout en complète biodynamie. Résultat : des vins magnifiques sortant complètement de l'ordinaire, la cuvée ansata en étant la parfaite illustration.

- **IGP du Gard Ansata 2016** | Sec | 2019>24 | 17,50 € — 15

701, chemin des Perrières, 30129 Manduel • Tél. 03 88 08 95 83 • marc@kreydenweiss.com • www.kreydenweiss.com • Visite : Sur rendez-vous. Fermé dimanche et jours fériés.

DOMAINE LA BOUÏSSIÈRE

Si La Bouïssière fut parmi les tout premiers domaines de l'appellation, les frères Faravel, Gilles et Thierry, le positionnent aujourd'hui comme une des propriétés de marque. Nichés au cœur de Gigondas, les 18 hectares qu'elle compte se répartissent sur les terroirs affleurant les Dentelles en grande majorité. Très belle homogénéité des vins dégustés sur les millésimes 2016 et 2017.

- **Beaumes de Venise Tradition 2017** | Sec | 2019>30 | 14 € — 16
- **Gigondas Prestige La Font de Tonin 2016** | Sec | 2019>29 | 25 € — 16,5
- **Vacqueyras Tradition 2017** | Sec | 2019>32 | 16 € — 15,5

15 rue du Portail, 84190 Gigondas • Tél. 04 90 65 87 91 • domaine@labouissiere.com • www.labouissiere.com • Visite : Ouvert du lundi au samedi de 10h à 12h et de 14h à 19h. Le dimanche sur rendez-vous.

DOMAINE LA CABOTTE

Célèbre vigneron bourguignon, Gabriel d'Ardhuy, du domaine éponyme, a acquis la Cabotte en 1981. Au cœur du massif d'Uchaux, ce sont 45 hectares d'un seul et même tenant placés sous l'égide de la biodynamie. Les calcaires et les grès sont dominants en termes de sols, ils donnent une finesse bienvenue. Une sélection méticuleuse, parcelle par parcelle, permet une excellente définition des meilleurs terroirs du massif. La propriété est en progrès constants. La situation septentrionale du massif d'Uchaux permet de réaliser des vins mûrs et généreux. Voilà des vins pleins, très souvent épicés. La cuvée gabriel est un représentant émérite de l'appellation, avec une matière particulièrement civilisée notamment sur le millésime 2016.

- **Côtes du Rhône-Villages Massif d'Uchaux Gabriel 2016** | Sec | 2019>27 | 15 € — 15,5

8035 route de Rochegude, 84430 Mondragon • Tél. 04 90 40 60 29 • domaine@cabotte.com • www.cabotte.com • Visite : Ouvert toute l'année, du lundi au vendredi de 10h à 17h.

DOMAINE LA CAVALE

La propriété a été acquise dans les années 1970 par Paul Dubrule mais le co-créateur du groupe Accor a mis du temps à s'y impliquer personnellement. C'est aujourd'hui le cas et, avec nouveau chai imaginé par Jean-Michel Wilmotte, il cherche à exprimer le meilleur de ses bons terroirs du sud du Luberon. Mais c'est surtout l'appel à un consultant original et impliqué, le brillant Alain Graillot (domaine Alain Graillot, en Crozes-Hermitage) qui a fait progresser spectaculairement les vins. Sous son impulsion, les vins montrent qu'ils ont clairement franchi une étape en affirmant une véritable personnalité charnue, nerveuse, profonde.

- **Luberon La Cavale 2018** | Sec | 2019>22 | 19,80 € — 14
- **Luberon La Cavale 2017** | Sec | 2020>28 | 19,80 € — 15
- **Luberon La Grande Cavale 2016** | Sec | 2019>24 | 41 € — 14,5

3017, route de Lourmarin, 84160 Cucuron • Tél. 04 90 77 22 96 • contact@domaine-lacavale.com • www.domaine-lacavale.com • Visite : Ouvert tous les jours de 10h à 19h.

DOMAINE LA CÉLESTIÈRE

Ce joli domaine discret acheté en 2008 par le couple Béatrice et Neil Joyce, déjà propriétaire de château Dalmeran, est géré de main de maître par le directeur technique et vinificateur Arnaud Ferrier. En viticulture biologique depuis 2013, le vignoble s'étend sur un total de 26 hectares, préservés des engrais chimiques et autres désherbants. Côté vins, Arnaud Ferrier développe une gamme irréprochable, agréable à boire sur les côtes-du-rhône et le châteauneuf tradition, plus ambitieuse sur la cuvée confidentielle ou la-croze. Il attache également une importance fondamentale au rapport qualité-prix, en proposant cette gamme à des tarifs très doux. Fait remarquable tant il est devenu difficile de profiter d'un bon vin sans se ruiner.

- **Châteauneuf-du-Pape Confidentielle 2011** | Sec | 2019>39 | 65,40 € — 16,5
- **Châteauneuf-du-Pape La Croze 2016** | Sec | 2018>38 | 34,60 € — 16
- **Châteauneuf-du-Pape Les Domaines 2012** | Sec | 2017>37 | 40,80 € — 16
- **Châteauneuf-du-Pape Tradition 2015** | Sec | 2018>29 | 26,60 € — 14,5
- **Côtes du Rhône Tradition 2017** | Sec | 2018>29 | 10,60 € — 14
- **IGP du Vaucluse 2017** | Sec | 2018>21 | 8 € — 13,5

1956, Route de Roquemaure, 84230 Chateauneuf-du-Pape • Tél. 04 90 25 28 92 • info@lacelestiere.fr • www.lacelestiere.fr • Visite : Du lundi au vendredi de 9h à 12h et de 13h à 18h. Le mercredi de 14h à 18h.

DOMAINE LA FERME SAINT-MARTIN

Dominant l'appellation Beaumes-de-Venise, la ferme Saint-Martin est située au cœur du charmant village de Suzette, à plus de 400 mètres d'altitude. Précurseur en termes d'agriculture biologique, la propriété mène une viticulture disciplinée et produit des ventoux et des beaumes-de-venise tout en finesse de texture.

- **Beaumes de Venise Costancia 2017** | Sec | 2019>27 | 16,30 € — 15,5
- **Beaumes de Venise Saint-Martin 2016** | Sec | 2019>26 | 15 € — 13,5

Ferme Saint-Martin, 84190 Suzette • Tél. 04 90 62 96 40 • contact@fermesaintmartin.com • www.fermesaintmartin.com • Visite : Ouvert du lundi au samedi de 10h à 12h et de 14h à 18h. Fermé le dimanche et jours fériés.

DOMAINE LA FOURMONE

Continuant sa progression depuis quelques millésimes déjà, nous ne pouvons que recommander l'admirable travail de ce domaine familial. Historiquement dédié à la culture du blé, la Fourmone se consacre aujourd'hui uniquement à celle du raisin. C'est la jeune génération qui depuis 2011 accompagne l'ascension vers un style dépourvu de bois, aux extractions mesurées, signant des vins de grande saveur. Une bonne dynamique confirmée dans la dégustation des millésimes 2016 et 2017.

- **Gigondas Le Secret 2016** | Sec | 2019>27 | 16,50 € — 15
- **Vacqueyras Ceps d'Or 2016** | Sec | 2019>24 | 15,50 € — 14
- **Vacqueyras Le Poète 2017** | Sec | 2019>27 | 13 € — 15

526 Route de Violès, 84190 Vacqueyras • Tél. 04 90 65 86 05 • contact@fourmone.com • www.fourmone.com • Visite : du lundi au samedi de 9h30 à 18h. Fermé entre Noël et le jour de l'an, et fermé dimanche et jours fériés. Les groupes sur rendez-vous.

DOMAINE LA GARELLE

Situé à Oppède, en plein cœur du Luberon, ce domaine de 25 hectares produit des vins en AOP Luberon et IGP Vaucluse sur le versant nord du massif, sur des terroirs de calcaires, de sables et d'argiles. L'équipe y pratique un travail soigné, avec des vendanges aux petites heures du matin permettant un pressurage rapide afin de conserver la finesse et la richesse aromatique des cépages utilisés. Les vins y sont frais et équilibrés et les tarifs très raisonnables.

- **Luberon Grande Réserve 2016** | Sec | 2021>28 | 20,40 € — 14,5
- **Luberon Réserve 2016** | Sec | 2021>26 | 13,10 € — 13
- **Luberon Solstice 2017** | Sec | 2019>21 | 10,10 € — 14

4803 route de Ménerbes - Ménerbes, 84580 Oppède • Tél. 04 90 72 31 20 • info@lagarelle.fr • www.lagarelle.fr • Visite : Du 1er mai au 30 septembre : lundi au samedi de 10h à 13h et de 15h à 19h. Du 1er octobre au 30 avril : de 9h à 12h puis de 14h à 18h.

DOMAINE LA LUMINAILLE

La Luminaille, quartier de « la lumière », tient son nom de la brillance des feuilles d'olivier les nuits de pleine lune. Domaine familial désormais aux mains de la cinquième génération, il a été développé et porté à sa configuration actuelle par Jean-Claude Paolucci. Aujourd'hui, ce sont Julie et Nicolas qui gèrent cette exploitation familiale de 17 hectares.

- **Côtes du Rhône 1er Né(z) 2017** | Sec | 2019>25 | 14 € — 15
- **Rasteau Garance 2017** | Sec | 2019>29 | 15 € — 14
- **Rasteau Luminaris 2017** | Sec | 2019>29 | 12,50 € — 15,5

696, chemin de la Luminaille, 84110 Rasteau • Tél. 06 98 95 23 88 • contact@domainelaluminaille.com • www.domainelaluminaille.com • Visite : Sur rendez-vous du lundi au samedi.

CHÂTEAU LA NERTHE

La grande propriété historique de Châteauneuf-du-Pape couvre une imposante surface de 92 hectares certifiés en bio depuis 1998, dont il faut isoler un petit tiers situé au cœur de la meilleure partie de la Crau. La famille Richard lui a rendu son lustre de premier cru mais cherchait à en affiner le style. L'arrivée de Ralph Garcin en décembre 2015 est sans aucun doute la meilleure chose qui soit arrivé à ce domaine prestigieux ! Ingénieur agronome et œnologue, connaisseur des cépages méridionaux et fin dégustateur, il a imposé avec autorité un virage esthétique bienvenu vers des vins ciselés, précis et judicieusement élevés. À la vigne, les choix de maturité ont été repensés afin d'apporter plus de profondeur. Le résultat est spectaculaire en 2016 et semble se confirmer en 2017. La Nerthe possède probablement le plus grand potentiel de tout Châteauneuf, en blanc comme en rouge, et semble désormais prêt à l'assumer !

- **Châteauneuf-du-Pape 2017** | Sec | 2018>26 | 40 € — 15
- **Châteauneuf-du-Pape 2016** | Sec | 2018>30 | 40 € — 16,5
- **Châteauneuf-du-Pape Clos de Beauvenir 2018** | Sec | 2018>30 | NC — 16,5
- **Châteauneuf-du-Pape Clos de Beauvenir 2017** | Sec | 2018>27 | NC — 16,5
- **Châteauneuf-du-Pape Les Cadettes 2016** | Sec | 2018>29 | 85 € — 18
- **Châteauneuf-du-Pape Les Clavelles 2016** | Sec | 2018>28 | NC — 16

4213 Route de Sorgues , 84232 Chateauneuf-du-Pape • Tél. 04 90 83 70 11 OU 04.90.83.59.04 • contact@chateaulanerthe.fr • www.chateaulanerthe.fr • Visite : Du 2 mai au 30 septembre : Tous les jours de 10h à 18h. Du 1er octobre au 30 avril : Ouvert du lundi au samedi de 10h à 12h puis 14h à 18h. Fermé les dimanches et jours fériés.

DOMAINE LA RÉMÉJEANNE

Le domaine La Réméjeanne jouit d'une vue imprenable sur le mont Ventoux, niché dans un paysage mi-provençal, mi-cévenol. Géré aujourd'hui par Rémy Klein, d'origine alsacienne, et son fils Olivier revenu au domaine en 2010, l'aventure viticole de cette famille a commencé en 1960, quand ses parents achètent un domaine de 5 hectares sur la Réméjeanne. Ils agrandissent l'exploitation qui compte 35 hectares de vignes, 2 hectares d'oliviers et 0,50 hectare de figuiers. Très exposé au mistral, les conditions sont idéales pour produire du raisin de qualité. Ce domaine est un des secrets les mieux gardés de la rive droite du Rhône et ses vins nous convainquent d'année en année par la justesse et droiture de leurs vins.

- **Côtes du Rhône-Villages Genévriers 2017** | Sec | 2019>23 | 18 € — 16
- **Côtes du Rhône-Villages Les Arbousiers 2017** | Sec | 2019>23 | 10 € — 14,5
- **Côtes du Rhône-Villages Les Églantiers 2016** | Sec | 2019>22 | 18 € — 14,5
- **Côtes du Rhône Les Arbousiers 2018** | Sec | 2018>21 | 10,50 € — 14
- **Côtes du Rhône Les Arbousiers 2016** | Sec | 2019>22 | 10 € — 14

Cadignac, 30200 Sabran • Tél. 04 66 89 44 51 • contact@remejeanne.com • www.remejeanne.com • Visite : du lundi au vendredi de 9h à 12h et de 14h à 18h et le samedi matin sur rendez-vous, en été est ouvert le samedi. Fermé les dimanches et les jours fériés.

CHÂTEAU LA VERRERIE

★★☆☆☆ ♣

Acquise il y a plus d'une vingtaine d'années par la famille Descours, cette magnifique propriété du Luberon produit des vins étonnants de finesse et de pureté. Les 58 hectares, en bordure de Durance, sont plantés principalement en grenache et syrah, exposés plein sud sur des sols argilo-calcaires. Le climat, très chaud en été et marqué dès la fin août par des nuits fraîches, contribue à la maturation du raisin en respectant le fruit. Les vinifications sont conduites par gravité, les vins vieillissent en foudre et se révèlent, depuis plusieurs années, parmi les meilleurs du Luberon. Le Luberon est bien représenté au travers de cuvées très parfumées, à la restitution précise, accessibles rapidement. Grand-deffand rouge prouve l'excellent potentiel de la syrah dans le Luberon.

- **Luberon Château La Verrerie 2018** | Sec | 2019>21 | 11,50 € — 14
- **Luberon Grand Deffand 2017** | Sec | 2019>25 | 33,50 € — 14,5

1810 route du Luberon, 84360 Puget-sur-Durance • Tél. 04 90 08 32 98 • boutique@chateau-la-verrerie.fr • www.chateau-la-verrerie.com • Visite : de septembre à avril, du lundi au vendredi, de 9h30 à 18h30. Le samedi et de 10h à 13h et de 15h à 18h. D'avril à septembre, du lundi au vendredi de 9h30 à 18h30 et les week-ends et jours fériés de 10h à 13h et de 15h à 18h30.

DOMAINE LAFOND ROC-ÉPINE

★★☆☆☆ ♣

Depuis 1780, cette propriété porte au plus haut les valeurs de Tavel. Sur les terroirs des Côtes du Rhône, de Tavel, de Lirac et plus récemment de Châteauneuf-du-Pape, les vignes sont en conversion vers l'agriculture biologique. Les vinifications offrent une lecture claire et très aromatique du fruit tout comme des textures élégantes et sagement extraites. Mention spéciale pour le châteauneuf-du-pape, très confidentiel et qui met en valeur le merveilleux terroir du Pradel, reposant sur une base calcaire.

- **Châteauneuf-du-Pape 2017** | Sec | 2018>23 | NC — 14
- **Châteauneuf-du-Pape 2016** | Sec | 2018>26 | 28,50 € — 14,5
- **Côtes du Rhône 2017** | Sec | 2019>22 | epuisé — 13,5
- **Lirac 2018** | Sec | 2019>21 | 10,50 € — 14
- **Lirac 2016** | Sec | 2019>24 | epuisé — 14,5
- **Lirac La Ferme Romaine 2016** | Sec | 2020>24 | 17,85 € — 14,5

336 route des Vignobles, 30126 Tavel • Tél. 04 66 50 24 59 • lafond@roc-epine.com • www.domaine-lafond.com • Visite : Ouvert du lundi au vendredi de 8h à 12h et de 13h15 à 17h15. Dégustation sur rendez-vous le samedi matin.

MAISON LAVAU

★☆☆☆☆

Cette importante maison de négoce, longtemps désireuse de rester anonyme, vinifie adroitement pour ses nombreux acheteurs et clients. Sous l'influence de la nouvelle génération, elle ne se cache plus, achète des vignes et signe des vins de facture classique, fort recommandables. En dehors d'une prise de participation dans château Maucoil, elle produit un châteauneuf-du-pape de bonne facture en 2016.

- **Châteauneuf-du-Pape 2016** | Sec | 2018>26 | 23 € — 14

585, Route de Cairanne, 84150 Violès • Tél. 04 90 70 98 70 • info@lavau.fr • www.lavau.fr • Visite : Ouvert du lundi au vendredi de 10h à 12h et de 14h à 18h.

LE VIEUX DONJON

★★★☆☆

Le domaine a été créé par le père de Lucien Michel, Marcel Michel, dont les premières mises en bouteille au domaine remontent à 1966. À partir de 1979, Marie-José et Lucien Michel ont géré ce domaine avant de passer la main en 2008 à leur fille Claire Michel-Fabre, rejointe par son frère François en 2012. Si les caves sont installées dans le village de Châteauneuf-du-Pape, ce petit domaine de 17 hectares est situé plutôt dans le nord de l'appellation. Dans un registre profond, floral et très élégant, le Vieux Donjon s'affirme comme l'un des fers de lance du style raffiné et élégant que l'on attend d'une appellation prestigieuse comme Châteauneuf-du-Pape.

- **Châteauneuf-du-Pape 2018** | Sec | 2018>28 | NC — 15,5
- **Châteauneuf-du-Pape 2017** | Sec | 2018>29 | NC — 16
- **Châteauneuf-du-Pape 2016** | Sec | 2018>28 | NC — 17

Route de courthézon - B.P. 66, 84232 Chateauneuf-du-Pape • Tél. 04 90 83 70 03 • vieux-donjon@orange.fr • Visite : Uniquement sur rendez-vous du lundi au vendredi.

LES CAILLOUX - ANDRÉ BRUNEL

★★★☆☆

Les vins d'André Brunel associent toujours générosité, finesse de tannins et fraîcheur. Le blanc, très raffiné, possède une part assez importante de clairette. En rouge, le grenache domine avec une part de mourvèdre. Enfin, la cuvée la-centenaire est composée de très vieilles vignes de grenache plantées sur le plateau de Mont-Redon. Le 2014 est une expression classique du style des vins du plateau de gros galets roulés de Mont-Redon. Le 2015 cuvée centenaire est très réussi, de même que le blanc 2016.

- **Châteauneuf-du-Pape 2016** | Sec | 2018>26 | 32 € — 14,5

2648, chemin de l'oiselay, 84700 Sorgues • Tél. 04 90 83 72 62 • fabrice.brunel@domaine-les-cailloux.fr • www.domaine-les-cailloux.fr • Visite : Uniquement sur rendez-vous.

DOMAINE LES GOUBERT

★★☆☆☆

Figure du cru, Gigondas doit beaucoup à Jean-Pierre Cartier. Depuis les années 1970, grâce à une viticulture consciencieuse, il s'évertue à produire des vins de grand caractère, toujours colorés et riches, portés par une belle matière et symboles de cuvées sudistes modèles d'équilibre. La nouvelle génération, incarnée par la fille Florence, s'inscrit dans la suite logique du domaine, qui s'étend sur plus de 40 parcelles et près de 25 hectares en terrasses et coteaux, L'ensemble présenté cette année montrait une cohérence de style excellente, toutes les cuvées offrant une lecture claire et raffinée du secteur. Dans une approche infusée, peu extraite, les vins sont des modèles du Sud, exempts de chaleur excessive et d'effet boisé inutile. On apprécie particulièrement cette vision exigeante et délicate. À saisir, d'autant que les prix restent extrêmement sages.

- **Beaumes de Venise 2017** | Sec | 2019>23 | 9 € — 15,5
- **Côtes du Rhône 2018** | Sec | 2019>22 | 6,60 € — 14,5
- **Côtes du Rhône-Villages Sablet 2018** | Sec | 2019>21 | 8,20 € — 14
- **Côtes du Rhône-Villages Sablet 2017** | Sec | 2019>23 | 8 € — 15
- **Côtes du Rhône cuvée de V 2017** | Sec | 2019>22 | 13 € — 14,5
- **Gigondas 2016** | Sec | 2019>24 | 15 € — 16
- **Gigondas Florence 2014** | Sec | 2021>28 | 28 € — 16,5

235 chemin des Jardinières , 84190 Gigondas • Tél. 04 90 65 86 38 • jpcartier@lesgoubert.fr • www.lesgoubert.fr • Visite : Ouvert du lundi au vendredi de 9h à 12h et de 14h à 18h. Le week-end et jours fériés sur rendez-vous.

GRANDES SERRES

★☆☆☆☆

Cette maison basée à Châteauneuf-du-Pape a été brillamment reprise par Samuel Montgermont et la famille Picard. S'appuyant sur un vignoble en propre (dont 12 hectares en Châteauneuf) et sur des partenariats avec une trentaine de vignerons, elle réalise des vins très consistants, charnus et expressifs, tous très représentatifs de leurs appellations respectives.

- **Beaumes de Venise Rocca Luna 2016** | Sec | 2019>23 | 9,90 € — 14,5
- **Gigondas La Combe des Marchands 2016** | Sec | 2019>23 | 17,20 € — 14,5
- **Vacqueyras Les Hautes Vacquières 2016** | Sec | 2018>22 | 12,90 € — 13,5

Route des Princes d'Oranges, 84190 Gigondas • Tél. 04 90 83 72 22 • contact@grandesserres.com • Visite : Ouvert du lundi au samedi de 10h à 19h de mars à octobre.

LES HALOS DE JUPITER

★★★☆☆

Philippe Cambie est certainement l'œnologue le plus doué de toute la vallée du Rhône méridionale. En plus de conseiller bon nombre de domaines à Châteauneuf-du-Pape, il s'est associé avec Michel Gassier, propriétaire du château des Nages en Costières de Nîmes et vinifie une gamme très précise de crus sélectionnés chez les meilleurs vignerons, issus de très vieilles vignes sur de petits rendements. L'ensemble de la gamme est hautement recommandable, avec une réussite tout à fait spectaculaire sur les crus Vacqueyras, Gigondas et les côte-du-rhône. Les châteauneuf-du-pape possèdent ce crémeux caractéristique de la maison qui habille une structure imposante mais jamais démonstrative. Un modèle de composition.

- **Châteauneuf-du-Pape 2017** | Sec | 2018>28 | 38 € — 16,5
- **Châteauneuf-du-Pape Adrastée 2017** | Sec | 2018>29 | 49 € — 17
- **Costières de Nîmes 2017** | Sec | 2018>24 | 8,50 € — 14
- **Côtes du Rhône 2017** | Sec | 2018>29 | 10 € — 14,5
- **Gigondas 2017** | Sec | 2018>28 | 21 € — 15,5
- **Vacqueyras 2017** | Sec | 2018>28 | 18 € — 14,5
- **Vin de France 2017** | Sec | 2018>24 | 7,50 € — 13,5

Chemin des Canaux - Chemin des Canaux, 30132 Caissargues • Tél. 04 66 38 44 30 • info@halosdejupiter.com • www.halosdejupiter.com • Visite : Uniquement sur rendez-vous.

LES SEMELLES DE VENT

★☆☆☆☆

Yu Yen et Christophe Galon mènent ce jeune domaine de 12 hectares avec application. Même les étiquettes de chacune de leurs cuvées sont tous les ans illustrées par Christophe. Leurs vins, solides et enracinés, se projettent dans le temps et affirment leur caractère de garde avec assurance et sans concession.

- **Châteauneuf-du-Pape Pur Mourvèdre 2016** | Sec | 2018>24 | 32 € — 15

6 Chemin des Oliviers, 84190 Vacqueyras • Tél. 06 75 74 62 34 • galon.christophe@wanadoo.fr • Visite : Dégustation sur rendez-vous.

DOMAINE LES SIBU

★☆☆☆☆

Riche de ses expériences à la fois chez les grands noms de Gigondas et en Nouvelle Zélande, Loïc, 25ans, jeune vigneron-œnologue du cru, décide de donner une tout autre direction au domaine familial. Après deux millésimes produits chez son ami du domaine de La Roubine, il construit sa cave afin de vinifier la moitié des raisins de son exploitation de 22 hectares, le reste de la production part dans les caves coopératives de la région. Conscient de la tâche colossale à venir, Loïc s'est fixé une feuille de route intelligente qui donne dès à présent de jolis résultats. Les sablets, vins fins au grain soyeux, issus principalement des beaux terroirs de safres, procurent un plaisir immédiat. Les quelques bouteilles de gigondas produites confirment les aptitudes et la bonne direction de ce jeune vigneron. C'est épaulé de l'œnologue-conseil Laurent Philis que Loïc entend gagner en justesse et précision. Un nom à retenir du côté du charmant village de Sablet.

- **Côtes du Rhône-Villages Sablet 2018** | Sec | 2019>23 | 10 € — 14
- **Côtes du Rhône-Villages Sablet 2018** | Sec | 2019>30 | 9,50 € — 16,5
- **Gigondas 2017** | Sec | 2019>28 | 16 € — 15,5

638, chemin de Carpentras, 84110 Sablet • Tél. 06 23 66 88 44 • domainelessibu@outlook.fr • www.domaindessibu.com • Visite : Uniquement sur rendez-vous.

DOMAINE DE LIGNANE

☆☆☆☆☆ ♣

En 2008, Siffrein et Gaëlle Gautier reprennent le domaine de Lignane, certifié bio depuis 2012. Leur volonté de faire progresser cette propriété de 60 hectares est évidente et se confirme avec les vins dégustés cette année.

- **Côtes du Rhône-Villages Rochegude A de Lignane 2015** | Sec | 2019>29 | 16,50 € — 15,5
- **Côtes du Rhône-Villages Rochegude Château de Lignane 2016** | Sec | 2019>27 | 9,90 € — 15

2837, route de Sainte-Cécile, 26790 Suze-la-Rousse • Tél. 06 64 28 95 03 • gaelle@lignane.com • www.lignane.com • Visite : du lundi au vendredi de 8h30 à 18h, sur rendez-vous.

DOMAINE GEORGES LOMBRIÈRE

C'est en 2014 que Marie et Benoît Lombrière ont décidé de reprendre 5,5 hectares de l'ancien domaine des parents de Marie, Marcel et Maryse Georges, à Châteauneuf-du-Pape. Installés sur le lieu-dit Bois de la Vieille, les 4,5 hectares de grenache sont en conversion bio depuis 2017. À noter la présence de Pierre-Jean Villa (Côte Rôtie), qui accompagne le couple de la vigne au chai. La cuvée marie en 2016 est dans un style délicat et fin que nous défendons sur l'appellation.

- **Châteauneuf-du-Pape Cuvée Marie 2016** | Sec | 2018>26 | 38 € — 15

640, route de Bédarrides, 84230 Chateauneuf-du-Pape • Tél. 06 84 55 48 41 • benoit@georges-lombriere.com • www.georges-lombriere.com

DOMAINE DE LONGUE TOQUE

Fleuron de la maison de négoce Gabriel Meffre, le domaine de Longue Toque s'inscrit comme un des incontournables de Gigondas. Placé sous la direction visionnaire d'Étienne Maffre, le domaine dispose de parcelles rigoureusement tenues. Un gros travail de plantation a été mis en place sur des parcelles de haute altitude, essentiellement sur des calcaires. La cuvée hommage-à-gabriel-meffre, produite uniquement lors des grands millésimes, est un modèle de complexité à l'image du millésime 2016.

- **Gigondas Hommage à Gabriel Meffre 2016** | Sec | 2019>31 | 87 € — 15

Gour de Chaulé 344, route de Sablet - Le Village, 84190 Gigondas • Tél. 04 90 12 32 32 • caveaugabrielmeffre@meffre.com • www.gabriel-meffre.fr • Visite : D'Octobre à Avril et week-end de Pâques du mardi au samedi de 10h à 12h30 et de 14h30 à 18h. De Moi à Septembre (dont jours fériés - fermé le 1er mai) du lundi au samedi de 10h-12h30 / 13h30-19h.

DOMAINE MABY

Dans ce domaine historique de Tavel, la famille Maby produit des vins d'une qualité uniforme, toujours honnêtes, agréables et charnus. Dirigé par le dynamique Richard Maby, le domaine ne cesse d'avancer, les vins gagnant en précision chaque année. Les vignobles se situent sur les communes de Tavel, le plateau de Lirac et dans les Côtes du Rhône limitrophes. Des prix raisonnables et la qualité régulière des vins font de ce domaine une valeur sûre sur le marché actuel et ce, dans les trois couleurs.

- **Côtes du Rhône Variations 2017** | Sec | 2019>24 | 7,70 € — 13,5
- **Lirac Bel Canto 2017** | Sec | 2019>25 | 23,80 € — 14
- **Lirac Casta Diva 2018** | Sec | 2019>25 | 17,70 € — 15
- **Lirac Nessun Dorma 2017** | Sec | 2021>27 | 17,70 € — 15
- **Tavel La Forcadière 2018** | Sec | 2019>23 | 9,80 € — 14,5
- **Tavel Libiamo 2017** | Sec | 2019>24 | 17,70 € — 16
- **Tavel Prima Donna 2018** | Sec | 2019>24 | 11 € — 14

249, rue Saint-Vincent - B.P. 8, 30126 Tavel • Tél. 04 66 50 03 40 • domaine-maby@wanadoo.fr • www.domainemaby.fr • Visite : du lundi au vendredi de 8h à 12h et de 13h30 à 17h30. Le week-end sur rendez-vous. Le week-ends sur rendez-vous.

CHÂTEAU MALIJAY

Les origines de ce château remontent au XIe siècle mais sa version actuelle date du XVIIIe. Les premières traces avérées de viticulture ont été documentées à partir de 1562. Après une longue et mouvementée histoire, le domaine est acquis en 2007 par la famille Deltin. Depuis, le vignoble de 122 hectares et la cave sont restructurés au fur et à mesure afin de donner à cette belle propriété son lustre d'antan.

■ **Côtes du Rhône-Villages Plan de Dieu Opus de Malijay 2016** | Sec | 2019>27 | 11,90 € — 16

1511, chemin des Plumes, 84150 Jonquières • Tél. 04 90 70 33 44 • contact@chateaumalijay.com • www.chateaumalijay.com • Visite : Ouvert du lundi au vendredi de 9h à 13h et de 14h à 18h, le week-end sur rendez-vous.

DOMAINE MALMONT

Le domaine de 5 hectares, né officiellement en 2013, est mené avec brio par Nicolas Haeni. D'origine suisse, c'est sans doute en pensant aux paysages viticoles de son pays natal qu'il décide en 2005 de défricher un flanc de montagne sur les hauteurs de Séguret, pour y implanter son vignoble tout en terrasses à plus de 300 mètres d'altitude. Conseillé par un spécialiste du terrassement du Priorat, la technique employée a préservé le terroir, et tout a été étudié pour l'épanouissement de la vigne. La conduite du vignoble en bio, plus la vinification en levures indigènes dans un chai de poupée, visent l'excellence. Le résultat se reflète dans le verre, avec des vins délicats. Les 2017 dégustés auraient toutefois mérité un peu plus de précision.

■ **Côtes du Rhône 2017** | Sec | 2019>25 | 12 € — 13,5
■ **Côtes du Rhône-Villages Séguret 2017** | Sec | 2019>28 | 17 € — 15

585, route de Vaison, 84110 Sablet • Tél. 06 22 82 55 04 • info@malmont.fr • www.malmont.fr • Visite : Uniquement sur rendez-vous.

DOMAINE DES MARAVILHAS

Ici la biodynamie règne en maître et l'esprit de la famille Bistagne est enclin à produire des vins portant très haut l'expression des appellations produites. Le domaine est né en 2014 et affiche déjà de très belles réussites, aussi confidentielles soient-elles, grâce à l'aide de Frédéric Duseigneur. À la vigne, la reprise de vieilles parcelles, sur des galets roulés et des argiles, permet l'obtention de jus longs et savoureux.

5, impasse du Château d'Eau, 30126 Saint-Laurent des Arbres • Tél. 04 66 79 98 11 • info@domainedesmaravilhas.com • www.domainedesmaravilhas.com • Visite : Du lundi au vendredi de 8h à 17h sur rendez-vous.

DOMAINE DE MARCOUX

Les sœurs Armenier font partie des références châteauneuvoises. Grandes dames de la vigne, elles travaillent sous l'égide de la biodynamie et prodiguent un soin rare et attentif aux vignes. Leur gamme se décline en quatre cuvées : un côtes-du-rhône tout en fraîcheur, un blanc puissant et deux cuvées rouges de grande concentration, non sans raffinement. La cuvée vieilles-vignes, en particulier, est remarquable de puissance et d'équilibre. Domaine très recommandable.

■ **Châteauneuf-du-Pape 2016** | Sec | 2018>38 | 41 € — 16,5
■ **Châteauneuf-du-Pape Vieilles Vignes 2016** | Sec | 2020>35 | 100 € — 17,5

198, chemin de la Gironde, 84100 Orange • Tél. 04 90 34 67 43 • info@domaine-marcoux.com • www.domainedemarcoux.com • Visite : Sur rendez-vous.

MARTINELLE

Corinna Faravel est l'une des vigneronnes les plus dynamiques de sa génération. Après un passage chez Dr. Bürklin-Wolf, en Palatinat, mais également chez Marcel Richaud, elle a créé ce domaine artisanal en 2001, constitué de petits vignobles et de parcelles morcelées. Les vins se partagent entre le Ventoux et Beaumes-de-Venise avec comme dénominateurs communs une pureté de fruit et des tannins civilisés. Un talent à découvrir sans attendre.

■ **Beaumes de Venise 2017** | Sec | 2019>30 | 16 € — 14

La Font Valet, 84190 Lafare • Tél. 04 90 65 05 56 ou 06 23 12 58 14 • info@martinelle.com • www.martinelle.com • Visite : Uniquement sur rendez-vous.

DOMAINE DE MASLAURIS

Situé entre la Durance et le massif du Luberon, ce magnifique domaine de 10 hectares d'un seul tenant a fait l'objet d'un arrachage et d'une replantation intégrale avec les meilleures sélections massales des cépages locaux. Conduit en agriculture biologique et conseillé par Michel Tardieu, le MasLauris produit des vins purs et d'une grande fraîcheur avec de la sève, du fruit et des tannins domptés de main de maître pour ce qui concerne les rouges. Les vins sont en AOP ou en IGP selon les cépages retenus. L'inopiné rouge, issu à 100 % de serine, montre tout le potentiel de ce cépage et des terroirs où il a été implanté.

- **Luberon L'Inopiné 2018** | Sec | 2019>21 | 14 € — 14
- **Luberon Les Terres de MasLauris 2018** | Sec | 2019>20 | 9 € — 14
- **IGP du Vaucluse L'Inopiné 2017** | Sec | 2019>23 | 16 € — 14,5
- **IGP du Vaucluse Les Grès 2017** | Sec | 2019>25 | 30 € — 15,5

Quartier des Grès, 84360 Lauris • Tél. 06 79 80 03 35 • aurelien.le.tellier@maslauris.fr • www.maslauris.fr • Visite : Ouvert du lundi au vendredi 8h à 12h et de 13h30 18h. Visite possible sur rendez-vous

DOMAINE JULIEN MASQUIN

Les vignes sont idéalement placées, sur les sables de Pignan et Rayas, avec des côtes-du-rhône jouxtant cette zone ô combien prestigieuse de Châteauneuf. Il ne restait plus qu'à Julien Masquin de construire un chai à la hauteur du vignoble. C'est chose faite, au chemin des Sourcières ! Les vins sont prometteurs et d'une précision chirurgicale, à l'image du vigneron. Nous attendons les futurs millésimes avec impatience !

- **Châteauneuf-du-Pape Memora 2016** | Sec | 2018>28 | 22 € — 15
- **Châteauneuf-du-Pape Montplaisir 2017** | Sec | 2018>22 | 28 € — 14
- **Côtes du Rhône 2016** | Sec | 2018>28 | 10 € — 14

582 chemin des sourcières, 84350 Courthezon • Tél. 06 22 92 01 07 • julien@domainemasquin.com • www.domainemasquin.com • Visite : uniquement sur rendez-vous.

DOMAINE ANDRÉ MATHIEU

Ce domaine est une adresse historique de Châteauneuf puisque les propriétaires actuels sont les descendants du fameux poète félibre Anselme Mathieu, ami de Frédéric Mistral. Aujourd'hui il semble qu'il soit divisé en deux parties, André Mathieu signant la cuvée-des-félibres et le domaine Mathieu proprement dit la célèbre et excellente cuvée marquis-anselme-mathieu. La cuvée la-centenaire a retenu notre attention en 2016.

- **Châteauneuf-du-Pape La Centenaire 2016** | Sec | 2018>26 | 31 € — 15

3 bis, route de Courthézon, 84230 Chateauneuf-du-Pape • Tél. 04 90 83 72 09 • contact@domaine-andre-mathieu.com • www.domaine-andre-mathieu.com • Visite : Ouvert du lundi au samedi de 9h à 12h et de 13h30 à 18h. Ouvert les jours fériés. Fermé le week-end en hiver.

CHÂTEAU MAUCOIL

L'association entre la famille propriétaire et la maison Lavau offre les moyens d'exploiter pleinement ce terroir proche de Mont-Redon. L'ensemble des vins est de bonne facture, avec tout de même des élevages assez marqués sur les derniers millésimes.

- **Châteauneuf-du-Pape 2016** | Sec | 2018>26 | 25,50 € — 14
- **Châteauneuf-du-Pape L'Esprit 2016** | Sec | 2018>23 | 66 € — 14
- **Châteauneuf-du-Pape Privilège 2016** | Sec | 2018>25 | 39 € — 14

Chemin de Maucoil, 84100 Orange • Tél. 04 90 34 14 86 • contact@maucoil.com • www.maucoil.com • Visite : d'octobre à mars, du lundi au vendredi de 9h à 16h30. Fermé au mois de janvier. Du 15 juin au 15 septembre ouvert le lundi, mardi, jeudi, vendredi, samedi et dimanche de 9h à 18h30. Le reste de l'année, ouvert le lundi, mardi, jeudi, vendredi et samedi de 9h à 18h30.

VIGNOBLES MAYARD

Cette entité familiale regroupe plus de 40 hectares répartis sur de nombreuses parcelles de Châteauneuf : les principales sont situées au sud de l'appellation et sur le plateau de la Crau, d'où est logiquement issue la cuvée la-crau-de-ma-mère. Ce sont des châteauneufs traditionnels, de plus en plus précis dans les derniers millésimes. Les 2016 tiennent leur rang et ont besoin de temps.

- **Châteauneuf-du-Pape La Crau de ma Mère 2016** | Sec | 2018>24 | 41 € **14,5**
- **Châteauneuf-du-Pape Père Pape 2016** | Sec | 2018>24 | 33 € **14,5**

24, avenue Baron-Le-Roy - B.P. 16, 84230 Chateauneuf-du-Pape • Tél. 04 90 83 70 16 • contact@vignobles-mayard.fr • www.vignobles-mayard.fr • Visite : du 1er avril au 31 octobre du lundi au samedi de 10h à 12h et de 14h à 18h et dimanche sur rendez-vous, et le reste de l'année du lundi au vendredi. Sur rendez-vous le week-end.

CLOS DU MONT-OLIVET

★★★★☆

Diverses sources rapportent qu'en 1547 un acte passé devant notaire portait sur une parcelle de vigne se trouvant « ad montem oliveti » mais ce n'est qu'au début du XXe siècle que l'histoire de la famille Sabon et de ce lieu-dit vont être liés. Crée par Séraphin Sabon en 1932, le domaine passe ensuite dans les mains de Joseph, le fils aîné de Séraphin. Aujourd'hui c'est Céline, David et Thierry Sabon, les petits-enfants de Joseph, qui le gèrent. Le vignoble de 21 hectares bénéficie d'une viticulture d'excellence et d'une belle variété de sols et de sous-sols qui donnent finesse et tendresse aux vins mais aussi un remarquable développement aromatique au vieillissement, en témoignent les 2005 et 2007 récemment dégustés. En cave, la pratique de l'assemblage apporte une complexité supérieure à la plupart des autres châteauneufs. Le vin blanc a beaucoup progressé ces dernières années et fait admirer son naturel et sa pureté. 2014, 2015 et 2016 sont des modèles d'élégance et de finesse aromatique. Leur texture soyeuse fait oublier leur grande puissance tandis que leur fraîcheur offre des équilibres que nous aimerions rencontrer plus souvent dans l'appellation. Un travail à contre-courant des châteauneufs démonstratifs et chaleureux, malheureusement encore nombreux, et des cuvées parcellaires qui le plus souvent n'ont d'unique que leur nom. Sans conteste un domaine de référence pour l'amateur et pour toute l'appellation.

- **Châteauneuf-du-Pape 2018** | Sec | 2018>25 | 27 € **16,5**
- **Châteauneuf-du-Pape Clos du Mont-Olivet 2017** | Sec | 2025>35 | 27 € **17,5**
- **Châteauneuf-du-Pape cuvée du Papet 2016** | Sec | 2026>46 | 48 € **19**
- **Côtes du Rhône 2018** | Sec | 2018>22 | 11 € **15**
- **Côtes du Rhône Vieilles vignes 2017** | Sec | 2021>25 | 10 € **15**
- **Lirac 2018** | Sec | 2018>20 | 12,50 € **14,5**
- **Lirac 2017** | Sec | 2018>28 | 15 € **15,5**
- **IGP du Gard Confluence 2017** | Sec | 2018>23 | 13 € **15,5**
- **IGP du Gard Rive Droite 2017** | Sec | 2018>23 | 6,50 € **14**

3, chemin du Bois-de-la-Ville, 84230 Chateauneuf-du-Pape • Tél. 04 90 83 72 46 • contact@clos-montolivet.com • www.clos-montolivet.com • Visite : Ouvert du lundi au vendredi de 9h à 12h et de 14h à 18h. Le samedi sur rendez-vous.

CHÂTEAU MONT-REDON

★★☆☆☆

Mont-Redon est une très vaste propriété d'une centaine d'hectares de vignes en Châteauneuf (sur un total de 150 hectares plantés), occupant une bonne partie du plateau de galets roulés qui porte le nom du domaine mais aussi une partie plantée face au domaine. Une toute nouvelle cuverie, aux équipements dernier cri, garantit de belles promesses d'avenir. En châteauneuf rouge, un seul vin reflète à lui seul les terroirs et le style de mont-redon. Sans jamais apparaître comme l'un des vins les plus spectaculaires de l'appellation, le cru vieillit fort bien et impose sa tranquille plénitude. La famille produit également des blancs de qualité, de nombreux côtes-du-rhône et possède aussi une propriété à Lirac.

- **Châteauneuf-du-Pape 2017** | Sec | 2017>26 | 26,90 € **14**
- **Châteauneuf-du-Pape 2016** | Sec | 2017>24 | 31 € **14**

Chemin de Maucoil, 84230 Chateauneuf-du-Pape • Tél. 04 90 83 72 75 • contact@chateaumontredon.fr • www.chateaumontredon.com • Visite : sur rendez-vous pour les visites de groupe. De 8h à 19h le lundi, mardi, jeudi et vendredi. De 8h à 18h le mercredi. Ouvert également le week-end et les jours fériés de 10 à 19h. En hiver fermé à 17h le week end.

DOMAINE DU MONT-THABOR

Voici une toute petite propriété artisanale mais soignant magnifiquement son côtes-du rhône comme ses quatre hectares de Châteauneuf. Daniel Stehlin, hors de toute mode, sait transmettre dans son vin la finesse aromatique native de ses grenaches et mourvèdres, et met en bouteille un châteauneuf des plus séduisants.

Châteauneuf-du-Pape 2016 | Sec | 2018>25 | 22 €	15

16 RD 907, 84370 Bedarrides • Tél. 04 90 33 16 21 • daniel@chateaumontthabor.com • www.chateaumontthabor.com • Visite : Uniquement sur rendez-vous.

DOMAINE DE MONTINE

Depuis quatre générations, ce domaine s'agrandit petit à petit. Aujourd'hui, il possède 78 hectares principalement dans la Drôme provençale, aux alentours de Grignan et Vinsobres. Très réguliers dans leur qualité, les vins offrent de belles expressions de leurs terroirs, grâce à des élevages en barrique maîtrisés. Les vins de l'appellation Grignan-les-Adhémar sont parmi les meilleurs exemples de la région. Notons la belle homogénéité des échantillons dégustés sur les millésimes 2017 et 2018.

Grignan-les-Adhémar Gourmandises 2018 | Sec | 2019>21 | 8 €	14
Grignan-les-Adhémar Secret de Terroir 2017 | Sec | 2018>24 | 8 €	13
Grignan-les-Adhémar viognier 2018 | Sec | 2019>20 | 10 €	12,5
Vinsobres 2016 | Sec | 2019>25 | 12 €	15,5

Hameau de la Grande Tuilière, 26230 Grignan • Tél. 04 75 46 54 21 • contact@domainedemontine.fr • www.domaine-de-montine.com • Visite : Ouvert tous les jours de 9h à 12h et de 14h à 19h.

MONTIRIUS

L'accueil se fait aux notes harmonieuses des cloches à vent. Très vite, Christine donne le ton : « Chaque humain a son rôle à jouer pour apporter un peu de soin là où on est, dans cette nature qui n'attend qu'une chose, c'est qu'on prenne soin d'elle et qu'on la regarde ». Elle la maman, visionnaire imprégnée de convictions, son époux Éric découvreur de terroirs et leurs deux jeunes filles Manon et Justine harmonisent l'écurie familiale qui entend mener le domaine dans le respect du vivant, des rythmes et de leurs terres. Avant-gardistes, ils ont fait le choix de la biodynamie depuis plus de 25 ans et les magnifiques blancs dégustés sur plusieurs millésimes confirment la pertinence de cette orientation, les vins sont frais et remplis d'énergie. Les rouges de Gigondas et Vacqueyras ne sont pas en reste, tout en pureté et finesse sans influence du bois, les élevages se font en bouteille, mettant en lumière cépages et terroirs. Petite indiscrétion, il y a de vieux millésimes à chiner chez vos cavistes ! Un domaine assurément en lice pour l'accession à la cinquième étoile.

Côtes du Rhône Jardin Secret 2016 | Sec | 2019>29 | 16,29 €	16
Côtes du Rhône La Muse Papilles 2018 | Sec | 2019>24 | 12,79 €	14,5
Côtes du Rhône serine 2015 | Sec | 2019>29 | 16,29 €	14,5
Gigondas Confidentiel 2015 | Sec | 2019>37 | 40,39 €	17,5
Gigondas Terre des Aînés 2016 | Sec | 2019>33 | 24,89 €	17
Vacqueyras Le Clos 2016 | Sec | 2019>35 | 30,69 €	16,5
Vacqueyras Minéral 2018 | Sec | 2019>27 | 25,29 €	16,5
Vacqueyras Minéral 2014 | Sec | 2019>24 | 31,69 €	16

1536 route de sainte Edwige, 84260 Sarrians • Tél. 04 90 65 38 28 • saurel@montirius.com • www.montirius.com • Visite : Uniquement rendez-vous

DOMAINE DE MONTVAC

Cécile Dusserre mène avec brio un vignoble à la rigoureuse conduite de vignes. Depuis quelques millésimes déjà, elle montrait une grande maturité et une finesse d'analyse au niveau de ses vinifications et élevages. Même si tout se fait à la vigne, c'est réellement en cave que Cécile a su faire des choix décisifs : plus d'infusion et moins d'extraction, des boisés judicieux comme des élevages adaptés donnent des vins de grand caractère faisant enfin ressortir la race tant attendue du vacqueyras ! Voilà une de ses meilleures représentantes.

Vacqueyras Complicité 2017 | Sec | 2019>24 | 30 € 14,5

900 route de Vaison, 84190 Vacqueyras • Tél. 04 90 65 85 51 • dusserre@domainedemontvac.fr • www.domainedemontvac.fr • Visite : Ouvert du lundi au samedi de 9h à 12h et de 14h à 18h.

DOMAINE DE LA MORDORÉE

★★★☆☆ ♣

Créé en 1986 par Francis Delorme, un industriel passionné de vin et de chasse (la mordorée est le surnom de la bécasse), le domaine, basé à Tavel, est aujourd'hui géré par ses fils. L'année 2015 a malheureusement vu le décès bien trop précoce de Christophe qui avait tant fait pour son succès international. Le domaine offre des vins pleins d'expression, sur les plus beaux crus du Vaucluse et du Gard. Ici règne la philosophie vigneronne, où tout est mis en œuvre dans un profond respect des terroirs, avec la volonté de produire des vins dignes de leur potentiel. Fabrice, le frère de Christophe, aidé de sa nièce, compte continuer dans le même esprit. On navigue au gré de vins blancs salins et charnus et de rouges pulpeux et profonds, avec un équilibre juste. Une valeur sûre.

Châteauneuf-du-Pape La Reine des Bois 2016 | Sec | 2018>24 | 45 € 15

250 Chemin des Oliviers, 30126 Tavel • Tél. 04 66 50 00 75 • info@domaine-mordoree.com • www.domaine-mordoree.com • Visite : Ouvert du lundi au vendredi de 8h à 12h et de 13h30 à 18h30. Le samedi et jour fériés de 9h30 à 17h30.

CHÂTEAU MOURGUES DU GRÈS

★★★☆☆ ♣

Véritable pionnier du renouveau qualitatif de l'appellation, ce domaine dispose de terroirs variés dont il joue pour faire des assemblages équilibrés entre finesse et structure. D'un très haut niveau qualitatif, les vins ne cessent de progresser. En été, François et Anne Collard proposent des circuits pédestres et VTT autour de la propriété avec découverte de leur terroir, de la flore et la faune de la région. Ça mérite le détour ! Domaine d'excellence disposant de quelques parcelles exceptionnelles de vieilles vignes, qui produisent des vins réguliers et discrets qui nous convainquent tous les ans.

Costières de Nîmes Les Capitelles 2017 | Sec | 2019>22 | 12 € 14,5
Costières de Nîmes Les Capitelles 2016 | Sec | 2019>28 | 16 € 15
Costières de Nîmes Les Galets Dorés 2018 | Sec | 2019>22 | 8 € 13,5
Costières de Nîmes Terre d'Argence 2016 | Sec | 2019>24 | 12 € 14
IGP des Coteaux-du-Pont-du-Gard Fleur d'Aubépine 2018 | Sec | 2019>23 | 7,50 € 14,5
IGP du Pont du Gard Terre d'Argence 2017 | Sec | 2019>25 | 12 € 14,5

1055 chemin Mourgues du Gres - D 38, 30300 Beaucaire • Tél. 04 66 59 46 10 • chateau@mourguesdugres.com • www.mourguesdugres.com • Visite : Ouvert toute l'année du lundi au vendredi de 9h à 12h et de 14h à 18h et le samedi de 10h à 12h30 et de 13h30 à 17h30. Jours fériés sur rendez-vous.

CHÂTEAU DE NAGES

★★★☆☆ ♣

Le château de Nages, qui fait partie des vignobles Michel Gassier, s'étend sur 70 hectares, sur la commune de Caissargues, au sud de Nîmes. Le terroir est composé de grès et des fameux cailloux de la vallée du Rhône appelés galets roulés. Depuis le millésime 2006, Philippe Cambie intervient comme consultant, le style s'est alors affirmé en régularité et en exactitude. Les vins sont précis, généreux et très élégants. La régularité de qualité dans les cuvées est impressionnante. Cette année la nouvelle cuvée vox nous a laissé sans voix.

Costières de Nîmes JT 2017 | Sec | 2019>23 | 18,90 € 14,5
Costières de Nîmes JT 2016 | Sec | 2019>28 | 18,90 € 15,5
Costières de Nîmes Vieilles Vignes 2017 | Sec | 2019>23 | 12,70 € 14
Costières de Nîmes Vieilles Vignes 2016 | Sec | 2019>25 | 12,70 € 15
Costières de Nîmes VOX 2016 | Sec | 2021>30 | 55 € 17
Vin de France Liberty NM | Sec | 2019>21 | 7,90 € 14

Chemin des Canaux, 30132 Caissargues • Tél. 04 66 38 44 30 • info@chateaudenages.com • www.chateaudenages.com • Visite : du lundi au samedi de 10h à 12h et de 14h à 18h.

DOMAINE DE NALYS

★★☆☆☆

Cette belle propriété historique, pionnière dans les années 1960, sous la direction du fameux docteur Dufaÿs, de la modernisation des vinifications dans les deux couleurs et parfois aussi hélas de la banalisation de leur caractère, revient progressivement à un classicisme de style attendu des amateurs. Devenu la propriété de la maison Guigal depuis 2017, le domaine a déjà repris des couleurs, sous l'impulsion de Philippe Guigal et son épouse, responsables des 2016 à partir des assemblages seulement. Les vins sont désormais moins ternes, plus lumineux, et annonciateurs d'une précision qui s'affiche avec éclat dans l'élégant 2017, vinifié cette fois-ci intégralement par Guigal. La gamme se compose désormais de deux cuvées, saintes-pierres-de-nalys et château-de-nalys dans un style suave et structuré, qui fait écho aux terres qui entourent le domaine.

- **Châteauneuf-du-Pape Grand Vin 2017** | Sec | 2018>24 | 50 € — 16
- **Châteauneuf-du-Pape Grand Vin 2017** | Sec | 2018>28 | NC — 16,5
- **Châteauneuf-du-Pape Saintes Pierres 2017** | Sec | 2018>28 | NC — 15,5
- **Châteauneuf-du-Pape Saintes Pierres 2016** | Sec | 2019>25 | 28 € — 14,5
- **Châteauneuf-du-Pape Saintes-Pierres 2017** | Sec | 2018>22 | 28 € — 15

Route de Courthézon , 84230 Chateauneuf-du-Pape • Tél. 04 90 83 72 52 • contact@nalys.com • www.nalys.com • Visite : Du lundi au vendredi de 9h à 12h30 et de 13h30 à 18h. Le samedi de 10h30 à 13h et de 13h30 à 18h. Fermé dimanche et jours fériés. Samedi du 1er avril au 30 septembre. L'hiver ferme à 17h.

DOMAINE DE L'ODYLÉE

★☆☆☆☆

Le domaine de l'Odylée est situé au bord de la plaine du Plan de Dieu, sur un sol balayé par le mistral et constitué de graviers limono-argileux et de galets roulés. Les galets emmagasinent la chaleur durant la journée et donnent des vins onctueux et puissants, à base de grenache, syrah et carignan. Le premier millésime du domaine est 2016 et nous saluons cette réussite immédiate. Les échantillons du nouveau millésime ne nous sont malheureusement pas parvenus.

- **Côtes du Rhône La Fougueuse 2018** | Sec | 2019>20 | 9,50 € — 13,5
- **Côtes du Rhône La Généreuse 2017** | Sec | 2019>25 | 13 € — 14,5
- **Côtes du Rhône La Talentueuse 2017** | Sec | 2019>22 | 16,00 € — 14,5

1542, route du Plan de Dieu, 84150 Violès • Tél. 06 80 21 55 21 • odilecouvert@lodylee.com ou domaine@lodylee.com • www.lodylee.com • Visite : Ouvert du 1er juillet au 30 septembre de 10h à 12h puis 16h à 20h, du 1er octobre au 30 juin sur rendez vous.

MAISON OGIER

★★★☆☆

Cette vénérable maison créée en 1859 par Antoine Ogier n'a cessé d'investir pour se maintenir bon an mal an au rang qu'impose sa cuvée emblématique le-clos-de-l'oratoire-des-papes dont le vignoble a été repris en 2000. Après Jean-Pierre Durand, arrivé en 1995, qui a engagé le vignoble Ogier en viticulture durable, c'est au tour du sympathique et brillant François Miquel de diriger la maison. La dernière nouveauté est la création d'un site de vinification et d'accueil œnotouristique de premier ordre pour la propriété phare de la maison à Châteauneuf-du-Pape, dans l'ancien prieuré du XVIIe siècle, près de l'étang salé. Ce cru, dont les derniers millésimes offrent une régularité digne d'éloges, devrait encore progresser !

- **Châteauneuf-du-Pape Clos de l'Oratoire des Papes 2017** | Sec | 2017>27 | 40 € — 16
- **Châteauneuf-du-Pape Clos de l'Oratoire des Papes 2017** | Sec | 2018>24 | NC — 16
- **Châteauneuf-du-Pape Clos de l'Oratoire des Papes Les Chorégies 2016** | Sec | 2018>30 | NC — 16,5
- **Saint-Joseph Baligant 2017** | Sec | 2019>25 | NC — 14,5

10, avenue Louis-Pasteur, 84230 Chateauneuf-du-Pape • Tél. 04 90 39 32 41 • boutique@ogier.fr • www.ogier.fr • Visite : Du lundi au samedi de 9h30 à 12h et de 14h à 18h30.

L'OR DE LINE

★★★☆☆ ♣

Issu de la division du domaine Saint-Benoît, Or de Line est un ensemble de vignes réparties sur différents terroirs, comme Palestor ou Bois-Dauphin, avec un encépagement très varié, comprenant même un nombre de pieds non négligeable de picardans blancs. Gérard Jacumin, ingénieur de formation et brillant agronome, le cultive en bio, et vinifie avec l'aide de sa fille Laureline des châteauneufs aux proportions joliment dessinées. Il n'est pas nécessaire d'aller chercher les grands millésimes, jusqu'à preuve du contraire l'élégance ne dépend pas du climat ! En témoigne l'excellent 2014, très raffiné, et le plus récent 2018 au charme irrésistible.

- **Châteauneuf-du-Pape 2018** | Sec | 2018>28 | 26 € — **14,5**
- **Châteauneuf-du-Pape 2018** | Sec | 2018>28 | 26 € — **15**
- **Châteauneuf-du-Pape Paule Courtil 2018** | Sec | 2018>28 | 39 € — **15,5**

route de Sorgues, 84230 Chateauneuf-du-Pape • Tél. 04 90 83 74 03 • lordeline@free.fr • www.chateauneufbio.com • Visite : Uniquement sur rendez-vous.

DOMAINE D'OURÉA

Personnalité engagée et de grand caractère, Adrien Roustan fait partie des nouveaux talents de Gigondas. Ses quelques parcelles se retrouvent sur le terroir des Hautes Garrigues, à Vacqueyras, et dans les dentelles de Montmirail, à Gigondas. Ici, le choix est fait : on boise peu mais élégamment, nous ne pouvons que lui donner raison !

- **Vacqueyras 2017** | Sec | 2019>26 | 17,50 € — **14,5**

470, chemin de fontbonne, 84190 Vacqueyras • Tél. 06 76 71 32 44 • info@domainedourea.fr • www.domainedourea.fr • Visite : Visite et dégustation sur rendez-vous.

CLOS DES PAPES

Le clos des Papes, qui s'appuie malgré son nom sur 23 autres parcelles situées dans pratiquement tous les terroirs (mais avec tout de même sept hectares sur la Crau), est l'une des grandes références de Châteauneuf : on ne trouve pratiquement pas un millésime faible, ici, depuis vingt ans. Les Avril, aujourd'hui représentés par le jovial Vincent, n'ont pas succombé à la mode des cuvées spéciales, aussi leur vin, assemblage de toutes les parcelles et de tous les cépages, brille par sa plénitude. Le blanc n'est pas négligeable, ni en quantité (un dixième des surfaces plantées) ni en qualité, lui aussi tout en équilibre et en fraîcheur, résultat d'un assemblage de six cépages à proportions égales, et remarquable au vieillissement. Ne manquez pas le petit-vin-d'avril, délicieux rouge de table, d'un fruité irrésistible, issu de vignes jeunes ou déclassées. Tous les millésimes présentés ici sont de magnifiques réussites. Une adresse au sommet.

- **Châteauneuf-du-Pape 2017** | Sec | 2018>33 | 65 € — **18,5**
- **Châteauneuf-du-Pape 2017** | Sec | 2018>27 | epuisé — **17**
- **Châteauneuf-du-Pape 2016** | Sec | 2018>46 | 68 € — **19**
- **Châteauneuf-du-Pape 2005** | Sec | 2018>36 | epuisé — **20**
- **Châteauneuf-du-Pape 2002** | Sec | 2018>22 | epuisé — **17**

13, avenue Pierre-de-Luxembourg - B.P. 8, 84231 Chateauneuf-du-Pape • Tél. 04 90 83 70 13 • clos-des-papes@clos-des-papes.com • www.clos-des-papes.com • Visite : Ouvert du lundi au vendredi de 8h à 11h et de 14h00 à 17h. Pas de visite de cave ni de dégustation.

DOMAINE DU PEGAU

Laurence Féraud et son père ont fait de cette propriété de Châteauneuf-du-Pape l'une des gloires de l'appellation. Longtemps puissants mais parfois rustiques, les vins ont bénéficié d'une inflexion vers plus de fraîcheur et d'équilibre. Les côtes-du-rhône présentés sont de beaux vins gourmands et longs. La propriété vient de s'agrandir par l'achat d'un très beau vignoble en Côtes du Rhône.

- **Châteauneuf-du-Pape Da Capo 2016** | Sec | 2018>40 | 260 € — **16**
- **Châteauneuf-du-Pape Réservée 2016** | Sec | 2018>25 | 55 € — **15**

15, avenue Impériale, 84230 Chateauneuf-du-Pape • Tél. 04 90 83 72 70 • pegau@pegau.com • www.pegau.com • Visite : en été: du mardi au dimanche de 10h à 18h. En hiver: du jeudi au dimanche de 10h à 18h.

CHATEAU PESQUIÉ

Cette adresse familiale depuis trois générations produit sur quelque 70 hectares une large gamme de vins structurés, dans un style moderne et ambitieux, qui les placent parmi les incontournables du Ventoux. Aujourd'hui géré par Frédéric et Alexandre Chaudière, le vignoble compte neuf cépages déclinés sur des coteaux de graves argilo-calcaires, à 300 mètres d'altitude. Les vins sont vinifiés avec tact, même si on note un passage en barrique ou en foudre quelquefois affirmé sur les cuvées du haut de la gamme, les entrées constituant de bons rapports prix-plaisir.

- **Ventoux Artemia 2017** | Sec | 2020>26 | 29 € — 15,5
- **Ventoux Ascensio 2017** | Sec | 2021>30 | 60 € — 16,5
- **Ventoux Quintessence 2017** | Sec | 2019>23 | 18,50 € — 15
- **Ventoux Silica 2017** | Sec | 2019>23 | 29 € — 15
- **Ventoux Terrasses 2017** | Sec | 2019>23 | 10,50 € — 13,5
- **Ventoux Terrasses 2017** | Sec | 2019>21 | 10,50 € — 14

1365b, Route de Flassan - B.P. 6, 84570 Mormoiron • Tél. 04 90 61 94 08 • contact@chateaupesquie.com • www.chateaupesquie.com • Visite : Ouvert du lundi au samedi de 10h à 12h et de 14h à 18h. De Pâques à septembre, du lundi au dimanche de 10h à 12h et de 14h à 18h.

DOMAINE DE PIAUGIER

★★☆☆☆

Ce domaine de 30 d'hectares éparpillé sur une soixantaine de parcelles s'impose sans conteste comme l'une des valeurs les plus sûres des terroirs de Sablet, Gigondas et Côtes du Rhône. Dans son chai bien doté, Jean-Marc Autran maîtrise parfaitement les vinifications, il privilégie les élevages en bois (fût et demi-muids), donnant aux blancs, un peu marqués parfois, une belle densité. La grande réussite du gigondas 2017 et le gracieux sablet rouge 2016 montrent le joli doigté de la maison. Nous nous réjouissons de l'arrivée progressive de la jeune génération suivante qui assurément apportera une vision plus moderne tout en pérennisant le savoir-faire familial.

- **Côtes du Rhône-Villages Sablet Briguières 2016** | Sec | 2020>30 | 13,20 € — 15,5
- **Gigondas Piaugier 2017** | Sec | 2019>28 | 18,90 € — 16,5

75 route de Carpentras, 84110 Sablet • Tél. 04 90 46 96 49 • piaugier@yahoo.fr • www.piaugier.fr • Visite : Ouvert du lundi au vendredi de 8h à 12h et de 14h à 18h. Samedi sur rendez-vous.

DOMAINE DE PIGNAN

★☆☆☆☆

Frédéric Charvin a reconstitué ce petit domaine situé pour partie dans le secteur de Pignan, célèbre pour son terroir de sables anciens, le safre, où se situe le vignoble de Rayas. La vinification est traditionnelle et identique pour les deux cuvées. La cuvée spéciale coralie-et-floriane est majoritairement issue de très vieilles vignes de grenache.

- **Châteauneuf-du-Pape Coralie et Floriane 2016** | Sec | 2018>24 | 38 € — 14,5
- **Châteauneuf-du-Pape Tradition 2016** | Sec | 2018>26 | 26 € — 14

17, avenue des Bosquets, 84230 Chateauneuf-du-Pape • Tél. 09 75 58 97 78 • charvinf@domaine-de-pignan.com • www.domaine-de-pignan.com • Visite : Uniquement sur rendez-vous.

DOMAINE PIQUE-BASSE

★★☆☆☆ ♣

Situé au pied du massif du Ventabren, face au mont Ventoux, le vignoble orienté est-sud-est prend racine dans un sol argilo-calcaire et graveleux typique de la région. Olivier Tropet s'y installe en 2000, reprenant l'exploitation de ses grands-parents, pour y créer le domaine. Son vin, résolument orienté vers la biodynamie, est issu de parcelles vendangées manuellement. Convaincu que Roaix dispose de terroirs adaptés aux raisins blancs, il est le seul sur l'appellation à produire du vin blanc ; le résultat est surprenant de qualité. Avec l'aide d'Emmanuel Gagnepain, son œnologue conseil, il signe trois millésimes remarquables sur la totalité de la gamme depuis 2016. Un domaine à suivre de très près !

- **Côtes du Rhône-Villages Roaix L'As du Pique 2016** | Sec | 2019>29 | 12 € — 16
- **Côtes du Rhône-Villages Roaix L'Atout du Pique 2018** | Sec | 2019>27 | 16 € — 16,5
- **Côtes du Rhône-Villages Le Chasse-Cœur 2016** | Sec | 2018>22 | 8,50 € — 14,5
- **Rasteau 2016** | Sec | 2019>30 | 13 € — 16,5

445 route de Buisson, 84110 Roaix • Tél. 04 90 46 19 82 • domaine@pique-basse.com • www.pique-basse.com • Visite : Sur rendez-vous.

DOMAINE DE POULVAREL

En 2004, Pascal Glas a pris la décision de reprendre les vignes familiales après avoir vinifié pendant plus de vingt ans dans les caves coopératives du sud de la France. Situé à la limite nord-ouest de l'appellation Costières de Nîmes, il façonne des vins francs et honnêtes, avec un équilibre et une pureté de fruit exemplaires. Les vins sont désaltérants avec une belle profondeur de fruit, sans jamais être surfaits.

- **Costières de Nîmes 2017** | Sec | 2021>26 | 7,90 € — 13,5
- **Costières de Nîmes Les Cantarelles 2018** | Sec | 2019>23 | 13,50 € — 14
- **Costières de Nîmes Les Pérottes 2016** | Sec | 2019>22 | 13,50 € — 13,5

110, chemin de la Soubeyranne, 30210 Sernhac • Tél. 04 66 01 67 46 • domaine.poulvarel@wanadoo.fr • www.domainedepoulvarel.com • Visite : De mai aux vendanges du lundi au samedi de 10h à 12h et de 15h à 19h. Hors saison du lundi au mercredi de 17h à 19h et du jeudi au samedi de 10h à 12h et de 15h à 19h.

CHÂTEAU RAYAS

Situé sur un terroir de sables très compacts mêlés de grès et de marnes qu'on appelle safres, aéré et rafraîchi par de petites plantations de pins, le vignoble du château Rayas est une légende du vignoble français. Ce sont dix hectares hors du temps et des règles qui lui donnent raison à chaque millésime. Ses principes, qui vont à contre-courant des vins modernes sur le plan de l'élevage, sont apparus en revanche très en avance en termes de viticulture et de vinification : petits rendements, attente de la maturité parfaite pour récolter, vinification naturelle et sans recherche d'extraction aucune. Les rouges sont dominés par le grenache tandis que le blanc est à parts égales entre grenache et clairette. Emmanuel Reynaud est un vigneron aussi secret que charismatique. Si 2016 proposait un style très complet, à la fois fin et opulent, 2017 n'en reste pas moins pur mais avec une structure plus imposante, synonyme d'un très grand avenir. Ces vins inventent un style unique et raffiné, qu'il faut avoir dégusté une fois dans sa vie pour saisir pleinement la notion de grand vin.

- **Châteauneuf-du-Pape 2017** | Sec | 2024>40 | NC — 18,5
- **Châteauneuf-du-Pape 2017** | Sec | 2028>60 | NC — 18,5
- **Châteauneuf-du-Pape Pignan 2017** | Sec | 2023>38 | NC — 17

Route de Courthézon, BP 74, 84230 Chateauneuf-du-Pape • Tél. 04 90 83 73 09 • www.chateaurayas.fr • Visite : Uniquement sur rendez-vous.

DOMAINE DE LA RENJARDE

C'est au XIXe siècle que le domaine de la Renjarde a trouvé sa pleine expression grâce à Jean Fabre, entomologiste de renom. Depuis 1968, le célèbre Alain Dugas (ex-château La Nerthe) a repris le domaine en mains pour produire de très beaux et puissants massif-d'uchaux. Son fils, Guillaume, est aujourd'hui à la tête de ce domaine d'une cinquantaine d'hectares de vieilles vignes sur sols sableux, gréseux et calcaires.

- **Côtes du Rhône-Villages Les Cassagnes de la Nerthe 2017** | Sec | 2019>26 | 14 € — 16

Route d'Uchaux, 84830 Sérignan • Tél. 04 90 70 00 15 • contact@renjarde.fr • www.renjarde.fr • Visite : Ouvert du lundi au Samedi de 10h-12h et de 14h-18h , le dimanche de Mai à Septembre sur rendez-vous.

MAS DES RESTANQUES

Ce sont à peine deux hectares sur le terroir des Parties jouxtant la propriété. Pour le couple Farand, deux certitudes : la certification en agriculture biologique et la vinification sans bois. Les deux appellations que sont Gigondas et Vacqueyras sont dans un style structuré mais avec beaucoup de pulpeux et de charme. Un style élégant et de garde qui trouve notre totale adhésion.

- **Vacqueyras 2017** | Sec | 2019>28 | 14 € — 15

713 route de Carpentras, 84190 Gigondas • Tél. 04 90 65 80 87 • masdesrestanques@hotmail.fr • www.masdesrestanques.com • Visite : Uniquement sur rendez-vous. Du 15 juin au 15 septembre, de 12h à 19h.

RHONÉA

En s'unissant, les caves de Beaumes-de-Venise et de Vacqueyras viennent de donner naissance au plus grand producteur de crus de la vallée du Rhône, Rhonéa. La démarche coopérative qui permet de mettre intelligemment en commun les moyens et les compétences va ainsi profiter de nouvelles synergies commerciales. La gamme est essentiellement constituée des crus autour des dentelles de Montmirail.

- **Beaumes de Venise Domaine de la Brune 2018** | Sec | 2018>21 | 11,50 € — 15
- **Beaumes de Venise Terre de Bel Air 2017** | Sec | 2019>21 | 14,60 € — 15
- **Beaumes de Venise Terres des Farisiens 2017** | Sec | 2019>25 | 14,60 € — 15,5
- **Beaumes de Venise Terres du Trias 2018** | Sec | 2019>21 | 16,90 € — 14,5
- **Côtes du Rhône Terroir Daronton 2018** | Sec | 2018>19 | 8 € — 13,5
- **Muscat de Beaumes-de-Venise Carte d'Or 2018** | Doux | 2018>21 | 15,20 € — 16
- **Vacqueyras Fontimple 2018** | Sec | 2018>20 | 15 € — 15
- **Ventoux Domaine le Portail des Oiseaux 2018** | Sec | 2018>20 | 6 € — 14
- **Ventoux Ma Belle Pomelle 2018** | Sec | 2019>20 | 7 € — 13,5

228, route de Carpentras, 84190 Beaumes-de-Venise • Tél. 04 90 12 41 00 • contact@rhonea.fr • www.rhonea.fr • Visite : du 16 avril au 30 septembre, tous les jours de 9h30 à 19h ; du 1er octobre au 15 avril, tous les jours de 10h à 12h et de 14h à 18h.

DOMAINE RICHAUD

À eux seuls, certains vignerons évoquent toute une appellation, le charismatique Marcel Richaud est de ceux-là. Il a sans conteste contribué à donner ses lettres de noblesse au dernier né des crus des Côtes du Rhône sud. Lui, le visionnaire et pionnier du parcellaire, qui rêve aujourd'hui encore d'une classification type climats bourguignons, du haut de ses 45 millésimes, se veut le moins interventionniste possible en cave et à la vigne. Comme un certain Emmanuel Reynaud, il accompagne à maturité optimale ses raisins, donnant des vins à la fois gourmands et élégants, une vraie griffe. L'ensemble des vins dégustés cette année s'empare des meilleures appréciations, s'avérant hautement recommandables et d'une régularité absolument remarquable. La jeune génération qui a rejoint l'enceinte familiale depuis quelques années est bien décidée à pérenniser le savoir-faire de la maison, néanmoins, comme pour marquer un tournant, Claire et Thomas ont fait l'acquisition de 20 hectares supplémentaires dont la moitié jouxte la célèbre parcelle des Ebrescades, laissant augurer de jolies surprises à venir. Tout dernièrement, Edith la benjamine a cédé à l'appel des sirènes et surtout des vignes ; après un brillant parcours parisien dans le domaine du luxe, elle a fini par poser ses valises dans le charmant petit village de Cairanne, apportant un atout supplémentaire de taille pour la belle tribu Richaud.

- **Cairanne 2016** | Sec | 2019>25 | 16 € — 17
- **Cairanne L'Ébrescade 2016** | Sec | 2019>29 | 20 € — 17
- **Côtes du Rhône-Villages Cairanne sans soufre 2016** | Sec | 2019>23 | 16 € — 16

470 Route de vaison-la-romaine, 84290 Cairanne • Tél. 04 90 30 85 25 • info@domaine-richaud.fr • Visite : Ouvert du lundi au samedi de 9h à 12h et de 14h à 17h30. Fermé les dimanches et jours fériés.

DOMAINE DE LA ROQUÈTE

Le domaine appartient à la famille Brunier (Vieux Télégraphe) mais il dispose de ses propres installations dans le village de Châteauneuf, et son vignoble est indépendant. De fait, il se situe dans la zone de la Roquette (sables et sous-sol argilo-calcaire), sur le plateau de Pied-Long (galets) et les sables de Pignan.

- **Châteauneuf-du-Pape Clos la Roquète 2016** | Sec | 2018>26 | epuisé — 14,5

3 route de Châteuneuf - B.P. 22, 84370 Bedarrides • Tél. 04 90 33 00 31 • contact@vieux-telegraphe.fr • www.vieux-telegraphe.fr • Visite : Ouvert du lundi au vendredi de 8h à 12h et de 13h30 à 18h.

DOMAINE JEAN ROYER

★☆☆☆☆

Jean-Marie Royer est un vigneron comme on les aime. Une histoire qui n'est pas déjà écrite, mais faite de rencontres et d'épisodes brutaux qui marquent forcément une vie. Poussé dans les vignes à l'âge de 21 ans par sa grand-mère, il construit bon an mal an sa carrière de vigneron avec, en 2000, une conjonction de facteurs favorables à un développement ambitieux et pérenne. Son ami Philippe Cambie n'est pas étranger à cette montée en puissance et les vins sont depuis quelques années d'une qualité notable. Les deux cuvées tradition et prestige sont dans un style puissant et précis. Mention spéciale aux sables-de-la-crau, au toucher et à la finesse aromatique évidente, qui place ce domaine parmi les « gaillards » de l'appellation !

- **Châteauneuf-du-Pape Prestige 2016** | Sec | 2022>34 | NC — 16
- **Châteauneuf-du-Pape Sables de la Crau 2016** | Sec | 2018>34 | NC — 17
- **Châteauneuf-du-Pape Tradition 2017** | Sec | 2018>24 | NC — 14,5

BP 65, 84230 Chateauneuf-du-Pape • Tél. 09 52 65 56 29 • info@domainejeanroyer.fr • www.domainejeanroyer.fr • Visite : sur rendez-vous au 06 11 96 62 96 ou au 06 18 79 73 39.

DOMAINE ROGER SABON

★☆☆☆☆

Le vignoble de cette très ancienne famille de Châteauneuf se divise en de nombreuses parcelles, situées dans différents quartiers du cru, de la Crau à Cabrières, en passant par Courthézon. L'encépagement est largement dominé par le grenache, celui-ci étant un peu moins présent dans la cuvée réserve.

- **Châteauneuf-du-Pape Les Olivets 2016** | Sec | 2018>24 | 18 € — 14
- **Châteauneuf-du-Pape Prestige 2016** | Sec | 2018>28 | 36 € — 15
- **Châteauneuf-du-Pape Secrets des Sabon 2016** | Sec | 2018>28 | 90 € — 14,5

Avenue Impériale, 84232 Chateauneuf-du-Pape • Tél. 04 90 83 71 72 • contact@roger-sabon.com • www.domainerogersabon.com • Visite : Ouvert du lundi au vendredi de 8h à 12h et de 14h à 17h30. Le samedi de 9h à 12h.

DOMAINE SAINT-AMANT

★☆☆☆☆

Ce domaine a été créé par la famille Wallut en 1990, les vignes sont situées entre 400 et 600 mètres d'altitude, apportant fraîcheur et élégance aux vins du domaine. Les 13 hectares de petites parcelles sont plantés en coteaux sur des sols de marnes et de calcaires, exposés au sud-est et régulièrement balayés par le mistral. La moitié de la production du domaine est en blanc, presque entièrement dédiée au cépage viognier qui, grâce à l'altitude, produit des vins vifs, floraux et frais. Les rouges sont également bien réalisés.

- **Beaumes de Venise Grangeneuve 2015** | Sec | 2019>29 | 16 € — 16
- **Côtes du Rhône-Villages La Tabardonne 2017** | Sec | 2019>24 | 16,50 € — 15
- **Côtes du Rhône La Borry 2017** | Sec | 2019>25 | 11 € — 15,5

Saint-Amant, 84190 Suzette • Tél. 04 90 62 99 25 • contact@saint-amant.com • www.domainesaintamant.com • Visite : Ouvert du lundi au vendredi de 9h à 18h.

CLOS SAINT-ANTONIN

★★☆☆☆

Isabelle Sabon, la sœur de Christophe Sabon (La Janasse) a racheté en 2014 la ferme Saint-Antonin (15 hectares à Jonquière). Mélange d'opportunité foncière et de stratégie commerciale, le clos Saint-Antonin offre la possibilité d'un « deuxième » vin à la Janasse. Avec un peu moins de deux hectares en Châteauneuf-du-Pape, issus du domaine de la Janasse, cette nouvelle étiquette réalise une très bonne cuvée en 2016, dans un style gourmand et précis.

- **Châteauneuf-du-Pape 2017** | Sec | 2018>32 | 33 € — 15,5
- **Châteauneuf-du-Pape 2016** | Sec | 2018>28 | 33 € — 15,5
- **Côtes du Rhône-Villages Plan de Dieu 2015** | Sec | 2019>29 | 15 € — 15,5

27, chemin du moulin, 84350 Couthezon • Tél. 04 90 70 86 29 • isabelle.sabon@gmail.com • www.lajanasse.com • Visite : Ouvert du lundi au vendredi de 8h30 à 17h30.

CHÂTEAU DE SAINT-COSME

Louis Barruol est l'un des hommes clefs du village de Gigondas. D'abord, grâce à son énergie débordante qui, mise au service de l'appellation, aide à dépasser les clivages ancestraux pour mieux préparer demain. Mais aussi, dans un contexte plus personnel, avec le très recherché château de Saint-Cosme, dont la chapelle atteste sa place dans le temps. Entre ses terroirs de sables, d'argile rouge et de calcaires, il construit une gamme de vins au sommet du raffinement, élevée avec toucher. En 2016, les cuvées présentées trustent les premières places, dans un style structuré, pur et élégant.

- **Côte Rôtie 2017** | Sec | 2019>27 | 36,80 € — 16
- **Crozes-Hermitage 2017** | Sec | 2019>25 | 15 € — 14
- **IGP du Vaucluse Les Deux Albions 2018** | Sec | 2019>20 | 9 € — 14

126 route des Florêts, 84190 Gigondas • Tél. 04 90 65 80 80 • barruol@chateau-st-cosme.com • www.saintcosme.com • Visite : de 9h à 17h du lundi au vendredi (vente et dégustations)

CLOS SAINT-JEAN

Ce vaste domaine dirigé par Vincent Maurel, conseillé par le brillant Philippe Cambie, possède une gamme à la fois originale et complète de châteauneufs. Dans un style très puissant et précis, au toucher remarquable, l'ensemble de la gamme est fiable et parmi les signatures recommandables de Châteauneuf.

- **Châteauneuf-du-Pape 2017** | Sec | 2018>25 | 28,50 € — 14,5
- **Châteauneuf-du-Pape Deus Ex-Machina 2016** | Sec | 2022>34 | 72,50 € — 16

18 avenue Général de Gaulle DP 41 , 84231 Chateauneuf-du-Pape CEDEX 1 • Tél. 04 90 83 58 00 • clos-st-jean@orange.fr • www.closstjean.fr • Visite : Uniquement sur rendez-vous.

MAS SAINT-LOUIS

Dans ce quartier du Clos, au sud de l'appellation, ce domaine de 30 hectares constitué à la fin des années 1900 par la famille Geniest a trouvé son style, avec un raffinement de texture qui ravira les amateurs habitués aux vins de demi-corps. Les grenaches prennent en effet des allures de pinots ou de cinsaults et développent des arômes de rose, de violette et de griotte, la délicatesse merveilleuse de leur texture étant à mettre au compte du caractère sablo-graveleux des sols de son secteur. Une adresse précieuse.

- **Châteauneuf-du-Pape Arpents des Contrebandiers 2016** | Sec | 2018>34 | 36 € — 14
- **Châteauneuf-du-Pape Grande Réserve 2016** | Sec | 2018>26 | 44 € — 14

28, avenue du Baron Le Roy, 84230 Chateauneuf-du-Pape • Tél. 04 90 83 73 12 • geniest-chateauneuf@orange.fr • www.geniest-chateauneuf.fr • Visite : Ouvert du lundi au vendredi, de 9h à 12h et de 13h à 17h.

CLOS SAINT-MICHEL

Ce petit domaine d'une quinzaine d'hectares s'appuie sur un encépagement assez équilibré entre grenache, syrah et mourvèdre. On retrouve ces assemblages dans les deux cuvées principales (clos-saint-michel et réservée), le grand-clos étant quant à lui composé uniquement de mourvèdre. Mention spéciale en 2016 à la cuvée réservée.

- **Châteauneuf-du-Pape 2017** | Sec | 2018>26 | 27 € — 14,5
- **Châteauneuf-du-Pape 2016** | Sec | 2018>21 | 26 € — 14
- **Châteauneuf-du-Pape Coteau Brûlé 2016** | Sec | 2018>22 | 60 € — 14,5
- **Châteauneuf-du-Pape Grand Vin 2016** | Sec | 2018>24 | 60 € — 14,5
- **Châteauneuf-du-Pape Réservée 2016** | Sec | 2018>27 | 38 € — 15,5

2505, route de Châteauneuf-du-Pape, 84700 Sorgues • Tél. 04 90 83 56 05 • mousset@clos-saint-michel.com • www.clos-saint-michel.com • Visite : Ouvert tous les jours de 9h à 12h30 et de 13h30 à 19h.

DOMAINE SAINT-MICHEL

Cette propriété de 20 hectares appartient à la famille Nicolas. Situé entre Orange et Vaison-La-Romaine, dans le Massif d'Uchaux, la vigne prend racine dans des sols argileux, sableux ou caillouteux et bénéficie d'un climat méditerranéen : mistral et ensoleillement important. Les vins sont élaborés à partir de syrah, grenache, cinsault, carignan, mourvèdre, marselan et viognier. Notons le surprenant et réussi massif-d'uchaux 2016 !

- **Côtes du Rhône-Villages Massif d'Uchaux 2016** | Sec | 2019>27 | 6,60 € **16**

1, rue de l'Eglise - La Galle, 84100 Uchaux • Tél. 04 90 40 62 20 • nicolas.gaec@wanadoo.fr • www.domainesaintmichel.com • Visite : Ouvert du lundi au samedi de 9h à 12h et de 14h à 19h, le dimanche, sur rendez-vous.

CLOS SAINT-PATRICE

Cette minuscule parcelle de 1,8 hectare, propriété des Grandes Serres, qui a failli disparaître, renaît de ses cendres depuis 2009 grâce aux efforts d'une équipe dynamique qui a, dès son premier millésime, réussi à produire des vins élégants. Les 2016 et 2017 sont désormais en bouteille. De demi-corps, à l'expression florale, ils raviront les amateurs de châteauneufs en dentelle. La viticulture biologique devrait amener profondeur et densité sur les milieux et fins de bouche.

- **Châteauneuf-du-Pape Clos Saint-Patrice 2017** | Sec | 2018>24 | 100 € **15,5**
- **Châteauneuf-du-Pape Vieilles Vignes 2017** | Sec | 2018>26 | 45 € **15**
- **Côtes du Rhône Vieilles Vignes 2017** | Sec | 2018>26 | 12 € **13,5**

1, route de Courthézon, 84230 Chateauneuf-du-Pape • Tél. 04 90 83 72 22 • cecile.czornyj@m-p.fr • www.saintpatrice.com

DOMAINE SAINT-PRÉFERT

Situé au sud du secteur, dans le quartier des Serres, ce domaine historique a été repris avec brio en 2002 par l'emblématique Isabel Ferrando et a construit sa réputation sur des blancs d'exception hautement recommandables. En 2004, elle acquiert 2 hectares supplémentaires à son nom, sur des terroirs plus sableux, au domaine Colombis, et constitue jusqu'à ce jour un vaste ensemble de 28 hectares, cultivé en agriculture biologique. Les vins rouges désormais à l'égal des blancs sont des modèles de finesse et d'harmonie, et les quatre cuvées affichent des caractères singulièrement différents. 2016 est une réussite incontestable sur l'ensemble de la gamme, même si la vigneronne, éternelle perfectionniste, aurait souhaité aller encore plus loin dans la précision... Une exigence qui n'a d'égal que la qualité exceptionnelle de ses vins !

- **Châteauneuf-du-Pape 2018** | Sec | 2018>27 | 58 € **16,5**
- **Châteauneuf-du-Pape 2017** | Sec | 2018>26 | 60 € **16**
- **Châteauneuf-du-Pape 2016** | Sec | 2018>26 | 41 € **16**
- **Châteauneuf-du-Pape Collection Charles Giraud 2016** | Sec | 2022>40 | 92 € **17,5**
- **Châteauneuf-du-Pape Colombis 2016** | Sec | 2018>38 | 92 € **17**
- **Châteauneuf-du-Pape Réserve Auguste Favier 2016** | Sec | 2018>32 | 60 € **16,5**
- **Châteauneuf-du-Pape Vieilles Vignes clairette 2017** | Sec | 2018>33 | 281 € **17**

425 chemin Saint Préfert, 84230 Chateauneuf-du-Pape • Tél. 04 90 83 75 03 • contact@st-prefert.com • www.st-prefert.com

CHÂTEAU DE SANNES

Cette propriété historique du Luberon a été reprise récemment par l'ancien « patron des patrons » Pierre Gattaz. La production se concentre sur deux rosés, dont on recommandera surtout la cuvée aciana.

- **Luberon Aciana 2018** | Sec | 2019>20 | NC **14**

Le Château, 84240 Sannes • Tél. 04 90 09 81 02 • www.domaine-de-sannes.com

DOMAINE SANTA DUC

Les gènes de l'excellence sont indéniablement ancrés dans l'ADN de la famille Gras, Yves, représentant la cinquième génération de vignerons, vient de passer le témoin à son fils Benjamin qui interprète des vins profonds et élégants, où la pureté du fruit dépeint une véritable obsession. Un style léché, sur lequel les vins abandonnent un peu de générosité et de concentration en faveur d'une délicatesse très pure. Formidable cadeau de bienvenue que ce chai tout neuf, dans lequel les jarres en terre cuite flirtent avec les foudres en chêne. De la complantation, un travail soigné des sols, une vinification en souplesse et une déjà grande expérience internationale permettent au jeune vigneron de réaliser, pour son premier millésime, de remarquables cuvées comme ce fringant clos-derrière-vieille 2017. Une bien belle révérence du papa qui signe un dernier millésime 2016 magistral.

- **Gigondas - Grand Grenache 2012** | Sec | 2019>24 | 46 € — 15
- **Gigondas Aux Lieux Dits 2017** | Sec | 2019>26 | 24 € — 15,5
- **Gigondas Clos Derrière Vieille 2017** | Sec | 2019>29 | 35 € — 16,5
- **Gigondas Épreuve 1 : 1 2014** | Sec | 2019>28 | 46 € — 16
- **Gigondas Les Hautes Garrigues 2017** | Sec | 2020>33 | 46 € — 15,5
- **Vin de France Épreuve C 2018** | Sec | 2019>25 | NC — 14,5

157 chemin des Hautes Garrigues, 84190 Gigondas • Tél. 04 90 65 84 49 • benjamin@santaduc.fr • www.santaduc.fr • Visite : Sur rendez-vous. Fermé le dimanche.

DOMAINE DES SÉNÉCHAUX

Ce domaine très ancien et très bien situé, avec des sols de galets, d'argiles et de safre, a été repris en 2006 par la famille Cazes, propriétaire entre autres du grand cru de Pauillac, château Lynch-Bages. Une seule cuvée est produite en blanc comme en rouge et les derniers millésimes sont incontestablement soignés, dans un style classique qui peu à peu affirme sa personnalité.

- **Châteauneuf-du-Pape 2015** | Sec | 2020>30 | env.50 € — 14,5

3, rue de la Nouvelle-Poste , 84230 Châteauneuf-du-Pape • Tél. 04 90 83 73 52 • contact@jmcazes.com • www.famillejmcazes.com

CHÂTEAU SIXTINE

Château Sixtine est le nouveau nom de l'ancien domaine Cuvée du Vatican, propriété fort connue de la famille Diffonty. Les 24 hectares répartis un peu aux quatre coins de l'appellation, dont 5 hectares touchant le château Rayas, à Pignan, permettent de jouer la carte de l'assemblage avec comme résultat un beau vin de facture classique.

- **Châteauneuf-du-Pape Château Sixtine 2018** | Sec | 2018>24 | 32 € — 13,5
- **Châteauneuf-du-Pape Château Sixtine 2016** | Sec | 2018>28 | 32 € — 15
- **Châteauneuf-du-Pape cuvée du Vatican 2016** | Sec | 2018>28 | 26 € — 14,5

10, route de Courthezon, 84230 Châteauneuf-du-Pape • Tél. 04 90 83 70 51 • contact@chateau-sixtine.com • www.chateau-sixtine.com • Visite : Ouvert du lundi au vendredi de 9h à 12h et de 13h30 à 17h.

DOMAINE DE LA SOLITUDE

40 hectares d'un seul tenant, sur la route de Châteauneuf à Bédarrides, une tradition familiale qui remonte aux Barberini, famille toscane du Moyen-Âge dont fut issu un des papes d'Avignon, des terroirs magnifiques dont une bonne partie sur la Crau : voilà qui explique l'assurance de style et la distinction aromatique des vins de ce domaine culte, notamment sur les derniers millésimes. Florent Lançon, brillant représentant de la nouvelle génération des propriétaires, viticulteur naturellement doué, a précisé la définition des vins, peut-être aidé d'un nouveau chai fraîchement construit. Depuis cette année, il développe un négoce de côtes-du-rhône, qui bénéficie du même traitement que ses châteauneufs. Enfin, les grandes cuvées du domaine sont parmi les plus hautes expressions du cœur de terroir de Châteauneuf, avec en point d'orgue le vin-de-la-solitude qui reprend à la lettre une vieille recette du XVIIe siècle… Qualité remarquable, prix doux : comment ne pas souscrire les yeux fermés ?

- Châteauneuf-du-Pape 2016 | Sec | 2018>34 | epuisé — 16,5
- Châteauneuf-du-Pape Barberini 2017 | Sec | 2018>28 | epuisé — 16
- Châteauneuf-du-Pape Barberini 2016 | Sec | 2022>32 | 48 € — 16,5
- Châteauneuf-du-Pape Cornélia Constanza 2016 | Sec | 2020>34 | epuisé — 18
- Châteauneuf-du-Pape Réserve Secrète 2016 | Sec | 2024>44 | 100 € — 18,5
- Châteauneuf-du-Pape Vin de la Solitude 2016 | Sec | 2018>28 | epuisé — 17
- Côtes du Rhône 2017 | Sec | 2018>28 | 9 € — 14,5

Route de Bedarrides - B.P. 21, 84230 Chateauneuf-du-Pape • Tél. 04 90 83 71 45 • info@domaine-solitude.com • www.domaine-solitude.com • Visite : Ouvert du lundi au vendredi de 8h à 17h et le week end sur rendez-vous.

DOMAINE DE LA SOUMADE

★★★☆☆

André Roméro est la figure de l'appellation Rasteau. Aidé désormais de son fils Frédéric et des conseils de Stéphane Derenoncourt, il produit des vins colorés et complexes, avec des corps denses. La gamme explore toutes les facettes des terroirs de Rasteau, y compris dans les secteurs hors appellation. Les vins doux naturels sont des gourmandises à l'état pur. Les Roméro sont connus pour leurs vins aux caractères profonds et de grande matière tannique, disposant d'un beau potentiel de vieillissement. Une adresse sûre.

- Rasteau Confiance 2016 | Sec | 2019>28 | 18 € — 15,5
- Rasteau Fleur de Confiance 2016 | Sec | 2019>28 | 29 € — 14,5

1655 Route d'Orange, 84110 Rasteau • Tél. 04 90 46 13 63 • dom-lasoumade@hotmail.fr • www.domainelasoumade.fr • Visite : Ouvert du lundi au samedi de 8h à 12h et de 14h à 18h.

TARDIEU-LAURENT

★★★★☆

Michel Tardieu et Dominique Laurent ont créé cette association d'excellence au début des années 1990, devenant ainsi l'un des meilleurs micro-négociants de la vallée du Rhône. Aujourd'hui, Bastien et Michel Tardieu sillonnent le vignoble pour trouver les meilleurs approvisionnements, généralement des raisins issus de très vieilles vignes, souvent situées dans le cœur historique de chaque appellation. Une vraie mutation s'est opérée sur les derniers millésimes : futaille de grande contenance, vinification en vendange entière pour certaines cuvées et surtout un élevage plus mesuré ont permis de hisser encore d'un cran le niveau déjà excellent. Une valeur sûre de la région.

- Châteauneuf-du-Pape 2017 | Sec | 2019>30 | 28 € — 17
- Châteauneuf-du-Pape Vieilles Vignes 2018 | Sec | 2019>30 | 34 € — 18
- Châteauneuf-du-Pape Vieilles Vignes 2017 | Sec | 2020>30 | 46 € — 18,5
- Condrieu 2018 | Sec | 2019>23 | 38 € — 17
- Cornas Coteaux 2017 | Sec | 2020>30 | 34 € — 16,5
- Côte Rôtie Vieilles Vignes 2017 | Sec | 2019>30 | 65 € — 17,5
- Côtes du Rhône Guy-Louis 2017 | Sec | 2020>25 | 16 € — 16
- Côtes du Rhône Les Becs Fins 2018 | Sec | 2019>21 | 8,90 € — 15
- Côtes du Rhône Les Becs Fins 2018 | Sec | 2019>25 | 8,80 € — 15
- Crozes-Hermitage Vieilles Vignes 2017 | Sec | 2020>30 | 25 € — 17
- Gigondas Vieilles Vignes 2017 | Sec | 2020>30 | 26 € — 18
- Hermitage 2017 | Sec | 2019>30 | 50 € — 19
- Hermitage 2017 | Sec | 2019>30 | 62 € — 18
- Rasteau Vieilles Vignes 2017 | Sec | 2021>30 | 20 € — 17
- Saint-Joseph Vieilles Vignes 2017 | Sec | 2020>30 | 29 € — 17,5
- Saint-Péray 2018 | Sec | 2019>28 | 26 € — 17,5

Les Grandes Bastides, route de Cucuron - Route de Cucuron, 84160 Lourmarin • Tél. 04 90 68 80 25 • info@tardieu-laurent.com • www.tardieu-laurent.fr • Visite : Ouvert du lundi au vendredi de 8h à 12h et de 13h30 à 17h30, le vendredi ferme à 16h30. Fermé les week-end. Dégustation en semaine sur rendez-vous.

LES VIGNERONS DE TAVEL ET LIRAC

★☆☆☆☆

La cave coopérative de Tavel a été fondée en 1937 et fut inaugurée par le président de la république Albert Lebrun en 1938. Elle regroupe aujourd'hui 85 vignerons, avec une production totale de 35 000 hectolitres sur 680 hectares et représente près de la moitié de l'appellation. Malgré la légende, il existe des coopératives qui ont su évoluer avec le temps, et celle de Tavel en fait partie. On a été conquis par le sérieux de leur travail. La mention spéciale va aux rosés de Tavel, tendus et frais tout en gardant la signature de l'appellation. Du beau travail !

- Lirac Cuvée Impériale 2017 | Sec | 2019>24 | 14 € — 14
- Lirac Les Hauts d'Acantalys 2018 | Sec | 2019>21 | 8 € — 13,5

Route de la Commanderie - B.P. 3, 30126 Tavel • Tél. 04 66 50 03 57 •

contact@cave-tavel-tavel.fr • www.cave-tavel-lirac.fr • Visite : Ouvert du lundi au dimanche de 9h à 12H30 et de 14h à 18h.

DOMAINE TOURBILLON

Ce domaine a débuté du temps des grands-parents de Benjamin Tourbillon, lequel vinifie à présent parfaitement ses vins de manière parcellaire dans un chai des plus modernes. C'est au lieu-dit le Grand Devès, au sol argilo-calcaire recouvert de galets, que naissent les châteauneufs de la propriété, construits sur des fruits très mûrs donnant des vins élégants, souples et élégants.

- **Châteauneuf-du-Pape 2016** | Sec | 2018>26 | 32 € — 15
- **Côtes du Rhône 2018** | Sec | 2019>20 | 8,60 € — 15
- **Côtes du Rhône-Villages Plan de Dieu Querelle des Clochers 2017** | Sec | 2019>26 | 12 € — 14
- **Gigondas Vieilles Vignes 2016** | Sec | 2019>30 | 22 € — 16

101, D24 - D24, 84800 Lagnes • Tél. 04 90 38 01 62 • contact@domaine-tourbillon.com • www.domaine-tourbillon.com • Visite : Tous les jours de 9h30 à 19h, l'été. Le reste de l'année de 10h à 12h30 et de 14h à 19h. Il ferme à 18h en automne et en hiver.

CHÂTEAU DES TOURS

Propriété d'Emmanuel Reynaud, tout comme le fameux Rayas de Châteauneuf-du-Pape, le château des Tours présente des côtes-du-rhône et des vacqueyras d'un autre temps, plongés dans un raffinement et une sève oubliés. À Sarrians, la propriété compte une quarantaine d'hectares de vignes flirtant avec les garrigues et de vieux oliviers. Le savoir-faire et le style Reynaud impriment chacun des flacons qui sortent de la propriété après une maturation en foudre puis en bouteille. Les 2014 sont un modèle de délicatesse, aux notes orientales, aux contours soyeux et raffinés. Amateurs de vins démonstratifs, passez votre chemin !

- **Côtes du Rhône Château des Tours 2014** | Sec | 2018>34 | epuisé — 16
- **Côtes du Rhône Château des Tours 2014** | Sec | 2018>28 | epuisé — 16
- **Vacqueyras 2011** | Sec | 2020>30 | epuisé — 17
- **IGP du Vaucluse Domaine des Tours 2014** | Sec | 2020>26 | epuisé — 15
- **IGP du Vaucluse Domaine des Tours 2014** | Sec | 2018>24 | epuisé — 15,5

153 route Parisi. Les Sablons. 84260 Sarrians • Tél. 04 90 65 41 75 • domainedestours@wanadoo.fr • www.chateaudestours.fr • Visite : Uniquement sur rendez-vous.

DOMAINE DU TRAPADIS

Helen Durand fait figure d'exception dans le paysage viticole français. En 1990, dès 16 ans, en parfait autodidacte, il commence à mettre lui-même ses vins en bouteille. Désireux de progresser, il passe un BTA en viticulture-œnologie et fait même des stages de perfectionnement au château de Beaucastel. Le domaine s'étend aujourd'hui sur une vingtaine d'hectares, reposant sur des argiles bleues et traduit des vins magnifiques d'expression. Carton plein pour le beau millésime 2016 qui confirme une progression constante et une certaine maîtrise du vigneron, tant sur les vins secs que sur les doux.

- **Rasteau Les Adrès 2016** | Sec | 2019>27 | 16,90 € — 15
- **Rasteau Vin Doux Naturel - Grenat 2016** | Doux | 2019>37 | 15 € — 16

2302, Route d'Orange, 84110 Rasteau • Tél. 04 90 46 11 20 • hd@domainedutrapadis.com • www.domainedutrapadis.com • Visite : Ouvert du lundi au vendredi de 9h à 12h et de 14h à 18h. Le week-end sur rendez-vous.

CLOS DE T.

Even Bakke a repris l'ancien domaine Champaga à la veille des vendanges 2007. Mais avec treize ans d'expérience comme winemaker en Californie, Even possédait tous les outils nécessaires pour réussir ses vendanges en France. Quinze hectares de vignes nichées au cœur des Dentelles, dans un cadre magnifique, les vinifications se passent sans levures chimiques et avec le minimum de SO_2. Les élevages sont très longs puisque cette année ce sont les 2012 et 2013, mis en bouteille en 2018, qui nous ont été présentés.

- **Ventoux 2013** | Sec | 2019>22 | 13 € — 14,5
- **Ventoux Vieilles Vignes 2012** | Sec | 2019>22 | 30 € — 15

Champaga 545 Route de la Roque-Alric, 84330 Le Barroux • Tél. 04 90 28 16 53 • vinbakke@gmail.com • www.closdetrias.eu • Visite : Sur rendez-vous.

CHÂTEAU DE TRINQUEVEDEL

★☆☆☆☆

Les 30 hectares du domaine, en un seul tenant autour du château, sont en légers coteaux, sur un terroir sableux avec des galets roulés. Les vins du domaine sont de belles expressions du terroir de Tavel, sans artifice ni surextraction, ils peuvent très bien vieillir. Avec l'acquisition de quelques hectares de vignes en appellation Lirac, la propriété produit désormais un vin rouge agréable, sur le fruit. Ici il faut choisir son style, il y en a pour tous les goûts. La cuvée autrementavel répond à une demande croissante de rosés plus pâles, mais toujours avec beaucoup de caractère. Le tavel classique reste un très bon vin de repas.

- **Lirac Le Sablon 2016** | Sec | 2020>24 | 14 € — 14
- **Tavel Château de Trinquevedel 2018** | Sec | 2019>20 | 11,50 € — 13,5
- **Tavel Les Vignes d'Eugène 2016** | Sec | 2019>22 | 14 € — 14

Chemin des Prés, 30126 Tavel • Tél. 04 66 50 04 04 • demoulin@chateau-trinquevedel.fr • www.chateau-trinquevedel.fr • Visite : Ouvert du lundi au vendredi de 9h à 12h et de 14h à 19h. Le week-end sur rendez-vous.

CHÂTEAU DE LA TUILERIE

★☆☆☆☆

La Tuilerie fut le grand pionnier de la transformation qualitative du vignoble des Costières de Nîmes dès les années 1980. Repris par le groupe Grands Chais de France, le cru démontre à nouveau un potentiel original et racé.

- **Costières de Nîmes Éole 2017** | Sec | 2019>22 | 23 € — 14
- **Costières de Nîmes Eole Rouge 2017** | Sec | 2019>24 | 23 € — 15

237 chemin de la tuilerie, 30900 Nîmes • Tél. 04 66 70 07 52 • contact@chateautuilerie.com • www.chateautuilerie.com • Visite : du mardi au vendredi de 9h30 à 12h30 et de 14h à 18h, ouvert le samedi 9h à 17h à partir du 1er juin jusqu'à fin août.

DOMAINE PIERRE USSEGLIO ET FILS

★★☆☆☆

Pierre est le frère de Raymond, mais dès la fin des années 1960 leurs deux domaines se sont séparés. Aujourd'hui la troisième génération, représentée par Thierry et Jean-Pierre, est à l'œuvre sur 22 hectares et 15 lieux-dits, avec beaucoup de vieilles vignes dont une très vieille sur les Serres qui contribue grandement à la cuvée-de-l'aïeul. Dans un style inclassable, issu de raisins très mûrs, les Usseglio produisent une gamme de vins structurés qui vieillissent admirablement bien, à l'instar de la très belle cuvée réserve-des-deux-frères.

- **Châteauneuf-du-Pape 2017** | Sec | 2018>26 | 28 € — 14
- **Châteauneuf-du-Pape Mon Aïeul 2016** | Sec | 2018>26 | 62,50 € — 14,5
- **Châteauneuf-du-Pape Réserve des Deux Frères 2016** | Sec | 2018>26 | epuisé — 15,5

10, Route d'Orange, 84230 Chateauneuf-du-Pape • Tél. 04 90 83 72 98 • info@domainepierreusseglio.fr • www.domainepierreusseglio.fr • Visite : Ouvert du lundi au vendredi, de préférence sur rendez-vous.

CHÂTEAU VAL JOANIS

★☆☆☆☆

Entre Avignon et Aix-en-Provence, le château Val Joanis s'étend sur plus de 190 hectares. Propriété incontournable du Luberon, ses terroirs sont principalement situés sur la partie occidentale de la région, faite d'assises calcaires. Le Luberon s'exprime ici au travers de vins très spontanés et particulièrement fins en bouche. À savourer autour d'une cuisine du quotidien.

- **Luberon Les Griottes 2017** | Sec | 2019>25 | 14 € — 14,5
- **Luberon Réserve Les Aubépines 2017** | Sec | 2019>21 | 13 € — 14

2404 route de Villelaure, 84120 Pertuis • Tél. 04 90 79 20 77 • info@val-joanis.com • www.val-joanis.com • Visite : En été, tous les jours, de 10h à 19h. En hiver de 10h à 12h et de 14h à 17h.

CHÂTEAU DE VAUDIEU

Le château de Vaudieu, édifié en 1767 par l'amiral Gérin, lieutenant de l'amirauté de Marseille, est l'un des trois châteaux du XVIIIe siècle de Châteauneuf-du-Pape. Le « Val de Dieu » qui a donné « Vaudieu », exploite aujourd'hui 70 hectares, reconstitués sous l'impulsion de Gabriel et Juliette Meffre, grands négociants de Gigondas. En 1987, leur fille Sylvette Bréchet prend la suite, rejointe en 1990 par son fils Laurent qui entreprend des travaux de rénovation du chai afin de faciliter les vinifications parcellaires. Même si la marge de progression est encore importante, les récents changements entrepris commencent à payer. Les derniers millésimes sont très réussis, dans un style précis et puissant, en blanc comme en rouge. À suivre !

- **Châteauneuf-du-Pape 2016** | Sec | 2018>24 | 34 € — 15
- **Châteauneuf-du-Pape Amiral G 2016** | Sec | 2018>28 | epuisé — 15,5
- **Châteauneuf-du-Pape Les Clairettes de Gabriel 2017** | Sec | 2018>24 | 50 € — 15
- **Châteauneuf-du-Pape Les vieilles roussannes... 2017** | Sec | 2018>24 | 50 € — 16
- **Châteauneuf-du-Pape Val de Dieu 2016** | Sec | 2020>34 | 50 € — 15,5

501, Route de Courthézon, 84230 Chateauneuf-du-Pape • Tél. 04 90 83 70 31 • contact@famillebrechet.fr • www.famillebrechet.fr • Visite : du lundi au vendredi de 8h30 à 12h30 et de 14h à 17h. Ferme à 16h le samedi.

DOMAINE DE VERQUIÈRE

Ce domaine familial, transmis de génération en génération, propose une séduisante gamme de vins produits en bio. Pour cette édition, nous avons particulièrement aimé le sablet 2015 et le plan-de-dieu 2017.

- **Côtes du Rhône-Villages Plan de Dieu 2017** | Sec | 2019>26 | 8,50 € — 14,5
- **Côtes du Rhône-Villages Sablet 2018** | Sec | 2019>24 | 12,50 € — 15
- **Côtes du Rhône-Villages Sablet 2015** | Sec | 2019>35 | 11 € — 15,5
- **Rasteau 1928 2015** | Sec | 2017>22 | 24,50 € — 13,5
- **Rasteau R&T 2017** | Sec | 2019>24 | 11,50 € — 14

45 Rue Georges-Bonnefoy, 84110 Sablet • Tél. 04 90 46 90 11 • chamfort@domaine-de-verquiere.com • www.domaine-de-verquiere.com • Visite : Ouvert du lundi au vendredi de 9h à 12h et de 14h à 17h. Le week-end sur rendez-vous.

DOMAINE DE LA VIEILLE JULIENNE

Ce domaine d'un seul tenant est situé au nord de l'appellation. Pour autant, il partage sa superficie sur diverses appellations : 10 hectares sont en IGP, 10 en Côtes du Rhône et 10 en Châteauneuf. Cultivé en bio depuis 1990, il est mené en biodynamie depuis maintenant dix ans. 100 % éraflée, la vendange produit une gamme impeccable, remarquable d'exécution, qui se décline sur quatre cuvées. Une cuvée classique au très bon potentiel de vieillissement, deux cuvées parcellaires hautement recommandables, haut-lieux sur une base de 20 % mourvèdre et les-trois-sources plus sur la délicatesse. Enfin, la cuvée réservé à 95 % grenache, de très grande classe. Le style est d'une impressionnante pureté aromatique, les équilibres sont en dentelles, non sans structure, et la fraîcheur à l'image des crus du nord. Un domaine confidentiel que les amateurs de vins fins connaissent bien.

- **Châteauneuf-du-Pape Hauts Lieux 2016** | Sec | 2025>37 | 70 € — 18
- **Châteauneuf-du-Pape Les Trois Sources 2016** | Sec | 2018>26 | 56 € — 17,5
- **Châteauneuf-du-Pape Réservée 2016** | Sec | 2028>38 | 250 € — 18,5
- **Côtes du Rhône Clavin 2016** | Sec | 2018>29 | 18 € — 15

Route de Courthezon , Le Grès, 84100 Orange • Tél. 04 90 34 20 10 • contact@vieillejulienne.com • www.vieillejulienne.com • Visite : Uniquement sur rendez-vous.

DOMAINE DU VIEUX TÉLÉGRAPHE

Cette splendide propriété de Bédarrides, propriété de la famille Brunier, est l'un des crus majeurs de l'appellation. Elle dispose d'un vaste vignoble d'un seul tenant, entièrement situé sur le plateau de la Crau et produit des vins d'une qualité remarquable. Le rouge est l'un des plus complets de l'appellation, dans un style savamment mis au point par les Brunier, qui ne privilégie pas la puissance malgré la générosité en alcool, mais au contraire l'équilibre et le raffinement. Pour cela on joue sur l'encépagement complexe et l'on recherche la juste maturité. Les vinifications sont rudimentaires mais terriblement précises. Du clos-la-roquette, en passant par télégramme et piedlong, jusqu'au grand vin, tout est d'une grande précision aromatique et d'un équilibre magistral. Ici l'on préfère la finesse à la puissance. Cela tombe bien, nous aussi !

- **Châteauneuf-du-Pape 2017** | Sec | 2018>28 | 60 € — 17,5
- **Châteauneuf-du-Pape Clos la Roquette 2017** | Sec | 2018>24 | epuisé — 16
- **Châteauneuf-du-Pape La Crau 2017** | Sec | 2018>32 | NC — 18
- **Châteauneuf-du-Pape Piedlong 2017** | Sec | 2018>28 | NC — 17
- **Châteauneuf-du-Pape Télégramme 2017** | Sec | 2018>28 | NC — 16
- **IGP du Vaucluse Pigeoulet 2018** | Sec | 2018>24 | NC — 14,5
- **Vin de France Au Petit Bonheur Les Pallières 2018** | Sec | 2018>21 | 14 € — 14

3, route de Châteauneuf-du-Pape - B.P. 5, 84370 Bédarrides • Tél. 04 90 33 00 31 • contact@vieux-telegraphe.fr • www.vieux-telegraphe.fr • Visite : Ouvert du lundi au vendredi de 8h à 12h et de 13h30 à 18h.

MAS DES VOLQUES

Nicolas Souchon est le maître de chai du clos Saint-Jean, à Châteauneuf-du-Pape. Il a également créé son propre domaine, le mas des Volques, 12 hectares situés près de Nîmes sur les terroirs du Duché d'Uzés. Les Volques sont la première tribu qui a peuplé le bassin méditerranéen, bien avant les Romains. Nicolas s'est aidé des bons conseils de Philippe Cambie pour créer deux cuvées : volcae, issue de très vieilles vignes de grenache, syrah et carignan, élevée en belle futaille et un alba-dolia, autour de la roussanne et du viognier, un savoureux blanc de gastronomie.

- **Duché d'Uzès Alba Dolia 2017** | Sec | 2019>22 | 13 € — 14,5
- **Duché d'Uzès Volcae 2016** | Sec | 2019>21 | 13 € — 13

Le Colombier, 30350 Aigremont • Tél. 06 87 28 98 95 • contact@masdesvolques.fr • Visite : Sur rendez-vous.

DOMAINE WILFRIED

Wilfried et sa sœur Réjane font partie de la jeune génération de vignerons de Rasteau et travaillent en diapason sur ce domaine familial de 32 hectares, hérité de leurs parents. Ils le transforment petit à petit et mettent aujourd'hui 50 % de leur production en bouteille au domaine. Leurs vins sont vibrants et droits, entièrement dédiés à l'expression du fruit. Les cuvées présentées sur le cru Rasteau sont de très bonne facture, la cuvée septentrion en particulier qui, par sa complexité, atteint des sommets.

- **Rasteau 2016** | Sec | 2018>26 | 14 € — 14,5
- **Rasteau Septentrion 2016** | Sec | 2019>27 | 19 € — 16,5

25, hameau de Blovac, 84110 Rasteau • Tél. 04 90 46 10 66 • caveau@domainewilfried.com • www.domainewilfried.com • Visite : Ouvert du lundi au vendredi de 9h à 12h et de 14h à 18h, samedi sur rendez-vous.

Mes commentaires

MONDE

Tous les vins dégustés n'ont pu être cités dans ce guide.
Retrouvez plus de 120 000 vins notés et commentés sur
L'APPLI LE GRAND TASTING ET SUR **WWW.BETTANEDESSEAUVE.COM**

LE VIGNOBLE DU MONDE

« Nos plus belles émotions à travers le monde. »

La France est un pays de cocagne. Pourtant, malheureux l'amateur qui serait tenté par un repli hexagonal, affranchi des découvertes du vaste monde. D'autant que les amoureux du vin sont de plus en plus curieux et que la présence de vins d'ailleurs augmente au fil des ans. Une tendance dont nous nous réjouissons car elle est source de découvertes.

Sur tous les continents, et ce n'est pas nouveau, la vigne colonise les espaces, profilant des vins de plus en plus épatants, portés par une saine émulation. Ce qui est nouveau en revanche, c'est le nombre croissant de très bons vins que l'on peut déguster partout sur la planète. Des rives du Pacifique aux méandres de la Moselle, des collines du Piémont aux flancs de l'Etna, des terrasses verdoyantes du Douro aux terres ocres de Mendoza, partout le vignoble grignote et façonne un paysage en constante mutation.

Enthousiasmés par ces vins de contrastes et de culture, nous avons cette année encore réitéré notre sélection de vins du monde, avec l'aide d'importateurs français et de revendeurs agréés qui ont bien voulu se prêter au jeu et nous permettre de porter un jugement sur ces vins.

Découvrez ici une sélection resserrée de nos dégustations, de quoi vous faire voyager et vous donner envie vous aussi d'explorer plus intensément le mondovino, que ce soit au travers d'un séjour ou simplement d'une dégustationà domicile. Bien sûr, l'exhaustivité ne sera pas de mise car les grands vins sont désormais nombreux et il devient difficile de tous se les procurer. Il n'y avait de sens non plus à ce que nous dressions un tableau complet de la production mondiale qui est en constante évolution. Pour autant, voici une bonne centaine de vins qui devraient vous combler : dégustez !

AFRIQUE DU SUD

KEN FORRESTER VINEYARDS

Stellenbosch FMC (Forrester Meinert chenin) 2016
| Sec | 2019>21 | 40 € **16,5/20**

FMC veut dire «Forrester Meinert Chenin». L'un des meilleurs chenins blancs élaborés en Afrique du Sud. Issu d'une vigne quadragénaire et de petits rendements, avec la patte experte de Ken Forrester. A l'arrivée : fruit, élégance et distinction.

AdVini • www.advini.com/fr

KLEIN CONSTANTIA

Constantia Vin de Constance 2015 | Liquoreux | 2024>30 | NC **18,5/20**

Klein Constantia a retrouvé son lustre d'antan (du temps de sa superbe au XVIIIe siècle) et ses lettres de noblesse depuis une trentaine d'années. Le 2015 est le premier millésime à avoir bénéficié de nouvelles installations. C'est un grand vin liquoreux qui reste vif et développe une remarquable panoplie aromatique : abricot sec, mangue. Riche et crémeux en boucle.

Bollinger Diffusion • contact@bollinger-diffusion.fr • Tél. 01 53 02 44 44

L'AVENIR WINE ESTATE

Stellenbosch Single Block Pinotage 2016 | Sec | 2021>29 | 40 € **15,5/20**

Le pinotage, cépage emblématique de l'Afrique du Sud, donne sa pleine mesure dans la région de Stellenbosch, au sud-ouest du pays. Celui-ci est issu d'une seule parcelle (Block 2) du triangle d'or, au pied du mont Simonsberg. Très axé sur la prune et le pruneau à l'eau-de-vie. Son avenir ? Dix ans !

AdVini • www.advini.com/fr

MULDERBOSH

Stellenbosch Selected Vineyards cabernet franc 2015
| Sec | > | NC **17/20**

Un très beau vin d'amateur ! On retrouve les arômes les plus fins du cabernet franc, de cèdre et de graphite, plus épicés, plus subtils que le cabernet-sauvignon avec une empreinte profonde du terroir d'Afrique du Sud, légèrement animale. C'est un rouge extrêmement complexe et racé marqué par la fraîcheur et la finesse, un vin remarquable qui montre que ce cépage a certainement de très belles années devant lui dans cette région.

Stellenbosch Single Vineyard Chenin Block S2 2017
| Sec | > | NC **15,5/20**

Nez discret et de grande pureté, sur les fleurs blanches, excellente fraîcheur : voilà un chenin sec très bien vinifié, parfaitement équilibré. La Vallée de la Loire devrait apprendre de ce vin bien construit, à l'énergie salvatrice qui privilégie le fruit.

RUPERT & ROTHSCHILD

Western Cape Baron Edmond 2014 | Sec | 2020>22 | NC **16/20**

Une cuvée assemblant des cépages typiquement bordelais (merlot, cabernet franc et cabernet-sauvignon), luxueusement élevés 20 mois en barriques neuves. Une main de fer dans un gant de velours.

Compagnie Vinicole du groupe Edmond de Rothschild • www.edmond-de-rothschild.com

ALLEMAGNE

DR. LOOSEN/GEBR. LOOSEN

Mosel Dr L Riesling Qualitätswein Feinherb 2017
| Sec | 2019>20 | 13 € **14/20**

Un riesling de la Moselle fin, aérien, servi par un faible degré alcoolique qui le rend particulièrement digeste. Très apéritif.

Vins du Monde • www.vinsdumonde.com • Tél. 01 58 56 38 38

ZEHNTHOF LUCKERT

Franken Franken Silvaner 2016 | Sec | 2019>20 | 17 € **14,5/20**

Un sylvaner bio qui dépasse les attentes habituelles pour ce cépage. Frais et désaltérant. Il sera particulièrement à son aise en début de repas.

Barrère & Capdevielle • www.b-et-c.com • contact@b-et-c.com • Tél. 05 56 06 20 30

ARGENTINE

TERRAZAS DE LOS ANDES

Mendoza High Altitude Vineyards 2017 | Sec | 2019>21 | NC **15/20**
Vin savoureux au boisé bien maîtrisé. Pas trop chaleureux en milieu de bouche. La finale a du ressort. Son équilibre lui permet de nombreuses associations gastronomiques, par exemple une grillade de porc.

Estates & Wines, Moët Hennessy • www.estates-and-wines.com

FLECHAS DE LOS ANDES

Mendoza Aguaribay Malbec 2017 | Sec | 2019>21 | NC **14,5/20**
Vin produit sous l'égide du Baron Benjamin de Rothschild, au pied de la cordillère des Andes. Joli malbec assez souple en attaque, mais bien proportionné en bouche. Finale ferme sans être sévère.

Mendoza Gran Corte 2012 | Sec | 2020>22 | NC **16/20**
Un assemblage savamment dosé de malbec, syrah et cabernet-sauvignon, élevé dans 100 % de barriques neuves, issu de la vallée d'Uco. Robe profonde. La sucrosité du malbec anime l'attaque et le cabernet vient chatouiller avec fermeté les papilles en finale. La syrah se glisse au milieu !

Mendoza Gran Malbec 2013 | Sec | 2019>21 | NC **15/20**
Vin gourmand, attractif, issu d'une matière première bien mûre. Charpenté, mais pas brûlant, il est à servir assez frais à une température de 15° environ.

Compagnie Vinicole du groupe Edmond de Rothschild • www.edmond-de-rothschild.com

CLOS DE LOS SIETE

Mendoza Clos de Los Siete 2016 | Sec | 2019>21 | 15 € **14/20**
Vin d'une grande régularité d'une année sur l'autre, présentant un remarquable rapport qualité-prix et surtout bien distribué en France. Arômes de fruits noirs et de violette, finale mûre mais pas pesante.

Dourthe • www.dourthe.com

BODEGA MONTEVIEJO

Uco Valley Lindaflor Blend 2010 | Sec | 2021>26 | 37,50 € **16/20**
Cette cuvée d'assemblage (syrah et malbec) a encore progressé depuis l'an dernier. Neuf années de bouteille ont permis d'en arrondir les tannins et d'élargir le spectre aromatique. A boire ou à conserver encore 2 ou 3 trois ans.

Uco Valley Lindaflor chardonnay 2017 | sec | 2019>22 | 29 € **16,5/20**
Chardonnay plein, solaire, luxueusement boisé. Récolté à 1 000 m d'altitude, il a ainsi pu conserver une belle fraîcheur. Servez-le assez frais vers (8-10°), il surprendra et saura conquérir la plupart de vos amis.

Uco Valley Lindaflor malbec 2012 | sec | 2019>24 | 37,5 € **17/20**
Ce grand malbec, que nous avions déjà beaucoup apprécié l'an passé, dans ce même millésime, a encore progressé. La bouche reste toujours suave mais les tannins se sont affinés. A servir aux alentours de 15° pour en tirer le meilleur parti.

Uco Valley Petite Fleur chardonnay 2017 | Sec | 2019>21 | 17 € **14,5/20**
Joli chardonnay, d'expression assez légère mais pure, sans maquillage par le bois. D'où des notes de fleurs blanches et d'amande fraîche. Pour surprendre vos amis.

Uco Valley Petite Fleur malbec 2014 | Sec | 2020>23 | 17 € **14/20**
Une jolie cuvée permettant d'aborder en douceur les grands malbecs de la propriété et le coup de patte de son talentueux vinificateur, Marcello Peleretti. Servir à 14-15° pour en profiter pleinement.

Vignobles Péré-Vergé • www.vignoblespereverge.com • Tél. 05 57 51 61 06

CATENA ZAPATA

Mendoza Malbec High Mountain Vines 2016 | Sec | 2020>22 | NC **15/20**
Au premier abord, le vin s'avère moins expressif que d'autres malbecs argentins. Mais il se dégage à l'aération et laisse ensuite apparaître une finale savoureuse et précise.

Vins du Monde • www.vinsdumonde.com • Tél. 01 58 56 38 38

AUSTRALIE

MAVERICK VIN

Eden Valley Breechens 2013 | Sec | 2019>20 | 19 € **15,5/20**

Robe magnifiquement dorée qui traduit une certaine maturité en bouteille. L'assemblage chardonnay-sémillon est original, la bouche bien équilibrée, mais il ne faudra pas trop attendre pour décapsuler cette bouteille.

Vins du Monde • www.vinsdumonde.com • Tél. 01 58 56 38 38

CAP MENTELLE

Margaret River Sauvignon Blanc - Sémillon 2018 | Sec | 2019>20 | NC **15,5/20**

Des deux cépages, c'est clairement le sauvignon qui domine actuellement. Ses notes herbacées, de bourgeon de cassis sont prégnantes. La bouche est bien équilibrée entre moelleux et acidité.

Estates & Wines, Moët Hennessy • www.estates-and-wines.com

TWO HANDS WINES

Barossa Valley Ares 2014 | Sec | 2022>30 | 120 € **19/20**

Le cépage shiraz est le plus emblématique de la production de Two Hands, un domaine qui a connu, en 2015, un nouvel essor avec l'arrivée de Tim Hower et de Michael Twelftree. Arès, issu de la vallée de Barossa, est leur vin phare. Une cuvée imposante, comme d'ailleurs sa très lourde bouteille. Puissant, mais pas caricatural car il recèle une bonne dose de fraîcheur et de vivacité. Prix élevé qui le destine à des connaisseurs éclairés.

Barossa Valley Bella's Garden 2014 | Sec | 2019>22 | 45 € **16/20**

Une association de cépages méditerranéens (syrah, grenache, mourvèdre) transposés et réinterprétés dans la vallée de Barossa, au nord d'Adélaïde, en Australie méridionale. La masse tannique est importante et pas encore complètement dégrossie, mais le fruit sous-jacent finira par l'emporter.

Grands Chais de France • www.groupegcf.fr • yderouledelalgcf.fr • Tél. 03 88 71 79 79

AUTRICHE

WEINGUT PFAFFL

Wien Grüner Veltliner Vom Haus 2017 | Sec | 2019>20 | 13,80 € **15/20**

Le grüner veltliner est devenu, à partir de la seconde moitié du XXe siècle, le cépage prédominant en Autriche. Robe légère, arôme de poire. Bonne maturité en finale.

Barrère & Capdevielle • www.b-et-c.com • contact@b-et-c.com • Tél. 05 56 06 20 30

CHILI

VIÑA LEYDA

Leyda Valley Leyda Pinot Noir Lot 21 2012 | Sec | 2019>21 | 19,5 € **14,5/20**

Le pinot noir est ici plus coloré, plus corsé qu'en Bourgogne. Le boisé est intense ce qui donne un coté séducteur immédiat. Une cuvée qui étonnera beaucoup d'amateurs et en déconcertera certains.

Leyda Valley Leyda Single Vineyard Canelo 2014 | Sec | 2020>22 | 14,50 € **15/20**

Une cuvée de syrah opulente, avec des arômes de violette très accentués. Le vin gagne en impact ce qu'il perd en finesse. La majorité des consommateurs devraient s'y retrouver.

Grands Chais de France • www.groupegcf.fr • yderouledelalgcf.fr • Tél. 03 88 71 79 79

CROATIE

GALIC

Slavonie Grasevina 2017 | Sec | 2019>20 | 19 € **14,5/20**

Le grasevina est le cépage blanc le plus planté en Croatie. Il s'apparente au riesling, sans en avoir la minéralité. Servez cette bouteille à l'aveugle et vous êtes sûr de l'effet de surprise. Ses notes de fleurs blanches et de fruits secs désarçonneront à coup sûr.

Vins du Monde • www.vinsdumonde.com • Tél. 01 58 56 38 38

ESPAGNE

SENORIO DE BARAHONDA

Yecla Organic bio 2017 | Sec | 2019>20 | 10,05 € | 13,5/20

Une cuvée végane associant merlot et monastrell (mourvèdre). Les tenants de cette mouvance trouveront ici de quoi accompagner leurs plats salés préférés... d'origine végétale bien entendu !

Barrère & Capdevielle • www.b-et-c.com • contact@b-et-c.com • Tél. 05 56 06 20 30

BODEGA CAMPO ELÍSEO

Toro Campo Alegre 2014 | Sec | 2021>24 | 23,50 € **17,5/20**

Un vin élaboré par Dany et Michel Rolland, sous la houlette de François Lurton. Robe profonde impeccable. Le vin est plein, intense, très élégamment boisé. Tannins fins et présents sans être ni incisifs, ni intrusifs. A servir vers 15-16°.

Pardela Wines • www.pardelawines.com • website@pardelawines.com • Tél. 05 57 55 12 19

EMPERIO WINES

Cava Cygnus Nature sans souffre NM | Eff. Brut | 2019>20 | 15 € **14/20**

Un cava bio, sans sulfites ajoutés. Attaque assez neutre aromatiquement, mais la bouche est cohérente.

Pardela Wines • www.pardelawines.com • website@pardelawines.com • Tél. 05 57 55 12 19

HERMANOS LURTON

Toro Tempranillo 2017 | Sec | 2020>23 | 12 € **15,5/20**

Vin intensément coloré. Bouche pleine, mûre, au fruité explosif. La finale vient en contrepoint apporter un support tannique de très bon aloi. Un bon rapport qualité-prix.

Pardela Wines • www.pardelawines.com • website@pardelawines.com • Tél. 05 57 55 12 19

MACÁN

Rioja Macán 2015 | Sec | 2021>26 | NC **17,5/20**

Un vin né de la rencontre entre Benjamin et Ariane de Rothschlid d'une part, et Pablo Alvarez (de Vega Sicilia) d'autre part. Même si le premier millésime produit a été le 2009, le véritable envol du cru commence avec le 2015, avec de nouvelles installations et une production de 130 000 bouteilles. Une révélation appelée à devenir l'un des meilleurs vins d'Espagne. Nez aux arômes complexes de vanille de bois de cèdre et de framboise, bouche pleine et harmonieuse, marquée par un boisé intense : une bouteille ambitieuse à suivre.

MENADE

Rueda Verdejo 2017 | Sec | 2019>20 | 15 € **15/20**

Vin bio, sans soufre ajouté, végane... donc dans l'air du temps ! Robe dorée, attrayante, bouche assez courte, mais le vin est séducteur. Il trouvera aisément son public.

Vins du Monde • www.vinsdumonde.com • Tél. 01 58 56 38 38

ÉTATS-UNIS

HARTFORD COURT

Russian River Valley 2017 | Sec | > | NC **16/20**

Voilà un un pinot noir fruité de grande qualité. Le nez est très développé sur les arômes de pivoine, de rose et d'épices, la bouche offre une jolie matière, au boisé élégant, avec des tanins encore fermes. C'est un vin qui montre davantage l'expression du fruit que du terroir mais totalement harmonieux.

LOUIS M. MARTINI

Sonoma County Cabernet Sauvignon 2014 | Sec | 2019>22 | 14,95 € **14,5/20**

Un cuvée d'assemblage de cépages bordelais où domine le cabernet-sauvignon. Plutôt fin et pas trop démonstratif pour un vin californien. Alcool contenu, une certaine vivacité, des tannins discrets : elle trouvera d'autant plus facilement sa place à table.

Grands Chais de France • www.groupegcf.fr • yderouled@lgcf.fr • Tél. 03 88 71 79 79

MT. BRAVE VINEYARD

Napa Valley Mt. Veeder 2015 | Sec | > | NC **16/20**

Ce rouge provient d'un terroir intéressant, issu de raisins récoltés avec une belle maturité et qui livre des notes fumées et mentholées ainsi que des fruits noirs concentrés. Chaleureux et expressif, il est d'un un style très Napa, aujourd'hui parvenu à un sommet. Une très belle bouteille.

STONESTREET

Alexander Valley chardonnay 2016 | Sec | > | NC **16,5/20**
Un grand chardonnay d'altitude, offrant une belle fusion du boisé et du fruit, tout en équilibre et en complexité, avec des notes de noisette, de fleurs blanches. Grande longueur en bouche et beaucoup de classe : le graal.

GRÈCE

GIANNIKOS

Nemea At Sea Roditis 2017 | Sec | 2019>20 | 16 € **14/20**
Un cuvée qui a un air de vacances et qui démontre que la grèce possède bien des ressources qui transcendent les vins résinés. Un coucher de soleil sur une île grecque, un poisson grillé sur la plage, ... on y est !

Vins du Monde • www.vinsdumonde.com • Tél. 01 58 56 38 38

HONGRIE

SAMUEL TINON

Tokaj Furmint Kasas Olaszliszka 2017 | Sec | 2019>25 | NC **16/20**
Un blanc sec issu du cépage furmint et du cru Kasas, élevé en fûts, à la fois franc et scintillant, aux beaux arômes de poire et de fruits blancs, très aérien, fondu, délicat. Une découverte !

www.samueltinon.com

ITALIE (NORD)

ADRIANO MARCO E VITTORIO

Langhe Basarin 2016 | Sec | > | 28 € **15,5/20**
On découvre un style fin et floral dans un écrin ample et pur. On peut l'apprécier dès maintenant. Bon vin.

Langhe Sanadaive 2016 | Sec | > | 24 € **15/20**
C'est un vin précis, juteux, glissant, sur un fond de réglisse. Un barbaresco diplomate.

Thierry Lurton - Histoire d'Hommes et Terroirs • www.thierrylurton.com • Tél. 05 56 52 53 53

ALLEGRINI

Veronese Palazzo Della Torre 2015 | Sec | 2019>22 | 27,5 € **15,5/20**
Très bons arômes de fruits mûrs, presque macérés. La bouche est suave et élégante. Elle termine sur des sensations douces et moelleuses.

Pardela Wines • www.pardelawines.com • website@pardelawines.com • Tél. 05 57 55 12 19

AZIENDA AGRICOLA AZELIA

Barolo Margheria 2015 | Sec | > | 73 € **15,5/20**
L'élevage est encore présent au nez. La texture veloutée rassure, et le déroulé délicat et ciselé annonce une bonne allonge, chaleureuse.

Barolo San Rocco 2015 | Sec | > | 77 € **16/20**
Une belle maturité de fruit dans un écrin structuré et chaleureux, non sans délicatesse ; c'est un joli vin.

Cellier des Producteurs • Tél. 05 57 24 37 47

PIERO BUSSO

Barbaresco Albe San Stunet 2015 | Sec | > | 50 € **16,5/20**
On plonge dans les profondeurs aromatiques de ce vin très pur et long dont le meilleur reste à venir.

Barbaresco Albesani-Vigna Borgese 2015 | Sec | > | 47 € **16/20**
La superbe expression florale, aux effluves de rose, augure un profil plus frais en bouche, longiligne et pointu. Très élégant.

Barbaresco Gallina 2014 | Sec | > | 62 € **17,5/20**
Encore fermé, dense et vineux. On perçoit des traits bourguignons dans cette cuvée à l'équilibre parfait. Complète et raffinée.

Barbaresco Mondino 2016 | Sec | > | 42 € **15/20**
Au nez légèrement sauvage répond un palais délicat, fin et mentholé qui enrobe parfaitement des tannins mûrs. Style un peu plus chaleureux qui n'efface pas le style raffiné du domaine.

FRATELLI CAVALLOTTO – TENUTA VITIVINICOLA BRICCO BOSCHIS

Barolo Bricco Boschis 2015 | Sec | > | 60 € **15,5/20**
On est séduit pas ce bouquet de rose et de mûre. Toujours

cette délicatesse caractéristique du domaine, en demi-corps, long et juteux. Quel joli vin !

■ **Barolo Riserva Bricco Boschis San Giuseppe 2012** | Sec | > | 100 € **16/20**
La structure imposante de ce vin n'occulte pas la délicatesse ni la profondeur d'arômes de grande persistance. C'est plein et rémanent. Une très belle bouteille.

■ **Barolo Vignolo Riserva 2012** | Sec | > | 92 € **15/20**
Les arômes de fleurs séchées annoncent une bouche fine, délicate et longiligne qui se termine avec élégance. Un joli vin.

Arte del Vino • www.artedelvino.fr • c.gillon@artedelvino.fr

CERETTO

■ **Barolo Prapo 2015** | Sec | > | 97 € **15/20**
Voici le plus délicat et le plus profond de la gamme, dans un style tapissant, long et chaleureux. Bon vin.

Le Gout du Vin • www.le-gout-du-vin.fr • Tél. 03 80 79 06 77

DOMENICO CLERICO

■ **Barolo 2015** | Sec | 2025>30 | 59 € **18/20**
Cette cuvée est un grand hommage rétrospectif à Domenico Clerico qui nous a quittés à l'été 2017. C'était un grand visionnaire du Barolo qui allier tradition et modernité dans ses cuvées. Robe profonde pour un nebbiolo. Nez intense de fruits rouge et de sous-bois. Bouche impressionnante de précision. A mettre en cave pour 10 ans encore, même si ce n'est pas un Barolo Riserva.

Pardela Wines • www.pardelawines.com • website@pardelawines.com • Tél. 05 57 55 12 19

FONTANAFREDDA

■ **Barolo di Serralunga d'Alba 2015** | Sec | 2022>26 | NC **16/20**
Un Barolo long et intense qui affirme ses tannins savoureux, mais un peu austères à ce stade. Attendre encore 2 ou 3 ans avant d'ouvrir les premières bouteilles.

■ **Barolo Vigna La Rosa 2013** | Sec | 2019>23 | NC **15/20**
Barolo élégant, au nez dégagé sur des arômes de petits fruits rouges, groseille notamment. La bouche est nette, longue, un tantinet étroite cependant.

■ **Barolo Vigna La Rosa 1998** | Sec | 2019>22 | NC **18/20**
Superbe cuvée, dont la vinification a été parfaitement maîtrisée. Elle est parvenue à son apogée en développant des senteurs de sous-bois, de tabac qui complètent une corbeille de fruits rouges et noirs.

Grands Chais de France • www.groupegcf.fr • yderouledeálgcf.fr • Tél. 03 88 71 79 79

AGRICOLA ETTORE GERMANO

■ **Barolo Cerretta 2008** | Sec | > | NC **15/20**
Le bouquet est parfumé et séduisant. Dans un style longiligne, on retrouve ces arômes fleuris et juteux dans une finale persistante.

■ **Barolo Lazzarito Riserva 2012** | Sec | > | 68 € **15/20**
Un vin qui fait preuve d'élégance dans un style qui privilégie la longueur à la puissance. Bien fait.

MARCHESI DI GRESY

■ **Barbaresco Camp Gros Martinenga Riserva 2013** | Sec | > | 96 € **15/20**
On gagne en profondeur sur cette cuvée, avec un toucher plus raffiné. La finale est pleine et savoureuse. Joli vin.

MJG Distribution

LA SPINETTA

■ **Langhe Nebbiolo 2016** | Sec | > | 23 € **14,5/20**
Adepte d'un style structuré, la Spinetta propose un langhe conforme aux attentes, non sans délicatesse. Un brin démonstratif mais précis.

■ **Barbaresco Gallina 2005** | Sec | > | 108 € **15/20**
Un 2005 qui n'a pas pris une ride, dans un style serré, de bonne allonge et juteux. C'est bien fait.

I Vini di Enolia • www.ivinidienolia.com

MASI AGRICOLA

■ **Amarone della Valpolicella Classico Vaio Serego Alighieri 2012** | Sec | 2019>25 | NC **17,5/20**
Très grand amarone, riche, plein et doté d'une longueur impressionnante. Les sucres sont bien gérés et ne fatiguent pas la fin de bouche. Ses saveurs complexes appellent une nourriture puissante, automnale ou hivernale.

Rosso Verona IGT Possesioni Serego Alighieri 2013
Sec | 2019>27 | NC 16,5/20
Excellent Amarone dans le plus pur classicisme du genre. Nez de cerise macérée à l'eau-de-vie. L'alcool ne ressort pas trop et donc on évite l'écueil de la fatigue du palais. Belles perspectives de garde (5 à 10 ans).

Grands Chais de France • www.groupegcf.fr • yderouledel@lgcf.fr • Tél. 03 88 71 79 79

MONTELVINI

Prosecco Superiore Millesimato 2018
Eff. Extra-dry | 2019>20 | 10,90 € 15/20
Le cépage glera s'exprime harmonieusement dans cette cuvée arrondie, sans aspérité, peu alcoolisée, ce qui permet des associations gastronomiques multiples et variées.

Janot & Associés • www.samedivin.com • alain@janot-associes.com • Tél. 01 46 03 03 59

GIULIA NEGRI

Langhe Nebbiolo Pian D'elle Môme 2016 | Sec | > | NC 15/20
Un langhe qui a de la classe. Subtil mélange de tradition et de modernité, il est une entrée en matière remarquable pour découvrir le style du domaine. Tout simplement délicieux.

Barolo La Tartufaia 2015 | Sec | > | 50 € 15,5/20
Pour une première cuvée de barolo, la structure s'affirme en fin de bouche mais cède la priorité à la gourmandise dans un style suave aux tannins civilisés. De l'allure.

Barolo Marassio 2015 | Sec | > | 86 € 17/20
Profondeur et harmonie signent cette cuvée qui n'est pas un cru mais en possède toutes les caractéristiques. On admire l'extrême finesse de la trame tannique et la texture soyeuse si caractéristique de notre grande Bourgogne. La classe.

Barolo Serradenari 2015 | Sec | > | 50 € 15,5/20
Beaucoup de race et de finesse dans ce cru. La pivoine et la rose dominent les fruits rouges et les épices, dans une bouche longiligne, toujours suave, aux tannins fermes en finale, qui présagent un bel avenir. Joli vin.

NINO NEGRI

Sforzato di Valtellina Sfursat Carlo Negri 2015
Sec | 2021>25 | 72,70 € 17/20
Un vin de la Valtellina, située en Lombardie. On appréciera ses arômes épanouis de fruits rouges (fraise, framboise, groseille). En bouche, les tannins sont très présents et ils demandent à s'assagir afin de patiner leur fine amertume.

Carniato • www.carniato.com • Tél. 01 43 77 39 49

NERVI

Gattinara Vigna Molsino 2014 | Sec | > | 78 € 15/20
On découvre un style désuet, à la fois suave et patiné, qui laisse une sensation de finesse pleine de charme.

Oenotropie • www.oenotropie.com • info@oenotropie.com • Tél. 01 42 59 09 86

FIGLI LUIGI ODDERO

Barbaresco Rombone 2016 | Sec | > | 31 € 15/20
Ce vin est tout en toucher. Aromatique et juteux, il se prolonge sur les épices dans un style plutôt consensuel.

Barolo 2015 | Sec | > | 40 € 15,5/20
On gagne en soyeux sur le barbaresco, mais on conserve cette gourmandise, non sans complexité cette fois.

Barolo Rocche Rivera 2015 | Sec | > | 73 € 16,5/20
On sent le millésime au nez mais le cru reprend le dessus dans son expression florale et mentholée. En bouche, c'est tapissant et toujours gourmand. Un délice !

Barolo Vignarionda 2012 | Sec | > | 98 € 17/20
Au bouquet rémanent et profond répond une bouche dense, longue, iodée et racée. Beaucoup de classe.

PARUSSO

Barolo Bussia 2012 | Sec | > | 75 € 15/20
Bouquet fin et délicat, supporté par un élevage encore présent. C'est dense et prometteur. Réussi.

Quercia • Tél. 01 43 43 01 84

BRUNO ROCCA FARM RABAJÀ

Barbaresco Currà Riserva 2013 | Sec | > | 75 € **16/20**
Dense en bouche, ce vin déroule une texture onctueuse. La finale est persistante, juteuse et pleine. Un très joli vin en somme.

Millesima • millesima@millesima.com • Tél. 05 57 80 88 08

GIOVANNI ROSSO

Barolo La Serra 2015 | Sec | > | 88 € **15/20**
On apprécie ici le supplément de complexité de la cuvée ainsi qu'une fraîcheur bienvenue en finale.

Terres de Vin • www.terresdevins.com • contact@terresdevins.com • Tél. 04 75 71 36 40

LUCIANO SANDRONE

Barolo Le Vigne 2014 | Sec | > | 92 € **16,5/20**
Le bouquet, riche et bien mûr, est dépassé en bouche à la texture raffinée et huileuse. D'une grande précision, le vin s'étire en finesse. C'est d'une grande maîtrise.

Cellier des Producteurs • Tél. 05 57 24 37 47

SCARZELLO

Barolo Comune di Barolo 2013 | Sec | > | 40 € **15/20**
Les quelques notes truffées présument d'un vin épanoui et prêt à boire dès maintenant. C'est élégant.

Les Flacons d'Alexandre

TORRE MORA

Etna Scalunera 2015 | Sec | 2019>20 | 21 € **15/20**
Amateurs de vins chaleureux mais fins, aux arômes de fruits à l'eau-de-vie pleinement épanouis, foncez. Les vins de volcan - et de l'Etna en particulier - sont très à la mode, vous ne manquerez pas d'épater vos amis.

Piccini • www.tenutepiccini.it

G.D. VAJRA

Barolo Baudana 2015 | Sec | > | NC **16,5/20**
C'est une caresse délicate et onctueuse, qui se prolonge en finesse. Vin élégant dans un millésime qui privilégiait la puissance.

Barolo Bricco delle Viole 2015 | Sec | > | 76 € **16/20**
La profondeur caractérise ce vin, sans perdre en gourmandise. C'est bien construit et prometteur.

Barolo Coste di Rose 2015 | Sec | > | NC **15/20**
Comme son nom l'indique, la rose domine et annonce une bouche en finesse, pleine de charme. Joli vin.

Arte del Vino • www.artedelvino.fr • c.gillon@artedelvino.fr

CASCINA VAL DEL PRETE DI ROAGNA MARIO

Roero Vigna di Lino 2016 | Sec | > | 19 € **15/20**
Voilà un style désuet plein de charme ! Grande délicatesse de toucher en bouche, portée par des tannins fns. On n'est pas insensible à cette forme d'élégance.

Roero Vigna di Lino 2010 | Sec | > | 19 € **16/20**
Beaucoup de charme pour cette cuvée de presque 10 ans, sur des notes de sous-bois dans une envolppe soyeuse. On est séduit !

I Vini di Enolia • www.ivinidienolia.com

CASTELLO DI VERDUNO

Langhe 2016 | Sec | > | 32 € **15/20**
C'est un style juteux, élancé, mentholé, qui se prolonge harmonieusement. C'est bien fait.

Le Garde Vins • Tél. 01 42 24 56 14

ROBERTO VOERZIO

Barolo Case Nere 10 anni 2009 | Sec | > | 315 € **17,5/20**
Le bouquet aérien est remarquable par sa richesse aromatique et sa définition. Rappelant les fruits confits, le menthol, les épices, cela se prolonge en bouche indéfiniment avec une finesse tannique remarquable. Beau vin.

Barolo Cerequio 2014 | Sec | > | 205 € **15,5/20**
L'élevage mentholé domine aujourd'hui, mais laisse

transparaître une texture soyeuse qui se prolonge harmonieusement, avec persistance. Joli vin.

Duclot

ITALIE (CENTRE)

ANTINORI

■ **Chianti Classico Badia A Passignano Riserva 2011** | Sec | 2020>23 | 48 € **17,5/20**
Gran Selezione, terminologie créée au début des années 2010, est le niveau le plus élevé dans la hiérarchie du Chianti Classico. Cette cuvée de l'un des domaines phare d'Antinori tient parfaitement son rang. Long, puissant et savoureux avec des tannins apaisés par un long élevage. Pur sangiovese comme il se doit dans cette catégorie.

■ **Chianti Classico Riserva Tenuta Tignanello 2015** | Sec | 2020>24 | NC **15,5/20**
Belle maturité de la matière première pour ce Chianti Classico, version Riserva, provenant du célèbre domaine Tignanello. En exergue, la netteté et la précision de cette cuvée.

■ **Chianti Classico Villa Antinori Riserva 2015** | Sec | 2020>23 | 27,16 € **15,5/20**
Un classique dans tous les sens du terme. D'abord parce que c'est un Chianti «Classico», ensuite parce que c'est un parfait représentant de l'appellation. Un modèle du genre.

Raffinvini • www.antinori.it

BOLLA

■ **Amarone della Valpolicella Classico Le Origini 2012** | Sec | 2020>23 | 74,25 € **16,5/20**
Un Amarone «Riserva» riche et plein qui ravira les amateurs de fruit mûr et de bouche arrondie. La fine amertume finale vient réveiller les papilles et rend cette cuvée plus digeste.

Carniato • www.carniato.com • Tél. 01 43 77 39 49

TENUTA CASENUOVE

■ **Chianti Classico Riserva 2016** | Non dosé | 2020>22 | 28,6 € **15/20**
Curieusement Casenuove présente son Chianti Classico Riserva en 2016 et sa cuvée normale en 2015, alors qu'on pourrait s'attendre au contraire. Bouche ample et bien définie.

■ **Toscana Gran Toscan 2015** | Non dosé | 2021>25 | 41,20 € **16/20**
L'apport, dans cet IGT «Toscana» de cépages bordelais (les deux cabernets) et de la patte Derenoncourt est très salutaire. Belle cuvée dans un style plus international que le Chianti Classico du domaine, mais avec une belle perspective de garde.

Vignobles Austruy • www.vignobles-austruy.com • Tél. 04 94 69 99 96

TENUTA LA BRACCESCA

■ **Vino Nobile di Montepulciano Vigneto Santa Pia 2015** | Sec | 2021>24 | 47 € **16,5/20**
Les vins «Nobile di Montepulciano» sont injustement méconnus, notamment au regard des célébrissimes «Brunello di Montalcino». La Braccesca, propriété d'Antinori, en produit d'excellents, notamment ce 2015, long et harmonieux, qui peut rivaliser avec bien des brunellos.

Grands Chais de France • www.groupegcf.fr • yderouledelalgcf.fr • Tél. 03 88 71 79 79

TENUTA MORAIA

■ **Rosso Toscano Perpiero 2015** | Sec | 2020>22 | 84 € **16/20**
Un vin de la côte toscane (La Maremma) où se rejoignent cabernet et sangiovese. Début de bouche avenant, milieu rond et onctueux, finale large. Prix élevé.

Piccini • www.tenutepiccini.it

CASTELLO DI NIPOZZANO

■ **Chianti Nipozzano Rufina Riserva 2015** | Sec | 2019>21 | 14,95 € **15/20**
Nipozzano est le navire amiral de la maison Frescobaldi. Situé à Ruffina au nord de Florence, le domaine enchaîne les millésimes réguliers et toujours très bien faits. Ce 2015 Riserva en est une parfaite illustration : ferme, savoureux et long en bouche.

■ **Chianti Nipozzano Vecchie Viti Rufina Riserva Riserva 2015** | Eff. Sec | 2019>24 | 19,95 € **17/20**
Une superbe cuvée de vieilles vignes qui concentre encore les qualités de ce Chianti Ruffinà Riserva de référence. Tannins longs et savoureux. Promis à un très bel avenir.

Grands Chais de France • www.groupegcf.fr • yderouledelalgcf.fr • Tél. 03 88 71 79 79

TENUTA PERANO

Chianti Classico Perano Riserva 2015 | Sec | 2020>23 | 24,95 € **15,5/20**

La version «Riserva» de ce Chianti Classico bénéficie de l'effet millésime du 2015 et d'un vieillissement prolongé. Conjointement, ces deux facteurs ont arrondi ses tannins et développé la panoplie aromatique sur des dominantes de fruits rouges (framboise, groseille, cerise).

Grands Chais de France • www.groupegcf.fr • yderouledeΙlgcf.fr • Tél. 03 88 71 79 79

FATTORIA DI VALIANO

Chianti Classico 6,38 Gran Selezione 2015 | SEC | 2021>24 | 21 € **15/20**

La typologie Gran Selezione (la plus haute dans la hiérarchie du Chianti) prend ici pleinement son sens. Vin coloré, intense qui a conservé allant, longueur et fraîcheur.

ITALIE (SUD)

TENUTA RAPITALÀ

Terre Siciliane Grand Cru 2016 | Sec | 2022>30 | 42,02 € **17/20**

Un domaine qui doit beaucoup à un Français, le comte Hugues Bernard de la Gatinais, et désormais à ses descendants. Un vin frais pour le sud de l'Italie ... mais septentrional pour la Sicile. Une cuvée très haut gamme, intensément boisée, délicieusement opulente, à conserver de 3 à 10 ans.

Carniato • www.carniato.com • Tél. 01 43 77 39 49

LIBAN

CHÂTEAU KEFRAYA

Bekaa Amphora 2017 | Sec | 2019>27 | NC **17,5/20**

Un vin profondément méditerranéen et typiquement libanais, élevé en amphores de terre cuite et révélant des tanins fins. Une longueur superbe, un équilibre idéal et beaucoup de saveurs sudistes, sans excès. On aime beaucoup !

Bekaa Château Kefraya 2014 | Sec | 2019>25 | NC **17/20**

De magnifiques arômes de garrigue et de plantes méditerranéennes, un cœur de bouche finement boisé, de l'allonge et une fraîcheur exemplaire garantie par le terroir d'altitude (1100 mètres). Voilà une grande cuvée d'équilibre et d'élégance.

Barrère & Capdevielle • www.b-et-c.com • contact@b-et-c.com • Tél. 05 56 06 20 30

CHÂTEAU MARSYAS

Bekaa Valley Lebanon 2012 | Sec | 2019>22 | NC **16/20**

Cette propriété familliale de la vallée de la Bekaa qui appartient à Sandro et Karim Saadé est suivie par le consultant Stéphane Derenoncourt. Le vin est charnu et solaire avec une belle élégance. On l'associe, sans hésiter, à une côte de bœuf.

Vins du Monde • www.vinsdumonde.com • Tél. 01 58 56 38 38

MAROC

CHÂTEAU ROSLANE

Coteaux de l'Atlas Château Roslane premier cru 2015 | Sec | 2020>24 | 19,95 € **15,5/20**

Le terroir de ce premier cru se situe au pied des montagnes de l'Atlas. Roslane a d'ailleurs été le premier domaine marocain à bénéficier de la dénomination château en Afrique du Nord. Vin coloré, charpenté, rond et qui n'est pas dépourvu d'une certaine finesse.

Grands Chais de France • www.groupegcf.fr • yderouledeΙlgcf.fr • Tél. 03 88 71 79 79

NOUVELLE-ZÉLANDE

CLOUDY BAY

Marlborough 2018 | Sec | 2019>20 | NC **16/20**

Derrière les arômes classiques de sauvignon, on découvre des notes délicatement anisées voire iodées. Bonne acidité en bouche qui équilibre la construction de la cuvée.

KUMEU RIVER WINES

Vin de Nouvelle-Zélande Village Chardonnay 2017 | Sec | 2019>20 | 21,50 € **14,5/20**

Un chardonnay vendangé à la main, pas trop opulent, finement boisé et très légèrement perlant. Au plan gastronomique : de multiples usages en début de repas.

Barrère & Capdevielle • www.b-et-c.com • contact@b-et-c.com • Tél. 05 56 06 20 30

VILLA MARIA

Marlborough Private Bin Sauvignon Blanc 2018 | Sec | 2019>20 | 17,5 € | ♣ 15/20

Les arômes herbacés du sauvignon ne sont pas trop envahissants. La maturité du raisin est réelle. Une fine touche citronnée vient réveiller la finale. Pour accompagner des poissons grillés ou en sauce. Vin bio.

Pardela Wines • www.pardelawines.com • website@pardelawines.com • Tél. 05 57 55 12 19

PORTUGAL

QUINTA DA CORTE

Douro Grande Reserva 2015 | Sec | 2021>24 | 36 € **16/20**
Vin très complet. Vinification sérieuse, sans concession. Ce n'est pas un vin facile, ni charmeur. En revanche il est dense, présent en bouche. Finale tannique, mais pas rêche.

Douro Princesa 2016 | Sec | 2019>21 | 18,90 € **14/20**
Robe intensément colorée. Nez de mûre et de violette. Finale tendue et savoureuse, tannins un peu carrés. Idéal pour un barbecue estival.

Vignobles Austruy • www.vignobles-austruy.com • Tél. 04 94 69 99 96

HERDADE DO FREIXO

Alentejano Family Collection Tinto 2015 | Sec | > | NC **15/20**
Extrêmement soigné, ce vin puissant, marqué par le soleil du sud, offre de beaux arômes de fruits rouges et d'épices. Il conserve un équilibre idéal, c'est une belle bouteille de repas.

Alentejano Reserva 2015 | Sec | > | NC **17/20**
Maîtrise, savoir-faire, élégance : ce rouge aux notes de petits fruits rouges et au un boisé parfaitement équilibré offre beaucoup de complexité et de finesse, avec des tanins fins et élégants, une texture généreuse sans excès. Une totale réussite !

QUINTA DO NOVAL

Porto Quinta do Noval Colheita 2005 | Doux | 2022>28 | 58 € **17/20**
Un grand tawny, élégant, épicé où les arômes de noix le dispute aux fruits secs. Longueur en bouche remarquable. A essayer sur du gibier ou des fromages.

Porto Quinta do Noval LBV non filtré single vineyard 2013 | Doux | 2019>20 | 29,90 € **15/20**
Un porto à la fois fin et long, provenant de raisins cultivés dans les vignobles détenus en propre par la Quinta. Cuvée non filtrée. Parfaite pour attendre les grands vintages de Noval qui exigent beaucoup plus de patience.

AXA Millésimes

SOGRAPE VINHOS

Douro Casa Ferreirinha Quinta da Leda 2016 | Sec | 2021>23 | 30 € **15,5/20**
Racé, élégant, homogène. La finale est tendue, voire un peu austère. Il conviendra donc d'attendre encore 2 ou 3 ans pour que les tannins se patinent entièrement.

Grands Chais de France • www.groupegcf.fr • yderouledelalgcf.fr • Tél. 03 88 71 79 79

SUISSE

CAVE DES AMANDIERS

Valais Cornalin Combe d'Enfer 2016 | Sec | 2020>23 | 60 € **16/20**
Une remarquable cuvée parcellaire de cornalin, un cépage souvent difficile à réussir. Ici, pas d'inquiétude, le vin est suffisamment concentré (2016 est une année de faibles rendements pour le cornalin), sans extraction superflue. Le boisé se révèle bien enrobé et les arômes de cerise à l'eau-de-vie l'emportent.

Valais Li Dzenëyou 2012 | Sec | 2020>24 | 40 € **17,5/20**
«Li Dzenëyou» est une expression du patois de Fully qui désigne une sorte de giboulée de neige très locale. Dans cette cuvée, la petite arvine est poussée en surmaturité dans ses derniers retranchements et le résultat est exceptionnel.

Valais Petite Arvine de Fully 2017 | Sec | 2019>22 | 35 € **15/20**
Fully, près de Martagny, est un lieu très propice à la culture de la petite arvine, ce cépage autochtone du valais. De cette viticulture de montagne est issue une cuvée très identitaire avec des notés citronnées et miellées. Belle vivacité qui la destine aux débuts de repas.

Valais syrah les Tatzes 2016 | Sec | 2019>20 | 60 € **15,5/20**
Une syrah valaisanne assez différente de celles que l'on trouve dans le Rhône Nord. Plus de fruit, davantage d'amabilité immédiate, moins de longueur et de perspective de garde. A boire relativement rapidement donc.

Cave des Amandiers • http://cavedesamandiers.ch • Tél. +41 27 746 22 01

INDEX

PRODUCTEURS, MAISONS ET CAVES

APPELLATIONS

CHAMBERTIN

CHAMBERTIN GRAND CRU

CHAMBERTIN-CLOS DE BÈZE GRAND CRU

CHAMBOLLE-MUSIGNY

CHAMBOLLE-MUSIGNY PREMIER CRU

CHAMPAGNE

CHAPELLE-CHAMBERTIN GRAND CRU

CHARMES-CHAMBERTIN GRAND CRU

CHASSAGNE-MONTRACHET

CHASSAGNE-MONTRACHET PREMIER CRU

MEURSAULT PREMIER CRU

MINERVOIS

MINERVOIS-LA-LIVINIÈRE

MONBAZILLAC

IGP DU MONT BAUDILE

IGP DU MONT CAUME

MONTAGNE-SAINT-ÉMILION

MONTAGNY

MONTAGNY PREMIER CRU

MONTEPULCIANO D'ABRUZZO

MONTHÉLIE

MONTHÉLIE PREMIER CRU

MONTLOUIS-SUR-LOIRE

MUSCAT DE SAINT-JEAN-DE-MINERVOIS

MUSCAT DU CAP CORSE

MUSIGNY GRAND CRU

NAPA VALLEY

NEBBIOLO D'ALBA

NEMEA

NUITS-SAINT-GEORGES

NUITS-SAINT-GEORGES PREMIER CRU

IGP D'OC

SAINT-ESTÈPHE

SAINT-GEORGES-SAINT-ÉMILION

IGP DE SAINT-GUILHEM LE DÉSERT

SAINT-JOSEPH

SAINT-JULIEN

SAINT-MONT

SAINT-NICOLAS-DE-BOURGUEIL

ILS NOUS ONT AIDÉS À RÉALISER CE GUIDE

Catherine Alby, Lydie Allais, Laetitia Allemand, Christian Amiot, Jean-Louis Amiot, Jeremy Arnaud, Nathalie Arrigoni, Anne Sophie Ay, Alain Bacino, Laure Banyuls, Catherine Barbier-Lalève, Amélie Baran, Claire Barnéoud, Florence Barthès, Emma Baudry, Benjamin Bayle, Franck Berkulès, Anne-Marie Berny, Jean-Pierre Bertrand, Hervé Bianchi, David Bidegaray, Jérôme Billard, Karine Biscarrat, Michel Blanc, François Boitard, Sylvain Boivert, Philippe Bourrier, Bernard Bouvier, Philippe Breslau, Philippe Cabrit, Hortense Cardineau, Jérôme Castagnier, Anne-Sophie Cauchy, Laurent Cognard, Olivier Colombano, Mélina Condy-Bénédic, Laurent Courtial, Philippe Cros, Bertrand Cros-Mayrevieille, Sophie Dabudyk, Claire Dawson, Jean Guillaume d'Herbès, Jean Guillaume d'Herbès, Pierre de Benoist, Béatrice de Chabert, Baudoin de Chassey, Loic de Suremain, Alain Desprats, Amaury Devillard, Céline Diebolt, Nathalie Diffi, Ludovic du Gardin, Aurélie Dupas, Audrey Dupont, Vincent Dureuil, Floriane Duvernay, Baptiste Dubrulle, Hélène Dusseaud, Brice Eymard, Christophe Felez, Jean-Pierre Fontanel, Carole Fontanier, Laurent Fournier, Cécile Fritsch, Thierry Fritsch, Christophe Gamet, Jean-Marie Garde, Jean-Marc Garnier, Christine Gascq, Sandra Gay, Pascal Gianesini, Isabelle Gibier, Didier Gontier, Marie Gordien, Gregory Gouges, Jean-Pierre Gouvazé, Jean-Philippe Granier, Emilienne Grazilly, Hubert Groutel, Christian Guerin, Christine Guillard, Sandrine Guillois, Céline Halegoi, Xavier Hardy, Martine Hérissé, Sonia Hernandez, Chloé Humbert Perrin, Anne-Marie Hurlin, Frédérique Javanaud, Alain Jolly, Françoise Juillot, Eric Kervella, Aurélia Kuhn, François Labet, Corinne Lacombe, Antoine de La Farge, Aurélie Lanquetin, Aurélie Lascourrèges, Georges Lelecsoglu, Alice Lemoine, Anne-Sophie Lerouge, Jean-Luc Longère, Baptiste Lumpp, Christelle Magnard, Didier Maïs, Marie-Stéphane Malbec, Jean Marchon, Priscilla Marteel, Xavier Massip, Cécile Mathiaud, Laurent Maynadier, Clément Mengus, Caroline Missoffe, Michel Morillon, Julie Mounet-Brun, Laurent Mouton, Amandine Noireau Moreau, Mathilde Paturaud, Jennifer Penna, Deborah Perrin, Benjamin Piccoli, Michèle Piron-Soulat, Richard Planas, Nathalie Pons, Nicolas Ponzo, Antoine Pouponneau, Nicole Puzo, Sylviane Raphet, Virginie Raymond, Jean-Louis Rizet, Céline ROSE LEY, Alban Roger, Guillaume Rouget, Jean-François Rougier, Benoît Roumer, Françoise Roure, Vivien Roussignol, Stéphane Roux, Mickaël Rouyer, Jonathan Sack, Sandra Scizeron, Joseph Sergi, Gérard Sibourg-Baudry, Anne Sigaut, Philippe Simon, Cédric Skrzypczak, Marie-Pierre Tamagnon, Guillaume Tari, Philippe Teulier, Jean-Pierre Thène, Jean-Sébastien Thiollier, Marlène Tisseire, Laure Vaisserman, Quentin Vallet, Catherine Verneuil, Carole Vidal, Julien Vignault, Eric Vigean, Christine et Fabrice Vigot, France Villeneuve, Yoann Virot, Christian Vital, Patricia Zabalza, Jean-Luc Zell, Yves Zier,

Les syndicats d'appellation, d'IGP et les interprofessions viticoles.

L'ABUS D'ALCOOL EST DANGEREUX POUR LA SANTÉ.
CONSOMMEZ AVEC MODÉRATION

Achevé d'imprimer en août 2019
par « La Tipografica Varese Srl », Varese - Italie